帝國議會

衆議院議事速記錄

제3권

대정 3年 3月 ~ 대정 9年 2月

韓國學資料院

〈 目　　　次 〉

第 3 卷 大正 3年 3月 ~ 大正 9年 2月

○高木正年君　私ハヤハリ咽喉ガ癒リマセヌノデ咽喉ヲ卷イテ居リマスカラ御許ヲ願ヒマス、私ハ此追加豫算ノ經常部臨時部竝ニ各特別會計ニ亙リマシテ、四箇目ニ亙ッテ警告ノ意味ニ於テ意見ヲ申述ベヤウト思フノデアリマス、其第一ハ大藏省ノ經常部ノ町村交付金、此交付金ハ昨日ノ豫算委員總會ニ於テ問答ノアリマシタ如ク、大藏省ガ從來斯ノ如キ支拂ノ習慣ヲ付ケテ居ルノデアリマス、ソレハ何デアルカト云フト明治四十四年ノ町村交付金ガ大正元年ニ亙ッテ支拂ヲ求ムル場合ニ、前年度ノ豫算ニ不足ヲ感ジタタメニ大正元年ニ支拂ヲ要求シタ、大正元年ニ要求シタ結果大正元年ノ豫算額ニ不足ヲ告ゲテ、更ニ大正二年ニ其不足額ヲ追加案トシテ提出シタト云フコトニナッテ居リマス、成程從來ノ慣例ニ依リマスト、町村交付金ハ前年度ニ入ルベキモノガ後年度ニナッテ之ガ收入ニ屬シテ來ル、此ノ場合ニ交付金ナルモノ、不足ヲ來スニ依テ、後年度ノ豫算ニ依テ支拂フト云フコトハ會計法ニ許シテアルノデアリマス、併シ是ハ一定ノ制限ガアッテ、其年度ノ豫算ニ超過スベカラズト云フ一ツノ規定ヲ設ケテ居ル、制限ヲ設ケテ居ル、所ガ大藏省ハ四十四年度ガ不足ヲ告ゲテ大正元年ニ支拂ヲ要求シテ來ル、大正元年ノ豫算ニ制限アルニ拘ラズ、此ノ制限ヲ超ヘテ大正元年ノ豫算ノ支拂ノ外ニ四十四年度ノ支拂ヲ此上ニ重ネテ來ルガ爲ニ、不足ヲ來シテ大正二年ニ來ルト云フコトハ會計ノ手續上頗ル是ハ穩當ノ處置ト言ハレヌノデアリマス、畢竟スルニ大藏省ハ常ニ議會ニ要求シマスノニ、歳入ハ成ルベク少ナクスルト云フ方針ヲ採ッテ居ル、隨ッテ現計ニ現レテ來ル所ノ歳入ハ何時モ多クナッテ來ル、町村交付金ハ元ト〳〵原案ノ歳入ノ豫定額ニ副フテ極メタ交付金デアリマス、少ナク見積ッタ結果常ニ增收ガアル、所謂自然增收ナルモノ、生ズル爲ニ、此交付金ガ不足ヲ告ゲルト云フ狀態ニナッテ居ル、根本ハ勿論政府ノ誤カラ來タ、更ニ支拂ノ上ニ斯樣ニシダラナク三年モ四年モ前ノ不足ガ漸々延ビテ支拂ニ支拂ヲ重ネテ、後年度ニ至テ追加要求ヲスルト云フコトハ、畢竟スルニ締リノナイ會計ノ遣リ方ト云フヨリ外ナイノデアリマス、謂ハヾ此追加豫算ハ總テヲ通ジテ或一ツ二ツノモノヲ除クノ外ハ、實際ニ於テハ事後承諾案ノ如キ性質ニナッテ居ル、支拂ヲシテシマッタ其オ尻ガ追加案トナッテ來タ、早速君ノ言ハル、ガ如クセメテ是ガ十二月ニ於ケル議會召集ノ當時ニ追加案トシテ出サレタナラバ、或ハ事後承諾デナク所謂事前ノ要求トナルデアリマセウケレドモ、總テガ斯樣ナル内容ニナッテ居ル、故ニ此ノ如キ事ハ若シ事前ノ未ダ支拂ヲ爲サヾル前ノ要求デアリマシタナラバ、尙議論ヲスベキ餘地ガアル、實際ハ事後ノ承諾案ノ如クナッテ居リマスカラ、已ムヲ得ズトシテ此支拂ハ承諾スルモノ、、此ノ如キ事ハ將來ニ再ビセザランコトヲ私ハ希望スル意味ニ於テ、第一是ガ項目ニ向ッテ警告ヲ致シテ置クノデアリマス、第二ハ唯今早速君ノ言ハレタ事柄デアリマス、早速君ノ言ハレタ如ク豫算面ニハ僅ニ五十五万圓、併シ其内容ニ行クト此外ニ百五十万圓バカリノ金ヲ事實ニ於テ支拂ヒ盡シテ居ルガ、其支拂ハ頗ル是ハ不當デアル、早速君ノ言ハル、通リ確ニ是ハ會計法ノ違反デアリマス、元來陸軍省ノ支拂ト云フモノハ非常ニ亂雜デアッテ、常ニ會計檢査院ガ決算ノ報告ニ向ッテ異議ヲ唱フルモノ、大部分ハ、卽チ陸軍省ニ在ルノデアリマス、決算報告ニ數ヘラレタ所ノ金額ノ最モ大ナルモノモ亦陸軍省ナリト言ハナケレバナラヌ、本年ノ議會ニ提出シタ四十四年度ノ決算報告ヲ讀ンデ見マシテモ、所謂豫算ニ依ラズシテ支出ヲ爲シタモノガヤハリ陸軍省ニアル、早速君ノ言ハル、糧秣費ノ支拂ヲ豫備金ニ求ムベキモノニモ拘ラズ、陸軍省ソレ自身ノ働ニ依テ爲シタル所ノ行政整理ノ金ヲ先ヅ之ニ使用スル、是レ豫算ニ依ラズシテ豫算外ノ支出ヲ爲シタルモノト言ハネバナラヌノデアリマス、此ノ如キ事ガ本年ノ決算ニモヤハリ現ハレテ居ル、陸軍省ハ何故ニ屢々斯樣ナル事ヲスルノデアリマス、昨日モ私ハ豫算委員總會デ恰モ委任經理デ積ンダ金ヲ勝手ニ使用スルガ如キ考ヲ以テ陸軍省ガスルノデ、委任經理ノ使ヒ拂ノ習慣ヨリ此ノ如キ間違ッタ支拂ヲスルコトガ、陸軍省ノ病ニナッテ居ルト云フコトヲ私ハ極言シタノデアルガ、實際其通リデアル、縱令此ノ追加案ニ於テ五十五万圓ノ承諾ヲ爲シタリトテ、國庫剩餘金ヨリ支出シタ早速君ノ所謂百何十万ノ金ノ責任ハ解除サルベキモノデナイノデアリマス、此事モ極メテ不當デアルノデアリマスカラ、此場合特ニ政府ニ向ッテ反省ヲ求メナケレバナラヌト思フノデアリマス、今一ツハ大藏省ノ特別會計ニ屬スル所ノ國債整理基金ノ收入ニ屬スル二千四百三十万圓ト云フ一項ガアリマス、是ハ近頃倫敦ニ於テ政府ガ募集セラレタ所ノ英貨二百五十万磅ノ外債ノ手取金ガ、此追加豫算ニ現ハレテ來タノデアリマス、此英貨公債ノ二百五十万磅ノ金ニ就テ如何ナル私共非難ガアルカト云フト、政府ハ昨年鐵道短期證券ノ整理ニ付テ從來姑息ノ方法ヲ以テ短期ノ借入ヲ爲シテ居ッタガ、此ノ如キ事デハ國ノ財政ヲ整理スル上ニ付テ、頗ル其要ヲ得テ居ラヌト思フノデアル、ソレガ故ニ今後ハ長期ノ公債ヲ以テ此短期ノ借換ヲ爲シ、整理ヲ爲スベシト云フコトヲ政府ハ聲明シタノデアル、所ガ三十議會ノ終ルヤ間モナク殆ド未ダ終ラザル前ニ於テ政府ハ英貨三百万磅ノ借入ヲ爲シタノデアル、其ノ期限ヲ問ヘバ其半ハ一箇年、其ノ半ハ二箇年ノ短期ヲ以テシタノデアル、一ハ手取九十八圓之ニ副フルニ利息ノ五分以上ノモノヲ以テシタ、一ハ手取九十四半ト云フ最モ不利益ナル少ナイ手取ノ割合ヲ以テ百五十万磅ノ借入ヲ爲シタ、此時ニハ已ニ議會ガ終ッタ後ニ私共其事ヲ發見シタノデアリマスガ、何故此ノ如キ短期ノ借入ヲ以テ、而モ一年ナルニ拘ラズ其ノ打步ト云ヒ利率ト云ヒ頗ル高額ナモノデアル、忽チ大正三年ニ至レバ借換ヲシナケレバナラヌノデアルカト云ッテ、度々私ハ大藏省ニ向ッテ警告ヲシタノデアリマス、奈何セン歐羅巴ノ金融ガ是ヨリ外ノ長期ノモノヲ許サヌノデアル、且ツ金利ノ上ニ付テモ是ヨリ有利ナルモノヲ許サヌノデアルト云フガ爲ニ、政府ハ此ノ如キ不利益ナル借款ヲ以テ一時ヲ補足シタト云フコトヲ自白シテ居ルノデアル、併ナガラ昨年ニ於テ政府ガ聲明シタ所ノ鐵道短期借入ノ借換ト云フモノハ、此ノ如キ姑息ノ手段ヲ以テ爲スベシト云フコトハ政府モ言ハザルノミナラズ、吾々ニ於テモ之ヲ承諾スル理由ハ無カッタノデアリマス、果シテ當時三百万磅ノ此ノ如キ不利益ナル借入ヲ爲ス必要ガアッタカドウカト云フコトハ、後ニ政府ハ我國ノ金融ノ調節ノタメニ佛貨公債ノ出來タ後ニ、朝鮮ノ公債ヲ募集シテ却テ是等ノ金ヲ引上ゲル計畫ヲシタノデアリマス、昨年ニ於テ此ノ如ク誤ッテ居ルニモ拘ラズ、本年更ニ二百五十万磅ノ借入ヲ爲シテ、而モヤハリ一年デアル、其ノ打步カラ利息カラ合セマスト昨日豫算委員會デ政府ガ自白シタ如ク、五分三厘幾ラト云フコトニナルノデアリマス、斯樣ナコトデ年々歳々高利ノ金ヲ借リテ行ッタ結果ハドウナルカト云フト、今ヨリ五年十年ノ後ニハ段々元金ハ殖エテ行ク、利息モ段々增シテ行ク、其結果ハ高利ノ公債ノ爲ニ國ノ經濟ガ打擊ヲ受ケルノミナラズ、一般在外ノ日本公債ノ價格ガ之ガ爲ニ墜落スルト云フ虞ガアル、昨年政府ガ借入レタコトノ頗ル不利益ナル爲ニ、當時ニ於テ在外公債ノ墜落シタコトハ分ッテ居ル、斯樣ナコトヲ屢々サレルト云フコトハ頗ル私共痛心シナケレバナラヌ事柄デアリマスカラ、斯樣ナコトハ將來必ズ斯ノ如キ手段ニ依テ外債募集ト云フコトハ、絕對ニ之ヲ止メテ欲シイノデアリマスカラ、玆ニ強キ意味ヲ以テ此事ヲ警告致シテ置クノデアリマス、第四ニハ墨西哥派遣軍艦ノコトデアリマス、由來墨西哥ノ國民ハ我國民ニ頗ル親善ノ意ヲ表シ、其結果ハ延テ我國ノ海外ニ於ケル貿易ノ發展又移住民ノ増加等モ自然來スベキ傾向デアッタノデアリマス、我國ハ年々増加スル人口五十万乃至六十万、此間ニ於テ是非共海外ニ人ヲ出スト云フコトハ頗ル必要ガ迫ッテ居ルノデアリマス、從來若シ政府ガ適宜ノ手段ヲ以テ海外移民ヲ適當ニ送リ出スト云フ方法ヲ講ジタナラバ、正貨ノ補足ナドト云フコトハ心配ナイ筈デアル、假ニ五十万ノ人ガ海外ヘ居レバ少クトモ一億ノ金ハ戻ッテ來ル、サスレバ貿易ノ差額モ外國ニ拂フ利息ニ此間ニ於テ還濟スルコトガ出來ルノデアリマスガ、所謂外交軟弱ノ爲ニ常ニ外國ニ後レヲ取ッテ、移民モ送レナケレバ日本ノ貿易ヲ發展セシムルコトモ出來ナイト云フ結果ニナッテ居ルノデアリマス、墨國ガ斯ノ如ク我ニ同情ヲ寄スルトキニ當ッテ、嘗テ使節ヲ迎フルニ當リ彼ノ好意ヲ無ニシテ、一タビ我外交ヲ誤ッタト云フコトハ昨年ニ於テ能ク諸君ノ御記憶ニナッテ居ルコト、思フノデアリマス、更ニ墨西哥派遣軍艦ノ如キモ、逡巡ニ逡巡ヲ重ネタ結果、殊ニ海軍ハ餘リ速力ノ出ナイトコロノ出雲艦ヲ派遣シテ――若シ彼ノ國情ガ切迫シテ今日以上ニ騷亂ガ盛ニナッタトシマシタナラバ、迚モ此軍艦ノ派遣デハ其危急ノ場合ニ應ズルコトガ出來ナカッタノデアリマス、漸ク經濟速力トハ云ヒナガラ「テンノット」位シカ出スコトガ出來ナイ軍艦ヲ送ッテ、而モ其送リ出シタトコロノ時日ハ頗ル其間ニ餘裕ガアッタノデアリマス、是ガタメニ――幸ニ今日ハ我墨西哥在留ノ邦人ニ餘リ多クノ被害ヲ見ナカッタガ、併シ日本ノ手ノ及バザル爲ニ獨逸大使ノ手ヲ經テ、獨逸國ノ保護ヲ受ケテ居ル、在留邦民モアッタノデアリマス、將來斯樣ナ場合ニハ申シテモ甲斐ガナイカモ知レヌノデアリマスガ、我ガ海軍當局モ外務當局モ、共ニ俱ニ機敏ノ處置ヲ取ラナケレバナラヌト私共信ジテ居ルノデアリマス、以上申シタ四箇條ノ事實ハ卽チ此追加豫算案ノ上ニ現ハレ來ッテ居ル事實デアリマスカラ、斯樣ナコトハ將來ニ於テハ是非共政府ハ能ク其手段ト機宜ヲ誤マラザルヤウナ相當ナ態度ヲ以テ、是等ノコトニ處置セラレンコトヲ望ムガタメニ、茲ニ特ニ警告ヲ致シテ置クノデアリマス

第十二　會社令廢止法律案（守屋此助君提出）　第一讀會

會社令廢止法律案

會社令ハ之ヲ廢止ス

附　則

本法ハ公布ノ日ヨリ之ヲ施行ス

（守屋此助君登壇）

○守屋此助君　諸君、唯今日程ニ上ッテ居リマスル會社令廢止法律案、卽チ朝鮮ニ行ハレテ居ル會社令ノ廢止ヲ提案シタノデアリマスルガ、朝鮮ガ我領土トナリシ以來五箇年ノ年月ヲ經テ、吾々ノ豫期ニ反シテ朝鮮ノ發達ガ遲々トシテ居ルノハ何ニアル、臺灣ニ較ベテ朝鮮ハ日本ニハ關係ガ古クアッテ、多クノ生命モ朝鮮ノタメニハ棄テ、多クノ金モ棄テテアルノデアルガ、臺灣ニ較ベテ朝鮮ノ發達ハ非常ニ遲々ト致シテ居ル、是ニ付テハ三ツ程ノ原因ガアリマスルカラ、ソレヲ除キタイ、サウシテ早ク朝鮮ヲ發達サセタイト云フノガ大體ノ趣意デアリマス、朝鮮ノ開發ガ遲々トスル原因ノ三ツトハ何ゾヤ、一ニ曰ク現總督是ナリ、二ニ曰ク東洋拓殖會社是ナリ、三ニ曰ク朝鮮ノ會社令是ナリ、是ダケノモノガ改リマスレバ刮目シテ俟ツベシ、見ルベシ、朝鮮ハ非常ナル發達ヲ速ニスルト我輩ハ確信スルノデアリマス、サウ致シマシテ朝鮮總督ノ更迭ト云フ事柄ハ、總督御自身モ適任ニアラザルコトヲ御認メニ相成ッテ居ル、彼ハ軍人デアルカラ、三軍ニ師トシテ百万ノ兵ヲ叱咤スルト云フコトハ彼ノ長所デアリマセウ、併ナガラ今日無事ノ日ニアッテ產業ノ發達ヲ圖ラナケレバナラヌトコロニアッテハ、彼自身モ其能ニアラズト御認メニ相成ッテ退任ノ御決心ガアルト云フコトデアル、君子ノ美德ヲ濟サシムルニハ早ク引カセルニアルノデアル、夫故ニ現內閣モ好意ヲ持タレテ、寺內サンノ御辭職ガ速カナランコトヲ國民ハ喜ンデ居ル、ソレカラ第二ノ分ハ東洋拓殖會社デアリマスガ、是ガ又初メ拵ヘルトキハ朝鮮ヲ獨立デ永ク置クト云フノガ、彼ノ當時ノ政府ノ方針デアッタノガ、ガラリト方針ガ變ッテ日本ノ領土トスルト云フコトニナッタカラ、東洋拓殖會社ヲ拵ヘタトキト今日ハ事ガ變ッテ居リマス、サレバ此東洋拓殖會社ノ法律ト云フモノハ、根本ニ於テ改正シナケレバナラヌ、此事ニ付テハ吾々ヨリヨリ以上朝鮮ノコトニハ智識ヲ有タレ、吾々ヨリヨリ以上ノ經驗ヲ有タレテ居ルトコロノ野田君ガ、幸ニシテ此總裁ニ御ナリニナッタノデアリマスカラ、吾々ガ此改正案ヲ出シマスルヨリ、ヨリ進ンダルモノヲ必ズヤ御出シニナルト確信致シマスルカラ、此東洋拓殖會社ノ法律ノ改正案ハ私ガ出スコトヲセズ、謹デ待ッテ居ルノデアル、野田サンガ總裁ニナッテ居ラヌノデアレバ、守屋此助愚案ヲ出ス積リデアリマスガ、是ハ是デ待ッテ居ル、殘ルトコロハ朝鮮會社令デアル、是ハ如何ナル害ヲナシテ居ルカ、朝鮮ノ發達ヲ如何ニ害シテ居ルカ、是ガ無クンバ如何ニ朝鮮ノ發達ガ速カナルカ、コヽガ疑問デアル、コヽガ本案ノ是非ノ定マルトコロデアル、此朝鮮ノ產業ヲ發達サセル事柄ニ害ガアルト云フコトニ付テハ、吾々ヨリ智識ノ進ンデ居ル方デ經驗ガ御アリニナッテ社會ノ信用ノアル人ハドウデアルカト、日本ノ國デハ先ヅ澁澤男爵ハ實業上ノ泰斗トシテ仰ガレタル方デアル、サウシテ此男爵ガ第一銀行ヲ朝鮮八道ヘ明治ノ初年ヨリ各所ニ置カレテ、最モ朝鮮ノ事情ニ御精通デアル、今ノ朝鮮銀行ハ御承知ノ通リ、第一銀行ノ支店ガ變ッテ朝鮮銀行ト相成ッテ居ル、多クノ人材ヲモ朝鮮ニ御使ヒニ相成ッテ御承知デアルガ、此御方ガ朝鮮ノ會社令ガ出タトキニ何ト評サレタ、何ト評サレタ、平日ハ溫厚ノ君子人デアルトコロノ男爵ハ、湯武ノタメニ其民ヲ驅ルモノハ桀紂ナリ、朝鮮ヨリ民業ヲ驅ルモノハ會社令ナリ、會社令ハ桀紂ノ政治ナリト、平日ノ溫厚君子人ナル澁澤男爵ノ御言葉デアル、是ガ朝鮮ノ事業ニ精通ナサレテ居ル實業家ノ御言葉デアル、斯樣ナ御言葉ハ吾々議員タル者ハ傾聽シナケレバナラヌ、兎ニ角其產業ヲ發達サセルト云フコトニ付テハ、長者ノ言デアル、長者ノ言デアル、是ニハ尊敬ヲ拂ハナケレバナラヌノデアリマスルガ、果セル哉澁澤男爵ノ申サレシ如ク、アレカラ朝鮮ニ事業ヲ起サウト云フト、軍人先生ガ跋扈シ居ルトコロデ、ナカナカ許可ヲシナイ、ナカナカ爲サシメナイノデアル、爲サシメナイノデアル、是デ朝鮮デ仕事ヲシヤウト云フ幾多ノ人ガ先ヅ手ヲ下スコトガ出來ナイ、下タシタ人ガ費用ガ掛ッテ困ッテ居ル、斯ウ云フ譯デアリマス、此朝鮮ノ會社令ト云フモノヲ廢止スルト云フコトニ付テノ實否ノ事柄ヲ、此處デ一々擧ゲマスレバ枚擧ニ遑アラズ、私ガ此法律案ヲ一ツ出シテカラ以來無名ノ投書ガ幾ツ來ルカモ知レヌ、朝鮮カラモ來ル、內地カラモ來ル、之ヲ一々言ヒマスルト言フト藏原君ノ二ノ舞ヲシテ諸君ニ御手數ヲ掛ケルハ恐縮、讀ンダリ言ッタリ致シマセヌガ、併シ澤山アルト云フコトハ責任ヲ以テ申上ゲマス（「名前ヲ言ヒ給ヘ」ト呼フ者アリ笑聲起ル）ソコデ私ハ藏原君ノ二ノ舞ガ出來ル（「ヒヤヒヤ」ト呼ビ笑聲起ル）ソコデ此桀紂ノ政治ヂヤト云フ、此政治ヲバ桀紂ノ政治ヂヤト斯ウ云フ、我君ヲ堯舜ニ致スト云フコトハ一日片時モ吾々ト諸君ハ忘レテハナラナイ、此明治――大正ノ文明ニ當ッテカラニ其道ノ方ニ桀紂政治ト罵ラレル政治ハ何トシテモ除クト云フ事柄ハ、我明天子ヲシテ堯舜ノ君トスル道デアラウト考ヘルノデアリマスカラ之ヲ廢止シタイ、ソコデ殘ル問題ハ斯ウ云フコトガ出來テ來ル、サレバ此會社令ヲ廢スト云フ事柄ハ熱心ニシテモ、併其手續ガ法律デ廢スト云フコトガ出來ルカ出來ヌカト云フ一ノ法律問題ガ玆ニ殘ルノデアル、私ハ何トシテモ廢シタイト云フコトヲ熱心ニ考ヘテ居ル一人デアリマスカラ致シマシタガ、僕ハドウシテモ是ハ法律デ廢セラレルト考ヘマス、併ナガラ是ハ又廢セラレナイト云フ法律上ノ御論モアラウト考ヘマス、私ハ兩樣研究致シテ見マシタガドチラモアリマスガ、之ヲ廢シ得ルト云フ事柄ヲスルニハ、政府ガ之ヲ拵ヘタ沿革諸般ノ事柄ヲ調ベテ見マスルト明カニ分リマスガ、此事柄ハ此處デ申スヨリカハ委員會デ詳シク申上ゲ、又名論モ聽カシテ戴キマスト云フコトガ私ハ相當ト心得マスデアリマスカラ、此點ニ付テノコトハ總テ委員會デ名論ヲ聽カシテ戴キマスガ、吾輩ノ愚說モ其處デ述ベサセテ貰ヒタイ、斯ウ云フコトヲ以テ此提案ノ理由ト致シテ置キマスカラ、ドウカ諸君御贊成ヲ願ヒマス

○吉植庄一郎君　私ハ委員長ノ報告ニ贊成スルモノデアリマス、本案ノ如キ國家ノ利害ニ大關係ヲ有シ國民ノ經濟上ニ至大ノ影響ヲ及スベキ所ノ重大ナル有利ノ案ニ對シテ、黨派ノ異同ハアリマシテモ此案ニハヨモヤ反對ハナイデアラウト自分ハ豫期致シタノデアリマス（「ノウ〳〵」ト呼フ者アリ）然ルニ唯今ノウ〳〵ト言ハレル如ク反對モ、反對各派殆ド一致シテ反對ヲ表セラレテ、我政友會獨リ此案ヲ支持スルノ狀況ニ立至ッタコトヲ甚ダ悲ムノデアリマス（「ノウ〳〵」「サウデモナイ」ト呼フ者アリ）サウデモナケレバ洵ニ幸デアリマス、諸君、過日ノ委員會ニ於テハ正ニ左樣デアッタノデアリマス、國民黨ノ鈴木君ハ絕對ニ反對ヲ表セラレ、其他ニモ皆反對デアッタノデアリマス、斯ノ如キ問題ガ黨派ノ擴張ノ餌ニ供スルトカ、或ハ他ニ意味ノアル敵本主義ノ案デアルトカ云フ如キ誤解ヲ天下ニ與ヘルコトハ、吾々ノ甚ダ遺憾トスルトコロデアル、殊ニ昨今新聞紙ノ論調ハ動モスレバ常軌ヲ逸シテ（「ノウ〳〵」ト呼フ者アリ）本案ノ如キハ政友會ガ地方民ヲ釣ルトコロノ案デアルト云フ、唯今早速君ノ言ハレタル如キ論調ヲ用ヰル新聞紙モ少ナカラヌ（「其通リ」ト呼フ者アリ）諸君斯ノ如キ反對ガナケレバ私ハ言論ヲ費ス必要ハ無カッタノデアル、ケレドモ斯カル誤ッタル議論ガアル以上ハ、諸君ニ對シテハ甚ダ御氣ノ毒デアリマスガ質問時間ヲ拜借セザルヲ得ヌノデアル（「謹聽々々」ト呼フ者アリ）諸君、唯今早速君ノ反對意見ト致シマシテ表示セラレタ所ノモノハ、第一ガ國庫ノ剩餘金ヲ積立テ、置クト云フ卽チ基金制度其モノガ根本ニ惡イト云フノガ第一ノ論點、第二ノ論點ハ產業奬勵ト云フガ獨リ農業奬勵ニ限ッタノハ何故デアルカ、商工業者ヲ度外スルガ如キ此案ハ宜シクナイデハナイカト云フノガ第二ノ論點デアリマス、第三ハ其內容ガ甚ダ明確ヲ缺イテ何ニ使フカト云フコトノ、具體ノ案ガ伴ハナイカラ宜シクナイト云フノガ第三ノ論點、第四ガ或ハ恐ル政黨ノ黨略デハナイカト云フ四ツニナッテ居ルヤウニ考ヘマス、又委員會ニ於ケル反對ノ議論ノ中デ最モ有力ナル議論ト目サレベキモノハ農業ノ改良奬勵ト云フ以外ニ商工業ヲ置イタト云フコトガ宜シクナイト云フコトガ一ツ、モウ一ツハ此農業ノ側ニ於テハ改良發達ノ餘地甚ダ少ナシト認メル、農業ハ集約ノ極ニ達シテ最早改善ノ餘地甚ダ乏シイ、然ルヲ斯ノ如キ大ナル基金ヲ置イテ非常ナ奬勵ヲスルト云フガ如キコトハ、時代ノ要求セザルトコロデアルト云フガ如キ御議論ガアッタノデアル、大要之ニ反對スルトコロノ議論ハ以上ノ如キモノニ過ギナイト私ハ思フノデアリマス、是ニ於テ先ヅ以テ此根本論ニ立入ッテ我帝國ノ現狀ガ勸業政策ヲ取ッテ大ニ進マナケレバナラナイカ否ヤト云フ此根本ニ遡ッテ論議セザルヲ得ヌノデアリマス、諸君、先帝陛下ノ崩御ノ際ニ英國ノ新聞紙ハ斯樣ナコトヲ言フ、吾々ノ友邦ナル東洋ノ一大帝國ハ今ヤ不世出ノ英主ヲ失ッテ國民ハ殆ド其方針ニ迷ッテ居ル、明治ノ初年ヨリ四十有五年ノ間非常ナル速力ヲ以テ進步シ向上シ發展シ來ッタ所ノ我友邦ノ國民ハ、此指導者デアルトコロノ大帝ヲ失ッテ彼等ノ發達ハ既ニ茲ニ止マルノデハナイカ、國運ノ進展ハ茲ニ足ヲ止メルノデハナイカ、吾々ハ眞實ニ友愛スルトコロノ我同盟國民ノ爲ニ斯ノ如キコト無カランコトヲ祈ルト云フ趣意ノ記事ガアッタコトハ諸君ノ御承知ノコトデアラウト思フ、諸君、此英國ノ我友邦ナル所ノ新聞ノ論評ハ稍〻事實ニ當リツ、アルガ如キ近來ノ情勢デアルト云フコトヲ私ハ悲ムノデアリマス、大正ノ年度ニ至ッテ殊ニ我國ニ於ケル政論及新聞紙ノ論評國民ノ主張ハ、剛健ナル建設的ノ見地ニ立ッタトコロノ雄大ナル議論ガ段々ト少ナクナッテ、徒ニ悲觀シ、徒ラニ評論シ、終ニ破壞シ――現狀ヲ破壞スルガ如キトコロノ論議ガ橫溢シテ來タト云フコトハ著シキ徵候デアルト私ハ思フノデアリマス（「脫線」ト呼フ者アリ）諸君斯ノ如キ主張ガ政治論トナッテハドンナ論ニナッテ居ル、悉ク國論ノ中ノ一部ニハ減稅論廢稅論財政悲觀論早速君ノ如キハ常ニ財政上今ニモ日本ハ潰レルト云フ如キ議論ヲ屢〻繰返サル、、財政上ニ於テ此八千万圓以上ノ正貨ノ流出ヲドウスルカ、此貿易ノ逆潮ヲドウスルカ、此大ナル負債ヲ如何ニスルカト云フ否定的疑問的懷疑的ノ議論ヲ至ル所ニ聞クヤウニナッタノデアリマス、ケレドモ政治上ニ於テ一定ノ見識ヲ立テテ之ニ肯定的ノ論斷ヲ與ヘテ建設ノ經綸ヲ論ズル者ニ至ッテハ、天下甚ダ寥々タルヲ惜ムノデアリマス（拍手起ル）諸君、私ハ此社會ニ斯ノ如キ悲觀破壞ノ空氣ノ多クナッタコトニハ一大原因ノアルコトヲ認メルノデアル、原因トハ何デアリマセウ、固ヨリ斯ノ如キ原因ヲ爲シタ所ノモノニハ、過去四十五年間ニ於ケル所ノ有ユル事柄ガ因トナッタノデアリマスカラ、必シモ一二ヲ以テ論ズルコトハ出來マセヌ、ケレドモ其中ノ最モ大ナル不安ノ原因ヲナスモノハ所謂輸入超過正貨維持ノ困難、年々八千万圓以上ノ正貨ヲ海外ニ失ッテ、何十年――何年經ッタナラバ是ガ平調ニ復スデアラウカ、此勢ヲ以テ進ムナラバ、國家ノ前途ハ如何ナル所ニ參ルデアラウカト云フ、此一大不安ノ觀念ハ、帝國ノ上下ヲ襲フテ居ルニ相違ナイト私ハ思フノデアリマス、此貿易ノ逆潮、正貨ノ流出、或ハ意識的ニ之ヲ考ヘル者モアリマス、或ハ無意識的ニ之ヲ感ズル者モアリマセウガ、兎ニ角モ國民ノ中ノ不安ノ念ハ是ヨリ釀成セラル、ト云フコトヲ私ハ疑ハナイノデアリマス、諸君、物質上ノ以外其次ニハ今日ノ敎育ノ制度ノ結果トシテ智識階級ガ職業ヲ得ルコト能ハズシテ都市ニ集中シテ來テ、イロ〳〵不平不滿ノ念ヲ生ジテ來タト云フコトハ、國論ノ上ニ大ナル悲觀論、破壞論ヲ生ズルトコロノ原因ト思ヒマスガ、是ハ別問題トシテ本問題ニ直接關係アルトコロノ農業上ノ方面ヨリ私ハ之ヲ論斷シテ、此不安ノ大原因ハ將ニ此貿易上ノ不均衡、及是ニ伴フトコロノ正貨ノ流出ト云フコトガ、物質上ニ於ケル我國民ヲ腦スルトコロノ大ナル低氣壓ト私ハ論斷ヲ致スノデアリマス、諸君、尙更ニ大ナル原因ガアルト思フガ、是ハ併ナガラ極メテ少數ナル部分ニ意識サレテ居ッテ國民ノ多數ニハ意識サレテ居リマセヌケレドモ凡ツ國民ノ衣食ノ獨立ト云フコトハ、卽チ國家ノ獨立ニ最モ重要ナルモノデアルト云フコトハ私ガ言フヲ俟タヌノデアリマス、然ルニ我國民ノ衣食ノ原料ハ殆ド自國ニ於テ供給スルコトガ出來ナイ、吾々ノ著ルトコロノ木綿、吾々ノ著ルトコロノ毛織物吾々ノ食物ハ今ヤ年々數十万圓ノ輸入ヲ仰ギ、甚ダシキニ至リテハ七千万圓乃至一億万圓ニ達スル農產物ノ輸入ヲシナケレバ、國民ガ食ヒ足リナイト云フ現況ニ立至ッテ居ルノデアリマス、諸君、或ハ英國ノ例ヲ引イテ英國人ハ食料ヲ持タズト雖モ彼ガ如ク世界ニ雄飛シテ居ルト云フ議論ヲナサル方ガアリマスガ、是ハ甚ダ古キ經濟論ニ囚ハレタトコロノ議論デアッテ、今日大英帝國ノ政治家ガ在朝在野ヲ問ハズ、悉ク農業ノ興隆勃興ト云フコトニ力ヲ盡シテ居ル、殊ニ英國々民ガ衣食ニ足ラザルヲ苦シムト云フコトハ立國ノ基礎ニ於テ甚ダ危險ト感ジタノデアリマス、況ヤ我國ノ如キ殆ド生產額ノ大部分ノ三十億ト稱スル生產額ノ約二十億ハ農產物デアッテ、其人口ノ數カラ云フテモ三分ノ二ヲ有シテ居ルトコロノ農國ニ於テハ、農業上ノ衰頽ヨリ食物ノ缺乏、而シテ國民ガ衣食ノ原料ヲ得ルニ苦ムト云フ根本問題ニ於テハ、苟モ國家ノ前途、國民ノ前途ニ關スルコトデ何人ト雖モ是ニ對シテ寒心セザル者ガアリマセウカ諸君、現下ニ於テハ貿易ノ逆調トナリ、正貨ノ流出トナリ、而シテ延テ百年ノ後ニハ國民ノ衣食ノ原料ヲ悉ク外國ヨリ仰ガナケレバナラヌト云フ此趨勢ニ對シテハ、國民上下不安ノ念ニ驅ラレテ終ニ怪疑ノ精神ガ充滿スルニ至ルモ亦怪シムニ足ラヌノデアリマス、此ニ於テ現下ノ大問題多シト雖モ、又將來ノ大問題多シト雖モ此中ニ於テ貿易ノ逆調ヲ止メ、正貨流出ヲ防ギ、而シテ現下ニ對スル財政ノ基礎ヲ確固ニシ經濟ノ調節ヲ圖ル、是ヨリ大ナル問題ガ現下何處ニアリマセウ、唯今早速君ハ剩餘金ノ如キハ使フベキトコロノ途ガ多々アル、非常ニ有效ナルモノアリト稱セラレマシタガ、私不敏ニシテ不學ニシテ現下ニ於ケルトコロノ貿易ノ逆調ヲ轉廻シ、正貨ノ流出ヲ止メルト云フ此根本ノ問題ニ向ッテ力ヲ盡ス以外ニ何等重要ナル問題ガアリマセウ、何ニモ重要ナル使ヒ途ハアリマセヌ、私ハ不敏ニシテ之ヲ知ラザルコトヲ恥ルノデアリマス、諸君、私ハ現下ニ於ケル貿易ノ逆調、正貨維持ノ問題、朝野舌ヲ爛シ筆ヲ枯ラシテ論シテ居リマス、ケレドモ未ダ是ニ向ッテ建設的ノ經綸ハ無イノデアリマス、評論ハアル、批評ハアル、ケレドモ未ダ如何ニスレバ宜イト云フ肯定的ノモノハナイ、此ニ於テ私ハ進ンデ之ヲ如何ニシテ此途ヲ防グト云フ解決ヲ之ニ與ヘント試ミタノデアリマス、諸君、反對ノ諸君ハ農業ハ既ニ集約ノ極ニ達シテ是以上改良ノ餘地ハ甚ダ少ナイ、是ニ向ッテ力ヲ盡スガ如キコトハ非常ニ時勢ニ遲レタル議論デアル、殊ニ鈴木君ノ如キハ此古キ思想、古キ政策ハ甚ダ宜クナイデハナイカト言ハレテ居リマス、併ナガラ凡ソ政治上ニ行ハレテ居ル事柄ハ、皆古キ仕事デアルト私ハ思フテ居リマス、三千年若クハ五千年以前ノ人ノ思想ニ畫カレ、而シテ實行サレタルコトヲ歴史ハ常ニ繰返サレツヽアルノデアリマス、政治上ニ行ハレテ居ルコトハ、全ク新ラシキモノハドレダケアルデアリマセウカ、吾々ハ此新ラシキ意味、古キ意味ト云フモノハ政治上ニ於テ完ク意味ヲナサヌト思ヒマス、私共念フニ日本ニ於テ農業ノ餘地ハ甚ダ乏シイト云フ議論ハ、經濟學上其他實業家トシテ經驗ヲ積マレタル鈴木君ノ如キ達識ノ士ヨリ、此議論ヲ聽クコトヲ甚ダ悲ムノデアリマス、鈴木君ニシテ尙然リ、ヨリ以下ノ人ニ至リテハ、ヨリ誤ッタル議論ヲスルデアラウト思フ、諸君、我國ノ農業ノ範圍ハ決シテ鈴木君等ノ稱セラルヽガ如キ規模ノ小サイモノデハアリマセヌ、而シテ又是ガ充分ノ域ニ達シテ居ルモノデハアリマセヌ、試ニ是カラ數字ニ依テ諸君ノ倦怠ヲ催スコトニ致シマセウ、私ノ調ベタ所ニ依ルト、內地及殖民地ヲ併セマシテ未開地ガ約五百万町步アリマス、此五百万町步ハ當然開墾ヲ致スベキモノデアリマス、若シ是ニ資本ヲ與ヘ、方法ヲ講ジテ開墾ヲ速成スルナラバ、一段步ニ於テ十五圓ノ收入ヲ得ルコトハ決シテ難事デハナイノデアリマス、此五百万町步ニ付キ一段步十五圓ヲ得ルトスレバ、是ニ依テ年額七億五千万圓ノ農產額ヲ增加スルコトハ數字ノ明カニ示ストコロデアリマス、又日本ニ於ケル畑地及臺灣朝鮮等ノ殖民地ニ於ケル既墾ノ畑地ヲ算スルト約五百万町步アリマス、此畑地ニ對シテ文明ノ機械ヲ利用シ資金ヲ利用シテ、是ニ水ヲ揚ゲテ水田ニ變換スルコトハ極メテ容易ナモノデアリマス、此ニ於テ此五万町步ノ既墾地、及ヒ是カラ開墾ヲ新ニセントスル五百万町步 併セテ一千万町步ノ畑地ニ對シ平均二割ノ水田ヲ拵ヘル計算トスレバ、是ニ依テ一段步十五圓ノ增額ヲナシ、此計算ヨリ約三百万圓ノ金額ヲ增加シ得ルコトモ數字ノ明カニ示ストコロデアリマス、更ニ棉花ノ如キハ今日ハ之ヲ海外ニ仰イデ居リマス、ケレドモ朝鮮總督府ノ調査スルトコロニ依レバ、朝鮮ニ於テ約三千万圓、是ハ決シテ困難ナコトデハナイト申シテ居リマス、更ニ臺灣ニ於テモ此事ニ精通シタル人々ノ意見ヲ聽キマスニ、臺灣ニ於テ約一億二千万圓ノ棉花ガ出來ルト云フコトハ、政策如何ニ依テ決シテ難事デナイト云フコトヲ立證シテ居リマス、此說ヲ信ナリトスレバ、茲ニ一億五千万圓ノ產額ヲ增加スルコトガ出來マスルケレドモ、其中ニ同ジク畑地ヲ利用スルノデアルカラシテ、此中ノ一億五千万圓ヲ差引イテ純利益五千万圓ノ增加ヲ是ニ依テ爲シ得ルト云フコトハ決シテ架空ノ說デナイト私ハ思フノデアリマス、更ニ今日日本ノ肥料ハ大豆其他ヲ合セマシテ非常ナル數ニ上ッテ輸入ヲ致シテ居リマスル、此本年ノ如キハ既ニ約七千万圓ノ輸入ヲ致シタノデアリマス、此七千万圓以上ノ肥料ヲ若シ日本ニ於テ之ヲ作リ得ルナラバ、此輸入ヲ減ズルコトガ出來ルノデアリマス、五百万町步ノ畑地ノ開墾ヲスルノニハ、農馬ノ百万頭ヲ增加スルニ於テハ、是非共是ガ伴ハナケレバナラヌノデアリマス、勞力ノ不足ヲ補フタメニドウシテモ農馬ノ必要ヲ感ズルノデアリマス、農馬百万頭ノ案ヲ立テルナラバ、此農馬ガ一頭四十八圓ノ肥料ヲ作ルモノデアルカラ、此百万頭ヲ殖ヤシタ結果ハ年額四千八百万圓ノ肥料ノ輸入ヲ防ギ得ルコトニナルノデアリマス（一「長イト反對スルゾ」ト呼フ者アリ）又生絲ノ如キ今日ハ約一億五千万圓以上二億万圓ニ近キトコロノモノデアリマス、ケレドモ此等ニ尙餘地ナキカ否ヤト云フナラバ、此生絲ノ如キモノハ二割三割ノ增加ヲスルト云フコトハ是亦決シテ架空ノ想像ニ非ズシテ、過去十年間ニ於ケル需要ノ增加、海外輸出ノ增加ノ此率ニ鑑ミマシテモ、今後四五千万圓ノ增加ノ如キハ極メテ易々タルコトデアラウト信ズルノデアリマス、更ニ全國ニ於ケル農家ノ借入レテ使ッテ居ルトコロノ債務ハ約十億万圓ト稱セラル、此調ベハ或ハ七億万圓ト云ヒ、或ハ八億万圓ト云ヒ、未ダ正確ナルモノデハアリマセヌガ、約十億ト見ルコトヲ得ルノデアリマス、十億万圓ノ中デ勸業銀行若クハ農工銀行ノ如キ低利ノ資金ヲ使ッテ居ル者ハ僅ニ一億七千万圓ニ過ギナイノデアリマス、殘ル八億三千万圓以上ノ巨額ノ金ハ悉ク一割二步以上ノ高利デアルノデアリマス、此高キ利息、若シ之ヲ外資輸入ニ依テ六朱若クハ七朱若クハ八朱ト云フコトニ借替ヘルコトガ出來タナラバ、一年ニ於テ平均利率ノ四步若クハ五步ノ差ガ出テ來ルノデアリマス、若シ四步トスレバ三千五百万圓、若シ五步トスルナラバ四千万圓ニ近キトコロノ農民ノ利益ヲ增スコトガ出來ルノデアリマス、更ニ此外資輸入――十億ノ輸入ニ依テ今日ノ農業ノ高イ資金ヲ低利ニ借替ヘレバ、之ニ依テ農業ノ改良トナリ、機械ノ利用トナリ、有ユル方法ノ改善發達ニ依テ平均農產額約十八億万圓ノ百分ノ五ヲ增スト云フガ如キコトハ、是亦決シテ架空ノ想像デハナイノデアリマス

大正三年三月十一日　議長ノ報告

衆議院議員小西和君提出瀬戸内海ノ漁業ニ關スル質問ニ對スル別紙答辯書進候

（別紙）

衆議院議員小西和君提出瀬戸内海ノ漁業ニ關スル質問ニ對スル答辯書

一 明治四十二年十一月農商務省令第五十六號ヲ以テ發布シタル瀬戸内海漁業取締ニ關スル規定ハ發布ノ當時ニ於テ關係府縣ニ對シ殊ニ訓令ヲ發シ明治四十四年一月一日以來之カ實行ヲ期セリ爾來關係地方ニ於テモ此趣旨ニ基キ相當取締ヲナシツヽアルモ地方ヲ異ニスルカ爲ニ其ノ取締ニ緩嚴ノ差アルヲ免カレサルノ實況アルヲ認メ主務省ハ更ニ客年十月關係府縣ニ通牒ヲ發シ之カ注意ヲ喚起シタリ卽チ政府ハ該規則施行以來之カ實行ヲ期シ且ツ或程度迄ハ其實行セラレツヽアルヲ信ス

二 瀬戸内海漁業取締規則ハ主トシテ漁族ノ蕃殖上有害ナリト認メラルヽ漁業ニ付キ其ノ最有害ニシテ且ツ漁利比較的僅少ナル時季ヲ撰定シテ制限ヲ設ケタレハ該規定ヲ勵行スルモ當業者周年間ノ經營ヨリ打算スルトキハ之カ爲ニ失業シ又ハ漁村全滅ヲ招致スルカ如キ患ナシト認ム

三 瀬戸内海漁業取締規則ノ實況及之カ當業者ニ及ホス關係ハ前述ノ如シト雖トモ由來瀬戸内海ニ於テハ其ノ漁場ニ比シテ漁業者ノ數多キニ過クルカノ感ナキニアラサルヲ以テ關係地方ニ於テハ一方ニハ朝鮮海其他ノ通漁若ハ移住ヲ奬勵シ他方ニハ養殖ノ事業ヲ奬勵シツヽアリ

右及答辯候也

大正三年三月七日

農商務大臣山本達雄

移民奬勵ニ關スル質問主意書

我カ邦現時ノ狀態ハ内社會政策ニ迫ラレツツ外國防ノ競爭ニ何物ヲモ犧牲ニ供セムトスルノ觀アリテ毫モ國家ヲシテ富強ナラシムヘキ經綸ノ基礎ヲ確立スル所ナキカ如シ嗚呼斯ノ如クムハ遂ニ國家ヲシテ營養不良ノ悲境ニ陷ラシムルノ外アラサルヘシ惟フニ今ヤ我カ國是ハ領土ノ擴張ニ非ス將又滿韓ノ移民ニ非ス絕大ナル富力ヲ有シ豐富ナル遺利ヲ有スル墨西哥及南米ノ一角ニ移民ヲ送ルヲ以テ最策ヲ得常ヲ得タルノ急務ナリト信ス我カ領土ハ狹小ニシテ敢テ誇ルニ足ルヘキ產物ノアルニ非ス人口ハ年々歲々非常ナル速度ヲ以テ過剩シツツアルニアラスヤ蓋シ之ヲ社會政策ノ上ヨリ觀之ヲ經濟發展ノ上ヨリ觀ルモ此ノ方面ニ於ケル移民ノ奬勵ト事業家ノ投資ヲ奬勵スルニ勝レルノ手段アラサルヘシト認ム政府ノ之ニ對スル所見如何

若又政府ニシテ前記移民ヲ奬勵スルノ意アリトセハ政府ハ移民ニ關スル學校ノ設立又ハ移民航海ノ補助其ノ他之カ便利ヲ圖ルノ諸機關ヲ設備セムトハ爲ササルカ

右及質問候也

帝國在鄉軍人會ニ關スル質問主意書

右成規ニ據リ提出候也

大正三年三月三日

提出者　相島勘次郎

贊成者　高木益太郎

外三十八人

帝國在鄉軍人會ニ關スル質問主意書

一 帝國在鄉軍人會ハ陸軍省官制第十條第九項ノ事務ニシテ陸軍大臣ノ監督ニ屬スルモノナルコト帝國在鄉軍人會規約第四條ニ明記スル所ノ如シ然ルニ寺内大將カ規約第十七條ノ規定ニ反シ朝鮮居住ノ儘會長ノ職ニ在ルハ不都合ナラスヤ之ヲ不問ニ附スル理由如何

一 帝國在鄉軍人會長カ其ノ會員ニ對シ國民トシテ選擧權ヲ行使スル行爲ニ干涉スルカ如キ訓令ヲ發スルニ拘ラス之ヲ不問ニ附スル理由如何

右及質問候也

第八　揚子江岸ニ於ケル鐵道敷設其ノ他ノ利權獲得ニ關スル件

本邦人カ夙ニ運動シツツアリタル南京萍鄉間及安慶正陽關間ノ兩鐵道敷設權ハ英國ノ抗議ノ爲ニ其ノ成立ニ頓挫ヲ來シタルモノナリトノ說アリ抑揚子江流域ハ英國ノ勢力範圍ト稱スト雖其ノ事實ハ英國カ清朝時代ニ於テ貿易ノ保護上他國ニ其ノ地域ヲ割讓セシメサルノ言質ヲ取得シタルニ止マリ其ノ他ハ何等ノ政治的經濟的特權ヲ有スルモノニアラス現ニ佛米獨諸國ハ同流域ニ於テ何レモ相當ノ利權ヲ占有シツツアルニアラスヤ我國ハ長江流域ニ於ケル利害關係ノ重大密接ナルコト在留民ノ人口ニ於テ逅ニ列國ノ上ニアリ貿易額ニ於テモ利權ノ投資ニ於テモ亦決シテ英國ニ下ラス況ヤ支那ニ對スル機會均等主義ハ列國間ノ公約タルニ於テ支那何レノ處ニ於テ利權ノ獲得ヲ行フモ何ソ列國ノ掣肘ヲ受クヘキ必要アルモノナラムヤ英國カ之ニ對シ薄弱ナル勢力範圍ノ名下ニ我カ國民ノ運動ニ向テ抗議ヲ爲シタリトセハ是レ日英同盟ヲ無視シ及列國間ニ於ケル機會均等主義ヲ度外視シタルモノナリ事實ノ眞相並長江流域ニ於ケル鐵道其ノ他利權獲得ニ際シ英國ノ妨害ニ對スル政府ノ方針如何

右及質問候也

備考

吉會線ハ南滿鐵道線長春驛ヨリ日本海岸朝鮮清津ニ出ル中間ナル吉林ヨリ會寧ニ至ル間ヲ指ス其ノ延長二百七十哩（工費的三千萬圓ノ豫算）ニシテ此ノ鐵道成立スルトキハ從來我カ鐵道勢力ハ滿洲ニ於テ安奉線ニヨリ偏則ナル丁字形ヲ以テ其ノ線路ヲ劃シタルモノ此ノ鐵道ニヨリテ之ヲ兩端ヨリ引キ廻ハス形トナリ滿洲ニ對スル鐵道勢力ノ基礎始メテ確立スルヲ得ヘシ而シテ其ノ效果ヲ考フルニ左ノ如シ

軍事上ニテハ一朝長春方面ニ事アリ急ニ軍隊ヲ集中スルニ當リ從來朝鮮方面及大連方面ヨリ奉天ニ集リ南滿線ノ一線ニテ之ニ赴クノミナリシカ吉長線成立スル曉ニハ其ノ集中線二線ト爲ルカ故ニ倍數ノ兵力ヲ送ルヲ得ヘク又假リニ黃海方面ニ敵艦遊弋スルコトアリトセムカ大連線ハ殆ト其ノ用ヲ爲サス又朝鮮線モ平安道海岸ニ接近セル線路ヲ脅カサルル恐レアリ然ルトキハ現時ノ南滿線モ亦決シテ安全ナルモノト云フヘカラス乃チ此ノ鐵道成立シテコソ始メテ此ノ缺點ヲ補フヲ得ヘシ又此ノ鐵道ハ露國ノ東清鐵道並浦鹽、ポシエット方面ニ對シ

極メテ强力ナル威嚇ノ用ヲ爲シ其ノ勢力ヲ分割セシムルノ用頗ル大ナリ

滿蒙經營上ニ於テハ日本海竝北韓方面ヨリ發展スル勢力ヲ滿蒙方面ニ集中スルニ最近距離且便宜ナル聯絡ヲ開通シ竝同鐵道沿線ノ富源ヲ開發シ通商移民其ノ他各種ノ勢力集中上始メテ完全ナルヲ得ヘシ

之ヲ鐵道營業上ヨリ見ルモ現在長春方面ニ於テ四平街昌圖方面ノ我カ南滿線ニ對シテ東淸鐵道ヨリ荷物ノ運輸ヲ奪ハレツツアルニ對シ却テ東淸鐵道ノ荷物ヲ我ニ吸收シ又洮南長春線開通ノ上ニ於テモ其ノ方面ノ貨物ヲ吸收スルヲ得ヘク況ヤ本鐵道沿線ニ於ケル森林ノ伐採運輸ハ鐵道營業上頗ル有望ナルモノアリ要スルニ鐵道營業收支上ニ於テモ亦最有利ノモノタルヲ失ハサルヘシ

本線ハ明治四十年四月十五日ヲ以テ締結シタル新奉及吉長鐵道ニ關スル條約中第三條ニ於テ「將來吉長鐵道ニ在テ支線ヲ添設シ或ハ該鐵道ヲ延長スル場合ニハ其建造ノコトハ淸國政府ノ自辨ニ歸スヘク若シ資金ニ不足アルトキハ會社ニ向ッテ借入ヲ申込ムヘシ」トノ條項ヲ認メシメタルカ當時間島問題ヲ解決スルニ當リ吉長安奉兩線ト共ニ交換的意味ノ下ニ此ノ條約ヲ結ハシメタルモノナルコトハ當時一般ノ疑ハサリシ所ナリ然ルニ滿蒙經營上國防上最急務ヲ要スル今日ニ至ル迄尙放棄セラレ殊ニ滿蒙五鐵道問題ノ解決ニ際シテモ之ヲ不問ニ附シアルハ甚遺憾ナリ

本鐵道ノ沿線タル延吉琿春方面ハ前淸朝愛親覺羅ノ出生地ニシテ舊ト相當ノ盛昌タリシカ覺羅氏其ノ眷族ヲ率ヰ支那本土ニ出テタル際シ土民等大擧其ノ地ヲ空シクシテ之ニ從ヒ去リタル儘交通不便ノ爲今日迄人口稀薄ナルモノナレトモ地勢廣漠ニシテ土地肥沃ニ開拓上頗ル有望ナリ而シテ現ニ多數ノ鮮人等カ移住地ヲ以テ名アル間島平野ハ其ノ一部分ナル此ノ他沿線ニ於テハ森林鑛山ノ利源頗ル多ク又農産物ノ産出少ナカラス

本鐵道ノ工費ハ從來ノ關係上ヨリスレハ南滿鐵道會社ニ於テ其ノ協議ヲ受クヘキモノナルカ其ノ開通ハ單ニ滿鐵會社ノ收支ヨリスルトキハ其ノ本線ノ利益ヲ分割セラルルヲ杞憂スルカ爲自然放置セラルルモノナリトノ說アリ果シテ然ラハ大局ヲ顧ミサルノ行爲ナリトス

○議長（長谷場純孝君）　會議ヲ開キマス、高橋大藏大臣

（大藏大臣男爵高橋是淸君登壇）

○大藏大臣（男爵高橋是淸君）　今回大正三年度總豫算追加トシテ提出致シタル大禮費豫算ヲ諸君ニ紹介スルハ、私ノ深ク光榮トスルトコロデゴザイマス、抑〻大禮ハ洵ニ聖代ノ盛儀ニシテ、其關係スル所頗ル重大ニ、其影響スル所極メテ廣汎ナルヲ以テ、政府ハ昨年來汎ク各般ノ事項ヲ調査シ、愼重審議苟モ遺算ナカランコトヲ期スルト共ニ、是ガ豫算ノ編成ニ關シテハ、冗ヲ省キ用ヲ節シ、以テ聖旨ノ在ル所ニ反カサランコトヲ努メマシタ、大正三年度總豫算追加第一號ニ計上スルトコロノ金額ハ、歲入歲出各〻三百八十二万六千百四十圓ニシテ、第二號ニ計上スル所ノ金額ハ、歲入歲出各〻百五十万千三百二圓、故ニ兩者ヲ合シテ歲入歲出各〻五百三十二万七千四百四十二圓デゴザイマス、前者ハ大禮ニ關スル直接ノ經費ニシテ大禮使ノ主管ニ屬シ、後者ハ大禮ノ擧行ニ伴ヒ關係各省ニ於テ實行スベキ各般ノ施設ニ要スル經費デゴザイマス、尙ホ右ノ外大禮ニ伴ヒ關東都督府、朝鮮總督府、及ヒ臺灣總督府ニ於テ要スル經費ハ各〻特別會計歲入歲出豫算追加トシテ之ヲ提出致シマシタ、諸君、私ハ諸君ガ愼重審議以テ速ニ本豫算案ニ協贊ヲ與ヘラレンコトヲ望ミマス

一　移民奬勵ニ關スル質問

（中川虎之助君登壇）

○中川虎之助君　諸君、本員ハ海外移民ノ問題ニ付テ政府當局ニ質問ガシタイノデアリマス、是ハ何デ此質問ヲスルカト云フト、本員ハ帝國ノ經濟ノ實力ヲ堅實ニスルト云フ其方法トシテ、經濟力ヲ増加スル上ニ於テ海外移民ト云フコトハ頗ル大切ナモノデアルト云フコトヲ思ヒマシタノデ質問ガシタイノデアル、ソレニ又經濟ノ方面バカリデナシニ、我國モ追々社會政策ノ解決ガ益々切迫ヲシテ來タ感ジガアルガタメニ、此二ツノ――一ツハ社會政策ノ上カラ、一ツハ經濟力ヲ充實スル上カラ思ヒ付イタ質問デアリマスガ、諸君貿易ノ狀態ガ、御承知ノ通リ近年ノ貿易ノ狀態ハ輸入超過ノ大部分ヲナシテ居ルモノハ何デアルカト云ヘバ、極メテ必要品デ、棉ダトカ豆ダトカ砂糖、米、斯ウ云フ一日モ國民ガ無ケレバナラヌトコロノ必要品ガ輸入超過ノ大部分ヲナシテ居ルノデアリマシテ、是等ハドウシテモ我國ニ此米ダノ棉デヤノ砂糖デヤノ豆デヤノト云フヤウナ日用品ヲ、何時モ國民ノ需要ニ充實スルダケノモノヲ我ガ領土内ニ作リ果セルカト云フト、奈何セン領土ガ狹イガタメニ產物ハ是等ノモノモアリマスケレドモ、皆キレギレノ少シバカリノモノガアルバカリデ、世界無敵ノ特產物トシテ貿易ノ上デ大ニ我國ガ利益ヲ得果セルト云フモノガナイノハ、誠ニ此領土ガ狹イカラデアラウト私ハ思フノデアル、然ラバ領土ノ擴張ハ出來ルカト云フト、迚モ今日ノ狀態デハ領土擴張ナド云フコトハ言フベカラズ、又行フベカラズ、之ヲヤラウトスレバ禍ヲ求メルダケノコトデアル、サウスルトドウシタラ宜イカ、或ハ政府當局ノ人ハ前年ハ朝鮮トカ滿洲トカ云フ方面ヘ移民ヲ集中シタラ好イヂヤナイカト云フヤウナコトヲ言フタコトモアリマシタガ、私ハ迚モ勞働ノ報酬ガ廉イ、生活程度ノ低イ、比較的滿洲朝鮮モ人口ノ多イ土地デアルカラシテ、我國ノ勞働者ガ喜ンデ行クト云フコトハ役所ヘハムヅカシイダラウト思フノデアル、他ニ無ケレバ已ムヲ得ヌケレドモ、他ニ私ハアラウト思フ、ソレハドウ云フ方面ニアルカト云ヘバ、墨國トカ或ハ墨國以南ノ南米ノ彼ノ智利ダトカ亞爾然丁ダトカ、其他伯剌西爾デヤトカ云フヤウナ方面ハ、キット土地モ廣シ還利モ豐富、勞働ノ報酬モ吾々ノ調ベタトコロニ依ルト我國ニ比ベレバ殆ド十倍ノ賃錢ヲ得テ居ルモノガ澤山アリマス、斯ウ云フ方面ニ向ッテ大ナル移民ノ奬勵ヲヤルコトニシタナラバ、此貿易上ノ不利益ヲ被ットルコトヲ癒シ得ルコトガ出來得ラル、デアラウト思フ、同時ニデス、此社會政策ノ解決ガ頗ル切迫シテ來テ居ル、之ヲ緩和スルニハ頗ル妙デアラウト私ハ思フノデアル、サウシテ又此墨國トカ南米トカ云フノモ今此時ニヤラナカッタラ、今ノ北米合衆國ガ南米モ統一スルト云フヤウナ事マデナリサウニアルノダガ、南米ノ統一ヲ合衆國ガスルヤウナ事ガ出來タトキニハ、奈何セン南米ノ一角ヘ我ガ移民ヲ出スト云フコトモ、今日ノ加州ノ排日問題見タイナコトガ彼處ヘモドウセ流行ヲシテ行ッテ、我ガ民族ガアノ方面ニ發展スルト云フコトモ今少シシタレバ出來ヌコトニナルダラウト私ハ思フノデアルカラ、此場合ニ宜シク政府ハ是等ノ墨國ダトカ伯剌西爾ダトカ亞爾然丁ダトカ云フヤウナ所ト――向フガ歡迎ヲシテ呉レ居ル際デアルカラ、特殊ノ有利ナル條約ヲ移民ニ對シ締結スルコトモ不可能ノコトヂヤナカラウト思フノデアル、ソレデ此方面ニ我ガ移民ヲ一ツドシドシ送ルト云フコトハ、移民局デモ設置シテ移民學校モ拵ヘ、或ハ向フヘ行ッテモ一箇月ヤ二箇月ハ移民ガ十分移住地ノ撰擇ヲスルノニ便利ヲ與ヘルト云フヤウナコトカラ、又往來ノ船ニ對シテモ餘程ノ補助デモ與ヘルトカ、各方面カラ必要ナルトコロノ移民ニ對シテ便利ヲ與ヘル、各種ノ機關ヲ設置スルト云フ位ノ仕掛ニシテ、此際大ニ之ヲヤルト云フコトハ頗ル要用ノコトデアラウト思フノデアリマス、サウシテ之ニ頓着セズシテ當分打棄ッテ置クト云フコトニナルト、諸君之ヲ牧場ニ喩ヘテ一例ヲ申シマスト、年々六十四万頭ヅヽノ羊ガ殖エテ行キ居ル、年々六十四万頭宛ノ羊ガ殖エテ行クノニ、一ツノ牧場ノ中デヂット外ヘ行クコトナラヌト云フヤウナ狀態ニナッテ居ル、一ノ牧場ノ中デ毎年六十四万疋ヅヽ、羊ガ殖エテ行クニ、牧場ノ外ヘ行タコトガナラヌ、牧場ヲ殖スコトガナラヌ、一ツノ牧場ノ中デ親モ子モ孫モ玄孫モ同ジ枯草ヲ奪合ウテ居ラナケレバナラヌト云フヤウナコトデハ、我ガ大和民族ガ世界的大發展ヲスルト云フトコロノ理想ハ、絕對的ニ出來ルモノヂヤナカラウト思フノデアル（「餘ッタラ撲殺シタラ宜イヂヤナイカ」ト呼フ者アリ）撲殺ハ可哀想ダ、之ヲ安閑ト打棄ッテ置クト云フコトハ一ハ我ガ帝國ノ經濟狀態ヲシテヤハリ今日ノ如ク思ハシカラヌ狀態ヲ長クスル、又中ニハ貿易狀態ナドヲ樂觀スル人モアルケレドモ、本員ハ債務國トシテ今日ノ貿易狀態ハ頗ル憂慮スベキモノデアラウト思フノデアル、ソレデ斯ウ云フコトヲ一ツ打破シテ大ニ我國ガ實力ノアル世界的發展ヲシヤウト云フニハ、今カラ三十年計畫位ノ方針デ、毎年一千万圓カ二千万圓之ニ金ヲ入レテ大ニヤッタナラバ出來モシヤウガ、眼前ノコトバカリニ齷齪シテ遠大ノ考ガナク、一ノ牧場ノ中デ六十四万頭宛ノ羊ガ孫モ玄孫モ又ズンズン殖エテ行ク奴モ撲殺シタラ宜イト云フ、殘酷ナ批評モアルケレドモ（「羊ナラバ――人ナラバサウハ行カヌ」ト呼フ者アリ）所ガ人ダカラ困ル、況ヤ同胞デアル（「人ト言ヒ給ヘ」ト呼フ者アリ）是ハ牧場ニ例ヘテト御斷リヲ申シテアルノデアル、若シ斯ウ云フヤウニ抛ッテ置イテ他ニ我國ヲ大ニ安全ナラシムルトコロノ經濟發展ノ具體的案ガナシ、領土擴張ト云フコトモ絕對當分ノ間ハ不可能デアレバ、幸ニ南米ノ一角ニ我ガ移民ヲ歡迎セラル、トコロノ廣大ナル場所アリトスレバ、宜シク政府當局ハ此年々増加スルトコロノ國民ニ對シテ、內ハ社會政策ノ解決ヲ是デ幾分カ補ヒ、一方デハ國力ノ充實ヲ是デ補フト云フコトハ、敢テ不可能ノコトヂヤナカラウト思フ、蓋シ財源ガ無イトカ、遣繰ガ付カヌトカ云フカモ知レヌケレドモ、之ヲヤラウト思ヘバヤレルモノデアルト私ハ思フ、ヤラヌカラヤレヌト云フコトニ過ギナイノデアル、ソレデ長クハ私ハ病氣デアルカラ言ハヌ、要領ハ唯是ダケノコト、政府當局ニ對シテ一ツ此墨國トカ其他南ノ各邦ニ我移民ノ歡迎セラル、トコロノ現ニ國ガアルノデ、國モ廣ク土地モ肥ヘ人口モ稀薄、斯ウ云フ處ガアッテ勞働ノ報酬モ頗ル我國ニ較ブレバ何倍ノ賃錢ガ取レル、サウ云フ國モ今ノ中ニ――亞米利加合衆國ガ統一シナイ中ニ、宜シク有利ナル條約ヲ締結シテ此移民ノ大政策ヲ遂行セラル、コトヲ、本員ハ今日ノ國家ノ政策トシテハ一番大事ナモノト思ウテ居ルノデアリマス、唯移民バカリヂヤナイ、實業家モ亦之ニ對シテ相當ノ奬勵ヲ加ヘテ、アノ方面ニ發展サセルト云フコトニシタナラバ、其結果ハ國內ノ經濟モ助カリ、又輸出ノ物貨モ盛ニナルコトハ申スマデモナイコトハ諸君ガ御承知ノ筈デアル、ソレデコソ始メテ萬里ノ波濤ヲ開拓シテ開國進取ノ國是ト云フコトノホンマモノガ出來ル、今ノヤウナ理窟デ何モヤラヌト云フヤウナ調子デ居ッタナラバ、諸君昔ノ琉球藩ノ外交ミタヤウニ、唯禮讓ヲ以テ國防トスル、甚シキハ琉球ト臺灣ノ間ニ與那國島ト云フノガアル、其島ハ草鞋ガ國防ダ、草履ガ國防ダ、大キナ一丈モアルヤウナ草鞋ヤ草履ヲ流セバ此向フニ大キナ人ガ居ッテ取ッテ喰ハレルカラ近寄ラヌト云フテ、毎年大キナ草履ヲ造ッテ流シテ居ル、サウシタラ餘所カラ攻メテ來ナイ、斯ウ云フヤウナ眞似ヲシテ居ルヤウナ外務省デハイカヌト思フノデアル、サウ云フコトデハ恐ラクハ甘イコトハ出來ヌダラウト思ヒマスカラ、此移民ニ對シテ一ツ根本ノ政策ヲ樹テラレンコトヲ政府ニ要求シ、合セテ諸君ノ所見ヲ尋ネルノデアル、ソレカラモウ一ツ第二ノ質問ヲ致シマス、是ハ實際問題トシテチヨット一口言ヒマス

六　帝國在鄕軍人會ニ關スル質問

（相島勘次郎君登壇）

○相島勘次郎君　最モ簡單ニ質問ノ趣意ヲ述ベマス、帝國在鄕軍人會規約ノ第七條ニ「本會ハ軍人ニ賜リタル勅諭ノ精神ヲ奉戴シ在鄕軍人ノ品位ヲ進メ親睦ヲ厚フシ相互扶助シ軍人精神ヲ振作シ體軀ヲ練リ軍事智識ヲ增進スルヲ以テ目的トス」斯ウ書イテアルノデアリマシテ、在鄕軍人ガ軍事的智識ヲ進メ又軍人タルノ品位ヲ進ムルタメニ斯ウ云フ會合ノ出來テ居ルト云フコトハ、私共ノ賛成ヲスルトコロデアリマスル、然ルニ此桂公或ハ寺內伯ト云フヤウナ軍人ヲ以テ——陸軍ヲ以テ日本ヲ一統スルヤウニ、マルデ陸軍ノ力ヲ以テ吾々ヲ臣民扱ヒニデモシタイト云フヤウナ考ノ人達ガ勢力ヲ得タ時分ニ、此規則ヲ改正ヲシテ（「靜肅ニ願ヒマス」ト呼フ者アリ）此軍人會ト云フモノニハ軍人デナイ者ガ入ルト云フコトハ出來ナクナッタノデアリマス、從來ハ軍人會ノ中ニヤハリ唯ノ人モ入ッテ居ッタノデアリマスルカラシテ、地方ニ軍事會ト云フモノガアルト、ソレノ會長デアルトカ或ハ相談役デアルトカ云フ人ハ、或ハ市長デアルトカ區長デアルトカ村長デアルトカ云フ人ガ、其會長ナリ相談役ヲシタノデアッテ、軍人ト軍人デナイ者トノ間ガ大層圓滿ニ行ッタノデアリマス、（「ヒヤ〱」「其通リ」ト呼フ者アリ）然ルニ彼等ガ此規則ヲ改正シテ、軍人以外ノ者ガ此會ニ入ルコトガ出來ナイト云フ結果ハドウ云フコトニナッテ居ルカト云フニ、假令軍人トシテハ相當ノ人デアッテモ、或ハ少尉デアルトカ或ハ下士官デアルトカ云フ人デアッテモ、地方ノ村落等ニナリマシテハ、其人ノ社會的地位ト云フモノハ甚ダ高クハナイ人ガ澤山アルノデアリマス、然ルニ其軍人タルトコロノ階級ノ地位ノ上カラシテ、或ハ會長デアル、或ハ理事デアルト云フモノヲ定ムル結果トシテ、地方ノ人民ニ及ボス影響ト云フモノガ甚ダ宜シクナイノデアリマス、一體斯ウ云フ會ヲ起スト云フコトハ、平素ニ於テ軍人ノ品位ヲ高メ軍事的智識ヲ得ルト云フヤウナコトモゴザイマセウケレドモ、國家一朝事アル場合ニ於テ此在鄕軍人ガ皆召集セラレテ軍事ニ從事シタ時分ニ、其後顧ノ憂ヒナカラシムルト云フヤウナ方法ニナッテ居ラナケレバ、在鄕軍人會ヲ立テタ目的モ立タナイノデアルト私共ハ思フノデアル（「ヒヤ〱」）然ルニ全ク唯召集サレタナラバイツ何時デモ召集ニ應ジテ、陸軍ナリ海軍ナリニ行クト云フ人ダケガ團體ヲ組ンデ居ッテ、其他ノ軍人以外ノ人ハ一向關係ヲシナイデアルカラシテ、是ハ何等カヲ養成スルニハ宜シカラウケレドモ、眞ニ此在鄕軍人ノ品位ヲ高メ、軍人タルノ智識ヲ增進スル上ニ於テハ甚ダ面白カラザル規則デアルト長ク考ヘテ居ッタノデアリマス（拍手起ル）然ルニ其ノ後ノ樣子ヲ見マスルト云フト、規則第四條ニハ本會ハ陸軍大臣ノ監督ヲ受ケルトアリマシテ、サウシテ第十七條ノ規則ニハ「會長副會長及本部ニ關スル理事幹事評議員ハ東京市及其附近所在ノ會員中ヨリ云々」トアッテ、朝鮮ニ居ルトコロノ人ガ會長ヲスルト云フヤウナコトハ、此規則ニ背イテ居ルノデアリマス（「ヒヤ〱」ト呼フ者アリ）陸軍大臣ハ——第四條ノ規定ニ依ルト陸軍大臣ノ監督ヲ受ケルトアルガ、陸軍大臣ハ何ヲ監督ヲ爲スッテ居ルノデアリマスカ、東京所在ノ人デナケレバナラヌト云フコトハ相當ノ理由ガアッタコトデアリマセウ、然ルニ長州ノ軍人デアレバ假令朝鮮ニ御出ニナッテモ差支ナイト云フ議論ハ無イ筈デアル（「ヒヤ〱」ト呼フ者アリ）又在鄕軍人會トシテハデス、軍人會ノ勢力ヲ以テ——此力ヲ以テ軍人會ナルモノヲ利用シテ政治ニ關係ヲスルト云フコトハ宜シクナイコトハ吾々モ考ヘテ居ル、ケレドモ此力ヲ動モスレバ政治ニ利用セントスルヤウナ傾ガ從來アッタノデアリマス（「ヒヤ〱」ト呼フ者アリ）今日ハ少シク屛息シテ居リマスカラサウ云フコトモシナイノデアルガ、曾テ彼等ノ威勢ノ赫々タル時分ニハ、隨分此規則ヲ——此團體ヲ利用シテサウシテ政治ニ關係セシメテ吾々民論ヲ主張スルト云フヤウナ者ヲ何トナク壓迫ヲスルヤウナ傾ガアッタノデアリマス（拍手起ル）是ハドウ云フ譯デアリマスカ、軍人トシテハデス——軍人トシテハ　陛下ノ勅諭ノ精神ヲ奉體シテ軍人タルノ本分ヲ竭スベキハ勿論デアル、ケレドモ在鄕軍人、所謂鄕里ニ歸ッテ當リ前ノ一臣一國民トナッタ場合ニハ、政治ニ關係ヲシヤウガ何ニ關係シヤウガ決シテ此規則ニ依テ束縛ヲサルベキモノデハナカラウト私ハ思フノデアリマス、然ルニドウモサウ云フ事ヲナサル形跡ガアリマシテ、サウシテ苟モ軍人ニ出タトコロノ人ハ政治ニ關係ガ出來ナイト云フコトハ、詮ジ詰メレバ憲法上ノ問題トナルノデ、此立憲ノ進歩ヲ非常ニ害スルモノデアリマシテ、斯ウ云フコトガ何人モ咎ムルコトナク行レテ居ルト云フコトハ、立憲ノ本旨ト云フモノガ到頭沒却サレテ、日本ハ陸軍國若クハ海軍國ニナッテシマッテ、吾々ハ海軍ノ臣民陸軍ノ臣民ニナルヤウナ場合ニナルカモ知レナイト云フ恐ルベキ疑ヲ持ッテ居リマスカラ、此二點ニ就テ陸軍大臣ノ答辯ヲ求ムルタメニ此質問書ヲ提出シタノデアリマスガ、少シク其理由ヲ説明ヲ致シタ次第デアリマス（拍手起ル）

○尾崎行雄君　大體ニ於テハ兼ネシメザルヲ本則ト致シマス、政治家ヲ養成シテ主義政策ノタメニ、政府委員トナル者ダケハ初メカラ政治家トシテ取扱ッテ議員ト兼ヌルコトヲ許スガ宜シイ、許スト云フ取除ケヲ開イテ居ッタナラバソレデ宜カラウト思フ、次ニ同ジヤウナ性質ノモノハ保護會社――政府ノ保護ヲ受ケテ居ルトコロノ會社ノ役員デアリマス、實ハ此事ハ私ハ餘リ強ク論ズルコトヲ好マヌノハ、吾々ガ多年朋友デアッタトコロノ人人ガ、偶然保護會社ノ重役トナッテ此席ニ列シテ居リマス、其人ヲ眼前ニ据ヘテ置イテ之ヲ非難スルノハ誠ニ情トシテ忍ビヌノデアリマスルケレドモ、憲法上ノ大義ヲ論ズルニ方ッテハ已ムヲ得ヌノデアル（「ヒヤ〱」「謹聽」ト呼フ者アリ拍手起ル）保護會社ノ重役、政府ト特別關係アル會社ノ重役ヲシテ議員ヲ兼ネシメテ相成ラヌト云フコトハ、是ハ殆ド辯論ヲ費ス必要ハナイト思ヒマス、政府ノ請負ヲ爲ス者、若クハ主トシテ政府ノ請負ヲ爲ス會社ノ重役デスラ、我ガ選擧法ニ於テハ衆議院議員タルコトヲ禁ジテアリマス、政府ノ請負ヲ爲ス者、或ハ主トシテ政府ノ請負ヲ爲ス會社ノ重役ト、純然タル保護會社ノ重役ト、殊ニ政府カラ任命セラル丶トコロノ重役ト、其獨立ヲ失ッテ居ル點ニ於テドチラガ重イノデアリマス、殆ド三尺ノ童子ト雖モ辨識ニハ苦シマヌノデアル、然ルニ我ガ衆議院議員選擧法ハ政府ノ請負ヲ爲シテ居ル者ハ衆議院議員タルコトヲ許サヌ、主トシテ政府ノ請負ヲ爲ス會社ノ重役ハ、衆議院議員タルコトヲ許サヌ、併ナガラ政府ノ保護ヲ受ケ政府ノタメニ任命セラル丶會社ノ重役ハ、衆議院議員タルコトヲ許シテ居ルノミナラズ、現ニ其重役ト成ッテ此處ニ列席シテ居ル諸君ガアル、是ハ如何ニモ不釣合デハナイカ、殊ニ其諸君ガ不幸ニシテ多年政黨內閣ノ主義ヲ唱ヘ、時トシテ議院內閣ナドト云フコトヲモ口カラ言フタトコロノ人ガ其事ヲ致シテ居ル（拍手起ル）是ハ實ニ驚キ入ッタル事デアル、政黨主義ヲサウ云フトコロニ持ッテ行ケバ、所謂政黨主義ナルモノハ天下カラ嫌ハルベキ物體トナルデハナイカ、政府ノ請負ヲスル者スラ禁ジテ居リナガラ、保護會社ノ重役デアッテ尙議員ヲ兼ネテ居ッテ宜シイナドト云フコトハ、苟クモ立憲主義ヲ口ニスル者ノ斷ジテ爲スベキコトデアリマセヌ（「ヒヤ〱」拍手起ル）全ク辻褄ノ合ハナイコトデアル、故ニ議員タルコトヲ重ンズレバ重役ヲ辭スベシ、重役ヲ重ンズルナラバ議員ヲ辭サナケレバナラヌ（「ヒヤ〱」ト呼フ者アリ）ソレヲ兼ネテ居ルト云フニ至ッテハ未ダ立憲政體ノ何モノタルヲ解セズ、殊ニ政黨主義議院政治ノ何タルヲ寸毫モ解シ得ヌ人々ト言ハナケレバナリマセヌ（拍手起ル）斯ノ如キ痛烈ナル言葉ヲ用井ルコトハ本員ノ甚ダ遺憾トスルトコロデアリマスルケレドモ、我憲政ノタメ我帝國ノタメニ此理義ハ明カニシナケレバナラヌ（「ヒヤ〱」拍手起ル）又會社ノ方カラ見マシテモ、是ハ餘程考フベキコトデアル、日本ニ保護會社ハ現在ト雖モ餘程アル、日本銀行ヲ始メトシテ餘程澤山アル、此重役ハ皆衆議院議員ト相兼ネルコトヲ得ト云フナラバ、獨立ノ言行ヲナスコトノ出來ナイ常ニ政府ノ鼻息ヲ伺ハナケレバナラヌトコロノ位置ヲ占ムルトコロノ重役――會社ノ重役ハ何十人トナク殆ド百人內外此衆議院ニ這入ッテ來ルコトガ出來ルノデアリマス、若シ他年質ノ宜シクナイ內閣ガ出來テ、是等ノ重役ヲ皆議員トナスノ工夫ヲ爲シ、但シハ又議員ヲシテ此百有餘ノ重役ニ就クコトノ趣向ヲ致シマシタナラバ、直チニ自分ノ手下卽チ自由意思ノナイ議員ヲ數十名若ハ百名造ルコトガ出來ルデハナイカ、眞ニ立憲政體ヲ思フ者ヲシテ悚然トシテ肌ニ汗ヲ生ゼシムルコトノ事實ガ此處ニ直チニ出來ルノデアリマス（「ヒヤ〱」拍手起ル）議員ナル者ハ皆自由意思ニ依テ政府ノ議案、議員提出ノ議案ニ於テ言議ヲ狹マナケレバナリマセヌ、然ルニ保護ヲ受ケテ居ル會社ノ重役ハ、自由ニ政府ノ議案ニ贊否ヲ表スルコトガ出來ナイデハナイカ、若シソレヲ表スレバ已レノ務ヲ盡サナケレバナラヌトコロノ會社ノ利害ト衝突スルコトニナルデハナイカ、又是等ノ會社ノ重役ニハ多分多クハ年限ガアルト思ヒマス、四年乃至六年、卽チ內閣ノ變動如何ニ拘ラズ忠實ニ其會社ノタメニ盡サナケレバナラヌト云フ性質デアルガタメニ、年限ヲ付ケテ居ルノデアル、然ルニ議員ナル者、殊ニ政黨ニ席ヲ置クトコロノ議員ナルモノハ、內閣ト主義主張ヲ同ジクスルノデナケレバナラヌ、而シテ內閣ニハ壽命ガナイ、極ッテ居ラヌ、長キハ三年四年短キハ半年一年ニシテ倒レル、此內閣ノタメニ任命セラレタ者ハ任期未ダ滿キザルニ當ッテ他ノ全ク性質ノ異ッタ內閣ガ出來テ、其人々ノ重役ノ意見ニ反對スル主義ノ議案ヲ出シタ時ニハ、其重役兼議員トナッテ居ル者ハ如何ナル擧動ヲスルノデアリマス、其時ニ至レバ必ズ良心ノ使命ニ從ソナレバ辭スルヨリ外ハナイノデアリマス、重役ヲ辭スルヨリ外ニ途ガナイノデアル、辭サナケレバ已レノ良心ニ背カナケレバナラヌ、良心ト重役ノ位置ト兩方ヲ完ウスルコトハ如何ナル人ト雖モ出來マセヌ、故ニ辭スルト言フデアラウ、縱シ數十ノ重役ガ皆此手ニ依ッテ議員ヲ兼ネテ居ル時代ガ生ジタト見ル、而シテ內閣ガ變ッタ、此數十ノ重役日本銀行ヲ始メ而モ大切ナル會社デアル興業銀行、勸業銀行、朝鮮銀行、拓殖會社、滿鐵皆國家大切ナ機關デアルガ、是等ノ重役ガ議員ヲ兼ネテ居ッテ、而シテ異主義ノ內閣ガ出テ來タ、已ムヲ得ズ良心ヲ全ウスルガタメニ皆年限ハアル、未ダ盡キザルニモ拘ラズ皆袖ヲ列ネテ辭職シタト假定セヨ、日本銀行以下ノ重役總テガ政府ト共ニ辭職シタト假定セヨ、ソレハ實業社會ニ如何ナル惡影響ヲ及ボスモノト御考ヘニナリマスカ、是等ノ者ハ皆政黨ト主義ヲ同ジウスベキモノデハナイ、況ヤ政黨ノ機關トナルベキモノデハナイ、然ラバ議員ト相兼ネルコトヲ許サヌト云フコトハ當リ前ノ次第デアリマス、會社ノ利害カラ言ッテモ國家ノ利害カラ言ッテモ、是等ノ者ハ決シテ議員ト相兼ヌルコトヲ許スベキ性質ノモノデハアリマセヌ、故ニ吾々ハ今日ノ場合ニ於テ官吏及準官吏保護會社ノ重役ハ、總テ議員ト相兼ヌルコトヲ許サヌト云フコトヲ原則ト致シ、唯政府ノ委員トナッテ此處ニ出席スベキ五十乃至七八十ノ重要ナル政務官ダケハ之ヲ議員ト兼ヌルコトヲ許スコトニ致シタイ、先ヅ衆議院規則ヲ――衆議院ノ選擧法ヲ斯ク改メ、而シテ之ニ伴フトコロノ勅令ヲ發布致シマスレバ、ソレデ他日段々他ノ方面モ改良ノ途ニ著ク、是ニ於テ始メテ政黨主義ノ完全ナル發達ガ出來ルデアラウト思ヒマス、日本銀行以下總テノ重大ナル會社ヲ攪亂スルガ如キ方法ヲ以テ、而シテ是ガ政黨主義デアル、政黨ノ勢力ヲ發達スル所以デアルト考ヘレバ是ハ非常ナル間違ヒデアッテ、吾々ハ政黨ノ勢力ヲ發達セシムルイ云フコトニ付テハ敢テ人後ニ落チナイ者デアリマスル、ソレト同時ニ其途ヲ擇バズシテ此力ヲ伸バスト云フコトハ、獨リ政黨主義ノタメニ害ヲ爲スノミナラズ、立憲政體及國家ノタメニ大害ヲ爲スモノト考ヘル、故ニ已ムヲ得ズ此議案ヲ提出シタ次第デアリマス、願クハ諸君ニ於テモ虛心平氣ニ御勘考ニナッテ、大多數ノ贊成ヲ與ヘラレムコトヲ希望致シマス

（拍手起ル）

第一　(第一號)大正三年度歳入歳出總豫算追加案

第二　(第二號)大正三年度歳入歳出總豫算追加案

第三　(特第一號)大正三年度各特別會計歳入歳出豫算追加案

(改野耕三君登壇)

(拍手起ル)

○改野耕三君　諸君、本日ハ御卽位御大禮ニ關スル豫算ニ付キマシテ、豫算委員會ノ結果ヲ御報告スルノ光榮ヲ有シマス、此御大禮ニ付キマシテ豫算ハ第一、第二號、特第一號、此三案ゴザイマスガ、先ヅ第一ノ追加豫算ハ大禮ニ屬スル分デゴザイマシテ、第一條ニ大正三年度歳入歳出追加額各三百八十二万六千百四十圓、此財源ハ前年度ノ財源ヲ繰入レテ歳入ニナッテ居リマス、而シテ此內譯ハ卽チ大藏省所管ノ第十一款大禮費第一ガ祭典費、第二ガ工營費、第三ガ調度費、第四ガ饗宴費、第五ガ接待費、第六ガ諸給費、此項目ニ別ッテ居ルノデアリマス、此金高ハ諸君ノ御手許ニ皆アリマスカラ數字ハ省キマス、而シテ第二號ノ方ニ至リマシテハ、所謂大禮ノ施設費デアリマシテ、各省ニ是ハ跨ッテ居ルノデアリマス、外務省ニ於キマシテハ宴會費、內務省デハ警察費、衞生費、大藏省ニ於キマシテハ紀念章、宴會費、陸軍デハ觀兵式ニ係ル費用、海軍ハ觀艦式、文部省ハ此御卽位式ニ付テノ唱歌ニ係ル費用、遞信省ハ所謂通信費用、斯樣ニ別レテ居リマスガ、是亦數字ハ最早御手許デ御承知ノコトデゴザイマスカラ省キマス、ソレカラ特第一號ノ特別會計ハ關東都督府、朝鮮總督府、臺灣總督府、是ハ皆宴會費デゴザイマス、而シテ豫算委員會ニ於キマシテハ、御儀式ニ係ル事ハ內務大臣ヨリ、經費ニ係ル事ハ大藏大臣ヨリ、詳細ナル說明ヲ受ケタノデゴザイマス、而シテ委員會ハ格別ノ質問モ無イコトデゴザイマスカラ、分科ニ移サズシテ豫算總會ニ於テ卽決スルコトニナッタノデアリマス、抑〻此御大禮ハ千載一遇ノ御大典デゴザイマシテ、國民ハ均シク奉祝スルモノデゴザイマスカラ、豫算委員ハ滿腔ノ至誠ヲ捧ゲ敬意ヲ表スルタメニ全會起立致シマシテ、此三案共原案ノ通リニ可決致シタノデゴザイマス、說キマシテハ此議場ニ於キマシテモ滿場一致ヲ以テ原案ノ通リ可決アランコトヲ切ニ希望致シマス(拍手起ル)玆ニ謹ンデ豫算委員會ノ經過ヲ御報告申上ゲマス(拍手起ル)

戶籍法改正法律案

（齋藤隆夫君登壇）

○齋藤隆夫君　諸君、本員ハ原案第四條ニ向ッテ根本的ノ修正ヲ提出致シマス、先ヅ修正文ヲ朗讀致シマスルニ依テ、願クハ諸君ノ御手許ニアリマストコロノ原案第四條ト御對照ヲ希望致シマス「第四條市町村長カ其職務ノ執行ニ付キ故意又ハ過失ニ因リテ屆出人其他ノ者ニ損害ヲ加ヘタルトキハ國ハ之ヲ賠償スルノ責ニ任ス前項ノ場合ニ於テ國ハ市町村長ニ對シテ求償權ヲ有ス」是ガ修正案デゴザイマシテ、原案ト異ナッテ居リマス所ハ、二箇ノ點デアリマス、卽チ第一ハ賠償責任ノ主體ニ關シ、第二ハ賠償責任ノ原因ニ關スル事柄デアリマス、先ヅ賠償責任ノ主體ニ關シマシテハ、原案ニ依リマスルト市町村長ガ其職務ヲ行フニ當リテ、屆出人其他ノ者ニ損害ヲ加ヘタトキニハ、市町村長ガ個人トシテ己レノ私有財産ヲ以テ其責ニ任ズルト云フコトニナッテ居リマスガ、修正案ハ之ヲ改メテ國トナシ、卽チ國家ヲ以テ責任ノ主體トシタノデアリマス、茲ニ一言註釋ヲ加ヘテ置カナケレバナリマセヌノハ、戶籍事務ハ國家ノ事務デゴザイマシテ、市町村ナル自治體ノ事務デハゴザイマセヌ、ソレ故ニ市町村長ガ戶籍事務ヲ取扱ヒマスノハ、自治體ノ機關タル資格ニアラズシテ、國家ノ機關タル資格ニ於テ爲スモノデアリマスカラシテ、其責任モ亦國家デアルト云フコトニ極メタノデアリマス、次ニ賠償ノ原因ニ付キマシテハ、原案ニハ「故意又ハ重大ナル過失」ト云フコトニ制限シテアリマスガ、之ヲバ「故意又ハ過失」ト云フコトニ致シマシテ、民法上ノ損害賠償ノ原因ト同一ノ程度ニ置クト云フノガ修正案ノ要旨デゴザイマス、是ヨリ本員ガ此修正案ヲ提出致シマシタトコロノ理由ニ付キマシテ暫ク御清聽ヲ煩ハシタイノデアル、此修正案ハ戶籍法、我國ノ法典トシテ餘リ多クノ注意ヲ拂ハレザルトコロノ戶籍法ノ僅カ一箇條ヲ修正セントスルモノデゴザイマシテ、其趣旨モ唯今申述ベマシタ如ク頗ル簡單ニシテ明瞭デアリマス、併ナガラ事柄ハ頗ル重大デアリマス、卽チ國家ノ賠償責任ニ關スル問題デゴザイマシテ、我國ニ於キマシテハ未ダ曾テ立法例ガ無イノミナラズ、歐米諸國ニ於キマシテモ其立法例ガ區々ニシテ未ダ一定シテ居ラヌトコロノ此大問題ヲバ、此一箇條ノ修正ニ依テ決定セントスルノデゴザイマスカラ、其理由ヲ述ブルコトハ隨分面倒デアリマス、或ハ法理ノ上ヨリ論ジ、或ハ實際ノ上ヨリ論ジ、或ハ憲法ノ上ヨリ論ジ、更ニ各國ノ立法例ナドヲバ竝ベマシタナラバ、迚モ短キ時間ニ於テ述ベ盡スコトガ出來マセヌカラ、本員ハ唯其要點ヲ略述致シマシテ、後トハ諸君ノ御研究ト御判斷ニ一任スル外途ガナイノデアリマス、先ヅ此點ニ關スル我ガ國法上ノ解釋ハ如何デアルカト申シマスルト、是ハ二箇ノ方面ヨリ觀察ヲシナクテハナリマセヌ、卽チ第一ハ國家ノ私法的行爲ヨリ生ズル損害デゴザイマシテ、第二ハ國家ノ公法的行爲ヨリ生ズルトコロノ損害デアリマス、國家ノ私法的行爲ヨリ生ズルトコロノ損害ハ、是ハ普通民法ノ支配ニ屬スルモノデアリマスカラ、官吏ヤ公吏ハ私法的行爲ヲナスニ當ッテ他人ニ損害ヲ加ヘタルトキ、例ヘバ鐵道ノ役人ガ過ッテ乘客ニ損害ヲ加ヘタヤウナ場合ニ於キマシテ、是ハ國家ガ其責任ヲ負フベキモノデアルト云フコトハ現行法ノ解釋ニ於テモ亦判決例ニ於テモ一致シテ居ルトコロデゴザイマスカラ、此點ニ付テハ別ニ議論ハ致シマセヌ、次ニ國家ノ公法的行爲ヨリ生ズル損害ニ付キマシテハ、是ハ聊カ議論ハゴザイマスガ、併シ今日我ガ國法上ノ解釋トシ、又判決例ノ示ストコロニ依リマシタナラバ、國家ニハ責任ガナイ、國家ニハ全ク賠償ノ責任ガナイト云フコトニ一致シテ居ルノデアリマス、ソレ故ニ官吏公吏ガ國家ノ公吏的事務ヲ行フニ當ッテ、他人ニ損害ヲ加ヘマシタ場合ニ於テハ、是ハ救濟ヲ訴ヘル所ノ途ガナイノデアリマス、警官ガ抜劍ヲシテ人民ヲ殺傷スルコトアリト雖モ、人民ハ何レノ所ニ對シテモ其賠償ヲ請求スルコトガ出來ナイト云フノガ今日我國ノ現行法ノ解釋デアリマス、立憲法治國ノ下ニ於キマシテ、我ガ國法上ニ於テ斯樣ナ大ナル缺漏ガアルト云フコトハ實ニ驚クベキ事實デアリマス、唯之ヲ行ヒタマシタ所ノ官吏ヤ公吏ガ、或ル特殊ノ場合ニ於テハ個人トシテ自分ノ私有財産ヲ以テ其責任ヲ負擔スルト云フ規定ガ二三ノ法律ニ於テ定メテアリマス、ソレハ如何ナル場合デアルカト云フト、刑事訴訟法第十四條、不動産登記法第十三條、公證人法第六條、及現行戶籍法ノ第四條デゴザイマシテ、此場合ニ於テハ下手人タル所ノ官吏公吏ハ個人トシテ自己ノ財産ヲ以テ其責ヲ負フコトガアリマスルガ、之ヲ外ニシテハ國家ハ固ヨリ下手人タル官吏公吏ト雖モ一切其責任ヲ負ハナイノデアリマス、是ハ理論ノ上ニ於テモ實際ノ上ニ於テモ、亦憲法ノ上ニ於テモ實ニ不都合極マルコトデアリマスカラシテ、此機會ニ於テ此條文ヲ利用シテ、國家ノ賠償責任ノ端緒ヲ啓キタイト云フノガ本員ノ趣意デアリマス、先ツ理論ノ上ヨリ申シマスレバ、國家ニハ賠償責任ガアルト云フコトガ近來發達シテ居ル所ノ法理上ノ思想デゴザイマシテ、是ハ全ク立憲法治國ノ賜デアリマス、專制ノ時代、國家萬能主義ヲ以テ國民ノ思想トナシ、法理上ノ基礎トナシテ居リマシタ時代ニ於テハ、國家ハ過チヲ爲スベキモノデハナイ、國家ハ決シテ不法行爲ヲ爲スベキモノデナイト云フコトニ一致レテ居ッタノデアリマス、國家ノ機關タル官吏ヤ公吏ガ爲シタ不法行爲ハ、國家ノ行爲デナクシテ私人ノ行爲デアル、國家ハ官吏ヤ公吏ニ向ッテ不法行爲ヲナスベシトハ命令シナイ、ノミナラズ之ヲ禁ジテ居ルノデアルカラ、此命令及禁令ニ違背シテ爲シタル行爲ハ國家ノ行爲デナクシテ個人ノ行爲デアルカラ、國家ハ決シテ其責任ヲ負擔スルモノデナイト云フコトニ極ッテ居ッタノデアリマス、然ル所ガ近來ニ於テハ此思想ハ全ク打破ラレテシマッテ、國家ハ不法行爲ヲナスノ能力ガアル、國家ノ機關タル官吏ヤ公吏ガ爲シタトコロノ不法行爲ハ、卽チ國家ノ不法行爲デアルト云フコトニ、法理上根據ヲ固メテ來タノデアリマス、併シ此點ニ付テハ精シク論ジタナラバ限リガゴザイマセヌカラ、總テ省略ヲ致シマスルガ、縱令後ニ於テ本員ノ修正案ニ反對スル御方ト雖モ、此論結ニ付テハ、御同意アルコト、思フ、唯此點ニ關スル政府當局者ノ意見ニ付テハ一言シテ置カナケレバナリマセヌ、委員會ニ於テモ此處ニ出席サレテ居ル所ノ奥田司法大臣ヲ始メトシテ、次官及局長ノ諸氏ハ此點ニ付テ如何ナル意見ヲ持ッテ居ラレルカト云フト、ヤハリ舊思想ニ囚ハレテ、國家ハ決シテ不法行爲ヲ爲スベキモノデナイ、官吏公吏ノナシタ不法行爲ハ個人ノ行爲デアルト云フ思想ノ下ニ此戶籍法第四條ノ原案ヲ規定セラレタノデアリマスガ、是ハ實ニ驚クベキコトデアル、奥田大臣ハ失禮デハゴザイマスルガ大分オ年ヲ召シテ居ラレマスカラ、頭ノ中ガ幾ラカ古クナッテ居ルカモ知レマセヌガ、其以下ノ次官ヤ局長諸氏ハ新智識ヲ以テ自カラ任ジテ居ラレルカデアル、此人々ノ口カラシテ斯カル舊說ヲ聞クニ至ッテハ、本員ハ實ニ呆レザルヲ得ナイノデアリマス、併シ本員ハ之ニ付テ別ニ追窮ハ致シマセヌガ、諸氏ノ說ハ已ニ學界カラ驅逐セラレテ居ルト云フコトヲ御承知ニナッタナラバ、ソレデ宜シイノデアル、次ニ實際ノ上ヨリ觀察致シマシテモ、市町村長ニ責任ヲ負擔セシメテ、市町村長ガ個人トシテ己レノ私有財産ヲ以テ其責任ヲ負フト云フコトニ致シマシタナラバ、此賠償責任ト云フモノハ殆ド有名無實ニナラナケレバナラヌノデアリマス、何故カト云フト、不法行爲ニ依テ生ズル損害ノ程度ト云フモノハ測リ知ルコトノ出來ナイモノデアル、而シテ彼等ノ財産ハ高ノ知レタモノデアリマス、有形無形ヲ問ハズ彼等ノ財産ノ程度ハ知レタモノデアリマスカラ、是等ノ財産ヲ以テ測リ知ルベカラザル所ノ損害ヲ賠償シロト云フコトヲ、法律ノ上ニ制定シテ居タ所ガ、殆ド有名無實トナッテシマフノデアル、況ヤ彼等ガ仕事ヲスルノハ、個人タル資格ヲ以テセズシテ國家ノ代表者トシテ仕事ヲスルノデアル、而シテ其損害ヲ個人トシテ負擔ヲセネバナラヌト云フコトニナリマシタナラバ、是ハ彼等ニ對シテ非常ニ殘酷デアルノミナラズ、寧ロ背理ノ事ト言ハナケレバナラヌノデアリマス、最後ニ憲法政治ノ上ヨリ觀察致シマシタ所ガ、憲法政治ノ主タル目的ハ卽チ人權ノ擁護ト云フコトデアル、人權擁護ノナキ所ニハ憲法政治ハナイノデアリマス、然ルニ人民ガ人民ニ對シテ損害ヲ加ヘタ時ハ賠償ノ責任ガアリ、國家ガ人民ニ對シテ損害ヲ加ヘタ時ニハ賠償ノ責任ガナイ、人民ハ國家ノ前ニハ全ク無權利デアル、奴隷ノ境遇デアルト云フガ如キ今日ノ我國ニ、立憲政治ガ行ハレテ居ルト云フコトガ言ハレマスルカ、御承知ノ如ク今日我國ノ言論界ニ於テハ、人權蹂躪ニ關スル非難ノ聲ガ隨分高イノデアリマス、人權蹂躪ニ關スル非難ハ卽チ人權擁護ニ關スル聲デアル、然ルニ國法上ノ規定ニ於テ斯カル缺陷ガアル場合ニ於テ、ドウシテ人權擁護ト云フコトガ出來ルノデアリマスカ、人權ノ擁護ハ唯判事ヤ檢事ヤ乃至警察官ノ非行ヲ攻擊シテ、一時當局者ノ責任ヲ糺ス位ノコトデハ決シテ其目的ヲ達スルコトガ出來得ルモノデハアリマセヌ、彼等ノ非行ニ對シテ國家ノ賠償責任ヲ定ムルニ當ッテ初メテ其實ヲ擧ゲルコトガ出來ルノデアル、此途ヲ取ラズニシテ、如何ニ人權蹂躪ヲ口ニシタ所ガツマリ其目的ヲ達スルコトガ出來得ルモノデハアリマセヌ、唯之ニ付テ諸君ニ御報告申上ゲベキ一事ハ、去月二十二日大阪管內ノ辯護士大會ニ於テハ、初メテ此事ニ氣ガ付イテ、其決議第五項ニ於テ斯ウ云フコトヲ掲ゲテ居ルノデアリマス「官吏其職務ヲ行フニ當リ他人ニ損害ヲ加ヘタルトキハ國家ヲシテ是カ賠償ノ責ニ任セシムヘキ規定ヲ設クルコト」斯ウ云フコトヲ決議シテ居リマスルガ、御參考ノタメニ諸君ニ御報告ヲ致シテ置キマス、右述ベタヤウナ次第デゴザイマシテ、理論ニ於テモ實際ニ於テモ亦立憲政治ノ上ヨリ觀察ヲ致シマシテモ、此原案ハ頗ル時代遲レノ失當ノ甚シキモノデアリマシテ、本員ノ修正ハ最モ時代ニ適シテ居ルモノト信ズルノデアリマス、唯茲ニ豫想シ得ベキ一ツノ反對說ガゴザイマスカラ、此反對說ニ付テ簡單ニ辯駁ヲ加ヘテ置クノ必要ヲ認メテ居ルノデアリマス、ソレハ如何ナルコトデアルカト云フト、第一ハ法律ノ均衡ト云フコトデアル、此法律ノミヲ改正シテ他ノ法律ヲバ其儘ニ打チヤッテ置イタナラバ、法律ノ均衡ヲ維持スルコトガ出來ナイ、改正ヲスルノナラバ外ノ法律ト一緒ニ改正ヲシナケレバナラヌト云フ議論デアル、此議論ハ時ニ政府當局者ノ口カラ聽クノデアリマス、政府ノ當局者ハ議員ガ提出スル法律案若クハ修正案ヲ排斥セントスル場合ニ於テハ、斯ル口實ヲ以テ當ッテ居ルノデアル、併ナガラ本員ノ見ル所ニ依レバ、此ハ取ルニ足ラザルトコロノ愚論デアリマス、一體法律ノ均衡トハ抑〻如何ナルモノデアル、法律ヲ作ルハ家ヲ建テタリ庭ヲ造ッタリスルトハ違フノデアル、法律ハ國家ノ飾リ物デハアリマセヌカラ、必要ニ應ジヲ改正ヲスルト云フノガ立法事業ノ目的デアリマス、他ニ二三時代後レノ背理ノ法律ガアルカラト云フノデ、此法條ノ修正ヲ拒ムト云フコトハ理窟ノ上ニ於テ認ムベカラザルコトデアル、次ニ唯今委員長ノ御報告ガアリマシタ如ク、政府ニ於テモ國家ノ賠償責任法ニ關シテハ是ヨリ研究ヲ遂ゲテ、孰レ成案トシテ出スカモ分ラヌト云フ政府ニ意見ガアルカラ、先ヅソレマデ待タウト云フトコロノ議論デアリマス、是ハ實ニ誤マレルノ甚ダシキモノデアリマス、信ズベカラザルトコロノ政府ノ公約ヲ信ジテ、議會ノ權能ヲ抛タントスルトコロノ議論デアリマス、帝國議會ヲシテ政府ニ隸屬セシメントスルトコロノ議論デアリマス、況ヤ政府ノ公約ナドト云フコトハ決シテ當テニナルモノデハアリマセヌ、又此立法事業ヲ擧ゲテ政府ニ一任シタトコロガ、決シテ最善ノ效果ヲ得ルモノデナイト云フコトハ、過去ノ歷史ガ之ヲ證明シテ居ルノデアリマス、諸君ハ我ガ政府內ニハ新智識ヤ學者ヲ以テ滿タサレテ居ルト思ッテ居ラル、カハ知リマセヌガ、本員ノ見ル所ニ依レバ政府部內ニハ學者ト稱ヘラレル者ハ一人モ居ラヌノデアリマス(「エラト事ヲ仰シャル」ト呼フ者アリ)最前申上ゲマシタ如ク、現ニ司法部內ノ要部ヲ占メテ居ラレルトコロノ大臣以下諸氏ニ於テモ、國家ニ賠償責任ガナイト云フヤウナ舊思想カラシテ脫却スルコトガ出來ナイノデアリマス、況ヤ其以下ノ人〻ノ智識ニ至ッテハ大概推シテ知ルコトガ出來ルノデアリマス(「エライモング」ト呼フ者アリ)是等ノ人〻ガ相集マッテ頻リニ外國ノ事例ナドヲ並ベ立テ、空論ヲ鬪ハシテ筆ヲ執ッテ原案ヲ書イタトコロガ、ドウセ碌ナ原案ガ出來ルモノデハナイ、遠ク例ヲ求ムルニ及バズ、近ク此改正案ハ何デアリマスカ、唯今委員長ノ御報告ニナッタ如ク、此改正案ハ何ガタメニ現ハレタノデアルカト言ヘバ身分登記簿ヲ廢スルト云フノガ骨子デアル、而シテ此身分登記簿ハ何ガ基トナッテ現戶籍法ノ中ニ記入セラレタノデアルカト云ヘバ、言フマデモナク是ハ洋行歸リノ「ハイカラ」學者ノ十產デアリマス(「君ハ如何」ト呼フ者アリ)御承知ノ如ク、我國ハ家族制度ヲ基トシテ居ルトコロノ國デアリマスカラシテ、元來一ノ戶籍簿ハアッテモ身分登記簿ハ無カッタノデアリマス、然ルニ歐米諸國ニ於テハ個人制度ノ國デアリマスカラシテ、戶籍簿ナルモノハナクシテ一ノ身分登記簿ガアッタノデアリマス、ソレデ洋行歸リノホヤ〱ガ、己レノ「カラ」ヤ「ネクタイ」ヲ買フト同ヤウニ此制度ヲ持歸ッテ、サウシテ之ヲ政府ニ提供シテ、政府ノ當局者ハ輕卒ニモ之ヲ信ジテ之ヲ採用シタ結果、遂ニ現行戶籍法中ニ現ハレテ來タノデアル、ソレ故ニ二種ノ帳簿ハアルガ、其中ニ記載スル事柄ハ殆ド同ジモノデアル、一ツ有ッタナラバ他ハ不用デアルト云フコトガ漸ク近頃分ッテ來タカラシテ、之ヲ取除カント云フノガ此改正案ノ骨子トナッテ居ルノデアリマス、諸君ドウデアリマス、既往十數年ノ間、日本全國一万二千有餘ノ戶籍役場ハ、全ク此無用ナルトコロノ帳簿ヲ製造スルガ爲メニ忙殺サレテ居ルノデアル、政府委員ノ說明ニ依リマシテモ、東京管內ダケノ身分登記簿デモ一箇年ノ間ニ五十三間ノ高サニ上ルト云フコトデアリマス、今日ニ於テハ地方裁判所モ司法省ノ二階モ身分登記簿ヲ以テ塡マッテ居ル、尙此以上此制度ヲ繼續セントスルナラバ、國費ヲ以テ倉庫ヲ建テナケレバナラヌコトニナッテ居ルノデアリマス(「ヒヤ〱」ト呼フ者アリ)既往十數年ノ間戶籍役場ヲシテ無益ナル手數ト無益ナル費用ヲ掛ケテ、サウシテ此反古紙ノ製造ニ忙殺セシメテ居ッタノデアリマス、是ハ誰ノ責任デアルカト云ヘバ、言ハズシテ斯カル法案ニ協賛ヲ與ヘタ、ココノ議會ニ其責任ナシトハ言ヘマセヌガ、斯樣ナ粗末ナルトコロノ法案ヲ提出シタトコロノ政府ニ於テ、其責任ノ大部分ヲ負擔シナケレバナラヌノデアリマス(拍手起ル)更ニ此原因ヲ溯ッテ考ヘテ見タナラバ何デアルカト云ヘバ、彼ノ洋行歸リノ「ハイカラ」ノ仕業デアル、彼等ハ無暗ニ空理空論ニ心醉シテ國家ノ法典ヲ玩弄シテ居ルノデアリマス、國費ヲ以テ彼等ヲ洋行セシメテ斯樣ナイタヅラヲスルニ至ッテハ、將來留學生ナルモノモ詮考ヘモノデアラウト思フ(「エライ〱」ト呼フ者アリ)殊ニ本員ハ委員會ニ於テ、政府ニ對シテ一體政府ハ何時頃カラ此戶籍法ノ不完全ナルコトニ氣ガ付イタノデアルカ、又何時頃カラ此改正案ニ著手シタノデアルカト問フタトコロガ、約二年以前デアルト云フコトヲ答ヘタノデアリマス、二年以前ニ於テ此不完全ナルコトヲバ知リツヽ、今日マデ此原案ヲ起草スルコトモ出來ナカッタノデアリマス、而シテ此原案ノ內容ハ如何デアルカト見マシタナラバ、身分登記簿ヲ取除クト云フニ過ギナイノデアリマス、是位ノ原案ヲ作ルニハ三箇年ノ長月日ヲ要セズトモ、如何ニ痴鈍ナル法律家ト雖モ、十日カ二十日カ掛カッタナラバ是位ノコトハ出來ルノデアリマス、ソレヲバ三箇年モ要シタノデアル、斯樣ナ政府ノ公約ヲ信ジ、斯樣ナ政府ノ能力ヲ信ジテ、人權ヲ擁護シ立法事業ヲ完成セシメントスルガ如キモノガアッタナラバ、是ハ實ニ百年河淸ヲ待ツガ如キモノデアリマス、ソレ故ニ吾々ハ吾々ノ機能ヲ發揮シテ、人權擁護ニ關スルトコロノ法律ヲ制定スルニ付キマシテハ、決シテ政府ニノミ賴ムベキモノデハアリマセヌ、吾々ノ必要ト認ムル時機ニ遭遇シタナラバ、此事業ヲバ斷行スルト云フノガ吾々ノ義務デアルト、殊ニ時代ノ要求デアルト私ハ確信スルノデアリマス、以上述ベマシタ如ク、之ヲ根本的ノ理由ヨリ見ルモ、反對論者ノ薄弱ナル點ニ照シマシテモ、本員ノ修正案ハ最モ時宜ニ適シテ居ルモノト認メマスルニ依テ、諸君ハ法律ノ前ニ人權ノ前ニハ政黨トカ政派トカ云フヤウナ感情ハ排斥シ、黨略トカ黨議トカ云フ下ラナイ繩ハ斷切ッテシマッテ、自由ナル良心ト自由ナル判斷力ニ依テ此案ノ贊否ヲ決セラレンコトヲ希望スルノデアリマス(拍手起ル)

○議長(長谷場純孝君) 熊谷直太君

(熊谷直太君登壇)

(拍手起ル)

○熊谷直太君 諸君、齋藤君カラ提出サレマシタトコロノ第四條ニ對スル修正案ニ付キマシテハ、遺憾ナガラ反對ヲ表スル者デゴザイマス(「遺憾ニアラズ」「大ニ贊成」ト呼フ者アリ)齋藤君ハ長イ間卽チ數万言ヲ費サレマシテ、極ク新ラシイ頭ヲ以テ此法案ノ修正ノ意見ヲ述ベラレマシタ、私ハ之ニ反シマシテ極ク古ルイ頭ノトコロデ、サウシテ最モ簡單ニ此修正案ニ反對シテ見タイト思フノデゴザイマス(「謹聽」ト呼フ者アリ)元來官吏公吏ガ其職務ヲ行フニ方リマシテ、個人ニ損害ヲ與ヘマシタ場合ニ於テハ、國家ガデス、其責任ヲ負フヤ否ヤト云フコトハ大ナル問題、議論ノ存スルトコロデゴザイマス(「ヒヤ〳〵」ト呼フ者アリ)殊ニデス、其行爲――行爲ハ責任ヲ負フベキ基礎タルベキトコロノ行爲ト云フモノハ、公法的行爲ナルヤ或ハ私法的行爲ナルヤ否ヤト云フコトニ付テモ非常ナ議論ノアルトコロデゴザイマス、若シ其行爲ガ公法的ノ行爲デアルナラバ、是ハ理論トシテ其責任ヲ負フベキデアル、私法的行爲デアルナラバ國家ハ如何ニ是ガ賠償ノ責ニ任ズベキヤト云フコトハ問題ト相成ルノデゴザイマス、此點ニ關シマシテハ齋藤君カラモ述ベラレマシタ通リ、學說ハ紛々トシテ岐レテ居ル、各國ノ立法ト云フモノモ又區々ニナッテ居ルノデゴザイマス(「岐レテ居リマセヌ」「默ッテ聽ケ」「其方ガ默ッテ聽ケ」ト呼フ者アリ笑聲起ル)ソレデ、若シソレガ公法的行爲ニアラズ而モ災害ヲ被リマシタル――損害ヲ被リマシタルトコロノ民人ニ對シテ相當ノ賠償ヲセネバナラヌト云フトコロノ觀念ガ段々昂マリマシテ、其觀念ニ從ヒマシテ賠償ヲスルト云フコトニ相成リマスレバ、此四條ノ――修正案ノ四條ガ規定スルガ如キ、卽チ齋藤君ノ修正セラルヽ如キ案デハ到底イカヌノデアル、其形式ト方法トヲ變ヘナケレバ其目的ヲ達スルコトハ出來ナイノデアリマス(「ノウ〳〵」「ヒヤ〳〵」「其通リ」ト呼フ者アリ)是故ニ吾々ノ最モ尊敬スル學說ノ中ニ於キマシテハ、卽チ行爲ハ私人ノ行爲デアルカ法人ノ行爲デアルカソレハ分ラヌガ、併ナガラ國家ノ職務ヲ行フニ方ッテ損害ヲ與ヘタルモノナルガ故ニ、ソレガ故ニ國家ハ保障ノ地位ニ立ツ、先ヅ官吏公吏ヲシテ賠償ヲ爲サシメテ國家ガ保障ノ地位ニ立ッテ其責任ヲ完ウスルト云フ學說モアル位デゴザイマス(此時發言スル者アリ「默ッテ聽ケ」ト呼フ者アリ)齋藤君ハドウ云フ風ニ御調ベニナッタカ知ラヌガ、其說ハ立派ナトコロノ學說ニナッテ居ッテ最モ有力ナルトコロノ說デアルト云フコトヲ齋藤君ハ御承知アリマセヌカ(「三十年前ノ說ダ」「默レ」ト呼フ者アリ)成程齋藤君ハ新シイ頭ヲ持ッテ居ラレマセウガ、ドウ云フ學說ヲ採ラレタカドウ云フ「オーソリチー」ノ本ヲ採ラレタカ存ジマセヌガ、是ハ今日歐羅巴ノ大學者ガ滔々トシテ唱ヘテ居ルトコロノ學說デアル(此時發言スル者アリ「默レ」ト呼フ者アリ)サウ云フ風ニアリマシテ、若シ賠償ノ責務ト云フモノ、基礎ガデス、私人的行爲デアルカ法人的行爲デアルカト云フコトニ付キマシテ問題ト相成リマスル以上ハ、其形式方法ト云フモノモ、修正法ニ掲ゲテアルトコロノ如キ簡單ナルモノデハイカヌノデアル、大ニソレ〳〵ノ方法ト云フモノヲ講ジテ相當ノ法律ヲ要スルモノデゴザイマス、然ルニ齋藤君ノ法案ト云フモノハ此行爲ト云フモノハ獨斷的ニ公法的行爲ナリト先ヅ斷定シテ居ル、サウシテ國家ガ責任ヲ負フト云フコトヲ斷定スル論デアル、此ノ如ク貧弱ナルトコロノ基礎ヲ持タレテ、サウシテ之ヲ公法的行爲ナリト云フコトノ斷定ヲ下サル、ト云フコトハ甚ダ其當ヲ得ナイ、私ノ尊敬スル大變學問ニ豐富ナル新ラシイ智識ヲ持ッテ居ラレルトコロノ、而モ新ラシイ頭ヲ持ッテ居ラレルトコロノ齋藤君ニ於カレマシテ、齋藤君ノタメニ甚ダ惜マザルヲ得ナイノデアリマス(「ヒヤ〳〵」拍手起ル)(「公法的行爲ト云フコトハ分ッテ居ル」ト呼フ者アリ笑聲起ル)(「默レ」笑聲起ル)齋藤君モ――(此時發言スル者アリ)サウシテ見レバ、マダ此齋藤君ノ修正案ト云フモノハ決シテ、形式方法ハ宜シキヲ得タルトコロノ案ト云フコトハ出來ヌデゴザイマス、殊ニ此國家ガ民人ニ對シテ損害賠償ノ責任ヲ負フ場合ト云フモノハ、多クノ場合ハデス、公法的行爲デアルカ私法的行爲デアルカ疑ハシイ場合ガ最モ多イノデゴザイマス(「是ハ公法的行爲デアルコトハ分ッテ居ル」「默レ」ト呼フ者アリ笑聲起ル)ツマリ公法的行爲デアルカ私法的行爲デアルカ、最モ問題ニナルモノハ最モ適用ニ苦ンデ最モ救濟ヲ受ケル一番最大ノ場合デアルノデゴザイマス、然ルニ齋藤君ノ論據ニ依ッテ見レバ、極端ナル公法的行爲ノ場合ヲ救濟スルトコロノ法案ト云フモノハ、私法的行爲デアルカ公法的行爲デアルカ或ハ明カニ私法的行爲デアル場合ヲ救濟スルニハ甚ダ足リヌトコロノ不足ナルトコロノ、偏頗ナルトコロノ法案デゴザイマス(此時發言スル者アリ)況ヤデス、齋藤君ガ此戶籍法ノミニ於テ此ノ如ク國家賠償ノ大キナ問題ヲ第四條ノ一則ニ納メタイト云フコトハ、甚ダ法ノ權衡ヤ宜シキヲ得ナイモノデゴザイマス、齋藤君ガ言ハルヽ通リ、不動產登記法、公證人規則、刑事訴訟法ノ規則ニソレ〳〵ヤハリ是ト類似ノ規定ガアルノデゴザイマス、又單リ此法バカリデアリマセヌ、其他ノ法律ニ於キマシテモ、若シ國家ガ國家ノ職務ニ付テ民人ニ對シ損害賠償ノ責任ヲ負フコトアル場合ニ於キマシテハ、相當ノ規定ヲ要スベキモノデアル、單行法ニ依テ爲スベキモノヂヤナカラウト思フノデゴザイマス、若シ此戶籍法ノミニ依テ、戶籍法ノミノ適用ヲ受ケルト云フモノヲ救フト云フコトニナリマシタナラバ、卽チ戶籍法ノミニ依テ戶籍法ニ依ルトコロノ人ノミ救濟ヲ得ルト云フコトニナリマスレバ、其他ノ官吏公吏ノ行爲ニ依テ損害ヲ受ケタトコロノ人ハ、賠償ヲ受ケナイト云フコトノ偏頗ニ相成ルノデゴザイマス、此ノ如キ法案ト云フモノハ、法ノ整一ヲ期スル我國ニ於キマシテハ、決シテ許スベカラザルモノデアリマス、必ズ統一シタルトコロノ法規ヲ以テ、均一ニ賠償要求權ヲ持ッテ居ルモノヲ保護シナケレバナラヌコトニ相成ル理窟デゴザイマス、是等ノ第一第二點ニ於キマシテ、齋藤君ノ今日此單行法ノ上ニ損害賠償ヲヤラナケレバナラヌト云フトコロノ理由ハ明カニナラナイト自分ハ考ヘルノデアリマス、故ニ齋藤君ノ修正案ト云フモノハ速ニ否決セラレムコトヲ希望致シマス(拍手スル者アリ)

○中村啓次郎君 雙方ノ議論ハ十分熟セリト認メマスカラ、討論終結ノ動議ヲ提出致シマス

(「贊成々々」「異議ナシ」ト呼フ者アリ)

○議長(長谷場純孝君) 討論終結ノ動議ニ御異議ハナイト認メマス、討論ハ終結サ

レマシタ、齋藤隆夫君ノ修正説ニ同意ノ諸君ノ起立ヲ求メマス

起立者　少數

○議長（長谷場純孝君）　少數――委員長ノ報告ニ御異議アリマセヌカ

（「異議ナシ異議ナシ」ト呼フ者アリ）

○議長（長谷場純孝君）　委員長報告通リ決シマス

○中村啓次郎君　讀會ヲ省略シテ委員長報告通リ可決確定セラレンコトヲ望ミマス

○議長（長谷場純孝君）　本案ハ三讀會ヲ省略シテ委員長ノ報告通リニ確定スルト云フコトニ御異議アリマセヌカ

（「異議ナシ異議ナシ」ト呼フ者アリ）

○議長（長谷場純孝君）　御異議ナイト認メマスカラ三讀會ヲ省略シテ本案ハ確定致シマシタ

（拍手起ル）

○丸尾光春君　成ルベク簡單ニ述ベマスカラシテ暫ク謹聽ヲ願ヒマス（「謹聽々々」ト呼フ者アリ）此輸入ノ米問題ハ非常ナル重要問題、米ハ我國ノ生命デアルコトハ申スマデモナイ、卽チ我國民ノ重要食物タル以上ハ、此問題ハ輕々ニ論斷スベカラザルトコロノモノデアル、極言スレバ實ニ國家存亡ノ岐ルヽトコロノ大問題デアリマス、從ッテ外米ノ關稅撤廢ニ付テハ細心注意ヲ要スルノデアリマス、故ニ此外國米ノ輸入問題ヲ研究スルニ付テハ、世界ノ産米狀況ヲ勢ヒ茲ニ前提トシテ述ベナケレバナラヌノデアリマス、明治三十八年ヨリ四十二年ニ至ル五箇年ノ平均ヲ申上ゲマスガ、先ヅ筆頭ノ英領印度ガ二億九百万石、支那ガ一億五千万石、日本ガ五千万石、瓜哇「スマトラ」ガ二千万石、暹羅ガ二千万石、朝鮮ガ九百万石、比律賓ガ百十万石、亞細亞露領ガ百十万石、阿非利加ガ三百三十万石、歐羅巴通計三百五十万石、北米ガ二百万石、南北ガ百十万石、合計四億九千二百二十九万石、最モ此中ニハ海峽殖民地「フイジー」島ノ米ニ至ルマデノ産米ヲ合シテ此數字ニナルノデアリマス、是ニ依レバ日本米ハ世界ノ産米ニ對シテ九分五厘乃至一割ヲ産出スルノデアリマス、所ガ四十三年ニハ既ニ四億九千二百二十九万石ト云フ數字ガ長足ノ進歩ヲシテ、世界ニ於テ五億五千三百五十五万石ニ達シテ居ル、以テ其增進ノ驚クベキ狀況ヲ知ルコトガ出來マス、是ガ故ニ日本以外ニ於テ五億万石産出スルノデアリマスルガ、故ニ若シ此關稅ヲ撤廢致シマシタトキニハ恐ルベキ勢ヲ以テ日本ニ入ルト云フコトハ推測シ得ラルヽノデアリマス、次ニ米ノ直段ノ中心點ヲ論ジテ此關稅撤廢ノ反對ノ理由ニ供シタイト思ヒマス、先般來關稅撤廢問題ヲ提出ニナリマシタトコロノ諸君ニ、凡ソ米ノ直段ハドノ位、然ラバ減ジタラ宜イカ、君達ハ細民ヲ救濟スルト云フガ細民ヲ救濟スルナラバ米價ヲドノ位ノ點ニマデ下ゲタラ細民ノ救濟ガ出來ルカト云フ質問ヲシタトコロガ、其答辯ハ終ニ無カッタ、唯無意味ニ米價ヲ安クシテ細民ヲ救ヒサヘスレバソレデ宜イ、斯ウ云フ御議論デアリマシタガ、是ハ思ハザルノ甚ダシキモノト思ヒマスル、故ニ茲ニ米ノ値段ノ中心點ヲ割出シテ、サウシテ吾々ガ外米ノ輸入ニ反對ノ理由ヲ申上ゲマス、今米一石アタリノ入費ヲ調ベテ見マスト、最モ是ハ全國平均段別收穫米一段ニ付テ二石モ三石モ出來ル所ガアリマスガ、一石七斗二升三合ノ數字カラ割出シタノデアリマスカラ、左樣御承知ヲ願ヒマス、米一石ニ付テ國稅ガ九十六錢、府縣稅ガ五十三錢、町村稅ガ七十八錢合計二圓二十七錢、ソレニ肥料ガ三圓五十四錢、人夫賃ガ五圓八十九錢五厘、雜費ノ中ニハ修繕費モアリ農會費モアリ協議費モアリ種々含ンデ居リマス、ソレカラ種子マデ一圓六十三錢五厘、ソレカラ此合計ガ十一圓七錢、土地資本利子是ハ當然ノコトデアリマシテ、之ヲ六歩ト見マシテ六圓八十錢此三合計ガ二十圓十四錢ニナリマス、而シテ此中カラ段當テノ藁代屑米籾殼等ノ三圓十錢、一段ニ付テ收入ガアリマスカラ、之ヲ折半シテ一圓五十五錢ノ收入ニナリマス、之ヲ差引クト米ノ直段ガ十八圓五十九錢ト云フモノニナリマス、故ニ米ノ値段ノ中心點ハ十八圓五十錢デアリマス、此中心點ヨリ上レバ農家ガソレダケ收入ガアル、此中心點ヨリ下レバ農家ガ堪ヘナイ憂色ガアル、故ニ若シ此關稅ヲ撤廢シタナラバ二百万石ヤ三百万石ハ入ッテモ意トスルニ足ラヌト言ハレマスガ直ニ是ハ障ルノデアリマス、全國六歩ヲ占メテ居ル農家ハ直ニ打擊ヲ受ケルト云フ大キナ問題ニナル、故ニ米ノ直段ノ中心點ヲ能ク御記憶遊バサレタナラバ、關稅撤廢ヲスルト云フ議論ハ出テ來ル筈ガナイノデアリマス、畢竟スルニ此中心値段ヲ御存ジナイカラデアルト思ヒマス（ヒヤ〳〵、拍手起ル「東京ニ出テ買物ヲスル人ハアリヤシナイ」「名論名論」ト呼フ者アリ）成ルベク簡單ニヤリマスカラ今暫ク辛抱ヲ願ヒマス（「ヤリ給ヘ〳〵」ト呼フ者アリ）更ニ農村保護上ヨリ此關稅撤廢ニ反對スル理由ヲ簡單ニ申シマスルガ、我國ノ一年ノ生産額ハ屢〻三十億圓ト云フ話ヲ聽キマシタガ、的確ニ申シマスナラバ二十五億圓ホドガ日本ノ生産額デアリマス、此中十八億圓ハ農産物デアリマス、以テ農業ハ國家經濟ノ基礎ヲ成シテ居ルコトガ是デ御分カリニナリマスト私ハ存ジマスル、而シテ尙輸出入ノ上ニ於キマシテ、此輸出入ノ重要首位ヲ占メルモノハ、皆農産物デアリマス、卽チ輸出ニ於キマシテモ生絲ノ一億四千六百万圓カラ茶、砂糖、米、麥、稗、果實、野菜、是ハ尤モ三年平均デアリマスガ二億以上ニ達シタトキモ生絲ガアリマス、ケレドモ是ハ三年平均デアリマスカラ左樣御承知ヲ願ヒマス、輸入ニ於キマシテモ綿、米、砂糖、羊毛、大豆、小麥、小麥ノ粉、皆斯ノ如ク輸出輸入ノ首位ヲ占メル重要産物ハ農産物ナラザルハナシ、ソコデ尙輸出入ノ額ヲ申シマスルト、明治四十三年カラ大正元年マデノ三年見マシテモ輸出ノ總計ガ二億二百七十三万六千六百一圓、是ハ農産物デアリマス、其次ニ輸入ノ方ハ二億八千三百四十九万五十一圓、是亦農産物デアリマス（「聽エマセヌ」ト呼フ者アリ）更ニ生計問題ヨリ此關稅ヲ撤廢シナカッタナラバ、米價ノ騰貴シタトキニハ細民ガ悲鳴ヲ揚ゲテ餓死スルガ如キコトヲ提案者ハ述ベラレルノデアリマスルガ、米價騰貴ノトキニハ從來ノ經驗ニ依レバ寧ロ細民ハ賃金ノ向上ノタメニ中層ノ人ヨリモ奢リタル生活ヲ爲スノ有樣デアリマス（「其通リダ」「米ヲ標準トシテ賃金ハ定マルノダ」ト呼フ者アリ）故ニ相當ニ値ノ良イ時分ニハ他ノ穀物モ好況ナルヲ以テ、茲ニ田畑ノ開墾ト云フコトガ餘程進ンデ參ルノデアリマス（ヒヤ〳〵）而シテ米價下落ノトキニハドウ云フコトニナルカ、米價下落ノトキニハ遂ニ購買力ヲ減ジテ都會ノ商況ハ衰頽ニ赴クノデアリマス、而シテ尙提案者ノ唱フルトコロハ、外米ハ都會ノ薄給者ノ腰辨諸君ノ生計ヲ救フノデアルト云フ話デアリマスルガ、決シテ左樣ナコトバカリデハアリマセヌ、現ニ外米ガ這入ッテ往キマスル方面ハ秋田縣、山形縣、新潟縣ノ一部、凶作ノ年ニハ青森ヤ仙臺ノ方ニモ這入ッテ參リマスルカラシテ、決シテ都會ノ薄給者ヲ救ヒ得ルト唱ヘテ居ラレマスケレドモ事實ハソレニ相違スルノデアリマス（ヒヤ〳〵）而シテ又（「ヒヤ〳〵」ト呼フ者アリ）此現行法ノ米ノ關稅法卽チ百斤ニ一圓一石ニ二圓五十錢、此課稅ハ最モ安全辯デアル、國ノ穀物ヲ保護スル上ニ於テ安全辯デアル、非常ニ都合好ク出來テ居ル、尙其上ニ勅令ヲ以テ凶作ノ年若クハ國家非常ノトキニハ六十錢マデハ低減シ得ルノデアルカラシテ、何ヲ苦ンデ此關稅撤廢ヲ唱ヘルカ譯ガ分ラヌ（「ドチラガ分ラヌカ」ト呼フ者アリ）而シテ又農産物ト云フモノニ付テ、我輩ノ話ガ分ラヌト云フコトガアッタラ薩張リゼロダ（笑聲起ル「ヒヤ〳〵」「米ガ高イト三越ニ往ッテモ買手ガナイ」ト呼フ者アリ）ドノ點ヲ叩イテモ、我國ノ農業ハ人口ノ上カラ言ッテモ、反數ノ上カラ言ッテモ、總テノ點カラ研究シテ見テモ六歩ノ勢力ヲ占メテ居ルノデアリマスルシ、殊ニ最モ諸君ノ留意ヲ願ヒタイコトハ我國現在ノ實力ハ農村ニアルノデスカ都會ニアルノデスカ、我國ノ農民ハ世界ノソレニ比シ體力ハ强健デ精神ハ剛毅柔順デ、能ク命令ニ服從スル點ガアリマス、是ガ卽チ我日本ノ國ノ現在ノ實力デアルノデアリマス（ヒヤ〳〵）故ニ或點マデハ農村ヲ保護セザレバ終ニ現在ノ實力ガ衰退スルノデアルト云フコトハ、此事ニ徵シテ明カデアルト私ハ思ヒマス（「ヒヤ〳〵」拍手起ル）マダアル、此關稅ヲ撤廢致シマシタナラバ租稅ノ負擔力ヲ毀損スルト云フコトニナリマス、卽チ地租ノ七千五百万圓ノ半面ニハ府縣稅ノ七千五百万圓ガアル、故ニ一億五千万圓ノ負擔力ヲ直ニ毀損シテ來ルトコロノ道理ニナッテ參ルコトガ分カルデアラウト思ヒマス（「ヒヤ〳〵」「贊成」ト呼フ者アリ）殊ニ此關稅ヲ撤廢スルトセザルトハ如何ナル邊ニ大ナル影響ガアルヤ否ヤト云フコトハ、自分ガ仄ニ聞クトコロニ依レバ、昨年以來日本ノ米價ノ下落シテ居ルノハ何ノタメデアルカ、何ノタメニ下落ヲシタノデアルカ、仄ニ聞クトコロニ依ルト是ハ昨年朝鮮ノ關税ヲ撤廢シタル結果、臺灣朝鮮等ニ外米ガ這入ッテ是ガ混ゼラレテ、朝鮮米トナッテ我國ニ這入ッタ結果デアルト云フ一ツスラモ研究シ得テ居ルノデアリマス、而シテ此米ノ額ハ約三百三十万石程デアリマスルガ、是ガ一年中ニ徐々ニ這入ッテ來ルナラバ左程ニモ多大ナ影響ヲ及ボサナカッタカ知リマセヌガ、殆ニ角殆ド三箇月ホドニ三百三十万石這入ッタルタメニ、斯ノ如ク米價ガ昨今下落シテ天下ノ農民――農村ニハ憂色ヲ以テ充タサレテ居ルノデゴザイマス(ヒヤ〳〵)ソレ故ニ此關税撤廢ト云フコトハ先刻提案者ハ反對ヲスル者ハ人氣ヲ取ルトカ何トカ言ハレタケレドモ、ソレハ提案者ノ方ノコトデ、畢竟關税ヲ撤廢シテ細民ヲ助ケテヤル、オ前達ヲ救濟シテヤル、吾々國民黨ハ細民ヲ助ケル主唱者ニナッテ居ルノダト云フ看板バカリ大キイ、美麗ナ看板バカリ揚ゲテ、而シテ細民ヲ陷イデネキニ引寄セテ殺殺スモ同樣ダ(ヒヤ〳〵)故ニ此關税撤廢ニハ絶對的反對ヲスルノデアル、即チ若シ之ヲ撤廢スレバ國家經濟ノ基礎ヲ破壞スルノデアル、國防ノ要素タル軍隊ノ實力ヲ危殆ナラシムルノデアリマス(「ヒヤ〳〵」ト呼フ者アリ)故ニ提案者ノ考ハ皮相ノ考ノミ、淺薄ナル思慮ノミ、今日以後ニ於テ是ガ關税撤廢ヲ唱フル人ハ亡國論ヲ唱フ…デアル

(「ヒヤ〳〵」ト呼ヒ拍手スル者アリ)

○中村啓次郎君　討論終局ノ動議ヲ提供致シマス

(「贊成々々」ノ聲起ル)

○副議長(關直彥君)　討論終結ノ動議ニ御異議アリマセヌカ

(「異議ナシ異議ナシ」ノ聲起ル)

○副議長(關直彥君)　御異議ガナケレバ討論ハ終結致シマシタ、仍テ採決ヲ致ス、本案ノ第二讀會ヲ開クヤ否ヤヲ採決致シマス、第二讀會ヲ開クベシト云フ〻起立

起立者　少數

○副議長(關直彥君)　少數デアリマス、第二讀會ヲ開クベカラズト決定致シマ次ハ日程第十五、質屋取締法中改正法律案ノ第一讀會ノ續ヲ開キマス、委員長高橋直治君

○大橋松二郎君　私ハ唯今議題ニナッテ居リマスルトコロノ、此奈古浦丸ノ請願ノ部ニ於キマシテ、丁度私ハ此部ノ主査ニ當ッテ居リマシテ、此特別委員竝ニ立案ノ際ニ種々關係ヲ致シマシタル立場ノ上ニ於テ、唯今花井君ヨリ反對ノ御意見ガアリマシタカラ、一言私共ノ此起草ヲ致シマシタル側ノ意見ヲ申上ゲテ、サウシテ反對ノ御意見ノ御方ノ御參考ニ供サウト思ッテ居リマス、デ唯今花井君ノ御議論ハ要スルニ事柄ハ同情ヲ表スルコトデアル、サリナガラツマリ一人一事項ニ就テノ法律案ノ起草デアルカラ、ツマリ反對ヲスルトカ、要スルニ考ヘモノデアルト云フ斯ウ云フ御意見デアリマシタガ、元來之ヲ遂ニ法律トシテ茲ニ提出致シマスルマデニナリマシタル事項ノ方ヲ先ニ述ベマシテ、サウシテ後ニ其意見ヲ申上ゲヤウト思ヒマス、此日露戰爭當時ニ當リマシテ明治四十二年ノ議會ニ於キマシテハ、既ニ其年ニ法律第三十八號ヲ以テ、明治三十七八年ノ戰役ノ爲メ損害ヲ被リタル者ノ救恤ニ關スルト云フ特ニ法律ガ出來マシテ、此內容ハ「露西亞領亞細亞、淸國、滿洲及韓國義州方面ニ在留シタル帝國臣民ニシテ明治三十七八年戰役開始ノ際引揚ケタル爲損害ヲ被リタル者ニ對シテハ本法ニ依リ救恤金ヲ下付ス」斯ウナッテ居リマス、其第二條ニ於テ金高ヲ百万圓ト限ラレテ、三條、四條、五條ト云フ方ハ詰リ此下付ヲ致シマスルマデノ手續デアル、此法律ノ出來マシタル當時ニ既ニ此奈古浦丸ノ問題ガ起ッテ居ッタノデアル、此時ノ詮議ノ要領ヲ段々調ベテ見マスルト云フト、先以テ陸上方面ノ事ヲ一ツ片ヲ付ケテ置イテ、海上ノ方ノ出來事ハ次ニ致ス、斯ウ云フ詮議ノ筋ニナッテ居ルラシイ、所デ是ハ陸上ノ方ハ仲間ガ多カッタガ故ニ片ガ付イタガ、然ルニ海上ノ方ニ於テ損害ヲ受ケタルトコロノモノガ、奈古浦丸ノ外ニマダアルデアラウト存ジマス、サリナガラ既ニ其當局ノ內命——形ノ上カラ申シマスルト、此奈古浦丸ガ航路ニ就キマシタトキニハ、ヤハリ日本船主同盟會東部事務所ト云フ方面カラ官報ノ電報ヲ以テ言ウテ來テ、ソレニ依テ航行ニ就イタノデアル、斯ノ如キモノハ卽チ明治四十二年ニ出來マシタトコロノ法律ト同樣ナル（「簡單々々」ト呼フ者アリ）救恤等ノ恩典ニ與カルベキモノナリト云フコトヲ第一ニ於テ信ジタノデアリマス、次ニハ此方ノ者ニ向ッテハ、再ビ當局モ亦議會モ遂ニ之ヲ詮議ヲスルコトガ延期ヲ致シタノニ過ギナイノデアル、然ルトコロ段々其後年所ヲ經ルニ隨ヒマシテ、イロイロ取調ヲシテ見マスルケレドモ、最早斯ノ如キ立場ニナッテ、サウシテ遂ニ理由ナクシテ葬ラレテ居ルトコロノモノハモウ他ニ無イノデアル、唯今花井君ノ言ハレタ如ク有レバソレヲ共ニ入レテ、サウシテ事項ノ方ヲ先ニ定メテ、茲ニ適當ナル法律ヲ定メルト云フコトハソレハ勿論デアルケレドモ、此奈古浦丸ト狀況ノ同ジモノハ無イノデアル、是ハ卽チ事前デナクシテ事後デアルカラ、其事ガ明瞭ニ分ッテ居ル、當局ニ於テモ分ッテ居ル、此立場ノ上ニ於テ此法律ヲ卽チ提出スルコトニ致シタノデアリマス、是ガ一人一事項デアルカラシテ法律トシテ成立ノ出來ナイト云フコトハ、別段ニ明カニ見エテモ居ラヌ、法律上ノ一ノ議論ニ過ギナイ（「憲法上ノ問題ダ」ト呼フ者アリ）ソレ故ニ私共ガ此法案トシマシテ提出ヲシ、諸君ノ御同意ヲ得テ是レノ成立センコトヲ希望スル次第デゴザイマス

（「反對」ト呼フ者アリ）

○中村啓次郎君　本案ハ尙愼重ノ審議ヲ要スルモノト考ヘマスルカラ、議長指名九名ノ委員ニ付託セラレンコトヲ希望致シマス

（「贊成々々」ノ聲起ル）

○副議長（關直彥君）　中村君ノ動議ノ如ク議長指名九名ノ委員ニ付託スルコトニ御異議ハアリマセヌカ

（「異議ナシ異議ナシ」ノ聲起ル）

○副議長（關直彥君）　御異議ナイト認メマスカラ、議長指名九名ノ委員ニ付託スルコトニ致シマス、今日ハ是デ散會致シマス——チョット御報告致シマスガ、明日モ例刻ヨリ開會致シマス、尙委細ハ公報ヲ以テ御報告致シマス

午後七時十一分散會

第十八　支那ニ於ケル同仁會事業ニ關スル建議案（丸尾光春君外四名提出）

支那ニ於ケル同仁會事業ニ關スル建議案

支那ニ於ケル同仁會事業ニ關スル建議

同仁會ハ十三年前ノ創立ニシテ亞細亞諸國ニ醫事衞生ノ開發ヲ目的トシ已ニ滿洲朝鮮ニ數箇ノ大病院ヲ經營シテ其ノ素志ノ一部ヲ遂ケ今ヤ將ニ支那本土ニ全力ヲ傾注シ以テ人道上國交上ニ資セムトス依リテ政府ハ相當ニ之ヲ援助セムコトヲ望ム

右建議ス

○副議長（關直彦君）　御異議ガナイト認メマス、仍テ中村君ノ讀上ゲラレマシタ通リニ決定致シマシタ――日程第十八提出者ヨリ延期ノ申出ニナリマシタカラ延期シテ御異議ガアリマセヌカ

〔「異議ナシ異議ナシ」ノ聲起ル〕

○副議長（關直彦君）　御異議ガナケレバ日程第十八延期致シマス、日程第十一、對支「シンヂケート」設置ニ關スル建議案ヲ議題ト致シマス――小山谷藏君

九　米價調節ニ關スル質問

（加賀卯之吉君登壇）

○加賀卯之吉君　諸君、私ノ政府ニ質問セントスル所ノモノハ頗ル眞面目ナ問題デ、米價ノ調節ト云フコトニ付テ農商務大臣ニ一ツ伺ッテ見タイト思ヒマス、事柄ハ頗ル平凡ナコトデアリマスケレドモ、其關係スル所ハ頗ル大ナル問題デアリマシテ、決シテ輕々ニ看過スベカラザル問題デゴザイマス、大正元年ノ六月米價非常ニ暴騰シ、國民是ガ引下策ニ汲々トシテ彼處此處ニ米價調節ノ演説會ヲ開キ、或ハ當局ニ迫ッテ米價ノ引下ヲ求メタト云フコトハ、諸君ノ御記憶ニ新タナル所ト思ヒマス、所ガ當時ノ政府ハ干渉政策ヲ施シマシテ、或ハ定期米市場ニ於テ買方ヲ檢擧シ、或ハ地方ニ於テハ市町村ノ金ヲ出シテ貧民ニ安イ米ヲ買ハセルト云フコトモ致シマシテ、積極ニ消極ニ種々米價ノ引下ニ努メタノデゴザイマス、其中ニモ最モ議論ノアッタノハ、定期市場ニ於ケル農商務省ノ干渉デアリマシテ、當時日本米ノ供給力ガ少ナイカラシテ米價ガ騰貴スルノデアル、此調節ヲ圖ルニハドウシテモ外ノ米ヲ持ッテ來テ供給ヲ圓滑ナラシメヌトイカントト云フ議論ニ歸著シタト見エテ、全國四十二箇所ノ取引所ニ對シテ定款ノ改正ヲ命ズルコトハ出來ナイノデ、内訓ヲ以テ日本米ノ賣買ニ代ユルニ、朝鮮米及臺灣デ産スルトコロノ米穀ヲ以テ是ニ代ラシメルト云フコトヲ命ジタノデアル、トコロガ各取引所ニ於キマシテハ、是ニ直チニ應ジナカッタ、ケレドモ應ジナケレバ命令ヲ以テ之ヲ行フト云フコトヲ言ヒマスタメニ、已ムヲ得ズ取引所ハ此命令ニ服從シマシテ但ノ謂フ鮮臺米代用ト云フ制度ヲ執ッタノデアリマス、サウシテソレデモ尚米價ハ下ガラナイ、其年ハ僅ニ八月九月十月ト云フ三箇月間ニ於テ此制度ヲ執ッタノデゴザイマシタガ、更ニ其效果ガナカッタ、無カッタカラ大正二年度ニ於テ更ニ政府ハ命ジテ此代用制ヲ八月九月十月ト云フ其高イ時ニ於テノミ之ヲ爲サズシテ、平時ニ於テモ之ヲ爲スト云フコトヲ更ニ取引所ニ命ジタノデゴザイマス、此時モ亦取引所ハ之ヲ拒ンデ見マシタケレドモ、泣ク子ト地頭ニハ勝テヌト云フ喩ヘノ如ク、遂ニ政府ハ命令通リ之ヲ行ッタノデゴザイマス、所ガ米ノ價ハ其制度ヲ改メタト云フ單純ナル理由デハアリマセヌケレドモ、數年來非常ナ高値ヲ持ッタタメニ、所謂食延バシガ行ハレテ――節食ガ行ハレテ、或ハ下級食物ヲ食料ニ致シマシタタメニ、其供給額ハ多少減リマシタケレドモ、前年度ノ殘餘米ト云フモノヲ生ジテ來マシテ、現ニ一昨年ノ收穫ヨリモ昨年ノ收穫ハ少ナクテモ需給力ノ潤澤ニナッタト云フ事實ヲ現ハシテ、兎ニ角米價ハ下ガッテ參リマシタ、今此臺灣米及朝鮮米ト云フモノヲ定期取引ニ代用致シマシタ當時ノ直段カラ、昨今ノ直段ト比較致シテ見マスルト、一時的ノモノデナク、一箇月宛平均シタ米價ガ即チ大正元年六月ノ二十四圓七十錢ト云フ平均直段カラ見マスルト、昨今ハ平均直段ガ十八圓五錢ト云フコトニナッテ、丁度六圓七八十錢下ガッテ居ルノデゴザイマス、是ハ東京ノ深川市場ニ於ケル平均相場ヲ以テ其數字ヲ現ハシタモノデゴザイマス、若夫レ之ヲ大阪ニ致シマシタナラバ、或ハ神戸ニ致シマシタナラバ、ヤハリ是モ五圓以上ノ低落ヲ致シテ居ルノデゴザイマス、何ガ故ニ斯ク米價ガ低落致シマシタカト云フト、玆ニ一ノ大ナル理由ガアルノデゴザイマス（「アル〳〵」ト呼フ者アリ）即チ此鮮臺米代用ト云フコトガ――此法ガ實施セラレマシテ以來、日本米ノ需要ト云フモノガ――假需要ト云フモノガ非常ニ減ジテ參リマシタ、之ヲ統計ノ上ニ見マスルト云フト、既往五箇年間明治四十一年カラ大正二年ニ至ルマデノ間ニ於キマシテ、最モ多キ時ハ百七十九万石、少ナキ時ガ七十四五万石、之ヲ一年平均致シマスト百三十四五万石ノ米ハ此定期市場ノ商品トナッテ居ッタノデゴザイマス、所ガ此鮮臺米代用制ヲ布イテ以來ト云フモノハ、殆ド此日本米ノ需要ト云フモノガ無クナッタ、日本ノ米ノ價ヲ差出ストコロノ日本ノ米ノ取引所ハ、朝鮮米及臺灣米ノ相場ヲ建テル市場ト化シ去ッテ、日本米ト云フモノヲ全然驅逐シタノデゴザリマス、之ヲ又事實ノ上ニ當嵌メテ申シマスルト云フト、大正二年ノ五月カラ十二月マデノ間ニ於テ、主ナル取引所即チ東京、大阪、神戸、下關、桑名、此全國有數ノ取引所ノ五箇所ニ就イテ見マスルニ、其受渡シガ三十六万七千石アッタノデゴザリマス、其三十六万七千石アッタ中デ日本米ノ受渡シニナッタモノハ僅カ二万三千石シカナイ、殆ド十分ノ一ニ足ラナイ少數ノモノデゴザリマス、即チ當然三十六万石需要ノアルモノガ、此鮮臺米代用ノタメニ二十二三万石要ラナクナッタ、之ヲ一年ニ通算シテ見マシタナラバ、前申シタル如クニ、百三十何万石ト云フ需要ガ――全ク一時的需要ノ途ヲ――御客サンヲ失ッタコトニナルノデアリマス、是ガ農家所謂米ノ生産者ノタメニ非常ナル苦痛トナッタノデゴザリマス、論者或ハ申シマセウ、日本ノ米ハ一時的要ラナイ米ニサレマシテモ到底要ルベキ米デアルカラ、唯定期市場ニ於テ之ヲ驅逐シタタメニ廉クナッタノデハナイト云フカモ存ジマセヌ、併ナガラ米ハ貨物ニシテ藏ヘ入レテ置ク譯ニモ往キマセヌ、取レバ必ズ賣ラナケレバナラヌモノデアリマス、然ルニ此假需要ト云フモノ、減ジタ以來ト云フモノハ、全ク當用――其日々々ノ用ダケ外商人ガ地方ニ買ヒニ參リマセヌ、一方ニハ多クノ米ヲ生産シテ之ヲ賣ッテ肥料ヲ買入レヤウトスル、或ハ之ヲ賣ッテ債務ヲ果サントスル、種々ナル必要ガアルニモ拘ラズ、米ノ需要者ガ買ヒニ往クコトガ甚ダ稀デアル、其證據ニハ東京ノ深川市場ニ於ケル市ノ在高ト云フモノガ、前年前々年其以前カラ比ベマシテ、今日ノ殘存高ト云フモノハ頗ル僅少ナモノデ、殆ド三分一或ハ半分位シカ其在來ノ數ヲ撤ヘルコトガ出來ナイノデゴザイマス、是モ亦今申ス如クニ定期市場ニ日本米ノ賣買ト云フモノヲ驅逐シタガタメニ、其米ヲ危險ヲ冒シテ買ッテ來テ掛繋グト云フヤウナ者ガ無クナッタ結果ガ、此深川ノ在米多キヲ見ルニ至ラヌ原因デアルノデゴザイマス、斯ノ如クニ米ノ需要ノ減リマシタコトハ、一方米ノ生産者ノタメニハ非常ナル苦痛デアラウト思フノデゴザイマス、若シソレ私ヲシテ言ハシメタナラバ、今日ノ米ノ價ハ或ハヨリ以上低落セヌトモ限ラヌト云フノデゴザイマス、何トナレバデス、今日ノ米ノ需供統計上ノ有樣ヲ見マスルト云フト、賣人ガ多クテ買入ガ少ナイノデ、熊本縣選出ノ代議士ハ能ク御承知ダラウト思ヒマスガ、熊本縣ノ本年倉庫ニアリマスル米ノ高ハ近來稀ニ見ル多數ノ米デアルノデゴザイマス、尤モ昨年ハ豐作ヲ致シマシタカラ、供給力ノ潤澤ナコトモ當然デハゴザリマスケレドモ、輸出シタ其數ガ前年ニ比較シテ多イ上ニ、尚殘存ガ多イノデゴザリマス、而シテ北陸道ノ狀況ヲ見マシテモ、高岡ノ倉ノ中ニアル米ハ、前年ニ比較シテ十三四万石モ輸出力ガ多イト云フコトデゴザイマス、南ノ方デ見マシテモ北ノ方ヲ見マシテモ、地方ノ産地ニ於テ累々トシテ山ヲ成シテ居ル、而モ市價ハ段々下ガッテ來ル、此ニ於テ高イ時ニ米價調節策ヲ行ッタ政府ハ、廉タナラントシツヽアル米價ニ對シテモ、亦何等カ此手加減ヲ用井ザルベカラズト私ハ信ズルノデゴザイマス、政府ハ米價ノ調節ニ付テ米ノ價ガ安クナカッタナラバ、必ズ高キ時ニ調節策ヲ行フトシタナラバ、又行ハザル可カラズデアリマスケレドモ、凡ソ米價ニモ程度ガアル、ドノ位ノ程度マデ下ッタナラバ、政府ハ是ヲ救濟策トシテ調節ヲ講ズノデアラウカ、今ハ丁度米ノ價トシテハ適當ナル場所ニアルノデゴザイマス、私共ヲシテ言ハシムレバ、此際ニ於テ政府ガ政策ヲ誤ッタナラバ米ハ一段ノ低落ヲ免カレヌト信ズルノデアリマス、此際政府トシテ採ルベキ點ハ相當ノ手段ヲ講ジテ、米價高キ時ニ抑壓策ヲ執ッタノハ安クナッタラ之ヲ救濟スル道ヲ講ジナケレバナラヌノデアリマス又義務ガアルデアラウト思ヒマス、私共唯米價ノ徒ラニ高キヲ欲スルモノデゴザイマセヌ、高キヲ欲スル者デアリマセヌケレドモ、亦生產費以下ニ米價ノ低落スル場合ニハ、日本ノ農產物ノ生產力ヲ損耗シテ、全ク農業ノ根柢ヲ打破ルモノデアルト信ズルノデアリマス、私密ニ思ヒマス、近時ノ狀態ハ或ハ商工立國ト云ヒ、輸出貿易ヲ奬勵セシメント云ヒ、種々議論モアルヤウデアリマス、殊ニ本議會ニ於テハ皆樣方ノ御同情ニ依テ農業上ノ保護政策モ種々ニ講ゼラレテ居ルノデゴザイマス、私共多大ノ感謝ヲ之ニ表サウト思ヒマス、併ナガラ私ノ政府ニ問ハトンスル所ノモノモ亦正ニ此農業政策ノ一ツデアリマシテ、保護政策ノ一ツデアリマシテ、決シテ打捨テ置クベキ問題デナカラウト思ヒマス、政府ハ此米價ノ將ニ下ラントシツヽアルニ對シ、如何ナル政策ヲ執ラレルデアラウカ、是ガ私ノ政府ニ問ハントスル所ノ主意ニ外ナラヌノデゴザイマス

○中村啓次郎君　本日ノ質問十二以下ハ後廻シトシテ、直チニ議案ノ日程ニ入ランコトヲ望ミマス

○副議長（關直彥君）　中村君ノ動議ニ御異議アリマセヌカ

〔「異議ナシ異議ナシ」ノ聲起ル〕

○副議長（關直彥君）　御異議ガナイニ依テ質問ニ對シテハ是デ打切リト致シマス、日程第一國庫出納金端數計算法案、第一讀會ヲ開キマス

第十二　行政裁判法及訴願法ニ關スル法律ヲ臺灣ニ施行スルノ法律案（松田源治君外四名提出）　第一讀會

行政裁判法及訴願法ニ關スル法律ヲ臺灣ニ施行スルノ法律案

第一條　明治二十三年法律第四十八號行政裁判法明治二十三年法律第百五號訴願法及明治二十三年法律第百六號行政廳ノ違法處分ニ關スル行政裁判ノ件ハ之ヲ臺灣ニ施行ス

第二條　行政裁判法及訴願法中各省大臣又ハ內閣直轄官廳ノ處分ニ關スル規定ハ臺灣總督又ハ臺灣總督府直轄官廳ノ處分ニ準用シ各省又ハ內閣ニ關スル規定ハ臺灣總督府ニ之ヲ準用ス

附　則

本法ハ大正三年四月一日ヨリ之ヲ施行ス

（松田源治君登壇）

○松田源治君　本案ハ第一案ガ裁判所構成法及辯護士法ヲ臺灣ニ施行スル法律案、是ハ裁判所構成法及辯護士法ヲ臺灣ニ施行シタイ、アトハ結果ニ關スル條文デゴザイマス、ソレカラ第二ハ裁判所構成法ヲ臺灣ニ施行スル結果六三デス、今デハ三十一號ト云フ法律ニナッテ居リマスルガ、此中ヲ改正シナケレバナラヌ、即チ臺灣總督ニ立法ヲ委任スル權利ヲ與ヘテ居ル、即チ律令ヲ以テ立法ニ代ル所ノ規定ヲ為スコトガ出來ルノデアリマス、其法律ヲ改正シテ臺灣ニ特別ナルモノ、ミ臺灣總督ニ委任立法ヲスル、併シ臺灣ニ特別ナルモノデアッテモ、司法裁判民事刑事及監獄ニ關スル事項ハ此ノ限ニ在ラズ、是ハ委任立法ヲシナイ、ソレカラ之ヲ委任立法ヲシナイ結果、臺灣ニ特別ナルモノガアリマスルト必ズ法律デ規定シナケレバナラヌト云フコトハ、頗ル不都合ナ事ヲ生ヲマスルカラ、臺灣ニ特別ナルモノニ付テハ、勅令ニ委任シテ特別ノ規定ヲ設ケシメル、是ガ第二案デゴザイマス、第三案ハ行政裁判法ト及ビ訴願法ニ關スル法律ヲ臺灣ニ施行スル法律、是ガ第三案デアリマス、本案ハ總テ政黨政派ノ問題ニ非ズシテ、國民ノ權利ノ消長ニ關スル重大ナル問題デアリマス、總テ立憲國ニ於キマシテハ、國民ノ裁判ナルモノハ行政官ヨリ獨立シテ居ル、獨立ノ地位アル終身官タル所ノ司法官ガ裁判スルノガ原則デアルノデゴザイマス、申ス迄モナク憲法第五十七條ニハ「司法權ハ天皇ノ名ニ於テ法律ニ依リ裁判所之ヲ行フ裁判所ノ構成ハ法律ヲ以テ之ヲ定ム」是ガ憲法ノ通義デアリマシテ、行政官ヲシテ裁判ヲ為サシメルト云フコトハ此變例デアルノデアリマス、然ルニ臺灣ニ於キマシテハ領有既ニ二十年ノ今日、臺灣ノ裁判官ハ律令ヲ以テ規定シテ居ルトコロノ臺灣總督府ノ法院條例ニ依リマシテ、獨立ノ地位ノ無イ即チ總督ニ直屬シテ居ルトコロノ行政官ノ性質ヲ帶ビテ居ル裁判官ガ裁判ヲ為スト云フコトハ、臣民ノ權利ノ伸長ニ付テ至大ナル關係ガ生ズルト私ハ思フノデゴザイマス、殖民地ノ制度ニ於キマシテハ、外國ニ於キマシテモ種々制度ガアリマス――制度組織ガアリマス、總テ違ッテ居リマスルケレドモ、獨立ノ裁判官ヲシテ裁判セシメナイ、行政官ノ性質ヲ帶ビテ居ルトコロノ司法官ヲシテ裁判ヲセシムルトコロノ例ハ甚ダ少ナイノデアリマス、英國ノ如キハ植民地ニ於キマシテモ、確カニ行政官ト司法官ト云フモノハ、注意ヲシテ是ハ截然トシテ區別ヲシテ居ルノデアリマス、サウシテ獨立ノ地位ヲ與ヘ終身官ノ地位ヲ保證致シテ居ル者ガ裁判ヲ致シテ居ルノデゴザイマス、獨逸ノ如キハ英國ノ如ク截然行政官ト司法官ノ地位ヲ區別シテハアリマセヌケレドモ、裁判官トシテ裁判ヲ為ス時分ニハ、行政官ノ直屬デナク行政官ノ干渉ヲ排斥シテ自由ノ地位ヲ與ヘ、獨立ノ地位ヲ與ヘテ裁判ヲセシメテ居ルノデアル、然ルニ我臺灣ノ法例ニ於キマシテハ、今日ニ於テハ獨立ノ地位ノナイ、何時ニテモ臺灣總督府ヨリ必要ノアル場合ニハ休職ヲ命ゼラル、トコロノ裁判官ガ裁判ヲシテ居ル、是ハ憲法治下ニ於テアルベカラザルトコロノ私ハ事デアルト考ヘルノデゴザイマス、諸君モ御承知ノ通リ昨年臺灣ニ於テ陰謀事件ガアリ、朝鮮ニモ陰謀事件ガアッタ、而シテ此朝鮮臺灣ニ於ケル陰謀事件ガ其審理ニ付テ內外ノ疑惑ヲ招イタノハ何デアルカト申シマスレバ、主トシテ即チ總督ニ直屬シテ居ルトコロノ行政官ガ裁判所ヲ為スガ為メデアラウト私ハ考ヘルノデアリマス、之ヲ廢シマシテ我國ノ裁判所構成法ヲ臺灣ニ施行スルト云フコトハ、最モ今日必要ナル案件ト考ヘルノデアリマス、其結果上告ニ付テモ三審制度――日本ノ內地ノ大審院ニ上告ヲ許ス、是ハ當然ノ結果デアラウト思フ、今日ハ內地ノ臣民デアッテモ臺灣ニ行ッテ居ル內地ノ臣民ハ、裁判所構成法ノ保護ヲ受ケズシテ、一二審ガ終審デ全ク法律ヲ統一スルトコロノ、大審院ノ三審ニ上告スルコトガ出來ヌト云フコトハ、人民ノ權利ヲ私ハ侵害シテ居ル行為ナリト申サナケレバナラヌト思フノデゴザイマス、故ニ裁判所構成法ヲ施行シマシテ、臺灣ノ土人ニモ內地ノ臣民ニモ、盡ク獨立シテ居ルトコロノ裁判官ノ裁判ヲ受ケシメ、又法律ヲ統一スルトコロノ大審院ニ上告スルノ權利ヲ與ヘタイト云フノガ本案ノ趣旨デアルノデアリマス、又行政裁判法及訴願法ヲ臺灣ニ施行スルノハドウ云フ譯カト申シマスレバ、憲法六十一條ニハ「行政官廳ノ違法處分ニ由リ權利ヲ傷害セラレタリトスルノ訴訟ニシテ、別ニ法律ヲ以テ定メタル行政裁判所ノ裁判ニ屬スヘキモノハ司法裁判所ニ於テ受理スルノ限ニ在ラス」行政官廳ノ違法處分ニ依テ臣民ノ權利ヲ傷害セラレタル者ニ於テハ、行政訴訟ヲ許スト云フコトハ是亦立憲國ノ通義デアルト考ヘル、今日臺灣ノ臣民ハ如何ニ行政官廳カラ權利ヲ蹂躪サレ、權利ヲ傷害サレテモ、之ヲ訴フルトコロノ道ガナイノデアル、訴訟ヲ起スコトモ出來ナケレバ、訴願ヲ起スコトモ出來ナイ、唯哀訴歎願シテ上局官廳ニ憐ミヲ乞フト云フトコロノ奴隷ノ狀態デアルト言ハナケレバナラヌ、此奴隷ノ狀態ヨリ救ヒマシテ而シテ行政官廳ガ臣民ノ權利ヲ傷害シタル時分ニハ、憲法ニ與ヘラレタル權利ニ依テ之ヲ行政裁判所ニ訴ヘル道ヲ開クト云フコトガ、是亦臣民ノ權利ノ上ニ於テ最モ私ハ必要ノコトデアルト考ヘルノデアリマス、斯ノ如キ問題デアリマスカラ、ドウカ諸君ハ御贊成ノ上本案ノ通過セラレンコトヲ私ハ希望致シマシテ此壇ヲ降ルノデアリマス

○横田千之助君　質問ガアリマス、提案ノ御精神ハ深ク了解致シマシタガ、其御精神ヲ擴充シテ寧ロ我國法ト同ジ習慣ヲ持ッテ居ッタ朝鮮ノ領土マデ、此法案ヲ施行スルト云フコトヲ御示シニナラナカッタノハ、何カ意味ガアルノデスカ

○松田源治君　ソレデスカ

○横田千之助君　マダアリマス、一緒ニヤリマセウカ――ソレカラ今一ツハ臺灣ニ於テハ法律制定ノコトニ付テ既ニ委任立法ノ性質ニナッテ居ル、即チ臺灣ガ特殊狀態ニアルト云フコトハ議會ガ認メテ委任立法ヲ許シテアル、然ルニ此權限ヲ議會ニ回收スルコトヲ為サズシテ、獨リ司法權ノミニ付テ內地ト同樣ナル法案ヲ布カントスル御精神ハ如何

デアリマスカ、其點ヲ伺ヒマス

○松田源治君　第一ノ朝鮮ニ何故ニ斯ル法律ヲ施行スル法律案ヲ出サナカッタカ云フコトデゴザイマスガ、是ハマダ調査ガ出來テ居ラヌノデアリマス、而シテ是ハ他ノ法案トシテ出シテモ少シモ妨ゲハナイ、此法案ト同ヂ法案ヲ出シテ、裁判所構成法及辯護士法ヲ朝鮮ニ施行スル法律案ヲ櫻田君ガ御望ミナラバ、此通リ規定シテ御出シニナレバソレデ目的ヲ達スルノミナラズ、本案ヲ出シテ置ケバソレヲ物スニ付テモ最モ徑捷ダラウト考ヘマス、第二ノ御質問ハ共爲ニ能ク此三案中ノ一案ヲ御覽ニナランコトヲ希望スル、即チ委任立法ニ關スル律令權ハ改正ヲ加ヘヤウト思フノデアル、即チ臺灣ニ特別ナル事項デナケレバ立法委任ノ權ヲ與ヘヌト云フコトハ、先程説明シタル通リデアリマス、又臺灣ニ特別ナモノデアッテモ、司法裁判所民事刑事及監獄ニ關スル事件ハ、是ハ委任シナイト云フ改正案ガ出テ居ルノデスカラ、此改正案ヲ能ク御覽下サッタラ御分リニナルコトデアラウト思ヒマス

○中村啓次郎君　唯今議題ニナッテ居リマス三案ハ、一括シテ發ノ裁判所構成法中改正法律案外一件ト同一委員ニ付託セラレンコトヲ望ミマス

○副議長（關直彦君）　中村君ノ動議ニ御異議ハアリマセヌカ

（「異議ナシ異議ナシ」ト呼フ者アリ）

○副議長（關直彦君）　御異議ガナイト認メマス、依テ右三案ハ裁判所構成法中改正法律案外一件ノ委員ニ付託スルコトニ決定致シマシタ、次ハ日程第十三、酒造税法中改正法律案、第一讀會ヲ開キマス、提出者三輪市太郎君

第十四　朝鮮產ノ牛革竝其ノ革製品ニ對シ移入稅免除ニ關スル法律案（小出五郎君外二名提出）　第一讀會

朝鮮產ノ牛革竝其ノ革製品ニ對シ移入稅免除ニ關スル法律案

朝鮮產ノ牛革竝其ノ革製品ニハ移入稅ヲ課セス

附　則

本法ハ大正三年七月一日ヨリ之ヲ施行ス

○白川友一君　小出君ニ代ッテ本員カラ極ク簡單デアルカラ自席デ……

○副議長（關直彥君）　簡單ナラ宜シウゴザイマス

○白川友一君　玆ニ提案シテアリマスノハ、朝鮮產ノ牛革竝其ノ革製品ニ對シ移入稅免除ニ關スル法律案デゴザイマス、其要旨ハ朝鮮產ノ牛革竝其革製品ニハ移入稅ヲ課セズ、附則ニ參リマシテ、本法ハ大正三年七月一日ヨリ之ヲ施行スルト云フノガ趣意デアリマス、尙簡單ニ其理由ヲ述ベマス、近來朝鮮產ノ牛革竝ニ其革製品ハ漸次產額ヲ增加シマシテ、今ヤ其產額ハ百万圓ヲ超ヘテ、製產夥多ノタメ大ニ當業者ハ困難ヲシテ居ルノデアリマス、之ヲ內地ニ移入センカ、牛革ニ付テハ每百斤ニ付十五圓二十錢、革製品ニ付テハ每百斤ニ付三十七圓二十錢ノ移入稅ヲ課セラルヽニ依リマシテ、引合ハナイノデアリマス、而シテ內地ニ於ケル需用ハ年々歲々益〻多クナリツヽアリマシテ、農商務省ノ統計表ニ依テ見マスルト、明治四十年カラ四十四年ニ至ル五箇年間ノ內地ノ製造額ハ次第ニ減少シツヽアルノデアリマス、而シテ外國カラ輸入シテ居リマストコロノ牛革ハ、百十四万斤カラ二百五十万斤ノ多額ヲ輸入シテ居ルノデアリマス、現時內地ニ於ケル革製品ノ價格ハ每百斤ニ付キマシテ八十五圓前後ノ高價ヲ保ッテ居リマス、故ニ此移入稅ヲ免除致シマシテ、朝鮮ニ於ケル牛革及革製品業者ヲ救ヒマシテ、又一面ニ於テハ內地ノ需用者ノ利益ヲ謀リタイト云ノガ、本案ヲ提出シタ理由デアリマス、ドウカ御贊成ヲ願ヒマス

○副議長（關直彥君）　質問ハアリマセヌカ

○中村啓次郎君　本案ハ議長指名九名ノ特別委員ニ付託セラレンコトヲ望ミマス

○副議長（關直彥君）　中村君ノ動議ニ御異議アリマセヌカ

（「異議ナシ異議ナシ」ノ聲起ル）

○副議長（關直彥君）　御異議ナイト認メマス、仍テ議長指名九名ノ委員ニ付託スルコトニ決定致シマス、日程第十五、醫師法中改正法律案ノ第一讀會ヲ開キマス、提出者福井三郎君

○議長（奧繁三郎君）　少數ト認メマス、此二案トモ委員長報告通リ御賛成ト認メテ左樣決シマス、次ハ日程第七第八ニ對シテハ發言ノ通告ガゴザイマス、高木正年君

（高木正年君登壇）

○高木正年君　因ニ依リマシテ咽喉ヲ卷イテ居リマス、此追第二號ノ豫算外國庫ノ負擔トナル契約ニ關スルモノヽ中デ、東洋拓殖會社ニ關係致シマスル事柄ト、南滿洲鐵道株式會社ニ關シマスル條項ト、此二ツノ項目ニ付テ聊カ意見ヲ述ベルノデアリマス、東洋拓殖會社ハ國家ガ多大ノ保護ヲ與ヘテ居ル所ノ會社デアリマス、一面ニハ年々豫算ヲ以テ少ナカラザル金ノ補給ヲスルト同時ニ、他方ニアリテハ又多額ノ資金ヲ投ダテ、斯カル保證ヲ國ガ義務トシテ約束ヲナシツツアルノデアリマス、東洋拓殖會社ハ普通ノ會社トハ全ク別種ナ營業ヲシテ居ルノデアリマス、既ニ多クノ補給ト且ツ多大ナル國家ノ負擔ヲ約束スル所ノ契約ヲナシテ居ル會社デアルガタメニ、東洋拓殖會社ハ少クトモ國家的企業ノ下ニ其發展ヲナサネバナラヌノデアリマス、從來東洋拓殖會社ノ爲シタルトコロノ結果如何ト考ヘテ見マスルト、普通營利會社ノ爲スガ如ク、只管其會社ノ利益ヲ本位トシテ居ッテ、寧ロ國ニ對シテ爲スベキトコロノモノハ其成績ノ頗ル疑ハシキモノデアルコトヲ明言スルニ憚カラヌノデアリマス、彼ノ東洋拓殖會社ニ命令シタルトコロノ第七箇條ノ條件ノ如キ、就中最モ國家ノ發展ノ上ニ於テ朝鮮國ニ於テ爲サネバナラヌ移民事業ノ如キハ、會社ガ其條件ノ主ナルモノナルニモ拘ラズ、實際今日ニ於テハ毫モ其成績ノ舉ガッテ居ラヌト云フコトハ、廣ク世間ニ知レ亙ッテ居ル事實デアリマス、又會社ハ其配當ノ或ル程度ニ達セザル時ニ於テハ、常ニ國ノ補給ヲ受クルノデアリマス、然ルニ曾テ四十二年ノ決算ト記憶致シテ居リマスガ、會社ハ殊更ニ配當ヲ少ナクシテ意味ナキトコロノ積立金ヲ多クシテ、而シテ國家ノ補助ヲ要求シツヽアルト云フガ爲メニ、會計檢査院ノ異議ヲ受ケタコトガアルノデアリマス、斯樣ナル會社ノ現在デアルノデアリマスルカラ、勢ヒ此際ニ於テハ充分會社ヲ整理シテ、曾テ會社ノ成立ヲ認メタルトコロノ趣意ニ基イテ、充分國家的義務ヲ盡サシメネバナラヌモノト私共ハ考ヘルノデアリマス、要スルニ今日ハ拓殖會社ノ整理ヲ要求スル時代デアルノデアリマス、今日此承諾案ニ依テ一讀致シマスルノニ、會社ニ與フルニ四千万圓ノ元利ノ保證ヲ國ガ與ヘルト云フコトハ、如何ニモ金額ノ多大ナリト云フコトヲ認メネバナラヌノデアリマス、獨リソレノミナラズ昨年ニ於テ既ニ募集セラレタルトコロノ二千万圓ノ金額ハ、尚四百五十万圓ノ多キヲ剩シテ居ルノデアリマス、政府ノ言フ所ニ依リマスルト、三年度ニ於テハ一箇年一千二百万圓餘ノ資金ヲ要スルガタメニ、此四千万圓ノ社債募集ヲ企ッタノデアルトハ申シマスケレドモ、東洋拓殖會社ノ事業其モノニ付テハ、今將ニ改革ヲ企テツヽアルト云フコトモ併セテ政府ハ報告シテ居ルノデアリマス、既ニ會社ノ事業ガ改革ヲ企テツヽアル、政府モ之ヲ認メテ或ル時機ニ於テハ之ヲ發表スベシト云フコトヲ明言シテ居ル今日ニ於テ、未ダ其事業ノ前途ニ確定セズ、而モ未ダ整理全ク成ラザル時ニ於テ、且ツ少ナカラザルトコロノ資金ヲ尚存スル場合ニ於テ、更ニ新ニ四千万圓ノ金ヲ與ヘ、ソレニ對スル元利ノ保證ヲ與ヘルト云フコトハ、如何ニモ是ハ輕卒ナル誹リヲ免カレヌノデアリマス、私ハ東洋拓殖會社ノタメニ圖ルニ於テモ、寧ロ此際多額ノ資金ヲ與ヘルコトハ一時躊躇シテ、彼レ會社ヲシテ充分ニ整理ヲ爲サシムルトコロノ考慮ヲ生ゼシムルヲ以テ、會社ノ爲メニモ國ガ之ヲ爲ス事業ノ上ニ付テモ、寧ロ得策デアルト斯樣ニ信ズルガタメニ、此四千万圓ノ承諾ヲ與ヘルト云フコトニ付テハ、絶對ニ反對ノ意思ヲ表明セネバナラヌノデアリマス、次ニ申シマスノハ南滿洲鐵道ヲ二千万圓ノ社債ノ元利ノ保證ヲスル、是ト同時ニ株主ノ配當率ヲ引上ゲルト云フ此原案ニ對シテ意見ヲ言ハネバナラヌノデアリマス、私ノ殊ニ申スベキコトハ本案ニ掲ゲテアルトコロノ但書ノ中ノ文字ヲ修正スルニアルノデアリマス、ソレハ諸君ノ御手許ニアル原案ヲ御覽ニナリマスルト能ク分リマスガ、但書ノ「日支兩國政府ノ持株ニ對スル配當ノ割合二分ニ達シタルトキハ株主ニ對シテ云々」「一朱ノ以內ノ程度ニ於テ第二ノ配當ヲ爲スコトヲ妨ケス」ト斯樣ニ書イテアリマス、私ノ修正説ハ「日支兩國政府ノ持株ニ對スル配當ノ割合年二朱ニ達スルトキハ」トアルノヲ「年三分ニ達スルトキハ」ト直スノデアリマス、要スルニ政府ノ持株ガ三分ノ配當ヲ爲シタ時ニ於テハ、民間ノ株主ニ對スル第二ノ配當ハ二朱ヲ程度トシテ爲スコトヲ得ルト云フ條項ニ直シタイト云フノデアリマス、此意味ハ如何ノモノデアルカト申シマスルト、元來南滿洲鐵道ハ東洋ニ於テ有數ナルトコロノ炭坑ヲ有シ、且ツ長距離ノ鐵道ト、而モ鐵道建設以來多少ノ年限ヲ經過シテ、今ヤ將ニ收益ノ時代ニ達シテ居ルノデアリマス、殊ニ近來石炭ノ價格ノ騰貴ハ一層會社ノ事業ヲシテ有益ナラシムル時代ニナッテ居ルノデアリマス、斯カル會社ノ實際ニ於テ政府ノ持株ニ對シテ一箇年三分以上ニ達セザルト云フコトハ、若シ會社ノ重役其人ヲ得、會社ノ整理宜シキヲ得ルニ於テハ、充分是ニ達スル三分以上ノ配當ハ出來得ルモノト考ヘネバナラヌ、獨リ是ハ私共ノ想像ノミデハナイノデアリマス、曾テ四十三年度ノ豫算ニ於テハ、政府ガ當時持株ニ對スル收入ヲ三百万圓以上ト豫定シタコトガアッタノデアリマス、然ルニ近來却テ其豫定ニ反シテ僅ニ二百万圓――年二分ニ漸クニシテ相當スルダケノ金額ヲ收メル外ニ其他ハ多ク會社ノ他ノ事業ニ振向ケルト云フ傾向ニナッテ居ルノデアリマス、民間ノ株主ガ六朱ノ配當ニ甘ンゼズ、今回ノ拂込ニ付テハ是非共六朱以上或ハ八朱マデニナラザル時ニ於テハ拂込ガ困難デアルト云フコトハ、昨今新聞紙ニ傳ヘラレテ居ルトコロノ事實デアリマス（「簡單ニ願ヒマス」ト呼フ者アリ）私共強イテ民間ノ株主ニ第二ノ配當ヲ爲スコトヲ阻止スル次第デハナイノデアリマス、併シ唯ダ民間ノ株主ニ配當ヲ增加スルダケデアッタナラバ、是ハ頗ル容易ナコトデアルノデアリマス、今日株主ノ拂込ガ二千万圓ニ達シタトシマシテモ、共二分ノ增額ハ幾千カト云フト僅カニ四十万圓、南滿洲鐵道ノ今日ノ如キ有望ナル事業ニ於テ、少シク整理ヲ行フコトガアルナラバ、政府ノ持株ニ於テ一百万圓民間株主ニ於テ四十万圓、合セテ百四十万圓ノ金額ヲ增加スルコトハ寧ロ增加ニハアラズ、實際ニ於テ今日是ダケハ裕ニ取リ得ラル、モノト考ヘルノガ相當デアルト信ズルノデアリマス、畢竟今日マデ南滿鐵道ガ會社社員ノ驕奢整理、種々ナコトニ手ヲ出シテ却テ事業ヲ阻止スルガ如キハ、一ハ資本ノ緩カナルト一ハ利益ノ豐富ナルガ爲メニ、斯ク粗漫ニ流レタ結果、政府ノ持株ニ對シテ十分ノ配當ガ出來ズ、民間株主ニ對シテ十分ナ配當ガ出來ナイト云フ結果ニナリマスルノデアリマスルカラ、此場合ニ於テ政府ノ持株ニ對シテハ三分ト云フ制限ヲ置キマシタナラバ、民間株主ニ對スル要求ヲ充タサンガ爲メニ、勢ヒ會社ハ制セラレテ、曾テハ諸般ノ利源トマデ言ハレタトコロノ會社ハ、裕ニ是等整理ノ上ニ於テ國家ニ對シ相當ノ收益ヲ與フル途ヲ作リ、一方ニ於テ民間株主ニ對シ滿足ヲ與ヘルト云フコトハ整理次第デ得ラル、コト、考ヘルノデアリマス、此際ニ於テ唯民間株主ノ配當ヲ增加スルダケニシテ置イテハ、ヤハリ會社ハ多クノ利益アルモ、之ヲ政府ノ持株ニ配當スルコトヲ得ズシテ、是等ノ金ハ却テ社會ヲ毒スルモノニナラナイトモ限ラヌノデアリマス、斯樣ナ意味ニ於キマシテ、私ハ是非共此但書ヲ改正ヲシテ、年二分トアルモノヲ年三分ノ配當ヲ國ニ納メル時ニ至リマシタナラバ、民間株主ニ對シテモ第二配當ヲ二分ヲ程度トシテ爲スコトヲ得ルト云フコトニ修正致シタク思フノデアリマス、此條件ニ於テ改正セラル、ナラバ二千万圓ノ社債ニ元利保證ヲ與ヘルコトハ強イテ異議ヲ唱ヘナイ考デアルノデアリマス、序ニ申

上ゲテ置キマスガ、次ニ第二號ノ他ノ承諾ヲ與ヘル件ニ付テハ總テ此原案ニ賛同ノ意ヲ表スルモノト御承知ヲ願ヒタイト思フノデゴザイマス

○中村啓次郎君　唯今高木君ハ南滿鐵道會社ノ部ニ於キマシテ、但書ノ中利益配當年二分ノ割合ニ達シタルトキトアリマスルノヲ、年三分ト改メタイト云フ御趣旨デアリマスルガ、是ハ今日ノ經濟事情カラ考ヘマスレバ、寧ロ株主ノ利益配當ヲ八朱ノ程度ニ致シマスルト云フコトハ、至當ナリト信ジマスルガ故ニ、寧ロ高木君ノ御論ヨリ原案ノ方ガ能ク經濟事情ニ適合致シテ居ルト云フコトヲ私ハ言明致シタイト思フノデゴザイマス、ソレカラ此東洋拓殖會社ノ部ニ於キマシテ反對ノ御意見ヲ述ベラレマシタガ、東洋拓殖會社ニ於キマシテモ既ニ金融部ヲ設ケマシテ拓殖事業ヲ助ケ、其ノ發展ニ資セント致シテ居マスル以上ニ於テハ、又本案ノ保證ト云フモノハ極メテ時機ニ適合シタルモノト信ズルモノデアリマス、故ニ本員ハ高木君ノ意見ニ反對シテ原案ニ賛成ノ意ノ存スルトコロヲ明言致スノデアリマス（「賛成」ノ聲起ル）

大正三年六月二十七日　政府ノ答辯ニ對シ坂本正君ノ演說

滿洲ニ於ケル鐵道運賃政策ニ關スル質問主意書

右成規ニ據リ提出候也

大正三年六月二十四日

提出者　秋田清

贊成者　藏原惟郭

外八十四人

滿洲ニ於ケル鐵道運賃政策ニ關スル質問主意書

一　鐵道院カ滿洲行運絡直通貨物ニ對シ一噸一哩一錢ト云フ極端ニ低廉ナル運賃ヲ以テ輸送ヲ開始セルハ如何ナル理由ニ基クヤ

一噸一哩一錢ハ鐵道輸送費トシテ石炭代ニモ若カス斯ル極端ニ低廉ナル運賃ハ東西何レノ國ニモ例ナク亦古來ヨリ嘗テ聞カサル所ナリ聞ク所ニ依レハ本邦產業品奬勵ノ爲ナリト、單ニ此ノ目的ノ爲ナリトセハ比較的高率ナル南滿洲鐵道株式會社ノ運賃ヲシテ輕減セシムルヲ可ナリト信ス鐵道院ノ此ノ運賃政策ハ自線及朝鮮鐵道局ノ輸送貨物ノ增加ヲ圖ル爲南滿鐵道ノ貨物ヲ吸收セムトスルモノニシテ明ニ滿鐵會社ニ對スル挑戰ト認ム更ニ一說トシテ安東縣國境關稅三分ノ一減ノ利用ニアリト爲スモノアリ是カ利用ハ可ナルモ南滿鐵道ニ壓迫ヲ加ヘ帝國鐵道ノ損害ヲ顧ミサルハ名ヲ利用ニ藉リテ却テ害用ノ結果ニ陷ルモノニ非スヤ

二　鐵道院ハ南滿洲鐵道株式會社カ地方運賃引下ケニ關シ是ニ制限ヲ加ヘ一割五分以下ニ止メシメタリト聞ク何カ故ニ斯ノ如キ干涉ヲ必要トスルヤ

交通運輸ノ發達ハ方今ノ急務ナリ故ニ運賃値下ケノ如キハ出來得ル限リ低減スルヲ可トス故ニ國有私有ヲ問ハス其ノ會社ノ經濟事情ノ許ス限リ是カ輕減ヲ奬ムルハ政府ノ執ルヘキ方針ト信ス然ルニ却テ南滿洲鐵道株式會社ノ地方運賃引下ケニ干涉シ其ノ發達ヲ阻害スル嫌アルハ如何或ハ傳フ自線及朝鮮鐵道局ノ貨物ヲ增加セシムル爲強テ南滿鐵道ヲ制肘スルモノナリト果シテ然ラハ區々ノ偏見ニ捧セラレテ國家ノ進運ヲ進止スルモノト言ハサルヲ得ス

三　鐵道院ハ滿洲行連絡直通貨物綿絲布輸送ニ關シ同輸出商組合員ニ限リ一噸一哩約三厘ノ割ヲ以テ割戾ヲ爲スト聞ク果シテ然ルヤ其ノ理由如何

滿洲行連絡直通貨物綿絲布輸送ニ關シ同輸出商組合員ニ限リ割戾奬勵ヲ爲スハ割戾其ノモノノ利害如何ヨリモ其ノ奬勵ノ偏頗ナルニアリ同商組合ハ種々ノ入會資格ヲ作リ可否ヲ決スルモノナレハ同會員タルモノハ極メテ僅少ノ輸出商ニシテ多數ハ會員タルヲ得ス故ニ本割戾奬勵ハ一部少數ノモノヲ保護シ他ノ多數ノ同業者ヲ壓迫スルモノニ非スヤ

四　鐵道院カ前條ノ鐵道運賃政策ハ從來關東都督府及南滿洲鐵道株式會社カ滿蒙ノ開發貿易ノ促進ニ關シ根本政策トシテ經營セル大連中心主義ニ扞格セリ政府ハ從來都督府及滿鐵會社ノ此ノ政策ヲ認メサルヤ若ハ今後此ノ政策ヲ放棄セムトスルモノナルヤ

從來關東都督府及南滿洲鐵道株式會社ハ滿蒙ノ開發貿易ノ促進ハ大連中心主義ニアリトシ凡テノ經營ハ此ノ政策ノ發現セル所ナリト聞ク現ニ都督府ハ其ノ旨ヲ一般居留民ニ知ラシメ滿鐵會社ハ海港特定運賃制等ヲ定メ是カ實際ヲ示セリ滿洲十萬ノ居留民ハ此ノ心ヲ體シテ十年ノ苦心經營ヲ積ミ今日大連ノ殷賑ト商勢ノ進展ヲ計レリ然ルニ鐵道ノ運賃政策ハ此ノ根本政策ヲ破壞シ此ノ商業系統ヲ紊スモノナリ政府ハ從來都督府及滿鐵會社ノ此ノ政策ヲ承認セサルカ爲ナリヤ將タ亦今後ハ此ノ政策ニ據ル能ハスト認メタルモノナリヤ果シテ然ラハ從來巨萬ノ國費ヲ投シテ大連ノ經營ヲ爲セシハ誤謬ナル政策ニ基ケルモノトナスモノナリヤ

右及質問候也

別ニ演說ヲナササルニ付書面ヲ以テ答辯セラレムコトヲ求ム

○大岡育造君　本員ハ唯今豫算委員長ノ報告ノ通リ、今度政府ニ於テ追加豫算トシテ提出セラレタル海軍ノ補充費ハ、全部之ヲ贊成致シマス、元來此臨時議會ヲ開カレタル手續キニ付キマシテモ、憲法上疑義ノ存スル問題デアリマス、啻ニ議院内ニ於テ議論ノ岐レテ研究サレツヽアルノミナラズ、院外ニ於キマシテモ未ダ一定致サヌ所ガアルヤウデアリマス、政府ニ於キマシテモ、昨日ノ委員會ニ於テ之ニ答辯スルニハ稍〻議ヲ疑サレタ後ニ、始メテ公言セラレタル程ノ問題デアリマス、併ナガラ此憲法ノ疑義ハ疑義トシテ吾〻ハ國家必要ノ要求ニ對シテハ其政府ノ誰タルヲ問ハズ、是非利害ヲ判斷シテ贊成スベキモノハ贊成ヲ表スルノ方針ヲ以テ、此案ヲ贊成スルノデアリマス（「疑義ガアラバ爭フベシ」ト呼フ者アリ）疑義ガアラバ爭フベシト云フ聲モアリマスガ、私共ハ勗メテ紛擾ヲ避ケタイツモリデアリマス、誠ニ畏レ多イ事デアリマスケレドモ、大正ノ天地ハ未ダ明治ノ乾坤ノ天佑ノ多カリシガ如クニ瑞雲靉靆タリトハ申上ゲ兼ネル、政變ニ次グニ政變ヲ以テシ、天災地殃人事ノ不祥モ頻〻トシテ起リ、不景氣ハ全國ヲ襲フ日一日ヨリモ甚シク、今ヤ或ハ恐慌ノ來ラントスルコトヲ虞ル、有樣デアル、此時ニ方ッテハ宜シク上下相戒メテ、愼重事ニ當ッテ大御代ノ靜謐ヲ期シテ、此間ニ互ニ政策ヲ研究シテ國家ノ急務ヲ進捗スベキデアルト思フノデアリマス、然ルニ現内閣ノ諸公並ニ與黨ノ諸君、吾〻ニシテ斯ノ如キ用意ヲ致ス以上ニハ、愼重事ニ當ラルベキ筈ノ所、却テ甚ダ不謹愼デアル態度ガ多イノデアリマス（「ノウ〳〵」ト呼フ者アリ）大隈首相、今日ノ大切ナル國家ノ重キニ任ジテ國政ヲ燮理セラレ、定メテ御苦心ノコトデアラウト察シマス、老齡此局ニ立タル、同情ニ堪ヘマセヌ、併ナガラ閣下ガ自ラ所有セラル、所ノ新聞紙ノ言動ハ如何、閣下ガ屢〻開イテ宴會ヲ催シツ、ナサル所ノ演説ノ不行儀ナルコト如何、是ハ姑ク問ハズニ措キマセウガ、凡ソ立憲政治ヲ穩便ニ進行シヤウト思フナラバ、先以テ言論ノ責任ヲ有ツコトガ大切ナコトデアリマス、言論ノ責任ヲ有タザレバ立憲政治ガ圓滿ニ行ク筈ノモノデハナイノデアリマス（拍手起ル）大隈伯爵多年政界ニ立ッテ言論ノ雄ヲ以テ稱セラル、御方デアリマスカラ、長イ間ノコトヲ擧ゲテ其齟齬ヲ言ヘバ數限リモナイコトデアリマスルガ、此問題即チ國防ノ問題、海軍ノ問題ノミニ就キマシテモ、稍〻言論ノ尊重ニ缺クル所ハナイカト私ハ思フノデアリマス（拍手起ル「ノウ〳〵ト」呼フ者アリ）昨日ノ豫算委員會ニ於テ既ニ吉植君ヨリ擧ゲテ問ハレタルガ如クニ、閣下ハ一昨年ニ於テ國防ノ必要ハ國民ノ富裕ナル國ニ於テアルコトデアル、斯カル貧乏ナル國ニハ泥棒ハ這入ラヌ、表ノ門、裏ノ戸ヲ締メル必要ハナイ、海軍モ要ラナケレバ陸軍モ無用ト言ハレタコトハ一昨年ノコト、其言責ヲ明カニスル爲メニ、著述ヲ公ニセラレタル其御方ガ、此軍艦ニ艘ヲ目的ニ臨時議會マデ開クト云フコトハ、言責ナキノ甚シキノデハアリマスマイカ（拍手起ル發言スル者多シ）

○議長（奧繁三郎君）　阪本彌一郎君、忠告致シマス注意ナサイ

○大岡育造君　吾〻ハ贊成スル所以ニ於テ頗ル――（發言スル者多シ）注意ヲ以テ御聽キナサイ、又同ジ閣員中ニ今日ハ席ヲアノ隅ニ占メラレテ居ルヤウデアリマスル尾崎君ガ、今ノ此海軍ノ案ノ含マレタル今春ノ議會ニ於ケル豫算ニ對スル言動ハ如何、全ク此三艦ハ無用ナリト言フタルノミナラズ、是レガ國家ノ平和ヲ害スル、國交ヲ妨ゲル、此設備總テガ後レテ居ッテ、此三艦ノ出來ル時ガ卽チ無用ニ歸スル時デアッテ、結局博物館ノ參考品ニナルニ過ギヌトマデ放言シタ人ガ、此内閣ニ居ッテ此案ニ連印ヲシテ居ルトハ何事デゴザイマセウカ（拍手起ル「君ガ文部大臣ニナッタヤウナモノダ」ト呼フ者アリ）斯ノ如シ（「須ラク内閣ノ信任ヲ問フベシ」ト呼フ者アリ）内閣ノ信任問題ハ後ニ言ヒマス、更ニ驚クベキハ承ル所ニ依レバ人ト禽獸ト云フ問題ヲ以テ、教育界ヲ騷ガセテ居ラル、趣デアル（「豫算ニ何ノ關係ガアル」「ヤカマシイ」「默レ」ト呼フ者アリ）其演説ハ私ガ直接ニ聽キマセヌカラ、何ヲ言ハレタカ分リマセヌ、併ナガラ尾崎君自身ガ新聞ニ辯明セラレタル所ヲ以テ見レバ、略〻推察ガ出來マスル（「ソレガ豫算ニ何ノ關係ガアルカ」ト呼フ者アリ）國政ノ全體ニ於テ注意ヲ與ヘルノデアリマス、ツマリ憲法ノ布カレタル國ニ於テ、初メテ人ノ人タルコトヲ得ルモノデアッテ、憲法治下ニアラザル者ヲ禽獸ト看做ス論定デアル、ノデアリマス、卽チ尾崎君ノ新聞ニ公ニシタル論説ニ依レバ、豫テヨリ補著「人ト獸禽」トニ於テ論ジタルガ如ク、憲法ノ治下ニ臣クニアラザレバ人民ノ權利自由ハ全ウスルコトガ出來ナイ、全ウスルコトガ出來ナケレバ禽獸ト同ジ、斯ウ云フ意味デアル（「豫算ニ關係ガナイデハナイカ」ト呼フ者アリ）アリマス（「默ッテ聽ケ」ト呼フ者アリ）吾〻ハ明治二十三年以前、卽チ憲法發布ノ以前ニ於テハ禽獸視サレテ宜シイノデアリマスカ、況ヤ今ノ日本ハ本國ニ於テコソ憲法ノ下ニアリマスケレドモ、我ガ新附ノ民タル朝鮮及臺灣ニ於テハ、未ダ憲法ハ實施サレテ居ラヌノデアリマス、同ジ　陛下ノ赤子デアルノデアル、同ジ　陛下ノ赤子ニシテ而モ法律ノ下ニ、裁判所ノ保護ノ下ニ、權利自由ハ立派ニ保護サレテアルモノヲ明法ノ大臣タル尾崎君ガ右ノ如キノ言ヲ爲サルルト云フコトハ、果シテ國務大臣タルノ位地ニ對シテ當ヲ得タル言動ト云フベキカ、私ハ誠ニ内閣諸公ノ中ニ不謹愼ノ御方ノアルコトヲ擧ゲテ、諸君ヲ戒メタイト思フノデアリマス（「八斬内務大臣ヨリモ宜カラウ」ト呼フ者アリ）現内閣ニ於テハ行政財政ノ整理ヲ爲シテ人民ノ負擔ヲ輕減スルト云フコトヲ、施政方針ニ言ハレテアリマス、誠ニ結構ナコト、思ヒマス、而シテ豫算委員會ニ於ケル質問應答ノ結果ニ依レバ、ドノ邊ニ於テドレダケノ減税ガアルデアラウカ、整理ガ付クデアラウカト云フコトヲ察スルニ、先ヅ海陸軍ガ恐ラク大ナル點デアラウト思ハレル、然ルニ岡陸軍大臣ハ答ヘテ、既ニ前ノ大臣ガ餘リニ整理ヲ仕過ギテ、今日ハ頗ル困ッテ居ル所モアル位デアルカラ、甚ダ多クハ期セラレヌト云フ意味ヲ答ヘラレタ（「ソレハ一部分ノコトヲ言ッタノダ」ト呼フ者アリ）一部分ヲ擧ゲテモ其大ナル所ヲ見レバ斯ノ如キモノデアルノデアリマスカラ（「間違ッタ整理ヲシタカラサウナンダ」「黒須靜カニシロ」ト呼フ者アリ）是亦頗ル容易ナラヌコトデアラウト考ヘマス、併ナガラ容易ナラザルガ故ニ如何樣ニ御返答ナサレテモトハ私ハ申サヌノデアリマス、何レ行政ヲ整理シ財政ヲ整理スルト云ヘバ、冗官ヲ淘汰シ冗員ヲ除ク等コトガアラネバナラヌト思フノデアリマスガ、却テ此頃樞密院ノ懸案ニナッテ居ル審査中ノモノヲ見レバ、新タニ政務次官ヲ置キ、參與官ヲ置ク等ノコトガアルヤウデアル、是マデノ現在ノ政治ノ運轉ニ於テハ、今ノ官吏ノ數ニ於テ不足ヲ告ゲルカ、之ニ依テ運轉不可能デアルカ、左樣ナコトハナイデハナイカ、現ニ能ク運轉サレテ居ル、唯此中ニ最モ民間等ニ於テ經歷ヲ積マレタル名士ヲ其政務官ニ與カラシムル道サヘアレバソレデ足ル、今ノ役人ガ足ラヌノデハナイ、今ノ役人ノ爲スコトヲ却テ彼ノ文官任用令等ノ如キモノデ、制限ヲシテ妨ゲサヘシナケレバ宜イ、此點ニ付テハ伯爵ガ多年唱ヘルトコロハ大方私ノ言フコトニ先ンジテ居ルト思フ、ナゼ之ヲ御決行ニナラヌノデアル、之ヲ決行スルコトナシニ從來ノ官吏ヲ拾ヒ集メテ次官ニシテ、之ヲ釘付ケニシテ別ニ冗員ヲ置カウト云フコトハ是ガ行政ノ整理デアルカ、是ハ決シテ行政ノ整理デハナイデハアルマイカト私共ハ疑ヲ容レルノデアリマス、又伯ハ名ヲ黨弊ノ廓清ニ假リテ、屢〻地方官ヲ罷免シ更迭セラル、若シ黨弊アリトスルナラバ、之ヲ廃除セラル、コト勿論當然ノコトニ屬スル、何等異議ヲ挾ムベキコトデハナイノデアリマス、併ナガラ（「併ナガラハ要ラナイ」ト呼フ者アリ）實際ハ大ニ是ガ趣ヲ異ニ致シテ居ル、勿論吾〻ハサウ廣ク多クノ實際ヲ知ラヌ者デアリマスカラ、自ラ直接事ニ當ッテ親シク知ル所ヲ以テ證スルノ外ナイノデアリマスカラ、一例ヲ知ル所ニ從ッテ擧ゲテ見マスレバ、本年ノ春、東北九州ニ火災ガ起リマシタニ付テ、救濟會ヲ設ケタ、此事名ハ松方伯ノ總裁デアリマスケレドモ、實ハ澁澤益田等ノ實業界ノ有力家ガ最モ之ニ努メラレ、本員與カッタト云フハ名ノミデアリマス、而シテ御上ヨリモ御下賜金モアッタコトデアリマスカラ、果シテ各地方官ガドノヤウニ能ク之ヲ分

配スルカ、利用スルカヲ視察スルニ努メテ見タモノデアリマス、可ナリ各地方官共遣メマシタケレドモ、其中ニ於テハ青森縣ノ田中某ト云フ知事ガ最モ能ク遣メテ其成績ヲ擧ゲタモノデアル、是ガ何ゾ圖ラン俄ニ罷免ヲ受ケタタメニ、此事ニ當ッテ居ル人々ハ大ニ驚イタノデアリマス、其意外ナルニ驚イタノデアリマス、是ハ伯爵ノ親シク交ハラルルトコロノ友達ノ關係シテ居ル救濟會ノコトデアリマスカラ、事ノ序デニ御聽取下サレバ、我言ノ決シテ誤ラザルコトヲ御了解ニナルダラウト思ヒマス、尙黨弊ガアル――黨弊ガアルト言ハレマスガ、黨弊ヲ地方官ノ方デ改正ガ出來ルヤウニ思召ス程ノ大隈伯ハ官僚式ノ人トハ私ハ思ハナカッタノデアル、(「何ガ官僚ダ」ト呼フ者アリ)伯爵ハ御承知デナイガ、內務大臣デアリ總理大臣デアレバ知ラヌトハ仰セラレ惡カラウガ、私ノ知ッテ居ル所、卽チ鄕里ノ山口縣ニ新タニ縣知事ノ更迭ヲ行ヒ、警部長ノ入レ替ヲ致シマシタ、赤星ト云フ知事ヲ熊本縣カラ移シ佐藤ト云フ警部長ヲ同時ニ達レテ移シタノデアリマスガ、此警部長ハ山口縣ニ居ルコト四五日ニシテ、東京ノ會議ニ來ッテ直チニ休職ニナッタノデアル、是ハ山口縣ニ於テ黨弊ガ甚ダ熾ンデアルガタメニ御替ヘニナッタノデアリマスカ或ハ自ラ御選定ニナッタ其役人ガ、甚ダ不都合ナモノヲ其所ニ御薦メニナッタ過チヲ御後悔ニナッタノデアリマスカ、伯爵ノ賢明ト雖モ萬事ニ付テ左樣ニ詳シクハ知ラレル譯ノモノデナイカラ、之ヲ伯爵ニ强テ言フノハ私モ控ヘネバナラヌガ、ソレアルガ爲メニ閣員中ニハ大浦君ノ如キ長ク行政ニ通ジタ人モアレバ、次官モ亦相當經驗ノアル者ガアル、屢々地方官ヲ更迭シテ而モ自ラ選ンダ人ヲ自ラ替ヘル、一月ヲ經タナイ中ニ斯ノ如クシテ果シテ地方政治ト云フモノガ擧ル御思召デアルカ否ヤ(「豫算ト何ノ關係ガアル」「默レ」ト呼フ者アリ議場騷然)凡ソ現內閣ノ施政ノ實況ヲ見レバ斯ノ如キ有樣デアリマス、今之ヲ決シテ閣下ニ就任匆々ノ際ヲ顧ミズシテ肉迫スル云々ト云フノデハアリマセヌガ、國家行政ノ運ビ方ハ斯ノ如ク相成ッテ居リマスルカラ、少シク謹愼ニ、モウ少シ緩クリ事情ヲ御覽ナサッテ、徐ロニ閣下ノ抱負ヲ御實行ニ相成ッテハ如何デアリマセウカ、大正ノ天地ハ未ダ安心ハ出來ナイ程ニ危險ナリトハ私ハ申シマセヌケレドモ、頗ル無事ナリトハ申スコトガ出來ナイ時デアリマスカラ、相誡メテ互ニ餘リニ放言ヲ爲シ、斯ノ如キ單ニ言論ヲ妨グル位ノ程度ニ於テ――此今期ノ議會ノ靜肅ヲ保タウト云フ人ノ心ヲモ打破ルヤウナコトデ、如何ニシテ國家ノ憲政ガ立派ニ出來マセウ、吾々ハ決シテ人ヲ濫リニ攻擊スルノデハナイガ以上言フタルトコロノ如キ言責ナルモノハ輕ンゼラレテアル、立憲政治ニ於テハ言責ヲ尊重スルニ非ザレバ、健全ナル發達ヲナサズト云フコトニ就テハ、諸君御異論ノナイ筈デアル、諸君ニ於テモ此言責ヲ完ウセンガ爲ニ、政府ヲシテ營業稅ノ全廢ヲナサシメント欲シ、通行稅ノ全廢ヲナサシメント欲シテ努メテ居ラル、コトハ、畢竟言責ヲ重ゼラルル所以ト解スルガ適當デアラウト思フノデアル(拍手起ル)然ルヲ我ハ議員中ニ言ッタモノデ、アッテ政府ニ立ッテシタコトデハナイト云フヤウナコトヲ、言拔ケルノヲ許スコトガ出來タルモノデアラウカ否ヤ、斯ノ如キ次第デアリマスカラ吾々ハ此豫算ニ贊成ヲスル、此議場ノ滿場一致ノ多分結果ヲ得ルデアラウト思ヒマスケレドモ、ソレハ今ノ政治ノ運ビガ非常ニ滿足デアルト云フ意味デハナクシテ、前途ヲ憂フル、此天地ノ未ダ靜平ナラザル所、斯ク民間ノ不景氣ナ狀態ニ顧ミテ、何卒シテ平和ノ中ニ此伯爵閣下ノ抱負ヲ徐ロニ行ハシメテ、利害ヲ十分ニ互ニ見テ、然ル後ニ勝負ヲ決スルモ遲カラズトシテ吾々ハ居ルノデアル、何モ諸君ガザワ〳〵ト騷グ必要ハナイノデアリマス(拍手起ル)

特別報告第二號

第五號

日露戰役擊沈船被害救恤ノ請願　朝鮮仁川港寺町二丁目二十六番地ノ一平民運送業堀力太郎呈出(紹介議員大橋松二郎君)

右請願ノ要旨ハ請願者ハ日露戰役開始ノ當時時ノ元山領事大木安之助氏ノ命ヲ奉シ所有船萩之浦丸、五洋丸ノ二艘ヲ以テ釜山北韓ノ連絡ヲ保タシメ在韓邦人ノ急需ニ應シツツアリシモ遂ニ五洋丸ハ元山ニ於テ萩ノ浦丸ハ釜山ニ向ヒ航行中不幸共ニ浦潮艦隊ノ爲ニ擊沈セラレ幸運丸及慶尙號ノ二艘モ亦公務ノ程ニ或ハ擊沈セラレ或ハ大損傷ヲ蒙ルノ厄ニ會セリ請願者ハ如上ノ不幸ニ由テ今ヤ祖先傳來ノ海運業ヲ放棄セサルヘカラサル悲運ニ陷リ幾度カ其ノ筋ニ救恤ヲ請願セシモ今ニ何等ノ補償ニ接セス依テ速ニ救濟ノ道ヲ講セラレタシト謂フニ在リ

（海軍大臣八代六郎君登壇）
（拍手起ル）

○海軍大臣（八代六郎君）　茲ニ開戰以來、帝國海軍ノ作戰經過ノ大要ヲ諸君ニ御報告スルコトヲ得マシタノハ、最モ光榮トスルトコロデゴザイマス、曩ニ獨逸國ニ對シ戰ヲ宣セラルヽヤ、帝國艦隊ハ大命ヲ奉ジテ直チニ出動シ、鎭守府要港部亦又各々其所管海面ノ防備ヲ行ヒマシタ、此時ニ當リテ敵ノ東洋艦隊ノ主力ト恰モ南洋ニ在リテ、其ノ蹤跡ヲ晦マシ、其殘部ハ青島ニ退嬰シテ出デス、是ニ於テ第一艦隊ハ其主力ヲ黄海ヨリ東海北部ニ亙ル海面ニ配備ヲ致シマシタ、敵艦船ノ搜索警戒ニ任ジ、第二艦隊ハ直チニ膠州灣ニ迫リ、八月二十七日ヲ以テ同地沿岸ノ封鎖ヲ宣言致シマシタ、右ノ外第三艦隊ハ東海南部ヨリ支那海ニ至ル海面ヲ警戒シ、又第一艦隊ノ一部ハ北米航路ノ保護ニ任ジマシタ、既ニシテ我陸軍ノ輸送ヲ開始スルヤ、第一艦隊ハ朝鮮南方海面ニ、第二艦隊ハ黄海方面ニ在リテ相策應シテ輸送船隊援護ニ任ジマシタ、次デ第二艦隊ハ掃海面ノ漸ク進ムニ伴ヒ、逐次封鎖線ヲ緊縮シ、十月下旬陸軍ノ攻城準備殆ド成ルニ及ビテ益々敵砲壘ノ陣地ヲ猛射シテ、陸正面ノ總攻撃ニ戮力シ、海軍重砲隊モ亦攻圍戰ニ參加致シマシタ、斯ノ如クシテ遂ニ十一月七日ニ至リテ敵軍開城降伏シ、此方面ノ策戰ヲ終結致シマシタコトハ既ニ隨時公表致シマシタ通リデゴザイマス、膠州灣ノ攻略ニ於テ敵ハ巡洋艦一隻、砲艦五隻驅逐艦二隻ヲ失ヒ、我ハ巡洋艦一隻驅逐艦一隻水雷艇一隻、掃海艇三隻ヲ失ヒマシタ、就中軍艦高千穂ノ最期ハ誠ニ悲慘ナルモノデゴザイマシタ、吾々戰友ハ實ニ痛恨ノ至リ遺憾千萬ノ次第デゴザイマス、是ヨリ先キ我南遣艦隊ノ一枝隊ハ海峽殖民地方面ニ進發シテ英國艦隊ト協同策戰ニ從事スルコトヽナリマシタ、然ルニ九月初旬敵艦「エムデン」ガ印度洋ニ出現シ、英國商船ノ奇禍ニ罹ルモノ續出スルニ至リマシタルヲ以テ、英國輸送船隊援護ノタメ、更ニ我枝隊ノ勢力ヲ增加シ、次デ更ニ栃内司令官ノ率ヰル一戰隊ヲ增加致シマシタガ、十一月九日敵艦「ココス」島ニ於テ英艦ノタメニ擊破セラレ、茲ニ該方面ニ於ケル策戰ニ一段落ヲ告ゲマシタ、次ニ開戰ノ當初敵艦隊主力ハ南洋方面ニ遊弋シテ、其一部ハ北米及布哇方面ニ在リシニ依リ、我ハ逐次數隊ヲ南洋ニ分遣シテ英國艦隊ト策應行動シ、我艦隊ハ獨領南洋諸群島ヲ占領シテ敵ノ根據地ヲ覆ヘシ、此等ノ群島ニハ爾來軍隊ヲ布イテ居リマスルコトハ是亦既ニ公表致シタ通リデアリマス、其他「ホノルル」ニ入港セシ敵艦「ガイエル」ガ我一部ノ艦隊ノタメ壓迫セラレテ遂ニ武裝ヲ解除スルニ至リマシタ事實ハ、諸君ノ承知セラルヽ所デゴザイマス、又第三艦隊ハ爾來馬公要港部ノ警備艦ト協力シテ、呂宋東方ノ海面ノ警戒及友隊トノ通信連絡ニ當ッテ居リマシタガ、十一月上旬東洋方面ノ敵艦影ヲ止メザルニ至リマシテ、後ハ專ラ敵船監視ノ任ニ當ッテ居リマス、以上申述ベマシタル如ク膠州灣方面布哇及印度洋等ノ敵艦艇、相踵デ破滅致シマシテ、茲ニ第一期作戰ノ終結ヲ告ゲマシタ次第デゴザイマス、右報告ヲ終リマスル前ニ本大臣ハ尚他ニ重要ナル事項ヲ報告致シマス、謹デ本議會ノ開院式ニ賜ハリタル勅語ヲ拜讀致シマスルニ　陛下ハ英國トノ同盟及佛露兩國トノ協商ハ今次ノ危局ニ際シ愈其ノ鞏固ナルコトヲ昭ニシタリト宣セラレテアリマス、海戰ノ初ニ於キマシテ英國海軍大臣「ウインストン、チャーチル」氏ハ本大臣ニ電報ヲ寄セ、英國海軍ノ將卒ハ勇敢ナル日本海軍ノ將卒ト共同ノ敵ニ向ッテ戰フヲ衷心ノ樂トナス旨ヲ述ベ、本大臣ハ之ニ對シテ帝國海軍ノ將卒モ亦同感ナリ、余ハ兩國海軍ノ努力ニ依リ速ニ戰勝ノ名譽ヲ得ンコトヲ期スル旨ヲ返電致シマシタ、爾來兩國海軍ノ間ニハ隔意ナキ協同動作ガ到ル處ニ於キテ最モ圓滿ニ進行シツヽアルコトヲ、諸君ニ報告シ得ルハ本大臣ノ最モ欣幸トスル所デアリマシテ、此隔意ナキ協同ガ行ハレツヽアルト云フコトハ、卽チ　陛下ノ宣セラルヽ英國トノ同盟ガ、今次ノ危局ニ際シ愈々其鞏固ナルコトヲ昭ニシタル所以ナリト確信致スノデアリマス、而シテ此機會ニ於テ、本大臣ハ特ニ英國支那艦隊司令長官「ジェラム」中將ノ名ト、同長官ノ麾下ヨリ膠州灣方面ニ分派セラレタル英國軍艦「トライアンフ」及驅逐艦「アスク」ノ名ヲ諸君ニ御報告セザルベカラズト存ズルノデアリマス「トライアンフ」及「アスク」ハ諸君ノ已ニ承知セラルヽ如ク、加藤司令長官ノ麾下ニ合シテ長時日ニ亙リ哨戒封鎖及敵壘ノ砲擊等ニ從事致シマシテ、克ク偉功ヲ奏シタルハ加藤長官ノ報告ノ通リデアリマス、而シテ「ジェラム」中將ハ英國支那艦隊司令長官トシテ始終日英兩國海軍協同作戰ノ任ニ當リマシテ、該作戰ノ圓滑ニ行ハレツヽアルノ功績ニ付キマシテハ、「ジェラム」中將ニ負フ所甚ダ多イノデアリマス、其他露佛兩國ノ海軍ガ日英兩國海軍ノ協同作戰ニ加ハリマシテ、爲ニ有效ナル助力ヲ得タルノ一事モ諸君ノ御注意ヲ促サントスル所デアリマス、次ニ尙他ニ諸君ノ御注意ヲ喚起セント欲スルモノガアリマス、本期間ヲ通ジ敵艦隊ノ一部、尙南洋若ハ印度洋方面ニ出沒シ、而モ同盟艦隊ノ索敵容易ニ其功ヲ奏セザルニ際シテ、我海軍ノ最モ苦心致シマシタ所ノモノハ、是等海軍ニ於ケル通商貿易ノ保護デアリマシタ、然ルニ十一月九日勇敢ナル敵ノ快速巡洋艦「エムデン」ガ「ココス」島ニ沈ムニ至ルマデ、殆ト三箇月ノ久シキニ亙リテ我日章旗ヲ揭ゲタル商船ノ敵艦ノ爲メニ擊沈セラレタルモノ一隻ダモ無カリシハ、是レ實ニ　陛下ノ海軍ノ威力ニ依ルモノト信ズルノデゴザリマス、諸君、今ヤ日英兩國海軍ノ協同作戰ノ威力ニ依リマシテ、敵ノ艦隊ハ遠ク南米ノ沿岸ニ去リ、帝國海軍ハ帝國領土ヲ距ル万里ノ海上ニ在リテ、同盟國海軍ト共ニ索敵作戰ノ任務ニ服シテ居リマス、遠征幾万ノ將卒ハ克ク困苦ニ耐ヘ缺乏ヲ忍ビ、一意專心　陛下ノ爲ニ忠勤ヲ勵デ居リマス、思フニ膠州灣ノ敵ハ已ニ亡ビタレトモ、南米ノ敵艦ハ尙ホ存シ、第二艦隊ハ當面ノ任務ヲ了リタレドモ多數ノ帝國艦船ハ太平洋ノ各所ニ游弋シテ居リマスル、假令南米ノ敵艦ガ明日ニモ我同盟艦隊ノ爲ニ粉虀セラルヽニ至リマシテモ、苟モ歐洲ノ戰爭繼續スル限リハ、帝國海軍ノ任務ハ終結致シマセヌ（拍手起ル）本大臣ハ　陛下ノ御稜威ト同胞國民ノ後援トニ依リマシテ、速ニ終局ノ目的ヲ達センコトヲ切望致シマス（拍手起ル）

○議長（奥繁三郎君）　是ヨリ通告順ニ依テ質疑ノ發言ヲ許シマス――小川平吉君

（小川平吉君登壇）
（拍手起ル）

○小川平吉君　諸君、先刻本院ハ陸海軍ニ對スル感謝ノ決議ヲ通過致シマシタ、唯今又陸海軍大臣ヨリ交戰ノ結果ヲ承リマシタ、斯ノ如ク速ニ戰勝ノ結果ヲ見ルコトヲ得マシタノハ、誠ニ御同慶ニ堪ヘヌコトヽ考ヘマス、是ハ吾々國民ノ豫期致シタルコトデゴザイマシテ、吾々ハ今日マデ日清戰爭、日露戰爭ノ初メ如何ナル場合ニ於キマシテモ、此忠勇無雙ナル陸海軍ニ對シマシテハ滿腔ノ信賴ヲ拂ヒマシテ、果シテ又吾々ノ信賴致シマスルガ如キ效果ヲ收メテ參リマシタノデゴザイマス、併ナガラ斯ク我帝國ノ陸海軍ハ常ニ我國民ノ希望ニ副フトコロノ勝利ヲ博シ得ルニモ拘ラズ、遺憾ナガラ今日マデ我帝國ノ外交ハ此戰勝ノ結果ヲ完全ニ取得スルコト能ハズシテ、常ニ國民ノ希望ニ反スルトコロノ失態ヲ醸シ來ッタト云フコトハ吾々ノ常ニ遺憾トスルトコロデゴザイマス（「ヒヤ〳〵」拍手起ル）從ヒマシテ今回ノ事變ニ付キマシテモ、吾々ハ一面ニ於テ陸海軍ヲ信賴致シマスルト同時ニ、一方ニ於テハ我帝國ノ外交ニ對シマシテ尠ナカラザルトコロノ憂慮ヲ持ッテ居リマスルト云フコトハ、國民全體ノ是ハ實狀デアルト私ハ考ヘテ居ル、此故ニ私ハ此政府ノ外交ノ過去ノ經過ニ付キ又今日政府ノ見ル所ニ付キマシテ、一二點ヲ質問ヲ致シタイト考ヘルノデアリマス、今回ノ戰爭ハ言フマデモナク、東洋永遠ノ平和ノ基礎ヲ定ムルタメニ開カレタノデアリマス、既ニ膠州灣攻擊ノ目的ハ達シタノデゴザイマスルガ、今日ノ支那ニ於ケル現狀ヲ以テシテ此儘何等爲スコトナクシテ、ソレデモ政府ハ東洋永遠ノ平和ヲ保チ得ルコトガ出來ルト信ジ得ルノデアルカドウデアルカ、更ニ進ンデ尋ネマスレバ、此際根本的ニ支那問題ノ解決ヲ圖ルトコロノ意ナキヤ否ヤ、若シ又根本的ノ解決ヲ圖ル意見ナシト致シマシタナラバ、此儘デモ東洋ノ平和ハ永遠ニ保テルモノデアルト云フ御見込デアルカドウデアルカ、此點ヲ一ツ伺ヒタイト思フ、諸君、今日我帝國ノ支那ニ對スル外交ノ大方針ハ言フマデモナク支那ノ領土保全デアル、卽チ支那ノ領土ヲ保全シテ、而シテ、東洋全局ノ平和ヲ保ツト云フコトガ外交ノ大方針デアル、是ガ爲メニ曾テハ國ヲ賭シテ露西亞ニ對シテ大戰爭モ敢テシタ次第デアル、又英獨佛露ヲ首メト致シ、世界列國モ此支那ノ領土保全ノ大方針ニ同意ヲ致シマシテ、各國トモ此大方針ニ就テ異議ノナイト云フコトハ玆ニ申スマデモナイコトデアル、帝國ハ既ニ是ガタメニ非常ナル犧牲ヲ供シ、今日マデ永年ノ間支那ノ領土保全ノ爲ニ力ヲ盡シ來ッタノデアルノデアル、又今回ノ戰爭ト雖モ、固ヨリ此大方針ニ基キ開カレタノデアル、然ルニ諸君、今日マデノ支那ノ實際ノ狀況ハ如何デゴザイマシタ、日淸戰爭ノ後ニ於テハ東洋全局ノ平和ヲ顧念致シマシテ、我ヨリ彼ニ還付致シマシタトコロノ、彼ノ戰捷ノ結果トシテ獲得シタル遼東ノ地方ヲ擧ゲテ支那ハ直チニ露國ニ渡シ、更ニ又他ノ方面ニ於テハ膠州灣ヲ割イテ之ヲ獨逸ニ貸與ヘタ、斯樣ノ事ヲ致シテ居ル、今回ノ如キモ全ク支那領土保全ノ爲ニ開戰ヲ致シタニモ拘ラズ、彼ハ如何ナル言動ヲ以テ我ニ對シテ居ルカト申シマスルト、其朝野官民ヲ通ジテ開戰ノ當初ヨリ今日ニ至ルマデ、常ニ我國ニ對シテ惡感情ヲ發揮シ、甚シキニ至ッテハ參政院議員ノ如キ重要ナル職務ニ居ルトコロノ官吏ト云フ人ハ、進ンデ日本ニ對シテ開戰ヲ主張シ、或ハ又日本ノ利權ト支那ノ領土トハ兩立シナイト云フヤウナ、甚ダシキ詭激ナル驚クベキ言論ヲ弄スルト云フコトヲ吾々ハ新聞紙其他ニ依テ傳聞ヲ致スノデアル、果シテ是ガ事實デゴザイマセウカ、如何デゴザイマセウカ知レマセヌガ、若シ斯樣ナル事ガ事實デアッタト致シマシタナラバ、洵ニ是ハ驚クベク、又憂フベキコトデアルト考ヘル、其他北京、上海ヲ首メト致シマシテ、各重要ナル都市ニ於テ發行スルトコロノ新聞紙ノ議論、又其記事等ヲ見マスルト云フト、常ニ此日本排斥ノ記事、論說ニ依テ充タサレテ居ルト云フコトヲ發見スル、此新聞ノ記事論說等ヨリ推シテ、吾々ガ諸君ト共ニ先日來實見致シマシタルトコロノ支那ノ官民ノ言語擧動ヲ察シマスレバ、或ハ彼ノ新聞ニ表ハレタルガ如キ日本排斥ノ思想ヲ以テ、細大ノ事件ニ對シテ我ニ對抗シテ居ルノデハナイカト云フコトヲ私ハ憂フルノデアル、更ニ溯ッテ日淸戰爭ノ終末、馬關媾和談判ノ際ニ於ケルトコロノ彼朝野官民ノ議論、又日露戰爭終結ノ際ニ於ケルトコロノ彼官民ノ議論等ヲ參酌シテ考ヘテ見マスレバ、彼ハ常ニ古ヨリ申シマスルトコロノ遠ク交リ近ク攻ムル、此外交ノ原則ヲ應用シテ歐羅巴若クハ亞米利加ノ强國ヲ操縱シテ、之ニ依テ近キニ居ルトコロノ最モ親ムベキ我日本ヲ排斥スルト云フヤウナ考ガアルノデハナイカ、過去ノ歷史ト、今日ノ實情トニ依ッテ照シテ考ヘテ見マスレバ、此遠交近攻ノ思想ガ、支那ノ朝野官民ヲ通ジテ橫溢スルトコロノ思想デハナイカト云フコトヲ私ハ憂フルノデアリマス、殊ニ吾々ハ忠勇無雙ナル軍隊ニ依ッテ戰爭ニハ勝チマスルガ、彼ノ敗北セルトコロノ獨逸人ガ、今日支那ニ於テ如何ナル働ヲ爲シツツアルカ、或ハ言論ヲ以テ、或ハ文章ヲ以テ、或ハ新聞ニ、雜誌ニ全力ヲ盡シテ支那ノ官民ヲ誘惑シ、而シテ我日本ニ對抗シツツ、アルト云フ事實デアル、斯ノ如ク致シマシテ此歐羅巴ノ大戰ヲ經過シ、何等之ニ對シテ根本政策ヲ施スコトナク、此儘歐洲大亂ガ終結致シマシタナラバ、支那ノ狀況ハ果シテ如何相成ルデゴザイマセウ、大亂終局ノ結果ハ申スマデモナク、歐羅巴諸國ハ非常ナル勢ヲ以テ支那ニ其力ヲ伸バシテ來ルニ相違ナイ、此時ニ至リマシタナラバ彼ノ同盟國若クハ協約國ト雖モ、必ズシモ細大共ニ我日本ニ向ッテ好意ヲ表スルト云フコトヲ、私ハ引當ニスルコトハ出來ナイト思フ、況ヤ獨逸アリ、亞米利加アリ、而シテ支那ノ官民朝野ノ思想彼ガ如キモノデアルト致シマシタナラバ、此戰爭終結後ニ於テ我日本帝國ハ、果シテ大陸ニ於テ相當ナル位地ヲ占メ、相當ナル實力ヲ樹テ、而シテ此東方ノ大局ヲ支持スルト云フ大責任ヲ盡スコトガ出來ルデゴザイマセウカ、如何デゴザイマセウ、私ハ實ニ此點ガ憂慮ニ禁ヘヌノデアル　先帝陛下ガ開國進取ノ國是ヲ開キ給ヒシヨリ今日ニ至ルマデ、我大和民族ハ常ニ大陸ニ發達ヲシテ未ダ曾テ息ム時ハナイ、今後ト雖モ亦此大陸ニ據テ、而シテ東方ノ盟主トシテ東方平和維持ノ責任ヲ我ガ雙肩ニ負フトコロノ國デアル、支那モ亦其天職ト致シマシテハ、我日本ト協同シテ、而シテ自國ノ爲メ將タ東洋全體ノ爲ニ、我ト協同シテ此大局ヲ維持シ、進ンデ東方ノ文明ヲ進ムルトコロノ責任ガアル、然ルニモ拘ラズ事情今日ノ如クデゴザイマシテ、我日本帝國ハ如何ニ熱心ニ東方ノ大局ヲ維持シ、平和ヲ保タント欲シマシテモ、肝腎ノ支那自身ガ自ラ領土保全ノ必要ヲ覺知セズ、自ヲ親ムベキトコロノ國ニ親ムコトヲ考ヘズ、遠方ノ列强ヲ引キ來リマシテ東亞ノ天地ヲ攪亂スルト云フヤウナコトデゴザイマシタナラバ、ドウシテ吾々ガ此支那ノ領土保全ノ大方針ヲ貫徹スルコトガ出來ルデゴザイマセウ、若シ戰爭ガ終局致シ、列强悉ク力ヲ東洋ニ伸バシ來ル時ニ方リマシテ、初メテ此時ニ考ヘ直シテ進ンデ日本ノ力ヲ大陸ニ植エテ、而シテ此平和維持ノ責任ヲ盡サウト思ヒマシテモ、其時ニナリマシタナラバ事既ニ遲レテアル、今日ハ實ニ世界未曾有ノ變亂、此變亂ノタメニ、事實ニ於テ我日本帝國ハ一國ノ獨力ヲ以テ東洋全局ノ平和ヲ支持シテ居ル、此一國ノ獨力ヲ以テ東洋全局ノ平和ヲ支持スルノ事實ヲ明カニ歐羅巴亞米利加竝ニ支那自身ニ向ッテ證明ヲ致シテ居ルノデアル、此事實ニ於テ吾々ガ一國ノ力ヲ以テシテモ東亞ノ全局ノ平和ヲ維持シテ居ルノデアルト云フコトガ明カデアリマス場合ニ於テ、將來モ亦此ノ如キ場合ニ處スル所ノ長計大策ト云フモノヲ定ムル必要ガアルノデハナイカ、卽チ此ノ如キ場合ニ於テコソ、彼ノ支那政府ヲシテ根本的ニ今日マデノ考ヲ翻サシメテ、彼レノ好ムト好マザルトニ論ナク、此東洋永遠ノ平和ヲ保ツノ基ヲ作リ、今後亦今日マデノ如ク支那政府當局者ノ考如何ニ依ッテ、屢々領土保全ノ主義ニ反對シ、却テ自國ノ領土ヲ破壞スルガ如キ行動ヲ再ビスルコトノ出來ナイヤウナコトニ今日ニ於テ、私ハ根本的ニ支那問題ヲ解決スルコトガ必要デアロウト思フ、此根本的ニ於テ彼レヲシテ領土保全ノ必要、日支兩國ノ親密ノ必要ヲ感ゼシムルコトガ出來ナカッタナラバ、今後今日マデノ歷史ヲ屢々繰返シテ、彼ノ朝鮮ニ對スル日本ノ外交ノ如ク――私ハ敢テ朝鮮ヲ以テ支那ニ比較スルノデハゴザイマセヌガ――根本問題解決ノ出來ナイガ爲メニ同ジ問題ヲ十年、二十年、三十年モ繰返シテ、而シテ此朝鮮獨立問題ノ爲メニ非常ナル犧牲ヲ拂ヒ――非常ナル犧牲ヲ拂ッタ結果ガ十年前ニ解決スベキモノガ三十年、斯樣ナコトヲ繰返スコトハ私ハ面白クナイト思フ、一日モ早ク支那ヲシテ根本ノ思想ニ囘ラシメ、日支兩國提攜ノ本然ノ天職ヲ盡スノ考ヲ起サシメテ、而シテ之ヲ實行スルトコロノ手段方法ヲ今日ニ於テ講ズルト云フコトハ私ハ必要デアラウト思フ、政府ハ果シテ此根本的ノ解決ヲ圖ルノ意思アリヤ否ヤ、若シ其考ガナイト致シマスレバ、今日ノ現狀デ以テ足レリト信ズルノデアルヤ否ヤ、之ヲ簡單ニ伺ヒタイ、此點ニ付キマシテハ素ヨリ具體的ニ質問ヲ致シタイノデアリマスルガ、事、國交ニモ關係致シマスカラ私ハ大體ノ趣意ヲ以テ政府ノ所見ヲ尋ネタイト思フ、次ニ御尋致シタイノハ膠州灣ノコトデアル、政府ハ膠州灣ヲ支那ニ還附スルノ意ナルヤ否ヤ、又還附セザルノ意ナルヤ否ヤ、又還附セザルコトヲ得ルト信ズルヤ否ヤ、之ヲ伺ヒタイ、是ガ實ニ大問題デ吾々五千万同胞均シク聞カント欲スル所ノコトデアルト思フ、元來戰爭ノ結果我ガ同胞ノ血ヲ流シテ、而シテ占領致シマシタル所ノ膠州灣デアル、之ニ向ッテ國民ガ斯ノ如ク憂慮ヲ致シマスル所以ノモノハ、卽チ今日迄ノ政府ノ外交ニ對シテ甚シク不安ヲ感ズルガ爲メデアルト私ハ考ヘル、此點ニ付テ國交上差支ナキ範圍ニ於テ私ハ政府ノ意見ヲ承リタイト思フ、嘗テ政府ノ答辯ニ依レバ、膠州灣ニ付テハ何等歐米列國ニ對シテ束縛ヲ受クルガ如キ約束ハナキガ如クニ承ハッテ居ル、併ナガラ何等束縛ヲ受クル所ノ約束ガナイト致シマシテモ、政府外交ノ經過ニ於テ屢々支那ニ還附スルノ意思ヲ聲明致シテ居リマスレバ、是レガ爲メニ約束以上ノ束縛ヲ被ムル如キコトハ果シテナイト政府ハ信ジテ居ルノカドウカ、束縛ハ被ラズトモ非常ナル强キ力ノ爲ニ之ヲ强イテ還附セシメラルヽト云フコトガアルデハナイカ、此點ガ吾々ノ切ニ心配ヲ致ス所ノ問題デアル、元來何ノ爲メニ政府ハ彼ノ獨逸ニ對スル最後通牒ナルモノヲ發セラレタノデアルカ、私ハ甚ダ了解ニ苦ムノデアル、聞ク所ニ依レバ外務大臣ハ此通牒ヲ發スルコトヲ好マナカッタト云フコトモ道路傳フル所ニ於テ承ハッテ居ル、果シテ然ラバ何故ニ好マレナイ所ノ斯ノ如キ無益ナル通牒ヲ發セラレタノデアルカ、之ガ爲メニ國民ニ對シテハ非常ナル疑惑ヲ招キ、列國ニ對シテハ非常ナル不都合ナル期待ヲ與ヘシメタト云フ結果ニナッテ居ル、若シ日英同盟ノ條約ノ義務ヲ履行スルノト、東洋全體ノ平和ノ維持ノ爲メニ獨逸ノ根據地ヲ衝ク必要ガアルト云フナラバ、斯ノ如キ通牒ヲ出スニハ及バヌ、況ヤ此通牒ノ前文トシテ支那ニ還附スル目的ヲ以テト云フノハ何ノ必要アッテ斯ノ如ク出シタカト云フコトヲ是ガ伺ッテ置キタイ、何ノ必要ガアッテ斯ノ如キコトヲ出シタカ、此還附ノ目的ヲ以テノ數字ガ實ニ此吾々ヲ惱スコトガ甚ダ尠カラヌノデアル、諸君、此時ニ於テ獨逸ガ若シ膠州灣ヲ支那ニ還附ヲ致シマシタナラバ、如何デアルカ、私ハ一念此ニ到ル每ニ實ニ戰慄ニ堪ヘヌ位デアル、此膠州灣ヲ支那ニ還附シタ場合ニ於テ、支那ガ果シテ之ヲ保ツコトガ出來ルノデアルカドウデアルカ、之ヲ諸君考ヘナケレバナラヌ、膠州灣ノ租借條約――獨逸ト淸國トノ膠州灣ノ租借條約、此第五條ニ於テハ獨逸ハ膠州灣ヲ支那ニ還スベキ場合ノ約定ガ致シテアル、此約定ニ依レバ獨逸ガ膠州灣ヲ支那ニ返還スル場合ニ於テハ、膠州灣經營ノ爲メニ獨逸ガ費シタ所ノ諸費用ヲ償還スベク、且ツ獨逸ノ爲メニ更ニ此灣ヨリ適當ナルベキ地域ヲ割讓スベキコトヲ玆ニ契約スベキモノトス、斯ウ云フコトガ第五條ニ規定シテアル、此獨逸ガ帝國政府ノ外務省ノ注意――通牒ニ從ヒ膠州灣ヲ支那ニ返還ヲ致シタ場合ニ於テ、支那ハ如何ナル所ヨリシテ此獨逸ノ膠州灣ニ對スル經營ノ總テノ費用ヲ拂フコトガ出來ルノデアルカ、又(「相手ガ違フ」ト呼フ者アリ)此膠州灣ノ返還ヲ受ケタガ爲メニ獨逸ガ更ニ此灣ヨリ適當ナル所ノ地域ノ割讓ヲ要求シタ場合ニ、果シテ支那ガ之ヲ拒ムコトガ出來ルノデアルカドウデアルカ、一念此處ニ到リマスレバ私ハ彼ノ最後通牒ナルモノニ對シテ、殆ド戰慄ヲ禁ズルコトガ出來ナイノデアル、何ノ爲メニ彼レノ如キモノヲ出シタノデアルカ、此點私ハ甚ダ疑問ヲ抱イテ居ル、ドウゾ此點ニ付テモ其必要ナル所以ヲ御說明ヲ願ヒタイ(「簡單」ト呼フ者アリ)諸君、尙私ガ聞カント欲スル所ハ彼ノ世上ノ問題ニ屢々ナリマスル所ノ滿洲蒙古――此滿洲蒙古ハ無論支那ヲ初メトシテ歐米列國我ノ勢力範圍タルコトヲ認メテ居ルノデアリマスルガ、此所謂勢力範圍ナルモノハ甚ダ漠然タルモノデアル、今日ノ如キ狀況ニ於テ、ヤハリ政府ハ果シテ支那ノ大局ヲ維持シ、東洋ノ永遠ノ平和ヲ保テ行ク上ニ於テ差支ナイト考ヘテ居ルカドウデアルカ、抑々此鄰國トノ關係ハ及ブベキダケ明瞭ニスルコトヲ必要トスル、曖昧ナル關係ガアリマスレバ絕エズ兩國間ニ紛爭ヲ釀ス、出來得ルコトデアリマシタナラバ此鄰國トノ關係ハ成ルベク之ヲ明カニスルト云フコトガ希望デアル、政府ハ今日ノ如キ狀態ニ於テモ敢テ差支ナイト考ヘテ居ルカドウカ、此點モ併セテ私ハ伺ヒタイ、ソレカラ又是ハ少シ細カイ事ニナルノデアリマスガ鐵道ノ事、是等ノ事モ吾々ハ常ニ支那ニ於ケル外交ノ狀態ニ就テ憂ヲ抱ギマスルガ故ニ、鐵道ノ問題ハ事小ナルガ如クデゴザイマスガ、之ニ對スル不都合、之ニ對スル失態ト云フモノハ、ヤハリ外交ノ不振ニ基クモノデアルト云フ點ヨリ私ハ御尋ヲ致シテ置キタイト思フ、ソレハ他デモナイ彼ノ津浦鐵道ノ北段ヲ英國ニ於テ管理セントスルト云フコトヲ私ハ承ッテ居ル、是ハ成ルベク此ノ如キ事ハ一種ノ風說ニ過ギザランコトヲ私ハ希望スル譯デアリマスガ、果シテ此ノ如キ事ガアルヤ否ヤ、之ヲ伺ヒタイ、又モウ一ハ彼ノ濰縣ヨリ芝罘ニ通ジマスル所ノ濰煙鐵道、此鐵道ヲ英國ノ領事若クハ公使等ノ心配ニ依テ、英國ノ資本ヲ以テ敷設スル企テガアルト云フコトヲ承ッテ居ル、是レ果シテ事實ナルヤ否ヤ、此芝罘ヨリ濰縣ニ通ズル鐵道ハ獨逸ノ膠州租借契約ノ中ニ於テ定メラレタル鐵道ノ契約デアリマス、山東省內全體ニ於テ 外國人ノ資本ヲ以テ鐵道敷設ヲ企ツルガ如キ場合ガアッタナラバ、總テ先ツ獨逸ニ相談ヲ致シテ然ル後ニ初テ之ヲ許スコトガ出來ルト云フ條約ニ成ッテ居ル、今日我日本帝國ハ膠州灣攻略ノ結果、獨逸ノ權利ヲ受繼イテ居ルト致シマスレバ、卽チ山東省內ニ於ケル鐵道ノ敷設ヲ初トシテ、總テ外國人ノ投資ニ係ル所ノ事業ハ、先ツ以テ我帝國政府ニ掛合ヲシテ、我帝國政府ノ承諾ヲ得テ、初メテ之ヲ行フコトガ出來ルノデアルト私ハ解釋シテ居ル、政府ニ於テハ此獨逸ト淸國トノ間ニ膠州灣租借ニ關聯シ、鐵道其他山東省ニ於ケル利權ノ事ニ付テ、獨逸ノ獲得シタル權利ヲ繼承シタルモノデアルト云フ御考デアルカ、又ハ繼承セザルモノデアルト云フ御考デアルカ、之ヲ伺ヒタイ、繼承シタリトシマスレバ、總テ獨逸ノ有スル所ノ權利ハ我日本ニ於テ之ヲ有スルモノデアルカ、斯樣ニ見ラレテ居ルト致シタナラバ、前ノ濰縣ヨリ芝罘ニ通ズル所ノ鐵道ニ對スル英國領事、若クハ公使等ノ行動ハ之ニ對シテ如何ナル御考ヲ持ッテ居ラルヽカ、此點ヲ承リタイ、其他細目ニ亙リマシテハ、尙後日之ヲ質問スル機會ガアラウト思フノデアリマスガ、第一此根本ノ支那保全東洋永遠ノ平和ノ基礎ヲ、此世界大變亂ノ際ニ於テ定メルト云フコトニ付テノ御考ヲ私ハ伺ヒタイト思フ、先刻外務大臣ハ帝國政府ノ外交ノ態度ハ愼重ナル研究ヲ要シ、鋭意細心ヲ以テ行フト述ベラレマシテゴザイマスガ、愼重ナル研究モ餘リ愼重ニ過ギマシタナラバ、盜賊去ッテ然ル後繩ヲ綯フト云フヤウニ、機會ヲ失スルコトニナリハセヌカ、之ヲ私ハ憂フル、又鋭意細心ニ之ヲ行フト言ハレマシタガ、今日ハ却テ大膽ニ之ヲ行フ必要ガアルデハナイカ、餘リ細心ニ細心ヲ累ネラレマシタ結果ハ、徒ラニ歐米列强ノ鼻息ヲ窺フト云フコトニ流レハセヌカ、之ヲ私ハ深ク憂慮致スノデアル、又國民全體モ此點ニ向ッテ齊シク深ク憂ヲ抱イテ居ルト私ハ考ヘテ居ル、故ニ此點ニ就テ出來ル限リ詳細ナル說明ヲ私ハ伺ヒタイト考ヘル

大正三年十二月九日　鈴木梅四郎君ノ質問演説　若槻大藏大臣ノ答辯

○鈴木梅四郎君　私ハ大藏大臣ニ向ッテ質問ヲ致シマス、唯今大藏大臣ノ説明ニ依リマシテ大正四年度ノ豫算ノ概況ヲ伺ヒマシタデゴザイマスガ、此御提出ニナリマシタ豫算ハ、大藏大臣ノ御説明ニ依ッテ見マスルト、如何ニモ此大切ナル時局ニ際シタル豫算ト致シマシテハ、其內容甚ダ不十分ナ薄弱ナ、彈力ノナイ豫算デアルト云フコトヲ私ハ斷言スルノデゴザイマス、其詳細ナコトヲ申シマセヌデモ一二ノ事例ヲ擧ゲレバ卽チ明瞭ニ分ル、ソレハ何カト言ヒマスレバ、公債償還基金ノ五千万圓デアル中ヲ二千万圓割イテ、サウシテ之ヲ以テ鐵道事業ニ振向ケル、剩餘金ノ若干ヲ以テ朝鮮ノ事業費ニ向ケル、サウシテ尙且來年度ノ豫算ニ於テハ大藏省證券ガ八千万圓モ出ル、是等ノ簡單ナル此三事項ヲ擧ゲマシテモ、大正四年度ノ豫算ハ最モ不十分ナ薄弱ナ彈力ノナイ豫算デアルト云フコトヲ私ハ評スルノデゴザイマス、政府當局者ハ唯今モ未ダ時局ノ中ニ在ッテ、所謂軍國最モ大事ナ時デアルト云フコトヲ盛ニ聲明セラレマス、私モ之ヲ信ジテ居リマス、御承知ノ如ク歐洲ノ戰局ハ如何ニ治マルベキカ、此狀態ハ何時解決ガ出來ルカ、此時局中ニ如何ナル事ガ起ッテ我帝國ガ不時ニ金ヲ要スルコトガナイト云フコトハ限ラヌ、泰平無事ノ時デアッテモ此豫算計畫ト云フモノハ、十分ナ或突發ノ事件ニ應ズルダケノ多少ノ準備ト云フモノガナクテハナラヌ筈デアリマス、然ルニ歐羅巴ノ天地ハ大修羅ノ巷トナッテ居ル、其飛沫ハ動モスレバ東洋ノ我帝國ニモ來ラントスル心配ハ御互ニ持ッテ居ル今日デアル、極ク通俗ニ申シマスレバ、近所ニ近火ガ出來テ居ル、何時其火ノ粉ガ飛ンデ來テ火事ニナルカ分ラヌト云フ其時ニ方ッテ、一番大事ナ所ノ政府ノ財政ト云フモノガ、斯ノ如ク切詰メタル所ノ豫算ヲシテ一歩モ伸縮スルコトノ出來ナイト云フヤウナ、斯ル薄弱ナ豫算ヲ以テ、果シテ此時局ニ對スル責任ヲ完ウスルコトガ出來ルヤ否ヤ、是ハ大ニ政府當局者ノ此豫算ノ面ニ現ハレナイ所ノ何カ御抱負ガアルカ否ヤ、私ハ此豫算ヲ見テ如何ニモ不用心ナ、樂天的ナ、非常ナモノデアルト考ヘマシタノデゴザイマス、是ガ第一ノ質問、第二ハ斯ル彈力ノ無イ薄弱ナル遣繰算段ヲ致シマシタル豫算ノ中ニ、海陸軍ノ擴張計畫ヲ爲サレテ居ル、所デ此海陸軍ノ軍備ト云フモノハ軍備共物バカリデ働キヲ爲スモノデハナイコトハ私ノ申スマデモナイ事デアル、ソレニ相當スル所ノ財政、卽チ資力ト云フモノガ之ニ伴ハナケレバ殆ド無用ノ長物デアル、是レハ私ガ繰返シテ申スマデモナク、古來所謂思慮アル所ノ人ハ一方ニ軍備ノ擴張ヲスレバ、同時ニ之ヲ或時ニ働カセル時ノ考ヲ持ッテ居ル、所デ此誠ニ遣繰算段ヲシタ豫算ノ中デ長期ニ亙ル所ノ軍備計畫ヲシナガラ、財政ノ基礎ヲ鞏固ニシテ資力ヲ養フ所ノ何等ノ方案モ殆ド見エテ居ラナイ、乃チ私共カラ見マスレバ軍備ト財政ト云フモノハ鳥ノ雙翼車ノ兩輪ノ如ク、相俟ッテ行カナケレバナラヌト信ジテ居ルノニ、殆ド其片方ガ何等ノ計畫モ無イヤウニ見エル、是ハ近キ例ヲ以テ御話シテモ分リマス、青島ニ軍隊ヲ出シマスル此度ノ問題デモ、若シ剩餘金ガアリマセナンダナラバ果シテドウデゴザイマセウ、外國ニ國債ヲ募ルコトモ出來ズ、況ヤ內國ニハ無論ムヅカシイ、斯ウ云フ場合デ幸ニ剩餘金ガアッタレバコソ此度ノ事ガ出來タノデアリマ、乃チ斯ノ如キ計畫ヲサレルト云フモノハ是ガ完全ナル計畫デハナイ、大ニ此點ニ付テハ當局者ニ何カ此軍備ニ伴フベキ國力財政ノ力ヲ養フダケノ抱負ガアルヤ否ヤ、是ガ第二ノ問、第三問ハ此度ノ歐羅巴ノ大亂ト云フモノハ經濟上カラ見マスレバ、世界ノ經濟上ニ非常ナ大變動ヲ起スノデアリマス、今日デスラモ既ニ此影響ヲ受ケマシテ、南米カラ亞弗利加東洋ノ端ニ至ルマデモ非常ナ苦痛ヲ嘗メテ居ルノデゴザイマスガ、此今日デスラモ我日本帝國ニ於テハ非常ナ此惡影響ヲ受ケマシテ、生絲ハ非常ニ暴落シ綿絲ハ非常ニ暴落シ、或ハ米モ非常ナ暴落ヲスルト云フヤウナコトデ、經濟上ニ非常ナ惡影響ヲ來シテ、政府ニ向ッテ救濟的ノ運動ヲシ、國民ハ如何ニシテイクラカ此苦痛ヲ凌ギタイト云フコトノ何ヲ提出シテ居ルノデゴザイマスガ、併シ私共ハ今日ノ此狀態モ隨分ヒドウゴザイマスケレドモ、此歐羅巴ノ戰局ガ收ッタ後ノ世界ノ經濟狀態ハドウデアルカト云フコトニ思及ボシマスト、云フト誠ニ非常ニ憂慮ニ堪ヘナイノデゴザイマス、御承知ノ通リ今度ノ戰爭ニ於テ軍事費ニ使ヒマシタ各國ノ費用ハ非常ナモノデアル、サウシテ是ガ幸ニ收リマシテモ、此破壞サレタル所ノイロ／＼ナ設備ヲ、之ヲ皆ニ復スルト云フ爲メニ、政府ノ使フ所ノ金モナカ／＼多イノミナラズ、民間ノ仕事ニ於テモ亦同一デアル、此戰爭ノ爲メニ打摧カレタル所ノモノヲ段々回復シテ行カナケレバナラナイ、此回復スル費用ハヤハリ金ヲ要スル、斯ノ如キ次第デ、歐羅巴ノ諸國ト云フモノハ此戰局ガ收ッテカラモ政府モ民間モ倶ニ非常ノ金ヲ要スル、第一ニ各國トモニ今日ハ兌換ヲ停止シテ居リマスケレドモ、之ヲ廢止スル場合ニドウ云フ政略ヲ執ルカト申シマスレバ、不換紙幣ヲ段々收縮シテ行キマスカラ、經濟狀態ハ非常ナ難儀ヲ起スデゴザイマセウ、サウシテ共結果トシテ此吾々日本帝國杯ガ如何ニ受ケルカト申シマスレバ、我日本帝國ノ財政經濟ト云フモノハ、今日ハ海外ノ資金ニ依テ尊ヲ調節サレテ居ルノデゴザイマス、御承知ノ通リ政府ノ借リテ居リマス所ノ公債モ十五億以上ニナッテ居ル、民間若クハ地方自治團體ノ借リテ居リマスモノハ四億ナンボニナッテ居リマシテ、之ヲ合セマスト外國カラ借リテ居ル所ノ金ガ二十億ニ近クナッテ居ル、サウシテ此中デ政府ノ借リテ居リマス短期ノモノガ、來年既ニ拂ッテ行カナケレバナラヌモノモアル、又來年期限ガ來テ居ルノモアリマス、ソレカラ長イ公債デゴザイマシテモ大正十年ト思ヒマスガ、確カ是モ償還期ニ當ッテ爾後續々借換ヘナケレバナラヌ、乃チ日本ノ財政經濟ト云フモノハ、此外國ノ公債ト云フモノト非常ナ關係ガアッテ、歐羅巴ノ經濟社會ノ此千古未曾有ノ大變動ガ起ッタトシタナラバ、此變動ノ爲メニ日本帝國ノ財政經濟ニ如何ニ影響ヲ受ケルカト云フコトニ付テハ、唯今カラ私共ハ分ッテ居ル、其結果ハ非常ナ慘憺タルモノヲ呈スルニ相違ナイト思フ、斯ノ如キモノガ既ニ目ニ見エテ居ルニモ拘ラズ、本年ノ豫算計畫ヲ見マスルト、誠ニ氣樂ナ誠ニ好日和ヲ常ニ見込ンデ居ルヤウナ薄弱ナ彈力ノ無イ所ノ豫算ヲ組立テラレル、是ガ果シテ是等ノ大變動ニ對スル政府ニ見込ガアルカ否ヤ、何カ計畫ガアルカ否ヤ、第四ハ此內閣ノ出來マシタ最初ニ於テ天下ニ宣言サレマシタル一番ノ重要ナル問題ハ、民力休養ト云フコトガ第一番ニ宣言サレテ居ル、所デ此民力休養ト云フコトハ、成程時局ノタメニ自然ニ增收ハ自然減收ニナリ、種々ノ方面ニ歲入ヲ減ジタカラシテ今日唯今デハ或ハ政府ハ十分ナコトニハ行カナイカモ分リマセヌガ、併ナガラ吾々カラ、見マスレバマダ行政財政ノ整理ノ餘地ハ十分ニアル、殊ニ私ガ唯今申ス如ク歐羅巴ノ此經濟上ノ大變動、是ハ恐クハ古來カラノ學者ガ殆ド想像スルコトノ出來ナイダケノ大變動ガ、此戰局ノ終リニ起ルニ相違ナイガ、其起ル結果ニ對シテドウシテ其計畫ヲ立テラレテ、此ノ如ク行政財政ノ整理ヲ生温ルイコトヲナスッテサウシテ行クコトガ出來ルカ、先ヅ第一ニ此大變動ニ處スルニ就テハ、ドウシテモ國ノ力ヲ充分ニスル、詰リ民力ヲ休養シテ國富ヲ增進スルト云フコトヲ第一ニ努メナケレバナラヌノデゴザイマスルガ、現政府ハ此公債償還ノ基金ヲ以テ若クハ剩餘金ノ餘リヲ以テ、鐵道計畫若クハ朝鮮ノ事業ナドニ用ヒテ、サウシテ此肝腎ナ減廢稅ト云フ問題ニ就テハ、殆ド打切ッタカノ如クニ見エマスルガ、此一般ノ財政問題、此歐羅巴ノ大變動、經濟上ニ非常ナ變動ヲ起スト云フ、其用意ニハ一番先キニ民力休養國富ノ增進ヲヤラナケレバナラヌガ、此問題ヲ閑却シテ所謂民力休養問題廢減稅問題ト云フモノハ打切ヲナサレタカノ如ク見エマスルガ、ソレハ果シテ左樣デアルカ否ヤ、ドウゾ明快ナル御答辯ヲ得タイノデゴザイマス

（拍手起ル）

（大藏大臣若槻禮次郎君登壇）

○大藏大臣（若槻禮次郎君）　鈴木君ノ御尋ノ第一ハ、國庫剩餘金等ヲ斯樣ニ使ヘ

バ、今日ノ政府ノ財政ニハ餘裕ガ少ナイ、所謂彈力ノナイ財政ニナルヤウニ思フガ、此以上戰爭ノ續イタ臨時事件ノ費用ナドハ如何ニスルカト云フノ御尋デ第一ハアルヤウニ思ヒマス、公債ノ償還金ヲ減少スルコト、或ハ朝鮮事業等ニ國庫剩餘金ヲ充行フコト等ハ、唯倒ニ御引キニナルダケデアッテ、ソレハ御問ヒニナッタノデナカラウト思ヒマスカラ、其結末デアリマスルトコロノ此以上ニ臨時ノ事件ノ生ジタ時ニ、斯樣ニ彈力ノ無イヤウナ豫算ヲ編成シタナラバ、何ヲ以テ之ニ應ズルカト云フ御尋ネデアルトシテ第一ニ御答致シマス、豫算ガナカ／＼窮屈ニナッテ居ルト云フコトハ鈴木君ノ述ベラル、通リデアリマス、是ハ斯樣ナ狀態ニナラシメタノデハナイノデアリマシテ、政府デハ剩餘金ヲ利用シテ國庫ノ收支ヲ改善シ、又新ニ歲入ノ增加スルモノ、一部ト行政整理等ノ結果トヲ以テ、民力ノ休養ニ宛テタイト云フ考ヲ持ッテ居リマシタ、時局ノ突發ト云フコトハ是ハ政府モ豫期セナイ所デアリマシタガ、此豫期セナイ時局ガ突發シタ爲ニ、之ニ要スル費用ヲ何所カラカ求メナケレバナリマセヌ、若シ剩餘金ガ無カッタナラバ、或ハ增稅ヲシ或ハ募債ヲシテ是ガ財源ヲ見付ケヌケレバナリマセヌガ、政府ノ考デハ剩餘金ヲ此儘置イテ增稅若クハ募債ヲスルカ、或ハ今日ノ場合ニ於テハ增稅或ハ募債ヲ成ベク避ケテ、剩餘金ヲ以テ臨時ノ費用ニ充テルガ宜イカト云フ、二ツノ中其一ヲ撰バヌケレバナラヌ場合ニ於テ、政府ハ剩餘金ヲ利用スル外ナイト云フ結論ニ到達致シタノデアリマス、ソレガ爲ニ豫テ剩餘金ヲ以テ計畫ヲセントシテ居リマシタ國庫ノ收支ノ改善等ガ出來ズ、隨ッテ大藏省證券ノ發行高ヲ制限スルヤウナ目的ヲ達セナカッタノハ、私共頗ル遺憾トハ思ヒマスケレドモ、是ハ斯樣ナ突發シタ時局ノ爲ニ之ニ應ズルダケノ何等カノ施設ヲシナケレバナラヌ、已ヲ得ナイ結果デアル、斯樣申上ゲヌケレバナリマセヌ、同時ニ又斯樣ナ已ヲ得ナイ結果ガ生ジタ以上ハ、之ニ應ジテ財政計畫ヲ立テル外他ニ方法ハナイト考ヘマス、第二ハ左樣ナ彈力ノナイ豫算ヲ立ツル時ニ於テ、何ゼ此軍備擴張海軍或ハ陸軍ノ軍備ニ費用ヲ投ジテ居ルノデアルカ、之ニ投ズル位ナラバ一方ニ於テ民力ノ發達ヲセシムベキ何等カノ施設ガアルカト云フ御尋ノヤウデアリマスガ、海軍ノ方ノ事柄ハ前ニモ申上ゲマシタ如ク、既ニ御協贊ニナッテ居ル、戰艦三隻ヲ製造スル費用ノ大正四年以降ノ年割額ナルモノハ、今日豫算ニナイノデアリマスノデ製造ニ著手シテ居ル、是ガ經費ノ支出ヲ要スルト云フコトハ無論デアリマスカラ、之ニ向ッテ相當ナダケノ年割額ノ追加ヲシナケレバナラヌ、是ガ主ナル費用デアリマス、海軍ノ軍備充實ノ方ニ於テハ、唯其外ニ前ニ此所デ申上ゲマシタ通リ、驅逐艦八隻潛航艇二隻ダケノ製造ノ費用ヲ追加シテ居リマスガ、是ハ海軍ノ當局者ガ此度ノ日獨開戰ノ結果ヲ顧ミテ、今日目前ノ海軍ノ力ヲ相當ニ充實シテ置ク必要ガアル、ソレガ爲ニ大ナル費用ヲ投ズルダケノ財政ノ餘裕ガナイ限リハ、少クトモ驅逐艦八隻潛航艇二隻ダケノモノハ是非シナケレバナラヌト云フ極ク急ニ應ズルダケノ費用デアリマシテ、是ハ困難ナ財政デハアリマスガ、一方國防ノ責任ヲ持ツ已ムヲ得ナイコト、シテ計畫ヲ致シタノデアリマス、陸軍ノ二箇師團ノ增設ノ問題ハ、是ハ何レ當局大臣カラ恐シイ說明ガアルデアラウト存ジマスガ、是亦陸軍ノ當局者ニ於テハ國防ノ責ニ任ズルニハ、二箇師團ヲ增加シテ之ヲ朝鮮ニ常置スルニアラザレバ責任ヲ取ルコトハ出來ヌト云フ國防ノ必要カラ出タモノデアリマス、故ニ財政モ困難デアリマスケレドモ國防上捨置キ難イコトデアル以上ハ計推セザルヲ得ナイト云フモノデ、此陸軍ノ二箇師團ノ增設ノコトニ同意ヲシタ次第デアリマス、歐羅巴ノ經濟狀況ニ就テノ御觀察、是ハ大體ノ御觀察ニ就テ私ハ決シテ大ナル異ナッタ意見ヲ持チマセヌ、今日歐羅巴動亂ノ結果經濟上ニ非常ナ影響ヲ及ボシタ、幸ニ時局ガ治マッタ所デ彼ノ地ノ經濟狀況ハ御觀察ニナル通リ、ドウセ戰爭前ヨリモ經濟狀態ガ惡クナルト思ハナケレバナラヌ、從ッテ若シ日本ガ外國ノ資金ニ賴ルコトガアリマスレバ、非常ニ其影響ヲ受ケヌケレバナラヌト思ヒマスガ、幸ニモ今日ノ時局ノ起リマセヌ前カラ、現政府ノ計畫ハ成ベク政府ノ計畫ニ就テ外國資金ニ依ラナイヤウナ計畫ヲ執ルト云フコトニシテ居リマスノデ、前ニ御話ニナリマシタ國債償還金ノ二千万圓減ノ如キモ、事柄自體トシテハ減額シタクナイケレドモ、斯樣ニスルニアラザレバ外國ノ資本ニ依ルト云フ從來ノ計畫ヲ改ムルコトガ出來マセヌカラ、斯ウ云フヤウニシタ次第デアリマシテ、外國資本ニ成ベク依ラナイヤウニスル政府ノ財政計畫ヲ立ツルコトハ、時局以前カラノ現政府ノ政策デアリマシタ故ニ、是デ遂行シテ行キマスレバ外國資本ニ依ルヤウナ計畫ヲ立テ居ル場合ヨリモ、餘程財政計畫ヲ立ツル上ニ於テハ樂デアラウト思ヒマス、併シ經濟狀況ガ戰爭ノ後ニ至ッテ餘程外國ハ惡クナラウ、ソレガ爲ニ我經濟モ若干ハ影響ヲ受ケテ、餘程難儀デアラウト云フ御觀察ハ私共モ左樣ニ思ヒマス、餘程是ハ影響ヲ受ケルコト、思ヒマスガ、然ル以上ハ其受ケタ影響ニ應ジテ、政府ノ財政計畫モ亦民間ノ經濟策モ是ニ應ズルヤウニ施設シテ行カナケレバナラヌト考ヘテ居リマス、最後ノ國民ノ民力休養ノ問題、是ハ前ニモ申上ゲマシタ如ク、出來得ルナラバ成ルベク實行シタイ考デアリマシテ、現ニ此八月以前ノトコロニ於テ、政府ガ歲入ノ見積ヲ立テ、居リマシタ場合ニ於テハ、來年度ハ凡ソ二千万圓位ノ經常歲入ノ增額ガアラウト云フ見積デアリマシタカラ、若シ時局ガアリマセヌケレバ、此自然ノ增收ト又政府ノ計畫致シマシタ行政財政ノ結果トシテ得ベキ財源トヲ以テ、負擔輕減ノ計畫ヲ立ツルコトニ豫定シテ居リマシタケレドモ、丁度其二千万圓ノ收入ヲ得ヤウト云フ豫定ガ減ジテ、今日ノ豫算デ御覽ノ通リ經常歲入ハ千四百万圓モ減ズルト云フ結果ヲ呈シタノデアリマス、併セテ考ヘマスルト八月以前ニ考ヘテ居リマシタトコロカラ云フト、三千四百万圓ノ財源ガ減ッタ關係ニナリマシタノデ、ソコデ甚ダ遺憾トハ存ジマスガ、來年度ノ財政計畫ニ於テハ負擔輕減ノ計畫ヲ立ツルコトガ出來ヌヤウニナッタ次第デアリマス、鈴木君ノ御質問ノ中ニ、國債ノ償還金ヲ二千万圓減ズル以上ハ、之ヲ以テ減稅計畫ニ充テタラ宜イト云フヤウナ御意見ノヤウナ風ニ伺ヒマシタガ、是ニ付テハ私共ノ見テ居ルトコロハ違ヒマスノデ、今日五千五百哩以上ノ鐵道ヲ持ッテ居ッテ、而モ既ニ十億以上ノ資本ヲ投ジタ國有鐵道ヲ經營シテ居ル上ニ於テ、此鐵道ノ改良ヲ相當ニ實行シテ交通ノ安全ト其便利ヲ遂ゲヤウト思ヒマスルト、鐵道ノ爲ニ年々相當ノ資金ノ要ルト云フコトハ、是ハ免レヌノデアリマス、延設ノ方ハ御覽ニナリマス通リ豫定ノ年割額ノ中カラ九百万圓以上モ之ヲ節減スルヤウニシテ、成ルベク鐵道ノ資金ヲ減ジマスケレドモ、唯今申上ゲマシタ如ク大ナル鐵道ヲ持ッテ居ッテ是レガ經營ニ當ル以上ハ、相當ノ改良ヲシナケレバナラヌ、其相當ノ節減ヲ加ヘタ結果ノ建設費ヲ併セテ見マスル上ニ於テ、鐵道ノ益金デ支辨セラル、以上ハ、何等カ他カラ資金ヲ得ナケレバナリマセヌガ、前ニ申上ゲマシタル外國ノ資本ニ依ラナイト云フ計畫ヲ立テ、行キマス以上ハ、ドウモ公債或ハ借入資金ニ依ルト云フコトノ道ヲ執ル譯ニ行キマセヌ、然ル以上ハ何處カラカ其資金ヲ求メナケレバナラナイノデ、此二千万圓ヲ其資金ニ求メタイノデアリマス、ソレ故ニ之ヲ以テ減稅ニ充テルト云フコトハ出來兼ネタ次第デアリマスガ、他日政府ノ財政ノ上ニ於テ財源ニ餘裕ヲ見マシタ以上ハ、負擔ノ輕減ヲ爲スト云フコトニ付テハ、鈴木君ト少シモ意見ヲ異ニスル所ハナイノデアリマス

○鈴木梅四郎君　大藏大臣ハ私ノ問ヲ誤解シテ居ラレルヤウデアリマス、御答ガ私ノ問フタトコロニ副ハナイノデアリマス、第一ノ事ハ稍々答ヘラレクナッテ居リマスケレドモ、併シ私ハ時局突發々々ト仰ッシヤイマスケレドモ、此時局ガ起ッテ大騷ギニナッテカラ、此大正四年度ノ豫算ヲ立テマシタノニ、突發シタカラ云々、サウシテ愈々今ハ彈力ノナイ豫算デアルケレドモ、若シ必要ガアレバ增稅ニ依ルカ或ハ公債ヲ募ルカト云フヤウナ御話デアリマシタガ、サウ云フヨリ無論仕方ガアリマスマイガ、サウ云フ御考デアルナラバ、此大時局中ノ豫算ト云フモノハ今少シク遣方ガアル、ナゼナレバ已ムヲ得ザレバ增稅モヤリ、若クハ公債モ募ラナクテハナリマスマイケレドモ、今日ノ日本ノ經濟界ノ有樣デ政府ニ向ッテ救濟ヲ頻々ト求メテ居ル其經濟界ニ向ッテ增稅ヲスルトカ、若クハ公債ヲ募ルトカ云フコトガ果シテ出來ルト大藏大臣ハ思召サレテ居ルカ、此邊ハ私共ハ甚ダ――私共ハ非常ニ心配ヲシテ居リマスガ、大藏大臣ハ據所ナケレバ增稅セスル、公債モ募ルト仰ッシヤル、增稅若

クハ公債ト云フモノガ安心シテ樂ニ出來ルモノト思召スカノ如キ御感ガアッテ、即チ此薄弱ナ彈力ノナイ豫算ヲ此時局中ニ御編ミニナッタト云フコトハ、甚ダ危險デアル、ドウ云フ考デアルカト云フ御尋デアル、即チ私ハ此經濟界デハ到底增稅モ公債募集モムヅカシカラウト云フノハ十人皆同一デアラウト思フ、其點ガ少シ御答ガ合ッテ居ラヌヤウニ思フ、第二ハ全ク違フ、第二ノ問ハ海陸軍ノ擴張問題ヲ當局ノ大臣カラ聽クコトハ、無論豫算委員會デ聽キマスノデアリマスガ、併シ防務會議ニ大藏大臣モ列スル筈デアル、即チ此海陸軍ノ擴張計畫ヲ爲スト同時ニ、大藏大臣ノ方面デハ財政力ヲ養ヒ國力ヲ養ッテ、此擴張シタ軍備ヲ有望ニ働カセルダケノ準備的計畫ガアリヤ否ヤト云フコトヲ聽キタイノデアル、第三ハ私ハ大藏大臣デ居ラッシャルカラ十分ニ申上ゲナクテモ分ルコト、思ヒマシタカラ、說明シナカッタ爲ニ誤解ヲ爲スッテ居ラッシャルト見エル、此官民共ニ二十億ノ外債ヲ持ッテ日本ノ財政經濟ハ立ッテ居ル、此二十億近キ外債ト云フモノハ、近ク起ル所ノ歐羅巴ノ經濟ノ變動ノ爲ニドウ云フ影響ヲ受ケルカト云ヘバ、期限ガ來レバサッサト取返サレル、來年若クハ來々年ニ――短期證券ノ如キモノハ或ハ借替ガ出來ルカ知レマセヌガ、大正十年以後ニ償還スベキ巨額ノ公債ハドウシテ之ヲ募集替ヲスルコトガ出來ルカ、是ハ私共少クモ歐羅巴ノ經濟界ハ、戰後十箇年ト云フモノハ、東洋若クハ南米其他ヘ「インヴエスト」スルコトハ到底出來難イ狀態ニアリハシナイカト心配ヲスル、サウシテ見マスルト其結果ハ――補足ヲ致シマスルガ、日本ノ兌換制度ガ果シテ維持スルコトガ出來ルヤ否ヤ、サウ云フ問題デアルノデアリマス、ソレデアリマスカラ是ハナカナカ大問題デアリマスカラ、今日其邊ノ覺悟ヲドウナサル、第一ハ來年ノ三月カニ來マス四千万圓ノ借替期ガ來ル、來々年モ來ルヤウニ思フ、ソレカラ大正十年カラ來マス其公債ノ借替ト云フモノ、結果ガ旨クイカナケレバ、日本ノ經濟界ハ非常ナ惡影響ヲ受ケルノデアリマス、ソレニ付テ何カ計畫腹案ガアルカト云フ御尋ネデアル、ソレカラ最後ノ問ハ私ハ二千万圓ヲ直ニ減稅計畫ニ向ケロトハ言ハナイ、ソレハ大藏大臣ガ私ノ議論――私ハ議論ヲスルノデハナイ、唯現政府ガ成立ノ當初ニ減稅民力休養問題ヲ最モ重要ナル問題トシテ天下ニ聲明シテ居ルニモ拘ハラズ、時局ノ爲ニ一切之ヲ打切ラレタノデアルカ、即チ打切ラレタト思ハレルノハ、今ノ財政カラ成立ッテ居ルトコロノ公債償還額、若クハ剩餘金ノヤウナモノヲ以テ鐵道事業、若クハ開港事業費ニ振向ケラレテ居ル、一度――十何年繼續ニナッテ居リマスカラ之ヲズットヤラウトレマスレバ、到底民力休養即チ廢減稅ヲ行フコトガ出來ヌコトニ自然結果ガ見エル、然ラバ明カニ廢減稅即チ民力休養ノ問題ハ打切リニナッタノデアルカドウカ、此御尋ヲシタノデス

○井上角五郎君　本員ノ質問ハ第一、四年度ノ歳計ハ出入相償ハザルモノニアラザルカト云フノカ、卽チ最初ノ質問デアリマス、四年度ノ歳計ニ於テ見ルノニ、前年度ノ繰入金ガ千八万圓トナッテ居リマス、此千八万圓ハ朝鮮總督府特別會計貸付金ニ引當テタルモノト見ルヲ當然トスルノデアラウト思フノデアル、ソレハ左樣デアラウケレドモ、尙差引シテ見ルト、繰入超過ガ百四十五万圓ニナッテ居ル、此百四十五万圓ハ取モ直サズ歳算ノ出入ヲシテ相償ハシムルガ爲メニ、國庫剩餘金ヲ繰入レタト見ルノ外ハナイノデアリマス、四年度ノ歳計案ニ、或ハ國庫剩餘金ノ增加トカ、或ハ恩給ノ增加トカ、夫等是等斯樣ナル經費ガ前年度ヨリ增加シテ計上セラレタルモノガアリマスケレドモ、本員ハ姑ク斯樣ナルモノヲ除キマシテ、單ニ新規事業トシテ認ムルニ足ラヌ所ノ經費ヲ、四年度ノ歳計カラ計算シテ見ルノニ、新ニ計上セラレタルモノハ、要スルニ三千五六百万圓ニ過ギナイノデアリマス、此三千五六百万圓ノ新規事業ノ要求ヲ要シタル內譯ヲシテ見ルト約八割、卽チ二千九百何十万圓ハ海陸國防ノ費用デアル、所謂國運ノ發展ニ相應スベキ新規事業ト見ルベキモノハ、此豫算案ニハ殆ド計上セラレテ居ラヌト言ッテモ差支ナイノデアリマス、本員ハ未ダ十分ニ調査スルノ遑ヲ得マセヌケレドモ、豫算案ヲ一覽シタ所デハ、或ハ歳入ノ缺損ヲ寧ロ却テ增加シ或ハ各省ノ事業――費用ヲ其處此處デ少シヅツ減少シテ以テ出入相償フモノトナシタル所ノ形跡ヲ見ルニ難クナイト思フノデアリマス、唯其金額幾ラ、其數字如何ト云フコトヲ明瞭ニ茲ニ申上ゲ得ナイノハ未ダ調査ニ十分ナル遑ヲ得ナイカラデアルノデアリマス、兎モ角モ四年度歳計ハ徒ラニ前年度ノ繰入ヲナシタ、而モ新規事業ハ殆ド恐ク著手シナイ、サウシテ何ヲヤッテ居ルカ、海陸國防ノ新規計上ノミニ全力ヲ盡シテ居ルノデアルト云フコトハ之ヲ明言スルニ難カラヌノデアリマス、成程戰艦ノ製造ハ過日モ若槻大藏大臣ノ言ハレルガ如ク、既著手ノモノデアッテ、或ハ已ムヲ得ナイカモ知レナイケレドモ、師團ノ增設ニ至ッテハ強チ斯樣ナル財政ノ狀態ニ於テ、之ヲ今日ニ計上セズトモ暫ク戰爭ノ終局ヲ待テ徐ロニ是ガ計畫ヲ立テ、遲カラヌコト、私ハ信ジテ疑ハヌノデアル、今回ノ大亂ハ卽チ世界ノ大亂デアル海軍ニ陸軍ニ軍事上ニ於テハ必ズ幾多變遷ヲ來スベキ所ノモノデアル、現ニ本日モ時事新報ヲ見マスレバ、時事新報ニ一ノ海外電報ヲ掲載セラレテ居ル、其電信ノ中ニ亞米利加大統領ノ言ヘルコトヲ載セテアル中ニ、軍艦ノ型ハ此戰爭ニ依テ必ズ變ルノデアルカラ、暫ク軍艦ノ製造ヲ見合スト云フコトガ書イテアル、是レ獨リ軍艦ノミデナカラウ、師團ノ增設ノ如キ亦然ラン、師團ヲ置クガ宜イカ、寧ロ全國皆兵ノ目的ヲ完全ニ果スヤウナ手段ヲナスガ宜イカ、否左樣ナ費用ハ第二ニ讓ッテ差向キハ銃砲彈藥ノ改良ヲナスガ宜イカト云フコトハ、戰爭終局ヲ見ザレバ極マラヌ問題デアルノデアルカラ、左樣ナル問題ヲ斯樣ナル財政ノ困難ノ場合ニ出スト云フコトハ抑〻何故デアルカ、併シ國防ノコトハ強チ財政ノ如何ヲ以テ論ズベキデナイト云フナラバ、必ズ吾〻ハ其國防ノ必要ナル所以ヲ說キ聽カサレル時機モアラウト思フケレドモ、其樣ニ財政ノ如何ヲ顧ルコトガ出來ズ、國防ノコトヲ計上セネバナラヌト云フ程ノ時機ニ遭遇シタル現內閣ハ、何故ニ姑息ナル行政整理ヲシテ以テ其責ヲ塞ガントスルノデアルカ、モウ少シ行政整理ノ上ニ十分ナル仕事ヲシテモ宜カラウト思フ（「政友會ハモウ出來ナイト言ッタヂヤナイカ」ト呼フ者アリ）要スルニ四年度ノ歳計ハ收支相償ハザルモノデアル從ッテ起ルベキモノハ現大藏大臣獨特ナル租稅ノ誅求デアルデアラウ、其次ニ起ルモノハ各省ノ事業、或ハ電信ノ架設トカ電話ノ据付トカ、是等ニ類シタル各省ノ事業ヲ其處此處デ延期シ繰延ベルト云フコトデアラウト思フ、是レ卽チ本員ガ當局大臣ニ質問スル第一ノ質問ノ要旨デアリマス、第二行政整理ノ節約ハ甚ダ少ナイ、現內閣ハ既往ノ言責ヲ忘レタルニアラザルカト云フノガ是ガ本員ノ第二ノ質問デアリマス、唯今同志會ノ席ヨリ政友會ハ行政整理ヲ打切ッタデハナイカト言ハレマシタ（「ソンナコトハ言ハナイ」ト呼フ者アリ）徒ニ人ノ言葉尻ヲ咎メルヨリモ自ラ既往ニ顧ミテ自分ノ言責ヲ御考ニナルガ當然デアルト思フ、昨年六月十三日山本內閣ガ行政整理ヲ發表シタル時、越エテ六月十九日ニ於テ同志會ハ一ノ宣言書ヲ公ニ致シテ居リマス、其宣言書ニハ山本內閣ガ實行シタル行政整理ト、其當桂內閣ガ計畫ヲ立テ、新政黨ガ第一ノ施ノ番トシタル其行政整理ノ原稿トヲ比較シテ、要スルニ山本內閣ノ行政整理ハ吾〻ノ意見ヨリ二千四百十九万圓少ナイモノデアルト云フコトヲ公ニ論ジテ居ルノデアル、又本年此處ニ於テ兩稅廢止ヲ主張シタル當時ニ、同志會員ハ如何ナル議論ヲシタノデアルカ、行政整理ハ大ニヤラネバナラヌ、大ニヤリサヘスレバ兩稅ノ廢止位ハ何デモナイト論ジテ居ッタデハナイカ、左樣ナル同志會ヲ基礎トシタル現內閣ガ、今回ノ行政整理ハ幾何ノ金額デアルカ、卽チ今回ノ行政整理ハ稱シテ千六百七十四万圓デアルト云ッテ居リマス、從來ノ主張シタル同志會ノ議論ニ較ブレバ兎ニ角千万圓足リナイノデアル、其千六百七十四万圓ノ內容ハ果シテ如何デアラウカ、稱シテ千六百七十四万圓ト云フ其內容ハ如何デアルカ、本員ハ未ダ之ヲ十分ニ調査スルノ暇ヲ有チマセヌケレドモ、其中八百四十万圓ハ恆久財源ナリト稱シテ居ル、其八百四十万圓ノ內容ヲ調査シテ見マシタ、本豫算並ニ各特別會計經常費ノ節約ハ八百四十万圓中六百万圓――精密ニ勘定シタラ六百二三十万圓ホカナイノデアル、サウスルト殘リノ二百万圓ハ何デアル、イロ〱研究シテ見タトコロノ末ニ、是ハ航路補助ノ金額ヲ削減シタノデアルト云フコトヲ發見シタノデアル、航路補助ノ金額ヲ削減シタノハ之ヲ恆久ノ財源ト云ヘルデアラウカ、同志會一派ノ論鋒ヲ以テ云ヘバ或ハ言ヘルカモ知レナイ、何ゼカト云ヘバ本年同志會ノ兩稅廢止ヲ唱ヘル時ニ、武富君ハ斯樣ナル議論ヲ立テ、居ル、海軍補充ノ費用ヲ削ル、此海軍補充ノ費用ヲ削ッテ兩稅廢止ノ財源ニスルト云フ議論ヲ唱ヘテ居ル、斯樣ナル議論カラ行ケバ或ハ航路補助ノ金額ヲ削ッタヲ以テ、恆久ノ財源ト云フコトガ出來ヤウケレドモ、海軍補充ノコトハ其時縱シ不必要トシテモ、翌年其必要ヲ生ズルノデアル、航路補助或ハ亦然リ、之ヲ以テ恆久財源ト云フコトハ出來ナイノデアル、而モ尙併セテ八百四十万圓ノ恆久財源ナリト稱スルトコロニ依レバ、千六百七十四万圓開ケテ見タラ何ガ出ルデアラウ、甚ダ薄弱ナル行政整理ノ節約ナリト云フコトハ今ヨリ斷言シテ置クニ差支ナイコトデアル、本員ハ若シ現內閣ニシテ忠實ナラバ、若シ同志會ニシテ國家ヲ思ヒ人民ヲ思フナラバ、何故ニ今日ニ於テ斯ク行政整理ヲ內輪ニ止メタデアラウカト思フノデアル、人民ニ對シテ吾〻ハ今兩稅ノ廢止ヲシテヤルノデアルゾ、ソレガタメ斯樣ナル行政整理ヲスルノデアルト云ッテ人民ノ歡心ヲ買フトキニハ大ナル金額ノ行政整理ヲ唱ヘツヽ、今ヤ世界ノ大戰爭、我國モ亦是ニ於テ加ハルニ當ッテ、取リモ直サズ國家困難ノ時ニ當ッテ、其時ノ半分ニモ足ラナイヤウナ行政整理ヲスルト云フノハ、彼等ハ人民ノ歡心ヲ買フニコソ力ヲ用ユレ、國家ノ上ニ忠實ナラザルモノデアルト云フコトヲ（拍手起ル）若シ他ヨリ論ズル者ガアッテモ僕ハ辯解スル辭ニ行カナイ、本員ハ要スルニ何故ニ行政整理ヲ斯ク内輪ニシタカト云フコトヲ問フノデアリマス、第三、戰時費用ハ如何デアルカ、其戰時費用ノ豫算並ニ財源ヲ示サレタイト云フノガ是ガ第三ノ質問デアリマス、本員ハ本期議會ノ初メニ於テ、即チ昨日ニ於テ、一昨日ニ於テ、若クハ今日ニ於テ、必ズ受取ルトコロノ豫算ハ御大禮費ノ豫算、併セテ戰爭費用ノ豫算デアルト信ジテ居ッタノデアル、然ルニ四年度ノ歳計案ハ出來タノデアル、未ダ御大禮ノ豫算ハ出テ來ナイノデアル、未ダ戰爭費用ノ豫算ハ出テ來ナイノデアル、縦シ吾々ハ現内閣ヲ信用セザルニモセヨ、又一切ノ施設ニ反對スルニモセヨ、願クハ御大禮費ノ豫算ニ對シ、戰爭費用ノ豫算ニ對シ、是ニ賛成ヲ表シテ國民多數ノ意思ヲ表明シテ置キタイト云フノガ、吾々ノ希望デアルノデアル、然ルニモ拘ラズ是ドモ兩豫算ガ出テ來ナクシテ、尚且本員ヲシテ其戰爭費用ハ幾何デアルカ、其費用、其豫算、其財源ヲ願クハ之ヲ示セト云フコトヲ質問スルニ至ッタト云フノハ、實ニ本員トシテ遺憾此上モナキ次第デアリマス、若槻大藏大臣ハ過日此處ニ於テ國庫剩餘金ガ無カッタナラバ、戰爭費用ハ増税カ募債ニ依ッテ之ニ充ツルノ外ハナイト斯樣ニ説明セラレマシタ、是ハ當然ノコトデアル、誰ガヤッテモ此場合ハ其通リノコトデアルカラ、此言葉ニ付テ本員ハ敢テ非難スルノデハナイノデ、御尤モナコトデアル、所ガ其大藏大臣ハ此後ノ財源トスルモノハ何デアルカト云フ質問ニ對シテ、剩餘金ガ五千万圓アリマス、其内二千万圓追加豫算ニ引當ルトシテ三千万圓アリマス、此三千万圓ニ減債基金ノ未ダ公債ヲ償還セザルモノヲ合セテ、之ヲ以テ今後ノ財源トスルト云フコトヲ言ハレテ居リマス、現金三千万圓其外ニ三年度ナリ四年度ノモノヲ合シタラ、或ハ五六千万圓ゴザイマセウ、其五六千万圓ノ減債資金ヲ引當テニ今後ノ戰費ヲ支出スル積リデアルト言ハレテ居リマス、是ガ果シテ何箇月ヲ支ヘル金額デアラウカ、八代海軍大臣ハ此演壇ニ立ッテ斯樣ニ言ハレタ、世界ノ戰亂ノ終局スルマデ軍備ノ行動ハ止メルコトハ出來マセヌ、斯樣ニ明言セラレマシタ、世界ノ戰亂ハ何時終局スルデアラウカ、何人モ今日ニ於テ之ヲ豫言スルコトハ出來ナイノデアル、斯樣ナ場合ニ於テ吾々ハ世界ノ爲ニ、我國ノ爲ニ、此戰爭ガ一日モ早ク終局スルコトヲ祈リ、一日モ早ク終局スルコソ世界ノ爲メ我國ノ爲メ利益ナリト信ジテハ居ルケレドモ、此戰爭ニ對スル準備ハ幾ラ續イテモ大丈夫デアルト云フ準備ヲシテ掛ラナケレバナラヌノデアル、果シテ戰爭ガ明年一年繼續シタト云フナラバ、今ノ大藏大臣ハ何ニ之ヲスルデアラウカ、必ズ此四年度ノ歳計案ヲ實施スル間ニ於テ、増税乃至募債ノ已ムヲ得ザルコトガアルノデアラウト思フ、若シ左樣ナ場合ガアルト云フコトガ豫測セラレタナラバ、四年度ノ歳計案ニ於テ豫メ出來得ルダケノ豫防ハ爲シテ置カナケレバナラヌト思フノデアル、是ハ敢テ本員ノ定ッタル意見デハナイケレドモ、試ミニ豫防ヲ爲セバ豫防ヲスベキモノガ幾ラモアルト云フ一例ヲ申上ゲテ見タイノデアル、減債基金ヲ二千万圓減ジテ國庫剩餘金ヲ繰入レテ、煙草ト鹽ノ公債募集二千八百何十万圓ヲ止メテ、之ヲ廢メテ此儘ニ此際豫算ヲ實行シテ來年ノ此頃ニモナレバ大藏證券ノ發行ハ八千万圓ニ至ルノデアル、其場合ニ募債モ已ムヲ得ザル時ニ於テ、募債ヲシヤウトシテ果シテ是レ容易ニ募債ガ出來ルヤ否ヤヲ考ヘナケレバナラヌノデアル、之ニ反シテデス、今日鐵道事業朝鮮公債ハ所謂公債ニ依テ之ヲ支辨シ、來年ノ此頃ニ至ッテノ大藏證券ノ發行ハ先ヅ無

クナッテ居ル、愈募債ヲシナケレバナラヌト云フ時ニ、大藏證券ヲ發行シテ其現金ヲ募債ニ代フルト云フコトガ出來タナラバ、事ノ難易ハ苟モ算盤ヲ手ニスル者ハ皆知リ得ルノデアル、是ハ敢テ本員ガ確乎ニ定メタル意見ト云フノデハナイケレドモ、此樣ナ例ノ事ヲ考ヘレバ國家ノ前途ヲ憂フル者ハ種々態々ノ考、種々態々ノ計畫ヲシナケレバナラヌノガ當然デアッテ、一度非募債策ヲ唱ヘタカラ結局マデモソレヲヤッテ行クト云フガ如キ、平常ノ場合ノ考ヲ戰時ニ應用スルト云フノハ、寧ロ彼等ニ國家經營ノ才能無シト云フヨリハ、國家經營ニ對スルノ誠意無シト言ッタ方ガ當然デアラウト思フ（拍手起ル）何分ニモ戰爭ノ前途ハ如何ニ成ルカ、之ニ對スル費用ハ幾何ヲ要スルカ、又其豫算ハ如何ニシテ立テルカ、財源ハ如何ニシテ出スカト云フコトニ付テ、恐クハ當局者未ダハッキリシタル考ヲ有セザルモノナリト判斷スルコトガ出來ルノデアル、本員ハ茲ニ明瞭ニ先ヅ來年六月迄戰爭ガ續ケバ此位ノ入費ガ要ル、十二月迄續ケバ此位ノ費用ガ要ル、之ニ對シテ斯樣斯樣ニスル積リデアルト云フコトヲ具體的ニ御答ニナッテ、敢テ獨リ本員ノ疑ヲ解クノミナラズ、即チ日本國民全體ノ疑ヲ御解キニナランゴトヲ切ニ希望スルノデアリマス、第四ニ本員ノ質問セントスルノハ、經濟救濟ニ關スル今後ノ方針デアリマス、若槻大藏大臣ハ過日此處ニ於テ政府ハ經濟ノ救濟ニ對シテ相當ノ手段ヲ執リマシタ、戰時保險ノ制ヲ定メマシタ、關税猶豫ノ事ヲ行ヒマシタ、又特殊銀行ト爲替金融ニ相當ノ便利ヲ與ヘサセマシタ、斯樣ニ説明セラレタ時ニ、滿場ハ此説明ヲ如何ニ聽イタカ、唯笑聲ヲ以テ之ヲ迎ヘタニ過ギナイノデアル、此外ニ現内閣ハ經濟救濟ニ付テ、如何ナル手段ヲ執リツヽアルカ、執ラムトシテ居ルカ、試ミニ之ヲ擧ゲテ見レバ、一ハ國産奬勵デアル、國産奬勵固ヨリ可ナラズト云フノデハナイケレドモ、之ニ依テ米價ノ調節ハ出來マセヌ、之ニ依テ生絲ノ救濟ハ出來マセヌ、又一ツハ小口保險デアル、小口保險ノ如キ本員ハ固ヨリ好キ手段デアルト思ッテ居リマス、思ッテ居ルケレドモ地方金融機關ノ制度ヲ完全ニセザル以上ハ、小口保險ヲ行フコトハ今日ノ地方ヲ涸渇サセテ、中央ノミニ金ヲ集メル、所謂中央集金ノ制ヲ益々高メルニ過ギナイノデアリマス、此外ニ現内閣ガ經濟救濟ニ關シテ如何ナル手段ヲ執ラムトシテ居ルカ、如何ナル手段ヲ執リツヽアルカ、本員ハ寡聞ニシテ遂ニ之ヲ知ルコトガ出來ナイノデアリマス、現内閣ノ消極策ハ都鄙一般ニ不景氣ヲ感ゼシメテ居ルノデアル、今日ノ都鄙一般ノ不景氣ハ尋常一樣デハアリマセヌ、之ニ又一部ノ貿易業者ノ困難ハ甚ダシキヲ加ヘテ居リマス、今日經濟狀態ハ思ッタヨリモ悲慘ノ甚ダシキヲ呈シ居ルノデアリマス（「ヒヤ〳〵」ト呼フ者アリ）若シ前途ヲ考ヘルナラバ、此悲慘ハ更ニ甚シキニ至ルト云フコトヲ憂慮セザルヲ得ナイノデアリマス、日本銀行又ハ政府ノ所有スル正貨ハ漸ク減少致シマシタ、本員ガ思フニ明年ノ此頃ニモナリマシタナラバ、恐クハ二億万圓臺ニ下ルコト、信ジテ居リマス、正貨ノ總高ガ二億万圓臺ニ下ッタトキニハ、通貨ハ如何ニ減少スルデアラウカ、物價ハ如何ニ下落スルデアラウカ、サウシテ金利ハ如何ニ騰貴スルデアラウカ、恰モ其時ニ於テ大藏證券八千万圓ノ發行ガアッタト云フナラバ、今日ノ此經濟狀態ガ明年ノ此頃ニ於テ如何ニ甚シク、ヨリ惡クナルカト云フコトハ想像スルニ難カラヌノデアリマス、此樣ナルコトガ前途ニ見エテ居ルニモ拘ラズ、又一方ニハ戰爭ノ繼續ノ結果、増税モ或ハ已ムヲ得ナイノデアラウ、募債モ或ハ已ムヲ得ナイデアラウト云フ場合ニ至ル、其時ヲ考ヘテ其時ニハ現内閣大隈總理大臣ハ如何ニ此國ヲ維持シテ行ク積リデアラウカ、雨降ラザルニ先ッ牖戸ヲ綢繆ス、是ハ尋常普通ノコトニ

放テスラモ考ヘナケレバナラヌコトデアル、況ヤ一國ノ財政ニ當ル人ガ、姑息ニドウナリ斯ウナリ收支相償フ豫算ヲ出レテ、此豫算ノ結果ガ社會ノ經濟ニ如何ナル影響ヲ及ボサウガ、商工業者ガ如何ニ是ガ爲ニ困難シヤウガ、恬トシテ棄テ、顧ミザルト云フコトヲ爲レテ、其時ハ、其時、先ヅ二箇月デモ三箇月デモ居心地宜ク此椅子ニ居ッテ見タイト云フガ如キ有樣ヲ爲シテ居ルト云フコトハ、本員ノ實ニ遺憾千萬ニ考ヘルコトデアリマス、(「同感々々」ト呼フ者アリ)本員ハ斯樣ニ第一、第二、第三、第四ト擧ゲマシテ、是等四ツノ點ニ就テ詳細ナル答ヲ得テ、我國財政ノ前途ハ先ヅ仕合セナリ、前途ハ斯樣ニシテ支辨スルコトガ出來ル、サウシテ經濟ノ救濟ニ就テハ斯樣ナル方法アリト云フコトヲ詳細ニ説明セラレテ、本員ノ疑モ爲ニ解ケ、世間モ之ヲ滿足スルニ至ラムコトヲ切ニ希望スルノ餘リ、是ダケノ質問ヲ致ス次第デアリマス

(拍手起ル)

一　米價調節ニ關スル質問（小西和君外一名提出）

（小西和君登壇）

○小西和君　私ガ政府ニ質問ヲ致シタイ事柄ハ、米價調節ニ關スル問題デゴザイマス、誠ニ地味ナ問題デアリマスケレドモ、我國民ノ過半ヲ占ムル農家及ビ一般ノ商工業者ニ對シマシテ、重大ナル關係ヲ有シテ居ル事柄デゴザイマスル故ニ、私ハ之ヲ決シテ小問題トハ看做サナイノミナラズ、是ハ極メテ眞面目ニ研究ヲシナケレバナラヌ事柄デアルト信ズルモノデアリマス、固ヨリ政黨政派ノ如何ニ關係ナク、我衆議院ニ於キマシテモ、代議士諸君ノ多數ノ方々ハ何トカ方法ヲ講ジナケレバナラヌト認メテ居ラル丶コトヲ疑ハナイノデアリマス、私ガ此問題ヲ提出致シマスルノハ、之ニ依ッテ政府ニ突掛ラウナド丶云フ考ガアッテノコトデハアリマセヌ、全ク米價ノ調節ヲ希望スルト云フ意味ニ於テ、又此問題ニ就テ御相談ヲ致シタイト云フ意味ニ於テノ質問デゴザイマス、此米價調節ノ問題ニ付キマシテハ、近ク先々月ノコトデアッタト記憶致シマスガ、大浦農商務大臣ハ或公開ノ席ニ於テ「農業ハ我國本デアル、農業ガ振ハナケレバ商業モ亦振ハナイ、米價ノ低落ハ目下ノ重大ナル問題デアル」ト御演說ヲ爲サレタノデアリマス、次デ大隈首相モ亦公開ノ席上ニ於テ「大藏大臣、農商務大臣ニ向ッテ極メテ重要ナル問題ヲ提出セラレマシタ、ソレハ即チ米價調節ノ問題デアル、是ガ研究ノ結果果シテ如何ナル成案ヲ得ルカト云フコトハ固ヨリ疑問デアルケレドモ、此事柄ニ付テハ十分ニ同情ヲシテ居ル、且何等カノ方法ヲ設ケナケレバナラヌ」ト云フコトヲ大隈伯ガ言明ヲセラレテ居ルノデアリマス、大隈首相竝ニ大浦農相ガ認メラレテ居ラレル通リ、米價ノ調節ハ如何ニモ重大ナル事柄デゴザイマスルガ、本年ハ米ガ豐作デアリマシテ、サウシテ非常ニ廉イ爲メ、民ニ菜色ガアルト云フコトハ殆ド不思議ノ現象ノヤウデアリマス、何レニシテモ是ハ是非然ルベキ方法ヲ執ッテ救濟シナケレバナラヌコトデアラウト信ズルモノデアリマス、諸君ノ記憶ニ新タナル通リ、一昨年ノ夏米價ノ騰貴シタ時分ノコトヲ振返ッテ見マスルト、同年ノ六月ニ於テハ其平均ノ價格ガ二十五圓マデ上ッタノデアリマス、然ルニ爾來低落ニ次グニ低落ヲ以テ致シマシテ、昨今ニ至ッテハ平均十三圓以下ニ陷ッテ居ルノミナラズ、地方ノ生產地ニ於テハ一石十圓ノ賣買スラモ覺束ナイ狀態ニナッテ居リマス、而モ尙且今後ハ低落ノ趨勢デアルノデゴザイマスル、然ラバ米價ノ高イ安イト云フコトハ、何ヲ標準ニスルカトナリマスルト、農商務省ニ於テ農家ノ經濟ニ關スル調査ヲセラレタ、此調査ニ依レバ米ノ諸般ノ生產費、此生產費ヲ計算ヲ致シ、一方ニ於テ金利ノ側カラ割出シテ見マスルト、米價ハ生產地ニ於テ一石十八九圓、市場ニ於テ二十圓內外デアッテ然ルベキデアルト、其調査書ニ明言セラレテ居マス、私モ抽象的ナガラ米ノ價格ハ先ヅ以テ十八九圓ガ相當デアラウト信ズルモノデアリマス、一昨年米價ガ奔騰致シマシタ際ニ、政府ガ米價ノ調節ヲ唱ヘテ之ヲ引下ゲルコトヲ致シタノハ、農商務省ノ調査ニ依ル適當ナル程度ノ米價、即チ二十圓見當カラ比較致シマシテ著シク騰貴シタ事實ガアッタカラデ、是ハ左モアルベキコト丶存ジマス、然ルニ現今ハ其反對ニ非常ナ低落ヲ致シテ居リマスルガ、平準價格タル二十圓見當カラ見マスルト云フト、一時騰貴シテ居タモノト、今日低落ヲ致シテ居ルモノト比較致シマシテ、其低落ノ程度ノ開キガ一時暴騰ノ時分ヨリモ一層甚ダシイノデアリマス、故ニ此際米價ノ調節ノ必要ナルコトハ、一昨年ノ米價騰貴ノ際ニ於ケル調節ガ必要デアッタヨリ以上デアルト私ハ斷言シタイノデアリマス、米價ガ何故ニ斯ノ如ク下落シタノデアルカト申シマスレバ、是ハ歐羅巴ノ大戰爭ガ東洋ニ波及シタ結果デアルト申ス人モゴザリマスルケレドモ、私ハ斯ク觀察スルコトハ出來ナイモノデアリマス、若シモ生絲ノ如キ其生產ガ海外ノ輸出ヲ目的ト致シテ居ル、サウシテ世界的ニ價格ガ左右セラレルモノデゴザリマスレバ、是ハ固ヨリ戰亂ノ影響ト見ルコトガ出來マスルケレドモ、我國ノ米ナルモノハ世界ニ於テ比類ノナイ特別ノ品質ヲ持ッテ居ルモノデアリマシテ、其需要者モ亦殆ド全ク我國內ニ限ラレテ居ルノデゴザリマスル、米ノ價格ノ變動ヲ致シマスルノハ、全ク國內ニ於ケル諸般ノ關係カラ起ルモノデアリマシテ、私ハ歐洲ノ戰亂ガ東洋ニ波及シタ影響ト見ルコトガ出來ナイト信ズルモノデアリマス、然ラバ現在ノ低廉ノ原因ハ何處ニアルカト見マスルニ、是ハ申スマデモナク未曾有ノ豐作デアルコトガ最大原因デアル、之ニ昨年生產ノ殘米ガ加ハリマシタコトガ最大原因デアル、又其他通貨ノ收縮致シタコト、朝鮮米ガ入ッテ參リマスルコト、農家ガ近頃商賈氣ヲ出シテ米ノ價格ニ依ッテ賣捌ヲ見合セルナドノ行動ヲ取リマスルコト、其他種々樣々ノ原因ガ綜合シマシテ、サウシテ原因ガ結果ヲ產ミ、結果ガ更ニ原因トナッテ米價ノ低落ヲ招キ、之ニ加フルニ米價ノ低落ト云フコトガ當業者間ノ人氣ヲ銷沈サセマシテ、當然低落スベキ程度以上ニ低落シテ遂ニ今日ノ如キ慘憺タル狀態ニ立至ラセタモノト認メルモノデゴザイマス、故ニ現在ノ米價ト云フモノハ常軌ヲ逸シテ居ルトコロノ、當然低廉デアルベキ以上ノ低廉デアルコトモ認メナケレバナラヌト信ジマス、偖コノ儘ニ推移ッテ參リマシタナラバ前途ハ如何ナルデゴザリマセウ、差當リ私共ハ一般ノ商工業者中ニ米價ノ低廉ヨリ起ル不景氣ノ影響ニ依ッテ、或ハ破產ヲ致シ、或ハ閉店ヲ致ス者ガ續々出來ハシナイカト云フコトヲ心配致サナケレバナリマセヌ、又農家ガ之ガ爲ニ苦シンデ居リマスルコトハ、今更申スマデモナイコトデアリマスルガ、今ヤ多數ノ農家ノ中ニハ、米價低落ノ爲メ左ナキダニ重キヲ苦シミツヽアル納稅ノ義務ヲ果スコトガ出來ナイト云フ狀態ニ立至ッテ居ル者モ決シテ尠ナカラヌノデアリマス、誠ニ前途寒心ニ堪ヘナイノデアリマスガ、私ハデス、明年ノ米作ニ付テ此際心配セザルヲ得ナイ點ガアルノデアリマス、卽チ豐作ノ際土地ニアルトコロノ肥料分ガ特ニ澤山作物ノ爲ニ吸收セラレマスルコトハ、是ハ農學上ノ原則デアリマス、今年ハ近來見ザル豐作デアリマシタ故ニ、全國ノ水田ニ含マレテ居ルトコロノ肥料分、竝ニ本年米作ノ爲ニ與ヘラレタトコロノ肥料分モ、平年以上ニ水田カラ奪ヒ去ラレテ居ルノデアリマス、而シテ農家ノ狀態ヲ見マスルト、米ヲ作ッテモ非常ニ廉イ、迚モ收支ガ償ハナイ狀態ニアルト云フ譯デ人氣ガ阻喪シテ居ル、ソレ故ニ肥料ヲ買フコトニ付テ十分ノ力ヲ入レナイノミナラズ、實際肥料ヲ買ヒ兼ヌル者ガ澤山出來テ居ルノデアリマス、之ニ加フルニ自ラ明年ノ米作ニ對シテ十分ノ力ヲ盡サナイト云フコトニナル、是ハ實ニ已ムヲ得ナイ事柄デアラウト信ズルノデアリマス、此狀態デ以テ明年ノ米作期ニ當リ、幸ヒニシテ天候宜シキヲ得ルモ、平作以上ノ收穫ヲ見ルコトハ蓋シ困難デアラウト思ヒマス、若シモ一朝不幸ニシテ天候ノ不順ニ際會致シマスナラバ如何デゴザリマセウ、私ハ明年ノ秋ニ至ッテ本年ト全然反對ノ凶作ヲ見ルコトガナイトモ限ラヌト云フコトヲ恐ル丶ノデアリマス、果シテサウデゴザリマスレバ、是ハ我農業ノ基礎ヲ危クスルモノト申シテモ宜カラウト思ヒマス、況ヤ現在ノ天候ノ狀態カラ見マスレバ、本年ノ麥作ハ甚ダ面白クナイ、若シモ明年ノ春ニ至ッテ麥作ガ不良デアルト云フヤウナコトガアリ、一方ニ於テハ米ノ價格ガ廉イ爲ニ米ノ消費量ガ增加ヲ致スト云フヤウナコトニナリマスルト、サウシテ明年ノ秋ニ於テ凶作ノ襲來ヲ見ルコトニナリマスレバ、明年ノ秋カラ明後年ニ掛ケテ現在ノ狀態ト全ク反對ヲ致ストコロノ米ノ不足――我國民ノ主要ナル食物ニ大不足ヲ見ルノ惧レガアルコトヲ恐レルノデアリマス、サウシテ其結果ハ再ビ米價ノ暴騰ヲ見ルコトガナイトモ限ラナイノデアリマス、果シテ斯樣ナ狀態ニ立至ルト致シマスレバ、此米價ノ調節ハ農業政策、社會政策、竝ニ經濟政策ノ上ヨリ見テ、決シテ輕々シク看過スルコトガ出來ナイ問題デアリマス、斯ノ如キ國家ノ不幸ノ襲來ヲ、未ダ至ラザルニ先立ッテ防止スルコトハ、政府トシテ是非トモ力メナケレバナラヌ事柄デアラウト信ジマス、若シモ米價ノ調節ノ方法ヲ誤ラズシテ其手段宜シキヲ得タナラバ、農家ノ元氣ガ恢復シ、農業ノ基礎ヲ確立シ、商工業者ヲシテ再ビ活動ニ向ハシムルノミナラズ、一種ノ備荒貯蓄ノ目的ヲモ達スルコトガ出來マシテ、誠ニ結構ナ結果ヲ見ルコトガ出來ヤウト信ズルノデアリマス、翻テ考ヘマスルニ、凶作ノ場合ニ之ヲ救濟スル策、簡單ニ申シマスレバ救荒策トデモ云ヒマセウ――救凶策トデモ申シマセウ、此救凶策ニ付テハ、古ヨリ政事ヲ致シマスルモノガ大ニ注意ヲ致シ、隨分樣々ノ手段ヲ講ジテ參ッタモノデアリマス、到ル處ニ屯倉デアルトカ、義倉デアルトカ申スモノガゴザイマシタコトハ、今更喋々スルマデモアリマセヌ、此凶作ヲ救濟スルコトハ農政竝ニ民政上極メテ必要ナル事柄デゴザイマシテ、食物ガ足リテサウシテ國ガ富ミ兵ガ强イト云フコトハ、是ハ昔カラ今ニ至ルマデ一貫シテ居ルトコロノ原理デゴザイマス、此點カラ見マスレバ此問題ハ軍政上カラ申シマシテモ、極メテ必要ナル事柄デアラウト存ジマス、(「簡單ニ願ヒマス」ト呼フ者アリ)近來學問ハ發達ヲ致シ技術ハ進歩致シマシテ、サウシテ農業ハ著シク改良セラレマシタケレドモ、如何ニ人事ヲ盡スト雖モ到底天候ニ勝ツコトハ出來ナイノデアリマス、殊ニ米作ニ於テハ肥料竝ニ培養ノ方法ニ於テ遺憾ナク人事ヲ盡ストモ、一朝天候ノ不良ニ遭遇シマスレバ到底凶作ヲ免カレナイコトハ既往ノ事實ガ之ヲ證明シテ居ルノデアリマス、私ハ少ナクトモ十年ニ一回米ノ凶作ガ襲來スルモノト覺悟ヲシナケレバナラヌト信ズルノデアリマス(「ヒヤ」ト呼フ者アリ)サウシテ其際ニハ米ガ非常ナ騰貴ヲ致シ、又其反對ニ豐作ノ場合ニ低落ヲ致シマスコトモ是亦免レ難イ現狀デゴザイマス、故ニ今日ノ文明ノ進ンダ世ノ中ニ於キマシテモ、之ニ相應セル救凶策ト云フヤウナ方法ヲ立テ、置ク必要ガアラウト思フノデアリマスルガ、差當ッテノ問題ト致シマシテ、此凶作ニ對スル手段ヨリモ、マダ一層大切ナルトコロノ手段ハ豐作ヲ救フノ策、假ニ之ヲ救豐策ト申シマスルガ、此救豐策ノ必要ガアルト私ハ思ツノデアリマス、御承知ノ通リ去ル明治四十一年ハ恰モ本年ノ如ク、米ハ非常ナ豐作デアッタ、價格ハ同ジク暴落ヲ致シテ、農家ハ苦痛ニ陷ッタ、商工業者モ不景氣ニ泣イタノデアリマス、偖テ斯ノ如キ現象ハ、凶作ノ際ニ起ル農家ノ苦痛竝ニ商工業者ノ困難ニ比較致シマスレバ、其原因ニ於テハ全ク反對デアリマスケレドモ、結果ニ於テハ殆ド相違ハナイノデアリマス(「ホンノ要領ヲ述ベ給ヘ」ト呼フ者アリ)何レニ致シマシテモ凶作カラ起ル農家ノ苦痛、商工業者ノ困難ハ社會ニ於ケル一種ノ變態ニハ相違ゴザイマセヌケレドモ、何レニ致シマシテモ斯カル事實ガアリマス以上ハ、救濟ノ必要(「アル」ト呼フ者アリ)ガアルノデアリマス、農家ハ收穫ノ多イコトヲ望ムヨリモ寧ロ利益ノ多イコトヲ望ム狀態ニナッテ居リマス、而シテ收穫ノ多イト云フコトハ必シモ利益ノ多イコトト一致シナイノデアリマス、故ニ本年ノ如キ大豐作ノ場合ニ農家ガ多額ノ利益ヲ收メテ居ルナド、若モ申ス者ガアリマシタナラバ是ハ非常ナル誤リデアルノミナラズ、實際ニ於テ殆ド豫想外ノ苦痛ニ陷ッテ居ルノデアリマス、或ハ豐作ノ結果米ガ廉クナリマスト云フト、ソレハ消費者ノ利益デアル、隨ッテ是ガ原因トナッテ商工業ノ發達ヲ促スノデアルト、斯樣ニ申ス者ガアルカモ知レマセヌケレドモ(「簡單々々」ト呼フ者アリ)商工業ガ發達ヲ致シタ今日デアリマシテモ、尙且ツ我國ノ經濟界ハ農家ノ購買力ト非常ナ關係ヲ有ッテ居ルノデアリマス、農家ガ困難ニナリマスト云フト、商工業者ガ自ラ苦痛ヲ被ル、一般社會ノ不景氣ヲ招ギマスコトハ是ハ疑ヒナキ事實デアリマス、斯樣ナ次第デゴザイマスルカラ凶作ヲ救フコトガ必要デアルト同時ニ、豐作ニ對スル救濟策モ是亦極メテ必要ナ次第デゴザイマス、其上ニ政府ハ既ニ一昨年ノ米價奔騰ニ際シ既ニ業ニ干渉ヲサヘモ致サレマシテ、積極的ニ又消極的ニ樣々ノ調節策ヲ講ジタノデアリマス、サウシテ米價ノ引下ニ努メタノデアリマス、然ラバ今度ハ其反對ニ米價ノ低落致シマシタ今日ニ於テ、政府ガ同ジク之ヲ引上ゲルト云フ意味ニ於テノ調節ヲ圖リマスルコトハ、政府ノ應ニ努ムベキ義務デアラウト私ハ信ズルノデアリマス、諸君、米價調節ノ方策ノ如キニ至リマシハ、蓋シ樣々ノ手段ガアルコト、信ジマス、私ガ誠ニ其方法ノ例ヲ擧ゲマスルト、先ヅ第一ニ陸海軍竝ニ監獄署ニ於テ一箇年間ニ消費スルトコロノ米ヲ一時ニ購入シタナラバ、米價調節ノ目的ニ向ッテ非常ナ效果ガアルコトヲ疑ハナイノデアリマス、之ニ對シテ或ハ今日ノ法規ガ許サナイナド、申スカモ知レマセヌ、私ハ斯ウ云フ際ニ必ズシモ杓子定木ニ拘泥スル必要ハナイト信ズル、若シモ政府ニシテ之ヲ救濟スルト云フ誠意ガアルナラバ、如何樣ニモ其方法ハ立ツモノデアリマス(「不可能」ト呼フ者アリ)決シテ不可能デハナイト信ジマス、(「大ニ可ナリ」ト呼フ者アリ)又第二ノ方法ト致シマシテハ、低利資金融通ノ途モアリマセウ、又政府ガ或ル指定シタ銀行ニ對シテ現今ノ時價ヨリモ幾分カ高ク米ニ對シテ擔保貸付ノ方法ヲ取テ、若シモソレニ依テ銀行ガ缺損ヲスル場合ニハ、政府ガ之ヲ補償スル所ノ責任ヲ持ツト云フコトニナルノモ一ノ方法デアラウト思ヒマス、或ハ罹災救助基金トカ地方ノ基本財產等ノ一部ヲ流用シマシテ、米ノ買入ノ方法ヲ取リマスコトモ是亦宜カラウト思フノデアリマス、又日本銀行法ヲ改正シテ、農家ニ對シテ短期貸付ノ途ヲ開クコトモ米價調節ノ一手段デアラウト思フ、又農業保險ノ方法ヲ立テルノモ一策デアラウト信ジマス、近來各地ニ勃興シツ、アル所ノ米券倉庫ヲ米價調節ノ方法ニ向ッテ利用シマスルコトモ、亦見逃スコトノ出來ナイ手段デアラウ、又朝鮮米ノ輸入稅ハ撤廢サレテアリマスガ、之ヲ復活スルコトモ一ツ考ノ中ニ入レナケレバナラヌ、又取引所ニ於ケル朝鮮米ノ代用ヲ撤廢スルコトモ是亦研究ヲ要スル問題デアラウト信ジマス、又農家ヲシテ現今ノ如ク商賣氣ヲ出スコトヲ矯正スル途ヲ講ジ、一方ニ於テハ農家ガ共同シテ秩序アル米ノ販賣ノ方法ヲ採ルヤウニ、政府カラ奬勵誘導致シマスコトモ是亦必要デアラウト思ヒマス、尙此他ニ種々ノ手段方法モアルコト、信ジマスルガ、是等ノ方法ノ中ニハ自カラ差當ッテノ急務ニ對スル策、即チ應急ノ策ト永久的ニ米價ノ變動ヲ防グト云フ恆久的ノ策、此二ツガアリマス、何レニ致シマシテモ我國ノ米ハ、我國特有ノモノデアリ我國内ニ於テ消費サレマスモノデ、世界的ノ變動ガナイモノデアリマスルガ故ニ、米價ノ調節ヲ計ルニハ、極メテ容易デアルノミナラズ、其效果ヲ發スルコトモ亦自ラ頗ル大デアルト云フコトヲ私ハ確信ヲ致スノデアリマス、是等ノ方法ニ就テ政府ノ答辯ヲ促スノデアリマスルガ、政府ハ或ハ目下調査中デアルナド、答フルカモ知レマセヌ、併ナガラ此事柄ノ中デ應急的ノ救濟策ガ一日モ緩ウスルコトノ出來ナイノハ分リ切ッタ次第デアッテ、既ニ今日ヨリ二箇月前ニ大隈首相カラ當局ノ兩大臣ニ向ッテ攻究スベキコトヲ傳ヘテアルト申スコトデアレバ、最早相當ノ攻究モ出來テ居ナケレバナラヌ筈デアリマス、私ハ政府ガ攻究ノ結果如何ナル成案ヲ得タカト云フコトヲ伺ヒタイノデアリマス、若シモ當局ノ大臣ガ第三十一議會ニ於テ、加賀代議士カラノ米價調節ノ質問ニ對シテ、終ニ何等ノ答辯モ無カッタト同樣ノ態度ヲ執リ、或ハ調節ノ必要ヲ認メナイト云フヤウナ御答辯ガアルト致シマシタナラバ、私ハ之ヲ以テ政府ガ極メテ不誠實デアリ、極メテ不親切デアルト認メザルヲ得ナイノデアリマス、既ニ亞米利加ニ於テハ棉花ノ價額ヲ調節イタスコトニ努メ、伯剌西爾ニ於テハ珈琲ノ價額ノ調節ヲ謀ルコトニ就テ、共ニ其ノ政府ガ適切ナ手段ヲ採ッテ居ルノデアリマス、又戰爭中ノ非常ナ場合デアルニモ拘ラズ、或ハ英國ノ如キ、或ハ獨逸ノ如キ、其國ノ生產事業ニ對シテハ種々ノ手段ヲ執ッテ其國民ノ苦痛ヲ輕減スルコトニ努メテ居ル事實モゴザイマス、又政府ガ或ハ攻究ヲ致シタケレドモ米價ノ調節ニ對スル適當ナ手段ガ見當ラナイナド、云フ答辯ヲスルカモ知レマセヌ、若シモ左樣ナ答辯ガアッタナラバ、私ハ是ハ現政府ノ當局者ガ手腕ノ無イコトヲ告白スル次第ニ當ルト信ズルノデアリマス、要スルニ米價調節ハドコ迄モ必要デアルカ、此米價ノ調節ニハ二ツノ方法ガアル、第一ノ方法ハ此米價ノ高低ノ變動ノ開キヲ――今日ハ非常ニ開キガ大キイ――此開キガ多イタメニ健全デアル筈ノ農業ガ不健全デアル、同時ニ農家ハ始終不安心ノ裡ニ自分ノ業務ヲ執ッテ居ルノデアリマス、又一方カラ見マスルト、我國民ノ主要食料タル米ノ價格變動ガ甚ダシイト云フコトハ、國民ノ經濟上決シテ忽ニ見ルベキデハゴザイマセヌ、故ニ歐羅巴、亞米利加ノ主要食物タル小麥ノ價格ガ變動ノ差額ノ非常ニ尠イト同樣、我邦ノ米ニ對シテモ能フ限リ變動ノ差ヲ少ナクスルヤウナ策ヲ、永久的ノ方法トシテ講ズルコトハ、農業ノ基礎ヲ鞏固ニシ兼ネテ國民ノ生活ヲ安固ニスル途デアリマス、是ハ永久的ノ米價調節策ト致シテ、ユックリデモ宜シイカラ政府ニ於テ立派ナ調査研究ヲ遂ゲ、其目的ヲ貫徹イタシ立派ナ功ヲ奏スルヤウニシテ貰ヒタイノデアリマス、故ニ之ハ恒久的調節ニ付テハ若シモ政府カラ研究中ト云フ御答辯ガアリマシテモ、私ハ之ヲ以テ必ズシモ政府ノ怠慢トハ認メマセヌケレドモ、一方ノ差當ッテノ大問題、即チ今日ノ農家ノ窮乏ヲ如何ニシテ救濟スルカト云フ應急策ハ、國民經濟ニ付テハ、一日モ等閑ニ附スルコトノ出來ナイ問題デアリマス、殊ニ昨今モ年末ニ迫ッテ居リマシテ、農家ハ商工業者ト共ニ、此米價暴落ノ時ニ際シ如何ニシテ歳ノ瀬ヲ越スカト云フコトヲ非常ニ苦痛ト致シテ居ル際デアル、コレ故ニ差當ッテノ應急策……至急ニ解決ヲ要スル所ノ米價調節策ニ付テハ措置ヲ急ギ、ドコ迄モ早ク其手段方法ヲ講ジテ貰ヒタイノデアリマス、既ニ我衆議院ノ議員中ニ於テ一部ノ有志者ガ時折會合ヲ致シ、米價調節ニ關シテ屢々協議ヲ致シテ居ルノデアリマス、場合ニ依リマシテハ建議案或ハ法律改正案ヲ提出シタイト云フ考モ有ッテ居ルノデアリマス、苟モ國民ノ利害ヲ基礎ニ置イテ立派ナ政治ヲヤッテ行カウト云フ考ガ、政府ノ當局大臣ノ胸中ニ御在リニナル以上ハ、此應急策ニ付テ親切ナル而シテ明細ナル答辯アランコトヲ希望スル次第デアリマス、其答辯モ至急ニヤッテ戴キタイコトヲ玆ニ言明スルモノデアリマス

○議長（奥繁三郎君） チヨット御諮リ致シマス、唯今豫算委員長ヨリ豫算委員會ヲ開キタイト云フ申出ガアリ、又豫算委員會ハ審査結了マデ本會議中デモ開會シタイト云フ申出ガアリマス、許可スル積リデアリマスガ、御異議アリマセヌカ

（「異議ナシ異議ナシ」ト呼フ者アリ）

○議長（奥繁三郎君） 御異議ガナケレバ許可スルコトニ致シマス

第七　清國及朝鮮國在留帝國臣民取締法廢止法律案（守屋此助君外一名提出）

清國及朝鮮國在留帝國臣民取締法廢止法律案

清國及朝鮮國在留帝國臣民取締法ハ之ヲ廢止ス

附則

本法ハ公布ノ日ヨリ之ヲ施行ス

（守屋此助君登壇）

○守屋此助君　諸君、吾輩ハ今茲ニ日程第七ト相成ッテ居リマスル清國及朝鮮國在留帝國臣民取締法ノ廢止法律案ノ理由ヲ述ベマシテ、諸君ノ御贊同ヲ得ント致シマス、諸君ノ御承知アラセラルヽ通リ、此法律ハ明治二十九年法律第八十號デアリマス、今ヲ距ルコト殆ド二十年前ニ發布サレタ法律デアル、サウシテ其時分ハ遼東還附ト云フ事柄デ、日本國民ハ大ニ憤ッテ何ダカ物騷ナコトヲ朝鮮ヤ支那ノ方デレタガル、國民ガ居ッタノデアリマス、ソレヲ一時ノ權宜ノ處分トシテ時ノ總理大臣伊藤公、時ノ外務大臣陸奥伯ガ此法律ヲ發布スルト云フコトヲ爲サレタノデアル、其時分ニハ内ニ於テ之ニ似タ法律ガアッタノデアリマス、之ヲ似タ法律トハ何ゾヤ、此法律ハ第一行政處分ヲ以テ人民ノ住居權ヲ剝奪スル、朝鮮支那ニ於テ日本人ノ居住ノ權利、住居ノ權利ヲ行政處分デ闇討ヲスルト云フ法律ナノデアル、所ガ其時分ニハ内ニモ人ノ自由ヲ闇討ノ法律、保安條例ト云ヒ豫戒令ト云ヒ、行政處分デ闇討ヲスル處分ガアッタ、ソレハ今カラ二十年前暗ガリ政治ノ行ハレタ時分ダ、所ガ星移リ物變ッテ東洋ニ其時分ニハ獨立國ノ朝鮮ト云フ國ガアッタノガ、今ハ日本帝國ノ領土トナッテ居ル、其時分ニハ支那ノ國ニハ君主政體ノ清國ト云フ國ガアッタガ、今ハ共和政治ノ支那ト云フ國ニナッタ、此通リ外ノ形勢ガ變リ内ノ政治ノ樣モ變ッテ居ルニ拘ラズ、依然トシテ此帝國ノ臣民ノ住居權ヲ闇討スルト云フ行政處分ノ法律ト云フ、此明治二十九年法律第八十號ガ殘ッテ居ル、是ヲ私ハ廢シタイト云フノデアル、是ヲ廢シマスルト云フ事柄ニ付キマシテハ、申上ゲルマデモナク是ハ人權蹂躪ノ法律デアル、人權ヲ尊重セラレナイ國ニ何所ニ憲法政治ガアルノデアル、憲法政治ハ人權尊重政治、モウ一遍言換ヘレバ人權尊重政治ニナルノデアルト考ヘル、此憲法治下ニ居ル日本臣民ガ行政官ノ處分デ闇討ニ此權利ヲ取ラレルト云フ非立憲極點ノ政治ヲ受ケテ居ルノデアル、サウシテサウ云フ處分ヲ受ケタ者ダケガ非立憲ノ處分デ、人權ヲ蹂躪セラレルカト云フニ處分ヲ受ケザル者モ非立憲ノ處分ヲセラレテ居ルノデアル、ソレハオカシイ話デアルケレドモ、朝鮮ヤ支那ニ居ル人間ニ、行政處分デ吾々ノ身ノ上ハ朝夕ヲ計ラレズイツ何時左樣ナモノガ落チテ來ルカモ知レヌト云フ畏怖心ヲ抱カシメル、是ガ實ニ由々シキ一大事デアル、處分ヲ受ケタ者ハ何人カ何十人アルカ存ジマセヌガ、此一般ノ臣民ニ畏怖心ヲ起サセテ置クト云フ事柄ハ、朝鮮竝ニ支那ニ向ッテ發展スル上ニ於テ如何ナル妨害ガアルカ、此事柄ヲスルノモ亦立派ナ領事トカ若クハ何トカ云フヤウナ方々ガ、一々目醒ヲ爲サレテスルコトナラ宜シイガ、領事ノ管轄區域ト申スモノハ御承知ノ通リナカ〱廣イ、茫々トシテ數十里數百里ニ跨ッテ居ル處ガアル、此廣イトコロデハ地方ノ巡査ガ見テ密告書ヲ領事ニ送ル、サウスルト一度ノ審問モシナイデ直グ行政處分デ退去ヲ命ズル、斯ウ云フコトニナルノデアル、斯ウナルカラソコデドウ云フコトデアルカト云フト、地僻ニシテ吏ニ權多シトハ千古ノ格言ダ、ドウモ地方ヘ行クト如何ナル「ゼントルマン」デモ、如何ナル紳士デモ一巡査ノ權利ニ及バナイカラ、少シ氣ニ入ラヌト忽チ退去ヲ命ゼラレルカラ「ゼントルマン」モ巡査先生ニ媚ヲ呈セネバナラヌ、況ヤ外ノ者ニ於テヲヤデス、斯ウ云フ事柄ニナッテ居ルト云フノハ第一人權ノ大蹂躪デアッテ、サウシテ海外ヘ國民ガ發展スルト云フコトニ大妨害デアル、モウ一ツハ官民ノ調和ヲ缺イテ居ルノデアル、此法律ガ――何故ナラバ觸ラヌ神ニ祟リナシ、支那ヤ朝鮮ニ行ッテ居ル人間ハ日本ノ官憲ノ保護ヲ受ケルトカ、何トカ云フコトヲ言ッテ行クト云フト、何ダカイツ何時此保安條例退去條例ヲ突付ケラレルカ知レヌト云フノデ、頭カラ領事先生ニハ觸ラヌ神ニ祟リナシデ行カナイ領事ハ全體國民ヲ保護シテ發展サセルト云フモノデアルガ、言ウテ行カナイ、何レ言ウテ行ク人間ハ領事サンソレデハイケマセヌ、斯ウシナケレバ立チ行キマセヌ、斯樣アルベキデゴザイマスト何レ諫言耳ニ逆フコトヲ云フニ違ヒナイ、言ヘバ直グ明治二十九年法律第八十號ト云フモノガ後ロニ控ヘテ居ル、是デハ怖クテ仕方ガナイ、サウスルト云フト先ヅ此保護ヲ受ケルノガ當然デアルガ、領事ノ保護ト云フコトハ受ケマイ、左樣ナ物ノ所ヘハ觸ルマイ、斯ウ云フ事柄ニナル、觸ル奴ハイヤニ領事ガ威張リ巡査ガ威張ルカラ衝突ヲ起スノデアリマス、斯樣ナ事ガアルノデ、此法律ガ今日存シテ居ルノハ、我輩ノ考デハ百害有リテ一利ナシ、斯ウ思フ、國ノ面目上人權ノ上カラ論ジマシテモ國民ガ海外ニ發展スル政策上カラ論ジマシテモ、斯樣ナコトニ相成ルト思フ、是以上尙ホイロ〱此處デハ行ッテ害ヲ及ボシタ實例ハ澤山私ハ事實ヲ知ッテ居リマスガ、此處ニ一々申上ゲル事柄ハ今ノ時間ニナッテ諸君ニ倦厭ヲ來スコトデアリマスカラ恐入リマス、是ハ後日ニ委員會デ詳シク申上ゲマス、是ダケガ本案ヲ提出致シマシタ理由ノ大要デアリマスカラ、ドウカ御贊成アランコトヲ祈リマス

○中村啓次郎君　本案ハ議長指名九名ノ委員ニ付託セラレンコトヲ望ミマス

○議長（奥繁三郎君）　中村君ヨリ委員付託ノ動議ガ出マシタ、且其委員ノ選擧方法及人數ハ中村君ノ御發議通リ御異議アリマセヌカ

（「異議ナシ」ト呼フ者アリ）

○議長（奥繁三郎君）　御異議ハナイト認メマス、中村君ノ御發議ノ通リ決定致シマス、日程第八、東方調査局設置ニ關スル建議案ヲ議題ト致シマス、伊東知也君

○加賀卯之吉君　諸君、私ハ本建議ニ付テハ多少ノ因縁ヲ持ッテ居リマス、即チ過ル三十一議會ノ當時ニ於テ、豫メ今日ノ如キ事アランヲ豫期シマシタ故ニ、時ノ政府ニ向ッテ此問題ニ付テ質問致シタコトガゴザイマス、諸君ハ尙新タナル記憶ガ存スルコトデアラウト存ジマス、然ルニ今回政友會諸君カラ此案ガ出マシタ以上ニハ、私ハ其主義政見ヲ異ニ致シマシテモ、勢ヒ之ニ贊成セザルヲ得マセヌカラ、此ニ一言贊成ノ卑見ヲ述ベタイト存ジマス、小西君ガ二三日前ニ質問致サレマシタシ、又唯今ハ御熱心ナル御演説ヲ承ハリマシテ、私共ノ如キ者ガ之ヲ補説スル必要ハゴザイマスマイケレドモ、多少其徑路ニ付テ私ノ考ヘルトコロト、又諸君ノ考ヘルトコロト違フトコロガゴザイマスルガ故ニ、一言辯ジタイト思ヒマス、米價ノ調節ノ必要ニ付テハ、無論論ヲ俟チマセヌ、何トモ異議ノ稱フルモノハゴザイマスマイ、併ナガラ應急ノ策ト永遠ノ策トノ二ツガゴザイマス、若シソレ永遠ノ策ヲ講ズルト云フコトデアリマシタナラバ、是ガ調査、是ガ研究ニ時日ヲ要シマシテ、或ハ其調査研究ノ出來上リマス時分ニハ、諸君ノ憂ハ取リ去ラレテ或ハ今後ハ高クナッタ爲ニ廉クスル工夫ヲシナケレバナラヌト云フ時代ニ遭遇スルカモ知レマセヌ(「チョットサウナラヌヨ」ト呼フ者アリ)故ニ私ハ善後ノ策ト焦眉ノ急ヲ救フベキ一ツノ方法ヲ諸君ニ訴ヘタイト思ヒマス、ソレヲ訴ヘルニ付テハ是非トモ低落シタト云フ原因ヲ諸君ニ訴ヘナケレバナラヌト存ジマス(「能ク知ッテ居ルヨ」ト呼フ者アリ)私ノ知リ得ル限リニ於テ申シマスレバ、米價ノ低落ハ唯單ニ需要供給ノ關係、或ハ財政ノ關係、ソレ等ノモノニ依ラズシテ、他ニ大ナル原因ガアルト信ズルノデアリマス、米ノ低落ニ向ヒマシテハ今ヨリ二年以前デアリマス(「儲ケタラウ」ト呼フ者アリ)卽チ大正元年ノ六月ニ米價ガ暴騰致シマシテ、日本經濟協會アタリニ頻リニ其抑壓策ヲ講ゼラレタコトガアリマシタガ、其當時既ニ此低落ノ根ハ生ヘテ居ッタノデアリマス、當時今ハ此議席ニ居ラレマセヌガ、細野次郎ト云フ代議士ガアッテ、其時分非常ニ米價論ヲ唱ヘラレタコトガアリマシタ、併ナガラ其非常ナ暴騰ハ略〻今日ノ底落ヲ產出シタル最大原因デ、當時カラ斯ノ如キ米價ガ騰貴スレバ何カ他ノ食物ヲ求メテ、而シテ此高イ米ヲ賣ラナケレバナラヌト云フ農民ノ思想ガ今日迄流レ〳〵テ、遂ニ最前齋藤珪次君ノ言ハレタ一種ノ食ヒ延シヲ生ジタノデアリマス、試ニ統計ヲ取ッテ見マスト云フト、昨年ノ收穫高ハ五千二十何万石ト云フ數字ニナッテ居リマス、一昨年ノ數字ハ五千百七十万石ト云フ數字ニナッテ居リマス、一昨年ノ供給力ヨリモ昨年ノ供給力ガ少ナイ、未ダ昨年ヨリ本年ニ及シテ殘存ノ多イト云フ理由ハナイノデアリマス、數字ノ上カラ申シマスト、所ガ米價ガ騰貴シテ是ナラバ米ヲ作ッテモ引合フ、開墾モ行レタ、水利組合モ出來タ、耕作ノ方法モ進歩シタ、肥料ノ使用方法モ改良シタ、各縣各府ニ於テ五石取リ六石取リ種々ナル懸賞法ヲ以テドウカ米ノ收穫法ノ多カランコトヲ競爭致シマシタ結果ハ、非常ナル進歩ヲ致シマシタ、殊ニ昨年ノ麥作ハ前代未聞ノ大豐饒デアッテ、統計ノ上デ申シマスト之ヲ二千五百万ト申レマスケレドモ、事實ヨリ言フタナラバ恐ラクハ三千万石以上ノ收穫ガアッタラウト思ヒマス、私共實驗ニ依リマスト、其他或ハ粟ヲ食ヒ、或ハ稗ヲ食ヒ、或ハ九州地方デハ甘藷ヲ食ヒ、或ハ東北地方ニ於テ馬鈴薯ヲ食フト云フノハ、米ノ値ガ高イタメニ外ノモノヲ食ッテ所謂食延シヲ試シタ結果ニ、加フルニ麥ノ値ガ宜イ、麥ガ宜イト云フノデ麥ヲ非常ニ多ク作ッタタメニ多少增稅ヲ得タト云フコト、兩々相俟ッテ尙又之ニ昨年關稅ヲ撤廢致シマシテ朝鮮米ノ輸入ガ自由ニナリマシタ、其以前ニハ年々七十万乃至七十三万位シカ輸入シナカッタ、朝鮮米ガ昨年ハ關稅撤廢ノタメニ滔々トシテ本土ニ輸入シテ來マシタ、其數量ハ殆ド其倍額ニ達シテ居リマス、而シテ朝鮮米ガ何ガ故ニ斯ク多數ノ米ヲ輸入シ得ラレタカト申スト、一方カラ滿洲粟ヲ輸入シ、一方ハ外國米ノ碎ケ米ヲ輸入シ、粗食ノ結果日本ニ澤山輸入スルコトニナリマシタ、三方四方カラ供給過剩ノ結果需用者ヲシテ思惑心ヲ沮喪セシメタコトガ第一デアリマス、餘ルモノハ安イト云フノガ經濟ノ原則デアリマス、故ニ商人ノ方カラ之ヲ進ンデ買ハウト欲シナイノミナラズ、時ノ政府ガ――時ノ政府ト云フト政友會ノ攻擊ヲスルヤウデ甚ダ恐入リマスガ、兎ニ角其時ノ政府ハ米價ノ抑壓策トシテ朝鮮米臺灣米ノ定期代用ヲ應用シテ供給ノ道ヲ多クシタナラバ、米價ハ下ルダラウト云フ方策ヲ執ッテ、其當時其政策ハ稍〻當ッタカノ如ク思ヒマス、確ニ米價ガ低落シタ、ソレガタメ全國デ米ノ需用ガ百三十万石乃至百五十万石バカリ需用ヲ一時減少シタ、ソレガ昨年ノ五月カラ本年ノ三月マデ及ボシタ、內地ノ定期取引市場ニ於テ日本ノ玄米ヲ取引シテ居ルモノハ、全然變ッテ朝鮮米ト臺灣米ヲ應用シタタメニ其百三十五万石、是ハ平均五箇年ノ需用高デアリマスガ、其需用高ト云フモノハ全ク取去ラレテシマッタ、ソコデ商人ノ方カラ更ニ買ヒニ往ク必要ガナクナッタ、一方ハ農民ノ方デ生產者ノ側デ云フト、買ヒニハ來ナイガ後ニハ高クナルダラウト思ッタ、殊ニ政府ハ二硫化炭素ノ燻蒸ヤ米劵制度ヲ奬勵シ、種々生產者ニ米ノ思惑ガ食物ヲ與ヘタタメニ、生產者ハ其機ニソレヲ利用シテ益〻長期ノ思惑ヲシタ、其思惑ヲシテ供給ヲ益〻多カラシメタト云フコトハ今日ノ大低落ヲ產出シタ最大原因デアル、決シテ或ル御趣意ニ依ッテ――甚ダ恐入リマスガ、現政府財政策ノ影響ト云フコトヲ言ハレマシタガ、或ハ其以前カラ既ニ低落ノ運命ヲ持ッテ居ッタ、又此政府ニナッテカラ無論下ッテ居リマスガ、前ノ政府ノ時代ニ於テモ確ニ下ッテ居ッタ、若シ嘘ナラ茲ニ統計表ガアリマスカラ申シマス(「ソンナコトハ聞ク必要ガナイ」ト呼フ者アリ)兎ニ角サウ云フコトハ聞ク必要ガナケレバ宜シイ、私モ言ヒマセヌガ、前カラ下ルベキ運命ヲ持ッテ居ッタ、ソコデドウシテモ政府ニ向ッテ吾々モ諸君ト共ニ米價ノ維持策ヲ是非シナケレバナラヌト云フ希望ヲ持ッテ居リマス、ドウシテモ最前齋藤珪次君ノ言ハレタ中ニアリマスガ、此御連名ノ中ニハ曾テ米價ヲ低落セシムベシ、米價低落セザレバ生產工業發達セズト云フ議論ヲ以テ、吾々ノ米價釣上ゲニ反對シタ方モ見エマスヤウデアリマスガ、其人等モ既ニ之ニ同意サレタ以上ハ、是非トモ是ハ高イモノハ安クシ安イモノヲ高クスルノガ調節デアリマスガ、兎ニ角米價ヲ相當ノ位置ニマデ回復スベキコトハ必要ナコトデアラウト思ヒマス、ソコデ私ハ先ヅ應急策トシテ(「分ッタ分ッタ」「眞面目ニヤラヌトイカヌ」ト呼フ者アリ)「眞面目ニヤル」ソコデ私共ハ斯ウ云フ必要ガアラウト思ヒマス、政府ノ諸君ハ能ク聽イテ下サイ、農務局長ガ居ルカラ聽イテ下サイ、ドウシテモ此米價調節ノ第一ニ必要ナルノハ都會ト田舍トノ商取引ノ機關ノ完全デナイト云フコト、例ヘバ最近ノ例ヲ擧ゲテ云フト東京ノ銀行デ米ノ這入ッテ來ル季節デアル、新米ノ時期デアルト云ッテ米ノ資金ヲ準備シテ居ル、更ニ地方カラ米ガ來ナイ、ソコデ持迎ヘト稱ヘテ前金ヲ以テ地方ノ米ヲ買ヒニ行カナケレバナラヌ、米ノ買入ハ期日ガアル、近ク云フト宮城縣ト東京、本國米ト東京米ノ關係ノ如キ其一例デアリマス、生產者ト需要者ノ間ニ介立シテ需給ノ圓滑ヲ計ル機關ヲ完全ニシナケレバナラヌコトガ第一デアラウト思フ、ソレカラ第二ニハ是迄米ト云フモノニ金ヲ要シタガ、銀行ト云フモノガ凡ツ地方ニ限リガアル、何ガ故ニ限リガアルカト云フト、庫荷證書或ハ米券證書ヲ以テ銀行ハ割引スルコトガ出來ヌ、ソレデ一度米ニ金ヲ貸ストソレダケノ金ガ固定スル、山形縣ノ庄内デハ一時米ヲ二十万石バカリ貯藏シタコトガアリマス、四百万ノ金ガ固定シタ何等地方ノ實業ニ融通スルコトガ出來ナカッタト云フ實例ガアル、大分縣ノ銀行デモサウ云フ實例ガアルコトヲ認メテ居リマス、宮崎縣ノ銀行デハ爲替ガ組メナイト云フ事實ガアル、此邊ニ水野君ガ居ルダラウ、水野君ナドハ能ク知ッテ居ル筈デアリマス、サウ云フ所デハ全ク生産者ガ困ル、ソコデ中央銀行ニ命ジテ擔保制度ヲ變サセテ、ドウシテモ米券見返品ノ中ニ加ヘサセルト云フコトハ第二ノ必要ナ問題デアラウト思フ、ソレカラ第三ニハ帝國農會ナドカラ頻リニ要求シテ居リマス、私モ贊成ノ一人デアリマスガ、此米倉制度デアリマス、米倉制度ト云フモノヲ設ケルコトガ是非必要ナコトデ、農業倉庫ナリ蓄積倉庫ヲ設ケルコトノ必要ハ無論デアリマスガ、偶々本年ノ如キ米價低落ノ時期ニ際シマスト、ソレヲ採用スル者ガ現ニ東洋第一ト唱ヘテ居ル朝日新聞ガ米券制度問題ヲ打壞シテ居ッタ、ソレハドウ云フ理由ノ下ニ打壞ハスカト云フト、サウ云フモノヲ拵ヘテ農民ニ思惑心ヲ助長セシムル、ソレガ爲ニ長期ノ思惑ヲシテ思ハヌ低落ヲ招イタ、是ハ農家ノ自業自得デアルト云フコトデアルケレドモ、是ハ偶々其半面ヲ見タ議論デ完全ナ議論トハ言ヘナイ、昨年一昨年此米券制度ノ效用ハ世間ガ能ク認メテ居ルノミナラズ、米券倉庫ガアッテ融通ノ道ヲ與ヘルコトガ非常ニ利益ナモノデアル、唯茲ニ注意スベキコトハ此制度ヲ奬勵スルト同時ニ、生産者ヲシテ成ベク思惑ヲセシメナイト云フ方針ヲ政府ニ執ッテ貰ヒタイ、ソレハ農民ト云フモノハ誠ニ眞面目ナモノデ投機ナドヲスベキ性質ノモノデナイ、トコロガ偶々サウ云フ制度ガアルト自然ニ其方ヘ導カサレ易イ、ソレヲ矯正スルニハ是非トモ米ノ販賣方法ヲ高イ時ニ賣ルトカ、或ハ時期ヲ見テ賣ルトカ云フコトヲセズニ、成ルベク或ル時期ニ於テ平均シテ賣ラスト云フコトガ、生産者ノ安心スベキ方法デアルト思ヒマス、是モ確カニ政府ノ注意スベキ問題デアラウト思フ、ソレカラ小サイ問題デハアリマスケレドモ、其時期ニ於テ其米ニ於テ局限セラレテ居ル問題デ、時期ト其品質ト――爲ニ年中行ハレヌモノデアルケレドモ、海外輸出奬勵ノ如キモノモ確カニ米價調節ノ一助デアルト思フ、是ハ年々十万二十万、多イ時デ過去ノ歷史ニ於テ百万出タコトガアリマスケレドモ近來サウ云フコトハアリマセヌ、アリマセスガ縱令少額ト雖トモ輸出ノ奬勵金ヲ與ヘルト云フコトモ一ツノ方法デアラウト思フ、而シテ此米ガ海外ニ出テ行クコトニナレバ、國内ノ人心ガ如何ニ變化スルカ、農民ノ心ガ如何ニ變化スルカ、商人ノ意思ガ如何ニ轉換シテ來ルカ、誠ニ面白キ趣味ノアル問題デアルト思ヒマス、而モ費ストコロノモノハ少クシテ、得ル所ノ印象ハ頗ル高尚ノモノデアルト信ズルノデアリマス、一番初メニ申シマシタガ生産者ト需用者ノ取引機關ガ不備デアルト云フコトヲ申シマシタガ、其最モ痛切ニ感ズルモノハ各地ニ於ケル延取引、或ハ直取引ノ類ノモノデアリマス、深川ニ於テ直取引市場ト云フモノガアリマシタガ、一昨年米價ノ暴騰ノ折ニ米價ノ暴騰ヲ助クル一ツノ機關デアルト云フ惡名ノ下ニ、此營業ヲ禁止セラレ、而モ起訴セラレテ居リマスケレドモ、公明ナル判官ノ裁判ノ下ニ此頃無罪ノ判決ヲ受ケタト云フコトデアリマスガ、斯ノ如ク必要ナル機關ヲ何ガ故ニ政府ハ停止シテ置クカ、需給ノ圓滑ヲ圖ルニ最モ必要ナル機關ト信ズル、ソレヲ害用スル者ガアッテ空取引ヲ行フ、賭博ヲ行ウ爲メト云フ一ツノ理由ガ立タヌデハアリマセヌケレドモ、眞正ナル直取引、眞正ナル延取引ノ如キハ熊本縣デモ現ニ奬勵シテ居ル、宮城縣地方デモ行ハレタ、アノ眞面目ナモノヲ何故ニ停止シテ居ルカ、是等モ政府當局者ノ大ニ考フベキコト、思ヒマス、其他或ハ帝國農會カラ建議致シマシタ朝鮮米代用撤廢ノ如キ、或ハ農業者ニ資金ヲ與ヘル如キ、種々ナル問題ガアリマセウ、或ハ備荒貯蓄ヲ設ケルト云フコトモ確カニ一ツノ一制度デアルト思ヒマスガ、兎ニ角此問題ハ目下ニ迫ル問題ニシテ、決シテ一日ヲ緩ウスベカラザル問題デアリマスカラ、政府ハ其低落ノ由テ來ル原因ヲ調査シテ速ニ適當ノ法案ヲ提案セラレテ、此時局ヲ救濟セラレムコトヲ本員ハ希望スル次第デアリマス

(「同感々々」ト呼フ者アリ)

第十二　大阪臨港鐵道速成ニ關スル建議案（三谷軌秀君外六名提出）

大阪臨港鐵道速成ニ關スル建議

政府ハ既定計畫線タル東海道線大阪驛ヨリ分岐シテ大阪築港埠頭ニ達スル線路即チ臨港鐵道ノ敷設ヲ急速ニ著手シ三箇年以内ニ竣工シ以テ港灣ノ利用及産業發達ニ資セラレムコトヲ切望ス

右建議ス

○議長（奥繁三郎君）　法橋善作君

〔法橋善作君登壇〕

○法橋善作君　諸君、私ハ本案ニ付キマシテ、提出者ニ代ッテ説明ヲ致シマスル、本鐵道ハ申上ゲマス迄モナク東海道線梅田驛ヨリ大阪築港埠頭ニ達シマスル六哩餘ノ鐵道デアリマス、此鐵道ニ對スル建議ヲ致シマス要點ヲ述ベマスニ先ダッテ、築港ノ大要ヲ極メテ簡單ニ申上ゲテ置イテ、而シテ次ニ十五年間ノ經過ノ大要ヲ申上ゲ、而シテ建議ノ要點ヲ申上ゲル、此三段落ニ成ルベク力メテ少時間ニ申上ゲルコトニシタイト思ヒマス、暫時御清聽アランコトヲ希望致シマス、此鐵道ハ申上ゲル迄モナク本議會ノ協贊ヲ經テ明治三十三年ニ起工致シマシテ、當時經費二千二百何十万ノ鐵道デゴザイマシテ、其内國庫ハ三分一ヲ補助サレタノデアリマス、而シテ三十六年ニ稍々完成致シマシタ所ガ、當時附帶事業共ニ三千万圓以内ノ金ヲ以テ落成スル見込デゴザイマシタノガ、物價ノ騰貴又時勢ノ變遷ニ應ジマシテ規模大ナルコトニシナケレバナラヌコトニナッタ、就テハ今日ハ四千万圓以上ノ金ヲ費シテ臨港ヲナシタル築港トシテ、東亞ノ一半ニ於テ一二ヲ以テ屈スルヤウナ趣向ハ整ヘマシテゴザリマス、又船舶ノ出入ノコトハ御手許ヘ參考書トシテ差上ゲマシタ書類ニ大要ヲ示シテ居リマス、既ニ郵船會社ノ如キ北廻線ハ、大阪ヲ基點トシテ北海道マデ通ズルコトニナリマシタ、又我範圍ガ朝鮮臺灣ヨリ關東州等ニ擴マルニ從ヒマシテ、船舶ノ出入モ多クナリ、唯今ノ所デハ船舶ノ出入貨物ノ出入等モ東洋中屈指ノ場所トナッタト云フコトハ、事實ノ上ニ明ラカニナッテ居リマス、又水深三十尺以上時ニ適スルダケノ一万噸内外ノ船舶ノ出入スルコトハ、敢テ差支ナイコトニナルダケニ吾々ハ過賞スルノデゴザイマセヌガ、築港トシテノ實效ヲ表スルコトハ日々夜々緊ッテ來ル、又軍事上ニ於キマシテモ日露戰爭ノ當時、又本年ノ戰爭ニ對シマシテモ多大ノ實效ヲ表シタコトハ軍事當局ノミナラズ、又世上一般ニ認メラレツヽアルヤウナ形勢デゴザイマス、然ルニ佛造ッテ眼ヲ入レズト云フ有樣デ、一番緊要ナル交通機關トシテ臨港鐵道ガ今ニ成立チマセヌガ故ニ、我大阪市ノ不利ノミナラズ、日本全國ニ對スル發展上ノ利害ニ關係スルコトモ亦至大ナル次第デゴザイマス、是ガ大要デゴザイマス、又臨港鐵道ニ對シテノ沿革ハ明治三十年ノ遞信次官古市君ハ築港社長西村君ニ對シ、梅田驛ヨリ築港埠頭ニ至ル間安治川上流ヲ經テ政府カラ支出スルト云フコトノ通知ガアッタコトガアリマス、其通知ノアリマシタノハ築港ヲ起工致シマス前ニ、政府ト大阪市ト斂囘交渉ヲシタ結果デ、サウ云フコトニ古市遞信次官カラ通知サレタ、ソレカラ後ニ至リマシテハ一日モ早ク支出サレンコトヲ希望シテ居ル所ヘ、日露戰爭其他經濟上ノ不振等ノタメ、築港ハ稍々落成シマシテモ其儘打過ギテ漸ク明治四十年ニ至リマシテ彼ノ全國十二鐵道ト云フコトノ問題ガ起リマシタ時分ニ至ッテ、又此問題ヲ餘程大阪市カラモ彼此請求ヲシ、當時ノ約束ノ履行ヲ求メルヤウナ有樣デアッタノデアリマスガ、四十二年ノ二十五議會ニ岩下淸周君ガ提出ヲナシ、秋岡義一君ガ贊成者トナッテ二百五十一名ノ同意ヲ得テ本議會ニ提出サレテ、滿場ノ贊成ヲ仰イデ速成ヲサレルコトヲ建議シタガコトガアリマス、ソレカラ四十三年ニハ鐵道院カラ大阪市ニ向ッテ頻リト照會ガアッタコトゴザイマス、ソレモ其儘ニナッテシマヒマシタ、サウシテ又二十九議會三十議會ニ政府ハ豫算案ノ中ニ三十万圓ノ實測費ヲ提出サレマシテ可決ニナッタコトモゴザイマス、是亦財政上ノ都合ト、又其前ニ南北線ノ爭ガゴザイマシテ、夫等ノタメニ延サレテ居ルヤウナ次第デゴザイマス、一時餘程進ミ掛ケタ場合ニ後藤總裁ノ時代ニナリマシテ、南北線ト云フモノガ持出サレマシテ、ソレガタメニ幾分カ時日ヲ送ッタト云フヤウナ形跡ガゴザイマス、故ニ當時大阪商業會議所ナリ經濟界ナリ、當初ノ目的通リ速成セラレンコトヲ望ムト云フ建議ヲシタコトガゴザイマス、經過ノ大要ハ唯今申シマシタ通リノ次第デゴザイマス、就キマシテハ斯ノ如ク遷延致シマシタル場合ハ、先刻申シマシタ通リ大阪市ノ不利ノミナラズ、實ニ國家ノ機關ヲシテ完成ナサシムルコトモ出來ズ、從ッテ大阪築港ヲシテ一大活用ヲスルコトモ出來ナイト云フノデ、四千万圓ノ金ヲ投ジテ東洋屈指ノ港ヲ拵ヘマシタモノヲ、十分應用スルコト能ハヌヤウナ次第デゴザイマス、故ニ吾々ハ此速成ヲ仰グヤウナ次第デゴザイマス、尙詳細ナル事柄ハ參考書ニモ認メテゴザイマス、又委員會ニ於キマシテモ尙説明スル積リデアリマス、ドウカ滿場諸君ハ是迄ノ經過事柄ヲドウゾ御諒承下サイマシテ、御贊成アランコトヲ希望致シマス

○中村啓次郎君　本案ハ議長指名九名ノ委員ニ付託セラレンコトヲ望ミマス

〔「贊成々々」ト呼フ者アリ〕

○議長（奥繁三郎君）　中村君ノ委員付託ノ動議ハ反對ガナイト認メマス、依テ中村君ノ發議ノ通リ議長指名九名ノ委員ニ付託スルコトニ決定ニナリマシタ、日程第十三港灣政務統一ニ關スル建議案ヲ議題ニ致シマス――守屋此助君

大正三年十二月二十三日

移民政策ニ關スル質問主意書

右成規ニ據リ提出候也

大正三年十二月十七日

提出者　西村丹治郎

賛成者　關　直彦

外三十二人

移民政策ニ關スル質問主意書

一　政府ハ曩ニ我カ移民ハ滿韓ニ集中スルノ方針ナリト聲明シタリ今尚此ノ方針ヲ執リツヽアルヤ

二　濠洲ニ於ケル移民制限法ノ撤廢若ハ之カ改正ニ付何等カノ手段ヲ執リレコトアリヤ若之レナカリシトセハ今後ノ方針如何

三　明治四十一年以來墨西哥移民ヲ絶對ニ禁止セリト云フ其ノ理由及今後ノ方針如何

四　近時「ブラジル」ニ於テ排日思想起ラムトスルノ傾向アリト聞ク果シテ然ル乎若然リトセハ之ニ對シテ防止ノ手段ヲ執リツヽアル乎

五　加州土地法ニ關スル六月以後ニ於ケル交渉ノ經過如何

右及質問候也

六　移民政策ニ關スル質問（西村丹治郎君提出）

（西村丹治郎君登壇）

○西村丹治郎君　チョット御斷リシテ置キマスガ、此質問書ノ第二項ヲ少シク修正致シマス其事ヲ御承知ヲ願ヒマス、「第二濠州ニ於ケル移民制限法ノ改正若クハ之ヲ有利ニ適用セシムル」トアリマスノヲ、「撤廢若クハ是カ改正ニ付キ何等カノ手段ヲ採リシコトアルヤ若シ是レ無カリセハ今後ノ方針如何」斯ク修正致シマシタカラ左樣御承知ヲ願ヒマス、私ノ質問ノ箇條ハ五箇條ニナッテ居リマス、併ナガラ此五箇條ヲ此場合一々說明ヲ加ヘマスト大變ナ時間ヲ要シマスカラ、幸ヒ此處ニ通商局長モ御居デノヤウデスカラ、大體ニ關シ質問ノ趣意ヲ辯明致シマスカラ、其積リデ御答辯ヲ願ヒタイト思ヒマス、我國ノ如キ土地ガ極ク狹クシテ而モ其上ニ國ノ產物ト云フモノハ甚ダ少ナイノデアリマス、例ヲ引イテ申シマスナラバ、先ヅ第一ニ米ノ如キモ足ラナイノデアル、麥モ足ラナイノデアル、大豆モ足ラナイノデアル、砂糖モ足ラナイ、綿モ足ラナイ、殊ニ工業ノ基礎トナルベキ鐵ノ如キモ殆ド其大部分ヲ之ヲ海外ニ仰イデ居ルト云フヤウナ有樣、斯ノ如ク土地ガ非常ニ狹ク、而シテ國ノ產物ハ甚ダ少ナイノデアル、更ニ一面ヲ見マスルナラバ、人口ハ殆ド無限ノ增殖力ヲ以テ殖エツヽアルノデアル、此ニ於テ我日本帝國ノ運命ヲ開拓スルニハ、ドウシテモ海外ニ向ッテ發展ヲスル、海外ニ張リ出ス、海外ニ伸ビルト云フ外ニハ途ハナイノデアラウト思フノデアリマス、殊ニ戰後我國勢ノ發展民族ノ膨張ト云フモノハ、實ニ驚クベキモノガアルデアラウト私ハ信ズルノデアリマス、此際ニ當ッテ移民政策ノ根本義ヲ確立スルト云フコトハ、最モ必要デアルデアラウト信ズルノデアリマス、然ルニ諸君、海外各地ノ有樣ヲ見マスレバ如何デアリマス、北米合衆國ニ於テ絕對ニ排斥サレテ居ル加奈陀ニ於テモ我大和民族ハ排斥サレテ居ル、更ニ南濠洲ヲ見マスレバドウデアル、濠洲方面ニ於テモ排斥サレテ居ル「ニュージーランド」ニ於テモ排斥サレテ居ル、南米方面ニ於テモ今日各地ニ我大和民族ノ排斥熱ガ起ラントシツヽアルト云フ有樣デアル、我日本帝國ノ運命ハ海外ニ發展スルニアリ、海外ニ伸ビルニアリ、然ルニ海外各國地ヲ見レバ、東モ南モ總テ八方塞ガリト云フヤウナ狀態デアリマス、今カラ數年前デアリマシタカ、時ノ外務大臣小村侯爵ハ此壇上ニ立ッテ我大和民族ガ世界各地ニ排斥サレテ居ル、而モ之ヲ打破ルダケノ外交的手段ナクシテ、外交的力ナクシテ、己ノ無能、己ノ失政ヲ蔽ハンガ爲ニ、移民政策ノ大方針ハ決シテ海外各地ニ我移民ヲ散布スルト云フヤウナ方針デナイ、總テ大和民族ノ海外ニ出ルモノハ、之ヲ滿韓ノ地ニ集中スルノデアル強イテ排斥ヲ食ッテ居ル地方ニ我政府ハ强イテ送ルト云フ考ハ毫モナイ、是等ノ移民ハ擧ゲテ滿韓ノ地ニ集中スルノデアルト云フコトヲ、曾テ此演壇ニ發明サレタノデアリマス、併ナガラ是ハ唯外交ノ失敗ヲ蔽フ一時ノテレカクシニ言ハレタモノトシテ、吾々ハ殆ド重キヲ措カナカッタノデアリマス、最早今日ニ於テ私ガ玆ニ滿韓ハ我移民ノ行クベキ土地ニアラズト云フヤウナ說法ヲ諸君ニ致ス必要ハ毫モナイト思ヒマス、ソレ故ニ私ハ尙ホ我移民ヲ滿韓ニ集中スルト云フノ政策ヲ今日ニ於テモ、尙ホソレヲ執リツヽアルノデアルカ、將來モヤハリ此方針ヲ以テ行カントスルノデアルカト云フコトガ第一ノ質問デアリマス、私ガ敢テ此際ニ火事場泥坊ヲヤレト云ッテ政府ニ勸メルノデハアリマセヌ、併ナガラ諸君、我移民政策ノ根本義ヲ確立シテ、我大和民族ノ海外ニ發展スベキ根柢ヲ形ヅクルノハ、今日ヲ以テ最後ノ時期ト私ハ信ズルノデアリマス、諸君、今月ノ十四五日ノ頃デアッタト記憶シテ居リマス、都下各新聞ニ英國ノ對日感情ト云フノ電報ガ出テ居リマシタ、其中ニ如何ナルコトガアッタカト申シマスレバ、其一二句ヲ申シマスレバ、日本ハ此度正義ノ爲メニ成遂ゲタル偉大ナル效績ハ、濠洲殖民地ニ於ケル感情ヲ昂進セシムルコト疑ヲ容レズ云々ト云フ文句ガ其中ニアッタノデアリマス、諸君、今日濠洲ニ於テ我帝國ノ移民ガ如何ニ迫害サレ、如何ニ排斥サレツヽアルカト云フコトハ、私ガ此處ニ委シク申上ゲルノ必要ハナイト思ヒマスガ、其一節ヲ玆ニ申上ゲルノ必要ガアルト思ヒマス、先ヅ御承知ノ通リ千九百一年ニ濠洲ノ移民制限法ト云フモノヲ制定致シマシテ、其一條項ニ持ッテ行ッテ歐羅巴語ヲ以テ語數五十字以上ノ文章ヲ作リ、且ツ之ニ署名シ得ルモノニ限ッテ濠洲ニ入國ヲ許ス、斯カル法律ガ制定サレテ居ルノデアリマス、然ルニ諸君、此法律制定ノ以前ニ於テ濠洲ニハ我移民ガ行ッタモノデ、今日存在シテ居ルモノガ約一千人居ルノデアリマス、此法律アルガ爲メニ此一千人ノ我移民ハ十有餘年ノ間本國ヨリ妻子ヲ迎フルコト能ハズ、又新タニ結婚スルコトノ自由ヲ有セズ、海外萬里ノ異域ニ於テ此一千人ノ我憐ムベキ同胞ハ、今日マデ獨身生活ヲナスノ止ムナキ狀態ニ陷ッテ居ルノデアリマス、歐羅巴語ヲ以テ試驗スルト云フコトガ規定シテアル、故ニ我移民ニシテ濠洲ニ渡航セントスルモノハ、英語ヲ話ス國デアルカラ、英語サヘ習ッテ行ッタナラバ宜カラウ歐羅巴語ノ一タル英語サヘ習ッテ置イタラ、是デ確ニ試驗ニ合格ガ出來ル、斯ク考ヘテ或ル妻或ル子弟ハ日夜千辛萬苦英語ヲ習ッテ、而シテ其良人ノ處、其親ノ處ニ行カントシテ本國ヲ出發シテ向フニ參リマス、焉ンゾ識ラン試驗官ハ彼奴ハ英語ダケヲ知ッテ居ルヤウナ面付キダ、是レハ一ツ佛蘭西ヲ以テ試驗ヲスル、又或ハ獨逸語ヲ以テ試驗ヲスル、若クハ伊太利語ヲ以テ試驗ヲスルトカ云フ如ク、英語ヲ知ッテ居ルト思ッテ居ル奴ハ佛蘭西語ヲ以テ、佛蘭西語ヲ知ッテ居ルト思フ奴ハ獨逸語ヲ試驗スルト云フ如キ、斯ノ如キコトヲ試驗官ガヤルガ爲メニ、折角多年ノ間千辛萬苦シテ親ニ逢ヒ又良人ニ逢ハンガ爲メニ遙々出掛ケテ行ッテモ遂ニ上陸スルコト能ハズシテ、涙ヲ呑ンデ日本ニ放逐サレタト云フコトガ隨分アッタノデアリマス、然ルニ諸君、歐羅巴カラ參リマスル移民ハ如何ナル制限ヲ受ケテ居ルカト申シマスレバ、實際ニ於テ殆ド英語デ自分ノ名スラ能ウ書キ得ナイト云フヤウナ者マデモ、ドシ〳〵濠洲ニ入リ得ルノデアリマス、況ヤ佛蘭西人デアレバ佛蘭西語デ以テ試驗ヲスル、英吉利人ハ英語ヲ以テ試驗ヲスル、伊太利人デアレバ伊太利語ヲ以テ試驗ヲスルト云フヤウニ、斯ク各自國ノ言葉ヲ以テ試驗ヲ致シマスカラ全然自由ニ入リ得ルノデアル、殆ド其試驗制度ハアレドモ無キガ如キ狀態ニナッテ居リマス、然ルニ諸君、我帝國ノ移民ハ斯ノ如ク殘忍酷薄ナル取扱ヲ彼レ移民官カラ受ケテ居ルノデアリマス、又新嘉坡及ヒ西濠洲間ニ定期航海ヲ開イテ居ル汽船會社ノ船賃ハ、非常ナル所ノ差別的待遇ヲ受ケテ居ルノデアリマス、ソレハ何デアルカ、新嘉坡西濠洲間ヲ往來シテ居ル汽船會社ハ日本人ニ對シテハ白人ニ對スル船賃ノ恰度倍額ヲ課シテ居ルト云フ現在ノ有樣ニナッテ居ルノデアリマス、ソレカラ又濠洲內地ニ於テ如何ナル取扱ヲ受ケテ居ルカト申シマスレバ、土地所有權ノ無キコトハ勿論、土地借地權スラ之ヲ有セズ、又製造業モ一切許サレテ居ラヌト云フ有樣デアル、又酒ノ小賣モ許サレテ居ラヌ、鑛山ニ從事スルコトモ許サレテ居ラヌ、鑛山ノ勞働ニ從事スルコトモ許サレテ居ラヌト云フ有様デアル、尚ホ滑稽ナ話ガアリマスノハ、或移民ガ自分ノ友人ガ本國カラヤッテ來タ爲ニ波止場ニ迎ヘニ出タ、而シテ其友人ノ荷物ヲ手ニシテ之ヲ助ケテ陸ニ上ッタト云フ爲ニ、巡査ニ捉ッテ告發サレテ罰金ヲ科セラレタト云フコトガアル、其理由ニ曰ク彼ハ契約移民デアル、荷物ヲ持ツト云フコトハ勞働者ノ職ヲ奪ッタト云フノデ遂ニ罰金ヲ科セラレタト云フコトガアル、又契約移民ガ自分ノ友達ノ庭ノ掃除ヲシテヤッタト云フノデ、勞働貸金ハ一錢デモ貰ッタノデハアリマセヌ、所謂厚意ヨリ庭ヲ掃イテヤッタ、其者ガ又勞働者ニ見付カッテ告發サレテ、是亦罰金ヲ科セラレタト云フ事例ガアルノデアリマス、諸君、斯ノ如ク我ガ移民ハ濠洲ニ於テ移民制限法ニ於テ非常ナル迫害壓迫ヲ蒙リ、尚ホ内地ニ於テ斯ノ如ク殘酷至極ナル取扱ヲ受ケテ居ルノデアリマス、此ニ於テ私ハ問ハントスル、此度ノ日英協同動作ナルモノハ、何ノ爲ニ執ッタノデアル、勿論加藤外務大臣ガ此壇上ニ於テ、日英同盟ノ誼ニ依リ東洋平和ノ爲ニ執ッタノデアルト斯ウ辯明サレテ居リマス、無論其通リデアルト私モ信ズルノデアル、日英同盟ノ誼ニ依ッテ日本ハ立ッタコトハ勿論デアルト信ズルノデアリマス、併ナガラ諸君、日英同盟ノ誼ニシロ、國家ノ利益國民ノ幸福ヲ無視シテ日英同盟何カアラント私ハ信ズルノデアリマス、如何ナル協約如何ナル同盟ト雖モ、國家國民ノ利益ヲ外ニシテ爲スベキ筈ハナイト確ク私ハ信ズルノデアリマス、諸君、曩ニ「タイムス」紙上ニ論ゼラレテ居ッタ所ノ英國ノ對日感情ヲ朗讀致シマシタガ、卽チ濠洲ニ於ケル我ガ移民ニ對スル所ノ感情モ確ニ此際改マルデアラウ、確ニ一變スルモノデアラウト云フコトヲ「タイムス」新聞モ論ジテ居ルヤウナ次第デアリマスカラ、戰後ニ於テ南洋方面ニ於ケル地圖ノ色ガ如何ニ變ラウトモ、亦如何ニ變ヘベキカト云フコトハ、私ハ今日此處デ論斷スル時機ト思ヒマセヌガ、併ナガラ南洋ニ於ケル地圖ハ如何ニ變化スルトモ、南洋ノ勢力消長ハ如何ニナルカハ知レマセヌガ、此際此時ニ當ッテ是非トモ我ガ大和民族ガ南洋方面ニ向ッテ發展スルト云フコトニ付テハ、今後何等ノ拘束ヲ受ケズ何等ノ制限ヲ受ケズ、自由自在ニ南洋方面ニ向ッテハ横行濶歩シ得ル地方ヲ此際是非トモ確定シナケレバナラヌ最好ノ時機ト信ジマス、或ハ現内閣ニ向ッテ斯ル重大ナルコトヲ望ムノハ無理デアルカモ知レマセヌガ、併ナガラ是ダケノコトハ是非トモ此際ニ確立スル所ノ政策ヲ執ラナケレバナラヌト私ハ信ズルノデアリマス、最後ニ私ハ加州土地法ニ關シテ六月以後ノ交渉經過如何ト云フ質問ヲ發シテ居リマスカラ、之ヲ一言此ニ辯明致サウト思ヒマス、既ニ先般此問題ニ付テハ御質問ニナッタ御方モアルト考ヘマス、又既ニ加藤外務大臣ガ今尚交渉中デアルト云フヤウナ御返答ガアッタヤウニ聞イテ居リマス、既ニ斯ル質問ガアリ、斯ル答辯ガアッテ居ルカラ、私ガ茲ニ質問スル要ハナイヤウデアリマス、併ナガラ私ハ更ニ之ヲ問フ必要ガアルト確信スルノデアリマス、何故デアル、今年六月二十四日カ五日デアッタト記憶シテ居リマス、加藤外務大臣ハ此壇上ニ立ッテ前外務大臣ノ或種ノ提議ハ六月十日之ヲ撤回シタリト云フコトヲ聲明セラレタト私ハ記憶シテ居リマス、前外務大臣ノ亞米利加政府ニ向ッテ提議セラレテ居ッタ或ル種ノ提議ハ、現政府ハ之ヲ撤回シタト云フコトヲ此壇上デ聲明セラレタノデアル、諸君、前牧野外務大臣ガ殆ド一年間モ掛ッテイロ〱ナ交渉イロ〱ナ協議ヲサレタト云フ顚末ハ、本年ノ春ノ議會ニ此壇上ニ於テ公ニサレテ居リマスガ、交渉協議ノ結果、最後ノ提議トシテ或種ノ内容ハ分リマセヌ、或種ト云フ言葉ヲ以テ此議會ニ紹介セラレテ居リマスカラ、私モ或種ト云フ其提議ヲ千辛萬苦ノ末練リニ練ッテ前内閣ノ外務大臣ガ亞米利加ニ提議シテ、之ヲ加藤男爵ガ協議ヲ爲サルヤ否ヤ、間モ無ク此提議ヲ撤回セラレタト云フコトニ付テハ、確カニ加藤外務大臣ノ胸中ニ一大抱負アリ、一大經綸アッテ爲サレタコトデアルト思ッテ、私ハ確ニ其成功ヲ期シテ今日マデ待ッテ居ッタノデアル(拍手起ル)諸君、前内閣ガ斯クマデ苦心シテヤッタモノヲ、自分ガ其衝ニ當ルヤ否ヤ、間モナク之レヲ有害ナリ無益ナリトシテ撤回シテシマッタ以上ハ、自分ノ責任トシテ一日モ速ニ之ヲ解決シ、而モ一大抱負ヲ以テ之ヲ解決スベキ政治上ノ責任アリト私ハ信ズルノデアリマス(「ヒヤ〱」ト呼フ者アリ)然ルニ諸君、既ニ半歳ヲ過ル今日ニ至ルマデ何等聞ク所ガナイノデハアリマセヌカ(拍手起ル)外交上ノ怠慢ト言ハンカ、餘リニ緩慢デハアリマセヌカ(「其通リ」ト呼フ者ナリ)更ニ私ハ之ヲ評スニ外交無能ナリト言フコトヲ斷言スルニ躊躇シナイノデアル(拍手起ル)夫故ニ私ハ一日モ速ニ此期間モサウ長イコトハナイト思ヒマスガ、此期間ニ於テ——此開會期間ニ於テ速ニ此結果ヲ公表サレンコトヲ當局者ニ望ムノデアリマス(「ヒヤ〱」ト呼フ者アリ)之ヲ以テ私ノ質問ヲ終リマス(拍手起ル)

○議長(奧繁三郎君) 靜岡縣政ニ關スル質問——松城兵作君

○犬養毅君　本豫算ニ對シテ一ノ修正案ヲ出シテ置キマシタガ、餘程澤山ノ款項ニ亙リマシテ、浩瀚ナモノニナッテ居リマスルガ、既ニ御手許ニ廻シテ置キマシタカラ、細カイコトハ此處デ述ベマセヌガ（「何ニモ來ナイ」ト呼フ者アリ）斯ウ云フモノガ廻ッテ居リマス（「廻ッテ居ナイ」ト呼フ者アリ）配付シタ所ノ函ヲ御覽爲サルト分リマス、斯ウ云フモノガ廻ッテ居ル（「廻ッテ居ラヌ」又「文書函ヲ見ロ」ト呼フ者アリ）

○議長（奧繁三郎君）　靜肅ニ

○犬養毅君　廻ッテ居ナケレバ尙此大要ダケヲ此處デ述ベマス、ソコデ是ダケノ澤山ノ項目ニ亙ッテ居リマスルガ、重ナル修正ノ箇條ヲ擧ゲマスト、朝鮮ノ二個師團增設ニ關スル經費ヲ削ルノデアリマス、參政官設置ニ關スル經費ヲ削ルノデアリマス、地方行政監察官設置ニ關スル經費ヲ削ル、朝鮮事業費資金貸付金之ヲ削ル、帝國鐵道特別會計貸付金、是ヲモ修正スル、砲兵工廠据置運轉資本補足、是モ修正スル、ソレカラ殖民地經費補充、航路補助費、電話擴張費、製鐵所擴張費、官業拂下其他行政整理カラ生ズル所ノ、此各項ニ亙リマシタ零碎ノ費目マデ修正ガ加ヘテアルモノガ、卽チ是デアリマス、此修正ニ付キマシテハ、尙先デ詳シウ說明致シマスガ、其中重立ッタル修正ノ箇條ノ一番ヤカマシイ問題ニナッテ居リマスルモノハ、卽チ二個師團增加ノ經費デアリマス、此事ニ付テ大略ヲ述ベテ置キタイト考ヘマス（「謹聽々々」ト呼フ者アリ）此問題ハ多年ヤカマシイ問題デアリマスルガ、餘程公平ニ冷靜ニ御互ニ研究致シタイト考ヘル、或者ハ之ヲ以テ一ノ政爭、政治ノ爭ノ問題トナッテ居ルト認メラレル人モアリマスカ、私ハサウ考ヘテ居ナイ、政治爭ヒノ問題以外ノモノデアル、或者ハ所謂軍閥閥族ノ一種ノ主張デアルト認メラレテ居ルノガアル、私ハサウ考ヘナイ、此問題ハ陸軍ノ軍事上ニ關スル一ノ主張カラ起ラレタモノデアッテ、藩閥デアルトカ、藩閥以外デアルトカ云フ關係ハ一切持タナイ、斯ウ私ハ認メテ居ル、ソレ故ニ此問題ニ對シテハ相當ノ尊敬ヲ以テ私ハ受取ッテ、決シテ之ヲ藩閥ノ問題デアル、感情ノ問題デアル、政治ノ爭奪ノ問題デアルトハ私ハ認メテ居ナイ、ソレ故ニ極メテ御互ニ冷靜ノ頭デ研究致シタイト云フコトガ一ツ、モウ一ツ述ベテ置キタイノハ唯今委員長カラ報告サレマシタ削除ト云フ意味ガ違フノデアリマス、委員長ノ報告サレマシタ意味カラ云ヒマスルト次年度ヲ待ッテ是ガ始末ヲスル、卽チ研究スルガ爲ニ次年度ニ之ヲ送ラレル趣意ト承ハル、私共ハ次年度デハナイ、今日是ハ不必要トシテ削ルト云フコトデアル、不必要ト云フ意味ハ如何ナルコトデアルカ、歐洲戰亂ノ結果ガ如何ニナッテモ相當ナ兵ヲ增サナケレバナラヌ、今日ダケノモノデハ從來ノ――未來ノ戰爭ニハ間ニ合ハヌダラウト云フ見地カラシテ、兵ハドウシテモ作ラネバナラヌ、言ヒ換ヘルナラバ若シ經濟ガ許セバ所謂精兵ニシテ多數ヲ持チ得ルト云フナラバ、何人モ此上ハアリマスマイガ、併ナガラ精兵ヲシテ多數ヲ養ヒ得ルト云フコトハ到底國力ガ許サヌ、陸軍當局者ニ於カレテ腹案ヲ述ベラレタナラバ僅ニ二個師團ノ增加デ滿足セラレル譯ハナイノデアリマス、經濟ガ許サヌカラ斯ノ如キモノヲ以テ滿足スルト言ハレルノデアルカラ、詰リ經費關係、ソコデ經費ノ許ス範圍ニ於テ陸軍當局者ガ求メラレルトコロノ兵數以上ノモノヲ拵ヘル他ノ方法ハナイカ、他ノ方法ヲ認メテ居ルノデアル、ソレ故ニ此二個師團、常設軍隊ヲ僅ニ二個增スト云フ姑息ナ遣リ方ハ改メラレタラ宜カラウ、之ヲ打破ッテ更ニ計畫ヲ立テ直シ、戰時ニハ多數ノ兵ヲ得ル、比較的僅カノ費用ヲ以テ戰時ニ有力ナル軍隊ヲ作リ得ルト云フ方案ヲ立テタイ、是ガ趣意デアリマス（「其案ヲ說明シ給ヘ」ト呼フ者アリ）ソコデ今此二個師團ト云フモノヲ置カレマスルノガ二樣ナル趣意カラ成立ッテ居ルヤウデアル、朝鮮ノ守備兵必要ト云フコトガ一ツ、ソレカラ全體ノ兵數カラ師團ノ增加ヲ必要トスル、此二個カラ成立ッテ居ルヤウデアリマス、第一ノ朝鮮ノ守備兵必要ト云フ上カラ言ヒマスルナラバ、陸軍ガ訴ヘラレル如キ事情ハ尤モデアラウト思フ、朝鮮ニ絕エズ軍隊ヲ送ッテ置クト敎育ノ上ニモ不便、交代ノ上ニモ不便、種々ナ上ニ不便ガアルノミナラズ動員ノ上ニハ尙更不便デアル、是ハ私共モ認メテ居ルノデアル、併ナガラ共認メテ居ルノハ當局者ガ申サレル如キ、之ヲ朝鮮ニ二個師團置イタナラバ是マデノ不便ガ除カレルカト云ヘバ、ソレ程ニ除カレヌト考ヘル、何故除カレヌカト云ヘバ朝鮮ニ持ッテ行ッテ置イテモ募集シテ連レテ行ク人員ハ卽チ內地ノ人間デアル、入營除隊、此費用ハ依然タルモノデアリマス、其上ニ於テ朝鮮ニ置イテアル師團ヲ動員スル場合ニハ何レカヲ動員スルノデアルカト云ヘバ、ドウシタ所ガ豫備ハ總テ內地ニ居ルノデアリマスカラ、朝鮮ニ二個師團持ッテ行ッテモ今日ノ不便ヨリカ稍〻不便ハ避ケルコトガ出來ラレルガ、當局者ガ述ベラレル如キ總テノ不便ヲ追拂フト云フコトハ是ハ出來ナイヤウニナッテ居ルノデアリマス、所デ朝鮮ニ置クノガ假ニ當局者ガ言ハレル如ク非常ニ必要ナモノトシタナラバ、內地ノ師團ヲ移セバ十分デアリマス、何ノ差支ハナイ、殊ニ新ニ置クニ及バナイ、內地ノヲ以テ行ケバ宜ト、十九個ノ師團ガ十七師團ニ內地ガナリサヘスレバ宜イノデアルカラ、朝鮮ニ置クト云フコト、全體ノ兵數ノ上カラ增スト云フコトハ、是ハ全ク別段ノ問題デアル、ソコデ第一ノ理由トセラレル朝鮮ニ置カネバナラヌト云フコトハ、サウ重キ問題デハナイト私ハ考ヘル、何レニシテモ內地ノモノヲ持ッテ行ッテモ或ハ別ニ置イテモ、全體ノ上カラハ大シタヤカマシイ問題デハナイ、後ニ殘ル問題ハ第二ノ問題デアル、全體ノ兵數ヲ幾何マデニスルカ、此問題デアル、吾々ガ言フノハ常設軍隊ノ今日ノ遣リ方以外ニ方法ヲ求メテ戰時ノ戰鬪力ヲ作ラウ、當局者之ニ對シテ曰ク、今日ハ精兵必要ノ時代デアル、精兵ガ必要ナノデアルカラ兵役年限ヲ短縮シタリ、若クハ他ノ方法デ以テ作ッタリ、豫備軍隊デハイケナイト云フコトハ、同志會ニ出席セラレテ陸軍當局者ガ說明セラレタ所モ、新聞ニ出サレタ所モ、委員會デ述ベラレタ所モ、大概相似テ居ルノデアリマス、無論此當局者ガ述ベラレル如ク精兵ノ必要ト云フコトハ何人モ同樣デアラウ、單ニ專門家ノ考ノミデモナイ、精兵ハ必要デアル、併ナガラ精兵バカリデハ當局者ハ滿足サレヌデアラウ、精兵ニシテ多數ガ當局者ハ必要デハナイカ、現ニ歐洲ノ此戰爭ハ專門家デナクテモ誰ガ考ヘテモ斯ル教訓ヲ示シテ居ル、當局者ノ主張セラレル如ク精兵ノ必要ト云フコトモ示シテ居ル、ソレト同時ニ多數ガ必要ト云フコトモ示シテ居ル、驚クベキ多數ガ必要デアリシト云フコトヲ示シテ居ルノデアルカ、此精兵論モ餘程割引ヲシテ考ヘネバナラヌノハ、獨逸ノ二年兵役ガ佛蘭西ノ三年兵役ト對等ノ角力ヲ取ルノミナラズ、モウ少シ優勢ナ角力ヲ取ルベク思ハレルシ、露西亞ハ三年兵役バカリデナイ、四年兵役ソレ以上ノモノモアル、然ルニ二年兵役ノ獨軍ハ三年以上ノ兵役ヲ踏ンデ居ルト云フ露軍ニ對シテ、大概ハ對等以上ノ戰ヲ爲シ得ルト云フハ何デアル、ソレ故ニ當局者ノ說明バカリモアテニナラヌ、他ノ原因ヲ研究致サネバナラヌト云フコトハ此一事デモ分ルデアラウ、無論私ハ精兵ヲ必要ト思フ、精兵ハ必要デアラウガ、精兵ノ多數ヲ拵ヘルト云フコトハ餘程困難デアル、何故困難デアル、此歐洲ノ戰亂以後一切此軍事上ニ變ラナイカ、此內容ニハ一切變ヲナイカ、當局者ハ大膽ナル說明ヲ爲シテ居ラレル、變ラナイ、中隊編成ヲ單位ニスルコトハ「ナポレオン」以來ノ事ダサウデアリマス、當局者ノ說明ニ依リマスルト、宜レイ、師團ヲ戰略單位ニスルト云フコトモ數百年續イテ居ルデアラウ、吾々ニハ中隊、大隊、聯隊、旅團、師團ト云フ如キ編制ノ階級ト其形式ヲ承ラウト云フノデハナイ（「ヒヤ」ト呼フ者アリ）師團ト云フモノ、形ハ同ヲモノデアッテモ、其內容ハ幾度ヒ變ッテ居ル、實質ハ幾度變ッテ居ルカ、大戰ヲ經ル毎ニ内容ガ變ッテ居ルノデアル、ソコデ是ガ變ラヌト云フコトヲ大膽ニ公言セラル、ニ至ッテハ實ニ驚入ッタ、何故變ラヌカ、現ニ變ルデハナイカ（「變ルモノカ」ト呼フ者アリ）當局者ガ委員會ニ說明セラレタトコロニ依テモ後來特科兵ハ增サナイノデアルカ、之ニ對シテ何ト答ヘタ、戰時ノ編制デハ特科隊ハソレ〴〵中ニ繰込ミマス、當然ノコトヲ答ヘタ、恐ラクハ此位ヨリ外答ハ出來ナイダラウ、確ニ增サナケレバナラヌデハナイカ、素人ガ考ヘテモ分ル、重砲兵ハ增サナイカ、野砲兵ハ今日マデ增サナイカ、是マデ使ハナカッタ無線電信、飛行機、自動車、總テ文明ノ利器、就中此度ノ大戰ニ於テ試驗シタトコロノ有要ナモノハ後來增スノハ當然デアル、之ヲ增サナケレバ軍ト云フ形バカリデハ動ケナイノデアル、軍ノ威力ハ何デアル、軍ノ威力ハ軍ノ形式デハナイ、軍ノ内容實質カラ威力ハ生ジテ來ル（拍手スル者アリ）内容實質カラ威力ガ生ズルトスルナラバ、從來ノ一個師團ニ要スル費用ハ是デハ未來ノ軍ノ内容ハ造ラレナイノデアリマス（「ヒヤ〳〵」ト呼フ者アリ）誰ガ考ヘテモ分リ切ッテ居ル、ソコデ是ガ變ラヌト申サレルノハ一時瞞著手段デ申サレタカ、或ハ左樣ニ信ゼラレル――左樣ニ信ゼラレタカト思フ節モアル、如何ナル事ヲ申サレタ、獨逸ノ四十二珊、斯樣ナモノガ出テモ驚クベキ事ハナイ、我東洋帝國ノ想定戰場ニ於テハ運輸ノ不便ヨリシテ斯樣ナモノヲ運ブコトハ無イ、必要ハナイ、殊ニ靑島攻圍軍、此上陸ノ際ハアノ位ノ重砲デモ困ッタ、是ガ戰略戰術ノ上ニ幾多ノ造詣ヲ持タレテ日露戰爭、日淸戰爭、其以外種々ノ實驗ヨリ得ラレタトコロノ貴キ知識ヲ持タレタトコロノ名譽アル日本ノ陸軍ヲ代表シタ言葉トシテハ私ハ驚入ルノデアル（「ヒヤ〳〵」拍手起ル）今日陸軍行政當局者ノ知識經驗カラハ成程獨逸ガ運ンダヤウナ重砲ハ能ウ運バヌカモ知レヌ、併ナガラ科學ノ進歩ハ運ビ得ル、獨逸ハ確ニ運ンデ居ルノデアル、ソコデ何時マデモ想定戰場ハ靑島上陸ノ如キ不完全ナル上陸點カラ大砲ヲ揚ゲルト云フコトヲ想像サレルノハ大早計デハナイカ、如何ニ不便デモ敵ガ持ッテ來タラドウスル、敵ガ相當ナ威力アル砲ヲ持ッテ來レバ、此方ハドウシテモ對サナケレバナラヌ、輸送ガ不便ナラバ輸送機關ヲ拵ヘナケレバナラヌ、何時マデモ勞山灣同樣ノ上陸地點ト云フコトハ想定戰場ノ地點ニハ吾々ハ想像スルコトハ出來ナイノデアリマス、デ斯ノ如キ此度ノ戰爭カラ得ラレタ實驗上、軍ノ内容實質ニハ餘程ノ改良ヲ要スルト云フコトハ、當局者自ラモ認メラレタトシナケレバナラヌ、之ヲ認ムルトスルナラバ「ナポレオン」以來變化シテ居ナイ、中隊モ名前ハ違ハナイ、旅團モ違ハナイ、聯隊モ違ハナイ、併ナガラ内容實質ハ變ル、變ラナケレバ戰爭ハ出來ナイノデアル、斯樣ナモノデアルナラバ、未來ニ於ケル十九個師團ハ是マデ十九個師團以上ノ威力、以上ノ内容、以上ノ經費ヲ要スルト云フコトハ今日カラ分リ切ッタ話デアル、左樣ニ經費ヲ要スルモノヲ幾ラマデ增シ得ラル、カ此問題デアル、餘程私ハ困難デアルゾ、ソレ故ニ經費ガ十分許シ得ルナラバ、所謂精兵ニシテ而シテ多數ヲ吾々ハ拵ヘルデアラウ、當局者ニ提供スルデアラウ、併ナガラ如何セン是ハ國力ガ許サヌノデアル、ソコデ別途ノ方案ヲ考ヘナケレバナラヌト云フコトノ結論ガ生ズルノデアル（「簡單々々」「別途ノ方案ヲ聽カン」又ハ「默ッテ聽ケ」ト呼フ者アリ）當局者動モスルト精兵ト申サレル、無論此專門家ニ於カセラレテハ少數ナル精兵ガ多數ヲ破ッタト云フコトノ經驗ハ澤山有ッテ居ル、歷史ノ上ニモ有ッテ居ル、現ニ奉天戰ニ於テ二十五六万デ三十五万ノ兵ヲ打破ッタト云フ經驗モ有ッテ居ルノダラウ、故ニ少數ナル精兵ガ多數ヲ打破ルト云フコトガアルト云フコトヲ當局者ガ確信ヲ持ッテ居ラレルト考ヘル、此帝國軍人トシテハ左樣ナ確信ノアルコトヲ希望スルノデ、實際ニ於テモ我帝國陸軍ガ未來ニ於テモ少數ヲ以テ多數ヲ破リ得ルト云フ事實ハ生ジテ來ルダラウト思フ、併ナガラ軍ノ計畫デハ左樣ナ大膽ナ計畫ガ立テラレルカ、少數デ何時デモ多數ヲ破リ得ルト云フ計畫ガ立テ得ルカ、是ハ無謀ト言ハネバナラヌ、何故無謀ト言フカト云ヘバ、所謂精兵ハ少數デモ精兵サヘ得テ置ケバ、多數ヲ破リ得ルト云フナラバ、斯ウ云フ事ノ前提デナケレバ其結論ハ生ジテ來ナイ、敵國ノ軍隊ハ我軍隊ヨリ愛國心ニ於テモ、熟練ニ於テモ、勇氣ニ於テモ、悉ク劣ル、敵國ノ將師ハ我將師ヨリ悉ク劣ッテ居ル、總テノ點ニ於テ劣ッテ居ルト云フコトニ斷定シテ、初メテ少數ガ多數ヲ叩キ破ルト云フコトノ結論ガ生ジテ來ル事實ハ起リマセウ、奉天戰デ二十五万デ三十五万ノ兵ヲ叩破ッタト云フ事實ガ起ル、併ナガラ平素ニ於テ軍ノ計畫ヲ立ツル者ガ少數デ何時デモ多數ヲ叩破リ得ルゾト云フコトハ、敵國ノ將師軍隊ハ確ニ我ヨリ劣レリ數等劣レリト斷定スルト云フ左樣ナ無謀ナ大膽ナ計畫ハ立テ得ラレルカ、當局者ノ精兵主義ハ是デアル、何故ソレデアルカ、當局者ハ此處デ十九個ノ師團ヲ二個師團增サレル、二個師團ガ戰爭ニドノ位兵ヲ出サレルカ、素人ガ積ッテモ分ル、二個師團增レテ戰時ニ幾ラノ野戰師團ヲ選リ出サレルデアルカ僅カナモノデアル、誰ガ考ヘテモ僅カナモノデアル、其位ノモノデアルガ未來ノ戰爭ガ何時マデモ一本ノ鐵道ヲ中心トシテ、其鐵道附近デ戰爭ノ起ルト云フコトハ專門家ヲ取除ケテモ想像ガ出來ナイ、然ラバ輸送狀態其外ガ違フト云フ有樣デアルナラバ、未來ニ起ルベキ戰爭ハドノ位大仕掛ノモノデアルカト云フコトヲ考ヘナケレバナラヌ、歐洲戰爭現ニサウデハナイカ、サウシタナラバ僅ニ二個師團增シタダケデ未來（「永劫」ト呼フ者アリ）如何ナル大戰ガ起ッテモ確ニ是デ打勝チ得ルト云フコトヲ言ハル、ナラバ、是ハ大膽過ギテ無謀ト云ハナケレバナラヌ、私ハ恐クハ御受合ハ出來ナイト考ヘル、ソレ故ニ當局者カラ求メラレテモ、モウ少シ兵ガ欲シイト云フコトハ是ハ御尤モダラウガ、出來ルカ、財政ガ許スカ、二個師團スラ何年カ掛ッテ居ルガ出來ナイデハナイカ、ソコデ出來ナイトスレバ正規ノ軍隊ヲ十九個師團ニ止メ、而シテ此十九個師團モ兵役年限短縮ニ付テ、此短縮ニ伴フ總テノ設備ハ設ケナケレバナリマセヌ、サウシテ正規ノ兵ヲ拵ヘテ外ニ一種ノ當局者ハ豫備軍ヲ作ルト云フ計畫ガ他ノ計畫ヲ求メラレナケレバ、將來ノ大戰ニ應ジ得ラレナイノデハナイカ斯ウ考ヘル、ソレ故ニ私ハ軍備ヲ縮小スル、イヤ諸問題デアルカラ追拂ハウト云フ考ハ毛頭持ッテ居ラナイトシタ所ガ、此國ノ富マザル財政ノ困難ナル國ニ於テ、豆滿江カラ引掛ケテ而シテ支那大陸ニ掛ッテノ保全此大負擔ヲ持ッテ居ル、萬一ノ場合ニハ非常ノ軍隊ヲ要スル、實際ハ要セヌカモ知ラヌガ、平素ノ計畫トシテハ拵ヘテ置カナケレバナラヌ、ソレヲ比較的經費ノ掛ラヌモノデ大ナル軍隊ヲ造リ得ルト云フ大計畫ヲ根本カラ改メナケレバ、此姑息ナル二個師團デハドウスルコトモ出來ヌ、是ガ私共ノ議論デアル、ソレ故ニ吾々ハ戰後ノ結果ヲ見ルノデハナイ、一年ノ後ヲ見ルノデハナイ分リ切ッテ居ル、斯樣ナ姑息ナ案ニ對シテハ未來戰ニ應ズルコトハ出來ナイカラ、是ハ御捨テナサレ、別ニ計畫ヲ立テロ、是ガ陸軍ニ對スル意見デアリマス、而シテ之ヲ削除スル、但シ此豫算修正案ニ於テハ不信任ト云フ意味ハ毫頭持ッテ居ナイ、陸軍ノ計畫ト云フモノヲ撤回サレ、バ外ニ爭點ハ吾々ハ持タナイ、是レダケヲ宣明シテ置キマス

（拍手起ル）

○議長（奥繁三郎君） 委員長ノ報告ニ反對贊成ノ通告順ニ依ッテ演說ヲ許シマス、片岡直溫君

（片岡直溫君登壇）

（拍手起ル）

○片岡直溫君 諸君、本員ハ委員長報告ノ修正案ニ反對ヲ致シ政府案ニ同意ヲ表スル者デアリマス、唯此場合ニ於テ甚ダ遺憾ニ存ジマスノハ、本案ニ對シテ修正ヲナサル所ノ意見ヲ具體的ニ玆ニ承ラズシテ、政府案ヲ贊成スル立場ニ立ツコトヲ甚ダ遺憾ニ存ズルノデアリマス、併ナガラ既ニ本會ニ於テノ質問竝ニ委員會ニ於ケル攻擊的質問等ヲ參酌シテ、本員ガ政府案ヲ贊成セザルヲ得ザルノ事由ヲ述ベヤウト思フ、第一ニ於キ

マレテ此豫算ノ立方、卽チ政府案ノ根本骨子ト致シテ居ル所ノ非募債主義、此非募債主義ト云フモノハ、多年經濟界ニ於テ希望シテ已マザル所ノ事實デアリマス、今其由テ來ル所ノモノヲ先ヅ申上ゲテ見タイト存ジマスルノハ、日露戰爭以來ノ財政ノ立方ハ年々借入金卽チ公債ノ募集ヲ頼リトシテ、サウシテ此財政ノ計畫ヲ立テ、來タト云フコトハ諸君モ御承知ノ通リデアリマス、抑々我國ハ中央ノ機關ニ於テ經濟界ヲ十分ニ調節スルモノハマダ完全ニ備ハッテ居ナイノデアル、ソレ故ニ政府財政ノ立方如何ト申スコトハ、直接ニ民間經濟界ニ影響スルト云フコトモ諸君ノ異論ノ無イコトデアラウト思フ、而シテ民間經濟界ニ影響スベキ所ノ政府ノ財政ノ立方ハ、明治三十九年以來年々公債借入ノ方法ヲ立テ、來テ居ル所ノモノヲ、今玆ニ擧ゲテ見マスレバ、明治三十九年度ハ七千九百八十四万三千二百四十二圓、四十年度ハ三千三百二十五万六千百八十圓、四十一年度ハ四千二百八十三万七千百十六圓、此ノ如ク年々不確定ノ歳入ヲ頼リマシテ、必ズ支出ヲ要シナケレバナラヌ歳出ノ計畫ヲ立テ來タノデアリマシテ、年々是ガ實行ニ困難シ、其實行ニ困難シテ來タ所ノモノハ、民間經濟界ヲ壓迫シテ來タト云フコトモ、卽チ年々大藏省證劵ノ増加シテ來タ事實ニ於テ諸君ノ異論ノナイ所デアラウト思フ、而シテ此ノ如キコトガ連年打續イテ經濟界ヲ非常ニ困難ニ陷ラシムルコトヲ救濟セントシテ、四十二年ニ於テ之ヲ一切打切ッテ、非募債主義ヲ唱道セラレタ内閣ガ出來タノデアル、併ナガラ共内閣ノ爲ス所モ表面ハ非募債主義デアッタガ、鐵道ノ如キモノハ所謂預金部カラ一時ノ借入ヲスル、治水費ノ如キモ借入ヲスル、但シ民間カヲハ募ラズシテ預金部カラ流用スル、斯ウ云フ仕組ヲ立テ、ヤッタノデアル、其鐵道ニ使用シタ金若クハ治水費ニ使用シタ金ノ如キハ、性質上固定スルモノニシテ直ニ資金ノ回收ヲシ得ナイモノデアリマスカラ、結局又公債ヲ募ラナケレバナラヌト云フ境遇ニ差迫ッタノデアル、卽チ是ガ爲メ外債ハ段々增シテ來ル、外債ガ段々增シテ來タ其結果ハ、急激ナル外債ノ流入ハ偶々物價ノ騰貴ヲ促ガシ、延テ輸出輸入ノ上ニ輸入超過ヲ促シテ來タト云フコトモ諸君ノ爭ハザル事實デアラウト思フ、加之近年ニ至ッテ此外債借入ト云フコトモ出來得ナクシテ、僅ニ二年ノ期限ヲ以テ「ビル」ヲ發行シタコトモ諸君ノ知ラル、所デアル、而シテ一方我國ノ輸出輸入ノ關係上カラ見マスルト、明治元年以來明治三十年マデノ間ノ輸入超過ノ金額ハ差引一億一千餘万圓、而シテ明治三十年以來大正元年マデノ間ニ差引五億七千餘万圓デアリマス、大正二年度ノ如キハ一箇年ニ一億何万圓ト云フ輸入超過ヲ現ハシタ、此ノ如キコトガ民間經濟界ニ居ッテ、眞ニ國運ノ伸張ヲ圖ルベキ責務ヲ執ル所ノ實業家ノ位地トシテハ實ニ苦痛ニ堪ヘナイ事柄デアル、故ニ政府ノ財政計畫ノ立テ方ハ、當分非募債主義ヲ以テ大ニ是ガ緊縮ヲ要スルト云フコトハ、朝野ノ口ヲ極メテ唱道シタトコロデアル、其唱道ニ基イテ立テラレタ今回ノ豫算案デアリマシテ、是ハ吾々ガ年來主張シテ來ッタトコロノモノガ、現實サレタト云フニ過ギナイノデ、吾々ハ喜ンデ之ヲ迎ヘルモノデアルノデアリマス、然ルニ今年ノ財政計畫ハ極メテ薄弱――井上角五郎君ノ御質問ヲ伺ッテ見マスト極メテ薄弱デアル、而シテ歳入ヲ過大ニ見積ッテ居ル、到底實行シ能ハザルコトニ立至ルデアラウト云フコトガ、井上君ノ御説ノ最モ重キヲ置イタコトノヤウニ伺ッタノデアリマス、能ク其内容ヲ見レバ經常歳入カラ經常歳出ヲ引去リ、一億一千二百四十九万四千百六十八圓ト云フモノハ、全ク臨時部ノ費用ニ供給サレテアル、卽チ經常歳入ヲ以テ經常歳出ヲ仕拂ッテ、尚一億一千万圓ノ餘裕ヲ有シテ居ルト云フコトハ、必シモ豫算全體ニ於テ薄弱ナリトハ言ヘマスマイ、而シテ井上君ノ御説ヲ伺ッタトコロニ依レバ、剩餘金ヲ一千八万圓繰入レテアル、一千八万圓ノ剩餘金ヲ繰入レテ、漸ク出入ノ辻褄ヲ合ハシテ居ルヤナイカト云フ御説ヲ伺ッタガ、剩餘金ヲ繰入レテ居ルコトハ、我國ノ歳入歳出ノ編成ニ於テ決シテ珍ラシイコトデナイノデアル、又之ヲ繰入ルヽニアラザレバ剩餘金ハ年々始末ニ餘ルコトニナルノデアリマセウ、其證據ハ明治四十年ニ於テモ剩餘金ノ繰入ハ四千六百七十二万三千五百九十二圓繰入レタ、四十一年ニ於テハ八千八十万二千六百一圓繰入レテ居ル、四十二年ニ於テハ一千七百六十七万六千百八十五圓、四十三年ニ於テ二千六百八十七万九百四十二圓、四十四年ニ於テハ二千四百六十九万三千六十六圓、大正元年ニ於テモ二千百五十六万九千八百五十五圓、大正二年ニ於テハ六百六十二万二千九百七十五圓、大正四年度ニ於テ一千六百九十二万六百八十三圓ノモノヲ繰入レタト云フコトガ、非常ニ不思議サウニ聞ヘルト云フコトハ如何ナル事由デアルカ、本員共ノ甚ダ了解ニ苦ムトコロデアル、一方ニ於テハ歳入ヲ過大ニ見積ッタ、是ハ見ヤウニ依テ過大トモ見ラレルカモ知レマセヌ、併ナガラ政府ノ豫算委員會ニ於テ提出シタトコロノ歳入ノ見積書ヲ見マスト云フト、豫算不成立ノ場合ニ於ケル實行豫算ニ基イテ、而シテ尚此時局ニ關スル税ノ其性質ニ依リ、各、減ズベキモノヲ見積ッテ、此歳入ヲ極メテ居ルノデアリマス、而シテ是等ヲ見積ルベキモノガ代々ノ内閣ニ奉仕シテ居ル人ニシテ、別段政黨ノ變遷上ニ依ッテ内閣ノ代ッタト云フコトノタメニ、其位地ヲ異ニスル人ニアラザル、卽チ政友會内閣ト稱セラレタル時代カラ勤務シテ居ル人ノ數十年來ノ實驗上ニ基キ、且ツ現ニ關シテ居ルトコロニ基イテ調ベテ來タトコロノモノヲ、强イテ過大ニ見積ッタリト云フコトモ、是モ少々無理デハナイカト考ヘル、然ラバ大體ニ於テ今年ノ豫算其モノハ決シテ薄弱ニアラザルモノ、加之一方ニ非募債主義ヲ表示シ尚一千八百餘万圓ノ行政整理ヲシ、卽チ節減ヲシテ歳入ノ上ニ於テモ一千六百餘万圓ヲ捻リ出シタト云フコトノ苦心ノ跡ハ、確ニ見ルベキモノガアルデハアリマセヌカ、政黨ノ立場ヨリ之ヲ云ヘバ前ニア、言ウタ、斯ウ言ウタト云フガ如キ非難ハ起リマセウガ、併シ事實上此ノ如キコトノ出來テ居ルト云フコトハ、第三者タル國民ノ上カラ見レバ極メテ滿足スルコトニ相違ナイト私ハ信ズル（「廢減稅ハ滿足シテ居ラヌ」ト呼フ者アリ）今議員席ヨリ廢減稅ノ御小言ガ出マシタカラ、此場合一言附加ヘテ置キマセウ、抑々我國民ノ負擔ハ日露戰爭ヨリシテ今日マデノ間ニ、負擔ノ多キコト約三倍ニ達シテ居ル、而シテ此戰爭ノタメニハ國民ノ生產力ノ上ニ非常ナ影響ヲ及シタモノデアル、何トナレバ現ニ日露戰爭ニ於テ我壯丁ヲ徵發シタモノガ約八十万人デアル、而シテ此中デ戰死若クハ病死ヲ致シタトコロノ人間モ七万八千七百人ノ大多數ニ至ッテ居ル、戰爭其モノ、費用ヲ二十億万圓モ負擔シ、其上ニ生產力ニ從事スベキ生產ヲ增殖スベキトコロノ壯丁ヲ、玆ニ徵發シテ其中ヨリ是ダケノ人員ハ戰死若クハ病死シタト云フコトデアレバ、卽チ生產力ヲ殺イデ居ルト云フコトハ蔽フベカラザル事實デアル、然ラバ戰爭ノ終ッタトキニ於テ、成ルベク此負擔ヲ輕減シ、卽チ先キニ殺ガレタモノヲ補フト云フ順序ヲ取ルト云フコトハ當然デアリマス、然ルニ其戰後ノ經營ヲナシタトコロノ内閣ノ遣方ハ「ドウカ」ト云フト、（「今ノ内閣ハドウカ」ト呼フ者アリ）今ノ内閣ハ後トカラ申上ゲマセウ、却テ負擔ヲ輕減スベキトキニ於テ、酒稅ニ於テ、砂糖消費稅ニ於テ、石油消費稅ニ於テ、煙草ノ費用ニ於テ合計三千五十万六千九百二十七圓ノ增稅計畫ヲ行ッテ、非常ナ負擔力ニ堪ヘナイ時ニ於テ、尚壯丁ノ國事ニ從事スルガタメニ生產力ヲ殺ガレテ居ッタ、其後ニ於テ滅稅ドコロデナイ、是ダケノ增稅ヲ斷行シタ、サウシテ先キニ申上ゲタ公債政策ヲ立テ、、段々ニ物價騰貴ヲ促シテ來テ、輸出輸入ノ關係ガ先キニ示シタヤウナコトニナッテ來タト云フコトハ、國民ノ最モ苦痛トスルトコロ、卽チ吾々共ガ此ノ場合ニ於テ國民ノ負擔、殊ニ此ノ豫算ノ上ニ關係ノアルトコロノ輸出ノ奬勵上妨ゲニナルベキトコロノ部分ニ對スル稅ノ如キハ、之ヲ輕減スルニアラザレバ我ガ貨幣制度ノ上ニマデ非常ノ惡影響ヲ及ボシハセヌカト云フコトヲ心配ヲ致ス（「今ハ心配ガナクナッタ」

ト呼フ者アリ)卽チ其ノ計畫ヲ吾ミ共ハ立テ、且ツ之ヲ主張シタモノニ相違ナイノデアル、ソレ故ニ營業税ノ如キ、通行税ノ如キ、現ニ之ヲ改廢スルト云フトコロノ策ハ立テ、居ッタニ相違ナイ、併ナガラ今日ノ時局ヲ惹起シテ、此ノ時局ニ對シテ尙ホ此ノ終ヲ告グルマデノ間ニ於テ(「嘘ヲ言フナ」ト呼フ者アリ)嘘ヲ言フナト言ッテモ時局ガ其通リデナイカ、此ノ如ク世界的事變ヲ起シテ非常ノ費用ヲ要スル時ニ當ッテ、一槪ニ減税ヲ爲サントト欲スルモ能ハザルトキニ至ッテハ、是ハ何人ト雖モ爭フベカラザルコトデアル(拍手起ル)若シ此ノ時勢ガ平穩ニ歸シ國力ガ之ニ伴ウテ來ル曉ニ於テハ、無論我黨ハ此ノ所論ヲ滅却スルモノデハナイノデアル、今一ツ豫算ノ削減ノ非ヲ論ズル前ニ於テ申上ゲテ置カナケレバナラヌト思ヒマスルコトハ、此ノ豫算ノ卽チ歲出歲入ノ方針ヲ定メ設計ヲ爲スニ當ッテ、之ヲ實行スルガ爲ニ經濟界ニハ非常ナ苦痛ヲ及ボスモノデアル、此消極政策ハ卽チ民間ヲシテ益々困難ナラシムルモノデアルト云フコトガ、又政友會諸君ノ念頭ニアラセラル、モノト見エテ、京都支部ノ如キ又本議會上ニ於テノ質問等ニナッテ現ハル、ノデアリマスルガ、是ハ能ク其本源ヲ極メテ貰ヒタイト思フ、本員ヲシテ忌憚ナク之ヲ言ハシムレバ、今日ノ如キ經濟界ノ變調ヲ來シ甚ダシキ苦痛ヲ見ルノ已ムヲ得ザルニ至ッタ中スコトハ、戰後ノ經營其モノヲ誤ッタ結果ニ外ナラヌト考ヘテ居ル、其證據ハ先キニ述ベタ通リデアル(「若槻君ニ言ヒ給ヘ」「若槻君ガ居ルヂヤナイカ」ト呼フ者アリ)併ナガラ既往ノコトヲ咎メテ見タトコロガ、既往此ノ政策ヲ立テタ人モ國民ノ苦痛ヲ招カンガ爲メニ爲シタコトデナイト云フコトハ私ハ確ク信ズル、此政策ハ宜シキモノ、國民ニ適スルモノ、國家ノ爲メニ宜シキモノト信ジラレタノデアル、唯方針ヲ誤リ見解ヲ誤ッタト云フ自分ノ見地ヨリ見レバサウ見ルノ外ハナイ、併ナガラ唯今之ヲ責メテ見タトコロガ、恰モ死ンダ小供ノ年ヲ算ヘルヤウナモノデアル、ソレ故强テ之ヲ私ハ論難スルモノデハゴザイマセヌガ、唯今日ノ經濟界ノ甚シキ狀況ニ立至ッテ居ルト云フコトハ、今日世界的ノ變亂ニ遭遇シ初メテ國民ガ其眞相ヲ覺醒シタモノデアルト私ハ見テ居ル、政友會諸君ト雖モ是ハ恐ラク今日マデノ政策ヲ全然是ナリトハ恐ラク仰シャルマイト私ハ信ズル(「ノウノウ」「謹聽」ト呼フ者アリ)而シテ近時ニ至リマシテハ我經濟界ハ稍々順潮ニ赴キツ、アルノデアル、其證據ハ本年ニ至リマシテ諸會社ノ增資及ビ拂込ノ金額等ヲ調ベテ見マスルト約一億七八千万圓、ソレカラ上半期ニ於ケル輸出輸入ノ關係ヲ見マスルト、昨年ヨリ增加致シテ居ルトコロノ金額約五百万圓デアル、唯本年七月以來今日ノ世界的變亂ニ遭遇致シマシタ爲メニ世界的ノ影響ヲ受ケ、卽チ今日ノ非常ナル困難ノ狀況ニ至ッテ居リマスルガ、是ハ時局其者ノ然ラシムルトコロ、而モ此事タルヤ、日本ニ限ッタモノニアラズ、亞米利加ニ於テモ、交戰國ニ於テモ、他ノ中立國ニ於テモ等シク此ノ影響ノ避クベカラザル狀況ニ在ルト云フコトハ稍々世界ノ經濟狀態ニ注意スル者ニアッテハ更ニ異論ノナイコトデアル(「尙更民力休養ノ時代デアル」「歐洲出兵ハ如何」ト呼フ者アリ)而シテ是ヨリ本論ニ入ッテ削減ノ反對ヲ述ベマス(「謹聽」ト呼フ者アリ拍手起ル)第一ニ於テ此ノ公債償還ノ方法ヲ改正セラレ、卽チ減債基金法其者ノ上カラ見テ、政友會諸君ノ執ラレタトコロノ此ノ修正ナルモノハ、極メテ不理不當ノモノデアル(「ノウ〱」)此點ハ今大藏大臣ガ最モ精細ニ其ノ間違ヲ訂サレタヤウデアル、恐ラク是ハ政友會諸君ノ御間違デハナイカト考ヘル、行掛リ上間違ハ間違デ宜シイコトデアル(「間違デハナイ」ト呼フ者アリ)若シ間違デナイトスレバ、是ハ餘程世ノ中ノ數字計算ガ解ラナイ御方ノヤリ方ト見ルヨリ外ハナイ、若シ印刷ノ誤リナラバ誠ニ仕合デアルト私ハ考ヘルノデアリマスルガ、若シ此ノ方法ヲ强テ主張スルト云フコトニナレバ、豫算ノ總體ニ對シテ根本ヲ打毀スモノト謂ハナケレバナラヌ、先ニ申上ゲマシタ非募債主義ヲ以テ立テ、來タトコロノ根本ヲ打毀スモノデアリ、取リモ直サズ現内閣ノ不信任ヲ程好ク而モ誠ニ狡ルク表白シタモノト云フノ外ハナイノデアル、若シ國家ノ政黨ナルモノガ、果シテ公黨ナリトスレバ、是等ノ如キ政見ハ常ニ政策トシテ揭ゲテ、當然ニ公然ト爭フベキ問題デアル、取リモ直サズ本員ハ此ノ點ニ對シテハ不信任ヲ表白サレタモノト認ムルノ外ハナイト考ヘル、次ニ各省ニ亙ル政務官ノ俸給廳費ヲ削減サレタ點デアリマスルガ、是ハ屢々政府當局者ノ說明ニ依リマシテモ、又世間ノ論難致ストコロニ依リマシテモ、政務ト事務トヲ區分シナケレバナラヌト斯ウ云フコトニ過ギナイ、而シテ此ノ實際ヲ申シタラ如何デアルカ、此ノ議會ガ開ケテ居リマスルトキニ當ッテ、若シ民間ニ何カ政府ニ出願ヲスルカ政府ト交涉スル必要ノコトアリトセバドウデアル、各局長初メ大臣次官ハ皆議院ニ來テ居ッテ一ツモ其ノ用ヲ便ズルコトガ出來ナイ、十一月カラ翌年三月マデノ間、人民ハ議會ガ開ケテ居ルガ爲メニ爲スベキ仕事モナサズレテ苦シンデ居ルト云フコトハ、諸君ハ之ヲ御認メニナラヌノデアルカ、是ハ何故デアルカト云ッタラ卽チ政務官ト事務官ノ區別ガ出來テ居リサヘスレバ、事務官ハ常ニ其ノ衙ニ當ッテ通常ノ仕事ヲ爲シテ居ルカラ、此ノ如キ澁滯ハ來サヌノデアル、是等ノ如キハ國民ガ最モ期待シ望ムトコロデアル、サリナガラ此ノ如キモノヲ設置シタリト云ッテ、一二年ノ間ニ極メテ都合好ク事務ノ澁滯ヲ來サヌヤウニナルトハ私ハヨウ斷言ヲシマセヌガ、併ナガラ漸次是ハ各政黨トモ熟練サセテ、此人民ニ與フルトコロノ苦痛ヲ除却スルコトニ努メルコトハ、政派ノ如何ニ拘ラズシナケレバナラヌコトデハアリマセヌカ、是ガ偶々他派他黨ノ提案ニ係ルガ爲ニ之ヲ削除スルガ如キコトハ、餘リニ狹量ナル致シ方、國家ヲ念頭ニ置ク人ノ致シ方トハ言ヘヌノデアリマス(拍手起ル)卽チ是等ハ國民ノ極メテ期待スルトコロト信ジ、又極メテ必要ナルコト、信ジ、本案ヲ贊成シナケレバナラヌト考ヘルノデアリマス、次ニ傳染病研究所水產學校ノ移管問題、是ハ本員ハ一向重キ考ヲ持チマセヌノデアリマス、單ニ政府當局ノ間ニ於テ其管轄ヲ異ニシタト云フニ過ギナイ、各行政官ノ都合上斯樣ナコトハ屢々アルコトデアル、是ガ爲ニ衞生試驗所ヲ廢スルトカ水產學校ヲ廢スルトカ、若クハ之ヲ縮小スルトカ云フコトナラバ、國民ガヤカマシク言フノガ當然デアリマスガ、別ニ其事ナク、唯單ニ管轄ヲ換ヘラル、ト云フコトガ國家ノ大問題ノ如ク言ハル、ニ至ッテハ本員ナドハ甚ダ其意ヲ解スルニ苦ム(「ノウ〱」ト呼フ者アリ)是ガ爲ニ衞生上何等ノ阻碍アルモノトハ信ジナイノデアリマス、是等ノコトハ實ハ有體ニ申セバドチラデモ宜シイ、舊ノ通リニシヤウガ、移サレヤウガ問題ニスベキモノデナイト思ヒマス、併ナガラ文部大臣ノ說明スルトコロニ依レバ餘程整然トシテ從前ヨリ宜シイヤウデアルカラ贊成スルノデアル、次ニハ國防問題デアリマス、此ノ國防問題ニ至リマシテ洵ニ朝野ノ大問題ト相成ッテ、是ガ或ハ政爭ノ問題トナッテ居ルトカ、殊ニ犬養君ノ言ハレタ藩閥者流ノ何カ意味ガアルガ如キモノニ考ヘル人モアルカモ知レマセヌ、本員ハ是ガ政黨政派ノ問題デモナシ、所謂政治問題デモ何デモナイト思フ、其點ニ至ッテハ犬養君ト同感デアリマス(「政治問題ト言ッタ者ハ一人モナイ」ト呼フ者アリ)併ナガラ爭ノ所ノ形ノ上カラ見ルト政爭ノ具ニ供シツ、アルカノ如クニ見エルコトハ、洵ニ憂フベキコト、自分ニハ考ヘテ居リマス(「ヒヤ〱」)本員ガ此二個師團問題ヲ、今日ノ場合ニ於テ朝鮮ニ設置スルト云フコトノ適當ナ又必要ナト云フコトニ於テ、今回ノ世界的戰亂ニ關係ヲ致サズニサウ考ヘテ居ルノデアル、御承知ノ通リ我國ハ僅カ二十年モ相經タヌ間ニ領土ハ極メテ廣ク人口モ益々蕃殖ヲ來シタノデアル、此國力ノ膨脹ト共ニ之ヲ守ル上ニ於テ、世界ニ威信ヲ示ス上ニ於テ、此國防ノ機關ガ自然ニ膨脹ヲスルト云フコトモ當然ノ順序デアル、何モ怪シイコトハナイノデアル、(「去年ノ速記錄ヲ御覽ナサイ」ト呼フ者アリ)殊ニ豫算委員會ノ分科會ニ於テモ述ベマシタ如ク、我國ハ日露戰爭ノ當時ニ於テ補充シタ所ノ兵ガ今日尙後備ノ籍ニアルノデアリマス、併ナガラ是ガ此補充兵ナルモノハ十二年ノ年ヲ經レバ國民兵籍ニ移ルノデアル、其十二年ヲ經ルト云フコトハ明年、明後年、明々後年ノ三年ノ間ニ移ルノデアル、然ラバ今日ノ兵力ト稱シテ居ルモノニ缺陷ヲ生ズルト常ニ其局ニ當ル人ノ言フノハ無理カラヌコトデアリマス、謂ハヾ今日ノ二個師團ハ其補充ヲ爲スト云フニ過ギナイノデアリマス、是ガ端ナク妙ナ行掛リ問題トナッテムヅカシイヤウデアリマスガ、事實ハソレデアル、其缺陷ヲ生ズルト云フコトニ對シテ、昨年貴族院ニ於テドナタカノ陸軍大臣ニ對スル質問、如何ニモ其今日ノ紛糾ヲ來ストコロノ實情ヲ知ルニ足ルヤウデアルノデアル、時ノ陸軍大臣ハ四團ノ事情ニ於テ缺陷ガアリナガラ今玆ニ提出スルコトガ出來ナイノデアル、斯ウ云フ四團ノ事情トハ如何ナルコトカト、斯ウ聽クト云フト、ソレハ内閣デアルト斯ウ言ッタ、卽チ四團ノ事情其モノハ内閣、其内閣ノ事情ガ本年ハ出セナイガ缺陷ガ生ジテ居ルカラ先ヅ明年ハ出セルト云フガ如キ暗示ヲサレタノデアル、然ラバ其時ノ内閣諸公ハ、其時ヨリ是ハ本年ニ提出サレルト云フガ如キコトモ其暗示ノ下ニ會得サレテ居ッタモノト私ハ考ヘル、然ルニ立憲政治ノ上ニ於テ極メテ變態ヲ來シ、多數黨ト稱セラルヽ大數ヲ持ッテ居ラルヽトコロノ諸君ノ其内閣ハ失ハレ、少數黨ト意見ヲ同ジウスル者ノ内閣ガ出來タ、如何ニモ立憲政治ニハ私ハ不思議ト思ッテ居リマス、不思議トハ思ッテ居ルガ、併ナガラ其内閣ガ出來タガ爲ニ此二個師團ナルモノヲ、其時ノ暗示ハ何所ヤラヘ失ッテシマッタト云フ如キハ甚ダ殘念デアリマス(「時局ハ如何」ト呼フ者アリ)宜シイ、本員ガ我領土ノ廣マルニ從ヒ人口ノ增殖ヲスルニ從ヒ、段々其兵員其モノモ多クナラナケレバナラヌト云フコトハ、是ハ此ヤカマシキ問題ト相成ッタ時ニ統計的ノ話ハ御耳ニ入リ兼ネルト考ヘマスルガ、併ナガラ世界ノ人口ノ割合カラ之ヲ見テ視ルト(「廢セ廢セ」「謹聽」ト呼フ者アリ)獨逸ニ比較シテモ、佛蘭西ニ比較シテモ、墺地利ニ比較シテモ、伊太利ニ比較シテモ、露西亞ニ比較シテモ、之ヲ人口ノ總員ニ比較シテモ、壯丁ノ人員ニ比較シテモ、總人員ニ比較シテモ、卽チ徵兵年齡ニ比較シテモ、日本ハ極メテ少ナイノデアル、ソレ故ニ日本ノ領土ノ廣マリ人口ノ殖エルニ從ッテ、或程度マデ此率ヲ上セルト云フコトハ是ハ當然ノ順序デアル、ソレ故ニ此政治問題ナルモノハ既ニ朝鮮ガ我領土ニ歸シテ、我主權ノ下ニ之ヲ保護ヲシナケレバナラヌト云フ時ニ於テ、異論ナク玆ニ設備ヲ致サナケレバナラヌモノデアル、故ニ今日一般戰局ニ別段ノ關係ハナクシテ自分ハ之ヲ贊成スルノデアリマス、併ナガラ時局ノ起ッタ爲ニ之ヲ今マデニ述ベテ居ッタモノナラバ、今少シ調査ヲシテ、而シテヤッテモ遲イコトハナイデハナイカト云フコトガ政友會諸君ノ主張ノヤウデアリマス(「勿論」ト呼フ者アリ)併ナガラ政友會諸君ガ分科會ニ於テ述ベラレタコトヽ、豫算委員長ガ此處ニ報告セラレタコトトハ、少々違ッテ居ル、併ナガラ今言葉ヤ字句ヲ爭フノ必要モアリマセヌ、唯速記錄ニ依ッテドレ程ニ政友會諸君ノ立論ガ變化スルモノデアルカト云フコトハ、能ク諸君ノ注意ヲ唯喚起シテ置キマス(拍手起ル)今回ノ時局ニ對シテ別段調査ヲシナケレバナラヌト云フコトハ、自分ハナイト信ジマスルガ、サリナガラ大ニ時局其モノニ依ッテ卽チ戰亂其モノ、經過ニ依ッテ兵備ノ上ニ變化ヲ來スデアラウト云フコトガ、調査ヲシテ見タイト云フ人ノ御考デアラウカト思フノデアル、此事ハ今犬養君モ此處ニ述ベラレタノデアリマスルガ、犬養君ノ御主張ハ精兵ハ極メテ必要デアル、多量ニ必要デアルトモ承ハッタヤウデアル、ソレカラ又之ヲ大ニ要ルト云フ必要ガアルカモ知レヌカラ、別段ノ計畫ヲ研究シナケレバナラヌト云フ思召ノヤウニ伺ッタノデアリマスガ、不幸ニシテ具體的ニ其案ヲ見マセヌタメニ、今此處ニ充分ニ贊否ノ意見ヲ述ベルコトノ出來ナイノヲ遺憾トスルノデアリマス、唯今回ノ戰爭ニ依ッテ多少ノ變化ヲ來スデアラウ、之ヲ調査シナケレバナラヌ、斯ウ云フ事ニ對シテハ本員ハ其必要ナシト存ズル、何故存ズルカト言ヘバ、犬養君ハ實質ガ變ルデアラウト云フガ如クニ言ハレタノデアリマスルガ、抑々陸軍ノ基礎ハ兵員デアル、其兵員ヲ土臺トシテ或ハ中隊或ハ大隊聯隊ト云フガ如ク、卽チ師團ヲ造リ上ゲテアル、其師團ノ用井ルトコロノ器具ニ對シテハ是ハ多少ノ變化ハアルニ相違ナイ、今日マデヽモ種々ノ變化ハ致シテ來テ居ルノデアル、ソレ故ニ此變化ハ見ルノデアリマセウカラ、怠ラズ是等ノ改良ニ對シテ注意ヲ施スト云フコトハ是ハ勿論ノコトデアリマスルガ、師團其モノ卽チ兵員、言換ヘレバ軍隊ノ基礎其モノニマデ變更ヲ來サナイト云フコトハ、陸軍ノ編制始ッテ以來各種ノ戰爭ノ事歷ニ徵シ、尙今回ノ大戰爭ニ對シテ、各交戰國ノ狀態ヨリ見テモ別段ニ變リヲ來サナイト云フコトハ分リ切ッテ居ル(拍手起ル)殊ニ今回ノ二個師團其モノハ兵員ノ問題デアル、卽チ日露戰爭ノ當時ニ於テ補充兵トシテ組入レタモノガ、年ノ進ムニ從ッテ國民兵籍ニナレバ兵員ノ上ニ於テ大缺陷ヲ來スノデアル、之ヲ補フノ途ハ卽チ二個師團ヲ置クヨリ外ニ方法ハナイト云フコトニ歸著シテ居ル、然ラバ縱令多少ノ變化ヲ見テ其變化ニ依ッテ趣ヲ異ニスルコトアリトシテモ、是ガタメニ此二個師團ト云フモノガ止メラレルト云フガ如キコトニハ立入ラヌノデアリマス、其故ニ別段戰爭ノタメニ變化ヲ生ズベキコトヲ慮リ、ソレヲ顧慮シテ以テ此事ヲ決行シナイト云フガ如キコトハ謂レナキコト、私ハ信ズル(「ノウ〱」「論旨薄弱聽クニ足ラズ」ト呼フ者アル)然ルニ多少今度ノ戰爭ニ關係アリトシテ之ヲ考ヘテ見ル、今回ノ戰爭其モノハ現ニ一千万人カラノ兵ガ出テ戰ニ從事シタノデアリマシテ、而シテ之ニ要スル各交戰國ノ費用其モノモ實ニ莫大ナモノデアラウト思フノデアル、夫故ニ此戰ノ長ビクニ從ッテ各交戰國ノ非常ノ困難ヲ來ス――經濟界ニ於ケル困難ヲ來ス、時局ニ於テ困難ヲ來ス、總テニ對シテ非常ノ悲慘ノ狀況ヲ見ルニ相違ナイト思フ、其點ニ至ッテハ私ハ異論ハナイ、併ナガラ今日マデノ戰爭ノ狀況ヲ以テ考ヘレバ、此戰費其モノヲ未ダ外國ニ仰イダト云フコトヲ聞カヌノデアル、又戰爭ヲ續ケルタメニ要スルトコロノ材料ヲ求メルタメニ、他國ニ正金ヲ拂ッタト云フ事柄モ極メテ少量ノモノシカ私ハ知ラヌノデアル、然ラバ其國々ニ於テハ現ニ不換紙幣ヲ發行シ、隨分經濟界ノ平時カラ言ヘバ、亂暴ナルトコロノヤリ方ニマデ立入ッテ居ルノデアリマセウガ、併ナガラ戰局ノ終ヲ以テ考ヘレバ、一方ニ債務ヲ起シタ國トハ餘程趣ヲ異ニスル、我國ハ卽チ十億八千万圓ノ外債ヲ起シテ戰爭ノ費用ヲ支辨シタトハ趣ヲ異ニスルノミナラズ(「増師案ノ打壞シダ其演說ハ」ト呼フ者アリ)外國ニ於ケルトコロノ此戰爭等ニ於ケル財界ノ恢復ノ狀況ハ、我日本ニ於テ見ルトコロヨリハ餘程趣ヲ異ニシテ居ル、現ニ此處ニ一ノ實例ヲ以テ見レバ、獨逸ガ千八百六十四年墺國ト聯合シテ丁抹ト戰爭ヲシタ、丁抹ト戰フタ、サウシテソレガ越ヘテ二年更ニ國運ヲ賭シテ墺國ト覇ヲ爭ウタノデアル、サウシテ次デ又千八百七十年ニ佛國ト戰ウタ、斯ノ如ク連續シテ以テ大戰ヲ致シタノデアルガ、其結果ハドウデアルカト云フト、今日ノ大ヲ爲シテ居ル、又一方ニ於ケル近時ノ日露ノ戰爭ノ事ヨリ之ヲ見テモ宜シイ、露國ニ於テハ現ニ其國ノ艦隊ガ日本ノ艦隊ノタメニ殲滅セラレタノデアルガ、併ナガラ僅カ八年ニシテ此海軍ヲ擴張シ、尙兵員ノ增加ヲ行ヒ、其他諸般ノ改良ヲ爲シ、而シテ尙國庫ニハ多クノ剩餘金ヲ生ジテ、今ヤ西鄰ニ向ッテ戰爭ヲシテ居ルデハナイカ、彼等ノ國ニ於テ戰爭ノ後ニ於ケル恢復力ノ速キコトハ、此我日本ニ於ケルガ如キ觀察トハ餘程違フノデアリマス、然ラバ此戰爭其モノガ縱令交戰國ガ非常ノ捷利ヲ加ヘタト致シテモ、亦今日ノ狀態ガ打續イテ雙方共疲レニシテ終ッタト致シテモ、其狀況ノ恢復スルト云フコトニ至ッテハ數十年ヲ要スルモノトハ自分ハ信ゼヌノデアル、若シ又一方ガ非常ニ敗北シテ一方ダケガ非常ナ勢力ヲ占メタト云フコトニ假定シテ見タトコロガ、國際關係ニ於テ唯獨リ一國ガ摑ンデ、以テ大ナル勢力ヲ張ルト云フガ如キコトモ、實際上ニ於テ出來得ナイト云フコトモ諸君ノ知ラルルトコロデアル、然ラバ此戰爭落著ノ後ニ於テ財界ノ恢復ハ比較的ニ早イ、而シテ其恢復ノ後ヲ言ヘバドウカト云フト、人口ノ増殖ハ何レノ國ニシテモ諸君ノ知ラル、通リデアル、然ラバ自國ニ於テ其増殖スル人口ガ充分ニ生産事業ニ従事シテ、他國ニ向ッテ侵略スルノ必要ヲ見ヌト云フガ如キコトニハ相濟マヌノデアリマス、然ラバ一番弱國ノ方面ニ向ッテ力ヲ出シテ來ルト云フコトハ、是ハ何レノ國ニシテモ當然ノ順序デアル、然ラバ今度ノ戰爭ガ多少ノ關係アリト致シテ見タトコロガ、之ニ依ッテ我軍備ノ擴張――擴張ト云フヨリハ寧ロ補充――其補充ヲ見合セテ置クト云フガ如キコトハ思ハザルノ甚ダシキモノデハアリマセヌカ（拍手起ル）殊ニ朝鮮ニ於ケル二個師團設置ノ事ニ就キマシテハ、今金澤ノ兵ガ向フヘ行ッテ居ル即チ金澤ニ家ヲ持テ居ル人ガ其家ヲ措イテ向フニ行ッテ居ル家族ハ此處ニ殘シテ向フニ行ッテ居ルガ爲メニ、或ル年限ガ來レバ是ハ戻ッテ來ナケレバナラヌ、其往復ノ費用、其他非常ニ不便デアル、是レト同ジデアリマス、即チ一戸ノ家ヲ持ッテ居ルト同ジコトデ、一師團ヲ備ヘテ居ルモノガ幾分カ別レテアノ國ヘ往ッテ居ル、然ラバ年限ガ來レバ之ヲ引揚ゲルト云フ其往復ノ費用、軍隊ニ要スル諸雜用ト云フモノガ非常ニ不經濟デアルト云フコトハ、多少仕事ヲシテ居ル者ハ敢テ説明ヲ聽カヌデモ是ハ分ルコトデアル、此經濟ノ見地カラ見マシテモ、此處ニ二個師團ヲ設置シテ往復ニ非常ニ無益ノ費用ヲ省キ、兩方ニ金ヲ使フト云フ如キコトノナイヤウニスルト云フコトハ、經濟上ノ點カラ見テモ必要デアリマセウ、況ヤ此師團設置ノ爲メニ要スル金ハドレ程デアルカト云フト、大正四年ヨリシテ大正十年ニ至ル年間ニ於テ一千百九十八万六千五十八圓デハナイカ、大正四年カラ十年ノ間ニ一千百餘万圓、其出來上ッタ後ニ金ヲドレ程要スルカト云フト、五百万圓デアル、是ガ我國ノ財政ノ上ニ於テ非常ナ影響ガアルト云フ如キコトハ、ドノ點カラ見出シテ言フノデアルカ、成程金ハ一文デモ剩ス方ガ宜イデゴザイマセウガ、必要ナルトコロノ費用、而モ此少額ナル費用、大正四年度ニ於テ費ストコロハ七十一万圓デアル、其後ニ於テモ年度ヲ割ッテ之ヲ積算スレバ僅カナ金デアル、故ニ今日ノ財政ノ上カラ見テ之ヲ延期シナケレバナラヌト云フ議論モ洵ニ據リ所ノナイ話デアルト私ハ信ズルノデアリマス、斯ク論ジ來リマシタナラバ政友會諸君ガ一年ヲ延バシテ、サウシテ調査ヲシテ見ル、何ダカ一年ヲ延バシタラ御ヤリニナリサウニモ聞エルガ、又後ロカラ見レバヤラヌヤウニモ見エル、頗ル巧妙トデモ申スノカ知レマセヌガ、政治家トシテハ私共ハ甚ダ遺憾トハ考ヘマスガ、ソレ／＼ノ流義デモアリマセウカラ強テ非難ハ致シマセヌガ、ヤルガ如クヤラザルガ如クニシテ兎ニ角明年之ヲ調査シ――明年マデ調査シナクトモ此必要ノ理由ハ前段述ベタ所ニ依ッテ大抵分ラウト思ヒマス、次ニ海軍ノ驅逐艦其他ヲ削減セラレタ、此削減ノ理由モ戰爭中デアルガ故ニ、其成行ヲ見テサウシテ次ノ年度ニ於テ之ヲ調査シ決定シタナラバ宜カラウト云フ政友會諸君ノ御意見ノヤウデアリマスガ、是ハ三十一議會ニ於テ諸君ノ協贊ヲ與ヘラレタモノデアル、唯其時ノ政府ノ提案ハ戰鬪艦ノ如キ早ク出來ナイモノヲ先キニ極メテ先キニ著手スル、サウシテ此驅逐艦ノ如キモノハ必要ナラバ何時デモ出來易イモノデアルガ故ニ、之ヲ年度ノズット先キニ延バスト云フニ過ギナイ、サウシテ置イテ諸君ハ御協贊ヲ與ヘラレタノデアル、然ルニ此時局ガ突發致シ、直チニ此驅逐艦ノ如キモノハ使用シナケレバナラヌトコロニ立到ッタ、トコロガ其驅逐艦ノ年齡ハ最早老朽ニ近ヅキ或ハ老朽シテ居ルモノガアル、ソレ故ニ之ヲ補充シナケレバナラヌトシテ、曩キニ臨時軍事費ノ上ニ於テ諸君ガ協贊ヲ與ヘラレタノデアル、而シテ其戰爭ノ爲メニ二艘ハ沈没シ、其他ノ艦ハ大分機械其他ニ損傷ヲ來タシ、此儘ニ捨テ、置ケヌト云フコトデアレバ、海軍ノ勢力ノ上ニ大關係ヲ有ツト云フコトガ此本案請求ノ趣旨デアル、而シテ其骨子トスベキトコロノ軍艦其モノハ、ソレハ各國ノ此戰爭ノ狀態ヨリ今獨逸ノ軍艦ノ如キハ未ダ華々シキ戰ヲシテ居ラヌノデアル、ソレ故ニソレ等ノ經過ヲ見タ上デ、多少艦ノ形ノ上ニ於テ其他ノ點ニ改良スベキ點ヲ見出スカモ知レヌ、故ニ此費用等ハ寧ロ之ヲ延ベテアト迴シニシヤウトシタトコロノ意ヲ以テ今日ノ急ヲ救ハウト云フコトニ外ナラヌノデアル、臨時軍事費ノ費目ナラバ贊成シ、此議會ニ正當ノ豫算ヲ組ンデ來タモノハ協贊ヲ與ヘナイト云フコトニ至ッテハ、私ハ甚ダ其意ヲ得ナイ次第デアルト考ヘル、ノミナラズ現ニ老朽シ最早艦ハ其任務ヲ免除シナケレバナラヌ、即チ廢艦ニシナケレバナラヌト云フコトニ遭遇シタ、此戰爭ノ爲ニソコマデ來タ、サウ云フモノヲ曩キニ三十一議會ノ形式ガ唯違ッテ來タカラ之ヲ贊成スルコトハ出來ヌト云ヒ、一方ヲ半分程ハ贊成シテ半分程ハ贊成シナイナド、云フコトハ、論理ノ極メテ徹底セザルノミナラズ、實際ニ於テ極メテ危險ヲ眼ノ前ニ見テ安ンズルト云フ姿デアッテ、國民ノ極メテ不安心トシテ已マザルトコロデアリマス、斯ノ如キコトハ唯諸君ガ政府ノ内閣ヲ持ッテ居ラル、トキニ提案シタモノガ、變ッテ出テ來ルカラ氣ニ食ハヌ、斯ウ云フコトニシカ何ニモ見ルベキモノハナイノデアル、（「歐羅巴ノ戰爭ニ鑑ミヨ」ト呼フ者アリ）歐羅巴ノ戰爭ノ上カラ見ルマデモナク、現在ニ於テノ即チ相當ノ任務ヲシテ居ルモノガ、今回ノ戰爭ノ爲メニ働イテ其力ガ缺乏シタ、役ニ立タヌヤウニナッタカラ補充ヲシナケレバナラヌト云フコトニマデ差迫ッタ、況ヤ此驅逐艦ノ如キモノハ左マデ研究シナケレバナラヌト云フ程ノ變化ヲ來スベキモノトモ思ハレヌノミナラズ、是等ノ年齡ナルモノ、即チ艦ノ年齡其ノモノハサウ長キヲ保ツコトガ出來ルモノデハナイノデアル、十分ニ歐羅巴ノ結果ヲ見タ時分ニハ更ニ又補充ヲ計ラナケレバナラヌ時ニ遭遇スルモノデアル、然ラバ今日ニ於テ是ガ補充ヲナスト云フガ如キハ極メテ必要ナルコトデ、之ヲ要スルニ今ハ世界ノ大戰爭ノ渦中ニ在ルノデアリマシテ、或ハ日本ノ現狀カラ見マスレバ膠州灣ハ既ニ陷リ、軍艦ハ大概獨逸ノ軍艦ヲ追拂ッタカラ、任務畢レリ事濟メリト云フ如キ御感ジヲ御持チノ方ガアルヤウデアリマスガ、併ナガラ日英同盟ノ誼ニ基キ獨逸ニ向ッテ交戰ヲ布告シテ居ル今日ニ於テ、唯々當面ノ敵ヲ追拂ッタト云フダケデアッテ戰爭其モノハ何モ落著シテ居ラヌノデアル、此後獨逸ノ艦隊等ガ出テ來テ濠洲ヲ冒シテ英國船ト戰フ、其結果ニ依ッテハ如何ナル變化ヲ海上ニ見ルカモ知レヌノデアル、而已ナラズ假ニ今回ノ戰爭ハ略々落著シタト假定シテモ、是ヨリハ即チ漸ク收穫ノ時期ニ進ムノデハアリマセヌカ、乃チ今日マデ兵隊ヲ以テ爲シタ所ノ後ハ、外交ノ手段ニ依ッテ其結ビヲ著ケナケレバナラヌ、謂ハヾ收穫ヲシナケレバナラヌノデアル、又現在ニ於テ支那ノ保全、日本帝國ノ世界的位地ヲ進メ、且ツ獲得スルト云フコトハ政府當局者、即チ外交ノ手腕ニ依ラザレバ成ラヌ所デアル、而シテ外交ノ手段ニ依ルト云フコトハ國民一致協力シテ政府ヲ督勵シテ、萬遺憾ナキヲ期セナケレバナラヌ時ニ遭遇シテ居ルノデアル、如何ナル政府ガ其局ニ當ッテ居ラウトモ、其政府ノ責任トシテ爲シツ、アル場合ニ在ッテハ、従來行掛リノ政治上ニ於ケル問題ハ暫ク棚ニ上ゲ、互ニ相援ケテ以テ國ノ利益ヲ獲得シ、國ノ利益ヲ進メルト云フ手段ニ出テナケレバナラヌ場合デアルノデアル、平素ノ政黨ノ墟逃ニ省ミ、所謂黨派根性ニ驅ラレテ以テ國民ノ利益ヲ度外スルト云フガ如キコトハ許サヾル所デアル、今日マデ議會開會以來ノ形跡ヲ見マスルト、嚮ニ大岡委員長ハ政府當局者ガ兎角挑戰ノ態度ニ出ルト言ハレタ、併シ本員等ノ見ル所ハ、政友會諸君ガ何カ問題ヲ探シ出シテ、政府ノ失態アランコトヲ求メルト云フ手段ニ出デラレタヤウニ見ユルノデアル（拍手起ル）又豫算委員長トシテ政府ニ忠告ヲシタト云フコトデアリマスガ、成程大隈伯ノ大キナ聲ヲ擧ゲラレテ言ハレタ所ノ其言葉ノ尻ガ分ラナカッタ爲メニ、之ヲ分ラヌヤウニスルト云フガ如キ心配ハサレタカモ知レマセヌガ、別ニ大ニ政府全體ニ向ッテ忠告ヲセラレタト云フ如キニモ、自分ハ見受ケヌノミナラズ、議會開會以來何レノ問題ニ對シテモ、答辯其物ハ餘程力メラレタヤウニ自分ハ信ジテ居ル、而シテ我同志會等ニ在ッテハ、極メテ諸君ノ動作ニ妨害ナラザルヤウ質問等モ遠慮致シ、且ツ批評等ノコトモ遠慮シテ極メテ靜肅ニ致シテ來ッタト云フコトモ蔽フベカラザル事實デアリマス、斯ノ如キモノヲ故ラニ政府ガ挑戰ノ態度ヲ執ル故ニ、已ムヲ得ズト仰シヤルニ至ッテハ、國民ヲ欺クノ甚シキモノト謂ハナケレバナラヌノデアル、諸君、議會内ニ於テ已レノ欲スル闘ヲ爲スノハ宜シイノデアリマスガ、第三者タル所ノ國民ニ於テハ諸君ト政府ト爭フガ爲メニ、ドレ程ノ損害ヲ受ケルデアリマセウ、ドレ程ノ苦痛ヲ訴ヘテ居ルデアリマセウ、實ニ私ハ思ハザルノ甚シキモノト考ヘル、斯ノ如キ言葉ヲ使フト云フコトハ、本員ノ欲セザル所、極メテ冷靜ニ國事ヲ議スベキ時デアリマスガ、昨今ノ行掛リニ至ッテハ、實ニ私ハ國家ノ爲メニ憂慮ニ堪ヘズ、且ツ大政黨ノ御立場トシテモ甚ダ實ニ遺憾ニ存ズルノデアリマス、希クハ反省セランコトヲ望ミマス

○議長(奥繁三郎君)　元田肇君

(元田肇君登壇)

○元田肇君　諸君、本員ハ豫算委員長ノ報告ニ係ル委員會ノ決議ニ總テ贊成スルモノデアリマス、唯今片岡君ノ御話ガアリマシタガ、同志會ノ諸君ハ極メテ謹愼ノ態度ヲ執ッテ御聽下サルト云フコトデアリマシテ、誠ニ感謝致シマス、希クハ本員ノ意見ハ極メテ單簡デアリマスルガ故ニ、暫クノ間御耳ヲ拜借シタイト存ジマス、本員ノ贊成致シマスル豫算委員長ノ報告ニ係ル査定案ハ、數項ニ亙ッテ居リマスルガ、財政等ノ點ニ關係致シマシテハ、唯今大藏大臣及片岡君ノ縷々御辯明ガアリマシタガ、是ハ次ニ登壇セラル、コト、存ジマスル井上君若クハ鵜澤君ノ演說ニ讓リマシテ、本員ハ茲ニ增師問題竝ニ海軍新製艦費ニ關係シタ點ダケニ付テ、所見ヲ述ベルノデアリマス、諸君モ御承知デゴザイマセウガ、本員等ハ年來軍備ノ充實ニ付キマシテハ、熱心ニ贊成シ希望致シ來ッタモノデアリマス、常ニ國防ノ完全ナル計畫ノ立タンコトヲ期シマシテ、注意怠ラザルモノデアリマス、此點ニ就テハ反對ノ意見ヲ有セラルル諸君モ決シテ御異存ノナイコト、私ハ存ジマス、故ニ國防計畫ノ一日モ速ニ完全ナル計畫ノ立タンコトハ切望シテ已マヌノデゴザイマスガ、今回圖ラズモ歐洲ニ大戰亂ガアリマシテ、其結果ハ吾々軍事專門家デハアリマセヌケレドモ、多大ナル實驗ヲ與ヘ、又戰後ニ於キマシテハ國際關係ノ狀況ガ大ナル變化ヲ來スト云フコトハ確信シテ疑ナイノデアリマス、斯樣ナル場合デアリマスカラシテ、吾々日露戰爭、日淸戰爭ノ既往ノ成績ニ鑑ミマシテモ、日淸戰爭ノ後ニ於キマシテハ更ニ軍備ヲ充實シ、日露戰爭ノ後ニ至リマシテモ、亦此戰役ニ於テ得タル實驗等ヲ參酌致シマシテ、時ニハ增稅マデ致シテカラニ軍備ノ充實ヲ計ッタコトガアルノデアリマス、是等ノ經驗ニ徵シマシテモ、吾々ノ常識ヨリ見マシテモ、亦吾々ガ信ズル所ノ軍事專門家ニ質シマシテモ今回ノ大戰亂ガ多大ナル實驗ヲ與ヘルト云フコトハ、何人モ異議ナイトコロデアリマス、斯樣ナ場合ニ際會致シマシテ、茲ニ數年前ノ懸案ニ係ル二師團問題ガ現ハレマシタ、篤ト考慮ヲ致シ愼重ニ考ヘマシタトコロデ、此二師團問題ハ歐羅巴大戰亂ノ實驗ヲ考慮シテ出來タモノトハ私共ハ考ヘヌノデアリマス、故ニ今回ノ如キ未曾有ノ戰亂アリ、其實驗等ニ徵スベキ事ガ多々アリ、又實驗ノミナラズ戰後國際關係ニ於キマシテモ多大ノ變化ヲ來スト云フコトハ、眼前ニ見エテ居ル今日ニ當リマシテ、三年四年前ノ成案ヲ俄ニ決スルト云フコトハ、決シテ完全ナル國防計畫ヲ熱望スル者ノ忠實ナル行動デナイト信ズルノデアリマス(拍手起リ又「ノウ〳〵」ト呼フ者アリ)戰亂ニヨリ多大ノ實驗ヲ得ルト云フコトニ付キマシテハ再ビ繰返ス必要ハアリマセヌ、已ニ犬養君カライロ〳〵ノ御辯明ニナッテ居リマス、犬養君トハ論結ニ於テハ違ヒマスルケレドモ、種々ナル改良ヲシナケレバナラヌコトガ出來ルト云フコトノ御趣旨ニ至ッテハ、私ハ全然同感デアル、斯樣ナ次第デゴザイマスカラシテ、本員等ハ此經過ヲ暫ク見テ軍事當局者ヲシテ、十分ナル調査ヲ遂ゲシメ、帝國ノ國防計畫ヲ立テシメ、其成案ニ基イテ審議スルガ當然デアラウト云フノガ、卽チ委員會ノ報告ニ贊成スル所ノ理由デアリマス、又更ニ今日ノ列國ノ有樣ヲ見マシテモ、目前ニ迫ッテ必要ナコトガアルカト言ヘバ、本員等ハ決シテ左樣ニ認メマセヌ、朝鮮ニ二個師團ヲ置クノ必要アリト云フコトデアリマスガ、是ハ既ニ國民黨ノ犬養氏ヨリ述ベラレタ通リニ、ソレ程ノ必要ガアルナラバ內地ノヲ移シテモ宜シイノデアリマス、又滿洲方面ノ關係ヲ見マシテモ、露國ノ如キハ日々ニ親善ヲ加ヘテ、今日歐羅巴ノ大戰亂ヲ控エ帝國トハ非常ナル親密ノ關係ヲ結ビツヽアルノデアリマス、支那帝國ヲ保全スルニ兵力ガ足ラヌトカ云フコトノ御演說ガ、大石君ヨリ昨日ノ豫算委員會ニ於テゴザイマシタ、私ハ左樣ニハ信ジマセヌ、現在ノ兵力ヲ以テ支那國ノ保全ヲナスニ十分デアルト思フ、現在ノ有樣ニ於テハ十分デアル併ナガラ如何ニ兵力ヲ增シマシテモ外交當局者其人ヲ得ナケレバ何ニモナラヌノデアリマス(拍手起リ又「牧野ハドウダ」ト呼フ者アリ)前政府ノ事ヲ言ッテ居ルノデハアリマセヌ、現政府ニ對シテ吾々ハ論議ヲシテ居ルノデアリマス、ソレカラ又財政經濟――卽チ外列國ノ狀況ニ付テハ唯今申シマシタ通リ、目下ニ迫ッタル急用ノ事情ハナイ、內ハトウデアルカト申シマスレバ、內ニ於キマシテハ今日ノ財界ノ有樣ハ如何デゴザイマス、吾々ハ最モ力ヲ致シテ今日ノ財界ヲ救濟シナケレバナラヌ時デアルト思フノデアリマス、斯ノ如キ困難ニシテ且ツ緊急ヲ告ゲル事柄ノアル場合ニ於キマシテ、他日ヲ待テバ新實驗ニ基キ完全ナル調査モ出來ル、目下ニ於テハ格別ノ必要ナイト云フ師團計畫ヲ、今日ニ於テ決定シナケレバナラヌト云フコトハ本員等ハ其理由ヲ發見スルコトガ出來ナイノデアリマス、倘本員ハ目下ソレ程ノ必要ナイト云フコトノ一ノ反證トモ見ルベキコトガ出來ハセヌカト思ヒマス、或ハ引例ガ小サイカモ存ジマセヌガ、頃日帝國政府ハ某々國ニ向ッテ軍器ヲ賣却シタト云フコトガアリマス、多大ノ軍器ヲ賣却シタト云フコトデアリマス、是ヨリ以上ノ詳シイコトハ暫ク申シマセヌガ、若シ非常ナル切迫ノ事情ガアルナラバ、現ニ交戰國ノ政府ガ急迫ヲ告ゲテ讓受ヲ求メテ來ルトコロノ軍器デアリマスカラ、萬更役ニ立タナイモノデハアリマスマイ、之ヲドシ〳〵賣却スルト云フノハ、今日日本ニ於テハ軍事上ニ左程ニ心配スルコトハナイト云フ事實ヲ當局自ラ認メタノデアラウト思ヒマス、併ナガラ誰レヤラ共邊ニモ御出デニナルヤウデスガ、歐洲ノ戰亂ニ對シテ我ガ帝國ヨリ出兵ヲスルト云フ如キ愚論ヲ唱ヘル者ガアリテ、カリソメニモ斯ル愚擧ヲ爲スト云フコトガアルナラバ、今日ノ兵備デハ足ラヌト思フガ、吾々ハ斯ノ如キ愚擧ニ對シテハ絕對ニ反對ヲ表スルモノデアリマス

(拍手起ル又「ノウ〳〵」ト呼フ者アリ議場騷然)

○議長(奥繁三郎君)　水野君御愼ミナサイ

○元田肇君　既ニ斯ノ如キコトガナイ以上ハ決シテ今日ニ迫ッタ急用ハナイト信ズルノデアリマス、又昨日大石君ノ豫算總會ニ於テノ御演說中ニ、今カラヤッテ置カナケレバ間ニ合ハナイト言ハレタガ、是モ一向薄弱ナル御議論デ、諸君ノ言葉ヲ藉リテ言ヘバ貧弱ナル御議論デアラウト思フ、十年トカ、幾年トカノ年月ヲ經テ、僅ニ完成スルト云フモノガ一年延バレテナニ間ニ合ハヌト云フコトガアリマセウカ、決シテ左樣ナコトガナイノデアル、是等モ更ニ理由ニナラヌコト、思ヒマス、ソレカラ私ハ又今日政府ニ於テ原案ヲ維持スル必要ノナイト云フコトニ付テ十分ナル證據ガアラウト思フノデアリマスガ、是ハ餘リニ露骨ニナルカ存ジマセヌガ、本案ハ恐ラクハ衆議院ニ於キマシテ大多數ヲ以テ豫算委員長ノ報告通リ削除ニナルコトデアラウト信ジマス、假ニ左樣ニナッタ場合ニ於テ政府ハ寧ロ吾々ノ意見ヲ容レテ一年ナリ御延期ニナッタラ宜カラウト思フ、延期ヲシナイ、延期ヲシナイト云フコトデアッテ、一年前ニ出來マスカ若シ否決トナリ政府之ニ反對シテ、所謂大ナル權力ヲ揮フカ知ラナイガ、大ナル權力ヲ揮ッタトコロデ一年前ニ出來マスカ、出來ナイコトヲ知リナガラ政府自ラ進ンデ議會解散デモアル樣ニスルト云フナラバ、卽チ今

日シナケレバナラヌ必要ノナイト云フコトヲ政府自ヲ證スルモノト認ムルノデアリマス（拍手起リ又「ノウ／＼」ト呼ブ者アリ）私ハ誠ニ演說ニ慣レズ訥辯デアリマス、諸君ノ清聽ヲ汚シタコトハ恐縮ニ存ジマス、以上大體ノ趣意ニ於キマシテ增師問題卽チ二個師團ハ今回ハ延期スルヲ至當ト認メル次第デアリマス、尙海軍ノ水雷艇驅逐艇八隻潛水艇二隻ニ付テモ同ジヤウナ理由ニ依ッテ之ヲ延ベルコトガ出來ルト思フノデアル（「ノウ／＼」）諸君ハノウ／＼ト言ハレルガ私ハ德義ヲ以テ此所ニハ明言ヲ致サナイ、海軍大臣ハ與ニドウ信ゼラレルコトデアラウカ、諸君ノ中ニハ御分リニナッテ居ル人ガアルデアラウ、私ハ海軍大臣ノ言トハ申シマセヌ、德義ヲ重ンジ――併ナガラ多大ナル海軍ノ製艦費ヲ請求スル積リデアル、アルガ歐羅巴ノ戰亂ニ鑑ミテ種々ノ調査ヲ要スルカラ是ハ他日ニ讓ルノデアルト云フコトヲ言ハレテ居ルトハ申シマセヌガ、斯ウ云フ意志ヲ有ッテ居ルコトヲ私ハ確信スルノデアリマス（「明カニ言ヒ給ヘ」ト呼フ者アリ）既ニ歐羅巴ノ戰亂ニ鑑ミテ他日ニ出スノ必要アリト云フコトヲ、若シ海軍大臣ガ御同感デアルナラ、アルカナイカヲ此所デハ質問ハ致シマセヌガ、アリマスナラバ今回ノ水雷艇ニ於テモ同一デナケレバナラヌノデアリマス、先刻片岡君ハ何故ニ臨時議會ニ於テ、十隻ノ水雷驅逐艦ニ贊成シタカト言ハレタガ、何故處ノ話デナイ、吾々ハ當局者ガ軍事費ト云フ中ニ潛リ込ンデ斯ノ如キ補充費ヲ出スト云フコトハ甚ダ不都合トハ存ジマシタケレドモ、現ニ今回ノ戰亂ニ關與致シマシテ、水雷艇ノ沈沒シタノモアルト云フコトデアリマスカラ、十隻ハ少シ多イト思ヒマシタナレドモ、審議シテ之ニ贊成シタ次第デアッテ、之ニ贊成シタカラ後カラ持ッテ來ルモノヲドレ／＼贊成シナケレバナラヌト云フ理由ハ少シモナイノデアリマス（拍手起ル）私ハ大體ニ於テ唯今申シタ理由ニ依ッテ委員會ノ報告ニ贊成ヲスルモノデアリマスガ、終リニ臨ンデ尙一言ヲ致シタイト思ヒマス（「マダ早イ」ト呼フ者アリ議場騷然）

○議長（奧繁三郎君）　靜肅ニ……

○元田肇君　ドウカ諸君御靜肅ニ御聽取リヲ願ヒタイ（「謹聽々々」ト呼フ者アリ）日獨開戰以前ハ姑ク擱キマシテ、開戰ノ詔勅ガ降下アリマシタ當時ニ、吾々ハ各地方ニ遊說等ノ部署ヲ定メテ居ッタコトデゴザイマスガ、今日ハ聊カニテモ政爭ヲ刺激スル嫌ガアッテハナラヌト云フノデ、總テ之ヲ中止致シマシタ、私ハ此際ニ――大隈總理大臣ガ御出デニナリマセヌガ――斯樣ニ信ジタ、新聞紙上デ傳リ聞ケバ、英國ニ於テハ當時議會ニ大紛擾ヲ生ジテ居ル問題ガアッテ殆ド國亂ヲ釀サントスルマデニ至ッテ居ッタガ、在朝在野ノ兩黨ガ相會シテ擧國一致ノ實ヲ擧ゲルコトニシタト云フコトモアルカラ、定メテ我大隈首相モ事茲ニ出ルデアラウト思ヒマシタガ大隈首相ハ更ニ茲ニ出デマセヌデ却テ往々ニシテ在野黨ヲ挑發スルノ言動ヲ恣ニサレテ居リマス、又他ノ內閣諸大臣ハ如何デアリマス、吾々ハ地方ノ遊說マデ中止シタニ拘ラズ（「出來ナイノデナイカ」ト呼フ者アリ）各方面ノ政黨其他ノ大會ニ出席サレテ、自己ノ政黨ノ擴張ニ日モ亦足ラズト云フ行動ヲサレテ居ルノデアリマス、（「ソレガ國防問題デスカ」ト呼ヒ「默レ」ト呼フ者アリ）又其後ニ至リマシテモ嚮キノ臨時議會ニ於テハ、現內閣ハ吾々ノ斯ノ如キ誠意アル態度ヲ執ッテ居ルニ拘ラズ、軍事費ト云フ吾々ノ深ク立入リ詮議ノ出來ヌ費目ノ中ニ製艦補充費ニ屬スベキ處ノ水雷艇十隻ノ新造費ヲ竊入シテ提出シタノデアル、私ハ之ヲ以テ甚ダ失當ノ所爲デアルト云フコトヲ感ジマシタガ、併ナガラ形式上ノ事ニ付テ彼レ此レ當時ノ議會ニ爭フノハ穩カナラヌコトデアル、或ハ爭フベキ筋デアルカ知ラヌガ、此場合差控ヘタ方ガ宜カラウト考ヘテ是モ差控ヘテ贊成シタ次第デアリマス（「理由ガナカッタノダ」ト呼フ者アリ）理由ハアル、諸君苟モ議員デアルナラバ、軍事費ノ中ニ一般ノ補充費ヲ入レテ出シテ來ル其形式ト這般當局ノ心理トヲ是認スルモノガ何處ニアル、又臨時議會ノ當時ニ於ケル大隈首相ノ言動ハ如何デアリマス（「公明正大」ト呼フ者アリ）伯ハ大ナル權力云々ト云フコトヲ繰返サレテ居ル、當時他ノ內閣諸公ハ不謹愼ノ言ナリトシテ窃ニ伯ニ忠告サレタヤウニ承ッタガ、當然斯クアルベキコトデアリマス、然ルニ今回卽チ昨日ノ豫算委員會ニ於キマシテハ、首相伯ハ又再ビ之ヲ繰返サレタ首相ガ原案ニ贊成ヲ求メルノハ宜シウゴザリマスガ、若シモ諸君ガ贊成シナケレバ憲法ニ依リ與ヘラレタル所ノ權能ニ依ッテ最後ノ處置ヲスルト云フヤウニ言ハレマシタ（「當然ノ事ナリ」ト呼ヒ「默レ」ト呼フ者アリ議場騷然）御聽キナサイ、憲法第七條ニハ何トゴザイマスカ、憲法第七條ニハ「天皇ハ議會ノ開會閉會停會及解散ヲ命ス」トアッテ是レハ大權ニ屬スル事柄デアリマス（ヒヤ／＼）然ルニ臣子ノ分ト致シテ殊ニ閣臣ト致シマシテカリソメニモ大權ヲ振リ廻ハスガ如キ言動ヲナスニ至ッテハ事甚ダ穩カナラザルノミナラズ、上　陛下ニ對シ奉リ私ハ恐縮ニ堪ヘザルモノト思ヒマス（拍手起ル）斯樣ナル內閣ノ態度（議場騷然）內閣ノ態度デアリマシテ、是ガ國民ヲ挑發スルト云フコトニナラヌトハ言ハレマスマイ（「ヒヤ／＼」）議院開ケテヨリ茲ニ二十五年、私モ不肖ナガラ議院ニ出席ヲ致シテ居リマスガ、首相又ハ內閣大臣ニシテ斯ク迄天皇陛下ノ大權ヲ振翳スガ如キ言動ヲ以テ議會ニ臨ンダ人ガ誰ガアリマス（拍手起ル、議場騷然）本員ハ茲ニ現內閣不信任ヲ問ハント欲シテ言フノデハアリマセヌガ、斯ノ如キ態度ヲナサルト云フコトハ誠意協贊ヲ求メラル、所以デナイト思ヒマス（「嘘ヲ言フナ」ト呼フ者アリ議場騷然）私ハ斯樣ニ確信スル（「元田肇君ハ嘘吐キナリ」ト呼フ者アリ議場騷然）吾々ハ自己ノ見地ヨリシテ反對スベキハ反對シ贊成スベキハ贊成スル、動モスレバ不信任ト云フコトヲ言ハレルガ、本員ハ決シテサウ云フ考デ國防問題ヲ論議スルノデハナイノデアリマス（議場騷然）國防問題ニ於キマシテ決シテ左樣ナコトハナイノデアリマス、斯ノ如ク吾々ハ公明ノ態度ヲ有ッテ居ルニモ拘ラズ、首相ニ於テ動モスレバ大聲疾呼シテ吾々ニ臨ムトコロヲ見マスルト、國民ノ一致ヲ破ルモノハ吾々ニ非ズシテ內閣諸公ナリト言ハナケレバナラヌノデアリマス、而シテ吾々ハ師團問題ヲ暫ク延期シ、次年度迄ニ充分ナル調査ヲナシ其成案ニ基キ決定シタラ宜カラウ、吾々ハ其際ノ審議協贊スルト云フコトヲ言フテルニモ拘ラズ、大ナル權力ヲ振廻シテ今回ノ原案ニ贊成セネバ斷乎タル最後ノ處分ヲスル卽チ解散スルト云フノデアラウカ、解散シタ所ガ師團等ノ增設ガ今直ニ出來マスカ、之レガ出來ナケレバ一年延期シタト同ジコトデアル、是等ノ點ハ獨リ師團ノ增設潛航艇等ノ出來ルノガ遲クナルノミデハアリマセヌカ、此解散ニ依ッテ起ルトコロノモノハ國民ノ心ヲ激シ紛擾ヲ來タスノミデ、大ナル不幸デアルト言ハナケレバナラヌ、私ハ唯今大隈首相ノコトヲイロ／＼申シマシタガ、是レ決シテ大隈伯ヲ罵ルノデハナイ、何卒考慮セラレテ上　陛下ニ對シ奉リ又下國民ニ對シテ誠意アル相當ノ處置ヲ取ラレタイト思フカラデアル、何卒冷靜ニ考ヘラレテ吾々ノ誠意ニ基クトコロノ削減ニ同意セラレムコトヲ望ム次第デアリマス、以上ヲ以テ私ノ演說ハ終了ヲ告ゲマス

（拍手起ル）

○小泉策太郎君　元田君ノ演說ニ對シテ質問ガアリマス、議長々々

（「無用々々」「謹聽々々」發言ヲ求ムル者多シ）

○議長（奧繁三郎君）　チョット靜カニ、靜カニ、小泉君何デス

（此時小泉策太郎君議席ヲ離レ登壇セントス）

○議長（奧繁三郎君）　私ハ發言ヲマダ許シマセヌ

（拍手起ル議場騷然）

○議長（奧繁三郎君）　田川大吉郎君

（田川大吉郎君登壇）

（小泉策太郎君「元田君ノ演說ニ對シテ質問ガアル」ト呼フ）

○議長（奧繁三郎君） 今田川君ニ發言ヲ許シマシタ

（小泉策太郎君「議長ハ越權デアリマス」ト呼フ）

（「大ナル權力ヲ行ヘ」「最後ノ議長ダ確カリヤリ給ヘ」ト呼フ者アリ）

○田川大吉郎君 諸君、前論者ノ後ヲ追ヒマシテ、私モ二個師團增設ノ計畫ニ關シ意見ヲ述ベマス、或ハ海軍ノ新要求ニマデ及ブカモ知レマセヌ、其以前ニ豫算委員長大岡君ニ御相談申上ゲマス、先程ノ國債整理基金ノ收入ニ關スル御報告ハ、印刷ノ間違デアッタラウト思ヒマスガ如何デセウ、若シ印刷ノ間違デアッタナラバ速ニ其通リ訂正セラレムコトヲ望ミマス

（拍手起ル）

○大岡育造君 議長ガ唯今述ベルコトヲ許サレルナラバ發言シヤウト思ヒマスガ、ソレニ付テハ書面ガ出テ居リマス

○議長（奧繁三郎君） 田川君ノ發言中デアリマスガ、田川君ノ承諾ヲ得テ大岡君ニ暫時發言ヲ許シマス

○大岡育造君 本員ハ田川君ノ御請求ガアリマスカラ此際申シテ置キマス、委員長ガ先刻報告致シマシタ減債基金ノ件ハ委員會ニ於ケル決議ノ儘ヲ報告ヲ致シタノデアリマスガ、更ニ形式上穩當ヲ缺クト思ヒマスカラ、動議ガ出テアリマス、ソレヲ一讀ヲ願ヒマス

○田川大吉郎君 如何ナル御動議ガ提出ニナッテ居リマスカ知リマセヌガ、委員長ノ報告トシテハ如何ニモ失態デアリマス（拍手起ル）サリナガラ……

（此時大岡君發言ヲ求ム）

○田川大吉郎君 御待チ下サイ

○議長（奧繁三郎君） 大岡君ニハ發言ヲ許シマセヌ

○田川大吉郎君 私ハ委員長ニ向ッテ委員長ノ失態ヲ責メルノデアリマセヌ、委員長ノミノ失態デハアリマセヌ、豫算委員ノ一人トシテ私自身モ失態ノ責ヲ負フノデアリマス、唯豫算委員會アッテ以來斯ノ如キ失態ノ報告ノアッタコトヲ豫算委員ノ一人トシテ此議會ノ爲ニ遺憾トスルノデアリマス（拍手起ル）私ハ委員長ノ報告ニ反對スル者デアリマス、其修正削除ノ全部ニ反對ヲ致シマス、サリナガラ陸海軍ノ問題ニ付テノミ意見ヲ述ベマス、私ハ第一ハ國防上ノ必要ヨリ二師團計畫ニ贊成ヲ致シマス、私ハ本計畫ヲ以テ帝國ノ領土並ニ勢力ノ發展セラレタル結果ト思フ者デアリマス、隨テ本計畫ヲ以テ日露開戰ノ結果デアルト思フ者デアリマス、日露戰爭ノ結果トシテ帝國ノ勢力ガ滿洲ニ伸ビ又朝鮮ノ併合ガ行ハレマシタ爲ニ、私ハ今日ノ計畫アルニ至ッタモノト信ジマス、本來ヲ申セバ私ハ日露ノ開戰ニ贊成ヲシナカッタ者デアリマス、又朝鮮ノ併合ニモ同意シナカッタ者デアリマス、故ニ左樣ナ反對ノ意見ヲ今日モ尙ホ述ベル機會ガアリマスレバ、二個師團問題ニ對スル私ノ態度ハ別ニ考慮ヲ要シマス、サリナガラ既ニ帝國ノ勢力ハ滿洲ニ扶殖セラレ、又朝鮮ノ併合ガ確實ニ實施セラレマシタル今日ニ於テハ、新シキ國狀地勢ハ新ラシキ國防ノ計畫ヲ產ムモノデアル、此意味ニ於テ私ハ今日二師團ノ擴張計畫ヲ國防上ノ必要ヨリ是認セザルヲ得マセヌ、第二ハ財政上ノ理由デアリマス、今日ノ財政計畫ノ基礎ハ未ダ充分鞏固デナイカモ知レマセヌ、此點ニ於テハ議論ノ餘地ハ尙ホ存シテ居リマス、サリナガラ大正四年度ノ歲計總額ハ五億五千万圓デアッテ、二師團ノ擴張ニ要セラレル經費ハ僅ニ七十一万圓ニ過ギナイ、歲計ノ總額ニ對シテハ約八百分ノ一デアリマス、此八百分ノ一ノ費用ヲ計上スルコトハ若クハ計上セザルコトガ帝國ノ財政計畫ニ多大ノ影響アリトハ私ハ認ムルコトガ出來マセヌ（拍手起ル）或ハ陸軍ノ要求ハ「ピラミット」ノ尖端ノヤウニ歲ヲ逐フニ從ッテ多大ニ膨脹シ來ルヲ常トスル、故ニソレニ反對スルノデアルトノ御論ヲ聽キマシタ、サリナガラ其愈〻膨脹致シマシタル費用モ、經常費ニ於テハ五百二十万圓ニ過ギマセヌ、臨時費ニ於テハ一千二百万圓ニ過ギマセヌ、故ニ之ヲ以テ今日ノ帝國ノ財政ガ負擔シ難キ莫大ノ費用デアルトモ私ハ認ムルコトガ出來マセヌノミナラズ、陸軍ノ當局ハ數年以來數回ノ行政整理ヲ試ミマシテ、恆久的財源ニ於テ約五百三十万圓、一時的財源ニ於テ約一千七百万圓ヲ節減シ得タト申シテ居リマス、此以外ニ四千四百万圓ノ繰延ガアリマスガ、繰延ハ別トシテ恆久的財源ニ於テ五百餘万圓、一時的財源ニ於テ一千七百万圓ノ節減シ得タト稱シテ居リマス、サスレバ二師團ノ擴張ガ完成致シマシタ場合ニ於テノ經常費ノ五百二十万圓ヲ節減シ得タル恆久費ニ於テ支辨スルニ足リ、又一時ニ要スル臨時費ノ一千二百万圓ハ其節減シ得タル一千七百万圓ニ於テ負擔スルニ餘リガアリマス、斯樣ナ關係ニ於キマシテ私等ノ同志ノ中ニハ、此際之ヲ擴張スルコトヲ必ズシモ財政上ノ大膨脹デナイト認メテ居ル者ガアルノデアリマス（「者モアルンダラウ」ト呼フ者アリ）勿論國民黨ノ諸君ノ唱ヘラレル偏武的財政計畫ト云フコトニ付テハ、私等モ同ジヤウナ心配ヲ持テ居ル者デアリマス、サリナガラ事既ニ此處マデ遂ゲマシタトスレバ、從前ノ經過ニ顧ミマスレバ、諸君ノ唱ヘラレル意見ノ力ガダレダケ陸軍ノ部內ニ浸入シ、徹底シタ結果デアルト申スコトモ差支ナイト思フ（「ヒヤヒヤ」又「謹聽」ト呼フ者アリ）諸君ノ努力ノ結果トシテ此事アルニ至ッタ、此事ハ諸君ノ主張ノ勝利トシテ認ムベキ價ガアルモノダト思フ、又私ハ整理シタル金サヘアレバ何個師團デモ擴張シテ宜シイト申スノデナイ、又陸軍ノ行政整理ハ此時ニ終ッタ、是レ以上節減ノ餘地ナシト云フ者デモナイ、ソレ等ノ關係ヲ離レマシテ兎ニ角斯ノ如キ財源アリ、財政上ノコトハ左程大キク爭フノ價ナキモノト云フ風ニ思フノデアリマス（「財政ニ於テハ爭ッテ居ヌ根本ニ於テ違ッテ居ルノダ」ト呼フ者アリ）第三ノ理由ハ政治上ヨリ來ル、併シ是ニ付テ私ハ多クヲ語ルコトヲ欲シマセヌ、唯御互ニ政黨政治ノ發達ヲ希望シテ居リマス、同士トシテ二個師團問題ニ關スル吾々ノ爭ヒノ動機ガ公明デナイ、正大デナイ、愛國的デナイト云フ風ニ世間一般カラ批評セラルヽコトヲ甚ダ殘念ニ感ジマス（「ヒヤヒヤ」ト呼フ者アリ）帝國ニ於ケル政黨政治ノ完全ナル發達ヲ將來ニ希望スルノ一人トシテ（「一人一黨ノ政黨デハナイ」ト呼フ者アリ）政黨ノ信用ニ關スル斯ノ如キ侮辱ヲ加ヘタル批評ノ行ハレマスコトヲ甚ダ殘念ニ思ヒマス（拍手起ル）從ッテ諸君ト共ニ此際ヲ機トシテ之ヲ解決シテ、我ガ政界ノタメニ晴レテ新シイ分野ノ展開ヲ望ム者デアリマス、此意味ニ於テ私ハ今日ノ計畫ニ贊成ヲ表シマス、第四ニハ尙一ツノ理由ガアリマス、ソレハ先程カラ御話ノ今年ニ於ケル歐洲ノ大戰亂ヨリ來タル（「贊成ナラ贊成デ早クヤッテシマヘ」ト呼フ者アリ）其歐洲ノ戰亂ガ支那ニ及ボス影響如何ト云フコトヲ思フノデアリマス、從來支那ノ國體ハ決シテ鞏固デアッタト言ヘマセヌ、之ヲ支持スルタメニハ歐洲ノ諸强モ亦其一員トシテ協同ノ威力ト及ビ資力ヲ要シ來ッタノデアリマス、支那ハ其歐洲ノ諸强ノ威力ト資力トノ援助ニ依テ、辛ウジテ今日マデノ平和ト小康ヲ維持シ來ッタモノデアリマス、此度ノ戰亂ノ結果トシテ歐洲ノ諸强ノ支那ニ及ボスベキ威力並ニ資力ガ大ニ衰ヘ來ッタコトヲ感ズル、從ッテ東洋ノ平和ヲ維持スル責任ハ、殆ド全部トマデ申シテ差支ナイ位ニ、御互ニ日本帝國ノ肩ニ振リ掛カッテ來タ（「簡單」又「謹聽」ト呼フ者アリ）帝國ハ從來トモ支那ノ平和、若クバ東洋ノ平和ノ維持ノタメニ多大ノ力ヲ盡シマシタガ、今後ハヨリ以上ノ努力ヲ致サナケレバナリマセヌ、私ハ此形勢ノ變化ニ重キヲ措クモノデアリマス、此變化シタル形勢ノ下ニ處シテ確實ニ東洋ノ平和ヲ保障センガタメニハ、日本ノ爲スベキコトハ極メテ多イ、其中ニ軍備ノ充實ナルモノハ最モ主ナル要素デアルト信ズル者デアリマス（拍手起ル）東洋ノ平和ノ保障タル帝國ノ位地責任ヲ充分滿足ニ維持シ、

且ツ遂行スルタメニハ、此場合ニ於ケル陸軍ノ擴張已ムベカラズト云フコトヲ信ジマス（「ヒヤヒヤ」ト呼フ者アリ）私ハ略〻以上ノ理由ニ依テ此計畫ニ賛成スル者デアリマス、委員長ノ報告ニ反對スル者デアリマス（拍手起ル）最後ニモウ一言ヲ附加ヘテ置ク、ソレハ政友會ノ御唱ヘニナルトコロヲ靜カニ伺ヒマスルト、現内閣ニ對シテ不信任トハ申サレマセヌケレドモ、御議論ノ傾向ト其結果カラ考ヘマスレバ、現内閣ニ對シテ如何ニモ不信任ノ意向ヲ懷イテ居ラル、モノ、ヤウニ察セラレマス、（拍手起ル）從ッテ不信任ノ感情意思ガ基ヲ爲シテ二師團計畫ヲ削減セルニ至ッタノデハナイカト感ズルノデアリマス（「ノウ〱」ト呼フ者アリ）私等ハ現内閣ノ政策ヲ一カラ十マデ謳歌スルモノデアリマセヌ、サリナガラ此春山本内閣ニ向ッテ突撃シ之ヲ崩壞セシメタル運動ノ荷擔者トシテ（「惰力トシテ」ト呼フ者アリ）今日ニ於テ其以來ノ時局ヲ拾收スベキ責任ヲ私等ハ背擔ッテ居ル一人ダト思フ（拍手起ル）而シテ其山本内閣ニ代ッテ立ッタル大隈内閣ハ、創立以來未ダ一年ナラズ、其幾多ノ經綸ヲ行ハントスルニ方ッテ、今日ノ時局ニ際シテ居ル、ソレヲ支持シテ此春ノ内閣ノ更迭ヲ惹起シタル目的ヲ達スルタメニ努力致スコトハ、當然ニ吾等ノ責任ダト思ッテ居ル、此意味ニ於テ吾等ノ同志ノ中ニハ、二個師團計畫ノ内容ニ付テハ、マダ腑ニ落チナイト思ッテ居ラル、方モアルニ拘ラズ、多數一致シテ政府ノ計畫ニ賛成ヲ表スル所以デアリマス、私ハ最早此上多クヲ言フ必要ヲ認メマセヌ、經濟的軍備ノ擴張論、一年ノ兵役論、是ハ未ダ現レザル問題トシテ考ヘルヨリ外ハナイ、其趣意ニ於テハ幾分同情ヲ表スル點ガアリマスケレドモ、其考案ガ分明ニアリマヒヌ以上ハ、之ニ向ッテ可否ノ批評ヲ試ムルコトハ出來マセヌ、故ニ是等ハ將來トシテ、將來ニ還シ去ルヨリ外ハナイ、但シ此議論ガ國民派ノ諸君ヨリ現レ來ッタコトニ付テハ注意スベキ理由ガアルト思フ、國民派ノ諸君ハ從來軍備縮小論ヲ御唱ヘニナッテ居リマシタ、其軍備縮小論者ガ今日ニ至ッテ經濟的軍備ノ大擴張、若クハ一年兵役ニ於テノ兵員ノ增加ヲ希望セラレマスコトハ、正シク是ハ歐洲大亂ノ影響デハアリマセヌカ（「ノウ〱」ト呼フ者アリ）其結果デハアリマセヌカ、私ハ歐洲ノ大亂ニ於テ國ヲ擧ゲテ戰ヒツ、アル實況ヲ見ラレテ、從來軍備縮小論ヲ唱ヘラレタ國民黨ノ諸君ガ、此ニ至ッテ軍備ノ擴張論ヲ唱ヘラレル所以ダト解スル（「ヒヤ〱」「ノウ〱」ト呼フ者アリ）政友會ノ諸君ノ唱ヘラレマスコトモ、其根柢ニ於テハ軍備ノ擴張論デアリマス、故ニ私ハ滿場ヲ見渡スニ軍備擴張論ガアッテ軍備縮小論ガナイト思フ、從ッテ之ヲ擴張致シ置キマスコトハ、將來ニ大ニ擴張セザルベカラザルノ機會ガ來ルト致シマスレバ、其擴張ニ伴フ一ノ前提ニ過ガマセヌ、今日擴張致シ置クコトハ將來大擴張ヲ必要トシテモ、其大擴張ヲ致スコトニ何等ノ差支ナイモノト見ル者デアリマス、加之當局者ガ二十一個師團若クハ二十五個師團デ足レリト申シマス兵數ヲ、吾等ヨリ進ンデ其兵數デハ不足ナリト論ズル理由ハナイト思フ、當局者ハソレニ伴フ經費ヲ要求シテ足レリト唱ヘルモノニ向ッテ、吾等ヨリ其兵數デハ足リナイ、其財力デハ足リナイナドト云ッテ、進ンデ經費ヲ膨脹スルガ如キ議論ヲ議會ヨリ唱ヘル必要ハナイト私ハ思フ、（「大ニアル」「ヒヤ〱」ト呼フ者アリ）斯ノ如キ議論ハ私ノ思ヒマスノニハ、從來ノ歷史ニ反シテ居ル、慣例ニモ悖ッテ居ル、議會政治本來ノ精神ニモ合ハナイト思フ、故ニ私ハ唯今日陸軍當局ヨリ要求セラル、程度其モノヲ賛成スルノデアリマス（「ヒヤ〱」「ノウ〱」ト呼フ者アリ）最後ニ政友會ノ先達諸君ニ一言ヲ呈シタイ、政友會ハ從來國防ノ擴張ニ賛成シ來ッタ、歷史ヲ有ッテ居ラレル、一部ノ人士ハ之ヲ以テ政友會ノ誇ルベキ貴重ナル光輝アル歷史ト御唱ヘニナッテ居ラレル（「今デモ其通リダ」ト呼フ者アリ）單リ今回ニ限ッテ之ニ反對セラル、ノハ特別明白ナル理由ガ無クテハナラヌ（「アル〱」ト呼フ者アリ）其特別明白ナル理由ヲ懇切周到ニ說明シテ、廣ク天下後世ノ惑ヲ解カレタイト思フ、否ラズンバ今日世間ニ傳ヘラル、如ク紛々タル噂ハ、或ハ政友會ノ歷史ニ未來長ク拭フベカラザル汚點ヲ遺サンコトヲ惧レル者デアリマス（「ヒヤヒヤ」ト呼フ者アリ拍手起ル）特ニ政友會創立者タル故伊藤公ハ、朝鮮第一次ノ統監トシテ其併合ノ爲ニ力ヲ盡サレマシタ、最後ニハ命ヲ哈爾賓ニ落シ（「マアソンナ事ハ宜イヂヤナイカ」ト呼フ者アリ）所謂大陸政策ノ首唱者トナリ、又犧牲トナラレテ其鮮血ノ痕ハ未ダ消エテ居ナイ、其壯烈ノ死ト愛國ノ至情トハ今日ニ於テモ政友會ノ問ニ遺ッテ居ルベキ筈デアリマス（「遺ッテ居ル」ト呼フ者アリ）然ルニ政友會ガ今日ニ至ッテ本計畫ニ反對シ、此多年唱道シ來ッタ大陸政策、其政策當然ノ結果ヲ殊更ニ無視スルガ如キ、更ニ伊藤公當年ノ死ヲモ志ヲモ水泡ニ歸セシメントスルガ如キ態度ヲ執ラル、ハ何ゾヤ（「誤解々々」ト呼フ者アリ）或ハ是ヲ餘事ト言ハレルカモ知レヌ、サリナガラ私ガ此一節ヲ挾ンデ特ニ先達諸君ノ考慮ヲ求メルノデアリマス、仔細ニ考慮ヲ盡サルレバ時ハ未ダ遲レテ居ナイ、マダ表決ノ間ニハ合ヒマス（笑聲起ル）私ハ此ニ於テ大政黨ノ襟度ヲ示サレンコトヲ望ム、其結果擧國一致ノ實ヲ完ウスルコトガ出來レバ、是ハ區々一ノ大隈内閣ノ利益ナドト云フ問題デハナイ、眞ニ國家ノ慶事國民ノ望ミデアル、故ニ政友會ノ先達諸君ノ此機會ニ於テモ特ニ愼重ナ考慮ト表決トヲ祈ル譯デアリマス

（拍手起ル）

○議長（奧繁三郎君） 井上角五郎君

（井上角五郎君登壇）

（拍手起ル）

○井上角五郎君 諸君、本員ハ四年度ノ歲計案ニ關シマシテ、豫算委員會ガ查定シタル、其查定ノ理由ヲ述ベテ以テ諸君ノ參考ニ供シ、特ニ當路諸君ノ參考ニ供シテ、是ガ反省ヲ求メタイノデアリマス、本員ノ見ルトコロデハ、本歲計案ハ要スルニ財政上何等永遠ノ計畫ガナク（「ノウ〱」ト呼フ者アリ）全ク姑息ノ（「ノウ〱」ト呼フ者アリ）モノニ過ギナイノデアリマス（「ヒヤ〱」「默ッテ聽ケ」ト呼フ者アリ）本歲計案ノ收支相償ハザルコトハ、本員ガ本會議ニ於テ又豫算委員會ニ於テ度々質問シタ結果、若槻大藏大臣ガ左樣ナル四年度ノ歲入ハ收支償ハザルモノデアルト云フコトヲ明カニ答ヘラレタノデアル、大藏大臣ハ曰ク、但シ明年度乃至其以後ニ於テハ收支ハ償フノデアルガ、本年度ハ收支償ハナイノデアルト云フコトヲ言ハレタ、收支相償ハザル豫算案、サウシテ明年度乃至明年度以後ハ――次年度乃至次年度以後ハ收支相償フモノデアルト、大藏大臣ガ言ッテ居ルトコロノモノハ、ドノヤウニナル根據デ言ッテ居リマスカ、本員ハ當局ガ歲入ヲ殊更ニ多ク積ッタ嫌ノアルコトヲ認メテ居ルノデアル、ケレドモ敢テ之ヲ非難シナイ、又當局ガ新規ノ事業ハ幾許カ計上シタケレドモ、所謂產業奬勵國家ノ發展ニ資スベキモノト云フノ新規事業ヲ、殆ド全ク計上シテ居ナイコトヲ認メルノデアル（「ノウ〱」「ヒヤ〱」ト呼フ者アリ）然レドモ本員ハ是モ敢テ非難シナイノデアル、要スルニ今日戰爭ノ時ニ方ッテ歲入ガ、兎モ角モ減少シタト云フコトハ事實デアルカラ、十分ナル財政ノ計畫ガ出來ナイノハ當然ノ事デアルカラ致方ガナイト本員ハ思ッテ居ルケレドモ、併シ大藏大臣ガ明年度以後ハ立派ニ收支相償フモノデアルト言ハル、ニ至ッテハ、之ニ對シテ其理由ノ如何ニモ信ズルニ足ラヌト云フコトヲ一言セザルヲ得ナイノデアル、（「謹聽」ト呼フ者アリ）大藏大臣曰ク次年度ニ至ラバ――是ハ大藏大臣ノ言葉デアル、大藏大臣ハ曰ク、次年度ニ至ラバ歲出ノ課目デ本年ハ計上シテアルガ、計上シナクテ濟ムモノモ出來マス、次年度ニ至ラバ繼續ノ費用デアッテ、今年ハ多額ヲ要スルケレドモソレ程多額ヲ要セヌモノモアリマス、故ニ本年ト同樣歲入デアッテモ、次年度以後ハ收支相償ッテ剩ルト云フコトニナリマスト、斯ウ言ッテ居ル、諸君、國家ハ活キテ居ル、幸ニ我國ハ漸次ニ

發展シテ居ル、發展スレバスル程發展ニ對シテ入費ノ要ルノハ致方ノナキコトデアッテ、舊費目ガ去ッテ新費目ガ起リ、繼續年度割金額ノ如キ或モノハ段々ト減ッテ居ル、或モノハ全ク無クナッタケレドモ、總計ニ於テハ未ダ曾テ減少シタコトハ無イノハ、今日ノ實際ノ事實デハナイカ、然ルニ大藏大臣ガ左樣ナルコトヲ言ッテ明年度以後ハ收支相償フモノナリト、豫算總會ニ於テ明言シタノハ、恰モ覺エズ知ラズ永遠ノ計畫ナキコトヲ自白シタルモノナリト斷定スルノデアリマス（拍手起リ「ヒヤ〳〵」「何ダ」又ハ「分ラナイ何ヲ言ッテ居ルノダ」ト呼フ者アリ）斯樣ナル本豫算案ヲ見テ、先刻モ片岡君ガ決シテ薄弱デナイ、其決シテ薄弱デナイト云フコトノ證據ニ、マア御苦勞樣ニモ豫算參考書ヲ書拔イテカラニ、二樣ニ唱ヘラレタ、第一ハ經常歲入ト經常歲出ヲ較ベレバ經常歲出ノ方ガ少ナイカラ豫算ハ鞏固デアル――宜シイ、經常臨時ナル意味ガ彼ノ譬ヘバ佛蘭西ノ國ノ如キ、其他之ニ類シタ二三ノ國ノ如ク確然ト立ッテ居ルナラバ、經常歲入ト經常歲出ヲ比較シテノ過不足ハ、以テ豫算ノ鞏固ナルト否トヲ決スルニ足ルケレドモ、我國ノハ經常部ト雖モ年々ニ或ハ增減スル費用ガアリ、臨時部ト雖モ殆ド永久的ニ現レテ來ル費用ガアッテ、左樣ニ片岡君ガ唯參考書ヲ以テ比較シタダケノ數字ノ如クニ、豫算ノ鞏固ト否トヲ示ス材料トハ是ハナッテ居ナイノデアリマス（「ヒヤ〳〵」拍手スル者アリ）第二ニハ片岡君ハ前年度繰入金ハ何年ニ幾ラアッタ、何年ニ幾ラアッタ、昨年モ幾ラアッタデヤナイカ、今年千八万圓入レテ何ガ不當デアル――宜シイ、其通リデアル、前年度繰入金ヲシタカラ此豫算ガ收支償ハヌモノデアルト吾々ハ言フノデハナイ、收支償ハザルモノヲ補フガ爲ニ前年度繰入金ヲシタカラ、イケナイト斯ウ言フノデアル（「ノウ〳〵」又ハ「何ヲ言ッテ居ル」ト呼フ者アリ）此事ガ恐ラク御分リニナリマスマイ（「分ラヌ」ト呼フ者アリ笑聲起ル）本員ハ其事ガ御分リニナラヌト云フ諸君ニ對シテ、特ニ說明ヲシテ御分リニナルマデニ御說明ヲスルノ骨折ハ省ク積リデアリマス、諸君、山本內閣ガ行政整理ヲ發表シタル時ニ、當局ニ關係アル人々ハ其當時ニ於テ、山本內閣ノ行政整理ハ甚ダ金額ガ少ナイト言ハレタノデアル（「其通リ」ト呼フ者アリ）其事ハ既ニ過日モ詳シク述ベタカラ本員ハ茲ニ重複スルコトヲ避ケマシテ、左樣言ハレタル其當局ガ、今日ニ於テ行政整理ヲ幾ラ爲サッタノデアルカ（「山本內閣以上ニシタ」ト呼フ者アリ）恰度千八百七十餘万圓ノ行政整理ヲ爲シタト言ッテ居ル、其中ニ恆久ノ財源タルモノガ八百四十万圓デアルト言ッテ居ル、本員ハ豫算委員總會ノ始マル最初ニ當ッテ、今回ノ行政整理ノ內容如何ヲ知リタイ、希クハ書類ヲ以テ示サレタイト云フコトヲ要求シタ、トコロガ數日ヲ經テ其示サレタトコロノモノヲ見レバ、經常部節約高幾ラ、臨時部節約高幾ラ、特別會計節約高幾ラト云フコトヲ示シテ、何ヲ幾ラ節約シタノカト云フコトヲ示サナイノデアル、況ヤ恆久財源ト稱スル八百四十万圓ノ內容ハ示サナイノデアル、故ニ大藏所管分科ノ會ニ移ルヤ、元田肇君ハ又其詳細ヲ示サレタイト云フコトヲ當局ニ註文シタノデアル、然ルニ示サナイカラ尙ホ一兩日ヲ經テ本員ハ當局ニ希クハ速カニ示サレタイト云フ要求ヲシタノデアル、然ルニ今日マデ遂ニ之ヲ示サナイノデアル（「示ス能ハザルナリ」ト呼フ者アリ）何故ニ之ヲ示サナイノデアルカ（「示ス能ハヌノダ」ト呼フ者アリ）現ニ本豫算案ニハ全部贊成ヲ表スルト稱シテ居ルトコロノ早速整爾君、此御方ハ財政ノ事ニ就テハ注意ヲ拂ハレテ居ル所ノ早速整爾君デスラ、第三分科會ニ於テ政府ハ行政整理ヲナスコトノ甚ダ尠ク、而モ其內容ノ明瞭ナラザルハ大ニ之ヲ惜ムト斷言セラレテ居ルノハ、現內閣ガ行政整理財政整理ト盛ニ野ニ在ルヤ唱ヘナガラ、朝ニ立ッテ之ヲ實行スルノ誠意ナキヲ疑フニ十分ナル理由アリト本員ハ信ジテ疑ハヌノデアリマス（「山本內閣ハドウダ」ト呼フ者アリ）然ルニ本員ガ大藏大臣ニ向ッテ、行政整理ハナゼ斯樣ニ姑息ナルコトヲシタカト言ッタ時ニ、大藏大臣ハ如何ニ答ヘタ、行政整理ハ一度ニヤレバ思フ通リノモノガ出來ルケレドモ、一度ヤッタ後デハ迚モ十分ナル行政整理ハ出來兼ネルト言ッタノデアル、本員ハ其時ニ餘リニ其答ノ意外ナルニ驚イタ、鉋デモ幾度モ削ルデハナイカ、斧デモ幾度モ割ルデハナイカ、政治家ニシテ新割ノ手腕ニモ及バズト謂フベキデアルト云フコトヲ本員ハ言ッタ位デアル、諸君ハ果シテ斯樣ナル詞ヲ信ジテ、成程行政整理ヲ下手ニヤルト後ハドウシテモ出來ナイモノデアルト云フ、大藏大臣ノ答ニ同意セラル、デアラウカ（「イヤ同意スル同意スル」ト呼フ者アリ）加之大藏大臣ハ第三分科會ニ於キマシテ、終ニ此上ノ行政整理ハ出來得ヌト云フコトノ意味ヲ明言セラレマシテゴザイマス、行政整理行政整理ト長ク主張シナガラ、其三分ノ二ニ足ラヌ所ノ行政整理ヲナシテ、而モ其內容タル甚ダ薄弱ナルモノデアル、示セト言フト雖モ示シ得ザルガ如キ行政整理ヲナシテ、サウシテ罪ヲ他人ニ嫁シテ最初ノ者ノヤリ方ガ惡イカラ後カラ出テヤリヤウガナイト、罪ヲ人ニ嫁シテ、此上ノ行政整理ヲ望メバ最早ヤル積リガナシト云フナラバ、此戰爭ニ依ッテ歲入ハ減少シ財政ハ收支相償ハナイ、相償ハナイモノハ先キニモ言フガ如ク幾分カ容赦スベキ事情ガ、本員ガ言ッテ居ルヤウナ此樣ナ場合ニ、而モ行政整理ニ對シテ既往ニ誠意ナク將來ニ誠意ヲ持タナイト云フコトハ、斯樣ナル場合ニ立ツ所ノ大藏大臣ノ言ヒ方トシテハ、啻ニ本員ノミナラズ恐ラク諸君モ共ニ遺憾ニ御考ニナルコトデアラウト信ジテ居ルノデアリマス（「滿足ニ思ッテ居ル」ト呼フ者アリ）諸君、本員ハ斯樣ニ本豫算案ハ收支償ハザルモノデアッテ、斯樣ニ永遠ノ計畫ヲ存セザルモノデアッテ、要スルニ姑息ノ手段ニ出デタルモノデアル、ソレハ卽チ今日ノ時勢ガ然ラシメタノデアッテ、強チ當局ノミニ其罪ヲ嫁スベキデナイト云フコトヲ述ベ來ッテ、左樣ナル財政、左樣ナル本豫算案ニ、何ガ故ニ治水費特別會計ノ廢止ヲ實行セントスルカ、左樣ナル本豫算案ニ何ガ故ニ減債募金ノ繰入ヲ減少セントスルノデアルカ、斯樣ナル豫算案ノ上ニ何故ニ非募債策ヲヤッテ見ヤウト思フノデアルカ、非募債策ハヤラズトモ募レナイノデアル、非募債策ノ看板ヲ何ガ故ニ急イデ揭ゲテ見タノデアルカ、今日ハ果シテ如何ナル秋デアルカト云フコトハ、度々大隈總理大臣ノ口ヨリ聽クノデアル、吾々ハ既ニ是ヲ知ッテ居ルノミナラズ大隈總理大臣ノ口カラ聽イテ、益々今日ノ時局ノ重大ナルコトヲ思ウテ居ルノデアル、左樣ナル重大ノ時局ノ秋ニ此樣ナ豫算ガ出來タノハ、是ハ前ニ述ブル如ク致方ナイトシテ、其上ニ何ガタメデアル、非募債策ヲ唱ヘヤウガ唱ヘマイガ、治水費特別會計ヲ廢シヤウガ廢スマイガ、減債基金繰入ヲ減少シヤウガ減少シマイガ、豫算ノ値打ニ何等ノ影響ヲ持タズ時局ノ進行ニ何等ノ支障ヲ與ヘズ、國庫ノ金融ニ何等ノ變化ヲ與ヘザル仕事ヲ此場合ニ是非トモ爲シテ、己レガ野ニ在ル時ニ唱ヘタル治水事業ノ廢止ヲ公ケニ諾ッテ見タイ、內閣ノ組織セラレタル場合ヲ唱ヘタル非募債策ノ主義ダケデモ豫算ノ上ニ敍セテ見タイト云フ何等效力モナク何等豫算ノ値打ニ影響モナキ仕事ヲ、ナゼ此場合ニ企テ、殊更ニ自カラ擧國一致ヲ求メツ、擧國一致ヲ破ラントセラルルノデアルカ、大隈總理大臣ハ時局ノ重大ナルコトヲ能ク口ニ唱ヘルガ、口ニ唱ヘル割合ニ時局ノ重大ナルコトヲ知ラヌカト本員ハ疑ハザルヲ得ヌノデアル、大藏大臣ハ豫算委員第三分科會ニ於テ又豫算委員總會ニ於テ、今回ノ豫算ニ對スル豫算委員會ノ査定ハ要スルニ之ヲ二ニ分ケルコトガ出來ルト言ハレテ居ル、一ハ何デアルカ、財政ヲ如何ニ調達スベキカノ問題デアル、卽チ治水、鐵道、朝鮮事業、此三點ト減債基金ノ繰入ノ減少ト云フ是ガ一デアッテ、卽チ財政ヲ如何ニ調達スベキカノ問題デアル、尙一ハ歲出ノ削減デアッテ、其削減ハ卽チ國防問題、移管問題、是等種々ノモノヲ含ンデ居ル削減デアル、斯樣ニ豫算委員會ノ査定ハ之ヲ二ツニ別ケルコトガ出來ルト大藏大臣ハ言ハレテ居ル、本員ハ漸ク大藏大臣ノ言ハレタル二ツノ區別ヲ假リ第一ノ財政ヲ如何ニ調達スベキカノ問題ニ就テ順次本員ノ意見ヲ述ベテ、大藏大臣ガ今述ベ來ッタ所ノモノハ、要スルニ財政上信ズベキ値打ノ議論ニアラズト云フコトヲ論シテ見ルタイノデアル、財政ヲ如何ニ調達スベキカト云フ此問題ニ付テ大藏大臣ハ如何樣ニ言ハレテ居ルカ、大藏省所管分科會ニ於テ豫算委員總會ニ於テ現ニ本日モ此處ニ於テ大藏大臣ハ極メテ確カナル歳入ヲ以テ借入又ハ公債募集ノ代リニスルト云フノガ、財政ヲ如何ニシテ調達スルカノ問題ノ主ナル理由デアルト云フコトヲ言ハレテ居ルノデアル、確實ナル歳入ヲ以テ借入ヲ止メ、又ハ公債ヲ募集セズシテ仕事ヲシテ行クト云フコトガ果シテ出來ルナラバ、本員ハ又何ヲカ言ハン、其所謂大藏大臣ノ確實ナル歳入ナルモノハ何デアル、即チ國債整理基金ノ借入五千万圓ヲ減少シテ、三千万圓トシテ其差ノ二千万圓、言ヒ換ヘレバ一方ニ必要ノアル事業ヲ止メテ新タニコチラノ事業ニ移スト云フトコロノ金ニ過ギナイトコロノ二千万圓、ソレニ又一ハ國債ノ剩餘金、國庫ノ剩餘金ト云フモノハ何時デモアリ得ルデアラウカ、有ル時ハアルケレドモ無イ時ハナイノデアル、其有ル時ハアリ無イ時ハナイトコロノ金ヲ一千八万圓繰入レテ、サウシテ是ガ所謂確實ナル歳入トハ何事デアル、諸君、本員ハ大藏大臣ノ確實ナル收入ト言ハレル言葉ニ付テハ餘程疑ヲ存スル、其疑ヲ存スルノハ支那又ハ日本ノ辭書ニハ確實ニ斯樣ナル意味ト書イテアルガ、其意味外ノ意味ヲ以テ若槻大藏大臣ハ確實ナリト云フ言葉ヲ用ユルノデハナカラウカト疑フノデアル、何故カ、昨日ニ於テ、今日ニ於テ若槻君ノ用ユル言葉ニハ往々常識ナラザル言葉ヲ聞クノデ、昨日ハ豫算委員會ニ於テ「チヨクサイ」簡明ト云フ言葉ヲ聞イタ、今日ハ此席ニ於テ「ウロ」曲折ト云フ言葉ヲ聞イタノデアル、之ヲ以テ見レバ若シ果シテ其意味デナイナラバ、本員ハ何ノ言フ所モナイノデアルケレドモ、尋常一樣ニ確實ナル收入ノ意味ガ吾々ノ常識ニ解釋スル如キ意味デナイカモ知レナイト思フノデアル、意味シテ居ル確實ナル意味カラ、確實ナル收入トハ到底前年度繰入金ハ言ハレナイノデアル、國債整理基金ノ繰入ヲ廢シタルコトハ左樣ニハ言ハレナイノデアル、故ニ本員ハ財政ヲ如何ニ調達スベキカニ關シテノ大藏大臣ノ説明ハ確實ナル收入ヲ以テト云フ此言葉ガ根柢ニナッテ居ッテ、其確實ナル收入ソレ自身ガ既ニ違ハレテ居ルノデアルカラ、殆ド意味ヲ爲サヌ説明デアルト云フコトヲ言ハナケレバナラヌノデアル、ソレノミナラズ治水費特別會計ヲ廢止スルコトニ付テ、大藏大臣ハ第三分科會ニ於テ如何ニ言ハレタカ、此豫算ハ四年度ノ歳計案デアルカラ專ラ四年度ノコトヲ議シテ居ルノデアリマス、四年度ニハ治水費ノ借入ガ要ラヌカラ、即チ治水費特別會計ハ廢止シタノデアリマス、斯樣ナル説明デアル、此治水費ハ特別會計ナルモノハ如何ニシテ極ッタカト云フコトハ能ク諸君ガ承知シテ居ラル、ノデアッテ、今更本員ハ茲ニ其歷史ヲ語ラヌノデアルケレドモ、要スルニ財政ノ如何ニ拘ラズ、國庫ニ餘裕ノアルト否トヲ問ハズ、治水事業ハ國家大切ノ事業デアルカラ何ンデモカンデモ遂行シテ行ク、一般會計ニ於テ其資金ガ出ナケレバ借入金ヲ以テ之ヲ償ッテ以テ治水事業ヲ完成シタイト云フノガ特別會計ノ起ッタ所以デアルノデアル、本年度ノ豫算案ニ於テ幸ニ借入金ヲセズニ濟ムカラソレデ宜イデナイカ、何ガ故ニ本年濟ムカラト云ッテ直グ特別會計ヲ廢止スルノデアラウカ、若シ明年ニ至ッテ若シ國庫ニ餘裕ガナカッタナラバ其時ハドウスルノデアルカ、其時ハ又立テルノデアルカ、是ガ即チ四年度ノ歳計案ハ本年ノ豫算ナリト云フ大藏大臣ノ頭ガ取リモ直サズ財政ノ上ニ永遠ノ計畫ヲ有タナイ證據デアル、本年間ニ合フカラ特別會計ヲ廢止スルト云フ議論ノ如キハ、次年度乃至次年度以後ノ豫算ヲ眼中ニ置カザルトコロノモノト言ハナケレバナラヌノデアル、又何故ニ四年度バカリノコトヲ考ヘテ、次年度乃至其以後ノ借入ヲスル場合ニハ、此特別會計ガアル方ガ宜シイノデアルカ、何故ニ四年度ノ歳計案ノコトバカリ考ヘルノデアルカト云フ私ノ議論ニ對シテ、大藏大臣ハ即チ立ッテ一般會計カラ特別會計ニ繰入レ、特別會計カラ又一般會計ニ繰入レル、是ニ於テ「ウロ」曲折ナル言葉モ出タノデアル、是ニ於テ「チヨクサイ」簡明ナル言葉モ出タノデアルガ、左樣ナ廻リ遠イコトヲヤルヨリモ豫算ニ餘リノアルノヲ直グ持ッテ行クノガ一番宜イヂヤナイカ、本員ハ此事ハ贊成スル、其通リデアル、如何ニモ其通リデアル、ケレドモ財政ノコト、唯一ズイニ左樣ニナシ難イ事情ガアルノデ、現ニ大藏大臣考ヘテ見ルガ宜イ、軍艦水雷艇補充資金特別會計、森林資金特別會計、是等ニ類シタル特別會計ハ澤山アルデハナイカ、何ゾ獨リ治水資金特別會計ニ付テ「ウロ」曲折ガアルカラ「チヨクサイ」簡明ニシナケレバナラヌト云フノ議論ヲ立テラレルノデアラウカ、要スルニ治水特別會計ヲ廢止セントスルノハ、成程本年ノ豫算案ニ於テハ必要ハナイケレドモ、亦明年度、明年度以後ニ於テ其必要ヲ生ズルト云フコトヲ知リツヽモ、尚且之ヲ廢止セントスルノハ、又之ヲ廢レナイカラトテ必ズシモ借入金ヲスルノ必要ハナク、即チ單ニ一般會計ノ繰入ノミヲ以テヤッテモ差支ナイノニ特ニ之ヲ今日ニ主張スルノハ、同志會ガ豫テ主張シ來ッタトコロノ問題デアルカラ、行政整理ハ長ク主張シタケレドモ充分ニ出來ナイ、營業税ノ廢止、通行税ノ廢止モ長ク唱ヘタケレドモ、テンカラ要領ヲ得ナイ、セメテハ此事デモ豫算ノ上ニ出シテ、吾々ガ言ッタトコロノ責ヲ塞シタノデアルト云フコトヲ、天下ニ申譯シヤウト云フノ意思カラ現ハレ來ッタモノデアルト了解スルノ外ニハ、本員等ノ見ルトコロデハ何トシテモ理窟ノ立チヤウガナイノデアル、大藏大臣ハ鐵道資金二千万圓、朝鮮總督府ノ事業資金八百六十三万圓、之ヲ特ニ一般會計カラ貸付ケラル、コト、シタノデアル、之ニ對シマシテ大藏大臣ハ公債ノ募集ハ平時ニ於テモ容易デハナイ、況ヤ今日ハ戰爭ニ於テ迚モ公債ノ募集ガ容易デナイカラ、ソレデモ尚且ツ強テ公債ヲ募集セントスレバ、利子ハ高ク手數モ多ク、ソレノミナラズ從來ノ日本ノ公債ノ市場ニ存スルモノガ自ラ下落ヲスルノ虞ガアルカラ、公債ノ募集ハ出來ナイ、公債ノ募集ガ出來ナイカラ一般會計カラ之ヲ貸付ケルコトニシタノデアル、ソレヲ貸付ケル爲メニハ一ハ前年度ノ繰入金ニ依リ、一ハ減債金繰入ノ減少ニ依テ之ヲ貸付ケルコトニシタノデアルト、斯樣ニ説明セラレタノデアル、此ノ説明ガ――大藏大臣ノ此説明ガ即チ財政ノ實際ニ通ジタル説明デアリマセウカ、本員ガ財政ノ實際ト云フノハ即チ數年以來日本政府ガヤリ來ッタヤリ方、內閣ハ其人ガ更ルトモ國家ノ即チヤッテ來タヤリ方、今日モ尚且ツヤッテ居ルカ、其ノ實際ニ通ジタ言葉デアリマセウカ、考ヘテ御覧ナサイ、減債基金繰入ノ二千万圓ヲ減ラシテ、此ノ二千万圓並ニ國庫剩餘金ノ千八万圓ヲ繰入レテ、ソレヲ合計シテ一般會計カラ鐵道ニ貸シ、一般會計カラ朝鮮總督府ニ貸ス、其反對ニ二千万圓ノ減債基金ヲ以テ現ニ預金部ガ持ッテ居ルトコロノ公債ヲ、二千万圓買フ、或ハ新ニ買ッテ置イテ其金ハ預金部ニ渡シテ、其預金部ニ渡シタモノヲ借入トスル、若クハ新ニ公債ヲ募集シテ、其公債ニ預金部ヲシテ應ジサス、預金部所有ノ公債ト同ジク全部同一額デアル、公債ガ變ジテ貸付金トナルニ過ギナイノデアル、斯樣ナルヤリ方ハ最近幾年カヤリ來ッテ、今尚ヤリツヽアルヤリ方デアルノデアル、若シ減債基金ノ繰入ニ二千万圓ヲ減スノヲ減ラサナカッタナラバ、國庫剩餘金ヲ前年度繰入金トシテ繰入レルノヲ繰入レナカッタナラバ、其代リニ起ルトコロノモノハ即チ今ノヤリ方デアルノデアル、ソレニ今日公債ヲ募ラウト云ッタトコロガ、公債ハ募レルモノヂヤナイ、若シ募レバ利子ガ高イ、手數料ハ多イ、加之他ノ公債ヲ下落セシムルカラ、斯樣ナ手段ハ執レルモノデナイト白々シク説明ヲセラル、ノハ、財政ノ實際ニ通ジテ居ラヌト言ハナケレバナラヌ、大藏大臣ガ財政ノ實際ニ通ジテ居ラヌト云フコトガ、本員ノ口カラ出ルノハ恐ラク敬意ヲ失ッテ居ルデアリマセウ(「無論ダ」「ヒヤ〱」ト呼フ者アリ)同志會ノ諸君ガ言ハル、ガ如ク、無論敬意ヲ失ッテ居リマセウ、若シ是ガ敬意ヲ失ッテ居ルナラバ大藏大臣ハ吾々ヲ胡麻化シテ居ルモノト斷言シナケレバナラヌ(「ノウ〱」「ヒヤ〱」「何ヲ言ッテ居ルノダ」ト呼フ者アリ)諸君、本員ハ茲ニ一言ヲ述ベテ諸君ニ本員ノ誤リヲ謝シテ置キマス、ソレハ何デアルカト云ヘバ、大藏省所管ノ分科會ニ於テ本員ハ斯樣ニ述ベタノデアル、減債基金ノ繰入金ハ三千万圓ヲ計上シ、二千万圓減少シテアルガ、是非是ハ政府ニ於テ五千万圓ニ直シテ豫算ヲ提出シテ貰ヒタイノデアル、或ハ此ノ場合豫算ヲ訂正スルコトガ出來ナイノナラバ、願クバ追加豫算トシテ五千万圓ニ增シテ貰ヒタイノデアル、其五千万圓ニ御增シニナルマデハ、當分三千万圓ハ之ヲ削ッテ置クト斯樣ニ論ジタノデアル、其事ヲ先刻若槻大藏大臣ガ非難セラレマシタガ、或ハ法律ノ關係又豫算ノ手續ノ上ニ三千万圓ヲ取敢ヘズ削ッテ置イテ、五千万圓ヲ政府ガ新ニ出スト云フコトニスルヨリハ、三千万圓ヲ殘シテ置イテ二千万圓ヲ出スコトニシタ方ガ手續ガ宜イカトモ思フノデアルカラ、是ハ若槻大藏大臣ノ說ニ讓ッテ、若シ是レガ甚シク諸君ヲ騷ガレタト云フ事實ガアルナラバ、本員ハ卽ナ其過チヲ謝シテ置クノデアル、併ナガラ諸君、今日マデ豫算委員會ニ於ケル通例ヲ御覽ナサイ、此席ニ居ラレル諸君モ長イ間議會ニ出テ、又屢々豫算委員ニナラレテ居ル諸君ガアルガ、縱レ反對ノ內閣ニセヨ、贊成ノ內閣ニセヨ、其ノ內閣ハ將ニ今日ニモ明日ニモ、議會ヲ解散セントスルガ如ク議員ト衝突シテ居ル內閣ニモセヨ、豫算委員會ニ於テ此處ヲ削ル、此處ヲ此ノヤウニスル、歲入歲出ヲ削ッタリ殖レタリシタガ爲ニ收支ガ償ハヌ、收支ガ償ハヌデハナイ、計算ガ分ラヌ、此計算ヲ如何ニスベキカト云フコトハ、イツデモ大藏大臣ノ指圖ニ於テ大藏省ノ屬僚ガ吾々ノ仕事ヲ助ケテ豫算查定ノ整理ヲシテ吳レタノデアル、斯樣ニナッテ居ルノニ本員ガ過ッテ削ッタト云フコトハ素ヨリ謝スルノデアルケレドモ、ソレハ君過ッテ居ルト一言若槻君ハ言ッテコソ、所謂議會ト內閣ノ間ノ和協ハ保テルノデアラウト思フ、諸君、本員ハ決シテ此事ニ就テ泣言ハ申シマセヌ、今日ノ場合ハ擧國一致ヲ望ムノデアル、內閣大臣ハ度々議會ニ向ッテ和協ヲ求メタ、吾々議員モ亦和協ノ最モ必要ナルコトヲ信ジテ居ルノデアル、ソレニモ拘ラズ、斯樣ナコトガアッタト云フコトヲ申上ゲテ諸君ノ參考ニ供スルノデアッテ、敢テ泣言ヲ言フノデハナイト云フコトハ御了承ヲ願ヒタイノデアル、諸君國庫剩餘金ソレヲ流用シ、又國債整理基金ソレヲ減少スルト云フ非募債策ヲ强イテ主張セントスルノハ、實ニ彼ノ治水費特別會計廢止ニ於ケルト同一ナルヤリ方ヲ現內閣ハヤッテ居ルモノト本員ハ信ズルノデアル、ナゼカ、元來此ノ減債基金繰入ト云フモノハドノヤウニシテ起ッタノデセウ、日露戰爭ニ依テ公債ガ多額ニナッタ當時、人民ハ非常特別稅ヲ課セラレタ、戰爭ハ既ニ終了シタカラ非常特別稅ハ卽チ元ニ戾サナケレバナラヌ、併シ國庫ニハ戰爭ノ爲ニ澤山ナル公債ガ出來タカラ、此公債ヲ償却シ盡スマデハ國民モ忍耐ヲシテ、非常特別稅ヲ元ニ戾スコトヲ待ッテ吳レロ、非常特別稅ヲ元ニ戾スコトハ堪忍シテ吳レロト云フノ意味ヲ以テ減債基金繰入ノ法律ハ制定セラレタノデアル、吾々ハ飽マデ五千万圓年々償還セムト信ジテ居ルノデアルガ、假リニ千万デモ二千万デモ其償還ヲ減ラスコトガ出來タナラバ、公債ニ依テ仕事ヲシテモ借入ニ依テ仕事ヲシテモ差支ノナイ鐵道事業ヤ、又同樣ニ差支ノナイ朝鮮總督府ノ事業資金ニソレヲ差向ケズシテ、國民ノ負擔ヲ輕減シ、若クハ國民ノ經濟ヲ救濟スルノ便宜ナルベキ方ニ向ケラレテコソ當然デハナイノデアルカ（「ヒヤ〱」）然ルニ其樣ナル考ヲセズニ、己等ガ非募債策ヲ唱ヘタト云フコトノ爲ニ、其非募債策ノ看板ダケデモ此豫算ノ上ニ殘シテ置カウト云フガ爲ニ、之ヲ削減──減少シタルニ至ッテ、本員ハ實ニ當局ノ所爲ノ其誠意ヲ缺クヲ疑ハザルヲ得ナイノデアリマス、諸君更ニ進ンデ考ヘテ御覽ナサイ、鐵道事業ハ卽チ新規ノ線路ヲ延長スルト云フコトハ、國民多數ノ希望デアリマス、本年度ノ豫算ニ於キマシテハ建設費目トシテ計上セラレタルモノハ、約豫定ノ半額ニナッテ居リマス、延長費用トシテ計上セラレタモノガ、約豫定ノ半額ニナッテ居ルノハ、今日戰爭ノ場合ニ於テ致方ハナイケレドモ、國民ハ左樣ナル遲々ナル延長ヲ以テ滿足スルコトハ出來ナイノデアリマス、然ルニ減債基金ヲ二千万圓廢メテ、其二千万圓ヲ鐵道ニ貸付ケルト云フコトヲ本則トシテ、茲ニ財政計畫ヲ立テタ以上ハ、縱シ戰爭ガ止ンデモ如何ナル場合ガ來テモ、鐵道ヘ金ヲ貸付ケルノハ、二千万圓以上貸付ケルコトガ出來ルノデセウカ、何所カラ金ヲ持ッテ來テ貸付ケルデアラウ、卽チ戰爭ハ終了スルト雖モ鐵道ノ延長ハ尙今日ノ如クニ甘ンゼザルヲ得ナイ、其外ハ唯鐵道收入ノ增加スルヲ待ツノミデアルト言ッタナラバ、決シテ國民ハ滿足シナイノデアル、故ニ左樣ナル計畫ハ縱シヤルニシテモ永遠ノ計畫ガ立ッタ財政ノ上ニ於テ、徐ニ考ヘテ減債基金ヲ二千万圓減ラスノヲ鐵道ニ入レル、尙永遠ノ計畫カラ言ヘバ、財政上是ダケノ金ハ鐵道ニ入レラレルト云フコトガ明瞭ニナッタ日ヲ待ッテ、此事ヲ御定メニナッタッテ遲クナイノデアル、加之嚮ニモ言フタガ如ク治水費特別會計ヲ其儘ニ置イテモ、減債資金ノ繰入ヲ二千万圓減少セズシテ、其儘ニヤッテモ亦是マデノ如ク、公債募集乃至繰替借入金ヲ以テ、朝鮮事業鐵道事業ヲヤッテモ、今日政府ガ出シテ居ル豫算ノ如クヤッテモ、事業ノ進行ニハ少シモ消長ナシ、政府ノ財政ニハ少シモ增減ナク、國庫ノ金融ニハ何等變更ガナイトシタナラバ、何ヲ苦ンデ殊更ニ斯樣ナル財政ヲ如何ニ調理スベキカノ問題ヲ本豫算案ノ上ニ附加ヘ來ッタノデアリマセウカ、諸君、回顧スレバ日清戰爭ノ當時、當時ノ內閣ハ往々ニシテ議會ト衝突致シテ居リマス、併シ戰爭ノ終了スルマデハ內閣ハ苟モ議會ノ反對スルガ如キ、若クハ議會ト意見ヲ異ニスルガ如キモノハ一切提出セズシテ、專ラ議會ノ意ヲ迎ヘルコトニ盡力シタノデアリマス、又日露戰爭當時ニ於テ尙且ツ當時ノ內閣ハ、左樣ナコトヲ爲シタノデアリマス、今回ハ如何デアルカ、口ニコソ擧國一致ヲ唱ヘ、何故ニ和協シナイカ、唯吾々ニ向ッテ威シガマシキ言葉ヲ用ヒテハ居ラレルケレドモ、今回ハ如何デアル、本豫算ノ上ニ今ノ所謂財政ヲ如何ニ調理スベキカノ問題ヲ加ヘテ、加ヘタ所ガ加ヘナイ所ガ何等少シモ影響ナク問違ナク、而モ後年ニ至ッテ往々ニシテ不便ヲ受ケル如キ事ノアルモノヲ持チ來ッテ、特ニ吾々議員ノ意見ト相反シタルモノヲ現ハシ來ッタト云フノハ、口デ言フ所ト實際デ行フ所ハ全ク違ッテ居ルト云フコトヲ（拍手起ル）口デ言フ所ト實際ニヤル所ハ全ク違ッテ居ルト云フコトヲ責メザルヲ得ナイノデアル、諸君、過日第三分科會ニ於キマシテ若槻大藏大臣ハ斯樣ニ言ハレマシタ、政府ガ出シタトコロノ此意見ニ反對セラレルノハ殊更ニ政府ヲ信任セラレナイノデアリマスカト云フコトヲ言ハレマシタ、諸君政府ガ出シテ來タモノヲ吾々ガ反對スルノハ、政府ヲ信任セザルノデアルカ否ヤハ姑ク措イテ、本員ハ本員ヨリ進ンデ若槻大藏大臣ニ問フテ見タイノデアル、現在成立ッテ居ル法律ヲ其儘ニ置イテモ、現在ヤリ來ッタ習慣ヲ其儘ニ行ッテモ、事業ノ進行ニハ何等差支ガナク、豫算ノ金額ニハ何等變更ガナク、國庫ノ金融ニハ何等支障ガナクタ、卽チ舊來ノ法律ヲ其儘行ヒ、舊來ノ慣例ヲ其儘ヤッテ行ッテ差支ガナイノニ、戰時ノ今日殊更ニ看板バカリノ此問題ヲ此豫算ノ上ニ御出シニナルノハ、徒ニ吾々ニ向ッテ戰ヲ御求メニナルノデアリマスカト本員ハ問ハザルヲ得ナイノデアル（「ノウ〱」拍手起ル）此故ニ本員ハ今又更メテ當局ニ勸告スルノデアル、當局ハ願クハ豫算ヲ訂正セラレテ、卽チ斯樣ナル從來黨派ノ論爭ノ問題タリシ問題ヲ今年豫算ノ上ニ現ハサナイヤウニセラレタイト云フコトヲ切ニ內閣ニ希望シテ、ドウカ成リ得ルダケハ相互ヒニ內閣議會ノ和協ヲ保ツト云フコトヲ進ンデ希望セザルヲ得ナイノデアリマス、諸君、考ヘテ御覽ナサイヨ、餘リ子供ノ騷グ時ニハ母親ハ少シオトナシクシテ居ラナケレバイケマセヌ、然ルニ母親カラ先ヅ騷イデ出ラレテハドウシテ茲ニ擧國一致ガ保テルモノデアルカ（拍手起ル）諸君、凡ソ今日ニ於キマシテ當局ニ對シテ啻ニ本員ノミナラズ、諸君ガ又國民ノ多數ガ希望スルトコロノ問題ハ何デアリマセウカ、要スルニ吾々ハ戰爭ノ費用ヲ供給シテ如何ニ多額ノ戰爭費用ガ要ラウトモ、之ヲ供給シテ最後ノ勝利ハ我國ニ於テ之ヲ收メタイト云フ、是ガ一ツノ希望デアリマス、第二ハ今日ノ經濟狀態ヲ救濟シテ願クハ吾々ヲシテ不景氣ノ中ヨリ免レシメヨト云フノガ、是ガ第二ノ希望デアリマス、國民ハ斯樣ナル希望ヲ有ッテ居リマス、吾々ハ斯樣ナル希望ヲ有ッテ居リマス、內閣トシテ施設セラレルナラバ將ニ此二ツノ問題ニ最モ力ヲ盡サレナケレバナラヌノガ當然デアラウト思フ、所デ戰爭費用ノ問題ハ姑ク之ヲ措キマシテ、經濟救濟ニ關スル當局ノ施設ハ實ニ見ルベキモノガアルヤ否ヤト云ヘバ、本員ハ殘念ナガラ然リト云フコトハ能ウ言ハナイノデアル、日本銀行、正金銀行ノ作用ニ依ッテ、外國爲替ノ便利ヲ與ヘ、又ハ勸業銀行、興業銀行ノ貸出ニ其資金ヲ追加シテ貸與ヘタト云フ位ナ仕事デアッテ、何等經濟ニ關スル手段ヲ此內閣ガ執ッタモノガアルトハ本員ハ見ナイノデアル、所ガ昨今ニ至ッテ蠶絲業救濟ニ關シテノ法案ヲ出サレ、又昨日ニ至ッテ初メテ米價調節ニ關スル法案ヲ出サレタノデアル、本員ハ議會ノ開ケルヤ乃チ我ガ同僚ト共ニ政府ハ速ニ蠶絲業ノ救濟ヲ爲スベシ、政府ハ速ニ米價調節ノ事ヲ爲スベシト建議シタルノデアル、建議ニ因テ以テ斯樣ナル法案、若クハ豫算ヲ提出セラレタノハ（「噓ヲ言フナ」ト呼フ者アリ）敢テ喜バザルニアラザレドモ、併シ國家ノ局ニ當ル者ガ人民ノ困難ヲ以テ唯一憂フベキコトトシ、經濟救濟ノ事ノ如キハ最モ大切ナル事ト考ヘタナラバ、何故議會ガ開ケナイ前ニモ吾々ガ建議シナイ前ニモ其事ヲ考ヘテ議會召集ノ翌日ニハ卽チ此案ヲ出サナカッタノデアラウカ（拍手起ル）形勢今日ニ至ッテ、節季此場合ニ初メテ出シ來ルト云フガ如キ其誠意果シテ有リヤ否ヤヲ疑フノデアル、ケレドモ併シ本員ハ兎モ角モマダ此內閣ノ人々ニモ良心アリト云フ考デ出シテ來タダケハ喜バザルヲ得ナイノデアル、（「マルデ物ニナラヌ」ト呼フ者アリ）諸君、試ミニ四年度ノ歲計案ヲ實行シタル其後ニ於ケル日本ノ經濟狀態ヲ考ヘテ御覽ナサイ、戰爭ハ或ハ終局スルカモ知レナイ、終局スレバ爲メニ經濟狀態ハ幾ラカ直ルト云フコトハアラウケレドモ、戰爭ノ終局ト否トヲ外ニシテ四年度ノ歲計案ヲ實行シタル後ノ事ヲ考ヘテ御覽ナサイ、明年度ノ此頃ハ――今日ハ大藏證券ノ發行ハナイケレドモ、明年ノ此頃ハ八千万圓或ハ多少其內デハアラウケレドモ、大藏證券ハ發行セラレルデアラウ、正貨ノ總高ハ昨年ノ十二月ハ三億七千百万圓、ソレガ今日ハ三億三千百万圓、ツマリ四千万圓減少シテ居ルノデアル、明年ノ此頃ハ幾ラニ是ガナルデアラウカ、隨テ日本銀行ノ兌換發行高ハドノ樣デアルカ、昨年ノ十二月ハ四億二千六百万圓デアッタ、本年ノ十月ハ三億二千八百万圓デ約一億一千万圓ソレダケ減少シテ居ルノデアル、兌換發行高ガ減少スレバ物價ハ下落シ、金利ハ騰貴シ、隨ッテ所謂不景氣ナルモノ、來ルハ當然デアルガ、來年ノ此頃ノ兌換發行高ハ幾ラニナルデアラウカ、左樣ナコトヲ考ヘタナラバ吾々國民ヲ代表シテ居ル議員トシテ、卽チ一般國民ノタメニ實ニ憂慮シナケレバナラヌノデアル、然ルニ議員トシテ吾々ハ憂慮シナケレバナラズ、憂慮シテ居ルニモ拘ラズ內閣ノ仕業ハ左樣ニナラザルト云フモノハ實ニ內閣ガ救濟ノコトニ關シテ、其誠意ヲ缺イテ居ルト云フコトヲ斷言シテ本員ハ少シモ憚ラヌノデアル、先刻若槻大臣ハ斯樣ナコトヲ言ハレタ、預金部ニ在ル金ト云フモノハ郵便貯金デアル、其郵便貯金ヲイロ／＼ナ仕事ニ使フト云フト地方ノ金ヲ段々集メテ、其金ヲ使フガタメニ地方ハ涸渴シテ、地方ノ金融ハ困難ニナッテ來ルニ相違ナイカラ、ナカ／＼預金部ノ金ハ容易ニ使ヘヌト云フコトヲ言ハレタノデアル、是ハ筋違ヒノ議論デアッタケレドモ、兎モ角モ大藏大臣ガ地方ノ金融ト云フコトヲマダ口ニ言フダケノ良心ヲ持ッテ居ルノニ付テ本員ハ滿足スルノデアル試ニ御覽ナサイ、今日ノ政府ハ專ラ中央ニ資金ヲ回收スルノ策ヲ採ッテ、地方ノ金融ハ既ニ涸渴シテ居ルノデアル、若シ本員ニ證據立テロト言ヘバ、卽チ此內閣成立以來ノ事績ヲ擧ゲテ證據立テ得ルノデアル、恰モ全國ハ旱魃シ一滴ノ水モ無クシテ田畑ハ乾割レル、其際ニ當ッテ中央ノ數種ノ銀行ガ遊金ヲ持ッテ居ルカラト云フテ、野原ハ總テ旱魃シテ乾割レテ居ルケレドモ溜池ニ僅ニ水ガアルカラト云ウテ、此水ヲ見テ金融緩慢ナリト喜ンデ居ルノハ現大藏大臣デアル、此內閣ノ有樣デアルト云フコトヲ本員ハ斷言スルニ憚ラヌノデアル、吾々ハ軍時支出ニ付テ、又經濟ノ救濟ニ付テ最モ今日ハ力ヲ盡スベキ時デアルト思フニモ拘ラズ、本年度ノ豫算案ニ對シテ從來ノ黨派行懸リノ問題ヲ之ニ搬セテ、斯樣ナル大切ナル問題ヲ滅却シテ、黨派爭ヲ豫算ノ上ニ爲サントスルガ如キハ、決シテ大藏大臣ノ言フガ如ク本院ガ內閣ヲ信任セザルニ非ラズシテ、內閣コソ吾々ニ對シテ戰ヲ挑ムモノデアルト云フコトヲ言ヒ得ルノデアル、諸君、斯樣ニ論ジ來ッテ更ニ元ニ戾ッテ減債基金ノコトヲ考ヘルト實ニ面白イコトガアル、昨日若槻大藏大臣ハ戰時費用ノ支出ニ關シテ說明スルトキニ、此豫算案ニハ明年ノ六月迄ガ積ッテアリマス、六月以後ニ戰爭ガ若シ繼續シタラ如何ナサルカ、其時ハ先ヅ減債基金ヲ出シテ使フ積リデアリマス、減債基金ガ足ラナカッタラ其他ノ基金ヲ利用スル積リデアリマス、來年六月以後ニ戰爭ガ續クカ續カヌカハ別問題デアリマスガ、假ニ續ケバ大藏大臣ノ目的ハ先ヅ目指ストコロハ減債基金デアル、昨日提出セラレタル米價調節ノ法案ハ其豫算トシテ出タトコロノ豫算ハ減債基金ヲ千五百万圓繰入レテ、之ヲ以テ米ヲ買ハウト云フノデアル、其事柄ノ善キ惡キハ未ダ調査ヲシナイカラ明言ハシ得ナイケレドモ、兎ニ角減債基金ヲ之ニ使フト云フノデ戰爭ノ費用モ減債基金デ出シ、米價調節ノ費用モ減債基金デヤル、サウシテ其減債基金ノ五千万圓ヲ三千万圓ニ減ラスト云フノデ、何處ニ是デ財政ノ基礎ガ立ッタカ大藏大臣ノ議論ナリト言フコトガ出來マセウカ（「ナゼ減債基金ヲ削ッタノダ」ト呼フ者アリ）今以テアノヤウナ言葉ヲ聽キマスカラ一言辯ジテ置キマス（「モウ宜イ」ト呼フ者アリ）減債基金ノ三千万圓ヲ削ッタノハ政府ガ五千万圓ニシテ御出シニナルコトヲ希望スルト言ッテ削ッタノデアル、併レ其削リ方ガ惡イト言フナラバ本員ハ茲ニ謝スルト云フノデアッテ、減債基金ハ何處迄モ五千万圓ヲ存シタイト云フノガ吾々ノ意見デアル、要スルニ同志會ノ諸君ノ如キハ、目下ノ狀態ハ此上ニ立ツ內閣ガ旣ニ馬鹿ニシテ目下ノ狀態ヲ見テ居ルカラ、諸君モ亦目下ノ狀態ヲ馬鹿ニシテ實ニツマラヌ議論ヲ爲シテ、人ガ眞面目ニ演說ヲスルノヲ妨ゲントスルガ如キハ、少シク顧ミテ此國ノ有樣ヲ考ヘテ、自分ノ地位カラ考ヘテ多少タリトモ人ノ代表ヲ受ケテ此處ニ臨ンダダケノ名分ヲ御考ニナルヤウニナサルガ宜カラウト思フノデアル、諸君、本員ハ斯樣ニ論ジ來リマスレバ大藏大臣ガ言フトコロノ財政ヲ如何ニ調理スベキカノ問題ニ付テハ、大藏大臣ノ議論ヲ要スルニ根柢ヨリ論駁シ得タト信ジマス、尙其他ノ削減問題ニ付テハ自然他ノ諸君ヨリ御議論ガアルデアラウト思ヒマスカラ、本員ハ單ニ財政ヲ如何ニ調達スベキカト云フ、若槻大藏大臣ノ分類シタル部分ノ問題ニ付テノ意見ヲ述ベテ、此壇ヲ降リマス（拍手起ル）

○議長（奧繁三郞君）　チョット宣告シテ置キマス、本日ハ議事ノ都合ニ依リマシテ六時ノ時間ガ過ギマシテモ引續イテ延會ヲスル考デアリマス

（「異議ナシ異議ナシ」ノ聲起ル）

大正三年十二月二十六日　大隈內閣總理大臣ノ演說

○內閣總理大臣（伯爵大隈重信君）　諸君、頗ル今夕ハ議場ノ靜肅ナルノヲ喜ブ、餘程諸君ガ冷靜ニ落付テ居ラル丶コトヲ私ハ喜ブノデアリマス、私ハ茲ニ誠心ヲ吐露シテ諸君ニ意見ヲ述ベルノ必要ヲ感ジテ（議場騷然）

○議長（奧繁三郎君）　諸君靜肅ニ……

○內閣總理大臣（伯爵大隈重信君）　此內閣ハ御承知ノ通リニ八箇月餘、此間ニ爲シタコトハ或ハ擧ゲ來レバ諸君ノ御滿足ノコトモアルダラウ（議場騷然）

○議長（奧繁三郎君）　諸君、靜カニ……

○內閣總理大臣（伯爵大隈重信君）　ドウカ諸君冷靜ナ思想ヲ以テ嘗テ日本國運ノ發展、日露戰後九年間歷代ノ內閣ノ爲シタコトハ如何ナルコトヲ爲シタカ、概ネ其間ニ政友會ハ（「ナンダ」ト呼フ者アリ）政府黨トシテ其間ニ盡力サレタコトヲ追懷シタナラバ、凡ソ政治ガ唯一夜ニシテ物ヲ造ルト云フ如キモノニサウ手際ヨク現ハル丶モノデナイト云フコトハ、諸君ノ經驗ニ十分ニ理解サレルノデアラウ、過去ッタコトヲ云ヘバ過チモアレバ又隨分功モアルノデアル、其間ニ政友會ノ發達シタコトハ私ハ甚ダ喜ブノデアル（笑聲起ル）殆ド九年間前後ノ經營而シテ其間ニ西園寺侯、桂公、西園寺侯、第二回ノ桂公及山本伯ニ依ッテ其間常ニ諸君ガ力ヲ盡サレタコトモ十分ニ現ハレタ事實デアルノデアル、（「始メカラサウ言ヘバ宜イ」「默レ」「謹聽」ト呼フ者アリ）凡ソ先刻鵜澤君ノ議論ノ如ク理想ヲ實現スルコトハ隨分ムヅカシイコトデアル、隨分犬養君ノ經濟的國防ノ大擴張ノ如キ理想ハ內容ハ誠ニ分ラヌガ、若シソレガ出來レバ國家ノ幸ナリト思フノデアル、併ナガラ此理想ハ祕密ニシテ吾々聞クコトハ出來ヌ、八箇月間其爲シタコトハ多少アリマスガ、諸君ノ不滿足ノコトモアルダラウ（「其通リ」ト呼フ者アリ）或ハ事實ヲ知ッテ居レバ諸君ノ十分滿足サレルコトモアルダラウト思フノデアル、所ガ私ガ御注意ヲ請ヒタイノハ、先刻カラ井上君其他ノ議論ニ於テ內閣ハ常ニ挑戰的態度ヲ執ル（「其通リ」ト呼フ者アリ）ト云フコトヲ繰返ヘサレタガ、是ハ恐ラク誤解ニアラザレバ（「ノウ／＼」）誤解ニアラザレバ――誤解ニアラザレバ（「ノウ／＼」）ノウト云ヘバ詭辯――マサカ詭辯ヲ弄スル如キ名譽アル代議士ハ居ナイノデアル、事實ハ明カナ證據デアル、二週間ノ本會及委員會ノ速記錄ヲ御覽ナサッタナラバ、思ヒ半バニ過ギルト思フ、全體政論ト云フモノハ往々感情ニ走リ易イモノデアル、ソレ故ニ冒頭ニ諸君ガ大分落付イテ居ルト云フコトヲ私ハ喜ンデ居ル、モウ少シ落付イテ聽イテ貰ヒタイ、理想トシテ政綱ヲ發シタルコトハ充分御承知デアルニ相違ナイ、是ニモ或ハ反對ガアルカ知ラナイ、併シ政綱其モノハ漸次實現シツ丶アルノデアル、此內第一ニハ黨派ノ弊ヲ除クト云フコトガ大ニ意味ガ加ッテ居ルノデアル、官紀ノ紊レタルコトモ大ニ加ッテ居ルノデアル（議場騷然）ドウゾ靜カニ御聽キナサイ、諸君ノ思想ガ冷靜デナケレバ話スコトハ止メルノデアル、聽クコトヲ好マナケレバ止メルノデアル（「謹聽々々」ト呼フ者アリ）黨弊――ドウカスルト諸君ハ理想ノミナラズ、將ニ實現セントシテ仕ナイノハ政黨內閣、我黨ノ內閣ト常ニ言ハレルガ、マダ一回モ政友會ノ純然タル內閣ハ成ッテ居ナイノデアル――成ッテ居ナイノデアル（笑聲起ル）成ッタコトガアルナラバ承リタイ（議場騷然）冷靜ナ頭デ聽イテ貰ヒタイ、ナカ／＼ムヅカシイノデアル、此處ニハ老練ナル原總裁、大岡君、元田君ト云フ如キ經驗ニ富ンダ殊ニ政治ノ理想ニハ議院內閣ヲ理想トシテ之ヲ現實シヤウト――先ヅ古イコトハ言ハナイガ日露戰後餘程努メタノデアラウト思フノデアル、其前ニ遡レバ伊藤公ガ此政友會ヲ拵ヘテ以來、伊藤公以來努メタノデアラウト思フ、今實現シテアルカ、諸君モ遺憾ダラウガ吾輩モ諸君ト等シク遺憾トスル所デアル、全體議院內閣ト云フモノハ偶然起ルモノデナイノデアル、此理想ヲ實現スルタメニハ新タニ歷史ヲ說キ明ス必要ガナイ、決シテ是ハ法律デモ命令デモ出來ルモノデナイノデアル、國民ノ反響デアル（拍手起ル）此ニ於テ吾輩ハ理想トシテ立憲的敎育ヲ行フト云フコトヲ政綱ニ揭ゲタ所以デアル、是ハ諸君多分御同意デアラウ――屹度御同意、ソコデ私ハ是カラ事實ノ上ニ入ッテ諸君ノ御注意ヲ請ヒ、殊ニ諸君ノ反省ヲ請ヒタイト思フノデアル、此處ガ十分ナル腹藏ヲ捨テ、冷靜ナル思想ヲ以テ、諸君ガ理想上此議院政治ヲ實現シヤウ、常ニ我黨ノ內閣ナゾト云フコトヲ呼バレルケレドモ、一遍モ出來タコトガナイノデアル（「餘計ナコトダ」ト呼フ者アリ議場騷然）是ハ事實デアル――事實ダカラ議論デナイ、サウ云フ內閣ノ出來ルコトヲ望ム、國民ノ意ヲ代表スル、輿論ヲ代表スル內閣ノ成立スルコトヲ望ムガ、諸君ガ遺憾トスル如ク吾輩モ亦遺憾トシテ居ルノデアル、是ハ御同感デアルト思フ、ソコデ今日ハ私ハモウ細カク言ハヌノデアル、時局ノ大ナルコト內外形勢ノ容易ナラヌコトハ言葉ヲ俟タズシテ諸君ガ御承知デアラウト思フ、苟モ國家ノ公ノコトニ公人トシテ此職ニアル諸君ハ、最モ是ニ付テハ心ヲ用ヰテ御出デニナルト私ハ信ズルノデアル、ソコデ此時ニ最モ國家重大ナルモノガ何デアルカト云フト、私ハ外交ガ最モ重大ナリト斯ウ思フノデアル（「其通リ」ト呼フ者アリ）所ガ此數日來外交ニ對スル質問ハ頗ル遺憾トシタノデアル（「答辯ガ遺憾ダ」ト呼フ者アリ）老練ナル外交的智識ヲ有ッテ殊ニ支那ニ於テ最モ知識ヲ有ッテ居ラレル御方ノ支那問題、其地ノ外交問題ノ質問ニハ頗ル失望シタノデアル（「答辯ニ失望シタ」ト呼フ者アリ）所ガ外務大臣ノ答辯ニ依ッテ大分滿足サレタヤウデアル（拍手起ル「ノウ／＼」ト呼フ者アリ）滿足サレタヤウデアル（「冗談ヲ言ハズニ眞面目ニ言ヘ」「默レ」ト呼フ者アリ）先ヅ感情ニ走ッテハイケナイ、マア靜カニ聽キ給ヘ（「誠意ナシ」ト呼フ者アリ）私ハ實ハ諸君ノ外交ニ對スル質問ハ餘リ滿足シナカッタガ、外務大臣ノ答辯ニ於テ多分滿足サレタデアラウト私ハ思フノデアル（拍手起ル「ノウ／＼」）大藏省文部省其他ニ向ッテハ、或ハ陸軍ナドニ向ッテハ、大分御議論ガアルガ殆ド內閣不信任的ノ豫算案ノ大削減ニ於テモ、到頭外交ニハ少シモ議論ガ起ラナカッタ、多分御滿足デアラウト私ハ大ニ滿足シタノデアル、今日此世界的日本ガ地位ヲ高メルニハ是カラ外交ノ力ガ最モ大ナリ、外務大臣ノ外交ニ付テ多分充分滿足サレタコト、私ハ信ズル、ソコデ此外交無カリセバ國防無シ、是レ國防ノ起ル所以デアル、此國防ノ議論ハ殆ド盡キテ居ルノデアル、今日ノ陸海軍ニ殊更ニ巨額ノ資本ヲ投ジテ大擴張ヲ爲スト云フ譯デハナイ、或點カラ言ヘバ缺陷ヲ補ヒ、同時ニ多少之ヲ補充スル、充實スルト云フニ過ギヌ、誠ニ其少額、能ク陸海軍大臣ノ言ハレル最少限度ト認ムル二個師團、是モ二年三年デ出來上ルノヲ六年ト卽チ財政ノ調和ヲ保ツ爲ニ餘儀ナク延バシタノデアル、海軍ニ於ケル八隻ノ驅逐艦二隻ノ潛航艇モ、是ハ急イダラ一年デ出來ルノデアル、財政ノ都合デ二年ニ延バシタノデアル、決シテ財政ニ累ヲ及ボスヤウナモノデハナイノデアル、而シテイロ／＼ナ經濟的擴張ナドト云フ名案ガアルカ知レヌガ、サウ云フ理想ハ何時實現スルカ知レヌ、實現シナイ中ニ國家ハ國際間ノ侮ヲ受ケ不測ノ變ガ其間ニ生ズル、是ガ國防ハ一日モ緩ウスベカラズ、治ニ居テ亂ヲ忘レズ、今日太平ヲ裝フトモ何時何ガ來ルカ知レヌ、不測ノ間ニ變ガ生ズル、此ニ於テ東洋ノ平和ヲ保ツ爲ニ、國際間ニ國ノ地位ヲ保ツ爲ニ相當ノ威嚴ト名譽ト信用ヲ保ツダケノ力ハ一日モ忽ニスルコトハ出來ヌ、之ヲ歐洲ノ大亂ナドニ藉ッテ先ニ延バスト云フコトハ頗ル理解ニ苦ムノデアル、段々一年々々ヅヽ延バシテ來タ次第デアリマスカラ、之ニ付テハ私ハ陸海軍即チ國防ノ計畫ヲ破ル如キ削減ハ甚ダ私ガ遺憾トスルノデアル、諸君ハ經驗ヲ持テ居ル、過去ニ知識ヲ持テ居ルノデアル、又從來ノ政治ニ歷史的大臣トシテ、或ハ政府ノ與黨トシテ、今日マデ戰後ノ經營ニ力ヲ盡サレタ諸君ニシテ之ヲ延バスト云フコトハ何カラ起ッタカ分ラナイ、實ニ理解ニ苦ムノデアル、此ニ於テ或ハ黨派的ノ一種ノ感情デハナイカト云フ疑ガ起ルノデアル、諸君冷靜ニ靜カニ聽イテ貰ヒタイト思フ、ドウカ委員會ノ論ヲ全然捨テヽ、此問題ニドウカ協贊ヲ請ヒタイト思フノデアリマス、是ハソレ程議論スルニハ及バナイ、殊ニ名譽アル政友會ノ諸君ニ於テハ疑ノナイコト、信ジテ居ルノデアル、殊ニ原總裁ニ私ハ切ニ望ムノデアル、聰明ナル冷靜ナル、當テ其局ニ當ッテ此師團增設ノコトニ付テハ充分ニ內容モ御存ジノ御方デアレバ、是マデ主義トシテ二遍モ反對ハナイ、唯財政ノ都合デ段々延ビテ來タモノデアルト云フ斯ウ云フ譯デアレバ、ドウカ冷靜ニ一ツ御考ニナッテ、此問題ハ既ニ委員會デ決シタモノデアルガ、ドウカ復活ヲ私ハ願ヒタイト思フノデアル、靜ニ沈默シテ考ヘレバ御異存ノナイコトデアル、此中ニハ新ニ這入ッタ議員諸君モ在ルコトヽ思フガ、大抵年ヲ取ッタ人ガ多イヤウデアル、反對ハナイ筈デアル、心ヲ空シクシテ考ヘレバ是ハ御同意ニナッテ宜イコトデアル、私ハ帝國議會ノ信用ヲ保チ、帝國議會ノ威嚴ヲ維持シ、其威嚴ヲ增スト云フコトハ最モ多數ヲ占メテ居ルトコロノ政友會ノ名譽、ナリト私ハ信ズルノデアル、是ハ私ハ衷心諸君ニ熱望スルノデアル、之ヲ尙且ツ感情ニ依ッテ反對スル譯デアレバ實ニ遺憾千萬デアル、斯ノ如キコトヲシテ議院政治ヲ願フ、政黨政治ヲ願フナドト云フトハ木ニ緣ッテ魚ヲ求ムルガ如キモノデアル、(拍手起ル)コレカラ財政ニ付テ井上君カラ大分手酷シイ御批評ガアッタガ、戰時ノ財政デアル、戰時ノ豫算ニハ多少非難スベキコトモアルカ知レマセヌガ、吾々ハ最善ヲ盡シタノデアル、大藏大臣ガ最善ヲ盡シタ豫算デアル、而シテ公債整理基金ニ付テ最モ力ヲ盡シテ御議論ニナッタノデアリマス、是ハ主義ノ問題デアル、主義トシテ公債及借入金ニ依ラズシテ鐵道及朝鮮ノ港灣道路鐵道或ハ治水ト云フ如キモノヲ支辨シヤウト云フ主義カラ起ッタモノデアル、而シテ五千万圓ヲ償還スルト云ウテ右ニ償還シテ左ニ借入レル、是レ實ニ民ヲ欺クモ甚シイノデアル、所ガ是マデノ慣例ト云フ御話デアルガ、其慣例ガ惡イノデアル、民カラ稅ヲ強ク取ッテ公債ヲ拂フト云フヤウナ御話ガアッタガ、拂フト言ッテ拂ハズシテ預金局ニ公債ヲ償還シテ政府ガ使フ、是ヨリ民ヲ欺クモノガアリマスカ、ソコデサウ云フ慣習ハ御互ニ是カラ廢メテ貰ヒタイ、故ニ虛心平氣ニ、ドウゾ公債基金ヲ之ヲ否決セラルヽト吾々ノ財政計畫ハ殆ド根本カラ破レルト云フ譯デアル、是ハ私ハ切ニ御相談ヲスル、吾輩ノ主義ガ間違ッテ居ルト云フナラバ謹ンデ諸君ノ名論ヲ拜聽スルガ、サウデハナイヤウデアル、是迄ノ慣例ヲ保ツ、其慣例ガドウモ宜シクナイ、ソレカラ戰艦ノコトハ先日モ、御話シタガ、是ハ誠ニ金額トシテハ僅カナコトデアルガ、是ハ吾々ノ主義デ、鵜澤君ハ是位ノコトヽ云フ御話デアッタガ、成程サウカモ知レヌ、決シテソレ一ツデハナイ、併シ是モ大切ナコトデアル、諸君ハ議院政治ヲ望ムノデアル、議院政治ヲ望メバ議院政治ノ憲法、即チ模範ニ於テ斯ノ如キコトガアル、ドウカ此參政官副參政官ノ金額ハ僅カデアルカラ左マデ議論ハナカッタラウト思ッタガ、人材登用云々ト前ノ官吏登用ノ――丁度昨年政友會ノ內閣デ大分樞密院モムヅカシカッタト云フコトデアル、改正サレタノハ――更ニ今度改正スルニ付テ樞密院ハ大分議論ガアッタノデアル、ソレニモ拘ラズドウシテモ政務官ト事務官ヲ分ツト云フコトヲ、一般ノ官吏ニ之ヲ示サヌト往々行政ノ紊亂ヲ來スト云フ虞ガアル、官吏ガドウカスルト過ッテ我黨ノ內閣ナド、言フ時ニハ、政黨內閣ト云フモノハ役人ガ皆政黨員ニナルベキモノデアル、即チ地方ニ夥シク政黨員ノ出來タコトハ原君其他ノ諸君モ御承知デアラウト思フノデアル、既ニ政黨ノ弊ニハ地方ガ苦ンデ居ルノデアル、是等ハマダ立憲的思想ノ乏シイ爲ニ我黨內閣、何デモ政黨政治ト斯ウ云フ、ドウモ誤ッテ役人ハ皆政黨員ニナル、當テ亞米利加ノヤウニ大統領ガ代レバ門番マデ皆代ルヤウナラバ卒知ラズ――是ハ亞米利加ノ大害、大ナル惡弊デアル、是ハ御承知ノ通リ「クリーブランド」ノ時ニ改正サレタ、今日ハ其弊ノ一部分ハ除ケテ居ルガ、其弊ガ尙且存シテ亞米利加ハ苦ンデ居ルト云フコトデアル、ドウカ此內閣ノ更迭ハ――議院政治ノ下ニハ更迭頻繁ナリト斯ウ見ナケレバナラヌ、其時ニ澤山人ノ代ルコトハ宜シクナイ、所ガ或論者ハ先日モ委員會ニ於テソンナコトヲ言ッテモ、今ノ次官トカ局長ハ或ハ代ルカモ知レヌト云フヤウナ御話デアッタガ、成程サウカモ知レヌ、ソレガ宜シクナイ、マア成ルベク過ヲ改メルガ宜イ、是ハ法律ヤ命令デ行ケルモノデナイ、ヤハリ習慣、何デモサウ云フ工合ニ內閣ノ更迭ニ從ッテ退ク人ハ少數デ、之ヲ明ニ區別スルノハ誠ニ事ハ小ナリト雖モ永久的繼續的ニ行政官吏ガ落著カヌト云フ弊ガアルノデアルカラ、此行政ノ紊ガルト――是ハ餘程行政官ノ現狀ニ必要デアル、又心ヲ落著ケテ忠實ニ勸カネバナラヌ、所ガ黨派ニ依ッテ左右サルヽコトニナルト、繼續的永久ノ事務官ガ始終心ガ動ク、事務官ガ政治家ニナッテ堪マルモノデハナイ、政治家ト云フモノハサウ澤山ハイラヌ、先ヅ此所ニ四百人バカリ御出デニナルガ、其外ニ全體如何ナル國デモ一万人ノ政治家ガアレバ大抵澤山ト云フコトデアル、英國ノ如キハ十五万人モアルト云フ、十五万人モ行政官ガ政治家ニナッテハ大變ダ、サウスルト巡査モ政治家ニナラナケレバナラヌ、是ハ誠ニ小ナリト雖モ一般ニ今日既ニ弊ガ起リ掛ッテ居ルノヲ未然ニ防イデ、而シテ良慣習ヲ作ルハ今日必要ナリト思フ、是亦ドウカ十分ナ御考ヲ願ヒタイト思フ、心ヲ空シクシテ考ヘルト十分御理解ニナルト思フ、チョット感情デ謂ハバ政友會ガ折角人材登用ノ門戶ヲ開イテ置イテ、ソレヲ參政官副參政官ト云フ妙ナ名前ヲ付ケルト云フノデ、チョット感情ニ左右サレル、政友會ノ考モ茲ニアッタラウト思フ、ソレカラ餘リ私ハ――諸君モ御疲レデアルカラ多ク論ゼヌガ(「簡單々々」ト呼フ者アリ)ドウモ研究所講習所ヲ今鵜澤君モ大分御論議モアッタガ、恐ラク天才ガ起ッテ、天才ニ依ッテ成立ツヤウナモノナラバ兎モ角モ――私ハ學者ヲ尊敬スルノデアル、又北里君ヲ學者トシテ研究者トシテ尊敬スルノデアル、併ナガラ天才トハ思ハヌ、世界ニ大發見ヲ爲シタト云フノデモナイ、唯發見ヲ繼續シテ研究スルニ過ギヌノデアル、之ヲ範圍ヲ廣ク文部省ニ置イテ帝國大學ト云フ機關ヲ有ッテ居ル、此機關ト結付ケレバ一層研究ガ進ムノデアル、同時ニ帝國大學ノ多數ノ學生ガソレニ依ッテ利益ヲ受ルコト大ナリト信ズルノデアリマス、講習所ニ於テモ何等變ルコトハナイノデアル、却テ講習所ハ專門ノ學校トナルカラ地位ハ高クナッタヤウナモノデアル、文部省ノ學問ガマダマルデ實務ニ疎イモノヲ作ルト云フ譯デアレバ、全體國家ハ百三四十万圓ノ金ヲ投ジテ無益ナ人間ヲ作ルコトニナルノデアル、若シ弊ガアレバ諸君ト共ニ文部省ノ弊害ヲ防グハ必要デアル、斯ノ如キ論ガ隨分イロイロナ感情ノ爲ニ誤ラレテ居リハシナイカト思フ、段々此節ハ（「ヤルナラ高聲ニ」ト呼フ者アリ）諸君ハ頗ル冷靜ニ願ヒタイ、靜ニ考ヘレバ吾輩ガ殊更ニ事ヲ好ンダ譯デモナケレバ――隨分其外傳染病研究ノ爲ニ大ナル利益ガアル――日本ハ海國デアル、四千哩ノ海岸ヲ有ッテ居ル、水産ハ實ニ將來日本ノ富ヲ組立テル所ノ大ナル富源デアル、ソレ故ニ帝國大學ニモ農科大學ニ水産科ヲ置カレタノデアル、之ニ關シテ專門學ヲ敎ヘルト云フ、是ハ水産ヲ將來奬勵シ發達セシメル、今日ニ於テ最モ私ハ必要ナリト思フノデアル（「高聲ニ」ト呼フ者アリ）然ルニ多分諸君ガ之ヲ削リハ削ッタカ御困リダラウト思フノハ研究ヲ止メルヨリ外ナイノデアル、文部省カラ二十三万圓ヲ削ル、折角成立ッタル研究ハ潰シテシマフノデアル（「誰ガ潰シタ」ト呼フ者アリ）是ハ丁度國債整理基金デ井上君ガ述ベタ所ニ誠ニ私ハ感服シタガ、過ヲ正サレタコトヲ感服スルガ、是モ少シ手落ガアルカモ知レヌト思フノデアル、ソレ故ニドウカ是ハ冷靜ナル思想ヲ以テ、而シテ此豫算案ノ委員會ニ於テ大削減サレタモノヲ全部大ナル雅量ヲ以テ、又國家今日內外ノ形勢カラ――國家ハ將來如何ノ運命ニ逍遙スルカト云フ國ガ盛ニナルカ一歩ヲ過マレバ國家ガドウ云フ困難ニ陷ルカト云フ此過渡期ニ立ッテ居ルノデアル、ドウカ國家ノ爲ニ、此時局ノ爲ニ、私ハ殊更ニ共擧國一致ヲ餘リ多ク唱ヘヌ方デアル、擧國一致ヲ强ヒヌト云フコトヲ言ッテ少シク氣ニ入ラヌ御方モアッタヤウデアルガ、是ハ贊否ハ諸君ノ權能デアルカラ、是ハ洵ニ御隨意デアルガ、ドウカ雅量ヲ以テ此時局ノ爲ニ私ハ切ニ諸君ニ望ミマスノデアル（拍手起ル）（「大隈伯ニチョット聽キタイ」ト呼フ者アリ）チョット――私ハ先刻ノ元田君ノ御演說ノ時ニハ、ツイ中ハ拜聽シテ少シ用ガアッテ中座ヲ致シテ終リヲ承ラナカタッガ、昨日ノ委員會ニ於ケル私ノ演說ノ言葉ヲ少シク御聽違ヒニナッテ居リハセヌカト存ジマスル、是ハ丁度昨日ノ速記錄ヲ御覽下サルト明ニ分ッテ居リマス（「拵ヘタラウ」「馬鹿言フナ」ト呼フ者アリ）先日モ私ノ言葉ヲ誤ッテ政友會モ斯ウ云フ惡イコトヲスルト言ッタ、斯ウ云フ評判ガアッタト云フ議論デ、大分議場ガ沸騰シタガ、速記錄ヲ御調ベニナッタナラバ御聽キニナッタ御方ノ感ジタノガ全ク違ッタト云フコトガ現ハレタノデアル、ソレト同樣ニ昨日ノ速記錄ヲ御覽下サルト――チョット之ヲ讀ンデ見マセウ（「謹聽」ト呼フ者アリ）「內閣總理大臣、必ズ諸君ノ忠誠ナル和衷協同ヲシテ斯ノ如キ適當ナル費用ハ、必ズ本會ニ於テハ御同意ニナルコト、私ハ信ジテ疑ハヌノデアル、若シ是ニ反對スルト云フコトガアレバ、吾人ハ吾人ノ憲法ニ依ッテ與ヘラレタルトコロノ權能ニ依ッテ爲スノデアル」（「直シタ」ト呼フ者アリ）大權トカ何トカ御聽違ヒニナッタカト思フ、ドウカ速記錄ニアルノヲ御覽下サルト分ル

（拍手起ル）

○鈴木梅四郎君　私ハ外務大臣ニ向ッテ質問ガ第一ニゴザイマス、唯今外務大臣ガ床次君ノ質問ニ對シテ最後ニ御答ニナッタ排日問題、之ニ付テ少シ御尋致シタイ、私共ノ聞キマス所、又新聞デ見マスル所ニ依リマスレバ、外務大臣ノ所謂圓滿ナル解決ヲ遂ゲマレタ其支那ニ於キマシテ、其談判ノ結了前ヨリ催シガアッタノデゴザイマスルガ、所謂排日問題、日本ノ臣民ニ對シテ危害ヲ加ヘ、日本ノ商店ニ對シテ亂暴ヲ働クト云フコトガ現ニ盛ニ起リツヽアル、又日本ヨリ輸出シマスル所ノ商品ニ對シテハ、總テ之ヲ排斥スルト云フ嚴重ナル決議ヲシテ著々實行シテ居ル、現ニ或商人ノ如キ――此排貨ノ同盟ニ入ッテ居ル商人ガソレヲ破ッテ、日本人ト約束シタ爲ニ其事ヲ發見サレテ罰金ヲ取ラレタト云フコトガアルタメ其商賣ハ其後ハ一向取引ガ無イト云フ一ノ例モアリマス、其他日本ノ商品ヲ或處ニ集メテ之ヲ燒棄テヽ、非常ニ所謂排貨ノ勢ヲ昂メテ居ルト云フコトモ聞イテ居リマス、其他商業會議所ノ會頭ト云フヤウナ重要ナル人々ガ、熾ニ此排貨、日本ノ貨物ノ排斥ト云フモノヲ非常ニ激シク論ジ、激シク之ヲ勵行スルコトヲ努メテ居ルサウデアリマス、此日本ノ國民ニ對シテ危害ヲ加ヘ、或ハ商店ニ對シテ妨害ヲ與ヘルト云フコトハ長ク續クト云フコトハナイデアラウト云フコトハ、私共ハ是ハ信ジマスル、サリナガラ此排貨問題ト云フモノハ餘程注意ヲ要スル由々シキ問題デアルト思フ（「ヒヤヒヤ」ト呼フ者アリ）御承知ノ如ク支那トノ貿易ハ、我國ノ貿易ノ重要ナル部分ヲ占メテ居ルノデアリマス、而シテ今後我國ノ商工業ノ發達致シマシテ、我國ノ國富ノ增進ヲ計ル天地ハ何レニアルカト申シマスレバ、第一ニ此支那ノ市場ト云フモノガ一番重要ナルモノデアルノデアリマス、然ルニ外務大臣ノ所謂圓滿ナル解決ヲ告ゲルヤ否ヤ、斯ノ如キ排貨問題ガ起ッテ商工業者カラ見マスルト云フト、殆ド非常ナ打擊ヲ今日與ヘテ居ルノデアリマス、外務大臣ノ先刻ノ御説明ニ依リマスルト、至極簡單ニ事モ無ゲナ御答辯デアッタヤウデゴザイマスルガ、私共ハ左樣ニハ信ジラレナイノデアル、先年辰丸事件ト云フ問題ガアリマシテ、廣東方面、卽チ南清方面ニ所謂日貨排斥ガ起リマシテ、其經過ヲ考ヘテ見マスルト能ク分リマスノデ、辰丸事件ナルモノハ此度ノ對支外交渉問題ニ較ベマスレバ、誠ニ事輕少ナ問題デアル、ソレニモ拘ラズ支那人ガ之ニ對シテ日本ノ商品ヲ排斥スルト云フ同盟ヲ結ンデ、我日本ノ貿易ニドノ位ナ妨害ヲ與ヘタデアラウカト云フト、卽チ此問題ハ輕少ナ問題デアッタケレドモ頗ル長イ間我國ノ支那貿易ト云フモノニ對シテ、妨害ヲ與ヘタト云フコトハ何人モ能ク記憶スルトコロデアリマス、此辰丸事件ニ較ベマスレバ、支那人ニ取ッテハ最モヒドクコタヘテ居ルトコロノ此度ノ問題デアッテ見マスレバ、私共ハ此一例カラ申シマシテ今日ノ所謂日本ノ商品排斥問題ト云フモノハ、餘程我國ノ貿易ニ關係シ、我國ノ經濟ニ餘程關係ヲ及ボシハセヌカト云フ虞ヲ懐イテ居ルノデアリマス、デ之ニ對シテ先刻排日問題ト云フコトデ簡單ニ御答ニナリマシタガ、我臣民ニ危害ヲ與ヘ、商店家屋ニ妨害ヲ與ヘルト云フヤウナコトハ、外務大臣ノ所謂嚴重ナル警告ニ依ッテ之ヲドウカスルコトハ出來マセウガ、支那一般ノ商工業者ガ或勢力ニ壓セラレテ、此排貨問題ヲ實行スルト云フコトニ付テハ、ドウ云フ方法ドウ云フ御考案ガアルノデゴザイマセウカ、是ハナカ〳〵私共ハ輕々ニ見テ居ル問題デナイト思フノデゴザイマスルカラ、此邊ニ對シテ最モ經濟財政ノ上ニモ御考ノアル外務大臣トシテハ、相當御考ガアルダラウト思フ、又我商工業者モ外務大臣ノ此説明ニ依ッテ自分ノ商取引、若クハ工業ノ營業ノ上ニ付テハソレ〳〵手加減ヲスル考ヲスル必要ガアラウト思ヒマスカラ、此點ニ對シ外務大臣ノ明確ナル御答辯ヲ得タイト思フノデアリマス、次ニハ大藏大臣ニ向ッテ財政方針ノコトニ付テ御尋ヲ致シマス、三十五議會ニ於キマシテハ、大藏大臣ハ時局々々ト云フコトデ、總テノ財政方針ノコトヲ御尋致シマシタニ對シテ御逃レニナッタヤウニ吾々ハ思ッテ居リマスガ、日獨戰爭ハ既ニ結了シ、疾ウニ收マリ、又日支交渉問題モ既ニ結了シテ不日條約ノ取替セガ濟ムト云フ時節、歐洲ノ大亂ハ何時結了致シマスカ、是ハ分リマセヌケレドモ併シ極東ニ位置ヲ持ッテ居ル我帝國ト致シマシテハ、此際ドウシテモ政府ノ財政方針ト云フモノニ對シテハ、相當ノ考慮ヲ費シテ此國民ノ商工業ノ前途ニ付テ懐イテ居ルトコロノ危惧ノ念ヲ解イテヤルノ必要ガ確カニアル時期ト私ハ考ヘテ居リマス、念フニ歐羅巴ノ大戰爭ハ何時結了スルカト云フコトハ問題デアリマスルガ、日本帝國ト致シマシテ、今後ドノ方面ヨリ考ヘマシテモ國ノ富ヲ增殖シ、國ノ力ヲ附ケルト云フコトガ最第一ノ要件デアルコトハ私ガ申スマデモナク、是ハ明瞭ナコトデアル、歐羅巴ノ戰局如何ニ拘ラズ今日ハ我帝國ハ上下一致シテ、全力ヲ此點ニ盡サナケレバナラヌ時期デアラウト思ヒマス、然ルニ先刻大藏大臣ノ御説明ヲ承ハリマスルト云フト、唯オ座ナリノ御説明デアッテ、財政ノ方針ニ付テハ一言モ御言及ニナラナカッタト云フコトニ對シテ、頗ル失望ヲ致シタノデアリマス、何故ナラバ此度ノ解散問題ノ主要問題ニナッテ居リマスル二個師團、此二個師團ハ何レ此議會ニ於テハ通過スルデゴザイマセウ、吾々ハ反對デゴザイマスルガ、所デ之ヲ世間ハ大ニ誤解シテ居リマスルガ、ナカ〳〵ノ重要問題デ、大正十年マデニ臨時費バカリガ約千二百万圓、ソレカラ經常費ガ二千百万圓、合セテ三千二百万圓出來上リマデニ掛ッテ、サウシテ年々歳々出來上ッタ後ハ五百十何万圓ト云フ大金ヲ喰ウテ參リマスル計畫デアリマス、サウシテ政府ハ斯ノ如キコトヲ一方ニ於テ財政計畫ニヤッテ居リマスルノニ對シテ、又外ニイロ〳〵ナ不安心ナ計畫ヲシテ居ルト云フノハ、國債償還基金ノ二千万圓ヲ減ジテ、ソレヲ以テ鐵道ノ敷設費ヲ用ヒテ居ル、是ハ今年限リデアルカ、或ハ來年モヤルノデアルカ、或ハ永久ニヤルノデアルカ、ソレハ分リマセヌガ、併シ鐵道ノ敷設經營費ト云フモノハ今後年々ニ必ズ必要ノモノデアル、之ヲ先ヅソレニ向ケテ居ル、ソレカラ朝鮮事業費ハ――朝鮮事業費ニ八百餘万圓剩餘金ヲ貸付ケテ居ル、是モ如何デアルカ、朝鮮ノ事業費ハ總體デ五千六百万圓ト記憶シテ居リマスルガ、其中ニ公債ニ依ッテ既ニ使ハレタモノガ三千万圓ト、殘ルトコロノ二千六百万圓、此二千六百万圓ノ中、差向キ今年剩餘金ヲ以テ八百餘万圓ヲナサルト言ヘバ、後ニマダ大變ニ殘ッテ居ル、千八百万圓バカリ、此朝鮮ノ事業費モ要リ居ルノデアル、斯ウ考ヘテ見マスト云フト、今日ノ財政状態カラ申シマスト、前途ドウシテ行クデアラウカト云フコトハ何人モ心配セザルヲ得ヌノデアル、之ヲドウナサルカ、更ニ詳シイ御話ハ略シマスルガ、歐洲戰亂ノ結果トシテ官民共ニ二十億ノ外資ヲ輸入シテ財政經濟ヲ調理シテ居ル、我帝國ニ於テハ此戰爭中ハ無論ノコト、戰後少ナクトモ十數年ノ間ト云フモノハ、新タニ外資ヲ入ルヽコトガ出來ヌバカリカ、此借入レタ外資ハ徐々取立テラレル運命ニ迫ッテ居ルト云フ此所ニ大難事モアルノデアリマス、ソレ等ニ對シテ今日此際、此臨時議會ヲ御開キニナッテ、斯カル長年期ニ亙ッテ國民ノ負擔ヲ重クスル案ヲ御提出ニナル以上ハ、之ニ對シテ財政計畫ハ斯ク〳〵ニシテ行クノデアルカラシテ、安心シテ之ニ協贊ヲ與フベシト云フ抱負ガナケレバ、順序ヲ得ナイモノト思ヒマスルノデアリマスルガ、此點ニ付テ如何デゴザイマセウカ、之ヲ御尋シマス、ソレカラ今一ツ御尋ネスルノハ、廢減税問題、民力休養問題、現政府ガ成立ノ當時聲明サレマシタ重要ナル政綱ノ中ニ、此廢減税、民力休養ノ問題ガゴザイマシタ、之ヲ前ノ三十五議會ニ於キマシテハ、時局ト云フモノヲ口ニサレテ此問題ハ逃ゲラレタノデゴザイマスガ、先刻モ申上ゲマス通リ我帝國トシテハ今日時局ハ既ニ通過シテ、今後國力ヲ養ヒ國ノ富ヲ增進スルト云フコトニ努メナクテハナラヌノデアルガ、今ニ財政方針ヲ承ハルコトガ出來ズ、又今日ノ財政計畫ヲ見マスレバ前途ノ事ハ一切構ハズ、其日限リ其日暮シノ財政ヲ立ッテ居ラル、トシカ見ラレマセヌカラシテ、政府ハ廢減税民力休養ノ問題ハ御取消ニナッテシマッタノデアルカ否ヤ、斯ウ云フ問題デゴザイマス、私ノ質問ハ此三箇條デゴザリマス

（拍手スル者アリ）

第十（追第一號）豫算外國庫ノ負擔トナルヘキ契約ヲ爲スヲ要スル件

（片岡直温君登壇）

○片岡直温君　豫算委員會ニ於ケル經過竝ニ結果ヲ報告致シマス、豫算委員會ハ先月二十一日委員當選、直ニ委員長理事ノ互選ヲ行ヒマシテ、次デ分科ノ設定竝ニ部屬ノ定メヲ致シマシタ、二十四日以來數回豫算總會ヲ開キマシテ、就中三日間ハ午前午後ニ亙リマシテ、長時間ノ質問ヲ繼續致シマシテ、政府ト委員トノ間ニ充分ノ意思ヲ交換シタ次第デアリマス、次デ分科ニ移シマシテ、昨日午前中ニ分科會ヲ結了致シマシテ、午後ニ豫算總會ヲ開イテ此決議ヲ報告スルコトニ立至ツタ次第デゴザイマス、豫算總會ニ於キマシテノ修正ノ意見ハ、政友會諸君ノ中ヨリ三土忠造君ガ修正ノ提出ヲサレタ事柄ヲ御紹介致シマス、豫算第一號、大正四年度歳入歳出總豫算追加案中、經常部ニ屬スル各省ヲ通ジテ、參政官及副參政官設置ニ關スル經費ヲ悉ク削除致スノデアリマス、即チ合計金六万六千四百五十六圓ヲ削除スル、次デ內務省所管第三款本省ノ經費ヨリ右申上ゲマシタ參政官ノ費用ヲ削除シテ、更ニ地方行政監察制度新設ニ關スル經費、一万六千五百九圓ヲ削除シタイト云フ意見デアリマス、而シテ陸軍省所管ノ中、第二款軍事費二十八万八百七十七圓ノ中カラ、朝鮮ニ師團增設ヲ致スト云フ經費二十四万千八十四圓ヲ削除シ、臨時部ニ於キマシテ大藏省所管、第二十五款第一項帝國鐵道特別會計貸付金ノ二千万圓ヲ削除スル、陸軍省所管ノ中、二十二款第一項朝鮮師團營繕及初度調辨費ノ中、四十七万七千百四圓ヲ削除シ、海軍省所管第六款軍備補充費、第一項軍艦製造費千百八十三万三千三百十八圓ノ中カラ、驅逐艦八隻潛航艇二隻ノ新造費七百四十三万八千四百五十八圓ヲ削除スル、右ノ如キ削除ノ結果トシテ經常部ニ於キマシテ三十二万四千四十九圓ヲ削除シ、臨時部ニ於テ二千七百九十一万五千五百六十二圓ヲ削除シ、歳出總計ニ於テ二千八百二十三万九千六百十一圓ヲ削除スル、乙號ニ於キマシテ陸軍省所管朝鮮師團營繕、及初度調辨費ノ總額金千百九十八万六千五十八圓全部ヲ削除シ、即チ大正四年度ヨリ大正十年度ニ至ル年額割ヲ悉ク削除致スト云フコトデアリマス、而シテ海軍省所管ノ中、軍備補充費追加額九千三百九十四万六千九百十四圓ノ中、七千六百四十一万九千五百九十八圓ニ之ヲ修正シ、大正四年度、五年度ノ二箇年度ノ軍艦製造費ノ年額ヲ修正スルト云フ意見ガ提出サレタノデアリマス、之ニ對シマシテハ海軍ノ驅逐艦八隻潛航艇二隻ノ新造費七百四十三万八千四百五十八圓ノ項ヲ除クノ外ハ、國民黨所屬ノ豫算委員諸君モ贊成デアルノデアリマス、此削除修正ノ理由ハ、大體ニ於テ議會解散ノ原因ヲナシタル問題デアルガ、未ダ之ニ協贊ヲ與ヘル考ヲ起サナイカラシテ、ヤハリ削減ヲ致スト云フニアルヤウデアリマス、然レドモ其詳細ノ意見ハ本議會ニ於テ修正削除ノ意見ヲ述ベラル、トシテ、豫算委員會ニ於テハ別段ニ理由ハ說明セラレナカツタノデアリマス、而シテ之ヲ起立ニウテ見マスルト、豫算委員六十三名ノ中、當日出席五十八名デアリマス、其中此海軍ノ事項ヲ除クノ外ハ出席總員ノ中、修正削除ニ贊成ノ方ガ十五名デアリマス――少シ間違マシタ、此項ヲ除イタ方ノモノダケハ十五名ノ贊成デアル、反對ガ四十三名デアル、夫故ニ此事項ハ消滅ヲ致シテ原案ガ成立ツタノデアリマス、サウシテ海軍ノ驅逐艦水雷艇ノ事項ヲ除クノ外ノ今ノ修正削除ノ說ニ對シテハ、修正削除ニ贊成サル、方ガ十九名、反對ヲセラレテ政府案ニ贊成ヲ表スル方ガ三十九名ノ多數デ、是亦原案ガ成立致シタノデアリマス、此外ニ國民黨所屬ヲ代表サレテ鈴木梅四郎君ヨリ提出サレマシタトコロノ修正案ガアルノデアリマス、ソレハ內務省所管ノ中、二十三款朝鮮總督府特別會計貸付金デアリマシテ、其一項事業費資金貸付金八百六十三万四千三百二十七圓ヲ削除スル、而シテ大藏省所管ノ中、第二十六款第一項專賣局据置運轉資金補充三百万圓モ削除シ、尙ホ追第一號ノ中、豫算外國庫ノ負擔トナルベキ契約ヲナスヲ要スル件ノ中ノ、航路補助航海補助ニ修正ヲ加ヘルト云フコトデアツタノデアリマス、此事項ニ對シマシテハ之ヲ起立ニ問ヒマスルト、此修正削除ヲ欲スル方ハ僅ニ四名ノ少數デアツタノデアリマス、而シテ是等國民黨所屬ヨリ代表シテ述ベラレタルトコロノ御意見、其理由ハ本會議ニ於テ說明ヲ致スト云フコトデアリマシタ、之ニ反對ヲシテ政府案ニ同意ヲ表セラレタル方モ、既ニ修正削除ノ意見ヲ具體的ニ述ベラレザル以上ハ、原案ヲ贊成スル趣旨モ亦本議會ニ於テ述ベルト云フコトニ依ッテ、政府案ニ贊成ヲ表セラレタ次第デアリマス、以上說明ヲ致シマシタ如ク悉ク政府提出案ニ大多數ヲ以テ可決致シタ次第デアリマス、宜シク諸君ニ於テモ御同意アラムコトヲ希望致シマス

（拍手起ル）

○議長（島田三郎君）　唯今委員長ノ報告ニナリマシタノハ、第八ヨリ十二デアリマス、先ヅ其中ニ就テ第八ヨリ第十マデヲ一括シテ議題ト致シテ、修正者ノ報告ニ便宜ヲ與ヘマス、之ニ御異議ガアリマセヌカ

（「異議ナシ異議ナシ」ト呼フ者アリ）

○鈴木梅四郎君　吾々同志ノ愼重ニ調査致シマシタル修正案ヲ説明致シタウゴザイマス(「モウ少シ大聲ニ」ト呼フ者アリ)此修正ノ詳細ノコトハ書類ニ致シマシテ諸君ノ御手許ニ既ニ配布シテ置キマシタカラシテ、細カナ事ハ茲ニ省略致シマス(「ヒヤ／＼」)此一般會計特別會計全體ヲ通ジマシテ削減ヲ致シマシタル總高ハ四千八百八十九万一千八百四十五圓ニナッテ居ルノデアリマス、サリナガラ一般會計ト特別會計ト重複シテ居リマスモノガアリマスカラ、正味ノ削減額ハ三千六百四十三万九千百五十三圓デアリマス、而シテ豫算外國庫ノ負擔トナルベキ契約ニ關スル所謂航路補助問題ニ於キマシテ、政府ノ提案ハ總額二千二百九十三万二千六圓ニナルノデアリマスガ、吾々ハ此中ヨリ八百九十一万三千四百四十九圓ヲ削減致シマシテ、之ヲ千四百一万八千五百五十七圓以內ト修正スルノデアリマス、此削減ヲ致シマシタル主ナルモノハ委員長ノ報告ノ時ニ御承知ノ通リ、正副參政官、地方行政監察官、此制度ヲ廢シ、朝鮮二個師團問題ノ全部、帝國鐵道特別會計ノ貸付金及朝鮮事業費資金ノ貸付金、專賣局据置運轉資金補足三百万圓ヲ削ル、是ガ主ナルモノデアリマス、而シテ正副參政官ノ費用ヲ削リマシタ譯ハ、我黨ニ於キマシテモ政務官、事務官ノ區別ヲ立テル主義ニ於テハ反對ハナイノデアリマスケレドモ、今日ノ政府ノ爲サルルトコロノ此事ハ、姑息ニ失シテ居ルノデアリマス、デ吾々ハ此行政整理ニ付テ根本的ノ整理ヲシテ行クト云フコトガアリマスルカラ、斯カル姑息ノ改正ヲスル必要ヲ認メヌト云フ見地カラ之ヲ削ルノデアリマス、ソレカラ地方行政監察官制度、是ハ無用ノ官ヲ設クルト云フニ止ラズシテ、却テ地方行政ニ害ヲ與ヘル虞ガアル、此點カラモ之ヲ削ルノデアリマス(「ヒヤ」ト呼フ者アリ)ソレカラ朝鮮二個師團問題、是ハ我黨ガ多年國防會議提唱ノ折ヨリシテ帝國ノ國防ハ最モ重要ナル問題デアル、多年ノ黨ノ宿論デゴザイマシテ、所謂兵制ヲ根本的ニ變ヘテ行クノデゴザイマスルガ(「根本的トハ何ダ」「默レ」ト呼フ者アリ)此詳細ノコトハ後程犬養君ヨリ説明ガアル筈デゴザイマスカラ是ハ略シマス(「成ルベク簡單ニ願ヒマス」ト呼フ者アリ)帝國鐵道特別會計貸付金、之ヲ廢シマスルノハ帝國鐵道ハ既ニ特別會計トシテ居ル 以上ハ(「簡單々々」)鐵道ソレ自身ガ自ラ働イテ自ラ建設改良ヲスベシト云フノ趣意ニ依テ之ヲ削ルノデアリマス、今日ノ鐵道ノ經營ノ仕方ニ付キマシテハ、吾々ハ非常ナ議論ヲ持ッテ居ルノデアリマス、殊ニ今日ノ鐵道院ノ仕事ノ遣リ方ニ付テハ最モ遺憾ヲ感ジテ居ル、近ク例ヘバ京濱電車ノ鹹ニ失態ヲ極メテ居リマスル事柄ハ、過日鐵道院總裁カラ自カラ御述ベニナッタ通リデゴザイマシテ、如何ニモ失態ヲ極メテ居リマスガ(「設計ハ誰ガサセタ」ト呼フ者アリ)併シ私共カラ見マスレバ、此失態ハ唯京濱間ノ電車ニアリトシテ、此事ノミヲ見ル譯ニハ行カヌノデアル、今日ノ鐵道院ノ經營カラ見マスルト云フト、之ニ類似スルトコロノモノガ澤山――今ノ十億圓ヲ投ジテアルトコロノ鐵道事業ノ各方面ニアルモノト、私共ハ見テ居ルノデアリマス、其證據ハ今日鐵道院ノ經營致シテ居リマスルトコロノ線路ト云フモノハ、日本帝國ノ最モ肝要ナル土地ニ敷設サレテ居ル、殊ニ鐵道乘客貨物共ニ最モ有利ナ位地ニ立ッテ居ルトコロノ其鐵道、ソレヲ經營シテ居リナガラ其擧ゲルトコロノ利益ト云フモノハ甚ダ少ナイ、殊ニ税ト云フモノハ一切納メナイデ以テ斯ノ如キ成績ヲ擧ゲテ居ルト云フノハ、經營其宜シキヲ得ナイモノデアルト云フ意見ヲ懷イテ居ルノデゴザイマス、デ是ハ飽マデモ鐵道自身ノ事務ノ遣リ方ヲ根本的ニ變ヘテ、行政整理ヲ十分ニヤル餘地ガアルモノト見マスルカラ、自營セシムル趣意ニ於テヤルノデ、朝鮮事業費資金貸付金ノ削除、是ハ朝鮮ノヤハリ鐵道デゴザイマスルカラシテ、市場ノ模樣ニ依テ公債ヲ募ッテ最初ノ目的ノ通リニヤルガ穩當デアル、若シ市場ガ許サヌナラバ事業ヲ縮小シテ暫ク止メテモ宜シイ、ヤハリ是ハ一般會計カラ之ヲ貸スト云フヤウナコトハイカヌト云フ主義ニ依ッタノデゴザイマス、大體ノ説明ハ、項目ニ擧ゲテ説明致シマスレバ斯樣ナモノデゴザイマスルガ、尙更ニ全體ニ向ッテ私共ハ現政府ノ財政計畫ニ對シマシテハ、根本的ニ意見ヲ異ニシテ居ルノデゴザイマスカラシテ、其査定ノ金額モ亦ナカ／＼大ナルモノデゴザイマシテ、政友會ノソレト較ベマシテモ餘程相違ガアルノデゴザイマス、此相違ノアル點ニ付キマシテ大體ノ説明ヲスル必要ガアルト思ヒマスルカラ、是ヨリ其大體ノ説明ヲシテ見タイ、卽チ今日ノ日本帝國ノ財政及經濟ト云フモノハ非常ナ難境ニ立ッテ居ルト云フコトハ申スマデモナイコトデゴザイマス、歐洲大亂無カッタ其前、西園寺內閣ノ時代デモ既ニ多年ノ借金政策ガ行詰マッテ、ドウシテモコヽニ根本的ノ刷新改革ヲシナクテハナラヌト云フマデニナッタノデゴザイマス、ソレハ一昨年ノ議會ニ於テ、私ガ此壇上ニ於テ大藏大臣ニ質問シタ時ニモアリマス、卽チ帝國ノ外國ニ於ケル信用ト云フモノハ非常ニ乏シクナッテ居ル、其公債ハ土耳古ノ公債ヨリモ價ガ下ニアル、殊ニ此上ニ金ヲ借リルト云フコトハ到底出來ナイ狀態デアル、卽チ其當時短期ノ鐵道債券ヲ借ルト云フ場合ニ、實例ヲ以テ之ヲ示シテ居ルト云フ譯デアリマスカラ、歐洲ノ大亂ガ起ラナイデモ我國ノ財政ト云フモノハ既ニ行詰ッテ居ルノデアリマス、所ヘ昨年八月歐洲大亂ガ起ッタト云フコトニ至リマシタ爲メニ、更ニ其難關ヲ加ヘタノデアリマス、是ハ昨年ノ議會ニ於キマシテ私カラ大藏大臣ニ質問モシ、此處デ御話ヲシタコトデゴザイマシタガ、常時ハマダ突飛ナル所ノ空理トシテ、世間デモ迎ヘテ居ッタヤウデゴザイマス、大藏大臣ノ如キモ是ハ現實ナラザル空理論トシテ御聽キニナッタヤウデアリマシタガ、爾來數箇月ヲ經マシタ今日ニ於キマシテハ、此歐羅巴ノ大亂ノ爲ニ世界ノ財政經濟ト云フモノガ一大變化ヲ來シ、帝國ノ財政經濟モ非常ナ難境ニ陷ッテ居ルト云フコトハ、我國ノ學者社會ニ於テハ既ニ確定シタル所ノ議論デゴザイマス、デアリマスカラ此點ニ就テハ大ニ反省ヲ促スノ必要ガアルノデアリマス、此度ノ戰爭ハ何時止ムカ、是ハ未定ノ問題デアリマスガ、要スルニ本年一パイデ此戰亂ガ濟ミマシテモ、今日マデ世界ノ各方面ニ自分デ使ッタ餘リノ資金ヲ供給シテ居リマシタ、歐羅巴ノ市場ハ、茲ニ一大變化ヲ來シテ、此戰爭ノ後ト云フモノハ、當分ノ間ハ世界ノ各方面ニ向ッテ資金ヲ供給スルコトガ出來ナイト云フコトハ的確ナル事實デゴザイマス、デ之ヲ水道ニ譬ヘテ申シマスレバ、所謂貯水池ニ當リマス、歐羅巴ノ大亂ノ爲ニ今後他ニ供給ヲスルコトガ出來ナクナル、イツマデ是ガ供給スルコト出來ナイカト云フ問題ニ就テハ、學者社會ニモイロ〱ナ論ガゴザイマス、併シ是ハ戰爭ガ止ミマセヌケレバ大體ノ察モ出來ナイノデゴザイマスガ、併シ今日ノ形勢カラ觀察致シマシテモ、私ハ少クトモ十數年ノ間ト云フモノハ、世界ノ各方面ニ放散シマスル所ノ資金ト云フモノハ、歐羅巴ノ貯水池ニハ無イト私ハ斷言スルノデアリマス、此見地カラ見マスルト云フト、我國ノ財政經濟、卽チ官民公私ノ借リテ居リマス、二十億圓ノ外債ト云フモノハ、ドウナルカト云フ問題デゴザイマス、此後ハ我國ノ財政上ノ位置ハ第一ニ斯ウ云フコトガアル、如何ナルコトガアリマシテモ日本帝國ノ國民ガ勉强ヲシテ働キ出シタ資本ニ依ルノ外、外國カラモウ資本ヲ借入レテ之ヲ使フト云フコトハ、斷然ト是ハ思ヒ切ラナケレバナラヌト云フコトガ一ツ、ソレカラ財政及經濟共ニ此二十億圓借リテ居リマス金ノ期限ガ續キマスレバ、是ハ取立テラレベキ運命ヲ持ッテ居ルト云フコトガ、第二ノ事實デアリマス、此事ニ付キマシテモ昨年大藏大臣ト應答シマシタ當時、大藏大臣ハマダ樂觀ヲサレテ居リマシタガ、近ク去ル三月鐵道證券ノ短期債券ヲ借入レル時ニ至ッテ、初メテ私ノ主張ノ正シイト云フコトニ一部同意ヲサレタヤウデアリマス、卽チ此短期證券ト云フモノハドウ云フ手續デ借換ヲシタカト申シマスト、四千万圓ノ內一千万圓ノ內入金ヲシテ、期限ハ一箇年デアリマシタガ、利息ハ五步七厘五毛ノ高利ヲ拂ッテ居ルノデアリマス、サウシテ手數料ト唱ヘマスルモノ八分ノ七卽チ三千万圓ニ付テ二十五万圓拂ッテ居ル、之ヲ利息ニ算入致シマスレバ三月ノ借換ノ三千万圓ハ六步六厘二五ト云フ非常ナ高利ニナルト思ヒマス、之ヲ以テ觀マシテモ今後ナカ〱此借換ト云フコトモ容易デナイト云フコトガ解リマセウ、殊ニ民間ニ於テモ此時借ハ四十万圓ゴザイマス、何レ三千万圓ノ此鐵道證券ハ、來年ニ至ッテヤハリ內入ヲシテ高イ利息ヲ拂ッテ、後トヲ復タ延ベテ貰フト云フコトニナルノデアリマセウ、民間ノモノモ同樣ナコトニナル、サウ斯ウスル內ニ佛貨公債七千万圓ノ期限ガ大正十二年ニ來ル、サウシマスレバ是ハソロ〱用意シテ行カナケレバナラヌ、引續イテ英貨公債ガ來ル、斯樣ニシテ借リマシタ金ハ段々取立テラレルコ、ニ事實ガアリマス、第三ニハ此期限ガ來マシタモノハ今申シマシタ通リデアリマスガ、期限ノ來ナイモノデアリマシテモ、取立テラレルト同樣ナ目ニ逢フト云フ茲ニ事實ガアルノデアリマス、ソレハ何カト申シマスレバ、我國ノ經濟ノ市場ニ於テ日本ノ公債ノ價ガ比較的ニ高ケレバ、外國ニ出テ居リマスル所ノ期限前ノ公債證券ガ逆輸入ヲスルト云フ事デアリマス、是ハ過去ニモ例ノアル事デアリマシテ、吾ト彼トノ間ニ相場ニ相違ガアリマスレバ、必ズ是ハ商賣上ノ原則トシテ逆輸入シテ帝國ノ手許ニ取ッテハ卽チ其償還ヲシタト同樣ニ正貨ヲ取立テラレルト云フコトモ、是モ明白ナ事デアリマス、此三ノ難關ガ此處ニアル、是ガ卽チ我帝國ノ現在ノ經濟財政ノ難境ナル所以デアリマス、而シテ此難義ハドウ云フ工合ニ財政及經濟ニ響イテ來ルカト申シマスレバ、今後十數年ノ間ト申シマスルモノハ常ニ外國ニ正貨ガ流レ行クト云フ、動モスレバ正貨ガ流出スルト云フ脅シノタメニ、經濟社會ハ常ニ壓迫ヲ受ケテ威嚇ヲ受ケテ不安ヲ免カレナイ、從ッテ帝國ノ商工業ノ繁榮ヲ妨ゲルト云フ虞ガアルト云フコトデアリマス、斯樣ナ形ニナッテ來ル上ニ是ハ此問題トハ別デアリマスガ、社會問題トシテ世人ノ注意致シテ居リマスル帝國人口ノ年々ニ增殖シテ行クコトデアリマス、近年ノ實況ニ照シマスト云フト、年六十万人ヅツノ人口ガ增加シテ行ク、是ニ對スル然ラバ食物ノ供給ハドウデアルカト云フト、是ハ人口ノ增殖ニ伴ヒ從ッテ、此生活難、就職難ト云フモノガ非常ニ聲ヲ高メテ參リマシテ、社會問題トシテモ、經濟問題トシテモ、今後ハ殊ニ此問題ガ帝國ノ財政ニ累ヲ及ストコロノモノデアリマス、此二ツノ原因、外國ニ資本ノ流レ出ルト云フコト、、生活難、就職難、人口ノ增殖ヨリ來ル此二ツノ原因ガ相倚リ相助ケテ來ストコロノ結果ハドウデアルカト申シマスレバ、租稅ノ減收トナリ、官業收入ノ減少トナルノデアリマス、過去ノ例ニ依リマスレバ租稅モ增加シ、官業ノ收入モ增加シテ來タノデゴザイマスガ、唯今說明致シマシタルガ如ク、帝國ノ財政經濟ノ立場カラ見マスト云フト、今後ハ增收ヲ望ムコトガ出來ズシテ、寧ロ減收ヲシハセヌカト云フコトヲ心配シナクテハナラヌノデアリマス、然ルニデス、斯ノ如ク一方ニ於テ歲入ノ方ニ於テハ悲觀スベキ事柄ガゴザイマスカラ、國家ノ前途ヲ考ヘテ見マスルト云フト、種々ニ茲ニ歲出ヲ增加シマスルトコロノ事柄ガアル、卽チ海陸軍ノ充實ト申シ、鐵道港灣道路ノ改築及修理、治水、山林、衞生、其他百般ノ必要ナルトコロノ施設ニ關シテハ、國費ヲ增シテ行クト云フコトハ、ドウシテモ免カレナイコトデゴザイマスカラシテ、實ニ今日ノ財政計畫ヲ立テマスル上ニ於キマシテハ、此點ニ付テ十分ノ思ヲ致サナケレバナラヌノデアリマス、卽チ此時ニ如何ニシタラバ宜イカト申シマスレバ、此時ニ當ッテ名案奇策ハ無イノデアル、卽チ一國ノ生產事業ヲ盛ニシ、富ヲ增加シテ國力ヲ盛ニシ、所謂自分ノ帝國國民ノ力ニ倚ッテ、獨立的ノ財政ヲ立テ帝國國民ノ自分ノ力ヲ以テ、資本ヲ以テ、獨立ノ經濟的基礎ヲ立テルヨリ外ニ方法ハナイノデアル、ソレヲスルニハドウシタラ宜イカト斯ウ申シマスレバ、卽チ財政行政ノ大整理ヲシテ政費ノ節約ヲスルト云フコトガ第一ノ條件、第二ハ卽チ節約シタトコロノ費用ヲ以テ、重稅惡稅ニ苦シメラレテ居リマストコロノ商工業ノ負擔ヲ輕減スルト云フコトガ、一番ノ重要ナル問題トナッテ來ルノデアリマス、卽チ(「空論ガ多イ」「我黨ヘ來給ヘ」ト呼フ者アリ)帝國財政經濟ノ立テ方ハソレヨリ外ニハナイノデゴザイマス、然ルニデス、現內閣ノ計畫ヲ見マスト云フト、過去十年間ニ二十億近クノ外國ノ資本ガ年々ニ入ッテ來テ、ソレガ爲メニ商工業ガ繁昌シ種々ノ膨脹的傾向ヲ現ハシタ、其過去ノ夢ニ囚ハレテ姑息因循、眼ノ前ノコトノミヲ考ヘテ、所謂其日暮シノ計畫ヲ立テラレテ居ルノデアリマス、此處ガ私共ノ諸君ト大ニ意見ノ違フトコロデアリマス(「汝ノヤウニ悲觀シテハ明日ノ生命ガ無クナルゾ」ト呼フ者アリ)全體同志會ノ諸君ハ、頻リニ借金政策ノコトヲ政友會ノミノ罪ニ歸シテ居ラレマスルガ、私カラ見マスレバ同志會政友會ノ諸君、共ニ同罪デアルト思ヒマス、ナゼナレバ此借金政策ハ桂公ト西園寺侯トガ、十年ノ間ニ入代リ立代ッテ斯樣ナ姑息ナコトヲ爲サレタ結果デアル、桂公ノコトハ卽チ同志會ノ諸君ガ其責任ヲ負ハナケレバナラヌノデアル、斯樣ナコトデゴザリマシテ、卽チ桂公ノ衣鉢ヲ受ケラレタトコロノ現內閣ニ於カレマシテモ、ヤハリ口ニハ財政ノ方針ヲ變ヘタト仰シヤリナガラ、其爲ス處ハ殆ド同樣ナコトヲ爲サレテ居ル（「ノウ〳〵」「三百論」「贊成ハシナイ」ト呼フ者アリ）卽チ殆ド誰ガ評シマシテモ財政ノ上カラ申スト云フト、三文ノ價値ノナイ國債償還基金ヲ以テ、鐵道ヲ建設改良スルト云フヤウナ馬鹿ナ案ガ出ルノデアリマス、斯樣ナコトヲ致シテ居ルト云フコトハ、結局帝國ノ財政ヲ破產ニ陷ラシムルヨリ外ハナイノデアル、此故ニ吾々ハ日本的ノ政策ヲ立テ、大ニ國富ノ增進ヲ計ルト云フコトノ精神カラシテ、型ノ如ク行政財政ノ整理ヲ致シ、取敢ヘズ此田畑地租ノ五厘減及營業稅ノ全廢ノ二案ヲ提出シタノデゴザイマス、併シ是ハ我黨ノ廢減稅ノ全體デハゴザイマセヌ、行政整理ノ全體デハゴザイマセヌ、此次ノ通常議會迄ニハ十分ナル（「根本的ノ」ト呼フ者アリ）調査ヲ致シマシテ我黨ハ提案ヲ致ス積リデ居リマス、ソコデ諸君ニ最モ御注意ヲ願ッテ置クノハ、財政ト軍備ト云フモノハ車ノ兩輪、鳥ノ兩翼ノ如キモノデアッテ（笑聲起ル）今日ノ如キ財政ヲ以テ致シマシテハ、一朝事有ッタ場合ニドウスルカト云フコトニナレバ、諸君ハ笑ッテ居ラッシヤルガ是ハ物ヲ知ラヌタメデアル（拍手笑聲起ル）現內閣ハ現ニ支那ニ對シテ最後ノ通牒ヲ發セラレタ時ニ、或元老ヨリ其戰費ヲドウスルカト云フコトヲ尋ネラレタ時ニ當ッテ、詳シク說明ガ出來ナクッテ、ソレガタメニ非常ニ悄氣込マレタト云フコトヲ承ッテ居ル（拍手起ル）今日ノ財政ハ支那ニ對シテモ十分是ニ膺懲ヲ加ヘルダケノ軍資金ハ無イノデゴザイマス、若シ有ルト云フナラバ試ニ諸君ノ說ヲ承リタイモノデ、斷ジテ無イ、今日ノ財政計畫ヲ此儘ニヤッテ行キマシタナラバ、幾年經チマシテモ我海陸軍ヲ十分働ラカセルトコロノ軍資金ヲ得ルト云フコトハ出來マセヌ、日露戰爭ノ時分ニハ幸ニ外國ガ貸シテ吳レタカラ宜シイガ、今後ハソレガ出來ナイトシタナラバ、ヤハリ國民ハ自分自身ノ努力ニ依ッテ、一朝事有ル時ニハ我忠勇ナル海陸軍人ヲ働カセルト云フコトガ何ヨリ肝要ナコトデハアリマセヌカ、此事ガ分ラナイ同志會諸君デハナイト信ジテ居ル、斯樣ナ見地カラ論ジマシテ、私共ハ此際ハ思切ッテ爲サルガ宜シイ、ソレデ本案ヲ提出シタ譯デゴザイマスルガ、尙終リニ臨ミマシテ航路補助問題、是モ一言附加ヘテ置キマス、吾々ハ八百万圓以上ノ削減ヲ致シマシタガ、今日ノ航業者ノ狀態ヲ帝國財政ノ上カラ比較シテ見マスルト、政府案ノ如キハ贅澤ニ過ギルト思フノデアリマス、此租稅――今日帝國ノ收納致シマスル租稅ト云フモノハサウナカ〳〵容易ニ得ラレルモノデハナイ、現ニ每年四五十万人モ滯納處分ヲ受ケテ財產ヲ競賣セラレテ、所謂血ヲ流スガ如キ租稅ヲ納メテ、此租稅ハ成立ッテ居ルノデアル、所デ此租稅ノ性質ヲ精シク考ヘテ見マスルト云フト、今日ノ航業會社ニ對シテ優渥ナル保護ヲ與ヘルト云フノハ、財政ノ上カラ申シテ、是ハムヅカシイ問題デアリマスルカラ、斯ノ如ク修正ヲ致シタノデゴザイマス（「同感」ト呼フ者アリ）先ッ大要私ハ右樣ノ次第デ、此同志會及政友會諸君ヨリモ異ルトコロノ根本的財政計畫ノ一部分トシテ、此議會ニ於テ是ダケノ提案ヲ致シタ所以デアリマス（拍手起ル）

○早速整爾君　今ノ修正案ニ對シテ私ハ質問ガアリマス

○議長（島田三郎君）　早速整爾君

○早速整爾君　極メテ簡單デアリマスカラ此席カラ申述ベマス、元田君ノ修正案ニ關スル說明ヲ承ッタノデアリマスルガ、私ハ其御說明ガ殆ド了解ガ出來ナイノデアリマスカラ、簡單ニ御尋ヲ致シマス、直ニ御答ガ願ヒタイ（「無用々々」「無用デナイ」ト呼フ者アリ）師團增設問題ニ就キマシテ之ヲ延期ヲスルト云フ御意見デアル、ソレダケナラバマダシモデアリマスガ、其理由ヲ說明セラレタ長イ間ノ御辯明ガ殆ド徹底ヲシテ居ラヌ、延期ヲスルト云フ理由ニハナッテ居ラヌヤウニ私ハ思フノデアリマス（「ノウ〳〵」「ノウデナイ」ト呼フ者アリ）惡ク言ヘバ……（「無用々々」「質問ノ體ヲ成シテ居ラヌ」「無用デナイ」ト呼フ者アリ議場騷然）國防ノ計畫ヲ完全ニスル希望ガアルト言フコトハ、私ハ之ヲ諒ト致シマス（「反對論ダ」「無用々々」「登壇々々」ト呼フ者アリ議場騷然）之ヲ諒ト致シマスルガ……（議場喧囂聽取スル能ハス）私ハ長イコトヲ述ベル必要ハ無イ、討論ハ後デスル、元田君ニ御尋ヲシタイノハ（「登壇々々」「無用々々」「ヤカマシイ默レ」ト呼フ者アリ議場騷然）

○議長（島田三郎君）　靜肅ニ

○早速整爾君　朝鮮ニ師團ヲ增設スル必要ヲ認メタルヤ否ヤ……（「無用々々」「ソレハ質問デナイ」「默レ」「發言中ダ」ト呼フ者アリ議場騷然）

○議長（島田三郎君）　靜肅ニ――却テ長クナリマスカラ靜肅ニ

○早速整爾君　朝鮮ニ師團ヲ置クト云フ必要ヲ認メテ居ラヌカドウカ、其點ヲ私ハ先ヅ元田君ニ御尋ヲシタイノデアル（「ソンナ質問ガアルカ」「通告ヲシテ改メテ登壇セヨ」ト呼フ者アリ）而シテ此二個師團ノ設置ト云フコトハ、僅ニ一年ノ間ニ於テ出來ルモノデハナイ、政府提出ノ（議場騷然）案ニ依テモ多年ノ繼續問題ニ屬シテ居ルト云フコトハ御承知デアルヤ否ヤ、元田君ガ延期ヲ說明セラルル其說明ノ中ニ於テ、財政論モ出タノデアル、財政ガ許サナケレバヤレヌト云フ議論ガ出タノデアルガ、果シテ然ラバ（「無用々々」「默ッテ聽ケ」「登壇々々」「議長々々」ト呼フ者アリ議場騷然）師團ノ增設ト云フコトハ財政ガ許スナラバ出來ルト云フ御意見デアルカドウカ承ッテ見ナケレバナラヌ、財政ト關係ヲ既ニ口ニセラレタ以上ハ、其理由ト云フモノハ頗ル不徹底デアル、私ハ此點ニ於テ元田君ニ御尋シナケレバナラヌ、討論ノ材料ニハッキリシタコトヲ言ッテ貰ハナケレバ、吾々ハ討論ニ移ルコトガ出來ヌノデアル

（「ヒヤ〳〵」「答辯スヘシ」ト呼フ者アリ）

（此時元田肇君發言ヲ求ム）

（「無用々々」ト呼フ者アリ議場騷然）

○議長（島田三郎君）　是ヨリ豫算ニ對シマスル討論ニ移リマス（「答辯ガアリマセヌ」ト呼フ者アリ）玆ニ反對贊成ノ通告ガアリマスカラ、通告順ニ從ッテ發言ヲ求メマス（「答辯ハ出來ナイカ」ト呼フ者アリ）加藤政之助君

（加藤政之助君登壇）

（拍手起ル）

○加藤政之助君　諸君、本員ハ此豫算案全部ニ贊成ヲ致ストコロノ者デアリマス、而シテ唯今元田君、鈴木君、此兩君カラ修正ノ御意見ガ出マシタ、所デ唯今鈴木君ハ長々ト公債募集ノ前途困難ナルコトヲ述ベマシテ、吾々ノ非募債主義ヲ絕對ニ贊成セラレタ、而シテ政友會ノ諸君ノ鐵道ノ如キモノハ、公債支辨ニスベシト云フ此議論ノ一斑ヲ破壞サレタコトヲ深ク感謝スルトコロノ者デアリマス（拍手起ル）ソレデ元田君ハ第一ニ此文官任用令ノコトカラ御演說ニナリマシタカラ、其順序ヲ逐フコトガ穩當ト考ヘマスルノデ、私ハ簡單ニ此參政官、副參政官設置ニ就テノ反對意見ノ攻擊致シマス、元田君ノ言ヘル、所ニ依レバ文官任用令ヲ改正シテ、未ダ實施ノ氣運ニ到達シテ居ラヌ、然ルニ再ビ之ヲ改正セラレタト云フコトハ其當ヲ得ヌト云フコトガ一ツデアリマス、モウ一

ツハ事務官ト政務官トノ區別ガ明カデナイ、斯樣ナ不明瞭ナ冗官ヲ設ケルコトハ宜シクナイ、斯ウ云フ御意見デアリマシタ、併ナガラ政府當局ノ認ムル所ニ依レバ、過去前内閣ガ改正ヲセラレタルトコロノ此文官任用令ハ、是ハ甚ダ時宜ニ適セザルトコロノモノデアルト云フコトヲ當局ガ認メタノデアル、其時宜ニ適セザルトコロノモノデアルト云フコトヲ認メタ以上ハ、之ヲ改正スルコトハ實施前デアラウガ、後デアラウガ、サウ云フコトハ決シテ頓著スル必要ハ無イト思フノデアリマス(「議論ニナラヌ」ト呼フ者アリ)加フルニ此事務官、政務官ノ區別ガ立タヌト仰セラル、ノデアリマスケレドモ、過日來當局者ノ説明ヲ承ッテ見マスルト云フト、此參政官副參政官ナルモノハ主ニ議會ノ交渉ノ事務ノ任ニ當ルト云フコトデアルノデアル、然ラバ過去此事務官タル次官、其他ガ議會ニ出テ長イ間──殆ド三箇月ニ垂々トスル長イ間、此本省ノ事務ヲ幾分空シウスルト云フ憂ガアッテ、之ヲ除クガタメニハ此政務官ヲ別ニ置クト云フコトガ極メテ宜イノデアル、而シテ此政務官ナルモノハ時ノ政府ガ更レバ亦是ト同樣ニ新陳代謝スルトコロノモノデアリマス、普通ノ事務官ガ此内閣大臣ガ更ッタ其度毎ニ更ルト云フコトニナリマスレバ、即チ事務ノ恆久的繼續ヲ缺キマスルカラ、隨ッテ庶務ノ澁滯ヲ起シテ、各省ニ出テイロ〳〵ナ額ヲスルトコロノ人民其他ニモ不便ヲ及ボスコトデアラウト思ヒマスニ依ッテ、吾々ハ全然此參政官副參政官設置ヲ贊成スルトコロノ者デアリマス、ソレカラ次ニ監察官ノコトニ付キマシテ御意見ガアリマシタガ、是ハ今日之ヲ再ビ設ケテ實施スルコトハ吾々ノ贊成スル所デアリマス、次ガ大問題ノ即チ二個師團設置デアリマス、軍備ノ必要ナルコトハ私ハ論ヲ待タヌト思フ、特ニ軍備ノ中デモ私ハ國防──直接ノ國防ニ關スルコト、是ハ極メテ必要デアルト思フ、勿論向上發展──前途向上發展ノ機運ニ向ヒツ、アルトコロノ國家ハ、單ニ國防ト云フバカリデナクシテ國家ノ發展ヲ擁護スルタメニ多クノ兵備ヲ要スルト云フコトハ勿論デアリマス、併ナガラ是ハ消極的ニ申シマスレバ、暫ク忍ブコトモ出來ルノデアリマス、併ナガラ國防、此國防ト云フ軍隊ニ至リマシテハ是ハ絶對的ニ必要デ、一日モ之ヲ缺クコトガ出來ナイ、若シ國防ニ必要ナル軍隊ニ缺陷ヲ生ジテ居リマシタナラバ、ソレハ國家ノ前途ノ運命ニ如何ナル悲慘ナル影響ヲ及ボシマスルカ、過去ノ歷史ガ證明致シテ明瞭デゴザイマス(拍手起ル)而シテ此二個師團ノ設置(「何ヲ言ッテ居ル」ト呼フ者アリ)此二個師團ノ設置ハ即チ絶對的ニ必要ナルモノデアル、何故デアルカ、此二個師團ハ我日本帝國ハ新ニ得タルトコロノ朝鮮ノ領土、即チ之ヲ防禦スルタメニ置カネバナラヌト云フノデアリマス、若シ朝鮮ヲ占領シテ(「淺海」ト呼フ者アリ)而シテ滿洲其他ニ日本ノ權利ガ伸ビルト云フ場合ニ於テ、此朝鮮ニ二個師團ト云フ國防軍ノ設置ヲ怠リマスナラバ、是ハ前途如何ナル大患ヲ惹起スルカモ知レマセヌ(拍手起ル)諸君ハ現ニ支那ニ於テ滿洲ニ於テ、其他ノ地方ニ種々ノ紛亂ノアルコトモ御認メニナッテ居ラッシャルノデアリマセウ、果シテ然ラバ此朝鮮ニ二個師團ヲ置クト云フコトハ、極メテ必要ナルコトハ論ヲ俟タヌノデアリマス、而シテ諸君、我日本ノ此國費歳入總額ト軍備ノ割合ハ今日如何ナル程度ニナッテ居ルノデアリマスカ、曾テ明治三十一年頃ニハ我日本ノ此軍事費ト歳入總額ニ對スル割合ハ、或ハ五十五ト云フエライ高率ニ上ッテ居ッタ場合モアルノデアリマス、所ガ今日ハソレガ漸次減少シテ來テ、殆ド此百分ノ三十ト云フ率ニ下ッテ居ルノデアリマス、即チ軍事以外ノ國費ガ漸々ニ増加致シテ參ッタモノデアリマスルカラ、軍事費ノ割合ガ極メテ少ナイ率ニ下ッテ居ル、ソコデ諸君、今日諸君ガ如何ニモ強イトシテ

羨ンデ居ラル、トコロノ彼ノ獨逸ハ、ドレダケノ軍事費ヲ使ッテ居ルノデアリマスカ、獨逸ハ殆ド百分ノ五十三ト云フモノヲ使ッテ居ルノデアリマセウ、勿論獨逸ノ近來強イト云フコトハ、他ニ種々原因モアリマセウ、併ナガラ此強イノハ主トシテ獨逸ガ軍事費ヲ斯ノ如ク多ク使ッテ、軍備ニ國民全體ガ力ヲ入レツ、アル結果ニ外ナラヌト私共ハ思フノデアリマス、而シテ獨逸斯ノ如シ、現ニ諸君ハ亞米利加ハ平和主義ノ國デアルト云フコトヲ御認メニナッテ居リマセウ、此平和主義ノ亞米利加、此亞米利加ガドレダケノ軍事費ヲ使ッテ居ルノデアリマスカ、此亞米利加ガ現ニ四十三──百分ノ四十三ト云フ軍事費ヲ支出シテ居ルデハアリマセヌカ、然ラバ我ガ日本帝國モ、是等ノ點ニ付テハ深ク參照スル所ガ無ケレバナラヌト思フノデアリマス、(「亞米利加ニ移住スル氣ナリヤ」ト呼フ者アリ)而シテ政友會ノ諸君ハ唯今モサウデアリマス、元田君ガ現ニ此演壇ニ立タレテ、此二個師團増設ヲ歐洲戰爭ノ後ニマデ延バサウ、歐洲戰爭ノ實況ヲ見テサウシテ其後ニシテモ遲クナイ、斯ウ云フノ御意見デアル、而シテ此意見ハ今日元田君ガ述ベラレタノデハナイ、此前ノ議會ニ於テ現ニ此演壇ニ立ッテ、政友會ノ多クノ代表的ノ演説ヲナサレタ諸君ガ悉ク述ベラレタノデアル、諸君(「ナアンダ」ト呼フ者アリ笑聲起ル)此二個師團増設ヲ歐洲戰爭ノ後ヲ以テヤラウト云フ御考デアリマスケレドモ、是ハ吾々ハ大ナル誤リデアルト思フ、諸君ガ此歐洲戰爭ノ實況ニ鑑ミテ、サウシテ前途ノ軍事ニ種々ナ變化ガ起ラウ、其變化ヲ參照シテ然ル後ニ之ヲヤルコトガ日本ノ利益デアルト仰セラレマシタガ、既ニ此戰爭始ッテ以來一年ニ垂々トスルノ歳月ヲ經過シツ、アルデハアリマセヌカ(「國際關係ガ分ラヌカ」ト呼フ者アリ)此一年ニ垂々トスル歳月ヲ經過シタ今日、此二個師團編成ニ付テ如何ナル參照ニナルベキ變化ガ歐洲ノ戰爭ニ起ッテ居リマスルカ、吾々ノ聞ク所ニ依レバ、更ニ其變化ハ起ッテ居ラヌノデアリマス(拍手起ル)果シテ其變化ガ起ッテ居ラヌトスルナラバ、是ハ當時當局者ガ此演壇ニ於テ、豫算委員會ニ於テ二個師團ノ編成ニ對シテハ、縱令歐羅巴戰爭ノ結果ヲ見ルモ變化ヲ來スト云フコトハ豫想サレナイ、ナゼナラバ奈破翁戰爭以來、今日迄此師團ノ編成ニ於テハ變化ガ無イデハナイカ、過去既ニ然リ、將來亦斯ノ如クナルベシト當局者ハ斷言シタガ、不幸ニシテ政友會諸君ノ此一年經ッタナラバ變化ガ來ルダラウト云フコトハ、此戰爭ニ因ッテ證明サレズシテ當局者ノ變化無シト云フ言葉ガ、戰爭開始以來一箇年ノ今日證明セラレテ居ルノデアリマス(「ナゼ必要ノナイコトヲ證明スルノダ」「國際上ノ變化ガ分ラヌカ」ト呼フ者アリ)國際上ノ變化ガアルト言ハレマスカ、國際上ノ變化ハ諸君ノ炯眼ナル今日ノ現況ニ於テ、豫メ認メラレルデアリマセウ、此位ノコトガ分ラナクッテ一年待タナケレバナラヌト云フヤウデハ、日本ノ前途ノ財政ヲ議スル見識ヲ御持チニナレマイト思フ(拍手起ル)元田君ハ此ノ海陸軍ガ何時モ競爭ヲシテ居ルト云フコトヲ言ハレマシタ、成程過去ノ政友會ノ諸君ガ賛成ヲセラレ、若クハ諸君自ラ組立テラレタルトコロノ内閣ニ於テハ、海陸軍競爭ノアルコトヲ暴露致シタ事實ガアリマスル(拍手起ル)併ナガラ今ノ内閣ハ、海陸軍トモ共同一致シテ防務會議ヲ開イテ、和衷協同是非國防上爲サナケレバナラヌコトヲシツ、アルノデアリマス(「ドウダイ」ト呼フ者アリ笑聲起ル)元田君、何レニ於テ海陸軍ノ競爭ノ事實ガアルト云フノデアリマスカ、若シアルト云フナレバ、此ノ演壇ニ立タレル諸君ガソレヲ證據立テルガ宜シイ(拍手起ル)ソレカラ唯今遺憾ナガラ鈴木梅四郎君ハ此二個師團増設ニ對シテハ、意見ヲ陳述セラレナカッタノデアリマス、而シテ是ハ犬養君ガ後刻演壇ニ立タレ

ルト云フコトデアリマスルガ、私ハ犬養君ガ先キニ立タレタナラバ仕合セデアッタガ、其說ヲ聽クヲ得ザルヲ遺憾トスル（笑聲起ル）併ナガラ――併ナガラ過去國民黨ノ諸君ノ唱ヘラレタルトコロニ依ッテ推察ヲ致シマスルノニ、國民黨ノ諸君ハ全國皆兵、若クハ一年兵役ト云フ、兎ニ角此兵役ノ年限ヲ短縮シテ多クノ兵ヲ募ラウト云フコトガ御趣旨デアッタヤウニ承知シテ居ル、恐クハ犬養君ガ此演壇ニ立タレテモ、今日モ其範圍ヲ出デザルコト、本員ハ推察ヲスルノデアリマス（拍手起ル）果シテ然ラバ一言ヲ費スノ必要ガアリマス、抑〻兵ノ強イ弱イト云フコトハ兵數ノ多少デハナイノデアリマス（「ヒヤ〳〵」ト呼フ者アリ）卽チ兵ノ素質デアルト云フコトハ、過去ノ歷史之レヲ證明シテ餘リガアリマス、現ニ普佛戰爭ノ事實ヲ見テモ左樣デアリマス、又日露ノ戰爭ニ我ガ日本兵ガ露兵ニ對シテ勝ヲ制シタト云フノハ何レノ點デアルカ、卽チ露西亞ノ兵隊ガ豫後備デアッテ、未熟デアッテ此未熟ノ兵ニ我ガ日本ノ精銳ノ兵ガ當ッタト云フコトガ、我ガ日本ノ勝ヲ制シタル原因デアルトハ當局者ノ證明スルトコロデアリマス、又近クハ獨逸ガ佛蘭西ニ白耳義ヲ經テアレダケノ侵入ヲ致シマシタ、此侵入ヲシタ原因ト云フモノモ無論獨逸兵ノ精銳ナルモノニアルノデアリマス、斯ク論ジ來レバ此兵備ハ多クノ弱イ兵隊ヲ造ルヨリハ、少ナイ強イ兵隊ヲ造ッタ方ガ國家ノ爲メニ利益デアルノデアル（拍手起ル）若シ多數ノ兵ヲ造ルト云フ方ノ側カラ云ヒマスナラバ、茲ニ兵隊ノ募集ノ數ハ今ニ數倍スルデアリマセウ、數倍ノ兵ヲ募集スレバ從ッテ被服、糧食、兵器、總テノモノガ之ニ準ジテ多クナラナケレバナラヌ、又兵ヲ徵集シ除隊スルト云フ往復ノ費用モ增加シナケレバナラヌ、又豫備兵ノ演習費モ增加シナケレバナラヌ、從ッテ壯丁ノ生產力ヲ減ズルコトモ偉大デアリマス、果シテ然ラバ此短期ナル未熟ノ兵ヲ多ク造ルト云フコトハ、是レハ經濟的ノ軍備擴張ニアラズシテ不經濟的ノ弱兵養成デアルト私ハ思フノデアル（拍手起ル）「其所ダ〳〵名論々々」ト呼フ者アリ）既ニ世界ノ大勢ハ二年兵役デハイカヌ、寧ロ三年ニシテ精銳ノ兵ヲ造ラナケレバナラヌト云フコトニ向ヒツヽアル、然ルニ我ガ日本ガ此向上發展ヲ要スルトコロノ我ガ日本――國防軍ノ鞏固ヲ期サナケレバナラヌトコロノ我日本ガ一年兵若クハ此短期ノ弱兵ヲ不經濟的ニ養フト云フガ如キハ、世界ノ大勢ニ逆行スルモノデアルト私ハ言ハナケレバナラヌ（拍手起ル「ヒヤ〳〵」「埼玉縣ノ大勢ナリ、同志會ノ大勢ナリ」「先ヅ己レノ身ヲ見ヨ」ト呼フ者アリ笑聲起ル）ソコデ減債基金――是ヨリ減債基金ノ問題ニ入リマス、諸君ガ此二千万圓ノ減債基金ヲ減ラシテ之ヲ鐵道ノ資金ニ充當スル、之レニ政友會ノ諸君ハ反對サレツヽアルノデアリマス、政友會ノ諸君（笑聲起ル）苟クモ諸君ガ眞面目ニ國事ヲ議サレルナラバ、人ノ說ハ聽クダケハ聽カナケレバナラヌ、聽イテ惡イコトガアレバ反對セラル、ガ是レガ當然デアル、然ルニ誠意ヲ缺イテ唯騷擾ヲ事トシ（「簡單ニシタマヘ」「默レ默レ」ト呼フ者アリ）笑聲起シテ此貴重ナル議會ヲ蹂躪スルトハ抑〻何事デアルカ（「御互ダ」「邪魔ヲスルト今度邪魔ヲシテヤルゾ」「辯士ノ演說ヲ能ク聽イテ」「ドウゾ笑フヤウナコトヲ言ハヌヤウニ確カリヤッテ呉レタマヘ」ト呼フ者アリ）政府ノ二千万圓ヲ減ラサウト云フ趣旨ハ、今マデハ五千万圓償還デアッテモ、一方ニハ又公債ヲ募集スルト云フコトガアルノデアルカラ、此二千万圓減ズル代リニ一方ハ募債ヲ決シテシナイ、三千万圓以上ハ必ラズ正確ニ償還ヲスルト云フ方法ヲ執リタイト云フコト、一ツハ鐵道ノ財源ガナイカラ之レヲ鐵道ノ財源ニ當分振向ケタイト、斯ウ云フコトガ趣意デアリマス、然ルニ政友會ノ諸君ハ此三千万圓ニ減ズルコトニ反對デアル、公債ヲ五千万圓償還シヤウ、果シテ左樣デアリマスルナラバ、政友會ノ諸君ハ此鐵道ノ二千万圓ト云フ資金ハ何レニ依ッテ之ヲ調達スル積リデアルノデアリマスカ、ヤハリ借金ニスルト云フ意味デアリマセウ（「ノウ〳〵」ト呼フ者アリ）借金ニスルト云フ意味デアルト致シマシタコトナレバ、果シテ諸君ハ此募債ガ昨年今年ノ現狀ニ徵シテ出來ルト云フ御考デアリマスルカ、私ハ斷ジテ出來ナイト云フコトヲ明言スルニ憚ラヌ、ソレハ何故ナレバ政友會諸君ノ内閣ガ組立ッタトコロノ大正三年度ノ豫算、此大正三年度ノ豫算ト云フモノニハ二千四百万圓ト云フ募債計畫ガアッタノデアリマス、此二千四百万圓ノ募債計畫ガ實行致サレマシタカ、致サレマセヌカ、是レハ明カニ實行セラレテ居ラヌデゴザイマセウ、果シテ然ラバ此一點ニ於テモ今日募債ノ不便ナルコトヲ證據立テルノデアル、加フルニ先刻此四千万圓ト云フ鐵道ノ短期債券、是ノ償還ニ困ッタコトモ鈴木君カラ審カニ辯明セラレテアル、是モ卽チ募債ノ困難ナル一ノ證據トナルノデアリマス、果シテ然ラバ斯ノ如キ時ニ當ッテ諸君ハ如何ナル方法ヲ以テ、此鐵道ノ資金ヲ作ラウトナサルノデアリマスカ、外債ハイカヌ、然ラバ内國債ハ如何、内國ノ今――財政經濟ノ現況ハ之ヲ募集スルニ便ナル時代デハナイト思フノデアル、ナゼナレバ今ヤ剩餘金ハ殆ド使ヒ盡シテ（「誰ガ使ヒ盡シ」タト呼フ者アリ）多クヲ剩シテ居リマセヌ、從テ此大藏省證券ヲ發行スルノ必要ハ甚ダ急ニ迫ッテ居ルノデアリマス、斯ウ云フ場合ニ當ッテ一方ニ大藏省證券ヲ此金融圓滿ナラザル際ニ募集シテ、而シテ尚鐵道公債若クハ借入ヲ爲スト云フコトニナリマスレバ、内地ノ金融ヲ壓迫スルコトハ、是ハ見エ切ッタル事實デアリマス、果シテ左樣デアリマスレバ、鐵道資金ヲ内外債ニ待ツト云フコトハヤハリ困難デアル、サウスルト或論者ノ言ハル、如ク、此鐵道ハ益金限リデ經營スルト云フコトハ、今日ノ鐵道ノ現狀ニ於テ果シテ出來ルデアリマセウカ、出來ヌデアリマセウカ、諸君、此鐵道ノ經營ニ付テハ過去ニ鐵道ノ改良ヲ永ク怠ラレタガタメニ、改良ノ急ニ迫ッテ居ルトコロノ事柄ハ甚ダ多イ、從テ今ノ當局者ノ見込デハ改良費ニ二千八百万圓ヲ要スルト云フコトデアリマス、建設費ニ千一百万圓ヲ要スルト云フノデアリマス、ソコデ此鐵道ノ益金ハ幾ラアルカト申シマスレバ、諸君ノ御承知ノ通リ多ク見積ッテ千八百万圓ヲ出デヌノデアル、然ラバ此建設ノ事柄ハ、一切止メテシマッテ、鐵道ノ建設ヲ一切中止シテサウシテ、全部ヲ改良ニ振向ケテモ尚且ツ改良費六七百万圓不足スルト云フ譯デアリマス、諸君ハ鐵道ヲ敷設スルト云フコトハ、全國到ル所ニ向ッテ、殊ニ政友會ノ諸君ハ約束ヲ爲サレテ居ラッシャルデハアリマセヌカ、然ルニ資金ガ無イカラ鐵道建設ヲ一切中止スルト云フコトニナレバ、諸君ハ國民ニ向ッテ約束シタル其約束ヲ食ムト云フコトニナルノデアリマス、政友會ノ諸君ハ國民ヲ欺クト云フコトニナルノデアリマス、諸君ハ國民ヲ欺イテモ約束ニ背イテモ、ソレハ構ハヌト仰セラルレバソレマデデアル、併ナガラ日本全國鐵道ノ敷設ノタメニ、生產ノ發達ヲ要スル場所ハ甚ダ多イノデアル、斯ノ如キ財政策ヲ採リマスナラバ、此鐵道敷設ノタメニ運輸ノ便ヲ得テ生產ノ發達ヲ圖ラウト云フ土地ハ其便ヲ得ザルガタメニ生產ノ發達ヲ阻害スルト云フ結果ヲ來スノデアリマス加之ソレダケナラバマダ宜イ、若シ此建設費ガ足ラヌト云フコトニナッタナラバドウデアリマス、此建設費ガ足ラナカッタナラバ鐵道運輸ニ故障ヲ生ジテ、貨物ノ運送ヲ澁滯スル位ノコトハマダ忍ブルト云フ趣意デハナクシテ、同志會諸君ノ代表演說ヨリ承ルトコロノ御趣意トハ餘程私共ハ違フノデアリマス、是ハ豫メ申上ゲテ置キマス（拍手起ル）左樣ナ事柄デアリマスカラ今日ト雖モ遲クハナイノデアル、陸軍當局者ニ――吾々ハ軍備縮小ヲ唱ヘルノデモ何デモナイ、縮小デナイノデアル、經濟的ニ國防ヲ維持スル、此考デアル、其處デ加藤君ハ經濟的デナイト言ハレタ、若槻君モ同論デアル、是ハ算盤ニ親マレル御方ハ感心シタモノト思ッテ大ニ參考ニ相成ッタノデアリマス、金モ要ルノデアリマス、當リ前デアリマス、交代ガ增セバ交代費ダケ增ス、人員ガ增セバ人員ガ增スダケ費用ガ增ス、併ナガラ之ヲ全體ノ兵ノ一個當リニ當ッテ見ル、一個ノ兵員ニ對スル費用ガ幾ラノ程度デ作ラレルカ、一ノ兵員ヲ適當ニ依リ立テルニ幾ラデ作ラレルカト云フコトヲ調ベタナラバ直グ分ル、ソレ故ニ兵隊ノ數デ金ガ增ストカ、何ガ增ストカ云フガ增スニ相違ナイ、併ナガラ全體ノ戰鬪力モ增ス、全體ノ戰鬪力ヲ增スノハ、其總體ノ兵員ニ一切ノ經費ヲ割當テテ行クト云フト、ズット一個當リガ減ッテ行クノデアリマス、是デ經濟的ト申スノデアリマス、ソレダカラ若槻大藏大臣竝ニ加藤代議士ノ如ク、算盤ニ上手ナ御方ハ其一個當リヲモウ一ツ勘定ナサッテ見ルト直グ分ルノデアリマス、要スルニ吾々ハ今後ノ日本國ガ東洋ノ平和、支那ノ保全、此大責任ヲ盡スガタメニハ相當ノ武力ハ無論必要デアル併ナガラ其武力ヲ經濟財政ヲ攪亂シナイ程度ニ拵ヘヤウ、拵ヘルナラバ經濟的ニ軍備ヲ造ル、是ダケデアリマス、（「ドウスレバ宜イノダ具體的ニ言ヘ」ト呼フ者アリ）具體的ニハ度々申シテ居リマス、ソレ位ナ御考デハ幾ラ申シテモ頭ニ入リマセヌ、ソレ故ニ坂口君ガ詳シイ御話ヲ聞キタケレバ加藤代議士デ先ヅ豫備教育ヲ御受ケナサッテ其次ギニ私ハ申シマス（拍手起ル）

（「愚論」「默レ」ト呼フ者アリ）

（坂口仁一郎君「此際質問ガアル」ト呼フ）

○議長（島田三郎君） 田川大吉郎君

（田川大吉郎君登壇）

○田川大吉郎君 諸君、私ハ政府案贊成者ノ一人トシテ反對者諸君ノ御反駁ノ後ヲ受ケテ私ノ所見ヲ述ベテ見タイト思ヒマス（「謹聽」ト呼フ者アリ）先ヅ概要ヲ摘マンデ申上ゲマスガ、私等ノ政府案ニ贊成致シマスノハ實行豫算竝ニ追加豫算ヲ通ジテ一カラ十マデ悉ク贊成スルト云フ趣意デハアリマセヌ、細目ニ亙ッテ論ズレバ、批評ヲ加フベキ餘地ノ多イモノガ幾ツモアルコトヲ信ジテ居リマス、サリナガラ今ハ左樣ノ批評ヲ試ムベキ場合デナイト信ズル、小異ヲ去ッテ大同ニ就テ政府案ニ贊成スルモノデアリマス（「ヒヤヒヤ」「盲從」ト呼フ者アリ）第一ニ不滿足ナガラモ尙滿足スベシト考ヘテ居リマスル理由ハ、豫算ノ計畫ガ餘程緊縮サレテ參ッタコトデアリマス、昨年暮ノ豫算ニ於テ約五億五千万圓ノ要求ヲ試ミラレタ豫算不成立ノ結果、實行豫算ナルモノハ四億九千万圓ノ程度ニ落チテ居ル、ソレニ其後ノ追加豫算ヲ加ヘテ今日ノ總額ハ五億八千万圓ニ達シテ居リマスガ、此中臨時軍事費ノ關係ニ於テ普通ノ豫算ヨリハ引離シテ考ヘルコトガ適當ト思ハレル費用ガ約二千三百万圓デアル、之ヲ差引キマスレバ大正四年度ニ於ケル豫算全部ハ約五億六千万圓ニナル、茲ニ私ハ滿足スルモノデアリマス、一年度ノ豫算ガ五億六千万圓ノ程度ニ止マッテ居ルコトニ私ハ滿足スルモノデアリマス、其以前ニ大正三年度ノ豫算ノ要求ハ六億四千万圓ニナッテ居タ、大正二年度ノ豫算ノ要求ハ五億八千万圓ニナッテ居タ、大正元年度ノ要求ハ五億七千万圓ニナッテ居タ、ソレ等ニ比ベマスレバ今日ノ豫算ノ五億六千万圓ノ程度ニ止ッテ居リマスコトハ、稍〻著ルシキ緊縮デアルト云フコトヲ言ヘルデアラウ、此豫算ノ緊縮サレツヽアル傾向ニ第一ニ滿足スルノデアリマス（「剩餘金ノ支出ハ如何」ト呼フ者アリ）大正四年度ニ於ケル剩餘金ノ支出ハ一千二百万圓デアリマス、今ノ申シマシタ五億六千万圓ニ此一千二百万圓ヲ加ヘレバ五億七千二百万圓ニナル、之ヲ加ヘテ五億七千万圓ト致シマシテ尙大正三年度ノ六億四千万圓、大正二年度ノ五億八千万圓ニ比ベテ大ナル緊縮デアリマス、況ヤ剩餘金ノ支出ニ關スル一千二百万圓ナルモノモ、某國ノ軍事ノ要求ニ基ク一時ノ調辨ノ費用デアッテ、今日ノ普通ノ豫算ヨリ取リ除テ勘定スルコトガ適當ト思ハレルノデアリマス、更ニ第二ニ聊カ滿足サレル點ハ、此總收入ノ中ニ前年度ノ繰入金ガ加ッテ居ルガ爲メニ、豫算ノ基礎ガ薄弱デアルト、政友會ノ諸君ガ此前ノ議會ニ於テ御論ジニナッタ、其前年度ノ繰入金ノ一千百万圓ヲ除キ去ッテ考ヘテ、五億八千万圓ノ總額ハ尙五億七千万ニナリ、其總支出ノ五億八千万圓カラ先キニ申シマシタ二千三百万圓ノ軍事費ヲ引去レバ、總支出五億六千万圓ニナル、前年度ノ繰入金ヲ引去ッタル五億七千万圓ヲ以テ、軍事費ヲ引去ッタ五億六千万圓ヲ支出スルノデアリマスカラ豫算ノ基礎ハ必ズシモ薄弱ト悲觀スルニ當ラヌト思フ、普通ノ歲入ヲ以テ普通ノ計畫ニ支出シテ餘アルノデアリマスカラ、豫算ノ基礎ハ稍〻安心スルニ足ルト思フ（拍手起ル）私等ハ此意味ニ於テ今囘ノ豫算ニ滿足シテ居ルノデアル、數字ニ二ツハナイ、私等ノ安心スベキ數字ハ政友會竝ニ國民黨ノ諸君ノ安心サレテモ然ルベキ數字デアリマス（拍手起ル）サリナガラ豫算ノ數字ノ緊縮サレタコトノミガ滿足スベキ理由デナイコトハ勿論デアル、此五億六千万圓ノ豫算ノ中ニ幾許ノ計畫ヲ含ンデ居ルカト云フコトモ考フベキトコロノ問題デナクテハナラヌ、此中ニ二個師團ノアルコトハ勿論デアル、軍艦製造費ノ追加ノアルコトモ勿論デアル、治水費ノ繰入ノアルコトモ勿論デアル、專賣局資本ノ增加ノアルコトモ勿論デアル、鐵道ヘノ特別貸付金モ勿論此中ニアル、軍用氣球費其他ノ研究費ノ增加モ亦勿論此中ニアル、或ハ自動車ノ研究ニ對スル費用ノ增加モアル、參政官ノコトモ御議論デアッタガ、其新規ノ計畫ニ對スル費用ノ增加モ此中ニ含ンデ居ル、其他斯ノ如ク今年ノ新豫算ニ計畫サレタル新シキ事業ヲ列擧シ來レバモット幾ラモアル、私ノ滿足スル問題ノ第三ノ點ハ、豫算ノ總額ヲ五億六千万圓ニ止メ、五億八千万圓乃至六億ニ達スル大ナル豫算、其間ニ計畫セントシテ計畫スルコトノ出來ナカッタ新シキ計畫ヲ、五億六千万圓ノ少額ナル豫算ノ中ニ含ンデ居ルト云フコトデアル（拍手起ル）之ヲ私ハ滿足スルモノデアリマス、二個師團ニ對シテ國防ノ形勢上必要ナルコトハ之ヲ認メルケレドモ、財政ノ狀況ト伴ハザルガ故ニ、之ヲ見合セナケレバナラヌト云フノガ、今日ニ至ルマデ此事業ノ延引セラレタル理由ノ主ナルモノデアル、故ニ政友會ノ諸君ハ六億ノ豫算ヲ提出シ、五億八千万圓ノ豫算ヲ提出シ、五億七千万圓ノ豫算ヲ提出セラレタル時代ニ於テ二個師團ノ計畫ハ其意ガアッタト申サナケレバナラヌ、其意向ガアリナガラ其計畫ヲ爲スコトガ出來ナカッタ、然ルニ今日ニ於テハヨリ以下ノ財政ノ收支ヲ以テ、ヨリ以上ノ大ナル豫算ニ於テ實行スルコトノ出來ナカッタモノヲ、ヨリ以下ノ財政ニ於テ實行スルコトノ出來ルト云フ機運ニ到著シタノデアル（拍手起ル）私ハ現政府ノ此計畫ヲ立テ得タル工夫ニ滿足スルノデアリマス、更ニ減債基金ノ五千万圓ヲ三千万圓ニ減ジタルコトニ同意スルニ至ッテハ、同志會諸君ノ御述ベニナッタ外ニ私等トシテハ考ヘテ居ル別ノ理由ガアル、一昨年ノ春ノ議會ノ時デアッタト思フ、私ハ政府ニ向ッテ、國債償還ニ關スル方法ニ付テ質問書ヲ提出致シタ、一口ニ申シマスレバ近來歐洲ニ於テ稍〻行ハレカ、ッテ居ル百分ノ一濟崩シノ方法ニ依ッテ、今日ノ國債ヲ償還スルノ計畫ハ政府ニナイカ、斯樣ナ質問ヲ私ガ起シタ、デ此方法ニ依リマスレバ、其國債ノ百分ノ一ノ元金ヲ標準トシテ、五分利ノ場合ニ百分ノ一濟崩シノ方法ヲ應用致シマスレバ、全部三十七年ニシテ償還スルコトガ出來ル、是ハ利子ノ歩合ニ依ッテ償還ノ年數ニ差等ノ起ルコトハ致方ハナイ、一昨年ノ春ノ場合ニ帝國ノ國債ハ約二十五億八千万圓位アッタト覺エテ居ル、ソレヲ其百分ノ一濟崩シノ方法ニ依ッテ償還致シマスレバ、全部三十九年ニシテ償還シ終ルベキ計算デアリマシタ、此方法ニ基イテ考ヘレバ、現在ノ二十五億ノ國債ハ毎年二千五百万圓ノ元金償還ノ基礎ニ於テ計算ヲ立テレバ宜イノデアリマス、私ハ五千万圓償還ヲ二千五百万圓ノ償還程度ニ止メタイ、ソレニ止メテモ差支ハナイデハナイカト云フ考ヲ抱イテ居リマシタ、今モ抱イテ居リマス、政府ガ万分ノ百十六ノ償還計畫ニ改メマシタコトハ、此場合ニ照シマスレバマダ償還元高ハ多過ギルノデアリマス、私等ハ二千五百万圓ニシテ足ルト思フモノヲ、政府ハ三千万圓ヲ償還セントスルノデアリマスカラ、數字ニ於テハマダ多少ノ開キガアル、併シ既ニ二千五百万圓ニシテ足レリトスルモノヲ五千万圓ヲ償還スルノ必要ハ無シトスル、此意見ヲ懷イテ居ル場合ニ、政府ガ三千万圓ヲ償還セントスルコトニ方針ヲ換ヘテ來ッタノデアリマスカラ、其三千万圓償還方法ノ內容ガ私等ノ意見ト悉ク一致シテ居ナイト致シマシテモ、償還セントスル額高ニ於テ其三千万圓ハ私等ガ異論ヲ唱フベキ理由ハナイノデアリマス、斯樣ナ意味ニ於テ、私等ハ此場合政府ガ五千万圓償還元高ヲ三千万圓ニ低減スルノ計畫ニ同意ヲ表スル者デアリマス、私ハ略〻私ノ政府ノ原案ニ對スル批評特ニ不滿足ノ間ニ滿足ヲ製スル所以ノ意思ヲ說明シタ積リデアル、先程カラノ議論ハ重ニ二個師團ノ問題ニ關聯致シテ居ル、其二個師團ノ增設ヲ贊成スル私等ノ意見ノ要領ハ、尙前年ノ議會ニ於テ述ベテ置キマシタ通リデアリマス、故ニソレヲ繰返ス必要ハ認メマセヌ、唯骨子ダケヲ申シマスト、帝國ノ國防上ノ位置ニ鑑ミ、帝國ノ國勢ガ朝鮮竝ニ滿洲ニ發展シタル其位置ノ擴張ニ鑑ミテ、國防ノ計畫ニ擴大ヲ來サナケレバナラヌト云フコトハ當然ノコト、及ビ先ニ申述ベマシタ財政上ノ理由ニ依ッテ此計畫ガ延ビ〳〵ニナッテ居リマシタモノガ、財政上ノ繰合ガ付ク現在ノ場合ニ於テ、之ヲ實行スルコトハ又第二ノ當然ノ理由デアル、及ビ支那ニ於ケル國際關係ノ變遷、其變遷ノ際ニ處スル日本帝國ノ責任、之ヲ充スノ上ニ於テドウシテモ今日カラ此計畫ニ著手シナケレバナラヌト云フコトガ第三點デアリマス（拍手起ル）當時私ハ五個ノ理由ヲ述ベマシタ、其二ツノ理由ハモウ茲ニ略シマス、是等ノ三點ノ理由ハ今日ニ於テモ私等ガ尙此計畫ニ贊成スル所以ノ主ナルモノデアリマス、元田君ノ此演說ノ中ニ、今日二個師團ヲ增加シテ置ケバ、歐洲戰亂ノ後ニ現在ノ師團計畫ニ大ナル擴張ヲ加ヘナケレバナラヌ場合ニ、其二個師團ノ爲ニ他ノ師團ニ對スル擴張ノ餘力ヲ充スコトガ出來ナクナルデハナイカ、斯ウ云フ御說デアリマシタ、御心配ニ於テハ私ハ無理ナラヌ御心配ト思フ、サリナガラ二個師團ノミヲ左樣ニ苦痛ニ迷惑ニ思ハル、理由ヲ私ハ理解シ得ナイノデアル（拍手起ル）此戰亂ノ後ニ總テノ師團ノ計畫ニ變改ヲ加ヘナケレバナラヌ必要ガ起ルト想像ヲ致シマス、其起リ來ル擴張ヲ加フベキ程度ハ、今日ヨリ豫想スルコトガ出來ヌノデアル、政友會ノ諸君モ其程度ノ豫想ガ出來ルトハ決シテ明言爲サラヌデアラウ、其場合ニ如何樣ニ是ガ變化シ來ルノデアルカ、若シ大ナル變化ガ起リ來リマスルナラバ、十九個師團ノ——其十九個師團ノナリニ存續致シマシテ、之ニ擴張ノ計畫ヲ加ヘマスコトモ、帝國今日ノ財政ノ形勢カラ見タナラバ、尙心配ニ堪ヘナイモノデハアリマセヌカ、若シ左樣ナル變化ヲ加フベキノ必要ガ今後ニ起リ來リマスナラバ、十九師團ノ數ヲ減ジテ十八個師團ト爲サナケレバナラヌカモ知レヌ、更ニ減ジテ十六個師團ト爲サナケレバナラヌカモ知レヌ、其場合ニ於テ二十一個師團ノ場合ニ於テハ大ナル苦痛デアルガ、十九個師團ノ場合ニ於テハ大ナル苦痛デナイト云フ論證ノ根據ヲ何處ニ御置キニナリマスカ（「ヒヤ〳〵」ト呼フ者アリ）犬養氏ノ說ニ對シテハ甚ダ殘念デアリマスガ、私ハ其要領ノアル所ヲ捕捉スルニ苦ンダト申上ゲル（拍手起ル）是ハ私ノ不敏ノ致ス所デアリマセウ（「ノウ〳〵」「唯演說ヲ妨害シテ之ヲ發見セヌノダラウ　不德義極マル」「野蠻ノ望月默レ」ト呼フ者アリ）唯一言致シマス——前議會ニ犬養氏ノ說ト今日ノ說ト綜合シテ見テ唯一言致シマス、犬養氏ノ說ハ全國皆兵ノ主義ニ基ク說デアル、主義ニ於テハ現在ニ於テ既ニ確定シテ居ル主義デアル（「實際ニ於テ行ハレテ居ラヌ」ト呼フ者アリ）然リ行ハレテ居ナイ、四十五万ノ壯丁ノ中ニ年々軍役ニ繰入レラレル所ノモノハ十万人ニ過ギナイ（「其點ヲ辯明セヨ」ト呼フ者アリ）故ニ若シ壯丁ノ數ニ付テ論ズルナラバ、三十有餘万ノモノガ今日尙兵役ニ入ラズシテ其職分ニハ差支ナイ境遇ニ居ル、之ヲ十万ノ若イ者ハ兵營ニ入ッテ三十有餘万ノ者ハ兵營ニ入ラナイガ爲ニ、全國皆兵ノ主義ガ未ダ行ハレテ居ナイトナシ、從ッテ其四十有餘万ノモノヲ悉ク兵營ニ入ル、ノガ、全國皆兵ノ主義デアルト爲サレルナラバ（「普通敎育ト軍隊トノ聯絡ガ付カヌ」ト呼フ者アリ、發言スル者多シ）其處ニ其經費ノ關係ニ於テ疑ハザルヲ得ナクナル事情ガ生ズルノデアリマス、全國皆兵ノ主義ガ一ツ、一年兵役ガ其一ツ、而シテ經濟的軍備ガ其一ツ此三ツノモノヲ綜合シテ犬養氏ノ所論ヲ判斷致サナケレバナラヌ、サウシテ吾々ノ理解シ得ル程度ニ於テ判斷致セバ、全國皆兵主義ト一年兵役ノ實行ト、之ヲ企テタ結果ハ決シテ其經費ノ全體ニ於テハ經濟的デハナイ、今日陸軍ニ對シテ約七、八千万圓ノ經費ヲ費シテ居ル、此經費ガ莫大デアリマス、他ノ諸般ノ計畫ニ較ベテ釣合ヲ失シテ居ルト論ゼラルルナラバ、今日ノ全國皆兵主義ヲ名ニ過ギズシテ必ズ之ヲ實ニセントスル計畫ヲ以テ、多大ノ兵數ヲ殖サルルナラバ、今日陸軍ニ費シテ居ル七、八千万圓ノ費用ヲ以テハ之ヲ支辨スルコトハ到底出來ナイ、故ニ經濟的軍備ト言ハレル所ノ理由ハ、平素之ヲ解スルコトニ苦ンデ居リマシタ、今日ノ御說ニ於テ其所謂經濟的軍備ナルモノハ、兵士一人當リ費用ノ經濟デアルト言ハレルコトヲ聽イタ、是ガ今日ニ於テ初メテ伺ッタル犬養氏ノ所說デアル、サウシテ如何ニシテ兵士一人當リ其費用ヲ輕減セラルルカニ至ッテハ、何モ御說明ガアリマセヌ（「其通リ」ト呼フ者アリ）故ニ之ニ關シテハ如何樣ニ考ヘルモ、犬養氏ノ所說ヲ未ダ明白ニ理解スルコトガ出來マセヌ、吾々ハ此御議論ニ對シテ吾々ノ意見ヲ發表スルノ機會ハ更ニ後日ニ保留シテ置カナケレバナリマセヌ、サリナガラ軍國ノ事一日モ猶豫ヲ許サズ、左樣ナ意見ガアル爲ニ今日ノ計畫ヲ等閑ニ附スル譯ニ行カヌ（拍手起ル）吾々ハ日露戰爭以來定マッタル國家ノ形勢ニ應ジテ、今日ニ處スルノ軍備ノ二個師團ノ擴張ヲ求メント欲シマシタ（「財政ノ許ス時ト云フ條件ガ付イテ居リマスヨソレニハ……」「山本權兵衞ノ黴菌駄レ」ト呼フ者アリ)財政ノ状況許ス時ト云フコトニ付テ今年五億六千万圓ノ程度ニ止マッテ居ル、豫算ノ中ニ二個師團ノ擴張ニ伴フ七十一万圓ノ費用ヲ支出シテ更ニ苦マザル状態ニアルコトハ諸君ノ了知セラルヽ所デアリマス、更ニ鈴木君ノ御説ヲ伺フコトヲ甚ダ滿足スル、此點ニ付テ私等ハ鈴木君ト憂ヲ同ジクスルモノデアリマス、其同ジ憂ノ立場ニ於テノ御意見ヲ聽キ得タルコトヲ甚ダ滿足致シマス、外國カラ一厘モ借ラヌヤウニシテ、財政ノ計畫ヲ立テヤウト仰シヤッタコトハ誠ニ同感ノ至リデアリマス、而シテ此十年來ノ我政府ノ此財政計畫ニ於テ、外國カラ金ヲ借リザル財政計畫ノ立ッタノハ、蓋シ今回ガ始マリト思フ(拍手起ル)故ニ外國カラ借リナイコトヲ以テ主義トシテノ財政計畫ノ希望ヲ御持チデアルナラバ、鈴木君ハ我等ト同ジ立場ニ立ッテ、此豫算ニ贊成サレナケレバナラヌト思フ(拍手起ル)モウ一ツ鈴木君ノ言葉ニ付テ申上ゲル、是ハ我國民ノ名譽面目ノ爲メニ一言セザルヲ得ナイ、ソレハ總テノ豫算財政ノ計畫ハ外國ノ力ヲ藉ラズ、帝國國民ノ自力ヲ以テ編成スルヤウ努力セヨ、斯ウ云フコトデアリマシテ是モ至極尤モナ御意見ト思ヒマス、而シテ大正四年度ノ我財政計畫ハ、確カニ帝國國民ノ總テノ自力ヲ以テ盡サレタル其成績ニ基ク計畫デアリマス(拍手起ル)略々斯ノ如キ意見ヲ持ッテ居リマス、故ニマダ〳〵是デハ足リマセヌ、大隈內閣ニ向ッテ更ニ大ナル努力ヲ要求シテケレバナラヌ必要ノ殘ッテ居リマスコトハ多々アルノデアリマス、吾々ハ之ヲ將來ニ期待セントシテ居ルノデアル、決シテ今年ノ此計畫ニ全部滿足シテ、此上一點ノ批評ヲ加フベキ餘地ナシトハ申サヌ(拍手スル者アリ)ダガソレハ床次君モ言ハレタガ餘リニ小逕ニ寄ラナイ議論ヲシテ欲シイ、大道ニ寄ッテ大體ニ於テ此豫算ノ計畫ガ近年――近キ數年ノ豫算ニハ一歩ヲ進メテ居ルト云フ基礎ニ對スル同情ヲ以テ、諸君ガ政友會ト言ハズ國民黨ト云ハズ、之ニ贊成セラレンコトヲ希望スル(拍手起ル)然ルニモ拘ラズ諸君ガ反對セラルヽト云フナラバ致シ方ガナイ、吾々ハ同志ト共ニ力ヲ協セテ此豫算ノ成立ニ盡力致サナケレバナラナイ(拍手起ル)吾々ニハ吾等ノ同志ガ是ガタメニ此豫算ノ成立ヲ助ケルタメニ、全力ヲ注イデ一致セラレンコトヲ希望スルノデアリマス(拍手起ル)

○議長（島田三郎君）　高木正年君――此際ニ一言致シマスガ喧噐ヲ御愼ミ下サルノト、私語ヲ自カラ御節シ下サルコトヲ切ニ望ミマス

（「ヒヤ〳〵」ト呼フ者アリ）

〔高木正年君登壇〕

○高木正年君　暫ク御靜ニ願ヒマス――吉植君ノ原案ニ對スル駁論ハ頗ル長時間ニ亙ッテ居ルノデアリマスガ、私ハ吉植君ノ辯駁ニ對シマシテ殊ニ之ヲ反擊スルノ頗ル無益ナルヲ知ル者デアリマス、私ハ寧ロ諸君ニ敬意ヲ拂フ上ニ於テ、吉植君ニ對スル辯駁ノ時間ヲ省略セムコトヲ欲スルノデアリマス、私ハ先刻來元田君、犬養君、鈴木君等ヨリ原案ニ對スル種々ナル批評ヲ承ッタノデアリマス、此際ニ於キマシテ自分ハ此原案ニ贊意ヲ表スル立場ノ上カラ一言ヲ試ミタイト思フノデアリマス（「盲從」ト呼フ者アリ）盲從デアルカ明從デアルカ、暫ク御聽キヲ願ヒタイ（「大抵逃ゲテ行キマシタヨ」ト呼フ者アリ）元田君ハ昨年ノ議會ニ於テモ言明セラレタ如ク、歐洲戰亂ノ終ル時ニ於テ國防問題ヲ解決ズルガ當然デアルト云フ議論ヲ繰返サレタノデアリマス、私共ハ元田君ノ言フ如ク歐洲戰亂ノ經過ニ依リマシテハ軍事上多少經驗スベキモノアルコトハ知ッテ居ルノデアリマス、或ハ軍器ノ改良ノ點ニ於テ、或ハ輸送ノ點ニ於テ、種々ナル此間ニ於テ、經驗ヲ吾人ニ與フルコトハ今更申スマデモナイコトデアリマス、併ナガラ歐洲戰亂ノ結果ハ吾人ニ二箇ノ結論ヲ與ヘテ居ルト云フコトヲ記憶セネバナラヌノデアリマス、ソレハ何デアル、極メテ大部隊ノ兵ヲ要スルト云フ事デアリマス、極メテ精練ナル兵ニアラザレバ軍隊ノ勢力ヲ維持スル能ハザルト云フ、此二箇ノ點ニ對シテハ今日何人モ其結論點ニ達シテ居ルコトヲ疑ハヌノデアリマス（「ヒヤ〳〵」ト呼フ者アリ）私共ハ此點ニ於テ我國ガ將來ノ計畫ニ甘ンゼズ、能ク其缺陷アル所ヲ補充スベキ必要ニ迫ッテ居ルト云フコトヲ信ズルモノデアリマス（「ヒヤ〳〵」ト呼フ者アリ）過去ノ經驗ニ依テ我國ガ今日ノ陸軍ノ組織ガ歐洲戰亂ノ經過ニ伴フトコロノ結論ニ伴ッテ居ラヌト云フコトハ、今申シタ次第デアルノデアリマス、此點ニ於テハ、若シ財政ノ許ス限リニ於テハ、或ハ二十五師團モ今日直チニ組織スル運命ヲ見ナケレバナラヌノカモ知レヌノデアリマス、併ナガラ奈何セン、今日我國ノ狀態ハ斯ル假ニ大規模ノ增設ヲ許サナイ、今日ノ時代ニ在ルノデアリマス、是ニ於テカ而モ財政ノ狀態ヨリ割出シタ六箇年計畫ヲ以テ、所謂徐々ニ二個師團增設ノ目的ヲ達セムトスル最モ穩當ナル提案ト言ハネバナラヌノデアリマス、諸君、犬養君ノ昨年當議會ニ吾々ノ期待シテ居ッタトコロノ一年兵役論ヲ聽クコトガ出來ナカッタノデアリマス、今日モ犬養君ノ言論ハアッタニ相違アリマセヌガ、惜シイカナ其要領ヲ捕捉スルコトガ出來ナイノデアリマス、唯私共ガ聽キ得タル所ノ一二ヲ捉ヘ來ッテ之ヲ批評シテ見マスルト、犬養君曰ク、二個師團ノ增設ニ伴フテ輸送機關ハ如何ナル狀態ニアリヤ、又兵器ハ如何ナル狀態ニアルカ、其他之ニ伴フ設備ハ如何ナル狀態ニアリヤト云フコトヲ言ハレタノデアリマス、併ナガラ若シ犬養君ノ議論ノ如ク、所謂國民皆兵ノ主義ノ上ニ割出シテ、今日ノ兵備ノ數ヲ不足ナリトシテ、今日ノ兵役ヲ短縮シテ大部隊ノ兵ヲ養フモノトスレバ、更ニ私ハ犬養君ニ向ッテ問ハザルヲ得ナイコトガアルノデアリマス、何デアルカ、卽チ今日ノ輸送機關ニシテ如何ニシテ犬養君ノ希望スルトコロノ所謂國民皆兵ノ實ヲ擧ゲテ、之ヲ或目的ノ時ニ輸送シ得ルヤト云フコトヲ反問シナケレバナラヌ、兵役ノ問題ニ於テモ如何、嘗テ私ハ昨年犬養君ノ辯論ニ對シテ聊カ之ニ報インガ爲メニ、多少調査ヲ爲シテ居ッタノデアリマスガ、不幸ニシテ私ハ此演壇ニ立ツトコロノ機會ヲ得ナカッタノデアリマス、當時犬養君ノ一年兵役ナルモノガ世間ニ訴ヘラレタガ、此議場ニ於テ犬養君ハ具體的ノ說明ヲセラレナカッタノデアリマス、若シ犬養君ニシテ一年兵役論ナルモノヲ提ゲラル丶ニ於テハ、彼ノ一年兵役ナルモノハ如何ニシテ步兵ノ致育ヲ爲シ得ルモノデアルカト反問セザルヲ得ナカッタノデアリマス、私ノ殊ニ斯樣ニ言フノハ何デアルカ、所謂國民皆兵ナルモノガ、實際ニ於テ易ク行ヒ得ラレザル今日ノ狀態ニ在リト云フコトヲ說明セン爲メニ、今日殊ニ之ヲ言フノデアリマス、然ラバ假ニ今日ノ兵數ヲ以テ過少ナリトシテ、國民皆兵ヲ唱ヘラル丶ナラバ、寧ロ兵數ヲ增加スル上ニ於テ、之ニ近ヅキツ丶アル所ノ師團增設論ニ贊成スルコソ、卽チ國民皆兵ニ近ヅク所ノ一ノ階段デアルト言ハネバナラヌノデアリマス（拍手起リ「ヒヤ〳〵」「根據ガ違フ」ト呼フ者アリ）根據ハ違ハナイノデアリマス、違フト云ヘバ長ク言ハネバナリマセヌカラシテ、ソレハ諸君ニ敬意ヲ拂ッテ言ハナイノデアリマス、今日ノ國防ノ上ニ於テ二師團增設ト云フコトハ、誠ニ機宜ノ處置デアルト云フコトニ付テ尙數言ヲ費サネバナラヌノデアリマス、或ハ私共ハ多年廢減稅ヲ唱ヘタガ爲メニ、師團增設ノ爲メニ此廢減稅ノ財源ヲ滅却シテ、之ヲ忘ル丶モノデアルト云フ御非難ヲ先刻鈴木君ヨリ承ッタヤウニ承知シテ居リマスガ、元來朝鮮師團ト云フモノハ如何ナル必要デ起ッテ來ルカト云フト、日本ガ韓國ヲ領有シテ大陸國タル關係ヲ有スル以上ハ、勢ヒ其足場ヲ造ラネバナラヌ、此ニ於テ朝鮮ニ二個師團ノ設置ノ必要ガアルト云フコトハ、此間ノ消息ニ於テモ何人モ之ヲ否ムコトハ出來ナイノデアリマス、況ヤ國防經濟ノ上ニ於キマシテモ、朝鮮二師團增設ハ必シモ之ヲ以テ無益ノ業ト爲サナイノデアリマス、何トナレバ若シ二師團增設ノ場合ニ於テ、今日現在執リツ丶アルトコロノ所謂駐屯軍ナルモノバ、之ヲ撤廢スルノデアリマス、二師團增設ノ爲メニ費ス所ハ五百万圓ナルガ爲メニ、斯カル多額ノ費用ヲ國民ノ負擔スルノハ宜シカラズト云フ議論アリ

雖モ、二師團增設ハ或點ニ於テハ寧ロ一面經費ヲ節減スベキトコロノ端緒ヲ得ルモノト考ヘネバナラヌノデアリマス、何デアリマスカ、從來ハ所謂駐屯兵ナルガ爲メニ每一年ニ之ヲ交代シナケレバナラヌノデアリマス、又一朝事有ルトキニハ、悉ク師團ニ伴フトコロノ總テノ準備ヲ內地ヨリ送ルト云フ必要ガアルノデアリマス、若シ常設師團ノアリトスレバ、此等ノ設備ハ豫メ師團ノ兵數ノ具備スルト同時ニ、悉ク朝鮮ニ於テ之ヲ備ヘ置クノ利アルガ爲ニ、今後我國ノ發展上或場合ニ處スルトコロノ利益ト云フモノハ、頗ル大ナルモノト考ヘネバナラヌノデアリマス、細カニ今日ノ兵數ノ上カラ論ジ去ルコトハ容易デアリマスケレドモ、是レハ暫ク吾々ガ言フコトノ自由ヲ得ナイノデアリマス、二師團問題ニ付キマシテハ決シテ國民ノ負擔ヲ殊更ニ增加スルモノデナイト云フコトヲ御承知ヲ願ヒタイ(「ソンナコトハ聽キマセヌ」ト呼フ者アリ)若シ他日歐洲戰亂ガ止ンデ、國庫ノ歲入ガ以前ノ狀態ニ恢復スルトキニアリマシタナラバ、二百五十万圓ノ朝鮮二個師團ノ費用ノタメニ、所謂廢減稅ノ目的ノ妨ゲニナルト云フコトハ必ズ無カルベキ理由デアルト思ハネバナラヌノデアリマス、又海軍ノ艦船ノ問題ニ付キマシテハ、議會ノ多數ハ之ヲ既ニ前議會ヨリ認メラレテ居ルノデアリマス、唯政友會ノ諸君ガ前議會ヨリノ行掛リトシテ、今回ノ提案ニモ反對ヲ唱ヘラレテ居ルノデアリマス、從來海軍ハ所謂大艦ノ建造ニ多大ノ注意ヲ拂ッテ、是ガタメニ驅逐艦ノ修繕若クハ建設等ニ付テハ、甚シキ怠リヲ爲シタト云ッテモ宜シイノデアリマス、殊ニ我國ノ狀態ガ今ヤ平和ノ中ニアルガ如クデアリマスケレドモ、歐洲ノ戰亂ガ如何ナル影響ヲ將來ニ及ボサヌトモ限ラヌノデアリマス、此時ニ於テ我海軍ノ勢力ヲ維持スル點ニ於テ、俄ニ大艦巨舶ノ建造ハ爲シ得ナイノデアリマス、一年若クハ二年ノ間ニ於テ我海軍ノ勢力ヲ增加スベキモノハ何デアルカト云フト、卽チ此短時間ニ於テ建造スベキ、而モ多大ノ費用ヲ要セザルトコロノ大形驅逐艦若クハ中形驅逐艦ヲ以テ之ヲ補充スルコトモ、是亦頗ル事ノ宜シキヲ得タルモノト考ヘネバナラヌノデアリマス、斯樣ニ考ヘ來リマスレバ、陸軍ト云ヒ、海軍ノ問題ト云ヒ、倶ニ共ニ今日ニ於テ之ヲ爲スガ當然デアル、又先刻來鐵道資金ノコトニ付キマシテ、屢〻之ニ對スル反駁ガアッタヤウニ承ッテ居ルノデリマス、此問題ニ付キマシテハ殊ニ政友會ノ諸君ハ若キ經驗ヲ嘗メラレタ方々デアルト私ハ記憶スルノデアリマス、想起シマスルト大正二年ノ春デアリマシタカ、高橋當時ノ大藏大臣ガ倫敦ニ於テ三百万磅ノ所謂一年若クハ二年ノ手形若クハ短期ノ證券ヲ以テ、而モ高利ニ借入レタト云フ事實ハドウデアリマシタカ、又此時ニ於テ佛貨ノ二億「フラン」ノ債券モ同時ニ募集セラレタト云フ事實ハ、政友會ノ諸君ハ御記憶デアリマセウ、是ハ何故ニ斯樣ナ事ガ起ッタカト云フト、實ハ鐵道ノ資金ニ付テ年々歲々姑息ノ借入ヲ爲シテ、遂ニ之ニ依ッテ公債ヲ整理セネバナラヌ運命ニ達シタノデアリマスルガ、議會ニ證言シタルトコロヲ言フト、長期ノ公債ヲ以テスルト云フコトデアッタ、所ガ如何ニセン最初大藏大臣ガ初メニ借入レタノハ僅カニ其一部分ハ一箇年——百五十万磅ハ一箇年、百五十万磅ハ二箇年ト云フ短時間ニ之ヲ借入レタノデアリマス、昨日デアリマシタカ、國債整理基金ノ論議中ニ、大隈內閣ガ三千万圓ヲ借入レタノハドウデアルカト云フ質問ガアッタヤウデアルガ、實ハ高橋大藏大臣ガ斯ル短ク而モ不利益ナル借入ヲシタタメニ、餘儀ナク大隈內閣ハ是ガ返還ニ充テルガタメニ借換ヲシタノデアリマス、若シモ政友會ノ內閣ガ大正三年マデ持續シタナラバ、政友會ノ爲サレタトコロノ計畫ニ依ッタナラバ、政友會ノ財政策ハ悉ク歐洲ノ戰亂ニ遇フテ破壞サレテ、以前政友會ノ企畫シタトコロノモノハ全ク形ヲ爲サナイマデニ潰滅スルヤウナ狀態ニナラナケレバナラヌ、幸ニ政友會ハ大隈內閣ノ爲メニ救ハレテ、其殘骸ニ傷ケラレナカッタト云フコトヲ言ハレルノデアリマス、斯ル狀態デアルカラ勢ヒ永久トハ言ハヌノデアル、長イ時間トハ吾々ハ言ハヌノデアリマス、目下ノ狀態ニ於テハ勢ヒ外債ノ借入ハ見合ハセネハナラヌ、內債ノ借入ノ上ニ於テ經濟ヲ壓迫スルコトモ亦宜シクナイノデアル、此機會ニ於キマシテハドウシテモ鐵道資金ノ上ニ於キマシテハ、普通歲入ノ上ヨリ借入レルト云フコトガ、最モ穩健ナル處置ト謂ハナケレバナラヌノデアリマス、斯樣ニ論ジテ來リマスレバ陸軍ノ二個師團問題ト云ヒ、海軍ノ艦船製造費ト云ヒ、鐵道ノ借入資金ト云ヒ、悉ク今日ノ時代ニ於ハ如何ナル人ガ內閣ニ立ット雖モ、此追加豫算案以外ニ爲スベキコトハ決シテ無イモノデアルト斯樣ニ論ズルモ妨ゲナイノデアリマス、以上ノ理由ニ於キマシテ、私共ハ今回ノ追加豫算ニ就マシテハ、之ニ對シテ贊成ヲ躊躇シナイ所以デアルト、左樣ニ御承知ヲ願ヒタク思フノデアリマス(拍手スル者アリ)

○議長(島田三郎君)　三土忠造君

(三土忠造君登壇)

○三土忠造君　諸君、本日ノ議題ニナッテ居リマス大正四年度追加豫算ニ對スル贊否雙方ノ意見ハ、段々述ベ來ッテ殆ド餘ス所ハナイト存ジマスガ、私ハ特ニ國防問題ニ付キマシテ、殊ニ國防問題ノ二個師團問題ニ付キマシテ、更ニ此機會ニ於キマシテ、我黨ノ立場ヲ明カニシタイト思フノデアリマス、先刻來雙方ノ論議ヲ聽イテ居リマスト、動モスレバ感情ノ末ニ走リマシテ、演壇上ノ議論ニ能ク耳ヲ傾ケズシテ直チニ批評ヲ加ヘルト云フ傾キガアルヤウニ思ヒマス、近頃政治上ノ爭ガ餘程激昂シテ參リマシテ、場合ニ依リマスト宗教ノ爭ノ如ク、政黨ノ立場ガ違ヒマスルト、一向宗ト法華宗、或ハ門徒宗ト眞言宗イロ〱名前ガアリマセウガ、イロ〱ノ宗旨ノ間ノ爭ノヤウナ態度ガアリマシテ、何トナク感情ニ走ルト云フコトハ非常ニ私共ハ憂ヘテ居ルノデアリマス、私ハ此處ニ極ク冷靜ニ理性ニ訴ヘマシテ、公平ナ立場カラ議論シタイト思フノデアリマス、此增師問題ハ議會解散ノ主要問題デアリマシテ、第三十五議會卽チ通常議會ニ於キマシテモ、既ニ論爭ヲ盡シテ居リマスシ、其後ノ總選擧ニ於キマシテモ御互ニ議論ヲ致シタノデアリマスガ、之ヲ煎ジ詰メテ見マスト、吾々政友會ハ增師問題ノ延期論ヲ主張スルモノデアリマセヌ、又同志會ノ諸君モ中正會ノ諸君モ、其外無所屬ノ諸君モヤハリ同樣デアル、唯其增師問題ノ今日之ヲ是非トモ實行シナケレバナラヌカ、或ハ多少之ヲ延バスコトガ出來ルカト云フ所ニ議論ガ違フノデアリマス、卽チ增師問題ハ刻下ノ急務デアッテ、一日モ緩ウスベカラスト云フノガ政府與黨ノ諸君ノ議論デアル、吾々ハ增師問題ハ必要デアルケレドモ、今日ノ財政上其他四圍ノ事情カラ考ヘマシテ、少シ延バシテユックリ研究スル方ガ宜イデハナイカ、斯ウ云フ議論デアリマス、デアリマスカラ程度ノ問題デアリマシテ根本ノ問題ノ違ヒデアリマセヌ、然ルニ雙方相互ニ血眼ニナッテ喧嘩腰ニナッテ議論スルト云フコトハ、私ハ寧ロ不思議ニ思フノデアリマス(「ソレデハ解散ノ理由ガ無イデハナイカ」ト呼フ者アリ)政府ノ解散ノ理由トシテ天下ニ發表致シマシタトコロノモノニ依リマスト、政府ハ四國ノ情勢ハ帝國國防ノ充實與ニ一日モ緩ウスベカラザルヲ示セリト、斯ウ申サレテアリマス、私共ハソレ程ニ思ハヌノデアリマス、實ハ此增師問題ハ多年ノ懸案デアリマシテ、若シ歐羅巴ノ大戰爭ノ勃發ナク、財政其他ノ事情ガ昨年ノ春頃ノ狀況デアリマシタナラバ、去ヌル三十五議會卽チ通常議會ニ於テ、本問題ヲ解決スルコトガ或ハ當然カト思ッテ居タノデアリマス、然ルニ歐羅巴ノ大戰爭ガ起リマシテカラ、我帝國ノ財政經濟ニ大變動ヲ起シテ參ッタコトハ勿論ノコト、國際關係ニ於テモ多少ノ變化ヲ生ジマスシ、又此大戰爭ノ結果武器或ハ輸送機關ノ改良或ハ軍政ノ改革等ニ付キマシテ餘程ノ敎訓ヲ與ヘルダラウト云フ豫想ガナケレバナラヌノデアリマス、是等ノ事情カラ致シマシテ、吾々ハ先ヅ歐羅巴ノ戰爭ガ片附クマデ此計畫ヲ見合セナケレバナラヌト思フノデアリマス、通常議會ニ於キマシテ吾々ノ主張ハ次年度マデ之ヲ延期スルト申シマシタノデ、一年延期ト云フコトニ誤解サレテ居ル方モアルヤウデアリマスガ、吾々ノハ一年延期ト云フノデハアリマセヌ、先ヅ此通常議會ノ際ニ解決スルコトヲ見合セテ、次年度ノ豫算ヲ編成スルコトガ終ッテ見タナラバ、或ハ歐羅巴ノ戰爭ノ結末モ付キ、財政其他ノ事情モ見据ガツクカモ知レヌ、其場合マデ見合セヤウト云フノガ吾々ノ議論デアッタノデアリマス、ソコデ國際關係ニ變動ヲ來シマシタコトハ、之ヲ精シク論ジマスト、自然此問題ノ性質上假想敵國ノ事情ノ變更ニ論及シナケレバナリマセヌカラシテ、是ハ暫ク此所ニ避ケマス……武藤金吉君「議長豫算ノ審議中各大臣ハドウシタノデス、總理大臣ヲ始メドウシタノデス」ト呼フ政府竝ニ與黨ノ諸君ノ御主張ニ於キマシテハ、去ル通常議會ノ場合ニハ政府ノ各大臣ノ御答辯ガ一致シテ居リマセヌ、增師ヲ何ノ爲ニスルカト云フ質問ニ對シテ、或ハ朝鮮ノ新領土ニナッタガ爲デアルトカ、或ハ滿洲ニ日本ノ權利ガ及ンダ爲デアルトカ、或ハ丁度今日ノ國際關係ニ於テ、今日增師スル方ガ便利デアルトカ云フ風ニ、色々說ガ變ッタノデアリマスガ、此度ノ臨時議會ニ於キマシテ、與黨諸君ノ辯論ヲ承ハッテ見マスト、期セズシテ此朝鮮問題ニ一致シテ居ラレルヤウデアリマス、卽チ朝鮮ガ新領土ニナッタカラ、朝鮮ニ二個師團ヲ置クコトガ必要デアル、斯ウ云フ御議論デアルヤウニ思ヒマス、トコロガ朝鮮ガ新領土ニナッタ爲ニ、二個師團ガ必要ト云フコトハ、或ハ朝鮮ニ既ニ師團ヲ置イテアルコトヲ御存ジナイデハナイカト思フノデアリマス、朝鮮デハ置イテアリマセヌケレドモ、內地カラ始終交代シテヤッテ居ルノデアリマス、而シテ此ニ個師團ノ守備隊ハ此朝鮮合併以前ノ統監府時代、卽チ警察權ガ我ガ手ニアラズシテ、朝鮮政府ガ警察權ヲ持ッテ居リマシタ時代ニ於キマシテモ、內地カラ特派シテ居ルトコロノ師團デ濟ンダノデアリマス、然ルニ其後朝鮮ガ合併サレマシテカラ、警察權ヲ我ガ手ニ取リ、勿論憲兵ノ配置モ澤山出來マシタ今日ニ於キマシテ、何等朝鮮ノ統治ニ付キマシテハ差支ナイノデアリマス、今日此財政急迫ノ場合ニ於キマシテ、特ニ二個師團ヲ增設シナケレバ朝鮮ノ統治ガ付カヌト云フ事情ハ、私共認ムルコトハ出來ヌデアリマス、財政上ノ事情カラ申シマスト云フト、先刻田川君ハ財政ノ狀態ハ是マデハ二個師團ノ增設、卽チ國防問題ヲ解決スルコトニ不適當デアッタケレドモ、現內閣ノ施政共宜キヲ得タ爲ニ、財政上ニ餘裕ヲ生ジタル今日ノ場合、之ヲ解決スルハ最モ適當デアルト云フ御論デアリマシタ、トコロガ私モ此點ニ於キマシテ觀ルトコロガ非常ニ違フノデアリマス、大正四年度ノ豫算ヲ見マシテモ分リマスル通リ、大正四年度ハ此歐羅巴ノ戰爭ノ影響ヲ受ケマシテ、商工業ノ不振ニ陷リ、或ハ一方ニ於テ、米價ノ暴落ヲ來シマシタ爲ニ、政府ノ財政上ニ大變動ヲ來シテ居ルコトハ御承知ノ通リデアリマス、卽チ政府ノ收入ガ激減ヲ來シテ居ルノデアリマス、豫算ニ示シテアリマス如ク、關稅ニ於キマシテ一口ニ於テ千七百八十五万圓ヲ減ジテ居ル、織物消費稅ニ於テ五百六十三万圓ヲ減ジテ居ル、取引所稅ニ於キマシテモ百三十九万圓ヲ減ジテ居ル、酒造稅ノ如キハ四十七万圓ヲ減ジテ居リマスルガ、是ナゾハ後デ論ジマスガ、餘程問題デアル、營業稅モ法律ノ結果七百四五十万圓ヲ減シマシタ上ニ更ニ自然減收ガ三十三万圓デアリマス、尙所得稅ニ於キマシテハ、三百九十六万圓ヲ政府ハ增シテ居リマス、砂糖消費稅ニ於キマシテ百三十八万圓ノ增加ヲ計上シテ居リ、專賣局益金ニ於テ三十七万圓ノ增加ヲ計上シテ居リマスガ、先ヅ此酒造稅ニ於キマシテ、四十七万圓ノ減少デ濟ムカ濟マヌカト云フコトガ問題デアル、昨年カラノ不景氣ニ依リマシテ、酒造家ハ非常ニ困ッテ居ル、古酒ヲ持越シテ新酒ノ賣捌ニ困ッテ居ルト云フノガ、目下酒造家ノ狀況デアリマス、所得稅ニ於キマシテモ三百九十六万圓ヲ增加スルト云フコトハ、前三年平均ノ法律關係カラハ出マセウカモ知レマセヌケレドモ、斯ノ如キ數字ハ假リニ大正四年分ハ續クトシマシテモ、五年度六年度ヘ續カヌト云フコトハ明カデアル、砂糖消費稅ノ關係ニ於キマシテモ、專賣局益金ノ關係ニ於キマシテモ同樣デアル、私ハ去ル三十五議會ノ豫算總會ニ於キマシテ、時ノ質問ノ場合ニ若槻大藏大臣ニ質問致シマシテ、全體ノ政府ニ豫算デ見マシタトコロヲ吾々ハ政府ガ計上シテ居ル如キ樂觀的收入ヲ——政府ノ計上シテ居ルトコロノ、豫算ハ樂觀ニ過ギル、卽チ歲入ハ政府ノ豫期スル如クサウ多クハナイデアラウト云フコトヲ、私ガ申シマシタトコロガ、大藏大臣ハ政府ニ於テハ充分ニアルト信ジテ居ル、段々議論ヲ致シマシタケレドモ結局吾々ハ此歲入ガ豫算通ニアルマイト云フノガ私共ノ議論デアル、政府ノ方デハ斯ウ見テ居ル、唯見込ノ違ヒデアルト云フコトヲ申サレマシタガ、此度ノ議會ニ於テ豫算委員會ニ於ケル說明ヲ聽イテ見マスト、政府委員自身ガ吾々ノ豫想シマシタ如キ、此政府ノ大正四年度ノ豫算ニ計上シテ居ルトコロノ歲入ハ見込ミ通リ得ラレマイト云フコトヲ明白ニ言ハレテ居ルノデアリマス、斯ノ如キ有樣デアリマシテ、吾々ガ見マスルト云フト、寧ロ樂觀ニ過ギテ居リハセヌカト云フヤウナ豫算ノ計上ヲシテ居リマスニ拘ハラズ、歲入ハ尙不足ヲシテ、前年度ノ剩餘金ノ中カラ一千八万圓ヲ繰入レマシテ、大正四年度ノ豫算ノ辻褄ガ合ッテ居ルノデアリマス、大正四年度ノ豫算ノ編成ヲ致シマスル時分ニハ、前年ノ剩餘金ガ豐富デゴザイマシテ、明年モ亦其剩餘金ヲ繰入レルコトガ出來ルカト云フコトヲ思ハレマシタケレドモ日獨戰爭ノ始マリマシタ以來、政府ハ豐富ナル剩餘金ヲ殆ト出シ盡シマシテ、昨今餘ストコロハ二千万圓ヲ缺ケテ居ルト云フコトデアリマス、又是カラ先キ大正五年度ノ豫算ヲ編成スルマデニハ、イロ〱責任支出ヲヤルダラウト思フノデアリマス、其結果トシテ大正五年度ノ豫算ヲ編成致シマスル頃ニハ、最早剩餘金ハ一文モ無クナルデアラウト云フコトヲ私共ハ思フノデアリマス、左樣致シマスルト、云フト假リニ此政府ノ大正四年度ノ豫算通ノ歲入ガアリト致シマシテモ、剩餘金ガ一文モ生ジナイ場合ニハ、而シテ大正五年度ノ豫算カ大正四年度ノ豫算通リ歳出ニ於テ一錢一厘モ増加スルコトナシト致シマシテモ、前年度剩餘金ヨリ繰入レタ一千八万圓ダケハ不足ヲ生ズル譯デアリマス、而シテ單ニ此二個師團問題カラ見マシテモ、甚ダ經費ハ大正四年度ニ於キマシテハ、僅ニ七十二万圓デアリマス、即チ經常臨時ヲ合セマシテ、七十二万圓デアリマスガ來年度ニナリマスルト云フト、ソレガ二百三十六万圓トナリ、六年度ニ於キマシテハ四百九十五万圓トナリ、七年度ニ於キマシテハ五百七十五万圓トナリ、ソレヨリ後ハ……八年度以後ハズット五百四五十万圓ノ歳出ヲ要スルノデアリマス、此二個師團増設ニ伴フ經費ダケ支辨スルニ於テ、大正五年度ニハ歳計上ノ不足ヲ生ジハシナイカト云フ吾々ハ心配ヲ持ッテ居ルノデアリマス、然ルニ國防ノ問題ハ陸軍ダケデハ解決ガ付キマセヌ、此外ニ於キマシテ海軍ニ於テハ大ナル計畫ヲ持ッテ居ルト云フコトハ、諸君ノ御承知ノ通リデアリマス、海軍ハ所謂三億五千万ノ計畫ヲ持ッテ居ル、而シテ今出シテ居ルノハ一部分ニ過ギナイ、海軍大臣ニ聽イテ見マスルト、海軍大臣ハ海軍ハ大ナル計畫ヲ持ッテ居ッテ、是ガ焦眉ノ急ニ迫ッテ居ルト云フコトヲ認メテ居ルケレドモ、歐羅巴大戰爭ノ結果或ハ軍艦兵器等ニ改良ヲ加ヘル必要ガアルカモ知レヌカラ、ソレマデ見合セテ居ルノデアル、歐羅巴ノ戰爭ガ濟メバ大ナル計畫ハ出シマスルカラ宜シク御賴申スト云フコトヲ既ニ豫言ヲ致シテ居ルノデアリマス、何レ歐羅巴ノ戰爭モ長ク續キマスマイガ、或ハ來年或ハ再來年ニ於キマシテ、海軍ニ大計畫ガ出テ來ルト云フコトヲ吾々ハ豫期シナケレバナラヌ、斯ノ如キ大ナル豫算――經費ニ對シテハ如何ナル賄ヲ付ケルカ、假リニ此陸海軍ノ賄ガ仕切ルト致シマシテモ、帝國ノ安寧秩序及繁榮ヲ計リマスルニハ、單ニ國防問題ダケデハ解決ガ付キマセヌ、其外商工業ト云ヒ、教育ト云ヒ、總テノ方面ニ向ッテ出スベキ金ハ澤山アルノデアリマス、單ニ陸海軍ダケノ要求ヲ賄ヲ付ケマシテモ、目下ノ狀況ニ於キマシテハ、財政上ノ餘裕ハ無イカト私共ハ憂ヘルノデアリマス、ソレカラ此戰爭ノ結果トシテ武器ノ改良、或ハ軍制ノ改正、或ハ特科隊ノ増設、斯ノ如キ問題ガドウシテモ起ッテ來ルデアラウト云フコトハ、吾々素人ガ考ヘテモ考ヘラレルノデアリマス、歐羅巴ノ戰爭ノ教訓ハ大ナルモノデアルト云フコトハ、一般國民ノ想像シテ居ル所デアリマスガ、先般豫算總會ニ於キマシテ陸軍大臣ニ之ヲ尋ネテ見マスルト、陸軍大臣ハ歐羅巴ノ戰爭ニ於キマシテハ、餘リ教訓ヲ得ナイト云フコトヲ言明セラレタノデアリマス、特科隊ニ關スルトコロノ飛行機隊トカ、或ハ自動車隊トカ云フヤウナモノハ餘リ用ヲナシテ居ラヌ、或ハ軍制ノ問題ニ付キマシテハ、今日ノ制度ハ奈破翁時代ノ制度デモウ極ッテ居ルモノデアリマスカラ、之ヲ改正スル必要ガナイ、又武器ニ付キマシテモ研究ハ積ンデシマッテ居ル、歐羅巴ノ戰爭ガ如何ナル變化ヲ及ボサウガ、武器ニ對シテ大ナル變化ガナイト云フコトヲ言明サレタノデアリマス、併ナガラ是ハ私ハ帝國ノ國防ヲ雙肩ニ荷フテ居ルトコロノ陸軍大臣ノ言明トシテハ、如何ニモ不謹愼デアルト思フノデアリマス(「ヒヤ〳〵」ト呼フ者アリ)今日ノ歐羅巴ノ戰爭ハ、其戰爭ノ大ナルコトニ於テ、古今未曾有ノ大戰爭デアルノミナラズ、世界ノ最大文明國ガ殆ド擧ッテ戰爭シテ居ル大戰爭デアリマス、故ニ此戰爭ノ結果ハ餘程總テノ方面ニ於テ、大ナル教訓ヲ受ケルト云フコトハ、疑フベカラザル事實デアル、假リニ斯ノ如キコト無シト致シマシテモ、我陸海軍ニ於キマシテハ之ニ依ッテ大ナル教訓ガアルモノト豫定シテ掛ラナケレバナラヌ、然ルニ未ダ其教訓ノ有ル無シヲ認ムル前ニ、國防ノ責任ヲ帶ビテ居ル所ノ陸軍大臣ガ、歐羅巴ノ戰爭ニ於テ大ナル教訓ヲ得ルコトナシト云フコトヲ豫定シテ居ルト云フコトハ甚ダ私共ハ陸軍大臣ノ責任トシテ如何デアラウカト思フノデアリマス(拍手起ル「間違ッテ居ル」ト呼フ者アリ)先刻加藤君デアリマシタカ、昨年ノ十二月ノ通常議會ノ場合ニ、吾々政友會ノ者ガ二個師團増設延期ノ主張ヲ致シマシタ時分ニ、歐羅巴ノ戰爭ヲ待ツガ宜シイ、其間ニ武器ノ改良、其他イロ〳〵ノ教訓ヲ得ルデアラウト云フコトヲ申シタルトコロガ、既ニ殆ド一箇年ニ垂ントシテ居ルケレドモ、何等ノ教訓ヲ得ナイデナイカ、故ニ是カラ戰爭ノ濟ムマデノ間ニ於テモ何等ノ教訓ヲ得ナイデアラウ、斯ウ云フコトヲ申サレタノデアリマス、處ガドンナ教訓ガ有ルカ無イカマダ分カラナイノデアリマス、戰爭ヲ致シテ居リマス所ノ交戰國ハ互ニ祕密ヲ守ッテ居ルノデアリマスカラ、今ノ所ハ分ラナイ(「三年デモ分カラヌ」ト呼フ者アリ)獨逸ニ於キマシテハ如何ナル軍隊ニ編成ノ改革ヲ生ズル處ノ事實ガ生ジテ來テ居ルカ、或ハ輸送方法ニ變更ヲ生ズル事實ガ生ジテ來テ居ルカ、或ハ特科兵ノ増加ヲ必要トスル所ノ事情ガ生ジテ來テ居ルカ、ソレ等ノコトハ總テマダ祕密デアリマス、我日本ノ政府ガ交戰國ノ一國カラ註文ヲ受ケマシタ軍需品ノ單價及其總額サヘモ豫算委員會ニ於テ非常ニ聞キマスケレドモ、祕密ニ附シテ假イテ語ラレヌ位デハアリマセヌカ、斯ノ如キ有樣デアリマスカラシテ歐羅巴ノ戰爭ノ教訓ガ今日マデ無イカラシテ是カラ先キニモ無イト云フコトヲ豫斷スルコトハ、ソレハ大早計ノ話デアルト思フノデアリマス(拍手起ル)「祕密ナラバ百年經ッテモ分カラヌ」ト呼フ者アリ)ソコデ吾々ハ最初ニ申シマシタ通リ、師團ノ増設ヲ否認スル者デアリマセヌ(「贊成シ給ヘ」ト呼フ者アリ)唯延期ヲ主張スルノデアリマス、從ッテ此戰爭ノ結果、師團ノ數ヲ減ストカ何トカ云フ問題ヲ吾々ハ考ヘテ居ラヌノデアリマス、吾々ハ寧ロ師團ノ増加ヲ必要トスルヤウナ事情ガ生ズルカモ知レヌト云フコトヲ考ヘテ居ルノデアリマス、ケレドモ斯ウ云フ問題ガ起ッテ來ルデアラウト思フノデアリマス、此戰爭ノ結果トシテ兵ヲ増スコトモ必要デアル、同時ニ武器ノ改良モ必要デアル、同時ニ又軍制改革モ必要デアル、即チ歩兵ハサウ増サナクテモ宜イケレドモ、特ニ砲兵トカ、或ハ工兵トカ、鐵道大隊トカ、飛行機隊ト云フモノヲ増サナケレバナラヌ必要ガ生ズルカモ知レヌ、其場合ニ於キマシテ(「簡單」ト呼フ者アリ)師團ヲ増ス方ガ必要デアルカ、武器ノ改良ヲスル方ガ必要デアルカ、軍制改革ヲスル方ガ必要デアルカ、斯ノ如キ三問題ヲ生ジマシタ時分ニ、財政經濟ノ狀態ガ三ツノ問題トモ悉ク解決スルコトガ出來レバ、之ニ越シタコトハナイノデアリマス、ケレドモ、若シ今日急イデ二個師團ヲ増シマシテ、兵數ヲ増ス方ダケニ力ヲ用イテ居ッテ、サウシテ歐羅巴ノ戰爭後ニ於キマシテ武器ノ改良、其他ノ改革ニ付テ金ヲ要スル、其外實際實力ヲ養フ上ニ於テ金ヲ要スルト假定致シマシタ處ガ、其場合ニ財政ガ如何トモスベカラザル事情ガ生ジハセヌカ、斯ノ如キコトモ心配スルノデアリマス、加藤君ハ先刻多クノ弱イ兵ヲ作ルヨリモ、少シノ強イ兵ヲ作ルカ宜シイ、斯ウ云フ議論デアリマシタガ、私共ハ寧ロ多クノ弱イ兵デナクシテ多クノ強イ兵ヲ作リタイノデアリマス(「論ヲ待タズ」ト呼フ者アリ)唯財政經濟ノ上カラ、又歐羅巴戰爭ノ教訓ノ結果カラ考ヘマシテ、今暫ク見合セタ方ガ宜シイト思フノデアリマス(「必要ナシ」「サウスレバドウナルノダイ」「冷靜ナル頭腦デ判斷シタモノデアリマセヌネ」ト呼フ者アリ)國防ノ充實ハ一日モ緩ウスベカラザル所ノ事實ハ、内閣ガ議會ヲ解散致シマシタ所ノ理由ノ大ナルモノニ數ヘテ居ルヤウデアリマスケレドモ、今日マデ臨時議會ニ於キマシテ政府モ與黨ノ人モ、未ダ嘗テ國防ノ一日モ緩ウスベカラズ、此財政困難ナルニ拘ラズ、歐羅巴ノ教訓ガ豫想サレルニ拘ラズ、一日モ待ツコトノ出來ヌト云フ、左樣ニ逼迫シタル事情ヲ吾〻ニ說明シナイデハアリマセヌカ(「耳ニ入ラナイノダ」ト呼フ者アリ)吾〻ハ寧ロ諸君ガ此內閣諸公ノ中デモ大隈伯爵ヲ初メ尾崎法相、其他此政府與黨ニ於キマシテモ同志會ノ有力ナル諸公、卽チ國民黨カラ移ラレタ諸君ノ如キハ、是マデ國防充實ノ問題ガ起リマス每ニ、何時モ反對シタ人デアル、然ルニ斯ノ如キ人〻ガ此財政困難ナル場合ニ於テ、生レテ初メテ國防充實ノ必要ヲ唱ヘルト云フコトハ、吾〻如何ニモ眞意ヲ知ルノニ苦ムノデアリマス(拍手起ル)實ハ大隈內閣ノ出來マシタ時ニ、私共ハ首相大隈伯ノ是マデノ言責モアリ、且其閣員トシテ尾崎法相ノ如キ人ハ、斯ノ如キ人〻ハ是マデノ言責ニ對シテ、國防問題ノ解決ハ餘程ムヅカシカラウト思ッテ居ッタノデアリマス、所ガ巧ミニ變說改論セラレマシテ、而シテ尙ホ進ンデハ議會ヲ解散シテマデモ、國防ノ充實ヲシナケレバナラヌ、一日モ忽ニスルコトハ出來ヌト云フコトヲ極論サレタノデアリマスガ、ドウカ是程思切ッテ變說改論ヲサレタ、諸君ハモ一度變說改論ヲ致シテ此機會ニ於テ二個師團延期ニ贊成セラレムコトヲ望ミマス

（拍手起ル）

○議長（島田三郎君）　望月小太郎君――時間モ迫ッテ參リマシタカラ時間ヲ延長致シマス

（「異議ナシ」ト呼フ者アリ）

（望月小太郎君登壇）

○望月小太郎君　諸君、討論モ既ニ終局ニ近ヅイテ居リマスルニ付テハ、本員ハ極メテ簡潔ニ政府提出ノ原案ヲ維持スル目的ヲ以テ、唯今マデ反對黨諸君ノ辯明セラレタル修正說ノ或要點ニ付テハ、遺憾ナガラ未ダ十分ニ辯駁ヲ加ヘナイヤウニ感ジマスル所ガアルカラ、此點ニ付テ、此演壇ニ於テ自己ノ意見ヲ表明致シタク存ジマスル、此修正意見ノ根本ハ正副參政官費目ノ削除、此事ハ我國ノ憲政ヲ完全ナラシムル爲ニハ、政友會ノ諸君ト言ハズ、國民黨ノ諸君ト言ハズ、吾〻同志ト感ヲ同ウスル人〻ハ、此立憲ノ目的ヲ完成スルニハ事務官政務官ノ區別ノ必要ハ最早是ハ過去ノ議論デアルト、斯樣ニ私ハ第一ノ修正案ニ反對ヲ致シマス、第二ニハ地方行政監督制度費ノ削減デゴザイマスガ、諸君ハ既ニ憲政ノ完美ヲ期スル、憲政ノ完美ハ地方ヲ以テ本トシ中央ヲ以テ末トシナケレバナラヌノデアリマス、明治四十五年ノ歷史ハ中央集權ヲ以テ天下ヲ支配致シマシタラウガ、大正ノ今日ハ地方分權ノ世ノ中トナッタノデアリマス、卽チ地方ノ國民ガ直ニ中央ノ政權ト接觸スルダケノ機關ハ、卽チ此地方監督制度ト云フ新タナル設備ニ依ッテ十分ニ其目的ヲ達セラレルノデアル(笑聲起リ「脫線〻〻」ト呼フ者アリ)第三ハ既ニ吾〻ノ同志ニ依ッテ辯明セラレタル問題デゴザイマス、卽チ航路補助費目ニ付テハ多ク辯ジマセヌ、卽チ政府ハ豫算不成立ノ場合ニ於テ必要ナル費用ヲ前年豫算ノ款項ニ依ッテヤルト云フコトハ、是ハ當然ノコトデアル、次ニ鐵道貸付及ビ治水費特別會計ノコトハ、既ニ他ノ原案贊成者諸君ニ依ッテ其必要ヲ述ベラレマシタカラ、殘ルトコロハ僅ニ海軍費及陸軍ノ二個師團ト云フ問題デゴザイマス、此點ニ付テ聊カ自己ノ原案贊成ノ趣旨ヲ辯明致シテ見タイト思フ、諸君、驅逐艇八隻及ビ潛航艇二隻ノ必要ニ付テハ、本案反對ノ政友會諸君コソハ、殊ニ此案ヲ贊成セネバナラヌ義務アルト私ハ信ジマス、若シ此演壇ニシテ靈アルナラバ、諸君ガ三十一議會ニ於テ山本內閣ノ當時ニ提出セラレタル戰艦三隻及ビ驅逐艇十六隻並ニ潛航艇六隻ト云フ、其案其モノガ卽チ今日變形シテ此驅逐艇八隻潛航艇二隻ト云フ政府案デアルノデアル、(「違フ〱」ト呼フ者アリ)當時諸君ガ提議セラレタルトコロノ十六隻ノ驅逐艇ハ、是ハ大型デアッタノデアル、今回政府ガ提出致シタトコロノモノハ、中驅逐艇――卽チ中型デアリマスカラ、經費ニ依ッテ換算致シマスレバ、當時十六ノ數ハ三十二トナラナケレバナラヌ、此三十二ノ中、去ル臨時議會ニ於テ、十隻ヲ決シ、而シテ今茲ニ大型四隻中型四隻之ヲ中型ニ通算スレバ十二隻ト云フコトニナル、仍テ尙ホ諸君ガ山本內閣ニ提出シタル十六隻ノ驅逐艇ヲ中型ニ計算致シテ見ルト、尙ホ十隻ノ餘裕ヲ此三十一議會以來殘シテ居ル立證ガ茲ニ現ハルルノデアル、諸君、陸軍ノ師團編制ニ於テハ申迄モナク步兵、騎兵、砲兵、工兵、輜重兵、縱列等是ガ必要デアルガ如ク、海軍ニ於テモ同シコトデアル、卽チ戰艦巡洋艦輕巡洋艦之ニ伴フ驅逐艇ト潛航艇ガナクシテ、ドウシテ艦隊ノ編成ガ出來マスカ、諸君ハ戰艦三隻ヲ通過シテ居ナガラ、此戰艦三隻ニ伴フトコロノ必要ナル驅逐艇ノ八隻及ビ潛航艇ノ二隻ト云フモノヲ否決スルト云フニ至リテハ、恰モ人ニ向ッテ其耳目ヲ雍閉シ其手足ヲ束縛シテ、サウシテ之ニ活動ヲシロト云フト何ゾ撰バンデアル、諸君ガ海軍擴張ヲ主張シナガラ、而モ戰艦三隻ヲ通過シテ、而シテ此三隻ニ伴ハナケレバナラヌトコロノ驅逐艇及ビ潛航艇ニ反對スルト云フコトハ、所謂佛作ッテ魂ヲ入レザルト云フ結論ニナルノデアル(拍手起ル)抑〻驅逐艇ハ陸軍ニ於テノ步兵砲兵ト同ジク、今日ハ歐羅巴ノ戰爭ニ於テ、北海ニ「ダーダネルス」ニ此驅逐艇ノ效果ハ世界ニ立證セラレテ居ル卽チ夜襲ニ偵察ニ、警戒ニ是ナクンバ如何ナル戰艦ガアッテモ此戰艦ハ立往生ヲシナケレバナラヌ、又驅逐艇ニ續クトコロノ此潛航艇、之ニ付テハ元田君ハ四國ノ形勢ノ變化ニ應ジテ國防ノ計畫モ變化セナケレバナラヌト仰セラレタガ、如何ニ四國ノ形勢ガ變化シテモ、日本ハ四境皆海ナリト云フ地勢上ノ變化ハナイノデアル、此海ナル沿岸防禦トシテノ潛航艇ノ必要ハ、今度歐羅巴ノ戰爭ニ於テ明白ニ證據立テラレタノデアリマス、斯ノ如ク申上ゲタナラバ驅逐艇ノ八隻ト潛航艇ノ二隻ト云フモノハ、目下絶對ニ必要デアル、卽チ我艦隊ノ編制ノ重大ナル基礎ノ要樞デアッテ、是バカリデモ尙ホ足ラント云フ次第デアルガ、是無クンバイザ事ガ起ッタ曉ニ我國ハ國防ノ目的ヲ全ウスルコトノ出來ナイト云フ危機ニ瀕シテ居ル、是ガ吾〻政府贊成黨ノ見タトコロノ此驅逐艇八隻潛航艇二隻ヲ、ドウシテモ此臨時議會ニ通過セシメナケレバナラヌト云フ原因デゴザイマス、本來此問題ハ三十五議會ニ於テ、國民黨諸君モ吾〻ト所見ヲ同ジウシテ、現ニ衆議院ニ於テハ通過セラレタ問題デアル、申サバ昨ノ冬ニ期限ノ到著シタ古證文デアル、諸君ハ其返濟ノ義務――殊ニ政友會ニ於テ、此義務ヲ脊負ハナケレバナラヌモノデアル(「間違ッテ居リマスヨ」「國民黨ハ反對シテ居リマセヌ」ト呼フ者アリ)イヤ國民黨ハ贊成レタ、次ニ二個師團ニ付テハマダ所論ガ盡キナイト思ヒマスルカラ、之ニハ聊カ茲ニ本員個人トシテノミナラズ、國家ノ上カラ見テ絶對必要ノ其理由ヲ殊ニ三土君ノ如キ御不滿足ニ思召ス人〻ニ訴ヘテ見タイト思フ、此問題ハ日露戰後

十數年間朝野各方面ガ其順序緩急手段方法等有ラユル點ニ付テ、研究シ論議シ盡サレタ所ノ問題デアル、否國民的大審院トモ申スベキ去ル總選擧ニ於テ國民ノ最大多數ハ之ヲ是認シ可決シタノデアル、故ニ此二個師團ト云フ銅像ハ、既ニ國民的ノ精神ノ上ニ於テハ二箇月前ニ諸君建テラレテ居ル(拍手起ル)吾々ハ今日此演壇ニ立ッテ唯其除幕式ヲ行ヘバ足レリト云フ形勢デアル(拍手起ル)サリナガラ一面之ヲ論ジマスレバ三十五議會ハ勿論、唯今尊敬スル三士君ノ言フガ如ク、當局者ト云ヘドモ此二個師團ノ必要ト云フコトニ付テ、分明説破ノ力ガ遺憾ナガラ國民ノ有ウスル方面ニ及バナカッタノデアル(「銅臭紛々トシテ居ルゼ」ト呼ッ者アリ)其意味ノ徹底セザル結果ハ、依然トシテ茲ニ頑强ナル一部國民ノ反對ノ結晶體トシテ之ニ反對ノ意見ガ茲ニ現ハレタノデアル、依ッテ本員ハ先ヅ此二個師團ノ絶對必要ナル理由、卽チ是無クンバ國家ハ目前ニモ或ハ危急デアルカモ知ラヌ(「ノウ〱」ト呼フ者アリ)ト云フコトヲ是ヨリ軍事上外交上財政上ニ付テ一言シテ見ヤウト思フ(「馬鹿云フナ」「靜カニ」「默レ」「ウナルナ」「謹聽」ト呼ビ議場騒然)諸君、我曠古ノ大戰役タル日露ノ戰爭ヲ御同様ガ顧ミレバ、直ニ此二個師團ノ必要ガ目前ニ迫ッテ居ル理由ガ明白デアラウト思フ、當時我軍ハ一方ニ於テハ御覽ノ如ク朝鮮カラ滿洲ヘ渡リ、一方ハ旅順大連ノ方カラ恰モ瓢簞ノ底ヲ辿ルガ如クシテ北ニ上ッタノデアル、此括リ目ノ地勢ガ卽チ遼陽、沙河、此遼陽沙河ニ於テ北カラ下ッテ來ル所ノ露軍ニ向ッテ最後ノ進撃ヲ與ヘ、其逃グルヲ追フタ奉天ガ是ゾ日露戰爭ノ最終幕デアッタノデアル、所ガ此處ガ卽チ軍事上ノ必要デアルノデ、此括リ目マデ我兵ハ續キマシタケレドモ、此奉天以北ハ恰モ瓢簞ノ左右ニ展開スルガ如ク、左ハ卽チ吉林カラシテ蒲鹽ニ及ビ、右ハ蒙古カラ興安嶺ニ及ビ、其瓢簞ノ口ガ卽チ哈爾賓デアッタノデアル(「瓢簞鯰」ト呼フ者アリ)諸君此時ニ於テ我軍ハ其後方連絡線ヲ全フスルガ爲ニハ、旅順大連ヲ基礎トシテ上ッテ居ッタ所ノ兵ハ、國ヲ擧ゲテ遺憾ナガラ奉天以北ニハ一歩モ進メナカッタノデハゴザイマセヌカ、然ルニモ拘ラズ幸ニ忠勇無雙ノ戰捷ノ結果、我軍ハ此奉天以北實際我軍ノ占領セザル所ノ地域マデモ露國カラ得タノデアル(「活動辯士」ト呼フ者アリ)卽チ奉天ヨリ長春ニ至ッタノデアル、此奉天カラ長春ニ至ル百八十九哩ノ間、卽チ南滿洲鐵道ノ約五分ノ二、是ハ諸君日露戰爭以後無防備ノ境遇ニ殘シテ居ルノデアル、丸裸ノ地位ニ此處ヲ置イテ卒ザ事アッタ曉ハ、諸君ハ如何ニ之ヲ防備セラレマスカ(「外交狀態ガ違フ」ト呼フ者アリ)是ガ卽チ二個師團ト云フモノガ絶對ニ必要デアルト云フ根本理由デアリマス、之ヲ手近ク申サバ屋根ニ昇ルノニハ六尺ノ梯子ガ必要デアリマス、然ルニ我國ノ滿洲ニ及ブ梯子ハ僅カニ五尺シカナイ、後ト一尺ヲ足スニ非ラザレバ奉天カラ以北長春マデノ間ヲ防グコトガ出來ナイ、若シ其奉天カラ長春ニ至ル間、不幸鄰家トノ火事ガアッタ曉ニハ、此奉天以北長春ノ二附ヲ守ルコトガ出來ヌト云フコトガアル、加之當時ノ露國ノ兵數ハ貝加爾以東僅ニ露國ノ五師團ノモノガ今日ハ十一師團ニナッテ居ル、ノミナラズ當時ノ輸送機關ハ單線デゴザイマシタガ、今日ハ復線三線ノ力ヲ以テ其當時一箇月ニ僅ニ日本ニ――東洋方面ニ四師團シカ送レナカッタモノガ十一師團ヲ今日ハ送レマス、此以上若シ黑龍口鐵道ノ如キモノガ出來上ッタナラバ、露國ガ極東ニ送ル兵備ハ更ニ一層其速力ヲ增加スルコトヲ想像セナケレバナラヌノデアル(此時發言スル者多シ)少ナクトモ今日ハ五箇月間ニ百二三十万ノ兵ヲ露國ハ西歐羅巴カラ極東ニ送リ得ラレルト言フノガ、卽チ今日歐羅巴戰爭前ニ於ケル所ノ極東ノ露國ノ兵力ノ大勢デアリマス、斯ク申シマシタラバ諸君ハ曰ハン(「誰モ何モ言ハヌヨ」ト呼フ者アリ)露國ハ八十一師團ヲ有ッテ居ル、之ニ對シテ我一師團ヲ增ス、彼亦二師團ヲ增ス、サウスルト兩國角逐競爭ノ勢ハ遂ニ國力ヲ如何セント云フ議論デアリマスガ、是ガ卽チ反對黨諸君ノ國防論デアリマス(「今露西亞ガ敵對行動ヲシテ居ルカ」「ヤカマシイ」「默レ」「氣狂ヒ」ト呼フ者アリ)サリナガラ諸君、露國ノ西歐羅巴カラ極東ニ送ル所ノ輸送力ハ、假令將來是ガ復線トナッテ見マシタ所ガ、恰モ筧ヲ以テ遠キ山路ノ清水ヲ導クヤウナ有様デアリマス、其源ハ長ク續キマセウカ知レマセヌガ、數千里間蜿々タル此鐵道ヲ通リテ來ル間ニハ、其水路ハ細クシテ且長イノデアリマス、卒ザ事有ッタ時ニ國家防禦ノ力ハ旅順滿洲カラ續イテ行ク我力ハ例ヘバ天水桶ノ蛇口ヲ拂ッタヤウナモノデアリマス、我根本ノ水勢ハ早ク盡キルカ知レマセヌガ、其水ノ勢ハ太クシテ且急ナリデアル、此太クシテ且急ナル水勢ヲ以テ彼ノ細クシテ長キ所ノ水勢ヲ壓迫シテ行ク、ソコデ彼ノ細ク長キ所ノ水勢ヲ筧ノ中ニ逆流サシテ行クト云フ吾々ハ利益ガアル、此形勢ヲ維持スルガ爲ニハ、ドウシテモ我ハ我ノ天水桶ヲ常ニ充實致シ少ナクモ二個師團ト云フ兵備ヲ滿足ニ致スニ非ラザレハ、此目的ハ達セラレヌト云フ、是ガ二個師團ト云フモノヲ打碎イテノ説明デアリマス(「望小太ハ瓢簞ノ如シ」ト呼フ者アリ)斯ク申セバ諸君ハ外交上ヨリ斯ウ云フ議論ヲ提出シヤウ、今ヤ日露ノ關係ハ極メテ親密デアル、又其通リデアル、露國ハ我ニ向ッテ同盟ヲ望マント致シ、我亦將ニ之ニ應ジヤウトスル今日ニ於テ、何ヲ苦ンデ露國ニ對スル――敢テ露國ト申スコトハ今日ハ諸君ニ於テハ既ニ想像内ニアル問題デアル、此露國ニ對シテ日本ガ挑發的戰備ヲナスト云フコトハ、國家ノタメニ愚ヲ學ブ者デアル、斯様ナ御議論ガゴザイマスルケレドモ(「討論終結」ト呼フ者アリ)抑々個人ト個人トノ契約ハ若シ一方ノ契約者ガ之ヲ破ッタ曉ニハ、破ラレタル契約者ハ直チニ法律ニ依ッテ之ヲ恢復スルコトガ出來マスル、併ナガラ國ト國トノ契約ハ、若シ一方ノ國ガ其條約ヲ破棄シ蹂躪致シタ場合ニ於テハ、何者ガ之ヲ守ッテ行キマスルカ、唯是レ武力卽チ權力デアルト云フコトニナリマス、現ニ今日世界ノ最高文明國ト云フ英吉利ヤ佛蘭西、獨逸ニ依ッテ其中立ヲ保證セラレタトコロノ白耳義ハ、現ニ保證者ノ一人タル獨逸ノタメニ去年八月ノ四日ニ其中立ヲ蹂躪セラレタデハゴザイマセヌカ、斯ウ云フコトニ對シテ日本ハ侵略デハナイ、常ニ自己ノ持ッテ居ル領地ヲ防備スルダケノ力ガ無クテハ國家ノ維持ガ出來ナイノデアル、而モ此時ニ於テ(「何處ノ人間ダ君ハ」ト呼フ者アリ)獨逸ノ條約蹂躪ヲ非難致シタ場合ニ、獨逸ノ「カイゼル」以下、其學者ハ勿論亞米利加ノ前大統領「ルーズヴエルト」ノ雜誌「アウトルック」スラモ何ト云ウタ、曰ク國際間ノ關係ニハ必要ノ前ニハ法律ナシト言ウタデハゴザイマセヌカ、斯ウ云フ譯デアルカラ、凡ソ國家防備ノタメニハ常ニ消極的ニモ我利權ヲ守ル用意ヲシテ行カナレバ、國ト國トノ親密ナル關係ハ維持ガ出來ナイト本員ハ信ズルノデアル(「モウ澤山ダ」「ヤカマシク云フト長クナルヨ」「討論終結」其他發言スル者多シ)諸君、單リ白耳義ノミナラズ(「モウ分ッタト」呼フ者アリ)現ニ佛蘭西ガ此國際的條約ニ安心ヲシテ國防ヲ誤ッタルタメニ、今日ノ有様ハ如何デアルカ、一方ニ於テハ白耳義方面ノ國防ヲ手薄ニシ、獨逸ニ接スル方面ハ手堅クシテ、結果獨逸ノタメニ白耳義方面ハ突破又突破、蹂躙又蹂躙、終ニ白耳義全體ヲ擧ゲテ焦土トシテ居ル、又佛蘭西ノ北ノ方面ノ製造工業地ハ獨逸軍ノ馬蹄ノ塵埃中ニ葬ラレツヽアルデハゴザイマセヌカ、是ガ卽チ實例デアル、故ニ今日ニ於テ彼ノ白耳義國民ノ悲痛ナル叫ビ、佛蘭西國民ノ壯烈ナル聲、總テ是レ餘リ多クヲ國際條約ニ依賴シテ其運命ヲ託シタ結果ト申上ゲザルヲ得ナイ、斯ク申上ゲマスレバ唯一片ノ條約ノミニ信賴シテ、其國防ヲ疎カニスルト云フガ如キ論者ハ、恰モ薄イ氷ノ上ヘ舞踏員ヲ招クヤウナモノデアル、現ニ伊太利ノ有樣ヲ見ラレタラ分ルデアラウ（「簡單々々」其他發言者多ク議場騷然）諸君、國ト國トノ關係ハ是ガ故ニ必ズ之ニ伴フトコロノ武力ガナケレバ、其親密ハ紙上ノ閑文字トナッテ行クノデアリマス、天鵞絨ノ手袋ノ下ニハ常ニ鐵拳ヲ包ンデ行カナケレバナラヌ、斯ノ如クニ致シテ初メテ國家ノ威嚴ヲ維持スルコトガ出來ルノデアル、直言スレバ露國ガ我國ニ向ッテ同盟ヲ申込マウト云フコトガ若シ事實デアッタナラバ、是ハ畢竟我國ノ實力ト露國ノ實力トガ相對立シテ、所謂舷々相摩スルト云フ形勢ニアルカラデアル（拍手起リ發言者多シ）然ラバ卽チ我國ハ東亞永遠ノ平和ヲ保險スル、此平和ノ保險代トシテ此二個師團ノ費用位ハ辭ンデ御同樣ガ可決シナケレバナラヌモノデアル（拍手起ル）斯ク論ジ盡シマスレバ最後ハ國民黨諸君ノ一年兵役論デアル（「モウ宜イ」ト呼フ者アリ）此點ニ向ッテ徹言ヲ發サザルヲ得ナイ（笑聲起ル）三土君ノ言ハレタコトデアルガ、歐羅巴ノ戰爭ニ於テ二個師團ヲ增サナケレバナラヌト云フ軍事上ノ必要敎訓ガ、何處ニアッタカト云フ御話デアッタ、本員ハ其敎訓ヲ申シテ見ヤウ、今回歐羅巴ノ大戰以後ニ於テ世界ノ軍學上ニハ一定ノ原則ガ證據立テラレタノデアル、卽チ今日マデハ難攻不落ノ要塞デアル、或ハ金城鐵壁ノ防備地帶デアルト云フヤウナコトハ、全ク紙上ノ空言トナッテ、今日軍學上左ノ如ク原則ヲ打立ッタノデアル、卽チ凡ソ要塞ノ威力ハ大砲ニ及バズ、大砲ノ威力ハ更ニ精銳ナル軍隊ノ威力ニ及バズト云フコトヲ證據立ッタノデアリマス、例ヘバ「リエージュ」ヤ「アントワープ」ノ如キハ、世界第一ノ築城家ガ古今ノ學術ト經驗トヲ調和致シテ築イタモノデアル、之ニ據ッテ敵軍ヲ防止シ得ラレルト自他共ニ信ジテ居リマシタ、然ルニ獨逸ノ四十三珊ノ大砲ハ直チニ之ヲ破壞シテシマッタ、サウ云フ譯デ、凡ソ一定不動ノ防禦物ハ比較的動體ナル武器ヲ以テ行ケバ直チニ是ガ破レル、其比較的動體ナル武器モ破ルコトガ出來ナイモノハ、其動體ヨリヨリ以上敏活ニ且ツ千變萬化ニ變體シ得ルトコロノ訓練シタル多數ノ軍隊ト云フコトデアル、斯ウ云フコトノタメニ今日ノ歐羅巴ノ戰爭ニ於テ、西ハ白耳義カラ佛蘭西方面ニ及ビ、東ハ東普魯西カラ「ガリシア」方面ニ至ル何百哩ノ間、恰モ百錬ノ鐵ヲ繫イダ如ク、人ヲ以テ築イタ萬里ノ長城ト長城トガ列ンデ居ルノデアル、此萬里ノ長城ト長城トノ此間ノ長イ距離ノ或ル部分ヲ、試ニ國民黨諸君ノ所謂一年兵ノ如キ脆弱ナル訓練ヲ持ッタ兵ヲ以テ之ヲ守レバ、直チニ此弱イトコロノ點ヲ敵軍ニ突破セラレル、敵軍ニ突破セラレタ曉ハ左右ノ鐵ハ如何ニ强イト雖モ、直チニ全軍包圍攻擊ヲ受ケルト云フコトデアル、現ニ東普魯亞ニ於テノ此二月下旬ニ於ケル露國ノ第十軍團ガ獨將「ヒンデルベルヒ」ノ下ニ憐レナ最後ヲ得タト云フノハ卽テ此實例デアル、之ヲ以テ吾等ノ同盟國ノ英國ノ「キッチネル」卿ハ、此戰爭前ニ於テドウシテモ三年間、少ナクトモ百万ノ兵ヲ訓練シテ歐羅巴ヘ送ラナケレバナラヌト云ウテ居ル、又現ニ獨逸ガ開戰以來十箇月間四面皆敵ナルニ拘ラズ、曾テ寸土尺壤ヲモ敵ニ奪ハレナイト云フ原因ハ、此訓練シタル多數ノ軍隊ノ力デアルト云フコトハ、諸君モ既ニ認メテ居ルコトデアル、現ニ日本ガ沙河ノ役ニ於テドウデアッタカ、彼ノ時ニ於テハ我兵既ニ足ラヌ、此ニ於テ已ムナク內地ニ於テ六箇月若クハ十箇月位訓練シタ新兵ヲ補充シタ、其當時軍人ノ苦心慘憺タル狀態ハ、今ヤ之ヲ顧ルモ御同樣肌尙ホ粟ヲ生ズルノ考ヲ有ッテ居ルノデアル（拍手スル者アリ）現ニ獨逸ガ二年兵役ト云フ名ニ於テ三年兵役ヲ實行シテ居ル、アノ佛蘭西國共和民主ノ盛ナル佛國、彼ノ人權ヲ重ンズルコト最モ盛ナル佛國ガ、二年ノ兵役ヲ三年兵役ニ改メテ居ル、和蘭若クハ巴爾幹半島ノ如キ三四等ノ國民以外ニハ、諸君一年兵役ナドト云フモノハ世界ニ無イノデアル、苟モ堂々タル日東武勇ノ國トシテ而モ其國利國權ハ大陸的ニ伸ビテ居ルト云フコトハ諸君モ認メル、其國威國光ハ世界ノ最大强國ト竝ンデ居ルトコロノ日本、其日本ノ骨髓タル精華タル　陛下ノ軍隊タル軍人ヲシテ一年兵役トシテ、三四等ノ歐羅巴ノ國ノ眞似ヲシヤウトスルノハ、如何ニ反對黨ト雖モ其尙武心ノ意氣甚ダ銷沈シタルコトヲ本員ハ痛ク之ヲ悲シミ、且其用意ノ十分ナラザルニ驚カザルヲ得ナイノデアル、（「拍手起ル」「亡國論」分ッテ居マスヨ」「簡單」ト呼フ者アリ）要スルニ政友會諸君ハ三十五議會ニ於テ、本問題ハ歐羅巴ノ戰爭後マデ延期シヤウト致シ、而シテ國民黨諸君ハ根本的ニ此二個師團案ニハ反對シテ、犬養君ガ所謂經濟的軍備ト云フ一年兵役論ヲ唱道セラレタノデアル、其政友會ト國民黨トガ合シテ遂ニ是ガ爲ニ解散ヲ賭セラレ、而モ其政友會諸君ノ歐羅巴ノ戰爭ヲ待ツト云フ、歐羅巴ノ戰爭ノ與ヘタル敎訓ハ右ノ如キ次第デアリマス、政友會諸君ハ最早安心シテ此問題ニ贊成シテ可ナリト本員ハ忠告スルノデアリマス、又國民黨諸君ハ根本ニ於テ此二個師團案ニ反對デアル、然ルニ兩黨偶〻此議案ニ向ッテハ反對ヲスル爲ニ行路ヲ同ジクスル、恰モ是レ兩頭ノ蛇ガ一ツノ獲物ヲ求メヤウトスル間、其獲物ニ近ヅク間ハ同ジ行路ニ進ミマスケレドモ、若シ其獲物ニ近ヅイテ各〻欲スル所ヲ異ニスル際ニハ、蛇ノ一身ナルモノハ二ツニ裂ケザルヲ得ヌノデアル、惟フニ反對黨諸君ハ大隈內閣ナル政權否ニ二個師團ト云フ獲物ヲ反噬センガ爲メニ、接近スルハ甚ダ可ナリ、斷ジテ之ニ到著スベカラズ、恐ラクハ諸君ノ分裂ヲ奈何セント云フ論理ヲ見ルノデアル、トハ申セ翻テ諸君ガ總選擧以來本問題ニ對シテ、惡戰苦鬪シ來ッタトコロノ其壯烈ナル武勇ニ至ッテハ、本員反對黨ト雖モ深ク嘆賞ヲ禁ゼザルヲ得ナイノデアル、願クハ本員ノ嘆賞ヲシテ更ニ一層ノ嘆賞ヲ加ヘシムルヤウ、諸君ガ既ニ此陣頭ニ臨ミ、刀折レ矢盡キ、武士道ノ面目ヲ十分ニ發揮シタ以上ハ、願クハ諸君ハ諸君ノ陣營ヲ撤去シテ、冀クハ吾等ト共ニ此國民ガ既ニ三月ニ於テ建築シタトコロノ國民的大銅像トモ言フベキ此二個師團ノ軍門ニ集リ、吾等ト共ニ其慶ヲ頒タレムコトヲ切望シテ已マナイノデアル

（拍手起ル）

○議長（島田三郎君）　討論終結ノ動議ガ荒川五郎君ヨリ提出サレマシタ、成規ノ贊成ガアリマス、之ニ對シテ御異議アリマセヌカ

（「異議ナシ異議ナシ」又「異議アリ」ト呼フ者アリ）

○議長（島田三郎君）　御異議ガアレハ採決致シマス――御異議ガアリマスカ

（「採決々々」「異議アリ」「採決スベシ」ト呼フ者アリ）

○議長（島田三郎君）　ソレデハ採決ヲ致シマス、愼重ヲ要シマスル爲ニ採決ヲ致シマ

ス、荒川五郎君ノ討論終結ノ動議ニ賛成ノ御方ハ起立ヲ乞ヒマスル

起立者　多數

（「大多數」又「少數」ト呼ヒ拍手スル者アリ）

○議長（島田三郎君）　多數、討論終結ニ決シマシタ、討論終結致シマシタカラ是カラ採決ノ方法及順序ニ付テ一言致シマスル、本案ハ前議會ノ例ニ依リマシテ、款目ニ付テ採決致シマス、二ツノ修正案ガ出テ居リマス、其採決ノ順序ヲ申セバ鈴木君ノ修正案、元田君外三名ノ修正案、此二ツノ修正案中原案ニ最モ遠キモノヨリ先ニ採決スル順序デアリマスカラ、鈴木君ノ修正案ヲ先ニ採決シマス、鈴木君ノ修正案ト元田君ノ修正案ト同一ノモノモアリスマカラ、此部分ニ對シテハ鈴木君ノ修正案ト元田君ノ修正案トヲ同一ニ採決スルコトニナリマス、次ニ其他ニ對スル鈴木君ノ修正案全部、其次ニ元田君ノ修正案、次ニ府員長ノ報告ヲ採決致シマスル（「ソレデ宜シイ」ニ「異議ナシ」ト呼フ者アリ）此順序ニ付テ別ニ御異議アリマセヌカ（「異議ナシ異議ナシ」ト呼フ者アリ）

○議長（島田三郎君）　鈴木君ノ修正案ト元田君ノ修正案ト同一ナル部分ニ付テ採決致シマスル（「朗讀御苦勞」ト呼フ者アリ）先ヅ修正案中陸軍省所管朝鮮師團增設ニ關スル費用ヲ削除スルト云フ點ニ付テ採決致シマスル、且ツ此採決ハ衆議院規則第百二十七條ニ依テ記名投票ヲ用井マスル、修正案ニ贊成ノ諸君ハ御手許ニ配付シタル白票、修正案ニ反對ノ諸君ハ青票ヲ御持參ヲ乞ヒマス――閉鎖

（書記氏名ヲ點呼ス）

大正四年六月六日

明治四十五年
大正元年度豫備金支出ノ件外十件（承諾ヲ求ムル件）

○古谷久綱君　諸君ハ悉ク素人デハアリマセヌ――何故ナラバ責任支出ト云フモノヲスルニハ、内閣ノ閣議ト勅裁トガ要ルノデアリマス、而シテ憲法七十條ハ之ニ加フルニ樞密院ノ會議ガ今一ツ要ルダケノ話デアリマス（「ソンナコトハ誰デモ知ツテ居ル」ト呼フ者アリ）國交上是非必要ナコトデアルナラバ樞密院ノ會議ハ夜ノ夜中デモ開ケルノデアリマス、（「黒八ノ議論ダヨ」ト呼フ者アリ）ソレカラ今一ツノ是ハ前例ノ議論デアリマスガ、前例ノコトハ是ハ成程調ベテ見マスルト云フト、日清戰爭ノ時ニ――伊藤内閣ニ成程二十七年度ニ於テ五十七万圓、二十八年度ニ於テ一万四千圓、成程朝鮮事件費トシテ五十九万三千圓バカリヲ出シテ居ルコトノ事實ガアリマス、ソレカラ又桂内閣ノ時ニナリマシテ、日露戰爭ノ時ニ約千万圓程ノ責任支出ヲシテ居ル事實ガゴザイマスル、是ハ明カナル事實デゴザイマスガ、是ハ決シテ結構ナ前例デハアリマセヌ、頗ル憲法上カラ言ヘバ惡シキ前例デアリマス、全然惡シキ前例デアルト私ハ考ヘル、現内閣ノ諸公ノ如キ責任支出ヲ憲法違反ナリト云フテ、二十餘年來鬪來ッタル諸公ガ此權力ヲ得ラレテ、内閣ヲ組織セラレタ以上ハ、是非正道ニ御據リニナラナケレバナラヌモノト私ハ思フ、伊藤公ガ遺シタ惡例ヤ、桂公ノ遺シタ惡例ニ堂々タル大隈伯ガ御頼リニナルコトハ決シテナイノデアリマス、（拍手起ル）（「伊藤サンニ叱ラレルゾ」ト呼フ者アリ）左樣ナ次第デアリマスガ故ニ、私ハ是ハ憲法七十條ニ據ルノヲ正道ト認メテ責任支出トシテハ不承諾ヲ致シタイノデアリマス、第二ハ此某國ノ軍需品請負ノ一千三百四十二万圓ト申シマスモノデアリマスガ、是ハ全ク大正三年臨時事件費ナル美名ノ下ニ、違ッタ事柄ヲシテ居ルノデアリマス、所謂極言スレバ羊頭ヲ懸ケテ狗肉ヲ賣ッテ居ルノデアリマス（拍手起ル）デ是ハ唯今モ守屋君ノ御話ニナリマシタ通リ、某國ノ爲ニ靴ト羅紗トヲ請負フテ造ッテ居ルノデアリマスガ、此事ニ付テモ私共ノ承リマス所ニ依リマスルト、政府委員ノ説ハ二ツニ岐レテ居ルノデアリマス、第一ノ御答ハドウ言ハレルカト云ヘバ、是ハ某國政府ノ餘儀ナキ懇望ニ依ッテ其協同ノ――敵ヲ同ウシテ居ル國交上ノ關係カラ已ムヲ得ズ之ヲ引受ケタト、或政府委員ハ言ハレルノデアリマス、又他ノ政府委員ノ言ハレマスルニハ是ハ此註文ニ應ズレバ我商工業ノ發達ヲ圖ルコトガ出來ルシ、之ニ應ゼザレバ此注文ハ他ノ國ヘ取ラレテシマフカラ、我ヨリ進ンデ之ヲ受ケタト云フコトデアリマス、（「宜イヂヤナイカ」ト呼フ者アリ）ソレガ違ッテ居ル、其理由ノ何レニ在ルニ致シマシタ所デ、是ハ責任支出ヲマデ爲シテ引受クベキモノデハナイト私ハ思ヒマス（拍手起ル）（「君ハ靴屋ニハ黒八ダネ」ト呼フ者アリ）如何トナレバ若シ某國ノ餘儀ナキ懇望デゴザイマシタナラバ、是ハ相當ノ條件ヲ以テ此方カラ十分出スコトガ出來ルノデアッテ、憲法上最モ忌ムベキ責任支出マデシテ、之ヲシナケレバナラヌト云フコトハ私ハナイト思フ、何故ナレバ此一方ニ於キマシテハ我商工業ヲ若シ奬勵スルト云フ目的デアリマスレバ、我國ノ政府トシテハ爲スベキコトハマダ極ク澤山アルト私ハ思フノデアリマス、御承知ノ通リ減債基金法ヲ改正シテサウシテ内外ノ事情モ構ハズ、公債償還ノ額サヘ減ジテ、二千万圓ヲ鐵道ニ廻ハスガ如キ實際ノ有樣デハナイノデアリマス、若シ左樣ナコトデアレバ私ハ是ハ贅澤ト言ハナケレバナラヌノデアリマス（「ノウ〱」ト呼フ者アリ）政府ガ自ラ之ヲ責任支出ヲシテ引受ケナクテモ、某國ニハ東京ニ大使館モアリ、派遣員モアリマス、相當ナ紹介ト監督ヲ政府ガ爲セバ確ニ其目的ヲ達スルコトガ出來ルノデアリマス、加之此ニ至ッテ私ハ之ヲ調ベマシタ時ニ實ニ驚イタノデアル、何故驚イタカト申シマスレバ、本員ガ先日此議院ニ於キマシテ政府ニ質問ヲ致シマシタ、今度ノ此契約ガ豫算外國庫ノ負擔ニナルノ契約ヲ爲シタノデハナイカト申シマシタガ、ソレハ政府ハシテ居ラヌト云フコトデアル、シテ居ラヌト云フカラ調ベテ見マスト成程シテ居ラナイ譯デアル、即チ此二月十七日――二月ニ入ッテカラ此契約ヲ致シタノデアリマスガ、大正三年度ト云フモノハ三月二十八日デ品物ヲ納メマスル迄デ、所謂前年度ノ分ハ二月分ダケデ契約ヲシテ、サウシテ今度四年度ヘ入ッテ四月一日以後ニ又契約ヲシテ、二ツニ契約ヲ分ケテ居ルノデアル、成程是ナラバ豫算外國庫ノ負擔トナル契約デハナカッタカ知ラヌガ、併シ第二次契約ノ四月ニナッテカラ決定致シマシタ契約ニ依ッテ見マスト、此品物ヲ陸軍ヘ納メマス一番シマヒノ期間ハ何時カト云ヘバ、今年ノ十月ノ二十八日デアリマス、十月二十八日ニ契約ノ實行ヲセラル丶所ノモノデアリマス、而シテ諸君、四月ニ入ッタナラバ一箇月半スレバ帝國議會ハ開ケタデハアリマセヌカ、一箇月半――五月以降ト云フモノハ帝國議會ヲ開イテ、若シソレガ國交上是非必要デアル、商工業上必要デアルナラバ、何故堂々トシテ追加豫算ヲ組ンデ吾々ノ協賛ヲ經ナイノデアルカ、ソレヲセズシテヤッタノハ私共バカリデハナイ、諸君モ共ニ吾々ノ此財政監督權ヲ無視サレテ居ルノデアリマス、（「ノウ〱」ト呼フ者アリ）ソレカラ其次ニハ水道費補助、ソレカラ港灣修築費ノ補助デアリマス、是モ誠ニ惡例ヲ胎スモノデアルト私ハ思フノデアリマス、何故ナラバ政府委員ニ聞キマシテモ、斯ノ如キコトハ未ダ曾テナイノデアリマス、所謂言葉ヲ強クシテ言ヘバ未曾有ノコトデアリマス、今度始メテ是ガ一ノ先例ガ胎ルノデアリマス、ソレハ豫算外國庫ノ契約ヲ爲スノ件ヲ官報デ公布シテ、其次ノ年ニ契約ヲスル時ニ豫算ガ無カッタ、豫算ガ無イ時ニ責任支出ヲシテ其契約ヲ結ビ、サウシテ補助ヲ與フルト云フコトハ唯今マデハナカッタノデアリマス、此度始メテ諸君ガ此處デ承諾ヲ與ヘルカ與ヘナイカト云フノデ、是ガ將來ニ先例ガ胎ルノデアリマス、デ私ハ内務省ノ從來ノ契約ノ書式ヲ見テ居リマスルノニ、從來何時デモ契約ヲ地方ノ府縣ト致シマスル時ニ於テハ、若シ豫算ガ通過シナカッタ場合ニハ内務省ハ之ヲスル義務ガナイト云フ一項ヲ附加ヘテ、愼重ニ契約ヲシテアリマシタ、然ルニ此度之ヲ發布シテ――サウシテ契約スル件ヲ發布シマシタノハ昨年三月ノ二十七日デアリマス、而シテ之ヲ一年ノ間放タラカシテ、サウシテ殊ニ三月二十日總選擧ノ五日前ニ此契約ヲ結バレテ、而シテ是ヲ仕拂ニナッタノデアリマス（加賀卯之吉君「ソレハ地方ノ事情ヲ御知リニナラヌカラデス」ト呼フ）成程私ノ承ルトコロニ依リマスルト、四日市市ノ如キハ築港ガ實際出來カカッテ居ルト云フコトデゴザイマス（「其通リ」ト呼フ者アリ）ソレカラ他ノ都市ハマダ出來テ居ラヌ處モアル、着手シナイ處モアル、水道ノ如キ東京外九市即チ十市ニ一万圓宛十万圓デゴザイマスガ、是等ハ初メテ今マデ何等ノ例ノナイ所ヲ破ッテ、而シテ惡例ヲ將來ニ胎シテ宜イモノデアルカ、惡ルイモノデアルカト云ツコトハ一言ニシテ分ルコトデアル、諸君、伊藤公ノ残サレタ五十九万九千幾ラノ悪例ハ桂公ニ至ッテ千万圓ト云フ額ニナリ、大隈伯ニナッテ四千万圓ニナッタ、斯ノ如キコトヲ今日貽シテ行キマシタナラバ、他日數千何百万圓ノ剰餘金ヲ支出致シマシテモ、諸君ハ一言モ言フコトハ出來マセヌノデゴザイマス（「ソンナ場合デナイ」「内閣ノ責任ヲ問ヒマス」其他發言スル者多シ）ソレカラ第三番目ハ米價調節問題、是ハ金高ガ丁度三百十六万幾ラト云フモノニナリマスルガ、其米價調節ト申スモノモ、是ハ其目的ニ至リマシテハ何人モ異存ノナイコトデアリマス、御承知ノ通リ本員等モ同志ト共ニ夙ニ前期議會ニ於キマシテ之ニ關シテ建議モシ、法律案ニモシテ政府ニ迫ッタノデアリマス、ダカラ其目的ニ至ッテハ何等異存ハゴザイマセヌ、其點ハ明カニ御了承ヲ願ヒマス（「反對ハ出來マスマイ」ト呼フ者アリ）即チ其政府ノヤラレタ手段方法ニ至ッテハ、私共頗ル異存ガアルノデアリマス（「ソレハアナタ方ガ分ラヌノデス」ト呼フ者アリ）之ヲ譬ヘテ申シマスレバ茲ニ一人ノ病人ガアルノデ、之ニ藥ヲヤルト云フコトハ誰モ異論ハナイ、ツマリヤッタ藥ガ名醫カ凡醫カ分リマセヌガ、兎モ角大隈内閣ト云フ醫者ノヤリマシタ藥ガ善カッタカ悪カッタカ、其處方ガ善カッタカ悪カッタカト云フ問題デアル（「政友會ガヤッタラ宜カラウ」ト呼フ者アリ）善悪ノ議論ニ至ッテハ私ガ善悪ノ議論ヲ彼此言フヨリハ、先日ノ豫算總會ニ於ケル我同志ノ山本悌二郎君ガ大藏大臣ニ對シテ數度ノ質問ニ於テ、大藏大臣ノ御答辯ニ依ッテ見レバ確カニ明瞭ニ分ッテ居ルノデアリマス、大藏大臣ハ終ニ是ハ失敗ナリト言ハザルヲ得ザル羽目ニ至ッタノデアリマス（拍手起ル發言者多シ）即チ大藏大臣ナル御醫者サンハ匙ヲ御投ゲニナッタ（「ノウノウ」ト呼フ者アリ）其證據ニハ將來此方法デハヤラヌ、此方法デハヤラヌト云フコトヲ明言セラレタ（拍手起ル）ヤラヌト明言セラレタ以上ハ、其效果ガ無カッタカラヤラヌト言ハレルノデアルト私ハ信ズル（「ノウ〱事實ヲ證明シマセウ」ト呼フ者アリ）デ畢竟スルニ此米價調節ナルモノハ私ガ精シク申スマデモナク（「言ヘナイデセウ」「知ラヌノデセウ」ト呼フ者アリ）時機ヲ失シ、而シテ其方法ヲ誤リタルモノデアル（此時發言スル者多シ）

第十四　殖民省設置ニ關スル建議案（櫻井兵五郎君外二名提出）

殖民省設置ニ關スル建議案

殖民省設置ニ關スル建議

歐洲列强ノ今日アルハ主トシテ其ノ殖民的政策ノ成功ニ基因スルハ言ヲ須ヒサル所ナリ我カ帝國比年人口ノ增加著シク內地ノ生存漸ク困難ヲ感スルノ秋幸ニシテ日支條約成立ノ結果滿洲、蒙古ニ於ケル帝國ノ地步確立シ國運發展ノ機眼前ニ橫ハルモノアリ從來我カ新領土ノ經營固ヨリ觀ルヘキモノナキニ非スト雖未タ一定ノ經綸ト統制トヲ缺クモノアルハ吾人ノ深ク遺憾トスル所ナリ希クハ此ノ際特ニ殖民省ヲ設ケ民族ノ發展國力ノ增進ニ對シ大ニ經綸ヲ行ハレムコトヲ望ム

右建議ス

（櫻井兵五郎君登壇）

（「簡單ニ願ヒマス」ト呼フ者アリ）

○櫻井兵五郎君　諸君、殖民省設置ニ關スル建議案ノ理由ヲ述ベマスタメニ、本壇ニ立ッタ次第デアリマスルガ（「高聲ニ願ヒマス」ト呼フ者アリ）極メテ簡單ニ其理由ヲ申上ゲマス、從來此移民殖民ニ關スルタメニ、拓殖務省或ハ拓殖局ト云フモノガ設ケラレテアッタルコトハ、既ニ諸君ノ御承知ノ通リデアリマス、然ルニ此モノガ廢セラレタ、廢セラレタ今日ニ當ッテ再ヒ本案ヲ提出致シマスルモノハ、其理由何レニ在ルカト云フ疑モアリマスルケレドモ、此廢セラレタルハ其必要ガ無イタメデハナイ、從來ノ制度モ惡シカッタタメニ其必要ヲ認メヌト云フ意味ニ於キマシテ、廢セラレタモノト本員ハ信ジテ居ルノデアリマス、本員ハ從來ノ共弊トシタ所ハ、卽チ共事務ノ統一ヲ缺イタト云フコトデアル、拓殖局ハアリマシテモ實際ハ虛器ヲ擁シテ居ルノデアッテ、臺灣ハ臺灣、朝鮮ハ朝鮮ト、各〻地方ノ方ノ權限ガ大ニシテ、拓殖局ハ如何トモスル コトガ出來ナイ、ソレ故ニ斯ウ云フモノガ無用デアルカラ廢サウト云フコトニ因ッテ廢セラレタモノト思ウテ居リマス、併ナガラ我人口ハ年々六十万內外宛ノ增加ヲ見テ居ルノダカラ、殖民並ニ移民ノ必要ハ依然トシテ存シ、否益〻其必要ヲ感ジテ居リマス次第デアリマス、故ニ決シテ此事柄ハ閑却スルコトハ出來ナイ、況シテ此度ハ日支ノ新條約モ締結セラレマシテ、茲ニ滿蒙ニ於ケル新タナル我國ノ地步ヲ確立スルコトガ出來テ、其方面ニ於ケルトコロノ殖民ノ必要ハ切ニ感ゼラル、コトニナッタノデアリマス、此際ニ於テ是非共各省ト併立スル一省ヲ設ケル必要ガアル、斯樣ニ考ヘルノデアリマス（「分リマシタ」ト呼フ者アリ）御存知ノ如ク朝鮮ハ……

○議長（島田三郎君）　此場合一言致シマス、時刻ガ迫ッテ居リマスカラ時刻ヲ延長致シマス

○櫻井兵五郎君　朝鮮、臺灣、樺太等ヲ合セマシテ我國ハ從來ノ本土ニ較ベマスト、殆デ倍ニナリマシタ、ソレガ亦此度滿蒙ニ於ケル特別ノ地步ヲ占メタタメニ、殆ド從來ノ四倍ニナッタノデアリマスカラ、別ニ此方ニ殖民ヲスルタメニ一省ヲ設ケルコトハ、或ハ多少ノ負擔ヲ增加スルコトアリトモ、國家ノ爲ニ執ラナケレバナラヌ方策ト考ヘマス、從來政府ハタシカ四十二年頃デアルト記憶致シマスガ、時ノ外務大臣小村侯ハ我國ハ今後ノ滿韓ノ方面ニ移民ヲ集中スルコトガ得策デアルト云フコトヲ發明セラレテ、特ニ滿韓移民ノ方針ヲ執ラレタヤウデアリマスケレドモ、共後唯單ニ政府ガサウ云フ方針ヲ執ッタト云フノミデアッテ、制度ガ備ッテ居ラヌタメニ、十分ノ成績ヲ擧ゲテ居ラヌコトヲ本員ハ認メテ甚ダ遺憾ニ感ジテ居リマス、殊ニ滿韓臺灣等ノ移民ハ素ヨリ必要デアリマスケレドモ、共移民ト云フ方ヘ注意ヲ注イデ、殖民ノ方ヘ注意ヲ注イデ、所謂其他ノ方面南洋或ハ南米等ヘ對スルトコロノ移民ヲ閑却スルコトモ、是亦宜シクナイコトデアル、是等ノコトヲ兼テ茲ニ各省ト併立スルトコロノ一省ヲ設ケ、國務大臣ヲ以テ其長官タラシメテ、大ニ移民殖民ノ經綸ヲ行フト云フ趣旨ニ於テ、此省ヲ設ケタイト思フノデアリマス、單ニ從來ノ局ト致サズシテ、此處ニ省ト掲ゲマシタノハ、卽チ其意味ヲ遂行セムガタメデアリマス、前述ノ理由ニ依リマシテ、茲ニ本案ヲ提出致シタ次第デアリマス、帝國今後ノ最大國策ト信ジテ居ルノデアリマス、願クハ諸君ノ御贊同ヲ切ニ希望スル次第デアリマス

○議長（島田三郎君）　別ニ御發議ハアリマセヌカ

○荒川五郎君　議長

○議長（島田三郎君）　荒川五郎君

○荒川五郎君　本案ハ議長指名九名ノ委員ニ付託サレムコトヲ望ミマス

○議長（島田三郎君）　荒川君ノ動議ニ御異議ハアリマセヌカ

（「異議ナシ」ト呼フ者アリ）

特別報告第二十五號

請願文書表第二六號

日露戰役擊沈汽船損害救助ノ請願　朝鮮仁川寺町百五十九番戸平民運送業堀力太郎呈出（紹介議員大橋松二郎君）

右請願ノ要旨ハ朝鮮東海岸ノ航路ハ日露戰役ノ際危險ニ瀕シタレトモ他ノ同業者ニ異ナリ航海ヲ繼續シタリ當時元山領事大木安之助ヨリノ依頼ニ依リ所有汽船秋之浦丸ヲ以テ城津在留民ノ引揚ヲ全ウシ爾後秋之浦丸及五洋丸ヲ以テ右ノ航路ニ充テ釜山北韓ノ連絡ヲ保チ在留民ノ急需ニ應シタリシニ明治三十七年四月二十五日突然露國浦鹽艦隊ノ來襲ニ遭ヒ五洋丸ハ元山港內ニテ秋之浦丸ハ咸鏡道前津港沖ニ於テ孰レモ擊沈セラレ船員二十四名ハ捕虜トシテ二年間敵國ニ囚ハレタリ其ノ他幸運丸及泰盛號ハ各相當ノ任務ヲ完ウシ汽船慶尙號ハ臨溟津ヨリ軍用品ヲ搭載シテ靑津港ニ向テ航行中敵艦ノ襲擊ニ遭ヒテ大破損ヲ蒙リ船長以下三名敵彈ニ斃レタリ斯ノ如クシテ私產ノ大部ハ敵艦ノ爲滅燼セシレ祖先來ノ海運業ヲ廢罷セサルヲ得サルノ不運ニ陷リタリ依テ當局ニ向テ再三救卹ヲ出願スレトモ未タ何等ノ恩典ニ接セサルヲ以テ以上ノ事情洞察ノ上速ニ採納アリタシト謂フニ在リ

衆議院ハ其ノ趣旨ヲ至當ナリト認メ之ヲ採擇スヘキモノト議決セリ依テ議院法第六十五條ニ依リ別冊及御送付候也

國務大臣ノ演説ニ對スル質疑　前會ノ續

（法學博士小林丑三郎君登壇）

○法學博士小林丑三郎君　私ハ大藏大臣ダケニ對シテ説明ヲ煩スノデアリマス――質問ヲ申スノデアリマス、大藏大臣ノ豫算ニ關スル説明ハ、豫算及貿易金融經濟ノ方面ニ渉ッテ居リマス、ソレ故ニ私ノ御尋ヲ致シマスルモノモ、先ヅ豫算カラ始メマシテ金融ノ方面マデ含ミタイト思ヒマス、元來豫算ハ言フマデモナク財政計畫ノ一節ニ當ルモノト考ヘマスル、殊ニ今日ノ我國ノ時局カラ見マスルト云フト、此豫算ハ政府ノ時局ニ對スル、有ユル準備計畫ガ財政ニ關係スル部分ノモノハ現レテ居ルベキモノト考ヘマス、故ニ大正五年度ノ豫算ハ、時局ノ今日ニ取ッテハ、從來ノ在來ノ豫算ヨリハモウ一層重大ナル意義ヲ有ッテ居ルモノト私ハ確信致シマス、先ヅ歳入ノ方面カラ見テ參リマシテ、總括的ノ觀察ヲ致シマスルト云フト、所謂總額ガ五億五千三百万圓ト云フコトニナッテ居ル、其中ニ普通ノ歳入ハ澤山アリマスケレドモ、ソレヲ補フ所ノ補缺財源ガ載ッテ居リマスル、其補缺財源ノ中ニ五年度ノ豫算ニ於キマシテハ、公債募集金ト云フモノガ入ッテ居リマセヌ、勿論臺灣ノ事業公債ノ補充金ト云フモノヲ百五十万圓、一般會計豫算ニ計上サレテ居リマスガ、是ハ從來カラノ既定事業ノ引續ト云フノデアリマセウカ、ソレヲ除キマスト云フト――其點ヲ除キマスレバ全ク公債募集金ト云フモノハ載ッテ居リマセヌ、極メテ綺麗ニ出來テ居リマス、併シ其補缺財源ノ中ニハ例年見マストコロノ前年度剩餘金、是ガ千何十万圓ト云フモノガ殘ッテ居リマス、其外軍需品ノ補顚費財源ト云フモノカラ二百九十何万圓ト云フモノガ載ッテ居リマシテ、廣イ意味ニ於ケル前年度剩餘金トシテ、兩方合算デ一千三百万何ガシト云フ補缺財源ガ載ッテ居リマスル、是ハ例年ニアルコトデアリマスルカラ敢テ不思議トハ吾〻ハ思ハヌノデアリマス、併ナガラ此剩餘金ノ外ニ――其豫算ニ計上致シマシタ剩餘金ノ外ニ、尚殘ッテ居ルトコロノ剩餘金ガアルカト申シマスルト、大正三年分剩餘金計算トシテ載セラレテ居ル、他ノ部面ニ説明セラレテ居ルモノカラ申シマスルト云フト、尚千七百万何ガシトアルヤウデアリマスル、併シ是レトテモ大正四年度五年度追加豫算――大正四年度ノ歳入不足ニ對スル收入減ニ對スル補顚ノ費用及ビ臨時軍事費ト稱スルモノニ振向ケル部分ヲ差引キマスルト、僅ニ四万六千圓、此數ハ違ッテ居ルカ知レマセヌガ、殆ニ角十万圓内外ノ前年度剩餘金ガ殖ヘルノミト云フコトニ私ハ看取致シマシタ、前年度剩餘金ハ詰リ前期繰越金デアリマス、一朝水害トカ何トカ云フコトガアリマシテモ、此必要ナル臨時財源――多少ノ繰越金ガ殘ッテ居ラヌト云フコトハイロ〳〵工夫モ――財政上ノ手段ハ無イデハアリマセヌ、ケレドモ餘リ心細カラザル財政狀態トハ見ラレヌト思ヒマスル、軍需品補顚費財源二百九十万圓ノ挿入ハ是ハ兵器ノ――軍需品ノ賣上代金ノ流用デアリマシテ、金額ガ少ウゴザイマスカラシテ敢テ兎ヤ角言フ程ノモノデアリマセヌケレドモ、是亦餘リ面白カラザル財源ト見テ宜イカト思ヒマスル、モウ一ツハ是ハ補缺財源トハナッテ居リマセヌヤウデスケレドモ、臺灣ノ國税ノ收入ヲ一般會計ノ中ニ取入レテ、ソレヲ又全部臺灣ニ與ヘルコトニナッテ居リマスケレドモ、其中ヲ能ク計算シテ見マスルト、未ダ私ニハ分リマセヌガ四五十万圓バカリノ國税收入ヲ母國財政ノ補顚ニ――行政整理又ハ母國財政ノ費用ノ爲ニ繰入レテ居ルト云フ形跡ガ見エルノデアリマスル、此點ハ間違ッテ居ルカ知レマセヌカラ、若シ間違ッテ居リマシタラ御直シヲ願ヒマスル、併シ是ハ殖民政策上私ハ餘程重大ナ問題デアラウト思フ、殖民地ニ屬スベキ收入ノ一部ヲ以テ、母國財政ノ一部ニ充テルト云フコトハ、是ハ殖民地財政策ノ上カラ云ッテ餘程重大ノ問題ト思ヒマス、他日ノ機會ヲ待ッテ申上ゲルコトガアルカモ知レマセヌ、要スルニ斯カル財源ヲ充當シマシテ勿論公債募集ト云フコトハシテナイ、ソレデ歳出ノ方面ハドウデアル、之ヲ見マスルト斯カル財政上デ――斯カル財源ヲ補缺ニ用ヒテ、而シテ歳出ハドレダケノ歳出ヲヤッテ居ルカ、之ヲ見テ參リマスルト稍〻冗長ニ失スル嫌ガアッテ、甚ダ恐縮デアリマスケレドモ、私ノ質問ノ後ニ算ヘマスル事項ノ是ガ前提ニナリマスルノデ、申上ゲナケレバナラヌト思ウテ居リマス、歳出額ハ申スマデモナク歳入額ト同一デ五億五千三百万圓デアリマス、併ナガラ御承知ノ如クニ何年トナク古イ豫算ヲ襲踏シ來ッタノデアリマスカラシテ、普通ノ豫算ニ對シマシテモ餘程新事業ガ――新規ノ計畫ガ起ルベキ狀態ニナッテ居ルニ加ヘテ、今日東洋ニ於ケル帝國ノ時局準備ト云フコトヲ考ヘマシタナラバ、餘程顯著ナルトコロノ新事業ト云フモノガ現ハレテ居ルカト思ウテ歳出ノ方面ヲ見マスルニ、勿論新事業ト稱スベキモノガアリマス、之ニ付テハ大藏大臣ノ御演説ニモ緊急差措キ難キモノダケヲ載セテ、諸種ノ必要ナル費用ハ歳入ガ伴ハヌタメニ、遂ニヤリ得ナカッタト云フコトガ、言葉ハ少シ違ウカモ知レマセヌケレドモ大體サウ云フヤウナ趣旨ニ於テ御述ニナッテ居リマス、而シテ其新事業トシテ現ハレテ居ルトコロノモノヲ見マスルト、新事業ナルモノ、解釋ニ依ッテ大小區々デアリマスカラ、私ノ見込ミマスルノガ十分當ッテ居ルトハ申サレマセヌケレドモ、殆ニ角私ハ此豫算書ニ就テ大體大キイ數字ダケヲ集メテ見マシタトキニ、千八百七十万圓ト云フ數ガ出マシタガ、或ハ二千万圓位ニナッテ居ルカモ知レマセヌ、何カ新聞カ何カデ大藏大臣ガ二千五百万圓ト云フヤウニ仰シヤッタヤウニモ記憶シテ居リマスガ、是ハ其方ガ正確デアリマセウ、私ハ唯大キイ數ダケヲ採リマシテ、千八百七十万圓ト云フ數ヲ得タノデアリマス、ソレデ其中デ――私ノ計算ヲシマシタ千八百七十万圓ノ中デ、千百幾ラト云フモノハ陸海軍省ノ新事業費ニ當ッテ居ル、他ノ各省ノモノガ七百何十万圓ト云フモノニナッテ居リマス、是モ二千五百万圓ノ數字デ申シマシタナラバ、兩方トモモウ少シヅヽ多クナルカモ分リマセヌ、唯割合ヲ申上ゲテ見ル爲メニ、主ナルモノダケヲ採ッテ申上ゲントスルノデアリマス、而シテ各省ノ新事業費七百何十万圓ノ中デ、其中ニモ隨分有リ來リノ行政費増加ガアリマス、例ヘバ裁判所ノ移轉費デアルトカ、或ハ何檢査費試驗費ト言ッタヤウナモノガ隨分アリマシテ、此殖産開發上ノ新事業費ニ至リマシテハ、何レ位アルカ――七百万圓ノ中デ何レ位アルカト見マスルト、是ハ大藏大臣ノ昨日ノ御演説ニモアリマシタ三百八十五万圓ト云フコトガ御演説ノ中ニアッタヤウニ記憶シテ居リマス、其中ハ滿蒙開發ニ伴フ所ノ費用、内地産業指導獎勵ニ關スル費用――新事業費、ソレカラ交通機關ノ整備ニ關スル新事業費ト云フヤウナ風ナ譯ニナッテ居リマス、ソレガ三百八十五万圓ト云フコトデアリマス、ソコデ滿蒙開發ノ經費ニ伴フモノハ――滿蒙開發ニ伴フ政府ノ新事業費トシテ、何ンデアルカト見マスルト、場所ハ今記憶シテ居リマセヌガ、何シテモ五ツノ領事分館ノ設置デアリマス、是ガ臨時費經常費トモ混ゼテ二十二万五千圓ト云フコトデアル（「本論ニ入ルベシ」「謹聽々々」ト呼フ者アリ）ソレカラ內地產業ノ指導奬勵ト謂ツベキ新事業費ト云フモノハ、私ハ主ナルモノヲ拔イテ見タノデアリマスガ、種羊綿羊ノ飼育二万九千圓、米麥品種改良八万四千圓、工業試驗所擴張費九万七千圓、染料及火藥原料製造奬勵費六万二千圓、此外ニ目立ツモノハ電話擴張費ノ增加百五十万圓、造船奬勵費ノ增加百五十万圓、勿論マダ此外ニ追加豫算モ御出シニナルト云フコトデアルカラ、ソレヲ能ク見マシタ上デナケレバ、何トモ申上ゲヤウハ無イノデアリマスガ、私ハ今日ノ歐洲ノ兵力戰ガ經濟戰ニ移ッテ來ル此狀況カラ見マシテ、東洋ニ於ケル我國ガ千載一遇ノ好機トシテ活躍スベキ最モ必要ナル時機ニ當ッテ、其ノ大正五年ノ豫算ガ是レニ對シテ餘リ設備ニ遺憾ヲ――準備計畫ニ遺憾ノ點無キヤト云フコトヲ疑フノデアルノデアリマス（「ヒヤく」ト呼フ者アリ）大正五年度ノ豫算タッタ一時ノ話デアルト云フ風ニ御考ニナル御方ガアルカモ分カリマセヌケレドモ、此大正五年度ノ豫算ハ、私ガ言フマデモナク再來年ノ六月マデハ行ハルル豫算デアル、仕拂命令ノ發行期限マデ――言フマデモアリマセヌケレドモ、數ヘマスルト再來年ノ六月マデハ行ハレル豫算デアル、其間ニ起リ來ルベキ變化スベキ事情ト云フモノヲ見テ、大正五年度ノ豫算ト云フモノハ、調製セナケレバ私ハナラヌモノト確信シテ居ルノデアリマス、再來年卽チ大正六年ノ少ナクトモ三月末日マデノ事件計畫ト云フモノヲ豫見シテ立ツル豫算トシテハ、モツット顯著ナル所ノ御施設ガ無クテハナラヌノデハナイカト思フノデアリマス（「固ヨリ」ト呼フ者アリ）一々申上ゲルマデモ無イカト思ヒマスケレドモ、現ニ製鐵工場ノ擴張ノ如キ、軍需品及一般工業ノ奬勵ノ如キ、原料品產業ノ奬勵ノ如キ、滿蒙利權ノ利用ノ如キ、例ヘバ滿蒙ノ鐵道鑛山ノ開設、道路港灣ノ修築、郵便電信局ノ設置、牧畜工業等ノ保護費用、其他東南洋印度等ニ對スル貿易機關ノ增設ト云フヤウナ事モ、或ハ直接ニ、或ハ保護ニ依ッテヤラナケレバナラヌト云フ事ガ、餘リ遠カラザル時期ニ於テ必要デアルト私ハ思フノデアリマス、是ニ對シマスト、我ガ此大正五年度ノ豫算ノ財源ト云フモノガ、甚ダ乏シキヲ感ズルト云フコトヲ疑ハヌノデアリマス、併シ此原因ハ大藏大臣モ言ハレテ居ル如クニ、租稅ガ歐洲大亂時局ノ影響ヲ受ケテ歲入ガ減少ヲ著シクシテ居ル、歲入ノ減少ハ全部戰亂ノ結果トハ申サレマスマイトハ思ヒマスケレドモ、兎ニ角歲入ガ著シク減ジテ居ルト云フコトハ事實デアリマスル、總額ニ於――併シ其主ナル原因ハ關稅收入ノ激減ト云フコトガ原因ラシク――他ノ租稅ハ左程デモナイヤウニ思フノデアリマスル、通例ノ年ノ經常歲入ガ五億五千何ガシアル、之ニ對シテ大正五年度ノ豫算ニヨル經常歲入ハ五億二千三百万圓デアリマスカラ、先ヅ二千五六百万圓ト云フモノハ歲入減ヲナシテ居ルモノト見テ宜カラウト思ヒマス、而シテ關稅ノ收入ガ大正二年度ノヤウナ異數ノ年ヲ別ト致シマスレバ、先ヅ五千五百万圓――五六百万圓ト云フモノガ關稅收入ノ普通デアラウト思ハレマス、ソレニ對シテ三千二百万圓ト云フ豫算ニナッテ居リマスカラシテ、玆ニ二千三百万圓カ五百万圓、所謂二千三四百万圓ノ關稅ガ減ッテ居ルト云フコトニナッテ居ル、之ヲ見マスルト歲入ノ變化ト云フモノハ、大ナルモノハ、主トシテ殆ド全部關稅カラ來テ居ルト云フコトハ言ヘルノデアリマス、此關稅ト云フモノハ御承知ノ通リ、是レハ殖エルガ宜イカ減ルノガ宜イカト申シマスルト、餘リ關稅收入ノ殖エルト云フコトハ、吾々共ノ方デハ能ク感ジテ居リマセヌ、關稅收入ノ殖エルト云フコトハ國ノ產業ト云フモノガ、必ラズシモ繁盛ヲ來スト云フモノデハナクシテ、成ルベクンバ關稅收入ハ餘リ財政上ノ的ニスベキモノデハナイヤウニ考ヘテ居リマスル、唯是レト反シテ他ノ租稅ニ就テハ、餘程攻究ヲ要スベキモノト思ヒマスル、此歲入ノ必要ナル費用ニ充ツルニ對シテ、歲入ガ恐ハシクナイ原因ガ關稅收入ノ減收ト、所謂公債募債金ト云フモノ、無イノガ原因シテ居ルモノト私ハ思フ、故ニ今後ハ勿論、今日カラデモ此財政ノ改善ニ向ッテ攻究ヲ致シマセヌケレバナラヌヤウニ考ヘマスル、畢竟スルニ財政ノ彈力ガ窮迫シテ居ルノデアリマスカラシテ、此財政ノ改善ト云フコトガ、今後ノ國運進展ニ向ッテ最モ必要デアルト私ハ考ヘマス（「ヒヤく」拍手スル者アリ）此ニ於テ私ハ大藏大臣ノ御意見ヲ伺ヒタイノハ、財源ノ改善ニ政府ハ著手シツ、アラル、ヤ如何、若シ御著手中デアルナラバ之レヲ承リタイト云フコトガ質問ノ一點デアリマス、順序ガ揃ヒマセヌデ恐縮シマスケレドモ、前ノハ今日ノ政府ハ此豫算ヲ以テシテ時局ノ對策ニ遺憾無シトセラル、ヤ如何、第二ガ今ノ財源ノ改善ニ就テ政府ハ著手シツ、アルヤ如何、御著手ニナッテ居リマスルナラバ其事ヲ承リタイノデアリマス、尙具體的ニ如何ニ其答ガアリマスカ、ソレニ拘ラズ他ノ問題ヲ申上ゲテ御意見ヲ伺ハウト思ヒマス、從ッテ第三トシテ稅制ノ改善ニ關スル御意見如何、是レ財源ノ改善ノ一ト私ハ見ラレルモノト思ヒマス、今日ノ稅制ヲ如何ニ改善シ、サウシテ此時局ノ要求ニ應ズルヤウナ租稅狀態ヲ改善シテ行クト云フ必要ハ御認メニナルヤ否ヤ、稅制ノ改善ハ勿論、廢シ減ズルバカリデハナイ、惡稅ハ廢シ重稅ハ輕減シ、是ト同時ニ適當ノ稅制整理ヲシテ、無理ヲセザル自然增收ノ生ズルヤウナ改正方法ト云フコトモ必要ナルト同時ニ、又良稅ハ新設スルモ可ナリ、要スルニ我國ノ今日ノ稅制ト云フモノヲ見ルニ、誠ニ國運ノ進步ト伴ハナイ、動モスレバ減收ヲ來シ、又時々廢減說ト云フモノガ現ハレテ來テ、地租ノ如キ、營業稅ノ如キ、所得稅ノ如キ有ユル租稅ガ減ズル一方ノ方ニ進ンデ行ク傾キガアル、增ス方ノ方法ト云フモノハ殆ド無クナッテ居ル、是レガ今日マデノ有樣デアリマス、是レハ私ハ今日ノ稅制課稅ノ方法ガ甚ダ惡イ爲メニ、モウ減ズルヨリ外ハ途ガナイ、增率ト云フヤウナコトハ非常ナ不公平ヲ、更ニ不公平ナラシムルト云フ點カラシテ出來ヌノデハナイカ、故ニ稅制ノ改善ト云フコトヲ必要ト認メマスルガ、是ニ就テ政府ノ御考ヘ如何、殊ニ此問題ニ關聯シテ御演說中ニハ何モ見エテ居リマセヌデスガ、廢減稅ニ關スル政府ノ御意見如何、廢減稅ヲスルト云フコトハ、是ハ屢々政府ノ當局者ノ必ズスルト斷言シタコトモ、私ハ臨時議會、三十六議會等ニ於テ聞イテ居ルノデアリマスル、其廢減稅ヲ如何ニナサルカ、之ニ對シテ廢減稅ハ政府ノ努メテヤラントスルトコロデアルケレドモ、戰爭ノ爲メニ收入ガ減少シタ、遂ニヤルコトガ出來ナクナッタ、ソレデアルケレドモ、將來餘裕アルトキニ於テ實行スルコトヲ疑ハヌ、斯ウ云フヤウニ私ハ聽及ンデ居リマスル、是ハ頗ル私ハムヅカシイ、餘裕ノアルト云フコトニ付テハ餘程ムヅカシイ意味ヲ持チハセヌカト思フ、戰ノ爲ニ減ジマシタ收入ハ、私ノ先程申シマシタ所ニ依ッテ見マスレバ關稅收入デアル、此關稅收入ノ二千三四百万圓減ジタト云フコトハ、是ガ戾ッテ來テ今日ノ三千二百万圓ノ上ニ、二千三百万圓ノ關稅ガ復舊シテ五千五百万圓ノ關稅收入ニナッタナラバ、廢減稅ヲ斷行スルト云フコトヲ意味セラルヽヤ否ヤ、一方ニ於テ收入ハ回復シテ來テモ、他方ニヤルベキ事業ガアルガ爲ニ餘裕ナシト云フコトニナッテ、出來ル財源モ出來ル財源モ他ノ方ニ使フト云フヤウナ必要ガ起ッテ來ハセヌカ、是等ニ對シテ大藏大臣ハ如何ナル御考ヲ有ッテ居ラルヽカ、之ニ御答ヲ煩シタイト思フノデアリマス、次ハ第四ニナリマス、公債策ノ改善、我今日ノ豫算ガ公債無シデヤッテ居ラレマスガ、之ヲ公債ヲ起スコトニ爲サッテ、財政ノ改善ヲスルト云フコトハ、政府ハ御不同意デアルヤ否ヤ、ソレニ付テノ御意見如何ト云フコトデアリマスル、此意味ハ私ハ主トシテ、內國債ニ付テ御尋ヲスルノデアリマス、申スマデモアリマセヌ外國債ハ非常ニ多クナッテ居リマス、之ニ反シテ內國債ハ左程ニ多クモナッテ居ラヌト見ラレルノデアリマスル、日露戰爭前ニ於テ四億五千万圓バカリアリマシタ內國債ガ、今日九億足ラズデアリマスカラ、大シタ增シデモナイヤウニ思フ、ト云ウテ徒ニ內國債ト雖モ增加スルト云フコトヲ宜イトハ私ハ思ヒマセヌケレドモ、其費途ガ生產的若クハ產業開發的ノ事業デアルナラバ之ニ向ッテ內國債ヲ募集スルト云フ途ヲ御著ケニナルト云フコトハ、是ハ極ク必要ナコトデアルト思ヒマスル（「ヒヤヒヤ」ト呼フ者アリ）例ヘバ鐵道ノ資金ノ如キ、製鐵所擴張ノ資金ノ如キ、電話擴張ノ資金ノ如キ、製鐵所及電話ノ如キハ最早多大ナ收益ヲ舉ゲ居リマシテ、製鐵所ガ此兩年ヲ見マスト云フト、千四五百万圓ノ利益金ヲ舉グルコトニナッテ居ル、電話モ千万圓位ノ利益金ヲ舉グルコトニナッテ居ル、斯ノ如キモノハ公債ニ依ッテ擴張ヲシテ行クト云フコトニシマシタナラバ、利益ヲ與ヘテ我財政ノ――財源ノ彈力ト云フモノヲ增ス一助ニナルト云フコトヲ私ハ疑ハナイ（「ヒヤ／＼」ト呼フ者アリ）電話ノ如キハ政府事業デアリナガラ、權利賣買ガ行ハルルト云フ如キハ、如何ニ官業ト云フモノノ設備ガ缺乏――甚ダ需要ニ及バナイト云フコトヲ證明スルモノデアル、官業トシテ私ハ體裁ノ惡イコトデアルト考ヘルノデアリマス、其外此主義ト云フモノヲ植民地ノ財政ニマデ及ボシテ頂キタイ、今日マデノ所デハ……今日ニ於キマシテハ朝鮮ノ事業費ノ千五、六拾万圓ト云フモノガ、一般會計ノ普通歲入デ貸付金ノ名ニ於テ支辨スルコトニナッテ居ル、是等モ鐵道資金ノ如ク朝鮮ノ事業――資本ヲ少シ投ジテモ、ア、云フ新開地ハ利益ガ益々多クナッテ行クノデ、直接ニ國庫ニ收益ヲ與ヘヌマデモ、植民的開發上內地ノ開發ヨリハ最モ效力ノ大ナルモノデアル、斯ウ云フモノニ向ッテ資本的ノ內國債――投資的ノ內國債ヲ以テ、之ニ充ツルト云フコトハ極メテ必要デアルト思ヒマス、是等ニ付テ如何ナモノデアリマスカ、又預金部ノ狀況ヲ見マスルニ、三億五千万圓バカリアル、預金部ノ資產、其運用ノ中ニ――資金ノ運用ノ中ニ一億千万圓ト云フ鐵道ノ貸付金ガアル、斯ウ云フモノモ若シ鐵道公債ト云フヲ起シテ行クト云フコトデアルナラバ――ト云フコトニナリマスナラバ、是ハ段々預金部ニ還シテ行ケル、サウシマスレバ預金部ガ地方各方面ニ向ッテノ低利ノ資金ト云フモノモ提供スルコトガ出來マスルシ、又今度ノ預金部ノ金ヲ用ヰテ外國ノ大藏證券ヲ買フト云フヤウナコトモ、餘裕ガ出來ルト云フコトニナルコトヲ疑ハヌノデアリマスル、要スルニ一般會計及特別會計ノ方面ニ向ッテ、公債ヲ募集シナイト云フヤウナ傾キヲ、少シ緩和ヲシテ募集スルコトニ御改善ニナルト云フコトハ如何デアルヤ否ヤ、今ハ金融ハ大緩漫ヲ來シテ居ルト云フコトハ、是ハ申上ゲルマデモナイト思フノデアリマス、今日位「コール」ヤ割引ノ下ッテ居ル年ト云フモノハ殆ドナイ、非常ナ緩漫ヲ來シテ居リマス、是ニ對シテ一時的デアル變態デアルト云フ御考モアラウカト存ジマスルガ、金融ハ常ニ繁閑極リナキモノデアリマシテ、據ハナイテ說キマスレバ此大緩漫ノ結果ハ有價證券ノ暴騰トナリ、物價ノ騰貴トナル、既ニモウ物價ノ騰貴ハ始ッテ來テ居ル（拍手起ル）サウシテ其ノ結果ハ元ノ杢阿彌ニナリ終ルノデアル、是ハモウ循環法デ爭ハレナイノデアル、大緩漫ノ次ニハ大逼迫ガ起ル、故ニ此ノ時ニ於テ此ノ募債スルト云フ策ハ、却テ屈强ナコトデハナカラウカト思ヒマスル、唯大藏大臣ハ短期ノ公債ハ比較的易イケレドモ、長期ニナッテハナカ／＼容易デナイト云フ御考ヲ持ッテ居ラレルヤウニ承知致シテ居リマスカラ、ソレモ金高ニ依ルト私ハ思ヒマスル、長期ノモノニアリマシテモ、短期公債ニ附スル位ノ條件ヲ以テ長期ノモノヲ起シマシテモ、金高ニ依リマシテ、例ヘバ三千万圓五千万圓トカ云フ金高ニ依リマシテハ、私ハ敢テ左程ニ困難デハナイカト云フ感ジガスルノデアリマスル、是ハ私ガ何處マデモサウ考ヘテ戲カナケレバナラヌト云フノデハ無論アリマセヌガ、長期ノ公債ト雖モ、資本家ハ資金ヲ回收シヤウトスレバ、短期ノ公債デアリマスルト、取引所デ賣ルコトガ出來ヌケレドモ、長期ノ公債デアレバ賣ルコトガ出來マスカラ、資金ノ回收ト云フコトモ、資本家トシテソンナニ困難デハナイ、先ヅ長期モ餘リ非常ニ長期ト云フコトデハナインデアリマスケレドモ、此點ハ大シタ差ヲ置ク必要ハナイカノヤウニ考ヘラレルノデアリマスル、要スルニ私ノ質問ノ要點ハ、公債ノ政策ニ就テ――是ハ語弊ガアルカハ分リマセヌガ、今マデ言ヒ來ッタ非募債主義トカ云フコトニ付テ少シ緩和ヲ試ミラレテハドウデアルカ、是ハ決シテ御趣旨ニハ反セヌ、當分ノ內募債セズト御言ヒニナッタニ過ギヌノデアリマシテ、今ヤ經濟ノ狀況カラ金融ノ狀況ハ變ッテ來タ今日ニ於テ、當然此變更ヲスベキ時機ノ到來シタモノト申シテ一向差支ハナイヤウニ私ハ思ヒマスル、次ハ第五ニナリマス、官業ノ整理ニ就テ――官業整理如何、是亦財政改善ノ一方法ト見ラルベキモノデアルト思ヒマスル、官業ヲ整理シテ、今マデ一般會計ガ動トモスレバ累ヲ受ケル、ソレヲ整理スル、又他方ニ於テ民業ノ奬勵ニナル、財政ヲ資ケ民力ヲ增殖スル所以デアル、官業整理ト云フコトハ必要デアルカラ――今後ノ財政ヲ考ヘマシテ必要デアルヤウニ考ヘマスル、之ニ付テ官業整理ノ今日マデイロ／＼調査會ナド出來テ居ラルルヤウデアリマス、其經過ハドウ云フ風ニナッテ居ラル、カト云フコトヲ承リタイト思ヒマス、ソレカラ第六ハ外債償還ノコトデアリマス、外債償還ノ額ニ付テ、政府ハ之ヲ增加セントスル御意見ハナイカ、減債基金――國債整理基金、特別會計法ト申シマスルモノハ、是ハ戰役公債ノ整理ニ關スルタケノ重要ナ目的ヲ持ッテ居リマシタノデ、勿論ソレト同時ニ他ノ公債ノ償還モ一緒ニ取扱ハレマシタケレドモ、法律ノ目指ス所ハ戰役公債デアリマシタカラ、私ハ彼ノ法律ハ最早復舊スベキモノデナイト思ヒマスルガ、併ナガラ其額ハ今日最モ額ヲ殖ヤスベキ好時期デナイカト考ヘルノデアリマスル、外債償還ニ付テ是マデ發ヒタ所ハ、第一ニ正貨ノ乏シイト云フコト、第二ニ國內ノ紙幣ヲ增發セシメテ、正貨……償還スベキ正貨ヲ買フ爲ニ紙幣ヲ增加セシメテ――兌換券ト申シマスカ、兌換券ヲ增發セシメテ、內ニ非常ナ經濟攪亂ヲ來スト云フコトガ主ナル原因デアッタヤウニ思ヒマスル、併ナガラ今ヤ御承知ノ通リ正貨ノ充實ハ最早持テ餘ス程正貨ガ增加致シマシテ、之ヲ使用スルニ當ッテ、別段外債償還ノ爲ニ通貨ヲ增發シナケレバナラヌト云フ譯デモナイ、今日ノ此豫算ニ依リマシテハ償還額ヲ三千万圓ト御覽ノ通リニナッテ居リマス、ツレヲ二千万圓償還ヲ餘計ニ殖ヤスカ、三千万圓餘計ニ殖ヤスカ、正貨ノ都合ニ依ッテ成ルベク多ク此際御殖シニナルト云フコトハ、私ハ最モ時機ヲ得タルモノデアルト思フ、償還シテ正貨ヲ失フト後トデ困リハセヌカト云フヤウナ、イロ／＼ナ疑念モアルヤウニ思ヒマスルガ、私ハ此償還費ノ増加ニ付テハ三ツノ利益ガアルト思ヒマス、償還費ヲ増加致シテ置クト、若シ外國ノ證券ガ廉ク買ヘマスナラバ、此償還費ヲ以テ國內ニ於ケル預金部又ハ日本銀行アタリノ內國債ヲ償還シテ、而シテ其金ヲ以テ外國ノ證券ヲ買入レテ置クコトモ出來ル、此場合ニ於テハ正貨ハ減ラズシテ、正貨ノアルト同ジコトデアル、外國證券正貨ハアルト同ジコトデアッテ、而シテ公債ノ償還ト云フコトニモ準ジテ居ルノデアリマス、自國ノ外債ヲ拂ヒ切リニシナイ代リニ、他國ノ公債證券ヲソレダケ持ッテ居ルカラ、其權利ト義務ト相殺シマスレバ、恰モ外國債ヲ償還シタノト同ジ金融狀態ニアワシメテ、而シテ外國券ヲ持ッテ居ルダケハ正貨ヲ持ッテ居ルコト、モ見ラレルノデアル、是ガ公債償還費ヲ殖ヤス一ノ利益デアルト思フ、若シソレガ思フヤウニ買ヘマセヌ時ハ、現貨ニ外債ヲ償還スルト云フコトモ出來ル、ソレハ無論ノ話、第三ニハ公債償還費ヲ殖ヤシテ置クト云フト、期スベキコトデハアリマセヌケレドモ、若シ一朝事アル時ニ方ッテ、是ハ一ノ戰時準備金ニ相當スルモノデアルト思フ、公債償還費ヲ停止シテシマフ、停止シテシマフトスレバ、公債償還費ニ割當テラレテ居ルダケノ費用ハ急用ノ費用ニ使フコトガ出來ル、是等ノ點ハ公債償還費ヲ増加シテ置ク重大ナル是ハ必要ノ理由デアルト思フ、故ニ此機ニ於テ政府ハ　モット公債償還額ヲ増加スル御意見ヲ有ッテ居ラル、ヤドウカト云フコトニ付テ、御質問ヲ申シテ置クノデアリマス、勿論今日ハ變態デアル、隨ッテサウヤタラニ輕擧ニ今金ガ殖エタカラト云ッテ、直グ金ヲ使フ途ヲ處分シテシマッテ、後トデ取返シノ付カヌヤウナコトヲシテハナラヌ、ソレハ無論サウ云フコトデナクチヤナラヌト思ヒマス、併シ償還費ヲ増シタカラト云ッテモ、直グニ正貨ガ無クナルト考ヘナクテモ宜イカト私ハ考ヘマス、ソレ故ニ償還費ヲ増加スルト云フコトハ、決シテ輕擧デハナイ、否輕擧ト云フコトヲ申シマスルナラバ、實ハ政府ガ少シ輕擧デナカッタカト私ハ思フ（「ヒヤ」ト呼フ者アリ）米價調節ノ如キ、此公債ノ償還額ノ減少ノ如キハ、實ハ少シ此臨時議會ニ於テ御輕擧デハナカッタカト思フ、モウ少シ待ッテ居ラレタナラバ――待ッテ居ラレタラバ、モウ私ハ此御質問ヲ申上ゲナクテモ宜カッタノデハナイカト思フ、去年ノ――イヤ今年ノ臨時議會ノ三十六議會ノ頃ニ於テハ、金融ハモウ緩慢デアッタ春以來緩慢デアッテ內國債ハ二千万圓位ノ內國債ハ募集ハ出來タ（「其通リ」ト呼フ者アリ）私ガ其當時ニ質問ヲシタトコロガ、ドウシテモ內債ハ目下不能デアルト云フコトデ斯ウナッタノデアル、故ニ輕擧ト申シマスルナラバ、私ハソレハ一ツノ輕擧デハナイカト思フ（「ヒヤ」ト呼フ者アリ）故ニ其輕擧ヲ再ヒスベカラズ、故ニ此今ノ法律ト云フモノヲ餘リニ變ヘルト云フコトハ考物デアルト思フ、ツマリ三千万圓以上ト云フコトニナッテ居ル、私ハ五千万圓ヨリモット多ク、是ハ今日ニ於テ償還ヲシナケレバナラヌ事情ガアルト私ハ思ッテ居ル、ソレハ政府ハ如何ニ考ヘラレルカ、是ハ在外正貨ノ問題ト關聯致シマスルカラシテ、第七トシテ在外正貨ノ利用如何ト云フ問題ニ付テ伺ッテ見タイト思ヒマス、在外正貨ハ分ッテ二種ニ見ルコトガ出來ルヤウデアル、其一ツハ政府所有デアリマス、政府所有ノ在外正貨、他ノ一ツハ日本銀行所有ノ在外正貨ト見テ宜シカラウト思ヒマス（「簡單」ト呼フ者アリ）皆サンニ御話シテ居ルノデハナイ、私ハ大臣ニ御質問ヲ致シテ居ルノデアリマス（「ヤルベシ／＼」ト呼フ者アリ）而シテ政府所有ノ在外正貨ハ、是ハ全部トハ申サレヌカモ分リマセヌガ、大部分ハ軍需品ノ賣上代デアルト思ヒマス、故ニ之ヲ取得スルニ當リマシテハ、正貨ノ――紙幣ノ膨脹ヲ促シマセヌ、之ニ反シテ日本銀行所有ノ此正貨――在外正貨ヲ取得シ蓄積シテ參リマスルニハ、ドウシテモ兌換券ノ膨脹ト云フモノガ伴フノデアリマス、何トナレバ日本銀行ハ輸出手形又ハ產金ヲ兌換券ヲ増發シテ買ハナケレバナラヌ、大體ニ於テ増發シテ買ハナケレバナラヌノデアリマス（「在外正貨モ同ジ事ダ」ト呼フ者アリ）故ニ一方ハ兌換券ノ増發ナシニ（「ノーノー」ト呼フ者アリ）他方ハ兌換券ノ増發ヲ免レナイ、政府ノ軍需品ヲ賣ル場合デアリマスレバ、別段兌換券ハ要ラヌヂヤアリマセヌカ、其政府ノ賣上代ヲ外國デ金ヲ取ルノダ、何ノ兌換券ノ増發ヲ促シマスカ、之ニ反シテ輸出手形ヲ買フ、正金銀行ガ買フニシテモ、日本銀行ガ買ヒマシテモ、輸出手形ヲ日本銀行ガ買フニハ、兌換券ヲ以テセネバ買ヘナイ、故ニ是ハ兌換券ノ増發ヲ促スト云フコトニナルノデアリマス、其結果此政府ノ方ガ在外正貨ヲ蓄積シテ行ク上ニハ、軍需品ガ賣レマスレバ賣レルダケ溜ッテ行クノデアリマスガ、ソレデ比較的苦痛ヲ感ゼヌノデアリマスガ、日本銀行若クハ正金銀行等ガ之ガ正貨ヲ蓄積シ、保有シ、保管ヲシテ維持シテ參リマスニハ、日本銀行ナルモノ、此一體正貨保有力ト云フモノヲ考ヘナケレバナラヌト思フノデアリマス、幾ラデモ日本銀行デ買ッテ溜メテ置ケルモノダト云フ想像ハ私ハ出來ナイ、此ニ於テ政府ニ御尋ヲスルトコロハ、日本銀行ガモウ此兌換券ヲ増發シテ、輸出手形若クハ產金ヲ買フカト云フモノガアルヤ否ヤ、日本銀行ノ購買力ト云フモノガ限ラレテ居ルト見ルベキモノデアルカドウカ、此點ニ付テ御答ガ得ラレレバ、此問題ヲ極メルノニ私ハ最モ的確ナ材料ヲ得ル次第デアルノデアリマス、私思フニ既ニ日本銀行ハ制限外兌換券マデ發行シテ、兌換券發行ニ全力ヲ殆ド盡シテ居ルノデアルカラ、此上ニ日本銀行ガ制限外ノ課稅ノ五分以上ノ課稅ヲ脊負ッテマデ此正貨ノ――輸出手形及產金ヲ買込ンデ、在外正貨ノ蓄積ヲ維持スルト云フコトハ私ハ餘程困難デハナイカト思ヒマスル、故ニ其點カラ見マスルト云フト、此外債償還額ノ如キハ、實ハ二千万圓位増スト云フコトデハ、マダ私ハ足リナイカト思フ（「ヒヤ」ト呼フ者アリ）モウット之ヲ増スト云フコトノ方針ニセンケレバナラヌ、ソレデ政府ノ外債償還ノ爲ニ其正貨ト云フモノガ減レバ、又後トハ買ヘルノデアルケレドモ、モウ一杯ニナッテ居ルナラバ、此上日本銀行正金銀行ト云フモノハ買ヘヤウガナイ、買ヘバ兌換券ハ非常ニ膨脹シテ來ル、而シテ輸出手形ト云フモノハヤタラニ買ヘナクナッテ、輸出ヲ壓迫シナケレバナラヌ、手形ノ割引料ヲ高クシテ、成ルベク手形ハ引受ケヌヤウニ抑制ヲ、輸出貿易ノ上ニ加ヘヌケレバナラヌト云フコトニナルト、今ヤ生絲貿易ハ恢復ヲシ來ッタ場合ニ於テ、斯ノ如キ策ヲ取ルト云フコトニ若シナリマシタナラバ、是ハ單リ啻ニ小ナル日本銀行ダケノ問題ダケデナイ、大ナル問題デアルト確信スルノデアリマス、此ノ如キ事ヨリ致シマシテ、在外正貨ノ利用ニ付テ私ノ御尋ネスルノハ、總メテ申シマスルト云フト、政府ハ政府所有ノ方ノ外債ヲ償還スル場合ニ、政府所有ノ方ノ兵器賣下代ト云フモノヲ利用セントセラルルヤ、又此日銀所有、所謂我ガ經濟界ノ有シテ居ル所ノ其在外正貨ト云フモノヲ利用セラルルヤ、現ニ三千万圓ト云フモノハ外債償還ニ用ヰテ居ルノデアル、ソレハドウ云フ風ニオヤリニナッテ居ルヤ、從ッテ若シ今後私ガ申上ゲルヤウニ假リニ增スト致シマスルナラバ、如何ナル方法――ドチラノ方法ニ依リマスルヤ、若シモ日銀所有ノ方ニ依ラル、ト云フコトデアルナラバ、ソレト同時ニ一體日銀ノ所有ガ購買力ト云フモノハ最早充滿シテ居ルカドウカ、サウ云フ點モ質問ノ一ト致シマス、實ハ貴族院ノ昨日ニ於ケル大藏大臣ノ御演說等モ見マシタ、貴族院ノ質問ニ對スル御答ヘ振ガ、ドウモ五千万圓ヲ復舊スルト云フヤウナ御考デハナイカト想像サレルノデアリマス、而シテ二千万圓ノ復舊ニ關シテハ、豫定ノ計畫ハ變更シナイ、他ノ方法ヲ以テ外債ノ減少ヲ計ルニ努ムルト云フヤウニ御答ニナッタヤウニ見エマス、其他ノ方法ト云フ如キハ如何ナル方法デアルカ、政府――政府ト云フカ、大藏大臣ハ勿論、或ル少數ノ會ニ於テ新聞紙上ニ據リマスト、五千万圓ヲ復舊スルト云フコトニ決定シタト云フ御話ヲナサッタトカ云フコトガ新聞ニ見エテ居リマスガ、是ハ少々不謹愼――若シソレガ事實ナレバ餘程是ハ穩カナラヌコトデナイカ、政府ガ公債ヲ募集スルトカ還償スルトカ云フ事ノ決定ヲ、之ヲ少數ノ處ニ御話シニナルノハ甚ダ宜シクナイ、一般ニ知ラセル處ニ知ラセズ、少數ノ處ニ御話シニナルト、是ハ投機ト云フモノニ關係ヲ有ッテ參リマシテ、有價證券ノ相場ノ上ニ關係ヲ有ッテ來ルト云フコトニナル、是ハ餘程オカシナ話ダト思ヒマスカラ、私ハ事實サウ云フコトハ決シテ無イト確信致シマス、是等ノ如キ事柄ハ、事實決シテアラザルモノト云フコトヲ私ハ信ジテ疑ハナイノデアリマス、唯昨日ノ貴族院ニ於ケル御答辯ハ是ハモウ疑ノナイ事實デ相違ナイノデアリマシテ、アソコデ他ノ方法トマデ御話ニナル以上ハ、是ハ其方法マデ御說明下サッテ、廣ク御說明ヲ下サッタナラバ、ドウデアルカ、ソレニ付テ若シ追加豫算デモ出スヤウナ事デモアルナラバ、是ガ通ッテシマッテカラ追加豫算ヲ御出シニナルヨリハ、今マダ此豫算案ノ衆議院ヲ通過セザル以前ニ於テ、成ルベク追加豫算ヲ御出シニナル方ガ宜イ、此事ニ付テモ大藏大臣ノ貴族院ニ於テ協贊ヲ經ベシ協贊ヲ求メマスト云フ事ヲ言ッテ居ラレマシタガ、何ノ協贊デアルカ分リマセヌガ、私ハ蓋シ追加豫算デハナイカト想像シマス、ソレナラバ此豫算ガ衆議院ヲ通ッタ後御出シニナラナイデ、今御出シニナッタ方ガ私ハ適當デアルト思フ、吾々ガ審議ヲスル上ニ大變都合ガ好イト思フノデアリマスガ、併シ御都合ハドウデアルカ分リマセヌガ、ソレハ出來ル事デアルヤ否ヤ、是モ質問ノ一トシテ御願ヒ致シマス、甚ダ冗長ニ渉リマシタノデ、一々御答ヲ得ナイカモ知レマセヌケレドモ、私ハ屢々大藏大臣ニ御質問ヲ申上ゲル機會ヲ此議會ニ於テハ有チマセヌノデ、此機ヲ利用シテ大藏大臣ニ甚ダ煩雜ヲ掛ケテ恐入リマスケレドモ詳細ニ、徹底的ニ、明白ニ御答ヲ願ヒマス

二　新領土經營ニ關スル質問（小林勝民君提出）

（小林勝民君登壇）

（拍手起ル）

○小林勝民君　諸君、第一ノ質問ハ新領土經營ニ關スル質問デアリマスルガ、此質問ハ曩ニ大正二年ヨリ三年ノ第三十一議會ニ掛ケマシテ、當時ノ山本内閣ニ對シマシテ質問書ヲ提出シタノデゴザイマス、所ガ當時問題モ随分多クアリマシテ、質問日ニ他ノ緊急動議ガ起リマシテ、共質問ヲ時々妨ゲラレタコトモアリマシタケレドモ、質問ヲ質問者ガ當日レヤウトスル其刹那ニ當ッテ、政府ヨリ答辯書ヲ出サレ、其答辯ガ質問者ノ說明ヲ待タズシテ答辯シタ爲ニ、マルデ喰違ッタ答辯ヲサレテ居ルノデ、ソレ故ニ前後三回ニ亙ッテ本員ハ質問書ヲ提出シタノデ、然ルニ當時ノ政府當局者ハ何ノ考デアリマスカ、常ニ其ノ質問日ノ質問――質問セントスル刹那ニ第二ノ答辯書第三ノ答辯書モ直グ其際ニ出サレルト云フコトニ、議會ノ會期ノ了ルマデ說明ヲスル機會ヲ與ヘラレナイ、ソレ故ニ常ニ此答辯ハ要領ヲ得ル答辯ガナクテ濟ンデ、其後間モナク此内閣ハ瓦解シタト云フコトニナッテ居リマス、併ナガラ問題ハ内閣ノ如何ニ拘ラズ、依然トシテ存在シテ居ル譯デアリマス、ソレ故ニ此質問ヲ繼續シテ居ル譯デゴザイマスルガ、御承知ノ如ク日本ハ古來外國ヨリシテ侵略ヲサレナイト云フ光榮アル誇ルベキ歷史ヲ有ッテ居リマス、併ナガラ遺憾ナガラ領土ト云フヤウナコトハ――日本以外ニ他國ノ領土ヲ有ッタト云フ歷史ハゴザイマスルケレドモ、上古ニ於テモ中古ニ於テモ其歷史ハゴザイマスケレドモ、其領土ヲ永遠ニ保持シタ、永遠ニ之ヲ經營シテ其統治ノ實ヲ完クシテ、新シキ領土ヲ永ク保チ得タト云フ歷史ハ無イノデアリマス、是ハ吾々日本民トシテハ甚ダ遺憾トシテ居ル所デアリマスルガ、此明治時代ニ方リマシテ　明治大帝ノ御稜威ニ依リマシテ、軍人忠勇ナル結果ト致シマシテ、我邦ニ於キマシテハ新ナル領土ヲ二大戰役ニ引續イテ、其戰役ノ結果ヨリシテ新領土ヲ得ルニ至ッタノデアリマス、然レバ此新領土ハ古イ歷史ニ鑑ミテ、ドウシテモ之ヲ永遠ニ保持シテサウシテ之ヲ大日本帝國ノ光榮アル永イ所ノ領土トシテ、保持スルコトニ勉メナケレバナラヌ次第ト考ヘテ居ルノデアリマス、所ガ私ガ從來此歷代ノ政府ニ此新領土ノ經管ノ方針ガ常ニ一定シテ居ラナイ、經營ニ付テノ殆ド主義方針ト云フモノガナイヤウニ考ヘラレマスルコトハ、甚ダ遺憾トシテ居ル次第デアリマスルガ、ソレハドウ云フ譯カト申シマスルト云フト、此世界各國殊ニ此歐米各國ガ此新領土ヲ經營致シマスルノニハ、自ラ二ツノ主義方針ガアルヤウデアリマス、ソレハ一ツハ新領土、其國ノ一州トシテ之ヲ其國ノ地積ノ延長トシテ、サウシテ之ヲ一纏メニ即チ畫一的ニ統治シテ行クト云フ方針ト、一ツハサウデナク單純ニ人民ヲ唯移殖シテ置ク、所謂殖民的經營トシテ統治シテ行クト云フ二ツノ方針ガアルノデゴザイマス、其第一ノ方カラ申シマスレバ、ソレハ露國ノ西伯利亞ニ於ケル、或ハ露國ノ波蘭、芬蘭ニ於ケル、若クハ獨逸ノ「アルサスローレン」ニ於ケル如キモノガ、此第一ノ新ニ得タル領土ヲ其國ノ一州トシテ經營シテ行クト云フ方針デアルノデアリマス、之ニ反シテ英國ノ印度ニ於ケル、又佛蘭西ノ安南ニ於ケル如キモノハサウデナクシテ、單純ニ植民地トシテ之ヲ經營シテ行クト云フコトニナッテ居ルノデアル、第一ノ場合ニ方リマシテハ、立憲國ト致シマスレバ、第一ノ場合ニ方リマシテハ憲法ハ當然此新領土ニ及ブノデアル、併ナガラ第二ノ單ニ植民的經營ヲシテ行ケバ、其國ノ憲法ハ新領土ニ及バナイノデアリマス、ソレ故ニ英國ノ印度ニ於ケル、佛蘭西ノ安南ニ於ケル如キハ、英國ノ憲法ナリ佛蘭西ノ憲法ハ無論新領土ニ及ンデ居ラヌ、之ニ反シテ露西亞ノ波蘭、芬蘭ニ於ケル、又獨逸ノ「アルサスローレン」ニ於ケル場合ニ方ッテハ、當然露國ナリ獨逸ノ憲法ハ新領土ノ範圍ニ皆及ンデ居ルノデアリマス、斯ウ云フ明カナル方針ニ依ッテ、甲デアルカ乙デアルカト云フチヤント一定ノ方針ニ依ッテ、統治經營シテ行クト云フノデナケレバ、國ヲ治メテ行ク領土ヲ經營シテ行クト云フコトガ無意味ニナルノデアラウト思フ、トコロガ此我日本ノ新領土經營ニ至ッテハ甚ダ不可思議デアリマス、是ハ唯領土經營ノ經驗ガ無イ爲デアリマスカ知ラヌガ、甚ダ區々デアル、例ヘバ同ジ新領土デアッテモ、朝鮮ヲ經營スルノト臺灣ヲ經營スルノトハ違ッテ居ル、又樺太ヲ經營スルノト臺灣朝鮮ヲ經營スルノトハ、マルデ違ッテ居ル方針ニ出テ居ルノデアル、ソシテモ樺太ニ於テ憲法ノ行ハレルト云フコトニ於テハ、無論議論ノナイ譯デアリマスケレドモ、朝鮮若クハ臺灣ニ於テハ憲法――日本ノ憲法ガ行ハレテ居ルカドウカト云フコトニ付テハ、從來多クノ疑ヲ懷カレテ居ルノデアル、ソレ故ニ當時此政府ニ、議會ヨリシテ其說明ヲ求メラレタ場合ガアリマスルガ、其際憲法ハ當然新領土ニ及ブト云フ斷定的ノ答辯ヲサレタ内閣モアリマス、併シ政府ハ――過去ノ政府ハ此憲法ノ新領土ニ及ブコトヲ明言サレテ居リマスケレドモ、此經營ノ仕方ハ憲法ガ其新領土ニ及ブヤウノ經營ノ仕方ヲサレテ居ラナイノデ、申スマデモナク此帝國憲法ノ第二章ニ於ケル日本帝國――帝國臣民ノ權利義務ガ、此憲法ニ規定サレテ居ル通リニ、之ヲ此朝鮮若クハ臺灣ノ新領土ニ於テハ、決シテ之ヲ行ッテ居ラナイノデアリマス、單純ニ此司法權ダケノコト、シテ申シマシテモ、此新領土ニ於ケル此司法權ガ純然タル獨立ヲシテ居ルト云フコトニ付テハ、甚ダ疑ガアルノデアリマス、即チ此憲法ニ規定サレタ所ノ裁判所――神聖ナル裁判所ト云フモノニ於テ、此裁判ヲサレテ居ルコトニナッテ居ラナイノデアリマス、サウシテ同ジ此立法等ニ委任總督ヲ置イテ委任ヲサレテ居ル、朝鮮若クハ臺灣ダケデ申シマシテモ、朝鮮ニハ三級審ヲ設ケテ、臺灣ニハ第二級審ニ止メラレテ居ル、同ジ同一ノ新領土デアリナガラ、斯ウ云フヤウニ郎斷ヲ爲シテ居ル、ソレ故ニ此政府ガ――政府ト云フノハ現在ノ政府ノミヲ指スノデハアリマセヌガ、此政府ガ新領土ヲ經營シテ行クト云フ方針ハ、所謂單純ニ殖民的政策ヲコヽハ行フト云フノデアルカ、又ハ純然タル名實共ニ新ナル領土トシテ經營シテ行クノデアルノカ、此間ノ方針ガ一向從來一ツモ立ッテ居ラナイ、是ハ政府ノ如何ヲ問ハズ、黨派ノ如何ヲ論セズ、此方針ト云フモノハ決然トシテ定メルト云フコトニシナケレバ、將來此日本ガ如何ニ此發展シテ行クト云フ此方針ニ矛盾スルコトニナルデアラウ、勿論日本帝國ノ百年ノ國策トシテハ、此人口ノ增殖ニ伴ヒ、國力ノ發展ニ伴フ所ノ、ソレニ伴ッテ行ク所ノモノハ何デアルカト言ヘバ、其新ナル領土ノ此經營ト此殖民政策ノ其宜シキ得ルト否トニ依ッテ、其國策ノ興敗ノ岐ル、所ニナルデアラウト思フ、然ルニ此大切ナル新領土ノ經營ガ、從來此ノ如ク矛盾シテ、何レノ内閣ニ於テモ、何レノ政府ニ於テモ、常ニ斯ウ云フ矛盾ノ全然無方針ノヤウニ出テ居ルト云フコトハ、私ハ甚ダ遺憾トシテ居ル所デアリマス、現政府ニ於テハ此新領土經營ニ付テ如何ナル方針ヲ執ラル、カ、如何ナル經綸ヲ持ッテ居ラル、ノデアルカ、ヤハリ從來ノ如ク曖昧混沌タル下ニ、所謂其總督任セト云フヤウナコトニシテ、其日暮シニ依テヤラレヤウト云フノデアルカ、若クハ此一定ノ方針ヲ定メテ、サウシテ新領土經營ノ實ヲ擧ゲヤウト云フノデアルカ、此點ニ付テ詳細ナル說明ヲ求メタイト思フノデアリマス、是ガ第一ノ質問ノ要領デアリマス

第五　明治四十四年法律第五十一號中改正法律案（政府提出）　第一讀會ノ續（委員長報告）

（山宮藤吉君登壇）

○山宮藤吉君　私ハ明治四十四年法律第五十一號中改正法律案ニ付テノ委員會ノ經過並ニ結果ヲ報告致シマス、此法律ハ間島ニ於ケル領事裁判所ニ關スルトコロノ法律デアリマシテ、間島ニ於テ領事ニ於テ豫審ヲナシタルトコロノ重罪案件、其他ノ事件ハ朝鮮裁判所ノ管轄トナッテ居リマス、又外務大臣ノ必要ヲ認ムルトキニハ、領事裁判ヲ許サズニ被告人ヲ直ニ朝鮮ニ移送スル場合ニ於キマシテ、裁判管轄ヲ定ムルノ手續デゴザイマス、此改正ハ理由書ニモアリマス通リ、朝鮮裁判所令ノ改正ニ基イテ此改正ガ起ッタノデゴザイマス、朝鮮ノ裁判所令ノ改正ニ依リマシテ裁判所ノ名稱ヲ變ジマシタ、總督府ノ地方裁判所ヲ地方法院ト改メ、控訴院ヲバ覆審法院ト改メタノデアリマス、又裁判所ヲ撤廢致シタノデアリマス、是ガタメニ自然促サレテ此法律ノ改正ト云フコトガ來ッタノデゴザイマシテ、此朝鮮ノ裁判所令ト云フモノハ、明治四十五年ノ三月制令第四號ニ依ッテ發布セラレタノデアリマスカラ、此朝鮮裁判所令改正ト共ニ、此法律ト云フモノハ改正ニナラナケレバナラヌノデゴザイマスガ、大正元年以來政變ニ政變ヲ重ネ、遂ニ國會ニ解散サレタト云フヤウナ場合デ、此改正法律案ヲ提出スル機會ガ惡カッタト云フコトハ、政府委員ノ辯明セラレタトコロデアリマス、斯ノ如キ簡單明瞭ナルトコロノ改正法律案デゴザイマスカラ、委員會ニ於テハ別段ノ議論モ用ヰズ全會一致ヲ以テ原案ニ可決致シマシタ、此段報告致シマス

（「異議ナシ」ト呼フ者アリ）

○議長（島田三郎君）　異議ガナイト認メマスカラ……

衆議院議事速記錄第九號小河源一君演說ノ參照(其二)

瀆職事件豫審ニ關スル調書

豫審請求書

瀆職　白川友一

右者左記ノ犯罪アリト思料候條求豫審候也

大正四年六月二十七日
高松地方裁判所檢事局
檢事　山下覺次郎㊞

高松地方裁判所
豫審判事　御中

犯罪事實

被告白川友一ハ衆議院議員ニシテ政友會ニ屬スルモノナル處大正三年十二月第三十五議會ニ於テ政府ヨリ師團增設案提出セラレ當時議員ノ多數ヲ占メ居タル政友會ハ黨議ヲ以テ議員ヲ結束シ議會ニ於テ該案ヲ否決セントスル形勢ナリシヨリ該案ノ通過ヲ欲シタル被告友一ハ政友會議員ノ幾部ニ金員ヲ供與シテ同會ヲ脫セシメ以テ該案ニ贊成セシメルコトヲ企テ同月中政友會議員ノ一人ナル板倉中ヲシテ脫會及增師案贊成ヲ約セシメ且同志ヲ糾合スルコトヲ依囑シタル上金一萬圓ヲ同人ニ交付シタリ

印

被告人白川友一訊問調書

大正四年六月二十七日高松地方裁判所ニ於テ豫審判事安藤政信ハ裁判所書記北岡權二郎立會瀆職被告事件ニ付キ被告人白川友一ニ對シ訊問スルコト左ノ如シ

問　氏名ハ
答　白川友一
問　年齡ハ
答　四十三年
問　身分ハ
答　平民
問　職業ハ
答　會社員
問　住所ハ
答　丸龜市六番丁
問　原籍ハ
答　香川縣仲多度郡南村大字作原
問　出生地ハ
答　同縣綾歌郡造田村
問　位記勳章從軍記章又ハ年金恩給ヲ有セザルヤ
答　アリマセヌ
問　是迄刑罰ニ處セラレタルコトナキヤ
答　アリマセヌ
問　被告ハ衆議院議員ナルカ
答　左樣デス
前ニ三十五議會ニ衆議院議員デアッテ昨年十二月二十五日同議會ガ解散シ其後本年三月二十六日ニ當選シテ議員ニナリマシタ兩議員トモ丸龜市ヨリ選出セラレマシタ
問　被告ハ第三十五議會ノトキニハ政派ハ政友會ニ屬シ居リタルカ
答　自分ハ以前ヨリ政友會ノ一人ナリシ所昨年十二月二十一日ニ增師案其他ニ付テ政友會ノ幹部ト意見ヲ異ニシ脫黨致シマシタ
增師案ニ付テハ自分ハ二個師團增設ヲ贊成シテ居リマシタ
問　被告ニ對スル公訴事實ハ第三十五議會衆議院議員タリシ當時三年十二月其議會ニ於テ政府ヨリ師團增設案提出セラレ其際議員ノ多數ヲ占メ居ル政友會ヘ黨議ヲ以テ議員ヲ結束シ同議會ニ於テ該增設案ヲ否認セシメントスル形勢アリシヨリ被告ハ政友會議員ノ幾部ニ金員ヲ贈與シテ政友會ヲ脫シ該案ニ贊成セシメンコトヲ企テ同月中政友會議員ノ一人ナル板倉ヲシテ脫會及增師案贊成ヲ約セシメ且同志ヲ糾合スルコトヲ依囑シタル上金一萬圓ヲ同人ニ交付シタリト言フ趣旨デアルガ如何
答　私ハ第三十五議會ノ議員トシテ師團增設案通過ヲ希望シテ居タコトハ相違ナキモ其增師案ノ通過ヲ欲センガ爲メニ政友會議員ニ金圓ヲ贈與シテ脫會セシメ且贊成セシメント爲シタル事ハアリマセヌ
同衆議院議員ニシテ板倉中ニ對シ御問ノ如ク脫會增師案贊成等ヲ約セシメタルコトナク又何等依囑シタルコトナリマセヌ
金圓等ヲ與ヘタルコトモアリマセヌ

右讀聞セタル處承認シタリ

被告人　白川友一

高松地方裁判所
裁判所書記　北岡權二郎㊞
豫審判事　安藤政信㊞

印

家宅搜索調書

白川友一、板倉中瀆職被告事件ニ付キ大正四年六月二十八日高松地方裁判所豫審判事代理判事角南美貫ハ檢事田中健之助、古賀才次郎裁判所書記中條延次ト共ニ丸龜市六番丁三十番地被告白川友一方ニ至リ同人祖母マツエニ對シ前記被告事件ニ付キ家宅內ヲ搜索スル旨ヲ告ゲ同人ヲ立會セシメ搜索シタル處別紙目錄記載ノ物件ハ本件ノ事實ヲ說明スルニ足ルベキモノト認メ押收シタリ

此搜索ハ同日午前八時ニ着手シ同日午後九時三十分ニ終了現場ニ於テ此調書ヲ作成ス依テ所屬裁判所ノ廳印ヲ押捺スル不能

高松地方裁判所
裁判所書記　中條延次㊞
豫審判事代理
判事　角南美貫㊞

大正四年檢八六號	罪名	瀆職	被告人氏名	白川友一 板倉中

右被告事件ニ付キ證據物トシテ差押此目錄ヲ作ルモノ也

於丸龜市六番丁白川友一方
高松地方裁判所
豫審判事代理
判事　角南美貫㊞
裁判所書記　中條延次㊞

出張先ニ係ルヲ以テ所屬廳印押捺不能

物件番號	品目	員數	差出人住所氏名	所有者住所氏名
一	大正四年度分本店來信綴	一綴	丸龜市六番丁白川マツエ	白川友一
二	電信暗語帳	一冊	同	同

家宅搜索調書

大正四年六月二十八日白川友一、板倉中瀆職被告事件ニ付キ高松地方裁判所豫審判事安藤政信ハ檢事正山下覺次郎檢事一松定吉ト共ニ同廳裁判所書記北岡權二郎ヲ隨ヘ家宅搜索ノ爲メ香川縣高松市一番丁白川高太郎方ニ臨ミ居合セタル高太郎、坂本和吉、安達賢其他ノ家族ヲ座敷ニ集メ高太郎ニ對シ來旨ヲ告ゲタル上高太郎ヲ立會ハシメ搜索ヲ遂ゲタル處座敷ノ袋戶棚及座敷次ギノ間ノ机ノ傍ニアリシ箱ノ中又二階ニ在リシ坂本和吉所有ニ係ル洋服ノポケット內ヨリ發見シタル別紙目錄記載ノ物件ハ何レモ本件ノ事實ヲ證明スルニ足ルベキモノト思料シ之レヲ押收シタリ

右搜索ハ同日午前七時二十分ニ着手シ同日午前十時ニ終リ即日前記高太郎方ニ於テ此調書ヲ作成ス

但出張先ニ係リ所屬裁判所印ヲ押捺スルコト能ハズ

高松地方裁判所
裁判所書記　北岡權二郎㊞
豫審判事　安藤政信㊞

押收目錄

大正四年檢八六號	罪名	瀆職	被告人氏名	白川友一 外一名

右被告事件ニ付キ證據物トシテ差押此目錄ヲ作ルモノ也

於高松市一番丁白川高太郎方
高松地方裁判所
豫審判事　安藤政信㊞

大正四年六月廿八日
裁判所書記　北岡權二郎㊞

出張先ニ係リ所屬裁判所ノ印ヲ用ル能ハズ

物件番號	品目	員數	差出人住所氏名 所有者住所氏名
三	複寫頼信紙	一	高松市一番丁白川高太郎方座敷次ノ間箱中ヨリ發見
四	電信暗語帳	一	同
五	手帳	一	同
六	首相外數名符合記號ノ紙	一	同人方座敷押入中袋ノ中ニ現存セリ
七	今川好平名義金五百圓受領證	一	同人方座敷次ギノ間箱中ヨリ發見
八	大正四年一月二十六日付高原白川組出張所ヨリ白川ユキ宛受入通知書	一	同人方座敷次ギノ間箱中ヨリ發見
九	同年二月三日付白川組高原出張所ヨリ白川ユキ宛通知書	一	同
十	今井行平ヨリ白川ユキ宛二千圓受領證	一	同
十一	大多和克己ヨリ鈴木太郞吉宛五十圓借用證	一	同
十二	今井行平ヨリ白川友一宛一萬圓受領證	一	同
十三	朝鮮銀行東京支店ヨリ坂本和吉宛一萬圓受取書	一	同
十四	高原白川組出張所ヨリ白川ユキ宛受入通知書	一	同
十五	白川友一支出金高調書	一	同所机ノ抽斗ヨリ發見
十六	電報送達紙電文記載アルモノ	二	同
十七	電報頼信文	一	同
十八	妥協成立證スル電報寫シ	一	同人方座敷袋戶棚中袋ニ入レアリシモノ
十九	自大正四年一月一日至同年三月三十一日白川友一日誌	一	同人方座敷袋戶棚中袋ニ入レアリシモノ
二十	自大正四年一月一日至同年三月三十一日白川友一日誌	一	同
二十一	立候補趣旨及證據說明書	一	同
二十二	武市庫太報告書	一	同
二十三	武市庫太ヨリ白川友一宛書狀	一	同
二十四	大石大ヨリ白川友一宛書狀	一	同
二十五	武市庫太ヨリ同人宛書狀	一	同
二十六	關西貯蓄銀行ヨリ白川友一宛書狀	一	同
二十七	同上安達賢宛書狀	一	同

二十八	三月四日付大ヨリ白川友一宛書状	一	同
二十九	白川友一外二名振出大正四年二月二十三日付一萬圓約束手形	一	同
三十	同日付同人振出一萬圓約束手形	一	同人方座敷袋戸棚中袋ニ入レアリシモノ
三十一	同日付同人振出一萬圓約束手形	一	同
三十二	同日付同人振出六千圓約束手形	一	同
三十三	帝國議會報告書	一	同
三十四	脱黨理由書	一	同
三十五	東海新聞號外	一	同
三十六	水間此農夫ヨリ白川友一宛書状	一	同
三十七	同人ヨリ白川友一宛書状	一	同
三十八	濱田政壯ヨリ白川友一宛書状	一	同
三十九	中正倶樂部ヨリ白川友一宛電報	一	二階ニ於テ坂本和吉所有ノ合着洋服ポッケット中ヨリ發見
四十	本件ハ大浦ガ否認云々記載ノ新聞紙	一	二階ニ於テ坂本和吉ノ所有セル合着洋服ノポッケット中ヨリ發見
四十一	本件ハ金ノ分割セル野紙	一	同

聽取書

白川友一

大正四年七月四日高松地方裁判所檢事局ニ出頭シ任意左ノ通陳述シタリ

一、昨年十二月召集セラレタル第三十五帝國議會ニ政府案トシテ二箇師團増設案ノ提出セラレタコトハ御承知ノ通リデアリマスガコノ案ニツキマシテハ其當時私所屬ノ政友會ニ於テハ意見數派ニ分レ、村野常右衛門、床次竹次郎、岡崎邦輔、小川平吉等ノ如キ政府ノ總テノ政策ニ反對スルト言フ趣旨ノ下ニ本案ニ就テモ之レヲ否決スルト言フ所謂突進組ト謂ヒ政友會內閣トシテモ増師ヲ必要トスル秋ニ於テ非政友內閣ナルガ故ニ擧國一致ヲ破リテ迄モ議會ノ解散ヲ賭シ増師ニ反對スルトイフガ如キハ不穩當デアルト言フ理由ノ下ニ本案ニハ贊成シナケレバナラヌト言フ私共一味ノ所謂厚生館組ト兩名ノ中間ニ立ッテ平和ニ解決ショウト言フ奥、翠川等ノ所謂議長官舍組トガアリマシテ十二月十八日頃迄ノ間ハ吾々ノ意見ニ贊成シ厚生館ニ集マル連中モ多數アリマシタ

ソシテ此頃迄ニ吾々同志ノ連判帳ニ署名シタ議員ガ四十名程アリマシタガ東海道組ノ井上敬夫ガ連判帳見タ樣ナモノヲ作ルヨリモ夫レ〱脱黨屆ヲ作リ之ヲ原總裁ニ突付ケテ總裁ノ意思ヲ動カシ黨議トシテ増師案贊成サセル樣ニ勢ムルガ適當ナル方法デアルト言フコトヲ申出マシタ處一同此方法ヲ實行スルトイフ事ニナリマシタ

二、増師案ニ贊成スルト言フ理由ニ至ッテハ各自必ラズシモ同一デハアリマセヌガ私ハ過日太田黒檢事正ニ申上ゲタ通リ請負事業ノ爲メ長ク朝鮮滿洲ニ滯在シ彼地ノ事情ヲ了知シ居ル關係上痛切ニ増師ノ必要ヲ感ジ居リタル爲メ提案ニ贊成デアリマシタガ贊成議員中ニハ若シ否決スルニ於テハ政府ニ於テ議會ヲ解散シテ迄モ目的ヲ逹スルト言フ氣勢アルヲ看取シ解散サレテハ困ルト云フ考ヘヨリ贊成スルト言フ連中モアッタ樣デアリマシタ去結局突進組ノ否決說ガ勝ヲ占メ増師反對ト言フコトニナリマシタノデ一時ハ脱黨届ヲ出シテ迄幹部ニ反省ヲ促ガシ解散ノ厄ヲ免ガレントシテ厚生館ニ出入スル連中ガ多クナリマシタ

今夫等ノ人々ヲ申上ゲレバ私ヲ初メ

増田穣三（香川）
丸尾光春（兵庫）
武市庫太（愛媛）
水間此農夫（宮崎）
瀬戸山濟彦（宮崎）
光森德治（高知）
本出保太郎（大阪）
高鍋萬郎（兵庫）
村井啓四郎（奈良）
濱田正壯（宮崎）
高橋直治（北海道）
井阪光暉（大阪）
矢野莊三郎（愛媛）

等ノ厚生館組ト

板倉中（千葉）
根岸船太郎（群馬）
關信之介（茨城）
太田直治（茨城）

等ノ關東組ト

福岡精二、石黒磐（以上）
春田秸濟、吉原秸太郎（愛知）
松城兵作（静岡）
早川六三郎（岐阜）
森茂生、井上敬夫（三重）

等ノ東海道組トデアリマス

三、右ノ内井上敬夫ト森茂生トガ十二月十九日厚生館ノ私共ガ集マッテ居ル處ニ參リ今東海道組ノ脱黨届ヲ本部ニ出シテ來タカラ君等ノ方モ早ク出ス樣ニセヨト申シマシタケレドモ私等ノ意氣トシテハ今出サナクテモ今少シ交渉ヲ重ネテドウシテモ幹部ノ方デ應ジヌト言フコトニナッタトキニ出ス樣ニシテモ遲イ事ハ無イカラト言フテ其日ハ出シマセンデシタ處ガ翌二十日モ同樣勸メラレマシタガ尙ホ早イト言フテ見合ハセテ居リマシタ處二十一日モ來テ勸メマスノデ最早時機ハ熟シタト見タノデ當日厚生館ノ席上ニ於テ私ト増田、武市、光森、森川、吉田、村井、丸尾、高鍋、水間、濱田、瀬戸山、高橋分ノ脱黨届ヲ取纒メ私ト光森トコレヲ原總裁ノ私宅ニ携帶シ直接總裁ニ提出致シマシタ

右樣ノ次第デ政友會幹部デモ大ニ驚イタモノト見ヘ翌二十二日ニハ奧田義人、高橋是淸、江原素六等所謂貴族院ノ交友倶樂部員（政友會員）等ヲ始メ元田、大岡、床次等ノ總務及他ノ幹部連總出ニテ鎭撫ニ從事シマシタガ其方法トシテ増師一年延期說ヲ持出シ一年延期ト言フ條件ニ於テ本案ヲ否決スルコトニショウサスレバ名ハ反對ト言フ事ニナルケレドモ増師其モノニハ贊成デアル只時期ノ問題ニ過ギナイノダカラ政府トテモ議會ヲ解散シテ迄原案ヲ固執スル樣ナ恐ハ致スマイカラ何モ解散ヲ恐レルノ必要ハ無イデハナイカト言フ趣意ヲ以テ說カレタノデスガ夫レガ爲メ大ニ意氣込ンデ居ッタ連中モ俄ニ態度ヲ變ジ私共同志モ大分人員ヲ減ズル樣ニナリマシタガ二十三日ノ午後三時カラ政友會本部ニ代議士會ヲ開イテ黨議ヲ決スルト言フコトニナッタ爲メ私共モコレニ對抗策トシテ厚生館ニ會合スルコトニ致シマシタ處ガ二十三日午後二時過私ハ原總裁ニ招カレ一年延期說ヲ以テ招カレマシタケレドモ左樣ナ方法ハ黨ノ爲メニモ國ノ爲メニモヨクナイ事デアルカラ贊成スルコトハ出來マセヌト言フテ總裁ノ意見ニ反對シ厚生館ニ歸リマシタ處私同樣原總裁ニ招カレタ當縣選出ノ貴族院議員鎌田勝太郎ガ厚生館ニ私ヲ訪ネテ參リ總裁ノ意見ニ從フテハドウカト勸メテ吳レマシタケレドモ私ハ今更左樣ナコトハ出來ヌデハ無イカト斷ハリマシタ

右樣ノ話ヲシテ居ル内ニ増田穣三、丸尾光春、武市庫太、水間此農夫、光森德治、本出保太郎、高鍋萬郎、村井啓四郎、濱田正壯等ノ厚生館組ト福岡精二、石黒磐、春田秸濟、吉原秸太郎、早川六三郎、森茂生等ノ東海組トガ相前後シテ參リマシタガマダ同志間ニ今後ノ方針ニ付キ話ノ始マラヌ前ニ鎌田ハ暇乞ヒ致シマシタ

此日ノ會合ハ前ヨリ鎭撫ノ爲メ同志ノ内デモ何ダカ氣勢ノ衰ヘタ樣ナモノモ見ヘ夫レニ二十人位迄集マッテ居ッタ關東組ガ一人モ顔ヲ出サズ又此日迄關東組ノ者ハ脱黨屆ヲ出サズシテ當日ノ代議士會ニ出席シナガラ厚生館ニハ足向モセヌト言フ有樣ナリシ爲メ同志ノ內デハ大分八ケ間敷言フモノモアリ私共ハ關東組ノ右態度ガ甚ダ氣ニ入ラヌノデ午後八時頃私一人車ニ乘ッテ關東組ノ集會所ニ談判ニ出掛ケマシタ

右集會所ガ藤村ト云フ待合デアッタノカドウカ名前ハ知リマセヌガ關東組ノ集會所ニ行ク積ニ車夫ニ命ジタノデ車夫ガ案內シタノデアリマスガ同家ニ參ッタトキニ板倉ハ居ルカト尋ネマシタ處不在デアルトノコトデシタカラ外ニ關東組ノ者ハト尋ネテ見マシタケレドモ誰モ不在デシタカラ其儘厚生館ニ引返シマシタソシテ其事ヲ同志ニ報告シ約二時間許シテ又私一人右關東組ノ集會所ニ車デ出掛ケマシタガコノ時ハ板倉中君ガ居ラレルト言フノデ女中ニ案內セラレ同家裏二階ニ於テ板倉ニ面會シマシタソシテ私ハ板倉ニ對シ本日ハ吾等同志ノ者ハ厚生館ニ集マッテ今後ノ方針ニ付キ種々打合セヲシテ居ルノデアルガ關東組ハ今ニ脱黨届ヲモ出サズ厚生館ニ顔モ見セヌガ一體如何ニスル考ヘカ増師案ニ贊成ナラバ贊成不贊成ナラバ不贊成デイーカラ兎ニ角旗色ヲ鮮明ニシヨウデハナイカ君等關東組ノ樣ニ態度不鮮明デハ吾々同志ノ者ノ志氣ニ影響スルデハナイカト申シマシタ

コノ際ハ私モ少シ激シテ居リマシタ上ニ元來私ハ聲高イ方デスカラ詰責ト云ヘバ詰責ガアリマスガ少シ強ク申シマシタガ板倉ハイヤ決シテ態度ガ不鮮明ト言フ譯デハ無イ吾々關東組モ最初ノ主張通リ斷行スル積リデ脱黨届モ既ニ此通リ出來テ居ルノデアルト言フテ懷中カラ二通ノ脱黨届ヲチャブ臺ノ上ニ出シマシタノデ私ハ同志ノ志氣ヲ鼓舞スル必要上之レヲ同志ノ者ニ示ス必要ガアルカラ一時貸シテ呉レト言フテ板倉ノ承諾ヲ得タ後二通ノ脱黨届ヲ手ニ取リ上ゲ懷中シナガラ待タセテアッタ車ニ乘リ其儘厚生館ニ歸リマシタ

其時刻ハ何時位デアッタカ覺ヘテ居リマセヌガ板倉ト面會シタノガ一時間カ二時間カ位デアリマシタカラ何デモ十二時頃デアッタコト、思ヒマス

私ガ板倉ト左樣ナ話ヲ交換スル際本出保太郎ガ其家ニ參ッテ居リマシタガ私ト板倉トノ對話ノ場所ニ同人ガ居ッタカドウカ其ノ時ノ事ハ覺ヘマセヌ

又隣室ニ日向輝武ガ居ッタカドウカ當時私ハ板倉ト話ヲスル事ニ熱中シテ居リマシタノデ覺ヘテ居リマセヌ板倉ト話ヲシタノハ右申上ゲタ通リデコレ以外ノ事ハ何モ話ハ致シマセンデシタ

厚生館ニ歸ヘッタトキハ殆ド同志ノ者ハ解散シテ居リマシタノデ其儘寢ミマシテ午前七時頃迄ニ起キ出デ厚生館ノ番頭ニコレヲ至急寫眞ニ撮ッテ來テ吳レヨト言ッテ右ニ通ノ脫黨屆ヲ渡シマシタ處ガ同日十二時頃同館ノ番頭デアッタカ女中デアッタカ寫眞ガ出來マシタト言フテ脫黨屆ノ原本二通ト其寫眞二枚カ三枚カトヲ渡シテ吳レタノデ其儘其日同志ノ集會スル約束ヲシテアッタ日本橋ノ吾妻屋支店ニ參リマシタ其時ハ最早ヤ五六名ノ者モ見ヘテ居リマシタガ彼是スル內厚生館組、東海道組、關東組モ見ヘマシテ同志ノ團體ヲ大正倶樂部ト命名シ宣言書ヲモ起草シヨウト言フ事ニ話ガ進ンデ參リマシタノデカクナル上ハ預カッテ居ル關東組ノ脫黨屆ヲ他ノ諸君ニ見セル必要ハ無イト思ヒマシタノデ何等ノ話モセズシテ其席デ板倉ニ返ヘシマシタ

私ガ脫黨屆ヲ寫眞ニ撮ッタノハ先ニ申上タ通判帳ニ署名シテアル關東組ノ署名ト脫黨屆ノ署名トガ筆跡ニ於テ相違シテ居ルモノアルニ心付キマシタカラ後日ノ參考ニモト思ヒ撮影シタノデス

尙ホコノトキハ萬一關東組カラ私ニ右脫黨屆ノ提出方ヲ依頼スル樣ナ事ガアレバ提出後彼是言ハレル樣ナ事ガアッテハナラヌト思ヒマシタノデ旁以テ左樣ナ事ヲ致シタノデ別ニ何等ノ理由モアリマセヌ

右脫黨屆ニ署名シテアッタ人ハ板倉中ヲ始メ關東組ノ人々デアリマシタガ其氏名ハ覺ヘテ居リマセヌ

何デモ十名以內ノ人數デアッタ樣デス

右錄取讀聞ケタル處之ヲ承認シタルニヨリ左ニ共ニ署名ス

大正四年七月四日

於高松地方裁判所檢事局

大阪地方裁判所

檢事 一松定吉 ㊞

陳述人 白川友一 拇印

被告人白川友一第二回訊問調書

1 問 白川友一カ

答 左樣デアリマス

2 問 客臘衆議院解散ノ理由ハ如何

答 大正三年十二月二十五日政府提出案ヲ討議スルニ方リ海軍問題ハ可決增師案ハ否決減債基金問題ハ否決移管問題之レ亦否決サレマシタガ爾餘ノ問題ヲ討議未了ノ間ニ解散ノ詔勅下リ爰ニ衆議院ハ解散セラレマシタガ蓋シ解散ノ理由ハ多年ノ懸案タル增師問題ガ骨子ト爲リ政府與黨ト政國兩黨トノ衝突ニ外ナラヌノデアリマス

8 問 其當時被告ハ政友會ニ屬シ居リタルカ

答 左樣デアリマス

併シ二十一日已ニ自分ハ脫黨屆ヲ總裁ニ提出シ二十三日之レヲ受領セラレ事實上此時黨ト分離シ居リマシタガ政友會ハ二十五日自分ヲ除名シマシタ

4 問 增師問題ニ對シ被告ハ如何ナル意見ヲ有シ居リシヤ

答 自分ハ朝鮮滿洲等ニ於テ土木請負物品販賣、農業物品貸付業種々ノ事業ヲ經營シテ居リマスノデ此地方ガ殆ド自分ノ活動ノ本據デアリマスカラ常ニ同地方ヲ往來シ幾多ノ經驗ニヨリ國防ノ充實上朝鮮ニ二箇師團增設ノ急務ナル事ヲ痛切ニ感ジテ居リマシタカラ夙ニ其必要ヲ說キ自己ノ信念ヲ發表シ現ニ寺內總督明石中將等ニモ面會シ意見ノ交換ヲナシタコトモアリマス

5 問 當時增師案ニ對スル政友會ノ態度ハ如何ナリ在ッタカ

答 二箇師團問題ハ已ニ遠ク西園寺內閣時代ニ胚胎シ其後內閣ニ幾多ノ交迭ヲ見其間ニ幾多ノ曲折ヲ經テ終ニ政府ノ手ニ於テ昨冬議會ニ提出セラレタルモノニシテ政友會モ曾テ之ヲ是認シ居リ行掛上早晩通過セネバナラヌ運命ヲ有スル歷史アルニ拘ハラズ昨今ノ議會ニ於テ政友會ガ之レヲ否決セシハ他言アルニアラズ結局政權爭奪ノ具ニ供シタルモノニ外ナラズシテ後チ我々ノ如キ昨年議會ニ於ケル政友會ノ態度ニ一致セザルモノヲ生ジタ次第デアリマス

6 問 被告ガ政見衝突ヨリシテ政友會ヨリ終ニ分離スルニ至リタル狀況ヲ詳細申述ベヨ

答 昨年十一月初頃自分ハ自分ノ事業上ノ關係ヨリ朝鮮地方ニ參リ居リテ同月下旬頃カ二十七日歸邦致シマシタガ其朝鮮ニ旅行中中央政海ノ動靜ヲ見マスルニ政友會中薩派ナル山本系統ニ屬スル床次一派連中ハ後藤男爵一派ノ連中ト手ヲ連ラネテ反政府ノ氣勢ヲ示シ尙ホ貴族院ニ於テモ仲小路廉等モ同樣反政府ノ意見ヲ持シ政海ニ動搖ヲ來シ原總裁ハ京都ニ西園寺侯ヲ訪問シ元田、大岡ヲ除ク他ノ政友會ノ幹部連ハ國民黨ト提携シ反政府ノ意見ヲ見テ標榜シ尙ホ增師反對ヲ叫デ居リマシタガ總裁ハ增師問題ニ付テハ白紙デアルト新聞記者等ニ答ヘテ居リマシタガ一方政友會ハ各支部ノ大會ヲ開キ地方輿論ヲ喚起センコトニ力メ現ニ滋賀縣支部大會ニ於テハ增師反對ノ決議ヲシテ居リマシタ

次デ香川縣支部ニモ支部大會ヲ催シ橋本圭三郎ガ本部ノ特派員トシテ出席スル等ノ記事ノ在リシ事ヲ新聞紙上ニテ發見シマシタノデ自分ハ朝ニ在ルト野ニ在ルトヲ問ハズ政見ノ變ルベキモノニアラズト思惟シ書ヲ增田穰三ニ寄セ現今歐洲ハ戰亂ノ巷ト化シ我帝國ニ於テモ獨逸ニ對シ宣戰ヲ布告シ其結果敵國ノ勝利ニ歸セシカ勿論各聯合軍ノ勝利ト歸セシカ各聯合軍側ノ國力ニ消長ヲ來シ何レニスルモ我帝國ノ國防上今後一層增師ノ必要急ナル事明デアル從テ增師問題ハ元來我黨モ其必要ヲ認メ居リシ處ナレバ香川縣政友會支部ニ於テモ其決議ニハ增師案否決問題ハ之ヲ除キ吳ルヽ樣申シ送リマシタ

增田穰三ヨリモ自分ノ意見ニ贊成シ鎌田勝太郎モ同意見ナリシ爲メ之レヲ除クト言フ意味ノ通知ヲシテ吳レマシタ

其後新聞紙上ニテ香川縣支部ニ於テハ政友會本部ヨリ廻シ來リタル增師案反對ノ決議案ハ削除セラレタルコトヲ知リマシタ

如斯ニシテ自分ハ朝鮮ヨリ十一月二十七日下津井ニ歸リ二十八日自分ノ社長タル下津井輕便鐵道株式會社ノ總會ニ臨ミ二十九日重役會ニ出席シ三十日ニ丸龜ニ歸リ訪レ吳レタル增田穰三ニ面會シ香川縣支部大會ノ狀況ヲ聞キマシタ

其時ニ自分ト增田穰三トノ間ニ增師案ニ反對スルト言フ事ハ國家ニ對シテモ不利益デアルシ尙ホ黨ノ立場ヨリ考ヘテ見テモ國民ノ輿論ニ抗シ不利益デアルカラ極力增師案通過ニ力メヨト言フ話ヲシテ正友會(政友會中ノ明治年間ニ生レタル新議員ヲ以テ組織シ一切政海ノ情實ヲ持タナイト言フ主義ヲ標榜シ會員約四十名ヲ有ス)ニハ自分ガ此主義ヲ貫徹センコトニ努力スベク誓ヒ鎌田勝太郎ニモ此旨ヲ話シマシタ

越ヘテ十二月一日自分ハ上京シ十二月二日帝國ホテルニ於テ催シタル正友會ノ會合ニ列席シマシタ

出席者ハ林永太、岡田榮、堀切善平、小坂順藏、小出五郎、吉原政隆、松城兵作、津島源右衞門、大橋松太郎及自分等ニシテ其他ハ今記臆シマセヌガ約十七八名デ在リマシタ

問題ハ外交問題ト增師問題ガ標的デアリマシタ

自分ノ主義ト致シマシテハ前以テ申上ゲマシタ通リ二箇師團增設ヲ痛切ニ感ジテ居リマスカラ極力之レガ通過ヲ主張シマシタ

小坂順藏、堀切善平等ハ外交問題、增師問題ヲ以テ政府ト勝負ヲ決スルノデアルト主張シマスカラ自分ハ此際ハ大馬鹿者ニナルノガ即チ賢者デ在ッテ如何ニ大隈伯ガ大言壯語シテモ須タ之レヲ忍デ增師案ニ贊成シ政友會ノ雅量ヲ示シテ以テ國民ノ輿望ヲ失墜セシメザランコトヲ期シ最後ノ勝利ヲ博スルノ勝レルニ如カザルコトヲ固執シ自己ノ信念ヲ貫徹セント力メタルモ議論百出遂ニ黨議決セザリシガ默シテ多クヲ語ラザリシ者ノ內ニハ自分ニ贊成シテ居ッタモノモ多ク在ッタソーデアリマス

松城兵作ハ增師問題ニ對シ贊成論ヲ主張シテ居リマシタ

此會ハ午後五時頃ヨリ始マッテ同夜十二時頃散會シマシタ

同月二十四日頃代議士會ガ在ッテ其席上デ政友會總裁ガ政府ノ外交問題ニ付テハ甚ダ憂慮ニ堪ヘヌ旨ノ演說ヲ爲シ尙ホ宣言書中外交失政ヲ非難サレマシタガ增師問題ニ付テハ何等述ブル處ガアリマセナンダ

次ニ右代議士會ノ在ッタ日カ其ノ翌日デアッタカ京橋區八官町和合亭ニ自分并ニ光森德次、早川六三郎、吉原祐太郎、串本康三、增田穰三、太田嵐治外二三名ノ者等ガ集會シテ政友會中ノ各團体中ヨリ自分等ノ同志ヲ募ルコト并ニ政友會總裁并ニ總務ヲ訪問シ自分等ノ政見ヲ鼓吹シ之レガ貫徹ヲ圖ルコト尙ホ同志ノ連判帳ヲ作成スル等ノコトヲ協議シ先ヅ自分ト光森德次ト外ニ誰カ關東組ノ者一人ト三人一緒ニ元田總務ヲ訪問スベク約シテ其日ハ分レマシタ

其翌日芝ノ紅葉館デ東京ノ四國中國出身ノ政友會ノ代議士ノ懇親會ヲ催サレタルニ付キ自分モ出席シタル處武市庫太ガ開會ノ辭ヲ述ベ次デ中央政海ニ於ケル政友會ノ或一部即チ突進組ノ動作ハ甚ダ感服セザル旨ノ意見ヲ陳べ

串本康三、光森德次、丸尾光春、濱本義顯及自分等ハ之ニ贊成ノ意見ヲ述べ

渡邊修、井上角五郎等ハ突進組ヲ辯護スベク意見ヲ述べ

多少論難攻擊モ在リタルガ此問題ニ付テハ更メテ會ヲ開カヌカト言フ事ニ爲リタルニ突進組ノ形勢ハ宜敷在リマセンデシタ

其時自分ハ武市庫太ニ和合亭ニ於ケル集會ノ話ヲ爲シ先ヅ元田總務ヲ訪問スルコトニ爲リ居ル旨ヲ告ゲタル處武市庫太モ同行スル旨申出デ同月六七日頃自分ハ武市庫太、光森德次、根岸船太郎ト共ニ赤坂區氣進町ナル元田ノ宅ヲ訪問シ元田總務ニ面會ノ上光森德次ガ主トシテ二時間許リ話ヲ爲シ次デ根岸船太郎ヨリ貴殿ハ豫テヨリ增師問題ニ贊成ヲ表セラレ居リテ元老ニモ其旨ヲ告ゲラレタルコト在ル趣ナルニ同日政友會ノ一部ノ有志ハ增師問題ニ反對シ居ルガ如何ニ處置セラルヽ考ヘナルヤト尋ネタル處同總務ハ自分ハ近頃病氣ノ爲メ本部ヘモ餘リ出席セヌガ自分ハ增師ノ必要ヲ認メ其事ヲ元老ニ話シタコトモ在ルガ今日皆ノ者ガ騷グノハ甚ダ困ル病氣全快次第本部ニ行キ話ヲスル積リデ在ルニ自分ノ意見ト君等ノ意見トハ合致シテ居ルノデアル故黨ノ分離セヌ樣能ク何事モ考ヘテ遣ッテ吳レト申サレ約四時間斗リ談シテ辭去シマシタ

七日開院式ノ當日自分ハ床次竹次郎ニ招カレ早速同人ノ私邸ヲ訪問シマシタガ其際同人ノ言ニ君ハ政友會ニ於テ增師案否決ニ反對シタソウデアルガ君ノ意見ヲ一ツ聞カシテ吳レマイカトノコトデアリマスカラ自分

ハ前申上ゲマス通リ増師案可決ヲ希望シテ居ル一人デアリマスカラ終始一貫其所信ヲ遂ベ又同氏ノ意見ヲモ拜聽シマシタ
思ハズ談數刻ニ及ビ同車登院シマシタガ已ニ式終リ散會セントシテ居ル時デ在リマシタ
其日カ或ハ翌日カナリシ樣思フ村野常右衛門ガ厚生館ニ自分ヲ訪子マシタガ生憎不在デアリマシタカラ自分カラ同人ヲ訪問シ同人ニ對シテモ亦自己ノ意見ヲ陳ベマシタガ容レマセナンダ
併シナガラ自分ハ何處迄モ反省シ與ルヽ樣要求シテ分レマシタ
夫レカラ自分ハ急遽歸國スベキ用事出來シ十日ノ朝東京ヲ出發シ歸國シマシタガ再ビ十五六日頃東京ニ引返シマシタ
其間ニ政友會ノ各團体各所ニ據リ種々研究ヲ重子甲論乙駁頗ル動搖ヲ極メタト言フ事デアリマシタガ自分ガ歸京後増師案通過賛成者四十名近クノ連判帳ガ出來上ッテ居リマシタ
同月十七八日頃ノ事ナリシ樣思フ床次竹次郎、岡崎邦輔、村野常右衛門、永江純一等ノ名ニ於テ政國兩黨提携シテ築地ノ精養軒ニテ増師反對ニ付テノ懇親會ヲ催スル旨ノ案内ガ來マシタノデ自分等ハ黨議未ダ決セザルニ先ダチ他黨ト提携シテ増師反對ニ關シ懇親ノ宴ヲ張ルガ如キハ甚ダ不穩當ナリト思惟シ東海組ニ於テモ頗ル激シタモノト見ヘ東海組ノ井上敬夫ガ同志相集マリ我々モ之レガ集會ヲ精養軒ニテ催スベシト申シ來リシガ此事政友會ノ知ル所ト爲リ斯ル氣勢ノ外部ニ洩ルヽガ如キ事アリテハ黨ノ進退上頗ル迷惑ヲ感ズルヨリ精養軒等ニ於テハ之レガ催シヲ爲サヽル樣願ハクハ厚生館ニ於テ催シクルヽ樣ニトノ注意ガアリマシタ依テ厚生館ニ同志ヲ井上敬夫ノ名義ニ於テ呼合シ之レニ來リ會スル者井上敬夫ヲ始メ森茂生、石黒務、吉原祐太郎、春田祐清、福岡精一、早川六三郎、松城兵作、遠藤眞吉、佐藤信古、岩岡伊代次、太田直治、關信之介、根岸峰太郎、水間此農夫、濱田政壯、丸尾光春、高鍋萬郎、武市庫太、竹村安松、村井務四郎、瀬戸山済彦、増田穰三、光森德次、矢野莊三郎、及自分等約三十名計リデアリマシタ
其席上ニ於テ井上敬夫ハ連判帳ノ如キモノハ何等用ヲ爲サズ寧ロ脱黨届ヲ提出シ之レヨリ進退ヲ決スベク確信アル氣勢ヲ示シ其反省ヲ促ス行動ニ出ヅベク提案シ我々ニ於テハ脱黨届ヲ用意シ置クモ之レヲ面前ニ呈示シテ所謂武力ノ忠告ニ出ルヨリモ之レヲ最後ノ策戰ニ存シ先ヅ毎日我々同志中ヨリ總裁總務ヲ訪問シ熱辯ヲ奮テ反省ヲ促スノ行動ニ出ルニ如カズヤト提案シ後說ノ多數ヲ占メ已ニ其當日我々ニ於テ總裁總務ヲ訪同シ自分等ノ意見ヲ採用シ與ルヽ樣盡力シマシタ
反省ヲ促スト申上ゲマシタハ語弊ハアリマスガ此當時ニ於テハ未ダ總裁總務ノ意見トシテ増師案ニ對スル確定意見ノ發表セラレタルモノニアラズ政友會中突進組ト稱シテ増師案否決ヲ以テ極力政府ニ肉薄セントスル村野常右衛門、床次竹次郎等ノ一派ト厚生館東海組ト稱シテ即チ自分ト同意見ニシテ増師案ニ對シテハ極力之レガ通過ヲ希望シ居ル連中ト議長官舍組ト稱シ表面硬派ヲ主張シ内心私カニ平和ヲ希望シ居ル連中(尤モ此議長官舍組ハ此頃漸ク頭ヲ擡ゲタ連中)ガ在リマシテ所謂突進組ガ頗ル旗色鮮明ナリシ爲メ之レヲ軟化セシムルノ意味ニ於テ反省ヲ促スト申立テタノデアリマシテ黨議トシテハ未ダ確定シ居ラザリシモノデアリマス
其後集會ト言フ程ノモノハ在リマセナンダケレトモ各所々々ニ同志ノ者三々伍々相集マリ各自自己ノ主張ノ貫徹セラレンコトヲ圖ッテ居リマシタ
一方原總裁ニ於テハ自分ハ増師問題ニ付テハ未ダ白紙デアル床次竹次郎等ガ國民黨ニ提携スルトセバ夫レハ甚ダ宜シカラザルヲ以テ十分注意スベケレトモ兎モ角代議士會ノ決議ニハ是非賛成シ貰ハ子バナラヌト言明シマシタ
併シナガラ總務等ニ於テ他黨ト提携シ増師反對ニ關スル懇親會迄催シタルモノヲ總裁ニ於テ之レヲ知ラザルノ理由ナク苟モ一黨ノ主腦者タル以上ハ斯ル趨勢ニアリナガラ我々ニ確カメタル意見ヲ示サヽルハ無責任モ亦甚ダシク只白紙デアルト言フガ如キハ怪訝ニ堪ヘズ依テ總裁ノ意見ヲ承リタシトテ之レニ肉薄シタル處總裁モ左樣無責任ニハアラズ其内ニ又自分モ意見ヲ發表スル旨ヲ答ヘマシタ
其時ノ交渉員光森德次ハ元來話ノ長イ方デハアルケレトモ約二時間半ニ亘リ涙ヲ奮ッテ哀願シタモノデアリマス
此時總裁モ問題ノ外部ニ洩レザル樣可然注意シ與レト注意セラレマシタ此時總裁ニ哀願ニ參ッタモノハ光森德次ト自分ト外ニ一人同行者ガ在ッタ樣思ヒマスガ兎ニ角三名デアリマシタ
右總裁ヲ訪問シマシタノハ確カ十八日デ在リマシタ樣ニ記憶シマスガ其翌日即チ十九日自分ハ光森德次、武市庫太、太田直治ノ四名ニテ又大岡總務ヲ私邸ニ訪問シテ約三時間許リニ亘リテ哀願シマシタ
其翌二十日井上敬夫、森茂生ガ自分ノ宿所ナル厚生館(京橋區木挽町二丁目十四番地)ニ來リ自分等東海組ノ十一名ハ十九日已ニ脱黨届ヲ出シテ來タガ君ノ方モ早ク出セト申シマスカラ自分ハ未ダ餘日ガ在ルデハナイカト申シマシタラ井上敬夫等ハ武力デナケレバ到底行カヌト申シテ居リマシタ
如斯迫リマシタカラ我々モ二十一日脱黨届ヲ出スコトニシ脱黨届ヲ整ヘ自分ト光森德次ガ之レヲ預リマシタ同日即チ二十一日自分ト光森德次ガ右脱黨届ヲ懷中シテ原總裁ヲ訪ヒ願ハクハ自分等ノ意見ヲ容レテ貰ヒ度若シ之レヲ容レテ與レザレバ遺憾ナガラ此問題ニ付除外例ヲ置イテ貰ヒ度若シ重要ナル問題ニシテ除外例ヲ置クコト能ハザレバ一時脱黨シ黨ト分離スル併セテ適當ノ時機ニ復黨スル勿論他ノ問題ニ付テハ政友會ト行動ヲ共ニスルノデアルト申シ哀願シテ反省ヲ促シマシタ
此時總裁ノ意見トシテハ未ダ發表サレザリシガ君等ノ意見ハ素ヨリ了解シタガ斯ル事實ノ新聞紙等ニ洩レザル樣注意シ與レト言ハレマシタ
此時自分等ニ於テモ素ヨリ總裁ノ右注意ヲ諒シ脱黨届ハ總裁ノ手許ニ預ケテ歸リマシタ
歸ッテ後總裁ヨリ電話ニテ脱黨ノ宣言書ガ通信社ニ來タト通信員ガ言フタガ果シテ然ルカ然リトセバ能ク注意シテ置イタニ約束ニ違フデナイカト申サレマシタ
自分ハ斯ル事實無キ事ヲ確答シマシタ
勿論自分ニ於テハ通信社ニ宣言書ヲ交付シタルガ如キ事ハ無カッタノデアリマスガ第二回目ノ四國中國會ヲ二十日ニ芝ノ三縁亭ニ於テ催シタル際新聞記者ガ來リ居リテ自分ハ増師案ニ賛成シ政友會突進組ニ反對ノ意見ヲ持テ居ル事ヲ知ッテ居リマシタカラ自分ニ付キ纏ヒ自分ノ行動ヲ監視シ從テ自分ガ總裁ヲ訪問シタル事等ヲ能ク知ッテ居リマスノデ現ニ自分ノ所ヘモ脱黨ノ宣言書ヲ交付シタト言フノハ事實カト他ノ通信員ガ聞キニ來タ事ハ在リマスガ自分ハ之ニ對シ脱黨届ヲ出シタ事ハナイト答ヘタ處御意見ハト聞クカラ止ヲ得ナイ時ハ脱黨スルカモ知レヌト言フ位ノ話ヲシタ事ハアリマス
處ガ二十二日ノ新聞ニ東海組及厚生館組ハ政友會ヲ脱黨シタルガ之ヲ本人ニ付テ聞タ時ハ脱黨シタルモノニアラズト答ヘテ居ルガ脱黨シテ居ルモノデアロート言フ意味ノ記事ヲ掲載シマシタ
二十二日此新聞ノ記事アリタルト一方東海組ト厚生館組トノ脱黨届ガ出タノデ政友會モ非常ニ驚キ貴族院議員奧田義人、江原素六、高橋是清等ヲ始メトシ各總務之レガ鎭撫ニ取掛リ現ニ自分ノ宿ヘモ奧田義人、江原素六、井上角五郎、森久保作藏其他數名ノ者ガ朝カラ晩迄絶ヘ間ナク訪問シ來リ就中奧田義人、江原素六ノ如キハ自分ニ對シテ總裁トシテハ未ダ意見ヲ發表ハセヌガ大体ニ於テ政友會ノ方針モ定マッテ居ル増師問題ニ對シ此議會ニ於テ反對スルモ其内容ニ於テハ一年延期論デ在ッテ之レニ關シテハ總裁ニ於テモ愼決ニ元老ヲ訪ヒ元老等モ業ヨリ之ヲ承知シ居ル事ナリ從テ今期議會ニ於テ政友會ガ政府ニ此増師問題ニ付反對シテモ解散ニ爲ル樣ナ事ハナイ協議ハ十分ニ遂ゲラレテ而シテ後ノ事ニ屬スル次第デアルカラ君等ニ於テモ此言ヲ諒トシ此際須ク其主張ヲ枉ゲテ政友會ト行動ヲ共ニシ與ルル樣說得サレマシタ
併シ乍ラ此等ノ言ニ依テハ未ダ自分等ノ信念ヲ翻スニ足ラズ一年延期ハ此際其ノ當ヲ得タルモノニアラザルコトヲ主張シ自分等ニ於テハ自己ノ信念ヲ枉グル能ハザルコトヲ答ヘマシタ中ニモ福井三郎、小出五郎、林永太ノ如キ本部ノ自動車ニ乘リテ自分等ヲ鎭撫ニ來テモ自分等ニ對シテハ君宜敷當聞ヲ頼ムト言フテ歸ル人モアッタノデアリマス
自分ノ此時ニ於ケル信念ハ表面頗ル硬派ニシテ内心私カニ解散ヲ恐ルヽモノヲ知リ旁々自己ノ信念ヲ貫キ以テ三百餘名ノ人ヲ解散ノ駄境ヨリ救ヒ出スノデアルト位考ヘテ居ッタノデアリマス
當時同志會ノ代議士鵜澤宇八ノ如キハ君ノ行動ニ付テハ同志會員ハ實ニ君ヲ拜ンデ居ルト申シタコトモアリマシタ
併シ此鎭撫頗大ニ其効ヲ奏シ我々同志ノ仲間ニモ當初ノ意思ヲ飜シ一人減ジ二人減ジ形勢甚ダ宜シカラザリシガ自分トシテハ假令少數ノ人ニテモ强ク之レヲ主張スレバ黨議ヲ動カスコトモ出來他ノ團体ニモ亦之レニ應ジ與ルヽ者モ出ルナラント實ハ當時ハ豫期シテ居ッタノデアリマス二十三日總裁ヨリ自分ヲ招キタルヲ以テ參リタル處奧田義人、江原素六等ヨリ聞キシ如ク一年延期說ヲ述ベラレマシタ
一年延期說ハ結局増師案ニ賛成スルモノニシテ今期議會ノ通過ヲ一年後ニ見ルノ結果ニ外ナラヌノデアルカラ從テ政府ハ解散セントシテモ解散ハ出來ナイトノ事デアリマスガ自分ハ前ニ申シマシタ通リ名ヲ一年延期ニ藉リテ政府ニ反對スルハ面白カラズ寧ロ反對スルナラバ國民黨ノ如ク全部反對スベシト申シ除外例ヲ設ケテ與ルヽコトガ出來ヌナラバ脱黨スルト返答致シマシタ
自分ト相前後シテ此日鎌田勝太郎、伊藤要藏、井上敬夫等モ總裁ニ呼バレテ居リマシタ
元來鎌田勝太郎ハ香川縣選出ノ貴族院議員ニシテ當時自分等ト増師問題ニ付テハ同一見解ヲ有シテ居リマシタ者デ常ニ自分ノ行動ト相接近シテ居ッタモノデアリマスガ自分ハ總裁ノ方ヲ辭シ歸ッテ後右鎌田勝太郎

ガ自分ヲ訪ネテ來リ戰ノ勝敗ハ知ラヌドースルヤト申サレタカラ自分ハ自分ノ主張ハ已ニ新聞上ニマデ發表ハレ社界ニモ知レ渡ッテ居ルノニ今更無意味ナ一年延期説ニ妄從スルコトハ出來ヌト申シマシタカラ鎌田勝太郎ハ止ヲ得ズ豫定ノ通リ決行スルノ外途ナシト申シテ歸リマシタ
此日午後三時ヨリ政友會代議士會ヲ催シ結局一年延期ノ下ニ増師案ヲ否決スルコトニ黨議決定シマシタ之レニ依ッテ自分等ハ何等ノ除外例モ設ケ與レズ當然政友會ヨリ分離ノ姿ト爲リマシタ
其日東海組ト厚生館組ノ連中ガ自分ノ居所ニ集マッテ參リマシタガ井上敬夫、伊藤要藏ハ來マセンデシタガ來タ者ハ福岡清一、石黒磐、早川六三郎、春田祐清、森茂生、宮原祐太郎、光森德次、増田穰三、武市庫太、矢野莊三郎、村井啓四郎、井阪光暉、本出保太郎、丸尾光春、高橋萬郎、瀬戸山清彦、水間此良夫、濱田政壯、森川源吾、吉田虎之助及自分等デアリマシタガ關東組ガ代議士會ニ出席シタル者アル爲メ參リマセンデシタカラ今後ノ方針ニ付テ相談ヲスル積リデ在リマシタガ各自互ニ意見ノ交換ニ止リ別ニ決議ニ至リタルモノナク翌日更ニ東海組ハ主張シテ居ッタ寄合場所日本橋ノ吾妻屋支店ニ集マルト言フコトニシテ分レマシタ
二十四日豫期ノ通リ吾妻屋支店ニ集合シマシタガ此時東海組ハ井上敬夫ヲ除ク外始ンド全部厚生館組モ大部分關東組ヨリハ板倉中、關信之介、太田直治、根岸峭太郎等三十名以上モ集マリマシタ
此時戰機已ニ翌日ニ迫リ居レルガ政友會ハ其代議士會ニ於テ吾人ノ主張ヲ容レズ反對ノ決議ヲ爲シタルモノナレバ已ニ提出シ居ル脫黨屆ハ役ニ受付ケラレタル結果ニ歸着スルガ故ニ吾人ハ黨外ノ者デアルカラト言フテ大正俱樂部ト命名シ簡短ナル宣言書ヲ起草委員ニ付シテ拵ヘル杯協議シツヽアリマシタガ一人減リ二人減リ午後六時頃迄ニハ關東組ノ連中ハ全部姿ヲ見ヌ樣ニ爲リマシタ
六時過ギ森茂生、春田祐清、ガ歸リ來リ政府ニ當ッテ見タガ吾人ハ増師案ニ付テノミ八ケ間敷言フテ居ルケレドモ政府ハ政府案ニ反對スレバ如何ナル案ニ反對シテモ解散ヲ決行スルラシク要スルニ政府ハ時局ヲ圓滿ニ收修スルト言フ誠意ガナイ夫レ故ニ吾人ハ増師問題ニ關リ力ヲ入レテ居ッテモ到底無事ニ議會ヲ濟スコトハ計リ難イト報告シマシタノデ然ラバ十分事ノ實否ヲ確メテ見ヨートテ委員ヲ選ブコトニ爲シ東海組カラ伊藤要藏、厚生館組カラハ武市庫太ノ兩人ガ議員ノ大臣室ニ趣キ政府ノ意見ヲ確カメタリ其要領ハ増師問題ニ付テハ賛成スルガ其他ノ問題ニ付テハ政府ハ讓歩ノ意思ナリヤ否ヤト言フニ在ッタノデ在リマス
然ル處加藤外相、岡陸相、尾崎法相等ハ案ヨリ政府ハ適當ナリト信ジテ發案シタルモノ故今御相談ヲ受ケテモ閣議ノ結果ニ出テ居ルノデアルカラ自分等一員トレテハ御答ヘスルコトガ出來ナイト言フタノデ兩人ハ政府ハ一歩モ讓ラナイ方針ダト報告シマシタ
夫レナラ増師問題ニ付テ如何程力瘤ヲ入レテ見タ處デ到底解散ノ免ガレザルモノナラバ實ニ馬鹿ラシイ次第デ在ル結局自己ノ目的トシテ居ル主張ヲ遂スルコトガ出來ヌノデアルカラ今一應政府ノ意見ヲ確カメテ見テ而カモ尚ホ政府ハ讓歩セヌナラバ止ヲ得ズ各自自由行動ヲ執ルコトニショート言フテ自分ト武市庫太ガ尾崎法相、岡陸相、大浦内相ニ面會シマシタ處國防問題ニ賛成シテ與レルナラバ其他ノ問題ニモ賛成シテ貰ヒ度トノ返答デアリマシタガ併シ自分等ハ政府與黨デナイカラ他ノ問題ニ付テ賛成スルコトガ出來ヌト申シテ歸リマシタ
歸リテ其旨報告シマシタ處東海組ハ夫レデハ行カヌト言フテ終ニ解散シマシタ
次デ厚生館組モ東海組ガ引揚ゲタ後解散シマシタ
本出保太郎、井阪光暉、ノ如キモ議長官舍組ニ趣キ其旨ヲ陳ベテ復黨シマシタ
水間此良夫モ亦復黨スルト申シテ歸リマシタ
光森德次、吉田虎之助、森川源吾等ノ如キモ復黨シテ集會所ニ赴キマシタ
自分ハ鎌田勝太郎ヨリ其前ヨリ節ノ如ク招致ノ電話ガ掛リマシタガ當時ノ際トテ事情上行ケマセンダガ厚生館ガ解散スルヤ否ヤ直ニ同人ノ待受ケ居レル赤阪ノ待合三島屋ニ參リ會ノ模樣ヲ話シマシタラ鎌田勝太郎ハ大体ニ於ケル形勢ハ非ナリト見テ取ッタカラ其事ニ付キ實ハ話ヲシヨート思フテ呼ダノデアルガ復黨シヨーデハナイカト言ハレテ同夜十二時頃ヨリ三時頃迄酒ヲ飲ミナガラ勸メラレマシタ
其時三土忠造モ來テ居リマシタ
尚ホ鎌田勝太郎ノ言ニ増田穰三ニモ話ヲレテ返事ヲシテ與レト言フカラ夫レデハ朝七時迄ニ返事ヲシヨート言フテ同夜三時頃ニ三島屋ヲ出テ歸リマシタ
歸ッテ見レバ濱田政壯ガ來テ居リマシテ増田穰三ト一緒ニ酒ヲ飲ンデ居リマシタカラ復黨シヨーデハナイカ夫レモ宜イト話シテ居ル處ヘ三土忠造ガ訪ネテ來テ自分ヤ増田穰三ハ除名セラレタト話シマシタガ其談話中ニ速達郵便ニテ除名ノ通知書ヲ送リ越シマシタ
其處デ三土忠造ハ鎌田勝太郎ト共ニ明朝之レガ取消運動ヲシテ遣ルト申シマスカラ自分ハ今ニ及デ面目ナイカラト申シテ之ヲ拒絶シマシタ
併シ他ノ者ニハ宜敷復黨セヨト勸告シマシタガ本出保太郎、濱田政壯モ復黨ハ君ガ除名セラレタラ議理合ヒ上出來ヌト申シ同人等ハ復黨ニ應ジマセナンダ
終ニ最後ノ行動ヲ共ニシタ者ハ水間此良夫、濱田政壯、長谷川敬一郎、武市庫太、増田穰三、丸尾光春、高橋萬郎、本出保太郎、井坂光暉、村井啓四郎、高橋直治ト自分ノ僅々十二名ノ少數ト爲ッタノデアリマス
除名ノ通知ガ參リマシタノハ二十五日ノ午前四時頃デアリマシテ除名セラレタ者ハ自分ノ外ニ増田穰三、水間此良夫、丸尾光春、武市庫太ノ四名デアリマス

右讀聞ケタル處承認シタリ

被告人　白川友一

大正四年七月五日
於高松地方裁判所
同日

裁判所書記　中條延次㊞
豫審判事代理
判事　角南美賓㊞

㊞

聽取書

大正四年七月七日高松地方裁判所檢事局ニ出頭シ任意左ノ通リ陳述シタリ

白川友一

一、昨年十二月中議會ニ増師案ノ提出セラレタ際私等厚生館組ガ右案ニ贊成ノ上種々盡瘁シテ同志ヲ集メル事ニ盡力シ一面政友會ノ幹部ヲ說イタ事ニ就テハ是迄申上ゲタ通リデアリマスコレニ關シテハ随分熱中シテ居ッタ爲メ今日カラ考フレハ馬鹿ラシイト思フ樣ナ事ヲ致シタ事モアリマシタ

二、何デモ十二月二十二日午後ノ事デ時間ハ覺ヘテ居リマセヌガ關東組ノ板倉中君ガ厚生館ニ參リ私ノ部屋デ種々打合セヲシテ居ルトキ私ヨリ板倉ニ對シ關東組ノ方ハ議員ノ如ク十名位ハ集メル事ガ出來ルカト尋子タ處同人ハドーモ纏メル事ハ困難デ何分空手デハ仕方ガナイ費用ガアレバ十人位ノ議員ヲ纏メル事ハ出來ルト思フガト答ヘマシタカラ澤山ノ費用デ無ケレバ少々位ノ事ナラバ出ス事ニスルカラ十分纏メテ與レト云ッテ其當デ私ノ所持シテ居ッタ金貳千圓丈ケヲ板倉ニ渡シマシタ其金ノ種類ナゾハ只今覺ヘテ居リマセヌガ板倉ハ出來ル丈ケ盡力シテ見ヨウマーソレデハコレヲ預ッテ置クト云フテ受取リマシタ

三、處ガ其翌二十三日ノ朝板倉ハ又厚生館ニ來リ私ニ對シ八名乃至十名位ノ議員ヲ纏メルニハ昨日ノ二千圓デハドースル事モ出來ヌモー二千圓程出シテ與レト申シマシタカラ又持合セノ金ヲ二千圓渡シマシタガ矢張リコノ金ノ種類等ハ覺ヘテ居リマセヌ

四、板倉ハ私カラ右樣金ヲ受取ッタノデスカラ十分同志ヲ集メル事ニハ盡力シテ居ルモノト思フテ居リマシタ處前回申上ゲタ通リ二十三日午後厚生館ノ會合ニ板倉ハ勿論關東組ノ人ハ一人モ出サナカッタノデ私ハ板倉ノ心ヲ疑フ樣ニナリ其結果關東組ノ集會所デアッタ蔦村屋ニ板倉ヲ訪ネ前回申上ゲタ樣ニ同人ヲ詰ッタノデス ソシテ其席上デ金ヲ返ヘセトカ渡シテアッタ品ヲ返ヘセトカ云ツ樣ナ事ヲ申シタ樣ニハ覺ヘマセヌガ俺ヲ馬鹿ニスルナ約束ヲ實行セヨ何故本日モ顏ヲ出サナカッタノカ君等ガ見ヘナカッタ爲メ形勢ガ益々非ニナッタデハナイカト云フ樣ナ趣旨デ大ニ詰責致シマシタ其折板倉ハ何ニ約束ヲ實行セヌ譯デハナイ何モ八ケ間敷云フ事ハナイデハナイカ預ッタ物ヲ返ヘシテヤレバイーデハ無イカト答ヘマシタノデ夫レデハ直グ返ヘセト申シマシタ其時板倉ハ何モ約束ヲ無視シテ居ル譯デハ無ロコノ通リ脫黨屆モ纏メテアルト云フテ前ニ申上ゲタ通リ二枚ノ脫黨屆ヲ茶錄盆ノ上ニ出シタノデス ソレデ私ハ暫クコレヲ貸シテ與レト云ッテコレヲ取上ゲ其翌朝コレヲ寫眞ニ撮ッタ事ハ前ニ申上ゲタ通リデアリマス是レヲ寫眞ニ撮ッタ譯ハ萬一板倉ガ金ヲ返シテ與レヌナラバコノ寫眞ヲ證據ニ一談判スル積リデアッタノデス
此ガ同月二十七日デアッタカ二十八日デアッタカ確ニハ覺ヘマセヌガコノ開日ノ内私一人デ芝區品川町ノ上ノ方ニ在ル板倉ノ宅ヲ訪ヒ君ハ約束ヲ實行シテ居ラヌデハ無ヒカ二十五日ノ議會(増師案決議ノ當日)ニ出席シタノハ君ト日向君ト丈ケデハ無ヒカ其他ノ關東組ハ復黨シタ樣子デアル斷樣ナ事デハ君ハ何ヲ盡力シテ居ッタノカ少シモ判ラヌデハ無イカ若シ金ヲ返ヘサヌナラバ僕ノ方ハ脫黨屆ヲ最早寫眞ニ撮ッテアルカラ考ヘガアル場合ニヨッテハコレヲ社會ニ發表スル積リデアルト申シ開ケマシタ處板倉君ハソンナニ云ハズトモ金ハ返ヘスカラドーカ穩カニシテ與レ金サヘ返ヘセバ君ニ損害ハ無イデハ無イカ金ヲ返ヘスカラ寫眞板ハ毀ハシテ與レト賴ミマシタノデ金サヘ返ヘシテ與ルレバ僕モ男ダ直ニ種板ハ毀ハシテヤルト申シマシタ其折板倉ハ應接室カラタッダ次ノ部屋迄行キ間モ無ク出テ來リ四千圓ヲ耳ヲ揃ヘテ私ニ返ヘシテ與レマシタ金ハ紙幣デハアリマシタカ何圓札デアッタカハ覺ヘテ居リマセヌコノ金ヲ受取ッテカラ直ニ厚生館ニ歸リ私ノ部屋デ寫眞モ種板モ毀ハシテ仕舞マシタソシテ此ノ事ヲ其際電話ヲ以テ板倉ニ通ジテ置キマシタ

五、板倉ニ渡シタ四千圓ハコレヲ板倉中カラ他ノ議員ニ分配シヨウト板倉中自分ノ假中

ニ入レコウト彼等關東組ノ集會ノ費用ニ使フト其費途ハ板倉ニ任セルノデ私ノ方デハ板倉ガ其ノ金ヲ板倉ノ思フ樣ニ使フテ議員ヲ纏メテ增師案ニ贊成サセル樣ニシテ吳レサヘスレバヨイノデ金ノ使途ニ付私カラハ何等ノ指圖モシナカッタノデアリマス

六、日向ガ板倉カラ金ヲ貰ッテ居ルトスレバ夫レハ板倉カラ出タ金カ他カラ出タ金カ私ニハ少シモ關係ハナイノデアリマス私カラ板倉ニ渡シタ金ハ只今申上ゲタ通リ全部私ニ返ヘサレタノデアリマス併シコノ返ヘサレタ紙幣ハ私ガ板倉ニ渡シタ紙幣デアッタカドーカ其點ハ判リマセヌ

七、板倉中ハ本年六月二十一日朝高松ノ私ノ寓居ニ來リ本件ノ事ニ付キ話ノアッタトキコノ事ニ付テハ實ニ馬鹿ヲ見タ貧乏ヲシタト申シテ居リマシタガコレハ板倉ガ私カラ受取ッタ金ノ後始末ニ付板倉自身ノ金デエ出シタ樣ナ口吻ニ受取ラレマシタ

陳述人　白川　友一

右錄取シ讀聞ケタルニ承諾シタリ

大正四年七月七日

於高松地方裁判所檢事局

檢事　一松　定吉㊞

被告人白川友一第三回

訊問調書

1問　白川友一ナルヤ

答　左樣デアリマス

2問　除名後ニ於ケル被告ノ進退ハドーデアッタカ

答　二十五日ハ衆議院解散ニ爲ッテ自分ハ退ク宿ヘ歸リマシタ

二十六日ハ大隈伯ノ非政友派招待會アリテ自分等モ之レニ參加シ同日正午頃ヨリ夕方迄ニシテ解散シマシタ

二十七日ハ帝國ホテルニ於ケル非政友懇親會アリテ席上中正會ヲ代表シ尾崎法相ノ演說アリ次デ同志會ヲ代表シ島田三郎ノ演說アリ次ニ大正俱樂部ヨリハ自分ガ演說シマシタ右懇親會ハ同日午後四時頃ニ始マリ同八時頃退散シマシタ

二十八日ハ築地精養軒ニ於テ同法相ノ招待會アリテ自分モ之レニ列席シマシタ二十九日ニハ赤阪ノ花屋デ自分ガ友人ヲ招待シマシタ參リマシタ連中ハ渡邊修、林田龜太郎、三上忠造、猪田千之助、增田權三外一二名デアリマシタ而シテ廿八日カ若クハ其翌日頃自分ハ東京ヲ出發シ歸縣シマシタ

3問　被告ハ政友會ヨリ除名後ニ非政友招待會等ニ招待セラルヽ理由ハ如何

答　增師問題ニ付非政友ト自分ノ意見カ一致シタルヨリ如斯相接近スルニ至ッタモノデアリマス

4問　其頃被告ハ大浦內相ト昵懇ナリシカ

答　其頃決シテ昵懇デハアリマセヌ

十二月二十四日內相ニ面會シタノハ始メテデアリマシテ夫レ迄ハ議院ニ於テ顔ハ知ッテ居ルガ話抔致シタコトアリマセヌ

5問　此時已ニ被告ハ大浦內相ト相識ッテ居ラネバナラヌ理由ガ在ル樣ニ思フガ如何

答　左樣ナコトハ決シテ在リマセヌ

6問　二十四日後ハ如何

答　衆議院解散後歸縣スル迄ノ間陸相、海相、法相、總理大臣等ヲ訪問シタコトガ在リマス

7問　本年ニ入リテハ如何

答　一月廿一日上京シ同月廿八日頃迄滯在シ居リタル際敬意ヲ拂フ爲メ旁加治壽衛吉ト自分トノ關係ニ付テノ話モ在リ內相ヲ訪問シタコトガ在リマス

此時訪問ハ獨リ大浦內相ニ止マラズ右諸公ノ內ヲモ訪問シ賞杯ヲ戴イテ貰ヒマシタ

次ニ二月七日上京スベク內相ヨリ呼バレテ八日上京シ加治壽衛吉ト對山館ニ於テ妥協致シマシタ際內相ニ一度面會シマシタ

越ヘテ三月下旬上京シ大浦內相ニ面會シタコトガアリマス其時ノ用件ハ撰擧ノ狀況ヲ報告シテ自分派ノ撰擧法違反事件ガ起ッテ居リマスカラ從ッテ自分ノ出納狀態モ之ニ聯關シテ取調ベラレルコトデアロート思フガ取調ベヲ受ケタ際ニハ[illegible]寄付ノ事ニ付事實ノ通リ陳述スル積リデアルガ其通リ陳述シテモ差支ナキモノニヤトノコトヲ相談スルガ爲メデ在リマシタ

其後今度ノ議會ニ付上京スル迄ハ面會致シタコトアリマセヌ上京シテ後一回面會シタコトガアリマス

8問　昨年十二月二十三日ニ日本橋ノ藤村ト云フ待合ヘ行キシコトアルヤ

答　藤村ト申スカ何ト申スカ名ハ存知マセヌガ關東組寄リ合ヒ場所ニ定メテ居ッタ待合ヘ板倉中ヲ訪ッテ行ッタコトガ在リマス

9問　其時板倉ニ對シ金ヲ返セトカ返ヘサヌトカ云ッテ大論判ヲシタコトガ在ルカ

答　在リマス之レニ付テ申上ゲマス前回已ニ申シ上ゲマシタ通リ自分ハ增師案通過ヲ希望シテ居ル者デアリマシテ極力之レガ通過贊成者ヲ糾合シテ居リマシタガ二十二日午後ト思ヒマス關東組ノ板倉中君ガ厚生館ヘ見ヘマシタ同氏ハ豫テ增師贊成論者デアリマシテ關東組ニ於テ働キヲ爲シテ居ル人ト承知致シテ居リマスカラ關東組ノ狀況ハドーデアルカト尋ネマシタ處ドーモ十分纏ガ定マラズシテ困ル何分空手デハ十分ノ働キガ出來ヌデ困ルトノ話ニアリマシタカラ自分ハ然ラバ多少ノ事ハ自分ニ於テ出金シテモ宜敷不取敢貳千圓丈ケ出スガドノ位纏ルダローカト申シマシタラ十位人ハ出來ルダロート思フト申シマシタ金ハ預ッテ置クト云ッテ持テ歸ヘリマシタ翌二十三日朝再ビ參リマシテドーモ貳千圓デハドースルコトモ出來ヌ今貳千圓位都合シテ吳レマイカト云フコトデアリマシタカラ更ニ貳千圓渡シマシタ同日午後ハ豫テ東海組厚生館組關東組ガ厚生館ニ集ルコトニ爲ッテ居ルノデアルカラ力メテ關東組ニモ出テ貰フ樣話シマシタ

然ルニ關東組ノ者何人モ來リマセヌ大ニ氣勢ガ關係致シマスノデ午後六七時頃自分ハ關東組ノ集會所（其當時ハ其集會所ハ何ト云フ家トハ知ラズニ居リマシタケレトモ今日ニ於テハ夫レガ御存知ノ通リ日本橋ノ藤村ト云フ待合デ在ッタ事ガ分リマシタ）ヘ人力車ニ乘ッテ行キマシタガ板倉中始メ何人モ居リマセンカラ引返ヘシマシタ同日午後九時カ十時頃ニ再ビ人力車ヘ乘シテ右ノ場所ヘ參リマシタ處板倉中君ガ居ルト云フコトデアリマシタカラ直ニ面會ヲ求メ同氏ト裏二階ニテ會見致シマシタ自分ガ茲ニ板倉中ヲ訪問シタル所以ハ同人ガ自分ニ對シ契約シタル事ノ効果表ハレザルニヨリ果シテ同人ニ誠意アリヤ否ヤヲ疑ヒ大ニ詰問シテ試ムベク參ッタ次第デアリマスカラ自然其當時ノ語氣ハ激烈ヲ極メタカモ知レマセヌ自分ハ同氏ニ對シ已ニ本日午後會合ニ來ルベキ筈ナリシニ拘ラズ君ガ顔ヲ見セザリシハ何故カ一体君ハ人ヲ馬鹿ニシテ居ル戰ハ已ニ明後日迫リ而カモ尙ホ如此有樣ニテハ到底當初ノ所信ヲ貫ク能ハズ一体君ハ何ト考ヘテ居ルノデアルカト肉薄シマシタ處同志ハ自分ニ於テモ君ニ約束シタ通リ出來得ル限リハ同志ノ糾合ニ努力シテ居ルノデアルガ豫定ノ通リ効果ヲ收メ得ヌノデアル決シテ君ヲ馬鹿ニシテ居ルト云フ譯デハ無イノデアルト申シマスカラ今ニ及デ左樣ナコトヲ云ハシテハ實ニ困ル約束ノ通リ實行セヨ紳士ラシク實行セヨト申シマシタ處板倉中ハ何ニモ自ニオイテ盡スダケハ盡シテモ居ルニ其樣ニ八ケ間數云フナラバ預ッタモノヲ返ヘシサヘスレバ宜イデハ無イカト申マスカラ返ヘスナラバ返セ返シテ貰ヘバ夫レデ宜敷イノデアルト申シマシタ處然ラバ返ヘスト申シテ手紙ヲ認メ自分方ニ之ヲ持參シ書面中ニ認メアルモノヲ以テ來ルベク車夫ニ命ジ吳レト女中ニ渡シマシタ尙ホ同氏ハ預カッタモノヲ返ヘセト云ヘバ勿論返ヘシモスルガ自分ジヤトテモ何ニモ冷淡デ在ッタノデハナヒノデアル盡ス丈盡シタ結果幾分カ脫黨屆モ纏メテ居ルノデアルト申シマスカラ然ラバ見セヨト申シマシタ處同人ガ所持シ居リタル脫黨屆貳通（貳通ニテ六七名ナリシ樣思フ）ヲ差出シマシタカラ自分ハ之レヲ貸セト申シマシテ持テ歸リマシタ自分ガ歸リマシタ時ハ已ニ同夜十二時過ギテ居リマシタ板倉中ハ金ヲ返ヘスト云ッタモノヽ能クハ返ヘシハセヌト思ヒ脫黨屆ヲ握ッテ置ケバ他日亦話シ出來ルカラト信ジテ持チ歸ッタモノデアルカラ翌朝厚生館ノ番頭ニ命ジ小川寫眞館ニ於テ之ヲ寫眞ニ撮ラシマシタ此時ノ自分ノ觀念ハ自分ハ板倉中ニ欺サレタト思フタノデアリマシタ併シ金ヲ持ッテ來テ返セバ脫黨屆ハ返ヘシテ遣ル積リデアリマシタ

若シ金ヲ返ヘサナカッタラ其脫黨屆ノ寫眞ヲ以テ話ヲスル積リデ寫眞ニ撮ッタノデアリマス二十四日ニハ前回申上ゲマシタ通リ吾淺屋支店ノ會合ニ關東組ノ者モ見ヘマシタカラ自分ハ脫黨屆ヲ板倉中ニ返ヘシマシタ處同日午後六時頃迄ニ關東組ノ者ハ一人モ居ラヌ樣ニ爲ッタコトハ前回申上ゲタ通リデアリマスカラ其後大臣ヲ訪ネタ等ノコトハ關東組ノモノハ誰レモ知ラヌ翌二十五日議院ニ於テモ關東組ハ板倉中ト日向輝武ノ二人ノミガ自分等同志ノ方ニ參リタルモ高松仲次郎、小山田信藏ノ兩名ハ政友會員ノ席ヘ行キ其他ノ者ハ欠席シテ登院シマセヌ樣ナ有樣デシタカラ二十七日カ二十八日カニ芝ノ板倉中ノ宅ヲ訪ヒ君ハ約束ヲ實行シテ居ラヌデハ無イカ一体何ヲ盡力シテ居ッタノカ少シモ分ラヌ先夜君ニ金ヲ返スト明言シタカラ返シ度君ニ返サヌノナヲ自分ノ方ハ已ニ脫黨屆ヲ寫眞ニ撮ッテ在ルカラ自分ハ自分ノ考ヘ通リニスルト追フタ處板倉中ハ左樣ニ云ハズトモ金ハ返ス故穩カニシテ吳レト申シマスカラ金サヘ返シテ吳レバ自分モ男デアル種板ハ直ニ毀ハスト申シマシタ間モナク板倉中ハ四千圓耳ヲ揃ヘテ自分ノ前ニ差出シマスカラ之レヲ受取リ厚生館ヘ立歸リ例ノ種板ハ直ニ毀ハシテ仕舞ヒマシタ然シテ其事ハ電話ニテ板倉中ニ通ジマシタ

10問　其通リ相違ナイカ

答　決シテ相違アリマセヌ

右讀聞云々

大正四年七月七日

於高松地方裁判所

被告人　白川　友一

同日於同裁判所

裁判所書記　中條延次㊞

豫審判事代理

判事　角南美貫㊞

被告人白川友一第四回訊問調書

1問　白川友一ナリヤ

答　左樣デアリマス

2問　被告ハ板倉中ガ金ガ無クテハ纏ラヌト云フタカラ渡シタト昨日申立テタガ其通リ相違ナキヤ

答　其通リ相違アリマセヌ

3問　然ラバ被告ガ板倉中ニ渡シタ金ハ板倉中等同志ノ者ヲ味方ニ入レル爲メニ要スル金カ

答　左樣デアリマス

4問　然ラバ其金ハ買收費カ

答　其當時ハ買收費デアルトカ云フ意味ノ事ハ深ク考ヘテ居リマセナンダガ要スルニ其金ヲ板倉中ニ渡シタ以上ハ同人ニ於テ他ニ之ヲ分配シテ同志ヲ集ムルノ方法ニ出ルトモ板倉中自身ニ於テ之ヲ懷中スルトモ其他同志料合ノ費途ニ充ツルトモ之等ハ多ク問ハザル所デアリマシテ兎ニ角自分ニ於テハ一人ニテモヨリ多ク同氏ガ同志ヲ料合シテ呉レ、バ夫レデ滿足スルノデアリマス

5 問　併シナガラ板倉中ノ金ガ無クテハ纏マラヌト申シタ言葉ハ金力ニ依リ同志ヲ料合スルト云フノ意味デハナイカ

答　已ニ板倉中ニ對シテ金錢ヲ交付スル事實ヲ申上ケマシタ以上ハ其金錢ハ交付ノ目的カ如何ナル意味デアルカト云フガ如キ問題ニ付テハ最早何物モ兎角ハ申シ上ゲマセヌ御訊ネ通リ金力ヲ以テ同志ヲ糾合スル意味ニ於テ渡シタモノデアリマシテ即チ買收費ニ相違アリマセヌ

6 問　被告ガ板倉中ニ渡シタ金ト云フノハ當時被告ガ所持シ居リタル金ナルヤ

答　當時自分ガ所持シテ居ツタ金デアリマス

7 問　最初渡シタ貳千圓モ其翌日相渡シタ貳千圓モ共ニ被告ハ所持シ居ツタニ相違ナイカ

答　相違アリマセヌ

8 問　他カラ借入シタ金デハナイカ

答　左樣ナコトハアリマセヌ

9 問　板倉中ニ被告ガ渡シタ貳千圓宛二回デアルト云フカ夫レハ五千圓宛貳回デハナイカ

答　貳千圓宛貳回ニ相違アリマセヌ

10 問　記憶違ヒト云フコトモ無イトモ限ラヌカラ今一應能ク考ヘテ見テハ如何

答　何程考ヘテモ貳千圓宛二回デアルト云フコトハ相違アリマセヌ

11 問　昨年十二月二十三日日本橋ノ待合藤村ヨリ歸途虎ノ門ノ林田書記官長ノ宅ヘ訪ネタコトガ在ルカ

答　記憶シマセヌ

12 問　夫レデモ車夫ハ被告ヲ乘セテ書記官長ノ宅ヘ行イタト云フガ如何

答　行カナンダトハ斷言ハ出來マセヌ行イタカモ知レマセヌ兎ニ角今記憶シマセヌ

18 問　車夫ノ云フ處ヲ信ズレバ行ツタニ違イナイ樣ニ思ハル、ガ夫レデモ記憶セヌト申スカ

答　前申ス通リ確ニ記憶シマセヌガ或ハ行ツタカモ知レマセヌ

14 問　若シ行イタトスレバ夫レハ何用デ在ツタカ

答　行イタトシテモ其用件ハ記憶シマセヌガ若シ參ツテ居リマシタラ奧衆議院議長ハ林田書記官長トハ昵懇ノ間柄デ已ニ目睫ニ迫ッテ居ルカラ總選擧ノ圓滿ヲ希望シテ居ル奧議長ノ活動ヲ望ムガ爲メニ其話ニ參ッタノカモ知レマセヌ

15 問　脫黨屆ノ事ニ關シテ參ッタ譯デハナイカ

答　左樣ノ些々タル問題ヲ話スガ如キ關係ノ人デ在リマセヌカラ左樣ナ話ヲ致ス筈ガアリマセヌ

16 問　併シナガラ被告ガ藤村ヲ去ッタ時ハ被告ノ云フ所ニ依ルモ已ニ同夜十二時ヲ經過シテ居ッタ事ハ明カデアル如斯深夜人ヲ訪問スルト云フハ極メテ緊急必要ノ事デナケラネバナラヌ樣ニ思ハル而已ナラズ此時ニ於ケル被告ノ前後ノ行動ヨリ推斷スル時ハ被告ガ板倉中ヨリ預リタル彼ノ脫黨屆ニ關係スルモノ、如ク思ハルルガ如何

答　脫黨屆ニ何等ノ關係ハアリマセヌ只[illegible]期切迫シテ居ッタ爲メニ議長ノ活動力ヲ希望スル爲メ其話デ在ッタ樣思ヒマス併シ之レモ前申ス通リ記憶ハアリマセヌ

17 問　本年二月二十一日頃高松ノ被告住居ニ於テ被告ハ板倉中ト會見シタル事實アリヤ

答　在リマス

18 問　夫レハ如何ナル用件デアッタカ

答　自分ニ對シ板倉中ノ關係ニ付嫌疑起リ取調ベ進行中デアルト云フコトヲ聞知シマシタカラ雙方互ニ秘密ヲ守ルベク之レガ打合セヲ爲ス爲メニ自分ヨリ電報ヲ以テ板倉中ヲ呼ビ寄セ六月廿一日午前八時半頃高松市一番丁ノ自分假宅ニ於テ同人ト打合セヲ致シマシタ併シテ其要領ハ自分ガ當地ニテ調ヲ受ケタコトヲ話シ板倉中ヨリハ同人ガ大阪ニテ本出保太郎ヨリ聽キタルコトヲ話サレ互ニ秘密ヲ守ルベク約束仕舞シマシタ位イナコトヲ僅カ五分カ十分ノ間デアリマシタ別ニ詳シイ事柄ヲ話合フタノデハアリマセヌ

18 問　板倉中ハ被告方支配人阪本和吉ト同道シテ參ッタト云フガ左樣カ

答　左樣デアリマス岡山カラ同行シテ參リマシタ

19 問　阪本和吉ガ板倉中ヲ同行レテ歸ヘルニ付テハ豫テ打合セデモシテ在ッタノカ

答　夫レハ打合セガ在ッタノデハナクシテ偶然一緒ニ成ッテ歸ッタノデアリマス

20 問　被告ハ昨日板倉中ニ渡シタ四千圓ハ其後十二月二十七八日頃板倉中ノ自宅ニ於テ同人ガ返ヘシテ呉レタカラ受取ッタト申立テタガ夫レハ僞リデハナイカ

答　僞リデハ在リマセヌ五圓札十圓札、百圓札等取交セ耳ヲ揃ヘテ四千圓返ヘシテ呉レマシタカラ受取ッタニ違イアリマセヌ現ニ本年六月二十一日ニ自分ガ同人ト會見シタ際ニモ同人ハ馬鹿ヲ見タ損ヲシタト申シテ居ッタ樣ナ譯デ事實返還ヲ受ケタニ違ヒアリマセヌ

右讀聞ケ云々

被告人　白川友一

大正四年七月八日

於高松地方裁判所

同廳

裁判所書記　中條延次㊞

豫審判事代理

判事　角南美貫㊞

印

證據物件目錄

大正四年檢第八六號

罪名　瀆職

被告人　白川友一

外一名

右被告事件ニ付證據物トシテ差押ヘ此目錄ヲ作ルモノ也

大正四年七月九日

高松地方裁判所

豫審判事代理

判事　角南美貫㊞

裁判所書記　中條延次㊞

物件番號

五十三號　岩崎徹次發坂本和吉宛信書封皮共　壹通

五十四號　山本救一發同上　壹通

五十五號　田村新吉發白川友一宛信書封皮共　壹通

五十六號　阪本和吉宛ウメユロリユカンアキ發電報　壹通

差出人及所有者　高松郵便局

領置票第壹三四號

聽取書

白川友一

大正四年七月九日高松地方裁判所檢事局云々

一、昨年末ニ於ケル私ト板倉トノ間ニ起ッタ事柄ニ付若シ板倉ガ今度東京ノ檢事局デ取調ベヲ受ケテハ居ラヌカ今入ニ出會フテ其樣子ヲ聽ヒテ見ヨウ又當地ニ於ケル模樣モ話ソウト思ヒ六月十九日入ニ賴ンデ岡山郵便局ヨリ板倉ニ宛ハナシアルスグ大阪驛前孤屋ヘコイト打電シ其夜岡山縣宇野驛迄出掛ケテ居ッタトキ二十日午前九時出頭スル樣高松地方ノ檢事局ヨリ通知アリタル爲メ岡山驛前山長旅館ニ行キ大阪ノ本出ニ長距離電話デ屆ケ板倉ト會見スル積リデ電報ヲ打ッタケレドモ檢事局ニ喚バレテ岡山カラ引返ヘスコトニナッタカラ君ガ板倉ニ會フテ此事ヲ傳ヘテ呉レト云フ賴ミシテ二十日ノ朝高松ヘ歸リマシタ

二、處ガ板倉ハ二十日ノ夜山長旅館ニ來テ東京カラ歸途ニアッタ阪本ト山長旅館ニ落チ合ヒ二十一日午前八時過ギ高松著ノ連絡船デ阪本ト共ニ私ノ高松ノ宅ヘ見ヘタノデス板倉ガ高松ニ來ルコトハ豫期シナカッタノデ[illegible]

三、[illegible]カヲ秘密ニシテ證[illegible]ト云フ趣旨デ其際板倉ガ此事ニ付テハ實ニ馬鹿ヲ見タ貧乏シタト申シテ居ッタコトハ前回申上ゲタ通リデアリマス

四、阪本ハ山長旅館ニ於テ板倉ト如何ナル談話ヲ交換シタカハ私ハ存ジマセヌ又阪本ヨリ此ノ事ニ付キ何等ノ報告モアリマセンデシタガ只同人ハ私ニ對シ板倉ハ馬鹿ヲ見タ閉口シタト云フテ居ッタト話シタ樣ニ覺ヘテ居リマス馬鹿ヲ見タト云フ意味ハ損ヲシタト云フ樣ナ意味デアロウト思フテ居リマス此外ノ事ハ何モ阪本カラハ話ハアリマセンデシタ

陳述人　白川友一

右錄取云々

大正四年七月九日

於高松地方裁判所檢事局

檢事　一松定吉㊞

通調第五四貳號　照會

大正四年七月十日

遞信省通信局長　田中次郎㊞

高松地方裁判所

豫審判事代理

判事　角南美貫殿

電報ノ原書廻送方ニ關スル件

本月六日豫第七二二號ヲ以テ御回答ノ次第ニ有之候處右ハ東京市內發著電報ノミニテモ一ケ月約五十一萬餘通有之候ニ付調査上少カラザル手數ヲ要シ非常ニ長日月ヲ可費候條尙前照會ノ詳細取調御回報相成度及照會候也

突

白川友一外一名瀆職事件ニ關シ證據處分ノ必要ニ付遞信省通信局ニ臨ミ別紙記名者共ニ宛又ハ之等ノ者ヨリ發シタル本年一月以降六月末日迄ノ電報頼信紙并ニ同受信紙取調ノ上押收送致相成度及囑託候也

追テ白川友一、阪本和吉、林田龜太郎(衆議院書記官長)ニ對シテハ本年貳月及六月分ヲ特ニ嚴密御調査相成度申添候

大正四年七月十二日

高松地方裁判所

豫審判事代理

判事　角南美貫

東京地方裁判所

豫審判事殿

取扱郵便局名	氏名
丸龜	白川友一、阪本和吉、安達賢
高松	同
京橋	同
同	增田穰三
同	永間此農夫
同	根岸縮太郎
高輪	板倉中
王子	日向輝武
東京	丸尾光春
同	村井啓四郎

被告人白川友一第五回訊問調書

1 問　白川友一ナルヤ

答　左樣デアリマス

2 問　前回被告ハ板倉中ニ渡シタ四千圓ハ當時自分ノ所持シ居リタル金ナル樣申立テタガ

其金ハ如何ナル目的ノ為メニ所持シ居リタルモノナルヤ

答　已ニ申上ゲマシタ通リ自分ハ朝鮮満洲等ニ於テ諸種ノ事業ニ従事シテ居リマスノデ其事業ニ必要ナル物品ヲ購入スル為メ所持シ居リマシタモノデアリマス

3　問　物品購入ノ目的ヲ以テ所持シ居リタル金銭ヲ不意ニ板倉中ニ交付シ目的外ニ費消シタラハ目的物件ヲ購入スル能ハザルニ至ルベキニアラズヤ

答　目的外ニ費消シ不足ヲ生ズレバ更ニ其不足部分ハ之レヲ補足スル丈ケノ金策ヲ講ズル積リデ在リマシタガ板倉中ヨリ返金シ呉レマシタノデ結局目的ノ物件ヲ購入費ニ充ツルコトガ出来マシタ

4　問　其当時如何ナル物品ヲ購入シタカ

答　十分記憶シマセヌガ呉服、車輪、金物土管等デアリマス

5　問　其当時凡ソ何程位ノ金銭ヲ所持シテ居ッタカ

答　約七千円位デ在ッタカト思ヒマス

6　問　右買入レタ品物ハ総テ東京デ購入シタモノカ

答　左様デハアリマセヌ東京、大阪、岡山、柄等デ買入レタモノデ在リマス

7　問　今ノ通リ物品購入ノ為メニ所持シ居リシ余銭ハドーシテ拵ヘタモノカ

答　昨年七月頃ヨリ他人ヨリ借入レ又ハ以前ヨリ自分ノ貯ヘ置キタル遣ヒ余リ等ヲ所持シテ居ッタモノデアリマス

8　問　誰レカラ借入レタカ

答　今記憶シマセヌ

9　問　貯ヘ置キタル遣ヒ余リト云フハ何程在ッタカ

答　能ク記憶致シマセヌガ兎ニ角其金ヤ借入レタ金ヤ合セテ壹万円以上在ッタノデ在リマスガ其内ヲ七千円計リ携帯シテ居タノデアリマス

10　問　何故ニ昨年七月頃ヨリ左様ナ金ヲ準備シ置クノカ

答　朝鮮ニ新ニ手ヲ伸バシテ土木工事ヲ請負ハント致シタノデ不意ノ用意ニ常ニ其資金ノ準備トシテ用意シテ置イタモノデアリマス実際九月頃ニ至リ目的通リ三十万円余ノ請負ヲ為スニ至ッタノデアリマス前ニ陳ベマシタ購入物品ハ主トシテハ此請負工事ニ使用スル為メニ買入レタモノデアリマス

11　問　如斯工事ヲ請負フ為メニ準備シ置キタリト云フモ左様ニ前ヨリ準備シ置カウトモ当時被告ノ立場トシテ数千円ヤ数万円ノ金ハ必要ニ臨ジ直ニ調金ガ出来タノデハナイカ

答　一時ノ金ナレバ五千円ヤ壹万円ノ金ハ遣リ繰リガ付キマスケレトモ其金ハ直グ返サナケレバ為リマセヌ長期ニ亘リテ使用シマス金ハ前以テ相当ニ準備シテ置カネバナラヌノデアリマス向ホ工事ニ要シマス資金ハ仮令バ朝鮮ノ前陳請負工事ニ致シマシテモ其請負ノ責任ヲ果シマスノデ少クモ六七万円ノ資金ヲ要スルノデアリマス而已ナラズ当時青島ニモ手ヲ伸バサントシテ居リマシテ満洲ニ於テハ以前ヨリ引続ノ仕事モアリ旁各方面トモ資本ノ不足ヲ告ゲ居リ出来得ル限リ金融ノ途ヲ講ジテ居ッタノデアリマス
現金ニ持ッテ居リマシタノハ軌條ナク其他諸材料ヲ買入レマスニ現金ヲ打付ケテ購求シマスノト後払デ購求シマスノトハ値段ノ上ニ於テ大ニ相違ガ在リマスカラデ在リマス

右読聞ケ云々

大正四年七月十二日

於高松地方裁判所

被告人　白川　友一

同廳
裁判所書記　中條延次㊞
豫審判事代理
判事　角南美貴㊞

聴取書

白川　友一

㊞

大正四年七月十六日高松地方裁判所検事局云々

一、私カラ板倉ニ渡シタ金ハ四千円デアル様ニ申上ゲ置キマシタガ夫レハ偽リデ実際ハ壹万円デアルノデスコノ壹万円ヲ板倉ニ渡シタノハ二度デ最初ハ昨年十二月二十二日ノ午後デ金四千円二度目ハ十二月二十三日ノ午前デ六千円デス場所ハ二度共厚生舘ノ私ノ部屋デアリマシタ
金ハ二度共紙幣デ五百円トカ千円トカ云フ様ニ束子テアッタノデスガ紙幣ノ種類ハ覚ヘテ居リマセヌ紙ニ包ンデ渡シタノデハナク束ノマヽ数ヘテ渡シタノデアリマス此ノ金ヲ渡スニ至ッタ理由其当時ノ状況コレヲ返ヘスベキ決心ヲ起シタル事情ハ藤村屋ニ請求シ出掛ケタルコト等ノ詳細ハ本月七日一松検事ニ対シ申上ゲタル事ニ少シノ相違アリマセヌ

二、十二月二十七日デアッタカ二十八日デアッタカ板倉ノ宅デ板倉ヨリ取戻シタ金額モ前回申上ゲタ通リ四千円ニ相違アリマセヌ実ハ壹万円全部ノ返還ヲ迫マッタノデスガ六千円丈ハ使ッテ今手許ニ無イカラ四千円丈ケ返ヘシテ貰ク六千円ハ借用証書ヲ差入レデ置クカラ承知シテ呉レ金ガ出来サヘスレバ何時デモオ返ヘシスル請求サヘアラバ何時デモ返ヘスト云フ証書ヲ入レテ置クカラト申シマシタノデ手許ニ無ヒ金ヲ請求シタカラトテ致方モ無ヒノデ六千円丈ハ借用証書ヲ貰ヒマシタ
其証書ノ文句ハ

借用証書

一金六千円也
右金員借用候処実正也御請求次第何時ニテモ御仕払可申為後日借用証書一札如件ト云フ趣旨ノ意味デ板倉ヨリ私宛ノ板倉自筆ノ証書デ印紙マデ貼用シテアリマシタ利息ノ定メ等ハ勿論アリマセヌデシタ

三、右ノ借用証書ハ私ニ於テ保管致シテ居リマシタガ本年六月二十日高松ノ一番丁ノ私ノ寓居デ引破リ風呂ノ下ニ抛リ込ンデ置キマシタソシテ此ノ事ハ翌二十一日板倉ガ私宅ニ見ヘタトキ其旨ヲ申聞ケマシタガ同人ハ証書ハ無クテモ責任ヲ負フテ後日必ズ六返ヘシスルカラト語ッテ居リマシタ

四、板倉ニ渡シタ金額ハ壹万円デアルノニ四千円デアル様ニ偽ハリヲ申上ゲテ居ッタノハ金額ガ多クナレバ其金ノ支払方ニ付キ板倉ガ厳密ナル御取調ヲ受ケル事ニナリテハ多クノ犯罪嫌疑者ヲ出ス様ナ事ガアッテハナラヌト考ヘタ為メデ外ニ何等ノ理由ハ無ヒノデアリマス

五、本件壹万円ノ出所ニ付テ御訊ネガアリマスガコノ事ニ付テハ両三名ノ恩義アル友人ヨリ調金シ貰フタノデアルト云フ事丈ハ申上ゲ置キマスガ其友人ノ住所氏名並ニ私トノ関係其他コノ事ニ聯絡スル一切ノ事項ニ就テハ申上ゲラレマセヌ

陳述人　白川　友一

右録取云々

大正四年七月十六日

於高松地方裁判所検事局

検事　一松定吉㊞

検事　田中鐵之助㊞

被告人白川友一第六回調書

1　問　白川友一ナルヤ

答　左様デアリマス

2　問　板倉中ニ渡シタ金ハ四千円デハ無イカ

答　前回貳千円宛二回ニ合計四千円ヲ渡シタ様ニ申シ立テ居リマシタノハ偽リデ在リマシテ実ハ壹万円ヲ渡シタニ相違アリマセヌ而シテ渡シタ日時場所等ハ前回申シ上ゲマシタ通リデ只金額ガ相違シテ居ルノミデアリマス即チ昨年十二月二十二日ノ午後自分ノ止宿セル厚生館ニ於テ金四千円其翌二十三日午前同所ニ於テ金六千円ヲ前回申立テマシタ通リ議員買収費トシテ交付シタノデアリマス

3　問　被告ハ四千円ト六千円ト二回ニ壹万円ヲ板倉中ニ渡シタ様申立ツルガソレハ一時ニ壹万円ヲ渡シタノガ事実デハナイカ若シ二回ニ渡シタモノトスレバ理由如何

答　一時ニ壹万円ヲ渡シタモノデハアリマセヌ一時ニ壹万円ノ要求セラレタノデアッタナラバ私ハ決シテ交付スルノデハナカッタノデス初メ金ガ無クテハ纏ラヌト申シマスカラ何程位出セバ何人位纏ルカト尋ネマシタ処板倉中ハ四千円位出シテ呉レヽバ八人乃至十人位ハ確ニ纏メルト申シマシタカラ八人乃至十人位纏メテ呉レヽバ四千円位ハ出シテモ宜ヒト思ヒマシタカラ夫レデ前申ス通リ四千円ヲ出シタノデアリマス然ル処右四千円ヲ渡シタ翌朝板倉中ガ厚生館ニ参リ色々遣ッテ見タガドーモ四千円丈ケデハ纏リ悪イ此上六千円出シテ呉レヽバ直ニ八人乃至十人ハ纏メテ直ニ行動ヲ共ニスルコトガ出来ルト申シマシタカラ自分ハ合計壹万円モノ金ヲ出スノハ馬鹿ラシイト思ヒマシタケレドモ事已ニ爰ニ至ッテハ止ムヲ得マセンダカラ板倉中ノ要求通リ更ニ六千円ヲ前申ス通リ同人ニ交付シマシタ次第デアリマシテ決シテ壹万円ヲ一時ニ交付シタモノデアリマセヌ

4　問　何故之レ迄板倉中ニ渡シタ金ハ四千円デアッタト申上ゲ居ッタカ

答　壹万円渡シタト申立ツレバ余額ガ多イカラ之ヲ受取ッタ板倉中ニ於テ之レガ分配ニ関スル答弁ニ窮シ多数ノ人ニ自然迷惑ヲ掛ケル様ナコトガ在ッテハナラヌト思ヒ其ダ恐入リタル次第デアリマスガ偽リヲ申立テ、居ッタノデアリマス

5　問　左様ナ理由ニアラズシテ壹万円渡シタト申立テ、ハ其金ノ出所ヲ問ハレタル際被告ガ答弁ニ困ルカラデハナイカ

答　左様ナコトハアリマセヌ

6　問　板倉中ガ返シタイト云フ金ハ前陳述ノ通リ四千円ニハ相違ナイカ

答　相違アリマセヌ

7　問　然ラバ残リ六千円ハドーシタカ

答　証書ニテ受取リマシタ之ニ付テ申上ゲマスガ大要ハ前陳申上ゲマシタ時ト大差アリマセヌ只証書ヲ受取ッテ帰ッタ丈ケガ相違シテ居ルノデアリマス昨年十二月二十七八日頃デアリマシタ其前藤村ニ於テ談判ノ際ノ云ヒ別レガ結局目的通リ行カナカッタラ金ハ返スト云フコトデアッタヲ而カモ事実ニ於テ目的通リノ結果ニ到着シマセナカッタヲ自分ハ板倉中ニ電話ニテ訪問スベク豫告シテ置イテ板倉ノ宅ヘ訪ネテ行キマシタ処板倉中ハ在宅シ居リマシタカラ面会ノ上前ニ渡シタ壹万円ハ君ガ八人乃至十人ノ者ヲ纏メルト云フ約束ノ下ニ渡シタノデアルニ我々ト行動ヲ共ニシタモノハ僅カニ二名デ結局約束ノ履行ガ出来ナンダノデアルカラ金ハ全部返シテ呉レト申シマシタ処板倉中ハ金ハ今四千円シカ無イカラ六千円ハ今返スコトハ出来ヌト申シマスカラ自分ハ然ラバ六千円ニ付テハ証書ヲ入レテ置ケト申シ自分面前ニテ板倉中ニ借用証書ヲ認メサセ現金四千円ト共ニ受取リ持帰リマシタ其証書ノ文句ハ正確ニ記憶シマセヌガ大体ノ趣旨ハ

借用証書

一金六千円也
右ノ金借用候処実正也
御請求次第何時ニテモ支払可申候為後日借用証書如件

大正三年十二月二十七、八日　板倉中㊞

白川友一殿

デ在ッタト思ヒマス夫レデ其証書ハ罫紙ニ認メタノデナク白紙ニ認メ尚ホ自分ノ要求

ニヨリ拾錢ノ收入印紙一枚ヲ貼付セシメマシタ

右證書ハ其後自分ガ保管シテ居リマシタガ本件ノ事件ニ關シ自分ガ取調ベヲ受クルニ至ツタノデ斯樣ナ證書ヲ手許ニ存シテ置イテハ危險ト存ジテ本年六月二十日當市一番丁ナル自分ノ假寓宅ニ於テ引裂キ風呂ノ火ヲ焚ク口ニ投入シテ燒イテ仕舞ヒ其翌二十一日板倉中ガ自分宅へ參リタル節其話ヲ致シマシタ處板倉中ハ左樣カ自分ノ證書ハ無イトケ君ニ損ヲ掛ケヌト申立テ居リマシタ

8 問 殘リ六千圓ニ對シ證書ヲ作成シタト云フノハ眞實ニ相違ナイカ

答 決シテ相違アリマセヌ

9 問 證書作成ノ際ニ期限及利息等ノ約束ハナカツタノカ

答 左樣ナ約束ハ斷ジテ在リマセヌ

10 問 利息ハ一割二分デ期限ハ本年三月末日限リ辨濟ノ約束ガアツタノデハナイカ

答 左樣ナコトハアリマセヌ

11 問 交付シタ金錢ノ性質上カラ考ヘテ見ルト證書ヲ取ツタト云フノハドーモ信ジ難キ樣思ハルヽガ愈證書ヲ作成セシメタニ相違ナイカ

答 相違アリマセヌ

12 問 板倉中ニ交付シタ萬圓ハ前回申立通昨年ノ七月頃ヨリ他人ヨリ借入レ又ハ自分ノ貯ヘ置キタル遣ヒ殘リノ金デアルト云フコトハ違ヒナイカ

答 前回ハ左樣申上ゲマシタガ遺憾ナガラ御取消ニ願ヒマス其金ハ會社銀行親戚ニアラザル二三名ノ友人ヨリ東京其他ニ於テ當時調金シタ金デアリマス

13 問 然ラバ其二三名ノ友人トハ誰レカ

答 只今忘レマシタ

14 問 其金ハ二三名ノ友人カラ借リタモノデアルト云フ記憶ガアルノニ其友人ノ名前ヲ忘ルヽガ如キコトハアリ得ベカラザル樣思ハルヽガ如何

答 御尤モデアリマスガ只今忘レテ記憶ニ存ジマセヌ

15 問 被告ハ故意ニ其氏名ヲ指摘スルコトヲ憚ルガ爲メニ左樣申立ヲ爲スノデナイカ

答 左樣デ在リマシタ實ハ只今何人ナルカヲ言明致シ兼ヌルノデアリマス

16 問 其友人カラ借ルニ際シ實收沒ナル情ヲ打明ケテ借リタノカ

答 左樣ナコトハアリマセヌ

17 問 然ラバ何故ニ其氏名ヲ指摘スルコトヲ言明シ得ザルヤ

答 自分ノ一身上並ニ財政上ノ關係カラ申上ゲルコトガ出來ヌノデアリマス

18 問 其一身上並ニ財政上ノ關係トハ何ニカ

答 夫レニ付ゾハ只今御答ヘヲ申上ゲ兼ネマス

19 問 夫レガ答辯ガ出來ヌト云フノハ被告ハ今陳辯スルガ如キ事情アルニアラズシテ他ニ答辯シ能ハザル事情ガ伏在シテ居ルノデハナイカ

答 何トモ申上ゲマセヌ

右讀聞云々

大正四年七月十七日　被告人　白川友一

於高松地方裁判所

同日

裁判所書記　中條　延次㊞

豫審判事代理

判事　角南　美貫㊞

印

證人增田穰三訊問調書

大正四年七月十九日高松地方裁判所ニ於テ

云々

訊問スルコト左ノ如シ

1 問 氏名ハ

答 增田穰三

2 問 年齡ハ

答 五十八歲

3 問 族籍ハ

答 平民

4 問 職業ハ

答 農、衆議院議員

5 問 住所ハ

答 香川縣仲多度郡七ケ村

6 問 其許ハ白川友一、板倉中、濱敏被告事件ニ付刑事訴訟法第百二十三條第一乃至第四ノ各項ニ該當セザルヤ

此時右法文ノ趣旨ヲ說示シタリ

答 該當致シマセヌ

7 問 是迄處刑ヲ受ケ又ハ目下被告トナリ居ラザルヤ

答 ナシ

茲ニ於テ判事ハ證人ニ宣誓セシム

8 問 證人ハ前期議會ノ際ニハ代議士デアツタカ

答 左樣デアリマス

9 問 黨派ハ何派ニ屬シテ居ツタカ

答 政友會ニ屬シテ居リマシタ

10 問 昨年十一月頃政友會香川縣支部大會ガ在ツタカ

答 支部大會ト云フコトデハアリマセンデシタガ其頃評議員會ガ在リマシタ

11 問 如何ナルコトヲ評議シタカ

答 一々記憶シマセヌガ種々ノ協議ヲ致シマシタ從テ其際決議文ト云フ樣ナモノモアリマシテ夫レニヨレバ決議ノ内容ハ分リマスガ只今記憶シマセヌ

12 問 增師問題ニ就テハ如何ナル決議ニ爲ツタカ

答 增師問題ニ付テハ決議シマセヌ之レハ決議ヨリ省略シマシタ

13 問 當時白川友一ハ如何ナル意見デアツタカ

答 當時同人ハ朝鮮滿洲ノ方面ニ參リ居リナ評議員會ニハ參リマセンデシタガ併シナガラ其地ヨリ自分ニ對シ書面ヲ寄セ增師贊成ノ意思ヲ發表シマシタ從テ同人ハ其當時增師贊成者ノ一人デ在リマシタ

14 問 昨年十二月議會開會當時東京ニ於ケル證人ノ宿所ハ何處デ在ツタカ

答 京橋區木挽町二丁目厚生館デアリマシタ

15 問 白川友一ノ宿所モ厚生館デアツタカ

答 左樣デアリマス

16 問 證人ハ白川友一ト同宿シ居ル關係上同人トハ始終進退ヲ共ニシテ居ツタカ

答 宿ハ等シク厚生館デアリマスガ白川友一ハ下ノ部屋デ部屋ガ違ツテ居リマスノデ同宿シテ居ルト申シマシテモ常ニ進退ヲ共ニシテ居ルト云フ譯デハアリマセヌ

17 問 昨年十二月末頃赤阪ノ待合花屋ニ於テ白川友一ガ友人ヲ招待シタコトガ在ルカ

答 在リマス日ハ能ク記憶シマセヌガ二十七八日頃デ在ツタ樣ニ思フ白川友一ガ花屋デ一杯差上ゲヨート思フカラ來テ吳レト申シテ自分ニ案内致シマシタカラ同人ニ伴ハレ同日ニ夕方六七時頃右花屋ニ參リマシタ白川ノ招キニヨリ此時參リマシタ連中ハ三土忠造、櫻田千之助、渡邊峰等デアリマシテ林田龜太郎ガ來テ居ツタ樣ニ思フシ來テ居ラナンダ樣ニモ思ヒ今能ク記憶シマセヌガ夫レ等ト自分及招待主白川友一位デ在ツタ樣ニ思フ十時頃迄色々ノ雜談ヲシテ退散シタ樣ニ記憶シマス

18 問 色々ノ雜談トハドーユウ話デ在ツタカ

答 議會ノ話ヤ解散ニ爲ツタカラ次ノ選擧ニ關スル話ヤ色々ノ雜談ガ在リマシタガ一々ハ只今記憶シマセヌ

19 問 其席上ニ於テ白川友一ガ關東派ノ一部ハ非常ナ「スレカラシ」實ニ驚クベキモノデアルト云フ樣ナ話ヲ激シタル態度デ話シタコトハナイカ

答 左樣ナコトハ聞キマセヌ

20 問 今度ノ二個師團ヲ贊成シタ關東派ノ中ニハ實ニ陋劣極マル者ガ在ルト云フ樣ナコトヲ憤慨シタ態度デ白川友一ガ話シタト云フ樣ナコトモナイカ

答 左樣ナコトモ聞キマセヌ

21 問 右樣ナコトヲ眞實白川ガ云フタモノナラバ同席シテ居ツタ證人ハ必ズ之レヲ聞イタ譯デナイカ

答 御尋ネハ御尤モデアリマス併シナガラ元來自分ハ病身ニテ其時モ已ニ二十日頃ヨリ風邪ニテ閉口シ未ダ全ク快癒ニ至ラズ始終咳ツテ居リマシタカラ可成酒宴ノ席等ハ避ケテ居リマシタ樣ナ次第デ花屋ニ招待セラレタ時モ便所ニ參ツタリ彼方此方度々席ヲ離レマシタカラ自分ノ在ラザル際ニ白川友一ガ左樣ナコトヲ云フタモノナラバイザ知ラズ自分ガ居リマス席上ニハ白川友一ガ左樣ナコトヲ申シタコトハ聞キマセヌ

右讀聞云々

證人　增田　穰三

高松地方裁判所ニ於テ

同日

裁判所書記　中條　延次㊞

豫審判事代理

判事　角南　美貫㊞

印

（未完）

朝鮮森林特別會計法廢止法律案（政府提出）第一讀會

朝鮮森林特別會計法廢止法律案

朝鮮森林特別會計法ハ大正四年度限之ヲ廢止ス

朝鮮森林特別會計ニ屬スル現金ハ朝鮮總督府特別會計ノ歲入ニ繰入レ其ノ收入支出ノ未濟額ハ之ヲ同特別會計ニ移スヘシ

（政府委員藤澤幾之輔君登壇）

○政府委員（藤澤幾之輔君）　朝鮮森林特別會計法、本案ハ御承知ノ通リ營林廠ノ作業ニ關シマスル經理ノタメ、明治四十四年度カラ施行致シ來ッタモノデアルノデアリマス、爾來實施致シマスルコト數年、其經驗ニ依リマスレバ最早收支ノ狀態ガ明確ニナッテ居リマス、故ニ朝鮮ノ特別法ノ上ニ、又特別會計法ヲ置クト云フダケノ必要ハ最早ナイノデゴザイマス、殊ニ本來此特別會計法ハ成ダケ多クナイ方ガ利益デ、豫算ハ簡明ナルヲ尙ヒマスコトハ申スマデモナイコトデゴザイマス、故ニ斯ル本案ヲ提出致シマシタガ、殊ニ豫ニ既ニ提出致シマシテ諸君ガ現ニ御調査ニナッテ居リマスル所ノ豫算案ニ、此結果ガ明カニナッテ居リマス、旁〻速ニ御協贊アラムコトヲ請ヒマス

○議長（島田三郎君）　發議ガナイト認メマス、右議案ヲ審査スベキ委員ノ選擧ニ移リマス、之ヲ議題ト致シマス

右議案ノ審査ヲ付託スヘキ委員ノ選擧

○福田又一君　本案ヲ議長指名九名ノ特別委員ニ付託シ、審議アランコトヲ望ミマス

（「贊成々々」ト呼フ者アリ）

○議長（島田三郎君）　御異議ガナイト認メテ福田君ノ說ニ決シマス

○福田又一君　此場合ニ於テ日程ヲ變更致シマシテ、裁判所ノ設立及移轉ニ關スル法律案、大正二年法律第九號ノ中改正法律案、及明治三十二年法律第七十號中改正法律案ヲ議題ニ供セラレムコトノ緊急動議ヲ提出致シマス、其理由ハ本案ハ豫算ニ關係ヲ持ッテ居リマシテ、急速ニ御審議ヲ請フベキ必要デゴザイマス、此段諸君ノ御贊成ヲ請ヒマス

（「贊成々々」ト呼フ者アリ）

○議長（島田三郎君）　福田又一君ノ日程ヲ變更シテ三案ヲ議題ト爲スト云フコトノ動議ガアリマス、之ニ異議ハアリマセヌカ

（「異議ナシ異議ナシ」ト呼フ者アリ）

○議長（島田三郎君）　御異議ガナケレバ右三案ヲ議題ト致シテ委員長ノ報告ヲ求メマス、鹿島秀麿君

○奥村七郎君　私ハ議論ハ除ケマシテ、前辯者ノ事實ノ點ニ付テ間違ッテ居ル所ヲ二三訂正ヲ致シマシテ退ル考デアリマス、左様御承知ヲ願ヒマス(「簡單々々」ト呼フ者アリ)長崎控訴院ノ目下ノ現狀ハ辯護士諸君モ御承知ノ如ク、斯ノ如ク大ヤナ公判廷ノ間ニ鐵ノ棒ガ釣ッテ天井ヲ支ヘテ居ル、是ハ御異存ゴザイマスマイト思ヒマス、ソレカラ建物ノ中ニ白蟻ガ食ヒマシテ大騷ギヲヤッタコトモ事實デアル、本田君モ又委員會デハ此事實ヲ認メテ居ルノデアル、ソレカラ政府デ――司法省デ三十七年以來大小修繕ヲ歟回ヤッタコトモ事實デゴザイマス、斯ウ云フ建物デゴザイマス、是ハ辯護士以外ノ諸君ハ餘リ御承知デアルマイト思ヒマスカラ此點ヲ紹介致シマス、ソレカラ地理ノ點ニ付テ長崎市ノ點ヲ一言辯ジマスルガ、長崎ノ土地タルヤ九州ノ一角カラ東北ノ方ニ突出致シテ居ルトコロノ半島デアリマス、半島デアリマスルガタメニ今日ノ鐵道ハ福岡市附近カラ長崎ニ向ッテ一線ガ出來テ居ル、一面デハ熊本鹿兒島、斯ウ云フコトニ線ガ岐レテ居ルコトニナッテ居リマスコトハ御承知ノ通リ、ソコデ此門司カラ博多熊本鹿兒島ノ線ガ今日本線ニナッテ居ルガ、半島ノ長崎ニ向フ線ガ支線ニナッテ居ルノハ辯ズルマデモゴザイマスマイ、辯護士諸君モ本線タルトコロノ福岡市カラ僅カ四十分デ行ケルトコロノ鳥栖ト云フ處デ乘換テ長崎ニ行カレルノデゴザイマシテ(「鐵道案内」ト呼フ者アリ)支線デアリマスレバ汽車ノ度數時間ハ如何デゴザイマス(「簡單々々」ト呼フ者アリ)是ダケノコトヲ私ハ陸ノ上ニ於テ辯レマス、ソレカラ海ノ上ノ關係ニ於テハ是ハ多ク辯ジマセヌ、滿韓ノ關係支那ノ關係ニ於テモ福岡縣ノ門司ト長崎トハ如何ニナリツヽアルカト云フ關係、是モ私ガ辯ズルマデモナイ、ソレカラ委員會デカラニ司法當局カラ事件ノ件數人口、ソレカラ諸般ノ關係ガ長崎ト熊本ト福岡ト三縣ノ對照ガシテアリマス、之ニ依リマスレバ少敷委員者ノ報告ノ通リ福岡縣ガ失禮ナガラ他ノ二縣ニ超越致レテ居ル、超越致レテ居ル事實ハ爭ヘナイト考ヘマス、然ラバ九州內ニ於テモ多數ノ事件ヲ有スル福岡縣ノ縣民ハ、控訴ヲ致シマスルタメニ無用ノ日子ト無用ノ費用ヲ使ヒ、權利ノ擁護ハ如何デゴザイマスカ、控訴院ニハ遠イガタメニ事件ガ滅ッテ居ルト云フコトハ司法當局ノ辯明ノアリマシタノハ尤ノコトデアル、今日ノ長崎ノ控訴件數ト福岡ノ地方裁判所ヲ比較スレバ、福岡地方裁判所ガ無論多イケレドモ、事件ノ澤山アリマス、福岡市ニ設ケマシタナラバ、ヨリ以上又事件ガ殖エルコトハ當然デアル、此點カラ言ヒマスレバ福岡縣ノ人民ハ權利ノ伸張ヲ侵サレテ居ルト考ヘマス、是ハ尤ノコトヽ考ヘマス、ソレカラ尙一言熊本ノ關係ヲ述ベマスルガ、是ハ地理ノ上ニ於テハ熊本ガ幾分福岡ヨリカモ宜シイト云フコトハ是ハ私モ爭ヒマセヌ、爭ヒマセヌガ第一ニ犯罪數ノ關係交通ノ關係ニ於テハ、是ハ熊本ヨリカモ福岡縣ノ方ガ宜イト云フコトハ皆サン御承知デアラウト考ヘマス、ソレカラ尙ホシマイニ私ハ是デ事實ノ關係ハ終リマスガ、一言私ハ此壇ヲ退キマスニ付テ諸君ノ御考慮ヲ乞ヒタイコトハ、此控訴院ノ移轉問題ハ今日ニ始ッタ問題デナイコトハ御承知ノコトデアリマス、是ハ十數年以前カラ二回モ四回モ長崎控訴院ノ移轉問題ハ、建物ノ改築毎ニ起ッテ居ル問題デアリマス、而シテ本田君ノ言ハレマスル如ク司法當局ガ果シテ面白カラザル寄附金ニ依ッテ之ヲ繰メタリトスルナラバ、サウ云フヤウナコトガ果シテ有ルト致シマスルナラバ、此長崎控訴院ナルモノヽ移轉ガ確然ト極マリマセナイ限リハ、今後幾回トナク此問題ガ繰返サレルノデアリマセウカラ、私ハ何レナリトモ此際ニ決定スルノガ當然デアル、將來サウ云フ非難ヲ免レルノデアル、此ニ至ッテ見マスレバ委員會デ森田君ガ言ハレマスル如ク、此本案ニ對スル反對ノ理由ハ、佐賀ノ人ハ佐賀ヲ以テ適當ト致シマスルシ、長崎ハ無論、熊本ハ熊本ト主張致シテ居ル(「簡單々々」ト呼フ者アリ)ソレナラバ熊本ノ人モナゼ熊本ガ適當デアルト云フコトヲ原案ニ向ッテ修正ヲ出シマセヌカ、佐賀ハナゼ修正ヲ出シマセヌカ(「ヒヤ〳〵」ト呼フ者アリ)而シテ佐賀ト長崎ト熊本ト、福岡ト、之ヲ竝ベテ見タナラバ(「泣イチヤイケナイ泣クナ」ト呼ヒ笑聲起ル)最後ノ解決ガ出來ルデハアリマセヌカ、而シテ結論ニ於テハ――結論ニ於テハ原案不贊成ト仰シヤルナラバ、此問題ハ相寄ッテ政府案ガ倒レルデアリマセウ、而シテカラニ他日熊本ノ案ガ出マシタナラバ、今度ハ長崎ト福岡ト佐賀ガ相組ンデ同様ナコトヲスル、何時此問題ノ解決ガ出來マスカ、ドウカ此點ハ諸君御考慮ヲ願ッテ正當ノ御判斷ヲ請ヒタイト思ヒマス、隨ッテ私ハ委員長說ニ反對致レマス(拍手起ル)

(「採決々々」ト呼フ者アリ)

衆議院議事速記錄第九號小河源一君演說ノ參照(其二)

豫審請求書

僞證　増田穣三

右者左記ノ犯罪アリト思料候條求豫審候也

大正四年七月十九日
高松地方裁判所檢事局
檢事　山下覺次郎

高松地方裁判所
豫審判事御中

犯罪事實

被告穣三ハ大正四年七月十九日白川友一板倉中等ニ對スル瀆職被告事件ニ付高松地方裁判所豫審廷ニ出頭シ證人トシテ宣誓ノ上陳述ヲ爲スニ當リ大正三年十二月帝國議會解散後白川友一ヨリ横田千之助、三土忠造等ト共ニ東京市赤阪區待合花屋ニ招待セラレ其席上ニ於テ友一ガ關東派議員ノ一部ハ非常ノ「スレツカラシ」ニテ實ニ驚クノ外ナシ就中增師案ニ贊成シタル關東派議員中ニハ陋劣極マルモノアリテ關東派ニ屬スル衆議院議員ノ一部ガ右增師案ニ贊成スベク買收セラレタル事及議員中ニハ甚シク金錢ヲ貪リ醜態ヲ極メタルモノアリトノ意味ノ物語ヲ爲シタル際被告ハ横田千之助、三土忠造等ト共ニ同席シ右友一ノ談話ヲ聽取シタルニ拘ハラズ斯ノ如キ事實ナキ旨僞證シタリ

被告人増田穣三訊問調書

大正四年七月十九日高松地方裁判所ニ於テ云々

1問　氏名ハ
答　増田穣三
2問　年齡ハ
答　五十八才
8問　族稱ハ
答　平民
4.問　職業ハ
答　前同上
5問　住所ハ
答　前同上
6問　原籍ハ
答　同上
7問　出生地ハ
答　同上
8問　位記勳章從軍記章年金恩給ヲ有セザルヤ
答　日露戰後ノ功勞ニヨリ勳章青色桐葉章ヲ下賜サレテ居リマス
9問　是迄刑事上ノ處分ヲ受ケシコトナキヤ
答　ナシ
10問　被告ニ對スル起訴ノ事實ハ被告ハ大正四年七月十九日白川友一、板倉中等ニ對スル瀆職被告事件ニ付高松地方裁判所豫審廷ニ出頭シ證人トシテ宣誓ノ上陳述ヲ爲スニ當リ大正三年十二月衆議院解散後白川友一ヨリ横田千之助三土忠造等ト共ニ東京市赤阪區待合花屋ニ招待セラレ其席上ニ於テ友一ガ關東派議員ノ一部ハ非常ノ「スレツカラシ」ニテ實ニ驚クノ外ナシ就中增師案ニ贊成シタル關東派ニ屬スル衆議院議員ノ一部ガ右增師案ニ贊成スベク買收セラレタル事及右議員中ニハ甚シク金錢ヲ貪リ醜態ヲ極メタルモノアリトノ意味ノ物語ヲ爲シタル際被告ハ横田千之助、三土忠造ト共ニ同席シ右友一ノ談話ヲ聽取シタルニ拘ハラズ斯ノ如キ事實ナキ旨僞證シタリト云フニ在ルガ如何
答　前刻證人トシテ取調ヲ受ケタル際申上ゲマシタコトハ總テ眞實ニシテ御述ノ如ク僞證シタモノデハアリマセヌ

右讀聞ケ云々

被告人　増田穣三

大正四年七月十九日
高松地方裁判所ニ於テ
同日
裁判所書記　中條延次郎　印
豫審判事代理
判事　角南美資　印

聽取書

増田穣三

大正四年七月廿二日高松地方裁判所檢事局ニ出頭ノ任意左ノ通リ陳述シタリ

一、私ハ本年七月十九日白川友一、板倉中瀆職被告事件ニ付證人トシテ當地方裁判所豫審判事ノ訊問ヲ受ケルニ當リ僞證シタル爲メ拘束セラレマシタガ一時ノ不心得ヨリシテ不實ノ事ヲ申立テ何ントモ申譯デナイコトヲシタト悟リマシタカラ今朝其旨ノ上申書ヲ認メ監獄署ヨリ角南豫審判事ニ宛テ差出シマシタ實ハ本年六月廿日上京中ノ私ニ對シ白川友一ノ支配人阪本和吉ヨリ至急歸國セヨトノ電話デアリマシタカラ私ハ同月廿二日高松ニ歸リ同夜八時頃高松市一番丁ナル白川友一方ニ參ツタ處白川ハ私ニ對シ從ト板倉トノ關係ニ付テハ板倉ガ高松ニ來テ互ニ首ガ飛ンデモ云ハヌコトニ約束シテ置イタカラ君モ其積リデ如何ナル事ガアツテモ板倉トノ干係ヲ口外シテハナラヌト云ハレタコトモアルシ若シ口外スレバ實ニ意外ナコトニナリマス故遂ニ僞證スルニ至リマシタガ私情ノ爲メ又自己ノ利益ノ爲メ同家ノ大事ヲ曝シ立テスルコトハ如何ニモ苦悶ニ堪ヘマセヌ故私ノ干係シテ居ル事柄ハ全部申上ゲル決心ヲ致シマシタ私ノ切ナル心情ヲ御察シ願ヒマス

昨年十二月召集セラレタル第三十五議會ニ政府案トシテ增師案ヲ提出セラレマシタガ其當時私所屬政友會ノ幹部ハ政府ノ政策ハ總テ反對スルト云フ意氣組デアリマシタ然シ私ハ既ニ政友會內閣トシテモ增師ヲ必要ト認メタルノミナラズ擧國一致ヲ破フテ迄モ增師ニ反對スルコトハ不穩當デアルト云フ意見デアリマシタ

而シテ白川友一モ同一意見デ私ト行動ヲ共ニシテ居リマシタ然ル處昨年十二月中同厚生館ニ於テ白川ガ私ニ對シ林田書記官長ガ政府ヘ此議會ニ政府案ヲ通過サスル爲メニ金ヲ出シテ政友會ノ切リ崩シヲスル方針デアルカラ增師案及其他ノ政府案ニ付キ政府ノ目的ヲ達スル樣ニ盡力シテ吳レ政府カラ金ヲ出スト云フテハ嫌ダカラ白川己人ガ金ヲ出ス樣ナ風ニシテ奔走シテ吳レト云フカラ是非盡力ヲ頼ムト云フテ夫レヲ承諾シマシタ然シ金錢問題ハ成ルベク口ニ出サヌ樣ニシテ同志ヲ糾合シヨウト約シ次第ニ同志ヲ集メ厚生館組ト云フモノガ出來タノデアリマス

其人名ハ白川及私ノ外ニ

武市庫太	愛媛
水間此農夫	宮崎
濱田政藏	同
村井啓四郎	奈良
井阪光暉	大阪
長谷川敬一郎	佐賀
丸尾光春	兵庫
高鍋篤郎	同
本出保太郎	大阪
高橋直次	北海道
天野壯三郎	愛媛
關戸山清彥	宮崎
光森德治	高知
森川源吾	滋賀
吉田虎之助	同

等デアリマシタ

三、右同志ノ者等ニ對シテハ政府ヨリ金ガ出ルト申シマセンガ時々厚生館ニ於テ白川ガ同志ノ前デ增師案ニ贊成スルモノニハ費用ハ出スト云フテ居リマシタカラ同志ノ者ハ何レノ筋カラカ金ガ出ルコトハ承知シテ居ツタコトヽ信ジテ居リマス林田ノ云フ處ニヨレバ政府ヨリ金ヲ出スト云フコトデアリマスカラ何レ政府筋ヨリ金ガ出ルコトハ確カデアリマスガ果シテ誰ノ手カラ出金セラルヽモノカ私ニハ判リマセン若レハ白川ニ御尋子ニナレバ判ルコトヽ思ヒマス

五、私ト林田書記官長トハ議會ニ於テ顔ヲ合ハスル位ノ間柄デアリマシタガ白川ヨリ右買收相談アリシ前後ノコトナリシガ厚生館ノ白川ノ室ニ於テ白川ノ紹介ニヨリ林田ト挨拶シ夫レ以來林田方ニ出入スル樣ニナリマシタ私ハ白川ト買收ノ相談ヲシタ後ノコトデ確カ昨年十二月十九日頃林田ヨリ白川ニ金ヲ受取リニ來ヒト云フテ來タ處白川ガ差支アリシ爲メ私ニ行ツテ取ツテ來テ吳レト云フノデ私ハ同夜築地料理店瑞珠亭ニ參リ二階座敷ニ於テ林田ニ面會シ白川ノ代リニ來タト申スト是レヲ御渡シスルト云フテ壹萬弐千圓ヲ渡シテ吳レマシタカラ夫レヲ受取リ直ニ厚生館ニ歸リ白川ニ右金員全部ヲ渡シマシタ其紙幣ノ種類ハ覺ヘテ居リマセンガ五百圓トカ千圓トカ云フ風ニナツテ居ツタ紙幣デ壹萬弐千圓受取ツタノデアリマス

六、右金員ヲ林田ヨリ受取リシ時モ白川ニ渡シタ時モ互イニ差向ヒノ處デ受渡ヲシタノデ誰レモ其席ニハ居リマセンデシタ

七、林田氏ヨリ受取リシ金ハ總テ白川ガ保管シ同人ガ收支ヲ扱フテ居リマシタ而シテ白川ガ直接林田氏ヨリ受取リシ數字ハ判リマセンガ一二度林田ヨリ金ヲ受取ツテ來タト白川ガ云フテ居リマシタカラ私ノ受取ツテ來タ分ト合セ三四萬圓位受取ツタモノト思ヒマス

八、右受取リシ金ハ白川ガ主トシテ取扱ツテ居リマシタカラ同人ガ直接扱ツタ分ハ私ニハ判リマセンガ私ガ白川ヨリ受取リタル金ヲ同志ニ渡セシ分ヲ申上ゲマス

昨年十二月廿日頃厚生館ニ於テ白川ガ私ニ對シ關東組ノ者ヲ纏メル爲メニ板倉中ガ壹萬圓入要デアルト云フガ五千圓丈ケ遣フテ置クコトニシヨウ君カラ渡シテ吳レト云フテ紙幣ノ種類ハ覺ヘアリマセンガ束ニシタ紙幣デ五千圓出シマシタカラ私ハ夫レヲ持ツテ直ニ厚生館出入ノ人力ニテ待合藤村屋ニ參リ同家二階座敷ニ於テ板倉中ニ面會シ白川ヨリ預リ越シタト云フテ右五千圓ヲ板倉ニ渡シタ處板倉ハ之レハ約束ガ違フ壹萬圓ナケレバ足ラヌト云フノデ直ニ右人力ニテ厚生館ニ歸リ白川ニ右ノ話ヲシタ處仕方ガナイカラ今五千圓丈ケ持ツテ行ツテ吳レト云フテ同樣ニ束ニシタ紙幣デ五千圓出シマシタカラ夫レヲ持ツテ直ニ藤村屋ニ參リ前ノ座敷デ板倉ニ五千圓ヲ渡シテ直グ厚生館ニ歸リ白川ニ板倉ニ金ヲ渡シタ時ハ二度共私ト板倉トノ差向イデアツテ傍ニハ誰レモ居リマセンデシタ

九、其後同月二十三日頃白川ガ何處デ聽イテ來ルカ知レマセンガ板倉ト云フ奴ハ酷イ奴デ私ノ方カラ金ヲ取ツテ置イテ又政府カラモ金ヲ貰ツテ居ル二重ニ金ヲ渡ス必要ハナイカラ金ヲ取リ戾シテ來ルト云フテ居リマシタ其後數日シテ白川ガ私ニ對シ板倉ニ談判シテ金ヲ取戾シタト云フテ居リマシタガ何處デ談判シタモノカ又其取戾シタル金額

ハ何程カ私ニハ判リマセン實ハ關東組ノ方ハ私ハ少シモ關係セズ白川ガ專ラ交涉シテ居リマシタカラ白川モ私ニハ關東組ノコトハ餘リ話ヲ致シマセンデシタ夫レ故私ハ板倉ニ金ヲ渡ス時ニ初メテ森村屋ニ行ツタ位デ其前後ニ於テ同家ニ參ツタコトハアリマセン

一〇、右金ヲ渡シタ當時白川ハ關東組ハ七八名殘ツテ居ル樣ニ申シテ居リマシタカラ右壹萬圓ノ金ハ夫レ等ノ增師贊成者ニ與ヘル金デアルコトハ承知シテ居リマシタガ果シテ何人ニ渡スモノカ其邊ノコトハ知リマセンデシタ

一一、尙私ガ買收ニ關係シタ部分ヲ申上ゲマスト實ハ前申上ゲタル厚生館ノモノハ私等ト行動ヲ共ニシ何レモ脫黨シテ增師案ニ贊成シタモノデ其中デ金ヲ欲シイト云フモノニハ金ヲ出ス方針デアリマシタカラ同志ノモノデ金ガ欲シイト私ニ申シ出タモノニ對シテハ白川ニ話シ同人ヨリ金ヲ受取ツテ居リマシタ夫レハ

(一)昨年十二月二十六日頃厚生館ニ於テ壹千五百圓ヲ武市庫太ニ與ヘタノデアリマス是レハ同月二十日頃武市ガ白川ヨリ金ヲ貰ツテ吳レト云フコトデアリマシタカラ其當時白川ニ話シテ置イタ處白川ガ同月二十六日頃武市ニ渡シテ吳レト云フテ寄越シマシタカラ厚生館ノ私ノ室ニデ武市ニ手渡シシタノデアリマス

(二)同月二十三日頃厚生館ニ於テ村井啓四郎ガ白川ヨリ金ヲ貰フテ吳レト申シマシタカラ其事ヲ白川ニ話シ壹千五百圓ヲ白川ヨリ受取リ同日厚生館ノ私ノ室ニ於テ村井ニ其壹千五百圓ヲ與ヘタノデアリマス

(三)同月二十二日頃ヨリ同月二十五日頃迄ノ間ニ二囘ニ高鍋篤郎ニ三百圓カ四百圓與ヘマシタ夫レハ二度共高鍋ガ白川ヨリ金ヲ貰フテ吳レト云フノデ白川ニ其事ヲ話シ同人ヨリ受取リ厚生館ノ私ノ室ニ於テ高鍋ニ手渡シ致シマシタ初メニ渡シタ金ハ百圓位デアツタト思ヒマス兎ニ角二度デ三百圓カ四百圓デアツタコトハ違ヒアリマセン

(四)同月二十六日頃厚生館ニ於テ濱田政莊ガ長谷川敬一郎ニ金ヲ遣ツテ吳レト云フノデ壹千圓ヲ濱田政莊ニ私ノ居ル次ノ室ニ於テ渡シマシタカラ濱田ヨリ長谷川ニ渡シタコト、思ヒマス實ハ其金ハ濱田ガ私ニ對シ長谷川ハ貧乏シテ困ツテ居ルカラ白川ニ云フテ壹千圓程遣ツテ吳レト賴ミマス故直グ白川ニ話シ白川ヨリ壹千圓受取リ濱田ニ渡シタノデアリマス

一二、右金員ヲ受取リタ人々ハ增師案ニ贊成シテ政友會ヲ脫黨シタ報酬ヲ吳レト明カニ云フタ譯デモナク又私ノ方デモ報酬デアルト明カニハ申シマセンガ右ノ人々ハ增師案ニ贊成スレバ白川ノ手ヨリ金ノ出ルコトハ承知シテ吾々ト行動ヲ共ニシ現ニ金ヲ吳ト云フテ白川カラ金ヲ貰フタノデアリマスカラ無論報酬ナルコトハ承知ノコトト信ジマス夫レ故右金ノ交換ニ付テハ證據ナゾヲ取ツタコトハアリマセン

一三、昨年十二月二十八日午前中厚生館ノ白川ノ室ニテ白川ガ懷レヲ取ツテ置イテ吳レト云フテ紙幣ノ種類ハ覺ヘアリマセンガ紙幣ニテ千圓ヲ出シマシタカラ私ハ其金ヲ全部貰フテ置キマシタ其際白川ハ其金ノ性質ニ付テハ增師案ニ付盡力シタ報酬ニ林田コリ出テ居ル金ヲ吳レタモノト思ツテ居リマシタ又前ニ申上ゲタル武市外三名ニ與ヘル金ハ無論林田ヨリ出タ金ヲ渡シタモノト信ジマス

一四、白川ガ三千圓ヲ私ニ吳レタル際白川ハ都合ガアルカラ歸國スル迄壹千貳百圓丈ケ貸シテ置イテ吳レト云フノデ參千圓ヲ無證書デ白川ニ貸シテ置キマシタ其後本年一月七八日頃銀行ノ送金小切手ニテ壹千貳百圓ヲ白川ガ返ヘシテ吳レマシタカラ高松ノ第百十四銀行ニ於テ受取リ直グ其金ヲ全部同銀行ニ當座預金ニ致シマシタ其金ハ其後私ノ選擧費ニ全部引出シテ仕舞ヒマシタ

一五、私ハ本年三月上旬上京シ江木內閣書記官長ニ面接シ選擧費ノ援助ヲ求メテ置キマシタ其後同月十日總理大臣官邸ニ於テ江木氏ヨリ參千圓貰ヒマシタ其金ハ江木氏ガ如何樣ニシテ心配シテ吳レタモノカ私ニハ御答ガ出來マセン

右錄取シ云々

　　　　　　　　　　增田　穰三

被告人增田穰三第二回調書

　　　　　　　　　　檢事　田中　鍵之助　(印)

1 問 增田穰三ナルヤ
答 左樣デアリマス

2 問 被告ガ前回陳述人トシテ本職ニ對シ申立テシ事實ハ其通リ相違ナイカ
答 甚ダ恐入リマシタ夫レハ僞リデアリマス
前回御訊ネノ通リ昨年十二月二十七八日頃赤阪ノ待合茶屋ニ於テ白川友一ガ自分等ヲ招待シマシタ當夜其席上ニ於テ白川友一ガ關東派ノ一部ハ非常ナ「スレッカラシ」デ實ニ驚クベキモノデアル今度ノ二ケ師團ヲ贊成シタ關東派ノ中ニハ陋劣極マルモノガ在ルト云フ樣ナコトヲ話シタノハ事實相違アリマセヌ

3 問 其通愈事實相違無イカ
答 確ニ相違アリマセヌ

4 問 何故白川友一ハ左樣ナコトヲ申シタカ
答 夫レハ斯樣ナ次第デアリマス昨年十二月第三十五議會開會中增師問題ニ關シ政府ト政友會ノ衝突アリテ政友會中議員ノ步調整ハズ黨中稍ヤ不穩ノ傾キアリシヨリ其虛ニ乘ジ政府ガ政友會ノ議員ヲ買收シ之レガ切リ崩シヲ實行シタルヨリ此問題ニ處シテ運動シテ居ツタ白川友一ト關東組ノ板倉中トノ間ニ於テ板倉ガ一方政府ヨリ金ヲ貰ヒ居リナガラ重子テ白川友一ヨリ金ヲ攫ツタト云フノデ板倉中ノ此處置ヲ憤慨シ暗ニ白川友一ガ板倉中ヲ攻擊スル爲メ左樣ナ話題ヲ洩ラシタモノデアリマス

5 問 斯ル事實アリタルニ拘ラズ何故被告ハ其際之ヲ否定シタカ
答 夫レハ外デハアリマセヌ實ハ先月下旬白川友一ノ支配人阪本和吉ヨリ在京中ノ自分ニ對シ至急歸國スル樣電話ヲ以テ申シ來リタルニ依リ歸國シタル處白川友一ノ話ニ板倉中ト白川友一トノ關係ニ付テハ板倉中ハ高松ニ來リ互ニ首ガ飛ンデモ云ハヌト確ク約束シテ置イタカラ貴殿モ必ズ口外シテ吳レナトノコトデ在リマシタカラ如何ニ問ハレテモ云フマイト思ヒ居リシノミナラズ左樣ナ事實ヲ申上ゲマシテハ白川友一ハ勿論之ニ關係アル人々ニ對シ少ナカラズ迷惑ヲ掛ケルコト、思ヒマシタカラ出來得ル事ナラバ同人等ヲ庇頀セシモノト存ジ心ニモナキ不實ノ中立ヲ爲シタ次第デ誠ニ恐縮ニ堪ヘマセヌ

併シナガラ私情ノ爲メ又ハ自己ノ利益ノ爲メニ國家ノ一大事ヲ無視スルガ如キ譯ニハ參リマセンコト衷心深ク感ジマシタカラ之レヨリ殘ラズ赤心ヲ披瀝シ隱サズ全部之ニ關聯シテ申上ゲマス

昨年十二月ノ議會ニハ政府緊トシテ年來ノ懸案タル增師案ガ提出セラレ其當時自分等ノ意見トシテハ增師ハ國防上必要デアル已ニ此問題ハ政友會ノ西園寺內閣ノ時代ニ胚胎シ政友會自身ニ於テモ衷心其必要ヲ認メテ居ツタ次第デアリマシテ我々ハ勿論之レガ通過ヲ希望シテ居リマシタ

然ルニ政友會ニ於テハ總裁ハ職目睫ニ迫ツテ居ル時期ニ至ルモ增師問題ニ付テハ尙ホ白紙デ在ルト云ヒ自己ノ意見ヲ發表セズ又政友會總裁幹事ハ增師案ニ反對シテ政府ニ突進スルト云フ方針デアリ又一方東海組ト稱シ

伊藤要藏　靜岡
濟　鑒太郎　同
松城兵作　同
福岡精一　愛知
石黑　盤　同
春田祐淸　同
吉原祐太郎　同
井上敏夫　三重
森　茂生　同
早川六三郎　岐阜

關東組ト稱シ

板倉　中　千葉
日向輝武　群馬
根岸錦太郎　同
高津仲次郎　同
關　信之介　茨城
濱名信平　同
太田直次　同
小山田信藏　同

厚生館組ト稱シ

森川源吾　滋賀
吉田虎之助　同
本出保太郎　大阪
井阪光暉　同
村井啓四郎　奈良
金子圭介　山口
高鍋篤郎　同
丸尾光春　兵庫
長谷川敬一郎　佐賀
濱田政莊　宮崎
水間此農夫　同
瀨戶山淸彥　同
武市庫太　愛媛
矢野莊三郎　同
光森德治　高知
白川友一　香川
自分　同
高橋直次　小樽
佐藤信吉　山形

ノ如キ增師贊成者デアリテ自然ニ其步調致ハザリシガ政府ハ其虛ニ乘ジテ啗ハスニ利ヲ以テシ大ニ切崩シ策ヲ講ジタル結果一時大ニ其効ヲ奏セントセシガ中途ニシテ政友會ヨリ懷柔策ヲ講ズルニ至リ井上敬夫外十名ノ東海組ノ如キハ全部擧テ政友會ノ意見ニ殉ズルニ至リ關東組厚生館組中ニモ軟化スル者アリテ結局最後マデ奮鬪シ政友會ヲ脫黨シタルモノハ

關東組ニテ

板倉　中
日向輝武
關　信之介
根岸錦太郎
濱名信平
太田直次

厚生館組ニテ

本出保太郎
村井啓四郎
井阪光暉
丸尾光春
高鍋篤郎
長谷川敬一郎
濱田政莊
水間此農夫

武市庫太
高橋直次
白川友一

自分

トデアリマス

而シテ政府ノ切崩シ策ニ付テ申上ゲマス前ニモ申上ゲマシタ通リ白川友一ト自分トハ等シク京橋區木挽町二丁目厚生館ニ止宿シテ居マスノデ昨年十二月中旬頃ハ能ク記憶シマセヌガ或ル日白川友一ガ自分ノ部屋ニ女中ヲ以テ只今自分ノ部屋ニ衆議院書記官長林田龜太郎ガ來テ居ルカラ御越シヲ願ヒ度イト申シ出デマシタカラ同人ノ部屋ニ參リマシタ處之レ迄衆議院ニ於テ顏ハ見知リ居ルモ言葉ハ未ダ交ハシタコトハナイ林田翰長ト白川友一ト對坐シテ居リマシタ其處デ白川友一ノ紹介ニ依リ互ニ林田增田デアルト名乘ヲ挨拶ヲシマシタ處其際白川友一ガ自分ニ對シ只今林田翰長ガ見ヘテノ話ニ此際政府ハ本期議會ニ政府ノ提出案ヲ是非通過セシメント思ッテ之レガ通過ヲ計ル爲メニハ金ヲ投ジテ政友會ノ切崩シヲスル方針デアルカラ之レガ目的ヲ達スル樣盡力シテ吳レ政府カラ金ガ出タト云フテハ甚ダ面白クナイカラ金ハ總デ白川友一ハ自ラ出シタ樣ニ裝フテ奔走シテ吳レト云フコトデアッタカラ自分モ之レヲ承知シマシタ其傍カラ林田翰長自身モ口ヲ添ヘテ何分宜敷賴ムト云フコトデアリマシタ而シテ金錢問題ニ付テハ可成沈默ヲ守リテ同志ヲ糾合スベク約束致シマシタ其時ハ其位ナ話ニ止リ餘リ多ク相談シマシタモノデハアリマセヌ林田翰長ノ云フ政府ヨリ金ヲ出スト云フハ誰カラトモ具體的ニ其氏名ハ申シマセナンダガ自分ハ夫レハ大浦子爵ノ手ヨリ出テ居ルモノダト想像シテ居リマス

昨年十二月十九日頃デ在ッタ樣ニ思ヒマス林田翰長ヨリ白川友一ニ一寸來テ吳レト云フコトデ在ッタガ自分ハ差支ガ在ッテ行ケヌカラ君一ッ行ッテ吳レマイカ處ハ築地二丁目ノ琉琳亭デアルト白川友一ガ自分ニ對シ申シマシタカラ自分ハ之ヲ承知シ同日午後六七時頃右琉琳亭ニ參リ同家二階座敷ニ於テ林田翰長ニ面會シ白川友一ノ代理ニ參リタル旨申出デマシタ處林田翰長ハ然ラバ之ヲ渡スト云フテ切崩シニ要スル買收費ヲ渡シテ吳レマシタ其後其翌日カ翌々日ナリシガ能ク記憶シマセヌガ更ニ又右琉琳亭ニ於テ同樣林田翰長ヨリ買收費ヲ受取リマシタ以上二回ニ自分ガ受取リマシタ金額ハ確カ壹萬貳千圓デ在ッタ樣ニ思ヒマスガ或ハ金額ノ點ハ間違ッテ居ルカモ知レマセヌ其金ハ二回共厚生館ニ持歸リ白川友一ニ交付シマシタ自分ハ林田翰長ヨリ受取リタル際モ自分カラ白川友一ニ之ヲ交付シタル際モ當事者ノ外ニハ誰レモ其傍ニ居リマセヌデシタ林田翰長ヨリ受取リマシタ金ノ種類ハ記憶シマセヌガ五百圓トカ千圓トカ云フ風ニ束ニ爲フテ居ッタ紙幣デアリマシタ自分ガ受取ッテ來テ白川友一ニ渡シタ金額ノ外ニ尚ホ白川友一ガ直接林田ヨリ受取ッタ金ガ貳參萬圓以上アルト思ヒマス尤モ合計ハ全部白川友一ガ遣ッテ居リマシタカラ自分ガ白川友一ヨリ買收金ヲ受取リ買收シタ部分ハ一々同人ニ報告シテ置キマシタ從テ同人ハ一切ノ事實ヲ知ッテ居マスガ自分ニ於テハ果シテ同人ガ林田翰長ヨリ幾何ノ買收金ヲ受取ッテ如何ナル人ヲ幾何宛デ買收シタカハ自分ニ於テハ分リマセヌ併シ諸々ナガラモ記憶ニアル分丈ケヲ申シ上ゲマス太田保太郎、井阪光嘯ガ各一千五百圓宛受取ッテ居ルト云フコトデアリマス尚ホ森川源吾、吉田虎之助モ其位受取ッタト云フコトデアリマス尤モ吉田虎之助ハ軟化シタ際返ヘシタト云フコトデアリマス丸尾光春、水間此義夫、濱田政莊等ハ受取ッテ居ルカ居ラヌカ自分知リマセヌ

自分ガ政府カラ出タ買收金ヲ白川友一ヨリ受取ッテ買收シマシタノハ一昨年十二月二十日頃ノ夜七時頃自分等ノ止宿セル厚生館ニ於テ白川友一ガ自分ニ對シ關東組ノ者ヲ纏メル爲メニ板倉中ニ五千圓持ッテ行ッテ遣ッテ吳レト云フコトデ在ッタカラ白川友一ヨリ紙ニ包ンダ五千圓ヲ受取リ厚生館出入ノ人力車ニ乘リ日本橋上槇町ノ藤村ト云フ待合ニ參リ同家二階座敷ニ於テ板倉中ニ面會シ白川友一ヨリ君ニ渡シテ吳レト云フテ五千圓預ッテ來タト申シチャブ臺ノ上ニ差出シタル處板倉中ハ夫レハ約束ガ違フ壹萬圓ト云フ約束デ在ッタノデ五千圓デハ足ラヌデハナイカト申シマスカラ自分ハソーカ其樣ナ事實ハ知ラナンダノデアルカラ夫レナラ歸ッテ白川友一ニ其話ヲスルガ兎ニ角之レヲ受取ッテ置イテ吳レト申シマシタ處秘密ノ金デアルカラ同人モ直ニ取ッテ之ヲ懷中シマシタ而シテ自分ハ直ニ乘ッテ來タ人力車ヲ厚生館ニ引返シ白川友一ニ其話ヲ致シマシタ處白川友一ハ仕方ガナイカラ夫レデハモー五千圓持ッテ行ッテ遣ッテ吳レト申シマスカラ同人ヨリ再ビ五千圓ヲ受取リ同夜厚生館ニ出入ノ人力車ニ乘リ前同樣二階座敷デ板倉中ニ又五千圓ヲ渡シ直ニ厚生館ニ歸ッテ其旨白川友一ニ報告シテ置キマシタ右二回共金錢授受ノ際ニハ其當事者以外ニハ誰レモ知リマセンデシタ其後同月二十三日頃白川友一カ何處デ聞イテ來タコトカ知リマセヌガ板倉ト云フ奴ハヒドイ奴デアル政府ヨリ金ヲ取ッテ居ルノニ尚ホ自分ノ方カラモ金ヲ絞ッタ二重ニ金ヲ渡ス必要ハナイカラ自分ガ渡シタ分ハ取戾シテ遣ラナケレバナラヌト申シテ居リマシタガ其後數日ヲ經テ金額ハ何程デアッタカ分リマセヌガ板倉中ト談判シテ金ヲ取戾シタト云ッテ居リマシタ談判ノ樣子ハ自分ハ知リマセヌケレトモ何デモ大分劇シイ談判ヲシタト云フ事デアリマシタ

尚ホ自分ノ手カラ買收シマシタ者ハ武市庫太、村非善四郎、高鍋裕郎、長谷川敬一郎デアリマシテ武市ニ對シテハ昨年十二月二十六日頃厚生館ニ於テ壹千五百圓ヲ與ヘマシタ之レハ同月二十日頃同人ガ白川友一ヨリ金ヲ貰ッテ吳レト切ニ賴ンデ居リマシタノデ之ヲ承諾シ其當時白川友一ニ話シタ上遣ル約束シテ在ッタノデ其約束ニ基イテ二十六日頃ニ厚生館ノ自分ノ部屋デ直接同人ニ手渡シタノデアリマス

次ニ村非善四郎ニ對シテハ同月二十三日頃前同樣厚生館ノ自分ノ部屋デ自分ヨリ直接同人ニ金壹千五百圓ヲ與ヘマシタ之レモ同人ガ自分ニ白川友一ヨリ金ヲ貰フテ吳レト申シテ居リマシタカラ其事ヲ白川友一ニ話シタル上貰ッテ遣ッタモノデアリマス次ニ高鍋裕郎ニ對シテハ同月二十二日頃ヨリ二十五日頃迄ノ間ニ始メ二百圓カ三百圓渡シテ後ニ確カ百圓渡シタト思ヒマス兎ニ角二回デ參百圓デ在ッタカ四百圓デ在ッタカ與ヘタニ相違アリマセヌ之レモ同人ガ白川友一ヨリ金ヲ貰ッテ吳レト云フノデ白川友一ニ其事ヲ話シタ上渡シタモノデアリマシテ之レモ前同樣二回共厚生館ノ自分ノ部屋デ本人ニ渡シタモノデアリマス同人ニ渡シタ金額ガ他ノ者ニ渡シタ額ヨリ少ナイノハ同人ハ增師案ノミニ贊成シ其他ノ政府案ニ贊成シナイ樣子ハ白川友一ガ認メテ少ナク遣ッタモノデアリマス

次ニ長谷川敬一郎ニ對シテハ同月二十四五日頃ニ厚生館ニ於テ濱田政莊ガ自分ニ對シ長谷川ハ貧乏デ困ッテ居ルカラ白川友一ニ云フテ壹千圓程貰ッテ遣ッテ吳レト切リニ賴ミマスノデ直ゲ白川友一ニ話シタル上同人ニ遣ルコトヲ約束シ二十六日頃厚生館ノ自分ノ部屋ノ次ノ間ニ於テ濱田政莊ニ壹千圓ヲ渡シマシタ確カ同人ハ長谷川敬一郎ニ右壹千圓ヲ渡シタト思ヒマス其後長谷川敬一郎ヨリ白川友一ニ宛テ色々御世話ニナッテ有難シトノ禮狀ガ參ッタノデ其事ヲ白川友一ガ自分ニ話シタコトガアリマス以上板倉中、武市庫太、長谷川敬一郎等ニ各交付シマシタ金錢ハ前ニモ已ニ申上ゲマシタ通リ政友會切崩シノ爲メニ政府ヨリ林田翰長ノ手ヲ經テ送ッテ吳レタ買收金デアリマシテ板倉中ニ渡シタ壹萬圓ハ獨リ之ヲ同人ニ與ヘタ譯ノモノデハナイノデアリマシテ同人ガ之ニ依ッテ關東組七八名ノ者ヲ白川友一ノ目的通リ增師案ニ贊成セシムル條件ノ下ニ交付シタモノデアリマス武市庫太其他自分ヨリ買收金ヲ渡シタ連中ガ白川友一ニ金ヲ貰フテ吳レト賴ンダ場所ハ暗ニ白川友一ガ政府ヨリ買收金ヲ握ッテ居ルコトヲ知ッテ賴ンデ居ッタモノダロート思ヒマス之等ノ關係上金ヲ貰フテ居ル連中ハ大概政友會ヲ脫黨シテ居マス

右樣ナ趣旨ニ基イテ金錢ノ授受ハ行レタモノデアリマスカラ總テ此等ノ人カラ證書等モ一々受取ッテ居リマセヌ

尚ホ昨年十二月二十八日午前中ノコトデ在リマシタガ厚生館ノ白川友一ノ部屋デ同人ガ自分ニ對シ之ヲ取ッテ置イテ吳レト申シ紙幣ニテ三千圓ヲ自分ノ前ニ提出シマシタカラ自分ハ全部之ヲ貰フテ置キマシタ白川友一ハ其金ノ性質ニ付テハ何トモ申シマセヌガ自分ガ思フニハ自分ガ政府案ニ付色々盡力シマシタカラ其報酬トシテ林田翰長カラ出タ買收金ノ内ヲ吳レタモノダロート思ヒマス同日同人ガ三千圓ヲ[illegible]吳レタ際都合ガ在ルカラ歸國スル迄[illegible]貸シテ吳レヌカト申シマスカラ同人ノ云フガ儘ニ無證書ニテ同人ニ貸與ヘマシタ其後本年一月廿七八日頃同人ヨリ送金小切手ニテ千貳百圓ヲ同人ガ返還シテ吳レマシタカラ高松第百十四銀行ニ於テ之ヲ受取リ其後一兩日ヲ經テ右千貳百圓ノ外ニ自分ノ所持金參百圓ヲ加ヘ同銀行ニ千五百圓ノ當座預金ニ致シマシタ其金ハ本年ノ自分ノ選擧費用ニ全部引出シテ使用シマシタ

尚ホ本年三月上旬自分ガ上京シタル際内閣書記官長江木翼ニ面會シ選擧援助ヲ求メテ置キマシタ處其後同月十日頃總理大臣官邸ニ於テ同氏ヨリ參千圓貰ヒマシタ其金ハ同氏ガ如何樣ニシテ心配シテ吳レタモノカ夫レハ自分ニ於テハ分リマセヌ其金ヲ授受スル際ニハ傍ニハ誰レモ居リマセナンダ

右讀聞云々

被告人　增田穰三

大正四年七月二十三日

於高松地方裁判所

同廳

裁判所書記　中條延次郎

豫審判事代理

判事　角南[illegible]

聽取書

大正四年七月廿四日高松地方裁判所檢事局ニ於テ

白川友一

一、私ハ今日迄昨年末ノ帝國議會ニ於ケル增師案ニ關シ議員ヲ買收シタコトヤ所謂壹萬圓問題ニ付種々間違ッタコトヲ申上ゲ置キマシタガ種々御說諭モアリ又增田ヤ板本等モ夫レ夫レ關係事項ヲ詳細申上ゲタ趣デア

リマスカラ最早何モ彼モ全部ノ事實ヲ申上ル事ニ致シマスコレ迄間違ッタ事ヲ申上ゲタノハ人樣ニ御迷惑ヲ掛ケズシテ私一人全責任ヲ負フ決心ヲ致シテ居ッタ爲メデスガ斯クナル以上ハ何時迄モ御手數ヲ掛ケルハ何等ノ効果ナキ事ト考ヘ自白スル事ニ致シタノデス何卒私ノ心中御諒察ヲ願ヒマス大浦子爵ヤ林田氏ノコトニ言及スルノハ實ニ節操ノ恩ガアリマスガ今日デハ最早止ムヲ得マセヌカラ包マズ申上ゲマス兩氏ニ對シテハ實ニ氣之毒ニ思ッテ居ルノデス

二、私ガ增師問題ニ盡力シタ理由ハ是迄申上ゲタ通リデ何モ利益問題ヲ條件トシテ賛成致シタ譯デハアリマセヌ全ク朝鮮ノ實狀ヲ見テ增師ノ必要ヲ痛切ニ感ジタ爲メ誠心誠意コレヲ主張シタノデコノ事ハ前ニ詳細申上タ通リデアリマス

三、右ノ如ク增師問題ニ盡力致シテ居リマシタ處昨年十二月十七八日頃ト思ヒマスガ林田氏ガ私ノ泊マッテ居ル厚生館ニ遊ニ來タ事ガアリマスガ其折同氏ハ增師問題ニハ盡力シテ居ルネー十分ヤリ給ヘト申サレタ樣ニ記憶致シテ居リマス

四、處ガ十二月二十二日正午過頃使ノ者ガ厚生館ナル私ノ處ニ林田氏ノ手紙ヲ持參シマシタガ夫レニハ至急面會シタヒカラ琉琳亭迄來テ呉レト云フ趣旨ガ記載シテアリマシタノデ同亭ニ參リマシタ處座敷ハ二階デアッタカ下座敷ニアッタカ只今覺ヘテ居リマセヌガ林田氏ハ一人デ酒ヲ飲ンデ居リマシタ君ノ力モ隨分增師問題ニ就テ盡力サレテ居ル樣デアルガ政友會ノ方モ所屬議員ノ結束ニ努力シテ居ル樣子ダカラ一ツ目的ヲ達スル樣ニ働ヒテ呉レ同志ヲ纒メルニハ費用モ要ルダローカラ多少ノ金ハ何トカ工面シテモヨイカラト申シマシタノデ夫レハ有リ難イ實ハ自分モ多少ノ金ハ持ッテ居ルカラ御厄介ヲカケズデモヨイガ多額ノ金ガ要ル樣ニナレバ御願ヒ致シマスト云ッテ暇乞致シマシタ處ガ同日夕刻再ビ使ノ者ガ林田ノ手紙ヲ持參シマシタガ又面會シタヒカラ琉琳亭迄來テ呉レトノ趣旨ガ書イテアリマシタノデ直グ出掛ケマシタ處矢張リ林田氏一人酒ヲ飲ンデ居リマシタガ數字デ帶封ニ一〇〇〇〇ト書イテアッタ百圓札ノ束ヲ出シテ兎ニ角費用ガ入用デショウカラ差當リ壹萬圓丈ケ差上ゲテ置ク預ッテ置テ下サイ尙ホ不足ノ節ハ取リニ來テ呉レバ差上ゲルカラ十分纒メテ下サイ金ガ當方カラ出タト云フコトニシテハ都合ガ惡イカラ君ノ名前ニシテ置ヒテ下サイ左樣ニスレバ大層ウツリガヨイカラト申サレマシタノデ之ヲ承知ノ上右壹萬圓ヲ受取リ厚生館ニ歸ヘリマシタ林田氏ガ君ノ名前ニシテ呉ルレバウツリガヨイト云フタノハ私ガ朝鮮ニ於テ手廣ク工事ヲヤッテ金ノ融通モヨイ處カラ政府筋ヨリ金ヲ出シタ事ヲ隱ス爲メニ私ノ名義デヤッテ呉レト云ハレタ事ト思ヒマシタ

五、林田氏ト第一回琉琳亭デ會見ノ顚末ハ厚生館ニ歸ッタ際增田君ニ物語ッテ置キマシタガ同君ハ何等ノ異存モ申シマセンデシタ

第二回壹萬圓ヲ受取ッテ歸ッタトキモ詳細ノ事情ヲ增田君ニ物語リマシタ處同君ハ成ルベク金ヲ使ハヌ樣ニシテ纒メル事ニ盡力シヨウデハナヒカト云ハレテ居リマシタ尙ホコノ際增田君ト打合ハセノ上表面政友會員ヨリ同志ヲ集メル事ニ付テハ私ガ其ノ衝ニ當リ裏面ニ於テ同志ヲ纒メル事ハ增田君ニ於テ盡力スルト云フ事ニ取極メマシタ

六、丁度此ノ二十二日ノ夜ノ事デアリマスガ厚生館ノ集會ニ板倉モ君ニ關東組ヲ纒メルニ付費用ガ入用ダカラ出シテ呉レトノ話ガ出タ樣デ其事ヲ增田君カラ私ニ傳ヘタノデデ夫レデハ金ヲ出ス事ニシテ纒メテ貰フ事ニシヨウデハナイカト云フ事ニナリ板倉ノ方デ十人程纒メルニハ五千圓程ナケレバト云フタ爲メ私カラ增田君ニ五千圓ヲ渡シ增田ガ私ノ部屋ノ次ノ室デ板倉ニ手渡シタ樣ニ覺ヘテ居リマス處ガ其翌二十三日ノ朝板倉ガ又厚生館ニ參リ增田君ニ出金ヲ迫ッタモノト見ヘ增田ハ私ノ室ニ參リ實ハ板倉ニハ困マル尙五千圓出セト云ッテ居ルガドウショウカト云ハレタノデ止ムヲ得ズ夫レ丈ケ與ヘル事ニシテ增田ヨリ五千圓ヲ其日板倉ニ渡シマシタガ其ノ時ト場所トハ私ニ於テ覺ヘテ居リマセヌ

七、二度目ニ板倉ニ渡シタ五千圓ハ林田氏カラ二回目ニ受取ッタ金ノ內デアリマスガ林田氏ヨリ金ヲ受取ッタノハ總テデ三回デ最初ノトキハ私ガ琉琳亭ニ於テ壹萬圓受取リ二度目ト三度目トハ何レモ增田君ガ琉琳亭デ林田氏カラ受取ッタノデ受取ッタ金ハ三回分合セテ參萬七千餘圓デアリマシタ

八、右參萬七千餘圓ノ金ハ最初私ガ林田氏ヨリ壹萬圓ヲ受取ルトキハ單ニ政府ノ方デ何レヨリカ調金ノ上出シテ居ルモノト思フテ居リマシタガ其後此ノ金ハ大浦子爵カラ出タ金デアルト云フ事ガ判リマシタ夫レハ昨年十二月廿五六日頃林田氏ガアノ金ハ大浦子爵カラ出タノデ僕ハホンノ取次ヲシタノデアッタト云ハレタノデ知ッタノデス

九、私ト增田君トガ增師案ヲ通過サセル事ニ賛成シタ議員ニ金ヲ分配シタノハ板倉以前ニ尙ホ多數アリマスカラ夫レヲ申上ゲマスレバ

武市庫太
村井啓四郎
高鍋篤郎
長谷川敬一郎
井阪光暉
本出保太郎
吉田虎之助
森川源吾
水間此農夫
濱田政藏

等デアリマスガコノ內ニハ私ガ渡シタノト增田ガ渡シタノトガアリマスカラ細別シテ申上ル事ニ致シマセウ

一〇、私ノ渡シタノハ森川源吾ト吉田虎之助ト本出保太郎ト水間此農夫ト增田トデアリマス又增田君ノ渡シタノハ武市ト村井ト高鍋ト長谷川ト井阪ト濱田トデアリマス尤モ增田カラモ水間ニ渡シタ金デアリマス

一一、森川ト吉田トニ渡シタノハ十二月二十三日午後三時過頃デ厚生館ノ私ノ部屋デアリマシタ兩名分ッ一緖メニシテ森川ニ渡シタノデ其金額ハ貳千圓デアリマシタ吉田ハ其際立會マセンデシタガ其後同人ニ出會フタトキ尋ネテ見マシタ處慥ニ森川カラ千圓丈ケ受取ッタト申シテ居リマシタ

一二、私カラ本出ニ渡シタノハ一回デ金額ハ壹千圓デ十二月二十七日厚生館ノ私ノ部屋デ渡シタノデス

一三、私カラ水間ニ渡シタノハ七百圓カ八百圓カデアッタ樣ニ覺ヘテ居リマスガ場所ハ矢張リ厚生館デ十二月二十五日ノ朝デアッタ樣ニ記憶シテ居リマス同人ニハ總計壹千五百圓渡シタ樣ニ覺ヘテ居リマスカラ私ノ渡シタ以前ハ增田ニ於テ渡シタ事ト信シマス

一四、增田ガ渡シタ金額ハ十二月二十七八日頃同氏カラ報告ヲ受ケマシタガ只今正確ナルコトハ記憶ニ浮ジマセヌガ何デモ武市ト村井濱田トニ各壹千五百圓高鍋ニ四百圓長谷川ニ壹千圓デアッタ樣デス

同人等ニ渡シタ日時場所ハ增田ニ御尋ネヲ願ヒマス增田カラ板倉ト水間トニ渡シタ金ノアルコトハ前ニ申上ゲタ通リデス

一五、右ノ外私ト增田ト連立ッテ赤阪ノ本出ノ寓居ヲ訪ネタ際增田カラ本出ニ貳千圓丈ケ渡シマシタコレハ本出ト井阪トノ分デ井阪ニハ本出カラ渡シテ呉レル樣ニ賴ンデ置ヒタノデス時ハ十二月二十六日午前中デアリマシタ

一六、以上ノ外私ノ手ヨリ增田ニ賠ッタ金ガ參千圓アリマスコレハ十二月二十七八日頃厚生館デ增田ト私トデ出納ニ付計算シタ際殘金ノ內カラ引去ッテ增田ニ與ヘタノデス

一七、右ノ人々ニ金ヲ與ヘタノハ彼等ガ增師案ニ贊成スルコトヲ約シタ上私共ト行動ヲ共ニシタ爲メデス

夫レハ增田ニ對シテ是等ノ人々カラ金ノ請求ガアッタ爲メ與ヘタノデアレバ明ラサマニ請求ハナクトモ與ヘタモノモアリマス

本出ニ私カラ與ヘタ參千圓ハ同人ガ一寸貸シテ呉レト云フタカラ渡シタノデアリマス本出ノ考ヘハ增師案ニ贊成スベク盡力シタ爲メ其報酬ニ貰フ積リデアッタモノト思ハレマスガ同人ニハ既ニ井阪分ト共ニ參千圓與ヘテアルノデスカラ此ノ壹千圓ニ付テハ返ヘシテ呉レレバ受取ル積リデ本年一月催促シテ見マシタガ返ヘシテモ呉レマセヌノデ其儘ニ放任致シテアリマス

一八、右ノ人々ニ渡シタ金ノ總額ハ貳萬五千四百圓程ナル樣ニ思ヒマスガ此ノ內板倉ヨリ四千圓取返ヘシタノト森川源吾ガ自己ノ分ト吉田ノ分ト合セテ壹千圓丈ケ十二月廿六日返ヘシマシタノデ此ノ合計五千圓ヲ引去リマスレバ全ク渡シ切リニナッタモノハ貳萬四千圓程ノ金高デアリマス

一九、森川ト吉田トガ貳千圓ノ內壹千圓ヲ返金シタノハ同人等ハ二十四日吾妻屋支店會合後政友會ニ復歸シタノデ半分ヲ返ヘシタノデス

二〇、板倉ヨリ四千圓取返ヘシタノハ是迄申上ゲ置ヒタ通リ二十三日ノ夕刻迄關東組ガ增師案ニ贊成スルカ否カ其旗幟ヲ鮮明ニシナカッタ爲メトナホ一ツノ理由ガアルノデアリマスコノ事ハ今日迄憚ル處ガアッタ爲メ申上ズニアリマシタガ今日ハ何モ包ミ隱シヲスル必要ガアリマセヌカラ申上マス夫レハ外デモアリマセヌガ板倉ニ增田ノ手カラ二回ニ五千圓宛壹萬圓ヲ與ヘタ後何ニモ十二月二十三日ノ議會ニ出席シタ際林田氏ノ室デ同人カラ板倉ハ私ヨリ以前ニ大浦子爵カラモ直接金ヲ受取ッテ居ル樣デ話ヲ聽イタ爲メ甚ダ不快ニ思ヒ取返ス氣ニナリ遂ニ淡村屋ニ談判ニ出掛ケル事ニナッタノデス林田氏ガ私ニ右ノ話ヲシタノハ私ガ板倉ニ金ヲ與ヘタニ拘ラズ態度不鮮明デ困マルト云フ事ヲ話シタ際板倉ハ大浦子爵カラモ直接金ヲ貰フテ居ル樣デアルト云フタノデアリマス

二一、私ト增田トガ林田氏カラ受取ッタ金ニ付テハ其支出ヲ明カニシテコレヲ林田氏ニ報告スル積リデ十二月二十七日デアッタカ二十八日デアッタカ此ノ兩日ノ內增田ト共ニ厚生館ノ私ノ部屋デ計算ヲ致シマシタガ約壹千圓程ノ經費ト右ニ申上ゲタ人々ニ與ヘタ金トヲ引去リ手許ニ戾ッタ板倉、森川、吉田分五千圓ヲ殘金ニ加ヘテ壹萬六千餘圓丈殘リマシタノデ渡シタ人ノ氏名金額等ヲ計算書ニ認メコレニ右壹萬六千餘圓ト板倉カラ受取ッタ六千圓ノ借用證書トヲ林田氏ニ渡ス考ヘデ其事ヲ林田氏ニ申シマシタ處同氏ハ私ニ對シテ君ガ直接大浦子爵ニ會フテ支拂先等モ報告シテ呉レイ金ノ事ダカラ其方ガヨイト申サレマシタカラ尤モノ事ト考ヘ私ヨリ直接子爵ニ返金シ其顚末ヲ報告致シ

マシタ

二二、子爵ニ殘金ヲ返ヘシタノハ十二月二十九日カ三十日カノ午前中デアッタト記憶致シテ居リマスガ前代議士デアッタ林永太君ガ子爵ニ揮毫ヲ頼ムト云フテ居ッタノデ同時刻ニ訪問スル事ヲ約シ私一人麻布ノ子爵邸ニ出掛ケマシタ處林君ト應接室ニテ一緒ニナリ兩人トモ二階ノ應接室ニテ子爵ニ面會致シマシタガ子爵ハ林君ノ請ヲ容レヲレタ爲メ林君ハ持參ノ絹ヲ託シ私ヨリ先ニ子爵家ヲ辭シマシタ其後デ私ヨリ子爵ニ對シ林田氏ヨリ頼マレテ増師案ニ贊成スル事ニ約束ノ出來タ前述ノ入々ニ金ヲ渡シタ事ヲ報告シ計算書ト板倉ノ借用證ト殘金全部(壹萬六千餘圓)トヲ子爵ノ前ニ差出シマシタ處子爵ハ金ト計算書トヲ對照セラレタ上コノ金ノ内カラ七千圓丈ケヲ私ノ前ニ差出シ國ヘ歸ヘラレタナラバ此ノ金デ非政友派ノ爲メニ新聞ヲ經營シテ同志ノ爲メニ盡力シテ吳レト申サレマシタカラ有リ難ク頂戴シテ歸リマシタ

大浦子爵ガ新聞經營ノ爲メ右七千圓ヲ私ニ吳レタノハ十二月二十七日私ト増田君トガ子爵邸ニ參リマシタ際今度ノ總選擧ニハ香川縣カラ多數ノ非政友代議士ヲ出ス樣ニシテ吳レトノ話ガアッタ際非政友派ノ機關新聞ヲ發行スル事ノ話ガ出タノデ子爵モ此ノ話シカラ私ニ新聞ヲ經營シテ吳レト云フテ右七千圓ヲ下サレタコト、思ヒマシタ夫レデ私ハ本年二月カラ丸龜新聞ヲ經營シ三月ノ選擧ニハ同志ノ爲メニ大ニ盡力致シマシタ

二三、右大浦子爵ニ返ヘシタ壹萬六千餘圓ノ金ノ事ヤ參萬七千圓程ノ金ノ内ヲ前述ノ人人ニ分配シタ事ハ林田氏ニ報告スルノガ順序デスカラ大浦子爵ハ無關係デアル樣ニシテ林田氏ニ殘金モ計算書モ渡シタ樣ニ申シ上ゲタヒノデスガコレ等ノ事ハ關係者ヲ御取調ベニナレバ直ニ判明スル事柄デアリマスカラ此上偽リノ申立ヲスルノハ實ニ心苦シクアリマス爲メ有リノ儘ノ事實ヲ申上ル次第デアリマス何卒私ノ心中御察シヲ願ヒマス

右錄取云々

大正四年七月二十四日

陳述人 白川友一

於高松地方裁判所檢事局

檢事 一松定吉 ㊞

同 田中健之助 ㊞

聽取書

増田穰三

大正四年七月二十六日高松地方裁判所檢事局ニ出頭シ任意左ノ通陳述シタリ

一、昨年十二月末ノ議會ノ問題ト爲リシ増師案ニ贊成シタル政友會ニ屬ス議員ニ金ヲ遣リタルコトハ前回申立テ置キマシタガ尚申殘シタル點ガアリマシタ實ハ同年十二月二十六日頃ノ午前中厚生館ニ於テ白川ガ私ニ向ヒ本出ニ金ヲ持ッテ行ッテ遣ルカラ一緒ニ行ケト云フノデ一緒ニ行ク事ニナリマシタスルト白川ガ是レヲ持ッテ行ッテ吳レト云ッテ何程這入ッテ居タカ判リマセンガ紙幣ヲ紙ニ包ンデ私ニ渡シマシタカラ私ハ夫レヲ懐中ニ納メ白川ト共ニ赤阪ノ本出保太郎方ニ參リ同家二階ニ於テ本出ト面會シ雜談シテ居ル中ニ白川ガ私ニ向ヒ彼ノ金ヲ出シテ吳レト云フノデ白川ヨリ渡サレタ紙幣ノ包ヲ白川ノ前ニ出スト白川ハ本出ニ向ヒ是レヲ取ッテ吳レト云ッテ右紙幣ヲ包ンダ紙包ヲ本出ノ前ニ出スト本出ハソーカト云フテ右包ヲ取リマシタ

二、右金員ハ本出ノ分デアルトカ非阪光暉ノ分デアルトカ指定シテ渡シタノデハアリマセンガ議會解散ノ二三日前ヨリ本出ハ白川ニ對シ井阪ニ金ヲ遣ッテ吳レト云ッテ居リマシタカラ右金員ハ井阪ノ分デアッテ本出ノ分ハ其以前ニ白川ヨリ直接本出ニ渡シテアル樣ニ思ヒマス然シ私ニハ右包ノ中ニ何程金ガ這入ッテ居タカ分ラヌ位デアリマスカラ或ハ私ノ想像ガ違ッテ本出ト井阪ノ分デアッタカモ判リマセン

三、私ガ本出方ニ金ヲ持參シタノハ別ニ意味アル譯デハアリマセン厚生館ヲ出ル時白川カ君カ持ッテ行ッテ吳レト云フテ渡シマシタカラ何氣ナシニ懐中ニ入レ本出方ニ行ッタノデアリマス

四、本出ニ渡シタ以外ニハ前回申上ゲタル通リ板倉中、武市庫太、村井啓四郎、高錫謙郎ニ渡シタノト長谷川敬一郎ノ分トシテ溜田政藏ニ渡シタノデアリマス其他ニハ私ガ扱カッタモノハアリマセン

五、私ガ林田ヨリ受取リシ金額ハ壹萬貳千圓デアルト前回申上ゲテ置キマシタガ段々考ヘテ見ルト右ノ外ニ昨年十二月二十三日頃琉琳亭ニ於テ林田ヨリ受取ッタ金ガアリマシタ其金額ハ八百カ八千カ兎ニ角頭ニ「八」ト云フ數字ノ付イタ金額デアリマシタ是レハ白川ト面接シテ其當時ノコトニ話シテ見レバ判ルコト、信ジマス

六、林田ヨリ受取リシ金員ノ收支ハ白川ガ扱カッテ居ッタノデアリマス私ハ前申上ゲタ板倉中外數名ノ分ヲ扱ッカッタ丈ケデアリマス又右金員ノ收支ニ付白川ト立會ヒ決算シタコトハアリマセンガ昨年十二月二十八日頃ノ朝厚生館ニ於テ白川ヨリ參千圓貰フタト思ヒマスガ白川ガ私ニ向ヒ計算ガ出來タト云フテ何ニカ罫紙ニ書イタ計算書ノ樣ノモノヲ白川ノ机ノ上ニ載セテアリマシタガ私ハ夫レヲ見マセンデシタ

又其時デアッタカ其翌日デアッタカ其翌日デアッタカ覺ヘアリマセンガ白川ガ私ニ向ヒ金ガ剰餘ッタカラ先方ヘ返ヘスト云フテ居リマシタガ何程剰餘ッタモノカ其數額ハ聞キマセンデシタ私ニハ白川ガ林田ヨリ何程受取ッタカ又其金ヲ誰レニ與ヘタルカ判明致シマセヌ故剰餘金ノ如キモ何程カ全ク判リマセン

七、私ハ昨年十二月二十七日頃ノ午前中白川ト共ニ麻布ノ大浦私邸ヲ訪問シ二階ノ應接室ニ於テ大浦子爵ニ面接シタル處同子爵ハ白川ト私トニ向ヒ今度ハ非常ニ盡力シテ吳レタ御苦勞デアッタト云フ意味ニ禮ヲ云ハレテ居リマシタカラ是迄申上ゲタ通リ政府ノ御用ヲ勵メタ爲メ禮ヲ云ハレタモノト思ッテ居リマシタ其後選擧ニ關スル話ナソヲシテ私ハ白川ヨリ先ニ子爵邸ヲ辭シ去リマシタ

八、私ガ大浦子爵ニ面接シテ居ル間ニ白川ト大浦子爵トノ間ニ新聞經營ニ關スル話ハアリマセンデシタガ私ハ白川ヨリ先ニ子爵邸ヲ辭シタノデアリマスカラ私ノ去ッタ後其話ガアッタカモ判リマセン

九、其後十二月三十日頃迄ノ事ト思ヒマスガ厚生館ニ於テ白川ガ私ニ向ヒ濟ク新聞ヲ經營出來ル樣ニナッタト云フテ居リマシタカラ大浦子爵カラ何程カ新聞經營ヲ援助シテ貰フタコト、思ヒマス

實ハ林田ガ白川ニ渡シタ議員買收ニ要スル金ハ政府カラ出ルノデアルト云フコトデアッテ政府トハ大浦子爵デアルト想像シテ居リマシタ夫レ故買收金ノ剰餘ヲ生ジタ金ノ内カラデモ何程カ新聞經營費トシテ貰フタコト、思ヒマシタ

右錄取シ云々

増田穰三

於高松地方裁判所檢事局

檢事 田中健之助 ㊞

被告人白川友一第七回調書

問1 白川友一ナルヤ

答 左樣デアリマス

問2 前回被告ハ板倉中ニ渡シタ壹萬圓ハ會社銀行又ハ親戚ニアラザル二三ノ友人ヨリ東京其他ニ於テ其當時調金シタル金デアロート申立タガ愈々夫レニ違ヒナイカ

答 夫レハ全ク僞リデアリマス多數ノ人ニ迷惑ガ掛ルデアロート思ヒマシテ自分ガ總テ本件ニ付テハ責任ハ自分一身ニ脊負ヒ友入ナリ其他位置ノアル方々ニ迷惑ヲ掛ケマイト思ヒ今日迄左樣ナ間違ッタコトヲ申上ゲテ居リマシタガ最早今日トナッテハ到底左樣ナ間違タコトヲ申上ゲテ通シ了ウセルモノデナイト云フコトヲ能ク觀念シマシタカラ何時迄モ御手數ヲ相掛デハ濟マヌ次第故包ミ隱サズ有ノ儘ノコトヲ全部申上ゲテ發ニ一切事實ヲ自白致シマス此ノ如ク自白スルニ付テハ勢大浦子爵ヤ林田幹長等ノコトニ言及セザルベカラザルニ至リ實ニ際腦ノ思ガ致シマス切ナル心事御諒察ヲ願ヒマス

是迄板倉中ニ渡シマシタト申上ゲマシタ買收金以外ニ尚他ニ多數ノ人ヲ買收シテ居リマスガ夫レ等ノ金ハ實ハ全部衆議院書記翰長林田龜太郎ヨリ受取ッタモノデアリマス

問2 林田ヨリ受取ッタ金ハ然ラバ合計デ幾許ナリヤ

答 其總額ハ確ニ記憶シマセヌケレ𪜈何ンデモ約參萬七千圓デアッタ樣ニ思ヒマス只今記憶シテ居ル處デハ三回ニ受取ッタ樣ニ思ヒマス最初自分ガ琉琳亭デ林田カラ壹萬圓受取リ次ニ増田穰三ガ仝所ニ於テ仝人ヨリ二回受取ッテ來マシタ樣ニ思ヒマス尚受取ッタ度數及其都度受取ッタ數額等ニ付テハ今一應能ク考ヘテ見マス

問3 被告ト林田龜太郎トハ如何ナル關係ノ間柄カ

答 自分ハ林田龜太郎トハ明治四十一二年頃カラ知合デアリマス自分ハ是迄代議士トナッテカラハ勿論其以前デモ時代ニ遲レザル爲メ毎年一月上京シ諸般ノ事情ヲ研究スル事ヲ例トシテ居リマシタカラ上京ノ際ハ縣ノ先輩鎌田勝太郎氏ヨリ何時デモ招待セラレマスノデ同氏ト林田氏トハ極メテ懇意ノ間柄ニシテ同席シ自然自分モ林田氏ト懇意ノ度ヲ增シテ來タノデアリマス近來ニ至リテハ同氏モ自分ノ性格ヲ能ク承知シ自分モ又能ク同人ノ性行ヲ知テ居リマス從テ親密ニ交際シテ居リマス

問4 林田龜太郎ガ被告等ニ此ノ如キ議員買收費參萬七千圓カラノ金ヲ渡スニ至ッタ譯ハ如何カ其筋道ヲ申述ベヨ

答 林田氏ト自分トノ干係ハ以上申述ベマシタ如ク非常ニ親密ナル間柄デアリマシタガ時恰モ昨年十二月第三十五議會開會中政府ヨリ增師問題其他幾多ノ政府案提出セラレタルニ方リ多數黨タル政友會議員中ニ是等政府ノ提出案就中增師問題ニ付テ當初貴官ニ申上ゲマシタ通リ全然政府ニ反對スル突進組、增師案等ニ贊成セル東海組、關東組、厚生館組等幷ニ議會ヲ圓滿ニ送ラセ度イト云フ議長官舍組等ニ異分子ヲ生ジ政友會ノ態度其歩調ハ一ザルニ方リ我々ハ厚生館組ニ屬シ極力增師案等ノ通過ニ熱狂シ居リタルモノナルガ當時林田氏ノ意向ハ如何デアッタカ其邊ハ自分ハ知ラヌガ圖ラズモ昨年十二月廿二日正午過頃林田龜太郎氏ヨリ使ヲ以テ厚生館ナル自分ノ宿所ニ至急面會シタイカラ琉琳亭迄御越ヲ願ヒ度ヒト云フ趣旨ノ手紙ヲ寄越シマシタノデ早速同亭ニ參リ同家二階奥ノ間ニ通リ林田氏ニ面會シマシタ其時同氏ハ獨リデ酒ヲ飲ンデ居リマシタガ自分ガ參リマスト自分ニ向ヒ君モ增師問題ニ付テハ熱心ニ之ガ通過ニ盡力サレテ居ルト云フコトデアルガ一方政友會ノ方デハ

極力所屬議員ノ結束ニ努メテ居ル樣子デアルカラ是非君等ノ目的ヲ達スル樣奮闘シテ呉レ同志ヲ纏メルガ爲メニハ自然金ガ入ルデアローカラ多少ノ金ハ自分ノ方デモ何トカ工面スルカラト申シマシタノデ自分モ夫レハ誠ニ有リ難多額ノ金ガ入ル樣ナラバ御願致シマスト云テ其場ハ其儘別レテ歸リマシタ

然ル處同日夕刻再ビ林田氏ヨリ使ガ參リ琉琳亭迄來テ呉レト云フ意味ノ手紙ヲ差出シマシタカラ直ニ同亭ニ參リマシタ此時モ同ク同家二階ノ奥ノ間ニ於テ林田氏ニ面會シマシタ此時モ同氏ハ一人デ酒ヲ飲デ居リマシタガ數字デ帶封ニ一〇〇〇〇ト書テアツタ百圓札ノ束ヲ出シテ差當リ壹萬圓丈ケ差上ゲテ置ク不足ノ節ハ取リニ來テ呉ルレバ渡スカラ充分纏メテ貰ヒ度而テ自分カラ金ガ出タト云フコトニシテハ都合ガ惡イカラ君ハ朝鮮滿洲等ニ於テ手廣ク遣ツテ居ルカラ人モ信用スル故ニ君ノ名前ヲ貸シテ貰ヒ度從テ此金ハ君ガ自分ノ懷ロカラ出シタモノヽ樣ナ風ニ裝テ居テ呉レ左スレバ萬事都合ガ宜イカラト申シマシタノデ自分ハ之ヲ承知ノ上右壹萬圓ヲ受取リ懷中シテ厚生館ニ歸リマシタノガ午後六七時頃デアリマシタ

右琉琳亭デ會見シマスル以前十二月十七八日頃ト思ヒマスガ林田氏ガ自分ノ止宿セル厚生館ニ遊ビニ來タコトガアリマス其際ハ別段ニ体シタ咄ハシナカツタ樣ニ思ヒマス只ダ同氏ガ自分ニ對シ增師問題ニ付テハ隨分熱心ニ盡力シテ居ル樣デアルガ十分遣リ題ヘト申シタ位ノコトデアリマス

其後前申上ゲマシタ琉琳亭ハ自分ガ林田ヲ同人ノ招ニ依リ訪問シタルトキ迄ノ間ニ前一回同氏ガ厚生館へ遊ビニ來タコトガアル樣ニ記憶シマス其時デアツタカ始メニ來タトキデアツタカ夫レハ能ク記憶シマセヌガ增田磯三ヲ引キ合シタコトガアリマス尙自分ガ林田氏ト琉琳亭ニ於テ第一回ニ會見シマシタトキ顚末ハ厚生館ニ歸リテ增田磯三ニ話ヲ致シマシタ第三回モ會見シマシタトキノ樣子モ增田君ニハ詳細其事情ヲ物語リマシタ增田君ニ於テモ前ニ何等ノ異存モ無ク同人ハ成ルベク金ヲ遣ハヌ樣ニシテ纏メル事ニ盡力シヨウデハナイカト云フテ居リマシタ尙此際同氏ト打合セノ上表面政友會幹部連ノ訪問ニ對シテハ自分ハ其看板トシテ樽俎折衝ニ方リ裏面ニ於テ增田君ガ同志ヲ糾合スルノ任ニ當ルコトニ取リ極メ事實其通リ遣リマシタ

問 5 林田龜太郎ヨリ受取ツタ參萬七千圓ノ金ハ林田ガ自分ノ懷ロヨリ出シタ金カ

答 右參萬七千圓ノ金ハ自分ガ最初琉琳亭デ林田氏ヨリ壹萬圓ヲ受取ツタ時分ニハ只ダ

耶ニ政府ノ方デ何レヨリカ調金ノ上出シテ居ルモノト思フテ居リマシタガ其後昨年十二月廿六七日頃林田氏ノ宅デアッタカ琉琳亭デアッタカ其當ハ能ク記憶シマセヌガ金ノ計算ニ付テ自分ガ林田氏ニ面會シタ際林田氏ガ彼ノ金ハ大浦子爵カラ出タノデ僕ハホンノ取次ヲシタノミデアッタト云ハレタノデ此時始メテ擔カニ右參萬七千圓ガ大浦子爵カラ出タ金デアルト云フコトガ分タノデアリマス尚一言付加ヘマスガ板倉中ニ自分カラ増田ノ手ヲ經テ壹萬圓渡シタノヲ取返シタノハ十二月廿三日ノ議會ニ出席シタ際林田氏ノ室ニ於テ同人ガ自分ニ對シ板倉中ハ自分ヨリ増田ノ手ヲ經テ同人ニ壹萬圓渡シタ以外ニ大浦子爵カラモ直接金ヲ受取ッテ居ルト云フ樣ナ話ヲ致シマシタカラ之ヲ聞テ自分ハ非常ニ不快ノ感ニ打タレ二重ニ渡ス必要ハナイト信ジタルノミナラズ板倉中ガ自分ニ二名乃至十名ノモノヲ結束スルト約束シナガラ而カモ其旗幟更ニ鮮明ナラズ到底目的通リ進行スルモノニアラズト見テ取リマシタカラ前ニ申上ゲマシタ通リ待合藤村ニ乘込ミ板倉中ニ對シ取戻ノ談判シタモノデアリマス

6 問 以上ノ如ク被告ハ林田ヨリ受取タ金ヲ以テ多數議員ヲ買收シタカ

答 其金ヲ以テ板倉中、武市庫太、村井啓四郎、高鍋萬郎、長谷川敬一郎、井阪光暉、本出保太郎、吉田虎之助、森川源吾、水間此農夫、濱田政藏等ニ自分ト増田君トデ各分配致シマシタ

7 問 買收終始計算ニ付テハ林田龜太郎ニ其旨報告シタカ

答 自分ト増田君トガ林田氏ヨリ受取タ金ニ付テ其支出ヲ明カニシ之ヲ同氏ニ報告スル積リデ昨年十二月廿七八日頃厚生館ノ自分ノ部屋デ計算ヲ致シマシタガ結局金ガ壹萬六千餘圓殘リマシタノデ買收シタ人ノ氏名金額等ヲ計算書ニ認メ其計算書ハ既ニ前回申上ゲマシタ板倉中ヨリ受取リタル六千圓ノ借用證書ト右殘餘金トヲ林田氏ニ渡ス考ヘデ同氏ニ其事ヲ話シタ處同氏ハ自分ニ對シ金ノコトデアルカラ君カラ直接大浦子爵ニ返シテ支拂先等モ報告シテ呉レ其方ガ宜イト云ハレマシタカラ自分カラ直接大浦子爵ニ返金シ且大要其顛末ヲ報告シテ置キマシタ大浦子爵ニ其報告ニ參ッタノハ十二月廿九日カ三十日カノ午前中デアッタト記憶シテ居リマス此日前代議士林永太君ガ大浦子爵ニ揮毫ヲ頼ムト云ッテ居タノデ自分ト同時刻頃ニ訪問スルコトヲ約シ自分ハ老人デ麻布ノ大浦子爵邸ニ出掛ケマシタ處下ノ應接室デ林君ト一緒ニナリ二人共二階ノ應接室ニ案内サレ其處デ大浦子爵ニ面會致シマシタガ子爵ハ林君ノ請ヲ容レラレタル爲メ同氏ハ持參ノ紹介狀ヲ托シテ自分ヨリ子爵ニ對シ林田氏ヨリ頼マレテ増師案ニ賛成スルコトニ約束ノ出來タ前述ノ連中ニ金ヲ渡シタコトヲ報告シ其計算書ト板倉中ノ借用證書殘金約壹萬六千圓等ヲ子爵ノ前ニ差出シマシタ子爵ハ金ト計算書トヲ受取ラレタ以上其金ノ内ヨリ七千圓ヲ自分ノ前ニ差出シ歸國ノ上ハ此金ヲ以テ香川縣ニ於テ非政友派ノ爲メニ機關新聞ヲ經營シ同志ノ爲メニ盡力シテ呉レト申サレマシタカラ自分ハ難有頂戴シテ歸ヘリマシタ

8 問 板倉中ヨリ差入レタ六千圓ノ借用證書ヲ大浦子爵ノ面前ニ差出シタ際子爵ハ之ニ對シテ何ト云フタカ

答 子爵ハ何トモ申シマセヌ

9 問 昨年十二月廿三日ノ議會ニ出席シタ際林田龜太郎ノ室ニ於テ同人ガ被告ニ對シ板倉中ハ被告カラ渡シタ以外ニ大浦子爵カラモ直接金ヲ受取テ居ル樣ナ話ヲシタ際被告ハ林田ニ對シテ何ニカ之レニ付テ返答シタカ

答 何ニモ致シマセヌ

右讀聞云々

大正四年七月廿七日

被告人 白川友一

高松地方裁判所ニ於テ

同職

裁判所書記 北岡楢二郎 印

豫審判事代理

判事 角南美賞 印

被告人白川友一第八回調書

1 問 白川友一ナルヤ

答 左樣デアリマス

2 問 昨日被告ノ申立テタ處ニ依レバ林田翰長ヨリ被告並ニ増田穰三ガ受取タ金ハ大浦子爵ヨリ出テ居ルコトハ相違ナイ樣デアルガ果シテ然ラバ少クトモ林田ガ金ヲ渡ストキ又ハ其以前ニ必ズ其旨被告ニ噺シテ居ル譯デハナイカ

答 御尋ネハ御尤モデアリマスガ其當時林田翰長ヨリ金ハ大浦子爵ヨリ出ルノデアルト云フ樣ナ噺ハ決シテアッタモノデハアリマセヌ

3 問 被告ハ昨日申立テタ通リ林田龜太郎ヨリ受取タ金ヲ板倉中、武市庫太外數名ノ者ニ供與シタ詳細ノ事實ヲ申立ヨ

答 自分カラ直接渡シタモノト増田穰三カラ直接渡シタモノトアリマスガ先ヅ自分ガ直接渡シタモノヲ申シ上ゲマスレバ

森川源吾
吉田虎之助
水間此農夫
濱田政藏
本出保太郎
増田穰三

ノ六名デアリマス

然シテ又増田穰三ヨリ直接渡シタモノヲ申上ゲマスレバ

板倉中
武市庫太
高鍋萬郎
村井啓四郎
長谷川敬一郎
本出保太郎
井阪光暉

ノ七名デアロート思ヒマス

今其各自ニ渡シタ金高ヲ申シ上ゲマスレバ森川源吾ニ對シテハ同人ガ吉田虎之助ガ金ガ無クテ困ッテ居ルカラ千圓計貸シテ遣テ呉レ又自分ニモ千圓計貸シテ貰ヒ度イト申シマスカラ同人ノ分ト吉田虎之助ノ分トニ人分トシテ金貳千圓ヲ昨年十二月廿三日頃自分ノ止宿セル厚生館ニ於テ交付シマシタガ同廿四日自分等ガ壽屋支店ニ於テ團體ヲ解散スルノ止ムナキニ至リマシタカラ廿六日頃森川源吾カラ同人ト吉田虎之助ノ二名分トシテ千圓丈ケ返ヘシニ來リマシタカラ厚生館デ之ヲ受取リマシタ水間此農夫ニ對シテハ同氏ガ衆議院解散トナリ再ビ候補ニ立チテ極力競爭スルニハ機關新聞ガ必要デアルカラ宮崎縣下ニ於ケル自己ノ從來關係セル政友派ノ機關新聞デ同氏ト濱田政藏ノ兩名ノ手ニ買收スル爲メデアルトテ出金ヲ求メラレタカラ廿六七日頃兩氏ノ爲メニ金參千圓ヲ同ク厚生館ニ於テ水間此農夫ニ渡シマシタ本出保太郎ニ對シテハ同人ヨリ十二月廿七日頃厚生館ニ於テ一寸壹千圓貸シテ呉レ直グ返ヘスト申シマシタカラ其場デ同人ニ金一千圓ヲ渡シマシタ本年一月中之ガ返還ノ催促致シマシタケレドモマア〳〵待テ呉レトノ返事デアリマシテ其儘今日ニナッテ居リマス増田穰三ニ對シテハ二十七八日頃同氏ハ林田ヨリ預リタル金ノ決算勘定ヲ爲シタル際厚生館ノ自分ノ部屋ニ於テ金參千圓ヲ渡シマシタ増田ノ渡シタ分ハ増田ニ御聞キ被下バ能ク分ルトハ思ヒマスガ同人ヨリ報告ヲ受ケ薄々ナガラモ記憶ニ存ジテ居ル丈ケノコトヲ申上ゲマスレバ板倉中ニ壹萬圓、武市庫太、村井啓四郎、各壹千五百圓、高鍋萬郎ニ四百圓、本出保太郎、井阪光暉ノ兩名ニ貳千圓、長谷川敬一郎ニ千圓渡シテアルト思ヒマス右ノ内板倉中ニ渡シタノガ壹萬圓中自分ニ於テ取返ヘシマシタノガ四千圓デアルト云フコトハ前ニ其四千圓ヲ取返ヘシタ理由ニ付テハ前回申上ゲマシタ通リデアリマスガ是等ハ増田ノ分ニ於テハ渡シタ日時場所等ハ確カナリトハ存ジマセヌ[illegible]ノ點ハ確カナリトハ申上ゲ兼ネマス

問 [illegible]ハ二十六七日頃以後ニ渡シタ連中ニ對シテ遣ルコトヲ既ニ約束シ増師案ニ賛成シタ爲メ條件デハナイカ

答 自分ノ直接渡シマシタ水間此農夫ノ參千圓及本出ノ千圓ハ約束ニ基テ渡シタモノデハアリマセヌ水間、濱田ノ兩氏ハ宮崎縣ニ於ケル鐵道敷設案ガ第三十五議會ニ提出セラレマシタノデ同縣ハ政黨政派ノ如何ニ拘ハラズ一致シテ豫算ノ通過ヲ熱望シ居マシタノデ從テ増師案ニ對シテハ他ノ勸誘ヲ待タズ熱心ニ贊成シテ居ルノデアリマスカラ金錢ノ授受ノ約束等ハ無カッタノデアリマス

二十五日ハ衆議院解散後ニ至リ始メテ國ノ新聞ヲ經營スル爲メ[illegible]又本出ハ前ニ申上ゲマシタ通リ一寸貸セトノコトデ渡シタノデ之モ約束ニ基クモノデハアリマセヌ

夫レカラ増田ガ渡シタ人々カラハ自分ニ直接何等ノ要求ハアリマセヌガ[illegible]

5 問 林田龜太郎ヨリ被告ガ金ヲ受取テカラハ厚生館ニ出入スル連中等ニ對シ増師案ニ贊成シテ呉レル者ニハ金ヲ入レテヤルト云フ樣ナコトヲ度々云フテ居タノデハナイカ

答 左樣ナコトハ申シマセヌ多數ノ人ガ出入[illegible]

6 問 高鍋萬郎ニ渡シタ金ハ他ノ人ヨリハ少額ナル理由ハ如何

答 同氏ハ自分等ト行動ヲ共ニシテハ居タケレドモ十二月二十五日ノ議會ニ於テハ増師案議決ノ際離席シ贊否ノ數ニ加ハラザリシ爲メ自分ハ増田君ニ對シ彼レニハモウ遣ランゾト注意シテ置キマシタカラ夫レデ遣タ額ガ少イト思ヒマス

7 問 森川源吾、吉田虎之助等ガ受取タ金ノ内千圓丈ケ返シタ理由ハ如何

答 十二月二十四日壽屋支店ニ於テ同志ノ團體ガ解散ヲ爲シ各自任意ニ進退スルコトニナッタ際同人等ハ政友會ニ復歸シマシタノデ夫レデ金ヲ返シテ來タモノト思ヒマス

8 問 板倉中ニ渡シタ壹萬圓ノ關係ハ申立通リ違イナイカ

答 [illegible]

9 問 七千圓ヲ大浦子爵ガ被告ニ呉レタノハ被告ガ同人ノ爲メニ働ケタ御禮カ

答 左樣デハアリマセヌ子爵ガ私ニ香川縣ニ[illegible]

於テ非政友ノ諸候補ノ一純候シテ大ニ來ルベキ總選擧ニ政府與黨ノ援助ヲ與ヘテ大多數ヲ當選セシムルト云フ從來ノ政略ヲ採リ自分ハ此新政黨ヲ組織シテ其機關新聞ヲ發行シ之ヲ經營シ從ツテ政友會ノ諸候補ヲ牽制シ又其勢力ヲ削減セント欲シ居ル者ナリ今ヤ白川ハ此新聞ノ經營ニ付キ計畫ヲ爲シ之ヲ同志ニ謀リ其目的ヲ達セント努メ居ルモノナリ云々

10 問 投資シテ居ル金高モ今日迄ニ至ルマデ越ヘテ居リマス
答 タ昨日以上ハ今日迄ノ事實ヲ申上ゲマス

11 問 ドウシテ昨年來此議會ニ於テ政友會ハ分裂セザルヲ得ザル状態ニ立至リシヤ
答 自分ハ政友會ノ總裁ハ極力之ヲ避ケ得ザル事情ニ迫ラレタル以上ハ已ムヲ得ザル所ナリト思ヒ居リ候

右被告人 白川 友一

大正四年七月廿八日 於高松地方裁判所

同廳 裁判所書記 北岡 權二郎 ㊞
豫審判事 角南 奐一 ㊞

右者左記ノ犯罪アリト思料候條豫審ヲ求ム

東京市麴町區内幸町二丁目一番地 林田龜太郎
大正四年七月二十八日 高松地方裁判所檢事局 檢事 山下 秀次郎

被告ハ大正三年十二月第三十五議會ニ於テ政府ノ提出シタル増師案ニ對シ反對ノ議員ヲ買收シテ贊成ノ議決ヲ得ント圖リ同年十二月二十日頃政友會ヲ脱シ林田龜太郎ヨリ金錢ヲ受領シタルモノナリ

大正四年七月二十八日 高松地方裁判所 豫審判事

1 問 被告人ハ増田林三等ト第三回調書ニ於テ述ベタル通リナルヤ
答 左樣デアリマス

2 問 白川ト林田ノ間ニ昨年十二月頃金錢ノ授受アリタル事實ヲ知レルヤ
答 自分ハ前ニ申上ゲマシタ通リ林田ハ浦子ガ居ル所ニ來テ白川ニ金ヲ渡シタ事實ヲ聞キマシタ

8 問 其時前申上ゲタ通リ白川ト林田トノ間ニ金錢ノ受授ガアツタト云フ事ハ如何ニシテ知リタルヤ
答 白川ガ増師案ニ贊成スル必要アリト云フ事ハ自分ハ昨年十二月頃ヨリ之ヲ聞キ居リタリ

4 問 被告ガ三月頃白川ヨリ金ヲ受取リタルコトアルヤ
答 金ヲ受取リマシタ事ハ昨年十二月頃白川カラ井阪ト申ス人ヲ經テ受ケマシタ

5 問 然ラバ本件ハ井阪ノ手ヲ經テ受取リタルモノナルヤ
答 白川ガ前ニ申上ゲタ通リ井阪カラ金ヲ受取ツタノハ十二月ノ事デアリマス

6 問 白川ガ被告ニ對シテ大浦子爵ノ話ヲシタ事ハナイカ
答 厚生館ニ於テ白川ガ自分ニ金ヲ渡シタ時ニ林田ト大浦子爵ト云フ名ヲ申シマシタ

七日頃ニ至リ厚生館ニ於テ白川ヨリ金ヲ受取リ此ノ金ハ大浦子爵ヨリ出タルモノナリト云フ事ヲ聞キマシタ

デアル是カラ直グ行ッテ取返ヘシテ來ルト云フテ居タコトガアリマス

自分モ其時夫レハ取返ヘシタガヨイ何ニモ二重ニ遣ル必要ハナイト申シマシタ夫レデ今日夕方白川ハ待合藤村ヘ乘込ミ板倉ト面會ノ上取返ヘシノ談判ヲ致シマシタガ其時本出モ一緒ニ參ッタト云フコトデアリマス其夜非常ニ遲ク歸ッテ來マシテ朝早ク原生館ノ番頭ニ寫眞屋ガ何トカ寫眞ヲ撮ルトカ何トカ命ジテ騷イデ居リマシタ其後數額ハ覺ヘマセヌケレドモ金ハ幾許カ取返ヘシタ足ラヌ這ハ證書ニシタトカ云フコトヲ云フテ居リマシタガ詳細ナコトハ知リマセヌ

7 問 被告ガ白川ニ代リ林田カラ金ヲ受取ッテ來タノハ何回デ總計幾許カ

答 タシカ三回デアッタト思ヒマス然シテ自分ガ受取ッテ來タ金ノ總額ハ約貳萬圓位カト思ヒマス受取ル際別ニ勘定シテ受取ッタモノデモアリマセヌ歸ッテ白川ニ渡ス際勘定シテ渡シタモノデアリマセヌカラ確カナコトハ申上ゲ兼ネマス

8 問 何ト云フタカ

答 被告ガ金ヲ受取リニ行タ際其都度林田ハ仕舞ニハドイラデモヨイカラ受取ニ來テ貰ヒ度ヒト云フ樣ナ風ニナリマシタケレドモ始メノ程ハ白川ニ渡スノデアッタカラ白川ガ差支ノ爲メ自分ガ代リニ受取リニ行キマシタ樣ナ譯デ最初ハ只金ヲ渡シテ吳レタ丈ケデ別ニ深イ話モアリマセナンダガ自分モ度々受取リニ行クニ連レ其都度ドーユウ成行ニナッテ居ルカ其狀況ヲ細密ニ聞カレル樣ニナリマシテカラ自分モ其都度委敷ク成行ヲ報告スル樣ニナリマシタガ具體的ニ如何ナル話ヲシタカト云フコトハ只今記憶ニ存ジマセヌカラ詳細申上ゲ兼ネマス

9 問 切崩ノ結果其計算勘定ノ報告ヲ林田ナリ大浦ニシタカ

答 其報告ハ白川カラシタモノニ相違ハアリマスマイケレトモ自分カラハ致シマセヌカラ收支決算ハ如何ナッタカ自分ハ知リマセヌ元來始メカラ白川ガ切崩ヲ委託セラレ會計ノ點ニ於テモ全部同人ガ鎖鑰ヲ握ッテ居リマスノデ同人ハ切崩シニ關スル一切ノ事情ヲ知ッテ居リマスケレトモ自分ハ只自分ノ遣ッタ部分以外ニハ知リマセヌ自分ノ遣ッタ部分ハ白川ニ報告シテアリマス昨年十二月二十七八日頃デアッタト思ヒマス白川ガ自分ニ對シ計算ガ出來タカラ之ヲ見テ吳レト云フテ御承知ノ罫ノ入レタ帳簿ニ認メタモノヲ示シマシタガ自分ハ固ヨリ白川ヲ信用シテ居リマスカラ君ガシタモノナラ見ンデモ夫レデヨイト申シマシタラ白川ハ金ハ大分餘ッタゾト申シマスカラ自分ハ夫レハ結構デアルト申シタ位ノコトデアリマス從テ大浦子爵カラ總計幾許ノ金ガ出テ夫レフ如何樣ニ分配シ幾何ノ剩餘金ヲ生タカ委數ハ知リマセヌガ壹萬圓餘リ餘ッタト白川ガ云フテ居タ樣ニ記憶シマス何レ計算報告ハ白川ヨリ林田翰長ナリ大浦子爵ナリニシテ居ルコトデアロート思ヒマスカラ右帳簿ニ認メタ計算書ヤ板倉カラ取ッタト云フテ居タ借用證ヤ剩餘金ハ子爵ノ手ニ渡ッテ居ルモノト思ヒマス

10 問 被告ト白川ト同道ニテ大浦子爵邸ヘ決算報告ニ參ッタノデハナイカ

答 左樣ナコトハアリマセヌ尤モ此事十二月二十七八日頃ノ午前九時頃挨拶ノ爲メ大浦子爵ノ宅ニ參ッタコトガアリマス其時白川モ自分ト一緒ニ原生館ヲ出マシタガ途中デ自分ト別レマシタ白川ハ其時林田ノ内ヘ行タモノダロート思ヒマス自分ガ大浦邸ヘ參ッテ暫クシテ白川モ亦參リマシタガ同人ガ參ッテ後自分ハ白川ト共ニ子爵ニ面會シマシタ其ノ時子爵ハ此間ハ非常ニ御苦勞デアッタ猶將來黨ノ爲メニ然ルベク盡力シテ吳レト云フ意味ノ挨拶セラレマシタ自分等モ出來ル丈ケ盡力シマスト答ヘテ暫ク來ルベキ總選擧ノ問題ニ話移リ色々子爵ノ意見ヲ聽キマシタガ別ニ其際ハ切崩ノ決算報告ハ致シマセナンダ約二十分許リ經テ白川ガ自分ニ對シ君ハ一足先キヘ歸ッテ吳レト申シマシタカラ直ニ同邸ヲ辭シ歸リマシタ歸ル際二階ノ應接室カラ玄關ヘ降リテ來マシタラ玄關ノ向フノ控室ニ林田翰長ガ來テ居リマシタ

自分ガ歸ヘッテ後白川ガ林田等立會ノ上デ決算報告ヲ致シマシタカ如何カ夫レハ自分ハ知リマセヌ其後自分ハ三十一日ニ立テ歸國スル迄子爵ノ宅ヘハ參リマセヌ

11 問 其時子爵ハ機關新聞ヲ起スコトニ付テ話ハシナカッタカ

答 自分ノ居ル間ハ致シマセヌ自分ガ原生館ニ歸ッテ其日デアッタカ其翌日デアッタカ記憶シマセヌガ白川カラ自分ニ對シ決算報告ノ濟ンダコト並ニ香川縣デ愈機關新聞ヲ起スコトニシタト申シテ居リマシタガ同人ガ子爵カラ金ヲ貰ッタコトナドハ其時ハ咄シマセナンダ其後本年ニ到リテタシカ三月頃ダト思ヒマス白川ガ本年二月ニ起シタ丸龜新聞ノ爲メニ壹萬圓カラ金ヲ遣ッタト申シタカラ自分ハ壹萬圓カラ入ッタト云フタ處デ補助ガアローカト申シマシタラ白川ハ七千圓子爵カラ貰ッタケレドモ足ルドコロデハナイト申シタコトガアリマス

14 問 大浦子爵ト林田翰長トノ關係ハ親密ノ間柄カ

答 ドレ程親密ノ間柄カ自分ハ能ク知リマセヌ併シナガラ元來白川ハ昨年末ノ切崩ニ關係スル迄ハ餘リ子爵ニ知遇ヲ受ケテ居ルト云フ程デアリマセヌカラ子爵ガ斯ル大事リ

白川ニ一任スル理由ガナイ樣ニ思ヒマス林田翰長ガ假ヘ白川ト懇意デアリマシテモ子爵ガ林田ト懇意ナ間柄デナケレバ左樣ナ大事ナ事柄ヲ林田ヲ經テ白川ニ一任スル譯ノモノデアリマセヌカラ林田ハ大分子爵ノ信用ヲ受ケテ居ルノデアロート思ヒマス之ハ自分ノ想像デアリマセヌ

右讀聞云々

大正四年七月廿九日

被告人 増田穰三

高松地方裁判所ニ於テ

印 同署

裁判所書記 北岡權二郎 印

豫審判事 角南英資 印

聽取書

麴町區内幸町二ノ一

林田龜太郎

文久三年八月生

右者大正四年七月廿八日云々

東京地方裁判所檢事局ニ出頭シ左ノ陳述ヲ爲シタリ

一、昨年十二月中頃議院内ナリシト覺フ白川友一ガ自分ニ對シ一芝居打チ度シト思フ四五十人ノ同志ヲ結合シテ議會ノ解散ヲ免レ度シト思フ夫ニ付テハ軍資金ガ入用ダガ金策出來ズヤ後日自分ニ金融出來レバ返金スルカラト申出マシタ自分ハ當時ノ狀勢ハ内心增師案ニ賛成シ居ルモ黨派ノ壓迫其他種々ノ事情ノ爲メ餘儀ナク反對スルモノ鮮カニス之等ニ糾合スルトキハ優ニ一勢力ヲ作リ得ベシト思ヒタル故之ニ賛成シ差當リ有合金參千圓ヲ同人ニ渡シマシタ

議會開會中ハ若干ノ機密費ヲ議會操縱係ヨリ預カリ居ルコトガアリマス其際モ預リ居リシ機密費中ヨリ右ノ參千圓ヲ支出シタ譯デアリマス元來何レノ政府ニモ議員操縱係ナルモノガアリマスガ其際ハ大浦子ガ其係ニシテ機密費モ同氏ヨリ預ッテ居リマシタ機密費ハ自分ノ專斷デ支出スルモ差支ナキモノデアリマス然モ專斷デ支出シタ件ハ一一操縱係ニ報告セネバナリマセン

二、右參千圓ヲ白川ニ渡スヤ直ニ大浦子ニ會ヒ白川ガ一芝居打ツト云フカラ如何ナルコトヲスルカ知ラヌモ取敢ヘズ參千圓ヲ渡シ置キタル旨報告シマシタ

其後一兩日ヲ經テ白川ヨリ同志糾合ニ付テハ纏マッタ金ガ入ルカラ心配シテ吳レヨトノ申出アリタルニヨリ其通大浦子ニ話シタルニ同子ハ内閣デハ寧ロ議會ノ解散ヲ希望シテ居ルカラ議員ノ買收ハ一切遣ラヌ方針デアルガ然モ君ガ白川ヲ信用シテ遣ルナラバ干渉ハセヌ金ハ自分ガ心配スルカラト云ハレマシタ

依テ八月二十二三日頃迄ニ四五度大浦子ヨリ金ヲ受取リ白川ヨリ請求アル都度同人ニ渡シマシタ其額ハ通計參萬貳千圓ナリト覺ヘマス尤モ最初參千圓ノ時ハ自分ノ金ノ樣ニシテ白川ニ渡シタルモ後ニハ大浦子ヨリ出デタル金ナルコトヲ同人ニ打明ケマシタ

三、其後二十五六日頃ト覺フ議院内書記官長室ナリシト記憶ス白川ガ來リ彼ノ金ハ未ダ精算勘定ハ濟マザルモ壹萬五六千圓ハ殘ル見込ナルガ大浦子ニハ未ダシミ〳〵御目ニ懸カラヌカラ其内行ッテ自分ノ精神モ吐露シタヒト思ヒ居ル故其際右殘金モ御返ヘシ、決算書モ御覽ニ入レタシト思フト云ヒマスカラ自分ハ夫レガヨカロウト同意シマシタ其後白川ヨリハ何モ聞カザルモ本年正月頃大浦子ニ會ヒタル際同子ハ白川ハアー云フ樂休ニ似合ハヌ正直ナ奴デアルト譽メテ居ラレマシタカラ白川ハ其通實行シタ事ト思フテ居リマス

大浦子ニ白川ガ右殘金ヲ返シタル際同子ガ白川ニ其内何程分與セラレタルヤ自分ハ知ラズ然モ昨年末カ本年ニナッテノ事カ確ニ覺ヘザルモ丸龜新聞經營ノ爲メ同子ヨリ特別ノ寄附金ヲ貰フタト白川ガ云フテ居ルヲ聞キマシタ

四、白川ガ自分ヨリ渡シタル金ノ内壹萬圓ヲ板倉中ニ渡シタリトノコトハ白川ヨリハ曾テ聞キマセン二十三日頃ノ夜ニ晩ク白川ガ板倉ト爭論シタリト云フテ自分方ニ來リ一芝居打ウト思フタガ駄目ダト云ヒ怒ッテ居リマシタ當時同人ハ大ニ醉ヒ且非常ニ激昂シテ居リマシタ一時間半許モ居リマシタガ何ニモ纏マッタ話シハアリマセンデシタ

議會解散ノ前日ノ事ト覺フ大正倶樂部員ノ屆出アリタルモ政友會ヲ脫會シタルコトナシト申出タルモノアリ故同倶樂部ノ幹事木出保太郎ガ武市庫太カ誰レナリシカヲ呼ビ質シタルニ夫レハ此通自署ノ脫會屆ガアルトテ寫眞ヲ示サレタコトガアリマス自分ハ何故コンナモノヲ寫眞ニ取リタリヤト聞キタルニ誰ナリシヤ其場ニアリシモノカ表裏反覆常ナラザル奴等ダカラ後日ノ證據ニスル爲メ取ッタノダト云ヒマシタ

林田龜太郎 印

右讀聞云々

大正四年七月廿八日

於東京地方裁判所檢事局

檢事 大田黑英記 印

調書

被告人 林田龜太郎

右被告人ニ對スル瀆職被告事件ニ付キ大正四年七月二十八日東京地方裁判所ニ於テ

豫審判事 潮 恒太郎

裁判所書記 神田多智馬

列席ノ上豫審判事ハ被告人ニ對シ訊問ヲ爲スコト左ノ如シ

1 問 氏名ハ
答 林田龜太郎
2 問 年齢ハ
答 五十三歳
3 問 身分ハ
答 士族
4 問 職業ハ
答 衆議院書記官長
5 問 住所ハ
答 東京市麹町區内幸町二丁目一番地
6 問 本籍地ハ
答 熊本市新一丁目四十四番地
7 問 出生地ハ
答 同市熊本城二ノ丸
8 問 位記勳章從軍記章年金恩給又ハ公職ヲ有セザルヤ
答 從三位勳二等
9 問 是迄刑罰ニ處セラレタルコトナキヤ
答 アリマセヌ
10 問 衆議院書記官長ニ就職シタノハ何時カ
答 明治三十年中デス
11 問 被告ハ白川友一ト懇意ニシテアルカ
答 明治四十二三年頃香川縣貴族院議員鎌田勝太郎ノ宴會ニ初メテ面會シテ知合ニ爲ッタ樣ニ思ヒマス
12 問 昨年十二月中旬頃被告ハ築地ノ厚生館ニ白川ヲ訪ネタ事ガアルカ
答 或ハアルカモ知レマセヌ
13 問 其際増田義三モ同席シタ樣デアルガ如何
答 増田義三及白川友一ト厚生館ニ於テ面會シタコトガアリマスカラ多分其時デアッタデショウ
14 問 其際議員ヲ買收スルト云フ話ガアッタノデハナイカ
答 其當時政友會ハ政府提出ノ増師案ニ反對スル形勢ヲ示シテ居リマシタガ厚生館ニ於テ面會シタ際白川ハ政友會所屬議員中増師贊成ノ者少ナカラザルモ黨議ヲ拘束サレテ公然反對意見ヲ立ツル事ガ出來ズニ居ルノデアル箇樣ナ者ヲ結合スルハ一芝居出來ルカモ知レヌト申シマシタ夫レデ私ハ國家ノ爲メ何分盡力ヲ賴ムト申シマシタガ議員ヲ買收セヨ抔トハ申シマセヌデシタ
15 問 白川ハ其際幾人位結合ガ出來ルト申シテ居タカ
答 三四十人位ハ既ニ同志ノ者ガアルト申シテ居リマシタ
16 問 被告ハ其際ハ如何ナル用向ヲ主トシテ厚生館ニ參ッタノカ
答 私ハ勢力アル議員ノ處ハ常ニ訪問シテ形勢ヲ聞イテ居リマス其當時ハ厚生館組ト云フモノガ出來テ一勢力ヲナシテ居リマシタカラ主トシテ其形勢ヲ聞キニ參ッタノデス
17 問 被告ハ白川ニ對シ國家ノ爲メニ何分賴ムト申シタトスレバ被告モ増師案ニ贊成意見ヲ有シテ居タノカ
答 私ハ増師ニ贊成ノ意見ヲ有シテ居リマシタ加之議員ヲ黨議ヲ以テ束縛スルト云フ又憲法ノ精神ニ戻ッテ居ルト信ジマスカラ白川ガ黨議ノ束縛ヲ受ケズ自由意見ニ依ッテ行動スルト云フ議論ヲ立テタカラ大ニ適當ノ事ト思ヒ右樣ニ申シタノデス
18 問 被告ハ白川ニ金參千圓ヲ渡シタ事ガアルカ
答 昨年十二月十九日ト思ヒマス場所ハ議院デアリマシタガ其他デアリマシタカ能ク記憶シマセヌガ白川ハ此ノ話ノ繼續トシテ私ニ向ヒ同志ヲ糾合スルニ付テハ事務所ヲ設ケ集會ヲナシ印刷所モ致サネバナラヌカラ軍用金ガ必要デアル何程カ金ヲ出シテ吳レト申シマシタ依ッテ私ハ手許ニ在ッタ機密費ノ參千圓ヲ同人ニ渡シマシタ
19 問 其機密費ハ政府カラ受取タモノカ
答 左樣デス議員ノ操縱掛タル大浦子爵ヨリ受取ッテ居タ金デス
20 問 何レノ内閣ノ時モ衆議院書記官長ニ機密費ガ渡ッテ居ルノカ
答 左樣デハアリマセヌ私ヲ信用ズル内閣ノ時丈機密費ヲ渡サレテ居ルノデス
21 問 衆議院書記官長ハ何レノ政派ニ屬セズ公平ニアルベキモノデアルカラ時ノ内閣ノ爲メニ操縱掛ヨリ機密費ヲ受取ッテ之ヲ内デ側ノ利益ノ爲メニ使用スルト云フ樣ナ事ハナイ譯ハナイカ
答 職務上カラ申セバ左樣デス然シ操縱掛カラ特ニ賴マレヽバ職務外ニ多少ノ盡力ハ致シマス
22 問 白川ニ右參千圓ヲ渡シタ事ヲ大浦子爵ニ報告シタカ
答 直チニ報告シタト思ヒマス
32 問 其後又白川ニ金ヲ渡シタデハナイカ
答 白川ハ同志ノ糾合ニ付テ纏マッタ金ガ要ルト云フタカラ其後十二月二十三日迄ノ間數回ニ貳萬九千圓渡シマシタ而シテ其金ハ白川ニ直接ニ渡シタ分モアリ白川ノ代人トシテ増田義三ガ來タカラ同人ニ渡シタ分モアリマス今詳細ヲ記憶シテ居リマセヌ
24 問 其金ハ何處デ渡シタカ
答 議院デ渡シタ事モアリ築地二丁目十六番地鳥料理琉琳亭ニ於テ渡シタ事モアリマス
25 問 右貳萬九千圓ハ其時ニ大浦子爵ヨリ出シテ貰ッタノカ
答 左樣デス白川ガ同志ヲ糾合スルニハ纏ッタ金ヲ準備シテ置カナクテハナラヌカラ心配シテ吳レヨト申シタカラ其旨ヲ大浦子爵ニ話シ出金シテ貰フテ白川ニ渡シマシタ
26 問 白川ガ同志ヲ糾合スル爲メニ金ガ要ルト云フノハ要スルニ議員ヲ買收スルト云フ意味ヲ持ッテ居ルノデハナイカ
答 白川ハ其邊ノ事ハ何ントモ申シマセヌデシタ
27 問 白川ガ明言セズトモ被告ニ於テ其邊ヲ想像シタデアロフ
答 私ノ感想ヲ申セバ同志議員ニ融通シ又多少運動費ニ分配スルモノデアロト思ヒマシタ
28 問 同志議員ニ融通スルト云フハ如何ナル意味カ
答 其當時困ッテ居ッタ議員モ澤山アッタ樣デスカラ白川ハ是等ノ者ニ多少貸スノデハナイカト思ヒマシタ
29 問 然シ其貸借ハ後日白川ヨリ返濟ヲ要求スルト云フ樣ナ意味ノモノデハナイノデアロウ
答 左樣デス箇樣ナ貸借ハ後日返濟ヲ要求スルト云フ意味ノモノデハアリマセヌ其實私ハ其當時白川ノ用途ニ付キ何ノ考ヘモナク唯ダ今日ニ至ッテ色々想像スルノデス
30 問 大浦子爵ニ於テモ白川ガ金ヲ如何ナル方面ニ用井ルカハ承知シテ出サレタノデアロウ
答 大浦子爵ハ内閣ニ於テハ寧ロ議會ノ解散ヲ希望シテ居ルカラ此際議員ノ買收等ハ致サナイ方針デアル然シ君ハ白川ヲ信用シテ遣ルナラバ自分ハ干渉セヌ金ハ自分ガ心配シテ出シテ遣ルト云ハレマシタ
31 問 大浦子爵ガ議員ノ買收等ハ致サナイ方針デアルト云ハレテモ參萬貳千圓ト云フガ如キ大金デアルカラ白川ガ之ヲ同志議員ニ分配スルノデアルト云フ事ハ想像シテ居ラレタデハナイカト思ハルヽガ如何
答 或ハ想像サレタカモ知レマセヌガ私ヨリハ前申立タ事丈ヲ話シタノデス
32 問 被告ガ白川ニ渡シタ參萬貳千圓モ同人ヨリ後日返濟スベキ約束ハナイノデアロウ
答 白川ハ儲ケタラ御返シマスト云フテ居リマシタガ私共ヨリ返濟ヲ要求スベキ筋合ノ金デハアリマセヌ
33 問 白川ハ被告ヨリ受取ッタ金ヲ如何ニ使用シタカ報告セシヤ
答 一向何ノ報告モアリマセヌデシタ尤モ昨年十二月二十五六日頃院内ニ於テ白川ハ私ニ對シ未ダ清算シテ居ナイガ壹萬五六千圓ハ殘ル見込デアル大浦子爵ニハ未ダ染々御目ニ懸ラヌカラ其内伺ッテ自分ノ精神ヲ話シ且ツ清算書ヲ御覧ニ入レテ殘金ヲ御返シシタイト思フト云ヒマシタカラ私ハ金ノ事ダカラ夫レガ可カロートト答ヘテ置キマシタ
34 問 其後白川ハ大浦子爵ニ面會シタカ
答 白川ヨリハ何ニモ聞キマセヌデシタガ本年一月大浦子爵ニ面會シタ時白川ハ風體ニ似ヌ正直ナ男デアルト賞メテ居ラレマシタ夫レデ私ハ白川ガ大浦子爵ニ面會シタモノデアロウト想像シマシタ
35 問 其後白川ガ大浦子爵ヨリ金ヲ貰フタ事ヲ聞カナイカ
答 本年一二月頃白川ハ丸龜新聞經營ノ爲メ特別ノ寄附金ヲ貰フタト云フテ居リマシタガ其金額ハ聞キマセンデシタ
36 問 被告ハ白川ト板倉中ノ關係ニ付テ聞イタ事ハナイカ
答 昨年十二月二十三日頃ノ夜分一時カ二時頃白川ガ酒ニ醉ヒ非常ニ激昂シテ私方ニ參リ板倉ト喧嘩シテ來タガ板倉ト云フ奴ハ酷イ奴ダト一芝居打タウト思フテ計畫ダガスッカリ壞ハサレタト云フテ居リマシタ

被告人 林田龜太郎

右讀聞ケタル處相違ナキ旨ヲ申立テ署名シ無印ト述ベタリ

裁判所書記 砂田多智馬 ㊞
豫審判事 潮 恒太郎 ㊞

被告人増田義三第四回調書

1 問 増田義三ナリヤ
答 左樣デアリマス
2 問 林田翰長ノ手ヲ經テ大浦子爵ヨリ受取ッタ金ノ總額ヲ被告ハ知ラヌ譯ハナイ樣ニ思フガ如何
答 御尋ネハ御尤デアリマスガ前ニモ申上マシタ通リ會計ハ全部白川ガ遣ッテ居リマシタノデ實際自分ハ知リマセヌ
8 問 假ヒ白川ガ會計全部ヲ遣ッテ居ルニシテモ白川ト共ニ切崩シタ實行シタ被告ガ受取ッタ總額位ハ知ラヌ答ハナイ樣ニ思フガ如何
答 御尤デアリマス知ラナイ譯ハナイ筈デアリマスガ實際知ランノデアリマス收支決算ノ際モ白川ガ自分デ爲シタモノデ決算書ハ出來テ居リマシテモ自分ハ前申上ゲマシタ通リ白川ガ一寸審强ニ計算ヲシテ居タコトヲ見タ切リデ君ガシタノナラ見ンデモヨイト云フテ之レヲ見マセナンダ位デスカラ總計幾許ヲ受取リテ幾許宛ヲ幾人ニ供與シ幾許殘ッタカ詳細ノコトハ知リマセヌ今考ヘテ

見マスルト白川ヲ信ジテ其當時同人ノスルコトニ深ク注意ヲ拂ハナカツタノハ自分ノ大ナル失策デアリマス

4 問 何等大ナル失策カ

答 夫レハ外デハアリマセヌ今ニナツテ考ヘテ見マスルト自分ニ知ラシメザル樣ニ白川ガ尙他ニ金ヲ撒イテ居ルノデアルマイカト思ヒ當ルノデアリマス

其金ハ迚モ同人ガ御調ヲ受ケテモ申上ゲルコトノ出來ヌ事デアツテ或ハ夫レヲ自分ニ冠セント企テヽ居ルノデハアルマイカト思ヒマス

5 問 其事ト云フノハ何ニカ

答 之ハ只自分ノ想像スル處デアリマスカラ確言ハ得致シマセヌ併シ自分ニ白川ガ參千圓吳レタ際自分ハ白川ニ對シ君モ貰ウノカト申シマシタラ同人ハウント答ヘタコトガアリマシタ

依テ先ズ同人ガ金額ハ分ラヌガ幾許カ貰フテ居ルニ相違アリマセヌ夫レハ前回申上ゲマシタ新聞買ノ七千圓以外カト思ヒマスガ其邊ハ能ク分リマセヌ尙自分ニ參千圓白川ガ吳レタ前日デアツタ樣ニ思ヒ厚生館デ林田カラ請求ガアツタカ如何カ夫レハ知リマセヌガ白川ガ自分ニ對シ林田翰長ニモ金ワ少シ遣ラネバナラヌト申シテ居リマシタコトガアリマス故ニ林田ニ金ヲ遣ツテ居ルモノト思ヒマス幾許遣ツテ居ルカ夫レハ自分ハ知リマセヌ

右申上ゲタ樣ナコトガアリマスカラ前申上ゲマス通リ御調ニ逢フテモ白川ハ申上ゲルコトガ出來ヌノデ夫レヲ或ハ自分ニ冠セントスルノデアルカト思フノデアリマス

6 問 被告ガ今日迄申立タコトハ其通リ違ヒナイカ

答 以上是迄申述ベタ通リ昨年十二月末切崩一件ニ付キ自分ガ干與シタコトハ大概申述ベタ次第デアリマシタ決シテ夫レニ相違ハアリマセヌ

更ニ包ミ隱シハ致シマセヌ當初虛僞ノ陳述ヲ致シマシタ所以ハアレハ前ニモ申上ゲマシタ通リ全ク白川ヨリ此事件勃發前同人ガ假令首ガ飛ンデモ自分ハ云ハヌカラ君モ云フテ吳レルナト固ク同人ノ爲メニ口ヲ緘セラレマシタカラ同人ヲ庇護スル爲メニ出デタルモノデ之レニ依リ自然自分ノ僞證セシ所以モ明瞭ニナリマスガ既ニ白川ガ彼レ程ニ云フテ居リナカラ自ラ先ツ以テ口ヲ割タ樣ナ風デアリマスカラ自分モ全部自白致シマス從テ自分ノ僞證ノ行爲モ明白ニナツタコトヽ思ヒマス今日ニ於テハ速ニ之レガ御取調ヲ受ケ公平ナル御裁判ヲ謹デ待チ居リマス何卒自分ノ切ナル心情ヲ御諒察願ヒマス

右讀聞ケタル處承認セリ

被告人 增田 穰三

大正四年七月三十一日

於高松地方裁判所

同廳

裁判所書記 北岡植二郎 印

豫審判事 角南 美貴 印

印

被告人增田穰三第五回調書

1 問 增田穰三ナリヤ

答 左樣デアリマス

2 問 只今檢事ヨリ被告ガ林田龜太郎及白川友一等ト共謀シテ昨年十二月板倉中外數十名ノ議員ニ約四萬圓ヲ交付シ以テ之ヲ買收シタモノデアツテ即同人等ト瀆職ノ共犯デアルト云フ起訴ガアツタガ是迄僞證被告事件ニ付被告ガ申述ベタ通リ事實ハ總テ違ヒナイカ

答 瀆職ニ付テノ起訴アリタルコトハ承知致シマシタ是迄申立テマシタ事實ハ違ヒアリマセヌ即昨年十二月林田ヨリ政友會切崩シノ爲メ同會議員買收費數萬圓ヲ自分ト白川トニ於テ受取リ之ヲ以テ自分ガ板倉中ニ二回ニ壹萬圓武市庫太村井善四郎ニ各參千五百圓宛高鍋鶴郎ニ參四百圓長谷川敬一郎ニ千圓何レモ增師贊成ヲ條件トシテ交付シ以テ是等議員ヲ買收シタコトハ相違アリマセヌ尙本出保太郎、非阪光暉其他數名買收ノ點ニ關スル白川友一ノ行爲ニ付テモ前林田翰長ヤ大浦子爵ノ關係ニ付キテモ是等總テ僞證事件ニ於テ本年七月廿三日同月廿九日及本日御取調ヲ受ケタル際申上ゲマシタ通リ何レモ相違アリマセヌ

右讀聞ケタル處承認シタリ

被告人 增田 穰三

大正四年七月卅一日

於高松地方裁判所

同廳

裁判所書記 北岡植二郎 印

豫審判事 角南 美貴 印

印

聽取書

大正四年七月卅一日高松地方裁判所檢事局ニ出頭シ任意左ノ通リ陳述シタリ

白川 友一

一、議員ニ金ヲ與ヘテ增師案ニ贊成サセル樣ニ私ト林田君ト打合ヲシタノハ昨年十二月十八九日頃デアル樣ニ林田君ヤ增田君ノ方デ申上ゲテ居ルカモ判リマセヌガ私ノ考ヘデ矢張十二月廿二日ノ午後琉球亭デ林田君ト會見シタトキ林田君カラ話ガ出タモノデアルト記憶致シテ居リマス

尤モ十八九日頃厚生館デ林田君ト會見シタ事實モアルノデスカラ其折左樣ナ話ガアツタノカモ判リマセヌカラヨク考ヘテ見ル事ニ致シマセウ金ヲ林田君カラ受取ツタノハ總テ琉球亭デアツタト思ヒマスガ或ハ增田ノ受取ツタ所ハ他ノ所デアツタカモ判リマセヌ

二、林田君カラ私ガ金ヲ受取ツタノハ二度デアツタ樣ニ申上ゲテ置キマシタガ其後考ヘテ見マスルト二回デアツタ樣ニ記憶シテ居リマス尤モ最初ノ二十二日ノ夕刻受取ツタ金額ハ壹萬圓デアツタ事丈ハヨク覺ヘテ居リマスガ二度目ニ私ノ受取ツタ金額ハ何程デアツタカ只今判然致シマセヌガ增田ノ受取ツタ二回分ト合セテ四萬圓弱ノ金デアツタ事ハ間違ハアリマセヌ尤モ茲ニ御含ミ願ヒタヒノハ外デモアリマセヌガ右四萬圓弱ノ金ハ全部私ナリ增田君ナリニ林田君カラ渡サレタノデハナヒノデアリマス其內貳千五百圓デアツタカ貳千七百圓デアツタカ只今其金額ハ確カニハ記憶致シテ居リマセヌガ夫レ丈ノ金ハ私共ノ手ニハ受取テナカツタノデアリマスガ林田君ノ依賴ニヨリ右ノ金モ一旦私共ノ手ニ受取リ然ル後支拂ハレタ事ニ計算尻ヲ作ツタノデアリマスコノ事ニ就テハ林田君ガ二度目ニ私ニ金ヲ渡シテ吳レル際コノ內少シ許リ僕ノ方デ借用シタカラ含ンデ書イテ吳レト申サレマシタガ當時ハ其金額ガ何程デアツタノカ私ニハ判ラナカツタノデアリマス然ルニ十二月二十六日林田君ノ官邸デアツタカ琉球亭デアツタカ私ヨリ林田君ニ金ノ收支ニ付キ計算ヲシヨウト申告タトキ同氏ハ私ニ對シ此間借リタ金ハ貳千七百圓（或ハ貳千五百圓ト云フタノデアツタカ今記憶ヲ存セヌコトハ先ニ申上タ通リデアリマス）デアルカラ君等ニ渡シタ金以外ニコノ金モ君ニ於テ一旦僕カラ然ル後支拂フタ事ニシテ吳レソシテコノ金ハ總テ大浦子爵カラ出タ金デアルカラ子爵ニ面會シテ直接金ノ支拂等ヲ報告シテ吳レ金ノ事ダカラ其方ガヨイト云ハレタノデコノ金ヲ出シタ人ハ大浦子爵デアツタ事モ林田ガ借リタカラト云フタ金額ガ貳千七百圓（或ハ貳千五百圓）ナリシコトモ此時ヨリ判ツタノデアリマス

右樣ノ次第デスカラ私共ガ林田カラ受取ツタ金額ハ實際ノ處參萬七千餘圓デアツタノデス併シ林田君カラノ賴ミヲ無ニスル事モ出來マセンデシタカラ大浦子爵ニ差上タ計算書中ニハ林田君ノ引去タ金ハ私ニ於テ特別ニ支出シタモノノ如ク記載シテ書キマシタソシテ子爵ニ對シテコノ特別ニ支出シタ金ハ私ニ於テ頂戴致シテ置キマシタ併シコレハ私ノ懷ニハ這入ツテハ居リマセヌ或人ニ私ノ專斷ニテ渡シタモノデアリマスガ其人ノ氏名ハ只今申上ゲル事ヲ憚リマスカラ惡カラズ御承知ヲ願ヒマスト申上ゲテ置キマシタ林田ハ彼ガ引去ツタ金ヲ以テ他ノ議員ヲ買收シタモノトハ思ハレマセンデシタガサリトテ何ニ使用シタノカハ私ニハ判リマセンデシタガコノ事ヲ大浦子爵ニ露骨ニ報告スルコトハ林田氏ノ爲メニヨクアルマイト思フタノデ事實ノ通リ報告セズ右樣曖昧ナル報告ヲ致シテ置キマシタノデアリマス

三、私ガ大浦子爵ニ金ノ收支ニ付報告シタノハ十二月二十九日カ三十日カデアツタ樣ニ申上ゲテ置キマシタガ其後ヨリ考ヘテ見マシタ處十二月三十一日デアツタ事ガ判リマシタ

コノ日林永太君ト共ニ井上角五郎君ヲ麴町一番町ノ屋敷ニ訪子マシタガコレハ子爵邸ヲ辭シタ後チ林田君ハ私ヨリ一足先キニシ乞シ其後デ私カラ子爵ニ大略ノ報告ヲ致シマシタノデコノ事ハ前回申上ゲタ通リデアリマス

右報告ノ際板倉ヨリ受取ツタ六千圓ノ借用證書ヲ計算書ト共ニ子爵ニ差上ゲマシタカ別段右借用證書ノ事ニ付私ト板倉トノ關係ハ報告致シマセンデシタ夫レハ外デモアリマセヌ私ガ板倉ニ對シ返金ヲ迫リ其末同人カラ四千圓ヲ取戾シタ事モ右六千圓ノ證書ヲ受取ツタ事モ其都度林田君ニ詳細物語ツテ置キマシタノデ同氏ヨリ大浦子爵ニ夫レ〳〵報告シテアルコトト思フタカラデアリマス果シテ林田君カラ子爵ニ報告シタカドウカハ斷言ハ出來マセヌガコノ點ニ關シ子爵ヨリ何等ノ質問ナカリシ處ヨリ察スルニ林田君ヨリハ最早報告濟デアツタ樣ニ思ハレマシタ

四、右報告ノ際大浦子爵ハ今度ハ御苦勞デアツタト云フ樣ナ趣旨ノ謝意ヲ述ベラレマシタガ其文句ハ只今判然覺ヘテ居リマセヌ十二月二十七日增田ト共ニ大浦邸ヲ訪ネタトキ子爵ハ私共ニ對シ今回ハ非常ナル盡力デ有リガタカツタト云フ趣旨ノ挨拶ガアリマシタコレハ私共ガ增師案ニ對シ盡力シタ爲メノ謝辭デアルト思フテ居リマシタ

陳述人 白川 友一

右錄取ニ部時讀聞ケタル處之ヲ承認シ署名シタリ

於高松地方裁判所檢事局

檢事 一松 定吉 印

檢事 田中健之助 印

（未完）

第四　朝鮮森林特別會計法廢止法律案(政府提出)第一讀會ノ續(委員長報告)(二)(確定議)

(織田了君登壇)

○織田了君　朝鮮森林特別會計法廢止法律案ハ、昨日委員會ヲ開キマシテ委員長理事ノ互選ヲ爲シ、引續イテ全會一致ヲ以テ原案ヲ可決致シマシタ、此段御報告申シマス

(「分リマセヌ」「ドウシタンダイ」「朝鮮ノナラ委員長ガ居ル」ト呼フ者アリ)

○議長(島田三郎君)　織田了君ノ通告ニナッテ居リマス、委員長ニ代ッテ理事ガ説明致シマシタ

○川崎克君　私ハ前ニ通告ヲ致シテ置イタ筈デス

○議長(島田三郎君)　コチラノ通告ニハ織田了君ノ通告ニナッテ居リマス

○福田又一君　本案ニ對シテハ別ニ討論モナイヤウデアリマスカラ、第二讀會ヲ開クコト、致シマシテ、直ニ二讀會ヲ開キマシテ、委員長報告通可決確定アラムコトヲ望ミマス、諸君ノ贊成ヲ乞ヒマス

(「贊成々々」ノ聲起ル)

○議長(島田三郎君)　福田又一君ノ發議ハ三讀會ヲ省略シテト云フ意味デスカ

○福田又一君　其通リ

○議長(島田三郎君)　ソレデハ福田又一君ノ發議ハ明瞭デアリマス、福田君ノ發議ニ御異議ハアリマセヌカ

(「異議ナシ異議ナシ」ノ聲起ル)

○議長(島田三郎君)　御異議ガナケレバ可決確定致シマス、此場合御諮リヲ致シマスガ、政府提出、朝鮮事業公債法中改正法律案、是ハ緊急議決ノ要求ガアリマスカラ、此際日程ヲ變更シテ之ヲ議題ニ供シタイト思ヒマス、御異議ハアリマセヌカ

(「異議ナシ異議ナシ」ノ聲起ル)

○議長(島田三郎君)　御異議ガナケレバ朝鮮事業公債法中改正法律案ヲ議題ト致シ、第一讀會ヲ開キマス

朝鮮事業公債法中改正法律案（政府提出）　第一讀會

朝鮮事業公債法中改正法律案

朝鮮事業公債法中左ノ通改正ス

「五千六百萬圓」ヲ「八千四百萬圓」ニ改ム

附則

本法ハ公布ノ日ヨリ之ヲ施行ス

○大藏大臣（武富時敏君）　議長

○議長（島田三郎君）　武富大藏大臣

（大藏大臣武富時敏君登壇）

○大藏大臣（武富時敏君）　是ハ朝鮮事業ノ經營上、既定繼續費ノ豫算ノ金額マデニ起債ノ定額ヲ增加スルノ必要ガアルノデアリマスカラ、ソレデ此改正案ヲ提出致シマシタ、審議ノ上御協賛アラムコトヲ希望致シマス

○議長（島田三郎君）　別ニ御發議ガナケレバ右議案ノ審査ヲ付託スベキ委員ノ選擧ヲ議題ト致シタイト思ヒマス

（「異議ナシ異議ナシ」ノ聲起ル）

○議長（島田三郎君）　御異議ガナケレバ議題ト致シマス

右議案ノ審査ヲ付託スヘキ委員ノ選擧

○福田又一君　本案ニ對シテハ議長指名九名特別委員ニ付託シ、審議セシメラレムコトヲ望ミマス

（「贊成々々」ノ聲起ル）

○川崎克君　議長

○議長（島田三郎君）　暫ク――福田君ノ發議ニ關聯致シマスカ――福田君ノ發議ニ御異議ガナケレバ左樣ニ決シマス

（「異議ナシ異議ナシ」ノ聲起ル）

○議長（島田三郎君）　今發議ヲ求メラレタ御方ハ何デゴザイマスカ

○川崎克君　川崎デアリマスガ、先程ノ案ニ付テ私ハ委員長デアリマスガ、委員長ノ居ルカ居ラヌカト云フコトヲ御尋ネニナッテ、サウシテ若シ委員長ガ居ラヌ場合ニ於テ、理事ヲシテ說明サセルノガ順序デアラウト存ジマス、私ニ對シテ何等ノ御詞モナク理事ヲ御呼出シニナッタノハドウ云フ譯デアリマスカ

○議長（島田三郎君）　御答致シマス（發言スル者多シ）暫ク――暫ク――總テ議長ノ手許ニハ通告ヲ標準ト致シマスガ、前ニ通告ガアッタノデスカ、ナイノデスカ、朝鮮森林特別會計法廢止法律案理事織田了ト云フコトデ通告ニナッテ居リマス、ソレ故ニコチラノ通告順ハ織田了君ガ委員長ニ代ッテ報告セラル、モノトシテ、其順ニ據リマシタ

（「ソレガイケナイ」「モウ一遍報告ヲ仕直セ」「モウ一遍ヤリ給ヘ」ト呼フ者アリ）

○議長（島田三郎君）　岡君ハ出席セラレマシタカ

（「出席シマシタ」ト呼フ者アリ）

○鈴木梅四郎君　諸君、私ハ我黨同志ノ愼重ニ調査致シマシタル來年度ノ豫算ニ對シマシテ修正ノ意見ヲ述ベヤウト思ヒマス、私共ガ調査致シマシタル詳細ナル書類ハ御手許ニ差上ゲテ居リマスカラ、此處ニ詳シイ數字ヲ述ベマスコトハ簡略致シマスガ、歳入ニ於キマシテ總額ニ五億三千百七十七万三千八百三十七圓ト査定ヲ致シマシテ、此歳出ニ於テハ經常部臨時部ヲ併セマシテ四千百八十万二百三十六圓ヲ減ジテ、五億一千百六十万二千九十八圓ト致シマス、更ニ特別會計ニ於キマシテ六千二百四十九万二千二十一圓ヲ削減致シタ、合計一般會計ト特別會計ト合セマスルト重複ノ點モゴザイマスル、ソレヲ重複ヲ避ケマスルト正味ノ削減額ハ九千六百三十万一千七十九圓トナルノデアリマス、斯樣ニ削減致シマシテ、尙財源ノ餘力ヲ見マスレバ、前ニ提案致シマシタトコロノ田畑地租ノ五厘減及營業稅ノ全廢、此二ツノモノヲ、斷行致シマシテ、應急的財源トシテ殘シマスルモノガ五百七十八万三千百八十二圓、臨時的ノモノガ千四百三十八万八千五百五十七圓、所謂剩餘金ハ二千十七万一千七百三十九圓ト云フモノニナルノデゴザイマシテ、政府ノ豫算ニ比ベマスレバ、稍〻彈力ノアルトコロノ豫算ニナッテ居リマス、尙削減ヲ加ヘマシタ主ナルモノヲ申上ゲレバ、各省ヲ通ジマシテ參政官及副參政官ハ一切廢シマス、內務省所管ニ於ラマシテ郡制及郡役所ノ廢止ヲ致シマス、ソレカラ朝鮮總督府ノ特別會計ノ貸付金一切之ヲ廢シマス、ソレカラ帝國鐵道特別會計ノ貸付金二千万圓之ヲ削リマス、陸軍省所管ニ於キマシテハ官衙學校ノ廢合及馬政局ヲ廢シマシテ之ヲ農商務省ニ移ス、ソレカラ海軍省ニ於キマシテハ豫備艦隊ニ關スル軍艦維持費ヲ三分ノ一減ジマシタ、農商務省所管ニ於テハ製材事業ヲ民營ニ移ス、ソレカラ森林費中ノ事業費之ヲ總テ削ル、ソレカラ遞信省所管ニ於テモ二三削リマシテ、更ニ特別會計ノ甲號ニ於テハ、此植民地ノ豫算ニ對シテ大分手ヲ入レテ居リマス、卽チ在勤加俸ヲ半減致シマスル外ニ、經費補充金ト云フノガ全廢若クハ減ジマシタ樺太廳ノ特別會計デ、樺太廳ヲ廢シマシテ北海道ニ之ヲ合セル、而シテ其新規要求ニ係ルトコロノ港灣ノ修築費總テヲ削ル、ソレカラ朝鮮總督府ノ廳舍新營費是モ全部否認スル、尙事業費ノ千五十八万圓、之ヲ一般會計ヨリ貸付クルト云フコトヲ廢シマシテ朝鮮自營ノ方法ヲ講ゼシムル、又帝國鐵道ニ對シマシテハ二千百万圓ノ貸付金一切ヲ廢シマス、更ニ其事業費ニ向ッテ節約ヲ加ヘシメテ、卽チ益金ヲ增加シテ之ヲ以テ建設改良費ニ充テル、再言スレバ自營セシムルト云フコトニナル、其他千住製絨所、海軍採炭所、製鐵所、之ヲ總テ民營ニ移シマスルコトニナリマス、斯樣ナモノガ主ナルモノデゴザイマシテ、更ニ特別會計ノ乙號ニ亙リマシテモ相當ナ改削ヲ加ヘテ居リマス、卽チ朝鮮總督府ノ廳舍新營費總額三百万圓、樺太廳ノ港灣修築費二百五十万圓、ソレカラ鐵道ノ建設改良費ノ追加額二億六千五十五万六千三百七十三圓ト云フモノニ對シマシテ、一億二百七十五万三千二十三圓ヲ削減シ、之ヲ一億五千七百八十万三千百七十圓トスルト云フヤウナモノガ先ヅ主ナルモノデアリマス、此査定ハ隨分思ヒ切ッタ査定デアリマスルガ、何故ニ吾〻ガ斯ノ如ク査定ヲシタカト云フコトニ就テ、根本ノ理由ヲ申上ゲテ見タイ、卽チ歐洲ノ大亂ハ何時治マルカ分リマセヌガ、此何時治マルニシテモ此歐洲大亂ノ結果ト致シマシテ、世界ノ財政經濟ト云フモノガ非常ナル茲ニ大革新ヲ起シマシテ、交戰國ハ無論ノコトデアリマスルガ、世界各國何レモ殆ド其根本カラ國策ヲ變ヘテ掛ラナケレバナラヌト云フ時機ニ際會シテ居ルト云フコトハ、今日ハ何人モ疑フ者ハナイノデアリマス、殊ニ我國ノ如キ外國カラ約二十億圓ノ借錢ヲシテ、財政經濟ヲ調和シテ、是ガ其大半ヲ返却シナクテハナラヌト云フ位置ニ立ッテ居リマスル我帝國ト致シマシテハ、最モ此所ハ困難ナル場合ニ際會シテ居ル、然ルニデス、我國ノ此現在ノ國威ヲ維持シマシテ行クト致シテ、其前途ヲ考ヘテ見マスルト、隨分國費ヲ要スルモノガナカナカ尠カラヌノデアリマス、陸軍軍備ノ補充若クハ充實トモ言ヒマス、又近來軍器界デノ新產物デゴザイマスル飛行機、飛行船、若クハ潛航艇、其他隨分大ナルトコロノ未來ヲ有ッテ居ル軍器ノ製造、及運用ノ研究ヲスルト云フコトニ就テモ、ナカナカ尠カラヌ金ガカヽル、其他鐵道、港灣、道路、治水、山林、敎育、衞生及產業發展ニ關スルトコロノ政策ヲ實行シヤウトシマスレバ、國家ノ負擔ト申シマスルモノハ前途ナカナカ非常ナ大ナルモノデアルコトヲ自覺セザルヲ得ヌノデアリマス、然ラバ今日ニ於キマシテ如何ナル茲ニ事ヲ致シマスルノガ急務デアルカ、總テノ從來ノヤリ來ッタ慣行ニ制セラル、トコロノ事柄ヲ總テ打破ッテ、殆ド新ニ茲ニ根本的ニ刷新シテ總テノコトヲヤッテ行カナケレバナラヌト云フ時機ニ際會シテ居ルノデアリマス、卽チソレヲスルニハドウスルカト申シマスレバ、十分ニ行政整理ヲシ、先ヅ一面ニ於キマシテ國費ノ儉約ヲスル、國費ノ儉約ヲスルト同時ニデス、我國太政官以來甚ダ官臭ヲ帶ビタル事務ノヤリ方ト云フモノヲ根本的ニ變ヘル、而シテ今日ノ進ンダルトコロノ時勢ニ應ズルトコロノ政務ヲ執ラナクテハナラヌ、我國ノ民間ノ仕事ハ近來非常ニ進步致シマシテ、殆ド世界ノ進運ニ伴フ如キ有樣ニナッテ居リマスガ、獨リ官海ヲ見マスルト云フト、其仕事ノヤリ振リト云フモノハ殆ド時運ノ進步ニ伴ウテ居ラヌ、太政官以來ノ最モ官臭ヲ帶ビタ――官臭ヲ帶ビルト云フヨリハ封建制度ノ餘習ヲ受ケタトコロノ惡風ヲ以テ築キ成サレタ其御手本通リニヤッテ居ッタ、今日ニ至ルマデ殆ド改メテ居ラヌ、卽チ事務的ニナッテ居ラヌト云フコトハ、何人ガ見マシテモ明白ナルコトデゴザイマス、民間ニ於キマシテハ今日世界的ノ仕事ヲシテ居リマスル所デハ「メールデ」ナドハ徹夜ヲ致シマシテモ仕事ヲ盛ニヤッテ居ル、然ルニ我官廳ハドウデアルカ、既ニ今日ハ四時ヲ過ギタカラ退出ヲセネバナラヌカラ、此事ハ明日ニ決シヤウ、又土曜日ノ如キハ半日休ムカラ今日取扱フコトガ出來ナイト云フヤウナ、先ヅ一端ヲ申セバ斯樣ナ譯デ、殆ド民間ノ實際ト官衙ノ仕事ト云フモノハ殆ド相副ハナイノデ、是ガタメニ我國ノ民業ニ對シテ尠カラヌ妨害ヲ致シテ居ルコトハ、是ハ一般ノ認ムル所デアリマシテ、此弊習ハドウシテモ改メナケレバナラヌノデアリマス、卽チ行政整理ノ趣意ハ一方ニ於キマシテ經費ヲ節減スル上ニ、所謂簡易敏活ニシテ平民的ニ政務ヲ取扱ヲセシムルト云フノ趣意デアルノデアリマス、トコロデ此行政ノ整理ハナカナカ至難ナル問題デゴザイマス、過去ノ慣行ニ從ヒマスルトナカナカ是ハ思ヒ切ッタコトハ出來ナイノデアリマスガ、併シ前申シマシタヤウナ次第デアリマスカラ、我黨ハ財政ノ輕重緩急ヲ精査致シマシテ、過去ノ慣行ニハ一切囚ハレナイ、之ガ最モ重キモノデアル、最モ大ナルモノデアル、最モ急ヲ要スルモノト云フモノヲ先ヅ取ッテ、其比較的小ナル輕キモノ若クハ緩ナルモノハ之ヲ捨テ、先刻申上ゲマシタ通リノ査定ヲ致シタノデゴザイマス、卽チ其中ノ主ナル例證ヲ擧ゲテ見マスレバ海軍ノ今年度ノ補充、是ハ現在ノ我國ノ財政上カラ見マスレバ甚ダ困難ナル問題デアリマスガ、併ナガラ是ハ國防ノ所謂最少限度ノ計畫ノ一部ト致シマシテ、ドウシテモ是ハ協贊ヲ與ヘネバナラヌト云フ次第デアリマスルカラ、之ニ協贊ヲ與ヘマスルガ、同時ニ海軍ニ向ッテハ大ニ此豫備艦ノ維持費等ニ向ッテハ、殆ド三分ノ一ノ節約ヲ加ヘテ居ルト云フヤウナコトヲ致シマシタ次第デゴザイマス、更ニ郡制――郡役所ノ廢止ヲ致シタノモ、或ハ陸軍ノ官衙學校等ヲ廢合シ、又馬政局ヲ廢シテ農商務省ニ之ヲ移管シタト云フヤウナコトモ卽チソレデアリマス、此馬政局ノ如キハ殊ニ一言ヲ加ヘテ置キマスルガ、今日ノ陸軍省ノヤッテ居リマス所デハ、到底我ガ陸軍ニ要スルトコロノ馬匹ヲ得ルコトガ出來ナイ、是ハ須ラク一國ノ此牧畜事業ヲ盛ニシテ、ソレカラ大ニ取ルト云フコトニセネバ根本的ニ間違ッテ居ルト云フ見地カラシテ、斷然之ヲ廢レマシテ、唯其主管ヲ農商務省ニ移シテ、其費用ハ總テ削ッテ大ニ民間ノ此牧馬事業ヲ盛ニサセヤウ、ソレカラ植民地ノ經費補充金、是モ全廢若クハ削減致シマシタノモ、卽チ成ルベク植民地ハ自立自營セシムルト云フ趣意デソレヲヤリ、又鐵道ニ對シマシテモ二千万圓ノ貸付ヲ止シマシテ事業ノ儉約ヲセシムルト云フコトモ、是モ一言ヲ添ヘテ置キマスルガ、ヤハリ事業ハ自營デナクテハナラヌ、殊ニ我ガ鐵道局ノ現在ノ仕事ノヤリ口ハ、甚ダ結果ガ宜シクナイノデアリマス、御承知ノ通リニ一番我國ノ最モ有利ナルトコロノ場所、大切ナルトコロノ鐵道ノ線路ヲ營業シテ居リマシテ、其資本金ハ十億餘リニナッテ居リマスガ、其收益如何ヲ顧ミマスレバ殆ド相當ナコト、云フコトハ出來ナイノミナラズ、殆ド是ハ不結果デ、誠ニ其當ヲ得ナイトコロノ成績デアル、假ニ民間ノ仕事トシテ之ヲ考ヘテ見マスルト云フト、法定積立金其他相當ノ償却ヲ致シマスレバ、鐵道ノ今日ノ成績ハ二分ノ配當ガ私ハムツカシカラウト思フノデアリマス、況ヤ是ハ官業デアリマスルタメニ、ナカ〱重イトコロノ所得税營業税ト云フモノヲ負擔シテ居ラナイ、ソレニシテ尙且斯ノ如キ有樣デアリマス、是ハ根本的ノ刷新ヲ要シマスルコトデゴザイマスルガ、先ヅ自カラ働イテ自カラノ金ヲ以テ建設改良ヲヤラシムルコトガ目前ノ急務デアルト吾々ハ信ジテ居リマス、尙此問題ニ付キマシテ吾々ハ攻究中デゴザイマスガ、遠カラズ此問題ニ付テモ議會ニ提案スル機會ガアラウト思ヒマスガ、當年度ハ斯ノ如キ趣意ヲ以テ査定ヲ加ヘタノデアリマス、更ニ此官業ノ整理ト云フコトニ付テ一言ヲ――官業整理ノ第一着手トシテ先刻申シマシタ通リニ、千住製絨所、海軍採炭所、製材所及製鐵所ヲ民營ニ移ス、此官業ヲ民業ニ移スト云フ根本理由ハ、是非共一言シテ置カナクテハナリマセヌガ、斯ノ如ク我ガ官業ガ多クアリマシテハ民業ヲ壓迫シテ、民業ノ發達ヲ妨ゲルト云フコトガ確カナ事實デゴザイマス、是ハ精シク御話シマセヌデモ露西亞ノ今日ノ狀態ヲ見マシタナラバ分ルデゴザイマセウ、ソレニ反シテ米國ノ狀態ヲ見マシタナラバ分ルデゴザイマセウ、露西亞ハ御承知ノ通リニ官業萬能ノ國デゴザイマス、總テノモノガ官業若クハ官ノ保護ヲ得ザルモノハナイ所ガ今日ノ時局ニ當ッテ露西亞ハ如何デアルカト申シマスレバ、自國ニ要スル軍需品ト雖モ、自國デヤルコトガ出來ナイ、然ルニ官デハ少シモ構ハナイ、民營ノ發達ヲ十分シテ居ルトコロノ米國ハドウデアルカト云ヘバ、歐羅巴ノ軍器軍需品總テノモノヲ供給シテ、今日ハ非常ナ働キヲシテ居ル、卽チ平常民業ヲ大ニ盛ニセシメナクテハナラヌ、ソレニ官業ガアッテ民業ト競爭ヲシテ、民業ノ發達ヲ妨ゲルト云フコトハ甚ダ間違ッテ居ルト云フ事實ヲ證明スルノデゴザイマス、是ガ一ツ、次ニ此官業ナルモノハ由來會計法ニ束縛サレテ居リマス、ソレ故ニ經濟界ノ消長及盛衰ニ從テ、其事業ヲ或ハ盛ニ發展シ、或ハ緊縮スルト云フ能力ヲ失ッテ居ル、總テ一定ノ會計法ニ制セラレ、豫算ト云フモノニ制セラレテ居ルノデアリマスカラ、其事業ノ成績ヲ見マスルト甚ダ憫レナモノ、現ニ今日デモ其通リ、製鐵所ノ如キハ製鐵事業トシマシテハ今日ハ大發展ヲ爲スベキ殆ド千載一遇ノ好時節デアル、如何トナレバ鐵ノ價ハ非常ニ騰貴ヲ致シテ、殆ド算盤ノ術デ勘定ノ出來ナイ位ナ割合デ是ガ騰貴シテ居ル、斯ノ如キ際ニ當リマシテ、是ガ民業デゴザイマスルナラバ、之ヲ擴張致シマスルノニモ社債ヲ募リ、或ハ增株ヲスルト申シマシテモ容易ニ出來ルノデアリマスルガ、官業ナルガ爲ニ豫算ニ先ヅ其擴張費ヲ計上シテ、サウシテ協贊ヲ求メテヤルト云フヤウナ次第デゴザイマスルカラ、

縱令其事ガ好イニ致シマシタ所デ、容易ニ是ハ行ハレナイノデアル、是ハ官業ノ通弊ト致シマシテ擴張ノ時ニモサウデゴザイマスルガ、又事業界ノ銷沈シタル場合ニハ、緊縮ノ方針ヲ執ルト云フ場合ニモ、丁度此反對ナコトガアッテ、遺憾ノ點ガ尠クナイノデアリマス、是ガ第二、又第三ニハ官業的事務ト申シマスルモノハ、ドウシテモ之ニ從事スル人々ノ能力、知力及勞力ト云フモノヲ十分ニ働カセルコトガ出來ヌノデアリマス、此不利ガアルノデアリマス、何故カト申シマスルト、役人トナッテ居リマスレバ、イロ〱ナ制裁法規モザゴイマスルガ、先ヅ無事ニ過ナク其日ヲ經過シテ參レバ、三年經テバドウナルトカ、六年經テバドウナルトカ云フ一定ノ進級法ガアリマシテ、ソレデ過サヘナケレバ如何ナル凡才ト雖モ相當ナ發達ヲスル、斯ウ云フコトニナッテ居リマスカラシテ、此自分ノ知力、能力、勞力ノ限リヲ働カシテ、其事業ニ十分ナル貢獻ヲスルト云フ勇氣ノ出ナイハ當然デアリマス、民間ノ事業ニ於キマシテハ此能力、知力、勞力ヲ十分ニ働カシテ、其働ガ認メラレマスレバ共同者ニ對シテ如何ナル關係ニナラウトモ拔擢サレテ大ニ昇進ヲスル、若クハ特別ナル賞與ヲ與ヘラレルト云フヤウナコトデ、此人間ノ働ト云フモノヲ十分ニ働カシメルコトガ出來マスノデアリマスルカラシテ、人材ノ働ヲ十分ニ發揮セシメ、サウシテ其事業ヲ十分ニ盛ニスルコトガ出來ルト云フコトニナッテ居リマスル、官業ノ方ハ其人材ノ折角發達スベキモノヲモ抑ヘテ發達セシメズシテ、洵ニ空々寂々ニ終ラシメルト云フ、其不利益ナルニ比較シマスレバ、是ハ非常ナ差デゴザイマシテ、卽チ國ノ富ヲ增殖スル其人材ノ働ヲ十分ナラシメルト云フ上ニ付キマシテハ、官業ナルモノハ最モ不利益ナルモノデアルト云フコトヲ斷言シテ憚ラナイノデアリマス、第四ニハ官業ノ仕事ト申シマスルモノハ、兎角民間トノ關係上種々ナ惡事ガ行ハレルノデアリマス、是ハ從來カラノ事實ニ依ッテ證明シテモ分リマスガ、總テ餘程取締ヲ嚴重ニ致シマシテモ、官業トシテ事業ヲ營ム上ニ付キマシテハ、其弊害ハ之ヲ民業ト較ベマスト云フト非常ニ多イ――多イト申シマスルノハ其官業ニ從事スル人々ノ間ニハ種々ノコトガアッテ、容易ニ惡イ事ガアッテモ之ヲ其長官其他ニ知ラシメルト云フコトガ甚ダ鈍イノデアリマス、所ガ民間ニ居ッテハ――民間ノ事業ニ於キマシテハ、惡イ事ガアレバ朋輩共吟味ノ間直チニ其事ガ上役ノ人ニ分ッテ、其刷新ヲ圖リ改良ヲ圖ルト云フコトガ樂ニ出來ルノデアリマス、是ハドウシテモ官業ニハ其弊害ガ多イ、先ヅ官業ヲ民業ニ移シマスル根本理由ハマダ外ニモゴザイマスルガ、主ナルモノハ斯樣ナモノデアリマス、ソレ故ニ吾輩ハ先ヅ第一着手トシテ此四ツノ官業ヲ民營ニ移スト云フノ提案ヲ致シマシタノデゴザイマス、斯樣ニ吾々ハ今日帝國ノ立場ヲ考ヘ、又我國ノ財政經濟ノ現狀ニ鑑ミテ、此提案ヲ致シタノデアリマスルガ、政府當局者ノ提出サレマシタル所ノ財政計畫ヲ見マスルト、洵ニ憫レナルモノデアリマスル、殆ド吾々ハ此時局ノ大切ナル場合カラシテ見マスルト云フト、三文ノ價値ガナイト私ハ斷言シテ宜シイト思フ、何故ナラバ凡テ目前ノ事バカリ考ヘ、前途ノ事ハ少シモ考ヘラレナイ、其日暮シ遣繰算段ヲ極メテ最モ薄弱ナルトコロノ豫算、殊ニ此程モ質問致シマシタガ、豫備費ノ如キモノハ三百万圓、既ニ八阪丸ガ沈沒シタト云フ此一ツノ事件ガ起リマシテモ、此豫備費デハ足リナイ、斯ウ云フヤウナ始末デゴザイマシテ、此物騷ナ時機トシテ斯ノ如キ豫備費ヲ算出スルヨリ外ニハ工夫ガ出來ナカッタト云フヤウナ、憫レナル豫算デゴザイマス、ノミナラズ消極ニモ積極ニモ決シテ我ガ國民ヲ大ニ進歩セシメ、國富ヲ增進スルト云フ方ノ政策ト云フモノハ殆ド一ツモ見ルコトガ出來ナイ、斯樣ナ憫レナルトコロノ豫算デゴザイマスカラシテ、吾々ガ質問致シマシタトコロガ行政整理モ其餘地ハナイ、廢減税モ今日ハ出來ヌ、成程斯樣ナコトヲ爲スッテ居ラシッテハ行政整理モ無論ナイト思召スデアリマセウ、廢減税ハ無論出來ヌト思召スデアリマセウ、併シ吾々ガ此案ヲ提出シ

テ、唯今大略説明致シマシタルコトヲ能ク御熟考下サッタナラバ、今ノ時ハ最モ斯ノ如キ大決斷ヲ以テヤッテ行カナケレバナラヌト云フ御發明ガアルダラウト思ヒマスカラ、ドウゾ當局者ニ於テ宜シク御熟考ヲ願ヒタイノデアリマス、更ニ私ハ最後ニ臨ミマシテ一言ヲ付加ヘテ置キマスルノハ、理化學研究所ノ問題デゴザイマス、我國今後ニ於キマシテハ海陸軍器ノ獨立、軍事ノ獨立、若クハ商工業ノ獨立、財政ノ獨立、有ユルモノヲ總テ獨立的ニ計畫シテ行カナクテハナラヌノデゴザイマスルガ、ソレニ付テ一番缺乏シテ居ルモノハ何カト申シマスレバ、科學ノ知識、卽チ理學化學ノ我國民ノ知識ノ最モ窮乏シテ居ルト云フコトガ其一番ノ缺點デゴザイマス、デ我國ハ是マデハ歐米ノ人ノ發明シ研究シマシタトコロニ傚ッテ學ンデ、總テ其眞似ヲシテ參ッタノデアリマスルガ、眞似ヲシテ居ルト云フノデハドウシテモ一歩後レルノデアリマス、否一歩ノミナラズ數歩後レル、併シ場合ニ依ッテハ後レテモ尙且宜シウゴザイマスガ、此度ノ戰爭以後歐米ノ人ハ我ガ日本人ニ對シテ之ヲ敎ヘルコトサヘ殆ドシナクナッタノデアリマス、今後ハ敎ヲ受ケヤウトシテモ或ハ敎ヲ受ケラレナイ位地ニ立ツノデアリマス、總テ自分ノ國ノ利益ヲ考ヘマスル以上ハ、總テノ問題ハドウシテモ自分ノ力ヲ以テ之ヲ發明工夫シテ、改善ヲ加ヘテ往クト云フ力ガナケレバナラヌ、ソレニハドウシテモ我邦ニ理化學研究所ヲ拵ヘテ、サウシテ此處デ大ニ研究シテ海陸軍ノ軍器ハ無論ノ話、商工業總テ實際ノ事業ニ學理ヲ應用スルト云フコトヲ努メルノハ、最モ大事ナ問題デゴザイマシテ、我黨ハ多年之ヲ唱導シテ居リマシタガ、當時唱導致シマシタ時分ニハ、同志會ノ諸君竝ニ政友會ノ諸君中ニ吾々ノ提案ニ對シテ殆ド狂氣ノ沙汰ト批評サレタコトモアッタノデアリマスガ、歐羅巴ノ大戰ニ當ッテ藥ガ無クナッタ、原料ガ無クナッタ、其他實際イロイロノモノガ無クナッタト云フ實物敎育カラシテ、昨今ハ此化學研究所ノコトニ付テノ必要ヲ認メテ論議セラルヽニ至ッタノハ、私共ノ大ニ喜ンデ居ル所デアリマス、而シテ現政府ハ其必要ヲ認メマシテ、民間ノ人々ト今日此問題ニ付テ或ル程度マデ事業ヲ進メラレテ居ル樣子デアリマスガ、聞キ得マシタトコロニ依リマスト、ソレハ甚ダ憫レナモノ、ヤウニ私共ハ考ヘマス、是ハ追テ私共ハ本議場ニ遠カラズ其案ヲ具シテ提出致シマス積リデゴザリマス、全體我國ノ國民性ハ決シテ歐米人ヨリ理化學ヲ研究スル腦髓ガ劣ッテ居ルト云フ譯デハナイ、其研究スル場所サヘ與ヘマスレバ、慥ニ歐米人ニ劣ラヌダケノ研究ヲ爲シ得ル能力ノアルコトハ、是マデ海外ニ留學致シマシテ設備ノ完全ナルトコロノ研究所ニ這入ッテ研究シタ人々ハ、歐米ノ學者ヲ驚カスダケノ研究ヲシテ居ルト云フ事實ハ諸君モ御認メニナッテ居リマスカラ、立派ナル研究所ノ道具ヲ備ヘ場所ヲ與ヘサヘスレバ、決シテ歐米人ニ劣ラヌ立派ナ發明工夫ヲナシ得ルト云フコトハ確信シテ居ルノデアリマスカラ、是ハドウシテモ十分ナモノヲ拵ヘタイト思ヒマス、何レ提案ヲ致シマシテ諸君ニ御諮リヲ致シマス積リデアリマス、此機會ヲ以テ一言申上ゲテ置キマス(拍手起ル)

（西村丹治郎君登壇）

○西村丹治郎君　私ハ鈴木梅四郎君ノ修正案ニ贊成ノ意見ヲ述ブル一人デアリマス、唯今同志會ヲ代表シテ濱口君ヨリ御親切ナル御忠告ガアリマシタニ對シテ一言酬イテ置キタイト思フ、國民黨カラ出シタトコロノ修正案ハ、一ノ理想案デアルト、成程濱口君ハ財政ノ局ニ隨分永ラク居ラレタ御方デアリマス、濱口君ノ過去十數年間ノ御經驗ヨリ見ラレルナラバ、或ハ吾々カラ提出シタ案ハ一ノ理想案ト申サレルノガ無理カラヌトモ思フ點ガアルノデアル、何故デアルカト言ヘバ、是マデ財政困難ト云フ場合ニ際會レタ時分ニハ、濱口君ハ如何ナル事ヲヤラレタカト云ヘバ、國民ニ增稅ヲ課シテ稅金ヲ絞取ッテ仕事ヲスルカ（「ヒヤヒヤ」ト呼フ者アリ）或ハ財政困難ノ場合ニハ、即チ此度ノ如ク何モセズニ眠ッテ居ルト云フヤウナ態度ヲ執ラレタ御方デアル（「ヒヤヒヤ」ト呼フ者アリ）此御方カラ見レバ一ノ理想案ト申サレルカ知ラヌガ、吾々ハ財政困難ノ場合ニハ所謂上下心ヲ一ニシ、非常ノ決心ヲ以テ、財政及ビ行政ノ上ニ一ツノ――一ツデハアリマセヌ、大ナル節約ヲ加ヘ整理ヲ加ヘ、此方面カラ產出シタトコロノ金ヲ以テ、一面減稅ノ資源ニ一面ニハ國家發展ノ費用ニ之ヲ向ケルト云フ、此遣リ口ヲヤッタコトノ一ツモナイ濱口君カラ、吾黨ノ案ヲ理想案ト評セラレタノハ、無理カラヌコト、思フノデアリマス、ソレ故ニ私ハ濱口君ニ一言ヲ呈シテ置キタイト思フ、財政困難ノ場合ニハ增稅ニ訴ヘテ仕事ヲスル場合ト、眠ッテ居ル場合ト、其外ニモウ一ツノ途ガアルト云フコトヲ今少シク御研究ヲ願ヒタイト云フ一言ヲ呈シテ置キタイト思フ、ソレカラ私共ガ此鈴木案ニ贊成スル所以ハ、或ハ餘リニ急劇ニ失シハシナイカト云フヤウナ御批評ガアルカモ知レヌト思フノデアル、併ナガラ私ハ今日ノ內外ノ形勢、內外ノ事情ハ多少急劇ニ失スルト雖モ、多少荒療治ニ過ギルト雖モ、今日ハ非常ノ時デアルガ故ニ斯ル急劇ナル、又斯ル荒療治ヲ加ヘザルヲ得ズト云フコトヲ認メルカラデアル、內外ノ形勢ハ決シテ尋常一樣ノ手段ヲ以テ切拔ケルコトハ出來ナイ今日ノ場合デアル、恰モ足許ニ火ガ既ニ附イテ居ルノニモ拘ラズ、若シ惰眠ヲ貪ッテ知ラズニ居ル者ガアッタナラバ、縱令友人知己ニ非ザルモノト雖モ、頰ベタノ一ツ位毆ッテ其人間ノ眼ヲ覺マシテ、危險カラ救フト云フノガ人情ノ常デアル、翻ッテ今我日本ノ政治舞臺ヲ見廻ハセバ、內外ノ形勢尋常一樣ナラザル此一大變化、所謂獨リ東洋ノミデハアリマセヌ、世界ノ政治經濟ノ上ニ一大變化ヲ惹起サムトシテ居ルト云フ此場合ニ際會シテ居ルニモ拘ラズ、政治舞臺デ惰眠ヲ貪ル者アルニ至ッテハ、吾々ハ之ニ大鉈ヲ加ヘテ此惰眠ヲ警醒セザルヲ得ヌノデアル（「ヒヤヒヤ」ト呼フ者アリ）ソレ故ニ是等惰眠ヲ貪ッテ居ル者ニ對シテハ、唯生温キ希望條件デアルトカ、警告デアルトカト云フ、ソンナ手段ハ全クノ意味ヲ爲サヌモノデアル、無意味デアル、多少ハ當局者ニ痛苦ヲ與ヘル位マデ打込ンデ行キ切込ンデ行ッテコソ初メテ眼ガ覺メルノデアル、ソレ故ニ世間カラハ多少ノ急劇ニ失スルトカ、或ハ理想案デアルトカト云フヤウナ御非難ガアルカモ知レマセヌケレドモガ、吾々ハ多少酷イトハ思ヒマスケレドモガ、今日ノ場合ハ此一大手術ヲ行ヒ、非常手段ニ出テ以テ當局者ヲ警醒スル外ナイ、故ニ斯ル案ヲ提出致シタノデアル（拍手起ル）豫算案全體ヲ見渡シマスルノニ、殆ド時局竝ニ戰後ニ對スル施設計畫ト云フモノハ一モ之ヲ見出スコトガ出來ナイノデアリマス、私ヲシテ露骨ニ評セシムルナラバ、此大正五年度ノ豫算案ナルモノハ、唯單ニ舊來ノ遣方ヲ踏襲シテ彌縫糊塗唯徒ラニ數字ノ辻褄ヲ合ハシタト云フニ過ギナイモノデアル（拍手起ル）何等生氣ナク何等活力ナク、唯無意味ナル文字ヲ竝ベタモノニ過ギヌモノデアル（「ヒヤヒヤ」「ノウノウ」ト呼フ者アリ）恰モボロ會社ノ貸借對照表ミタヤウナモノデアッテ、其先キハ殆ド暗闇デアル、一年先ハ暗闇デアル、デ私共此內容ニ立入リマシテ詳シク茲ニ批評ヲ致スコトハ避ケタイト思ヒマス、兎モ角本年度ノ豫算――來年度ノ豫算位又大正五年度ノ豫算位內容ノ貧弱ナル豫算案ハ、未ダ曾テ私ハ之ヲ見ナイノデアル、又單リ私ガ見タノミデハナイ、恐ラク滿場ノ諸君モ感ヲ同ジクセラルヽダラウト思フノデアリマス（「ノウノウ」）ナゼナレバ曩ニ片岡委員長ガ本壇上ニ於テ報告セラレタ如ク、此度位各分科ノ希望條件ノ多イコトハナイト云フ詞ヲ付加ヘテ報告セラレタノデアル、其通リデアル、恐ラク此度位各分科ノ各種ノ希望條件ノ多カッタコトハ、私未ダ曾ッテ見ナイ、此希望條件ノ多キコトハ何ヲ意味スルカ、豫算內容ノ甚ダ貧弱ナルガ故ニ、此處ニモ不滿ナル箇所ガアル、此處ニモ不滿ナル箇所ガアル、此處ニモ缺陷ノ箇所ガアル、ソレ故ニ斯ク改メテ貰ヒタイ、斯ク致シテ貰ヒタイト云フ希望條件ガ到ル所ニ充チテ居ルガ故ニ、各分科ニ於テ、大變ナ希望條件ガアルノデアル、是ハ豫算內容ノ貧弱ナルコトヲ證シテ餘リアリト思ヒマス、曩ニモ大正五年度ノ豫算ガ內容ノ貧弱ナルコトハ、決シテ在野黨ノ吾々バカリデナク、與黨二派ノ御方モ痛切ニ感ゼラレテ居ル事柄デアラウト思フ、斯ク言ハヾ政府ハイロイロノコトヲ計畫シテ居ルノデハナイカ、染料會社モ計畫シテ居ルデハナイカ、綿羊飼育ノ事業モヤッテ居ルデハナイカト言ハレルデアラウ、成程染料會社ハヤッテ居ルガ、今日織物界ニ於ケルトコロノ染料ノ原料トシテ、實際何等效果ヲ奏シテ居ラヌデハナイカ、殆ド今ニモ染料ハスッカリ日本內地ニ無クナッテシマウト云フ種類ノモノガアルノデアル、綿羊飼育何匹ノ羊ヲ飼ッテ居ルカ、僅ニ二三千頭カ四千頭ノ羊ヲ飼ッテ居ルニ過ギヌ、諸君、兩院ノ議員ガ三度カ四度夜會ヲヤレバ、食ヒ盡クシテシマウ、其位ノ仕事ヲシテ以テ此時局ニ對スル國家發展ノ策ガ何故ニ出來ルノデアルカ、而シテ吾々ガ當局者ニ對シテ豫テ現內閣ノ成立セシ當時ニ宣言致サレタトコロノ是レ〳〵ノ箇條ハナゼ行ハレナイノデアルカ、例ヘバ減稅ノ如キ國庫收支ノ改善ノ如キ、此等ノ問題ヲ尋ネルト云フト、如何ニ答ヘラルヽカト言ヘバ、時局ノ影響止ムヲ得ズト云フノ一語ヲ以テ答ヘラルヽノデアル、更ニ進ンデ然ラバ官業整理ノ問題ハ如何ナサルノデアルカ、斯ク尋ネルナラバ、今尙調查中デアルト云フノ詞ヲ以テ答ヘラルヽノデアル、更ニ滿韓ニ對スルトコロノ――滿韓デハアリマセヌ、所謂全東亞大陸ニ對スルトコロノ貿易發展ノ政策ハ如何ナサルノデアルカト尋ヌレバ、今尙調查中デアル、折角人ヲ目下二十八バカリ出シテ調查ヲ進メツヽ、アルト斯ク言ハレルノデアル、諸君、一ニモ調查、二ニハ時局、所謂時局ト調查ニ名ヲ藉リテ恰モ時局ノ隅ニ隱レテ調查ト言ヘル一ノ城壁ニ閉籠ッテ、吾々民軍ノ攻擊ヲ漸クニ防ギツヽ、アルト云フニ過ギナイノデアル、私ハ藩閥系統ノ內閣デアルナラバ、從來執リ來ッタ慣手段デアルカラ、私何トモ之ヲ申サナイ、併ナガラ多年野ニ居リ千軍万馬ノ間ニ馳騁サレタル諸公ガ、此內閣ニ多ク居ラレルノデアル、然ルニモ拘ラズ時局ニ名ヲ藉リ調查ニ名ヲ藉リテ、而シテ民軍ノ攻擊ヲ防禦セムトスルニ至ッテハ、私ハ其擧動ヤ誠ニ卑怯未練ナリト評セザルヲ得ナイノデアル、諸君、私ハ更ニ進ンデ大節約ヲ加ヘタノハ、何ガ故デアルカト云フ理由ヲ、簡單ニ一言致シテ置キタイト思フノデアル、曩ニ申述ベタ理由ト今ノ所謂第二ノ理由ハ何デアルカ、戰後及時局ニ對シ大ニ計畫シ大ニ準備スベキコトガアルガ故デアリマス、諸君、私ガ申ス迄モナク戰後ニ於テ東洋ノ天地ハ如何ニナル、如何ナル形勢ニ推移ルカト申シマスレバ、所謂軍事競爭若クハ政治的競爭ト云フコトヨリシテ、更ニ經濟的方面ニ於ケルトコロノ競爭ガ、一段ノ猛烈ヲ加ヘ來ルト云フコトハ、何人モ今カラ豫測シ得ル事柄デアル、然ルニ之ニ對シテ何等ノ計畫ガアリ何等ノ準備ガアルカ、先辯士モ――先論者モ申サレタ如ク、製鐵ノ仕事ハ如何ニナスカ、工業ヲ發展サセ彼我貿易ノ伸張ヲ圖ルト云フノモ何ガ本デアル、昇リ昇ッテ考ヘルナラバ、此鐵ノ問題ヲ解決スルコトガ根本デアラウト思フノデアル、然ルニ今ヤ鐵ノ材料ハ如何デアル、殆ド染料ト同ジコトニ悲況慘憺タル有樣ニ導カレツヽアルデハナイカ、政府ハ之ニ對シテ何等ノ計畫ガアルカ、何等ノ準備ガアルノデアルカ、何ニモナイノデアル、又更ニ港灣ノ計畫ハドウデアル、戰後ニ於テ日本ハ所謂東洋ニ於ケル經濟上ノ中心市場トナルベキ運ヲ持ッテ居ルノデアル、又中心市場ニ是非トモナサナケレバナラヌノデアル、東亞貿易ノ中心市場トナルノニハ、何ガ第一ニ必要デアルカ、所謂貿易港ノ設備ハ必要デアル、礦炭港ノ設備モ必要デアル、横濱港ノ有樣ハドウデアル、神戸港ノ目下ノ有樣ハドウデアル、誠ニ貧弱ナルモノデハナイカ、更ニ礦炭港ナルモノニ至ッテハ日本全國一ツダモマダ存セヌデハナイカ、更ニ又產業發展ノ計畫ハ如何デアルカ、滿韓ニ對シテ日支新條約ノ運用ニ對シテ如何ナル計畫ガアルカ、支那ニ對シテ我貿易我商業ノ販路ヲ擴張スルト云フコトニ付テ何ノ準備ガアルカ、私共考ヘマスノニ先ヅ第一ニ金融機關ノ設備ノ如キハ、最モ目下急ヲ要スルノ問題デアルト考ヘルノデアル、所謂日支銀行、若クハ日滿銀行、兎ニ角日支兩國間ノ貿易ヲ發達增進サセムト欲スルナラバ、先ヅ今日ニ於テ金融機關ノ設備ヲ完ウスルト云フコトハ焦眉ノ急ニ迫ッテ居ル問題デアルト思フノデアル、然ルニ是等ノ事ニ對シ、何ノ準備ガアリ、何ノ計畫ガアルカ、顧ミレバ帝國前途ニ於テ所謂內國力ヲ增進シ外貿易ノ發展ヲ策スルト云フ上ニ付テハ、爲スベキノ仕事山ノ如ク、而シテ政府ハ恰モ袖手傍觀ノ態度ニ今在ルノデアル、之ヲ尋ヌレバ金ガナイカラ已ムヲ得ヌト言フ、ソレ故ニ吾々ハ金ガ無イナラバ、吾々ガ此出シテ居ルガ如キ修正案ニ政府ガ御同意ナサルナラバ、直ニ數千万圓ノ金ガ玆ニ生ズルデハナイカ、之ヲ以テ一面ニ於テ減稅資金ニ之ヲ振向ケ、更ニ幾分ノ餘地ノ存スル所ノモノヲ以テ、之ヲ產業ノ發達貿易ノ擴張ニ之ヲ御使ヒナサレト斯ウ言フノデアリマス、諸君、此問題ハ隨分困難ナル問題デハアリマセウケレドモガ、決シテ能不能ノ問題デハナイ、一大英斷ヲ以テ爲スノ誠意ガ當局者ニアルナラバ出來ルコトデアル、卽チ唯爲スカ爲サヌカト云フ問題デアル、自由ノ範圍ニ屬スベキ問題デアル、濱口君ノ言フガ如ク決シテ能不能ノ理想ノ問題デハナイノデアル、所謂上下一致、此非常ノ秋ニ際シテ世界ノ一大變局ニ際セントシテ居ル此時此際ニ當ッテ、非常ノ英斷ヲ以テ爲スナラバ、確ニ一面ニ於テ減稅ヲ爲シ、一面ニ於テ國家發展ノ事業ニ使フベキ金ハ直ニ生レ出ルノデアル、ソレ故ニ少シノ手嚴シイトハ存ジマシタナレドモ、當局者ノ惰眠ヲ警醒センガ爲ニ、斯ル大削減ヲ加ヘルノ案ヲ吾々ハ提出シタノデアリマス、最後ニ私ハ濱口君ノ鐵道貸付金問題ニ關スル御辯論ニ對シ一言致シテ置キタイト思フ、濱口君ノ御辯論ニハ私ハ確ニ前後一大矛盾アリト云フコトヲ斷言スルニ憚カラヌノデアル、何故一大矛盾デアルカ、一度一般會計カラ鐵道特別會計ニ貸付ケル所ノ財政計畫ヲ立テラレタノガ、是ハ飽マデモ維持セネバナラヌ、目下ノ經濟界ノ有樣デ、是ハ一時ノ變態デアル、變態デアルガ故ニ一度立テタル此財政計畫ハ變更ガ出來ナイト申サルルノデアル、今一歩ヲ讓ッテソレガ正論ト致シマセウ、然ラバ非募債政策ナルモノハ如何ナサルノデアルカ、卽チ一度立ッタル所ノ此非募債政策ヲ此目下ノ經濟界ノ變態ニ對シテ、其非募債政策ヲ抛ッテ直ニ內地ニ於テ殆ド六千万圓內外ノ公債ヲ今直ニ募ルコトヲ御贊成ニナラントスルデハナイカ、諸君、一度立ッタル財政計畫ヲ經濟上ノ變態ガ來タカラト云ッテ、ソレニ對シテ素破ト言ッテ直樣其計畫ヲ變ヘル譯ニ行カヌト斯ウ言ハレルノガ正論デアルナラバ、一度立ッタル非募債政策ヲ、此國家一時ノ變態ニ對シテ變ヘルト云フノハ何事デアルカ、一方ヲ是トスルナラバ一方ハ非ナリ、一方ヲ非トスルナラバ一方ハ是ナリト云フノ斷案ヲ下スト云フコトハ、論理上當然ノ結果ト言ハザルヲ得ズト本員ハ考ヘルノデアリマス、更ニ私ハ大正五年度ノ豫算中殊ニ著シク姑息ナリトノ痕迹ノ現ハレテ居ル點ヲ、玆ニ指摘シテ批評ヲ試ミタイト思フノデアル、是ハ定メシ濱口君モ餘程心中御苦ミデアッタガ故ニ、故ラ玆ニ擧ゲ來ラレタノデハナイカト思フノデアル、ソレハ何デアルカ、卽チ海軍問題デアル、吾々モ海軍問題ニハ贊成スル一人デアリマス、濱口君モ贊成スル一人デアル、贊成スル一人ガ故ラ此問題ヲ擧ゲラレタノハ何デアルカ、此海軍問題ニ對スル財政計畫ガ誠ニ姑息デアル、筋道ガ立ッテ居ナイト云フノ疚シキ所ガアルカラ、故ラ玆ニ引來ッテ御說明ヲナサッタノデアルト思フノデアル、私モ特ニ此問題ヲ玆ニ抽來ッテ、此海軍計畫ニ對スル財政上ノ姑息ナルコトヲ一言致シタイト思フノデアリマス、諸君、八四艦隊八四艦隊ナルモノハ閣議ノ決定ヲ經テ、我帝國海軍ノ最少限度ノ計畫デアルト云フコトハ、過日來屢々海軍大臣カラ承ッタ所デアル、理想ヲ言フナラバ八八艦隊、併ナガラ目下ノ財政狀態ニ鑑ミテ漸ヲ以テ行クト云フ、先ヅ今日ノ所デハ八四艦隊ヲ以テ甘ンズルノ外ハナイ、而モ是ハ閣議ノ決定ヲ經タルモノデアルト云フコトヲ豫算委員會ニ於テ屢々言明サレタノデアル、諸君、閣議ニ於テ既ニ八四艦隊ガ決定シテ居ルノデアル、然ラバ此大正五年度ノ豫算案ニ現ハレテ居ル所ノ四千四百万圓ノ金デ以テ八四艦隊ガ完成スルカト云ヘバ、決シテ完成シナイノデアル、唯單ニ八四艦隊ノ一部ニ過ギヌノデアル、諸君、海軍計畫ハ八四艦隊ヲ以テ國防ノ大方針トスル、閣議之ヲ決定セリ、財政計畫ハドウデアルカ、僅ニ其一部ニ對シテ準備計畫アルノミデアル、所謂マダ不具ナルトコロノ八四艦隊デアル、先キハドウナルカ一切分ラナイ、來年度カラ出サレルト云フノデアルカ、然ラバ來年度ニ於テ如何ナル財政計畫ガアルノデアルカ、來年度ノコトハ一切分ラナイ、唯最善ノ努力ヲ盡スノミ、此一言デハナイカ、諸君、苟モ內閣ガ一ツノ國防計畫ヲ立テ、、然モソレニ伴フトコロノ財源ヲ尋ネルナラバ、唯ドンナニカシテ最善ノ努力ヲ爲シ、之ヲ成功致サセルト云フガ如キ、實ニ雲ヲ捉ルガ如キ、言ヲ信ジテ、此豫算ヲ協贊スルト云フガ如キハ、誠ニ私ハ不安心ノ極デアルト思フノデアル、併ナガラ唯吾々ハ縱令姑息ニ致シマシテモ、因循ニ致シマシテモ、兎モ角目下ノ海軍ノ上ニ於テハ確ニ非常ニ缺陷ガアルト云フコトヲ認メル一人デアリマスカラ、內閣ノ財政上ノ姑息財政上ノ杜撰ヲ攻メルノ暇ナク、是ニ贊成ヲ致スノデアリマスケレドモ、兎モ角責任アル財政當局者トシテ八四艦隊ヲ承認シタ以上ハ、之ニ伴フ財政ノ計畫ヲチヤント立ッテ議會ニ提出スルノガ當然ノ手續デアルト思フ、苟モ責任アル政治家ノ取ルベキ道ダラウト思フ、然ルニ一部ダケノ財政計畫ハアッテモ其次ノ財政計畫ハ何ニモ無イノデアル、唯最善ノ努力ヲ盡スト云フ一事ノミデアル、諸君、此一事ヲ以テ見テモ海軍問題ニ對スル財政計畫ト云フモノハ、誠ニ姑息極マルモノデアルト云フコトハ殆ド論辯ヲ費スノ餘地ハナイデアラウト思フ、其他豫算ノ全面ニ亙ッテ細論致シマスナラバ、斯ル辻褄ノ合ハナイ因循姑息彌縫糊塗ノ有樣ト云フモノハ、殆ド全面ニ亙ッテ居ルト云フ有樣デアリマス、ケレドモ之ヲ細論スルコトハ私ハ此場合避ケルガ當然ト思ヒマスカラ、唯大體ニ於テ是ダケ意見ヲ述ベマシテ、我ガ鈴木梅四郞君ノ修正案ニ御贊成アラムコトヲ切ニ御願ヒスル次第デアリマス

○議長（島田三郎君）　マダ通告ガアリマスカラ一時休憩致シマス

（「休憩セズニヤルベシ」「繼續々々」ト呼フ者アリ）

○議長（島田三郎君）　多數ノ御方ガ休憩シナイト云フナラソレデ宜シウゴザイマス

（「休憩ノ必要ナシ」ト呼フ者アリ）

衆議院議事速記錄第九號小河源一君演說ノ參照(其三)

被告人白川友一第九回調書

1問　白川友一ナリヤ
答　左樣デアリマス
2問　大浦カラ出タ金ヲ是迄申立テヽ居ル以外ニ尙他ノ人ニ供與シテ居ル事實ハナイカ
答　アリマス實ハ林田龜太郞モ貳千五百圓デアリマスカラ貳千七百圓デアッタカ渡シテ居リマス否渡シテ居ル分デハナク同氏カラ金ヲ受取ル際夫レ丈引去リテ受取ッタノデアリマス而シテ夫レハ林田氏ヨリハ一旦受取ッテ後更ニ支出シタ樣ニ計算書ヲ拵ヘテアリマス其理由ニ付テ申上ゲマスガ林田君ヨリハ自分ト增田トニ於テ數回金ヲ受取ッテ來テ居リマスガ自分ガ前後ニ同氏ヨリ受取ル際同氏ガ自分ニ對シ此金ノ內少シ計リ自分ノ方デ借用シタカラ含ンデ居ッテ吳レト申シマシタカラ其當時其金額ハ分リマセナンダガ之レヲ承知シ其後同氏ニ對シ計算スルト申シタ際同氏ハ自分ニ對シ此間借リタ金ハ貳千七百圓デアッタカ貳千五百圓デアッタカ申シマシタガ(其際同氏ハ何ンデアッタカハッキリ申シマシタガ自分ガ夫レヲ覺エンノデアリマス)兎ニ角其金ハ林田氏ガ何ニ使ッタカ用途ガ分リマセヌカラ露骨ニ其旨大浦子爵ニ報告シテ置クノハ良クアルマイト思ヒマシタカラ子爵ニハ特別支出トシテ報告シテ置イタ樣ナ譯デアリマス
3問　以上ノ外金ヲ渡シタコトハ最早他ニ無イカ
答　關信之介、太田直次ニ二人デタシカ各別ニ合計貳百五拾圓渡シテ居リマス夫レハ自分カラ渡シタカ增田カラ渡シタカ其邊ハ今能ク記憶シマセヌガ渡シタニハ相違アリマセヌ此外ニハ最早アリマセヌ
4問　右關信之介、太田直次ニ金ヲ渡シタ譯ハドウカ
答　夫レハ同人等ガ厚生舘ニ出入シテ居ルトキニ郞昨年十二月廿日頃關信之介ガ車賃ガ入ルカラ一寸五拾圓許リ貸シテ吳レト申シマシタカラ貸シタモノデ太田直次ニ對シテモ同樣費用ガ入ルカラト申シマスカラ其頃貳百圓貸シマシタ但關ニ貳百圓デ太田ニ五拾圓デアッタカモ知レマセヌ共邊ハ能ク記憶ニ存ジマセヌ併シドチラガドウデアッタニシテモ兎ニ角兩人ノ者ニ五拾圓ト貳百圓ト各別ニ合計貳百五拾圓ヲ出シテ居ルコト丈ケハ慥カニ記憶シテ居リマス何レモ貸シタ場所ハ厚生舘デアリマス之レハ私的關係デナクシテ增師運動ヲシテ居タ際ノコトデアリマスカラ子爵ニ出シタ計算書ニ載セテ置クベキモノデアルト思ヒ載セマシタ
5問　然ラバ同人等モ運動シテ居ルカラ夫レガ爲メニ渡シタモノニ相違ナイカ
答　左樣デアリマス
6問　渡シタトキハ十二月廿日頃ニ相違ナイカ
答　同日慥カニ覺ヘマセヌガ廿日前後ト思ヒマス尤モ右兩人ニ渡シタノハ同一日デアリマセヌ此二人ニ渡シタ金ハ前ニモ申上ゲマス通リ自分カラ渡シタカ增田カラ渡シタカ能ク記憶シマセヌケレドモドーモ增田ニ取次イデ渡シテ貰フタモノノ樣思ヒマス
7問　關、太田等ニ渡シタ金ハ然ラバ無論林田カラ金ヲ受取リテカラ後ノコトニ相違ナイカ
答　能ク記憶シマセヌガ夫レハ未ダ林田カラ金ヲ受取ラヌ前デアッタ樣ニ思ヒマス
8問　然ラバ林田カラ金ヲ受取ル約束ガアッテカラ金ヲ受取ル迄ノ間ノコトカ
答　左樣デハアリマセヌ金ヲ受取ル約束ガアッテカラデモアリマセヌ夫レヨリ前デアリマス
9問　關ナリ太田ニ渡シタ右ノ金ニ付テハ之ヲ大浦子爵ニ報告シテアルカ
答　報告シテアリマス
10問　金ヲ受取ル約束モナシ又金ヲ受取リモセヌ前ニ關ナリ太田ニ渡シタ金ヲ其後カラ受取ッタ大浦カラ出タ金ヲ支出シタ樣ニ計算スル理由ハ何處ニアルカ
答　夫レハ詰リ前ニモ申上ゲマシタ通リ增師問題ニ奔走シタ車賃ナリ費用デアルカラ結局大浦カラ出タ金デ支出スベキモノデアルト思ヒ其中ニ入レテ子爵ニ報告シタモノデアリマス
11問　大浦カラ出タ金ハ收支計算ハドウユウコトニナッタカ
答　前ニモ申上ゲマス通リ增田ガ受取ッテ來テ增田ガ渡シタ分ハ同人カラ報告ヲ受ケタコトハ相違アリマセヌガ今能ク之レヲ記憶シテ居リマセヌ又自分ガ受取ッテ來タ分モ慥カニ記憶シテ居ルトコトモ云ヒ兼子マスカラ今トナッテハ計算ハクッキリハ出來マセヌガ子爵ニ報告シタ計算書ノコトヲ思ヒ起シテ大要記憶ノアル限リ申上ゲマスレバ受取タ總額ハ約四萬餘圓デアリマシテ殘ッタ金ガ壹萬六千餘圓デアッタ樣ニ思ヒマス
12問　幾許受取ッテ幾許支出シ幾許殘ッタ位ノ計算ハ他ト異ナリ斯ル重大ナ事柄ニ付テハ譬ヒ今トナッテモ忘レルト云フガ如キコトハアリ得ベカラザル樣思フガ夫レハ被告ガ何ニカ詐僞スル處ガアッテ斯樣ナ申立ヲスルノデハナイカ
答　決シテ左樣ナ譯デハアリマセヌ
13問　然ラバ大浦ニハドウユウ報告ヲシタカ
答　其當時ハ自分モ能ク記憶シテ居リマシタカラ便箋紙ニ概要ノ事情ヲ認メ報告シマシタガ今日デハ的確ニ其內容ヲ記憶シマセヌガ何ンデモ計算書ガ決算書ト題シ受入金ノ總額支出金ノ總額差引殘額幷ビニ交付シタ人名等ヲ認メテ置イタ樣ニ思ヒマス其報告書ノ內容ハ今記憶シテ居ル丈ケ此處デ認メマスカラ調書ノ終リニ綴リ書ヲ願ヒマス
此時被告ハ別紙計算書ト題スル書面ヲ認メタリ依テ之ヲ調書ノ末尾ニ添付ス
14問　其報告ヲシタルトキハ大浦ハ何ント云フタカ其時ノ模樣ヲ云フテ見ヨ
答　此決算報告ニ參ッタトキハ前間中上ゲマシタ通リ林永太ガ子爵ニ揮毫ヲ賴ミニ參ッテ居リマシタ時デアリマシテ同人ガ歸ッタ後ハ自分ト子爵ノ外ニハ誰モ居リマセヌデシタガ子爵邸二階ノ應接室ニ於テ今申上ゲマシタ計算書ヲ子爵ノ前ニ差出シ概要ノ說明ヲシマシタ後特別支出ノ金ニ付テハ之レハ自分ガ頂戴シマシタ併シ此金ハ自分ノ懷ロニ入ルモノデハアリマセヌ他ノ人ニ渡シタノデアリマスガ今其名前ヲ申上ゲマスコトハ憚リマスカラ申上ゲ兼子マスト述ベマシタ處子爵ハソーカ夫レハヨロシイソンナ嚴格ニ報告ヲセンデモヨイソンナニ記帳面ニシナクトモヨイト申サレマシタ尙此時話ノアリマシタ其他ノ事柄ニ付テハ前ニ申上ゲマシタ通リデアリマス
15問　大浦子爵ノ處ヘ右決算報告ニ參リシ日ハ前ニ申立タ通リカ
答　前ニハ十二月二十九日カ三十日ノ樣申立テ居リマシタガ檢事カラ御調ベヲ受クル際三十一日ニ車デ麻布櫻田町ト麴町一番町ヘ行ッテ居ルデハナイカト云ハレマシタカラ能ク考ヘテ見マスルト計算報告ニ參ッテカラ井上角五郎ノ處ヘ參ッタコトハ相違アリマセヌカラ而シテ子爵邸ハ麻布櫻田町ニアリ井上角五郎ノ宅ハ麴町一番町デアルカラ決算報告ニ子爵邸ヘ參タノハ三十一日ニアフタコトニナル樣思ヒマス
16問　其以前ニ增田ト二人デ大浦ノ宅ヘ參ッタコトガアルカ
答　アリマス夫レハ十二月二十七日デアリマス
17問　夫レハ何用デ參ッタカ
答　挨拶ニ參ッタノデアリマス
18問　其時大浦ハ何ント云フタカ
答　其時子爵ハ自分等ニ對シ此間ハ御苦勞デアッタ尙將來モ總選擧ノ際ニハ一人ニテモ多ク非政友派ノ者ヲ出ス樣盡力シテ吳レト申サレマシタ之レニ付テ增田ハ田淵顯藏及蓮井等ヲ說得シテ自派ニ引キ入レル樣運動スルト申シ自分モ是迄干係シテ居ル讃岐日報ノ如キハ今日ニ於テハ我々ヤ增田ノ自由ニナラヌカラ新タニ機關新聞ヲ起シテ大ニ輿論ヲ喚起シ政府與黨ヲ一人デモ多クスルコトニ努メマスト申シ之ニ干繫シテ種々ノ話ヲ致シマシタ

右讀聞ケタル處承認シタリ

被告人　白川友一

大正四年八月一日

於高松地方裁判所

同日

裁判所書記　北岡楢二郞㊞

豫審判事　角南美資㊞

印

計算書

受金約四萬……圓也

支出金

一金壹萬參千四百圓

(水間、濱田、長谷川、武市、村井、本出井阪、高鍋、增田)

一金六千圓也

高

板倉中ニ壹萬圓ヲ渡シ返還シタル殘

一金貳千五七百百圓也

特別支出

一金約壹千圓位　經費

一金百五拾圓也　書記ノ日當手當

一金約貳百五拾圓也關信之介及太田直次渡

一金壹千圓也　森川、吉田渡殘

一小計約貳萬四千參百圓也

差引殘約

壹萬六千餘圓也

被告人增田穰三第六回調書

1問　增田穰三ナリヤ
答　左樣デアリマス
2問　是迄申立テ居ル以外ニ尙金ヲ渡シテ居ルモノハナイカ
答　アリマスコレハ全ク失念シテ申殘シテ居リマシタ關東組ノ太田直次ガ昨年十二月廿一二日頃厚生館ノ自分ノ部屋ニ於テ自分ニ對シ白川ニ一寸金ヲ參百圓借リテ吳レヌカト云フコトデアリマシタカラ自分モ之ヲ承諾シ白川ニ對シ其話ヲ致シマシタラ同人モ之レヲ聞入レ貸シテ遣ルコトニナリ直ニ自分ガ白川カラ百圓札參枚デ參百圓ヲ受取リ即座ニ之ヲ太田直次ニ交付シマシタ太田ハ白川ニ金ヲ借リル緣故ハアリマセヌケレトモ增師贊成者ニハ少々ハ金ハ出スト白川ガ是迄云フテ居リマシタカラ太田モ當時ノ其狀態ヲ見テ取リ夫レガドー云ウ譯ノ金デアルト云フコトヲ承知ノ上斯クノ如ク申込ンダモノト思ヒマス然ルニ同月廿六日朝同人ガ厚生館ナル自分ノ室ニ參リ先日借リタ金

ハ入ラナクナッタカラ返スト云フテ同ジク百圓札參枚デ參百圓ヲ返還シマシタカラ自分ハ之レヲ受取リ白川ニ渡シテ置イタコトガアリマス

3 問 關倚之介ニ金ヲ渡シタコトハナイカ

答 同人ニハ自分カラ渡シタコトハアリマセヌ尤モ廿二、三日頃ニ白川ガ自分ニ對シ關ガ金ヲ貸シテ吳レト云フガト云フタコトガアルコウニ思ハレマスケレトモ夫レモ確カニ記憶シテ居ルト云フノデハアリマセヌ從ッテ果シテ白川カラ同人ニ渡シテ居ルカ如何カ夫レモ分リマセヌ

4 問 白川ガ林田ガ板倉中ハ君ノ外ニ尙大浦子爵カラ直接ニ金ヲ振リテ居ルト申シタカラ取返ヘシテ來テ遣ルト申シタコトガアルヨウ前回申立テタガ夫レハ白川ハ確カニ大浦子爵ヨリト云フタニ相違ナイカ

答 大浦カラト云フタニ相違アリマセヌ

5 問 本出ガ請求シタト白川ガ被告ニ話シタノハ十二月廿三日デアッタニハ違ヒナイカ

答 其頃デアッタトヨウ思ヒマス

6 問 夫レハ廿六七日頃ノコトデハナイカ

答 金ヲ渡シタノハ廿六七日頃デアリマシタガ其申込ミヲシタト白川カラ自分ガ聞キタノハ自分等ガ頻リニ切崩シノ運動ヲシテ居ッタ際デ何ンデモ白川ガ板倉カラ金ヲ取返ヘスト云フテ待合藤村ヘ乘込ンダ頃ノコトデアリマシテ兎モ角解散ヨリハ二三日前デアッタコトハ斷ジテ相違アリマセヌ

7 問 水間ガ窪田ニ遣ッテ吳レト云フタト白川ガ被告ニ賴レタノモ矢張リ其頃カ

答 左樣デアリマス其話ヲシタノハ之レモ矢張リ解散ヨリ二三日前デアッタニハ違ヒアリマセヌ

8 問 十二月廿六日以後ニナッテ金ヲ渡シタ本出、井阪尙他ニアリトスレバ其他ノ連中ニ對シテハ其前日タル廿五日ニ被告ヤ白川ガ政友會ヨリ除名セラレタ爲メニ益迄同一歩調ニ出デ居リシ同人等ガ友誼上被告等ト進退ヲ共ニスルト申出デタル爲メニ遣ッタノデハナイカ

答 左樣デハアリマセヌ白川ガ自分ト共ニ金ヲ遣ッタ連中ニ對シテハ總テ政友會切崩シノ爲メ增師贊成論者タリシ彼等ヲ脫黨セシムルコトヲ條件トシテ約束ノ上金ヲ遣ッタモノデスカラ假令現實金ハ廿六七日頃ニ渡シタノガアルトシテモ固ヨリ其約束ハ切崩シノ運動中卽廿二三日頃カラ三四日頃迄ノ間ニシテアッタモノニ相違アリマセヌ又林田カラ金ヲ出シタ所以ハ前申上ゲマス通リ切崩シノ爲メデアルノデアリマスカラ其目的以外ニ其金ヲ使用スル譯ガアリマセヌ又大浦子爵ニ對シテモ白川ハ其通リ報告シテ居ルノデアロウト思ヒマス

9 問 然ラバ如何ナル處カラ右等金錢ノ供與ヲ受ケタ連中ト金錢上ノ連鎖ガ出來タカ

答 夫レハ外デハアリマセヌ最初林田カラ切崩シ費ヲ出スカラト云フテ來タ際政府カラ金ヲ出スト云フテハドーモウツリガ惡クテ面白クナイカラ金ハ白川カラ出ス樣ナ風ヲシテ居ッテ吳レ而シテ金錢問題ニ付テハ成ルク沈默ヲ守ッテ居ッテ吳レト特ニ賴マレテ居リマスカラ白川ニ於テモ其趣旨ヲ酌ミテ切崩シヲ遣ル際ニ同志ノ者ニ對シ自分等ト最後迄同一主義デ進ンデ吳レン者ニハ費用ガ入ルナラ金ハ少々出ス自分ハ其準備ハ覺悟シテ居ルカラト云フ樣ナ風ニ始終厚生館デ云フテ居リマシタカラ厚生館出入ノ連中モ白川等ト共ニ進退スレバ白川カラ金ガ出ル其金ガ如何ナル性質ノ金カ卽是迄中立デ、居リマス通リ表面上ハ費用ト云フテモ夫レガ內實買收費デアルト云フ位ナコトハ其當時總テノモノガ見拔イテ居タノデアリマス夫レ故自分ガ渡シタ連中等ハ總テ白川ニ云フテ金ヲ貰フテ吳レト申込ンダノデアリマス白川ガ渡シタ分ニ對シテモ亦同樣デアロート思ヒマス自分ガ渡シタ分モ白川ガ渡シタ分モ共ニ等シク事實切崩シ費トシテ林田ヨリ受取ッテ居ルノデアルカラ結局貰ハズ語ラズノ間ニ切崩シ運動ノ際其金ヲ受取ル者ニ於テ夫レガ買收費デアルト云フ位ナコトハ知ラヌ者ハアリマセヌ斯樣ナコトハ政界ノ常勢デアリマシテ苟モ代議士ニナッテ居ル位ノ人ハ直ニ分ルノデアリマス

右讀聞セタル處承諾シタリ

被告人 增田 穰三

大正四年八月貳日

於高松地方裁判所

同廳

裁判所書記 北岡楢二郎 ㊞

豫審判事 角南 揆貴 ㊞

㊞ 被告人林田龜太郎第二回調書

1 問 林田龜太郎ナルヤ

答 左樣デアリマス

2 問 昨年十二月二十三日頃衆議院ノ副長室ニ於テ被告ハ白川友一ニ面會シタコトガアルカ

答 アリマス其時ハ同人トハ毎日逢ッテ居リマシタカラ其時モ面會シタデアロウート思ヒマス

3 問 其際被告ハ白川ニ對シ板倉中ハ君カラ金ヲ受取ッテ居ル以外ニ尙直接ニ大浦子爵カラ金ヲ受取ッテ居ルノデアルト注意シタ樣ナコトハナイカ

答 夫レハ記憶ガアリマセヌ尤モ豫テ白川カラ板倉等ノ連中ハ迚モ白川ノ手ニオエント云フコトヲ聞テ居タカラ其旨大浦子爵ニ話シテ置イタコトガアリマス夫レヲ其頃白川ニ咄シタコトハアリマス

4 問 當初被告ハ白川ニ軍用金交付ノ約束ヲ爲シタル際其金ハ大浦子爵カラ出ルト云フコトヲ白川ニ申聞ケタカ

答 最初白川ガ自分ニ對シ政友會其者ハ前總裁ノ時代カラ增師ノ必要ヲ認メテ居ッタノデアル然ルニ今回政權爭奪ノ手段トシテ增師反對ヲ標榜シテ政府ニ肉薄スルト云フハ矛盾ノ甚シキモノデアル政友會ノ議員中ニハ多數ノ增師贊成論者ガアルカラ是等ヲ總括シテ一芝居打ッタラ面白カロウ就テハ少少ノ金デハ足リナイカラ今少シ遣ッテ金ヲ心配シテ貰フコトハ出來マイカト申シマスカラ十二月十八九日頃取敢ヘズ東京デ申上ゲマシタ通リ子爵カラ預ッテ居ッタ手許ニアッタ機密費ノ內參千圓ヲ渡シマシタ其後白川ハ形勢面白クナリ芝居ガ當テ相デアルカラ彼レデハ足リナイカラ今少シ心配シテ吳レマイカト申シマシタカラ此旨子爵ニ話シタ處子爵ハ此際政府ニ於テハ勿論自分一個人トシテ買收ナドハ欲セザル處デアルカラ左樣ナ意味ニ於テハ金ヲ出スコトハ出來ナイ併シナガラ君ニ於テ白川ヲ信ズルナラバ多少ノ金ハ自分ノ一個人トシテ融通シテモヨイト云ハレマシタカラ金ハ子爵カラ融通シシテ貰ヘルト云フコトハ後ニ讓ッテ金ヲ白川ニ渡ス際能ク話シテ置キマシタ尙子爵カラ金ガ出ルト云フテハ面白クナイカラ君ノ懷ロカラ出ス樣ナ風ヲシテ居ッテ吳レト注意シテ置キマシタ本人モ固ヨリ其希望デアッテ金策ヲスル樣ナ形チニ見セ掛ケル爲メ其當時岡山邊マデ行ッタコトガアリマス

5 問 昨年十二月廿三日夜中ニ白川ガ被告方ヘ行ッタ際板倉等ノ脫黨屆ヲ出シテ見セハシナカッタカ

答 前ニ東京デ申上ゲマシタ通リ其時白川ハ板倉ハ頑強ナ奴デ折角仕組ンダ芝居ガ同人ノ爲メニ破滅シタト云フテ非常ニ激昂シテ咄シマシタガ同人ハグタ〳〵ニ醉テ居リマシテ譯モ分ランコトヲ繰返ヘシ申シマスカラ自分ハマア〳〵今日ハイーデナイカ明日開クカラト云フテ漸クニシテ宥メテ返ヘシマシタコトハ慥カニ記憶ガアリマスガ其時板倉等ノ脫黨屆ヲ出シテ見セマシタカドーカ夫レハ能ク記憶シマセヌ尤モ其後廿四日カ廿五日ノ事務所デ板倉等ノ脫黨屆ヲ寫眞ニ撮タモノヲ見タコトガアリマス

6 問 白川ヤ增田ニ渡シタ金ハ合計參萬貳千圓ニ違イハ無イカ

答 參萬貳千圓ダト記憶シマス

7 問 夫レハ何回ニ幾許宛渡シタカ

答 能ク記憶シマセヌガ參千圓ト七千圓ト壹萬貳千圓ト壹萬圓ト云フ風ニ順次四五回ニ渡シタ樣ニ思ヒマス

8 問 夫レハ何時頃カラ何時頃迄ニ渡シタモノカ

答 十八九日頃カラ廿二三日頃迄デアッタ樣ニ思ヒマス

9 問 何處デ誰ニ幾許宛渡シタカ

答 增田ニ渡シタノハ壹萬貳千圓千貳百圓ト二回ニ壹萬貳千圓デ夫レハ何レモ琥珀亭デ渡シタモノデアリマス白川ニ渡シタ分ハ何處デ幾許渡シタカ今能ク記憶シマセヌガ琥珀デ渡シタコトモアリ厚生館デ渡シタコトモアリ或ハ議事堂デ渡シタコトモアルカト思ヒマス金高ハ前申上ゲマシタ通リ參千圓ト七千圓ト壹萬圓デアッタ樣ニ思ヒマス夫レモシカト覺ヘマセヌ

10 問 尙渡シテ居リハシナイカ

答 ナイ樣ニ思ヒマス夫レモハッキリシマセヌ

11 問 右ノ金ヲ子爵カラハ何回受取ッタカ

答 最初預ッテ居タ參千圓ノ如ク時々纏ッタ金ヲ預ッテ居ルコトモアリマスカラ何回ニ受取ッタカ如何カ其邊ノコトハドーモ分リマセヌ

12 問 廿七日頃大浦子爵ノ處デ增田ト顏ヲ合ハセタコトガアルカ

答 アル樣ニ思ヒマス應接室ト玄關ノ間デ逢フタコトハ違ヒアリマセヌガ只默禮シタ丈ケデ物モ何ニモ云ヒマセナンダコトガアリマスガ夫レガ廿七日頃デアッタカドーカ其處ハ記憶シマセヌ

右讀聞云々

被告人 林田龜太郎

大正四年八月三日

高松地方裁判所ニ於テ

同廳

裁判所書記 北岡楢二郎 ㊞

豫審判事 角南 揆貴 ㊞

㊞ 被告人白川友一第十回調書

1 問 白川友一ナリヤ

答 左樣デアリマス

2 問 何ントシテモ被告ガ林田翰長ヨリ金ヲ受取リタルトキニ於テ既ニ同人ヨリ此金ハ大浦子爵カラ出ルノデアルト云フコトヲ聞イテ居ラネバナラヌ樣ニ思ハルヽ處ガアルガドウカ

答 最初切崩シノ話ガ林田翰長カラアッタ時ニハ實際子爵カラ金ガ出ルト云フ話ハナカッタノデアリマスガ塊マッタ金ヲ翰長ヨリ受取ル樣ニナッテカラ同翰長ヨリ金ハ子爵カラ出ルノデアルト云フ咄ノアッタコトハ能ク考ヘテ見マスルト相違アリマセヌ

3 問 元來林田翰長ヨリ被告ガ受取ッタ金ハ同翰長ガ進ンデ出シテ吳レタモノデハナクシテ被告カラ同翰長ニ向フテ暗ニ出金ヲ促シタ譯デハナイカ

答 左樣ナ事ハアリマセヌ尤モ當初是迄申上ゲマス通リ自分ハ熱心ナル增師贊成者デアリマスカラ之レガ通過ヲ希望シテ居リマシタガ政友會內ニ於ケル增師問題ニ關スル各

議員ノ態度モ同一意見ノ者ハ自然相寄ルト云フ風ニナリ能ク承知シテ居リマスカラ林田幹長ガ厚生舘ニ自分ヲ訪問シタ際自己ノ行動ナリ一般ノ狀勢ヲ話シタコトハアリマスガ自ラ進ンデ切崩シ費ヲ要求シタノデハ斷ジテアリマセヌ果シテ自ラ進ンデ要求シタモノカ又ハ先方ヨリ厚生舘ニ寄ッテ居ル增師贊成者ノ連中ヲ目的ニ自分等ニ厚生舘組丈ケハ遣ラセル積リデ切込ンデ來タモノカハ御調ベガ進ムニ從ヒ自然分ル事ト思ヒマス

自分ガ考ヘマスニハ昨年來ノ切崩シニ付キテハ獨リ自分ノ演ジタ切崩シノミニ止マラズ議長官舍組ニモ東海組ニモ同樣或ハ手ヲ延バサレテ居ッタモノデハナイカト思フノデアリマス自分等ハ只厚生舘組ト云フ一枝隊ニ過ギマセヌカラ固ヨリ全般ノ事ヲ知ロウ筈ガアリマセヌ從ッテ關東組ニモ手ヲ延バサレテ居ルコトヲ少シモ知リマセナンダカラ自分等ノ方カラ之レニ手ヲ出シ爲メニ段々申上ゲマシタ如ク板倉ニダブラレテ手ヲ幾イタ樣ナ次第デアリマス現ニ議長官舍組ニ關スル本出保太郎ガ自分ニ對シ廿三日頃費用ガ入ルナラ議長ノ方カラ出サスガト申マシタコトガアリマスガ自分等ハ其當時何等內實ヲ知リマセナンダカラ拒絕シマシタガ若シ之ヲ承知シタラ議長ト自分ハ引合ハサレテ居タニ相違ナイカト思フノデアリマス以上ノ次第デアリマスカラ昨年末ノ出來事ニ付イテハ之レヲ例ヘバ自分等ハ只五本ノ指ノ一本ニ過ギズシテ或ハ自分等以外ニ尙他ノ四本ナリ四本ノ指ニモ自分等ノ同樣ノ働キガアッタモノデハナイカト思フノデアリマス果シテ然ラバ此五本ノ指ヲ支配スル根源ハ同ジ源ニ歸スルモノデハアルマイカ、事休左樣ナ譯デアリマスナラバ自分カラ先ニ要求シタカ先方カラ先ニ自分等ヲシテ働カシムル樣仕向ケタカ自ラ明瞭デアロート思イマス併シ林田幹長其人ハ今申上ゲマシタ樣ナ關係ニ付イテハ自分トノ關係以外ニ何ニモ知ラヌデハナイカト思ヒマス

4 問 厚生舘出入ノ議員連中ニ對シテハ被告カラ金ヲ出シタノモアリ又增田カラ出シタノモアルガ一体增田ト被告トノ間ニハ其際ドーユウ相談ヲシテ居ッタノカ

答 前ニモ申上ゲマシタ通リ自分ト增田ト打合セノ上自分ハ表面ニ立チ增田ハ裏面ニ居ッテ表裏氣脈ヲ通ジテ昨年十二月廿日頃カラ廿三四日頃迄ノ間ニ切崩シニ盡力シタモノデ費用ノ點ニ付テ前ニ申上ゲマシタ處モ亦其通リデアリマスガ只次ギノ如キ點ヲ申殘シテ居リマスカラ申上ゲマスガ厚生舘出入ノ者ノ中ニモ純厚生舘組トモ云フベキ肌ヲ許シテモ差支ヘナキ連中ト然ラザル連中トアリ尙中ニハ表面厚生舘組ヲ裝ヒ竊カニ政友會本部ヨリ間牒トシテ入込ンデ居ル佐藤信吉、遠藤良吉等ノ如キ者モアリテ自分等ニ於テモ是等間牒ニ自分等ノ態度ヲ悟ラル、ガ如キ愚ヲ招キテモナラヌト思ヒ大ニ注意警戒シ又、大勢ノ者ノ前デハ費用ノ如何ニスルカトノ問ニ對シテハ費用トハ單ニ穩當ノコトデアルト云フ樣ナ風ニ答ヘタノデアリマス併シ純厚生舘組即肌身ノ許セル連中ニ向ッテハ雜談中自分ハ滿鮮地方デ工事デ金ヲ儲ケタ話ナゾシテ今度ノ增師案ニ付テハ國防ノ必要上極力通過ヲ望ンデ居ルノデアルカラ時下場合ニヨッテハ生キタ金ナラバ使ッテヨイト云フ樣ナコトヲ話シ暗ニ買收ノコトヲ仄メカシ一方裏面ニ於テ增田ガウツリノ良イ樣ニスル爲メニ右等ノ連中ニ對シ增師案ニ贊成シテ吳ルレバ白川カラ金ヲ貰ッテ遣ル白川ハ朝鮮滿洲地方デ大分金ヲ儲ケテ居ルノデ同人モ金ヲ出スト云フテ居ルカラト申聞ケ專ラ之レガ懷柔策ヲ講ジ此ノ如クニシテ自分ト增田トハ表裏相呼應シテ政友會議員中ヨリ增師贊成者ヲ纏メルコトニ努メマシタ從ッテ自分ナリ增田ニ對シ金ヲ要求シタ彼ノ肌ヲ許シテ居ッタ連中ハ總テ自分等ノ右運動ヲ知リ許シテ增師贊成論者デ買收スルノ內意アルコトヲ察知シテ殘ニ出デタモノト思ヒマス本出水間等ニ對シテモ特ニ買收費ヲ出スカラ增師案ニ贊成セヨト露骨ニ云フタコトハナキモ右ノ如キ自分ノ雜談ヲ聞イタノカ又ハ增田カラ右ノ話ヲ聞イタノカ夫レハ分リマセヌガ左樣ナ處ヨリ買收費ナルコトハ承知ノ上要求シタモノデアロウト思ヒマス

5 問 大浦子爵ニ精算報告ヲ爲シタル際水間ニハ幾許濱田ニハ幾許ト云フ樣ナ風ニ各個別別ニ渡シタ金高ヲ云フタカ

答 申シマセヌ子爵ニ出シタ計算書ニモ森川、吉田ノ分板倉ノ分關、太田ノ分ヲ分ケタ外他ノ者等ノハ總括シテ總額ヲ認メタニ止マリ個々別々ニ渡シタ金ノ數額ッ示シテアリマセヌ子爵ニ出シタ計算書ハ大要前回貴官ノ面前ニテ自分ガ認メタモノト大差ハ無イ樣ニ思ヒマス前回申上ゲタル事ヲ申殘シマシタガ子爵ニ決算報告ニ參ッタ際金ノ餘ッタコトヲ申シマシタラ子爵ハ餘ッタ金ナンカ持ッテ來ナイデモヨイト云ハレマシタ

6 問 本日ノ申立ハ以上總テ其通リ相違ナイカ

答 決テ相違アリマセヌ

右讀聞タル處承諾シタリ

被告人 白川友一

大正四年八月四日

於高松地方裁判所

印 同廳

裁判所書記 北岡楯二郎㊞

豫審判事 角南榮資㊞

源吾善四郎ニ對シ令狀請求

豫審請求書

白川友一

增田穰三

森川源吾

村井善四郎

瀆職

右者左記ノ犯罪アリト思料候條求豫審候也

高松地方裁判所檢事局

檢事 加來竹次郎㊞

印

大正四年八月七日

高松地方裁判所

豫審判事御中

犯罪事實

被告友一及穰三ハ衆議院議員ニシテ大正三年十二月召集セラレタル第三十五帝國議會ニ於テ二個師團增設ニ關スル政府案ノ通過ヲ計リ同志ッ糾合シ居リタル處其所屬ノ政友會ガ黨議ヲ以テ議員ヲ結束シ該案ヲ否決セントスル形勢アルヲ察知シ時ノ衆議院書記官長タリシ林田龜太郎等ト謀リ政友會議員ノ一部ニ金錢ヲ贈與シ該案ニ贊成セシメンコトヲ企テ同月中政友會議員タル被告源吾、善四郎外十數名ノ議員ヲシテ政友會脫會及增師案贊成ヲ約セシメタル上同人等ニ各別ニ金數千圓宛ヲ贈與シ被告源吾及善四郎ハ被告友一及穰三等ニ對シ右增師案ニ贊成スベキコトヲ約シコレガ報酬トシテ同月二十三日頃被告友一、穰三等ノ旅宿ナル東京市京橋區木挽町二丁目厚生舘內ニ於テ被告源吾ハ被告友一ヨリ金二千圓被告善四郎ハ被告穰三ヨリ金一千五百圓ノ贈與ヲ受ケタリ

被告人白川友一第十一回調書

1 問 白川友一ナリヤ

答 左樣デアリマス

2 問 昨年末被告ガ切崩シヲ實行シテ居ル際被告ナリ增田ニ對シテ貸借其他ノ名義ニヨリ金錢ヲ請求シ又ハ被告等ヨリ與ヘタ連中ハ總テ其金ガ買收費デアルト言フコトヲ既ニ其時認メテ居ッタコトハ相違ナイカ

答 渡シタ白川等ニ於テハ勿論增師案贊成者ニ對シテ交付シタ報酬卽買收費金ノ積リデアリマスカラ受取ッタ連中ニ於テモ前申上ゲマシタ通リ其意味ニ於テ受取ッテ居ルモノニ違ヒナイト思ヒマス

3 問 森川源吾、吉田虎之助等ノ如キモ亦其積リデ居ッタノカ

答 其積リデ居ッタモノト思ヒマス既ニ是迄ニモ申上ゲテ居リマス通リ森川ニ金ヲ渡シタ千圓ニ付テハ昨年十二月廿三日頃午後三四時頃厚生舘ノ自分ノ部屋ニ於テ森川ガ自分ニ對シ吉田虎之助ガ困ッテ居ルカラ一寸千圓許リ貸シテ遣ッテ吳レ序デニ自分ニモ千圓許リ貸シテ吳レト申シマシタカラ夫レデ自分ハ二人分デ貳千圓ヲ森川ニ渡シタモノデアリマシテ同人ハ其當時ニ於ケル自分等ノ切崩シヲ遣ッテ居ル行動ヲ誰カラカ聞イテカ又ハ察知シテカ表面名ヲ貸借ニ藉リ暗ニ買收金ノ要求ヲシタモノト思ヒマス若シ然ラズンバ突然同人ガ自分ニ對シ左樣ナ申込ミヲスル理由ガアリマセヌ又自分等ニ於テモ證書モ取ラズニ先方ノ要求スルガ儘容易ク其金ヲ渡ス理由ハ何等他ニナイノデアリマス

4 問 一體被告ハ是迄森川ト金錢上ノ貸借ヲシタコトガアルノカ

答 森川ハ朝鮮デ辯護士ヲシテ居リマスガ尙其以前カラ自分ガ朝鮮滿洲等デ事業ヲシテ居リマス干係上親シクハシテ居リマスガ是迄金錢上ノ貸借ナドハシタコトハ一回モアリマセヌ

5 問 廿六日ニ至リ森川源吾ガ吉田虎之助ノ分ト同人ノ分トデ千圓ヲ返シテ來タト申立テテ居ルガ夫レハ森川ノ分ヲ五百圓ト吉田ノ分ヲ五百圓ト合セテ千圓返シタト云フ譯ニナルノカ

答 是迄森川ガ返金シテ來タノハ二人分デ千圓ニ相違ナイト思ッテ居リマシタカラ左樣ニ申上ゲテ置キマシタガ或ハ二人分デ七百圓デアッタカモ知レマセヌ併シ此點ハ確カニ記憶ニ存シマセヌカラ以下返シテ來タ金ハ假リニ千圓ダト云フコトニ申上ゲテ置キマス此點ハ御含ミ置キヲ願ヒマス

十二月廿六日午前ノコトデアッタ樣思ヒマス自分ノ不在中ニ森川ガ自ラ厚生舘ニ參リ吉田ト自分ト二人分デ之レ丈ケ返シテ置クカラ受取ッテ置イテ吳レ殘リハ又追デ返スト云フ意味ノコトヲ認メタ手紙ト返シテ來タ金トヲ一緒ニ致シタモノヲ女中ニ預ケテ歸リマシタシカ其晩デアッタカト思ヒマスガ吉田虎之助ガ厚生舘ニ來リ森川ヲ通シテ千圓渡シテ吳レタコトノ御禮並ビニ其金ハ自分等ハ復黨スルニ至ッタカラ全部返ス積リデアッタケレドモ內三百圓丈ケハ使ッテ仕舞ッタカラ七百圓丈ケ返シテ吳レル樣ニト森川ニ賴ンデ七百圓同人ニ渡シテ置イタガ受取ッテ吳レタカト申シマシタカラ自分ハ同人ニ對シ君ノ分ガ七百圓デアッタカドウカ夫レハ分ラヌガ兎ニ角森川カラハ二人分トシテ千圓受取ッタト咄シテ置イタコトガアリマス

6 問 然ラバ被告ト吉田トガ右咄ヲ爲シタル際誰カ傍ニ之ヲ聞イテ居ッタモノデモアルカ

答 能ク考ヘテ見マスレバ其話ヲシタトキハ吉田ガ本出保太郎ト共ニ自分方ヘ參ッタトキノコトデハナカッタカト思ヒマス兎ニ角本出ガ森川ハズルイ奴ジャ吉田君ヲ馬鹿ニシテ居ル一ッ話ヲセネバナラヌデハナイカト申シマシタラ吉田ガ傍カラ併シ森川ハ既

ニ朝鮮ヘ渡ッテ仕排ツタカラ化方ガナイト申シタコトガアル樣ニ記憶シマス夫レ故本出ハ其話ハ能ク承知シテ居ルコト、思ヒマス

右讀聞セタル處承認シタリ

被告人 白川友一

大正四年八月七日

於高松地方裁判所

同廳

裁判所書記 北岡楹二郎 ㊞

豫審判事 角南美賀 ㊞

㊞

被告人林田龜太郎第三回調書

1 問 林田龜太郎ナリヤ

答 左樣デアリマス

2 問 當初被告ガ大浦子爵ト白川トノ中間ニ立チ本件ニ關スル連鎖トナリシ動機ハ如何

答 自分ハ熊本出身デ始メカラ政友會系統ニ屬シ東京ニ出テ以來金子子、故陸奥伯、伊藤公、等ニ引立テラレ明治三十年松方内閣ノ際書記官長トナリマシタガ伊藤公ガ隈板内閣ニ内閣ヲ引繼カントシタル際自ヲ理想ノ政黨ヲ造ルベキ必要アルコトヲ伊藤公ニ勸告シ之レガ爲メニ所謂今ノ政友會ガ出來タノデアリマス左樣ナ干係カラシテ自分ノ友人ナドモ取リ分ケ政友會ニ關シテ居ル者ガ多イノデアリマス然ルニ其後伊藤公薨ジ西園寺公又政友會ヲ去リ現今ノ政友會ノ態度ニ至リテハ昨年ノ豫算問題ニ對スル貴族院ニ於ケル態度航路補助問題ニ對スル態度等政友會本來ノ根本義タル國家本位主義ヲ捨テ黨派本位ニ傾キ居レルヲ面白カラズ思ヒ居リタル處恰モ本件ノ増師問題ノ如キハ諸外國トノ干係上一日モ之レヲ忽カセニスルコト能ハザルモノニシテ自分モ素ヨリ其必要ヲ認メ居リタルニ偶昨年十二月第三十五議會召集ノ當初大浦子爵カラ自分ニ對シ増師ニ付テハ十分盡ッテ吳レト云ハレタコトガアリマスノデ自分ハ大ニ盡サウト思ウト答ヘテ置キマシタ之レガ卽子爵ト自分ガ増師問題ニ付干係スルニ至リシ初メデアリマス

政府ハ是非増師案ヲ通過セシメントシ今若シ政友會ガ之レニ反對スレバ衆議院ヲ解散シテモヨイ政友會ノ横暴ハ夙ニ世人モ認メテ居ルカラ今解散スレバ會員ガ減ズルニ違ヒナイ何ニカ口實ガアッタラ解散シヨウト政府ハ考ヘテ居タノデアリマスガ増師反對ノ旗幟ヲ示シ政友會連中ニ増師案ニ對シテハ一方解散ヲ恐レテ議會ヲ圓滿ニ通過セシメント圖リ爲メニ増師ニ贊成スル連中ト一方正約派トモ称スベキ解散ナドニ頓着ナク極力増師贊成熱ヲ鼓吹シテ居ル連中トガ出來其歩調整ハサル狀態デアッタガ所謂厚生館組ト稱スルモノモ右正義派ノ一ニ屬シ運動シテ居リマシタ十二月十三四日頃デアッタ樣ニ思ウ大浦子爵ガ自分ニ對シ近來新聞ノ記事ニ依レバ白川等ハ厚生館組ト稱シ大ニ増師贊成者ヲ糾合シ盛ニ運動シテ居ル樣デアルガ彼等ハ誠心誠意増師贊成論者カ若ハ白川トハ懇意デアル樣デアルカソーカト尋ネラレマシタカラ自分ハ子爵ニ對シ左樣仲々厚生館組ハ盛ニ遣ッテ居ル樣デス自分ハ白川トハ懇意デアリマスカラ一ツ當ッテ見マシヨウト答ヘマシタラ子爵ハソレナラ一ツ樣子ヲ探ッテ見タラドウカト申シマスカラ自分ガ厚生館組ノ樣子ヲ探グル事ニナリ前回モ申上ゲマシタ通リ自分ガ厚生館ニ白川ヲ訪ヒ同人ニ對シ仲々盛ニ遣ッテ居ル樣デアルガ二個師團ハ目下ノ急務デアルカラ國家ノ爲メニ十分努力シテ吳レ賜ヘ黨議ヲ以テ議員ヲ拘束スルト云フガ如キハ我憲法ノ精神ニ反スル處デアル故ニ黨議如何ニ拘ハラズ大ニ遣リ賜ヘト申シ憲法論ヲ擬リ廻ハシマシタ而シテ今ドノ位同志ガ集マッテ居ルカト尋ネマシタラ白川ハ連判狀ニ署名シテ居ル者丈ケデモ三十幾名アル倚今後二十名位ハ集メル積リデアル一個政友會幹部連ノ増師案ニ對スル態度ハ甚ダ面白カラズ之レヲ以テ政權爭奪ノ具ニ供セントスル傾キガアルカラ自分等ハ脱黨ヲ賭シテモ極力遣ル積リデアル就テハ費用モ多少ハ要スルガ僅カノコトナラバ自分デ出スガ今都合ガ惡イカラ何ントカナルマイカ事務所モ設ケネバナラヌカラト申シマスカラドノ位アレバヨイカト聞キマスト三千圓モアレバ澤山ダト申シマスカラ實ハ大浦子爵ニ相談上手許ニ預ッテ居ル機密費ノ内カラ三千圓ヲ同人ニ渡シマシタ

8 問 斯クノ如クニシテ前回申立タルガ如ク白川等ニ遂ニ塊ッタ軍用金ヲ投ズルニ至ッタノカ

答 左樣デアリマス

4 問 然ラバ今一應詳細ニ其關係ヲ申述ベヨ

答 右ノ如ク三千圓ヲ白川ニ渡シテ後更ニ白川カ自分ニ對シ關東組東海組議長官舍組等段々曖昧ノ團體ガ出來テ幹部ノ連中ニモ欵ヲ通ズルモノガ追々出來テ來タ風デアルカラ此度デ一芝居打ッタラ面白カロウト思ウソースレバ金ノ二三萬圓ハ少クトモ入ルコトデアルガ何ントカナルマイカト申シマスカラ其事ヲ大浦子爵ニ相談シタ處子爵ハ夫レハ何ントカ工風ガ出來ルカラ君ガ白川ヲ信用スルナラ一ツ遣ラシテ見ヨ併シ我ガ金ヲ出スト云ウテハ面白クナイカラウツリノ良イ樣ニスル爲メ君カラ白川ニ對シテハ白川ガ自ラ出シテ遣ッテ居ルモノ、樣云ヒ含メテ置ケト云フコトデアッタカラ前回モ申上ゲマシタ如ク其事ヲ白川ニ能ク云ヒ含メテ置キマシタ

愈塊マッタ金ヲ子爵カラ出スト云フコトニナッテカラ此事ヲ白川ニ返答シタノハ十二月十八九日頃デアッタ樣ニ思ヒマス厚生館ニ自分ガ參リ白川ニ其話ヲシマシタスルト白川モ増田ハ自分ノ參謀デアルガ同人ニ一ッ話シテ置カネバナラヌト云フタノデ増田ヲ呼ブコトニナリ白川カラ増田ニ引合ハサシテ其話ヲシテ置キマシタ夫レデ其時其金ガ子爵カラ出ルノデアルト云フコトハ白川ニモ増田ニモ能ク話シテ置キマシタ而シテ金ハ主トシテ光琳ニ渡シタ樣ニ思ヒマスガ増田ニ渡シタ金及白川ニ渡シタ金ハ子爵ノ處ヘ行キテ手許ニ準備ノアル丈ケ七千圓ナラ七千圓一萬圓ナラ一萬圓ト云フ風ニ受取ッテ來テ渡シタモノデ前ニモ申上ゲマシタ通リ三萬二千圓ニナルト思ヒマス或ハ此外未ダ七八千圓程一度渡シタノヲ忘レテ居ルカモ知レマセヌカラ一言斷ッテ置キマス總テ是等ノ金ハ増田ニ渡シタトキデモ白川ニ渡シタ時デモ一々受取證ヲ取リテ子爵ノ方ヘ廻ハシテアリマス夫レハ自分ガ子爵カラ受取ッタ金ヲ何等不都合ナク其儘増田ナリ白川ニ渡シタコトヲ證明スル爲メデアリマス之レニ依ッテ自分ハ自分ノ責任ハ期諸免除ニナッテ居ルモノト心得テ居リマス

6 問 大浦子爵ハ被告ニ對シテ關東組ノ板倉中ニ金ヲ渡シタコトヲ話シタノデハナイカ

答 之レニ付イテ申上ゲマスガ十二月廿一日頃デアッタト思ヒマス白川ガ自分ニ對シ過半數ヲ占ムル爲メニハ板倉等ヲ是非手ニ入レネバナラヌガ板倉ハ仲々頑強ナ奴デ自分ノ手ニハヱヌカラ之レ等ヲ甘ク手ニ入レルニ付イテハ他ノ方面カラ一ッ遣ッテ貰ラヘマイカト申シテ居リマシタカラ自分カラ其話ヲ子爵ニ申シマシタラ子爵ハ夫レハ一ッ考ヘテ見ヨウト云ハレマシタ其後二十二日晩カ廿三日ノ午前中デアッタト思ヒマス子爵ノ内デアッタカ又ハ議事堂デアッタカ其處ハ能ク覺ヘマセヌガ子爵ガ自分ニ對シテ君板倉ノ方ハ咄シガ付タヨト咄サレマシタ夫レヲ聞キテ自分ハ其時直覺的ニ板倉ニ金ヲ渡サレタモノデハアルマイカト感ジマシタ夫レ故白川ニ對シアソウユウ意味ノ話ヲシ分ノ議長室デ咄シマシタ自分ノ頭ガ現ニ其通リデアリマシタカラ自分カラ聞イタ白川ノ頭ヘモ自分ノ感ジタ通リ響イタカモ知レマセヌ夫レデ白川ガ板倉ハ自分カラ金ヲ貰ッタ外ニ尚直接子爵カラ金ヲ貰ッテ居ルモノトシタモノデアルマイカト思ヒマス其夜半時分ニ白川カ虎ノ門ナル自分ノ官舍ヘ參リマシテ板倉ハ不都合ナ奴デアルカラ大喧嘩ヲシテ此通リ脱黨屆ヲ引キタクッテ取ッテ來タト申シテ居リマシタガ其時ノ其餘ノ模樣ニ付イテハ前々申上ゲマシタ通リデアリマス而シテ其後其脱黨屆ヲ寫眞ニ撮ッテ居タノヲ見マシタコトモ亦前ニ申上ゲマシタ通リデアリマス

6 問 子爵ガ被告ニ對シ板倉ノ方ハ話ガ付イタト云ハレタコトハ事實被告ガ其當時直覺的ニ考ヘタ通リ金ヲ與ヘテ増師案ニ贊成サセルコトニ話ガ付イタト云フ意味デハナカッタカ

答 子爵ハ御承知ノ通リ警戒性ノ強イ人デ非常ニ注意深キ方デアルノデ制ッテハ其通リ云ハレナカッタノデアリマスガ尚申シマス通リ自分ハ板倉ニ金ヲ遣ッテ増師案ニ贊成サスコトニシタト云フ意味ニ感ジマシタケレドモ果シテソウカ如何カ夫レハ分リマセヌ當時印幡沼附近埋立工事ノ件ニ付テ板倉關、小山田等關東組ノ連中ガ其工事ノ出願者ニナッテ居ルノデ夫レガ許可ニナレバ十萬圓以上ノ利益ニナル見込ミデアッタノデ之レヲ許可スルコトニナッテ増師案ニ贊成サセ夫レデ子爵カ咄シカ付イタト云ハレタノカモ知レマセヌ其處ハ眞實ハ分リマセヌ

7 問 白川ハ子爵ニ決算報告シタ通リ被告ニモ報告シタノデハナイカ

答 白川ガ自分ニ對シテ報告ショウト思ウテ居ルト申シタコトガアリマスカラ前ニモ申シ上ゲマシタ通リ金ノコトデアルカラ直接子爵ニ報告シテ置イタラヨカロウト云フテ置キマシタガ其後白川ハ子爵ニ報告シタト云ウテ居ッタケレドモ自分ニハ金ハ一萬五六千圓餘ッタト云フタ外直接白川カラ誰ニ幾許渡シタト云フ樣ナコトハ聞イテ居リマセヌ又子爵カラハ精算ナドヲスルニ似合ハナイ白川ハ正直ナ奴デアルト云フコトヲ聞キマシタノミデアリマス

8 問 其時被告ハ白川カラ金ヲ貰ウテ居リハシナイカ

答 子爵カラ受取ッタ金ヲ増田ナリ白川ニ渡ス際五百圓一度ト又五百圓(千圓デアッタカモ知レマセヌ)一度ト受取リ後ニ十二月三十日花屋ニ於テ二千圓(千五百圓デアッタカモ知レマセヌ)白川カラ使ヲ以テ送リ屆ケテ吳レマシタカラ受取リマシテ都合三千圓ヲ貰受ケマシタ併シ夫レハ自分ガ本件切崩シニ關係シタ爲メ其報酬トシテ貰ッタモノデハアリマセヌ豫テ白川ガ自分ニ對シ朝鮮ニ於テ鐵道工事ノ指名入札ガアルカラ特ニ自分ヲ之レニ加ヘテ貰ウ樣運動シテ吳レ成功シタラ三千圓位ヲスルト云フテ居ッタカラ朝鮮鐵道ノ長官デアル大屋權平ニ其話ヲシタラ許シテ吳レルコトニナッタカラ其御禮ニ貰ッタモノデアリマス

9 問 大浦子爵カラ白川ニ金ヲ遣ッタト云フ咄シハ聞カナカッタカ

答 何ンデモ新聞紙經營費トシテ七千圓白川ガ貰ッタト云フコトヲ聞キマシタ

10 問 予審カ白川ニ渡シタ右數萬圓ノ金ハ政友會切崩シノ爲メニ要スル買收費タルコトハ違ヒナイカ

答 議員ノ今日ノ有樣ハ贊成シテ居ッテモ金ヲ貰レネバ動カナイト云フ傾向ニナッテ居ルノデ現ニ增田ノ如キ自ラ金ヲ握ッテ居ルノデアリマスカラ誤當ッテ目的ノ爲メニハ手段ヲ擇ブ能ハズト云フノデ遣ッタモノデアリマシテ自分ノ衷心ヲ申上ゲマスレバ所謂增師案ヲ贊成セシムル爲メニ議員ニ金ヲ與レルノデアルカラ買收費デアルト云ハレテモ蓋シ止ヲ得ント思ヒマス自分モ當初白川ニ金ヲ渡ス際其金ハ增師贊成議員ニ遣ルノデアルト云フコトハ實ハ承知シテ居リマシタ

右讀聞セタル處承認シタリ

被告人 林田龜太郎

大正四年八月八日

高松地方裁判所ニ於テ

同廳 裁判所書記 北岡儀三郎 印

豫審判事 角南美貴 印

被告人增田穣三第七回調書

1 問 增田穣三ナリヤ

答 左樣デアリマス

2 問 今一應念ノ爲メ聽カメ置クガ被告カラ金ヲ渡シタ連中ハ

板倉中
長谷川敬一郎
武市庫太
村井啓四郎
高鍋篤郎
太田直次

ノ六名ニ相違ナイカ

答 相違アリマセヌ

8 問 是等ノ者ニ金ヲ渡シタ坪山及其時ノ模樣等ハ是迄申立テ、居ル通リ相違ナイカ

答 相違アリマセヌ但長谷川敬一郎ニ對シテハ是迄廿六日頃ニ厚生館ニ於テ濱田政壯ノ手ヲ經テ渡シタ樣申上ゲテ居リマシタガ能ク考ヘテ見マスルト夫レハ廿二三日頃デアッタ樣ニ思ヒマス從ッテ濱田カラ長谷川ニ金ヲ遣ッテ吳レト要求シマシタノガ廿日頃デアッタト思ヒマス其他ノ點ニ付テハ是迄申上ゲテ居リマス通リ相違アリマセヌ只其日時ニ記憶違ヒガアリマシタカラ今日訂正致シマス尙高鍋篤郎ニ渡シタ金ガ最初百圓デ後ニ渡シタノガ二百圓カ三百圓デアッタカモ知レマセヌ其點ガ記憶ガハッキリシマセヌカラ一言申添ヘテ置キマス其他ハ是迄申上ゲテ居リマス通リ相違ナイト思ヒマス

4 問 以上六名ノ者ハ總テ脫黨屆ニ署名セシメテ之レト交換的ニ各金ヲ渡シタモノカ

答 中ニハソンナモノモアッタカモ知レマセヌガ自分ヨリ渡シタ分ハ板倉ト太田ヲ除ク外ハ總テ脫ヲ許シテモ構ハント云フ連中計リデアッテ先方ヲ信用シ增師案ニ贊成シテ吳レルト云フカラ渡シタモノデ脫黨屆ニ署名セネバ金ハ渡サント云フ樣ナ四角張ッタ交涉ヲシタモノ一モノデハアリマセヌ

5 問 板倉ニ渡シタ一萬圓ハ始メノ五千圓ハ待合藤村デ後ノ五千圓ハ其後一兩日ヲ經テ厚生館ナル被告ノ部屋デ渡シタモノデハナイカ

答 自分ハ前ニ申上ゲマシタ通リ二回共藤村デ渡シタ樣ニ思ヒマスケレド或ハ後ノ五千圓ハ厚生館デ渡シタカモ知レマセヌ兎ニ角二回ニ一萬圓渡シタモノニハ相違アリマセヌ

右讀聞セタル處承認シタリ

被告人 增田穣三

大正四年八月十一日

高松地方裁判所ニ於テ

同廳 裁判所書記 北岡儀三郎 印

豫審判事 角南美貴 印

大正四年六月二十七日午後八時起訴 白川友一

被告白川友一ハ衆議院議員ニシテ政友會ニ屬スルモノナル處大正三年十二月第三十五議會ニ於テ政府ヨリ師團增設案提出セラレ當時議員ノ多數ヲ占メ居レル政友會ハ黨議ヲ以テ議員ヲ結束シ議會ニ於テ該案ヲ否決セントスル形勢アリシヨリ該案ノ通過ヲ欲シタル被告友一ハ政友會議員ノ幾部ニ金員ヲ贈與シテ同會ヲ脫セシメ以テ該案ニ贊成セシメンコトヲ企テ同月中政友會議員ノ一人ナル板倉中ヲシテ脫會及增師案贊成ヲ約セシメ且同志ヲ結合スルコトヲ依囑シタル上金一萬圓ヲ同人ニ交付シタリトノ事實

大正四年七月二十八日起訴 林田龜太郎

被告ハ大正三年十二月第三十五議會ニ於テ政府ヨリ師團增設案提出セラレ當時衆議院ニ於テ議員ノ多數ヲ占メ居タル政友會ハ黨議ヲ以テ議員ヲ結束シ議會ニ於テ該案ヲ否決セントスル形勢ナリシヨリ當時政友會ニ屬スル議員ニシテ該案ノ通過ヲ欲シ同志ノ糾合ニ奔走シ居タル白川友一外數名ト謀リ政友會議員ノ幾部ニ金員ヲ供與シ同會ヲ脫セシメ以テ該案ニ贊成セシメンコトヲ企テ同月中政友會議員板倉中外十數名ヲシテ脫會及增師贊成ヲ約セシメタル上同人等ニ約四萬圓ヲ交付シタリトノ事實

大正四年七月三十一日起訴 增田穣三

被告穣三ハ大正四年六月廿七日白川友一ニ對シ及ヒ同年七月廿八日林田龜太郎ニ對シ起訴シタル瀆職ノ事實ヲ同人等ト共ニ犯シタルモノナリトノ事實

大正四年八月七日起訴 白川友一
同 增田穣三
同 森川源吾
同 村井啓四郎

被告友一及穣三ハ衆議院議員ニシテ大正三年十二月召集セラレタル第三十五帝國議會ニ於テ二個師團增設ニ干スル政府案ノ通過ヲ計リ同志ヲ糾合シ居リタル處其所屬ノ政友會ガ黨議ヲ以テ議員ヲ結束シ該案ヲ否決セントスル形勢アルヲ察知シ時ノ衆議院書記官長タリシ林田龜太郎等ト謀リ政友會議員ノ一部ニ金圓ヲ贈與シ該案ニ贊成セシメンコトヲ企テ同月中政友會議員タル被告源吾、啓四郎外十數名ノ議員ヲシテ政友會脫會及增師案贊成ヲ約セシメタル上同人等ニ各別ニ金數千圓宛ヲ贈與シ被告源吾及啓四郎ハ被告友一及穣三等ニ對シ右增師案ニ贊成スベキコトヲ約シコレガ報酬トシテ同月廿三日頃被告友一、穣三等ノ旅宿ナル東京市京橋區木挽町二丁目厚生館內ニ於テ被告源吾ハ被告友一ヨリ金二千圓被告啓四郎ハ被告穣三ヨリ金一千五百圓ノ贈與ヲ受ケタリトノ事實

被告人白川友一第十二回調書

1 問 白川友一ナリヤ

答 左樣デアリマス

2 問 昨年十二月二十六日森川源吾ガ被告ニ返還シタト云フ金ハ千圓デアッタカ七百圓デアッタカ未ダ十分ニ記憶ヲ喚起セザルヤ

答 考ヘテ見マスレバ矢張リ千圓デアッタ樣ニ思ヒマス

3 問 森川ガ返シニ來タ時ハ被告ハ不在デアッタト是迄申立テ、居ルガ其實被告ハ森川ニ面會シテ其千圓ヲ受取ッタモノデハナイカ

答 森川ニハ面會シマセヌ其日ハ早朝增田ト共ニ本出ノ內ニ參リ夫レカラ首相官邸ヲ訪ヒ歸リマシタガ午後四時頃デアッタ樣ニ思ヒマス其留守中ニ前ニ申上ゲマシタ通リ持ッテ來テ返シテアッタモノデアリマス

4 問 被告ガ森川ニ吉田虎之助ノ分ト合セテ二千圓ヲ渡シタノハ夫レハ十二月ノ廿日カ廿一日頃デハナイカ

答 或ハ廿日カ廿一日デアッタカモ知レマセヌ

5 問 森川ト吉田ノ分トシテ森川ニ渡シタ二千圓ハ一回ニ渡シタモノカ二回ニ渡シタモノカ渡シタ場所ハ厚生館カ

答 無論一回ニ渡シタモノデ場所ハ厚生館ニ相違アリマセヌ

6 問 授受ノ際其傍ニ誰カ居ッタカ

答 誰モ其傍ニハ居リマセヌ

7 問 森川カ被告カラ其金ヲ受取ルトキ最後迄被告ト進退ヲ共ニスルコトハ出來ナイカモ知レヌカラ其時ハ勿論貰ッタ金ヲ返スガ萬一ソーナッタトキハ惡カラズ思ッテ受取ッテ吳レト念ヲ押シタコトガアルカ

答 左樣ナ念ヲ押サレタコトハアリマセヌ一寸貸セ貸スト云フ干係カラ不言ノ間ニ行ハレタ出來事デアリマス

8 問 森川吉田ニ渡シタ金ハ同人等ガ被告等ノ運動シテ居タ增師案ニ贊成シテ吳レル爲メニ吳レタモノデアルト前回申立テ、居ルガ其通リ實際相違ナイカ

答 其通リ相違アリマセヌ

9 問 被告ガ昨年十二月廿七八日頃增田穣三ニ吳レタト云フ三千圓ハ同人ガ被告ト共ニ解散前切崩シニ盡力シタ爲メノ報酬ニハ相違ナイカ

答 其通リ相違アリマセヌ

10 問 其切崩シヲ實行シタ當時即昨年十二月廿日頃ヨリ廿三四日頃迄ノ間ニ報酬ヲ遣ルト云フ約束ヲシテアッタ爲メデハナイカ

答 豫メ幾許遣ルトカ貰ウトカ云フ約束ハシテアッタモノデハアリマセヌ

11 問 明カニ明示的約束ハナカッタニシテモ暗ニ遲カレ早カレ遣ルコトハ極マッテ居タ譯デハナイカ

答 元來自分ト增田トハ夙ニ增師論者デアリマシテ國許出發ノ際縣ノ先輩ニシテ增師贊成論者タル鎌田勝太郎君ノ同意ヲ得テ增師案通過ヲ圖ルベキ決心ヲ以テ上京致シマシタ次第デ着京後モ兩名協力シテ增師案ノ通過ニ極力努メ從ッテ自分ト共ニ遂ニ切崩シモ萬事協力シテ實行致シマシタノデ自分共兩名ハ案其者ノ通過ヲ望ム外他意ナカッタノデアリマス自分ハ申スニ及バズ增田ニ於テモ若シ餘財アラバ自ラ進ンデ支辨セシ位ノ熱心デアリマシタカラ自己ガ報酬ヲ得コウト云フ考ヘハ無カッタノデアロウト思ヒマス又自分モ同人ニハ金ヲ與ヘコウト云フ考ヘハナカッタノデアリマスガ十二月廿八九日頃勘定ノ際金ガ意外ニ澤山餘ッタモノデアリマスカラ增田ハ餘リ資產モ多クアルト云フ譯デハアリマセヌカラ自分カラマアー取ッテ置ケト云ッテ三千圓ヲ渡シタモノデアリマス

12 問 夫レガ實際カ

答 眞實デアリマス全部事實ヲ申上ゲテ居リ

マス今日何ニヲ苦シンデカ此點ニ限リ僞リフ中立ヲマシコウ只今申述ヘマシタ通リノ事實ニ相違アリマセヌ

13 問 水間此農夫、濱田政壯ニ與レタ金ハ金高ガ三千圓ナルコトハ相違ナイカ

答 慥カニ相違アリマセヌ

14 問 若シヤ二千五百圓デハナイカ

答 決シテ二千五百圓デハアリマセヌ三千圓ニ相違アリマセヌ夫レハ昨年十二月廿六日ノ朝厚生舘ノ新階數二階入口ニ於テ水間カ新聞經營スルニハ三千圓是非入ルカラ三千圓迄是非出シテ吳レト云フテ自分ガ承諾シタノデアリマスカラ間違アリマセヌ

15 問 一體其金ハ何時ニ何處デ誰ノ手ヲ經テ何人ニ渡シタモノカ

答 前問ニ十二月廿六日ノ朝水間ニ請求セラレテ同日三千圓ヲ同人ニ渡シタ樣申立テヽ置キマシタガ能ク考ヘテ見マスレバ夫レハ二度目ノコトデアツタコトガ分リマシタ第一回ニ渡シタノハ十二月廿四日ノ早朝カ又ハ其前日廿三日ノコトデアリマシテ厚生舘ノ新階數二階増田ノ部屋ノ次キノ室ニ於テ自分ヨリ直接ニ水間ニ二千二百圓カ二千五百圓カ其處ハ今慥カニ判明シマセヌガ渡シタコトハ相違アリマセヌ然ル處只今モ申上ゲマシタ通リ水間カ自分ニ對シ新聞經營スルニ付是非三千圓ナケレネハナラヌカラモウ不足丈足シテ三千圓丈出シテ吳レト申シマスカラ然ラバ此間渡シタ金ヲ込メテ三千圓出スコトヲ承知スルト約束シテ二十六日カ七日頃ニ其不足分卽五百圓デアツタカ八百圓デアツタカヲ渡シタモノデアリマシテ夫レハ増田ガ水間ノ宿ナル岡本旅舘ニ同人ヲ訪ヒ渡シタモノデアリマス兎モ角渡シタ金ハ合計二回ニ三千圓デアリマシテ而モ夫レガ二回共水間ノ手ニ渡シタコトハ相違アリマセヌ

16 問 然ラハ被告ナリ増田カラ直接濱田ニ渡シタコトハ一回モ無イカ

答 増田ハ知リマセヌガ自分ハアリマセヌ

17 問 水間ニ渡シタ水間、濱田兩名分ノ三千圓ハ被告等ノ運動シテ居ツタ増師案ニ同人等ガ賛成シタル爲メニ渡シタル點ハ相違ナイカ

答 左樣デアリマス

右讀聞セタル處承認シタリ

被告人 白川 友一

大正四年八月十五日

於高松地方裁判所

同廳

裁判所書記 北岡權二郎 印

豫審判事 角南 美貴 印

印

被告人白川友一對質訊問調書

6 問 被告白川友一ニ對シ昨年十二月水間此農夫、濱田政壯兩名分トシテ水間此農夫ニ交付シタ金額ハ三千圓ニ相違ナイカ

答 決シテ相違アリマセヌ

7 問 愈三千圓ニ相違ナイカ

答 相違アリマセヌ

被告水間此農夫ニ對シ

8 問 白川ハ彼ノ通リ申立ツルガ如何

答 恐入リマシタ實ハ是迄強情ニ虛僞ノ申立ヲシテ居リマシタガ到底何時迄モ僞リノ押通セルモノニアラザルコトヲ觀念シマシタカラ以下包ミ隱サズ全部申上ケマス

昨年十二月二十四日頃厚生舘ノ二階ノ増田ノ部屋ノ隣室デ白川ヨリ二千二百圓ヲ受取リ續イテ同月二十六七日頃自分ノ止宿セル岡本旅舘デ増田ヨリ八百圓ヲ受取リ合計二回ニ三千圓ヲ受取ツテ居ルコトハ決シテ相違アリマセヌ

9 問 而シテ其三千圓ハ被告ト濱田ト兩名分トシテ受取ツタモノカ

答 勿論左樣デアリマス

10 問 然ラハ其半額千五百圓ヲ濱田ニ與ヘタカ

答 濱田ニハ千二百五十圓シカ渡シテアリマセヌ

11 問 何故千五百圓渡サヌカ

答 不足部分二百五十圓ハ後デ渡ス積リデアリマシタ

12 問 其事ヲ濱田ニ告ケ同人モ得心シ居ルカ

答 告ケテハ居リマセヌ

13 問 其後今日迄ニ其二百五十圓ヲ濱田ニ渡シテ居ルカ

答 渡シテ居リマセヌ

14 問 夫レハ甚不都合デハナイカ

答 恐縮ニ堪ヘマセヌ

右讀聞セタル處承認シタリ

被告人 白川 友一

大正四年八月十五日

於高松地方裁判所

同廳

裁判所書記 北岡權二郎 印

豫審判事 角南 美貴 印

印

被告人白川友一第十三回調書

1 問 白川友一ナリヤ

答 左樣デアリマス

2 問 本出保太郎、井阪光暉ノ兩名分トシテ本出保太郎ニ渡シタ金ハ二千圓ニ相違ナイカ

答 相違アリマセヌ

3 問 尙本出ニ對シテハ此外千圓渡シテ居ルコトモ相違ナイカ

答 夫レハ一寸貸シテ吳レト云フノデ貸シタモノデアリマス夫レ故前ニモ申上ゲマシタ通リ本年一月催促致シマシタ樣ナ次第デアリマス

4 問 本出、井阪ノ兩名分トシテ渡シタ二千圓ハ昨年十二月二十六日ノコトデアツタコトハ相違ナイカ

答 相違アリマセヌ

5 問 夫レハ今少シ前デハナイカ

答 前デハアリマセヌ

6 問 二十六日デアツタト云フコトヲ何故能ク記憶シテ居ルカ

答 増田ト同行シテ本出ノ宅ニ參リ同人ノ齒タ齒ヲ數枚宛貰ツテ來タ時ニ金ヲ渡シタコトヲ記憶シテ居リマスノデ恰度夫レガ解散ノ翌日デアリマシタカラ二十六日デアルト云フコトヲ記憶シテ居ルノデアリマス

7 問 其二千圓ハ授受ノ數日前卽二十三日頃本出カラ井阪ニ少シ金ヲ遣ツテ吳レト申込ミ唯ニ同人等ガ金錢要求ノ口吻ヲ洩ラシタ爲メ與ヘタモノデハナイカ

答 本出ガ始メテ厚生舘ニ來マシタノハ我々ガ脱黨屆ヲ提出シテ後ノコトデ卽昨年十二月二十二日ノコトデアリマスガ元來本出ハ昨年春第三十一議會ニ於テ自分等ガ減税運動ヲシテ居ツタ際政友會本部カラ間諜トナツテ入込ンデ來テ居ツタ事實ガアツタノデ自分等ニ於テモ實ハ同人ヲ疑ツテ居リマシタ現ニ二十三日ノ晩自分ガ藤村ニ乘込ンデ板倉ニ對シ談判シマシタ際モ本出ガ自ラ進ンデ自分ニ追尾シテ來マシタモノデ自分ニ於テハ左樣ナ關係カラ板倉ニ對スル談判ノ際モ非常ニ警戒シテ談判シタモノデアリマス又他ノ者ニ渡シタ金ニ付イテモ本出ニハ絕對秘密ヲ守ッテ居リマシタ夫レ故同人ガ金錢ノ要求ヲシタコトガアル樣ニハ思ヒマセヌ

8 問 要求モシナカツタモノトスレバ被告ガ自ラ進ンデ渡シタモノニ相違ナイガ何ンノ意味デ渡シタモノカ

答 夫レハ同人等ガ増師案ニ盡力シテ吳レタノミナラス二十五日ノ朝一旦吾妻屋支店ノ決議ニ基ツキ復黨シテ居ツタニ拘ラス自分等ガ除名セラレタコトヲ聞イテ自分等ト進退ヲ共ニセ子ハナラヌト云フテ再ヒ脫黨シ大正俱樂部ノ院内幹事トシテ活動シテ吳レマシタカラ是等ノ行爲ニ酬ユル爲メ報酬トシテ渡シタモノデアリマス

9 問 然レドモ増田ハ被告カラ二十三日頃本出ガ井阪ニ金ヲ少シ遣ツテ吳レト云フガ遣ロウカドウカト相談ヲ受ケ遣ツテモヨイデナイカト答ヘテ置イタコトガアルト申立テヽ居ルガ今若シ増田ノ言ニシテ眞ナリセバ被告ハ本出カラ要求セラレタコトガアル爲メ其事ヲ増田ニ話シタモノト思ハルルガ二十三日頃本出カラ要求セラレタ事實ハナイカ

答 本出ガ左樣ナ申込ミヲシタト云フコトハ斷シテナイトモ申上ケ兼ネマスガ又同時ニ然ラハ愈何處デ如何ナル機會ニ申込ンダカト云フコトモドウモ記憶ニ存シマセヌ

10 問 井阪ニ遣ツタ千圓ハ之レハ如何ナル關係カラカ

答 金ハ勿論同人ガ自分等ト行動ヲ共ニシ増師ニ賛成シ脫黨迄シタノデアリマスカラ其報酬ノ心持チデアリマス其金ヲ本出ニ托シタ譯ハ本出ト同樣大阪府選出ノ代議士デアツテ一二度厚生舘ヘ來マシタカラ自分モ増田モ餘リ能ク同人ヲ知ツテ居ル譯デハアリマセヌケレドモ夫レハ本出ガ連レテ來タモノト信シテ居ツタカラデアリマス

11 問 井阪カラ請求シタト云フ樣ナコトハナイカ

答 アリマセヌ

12 問 井阪ハ本出カラ千圓受取ツタト被告ニ話シタカ

答 話シタコトハアリマセヌ

13 問 井阪ニ千圓渡ツテ居ルコトハ相違ナイカ

答 知リマセヌ併シ多分本出ガ渡シテ吳レテ居ルモノトハ信シテ居リマス

14 問 井阪ノ分ヲ本出ニ托スルトキニ本出ニハ何ント云フテ托シタカ

答 能クハ覺ヘマセヌガ井阪ノ來ルベキ選擧費ノ補助ニデモシテ吳レト云フ趣意デ自分カラカ又ハ増田カラカ話シテ渡シタモノデ本出ノ分ト合セテ二千圓増田カラ本出ニ渡シタモノデアリマス

15 問 其際誰カ傍ニ居ツタ者ガアルカ

答 本出ト増田ト自分ノ外傍ニハ誰モ居リマセナンダ而シテ渡シタ場所ハ赤阪田町ノ本出ノ宅ノ二階ノ室デアリマシタ

16 問 關信之介、太田直次ノ關係ニ付イテハ是迄ノ申立通リ違ヒナイカ

答 今迄ノ申立ハ甚ボンヤリシテ居リマシタガ能ク考ヘテ見マスレバ關ニ渡シタノハ五十圓デアリマシテ十二月廿日ヨリ未ダ前デアリマス而シテ其金ハ關ガ厚生舘ノ自分ノ部屋デ自分ニ對シ車貸ガ入ルカラ一寸五十圓貸シテ吳レト云ヒマシタカラ眞ノ車貸ノ意味デ自分ノ持チ金ヲ貸シタモノデアリマス夫レハ林田カラ金ヲ受取ルヨリ前デアツタト思ヒマス太田ニ渡シタノハ二百圓ニアラズシテ三百圓デハナカツタカト思ヒマス而シテ其金ハ自分カラ渡シタモノデナクシテ増田カラ渡シテ居ルモノヽ樣ニ思ヒマス

又其掛合ヒモ萬事増田ガ其衝ニ當ッタ様記憶シマス其三百圓ハ同人ガ費用ガ入ルト云フノデ増田カラ出シタモノヽ様思ヒマス而シテ政ハ其金ハ後ニ増田ノ手ニ返還シテ來タ様ニモ思ヒマス果シテ其通リデアリマシタラ子爵ニ出シタ計算書ニハ太田ノ分ハ餘セテ居リマスマイト思ヒマス従ッテ八月一日御調ベノ際自分ガ認メマシタ計算書ノ記載モ殘ルコトニナリマス此太田ノ分ニ付イテハ勘定ノ際ノ勘定ガ合ヒマセナンダノデ増田ガ太田ニ渡シタ三百圓ヲ受取ッテ居ッタガ夫レヲ忘レテ居ッタト云フテ持出シタコトワ検事カラ取調ベラレテ思ヒ起シマシタ

17問 板倉ニ渡シタノハ壹萬圓ニ相違ナイカ
答 相違アリマセヌ夫レヲ二回ニ渡シタモノデアリマス

18問 二回トモ増田カラ渡シタカ
答 左様デアリマス板倉ニ對シテハ主トシテ増田ガ其衝ニ當ッテ居リマシテ金錢授受ノ日時場所其他ノ干係ハ詳細同人ガ承知シテ居リマスト思ヒマス二十三日ノ厚生館ノ會合ニ關東組ノ連中ガ一名モ來ナカッタ爲メ板倉等ノ眞意ヲ疑フニ至リ同日午後増田ガ藤村ニ板倉ヲ訪問シ時間カヽズシテ歸ッテカラ後自分ガ始メテ増田ニ代リテ談判ノ衝ニ當ル様ニナリマシタモノデアリマス

19問 二十三日ノ夜藤村ニ於テ板倉ト談判ノ模様ハ是迄ノ申立デノ通リ別ニ相違ハナイカ
答 相違アリマセヌ

20問 同夜板倉ノ處ヨリ歸途林田ノ處ヘ寄ッタコトハ相違ナイカ
答 夫レハ相違ナイト思ヒマス

21問 其時板倉等ノ脱黨屆ヲ林田ニ見セタコトハナイカ
答 或ハ左様ナコトガアッタカモ知レマセヌ何分自分モ其當時ハ激シテ居リマシタカラ何ウシタヤラ今記憶シテ居リマセヌ

22問 其後板倉カラ談判ノ末取返シタ金ハ四千圓ニ相違ナイカ
答 相違アリマセヌ又取返シタトキノ總テノ狀況ハ前ニ申立テヽ居リマス通リデアリマス

23問 板倉ガ四千圓ヲ被告ニ提供シタ際全部一萬圓ヲ面前ニ差出シテ四千圓丈ケ返シタカ又ハ只四千圓丈提供シタカ
答 現金四千圓丈差出シ六千圓ハ今金ガナイカラ後デ拂ウト申シ何内上ケマシタ通リ六千圓ノ證書ヲ差入レタモノデアリマス決シテ壹萬圓全部ヲ差出シタコトハアリマセヌ

24問 本年六月二十一日被告カ板倉ト被告宅ニ於テ會見スルニ至ッタ事情ハ是迄申述ヘテ居ル通リカ
答 左様デアリマス本年六月十九日夕刻板倉中ニ對シ大阪驛前ヒサゴニ來イト云フ電信ヲ發シマシタ夫レハ本出ガ檢事局デ取調ヘヲ受ケタト云フコトワ同人カラ自分ニ通知シテ來マシタカラ板倉ニモ本出ニ會見セシメ本出ガ取調ヘラレタ模様ヲ聞取ラシメテ置キ度ト思フタカラデアリマス尚自分モ其時大阪ヘ參ル積リデアリマシタケレドモ丁度其時當地檢事局ニ呼出サレ參ルコトガ出來マセナンダカラ自分ハ參リマセナンダガヒサゴデ板倉ト本出ヲ會見セシメ度ト思フテ板倉ニ打電シタノデアリマスカラ其時山縣岡前山長旅舘カラ自分自ラ電話デ本出ニ對シ同朝八時頃板倉ガ大阪驛ニ下車スルカラ同人ニ會見シ取調ベラレタコトヲ話シテ遣ッテ吳レト通話シテ置キマシタ恰度都合能ク板倉ハ本出ニ面會シ本出カラ取調ベラレタトキノ話ヲ聞イタソーデアリマス自分ハ板倉ニ高松ヘ來イト云フテ遣ッタモノデハアリマセヌガ本出ガ高松ヘ行キ白川ニモ逢フテ居ケト云フタ爲メカ板倉ガ二十日夜岡山縣前山長旅舘マデ來リ東京ヨリ歸途ニアリシ自分方店員坂本和吉ト右山長デ落合ヒ翌二十一日板倉ハ坂本ト同道シ高松市一番丁ナル自分ノ寓居ニ訪子テ參リマシタ夫レデ自分モ同人ト會見シ互ニ秘密ヲ確守スベク誓約シ約一二十分交話ノ末別レマシタ其當時ノ模様ニ付イテハ既ニ是迄申上ケテ居リマス通リデアリマス

24問 藤村ニ乗込ンデ板倉ト談判シタ際ニ其傍ニ日向輝武ガ居ッタノデハナイカ
答 左様デアリマス尚本出ガ自分ニ追尾シテ參リ談判ノ模様ハ兩名トモ能ク知ッテ居ルト思ヒマス兩氏モ其當時自分ノ主張ヲ是ナリトシテ板倉ニ對シ自分ノ要求通リ態度ワ明カニシ約束通リ行動ワ共ニスルカ然ラザレバ預ッタモノハ返スカ二途何レカ其一ツニ出ツベキモノデアルト云フ意味ノ話シヲ致シマシタ

25問 林田カラ被告ガ受取ッタ金ハ結局幾許トナルカ其受領ノ日時場所如何
答 受取ッタ場所ハ自分ノ受取タ分モ増田ノ受取ッタ分モ總デ築地ノ光琳デアリマス受取ッタ總額ハ自分ガ二回光琳デ幾許増田ノ何回デ幾許カ記憶シマセヌガ結局兩方デ合計四萬圓位デアルコトハ動キマセヌ

26問 金ハ總テ光琳デ授受サレタコトハ相違ナイカ
答 自分ノ分ハ光琳デ二回受取タト云フコトハ決シテ相違アリマセヌ増田ノ分ハ能ク分リマセヌケレトモ光琳デアルコトハ違ナイト思ヒマス

27問 被告ガ林田カラ金ヲ受取ッタトキハ其都度誰カ傍ニ居ッタカ
答 誰モ居リマセヌ光琳ノ奥ニ階デ自分ト林田ノ只二人キリノ處デアリマシタ其都度林田ハ小サイ鍋デ鶏肉ノ水煮デ酒ヲ飲ンデ居リマシタ

28問 女中モ傍ニハ居ナカッタカ
答 女中モ誰モ居リマセナンダ

29問 金ヲ受取ル都度證書カ受取證様ナモノヲ林田ニ渡シタカ
答 ソンナコトハ能ク記憶シマセヌガ自分カ幾許受取タト云フコトヲ示ス位ナモノヲ書イテ渡シタカモ知レマセヌ

30問 林田カラ先ヅ一番ニ金ヲ受取ッタノハ三千圓デハナイカ
答 ソンナコトハ決シテアリマセヌ壹萬圓(或ハ端カ付テ居ッタカモ知レマセヌ)デアッタ様ニ思ヒマスソンナ三千圓ト云フガ如キ小サイ金デハアリマセヌ

31問 林田カラ選擧用金ヲ出シテ貰ウコトニナッテ最初受取ッタノガ何日カ
答 始メハ昨年十二月廿二日頃ト思フテ居リマシタガ能ク考ヘテ見マスレハ夫レヨリ前デアリマシタ

32問 何時頃カ
答 廿日前後デアッタト思ヒマス

33問 最初金ヲ受取ルトキ其金ガ子爵大浦兼武ヨリ出タ金デアルト云フコトヲ林田ヨリ聞イタコトハ相違ナイカ
答 塊ッタ金ヲ林田翰長ヨリ受取ル様ニナッテカラ金ハ大浦子爵カラ出ルノデアルト云フコトヲ同翰長ヨリ聞キマシタ

34問 其金ガ政友會切崩シニ要スル買收費カ
答 夫レハ増師案通過ヲ圖ル爲メニ要スル總テノ軍用金デアリマス

35問 其實被告ハ其軍用金ワ以テ主トシテ買收費ニ充テヽ居ルノデハナイカ
答 無論御尋子ノ通リ買收費ニ主トシテ使ッテ居リマス又其他ノ費用ニモ使ッテ居リマス又十分ノ四ハ返還致シマシタ

36問 被告ナリ増田カラ其金ノ幾部ヲ森川源吾、吉田虎之助、水間此農夫、武田政壯、本出保太郎、井阪光暉、太田直治、關信之介、板倉中、村井啓四郎、武市庫太、長谷川敬一郎、高鍋篤郎、等ニ渡シテ居ルカ無論一々特ニ其金ニ付イテ證書ナリ其他書付ヲ取ッテ居ルト云フ様ナコトハアルマイナ
答 板倉ノ六千圓ノ證書ノ外ハ一切ソンナモノハアリマセヌ

37問 是等ノ者ニ金ヲ渡シタ際ニハ其傍ニ誰モ居ラナカッタコトハ勿論他ノ人ニ渡シタ話ヲシタコトモナイカ
答 自分ノ渡シタ分ハ無論授受ノ際傍ニ誰モ居リマセズ又授受シタコトヲ人ニ話シタコトモアリマセヌ併シ増田ノ渡シタ分ハ知リマセヌ

38問 増田ト被告ノ外ニハ然ラハ他ニ知ッテ居ル者ハナイノ答デアルカ
答 自分トシテハソウ思ヒマス

39問 被告ハ大浦子爵邸ヘ決算報告ニ參ッタノハ十二月三十一日デアルト思フト申立テタガ其通リカ
答 三十一日デアッタト思ヒマス

40問 其時増田モ一緒ニ行ッタノデハナイカ
答 能ク考ヘテ見マスレバ増田ヲ同行シテ參ッタ様ニ思ヒマス

41問 子爵ニ計算報告ヲスル際ハ増田ハ其傍ニ居ッタカ
答 自分ト増田ト林永太ト三人子爵ト話シヲシテ居リマシテ勘定ノトキニハ増田ニ林ヲ連レテ離席シテ貰ヒマシタ

42問 林ニ對シテハ離席シテ貰ウモ當然ノ様思ハルヽガ増田ニハ何故離席シテ貰ッタカ離席シテ貰ウ別ニ理由モ無イデハナイカ
答 無論増田ニハ離席シテ貰ウ必要ハナイノデアリマスガ其勘定書モ増田ト兩人ニテ作成シタモノデアリマスガ其勘定書ノ中ニ増田ニ對シ渡シタル三千圓ガ含ンデ居リマスカラ増田ノ氏名ヲ其勘定書ニ記載シテアリマスカラ豫テノ打合セニ依リテ一足先キニ子爵ノ應接室カラ下座敷ニ下ッテ待ッテ居ッタモノデアリマス

43問 林田ニ二千五百圓カ二千七百圓カ吳レタト云フノハ夫レハ三千圓デハナカッタカ
答 三千圓デハナカッタト思ヒマス二千五百圓カ七百圓デアッタ様ニ思ヒマス

44問 夫レハ朝鮮ニ於ケル某工事ノ指名入札ヲ加入スル様林田ニ依頼シ其運動ヲシテ居ッタ報酬ニ渡シタモノカ
答 左様デハアリマセヌ前申上ケマシタ通リ子爵ニ對シテハ暗ニ林田ニ渡シタモノデアルコトヲ含ンデ居ッタ上自分ニ於テ子爵ヨリ貰受ケ自分カ承諾上林田ニ貸シタモノデアリマス

45問 本件切崩シニ付イテハ報告ハ總テ増田ト相談ノ上互ニ實行シタモノカ
答 左様デアリマス

46問 昨年十二月三十一日計算報告ニ子爵邸ニ報告ニ參ッタ際新聞經營費トシテ七千圓貰ッタト云フコトハ前ノ申出ノ通リ相違ナイカ
答 子爵ガ進ンデ新聞經營費トシテ七千圓吳レタコトハ相違アリマセヌ

47問 夫レハ名ハ新聞經營費ト稱シテモ實ハ切崩シノ報酬デハナイカ
答 無論報酬ト云フ意味デアッタラハ自分ハ受取リマセヌ香川縣ニ政府黨ノ新聞ヲ起シテ來ルベキ選擧ニ應援シテ政府黨ノ者ヲ壹人デモヨリ多ク選出スル様盡力シテ吳レト云フコトデアリマシタカラ此意味ニ於テ有リ難ク頂戴シタノデアリマス

48問 此他ニ於テ何ニカ被告ニ利益ナ申立テヽ

モアルカ

答 別ニアリマセヌガ最後ニ一言今回ノ大問題ヲ惹起シテ身ハ囹圄ノ人トナリマシタガ自分ノ今日ニ至リシ自分ノ信念ト軽挙トヲ告白懺悔致シ度ト思ヒマスドウカ最終ノ御調ヘノ際御聴取リヲ願ヒ度ト存シマス

右讀聞セタル處承認シタリ

被告人 白川友一

大正四年八月十六日

於高松地方裁判所

同廳

裁判所書記 北岡櫂二郎 印

豫審判事 角南美資 印

印

被告人林田亀太郎第四回調書

1 問 林田亀太郎ナリヤ

答 左様デアリマス

2 問 被告カラ白川ニ渡シタ金ハ元来白川ノ要求ニ基ツイタモノカ又ハ大浦子爵及被告等相談ノ上自ラ進ンデ提供シタモノカ

答 参千圓渡シタトキハ昨年十二月十三四日頃デ買収ハ別ニ買収トカ何ントカ左様ナ妙ナ意味ヲ持ツテ居ツタノデハアリマセヌ単純ナル費用ニ先迄申立テ、居リマス通リ渡シタモノデアリマシテ後ニ十八九日頃カラ廿二三日頃ニ掛ケテ塊マツタ金ヲ渡ス様ニナル際昨ニ白川カ塊マツタ金カアレハ大キナ芝居カ打テル然ケレハ一歩モ進メヌト云フ様ナコトヲ自分ニ話シマシタノデ白川ノ意思ヲ汲ンデ子爵ニ其話ヲ致シマシタ子爵ハ入ルナラバ多少都合シヨウト云フコトヲ云ハレマシタノデ自分ガ厚生館ニ参リ白川ニ其趣ヲ話シタ様ナ次第デ白川カラ要求シタト云フ譯デモナシ又子爵カラ進ンデ投セラレタト云フ譯デモナシ自然ニ意氣相投合シテ茲ニ到タモノデアリマス

3 問 被告ガ子爵ト白川、増田等ノ仲ニ立チ子爵ヨリ取次イダ金ハ結局幾許カ

答 先ヅ十二月十三四日頃白川ニ参千圓ヲ厚生館デ次キニ十八九日ヨリ二十二三日頃ニ掛ケテ増田ニ壱萬貳百圓ト千八百圓ト白川ニ壱萬四千圓ト七千圓トヲ何レモ光琳デ渡シタ様思ヒマス或ハ尚ホ八千圓其頃増田ニ渡シテ居ルカモ知レマセヌ

4 問 其金ヲ白川ナリ増田ニ渡ス際ハ誰モ傍ニハ居ナカツタカ

答 誰モ居リマセナンダ女中モ居リマセナンダ

5 問 右金ガ何レモ子爵カラ受取ツテ来ルト直グ白川ナリ増田ニ渡シタモノカ

答 左様デアリマス前ニ申上ゲタ通リ一々受取リヲ取ツテ子爵ノ手ヘ渡シテアリマス

6 問 白川カラ受取ツタト云フ参千圓ハ貳千五百圓カ貳千七百圓デナカツタカ

答 参千圓ノ授與ハ記憶シテ居リマスガ其他ハソウデアツタカモ知レマセヌ

7 問 其金ハ前日ノ申立ノ通リ朝鮮ニ於ケル某工事ノ指名入札ニ白川ヲシテ加入セシムル様運動シテ居ツタ爲メノ報酬カ

答 自分ハソウ考ヘテ居リマシタガ入札ニ外レマシタカラ貸シテ呉レタ積リデ居ルノカモ知レマセヌ

8 問 此外前回ノ申立通リ総テ相違ナイカ

答 相違アリマセヌ

9 問 他ニ別ニ利益ノ證據ハナイカ

答 アリマセヌ

右讀聞セタル處承認シタリ

被告人 林田亀太郎

大正四年八月十六日

於高松地方裁判所

同廳

裁判所書記 北岡櫂二郎 印

豫審判事 角南美資 印

被告人増田穣三第八回調書

1 問 増田穣三ナリヤ

答 左様デアリマス

2 問 昨年十二月中旬被告ハ白川ヨリ同人ノ部屋ニ招カレ林田亀太郎ト引合ハサレタコトハ相違ナイカ

答 相違アリマセヌ

夫レハ慥カ十二月十八日デアツタ様思ヒマス

3 問 其時ノ話シノ模様ハ是迄申立テ、居ル通リ相違ナイカ

答 相違アリマセヌ即其時白川ガ自分ニ對シ今回政府ハ是非増師案ヲ通過サセ度ト思フノデ之レニ付テハ政友會ノ切崩シヲ實行スル積リデアルカラ一ツ盡力シテ貰ヒ度從ツテ之レニ要スル費用ハ勿論政府カラ支出スルガ政府カラ斯様ナ金ヲ出スト云フコトハ面白クナイコトデアルカラ金ハ白川自分ガ出ス様ナ風ニシテ造ツテ呉レト云ハレ林田翰長カラ頼マレタカラ是非一ツ盡力シテ呉レト云フコトデアリマシタ茲ニ於テ是迄申上ゲマシタ通リ自分等ニ於テモ多數ノ政友會議員ヲ買收シ増師案ヲ通過セシムベク政友會ノ切崩シヲ演ジタ次第デアリマス

4 問 政府ト云フハ大浦子爵デアルコトハ是迄申立テノ通リカ

答 勿論左様デアリマス

5 問 買収ト云フハ買収費カ

答 無論其通リデアリマス

6 問 林田カラ受取ツタ金ハ合計幾許カ

答 白川ガ幾許受取ツテ居ルカ知リマセヌガ合計参四萬圓位ダト思ヒマス自分ガ受取ツタノガ貳萬圓位ト思ヒマス

7 問 其貳萬圓ト云フハ二回ニ受取ツタモノカ三回ニ受取ツタモノカ

答 其邊ノコトヲ能ク記憶シマセヌガ二回ニ壱萬貳千圓ト次ニ八千圓ト慥カ三回ニ貳萬圓受取ツタ様思ヒマス

8 問 夫レハ何時頃カラ何時頃迄ノ間カ

答 十九日頃カラ二十二三日頃迄ノ間デアリマシタ

9 問 受取ツタ場所ハ総テ光琳カ

答 総テ光琳デアリマス

10 問 其授受ノ際ニハ誰カ傍ニ居ツタカ

答 誰モ傍ニ居リマセヌ只林田ト自分ト二人キリノ居デ授受シマシタ女中モ居リマセナンダ

11 問 金ヲ受取ツタトキハ其都度林田ニ何ニカ證書カ受取證様ノモノヲ渡シタカ

答 別ニソンナ物ヲ渡シタ様ニ思ヒマセヌガ或ハ何ニカ紙ノ端ニデモ一寸金高ト名前位書イテ渡シタカモ知レマセヌ

12 問 切崩シハ総テ白川ト相談ノ上二人デ各自手分ケシテ遣ツタモノカ

答 主トシテ此切崩シハ白川ニ委托セラレタモノデアリマスガ自分モ白川カラ相談ヲ受ケ又白川ニ相談モシ以テ二人デ各自實行シタモノデアリマス

13 問 前回被告ハ昨年十二月二十七八日頃大浦子爵邸ニ参リ白川ト共ニ子爵ニ面會シタラ子爵ハ此間ハ非常ニ御苦労デアツタ尚将来ノ爲メニ然ルベク盡力シテ呉レト云ハレタト申立テタガ夫レハ其通リ相違ナイカ

答 其通リ決シテ相違アリマセヌ

14 問 其後子爵邸ニ参ツタコトハナイカ

答 ナイ様ニ思ヒマス

15 問 三十一日ニ参ツタコトハナイカ

答 成程考ヘテ見マスレバ林永太ガ子爵ニ揮毫ヲ頼ムト云ツテ参ツテ居リマシタ際白川ト共ニ参ツタコトガアリマス夫レガ三十一日デス

16 問 夫レハ切崩シニ要シタ買收費ノ決算報告ニ参ツタ譯デハナイカ

答 自分ハ子爵ニ決算報告ヲ致シマセヌ

17 問 然ラバ如何ナル要件デ参ツタカ

答 別ニ深イ意味ハアリマセヌ

18 問 昨年十二月二十七八日頃被告ハ白川ヨリ貰ツタ参千圓ハ切崩シニ盡力シタ報酬デアルト申立テ、居ルガ其通リ相違ナイカ

答 相違アリマセヌ

19 問 白川カラ切崩シガ濟ンダラ後デ報酬ヲ遣ルト云フ豫メ約束ガアツテ之レニ基キ呉レタモノカ

答 豫メソンナ約束ハアリマセヌ

20 問 明示ノ約束ハナクテモ默示ノ約束ガアツタノデハナイカ

答 左様ナコトハ一切アリマセヌ

21 問 高鍋篤郎ニ遣ツタ金ハ是迄被告ノ申立テ居ル處ト金額ニ相違ハナイカ

答 始メ百圓ト後ニ貳百圓カ参百圓渡シテ居ルコトハ相違アリマセヌ尤モ後ノ分ハドウモ貳百圓デアツタ様ニ思ヒマス

22 問 今一應高鍋ニ對シ金ヲ渡スニ至ツタ動機及渡シタトキノ模様並ニ其後ノ經過ヲ申立テヨ

答 高鍋モ増師ニ贊成シ厚生館ニ出入シテ居リマシテ尚非阪光嘛ナドヲ連レテ来テ呉レタ人物デアリマスガ昨年十二月二十日カ二十一日頃デアツタト思ヒマス厚生館デ同人ガ自分ニ對シ一寸必要ガ出来タカラ五六拾圓貸シテ呉レト申シマスカラ自分モ夫レハ白川ニ相談シテ貸シテ遣ロウト答ヘ其旨白川ニ相談ノ上然ラハ之レ丈ケ渡シテ遣ロウト申シ百圓差出シタラ同人ハ五六拾圓ヨイノデソー澤山ハ入ラヌト申シマスカラマアー車賃モ入ルデアロウカラ取ツテ置ケト申シマシタラ夫レデハト云フテ受取リマシタ其後更ラニ厚生館デ金額ハ忘レマシタガ貳百圓デアツタト思ヒマスガ同人ニ渡シマシタ之レ以上同人ニ渡シテ居リマセヌ理由ハ前ニモ申上ゲマシタ通リ二十五日ノ議會ニ於テ増師案決議ノ際同人ガ離席シテ居リマシタノヲ認メテ白川ガ高鍋ニハモウ金ヲ遣ルナト申シマシタカラ夫レデ其儘遣ラナカツタモノデアリマス若シ同人ガ増師案ニ贊成シテ居レバ他ノ者ト同様千圓ナリ千五百圓位ハ遣ル積リデアツタノデアリマス

23 問 始メノ百圓モ後ノ貳百圓モ共ニ厚生館デ渡シタカ

答 左様デアリマス厚生館ノ自分ノ部屋カ又ハ其隣室デアリマス

24 問 授受ノ際ハ二回共傍ニ誰モ居ナカツタカ

答 誰モ居リマセヌ

25 問 其金ハ其後高鍋ニ返シタカ

答 返シマセヌ

26 問 返サンデモヨイ金カ

答 左様デアリマス増師ニ贊成シ厚生館ニ出入シテ呉レテ居リマスノデ夫レガ爲メ遣ツタノデアリマスカラ遣リキリ遣ツタノデアリマス

27 問 然ラバ他ノ者ニ遣ツタト同様買收費カ

答 左様デアリマス

28 問 永間此處夫效ニ本出保太郎ガ金ヲ請求スルカラ遣ロウト思フガドウカト白川ガ被告ニ相談シタノガ昨年十二月二十三日頃デアツタコトハ相違ナイカ

（未完）

朝鮮事業公債法中改正法律案（政府提出）　第一讀會ノ續（委員長報告）（二）（確定議）

○山道襄一君　委員長ガ出席ニナッテ居ル筈デアリマスカラ、委員長ヨリ……

（「委員長ノ報告ヲ望ム」「其通リ」ト呼フ者アリ）

○議長（島田三郎君）　川崎克君

（「居リマセヌ」ト呼フ者アリ）

○議長（島田三郎君）　先刻委員長ノ方カラ書記官長ヘ、理事ニ依託シテ居ルト斯様ニ申シテ居リマスカラ宣告シタノデアリマス——山道襄一君

（山道襄一君登壇）

（拍手起ル）

○山道襄一君　委員長ニ代リマシテ御報告申上ゲマス、朝鮮事業公債法中改正法律案ノ委員會ハ、本日午前十時ヨリ開會致シマシテ、委員長及理事ノ互選ヲ行ヒマシタ、引續イテ緊急ヲ要スルト云フコトデアリマスノデ、委員會ヲ開キマシテゴザイマス、政府委員ノ出席ヲ求メマシテ其說明ヲ聞キマシタ、本案ハ御承知ノ通リ朝鮮事業公債法中ノ起債法定額ノ五千六百万圓ヲ八千四百万圓ニ增加シタイト云フ案ナンデゴザイマス、種々質問モゴザイマシテ、其結果ト致シマシテ、既ニ議會ニ於テ八千三百九十万圓ノ總督府ノ繼續事業費總額ヲ繼續致シテ居リマスルノデアリマスルカラ、此歲出ニ對スル歲入關係ノ平衡ヲ保チマス爲ニ、八千四百万圓ノ起債法定額ノ總額ヲ致スト云フコトニ、滿場異議ナク決定致シマシテゴザイマス、此段御報告ニ及ビマス

（拍手起ル）

○福田又一君　唯今委員長ノ報告ノ通リデアリマスカラ、直ニ本案ニ對シマシテ二讀會ヲ開クコト、致シマシテ、直ニ二讀會ヲ開キ、而シテ三讀會ヲ省略致シマシテ、委員長ノ報告ノ通リ可決確定アランコトヲ望ミマス

（「贊成」「異議ナシ」ト呼フ者アリ）

○議長（島田三郎君）　福田又一君ノ動議ニ異議ガナイト認メマス、仍テ可決確定致シマシタ——日程ノ第二及第三ニ戾リマス、コヽデ提案者ノ中特ニ矢島君ト林君ニ御照會致シマス、矢島君ハ兵役稅法案ヲ說明シ、林君ハ廢兵、戰病死者遺族、軍人家族救護法案、之ヲ說明スルト云フ都合ニナッテ居リマス、兩者關聯致シテ居リマスルカラ、同一議題ト致シテ說明ヲ兩君ガ致シテモ御差支ゴザイマセヌカ

（「異議ナシ異議ナシ」ノ聲起ル）

○西村丹治郎君　吾々ハ交戰各國ニ賣ルベキ兵器ニ對シテハ、此訓示ノ束縛ヲ受クベキモノニ非ズ、斯ク信ズルノデアリマス、政府ハ飽マデモ此訓示ガアルニ依リ、交戰各國ニ賣ルベキ兵器彈藥ハ泰平公司ノ手ヲ飽マデモ經ネバナラヌト云フノハ、何處ニ根據ガアルノデアルカ、ヤハリ「外國」ナル文字ノ中ニハ歐羅巴、亞米利加、所謂交戰各國ハ皆含マレテ居ッタト云フノ解釋ヲ執ルノデアルカ、ドウデアルカト云フコトヲ先ヅ第一ニ御尋致シタイノデアリマス、ソレカラ次ニハ縱シ一歩ヲ讓ッテ「外國」ナル文字ハ是等ノ中ニ包含サレテ居ルト假定致シタトコロデ、此訓示ナルモノハ政府ノ都合デ、イツ何時デモ之ヲ無視スルコトガ出來ルノデアル、イツ何時デモ之ヲ變更シテ、自由ニ陸軍省ガ直接ニ是等ノ交戰國ニ兵器ヲ賣込ムコトガ出來得ラレルノデアル、然ルニ本日ノ豫算委員總會ニ於キマシテ、陸軍當局者ハ是ハ法律上ノ見解カラ申シテモ、政府ニ之ヲ破棄スルコトハ出來ナイ義務ガアルト云フヤウニモ御辯明ニアッタノデアル、又或政府委員ハサウデハナイ、是ハ德義上ノ義務ガアル故ニ、繼續致シテ居ルノデアルト云フ御辯明ガアッタノデアリマス、陸軍大臣ハ法律上ノ義務ト言ヒ、政府委員ハ否法律上ノ義務ニ非ズ、德義上ノ義務ナルガ故ニ、此會社存立期間ハ繼續シナケレバナラヌト云フコトノ御辯明デアル、吾々ハ果シテ何レヲ信ジテ宜イカト云フコトヲ識ニ迷フノデアリマス、ソレ故果シテ政府ハ何レヲ正シトシ、陸軍大臣ノ言フ所是ナルカ、又政府委員ノ辯明スルトコロ是ナルカ、是ニ付テ私ハ明確ナル御辯明ヲ煩ハシタイト思フノデアリマス、ソレカラ兵器賣却ノ內容ニ立入ッテ是カラ御尋致シタイト思フ、此豫算ニ依ッテ見マスレバ、大正四年度ノ追加豫算案ノ中デ、東京砲兵工廠益金九十六万四千六十九圓、大阪砲兵工廠益金百三十六万三百七十一圓、尙官有物拂下代八百七十六万三千百五圓、雜收入ニ於テ四百二十五万七千五百圓、更ニ大正五年度追加豫算ニ於キマシテ大阪砲兵工廠ノ三百万圓、官有物拂下代百三十七万七千二百五十圓、雜收入ノ中軍需品受託製造收入四百三十一万二千五百圓、更ニ臨時軍事費追加豫算ノ中デ官有物拂下代百十二万八千四百八十三圓、是等殆ド三千万圓ニ垂ントスルトコロノ此歲入ナルモノニ付テ、是カラ項ヲ逐ウテ質問致シタイト思フノデアリマス、先ヅ第一ニハ工廠ノ益金、是ニ付テ御尋ヲ致シタイ、過日來當局者ノ辯明ヲ承リマスルニ、交戰國ヨリ致シマシテ、我國ニ兵器ノ注文ガアリシ場合ガ工廠ニ直接關係ノアル分、ソレカラ陸軍省ノ手ヲ經テ來ルモノ、此二種類ガアルト云フコトノ御話ガアリマシタガ、此益金ナルモノハ、向フノ政府カラ直接砲兵工廠ニ對シテ注文ノアッタモノヲ、直サマ其注文ニ應ジテ砲兵工廠カラ直ニ向フニ渡シタト云フモノニ對シテハ、吾々ハサウ多クノ疑問ハ挾マヌノデアリマス、併ナガラ兵器賣却代金ノ中ニハ分捕ノ兵器及廢銃、其次ニハ舊式ノ兵器、其次ニハ新式ノ兵器、此數箇ノ種類ガアルヤウニ聞イテ居ルヤウデアリマス、此廢銃デアルトカ若クハ舊式兵器ハ加工補修ヲ要スルガ爲ニ材料トシテ之ヲ砲兵工廠ニ交付スル、引渡ス、而シテ工廠ニ於テ之ニ加工ヲ致シテ向フニ賣却致スノデアル、而シテ新式兵器ナルモノハ如何デアル、即チ今現ニ用井ラレテ居ルトコロノ三八式ノ小銃ハ如何デアル、是ニハ加工補修ノ必要ハナイデハナイカ、斯ル疑問ガ起リマシタ際ニ當ッテ、新式兵器ト雖モ多少ノ補修加工ヲ要スルノデアル、如何ニモ新式兵器ノ補修加工ヲ要スルト云フコトハ、吾々寔ニ不思議ニ感ジタノデアル、所ガ政府當局者ノ辯明ヲ推シテ能ク伺ッタトコロガ、小銃ニ向ッテ（「緩ックリヤリ給ヘ」ト呼フ者アリ）塗ッテアルトコロノ或ル其色ガ褪ライテ居ッタカラシテ、ソレヲ艶ヲ付ケルタメニ色ヲ塗換ヘタノデアル、其爲ニ砲兵工廠ニ引渡シテ――材料トシテ渡シテ而シテ補修加工ヲシテ向フニ渡シタノデアル、補修加工ナルモノハ唯色ガ少シ褪メタルノヲ色ヲ附ケタト云フニ過ギヌ、成程手ヲ加ヘタノデアルカラ補修加工ト言ハレヽバ或ハ補修加工カモ知レマセヌガ、此位ナ事マデモ補修加工ノ中ニ入ッテ三八式ノ銃、所謂新式兵器今現ニ師團ニ使用レツヽアルトコロノ此新式兵器マデモ、一ノ廢物デアルカノ如キ取扱ヲ受ケテ材料トナッテ、是ガ工廠ノ手ニ引渡サレタノデアリマス、此三百万圓ノ益金ナルモノハ如何ナル種類ノモノカラ出タノデアル、三八式ニ補修加工ヲ加ヘタトコロノ收益ガ幾ラデアル、廢銃ニ加工補修ヲシテ賣ッタ其利益ガ幾何デアル、舊式兵器ニ向ッテ加工補修ヲ加ヘタ利益金ガ其中ニ幾ラ含蓄サレテ居ルノデアル、是等ノ點ニ關シテ詳細ナル此處デ御說明ヲ戴キタイト思フノデアリマス、海軍省ノ方デハ更ニ中間ニ何人ヲモ挾マズシテ、海軍省直接ニ向フノ政府ニ兵器ヲ賣ッテ居ルニモ拘ラズ、陸軍當局者ハ泰平公司ノ間ニ交換サレテ居ルトコロノ談話及訓示ヲ楯トシテ、舊式兵器若クハ廢銃ヲ賣ルナラバマダシモデアルガ、精銳ナル新式兵器マデモ、唯色ヲ塗換ヘルト云フ位ナ手數ヲ工廠ニ掛ケルダケデ、砲兵工廠ニ材料トシテ渡スト云フハ何タルコトデアリマスカ（拍手起ル「質問デナイ」ト呼フ者アリ）是ガ質問デアル、攻擊ニ對シテハ其辯明ヲサレルト云フノガ當然デアルカラ、ヤハリ質問デアル（「緩ックリヤリ給ヘ」「能ク考ヘテヤリ給ヘ」ト呼フ者アリ）ソレカラ次ハ官有物拂下代八百七十六万三千百五圓、何デアルカ一向分ラヌ、官有物拂下、如何ナル官有物ヲ拂下ゲラレルカ、殆ド分ラヌ、此八百七十六万三千百五圓ノ中ニハ如何ナルモノガ包含サレテ居ルノデアルカト云フコトヲ明カニ致シタイト思フ、即チ恐ラク此中ニハ軍需品ヲ含マレテアルダラウ、即チ軍靴寘絨ノ如キモ或ハ含マレテ居ルノデナイカト思フノデアル、又舊式兵器若クハ廢兵器或ハ新式兵器、是等有ラユルモノガ包含致サレテ居ルノデアラウト思ヒマス、ソレ故ニ其內容ヲ明カニ致シタイト思フ、何故ニ吾々ガ其內容ヲ明カニセント欲スルカト言ヘバ、吾々ハ斯カル疑ヲ一ツ有ッテ居ルノデアル、昨年八月歐洲戰亂突發シテヨリ以來、我ガ陸軍省カラ致シマシテ海外ニ賣ラレタ兵器ノ總高ト云フモノハ、今日殆ド七千万圓ニ達シテ居ルノデアル、而シテ一面砲兵工廠ノ作業力ハ幾ラデアルカト言ヘバ、平時ニハ僅カ七八百万――一千万足ラズノ作業力シカ無イノデアル、然ルニ斯ク莫大ノ兵器ヲ一年有餘ニ交戰國ニ賣ッテ居ルト云フ以上ハ、兵器ノ上ハ確ニ一大缺陷ヲ生ジテ居リハセヌカト吾々ハ疑ヲ挾ンデ居ルノデアル、即チ動員計畫ノ上ニ出師準備ノ上ニ、確ニ一ノ缺陷ガアリハセヌカト云フコトノ疑ヲ有ッテ居ルノデアル（拍手起ル）ソレ故ニ此中ニ含マレテ居ルトコロノモノハ如何ナルモノデアルカト云フコトヲ、尙詳細ニ御辯明ヲ願ヒタイト思フノデアリマス（「夜ガ明ケテモ構ヒマセヌ」「速記者ガ退屈シテ居ル」ト呼フ者アリ）ソレカラ海軍省所管ニ於ケル臨時兵器ノ補充費ト云フモノガ茲ニ掲ゲラレテアル、海軍省ノ方デハ、爰ニ申シマシタ如ク何人ノ手ヲ經ズシテ海軍省自ラ向フニ兵器ヲ賣ラレテ居ルト云フコトニ聞イテ居リマスガ故ニ、茲ニ兵器ニ一ノ缺陷ヲ生ジテ居ル、ソレ故ニソレヲ補塡スル爲ノ費用ニアラズヤトノ想像ハ略、付キマスルケレドモガ、尙之ヲ海軍省ニ於テ賣ラレタトコロノ兵器ナルモノハ、果シテ如何ナル種類ノモノデアルカ、又急ニ茲ニ臨時兵器補充費トシテ求メナケレバナラヌト云フヤウナ急ニ迫ッテ居ルヤウナモノヲ、ナゼ賣ラレタノデアルカ、吾々ハ此點ニ對シテ陸軍ト同ジコトニ兵器ノ上ニ一ツ缺陷ヲ生ズルマデモ堪ヘ忍ンデ賣ラレタノデハナイカト云フ一ノ疑念ヲ挾マザルヲ得ナイノデアリマス、ソレ故ニ其點ニ對シ、如何ナル兵器ヲ賣ラレタノデアルカ、分捕銃ダケデアルカ、或ハ廢兵器ダケデアルカ、分捕銃及ヒ廢兵器ノミデアルナラバ、玆ニ臨時兵器補充費ト云フモノハ要ラヌ筈デアルト思フノデアル、確ニ新式兵器ヲ賣ラレタニ違ヒナイト思フ、然ラバ如何ナル兵器ヲ賣ラレタノデアルカト云フコトモ是亦詳細ニ御辯明ヲ願ヒタイノデアリマス、ソレカラモウ一ツ殘ッテ居リマスガ、此軍需品受託製造收入四百二十一万二千五百圓、是ハ如何ナル種類ノモノデアルカ、政府ヨリ提出サレタ幾多ノ參考書類ニ依ッテ見マスレバ、軍需品ト云フ言葉ノ中ニハ、時トシテハ、兵器彈藥モ籠ッテ居ルヤウナコトモアリマス、時トシテハ兵器彈藥ハ包含セザル場合ノ、唯ダ單ニ軍需品ト云フコトヲ意味シタ場合モアリマス、軍需品ト云フ中ニハ吾々ガ普通ニ稱スル軍靴軍絨ノ如キ軍需品ト、モウ一ツハ兵器彈藥ト、此二ツヲ總稱シテ軍需品ト言ハレテ居ル場合モアリマスシ、又單ニ軍靴軍絨ノ如キモノヲ軍需品ト稱セラレテ居ル場合モアリマスガ、此四千二百餘万圓ノ此莫大ナルトコロノ金ハ、如何ナル種類ノ軍需品デアルカ、是亦詳細ナル御辯明ヲ願ハシタイト考ヘルノデゴザイマス、此事ハ私ガ詳細ニ問フ所以ノモノハ、眞先キニ申上ゲマシタガ如ク、天下ノ視線ハ卽チ陸軍當局ノ頭ノ上ニ注ガレテ居ルモノデアル、集中致シテ居ルノデアリマス、卽チ疑ノ雲ハ陸軍省ノ上ヲ厚ク蔽フテ居ルノデアル、何故デアルカト云ヘバ、陸軍省對泰平公司ノ關係ガ甚ダ曖昧模稜ナルガ故デアル、ソレ故ニ是等詳細ニ涉ッテ御辯明ニナルナラバ、其疑ノ雲モ自ラ霽レルコトデアラウト思フ、ソレ故ニ私ガ此質問ヲ發スル所以ハ、吾々ノ贊否ヲ決スル上ニ付テ必要デアルノミナラズ、一ハ陸軍當局者ノ上ニ蔽ハレテ居ルトコロノ此雲ヲ晴ラサンガ爲ニモ、是亦必要ナル質問デアルト思フノデアル、今マデ申上ゲマシタコトヲ約メテ申シマスレバ、外國ナル文字ノ中ニハ、此契約當時ニ於テ、話合ヒ當時ノ明治四十一年ノ當時ニ於テハ、歐羅巴亞米利加ノ如キ國ハ斷ジテ含マレテ居ラナンダモノト、吾々ハ思フガ、政府當局者ハ果シテ如何、之ニ對シテ若シ政府ガ外國ハ讀ンデ字ノ如ク、支那及暹羅東洋方面ニ限ラレタモノデハナイ、歐羅巴亞米利加皆ナ之ヲ含メリト申スナラバソレノミデアリマスガ、併ナガラ諸君、公平ナル天下ノ人ハ果シテ此陸軍當局者ノ答辯ニ滿足スルデアラウカドウデアラウカ、今カラ八年モ十年モ前ニ、歐羅巴亞米利加カラ兵器ノ注文ガ日本ニ入ッテ來ルナドト云フコトハ、何人モ思ハザルノコトデアル、然ルニ今日ニ於テ政府當局者ガ、外國ノ中ニ歐羅巴亞米利加ガ含ンデ居ルト云フコトノ答辯ガアッタナラバ、天下何人カ之ヲ信ゼンヤデアル、唯當局者ノ不信ヲ益々天下ニ發表スルモノデアルト、私ハ玆ニ斷言ヲ致シテ置クノデアル、次ニ私ハ斯ウ解釋致シタノデアル、泰平公司ト陸軍當局者ノ間ニ交換サレテ居ルトコロノモノハ、法律上ニ於テハ何等ノ責任ナキモノデアル、併ナガラ德義上ノ義務ハ勿論アルノデアルト信ズルノデアル、併ナガラ其德義上ノ義務ナルモノハ、如何ナル範圍ニ限ラレテ居ルカト云ヘバ、兵器彈藥ヲ東洋方面所謂支那ヲ中心トシテ暹羅、是等ノ方面ノミニ限ラレテ居ルモノデアルカラ、是等ノ地域ヲ賣ルベキ兵器彈藥ハ、政府自ラ賣ラントスルモノナラバ、此訓示ニ反シテ德義上ノ義務ヲ缺クトコロアルニ相違ナイノデアリマス、併ナガラ是ト同時ニ、若シ此訓示ナルモノヲ楯トシテ、泰平公司ナルモノガ外國ト云フコトデアル以上ハ、支那暹羅ニ限ラレタ譯デハナイ、歐羅巴亞米利加モ皆此間ニ包含サレテ居ルノデアルカラ、交戰各國ニ賣ル物ハ總テ是ガ泰平公司ニ一任スルト云フ約束デアルカラ、一切直接ニ賣ラサヌト、斯ウ若シ言フナラバ、是ハ卽チ泰平公司ナルモノガ德義ノ破壞ヲ爲シテ居ルモノデアル、何故デアル、元此契約ヲ結ンダ當時ハ、唯單ニ東洋方面ニ限ラレテ居ッタノデアル、泰平公司ナルモノハソレハ無論認メラレテ居ルノデアル、然ルニ强慾ニモ――强慾ニモ歐羅巴ニ向ッテ賣ル物モ外國ナル文字ノ中ニ包含シテアルノデアルト云フヤウナ解釋ヲ執ッテ、三百代言的ノ理窟ヲ、陸軍當局者ニ彼レ泰平公司ガ述ベルナラバ、是ハ卽チ德義上ノ罪人デアル(「ヒヤヒヤ」ト呼フ者アリ)德義ヲ全ク無視シタルモノデアル、唯此訓示ヲ楯トシテ外國ナル文字、其當時ニハ何人モ豫想シナカッタ所ノ此外國ナル廣キ文字ヲ唯漠然ト規定シタガ爲ニ、其弱點ニ乘ジテ私利私慾ヲ逞シウセンガ爲ニ、三百代言的ノ理窟ヲ付ケテ當局者ニ迫ルト云フガ如キ言動ニ出デタナラバ、是レ卽チ泰平公司ガ前ニ德義ヲ破壞致シテ居ルノデアル、彼既ニ德義ヲ破壞シテ三百代言的ノ理窟ヲ以テ、歐羅巴亞米利加ニ賣ル物モ、我ガ泰平公司ノ權能內デアルト云フガ如キ言動ニ出デタナラバ、根本的ニ政府ハ其契約――其契約デハアリマセヌ訓示ノ取消ヲ迫ッテモ宜イノデアル、何ノ不可カアラン、彼既ニ第一ニ德義ヲ破ルナラバ、我此訓示ヲ取消スコト何カアランデアル(「暴ヲ以テ暴ニ報フカ」ト呼フ者アリ)無論其通リデアル、彼レ唯私利私慾ノミヲ知ッテ天下國家アルコトヲ知ラザル言動ニ出デタ時分ニハ、天下國家ノ爲ニ一個人ノ利益ヲ犧牲ニ供スルコト何カアランデアル、イツ何時デモ取消セル事柄デアル(「モット小サナ聲デモ宜イ」ト呼フ者アリ)是カラマダ長クヤルノダカラ細イ聲デ無論ヤッテ居ル、ソレカラ今度ハ歲出ノ部ニ亙リマシテ、項目ヲ追ッテ御尋シタイト思フノデアリマス、農商務ノ所管ニ於キマシテ臨時事件費ト稱シテ要求サレテ居ル中ニ「トロール」漁業取締費ト云フノガアル、此度ノ臨時事件ト「トロール」漁業ト如何ナル關係ガアルノデアルカ、私共疑ハザルヲ得ヌノデアル、臨時事件ニ「トロール」漁業取締ト云フモノハ何故――ドンナ關係ガアルノデアルカ、此關係ヲ明ニ御辯明ヲ願ヒタイト思フノデアリマス、ソレカラ大藏省ノ所管ニ於キマシテ酒精防腐劑供給費ト云フノガアル、酒精――淸酒防腐劑ト云フモノガ此臨時事件ト如何ナル關係ガアルノデアルカ、本員共不敏ニシテ共防腐劑ト戰爭トノ關係ガ、ドンナ關係ガアルカト云フコトヲ理解スルコトガ出來ヌノデアル、ソレカラ內務省所管ニ於キマシテ內務本省臨時諸費、何デアルカ、臨時事件ニ付テ內務省ニ於テ大正四年度ノ一月ヨリ三月ニ至ルモノガ一千二十六圓、大正五年度ニ於ケルモノガ四千七百四圓、是ダケノモノガ計上シテアルノデアリマスルガ、此臨時諸費ナルモノノ性質ハ果シテ如何ナルモノデアルカト云フコトノ御辯明ヲ煩ハシタイノデアリマス、次ハ廳府縣臨時諸費、是ハ如何ナル性質ノモノデアルカ、大正四年度ニ於キマシテハ廳府縣臨時諸費ナルモノハアリマセヌガ、大正五年度ニ於テ七千二百圓ト云フモノヲ要求サレテ居リマスル、大正四年度ニ於キマシテハ臨時事件ニ關スル廳府縣臨時諸費ナルモノガ一文モナクシテ、大正五年度ニ至リ初メテ七千二百圓ト云フモノヲ要スルノハ如何ナル理由デアル、臨時事件ハ間斷ナク繼續致シテ居ルノデアル、而シテ四年度ニ何等費用ノ計上ナクシテ、五年度ニ至ッテ此金額ガ計上サレテ居ルノハ如何ナル理由デアル、是モ其內容ヲ詳細ニ御說明ヲ煩シタイト考ヘルノデアリマス、ソレカラ機密費ト云フモノガアル、大正四年度ニ於ケルモノガ九千圓、大正五年度ニ於ケルモノガ二万六千圓計上サレテアリマス、是ハ如何ナルモノデアルカ、無論機密費デアルカラ說明ノ限リニ非ラズト申サレルカモ知リマセヌガ、玆ニ御尋ネシテ置キタイノハ、過日ノ印度人ヲ放逐シタルガ如キ金、彼ノ身元ヲ探偵スルガ如キ金ハ、ヤハリ此中デ支拂ッテ居ルノデアルカ、所謂此機密費ナルモノハ日本ニ居ル所ノ媾探若クハ獨探ヲ搜ス所ノ費用デアルカ、ドウデアルカト云フダケ伺ヘバ宜シイノデアル、內容ヲ開カウト申シマセヌ、卽チ敵國ノ間牒ガ我國ニ入込ンデ居ル、ソレヲ搜索スルヤウナ費用デアリマスカ、言葉ヲ變ヘテ云ヘバ印度人ヲ逐放シタガ如キコトニ關スル費用デアルカ、ドウデアルカ、ソレカラ更ニ遞信省所管ノ中デ隨分妙ナ費用ガアッタカノ如ク記憶シテ居リマスケレドモ、唯今ソレヲ此處ニ持參シテ居リマセヌカラ、申上ゲルコトガ出來マセヌガ、兎モ角遞信省所管ニ於ケル臨時事件費ノ內容ヲ、是亦併セテ詳細ニ御辯明ヲ煩シタイト思フノデアリマス、次ハ陸軍省及海軍省ニ亙ッテノ質問デアリマス、大正三年臨時事件費、之ニ對スル詳細ナル御辯明ヲ煩シタイト思フ、唯單ニ入件費物件費トハ書イテアリマスルケレドモ、其詳細ニ亙ッテ殆ド、何等記スル所ガナイノデアリマス、勿論或ハ俸給トカ、旅費トカ、若クハ馬匹費、被服費、糧食費、需品費各項目ニハ分ッテ居リマスケレドモガ(「草稿ヲ朗讀スベシ」「默レ」「謹聽謹聽」ト呼フ者アリ)何故ニ斯ク多大ノ經費ヲ要スルノデアルカト云フコトガ疑問デアル、戰爭ハ既ニ終了シタト云ッテモ宜イノデアル、然ルニ此山東方面ニ向ッテ斯ク莫大ナル金――斯ク莫大ナル金ガ何故ニ要ルノデアル(拍手スル者アリ)今少シク內容ニ入ッテデス、其詳細ノ說明ヲ伺ハザルヲ得ヌノデアル(「御尤モ」ト呼フ者アリ)更ニ砲兵工廠ノ擴張費、是ハ一層詳細ニ說明ヲ伺ハネバナラヌ、先般豫算委員總會ニ於ケル陸軍當局者ノ砲兵ホウ廠ニ關スル御答辯ハ如何デアル(「ホウ廠トハ何ダ」ト呼フ者アリ)諸君モ定メシ御記憶アラセラレルデアラウト思フ、是ハ確カ本會ニ於テモアッタ質問ト思フ、砲兵ホウ廠(笑聲起ル)ヲ擴張スルト云ッガ如キ――砲兵工廠――砲兵工廠ヲ擴張スルト云フコトハ此度ノ兵器彈藥ノ多クノ注文ヲ受ケタガ爲ニ、其必要ガ生ジタノデハナイカト云フコトヲ確メタ人ガアリマシタ、其際ニ當局者ハ如何ナル事ヲ答ヘラレタカト云ヘバ、兩砲兵工廠ノ作業力ハ殆ド一年ニ八千万圓アルノデアル、ソレ故ニ新ニ兵器彈藥ノ注文ヲ受クルト雖モ、工廠現在ノ設備ヲ擴張スルノ必要ハナシト云フコトヲ答辯サレタノデアル、然ルニ本豫算ノ中ニ於テハ何等求ムル所ナク、臨時事件ナル名ノ下ニ隱レテ、竊ニ此擴張費ヲ取ルガ如キ形式ヲ執ラレタノハ何デアル、サウシテ豫算ノ會議ニ於テハ殆ド其必要ナシト云フコトヲ言明シナガラ、臨時事件費ト云フ其大ナル城廓ノ中ニ閉籠ッテ、コッソリト此砲兵工廠ノ擴張費ヲ取ラントスル如キ態度ハ、私陸軍當局者ノ爲ニ之ヲ惜ムノデアル(「ユックリヤル」「大問題ダ」ト呼フ者アリ)如何ナル部類ニ向ッテモ此擴張費ヲ費サレルノデアルカ(「隨分苦シカラウ」ト呼フ者アリ)新ニ兵器彈藥ノ注文ヲ多大ニ受ケタガ爲ニ、此擴張ヲ必要ト致サレルノデアルカ、或ハ又陸軍ガ本年ノ臨時議會ニ於テ二個師團ノ擴張ヲ致サレテ、此軍備擴張ノ爲ニ砲兵工廠ノ擴張ヲ要スルニ立至ッタノデアルカ、更ニ之ヲ繰返シテ申シマスレバ、此度ノ砲兵工廠ノ擴張費ハ交戰各國カラ兵器彈藥ノ注文ヲ莫大ニ受ケタガ爲ニ、突發シタル擴張費デアルカ、或ハ師團擴張ノ爲ニ、當然其必要ニ迫ラレテ擴張スルニ立至ッタノデアルカ、此點ヲ明カニ致シタイノデアリマスル、ソレカラ何レニ致シマシテモ――其原因何レニ致シマシテモ其擴張致サレルノハ、如何ナル種類ノ兵器ヲ造ルタメニ、此擴張ヲ要スルノデアルカ(「君ノ爲ニ惜ム」ト呼フ者アリ)又是ダケノ擴張ヲ致サレルナラバ、此完成ノ曉ニハ砲廠ノ――工廠ノ製造能力ハ一年ニドレ位增加致スノデアルカ(「ヒヤ〱」又ハ「アー〱」ト呼フ者アリ)所謂擴張ノ原因如何ト云フコトガ一ツ、ソレカラ次ハ如何ナル種類ノ兵器ヲ製造致サレルノデアルカ、其種類ヲ明細ニ御答辯ヲ煩ハシタイト思フノデアリマス、而シテ是ガ一切出來上ッタ曉ニハ、ドレ位砲兵工廠ノ作業能力ガ增加致スノデアルカト云フ質問デアリマス(「マダカネ」「是カラダ」ト呼フ者アリ)斯カル場合ニ際會シタト云フノハ、誠ニ萬已ムヲ得ザル次第デアル、豫テ政友會ハ此議場ニ於テ今日與黨諸君ガ執ラレルガ如キ、横暴ノ態度ヲ執ラレタ場合ニハ、諸君ハ吾々ト共ニ鼓ヲ鳴シテ、此政友會ノ横暴ヲ責メタコトガアル、吾々ハ黨派――政黨政派ハ毫モ眼中ニナイノデアル、又單ニ國政ヲ議スル上ニ於テハ飽マデモ誠意ヲ以テ、飽マデモ愼重ナル態度ヲ以テ議シタイト云フノガ吾々ノ考デアル(「ヒヤ〱」「エライ」ト呼フ者アリ)動モスレバ此愼重ノ態度ヲ缺キ(「君ダ」ト呼フ者アリ)動モスレバ不穩ノ言動ニ出デラレルガ故ニ、吾々ハ政黨政派ヲ眼中ニ置カズ、議院ノ體面、議院ノ信用、議院ノ威嚴ヲ保ツタメニ犧牲トナッテ、茲ニ諸君ト爭ハザルヲ得ナイノデアル(拍手起リ「エライ役目ダ」ト呼フ者アリ)諸君、今日豫算委員會ニ出テ居ラレタ御方ハ、恐ラクハアノ與黨諸君ノ態度ニ憤慨セザルヲ得ナイノデアラウト思フ、ソレハ何デアルカト言ヘバ、質問應答既ニ盡キタリト言フノニ、其盡キザル箇條ハ殆ド半バ以上アル、質問ノ一言半句ダモ發セザル箇條ガアルデハナイカ、唯質問應答ノ重ネラレタノハ、單ニ歲出ノ一部ニ向ッテ、若クハ公債借換ノ一部ニ向ッテ、極ク少數ナル議員諸君ノ問ト――議員諸君ト政府當局者トノ問ニ質問應酬ガ重ネラレタノミデアル、歲入ノ全部ニ亙ッテハ未ダ一回ダモ質問應酬モ重ネラレナイト云フコトハ、如何ニ與黨諸君ト雖モ認メラレルダラウト思フ、是デ質問ガ終了シタト云フコトガ言ヘルカ(「時間ノアルニシナインダ」ト呼フ者アリ)或ハ唯ノ一回デモ唯ノ一言ト雖モ――一言デモ唯ノ半句デモ歲入豫算ノ一部ニ亙ッテ質問ガアッタナラバ、ソレデ質問終了ト云フコトヲ言ヒマセウケレドモ、未ダ一人ダモ歲入豫算全部ニ向ッテ一言ヲモ半句ヲモ挾マヌノニ、是デ質問終了ト云フコトガ何處ニ在ル(「多數ナラバ致方ガナイ」「ソレガ横暴ダ」ト呼フ者アリ)斯ル態度ヲ執ラル、ガ故ニ――斯ル態度ヲ執ラル、ガ故ニ、諸君ノ言動ハ横暴ナリト言ハザルヲ得ヌノデアル(發言スル者多シ「默レ」「政友會ハ言フ資格ガナイ」ト呼フ者アリ)餘リニ諸君ガ多數ヲ賴ンデ吾々議員ノ言論ヲ束縛セントスルガ如キ言動ニ出デラルルガ故ニ、吾々ハ吾々議員當然ノ機能ヲ維持シ、又議員ノ體面ヲ維持スル上ニ、殊ニ院ノ威嚴ヲ尊重スル上ニ於テ、已ムヲ得ズ爭ハザルヲ得ヌノデアル(「ヒヤ〱」ト呼フ者アリ)假リニ若シ與黨諸君殊ニ片岡委員長ガ今少シ公平ナル態度ヲ執ッテ、今一時間カ二時間ノ餘地ヲ此處ニ與ヘラレタナラバ、今日ノ紛擾ハ恰モ油ヲ流スガ如ク平穩ニ過去ッタニ相違ナイノデアル、唯諸君ガ一時間カ二時間ヲ爭フガ爲ニ、斯ル紛擾ヲ惹起スニ至ッタノデアル(「何ガ紛擾シテ居ル」「ヤリタマヘ」「謹ンデ拜聽シテ居ル」ト呼フ者アリ)ソレデアリマスカラ私ガ此壇上ニ立ッテ皆樣ニ御迷惑ヲ掛ケルト云フコトハ、洵ニ衷心潔シトセザルモノデアリマス(「良心アリ」「同情ニ堪ヘヌ」ト呼フ者アリ)併ナガラ(「議長ハ何故制止セヌカ」ト呼フ者アリ)衷心洵ニ忍ビザル所デアリマスケレドモ、義ノ爲ニ正義ノ爲ニ(笑聲起ル)此横暴ノ與黨ヲ膺懲セザルヲ得ヌト云フ意味ニ於テ、此處ニ立ッノデアル(「膺懲スベシ」ト呼フ者アリ)殷鑑遠カラズデアル、私ハ政友會モ同志會モ何ニモ決シテ其黨派觀念ハアリマセヌ、多年政友會ハ此議場ニ於テ横暴ヲ極メタ、其結果ハドウデアル、諸君ハ須ラク殷鑑遠カラズデアル、今少シク愼重ナル今少シク公平ナル態度ヲ執ラレテ、然ルベキデアルダラウト思ヒマス(「何ダ」ト呼フ者アリ)オ前達ノ身ノ上ノコトデハナイカ(「何處ニ質問シテ居ルンダ」ト呼フ者アリ)諸君吾々ハ此際ニ膺懲ノ軍サヲ諸君ニ對シテ起シテ居ルノデアル(「何處ヘ質問スルノダ」「國民黨少數ナレバ横暴ハ出來ズ」「ヤリタマヘ」「モウ種ガナクナッタカ」「辛ラカラウ」「モウ二三時間ヤリタマヘ」「寬クリヤレ」「謹聽々々」ト呼フ者アリ)尙吾々ハ公平ナル態度ニ於テ言フノデアル、(「公平ナル態度デ何處ニ質問スルカ」「政友會ヘノ質問カ」ト呼フ者アリ)政府ニ質問シテ居ルノデアル、オ前方ニ質問シテ居ルノデハナイ、尙更ニ進ンデ御尋致シタイノハ、公債借換ノ問題ニ對シテ御尋致シタイノデアリマス、モウ一ツハ追加豫算提出ノ時期甚ダ其當ヲ得ズト云ッ此事柄ニ付テ質問ヲ試ミタイノデアリマス、此度公債借換ノ案ヲ出サレタノハ、激增セル在外正貨ノ惡影響ガ內地ノ經濟界ニ將ニ及ビツ、アルノデアリマス、之ヲ防止センガ爲ニ此借換手段ヲ執ラレタト云フコトハ、本員等ノ最モ諒トスル所デアリマス、其政策ニハ此ヤリ方ニハ吾々一點ノ異議ヲ挿ム餘地ハナイノデアル、併ナガラ斯カル少額ナル所ノ僅ニ三千八百六十万ノ此金ガ、果シテ經濟界ノ今目下眼前ニ現ハレントシツヽアル所ノ、此經濟界ノ惡影響危險ナル所ノ徵候ヲ果シテ防止シ得ルノカアリヤ否ヤト云フコトガ、吾々ノ疑問ヲ挿ム點デアル、(拍手スル者アリ)在外正貨ハ今ヤ五億二千万圓以上ニ達シテ居ルト私ハ思フノデアル、大藏大臣ニ承ハリマシタトコロ、大正五年中ニドレダケノ正貨ガ我ガ國ニ這入ル見込デアル、所謂在外正貨ナルモノ、前途如何ト云フコトヲ、或ル議員カラ質問ヲ發セラレマシタラ、ソレニ向ッテ大藏大臣ハ約一億四五千万圓ノ正貨ハ這入ル積リデアル、所謂在外正貨ノ蓄積高モウ一年ノ間デ一億四五千万圓ニ上ルト云フコトヲ答ヘラレタノデアル、總テノ對外貿易關係、此同ジ狀態ヲ以テ進ンデ參リマスレバ、大正五年度ノ終リニハ在外正貨ト云フモノハ、殆ド七億圓ニ垂ントスル高ニ上ルノデアリマス、而シテ今豫定サレテ居ル所ノ今後約一箇年ニ亙ッテ、對外債務ヲ支拂フベキモノガ幾ラアルカト申シマスレバ、本員ノ記憶スル所ニ依リマスレバ、大正四年度ニ關スル所ノ國債整理基金ノ中カラ二千万圓ソレカラ大正五年度ニ於ケル所謂來年度ニ於ケル整理基金ノ中カラ約三千万圓、此度借換ヘサレントスル所ノ三千八百六十万圓、及先月デアリマシタカ、先々月デアリマシタカ、既ニ內債ヲ募集シテ來年二月若クハ三月ニ支拂期限ノ到達セントシテ居ル鐵道證券三千万圓、是等ノモノヲ合セマスレバ約一億二千万圓カラ三千万圓ノ間デアラウト思フノデアリマス、來年一杯デ對外正貨ノ——所謂對外正貨——在外正貨ノ蓄積高ハ約七億万圓ニ達スルノデアル、而シテ今豫定サレテ居ル所ノ對外債務ノ仕拂高ト云フモノハ、僅ニ一億二三千万圓ニ過ギナイノデ、サレバ差引明年ノ末ニナッテ幾ソノ在外正貨ガ殘ルカト云ヘバ、約五億六千万圓ノ正貨ハ現存スル譯ニナルノデアル、諸君、今ヤ五億万圓內外ノ在外正貨ノ蓄積デスラ、諸君ガ過去數箇月ニ亙ッテ、及ビ現在ニ於テ見ラレテ居ルガ如キ此在外正貨ノ惡影響ト云フモノガ、內地ニ於ケル經濟界ノ全般ニ亙ッテ今將ニ瀰漫セントシツヽアルノデハアリマセヌカ、五億万圓ノ在外正貨デスラ今日ノ如キ惡影響ヲ及ボシツヽアルノデアル、況ヤ來年ノ末ニナッテハ殆ド五億七八千万圓ノ正貨ガ蓄積サレルト云フコトハ、今ヨリ明カニ分ッテ居ルノデアル、然ラバ諸君、僅ニ今ココデ三億七八千万圓ノ借換ヲヤッタトコロデ、ソレデ此經濟界ニ瀰漫セントシツヽアル所ノ此經濟界ノ惡影響ハ斷ジテ防止スルコトハ出來ナイノデアル、ソコデ私ハ進ンデ御尋ヲ致シタイノデアリマスルガ、是ダケノ(「十二時迄ヤレ」ト呼フ者アリ)對外債務ヲ支拂ッテ而シテ(「種ガ盡キレバ已レガヤルカラ」ト呼フ者アリ)經濟界ニ於ケル惡影響ハ是デ防ギ得ルト信ズルナラバ、私ハ飛ンデモナイ間違ヒダラウト思フノデス、ソレ故ニ政府ハ更ニ進ンデ目下經濟界ニ現レツヽアルトコロノ、此在外正貨ノ蓄積カラ起リツヽアルトコロノ此惡影響ヲ如何ニシテ防止セントスルノデアルカ、之ヲ防止スルノ意思アルヤ否ヤ、或ハ自然ニ放任スルト云フノデアルカドウデアルカ(拍手起ル)若シ自然ニ放任セズト致シマシタナラバ、如何ナル手段、如何ナル方法ヲ以テ此惡影響ヲ防止セント致サレルノデアルカ(「能ク分リマシタ」ト呼フ者アリ)其手段方法ヲ承リタイノデアリマスル、斯ク言ハヾ當局者ハ今後ニ於テ如何ナル手段方法ヲ執ルト云フガ如キコトハ、政府トシテ玆ニ言明ハ差控ヘタ方ガ宜シイ、何トナレバ政府ノ一言一行ハ經濟界ニ大ナル影響ヲ及ボスガ故ニ、言ハヌ方ガ宜カラウト云フヤウナ或ハ御答辯ガ無キニシモ非ズト考ヘルノデアリマス、(「ヒヤ〳〵」)併ナガラ諸君(「ハイ」ト呼フ者アリ)此問題ニ對シテハデス、今ヨリ明確ニ今ヨリハハッキリト政府ガ今後ニ於テハ斯ル方針ヲ以テ進ムノデアル、斯ル方針ヲ以テ斯ル手段ニ依ッテ此惡影響ヲ防止スルニ努ムルノデアルト云フコトヲ、今日唯今カラ言明サレテ置イタナラバ、却テ經濟界ハ平穩無事ニ參ルカモ知ラヌノデアル、政府ノ向フトコロ、政府ノ執ルベキ方針ヲ、今日ニ於テ明ニシテ置カザリシナラバドウデアルカト云ヘバ、所謂國民殊ニ金融界ニ於ケルトコロノ人ハ東ニ行カンカ、西ニ行カンカ、殆ド其適歸スルトコロヲ知ラズト云フ有樣ニ陷ルノデアル(拍手起ル)却テ不安ノ念ニ驅ラレルノデアル、政府ガ西ノ道ヲ執ルカ、東ノ道ヲ執ッテ來ルカデアラウカト云フコトガ分ラナイ故ニ、所謂事業界金融界ニ於ケル人ハ、總テ五里霧中ニ彷徨スルト云フ有樣ニ立至ルノデアル、若シ政府ガ今ヨリ之ニ對スル策ヲ明カニ御言明ニナッテ居ルナラバデス、政府ノ執ルベキ手段方法ガ明デアルナラバ、金融界ノ人、事業界ノ人ハ總テソレヲ目當ニシ、其言明サレテ居ルトコロヲ目當ニ、ソレ〳〵準備ヲシ、ソレゾレ計畫ヲ致シマスカラ、却テ經濟界ハ平穩無事滑カニ行クノデアル(「殺リヤッテ呉レ言葉ガ早過ル」ト呼フ者アリ)ソレ故ニ政府當局者ト致シマシテハ、或ハ今日其手段方法ヲ言明スルノ時機ニ非ズト申サレルカモ知レマセヌケレドモ、私共考ヘルトコロニ依レバ、之ヲ今日ニ於テ御言明ニナッタ方ガ却テ經濟界ノ波動ヲ引起サズシテ濟ムト思フノデアル(拍手起ル)ソレ故ニ此點ニ付テハ是非此處デ御言明ヲ煩シタイト思フノデアリマス、(「高聲ニ願ヒマス」「速記錄ヲ讀ミ給ヘ」「衆議院ノ恥辱ナリ」「御注文ニ應ジマス」ト呼フ者アリ)更ニ(「更ニ高聲ニ願ヒマス」「詳細ニ願ヒマス」「一遍休ンデ」「能ク水ヲ飮ンデ」「シッカリヤリ給ヘ」ト呼フ者アリ)豫算(「ソコダ」ト呼フ者アリ)提出ノ時期甚ダ其當ヲ得ズト云フ事柄ニ付テ、政府ノ御辯明ヲ煩シタイト思フノデアリマス、諸君モ御承知アラセラレル如ク(「高聲ニ」「ドウモ聽ヘマセヌ」「眞面目ニ」「水ヲ飮ンデシッカリヤレ」ト呼フ者アリ)臨時軍事費ナルモノハ諸君モ去ル臨時議會ニ於テ協賛ヲ與ヘラレテ居ルカラ御承知デアリマセウガ、本年十二月三十一日限リシカ與ヘテナイノデアリマスル、此十二月一杯デ臨時軍事費ハ無クナッテシマフト云フコトハ、何人モ知ッテ居ルトコロデアル、然ラバ諸君、モウ四五日スレバ一ツモ使フ金ガナイノデアル、而モ我忠良ナル陸海軍人ハ如何デアリマスルカ、或ハ南洋方面ニ或ハ山東ノ一角ニ辛酸ヲ嘗メツヽアルデハアリマセヌカ、內ヲ顧レバ本年十二月三十一日限リデ一文モ金ハナイノデアル(「ヒヤ〳〵」「無責任極マル」ト呼フ者アリ)此豫算案ヲ出シテ來タノハ何時デアリマスカ、僅ニ四五日前ノ話デアル、我忠良ナル陸海軍人ハ南洋ニ支那大陸ニ是ダケ辛酸ヲ嘗メツヽアルニ拘ラズ、ソレニ向ッテノ經費ト云フモノガ未ダ定マッテ居ラヌト云ッテ、果シテ此忠良ナル陸海軍人ニ對シテ當局者ハ濟ムデアリマセウカ、洵ニ不親切至極ト言ハナケレバナラヌノデアル、斯ル金ハ疾クニ此議會開會ノ當初ニ於テ提出シナケレバナラヌ性質ノモノデアル、而シテ忠良ナル陸海軍人ヲシテ後顧ノ憂ナカラシメ、安心シテ君國ノタメニ盡サスベキ態度ニ出デナケレバナラヌノデアル、然ルニ(「君ダッテ常識ニ考ヘテ見ロ君ハ餘リ無理ダ」ト呼フ者アリ)今年ハ餘ストコロ僅ニ九日、其時ニナッテ之ヲ出シテ來タノハ何タル怠慢デアルカ(「ソレデハ贊成ガ出來ナイカ」「延スガ怠慢デハナイカ」「水ヲ飮ンデ」ト呼フ者アリ)之ヲ政府ニ質セバ曰ク(「マダ返事ハシテ居ラヌヨ」ト呼フ者アリ)イロ〳〵調査スベキ事項ガ多キニ亙ッテ居ル、而シテ其範圍モ廣キガ故ニ、今日マデ其提出ノ運ビニ至ラナカッタノデアル、斯カル御答辯デアリマスル(「聽エマセヌ高聲ニ願ヒマス」ト呼フ者アリ)諸君、戰時狀態ノ依然繼續シテ居ルト云フコトハ何人モ承知シテ居ル所デアル、實戰ヲヤラヌデモ戰時狀態ガ續イテ居ルデハナイカ、若シソレヲ知ラザレバ非國民デアル、苟モ戰時狀態ガ繼續シテ居ル以上ハ、軍事費ノ要ルト云フコトハ明カナルコトデハナイカ(「明カナコトガ分ラヌノカ」「少々クド過ギルワ」ト呼フ者アリ)臨時軍事費ノ中ニ計上サレタ金ハ僅ニ一千四百八十五万千二百六十二圓デアル(拍手起ル)諸君、明治五年度ノ總豫算ハ(笑聲拍手起ル)幾ラニナッテ居ルカ、大正五年度ノ總豫算ハ幾ラニナッテ居ルカ、殆ド五億數千万圓ニナッテ居ルデハナイカ、此五億數千万圓ノ中ニ含マレテ居ル箇餘ハ洵ニ多クアリマスル、又其範圍ハ北ハ樺太ヨリ南ハ朝鮮ニ至ルマデノ此範圍ヲ含マレテ居ル豫算デハナイカ（「朝鮮ハ南カネ」ト呼フ者アリ拍手起ル）南ハ臺灣、西ハ朝鮮、斯ル廣大ノ範圍マデモ含マレタル大正五年度ノ豫算デアル、而モ其數額ヤ五億數千万圓ニ亙ッテ居ルノデアル、是ダケノ廣キ範圍ニ亙リ、是ダケノ多クノ項目ニ渉リ、是ダケ多額ノ費用ニ亙ッテ居ルモノデスラ、僅カ半年位ノ調査デ是ガ出來上ッテ居ルノデハナイカ、然ルニ諸君一千何百万圓ト云フ豫算ヲ編成スルノニ、一年經ッテモ出來ヌト云フノハ何タルコトデアルカ（拍手起ル「ヒヤ〳〵」ト呼フ者アリ）僅ニ千何百万圓ノ豫算デハナイカ、此豫算ヲ編成スルノニ範圍ガ廣大トカ、或ハイロ〳〵ノ方面ニ亙ッテ居ルトカ、殆ド一種ノ口實ニ過ギナイノデアル（「ヒヤ〳〵」ト呼ソ者アリ）吾々ヲシテ玆ニ忌憚ナク一ノ邪推ヲ下サシムルナラバ、斯ル邪推ヲ下サヾルヲ得ヌノデアル

○陸軍大臣（岡市之助君） 西村君ノ御質問ハ餘程箇條ガ多ウゴザイマシタガ、其中デ陸軍ニ關係シタ事柄ニ付テ御答ヲ致シマス、先ヅ第一ガ此泰平組合ニ關係シタコトノ御尋デゴザイマス、是ハ今日マデ私ガ豫算總會若クハ分科會ニ於テ、誠意ヲ以テ露骨ニ說明ヲ致シマシタ積リデゴザイマスルガ、マダ御疑念ノ晴レヌ點ガアルヤウニ伺ヒマシテ、甚ダ遺憾ニ存ズルトコロデアリマス、要スルニ此泰平組合ニ與ヘタル訓令若クハ協約中ニゴザイマスル外國ト云フ文字ノ解釋ガ、第一ノ引懸リノヤウデゴザイマス、是ハ西村君モ解釋ヲナサレナガラ御質問ニナリマシタガ、讀ンデ字ノ如クト云ヘバソレマデヽゴザイマス、ソレデ此協約ヲ取極メマスルトキニ外國ト云フモノハ支那ニ限ルト何モ公約シタコトモ無ケラネバ、何モ取極メモシタコトモ無イノデゴザイマス（「三百ダ」「默ッテ聽ケ」ト呼フ者アリ）ソレデ是ハ小川君ノ今日豫算總會ニ於ケル質問ニ對シテモ答ヘテ置キマシタガ、假ニ支那ニ賣込ムモノト假定ヲ致シマシテモ、其後暹羅ニ賣リ又其他ノ國ニモ賣リマシタノデゴザイマスカラ、既ニ其最初ノ假定ト云フモノハ壞レテ居ル、且ツ日本ヨリモ何ト申シマセウカ、劣ッタ國ニハ賣ルノハ宜シイガ、歐羅巴ノ如キ强國ニ賣ルノハ穩カデナイト云フヤウナ質問中ニ御言葉ガアッタヤウニ承知致シマスガ（「ソンナコトハ言ハナイ」ト呼フ者アリ）是ハ國ノ優劣ヲ論ジテヤルベキコトデハナイト存ジマス、要スルニ私ハ此泰平組合ニ與ヘタトコロノ訓示及其協約ニ照シテ、之ヲ履行スルノ義務アルモノト確信ヲシテ居リマス（「法律上ノ義務カ」ト呼フ者アリ）ソレカラ此砲兵工廠ノ作業力ト云フモノハ僅ニ八百万圓位ナモノデアルノニ拘ラズ、今回ノ兵器ノ製造ト云フノハ莫大ナモノデアル、ソレデハ動員計畫上ニ缺陷ヲ生ズルダラウト云フ御疑念ガアリマシタガ、是ハ作業能力ハ八百万圓デハゴザイマセヌ、是ハ過日豫算總會ニ於テモドナタカノ御質問ニ對シテ御答シテ置キマシタガ、作業能力ハ來年度ニ於キマシテハ凡ソ八千三百万圓、金高ニシテゴザイマス、八百万圓ト申シマスルノハ平時狀態ニ復シマシテ、卽チ唯今御協贊ヲ經テ居ルトコロノ臨時軍事費、若クハ整備費ガ出來マシタ曉ニ於テハ、平時ノ作業ノ收支ガ八百万圓シカナイト云フ計算ヲ申シマシタノデ、作業能力ヲ申シマスレバ明年度ノ既ニ御協贊ヲ經テ居ル特別會計ニ於ケル豫算ガ示シテ居リマス、ソレカラ臨時事件費ニ關シテ、山東鐵道ノ經費ニ付テ御尋ネガゴザイマシタガ、是ハ今朝政府委員カラ御答辯ヲ致シテ置キマシタ通リ、要スルニ山東鐵道ハ曩キニ御協贊ヲ經テ居ルトコロノ臨時軍事費ヲ以テ支辨シテ參リマシテ、尙我ガ手ニ之ヲ押收シテ居ル以上ハ、相當ニ之ヲ運用ヲシ地方民及其他ノ便利ヲ圖ラナケレバナラヌ、卽チ搔摘ンデ申シマスルト、其收入ハ支出ニ超過ヲシテ居ルト云フヤウナ有樣デゴザイマス、是ハ歳入ノ部デゴザイマスカラソレデ御承知ヲ願ヒマス、ソレカラ工廠ノ擴張費ハ朝鮮ニ置イタトコロノ二個師團ノ爲ニヤルノカ、若クハ外國ノ爲カ、斯ウ云フ御尋デゴザイマス、是ハ朝鮮ニ置キマシタ二個師團ノ爲ニ置クヤウナ、左樣ナ不用意ナコトハ私ハ致シマセヌ積リデ、ソレデ二個師團位ニ供給スル兵器ハ今日マデノ作業力デ餘リアルノデ、要スルニ此擴張ハ與國ノ救助ニ應ズル爲ノ擴張デゴザイマス、卽チ本年ハ大正四年度ノ追加豫算ニ出シテ置キマシタ百十八万何ガシ、明年度ノ五百五十何万圓ト云ヒマスルノハ、與國救助ニ應ズルトコロノ擴張費デゴザイマス、ソコデ是ダケ擴張シタラバ作業能力ハ幾何ニナルカト云フ御尋ガゴザイマシタガ、是ハドウゾ此言明ヲ避ケタイノデゴザイマス、是ハ兵器上ノ作業能力ト云フノハドウモ公表スルコトハ許シマセヌ（「秘密會デ答辯スベシ」ト呼フ者アリ）要スルニ從來ニ比ベマシテ餘程作業能力ハ發揮致スコトハ相違ナイ、是ハ何ニ用ヰルカト云フ御尋デゴザイマスガ、是ハ專ラ小銃、彈丸、砲彈、之ヲ製作スルノニ用ヰマス、ソレデ今日マデノ作業能力ニ於キマシテ、殊ニ外國ノ救助ニ應ジマスル上ニ於テ、此小銃彈ト砲彈ノ製作力ハ乏シウゴザイマス、取敢ヘズ是ダケノ擴張ヲシテ彼ノ需ニ應ジタイト云フノデゴザイマス、申スマデモナク是ハ將來ニ於ケル我ガ兵器ヲ充實致シマスル上ニ付テ、有事ノ日ニ於テハ非常ニ效用ヲ爲ス次第デゴザイマス、ソレカラ砲兵工廠ノ利益金ノ御質問ガゴザイマシテ、是ハ何カラナンボ出シタカト云フ御尋デゴザイマシタガ、是ハ砲兵工廠ノ利益金ハ小銃モゴザイマスレバ、彈丸モゴザイマス、イロ〳〵ナモノカラ得タルトコロノ利益ヲコヽニ總計ヲシテ揭ゲタモノデゴザイマス、一々小銃デナンボ利益ヲ得ル、小銃彈デ幾ラノ利益ヲ得ルト云フコトハ、此處デ御卽答致シ兼ネマスガ、併シ是ハ公開ノ席上ニ於テハ御卽答ヲ致シマセヌ方ガ利益ト存ジマス、之ヲ致サヌカラトテ何モ泰平組合トハ關聯ヲ有チマセヌコトハ御斷リヲシテ置キマス、泰平組合ガ取リマストコロノ手數料ハ再三申シマシタ通リ、五分、三分、二分ト云フヤウニ遞減ヲシテ參リマシテ、原價マデモ御手許ニ差出シテ置キマシタ、其原價ハ動キマセヌノデゴザイマス、其原價中ニ利益ガ若干含マレテ居ル次第デゴザイマス、左樣御承知ヲ願ヒマス

答 相違アリマセヌ
29 問 夫レガ二十三日頃デアッタコトヲ何故記憶シテ居ルカ
答 白川ガ藤村ヘ談判ニ出掛ケテ板倉ト喧嘩シタ頃ノ話シデアッタカラ夫レデ二十三日頃ト思フノデアリマス
30 問 白川ハ木出ヤ水間ガ請求シタカラ遣ロウト思フガト云フタコトハ相違ナイカ
答 相違アリマセヌ
31 問 村井耆四郎、武市庫太、長谷川敬一郎ノ關係ニ付イテハ前述ノ申立ノ通リ事實相違ナイカ
答 相違アリマセヌ
32 問 村井耆四郎ニ渡シタ日ハ昨年十二月二十三日頃ニ相違ナイカ
答 相違アリマセヌ二十三日ノ午後三時頃デアッタト思ヒマス
33 問 何處デ渡シタカ
答 厚生館ノ二階ノ自分ノ部屋デ渡シマシタ
34 問 夫レハ被告カラ進ンデ遣ッタノデナイカ
答 進ンデ遣ッタモノデハアリマセヌ金ヲ渡シタ前日即チ二十二日ノコト、思ヒマス村井ガ白川ハ此際少々ノ金ハ出スト云フテ居ルガ實際出スノカ出スナラ僕モ實ニ金ニ困ッテ居ルカラ千五百圓程白川カラ都合シテ貰ッテ吳レト申込ミマシタカラ遣ッタモノデアリマス
35 問 其金ガ買收費タルコトハ相違ナイカ
答 相違アリマセヌ
36 問 武市庫太ニ渡シタ日ハ昨年十二月二十五日デナイカ
答 二十五日デハアリマセヌ二十六日デアッタト思ヒマス
37 問 二十六日ノ何時頃カ
答 午後四五時ノ頃デアリマシタ
38 問 金ハ千五百圓ニ相違ナイカ
答 相違アリマセヌ
39 問 ドウユウ譯デ其金ヲ武市ニ遣ッタカ
答 十二月二十日頃武市ガ自分ニ對シ白川ヨリ金ヲ貰ッテ吳レト切々賴ミマシタカラデアリマス
40 問 何故武市ハ左樣ニ申シテ賴ムノカ
答 夫レハ厚生館デ雜談中白川ガ朝鮮デ大金ヲ儲ケテ居ルカラ増師案ニ贊成シテ吳レル者ニハ生キタ金ナラ少々此際使ッテモヨイト云フ樣ナ語氣ヲ常ニ漏シテ居タノデ之レニ依リ武市ガ増師案贊成者ニハ買收費ガ出ルノデアルト云フコトヲ感付イテ自分ニ其通リ白川ニ云フテ金ヲ貰ッテ吳レト切々云フタモノト思ヒマス
41 問 其金ハ買收費ニ相違ナイカ
答 相違アリマセヌ

42 問 武市カ切々賴ンダト云フノハ同人ノ子供ノ學資ニ參拾圓許是非必要ナノデ其金ヲ貸シテ吳レト賴ンダノトハ其意味ガ違ウカ
答 違ヒマス併シナガラ子供ノ學資ニ參拾圓許リ是非必要デアルカラ一寸貸シテ吳レト申込ンダ事實ガアルコトハアリマスケレドモ夫レハ直グ五日カ一週間位ノ間ニ返シテ來マシタ其金ト關係ナク別ニ千五百圓渡シタモノデアリマシテ其參拾圓ト差引シテ渡シタモノデハアリマセヌ夫レ故其參拾圓ヲ貸セト申込ンダノハ全ク別問題デアリマシテ切々自分ニ白川カラ金ヲ貰ッテ吳レト申込ンダノハ千五百圓ノ關係デアリマス
43 問 其千五百圓ハ何處デ渡シタカ
答 厚生館ノ自分ノ部屋又ハ其隣室ニ於テ直接同人ニ渡シマシタ
44 問 長谷川ニ渡シタノハ千圓カ
答 左樣デアリマス
45 問 濱田政壯ノ手ヲ經テ渡シタコトハ相違ナイカ
答 相違アリマセヌ
46 問 濱田ニ渡シタノハ何日カ
答 自分ハ二十六日ト思ッテ居リマシタガ夫レハ二十三日頃デアッタカモ知レヌ樣ナ感ジガシマス
47 問 何處デ渡シタカ
答 厚生館ノ自分ノ部屋ノ次ノ間デ渡シマシタ
48 問 夫レハドウユウ譯デ濱田ノ手ヲ經テ長谷川ニ遣ルコトニナッタノカ
答 夫レハ濱田ガ長谷川ハ貧乏デ困ッテ居ルカラ白川ニ云フテ千圓程貰ッテ吳レト賴ンダカラデアリマス
49 問 濱田カ被告ニ其通リ賴ンダトキハ既ニ濱田ト白川トノ間ニハ長谷川ニ千圓遣ル約束ガ出來テ居ッタノデハナイカ
答 ソウデアッタカモ知レヌト思フ處モアリマス
50 問 板倉ニ渡シタノハ壹萬圓デアルト云フコトハ相違ナイカ
答 相違アリマセヌ夫レハ五千圓宛二回ニ渡シマシタ
51 問 何處デ渡シタカ
答 始メノ五千圓ハ慥カ自分ガ待合藤村ニ於テ直接板倉ニ渡シマシタガ次ノ五千圓ハ厚生館デ渡シタカト思ヒマス
52 問 其金ハ板倉ノ要求ニ依ッテ渡シタモノカ
答 勿論要求ニ依ッテ渡シタモノデアリマス同人ガ關東組モ大分増師贊成者ガアルガ八人乃至十人位ハ必ズ結束ガ出來ルガ何ニヲ云フテモ先立ツモノハ金デアルト云フカ如キ口吻ヲ屢々漏ラシ暗ニ買收金ヲ要求シマシタノデ夫レヲ遣ッタモノデアリマス
53 問 然ラハ其壹萬圓ハ買收金ニ相違ナイカ
答 左樣デアリマス
54 問 其壹萬圓渡シタト云フハ何日カ

答 始メノ五千圓ハ十二月二十日頃デ後ノ五千圓ハ一兩日シテカラデアッタ樣ニ思ヒマス
55 問 太田直次ニ渡シタノハ三百圓ニ相違ナイカ
答 相違アリマセヌ
56 問 夫レハ昨年十二月二十二日頃ノコトカ
答 左樣デアリマス
57 問 其關係ニ付イテハ前同ノ申立ニ相違スル點ハナイカ
答 アリマセヌ
58 問 水間此晨夫ニ八百圓渡シタコトガアルカ
答 白川ノ命ニ依リ渡シタコトガアル樣思ヒマス
59 問 夫レハ昨年十二月二十六日木挽町一丁目岡本旅館ニ於テ水間ニ渡シタモノカ
答 ソーデアッタト思ヒマス
60 問 被告カラ渡シタ右板倉、村井、武市、長谷川、高鍋、太田等ハ太田ガ三百圓受取ッテ三百圓ヲ返シテ來タ外ハ其金ヲ返還シタ者ハ一人モ無イカ
答 板倉カ四千圓返レタト白川ガ云フテ居リマシタガ其外ハ今日迄返シタモノハアリマセヌ
61 問 其板倉、村井、武市、長谷川、高鍋及太田等ニ右金錢ヲ供與シタ際誰カ傍ニ居タ者ガアルカ
答 何レノ場合モ誰モ傍ニ居タ者ハアリマセヌ
62 問 女中ノ樣ナモノデモ給仕ノ樣ナ者デモ居ッタコトナイカ
答 居ッタコトハアリマセヌ秘密ノ金ノ授受デアリマスカラ居ラヌ處デ遣ッタノデアリマス
63 問 夫レ等ノ者カラ證據トカ受取ノ樣ナ物ヲ取ッタカ
答 ソンナ物ハ一切取リマセヌ
64 問 今日迄申立テ、居ル處ニ僞ハリハナイカ
答 決シテ僞リハアリマセヌ
65 問 被告ノ爲メニ何ニカ利益ニナル證據デモアルカ
答 別ニ何等ノ證據モアリマセヌ併シナガラ金ヲ取ル爲メニ遣ッタ仕事デハナクシテ一意專心國家ノ爲メニ盡スト云フ考ヘカラ増師案通過ニ熱狂ノ餘リ斯クノ如キ結果ニ到着シタト云フコトヲ能ク御諒察ヲ願ヒマス

右讀聞云々

被告人 増田穰三

大正四年八月十七日

於高松地方裁判所

同日

裁判所書記 北岡松二郎(印)

豫審判事 角南美貫(印)

被告人白川友一第十四回調書

1 問 白川友一ナリヤ
答 左樣デアリマス
2 問 今一應念ノ爲メ確カメ置クガ林田ヨリ被告ナリ増田ガ受取リタ金ハ買收金タルコトニハ相違ナイカ
答 其金ハ増師案通過ニ要スベキ一切ノ費用デアリマシテ無論買收費ガ主タルモノデアリマスケレドモ其金ノ用途ニ關シテハ自分ナリ増田ニ買收其他全權ヲ委ネラレテ居ルモノト信ジテ受取ッタモノデアリマス
3 問 受取ッタ被告ナリ増田ニ於テ斯ク信ジテ居ッタト同樣渡シタ林田ニ於テモ斯ク信ジテ渡シタモノカ
答 我々ト同一ノ考ヘデ渡シタモノデアロウト思フテ居リマス
4 問 大浦子爵ニ於テモ亦素ヨリ同樣ノ考ヘデ渡シタモノニ違ヒアルマイ
答 左樣デアロウト思イマス
5 問 昨年十二月二十六日増田ト共ニ本出保太郎宅ニ參リ同人ニ金貳千圓ヲ與ヘタ際何ント申シテ渡シタカ
答 十分慥カニハ覺ヘマセヌガ井阪ノ選擧ヲ助ケテ遣ッテ吳レト云フ意味ノコトヲ云フテ渡シマシタ
6 問 本出ニモ遣ルト云フタカ
答 夫レハ云ヒマセヌ併シ本出ハ取ルダロウト思フテ居リマシタ又取ッテモ構ハン積リデアリマシタ
7 問 其金ヲ本出ノ前ニ差出ス際大正倶樂部ニ屬スル近畿組ノ村井、井阪、本出等三名ノ來ルベキ選擧費ノ補助ニ今一時預ケ置クト云フテ渡シタモノデハナイカ
答 ソンナコトハ申シマセヌ
8 問 何故井阪ニソンナ金ヲ補助シテ遣ルカ且又何故井阪ニ渡サズシテ本出ニ渡スカ
答 夫レハ前ニモ申上ゲテ居リマス通リ増師案通過ニ贊成シタ報酬ノ意味ニ於テ井阪ニ渡スコトニシタノデアリマス又井阪ハ自分ナリ増田モ二三回シカ而モ多數ノ寄リ合ヒノ場デ逢タ丈デ交際ガアリマセヌノデ井阪ト同府下選出ノ本出ニ托シテ選擧運動費補助ノ名ヲ藉リ贈與シタモノデアリマス
9 問 本出ガ二十三日頃被告ニ對シ井阪ニ金ヲ遣ッテ吳レト要求シタ爲メデハナイカ
答 要求シタトモセントモ只今記憶ニアリマセヌカラコウ斷言致シマセヌ
10 問 増田ハ被告カラ本出ガ井阪ニ金ヲ遣ッテ吳レト要求スルガ遣ロウカト思フガ如何ガト二十三日頃相談ヲ受ケタカラ遣ッテモヨイデナイカト答ヘタト申立テ、居ルガ如何
答 ドウモ記憶シマセヌ或ハ本出カラ増田ニ對シ直接左樣ナ要求シタノヲ増田ガ思ヒ違ヒシテ居ルノデナイカト想像シマス其理

山ハ増田ハ本出ニ對シ貳千圓ノ金ヲ自ラ預カリテ居ル金ヨリ本出ニ直接手渡シタモノデアリマスカラ或ハ本出ヨリ前ニ話シテ居タノデナイカト思ヒマス併シ之レハ私ノ想像デアルカラ慥カトハ云ヘマセヌ

右讀聞云々

被告人　白川友一

大正四年八月十八日
於高松地方裁判所
同廳
裁判所書記　北岡槇二郎㊞
豫審判事　角南美貫㊞

被告人増田穰三第九回調書

1問　増田穰三ナリヤ
答　左樣デアリマス
2問　昨年十二月二十六日白川ト共ニ赤坂田町ノ本出保太郎ノ宅ニ來リ同人ニ金ヲ渡シタ際何ント云フテ渡シタカ
答　別ニ何ントモ云ヒマセヌ大要ハ先般中上ゲマシタ通リデアリマシテ白川ガ今ノ物ワ一寸出シテ吳レト申シマスカラ自分ガ厚生館ヲ出掛ケニ白川カラ預カリ懐中シテ來タ金包ミヲ白川ノ前ニ出シマスト夫レヲ白川ガ受取リ本出ノ前ニ對之レワト云フテ突出シマシタカラ本出ガソーカト云フテ受取リマシタ斯クノ如ク單純ナル授受デアリマシテ其渡シタ金ニ付イテ別ニ何等ノ話モシタモノデハアリマセヌ夫レカラ畫ノ話ニ移リテ雜談シタ位ノコトデアリマス
3問　其金ヲ本出ノ的ニ白川ガ差出ス際大正俱樂部ニ關スル近畿組ノ村井、非既、本出等三名ノ來ルベキ選擧費ノ補助ニ貳千圓今一時預ケテ置クト云フテ白川ガ出シタモノデハナイカ
答　白川ハソンナコトヲ申シマセヌ
4問　夫レニ遂ヒナイカ
答　遂ヒアリマセヌ
5問　白川ハ被告ノ面前ニ其金ヲ本出ニ出シタカ
答　左樣デアリマス
6問　其金ハ實際來ルベキ選擧費ノ補助ニ預ケル積リデ持ツテ行テ遣ツタモノデハナイカ
答　夫レハ白川ガドンナ約束デ遣ツタモノヤ自分ハ知リマセヌカラ其邊ハ存ジマセヌ只自分ハ二十三日頃白川ガ自分ニ對シ井阪ニ少シ金ヲ遣ツテ吳レト本出ガ云フガ遣ロウト思フカドーカト聞キマシタカラ自分ハ遣ツテモヨイデナイカト答ヘタコトガアル樣思ヒマスノデ其爲メノ金カト其當時信ジテ居ツタノデアリマス
7問　昨日被告ハ武市ガ白川ニ金ヲ貰ツテ吳レト切々十二月二十日頃ニ頼ンダト云フタカ二十日頃デアツタコトヲ何故記憶シテ居ルカ
答　政友會ノ幹部連ガ築地ノ精養軒デ增師反對ノ演說會ヲ催シタ翌日頃ダト云フ記憶ガアリマスカラ考ヘテ見マスト演說會ガ十九日デアリマシタカラ夫レデ二十日頃ダト思フノデアリマス
8問　増田ノ手ヲ經テ長谷川ニ渡シタ金ハ十二月二十六日デアツタト思フテ居ツタガ或ハ二十三日頃デアツタカモ知レヌ樣ナ感ジガスルト昨日中立テタガ何故二十三日ノ樣ナ感ジガスルカ
答　二十六日ハ白川ト共ニ本出ノ處ヘ參リ夫レカラ首相ノ處ヘ參ツタリ色々シテ居リマスカラ其日デナクシテ吾妻屋支店ニ本據ヲ移シタ前日位ト思ヒマスカラ夫レデ二十三日頃デアツタカモ知レヌ樣ナ感ジガスルト中上ゲタノデアリマス
9問　板倉ニ渡シタ壹萬圓ハ買收金デアルト中立テヽ居ルガ何故買收金デアルト云フコトガ分ツテ居ルカ
答　夫レハ板倉ガ八名乃至十名ハ纏メルガ之レヲ纏メルニ付イテ金ガ入ルト云フカラ渡シタモノデアリマシテ前回モ申上ゲマス通リ買收金デアルト云フコトハ明カデアリマス

右讀聞云々

被告人　増田穰三

大正四年八月十八日
於高松地方裁判所
同廳
裁判所書記　北岡槇二郎㊞
豫審判事　角南美貫㊞

被告人林田龜太郎第五回調書

1問　林田龜太郎ナリヤ
答　左樣デアリマス
2問　前回被告ハ金ハ大浦子爵カラ進ンデ投ゼラレタト云フコトモナシ又白川カラ進ンデ要求シタト云フコトモナシ自然ニ双方意氣相投ジテ遂ニ茲ニ至ツタモノダト中立テタガ實ハ子爵カラ進ンデ投ゼラレタモノデハナイカ
答　勿論白川カラ申込ンデモ大浦子爵ニ於テ金ヲ投ズル意思ガナカツタラコンナコトニハナラナカツタノデアリマスカラ結局白川ノ希望ヲ見テ取リ子爵ガ一奮發セラレタルモノジヤト思ヒマス
3問　子爵カラ受取ツテ白川ナリ增田ニ渡シタ金ノ額ハ前回中立テタ通リ相違ナイカ
答　相違アリマセヌ白川ニ參千圓ト壹萬圓ト七千圓ト合計貳萬圓增田ニ壹萬貳百圓ト千八百圓ト尙約八千圓渡シテ居ルト思ヒマス故ニ兩名ニ渡シテ居リマス額ハ四萬圓內外デアリマス而シテ白川ナリ增田ニ交付濟ミノ上ハ前述ノ通リ受取證ヲ取リ子爵ニ渡シタノデアリマス斯樣ナ關係デ之レニ依リ白川ハ自己ノ責任免除ト考ヘテ居リマスカラ投受ノ日時場所數額等ニ多少ノ記憶違ヒハナイトハ云ヘマセヌ然レドモ大體ニ於テ相違アリマセヌ尙初メ白川ニ渡シタ參千圓ハ是迄十二月十三四日頃ノ樣中上ゲテ居リマシタガ或ハ十七八日頃デアツタカモ知レマセヌ
4問　其金ガ增師案ニ賛成セシムル爲メ議員ニ分配スル金タルコトハ相違ナイカ
答　八月八日御調ベノ際申上ゲマシタ如ク其通リ相違アリマセヌ即增師案ニ賛成セシムル爲メ議員ニ分配スル金ニ相違アリマセヌ
5問　子爵ニ於テモ案ヨリ其通リ承知ノ上金ヲ投ゼラレタモノニ相違ナイカ
答　相違ナイト思ヒマス
6問　何故相違ナイト思フカ
答　從來議員ヲ動スニハ金デナクテハナラナイト云フコトハ子爵ハヨク御承知ノ上デアリマスカラデアリマス
7問　右ノ通リ約四萬圓ノ金ヲ子爵カラ受取ル際ハ何レモ其都度直接子爵ヨリ受取ツタカ
答　左樣デアリマス
8問　其取次ギヲシタ者ハ他ニ一人モナイカ
答　無論一人モアリマセヌ
9問　然ラバ子爵カラ金ヲ受取タ際モ白川、增田ニ渡シタ際モ總テ投受ノ當事者以外ニハ何人モ干與シタモノハナイカ
答　アリマセヌ
10問　子爵カラ受取タ場所ハ總テ子爵邸カ又其日時如何
答　受取ツタ場所ハ子爵邸又ハ貴族院ノ大臣室デアリマシテ受取タ日ハ增田ナリ白川ニ渡シタト同日デ寸隙モアリマセヌ
11問　金錢投受ノ關係ヲ心覺ニ記載シテ居ルモノハナイカ
答　アリマシタケレドモ白川カラ子爵直接ニ決算報告シタト云フコトヲ聞イテ直グ破リテ仕舞マシタ尙多少關係書類ノ樣ナ物ガ殘ツテ居リマシタケレドモ此事件ガ起ツテカラ全部破棄シマシタ夫レ故一切左樣ナコトヲ書キ留メタモノハ殘リテ居リマセヌ
12問　何ニカ中立テヽ置クベキ利益ナ證據ガアルカ
答　別ニ何ニモアリマセヌ

右讀聞云々

被告人　林田龜太郎

大正四年八月二十日
於高松地方裁判所
同廳
裁判所書記　北岡槇二郎㊞
豫審判事　角南美貫㊞

聽取書

白川友一

大正四年八月二十五日云々
中略
一、板倉中ガ其親密ナル因東組ノ議員ワシテ增師案ニ賛成セシムル爲メ昨年十二月中五千圓宛二回ニ壹萬圓ノ買收費ヲ受取ツタコトハ是迄數回中上ケタ通リデスガ板倉ニ於テ此ノ金ヲ如何ナル議員ニ分配シタカハ知リマセヌガ七八人ノ者ニ渡シテ居ル事ハ間違ナイ樣ニ思ヒマス
二、板倉カラ受取ツタ例ノ脫黨屆ニ署名シテアツタ板倉以外ノ連中ハ宮崎縣ノ日向輝武、根岸錆太郎、高津仲次郎、茨城縣ノ太田直次、關信之助、濱名信平、水戶市ノ小山田信藏ノ七名デアリマシタガコノ內日向ト高津トハ慥ニ板倉ヨリ金ヲ受取ツテ居ルコト、思ヒマス夫レハ昨年十二月二十八日私ガ板倉ノ宅ニ金ヲ取戾シニ參ツタ際板倉ガ手許ニ金ノ無イ事ヲ言譯スル爲メニ私ニ對シテ君カラ受取ツタ金ハ夫レ〳〵渡シテ居ルノデアル其人々ハ日向、高津ト名前ヲ列擧シ始メマシタノデ判ツタノデス尤モ其時ハ尙ホ他ノ人ノ名前ヲモ中立テントシマシタケレドモ其氏名ヲ聽カサレルト金ヲ取戾スニ都合ガ惡イト思ヒマシタノデ私ヨリ差止メテ仕舞ヒマシタカラ右二名以外ノ人ノ名前ハ知ル事ガ出來マセンデシタ
三、私ハ十二月二十二三日頃厚生館デ關ニ對シ君板倉カラモー貰ツタカマダナラバ貰ツテモヨイゾト云フテ板倉ニ金ヲ渡シテ居ルコトワ暗ニホノメカシタコトガアリマスガ金ヲ請求スル樣ニ勸メ其折關ハ左樣カ板倉ハ不都合ナ奴ダ若々ヲ馬鹿ニシテ居ル今カラ行ツテ談判シテヤルト云フテ直グ出掛ケマシタガ其口吻ハ板倉ガ彼等ニ少シバカリノ金ヲ與ヘ其大部分ハ板倉自身ノ懷ニ入レテ居ルコトニ感付キ憤慨シタモノヽ樣ニ聞キ取ラレマシタ多分板倉ニ請求シタモノト思ヒマス
四、二十五日ノ增師案決議ノ當日ニ出席シテ採決ノ數ニ加ハツタ者ハ前示因東組ノ內デハ增師賛成論者トシテハ板倉ト日向トノ二名デ反對論者トシテハ小山田ト高津トノ二名デアリマス關ハ採決間際ニ森久保作藏ノ爲メニ議席ヨリ議場外ニ連レ行カレ根岸ト太田ト濱名トハ縣ノ有志者ノ爲メニ議場ニ出ル事ヲ妨ゲラレ藤村ニ體ノイー拘留ヲタツタノデス夫レハ政友會カラ同人等ノ態度ヲ縣ノ有志ニ通知シタ爲メ縣ノ方デハ政友會ノ黨議ニ反對シテ增師案ニ賛成サレテハ困マルト云フテ有志者ガ上京ノ上反省ヲ促シタケレドモ利目ガ無カツタノデ此上ハ議場ニ出サヌ方法ヲ講ズルガヨイト云フ事ニナリ遂ニ右樣ノ方法ヲ採ツタノデアルソウデス關モ矢張藤村ニ拘留サレタ一人デスガコレ等ノ人々ノ爲メニ私ガ三四回自働

車デ迎ヒニ遣ツタ爲メ關丈ハ縣ノ有志ノ遣ギルノワ堺リハナシ賑會ニ出マシタソシテ私共ノ控室ニ於テ縣ノ奴等ニ酷ヒ日ニ遇ハサレタガソレト事情ハナシテ來タノダ見給ヘコンナニ羽織ノ「チ」迄マデ引キムシラレタト話シテ居マシタソレデ私ハ關ハ間違ナク增師賛成者トシテ議場ニ立ツモノト信ジテ居リマシタ處今マサニ採決ト云フ間際ニ至リ增師反對論者ノ一人デアル政友會ノ森久保作藏ガ關ニ耳打シテ同人ヲ議場外ニ連レ出シ議決ノ數ニ加ハラシメナカツタモノデスコレハ現ニ私ニ於テ目擊シタ事デ間違ハアリマセヌガ關ト森久保トノ間ニ如何ナル關係ガアルノカ私ニハ判リマセヌ

五、小山田ト高津トガ脫黨届ニ署名マデシテ置キナガラ政友會ニ復黨シタ理由ハ判リマセヌガ小山田ハ脫黨ニ關シ板倉トノ間ニ込ミ入ツタル關係ガアツタ樣デス夫レハ外ノデモアリマセヌガ私ガ十二月二十八日板倉ノ宅デ四千圓ヲ取還ヘシタ際脫黨届ノ寫眞版ヲ破毀スルコトヲ約シ厚生舘ニ歸ルト間モナク板倉カラ電話デ今小山田ガ君ノ宅ニ遣ルコトニナツタカラ小山田ノ面前デ寫眞版ヲ毀ハシテ吳レト申込ンデ來マシタノデ承知ノ旨答ヘ置キタル處暫クシテ小山田カラ電話デ板倉ト關係ハ圓滿ニ解決シタト云フ事ヲ板倉カラ聞イタガ實際解決シマシタカト尋ネマシタカラ解決シタノハ實際デアルト返答シタ處然ラバ今カラ伺ヒスルカラ自分ノ面前デ寫眞版ヲ毀ハシテ吳レマイカト申出タノデ差閊ナイカラオ出ナサイト答ヘテ置キマシタ處ガ又暫クシテ小山田カラ電話デ貴ハ來客ガアツテ行ケナイカラ君ノ方デ自由ニ毀ハシテ吳レマイカ間違ハアルマヒカラト頼ンデ來マシタノデ前ニ中上マシタ通リ私ニ於テ直ニ毀ハシタ上小山田ニ其旨ヲ電話デ通知シテ置イタデス小山田ガ何故寫眞版ノ事ニ付心配シタノカ共邊ハ餘程味フベキ價値アル事ト思ヒマス

右錄取云々

大正四年八月二十五日

於高松地方裁判所

白川友一

檢事局

檢事 一松定吉㊞

㊞

被告人林田龜太郎第六回調書

1 問 林田龜太郎ナリヤ

答 左樣デアリマス

2 問 何故大浦子爵ハ本件ニ付金ヲ出サレタカ

答 平素大浦子爵ハ政友會ハ議院デ過半數ヲ占メテ居ルカラ兎角橫暴ヲ極メデナラヌ何ニカノ機會ニ之ヲ挫イテ遣ラナケレハナラヌト云フコトヲ常ニ云ハレテ居リマシタ昨年十二月本件增師案ガ問題トナリテヨリ白川等ノ行動ヲ看テ取リ同人等ヲ利用スルニ至ツタモノデアリマスガ此時モ當初ハ政府ハ決ツシテ買收ナドハセヌト子爵ハ斷言セラレタコトハ前ニモ申上ケマシタ通リ決シテ相違アリマセヌカ其實厚生舘組ニ現ニ今日正ニ顯ハレテ居ル通リドンドン金ヲ出サレテ居ルノデアリマスカラ山岳數此實政友會議員中增師賛成者多キヲ以テ政友友會ノ切崩シヲ實行シ政友會ヲ破シ議院ノ過半數ヲ打破セントスルノ主義ナリシモノト自分ハ信スルノデアリマス夫レ故自分ハ子爵ノ意見ヲ受ケ子爵トハ白川等ノ中間ニ立チ金錢ヲ取次イダモノデアリマス白川等ニ於テモ亦素ヨリ子爵ノ意思ヲ了察シ增師賛成ノ爲ニ政友會ノ切崩シヲ遣ツタモノニ相違アリマセヌ又右申上ケマシタ意味ニ於テ子爵ハ金ヲ出サレタモノデアリマス右切崩シノ如キハ第一議會ヨリ何レノ議會ニ於テモ殆ント何レノ政府モ行フタ處デアリマス

3 問 此切崩ニ依リ何人位政友會ヨリ拉致スル考デアツタカ

答 子爵ノ考ヘニハ或ハ何人位拉致スルト云フ豫算ヲ立テラレテ居タカ夫レハ知リマセヌガ自分ノ考ヘデハ此際何人拉致スルト云フ樣ナコトハ更ニ考ヘテ居リマセナンダ只增師案ヲ通過セシムルコトノ急ナルヲノミ盛リ遣ツタノデアリマス

4 問 關東組カラハドノ位賛成者ヲ得ル積リデアツタカ

答 關東組ハ全然自分トハ直接何等ノ關係モアリマセヌ只併シナカラ白川カラ二十四日ノ夜各自自由行動ヲ執ルト云フコトニナル迄ハ關東組ト厚生舘組ト合セ二十七名ハ下ルマイト云フ報告ヲ受ケテ之ヲ子爵ニ報告シマシタコトガアリマス

5 問 最初白川ニ渡シタ參千圓ハ是迄被告ノ申立居ルガ如キ性質ノ金ナリヤ

答 前回ニモ申上ゲマシタ通リ子爵カラ子爵邸又ハ貴族院大臣室デ金ヲ受取リ白川等ニ挑琳又ハ厚生舘デ渡シタ總額ハ昨年十二月十七八日頃ヨリ二十二三日頃迄ノ間ニ御示ネノ參千圓ヲ合シ約四萬圓ナルコトハ相違ナイノデアリマシテ此參千圓モ他ノ金ト均シク決シテ自分ノ計ラヒデ出シタモノデナクシテ總テ子爵ノ命ニ依リ出シタモノニ相違アリマセヌ總テ是等ノ金ノ性質ニ付イテハ既ニ申上ゲマシタ通リ政友會切崩ノ爲メニ增師賛成者ニ與フルモノナリシコトハ相違アリマセヌ故ニ此參千圓ノ點ニ關シ是迄ノ申立ハ訂正シマス

6 問 白川又ハ增田カラ受取ツタ受取樣ノモノハ總テ子爵ニ手渡シテアルコトハ相違ナイカ

答 相違アリマセヌ併シナガラ夫レ等ノ受取其他本件ニ關スル總テノ書付ハ全部引破リテ捨テ、仕舞ツタト子爵ガ云フテ居ラレマシタカラ何等保存シテアルモノハ無イト信ジマス

7 問 最初白川ニ渡シタ參千圓ハ事務所費印刷費等デアツテ手許ニ預ツテ居ツタ機密費中ヨリ自分ノ計ヒデ出シタモノデアルト申立テタガ何故斯ル僞リヲ申立テタカ

答 此外尙ニ三間違ツタコトヲ申立テ居リマシタガ之ハ別ニ深イ考ヘノアツタ譯デハナイノデアリマシテ全ク眞實ノ申立ヲセンカ累ヲ子爵ニ及ボサンコトヲ慮リ成ルベク子爵ニ利益ノ樣申立テ、居マシタ次第デ是等ノ點ハ須ク自分ノ立場ヲ御諒察願ヒマス

8 問 昨年十二月二十七八日頃子爵邸デ增田ニ出會タト前ニ申立テタガ夫レハ三十一日ノコトデナカツタカ

答 三十一日デハアリマセヌ自分ハ其日子爵邸へ參ツタコトハアリマセヌ增田ニ逢フタノハ二十七日ノコトデアリマス

9 問 二十七日ニ子爵邸ニ何用アツテ參ツタカ

答 議會中ノ事務局ノ庶務報告ノ爲メニ參ツタモノデアリマス

10 問 切崩シニ干係シタ要件デハナカツタカ

答 切崩シニ關スルコトハ子爵ト直接ニ時々相談シテ行フタコトデアルカラ別ニ何等報告モ此時ハスル必要ハアリマセナンダ而シテ金ノコトニ付イテハ白川ヨリ直接ニ子爵ニ報告スルコトニナツテ居リマシタカラ自分カラ別ニ何等ノ報告ヲモ爲ス必要ヲ認メマセンデシタ

右讀聞云々

被告人 林田龜太郎

大正四年八月二十六日

於高松地方裁判所

同廳

裁判所書記 北岡楢二郎㊞

豫審判事 角南美數㊞

㊞

被告人增田穰三第十回調書

1 問 增田穰三ナリヤ

答 左樣デアリマス

2 問 高鍋篤郎ガ最初被告ニ對シ五六拾圓入用ダカラ貸セト云ンダカラ昨年十二月二十日頃ヨリ二十四五日頃迄ニ先ツ百圓渡シ後デ二百圓渡シタト申立テタガ被告ハ其時如何ナル考ヘデ高鍋ガ要求シタモノダト考ヘテ渡シタカ

答 夫レハ是迄モ度々申上ゲテ居リマス通リ白川ガ今度增師案ニ賛成シテ吳レル者ニハ生キタ金ナヲ少々出スト云フ樣ナコトヲ厚生舘デ始終云フテ居リマシタノヲ高鍋ガ聞イテ增師賛成者ニ白川カラ金ガ出ルト云フコトヲ感付キ請求シタモノダト信ジテ自分ノ方ニ於テモ實際ノ車賃ニ渡シタモノデナクシテ車賃名目ノ下ニ同人ガ增師ニ賛成シテ居ル報酬トシテ渡シタモノデアリマス故ニ外形上ハ互ニ吳シキ言葉ヲ用ヒマシテモ双方共以心傳心ニ其性質ハ分ツテ居ルノデアリマス素ヨリ自分ニ於テハ買收費トシテ渡シタモノデアリマス

3 問 被告ガ武市庫太ニ渡シタ金モ同樣買收費デアルト申立テ、居ルガ何故ソンナコトガ云ヘルカ

答 夫レハ厚生舘デ雜談中白川ガ增師賛成者ニハ多少ハ此際金ヲ出スト云フ意味ノ話ヲ始終シテ居リマシタノデ之レヲ聞イテ武市ガ增師賛成者ニ白川カラ金ヲ出スコトヲ看破シタモノト見ヘ左樣ナ口吻ヲ洩シ昨年十二月二十日頃自分ニ對シ白川カラ少シ纏ツタ金ヲ出シテ貰フテ吳レト切々頼ミマシタカラ白川ニ相談ノ上遣ルコトヲ承諾シテ約束ニ基キ千五百圓渡シタモノデ夫レガ假ヒ解散後ニ渡シテ居リマシテモ元ハ約束ノ結果デアリマス而已ナラズ同人ガ我々ト共ニ增師運動ニ狂奔シ最後迄進退ヲ共ニシテ吳レマス代リニ報酬トシテ渡シタモノデアリマスカラ買收費ダト云フノデアリマス

4 問 前ニ被告ハ濱田ヲ經テ長谷川ニ渡シタ千圓ニ付イテハ濱田ガ被告ニ請求スル前ニ既ニ濱田ト白川ノ間ニ話ガアツタ樣ニ思フ處ガアルト云ツタガ何ニカソウ思フ理由ガアルカ

答 別ニ深イ理由モアリマセヌガ二十二三日頃濱田ガ自分ニ對シ白川ハ承知ノ上デアルカラ長谷川ニ金ヲ遣ツテ吳レト云フタ樣記憶シテ居リマスカラ夫レデ濱田ト白川トノ間ニハ既ニ話ガ濟ンデ居ツタ樣ニ思フ處ガアルト申上ゲタノデアリマス

5 問 被告ガ昨年切崩シノ際授受シタ金錢ノ明細ヲ記載シタ何ニカ書面ハナイカ

答 何一ツモアリマセヌ

6 問 被告ガ昨年末切崩シ實行ノ際脫黨届ヲ提出シテヨリ後ノ態度ハ如何デアツタカ

答 增師案ニ對スル當時ノ自分ノ意見并ニ政友會ノ之ニ對スル態度ニ慊ラザル處アリテ黨議ニ服從スル能ハズ遂ニ脫黨届ヲ提出シ本件切崩シニ干與シ一時大ニ其効ヲ奏セントセシモ二十四日ニ至リ東海十一州組ノ軟化シテヨリ增師賛成派ノ旗幟更ニ振ハズ遂ニ我々ハ同夜午前一時頃政友會ヨリ除名ノ通知ヲ受ケマシタガ此時既ニ政友會ヲ脫黨シ增師ニ賛成セシ同志相集リ別派ヲ立テ大正俱樂部ト命名シ自分等ヽ其一名トナツタノデアリマス越テ二十五日增師案決議ノ際ハ政友會ノ反對ニ立チ增師案ニ賛成シマシタ併シナガラ衆寡敵セズ遂ニ當初ノ目的ヲ貫徹スル能ハズ一敗地ニ塗レマシタ我々ハ增師案ヲ通過セシムルコトノ外眼中何物モ無ク熱狂ノ餘リ目的ノ爲メニ手段ヲ擇バズ遂ニ國法ヲ犯シ多數議員ヲ買收シマシ

タガ是選擧ヲ受ヒ國民ヲ惱フノ事情ニ出デタルモノニシテ何等他意ナカリシコトハ切ニ御憐察ヲ願ヒマス又大浦子爵ニ於テモ我我ニ軍用金ヲ投ゼラル、際脱黨屆ヲ提出セネバ到底目的ノ遂シ得ラル、モノニアラズト始終云ハレテ居リマシタコトニ徴シテモ議院ノ過半數ヲ占ムル政友會ノ行動ニ屈カラザル處アリテ何ニカノ機會ニ打破スベク考ヘラレテ居ツタ矢先キ偶々增師贊成熟シ增師案ヲ楯ニ切崩シテ實行セラレタモノデ單ニ政策上ノ關係上ヨリ出デタルニ外ナラズシテ決シテ私利私腹ヲ肥スガ如キ陋劣ナル考ニ出デラレタルモノデハアリマセヌ

7問 子爵邸ニ參リ歸リ掛ケニ玄關ニテ林田ニ逢ッタト云フ夫レハ三十一日ノコトデハナカッタカ

答 夫レハ三十一日ノコトデハアリマセヌ前申上ゲマシタ通リ二十七日ノコトデアリマス

8問 被告ガ林田カラ受取ッタ金ハ貳萬圓ニ相違ナイカ

答 前ニモ申上ゲマシタ通リ約貳萬圓ニ相違アリマセヌ

9問 此金ヲ受取ッタコト並ニ此金ノ內ヨリ村非、武市、高鍋、長谷川、板倉等ニ各是迄申立テタ通リ金ヲ渡シタコトヲ授受ノ當事者外ニ尚誰カ他ニ話シタコトガアルカ

答 御承知ノ通リ祕密ノ金デアリマスカラ誰一人ニモ話シタコトハアリマセヌ

10問 被告ガ板倉ニ金錢ヲ授受シタル當時ノ關係ヲ今一應詳細ニ申立テヨ

答 自分ガ最初板倉ニ面會シマシタノハ同人ガ厚生館ニ來マシタ時デアリマシテ慥カ昨年十二月十八日頃デアッタト思ヒマス此時板倉ハ酒ヲ飲ミナガラ關東組ハ增師贊成者ハ仲々多イ自分ガ話ヲスレバ立トコロニ十數名ノ者ハ纏メルコトガ出來ルノデアルト云フテ大氣焰ヲ吐イテ居リマシタ依テ自分等モ板倉ハ既ニ數回議員ニ出テ顔ハ古シ勢力ガアルト思ヒ同人ノ言ヲ信ジテ居リマシタカラ此際大ニ同人ノ力ヲ藉ラント欲シ翌十九日白川ト相談ノ上自分ガ板倉ノ事務所ナル芝ノ車町ニ同人ヲ訪ヒ關東組ハ幾ガ直チニ纏メルコトガ出來ルト云フテ居ッタガ愈ドノ位纏マルト聞キマシタラ同人ハ慥面モナク夫レハ只金ノ問題デ幾許デモ纏ル一體貳參萬圓ハ出ルカト申シマスカラ其切出シノ大キイノニ驚キ瞬カ自分モ避易シマシタガ夫レハ餘リ大金デアルソンナ金ハ迚モ白川ガ出スコトハ出來ヌカラソウユウコトヲ云フテハ迚モイカヌソンナニ金ヲ澤山入レズニ纏メテ貰ヒ度ト答ヘマシタラ板倉ハ併シ何ヲ云フテモ金ダ然ラバ壹萬圓位ハ出ルガ壹萬圓位出スナラ乾茂七八名乃至十名位ハ纏メテ見セルト申シマシタカラ之レヲ聞イテ自分モ兎モ角白川ニ相談シテ見ルト申シテ大概同人ノ腹ガ見ヘマシタカラ其日ハ其儘歸リマシタ歸リテ白川ニ其由話シマシタ處白川ハ七八名乃至十名位ヲ壹萬圓デ乾度纏メテ吳レルナラ遣ヲソウト云ヒマスカラ自分ガ二十日ノ夜七八時頃五千圓ヲ懷中シ板倉ノ出入スル上槇町ノ待合藤村ニ參リ同家ノ二階ノ一室ニ於テ板倉ニ面會シ纏メテ居ルカト聞キマシタラ板倉ハ纏メテ居ル七八人乃至十人位ハ出來ルト云ヒマスカラ夫レデハ君ノ方ヲ早ク纏メテ吳レ白川ト相談シテ來タカラ兎ニ角之レ丈渡スト云フテ懷中セシ五千圓ヲ紙包ノ儘取出シ板倉ノ面前ニ差出シマシタスルト板倉ハ夫レハ約束ガ違ウ壹萬圓出シテ吳レソウチビ〳〵出シテハ纏ラント申シマスカラ兎ニ角持參シタモノジヤカラ之丈受取ッテ吳レ君ノ方ガ纏ッタナラ殘リ五千圓ハ持ッテ來ルト申シマシタラ乾度纏メル殆ント纏ッテ居ルノデアル金サヘ來レハ問題ナイト申シマスカラ厚生館ニ歸リ白川ト相談ノ上再ヒ五千圓ヲ懷中シ藤村ニ至リ板倉ニ交付シマシタ前ニ後ノ五千圓ハ厚生館デ或ハ渡シタカモ知レント中途ニシテ申上ゲタコトガアリマスガドウモ能ク考ヘテ見マスレバ之レモ前ノト同ク藤村デ渡シタ樣ニ思ヒマス此金ヲ渡ストキ早ク脱黨屆ヲ纏メテ白川ノ方ヘ送ッテ吳レ自分等ハ既ニ本日纏メタカラ明日提出スルノデアルト云ヒマシタラ板倉ハ夫レハ承知シタト申シマシタ然ルニ二十一日ニナッテモ二十二日ニナッテモ其後更ニ脱黨屆ヲ送ッテ來マセヌカラ怪シカラヌ奴デアルト思ヒ漸次板倉ノ眞意ヲ疑ウ樣ニナリマシタ二十三日ニ至リ自分ガ聞ケハ板倉ハ自分ノ方カラ金ヲ取ッテ居ル計リデナク尚直接大浦子爵カラ金ヲ取ッテ居ル風デアル二重ニ金ヲ遣ル譯ハ無イカラ取返シテ遣ルト云ヒマスカラ自分モ夫レハ取返シタラヨイト申シテ是カラ我ガ行テ取返シテ遣ルト息キ卷キ同夜藤村ニ乘込ミ板倉ニ對シ強硬ナル談判ヲ持チ掛ケ大聲喧嘩ヲ遣タノデアリマス其後ハ直接白川ガ總テ其衝ニ當リ自分ハ能ク知リマセヌ併シ二十七八日頃現金四千圓ヲ取返シ同時ニ六千圓ノ證書ヲ取ッテ來タト白川カ云フテ居リマシタ板倉ノ所謂纏メルト云フノハ金ヲ遣ッテ增師ニ贊成セシメ以テ結束スルコトヲ云フノデアリマシテ一言ニテ之レヲ盡セバ即買收スルノ意味デアリマス

以上自分ノ記憶スル限リ板倉トノ關係ヲ申上ゲタ次第デアリマスカ若シ此供述ニ牴觸スルコトヲ是迄ニ申上ゲテ居リマスレバ訂正シマス

右讀聞云々

被告人 增田穰三

大正四年八月二十七日

於高松地方裁判所

同 裁判所書記 北岡梧二郎 ㊞

豫審判事 角南美實 ㊞

㊞

被告人白川友一第十五回調書

1問 白川友一ナリヤ

答 左樣デアリマス

2問 今一應念ノ爲メ確カメ置クガ板倉ニ渡シタ壹萬圓ノ性質ハ如何

答 前ニモ度々申上ゲマシタ通リ其壹萬圓ハ板倉ガ同人ニ於テ七八名乃至十名ハ既ニ纏メテ居ルノデアルカラ此上ハ只金ノ問題デアル金サヘアレバ問題ハナイ自分ガ責任ヲ帶ビテ乾度纏メルト申シマスカラ渡シタモノデアリマシテ即同人ガ首領トナッテ合計七八名乃至十名ヲ結束シ自分等ノ運動シテ居ル增師案ニ贊成スルト云フコトヲ條件ニ之レガ反對給付トシテ夫レガ報酬トシテ渡シタモノデアリマス斯クノ如ク七八名乃至十名ノ者ヲ結束シ此團體ヲ率ヒテ增師案ニ贊成シテ吳レサヘスレバ夫レデ自分ニ於テハ滿足スルノデ其金ハ各贊成者ニ分配シテ買收シヨウト板倉自身ガ全部自分ノ懷ロニ納メヨウト开ハ敢テ問ハサル處デアリマス右樣ナ次第デアリマスカラ板倉ガ自分ニ約束シタ通リ七八名乃至十名ノ團體ヲ率ヒテ之レガ實行ヲ爲サヽルニ於テハ之レヲ條件ニ交付シタ金デアリマスカラ右壹萬圓返還ヲ受クベキモノト思料シ取戻シノ話ニ立至ッタ譯デアリマスガ併シナカラ彼ガ誠心誠意運動シテ而モ纏ムルコト能ハサリシモノナラバ自分ニ於テモ德義上强ヒテ返還ヲ迫ル譯ニモ參リマセヌ筋合ノモノデアリマスケレトモ增田ガ自分ニ報告シマシタ處ニ依レバ板倉ハ其壹萬圓ヲ渡シタ際脱黨屆ヲ直ニ提出スル樣承知シタニモ拘ラズ其後更ニ脱黨屆ヲ送リ來ラズ而已ナラズ二十三日ノ集會ニモ來ラズ態度不鮮明ナルガ上ニ當日子爵ヨリ直接金ヲ受取ッタコトヲ林田氏ヨリ聞キ及ビ玆ニ於テ自分ハ板倉ノ眼中ニハ我黨モナケレハ增師モナク只金ノミニ生キテ居ル奴デアルト思ヒマシタカラ自分等ニ騙シテ壹萬圓只取リト感ジ是迄申上ゲマシタ通リ同夜約束通リ實行スルカ然ラサレバ金ヲ返セト談判シ約束實行出來サリシモ結果現金四千圓ト六千圓ノ證書ヲ取ッタモノデアリマス尤モ板倉ハ日向ト共ニ政友會ヲ脱黨シ我々ト共ニ增師贊成ハシマシタケレトモ脱黨ハ既ニ時機ヲ失シ居リタルノミナラズ彼等兩人ノミガ行動ヲ共ニシタ處ガ當初金ヲ渡シタ當時ノ目的ヲ貫徹スルコトガ出來ナカッタノデアリマスカラ結局金ノ返還ヲ請求シタ次第デアリマス之ヲ要スルニ本件壹萬圓ハ板倉ガ首領トナッテ七八名乃至十名ノ者ヲ結束シ我々ノ運動シテ居タ增師案ニ贊成スルコトヲ條件ニ之レガ反對給付トシテ渡シタル對價ニ相違アリマセヌ

3問 尙確カメ置クガ六千圓ヲ證書ニスルトキノ話ノ模樣ヲ今一應申述ベヨ

答 之モ度々申上ゲマシタ通リ壹萬圓全部返還セヨト强硬ニ迫ッテモ何トシテモ板倉ガ金ハ四千圓シカナイカラ殘リ六千圓ハ追テ返スト頻リニ斷リマスカラ殘リ六千圓ノ返還スベキ金ガアルコトヲ明ニシテ置ク爲メニ證書ヲ書イテ置ケト申シテ四千圓ノ現金ト六千圓ノ證書ヲ受取ッタモノデアリマシテ決シテ一旦返シタモノヲ更ニ六千圓丈ケ貸シタト云フ譯デハ[illegible]アリマセヌ尙證書ノ形式ニ付イテハ前ニ申上ゲマシタ通リデアリマシテ利息期間等ノ定メハナイト確信シテ居リマス

4問 昨年十二月二十三日ノ夜藤村ニ於テ板倉ト談判ノ末遂ヘ歸リシ板倉等ノ脱黨屆ハ其後如何樣ニ處分シタカ

答 脱黨屆ハ二十四日朝寫眞ニ撮サセマシテ同日日本橋ノ吾妻亭支店ニ於ケル集會ノ席ニ持參致シマシタ同日ノ集會ニ板倉ガ參リマシタカラ其脱黨屆ヲ示シテ政友會ニ送付スベキコトヲ迫リマシタ處同人ガドウカ送ッテ吳レト云フコトデアリマシタカラ其紀ニ命ジテ政友會本部原總裁宛ニ送付セシメマシタ寫眞及寫眞版ハ既ニ是迄申述ベマシタ通リ昨年十二月二十八日板倉ヨリ壹萬圓取戻シ談判ノ際其話ノ解決ト共ニ自分ニ與ハシテ吳レトノコトデアリマシテ夫レヲ承諾シテ歸リマシタ處ガ間モナク板倉ヨリ寫眞版ヲ壞ハスノニ小山田信藏ガ立會ヒ度ト云フカラドウカソウシテ吳レトノ電話ガアリマシタ同日デアリマシタカ其翌日デアリマシタカ小山田カラ私ニ電話ガ掛リマシタ其趣意ハ板倉ト自分ノ間ノ問題ハ解決シタトノコトデアルガ本當カト聞キマスカラ其通リデアルト答ヘマシタ處寫眞版ヲ壞ハスコトニ小山田ガ立會ヒニ來ルト申シマスカラ承諾ノ旨ヲ答ヘテ置キマシタ然ルニ約一時間程經テ小山田ニ差支ガ出來タカラ自分ヲ信任スルカラドウカ壞シテ吳レトノコトデアッテ承諾ノ旨ヲ答ヘテ即時寫眞版ハ破壞シ寫眞ハ破棄シテ仕舞ヒマシタ同日又候小山田ヨリ話ノ通リ壞シテ吳レタカトノコトデアリマシタカラ約束ノ通リ實行シタコトヲ答ヘテ置キマシタ

5問 板倉ガ本年六月二十一日被告ヲ高松ノ寓居ニ訪ネ來タ際被告ト會見ノ模樣ハ是迄申立テ居ル通リカ

答　是迄屢々申述ベテ居リマス通リデアリマス只一ツ申殘シテ居ルコトガアリマス夫レハ板倉ガ自分ニ申シマスニハ急ニ立ツテ來タノデ小遣ガ無イカラ四五拾圓一寸貸シテ呉レトノコトデアリマシタ自分モ東京ニ直行シテ歸ルノニ鐵道乘車券モ持ツテ居ルコト故ソウハ必要ハナカロウト思ヒマシテ今此處ニ持合セガ少イカラト申シテ貳拾圓渡シテ置キマシタ其外ニ何ニモ申殘シタコトハアリマセヌ

6 問　其際板倉ノ六千圓ノ證券ハ貴殿子爵ノ手ニ渡シテアルニ拘ラズ何故板倉ニ對シテハ風呂場ノ焚口ニ投入シテ焼イテ仕舞ツタト申聞ケタカ

答　自分ナリ増田カラ各自ニ交付シマシタ金ハ總テノ人ニ對シ自分ノ金トシテ交付シテ居リマスノデ大浦子爵ヨリ出タル金デアルト云フコトハ増田ト自分ノ外ニハ絶對秘密ニシテ居リマシタノデ板倉ニモ無論自分ノ金トシテ増田ヨリ交付シテ居リ又取返シタノモ自分ノ金トシテ見セ掛ケテ居リ證書モ自分名義ニシテ居リマスノデ大浦子爵ニ渡シテアルコトヲ秘シテ焼棄テ、仕舞ツタト申シタノデアリマス

7 問　板倉ニ渡シタ壹萬圓ハ五千圓宛二回ニ増田カラ渡シタモノニ違ヒナイカ

答　御尋ネノ通リ増田ヨリ二回ニ五千圓宛合計壹萬圓ヲ渡シタモノニ相違アリマセヌ

8 問　何故被告ハ始メ之レヲ自ラ渡シタ様申立テ、居ツタカ

答　夫レハ成ルベク自分ガ總テノ責メヲ一身ニ引受ケテ友人ヲ助ケ度ト云フ私情ニ出テタノデアリマス

9 問　水間ガ被告ニ對シテ最初要求シタトキノ模様ハ如何

答　昨年十二月二十三日デアツタ様思フ水間ガ自分ニ對シ澁田ト同人ノ分トデ參千圓計出シテ呉レト頼ミマスカラ之レヲ承諾シ兎ニ角貳千貳百圓丈ケ渡シマシタラ同人ハ兎モ角尚不足部分丈ケ出シテ呉レト申シテ受取ツテ歸リマシタ此約束ニ基キ二十六日不足部分八百圓ヲ増田ヲシテ持參セシメ水間ニ交付セシメマシタ

10 問　然ルニ被告ハ當初二十六七日頃新聞經營費トシテ水間ガ請求シタカラ之レニ依リ渡シタモノト申立テタガ何故斯様ナ申立ヲシタカ

答　當初ハ水間ガ最初ニ兎モ角參千圓丈出シテ呉レト荐リニ要求シタ點ノミガ記憶ニ存シテ居リマシタカラ其通リ申上ゲマシタモノデ其後漸々訊問セラル、ニ從ヒ記憶ヲ喚起シマシタカラ訂正ヲ願ヒマシタ次第デ別ニ水間澁田等ヲ庇護スル意思デアツタノデハアリマセヌ當初水間ノ要求シタコトガ記憶ニ不慥カデアリマシタカラ夫レデ明言スルコトガ出來ナカツタノデ今若シ記憶ノ不慥カナルニ拘ラズ慥カナルガ如ク明言シ萬一間違ツテ居ツタ場合ニハ徒ラニ無辜ノ人ヲ苦ムル結果ヲ生シ自分ノ素志ニ反シマスカラ夫レ故不慥カナ記憶ヲ明言スルコト能ハザリシ次第デ假ヒ眞實夫レガ事實デアツテモ記憶ガ不慥カナル際ハ其通リ申上ゲテ不慥カナ記憶ヲ明言スルコトノ遙カニ勝レルト信ジテ居ツタカラデアリマス

11 問　昨年十二月十六日森川ガ吉田ノ分ト二人分デ金千圓返還ニ參リタル際被告ハ森川ニ面會シテ受取ツタ様思ハル、ガ如何

答　能ク考ヘテ見マシタ處是迄ノ記憶ハ間違ツテ居リマシタ二十六日ノ朝自分ガ増田ト共ニ本出ヲ訪ハントシテ出掛ケテ居ル處へ森川ガ參リマシテ我々ガ復黨シタニ付イテハ全部貳千圓ヲ返サナケレバナランノデアルガ既ニ吉田ト兩名ニテ費消シテ千圓ホカ殘ツテ居ランカラ之レ丈受取ツテ呉レト云フテ渡サレタカラ受取ツテ置キマシタ何分ニモ當日ハ政戰ノ諸操及自己ガ家業上ニ於ケル諸買物ノ支拂等ガ輻輳シテ取込ンデ居ツタノデ感違ヒヲ致シテ居リマシタ

12 問　澁田ヲ經テ長谷川ニ遣ツタ千圓ニ付イテハ被告ト澁田ノ話合ヒノ結果カ

答　自分ハ澁田ニ對シテ又澁田ガ自分ニ對シテ金ヲ長谷川ニ遣ル話シヲシタコトハ斷ジテナイト思ヒマス自分ハ澁田ガ自分等ノ様子ヲ察知シテ増田ニ要求シ増田カラ自分ニ相談ノ末遣ツタモノダト信ジテ居リマスガ或ハ自分モ當時多端ナ身デアリマシタカラ澁田ト左様ナ話ヲシタノヲ忘レテ居ルカモ知レマセヌ又五百圓ハ自分ガ五百圓ヲ水間ト澁田ガ心配シタト云フテ長谷川ニ渡シテ呉レト云フタ様ナコトハアリマセヌ

13 問　長谷川カラ被告ニ禮狀デモ來タカ

答　來マシタケレドモ増田ガ自分ノ内へ來タ際破棄致シマシタカラ今日デハ保存シテアリマセヌ

14 問　昨年末被告等ノ演ジタ切崩シニ關シ金錢ノ出納ヲ明カニシタル日記簿又ハ帳簿様ノモノハナイカ

答　當初ヨリ日記簿又ハ帳簿様ノモノハ一切自分ハ作ラナカツタノデアリマス増田モ同様デアルト思ヒマス夫レ故今日ニ於テハ其金錢ノ出入ヲ記シタルモノハアリマセヌカラ的確ニ記憶ヲ喚起スベキ材料ガアリマセヌ

15 問　誰カガ此切崩ニ付イテ金ヲ授受シタコトヲ話シタコトハナイカ

答　誰一人ニモ話シタコトハアリマセヌ又夫レ故増田ト自分ノ外ハ知ツテ居ル者ハアリマセヌ

16 問　被告ト板倉ハ勿論村井、高鍋等其他ノ人ニ本件事實ニ付キ他日訊問セラル、ガ如キ場合アルモ決シテ口外シ呉レザル様口止メシタコトガアルカ

答　本年六月十日東京検事局ニ於テ御取調ベノ際本件ニ付イテ御尋ネガアリマシタカラ同夜歸リマシテ増田ニ話ヲ致シマシタ處増田モ驚キマシテ増田カラ渡シタ人ニハ増田ヨリ注意シ自分ヨリ渡シタ者ニハ自分ヨリ注意スルコトニ話シヲ極メマシテ増田ハ十一日ノ朝東京ヲ出發大阪ノ本出奈良ノ村井ニ注意スベク西下致シマシタ自分ハ幸水間ガ上京來訪サレマシタカラ同人ニ注意シ同人ヨリ同人ノ關係者ニ注意スベキコトヲ申シマシタ而シテ自分ハ十三日午後東京出發歸郷ノ途ニ就キマシタ途中汽車中デ大阪時事新聞ヲ見マスト本出保太郎ガ自分ノ大正倶樂部員ニ分ケタル壹萬圓ノ事柄ニ付イテ妄狀シタ迄ベテアリマシタカラ大阪デ下車致シマシタ驛前ノ金陵館デ休息致シテ本出ニ電話シマシタ處村井モ大阪ニ來テ岸澤屋ニ居ルト云フコトデアツタカラ村井ニモ電話ヲ掛ケマシタ處兩人ガ相前後シテ來訪サレマシタカラ本出ニ向ツテ其妄說ヲ詰責致シ取消シヲ迫リタル後本件ニ付イテ増田ト面會シタルカト尋ネタ處増田ト逢フタ萬事承知シテ居ルト申シマシタ又村井モ本出カラ増田ノ噺シヲ聞イテ承知シテ居ルトノ答へデアリマシタカラ別ニ自分カラハ何ニモ申シマセズ所用ヲ濟マシテ次ギノ汽車ニテ歸國致シマシタ自分ノ歸國ト入リ違ヒニ増田カ上阪致シマシタ留守宅ニ聞イテモ行先キカ分ラナカツタノデアリマス二十二日増田カ歸郷致シマシテ聞キマシタラ大阪ニ於ケル自己ノ所用ヲ濟マシテ上京シ武市、高鍋ニ注意シテ置イタトノコトデアリマシタ之レ等カ本件ニ付自分ナリ増田カ注意シタ全部デアリマス

17 問　昨年末ノ出來事ハ結局政友會ノ切崩シガ主タル目的デアツタノカ

答　自分ノ立場トシテ切崩シハ増師案通過ヲ圖ル一ノ方便デアリマシテ眼中只増師案ノミデ政友會モ無ケレバ大隈内閣モ無カツタノデアリマス併シナガラ大浦子爵ハ心底如何ナルコトヲ目論見居ラレタカ知リマセヌケレドモ荐リニ脱黨脱黨届ト云フテ居ラレマシタ處ヨリ推測シマスレバ政友會ノ議院ニ於ケル過半數ヲ打破セントスルノガ主眼デアツタノデハアルマイカト思ウノデアリマス兎ニ角自分ノ熱血ヲ注グ主張ヲ貫徹スルニ不屑セナイカラ相提携スルニ至ツタノデアリマス

18 問　當初ヨリ今日迄ノ被告ノ供述ヲ照合スルトキハ變更訂正セラレタル處モ多々アル樣デアルガ何故斯樣ニ變更訂正セシカ

答　之ニ付イテ三ツノ理由ガアリマス第一無辜ノ民ヲ罰シタル社界ニ及ボス影響ト罪アル者ヲ免カレシメナ社界ニ及ボス影響トヲ比較致シマスト後者ハ前者ニ對シテハ九牛ノ一毛ニモ過ギナイト思ヒマスルガ為メニ自己ガ的確ナル記憶ヲ喚起致シマス迄ハ人ヲ證シテ犯罪ニ陥ル、コトヲ努メテ避ケテ記憶ノ喚起ニ從ツテ其的確ナル部分ノミヲ申上ゲタノガ其一ツデアリマス

第二ハ高位顯官地位アル先輩等ヲ庇護センガ為メ虚僞ノ申立ヲ為シ且相被告タル友人ガ自分ノ袖ノ下ニ隠レ自己ノ罪ノ輕キヲ求メヨウトスル様ナ申立ヲ致シマス時分ニハ之レニ成ルベク一致セシムル様自分ハ申立テマシタ又記憶ヲ異ニシテ申立ガ一致セナイ場合ニハ成ルベク自分ガ讓ツテ友人ノ申立ヲ主トシテ一致セシメ尚自ラ進ンデ阿堵物ヲ暗ニ供與スル如ク仄カシ友人ノ慾心ヲ誘致シタリ又友人ヨリ要求モナキニ自分等ヲヨリ進ンデ金錢ヲ供與シタリトカ或ハ友人ガ交付シタ金ヲ自分ガ交付シタ如ク申立テテ居リマシタノガ周密ナル御取調ベニ依リ諸般ノ擧證ト各被告ノ自白等ニヨリ全然眞正ノ事實ガ發見サレテ自分ノ供述ヲ訂正スルニ至ツタノデアリマス自分ガ以上ノ如キ供述ヲ為シマシタノハ全ク自己ガ深水ニ深水ニ陥リ溺レ死シマシテモ我友ヲシテ淺瀬ニ送リ出シ度ト云フ存念デアリマス言ヒ換ヘレバ自己ガ成ルベク罪ヲ引受ケ我友人ノ罪ヲ少シデモ輕減セントノ私情ニ外ナランノデアリマス自分ハ過去十有七年ノ間仁俠ヲ以テ最モ肝要トスル生業ヲ營ンデ居リマス結果習ヒ性トナリ一身一家ノ利害モ忘レ此神聖ナル場所ヲモ顧ミマセズ私情ニ流レ以上ノ言行ニ出デタノガ其一ツデアリマス

第三自分ハ日淸韓ノ三國ニ跨リ各種營業ヲシテ居リマスノデ年末ハ非常ニ多忙ナノデアリマス然ルニ昨年末ノ政戰ニ參加シ熱狂ノ極十二月二十日ヨリ二十五日迄ハ一睡モ致シマセズ連日連夜無數ノ人々ト談判折衝致シテ居リマシタガ為メニ其間ニ於ケル事柄ノ記憶ガ混亂シ或ハ忘却スルニ至ツタノデアリマス又自己ノ直接取扱ハナカツタコトモ多イノデ夫レ等ノ事柄ハ多ク忘却スルニ至リマシテ從テ只今迄御尋ネニ對シテモ明確ナル御答ガ出來マセズ又屢々申立ヲ記憶ノ喚起ニ從ツテ増補又ハ訂正スル様ナコトニナツタノデアリマス尚自分ハ本年ニ入リテモ災厄打續キ自分ハ再ビ牢獄ニ投ゼラレ一家一門知己又自分ノ為メニ罪科ヲ被リ我家ノ柱石タル愛妻モ本年三月二十八日逝去シ又本件ニ付家宅捜索セラレタ日ヨリ臥床シ身體糸ノ如ク精神ニモ異狀ヲ來シ狂者トナリ其他病者打續クノミナラズ事業モ家政モ為メニ紊亂シ悲慘ナル災厄打續キマスノデ性來淺鈍ノ自分モ愈々頭腦ヲ傷メマ

シテ記憶ノ明確ヲ缺クコトガ多イノデアリマスガ深思默慮ノ結果漸ク記憶ソ喚起スルニ至ツタノデ最後ノ供述ガ最熟慮ノ結果カラ出タノデアリマス之レモ其一ツデアリマス

要スルニ以上ノ三ツノ理由ニ依リテ時々申立ヲ變更スルニ至ツタノデ甚御手數ヲ煩シ慚愧ノ至リニ堪ヘマセヌ

19 問 八月十六日訊問ノ際何ニカ最後ニ申立度樣申シ居リタルガ夫レハ何ニカ

答 外デハアリマセヌ今回ノ大問題ヲ惹起スルニ至リシ動機及心情ヲ述ベ一言懺悔致シ度ト思ヒマス

自分ハ幼少ニシテ軍人タランコトヲ欲シ學ヲ成城學校ニ修メマシタガ當時ノ知友多クハ既ニ國家ノ干城トナリ之等ト共ニ上軍事ニ關スル智識比較的常人ニ過グルモノアルコトヲ信ジテ居リマス去ル明治三十二年北清事變ノ際縣會ノ決議ニヨリ我香川縣ヲ代表シ北清ニ航シテヨリ爾來十有七年ノ久シキ往來タル滿蒙ノ野ヲ住家トシテ從事ニ東馳西驅シ其結果北支滿蒙ニ於ケル日支露ノ過去勢力ノ變遷ハ勿論亦現今ノ軍隊配置ノ狀況通信機關ノ設備運搬交通施設等ノ模樣ヲ具サニ實驗シ能ク詳細ニ通ジテ居リマス日露戰役後露國ガ如何ニ諸般ノ設備完成ヲ期シタルカハ實ニ驚クベキモノデ之ニ反シ我帝國ノ之ニ對スル設備ハ又極メテ薄ク國防上頗ル缺陷少ナカラザルモノアルヲ憂ヘザルヲ得マセヌ此時ニ該リ昨第三十五議會ニ於テ年來其通過ヲ希望シテ居リマシタ朝鮮二箇師團增設案提出セラレマシタカラ痛切ニ其必要ヲ感ジ居リタル矢先トテ遂ニ之ガ通過ニ熱狂シ目的ノ爲メニ手段ヲ擇ラザリシ結果本件ノ如キ大問題ヲ惹起スルニ至リマシタ

既ニ歐洲大戰亂ニ對スル自己ノ感想政見及增師案通過ニ努力シタル顚末ハ大略前申述ベマシタガ例ヘ自分ハ南海ノ一陣笠ニ過ギズトモ雖モ正義公論ヲ執リテ天下ニ呼號セバ之ニ同志ノ士ヲ糾合シ來リ主義主張ハ直ニ貫徹シ得ラルベキヲ確信シテ居リマシタカラ公會ノ席上ハ勿論總務ニ向ツテモ正義ノ主張ヲ絶叫シマシタ昨年十二月十九日突如トシテ東海十一州組起リテ先ツ第一矢ヲ政友會ニ發チ之ニ次デ二十一日自分等厚生倶樂部ニ第二矢ヲ發チマシタ第三矢ヲ發ツ可カリシ關東組ハ眼中國家ナク增師ナク只之レ此機ヲ利用シテ金錢ヲ貪ランコトニ腐心シ遂ニ時機ヲ失シタル爲メ形勢ヲ擲望シツヽアリシ議長官舍紛擾問題九州組等醜トシテ消ヘ去リ吾人ノ努力國家ニ寸效ナク終ニ敗戰地ニ墜ル、ニ至リマシタ元來政友會幹部ハ眼中ニ國ナク自黨ノ政綱ヲ背馳シ昨年十二月十八日黨議未ダ定マラザルニ先チ築地ノ精養軒ニ於テ政綱因ガ增師反對ノ大懇親會ヲ開催シタル日

リ一意專心君國ニ盡サンコトヲ欲シ極力增師通過ヲ圖ラントスル我々正派ソシテ怒髮天ヲ衝クニ至ラシメタモノデアリマス歷代ノ内閣ガ極力自案ノ通過ニ盡瘁シ目的ノ爲メニ手段ヲ擇バザリシコトハ自分ノ夙ニ熟知セル處デアリマスカラ國家ヲ泰山ノ安キニ置カント欲セバ敢テ細瑾ヲ顧ルノ暇ナシト思ヒマシテ軍費ノ委託ヲ懇諸シ增田兵ト共ニ一枝隊ヲ擔當シ拔ニ政友會ノ切崩シヲ演ジタル次第デアリマシテ目的ニ熱狂セシ自分等ハ當時行爲ノ敢テ罪惡ナルコトダニ思ハズ國家ニ忠勤ヲ盡スノ道トノミ考ヘテ居リマシタ左レバ自分ハ素ヨリ身卑賤ナリト雖ドモ公職ニ依リ私腹ヲ肥スノ陋劣ヲ學ブモノデハアリマセヌ事發ニ至リマシタノ間ニ全ク常軌ヲ逸シタル外ナラン不知不識アリマス今ニ及ンデ自ラ深ク其非ヲ悔イザルヲ得マセヌ不幸ニシテ增師案ハ第三十五議會ニ於テ其解決ヲ告グル能ハズシテ解散ノ悲境ニ陷リマシタガ尚素志ヲ貫徹セント思ヒ空ヲ選擇リテマデ助勢團ト云フ大金ヲ抛チ友人ノ選擧上ノ運動ヲ助ケ議員ニ分與シ增師ノ解決ヲ見タル上選擧ノ議員ワ加治民ニ讓ラント約シタモノデアリマス今ヤ自分ガ候補ニ立チタルモ議員ガ目的ニアラズシテ增師案ガ目的デアツタノデアリマス去ル二日帝國ホテルニ於テ自分ガ最先ニ增師贊成ノ大聲疾呼シテヨリ其響キ遂ニ全天下ニ波及シ第三十六議會ニ於テハ同志ノ士多ク選出セラレ議會ハ前例ナキ大多數ヲ以テ上下兩院ヲ通過シ茲ニ增師案ノ解決ヲ告ゲ自己ノ主義ヲ貫徹スルコトヲ得テ國家ノ爲メニ祝賀ニ堪ヘズ自分ニ於テハ今ヤ何物モ欲スル處ハアリマセヌ要之自分ノ眼中ニハ大隈内閣無ク政友會無ク又議員無ク金錢無ク只日ニ映ズルモノハ單リ增師案其モノヽミ而シテ冒瀆此目的ノ爲メニ手段ヲ誤リ今ヤ國法ニ觸レ身ハ囹圄ノ人トナリ家産ヲ傾ケ愛妻ヲシテ病床ニ呻吟セシムルコト半歲兄弟知友延イテハ支配人ニ至ル迄我ニ連座セシメ一家一門ヲシテ憂ヒ泣カシムルニ至ラシメタルノミナラズ天下ヲ騷ガシ上ハ陛下ニ對シ奉リ下ハ國民ニ對シ恐懼慚愧ニ堪ヘズ茲ニ自己ノ赤心ヲ披瀝シ罪狀ヲ告白懺悔シ以テ罪ヲ天下ニ謝シ又司法官憲ニ對シ御手數ヲ煩シタルコトヲ謹デ謝シマス次第デアリマス

右讀聞ケ云々

被告人 白川友一

大正四年九月一日

於高松地方裁判所

同日

裁判所書記 北岡輔二郎㊞

豫審判事 角南美貴㊞

㊞

聽取書　白川友一

大正四年七月九日高松地方裁判所檢事局ニ出頭シ任意左ノ通リ陳述ソ爲シタリ

一 昨年末ニ於ケル私ト板倉トノ間ニ起ツタ事柄ニ付若シ板倉ガ今度東京ノ檢事局デ取調ヲ受ケテハ居ラヌガ同人ニ出會ツテ其樣子ヲ聽イテ見ヨウカ又當地ニ於ル模樣モ話ソウト思ヒ六月十九日人ニ賴ンデ岡山郵便局ヨリ板倉ニ宛テヽナシアルスグ大阪驛前旅屋ヘコイト打電シ其夜岡山縣宇野驛迄出掛ケテ居ツタトキ二十日午前九時出頭スル樣高松ノ檢事局ヨリ通知アリタル爲メ岡山驛前山長旅館ニ行キ大阪ノ本出ニ長距離電話デ話シ板倉ニ會見スル積リデ電報ヲ打ツタケレトモ檢事局ニ喚バレテ岡山カラ引返スコトニナツタカラ君ガ板倉ニ會フテコノ事ヲ傳ヘテ吳レト云フ賴ミマシテ二十日ノ朝高松ニ歸リマシタ

二 處ガ板倉ハ二十日ノ夜山長旅館迄來テ東京カラ歸途ニアツタ坂本ト右旅館ニ落合ヒ二十一日午前八時過高松着ノ連絡船デ坂本ト共ニ私ノ高松ノ宅ニ見ヘタノデス板倉ガ高松ニ來ルコトハ豫期シナカツタノデスガ二十一日ノ午前一時過頃ト思フ頃娘ガ安達賢ガ枕許ニ來テ今坂本ノ電話ニコレバ板倉ガ岡山迄來テ當州迄來ルト云フテ居ルガドウシヨウカ尋ネテ吳レト云フテ居ルト取次イダ樣デシタカラ來ル樣ニ云ヘト申シ聞ケタ樣ニ覺ヘテ居リマス

三 私ト板倉トノ談話ハ五分間カ十分間カ位ノ至ツテ短時間デ板倉ハ直グニ暇乞致シマシタガ話ノ要領ハ相互ニ嫌疑ガ掛ツテ居ルノダカラ秘密ニシテ置コウト云フ趣旨デ其際板倉ガコノ事ニ付テハ實ニ馬鹿ヲ見タ貧乏ワシタト申シテ居タコトハ前回申上タ通リデアリマス

四 坂本ハ山長旅館ニ於テ板倉ニ如何ナル談話ヲ交換シタカハ私ハ存ジマセヌ又坂本ヨリコノ事ニ付キ前ニ何等ノ報告モアリマセンデシタガ只同人ハ私ニ對シ板倉ハ馬鹿ヲ見タ閉口シタト云フテ居ツタト語シタ樣ニ覺ヘテ居リマス馬鹿ヲ見タト云フ意味ハ損ヲシタト云フ樣ナ意味デアロウト思フテ居リマス

外ノ事ハ何モ坂本カラ話ハアリマセヌデシタ

右錄取云々

大正四年七月九日

陳述人 白川友一

於高松地方裁判所檢事局

檢事 一松定吉

右原本ニ依リ此謄本ヲ作成ス

大正四年七月十九日

於東京地方裁判所檢事局

裁判所書記 尾崎力㊞

㊞

聽取書

大正四年七月七日高松地方裁判所檢事局ニ於テ

白川友一

中略

一 昨年十二月中議會ニ增師案ノ提出セラレタ際私等厚生館組ガ右案ニ贊成ノ上稍々團結シテ同志ヲ集メル事ニ盡力シ一面政友會ノ幹部ヲ說イタ事ニ付テハ先達申上タ通リデアリマスコレニ關シテハ隨分熱中シテ居ツタ爲メ今日カラ考ヘレバ馬鹿ラシイト思フ樣ナ事ヲ致シタ事モアリマス

二 何デモ十二月二十二日午後ノ事デ時間ハ覺ヘテ居リマセヌガ關東組ノ板倉中君ガ厚生館ニ參リ私ノ部屋デ種々打合ハセヲシテ居ルトキ私ヨリ板倉ニ對シ關東組ノ方ハ豫定ノ如ク十名位ハ集メル事ガ出來ルカト尋ネタ處同人ハドーモ纏メルノニ困難デ何分空手デハ仕方ガナイ費用ガアレバ十人位ノ議員ヲ纏メル事ハ出來ルト思フカト答ヘマシタカラ澤山ノ費用デナケレバ少々位ノコトナラバ出ス事ニスルカラ十分纏メテ吳レト云フテ其場デ私ノ所持シテ居ツタ金貳千圓丈ケ板倉ニ渡シマシタ其金ノ種類ナゾハ只今覺ヘテ居リマセヌガ板倉ガ出來ル丈ケ盡力シテ見ヨウマーソレデハ之レヲ預カツテ置クト云フテ受取リマシタ

三 處ガ其翌二十三日ノ朝板倉ハ又厚生館ニ參リ私ニ對シ八人乃至十人位ノ議員ヲ纏メルニハ昨日ノ貳千圓デハドウスル事モ出來ヌモー貳千圓程出シテ吳レト申シマシタカラ又持合セノ金ヲ貳千圓渡シマシタガ矢張リコノ金ノ種類等ハ覺ヘテ居リマセヌ

四 板倉ハ私カラ右樣金ヲ受取ツタノデスカラ十分同志ヲ集メル事ニハ盡力シテ居ルモノト思フテ居リマシタ處前回申上タ通リ二十三日午後厚生館ノ會合ニ板倉ハ勿論關東組ノ人ハ一人モ顏ヲ出サナカツタノデ私ハ甚ダ板倉ノ心ヲ疑フ樣ニナリ其結果關東組ノ集會所デアツタ藤村屋ニ板倉ヲ尋ネ前同申上タ樣ニ同人ヲ詰ツタノデスソシテ其席上デ金ヲ返セトカ渡シテアツタ金ヲ返セトカ左樣ナ事ヲ申シタ樣ニハ覺ヘマセヌガ俺ヲ馬鹿ニスルナ子供ヲ扱フ樣ナ事ヲスルナ約束ヲ實行セヨ何故本日モ顏ヲ出サナカツタノカ君等ガ見ヘナカツタ爲メ形勢ガ益々

非ニナッタデハナイカト云フ樣ナ趣旨デ大ニ請賞致シマシタ其折板倉ハ何モ約束ヲ實行セヌ譯デハナイ何モ八ケ間敷云フ事ハナイデハナイカ預カッタモノヲ返シテ遣レバイーデハナイカト答ヘマシタノデ夫レデハ直グ返ヘセト申シマシタ

其時板倉ハ何モ約束ヲ無視シテ居ル譯デハナイコノ通リ脱退届ヲ纒メテアルト云フテ前ニ申上タ通リ二枚ノ脱退届ヲ茶箪笥ノ上ニ出シタノデスソシテ私ハ暫ク之ヲ貸シテクレト云フテコレヲ取上ゲ其儘歸宅致シタノデスガ其翌朝コレヲ寫眞ニ撮ッタ事ハ前ニ申上タ通リデアリマスコレヲ寫眞ニ撮ッタ目的ハ萬一板倉ガ金ヲ返シテクレヌナラバ寫眞ノ證據ニ一ト談判スル積リデアッタノデス

其ガ同月二十七日デアッタカ二十八日デアッタカ確カニハ覺ヘマセヌガコノ兩日ノ内私一人デ芝區品川驛ノ上ノ方ニアル板倉ノ宅ヲ訪ヒ君ハ約束ヲ實行シテ居ラヌデハ無イカ二十五日ノ議會(增師案決議ノ當日)ニ出席シタノハ君ト日向君ト丈ケデハナイカ其他ノ關東組ハ復黨シタ樣子デアル斯樣ナ事デハ君ハ何ヲ盡力シテ居ッタノカ少シモ判ラヌデハナイカ若シ金ヲ返ヘサヌナラバ僕ノ方ハ脫退届ヲ撮影寫眞ニ撮ッテアルカラ考ガアル場合ニヨッテハコレヲ社會ニ發表スル積リデアル卜申聞ケマシタ處板倉君ハソンナニ云ハズトモ金ハ返スカラドーカ穩カニシテ吳レ金サヘ返セバ君ニ損害ハナイデハ無イカ金ヲ返スカラ寫眞版ハ毀シテクレト頼ミマシタノデ金サヘ返シテ吳レレバ僕モ男ダ直グニ種板ハ毀シテヤルト申シマシタ其折板倉ハ應接室カラ立ッテ次ノ部屋這行キ間モナク出デ來リ四千圓ヲ耳ヲ揃ヘテ返シテ吳レマシタ金ハ紙幣デハアリマシタガ何圓札デアッタカ覺ヘテ居リマセヌコノ金ヲ受取ッテカラ直ニ厚生館ニ歸リ私ノ部屋デ寫眞モ種板モ毀ハシテ仕舞ヒマシタソシテコノ事ヲ其際電話ヲ以テ板倉ニ通ジテ置キマシタ

五 板倉ニ渡シタ四千圓ハコレヲ板倉カラ他ノ議員ニ分配シヨウト板倉自分ノ懷中ニ入レヨウト彼等關東組ノ集會ノ費用ニ使フト其費途ハ板倉ニ任カセタノデ私ノ方デハ板倉ガコノ金ヲ板倉ノ思フ樣ニ使フテ議員ヲ纏メテ增師案ニ贊成サセル樣ニシテ吳レサヘスレバヨイノデ金ノ使途ニ付イテハ私カラハ何等ノ指圖モシナカッタノデアリマス

六 日向ガ板倉カラ金ヲ貰フテ居ルトスレバ夫レハ板倉カラ出タ金カ他ヨリ出タ金カ夫レハ私ニハ少モ關係ハシナイノデアリマス私カラ板倉ニ渡シタ金ハ只今申上タ通リ全部私ニ返サレタノデアリマス併シ返サレタ紙幣ハ私ガ板倉ニ渡シタ紙幣デアッタカドウカ其點ハ判リマセヌ

七 板倉ハ本年六月二十一日朝高松ノ私ノ寓居ニ來リ本件ノ事ニ付キ話ノアッタトキニコノ事ニ付テハ實ニ馬鹿ヲ見タ貧乏ソシタト申シテ居リマシタコレハ板倉ガ私ヨリ受取ッタ金ノ後始末ニ付板倉自分ノ金デモ出シタ樣ナ口吻ニ聽取ラレマシタ

陳述人 白川 友一

右錄取云々

大正四年七月七日

於高松地方裁判所檢事局

檢事 一松 定吉

右原本ニ依リ謄寫ス

大正四年七月九日

於高松地方裁判所檢事局

裁判所書記 三宅 銘三㊞

㊞

聽取書

白川 友一

大正四年七月十六日高松地方裁判所檢事局ニ出頭シ任意左ノ通陳述シタリ

一 私カラ板倉ニ渡シタ金ハ四千圓デアル樣ニ申シ上ゲテ置キマシタガ夫レハ僞リデ實際ハ壹萬圓デアルノデスコノ壹萬圓ヲ板倉ニ渡シタノハ二度デ最初ハ昨年十二月二十二日ノ午後デ金四千圓二度目ハ十二月二十三日ノ午前デ六千圓デス場所ハ二度共厚生館ノ私ノ部屋デアリマシタ金ハ二度共紙幣デ五百圓ト千圓トカ言フ樣ニ束ネテアッタノデスガ紙幣ノ種類ハ覺ヘテ居リマセヌ紙ニ包ンデ渡シタノデハナク束ノマヽ數ヘテ渡シタノデアリマス

コノ金ヲ渡スニ至ッタ理由其當時ノ狀況コレヲ取返スベキ決心ヲ起シタル事情樣同屋ニ談判ニ出掛ケタルコト等ノ詳細ハ本月七日一松檢事ニ對シ申上タル事ニ少シノ相違モアリマセヌ

二 十二月二十七日デアッタカ二十八日デアッタカ板倉ノ宅デ板倉ヨリ取戻シタ金額モ前回申上ゲタ通リ四千圓ニ相違アリマセヌ

實ハ壹萬圓全部ノ返還ヲ迫マッタノデスガ六千圓丈ケハ使ッテ今手許ニ無イカラ四千圓丈ケ返ヘシテ置ク六千圓ハ借用證書ヲ差入レテ置クカラ承知シテ吳レ金ガ出來サヘスレバ何時デモ御返シスル請求サヘアレバ何時デモ返スト言フ證書ヲ入レテ置クカラト申シマシタノデ手許ニ無イ金ヲ請求シタカラトテ致方モ無イノデ六千圓丈ケハ借用證書ヲ貰ヒマシタ其證書ノ文句ハ

借用證書

一金六千圓也

右金員借用候處實正也御請求次第何時ニテモ御支拂可申候後日借用證書一札如件

ト言フ趣旨ノ意味デ板倉ヨリ私宛ノ板倉自筆ノ證書デ印紙マデ貼用シテアリマシタ利息ノ定メ等ハ勿論アリマセンデシタ

三 右ノ借用證書ハ私ニ於テ保管致シテ居リマシタガ本年六月二十日高松ノ一番丁ノ私ノ寓居デ引破リ風呂ノ下ニ拋リ込ンデ置キマシタソシテコノ事ハ翌二十一日板倉ガ私宅ニ見ヘタトキ其事ヲ申聞ケマシタガ同人ハ證書ハ無クテモ責任ヲ負フテ後日必ズ御返シスルカラト話サレテ居リマシタ

四 板倉ニ渡シタ金額ハ壹萬圓デアルノニ四千圓デアル樣ニ僞リヲ申上ゲ居ッタ譯ハ金額ガ多クナレバ其金ノ仕拂方ニ付キ板倉ガ嚴密ナル御取調ベヲ受クル事ニナリ他ニ多クノ犯罪嫌疑者ヲ出ス樣ナ事ガアッテハナラヌト考ヘタ爲メデ外ニハ何等ノ理由ハ無イノデアリマス

五 本件壹萬圓ノ出所ニ付テ御尋ネデアリマスガコノ事ニ付テハ兩三名ノ恩義アル友人ヨリ調金シ貰フタノデアルト言フ事丈ケハ申シ上ゲテ置キマスガ其友人ノ住所氏名幷ニ私トノ關係其他コノ事ニ密接スル一切ノ事項ニ付テハ申シ上ゲラレマセヌ

陳述人 白川 友一

右錄取讀聞ケタル處之レヲ承認シ署名シタリ

大正四年七月十六日

於高松地方裁判所檢事局

檢事 一松 定吉

檢事 田中健之助

右原本ニ依リ謄寫ス

大正四年七月十六日

於高松地方裁判所檢事局

裁判所書記 三宅 銘三㊞

㊞

被告人增田穰三第二回訊問調書

問 增田穰三ナルヤ

答 左樣デアリマス

問 被告ハ前回證人トシテ本職ニ對シ申立テシ事實ハ其通リ相違ナイカ

答 甚恐入リマシタ夫レハ僞リテ在リマス前回御訊ネノ通リ昨年十二月二十七八日頃赤坂ノ待合屋ニ於テ白川友一ト自分等ヲ招待シマシタ當夜其席上ニ於テ白川友一ガ關東組ノ一部ハ非常ナ「スレッカラシ」デ實ニ驚クベキモノナアル今度ノ二ケ師團ニ贊成シタ關東派ノ中ニハ隨分劣惡マルモノガ在ルト云フ樣ナコトヲ話シタノハ事實相違アリマセヌ

問 其頭意事實相違ナイカ

答 確カニ相違アリマセヌ

問 何故白川友一ハ左樣ナコトハ申シタカ

答 夫レハ斯樣ナ次第テアリマス昨年十二月第三十五議會開會中增師問題ニ關シ政府ト政友會ノ衝突アリテ政友會中議員ノ歩調整ハス黨中府不穩ノ傾キアリシヨリ其虛ニ乘ジ政府カ政友會ノ議員ヲ買收シ之レガ切崩シヲ實行シタルヨリ其間ニ處シテ運動シテ居ッタ白川友一ト關東組ノ板倉中トノ間ニ於テ板倉中カ一方政府ヨリ金ヲ貰ヒ居リナガラ重ネテ白川友一ヨリ金ヲ撮ッタト云フノデ板倉中ノ此處置ヲ憤慨シ昨ニ白川友一ハ板倉中ヲ攻擊スル爲メ左樣ナ話ヲ洩シタモノデアリマス

問 斯ル事實アリタルニ拘ハラズ何故被告ハ其際之ヲ否定シタカ

答 夫レハ外テハアリマセヌ實ハ先月下旬白川友一ノ支配人坂本和吉ヨリ在京中ノ自分ニ對シ至急歸國スル樣電話ヲ以テ申來リタルニ依リ歸國シタル處白川友一ノ話ニ板倉中ト白川友一トノ關係ニ付テハ板倉中カ高松ニ來リ五ニ首ガ飛ンデモ云ハヌト磁ク約束シテ置イタカラ貴殿モ必ス口外シテ吳レルナトノコトデ在リマシタカラ如何ニ問ハレテモ云フマイト思ヒ居リシノミナラズ左樣ナ事實ヲ申上ケマシテハ白川友一ハ勿論之ニ關係アル人々ニ對シ少ナカラサル迷惑ヲ掛クルコト、思ヒマシタカラ出來得ル事ナラハ同人等ヲ庇護セントモノト存シ心ニモナキ不實ノ申立テヲ爲シタ次第デ誠ニ恐縮ニ耐ヘマセヌ

併シナガラ私情ノ爲メ又ハ自己ノ利益ノ爲メニ國家ノ一大事ヲ無視スルカ如キ譯ニハ參リマセンコトヲ衷心深ク感シマシタカラ之レカラ殘ラズ赤心ヲ披瀝シ茲ニ隱サズ全部之ニ關聯シテ申上ケマス

昨年十二月ノ議會ニハ政府案トシテ年來ノ懸案タル增師案カ提出セラレマシタカ其當時自分等ノ意見トシテハ增師ハ國防上必要デアル已ニ此問題ハ政友會ノ西園寺內閣ノ時代ニ胚胎シ政友會自身ニ於テモ其必要ヲ認メテ居ッタ次第デアリマシテ我々ハ勿論之レガ通過ヲ希望シテ居リマシタ然ルニ政友會ニ於テハ總裁ハ職目臨ニ迫ッテ居ル時期ニ至ルモ增師問題ニ付テハ尙ホ白紙デ在ルト云ヒ自己ノ意見ヲ發表セズ又政友會總務幹事等ハ增師案ニ反對シテ政府ニ突進スルト云フ方針デアリ又一方

也海組ト稱シ

伊藤要藏	靜岡
協禰五兵衞	同
橋山金太郎	同
松城兵作	同
福岡精一	愛知
名黑盤	同
春田祐清	同
吉原祐太郎	同
井上敬夫	三重

関東組ト称シ

森　茂生　同
早川六三郎　岐阜
板倉中　千葉
日向輝武　群馬
根岸錦太郎　同
高津仲次郎　同
関信之介　茨城
濱名信平　同
太田直治　同
小山田信蔵　同

厚生館組ト称シ

森川源吾　滋賀
吉田虎之助　同
本出保太郎　大阪
井坂光暉　同
村井善四郎　奈良
金子圭介　山口
高鍋篤郎　兵庫
丸尾光作　同
長谷川敬一郎　佐賀
濱田政壯　宮崎
水間此農夫　同
武市庫太　愛媛
矢野荘三郎　同
光森徳治　高知
白川友一　香川
自分ハ　同
高橋直治　小樽
佐藤信古　山形

ノ如キ増師賛成者モアリテ自然ニ其歩調整ハサリシガ政府ハ其虚ニ乗シテ啗ハスニ利ヲ以テシ大ニ切崩ヲ謀シタル結果一時大ニ其効ヲ奏セントセシガ中途ニシテ政友会ヨリ鎮撫策ヲ講スルニ至リ井上敬夫外十名ノ東海組ノ如キハ全部挙テ政友会ノ意見ニ殉スルニ至リ漸次関東組厚生館組中ニモ軟化スル者アリテ結局最後マデ奮闘シ政友会ヲ脱籍シタル者ハ関東組ニテ

日向輝武
関信之助
根岸錦太郎
濱名信平
太田直次

厚生館組ニテ

本出保太郎
村井善四郎
井坂光暉
丸尾光作
高鍋篤郎
長谷川敬一郎
濱田政壯
水間此農夫
武市庫太
高橋直次

白川友一

自分

トテアリマス

而シテ政府ノ切崩策ニ付テ申上ケマス前ニモ申上ケマシタ通白川友一ト自分トハ等シク京橋区木挽町二丁目厚生館ニ止宿シテ居リマスノデ昨年十二月中旬頃ハ能ク記憶シマセヌガ或ル日白川友一カ自分ノ部屋ニ女中ヲ以テ只今自分ノ部屋ニ衆議院書記官長林田亀太郎カ来テ居ルカラ御越シヲ願ヒタイト申出テマシタカラ同人ノ部屋ニ参リマシタ処之レ迄衆議院ニ於テ顔ハ見知リ居ルモ言葉ハ未ダ交ハシタコトハナイ林田翰長カ白川友一ト対座シテ居マシタカ其処ニ白川友一ノ紹介ニ依リ互ニ林田デアル増田デアルト名乗ッテ挨拶ヲシマシタ其際白川友一カ自分ニ対シ只今林田翰長カ見ヘテノ話シニ此際政府ハ本期議会ニ政府ノ提出案ヲ是非通過セシメント思フノデ之レガ通過ヲ計ル為メニハ金ヲ投ジテ政友会ノ切崩ヲスル方針デアルカラ之レカ目的ヲ達スル様尽力シテ呉レ政府カラ金ガ出タト云フテハ甚タ面白クナイカラ金ハ総テ白川友一カ自ラ出シタ様ニ装フテアッタカラ自分モ之ヲ承知シマシタ其傍ラ林田翰長自身モ口ヲ添ヘ何分宜敷頼ムト云フコトデアリマシタ而シテ金銭問題ニ付テハ可成沈黙ヲ守リテ同志ヲ糾合スベク約束致シマシタ其時ハ其位ナ話シニ止リ余リ多ク相談シタモノデハアリマセヌ

林田翰長ノ云フ政府ヨリ金ヲ出スト云フハ誰レカラトモ具体的ニ其氏名ハ申シマセナンダカ自分ハ夫レハ大浦子爵ノ手ヨリ出テ居ルモノダト想像シテ居リマス

昨年十二月十九日頃デアッタ様ニ思ヒマス林田翰長ヨリ白川友一ニ一寸来テ呉レト云フコトデ在ッタカ自分ハ差支ガ在ッテ行ケヌカラ君一ッ行イテ呉レマイカ処ハ築地二丁目ノ料理店琥珀亭デアルト白川友一カ自分ニ対シ申シマスカラ自分ハ之ヲ承知シ同日午後六七時頃右琥珀亭ニ参リ同家二階座敷ニ於テ林田翰長ニ面会シ白川友一ノ代理ニ来リタル旨申出マシタ処林田翰長ハ然ラハ之レヲ渡スト云フテ切崩ニ要スル買収費ヲ渡シテ呉レマシタ其後其翌日カ翌々日ナリシカ其辺ハ能ク記憶シマセヌガ重テ又右琥珀亭ニ於テ同様林田翰長ヨリ買収ノ金ヲ受取リマシタ

以上二回ニ自分カ受取リマシタ金額ハ確カ壹万弐千円ニテ在ッタ様ニ思ヒマスガ或ハ金額ノ点ハ間違フテ居ルカモ知レマセヌ其金ハ二回共厚生館ニ持帰リ白川友一ニ交付シマシタ自分カ林田翰長ヨリ受取リタル際モ自分カラ白川友一ニ之ヲ交付シタル際モ当事者ノ外ニハ誰レモ其傍ラニ居リマセンデシタ林田翰長ヨリ受取ッタ金ノ種類ハ記憶シマセヌガ五百円トカ千円トカ云フ風ニ束ニ為フテ居ッタ紙幣デアリマシタ

自分ガ受取ッテ来テ白川友一ニ渡シタ金額ノ外ニ尚ホ白川友一ガ直接林田翰長ヨリ受取ッタ金ガ弐三万円以上アルト思ヒマス尤モ合計ハ全部白川友一ガ遣ッテ居リマシタカラ自分ガ白川友一ヨリ買収金ヲ受取リ買収シタ部分ハ一々同人ニ報告シテ置キマシタ従ッテ同人ハ一切ノ事実ヲ知ッテ居リマスガ自分ニ於テハ果シテ何人ガ林田翰長ヨリ幾何ノ買収金ヲ受取ッテ如何ナル人ヲ幾何宛デ買収シタカハ自分ニ於テハ分リマセヌ併シ薄々ナガラモ記憶ニ存ル分丈ケハ申上ケマス本出保太郎井坂光暉カ各壹千五百円宛受取ッテ居ルト云フコトデアリマス倘ホ森川源吾、吉田虎之助モ其位受取ッタト云フコトデアリマス尤モ吉田虎之助ハ軟化シタ際返シタト云フコトデアリマス丸尾光作、水間此農夫、濱田政壯等ハ受取ッテ居ルカ受取ッテ居ラヌカ自分ハ知リマセヌ自分カ政府ヨリ出タ買収金ヲ白川友一ヨリ受取ッテ買収シマシタノハ

一、昨年十二月二十日頃ノ夜七時頃自分等ノ止宿セル厚生館ニ於テ白川友一ガ自分ニ対シ関東組ノ者デ纏メル為メニ板倉中ニ五千円持ッテ行イテ遣ッテ呉レト云フコトデ在ッタカラ白川友一ヨリ包紙五千円ヲ受取リ厚生館出入ノ人力車ニ乗リ日本橋上槙町ノ藤村ト云フ待合ニ参リ同家二階座敷ニ於テ板倉中ニ面会シ白川友一ヨリ君ニ渡シテ呉レト云フテ五千円預ッテ来タト申シタル協議ノ上ニ支出シタル処板倉中ハ夫レハ約束カ違フ壹万円ト云フ約束デ在ッタノデ五千円デハ足ラヌデハナイカト申シマスカラ自分ハソーカ其様ナ事実ハ知ラナンタノデアルカラ夫レナラ帰ッテ白川友一ニ其話シヲスルガ兎ニ角之ヲ受取ッテ置イテ呉レト申シマシタ処秘密ノ金デアルカラ同人モ直ニ取ッテ之ヲ懐中シマシタ而シテ自分ハ直ニ乗ッテ来タ人力車デ厚生館ニ引返シ白川友一ニ其話シヲ致シマシタ処ガ白川友一ハ仕方ガナイカラ夫レデハモー五千円持ッテ行イテ遣ッテ呉レト申シマスカラ同人ヨリ再ヒ五千円ヲ受取リ同様厚生館出入ノ人力車ニ乗リ前陳藤村ヘ参リ前同様二階座敷デ板倉中ニ又五千円ヲ渡シ直ニ厚生館ニ帰ッテ其旨白川友一ニ報告シテ置キマシタ右二回共金銭授受ノ際ニハ其当事者以外ニハ誰レモ居リマセンデシタ其後同月二十三日頃白川友一ガ何処デ聞イテ来タコトカ知リマセヌガ板倉中ト云フ奴ハヒドイ奴デアル政府カラ金ヲ取ッテ居ルノニ尚ホ自分ノ方カラモ金ヲ絞ッタ二重ニ金ヲ渡ス必要ハナイカラ自分ガ渡シタ分ハ取戻シテ遣ラネバナラヌト云フテ居リマシタガ其後数日ヲ経テ金額ハ何程デ在ッタカ分リマセヌガ板倉中ト談判シテ金ヲ取戻シタト云フテ居リマシタ談判ノ様子ハ自分ハ知リマセヌケレトモ何デモ大分劇シイ談判ヲシタト云フコトデアリマシタ尚ホ自分ノ手カラ買収シマシタ者ハ武市庫太村井善四郎高鍋篤郎長谷川敬一郎デアリマシテ武市庫太ニ対シテハ昨年十二月二十六日頃厚生館ニ於テ壹千五百円ヲ与ヘマシタ之レハ同月二十日頃同人カ白川友一ヨリ金ヲ貰フテ呉レト切ニ頼ミテ居リマシタノデ之ヲ承諾シ其当時白川友一ニ話シタ上遣ル約束ヲシテ在タノデ其約束ニ基イテ二十六日頃ニ厚生館ノ自分ノ部屋デ直接同人ニ手渡シタノデアリマス

次ニ村井善四郎ニ対シテハ同月二十三日頃前同様厚生館ノ自分ノ部屋デ自分ヨリ直接同人ニ金壹千五百円ヲ与ヘマシタ之レモ同人ガ自分ニ白川友一ヨリ金ヲ貰ッテ呉レト申シテ居リマシタカラ其事ヲ白川友一ニ話シタル上貰フテ遣ッタモノデアリマス

次ニ高鍋篤郎ニ対シテハ同月二十二日頃ヨリ二十五日頃迄ノ間ニ始メ弐百円カ三百円位渡シテ後ニ確カ百円渡シタト思ヒマス尤モ角二回ニ三百円デ在ッタカ四百円デ在ッタカ与ヘタニ相違アリマセヌ之レモ同人ガ白川友一ヨリ金ヲ貰ッテ呉レト云フノデ白川友一ニ其事ヲ話シタ上渡シタモノデアリマシテ之レモ前同様二回共厚生館ノ自分ノ部屋デ本人ニ渡シタモノデアリマス同人ニ渡シタ金額ガ他ノ者ニ渡シタ額ヨリ少ナイノハ同人ハ増師案ノミニ賛成シ其他ノ政府案ニ賛成シナイ様子ヲ白川友一カ認メテ少ナク遣ッタモノデアリマス

次ニ長谷川敬一郎ニ対シテハ同月二十四五日頃厚生館ニ於テ濱田政壯ガ自分ニ対シ長谷川敬一郎ハ貧乏デ困ッテ居ルカラ白川友一ニ云フテ壹千円程貰フテ遣ッテ呉レト切リニ頼ミマスノデ直ク白川友一ニ話シタル上同人ニ遣ルコトヲ約束シ二十六日頃厚生館ノ自分ノ部屋ノ次ノ間ニ於テ濱田政壯ニ壹千円ヲ渡シマシタ確カ同人ハ長谷川敬一郎ニ右壹千円ヲ渡シタト思ヒマス其後長谷川敬一郎ヨリ白川友一宛ニ色々御世話ニ為ッテ有難シトノ礼状カ参ッタノデ其事ヲ白川友一ガ自分ニ話シタ事カアリマス

以上板倉中、武市庫太、村井善四郎、高鍋篤郎、長谷川敬一郎等ニ各交付シマシタ金銭ハ前ニモ已ニ申上ケマシタ通リ政友会切崩ノ為メニ政府ヨリ林田翰長ノ手ヲ経テ送リテ呉レタ買収費デアリマシテ板倉中ニ渡シタ壹万円ハ独リ之ヲ同人ニ与ヘタ訳ノモノデハナイノデアリマシテ同人カ之ニ依ッテ関東組七八名ノ者ヲ白川友一ノ目的通増師案ニ賛成セシムル条件ノ下ニ交付シタルモ

ノナアリマス武市庫太其他自分ヨリ買收金ヲ渡シタ途中カ白川友一ニ金ヲ貰ツテ吳レト賴タ所以ハ暗ニ白川友一カ政府ヨリ買收金ヲ提ツテ居ルコトヲ探知シテ居ツタモノタロート思ロマス之等ノ關係上金ヲ貰フテ居ル連中ハ大概政友會ヲ脫黨シテ居リマス
右樣ナ趣旨ニ基キ金錢ノ授受ハ行ハレタモノテアリマスカラ總テ之等ノ人カラ證書抔ハ一モ取ツテ居リマセヌ
尙ホ昨年十二月二十八日午前中ノコトテアリマシタガ厚生館ノ白川友一ノ部屋テ同人カ自分ニ對シ之ヲ取ツテ置イテ吳レト申シ紙幣ニテ三千圓ヲ自分ノ前ニ提出シマシタカラ自分ハ全部之ヲ貰フテ置キマシタ其際白川友一ハ其金ノ性質ニ付テハ何トモ申シマセヌガ自分カ思フニハ自分ガ政府案通過ニ付キ色々盡力シマシタカラ其報酬トシテ林田翰長カラ出タ買收金ノ內ヲ吳レタモノタロート思ヒマス同日同人カ三千圓ヲ自分エ吳レタ際都合カ在ルカラ歸國スル迄千二百圓丈貸シテ吳レヌカト申シマスカラ同人ノ云フガ儘ニ無證書ニテ同人ニ貸與シマシタ其後本年一月七八日頃銀行ノ送金小切手ニテ千二百圓ヲ同人カ返還シテ吳レマシタカラ高松第百十四銀行ニ於テ之ヲ受取リ其後一兩日ヲ經テ右千二百圓ノ外ニ自分ノ所持金三百圓ヲ加ヘ同銀行ニ千五百圓ヲ當座預金ニ致シマシタ其金ハ本年ノ自分ノ選擧費用ニ全部引出シテ使用シマシタ尙ホ本年三月上旬自分カ上京シタル際內閣書記官長江木翼ニ面會シ選擧費ノ援助ヲ求メテ置キマシタ處其後同月十日頃總理大臣官邸ニ於テ同氏ヨリ三千圓貰ヒマシタ其金ハ同氏カ如何樣ニシテ心配シテ吳レタモノカ夫レハ其金ヲ授受スル際ニハ傍ラニハ誰レモ居リマセナンタ

右讀聞ケタル處承諾シタリ

被告人 增田穰三

大正四年七月二十三日

於高松地方裁判所

同日

裁判所書記 中條延次

豫審判事代理 角南榮貴

右謄本ナリ

大正四年七月二十四日

高松地方裁判所檢事局

裁判所書記 三宅鎗三 印

印 參考人白川友一訊問調書

大正四年八月九日高松地方裁判所ニ於テ豫審判事角南榮貴ハ裁判所書記北岡儀二郎立會板倉中、日向輝武、濱名信平瀆職被告事件ニ付キ事實參考ノ爲メ白川友一ニ對シ訊問ヲ爲スコト左ノ如シ

1 問 氏名ハ
答 白川友一

2 問 年齡ハ
答 四十三年

3 問 身分ハ
答 平民

4 問 職業ハ
答 會社員

5 問 住所ハ
答 丸龜市六番丁三十番地

6 問 其許ハ板倉中、日向輝武、濱名信平瀆職被告事件ニ付刑事訴訟法第百二十三條第一乃至第四ノ各項ニ該當セサルヤ
答 總テノ被告ニ對シテハ御存ノ各號ニハ該當シマセヌカ板倉中ト自分ハ瀆職ノ共犯トシテ御廳ニ起訴セラレテ居リマス

7 告 然ラハ事實參考ノ爲メ訊問スルカラ左樣心得
答 承知致シマシタ

8 問 參考人カ衆議院議員タリシ年月ハ如何
答 始メテ明治四十五年五月十五日衆議院議員ニ當選シ昨年十二月二十五日解散ノ際迄繼續シテ衆議院議員タリシガ本年三月二十五日再ヒ當選シテ今日ニ及ンデ居リマス

9 問 參考人ハ元政友會ニ屬シ居リタルヤ
答 左樣デアリマス元政友會ニ屬シテ居リマシタカ昨年十二月二十一日脫會屆ヲ提出シ政友會ヲ脫シ大正倶樂部ニ屬シテ居リマス

10 問 大正三年十二月第三十五議會開會ノ前後ヨリ政府ハ二個師團增設案ヲ議會ニ提出セントシ愈々該案ノ議會ニ提出サルヽヤ在野黨タル政友會及國民黨所屬議員ノ多數ハ之レニ反對セントスル氣勢ヲ示シタルニアラズヤ當時參考人ハ政友會多數ノ意見ニ反シ增設案ニ贊成シテ脫黨シタルモノニアラスヤ
答 昨年十二月第三十五議會ニ於テ政府ガ二個師團增設案ヲ議會ニ提出シ在野黨タル政友會カ之レニ反對シ該案ヲ否決シタコトハ相違アリマセヌ當初三十五議會召集ノ當時田舍カラ上ツテ來タ途中ハ多ク議會ノ平和ヲ保ツコトヲ希望シテ居リマシテ增師反對ヲ標榜シテ政府ニ肉薄スルニ至リマシタノハ十二月二十三日ニ於テ決定シマシタ次第デアリマス
左樣ノ次第テアリマシテ政友會議員中ニモ始メハ多數ノ增師贊成論者ガアツタノデアリマス自分等ハ卽チ其一人デアリマシテ極力增師案通過ヲ希望シテ居リマシタノデ其關係上二十三日ニ於ケル增師ニ反對スベク決議セル政友會ノ黨ニ背馳シ之レガ爲メ自分ハ脫黨スルニ至ツタノデアリマス

11 問 此時ニ當リテ參考人ハ政友會議員中增師贊成者ヲ糾合セントシテ盡力シタカ
答 盡力致シマシタ[illegible]デヨリ自分ハ增師贊成者デアリマシテ香川縣ノ同志ト共ニ增師案通過ニ盡力シタヒト云フ意見ヲ持ツテ居リマシタ
當時我々ノ集合ニ關東組ノ太田直次ガ參加シ同人等ト共ニ大岡總務ヲ訪問シ又根岸錯太郞等ト共ニ元田總務ヲ訪問シテ反省ヲ促カシ自說ニ贊同セラレンコトヲ求メテ居リマシタ
十二月十七日頃ニ至リ政友會中ノ各團體ニ夫レ〳〵增師贊成論者ガ現ハレテ東海組トナリ關東組トナリ長官舍組トナリ又厚生館組トナリ各自運動シテ居リマシタガ自分ハ四國中國近畿州ノ者等ガ相寄ツテ居ル所謂厚生館組ニ屬シ關東組ハ板倉中、太田直次、根岸錯太郞、關信之介等ト互ニ氣脈ヲ通シ增師案ノ通過ニ盡力シタモノデアリマス

12 問 參考人ハ政友會中關東組ニ屬スル議員ヲ增師案贊成ニ纏メントシ板倉中ニ交涉シタルコトアリヤ
答 自ヲ進ンデ交涉シタト云フ譯デハアリマセヌ十二月十七日ヨリ二十日頃迄ノ間ナリシ樣思フ關東組ノ小山田信藏カラ同人ノ私用自動車ヲ以テ夜中自分ヲ迎ヒニ來マシタカラ自分ガ之レニ乘リ同人ノ干係セル丸ノ內八重洲町ノ煉瓦造リノ某會社ニ參リタルニ關東組ノ板倉中、小山田信藏、太田直次、日向輝武、關信之介、根岸錯太郞、根本正、高津仲次郞、濱名信平、(高津濱名ハ憶カ居ツタトハ申上兼ネマス)東海組ノ高岡精一等ガ居リマシテ板倉、小山田等ハ自分ニ對シ關東組モ增師贊成者デアルカラ斯クノ如ク集會シテ協議ヲシテ居ルノデアル尙他ニ多數ノ同志カアルト云フコトヲ話シマスカラ自分モ我々モ東海組等ト共ニ極力政友會幹部ノ反省ヲ促シテ居ルカ夫レデモ聞入レラレナカツタラ東海組カ主張シテ居ル通リ武力ノ忠告ヲスル考ヘデアルト唱シマシタ然ルニ關東組ノ中ニハ東海組、厚生館組ノ如ク直チニ突擊スルト云フコトハ關東組全體ヲ纏メル上ニ甚タ困難デアルト云フモノモアリ又中ニハ日向ノ如キ躊躇スル場合ニアラス之レダケデシ〳〵遣ツタラヨイト云フモノモアリマシタ單ニ其位ノ話シガアツタニ止マリテ別ニ何ンノ爲メニ自分ヲ招イタカト云フ樣ナコトニ付テハ結局不明デアリマシタ自分ハ只關東組ガ我々ニ氣勢ヲ示シタニ過ギナイノデアルト思ヒマシタ自分カ其場ヲ辭シ歸ラントシテ自動車ニ乘車セントスル際東海組ノ高岡精一カ自分ニ對シテ今晩關東組カ君ヲ招キ而モ不得要領ナル所以ハ君ニ依リテ何物ヲカ得ントシテ居ルノデアルカラ注意シ賜ヘト忠告シテ吳レマシタ此時カラシテ板倉等關東組ノ多クガ厚生館ヘ出テ來ル樣ニナリマシタ然ルニ關東組ノ其態度如何ニモ鮮明ナラズ且板倉ヨリ同志ヲ糾合スルガ爲メニハ金錢ニ依ルニアラズンバ能ハザルガ如キ口吻ヲ感ヤ識シタルヨリ增田穰三ト相談ノ上同人ガ交涉ノ任ニ當リマシタ

13 問 參考人ハ十二月二十日頃東京市京橋區木挽町二丁目十四番地旅館厚生館ニ於テ板倉中ニ金壹萬圓ヲ交付シタルコトガアルカ
答 自分カラ直接交付シタコトハアリマセヌ增田カラ交付シタコトハアリマス

14 問 右壹萬圓ハ全部一回ニ交付シタモノカ
答 左樣デハアリマセヌ元來此金ハ前申上ゲマシタ如ク板倉ガ暗ニ金錢ニ依ルニアラザレバ纏メ難キ口吻ヲ洩ラスヨリ增田ト自分トガ相談ノ上五千圓デ纏メサセテ見ヨウト云フコトニナリ增田ガ交涉シマシタ結果日ハ覺ヘマセヌガ二十日頃カト思フ增田ヨリ藤村ニ於テ五千圓交付シタコトニナツテ居ル積リデアリマス其金ヲ何ニ包ンデ渡シタカ自分ハ知リマセヌ然ルニ其後二十三日頃迄ノ間ナリシ樣思フ板倉ガ厚生館ニ來リ增田ト交涉ノ上尙五千圓丈ケ渡シテ貰ヒタヒ樣申込ムニ付キ自分ハ買ハ手許ニ金ハナヒカラ然ラバ鎌田勝太郞ヨリ借入レテ渡シテ遣ロウト云フ話シ上同人ニ對シ申シ置ヒテ後慥カ二十二三日頃ト思ヒマス增田カラ增田ガ林田ヨリ受取リ居タル金ノ內ヨリ五千圓ヲ厚生館ニ於テ直接板倉ニ渡シタモノデアリマス
右樣ノ次第デアリマシテ決シテ一回ニ壹萬圓ヲ渡シタモノデハアリマセヌ

15 問 壹萬圓ハ何處ヨリ收入シタルモノナリヤ
答 夫レハ林田ノ手ヲ經テ大浦子爵ヨリ受取ツタ金デアリマス

16 問 右壹萬圓ハ增師贊成ノ議員ヲ買收スル費用トシテ板倉ニ交付シタモノカ
答 勿論其金ハ前ニ申上ゲマシタ通リ板倉ノ其旨ノ要求ニヨリ表面ハ單ニ經費ト云ヒ居ルモ實ハ增師贊成議員ノ買收費トシテ增田ヨリ渡シタモノデアリマシタ

17 問 當時政友會中關東組ニ屬スル議員中板倉ノ手ニ依リテ買收サレタル者アルヲ聞キシヤ
答 左樣ノコトハ聞イタコトハアリマセヌ但板倉ニ渡シタ右壹萬圓ヲ取リ返ス爲メ十二月二十八日同人方ヘ談判ニ參リタル際板倉ハ既ニ其金ハ日向、高津仲次郞等ニ分配シタト云フコトヲ辯解セントシマシタガソンナ話シヲ聞ヒテハ取リ返スニ面倒ナリト思ヒ自分ハ頭カラソンナ話シヲ聞キニ來タノデハナイ只金ヲ返シテ貰ヘバヨイノデアルト云フテ迫ツタノデアリマスカラ眞實誰等ニ分配シタモノカ夫レハ知リマセヌ

18 問 十二月二十三日午後厚生館ニ於テ參考人ハ同志議員ノ集會ヲ開キ增師案ニ關スル協議ヲシタカ
答 致シマシタ

19 問　其集會ノ際關東派ニ關スル議員ハ一名モ出席シナカツタガ之ガ為メ參考人ハ板倉ノ心事ヲ疑ヒ同夜十二時頃本出保太郎ト共ニ關東派ノ集會場タル日本橋區上槇町十八番地待合浴村ニ至リ板倉ニ面會シ大イニ詰責ヲ試ミタノデハナヒカ

答　其集會ニハ太田直次、關信之介等カラ今ニ行ク今ニ行クト電話ニテ通知シ來ルノミニテ一向來ラズ遂ニ誰一人モ出席シマセナンダ夫レデ御尋子ノ通リ自分ハ板倉ノ心事ヲ疑ヒ同日懇合ヨリ板倉ヲ詰責スベク本出保太郎ト共ニ藤村ヲ訪子マシタガ板倉始メ關東組ノ者ハ一人モ居リマセンデシタカラ空シク歸リ再ヒ同夜十時頃藤村ニ至リ板倉ニ面會シ大ヒニ詰責シタモノデアリマス

20 問　板倉ハ其際參考人ニ對シ同志會議員ヲ纏メルコトニ付キ敢テ盡力セザルニアラズ種々ノ事情アリテ意ノ如ク運バザルモ同志ノ政友會ニ對スル脫黨屆ハ既ニ作成シテ自分ノ手許ニ所持シ居ルト云ヒ其脫黨屆ヲ其處ニ差出シタルニ參考人ハ之レヲ奪ヒ取リ懷中シ歸ツタノデハナイカ

答　御尋子ノ通リデアリマスガ脫黨屆ハ自分ガ之レヲ奪取シテ持歸リタルモノニアラズシテ同人ヲ承諾セシメテ持歸リタルモノデアリマス

21 問　右ノ如キ事情ニテ參考人ト板倉トノ間ニ爭論ヲ生ジ双方激昂シテ立掛リ格闘ニモ及バントシタルヲ本出保太郎ノ仲裁ニ依リ殘ニ鎭マリ座ニ復シテ參考人ヨリ板倉ニ對シ曩キニ渡シタル壹萬圓ノ返還ヲ迫リ板倉ハ之レヲ返還スルト云ヒ車夫ヲ自宅ニ遣ハシ該金ヲ取寄セントシタルコトガアルカ

答　アリマス夫レハ十二月二十三日夜十時頃本出ト同行再ビ藤村ニ參ツタ處裏ノ奥二階ニ案內サレマシテ板倉ニ會見致シマシタ其席ニハ日向、本出ノ兩氏ガ列シ居リマシタ自分ハ板倉ニ對シテ板倉ガ八人乃至十人ノ議員ヲ增師贊成者トシテ自分等ト行動ヲ共ニスベキコトヲ固ク契約シテ置キナガラ既ニ決戰ノ期卽チ增師案討議ノ日ハ目睫ニ迫リ居ルニ拘ハラス尙態度ヲ明カニセズ且ツ同二十三日ノ午後ノ厚生舘ニ於ケル增師贊成論者各派ノ集會ニ關東組ノ者一人モ出席ナカリシ爲メ同志ノ氣勢ニモ大關係ヲ及ボシタルヲ告ゲ板倉ニ其點ヲ詰責シ尙約束通リ八人乃至十人ノ態度ヲ鮮明ニスルカ若シ能ハザレバ委託シテアル物ヲ全部返スカ其二者一ツニ出ヅベキコトヲ詰問致シマシタ板倉ハ纏メツヽアルノデアル既ニ脫黨屆モ此通リ出來テ居ルノデアルト二葉ノ脫黨屆モ此通リ出來テ居ルノデアルト二葉ノ脫黨屆ヲ自分ノ前ニ差出シテ自分ニ見セマシタ自分ハ脫黨屆ヲ擲ヘテ懷ロニ入レテ居ル丈ケデハ何ンノ役ニモ立タヌ今日ハ何日ト思フカ廿五日カ增師案ノ運命ノ分ル、處デハナイカ宜シク正々堂々ト態度ヲ明カニシ各派ノ同志ト共ニ行動ヲ共ニスルカ斷然行動ヲ共ニセザルカ何レニテモ態度ヲ明カニスベシト云フ樣ナ趣旨ヲ咄シ致シマシタ日向本出ノ兩氏モ自分ノ主張ヲ是ナリトシテ板倉ニ自分ノ要求何レカ一ツヲ執ルベキ樣サレマシタ板倉ハ然ラハ預ツタモノヲ返ス返セバ文句ハナカロウト云フテ手紙ヲ認メ車夫ニ持タセテ自分ノ宅ニ遣ハシマシタ板倉ノ宅ハ品川デアリマシテ日本橋トハ餘程隔タリ居リ時ハ既ニ十二時デアリマシタカラ仲々歸ツテ來ナイダロート思ヒマシテ藤村ヲ辭シテ歸リマシタ

22 問　參考人ハ板倉ノ車夫ノ未タ藤村ニ歸ラサルニ先チ右脫黨屆ヲ懷中シタルマヽ同所ヲ立去リ之レヲ寫眞屋ニ持參シテ寫眞ニ撮シタリヤ

答　御尋子ノ通リ車夫ノ歸ラサル前藤村ヲ辭シテ歸リマシタ翌二十四日脫黨屆ヲ寫眞ニ撮リマシタ

23 問　參考人ハ十二月二十七日本出保太郎ニ對シ板倉ノ宅ニ行キタルニ板倉ハ參考人ニ直接返還スルト稱シ本出ノ要求ヲ拒ミタルニアラズヤ

答　十二月二十七日本出保太郎ニ對シ自分ヨリ特ニ賴ンデ板倉ニ金ヲ取戾シニ行ツテ貰ツタノデハアリマセヌ本出ガ勝手ニ行ツタノデアリマス本出ガ私ニ二十七日午後訪ネテ來テ板倉ハ君カ來タラ問題ヲ解決スルト云フテ居ツタト云フ樣ナコトヲ申シテ居マシタ

24 問　同日參考人ハ自身板倉宅ニ行キ右一萬圓ノ返還ヲ請求シタリヤ

答　十二月二十八日午前ト思ヒマス自分ハ板倉ノ宅ニ參リマシテ返還ヲ請求致シマシタ

25 問　其際參考人ハ板倉ヨリ四千圓丈ケ返還ヲ受ケ殘リ六千圓ハ貸借トシテ借用證書ヲ取リタリヤ尙其貸借ニハ利息期限等ノ定メアリシヤ又其證書ノ形式如何及其證書ハ如何ニセシヤ

答　御尋子ノ通リ四千圓現金ニテ返還ヲ受ケ殘リ六千圓ハ借用證書ヲ受取リマシタ利子ハ定メテナヒト思ヒマス期限モ別ニ定メナアリマセヌ其證書ト云フハ

［十錢 印紙］

借用證書

一金六千圓也

右ノ金額借用候處實正也御請求次第何時ニテモ支拂可申候爲後日借用證如件

大正三年十二月二十八日　　板倉　中㊞

白川友一殿

ト云フ趣意デアリマシタト思ヒマス之レハ大浦子爵ノ受取ツタ金ノ勘定ヲスル際渡シテアリマス

（未完）

衆議院議事速記錄第九號小河源一君演說ノ參照(其五)

26問 其際板倉ハ壹萬圓全部ヲ一應參考人ノ面前ニ差出シタリヤ將タ參考人ニ返還スヘキ四千圓ノミヲ差出シタリヤ
答 現金四千圓丈ケ差出シ殘リ六千圓ハ現金ガ只今無ヒカラ後デ拂フト云フテ證書ニシテ差入レタモノデアリマス故ニ一萬圓全部ヲ差出シタモノデハアリマセヌ
27問 板倉ハ其際議キニ參考人ヨリ受取リタル一萬圓ノ內六千圓ハ之ヲ既ニ關東派ニ屬スル同志議員ニ分配シタト云ハザリシヤ
答 前ニ申シ上マシタ通リデアリマシテ板倉ハ日向、高津ト云ヒ掛ケテ居リマシタケレドモソンナコトヲ聞ク必要ガ無カツタノデ聞キマセナンダ
28問 其後板倉ハ參考人ニ對シ借用金返濟延期ヲ求ムル旨ノ書狀ヲ二回寄越シタルニアラザルカアラハ其日時及文意如何又其書狀ハ如何セシヤ
答 延期ヲ求メテ來タコトハアリマセヌ尤モ同人カラ其後手紙ヲ寄越シタコトハアリマスガソンナ延期ヲ求ムル手紙ナドヲ送フタコトハアリマセヌ元來自分ハ板倉ニ對シテハ絕ヘズ自分ノ金ノ如ク裝フテ居リマシテ全ク自分ノ金トシテ增田ヨリ交付シ又自分ヨリ取戾シヲ致シテ居リマスノデ夫レガ大浦カラ出タ金デアルト云フ樣ナコトハ一切秘密ニシテ居リマスカラ板倉モ故ハ大浦千保金トハ思フテハ居ナヒカト思ヒマス現ニ六月二十一日同人ガ高松ニ參リマシタ際ニモ自分ハ同人ニ對シ六千圓ノ彼ノ證書ハ此際危險デアルカラ燒キ棄テタト告ケマシタカラ同人ハ證書ガ無クトモ金ハ返ス決シテ損ハ掛ケヌト申シマシタ
29問 參考人ハ十二月中大浦子爵ヨリ板倉ニ金二萬圓交付シタル事實ヲ聞キタリヤ又其時大浦子爵ハ參考人ニ對シ關係派議員中政友會ヲ脫黨シテ增師案ニ贊成スベキ答ニナリ居ルモノガフワ〳〵シテ足並カ揃ハズ輪廓ガ如何ニモ不鮮明ナルニ付キ其結束ヲ固クスル爲メ板倉ニ貳萬圓ヲ交付シアリト云ハレシニアラスヤ
答 ソンナ話シハ一切聞イタコトハアリマセヌ併シ十二月二十三日頃議院デ林田龜太郎ヨリ大浦子爵カラ板倉ニ金ヲ出シテ居ル樣ナ風デアルト云フコトハ聞イタコトガアリマス
30問 參考人ハ本年三月三十一日カ四月一日厚生館ニ於テ橫田千代之助ニ對シ前ニ尋ネタ樣ナ事實ヲ物語ツタ樣ナコトハナイカ
答 本年三月三十一日カ四月一日頃ニ厚生館デ橫田千之助ニ面會シタコトハアリマセヌ從ツテソンナ話シヲ同人ニシタコトハアリマセヌ
31問 參考人ハ本年六月十九日夕刻板倉中ニ對シ大阪驛前ヒサゴニ來イト云フ電信ヲ發シタリヤ
答 御尋ネノ通リ電報ヲ發シタコトハ相違アリマセヌ
32問 尙同夜大阪ノ本出保太郎ニ電話ヲ以テ板倉中カ明朝八時頃大阪驛ニ下車スルニ付キ會見セヨト通話シタコトハナイカ
答 其通リ岡山驛前山長旅館カラ電話ニテ御尋ネノ如ク本出保太郎ニ對シ通話ジタコトハ相違アリマセヌ
33問 板倉ト本出ト會見セシメタル事情如何
答 夫レハ本出ガ檢事局デ取調ベラレタト云フコトヲ本出カラ自分ニ通知シテ來マシタカラ板倉モ本出ニ會見セシメ本出カ取調ベラレタル模樣ヲ聞取ラシメテ置キ度ト思フタカ爲メデアリマス
問 板倉中ハ六月二十一日阪本和吉ト同道シテ參考人ノ高松ノ宅ニ來リ參考人ニ會見シタルナランガ其會見ノ際參考人ハ板倉ニ對シ假令如何ナル官憲ノ取調ベヲ受クルトモ前記金錢ノ授受ニ關スルコトハ申立サル旨約束シタルニアラスヤ
答 初メ自分ハ板倉ヲ大阪ニ呼ビ前申上ゲマシタ理由ニ依リ本出ニ會見セシムルト同時ニ自分モ大阪ニ行ク積リデアリマシタガ時恰カモ自分ハ高松ノ檢事局ニ呼ヒ出サレテ其目的ヲ遂シ能ハサリシニヨリ中止シマシタモノデ大阪カラ高松ヘ板倉カ來ルコトハ自分ニ於テハ知ラナカツタノデアリマスカ同人カ本出ト會見ノ後自分ニ會見セント欲シタル爲メ高松ニ向ツテ來マシタモノデ其途中岡山驛前山長旅館ニ宿泊シ偶然東京ヲ出發シ歸鄕シツヽアリシ阪本ト同所ニ於テ落合ヒ夫レテ同人ト同行シテ高松ニ來タモノテアリマス而シテ同人カ高松ニ來マシタノハ二十一日ノ午前八時二十分高松着ノ連絡船デアリマシテ自分トハ約一二十分許リ會見シマシタノミテ直チニ次キノ九時三十分發ノ連絡船ニテ歸京シマシタ其際ノ話シハ御尋ネノ通リ秘密ヲ守ルベク打合ハセヲシタノデアリマス別ニ多ク話合タモノデハアリマセヌ其時板倉ハ馬鹿ヲ見タ損ヲシタ貧乏シタト云フテ頻リニコボシテ居リマシタ

右讀聞カセタル處承認シタリ

參考人 白川友一

高松地方裁判所ニ於テ

裁判所書記 北岡槇二郎 印

豫審判事 角南榮貫 印

印

調書

證人 大浦兼武

被告人板倉中日向輝武、濱村信平、濱破被告事件ニ付大正四年八月十三日東京地方裁判所豫審判事潮恒太郎裁判所書記神田多智馬列席ノ上豫審判事ハ證人ニ對シ訊問ヲ爲スコト左ノ如シ

1問 氏名
答 大浦兼武
2問 年齡ハ
答 六十二歲
3問 身分ハ
答 華族
4問 職業ハ
答 無職
5問 住所ハ
答 東京市麻布區櫻田町九十七番地

豫審判事ハ刑事訴訟法第百二十三條第一號乃至第四號及第百二十四條第一號乃至第六號ニ該當スルモノナルヤ否ヤヲ調査シ其該當セサルコトヲ認メ證人トシテ訊問スヘキ旨ヲ告ケ宣誓ヲ爲サシメタリ

6問 證人ハ板倉中ヲ知ツテ居ルカ
答 板倉ハ古クヨリ衆議院議員ヲ致シテ居リマスカラ知ツテ居リマス然シ懇意デハアリマセヌ
7問 板倉中ガ證人ニ對シ增師贊成意見ヲ述ヘタ事ハナヒカ
答 昨年十月カ十一月カノ樣ニ思ヒマス板倉中ガ私宅ニ參リ千葉縣ニ政友會支部ノ總會ガアルニ付キ之レニ出席シテ演說セ子バナラヌガ自分ハ增師贊成デアルカラ其事ヲ原敬ノ處ニ行ツテ話シタルニ原ハ支部ノ總會ニ於テ增師贊成意見ヲ述ブル者モアリ反對意見ヲ述ブル者モアル樣デハ困ルカラ餘リ明白ニ贊成ノ意見ヲ述ベナイ方ガ可カロート云フテ居タガ自分ハ飽迄モ贊成意見ヲ述ブル積ダト云フテ居リマシタ
8問 板倉ハ其後時々證人方ニ來タカ
答 日時等ハ覺マセヌガ其後モ時々私宅ニモ參リ又電話ニテモ話シマシタ
9問 板倉ハ何時モ增師案ニ贊成スト居フテ居タカ
答 左樣デス同人ハ增師贊成ハ自分ノ持論ダト云フ樣ニ話シテ居リマシタ
10問 板倉ヨリ金ノ要求ヲ致シタ事ハナイカ
答 板倉ハ議員ヲ纏メテ政府案ニ贊成スルカラ金ヲ出シテ吳レヨト申シマシタ夫レテ數回ニ壹萬參四千圓渡シタカト思ヒマス
11問 何時其金ヲ渡シタカ
答 昨年十二月二十日前後ノ頃デス
12問 金ハ證人ノ自宅ニ於テ渡シタノカ
答 左樣ニ思ヒマス尤モ議院ニ於テ渡シタコトモアル樣ニ思ヒマス
13問 證人ハ白川友一ニ對シ板倉ニ貳萬圓渡シタト話シタ樣ナ事ハナイカ
答 夫レハ能ク記憶シマセヌガ板倉ニ渡シタノハ自分ハ壹萬參四千圓ト思ツテ居リマスカ或ハ貳萬圓位デアツタカモ知レマセヌ尙此場合ニ於テ自分ノ其當時ノ意向ヲ申立

啓キマスガ大隈首相ハ正々堂々ト遣ッテ議會ガ増師案ニ反對シテ否決スルナラバ解散シテ輿論ニ問フト云フ意見デシタガ私シハ解散シテ總選擧ヲ行ヘバ何時モ五六千人乃至一萬人ノ犯罪者ヲ出シ非常ニ國家ノ不祥事ナルノミナラズ増師案ノ不成立ハ延ヒテ海陸軍ノ軋轢トナル恐モアリ面白カラヌ結果ニ立至ルカラ多少金ヲ使ッテモ解散ヲ避ケ政府案ノ通過ヲ計ル事ガ萬全ノ策ト思ヒマシタカラ彼等ノ要求ニ應ジテ金ヲ渡シタノデス然シ其金ヲ板倉ガ如何ニ使ッタカハ私ハ一向知リマセヌ

14 問 昨年十二月十日前頃佐々田懋ヨリ板倉中ガ増師案ニ付政友會議員ノ多數ヲ纏メル爲メニ政府ヨリ出金シテ貰ヒ度ト申居ル旨ヲ取次ヒタ様ナ事ハナイカ

答 左様ナコトハ記憶致シマセヌカ佐々田ハ米價調節問題カ何カデ來タ時衆議院議員中ニ増師ニ贊成スルカラ金ヲ出シテ呉レヨト云フテ來タ者ガアルガ斷ッタト申シテ居リマシタ板倉ハ私ニ直接ニ話シタノデ佐々田ヲ介シテハ何等ノ話モ致シマセヌ

15 問 板倉ガ白川友一ヨリ壹萬圓受取ッテ居ルコトヲ知ラヌカ

答 板倉ガ白川ヨリ壹萬圓受取ッテ居リシガ後ニ白川ト板倉ト喧嘩シテ白川ハ四千圓現金ニテ取返シ殘六千圓ヲ證書ニ致シタト云フ事ヲ聞キマシタ

16 問 夫レハ誰レカラ聞ヒタカ

答 白川ヨリ聞キマシタ

17 問 白川ヨリ板倉ノ六千圓ノ證書并ニ計算書ヲ受取タカ

答 本年一月頃ト思ヒマスガ白川ガ計算書ト右證書ヲ持參シマシタガ穩ナ物ハ置ク必要ガナイト思ッテ破ッテ仕舞マシタ

18 問 計算ノ大體ハ記憶シテ居ラルヽヤ

答 白川ニ對シテハ林田ノ手ヲ經テ參萬幾千圓渡シタカト思ヒマスガ白川ハ壹萬五六千圓殘ッタト云フテ該金ト右證書及ビ計算書ヲ持參シマシタ夫レデ私ハコンナ正直ナ男デアルト感ジマシタ

而シテ其時白川ハ丸龜ニハ自分等同志ノ新聞ガナイカラ設ケ度イト思フニ付キ寄附ヲシテ呉レナヒカト云ヒマシタ依テ私ハ直チニ七千圓寄附シテ遣リマシタ

19 問 白川ヨリ受取ッタ板倉名義ノ六千圓ノ借用證書ニハ利子ノ記入ガアッタカ

答 其邊ハ判然記憶ヲ致シマセヌガ多分利子ノ記入ハナカッタカト思ヒマス

20 問 白川ニ對シテ渡シタ參萬圓餘ノ金モ矢張リ板倉ニ渡レタ金ト其趣意ハ同様デアッタカ

答 左様デス全ク同様デス矢張リ前申立ツル如キ當時ノ政策上ノ必要ヨリ渡シタノデ元々議員買收抔ト云フ事ハ豫想シテ居ナカッタノデス其金ヲ白川、板倉等ガ如何ニ使用スルカハ私ニ於テハ豫メ考ヘテハ居ナカッタノデス

右讀聞ケタル處無相違旨申立署名捺印ス

證人 大浦兼武 印

於東京市麻布區櫻田町九十七番地
大浦兼一宅

裁判所書記 神田多賀馬 印
豫審判事 潮恒太郎 印

但シ出張先ニ付所屬裁判所印ヲ押捺セズ

大正四年六月二十七日起訴

白川友一

被告白川友一ハ衆議院議員ニシテ政友會ニ屬スルモノナル處大正三年十二月第三十五議會ニ於テ政府ヨリ師團增設案提出セラレ當時議員ノ多數ヲ占メ居レル政友會ハ黨議ヲ以テ議員ヲ結束シ議會ニ於テ該案ヲ否決セントスル形勢ナリシコリ該案ノ通過ヲ欲シタル被告友一ハ政友會議員ノ幾部ニ金員ヲ贈與シテ同會ヲ脫セシメ以テ該案ニ贊成セシメンコトヲ企テ同月中政友會議員ノ一人ナル板倉中ヲシテ脫會及ヒ増師案贊成ヲ約セシメ且同志ヲ結合スルコトヲ依賴シタル上金一萬圓ヲ同人ニ交付シタリトノ事實

大正四年七月二十八日起訴

林田龜太郎

被告ハ大正三年十二月三十五議會ニ於テ政府ヨリ師團增設案提出セラレ當時衆議院ニ於テ議員ノ多數ヲ占メ居タル政友會ハ黨議ヲ以テ議員ヲ結束シ議會ニ於テ該案ヲ否決セントスル形勢ナリシヨリ當時政友會ニ屬スル議員ニシテ該案ノ通過ヲ欲シ同志ノ糾合ニ奔走シ居タル白川友一外數名ト謀リ政友會議員ノ幾部ニ金員ヲ供與シ同會ヲ脫セシメ以テ該案ニ贊成セシメンコトヲ企テ同月中政友會議員板倉中外拾數名ヲシテ脫會及ヒ増資贊成ヲ約セシメタル上同人等ニ約四萬圓ヲ交付シタリトノ事實

大正四年七月三十一日起訴

增田穰三

被告穰三ハ大正四年六月二十七日白川友一ニ對シ及ヒ同年七月二十八日林田龜太郎ニ對シ起訴シタル瀆職ノ事實ヲ同人等ト共ニ犯シタルモノナリトノ事實

大正四年八月七日起訴

白川友一
增田穰三
森川源吾
村井啓四郎

被告友一及穰三ハ衆議院議員ニシテ大正三年十二月召集セラレタル第三十五帝國議會ニ於テ二個師團增設ニ關スル政府案ノ通過ヲ計リ同志ヲ糾合シ居リタル處其所屬ノ政友會カ黨議ヲ以テ議員ヲ結束シ該案ヲ否決セントスル形勢アルヲ察知シ時ノ衆議院書記官長タリシ林田龜太郎等ト謀リ政友會議員ノ一部ニ一萬圓ヲ贈與シ該案ニ贊成セシメンコトヲ企テ同月中政友會議員タル被告源吾、啓四郎、外十數名ノ議員ヲシテ政友會脫會及ヒ増師案贊成ヲ約セシメタル上同人等ニ各別ニ金數千圓宛ヲ贈與シ被告源吾及啓四郎ハ被告友一及穰三等ニ對シ右増師案ニ贊成スヘキコトヲ約シコレガ報酬トシテ同月二十三日頃被告友一穰三等ノ旅宿ナル東京市京橋區木挽町二丁目厚生館内ニ於テ被告源吾ハ被告友一ヨリ金二千圓被告啓四郎ハ被告穰三ヨリ金壹千五百圓ノ贈與ヲ受ケタリトノ事實

(印) 第二回調書

證人 大浦兼武

被告人板倉中、日向輝武、濱名信平瀆職被告事件ニ付大正四年八月十七日東京地方裁判所豫審判事潮恒太郎ハ裁判所書記神田多賀馬列席ノ上豫審判事ハ前回ニ引續キ前記證人ニ對シ訊問スルコト左ノ如シ

1 問 證人ヨリ板倉ニ渡サレタ金ハ八千圓ト二千圓合計一萬圓デハナカリシヤ

答 私ハ一萬三四千圓渡シタト思ッテ居リマシタガ能ク考ヘテ見ルト昨年十二月議會解散前ニ渡シタ金ハ一萬圓ニシテ本年總選擧前ニ其費用ノ補助トシテ二三千圓渡シタノデアッタ様ニ思ヒマス

尚前回ニ議院デモ板倉ニ金ヲ渡シタ様ニ申シマシタガ能ク考ヘテ見ルト自宅デ渡シタノデシタ

2 問 最初板倉ハ三十萬圓許リ出金ヲ要求シタルニアラズヤ

答 大金ガアレハ大ニ戰ヘルトハ申シテ居リマシタガ三十萬圓ノ要求ヲ受ケタ記憶ハアリマセヌ

3 問 十二月二十六七日頃板倉ガ參リ證人ヨリ受取リタル金ヲ同志議員ニ分配シタ計算上ノ報告ヲ爲シタルニアラスヤ

答 其邊ノコトハ覺ヘマセヌ殊ニ議會解散後暫ク板倉ニハ會ハナカッタ様デス

4 問 板倉ハ證人ヨリ受取リタル金ヲ日向輝武、根岸爲太郎、太田直次、關信之介、濱名信平、高橋直次、高津仲次郎、小山田信藏等ニ分配シタル旨ヲ話シタル事ナキヤ

答 何時デアッタカ日時ハ忘レマシタガ關東組ノ者ニ金ヲ遣ッタト云フ事ハ確カニ申シテ居リマシタ然モ其人名金額等ハ覺ヘテ居リマセヌ

5 問 關信之介、濱名信平等ガ證人宅ニ來タ事アリヤ

答 關ハ何時デアッタカ一度來マシタ然シ金ノ事ハ何ントモ申サズ茨城縣ノ涸沼ノ事ニ付テ話シタ様ニ思ヒマス濱名ハ來タコトガアリマセヌ

6 問 涸沼ノ問題ハ如何ナリシヤ

答 涸沼ノ埋立ヲ出願シタカラ許可ニナル様ニシテ貰ヒ度ト申シマシタ然モ夫レハ縣ノ管轄デアルカラ自分ハ如何トモ出來ナヒト云ッテ拒ミマシタ

7 問 板倉ニ渡サレタ金ヲ同人ガ自己ノ必要上勝手ニ使用スル事ハ許サレザルモノナリヤ

答 左様デス所謂政戰上ノ軍費ニ渡シタ事デスカラ板倉ガ自分ノ費用ニ致スベキモノデハアリマセヌ反對黨ガ攻メ寄セテ來ルカラ之ヲ防禦スル爲メノ費用即チ正當防衞ヲ爲スル爲メノ費用ニ供スル爲メ板倉ニ渡シタモノデス併シ是迄申立タ如ク私共ハ議員ヲ買收シテ政戰ニ勝タントスルガ如キ考ヘデハナカッタノデス

右讀聞ケタル處相違ナキ旨申立署名捺印セリ

證人 大浦兼武 印

於東京市麻布區櫻田町九十七番地
大浦兼一宅

出張先ニ付キ裁判所印ヲ押捺セス

裁判所書記 神田多賀馬 印
豫審判事 潮恒太郎 印

被告人白川友一第十六回調書

1 問 被告人白川友一ナリヤ

答 左様デアリマス

2 問 關東組ニシテ被告ガ藤村デ受取リタル脫黨屆ニ署名シ居リタル人々ハ誰々カ

答 夫レハ

板倉 中 千葉縣
日向輝武 群馬縣
高津仲次郎 同
根岸爲太郎 同
小山田信藏 水戸市
太田直次 茨城縣
關 信之助 同
濱名信平 同

ノ八名デアリマシタ夫レハ二枚ノ脫黨屆ニ認メテアリマシテ壹枚ノ分ハ貳名他ハ六名ノ連署ニナッテ居リマシタ

8 問 被告ガ板倉ニ與ヘタ壹萬圓中ヨリ是等ノ人々ガ分配ヲ受ケテ居ル風ハナイカ

答 昨年十二月二十八日自分ガ板倉ノ宅ヘ取戻シノ請求ニ來ッタ際同人ガ手許ニ金ノ無イコトヲ辯解スル爲メニ君カラ受取ッタ金ハ夫レ／＼分配シタ其人々ハ日向、高津ト名前ヲ列擧シ始メタノデ自分ノ渡シタ金ヲ分配シテ居ルト云フコトガ分ッタノデアリマス板倉ハ尚他ノ人ノ名前ヲ數ヘ立テントシマシタケレトモ自分ハ金ヲ受取ルノガ目的デ參ッテ居リマスノデ左様ナコトハ聞カサレテハ返還ヲ迫ルノニ都合ガ惡イカラ聞カンゾンナコトハ聞カンデモヨイ約束通リ實行ガ出來ナカッタノダカラ金ヲ全部返セト迫ッタ様ナ次第デアリマス

何十二月二十二三日頃岡信之介ガ厚生舘ヘ參リマシタ際自分ヨリ岡ニ對シ何故ニ關東組ハ脫黨ヲ決行シ態度ヲ鮮明ニセンノカト申シマシタ處岡ハイマ僕等ハチヤント腹ニ極メテ居ルノダガ仲間中ニ油ガ廻ハランノデドウモハツキリセンノデアルト申シマスカラ自分ハ自分ヨリ板倉ニ皆ヘ渡スモノヲ十分渡シテアルノダ板倉カラ君等ハ未ダ貰ハンノカト申シマシタラ岡ハ夫レハ不都合ジヤ板倉ハ我々ヲ馬鹿ニシテ居ル是カラ行ツテ談判シテ遣ルト云フテ直ニ席ヲ蹴ツテ出掛ケマシタ其口吻ニヨリ其時同人ハ板倉カラ少シ許リノ金ヲ受ケ大部分ハ板倉自身ガ懷ロニ入レテ居ルコトニ感付キ夫レデ憤慨シタモノヽ樣ニ見テ取レマシタ多分板倉ニ出會シテ請求シタモノダト思ヒマス

4 問 脫黨届ニ署名シテ居ツタ右關東組ノ連中ハ二十五日增師案採決ノ際ハ如何ナル態度ヲ執ツタカ

答 二十五日關東組ノ板倉、日向ノ兩名ハ自分等同志ト共ニ行動ヲ共ニシ增師案ニ贊成致シマシタ小山田、高津ノ兩名ハ前夜ヨリ態度ヲ一變シ政友會ニ復歸シ當日ハ增師反對側ニ立チ反對ノ決議ニ加ハリマシタ同日朝會議ノ開カレントスル際ニ際シマシテ太田關、濱名、根岸ノ四名ハ出席致シマセヌカラ自分等ヨリ自働車ヲ以テ再三再四關東組ノ集合所藤村ヘ迎ヒニ遣リマシタ處岡信之介安人史來リマシテ申シマスニハ政友會ロリ縣ノ方カラ有志ヲ狩リ出シテ太田、濱、自分、根岸ノ四名ヲ抑留シテ登院ヲ妨ケテ居ツタガ與ハ振リ放シテ登院シタノデアル此通リ羽織ノチギレテ迄チギラレタノデアル申シマシタ濱名、太田、兩名ハ解散迄登院致シマセナンダノデアリマス根岸ハ登院致シマシテ記名無記名ノ投票ニハ參加シ無記名ヲ可トスル員數ニ加ハリマシタガ增師案ノ決議ニハ加ハリマセズ又自分等ノ大正倶樂部員ノ控席ニ顏モ出シマセナカツタノデアリマス實ハ前ニ申ス通リチヽマデチギラレテ參リマシタガ議事ガ進行シテ增師案ノ討議中政友會ノ策士森久保作藏カ關ノ議席ニ來リマシテ頻リニ囁キ居リマシタガ遂ニ關ヲ拉シテ議席ノ外ニ出マシタ自分ハ追跡シテ來リマシタガ森久保ト關ヲ見失ヒマシタ然ル處將ニ增師案ノ採決セントスル際森久保丈ハ議席ニ歸ツテ來リマシタカ關ハ歸ツテ來リマセズ遂ニ同人ハ贊否ノ數ニ加ハリマセナカツタ

右讀聞セタル處承認シタリ

被告人 白川 友一

大正四年九月二日

於高松地方裁判所

同廳

裁判所書記 北岡楢二郎 印

豫審判事 角南 榮實 印

素行調書

本籍 香川縣仲多度郡七ケ村大字七ケ十二番戸

住所 同縣高松市福田町番地 不詳京羅モト方

平民 增田 穰三

安政五年八月十五日生

前科ナシ

一、經歷

本人ハ本籍地ニ生ル父母ニ養育セラレ明治二十三年四月村會議員ニ當選シ繼續十六ケ年間明治二十七年四月ヨリ七ケ村助役ニ當選同三十年八月退職明治三十一年四月七ケ村長ニ當選同三十九年三月退職明治三十二年三月香川縣會議員ニ當選同四十年九月退職此間香川縣副議長ニ二ケ年議長ニ二ケ年在職ス明治三十九年四月勳七等青色桐葉章ヲ受ク明治四十五年五月十五日衆議院議員ニ當選大正四年三月二十五日再選セラレ現今ニ至ル

二、教育ノ程度

本人ハ秩序教育ヲ受ケ居ラズ然レトモ獨學ノ結果中等學校卒業程度ノ學力アリ

三、性質及行狀

資性溫厚篤實寡言ナルモ社交ニ巧ミ好デ公共的事業ヲ爲シ私利ヲ貪ラズ故ニ七ケ村及近村民ノ多クハ同人ヲ深ク信頼セリ以上ノ如クニシテ行狀不良ノ點ナシ

四、職業ノ有無及勉否

本人ハ衆議院議員奉職スル外職業ナシ然レトモ同人ハ何事ニ依ラズ一旦手ヲ出ストキハ熱心之レニ從事スル特性アリ

五、資產及收入ノ狀況

本人ハ地租百六圓四十一錢及妻ツタ名義ニテ營業稅五十圓六十錢ヲ納メ居ルモ內實田地ハ全部兩三年前親族ナル增田一郎、增田正匠、石周次、增田米三郎外數名ニ賣却シタルモ今尙名義ノ變更ヲ爲シ居ラズ又妻ツタ名義ニテ酒造販賣シ居ルモ之レ又前記人ヤノ合資ニシテ本人單獨ノ營業ニアラズ尙本人ノ居宅スラ前記增田一郎ノ所有ニシテ本人及家族ノ不動產トシテ更ニナシ只ダ六七百圓ノ家具アルニ過ギズ收入トシテハ前記合資ニ係ル營業ヨリ一ケ年約七八百圓幷ニ本人ノ衆議院議員ノ歲費二千圓アルニ過ギズ

六、家庭及生活ノ狀況

一家ハ妻ツタ(慶應二年十一月十四日生)姉マス(嘉永五年正月十八日生)二男收平(明治二十六年五月二十一日生)三男饒(明治四十一年五月四日生)三女玉江(明治三十二年十月三日生)四女清子(明治三十六年一月十一日生)四男仁三(明治四十一年十月二十一日生)ノ都合八名ノ家族ナルモ本人ハ平素多ク高松市福田町私通婦京羅モト宅ニ別居シ家庭ハ至極圓滿ニシテ風波ナシ妻ツタハ溫和ニシテ素行善良二男收平ハ本年大阪高等工業學校ヲ卒業目下在宅三男饒ハ丸龜中學校ニ在學三女玉江ハ高松高等女學校ニ在學シ本村一流ノ生活ヲ爲シ居レバ尙一家ハ目下約三千圓ノ負債アリ子女ノ教育費ハ全部增田一郎ヨリ支出シ居ルノ風聞アリ

七、本人ニ對スル世評

本人ハ公共事業ニ盡瘁セシニヨリ當地方民ハ概シテ信頼シ何等惡評ナシ今回入監シタルハ自業自得トハ言ヘ氣ノ毒ナリト言ヒ居レリ

八、交際スル重ナル人物

白川友一縣會議員丸尾重雄トハ最モ親交アリ其他縣下有志ト交際シ居ルモ其詳細ハ高松市ニ居住シ居ルニヨリ不詳

九、犯罪ノ特技方法

ナシ

十、其他刑ノ量定上參考トナルベキ事項

記スベキコトナシ

右之通リ相違無之候也

大正四年八月二十一日

琴平警察署長

警部 水原忠太郎 印

印

素行調書

本籍 香川縣仲多度郡七ケ村大字七ケ十二番戸

住所 同上平民無職

增田 穰三

安政五年八月十五日生

一、經歷

本人ハ本籍地ニ生レ父母ニ養育セラレ明治二十三年四月村會議員ニ當選シ繼續十六年間明治二十七年四月ヨリ七ケ村助役ニ當選同三十年八月退職明治三十九年三月退職明治三十二年三月香川縣會議員ニ當選同四十年九月退職シ此間香川縣會副議長ニ二ケ年同議長ニ二ケ年在職ス明治三十九年四月勳七等青色桐葉章ヲ受ケ明治四十五年五月十五日衆議院議員ニ當選大正四年三月二十五日再選セラレ現今ニ至ル

二、教育ノ程度

現今中學校程度以上ニシテ文筆極メテ巧ミナリ

三、性質行狀

資性實直他人ノ窮狀ニ際シ大ニ斡旋ヲ爲ス等世人ノ賞讃ヲ受ケ居ルモ家ヲ顧慮セズ始終高松市妾宅ニ起臥シ素行良好ト云フニ非ラズ

四、職業ノ有無

無職

五、資產收入ノ狀況

本人ハ地租金百六圓四十六錢及妻ツタ名義ニテ營業稅五十圓六十錢ヲ納メ居レドモ內實ハ全部兩三年前親族ナル增田一郎、增田正一、近石周次、增田米三郎外數名ニ賣却シタルモ今尙名義ノ變更ヲ爲シ居ラズ又妻ツタ名義ニテ酒類製造販賣シ居ルモ之レ亦前記人々ノ合資ニシテ本人單獨ノ營業ニアラズ尙本人居宅スラ前記增田一郎ノ處有ニシテ同人及ビ家族ノ不動產トシテ更ニ無シ只ダ六七百圓ノ家具アルニ過ギズ收入トシテハ前記合資ニ係ル營業ヨリ一ケ年約七八百圓竝ニ本人ノ衆議院議員ノ歲費二千圓アルニ過ギズ

六、家庭及生活ノ狀況

一家妻ツタ(慶應三年十一月十四日生)姉マス(嘉永五年正月十八日生)二男收平(明治二十六年五月二十一日生)三男饒(明治三十一年五月四日生)三女玉江(明治三十三年十月三日生)四女清子(明治三十六年一月二十一日生)ノ都合八名ノ家族ナルモ本人ノ平素多ク高松市福田町妾宅ニ假住シ家事萬端妻ツタニ於テ執行穰三ハアラザルモノト爲シ居ルモノヽカ家庭ハ圓滿ニシテ風波ナシ妻ツタ溫和ニシテ素行至ツテ善良二男ノ收平ハ本年大阪府高等工業學校ヲ卒業目下在宅三男饒ハ丸龜中學校ニ在學三女玉江ハ高松高等女學校ニ在學尙同家ハ三千圓餘ノ負債アリテ子女ノ教育ハ全部增田一郎ヨリ支出シ居ルノ風聞アリ

七、本人ニ對スル世評

祖先傳來ノ資產ヲ殆ンド消費シ其上高松市ヘ蓄妾シ居タル點ニ付テハ多少非難アルモ其他惡評ナシ

八、交際スル重ナル人物

先ヅ代議士縣內ノ縣會議員等ニシテ就中親密ナルハ現代議士白川友一、鐵田勝太郎、縣會議員蓮井藤吉、丸尾重雄等ナリ

九、犯罪ノ特技方法

無シ

一〇、其他ノ刑ノ量定上參考事項

無之

右ノ通相違無之候也

大正四年八月二十五日

高松警察署長

警視 村島 歷雄 印

素行調書

原籍 香川縣仲多度郡南村大字作原

住所 同縣丸龜市六番丁三十番地平民

白川 友一

明治六年六月十一日生

一、經歷

尋常中學校程度ノ縣立丸龜中學校ノ前身ナル同校卒業後原籍地ニ養子トナリ爾來村會議員、縣會議員等ヲナシ 次デ前期衆議院議

員トナリ今期ノ衆議院議員トシテ再選セラレタルモノ主トシテ滿韓地方ニ於テ土木其他ノ請負業ヲナスモノ

一、教育ノ程度
中學校卒業程度

一、性質行狀
性質温順ノ如クナルモ陰險ニシテ利ニ敏ク奸智ニ長ズ三四年以前ニ於テ酒色ニ耽ケルヤノ風評アリタルモ目下ノ處耳ニセズ主トシテ投機的事業ヲ爲シ現住所地ニハ四五年前ニ來住シタルモノニシテ多ク外出ヲ爲シ交際スル人物等モ比較的稀ニテ其行狀等知悉セラレザルモ品行方正ナラザルヤノ聞ヘアリ

一、職業ノ有無及勉否
土木請負業ヲナシ其他白川組行ナルモノヲ設ケ滿韓地方ニ於テ諸般ノ取引ヲ爲シ居レリ而シテ事業ノ爲メ利ノ爲メニハ其手段方法ヲ擇ハズ諸種ノ策略ヲ講ジ業務ニハ熱心ナルモノ

一、資産及收入ノ狀況
不動產トシテハ田地二十町歩餘建物及宅地時價一萬圓位アルモ全部之ヲ抵當トシテ金ヲ借入レアルモノ其他動產類不詳及收入モ不詳ニシテ世評ニ依レバ一ケ年二三萬圓位ノ收入アル由

一、家庭及生活ノ狀況
家族ハ本人ノ外妻ユキ三十九年友一妾マツ弘化二年生長男高太郎二十二年ヲ頭ニ六名ノ子供ト五人ノ雇人アリテ家庭ハ圓滿ニシテ中流以上ノ生活ヲナス

一、本人ニ對スル世評
元來本人ハ利慾ノ念強ク其利害相反スルトキハ親族朋友知己ト雖モ掌ヲ覆スガ如キ行爲ヲナシ爲メニ悲境ニ陷リタルモノ多々アリトノ風評アリ殊ニ品性ヨカラズ更ニ學識ナク政治的智能ニ於テハ更ニ其價値ナキモノニシテ今回ハ丸龜市年來ノ惡習慣ニ乘ジ金力ヲ以テ當選シタルモノニシテ代議士トシテ國家ノ爲メ市民ノ爲メ利ナキモノトノ評アリ

一、交際スル重ナル人物
當市ニ於テハ中村石松、三谷助四郎、山本丑太郎、富羽政吉等ニシテ其他本人ト重ニ滿韓地方ニ出稼シ其他ニ於ケル商人等ト重ニ交際ナスモノ

一、犯罪ノ特技方法
ナシ

一、其他利ノ鑑定上參考事項
先年大阪七九行丸龜支店ナルモノヲ道所龜井及裕通寺條宇次郎、白川友一等結託重役トナリテ設立シ其後詐欺破產ニ類スル行爲ヲ爲シ多大ナル利ヲ收メタルヤノ評アリ當時債權者ニ對シテハ大阪本店其責任ヲ負ヒ僅カ一分又ハ二分ノ配當ヲナシタルモノ

尙先年滿國及朝鮮ニ於テ不正商人トシテ其地官憲ノ退去ヲ命ゼラレタル事アルヤノ評アリ

右ノ通リ相違無之候也

大正四年四月十日

丸龜警察署長
警視　高橋愛之進　印

此謄本ハ原本ニ依リ之ヲ作ル

大正四年九月二十三日

高松地方裁判所檢事局
裁判所書記　岡　廣　印

印

豫審終結意見書

林田龜太郎
白川友一
增田穰三
森川源吾
吉田虎之助
村井善四郎
長谷川敬一郎
武市庫太
高鍋篤郎
水間此農夫
濱田政壯
板倉中
日向輝武
濱名信平
太田直次
關信之介
高津仲次郎
根岸峭太郎

右瀆職被告事件豫審終結ノ處分ニ付キ意見ヲ求メラレタルニ付キ檢案ヲ遂ゲ左ニ意見ヲ付シ訴訟記錄及送付候也

大正四年九月二十一日

高松地方裁判所檢事局
檢事　山下秘次郎　印

印

高松地方裁判所
豫審判事角南染貫殿

意見

大正三年十二月召集セラレタル第三十五帝國議會ニ於テ二個師團增設ニ關スル政府案提出セラル、ヤ當時衆議院ノ多數黨タリシ政友會ハ國民黨ト提携シテ該案ニ反對ノ氣勢ヲ示シ政府ハ該案否決セバ直ニ議會ノ解散ヲ奏請セントスルガ如キ形勢ナリシヨリ政友會所屬ノ議員中增師意見ヲ抱持スル者及議會ノ解散ヲ欲セザル者等各所ニ相集リ同會幹部ノ方針ヲ非トシテ增師贊成論ヲ鼓吹シ之ニ贊同スルモノ漸々現出シ遂ニ厚生館組、關東組、東海道組、議長官舍組等種々ノ集團ヲ作リ其勢侮ルベカラザルモノアルニ至レリ是ニ於テ政友會幹部ハ黨議ヲ一決シテ同會議員ヲ結束セントシ是等議員ハ脫會ヲ賭シテ之ヲ爭ハントシ物論騷然議院ノ大勢容易ニ逆睹スベカラザル狀勢ヲ呈セリ當時衆議院書記官長タリシ被告林田龜太郎ハ此形勢ノ察知シ此際利ヲ以テ是等不平議員ヲ誘致スルニ於テハ容易ニ其多數ヲ糾合スルコトヲ得テ國防上重要ナル該議案ヲ可決スルニ至リ國政ヲ進捗セシムルコトヲ得ベシト思惟シ之ヲ厚生館組ノ首領タリシ被告白川友一及增田穰三ニ告リタルニ同人等ノ歡迎スル處トナリタルヲ以テ當時農商務大臣ノ職ニアリテ政府黨タル同志會ヲ率ヒ主トシテ議會操縱ノ任ニ當レル大浦兼武ニ對シ其由ヲ申出デタル處政友會ノ多數ナルコトニヨリ常ニ不便ヲ感ジ居タル大浦兼武ハ當時內閣ニ於テハ官紀ノ振肅ト政務ノ刷新トヲ旨トシ荷モ憲政ノ本義ニ乖戾スルガ如キ政策ハ斷ジテ之ヲ採ラザル方針ノ確立セルモノアリタルニ拘ラズ此機ニ乘ジテ政友會ノ是等不平議員ニ手ヲ下シ之ヲ政府方ニ羅致スルニ於テハ一擧ニシテ同會ノ多數ヲ打破スルコトヲ得ベク其結果ハ諸般ノ政策實施上政府ノタメ有利ナルベキヲ想ヒ直ニ之ニ贊同シテ其資金ノ調達方ヲ引受ケ同月十七日頃ヨリ同二十三日迄ノ間ニ東京市麻布區櫻田町ナル同人ノ私宅及貴族院內大臣室ニ於テ數回ニ金四萬餘圓ヲ龜太郎ニ交付シ龜太郎ハ同一期間內ニ同市京橋區築地二丁目料理店光琳及同區木挽町二丁目旅人宿厚生館ニ於テ數回ニ之ヲ友一及穰三ノ兩人ニ交付シ且友一ハ朝鮮及滿洲地方ニ於テ土木請負其他諸種ノ事業ヲ經營シ居ル關係上同方面ノ事情ニ精通シ師團增設ノ國防上急務ナルコトヲ痛切ニ感ジ居ルノミナラズ之レガ實行ノ暁ニハ同人ノ事業上ニモ多大ノ利益ヲ見ルコトヲ得ベキニ依リ同人ハ私財ヲ投ジテ增師案ノ通過ニ盡瘁スルモノ、如ク吹聽シ右資金ノ出所ニ付テハ同志間ト雖モ一切之ヲ口外セザル樣申含メタルニ兩人ハ能ク其意ヲ了シタル上龜太郎ヨリ右金額ヲ受領シ兩人熟議ノ上厚生館ニ出入スル所謂厚生館組ノ議員等ニ對シ先ヅ政友會ヲ脫會シテ增師案ニ贊成スベキ旨確約セシメタル上適宜相當ノ報酬ヲ供與スルコト、シ同月二十日頃厚生館ニ於テ被告森川源吾ニ對シ被告吉田虎之助分ヲ併セ金二千圓ヲ友一ヨリ供與シ被告源吾ハ同月二十四日頃芝區櫻田本鄕町清光館ニ於テ被告虎之助ニ內金七百圓ヲ分與シ同月二十三日厚生館ニ於テ被告村井善四郎ニ對シ金一千五百圓ヲ穰三ヨリ供與シ同日同所ニ於テ被告長谷川敬一郎ニ對シ金一千圓ヲ被告濱田政壯ノ手ヲ經テ穰三ヨリ供與シ同月二十日頃同所ニ於テ被告武市庫太ニ對シ相當金圓ヲ供與スベキ旨穰三ニ於テ約束シ置キタル上同月二十六七日頃同所ニ於テ金一千五百圓ヲ穰三ヨリ供與シ同月二十日頃ヨリ二十四五日迄ノ間ニ被告高鍋篤郎ニ對シ同所ニ於テ二回ニ金三百圓ヲ穰三ヨリ供與シ同月二十三日同所ニ於テ被告水間此農夫ニ對シ被告濱田政壯ノ分ヲ併セ金三千圓ヲ供與スベキ旨友一ニ於テ約束シ置キ同日同所ニ於テ金二千二百圓ヲ友一ヨリ供與シ殘額八百圓ハ同月二十六日京橋區木挽町一丁目岡本旅館ニ於テ穰三ヨリ被告此農夫ハ同月二十四日同所ニ於テ內金一千圓ヲ同月二十六日內金二百五十圓ヲ被告政壯ニ分與シ被告源吾、虎之助、善四郎、敬一郎、庫太、篤郎、此農夫、政壯等ハ即チ前示ノ如ク被告友一及穰三ニ對シ政友會ヲ脫會シテ增師案ニ贊成スヘキ旨ヲ諾約シタル上之レガ報酬トシテ供與セラレタル金圓ヲ右ノ如ク孰レモ收受シタリ

被告友一及穰三ハ所謂關東組ニ屬スル議員等ヲモ亦前同樣ノ手段ヲ以テ之ヲ結束セントコトヲ企テ其牛耳ヲ執リ居リタル被告板倉中ニ對シ衆議員ニ對スル交涉其他一切ノ斡引ヲ一任シ金一萬圓ヲ以テ少クモ十人許リノ議員ヲ誘致スルコトヲ請負ハシメ同月二十日頃同市日本橋區上槇町待合藤村ニ於テ右金額ヲ穰三ヨリ同人ニ交付シ被告中ハ右以外別途金一萬圓ヲ直接大浦兼武ヨリ同樣ノ趣旨ヲ以テ受取リ居リタルヲ以テ是等金圓ヲ以テ關東組所屬議員ノ結束ニ着手シ被告日向輝武、濱名信平、太田直次、關信之介、根岸峭太郎等ニ對シ政友會脫黨及增師案贊成ヲ諾約セシメタル上其報酬トシテ輝武ニ對シ同月二十四日午前日本橋區上槇町待合藤村ニ於テ二回ニ金一千九百圓ヲ被告信平ニ對シ同月二十三日衆議院內廊下ニ於テ被告信之介ノ手ヲ經テ金二千圓ヲ被告直次ニ對シ二十四日夜藤村ニ於テ金二千圓ヲ各供與シ被告信之介ニ對シ同月二十二日芝區車町ナル被告中宅ニ於テ先ヅ三百圓ヲ供與シ後日相當增額スベキ旨ヲ約シ置キタル上同月二十六七日頃ニ至リ金五百圓ヲ追加供與シ又峭太郎ニ對シ同月二十一日藤村ニ於テ金三百圓ヲ供與シ更ニ峭太郎ヲシテ被告高津仲次郎ヲ勸誘セシメ仲次郎ヲシテ脫黨及增師案贊成ヲ諾約セシメタル上同月二十三日神田區元岩井町岩井旅館ニ於テ金二千五百圓ヲ峭太郎ノ手ヲ經テ仲次郎ニ供與シ置キタル處其後仲次郎ハ約ニ背キテ政友會ニ復黨シタルヲ以テ同二十四日峭太郎ヲシテ之ヲ取戾サシメ今日峭太郎ガ之ヲ藤村屋ニ持參スルヤ該金額ヲ其儘峭太郎ニ供與シ被告輝武、信平、直次、信之介、峭太郎、仲次郎等ハ即前示ノ如ク政友會脫黨及增師案贊成ヲ諾約シタル上其報酬トシテ供與セラレタル金圓ヲ右ノ如ク被告中ヨリ收受シタリ而シテ被告中ハ白川友一及大浦兼武ヨリ交付ヲ受ケタル金額中右ノ如ク同志議員ニ供與シタル金額及同年十二月二十七日頃白川友一ニ返戾シタル金四千圓ヲ除キ其餘ノ金額ハ概子自己ノ選擧費用其他自家ノ用途ニ費消シタリ

叙上ノ事實ハ其證憑十分ニシテ被告龜太郎友一及穰三ノ所爲ハ刑法第百九十八條被告中及峭太郎ノ所爲ハ同法第百九十七條第百九十八

條被告源吾、虎之助、善四郎、敬一郎、庫太、篤郎、此農夫、政壯、輝武、信平、直次、信之介、仲次郎ノ所爲ハ同第百九十七條ニ該當スル犯罪ナルニ依リ高松地方裁判所ノ公判ニ付セラルベキモノト思料ス

豫審終結意見書

增田穰三

右僞證被告事件豫審終結ノ處分ニ付キ意見ヲ求メラレタルニ付檢案ヲ遂ゲ左ニ意見ヲ付シ訴訟記錄及還付候也

大正四年九月二十一日

高松地方裁判所檢事局
檢事　山下兇次郎 ㊞

㊞
高松地方裁判所
豫審判事角南美貫殿

意見

被告穰三ハ大正四年七月十九日白川友一、板倉中ニ對スル瀆職被告事件ニ付高松地方裁判所豫審ニ於テ證人トシテ宣誓ノ上證言ヲナスニ當リ大正三年十二月二十七八日頃卽第三十五議會解散後白川友一ガ横田千之助外數人ト共ニ被告ヲ東京市赤坂區待合花屋ニ招待シタル際其席上ニ於テ友一ガ關東派議員ノ一部ハ非常ナル「スレッカラシ」ニテ實ニ驚クベキモノアリ就中今度增師案ニ贊成シタル同派議員中ニハ陋劣極マルモノアリトテ暗ニ板倉中ガ增師案贊成ノ議員結束ノタメ白川友一ヨリ巨額ノ金圓ヲ收受シ居リナガラ更ニ政府ノ大官ヨリモ同一目的ノ爲メ大金ノ供與ヲ受ケ卽二重取ヲナシ居ル事ニ付憤慨シタル趣旨ノ談話ヲナシ被告ハ同席シテ明ニ之ヲ聽取シタルニ拘ハラズ此事實ヲ供述スルニ於テハ友一ノタメ不利益ナル結果ヲ來スベキヲ慮レ同人ヲ曲庇スルノ目的ヲ以テ斯ノ如キ事實ハ一切之ナキ旨供述シ卽僞證ヲナシタルモノナリ叙上ノ事實ハ其證憑十分ニシテ被告ノ所爲ハ刑法第百六十九條ニ該當スル犯罪ナルニ依リ高松地方裁判所ノ公判ニ付セラルベキモノト思料ス

決定

熊本市新町一丁目四十四番地
士族無職
林田龜太郎
文久三年八月十五日生

香川縣仲多度郡南村大字柞原三百七十六番地平民會社長
白川友一
明治六年六月十一日生

同縣同郡七箇村大字七箇十二番戸平民農業
增田穰三
安政五年八月十五日生

滋賀縣東淺井郡速見村大字馬渡六十四番屋敷平民辯護士
森川源吾
明治九年二月八日生

同縣栗太郡常盤村大字志那四番屋敷平民無職
吉田虎之助
明治元年八月二十六日生

宮崎縣宮崎郡宮崎町大字上別府三千四百二十六番地平民農業
水間此農夫
慶應元年五月二十八日生

同縣東諸縣郡倉岡村大字有田三百十五番地士族醫師
濱田政壯
元治元年十月二十一日生

奈良縣北葛城郡新庄村大字南道穗十九番屋敷平民農業
村井善四郎
明治四年三月十四日生

佐賀縣東松浦郡久里村大字久里七十六番戸平民農業
長谷川敬一郎
弘化二年六月十日生

愛媛縣伊豫郡北伊豫村大字永田三十一番戸平民農業
武市庫太
文久三年十月二十五日生

兵庫縣津名郡鳥飼村大字鳥飼六百二十五番地平民漁業
高鍋篤郎
安政三年三月二十一日生

千葉縣長生郡關村大字關千二百十二番戸平民辯護士
板倉中
安政四年九月一日生

群馬縣多野郡藤岡町大字藤岡町三百二十一番地平民無職
日向輝武
明治三年八月三日生

茨城縣眞壁郡關本町大字關本上六十番地平民農業
濱名信平
安政四年十月十二日生

東京市神田區臺所町四番地平民無職
太田直治
元治元年七月八日生

茨城縣水戸市大字上市裡五軒町千二百十二番地平民辯護士
關信之介
嘉永六年二月二十九日生

群馬縣群馬郡大類村大字柴崎三十六番戸平民農業
根岸錦太郎
萬延元年九月二十日生

同縣多野郡小野村大字中島村四十六番地平民農業
高津仲次郎
安政四年十月八日生

高知縣香美郡佐古村逆川六百一番地平民被傭人
阪本和吉
明治五年十月十七日生

右林田龜太郎、白川友一、增田穰三、森川源吾、吉田虎之助、水間此農夫、濱田政壯、村井善四郎、長谷川敬一郎、武市庫太、高鍋篤郎、板倉中、日向輝武、濱名信平、太田直治、關信之介、根岸錦太郎、高津仲次郎ニ對スル瀆職增田穰三、阪木和吉ニ對スル僞證被告事件ニ付キ豫審ヲ遂ゲ終結決定スルコト左ノ如シ

主文

本件ヲ高松地方裁判所ノ公判ニ附ス

理由

大正三年十二月召集セラレタル第三十五帝國議會ニ於テ多年ノ懸案タリシ二箇師團增設ニ關スル政府案提出セラルヽヤ當時衆議院ノ多數黨タリシ政友會ハ國民黨ト提携シテ該案ニ反對ノ氣勢ヲ示シ政府ハ該案否決セバ直ニ衆議院ノ解散ヲ奏請セントスルガ如キ形勢ナリシヨリ政友會所屬ノ議員中增師意見ヲ抱持スル者及ビ衆議院ノ解散ヲ欲セザル者等各所ニ相集リ政友會幹部ノ方針ヲ非難シテ增師贊成論ヲ鼓吹シ之ニ贊同スル者續々輩出シ遂ニ厚生館組、關東組、東海道組、議長官舍組等諸種ノ集團ヲ作リ其ノ勢ヒ侮ルベカラザルモノアルニ至レリ茲ニ於テ政友會幹部ハ黨議ヲ一決シテ同會議員ヲ結束セントシ物論騷然爲ニ增師案ノ運命容易ニ逆賭スベカラザルモノアリ此ノ時ニ際リ當時衆議院書記官長タリシ被告林田龜太郎ハ其ノ形勢ヲ察知シ利ヲ以テ是ガ不平議員ヲ誘致スルニ於テハ容易ニ其ノ多數ヲ集合スルコトヲ得テ國防上重要ナル該議案ヲ可決スルニ至リ圓滑ニ國政ヲ進捗セシムル事ヲ得ベシト思惟シ之ヲ厚生館組ノ首領タリシ被告白川友一及ビ增田穰三ニ謀リタルニ同人等ノ歡迎スル所トナリタルヲ以テ當時農商務大臣ノ職ニ在リテ政府黨タル同志會ヲ率井主トシテ議會操縱ノ任ニ當レル大浦兼武ニ對シ其ノ由ヲ申出デタル所政友會ノ多數ナル事ニ依リ常ニ不便ヲ感ジ居タル大浦兼武ハ當時內閣ニ於テハ官紀ノ振肅ト政務ノ廓清トヲ旨トシ苟クモ憲政ノ本義ニ背戾スルガ如キ政策ハ斷ジテ之ヲ採ラザル方針ノ確立セルモノアリタルニ拘ラズ此ノ機ニ乘ジテ政友會ノ是等不平議員ニ手ヲ下シ之ヲ政府方ニ拉致スルニ於テハ一擧ニシテ同會ノ多數ヲ打破スルコトヲ思ヒ直ニ之ニ贊同シテ其ノ資金ノ調達方ヲ引受ケ同月十七日頃ヨリ同二十三日頃マデノ間ニ東京市麻布區櫻田町ナル同人ノ私宅及ビ貴族院大臣室ニ於テ數回ニ金四萬餘圓ヲ龜太郎ニ交付シ龜太郎ハ同一期間內ニ同市京橋區築地二丁目料理店光琳ニ於テ數回ニ之ヲ友一及ビ穰三ノ兩人ニ交付シ尙友一ハ朝鮮及ビ滿洲地方ニ於テ土木受負其ノ他諸種ノ事業ニ從事シ比較的同方面ノ事情ニ精通シ師團增設ノ國防上急務ナル事ヲ痛切ニ感ジ居リ且同人ハ從來同方面ニ於テ事業上相當ノ利益ヲ得テ金融豐カナルノミナラズ增師實行ノ暁ニハ又事業上多大ノ利益ヲ博スベキ希望ヲ有スル關係ヨリ同人ハ私財ヲ投ジテ增師案ノ通過ニ盡瘁スルモノヽ如ク吹聽シ右資金ノ出所ニ就テハ同志者ト雖モ一切之ヲ口外セザルヤウ申シ含メタルニ右兩人ハ能ク其ノ意ヲ諒シタル上被告龜太郎ヨリ其ノ金額ヲ受領シ兩人熟議ノ上被告友一ハ增師案ノ通過ヲ圖ル爲ニハ私財ヲ擲ツモ之ヲ辭セザル旨公言シ被告穰三ハ裏面ニ起チテ幹旋ノ勞ヲ取リ兩人相呼應シテ事ニ當リ同人等ノ止宿セル同區木挽町一丁目厚生館ニ出入スル所謂厚生館組ニ屬スル政友會議員等ニ對シ先ヅ政友會ヲ脫會シテ同月二十五日ノ議事日程ニ上レル增師案ニ贊成セシムベク締約セシメタル上被告友一ハ同月二十日右厚生館ニ於テ被告森川源吾ニ對シ被告吉田虎之助ノ分ヲ合セ金二千圓ヲ供與シ被告源吾ハ同月二十二日頃芝區櫻田本郷町濟光館ニ於テ被告虎之助ニ內金七百圓ヲ分與シタル所同月二十四日右兩名ハ約ニ背キ政友會ニ復黨シタルヨリ同月二十六日被告源吾ハ自己ノ分六百圓ト被告虎之助ノ分四百圓トヲ合セ合計金一千圓ヲ厚生館ニ於テ被告友一ニ返還シ同月二十三日同樣厚生館ニ於テ被告水間此農夫ニ對シ被告濱田政壯ノ分ヲ合セ金三千圓ヲ供與スベキ旨ヲ約束シ置キ同日友一ヨリ右厚生館ニ於テ金二千二百圓ヲ此農夫ニ供與シ同月二十六日穰三ヨリ京橋區木挽町一丁目岡本旅館ニ於テ殘リ八百圓ヲ同人ニ交附シ被告此農夫ハ同月二十四日右岡本旅館ニ於テ內金一千圓ヲ又同月二十六日頃同所ニ於テ內金二百五十圓ヲ何レモ被告政壯ニ分與シ被告穰三ハ同月二十三日同樣厚生館ニ於テ被告村井善四郎ニ對シ金一千五百圓ヲ同日同所ニ於テ被告長谷川敬一郎ニ對シ被告濱田政壯ノ手ヲ經テ金一千圓ヲ同月二十日頃同所ニ於テ被告武市庫太ニ對シ相當ノ金圓ヲ供與スベキ旨約束シ置キタル上同月二十六日頃同所ニ於テ金一千五百圓ヲ同月二十日頃ヨリ二十四日頃マデノ間ニ同所ニ於テ被告高鍋篤郎ニ對シ金三百圓ヲ各供與シ當時衆議院議員タリシ被告源吾、虎之助、此農夫、政壯、善四郎、敬一郎、庫太、篤郎等ハ卽チ前示ノ如クソレゾレ被告友一及ビ穰三ニ對シ政友會ヲ脫會シテ增師案ニ贊成スベキ旨ヲ諾約シタル上之ガ報酬トシテ提供セシメタル金圓ヲ各收受シタリ

被告友一及ビ穰三ハ又一面ニ於テ所謂關東組ニ屬スル議員等ヲモ前同樣ノ手段ヲ以テ是レヲ結束セン事ヲ企テ其牛耳ヲ取リ居リタル當時衆議院議員タリシ被告板倉中ニ對シ各議員

ニ對スル交渉其他一切ノ懸引ヲ一任シ金一萬圓ヲ以テ少クトモ七八名乃至十名ノ議員ヲ誘致スル事ヲ請託ハシメ同月二十日頃同市日本橋區上槇町待合楳村ニ於テ右金額ヲ被告横三ヨリ同人ニ交附シ被告中(板倉)ハ被告横三ヨリ金一萬圓ヲ授受シタル外別途ニ尙其頃直接大浦兼武ヨリ同人宅ニ於テ前擧ノ趣旨ヲ以テ二回ニ金一萬圓ヲ受取リ是等金圓ヲ以テ關東組所屬議員ノ結束ニ着手シ被告日向輝武、濱名信平、太田直治、關信之介、根岸鶴太郎、高津仲次郎等ニ對シ直接又ハ間接ニ政友會ヲ脫會シテ增師案ニ賛成スベキ事ヲ諾約セシメタル上其ノ報酬トシテ被告輝武ニ對シ同月二十四日右楳村ニ於テ金一千九百圓ヲ、被告信平ニ對シ同月二十三日衆議院內廊下ニ於テ被告信之介ノ手ヲ經テ金二千圓ヲ、被告直治ニ對シ同月二十四日楳村ニ於テ金二千圓ヲ各供與シ、被告信之介ニ對シ同月二十二日芝區車町ナル被告中宅ニ於テ相當ノ金圓ヲ供與スベキ旨約束シ置キタル上即時同所ニ於テ先ヅ金三百圓ヲ供與シ更ニ同月二十六日頃ニ五百圓ヲ交附シ、被告鶴太郎ニ對シ同月二十一日頃西村ニ於テ金二百圓ヲ供與シ被告仲次郎ニ對シ同月二十三日神田區元岩井町岩井旅館ニ於テ金二千五百圓ヲ被告鶴太郎ノ手ヲ經テ供與シ置キタル所同月二十四日仲次郎ハ約ニ背キ政友會ニ復黨シ右二千五百圓ヲ鶴太郎ニ返還シ來リタルヲ以テ是レヲ受領シタル鶴太郎ガ同日西村ニ是レヲ持參シ其旨中ニ報告スルヤ中ハ該金圓ヲ其儘鶴太郎ニ供與シタルニ其ノ後同月二十六七日頃鶴太郎ハ中ガ友一ヨリ金圓返還ノ請求ヲ受ケタル事情ヲ聞キ內金一千圓ヲ被告中ニ返還シ當時衆議院議員タリシ被告輝武、信平、直治、信之介、鶴太郎、仲次郎等卽チ前示ノ如クソレ〳〵政友會ヲ脫會シテ增師案ニ賛成スベキ旨ヲ諾約シタル上被告中ガ報酬トシテ提供セラレタル右金圓ヲ各授受セリ而シテ被告友一及ビ横三ハ被告鶴太郎ヲ經テ大浦兼武ヨリ受領セル金額中右ノ如ク同志議員ニ供與シタル金額及ビ其ノ他ノ支出ヲ控除シタル殘額一萬六千餘圓ヲ友一ニ於テ同月三十一日直接大浦兼武ニ返還シ被告中ハ大浦兼武及ビ被告友一ヨリ受領シタル金額中右ノ如ク同志議員ニ供與シタル金額及ビ同年十二月二十七日頃被告友一ニ返戾シタル金四千圓ヲ除キ其ノ餘ノ金額ハ橫領自己ノ用途ニ費消シタリ

以上被告鶴太郎友一及横三ノ金錢授與竝ニ此ノ約束ノ各行爲及被告中ノ金錢供與ノ各行爲ハ何レモ其ノ意思繼續シタルモノナリ被告横三ハ大正四年七月十九日白川友一、板倉中ニ對スル瀆職被告事件ニ就キ高松地方裁判所豫審ニ於テ證人トシテ宣誓ノ上證言ヲ爲スニ際リ大正三年十二月衆議院解散後卽チ同月二十七八日頃白川友一ガ横田千之助外數名ト共ニ被告ヲ東京赤坂區待合花屋ニ請待シタル際其ノ席上ニ於テ友一ガ關東派議員ノ一部ハ非常ナル擦レツカラシニテ實ニ驚クベキモノアリ就中今度增師案ニ賛成シタル同派議員中ニハ隨分劣極マル者アリトテ暗ニ板倉中ガ增師案賛成ノ議員結束ノ爲白川友一ヨリ巨額ノ金圓ヲ收受シ居リナガラ更ニ大浦兼武ヨリモ大金ノ供與ヲ受ケ卽チ二重取リヲナシタルコトニツキ憤慨シタル趣旨ノ談話ヲナシ被告ハ同席シテ明カニ之ヲ聽取シタルニ拘ラズ其ノ事實ヲ供述スルニ於テハ友一ノ爲不利益ナル結果ヲ來スベキヲ慮リ同人ヲ曲庇スルノ目的ヲ以テ右ノ如キ事實ハ一切聞キタルコトナキ旨ノ虛僞ノ陳述ヲナシ以テ僞證ヲナシタリ

被告和吉ハ大正四年七月十九日東京地方裁判所ニ於テ豫審中ニカヽル板倉中日向輝武、濱名信平等ノ瀆職被告事件ニ付キ高松地方裁判所豫審ニ於テ證人トシテ宣誓ノ上證言ヲナスニ際リ同年六月二十日板倉中ガ右瀆職事件ニツキ打合セノ爲陰ニ高松市ナル白川友一ニ面會ノ目的ヲ以テ同地ニ密行ノ途中岡山驛前山長旅館ニ宿泊シタル際同所ニ於テ中ト會見シタル上翌二十一日中ヲ伴ヒ高松ナル友一方ニ同行ノ途上ニ於テ中ガ友一ヨリ供與セラレタル金圓ヲ全部同人ニ取戻サレタル爲盜外ノ損失ヲ招キ實ニ馬鹿ラシキ目ニ遭ヒタリトノ談話ヲナシ卽チ大正三年十二月召集ノ第三十五帝國議會ニ於テ增師案賛成議員結束ノ爲メ友一ヨリ金圓ヲ受取リ既ニ其ノ一部ヲ同志議員間ニ分配シタル後ニ於テ該金圓ヲ友一ニ返還スルノ止ムヲ得ザルニ至リタルコトニツキ被告ニ對シ切ニ不平ヲ漏ラシタル事實アルニ拘ラズ被告ハ此ノ顛末ヲ供述スルニ於テハ當時高松地方裁判所ニ於テ瀆職罪ノ被告トシテ豫審中ナル友一ノ爲ニ直ニ不利益ナル結果ヲ及ボスベキヲ慮リ殊更ニ右事實ヲ隱蔽シ中ヨリ右ノ如キ談話ヲ一切聞キタル事ナキ旨虛僞ノ陳述ヲナシ以テ僞證シタリ而シテ被告仲次郎ハ明治四十五年二月東京控訴院ニ於テ賄賂罪ニヨリ懲役二月ニ處セラレ引キ續キ其執行ヲ終リタルモノナリ

敍上ノ事實ハ是レヲ認ムルニ其ノ證憑十分ニシテ被告鶴太郎、友一、横三及ビ中ノ賄賂ノ行爲ハ刑法第百九十八條第一項、第五十五條、被告信之介、鶴太郎、政壯ノ賄賂ノ行爲ハ同法第百九十八條第一項、被告中、源吾、虎之助、此良夫、政壯、善四郎、敬一郎、康太、萬郎、輝武、信平、直治、信之介、鶴太郎及ビ仲次郎ノ收賄ノ行爲ハ同法第百九十七條第一項、前段被告横三及ビ和吉ノ僞證ノ行爲ハ同法第百六十九條ニ各該當スル所被告横三、政壯、中、信之介及ビ鶴太郎ニ對シテハ同法第四十五條、第四十七條、被告仲次郎ニ對シテハ同法第五十六條、第五十七條ヲ適用シ右處斷スベキモノナリ、依ツテ刑事訴訟法第百六十七條第一項ニ則リ主文ノ通リ決定ス

大正四年九月二十二日

高松地方裁判所豫審判事 角南美資

右元本ニヨリ同日同廳ニ於テ此正本ヲ作成ス

高松地方裁判所書記 北岡梅二郎

(完)

第一　貨幣法中改正法律案（政府提出貴族院送付）　第一讀會

貨幣法中改正法律案

貨幣法中左ノ通改正ス

第六條中「（十六「グラム」六六六五）」、「（八「グラム」三三三三）」、「（四「グラム」一六六六）」、「（七「グラム」二一二五）」、「（四「グラム」〇五）」、「（二「グラム」一二五）」ヲ削リ第七號乃至第九號ヲ左ノ如ク改ム

七　白銅貨幣　一匁一分四厘

八　一錢青銅貨幣　一匁

九　五厘青銅貨幣　五分六厘

第十條中「（〇「グラム」〇三二四〇）」、「（三「グラム」一一二五〇）」、「（〇「グラム」〇二二六九）」、「（二「グラム」三二五〇〇）」、「（〇「グラム」〇一六二〇）」、「（一「グラム」五三七五〇）」、「（〇「グラム」〇八一〇）」、「（四「グラム」〇五）」、「（〇「グラム」〇四〇五）」、「（二「グラム」四〇）」、「（〇「グラム」〇三九〇）」、「（二「グラム」一〇）」ヲ削ル

第十一條中「（十六「グラム」五七五〇）」、「（八「グラム」二一八七五）」、「（四「グラム」一四三八）」ヲ削ル

附　則

本法ハ大正五年四月一日ヨリ之ヲ施行ス

從來發行ノ白銅貨幣及青銅貨幣ハ從前ノ通通用スヘシ

（政府委員加藤政之助君登壇）

○政府委員（加藤政之助君）　今日ハ大臣ガ貴族院ノ豫算委員會ニ出テ居リマス、デ私カラ說明ヲ仕リマス、貨幣法中改正法律案ヲ提出致シマシタ趣意ハ、現行ノ貨幣法中ニハ「グラム」ト「匁」ト云フ此兩方ノ量目ヲ量ル標準ヲ用ヒテ居リマス、所ガ是ハ甚ダ不便ヲ感ジマスノデ、日本ノ「匁」ヲ專用スルコトニ改メタイト云フコトガ一箇條デアリマス、又此二十錢ノ銀貨ト五錢ノ白銅貨トハ、其形態ガ同ジデアリマシテ、雙方ノ間ニ誤ッテ使用シ易イ例ガアリマス、又此白銅貨ニ付キマシテハ贋造ノ虞モアルノデアリマス、旁〻之ヲ改鑄スルノ必要ヲ感ジテ居リマス、又一錢ノ銅貨及五厘ノ銅貨、是モ改鑄スルノ必要ヲ感ジテ居ルノデアリマス、ト申シマスノハ是ハ金ガ一匁二圓五十錢ノ時代ニ此量目ヲ定メタモノデアリマス、今日ハ金ガ一匁五圓ニ上ッテ居リマス、從ッテ其權衡ヲ失シテ居ル譯デアリマス、又外國ノ補助貨ニ比ベマシテモ稍〻量目及ヒ形ガ大ニ過ギテ居リマス、旁〻之ヲ改鑄スルノ必要ヲ感ジテ居ルノデアリマス、殊ニ朝鮮ノ貨幣ヲ統一スルト云フ必要ガアッテ、朝鮮總督府トハ協定ガ出來テ居リマス、然ルニ此補助貨ヲ改鑄スルノ必要ニ迫ッテ居リマスルガ故ニ、其以前ニ於テ之ヲ朝鮮ニ使用致シマスルコトハ、却テ他日ノ憂ヲ招キマスル譯デアリマスルカラ、朝鮮總督府トノ協定ガ出來テ居ルニ拘ラズ、今日ソレヲ朝鮮ノ補助貨統一ヲ實行スルコトガ出來ヌコトニナッテ居リマス、旁〻此貨幣法ヲ今日改正致シマシテ、右申上ゲマシタル不便ヲ除去致シタイト云フノガ、本案ヲ提出致シマシタ趣意デアリマス、宜シク御審査ノ上御協贊ヲ仰ギマス

○議長（島田三郎君）　別ニ御質疑ガアリマセヌケレバ、次ノ議題ニ移リマス——日程第二、右議案ノ審査ヲ付託スベキ委員ノ選擧、之ヲ議題ト致シマス

第二　右議案ノ審査ヲ付託スベキ委員ノ選擧

○福田又一君　本案ハ議長指名九名ノ特別委員ニ付託シ、審査セラレンコトヲ望ミマス

○議長（島田三郎君）　福田君ノ議ニ御異存アリマセヌカ

（「異議ナシ」ト呼フ者アリ）

○議長（島田三郎君）　御異議ガナイト見テ左樣決定致シマス——此際新ニ議席ニ著カレタル御方ヲ御紹介致シマス、此氏名ヲ呼上ゲマシタ時ニ御本人ノ起立ヲ望ミマス、百七十番千葉縣選出議員鵜澤總明君

（法學博士鵜澤總明君起立）

（拍手起ル）

四　露國關稅改正ニ關スル質問（前川虎造君提出）

（前川虎造君登壇）

○前川虎造君　本來ナラバ外務大臣ト農商務大臣ノ御出席ヲ乞フテ御答辯ヲ願フ筈デアリマスガ、御多用ノ場合デアリマスカラ、此處ニ御出席ニナッタ方ヨリ兩大臣ニ私ノ質問ノ趣旨ヲ委シク御傳ヘヲ願ヒタイ、私ノ政府ニ質問セント欲スル所ハ、昨年十二月八日ヨリ露國ガ實施シテ居リマスル關稅ニ關スル事デアリマス、元來此關稅ナルモノガ互惠條約ニ非ザル限リハ、一方ノ國ガ勝手ニ稅金ヲ上ゲテモ、吾々ガ之ニ向ッテ抗議ヲスベキ餘地ノ無イト云フコトハ本員モ承知致シテ居リマス、露國トハサウ云フ特別ノ條約ニナッテ居リマセヌカラ、露國ガ勝手ニ關稅ヲ上ゲタリ下ゲタリスルコトニ付テハ、日本帝國是ニ異議ヲ容レラレナイト云フコトモ承知シテ居ルノデアリマスガ、如何ニモ此遣方ハ實ニ常識ニ外レタ露西亞ノ遣方デアル、一面ニ於テハドウ云フ露西亞ガ我國ニ對シテ考ヲ持ッテ居ルカト申シマスレバ、彼ノ「ミハイロウヰッチ」太公ノ來朝ト云ヒ、日露兩國ノ交誼ハ日々親善ノ傾ヲ生ジテ來テ居ル今日ニ方リマシテ、此ノ如キ突飛ナル關稅ヲ增シ、サウシテ帝國政府亦此間ニ何等ノ處置ヲ執ラナイト云フコトニ至ッテハ、私ハ甚ダ不審ニ存ズルノデアリマス、是ハ今日ニ始マッタコトデハナイノデアリマス、私ハ詳シク數字ヲ讀ミマセヌガ、追テ大體ダケハ述ベルツモリデアリマスガ、先ヅ今日ニ始マッタ事デハナイト云フハ、去ル明治三十九年丁度日露戰爭ノ終リ、日露戰爭ノ終ッタトキニ此浦潮ノ自由港ト云フモノヲ廢シテ、之ニ關門ヲ設ケタノデアリマス、其當時此露西亞ニ對スル我ガ貿易ハドノ位ノ打擊ヲ受ケタカト云フニ、實ニ半數以下ニ減ジタノデアリマス、其位減ジタニ拘ラズ、當時輿論ガ起ラナイノハドウ云フ譯デアッタカト云フト、日露戰役非常ニ我實業界ガ勃興致シマシテ、內地ノ經濟ガ非常ニ一時變調ヲ來シテ、非常ナ浮調子ニナッタ場合デアルカラ、僅ニ百万圓ヤ二百万圓ノ露領ニ於テノ貿易ノ打擊ハ、餘リ苦シマナンダノデアリマス、ソレガ爲ニ餘リ問題ニナラズニサウ云フ事ガ其儘ニナッテ居リマシタガ、當時此亞細亞ニ於ケル輸出ハ莫大ナモノデアッタデアリマスガ、ソレガ浦潮ニ關門ヲ設ケラレタ爲ニ非常ニ擊退サレテ、殆ンド半分以下ニナッテ年々段々是ガ退步シテ來テ居ルノデアリマス、所ガ此三四年以來幸ニ此方面ニ向ッテ我ガ製產品ノ輸出ガ出來始メタト云フノハ、何ガ行キ始メタカト云フト、重ナル物ハ菜柑デアリマス、蔬菜ト柑橘類デアリマス、此蔬菜柑橘類ハ此方面ヘ今日デモ約二百万圓位ノ輸出ヲ致シテ居ルノデアリマス、所ガ此蔬菜柑橘ノ露領ニ入込ンダト云フノハ唯自然ニ入込ンダカト云フト、自然デハアリマセヌ、政府ガ非常ナ獎勵ヲ爲サレタノデアリマス、農商務省ガ其局ニ當ッテ極力露領貿易ヲ獎勵サレタノデアリマス、中央政府ガ獎勵ヲスルニ付テハ產地ノ各府縣モ相當ニ補助ヲ與ヘテ、是ガ亦獎勵シタノデアリマス、中央政府ト各府縣ノ獎勵トガ相俟ッテ露領方面ニドン〳〵蔬菜柑橘ガ輸出シ始メタノデアリマス、ソレデ輸出シ始メタノデアリマスガ、我外務省ハ此事ニ對シテドウ云フ當時御考ヲ持ッテ居ッタカ、既ニ明治三十九年ニ於テ關稅政策ノ爲ニ、我ガ果物ガ非常ニ擊退サレ、サウ云フ苦キ經驗アルニ拘ハラズ、唯露領ニ持ッテ行キサヘスレバ幾ラデモ入ルモノヽ如ク、中央政府之ヲ獎勵シ、ソレカラ地方ガ又之ニ雷同シテ獎勵シテ、生產家ヲシテ益々露領ノ方ニ柑橘蔬菜ト云フモノヽ輸出ヲ獎勵サレタノデアリマス、ソレデ一面ニハ此露西亞ガドウ云フ政策ヲ執ッテ居ッタカト云フト、我國カラ蜜柑ヤ或ハ蔬菜ナゾガ輸入スルコトガ餘リ莫大ナルニ付キ、沿海州ノ總督ガ露國ノ本國政府ニ向ッテ之ヲ差止メル爲ニ、何トカ此關稅ヲ重クシテ、サウシテ其上ニ露領デ產スルトコロノ蔬菜柑橘ヲ鐵道ニ保護ヲ與ヘテ、ドン〳〵此方面ニ持ッテ來タラドウデアラウカト云フコトヲ、屢々露國政府ニ建議シテ居ルト云フ形跡モアルノデアリマス、斯ノ如クナッテ居ル場合ニ、是ニ處スル道ヲ講ゼズシテ、唯日本ノ品物サヘ持ッテ行ケバ幾億万デモ賣レルモノト心得テ、政府ガ之ヲ獎勵サレル、又外務省ハ是等ノ事情ヲ御極ハメニナラズシテ獎勵ヲ默ッテ見テ居ッタト云フコトハ、ドウ云フ御考デアッタノデアリマスカ、是ハ甚ダ其意ヲ得ヌノデアリマス、ソレデ又此蔬菜ノ如キハ畑ニ作ッテ直ニ之ヲ輸出スルモノデアル、主モニ蔬菜ト云フモノハドウ云フモノデアルカト云フト、白菜デアリマス、此白菜ノ如キハマダ內地デモ需用ガアルノデアリマス、隨分露西亞ニ輸出シナクテモ、當業者ハ內地ニ販路ヲ求メレバ稍々立行クノデアリマス、柑橘或ハ梨林檎ノ如キニ至ッテハ今ヤドウ云フ狀況ニナッテ居ルカ、我ガ國新領土タル韓國ニ於テハ盛ニ果實ノ栽培ヲヤッテ居ル、動モスレバ內地ヨリ逆輸入ヲシテ來ルノデアリマス、內地ノ當業者ト云フモノハ唯一部ノ露領貿易ト云フモノヲ目的ニシテヤッテ居ルノデアリマス、亞米利加ニ行クト云フガ、亞米利加ニ幾ラ行キマスカ、加奈陀方面ニハ僅ニ二十万箱內外ノモノデアリマス、ソレカラ「カルホルニヤ」ノ方面ニドノ位カト云フト、僅ニ六万箱位ヨリ行カナイ、是ニ反シテ露西亞ニ行クモノハ其大ナルモノデアリマス、凡ソ其額彼此百四五十万ノモノガ入ルノデアリマス、是ガ今ヤドウ云フ慘憺タル有樣ニナッテ居ルカト云フコトヲ申シマスト、是マデ四十五錢デ一箱賣ッテ居ッタモノガ是ト同額ノ稅金ヲ課ケラレタノデアリマス、殆ド從價ノ倍ダケノ稅金ヲ今度課セラレタノデアリマス、ソレデ唯蜜柑ヤ斯ウ云フ柑橘類ダケカト云フニ、疊ノ表ノ如キモ是マデハ一封度卽チ四貫二百目弱ノ此量目ニ對シテ二留ノ課稅デアッタノガ、今度九留課セラレテ二倍ノ價額ニ騰セラレテ居ル、又甚シキニ至ッテハ白米ノ如キ、白米ハ是迄一斗一封度四貫三百目ノ量目ニ對シテ約四十五錢位ノ輸入稅ヲ取ラレテ居ッタモノガ、更ニ今日ハ一留三十七仙ト云フ課稅ヲ取ラレルコトニナッタノデアリマス、其結果トシマシテ白米ノ如キハ約一斗ノ價額ガ四圓五十錢シテ居ルノデアリマス、今ヤ內地ノ米價調節ハ外國ニ輸出ヲ獎勵シナケレバナラヌナドト云フテ盛ニ當業者ガ騷イデ居ル、農商務省又是ニ付テ道ヲ攻究シテ居ルノデアルガ、一面露領ニ於テ斯ノ如キ重稅ヲ以テ此米ノ輸出ト云フモノ、途ヲ閉ガレタナドト云フニ至ッテハ、モウ殆ド何ヲシテ居ルノカ分ラヌト云フヤウナ今日ノ狀況ニナッテ居ル、又花莚ノ如キモサウデアリマス、品物ニ依ッテ既成品ナドニ至リマシタナラバ、ヤハリ同ジ量目ニ對シテ是迄ハ無稅デアッタモノガ、一二十七留ナドト云フ其大ナル稅金ヲ取ラレルト云フ今日ノ有樣ニナッテ居ル、其結果トシテ露領貿易ト云フモノハ殆ド全滅デアリマス、昨年十二月ノ如キハ此關稅問題ガ起ルト云フコトヲ前知シテ、內地ノ當業者ハ續々多少見越輸出ヲシテ居ッタノデアリマス、併ナガラ此見越輸出ヲシテスラモ蜜柑ニ於テ約六万圓ノ輸出額ガ減ッテ居ル、林檎ニ於テ三千六百圓ト云フ輸出ガ減ッテ居ルノデアリマス、此狀態デ進ミマスレバ、殆ド浦鹽方面ニ我蔬菜果實總テノ貨物ト云フモノハ行ク途ガ無クナッタノデアリマス、是ハ宜シイ、宜シイガ一體外務省ハ何ヲシテ居ルノデアルカト云フコトヲ外務大臣ニ伺ヒタイ、各地ニ總領事領事ヲ置イテ、常ニ商業上ノコトヲヤッテ居ルト云フ、何ヲヤッテ居ル、此位ノコトヲ露西亞ガ突然ヤル筈ハナイ、露國政府ガ突然ヤル筈ハナイ、多少ノ準備ヲシテ居ルニ相違ナイ、準備ヲシテ居ルナラバ其當時ニ於テ露西亞ガ斯ウ云フ意思デアリト云フコトヲ、我外務省ガ前知シテ居ッタナラバ、之ニ施スノ策ハ幾ラデモアッタラウト思フ、何トナレバ今日ハ露西亞ニ對シテ隨分我國ハ好意的ノ働キヲシテ居ル、仄ニ聞クトコロニ依レバ公ケニハ言ヘヌコトデアルガ、我軍事上ノ缺陷サヘ發管シテ、此軍需品ノ供給ヲシテ居ルデハナイカ、此位ノ間柄デアルノニ一時唯僅カノ二百万三百万ノ戰時費ヲ取ルガ爲ニ、此與國ニ對シテ斯ノ如キ惡感情ヲ來スヤウナ政策ハ恐クハ取ラヌデアッタラウト思フ、唯默ッテ抛ッテ置クカラ斯ウ云フ結果ニナッタ、今日ニナッテ見レバドウ云フ譯カト云フト、露西亞モ亦一旦之ヲ極メタモノヲ、我外務省ガ是デハ困ルカラ何トカシテ呉レヌカト云フ、通リ一遍ノ歎願的ノコトデハ聽ク氣遣ハ無イノデアル、吾々ガ此事ヲ外務省ニ話ヲシタトキニ、目下本野公使ガ此事ニ付テ露國政府ト交渉中デアル、其交渉中ノ返事ナルモノヲ吾々受取ッタ、其返事ニ何ト書イテアルカト云ヘバ、是ハ貴邦ノ方ノ損害ニハナラヌ、全ク消費税デアルガ故ニ之ヲ使フ者ガ是ダケノ金ヲ拂フノデアルト云フ御答辯デアリマス、其位ノコトハ分ッテ居ル、斯樣ナ答辯ヲ受ケテ、ソレデ外務省ハ是以上致方ガナイト云フハ何事デアル、一體今ノ外務省ハ何ヲシテ居ル、外務省ハ抑々此調子デ我日本ガ若シ戰後貿易ノ戰ニ這入ッタ時分ニ、何ヲ以テ此日本ノ貿易ト云フモノヲ巧ミニ發達シテ行クト云フコトガ出來マセウカ、或場合ニハ無暗ニ奬勵シ、奬勵ノ目的ヲ遂ゲテ出テ行ケバ向フカラ虐待サレル、斯樣ナコトデハ迚モ戰後ニ於テノ貿易ト云フモノハ非常ニ案ゼラル、ト私ハ思フノデアル、然ルニ外務省ハ恰モ一種ノ「ハイカラ」ノ製造場所或意味カラ云ヘバ功名心ノ強イトコロノ青年ノ收容場所ニナッテ居ル、唯外國ニ行ッテ交際場裡ニ出入シテ、妙ナ頭ヲシテ妙ナ著物ヲ著テ、サウシテ其處デ交際ガ出來サヘスレバ我外務省ノ能事終レリト云フヤウナ養成ノ仕方ヲシテ居ル、ソレデ外交官ハ外務省自ラ養成シタル者ニアラザレバ外ノ者デハ困ル、成程辭令的ニソレデ巧ミニ出來上ルデアリマセウ、ケレドモ根本ガ斯樣ニ出來テ居ルガ爲ニ何時モ外務省ト云フモノハ、仕事ニ付テハ何事ニモ手後レヲスルノデアル、故ニ今日一朝事アッタトキニ外務省ノ完全ニ働イタト云フコトガ幾ラアルカ、「ポーツマウス」ノトキニシテモ、ソレカラ日清戰後ノ講和ノ時分ニ三國ノ干渉シテ來タ當時ニ於テ、一モ外務省ノ働キガ敏活ニ出來テ居ラヌト云フコトハ、其時毎ニ證據立テラレルヤウニナッテ居リマス、故ニ私ハ將來之ガ爲ニドウ云フコトヲ外務省ハ御考ヲ持ッテ居ルカト云フコトヲ承リタイ、ソレカラ一ツニハ農商務省ニ御尋ネシタイ、一體農商務省ハ斯ウ云フコトヲ――此蔬菜果實ヲ露國ニ輸入スルコトヲ非常ニ奬勵サレタト云フ當時ニアッテハ、今日ノヤウナ風ニナラウト云フコトハ無論御考ニナッテ居ラナンダデアラウガ、私ハ此蜜柑トカ林檎トカ或ハ梨トカ云フモノニ對シテハ、此結果非常ナ當業者ガ迷惑ヲ感ジテ居ルト云フ事實ヲ知ッテ居ルノデアル、ナゼカト云フト和歌山縣ノ如キハ、和歌山縣唯一ノ物産タル紀州蜜柑ハ殆ド末路ニ及ンデ居ルノデアル、末路ニ及ンデ居ルカラ蜜柑ノ古イ木ハ拔取ッテ跡ヲ畑ニスル計畫ヲシテ居ッタ、一旦當業者ガ自覺シテ外ノ作物ニ換ヘヤウトシタ時ニ、露西亞ニ賣レルデハナイカト云ッタモノダカラ、又植ヘ始メタノデアル、植ヘ初メテモ直ニ翌年物ニナルト云フ形ニハナラヌノデ、三四年ハカヽルノデアル、今ヤヤウ〳〵生リ掛ッテ初メテ金ニシヤウト云フ時分ニ、其輸出先カラ擯斥サレタノデアリマスカラ、其結果和歌山縣ノ蜜柑ナルモノハ、內地ノ市場ニ販賣スルヨリ仕方ガナイコトニナッテ居ルノデアル、之ニ對シテ責任ヲドウ御取リニナル、將來相變ラズ御奬勵ニナル御積リデアルカ、甚ダ私ハ農商務省ノヤリ方ハ遺憾ニ思フノデアル、此上尚內地ノ果實ト云フモノヲ御奬勵ナサル積リデアルカ、サウシテ奬勵シタ所ノ果實ヲ何處ニ持ッテ行ッテ賣ルト云フ御考デアリマスカ、昔ハ紀州蜜柑ガ東京ニ來ナケレバ正月ガ出來ヌト考ヘタ、今ハ隣リノ靜岡カラドン〳〵持ッテ來ルカラ、餘リ內地ノ需用ト云フコトハ當テニナラヌノデアリマス、唯一ノ露領ガアッテ初メテ紀州蜜柑ガ復興シタノデアル、其復興シタコトガ今日止メラレタノデアルカラ、若シ是ガイカヌトナラバ相當當業者ヲ救濟スベキ責任ハ、當然奬勵シタ所ノ農商務省ニアラウト私ハ信ズルノデアル、農商務省ハ如何ナル方法ヲ以テ之ヲ御救濟ナサルト云フ考ヲ御持チニナッテ居ルカ、之ヲ明カニ承リタイ、ソレカラ大體ノ上ニ於テ今度ノ露國ノ課税ト云フモノハ、全クソレハ日本品輸入拒絶ノ課税デアリマス。支那ノ「ボイコット」ハ人民ガヤルノデアリマス、ソレデ今度ノハ一種ノ「ボイコット」デアリマス、其課税ノ仕方ガ極メテ慘酷ナルガ故ニ、是ハ一種ノ日貨排斥デアリマス、此日貨排斥ト云フモノト日露ノ交渉ト云フモノハ、兩立スルト云フ外務省ハ御考デアルカドウカ、假令如何ナル事情ガアラウトモ、自分ノ方ニ關税ヲ自由自在ニスルト云フ權利ガアルニシマレタ所デ、倍額若クハ三倍、斯ノ如ク一遍ニ關税ヲ引上ゲルト云フコトハ、是ハ普通ノ國際情誼ニ於テアルベカラザル筈デアリマス、是ハ明カニ日貨排斥デアリマス、其日貨排斥ニ對シテ政府ハ如何ナル御考ヲ有ッテ居ルカ、之ヲドウ御救濟ナサル御考デアルカ、露西亞カラ何物モ日本ニハ來マセヌ、來マセヌカラ關税ノ上ニ於テノ報復ト云フニハソレハ思ヒ寄ラヌコトデアリマスガ、兎ニ角一方ニ於テ日本ト露西亞トノ今日ノ現在ノ情誼ト云フモノニ顧ミテ、何トカ處置ノ付ケヤウガアリサウナモノト私ハ信ズルノデアリマス、唯本野大使ニ訓令ヲ御發シニナッテ一應露西亞ノ外務省ニ御照會ニナッテ、其返事ニ是ハ消費者ノ負擔デアッテ貴方ノ方ノ國民ノ負擔デアリマセヌカラ、御辛抱シナサイト云フヤウナ通リ一片ノ答辯ヲ受取ッテ、ソレデ止ムベキコトデナカラウト思ヒマス、故ニドウ云フ方法ヲ御執リニナッテ居ルカ、是以上爲スベキ策ハナイノデアルカ、之ヲ明カニ御答辯ヲ願ヒタイト思フノデアリマス、ソレデ私ノ論ジマス要點ハ、是ダケデアリマス、ドウカ之ニ對シテ私ヲシテ再ビ質問ヲスルコトガ以來無イヤウニ、充分ニ親切ニ現在及將來如何ニスルト云フコトニ付テ、善後ニ互ッテ外務省及農商務省ノ執ラント欲スル所ノ方策ヲ明カニ御述ヲ願ヒタイト思ヒマス、唯申上ゲテ置キマスガ、露西亞ニ對シテ外交上公然答ヘルコトガ出來ナイト云フナラバ、ソレデモ宜シイ、何ニカヤッテ居ルコトガアルナラバ、唯個人的ニ私ニ御話下サッテモ宜イ、ドウカ御親切ニ御答辯アランコトヲ希望致シマス(拍手起ル)

○議長(島田三郎君) 質問第五、陸軍豫備役後備役竝補充兵役ニ在ル者ノ召集日ニ關スル質問――根本正君

第一　明治三十九年法律第三十一號中改正法律案　第一讀會

（政府提出）

明治三十九年法律第三十一號中改正法律案

明治三十九年法律第三十一號中左ノ通改正ス

附則ヲ左ノ如ク改ム

本法ハ大正十年十二月三十一日迄其ノ效力ヲ有ス

（內務大臣法學博士一木喜德郎君登壇）

○內務大臣（法學博士一木喜德郎君）　明治三十九年法律第三十一號ハ、御承知ノ如ク今年ノ十二月末日ヲ以テ其效力ヲ失フコトニナッテ居リマス、然ルニ臺灣ノ實況ハ此ノ如キ特別制度ノ存續ヲ必要ト致ス狀況デゴザイマスルカラシテ、尙五箇年本法ノ效力ヲ存續致シタイ希望ヲ以テ本案ヲ提出致シマシタ、何卒御審議ノ上御協贊アラムコトヲ希望致シマス

○前川虎造君　議長――議長

○議長（島田三郎君）　通告ガアリマス――松田源治君

（松田源治君登壇）

○松田源治君　臺灣律令權ヲ繼續スル法案ガ出マシタ、此法律案ハ本期議會ニ於テモ餘程重大ナル法律案ト本員ハ考ヘルノデアリマス、然ルニ國務大臣ノ說明ハ實ニ簡單、吾々ハ臺灣ノ今日ノ現狀デ、六三法案ヲ繼續スル必要ガ有ルカ否ヤニ向ッテ大ニ疑ヲ持ッテ居ルノデアリマス、國務ヲ親切ニ議スル誠意ガアルナラバモウ少シ詳細ナル說明ヲ致シマシテ、吾々國民ヲシテ繼續スルト云フコトニ付テ安心シテ協贊セシムルコトガ、當局大臣ノ努ムベキ事ナリト本員ハ考ヘルノデアリマス、尤モ委員會モアリマセウケレドモ、委員會ノ事ハ國民ニ訴ヘル譯ニイカヌノデアリマス、ソレデ亦壇上ニ於キマシテ臺灣ノ律令權ヲ總督ニ委任シテ居ル事ガ適當ナリトスルナラバ、詳細ニ說明スルコソ國務大臣ノ努メナケレバナラヌ事ト思ヒマス、依テ私ハ種々ノ點ニ付テ疑ヲ有シテ居ルノデアリマスカラ、當局大臣ニ叮嚀ニ親切ニ、詳細ナル說明ヲ求メタイノデアリマス、第一ハ此立法事項ヲ臺灣總督ニ委任スルコトハ、憲法違反ナリヤ否ヤニ付テハ是ハ議論ガアルコトデアリマス、學理上ニ付テハ憲法違反デアリマセウケレドモ、實際問題トシテハ今日解決サレテ居ルノデアリマスカラ、私ハ此壇上ニ於テ臺灣ノ律令ナルモノガ憲法違反ト云フコトハ申シマセヌ、卽チ實際ニ於テ解決セラレテ居リマスカラ、ソレハ此壇上ニ於テ言フ必要ハ無イノデアリマス、唯此律令權ト云フモノガ憲法ノ常道デナイト云フコトハ、政府ニ於テモ認ムルデアラウ、議員諸君ニ於テモ認ムルデアリマセウ、卽チ憲法上常道デ無イ、委任立法ト云フコトハ憲法上常道デナイ、變例デアル、是ハ議論無イコトデアラウト思フ、然ラバ憲法上變例ニ屬スルコトデアル、已ムヲ得ズシテ委任統治ヲ今ヨリ二十有餘年前ニ本議會ニ於テ臺灣總督ニ許シテ居ル、然ラバ此變例ハ必要無クナッタナラバ之ヲ議會ガ取上ゲテ、成ルベク立法ヲ統一スルト云フコトハ、政府及吾々ガ大ニ努メナケレバナラヌコトデアラウ、然ラバ今日臺灣ノ現狀ニ於キマシテ、此委任立法ト云フモノハ果シテ必要ガアルカドウカ、本員ノ考ニ於キマシテハ、必要ガナイト考ヘル、臺灣ハ民情風俗等ハ異ル、同ジ法律ノ下ニ統治スルコトハ出來ヌト云フコトヲ申シマスケレドモ、民情風俗ノ異ルコトハ臺灣ノミデアリマセヌ、琉球モ然リデアル、樺太モ然リデアル、北海道モ然リデアリマス、此特別ナル民情風俗ガ統令アリマシテモ、帝國議會ニ於テ立法スルコトニ付テ寔モ私ハ差支ナイト考ヘル、而シテ臺灣ハ總督ガ律令權ヲ掌握シテ以來二十有餘年、今日現存シテ居ル律令ハ、私ノ調ベタル所ニ依リマスレバ百二十有餘件アルノデアリマス、既ニ特別ナル統治ヲナス所ノ律令ハ完備シテ居ルノデアル、今日ニ於テモ臺灣ニ於ケル律令ハ百二十有餘件デ、特別ナル事情ニ於テ統治スルコトハ備ッテ居ルノデアル、例ヘバ臺灣統治ノ必要ノ上カラ言論ヲ制限シナケレバナラヌ時ハ、是ハ新聞紙條例ガアッテ――內地ト異ナル新聞紙條例ガアリマシテ、新聞紙ヲ發行スルニ付テハ許可ヲ得ナケレバナラヌ、必要アル時ハ臺灣總督ハ此許可ヲ取消スコトガ出來、又發行停止權モ握ッテ居ル、斯ル特別ナル立法ガ備ッテ居ル、其次ニ臺灣ノ保安規則ガアリマス、是ハ地方長官ノ認定ニ依テハ、內地人及外國人ニ向ッテ三年間之ニ居住ヲ禁ジテ、臺灣ノ外ニ放逐スルコトガ出來ル律令モアルノデアリマス、又臺灣浮浪者取締規則ガアリマシテ、地方長官ノ認定ニ依テハ臺灣人ヲ或ル一定ノ處ニ收容シテ、臺東廳ノ或ル一定ナル處ニ收容シテ、強制勞働ニ終身間服セシムル法モ備ッテ居ル、又暴働ガ起ル陰謀事件ガ起ッタ時ハ、匪徒刑罰令ガアッテ死刑ヲ以テ罰スルコトモ出來ルシ、其他重刑ヲ以テ日本ノ刑法ヲ適用セズシテ特別ナル刑法ヲ施行シ、而シテ匪徒刑罰令ヲ以テ處罰スルニ臺灣臨時法院ト云フモノガアリマス、相當ノ必要ナル時ハ何レノ地方ニモ臨時法院ヲ開キマシテ、而シテ裁判ノ管轄ニ拘ラズ、一審トシテ終審――控訴ヲ許サナイ、上告ヲ許サナイ、一審デ終審ノ裁判ヲスルコトモ出來ルノデアリマス、其他衞生ノ事、警察ノ事、土地ノ事、財務ノ事、民事ノ事、學事ノ事、產業ノ事、運輸ノ事、通信ノ事、港埠ノ事、百二十何件デ、今日ハ特別ニ臺灣ヲ統治スル所ノ法令ハ備ッテ居ルノデアリマス、吾々ハ今日臺灣總督ニ委任シテアル所ノ立法權ヲ議會ニ取上ゲテ、斯ル多數ナル特別ノ下ニ統治シテ居ル律令百二十有餘件ヲ審査シテ、適當ナルモノハ其儘ニシテ置クモ、不適當ナルモノハ改廢ヲ加ヘ、今日ハ臺灣總督ノ發セントスル律令ヲ寧ロ本院ニ取上ゲテ、卽チ帝國議會ニ取上ゲテ之ヲ改廢スル時機ニ逵シテ居ルト私ハ確信スルノデアリマス、又臺灣總督府ニ今日マデ委任シテ居ル所ノ律令權ヲ取上ゲマシテ、每年帝國議會ヲ開ク、此議會ニ於テ立法ニナセバ宜イ、臺灣ガ特別ナル事情ガアルナラバ吾々臺灣ノ事情ヲ審査シテ、而シテ臺灣ニ適當ナル法制ヲ議會デ立案スレバソレデ足リルト思フノデアリマス、帝國議會ニ於テハ臺灣ノ智識ノ無イ人ノミデアルカラ、帝國議會ニ於テハ臺灣ニ關スル特別ノ立法ガ出來ナイト云フヤウナ愚說モアルケレドモ、是ハ帝國議會ヲ侮ッテ居ル論デアラウト思フ、今日デモ臺灣ノ豫算ハ、卽チ臺灣ノ豫算ナルモノハ此帝國議會デ審議スルノデアリマセヌカ、豫算ハ法律案ヨリモ細カイ所ニ這入ッテ居ル、卽チ款項ニ這入ッテ行政ノ細カイ所ヘ這入ッテ吾々ハ審査スル、臺灣總督府ノ豫算ヲ削ルモノハ削リ、適當ナルモノハ是認シテ居ルデハアリマセヌカ、今日臺灣總督ガ律令權ヲ持ッテ居ルカラ、臺灣ノ事情ハ此議會ニ分ラナイ、疏通サレナイ、卽チ今日臺灣ヲ治メテ居ルノハ官吏ガ治メテ居ル、卽チ官僚的ニ治メテ居ル、若シ此帝國議會ニ於テ立法權ヲ取上ゲテ帝國議會ヲシテ立案セシムルコトニナッテ、臺灣ノ事情ハ此議會ニ現ハレ、今迄官僚デ立法シテ居ッタ所ガ國民的ニナッテ益々臺灣ノ統治ヲ完全ニ有益ニ進行スルコトガ出來ルト本員ハ斷ズルノデアリマス、帝國議會ガ臺灣ニ向ッテ立法ノ能力ガ無イト云フコトハ、私ハ實ニ取ルニ足ラザル論デアッテ、帝國議會ヲ侮ッテ居ル論ナリト斷定シナケレバナラヌ、又緊急ナル事件ガアッタラドウスルカ、緊急ナル事件ガアッタ時分ハ憲法第八條ニ依ッテ、政府ガ緊急勅令ヲ發スルコトガ出來ルノデアル、既ニ匪徒刑罰令ニ依テ臨時法院條令共他凡ユル規則ハ備ッテ居ルケレドモ、是ヨリ他ニ緊急ナル事件ガ起ッタ時分

ハ、憲法第八條ニ依テ政府ハ緊急命令ヲ發スルコトガ出來ルノデアリマスカラ、寧モ臺灣ヲ統治スルニ付テ差支ヲ生ジナイト私ハ考ヘルノデアリマス、又臺灣ノ立法ニ付テ餘程特別ナモノガアッテ、細カイ點ヲ規定シナケレバナラヌ時分ニ於テハ、本院デ立法シテ其細則ハ其事件々々ヲ限ッテ臺灣總督ニ委任シテ私ハ差支ナイト考ヘルノデアリマス、又政府ノ律令權ヲ維持スルトコロノ理由トシテ聞クトコロニ依リマスト、臺灣ニ於テ特別ナ法令ヲ拵ヘル必要ガアル、例ヘバ民事ニ關シ、商事ニ關シ、相續、親族、商法ニ關スル特別ナル立法ヲ編成シテ居ル、是ハ何ト名付ケルカ分リマセヌ、ケレドモ本員ハ便宜上民事令、商事令ト唱ヘテ居リマス、臺灣ニ特別ノ法律ヲ拵ヘッヽアル、依ッテ此律令權ヲ繼續シナケレバナラヌト云フ論ガアリマスケレドモ、是ハ大變ナ間違デ、臺灣ニ特別ナ商法民法ハ必要デナイ、臺灣人ハ寧ロ日本ノ商法民法ニ服從センコトヲ今日希望シテ居ル、裁判所ニ於テモ臺灣ノ習慣ヲ採用シテ、判決セズシテ、成ルベク日本ノ民法商法ニ適シテ居ル判決ヲ致シテ居ルノデアリマス、裁判所ニ於テモ日本ノ慣習、日本ノ慣例、日本ノ法令ヲ以テ判決シ、臺灣ノ土人ハ日本ノ商法、日本ノ民法ノ施行サレルコトヲ希望シテ居ルニ拘ラズ、臺灣ノ昔カラノ慣習ヲ採ッテ、日本ノ商法民法ニ違フ特別法令ヲ作ルコトハ、臺灣人ノ同化ヲ妨ゲル政治デアッテ、臺灣ノ統治上ニ於テ是ハ禍根ヲ貽スモノナリト云フコトヲ本員ハ斷ズルノデアリマス、斯ノ如ク如何ナル方面カラ見マシテモ、臺灣總督ニ委任立法ヲ今日ハ爲シテ置ク必要ハナイノデアリマス、又臺灣ハ十何万ノ内地人ガ這入ッテ居リマスカラ、此委任立法ノ統治ハ内地人ニ及ンデ居リマスカラ、此點カラ云ッテモ早ク臺灣ノ委任立法ノ權利ヲ取上ルノガ必要ト思ヒマス、何レノ方面カラ觀察致シマシテモ、今日臺灣總督府ガ律令權ヲ發布スル力ヲ持ッテ居ルノハ、今迄持ッテ居ッタカラ、之ヲ議會ニ返上スルコトガ厭ヤデアルト云フコトハ、私ハ出來ナイト思フ、其他理由ハ無イノデアリマス、却テ今日デハ先程申シタヤウニ臺灣總督律令ノ今日ニ現存スル百二十餘件ト云フ律令ニ向ッテ吾々ガ適當ニ改廢ヲ爲スコソ吾々ノ職分デアルト云フコトヲ私ハ斷定シテ差支ナイト思フノデアリマス、此點ニ付キマシテ私ノ說ニ反對アル意見ガアルナラバ、謹ンデ政府ノ教ヲ受ケタイト思フ、ドウカ詳細ナル說明ヲ望ムノデアリマス、本案ハ彈劾案デモ何デモナイ、臺灣ノ統治ニ付テ吾々ハ臺灣統治ノ方針ヲ確立シタイト云フ誠意誠心カラ政府ニ質問ヲシテ居ルノデアリマスカラ、政府ガ此意ヲ諒承シナイデ、簡單ナ說明ヲ以テ本案ヲ通過サセヤウト云フコトハ、私ハ大ニ政府ノ態度ニ向ッテ非難セザルヲ得ナイノデアリマス、ドウカ此點ニ向ッテ詳細ナル答辯ヲ求メルノデアリマス、第二點ハ臺灣ノ司法制度デアリマス、臺灣ノ司法制度ハ今日名ハ裁判官デアルケレドモ、其實行政官ガ裁判ヲシテ居ル、行政官ノ性質ヲ帶ビテ居ルトコロノ司法官ガ裁判ヲシテ居ル、卽チ律令ニ依ッテ臺灣法院條例ガ制定サレテ居リマシテ、臺灣ノ判官――裁判官ハ總督府ニ直隷ヲシテ居ル、總督ガ指揮監督權ヲ持ッテ居ル、或ル場合ニハ裁判ニ干涉スルコトガ出來ル、卽チ臺灣總督ニ直隷シテ居ッテ必要ナ時ニハ理由ガナクテモ、臺灣總督ハ判官ニ向ッテ休職ヲ命ズルコトガ出來ル、斯ル權利ヲ持ッテ居リマスカラ、名ハ司法官デアルケレドモ獨立ノ保障ガナイノデアル、臺灣總督ニ直隷シテ臺灣總督ノ必要ナ場合ニ於テハ、何時デモ之ニ休職ヲ命ズルコトガ出來マスカラ、是ハ行政官デアル其性質ヲ變更シ憲法ノ條章ヲ臺灣ニ行ハシメテ、獨立ノ保障アル憲法ヲ行ハシメテ、眞ノ獨立ノ司法官トシテ裁判所構成法ヲ臺灣ニ施行シテ、獨立ノ司法官ヲシテ臺灣ノ裁判ヲ司ラシメルト云フコトハ、今日ノ臺灣ノ狀態ニ於テ最モ必要ナリト本員ハ考ヘルノデアリマス、臺灣ニ於テ暴動事件陰謀事件等ガ屢々起リマシテ、之ニ付テ内地人土人及外國人ノ疑惑ヲ招クト云フコトハ、一ニ臺灣總督ガ指揮命令權ヲ握ッテ居リ、臺灣總督ニ直隷シテ居ッテ、何時ニテモ休職ヲ命ジ得ル行政官ヲ以テ裁判セシムルカラ、内外人ノ疑惑ヲ招ク原因ニナッテ居ルト思ヒマス、今日臺灣ノ狀態ハ斯ル制度ヲ變更シテ日本ノ裁判所構成法ヲ直ニ施行シテ、獨立ノ司法官ヲ以テ裁判ヲ爲サシメルト云フコトガ、臺灣ヲ領有シテ二十有餘年、今日最モ適當ナ時機ト思ヒマスガ、之ニ對スル政府ノ所見果シテ如何、是ガ第二ノ質問デアリマス、第三ノ質問ハ臺灣ニ於キマシテハ、行政官吏ガ内地ノ人民及臺灣ノ土人ノ權利ヲ蹂躪致シマシテモ、行政權ヲ以テ蹂躪致シマシテモ、行政訴訟ヲ起スコトモ出來ナケレバ行政訴願ヲ起スコトモ出來ナイノデアリマス、臺灣ハ隨分間違ガアル、事實下ノ小役人ガ土地ノ處分ヲシ、強制賦課ヲ命ズルコトニ於テ隨分不法不當ナ處分ガ多イガ、是ヲ訴ヘル所ガナイ、其爲メニ却テ臺灣ノ統治ヲ害シテ居ル、法律ノ威信ヲ損シテ居ル、失ッテ居ル、官ノ威嚴ヲ失ッテ居ル、是ガ日本内地ト同ジク租稅ニ付テ強制賦課ノコトデアレ、土地ノ處分デアレ、日本ノ訴願法、日本ノ行政訴訟法ガ其通リ適用出來ナイトシテモ――本員ハ其適用ヲ望ンデ居リマスガ――適用ガ出來ナイトシテモ、或ル制限ノ下ニ臺灣ニ住スル内地人、臺灣ノ土人ガ行政權ニ蹂躪サレ權利ヲ傷害サレタ時分ニ、行政訴訟訴願ヲ許スノ途ヲ開クガ今日臺灣ノ統治ヲスル上ニ於テ、最モ適當ナ道デナイカト思ヒマス、此點ニ對スル當局大臣ノ所見ハ如何デアリマスカ、其次ハ第四デアリマスガ、第四ハ臺灣ハ今日武官總督ヲ以テ統治シテ居ル、臺灣總督府ノ官制ニ依レバ、陸海軍ノ大將中將デナケレバ總督ニナル資格ハナイノデアリマス、臺灣ヲ領有シタル當時ハ是ハ武力ヲ以テ統治スル必要ガアリマシタ、臺灣ヲ領有シテ二十有餘年、一介ノ武辨ヲ以テ今日統治サレテ居ルト云フコトハ、統治ノ方法宜シキヲ得ナイト本員ハ斷ズルノデアリマス、是ハ却テ文官ニシテ經綸ノアル抱負ノアル政治家ヲ以テ、卽チ文官總督ヲ以テ今日ノ臺灣ヲ統治スルコトガ臺灣開發ノ上カラ云ッテモ、臺灣統治ノ上カラ云ッテモ、本員ハ最モ必要ナルコトナリト斷ズルノデアリマス、兒玉總督ノ如キ一介ノ武辨ト雖モ一ノ政治家デアル、斯ル人ハ武官ニ餘リ無イ、兒玉總督ノ如キ者デアルナレバ宜シイ、故ニ本員ハ決シテ武官ヲ排斥スルノデハアリマセヌガ、憲法上與ヘラレタ臣民ノ權利デ文武對等ニスルガ宜イ、文官デモ武官デモ宜シイ、今日武官政治ニシテ文官ヲ排斥スルノハ宜クナイ、文官ハ總督ニナルコトガ出來ル、武官トシテ政治家トシテ兒玉總督ノ如キ適當ノ人ガアレバ武官デモ宜シイ、私ハ武官ハ臺灣總督ニナルコトガ出來ヌト云フヤウニシヤウト云フノデナイ、今日ノ官制ヲ改正致シテ、日本臣民ナラバ文武對等武官デナケレバ臺灣總督ニ任官スルコトハ出來ナイト云フ此資格ヲ撤廢シテ、政治的眼孔ヲ有シ一大抱負ヲ有スル政治家ヲシテ臺灣ヲ統治サセルコトガ、臺灣統治ノ上ニ最モ必要ナリト本員ハ信ズルノデアリマス（拍手起ル）之ニ對シテ政府ノ所見如何、此點ニ付テ言責問題トシテ尾崎君ニ聞キタイコトガアル、尾崎君ハ野ニ於テ此植民地ノ總督ハ武官ニ限ルト云フコトヲ非難サレタ人デアル、是ハ尾崎君ノ政治上ノ一ノ生命デアル、政治上ノ生命ト云ッテモ宜シイノデアル、然ルニ内閣ニ入ッテ既ニ二年、尾崎君ガ内閣ニテ武官總督ハ非ナリ、是ハ文武對等ニシナケレバナラヌト云フコトヲ主張レタカ否ヤハ知リマセヌ、内閣ハ祕密ニ屬シテ居ルカラ私ハ知リマセヌガ、二年間杳トシテ消息ガ無イ、何等之ニ改正ヲ企テラレタト云フコトヲ聞カナイノデアリマス、尾崎君ハ如何ナル抱負ヲ持ッテ内閣大臣ニ爲ジレタノデアルカ、尾崎君ノ言責ハ今日敝履ノ如ク棄テルノデアルカ、ヤハリ持ッテ居ルノデアルカ、持ッテ居ルノナラバ斯ル重大ナル問題、尾崎君ノ生命トシテモ差支ナイ位ノ問題デアルカラ、職ヲ賭シテモ此植民地ノ總督ハ文武對等ニシテ、武官總督ハ非ナリト云フ目的ヲ以テ、臺灣總督其他ノ官制ヲ改正スルコトニ當ラレタカドウカ、之ヲ特ニ尾崎君ニ聽キタイノデアル、其次ハ第五ニナリマスガ、第五ハ臺灣統治ノ方針デアリマス、臺灣ノ統治ナルモノハ歐米各國ノ植民地ト違フト私ハ考ヘル、歐米各國ノ植民地ハ一万里モ數万里モ隔ッテ居ルノデアルガ、日本ノ臺灣ハ最モ近イノデアル、而シテ英國ノ植民地ニ於ケル統治ノ方針ハ加奈陀或ハ濠洲ニ對シテ自治制度ヲ許シテ、其國ニ限ッテ憲法モ有シ政府モ有リ議會モ持ッテ居ルノデアル、此統治方針ヲ以テ臺灣ニ臨ムノデモアリマスマイ、又英國ノ印度ニ對スル特別ナル統治方法ヲ以テ臨ムモノデモアリマスマイ、臺灣ヲバ植民地ト云ッテハ却テ語弊ガアル、植民地デナイカモ知レナイ、本員ハ植民地デナイト思フ即チ日本ノ領土ノ一トシテ臺灣ノ土人ヲ同化セシメテ、日本ノ忠良ナル臣民トシテ行ク〳〵ハ日本ノ內地府縣ノ如キ制度ヲ布クニ至ルデアラウト思フ、即チ臺灣領有ノ當時ハ日本ノ憲法モ行ハレテ居ルノデアル、日本ノ憲法モ行ハレテ居ッテ、而シテ日本ノ內地ト同ジク日本ノ領地ノ一トシテ居ルノデアリマスカラ、是ハ歐米各國ノ植民地ノ例ヲ援用シテ統治ノ方針ヲ議論スルノハ當ラヌト思フ、一ニ同化同治ノ方針ヲ執ッテ、臺灣土民ヲ忠良ナル臣民トシテ之ヲ指導スルト云フコトガ、是ガ臺灣統治ノ方針デナケレバナラヌト本員ハ考ヘルノデアリマス、然ルニ同化ノ方針ヲ妨ゲテ居ルコトガアル、教育ノコトガ第一デアリマスガ、教育ハ小學校カラ臺灣人ト內地人トヲ別ニシテ居ル、教育モ一ニシナイ、義務教育モ今日行ハレテ居ラヌ、國語モ政府ハ普及スル方法ヲ執ッテ居ルケレドモ普ク行ハレテ居ラヌ、此教育ノ方法モ內地人ト臺灣人トハ別ノ扱ヒヲシテ居ル、即チ臺灣人ハ臺灣ノ中學ニ入ルコトガ出來ナイ、ソレデ臺灣人ガ寄付金ヲ出シテ政府ノ許可ヲ得テ臺中ニ中學校ヲ拵ヘタ、即チ其中學校ハ臺灣人ノミ往ク中學校デアッテ、臺中人ハ之ニ臺灣人中學校ト名ヲ付ケテ中學校モ別ニシテ居ルノデアル、斯ノ如ク小學教育モ別ニシ、中學教育モ別ニシテ、是デ果シテ同化ノ目的ヲ達スルコトガ出來ルカドウカ、之ヲ伺ヒタイ、第二ハ臺灣人ノ同化ヲ圖ルニ付テハ、血族關係ヲ作ルコトガ最モ必要デアル、然ルニ日本ノ戶籍法ガ臺灣ニ行ハレテ居ラヌ、今日未ダ臺灣ト日本內地ト共通ノ戶籍法ガ無イ、臺灣人ト日本人ト結婚シテモ公ニ之ヲ屆出ルコトガ出來ナイ、其子ハ私生兒デアル、日本人ハ外國人ト結婚ガ出來ル、然ルニ公然臺灣人ト結婚ガ出來ナイ、是等ハ大ニ同化ヲ妨ゲル所ノモノデアル、故ニ日本內地ノ戶籍法ヲ臺灣ニ施行スルカ、又ハ臺灣ト日本內地トニ共通ナル戶籍法ヲ制定シテ、血族關係ヲ公然作ッテ、同化ノ方針ヲ示シテハドウデアルカ、之ニ對シテ政府ノ所見如何、第三ニハ先程申シタ通リ、臺灣ニ特別法制ヲ制定シテ、民事令商事令ノ如キモノヲ施行スルト云フコトハ失當デアルト思フ、臺灣ノ土民ハ日本ノ法律習慣ニ服從スルコトヲ希望シテ居ルノデアル、臺灣人ハ日本ノ法律ニ服從スルト云フ觀念ガ餘程强イト本員ハ信ジテ居リマス、臺灣ノ土人ガ日本ノ法律習慣ニ依ルト云フコトヲ言ッテ居ルノニ、特別ナル法律ヲ拵ヘテ、而シテ同化ヲ妨ゲルト云フコトハ、私ハ由々シキ大事デアルト思フ、之ニ對シテ政府ノ所見如何、之ヲ要スルニ臺灣總督ハ立法權ヲ握リ司法權ヲ握リ、行政權ヲ掌握シテ居ル、此立法權ヲ今日帝國議會ニ取上ゲテシマフ、司法權ハ獨立ノ裁判官ガ之ヲ施行スル、行政權モ行政ノ非違ガアッタナラバ行政訴訟訴願等ヲ起シテ之ヲ匡救スル方法ヲ執ラシムル、而シテ武官總督ヲバ否認シテ文武對等ニスル、又臺灣ノ同化政策ヲ妨ゲルコトニ向ッテハ、教育ヲ共通ニシ或ハ婚姻ヲ認メ或ハ特別法制ト云フモノヲ廢棄シテ、臺灣ノ根本方針ヲ樹テルコトガ最モ必要ナリト私ハ考ヘルノデアリマス、ドウカ詳細ニ吾々ノ滿足スルヤウニ國務大臣ハ御說明アランコトヲ本員ハ希望スル、尾崎君ニ向ッテハ武官總督ノ言責問題、及今日裁判所構成法ヲ臺灣ニ施行スルコトニ付テ最モ適當ナル時機ト本員ハ考ヘルガ、尾崎君ノ意見如何、此二點ヲ尾崎君ニ尋ネテ私ハ此質問ヲ止メルノデアリマス(拍手起ル)

○議長(島田三郎君) 一木內務大臣

○內務大臣(法學博士一木喜德郎君)

(內務大臣法學博士一木喜德郎君登壇)

松田君ニ御答ヲ致シマスルガ、第一ニ今日ハ最早臺灣ニ於テ委任立法ノ必要ハ無イデハナイカト云フ御意見ノヤウデアリマスルガ、松田君ノ仰セラル、如ク、委任立法ナルモノハ憲法上如何ナル關係ノモノデアルカト云フ問題ハ、既ニ解決セラレテ居ルト云フ御說デアリマシテ、私モ共通リニ考ヘテ居リマス、ソレト同樣ニ委任立法ノ必要デアルト云フコトモ亦既ニ解決シテ居ルノデハナイカト思フノデアリマス、即チ明治四十四年ニ於キマシテハ、期限ヲ付ケズシテ此委任立法ヲ與ヘヤウト云フ案ガ本院ヲ通過シテ居リマス、松田君モ其贊成者デアッタト記憶シテ居リマス(松田源治君「ソレハ朝鮮デス」ト呼フ)イヤ原案ハ其通リニナッテ居リマス、貴族院ニ於テ修正ヲ加ヘテ期限ヲ附ケルコトニナッタノデアリマス(松田源治君「ソレハ其時ノコトダ」ト呼ヒ笑聲起ル)ソレデ今日ノ場合ハ本年迄ハ委任立法ガ必要ニシテ、來年以後ハ委任立法ガ必要ナイト云フ際ダッタ變化ガ此間ニアルヤ否ヤト云フ問題デアルト思フノデアリマス、政府ノ見ル所ヲ以テシマスレバ、本年迄必要アルガ如ク、來年以降ニ於テモ將來少クトモ五年ノ間ハ此必要ガアルト認メテ居ルノデアリマス(「明瞭」ト呼フ者アリ)ソレカラ共委任立法ノ必要ノナイ理由トシテ、是迄ヤハリ百有餘ノ律令ガ出テ居ルカラ、之ヲ以テ足レリトスルノデアルト云フ御意見ガアッタヤウデアリマスガ、斯ノ如ク特別ノ立法ガ出來テ居ルカラ、必要ガナイト云フコトハ、即チ將來斯ノ如キ特別ノ制度ノ改廢ヲ要スル場合ニモ、ヤハリ從來ノ如ク特別ナル方法ニ依ルカガ適當デアルト云フコトヲ意味スルモノデアラウト思ヒマス、他ニ新ナル律令ヲ制定スルノ必要ノアルコトハ勿論デアリマスガ、共事ハ暫ク別ニ致シマシテモ、臺灣ニ要スルトコロノ特別ノ制度ヲ改廢スルノニハ、少クモヤハリ從來ト同ジ方法ニ依ルカガ適當デアルト云フコトニナルト思ヒマス、ソレ故ニ松田君ガ今日ニ於テ委任立法ノ必要ナイト云フ理由トシテ御述ベニナッタコトハ、私ハ十分了解ガ出來ナイ、成程臺灣領有以來二十有餘年ヲ經過致シテ居リマスガ、二十年ノ歲月ハ一個人ニ取ッテハ長イノデアリマスガ、三百万ノ異人種ヲ包含シテ居ル臺灣ヲ我ガ領土ニスルニ付テハ、決シテ長イ年限デナイ、將來尙我國ハ新ナル領土ヲ如何ニシテ國ニ增加セシメテ行クカト云フ此大問題ヲ決シテ行カナケレバナラヌ、是ハ獨リ臺灣ニ關スルコトノミデハアリマセヌ、朝鮮モ然リ、又將來我國ガ如何ナル方面ニ國力ヲ伸シテ行クカト云フコトモ分ラヌ、此大問題ヲ決スルニ付テハ決シテ二十年ノ歲月ハサウ長イ歲月デナイト思ヒマス、要スルニ本年ノ終迄ハ委任立法ガ必要トシテ、共後ハ必要ガナイト云フコトハ私ニ於テハ認メルコトガ出來ヌノデアリマス、次ニ司法制度ニ付テノ御尋ガアリマシタガ、臺灣ノ司法制度素ヨリ今後改良發達ヲシテ行カナケレバナラヌト云フコトハ申ス迄モアリマセヌ、併シ臺灣ニ於テ權力ヲ集中シテ、一面ニ於テハ仁政ヲ施スト共ニ、一面ニ於テハ强イ權力ヲ以テ臨マナケレバナラヌト云フコトモ、是亦松田君ハ御認メニナッテ居ルト思ヒマス、而シテ又斯ノ如キ內地ト制度ヲ異ニシテ居ル理由ノ一ツハ其處ニ在ルト思ヒマス、ソレ故ニ此司法制度ヲ改良致スト云フコトハ素ヨリ常ニ攻究致サナケレバナラヌケレドモ、直ニ內地ノ裁判所構成法ヲ之ニ行ッテ宜イカ否カト云フコトハ、大ニ考慮ヲ要スル問題デアル、今日ニ於キマシテ私ハ直ニ然リト云フコトハ決シテ御答ガ出來ナイ、寧ロ司法制度ノ改良ヲ圖ルノハ他ノ方法ニ依ラナケレバナラヌト思ッテ居ル、ソレカラ訴願及行政訴訟ノコトニ付テノ御質問モアリマシタガ、是亦前ニ申シマスル如ク總督ノ權力ヲ强クシ、サウシテ統治上十分威信ヲ立テ、行カナケレバナラヌト云フ必要カラ考ヘマスト、强チ個人ノ權利ト云フコトノミニ重キヲ措ク譯ニ參ラヌ、行政訴願行政訴訟ノ途ヲ開クガ如キハ一ノ利益ハアリマスケレドモ、又他ノ方面ニ於テ統治上隨分有害ナル結果ガ無イトモ限ラヌ、是ハ熟慮ヲ要スル問題デアリマシテ、輕々ニ然リト御答申スコトハ出來ナイノデアリマス、ソレカラ第四ノ問題ハ……

○松田源治君　武官總督ノコトデス

○内務大臣(法學博士一木喜德郎君)　此武官總督ノコトデアリマスガ、是ハ隨分前カラ議論ノアルコトデアリマスルガ、此點ニ付キマシテハ前ノ經驗ヲモ御話シ申シテ見ナケレバナラヌト思ヒマス、朝鮮ニ於キマシテ曾テ此行政ノ方ト武官ノ方トガ相對立シテ居ッタ時ガアリマス、此時ニハ國家ノ權力ノ働キガ統一ヲ缺イテ、極メテ國家ニ對シテ不利益ナル結果ヲ生ジタヤウナ狀況ヲ認メタノデアリマス、ソレデ文武ノ權ヲ統一スルト云フコトハ、新ナル領土等ニ臨ム場合ニ於テハ往々必要ノアルコトデアル、而シテ此守備隊ヲ總括ヲ致シテ、サウシテ文武ノ權ヲ兼ネテ行クト云フコトニ付テハ、統率權ノ關係上武官ニアラザレバ之ニ當ラシムルノガ不適當デアルト云フノガ現行法ノ趣旨デアルト思ヒマス、併ナガラ此點ハ大ニ攻究ヲ要スルコトデアル、攻究ヲ要スルコトデアルケレドモ、ソレニ付テハ其文武ノ兩權ヲ如何ナル關係ニ立タシムルカト云フコトヲ十分ニ考慮シナケレバナラヌ、ソレ故ニ此文官ヲ以テ總督トスルト云フコトハ、成程松田君ノ御説ノ如キ利益モアリマスケレドモ、之ヲ改メルニ付キマシテハ餘程愼重ナル攻究ヲ致サナケレバナラヌノデアリマス、今日迄左樣ナ議ガ行ハレテ居リマセヌト云フノハ、畢竟斯ノ如キ重大ナル問題アルガ爲メデアリマス、ソレカラ……

○松田源治君　統治ノ方針デス

○内務大臣(法學博士一木喜德郎君)　統治ノ方針ニ付キマシテハ、是ハ極メテ重大ナル問題デアリマシテ、獨リ臺灣ニ就テノミ申スコトデハアリマセヌ、ソレデ歐羅巴諸國ニ於キマシテモ成ベク同化セシメテ、本國ト同ジヤウニ統治シタイト云フコトハ、一般ニ希望スル所デアルト思ヒマス、併ナガラ新ナル領土ハ種々樣々ナ事情ガアルモノデアリマシテ、必ズシモ之ヲ内地ト同ジ方針ヲ以テ統治スルコトガ出來ナイ、ソレ故ニ特別ノ立法機關マデヲモ設ケルト云フヤウナコトニナッテ居ルノデ、目的トスル所ハ終局統一スルト云フコトニナルニ相違ナイケレドモ、其統一ニ至ルマデノ道行ニ於テハ、其地方ノ狀況ニ依ッテ特別ノ制度ヲ布イテ行クト云フコトハ是レ已ムヲ得ナイコトデアル、ソレデ先刻御話ニナリマシタ教育ノ如キコトデモ、内地人ノ兒童ト同ジ學校ニ入レテ教育スルコトハ、事實不可能デアル、卽チ第一ニ言語ガ違フ、臺灣ノ兒童ニ對シテハ先ヅ言葉ノ教育ヲシテ行カナケレバナラヌ、言葉ノ教育ニ多クノ力ヲ要スル、ソレト同ジヤウナ教育ヲ内地人ノ兒童ニ施シタナラバ、内地人ノ兒童ニ取ッテハ非常ニ迷惑ナコトデアリマス、ソレ故ニ兒童ノ教育ノ如キデモ同ジニ致シタイコトハ山々デアルケレドモ、事實之ヲ同ジニスル譯ニイカナイ、故ニ別ニ教育スルケレドモ成ルベク、同化セシムル目的ヲ以テ教育シテ行ク、斯樣ナ方法ヲ執ル外ハナイト思ヒマス、ソレカラ又婚姻ノコトデアリマス、ソレハ至極御尤ナ御見ト思フ、成程成ベク血族關係ニ依リテ同化シテ行クト云フコトハ是ハ同化ノ一ノ法デアル、唯今御話ノ如ク戸籍法ノ如キモ何等カ定ムル必要ガアル、是亦委任立法ノ必要ナル一ツノ理由ニナリマス、此事ハ目下研究中デアリマスカラ、何トカ適當ナ方法ヲ設ケタイト考ヘテ居リマス、ソレカラ此民事令商事令ノコトデアリマスガ、是ハ唯今審議中デアリマスカラ、此内容ノ如何ニスルカト云フコトハ今日申上兼ネマス、詳細ノコトハ委員會ニ於テ申述ベヤウト思ヒマスガ、要スルニ同ジニシテ差支ナイコトハ同ジニシテ宜シイ、但シ民事ノ關係ニ於テハ全部之ヲ同ジニスルコトハ到底出來ナイ、或ル範圍ニ於テハ特別ナ制度ヲ定ムルコトガ必要デアルト考ヘマス、其詳細ハ委員會ニ於テ、私ナリ政府委員ナリカラ精シク申上ゲヤウト思ヒマス

○松田源治君　私ハ一木内務大臣ニ向ッテ質問ガアリマス、一木内務大臣ハ大臣ニナラレテ以來詭辯ヲ弄スルコトガ大變上手デアリマス、私ノ問ハント欲スル所ハ期限ヲ附ケテ吾々ハ協贊シタ、又期限ガ附ケナクテモ宜シイ、朝鮮ノ如ク期限ガナクテモ宜シイ、永久ニ與ヘタノデナイ、何時デモ必要無クナレバ却テ期限ヲ附ケタヨリモ容易ニ之ヲ取上ゲラレル、是非大正五年十二月何日迄ハ必要デアッタカラ十二月迄ト云フ期限ヲ切ッテアルノデアリマス、永久ニ與ヘル必要ガアレバ永久ニ與ヘル法案ヲ出ス、期限ガ無イト雖モ立法ノ常道ニ復ルコトハ憲法ノ原則デアルコトハ一木君モ異議ハナイト思フ、之ヲ立法權ヲ有スルトコロノ帝國議會ニ取上ゲテ差支ナイ、私ノ質問ニ答ヘテ居ナイ、學者トシテハ尊敬シテ居ルガ、大臣ニナッテ以來變說改論、乃木問題ト云フコトニ付テモ――アナタガ協贊シテ居ルトハ何デアルカ、些ト御愼ミナサイ、吾々ハ期限ヲ切ッテ協贊シテ居ル、統令期限ヲ切ラナクテモ與ヘテアル必要ガ無クナレバ憲法ノ條項ニ復ルコトハ、吾々ノ此衆議院貴族院臺灣ニ向ッテ特別ナル立法ヲ要スルト云フコトハ、其立法ヲ爲ストコロノ智識ガナイト云フノデアリマスカ、特別ナル立法ヲ――限地的ノ特別ナル立法ヲ要スルナラバ帝國議會ニ於テ立法スレバ宜シイ、此點ニ對スル一木内務大臣ノ答辯ハナイト思フ、又今日ハ以前トハ違ッテ百何十餘件ト云フトコロノ律令ガアッテ、臺灣ハ特別ニ統治スルコトガ備ハッテ居ル、寧ロ帝國議會ニ臺灣總督ノ有ッテ居ルトコロノ律令權ヲ取上ゲ、其律令ノ善惡ヲ見テ適當不適當ヲ見テ改廢スル時代ニ達シテ居ルト云フコトヲ本員ハ言フ、此點ニ向ッテモ說明ハ無イノデアル、唯私ノ言葉ノ末ヲ捉ヘテ、國務大臣ノ爲スベカラザル屬官的ノ答辯ヲシ、官僚的ノ答辯ヲ致シテ居ルコトハ何事デアルカ、卽チ官僚的ニ臺灣ヲ統治シテ居ル、之ヲ國民的ニ吾々ガ統治シタイト云フノガ質問ノ趣意デアリマス、帝國議會ニ取上ゲテ、帝國議會ノ吾々ノ是ダケノ人間ガ臺灣ノ異ナルトコロノ立法ヲ爲ストコトガ、政府ガ爲シ總督ガ爲スヨリモ尙以上ノ適當ナル立法ガ出來ルト云フコトヲ本員ハ斷言スルノデアル、之ニ向ッテ答辯ヲ致サズ、吾々ノ言葉ノ末ヲ捉ヘテ松田君ガ協贊シテ居ル、期限ハ貴族院ニ於テ制限シテアル、是ハ堂々タル國務大臣ノ議論デハナカラウト思フ、此帝國議會ニ於テ臺灣ノ特別立法ヲ爲ス能力ガ無イト云フコトヲ言フノデアルカ、又臨時緊急ノ場合ニ於テハ憲法八條ニ依ッテ緊急命令ヲ發布スルコトガ出來ルデハナイカ、近來數年出シタ律令ニ於テ、臨時緊急ノ場合ニ勅裁ヲ經ナイトコロノ第三條ノ律令ヲ出シタコトハ極ク少ナイト思フ、臺灣ノ統治ハ總督カラ律令權ヲ取上ゲテシマッテモ、優ニ臺灣ヲ統治スルコトハ差支ナイト今日時機ニ達シテ居ル、今マデハ時機ニ達シテ居ナイケレドモ、此大正五年ノ吾々ガ協贊シタ期限ガ盡キルト同時ニ、臺灣ハ立法權ヲ帝國議會ニ取上ゲテ差支ナイ、此點ニ向ッテ明瞭ナル答辯アランコトヲ望ムノデアリマス

第二十四　殖民省設置ニ關スル建議案（櫻井兵五郎君外一名提出）

殖民省設置ニ關スル建議案

殖民省設置ニ關スル建議

歐洲列强ノ今日アル主トシテ其ノ殖民的政策ノ成功ニ基因スルハ言ヲ須ヒス我カ帝國ハ比年人口ノ增加著シク內地ノ生存漸ク困難ヲ感スルノ秋幸ニシテ嚮ニ日支條約ノ成立スルアリ此ノ結果滿洲蒙古ニ於ケル帝國ノ地步確立シ國運發展ノ好機眼前ニ展開シ來レリ從來我カ新領土ノ經營固ヨリ見ルヘキモノナキニ非スト雖未タ一定ノ經綸ト統制トヲ缺クモノアルハ吾人ノ深ク遺憾トスル所ナリ庶幾クハ此ノ際特ニ殖民省ヲ設ケ民族ノ發展國力ノ增進ノ爲大ニ經綸ヲ行ハレムコトヲ

右建議ス

（櫻井兵五郎君登壇）

○櫻井兵五郎君　諸君、本案提出ノ理由ハ一々申上ゲマスレバ誠ニ數多イコトデアリマスガ、時間ノ關係上其最モ重要ナリト認ムル所ノ一二點ニ就テ申上ゲタイト考ヘルノデアリマス、其第一ハ殖民行政ノ統一デアリマス、現在ノ我ガ殖民地ハ臺灣、朝鮮、關東州、其他樺太等アリマスケレドモ、此間ニ殖民行政ノ何等ノ統制ガナイ、此殖民行政ノ統制ガ無イタメニ、殖民地ニ於ケル所ノ移住民ハ非常ナル不便且不幸ヲ感ジツヽアルト云フコトヲ認メルノデアリマス、其內デ最モ甚シキ例ハ卽チ彼ノ滿洲ニ於ケル所ノ世ニ所謂三頭政治デアル、日露戰爭ノ結果ト致シマシテ、關東州ノ租借ガ成リ、南滿洲ガ我勢力範圍ニ歸シテ此ニ之ヲ經營シ開發スルタメニ三箇ノ機關ガ現ハレタ、卽チ關東都督府、領事館、南滿洲鐵道會社、此三ツデアリマスガ、此三ツノ間ニ適當ナル所ノ統制ヲ缺イテ居ルガ爲メニ種々ノ問題ヲ惹起スル、一々其例ヲ申シマスレバ幾ラモ材料ハアルノデアリマスガ、其實例ハ此ニ省クコトニ致シマス、或ハ領事館ト南滿洲鐵道ノ沿線ノ間ニ於キマシテモ、此兩方ニ跨ガル所ノ事業ヲ計畫スル場合ニハ、此兩者ノ許可ヲ受ケナケレバナラヌ、然ルニ一方ガ許可シテモ一方ガ許可ヲシナイ場合ガ生ズル、或ハ司法上ニ於テモ領事ハ初審デアッテ、關東都督ノ高等法院ガ終審デアル、其間ニ於テモ種々感情ノ衝突ガアル爲ニ、領事ノ爲シタル所ノ裁判ハ、半バ以上關東都督府ニ於テ破棄セラル、ト云フ事實モアルサウデアリマス、兎ニ角此間ニ於ケル感情ガ面白クナイ、之ヲ認メテ前ノ關東都督ノ大島大將ハ、滿洲ノ領事ヲシテ都督府ノ事務官ヲ兼シメタト云フコトモアリマス、ケレドモ一方領事館ハ外務省ノ指揮ヲ仰ギ、之ニ反シテ關東都督府ハ多クハ陸軍大臣或ハ參謀本部或ハ敎育總監部等ノ指揮ヲ仰グ方ガ多イノデアリマス、而シテ其當局者モ亦軍人デアルト云フヤウナ關係上、折合ガ著カナイノデアル、又終ニハ朝鮮總督府ト南滿洲鐵道會社トノ關係デアリマスガ、此間ニモ非常ナ不統一ガアル、朝鮮ハ純然タル我領土デアル、南滿洲ハ單ニ我ガ勢力範圍デアリマスカラ、之ヲ打ッテ一丸トシテ行政組織ヲ立テルト云フコトハ、無論不可能ノ事デアリマセウ、併ナガラ少クトモ經濟上ニ於テハ之ニ十分ノ聯絡アラシメナケレバ、我國ノ大陸政策ノ根本ガ立タナイデアラウト思フノデアリマス、經濟上ノ機關ニ於テハ十分ニ聯絡ヲ保タシムベキ筈デアルノニ、ソレヲ現在缺イテ居ル、其例ヲ申シマスレバ朝鮮鐵道ト南滿洲鐵道會社トガ賃金ノ競爭スラヤル、大正三年中頃デアリマシタカ、一時問題ヲ惹起シタコトガアル、卽チ朝鮮總督府ハ內地ト滿洲トノ貿易ヲシテ朝鮮ヲ經由セシメ、成ルベク朝鮮ヲシテ收入ヲ多カラシメタイト云フ希望ノ下ニ、內地カラ奉天ニ直通スル貨物ニ對シテハ、大連ヨリ奉天ニ至ルモノト同一ノ賃金ニスルト云フコトヲ鐵道院ニ交涉ヲシテ、サウシテサウ云フコトニ致シタ所ガ、南滿洲鐵道會社デハ內地トノ貿易ノ聯絡ハ大連ヲ中心トシタイ、サウシテ南滿洲鐵道會社ノ收入ヲ多クシタイト云フ其方針ヨリ致シテ、此朝鮮鐵道ノ執ッタ所ノ處置ハ非常ナル打擊デアル、是ニ於テカ又鐵道院ニ苦情ヲ申出テ、終ニ內地ヨリ滿洲ニ直通スル物ニ對シ、朝鮮鐵道ノ場合ト同樣ノ割引ヲスルト云フヤウナコトニナッテ、初メテ落著致シタコトモアルノデアリマス、齊シク我殖民地經營ノ眼孔カラ見レバ、目的ヲ等ウスル所ノ機關デアル、朝鮮ハ我領土デアル、滿洲ハ卽チ其外壁デアル、然ルニ此民間ニ此ノ如キ而モ經濟政策ノ上ニ於テ斯ノ如キ矛盾ヲ來シテ居ルト云フコトハ、一體當局者ハ之ヲ何ト認メテ居ルノデアルカ、又臺灣ニ付テ見マシテモ殖民行政ニ關スル所ノ一定ノ統制ガナイ爲メニ、彼等ハ勝手ナ事ヲ行ッテ居ル、其爲メニ總督ガ代ハリ、民政長官ガ交迭スル每ニ政策ノ變ズルノハ病ト致シマシテモ、全ク行政ガ腐敗シテシマフ、臺灣樺太等ニ於テ非難ノ多イノモ、ツマリ中央ニ於テ監督官廳ガ無ク之ヲ統制スル者ガナイ爲メニ、彼等ハ勝手氣儘ニ赴ク結果デアルト本員ハ認ムルノデアル、是ハ行政上ヨリ見タル點デアリマスガ、次ニモウ少シ進ンデ――少シデナイ、大ニ進ンデ積極的ニ殖民ヲヤラナケレバナラヌ所ノ我國ハ運命ヲ有ッテ居ルト本員ハ信ズル、其ハ卽チ人口ノ點ヨリ考ヘルノデアリマス、人口問題デアル、我國ノ人口ハ過去五十年間ニ於テ約二千二百万ノ增加ヲ見テ居リマスガ、此內外國ヘ移住シタモノハ幾千アルカト考ヘテ見マスレバ、八十万ニ足リナイノデアル、五十年間ニ二千二三百万ノ增加ヲ見テ、其內八十万ニ足リナイ移住デアリマス、今日迄ハ是デ宜カッタカモ知ラナイ、ツマリ內地ニマダ人口ヲ入レ得ル所ガアッタカラ是デ今日迄ハ足リタカ知レナイガ、今後ハ決シテ斯ル移住ノ有樣デハ由々シキ問題ヲ惹起スルト思フノデアリマス、其問題ハ何デアルカ、卽チ人口ガ殖エル、之ヲ送リ出スコトガ出來ナイト云ヘバ生存競爭ガ烈シクナル、殊ニ下級民ノ生活ガ壓迫セラルルコトニナッテ、或ハ營養不良ヲ來スコトモアラウシ、其他段々衞生上ノ關係ヨリ死亡率ガ殖エルコトニナルデアラウト思フ、ノミナラズ智識階級ニ於テハ人爲的ニ家族ノ殖エルコトヲ防ガウトスルノ傾向ガ起リマシタナラバドウデアル、實ニ國家ノ前途ニ取リテ由々シキ大事ナリト本員ハ信ズルノデアリマス、我國ガ此ノ如ク人口ガ增加スルカラ我國ノ前途ニ於テ非常ニ希望ガアルノデアル、然ルニ佛蘭西ノ如ク其人口ガ是レ以上增加シナイト云フコトデアッタナラバ、我國ノ現在ノ此六千万內外ノ人口以上ノ帝國ニナルコトハ出來ナイト云フコトヲ意味スルノデアリマスカラ、非常ニ國家ニ取ッテ大問題デアラウ、然ルニ一度此人口ガ出產率上ノ減少ヲ來スヤウナ傾向ガ現ハレタナラバ、之ヲ挽回スルコトハ容易ナコトデナイト本員ハ信ズル、是ハ實ニ大問題デアルト考ヘルノデアリマス（「簡單々々」ト呼フ者アリ）ドウモ今日マデハ斯ル人口問題ノ上カラ考ヘテモ、洵ニ殖民ヲ奬勵スルト云フコトハ重要ナコトデアルニ拘ラズ、政府トシテハ何等施設モ取ッテ居ナイト云フコトヲ本員ハ認メマス、偶〻明治四十二年ノ頃デアリマシタカ、時ノ外務大臣小村侯爵ハ、今後ノ我國ハ滿韓ニ向ッテ移民ヲ集注スルト云フコトヲ言ハレタケレドモ、然ラバ其滿韓ニ向ッテ移民ヲ集注スルト云フヤウナ何カ方法ヲ政府ガ取ッタカト云フコトヲ考ヘルニ、何等方法モ取ッテ居ナイ、現ニ朝鮮總督府ノ如キハ移民招致ニ關スル何等施設モ取ッテ居ナイ、移民招致ノ事柄ヲ彼ノ併合ノ以前ノ歷史ノ遺物トモ見ルベキ東拓會社ニ一任シ去ッテ居ル、東拓會社ハ政府ヨリ補助金ヲ受ケテ熱心ニ之ヲ行ッテ居ルカト云ヘバ、其補助金ハ移民以外ニ使ハレテ居ルト云フ非難ヲ受ケテ居ル、成程今日マデ二百四五十万圓ノ補助ヲ受ケテ居リナガラ、漸ク移民ノ戸數ハ三千ニ過ギナイ、即チ一戸ニ付テ七八千圓ノ費用ヲ掛ケテ居ル計算ニナルノデアリマス、東拓會社ソレ自身ニ於テモ、此ノ如ク移民ニ對シ不眞面目デアルト云フコトヲ認メルノデアリマス、朝鮮ハ御存知ノ如ク温帶殖民地デアッテ、ドウシテモ我國ノ移住ニ關シテハ重要視シテ、直ニ此方面ニ移民ヲ遣ラナケレバナラヌト思フノデアリマスケレドモ、何等ノ方法モ取ッテ居ナイト云フコトヲ認メマス、小村侯ノ聲明以來六年、漸ク朝鮮ニ對シテ十五万人位往ッテ居ルト思ヒマスガ、是ハ政府ガ奬勵シタ結果デハナイ、自然ニ流レテ行ッタモノニ過ギナイノデアル、人口問題ヨリ致シマシテモドウシテモ殖民政策ヲ積極的ニ帝國ガ立テナケレバナラヌト云フコトハ、我國ノ人口ノ密度ノ上カラ考ヘテモ、サウ斷定セザルヲ得ナイノデアリマス、我國ノ人口ノ密度ハ世界ニ於ケル次第三位デアリマスガ、白耳義ガ一方哩六百六十五人、英吉利ガ三百七十三人、日本ガ三百四十八人デアリマス、成程是等ノ比較カラ見テ白耳義位ノ人口ガ這入ルモノト致シマスレバ、未ダ五千万位ハ内地ニ這入ルト云フコトモ言ヒ得ルノデアリマスケレドモ、申スマデモナク白耳義ハ殆ド平坦ナ國デアッテ、其耕地ノ如キモ總面積ニ對シテ百分ノ五十三以上デアル、然ルニ我國ノ耕地ハ總面積ニ對シテ百分ノ十四デアッテ、十五度以下ノ傾斜ノ地ヲ開拓スルト致シマシテモ尙百分ノ二十六ヲ超ヘナイ、此比例ヨリ致シマスレバ英國ヨリ少シ多イ位シカ人口ガ這入ラヌト思ヒマス、併ナガラ内地ノ今後商工業ノ發達ヲ條件トシテ如何ニ這入リ得ルト見テモ、一千万ヲ超エルコトハ多クナカラウト信ズルノデアリマス、然ルニ一方今日ノ趨勢デハ六十万以上ノ人口ノ增加ヲ見テ、而モ其内一割弱ノ移住シカ見ナイ、斯ウ云フ關係デ進ンダナラバ人口問題ノ上ニ我國ハドシテモ行詰ラナケレバナラヌト考ヘル、ドウシテモ政府トシテハ今後積極的ノ殖民政策ヲ立テナケレバナラヌ、ソレニ付テハドウスルカト申シマスレバ、之ヲ今日ノヤウナ支離滅裂ナヤウナ殖民地ノ行政機關ニ依頼シテ置イテハ、斯ル大事業ハ出來ナイト本員ハ信ズル、中央ニ殖民省ヲ置イテ先キ申シタ殖民行政ヲ統一シテ、移住民ノ幸福ヲ圖ルト云フコトニシ、一方ニ於テハ殖民省ヲ主管トスルトコロノ國務大臣ヲ置イテ、殖民ノコトニ付テ專心之ヲ研究シ、或ハ之ヲ閣議ノ問題トシ、或ハ議會ニ訴ヘ、或ハ國民ノ輿論ヲ喚起シ、又思想ノ上ニ於テモ餘程國民ニ變化ヲ與ヘナケレバ我國ノ殖民ガ盛ニナラヌト云フコトガアリマスカラ、此ニ專任ノ主務大臣ガ出來ナケレバ、是等ノ目的ヲ達スルコトハ出來ナイト本員ハ信ジテ此案ヲ提出シタノデアリマスガ、或ハ事柄ハ善イガ併ナガラ國費多端ノ折カラ、是ガ爲ニ國民ノ負擔ヲ增スト云フコトハ考ヘモノデアルト云フヤウニ、御考ニナル方モアルカモ知ラヌト思フノデアリマスガ、決シテソレハ御心配ハイラヌト信ズル、何故ナレバ現在ノ我殖民行政ヲ整理スレバ、殖民省ヲ置クニ餘リアル費用ヲ得ルト本員ハ信ズルノデアリマス、ソレハ此現在ノ殖民地ノ官吏ハ内地ノ官吏ヨリハ四割乃至八割ノ俸給ノ上ニ於テ加俸ヲ受ケテ居ル、或ハ始メテ殖民地ガ出來タ頃ニ於キマシテハ、サウ云フ事柄モ多少必要ノ事情ガアッタカ知ラヌト思フノデアリマス、ケレドモ今日ハ四割乃至八割ト云フヤウナ大キナ加俸ヲスル必要ハ最早無イト思フノデアリマス、彼等ノ生活ヲ維持セシムル上カラ考ヘ、即チ生活品ノ價ニ付キマシテ考ヘマシテモ、決シテ内地ヨリ高クナイノデアリマス、其他俸給以外ニ幾多ノ特典モアリマスカラ、是等ノ加俸ノ幾分ヲ減ズルコトハ今日ニ於テ差支ナイ、ソレガ爲ニ低能官吏ヲ得ル、内地ノ官吏ニ比シテ惡イ官吏ノミヲ得ルト云フ憂ハナイト思ヒマス、人材供給ハ多イノデアリマスカラ、而シテ此加俸ガ幾何アルカト云フコトヲ調ベテ見マスト云フト、朝鮮ニ於テ二百三十万、臺灣ニ於テモ二百三十万以上アルノデアリマシテ、併セテ五百万以上アルノデアリマス、此中ノ二割ヲ減ズルト致シマシテモ、裕ニ百万圓ヲ出スコトハ出來ル、百万圓アレバ殖民省ヲ置クニ餘リアルト考ヘルノデアリマス、又此加俸ノ問題ハ別ト致シマシテモ、前ニ申上ゲマシタトコロノ、所謂滿洲ノ三ツノ機關、其中ノ關東都督府ヲ廢スルト云フコトハ、却テ此行政ノ統一上宜カラウト云フコトモ考ヘルノデアリマス、都督府ハ御存知ノ通リ民政部ト軍政部トアルケレドモ、軍政部ノ方ハ是ハ朝鮮總督府ニ委任シテ宜カラウト思フノデアリマス、民政ノ方ハ現ニ南滿洲鐵道會社ノ沿線ニ於ケルトコロノ行政ニ關スル或ル事柄、例ヘバ、敎育、產業、土木ト云フ事柄ニ對スル行政ハ、鐵道會社ガ執ッテ居ルノデアリマスカラ、此方面ニ持ッテ行ッテ行政部ヲ移スコトハ差支ナイ、漸ク二百方哩ニ足ラザル關東州、所謂新潟ノ半分ニシカ方ラヌ、關東州ヲ統活スルニ今日約四百五十万圓ノ經費ヲ投ジテ居ル、其内二百万圓ハ年々國庫カラ支給シテ居ル、之ヲ朝鮮總督府ト南滿洲鐵道會社ニ此事務ヲ持ッテ行クコトニ致シマスレバ、少クトモ國庫ノ二百万圓ノ支給ハ省クコトガ出來ルト思フノデアリマス、然レバ此費用ヲ以テ殖民省ヲ置クトレテモ、尙裕ニ餘リアルコトヲ本員ハ信ズルノデアリマス、斯樣ナ次第デアリマシテ、現在ノ殖民行政ヲ統一シ、我帝國ノ殖民政策ノ根本方針ヲ確立シ、是等ノ事柄ヲ爲スニ方ッテ而モ現在ノ殖民行政ノ整理ニ依テ其費用ガ餘リアルト云フコトデアリマスレバ、最早何人モ異存ハアルマイト考ヘル、政府モ之ニ對シテ不同意ヲ唱ヘル論據ハ最早アルマイト考ヘルノデアリマス、帝國ノ運命ヨリ考ヘマシテモ、ドウシテモ斯ノ如キ方針ヲ以テ進ミ、今日ノ勢力範圍ノミナラズ、百年ノ計ヲモ考ヘテ置カナケレバ、是ガ外交上ノ關係ト相結ンデ、將來ニ至大ナル關係ヲ持ッテ居ルト考ヘルノデアリマスルカラ、是非共此際殖民省ヲ設置シタイト考ヘルノデアリマス、願クハ滿場ノ諸君ノ御贊同ヲ得テ、其目的ヲ達シタイト切ニ希望ニ堪ヘヌ次第デアリマス(拍手起ル)

○相島勘次郎君 チョット提出者ニ質問ガアル、是ハ斯ウ云フ議案ハ殆ド理想的ノヤウナコトデアリマシテ、深ク御尋ヲスルニ及バヌヤウナ譯デアリマスガ、併ナガラ斯ウ云フ案ガ與黨ノ方カラ出ルト云フコトニナレバ、何カ政府ト相折衝スル所ガアッテ、或ハ本物ニナルカモ知レマセヌガ、私ハ此場合愼重ニ聞イテ置キタイコトガアル、提出者ハ此殖民行政ノ統一ヲスルト云フコトヲ第一ノ目的ニナサレテ居ルノデアルガ、日本ノ此殖民行政ノ其他ニ付テハ統一モ付カズ、又本統ニ此殖民ト云フ趣意ヲ徹底シナイノハ、何カ病ヲ爲シテ居ルカト云ヘバ、總督政治ガ病ヲ爲シテ居ルノデアル、朝鮮ニ於テ然リ、臺灣ニ於テ然リ、滿洲ニ於テ然リ、此總督政治ト云フモノヲ打拂ッテシマッテ、本統ニ此統一ヲサレルト云フ決心ガナケレバ、斯ウ云フ一ノ省ヲ置イテモ何モナラヌノデス、總督政治ノ弊害ニ付テハドナタモ認メテ居ルノデアリマセウ、ソレ故ニ私ハ斯ウ云フ役所ヲ立ルニ付テハ、總督政治ヲ追拂ッテシマフト云フ所ノ決心アリヤ否ヤト云フコトヲ、第一ニ伺ヒタイ、第二ノ問題ハ、移民殖民ノ御世話ヲナサルト云フコトデアルガ、サウ云フコトノ世話ヲスルタメニ、一ノ省ヲ置カナケレバナラヌト云フコトモアリマスマイカラシテ、斯ウ云フ一ノ省ヲ置イテサウシテ殖民ヲ發達サセヤウト云フコトデアレバ、其主義トシテ世ノ中ノ非難ガアルカモ知レナイケレドモ、此ニ進ンデ侵略的ノ主義ヲ定メル、唯平和ニ何處マデモ亞米利加ニ排日論デモ起レバソレヲ融和シテ行ク、或ハ亞米利加ヘ行ケバ移住國籍問題ヲ望ンデ、亞米利加人デアレバ何處ヘ行ッテモ宜イ、日本人ガ亞米利加人ニナレバ殖民ガ出來ルト云フガ如キ姑息ナルコトデアレバ、一省一官ヲ置ク必要ハナイ、ソレ故ニ殖民省ヲ置イテヤルトスレバ、世ノ非難ヲ顧ミズ飽迄モ侵略主義ヲ執ルト云フコトニ對シテ徹底シタ主義ヲ定メテ御遣リニナルカドウカ、此點ヲ伺ヒタイノデアリマス

○櫻井兵五郎君　御答ヲ致シマス、總督政治ヲ追拂ッテシマフト云フコトハ、ドウ云フ意味カ能ク分リマセヌガ、多分今日ノ總督ノヤウナ權限ヲ持タシテハ、中央ニ一省ヲ置イテモ統一ハ出來マイト云フ意味デアラウト思ヒマスガ、無論其意味デアレバ同意デアリマス、中央ニ一省ヲ置ク以上ハ、豫算ニ關シテモソレニ權力ヲ握ラス、而シテ總督官制ヲ變ヘ統一ヲシナケレバナラヌト考ヘテ居リマス、ソレカラ第二ノ御質問ニ對シテハ、侵略主義ヲ執ッテ進ムカ否ヤト云フ御尋デアリマスガ、私ハ左樣ニ考ヘナイ、侵略カ何カハ知ラヌケレドモ、我帝國ガ此人口增加ノ趨勢ヨリ鑑ミマシテ、大ニ膨脹ヲシナケレバナラヌト云フ運命ヲ持ッテ居ル、此運命ニ對シテ適當ノ施設ヲスルト云フコトガ、政府トシテハ當然ノ責務デアルト斯樣ニ考ヘルノデアリマス、或ハ此目的ノ爲メニ種々ノ障碍ヲ見ルコトハアリマセウ、併ナガラ其場合ニ於テハ、我國家ノ力ヲ以テソレヲ避ケラレルダケハ避ケ、或ハ推進ムダケノコトハ推進ンデ行クト云フコトヲ、根本ニ持ッテ居ラナケレバナラヌト信ジテ居リマス

○福田又一君　本案ハ議長指名九名ノ委員ニ付託シ審査セラレムコトヲ望ミマス

（「異議ナシ異議ナシ」ト呼フ者アリ）

第一　東洋拓殖株式會社法中改正法律案（政府提出）　第一讀會

東洋拓殖株式會社法中改正法律案

東洋拓殖株式會社法中左ノ通リ改正ス

第一條中「韓國」ヲ「朝鮮」ニ、「韓國ニ置ク」ヲ「朝鮮京城ニ置ク」ニ改メ同條ニ左ノ一項ヲ加フ

東洋拓殖株式會社ハ政府ノ認可ヲ受ケ前項以外ノ地域ニ於テ其ノ事業ヲ營ムコトヲ得

第三條中「日韓兩國人」ヲ「日本人」ニ改ム

第四條ノ三　東洋拓殖株式會社ノ株主ノ議決權ハ一株ニ付一箇トス但シ十一株以上ハ十株ヲ増ス毎ニ一箇ヲ加フ

第七條中「四人」ヲ「三人」ニ、「三人」ヲ「二人」ニ改メ「副總裁二人、」ヲ削ル

第八條中「副總裁及理事」ヲ「理事」ニ、同條第二項ヲ左ノ如ク改ム

總裁事故アルトキハ理事中一人其ノ職務ヲ代理シ總裁缺員ノトキハ其ノ職務ヲ行フ

第九條　總裁ハ政府之ヲ命シ其ノ任期ヲ五年トス

理事ハ五十株以上ヲ所有スル株主中ヨリ株主總會ニ於テ二倍ノ候補者ヲ選擧シ政府其ノ中ヨリ之ヲ命シ其ノ任期ヲ四年トス

監事ハ三十株以上ヲ所有スル株主中ヨリ株主總會ニ於テ之ヲ選任シ其ノ任期ヲ二年トス

第十條中「政府」ヲ「朝鮮總督」ニ改メ、「副總裁」ヲ削ル

第十一條　東洋拓殖株式會社ハ左ノ業務ヲ營ムモノトス

一　勸業資金ノ供給

二　拓殖ノ爲必要ナル農業、水利事業及土地ノ取得、經營、處分

三　拓殖ノ爲必要ナル移住民ノ募集及分配

四　移住民ノ爲必要ナル建築物ノ築造、賣買及貸借

五　會社ノ經營スル土地ニ於ケル農業者ニ對シ拓殖ノ爲必要ナル物品ノ供給及其ノ生産シタル物品ノ分配

前項第三號ノ事業ニ付テハ豫メ其ノ計畫ヲ定メ朝鮮總督ノ認可ヲ受クヘシ

第十二條　東洋拓殖株式會社ハ前條ニ掲クルモノヲ除クノ外他ノ業務ヲ營ムコトヲ得ス但シ朝鮮總督ノ認可ヲ受ケタルトキハ此ノ限ニ在ラス

第十二條ノ二　第十一條第一項第一號ノ業務ニ付テハ他ノ業務ト區別シテ其ノ收支ヲ計算スヘシ

朝鮮總督ハ必要アリト認ムルトキハ第十一條第一項第一號以外ノ業務ニ使用スル資金ノ額ヲ制限スルコトヲ得

第十三條　第十一條第一項第一號ノ資金供給ハ左ノ方法ニ依リ之ヲ行フヘシ

一　移住民ニ對シ二十五年以内ノ年賦償還又ハ五年以内ノ定期償還ノ方法ニ依ル移住費ノ貸付

二　生産者ニ對シ其ノ生産物ヲ擔保トスル一年以内ノ貸付

三　三十年以内ノ年賦償還又ハ五年以内ノ定期償還ノ方法ニ依リ不動産ヲ擔保トスル貸付

四　公共團體又ハ特別ノ法令ニ依リ組織シタル産業ニ關スル組合ニ對シ三十年以内ノ年賦償還又ハ五年以内ノ定期償還ノ方法ニ依ル無擔保貸付

五　農業者二十人以上連帶シテ債務ヲ負フ者ニ對シ五年以内ノ定期償還ノ方法ニ依ル無擔保貸付

六　農工銀行又ハ拓殖事業ヲ營ムコトヲ目的トスル會社ノ發行スル債券ノ應募、引受

七　農工銀行ニ對シ其ノ年賦償還貸付金ノ債權及其ノ擔保タル權利ヲ擔保トスル年賦償還ノ方法ニ依ル貸付

八　農工銀行又ハ拓殖事業ヲ營ムコトヲ目的トスル會社ノ債券ヲ質トスル五年以内ノ貸付

九　法令ノ規定ニ依リ設定シタル財團ヲ擔保トスル三十年以内ノ年賦償還又ハ五年以内ノ定期償還ノ方法ニ依ル貸付

前項第一號ノ貸付ニ付テハ豫メ其ノ方法及條件ヲ定メ朝鮮總督ノ認可ヲ受クヘシ

第一項第二號ノ貸付ヲ爲ス場合ニ於テハ手形割引ノ方法ニ依ルコトヲ得

第十三條ノ二　東洋拓殖株式會社ハ定期預リ金ヲ爲スコトヲ得

前項ノ定期預リ金ハ前條第一項第二號又ハ第八號ノ貸付ニ充ツル場合ヲ除クノ外之ヲ使用スルコトヲ得ス

第十四條中「又ハ動産」及但書ヲ削ル

第十五條ニ左ノ但書ヲ加フ

但シ舊債アル場合ニ於テ東洋拓殖株式會社ヨリ借入スル新債ヲ以テ舊債ヲ償還スル效果ニ依リ新債ノ第一順位ノ擔保ト爲ルコトヲ得ヘキトキハ此ノ限ニ在ラス

第二十一條中「若ハ政府」ヲ「若ハ朝鮮總督」ニ改ム

第二十五條　東洋拓殖債券ハ券面金額十圓以上トシ無記名利札附トス但シ應募者又ハ所有者ノ請求ニ因リ記名ト爲スコトヲ得

第二十六條　東洋拓殖株式會社ハ券面金額二十圓以下ノ東洋拓殖債券ヲ發行スル場合ニハ賣出ノ方法ニ依ルコトヲ得此ノ場合ニ於テハ賣出期間ヲ定ムルコトヲ要ス

前項ノ場合ニ於テハ社債申込書ヲ作ルコトヲ要セス

第一項ノ規定ニ依リ發行スル東洋拓殖債券ニハ商號及商法第百七十三條第二號、第四號乃至第六號ニ掲ケタル事項ヲ記載スルコトヲ要ス

商法第二百四條ノ三第一項ノ期間ハ東洋拓殖債券ノ賣出期間滿了ノ日ヨリ之ヲ起算シ其ノ登記スヘキ事項ハ賣出期間內ニ於ケル東洋拓殖債券ノ賣上總額及商法第百七十三條第四號乃至第六號ニ掲ケタル事項トス

賣出ノ方法ニ依リ東洋拓殖債券ヲ發行シタル場合ニ於ケル社債ノ登記ノ申請書ニハ賣出期間內ニ於ケル東洋拓殖債券ノ賣上總額ヲ證スル書面ヲ添附スルコトヲ要ス

第二十六條ノ二　東洋拓殖株式會社ハ賣出ノ方法ニ依リ東洋拓殖債券ヲ發行セムトスルトキハ賣出期間及商法第二百三條第二項第一號乃至第三號ニ掲ケタル事項ヲ公告スヘシ

第二十九條ノ二　東洋拓殖株式會社ハ政府ノ認可ヲ受ケタルトキハ東洋拓殖債券ヲ償還スル場合ニ於テ割增金ヲ附與スルコトヲ得

第三十條ニ左ノ但書ヲ加フ

但シ償還ノ場合ニ於テ割增金ヲ附與スル債券ハ此ノ限ニ在ラス

第三十三條中「韓國政府ノ任命シタル監理官ト共同シテ」ヲ削ル

第三十六條及第三十七條中「政府」ヲ「朝鮮總督」ニ改ム

第三十七條ノ二　東洋拓殖株式會社貸付金ノ利子及割引料ノ最高步合ハ每營業年度ノ初ニ於テ朝鮮總督ノ認可ヲ受クヘシ

第三十八條中「政府ノ」ヲ削ル

第三十九條中「八年」ヲ「十六年」ニ改ム

第四十一條中「副總裁」及「副總裁又ハ理事」ヲ「理事」ニ改メ「政府ノ」ヲ削リ同條第三號及第五號ヲ左ノ如ク改ム

三　第十二條ノ二第一項ノ規定ニ違反シタルトキ、同條第二項ノ規定ニ基キ發シタル命令ニ違反シタルトキ又ハ第十三條、第十三條ノ二第二項、第十四條乃至第十七條ノ規定ニ違反シ資金ヲ供給シタルトキ

五　第二十三條又ハ第二十六條ノ二ノ規定ニ違反シ東洋拓殖債券ヲ發行シタルトキ

第四十二條中「副總裁」ヲ削ル

附　則

本法施行ノ際現ニ副總裁及理事タル者ニ關シテハ仍從前ノ例ニ依ル

（內務大臣法學博士一木喜德郎君登壇）

○內務大臣（法學博士一木喜德郎君）　東洋拓殖株式會社ハ明治四十一年ニ日韓兩國ノ法律ヲ以テ設立致シマシタ、其會社ノ設立ノ目的ハ御承知ノ如ク、韓國ニ於テ農業ヲ營ミ、拓殖上必要ナル資金ヲ供給シ、又內地人ヲ韓國ニ移民ヲ致シテ、其土地ノ開發ヲ計ルト云フコトニ在リマシタノデアリマス、然ルニ朝鮮併合ノ今日ニ於キマシテハ、此會社ニ關シマスル法文ノ改正ヲ要シマスル點モ少クナイノミナラズ、又其事業ヲシテ朝鮮統治ノ方針ニ吻合セシムルノ必要モゴザイマス、更ニ會社ノ金融部ヲ擴張致シマシテ、之ヲシテ勸業資金供給ノ中央機關タラシメマスルト同時ニ、移民ヲ初メト致シ、水利事業、其外拓殖上必要ナル事業ノ發展ヲ圖リマシテ、更ニ政府ノ許可ヲ得マシテ朝鮮以外ニ於テモ其事業ヲ伸張スルノ運ヲ開クコトヲ適當ナリト考ヘマシテ、之ガ爲ニ會社ノ基礎ヲ安固ニ致シ、其事業ノ發展ヲ期スルノ必要上、今後八年間ヲ期シテ從來ノ補給ヲ繼續致シマスル趣旨ヲ以テ本案提出致シタノデゴザイマス、何卒御審議ノ上ニ御協贊アランコトヲ希望致シマス

○議長（島田三郎君）　質疑ノ通告ガアリマス、森田小六郎君

○森田小六郎君　私ハ委員會ニ於テ詳細ノ質問ヲ致ス積リデゴザイマスカラ、本日ハ簡單ニ二三ノ點ニ付テ質問ヲ致シマス、我國ノ特殊會社デ事業ノ成績ガ極メテ劣惡デ最モ不評ナルモノハ東洋拓殖會社デアリマス、此東洋拓殖會社ノ事業ガ全部失敗ニ歸シテ居ルト云フコトハ公平ナル世論デアリマシテ、又識者ノ考モ一致シテ居リマス、所謂此東洋拓殖會社ナルモノハ拓殖ノ能力ナキモノト認定スルコトガ出來ルノデアリマス、此無能力ナル東洋拓殖會社ヲシテ單リ朝鮮ニ於テ拓殖事業ヲ營マシムルノミナラズ、更ニ進ンデ滿洲方面ニマデ手ヲ延バシテ拓殖ノ事業ヲサセルト云フヤウナ、進ンデ業務ヲ擴張セシムル必要竝ニ理由何處ニ在ルヤ、是ガ第一ノ質問デアリマス、第二ハ東洋拓殖會社ニ補給スル所ノ三十万圓ノ金ハ移民ノ取扱費デアリマス、然ルニ此東洋拓殖會社ノ主タル業務ノ一デアル卽チ現行ノ東洋拓殖會社法ノ第十一條第五號、拓殖ノ爲ニ必要ナル移住民ノ補充竝ニ分配トアル、此麗々シク飾ヲ打ッテ出タ所ノ會社ノ移民取扱ノ業務ハドウデアルカト云フト、是亦失敗デアル、新定員數ノ四分ノ一ニモ五分ノ一ニモ足ラザル所ノ少數ナル移民ヲ各地ニ移住セシメタノデアリマス、斯ウ云フ移民事業ニ於テ明カニ失敗ヲ致シテ居リマスル所ノ東洋拓殖會社ニ對シテ、更ニ此移民事業ヲ繼續セシムルガ爲ニ、三十万圓ノ金ヲ補給スル、ソレモ國庫ニ十分ナル餘裕ガアレバ可ナリ、然ルニ政府ノ國帑ガ非常ニ缺乏シテ居ル、窮迫ヲ告ゲテ居ル際ニ此不振ノ事業ヲ續行セシムル爲ニ莫大ナル三十万圓ト云フ額ヲ今後引續キ八箇年モ繼續シテ支給スル必要何處ニ在ルヤ、第三トシテ御伺ヒシタイノハ此監督權ノ關係デアリマス、東洋拓殖會社ナルモノハ其設立當時ニ於テハ之ヲ經營スルモノハ日韓人合同デアリマス、然ルニ改正案ニ依レバ主トシテ日本人ガ――專ラ悉ク日本人ガ經營スルト云フコトニナッテ居ル、此拓殖會社ハ朝鮮ニ在ル會社デアリマスケレドモ、殆ド內地人ノ會社ト言ッテ差支ナイ、此東洋拓殖會社設立ノ當時ト今日ト比ブレバ、殆ド隔世ノ感ガアルガ如ク進步シテ事情ガ違ッテ居ルノデアリマス、此際ニ日本政府ガ之ヲ直轄セズシテ何故ニ朝鮮總督ニ之ヲ專管セシムルノデアルカ、之ヲ御伺ヒシタイノデアリマス、尙東洋拓殖會社ハ資金ガ殆ド缺乏シテ居ル、固定ヲシテシマッテ居ル、而モ資金ノ貸出ニ付テハイロイロノ情實ガアルト云フコトヲ聞イテ居リマス、此點ニ於テ東洋拓殖會社ハ不信任デアル、然ルニ此會社ガ新ニ無記名利札附ノ債券ヲ發行セサル、是ハ私ノ想像スル所ニ據レバ既ニ無能ナル亂暴ナル重役ガ、會社ノ資金ヲ支出シ盡シタ爲ニ、之ヲ補給スルガ爲ニ斯ウ云フ窮策ヲ考ヘタモノデアル、斯ウ認メルノ外ナイノデアリマス、サウシテ政府ハ一方ニ於テ滿洲銀行ト云フモノヲ今設立セントシテ居ルノデアリマス、恐クハ是ハ近キ將來ニ於テ設立サルベキモノデアル、シテ見ルト云フト此東洋拓殖會社ニ新ニ許シタ所ノ或ル業務ハ、大ニ此滿洲銀行ノ業務ヲ紊亂スルモノデハナイカト云フコトヲ第四問トシテ御伺ヒ致シマス、尙御伺ヒシタイコトハ多々アリマスケレドモ、詳細ニ於テハ委員會ニ於テ御尋ネスル考デアリマスカラ、今日ハ第四點ニ付テ簡單ニ質問シテ明確ナル御答辯ヲ願ヒマス

（政府委員荒井賢太郎君登壇）

○政府委員（荒井賢太郎君）　唯今ノ御質問ニ對シテ御答ヲ致シマス、第一點ノ御質問ハ東洋拓殖會社ヲシテ朝鮮以外ノ土地ニマデ其業務ノ擴張ヲ計ラセルト云フコトハ效力ガ無カラウト思フ、從來ノ成績ニ徵シテ效力ナシト思フガ如何ナル必要アルカ（「高聲ニ願ヒマス」ト呼フ者アリ）ト云フ御質問ノヤウデス、政府ハ拓殖會社ヲシテ朝鮮ト密接ノ關係ヲ有ッテ居ル地方ニ對シテ、拓殖會社ノ業務ヲ擴張スルト云フコトハ、經營上必要ト認メテ居ル、ソレデ拓殖會社ガ從來ノ成績ニ顧ミテ、斯カル事ヲ爲シテモ其效ガ擧ガルマイト云フ御說デアリマスガ、政府ノ見ル所ニ於テハ拓殖會社ヲシテ斯樣ナコトヲ爲サシムルノハ最モ適當ナ施設デアラウト思ヒマスカラ、此方ハ政府ハ朝鮮ト密接ノ關係ヲ有スル地方ニ於テハ拓殖會社ヲシテ働キヲサセタイ、斯ウ云フ考ヲ有ッテ居リマス、第二點ノ移民ノ成績ガ從來餘リ思ハシクナイガ、ソレニ對シテ尙三十万圓ノ補助ヲ繼續スルト云フコトハ如何デアラウカ、斯ウ云フ御說デアリマスガ、是ハ政府ノ方デハ拓殖會社ノ移民ト云フコトハ尙必要ヲ認メテ居リマス、成程移民ハ當初拓殖會社ヲ

設立シタ時ノ豫期ノ通リニ參ラナイノデアリマス、是ハ屢々申上ゲマシタガ、其當時ノ考ト多少實際ノ事情ガ異ナルガ爲メニ參リマセヌガ、サレバトテ拓殖會社ノ朝鮮ニ於ケル移民ヲ效力ナイト云フコトハ申サレナイ、政府ハ十分ニ其必要ヲ認メテ居リマスカラ、今後モ此移民其他金融業務ヲ發展サセルニ付テハ相當ノ補助ヲ必要ト認メマシテ、今回法案ノ改正ヲ致スコトニシタ譯デアリマス、ソレカラ第三ニ監督權ヲ朝鮮總督ノ手ニ移シタト云フノハ如何ナル譯デアルカト云フ御質問デアリマスガ、是ハ監督權ヲ朝鮮總督ノ手ニ移シハ致シマセヌ、法文ヲ御覽下サルト分リマスガ、唯朝鮮ノ總督ガ唯今マデヤッテ居リマスル、例ヘバ利益ノ分配デアルトカ、ソレカラ重役ガ他ノ業務ニ從事スル場合ニハ認可ヲ取レ、斯ウ云フコトハ業務ノ直接ノ問題デアリマスカラ、明瞭ニ致ス爲メニ朝鮮總督ト書イタニ過ギナイノデアル、從來ト一向異ナッタコトハナイ譯デアリマスカラ御承知ヲ願ヒマス、ソレカラ無記名債券ヲ發行サセルト云フコトハ、何等カ會社ノ資金ノ都合上發行サセルノデナイカト云フヤウナ御質問デアリマシタガ、是ハ會社ヲシテ金額業務ノ擴張ヲ計ラセル以上ハ、成ルベク資金ヲ得ル方法ニ便利ノ方法ヲ執ッタガ宜カラウ斯ウ云フコトカラシテ無記名債券ヲ發行サセルト云フコトニ致シマシタノデゴザイマスカラ左樣御承知ヲ願ヒマス、ソレカラ滿洲銀行トノ抵觸ハナイカト云フコトデアリマシタガ、是ハ抵觸ハナイ見込デアリマス、ト云フノハ此朝鮮以外ニ於ケル業務ハ政府ノ認可ヲ經テ致スコトデゴザイマスカラ、無論其間ニ調和ヲ得ルヤウニシテ致シマスカラ、抵觸ノ憂ハナカラウ

○議長（島田三郎君）　質疑ハ盡キタト認メマス——日程第二ニ移リマス、右議案ノ審査ヲ付託スベキ委員ノ選擧、之ヲ議題ニ致シマス

第二　右議案ノ審査ヲ付託スヘキ委員ノ選擧

○福田又一君　本案ヲ議長指名十八名ノ特別委員ニ付託シ審査セラレンコトヲ望ミマス

（「異議ナシ異議ナシ」ト呼フ者アリ）

○議長（島田三郎君）　福田君ノ議ニ御異議ガナイト認メマス、議長指名十八名ノ委員ニ付託スルコトニ決シマス、此際明治三十九年法律第三十一號中改正法律案ノ委員會ヲ開キタイト云フ委員長小山松壽君ノ請求ガアリマス、御異議ハアリマセヌカ

（「異議ナシ異議ナシ」ト呼フ者アリ）

○農商務大臣（河野廣中君）　奬勵ト云フコトノ途ハ即チ鑛石ノ量ヲスッカリ調ベルシ、ソレカラ設計ヲ爲スニ付テノコトヤ、或ハ技術ノ養成其他ニ付テ及ブダケノ力ヲ注グ、資本ト云フコトニハチョットモ觸レテ居リマセヌカラ或ハ補助スルトモセヌトモ云フ、是ハ資本ノコトハ除ケテアリマスカラ左樣御承知ヲ願ヒマス、ソレカラ設計ニ付テノ即チ企業ヲシテ之ヲ斯樣ニ致ス積リデアル、此場所ニ斯樣ナコトヲヤル積リデアルト云フコトニ對シテ設計等ノコトノ御考ガアッテ、若クハ不十分ナコトガアル、多少ノ裨補スル所ガアルト云フ考ヲ以テ、製鐵所ノ方ヘ御廻シ御相談下サリマスレバ必ズ應ジテ自ヲ信ズル所ヲ御答ヲ致スヤウニスルコトハ無論ノコト、存ジテ居リマス、其事ヲ申上ゲマス、ソレカラ鑛石ノコトハ――チョット鑛石ニドウ云フコトノ御話デアリマスカチョット……

○古谷久綱君　私ノ伺ヒマシタノハ鑛石ニ關係スルノ奬勵ト農商務大臣ノ仰シャルノハ如何ナル意味デ仰シャルノデアルカ、唯今ノ御話ニ據ルト實際上調査ヲスルト云フヤウニ承リマシタガ、ソレニ承ッテ宜イノデアリマスカ

○農商務大臣（河野廣中君）　鑛石ノ方ニ對シテハ、是レガ技師ヲ派シテ現ニ調ベテ居ルノデ、各地日本乃至朝鮮滿蒙其他ニモマダアルノデアリマス、是ハ其通リ宜シウゴザイマス、調ベテアリマス、調ベテアリマスケレドモ尚之ヲ完了致シタク存ジテ居リマス、即チモウ少シ其上ニ調ベテ居ルノデ調査ヲ完了致シマシテ、サウシテ大ニ企業家ノ便ヲ圖リタイト云フ考デ鑛石ニ對シテハ……（「宜シイ」「分リマシタ」ト呼フ者アリ）

○古谷久綱君　サウシマスト云フト農商務大臣ノ鐵ノ民業奬勵ト云フ御考ヘ、資金ノ事ニハ一切觸レルノデハナイ、鑛石ノコトハ段々調査ヲスルノデアル、而シテ設計等ノコトハ持ッテ行ッタナラバ見テヤルト、是位ノ奬勵ノ御考ト承ッテ宜イノデアリマスカ

○農商務大臣（河野廣中君）　アナタノ御尋ハ資金ヲ補助スルト云フコトデアリマシタガ、其資金ト云フモノハ私ノ議論中ニ――演說中ニ其事ハ申上ゲナイト云フノデアリマス、是ハ資金ニ關シテハ助成ヲスルトモセヌトモ其事ヲ一向申上ゲマセナカッタ、所謂私ノ述ベタコトヲ御間違ヒニナッタンデアルカ、御聞取リニナッテ居ッタナラバ私ノ言違ヒカ知ラヌガ、資金ニ對シテ言ハヌノデ、ソレカラモウ一ツハ之モ申述ベテ置カヌケレバナラヌト云フノハ、官業ト云フ此枝光製鐵所ノ第三期ノ擴張ヲ致シタナラバ、是デ官營トシテ枝光ノ擴張ヲスルトカ云フコトハ致シマセヌト云フコトヲ申上ゲテ置キマシタ（「分リマシタ」ト呼フ者アリ）宜シウゴザイマセウカ、ソコデ一方ニハ官營ノ即チ委員會ガ之ヲ官營ニスルヤ民營ニ移スヤト云フ委員會ガ開ケタノデアル、ソコデ此委員會ノ決定ヲ俟タンケレバナラヌノデアル、官營民營若クハ半官半民等ニ付テハ御答致シマセヌト申上ゲテ置キマス、枝光ノ製鐵所ヲ第三期第四期第五期ト擴張スルヤ否ヤト云フコトハ、即チ第三期ヲ以テ打切ル積リデアルト斯ウ申上ゲタノデアリマス

（「明瞭」ト呼フ者アリ）

大正五年二月十六日　議長ノ報告

在外同胞迫害事件續出ニ關スル質問主意書

右成規ニ據リ提出候也

大正五年二月八日

提出者　佐々木安五郎

賛成者　古島一雄

外二十九人

在外同胞迫害事件續出ニ關スル質問主意書

一　大正四年四月十日蘭領ホルネオランダー州ニ於テ護謨栽培事業ニ從事セル邦人中村桃太郎カ「イリツプナッツ」(搾油ノ原料)買入ノ爲ムラモン地方ニ出張中蘭人中尉ノ指揮スル軍隊ノ爲ニ何等ノ理由モナク捕縛セラレ銃口ヲ腹背前後ニ擬セラレ危クモ銃殺セラレムトセル事件ハ全ク蘭國政廳ノ内意ヲ受ケテ日本人トダイヤ土人トノ商業取引ヲ阻碍スル目的ニ出テ兵力ヲ以テ我カ國威ヲ凌辱セルモノタルヤ明ナルニモ拘ラス外務省ハ之カ善後處分ヲ講スルコト頗ル緩漫ニシテ爾來殆ト一箇年ニ垂ムトスル今日ニ至ル迄未タ何等交渉ノ結果ヲ告ケサルハ如何ナル理由ニ依ルヤ若今猶交渉中ナリト言ハハ其ノ進捗ノ現狀程度如何

二　日韓合併以後ハ鮮人亦我カ　陛下ノ赤子ニシテ大日本帝國民ノ同胞ノ一タルヤ論ナシ而シテ間島在住鮮人ノ離合ハ新條約ノ確實ニ施行セラルルト否トニ係ハルノミナラス延テハ全朝鮮二千萬人口ノ向背ニ影響セムトス然ルニ支那官憲ハ依然間島協約ヲ固守シ鮮人ニ對スル法權ノ執行毫モ從來ト異ナラス最近ニ至リ極力其ノ歸化ヲ勸誘シ應セサル者ニ對シテハ土地所有權ヲ附與セス無法ノ壓迫ヲ加ヘ帝國ノ權利ハ殆ト無視蹂躪セラル爲ニ二十萬ノ在住鮮人ハ進退兩難ノ苦境ニ陷リ新條約ノ不實行ニ對シ悲觀恐嗟ノ聲高ク既ニ支那ニ入籍ノ手續ヲ爲セル者約五六千名ニ上リ尚續々出願者多シ蓋レ間島ハ滿蒙ニ於ケル鮮人ノ發展上最重要ノ階梯タリ故ニ此ノ地ニ於ケル利權ノ得喪ハ啻ニ在滿洲鮮人五十萬ノ休戚ニ關スルノミナラス更ニ滿蒙開發ニ多大ノ影響ヲ及ホサムトス之ニ對スル政府ノ所見及其ノ處置如何

右及質問候也

一　在外同胞迫害事件續出ニ關スル質問（佐々木安五郎君提出）

（佐々木安五郎君登壇）

○佐々木安五郎君　私ノ質問ハ在外同胞迫害事件續出ニ關スル質問デス、迫害事件ノ質問デハアリマセヌ、迫害事件續出ニ關スル質問デアリマス、一度ナラズ二度ナラズ、三度モ四度モ在外ノ同胞ガ迫害ヲサレル、其迫害ヲサレルニ就テ内閣ハ如何ナル處置處分ヲ執ッテ居ルカ、是ガ承リタイ、現内閣ノ外交ノ失態タルヤ殆ド年中行事ノ如クニナッテ居ルノデアル、之ヲ列擧スレバ列擧スルニ遑ナイ程アリマス、殊ニ外國ニ居ル吾々同胞ガ他ノ官憲若クハ人民カラ迫害サレルコトノ數ノ多イト云フコトハ、殆ド數フルニ遑ナイ程アリマス、之ヲ一々此壇上ニ於テ申述ベマスレバ日モ亦足ラズト云フ譯デアリマスカラ、其中ノ最モ著明ニシテ最モ重大ナルモノヲ摘シテ、極ク簡單ニ要領ヲ得ル爲ニ御尋シタイト云フ譯デアリマス、第一ノ事件ハ大正四年四月十日ニ起ッタ事件デ、今年ハ大正五年、大正四年四月十日ニ起ッタ事件ヲ大正五年度ニ至ッテ質問スルト云フコトハ、質問ガ後レタノデハナイノデアル、其事件ノ善後處分ヲ講ズルコトガ後レテ居ルカラ、善後處分ノ催促ヲスベク今日ニ及ンデ之ヲ問ハザルヲ得ヌ譯ニナリマシタノデス、起ッタ事件ハ蘭領ハ東印度「ボルネオ」ノ「ランダー」州「スポパッツ」ト云フ所ニ於テ、日本ノ同胞元島作太郎ト云フ人ガ十何年間風雨寒暑ト戰ッテ、而シテ和蘭政府カラハ永住權ヲ得タル正當ナル權利ノ下ニ「ゴム」栽培ヲヤッテ居ル、其元島ノ使傭人ニナッテ居ル日本人デ中村桃太郎ト云フ人ガ居ル、此人ガ「テンカワン」ト云フ果物ヲ買收スベク「スポパッツ」ト云フ所ニ出テ行ッタ時ニ、和蘭ノ陸軍中尉、是ガ十六名ノ兵隊ヲ率ヰテ來テ、理不盡ニモ我ガ同胞デアル中村桃太郎其人ノ事務所ノ中ニ亂入シテ、旅行券ヲ示スニモ拘ハラズ何ガ故ニ此ノ如キ處ニ來ルカ、斯樣ナ處ニ來ルト云フコトハ斷ジテ許サヌト云フ無禮ナル言辭ヲ加ヘルマデナラバマダ忍バレルケレドモ、更ニ捕縛ヲシテ、而シテ兵隊ニ命ジテ其脊中ト其腹ニ當ッテ銃口ヲ擬シテ、既ニ此日本ノ同胞ヲ擊ツバカリニ脅迫ヲシタノデアル、其時ニ同胞中村桃太郎其人ハ擊ツナラバ擊ッテ見ヨ、此日本ノ國民ヲ擊ツト云フ責任ハオ前達ガ著ネバナラヌカラ、其責任ヲ自覺スルナラバ何時デモ擊ッテ宜シイト言ッテ泰然トシテ驚カザリシガ爲ニ、彼ノ和蘭人ノ兵隊及之ヲ率ユル所ノ尉官ハ其迫害ヲ止メタ、併シ其後之ヲ法廷ニ訴ヘタ所ガ、和蘭政廳ニ於テハ日本人ノ言フコトヲ聽カザルノミナラズ、却テ日本人ニ向ッテ飽迄モ侮辱ヲ加ヘル、凌辱スル、ソレニ耐ヘ兼テ元島及中村其人ガ新嘉坡ニ居ル所ノ日本ノ領事ニ向ッテ、其裁定ヲ覓フタ所ガ、日本ノ領事館カラ派遣シタ渡邊書記生ガ往ッタ時ニ、和蘭人自カラハ上等ニ乘リ而シテ日本カラ往ッタ日本ノ外務省ノ書記生ヲ三等デナケレバ乘セルコトガナラヌト云フヤウナ侮辱ヲ與ヘテ居ル、此事件タルヤ元何カラ起因シタカト云フト、蘭領「ボルネオ」ニ於テ「ダイヤック」民族ガ――此「ダイヤック」民族ハ臺灣ノ生蕃ノ内ニモ其一部ガ「ダイヤック」民族トシテ渡來シテ居ルヤウニ思ヒマスガ、和蘭及馬來人ニ於テハ「ダイヤック」ト云フ人種ヲ統御スル能力ガナイ、「ダイヤック」ト云フ其人種ハ和蘭人及馬來人ニ向ッテ彼等ガ横暴ナル處置ヲスルカラ之ニ抵抗スルト云フ形跡ガアル、獨リ日本人ニ向ッテハ此「ダイヤック」ト云フ人種ガ非常ニ歡迎ヲスル、サウシテ日本人トナラバ商賣ノ取引ガシタイ、終ニ日本人ノ居ル所ノ護謨園ノ附近ニ於テ「ダイヤック」民族ガ村落ヲ拵ヘルト云フ程ニ慕ウテ來タ、之ヲ和蘭ノ政府及政府ニ使ハレテ居ル役人ガ、猜疑ノ眼ヲ以テ見テ、「ダイヤック」民族ガ此ノ如ク日本人ヲ慕フ以上ハ、將來「ボルネオ」ノ土地ハ日本人カラ掠奪デモセラレヤセヌカト云フヤウナ事ヲ考ヘタラシク、是ニ於テ少シデモ缺點ノアルコトガ見付カッタナラバ、ソレヲ名ニシテ日本人ヲ迫害シヤウトタクランデ居ッタ、所ガ日本人ニハ別ニ缺點ガナイ、無イニ依ッテ仕方ガナイカラ「ダイヤック」民族ヲ拷問ニカケテ、日本人ハ「ダイヤック」民族ヲ使嗾シテ和蘭政府ニ反抗ヲ試ミセシムルモノナリト云フヤウナ不埒極マル所ノ捏造ノ辭ヲ以テ、而シテ此日本人ノ總テノ權力總テノ勢力ト云フモノヲ「ボルネオ」カラ一掃シヤウトカカッタノデアル、是ガ此事件ノ裡面ニ伏在シテ居ル所ノ問題デアリマス、所ガ唯今ノ日本トシテハ政府ノ外交ガ無能ナルガタメニ、東ノ方ニ於テハ亞米利加ニ於テ排日ヲ喰フテ居ル、南ニ至ッテ濠洲――同盟國タル所ノ英國領分ニスラ排日ヲ喰ヒ、西支那大陸ニ於テモ排日ヲ喰ウテ居ル、今日此際日本人ガ僅ニ發展ノ曙光ヲ認メ得ル所ト云フタナラバ蘭領東印度ヨリ外ニハナイノデアル、此東印度ニ行ケバ永住權サヘ得サヘスレバ七十五年ノ間土地ヲ賃借スルコトガ出來ルト云フコトハ、條約ニ於テ明カニ規定シテアル、元島作太郎其人ハ永住權ヲ得ルダケノ資格ヲ有シテ居ル人間デアル、而シテ年來正當ナル仕事ヲシテ居ル人間デアル、其人間ガ和蘭政廳ノ役人ノ使嗾ニカヽハル者ノ爲メニ迫害ヲサレタ、是ガ大正四年四月十日ノ事、此實況ヲ訴ヘルベク元島、中村ト云フ人ハソレ〳〵手段ヲ盡シテ、中村其人ハ既ニ昨年日本マデ歸ッテ其事ヲ當局ニモ訴ッタラシイ、御用新聞ノ隨一ヲ以テ聞ユル報知新聞ニモ其時ノ事情ガ出テ居ル、政府タルモノハ御用新聞ヲ讀マヌト云フコトハナイト云フ譯デアレバ、既ニ御承知ノコト、思ハレル、然ルニ大正四年四月十日ニ起ッタ事件ガ、今日マデ其善後處分ニ付テハ如何ナルコトガ捗ッテ居ルカト云フコトニ付テハ、外務省ニ行ッテ之ニ關係セル者ニ問フト、唯今照會中デアルト云フコトバカリ言ッテ居ル、何デ照會スルカ、手紙デ照會シテ居ル、電報デハ金ガカヽルト云フ話、外務省其者ニハ機密費ガナイカ、吾々衆議院ガ外務省ノ機密費ニ協贊ヲ與フルノハ、日本ノ同胞ノ權利ヲ守ッテ貰フ爲メニ機密費ヲ出スコトヲ吝マヌノデアル、然ルニモ拘ラズ、斯ノ如ク國家發展ノ先鋒隊トシテ硝煙彈雨ノ間ニ起臥スル同胞ヲ見殺シニスルト云フコトニ付テ、何故ニ機密費ヲ吝ムノデアル、電報ヲヤッタナラバ直グ返事ガ來ルガ、外務省ノ考ハ日獨戰爭ノ時ニ二十四時間デ濟ムベキモノヲ、獨逸ノ電報ハ遲カラウト云ッテ三週間待ッタ程ノ寛大ナル御方デアルカラ、或ハ和蘭ニ向ッテノ電報ガ半年掛ルカ、一年掛ルカト云フヤウナ御配慮ガアルカモ知ラヌケレドモ、是ハ電報其者ノ效力ヲ御存ジナイト云ッテモ宜イ、電報ト云フモノハソンナニ暇ノ掛ルモノデナイ、其後ノ經過ハ如何ニナッテ居ルカト云フコトヲ問フト、唯今照會中――唯今照會中、照會中ト云フ言葉ヲ以テ吾々日本人ノ耳及目カラ此事實ガ忘レ去ラレルヲ待ッテ居ルヤウナ形跡ガ見エル、怪シカラヌ話デアル、斯ノ如キコトハ一刻ヲ爭フ大問題デアルカラ、政府トシテハ何ハ擱イテモ國權ノ屈辱ニ關スル事デアル、第一番ニ

是ハヤッテ貰ハナケレバナラヌ所ノ問題デアル、所ガ私ハ今日モ質問ヲスルト云フ時ニ臨ン
デ、外務省ノ柴參政官ガ此事件ハ相手ノ役人ハ皆處分濟ニナッタ、斯ウ云フコトヲ言ッ
テ私ノ處ニ來ラレタ、是ハ公式ノ返答デハナイ、非公式デアルケレドモ、私ノ席ニ來テ此
事件ニ關スル先方ノ役人ハ罷職免職ニナッタト云フコトノ御話ガアッタ、誠ニ結構デアル、
併ナガラ罷職免職ニナッタト云フ其言葉ノミデ滿足ヲ表スルコトガ出來ルカ、私ハ出來ナ
イ、ナゼ出來ナイト云フト當該官吏ヲ罷免サセテソレデ腹癒レヲスルト云フコトハ、從來
支那方面ニ向ッテ凌辱ヲ蒙ッタ時ニ於テ屢〻現ハレタコトデアル、所ガ向フノ政府ノ大方
針ト云フモノガ、日本ニ向ッテ無禮ヲスルト如何ナルコトニナルカモ知ラヌト云フ一種ノ畏
敬心ヲ起サシメザル限リハ、出先キニ居ル役人ヲ何人代ヘタ所ガ、第一ノ役人ヲ免職シ
テ第二ノ役人ニナッテモ、第二ノ役人ハヤハリ第一ノ役人ノヤッタコトヲヤッテ居ル、殷鑑
遠カラズ支那ニ於ケルトコロノ凌辱事件ヲ數ヘテ來レバ、悉ク此大失態ニ陷ッテ居ルノデ
アル、ソコデ向フノ政府ヲシテ日本人ニ向ッテ指一本デモ當テルト云フコトハナラヌト云フ
觀念ヲ抱カシメルニハ、當該官吏ノ罷職免職位デソレデ結構デアルト云ッテ濟マスベキモ
ノデナイ、罷職免職ハ當リ前ノ話、ソレヨリ以上進ンデ日本カラ損害賠償ナリ其他ノコ
トヲ請求セネバナラヌ、諸君ハ記憶シテ居ラレルダラウ、獨逸ノ宣教師ガ二名殺サレタガ
ケテ膠州灣ヲ占領サレタ、宣教師二名殺サレタダケデ膠州灣ヲ占領シタ獨逸ハ、或ル方
面カラ見レバ餘リ慘酷ノヤウニ見エルケレドモ、爾來獨逸人ニ一人デモ指ヲ當テタナラバ
州ノ一州二州、縣ノ一縣二縣ハ直グ横取リサレルト云フ恐怖心ヲ與ヘル爲メ、二名ノ
宣教師ガ殺サレタ以來獨逸人ガ旅行中ニ於テ何處デ殺サレタコトガアル、曾テ哈爾賓ニ
於テ一人ノ露西亞人ガ支那人カラ殺サレタト云フガ爲メニ、露西亞ハ軍隊ヲ以テ支那
ノ役所ヲ取リ圍ンダ、是ガ爲メニ支那人ハ露西亞人ニ對シテ無禮ヲスルトドウ云フ目ニ逢
フヤ知ラヌト云フコトデ、爾來露西亞人ト云フモノガ支那ヲ横行濶歩シテ居ル、一人デ
モ殺サレタ者ガアルカ、然ルニ日本人ハドウデス、今日ニ至ルマデ支那人カラ迫害サレタ
ト云フコトハ頻々トシテ起ル、毎日殆ド新聞ト云フ新聞ヲ見レバ一日ニ日本人ガ迫害サ
レタ事件ガ一ツ二ツ見エナイコトハナイト云フノハ何ノ爲メデアルカト云ヘバ、ツマリ當該官
吏ヲ罷職免職ヲシサヘスレバソレデ濟マシテヤルト云フヤウナ姑息ノヤリ方ヲシテ居ルカラ、
當該官吏ヲ代ヘタト云ッテモ亦後トカラ第二第三ノ同ジヤウナ者ヲ以テ、政府ノ内意ヲ
受ケタ者ガ同ジヤウナ手段ヲ何遍モ繰返シテ居ル、又日本人ガ迫害ヲ被レバ又代ヘテヤ
ル、代ヘタ人間ガ又日本人ヲ迫害スル、是デハ際限ガナイ、故ニ柴參政官ガ非公式ニ
態〻私ノ席マデ御苦勞下サッタ厚意ハ感謝シテ置クガ、當該官吏ヲ罷職免職シタ位ノ
コトデハヤハリ方ガ頗ル手緩ルイト思フ、頗ル緩漫デアルト思フ、斯カルコトガ度重ナレバ世
界ノ一番弱國ト言ハレタル和蘭カラ蹴飛サレテ、刎ネ飛バサレルト云フコトニナルノミ
ナラズ、將ニ日本人ガ是カラ大ニ發展ヲセネバナラヌト云フトコロノ南ニ向フトコロノ口ヲ
塞ガレテ、年々六十万ト云フ人口ガ殖ヘル、此人間ガ自分ノ同胞ノヤリ場ニ困ル、日本
ノ國ノ内デ蒸死、餓死、蒸シ殺サレルト云フコトハ蓋シ遠カラザルコト、私ハ信ズルノデア
ル、政府ハ當該官吏ノ罷職免職位ノコトデ滿足ヲスルノデアルカ、更ニ進ンデ日本人ノ
權利ヲ確保スベキ何事カノ要求ヲシテ居ルカ、此點ニ付テ明瞭ナル答辯ヲ承リタイ、是
ガ第一箇條、第二箇條ハ間島――日本ノ領分ニナッテ居ル間島、此間島ニ居ル所ノ朝
鮮人――朝鮮人ト雖モ今日ハ我　陛下ノ赤子デアル、我日本帝國ノ同胞ノ一人デア
ル、此同胞ノ一人デアル朝鮮人ガ唯今如何ナル境遇ニアルカト云フコトデス、政府ハ對
支新條約ガ――加藤外務大臣ガ行ッタル對支新條約ガ間島ニマデモ其效力ガ及ボス
モノダト云フタニモ拘ラズ、效力ノ及ンダコトガ今日一向見エヌガドウダ、支那官憲ハ有
ユル壓迫ヲシテ居ル、朝鮮人ニ向ッテ支那ノ國籍ニ歸化セザル以下ハ土地所有權ヲ與
ヘヌ、日本ノ對支新條約ト云フモノハ間島ニ於テハ效力ガナイモノデアルト云フコトヲ聲言
シテ、日々夜々ニ朝鮮人ヲ迫害シテ居ル、而シテ之ニ對スルトコロノ日本ノ官憲ノ保護
ガ行屆イテ居ルヤ否ヤ、日本ノ官憲ノ保護ハ一ツモ行屆イテ居ラヌ、新ニ日本ノ國民ト
ナッタル朝鮮人ヲ斯ノ如ク冷遇スルト云フコトニナレバ、間島ニ居ル朝鮮人ガ二十万、滿
洲ニ散在シテ居ル朝鮮人ガ五六十万居ル、間島ニ於ケルトコロノ日本ノ國威ノ落チタ
ノハ、直ニ延イテ滿洲ニ居ルトコロノ朝鮮人ノ頭ノ上ニ來ル、滿州ニ於テ日本ノ國威ガ
凌辱セラレタリト云フコトガ傳ハリ傳ハッテ行クト、朝鮮ノ内地ニ於ケル二千万ノ朝鮮人
民ガ日本ノ國威ニ向ッテ多大ナル危惧ヲ懷クヤウニナル、不安ヲ懷クヤウニナル、日本ノ
國威ヲ疑フヤウニナル、是ハ朝鮮經營及ビ滿洲問題ノ解決ニ付テハ多大ナル影響ノア
ルモノデアル、政府ハ之ヲ其儘ニ見棄テ、置クト云フコトハドウ云フ譯デアルカ、殊ニ其詳
シイコトヲ一々――詳シイコトニ付テハ電報ヲ以テ斯ノ如ク時々刻々ニ吾輩ノ方ニ報告
ガアル、一々讀上ゲルト長クナルガ、此中ノ事實トシテ大阪毎日新聞ニ現ハレテ居ルコト
ニ付テ、向フカラ若シ詳シイコトヲ知リタイナラバ大阪毎日新聞ヲ讀ンデ與レ、バ、アノ通
リデ一ツモ間違ハナイト云ッテ、居留民團長ノ資格アル者カラ電報ヲ以テ言ッテ來テ居
ル、此ニ於テ吾輩ハ摘ンデ大阪毎日ニ出タトコロノ大要ヲ讀上ゲル「支那巡警鮮人
ヲ强奪ス」是ハ十二月五日大阪毎日所載「三日我ガ警官一名ハ和龍縣管内ノ一被
告鮮人ヲ拘引シ歸途支那巡警派出所ヲ過ギントシタルニ巡警數名出デ來リ縣知事ノ
命ナリトテ有無ヲ言ハセズ暴力ヲ以テ右ノ朝鮮人ヲ强奪セリ、今ヤ和龍縣管内ニ於テ
ハ我ガ法權行使ハ絶對ニ期スベカラザル形勢トナレリ」ドウデス朝鮮人ヲ日本ノ警察官
ガ連レテ行カウトシタトコロガ支那ノ巡警五六名出テ來テ、無理ヤリニ縣知事ノ命令ダ
ト言ッテ我ガ日本ノ法權ノ下ニ服從スベキ朝鮮人ヲ横取リニ連レテ行ッタ、連レテ行カレ
ル警察官モ大抵無能ナヤツデアルガ、連レテ行ッタ支那警察官ニ對シテ日本政府ハ何
等ノ行動ヲ執ッテ居ルカ、連レテ行カレタ、ソレデ宜イワト言ッテシマッタナラバ、將來日本ノ
法權ト云フモノハ殆ド間島ノ間カラ其存立ヲ失ハナケレバナラヌト云フコトガ出來テ來
ル、ソレカラ「日本巡査袋叩ニサル」是モ一月六日大阪毎日新聞ニ出デ居ル「四日午
後九時間島龍井村ニ於テ鮮人ノ取締ニ關シ端ナクモ日支警官ノ間ニ衝突起リ、多數
ノ支那巡警ハ我ガ巡査一名ヲ亂打セシ騷ギニ附近ノ日本人飛出シテ巡査ヲ救ハントシ、
中ニハ巡警ノ爲ニ銃身ニテ撲タレ負傷シタル者アリ一時彼我入亂レテ大活劇ヲ演シタ
リ」日本巡査ガ袋叩ニサレタト云フ、與黨ノ諸君ハ之ヲ愉快ニ聞クカドウカ、與黨ノ諸
君ト雖モ愉快ニハ聞クマイ、第三ハ「領事分館襲撃失敗」是ハ日本人ノ威光ガ落チタ
カラ朝鮮人ガ日本ニ反旗ヲ翻シタケレドモ、幸ニ彼ハ失敗シタケレドモ、此反旗ヲ翻シタ
ト云フトコロニ國威ノ失墜シタト云フコトヲ意味シテ居ル「去ル元日ヲ期シ間島ノ頭道
溝領事分館ヲ襲撃セント企テタル排日鮮人ノ一團ハ同日領事分館ヲ去ル一里ノ點マ
デ來リタルモ日支官憲ハ之ヲ豫知シ非常警戒ヲ爲シタル爲メ鮮人團ハ西間島ニ向ッテ

引揚ゲタリ其人員ハ三十名ニテ銘々火繩銃ヲ携ヘ事ノ成ラザルヲ憤慨シ時機ヲ見テ再ビ襲撃スベシトノ捨臺詞ヲ殘シテ立去リタル由其目的トスルトコロハ無論掠奪ニアルコトハ疑ナキトコロナルガ我ガ威武振ハザル間島ニアリテハ此種異動ノ根絶ヲ見ルコト容易ナラザルナリ」是レ日本ノ侮辱サレタル證據デス、其次ハ「憲兵侮辱事件」是モ二月五日デ「茂山憲兵分隊長谷頭憲兵中尉ハ一月十七日憲兵四名ヲ引卒シ豆滿江ヲ越ヘ附近ノ支那官憲ニ對シ國境警察ノ件ニ付キ交渉スルトコロアリタルニ支那官憲ハ多數巡警ヲ狩集メ、谷頭中尉ニ對シテ武裝ノ解除ヲナシ佩劍ヲ力奪レテ一行ヲ抑留シタル侮辱事件ハ目下鈴木總領事代理ヨリ交渉中ナルガ支那官憲ノ鼻息頗ル荒ク交渉行惱ノ模樣ナリ」國境警察ノ爲ニ交渉ニ行キタル日本ノ憲兵ガ、武士道ノ魂トモ言ハルベキ劍マデモ取上ゲラレテ、恥辱ニ恥辱ヲ重ネラレテ居ル、日本ノ官憲トシテハ當然嚴重ナル談判ヲ爲スベキ筈デアルノニ、支那ノ官憲ガ鼻息頗ル荒ク交渉行惱ノ模樣ナリトアル、ドウダ、如何ニモ日本人ハ馬鹿ニサレテ居ルデハナイカ、次ハ「眼中日本ナシ」ト云フ表題デ「襲ニ我官憲ハ爆彈事件嫌疑者二名ヲ支那側ニ引渡シ、支那側ハ愼重ニ其取調ヲ爲スコトヲ約束シタルニ拘ラズ、支那官憲ハ唯形式上其一人ヲ懲役二箇月罰金百二十圓ニ處シタノミニテ、他ノ一名ハ無罪放免トシ且ツ主犯者ヲ逮捕セントスル模樣モナク、責任者タル宋警察廳長ハ張作霖ノ後援ニ依リテ尙ホ現職ニ留マル等、支那ガ日本外交ノ權威ヲ無視スルコト甚シ」注意「其後一月ニ入リテ聞ク所ニ據レバ是等ノ犯人ハ何レモ特赦サレタリトノコトナリ」何レモ許サレタト云フコトデ懲役二箇月モ皆取消サレテ許サレタト云フコトデアル、此電報ノ新聞ニ載ッタニ對シテハ、間島方面カラ大阪毎日ニ出タトコロハ全部疑ナイト云フコトノ證據ガ來テ居ル、斯ノ如キコトハ何ニ依ッテ起ルカト云フト、日本ノ外交官ノ談判ガ常ニ緩漫ニシテ常ニ手緩イコトヲヤッテ、何時デモ向フノ言フ通リニ莞爾的ニ濟マシテシマフカラ度々斯ウ云フコトガ起ル、二人ノ獨逸人ヲ殺サレタ爲ニ永久ニ國威ヲ張ルト云フ基ヲ獨逸ハ立テタ、日本ノ外交官モモウ少シキビキビ仕事ヲヤルガ宜シイ、對支新條約ハ間島ニ及バヌト云ウテ向フカラ抗議ヲ申込マレタガ、間島ニ及ブト云フノデ再抗議ヲ申込ンダ、其後ノ經過ハドウナッテ居ルカ、前加藤外務大臣及ビ唯今ノ外務大臣總理大臣ハ無論ノコトデアルガ、外交ハ成功ナリト言ッテ御手前味噌ヲ澤山聞カサレタガ、今日果シテ是ガ成功デアルナラバ關領ニ於ケルトコロノ侮辱事件、間島ニ於ケルトコロノ侮辱ハ如何ニ、斯ノ如キ侮辱ヲ蒙ルベキ筈ハナイデハナイカ、北海道ニ於テ熊ガ鮭ヲ取ル、熊ガ取ッタル鮭ヲ竹竿ニ貫イテ擔イテ歩クト、尻ヲ結ブコトヲ知ラヌカラ穴ニ歸ルト皆竹竿カラ鮭ガ拔ケテ居ルト云フコトデアル、是ハ北海道ノ大熊デアル、日本ノ大隈內閣ハ必ズシモ北海道ノ熊ヲ學ンデ、己ノ獲物ヲ竹竿ニ架イデ竹竿カラスバ拔ケテ落チルノヲ知ラヌヤウナ迂濶ガアルカナイカト云フコトハ、內閣總理大臣大隈其人ガ自ラ省ミテ考ヘテ見タラ宜カラウ、此關領ニ於ケル侮辱事件、間島ニ於ケル朝鮮人迫害事件ヲ現內閣ハ如何ナル方針ヲ以テ處置セントスルカ、吾輩謹デ承リタイノハ其事デアル、明カナル返答ヲ承リタイ、是デ質問ハ終リ

（拍手起ル）

（政府委員柴四朗君登壇）

（拍手起ル）

○政府委員（柴四朗君） 唯今佐々木君カラノ痛快ト云フカ事實モ餘程違ヒマシタ御說ヲ承リマシタ、先程私ガ非公式ニ態々好意ニ席マデ往ッテ彼是ト云フ御話デアリマスルガ、先程私ハ佐々木君ノ所ヘ往ッテ唯今貴族院ノ豫算……法案ノ委員會ニ今出ンナラヌカラシテ、アナタノ說明ヲ聽カレヌコトヲ甚ダ殘念ニ思フ、併ナガラ彼ノ關領――和蘭ノ事ニ付テハ既ニ彼ノ當該官吏ハ殆ド處方濟ミノ形ニナッテ居ル、而シテソレノミデアルカト云フ話デアリマシタカラ、ソレノミデハナイ日本カラハ嚴重ナ訓令ヲ下シテ領事ヲ以テ彼ノ總督ニ掛合ヒマシタ、所ガ彼ノ總督ノ方デハ是ハ自分ノ權限外ニアルカラシテ、本國政府カラ其時ニ訓令ヲ受ケンナラヌト云フコトデ、マダ彼ノ交渉談判ハ濟マナイデ居ルト云フコトヲ申シタノデアリマス、然ラバ其內容ハドウデアルカト云フ話デアリマシタカラシテ、是ハ今其條件ヲ今日發表スルコトハ吾々カラシテハ出來ナイコトデアルト云フコトヲ言フテ、私ガ政府――貴族院ノ委員會ニ行キマシタ所ガ、貴族院デハ正副議長ガ病氣デアリマスカラ流會ト云フノデ唯今歸リマシテ、半分ダケノ演說ヲ承ッタノデアリマスカラシテ、今佐々木君ノ言ハレル私ニ關スルコトハ多少誤謬ガアリマスカラ、之ヲ訂正シテ置キマス、今ノ事ト其他ノ事ニ付キマシテハ、今日ハ外務大臣ガ葉山ニ總理大臣ト共ニ赴カレマシタカラシテ、今日ハ缺席デアリマスルカラシテ外務大臣ガ自ラ出テ答辯サレルカ、或ハ書面ヲ以テ答辯サル、コトデアラウト思ヒマスカラ、此事ヲ今日此處デ申シテ置キマス

○佐々木安五郎君 柴參政官ニ御尋致シマス、私ノ質問ガ誤謬ガアルト云フコトハ奇怪千萬デアル、誤謬ハ決シテナイ、唯後ニ請求シタカセヌカト云フコトガダ、ソレハ發表ガ出來ヌト云フカラ言ハナカッタケレドモ、サウ云フコトヲ御自分ガ仰シャルナラバ如何ナルコトヲ御請求ガアッタカ、ソレヲ承リタイ、ソレガ若シモ此席デ言ハレヌト云フナラバ私ハアナタニ代ッテ申上ゲマセウ、向フカラ述ベラレタ時ニ其述ベラレタコトヲ承諾スベキヤ否ヤハ、今發表ガ出來ヌト云フ意味デハナカラウト私ハ解釋スル、ソレデナケレバドウ云フ損害賠償ヲシタカ、如何ナルコトヲ申込ンダカト云フ條件ヲ一々明白ニ御答アランコトヲ希望致シマス

（政府委員柴四朗君登壇）

○政府委員（柴四朗君） 佐々木君ニ御答致シマスガ、佐々木君ノ演說ニ誤謬ガアッタト云フコトハ、私ニ關係シタコトニ誤謬ガアルト云フコトヲ申シタノデアリマス（佐々木安五郎君「誤謬ハアリマセヌト」ト呼フ）アリマス、先程アナタノ所ヘ行ッテ御話シタコト、アナタノ演說ナスッタコトガ違フノデアリマス、併シソレハソレデ宜シウゴザイマス、併シ唯此內容ニ付テ今外交談判ノコトヲ此處デ發表シロト云フコトハ出來ナイノデアリマス、アナタガ幾ラ仰レヤッテモソレハ出來ヌコトデアリマス、外交談判ト云フモノハ左樣ナモノデアリマスカラ、アナタノ仰レヤルヤウニ……ナコトハ出來マセヌ（無責任極マル」ト呼フ者アリ）

第七　日支銀行法案（政府提出）　第一讀會ノ續（委員長報告）

第八　滿洲銀行法案（政府提出）　第一讀會ノ續（委員長報告）

（小寺謙吉君登壇）

○小寺謙吉君　私ハ日支銀行外一件卽チ滿洲銀行ノ特別委員會ノ經過及結果ニ付キマシテ御報告ヲ致シマス、日支銀行ハ法案ニ說明シテゴザイマスル通リ、日支ノ經濟關係ヲ密接ニシ我國ノ經濟發展ヲ策シタイ云フ趣旨デゴザイマシテ、其目的ハ主トシテ借款ヲ營業ノ本位ト致シ、ソレニ附隨致シマシテ銀行業一般ノ營業ヲ營ムノデアリマス、又滿洲銀行ハ滿洲ニ於ケル所ノ事業上ノ特別資金ノ融通ヲ目的トシ、他ノ一般營業ヲ營ムノデゴザイマスルガ、不動產ノ抵當ヲ取リマシテ長期ノ貸附ヲ致スト云フコトハ、其主タル目的ノ一ツデアリマス、委員會ニ於キマシテハ本月ノ三日カラ一昨十四日ニ至ルマデ會ヲ開クコト五囘デアリマシタ、第一囘ハ委員長及理事ノ選擧ヲ行ヒ、第二囘以後引續イテ四囘ニ亙ッテ政府ノ說明――國務大臣ノ辯明、政府委員ノ十二分ナル御答辯ガアッタノデアリマス、其質問者ノ數ニ至リマシテハ甚ダ多クアッタノデアル、委員ノ總數ハ二十七名デゴザイマスルガ、缺席ヲナスッタ御方ハ僅ニ一人デアリマス、初メカラ終局ニ至ル迄缺席ナサレタ方ハ一人、二十六名ノ委員ハ絕エズ出席セラレタ次第デアリマス、質問ヲナサレタ委員ノ數ハ十六名ノ多キニ達シテ居ル、委員會ハ午前一囘開イタコトモゴザイマシタガ、午後ニ至ッテ開イタコトモアルノデアリマス、ナカナカ委員諸君ハ能ク御精勵ナスッテ、サウシテ十四日ノ午後ニ至ッテ討論ヲ開始シタノデアリマス、此日支銀行ヲ議題ト致シ討論スルニ當リ、委員會全體ノ意嚮ハ支那ニ於テ銀行ヲ設立スルト云フコトニ付キマシテハ、反對ハ一人モ無カッタノデアリマス、唯支那ニ於テ銀行ヲ設立スル其方法ニ付キマシテ、委員會ノ間ニ異見モアッタ次第デアリマス、卽チ修正意見トシテ此日支銀行ノ法案ニ對シテ現ハレタノハ政友會ノ小林源藏君ノ口ヲ以テ開カレタノデアリマス、同君ノ修正ノ大體ノ意見ハ、先ヅ第一ニ此銀行ヲ設立スルニ當リ日支兩國政府間ニ交涉ノ無カッタコトヲ深ク遺憾トセラレ、サウシテ修正案トシテハ日支銀行ト滿洲銀行ヲ合併シテ一ツト致シテ、其資本ノ總額三千万圓ヲ五千万圓ニ增額ヲ致シタイ、本店ノ所在地ハ之ヲ銀行法案其モノニ規定セズトモ定款ニ據ルモ可ナリ、又銀行ノ重役ハ之ヲ日支兩國人ニ平等ニ分配致スコトガ、日支ノ親善ヲ計ル上ニ適當ナル手段デアルト云フコトデゴザリマシタ、サウシテ其御主意ハ支那ニ一ノ銀行ヲ作ルコトハ政府ノ說明ニ依リマスト、各目的ガ異ルヤウデアリマスケレドモ、營業目的ハ幾ド同一デアル、又其營業スル所モ共通ニスルト云フノガ甚ダ便利デアラウ、斯ウ云フ立場カラ先ヅ小林君ハ修正案ヲ出サレタノデアリマス、之ニ對シテ多數ノ委員ハ原案ヲ維持スルコトニ贊成シタ次第デアリマス、ソレハ此日支銀行ノ本店ト卽チ支那ト又滿洲トハ政治ノ上、或ハ經濟ノ上、或ハ交通機關ノ上ニ於キマシテモ非常ナル所ノ差別ガアルノデゴザイマス、ソコデ原案維持論者ハヤハリ日支銀行トソレカラ滿洲銀行ヲ二ツ置クコトヲ可ト致シマシタ、唯茲ニ小林源藏君ガ一ツ言ハレマシタコトハ、日支銀行ト滿洲銀行ヲ合併シテ一ノモノトシテモ、債券ヲ發行セシメタナラバ、滿洲銀行ニ對シテ特ニ手形ヲ發行スル必要モ無クナル、一ノ銀行デ十分ノ目的ヲ達スルト云フコトヲ言ハレマシタガ、委員會ニ於キマシテハ多數ノ意嚮ハ日支銀行ヲ獨立ナモノトシテ經營セシメ、又滿洲ニハ滿洲特殊ノ事情ニ鑑ミテ別種ノモノヲ拵ヘルト云フコトニ歸著シタノデアリマス、日支銀行ハ討論ノ結果政府ノ原案ヲ認メマシテ、何等之ニ修正ヲ加ヘマセズ、原案ノ儘委員會ハ可決致シタノデアリマス、滿洲銀行ニ關シマシテハ政友會ノ小林君モ御心配ナスッタノデアリマスガ、政府ニ於キマシテハ初メ一覽拂ノ手形發行ヲ滿洲銀行ニハ許サナイト云フヤウナ御方針デアッタノデアリマス、滿洲ノ地ニ於テ此銀行ノ手形ヲ發行セシムルト云フコトハ、諸外國ノ銀行ガ或ハ支那方面ニ居ッテヤリマス慣例デアリマス、殊ニ滿洲ニ於キマシテモ正金銀行又朝鮮銀行モ同ク一覽拂手形ヲ發行シテ居ル、殊ニ滿洲ニ於キマシテハ商業ノ進行上最モ必要ナルモノハ小銀貨、ソレデ委員ノ方ニ於キマシテハ滿洲銀行ノ銀行其モノ、働ヲ完全ニ致ス上ニ、ドウシテモ日支銀行ト同樣一覽拂ノ手形ヲ發行セシムルヲ可ト認メマシテ、此一覽拂手形、是ハ銀券ニ止ラヌノデ金券モアル、又滿洲ノ在留商人デ最モ苦痛ヲ感ジテ居リマス此小銀貨、小銀貨ノ堅實ナル融通ヲスル代リニ、此手形ヲドコ迄モ發行セシメテ、今日ノ不自由ヲ除イテ便利ヲ計リタイト云フノデアリマス、政府ニ於キマシテハ委員會ノ最後ニ至リテ、若シ必要ナラバ滿洲銀行ヲシテ手形ヲ發行セシムルモ可ナリト云フ御意見デアリマシタガ、委員會ノ討論ハ最後ニ至リマシテ守屋此助君ヨリ一種ノ動議ガ出タ次第デアリマヌ、其動議ハ滿洲銀行ノ法案全部ヲ可決スルト共ニ一ノ希望ヲ表示シテ置ク、卽チ附帶決議ト致シテ「滿洲銀行ニ於テ一覽拂手形ヲ發行スルコトハ其發展上缺ク可カラザル必要條項ナリト認ム故ニ政府ハ必ズ之ヲ許可セラレンコトヲ望ム」此決議ヲ添ヘラレテ委員會ハ多數ヲ以テ滿洲銀行法案ヲ可決致シタ次第デアリマス、願クハ本會ニ於キマシテモ兩案トモ多數ヲ以テ可決セラレンコトヲ望ム次第デアリマス（拍手起ル）

○議長（島田三郎君）　質問ノ通告ガアリマス、樋口秀雄君

○樋口秀雄君　私ノ質問ハ簡單デアリマスカラ此席カラ申上ゲマス、日支銀行竝ニ滿洲銀行ニ關シテ委員會ノ經過ハ私ハ詳シク承知致シマセヌ、全部ノ詳細ハ存ジマセヌカラ私ハ重複ニ亙ルコトガアルカモ知レマセヌガ、知リ得タル限リニ於キマシテハ日支銀行ノ資本額ガ少額ニ過ギルト云フコトハ、政友會國民黨ノ諸君ガ幾ド一致デ述ベラレタヤウニ私ハ思ヒマス、又自分ノ考ト致シマシテモ日支銀行ノ資本ヲ今少シ增額サル、方ガ宜イカト云フ考ヲ持ッテ居リマス、而モ政府ノ答辯ニ據リマスト、國家ガ是等ニ對シテ負ヒマス責任、或ハ資本額其他ノ關係ニ於テ今之ヲ增加スルコトガ出來ナイト云フ御答辯デアッタヤウニ思ヒマス、果シテ然ラバ此增額セザル範圍ニ於テ、出來得ベキダケ是等ヲ有效ニ働カシムル方法ヲ講ズルノガ適當ナコトダラウト思フ、其方法ト云ヒマスノハ、卽チ委員會ニ於テモ種々ノ御發議質問等ガアリマシタ通リ、此政府ガ監督シテ居リマスカラ政府ノ監督ノ下ニアリマスル各種ノ銀行ヲシテ、御互ニ同樣ノ業務ヲ兼ネ營業セシメマシテ、其爲ニ資本ノ重複ヲ來スコトノナイヤウニ計ルト云フコトガ、此限リアル資本ノ下ニ於テ最モ有力ナラシメテ活用スル道ガアラウト思フノデアリマス、卽チ此滿洲銀行ヲ不動產銀行ト致シマシテ、日支銀行ヲ債券銀行トシテ正金銀行ハ爲替銀行トシテ各其本分ニ專任ナラシメテ、之ニ依ッテ資本ノ重複ヲ避ケマシタナラバ、之ヲ救フ道ハアルダラウト思フ、政府ノ御意見モ果シテ此ノ如クニシテ重複ノ弊ヲ矯メラレル御決心デアルヤ否ヤト云フノガ質問ノ趣意デアリマス、サウシテ此質問ニ附帶シテ伺ヒタイコトガアル、若シ果シテ政府ノ御意見モ此ノ如クンバ、何故ニ朝鮮銀行ヲシテ滿洲ニ於テ新ニ設立サルベキ滿洲銀行ト同樣ナル不動產銀行タル朝鮮銀行ノ營業範圍ヲ、滿洲ニマデ之ヲ擴張シテ殊更ニ資本ノ重複ヲ認メラレルカト云フ點デアリマス、之ニ對スル政府ノ御答辯ヲ望ミマス

（政府委員加藤政之助君登壇）

○政府委員（加藤政之助君） 樋口君ノ御問ニ御答申上ゲマス、樋口君ノ御趣旨ハ此日支、滿洲兩銀行ノ資本ガ極メテ少ナイ、一方ニハ之ヲ增大スルコトノ說ガ起ッテ居ル、併ナガラ此既設ノ銀行此度起ストコロノ兩銀行各々其本分ヲ盡サシメテ重複ノ關係ヲ持タヌヤウニシタラ、其資本ノ效力ヲ發揮スルコトガ出來ルダラウガ、政府ハ如何ニ考ヘルカト云フ御質問デアルト思ヒマス、政府ノ考ハ屢々委員會ニ於キマシテモ御答辯申上ゲマシタ通リ、此正金銀行ハ主トシテ世界的ノ爲替ヲ扱フモノデアリマス、ソレガ營業ノ主體デアリマスカラ、其本分ニ向ッテ十分能力ヲ發揮セシムルト云フコトニ努メル積リデアリマス、ソレカラ他ノ銀行モ自カラ其本務ガアリマスカラ、朝鮮銀行ハ朝鮮ニ於テ其銀行ノ業務ヲ發揮スルダケノマダ餘地ガアルノデアリマスカラ、其本分ニ向ッテ十分力ヲ效サシメル積リデアリマス、而シテ日支滿洲兩銀行ノ關係ハ曾テ申上ゲマシタ通リ、日支銀行ノ方ハ借款ヲ主トシテ支那ノ借款ニ重ニ應ズルコトヲ目的トスル、併セテ事業資金ノ供給ヲ致シマス、又滿洲銀行ノ方ハ不動產長期ノ貸付之ヲ主ト致シマスノデアリマスカラ、各々其本分本能ヲ發揮セシムルコトニ力メテ、重複ノ弊ヲ無カラシメンコトヲ努メルノデアリマス

○議長（島田三郎君） 御意見ガナイト認メマス、兩案ニ對シテ原案ニ付テ別々ニ採決致シマス、先ヅ日支銀行法案ヲ議題ト致シテ第二讀會ヲ開クヤ否ヤニ付テ採決致シマス、日支銀行法案ノ第二讀會ヲ開クニ御異議ハアリマセヌカ

（「異議ナシ異議ナシ」ト呼フ者アリ）

○議長（島田三郎君） 御異議ナイト認メマス、依テ日支銀行法案ハ第二讀會ヲ開クコトニ決シマス

○福田又一君 直ニ第二讀會ヲ開カレンコトヲ望ミマス

（「異議ナシ異議ナシ」ト呼フ者アリ）

○議長（島田三郎君） 御異議ナイト認メマス、直ニ第二讀會ヲ開イテ全部ヲ議題ト致シマス

日支銀行法案 第二讀會（確定議）

○議長（島田三郎君） 通告ガアリマス、修正案ノ提出者床次竹二郎君、是ハ定規ノ贊成ガアッテ成立ッテ居リマス

（床次竹二郎君登壇）

（拍手起ル）

○床次竹二郎君 諸君、私ハ日支銀行法案ニ對スル修正意見ヲ提出致シテ置キマシタ、修正ノ先ヅ事柄ダケヲ先ニ申上ゲマス、一ツハ本店並ニ支店ノ所在地ハ定款ニ於テ定ムルコトニ致シタイト云フノデアリマス、是ハ本店ハ東京ニ置クカ、若クハ北京ニ置クカ、又其支店ノ如キモ必要ニ依ッテ奉天ナリ大連ナリト云フヤウニ置クカ、詮議ノ餘地ヲ殘ス爲メニ定款ニ於テ定メル、斯ウ云フコトニ致シタイノデアリマス、次ハ第三條資本金一千万圓トアルノヲ五千万圓ニ增額ヲ致シタイノデアリマス、本員ハ日支銀行ト滿洲銀行トヲ合一シタイ考ヲ有ッテ居リマス、ソレ故ニ原案ニ在リマスル日支銀行ノ一千万圓並ニ滿洲銀行ノ一千万圓、併セテ二千万圓、其上ニ此銀行ノ目的將來ノ事業等ヲ考ヘマシテ、二千万デモ尙不便デアルト云フ感ジヲ有ッテ居ル、成ルベク此銀行ノ基礎ヲ固クスル、力ヲ强クシ信用ヲ重ク致シタイト云フ考ヨリ五千万圓ト致シマシタ、其次ニハ第五條ニ、原案ニ於テハ支那人側ノ重役ヲ三分ノ一ト致シテアリマス、ソレヲ二分ノ一ニ改メタイノデアリマス、此趣意ハドウカ日支人共ニ協同シテヤッテ往ク趣意ニ於テ、折衷ノ規定ヲシタ方ガ宜カラウト云フ積リデヤッタノデアリマス、此日支並ニ滿洲兩銀行案ニ付テ先ヅ第一ニ吾々ガ考ヘタコトハ、此銀行ヲ設立スルニ付テハ、如何ナル趣旨ヲ以テ設立スベキデアルカト云フコトデアリマス、申迄モナク我國ト支那國トハ東洋ニ於テ地理的歷史的ニ他ノ諸外國ト異ッテ、特殊ノ御互ニ立場ニ立ッテ居ル次第デアリマス、所謂脣齒輔車ノ國デアッテ、支那ノ貧富強弱ハ直ニ我帝國ノ貧富強弱ノ問題ニモ及ンデ來ルト考ヘルノデアリマス、吾々ハ心中ソレ故ニ支那ノ一日モ强カランコト、一時モ其富國タランコトヲ願フテ居ル次第デアリマス、力ヲ以テ兩國互ニ相提携スルバカリデナク、其經濟力ヲ發展セシメテ、富ノ上ニ於テモ相携ヘテ以テ立ッテ往キタイト云フ考ヲ持ッテ居ル、恐ラク是ハ何人ト雖モ論ノ無イ所ト考ヘマス、此特別ナル立場ニ在ル兩國ノ關係トシテ彼ノ經濟力ノ發展ヲ望ミ又彼國ニ我國ノ經濟勢力ノ伸ルコトヲ望ムコトハ勿論デアリマスガ、唯歐米ノ諸國ガ支那ニ向ッテ銀行ヲ設立シテ居ルノトハ、此特別ノ關係ヨリシテ幾分カ我國ノ立場ハ又異ル所ガアルト考ヘマス、外國銀行ノ例ヲ見マスレバ專ラ貿易ノ機關ニ充テ、居ル、又借款ニ應ジテ事業ニ放資ヲシテ、隨ッテ之ヲ露骨ニ申セバ利權ノ獲得ヲ其間ニ圖ッテ居ルト申シテ宜カラウト考ヘマス、然ルニ我國ガ今日ノ場合ニ於テ、此ニ兩銀行ヲ設立致ストナリマシタナラバ、私ハ外國ノ例ニ一歩ヲ進メテ、單ニ貿易機關タルニ止マラシメズ、借款ニ應ズル機關タルニ止マラシメズ、彼國ノ利源ヲ開發シ彼國ノ事業ノ與ルヤウニ、又進ンデハ支那政府ノ資金ノ調達ニモ便利ヲ與ヘルヤウニ、卽チ支那ノ公私ノ經濟ニ便利ヲ與ヘテ、如何ニモ彼國ニ於テモ此銀行ヲ便利トシテ經濟ノ發達、財政ノ便利ニモ供スルヤウナ考ヲ以テ致シタイモノダト思フノガ私ノ考デアリマス、設立ノ趣旨ハ根本ヲ其處ニ置キタイト考ヘテ居ル、隨ッテ次ニ起ル所ノ事柄ハ此目的ヲ支那ニ於テ達センガタメニハ如何ナル組織ヲ以テ進ムベキカト云フコトデアリマス、此點ニ付テハ政府ノ說明スル所ヲ聽キ、又兩法案ニ現ハレテ居ル所ヲ見マスルノニ、吾々ノ考フル所ト政府ノ考フル所トハ、大ニ懸隔ガアリハシナイカト云フコトヲ認メルノデアリマシテ、甚ダ遺憾ニ感ズル次第デアリマス、政府委員ノ答辯スル所ニ依レバ、現在合辦ノ考モ持タヌガ、將來ニ於テモ合辦、卽チ協力ヲ以テスルト云フ考モ持タナイ、協力トハ政府委員ハ申サナカッタガ合辦ニスル考ハ持タナイト云フ說明デアリマス、又法案ニ現ハレタ所ヲ見マシテモ、尙左樣デアラウト察セラレルノデアリマス、卽チ株券ハ主トシテ日支人ニ於テ引受ケルコトニナッテ居リマスルガ、重役ノ組織ニ於テ支那人側ヲ三分ノ一ニ制限シテアリマス、何故ニ三分ノ一ニ制限致シタノデアルカハ明瞭ナル理由ハ承ルコトガ出來マセヌデアリマシタ、先ニ申シタ私ノ此銀行ヲ設立スルナラバ、斯ノ如キ趣意ヲ以テ致シタイト云フ根本ノ考ニ之ヲ照シマスルノニ甚ダ遺憾ニ考ヘル、何處マデモ協力或ハ提携シテ往キタイト云フ趣旨ヲ徹底シテ參リタイ目的デアルト考ヘルノデアル、此銀行ハ吾々ノ考フル所デハ、先ニモ申ス如ク固ヨリ我國ノ經濟勢力ノ發展ヲ圖リ、兩國ノ經濟ノ親密ヲ圖ルト云フコトハ申スマデモナイガ、ソレト共ニ支那ニ於ケル彼等自身ノ事業ヲモ進メ、彼等ノ經濟カラモ大ニ增進スルコトニ致シテ、其財政ノ上ニモ便宜ニナルヤウニスルコトニ付テハ、ソレダケノ働ヲ爲スト云フコトニ付テ、支那ノ官民ニ對シテ心カラ協力ノ態度ニ出テ貰フ必要ガアルト思ヒマス、初メヨリシテ相提携スル考ヲ以テ設立スルコトガ極メテ必要デアラウト考ヘル、ソレニハ組織ガ合辦的デナケレバナルマイト考ヘル、又此銀行ヲシテ支那ニ於テ大ニ働カセヤウトスルノニハ、獨リ我國ノ資金ノミヲ彼ニ投入シテ足レリトスルコトハ、固ヨリ不十分デアラウト考ヘマス、假令資金ヲ五千万圓ニ致シマシテモ、將來此銀行ヲ大ニ活動シヤウトスルノニハ、支那ノ資金ヲモ吸收

スルダケノ考ガナケレバナラヌト思ヒマス、彼等ノ資金ヲ吸收シテ以テ彼等ノ經濟力ノ發展ヲ圖ラウトスルノニハ、彼等ノ資金ガ此銀行ニ集リ易イヤウニシナケレバナラヌ、卽チ彼等ヲシテ此銀行ニ向ッテ協同ノ利害觀念ヲ持タセル必要ガアルト考ヘマス、況ヤ支那ノ公ノ經濟上ニ付テ大ニ便利ヲ與ヘ、時アッテハ資金ヲ調達シ、或ハ公金ノ取扱デモ致サウト云フノニハ、固ヨリ彼ノ政府ノ同情ヲ大ニ得ナケレバナラヌ次第デアリマス、ソレ故ニ此銀行ニハ出來得ルダケ支那ノ官民ヲシテ力ヲ添ヘシメ得ル組織ニ致サネバナラヌコトハ、論ズルマデモナイト考ヘルノデアリマス、此考ヨリ致シマスレバ、單ニ重役ノ制限ヲ三分ノ一ヲ二分ノ一ニ改メタダケデハ固ヨリ足リマセヌ、彼國ノ政府ヲモシテ相當ニ此銀行ニ助力ヲ與ヘシムルヤウニスルコトガ必要デアリマス、又銀行ノ設立ニ當リマシテモ、創立委員ナルモノハ獨リ日本人バカリデナク、彼等ト相協同シテ創立ノ當初カラ努力スルコトモ固ヨリ必要ナコト、考ヘマス、唯世間ニ合辦事業ハ幾ラモアルガ、甚ダ不成績ニ終ルデハナイカト云フコトハ時ニ聞ク議論デアリマス、是ハ左樣ナ例モ承ッテ見マスト隨分アルヤウデアリマス、併ナガラ合辦事業モ其經營者ノ如何ニ依リ、又其事業ノ性質如何ニ依ッテハ隨分成功致シテ居ルモノモアルノデアリマス、ソレ故ニ私共ハ此銀行ヲ合辦組織ニシテモ十分ヤリヤウニ依ッテ成功ヲ收メ得ルコトガ出來ルト信ジテ居ル、況ヤ又先程カラ段々述ベマシタ如ク此銀行ノ將來ヲ考ヘマスレバ、其事業ハ誠ニ大有望デアルト考ヘル、又合辦ニシナケレバ此目的ヲ恐ラク達シ得ナイト考ヘル點モアリマス、ソレ故ニ取敢ヘズ重役ノ員數ニ制限ノ置イテアル所ヲ折半ニ改メタ次第デアリマス、尙ホ資本ノ增額致シマシタコトハ先程モ說明ヲ致シマシタガ、尙ホ一言附加ヘマスレバ、人才ヲ得ル上ニ於テモ此銀行ノ立場トシテハ少クトモ五千万圓位ニハ增額致シテ置カナケレバ困難デアラウカト考ヘルノデアリマス、吾々ハ單ニ五千万圓バカリデナイ、此銀行ノ目的ハ愈々遂スル曉ニ於テハナカ〱手廣イ仕事ヲ致サナケレバナラヌノデアリマスカラ、將來ニハ五千万圓ガ七千万圓ニナリ、若クハ一億圓ニモナルト云フコトヲ考ヘテ居ラナケレバナラヌト思ヒマス、次ニ論ズベキコトハ政府案ノ如ク二ツノ銀行ヲ設立スベキカ、若クハ此際ハ一ツ、致シテ進ムベキカト云フコトヲ考ヘル必要ガアルト思フ、政府者ノ說明ニ依リマスレバ、日支銀行ト滿洲銀行トハ性質ヲ多少異ニ致シテ居ル、先ヅ滿洲銀行ノ方ニ於テハ不動產貸付ヲ主ナル目的ト致シテ居ルカラ別ニ立テル必要ガアル、其次ニハ滿洲ハ諸君ノ御承知ノ如ク特殊ノ關係ガアルカラ、特別ニ滿洲銀行ヲ立テル必要ガアルト云フノガ、滿洲銀行ヲ別ニ置イタ趣意デアルト承リマシタ、サウシテ此箇條ヲ見マスト云フト、滿洲銀行ニ於テハ先程委員長カラ御報告モアッタ通リニ、一覽拂手形ヲ他ノ銀行ノ例ニ倣ハズ發行スルト云フコトヲ認メテ居ナイノデアル、ソレカラ重役ニハ全ク支那人ヲ除外シテアルノデアリマス、滿洲銀行ハ特殊ノ關係ガアルカラ特ニ之ヲ置カナケレバナラヌト云フコトハ、一應道理アルコトノヤウニ考ヘマスガ、併ナガラ特殊ノ關係ガアルダケソレダケ計畫スル上ニ於テハ細心ノ注意ヲ要スル次第ト考ヘマス、ヨク吾々ガ承ルトコロデハ、滿洲ハ更ニ第二ノ朝鮮ニナリハセヌカト云フ疑惧ヲ懷イテ、ソレガ時々何カノ事柄ニ現ハレルト云フコトハ承ル所デアリマスガ、卽チ特殊ノ關係ノアルダケ計畫スル際ニ當ッテハ彼等ノ鋭敏ナル頭ガ、如何ニ響クカト云フコトニ付テハ細心ノ注意ヲ要スルモノト考ヘルノデアリマス、又此特殊ノ關係ト云フコトハ、畢竟スルニ是ハ實力ノ問題デアリマス、我國ガ特殊ノ關係ヲ持ッテ居ル外國カラモ特殊ノ地位ニ在ルト云フコトヲ認メラル、ニハ、結局スルニ實力ノ問題デアル、制度ガ特殊ノ關係ガアルカラ特殊ノ制度ヲ立テナケレバナラヌト云フコトハ、寧ロ餘リ思慮アルヤリ方デハナイカト考ヘル、ソレヨリモ實際ニ於テ滿洲ノ開發ヲ成功シ、我國ノ實力ヲ伸張シ得ル途ガアルナラバ、其途ヲ執ルガ當然デハナイカト考ヘルノガ一ツデアリマス、次ニ不動產銀行デアルカラ特殊ニ致サナケレバナラヌト云フ說明デアリマスケレドモ、日支銀行ニ於テモ素ヨリ不動產銀行タリ得ルノデアル、是ハ政府ノ說明ニ依ッテモ左樣ニナッテ居リマスガ、サテ此不動產抵當ノ銀行デアルカラト云フコトハ、實際ヲ考ヘテ見マスト云フト、滿洲ニ於テハ現在普通ノ銀行トシテハ既ニ朝鮮銀行アリ正金銀行アリ、又私立デハ昌隆銀行モアリマス、借款ノ點ニ於テハ滿鐵モ幾分働イテ居リマス、殊ニ今日ハ政府ハ東拓會社ニ改正ヲ致シテ、東拓ヲシテ不動產事業ニ投資セシムル改正案モ出シテアルノデアリマス、而シテ銀行ノ最モ便利トスルトコロノ一覽拂手形ノ發行ヲ一方ニ於テハ認メナイト云フコトデアル、私ハソレコレノ事ヲ考ヘ合セマスルニ、滿洲銀行ヲ設立スル政府ノ趣旨ハ甚ダ徹底シナイ所ガアルト考ヘマス、十分ニ此銀行ヲシテ活動セシメヤウト云フナラバ、何故ニ此支拂手形ノ發行ヲ認メヌノデアルカ、政府ノ言フ所ハ正銀アリ鮮銀アリ複雜スルト申スノデアリマスケレドモ、眞ニ滿洲ニ於テ此銀行ヲ働カセヤウトスルナラバ、思ヒ切ッテ許スベキガ當然デアラウト思フ、然ルニ敢テソレヲ爲サヌノデアル、又一方不動產ノコトヲ頻リニ說明ヲサレルケレドモ、此銀行ノ働クベキ所ハ吾々ハ實ハ鐵道沿線若クハ關東租借地以內位ノコトニハ考ヘテ居ラナイ、廣ク滿洲若クハ蒙古マデ此銀行ガ働イテ、初メテ不動產銀行トシテ言ヒ得ルノデアリマセウ、唯鐵道ノ沿線租借地ノ狹イ區域ニ限ッテハ、洵ニ微々タルモノデアラウト思フ、而モ今日滿洲ノ實際ノ狀況ハドウデアルカ、隨分商租權ノ設定ヲ致スニ付テモ妨害ヲ致シテ居ル、警察制度ヲ定メルト云フテモマダ〱纏ラヌトコロガアル、決シテ容易イモノデハナイノデアル、不動產銀行ト申スガ容易ニ此働キハ實際ニ於テハ出來ナイト考ヘマス、然ルニ一方ハ活動ノ範圍ハ支拂手形ヲ發行スルコトヲ認メラレナイデ狹メラレテ居ル、而シテ又支那人ヲ全ク除外シテ居ル、支那ノ同情ヲ得テ彼ノ資金ヲ吸收スルト云フコトモ出來ナイ、彼ト協力スル精神モ此間ニ於テ缺ケテ居ル、實際ニ考ヘテ見マシタナラバ、委員會デ柵瀨君カラ質問ガ起ッテ、此銀行株ト日支銀行株トハ同時ニ募集スルノデアルヤ否ヤ、政府委員ハ初メニハ同時ニ募集スルト說明シテ、ソレデハ失敗デアラウト云フヤウナ風ニ柵瀨君ガ申サレタコトヲ記憶致シマスガ、私ハ是ハ左樣デアラウト考ヘル、又縱シ此銀行ガ成立致シマシテモ前來申述ベルトコロノ狀況カラ判斷致シマシタナラバ、其維持ハ甚ダ困難ナモノデアラウト考ヘル、ソレ故ニ滿洲銀行ヲ愈々設立シテ其效果アラシメヤウト云フナラバ、ヤハリ日支銀行ト同ジク一覽拂ノ手形ヲ發行スルコトヲ許シ、又支那ト努力ノ精神ヲ以テ、重役等ノコトモ俱ニ日支人共ニナリ得ルヤウニ改メルノガ本統デアラウト考ヘマス、若シ右樣ナ趣旨ヲ以テ此銀行法案ニ改正ヲ加ヘマシタナラバ、結局日支銀行ガ滿洲銀行竝ニ上海ニ於テ二箇所ニ出來ルト云フコトデアリマス、全ク同一ナ銀行ガ二ツ出來ルト云フコトニナル、サテ左樣ナコトニナッテ見マスト、一方ハ僅ニ二千万圓、一方ハ僅ニ千万圓、此二ツノ微弱ナルモノガ兩立シテ今日仕事ニ當ルト云フヨリモ、寧ロ合一致シテ、而モ其資金ヲ增額シテ力ヲ協セテ働カシメタカガ、遙ニ目的ヲ達スルコトガ出來ルダラウト考ヘルノデアリマス、ソレラノ理由ヨリシテ滿洲銀行ハ何レ此事業ガ發達スルニ從ッテ他日考慮スベキデアルトハ思ヒマスガ、今日ニ於テハ先ヅ日支銀行ニ合一シテ、サウシテ却テ日支銀行ハ一覽拂ノ手形モ出シ、資金ノ融通モ大キクナル、支店デモ置イテ働カシタカガ彼是相流通スルコトモ出來テ、成功ヲ收メルニ宜シカラウト信ズルノデアリマス、以上申述ベタ理由ニ依ッテ、一ツハ日支銀行案ニ修正ヲ致シ、一ハ此際ハ先ヅ滿洲銀行法案ハ否決シテ置キタイト云フ考デアリマス、素ヨリ根本カラ申セバ日支銀行案ニ就テモ吾々ノ主張スルトコロカラ申セバ、大ニ滿足セザル點ガアルコトハ凡ソ御了解下サッタデアラウト思ヒマス、吾々ハ支那政府ヲモシテ幾分ノ助力ヲモサセタイ、初メカラ協カシテ設立ヲ致シタイト云フ考ヲ持ッテ居ルノデアリマスカラ前來申述ベタ如キ修正ダケデハ其目的ハ素ヨリ達スル譯デハアリマセヌケレドモ、今日總テ改案ヲスルト申シマシテモ、其時機宜シキヲ得ナカラウト云フ考モアリマスルノデ、此位ノ修正ニ止メテ、他日吾々ノ目的ヲ十分ニ達シタイ考デアリマス、前ニモ申述ベマシタ如ク日本ノ利益ヲモ圖ルコトハ勿論デアリマスガ、支那ノ經濟力ヲ進メ支那ノ便宜ニ供スルト云フコトニハ大ニ力ヲ注ギタイ考デアリマス、外國ノ銀行ノ如ク單ニ自己ノ貿易機關ニシ、若クハ自己ノ利權ノ獲得ノミニ考フルコトデナクシテ、吾々ハ支那ノ爲メニモ眞實誠意ヲ以テ致シテ居ルト云フコトヲ、十分ニ現ハシタイモノダト考フルノデアリマス、此點ニ付テハ洵ニ政府ト所見ヲ異ニスル點ニ於テ意見ヲ異ニ致シマス――異ニスルト云フテハ語弊ガアルカ知ラヌガ、意見ニ大ナル懸隔ガアルト云フコトダケハ、法案ヲ見テモ政府ノ辯明ヲ聽イテモ明カニ認メ得ルノデアル、是ハ此銀行ヲ設立スル今日カラ洵ニ遺憾ニ思フ點デアリマス、倘私ノ考ヨリ致シマスレバ、銀行設立ノ手續ノ上ニ於テモ大ニ遺憾トスル所ガアル、先程委員長カラ申サレタ如ク、小林君ノ說デアリマシタ、此銀行ハ兎モ角兩國協力シテヤリタイト云フ以上ハ、創立ノ初カラ其手續ヲ執ルノガ當然デアラウト思フ、即チ先ヅ此法案ヲ提出スル前ニ於テ、政府ハ支那政府ニ交渉ヲ致シテ、支那ノ有力ナル實業團ニモ大凡其意ヲ漏シテ、此處ニ此法案ヲ提出スルガ當然ノ順序ト考ヘル、然ルニ政府ハ此手續ニ依ラナイ、而シテ外務大臣ノ言フ所ニ依レバコチラノ腹ガ極ッテカラ相談ヲ致シタイト云フノデアリマス、抑々協力シテ仕事ヲスルト云フ以上ハ、兎モ角先ヅ前ニ相談ヲスル、成レバ洵ニ妙デアル、縱シ其相談纏ラズトモコチラノ誠意ヲ致シテ、然ラバコチラハ斯ノ如クニシテ進ムノデアルト云フコトヲ通ジテ置クト云フコトハ、其事業ヲ成立セシムル上ニ於テ大ナル便利ノアルコトデ、相當取ラナケレバナラヌ順序デアルト考ヘルノデアリマス、此點ハ大ニ遺憾ト思ヒマス、此案ガ成立ッタトコロデ外務大臣ハ如何ニ交渉スル積リデアリマスカ、此案ノ大體實行ノ出來ルダケノ交渉デハ、銀行ノ前途ノ爲メニ出來レバ宜イガ、出來テモ餘リ大ナル銀行トハナラヌデアラウト考ヘマス、私ノ希望スルトコロハ交渉ヲナサルナラバ、能ク支那政府モ相當ノ努力ヲ致スヤウニ、支那ノ資本團モ相當此銀行ニ同情ヲ寄セルヤウニト云フコトヲモ交渉ナスッテ、其交渉ガ成立ッタナラバ相當ニ此案ニ改正ヲ加ヘラレルヤウニアリタイト思フノデアリマス、凡ソ對外的ノ問題ニ付テハ內政ニ關係スル問題トハ違ッテ、始メヨリ周密ニ計畫サレルノガ最モ當然ノコト、考ヘルノデアリマスガ、兎角此對外的ノ問題ヲ政府ハ輕々ニ視テ出シタノデハナイカト思フ、十分ニ此案ハ練レテ居ラナイト云フコトハ委員會ノ應答ニ依ッテモ吾々察セラル、ノデアリマス、若シ是ガ內地ダケノ銀行デアリマスルナラバ、私共ハ今日ニ於テモ是ハ反對シタイノデアル、併シ事外國ニ關シタ銀行デアッテ、吾々ノ見テ居ル所ト政府ノ考フル所トハ大ニ懸隔ガアルヤウニ思ヒマスケレドモ、直ニ根本的ニ之ヲ改正スルト云フコトモ遠慮致シマス、又サウシタトコロガ此所マデ出テ來タカラハ致方ガナイノデアル、ソレ故ニ少クトモ吾々ノ意見ニ近イ所マデ修正致シテ、倘將來ノ交渉ニ於テハ十分ニ政府ニ於テ努力致シテ貰ヒタイト云フ希望ヲ述ベテ置キマス

○議長（島田三郎君） 守屋此助君

（守屋此助君登壇）

○守屋此助君 諸君、本期議會ニ於キマシテ政府ヨリ提出セラレタ議案ノ中私ハ三ツノ重大案件トシテ迎ヘテ居ル案ガアリマス、第一ハ海軍擴張案是ナリ、第二枝光製鐵所擴張案是ナリ、第三日支銀行滿洲銀行法是ナリ、本期議會ニ議案多シト雖モ、私ハ此三ツノ案ニ對シテ深ク敬意ヲ拂ヒ、多クノ趣味ヲ以テ迎ヘテ居ル一人デアリマス、サウ致シマシテ殊ニ此日支銀行ノ事ニ付キマシテハ私ハ深キ敬意ヲ拂ッテ居ル、ナゼナレバ日本帝國ハ支那ニ向ッテ世界列國中其關係ガ深クシテ、唇齒輔車ノ關係ガアル、兄弟ノ國デアル、斯樣ナコトヲ皆申シマシテ、ソレト同時ニ支那ニ於テ優越ノ權利ガカルト云フコトヲ言フテ居ル人ガアル、歐羅巴諸國ヨリ支那ニ對シテ日本ハ優レル關係ガアルト見テ、斯樣ナコトヲ言フテ居ッテサウシテドウシテ居ルカ、三寸ノ舌頭デ多クノ談判ヲスル、兵隊ヲ動カシタコトモアル、ケレドモ日本トハ非常ニ關係ノ厚イ國ダト言ヒナガラ、一般日本帝國ハ是マデ支那ニ對シテ何ヲシテ居ッタカ、北京條約ノ調印ガ濟ムカ濟マヌ中ニ英吉利ハ「チヤーダード」銀行ヲ既ニ六十何年前ニ拵ヘタデハナイカ、香港上海「バンク」ハ五十年モ前ニ出來テ居ルデハアリマセヌカ、印度支那銀行ハ殆ド四十年前ニ獨亞銀行竝ニ露亞銀行、是モ殆ド二十七八年前ニ出來テ居ル、日本帝國ハ此等ノ國ヨリ關係ガ厚イト云フコトヲ口ヲ極メテ言フテ居ル人々ガ、今日マデ何モ出來テ居ラヌノハドウ云フ譯デアル、歷代ノ內閣諸公ハ何ノ顏セアッテ此處ニ見ユルカ、又此歷代ノ內閣ヲ助ケタ諸公モ今日マデ銀行ノ出來テ居ラヌト云フコトハ床次サンモ必ズ遺憾デアリマシタラウ、然ルニ此內閣ニ於テ此案ヲ提出セラレタル事柄ハ、黨派ノ如何ヲ問ハズ、六千万ノ國民均シク喜ンデ歡迎致スコトハ守屋此助ニ讓ルトコロハナイト思ヒマス、此點ニ付テハ政友會ノ諸公モ御異存ハアリマスマイ、併シ今日マデ單リ內閣ダケノ怠リデナクシテ議員モ怠リデアッタカモ知レヌ、サウスルト守屋此助モ共罪人ノ一人デアル、今日マデ是ガ出來テ居ラヌト云フコトノ責任ハドウシテモ吾々ガ擔ハナケレバナラヌ、是マデ日本ト支那ノ關係ハ厚イ〱ト言ッテ居リナガラ、ドノ內閣ノ時デモ是ガ出來テ居ラヌ、ソレガ兎ニ角出來タト云フ事柄ハ私ガ今申上ゲル通リ喜ンデ迎ヘルト云フタコトニ付テ、諸君モ感ヲ同クサレルコト、思ヒマス、サテ其點マデハ舉國一致、政友會モ國民黨モ同志會モ他ノ政黨モ異存ノナイコトニナル、ソレカラ以上ハドウナルカト云フト、床次サンハ御異存ガアッテ修正レナケレバナラヌト云フコトデ、其修正ノ點ハ私ガ先刻口頭デ御述ベニナリマシタコトヲ聽キマスト、本店支店所在地ノ事ト資本ノ事、重役ノ事、滿洲銀行ノ手形發行ノ事、斯ウ云フ諸點デアリマスガ、併シ此修正案トシテ御出シニナッタ點ニ付テ一ッ宛私ノ愚案ヲ申上ゲマシテ教ヲ受ケタイト思ヒマス、床次サンハ頗ル周密ナル御取調ヲナスッテ、私ノ如キ不肖ナガラ此案ニ深キ趣味ヲ持テ居リマス者ハ第一ニ其御苦心ノ點ニ於テ敬意ヲ拂ヒマス、サウシテ仰セラレタコトニ付テハコチラモ遠慮ナク敬意ヲ表スルト同時ニ、惡イコトハ惡イト申上ゲナクテハナラヌト思ヒマス、抑々銀行ノ本店支店ノ所在地ハドコデモ宜イト云フコトニ付テハ、政府ガ議案ヲ出シテ吾々議權ヲ持ッテ居ルモノハ吾々ノ權利內デ議シ得ルコトハ議シテ置クト云フコトデ、其權能ヲ發揮シナケレバナラヌ、然ルニドコデモ宜イ、ソンナ無責任ノコトガドウシテ是ダケノ重大ノ案ニアラウカ（「誤解」ト呼フ者アリ）誤解デアレバ謹ンデ教ヲ受ケマス、私ノ思フ事ダケ言ハシテ頂戴、左樣ナ不見識ナ國會議員デハ仕方ガナイト私ハ思フ、本店ハ何處ニ置クベシ、政府案ニ出シテ居ラナケレバ是ハ修正セネバナラヌ、上海ニ置クベシ、天津ニ置クベシ、若クハ北京ニ置クベシ、又東京ニ置クベシ、是ダケノ見識ガ無クテドウスル、ソレ故ニ見識ガ無イト云フコトヲ國會議場デ自ラガ自己ノ智識ノ程度ヲ左樣ニ表明シナクテモ宜カラウト思フ、私ハドウシテモ日支銀行ト云フ分ハ上海ヨリ外ニ置クベキ處ナシト云フ考デアル、何トシテモ本店ハ上海ニ限ルノデアル、ソレカラ滿洲銀行ヲ別ニ置カヌト云フ御論モアリマスガ、滿洲銀行ノ方ハ議題ニ上ッテ居ラヌカラ此ノ事ハ少々（「上ッテ居ル」ト呼フ者アリ）第二讀會ニナッテ居ルノハ日支銀行ダケデ、滿洲銀行ハ第二讀會ニ移スト云フコトニナッテ居ラヌ、ソレヲ床次サンハ御一緒ニ御論ジニナリマシタカラ私モ先輩流ニ倣ッテ一緒ニ論ジテ見ヤウト

思ッタケレドモ、議題ニ上ッテ居ラヌモノヲ議スルト云フコトモ變ダカラ、先ヅ議題ニ上ッテ居ル分ダケヲ言ハウ、併ナガラ御免ヲ蒙ッテ從カナケレバナラヌガ、議題ニ上ッテ居ラナイ分デモ滿洲銀行ノコトヲ床次サンノ仰シヤル通リ、幾ラカ列ベテ言ハヌト日支銀行ノコトガ分明ニナラヌ事ガアル、此意味ニ於テ床次サンガ仰シヤッタコト、私ハ理解致シマス、ソレカラ本店支店ノ所在地ノコトハサウデ、彼ノ最モ重大ナル事柄ハ資本金ノコトデアリマス、之ヲ三千万圓デ宜シイカ、五千万圓ニセネバナラヌカ、此點ニ付テ實ハ私モ初メノ中ハ床次サンノ御考ノヤウナ事柄ヲ一度考ヘマシタ、デアルカラ之ヲ五千万圓ニシヤウト云フコトノ一應ノ御論ハ强チ惡ルイトハ申シマセヌガ、床次サンモイロイロ御取調ベニナリマシタラウガ、私ガ調ベタノハ先ヅ外國銀行ノ例デス、ソレヲ調ベテ見マシタガ、外國銀行ノ例ハ「チヤーダード」銀行ガ一番舊ルク出來テ居ル銀行デ、彼ダケノ事ヲシテ居リマスガ、英貨デ資本金ガ百二十万磅、香港上海「バンク」ガ五十幾年致シテ居リマスガ弗本位デ定メテアリマス、初メハ五百万弗デ成立致シテ居リマシタ、ソレガ其後資本金ヲ増加シテ現時ハ千五百万弗トナッテ居リマス、香港上海「バンク」ト申シテ先ヅ東洋一トモ云フカ否ナ、世界ニ名ヲ鳴ラシテ居ルナカナカ信用ノアル銀行デアルガ、資本金ハタッタ是ダケデアル、ソレカラ其次ノ露西亞銀行ハ露清銀行ト云フ銀行ガ舊トアリマシタノガ、日露ノ戰爭ノ後ニ彼ノ銀行ガ失敗シテ北方銀行ト申シマス露西亞ノ本國ニアル銀行ト合併シテ、其結果資本金ガ向フノ大銀行ニ合併シタノデ、大銀行ノ資本ガ入ッテ居リマスカラ端數ガアリマス、是ハ四千九百七十三万三千四百六十留、是ガ露亞銀行、要スルニ露西亞ノ方カラ出テ居ル銀行デス、其次ニ印度支那銀行ト云フ佛蘭西ノ銀行、是ガ成立スルトキニタッタ八百万法、日本ノ金ニシテ四八、三百万圓バカリノ金、ソレガ其後ノ資本金ヲ増加シテ今日ノ所デハ四千八百万法ノ資本金トナッテ拂込ハ僅々千二百万法、四十幾年モ此銀行ハヤッテ居ルガソレガ千二百万法ノ拂込ノ銀行デアル、ソレカラ(「積立金ハ何程」ト呼フ者アリ)詳シイ事ハ私書類ヲ以テ居リマスカラ申上ゲマセウ、ソレカラ獨亞銀行、獨逸ガ「カイゼル」式ニ何カラスルト云フナカナカ活動スル銀行デアリマス、是ガ二十七八年前ニ成立シテ居ル、此銀行ガ然ラバ何程デヤッテ居ルカト云フト、成立スルトキニハ上海兩デ定メテアリマスガ五百万兩、僅々五百万兩デ獨逸ノ銀行ハ成立シテ、唯今其資本金ヲ増加シテ現時ハ七百五十万兩、ソレデ銀行ノ資本金ハ外國ノ例ハ此通リデアリマスガ、此外白耳義、亞米利加ノ銀行モアル、其他小サナ銀行ガチヨイチヨイアリマスガ、驚クベシ皆資本金ガ少ナイ、之ヲ一々申シテハ際限ガナイカラ大キナモノダケ書拔シテ持ッテ居ル、斯ウナッテ居ル、サウデアリマスカラ日本ノ今度拵ヘル銀行ノ方ノモ先ヅ二千万圓ト云フノデ初メ出テ居ルガ、未來永劫二千万圓ヨリ増加シナイト云フノデハナイノデアッテ、床次サンノ御說ノ通リ五千万ニナリ一億ニナル日モアルデアリマセウ、否ナアラネバナラヌノデアル、現時ノ二千万圓ニシテ十倍マデノ社債發行權ガアルカラ二億ノ社債發行ガ出來ル、之ヲ巧ミニヤッテ行クト――之ヲ活動シテ行クト預金ガ大分集マルト思フ、斯樣ニ致シテ行キマスト金ヲ澤山貸ス方面モアリマセウガ、集マル方面モ可ナリアルノデアル、假ニ大資本ヲサウ貸付ケルコトガ出來ルカ出來ヌカト云フコトハ疑問デアルカラ、此日支銀行ニ於テノ資本金二千万圓ハ先ヅ此位ニシテ置イテ、徐々ニ進メテ行ッテ宜カラウト考ヘマス、ソレカラ次ニ重役ノコトデアリマスガ、是ハ二分ノ一卽チ半數マデヲ支那人ヲスルト云フコトニシヤウ、此所ガ實ニ微妙ナル考デ、此銀行ノコトニ付テハ支那ト日本ト云フ國ハ兄弟ノ國デアルガ、支那ガ兄タリ難シ日本ガ弟タリ難シデ、ドチラガ兄カ弟カ分ラナイ、兄弟ノ國ト云フ意味ニ於テ支那ガ日本ニ對シテ何事カスルト云フ方針デアルナラバ、ソレデ宜シイガ、ドチラガ兄ダカ弟ダカ、ドチラガ一日ノ長ガアルカ分ラヌ、之ヲ以テ日本人ガ總テ支那ニ臨ムカト云フ此處ガムヅカシイ岐レ路ト考ヘル、ソコハ私ハ兄弟デハアルガ、文明ノ智識ニ於テ我レ一日ノ長アリ、日本帝國兄タリト任ゼザルヲ得ヌト思ヒマス、是ハ兄タルヲ以テ彼ヲ指導スルト云フ事柄ヲ、將來ニ於テ日本ガ抛棄スルト云フ考デアルナラバ床次サンノ御考ノ通リデ宜イ、支那ニ向ッテドチラヲヤルカ極メテムヅカシイ、ドウデス政友會ノ諸君(笑聲起ル)支那ニ對シ日本ガ下ニ出テ宜イカ、日本人ノ智識ト支那人ノ智識トドチラガ兄タリ難シ弟タリ難シト御任ジニナルカ――サウスルトドウシテモ此方ガ兄デアルト云フコトハ御任ジニナルデアラウ、ドウシテモ私ハ是ハ三分ノ一ト三分ノ二ト云フ事柄ガ當然ヂヤト思フ、又日支銀行ト云フノハ日本法人デアル、支那法人デハナイノデアル、ソレデアルカラ私ハ是ヲバ三分ノ一ト云フ事柄ガ當然デアルノガ、日本人カラ見テサウデアルノミナラズ、支那人自身ガ喜ブト云フ事實ヲ擧ゲテ御話シヤウ、支那人ハドウカト云フト支那人自身ハ自身ガシテ居ル銀行ヲ信用シナイ、外國人ガ拵ヘテ居ル銀行ヲ信用スル、支那ノ警察官ヲ信用セヌ、外國ノ警察官ヲ信用スルノデアル、ソレ故ニ外國人ノ居留地ガ繁昌スル、外國人ノ居留地ガ繁昌スルノハ支那人ガ澤山雜居スルカラデアル、外國人ガ居留地ニ澤山這入ッテ繁昌スルカト思ッテ見ルト、上海ニ行ッテ見テモ天津ニ行ッテ見テモ御覽ナサイ、居留地ノ繁昌スルノハ支那人ガ外國ノ警察ノ下ニ在ッテ保護ヲ受ケテ安心シテ居ルノデアル、ソレト同ジコトデ銀行モ支那人ガサウ多クノ支配權ヲ持ツト、日支銀行ヲ拵ヘテモ預金ガ多クゴザイマスマイ、株券モ多ク持チマスマイ、私ハ左樣ニ確信ヲ致ス、支那ノ實情ニ通ジテノ議論ヲセヌト空論ハ駄目ダ、時ノ反對黨ノ惡口ヲ云フダケヲ能事トスルナラバ何デモ云ヘルカ知ラヌガ、床次サンノ如キ溫厚ノ政治家ハ左樣ナ考カラデハナイ、支那ニ親切ノ餘リ辯ゼラレテ、此重役ノ數字ヲ御割出ニナッタノデゴザイマセウガ、支那ノ事情ニ今少シ御精通ニナッタラ守屋此助ニ御贊同ニナラウト思フ、ソレカラ資本金ノコトニ付テモウ一ツ附加ヘテ申上ゲテ置キマスガ、銀行ガ活動致レマスルノハ何モ自分ノ持ッテ居ル資本金ダケデ活動ヲ要サナイト云フコトハ、見ルベシアノ外國ノ活動シテ居ル銀行ガ、資本金ノ少イ香上銀行デモ獨亞銀行デモアノ通リ働イテ居ルノデアリマスガ、日本ノ今度ノ銀行ニハ信託法ガ入レテアル、預金バカリデハナイ、信託事業――此信託事業ト云フモノヲバ日支銀行ノ總裁其地ノ重役其人ヲ得タナラバ、無數ノ金ガ支那ニ供給ガ出來ル、サウシテ預金ト云フモノヲ取ッテ行クト云フコトガ出來マスカラ、床次サンノ御希望ノ通リ此銀行ガイロイロノ活動ヲ致シマシテ、日支兩國ノ親善ヲ圖ル上ニ大ナル貢獻ヲスルコトガ出來ルト思ヒマス、ノミナラズ大ナル貢獻ヲスルコトヲ此銀行ヲシテ爲サシメナケレバナラヌノデアリマス、此點ニ付キマシテ私ハ此信託事業ヲ多ク活動サセタイト云フコトヲ、此法案ヲ讀ミマシタトキニ感ジタ一人デアリマス、ソレカラ次ハ銀行ガ滿洲銀行ト日支銀行ト云フモノト二ツ要ラナイ、一ツデ宜シイ、此ノ利害得喪ガ是ガ又餘程議論ガムヅカシイ、床次サンモ餘程親切ノ御取調ノ結果ノ御論デアリマシタガ、私共ノ考デハ支那廣袤四百二十幾万方哩四億ノ民ヲ相手ニシテ、ドウカ此銀行ヲ活動セシムルコトヲシナケレバナラヌノデアリマスガ、支那ノ風土人情ニ精通セラレタ諸君ハ政友會ニモ澤山居ラッシヤルガ、北ト南ハアノ通リ文化ノ程度ガマルデ違ッテ居ル、人情風俗モマルデ違ッテ居ル、ソレ故ニ是ハ日本帝國ガ日本ノ立場ト云フコトヲマルデ別ニシテ置イテ、支那ダケノ事情ヲ見テ、此北ト南ト云フモノ丶、經營ヲ自ラ二タ通ニシナケレバナラヌノガ支那ノ方ノ側カラ見テ、ソレ今度日本ノ側カラ之ヲ見ルトドウナルカト云フト、滿洲カラ蒙古ノ方ニ掛ケテノコト丶、是ガ揚子江ヲ中心トシテアレカラ廣東ノ方ニ向ッテノコト丶、日本帝國ノ關係モ亦同樣ニアルノデアリマスガ、一樣デアリマスカ、是ハ違ッテ居ルデハアリマセヌカ、違ッテ居ルモノナラバ違ッタ能力ノ人ガ違ッタ働キヲシナケレバナラヌ、長鞭モ馬腹ニ及バズ、トテモ是ダケノ大仕事ヲ一ツノ銀行ニ爲サシメヤウト云フ左樣ノ働キノ出來ル人ガ日本五千万人ノ中ニドンナニ尋ネテモトテモ適材ハ得ラレハシナイ、是ハ南ハ南、北ハ北ト云フ部分位ニ別ケテ人オヲ登庸シヤウトシタナラバ、是ハ稍〻得ラレルダラウ、人存シテ其政擧ルダカラ、ドシテモ人ノ採用法ヲ考ヘナケレバナラヌ、ドウシテモ此人物採用法ニ於テ是ガ一ツニ働イテ統御スルト云フコトハ絶對ニ私ハ不能ト考ヘル、支那自身ノ國ノ事情カラ見マシテモ、經濟狀態人情風俗諸般ノ點カラ見マシテモ、滿洲蒙古ノ經營ト云フ事柄ハ別ニシナケレバナラヌト云フノガ一ツノ理由、ソレカラ日本帝國ガ支那ノ同ジ政府同ジ支那ノ土地デアルケレドモ、滿洲蒙古ト云フモノト揚子江ヲ中心トシテノ方ト云フモノガ、日本ノ立場カラ見テ關係ガ別デアル、是ガ第二ノ理由、ソレカラ又是ハ內地ノ關係ニ付テ云ヘバ、日本銀行ト勸業銀行ヲ合併セイト云フ話、日本ノ中デ日本銀行ト勸業銀行ヲ一緒ニシロト云フ論ガアルデアリマセウカ、ソレハ資本モ日本銀行ト勸業銀行ヲ合セレバ殖エルニ相違ナイガ、サウ云フ議論ヲスル人ハナイ、日本ノ中ニハナイ、自ラ性質ガ異リ目的ガ異ナレバ組織ガ異ナルト云フコトハ、三尺ノ童子モ尙能ク辯ズルノデアル、ソレデアリマスカラ斯樣ナ點ニ於キマシテ此日支銀行ト云フモノ私ハ原案ヲ贊成致シマシテ、サウシテ此滿洲銀行ト云フモノハ別ニ置クベキモノデアルト云フコトヲ考ヘテ居ル、ソコデ此滿洲銀行ノコトニ付テ、床次サンガ前ニ仰シヤッタ唯一覽拂ノ手形ヲ出スコトヲ滿洲銀行ノ方ニシナイト云フコトハ、政府ガ何ト稱シテ宜イカ、床次サンノ仰シヤッタコトガ是ハ如何ニモ床次サンノ御論ニ敬服致シテ居リマス、床次サンノ仰シヤル通リ是ニドウモ一覽拂ノ手形ヲ發行スルコトヲ、日支銀行ニ許シテ滿洲銀行ニ許サナイト云フコトニ付テハ、是ハ又支那ノ事情ナドモ少シモ知ラナイ人ノ云フコトノヤウニ私ニハ思ハレルノデアルカラシテ、此點ハ滿腹ノ敬意ヲ表シテ床次サンノ御論ニ御同意致シマスガ、其他ノ點ハ遺憾ナガラ床次サンノ修正ニハ、私ハ法文ノ修正ト致シマシテノ點ハ總テ御同意ハ出來マセヌ、ソレカラ又支那ト親善ヲ圖ル方ノコトニ付テ、支那ノ御意ヲ伺ッテ法案等ヲ出シタラ宜カラウト云フヤウナ意味ノ御話ガアリマシタガ、是ハ一應ハ尤モカモ知ラヌ、一應ハ尤モカモ知ラヌガ是モヤハリ支那ニ對スル全體ノ日本國ノ政治ト云フモノヲバ、ドウ執ルカト云フコトヲ早ク覺悟ヲシテ、政治家ノ頭ガ極ッテ居ラナケレバナラヌ、何事モ其方デヤレバ東洋ノ繁榮ヲ期シテ、東洋ノ平和ヲ計ルト云フ事柄ハ、其筆法デ支那ニ向ヘバ百年黃河ノ淸キヲ待ツ類ダラウト思フ、何トシテモ日本帝國ハ一日ノ長者デアル、兄弟デハアルガ已レハ弟デハナイゾ、兄デアル、此抱負ヲ以テ臨マナケレバナラヌ、兄デアルト云フ抱負ナラバ導クト云フ觀念ガ無ケレバナラヌ、兄ノ情ケニハ導キ敎ヘナケレバナラヌ、弟ノ御意バカリ伺フ兄デハ仕方ガナイ、又向フヲ兄トシテ御意バカリ伺フ弟ノ國ニナッテ何トスル、ソレハドウシテモ出來ナイノデハアリマセヌカ、ソレ故ニアノ點ニ對シテ床次サン——是ハ法案ノ修正デハゴザイマセヌガ、床次サンノ御意見ガゴザイマシタガ、根本ニ於キマシテ左樣ナ事柄ハ私共ハ意見ヲ異ニ致シマス、是ダケノ事柄ヲ申上ゲマシテ、原案ニ贊成デアッテ、サウシテ床次サンノ修正ニハ遺憾ナガラ反對デアルト云フコトヲ明言シテ此壇ヲ降リマス(拍手起ル)

○議長(島田三郎君) 藤井善助君

(藤井善助君登壇)

○藤井善助君 風邪ノタメニ聲ヲ出シマスルコトガ甚ダ困難デアリマスカラ、極メテ簡單ニ申上ゲル積リデゴザイマス、御聽惡イト存ジマスガ暫ク御淸聽アランコトヲ望ミマス(「謹聽々々」ト呼フ者アリ)私ハ本案ニ對シテ床次君提出ノ修正意見ニ贊成ノ意ヲ表スルモノデゴザイマス、帝國ノ支那ニ對シマスル經濟的關係ニ於キマシテ、卽チ貿易商業ノ機關ト致シマシテ、又日支兩國ノ國際的關係ニ於キマシテモ、兩國ノ親善ナル關係ヲ增進シマスル上カラ見マシテモ、此日支銀行ノ設立ハ——此機關ヲ造リマスコトハ最モ必要ナルモノト存ジマスルノデ、寧ロ本案提出ノ遲キニ過ギルヲ感ズル所ノ者デゴザイマス、併ナガラ此法案ノ全文ヲ通讀致シマシテ、著シク不十分ヲ感ズルノハ資本金額ノ點デアルノデアリマス、帝國ノ支那ニ對スルトコロノ經濟的關係、此日支銀行ノ設立ヲ必要ト致シマスル上カラ、主トシテ其必要ト致シマスルトコロノ理由ハ、我國ノ支那ニ對スル貿易商業ノ機關トシテ必要ヲ感ジマスルト同時ニ、更ニヨリ以上進ンデ遠大ナル目的ナルモノガアルト存ズルノデアリマス、卽チ帝國ガ支那ニ對シテ——支那ノ經濟ニ對シテ現ニ得テ居ルトコロノ或事業上ノ優勝ナル地位、又現ニ得ツヽアルトコロノ優勝ナル地位ヲ持續シ、且ツ增進シ、將來ニ之ヲ擴張シ、又進ンデ將來或事業ノ優勝ナル地位ヲ獲得シマスルノ機關トシテ、此日支銀行ノ設立ハ貿易商業ノ機關トシテノ必要ヨリ以上更ニ其必要ヲ感ズル者デゴザイマス、唯今申上ゲマシタトコロノ重要ナル必要案件ハ——必要ト致シマスルトコロノ理由ハ、過日本案提出ニ際シテ大藏大臣ノ御說明ノ中ニモ、其手段方法トシテ言ヒ現ハサレテ居ルト思フノデアリマス、卽チ各種ノ經濟借款ニ應ジ、事業ニ資金ヲ供給スルト申サレテ居ルノデアリマス、又此法案ノ第四章ニ於テ其營業ノ目的事項ヲ認メテ居リマスルガ、其第十二條中第一項ヨリ第八項ニ涉リマシテ、營業事項ヲ羅列致シテ居リマスルガ、其中第一項確實ナル擔保アル貸付、第二項ニ於テ公債社債及株式ノ應募引受又ハ買入此營業事項ノ種々アリマス中デ、唯今申上ゲタル第一項第二項ガ最モ主要ナル營業目的デアルノデアリマス、卽チ此日支銀行ナル特殊銀行ヲ設立サレルトコロノ要旨モ其ノ點ニアルト考ヘルノデアリマス、第一項ノ確實ナル擔保アル貸付ト云フ中ニハ、動產不動產ノ擔保以外或ハ鐵道或ハ鑛山ノ如キ、是等ノ物件ヲ擔保トスルトコロノ貸付モ含有サレテアルト云フコトハ疑ガナイノデアリマス、又第二項ニ於テ公債社債及株式ノ應募引受又ハ買入ナルコトヲ規定致シテ居リマスルガ、是ハ唯單ニ普通ノ銀行ガ持ッテ居ルトコロノ資金ヲ運用スルガタメニ有價證券ヲ所有スル、卽チ其有價證券ノ利益配當金ヲ受ケル、斯樣ナ目的ノタメニ有價證券ヲ所有スルト云フ意味デナクシテ、更ニ進ンデ或種ノ事業ヲ經營シ或事業ヲ發起スル、卽チ或事業ヲ發起シ經營スルトコロノ株式會社ノ株式ノ募集ニ應ジテ、且ツ之ヲ引受ケルト云フコトヲ規定シテ居ルノデアリマシテ、法人タル銀行ソレ自身ガ名ヲ署シテ發起人タラズトモ其ノ內容實質ニ於テ其事業ノ發起人タル——發起ノ中心タルトコロノ行爲マデ許シテ居ルノデアリマス、斯樣ニ第二項ヲ解釋致シマスルト、卽チ此日支銀行ナルモノハ、彼ノ動產銀行不動產銀行ト云フ如キニ對シテ之ヲ申シマスルナラバ、此銀行ハ企業ヲ行フ所ノ一種ノ企業銀行ト申スコトモ出來ルノデアリマス、前申上ゲル通リ貿易商業ノ機關トシテモ必要デアル、而モソレ以上重要ナル任務ヲ有ッテ居ル所ノ此日支銀行、種々ノ利權ヲ擔保ト致シ貸付ヲ行フト所ノ此銀行、種々ノ企業ヲ行フ所ノ此銀行、此日支銀行ノ是等ノ事業ノ上カラ見マシテ、此重要ナル任務ヲ遂行スル上カラ見マシテモ、本案ニ規定サレテ居ル所ノ資本金額二千万圓ハ甚ダ少ナキニ失スルト思フノデアリマス、現ニ帝國ガ支那ニ對シテ放資ヲ致シテ居リマスル金額ハ、諸君御承知ノ通リ、彼ノ漢冶萍ニ對スル三千數万圓ヲ主ナルモノト致シマシテ、ソレ以外既ニ八千万圓乃至一億圓ニモ達セントシツヽアルノデアリマス、現在持ッテ居ル借款ニシテ既ニ斯ノ如シ、此經濟市場ニ優勝ナル地位ヲ確保シ、且ツ之ヲ增進シ擴張シ、尙更ニ他ノ事業ニ向ッテモ其利權ヲ獲得シマスル目的ニ向ッテハ、如何ニシテモ此資本ハ少額ニ過ギルト云フコトハ疑ガナイノデアリマス、又一面貿易商業ノ方面ヲ見マシテモ、帝國ノ支那ニ對スル貿易ハ近時殊ニ著シク發達ヲ致シマシテ、我國ノ綿業卽チ綿絲綿布ヲ初メ其他加工致シマシタ所ノ綿製品ノ總テヲ入レマスルト、此綿製品ノ一種類ニ致シマシテモ一億圓以上ノ輸出ヲ致シツヽアルノデアリマス、此貿易商業ノ方面カラ見マシテモ、此資本金額二千万圓ハ甚ダ少ナキニ失スルト云フコトヲ申サレルノデアリマス、原案ヲ維持セラルヽ所ノ諸君ハ、此法案ニ於テ資本金額ニ十倍スル所ノ卽チ拂込金ニ十倍スル所ノ債券ヲ發行スルコトヲ許シテ居ルデハナイカ、成程債券ノ發行ハ許シテ居リマスルガ、而モ債券ノ發行ハ資本金ノ資力ノ足ラザル場合ニ於テ之ヲ補充スルノ途ヲ開ケテ居ルノデアリマシテ、銀行ノ如キ信用ヲ基礎ト致シマスルモノハ資本金額デアル、殊ニ支那ノ如キ經濟思想ノ幼稚ナル事大主義ヲ貴ヒマスル國柄ニ於テハ、殊更ニ此資本金額ヲ增大シテ、其內容ノ豐富ナルヲ期スルト同時ニ、共看板モ豐富ナルコトヲ示スト云フコトガ策ヲ得タルモノデアルト考ヘルノデアリマス、若シソレ此日支銀行ヲ五千万圓ノ資本ニ致シマスルナラバ、殊更ニ之ニ對立シテ滿洲銀行ヲ設立スルノ必要ハナイト思フノデアリマス、固ヨリ滿洲地方ノ開發利源ノ開發ニ資スルタメニハ、現在ノ如キ正金銀行ニ特別低利融通資金三百万圓ノ如キ、是等ノ働ヲ以テ滿足スルモノデハアリマセヌ、又他ノ銀行ガ滿洲地方ニ現在ナシツヽアル所ノ金融機關ヲ以テ、健全ナル共本能ヲ發揮シテ居ルモノトモ考ヘヌノデアリマスガ、此滿洲地方ノ富源ヲ開發シマスル唯一ノ金融機關トシテ之ヲ新ニ設立シマスルナラバ、滿洲銀行ノ資本一千万圓ハ甚ダ少ナキニ失スルノデアル、寧ロ日支銀行ノ資本ヲ增大シテ五千万圓ト致シマスレバ、日支銀行ヲシテ滿洲銀行ノ事業ヲ兼ネシムルニ於テ何ノ不可カラント思フノデアリマス、勸產銀行不動產銀行トカ云フ營業ノ範圍ノ上カラ、若シ日支銀行ニ滿洲銀行ノ事業ヲ經營セシムルコトガ不可能デアルト云フコトデアリマスレバ、寧ロ現ニヤリツヽアル所ノ朝鮮銀行ニ、其營業範圍ヲ推擴メ、資本ヲ增額致シテ朝鮮銀行ニヤラセマシテ、土壤相接シテ居ル所ノ殖民地ニ對シテ金融機關ヲ統一スルト云フコトモ、亦一策デアルト思フノデアリマス、此點カラ申シマシテ日支銀行ノ資本ヲ五千万圓ニ增額スルコトハ、總テノ點カラ最モ必要デアル、是ト同時ニ滿洲銀行ニ僅カ一千万圓ノ資本ヲ以テ之ニ對立シテ設立セシムル必要ヲ認メナイノデアリマス、役員ノ數ハ二分ノ一ヲ支那側カラ出スト云フコトノ限定ニ付テ、等分ニ致シタガ宜カラウト云フ修正意見デアリマスガ、之ニ對シテ役員ノ選任ハ此法案ノ條文ヲ見マスト、日本人側タル所ノ理事ハ株主總會ニ於テ候補者ヲ選擧シマシテ、而シテ政府ガ之ヲ任命スル、支那側ノ理事ハ總會ニ於テ之ヲ選擧シマシテ、政府ガ之ヲ認許スルト云フ斯樣ナ條件ニナッテ居ルノデアリマスカラ、日支合辦事業ノ前提トシテ、此種ノ事業ヲ益々奬勵發達セシメマスル上カラ見マシテモ、近時著シク支那ニ於テ助長シツヽアル所ノ彼ノ米國ニ對シテ所謂親米的傾向ノ上カラ見マシテモ、米國ガ支那ニ對スル彼ノ米支銀行、若クハ米支郵船公司ノ計畫ノ如キ點カラ鑑ミマシテモ、是ハ宜シク二分ノ一卽チ理事ノ選任ニ付テハ半分宛出スト云フコトガ相當デアル、而モ支那人ノ感情ヲ良クスルト云フ點ニ於テ、何等差支ナイコトデアルト思フノデアリマス、又本店ノ位置ヲ定款ニ於テ定メルガ相當デアルト云フ修正意見ニ對シテ、守屋君ハ此點ニ對シテ多少誤解ヲナサレタヤウデアリマス、本店ノ位置ノ如キ又役員選任ノ如キハ、株式會社トシテ營利會社トシテ普通株主總會ノ權能ニ委ネベキ事柄デアルノデアリマス、株主總會ノ權能ニ委ネベキモノヲ殊更ニ法文ヲ以テ之ヲ規定スルガ如キハ、將來種々ノ事業ヲ設立致シマスル上ニ付テハ、追々進ンデ左樣ニ致シタイト云フ考ヲ有ッテ居リマスルガ故ニ、此點ニ對シテモ修正意見ヲ可トスル次第デゴザイマス以上述ベマシタ點ニ付テ尚足ラザル所モアリマスガ、前御斷リヲ致シタヤウナ次第デ聲ヲ出シマスコトガ困難デアリマスカラ、以上ヲ以テ贊成ノ意見ヲ表シマス

（拍手起ル）

○議長（島田三郎君）　討論ハ終結シタト認メマス、是ヨリ採決致シマス、順序ハ床次君ノ修正ヲ第一トシテ次ニ委員長報告ヲ採リマス、本案ニ對シ床次君ノ修正說ニ贊成ノ諸君ハ起立ヲ請ヒマス

起立者　少數

（「多數、大多數」ト呼フ者アリ）

○議長（島田三郎君）　少數デアリマス、床次君ノ修正說ハ否決セラレマシタ、次ニ委員長報告ニ贊成ノ諸君ノ起立ヲ請ヒマス

起立者　多數

○議長（島田三郎君）　多數デアリマス、委員長報告ノ通リ決シマス

○福田又一君　三讀會ヲ省略致シマシテ第二讀會ノ決議ノ通リ可決確定セラレンコトヲ望ミマス

（「贊成」「異議ナシ」ト呼フ者アリ）

○議長（島田三郎君）　福田君ノ動議ニ御異議アリマセヌカ

（「異議ナシ異議ナシ」ノ聲起ル）

○議長（島田三郎君）　御異議ナイト認メマス、依テ三讀會ヲ省略シテ本案ハ可決確定致シマシタ——滿洲銀行法案ヲ議題トシテ第一讀會ヲ開クコトニ致シマス——イヤマダ通告ガアリマシタ、滿洲銀行法案ノ第一讀會ノ續ノ中デ、大體ニ付テ床次君ノ通告ヲ許シマス

（此時發言スル者多ク「シヤベッチヤ分リマセヌ」ト呼フ者アリ）

○議長（島田三郎君）　暫ク——大體論ニ付テ反對竝ニ贊成ノ通告ガアリマス、依テ共通告ニ依リ床次君ノ發議ヲ許シマス……床次竹二郎君

○床次竹二郎君　簡單デアリマスカラ此處カラ御許シテ願ヒタイ

○議長（島田三郎君）　床次竹二郎君

○床次竹二郎君　本銀行法案ハ先程日支銀行法案修正ノ意見ヲ說明スル際ニ當ッテ、申シテ置キマシタ事デ明瞭致シテ居ルト思ヒマスカラ、更ニ申スコトヲ略シテ單ニ反對ト云フコトダケヲ申シテ置キマス

（「ヒヤヽヽ」ト呼フ者アリ）

○議長（島田三郎君）　次ニ贊成ノ通告ガアリマス——加藤定吉君

（「登壇々々」ト呼フ者アリ）

（加藤定吉君登壇）

（「詳細ニヤルベシ」ト呼フ者アリ）

○加藤定吉君　私ハ極ク簡單ニ此滿洲銀行ノ必要ナル所以ヲ申上ゲヤウト思ヒマス、唯今床次サンノ御議論ヲ伺ヒマシテ大ナル敬意ヲ以テ之ヲ拜聽シテ居リマシタ、其御議論ノ趣意ハ支那人ト日本人ト云フモノハ親密ナル關係ヲ結バナケレバナラヌ、從ッテ總テノ事ニ區別ヲシテハイケナイ、一視同仁ノ方針ヲ以テ經濟上政治上進ンデ往カナケレバナラナイ、此結果トシテ總テノ事ヲ合辦ニシ胸襟ヲ披イテ提携ヲシテ往カナケレバナラナイ、此主義ノ下ニ日支銀行ト滿洲銀行ト云フモノヲ之ヲ一ツノモノニシ、サウシテ重役總テノモノヲ半分宛出シ、別ニ兩方ノ區別ヲ立テナイデヤッタラ宜カラウト云フ御議論デゴザイマシタガ、私ノ狹キ經驗ニ依リマスルト云フト、滿洲ト支那トハ幾程事情ガ違ッテ居リマ

スシ、ソレカラ合辦ト云フコトハ是ハ餘程考ヘベキ問題デアッテ、合辦ノ必要ノアル場所ニハ合辦ヲ以テヤレバ宜レイ、若シ必要ノナイ場合デアレバ合辦ハ成ベクシナイ方ガ宜シイ、是ガ私ノ支那ニ對スル見解デゴザイマス、滿洲ニ於テハ何故ニ合辦ヲ必要トシナイカト申シマスルト、滿洲ニ於テハ支那ト事情ガ違ッテ居リマシテ謂ハバ我ガ日本ノ勢力範圍デ本年ノ――ヤ昨年ノ此日支外交ノ結果トシマシテ土地ノ租借權モ得ルコトガ出來マシタ、從ッテ茲ニ不動産擔保ノ貸付ヲ必要トスルト云フ事情ガ起ッテ參ッタ、此目的ノ爲ニ滿洲銀行ト云フモノ、必要ヲ吾々ガ叫ンダノデゴザイマス、サウスレバ此滿洲ニ於テ金融ヲ經營スル上ニ於テハ、今日ハ支那人ノ力ヲ要シナイ、支那人ト何等ノ交渉ヲ要シナイデ此銀行ヲ遂行スルコトガ出來ルノデアリマシテ、此點ニ於テハ私ハ此滿洲銀行ト云フモノハ日支銀行ト別ノ扱ヒヲシテ然ルベキモノト思フノデアリマス(「ヒヤヽヽ」ト呼フ者アリ)更ニ此合辦ト云フコトニ付テハ私ハ出來ルダケ合辦ハ避ケタイ、總テノ事ニ於テ成程一視同仁ト云フ意味カラシマシテ、支那人ト共同ニ總テノ事ヲ經營シテ往クト云フコトハ理論ニ於テハ最モ大切デアリ、最モ道理アルコトニ聞ヘマスノデゴザイマスルガ、支那ノ今日ノ事情、又支那人ノ性格ト云フモノハ、ナカヽヽ日本人ガ日本人同士デイコヽヽナ相談ヲ運ビマスヤウナ譯ニハ參リマセヌ、國情ヲ異ニスル・ミナラズ、總テノ性質モ綜合モ又宗種トハ言ヒナガラ非常ナ懸隔ガアルト私ハ思ッテ居ルノデゴザイマス、其爲ニ將來是ハ御互ニ――御互ニ研究シ御互ニ相理解シ、密接ナ關係ヲ以テ往カナケレバナラナイ、親密附合ヲシテ往カナケレバナラナイト云フコトハ申スマデモアリマセヌガ、現在ノ事情トシテ直ニ此處デ合資――合辦組織ニシヤウ、直ニ相談ヲ支那ニシマシテサウシテ此銀行ヲ經營スルト云フコトハ、是ハ實情ニ於テ到底出來ナイ議論デアル、今日ハ到底出來ナイ議論ト私ハ思フノデアリマス(「議長々々」「默レ何ヲ言フ」「議事進行ニ付テ」「今發言シテ居ル」「一讀會デナケレバ大體論ハ出來ヌ」ト呼フ者アリ)ソレ故ニ合辦ト云フコトニ付テチヨット述ベタノデス(「議長ノ御注意ヲ願ヒタイ」ト呼フ者アリ)此意味ニ於テ私ハ兎ニ角此合辦ト云フコトハ出來ルダケ避ケル、サウシテ御互ニ相理解シ、將來ニ於テハ其考ヲ以テ進マナケレバナリマセヌケレドモ、兎ニ角現在ニ於テハ合辦ト云フコトハ出來ルダケ避ケタイト云フ意味ニ於キマシテ、此日支、滿洲銀行ト云フモノノ區別ヲ望ムノデゴザイマス、ソレカラ資本ガ餘リ少ナイト云フコトデゴザイマスルガ、之ハ私ハ是マデノ例ガ資本ガ餘リ多イト云フト却テ禍ヲ爲ス、假ニ東拓ノ如キ若クハ滿鐵ノ如キモ資本ガ多過ギル(「時間延長」ト呼フ者アリ)ソレガ爲メニ私ハ現在ノ案ヲ以テ至當ト思ヒマス、サウシテ此案ニ贊成ヲ致スノデゴザイマス、ドウカ十分御研究下スッテ御贊成ヲ願ヒマス

○議長(島田三郎君) 本案ノ第二讀會ヲ開クニ御異議アリマセヌカ

(「異議ナシ」ト呼フ者アリ)

○議長(島田三郎君) 異議ガナイト認メテ第二讀會ヲ開クコトニ……

(「異議ガアルヂヤナイカ」「反對意見ガアル」「採決ヲ要ス」「二讀會ヲ開クベシト云フコトニ決シタラソレデ宜シイ」「ノーヽヽ」「ソンナモノガ開ケルナラ開イテ御覽ナサイ」ト呼フ者アリ)

○議長(島田三郎君) 床次君ノ反對意見ガアリマス、――ソレ故ニ二讀會ヲ開クヤ否ヤヲ起立ニ問ヒマス、二讀會ヲ開クベシト云フ諸君ノ起立ヲ請ヒマス

起立者　多數

○議長(島田三郎君) 多數デアリマス、二讀會ヲ開クコトニ決シマシタ

○福田又一君　直ニ二讀會ヲ開キ第三讀會ヲ省略致シマシテ委員長報告ノ通リ可決確定セラレンコトヲ望ミマス

○議長(島田三郎君) 福田君ノ說ニ異議アリマセヌカ

(「異議ナシ」ト呼フ者アリ)

○議長(島田三郎君) 御異議ナシト認メテ本案ハ委員長報告通リ可決確定致シマス、時間ヲ延長致シマス――日程第九、元屯田兵扶助ニ關スル法律案第一讀會ヲ開キマス――委員長加藤彰廉君

滿洲銀行法案　第二讀會(確定議)

大正五年二月十九日　議長ノ報告

大正五年二月十七日

内閣總理大臣伯爵大隈重信

衆議院議長島田三郎殿

衆議院議員佐々木安五郎君提出在外同胞迫害事件續出ニ關スル質問ニ對シ別紙答辯書差進候

（別紙）

衆議院議員佐々木安五郎君提出在外同胞迫害事件續出ニ關スル質問ニ對スル答辯書

一、政府ハ本件發生ノ後直チニ吏員ヲ現場ニ派遣シ關係者ニ就キ具サニ事情ヲ調査セシメタル結果蘭國官憲ノ處置ニ共當ヲ得サルモノアルヲ認メ在バタビヤ帝國領事ヲシテ蘭領東印度政府ニ對シ本件善後處分ニ關スル交渉ヲ開始セシメ目下鋭意之カ妥結ニ盡力中ナリ右交渉事項中蘭領東印度官憲ニ於テ本國政府ノ指揮ヲ俟クルノ必要アルモノアル等ノ關係上未タ商議ノ結了ヲ見ルニ至ラスト雖モ政府ハ本件カ遠カラス友好的精神ニ依リ満足ナル解決ヲ告クヘキ事ヲ期待スルモノナリ

二、満蒙ニ關スル新條約ノ適用上間島在留ノ朝鮮人ハ一律帝國ノ法權ニ服從スヘキモノタルヲ以テ同條約實施以來同地駐在帝國領事官ヲシテ其趣旨ヲ以テ措辨セシメタリ然ルニ支那政府ニ於テハ反對ノ見解ヲ執リ一面帝國政府ニ抗議スルト共ニ他面朝鮮人カ我カ法權ニ服從スルコトニ對シ種々妨害ヲ試ミタリ帝國政府ハ我條約上ノ權利ヲ擁護シ朝鮮人ノ保護ニ努ムルト同時ニ北京及間島兩地ニ於ケル我代表者ヲシテ或ハ口頭或ハ文書ヲ以テ屢次折衝ヲ重ネシメタル結果今ヤ支那政府ニ於テハ十分我所信ヲ諒解スルニ至レルモノト思考セラレ追テ適當ナル解決ヲ見ルニ至ルヘキモ本件ハ未タ交渉中ニ屬スル案件ナルヲ以テ之カ經過ノ詳細ヲ發表スルノ時機ニ達セス

右及答辯候也

大正五年二月十五日

外務大臣男爵石井菊次郎

第五　朝鮮ノ生産ニ係ル生果核子及銅ノ移入税ニ關スル法律案（政府提出）　第一讀會

朝鮮ノ生産ニ係ル生果、核子及銅ノ移入税ニ關スル法律案

朝鮮ノ生産ニ係ル物品中生果及核子ニハ從價三割ノ移入税ヲ課シ銅ノ塊及錠ニハ移入税ヲ課セス

附　則

本法施行ノ期日ハ勅令ヲ以テ之ヲ定ム

（政府委員加藤政之助君登壇）

○政府委員（加藤政之助君）　朝鮮ノ生産ニ係ル生果核子及銅ノ移入税ニ關スル法律案、此案ノ趣旨ヲ申シマス、朝鮮ノ生産ニ係ル果物類ハ今迄從量税ヲ取ッテ居リマシタノデアリマス、而シテ從量税三割ノ基礎ノモノモアリマシタガ、ソレハツマリ伊太利ノ「ネーブルス」或ハ亞米利加ノ貴重ナル果物、同ジ程度ノ税率ニ置カレテアルノデアリマス、ソコデ極メテ朝鮮ノ果物ニ於キマシテハ税ノ重キコトヲ感ズルノデアリマス、ソコデ此度朝鮮ノ果物ハ從價税ノ三割ニ改メマシテ、其過重ナル點ヲ矯メテ均衡ヲ保タシムルノ方針デアリマス、又朝鮮カラ持ッテ參リマスル銅ノ塊及錠、是ニハ移入税ヲ課セヌコトニ致シマスル方針、是レ本案ヲ提出致シマシタ理由デアリマス、宜シク御審議ノ上御賛成ヲ願ヒマス

○議長（島田三郎君）　質問モ無イト認メテ次ヘ移リマス――日程第六、右議案ノ審査ヲ付託スベキ委員ノ選擧、之ヲ議題ト致シマス

第六　右議案ノ審査ヲ付託スヘキ委員ノ選擧

○福田又一君　本案ヲ議長指名九名ノ委員ニ付託致シテ審査セラレムコトヲ望ミマス

（「賛成々々」ト呼フ者アリ）

○議長（島田三郎君）　福田君ノ說ニ御異議ガナイト認メマス、依テ福田君動議ノ通リ議長指名九名ノ委員ニ付託スルコトニ決シマス――日程第七及第八、此兩案ハ同種關聯セル議案デアリマス、提出者モ同一デアリマスカラ一括議題トシタイト思ヒマス、御異議アリマセヌカ

（「異議ナシ異議ナシ」ト呼フ者アリ）

第十二　金玉均表彰ニ關スル建議案（小林勝民君外四名提出）

金玉均表彰ニ關スル建議案

金玉均表彰ニ關スル建議

金玉均ハ朝鮮ノ功臣ニシテ大ナル犧牲者タリ宜シク政府ハ須ラク其功勞ヲ認メテ之ヲ表彰セラレムコトヲ望ム

右建議ス

第十三　安房鐵道速成ニ關スル建議案（小林勝民君外一名提出）

安房鐵道速成ニ關スル建議案

安房鐵道速成ニ關スル建議

政府ハ安房沿岸鐵道ヲ速成セラレムコトヲ望ム

右建議ス

（小林勝民君登壇）

（拍手起ル）

○小林勝民君　風ヲ引イテ居リマシテ、極ク簡單ナ問題デゴザイマスカラ簡單ニ申シマス（「ドウカ説明モ簡單ニ願ヒマス」ト呼フ者アリ）極ク簡單ニヤリマス、諸君、凡ソ世ニ一番尊イ所ノモノハ社會ノ先覺者、國家ノ志士仁人ノ其社會國家ニ對スル犧牲デアリマス、此犧牲アルガ爲ニ社會ガ進歩シ國家ガ進歩スル所以デアル、若シモ社會ヨリ國家ヨリ此犧牲ナルモノヲ取拂ッタナラバ、其社會國家ハ實ニ哀レ果敢ナキモノトナルニ相違ナイノデアリマス、本案ニ於キマシテ滿場諸君ノ御同情ヲ仰イデ其表彰ヲ求メヤウトスルトコロノ此金玉均ナル者ハ、朝鮮ノ先覺者デアリ、東洋ノ先覺者デアリマシテ、而シテ又朝鮮ノ志士仁人デアリマス、然ルニ此人ガ捧ゲタル犧牲ハ朝鮮ニ對シテノミナラズ、實ニ此東洋ニ對シテ卽チ間接ニ我日本ニ對シテ大ナル犧牲ヲ拂ハレタノデアリマス、獨リ其一身ヲ抛ッタノミナラズ、其一家ヲ抛ゲ其九族ヲ捨テ、サウシテ其ノ國家ニ殉シタルトコロノ犧牲デアリマス、サウシテ其末路ハ御承知ノ如ク實ニ慘憺タルトコロノ結末ヲ以テ終ッタノデアリマス、此ノ如キ犧牲者ト云フモノガ――此ノ如キ悲慘ナル末路ヲ遂ゲタルコト、云フモノハ、歷史ノ上ニ於テ餘リ其類例ヲ見ナイトコロデアリマス、然ルニ此金玉均ナル者ノ人物其功業ト云フモノハ、未ダ今日ニ至ルマデ朦朧トシテ多少知ッテ居ル者モアリマスケレドモ、其ノ偉大ナル人物ノ眞價ト云フモノハ、未ダ世ノ中ニ現レテ居ラヌノデアリマス、是ハ實ニ此聖代ノ大ナル汚點デアリマス、旣ニ朝鮮ガ我日本ニ併合セラレタル以上ハ、之ヲ受繼イデ日本國家ノ責任トシテ朝鮮ノ志士仁人ハ日本ノ志士仁人デアル、朝鮮ノ偉人ハ日本ノ偉人デアル、朝鮮ノ先覺者ハ日本ノ先覺者デアルトスルナラバ、其功勞ヲ表彰スルコトハ一ツハ國家ガ志士仁人ニ對スル義務、一ツハ此國家ガ其先覺者ニ對シ、サウシテ又後ノ世ヲ奬勵スル――後ノ世ノ模範ニスベキトコロノ國家ガ世間ニ負フトコロノ大ナル義務デアラネバナラヌ、此事柄ハドウシテモ國家ノ責任トシテモ力メナケレバナラヌコトデアルト私ハ信ジテ居ルノデアル、然ルニ今日迄未ダ其事ガナイト云フコトハ甚ダ遺憾ニ存ズル次第デアリマス、此ニ一言附加ヘテ申上ゲテ置カナケレバナラヌコトハ、唯今迄申シタルコトハ國家トシテ當然世ノ先覺者ニ對シ志士仁人ニ對スル當面ノ責務デゴザイマスケレドモ、日本政府トシテ――日本政府トシテ金玉均ナル者ニ對シテハモウ一ツノ義務ガアル、負債ガアルノデアル、卽チドウシテモ金玉均ニ對シテ負フテ居ルトコロノ大ナル債務ガアルノデアル、ソレハ何デアリマスカト申シマスレバ、明治十七年ニ於テ金玉均等ガ此回天ノ事業完タカラズシテ、彼ノ如キ蹉跌ヲ取ッタト云フノハ、當時ノ日本政府ノ大責任デアリマス、卽チ當時日本政府ガ金玉均ニ約束シタコトヲ實行シナイ結果デアッテ、アヽ云フコトニナッタノデアル、此債務ハ當時ノ日本政府ノ大債務デアッテ、吾々ガヤハリ承繼シテ今日ニ負ハナケレバナラヌトコロデアルト信ズルノデアリマス、ソレデドウゾ其債務ハ暫ク措キマシテ、兎ニモ角ニモ此大ナル犧牲者ニ對シテ其功勞ヲ表彰スルト云フコトニ付テハ、是非トモ本建議案ノ如ク御贊成ヲ願シタイノデアリマス、ソレデ餘リ詳細ナコトハ申上ゲズ致シマシテ、私ハ此ニ果シテ此金玉均ナル者ハ如何ナル人物デアリ、又如何ナル功業ヲ爲シタカ、又其金玉均ト日本政府共當時ノ事情等ノ關係、之ニ付テノ顛末ヲ了解スルベタ速記録ノ終リニ記事ヲ記載セラレンコトヲ望ミマス、ソレハ京城變亂始末――福澤諭吉君ノ手記サレタル京城變亂始末及友人會總代ノ弔文、之ヲ速記録ノ末尾ニ記載セラレンコトヲ望ミマス（拍手起ル）――ソレカラ尙恐縮デスガモウ一ツ日程ニゴザイマスル安房鐵道速成ノ建議デゴザイマス、是ハ無論詳シク申上ゲル必要ハアリマセヌ、御承知ノ如ク千葉縣ノ鐵道ガ内海ノ方ト外海ノ方ト兩方ニ分レテ居リマシテ、ソレガ何レモ途中迄行ッテ聯絡ガ付カヌノデアリマス、御承知ノ如ク安房ハ殆ド日本第一トモ云ウテ宜イ海產物ノ土地デアリマシテ、此鐵道ノ聯絡ガ取レナケレバ到底房總鐵道ノ效用ヲ完ウスル譯ニ參リマセヌ、ドウゾ此建議ノ趣旨ヲ御酌取リ下サッテ御贊成ヲ願ヒマス

〔「贊成々々」ト呼フ者アリ〕

○福田又一君　第十二ノ日程ニ對シテハ議長指名九名ノ委員、第十三ノ日程ニ對シテハ同ジク議長指名九名ノ委員ニ付託シテ審査セラレムコトヲ望ミマス

〔「異議ナシ異議ナシ」ト呼フ者アリ〕

〔參照〕

金玉均葬儀弔文

吁嗟金玉均君逝ク矣眼ヲ擧レハ暗雲慘憺東洋ノ天地稍ク晦冥ナラムトス而シテ偉人逝テ還ラス噫天道ハ果シテ是カ非カ

朝鮮ノ地タル由來國貧ウシテ力ラ弱シト稱ス況ンヤ内ハ乃チ閔族權ヲ專ラニシ横虐度ナク外ハ強鄰ノ凌壓スル所トナリ財源涸渇シ民ニ生氣ナク國運ノ危殆ナル實ニ旦夕ヲ測ル可カラザントス一大俊傑ノ士起リテ大手腕ヲ施スニアラズンバ其前途亦爲ス可ラザルナリ此時ニ當リ朝鮮國無比ノ人傑ヲ失フ吁天ノ朝鮮國ニ祚セザル何ゾ一ニ此ニ至ルヤ

顧ミテ金玉均君ノ事ニ至レバ浩嘆腸裂ケ涙眼血迸リ轉タ大息ニ堪ヘザル者アリ君ノ烱眼ナル朝鮮國ノ疾患既ニ膏肓ニ入ルヲ察シ蹶然トシテ奮起シ疾風迅雷ノ間以テ一擧狂瀾ヲ既倒ニ回サントセリ而シテ壯圖一蹶成ラス逃レテ我國ニ在ル殆ンド十年或ハ熱炎天ヲ焦スノ孤島ニ竄セラレ或ハ寒風肌ヲ劈サクノ北海ニ謫セラレ遵養時晦強忍假裝以テ徒ニ時人ノ嘲ケリヲ買ヒ未タ曾テ一タヒ動セテ大飛躍ヲ試ミ胸中ノ經綸ヲ施スノ機ニ逢遇スル能ハズシテ一竪子ノ手ニ斃レ其死屍ニ怨家ノ爲メニ笞タレタリ何ゾソレ慘ナルヤ況ンヤ君ノ人物性行ハ全然世人ノ爲メニ誤解セラレ棺ヲ蓋フノ今日尚其偉大ナル人物ノ眞價ハ未タ承認セラレサルニ於テヲヤ古今薄運ノ士多シト雖ドモ君ノ如キハ絕テ無クシテ僅カニアル所ナリ

然レドモ西人ノ跳梁跋扈ハ稍々東人長夜ノ惰眠ヲ覺醒シ來ラントス君カ故國ノ事豈亦前途ニ望ミナシトセンヤ今ヤ閔族驕横日ニ甚シク庶民ノ怨恨骨ニ徹シ所在黨ヲ樹テ蜂起スルモ之レヲ制スル能ハス政綱紊亂シ威信地ニ墜ツ其覆滅決シテ遠キニアラズ此間豈君ノ遺志ヲ承ケ風雲ニ際會シテ撥亂反正ノ功ヲ奏スル英達ノ士輩出セザルナキヲ期センヤ君ノ志庶幾クハ他日大ニ伸ブルノ時アラムカ紛々タル時俗ノ毀譽褒貶大丈夫ニ於テ何カアラン早晩偉人ノ眞面目ハ躍々乎トシテ汗青ヲ照スノ日アラムノミ抑モ大丈夫ハ馬革ヲ以テ其屍ヲ裹ムベシ安ンゾ婦女子ノ手ニ死センヤトハ後漢ノ老雄伏波將軍ノ言ニアラズヤ青々タル山岳ヲ以テ墓碑トナシ漫々タル河海ヲ以テ棺槨トナス是レ寧ロ大丈夫ノ面目ナリ

今ヤ君ノ第二ノ故鄕ナル我日本ノ同胞ハ君ガ遠逝ヲ聞テ痛嘆措ク能ハズ乃チ本日ヲ以テ葬儀ヲ營ミ幽靜高雅ノ地緑樹鬱蒼タルノ處君ガ靈柩ヲ埋葬シテ君ガ雄魂ヲ招迎セントス葬ニ會スル者ハ皆義俠ナル我同胞ナリ君ガ親愛ナル知友ナリ吁吾人同人ガ君ヲ懷フノ情ハ益々切ナリト雖ドモ温乎タル其音容復タ接スル能ハザルヲ奈何セン噫哀哉庶幾クハ饗ケヨ

金氏友人會總代
小林勝民泣血拜草

大正五年十二月十九日

京城變亂始末

福澤先生　手記

金玉均ハ多年國王ノ信任ヲ得テ事大黨ノ主義ヲ憤リ大ニ爲スコトアラントノ企ニテ明治十五年修信使朴泳孝ト共ニ日本ニ來リ竊ニ日本政府ニ依賴センコトヲ謀リタレドモ當時政府ノ意ニ投ズルコトヲ得ズ僅ニ其筋ノ厚意ヲ以テ金十七万圓ヲ横濱正金銀行ヨリ借用シタルノミナリ十七万圓ハ以テ國事ニ用フルニ足ラズ依テ明治十六年初夏ノ頃本國ヨリ三百万弗外債ノ委任狀(此外債委任狀ヲ竹添公使ハ僞物ナリト稱シテ金氏ノ計畫ヲ妨ゲタリ)ヲ携ヘテ復日本ニ來リ米國公使ノ内々周旋ヲ以テ横濱在留人モールスニ託シ米國ニテ外債募集ノ事ヲ企テタレドモ其事成ラズ(第一銀行ノ澁澤榮一ガ金玉均ニ十万乃至二十万圓ヲ貸サントシタレドモ外務卿井上ノ旨ヲ得ザルガ爲メニ止ミタルモ十七年一二月ノ頃ナリ)明治十七年空シク歸國シタリ右等ノ事ヲ周旋スル其間ニ日本政府ガ朝鮮ニ對スル政略ヲ窺ヘバ抑テ退守ノ主義ノ如クニ見エ隨テ金玉均ノ擧動一トシテ日本政府ノ意ニ叶フモノナク金玉均朴泳孝ト云ヘバ其名ヲ聞テモ輕躁浮薄者流ノ如クニ視做シテ外務省ナドヘモ近ヅクヲ得ズ日本ニテ斯クナレバ在朝鮮ノ日本公使館ニ於テモ亦然リ當時歸京中ナル朝鮮公使竹添氏ノ如キハ殆ド金朴ト絕交同樣ニテ當時在任ノ代理公使島村氏以下公使館ノ諸官モ亦都テ之ヲ疏外セリ然ルニ金玉均ガ本年歸國シタルハ三月ノコトニシテ其後注意シテ公使館ノ狀況ヲ察スルニ本年八九月ノ頃ヨリ少シク樣子ノ前ニ異ルアルコト心ニ發明シテヨリ徐々之ニ近カンコトヲ思ヘリ

井上角五郎ハモト金玉均朴泳孝等ト共ニ朝鮮ニ到リ後チ其政府ニ傭ハレテ漢城旬報ニ採筆セリ本年春初ヨリ支那人之ヲ非難スルモノ多ク且ツ朝鮮政府ヨリ與フル月給甚ダ少キヲ以テ一ニハ身體ノ保護又一ニハ活計ノ保護ヲ日本代理公使島村氏ニ請ヘドモ毫モ聞キ入レズ蓋シ日本人ハ角五郎ヲ以テ金朴ト異人同意ニ見做セシガ故ナランコヽニ於テ角五郎ハ五月京城ヲ出テ歸京セリ此時淸佛ノ戰爭漸ク起ラントスル狀況アリ七月ニ至リテ世人ハ已ニ其戰爭ノ免カル可カラザルヲ思ヒシトキ外務省ニテハ角五郎ニ若干ノ保護金ヲ與ヘテ再渡セシメタリ其主意ハ漢城旬報ヲ支那人ニ渡サザルニアリ角五郎ガ再渡セシハ八月中旬ニシテ此時島村氏ハ朝鮮政府ト日韓貿易章程ニ均霑センコトヲ求ムル最中ナリシガ朝鮮ニテ兎角之ヲ聞カズ時ニ日本公使館ニテ韓奎稷李祖淵ト親シク日本人ハ日本黨ト稱セシガ未ダ金朴ト親シカラズ然ルニ角五郎再渡ノ前後ヨリ島村氏ト金ト親シク貿易章程ノ談判ニ付テモ其相談ヲナセリ九月中旬日本ヨリ便船アリ其齎ス新聞ニ據レバ支那ハ國内ニ宣布シテ佛ト戰フ由ヲ告ゲタリト又北京夢枕ト題スル錦繪及ビ時事新報ガ記載セシ各國政府ガ支那ヲ分領スル圖ナゾ到著セリ此時朝鮮上下ノ騷動一方ナラズ淸佛與ニ戰ハバ如何ニセントノ議論アル時島村氏ハ金玉均又ハ韓奎稷ニ内告シテ速ニ支那兵ノ引揚ヲ支那ニ請フベシト云ヘリ十月初旬ノコトナリケン閔泳翊ハ或ハ支那人ヲ饗應シ或ハ支那人ト游讌シ兎角日本人ヲ疎ムニツキ島村氏モ内心甚ダ不平ナル折シモ金玉均ハ朝鮮官吏及ビ島村淺山磯林松尾ナドヲ招キ饗應スルナド日本公使館ニ向ッテ好意ヲ表スルコト少ナカラズ是等ノ爲メ島村ガ金玉均ニ對スル交情ハ日ニ深切ヲ加フルモノノ如シ是ヨリ以前ニモ朴泳孝ハ公使館ニ左マデ擯斥セラレズ度々往來シタルコトアリ而シテ朴ト金トノ交ハリハ素ヨリ一身同體而シテ今度金ガ公使館ニ出入スルノ路ヲ開キタルハ獨立黨ノ大幸ナレバ是ヨリ其首領タル朴泳孝金玉均洪英植徐光範(此外ニ徐載弼ハ年少ク若シト雖モ謀主中ノ一人ナリ)ノ徒ハ豫テノ計畫ニ一歩ヲ進メ益々深ク島村氏ニ交リ往來頻々タリ或日金玉均ハ從容トシテ島村氏ニ語テ曰ク方今朝鮮ノ事態ハ貴下ノ目擊セラルヽ通リ國ノ主權ハ恰モ支那人ニ歸シ我朝鮮ノ大臣等ハ唯支那人ノ鼻息ヲ窺フノミニシテ自國アルヲ知ラズ又國王アルヲ知ラズ此際ニ方リ吾々同志ハ死ヲ誓テ國ノ爲メニ爲スアラント欲スレドモ如何ニセン日本政府ハ支那ヲ恐ルルコト甚ダシク近クハ玉均ガ昨年來貴國滯在中ニモ外務省ヲ始メトシテ都テ貴國政府ノ筋ニ疏外セラレ一臂ノ助ヲ貸サザルノミカ或ハ我事ニ妨害ヲ被リタリト云フ可キ程ノ次第ナリ左リトテハ頼甲斐ナキ譯ナレドモ吾々ハ既ニ一死ヲ決シテ國ノ爲ニスルモノナレバ假令他ノ應援ナキモ其ノ志ヲ變ズベカラザルナドノ意味ニテ慷慨ト愚痴トヲ交ヘテ語リケレバ島村ハ中々ニ元氣ヨク金ヲ慰メ朝鮮ノ改革ハ甚ダ御同意ナリ又日本政府ガ支那ヲ恐レテ朝鮮ノ事ニ手ヲ引クナド云フハ素ヨリナキ事ナリ日本政府ハ必ズ朝鮮ノ獨立ヲ助クルコトナラン今ニモ君等ガ何カ事ヲ爲サント企テタラバ我等トテモ之ヲ餘所ニ見ルモノニ非ズ云々ト語ル其語氣甚ダ活潑ナルヲ見テ金ハ心ニ之ヲ悅ビ益々同志ト協議ヲ遂ゲ十月末ノ頃ニ至リテハ島村ノ志ハ確乎不移イヨイヨ獨立黨ヲ助クルニ相違ナキモノト認メ漸ク細目ノ密談ニモ及バントスルトキニ竹添ノ入京ニ遇フタルコトナリ故ニ竹添ノ將ニ再渡セントスルノ噂ヲ聞キ獨立黨ノ徒ハ大イニ落膽シ竹添ガ來リテハ例ノ因循退守ニシテ迚モ共ニ大事ヲ謀ルニ足ラズ且金玉均ハ平生竹添ト氷炭相容レザルノ間柄ナレバ非常ノ妨ト爲ルヤモ計ル可ラズト其次第ヲ金ヨリ島村ニ語リケルニ島村ハ少シモ心配ノ色ナク竹添公使トテ我輩ト意見ノ異ナルベキニ非ズ且君ト公使ト平生相善カラズト雖モ是ハ私ノ交際ノ事ナラン事ハ私事ニ異ナリ竹添ガ君ト事ヲ計ルニ何ゾ平生ノ私ヲ挾ム事ヲ爲サンヤ毫モ心配ニ及バザルコトナリトテ笑ッテ語ル其有樣ハ專ラ獨立黨ノ者ニ落膽スル勿レト特ニ傍ヨリ力ヲ添フルモノヽ如クナリシ

十月三十日竹添公使ハ日本ヨリ再渡シテ京城ニ入リ其十日バカリ前ニ仙臺ノ鎭臺兵交代セリ竹添入京ノ翌三十一日ハ少シク不快ノ由ヲ以テ參内セズ此日竹添ハ代理公使島村及ビ井上角五郎ヲ招キ我政府ハ此度支那ヲ攻ムルニ決シタリ朝鮮ヲシテ隙アラバ之ニ乘ゼント欲シ且ツ其人望ヲ得ルガ爲メ四十万弗ノ償金ヲ還與スルコトナレリナド樣々ノ談話アリ此事早クモ金朴ノ耳ニ入リシヲ以テ朴ハ卽日竹添ヲ公使館ニ訪ヒシモ會ハズ其翌日十一月一日再訪談國事ニ及ビ是非日本ノ力ヲ假リテ改革ヲ行ハントスルノ旨ヲ述ベ竹添モ亦改革ノ必要ナルヲ論ジテ大ニ獎勵スルノ口氣ナレドモ雙方猶ホ未ダ細目ヲ語ラズシテ去リタリ其ノ午後金玉均モ亦公使館ヲ訪フテ竹添ニ面會久々ニテ再會ノ挨拶終リテ金ハ朝鮮ノ國情ヲ述ベ此儘ニ爲シ置ク時ハ國家ハ次第ニ衰頹シテ支那内附ノ國トナルカ又ハ滅亡シテ跡ナキニ至ルベシト吾々ハ是非トモ之ヲ其未ダ亡ビザルヲ救ハントスル者ナリ云々ト語リシニ竹添ハ之ヲ聞キ如何ニモ尤モ至極ナル話ナレドモ其家ノ滅亡ヲ救フニ如何ノ手段アルヤトノ尋ニ就キ金ハ談緖ヲ轉ジ左レバテ御座ル其手段策略ハ樣々ナレドモ凡ソ人ニ事ヲ語リ又謀ルニハ先ヅ其人ヲ信ズルコト緊要ナリ然ルニ公使貴下ニ於テハ年來玉均ヲ疑フコト甚シ玉均明カニ之ヲ知レリ苟モ人ニ疑ハレテ其人ニ事ヲ語リ又謀ル譯ニハ參ラズ抑々貴下ガ是マデ玉均ヲ疑フハ何等ノ原因ニシテ何等ノ證アルヤト憚ル所モナク與一文字ニ述ベケルニ竹添默レテ答ヘズ稍々アリテ曰ク若シ朝鮮ノ國事ニ就キ他國ヨリ之ヲ助クルモノ

アラバ如何ン若シモ然ルトキハ君等ハ如何ニスルヤトノコトニ就キ金ハ答ヘテ如何ニモ弊邦ノ形勢ニ於テ國事ニ著手スルニハ他ノ力ヲ藉ルノ外ナシト存ズレドモ此議ニ付テハ同志輩ト相談ノ上ナラデハ何トモ申シ難レトマデニテ告別レタルハ其實金ノ心中竹添ノ心事ヲ轉ジタルヲ見テ又日本政府ノ政略モ大ニ趣ヲ變ジタルコトナラント察シ喜悅ニ堪エズト雖モ先ヅ我身ノ信用ヲ厚クセントノ思ヒ又一ツニハ竹添ガ餘リ得意ニナリテ輕隙ニ失スルコトモアランカトノ心配モ少ナカラズ先當日ハ態ト何等ノ談話モセズシテ別レタルコトナリ

十二月二日竹添公使參內シテ謁見ノ禮ヲ行ヒ彼ノ償金四十万弗ヲ返スノ公命ヲ述ベ又村田銃十六挺ヲ呈上シ公事能テ內謁ヲ請ヒ其席ニハ左右ヲ拂ハンコトヲ求メ侍ル者ハ唯李祖淵一名ノミ此席ニテ公使ハ頻リニ支那ノ頼ムニ足ラザル事ヲ云ヒ且ツ西洋ノ風ノ吹來タル次第ヲ述ベテ大ニ國王ヲ獨立ニ慫慂スルモノヽ如シ(竹添島村ハ李祖淵韓奎稷ヲ眞ノ日本黨ト思ヒ內謁ノ時モ李一人ヲシテ陪席セシメタリ又是等ノ人ミヲ誤信スルガ爲メニ竹添ノ所謀ハ速ニ朝鮮支那兩國人ニ洩レタリ)此謁見ノ時閔泳翊以下諸大臣ハ皆參內金玉均モ亦同樣ニテ竹添公使ガ通辯淺山氏ト御前ニ在ル間ハ隨行ノ島村氏モ次ノ別間ニテ朝鮮ノ諸大臣ト雜居ノコトナレバ金氏ハ日本語ヲ以テ島村ト談話イヨイヨ事ヲ擧グルノ意ヲ述ベタルニ島村氏ハ之ニ答ヘテ與々ト著手スベシ今ニテモ苦シカラズト云ヘリ翌日ハ則チ十一月三日天長節公使館ニ宴ヲ張リ朝鮮諸大臣中朴泳孝金玉均洪英植徐光範韓奎稷金宏集ヲ招ク(金宏集ハ竹添ヨリ見レバ支那黨ナレドモ當時署理外衙門督辨ナルガ故ニ之ヲ招キタリ李祖淵ハ竹添ガ日本政府ノ決意ヲ公言シタル由ヲ聞キシ以來ハ外見ヲ憚リテ公使館ニ出入セズ故ニ當日招ケドモ來ラズ)但シ公使館ニテハ韓奎稷ヲ信ズル厚クレテ倘朴金ノ黨ヲ疑フノ跡アリ斯クテハ奎稷ノ爲メニ事ヲ妨ゲラルヽコトアルベシトテ爾來金朴ハ竊ニ策ヲ運ラシテ奎稷ト公使館トノ交リヲ絕ンコトヲ工夫シテ十一月中旬ニ至テ其策ノ如クナリシハ獨立黨ノ爲メノ幸ナリ若シモ奎稷ニシテ公使館ノ信ヲ得ルコト舊ノ如クナラシメバ竹添モ或ハ金朴ノ言ヲ用ヒズシテ別ニ方便ヲ求メントセシコトナラン

天長節ノ宴ニハ米國公使フート英國領事アストン支那領事陳樹棠竝ニモルレンドルフモ來會セリ酒半ニシテ淺山ハ立テ席上ノ演說ニ朝鮮語ヲ以テ頻リニ支那人ノ卑屈惰弱無廉恥ヲ罵倒シ支那人ハ骨ナクシテ恰モ海鼠ノ如クナリト云ヒナガラ陳樹棠ノ方ヲ目シケレバ陳樹棠モ淺山ノ陳ル語ヲ悉ク解スルコトハ出來ザレドモ其不愉快ハ顏色ニ現ハレタリ後ニ或人ニ聞ケバ其席ニテ樹棠ハ骨ナシト云フ骨ノ字ヲ聞キ咎メ隣席ノモルレンドルフニ問フタレドモモルレンドルフモ之ヲ解セズ又アストンニ尋ネタリアストンハ之ヲ解スルモ知ラズト答ヘ遂ニ淺山ノ演說ハ十分ニ樹棠ノ耳ニ達セザリシト云フ蓋シ朝鮮語ニ海鼠ヲ「サイサン」(海參)ト云ヒ骨ヲ「ペ」ト云フ而シテ此「ペ」ノ音ハ「ベ」ト「ペ」ノ間音ニシテ他國人ノ舌ニハ發聲甚ダ易カラザルガ故ニ同席ノ誰レ彼レニモ不通ナリシトゾ

十一月四日竹添氏ハ外衙門ニ出頭シ貿易章程均霑ノコトヲ談判セシニ外衙門ニ於テ直チニ之ヲ諾シ超エテ六日ニ及ヒ之ヲ調印シ其席上ニテ竹添ハ金允植ニ向ヒ君ハ兼テ支那黨ノ名アリ且ツ文ヲ能クス故ニ支那ニ移住シテ其內臣タルベシ必ズ厚祿ヲ得ラルベシト云ヒ又尹泰駿ニ向ヒ君ハ袁世凱ト親シク實ニ支那人ヲ見ルコト君上ノ如ク而シテ我君上ヲ忘ルヽガ如シ君ハ支那ニ忠ニシテ本國ニ不忠ナリト云ヒシニ尹ハ之ヲ咎メ終ニ一爭論ヲ生ゼリ然レドモ人ミ之ヲ制シテ其場ハ何事モナカリシ是竹添ガ日本ガ支那ヲ攻ムル覺悟ナリト韓奎稷ニ語リシニ由リ韓ハ之ヲ內々朝鮮官吏ニ通知セシガ故ニ朝鮮官吏ハ都テ日本ヲ恐ルヽヲ以テ尹泰駿モコヽゾト思フテ姑ク忍ヒタリ

此夕朴泳孝ノ宅ニ金洪徐ヲ招イテ小集島村氏ヲ招キ金玉均始テ大事ノ企ヲ發言シタレドモ島村驚カズ其方法ヲ問フ金ハ答テ洪氏ガ郵便局ニ於テ開宴シテ其席ニテトニフハ實ハ洪英植モ初メテ金朴ノ決心ヲ知リテ驚キタルガ如シ金ハ此ノ時モ韓奎稷ノ信ズベカラザルヲ島村ニ告ゲタリ初メ金朴ノ企ハ兩家ノ孰レカニシテ宴會ヲ開キ其席ニテ事ヲ爲サント思ヒ金氏ハ殊更ニ宅ヲ新築シ試ニ其黨類徐載昌ヲシテ宴ヲ張テ諸大臣ヲ招カシメタルニ到ル者少ナシ依テ案ズルニ此樣子ニテハ金氏ニテモ朴氏ニテモ同樣目ザス客ヲ招キ寄スルコトハ難カラント推量シ即チ郵便局ト定メタレドモ洪英植ハ何分ニモ躊躇シテ決スルヲ得ズ因テ又一策ヲ案ジ暗殺者ヲシテ支那服ヲ著セシメ先ヅ閔泳穆韓奎稷李祖淵ヲ便宜ノ場所ニ殺シ即時ニ其罪ヲ閔台鎬父子ニ付シテ二人共ニ之ヲ殺サントシタレドモ同黨中ニテ其策ヲ妙ナリトスレドモ巧ニ過ルトテ或ハ悅バザル者アリ依テ又一策ニ金宏集ガ京畿監司ヨリ督辨ニ轉ジ其後任トシテ王妃ノ姪ナル沈相薰ガ拜命シタルヲ幸ヒトシテ相薰ヲ勸メ洪英植ノ別莊ヲ借用シテ祝宴ヲ開カントシテ相談ハ整フタレドモ主人相薰ニ差支アリテ急ニ開宴ノ沙汰ニ及ヒ難シ去リトテハ時機後レン如何ハセント甚ダ心配ナリ

十一月初旬ヨリ獨立黨ノ徒ハ頻リニ日本人ト往來シ又其黨類各處ニ密會スル等甚ダ多事ナリ同月四日朴泳孝ノ宅ニテ集會ノ翌日モ洪英植ハ竹添ノ宅ニ行キ又其翌日ハ朴泳孝モ同宅ニ往キ何レ何カ事ヲ擧グルノ意ヲ述ベタルニ主人ハ甚ダ同意ナルガ如シ

十一月六日ハ日本ノ招魂祭ニテ日本兵士及ヒ在留ノ日本人ヲ南山ニ會シテ角力擊劍ナドノ遊戲ヲ催シタリ此日招カレタル朝鮮人ハ韓奎稷ノ長子某ト徐載弼以下主從十四人會主ハ公使竹添ナリ酒宴ノ餘興ニ竹添氏ハ中隊長村上氏ニ所望シ兵士ヲ雙方ニ分テ赤白兩旗ヲ授ケ白ヲ日本赤ヲ支那ト號シ互ニ之ヲ奪フテ其勝敗ヲ爭ハシメ赤ノ方敗北スレバ公使ハ大ニ悅ヒ是レ吉兆ナリトテ朝鮮人モ多勢見物ノ中ニ獨リ雀躍セシ樣ハ甚奇ニ見エタリ

又翌日即チ十一月七日金玉均ハ朝鮮ノ碁打二名ヲ携ヘテ公使館ニ行ク蓋シ館員ノ內垣某鈴木某ハ圍碁ヲ善クス故ニ朝鮮人ト日本人ト技倆ノ巧拙ヲ鬪ハシメントノ企テヲ口實ニシテ公使館ニ往來スルノ跡ヲ瞞著シタルモノナレドモ此日ハ特ニ大切ナル事ヲ語ラズシテ歸ル十一月十日ハ金玉均ノ宅ニテ圍碁ヲ催シ午後三時ヨリ來集ノ人ミハ竹添島村小林(仁川領事)第一銀行支店ノ木下通辯淺山鈴木朝鮮人ニハ徐光範朴齊絅尹致昊ニシテ夜ニ入リ又洪英植ヘモ案內シテ來ル

十一月二十日ノ事ナリキ日本兵ハ夜半十二時俄カニ起テ南山ニ登リ對抗運動ヲナセリコノ運動ヲナストキハ元來日本公使ヨリ外衙門ニ前知スル筈ニシテ且必ズ日中ニ執行スルノ例ナルニ此度ニ限リ前以テ知ラセナクシテ夜半俄ニ起リ殊ニ十月三十日竹添公使入京以來ノ言皆外ニ洩レテ朝鮮人支那共ニ猜疑ノ折柄ナレバ翌朝ニ至リ朝鮮政府ヨリ公使館ニ尋問スルナド騷動一方ナラズ其即或人ガ竹添公使ニ何故斯ル擧動ニ及ヒタルヤト問ヒケレバ唯韓支兵民ガ如何ナル感覺ナルヤヲ試ミタルマデナリト答ヘ且ツ云クコノ位ナ事デ騷動スル者ナレバ與シ易シトテ甚ダ得意ノ色ナリキ其後モ獨立黨ノ者ハ公使館ニ往來シテ交際日ニ厚シ十一月二十五(六)日午後一時ノ頃ヨリ金玉均獨リ公使館ニ行テ竹添公使ニ面會シテ初メテ大擧ノ企ヲ打明ケ閔

氏其他ノ大臣ヲ除カントスルノ謀ヲ告ゲタルニ竹添ハ明カニ之ヲ同意スルノ言ヲ發セズ金ハ固ヨリ必死ヲ期シタルコトナレバ假令萬一公使ノ助ケナキモ我同志輩ノ目的ハ我輩ノ手ヲ以テ之ヲ成ス可シト云ヒ夫レヨリ次第ニ國事談ニ及ビ金ノ言ニ朝鮮政府改革ノ上ハ差向キ必要ナルモノハ金圓ナリ竹添貴下ノ周施ヲ以テ辨ズル事アルベシヤト言ヘバ竹添ハ容易ニ之ヲ引受ケ政府ノ改革サヘナレバ資金ハ必ズ辨ズベシ差向ノ用ニハ朝鮮ニアル金ニモ諸方ノ商人共ヨリ集メテ十餘万圓ヲ得ベシ唯今ニテモ貸渡サン又イヨイヨ大事ニ及ビ日本兵ト支那兵ト相接スル場合ニ臨ミテ假リニ支那兵員ヲ一千ト積ルモ我一中隊ノ兵ヲ以テ北岳ニ據レバ二週間南山ヲ守レバ二箇月ハ支フベシ云々トテ恐ルベキ話ナレドモ公使ガ果シテ暗殺ノ事ヲ助力スベシト明言セザルガ故ニ金玉均モ愈々安ニ契約シタルニアラズ唯相互ニ默シテ解スルガ如キ風情ニテ金ハ容ヲ改メ今宵死別カ生別カ幸ニシテ再會スルコトアラントテ訣別シテ去リ復公使館ニ行カズ

翌日金玉均ハ近在ノ別莊ニ行キ其翌日中隊長村上氏ヲ招キテ樣々ノ事ヲ談話シ十一月二十九日京城ニ歸リ翌日朴泳孝ノ宅ニテ集會イヨイヨ大臣暗殺ノ實地談ニ及ビ其ノ事ニ日本ノ壯士ヲ用ユルヤ否ヤノ問題ニ付キ種々議論ハアリタレドモ先ヅ朝鮮人ノ手ヲ以テシテ日本人ハ殿後ニ備フルコトニ決シタリ抑、今後ノ一大事ニ付キ獨立黨ノ一類ガ只管日本政府ヲ信ジテ依賴心ヲ固クシタル由緣ハ十七年八九月ノ頃ヨリ日本公使館ノ館員ガ金朴ニ對シテ待遇ノ趣キヲ改メ十月末竹添ガ再渡以外日本政府ハ朝鮮ノ獨立ヲ助ケ支那ヲ攻擊スルノ主義ニシテ廟議一決シタリトノ公言ニ依リテ之ヲ信ゼザルヲ得ズ又其內情ヨリ考ヘテモ竹添ナル人物ハ日本ニ在マデ地位アルニアラズ且其性質モ優柔溫順ニシテ如何ノ事情アルモ自ヲ奮テ危險ニ當ルベキ人物ニ非ズ然ルニ今度ニ限リテ共言フ所行フ所活潑果斷ニシテ人ノ耳目ヲ驚カサザルハナシ此樣子ヲ見レバ同氏ガ日本政府ノ廟議トシテ喋々スルハ決シテ空虛ナラズ廟議果シテ眞實ノ廟議ナラン日本ニテ外務卿ハ無論大臣參議悉皆同意一致シタルナラントテマスマス之ヲ信ジテ疑ヲ容レズ一度事ヲ擧グレバ日本政府ニテ後詰ヲスルモノナリト覺悟シテ手ヲ著ケタルナリ今度獨立黨ニ刈除セントシテ目指ス所ノ者ハ閔臺鎬、閔泳穆趙寧夏韓圭稷李祖淵尹泰駿ノ七名ニシテ朴泳孝金玉均洪英植徐光範ナドハ兼テ其手順方法ヲ謀リ支那服ニ裝フノ策ヲ語リタレドモ是モ面白カラズ其後洪氏ノ別莊ヲ沈相蕪ニ借用セシムルノ企モ時日ヲ延シテ機ニ後ルヽノ恐アリ依テ大臣等ヲ何レニカ集會セシメテ別宮(世子婚儀ノ宮ニシテ最モ重キ場所ナリ)ニ放火シテ其火事場ニ驅付ケタル處ヲ斬ラントノ策ヲ定メ十二月一日夜十二時頃金玉均洪英植徐光範ハ公使館ニ行キタルニ竹添ハ面會セズ依テ島村ニ逢ヒ島村ノ云ニ公使ノ面會セザルハ其心中既ニ決シタルモノアルガ故ナリ心既ニ決シタル上ニテ又面會スレバ却テ言ヲ費シテ決心ヲ害スルノ恐アリ故ニ今夜公使ガ面會ヲ辭スルハ卽チ其心ノ堅キヲ表スルモノナリ此趣ヲ拙者ヨリ傳フルナリト申シテ夫ヨリ金、洪、徐ハ別宮放火策ヲ語リ島村モ之ヲ贊成シテ其日限ヲ尋ネケレバ金等ハ憚ニ之ヲ言フヲ得ズ何レ當月二十日(十二月七日)前ナリト答ヘ然ラバ其日限確定シタラバ屹ト此方ヘ報知アレ承知セラレタリト云テ告別十二月七日ハ凡ツ千歲丸入港スベキ日限ニシテ金等ノ心ニハ日本廟議ノ變化計ル可ラズ若シ此便船ニテ如何ナル訓令ノ公使館ニ達シテ館員等ノ運動ヲ妨グルコトモアランカト恐レテ是非トモ入港前ト決シタルナリ)歸路朴泳孝ノ宅ニ行ケバ同黨壯士十數名ノ會スルアリ依テ策ヲ授ケ別宮放火ハ來ル四日ト定メ若シ雨天ナラバ火ノ爲ニ不利ナル故ニ翌五日トシテ其手配スルコト左ノ如シ但シ壯士ハ皆日本ニ來テ外山學校ヲ卒業シタルモノ等ニシテ屈強ノ武人

閔泳翊(△尹景純 李殷鍾)　尹泰駿(朴三龍 △黃龍澤)
李祖淵(崔殷童 申重模)　韓圭稷(△李圭完 林殷明)

右ノ如ク一名ニ付二人ヅヽノ刺客ヲ配當シ後殿ハ李寅鍾及ビ李喜貞ニテ寅鍾ハ年長ナル以テ號令放砲ヲ司ル往來探偵通信ハ柳赫魯高永錫
宮內放火ハ金奉均李錫伊
以上十四人
△印ハ實際ニ當テ始終力メタル者
○印ハ別宮ニ放火シタル者
十印ハ別宮ノ放火ナラズシテ他ニ三箇所放火シタル者

金虎門ノ伏兵ニハ申福模ヲ首トシテ外十三名(後有志壯年ノ馳セ集ルアリテ總勢四十三名トナル)ニシテ是ハ閔臺鎬閔泳穆趙寧夏ニ當ル者ナリ
前營ノ小隊長李景完ハ兼ヨリ獨立黨腹心ノ者ニシテ此夜丁度宮內守護ノ當直ヲ都合シテ常式ノ如ク兵卒上六十名ヲ率ヰテ大闕ニアリ右ノ如ク部署ニシテ日本人ハ四名殿後ニ備ヘ韓人ノ手ニ仕損ジタラバ必ズ繼ガントノ約束ナリ(日本人四名ノ內一名ハ陸軍ヨリ出デ一名ハ公使館ヨリ出デ外二名ハ金朴ノ手ヨリ出デタリ)偖十二月四日宵郵便局ノ開業式ニ盛宴ヲ張リ來賓ハ諸外國公使領事ニ韓廷ノ大臣殘リナク集リタレドモ日本公使竹添ハ病ト稱シテ行カズ島村ヲシテ名代ヲ勤メシム島村モ宴ニ赴クトキ其護衛巡查ニ戒心ヲ命ジ(公使館ニテモ今朝ヨリ樣々ノ用意ニ忙ハシク彈藥兵糧ヲ兵營ヨリ取寄セテ午後ニハ兵士モ來集シテ何時ニテモ出兵ニ差支アルコトナシ)扨テ當夜ノ豫算ニハ宴會酒酣ナルトキハ別宮ニ火起ル來會ノ諸大臣中閔泳翊尹泰駿李祖淵韓圭稷ハ武臣ナルヲ以テ火事場ニ赴ク其場ニテ之ヲ刺ス閔臺鎬閔泳穆趙寧夏ハ老臣ナルヲ以テ大闕ニ參內スルヲ金虎門內ノ伏兵之ヲ刺スノ策ニテ且ツ別宮ノ火起ルト同時ニ日本公使館ヨリ兵士三十名バカリ金虎門外ニ來ル約アリ然ルニ實際ニ於テ策ノ齟齬シタルハ李圭完始メ四名ノ壯士ガ別宮ニ火ヲ附ケントシテ石油ヲ灌イデ火ヲ點ジタレドモ何分ニモ宏大ナル建物ニシテ容易ニ炎上セズ遂ニ火藥ヲ投ジタレドモ尚無事ナリ石油ヲ試ミル事二回火藥ヲ用ユルコト一回何レモ無效ナルヲ以テ竊カニ郵便局ニ走リ來リ如何ハセント金氏ノ指揮ヲ乞ヒシニ氏ハ正ニ宴席ニ在リテ飮食笑語ノ最中一寸缺席シテ壯士ニ逢ヒ別宮無效ナラバ唯近傍ノ茅屋ニ放火セヨト命ジ命ニ從ッテ三箇所ニ火ヲ附ケタルニ二箇所ハ消防方ノ力ニテ直チニ消留メ唯ダ幸ナルハ郵便局ノ裏手ナル一茅屋ノ燃エ上リタルヨリ宴席忽チ亂レテ杯盤狼藉戶外モ何カ騷々シキ樣子ニテ集客先ヲ爭フテ外ニ出ヅルトキ眞先ニ驅出シタル閔泳翊ガ刺サレテ斃ル其跡ノ混亂ハ云ハン方ナシ金朴ノ黨ハ別宮ノ放火無效ニシテ初メノ策ノ齟齬シタレバ如何ハセント急ニ考ヘ出デズ何ハ扨テ置キ日本ノ公使館ニ行イテ樣子ヲ見ントテ行ケバ則チ館內ニハ巡查其他兵備ノ最中島村モ疾ク歸館門內ニ金朴ヲ見テナゼ速カニ大闕ニ行カザルヤト大聲ニテ叱咤スルガ如キ有樣ヲ見テ其儘參內シ國王ニ謁シテ事ノ次第ヲ言上シ二氏ノ考ヘニハ此際日本ノ兵ヲ以テ慶祐宮桂洞宮ノ要地ヲ守ルヲ利ナリトシテ王ニ說クニ日兵ニ依賴スルノ事ヲ以テシ卽チ邊燧ヲ遣リ同時ニ遷座ヲ勸ムレドモ王妃其他夥多ノ婦人等ガ蝶々喃々埒明クベキ樣子モ見ヘズ其間ニ宮殿ノ床下ニ火藥ヲ發スルコト二箇所ニシテ其響サヘ恐シケレバ遷座ノ義モ速カニ議決シテ先ヅ慶祐宮ニ赴カントシテ四門ヲ通過スル其第二門外ニ於テ金朴ノ思フニ日本公使ヲ招クニ唯一介ノ通辭ヲ使者ニシタルハ鄭重ナラズ竹添モ或ハ命ニ應ズルナカランヲ恐レ其趣ヲ言上シ親筆ヲ請ヒシニ王モ尤モノ事ナリトテ卽チ朴

泳孝ハ紙ヲ出シ金玉均ハペンシルヲ奪リタルニ王ハ之ヲ取リテ日本公使來護我ノ七字ヲ記シテ手ヅカラ泳孝ニ授ケテ走ラシメタリ（其後井上大使ナドノ話ヲ聞ケバ國王ノ親筆ニハ朝鮮國大君主李㷩印ニテ立派ノモノナリト云ヘドモ是レハ井上ガ事實モ知ラザルナリ其書面ニ付テ口傳アリ）蓋シ宮中ノ放火モ固ヨリ獨立黨ノ手ニ起リシモノニテ二箇所ノ内一箇所ハ宮女何氏ノ手ナリ此何氏ハ豫テ王葉房ノ掛リトテ宮内御用ノ水菓子ヲ司ル職掌ナルガ婦人ナガラモ平生事大黨ノ卑屈ナルヲ憤リ年來竊カニ金朴ニ黨シ今回モ密謀ニ加ハリタルモノナリト云フ

國王王妃ヲ始メ皇族ハ既ニ慶祐宮ニ安座スルト殆ド同時ニ日本公使ハ直チニ宮中ニ入リ兵隊ハ大門ノ内外ヲ警備シ又彼ノ前宮ノ小隊長李鼎完ハ當直ノ兵ヲ率ヒ申福模李寅鍾ノ徒ハ壯士ヲ指揮シテ皆要所ニ備ヘ慶祐宮内獨立黨ヲ以テ充滿シ人ノ之ヲ悟ル者ナシ群臣事實ヲ聞キ天機伺ヒトシテ續々宮ノ大門ニ至レドモ警備ノ日本兵容易ニ之ヲ入レズ門ニ至リ名刺ヲ出セバ先ヅ使者ヲシテ之ヲ内殿ニ達セシメ内ヨリ許可シテ其證左ニ金玉均朴泳孝若クハ徐戴弼ノ名刺ヲ持チ來ルモノハ之レヲ入レ然ラザル者ハ許サズ蓋シ其前金朴ト日本兵ノ間ニ約スルモノアレバナリ斯ノ如クニシテ諸大臣或ハ入ルモノアリ或ハ拒絶セラルルモノアリ其間ニ閔泳穆到ル門外ノ番兵暫ク之ヲ留メテ其名ヲ内ニ通ジケレバ内ニ於テハ固ヨリ待設ケタル所ニシテ一モ二モナク入内ヲ許可シテ但シ從者ヲ許サズ泳穆ハ單身大門ニ入リ入レバ卽チ門扉ヲ閉シテ嚢中ノ鼠ニ異ナラズ備兵配列ノ中ヲ行ッテ第二門ニ入ルトキ刺客傍ヨリ起リ日本兵ハ其周圍ニ在ルガ故ニ遁逃ノ路ナク唯一刀ノ下ニ斃ル斃ルレバ卽チ血痕ヲ掃除シテ事ナキモノノ如クシテ其次ギヲ待ッ但シ刺客ハ韓人ニシテ日本人ハ刀ヲ取ラズ泳穆既ニ殺サレ次デ入ル者ハ趙寧夏又次デ閔臺鎬三人共ニ狀ヲ異ニセズ

李祖淵韓奎稷尹泰駿ハ早ク既ニ參内シテ殿中ニコレヲ殺スニ策ナシ依テ金玉均ハ此三將ニ各外ニ出デ兵ヲ率ヒテ來リ備ルベキ旨ヲ以テ之ヲ促ガシテ已マズ終ニ叱シテ之ヲ逐出シ玄關ニハ徐戴弼待チ構ヘ三將ノ躊躇スルヲ見テ手ヲ以テ突飛バスマデニシテ漸ク外ニ出デ夫ヨリ路ヲ大門ノ方ニ取ラズシテ山ノ手ノ門ヨリ出デントシ第一門ノ邊ニ至リテ樣子ヲ見レバ李景完ノ兵ハ備ヲ固クシテ之ヲ守リ固ヨリ大將ノ命ヲ聽ク可キニ非ズ三人共ニ狼狽スル所ニ刺客ニ逢フタリ

慶祐宮ヘ遷座ハ四日夜十一時頃ニシテ其御大臣輩ノ殺サレタルモノハ未ダ公然發聞セラレサレドモ宮中何トナク穩カナラズ王妃ヲ始メ宮女等ハ頻リニ大闕ニ歸ランコトヲ思ヒ百事遲滯スル其際ニ夜モ將ニ明ケントスル五日午前七時ノ頃宦官ノ長ニシテ兼テ勢力アル柳在賢ヲ縛シテ御座近キ廊下ニ引來リ罪狀ヲ申渡シテ之ヲ斬ル鮮血迸リテ御衣ヲ汚サントスル程ノ有樣ニシテ滿座色ヲ失ヒ寂トシテ聲ナシ是ヨリ宮女宦官等モ全ク屛息シテ歸國ノ事ヲ言ハズ同日（五日）午前十時更ニ桂洞宮ニ移ル

桂洞宮ニ於テモ亦歸闕ノ談ヲ發シ王妃王大妃ハ無論國王モ亦切ナルガ如シ金朴ノ黨ハ常ニ支那兵ノ不意ヲ恐レテ歸闕ノ危道ナルヲ知リ竹添ニ依頼シテ國王ニ奏シ此ニ守ルノ利ヲ説カシメントシタレドモ竹添ハ王ノ意ニ抗スルヲ得ズ午後四時（五日）ノ頃空シク大闕ニ歸リタリ此ノ時ニ當リテハ政府ノ權柄ハ全ク獨立黨ニ歸シ漸ク官吏ノ更迭モアリ先ヅ無事ニシテ晩ニ至リ諸門ヲ閉サントスル時支那ノ兵營ヨリ三十名バカリ宣仁門ニ來リ今夜ハ此門ヲ閉ス勿レト云フニ闕内ニテハ樣々評議シタレドモ先ヅ今晩ハ其ノ言フガママニ任セントテ門内ニ兵備ヲ儼ニシテ開門ノママ一夜ヲ明カシタリ

五日ヨリ六日ノ午前午後マデハ獨立黨ノ勝利ニテ追々制度ノ改革ニ着手シ門閥廢止ノ議ヲ實施シ租税ヲ改メ貸付米ノ舊弊ヲ除キ宦官ノ權ヲ殺ギテ又宦官ヲ尋常ノ官途ニ登用スルノ路ヲ開キ支那ヘ朝貢ノ虛禮ヲ廢シテ獨立國ノ名實ヲ固クシ宮内省ヲ設ケ多ク李氏ノ人ヲ用ヒテ尊王ノ義ヲ明ニシ諸營ノ統領ヲ易ヘ或ハ世子ヲ以テ陸軍大將ニ任ゼンナドノ内議モアリテ前途ノ計畫モ少ナカラズ又目下焦眉ノ備モ忙ハシカリシ其時ニ金玉均ハ竹添ニ向テ豫テ毎々御相談申シタル通リ國事改革ニ就キ差向キ必要ナルモノハ資金ナリ此一義日本政府ノ御周旋ヲ以テ出來可申ヤト尋ネケレバ竹添ハ怪シム氣色モナク金策ハ隨分日本ニテ成ルベケレドモ抵當ハ如何ン金額ハ乃チ何程トノ問ニ金玉均ハ五百万圓ト云ハレント欲シタレドモ先ヅ内端ニシテ三百万圓ニ抵當ニハ金山ト發言シテ竹添ノ受合餘リ容易ナルニ付キ金玉均ハ尚念ヲ押シ日本ニテハ三百万圓トノ御話シナレドモ玉均ノ見ル所ニテ日本ノ商人ニ斯ル巨額ノ金ハ難カラン實ハ日本國ニ借用セズトモ日本國ノ周旋ニテ西洋ノ諸外國ニ朝鮮ノ國債ヲ募集スルノ手段ヲ御依頼申スノミト云ヒタルニ竹添ハ笑テ日本ノ商人ニハ固ヨリ三百万圓ノ巨額ハ六ケ敷カランナレドモ君ハ日本政府ノ大藏省ヲ知ラズヤ拙者ノ申ス日本ニテ金策トハ其目的唯大藏省ニ在ルノミ僅ニ三百万圓ノ金圓立ドコロニ辨ズベシトノ明言ニテ大ニ安心シ殊ニハ十餘万圓ノ金ヲ朝鮮ノ地ニテ卽時ニテモ調達スベシト云ヒ今又外債ノ談ニハ日本政府ノ金ヲ貸サント云フ益々竹添ヲ信ジ又日本政府ニ依頼シテ更ニ疑フ心ナカリシト云フ

桂洞宮ニテ竹添ガ國王竝ニ諸大臣ニ向テ政談ノ演説ニ其趣意ハ西洋文明ノ風潮次第ニ東方ニ迫リ支那ノ如キ老大國ハ頼ムニ足ラズ朝鮮モ自彊シテ獨立ノ策ヲ立ツベシ云々トテ平生（十七年十月再渡以來）ノ持論ニ異ナラズ又國王ト談話ノ語次兵士ノ事ニ及ヒ竹添ノ説ニ四營中最モ用ニ適スルモノハ前營ナリ此兵ハ日本ノ式ニ從テ曾テ朴泳孝ノ指揮シタルモノナリ左レバ今日コノ兵營ヲ司ル人物ハ朴氏ノ外ニナカルベシト勸告ニ依リ朴泳孝ガ特ニ前營ノ大將ニ任ゼラレタリト云フ

桂洞宮ヨリ大闕ニ歸ルニ付テハ國王ノ情切ナリト雖モ金朴ハ其不可ヲ論ジ堅ク執テ動カズト雖モ唯竹添ガ優柔ナルガ故ニ王ノ言ニ從ヒシモノナリ初メ金朴ガ事ヲ企ツルヤ一擧ノ後ハ王ヲ奉ジテ江華ニ據リ平靜ノ後還御ト策ヲ定メテ既ニ十一月二十五日金ガ竹添ニ面語ノ時ニモ其策ヲ告ゲタルニ竹添ハ頻リニ大闕ヲ去ルノ不利ヲ説テ金朴ノ言ヲ聽カズ其後島村ニ談ジタレドモ是レ亦竹添ト同説ニシテ如何トモス可カラズ然ラバ卽チ不十分ナル要害ナレドモ萬一ノ時ニハ慶祐宮ニ遷ラントテ初メテ竹添等ノ同意ヲ得タル事ナリ斯ク迄ニ心配シタル事ナレバ五日午後大闕ニ歸ルハ獨立黨ノ最モ危ム所ナレドモ竹添以下ノ人ハ素ヨリ支那ノ兵ヲ恐レズ大闕ニ居テ防禦易シト思ヒシコトナラン

十二月六日朝金玉均ハ書ヲ作テ袁世凱ニ贈リ昨夜支那兵ガ我大闕ノ宣仁門ヲ閉ス勿レト指圖シタルハ甚ダ聞エ難シ闕門ノ開閉ハ小事ニ非ズ以來右樣ノ指圖アルモ此方ニ於テハ決シテ之ニ從ハズ無理ニトアレバ自カラ處分ノ法アルベシト申送リタレドモ返書來ラズ凡ソ同時ニ却テ彼レヨリ便用ヲ以テ國王ニ一書ヲ呈シタリ其文ニ

　統領駐防各營記名提督果勇巴圖魯吳兆有　上陳
大王殿下昨晚聞
　受虛驚　今幸
大王洪福　京城内外平靜如常　務乞
大王放心　飭軍三營亦托
庇無事　合拜靜明庸　此恭叩鈞安　提督兆有謹上

トアリケレバ韓廷ニテハ都承旨朴泳敎ノ名ヲ以テ領收ノ證ヲ交附シタリ又凡ソ同時

ニ袁世凱ヨリ使者ヲ以テ國王拜謁致度ニ付テハ兵士六百ヲ率井東西ノ兩門ヨリ各々三百ヅヽヲ入レントノコトニ付キ金玉均ヨリ返書ヲ贈リ尋常ノ護衛兵ヲ伴フテ參內ハ苦シカラズト雖幾百ノ兵ヲ大闕ニ入ルヽコト相成ラズ强ヒテ力ヲ以テ入ランナラバ此方ニモ其覺悟アリト申返シタルニ又後方ヨリ士官一名朱守備ナルモノヲ差越シ國王ニ面謁センコトヲ乞ヒケレバ大將分ノ者ナラバ謁見モ許スベケレドモ士官ノ身分ニテハ叶ヒ難シトテ洪英植ガ應對シテ之ヲ返シタリ近來ノ例ニ從ヘバ吳兆有袁世凱等ヨリ書ヲ呈スレバ國王ノ名ヲ以テ之ニ應ジ又士官ニテモ謁見ヲ乞フ時ハ之ヲ許スノ慣行ナリシモノヲ今回特ニ之ヲ改メタルハ支那人不滿ヲ致シタルヤ必セリ朴泳敎ノ亂後ニ殺サレタルモ推シテ其信ナルヲ知ルベシ

同日(六日)午後二時半頃袁世凱ヨリ一書ヲ國王ニ呈シ凡ソ同時ニ兵ヲ率ヒテ大闕ヲ圍シ砲發頻リナリ其書ハ金朴ノ手ニ取リテ讀マレザレドモ文ノ半以下ニ大王ヲ保護シ併セテ日兵ヲ護ル云々ノ文字ヲ窺ヒ見ルヲ得タリト云フ

砲發ノ搔擾ト共ニ王妃世子　世子妃ハ早々宮中ヲ出デ次デ大王妃及王妃等皆去ッテ殘レルモノハ唯國王一人ノミ金朴ハ事ノ容易ナラザルヲ悟リ又大闕ノ守ルニ不利ナルハ初メヨリ知ル所ナレバ王ヲ奉シテ先ヅ仁川ニ落チントテ之ヲ勸ムルトモ聽カズ唯王大妃ノ在ル所ニノミ行カントノミニテ之ヲ如何トモスベカラズ四日以來國王並ニ王妃ノ傍ニ在ルモノハ悉皆獨立黨ノモノニシテ外ヨリ來ル書翰ノ類ニテモ其由テ來ル所ヲ知ラザル事ナキ筈ナルニ不思議ナルハ六日ノ朝王妃食事ノ際ニ當リテ竊ニ書ヲ呈スル者アリテ妃ノ正ニ之ヲ讀ムヲ窺ヒタルモノアリ暖問ノ際傍ヨリ之ヲ詳知スルハ固ヨリ難ケレドモ外來ノ書ナリシ事ハ慥カナリ依テ推測ヲ下セバ此書ガ或ハ支那人ノ手ヨリ午後砲發ノ聲ト共ニ宮中ヲ出ヅベキ事ヲ告ゲ又出デヽ行クベキ方向ヲモ示シタルモノニハ非ザリシヤト姑ク疑ヲ存スト云フ支那兵ノ至ルト同時ニ朝鮮ノ兵モ之ニ應ジ殊ニ彼ノ別抄兵ナルモノハ頻リニ大闕ノ後ノ山ヨリ砲發スルヲ以テ金玉均ハ怒テ山下ニ走リ行キ大音ヲ發シテ汝奴輩大王ニ向テ彈丸ヲ奉ルカト叱咤シケレバ衆兵辟キテ皆口口ニ否ナ大王ニ向フニ非ズ敵ハ日本人ナリト答ヘ發射ハ暫ク止シタレドモ玉均去レバ亂發舊ノ如シ是ニ於テ竹添ノ氣ノ挫ケタル事甚ダシク復守ルノ意ナキガ如クナル其上ニ國王ハ只官王大妃ノ處ニ行カンコトヲ求メテ止マズ蓋シ王妃以下皇族ハ北廟ニ在ルトノコトニテ此廟ハ關羽ノ祠ニシテ大闕外ノ北西ニ當リ當日ノ形勢ヲ以テ言ヘバ先ヅ支那兵ノ防禦線內ニ在ルモノニ似タリ國王ハ既ニ後園ニ出デ金玉均朴泳孝洪英植徐光範ノ徒之ニ供奉シ竹添モ亦伴フ金朴ハ既ニ事ノ成ラザルヲ知ルモ尙仁川ニ幸スルノ念ヲ斷タズ後園ヲ步シテ北門ニ出ヅルマデニ七度止マリテ之ヲ爭ッテ七度聽カレズ此上ハ唯竹添ガ決心ノミト觀念シ萬一ヲ祈リタレドモ竹添ハ疾ク既ニ退去ト覺悟ヲ定メタルモノト見エ門內ニテ王ニ別レヲ告ゲタレバ金朴モ今ハ詮方ナク王ノ行ク處ニ從ハントシタレドモ彼ノ北廟ノ邊ニハ必ズ支那ノ伏兵アルヲ探知シ依テ門內ニテ御暇ヲ願ハントスル時王ハ顧ミテ汝等何處ヘ行クヤトノ御尋ネニ金朴ハ涙ヲ拂ヒ一死尙國家ノ爲メニ保ス臣等ハ是ヨリ日本ニ赴キ多年來ノ殊恩ニ背カズ國ノ爲メ君ノ爲死ヲ致シテ青天白日再ヒ天顏ヲ拜スルコトアルベシトテ其レヨリ左右ニ相分レテ金朴以下ハ竹添ト共ニ公使館ニ行キ國王ハ北廟ノ方ニ赴カレタリ此時洪英植ガ王ニ隨テ北廟ニ行キタルハ此人ハ平生溫厚ノ聞アル人物ニシテ四日以來騷擾ノ際ニモ竊ニ兵士ヲ遣シテ閔泳翊ノ家ヲ護ラシムル等其處置ノ至極穩カナル處アルガ故ニ假令ヒ支那兵ノ手ニ掛ルモ慘毒ヲ免ルルコトナラント思ヒ同黨ノ諸士モ强ヒテ其行ヲ留メザリシコトナレドモ後ヨリ考ヘレバ看ス看ス死地ニ陷レタルニ異ナラズトテ獨立黨ノ諸士ハ今尙ホコレヲ後悔シテ止マズト云フ

第二號　大正四年度歳入歳出總豫算追加

特第二號　大正四年度各特別會計歳入歳出豫算追加

（山根正次君登壇）

（拍手起ル）

○山根正次君　豫算總會ノ結果ヲ報告ヲ致シマス、第二號大正四年度總豫算追加案、及ビ特第二號大正四年度各特別會計豫算追加案ヲ議題ニ供シ審査ヲ致シマシタ、豫算追加トシテ計上スル所ノ歳出總額ハ四百八十七万餘圓ニシテ、其内重ナルモノハ經常部ニ於テ臨時第三十六回帝國議會開會ノ爲メ、議員諸費ニ不足ヲ生ジタルモノ是レガ二十六万五千餘圓、海外電報増加ニ伴フ海外信支拂金ノ不足額金六十四万八千餘圓、年金及恩給増加ガ二十五万餘圓臨時部ニ於テ栃木縣ニ於ケル昨年八月以降十月ニ至ル間、暴風雨出水ノ爲メ被リタル災害土木費ノ補助金三十四万四十圓、臨時事件費豫備費ノ増加金三百三十万圓、是ハ卽チ八阪丸ノ補償デアリマス、右ノ内八阪丸ノ補償ニ關シマシテ今後貿易商船ノ航海中ノ保護ニ付キマシテ、祕密會ヲ開キマシテ、海軍大臣ヨリ詳細ノ説明ガアリマシタ、特別會計トシテ計上スル重ナルモノハ、朝鮮醫院及濟生院支出金ノ増加金三万六千餘圓、朝鮮ニ於ケル昨年夏期中數回ノ豪雨ニ依リ朝鮮鐵道ノ被害復舊費二十七万六十餘圓、是レデアリマス、右二案ハ討議ノ結果全會一致ヲ以テ可決確定致シマシタ、本會ニ於テモドウカ委員會通リニ可決確定アランコトヲ希望致シマス

（拍手起ル）

○議長（島田三郎君）　別ニ發議ガナイト認メマス、依ッテ採決致シマス、先ヅ第二號カラ採決シマス、大正四年度歳入歳出總豫算追加案、委員長ノ報告通リ賛成ノ諸君ハ起立ヲ請ヒマス

起立者　多數

○議長（島田三郎君）　多數デアリマス、特第二號大正四年度各特別會計歳入歳出豫算追加案、委員長報告通リ御異議ハアリマセヌカ

（「異議ナシ異議ナシ」ト呼フ者アリ）

○議長（島田三郎君）　御異議ナイト認メマス、可決確定致シマシタ

（拍手起ル）

○議長（島田三郎君）　次ニ高等試驗法案、之ニ次デ裁判所構成法中改正法律案モ關聯シタモノデアリマス、一括シテ議題ト致シタイト思ヒマス、御異議アリマセヌカ

（「異議ナシ異議ナシ」ト呼フ者アリ）

第十三　大正二年法律第十七號廢止法律案（齋藤宇一郎君外九名提出）　第一讀會

大正二年法律第十七號廢止法律案

大正二年法律第十七號ハ之ヲ廢止ス

附　則

本法施行ノ期日ハ勅令ヲ以テ之ヲ定ム

（上埜安太郎君登壇）

○上埜安太郎君　此案ハ朝鮮ニ產スル米及麥ハ移入稅ヲ課セズト云フ法律ガアリマス、大正二年ニ發布ニナリマシタノデアリマスルガ、之ヲ廢止スルト云フ案デアリマス、其理由ハ朝鮮ハ御承知ノ通リ地租及其他ノ公課モ非常ナ輕微デアルノデアリマス、其他勞力モ低廉デアリマスルカラ生產費ガ非常ニ內地ヨリ安イノデアリマス、約朝鮮ノ米ハ一石生產費ガ八圓ト云フノデアリマス、內地ハ凡ソ十五六圓掛ルト云フノデアリマス、斯ノ如ク生產費ノ安イモノガドシ〳〵內地ヘ參リマシテハ、諸君モ御承知ノ通リ今日農家ガ重稅ニ苦ミ又米ガ安イ爲ニ困難シテ居ルノデアリマスカラ、是非トモ是ハ廢止シナケレバナラヌト云フ案デアルノデアリマス、尤モ此法律案ヲ發布ニナリマシタル當時ハ、移入米モ非常ニ僅デアッタノデアリマス、漸ク五十四万石餘デアリマシテ金高ニ於テ約一千万圓デアリマス、ソレガ一年ヲ置イテ大正四年度ニナリマシテハ非常ニ增加ヲ致シマシテ、石數ニ於テハ百九十一万石餘デアリマス、金高ニ於テ二千四百二十万餘ノ多數ニ上ッタノデアリマス、而シテ今後ハ益〻增加ヲ致シマスル傾向ヲ有シテ居ル ノデアリマス、聞ク所ニ依リマスレバ總督府ニ於テハ米ノ移入ニ對シテ奬勵ヲセラルヽノデアリマス、ソレデアルカラ朝鮮ハ外國米ヲ食ッテ、自國ノ米ハ內地ヘ出スト云フヤウナ傾向ガアルノデアリマス、斯樣ナ工合デ段々米ガ參リマスル爲ニ、米ノ安イ上ニ益〻安クナッテ農民ガ非常ニ困難ヲ來スノデアリマス（「簡單々々」「贊成々々」ト呼フ者アリ）又大正二年頃ハ內地ノ米ハ御承知ノ通リ一石二十一二圓デアリマシタガ、今日ニ至ッテハ十一、二圓デアリマス、其時分ハ斯樣ニシマスレバ高イ米ヲ引下ゲル爲ノ調節ニハ宜カッタデアリマセウガ、今日ハ御承知ノ通リ上ゲル爲ニ頭ヲ痛メテ居ル場合デアリマスカラ、調節ノ爲ニ廢スルガ適當ト思ヒマス（「贊成々々」ト呼フ者アリ）此案ハ各派ヲ通ジマシテ農政研究會デ能ク研究シテ出シマシタ案デアリマスカラ、ドウゾ諸君御贊成アラムコトヲ望ンデ置キマス（拍手起リ反對」ト呼フ者アリ）

○福田又一君　本案ヲ議長指名十八名ノ委員ニ付託シ審査セラレムコトヲ望ミマス

（「贊成々々」ト呼フ者アリ）

○議長（島田三郎君）　福田君ノ說ニ御異議ガナイト認メテ議長指名十八名ノ委員ニ付託スルコトニ決シマス

在外同胞迫害事件續々出ニ關スル質問主意書

右成規ニ據リ提出候也

大正五年二月十六日

提出者　佐々木安五郎

賛成者　高木益太郎

外二十九人

在外同胞迫害事件續々出ニ關スル質問主意書

一　本月十五日ヲ以テ本員カ試ミタル蘭領東印度「ボルネヲ」在住ノ同胞迫害事件ニ關スル質問ノ趣旨辯明ニ對シ政府委員ハ當該官吏ノ罷免ヲ以テ蘭國政府ノ誠意ヲ認メ得タルカ如キ口吻ヲ弄セラレタル際本員ハ當該官吏ノ罷免ノミカ必シモ對手國反省ノ證ニ價セサルヲ明言シ置キタリシカ果然其ノ翌日ノ東京日々新聞ハ蘭領官憲ノ無法ト題シテ本年一月中夕張丸船員カ蘭領「スマタラ」ニ於テ毆打傷害監禁絶食等有ラユル凌辱迫害ヲ蒙ムリタルコトヲ通信セリ之ト同様ノ通信ハ外務省ニ於テ既ニ受領シ居ルヤ否若之ヲ受領シ居ルトセハ其ノ到著月日及其ノ事件ノ眞相ヲ明示セラレタシ

二　同紙記載ノ記事ヲシテ其ノ眞相タラシメハ蘭國官憲ハ明ニ日蘭通商航海條約ヲ無視セルモノナリ政府ハ之ニ對シテ如何ナル手段ヲ執ラムトスルカ

三　本月十五日官報彙報欄公示ノ南洋群島渡航船舶及渡航者心得中南洋群島トハ我カ國海軍ノ占領區域ニノミ限ラレタルモノト解釋シテ然ルヘキヤ若然ラハ政府ハ此ノ際我カ同胞ノ同方面ニ渡航スルニ對シ奬勵ノ必要ヲ認メタリヤ否若之ヲ認メタリトセハ其ノ方法如何

四　南洋全般ニ亙ル我カ同胞ノ生命自由財産ノ保護ニ關シ政府ハ現在如何ナル機關ニ依テ如何ナル方法ヲ採リツツアルヤ

右及質問候也

五　在外同胞迫害事件續々出ニ關スル質問（佐々木安五郎君提出）

（佐々木安五郎君登壇）

○佐々木安五郎君　私ノ質問ハ在外同胞迫害事件續々出ニ關スル質問デアリマス、前會ハ迫害事件續出ニ關スル質問デアッタ、ソレデ打切リニナルベキ筈ノヤウニ政府ノ參政官ハ御答ガアッタデス、何ゾ圖ラン其翌日ノ新聞ヲ見ルト更ニ新タナル迫害事件ガ起ッテ居ル、是ニ於テ私ハ同胞迫害事件續々出ニ關スル質問ト云フ主意書ヲ出シタ、會期切迫ノ今日議案モ尚幾多ノ議了セザルモノガアルト思ッテ居リマスガ、此ノ如キ多忙ナル時ニ於テ此質問書ヲ出スト云フコトハ、一部ノ人ニ向ッテ或地方ノ者ニ向ッテノ御土產案デハナイデス、私ノ質問ハ寧ロ將來隆々タル國運ヲ背負フテ、海外ニ踏出スベキ有爲ノ靑年ニ向ッテノ餞別演說ト見テ宜シイ、人道ノ妨害ヲ切リ開イテ日本國民ノ海外ニ向ッテ發展スルト云フ其爲ノ餞別ニ、第三十七議會ニ於テハ切メテハ在外ノ同胞ノ身體自由生命財產ト云フヤウナモノ、保護ノ道ダケハ取レルヤウニ、政府ニ向ッテ督勵シナケレバナラヌト私ハ思ウテ居ル、近來續出スル問題デハ內政側デハ拷問事件、今日モ拷問、明日モ拷問、無辜ノ良民ニ向ッテ官憲ガ壓迫ヲ加ヘル、此拷問事件ハ一日ニ一囘カ二囘カ新聞ニ出デザルコトハナイ、是ハ東京ノミデナイ、各地方ニ於テモ此拷問ノ行レルト云フコトハ近來續々トシテ世ノ中ニ公ニサレルヤウニナッタ、是ハ內政ニ於ケルトコロノ續出事件デス、外交ノ方面ニ向ッテ屢々吾々ガ目ニ觸レルモノハ何カト云フト、吾々同胞ガ海外ニ居ル其者ガ外國人カラ迫害ヲサレルト云フ、此迫害事件ガ日ニ一件カ二件新聞ニ出ナイコトハナイ、內ニ於テハ拷問事件、外ニ於テハ迫害事件、是ガ今日天下ノ兩大關ノ問題ニナッテ居ル、此問題タルヤ、何レニ關シテモ人權ヲ無視スルトコロノ非文明ノ極ナルモノデアルガデス（「十七日ノ如シ」ト呼フ者アリ）內ニ對スルトコロノ拷問問題ハ政府ノ當局者ノ反省及當該官吏ノ任免黜陟ニ依ッテ廓淸サレルコトハ尙期待スルコトガ容易カラウト思ヒマスガ、外ニ行ハレテ居ルトコロノ同胞迫害事件ハ、人權侵害ニ更ニ加フルニ國權蹂躪ト云フコトヲ以テシテ居ル、之ヲ放棄シテ置クト云フト、人權ノ蹂躪ヲ其儘ニ見テ居ルト同時ニ、國權ノ蹂躪ヲモ其儘ニ見ルト云フコトニナリマスカラ、ドウシテモ議會ノ開會ヲ幸トシテ、拷問事件ヨリ更ニ急ナル大問題トシテ、政府ガ之ニ向ッテ何等カ適當ナ處置ヲ執ラネバナラヌト云フコトヲ、私ハ切ニ望ムノデアリマス、此意味ニ於テ前囘在外同胞迫害事件ノ質問ヲ出シマスルト、之ニ對スル政府ノ答辯ハドウ云フ答辯デアル、之ニ對スル政府ノ答辯ヲ見マスト、當時蘭領「ボルネオ」ニ居ッタ日本ノ同胞ガ凌辱ヲサレ侮辱ヲサレ、淺多ノ損害ヲ蒙ッテ居ル、ソレニ向ッテ政府ハ如何ナルコトヲシタカト云フト、唯ソレヲ凌辱ヲシ侮辱ヲシタトコロノ當該官憲ヲ處分ダケシタト云フコトヲ發表シテ、其他ノコトハマダ御話スル場合ニナッテ居ラヌガ、多分友好的ノ解決ヲ告ゲルコト、思フ、斯ウ云フノデ友好ト云フコトハ友達好シ、仲好シト云フコトデセウ、向フカラ叩カレ蹴ラレ唾ヲ吐キ掛ケラレタル被害者ノ當人ガ、向フニ向ッテ仲好シノ處分ヲシテ呉レルダラウト云フ此答辯、外務省ノ屈辱ヲ甘ンズルト云フ無方針、向フカラ日本ニ友好的勘辨ヲ願フト云フナラバ分ッテ居ルガ、侮辱ヲサレナガラ友好的ノ解決ヲ告ゲルデアラウト云フ、此一言ニ依ッテ見テモ今ノ外務大臣其者ニ於テ、何等外交上方針ノ無イト云フコトヲ自白シタルト一樣デナイカト私ハ思フ、而シテソレガ果シテ友好的ノ態度ニ向フガ出テ、如何ニモドウモ日本ノ方ニ相濟ミマセヌト云ッテ十分顏ヲ立テルヤウナコトヲ信ジテ居ル外務當局ガ、此答辯ヲシタ其翌日ノ新聞ヲ見ルト同ジ蘭領ノ「スマトラ」ニ於テ、又モヤ日本人ガ迫害サレタ新聞ガ出テ居ル、外務當局ノ所謂友好的態度ト云フモノハ、何處ニ依ッテ和蘭國ノ政府ニアルト云フコトヲ認メルコトガ出來ルカ、我輩ハ頗ル之ヲ怪マザルヲ得ヌノデアル、更ニ朝鮮方面ノ間島ニ住スルトコロノ朝鮮人二十万、此間島ニ居ル朝鮮人ハ今度滿蒙ノ新條約ニ於テ當然日本ノ同胞トシテ待遇サレル筈デアル、支那ノ役人ガ故障ヲ言ウタト云フコトニ付テハ、故障ヲ言フベキ筈デナイト云フ談判ガアッテ、當然新條約ノ特權ヲ行ハシメネバナラヌ筈デアルニ拘ラズ、支那ノ官憲ナルモノハ日本ノ役人ヲ眼中ニ置カズ、朝鮮人ニ向ッテ支那ニ歸化セザル者ハ土地所有權ヲ有セシメナイト云フ迫害ヲ加ヘテ居ル、ダカラ唯今デモ五六千人ト云フモノハ日本ノ國籍ヲ脱シテ支那ノ國籍ニ這入ッタト云フ報知ガアル、尚續々朝鮮人ガ支那ノ國籍ニ這入ルト云フコトハ、後トカラモ後トカラモ行ハレルト云フコトノ確實ナル報告ガ來テ居リマス、然ルニ拘ラズ政府ハ私ノ質問ニ對シテノ答辯ニ何ト言ッテ居ル、支那政府ノ誠意アル盡力ニ依ッテ無事ニ解決スル積リデアル、是モ積リデアル、前ノ和蘭政府ニ向ッテハ和蘭政府ガ友好的ノ態度ヲ執ルト思フ、今度ハ支那政府ガ誠意アル解決ヲ告ゲルト考ヘル、其積リデアル、向フニセシメルト云フコトヲ言フノデナイ、自分ノ方デ考ヘタリ思ッタリ、積ッタリシテ居ル、「己惚レヲ除ケレバ外ニ惚レ人ナシ」ト云フ川柳ガ今ノ日本ノ外務當局者ニ最モ當嵌ッテ居ランカト思フ、己惚レヲ除イタラ今ノ外務當局ノ手腕ニ依ッテ對外同胞ノ權利ノ保護サレルヤウニナルコトハ、私ハ信ズルコトハ出來ヌ、信ジテ居ルモノハ外務當局自カラガ信ジテ居ルノミデアラウト思フ、與黨ノ諸君モヨモヤ是ハ信ゼラレマイト思フ、此ノ如ク朝鮮方面ノ間島問題ガ如何ニモ支那人ノ誠意アル解決ガ期待サレル如ク書イテ居リマスケレドモ、向フカラ打ッタ電報ヲ讀上ゲマスレバ長クナリマスカラ讀ミマセヌケレドモ、二月六日ニ出テ居ル、政府ノ答辯ヲ書イタ其一週間バカリ前ニ出テ居ル、其後ニサウ至急ニ支那官憲ガ誠意ヲ日本ニ向ッテ表シタト信ズルコトハ出來ザルノミナラズ、支那官憲ハ日本ニ向ッテ反對ニ惡感情ヲ持ッテ居ル、北軍ノ中ニ支那ガ我同胞ヲ凌辱シタト云フ報道サヘ傳ッテ居ル、此ノ如キコトヲ窮追スルト、左樣ナコトノ込入ッタ話ハ一々此壇上デハ申上ゲルコトガ出來ヌ、是ハ外交ノ祕密デアル、外交ノ祕密デアルト云フ一點張リデ遁ゲル、是ハ外務省ノ何ニデモ第一ノ武器トスルノハ祕密ノ二字デアル、併ナガラ其祕密ガ果シテ保ッテ居ルカト云フニ、同胞ニ向ッテハ祕密々々ト云ッテ隱シテ居ルケレドモ、向フ側ノ方カラ皆漏レテ來ルデナイカ、現ニ在北京ノ日本人ノ對支意見ト云フモノハ、祕密ノ祕ノ字ノ朱印ヲ捺シテ配ラレタモノヲ、北京天津ニアル所ノ英字新聞、漢字新聞ニ素破抜イタ、日本ノ方デハ分ラヌケレドモ向フノ方デハ先ニ分ッテ居ル、ソレカラ又滿洲ノ鐵道沿線ニ起ッタ或事件モ、向フノ新聞ガ皆書イテ居ル、ソレヲチヨイト日本ノ新聞ガ書ケバ發賣禁止ダ、發賣禁止ノトキニハ支那ノ新聞ガ皆書イテ居ッタ時ダ、サウスルト外務省ノ祕密防衞ト云フコトハ誰ニ向ッテ防グカト云ヘバ、內輪ニ向ッテ防グノデアッタ、向フ側ノ外國ニ向ッテハ祕密ヲ防グノ手段ガ付テ居ラヌノデアル、昔ノ諺デ云ヘバ頭隱シテ尻隱サヌト云フ雉ノヤリ方ト同ジデアル、今ノ言葉デ言ヘバ端書ニ親展狀ヲ書クト同樣デアル、端書ニ書イタ人間ハ親展ト信ジテ居ルガ、端書ハ萬人ノ目ニ曝サレルモノデアル、親展デナイ、端書ニ親展狀ヲ書クト云フ方法デ是デ祕密ガ保テルカ、祕密ノ防衞ガドレ程マデニ進ンデ居ルカ打明カシテ呉レト言ヘバ、代議士ノ微々タル者ガ參政官ニナッテ大キナ面ヲシテ、我輩ノ質問ニ對シテ外交ト云フモノハ左樣ナコトハ出來ナイ、佐々木君ノヤウナ無責任ナコトハト、斯樣ナ無禮極マルコトヲ言フ、生意氣千萬ダ、一體質問ヲ受クル方ガ責任ヲ被ルベキモノデ、質問者ハ責任ヲ被ルベキモノデナイ、外務省ニ居テ外交ノ御手傳ヲシテ居ル參政官ガ外交ノ當局者デハナイカ、此方ガ責任ヲ被ルベキモノデ質問者ハ責任ヲ被ルベキモノデナイ、責任ヲ負フベキ筈ノ當局者ガ責任ヲ知ラナイ、何故ニ左樣ナコトヲシタカト質問ヲシタノニ、ソレヲ逆ニ持ッテ來テ左樣ナコトハ申上ゲルコトガ出來ナイトハ何ンダ、質問ノ性質モ何モマルデ分ラヌ、一度參政官ニナルト頭ガ斯樣ニ惡クナルカト思フト私ハ慨然ニ堪ヘナイ（拍手起ル）斯ノ如ク誠意アル所ノ辯明ヲ要求スレバ逃ゲテシマフ、逃ゲテシマフ、其事柄ガ逃ゲ負セルカト云フト、其翌日ノ新聞ニハ直ニ蘭領ニ於テ日本人ガ迫害サレタト云フコトヲ明カニ出サレルニ至ッテハ、事實ハ何物ヨリモ雄辯デアル、事實ヨリ大ナル雄辯ハナイ、外交當局者ガ如何ナル強辯ヲ振廻ハシテモ、日本人ガ彼ノ弱國ノ和蘭人ニスラモ輕蔑サレルト云フコトハ、事實ガ十分ニ證明ヲシテ居ル、日本ノ外交官ノ手腕ノ足リナイト云フコトヲ明カニ示シテ居ル譯デアル

（「議長出席ニ御注意ヲ願ヒマス」ト呼フ者アリ）

○議長（島田三郎君） 宜シウゴザイマス

○佐々木安五郎君 ソコデ私ガ尋ネントスル第一ノ要點ハ、今月ノ十五日ヲ以テ私ガ試ミタル所ノ蘭領東印度「ボルネヲ」在住ノ同胞迫害事件ニ關スル質問ニ對シテ、政府委員ハ當該官民ノ罷免ヲ以テ滿足シタカノ如キ口吻ヲ漏ラサレタケレドモ、私ハ其當時日本人ヲ迫害シタ所ノ向フ側ノ役人ヲ罷免シタ位デハ、決シテ此日本ノ國威失墜ヲ取戾スコトガ出來ナイト云フコトヲ言ウテ置キマシタガ、果然其翌日ノ十六日ノ東京日々新聞ガ、蘭領「スマトラ」ニ於テ而モ本年一月一日、夕張丸ノ船員ガ刀デ斬ラレ、靴デ蹴ラレ、不法ニモ監禁ヲサレ、絶食マデ仰付ラレタト云フ悲慘ナル所ノ報告ヲシテ居ル其報告ヲ此處デ讀ミマス

蘭領官憲ノ無法
夕張丸船員四名收監サル
土人兵拔劍乘組員負傷

一月二十六日蘭領スマトラ島サバン港ヲ解纜シテ歸國ノ途ニ就キタル北海道炭鑛會社所有船夕張丸ハ同港ニ碇泊中蘭領官憲ノ凌辱壓迫ヲ受ケ非常ノ屈辱ト損害トヲ蒙リタリソノ詳細ヲ聞クニ

夕張丸ハ三井物產會社ノ傭船ニシテ戰亂以來サバン港ニ抑留中ノ獨逸汽船某號積載ノ日本行鐵材貨物ノ積取中一月一日水夫關口光藏外二名ガ上陸シ市內散步中土人警官及ヒ蘭人警部ト衝突シ警官等ハ我水夫三名ヲ毆打シ夕張丸ニ送還シ來リシヨリ火夫東丸忠次郎、山口仁四郎ノ兩人ハ蘭人警部ニ向ヒソノ無法ヲ詰リタルニ警部ハ拔劍シテ東丸ノ背部ニ斬リ付ケシニゾ山口ハ件ノ拔劍ト警部ノ洋杖トヲモギ取リシカバ警官等ハ逃ゲ去レリ山本夕張丸船長ハ他日ノ證據トシテ劍ト洋杖ヲ船長室ニ預カリ置キシニ暫クシテ裁判頭長及ヒ港務長其他三名ノ蘭人ハ武裝セル土人兵三十名ヲ引率シ無斷ニ夕張丸船長室ニ侵入シ劍ト洋杖トヲ奪ヒ返サントセシカバ船長ハソノ無法亂暴ヲ怒リ彼等ヲ詰責セル中船員ト蘭人トノ間ニ格鬪始マリ六七名ノ土人兵ハ拔劍シテ東丸ハ鼻梁ヲ斬ラレ形勢益不穩トナリシカバ船長ハ乘組員一同ヲナダメ土人兵等ヲ引揚ゲシメタリ越エテ十二日メザン中央裁判所檢事長ボーラハサバンニ出張シテ取調ヲナシ舵夫小松淺一及ヒ前記關口、山口、東丸ノ四名ヲ拘引シテ和蘭軍艦ニ收容シ同夜ブラワンニ向ヒタルガ軍艦內ニテハ四名ヲ監房ニ投込ミ十三日ヨリ十四日朝マデ食事ヲ與ヘズ十五日メザン監獄ニ送ラレタリ夕張丸ハ該事件發生ノ爲メ出帆遲延シ善後策ヲ三井物產會社出張員橋村榮一郎氏ニ託シ保證金千五百ギルダーヲ納入シテ一月二十六日出帆漸ク歸航ノ途ニ着キシガ拘禁中ノ四名ハメザン中央裁判所ニテ豫審中ニ屬シ公判ノ期日ハ未定ナリ在留民ハ和蘭官憲ノ不法暴戾ニ對シ非常ニ激昂シ居レリ（一月三十一日發新嘉坡特信）

斯ウ云フコトガ出テ居リマス、是ハ其後段々調ベテ見ルト、向フノ官憲ガ來テ日本ノ同胞ヲ引立テヤルトキニハ、拘引狀モ何モ持ッテ居ラヌ、唯亂暴ニ引摺ッテ往ッタダケデ、正式ノ手續ヲ少シモ履ンデ居ラヌト云フコトデス、而シテ船長室ニ彼等ガ侵入シタニ對シテ、日本ノ水夫ガ之ニ防備ヲセントスルト、隣ノ獨逸ノ船ニ乘ッテ居ッタ三十名バカリノ土人兵ガ現レテ來テ、第一ノ號令デ身構ヲ爲シ、次デ第二ノ號令ヲ更ニ日本ノ夕張丸ノ船員ニ向ッテ、發砲セントスル姿勢ヲ取ッタト云フコトデアリマス、斯樣ナ事ハ明カニ在外ノ同胞ガ迫害ヲ受ケタノデアリマスカラ

（伊東知也君「議長御注意ニナリマシタカ」ト呼フ）

○議長（島田三郎君） 今調ベテ居リマスガ、演說中デアリマスカラ……

○佐々木安五郎君 議長ノ命令ガ行ハレテ居ルモノト心得テヤリマス（「綴リオヤリナサイ」ト呼フ者アリ）民間ノ方ニ既ニ斯ノ如キ報告ガ來テ居ル以上ハ、當該官衙デアル外務省ニ於テハ、當然是ヨリ以上ノ事實上ノ詳細ナル報告ガ、出張先ノ外交官ノ手許カラ來テ居ルベキ筈ト私ハ信ジテ居ル、トコロガ段々探ッテ見ルト來テ居ラヌト云フ、新聞ガ先ニ知ッテ外務省ノ方ハマダ來テ居ラヌト云フコトヲ聞イテ居ル、聞イタガ是ハ枝話デアルカラソレガ嘘カ本統カ分ラヌ、果シテ外務省ニ斯ノ如キ報告ガ來テ居ルカ居ラヌカト云フコトハ、外務ノ機關ガ機敏デアルカ遲鈍デアルカト云フコトヲ取調ベルノニ最モ屈強ナル材料ニナル、是ト同樣ナル通信ガ外務省ニ既ニ受取ッテ居ルカ否カト云フコトヲ第一番ニ承リタイ、或ハ此質問ヲ出シテ大分日數ガ經ッタカラ、今頃ハ著イテ居ルカ知ラヌ、兎ニ角民間カラ出シタ電報ガ先ニ著イテ外務省ハ知ラズト云フヤウナ、迂ニシテ且潤ナルヤリ方ヲシテ居ル、若シ之ヲ受取ッタナラバ向フカラ來タ公報ハ何月何日ニ外務省ノ手ニ這入ッタカ、ソレヲ先ヅ承リタイ、出先ノ役人カラ斯樣ナル同胞迫害事件ガ起ッタト云フコトヲ本省ニ向ッテ報告ヲシテ來タ日付ハ何月何日デアルカ、先ヅ是カラ承リタイ、而シテ其事件ノ眞相ハ唯日本人ガ衝突シタ――蘭人ト衝突シタト書イテアルケレドモ、ドウ云フ衝突ヲシタカ分ラヌ、其事件ノ眞相ハ外務省ノ公報ニ依ッテ更ニ明カニ示シテ貰ヒタイ、是ガ私ノ第一ノ要求デアリマス、若モ唯今申上ゲタ通リノ事實ガ出先ノ役人ニ於テ本省ニ公報ガ來テ居ル、其公報ハ此東京日々新聞ニ書イタトコロノモノト違ハナイ眞相デアッタト云フコトデアルナラバ、和蘭國政府ハ明カニ日蘭通商條約ト云フモノヲ無視シテ居ルトコロノモノデアルノデアル、通商條約ニ於テハ吾々國民ハ和蘭國ノ領土ニ至ッテ和蘭國人ト同樣ナ保護ヲ受クベキ權利ガ明カニ規定シテアル、ソレニモ拘ラズ此日蘭通商條約ノ條章ヲ無視シテ、日本人ニ向ッテ斯ノ如キ迫害ヲ加ヘルト云フコトハ、明カニ是ハ國際問題ニナルト云フコトヲ信ジテ疑ハナイ者デアル、和蘭國ノ政府ガ日蘭通商條約ヲ無視セル擧動ヲ執レルコトニ向ッテ、日本ノ外交官ハ如何ナル處置ヲ執ラントスルカ、之ヲ伺ヒタイト云フノガ第二箇條デアリマス、第三ハ本月ノ十五日ノ官報彙報欄ノ公示ノ中ニ、南洋群島渡航船舶及渡航者心得ト云フモノガ出サレマシタ、イロイロノ心得ノアル中デ、團體トシテ行ク者ハ兎ニモ角ニモ個人トシテ行ク者ハ、渡航ヲシタ費用ノ外ニ百圓程金ヲ持テ居ラネバ行ケヌト云フコトノ規定ガアル、其規定ハ南洋群島一般ニ向ッテ應用スルヤウナコトガ書イテアリマスガ、アノ本月十五日ニ出タトコロノ官報彙報欄ノ公示ノ南洋群島ト云フモノハ、今度ノ日獨開戰ニ際シマシテ日本ノ領分ニナッタアノ部分ダケヲ指シタモノデアルカ、其他ノ陸分ハ無論除カレテ居ルモノト私ハ信ジテ居ル、是ハ如何デアルカ、又日本カラ向フニ行ク人間ガ若シアルトスルナラバ、外務省ハ日本人ガ日獨戰爭ニ於テ占領セル南洋群島ニ向ッテ發展スルコトヲ喜ブカ嫌フカ、日本人膨脹ノタメニ之ヲ喜ブトスルナラバドレダケノ保護ヲ與ヘルカ、向フニ行クト云フ人間ガドウセ日本ニ居ッテモ人口餘リアッテ食足ラズ、渡レルダケノ金ガ出來タナラバ渡ッテ行カウト考ヘル人間ニ違ヒナイ、此人間ニ向ッテ亞米利加デ行ハレルヤウニ、金ヲ

見セナケレバ上ラセヌト云フヤウナコトノ意味ニナルガ、南洋群島ハ亞米利加ト違フ、裸一貫デモ暮セル、行ケバ米ガアル、酒ニ似タ自然液盤モ木ノ中カラ出テ來ル、飮マウト食ハウト勝手デアル、著物モ餘計ニ要ラナイ、衣食住ニソンナニ艱難ガナイ、日本人ガ出ラル、ナラバ成ルベク出易クシテヤルノガ奬勵ノ意味デアル、之ニ付テ思ヒ出スコトハ支那ガ臺灣ヲ開クトキニドウ云フコトヲシタカ、支那ガ臺灣ヲ初メテ占領セル二百年以前ノ歴史ヲ調ベテ見ルト、福建及廣東省ノ人民ガ向フニ行クコトヲ奬勵スルトキニ、支那ノ爲政者ハ臺灣ニ渡ル時ノ渡航賃ハ無賃デ渡シタ、其代リ戻ル時ニ――臺灣カラ支那内地ニ歸ル時ニハ二倍拂ヘ、行キシナノ金モ歸ル時ニハ拂ヘルヤウニナッテ歸レ、ソレデナケレバ元ノ本國ニ歸サヌ、ダカラ行ッタ者ハ眞面目ニ働カナケレバナラヌ、ソレガタメニ僅ノ間ニ臺灣ヲ開拓シテ三百万ノ人口ヲ今日有スルヤウニナッテ居ル、日本人ハ支那人ヨリ頭ガ良イト云フ自負ガアルヤウニ見エルガ、南洋ノ如キ行ケバ自然ノ泉アリ、行ケバ自然ノ食アリ、行ケバ酒ニ似タル天然ノ液アル所ニ、亞米利加ノヤウニ百圓ト云フモノヲ持ッテ行カネバ渡ラセヌト云フ規則ハ、果シテ日本人ガ海外ニ向ッテ發展スルトコロノ奬勵ノ意味ニナッテ居ルカ居ラヌカヲ承リタイ、殊ニ疑フベキハ和蘭官憲ガ何等要求ヲシナイ、免狀ヲ日本ニ於テハ是非トモ南洋ニ行クニ免狀ヲ持ッテ行カナケレバナラヌ、南洋ニ日本カラ呉レタ免狀ヲ持ッテ行クト和蘭官憲ハ調ベハセヌ、コンナ繁文褥禮ヲシテ日本人ヲ外ヘ出サヌヤウニスルノガ外務ノ方針デアルナラバイザ知ラズ、海外ニ向ッテ此餘リアル人口ヲ吐出サントスルナラバ、此處ニ於テモ少シ手心ガアリサウダト信ジテ居ル、之ヲ伺ヒタイ、保護スルト云フナラバドウ云フ保護ヲスルカ、奬勵スルト云フナラバドウ云フ奬勵ヲスルカ、保護及奬勵ノ方法ヲ承リタイ、是ガ第三番目、第四番目ハ南洋全般ニ亙ル我ガ同胞ノ生命自由財産ノ保護、今現ニ居ルトコロノ同胞ノ生命自由財産ニ關スルトコロノ保護ハ、唯今ノ如何ナル機關ニ於テ如何ナル方法ヲ執ッテ居ルカ、之ガ承リタイ、此前回ニ於テ質問ヲシマシタ元島及中村兩人ノ如キハ七八年ノ年數ヲ掛ケテ蘭領「ボルネオ」ニ於テ三万「エーカー」――三百万「エーカー」ト云フ土地ヲ手ニ入レテ居ル、而シテ三十万株ニ近キトコロノ護謨ノ栽培ヲヤッテ居ル、然ルニモ拘ラズ和蘭政府ガ日本人ノ勢力ノ加ハルノヲ嫉妬シテ之ヲ妨害スル、妨害スルニ拘ラズ本國ノ政府ハ見捨テ、置ク斯ウ云フコトニナレバ海外ニ向ッテ發展ヲシヤウト云フニモ、生命自由財産ノ保護ノ方法ガ屆カネバ發展スルト云フコトガ出來ヌデハナイカ、現ニ今年ノ四月上旬ヨリ開カル、トコノ臺灣始政記念ノ二十年共進會、是ニ於テハ臺灣ヲ踏臺トシテ南洋ニ發展スベキ必要ノ爲ニ、臺灣カラ船ヲ出シテ南洋群島ヲ週ハセル計畫ガアルト云フコトヲ現民政長官下村君ガ私ニ話シタ、如何ニモ結構ナコトデアル、結構ナコトデアル ト云ッテモ立派ナ所ニ行ケバ向フニ妨害ガアル、本國政府ガ何モシテ與レナイト云フコトニナレバ、鐵條網ヲ張ッテ置イテ之ニ追込ムト同ジコトニナルノデアル、眞ニ奬勵ノ意ガアルナラバ先ヅ鐵條網カラ開イテ、國民發展ノ道開キヲスルノガ外務當局者ノ重大ナル責任デナイカト思フ(拍手起ル)然ラバ南洋々々ト口喧シク申シマスガ、其南洋ト云フモノハソンナニ見込ガアルカナイカト言ハレル人ガアルカ、十分見込ガアル、今日唯今ニ於テハ東ノ方亞米利加ニモ排斥ヲ喰ヒ、同盟國デアル英領ノ加奈陀ニ於テモ排斥ヲ喰ヒ、濠洲ニ於テモ排斥ヲ喰ヒ、支那ニ於テモ排斥ヲ喰ヒ、日本人ハ殆ド八方塞リニナッテ居ッテ、年々殖ヘテ行クトコロノ六十万若クハ七十万ノ人口ノ捌ケ口ニ困ルト云フ現狀ニナッテ居ルニ拘ラズ、政府ハ元來人口ニ對スルトコロノ政策ヲ如何ニスルカト云フ根本ノ理由ガアルカナイカ、若シ此根本ノ理由ニ立還ッタナラバ、一番日本人ガ發展シ易キ蘭領ニ向ッテ先ヅ手ヲ著ケルト云フコトガ、是ガ第一番ノ急務デアラウト私ハ信ズル、蘭領東印度ノ海外貿易ニ關スル調査、明治四十二年度卽チ西暦千九百九年ノ調査ニ依ルト、蘭領東印度ノ海外貿易ノ仲間入リヲシテ居ル日英米獨佛支、是ダケノ輸出入ノ合計ヲ見ルト輸入ニテ二億六千七百万六千百十八「ルピー」輸出ニテ四億五千四百七十三万六千九百九十三「ルピー」ト云フモノガアル、貿易ノ輸出入ヲ合計シテ見ルト七億二千七十四万三千百十一「ルピー」ト云フトコロノモノガアル、一「ルピー」ハ日本ノ貨ノ八十錢ニ當ル、殆ド六億万圓カラノ輸出入ノ貿易ト云フモノガ蘭領東印度ニ於テ行ハレテ居ル、其中デ東印度ニ入ッテ來ルトコロノ品物、其品物ハ何處ノ品物ガ一番餘計入ルカト言ヒマスルト、一番餘計ニ此東印度ニ向ッテ賣込ンデ居ル品物ノ高ヲ調ベテ見レバ、第一番ガ英國デ、英國ハ殆ド三千万圓ノ物ヲ賣込ンデ居ル、第二番ガ獨逸――獨逸ハ八百万圓、第三番ガ支那――支那ガ三百六十万圓、第四番ガ米國、是ガ三百五十万圓、第五番ニ米國ノ下ニ日本ガアル、日本ハ二百六十五万圓ノ品物ヲ向フニ賣込ンデ居ル、日本ノ其下ハ何所ガアルカト云フト佛蘭西ガ唯一箇國デアル、此六箇國ノ中ノ尻尾カラ二番目ニ日本ガ位シテ居ル、佛蘭西ガ百四十万七千圓シカ入ッテ居ラヌ、然ルニ向フノ此蘭領東印度ノ品物ヲ買取ル國ハ何處ガ一番餘計買取ッテ居ルカト云フト、蘭領東印度カラ一番餘計物ヲ買取ッテ居ルノハ日本ガ一番頭ニナッテ居ル、日本カ千五百二十八万二千十八圓、其次ニ佛蘭西ガ九百七十六万圓、其次ニ英國ガ八百三十六万圓、其次ニ支那ガ六百八万圓、其次ニ獨逸ガ五百十九万圓、其次ニ米國ガ百七十一万圓、向フノ品物ヲ買取ルコトハ日本人ガ一番餘計買取ッテ金ヲ向フニ一番拂ッテ居ルデス、賣込ムコトハ日本ガ一番少ナイ、ダガ此形勢ハ一變スルコトガ出來ヌカト言ヒマスト、現ニ今日獨逸ハ戰爭ニ疲レテ居ル、トテモ彼ノ蘭領近邊ニマデ貿易ヲ發展セシメルトコロノ餘地ハナイノデアル、二番目ニ居ル獨逸ガ八百万圓ノ物ヲ賣込ムト云フ株ハ、日本ガ此際ニ働キヤウ一ツニ於テハ獨逸ノ地位ニ變ルコトガ唯今出來ヌコトハナイノデアル、而シテ彼等在住ノ土人馬來族ヲ始メトシテ九ツモアルトコロノ土人ハ、到ル所ニ日本人ヲ歡迎シテ、中ニハ日本人ニ向ッテ會長ニナッテ呉レナイカト云フ相談マデモ仕向ケルト云フコトデアル、此際日本ノ方ニ於テ大ナル眼ヲ刮イテ、日本ノ人口ヲ外ニ向ッテ出スト共ニ、貿易ノ發展ノ途ヲ圖ルベキトコロノ樂土ハ何處ガ一番樂土デアルカト云フト、蘭領東印度ノ如キモノハ其第一番ニ算ヘナケレバナラヌト私ハ信ズルノデアル、斯ノ如キ第一番ニ發展シ易キ方面ニ向ッテ障碍ガ起ッテ居ルト云フナラバデス、政府ハ何モノヲ差措イテモ此障碍ノ取除キニ著手スルノガ最大急務デアラウト私ハ信ズル、此故ニ此際唯今數ヘ上ゲタルトコロノ箇條ニ依ッテ、政府ノ方針ノアル所ヲ明カニ示シテ、續々日本ノ海外ニ向ッテ發展ヲスルトコロノ機運ヲ作リタイト云フコトヲ希望スル譯デアリマシテ、此質問ヲ出シタ譯デアリマス、餘リ長クナリマシテ恐縮……(拍手起ル)

○議長(島田三郎君) 先刻延期シテ置キマシタ……

○鈴木萬次郎君 議長……

○議長(島田三郎君) 鈴木萬次郎君

○鈴木萬次郎君 私ハ出院ヲ致シテ居リマシタガ、チョット席ヲ外シマシテ質問ノ順席ヲ――權利ヲ失フコトデゴザイマシタガ、ドウゾ此場合ニ於テ御許シ下サルヤウニ……

(佐々木安五郎君「定足數ガアリマスカ」ト呼フ)

第六　朝鮮ノ生産ニ係ル生果、核子及銅ノ移入税ニ關スル法律案(政府提出)　第一讀會ノ續(委員長報告)

(早川龍介君登壇)

○早川龍介君　是ハ頗ル簡單ナ案デゴザイマス、最モ簡ニ御報告ヲ致シテ置キマス、委員會ハ前後三回開キマシタ、自分ヲ委員長ニ渡邊新太郎君ヲ理事ニ選擧ニナリマシタ、第一回ハ役員ノ選擧、第二回ハ質問、第三回目ニ決議ヲ致シマシタ、此決議ニ付キマシテハ山根正次君ヨリ此中ノ銅ト申シマスル銅ヲ修正致シマシテ金屬ト改メタノデアリマス、是ハ全體皆少シモ異議ナク決シタノデゴザイマス、次ニ此生果核子ト申シマスルノハ三割ノ輸入税デゴザイマス、御承知ノ通リニ朝鮮ハ追々内地カラ移リマシテ、サウシテ種々ナ農業ニ力ヲ盡シテ居リマスノデ、從來ノ税デゴザイマスルト非常ニ高税デアリマスル爲ニ、一向此方ヘ這入ッテ參リマセヌ、又東北地方デハ林檎其他ノ生果物ニ付キマシテハ、若シ朝鮮カラ安ク此生果物ガ這入ッテ來タ時分ニハ、農業ヲ妨ゲル故ヲ以テ此税ハ從來ノ通リニ据置キタイト云フ御論モアリマシタノデ、委員會デハ種々討論評議ヲ盡シマシタ結果、遂ニ唯今申シマシタ銅ノ塊トゴザイマスルノヲ金屬ト改メマシタノデ、其他ハ原案ニ總テ決シマシタノデゴザイマス、洵ニ簡單デ其内容ヲ申上ゲレバマダ長クナリマスケレドモ簡單ナ問題デゴザイマスデ、ドウゾ委員會ノ決議通リ御贊成アラムコトヲ願ヒマス

(「贊成」ト呼フ者アリ)

○議長(島田三郎君)　本案ニ付テ第二讀會ヲ開クニ御異議アリマセヌカ

(「異議ナシ異議ナシ」ト呼フ者アリ)

○議長(島田三郎君)　御異議ガナイト認メテ第二讀會ヲ開クコトニ決シマシタ

○福田又一君　直ニ第二讀會ヲ開キ第三讀會ヲ省略シ委員長報告ノ通リ可決確定セラレムコトヲ望ミマス

(「贊成」ト呼フ者アリ)

○議長(島田三郎君)　福田君ノ說ニ御異議ガナイト認メマス、依テ直ニ第二讀會ヲ開キマス

朝鮮ノ生産ニ係ル生果、核子及銅ノ移入税ニ關スル法律案　第二讀會(確定議)

(「異議ナシ異議ナシ」ト呼フ者アリ)

○議長(島田三郎君)　福田君發議ノ通リ第三讀會ヲ省略シテ可決確定スルコトニ御異議ガアリマセヌカ

(「異議ナシ異議ナシ」ト呼フ者アリ)

○議長(島田三郎君)　本案ハ可決確定致シマス――日程第七、證券ヲ以テスル歳入納付ニ關スル法律案第一讀會ノ續ヲ開キマス――委員長ノ報告ヲ求メマス――鈴木寅彦君

大正五年二月二十六日

間島ニ於ケル帝國ノ威信ニ關スル質問主意書

右成規ニ據リ提出候也

大正五年二月十八日

提出者 早川龍介

贊成者 織田了

外三十八

間島ニ於ケル帝國ノ威信ニ關スル質問主意書

一 間島ハ日支協約ニ包容セラルルトノ日本政府ノ主張ハ支那ノ官民ニ告知セラレタルヤ否

二 支那官憲ハ間島ハ日支協約ノ範圍外ナリトノ說ヲ固執シ毫モ從來ノ方針ヲ改メスト聞ク其ノ實否如何

三 間島在住鮮人ハ支那官民ノ壓迫ヲ受ケ我カ保護ヲ離レテ支那側ニ傾キ爲ニ我カ威力信望ヲ失墜シツツアリト聞ク果シテ如何

四 間島ハ其ノ地域狹少ニ非ス故ニ排日ノ意思ヲ抱持セル鮮人及支那官民ニ對抗スルニ一ノ領事及少數ノ領事館員ニテハ足ラサルモノノ如シ政府ノ所見如何

五 前記各項ヲシテ確實安全ナラシムルニハ憲兵及巡査ヲ增派シ以テ之ヲ救濟セサルヘカラサルモノト信ス政府ハ之ヲ實行スルノ意アリヤ否

右及質問候也

三　間島ニ於ケル帝國ノ威信ニ關スル質問（早川龍介君提出）

（早川龍介君登壇）

○早川龍介君　度々諸君ヲ煩ハシマシテ、今度ハ演說ヲ致マシマセズ、信用アリマスル間島ノ私ノ友人カラ電報ヲ送リマシタ其全文ダケ讀ミマシテ、ソレデ此質問ノ電文カラ生レテ來タコトヲ御了承下サレタイ

間島鮮人ノ興廢ハ新條約ノ確實ニ施行セラルヽト否トニ懸ル然ルニ支那官憲ハ依然間島協約ヲ固執シ鮮人ニ對スル法權ノ執行ノ毫モ從來ト異ナラズ最近ニ至リ極力歸化ヲ勸誘シ應セル者ニハ土地所有權ヲ付與セス無法ノ壓迫ヲ加エ帝國ノ權利ハ殆ド無視蹂躙セラルヽカ故ニ六十万ノ在住鮮人ハ進退兩難ノ苦境ニ陷レンノヽ如シ故ニ新條約不實行ニ對シ悲觀怨嗟ノ聲高シ已ニ支那ニ入籍手續ヲ了セノ約五六千名ニ上リ尚續々出願者多シ間島ハ滿蒙ニ於ケル鮮人發展上樞要ナリ故ニ此地ニ於ケル新條約ノ得喪ハ在滿五十万朝鮮人ニ影響スルコト多トニ云フ全文デアリマス（拍手起ル）

○片岡直溫君　本員ハ大正五年度歲入歲出追加第三號第四號及第五號、特第三號第四號、追第二號豫算外國庫ノ負擔トナルベキ契約ニ關スル件、此豫算委員會ニ於ケル經過竝ニ結果ヲ御報告致シマス、大正五年度歲入歲出總豫算追加第三號ハ二十五件程ニ分レテ居リマス、其歲入歲出合計各千二百六十八万千九百圓、此金額デゴザイマスガ其内重ナルモノトハ軍需品ノ受託製造ニ係ル費用デアリマス、是ハ外國ヨリ注文ニ依リマシテ軍需品ノ製造ヲ致スノデアリマス、海軍ノ方デ致スノデアリマス、其歲入ハ其軍需品卽チ注文品ノ代價ヲ受入レタモノガ收入ニ立ツノデアリマス、千二百六十八万餘圓ノ内一千万圓ヲ差引キマシタ殘リノ中カラ百二十万圓程ノモノガ、八阪丸ニ對スル損害ノ政府負擔費ニ關スルモノデアリマス、ソレ故ニ此二口ヲ差引キマスト極メテ少額ナルモノ、而モ其件數ハ前申上ゲマシタ如ク多數ニ分レテ居リマス、重ナルモノヲ申シテ見マスルト瑞西ノ國ニ公使館ヲ新設ヲスル、ソレカラ航空研究所ヲ創設スル費用、銀行局ヲ設置スル費用、東京外十九縣ニ對スル災害復舊費ニ關スル費用、ソレカラ大禮ニ關スル記錄編纂ヲ致ス費用、其他ハ日支銀行ノ設立法律案ガ通過致シマシタ結果トシテ起リマスル政府ノ補助、滿洲銀行亦同ジデアリマス、此中ニ少シク說明ヲ要スルダラウト思ヒマスル――金額ノ上デ說明ヲ要スルダラウト思ヒマスノハ、八阪丸ノ損害ハ嚢ニ大正四年度追加トシテ既ニ要求サレタ其殘リデアリマス、此八阪丸ノ損害ハ合計四百五十万圓程、其内五十万圓ハ一般會計カラ支拂ヒ、四百万圓ハ預金部カラ借入レル、斯ウ云フコトニ相成ッテ居ルノデアリマス、其四百万圓預金部カラ借入レルモノニ對スル利子ガ見積ッテアリマス、而シテ嚢ニ追加豫算トシテ協賛ヲ經タトコロノ殘リノ金百二十万圓程ノモノガ、大正五年度ノ追加トシテ要求ニナッテ居ルノデアリマス、大正五年度歲入歲出豫算追加第四號ニ屬スルモノハ十二万八百三十六圓デアリマスガ、是ハ簡易保險ノ事業經營ニ伴フトコロノ費用デアリマス、第五號ノ方ハ米穀貯藏ノ研究ヲ致ス爲ニ倉庫ヲ拵ヘル、其倉庫ヲ研究ニ必要ナル組立ヲ以テ造ルト斯ウ云フコトノ費用デアリマス、特第三號ナルモノハ朝鮮總督府、臺灣總督府、造幣局、國債整理基金、京都帝國大學、東北帝國大學、九州帝國大學、學校及圖書館、斯ウ云フ風ニ科目ガ分レテ居ルノデアリマス、特第四號ハヤハリ簡易生命保險ノ收入支出ニ關スル特別會計ニ屬スルモノデアリマス、以上ノ提案ニ付テ豫算委員會ハ一昨日竝ニ昨日午前午後、本日先刻マデ會議ヲ開イタノデアリマスガ、之ニ對シマシテハ隨分多クノ質問應答ガアッタノデアリマス、其質問應答ノ著シキモノヲ申シテ見マスルト、本豫算ニ直接ニ關係アラザル質問モゴザイマシタガ、是ハ本問題ニ必要ト存ジマセヌカラ省略ヲ致シマス、必要ト存ズル著シキモノヲ列擧致シマスレバ、總豫算ニ編入ヲ致シテ要求スベキ費目ガ多イ、臨時急ヲ要シ已ムヲ得ザル費用トシテ會計法第五條二項ニ依ッテ要求スベキモノト認ムル部分ガ少ナイ、又總豫算ニモドウカト思フト云フヤウナ點ニ於テ、最モ質問ヲ繰返サレタノデアリマス、其中總豫算ノ上ニ於テモ不必要ト云フ說ガ採決ノ時ニ起リマシタ、一事ヲ申上ゲテ見マスルト、元歩入會社、此納金ニ關スル救恤金支給ノコトデアリマス、是ハ政府ノ答辯ニ依リマスト熊本縣ノ當テ藩政ノ時代ニ於テ會社事業ヲ以テ貸付、又ハ爲替ノ事業ヲ經營スル者ガアッタ、然ルニ廢藩ノ際ニ之ヲ政府ニ引繼イダノデ、其引繼イダ中ニ國有トスベカラザルモノヲモ引繼イダノデアル、此引繼ハ強制執行ニ依ッテ引繼ヲ餘儀ナクセラレタ、斯ウ云フ事實ニ依テ爾來訴訟ノ沙汰ニナッテ居ッタ、一審、二審、遂ニ大審院ニ至ッテ原告側ノ敗訴トナッタ、賠償ヲ求メルノ途ガ絕エテ居ルノデアリマス、併ナガラ本件ニ關シテハ年々請願書トナッテ衆議院ニ上リ、請願委員會ハ何時モ之ヲ採擇スベシト決定ヲ致シ、政府ハ終ニ調査ノ結果其當時ノ事情等ヲ取調ベ、法律上請求ノ途ハ絕エタリト雖モ事實ニ於テ憐レムベキモノデアル、故ニ國家トシテ之ヲ救濟シ年來ノ懸案ヲ解決スルト云フ趣旨カラ出テ居ルヤウデアリマス、同一ナ事柄ガ大分縣直入郡久住村大字久住ト云フ部落ニ於テモ同一ノモノガアッテ、是モ同樣ナ手續ニ依ッテ政府ニ引繼イダ、其引繼イダ場合ニ於テ民有ニ屬スベキ財產ヲモ共ニ取上ゲラレタ、當テ是ハ明治八年三月白川縣ト云ッタ時分ノ縣令ノ時代ニ於テ問題トナッタ事柄デアル、趣キデアル、而シテ是ハ遂ニ熊本ノ同一ノモノニ合併ヲ致シタト見ルベキ點モアルヤウデアリマス、是等ノ兩方ニ對シテ此際年來ノ懸案ヲ解決スルト云フノ趣旨ニアルノデアリマス、今一ツ最モ熱心ナル議論ノゴザイマシタノハ大禮ニ關スル記錄編纂ノ費用デアリマス、是ハ政府ノ說明スルトコロニ依レバ、總豫算編成ノ當時ニハ御大禮ノ記錄ヲ編纂スル組織等ガ、ドウ云フ法ニシテドレダケノモノヲ拵ヘルコトニナルト云フコトガ極マラナカッタノデアルカラ、總豫算ニハ組メナカッタノデアルガ、ソレガ極マッタノデアルカラ要求スルト云フノガ大體ノ說明デアリマス、委員ノ方ニ於キマシテハ御大禮ニ對スル費用ハ萬遺算ナキコトヲ期待シテ、一厘一毛モ削減ヲ加ヘズ要求通リニ協賛ヲ與ヘテ、御大禮ノ滯リナク萬事十分ニ行ハセラル、コトヲ期待シタ、然ルニ聞ク所ニ依レバ金ガ少々餘ッテ餘ッタ爲ニ非常ノ過當ノ賞與ヲ行ハレタト云フガ如キコトモ聞エル又御大禮ニ關シテハ不滿ノ點モ少ナカラヌトシテ――不滿ノ事實ハ京都ニ於ケル御召ノ際ニ於ケル混雜等ノ事情ヲ擧ゲテ非難セラレタ點モ少ナクナカッタノデアリマス、豫算ノ方ニ對シテハ金ガ餘ッタカラト云ッテ、之ヲ賞與其他ニ使ヒ、或ハ旅費等ニ對シテモヒドク增額ヲシテ渡シタト云フガ如キコトモ聞エル、要スルニ大禮費ニ關シテ其費用ノ收支ノ說明ヲ得ルニ非ラザレバ、此豫算ヲ要求セラレタト云フコトノ已ムヲ得ザルヤ否ヤガ明瞭致サナイノデアル、併シ豫算委員トシテ御大禮ニ關スル記錄ノ編纂ヲ致スト云フガ如キコトニ異議ヲ挾ムモノニ非ラズ、費用其物ニハ一切異議ヲ挾ムノデハナイガ、唯之ヲ要求スル其此ニ至ル前後ノ事柄ヲ詳カニスルニ非ラザレバ、國民ヲシテ多クノ疑ヲ生ゼシムルノ虞アリ、延イテ皇室ニ對シテ兎ヤ角ノ觀念ヲ持タシムルコトヲ遺憾トスル、此意味ニ於テ或ハ材料ノ提供ヲ請ヒ、答辯ヲ求メヌノデアリマスルガ、政府ノ答フル所ハ大禮費ニ關スル費用ハ今尙清算ヲ終ラズ、既ニ支出ヲ受ケテ尙支出ヲ要スルモノモアル、此際ニ於テ其收支ヲ明カニスルト云フコトハ出來ナイ、斯ウ云フ答辯デアッタノデアリマス、此應答ニ對シテハ多少意思ノ徹底ヲ缺イタ所ガアル、ソレ故ニ委員長トシテハ其相互ニ徹底ヲ圖ラントシテ之ヲ要求スルニ至ッタノハ、前ニ協賛ヲ與ヘタ時ニ此記錄編纂ノ費用ガアッテ、サウシテソレガ足ラヌ故ニ追加スルノカ、若クハ前ニ要求シタ時ニ全ク漏レテ居ッテ、今日此必要ヲ感ジテ此要求ヲスルニ至ッタノカ、其要求スルト云フ事實ガ明カニナレバ、自ラ徹底スルデアラウト信ジマシテ、是等ノ意味ヲ以テ政府當局者ノ間ニ交渉ヲ致シテ見マシタノデアリマス、其結果トシテ全ク大禮費ノ豫算中ニハ大禮ニ關スル記錄編纂ノ費用ハ少シモ見積ッテナカッタ、而シテ今回ノ追加豫算ハ大禮費ニ屬スル追加豫算ニアラズシテ、新タニ大禮ノコトニ關スル記錄ヲ編纂シテ置クト云フノ必要上ヨリ、大禮費以外ニ於テ要求スルノデアルト云フコトガ明カニナッタノデアリマス、斯樣ナ顚末デアリマシテ結局討論ニ移リマシタル場合ニ於テ、本案ニ對シテ政友會ヲ代表シテ齋藤珪次君ヨリシテ、此追加豫算ハ全體ニ於テ多少不穩當ト認ムルモノモアルノデアル、殊ニ追加豫算ヲ續々ト會期切迫ニ際シテ提出セラレタコトヲ遺憾トスル、將來ハ斯ノ如キコトノナイヤウニセラレタイト云フ希望ト、多少非難ヲ致スベキモノトモ考ヘルガ、事既ニ茲ニ進行シテ居ル以上ハ、大體ハ賛成ヲ致ス、但シ第三號中ノ銀行局設置ニ關スル經費ノ如キ、是ハ九千二百八圓デアリマスガ、是ハ確ニ總豫算ニ編製シテ來ルコトガ必要デアル、又其必要ノ追加豫算ヲ求ムルノ必要ガアレバ總豫算ニ求ムベキ時機モアリ必要モアッタト考ヘル、然ルニ之ヲ追加豫算トシテ求ムルト云フコトハ餘リニ不穩當、故ニ此費目ニ對シテハ賛成ヲ表シ難イ、且モウ一ツ官業整理調査ニ關スル經費七千四百六十四圓ハ、官業整理ハ現內閣ノ政綱トシテ標榜スル所、既ニ段々ニ其調査ガ進ンデ居ル事實ヲ說明セラレテ居ッタニ拘ラズ、今ニ至ッテ經費ヲ要スルガ如キコトハ甚ダ共意ヲ得ザルモノ、既ニ政綱政策トシテ掲ゲラレタ位ノ事デアル、今日其經過ニ對シテ多少ノ成績ヲ收メテ居ル筈デアル、今此ニ費用ヲ此際カラ要スルト云フガ如キコトニ對シテハ同意シ難イ、削除スル、而シテ大體ニ關スル記錄編纂ノ費用ニ至ッテハ、是ハ費用其物ニ對シテハ決シテ異議ヲ言フモノデハナイ、併ナガラ多クノ金ガ餘ッテソレヲ賞與トシテ分配シタト云フガ如キ噂モアル、又之ニ對スル極ク親切鄭寧ナル說明ヲ與ヘズ、サウシテ贊成ヲ求メルト云フガ如キコトハ不當モ亦甚ダシイ、併ナガラ事皇室ニ多少ノ關係ヲ持ツベキモノト考ヘラルヽガ故ニ、誤ッテ事ノ支障ヲ生ジ或ハ誤解ヲ招クト云フガ如キコトニ陷ルコトヲ遺憾トスルガ故ニ、之ヲ求メラルヽ手續ニ對シ說明ニ對シテハ甚ダ不滿デアルガ、其事ニ對シテハ此リ置クト云フ意味ヲ以テ其費目ニ對シテハ贊成ヲ表スル、斯ウ云フコトガ政友會ヲ代表シテノ意見デアリマス、次デ國民黨ヲ代表シテ鈴木梅四郎君ヨリ提案サレマレタ所ハ、大體追加豫算ヲ此時期ニ至ッテ斯ク多岐ニ亙ルモノヲ求メラレタト云フコトニ對スル不滿ハ同一デアリマス、而シテ銀行局設置ニ關スル經費九千二百八圓ヲ削除スル、其削除スルト云フコトハ政友會ノ諸君トハ全ク違フノデアル、是ハ現在ニ於ケル課ヲ局ニシ、又人ヲ增スト云フガ如キハ必要ナシト思フ、是ハ相當ナ人ヲ得サヘスレバ十分出來ルノデアル、動モスレバ政府ハ民業ニ干涉壓迫ヲ加ヘルト云フ嫌ガアル、是等ノ費用ハ決シテ協贊ヲ與ヘベキモノニアラズ、卽チ政友會諸君ハ總豫算トシテ求ムベキ筈、斯ウ云フ意味ヲ加ヘラレタノデアリマスガ、國民黨諸君ハ總豫算ニモ追加豫算ニモ斯樣ナ費用ノ協贊ヲ與ヘベキモノニアラズ、人ヲ得サヘスレバ十分ニ行ケルノデアル、又行カスノガ相當デアル、斯ウ云フ意味ニ於テ削除論ヲ唱ヘラレタノデアリマス、而シテ政友會諸君ヲ代表サレタ官業整理調査ニ關スル經費ノ削除ニハ、國民黨諸君ハ同意ヲ表セラレナイノデアル、更ニ元ブイレ會社ト云ヒマスカ、ブニユー會社ト讀ミマスカ、ドッチカ存ジマセヌガ、先刻申上ゲマシタ熊本ノ質貸爲替事業ヲヤッテ居ッタモノヲ政府ノ方ヘ廢滯ノ際ニ取上ゲタ、其損害ニ對スル八万圓、大分縣ノモノモ併セタル八万圓、是ハ決シテ救濟トシテ與フベキモノニアラズト云フ意味ヲ以テ削除スル、今一ツ第五號案ニアル米穀貯藏硏究ニ關スル經費ハ是ハ全然削除スル、卽チ三万二千六百圓デアル、米價調節ノ如キハ愚策中ノ愚策ニシテ更ニ利益ノ認ムルモノハナカッタノデアル、今又米穀ヲ貯藏スル倉ヲ建ルト云フコトハ愚策中ノ又愚策デアル、一切效力ハナイト認メル、民間ニ於テ倉庫ハ十分ニ拵ヘテ研究スベキモノハ研究シテ居ルノデアル、斯樣ナ事ヲシテモ何ノ效ハナイト、斯ウ云フ意趣ノ下ニ之ヲ削除スル、尙且ツ此追加豫算ノ總體ニ對シテ會計法第五條第二項ニ抵觸スル嫌ノアルモノガ多イノデアル、將來斯樣ナ事ハ改メラレムコトヲ望ムト云フ警告ヲ附加ヘテ、是ダケヲ削除シテ、後ハ原案ニ贊成スルト斯ウ云フノデアッタノデアリマス、而シテ同志會ヲ代表シテ淺野陽吉君ガ原案ニ贊成スルノ意見ヲ述ベラレタノデアリマス、ソレハ主モニ削除ニ對スル意見デアリマス、銀行局設置ニ關スル事柄ハ既ニ普通銀行竝ニ貯蓄銀行ノ取締ニ關スル法案ガ、今回ノ帝國議會ニ於テ兩院ヲ通過シテ法律トナッタノデアル、其法律ニ依テ監督ヲ十分ニシナケレバナラヌト云フコトハ、所謂臨時緊急已ムヲ得ザルモノト看做スベキモノデアル、之ニ加フルニ日支銀行滿洲銀行ノ如キハ今ハ貴族院ノ審査中デアル、不日法案ニナルデアラウ、斯クナレバ一層此銀行ノ事務ニ對シテ人ヲ增シ位地ヲ高クスルト云フ必要ハアルノデアル、故ニ是ハ削除說ニ反對、官業整理調査ニ關スル費用ヲ削ルト云フコトニ致シテハ、官業整理ニ關スル調査ハ既ニ進步シテ今ヤ完結ヲセシメムトスル時ニ際シテ、尙十分ナ調査ヲ努メナケレバ完キヲ得ヌノデアル、其完キヲ期スル爲ニ要スル費用ノ如キハ是ハ協贊ヲ與フベキモノナリ、ソレカラ又步入會社ノ納金ニ關スル費用、是ハ數年ノ懸案ヲ國家トシテ解決スル爲ニ八万圓バカリ金ヲ支出シテ、此問題ヲ——此年々ニ起ル問題ヲ解決スルト云フコトハ穩當デアル、故ニ贊成スル、米穀貯藏ニ關スル事柄ハ是ハ日本ノ米ガ非常ニ上リ非常ニ下ルト云フガ如キコトハ、實ニ憂フベキ問題デアル、何トカ研究シテ貯藏ニ堪ヘルト云フ工風ト云フモノヲ研究シ盡サネバナラヌ、果シテ其倉庫ヲ設備其宜シキヲ得タナラバ、或ハ蟲ヲ殺ス等ノ方法ニ依テ是ガ貯藏スルコトヲ得ルト云フ場合ニ至レバ、多量ナ場合ニ於テ此價ヲ調節スルニ最モ便利デアル、是ハ目下ノ問題トシテ多クノ農民ノ苦慮シテ居ル際デアル、殊ニ米價調節ノ調節委員會モ組織サレテ、ソレヲノ調査進行ノ結果、斯ノ如キ事ヲ研究スルニ至ッタ以上ハ、之ヲ贊成シテ宜シイ、斯ウ云フ意味ニ於テ原案贊成說ヲ述ベラレタノデアリマス、ソレカラ高木君ヨリ原案贊成ノ意思ヲ述ベラレタノデアリマスガ、趣旨ハ此ニ表明シナイ、贊成デアル、已ムヲ得ヌト斯ウ云フ說デアリマシタ、雙方ノ論旨盡キタリト認メテ之ヲ採決致シマシタトコロ、銀行局廢止ノ問題ハ理由ハ違ヒマスルガ、結果ハ同ジコトデアリマス、同一ニ合セテ問ヒマシタトコロ國民黨ト政友會ノ諸君ノミノ起立ニシテ、少數デ否決致シマシタ、其他官業整理調査ニ關スル費用ハ政友會諸君ノ起立ノミデアリマシテ少數否決ヲ致シマシタ、步入會社ノ納金——步入會社ニ對スル救濟金、ソレカラ米穀ノ貯藏研究ニ關スル費用ヲ削除スルト云フ國民黨ノ提案ニ對シテハ、國民黨所屬ノ委員ノミニ止マッタノデアル、結局原案ニ對シテ贊否ヲ問ヒマシタルトコロ、政友會諸君竝ニ國民黨諸君ノ代表ニ係ル委員諸君ノ外ノ起立デアリマス、極メテ多數ヲ以テ原案總テヲ贊成スルコトニナッタノデアリマス、卽チ此諸案ニ對シテハ可決スベシト決定ヲ致シタノデアリマス、此段御報告ヲ致シマス

大正五年二月二十八日　議長ノ報告

○議長（島田三郎君）　諸般ノ報告ヲ致サセマス

（書記朗讀）

一、政府ヨリ受領シタル答辯書左ノ如シ

大正五年二月二十七日

内閣總理大臣伯爵大隈重信

衆議院議長島田三郎殿

衆議院議員佐々木安五郎君提出在外同胞迫害事件續々出ニ關スル質問ニ對シ別紙答辯書差進候

（別紙）

衆議院議員佐々木安五郎君提出在外同胞迫害事件續々出ニ關スル質問ニ對スル答辯書

一、二、本年一月一日蘭領スマトラ島サバン港ニ於テ本邦汽船夕張丸船員ト蘭國官憲トノ間ニ起リタル事件ニ關シテハ同船長ノ通報及蘭國官憲ノ調査等ヲ具シ在バタビヤ帝國領事ヨリ本月十六日詳細ノ報告ニ接セリ右ニ依レハ事件ノ内容ハ新聞紙上ニ流布セル處ト多少ノ相違アルモ要スルニ言語ノ不通等ノ爲メ互ニ誤解ノ結果騷擾ヲ惹起シタルモノト認メラル而シテ該船員四名ハ武器ヲ持シテ警察官ニ抵抗シタル廉ヲ以テ刑事訴追ニ附セラレ目下所管裁判所ニ於テ裁判繫屬中ナリ本件ニ對シ政府ノ執ルヘキ措置ニ付テハ今日ノ場合之ヲ言明スルノ時機ニ在ラスト認ム

三、本年二月十五日官報公示ノ南洋群島渡航船舶及渡航者心得中南洋群島トハ現ニ我海軍ノ軍事占領區域ヲ謂フモノナリ而シテ本規定ハ南洋群島ニ渡航スルモノノ爲メニ發布シタルモノニシテ曩ニ大正四年十一月十二日官報公示ノ南洋占領諸島渡航者心得ヲ改正シタルニ止マルモノナリ

四、政府ハ南洋地方ト本邦トノ利害關係漸次密接ヲ加フルノ事實ニ鑑ミ外務行政其他ノ諸機關ニヨリ國際條規及慣例ノ許ス限南洋在留同胞ノ保護ニ關シ最善ノ方法ヲ採ルヿヲ期ス

右答辯候也

大正五年二月二十五日

海軍大臣　加藤友三郎

外務大臣男爵石井菊次郎

大正五年二月二十七日

内閣總理大臣伯爵大隈重信

衆議院議長島田三郎殿

衆議院議員早川龍介君提出曆法ニ關スル質問ニ對シ別紙答辯書差進也

（別紙）

衆議院議員早川龍介君提出曆法ニ關スル質問ニ對スル答辯書

第三十五議會ニ於ケル曆法ニ關スル建議ノ要旨ハ太陽曆ノ氣候ト調和セサルハ一大闕點ナリ故ニ中正曆ト稱スル稍完全ニシテ且便利ナル曆法ヲ我國ニ行ハセラレンコトヲ望ムト雖モ列國トノ關係上考慮ヲ要スルモノアルヲ以テ政府ハ之カ研究ニ力メラレンコトヲ望ムト謂フニ在リ茲ニ所謂中正曆ト稱スルモノノ小部分ハ稍理由アリト雖モ大體ニ於テ到底實行ヲ期シ難シ故ニ政府ハ該建議ヲ採納スルノ意ナレ

右及答辯候也

大正五年二月二十六日

文部大臣法學博士高田早苗

大正五年二月二十七日

内閣總理大臣伯爵大隈重信

衆議院議長島田三郎殿

衆議院議員中村尚武君提出恩赦奉行ニ關スル質問ニ對シ別紙答辯書差進候

（別紙）

衆議院議員中村尚武君提出恩赦奉行ニ關スル質問ニ對スル答辯書

大正元年九月十三日ノ詔書ニ基ク恩赦並大正四年十一月十日ノ詔書ニ基ク恩赦ノ奉行ニ付テハ何レモ當時訓令ヲ發シ當該有司ヲ督勵シ遵由ノ愆ルナカラムコトヲ期シタリ就中特定ノ者ニ對シテ行フヘキ特赦、減刑復權ニ關シテハ罪狀及性行ニ付精査シ其ノ恩典ニ浴セシムヘキト否トヲ審研甄別シテ具狀セシメ其ノ恩典ニ浴セシムヘキヲ認メタル者ハ上奏シテ裁可ヲ待ツコト前後兩者ノ間ニ取扱上ノ差異毫モ之レアルコトナシ

右及答辯候也

大正五年二月二十六日

司法大臣尾崎行雄

大正五年二月二十六日

内閣總理大臣伯爵大隈重信

衆議院議長島田三郎殿

衆議院議員早川龍介君提出間島ニ於ケル帝國ノ威信ニ關スル質問ニ對シ別紙答辯書差進候

（別紙）

衆議院議員早川龍介君提出間島ニ於ケル帝國ノ威信ニ關スル質問ニ對スル答辯書

一、間島問題ニ關スル帝國政府ノ主張ハ屢〻支那當局者ニ之ヲ開示シ其一端ハ既ニ支那新聞紙ニモ表ハレタル所ナルヲ以テ支那ノ官民共ニ我主張ヲ熟知セルモノト信ス

二、屢次ノ折衝ニ依リ支那中央當局者ニ於テハ既ニ十分我主張ヲ諒解スルニ至レルモノト思考セラル、ニ係ラス間島地方官憲ニ於テハ今尚全ク其從來ノ態度ヲ改ムルニ至ラス

三、間島在住ノ朝鮮人中ニハ支那側壓迫ノ結果我保護ヲ脫セムトスルモノアルハ事實ナルモ大體ヨリ觀察スルトキハ同地在住朝鮮人ノ多數ハ依然我保護ニ依賴シツヽアルモノト思考ス

四、間島ニ於テハ總領事館ノ外、三箇所ニ分館ヲ設置シアルモ現在ノ人員ノミニテハ目下ノ狀況ニ照ラシ未タ以テ十分ト云フヘカラス政府ニ於テハ經費ノ許ス範圍內ニ於テ最善ノ方法ヲ講シ居レリ

五、政府ハ成ルヘク現行施設ノ範圍内ニ於テ其ノ目的ヲ達センコトヲ希望スルモ支那官憲ニシテ今後モ依然其ノ態度ヲ改メサルニ於テハ條約上ノ權利確保ノ爲別ニ相當ノ施設ヲ爲スノ已ムヲ得サルニ至ルコトアルヘシ

右及答辯候也

大正五年二月二十五日

外務大臣男爵石井菊次郎

第十二　大正二年法律第十七號廢止法律案（齋藤宇一郎君外九名提出）　第一讀會ノ續（委員長報告）

（淺野陽吉君登壇）

○淺野陽吉君　報告致シマス、本案ハ朝鮮ト内地トノ米ニ關シテノ多年ノ問題デゴザイマス、本案ニ對シテハ既ニ贊否兩論者ノ通告ガアリマスカラ、私ハ簡單ニ兩論者ノ主要ナル論點ニ付テ御報告ヲ致シマス、本案ニ對シ政府ハ絕對ニ反對ノ意ヲ表明セラレタノデゴザイマス、而シテ委員會ニ於キマシテハ質問應答頗ル多岐ニ亙リマシタノデゴザイマスルガ、其論議ノ中心トナリマシタ點ハ、三ツ程アリマス、第一ハ本案ハ果シテ内地ノ米價ヲ引上グル所ノ力アリヤ、別言致シマスレバ少ナクトモ内地米價ノ低下ヲ防グ所ノ力ガアルデアラウカ、モウ一ツ別言致シマスレバ、提案者ノ言フ如ク朝鮮ノ米ニ對シテ移入税ヲ復活致シマスト、果シテ内地ノ農民ヲ保護スル力ヲ有スルデアラウカ、ドウデアラウカ、即チ米價調節ノ力ヲ具ヘテ居ルデアラウカ、ドウデアラウカト云フコトガ、論點ノ中心トナツタ第一點デゴザイマス、ソレカラ第二點ハ本案ハ即チ移入税復活ト云フコトヲ致シマシタナラバ、折角今日マデ基礎ガ確立シカケテ居ル所ノ朝鮮ノ經營ヲ打破スル所ノ慮ガアルデハナカラウカ、即チ植民地經營ノ根本政策ヲ是ガ爲ニ破ルノデハナカラウカト云フ論點ガ中心ニナリマシタ第二點デゴザイマス、ソレカラ第三點ハ、漸ク大正二年ニ於テ朝鮮米ニ對スル移入税ヲ撤廢シタノデアル（「簡單々々」ト呼フ者アリ）而シテ朝鮮ノ農業者ハソレニ依テ今日ノ基礎ヲ築キ立テ來タノデアル、然ルニ今之ヲ俄ニ廢スル、移入税ヲ復活スルト云フコトニナレバ、三年間ニ法律ヲ一廢又一活、所謂朝令暮改デアルカラ之ガ爲ニ朝鮮在住ノ農民ハ無論ノコトナリ、一般經濟界ノ人ノ基礎ガ動キハシマイカ、即チ朝令暮改ノ結果朝鮮在住ノ經濟界一般ノ人ニ對シテ適從スル所ヲ知ラザラシメテ、朝鮮經濟ノ根本ヲ破リハシナイカト云フ一ツノ疑ガアル、之ガ論ゼラレタル所ノ中心ノ第三點デゴザイマシタ、之ニ對シテ贊否兩論者及政府側ヨリ提唱致サレマシタル論點ノ最モ重要ナル一二ノ概要ヲ述ベタイト存ジマス、先ヅ本案提出者ノ即チ論ゼラレタル所、本案贊成者側ノ論ゼラレマシタル所ノ最モ重要ナル所ノ第一點ハ、朝鮮ノ公課ハ――租税其他ノ公課ハ一段歩ニ付テ六十一錢デアル、ソレニ對シテ内地ハ甚ダシキ高キ率即チ四圓以上ニナツテ居ル、ソレカラ朝鮮米ノ生産費ハ一石ニ付テ八九圓シカ掛ラヌノデアル、甚ダ安イ生産費デアル、之ニ對シテ内地ノ米ノ生産費ハ一石ニ對シテ少クトモ十四五圓ヲ要スルノデアル、此ノ如ク公課ノ低クシテ生産費ノ安イ朝鮮米ガ無税デ這入ルト云フコトハ、言フマデモナク内地米ニ對シテ甚ダシキ壓迫ニ相違ハナイ、故ニ移入税ヲ復活シテ内地農民一般ニ對シテ保護ノ策ヲ爰ニ立テナケレバナラヌト云フノガ論ゼラレタル第一點デアリマス、ソレカラ第二點ハ内地ノ市場ニ賣買セラレマス所ノ米ノ分量ハ、一年ヲ通ジテ約二千万石デアル、朝鮮ヨリ移入セラル、所ノ米ノ數量ハ百万石ニ充タザル所ノ少數デアルケレドモ、物價ノ變動ハ頗ル微妙ノモノデアルカラシテ、市場ニ於ケル人氣ノ作用ニ之ガ及ンデ、數量ノ少キニ比較シテ米價ヲ動カス所ノ力ハ非常ニ强ク、而モソレガ微妙ニ動イテ三割四割ノ米價ヲ騰貴セシムルノデアル、故ニ移入税ノ復活ハ米價調節ノ上ニ緊急已ムヲ得ナイ重要ナル案件デアルト云フノガ第二點デゴザイマシタ、ソレカラ朝鮮ノ米ニ對スル關税ハ、内地ノソレニ比シテ甚ダ低イ、非常ニ安イモノデアルカラ、此儘ニシテ移入税ヲ取ラヌト云フコトニスレバ、支那米印度米ガ朝鮮ト云フ税率ノ安キ關門ヲ潜ツテ來テ、籠拔ケヲシテ、日本ノ内地ニ這入ツテ來テ甚ダシク米價ヲ動カシテ、即チ内地ノ農業ヲ打撃スルモノデアル、之ガ第三點デアリマシタ、ソレカラ第四點ハ關税法ニハ伸縮法ノ取除ガアルカラ、若シ米價ガ騰ツタナラバ其伸縮法ヲ適度ニ朝鮮米ニモ施セバ決シテ朝鮮米ニ對シテ打撃トハナラヌト斯樣ニ論ゼラレマシタノデアリマス、之ニ對シテ政府側及本案反對ノ側ニ立タレタル所ノ御方々ノ論點ハ斯樣ニナツテ居リマス、第一朝鮮ヲ我國ニ併合シテヨリ既ニ十年、今ニシテ遽ニ此ノ如キ案ヲ立テルト云フコトハ、朝鮮ニ對シテ母國ノ閉鎖デアル、朝鮮ノ經濟ニ對スル母國ノ鎖國主義デアル、日本ハ大ニ大發展ヲ策シナケレバナラヌ國運ノ狀況ニ在ル、今日ニ於テハ此計畫ハ國運發展ノ大方針ニ兩立スル所ノ計畫デハナイカラ、此ノ如キ狹キ意見ハ打破シテ、朝鮮ト内地トハ一視同仁デナケレバナラヌト云フノガ第一ノ論點デアリマシタ、第二ノ論點ハ内地ハ耕地整理及農事改良ノ結果ヨリ米ノ產額ハ年々增加シツヽアル、併ナガラ平年作ハ五千百万石ニ過ギナイノデアル、人口ニ比例シテ食料既ニ不足デアル、内地ノ產額ハ既ニ不足デアル、之ヲ事實ニ照ラシテモ年々二百万石以上四百万石マデハ外米ガ這入ツテ居ルデハナイカ、殊ニ大正三年ノ如キ古今未曾有ノ豐作即チ五千五百万石ヲ穫ツタ、翌年ノ四年ニ於テスラモ二百三十万石バカリ外米ガ這入ツタノデアル、サスレバ二百万石ハ喰扶持ガ足ラナイ、此國土ニ於テ朝鮮米ノ這入ルノハ課説ヲスルト云フコトハ、經濟ノ根本ニ於テ誤ツテ居ル、斷ジテ左樣ナコトハシテハ行ケナイト云フ御議論デゴザイマシタ、朝鮮米ガ這入ラズトモ外米ガ這入ルノデアル、外米ガ這入ラズトモ朝鮮米ヲ入レナケレバ我國ノ米ハ自給自立ノ途ガ立タヌデハナイカ、ドウセ這入ルナラバ外米ヲ取ルヨリモ朝鮮米ヲ取ルニ加カズ、故ニ此ノ如キ復活案ハ無要デアルト云フノガ第二點デゴザイマシタ、第三點ハ食物ノ獨立ハ頗ル重要ナモノデアルカラ、帝國ノ版圖内ニ於テ自給自立ノ策ヲ立テタイ、故ニ朝鮮モ内地モ同樣ニ米作開發ノ途ヲ立テナケレバナラヌ、此主義ニ本案ハ反スルノデアル、ソレカラ第四點ハ關税法ノ取除法ガアルカラ、決シテ朝鮮米ニ對スル虐待トハナラヌト云フ提案者ノ議論デアルケレドモ、是ハ其適度ヲ得ルコトハ頗ル難イ結果ハ朝鮮米ノ虐待トナルノデアルト、斯ウ云フコトデアリマス、最後ニ政府ガ最モ力ヲ入レテ本案ニ反對セラレマシタル理由ハ、本案ハ若シ通過スレバ朝鮮經營ノ根本策ハ此ニ打破セラレテ、朝鮮ノ前途ハ暗憺タルモノトナルト云フ御議論デゴザイマシタ（「ヒヤ〳〵」ト呼フ者アリ）ソレハ政府ハ大正元年ニ朝鮮經營ノ獨立策ヲ立テタノデアル、朝鮮財政ノ獨立策ヲ立テルノニハ、財源ノ根本タル農業ノ改良ヲ努メナケレバナラヌガ故ニ、農業ノ便利ヲ圖ランガ爲ニ大正元年ニ朝鮮ノ米ノ輸出税ヲ廢シタ、其翌年ノ二年ニ内地ノ移入税ヲ撤廢シテ貰ツタノデアル、其結果初メテ朝鮮ノ農事改良――米作改良耕地擴張即チ稱事奬勵ノ根本政策ガ茲ニ漸ク立ツタノデアル、而シテ將來ニ於テ朝鮮財政ノ獨立ノ基礎モ茲ニ立ツタト安心ヲシテ居ツタ際ニ此案ガ提出サレタノデアル、此案若シ通過スレバ此苦心シテ立ツタル所ノ朝鮮財政及經濟ノ根本策ハ復ニ花將ニ開カントスル際ニ打折ラレテシマフノデアルカラ、内地ヨリ朝鮮ニ來ツテ農業ヲ本職トスル營業モ定メシ之ガ爲メニ頓挫スルト云フコトヲ悲ム、是ガ實ニ本案ヲ審査スルニ重要ナル所ノ案件デアルト、斯樣ニ政府側ハ反對セラレタノデアリマス、且其他其食料ト朝鮮内地ヲ通ジテ米ノ食料ニ付テノ問答ハ、頗ル精細ニ亙リマシタケレドモ、是等ノ事ハ贊成反對ノ兩論者ヨリ此壇上ニ於テ此論點ヲ明カニセラルル事ト存ジマスカラ此處ニハ省キマス、而シテ採決ノ結果ハ大多數ヲ以テ本案可決、即チ朝鮮米ニ對スル輸入税ハ復活致スベシト云フコトニ決定致シタノデアリマス、之ヲ以テ報告ヲ終リマシタ

○議長（島田三郎君）　此際御報告致ス事ガアリマス

（書記朗讀）

貴族院ヨリ回付セラレタル議案左ノ如シ

簡易生命保險法案（政府提出）

（政府委員松本重威君登壇）

○政府委員（松本重威君） 本案ニ對シマシテ政府ハ遺憾ナガラ反對ノ意見ヲ表示致シマス、其理由ハ唯今委員長ヨリ詳細御報告ニナリマシタカラ長タラシク之ヲ繰返ス必要モゴザイマスマイガ、極ク簡單ニ一應申述ベタイト存ジマス、大正二年法律第二十七號ナルモノハ、御承知ノ通リ主トシテ朝鮮ノ農業開發ノ爲メ設ケラレタル所ノ法律デアリマス、右法律施行後僅々二年間ニ過ギマセヌ、而シテ朝鮮ノ農業ノ開發保護ノ必要ト云フモノハ、其ノ立法當時ト異ナルコトガアリマセヌ、然ルニ今俄ニ之ヲ廢止スルト云フコトハ決シテ適當ナルコトトハ認メラレマセヌ、又一方カラ見マシテモ、御承知ノ通リ我ガ内國ニ於テハ内國ニ產スル米ノ生產額ヲ以テシテハ、到底需要ヲ充スコトガ出來ナイノデ、年々多額ノ外國米ヲ輸入シテ居ル有樣デゴザイマス、然ルニ帝國内ニ於テ帝國ノ範圍内ニ於テ米作ニ適當ナル所ガアリマスナラバ、此米ヲ移入シテ、サウシテ之ニ供給スルト云フコトハ最モ穩當ノ事ト存ジマス、諸君ハ朝鮮米ハ非常ニ内地ノ米價ヲ壓迫スルガ如ク感ゼラレマスケレドモ、是モ一概ニ左樣ニ論斷スルコトハ出來ナイト存ジマス、又本案提出ノ理由ハ、米價調節ノ主意モ含ンデ居ルヤウニ認メラレマスケレドモ、米價調節ノ事タル固ヨリ重大ナル問題デアリマスカラ、政府ニ於キマシテハ米價調節委員ナルモノヲ設ケマシテ、愼重ニ今調査中デアリマス、此根本方針ガ決定シタル後ニ於テ、此米價調節方法ヲ採ルモ敢テ遲シト認メラレマセヌ、是等ノ理由ニ依テ政府ハ反對ノ意志ヲ表示致シマス

（田村新吉君登壇）

○田村新吉君 本員ハ反對ノ意見ヲ陳述シテ本案ノ否決セラレンコトヲ望ム者デアリマス（「ノツ／＼」「ヒヤ／＼」「分ッタ」ト呼フ者アリ）過日同僚議員ノ提出セラレタル此法律案ニ反對意見ヲ表示スルハ、私トシテハ甚ダ悲ム所デアリマスガ、併シ國勢ノ上ニ於テ信ズル所アルガ故ニ、已ムヲ得ズ一言致ス次第デアリマス、暫ク御聽取下サルコトヲ願ヒマス、本案ノ主旨ハ米價ヲ騰貴セシメンガ爲メニ朝鮮米ノ輸入税ヲ課スベシト云フニ在ル、其意志ノ存スル所ハ深ク洞察致シマスガ、併シ提出者ハ過去ニ於ケル國ト今日ノ朝鮮ヲ混同セラレタルノデ無イカト思フノ感ガアルノデゴザイマス（「ソンナ事ハ無イヨ君ニ分ルカヘ」ト呼フ者アリ）今日ノ朝鮮ハ吾々ト共ニ日章旗ノ下ニ立ツ所ノ日本國民デアリマス、利害與敗ヲ共ニスル所ノ國民トナッテ居ルノデアリマス、外國デハ無イノデアリマス――外國デハ無イノデアリマス（「誰ガ外國ダト言ッタ」ト呼フ者アリ）然ルニデス、本案提出者ハ外國米ニ課シテ居ル所ト同一ノ輸入税ヲ朝鮮米ニ課セントスルノデアリマス（「其通リデス」ト呼フ者アリ）是ニ於テ提出者ハ御分リニナル所ガアルノデアラウト思フ（「分ッテ居ルヨ」ト呼フ者アリ）此ノ如キ不法ノ法案ハ決シテ我國ニ於テ立ツベカラザルモノデアル、私ハ單純ニシテ此法律ニ反對セザルヲ得ヌ、一ノ是ガ理由デアリマス、又提出者ノ理由トセラル丶所ハ朝鮮米ノ生產費ガ低廉デアル、故ニ之ヲ輸入スルニハ輸入税ヲ課スベシトセラル丶モノデアル、併ナガラ一國ノ或地方ニ於テ產出スル所ノ農產物ガ、其生產費ガ低廉デアルト云フコトハ、ソレハ國ノ富デアリマセヌカ（「租税ガ異フノダ」ト呼フ者アリ）國ガソレニ依テ富ヲ增スノデアル、採掘費ノ低廉ナル鐵ノ原料ヲ朝鮮ニ於テ產出スルト云フコトハ日本ノ富デアリマセヌカ、年々千數百万圓ノ金ヲ朝鮮ニ於テ產出スルト云フコトハ日本ノ富デハアリマセヌカ、若シモ生產費ガ異ル故ニ税ヲ課スベシト云フナラバ、本土ニ於テモ生產費ハ同一デナイノデアリマス（「朝鮮ノヤウニ安イ所ハアリマセヌ」ト呼フ者アリ）北陸ト九州トハ違フノデアリマス（「違ッテモ朝鮮程安クアリマセヌ」ト呼フ者アリ）北海道ト中國トハ違ッテ居リマス（「ドノ位差ッテ居ル」ト呼フ者アリ）大體ノ違ヒニ於テハ一作ノ地モアリ二作ノ地モアルノデアリマス、其生產費ハ決シテ一デナイノデアリマス、若モ是等ノ場所各々ニ税關ヲ茲ニ拵ヘテ、各々是ニ於テ課税スルト云フコトニナッタナラバ日本ハドウナリマスカ、立國ノ基礎ヲ危クスルノデアリマス、即チ本案ノ理由トセラルル所ハ、更ニ理由ノ無イモノデゴザリマス、又本案ノ目的トセラルル所ハ米價調節ニアラウト思ヒマスガ、米價調節果シテ國家ノ爲メニ必要ナルヤ否ヤハ、未ダ確定セザル議論デアラウト思ヒマスガ、併シ一歩讓ッテ是アリト致シマスナラバ、ソレハ日本ノ全體ニ對シテ必要デアル、即チ米價調節ノ必要ガアルトスルナラバ、朝鮮ニ於キマシテモ亦米價調節ノ必要ハ内地ト同樣ニアルノデハゴザイマセヌカ、内地ニ於テ米價ノ廉キヲ喞ッテ居リマス如ク、朝鮮ニ於テモ米價ノ廉キヲ同ジク喞ッテ居ルノデアリマス、此ノ如ク思ヒ來タリマシタナラバ、吾々ガ是マデ聞キマスニハ、飯粒デ鯛ヲ釣ルト云フコトヲ聞キマスガ、本案ノ如キハ鯛デ飯粒ヲ釣上ゲヤウトスルヤウナ話ノヤウデアリマス、餘リニ國家ガ――餘リ國家ガ拂ハントスルトコロノ犧牲ガ大ナルモノデゴザイマス、尙之ヲ政治上ヨリ見マシタナラバ、我日本ハ年々少ナカラザル金圓ヲ費シテ朝鮮ノ啓發ニ努メテ居ルノデアリマス、官民共ニ精勵努力シテ是ガ開發ヲ努メテ居ルノデゴザイマス、而シテ漸ク事其緖ニ就キ、是ヨリ段々進ミ行カントスル此時ニ於テ、此ノ如キ墻壁ヲ築キマスコトハ、此間ニ於テ如何ナル感情ヲ生ズルデゴザイマセウカ、今日迄計畫シ來ッタトコロノ我國ノ方針政治ハ、此ニ於テ大損害ヲ被ラネバナラヌノデハアリマスマイカ、之ヲ思ヒ來リマシテモ本案ニハ贊成スルコトハ如何ニシテモ出來ナイノデゴザイマス、尙一言デアリマス、或論者ハ申サレルニ、朝鮮ニハ尙關税ガアルデハナイカ、日本カラ行クモノニモ税ヲ課スルデハナイカト、斯樣ナコトヲ申サレル人ガアル、或ハ米ノ税金ハ今ハ無イガ、現ニ大豆ノ税金ガアルデハナイカト言ハレル、又或ハ日本ノ税率ノ中ニハ外國米ニ税ヲ課スルガ每百斤ニ付テ一圓デアルガ、但書ニ依レバ四十錢ニスルコトガ出來テ、朝鮮米ニ對シテ此但書ヲ用井ル事ガアルデハナイカト言フ人ガアル、併ナガラ其處ラガ論據デハナイ、元來日本ノ一部分ヨリ生ズル農產物ニ對シテ、自分自身之ニ輸入税ヲ課スルト云フコトガ不穩當デアルト云フ議論デアリマス、今朝鮮ニ存シテ居ルトコロノ關税ハ御承知ノ如ク條約ノ結果、トシテ韓國時代ノ遺物トシテ今日存スルノデアリマス、是ハ既ニ其年限ノ過半ヲ過ギタノデアリマス、後ト殘レルトコロハ僅カ數年デアッテ、今幾年ナラズシテ是ハ全ク撤廢サレルトコロノモノデアル、サウ云フ時期ニ達シテ居ルノデアル、數年ナラズシテ撤廢サレルトコロノ其時期ニ達シテ居ル今ニ於テ、茲ニ再ビ其税ヲ課スル法律ヲ拵ヘントスルノハ、決シテ其時ヲ得テ居ルモノデナイノデアル、是ガ撤廢サレタ後ニ於テ朝鮮ガ日本ト全ク同一ノ關税ガ朝鮮ニ於テ行ハレル、此時ニナレバ移入税移出税ガ全ク無クナル、其時期ハ僅カ目睫ノ中ニアルノデアルガ、然ルニ税率ヲ今茲ニ匿カントセラル丶、ノハ私共其理由ヲ解セナイノデゴザイマス、一言ニ申シマスレバ私ガ今迄述ベ來ッタコトヲ要シマスルニ、本案ハ足ヲ切ッテ手ヲ肥サウトスルガ如キモノデアッテ、同一ノ神經ヲ有スル此身體國家ニ於テ、此ノ如キコトヲ爲シ得ベキモノデナイノデアリマス、强イテ之ヲ爲サバ利無クシテ唯大害ヲ藂ルモノデアル ト思ヒマス、願クハ諸君此ノ如キ法律案ハ大多數ヲ以テ反對否決セラレンコトヲ希ヒマス（拍手起ル）

○議長（島田三郎君） 川崎安之助君

（川崎安之助君登壇）

（拍手起ル）

○川崎安之助君　私ハ此案ニ賛成ヲスル者デアリマス、唯今田村君ハ四箇條ノ點ヲ擧ゲテ反對ヲサレマシタ、其一ハ朝鮮ハ我國ノ版圖デアルノニ、提出者ハ恰モ外國ノ如キ思ヲナシテ、斯ウ云フ經濟界ニ墻壁ヲ設ケルノガ不當デアルト云フコトヲ擧ゲテ居ラレル、朝鮮ガ我國ノ領分デアルコトハ苟モ幼稚園ノ生徒デモ知ッテ居リマス、吾々不肖ナリト雖モ其位ノコトハ知ッテ居ル、其次ニ田村君ハ生產費ガ廉イカラ是ニ課税ヲスルノハイカナイト云フコトヲ言ッテ居ル、生產費ガ廉イカラ課税ヲ重クセヨト云フコトハ、吾々決シテ言ッテ居リマセヌ、吾々ノ主張スルトコロハ朝鮮ニ於テ前政府ノ時代ニ諸外國ト締盟ヲシテ置イタ、其關税ガ僅カ一石ニ付テ五錢位デ外國米ガ這入ルノデアルカラ、若シ此內地ノ米價ガ騰貴シタ場合ニ於テ、朝鮮ニ生產スルトコロノ米ヲ擧ッテ內地ニ輸入スルヤウナ場合ガアッタ時ニ、外國ノ此廉イ米ガ朝鮮ニ這入ッテ朝鮮人ガ其外國米ヲ代用品ニシテ朝鮮ノ一千万石以上ノ米ガ內地ニ這入ッタ場合ニ、吾々內地ノ農民等ハ大ニ壓迫ヲ加ヘラレル感ジガアルカラ、是等ヲ防グ爲ニ此法案ヲ撤廢スルノハ必要デアラウト思フ、大體田村君ノ如キハ單ニ此大正二年ノ法律第十七號ノアルノミヲ知ッテ、遡ッテ其根本タル明治四十三年勅令第三百三十一號ナルモノヲ御存ジデアルヤ否ヤ、是ハ甚ダ失禮ナガラ田村君ニ御尋スルノデアリマス、田村君ハ單ニ此米ヤ麥ノミヲヤカマシク言ッテ居ル、之ヲ撤廢スルノハ朝鮮ノ農業ノ開發ヲ阻碍スルトカ、或ハ朝鮮ノ獨立經營ヲ危クスルトカ云フコトヲ言ウテ居ル、若モサウ云フヤウナ御感ジガアルナラバ、アナタハ苟モ商工業デハナイカ、商工業者ノ立場カラシテ何ガ故ニ此朝鮮ノ商工業ヲ妨ゲルトコロノ、此四十三年ノ勅令第三百三十一號ヲ根本ヨリ全廢スル說ヲ立テラレナイノデアルカ、唯此商工業品ノ輸入ニ對シテハ、西洋各國ト同ジヤウナ關税ヲ拂ッテ入レナケレバ內地ニ這入ラヌノデアル、單ニ米籾等ニ對シテ廉イ税ヲ以テ內地ノ農業ヲ壓迫シヤウト云フヤウナコトハ、餘リニ商工者根性ノ自家的心デハナイカト思フノデアリマス、又此ノ如キモノヲ設ケテ關税ノ條約ハ後ト僅カ五年デアル、又之ヲ改廢ヲシナケレバナラヌ必要ガアルカラ、モウ目睫ノ間ニ迫ッテ居ルカラ此ノ如キコトヲスル必要ハナイト云フコトヲ申シテ居ラレルケレドモ、吾々提案ノ理由ハ、未來永劫此十七號ヲ撤廢シヤウト云フノデハナイノデアル若モ此西洋各國ニ對スルトコロノ關税ノ條約期限ガ濟ンダナラバ、此ヤウナ法律ハ無論根本ヨリ廢止シタイ考デアルノデアリマス、ドウカ此點ハ誤解ナキヤウニ願ヒタイ、又政府委員ハ此案ヲ以テ朝鮮ノ開發ニ害ガアルガ爲ニ反對デアルト云フヤウナコトヲ言ハレタ、政府委員トシテ此ノ如キ大キナ頰桁ヲ吐カレルヤウナ資格ハ私ハ無イノデアラウト思フ、全體十七號ノ成立ハ如何ナル所カラ出タカト申シマスレバ、議員石橋爲之助君ガ之ヲ建議サレテ、政府ガ石橋君ノ建議ニ賛成ヲシテ出來上ッタモノデアッテ、決シテ政府自身ガ之ヲ組立テタ問題デハナイノデアリマス、而シテ石橋君ガ之ヲ提出サレタ理由ヲ速記ニ就テ調ベテ見マスルト、石橋君ハ斯樣ナコトヲ言ウテ居リマス、此案ハ米價ノ調節生活難ノ緩和ニ重大ナル關係ヲ持ッテ居ルコトハ申スマデモナイノデアル、其他朝鮮ノ開發云々、石橋君ガ第三十議會ニ於テ本案ヲ提出セラレマシタトコロノ理由ノ第一トシテハ、卽チ米價調節、延テハ生活難ノ緩和ト云フコトニ重大ノ關係ヲ持ッテ居ルト云フコトヲ言ウテ居ラレマス、諸君、此大正二年三月卽チ第三十議會ノ當時ハ如何ナル有樣デアッタカ、米價ガ二十二三圓以上モシテカラニ、實ニ此細民ハ生活難ニ苦ンデ居ッタトキデアル、故ニ此案ノ出ルノハ洵ニ尤ナ次第デアッテ、卽チ米價ヲ調節シ生活難ノ緩和ヲ圖ルト云フタメニ此案ガ出タノデアリマス、此時ニ於ケル本會ノ有樣及委員會ノ有樣ハ如何デアッタカト云フコトヲ調ベテ見マスルト、其當時列席シテ居ラレマシタ農民黨ノ諸君ハ、一言モ之ニ對シテ反對ヲシテ居ラレヌノデアル、此米價調節卽チ米價ヲ引下ゲル、或ハ生活難ノ緩和ヲ圖ルト云フタメニハ、農民黨ノ諸君ガ一致シテ誰一人ノ反對ガナクシテ、此十七號ノ案ト云フモノガ出來テ居ルノデアリマス(拍手起ル)今日ハ實ニ此反對ノ結果ヲ來シテ居ルノデアル、此案ノアルタメニ內地ノ米ガ僅カニ十一二圓、交通ノ便利ノ惡イ所デ十三四圓位デアル(「十圓ノ米モアリマスヨ」ト呼フ者アリ)サウデス、十圓位ノ米ガアルノデアリマス、然ルニモ拘ラズ、商工業者ノ方々ガ此案ノ當時ノ成立ヲ忘レテ反對ヲセラルト云フコトハ、實ニ商工業者ノ自我心ノ強キニ本員ハ驚カザルヲ得ヌノデアリマス、全體農民ハ辛抱強イモノデアリマス、此地租輕減ニ對シテモ唯一通ノ請願書ヲ出スノミデアッテ農民自ラ此帝都ニ澤山集ッテ來テ我儘ナ運動ヲスルヤウナコトハナイ、商工業ノ人ハドウデアルカ、商業會議所法ノ改正ノ運動ニ對シテモ、澤山上京ヲシテカラニ種々運動ヲ試ミテ居ルノデアル、吾々ハ實ニ商工業者ノ自我心ノ強イノニ驚クノデアリマス、願クハ此案ノ成立ニ反ッテカラニ、商工業者ハ大雅量ヲ以テ斯ノ如キ案ニハ反對セラレナイヤウニ私ハ希望スルノデアリマス(拍手起ル)

○議長(島田三郎君)　質問ノ通告ガアリマス――石橋爲之助君――質問ノ通告デス

(石橋爲之助君登壇)

○石橋爲之助君　諸君、本員ハ簡單ニ三箇條バカリノ質問ヲ致シタイノデアリマス、提案者ニ向ッテ質問ヲ致シタイノデアリマス(「モウ止セ〳〵」ト呼フ者アリ)此廢止サレントスル法律ハ、唯今申サレタ如ク私ノ提出致シマシタコトヲ兩院ニ於テ御贊同下サレタ結果、法律トナッタノデアリマス、故ニ當時ノ事情ヲ最モ能ク自分ハ承知シテ居ルノデアリマスガ、其通過シタ理由カラ考ヘテ見マシテモ、是ハ單ニ米價調節ト云フ一ノ目的バカリデハナカッタノデ、ソレ以外ニ朝鮮ノ開發ト云フコトガ重大ナル理由ノ一ツデアッタノデアリマス(拍手起ル)サウシテ此法律ヲ廢止セントスル理由ハ、單ニ此米價調節ト云フ一點バカリデアリマス、其當時米價調節ノミデナクシテ、朝鮮ノ開發ト云フコトヲ主タル理由トシテ、本院ニ於テ採用サレタ證據トシテハ、當時外米輸入税ノ全廢案モ一方ニ出タノデアリマス、併シ其方ハ否決サレテ、サウシテ此方ガ通過シタノデアリマスカラ、明ニ當時ノ事情ハ米價調節ト云フノミニアラズシテ、一方ニ更ニ重大ナル朝鮮ノ開發ト云フコトガ、目的ノ一ツデアルト云フコトハ承認サレテ居ルノデアリマス、サウ致シマスレバ此朝鮮ノ開發――富源ノ開發ト云フコトハ日本帝國ノ恆久的國策デアリマス、サウシテ一方ノ米價調節ト云フコトハ、米ノ價ノ高下ハ日々變化スルモノデアッテ、是ハ一時的ノ調節策卽チ彌縫策デアリマス、恆久的國策ト一時的ノ彌縫策ト何レガ重キカ輕キカ、卽チ本末ヲ何レヲ主トスベキモノデアルカト云フコトニ付テ、最モ茲ニ賢明ナル諸君ノ判斷ヲ煩ハサナケレバナラヌノデアリマス、故ニ其點ニ付テ何レヲ主トスルヤト云フコトヲ、提案者ニ質問シタイノデアリマス、ソレカラ之ヲ廢止致シマシタ結果、ドウ云フコトニナルカト云ヘバ、朝鮮ノ移入米ハ減ジマス、併ナガラ尙他ニ臺灣ト云フモノガアルノデアル、同ク植民地カラ入ッテ來ル所ノ米ガ日本ノ米價ヲ下落セシムルト云フヤウナ理由ヲ以テ、是ニ墻壁ヲ設ケント欲スルナラバ、何故ニ朝鮮ニ限ッテ墻壁ヲ設ケルノデアルカ、臺灣ニ向ッテハ何故ニ自由ニ開放シテ置クノデアルカ、左樣ナコトヲ致ス結果ハ朝鮮ノ方ハ移入ガ減少シテモ、又其代リニ臺灣カラ移入スルモノガ增加スルト云フコトニナッタナラバ、此法律案ノ理由ハ全ク其效ヲ成サナイコトニナッテシマフノデアル(拍手起ル)同ジ植民地ニ對シテ其待遇ノ厚薄、此點ニ付テ提案者ハ如何ニ考ヘテ居ルカト云フコトヲ承リタイノデアル、ソレカラ此法律案ヲ讀ンデ見マスルト、此法律其モノニ誠意アリヤ否ヤ、提案者ニ誠意アリヤ否ヤヲ私ハ疑ハザルヲ得ナイノデアル(「ノウ〳〵」ト呼フ者アリ)此附則ニ本法ノ施行期日ハ勅令ヲ以テ之ヲ定ム」トアル、若シ提案者ノ言フガ如ク米價調節ヲ一日モ早クシナケレバナラヌト云フ必要ニ迫ラレテ居ル法律デアルナラバ、何故ニ此議院ノ權能ニ屬スル範圍内ニ於テ此實施期限ヲ定メナイノデアルカ、政府ハ之ニ向ッテ絶對的反對ト云フコトデアル、絶對的反對デアルト云フ政府ニ向ッテ、施行期日ヲ定メルコトヲ委託スルト云フコトハ、自分ノ權能ヲ廢棄シテ、サウシテ此反對者ニ向ッテ何時デモ宜シイ、二年三年後デモ構ハナイト云フ意味ニ於テ、此法律ノ魂トモ見ルベキモノニ向ッテ、左樣ナ論理ノ矛盾シタ法案ヲ作ッテ居ルノデアリマス（「ノウ／＼」ト呼フ者アリ）其點ニ對シテ十分ナル辯明ヲ求メント欲ルノデアリマス（拍手起ル）

（「答辯ニ及バヌ」ト呼フ者アリ）

○齋藤宇一郎君　議長

○議長（島田三郎君）　齋藤宇一郎君

（齋藤宇一郎君登壇）

（拍手起ル）

○齋藤宇一郎君　時間モ切迫シテ居リマスカラ私ハ辯論ヲ好マヌノデアリマスカ、唯今石橋君カラ質問ガアリマシタカラ、提出者ノ一人トシテ責任上御答ヲ致シマス、石橋君モ此案ニハ贊成者トシテ署名ヲサレテ居ル御方デアリマスカラ（「誤リデアリマシタ取消マス」ト呼フ者アリ）ソレ等ノコトハ能ク御承知デアラウトハ思ッテ居リマスガ、御尋デアリマスカラ御答ヲ致シマス、何故斯ンナ臨時ノ彌縫的ノコトヲスルカ、是ガ第一ノ御問、是カラ御答ヲ致シマス、一體此案ヲ私共ガ提出致シマシタノハ、我國ノ產業政策ガ甚ダ矛盾シテ居ルト云フノガ根本ノ觀念デアリマス（「其通リ」ト呼フ者アリ）何故カト申シマスト云フト、朝鮮ノ開發々々ト云フコトヲ申シマシテ、是ガ朝鮮統治ノ根本策デアル故ニ、此案ニハ反對ナリト云フコトハ、隨分反對者ノ仰シヤルコトデ、唯今モ政府當局者ガサウ云フコトヲ申サレタノデアリマスガ、吾々ハ朝鮮ノ開發ヲ望ムコトハ、敢テ反對者及政府當局ニ讓ッテ居ラヌノデアリマス、併ナガラ此内地ノ農業ニ多大ナル壓迫ヲ與ヘルヤウナ政策ヲ執ッテマデモ、朝鮮ノ農業ヲ開發セシメナケレバナラヌト云フコトハ、絶對ニナイノデアリマス（拍手起ル）若シ斯ノ如キ矛盾ナル事ヲ發見シタル以上ハ、一日デモ早ク之ヲ改メテ、而シテソレ等ノ事ノ憂ノナキ時機ニ於テ、之ヲ改メルト云フコトハ何等差支ナイ（「ヒヤ／＼」ト呼フ者アリ）其事ニ就テハ唯今川崎君ガ述ベマシタカラ、總テノ稅制ノ整理ガ出來マシテ、朝鮮モ内地モ同ジ總テノ稅制ヲ行フ時機ニ至リマスレバ、無論是等ノコトハ改メナケレバナラヌコト、吾々モ信ジテ居リマス、第二ニ何故朝鮮ダケニ課シテ臺灣ニ課サナイカ、是モモウ少シ御調ニナッタラ分リマセウガ、臺灣ニハ日本ト同ジ關稅法ガ行レテ居ルノデアリマス、故ニ此方ニハ及ボサズ、朝鮮ノ方ニ斯ノ如キ方法ヲ設ケマシテ、内地ノ農業ト平均シタ負擔ヲ課シテ、サウシテ兩々相待ッテ進ミタイト云フ考デアリマス、ソレカラ立法ノ精神トモ云フベキ附則ニ、何故施行ノ期限ヲ定メナイカ、斯ウ云フ御問デアリマスルガ、是ハ此類ノ法案ハ此施行期限ヲ勅令ニ定メルト云フコトガ、最モ有利ナノデアリマス、何故カナラバ他ニ是マデモ例ノアリマシタ通リ、斯ウ云フ案ヲ出シマスト云フト、此米ノ價格ニ期限ガ明カニナッテ居リマスルト、餘リ鋭敏ニ影響ヲ致シマスカラシテ、其邊ハ機宜ニ適スル適當ノ或期限ヲ以テ實行スルト云フコトハ、吾々ハ餘程考慮シテ、斯ノ如キ附則ヲ設ケタノデアリマス（拍手起ル）尚私ハ前反對者田村君石橋君ノ御論ヲ拜聽致シマスルト云フト、殆ド之ニ對シテ攻撃ヲ致ス價値ハナイノデアリマス、唯一言石橋君モ田村君モ其立場ノ上カラ、其地盤ノ上カラ已ムヲ得ズサウ云フ御議論ヲ爲サルモノト私ハ同情ニ堪ヘヌノデアリマス、恐クハ其演説ガ其選擧區ニ響イタナラバ、或ハ失望スルダラウト思フノデアル（拍手起ル）何故カナラバ――何故カナラバ此先達來非常ニ米價ガ下落シテ、地方ガ貧弱ニナッテ――地方ガ貧弱ニナッテ、サウシテ地方ノ購買力ガ劣ッタ時ニ、此大都會ノ商工業者モ非常ニ困ッタ、モウ少シ農業ヲ開發シナケレバ――米價ヲ騰貴セシメテ、サウシテ地方ノ購買力ヲ高メナケレバ、此都會ノ經濟ガ維持ガ出來ヌト云フノデ、非常ニ都會ノ方デモ此米價調節ト云フコトノ必要ヲ認メテ大ニ絶叫シタコトハ、アナタ方モ御承知ノコトデアル、而シテ私共此米價調節ヲ唱ヘマスノハ決シテ何處マデモ高クスルト云フ意味デハアリマセヌ、適當ノ處ニ持ッテ行カウト云フノデアリマシテ、今日ノ九圓若クハ十圓デハ到底内地ノ農業ノ立行カナイト云フコトハ、皆サンノ御承知ノコトデアリマセウト思ヒマス、ドウゾ滿場ノ御贊成ヲ請ヒマス（拍手起ル）

（「贊成々々」ト呼フ者アリ）

○山口俊一君　本案ニ對シテ討論終結ノ動議ヲ提出致シマス

（「贊成々々」ノ聲起ル）

○議長（島田三郎君）　討論終結ノ動議ニ定規ノ贊成ガアルト認メマス、依テ之ヲ起立ニ諮ヒマス――討論終結ニ同意ノ諸君ハ起立ヲ請ヒマス

起立者　多數

○議長（島田三郎君）　多數、討論ハ終結致シマシタ、本案ニ就テハ井原百介君外二十四名ヨリ衆議院規則百二十七條ニ依テ記名投票ヲ以テ決スルト云フ請求ガアリマス

○議長（島田三郎君）　依テ記名投票ニ依テ採決致シマス――規則デハ左樣ナ譯デアリマス――二讀會ヲ開クベシト云フ諸君ハ白票、反對ノ諸君ハ青票――閉鎖

（「贊成々々」「反對々々」ト呼フ者アリ）

氏名點呼ヲ行ヒマス

（書記氏名ヲ點呼ス）

○議長（島田三郎君）　投票漏ハアリマセヌカ――投票漏ハナイト認メマス開鎖――開匣ヲ命ジマス

（書記官投票ノ數ヲ計算ス）

○議長（島田三郎君）　投票ノ結果ヲ書記官長ヨリ報告致サセマス

（岡崎書記官長朗讀）

投票總數　二百四十八

可トスルモノ　百十六

否トスルモノ　百三十二

（拍手起ル）

第一　大正二年度歳入歳出總決算及各特別會計歳入歳出決算

〔鹿島秀麿君登壇〕

〔拍手起ル〕

○鹿島秀麿君　諸君、大正二年度歳入歳出總決算及大正二年度各特別會計歳入歳出決算、之ニ就テ御報告ヲ致シマス、決算委員會ハ十數回開會ヲ致シマシテ、大體ノ質疑ノ後、各分科ニ於キマシテ詳細ナル取調ヲ致シマシタ結果ト致シマシテ、茲ニ御報告ヲ申上ゲルコトニ至リマシタ、大正二年度歳入歳出總決算中ニ於キマシテ、歳入ニ於テ不當ノ支出ナリト認メマシタモノガ二十四件、歳出ニ於テ不法ノ支出ト認メマシタモノガ八件、不當ノ支出ナリト認メマシタモノガ二十五件、官金ニ於テ不當ノ支出ナリト認メマシタモノガ一件、其他大正二年度特別會計歳入歳出決算中ニ於キマシテ、内務省所管朝鮮總督府ニ於キマシテモ、亦内務省所管臺灣總督府ニ於キマシテモ、内務省所管樺太廳ニ於キマシテモ、大藏省所管帝國鐵道院ニ於キマシテモ、陸軍省所管東京砲兵工廠ニ於キマシテモ、海軍省所管海軍工廠資金ニ於キマシテモ、文部省所管東京帝國大學ニ於キマシテモ、農商務省所管ノ製鐵所ニ於キマシテモ、不法又ハ不當ノ支出ナリト認メマシタモノガ一件若ハ數件アルノデアリマス、是ハ諸君ノ御手許ヘ配付ニナリマシタ、報告書ニ精ウゴザイマシテ、非常ナ冗長ナモノニナリマスカラ、唯今ソレダケヲ申上ゲテ詳細ナル如何ナル不當支出デアル、如何ナル不法支出デアルト云フ理由ハ、長キニ亙リマスカラシテ省略ヲ致シマス、ソレカラ明治四十五年度大正元年度ノ即チ既往年度ニ於キマシテモ、内務省所管ノ朝鮮總督府ニ於テ不當ノ支出ナリト認メマシタモノガ一件、大藏省所管帝國鐵道院ニ於テ不當ノ支出ナリト認メマシタモノ是亦一件アリマス、就中著シキモノヲ一ツ二ツ取扱キシテ、特ニ諸君ニ御報告ヲ致サンケレバナラヌ件ガアリマス、又御決議ヲ願ハンナラヌ件ガアルノデアリマス(「謹聽」ト呼フ者アリ)ソレハ内務省所管ノ中傳染病研究所ト云フ第五款ノ第三項、事業費ト云フ中ノ此傳染病研究所ノ支出ニ係ル三万ナニガシト云フ、此金額ハ此研究所ニ要シマスル牛、馬、羊ト云フモノ、養料、飼料ト致シマシテ要スル所ノ藁、燕麥、大麥、大豆是等ヲ數十万石買入レマス所ノ代金ガ其支拂――出入簿ト受拂簿ト合ッタノデアリマシテ、動物ノ數モ必ズ出入ノアルノニ拘ラズシテ、其飼養料ハ日々チヨットモ變ッテ居ラヌノデアル、甚ダ不當ナル支出デアルノデ、會計檢査院ニ於テモ甚シク其不當ト云フコトヲ申サレテアルノデアリマス、又分科會ニ於キマシテモ十分取調ベマシタケレドモ、愈々其不當支出ナルコトヲ認メタンデアリマス、同ク傳染病研究所ノ支出ノ中、此血淸液ヲ容レマス所ノ容器ノ代金、而シテ其血淸液ヲ運搬シマス所ノ運送賃、此二ツニ於テ同ク不正ノ支出ト認メタンデアリマシテ、是ハ入札ニ付セナケレバナラヌ規則デアルノニ、或者ト随意契約ヲ致シマシテ、而シテソレガ非常ニ高イノデアリマス、デ是ハ不當ノ支出ナリト認メタンデアリマス、傳染病研究所ノ支出ノ同ク馬ヲ九十三頭買入レタノデアリマスガ、此研究所ノ方ノ申スノデハ、一遍ニ買ッタト斯ウ言ウテ居ルノデアリマスガ、是ハ事實調ベヲ見マスルト、七頭若クハ八頭ヅヽ、數回ニ買ヒマシタモノデアル、買フタモノデアルノニモ拘ハラズ、一遍ニ買入レタモノト致シマシテ、其値段ノ如キモ甚ダ不當ニ高イノデアル、而シテ是等ノモノハヤハリ公入札デ買入レンナラヌ規則デアルノニモ拘ハラズ、随意契約ニ致シテ非常ナ高キトコロノ代價ヲ以テ、而モ數度ニ買入レタモノヲ一遍ニ買ッタヤウナコトニ装ウテ、甚ダ不都合ナル支出デアリマスト云フコトヲ認メタノデアリマス、尙同ジク傳染病研究所ノ支出ニ係ル牛乳獸肉肉類ヲ要シマス、ソレカラ蕪トカ大根ト云フ如キ物モ要スルノデアリマシテ、是ハ小サキ動物ヲ養フ飼料デアリマス、此買入ナレドモ公入札ニ致サズシテ、或者ト特約ジシテ非常ナ高キ値ヲ以テ買入レテ居ル、是モ不當ナル支出ト認メマス、又尙傳染病研究所ノ支出ニ係ル試驗用ノ――試驗ニ使ヒマストコロノ兎、鼠、「モルモット」ト云フ獸ノ名デアリマスガ(笑聲起ル)是等ノ物ヲ一万七千餘買入レマシタ代金モ、是モ傳票ト云フモノヲイロ〳〵直シテアッテ、檢査ヲ致シマスルト甚ダ正當支出ヲ缺イテ居ルノデ、之ヲ質シマスト云フト數万圓ノ不正支出タルヲ免レマセヌ、是ハ最モ著シキトコロノ一箇條デアリマス、今一箇條ハ諸君ガ疾ク御承知ノ世間デモヤカマシクナッテ居リマストコロノ、此興業銀行ヘ政府ガ殆ド六百万圓ニ近キトコロノ金ヲ興業銀行ノ困難ヲ救フト云フ名ノ下ニ、年二朱ノ廉キ金利ヲ以テ貸付ケタトコロノ事デアリマス、是ハドウ云フ形式ニ貸シテアルカト申シマスト、正金銀行ヨリ二百五十万圓、日本銀行ヨリ三百万圓、而シテ二朱ト云フ金利ヲ以テ貸シマシテ、九十日ノ期限デ貸付ケルト云フコトニナッテ居ル、併ナガラ其年限ヲ開キマスト大正十三年中マデハ貸スノデアリマス、サウスルト其二朱ノ金利ト六朱若クハ七朱ニ貸付ケルトコロノ金利トノ差金ヲ以テ、其興業銀行ノ損失六百万圓近キトコロノモノヲ填メルト云フコトノ趣向デアリマス、興業銀行ガ金山ニ無謀ノ金ヲ貸付ケタリ其ノ他ノ點ニ於キマシテ損ヲ致シマシタ、其興業銀行ヲ救フト云フタメニ政府ガ今申上ゲルヤウニ九十日ノ期限デ以テ、六百万圓ニ近キトコロノ金ヲ貸付ケマシテ、二朱デ貸付ケテ興業銀行ガソレ以上ノ即チ倍三倍ノ利息ニ貸シマシテ、其利鞘ト云フモノヲ以テ其六百万圓ノ金ヲ濟崩スヤウニシヤウト云フタメニハ大正十三年中掛ルノデアリマス、其約束デ貸シタノデアル、是ハ最モ不都合ナルトコロノ遣リ方デアリマシテ、最モ此官金ヲ不都合ニ支出シタルトコロノ著大ナルモノデアリマス、ソレ故ニ貴族院ニ於キマシテモ大ニ其不當ヲ咎メテ、不當決議ヲセラレテ居ルコトヲ承ッテ居リマスガ、當決算委員會ニ於キマシテモ政府ハイロ〳〵其間ノ事情ヲ述ベテ陳辯ヲ――陳情セラレマシタケレドモ、決シテ容ルヽニ足ラヌノデアリマス、甚ダ以テ不都合ナルモノデアリマス(「政友會ノ時代デス、ソレハ」ト呼フ者アリ)故ニ之ニ對シマシテ決議ヲ爲サウト存ジテ、決算委員會ハ決議ヲ致シマシタ(「ヒヤ〳〵」ト呼フ者アリ)之ヲ唯今申上ゲマス

「決議、政府ハ明治二十三年法律第二十一號ニ依リ預金局預金ヲ以テ更ニ充當スルヲ辭柄トナシ明治二十七年法律第十六號ヲ適用シ國庫金ヲ以テ興業銀行ニ貸付セシハ明ニ不當ノ甚ダシキモノナリト認ム」(拍手起ル)尙ソレデ滿足ガ出來マセヌカラ附帶條件ト云フモノヲモ決議致シマシタ「政府ハ興業銀行ニ貸付セル金五百八十五万四千八百三十三圓二十五錢四厘ヲ同行ヲシテ返還セシムヘシ若シ事情不可能トスレハ政府ハ豫算ヲ以テ帝國議會ノ協贊ヲ經ルト同時ニ利子ノ歩合ヲ相當ニ改正スルハ勿論可成速ニ同行ヲシテ整理ノ實ヲ擧ケシメ返還年限ヲ短縮スヘシ」(拍手起ル)尙其外ニ諸君ニ特ニ御同意ヲ得タイ點ハ、由來此決算ニ對シマシテハ、ドウモ其豫算案ニ比シテハ輕視スルト云フ譯モゴザイマスマイガ、何トナク氣拔ケノシタヤウナ事ガ免レヌ、英國ノ如キハ此豫算ト決算ノ必要ハ同ジ分量デアッテ、殆ド車ノ兩輪ノ如キモノデ、之ニ甲乙ノ輕重ノナキヲ認メテ居ルタメニ、豫算委員ト云フモノ、中ニ決算委員ガ半分入ッテ居ル、決算委員ヲレタモノガ――決算委員ト云フモノト豫算委員トマルデ離レテ居ルト云フコトガナクシテ、決算委員ノ半分ハ豫算委員中ヨリ兼務ヲスルト云フコトニ相成ッテ居ル、是ハ即チ決算ト云フモノヲ見テ、決算ヲ程好ク正當ニヤラヌノデアッタナラバ、豫算ヲ何ホヤカマシク云フテ與ヘタトコロガ駄目デアル、故ニ此決算ヲ正シク、即チ此ノ支出ヲ正シクヤルカヤラナイカト云フコトヲ見ルニハ、決算ニアリマスカラ、決算ヲ能ク見テ而シテ豫

算ニ協賛ヲ與ヘルト云フコトニナラネバ、何程ヤカマシク云ウテ置イテモ、決算ハ其儘ニ看過シテ置クト云フ制ヲ作ッテ置キマシタナラバ、笊ニ水ヲ入レルヤウナモノデアリマス、豆ヲ入レルヤウナモノデ脱ケテシマッテ、チヨットモ何ノ效モ爲サヌト思ヒマス、故ニ是非共モウ少シク決算ニ對シテ重キヲ措クヤウニシタイト云フノガ一ツ、ソレカラソレニ近ヅク爲ニ斯樣ナ決議ヲ致シマシタ、今日迄ハ決算ナルモノハ前々年度ノ即チ歲計ヲ正當ナリヤ否ヤヲ調ベルノデアリマス、即チ今此壇ニ上ッテ御報告申上ゲテ居リマスルトコロノモノハ、何時ノ年度ノモノカト云フト、申上ゲル迄モナク前々年度、即チ大正二年度ニ出來タコトヲ申上ゲルノデ、唯今申上ゲタル興業銀行ノ不都合ノ如キ、又傳染病研究所ノ不都合ノ如キ、ドウモ二年モ前ノ事デアリマスカラドウ攻メルニ困ル、隔靴ノ嘆ナキヲ得マセヌカラ、ソレ故ニ吾々ハ斯樣ニ決議ヲ致シマシタ、前年度ノ決算ヲ提出スルヤウニシタイト云フ、是ニ付キマシテハ伴フトコロノ經費モ幾ラカ要ルヤウデアリマス、容易ナラヌ事トモ存ゼヌデハナイノデアリマスケレドモ、是非前年度ノ決算ヲ提出スルヤウニシタイ「決算報告ハ前々年度ノ決算ニ係ルモ、之ヲ短縮シテ前年度ノ決算ニ改ムルヲ適當ト認ム、依ッテ政府ハ次年度ヨリ之ヲ實行セムコトヲ望ム」是ハ希望決議デゴザイマス、以上申上ゲルトコロノ點ニ、願クハ御賛同下サレムコトヲ望ミマス

第二十五　金玉均表彰ニ關スル建議案（小林勝民君外四名提出）（委員長報告）

○小林勝民君　私ハ委員長デハアリマセヌ

○議長（島田三郎君）　通告ハ小林君ニナッテ居リマス——渡邊君

○渡邊新太郎君　簡單デゴザイマスカラ此席カラ申上ゲマス、本案ハ委員會ニ於キマシテ愼重審議ノ上全會一致ヲ以テ可決致シマシタ、ドウカ御賛成アランコトヲ願ヒマス

（「賛成々々」ノ聲起ル）

○議長（島田三郎君）　御異議ガ無イト認メマシテ委員長ノ報告通リ決シマス、日程第二十六ヨリ二十八ニ至ル三案ハ同一委員ニ付託シタモノデアリマス、一括シテ議題ト爲スニ御異議ハアリマセヌカ

（「異議ナシ異議ナシ」ノ聲起ル）

第三十七　殖民省設置ニ關スル建議案（櫻井兵五郎君外一名提出）（委員長報告）

（小西和君登壇）

（「簡單」ト呼フ者アリ）

○小西和君　殖民省設置ニ關スル建議案委員會ノ經過ヲ御報告申シマス、先ツ政府當局者ノ出席ヲ求メマシテイロ〳〵質問モ致シ意見モ聽キマシタ、內務大臣及外務大臣ハ此問題ノ大體ニ就テ同意デアル、併ナガラ是ハ單ニ理想若クハ希望ニ止マルノデアッテ、差當リ之ヲ現實ニスルト云フ考ハナイ、但シ是ハ政府トシテノ意見デナイ、單ニ內務大臣若クハ外務大臣トシテノ意見デアル、政府トシテノ意見ハ是ハ他ノ者ニ聽イテ與レト云フヤウナ意味デアリマシタ、ソコデ總理大臣ノ出席ヲ求メマシタケレドモ、イロ〳〵差支ガアラレテ出席ガアリマセヌデシタ、此ニ於テ總理大臣ノ――ツマリ政府ノ意見ヲ確メズシテ委員會ニ於テハ決ヲ採リマシタ、ソウシタ所ガ三ニ對スル五ヲ以テ委員會ハ通過ヲ致シタノデアリマス、之ニ對シテ兒玉君外兩君ヨリ少數意見ノ申立ガゴザイマシタ、此段御報告申シマス

○橫田千之助君　此建議案ニ對スル政府ノ所見ガ未ダ分ッテ居リマセヌガ、此席ニ列セラル、藤澤參政官ニ於テ、委員會ノ終ッタ後ニ、政府ノ意思ヲ御取調ニナッタナラバ此處デ明白ニ表明ヲ願ヒタイ

○議長（島田三郎君）　藤澤君ハ此事ニ與ラヌト承ッテ居リマス

（「誰方カアリマセヌカ」ト呼フ者アリ）

○伊東知也君　今藤澤參政官ガ關係ガ無イト云フコトデゴザイマスガ、誰方カ御分リニナル人ヲ出席ヲ願ッテ御說明ヲ願ヒマス、餘程重大ナル案ト私ハ考ヘマス

（「質問ノ要ナシ」「後廻シ」「後廻シハイカヌ」ト呼フ者アリ）

○議長（島田三郎君）　御諮リヲ致シマス、唯今議員ノ希望ヲアチラニ申シ通ジテアリマスガ、其間ニ少數意見ガ出テ居リマスカラ、時間ヲ利用スル爲メニ少數意見者ノ發議ヲ求メテ差支ナイト思ヒマス、兒玉君、古谷君、萬代君、三名デスガ誰方カ少數意見ノ說明ヲナサレマスカ

○古谷久綱君　議長

○議長（島田三郎君）　古谷久綱君

（古谷久綱君登壇）

（拍手起ル）

○古谷久綱君　本案ニ對シマシテハ提出者カラ提出ノ理由トシテ二ツ御出シニナッタノデアリマス、第一ハ殖民省ヲ設置シテ移民ノ奬勵ヲシタイト云フノガ一ツデアリマス、第二ハ各植民地ニ於ケル行政上ノ統一ヲ計リタイト云フノガ一ツノ理由ニナッテ居リマス、ソレデ第一ノ理由デアリマストコロノ移民奬勵ト申シマスルコトニ付キマシテハ、必シモ殖民省ヲ新タニ拵ヘナクテモ、唯今ノ外務省ガ其方針デ骨ヲ折レバ結構デアルト吾々ハ考ヘマシタノデゴザイマス、ソレカラ第二ノ理由デアリマストコロノ行政上ノ統一ト云フコトハ、是ハ理想トシテハ誠ニ結構デアルカモ存ジマセヌケレドモ、唯今ノ實情ヲ見マスルト、臺灣ナリ朝鮮ナリ文武ノ權ヲ統ベルトコロノ總督ヲ置イテ、總テノ立法行政ヲ委任シテ、サウシテ殆ド生殺與奪ノ權マデ與ヘテ居ル位ナコトデアリマスカラ、斯ノ如キ非常ノ權力ヲ有ッテ居ルトコロノ植民地ト申シマスルカ、新領土ト申シマスルカ、兎ニ角サウ云フトコロヲ治メテ居ル斯ノ如キ者ノ上ニ、コチラニ殖民省ヲ一ツ拵ヘマシタトコロデ、到底是ハ尾大振ハズデ、事實殖民省ヲ拵ヘヤウト云フ此提出者ノ目的ヲ達スルコトハ出來マイカト斯ウ考ヘタノデアリマス、ソレデ左樣ナ次第デゴザイマスルノデ、私共ハ寧ロ是ハ理想トシテ結構カモ知レマセヌケレドモ、實際ハ之ヲ採用スベキモノニアラズト考ヘタノデアリマス

○議長（島田三郎君）　通告ガアリマス、櫻井兵五郎君

（「贊成々々」ト呼フ者アリ）

（櫻井兵五郎君登壇）

○櫻井兵五郎君　唯今古谷君ヨリ少數意見ヲ代表セラレマシテ御演說ガアリマシタガ、謹ンデ拜聽ヲ致シマシタ、併ナガラ其反對ノ御理由ニハ遺憾ナガラ同意ヲスルコトハ出來ナイ、第一ニ私ガ本案ヲ提出シタ趣旨ハ、移民ヲ奬勵スル爲メデアル、斯樣ニ申サレマシタガソレノミデハ少シ言葉ガ足ラナイノデアリマス、我國ニハ既ニ植民地ガアリ、殖民行政ノ事實ガアルケレドモ直ニ國家トシテ其殖民政策ノ根本義ガ確立シテ居ラナイノミナラズ、此移民ニ對シテノ積極方針ト云フモノガ立ッテ居ナイ、積極的ニ此移民ヲシナケレバナラヌ、而シテ國家トシテ其殖民政策ヲ根本的ニ確立ヲシナケレバナラヌ、是ニハ現在ノヤウナ部分々々總督政治ノミニ放任シテ置イテハ、彼等ハ自己ノ範圍內ニ付テハ詳シイ事マデモ研究ハ致シテ居リマセウケレドモ、國家全體ノ殖民政策ニ付テ彼等ハ頭ヲ働カスト云フコトハ不可能デアル、故ニ中央機關ヲ置カナケレバナラヌ、斯樣ニ申ス趣旨デアリマス、詳シキコトハ既ニ本案提出ノ際竝ニ委員會ニ於テ述ベタ次第デアリマスカラ此處ニハ略シマスガ、兎ニ角此一事ヲ以テスルモ、卽チ歐羅巴ヨリ此世界戰爭ノ以前ニ於テハ、米國ニ對シテスラ七八十万ノ移民ガ行ッテ居ッタ、然ルニ此歐羅巴ノ戰爭ノ爲ニ現在ハ左樣ニ移民ハ行カナイデアラウト思フノミナラズ、戰爭ガ濟ミマシテモ澤山ノ壯丁ヲ殺レタ結果トシテ、餘程此歐羅巴カラ行ッタトコロノ移民ノ如キモ、米國竝ニ其他世界ノ各地ニ向ッテ變化ヲ見ルコトデアルト斯樣ニ考ヘテ居ルノデアリマスガ、我國ハ米國等ニ對シテハ此移民ニ對シテ排斥ヲ受ケタ、併ナガラ物ハ需用供給ノ必要ノ結果ニ依ッテ事情ヲ變化セシムルコトガ出來ル、如何ニ米國ニ於テ日本人ノ移民ヲ排斥スルト雖モ、彼等ハ與ニ其必要ヲ感ズルコト愈々切ニ至レバ、彼等ハ其事情ヲ變ズルニ遑ヒナイト思フ、茲ニ是ハ外交ノ大ニ手心ヲ加フベキトコロデアラウト思フノデアリマス、兎ニ角吾々ハ現狀ノ如ク年々六十万以上ノ人口ノ增加ヲ見ツヽアルニ拘ラズ、五万カ六万シカノ本土以外ノ移住者ヲ見ナイ、斯ノ如キ狀態デアッテハ直ニ吾々ハ此內地ニ於テ生活上ノ壓迫ヲ感ゼザルヲ得ナイ、之ニ對シテドウシテモ考ヘナケレバ非常ニ由々シキ大事ガ起ル、其大事トハ所謂死亡率ガ殖ヘテ出產率ガ減ズルト云フ人口減少ノ結果ヲ見ルカラ、此點ガ非常ニ憂慮ニ堪ヘヌノデアリマス、是ガ積極政策ヲ殖民省ニ於テ立テナケレバナラヌ第一ノ主張デアル、ソレカラ殖民行政ヲ統一スルト云フコトハ、現狀ノ如ク總督ノ大ナル權限ノ下ニ出來ナイト仰セラレマシタガ、ソレハ無論ノコトデアリマス、ソレ故ニ總督ノ官制ハ無論變ヘナケレバナリマセヌ、サウシテ又殖民行政ニ經驗ノアルヤウナ適當ナ人物ガアッタナラバ、其人ヲ殖民大臣ニ擧ゲテ、サウシテ其人ガ指揮命令スルヲ得ルト云フヤリ方ニシヤウト云フノガ、本案提出ノ趣旨デアリマスカラ、其點ハ決シテ御心配ニ及バナイト考ヘテ居リマス、簡單ニ反對ノ意見ヲ述ベマス（拍手起ル）

○議長（島田三郎君）　橫田君ノ請求ニナッタ政府ノ之ニ與ッテ居ラレル委員ガ參ラレルト云フコトデアリマス、暫ク決議ヲ待チマス……高橋政府委員

（政府委員法學博士高橋作衞君登壇）

（「聽ク必要ナシ」ト呼フ者アリ）

○政府委員（法學博士高橋作衞君）　唯今ノ殖民省設置ノ建議ニ對スル政府ノ意見ヲ申述ベマス、內閣ニ於キマシテハ、目下ノ處殖民省ヲ新タニ設置スルト云フコトノ議ガ熟シテ居リマセヌト云フコトヲ御答致シマス

（伊東知也君登壇）

○伊東知也君　私ハ本問題ニ付テ贊成ノ意見ヲ述ベタイト思ヒマス、唯今ノ政府委員ノ御答辯ノ如キモノガ、卽チ本建議案ノ必要ナル所以デアリマス、高橋法制局長官デアリマスルカ、政府委員デアリマスルカ知ラヌガ（笑聲起ル）如何ニ目前ニアル所ノ滿洲地方ニ於ケル我ガ行政軍事ノ統一ヲ缺イテ居ルカト云フコトニ、御氣付キガアルカドウカト云フコトヲ疑ハザルヲ得ナイ、殖民奬勵ノコトモ大切デゴザイマセウガ、目睫ノ間ニ迫ッテ居ル滿洲ノ三頭政治、卽チ外務省、滿鐵會社、都督府、此三ツノモノガ相爭ッテ殆ド權力ノ爭奪ノヤウナコトヲヤッテ居ル爲ニ、滿洲ニ於ケル所ノ利權ヲ手ニ入レルコトモ、我國威ヲ發揮スルコトモ事々物々蹉跌ヲ來シテ居ルヤウナコトハ、一歩彼ノ地ニ渡ッタ人ノ何人ト雖モ認ムル所デアリマス、ドウシテモ先ヅ少ナクトモ滿洲ノ行政統一ノ如キハ目前ノ急ト言ハナケレバナリマセヌ（「ヒヤヒヤ」ト呼フ者アリ）ノミナラズ之ニ加ヘテ朝鮮總督府ナド、云フモノモ、ソレト一緒ニシテ殖民省ト云フモノ、下ニ統一シタナラバ、非常ナ我海外發展ノ基礎ヲ作ルコトガ出來ルダラウト思フ、況ヤ臺灣ニ於テオヤ、之ニ加フルニ殖民奬勵其他ノコトヲスルガ爲ニ一省ヲ設ケルト云フコトハ、私ハ現在ノ我國ノ國勢ニ鑑ミテ必要ノコトデアルト思フノデアリマス、現ニ政府委員ノ先日ノ委員會ニ於ケル說明ヲ私ハ傍聽シテ居リマシタガ、彼等ノ理由トスル所ハ此前ニ拓殖務省ト云フモノヲ置イタガ、ソレガ一向役ニ立タナカッタトカ、之ニ懲リテ今度ハ殖民局ト云フモノニシテヤッタガ、是モ餘リ役ニ立タナカッタナドト云フヤウナ十年以前二十年以前ノ物、現在ノ國力ト相伴ハザル時代ノモノヲ取ッテ來テ、ヤハリ同ジヤウナコトヲ以テ之ヲ說明セントスルニ至ッテハ、其海外ノ事情ニ迂ナルコトヲ呆レ返ラザルヲ得ヌノデアリマス、從ッテ內閣ニ於テハ未ダ左樣ノ意思ガアリマセヌト云フ位ナ簡單ナル答辯ヲ以テ、此重大ナル問題ヲ排シ去ラントスルニ至ッテハ、不忠實ト言ハウカ不熱心ト言ハウカ、私ハ呆レ返ラザルヲ得ナイノデアル、諸君、冷靜ニ御判斷ヲ願ヒマス、此問題ハ或ハ政友會ノ諸君ハ反對サレルガ、斯ノ如キ支那問題、或ハ海外問題ト云フモノハ願クハ黨派的關係以外ニ超脫シテ、互ニヤッテ戴キタイト思フノデアリマス、現ニ昨日ノ如キモ支那問題ニ對シテ各黨各派ノ諸君ガ皆寄ッテ、我ガ國論一致ノ勢ヲ作ッタヤウデアリマスカラ、此問題ノ如キモヤハリサウ云フヤウナ工合ニ是非滿場一致ヲ以テ通過シテ、政府ノ反省ヲ促シテ、是非早ク殖民省ナルモノヲ作ッテ此行政軍事ノ統一ヲ圖リ益々海外ニ向ッテ、我國力ノ發展ヲ期セラレムコトヲ私ハ切ニ諸君ニ向ッテ希望スル所デアリマス（「國民黨ハ如何」ト呼フ者アリ）國民黨ノ意見ハドウデアルカ私ハ知リマセヌ、私、伊東知也一個人トシテ縱シヤ除名サレテモ此問題ニハ贊成スルノデアリマス（拍手起ル）

○議長（島田三郎君）　議ガ盡キタト認メマス、本案ニ付テ可否ノ決ヲ採リマス、委員長ノ報告ニ贊成ノ諸君ノ起立ヲ請ヒマス

起立者　少數

特別報告第百九十六號

請願文書表第一九三三號

大豆關税撤廢ノ請願　香川縣小豆郡安田村甲七番地小豆島醬油製造同業組合長藤岡貞治外五名呈出（紹介議員前川虎造君）

同　第一九三四號

同上　和歌山縣有田郡廣村大字廣千百五十一番地　平民醬油醸造業玄後市郎兵衛　外四名呈出（紹介議員前川虎造君）

同　第一九三五號

同上　岐阜縣稻葉郡長良村大字長良三十八番戸　醬油醸造業川出金三右衛門外四名呈出（紹介議員前川虎造君）

同　第一九三六號

同上　和歌山縣伊都郡富貴村大字東富貴九十六番地平民凍豆腐製造業上中居清五郎外七名呈出（紹介議員前川虎造君）

同　第一九三七號

同上　和歌山縣伊都郡九度山村大字九度山千四百九十三番地平民凍豆腐製造業妹脊卯之助外三名呈出（紹介議員前川虎造君）

同　第一九三八號

同上　和歌山縣伊都郡山田村大字山田七百六十三番地平民凍豆腐製造業奥又六外九十八名呈出（紹介議員前川虎造君）

同　第一九三九號

同上　岡山縣兒島郡鉾立村大字番田　千二百四十三番地　平民醬油醸造業　近藤敬次郎　外四名呈出（紹介議員前川虎造君）

同　第一九四〇號

同上　愛知縣渥美郡田原町大字田原丁百十三番戸東三醬油同業　組合組長山内元平呈出（紹介議員前川虎造君）

同　第一九四一號

同上　奈良縣吉野郡野迫川村大字中六十七番地平民　凍豆腐製造業辻田晃三郎　外六十九名呈出（紹介議員中山梅治郎君）

同　第一九四二號

同上　奈良縣山邊郡針ヶ別所村大字荻六十八番地平民凍豆腐製造業　中辻鶴松外百七名呈出（紹介議員中山梅治郎君）

同　第一九四三號

同上　兵庫縣多可郡野間谷村大字貴船三十四番地平民凍豆腐製造業門脇儀三郎外百五十七名呈出（紹介議員野添宗三君）

同　第一九四四號

同上　兵庫縣多紀郡今田村大字黒石三十番地平民凍豆腐製造業　大前藤三郎外十八名呈出（紹介議員野添宗三君）

同　第一九四五號

同上　德島縣麻植郡川田村九百十一番地平民　凍豆腐製造業高見文三郎外十名呈出（紹介議員野添宗三君）

右請願ノ要旨ハ曩ニ政府ハ外米ノ輸入税ヲ撤廢シ以テ米價ヲ低廉ナラシメ生計費ノ輕減ヲ計リタルニ拘ラス等シク日常必須ノ食料品タル大豆ニ對シテハ關税ヲ撤廢セサルヲ以テ價格ハ逐年騰貴シ米價トノ均衡ヲ失スルノミナラス食料品トシテ加工スル場合ニハ更ニ重税ヲ課セラレ當業者ノ苦痛甚シ殊ニ我カ領土朝鮮國ノ大豆ニ關税ヲ課スルカ如キハ寛苛輕重其ノ當ヲ得サルモノアリ依テ大豆ノ關税ハ之ヲ撤廢セラレタシト謂フニ在リ衆議院ハ其ノ趣旨ヲ至當ナリト認メ之ヲ採擇スヘキモノト議決セリ依テ議院法第六十五條ニ依リ別冊及御送付候也

特別報告第百九十七號

請願文書表第一一八〇號

米糠移輸入税免除ノ請願　朝鮮仁川府本町二丁目平民精米業奥田貞次郎外四十七名呈出（紹介議員黒須龍太郎君）

右請願ノ要旨ハ近時農業ノ進歩ニ伴ヒ肥料用米糠ノ需要年次増加シ其ノ移入輸入ヲ必要トスルニ至レリ然ルニ曩ニ關税改正ノ結果米糠ハ課税品ト爲リタル爲内地品トノ價格ニ權衡ヲ失シ取引上常ニ困難ヲ來セリ然ルニ其ノ税額ハ僅僅年二三萬圓ニ過キサルヲ以テ米糠業竝農業ヲ保護スル爲朝鮮支那及露國ヨリ移入輸入スル米糠ニ對シ其ノ關税ヲ免除セラレタシト謂フニ在リ

衆議院ハ其ノ趣旨ヲ至當ナリト認メ之ヲ採擇スヘキモノト議決セリ依テ議院法第六十五條ニ依リ別冊及御送付候也

特別報告第百九十九號

請願文書表第一九一一號

日露戰役ニ因ル被害者救恤ノ請願　朝鮮咸鏡南道元山府元山春日町八番地平民貿易商太田悅三外八名呈出（紹介議員金尾稜嚴君）

右請願ノ要旨ハ請願者ハ日露戰役ニ際シ朝鮮咸鏡北道城津在留中敵兵ノ爲ニ財産全部ヲ燒燬セラレ爾來衣食ニ窮スルノ悲境ニ在ルヲ以テ事情憫察ノ上救恤セラレタシト謂フニ在リ

衆議院ハ其ノ趣旨ヲ至當ナリト認メ之ヲ採擇スヘキモノト議決セリ依テ議院法第六十五條ニ依リ別冊及御送付候也

特別報告第二百三十四號

請願文書表第二四七七號

舊韓國ニ於ケル身體及財産ノ侵害ニ對スル被害救恤ノ請願　北海道釧路郡釧路町大字幣舞町二丁目十二番地平民巖米村ツチ外一名呈出（紹介議員上埜安太郎君）

右請願ノ要旨ハ亡米村仁一及其ノ家族ハ舊韓國在住中明治三十七年十一月八日夜半故ナクシテ數十名ノ韓國人ニ襲ハレ仁一ハ即死シ妻ツチハ負傷シ財産ハ掠奪セラレ剩サヘ家屋ハ燒盡セラレタル爲十萬餘圓ノ損害ヲ被リタルモ其ノ後損害ノ賠償ヲ請求スルニ至ラスシテ韓國ハ併合セラレタリ依テ前記遺族ニ對シ被害救恤ノ途ヲ講セラレタシト謂フニ在リ

衆議院ハ其ノ趣旨ヲ至當ナリト認メ之ヲ採擇スヘキモノト議決セリ依テ議院法第六十五條ニ依リ別冊及御送付候也

特別報告第二百三十五號

請願文書表第二四七九號

大豆關稅撤廢ノ請願　大阪府南河内郡千早村大字千早二十三番地平民凍豆腐製造業田中啓永外三十名呈出（紹介議員井原百介君）

同　第二四八〇號

同上　大阪府南河内郡三日市村大字小塩第四十三番屋敷平民凍豆腐製造業井谷貫衛門外十一名呈出（紹介議員井原百介君）

同　第二四八一號

同上　大阪府南河内郡川上村大字鳩原二百二十二番地平民凍豆腐製造業中谷吉五郎外九名呈出（紹介議員井原百介君）

右請願ノ要旨ハ曩ニ政府ハ外米ノ輸入稅ヲ撤廢シ以テ米價ヲ低廉ナラシメ生計費ノ輕減ヲ計リタルニ拘ラス苟シクモ日常必須ノ食料品タル大豆ニ對シテハ關稅ヲ撤廢セサルヲ以テ價格ハ逐年騰貴シ米價トノ均衡ヲ失スルノミナラス食料品トシテ加工スル場合ニハ更ニ重稅ヲ課セラレ當業者ノ苦痛甚シ殊ニ我カ領土朝鮮產ノ大豆ニ關稅ヲ課スルカ如キハ寛苛輕重其ノ當ヲ得サルモノアリ依テ大豆ノ關稅ハ之ヲ撤廢セラレタシト謂フニ在リ

衆議院ハ其ノ趣旨ヲ至當ナリト認メ之ヲ採擇スヘキモノト議決セリ依テ議院法第六十五條ニ依リ別冊及御送付候也

（國務大臣勝田主計君登壇）

○國務大臣（勝田主計君）　諸君、私ハ茲ニ大正六年度歳計豫算ヲ諸君ニ御紹介致シマス光榮ヲ有シマス、大正六年度總豫算ニ計上スルトコロノ歳入ハ、經常部ニ屬スルモノ五億四千九百八十万五千三百九十二圓、臨時部ニ屬スルモノ五千四百二十五万四千四百七十六圓、合計六億四百五万九千八百六十八圓デアリマス、其歳出ニ屬シテ居リマスモノハ、中、經常部ニ屬シマスモノガ四億三千九百三十一万八千六百七十三圓デアリマシテ、臨時部ニ屬シテ居リマスルモノガ一億六千四百七十四万千百九十五圓デアリマス、此合計ガ六億四百五万九千八百六十八圓ニナッテ居リマス、故ニ經常歳入ヲ以チマシテ經常歳出ニ比較致シマスルト、一億千四十八万六千七百十九圓ノ歳入超過トナルノ計算デアリマス、歳入ノ比較ヲ致シテ見マスルト、大正六年度歳入ヲ以チマシテ之ヲ前年度豫算ニ比較致シテ見マスルニ、先ヅ經常部ニ於キマシテ酒税關税及砂糖消費税等ニ於キマシテ、收入ノ減少ヲ致シタモノガアリマシタケレドモガ、曩ニ時局ノ爲メニ受ケマレタ一般經濟界ノ打撃ハ、既ニ漸次緩和ヲ見ルニ至リマシテ、隨テ所得税、營業税、織物消費税、取引所税及印紙收入等ニ於マレテ増加ヲ見マシタ爲メ、租税及印紙收入ニ於キマシテ差引九百二十七万二千五百五十八圓ヲ増加致シマシタ、官業及官有財產收入ニ於キマンテハ、砲兵工廠益金及製鐵所益金ノ減少ヲ致シタモノガアリマシタガ、郵便電信電話收入及森林收入等ニ於キマシテ増加ヲ致シマシタ結果、差引三百五十六万八千五百四十圓ヲ増加致シマシタ、又預金特別會計繰入、朝鮮總督府竝臺灣總督府各特別會計繰入及雜收入ニ於キマシテ、合計五百十七万千百四十二圓ヲ増加シマシタニ依リマシテ、經常部全體ニ於キマシテ千八百一万二千二百四十圓ノ増加ヲ示シマシタ、臨時部ニアリマシテハ朝鮮總督府公債支辨事業費ニ對シマシテ、前年度ニ於キマシテハ其資金ヲ一般會計ヨリ貸付ケマシタガ、本年度ニ於キマシテハ之ヲ公債支辨ニ移シマシタコト、又臺灣總督府公債支辨事業費ノ増加致シマシタ爲メニ、公債募集金ニ於キマシテ千四百八十八万九百六十三圓ヲ増加致シマシタ、地方分擔納付金、港灣修築費納付金、森林資金繰入及利子收入等ニ於キマシテ、七百万七千四百九十二圓ヲ増加致シマシタガ、山東鐵道收入及軍需品受託製造收入ハ時局ノ關係ニ基クモノデアリマスカラ、之ヲ追加豫算ニ計上致シマシタガ爲メニ、千八百六十万二千九百五十圓ヲ減少致シマシタ、特別會計資金繰入及借入金ニ於キマシテ、本年度ニ於キマシテハ其必要ナキガ爲メニ八百万圓ヲ減少致シマシタ、他前年度繰入金及官有物拂下代等ノ減少致シマシタモノガアリマス爲メニ、千十七万六千二百七十四圓ヲ減少致シマシタカラ、差引臨時歳入全體ニ於キマシテ千四百八十九万七百六十九圓ヲ減少致シマシタ、結局經常臨時ヲ併セマシテ歳入總額ニ於キマシテ三百十二万千四百七十一圓ヲ増加致シマシタ、次ニ歳出ノ比較ヲ致シテ見マスルト、大正六年度ノ歳出ヲ以チマシテ前年度ノ豫算ニ比較致シテ見マスルニ經常部ニ於キマシテハ貨幣交換差金及年金等ニ於キマシテ、三百三十九万七千六百三十圓ヲ減少致シマシタガ、國債ノ償還額ハ其借換ニ關スルモノヲ除キマシテ、之ヲ五千万圓ニ復舊致シマシタコト、、朝鮮總督府竝ニ臺灣總督府各特別會計ノ負擔ニ屬スル繰入額ノ増加致シマシタ爲ニ、國債整理基金繰入ニ於キマシテ二千九十四万七千二百五十八圓ヲ増加致シマシタ、既往ニ於キマスル歳計ノ實蹟ニ鑑ミマシテ、國庫豫備金ノ増加ヲ要スルガ爲メ五百万圓ヲ増加致シマシタ、又新艦艇ノ建造ニ伴ヒマシテ、是ガ經費ト致シマシテ海軍軍事費ニ於キマシテ三百万圓ヲ増加致シマシタ、外ニ預金利子及手數料ニ於テ四百十万二千三百四圓、諸拂戻金ニ於テ百八十二万八千二圓、海外信支拂金ニ於キマシテ百四十一万三千七百十四圓、恩給ニ於キマシテ百五万四千七百十九圓ヲ増加致シマシタ、其他支那ニ於ケル領事館ノ増設、內地產業ノ指導奬勵、軍備ノ充實、裁判所ノ復舊、教育機關ノ完備及通信事業ノ整備等ニ關シマス經費ニ於キマシテ、七百六十一万三千六百九十七圓ヲ増加致シマシタニ依リマシテ、差引四千百五十六万二千六十四圓ヲ増加致シマシタ、臨時部ノ方ヲ申上ゲマスト、海軍軍備補充費ニ於キマシテ本年度以降七箇年度間ニ亙リマシテ、總額二億六千六十四万千七百九十三圓ヲ追加スルノ計畫ヲ定メマシタ、其本年度ニ於テ要スルトコロノ金額千四百三十二万九千二百八圓ヲ追加致シマシタ、朝鮮總督府公債支辨事業費ノ財源ヲ公債募集金ニ移シマシタ爲ニ、朝鮮事業公債金繰入ニ於テ千三百七万九百六十三圓ヲ増加致シマシタ、又製鐵所第三期擴張ノ完成年限ヲ短縮致シマシタ爲メニ、之ニ要シマスル年割額百三十八万五千四百五十圓ヲ増加致シマシタ、朝鮮ニ兵器製造所ヲ新設致シマスル爲ニ、之ニ要スル總費額四百万圓ノ中其本年度年割額三百万圓ヲ増加致シマシタ、此外北海道拓殖費百九万三千十八圓、電話交換擴張費追加一二百五十万圓、造船奬勵費三百四十万九千二百八十圓ヲ増加致シマシタ、其他國運ノ伸張經濟ノ發展ニ資スベキ諸般ノ施設ヲ爲スガタメ、必要ナル經費千百八万七千七百八十一圓ヲ増加致シマシタ、併ナガラ繼續事業費ノ既定年割額ノ減少ニ依リマシテ、九百八十六万千八百六十二圓ヲ減少致シマシタコト、、時局ニ關シマスル諸般ノ經費ハ追加豫算ヲ以テ之ヲ要求スルコト、致シマシタ爲ニ、其前年度ニ於テ要求致シマシタ金額三千九百二十八万四千三百七十七圓ノ全部ヲ減少致シマシタコト、、帝國鐵道建設改良費及朝鮮總督府公債支辨事業費ノ財源ヲ公債募集金ニ移シマシタ爲ニ、一般會計貸付ニ於テ三千五十八万五千圓ヲ減ズルコトニナリマシタ、其他朝鮮總督府經費補充金、海軍臨時兵器補充費ニ於テ九百九十万九千六百二十九圓ヲ減少致シマシタニ依リマシテ、以上差引キマシテ、三千九百七十六万五千百六十八圓ヲ減少致シマシタ、結局經常及臨時ヲ合セマシテ歳出總額ニ於テ百七十九万六千八百九十六圓ヲ増加致シマシタ、次ニ時局ニ關係致シマスル經費ノコトヲ申上ゲマスルガ、此時局ニ關係致シマスルトコロノ經費ニ付テハ、御承知ノ通リニ歐洲戰亂ノ終熄ハ豫想スルコトガ出來マセヌニ依テ、大正六年度ニ於テモ之ヲ計上スルノ必要ヲ認メマシタ、卽チ青島ノ守備、俘虜ノ取締、支那及印度洋方面ノ警備ニ關スル經費等、臨時軍事費ニ於テ千五百四十万三千四百九十圓ヲ、時局ニ關スル內政及外交上ノ施設、山東鐵道ノ經營兵器ノ受託製造、戰時海上保險ノ補償等ニ要シマスル經費ニ充ツルガ爲ニ、臨時事件豫備費ト致シマシテ五千三百万圓ヲ追加豫算ニ計上致シマシタ、然カ致シマシテ此財源トシテハ臨時軍事費ニ對シマシテハ、青島ニ於ケル事業收入及官有物拂下代等ヲ以テ之ニ充テマシテ、其不足ヲスル分ニ對シテハ、一般會計ヨリ千三百十九万二千五百九十四圓ヲ繰入レテ致スコト、致シマシタ、臨時事件豫備費ニ對シテハ軍需品、受託製造收入及山東鐵道收入ヲ以テ之ニ充テマシタガ、之ヲ以テ不足スル部分ハ、卽チ金額ニ於テ五百二万七千九十三圓ハ前年度剩餘金ヲ以テ之ヲ支辨スル計畫デアリマス、尙ホ大正六年三月迄ニ要シマスル臨時軍事費、竝ニ大正五年度臨時事件豫備費ノ不足ニ對シテハ、別ニ追加豫算ヲ以テ之ヲ要求スルコトニ計ヒマシタ、以上大正六年度豫算ニ關シマシタ歳入歳出ノ大要ヲ説明致シマシタガ、私ハ更ニ進ンデ此豫算ノ編成ニ付テ一言ヲ致シタイト思ヒマス、御承知ノ通リニ現內閣ハ客年十月ヲ以テ成立ヲ見タコトデアリマスルカラ、其時既ニ大正六年度概算決定ノ後デアリマス故ニ、國家政務ノ各方面ニ涉リマシテ、調査研究ヲ遂ゲテ、之ニ依リテ諸般ノ計畫ヲ定ムルノ實ハ時日ガゴザイマセヌ、ソレ故ニ二三必要ナル改正ヲ加ヘタル外ハ、大體ニ於テハ前內閣ノ決定ニ基イテ大正六年度ノ豫算ヲ編成致シマシタ、國債ノ償還ニ付テハ其借換ニ關スルモノヲ除キマシテ、前年度ニ於ケル償還額ハ三千万圓デアリマシタガ、國債ノ負擔ヲ輕減シテ財政經濟ノ基礎ヲ益〻鞏固ニシ、以テ國力ニ十分ノ餘裕ヲ存セシムルハ將來ニ於ケル國家ノ進運上一日モ忽セニスベカラザルモノト考ヘマシテ、財政ノ許ス限リ、寧ロ五千万圓償還ノ主義ニ依ルヲ相當ト認メマシタ、殊ニ現下ノ財政經濟ノ狀態ヨリ見マスレバ、成ベク國債償還額ヲ增加シテ外國債ノ償還ニ充ツルハ、對外債務ノ整理上緊要デアルノミナラズ、金融ノ調節及正貨ノ利用上ニ於テ最モ機宜ニ適シタルモノト信ズルノデアリマス、而シテ茲ニ國債償還額ノ一部ヲ割イテ之ニ充當致シマシタ帝國鐵道ノ建設改良費ハ、公債募集金ヲ以テ之ヲ支辨スルヲ適當ト認メマシタ、故ニ政府ハ此方針ニ依リマシテ、大正六年度豫算ニ於テハ國債ノ償還ニ二千万圓ヲ增加致シテ、鐵道資金二千百八十六万圓ハ公債ヲ募集シテ之ニ充ツルノ計畫ヲ立テマシタ、而シテ大正七年度以降ニ於テモ、其歲入ノ狀況及國庫收入ノ按排ヲ考量致シマシテ、五千万圓償還ノ主義ヲ遂行致シタイト思フノデアリマス、次ニ國債ノ募集ニ付テ一言致シタイノデアリマス、國債募集ニ付テハ前記鐵道公債ノ外ニ、朝鮮總督府公債支辨事業費ニ對シマシテ千三百七万餘圓ノ公債ヲ募集スルコトニ致シマシタ、又臺灣總督府公債支辨事業費財源ト致シマシテ、三百二十六万圓ノ公債ヲ募集スルコト、致シマシタ、而シテ大正六年十二月償還期ノ到達致シマスルトコロノ朝鮮國庫債券三千万圓ハ、之ヲ借換ヘル計畫ヲ立テ、居リマス、其他前年來增加致シタトコロノ正貨ノ利用、內地金融ノ調節、竝ニ對外債務ノ輕減等ノ目的ヲ以テ、內地市場ニ於テ發行スベキ公債ハ、大正五年法律第三十四號ニ依リ外國債借替償還ノ爲ニ三千万圓ヲ見込ンデアリマス、此外ニ帝國鐵道特別會計ニ於テ國庫預金部ヨリノ借入金返濟ノ爲ニ四千万圓ヲ見込ンデアリマスル、而シテ此時局ノ推移ニ伴ヒ、金融市場ノ狀況ハ隨時多少ノ變化ヲ免レヌコトデアリマスカラ、右公債募集ニ付テハ、政府ハ市場ニ適應スベキ機宜ノ措置ヲ執ルコトニ致シタイト云フ考デアリマス、海軍軍備補充費ノ追加ニ付テハ、既ニ前年度ニ於テ其經費ノ一部ヲ要求致シマシタガ、大正六年度ニ於テハ其全部計畫ニ付テ要スルトコロノ金額ヲ要求スルコトヲ相當ト認メマシテ、嚢ニ述ベマシタ如ク大正六年度以降同シク十二年度迄ノ繼續費トシテ、二億六千餘万圓ト云フモノヲ計上致シマシタ、次デ我ガ經濟界ノ狀況ニ付テ一言致シタイト思フノデアリマス、我ガ經濟界ノ趨勢カラ見マスルニ、對外貿易ハ御承知ノ通リ時局ノ影響ヲ受ケマシテ、全ク其面目ヲ一新シ、既往ニ於ケル年年ノ輸入超過ハ一變シテ、多大ノ輸出超過トナリ、軍需品ノ歐洲ニ輸出セラル、モノガ多額ニ達シタ外、支那印度南洋ニ對シマスル所ノ綿絲及綿製品ノ輸出ト云フモノガ著シク增進ヲ致シマシタ、又米國市場ノ繁榮ニ伴ヒマシテ、同國ニ對シテ生絲其ノ他ノ輸出ガ非常ニ旺盛ニナリマシタ等ノ爲ニ、昨年ハ一昨年ニ較ベマシテ當ニ貿易額ガ增加致シテ居リマスルノミナラズ、輸出超過ノ趨勢モ亦一層ノ好況ヲ呈シマシタ、卽チ昨年中ノ輸入總額七億五千六百餘万圓、輸出總額十一億二千七百餘万圓、合計十八億八千三百餘万圓デアリマシテ、結局三億七千百餘万圓ノ輸出超過ヲ見ルコトニナリマシタ、之ニ加フルニ船舶ノ收入、其ノ他貿易外ノ收入等ガアリマスルガ爲ニ、國際ノ貸借關係ハ益〻順調ニ赴キ、正貨ハ增加致シマシテ、資金ハ潤澤トナルノ狀況ニナリマシタ、正貨ノ在高ハ開戰當時三億五千餘万圓デアリマシタガ、大正四年末ニ於キマシテハ五億千六百万圓トナリマシタ、昨年末七億千四百万圓ニ上リマシタ、時局ノ成行如何ハ今日容易ニ判斷スルコトハ出來マセヌガ、我ガ國際貸借關係ト云フモノハ今後尙暫クハ現狀ヲ以テ推移スルモノト見テ問違ハナイト考ヘラレマスル、サウ致シマスルト新タニ增加スベキ正貨ノ蓄積ナリ或ハ利用ニ就キマシテハ、政府ハ最善ノ處置ヲナシ、機宜ニ應ジテ誤ラザランコトヲ努メタイト考ヘテ居リマスル、又時勢ノ要求ニ伴ヒマシテ、諸種ノ工業ノ新タニ企畫セラレ、又擴張セラレタルモノハ決シテ尠ナカラヌコトデアリマスル、隨テ資金ノ需要モ亦相當ニ增加致シテ居リマシテ、開戰以來昨年十一月末マデニ、銀行諸會社ノ新規拂込資本金ハ約四億六千八百万圓ニ達シテ居リマス、之ニ加フルニ國債地方債及外國政府證券ノ發行、短期外國借入金ノ返濟及銀行諸會社、社債券ノ新發行、斯樣ナモノヲ推定加算致シテ見マスルト合計約九億圓以上ニ達シテ居リマスル、此ノ如クニ多額ノ資金ノ需要ガアリマシタニモ拘ラズ、一面ニ於キマシテ國際貸借關係ガ順調デアリマシタ結果、資金ノ流入ハ續々トシテ止マラザルノ狀ヲ呈シマシテ、金融市場ハ常ニ緩漫ノ狀勢ヲ保持シテ今日ニ來リマシタ、此ノ如ク財界ノ諸方面ニ新生面ヲ開キマシテ、活氣ヲ呈シ來タト云フモノハ、勿論時局ノ進轉ニ伴フ所ノ反映デアリマシテ、決シテ是ハ常態デアリマセヌ、卽チ變態ニ屬スルモノト考ヘナケレバナラヌト思ヒマス、而シテ其影響ノ不利ナルモノハ之ヲ節制シ、其ノ利アルモノハ之ヲ助長シ、機運ニ乘ジ時宜ニ處シテ、以テ國力ヲ充實スルコトハ此際大ニ努メナケレバナラヌコトデアリマス、殊ニ金融界ヲシテ弛張其度ヲ失ハズ、穩健ノ狀態ヲ以テ進マシメ、資金ヲ善用シテ產業ノ進步發達ヲ圖ルト云フコトハ、今日ノ場合ニ於テ最モ緊要デアルト云フコトハ言ヲ俟タヌノデアリマス、今ヤ內ハ產業ノ勃起躍如タルモノアリ、又外ハ貿易ノ發展シテ止マザル勢ガアリマスガ、今新狀態ニ處シマシテ誤ラズ、國家經濟ノ基礎ヲ鞏固ニシテ、戰後ニ於ケル世界ノ大勢ニ順應シテ、國運ノ伸張ヲ期スルト云フコトニ就キマシテハ、官民一致協力奮發シナケレバナラヌコト、信ズルノデアリマス、諸君、私ハ愼重審議豫算案ニ協贊ヲ與ヘラレンコトヲ玆ニ切望致シマス

大正六年一月二十六日

鄭家屯事件及對支外交ニ關スル質問主意書

右成規ニ據リ提出候也

大正六年一月二十三日

提出者　望月小太郎

賛成者　金子元三郎
外三十二人

鄭家屯事件及對支外交ニ關スル質問主意書

第一　大正五年八月二十一日鄭家屯事件起ルヤ爾來日支交涉ノ案件タル所謂鄭家屯事件ト稱スルモノハ其ノ交涉五箇月ノ久シキニ亙リ最近漸ク之カ解決ヲ見タリト而シテ其ノ條項ノ大要ナルモノ傳ヘテ曰ク

一、當面責任者ノ處罰　二、當局長官ノ謝罪　三、被害邦人ニ對スル慰藉金

四、支那政府ヨリ滿洲一帶ニ對シ日支親善ノ命令ヲ發スルコトノ四條項ノミナリト

斯ノ如クムハ是レ僅ニ電報數通ノ往復ニテ解決スヘキモノナラスヤ而モ我カ滿蒙問題解決ノ眼目タル軍事顧問及警察官配置問題ノ二要求ハ我ヨリ進テ所謂誠意ヲ以テ之ヲ撤退シ若ハ後日ノ再協議ニ留保シタリト聞ク其ノ顚末如何

理　由

抑滿蒙ニ於ケル我カ國ノ地位ハ他ノ支那本部ニ於ケルモノト異ナリ少クトモ南滿洲及東部內蒙古ニ於ケル我カ優越ナル地位ハ獨リ支那國之ヲ承認スルノミナラス列國亦既遂ノ事實トシテ承認スル所ナリ現ニ明治四十四年ノ露蒙協約中ノ優越權ト等シク大正四年五月七日ノ我カ最後通牒竝同二十五日日支兩國間ニ於ケル條約及公文書ニ徵スルモ明白ナリ卽チ之ヲ大別スレハ

一　條約關係

イ　旅大、南滿、安奉及吉長鐵道等ノ期限九十九年ノ延長

ロ　我カ邦人ノ居住權、商租權及商、工、農、鑛等各種ノ營業權竝領事裁判權

ハ　政治、財政、軍事、警察等ノ外國各顧問及教官傭聘ニ關スル日本人ノ優先權

ニ　南滿ニ於ケル鐵道放資又ハ外債借款ニ關スル優先權

二　人口關係

我カ邦人ノ滿洲移住ハ年年共ノ數ヲ增シ過去六年間一年平均七千人ノ多キニ達シ最近ノ總數約十萬ヲ超ユ而モ年年少クトモ七割五分以上ノ增加ヲ示シツツアリ而シテ移住地ノ現況ハ南ニ厚ク北ニ薄キハ畢竟我カ同胞ノ生命財產ニ對スル我カ政府ノ保護方法未タ其ノ宜シキヲ得サレハナリ況ヤ我カ新附朝鮮人ノ滿洲全體ニ移住セルモノハ最近正ニ三十萬ノ多キニ達セムトスルモ顧ミレハ日鮮人以外ノ外人ハ僅ニ六萬餘ニ過キス而モ其ノ全部ハ露國人ニシテ英國人ハ實ニ四百人未滿ノ關係ナルニ於テヲヤ向後我カ政府ニシテ滿洲ニ於ケル三頭政治ノ宿竇ヲ除去シ愈我カ同胞生命財產ノ安全ニ對スル保護其ノ宜シキヲ得ハ滿蒙ニ於ケル我カ邦人ノ發展ハ日支兩國ノ爲偉大ナル效蹟ヲ擧ケムトスルノ狀況ナリトス

三　貿易關係

南滿ニ於ケル貿易總額卽チ大連、營口、安東縣ノミニテモ已ニ大正四年ニ於テハ二億三四千萬圓ニ達シ之ヲ日英兩國ニ付比較スルトキハ我カ增加ノ割合ハ實ニ左ノ如シ

日英比較（紡績品ノ一例ニ付）　（在北京英國商務官カー氏調査）

	大正元年	大正二年	大正三年
英	二割六分	一割七分	一割二分
日	四割七分	六割八分	八割二分

又以テ滿洲ニ於ケル我カ貿易發展ノ前途ヲ卜スヘシ

四　放資關係

前記條約關係ニ記載セル諸鐵道ヨリ正金、朝鮮及正隆ノ三大銀行ノ資金ヲ始メトシ各種商、工、農、鑛ノ放資總額ハ實ニ數億若ハ十數億ニ達セム而モ尙將來其ノ發展ヲ見ムカ前途ノ有望測ルヘカラサルノモノアリ卽チ之ヲ大別スレハ左ノ如シ

イ　工業（毛布、黃粱酒、製粉、製藥、製革、石鹼、燐寸、豆油等ノ製造）

ロ　農業（水田及熟田ノ發展ニ關シ農作上ノ改良ヲ施サハ尙熟田ノミニテモ一千町步開拓ノ見込アリ而モ其ノ純益ハ年一割五分ヨリ二割ニ至ラムトス）

ハ　商業（南滿ニ於ケル輸出額約一億一千萬圓ニシテ之カ通貨ハ正金、朝鮮兩銀行ヲ合シテ一千萬圓、支那諸銀行ヲ合シテ一千萬圓、合計二千萬圓ニ過キス卽チ知ル輸出貿易ノ半額丈ノ流通資本ヲ必要ト爲スモ尙三千萬圓ノ不足アリ是レ滿洲在留邦人ノ悉ク滿蒙銀行又ハ日支銀行ノ設立ヲ希望シテ已マサル所以ナリトス）

夫レ我カ國ノ滿洲ニ於ケル條約上ノ權利及國民的發展ノ實證斯ノ如ク卽チ彼我ノ接觸愈密ニシテ其ノ交涉事件益多キハ必然ノ結果ナリ從テ鄭家屯、朝陽坡事件問題ノ如キハ畢竟日支兩國民ノ接觸ニ伴フ千百中ノ一二ノ枝葉問題ニ過キス要ハ之カ根本的解決トシテ如何ニシテ我カ滿蒙ニ於ケル我カ條約上實力上ノ權利ヲ確保スルカニ在リ一言スレハ我カ滿蒙ニ於ケル條約上ノ權利ヲ勵行スルニ於テハ我ハ我カ同胞ノ保護上之ヲ他ノ支那本部ト全然區別シ我カ權利ノ絕對的擁護上前記ノ軍事顧問及警察官配置ノ二件斷シテハ讓步又ハ後日ノ交涉ニ留保スヘキ性質ニ非サルナリ何トナレハ滿蒙ニ於ケル支那軍隊ノ頭目タル張作霖、馮麟閣、呉俊陞ノ三將軍ハ孰レモ馬賊出身タルハ公知ノ事實ナルト共ニ其ノ部下ニ於ケル兵隊ナルモノハ支那人ノ所謂良鐵釘トナラス良民兵トナラサル半匪半兵ノ卒伍ニシテ支那識者ノ所

謂斯政紊亂ノ禍根ナルモノ實ニ是ナリ茲ヲ以テ支那ノ兵隊カ外人ノ治安維持ニ適セサル實證ハ北京ニ於ケル各公使館ノ護衛兵及支那ニ於ケル各國居留地ノ警察ハ皆各國ノ兵隊及警察ニ一任セル實例ニ徵スルモ之ヲ知ルヘシ況ヤ滿蒙ニ於ケル我カ領事館ノ管轄區域ハ廣クシテ官吏少ナク到底我カ同胞ノ安寧幸福ヲ維持スルニ足ラサルヲヤ是ヲ以テ滿蒙ニ於ケル我カ軍事顧問及警察官配置ノ二要求ハ他ノ支那本部ニ對スル前記日支條約第五號ノ希望條件ヲ後日ニ留保セルモノトハ全然其ノ性質ヲ異ニス彼ハ希望ニシテ是ハ條約ニ伴フ自然ノ結果ヨリ生シタル國家發展ノ絕對的權利ノ要求ナルヲ以テ一度之ヲ提出セムカ我ハ飽迄終始一貫之ヲ強要セサルヘカラサルヤ論ナシ現ニ寺內伯ノ臨時外相タルノトキ此ノ趣意ヲ在北京林公使ニ訓令シタルノ實證アルニ於テヲヤ然ルニ今回鄭家屯事件ニ際シ現外相ハ逡巡然トシテ之ヲ後日ニ留保セリト云フ其ノ軟弱外交ノ理由如何是レ豈日支親善ノ空名ニ囚ハレ我自ラ我カ正當ナル權利ヲ放棄セルモノニシテ親善ニ非ス屈善ナリ卽チ我屈シテ彼之ヲ善トスルノ謂ナラスヤ政府ノ所見果シテ如何

第二　昨年十二月二十二日現總理大臣兼臨時外務大臣寺內伯ハ地方長官ニ對シ其ノ施政方針ノ訓示中外交方針ニ關シ「殊ニ鄰邦支那ニ對シテハ益親善ノ誼ヲ明ニシ」云々ト特ニ大聲闡語以テ日支外交關係ヲ刷新セムトシタルモノノ如シ爾來茲ニ五箇月鄭家屯事件彼ノ如シ敢テ問フ親善トハ如何ナル手段ヲ以テ如何ナル結果ヲ得ルヲ謂フヤ

理由

抑親善ノ二字ヤ甚タ可ナリ而モ我カ國カ締盟二十數箇國ニ對シ其ノ何レニ向テカ敢テ親善ナラサラムヤ唯夫レ國際的ノ親善ナルモノハ第一、其ノ國際的地位ノ優劣ナキコト第二、其ノ實力相等シキコト第三、其ノ共同ノ利害一致セルモノニシテ始メテ以テ其ノ目的ヲ達スヘキナリ抑日支兩國ハ如上ノ三要素中第一及第二ハ勿論僅ニ第三ノ利害關係ノ一致卽チ東洋平和ノ共同利害ニ至テモ彼ハ之ヲ保障防衞スヘキ力ナシ是ヲ以テ我カ國ノ對支關係ト歐洲列國ノ對支關係トハ其ノ國家存立上ノ利害程度ニ於テ全然其ノ趣ヲ異ニス日支兩國ノ關係ハ猶軒ヲ接シ境ヲ均スル兄弟ノ如ク歐米ト支那トノ關係ハ遠隔ノ地ニ於ケル親戚ノ如ク而モ親戚中野心アルモノナシトセス殷鑑遠カラス獨逸ノ如ク夫レ然リ茲ヲ以テ日本ノ對支政策タルヤ一面ニハ恰モ慈母ノ愛兒ニ臨ムノ溫情ト他面ニハ嚴師ノ惰生ニ對スル敎訓トヲ以テセサルヘカラス抑英ノ佛ニ對シ露ニ對シ日本ノ歐米其ノ他西歐諸國ニ對スル關係コソ親善ナルヘキモ地位、實力及共同利害ノ責任觀念相異ル國家ト國家トノ親善ハ恰獨逸ノ土耳古ニ於ミ米國ノ「メキシコ」ニ對スルカ如ク表面親善ヲ號シツツ其ノ內容ニハ(若言ヒ得ヘクムハ)强善卽チ我ヨリ善ヲ强ヒテ以テ其ノ形體親善トナルナリ此ノ外交政策ノ精神ハ殊ニ日本カ前記優越ナル特殊ノ地位ニ於ケル滿蒙問題ニ於テハ斷乎トシテ之ヲ實現セサルヘカラス而レテ支那本部ニ對シテハ名實相伴フ親善卽チ慈母ノ愛兒ニ對スル溫情ヲ以テスヘキナリ例ヘハ支那關稅ノ改正ニ同意スルカ如キ又ハ漢口ニ於ケル日支親善ノ障壁タル我カ兵營撤退ノ如キ若ハ靑島ノ軍政ヲ民軍兩政ノ制度ニ改ムルカ如キ是ナリ然ルニ現內閣ノ日支親善ノ方針トシテ傳フル所ニ依レハ日支經濟同盟ヲ力說實行セムトスト共ノ方法果シテ如何抑支那ノ現狀タル政治、財政共ニ混淆シ從テ兩國間ニ於ケル政治的默契ナクムハ兩國民間ニ於ケル經濟的同盟ノ行フヘカラサル實例ハ近ク之ヲ米支借款ニ見ルモ明瞭ナリトス卽チ昨年六月及十一月ニ調印セル米國「シームワンアンドカレー」會社ノ運河工事契約及千五百哩鐵道利權ノ借款竝最近十二月調印セル「シカゴ」市「コンチネンタルコンマーシャルバンク」ノ酒及煙草ノ公賣擔保ニ關スル貸付金ノ如キハ著著成功シタルニ反シ我カ興亞公司ノ五百萬圓貸付ハ好シ共ノ契約ニ不備ノ點アリタルニモセヨ遂ニ支那朝野ノ反感ヲ買ヒ更ニ目下興業銀行ノ交通銀行ニ對スル五百萬圓ノ貸付ト共ニ交通銀行ハ將ニ國立銀行ノ實權ヲ消滅セラレムトスト聞クカ如キ是ナリ卽チ知ル政治的默契ハ主ニシテ經濟的默契ハ從ナルヲ而シテ政治的ノ默契タル日支親善ノ主義ニ至テハ支那本部ニ對スルモノト滿蒙ニ於ケルモノトハ寛嚴其ノ趣ヲ異ニシ本末共ノ宜シキニ從ヒ取ルヘキハ斷乎トシテ之ヲ取リ讓ルヘキハ釋然トシテ之ヲ讓ラサルヘカラス然ルニ政府ハ徒ニ親善ノ空名ニ囚ハレ親善ノ實行ヲ愆リタルモノノ如シ政府ノ所見果シテ如何敢テ詳細ノ說明ヲ煩サム

第三　米國政治借款ニ對スル抗議ノ結果如何

前記「シカゴ」銀行ノ米支實業借款ナルモノハ其ノ實政治借款タルコトハ前記ノ事實ニ依テ明ナリトス而モ十一月二十四日此ノ契約ハ支那兩院ヲ通過シ引續キ日本ヲ始メ英佛露ノ四國財團ハ之ニ抗議ヲ申込ミタリト傳フ其ノ經過及結果如何竝我カ政府ハ米國ヲ招キ政治借款ハ勿論經濟借款ニ於テハ特ニ日米共同以テ支那ニ放資スル何等カノ計畫アリト聞ク其ノ眞否及理由如何

右及質問候也

（國務大臣勝田主計君登壇）

○國務大臣（勝田主計君）　諸君、私ハ此處ニ大正六年度歳計豫算追加案ヲ諸君ニ御紹介致シマシテ、併セテ財政經濟ニ關係致シマスル政府施設ノ一端ニ付キマシテ、皆樣ニ申上グルノ光榮ヲ荷ヒマス、抑々帝國政府財政經濟ノ施設ニ關シマスル所ノ大體ノ方針ニ付キマシテハ、御承知ノ如ク現内閣成立ノ當初、並ニ三十八議會ニ於テ大體ノ所宣明致シテ御坐イマス、政府ハ此時局ノ趨勢ニ鑑ミマシテ、財政ノ基礎ヲ鞏固ニ致シマスルト共ニ、時局ノ進展ニ順應スベキ所ノ諸般ノ施設ヲ講ジマシテ、内ハ生産事業ノ發達ヲ促進シ、外ハ海外ニ於ケル所ノ經濟ノ伸張ヲ圖リマスルシ、又戰爭ノ終局ニ伴ヒマシテ生ジマス所ノ一般財界ノ變動ニ備ヘヲ致シマスルシ、尚ホ財界ノ好況ヨリ生ジテ來マス所ノ各種ノ影響ノ中デ、其利アルモノハ之ヲ助長シ、其害アルモノハ之ヲ抑制スルト云フコトニ付キマシテ、著々進行ヲ致シタイト思フノデアリマス、殊ニ日支ノ經濟的提携デアリマスルガ、此事ニ付キマシテハ最モ重キヲ置キマシテ、著々其計畫ヲ進メツツアル次第デ御坐イマス、又聯合各國ト親誼協力ノ關係ヲ助長致シマスル爲ニ、財政上ノ援助ヲ出來得ルダケ與ヘルコトニ努力ヲ致シテ居ル次第デ御坐イマス、豫算ニ付キマシテハ御承知ノ如クニ、不幸ニシテ不成立ニ終リマシタ爲ニ、此年度當初ヨリハ施行豫算ノ範圍内ニ於キマシテ、實行豫算ヲ編成致シマシテ、之ヲ施行致シテ居ルト云フコトハ、皆樣ノ御承知ニナッテ居ルコトデアリマスル、此實行豫算ノ歳入總額ハ六億八百餘万圓ニナッテ居リマス、歳出總額ハ五億五千百餘万圓ニナッテ居リマス、差引歳入ニ於キマシテ五千七百餘万圓ノ超過ヲ示シテ居リマスル、是ガ實行豫算ノ計數デアリマス、然カ致シマシテ、是等實行豫算ハ申ス迄モナク前年度豫算ノ制限ヲ受ケテ居ルコトデアリマスルニ依テ、迚モ此豫算ヲ以テハ各般ノ施設ニ關シマシテ、急切ノ必要ヲ充スコトハ出來マセヌ、是ガ卽チ今回追加豫算ヲ此處ニ提出致シマシタ所以デ御坐イマスルノデ、此追加豫算ヲ編成致シマスルニ方リマシテハ、申ス迄モナク政府ハ努メテ緊縮ノ方針ヲ執リマシテ、既定ノ經費若クハ政策上又ハ時局ニ伴ヒ、此國力發展ニ必要ト致シマスル所ノ經費ヲ計上致シマシタ次第デ御坐イマス、御手許ニ廻ッテ居リマスル所ノ此追加豫算案デアリマスルガ、其中デ追加第一號豫算ト云フモノガアリマス、卽チ是ハ申セバ普通經費ノ豫算デ御坐イマスルガ、此追加豫算第一號ニ計上致シテアリマスル所ノ歳入ハ、經常部ニ於キマシテ千六百餘万圓、臨時部ニ於キマシテ千七百餘万圓、合計三千三百餘万圓ト云フコトニナッテ居リマス、又歳出ヲ申シマスレバ、經常部ニ於キマシテ四千百餘万圓、臨時部ニ於キマシテ四千七百餘万圓、合計八千八百餘万圓ト云フコトニナッテ居リマス、是等ノ歳入歳出ヲ差引キマスルト云フト、歳入ニ於テ五千四百餘万圓ノ不足ガ立テ居ルト云フコトニナッテ居リマス、此五千四百万圓ノ不足ハ曩ニ申上ゲマシタ所ノ實行豫算ノ上ニ於テ、五千七百餘万圓ノ歳入超過ガアリマスルカラ、此中ヲ以テ補塡スルト云フ計畫ヲ立テタノデアリマス、又追加第二號デアリマスルガ、此追加第二號ハ一般會計ニ屬シマスル所ノ所謂臨時事件費ガ計上シテ御坐イマスルノデ、此歳出ハ臨時軍事費特別會計ヘ繰入レル所ノ金ガ千五百万圓、臨時事件豫備費ト致シマシテ五千三百餘万圓、合計六千九百餘万圓ト云フコトニナッテ居リマス、其歳入ハ總額六千六百餘万圓ニナッテ居リマス、是等ノ歳入歳出ノ差引ヲ致シマスルト、二百九十餘万圓ノ不足ヲ生ズル、斯ウ云フ計算ニナッテ居リマス、此二百九十万圓ノ不足ハ先刻申上ゲマシタ所ノ實行豫算ノ歳入ノ上ニ於キマシテ五千七百餘万圓殘ッテ居ル、是レカラデス、追加第一號ノ不足五千四百万圓ヲ差引キマシテ、尚剩リマスル所ノ、其剩リヲ以チマシテ補塡ヲ致シテ平均ヲ取ッタト云フコトニナッテ居リマス、追加第三號ハ電話擴張ニ關係致シマスル所ノ豫算案デ御坐イマシテ、其歳入ガ三百十九万餘圓ニナッテ居リマシテ、歳出ガ三百十三万餘圓ト云フモノニナッテ居リマス、歳入歳出差引キマシテ六万餘圓ノ剩餘ヲ生ズルノ計算ニナッテ居リマス、大體ハ追加第一號ヨリ第三號ニ及ビマシテ、歳出歳入ノ大數ハ左樣デアリマスルガ、此處ニ右申シマシタ所ノ追加第一號ニ付キマシテ、少シク内容ヲ申上ゲタイト思フノデアリマス、此追加第一號ニ於キマシテ計上致シテアリマスル所ノ歳入ノ主ナルモノハ何デアルカト申シマスルト、經常部ニ於キマシテハ、官業及官有財産ノ收入ガ增加スルモノガ千餘万圓、預金部特別會計ヨリノ繰入金ノ增加スルモノガ約四百餘万圓、臨時部ニ於キマシテハ朝鮮及臺灣事業費、公債及借入金ニ於キマシテ千五百餘万圓、港灣修築費ノ納付金ニ於キマシテ百餘万圓、地方分擔納付金ニ於キマシテ八十五万圓、斯樣ナモノガ歳入ノ主ナモノデ御坐イマス、歳出ノ例ヲ申シマスルト、其最モ主ナルモノニシテ、經常部ニ屬シマスル所ノモノガ、國債整理基金繰入ノ增加ガ二千餘万圓、國庫豫備金ノ增加ガ三百万圓、預金利子及預金利子ノ支拂手數料ノ增加ガ四百餘万圓、新艦船ニ要シマスル所ノ經費二百餘万圓、是ガ經常部ノ主ナモノデアリマス、臨時部ニ於キマシテハ軍艦製造費ノ追加千五百餘万圓、造船奬勵費ノ增加ガ三百餘万圓、兵器製造所ノ新設費二百万圓、製鐵所擴張工事繰上ニ依ル年割額ノ增加百餘万圓、是等ガ先ヅ主ナモノデ御坐イマス、右ノ内國債整理基金ノ二千万圓繰入ニ依リマシテ、所謂五千万圓償還ト云フコトガ實現ガ出來ル次第ニナルノデアリマス、又軍艦製造費ハ其總額ニ於キマシテ一億六千百五十二万餘圓ニナッテ居リマスノデ、之ヲ大正六年度ヨリ以降七年度間ノ繼續支出ト致シマシテ追加豫算提出ヲ致シマシタノデ、其大正六年ノ分ガ先刻申上ゲマシタ所ノ千五百万圓、斯ウ云フコトニナルノデアリマス、此經費ニ依リマシテ、所謂海軍軍備補充上八四艦隊ナルモノ、編成ノ基礎ヲ完ウスルコトガ出來ルト云フ次第デアリマス、次ニ臨時軍事費ノ追加豫算ノコトヲ申上ゲタイト思フノデアリマスガ、臨時軍事費特別會計ノ追加豫算ニ於キマシテ、海陸軍ニ屬シマスル所ノ臨時軍事費ガ三千百六十三万餘圓ニナッテ居リマス、之ニ對シマシテ軍事費ノ豫備費トシテ二千万圓ト云フモノガ計上致シテアリマシテ、合計五千百六十三万餘圓ト云フモノニナッテ居リマス、之ニ對シマシテ歳入ハ一般會計ノ繰入金及事業收入等二千百餘万圓ノ外ヘ、借入金及公債募集金ニ於テ支辨スルト云フ經費ニナッテ居リマス、臨時事件ニ關係致シマスル所ノ經費ハ、先刻申上ゲマシタ所ノ一般會計ニ屬スルモノト、此臨時事件費ノ特別會計ニ屬スルモノトヲ合計致シテ見マスルト、此追加豫算ニ計上致シテアリマスル所ノモノハ、一億五百餘万圓ト云フモノニナルノデアリマス、此場合私ハ臨時軍事費ノ財源等ニ付キマシテ、簡單ニ一言ヲ附加致シタイト思フノデアリマス、御承知ノ如クニ青島ノ戰役以來、我ガ軍事的關係ト云フモノハ頗ル廣汎ニ亙ッテ居リマスルノデ、我ハ我ガ交通貿易ヲ保護スルト共ニ、與國ノ作戰ニ對シマシテ常ニ出來ルダケノ援助ヲ與ヘテ居ルト云フ次第デアリマス、從ッテ政府ガ之ニ對シテ臨時支出ヲ要スル其額ト云フモノガ、段々大キクナルト云フコトハ亦已ムヲ得ナイコトデアリマシテ、卽チ先刻モ申上ゲマシタ如クニ、本年度ノ追加豫算ニ於テハ、既ニ一億五百万圓ト云フ臨時事件ノ費用ヲ計上致シテアリマスルガ、尚本年度ノ實行豫算ニ於テ取リマシタモノヲ、之ヲ合計致シテ見マスルト、一億四千二百万圓ト云フモノニナルノデアリマス、斯樣ナ次第デアリマス、之ヲ開戰當初ヨリノ計算ヲ立テ、見マスルト、約三億二千九百餘万圓ノ巨額ニ上ル次第デ御坐イマス、是等ノ巨額ノ臨時事件ニ關係致シマスル所ノ經費ヲ、幸ニ今日迄支辨シテ來タト云フコトハ、申ス迄モナク開戰ノ當初ニ於テ國庫ニ比較的ニ豐富ナル所ノ財源ガ――剩餘金ガアリマシタ、其後年々國庫ノ收入ト云フモノガ良好デアリマシタ爲ニ、是等ヲ詰リ主タル財源ト致シマシテハ、差障リナク今日迄支辨シテ來ッタト云フコトニナッテ居リマス、併ナガラ今日ノ戰局ノ前途ヲ考ヘマスルト、益々此戰爭ノ範圍ハ擴大致シ、是ガ何時終熄スルト云フコトハ何人モ豫想スルコトノ出來ナイ次第デ御坐イマス、ソレデ經費モ益々多ク計上致サナケレバナラヌト云フヤウナ勢ニナッテ來ハシナイカト斯樣ニ考ヘマス、就キマシテハ將來政府ハ此戰時財政ノ基礎ヲ鞏固ニスルト云フコトニ付キマシテハ、十分愼重ノ考慮ヲ致シテ居ル次第デ御坐イマスガ、差向キ此臨時軍事費ニ豫備費ト云フモノヲ置キマシテ、不時ノ用ニ供スルト云フコト、共ニ、是等臨時事件ニ對シマスル所ノ財源調達ヲ利便ニスル爲メニ、大正五年ノ法律第四號ニ修正ヲ加ヘマシテ、之ヲ本議會ニ提出致シマシタ、右ノ外電話擴張ノ事業デアリマスガ、此電話擴張ノ事業ヲ今回ハ特別ノ財源ヲ以テ經營スルノ計畫ヲ立テタノデアリマス、本年度分ニ於キマシテ、一般會計支辨ニ屬シマス所ノ四百五十万圓ノ外ニ、新タニ三百万圓ヲ追加致シマシテ、尙ホ後年度ニ於ケル既定及ヒ追加額九千九百五十万圓ト共ニ、是等ノ財源ヲ公債又ハ借入金ニ依テ調達致シタイト云フ計畫ヲ立テタノデアリマス、此電話ノ急設ノ必要ナルコトハ私ガ此處ニ喋々ヲ要シマセヌ、此計畫ニ依テ一般商工業ニ有利ナル影響ヲ齎スト云フコトハ私共ノ信ジテ疑ハヌ所デアリマス、大正六年度追加豫算ノ中ニ國債ノ發行ニ關スルモノガアリマスガ、之ヲ極ク約言致シテ見マスルト、其重ナルモノハ朝鮮事業費ノ財源ニ充ツベキモノ千二百餘万圓、臺灣ノ事業費ノ財源ニ充ツベキモノ二百万圓、電話交換擴張ニ要スルモノ三百万圓、帝國鐵道改良ノ追加豫算ノ財源ニ充ツベキモノ百餘万圓、其他大正五年法律第三十四號ニ依リマシテ、內債ヲ募集シテ外債ヲ償還スルト云フモノガ千万圓、及ヒ朝鮮國庫債券ノ借替額ガ三千万圓、是等ガ主ナルモノデアリマス、卽チ大正六年度ノ追加豫算ニ計上致シテアル所ノモノデ御座イマス、豫算ニ關係致シマスル大體ハ右ノ通リデアリマスガ、是ヨリ經濟關係ノ事ニ付キマシテ一言致シタイト思ヒマス、御承知ノ如ク我國ノ經濟狀況ハ頗ル好況ヲ呈シマシテ、時局發生以來昨年末マデニ外國貿易ノ上ニ於キマシテノ輸出超過、又ハ此外國貿易以外ノ正貨ノ收入超過ヲ合計致シテ見マスト約八億六千万圓ニ上ルノデアリマス、此好況ハ本年ニ至リマシテモ一層顯著ナル狀況ヲ呈シマシテ、本年一月ヨリ五月末ニ至ルマデノ外國貿易ノ輸出超過額ハ二億三千百餘万圓デアリマス、之ヲ昨年ノ同期ニ較ベテ見マスルト、約三倍餘ニナッテ居ルト云フコトニナッテ居リマス、此ノ如キ狀況ニシテ若シ持續致スト云フコトデアリマスレバ、本年ノ輸出超過額竝ニ貿易外ノ收入超過額ハ、或ハ八億圓位ナ收入超過ニナリハセヌカト云フ計算ガ出テ來ルノデアリマス、斯樣ナ狀況ニナリマスルト、申スマデモナク內地ノ資金ハ愈々潤澤豐富ニナルト云フ結果ニナッテ來マスノデ、是等ノ潤澤豐富ナル資金ヲ如何ニシテ消化スルカト云フ事ガ、是ガ卽チ一ノ問題デアリマス、此問題ニ付キマシテハ、今茲ニ私ハ具體的ニ皆樣ニ申上ゲルト云フコトハ、此時局柄困難デアラウト思ヒマスガ、又斯樣ナ利用方法ハ所謂臨機應變ノ措置ヲセネバナラヌト云フコトモアラウト思ヒマスノデ、極メテ具體的ニハ申上ゲラレマセヌガ、假リニ抽象的ニ之ヲ申シマスルナレバ、要シマスルニ財政ノ整理ノ上ニ、竝ニ民間ノ生產事業ニ必要ナル資金ニ之ヲ使用スルトカ、其他ハ之ヲ海外ニ放資スルトカ、是ニ詰リ歸スルデアラウト思フノデアリマス、內地ノ生產事業ノ發展ハ御承知ノ如クニ是亦餘程好況デアリマシテ、時局發生以來本年ノ五月ノ末マデニ、會社銀行等ノ新設又ハ增加ノ計畫資本金額八十四億餘万圓ニ上ッテ居ルノデアリマス、本年一月以降五月ノ末マデニ四億三千九百万圓ト云フモノニナッテ居リマス、之ヲ昨年ニ較ベマスト、是モ矢張二倍餘ト云フヤウナ狀況ニナッテ居リマス、洵ニ慶ブベキ狀況ヲ呈シテ居リマスガ、併ナガラ尙ホ此時運ヲ利用シテ勃興ヲ要スベキ所ノ生產工業ト云フモノガ多々アルヤウニ考ヘテ居リマスノデ、確實ナル生產事業ヲ奬勵致シマシテ、戰時及ビ戰後ノ經濟的活躍ニ資スルノ必要ガアルト云フコトヲ政府ニ於テハ確ク信ジテ居リマス、支那ニ對スル投資ニ就キマシテハ、對支金融機關ノ統一整備スルト云フコトノ必要ガアルト共ニ、所謂此合辦事業ヲ奬勵スルト云フコトノ必要ナルコトハ、是ハ言ヲ俟タヌノデアリマス、然モ彼我ノ利益ノ衝突ヲ避ケマシテ、成ルベク利害共通ノ實ヲ擧ゲテ、此事ヲ進メテ行カナケレバナラヌト云フコトハ無論ノ話デアリマス、對支政治借款ニ關係致シマシテハ、御承知ノ如ク帝國ハ列強ト共同シテ、是ガ成立ニ盡力致シテ居リマス、又經濟借款ニ關係致シマシテハ、是亦銳意考慮ヲ致シテ居リマシテ、殊ニ近時日米兩國ノ資本家ガ支那ニ對スル投資ノ上ニ付キマシテ、其意思ガ大ニ疏通致シテ來ツ、アルト云フコトハ、是ハ諸君ト共ニ私ハ大ニ慶ブ所デ御坐イマス、歐米ニ對シマスル所ノ投資ニ付キマシテハ、御承知ノ如クニ與國軍需品ノ製造、此ノ如キモノハ與國ノ作戰援助ノ爲メ、竝ニ我國ノ工業發展ノ爲メニ、極力是ハ引受ケテヤラナケレバナラヌ、サウ云フコトニナリマスレバ、之ニ要スル所ノ代金調達ノ如キハ、是亦進ンデ我國ニ於テ應ジテヤルト云フコトニ致サナケレバナラヌト考ヘテ居リマス、而已ナラズ今日ノ此國際金融ノ狀況ニ於キマシテハ、御承知ノ通リニ以前ニ述ベマシタトコロノ計數ニ依テ御分リノ如クニ、外國ニ於キマシテ正貨ガ蓄積ヲ致スト云フコトデアリマスルカラシテ、此爲替ノ關係ガ所謂片爲替ト云フコトニナッテ來マスルノデ、從ッテ其結果ハ我カ國ノ貿易全體ニ不良ナル影響ヲ及ボスト云フ虞ガアルノデアリマス、斯樣ナ見地カラ致シマシテ、外國ニ資金ヲ投下スルト云フコトガ、非常ニ必要ニナッテ來マスルノデ、卽チ政府ハ此國際金融ヲ調節セムガ爲ニ、今回臨時國庫證券ニ關スルトコロノ法案ヲ議會ニ提出致シマシタ次第デ御坐イマス、右ノ如ク我カ經濟界ハ頗ル良好ナル狀況ヲ呈シテ居リマスルガ、半面ヲ見マスルト云フト、大ニ又省慮警戒ヲ要スベキトコロノ點ガ多々アルノデアリマス、就中一般ノ氣風ガ奢侈ニ流レ、所謂勤儉ノ美風ヲ失フト云フコトノ傾ガアルト云フコトハ、是ハ大ニ考ヘナケレバナラヌコトデアリマス、殊ニ一般勞働階級ノ中ニ於キマシテ、其賃銀收入ノ如キハ今日ハ非常ニ激增シテ居リマスルノデ、斯ノ如キモノハ成ルベク之ヲ貯蓄セシメテ、將來有利ナル方面ニ之ヲ使用セシムルト云フコトガ、卽チ時局ニ對スルトコロノ非常ナル一ツノ必要ナル措置デハナイカト、斯ウ云フヤウニ考ヘマスノデ、此意味ヲ以チマシテ政府ハ時局ニ關シ零碎資金ヲ吸收シテ、以テ之ヲ生產事業等ニ充ツルノタメ、戰時貯金券法案ヲ本議會ニ提出致シマシタ、是亦緊急已ムヲ得ザルノ措置デ御坐イマス、是ニ付キマシテハ各種ノ手段方法ト云フモノガ、茲ニ存スルコトデアラウト思ヒマスノデアリマス、併ナガラ此中ニモ所謂金融機關ノ改善、金融機關ヲ完備ニスルト云フコトガ最モ必要ナ點デナイカト政府ハ考ヘテ居リマスノデ、此趣旨ヲ以チマシテ政府ハ既設金融機關ノ機能ヲ發揮セシメルト共ニ、新メニ金融上必要ナル施設ヲ爲スト云フコトニ付キマシテハ、愼重ノ考慮ヲ拂ッテ居リマスルノデ、而シテ其最モ急施ヲ要スルモノニシテ、幸ニ此特別議會ニ提出致スコトノ出來得タトコロノモノヲ申述ベテ見マスレバ、第一ニハ小農工業者ニ關スルトコロノ詰リ金融デアリマス、我ガ農工業ニ對スルトコロノ金融機關トシテハ、御承知ノ如クニ勸業銀行アリ、或ハ農工銀行アリ、稍々其形式ヲ整ヘテ居リマスガ、唯遺憾ナルハ此小農工業者ニ對スルノ金融機關ガ未ダ圓滑デナイト云フコトデアリマス、此意味ヲ以テマシテ政府ハ產業組合法ノ改正ヲ企圖致シマシテ、信用組合ニ對シマシテ、所謂庶民銀行ノ働キヲ認メ、又一般信用組合ノ活動ノ範圍ヲ擴張致シマシテ、是ト同時ニ勸業銀行或ハ興業銀行、農工銀行、北海道拓殖銀行、斯樣ナル銀行法ニ改正ヲ加ヘマシテ、本議會ニ提出ヲ致スト云フコトニ致レマシタノデアリマス、是亦產業ノ發達時局ニ適應シタトコロノ一ノ施設ト致シマシテ、提出ヲ試ミタ次第デ御坐イマス、其他普通ノ工業資金ニ付キマシテハ、是亦今日ヨリ一層其供給ヲ圓滑ナラシムルガ爲ニ、興業銀行法ヲ改正致シマシテ當議會ニ提出ヲ致シマシタ、船舶ノ金融ニ付キマシテハ從來朝野ノ問題トナッテ居リマシタガ、今回此時局ニ鑑ミマシテ、急ニ此問題ヲ解決スルノ必要ヲ認メマシテ、興業銀行ヲシテ船舶金融ヲ兼營セシムルノ趣旨ヲ以テマシテ、是亦當議會ニ其案ヲ提出致シマシタ、又移民ニ對スル金融デアリマスガ、此件ニ付キマシテモ御承知ノ通リニ從來議論ノアル點デアリマシテ、是ニ對スル種々ナル政府ニ請願書モ出テ居リマス、就キマシテ此問題モ今日時局ノ上ヨリ致シマシテ、解決ヲ致ス必要ヲ認メマシテ、東洋拓殖會社ノ改正法案ガ出マスルニ付キマシテ、同會社ヲシテ移民會社ノ社債或ハ債券ヲ引受ケ、又ハ移民會社ヲシテ同會社ノ代理貸付ヲ爲サシムルト云フ方法ヲ開キマシテ、此移民金融ト云フモノヲ圓滑ニスルト云フ措置ヲ取リマシタ、滿蒙ニ關シマスル金融ハ是モ議會其他ノ多年ノ問題ニナッテ居リマシタガ、御承知ノ通ニ橫濱正金銀行ガ所謂特別貸ト云フコトヲ滿洲ニ於テヤッテ居リマスガ、此特別貸ノミヲ以テハ今後ノ滿洲ニ於ケル不動產ノ金融、之ヲ應ジテ行クト云フ事ガ甚ダ覺束ナイト云フコトヲ認メマシテ、此點ニ付キマシテハ東洋拓殖會社ノ法律ヲ改正致シマシテ、同會社ヲシテ滿蒙ニ於ケル不動產金融ヲ營マシムルトコロノ方法ヲ取リマシテ、是亦緊急ナルコトト致マシテ、當議會ニ其案ヲ提出致シマシタ、右ノ外支那ニ對スル金融機關ニ付キマシテハ、政府ハ主義トシテ日支合辦銀行ヲ設ケルト云フコトニ付キマシテハ何等ノ異議ハアリマセヌノデ、是レノ設立ヲ希望致シテ居リマスルガ、併シナガラ今日ノトコロ御承知ノヤウナ狀態デアリマシテ、斯ノ如キモノガ成立シ得ナイト云フコトハ、政府モ寔ニ遺憾ニ感ジテ居ル次第デ御坐イマス、併ナガラ是ハ等閑ニ附シテ居ルカト云フト、決シテ等閑ニハ附シテハ居リマセヌデ、臨機ノ處置ト致シマシテハ、御承知ノ通リ在來ノ此特殊銀行ヲ利用シ、又普通銀行ノ支那ニ向テ十分發展致スト云フコトニ付キマシテデス、大ニ之ヲ助長スルノ方針ヲ政府ハ取テ居リマス次第デ御坐イマス、日露ノ金融ニ付キマシテモ、是モ時局ノ上ニ於テ甚ダ必要ナコトデアリマシテ、兩國ノ經濟關係ヲ益々密接ニシ、竝ニ兩國ノ國際親善ヲ圖ル上ニ付キマシテハ、日露金融ト云フコトハ是亦等閑ニスルコトハ出來ヌノデアリマスノデ、現ニ橫濱正金銀行、或ハ朝鮮銀行ノ如キトコロノ既設ノ機關ヲ利用致シマシテ、是等ノ目的ニ向ッテ大ニ活動ヲ致サセルコトニ盡力ヲ致シテ居リマスルガ、尙世間ノ問題トナッテ居リマストコロノ、所謂日露合辦銀行ト云フヤウナモノヽ設立ニ付キマシテハ、大ニ研究ヲ重ネナケレバナラヌコト、政府ハ信ジテ居リマス、以上述ベマシタコトハ、政府ノ財政經濟政策ニ關係致シマストコロノ施設ノ一斑ニ過ギマセヌノデアリマシテ、無論大ニ講究考慮ヲ要スベキモノガ多々アルノデアリマス、例ヘバ金融機關ニ付キマシテモ廣ク海外貿易助長ニ關スル金融ノコト、或ハ中央銀行ノ基礎ヲシテ益々鞏固ナラシメ、一般金融界ト密接ナル聯絡ヲ益々進ンデ保タシムルト云フヤウナ點等ニ付キマシテハ、大ニ是ハ研究ヲスベキ問題デアリマシテ、政府ニ於キマシテモ著々是等ノ研究ヲ重ネテ居ル次第デ御坐イマス、斯ノ如ク各般ノ問題ニ付キマシテ、政府ハ鋭意調査研究ヲ重ネマシテ、戰時竝ニ戰後ニ於ケル財政經濟ノ發展ニ順應致スヤウナ素地ヲ作リタイト固ク信ジテ居リマス、終リニ臨ミマシテ、私ハ諸君ガ愼重審議速ニ協贊ヲ與ヘラレンコトヲ切ニ希望致シマス

（拍手起ル）

第五　東洋拓殖株式會社法中改正法律案（政府提出）　第一讀會

東洋拓殖株式會社法中改正法律案

東洋拓殖株式會社法中左ノ通改正ス

第一條　東洋拓殖株式會社ハ朝鮮及外國ニ於ケル拓殖資金ノ供給其ノ他拓殖事業ノ經營ヲ目的トスル株式會社トシ其ノ本店ヲ東京ニ置ク

第三條中「日韓兩國人」ヲ「日本人」ニ改ム

第六條中「東京」ヲ「京城、奉天」ニ改ム

第七條中「四人以上」ヲ「三人以上」ニ「三人以上」ヲ「二人以上」ニ改メ、「副總裁二人」ヲ削ル

第八條中「副總裁及理事」ヲ「理事」ニ、同條第二項ヲ左ノ如ク改ム

總裁事故アルトキハ理事中一人其ノ職務ヲ代理シ總裁缺員ノトキハ其ノ職務ヲ行フ

第九條　總裁ハ政府之ヲ命シ其ノ任期ヲ五年トス

理事ハ五十株以上ヲ所有スル株主中ヨリ株主總會ニ於テ二倍ノ候補者ヲ選擧シ政府其ノ中ヨリ之ヲ命シ其ノ任期ヲ四年トス

監事ハ三十株以上ヲ所有スル株主中ヨリ株主總會ニ於テ之ヲ選任シ其ノ任期ヲ二年トス

第十條中「副總裁」ヲ削ル

第十一條　東洋拓殖株式會社ハ左ノ業務ヲ營ムモノトス

一　拓殖ノ爲必要ナル資金ノ供給

二　拓殖ノ爲必要ナル農業、水利事業及土地ノ取得、經營、處分

三　拓殖ノ爲必要ナル移住民ノ募集及分配

四　移住民ノ爲必要ナル建築物ノ築造、賣買及貸借

五　移住民又ハ農業者ニ對シ拓殖ノ爲必要ナル物品ノ供給及其ノ生産シタル物品ノ分配

六　委託ニ因ル土地ノ經營及管理

七　其ノ他拓殖ノ爲必要ナル事業ノ經營

前項第七號ノ事業ヲ經營シ又ハ外國ニ於テ前項第一號乃至第六號ノ事業ヲ營マムトスルトキハ其ノ事業及地域ニ付豫メ政府ノ認可ヲ受クヘシ

第十二條　政府ハ必要ト認ムルトキハ前條第一項第一號以外ノ業務ニ使用スル資金ノ額ヲ制限スルコトヲ得

第十三條　第十一條第一項第一號ノ資金供給ハ左ノ方法ニ依リ之ヲ行フヘシ

一　移住民ニ對シ二十五年以内ノ年賦償還又ハ五年以内ノ定期償還ノ方法ニ依ル移住費ノ貸付

二　生産者ニ對シ其ノ生産物ヲ擔保トスル一年以内ノ貸付

三　三十年以内ノ年賦償還又ハ五年以内ノ定期償還ノ方法ニ依ル不動産又ハ不動産上ノ權利ヲ擔保トスル貸付

四　公共團體又ハ特別ノ法令ニ依リ組織シタル産業ニ關スル組合ニ對シ三十年以内ノ年賦償還又ハ五年以内ノ定期償還ノ方法ニ依ル無擔保貸付

五　農業者二十人以上連帶シテ債務ヲ負フ者ニ對シ五年以内ノ定期償還ノ方法ニ依ル無擔保貸付

六　移民取扱業其ノ他拓殖事業ヲ營ムコトヲ目的トスル會社ノ株券又ハ債權ノ應募、引受

七　移民取扱業其ノ他拓殖事業ヲ營ムコトヲ目的トスル會社ノ株券又ハ債券ヲ質トスル五年以内ノ定期償還ノ方法ニ依ル貸付

八　法令ノ規定ニ依リ設定シタル財團ヲ擔保トスル三十年以内ノ年賦償還又ハ五年以内ノ定期償還ノ方法ニ依ル貸付

前項第二號ノ貸付ヲ爲ス場合ニ於テハ手形割引ノ方法ニ依ルコトヲ得

第十三條ノ二　東洋拓殖株式會社ハ定期預リ金ヲ爲スコトヲ得

前項ノ定期預リ金ハ前條第一項第二號又ハ第七號ノ貸付ニ充ツル場合ヲ除クノ外之ヲ使用スルコトヲ得ス

第十四條中「又ハ動産」及但書ヲ削ル

第十五條ニ左ノ但書ヲ加フ

但シ舊債アル場合ニ於テ東洋拓殖株式會社ヨリ借入スル新債ヲ以テ舊債ヲ償還スル效果ニ依リ新債ノ第一順位ノ擔保ト爲ルコトヲ得ヘキトキハ此ノ限ニ在ラス

第二十一條中「國債證券」ノ下ニ「若ハ政府ノ認可ヲ受ケタル有價證券」ヲ加フ

第二十二條ノ二　東洋拓殖株式會社ハ日本勸業銀行ノ代理店タルコトヲ得

東洋拓殖株式會社ハ日本勸業銀行ノ貸付ヲ代理シタル場合ニ於テハ日本勸業銀行ニ對シ債務者ノ爲ニ債務ノ保證ヲ爲スコトヲ得

第三十三條中「韓國政府ノ任命シタル監理官ト共同シテ」ヲ削ル

第三十七條ノ二　東洋拓殖株式會社ノ貸付金ノ利子及割引料ノ最高歩合ハ毎營業年度ノ初ニ於テ政府ノ認可ヲ受クヘシ

第四十條ノ二　政府ノ所有スル株式ニ對シテハ大正六年度以降大正十三年度迄ノ營業期ノ利益ノ配當ヲ爲スコトヲ要セス但シ毎營業期ニ於ケル利益カ政府以外ノ者ノ所有スル株式ノ拂込資本額ニ對シ年八分ノ割合ヲ超過スルトキハ其ノ超過額ハ政府以外ノ者ノ所有スル株式ニ對スル配當ノ割合ニ達スル迄政府ノ所有スル株式ニ配當シ尚殘餘アルトキハ平等ニ配當スヘシ

第四十一條中「副總裁」及「副總裁又ハ理事」ヲ「理事」ニ、「及第四十條」ヲ「、第四十條又ハ第四十條ノ二」ニ改メ第三號ヲ左ノ如ク改ム

三　第十二條又ハ第三十四條ノ規定ニ基キ發シタル命令ニ違反シタルトキ

三ノ二　第十三條、第十四條乃至第十七條ノ規定ニ違反シ資金ヲ供給シタルトキ

三ノ三　第十三條ノ二第二項ノ規定ニ違反シ預リ金ヲ使用シタルトキ

第四十二條中「副總裁」ヲ削ル

附　則

本法ハ大正六年十月一日ヨリ之ヲ施行ス

本法施行ノ際現ニ理事タル者ノ任期ニ關シテハ仍從前ノ例ニ依ル

（國務大臣勝田主計君登壇）

○國務大臣（勝田主計君）　本案改正ノ大體ノ要旨ハ、第一點ハ從來モヤッテ居リマシタガ、拓殖ニ要シマス所ノ資金ヲ専ラ貸付ヲ致スト云フ精神ヲ以テ改正ヲ致シマシタ、即チ日本勸業銀行ヲシテ朝鮮ニ於テハ拓殖會社ニ代理貸付ヲナサセルト云フ途モ此點ニ於テ開クコトニ致シマシタ、是ガ第一點、第二點ハ先刻一寸申シマシタ如クニ、此會社ヲシテ移民會社ノ社債或ハ株券ヲ引受ケシメ、又ハ移民ニ代理貸付ヲ爲サシメルト云フ所ノ方法ヲ開キマシタノガ、是ガ第二點、第三點ハ是ハ先刻一寸申シマシタガ、滿蒙ニ於キマスル所ノ拓殖ノ爲ニ資金ヲ貸付ケルコト、即チモ少シ具體的ニ申シマスレバ、所謂不動産貸付ヲ滿洲ニ於テヤルト云フコトガ第三點デアリマス、ソレカラ條文ノ整理竝ニ組織其他ニ亙ッテモ多少改正ノ點ガアリマスガ、是ハクダ〳〵シク申上ゲマセヌ、唯一ツ申上ゲテ置キマスノハ、補助ノ點デ御坐イマスガ、從來ハ御承知ノ如ク拓殖會社ニ對シテハ年三十万圓ノ補助ヲ致シテ居リマシタノデアリマスガ、今囘ハ色々拓殖會社ニ重大ノ任務ヲ負ハシマスカラ、此補助ノ方法ヲ改メマシテ、政府ノ持ッテ居リマス所ノ株ニ對スル其配當ヲ、大正六年ヨリ十三年ニ亙ルノ間免ジテヤル、モ少シ具體的ニ申上ゲマスルト、三百万圓政府ガ持テ居ル、ソレニ對シテ六分トスレバ三六、十八万圓デ、免除シテヤルト云フコトデアリマシテ、若シ是ガ配當率ガ八分ニナリマスト、制限ヲ置キマシテ、ソレ以上ニナリマスレバ、政府ノ株ニ配當ヲ致サセルト云フ規定ニ變ヘマシタノデアリマス、大體右ノ如キ主旨デアリマシテ、此ノ如ク廣ク仕事ヲヤラセマスニ就テハ、大ニ拓殖會社ノ業務ヲ發達指導シナケレバナリマセヌニ依リマシテ、此監督ガ今マデハ朝鮮總督府デアリマシタガ、中央ニ移シマシテ、中央ニ於テ之ヲ監督スル、斯樣ナ精神ヲ以チマシテ此法案ヲ提出致シマシタ、ドウカ御審議ノ上御協贊下サレンコトヲ切望致シマス

○議長（大岡育造君）　御質問ガ有リマセヌケレバ、日程第六右議案ノ審査ヲ付託スベキ委員ノ選擧ヲ議題ト致シマス

第六　右議案ノ審査ヲ付託スヘキ委員ノ選擧

○恒松隆慶君　本案モ十八名ノ委員、議長ヨリ指名アランコトヲ望ミマス

○議長（大岡育造君）　御異議ハアリマセヌカ

（「異議ナシ」ト呼フ者アリ）

第十三　朝鮮事業公債法中改正法律案（政府提出）　第一讀會

朝鮮事業公債法中改正法律案

朝鮮事業公債法中左ノ通改正ス

第二項中「借入金」ヲ「公債又ハ借入金」ニ、第三項中「八千四百萬圓」ヲ「九千六百萬圓」ニ改ム

（國務大臣勝田主計君登壇）

○國務大臣（勝田主計君）　電話事業公債ニ付キマシテハ、是亦既ニ申上ゲテアル如クデアリマシテ、今回電話ノ擴張ヲ公債資金ニ依テヤルト云フコトノ方針ヲ定メマシテ、先ヅ六年度ノ追加豫算ニ於テ三百万圓ヲ計上シ、其以後九千九百五十万圓ト云フモノハ公債ヲ募集スルト云フ、詰リ其法律案デアリマシテ極メテ簡單ナ案デアリマス、次ノ朝鮮事業公債法中改正法律案ハ御承知ノ如クニ、朝鮮ノ國庫債券二千万圓ガ本年ノ十二月ニ於キマシテ借換ノ期限ニナッテ居リマス、然ルニ此事業公債法中ニハ借換ニ關スル所ノ規定ガ御坐イマセヌノデ、ソレデ此規定ヲ設ケマシテ、十二月ニ借換ヲ致スト云フコトヲ實行致シタイト思フノデアリマス、其序ヲ以チマシテ朝鮮ノ事業公債ノ發行額ガ、從來ハ御承知ノ如ク八千四百万圓ト云フコトニ極メテアリマス、併シナガラ既ニ御協贊ヲ得テ居ル所ノ年度割ニ依テ此公債ヲ計算致シテ見マスルト云フト、約其金額デハ千二百万圓バカリ不足致スト云フコトニナリマスノデ、之ヲ加ヘマシテ卽チ八千四百万圓ヲ九千六百万圓ニ改正ヲ致シタイト云フノガ此案ノ精神デ御坐イマス、ドウカ御審議ノ上御協贊ヲ願ヒタウ御坐イマス

○議長（大岡育造君）　唯今ノ二案、恆松君ハ合セテ同時ニ説明ヲ求メラレタノデアリマスガ、私ガ諮ッタ結果トシテ併合審議ノコトニ致シマス

（「異議ナシ」ト呼フ者アリ）

○議長（大岡育造君）　議題ヲ付託スベキ委員ノ選擧ニ移リマス

右議案ノ審査ヲ付託スヘキ委員ノ選擧

○恆松隆慶君　本案ハ十八名ノ委員ト致シ議長指名ヲ望ミマス

○議長（大岡育造君）　恆松君ノ動議ニ御異議アリマセヌカ

（「異議ナシ異議ナシ」ト呼フ者アリ）

第十五　朝鮮鐵道用品資金會計法廢止法律案(政府提出)　第一讀會

朝鮮鐵道用品資金會計法廢止法律案

朝鮮鐵道用品資金會計法ハ之ヲ廢止ス

本會計廢止ノ際現存スル現金ハ朝鮮總督府特別會計ノ歲入ニ繰入ルヘシ

附則

本法施行ノ期日ハ勅令ヲ以テ之ヲ定ム

○議長(大岡育造君)　大藏大臣

(國務大臣勝田主計君登壇)

○國務大臣(勝田主計君)　本案ハ御承知ノ如ク朝鮮ノ鐵道ヲ滿洲鐵道會社ニ依託經營セシムルノ政府ノ計畫デアリマシテ、斯クナリマスルト唯今議題トナッテ居リマス所ノ法律ガ、自然廢止サレルト云フコトニナリマスノデ、ソレ故ニ此案ヲ提出致シマシタ次第デ御座イマス、ドウカ御協贊アランコトヲ望ミマス

○議長(大岡育造君)　右議案ノ審査ヲ付託スヘキ委員ノ選擧ニ移リマス

第十六　右議案ノ審査ヲ付託スヘキ委員ノ選擧

○恆松隆慶君　本案ハ曩ニ第九ノ日程ガ九名ノ委員ニ附託ニナッテ居リマスガ、其レト同一ノ委員ニ付託セラレンコトヲ望ミマス

○議長(大岡育造君)　御異議ハアリマセヌカ

(「異議ナシ」ト呼フ者アリ)

○議長(大岡育造君)　御異議ナケレハ恆松君動議ノ如ク決シマシタ、更ニ呼ヒマス、日程第十七、第十九、第二十一ハ同種ノ議案ナルニ依リ、一括議題トナスニ御異議アリマセヌカ

(「異議ナシ」ト呼フ者アリ)

第二十七 製鐵業奬勵法案(政府提出) 第一讀會

製鐵業奬勵法案

製鐵業奬勵法

第一條 一ノ場所ニ於テ一年三萬五千佛噸以上ノ製銑能力ヲ有スル設備ヲ以テ營ム製鐵事業ハ土地收用法第二條ノ土地ヲ收用又ハ使用スルコトヲ得ル事業トシ同法ヲ適用ス

前項ノ規定ニ依リ他人ノ土地ヲ收用又ハ使用シ得ヘキ製鐵事業ノ範圍ハ勅令ヲ以テ之ヲ定ム

第二條 一ノ場所ニ於テ一年三萬五千佛噸以上ノ製銑能力又ハ製鋼能力ヲ有スル設備ヲ以テ製鐵事業ヲ營ム者ニハ命令ノ定ムル所ニ依リ開業ノ年及其ノ翌年ヨリ十年間其ノ場所ニ於ケル事業ニ付營業税及業務ヨリ生スル所得ニ對スル所得税ヲ免除ス

前項ノ規定ニ依リ營業税及所得税ノ免除ヲ受クヘキ製鐵事業ノ範圍ハ勅令ヲ以テ之ヲ定ム

第三條 一ノ場所ニ於テ一年三萬五千佛噸以上ノ製銑能力又ハ製鋼能力ヲ増加スル設備ヲ爲シタルトキハ能力増加ノ年及其ノ翌年ヨリ十年間其ノ増加シタル能力ニ付前條ノ規定ヲ準用ス

第四條 前二條ノ規定ニ於テ三萬五千佛噸トアルハ低燐銑鐵製造事業ニ付テハ三千五百佛噸トス

第五條 農商務大臣ノ認可ヲ受ケタル計畫ニ基キ命令ノ定ムル期間内ニ製鐵能力ノ設備又ハ其ノ能力増加ノ設備ヲ完成スルトキハ其ノ完成ノ年ヲ以テ第二條ノ開業ノ年又ハ第三條ノ能力増加ノ年ト看做ス

前項ノ規定ニ依ル設備完成前其ノ設備ニ依リ事業ヲ營ム場合ニ於テモ其ノ能力ニ付營業税及所得税ヲ免除ス但シ前項ノ期間内ニ設備ヲ完成セサルトキハ此ノ限ニ在ラス

第六條 製鐵ノ事業ヲ繼續スル者又ハ其ノ事業ヲ繼續スルモノト認ムヘキ事實アル者ハ前事業者カ本法ニ依ル營業税及所得税免除期間内ニ在ルトキハ其ノ期間ヲ繼承ス

第七條 北海道、府縣及市町村其ノ他之ニ準スヘキモノハ本法ニ依リ營業税及所得税ヲ免除セラレタル製鐵事業者ニ對シ其ノ免除セラレタル部分ニ相當スル資本金額、從業者、營業用ノ工作物若ハ物件、使用動力又ハ收入ヲ標準トシテ課税スルコトヲ得ス

附則

第八條 本法施行ノ期日ハ勅令ヲ以テ之ヲ定ム

第九條 本法施行ノ際現ニ製鐵事業ヲ營ム者本法施行後三年内ニ一ノ場所ニ於テ第二條ノ能力ヲ有スル設備ヲ爲スニ至リタル場合ニ於テ開業ノ年ノ翌年ヨリ十年ヲ經過セサルトキハ命令ノ定ムル所ニ依リ殘期間第二條ノ規定ヲ準用ス

第十條 本法施行前ヨリ一ノ場所ニ於テ第二條ノ能力ヲ有スル設備ヲ以テ製鐵事業ヲ營ム者其ノ開業ノ年ノ翌年又ハ第三條ノ能力ヲ増加スル設備ヲ爲シタル年ノ翌年ヨリ本法施行ノ日迄ニ十年ヲ經過セサルトキハ命令ノ定ムル所ニ依リ殘期間第二條又ハ第三條ノ規定ヲ準用ス

第十一條 第四條及第五條ノ規定ハ前二條ノ規定ノ適用ニ付之ヲ準用ス

第十二條 第二條ノ能力ヲ有スル製鐵事業ノ設備又ハ第三條ノ能力増加ノ爲必要ナル器具、機械其ノ他ノ材料ヲ輸入スルトキハ本法施行ノ日ヨリ十年間勅令ノ定ムル所ニ依リ輸入税ヲ免除ス第九條ノ規定ニ依リ設備ヲ爲ス場合亦同シ

○國務大臣(仲小路廉君) 議長

○議長(大岡育造君) 農商務大臣

(國務大臣仲小路廉君登壇)

○國務大臣(仲小路廉君) 本案提出ノ理由ヲ說明致シマス、今日我國ノ狀況ニ於キマシテ、鐵ニ付キマシテハ最モ其必要ヲ感ジテ居ル時デアリマス、此點ハ官民共ニ深ク此事ニ苦慮致シテ居ルノデアリマス、政府ニ於キマシテモソレ〴〵ノ方法ヲ採リマシテ、出來ル限リハ今日ノ急需ニ應ジタイ積リデ居ルノデアリマス、決シテ今日ノ場合ハ政府ノ手一ツデ萬事ニ行屆クモノデハナイノデアリマス、此際民間ニ於キマシテモ相當ノ規模ノ大ナル有力ナル鐵工場ノ起リマスコトハ、今日ノ急需ニ應ズル上カラ見マシテモ、甚ダ切要ヲ感ズルノデアリマス、政府ハ此等ノ趣意ニ依リマシテ相當規模ノ大ニシテ計畫ノ完キモノニ付テハ、奬勵ノ途ヲ執リマシテ、之ヲ興隆ヲ望ム積リデアリマス、唯補助奬勵ノ方法ハ時ニ依リマシテハ弊害ナシトハ申サレマセヌノデアリマス、此等ノ點ニ付キマシテモ餘程ノ考慮ヲ致シマシテ、補助奬勵ノ途モ直接ノ途ハ之ヲ避ケマシテ、主トシテ各税ニ對スル免除、或ハ必要ナル土地ニ付テ公用徵收ノ途ヲ開キマストカ、若クハ必要ナル機械ノ輸入ニ對シテ税ヲ免ズル等、而モ此等ノ事モ永久ニ渉ッテ致スノハ國家ノ爲ニモ甚ダ宜シクナイト存ジマス、唯事業ノ完成ヲ致ス迄ノ時間デアリマス、卽チ十箇年間奬勵ノ爲ニ、此等ノ補助ヲ致シタイト云フ趣旨デアリマス、本案ハ今日ノ場合緊要ナル案デアリマス、願クハ御審査ノ上速ニ御協贊アラムコトヲ希望致シマス

○議長(大岡育造君) 中村啓次郎君

○中村啓次郎君 極メテ簡單デアリマスカラ當席カラ述ベマス

○議長(大岡育造君) 宜シウ御坐イマス

○中村啓次郎君 本員ハ大體此政府ノ本案ニ關スル方針ニ付キマシテハ、唯今農商務大臣ノ述ベラレタル御趣旨ニ同意ヲ表スルノデアリマス、併シナガラ其ノ方法手段デアル、此本案卽チ製鐵業奬勵法ニ付キマシテ多少ノ疑ナキ能ハズデアッテ、二三四箇條ニ付テ質シタイト思ヒマス、第一ハ此本案ノ第一條第二條ニ於テ、同一ノ場所ニ於テ三万五千佛噸以上ノ製銑能力又ハ製鋼能力ヲ有スル者ニ非ラザレバ、本法ノ保護ヲ受クル能ハズトナッテ居リマス、其理由ヲ聽キタイノデアリマス、同時ニ現在ニ於キマシテ三万五千佛噸以上ヲ製造致シテ居リマスル工場、若クハ個人ガ幾人アリマスカ、其名前等モ承リ得レバ承リタイノデアリマス、第二ハ唯今農商務大臣ノ述ベラレル所ニ據リマスルト云フト、此保護ノ年限ハ頗ル長カラザルヲ得ナイ、卽チ十箇年ヲ要スルト規定シタルモノ是デアルト云フヤウナ意味ニ承リマシタノデアリマスカ、私共多少玄人筋ヨリ聞及ンデ居ル所ニ據リマスルト云フト、製鐵事業ノ如キハ三四年間保護ヲサレルト云フコトニナリマスレバ自立ガ出來ル、其以上保護ヲ受ケナケレバ尙ホ自立シ能ハズト云フガ如キハ、經營其宜シキヲ得ナイモノデアルト云フコトヲ承ッテ居ルノデアル、此等ノ點ニ付キマシテ、政府ハ十箇年ノ營業税及所得税ヲ免除シナケレバナラナイ、卽チ本法ノ保護ヲ與ヘナケレバナラナイト云フ、此長キ期間ニ致シマシタル理由、第三ハ保護政策ヲ採リマスル他ノ事業ニ於キマシテ、是迄所得税若クハ營業税ヲ免除シタル例アリヤ、是ハ既往ニ對シテ伺ヒタイノデアリマス、將來ニ於キマシテモ此樣ナモノ、卽チ時ノ必要ナル要求ニ依テ保護ヲシナケレバナラナイト云フヤウナモノガ生ジマシタ時分ニハ、矢張リ本法ノヤウニ營

業税若クハ所得税ヲ免除スルト云フヤウナ事柄、即チ此法律案ト同ジヤウナコトヲ政府ハ為ス意思アリヤ、此事項ノヤウナ事ガ發生シタル場合ニ政府ニ保護ヲ――所得税免除若クハ營業税免除ヲ要求シタル場合ニハ、是ニモ亦許スト云フ御考デアルカドウカ、ソレカラ第四ハ、政府ハ今日ノ場合ニ當ッテ小製鐵業者ヲ保護スルト云フコトハ、今日ノ國策ノ急務ト心得テ居ナイノデアルカ、單リ三万五千佛噸以上ト云フモノノミヲ保護シテ、小ナル製鐵業者ヲ保護スル意志ガ無イノデアルカ、多少理窟ニ走ルヤウデアリマスガ、今日ノ大キナ製鐵業ヲ計畫致シテ居リ、實行致シテ居ル者ハ、政府ニ於キマシテハ官營ノ仕事トシテハ八幡ノ製鐵所、是ハ多クハ大冶ノ鑛山ヨリ鑛石ヲ採ッテ居ルノデアリマス、又東洋製鐵所ノ如キハ南支方面ノ桃沖鑛山ノ礦石ヲ採ルコトニ深イ關係ヲ持ッテ居ルト云フコトデアル、大倉組ハ本溪湖ニ於テ或ハ三井、三菱ハ朝鮮ニ於テ――我帝國内地ニ於テ製鐵工業ノ大ナルモノガ起ラヌト云フコトハ、吾レ人共ニ遺憾トシテ居ル所デアリマス、是ガ此鐵山ノ盛ニ採掘サレザルハ他ノ金屬鑛山ノ如ク價ガ高カラザル故ヲ以テ盛ンニ起ラナイノデアリマスガ、我帝國内ニ於キマシテモ此礦物ガ他ノ金屬礦物ノ如キ價ノ昂騰ヲ見ルニ到リマシタナラバ、盛ンニ採鑛ガ行ハレルコト、思フノデアリマス、此等ノ採鑛ノ盛ンニ行ハレルト云フコトハ、山間僻地ニ於テ小製鐵所ノ盛ンニナルト云フコトガ前提デアルト信ジマス、然ルニ政府ハ此三万五千佛噸ト云フ如キ大ナル製鐵工場ノミヲ保護シ、小製鐵工場ヲ保護シナイト云フガ如キハ、鐵ノ獨立――自給ヲ圖ルト云フコトヲ、官民共ニ所期シテ居ル、今日ノ此時局ノ對應策ト致シマシテハ、甚ダ遺憾ナキ能ハヌト思フノデアリマス、政府ノ志ノ存スル所ハ甚ダ諒ト致シマスガ、同ジクハ此法律案ノ中ニ小製鐵業者ヲ保護スルト云フ事ヲ具セラレテ居ッタナラバ、吾レ人共ニ滿足スルト云フ意思ヲ以テ政府ノ所見ヲ伺ヒタイノデアル、第五ハ政府ガ保護法ヲ採リマスノニ、營業税ヲ免ジ或ハ所得税ヲ免ズルト云フヤウナコトヲ行フノ煩ヲ避ケテ、多少不公平ナル形ヲ持ッテ居ル保護政策ヲ採ラナイデ、寧ロ海外ヨリ輸入サレル所ノ鐵材ニ對シテ輸入税ヲ増加スルト云フコトニナッタナラバ、小製鐵業者モ大製鐵業者モ均シク共ニ、ソレ相應ノ恵ニ浴スルコト、思フノデアリマス、而シテ此輸入税ヲ課シテ、以テ保護政策ヲ行ヒシコトハ、從來ニ於テモ既ニ先例アルコトデアル、彼ノ砂糖保護法ノ如キ、今日尚三圓ノ輸入課税ヲ致シテ砂糖ノ獎勵ヲ致シテ居ル、或ハ又砂糖ニ對シテハ白糖、精製糖トシテ海外ニ出ス時分ニハ戻税ヲ與ヘテ居ル、此樣ニ帝國ノ製鐵事業ヲ眞ニ保護セント欲スルナラバ、平和克復ノ後――今日ハ船腹ナキノ故ヲ以テ、海外カラ這入ッテ來ル鐵ハ少イガ、平和克復ノ後外國カラ安イ鐵ガ本邦内ニ多ク輸入シ來ルト云フコトニナッタナラバ、此姑息ナル保護ヲ以テ育テ上ゲタル所ノ製鐵事業ガ、一朝ニシテ衰微ニ歸スルノデアルマイカ、政府ハ製鐵業獎勵ノ意思アリトスレバ、徹底的ニ此本邦内ニ於ケル製鐵事業ヲ完全ニ發達セシムル程度マデ、海外ヨリ輸入ヲスル所ノ鐵材ニ對シテ、輸入税ヲ課シテ以テ一面ニ於テ國庫ノ收入ヲ圖リ、此收入ヲ以テ又製鐵事業ヲ保護スルト云フヤウニ、徹底的ニ保護ヲスルト云フ考ハ無イノデアルカ、此等ニ對シテ明瞭ナ答辯ヲ待ツノデアリマス

○中村啓次郎君　前刻ヨリ徹時間不信任案提出者及ヒ贊成者ノ意見ヲ聽イタノデアリマスガ、何レモ散彈ヲ遠距離ヨリ放ツヤウナモノデアリマシテ、如何ニ微力ナリト云フ内閣デモ、更ニ負傷ヲ致シタヤウナ形ガナイノデアル、況ヤ致命傷オヤデアリマス、斯ノ如キ狀態デアリマスガ故ニ、本員茲ニ取立テ、内閣ノ立場ヲ擁護シ不信任案ノ無力デアルコトヲ、茲ニ詳細ニ說明スルノ要ナシト雖モ、一二箇條其主張ノ中デ多少有力ラシキ點ニ對シテ一言ヲ試ミ此壇ヲ降ル積リデアリマス、固ヨリ長キ文章ヲ書キ來ッテ半ハ朗讀スルヤウナ、或ハ小說メイタル材料ヲ持來ッテ之ヲ朗讀スルヤウナコトハ致サナイノデアリマスガ故ニ、多クノ時間ヲ要シナイノデアル、暫クノ間御淸聽ヲ乞ヒマス、反對黨ノ諸君ハ今日ノ時務ヲ解セズ、今日ノ時ノ如何ナル時デアルト云フコトヲ解セズシテ、寧ロ此時間ニ何等ノ響キヲ持タナイ、學究机上ノ空論ノ如キ憲法ノ常道論ヲ提ゲテ、本案提出ノ理由ト致サレテ居ルノデ盛ニ憲法論ヲ言ッテ居ルガ、憲法ノ常道論ヨリ言ヘバ、我ガ帝國議會ハ立法協贊ヲ致スコトハ、大ナル權能ニシテ、大ナル職責デハナイカ、其大ナル權能デアリ大ナル職責デアル所ノ立法事業ヲ或場合ニハ讓歩シテ、憲法ノ常道論ヨリ讓歩シテ、之ヲ一行政官ニ委ネテ居ル事サヘアルノデアル、即チ臺灣總督或ハ朝鮮總督ニ律令或ハ制令ノ名ニ依ッテ立法スル所ノ委任ヲ致シテ居ルノデアル、又此議會ノ權能ト致シマシテハ、豫算審議ノ權能ハ重大ナル權能ニシテ重大ナル責任デアルニモ拘ハラズ、前内閣當時ニ於テハ、六千餘万ト云フヤウナ巨額ナル金額ヲ政府ヨリ豫算審議ノ形式ヲ取ラズシテ、責任支出ノ名ニ依テ支出致サレテ居ルノデアル、憲法ノ常道ハ或場合或時ニ依リマシテハ、多少讓歩ヲ致シマシテ、國政運用ノ敏活ヲ期スルコトガアルノデアル、今一ツノ例ノ如キハ前内閣ノ行フタルトコロノ行動デアッテ、而シテ議會ガ認容致シテ居ル點デアルガ、前内閣ノ如キハ言ヲ君主權ノ干犯ニ藉リテ、他ノ言論ヲ防遏シ、或ハ閣臣ノ罪ノアルコトヲ認メナガラ、刑ヲ科セズ、或ハ袞龍ノ袖ニ隱レテ而シテ居据リヲ致シ、殆ド憲法ノ常道ヨリ申セバ何ト申シテ宜イカ、如何ナル點ニ於テモ憲法ノ常道ニ適ヒシトコロノ事柄ト云フモノハ遂行致シタルモノデナイノデアル、ソレ等ノ人ノ口ヨリ憲法常道論ヲ聞クト云フコトハ、恰モ盜跖ノ口ヨリ倫理ノ話ヲ聽キ、石川五右衛門ノ口ヨリ御經ノ講釋ヲ聽クヤウナ感ガ致スノデアル、國民ノ耳ニハ惡感ヲ通リ越シテ寧ロ滑稽ノ響ヲ致シテ居リマス、又反對黨ハ此不信任ヲ提ゲルニ當ッテ、現内閣ノ對支外交ノ失敗ヲ云爲ス、外交ノ失敗ノ最モ大ナルモノハ大隈内閣デハナイカ(「ノー〱」ノ聲起ル)對支外交ノ如キハ從來多クノ内閣ノ難シトシタトコロデアルケレドモ、大隈内閣ノ際會シタル時ノ如キハ、最モ容易ニ外交ヲ行ヒ得ル時デアッタノデアル、大隈内閣ハ參戰當時ニ當ッテ、即チ獨逸ニ對スル宣戰公布ノ時期ニ當ッテ、大ナル外交ノ失敗ヲ致シ、其外交ノ誤リガ綿々トシテ引キ來ッテ、今日マデ國民ニ累ヲシテ居ルノデアル(「ノウ〱」)試ニ大隈内閣ニシテ當時此歐羅巴ノ戰爭ニ對スル日本帝國ノ權威ト云フモノヲ爪ノ垢程デモ心得テ居ッタナラバ(「大キイゾ」ト呼フ者アリ)與ニ我帝國ノ前途ハ泰山ノ安キニ居ルコトガ出來タノデアル(「成程」ト呼フ者アリ)當時大隈内閣ハ歐洲戰亂ニ對スル權威ヲ知ラナカッタト云フコトハ、茲ニ一例ヲ以テ說明スレバ遂メテ明瞭ニ事理ヲ徹底セシメルコトガ出來ルノデアリマス、是ハ私ノ唯今言フコトハ一ノ打算デアッテ一ノ比喩デアリマスガ故ニ、必ズ斯クスベシト云フ議論デナイコトヲ御承知ヲ願ヒタイ、此歐洲戰亂ニ對スル日本帝國ノ權威アル地位ト云フコトヲ知ラント欲スレバ、日本帝國ハ此歐洲戰亂ノ勃發致シマシタ時ニ當リマシテ、若シ日本帝國ガ獨逸ト手ヲ握ッテ居ッタナラバ、如何ナル結果ヲ來タスト云フコトヲ考ヘルノデアル、是ハ獨逸ト手ヲ握ルト云フコトヲ言フノデハナイ、獨逸ト手ヲ握ッテ居ッタナラバ如何ナル結果ヲ來スノデアルカト云フ打算ヲスルノデアル、此打算ヲ致セバ陸ノ方面ニ於テ露西亞ハドウナル(「脫線」ト呼フモノアリ)何ガ脫線ダ、陸ノ方面ニ於テ露西亞ハドウダ、露西亞ハ當時貝加爾以東ニ於テ約五軍團十七万六千八シカ居ラナイノデアル、我帝國ニ當ラウトスルナラバ百万ノ貔貅ヲ貝加爾以西ヨリ齎ラシ來ラナケレバナラヌノデ御坐イマス、左樣ナコトハ絕對ニ爲シ得ラレルコトデナイノデアル、我日本帝國ハ軍器ノ供給ヲナシ、軍資ノ供給ヲナシ、看護婦マデモ送ッテ露西亞ノ肩ヲ持ツ今日、形容ノ言葉ヲ以テスレバ貝加爾以東ニ於テハ殆ド露西亞ノ軍力ト云フモノハ跡ヲ絕ッテ居ルト云ッテ宜イノデアル、其樣ニ總テノ軍力ヲ擧ゲテ以テ「ガリシヤ」方面ニ向ッタ結果ハドウデアル、斯ノ如キ有樣デアル、又海ノ方面ニ於テハドウデアル、若シ海ノ方面ヲ見レバ英吉利ハ日本帝國ガ若シモ獨逸ト手ヲ握ッタト云フ場合デアレバ――是ハ皆假想ノ論デアルケレドモ打算ヲシナケレバナラヌ、少クトモ六七十万噸ノ艦隊ハ我ニ向ハシメナケレバナラヌ、今日ハ英吉利ガ二百万噸ノ艦隊ノ力ヲ以テ、百万噸ノ獨逸ノ艦隊ヲ「キール」ニ押ヘ付ケテ居ル、此力ハ英國單獨ノ力ニアラズシテ日本帝國ノ太平洋及南洋地中海方面ニ於ケルトコロノ我海軍力ノ力ガ與ッテ居ルト云フコトハ、三歲ノ童子ト雖モ打算シ得ルノデアル、(「寢言ヲ言フナ」ト呼フ者アリ)是等ノ打算ハ今日ハ何人ト雖モ打算シ得ルコトデアルガ、是等ノ打算ハ所謂經綸ヲ事トスルモノハ其當時ニ於テ知ラナケレバナラヌノデアル、是ハ戰前ニ於テモ主張スベク戰ノ間ニ於テモ主張スベク講和ノ時ニ於テハ多クノ主張ヲ用ヒズシテ其效果アラシメナケレバナラヌ所ノモノデアルノデアル、戰爭アレバ茲ニ講和アルコトハ、生アレバ茲ニ死アルト同ジダ、斯ノ如ク日本帝國ノ向フトコロニ依ッテ、日本帝國ガ同盟軍ニ加擔スレバ同盟軍ハ茲ニ勝算歷々デアル、日本ガ聯合軍ニ屬スル故ヲ以テ、聯合軍ハ茲ニ勝算ヲ打算シ得ラレル、日本帝國ノ權威ハ斯ノ如キ立場ニアルノデアル、此權威ヲ自覺シテ居ルナラバ、此戰ノ初メニ當ッテ多クノ茲ニ英吉利ニ對シ聯合軍ニ對シ駄目ヲ押シ得ル機會ガ幾ラモアッタニ拘ラズ、當時大隈内閣ハ信ヲ國民ニ失シ、國民ノ思想ヲ外ニ向ハシメルト云フ此小サキ卑劣ナル考ヨリ、國家重大ノ對策ヲ誤ッテ殆ド何等ノ考慮ヲ盡サズ、倉皇トシテ兵ヲ出シ懇望セラレテ以テ事ニ望ムベキ機會ヲ捕ヘテ居リナガラ、或ハ是等ノ聯合國ノ人ヨリ、即チ英國ヨリシテ我義軍ノ前途ヲ阻マレタ次第ハ天下周知ノ事實デハナイカ、是等ノ事ガ及ボシ及ボシテ遂ニ今日ノ外交ノ上ニ重大ナル影響ヲ來シテ居ルノデアル、日本帝國ノ發展ヲ阻害スルモノハ何ナリヤト言ヘバ、正直ニ答ヘル者ハ何レモ皆列強ナリト答ヘルノデアル、此列強ノ力ト云フモノガ東亞ニ及ボシテ居ル時ニ當ッテハ、支那ニ對スル外交ハ困難デアルガ、幸ニモ――帝國ノ愛國主義ヨリ言ヘバ幸デアル、幸ニモ歐洲ノ列強ガ龍攘虎鬪戰雲歐羅巴ノ天地ヲ蔽フテ居ル、此時ニ當ッテ常ニ列強ノ勢力ノ後ロニ隱レテ、帝國ノ誠意ヲ解シ能ハザルトコロノ支那四億ノ國民ハ、日本帝國ノ雙肩ニ負ハレントシテ居ル時デハナイカ、此時期ニ當ッテ彼等ヲシテ日本帝國ノ意思ヲ知ラシメズ、却テ彼等ヲシテ國辱紀念ト云フガ如キ大「ボイコット」ヲ起サシメタコトハ、皆是大隈内閣ノ齎シ來ッタ對支外交ノ大ナル害毒デハナイカ、左樣ナル外交ノ上ニ大ナル失敗ヲ來シ、帝國百年ノ憂ヲ貽シテ居ル者ガ、外交問題ヲ捉ヘテ以テ内閣ヲ彈劾スルガ如キハ、與ニ抱腹絕倒スル所ノモノデアル、又選擧干涉ヲ以テ現内閣ヲ彈劾セントスルモ、選擧干涉ハ大隈内閣ノ專賣特許デハナイカ(拍手起ル)猿ノ尻笑ヒト云フコトガアルガ、他ノ尻ノ赤キコトハ見エルガ、自分ノ尻ノ赤キコトハ見エナイ、比喩ハ甚ダ野卑ニ近イガ、曾テ沐猴ニシテ冠スル者也トノ批評ヲ蒙リタル人々ニ對シテハ、此比喩ヲ以テ酬スルコトガ適當ナリト信ジマス、何レヲ見マシテモ此不信任案ヲ提出シテ現内閣ヲ彈劾スル所ノ資格ヲ有セズ、其主張スル所ノ言議モ悉ク散彈デ、更ニ致命傷ヲ與ヘルモノデナイト思ヒマスカラ、此邊ニ止メテ此壇ヲ降リマス（拍手起ル）

○議長（大岡育造君） 下岡忠治君

（松本誠之君「緊急動議ガアリマス」ト呼フ）

○議長（大岡育造君） 唯今ハ下岡君ニ發言ヲ許シマシタカラ……

（松本誠之君「私モ通告シテアリマスカラ御呼出シヲ願ヒマス」――ト呼フ）

（下岡忠治君登壇）

（拍手起ル）

○下岡忠治君 私ハ極ク簡單ニ（「簡單デナクテ宜シイ」ト呼フ者アリ）本案ニ贊成ノ趣意ヲ述ベマスカラ、暫ク御清聽アラムコトヲ望ミマス、今春ノ議會ニ於テ吾々同志ノ者ガ現内閣ニ對シテ不信任ノ提案ヲ致シマシタガ、其後政局ノ狀態ハ非常ニ變化ヲ來シマシタ、併シ當時吾々ガ主張シテ居ッタ不信任ノ理由ハ依然トシテ現存シテ居ルノデ御坐イマス、唯何カ少シク吾々ノ主張ニ影響ヲ及ボスノ惧アルガ如ク見ルベキモノガ一ツ出來テ來タ、卽チ臨時外交調査會ノ設置是デアリマス（「謹聽々々」ト呼フ者アリ笑聲起ル）國民黨ノ諸君ガ昨是今非今日ニ於キマシテハ過去ノ態度ヲ御一變ナスッタ、其最大原因モ此處ニアルト信ジマス、併シ私ノ見ル所デハ臨時外交調査會ノ設置コソ、吾々ヲシテ益々現内閣ニ對シテ不信任ノ意ヲ表明スルコトヲ的確ニ證據立テ居ルコト、信ズルノデアリマス、（「何ヲ言フノカ分ラナイ」「默ッテ聽ケ」ト呼フ者アリ）寺内伯爵ガ此臨時外交調査會ヲ奏請セラレマシタト云フコトハ、其動機ニ付テハ色々ニ申シマスルケレドモ、私ノ考デハ無論善意ニ出來テ居ルモノト信ジテ居リマス、卽チ我ガ帝國ノ國論ヲ統一スル上カラシテ、此際斯ノ如キ機關ヲ設ケヤウト云フ御趣意ニ出來タト云フコトハ勿論信ジテ居リマス、併シナガラ（「何ヲ言ッテ居ルノダ」ト呼フ者アリ）少シ御聽キナサイ、其動機ノ如何ニ拘ラズ、此制度ノ上ニ於テ憲法ノ制度ノ上カラ考ヘテ見テ、是ハ寔ニ由々敷キコトデアルト感ズルノデアリマス、ソレ故ニ私ハ憲法上ノ議論ヲ以テ少シク諸君ノ御清聽ヲ汚ス考デアリマス（「謹聽々々」ト呼フ者アリ）私ハ此臨時外交調査會ト云フモノハ啻ニ憲法ノ精神ニ違背シテ居ルノミナラズ、國務大臣ノ責任ノ紛更ヲ來ス嫌ガアルト云フ位ノモノデアレバマダシモ、憲法ノ成條ニ明カニ背反シテ居ルモノガアリマス（「何處ニアル」ト呼フ者アリ）憲法ノ規定ヲ見レバ能ク分ル、憲法ハ限定的ニ――陛下ノ輔翼機關ト云フモノニ付テハ限定的極メテ居リマス、明カニ限定シテ居ル、勿論憲法上ノ機關トシテハ御承知ノ通リ、帝國議會アリ、裁判所アリ、會計檢査院ト云フ獨立シタモノガ澤山アリマス、併ナガラ大政ヲ輔翼スル機關トシテハ二ツシカナイ、チヤント極メテ居ル、憲法義解ヲ一應讀ミマスカラ御聽キヲ願ヒマス「恭テ按スルニ天皇ハ既ニ内閣ニ倚テ以テ行政ノ揆務ヲ總持シ又樞密顧問ヲ設ケテ以テ詢謀ノ府トシ聰明ヲ裨補シテ偏聽ナキヲ期セムトス（中略）此レ乃他ノ人事ト均ク一般ノ常則ニ從ヒ二種ノ要素各其業ヲ分ツナリ」卽チ人事ト同ジク二ツニ分レテ居ルノデアル、「蓋シ君主ハ其天職ヲ行フニ當リ謀リテ而シテ後之ヲ斷セムトス卽チ樞密顧問ノ設實ニ内閣ト倶ニ憲法上至高ノ輔翼タラサルコトヲ得ス」斯ウ云フ風ニ書イテアリマス、卽チ我ガ帝國ノ憲法ニ於テハ大政ヲ輔翼スル機關トシテハ輔弼ノ責任ヲ有スル所ノ國務大臣又別ニ 陛下ノ諮詢ニ答ヘル爲ニ樞密院ガ設ケテアル、此二ツノモノニ限定シテアル、然ルニ臨時外交調査會ノ官制ヲ御覽ナサイ、内閣ヨリ獨立シテ 陛下ニ直屬シテ所謂側近ニ於ケル所ノ一ノ會合トナッテ全ク應機啓沃ノ任、啓沃ノ任ト云フコトハ最前鵜澤總明君ヨリ御話ガアリマシタガ、詰リ輔翼ノ任ト云フコトデアリマス（「ソンナコトハナイ」ト呼フ者アリ）ソンナコトハナイト云フコトハナイ、憲法ニ明カニ書イテアル、「二大輔翼ノ機關ナリトアル、輔翼機關トシテハ二ツニ限定シテアルノデアリマス、然ルニ臨時外交調査會ト云フモノハ、矢張是ハ補翼機關デアル、應機啓沃ノ機關デアルト云フコトハ分リ切ッタコトデアル、然ルニ世間デハ段々此制度ヲ辯護スル人ノ說ガ新聞等ニモ出テ居リマスガ、悲シイ哉政府者カラハマダ明カナル答辯ヲ聽キマセヌカラ、此點ニ付テハ分リマセヌガ、兎ニ角新聞等ニ辯解シテ居ル意見ヲ聞イテ見ルト、マルデ見當違ヒノ議論ヲシテ居ル、曰ク 陛下直屬ノ機關ハ幾ラデモアル、決シテ今度出來タ臨時外交調査會ニ限ッタコトデハナイト斯ウ申シマス、列擧シテ曰ク内大臣府アリ、宮内大臣アリ、元帥府アリ、軍事參議院アリ、又ハ參謀總長モアレバ軍令部長モアリ、師團長モアリ、教育總監モアルト、段々斯ウ云フモノヲ列ベ立テ、、先例ニ斯ウ云フモノガ澤山アルカラシテ臨時外交調査會ト云フモノガ出來タ、所ガ是ハ決シテ始メテ斯ウ云フ異例ノモノガ出來タ譯デナイト云フ辯解ガ、新聞紙上等ニ澤山出テ居リマス、有力ナル人々ノ意見トシテ私共ソレヲ度々聞キマシタ、併ナガラソレハ大變ノ間違ヒ、非常ニ見當違ヒナ議論デアリマス、内大臣或ハ宮内大臣ト云フノハ、皆樣御承知ノ通リ是ハ宮内ノ官職デアリマス、一般國務ヲ以テ律スルコトノ出來ナイコトハ分リ切ッテ居ルノデアリマス、元帥府以下軍事機關ニ屬スルモノハ、是ハ所謂 天皇ノ統率大權カラ出テ居ル機關デアリマス、普通ノ國務ノ機關トハ違ヒマス、ソレ故ニ 天皇直屬ノ機關トシテハ澤山アルケレドモ、一般普通ノ國務ト云フ上ニ於キマシテハ斯ウ云フ例ハナイ、又朝鮮總督府ノコトヲ例ニ出ス人ガ御坐イマス、朝鮮總督府ハ 天皇ニ直屬シテ居リマス、朝鮮總督府ハ 天皇ニ直隷ハシテ居リマスケレドモ、是ハ矢張陸海軍ノ統率及朝鮮ノ防備ニ關スルコトニ就テハ 陛下ニ直屬シテ居ル、併ナガラ朝鮮一般ノ統治、一般ノ統治事務ニ付テハ内閣總理大臣ヲ經由シナケレバナラヌコトニナッテ居ル、從ッテ朝鮮總督ガ所謂一般ノ國務ヲ行フト云フ上カラ申シマシテモ、矢張 天皇ニハ直屬シテ居ルモノデハアリマセヌ、是デスラ山本内閣ノ時代ト記憶シテ居リマスガ、當時ノ内務大臣原敬氏ノ如キハ、朝鮮總督ガ一體 天皇ニ直隷ストノ官制ニアルノガ宜クナイ、寧ロ是ハ内務大臣ノ管理ニ屬スルガ當然デアルト云フコトヲ提唱シタコトヲ私ハ記憶シテ居リマスガ、ソレ位デアリマス、兎ニ角 天皇ニ直隷シテ居ル機關デハアルガ、ソレハ統率權ノ關係ニ於テ直隷シテ居ルノデ、一般ノ行政ノ事務ノ上カラ考ヘルト、矢張内閣總理大臣ノ管理ニ屬シテ居ルノデアリマス、ソレ故ニ我國法ノ全般ヲ調ベテ見マシテモ、 天皇ニ直屬シテ内閣カラ獨立シテ、斯ノ如キ特別ノ機關ト云フモノハ外ニ例ガ無イノデアリマス、唯憲法ニ規定シテアル所ノ樞密院及國務大臣以外ニハ斷ジテアリマセヌ、卽チ此點カラ考ヘマシテモ、憲法ガ限定シテ居ル機關ノ外ニ、新タニ斯ウ云フモノヲ設ケルト云フコトハ飛デモナイ問題デアル、若モ是ガ議決機關デアルトスレバ、確ニ輔弼ノ責任アル所ノ國務大臣ノ權限ト衝突ヲシマス、又是ガ單純ナル諮問機關デアルトシテ見テモ、樞密顧問ノ職掌ト確ニ重複シマス（拍手起ル）ソレ故ニ憲法上カラ考ヘテ、斯ノ如キ特別ノ内閣カラ獨立シタ機關ヲ設ケルコトハ確ニ憲法違反デアリマス（拍手起ル）是レ程明々瞭々ナコトハアリマセヌ、世ノ中デ之ヲ疑ッテ居ル者ガアルトスレバ私ハ甚ダ不思議ニ思フ（「大ナル誤解」ト呼フ者アリ）或ハ曰ク（「天皇ガ認メテ居ルノデハナイカ」「默レ」ト呼フ者アリ）或ハ曰ク、今日ノ時局ハ所謂千古未曾有ノ時局デアル、ソレ故ニ斯ウ云フ場合ニ於テ、據所ナク寺内伯ノ大目的ヲ達シヤウト云フ上カラ考ヘテ見レバ、或ハ憲法ノ精神ニ幾分反スル嫌ハアルカモ知レマセヌケレドモ、先ッ斯ウ云フ制度ヲ設クルト云フコトハ、是ハ今日ノ時局ニ照シテ已ムヲ得ナイ、斯ウ云フ辯解ヲスル人ガアリマス、以テノ外ノ辯解デス(「簡單」ト呼フ者アリ)或ハ今日千古未曾有ノ大時局デアルト云フコトハ認メネバナラヌガ、併シ憲法ハ明治大帝ノ御制定ニナッタル萬世不磨ノ大典デスゾ(拍手起リ又笑聲起ル)憲法ノ規定ニ反スル事ヲ笑ヒ事デハ決シテアリマセヌ、御冷靜ニ虛心坦懷ニ御考ヲ願ヒタイノデアリマス、憲法ノ條項ニ反レテマデ、特ニ斯クノ如キコトヲヤルト云フノハ、是ハ將來或憲法ノ殊ニ國務大臣輔弼ノ責任ナルモノハ、兎角ニ紛更ノ起リ易イ規定デアル、此規定ニ對シテ斯ノ如キ全ク違憲ナル制度ヲ設クルコトハ、實ニ是ハ怪シカラヌコト、私ハ思フノデアリマス(「ヒヤヒヤ」ト呼フ者アリ)若シモ斯ウ云フヤウナ事ヲ許スコトニ致シマスト、日本デハ敎育ガ大事デアル、故ニ敎育ニ付テモ　陛下直隷ノ諮詢機關ヲ設ケヤウト云フ議ガ起ルカモ知レマセヌ、又國防ガ大事デアル故ニ、國防ニ關シテモ　陛下直隷ノ諮詢ノ機關ヲ設ケヤウト云フコトガ起ルカモ知レヌ、產業ニ付テ然リ、其他各種ノ工藝ニ付テモ　陛下直隷ノ機關ヲ設クルト云フコトガ決シテ起ラヌト言フコトガ出來ヌノデアリマス(「選擧違反ニ就テモ」ト呼フ者アリ)所謂憲法破壞ノ端緖ハ是カラ起ル、實ニ怪シカラヌコト、私ハ思フ、ソレ故ニ細カイ事ハ言ハズトモ、殊ニ臨時外交調査會ト云フモノガ憲法違反ノ制度デアルト云フコトハ認メナケレバナリマセヌ、然ル以上ハデス、現內閣ニ對シテ吾々ガ不信任ノ意思ヲ表スベキ理由ノ以外ニ、此臨時外交調査會ノ設置ト云フコトハ、更ニ一段政府ノ責任ヲ加重シタ譯デアリマス、私ハ斯ノ如キ方法ヲ執ラズトモ、寺內伯ガ其目的ヲ御遂ゲニナラウト思フナラ、內閣ノ組織ヲ改造シ、或ハ無任所大臣ヲ置クナリ、但シハ宜シク引責シテ後賢ニ其後ヲ御讓リニナルナリ、幾ラデモ其方法ハアル、其方法ヲ執ラズシテ斯ノ如キ無理ナ制度ヲ拵ヘタコトハ是ハ容易ナラヌコトト思フノデアリマス(拍手起ル)又政友會ノ我先輩タル原敬氏ニシテモ、亦國民黨ノ犬養毅氏ニシテ見テモ、此時局ニ顧ミテ眞ニ寺內內閣ヲ擁護シテ、外交上大々的伸張ヲ計ラウト云フ必要ガアルナラバ、正々堂々ト何ニ此內閣ニ御入リニナッテ之ヲ御援ケニナラヌノデアルカ(「ヒヤヒヤ」ト呼フ者アリ)若シソレガ厭ナラバ樞密院ニ御入リニナッテモ宜カラウ、新陳代謝ト云フ上カラ云ッテモ樞密院ニ御入リニナルカ宜イカモ知レヌ、或ハ樞密院ニ御入リニナルトモ、內閣ニ御入リニナルトモ、如何ナル方法モ執リ得ルノデアリマス、要スルニ極ク簡單ニ私ハ申シテ居ル譯デアリマスガ、臨時外交調査會ト云フモノハ殊ニ憲法違反ノ制度デアルカラ、斯ノ如キ制度ヲ設ケラレタ內閣ト云フモノニ對シテ、ドウシテモ吾々ガ信任スルコトガ出來ナイト云フコトハ、是ハ當然ノ結果デアリマス、極ク簡單ニ私ノ本案賛成ノ理由ヲ申上ゲマス(拍手起ル)

○議長(大岡育造君)　本野外務大臣

(國務大臣法學博士子爵本野一郎君登壇)

(「謹聽」「幹事長」ト呼フ者アリ)

○議長(大岡育造君)　靜肅ニ……

○國務大臣(法學博士子爵本野一郎君)　諸君、外務大臣ノ能無能ニ就テ憲政會ノ諸君カラ色々ナ御批評ガ御坐イマシタガ、是ハ諸君ノ御批評ニ任カシテ置キマセウガ、唯一ツ聞捨テニナラヌコトヲ責任アル尾崎君島田君アタリノ口カラ出タコトガ有リマスルカラ、是ハ明カニ此處デ正シテ置カナケレバナラヌト思フ、ソレハ何事デアルカト申シマスレバ、支那ガ今日稍々騷擾ノ有樣ニ在ル、此有樣ト云フモノハ恰モ日本ノ責任デアルカノ如キコトヲ言ハレタノデアリマス(「其通リ」「足下ガ無能デアル」「八釜敷イ默レ」ト呼フ者アリ)ソレハ如何ナル事實ヲ捕ヘテサウ云フコトヲ言ヘルノカ、本大臣ニハ明カニ之ヲ認メルコトガ出來マセヌ(「ノウノウ」「ソレ故ニ無能ナリ」ト呼ヒ拍手スル者アリ)支那ノ獨逸ニ對スル國交斷絕、又戰爭參加問題ト云フモノハ、本議場ニ於テ既ニ本大臣ガ述ベラレタル通リニ、既ニ獨逸ニ對シテ宣戰ヲ致シテ居リマスル所ノ帝國ト致シテハ、之ヲ希望セザルヲ得ナイコトデアル、之ニ對シテ反對ノ聲ヲスル人ノ氣ガ知レヌノデアリマス(「ヒヤヒヤ」「何ヲ言ッテ居ルノダ」「シッカリヤレ」ト呼フ者アリ)倘又獨支國交斷絕戰爭參加ト云フコトニ付テハ、殊ニ日本ノミナラズ、聯合與國總テ之ヲ希望シテ居ルコトデアル(「分ッテ居ル」ト呼フ者アリ)而シテ此事ガ支那ノ內亂ヲ惹起シタト云フコトハ、如何ナル事實ヲ捕ヘテ仰セラレルカ、本大臣ハ了解スルコトガ出來ヌノデアル、是ハ全然本大臣ハ否認セザルヲ得ザル譯デアリマス(「幹事長ハドウシタ」ト呼フ者アリ)倘又一ツ玆ニ最モ明カニ致シテ置カナケレバナラヌ事ハ、此臨時調査會ノ問題デ御坐イマス(「分ラヌ」「無能幹事長」「大ニヤリタマヘ」ト呼フ者アリ)憲政會諸君ハ恰モ時局ハ極メテ平々凡々デアルガ如キ(「ノウノウ」ト呼フ者アリ)觀察ヲシテ居ラレルヤウニ見エル、先程ノ島田君ノ御議論ナドニ至テハ此點ニ付テ明カニサウ云フ感ジヲ與ヘタノデアリマス(發言スル者多ク議場騷然)

○議長(大岡育造君)　靜肅ニ……

○國務大臣(法學博士子爵本野一郎君)　本大臣ガ既ニ述ベマシタル通リニ、今日ノ時局ト云フモノハ未ダナカナカ容易ニ終了スベキ事件デハナイノデアル、倘假シヤ此時局ガ終了致シタト致シマシテモ、倘且種々雜多ノ困難ナル問題ガ起ルベキト云フコトハ豫想シテ置カナケレバナラヌト云フコトモ、先頃私ガ申上ゲテ置イタ次第デアル、斯ル非常ノ時代ニ(「故ニ辭職セヨ」ト呼フ者アリ)斯ル非常ノ時代ニ非常ノ機關ヲ設ケルト云フコトハ、是ハ最モ機宜ニ適シタルコトデアリマス(拍手起リ「ノウノウ」ト呼フ者アリ)倘又本大臣ハ三十議會ニ於テ帝國外交ノ事ニ付テハ、及バズナガラ不肖ナガラ本大臣ハ策ヲ樹テルト云フコトヲ言ッテ置キマシタ、而シテ現內閣――帝國政府ノ外交方針ヲ遂行スルニ付キマシテ、此臨時外交調査會ト云フモノハ極メテ有益ノ事デアッテ、我ガ外交方針ヲ遂行スル點ニ付キテ少シモ妨害ガ無イト云フコトヲ、本大臣ハ玆ニ明言スルノヲ憚リマセヌ、此事ヲ一言申シテ置キマス

○議長(大岡育造君)　林毅陸君

(林毅陸君登壇)

○林毅陸君　本員ハ此不信任案ニ對シテ反對ノ意見ヲ有スル者デアリマス、此不信任案ハ解散以前ニ提出セラレタル不信任案ノ繼續ノモノデアリマス、而シテ前回ノ不信任案議事ノ場合ニ於キマシテ、私ハ質問ノ形ニ於テ、如何ナル意見ヲ之ニ對シテ有スルカヲ概略申シタコトガアル、其當時ニ於テハ此不信任案ニ對シテ賛成スルコトハ好マナイ、憲政會ノ唱ヘル所ノ所謂政黨政治論、所謂立憲論ハ何等ノ權威ナキ取ルニ足ラザルモノデアルガ故ニ、其政黨政治論ニ賛成ハ出來ナイ、同時ニ超然內閣ハ吾々ノ平生考ヘテ居ル所ノ意見ニ一致セナイモノデアルガ故ニ、之ヲ承繼スルコトモ好マナイ、故ニアノ場合ニ於テハ其二ツナガラヲ非トナシテ、孰レノ爲ニモ投票シナイト云フノガ私ノ意思デアッタノデアル、其後總選擧ノ際ニ於テモ、到ル處ニ於テ其意見ヲ私ハ發表シタ、デ今回

總選擧ガ了リマシテ新タニ茲ニ議會ガ召集セラレ、又茲ニ同ジ種類ノ案ヲ見ルコト、ナッタノデアリマスガ、此六月ニ入ッテ以來、我政界ニ新タナル變化ヲ見タノデアリマス、其新タナル形勢ニ鑑ミマシテ、私ハ前回ノ態度ニ多少ノ改メヲ爲スノガ適當デアルト云フコトヲ考ヘタ、即チ以前ニ於テハ孰レヲモ非ト爲スノ意味ニ於テ、孰レニモ投票ヲシナイト云フ立場ヲ取ル考デアリマシタガ、今日ハ全然此不信任案ニ對シテ反對ノ投票ヲ入レルト云フ決心デアル(拍手スル者アリ)六月ニ入ッテカラ新タナル變化ノ起ッタト云フコトハ、申ス迄モナク彼ノ外交調査委員會ノ事デアル、此委員會ノ新設ニ伴ウテ政治社會ニ起リタル新タナ變化ノ事デアル、寺内内閣ハ依然トシテ超然内閣ニ相違ナイ、併シナガラ此單純ナル超然内閣ヲ以テシテハ、今日ノ重大ナル時局ニ對シ經綸ヲ行フニ於テ力ノ足ラザルモノアルヲ悟ッタヤウデアル、從來ノ儘ニ於テハ到底其責任ヲ十分ニ盡スノニハ足リナイト云フコトヲ反省シテ氣附カレタヤウデアル、其結果ト致シテ國内ノ有力ナル政治家ノ援助ヲ求メヤウ、國ヲ擧ゲテノ力ノ援助ヲ借リタイ、國ヲ擧ゲテ智慮ノ援助ヲ借リタイ、而シテ能フベクンバ擧國一致ノ力ニ依ッテ此重大ナル時局ニ當リタイト云フ精神ヨリ、新タナル工夫ヲセラレタヤウデアル、其工夫ノ結果トシテ現ハレタモノガ、即チ此外交調査委員會デアル、此委員會ガ寺内伯ノ御趣旨ヲ十分ニ貫徹スルニ於テ、遺憾ナキ案ナリヤ否ヤト云フコトハ無論議論ガアル、本員ニ更ニ好キ方法ハアリハシナイカト云フ考ハ持ッテ居ル、是デハ或ハ不十分ノ嫌ヒナキヤト云フ考ハ持ッテ居ル、サリナガラ兎ニ角總理大臣自ラ單純ナル超然内閣ノ不十分ナルヲ覺リ、自ラ顧ミテ改ムル所ヲヤラウ、斯ウ云フ其精神タルヤ大ニ諒トスベキデアル、而シテ其結果トシテ有力ナル政治家等ガ此寺内伯ノ趣意ニ贊同シ自ラ委員トナッテ、國事ノ爲メニ努力シヤウト云フコトニナッテ居ルノデアッテ、是ハ甚ダ國家ノ爲メニ慶スベキコトデアル、其結果ト致シマシテ前回ノ不信任案ノ卒先者トナッテ居ッタル犬養君、其率ユル所ノ國民黨ノ諸君、此諸君ガ暫ク此時局ヲ觀テ行カウ、前回ノ如キ態度ハ暫ク見合サウト云フコトニナラレタト云フノハ誠ニ當然デアッテ、斯ル變化ノ起ル以上ハ本員又本員ノ態度ニ多少ノ變更ヲ加ヘザルヲ得ナイ、本員ハ此外交調査會ヲ以テ足レリトスル者デハナイ、是ハ飽クマデモ申シテ置ク、今日ノ重大ナル時局ニ處スルニ於テハ、或ハ是以上ノ工風ガ必要デアルカモ知レナイ、或ハ差當リハ是デ何トカヤッテ行ケルカモ知レナイガ、暫クスル中ニハ更ニ〱又新ナル工風ヲ必要トスルヤウニナルカモ知レナイ、其場合ニ於テハ寺内伯ハ如何ナル處置ヲサレルカ、是ハ勿論吾々是ヨリ監視スル積リデアル、若シ寺内伯ガ此調査委員會ヲ以テ足レリトナシ、是以上ノ工風ハナイ、此重大ナル時局ニ當リ國家ノ有スル力ヲ集メ、有ユル勢力ヲ集メ、有ユル智慧ヲ集メ、之ヲ打ッテ一丸トナシテ相携ヘテ國務ニ當ルト云フ——國事ニ當ルト云フ其精神ニ於テハマダ〱新ナル一層良イ所ノ方法ヲ講ゼネバナラナイト云フ必要ヲ發見セラレタナラバ、寺内總理大臣ハ必ズ其必要ナル方法ニ移ルニ躊躇セラレナイデアラウト本員ハ期待スル、若シソレダケノ考ガナク、唯兎ニ角此外交調査會デ何トカシテ行ケバ宜イノダト云フ姑息ナ曖昧ナ考デアルナラバ、勿論本員ハ之ニ贊成ガ出來ナイ、併ナガラ寺内伯ガ時局ニ顧ミ從來超然主義ヲ執ッテ居ラレタ此總理大臣ガ、或形ニ於テ、或程度ニ於テ、超然主義ヲ捨テサウシテ朝鮮ノ有力ナル政治家ノ援助ヲ借リタイト斯ウヤラレマシタル其精神ニ顧ミマスルナラバ、此新ナル機關ガ若シ倘ホ不十分デアルト云フ場合ニハ、更ニ新ニ工風スルダケノ覺悟ハアラレルモノト本員ハ考ヘタイ、此豫想此期待ヲ懷イテ、本會ハ此調査委員會ヲ歡迎シ、同時ニ又此不信任案ニハ反對致スノデアル(「モウ宜イヨ」ト呼フ者アリ)或ハ此調査委員會ハ實際ノ政治ノ外ニ宮中ニ於テ開カレルトコロノ何カ雲ノ上ノ深イ所デ仕事ヲシテ居ルモノ、ヤウニ見エテ居ルガ、現ニ雲深キ所ニ於テ開カレル調査委員會ガ、此衆議院ノ院内ノ形勢ヲ變化ヲ與ヘ影響ヲ與ヘテ居ル以上ハ、吾々ハ其結果ニ鑑ミテ多少態度ヲ改メルト云フコトハ當然ノコトデアル、徒ラニ爭ヒヲ好ムベキモノデハアリマセヌ、極メテ今日ハ重大ナル時局デアリマスカラシテ、斯ノ如キ工風ガ講ゼラルノニ當ッテハ、人皆互ニ赤心ヲ披イテ相互ニ力ヲ協セテ爲スベキ必要ガアル(「宜シク内閣ヲ改造スベシ」ト呼フ者アリ)加藤君ガ此事ニ携ハルコトヲ拒マレタト云フコトハ、本員甚ダ國家ノ爲ニ悲シミ又同君ノ爲ニモ惜ムノデアル(「ノウ〱」「同感」「大ニ惜ム」ト呼フ者アリ)扨サウ云フ次第デ私ハ此不信任案ニ反對ハ致シマスルガ、勿論不信任案ニ反對スルノハ内閣ニ向ッテ信任状ヲ捧呈スル意味デハナイ、唯内閣ノ存在ニ承認ヲ與ヘ、暫ク假スニ時日ヲ以テシテ今後ノ成行如何ヲ見ント欲スルノデアル、此内閣ガ果シテ信任ニ價スルヤ否ヤハ、今後ノ問題デアル、是丈ノ保留ヲ爲シテ本員ハ此不信任案ニ反對ヲ致スノデアル、此憲政會ヨリ提出セラレタル不信任ノ内容等ニ就テハ色々言フベキコトモアルト思フノデアリマス、第一ニ本員ノ甚ダ奇怪ニ思フノハ此不信任案ヲ憲政會ガ出サレタト云フコトガ不思議デナラナイ、諸君ハ不信任案ヲ出スベキ資格ガアルカ(「ヒヤ〱」ト呼ヒ拍手起ル)是ハ前ノ議會ニ於テ本員ガ質問ノ形ニ於テ論ジタコトハ暫ク除クノデアリマス、サウ云フ趣意ニ於テ資格アリヤ否ヤト云フコトヲ申サネバナラヌガ、ソレハ省ク、ソレヲ省イテ諸君ハ今回ノ總選擧ニ於テ、國民ヨリ如何ナル判決ヲ與ヘラレタノデアルカ(「ヒヤ〱」ト呼ヒ拍手起ル)今回ノ總選擧ハ不信任案ヲ問題トシテ戰ハシタ、之ニ由テ國民ノ判斷ヲ求ムル爲ニ戰ハレタモノデアル、其結果國民ヨリ如何ナル判決ヲ與ヘラレタモノデアルカ(拍手起ル)憲政會過半數ヲ制シテ居ル大政黨、二百名ヲ超エテ居ル大政黨ガ如何ナル狀態トナッタカ(「干渉ダ」ト呼フ者アリ)同ジク不信任ヲ唱ヘナガラ國民黨ハドウデアルカ、國民黨ハ國民ヨリ大ニ是認サレタ(拍手起ル)國民黨トシテノ不信任案ハ條理ガアルト云フコトヲ國民カラ褒辭セラレタ(拍手起ル)併ナガラ憲政會ニ於テハ國民ヨリ否認ノ決定ヲ與ヘラレタノデアル(拍手起ル)故ニ之ニ依テ此問題ハ既ニ結了シテ居ル(「其通リ」「ヒヤ〱」ト呼ヒ拍手起ル)此上強イテ此議場ニ於テ徒ラニ口舌ノ爭ヒヲ爲スト云フコトハ、無益ノ沙汰デアル(「ノー〱」ト呼フ者アリ拍手起ル)之ヲ爲スノハ即チ總選擧ニ於テ表明セラレタル國民ノ判決ヲ輕蔑スルト云フ結果ニナル(拍手起ル)「憲政會顏色ナシ」又「大出來ダ」ト呼フ者アリ)政治上ノ爭ニ於テ勝敗ハ時ノ運負ケダト云フナラバ負ケタトシテ收メテ置ケバ宜イノデアル、勝負ハソレニテ濟ンダモノトシテ置クガ宜シイ、サウシテ徐カニ監視的態度ヲ以テ此内閣ヲ鞭撻スレバ宜シイ、然ルニ國民ヨリシテ汝等ノ不信任ハ否認スルト云フ決定ヲ與ヘラレタナラバ、其決定ヲ無視シテ再ヒ之ヲ論ズルノハ甚ダ奇怪ナル話デアル(拍手起ル)故ニ若シ諸君ガ此議場ニ於テ再ヒ不信任ヲ論ゼントスルナラバ、其先決問題トシテ今回ノ選擧ニ依テ現レタル國民ノ判決ハ、不當ナモノデアルト云フコトヲ言ハネバナラナイ(拍手起ル「干渉ノ結果ナリ」ト呼フ者アリ)武富君ト云ヒ、尾崎君ト云ヒ、果シテ此選擧ガ不當ノモノデアル、此選擧ニ依テ表明セラレタル國民ノ意思ハ無視スベキモノデアル、是ハ何等尊敬ヲ拂フベキモノデナイト云フコトガ言ヘルカ（「選擧干渉ノ結果ナリ」ト呼フ者アリ）兎ニ角憲政會ノ諸君ハ今更不信任案ヲ此處ニ提出セラル、資格ハ無イノデアリマス（「ノウ〳〵」「ヒヤ〳〵」ト呼フ者アリ）之ヲ强テ爭フハ折角ノ國民ノ表明シタル判決ヲ輕蔑スル無視スルト云フコトニナルノデアル（「ノウ〳〵」「ヒヤ〳〵」ト呼フ者アリ）扨其他ノ不信任案ノ內容ノ各條項ニ入リマスレバ、是亦何レモ價値無キモノデアル、其中ニ此議院ノ言論ヲ抑壓シテ、妄ニ解散ヲ奏請シタト云フヤウナ事ヲ擧ゲテアル（「其通リ〳〵」ト呼フ者アリ）是ハ實ニ不信任案ヲ提出スル理由トシテハ驚クベキ貧弱ナル理由デアル（「ノウ〳〵」「大ニ貧弱ナリ」ト呼フ者アリ）曾テ二年前ノ大正四年ノ春デアルト思フ、丁度大隈內閣デ加藤君ノ外務大臣ヲシテ居ラレル頃ニ、本員ガ對支外交ノ失敗ニ付テ質問書ヲ提出シタコトガアル、其質問ニ付テノ趣旨ヲ辯明スルベク私ガ將ニ此演壇ニ登ラントシタトキニ（「其通リ」ト呼フ者アリ）其場合ニ此提出者ニ質問ノ趣旨ヲ十分ニ述ベサセルベキ筈デアルノニ、丁度其瞬間ニ外務大臣――加藤外務大臣ガ形式一片ノ答辯書ヲ此處ニ差出シテ本員ノ發言ヲ遮ッタコトガアル（拍手起ル）是ト大同小異ノ事デアル（「何ヲ言フ」「ソレハ理由ニナラヌ」ト呼フ者アリ）尾崎君ガ此演壇ニ登リ不信任案ニ付テ其辯論ヲシヤウト云フ瞬間ニ、議會解散ノ詔勅ガ下ッタト云フ事ト謂ハバ大同小異デアル（「ノウ〳〵」「大ニ違ウ」ト呼フ者アリ）斯ノ如キ事ハ議會ノ政戰ニ於ケル一ノ駈引デアッテ、其事ハ憲政會ノ諸君ガ最モ御承知ノ筈デアル（拍手起ル「ノウ〳〵」ト呼フ者アリ）少クトモ諸君ノ總裁前外務大臣加藤君ハ最モ御存ジノ筈デアル（「ノウ〳〵」「詔勅ヲ駈引ニ使フカ」ト呼フ者アリ）斯ノ如キ事柄ヲ材料モアラウニ、之ヲ材料トシテ不信任案ノ一ツニ加ヘルトハ、其貧弱甚ダ憫マザルヲ得ナイノデアル（拍手起ル）或ハ選擧干渉云々ノ議論モアッタ、之ニ付テハ既ニ段々御說ガアッタコトデアリマシテ、今更彼此レ申ス必要ハ無イ程ニ愚ナル問題デアル、昔支那ノ人間ガ（「然リ〳〵」ト呼フ者アリ）五十歩ヲ以テ百歩ヲ笑フノ愚ヲ罵ッタコトガアル（「林馬鹿ダネ」ト呼フ者アリ）若シ五十歩ヲ以テ百歩ヲ笑フノガ痴人ノ沙汰デアルナラバ百歩ヲ以テ五十歩ヲ笑ヒ、三百歩ヲ以テ五十歩ヲ笑ヒ、五百歩ヲ以テ五十歩ヲ笑フノモ同ジデアル、大隈內閣ノ時代ノ干渉ニ付テ少シク恥ル所アッテ宜シイ（拍手起ル「大出來〳〵」「顏色無シ」「モウ止メテ歸レ」ト呼フ者アリ）倘外交ノ失敗ト云フコトガ大分問題ニナッテ居ル、是ハ殊ニ國家ノ重大ナル事項デアルガ故ニ、更ニ一言ヲ述ベザルヲ得ナイノデアル（「簡單」「謹聽」ト呼フ者アリ）此外交ノ失敗云々ト云フ事ガ不信任決議案ノ理由ノ一トナッテ居リマスルガ、而モ重大ナル主ナル理由ノ一トナッテ居リマスルガ、本員ガ此點ニ於テモ甚ダ贊成致スコトガ出來ナイノデアリマス、今ノ寺內內閣ガ外交上ニ於テ成功シタリトハマダ本員ハ考ヘナイ（「又ソンナ事ヲ言フ」ト呼フ者アリ）又多少ハ拙イ事ガアッタデモアラウ（笑聲起ル「澤山アル」ト呼フ者アリ）サリナガラ不信任案ヲ提出シテ之ヲ破壞セネバナラヌト云フ程ナル重大ナル失敗ガアッタトハ本員思ハナイ（「大ニアル」「オ前ニハ分ルマイ」ト呼フ者アリ）殊ニ此內閣ハ前ノ大隈內閣ノ爲シタル種々ノ外交上ノ失策ノ後始末ヲ付ケタ（「ヒヤ〳〵」「ノウ〳〵」ト呼フ者アリ）寧ロ本員ハ其點ニ於テ尠ナカラズ同情ヲ拂ッテ居ルノデアル（拍手起ル「同情ヂヤナイ御用ダラウ」ト呼フ者アリ）能ク支那ノ事件――或ハ鄭家屯ノ事件トカ色々問題ガ出サレタガ、斯ウ云フ事ノ談判ニ讓歩シテシマッテ下ラナイ詰ラナイト云フ、色々憲政會ノ方ノ諸君ノ間ニハ議論ガアリマスガ、讓ルハ讓ラザルヲ得ザルノ事情ニ諸君ガ爲シタノデアル（拍手起ル）前內閣ノ失敗ノ後始末ニ窮シ、爲サント欲スルモ爲ス能ハザル如キ事情ニ陷ラシメタデハナイカ（拍手起ル「不統一ヲ來シタノハ陸軍省ガ惡イノダ」「默レ」ト呼フ者アリ）

○議長（大岡育造君） 靜肅ニ

○林毅陸君 吾々ハ外交上ノ事柄ニ於テハ務メテ黨派的ノ觀念ヲ去リ、互ニ力ヲ協セテ其成功ヲ圖ラナケレバナラヌノデアル、唯自ラ蒔キタル失策ノ種子ヲ材料ニ擧ゲテ、其失策ノ爲ニ色々苦ミツヽアル所ノ人ニ、却テ反對攻擊ヲ加ヘルトハ實ニ驚キ入ッタ態度デアル（拍手起ル「憲政會ノ幹事ベソヲカクナ」ト呼フ者アリ）ソレニ付テハ講和會議ニ對シテドウスルカト云フヤウナコトガ、諸君ノ間ニ頻ニ問題ニナッテ居ル、講和條件ガドウナルデアラウ、是ハ此議場ニ於テモ既ニ度々憲政會ノ諸君ニハ議論ガ出テ、豫算委員會ニ於テモ御議論ガ出タヤウデアル、如何ニモ此講和條件ガ結局ドウ云フ風ニナルデアラウカ、我帝國トシテハ有利ナル立場ニ於テ有利ナル結果ヲ占メ得ラレルデアラウカドウデアラウカト云フコトハ御互ニ甚ダ寒心セザルヲ得ナイ、意ヲ用ヒザルヲ得ナイ點デアルニ相違ナイ、故ニ其點ニ付テハ互ニ相警シメ互ニ相勵マシ、以テ終局ノ目的ヲ達スルヤウニト諸君ガ努力セラルヽノデアレバ、甚ダ本員ハ喜ブ、併ナガラ其講和條件ガドウデアルトカ、講和會議ニドウスル成算ガアルカトカ言ウテ種々御議論ガアルケレドモ、在來此講和會議ノ時ニドウスル、講和條件ハドウスルトカト云フ、ソンナ心配ノ出ル種子ハ誰ガ蒔イタ、其素ハ誰ガヤッタト思フカ（「何ンダ脫線々々」ト呼フ者アリ）或ハ山東ハドウナル膠州灣ガドウナルトカ云フ議論ガアルガ、膠州灣ハ之ヲ還附スルト云フ事ヲ逸早クモ聲明シタノハ大隈內閣デハナイカ（拍手起ル「加藤高明ダ」ト呼フ者アリ）何ガ故ニ斯ノ如キ聲明ヲ早急ニ慌シク爲シタノデアル（「ヒヤ〳〵」ト呼ブ者アリ）本員ハ敢テ青島ヲ支那ニ還附スルト云フ其事ガ善イ惡イト云フ議論ヲ此處ニスルノデハナイ、併ナガラサウ云フ問題ハ飽迄モ之ヲ留保シテ、帝國ガ外交上有利ナル外交ヲ爲ス材料ト爲スベキデアル、然ルニ大隈內閣ハ輕卒ニ匆々ニ膠州灣ハ還付致シマスル、斯ウ云フ聲明ヲ致シテ居ル（「馬鹿言フナ」「馬鹿デナイ事實ダ」ト呼フ者アリ）先日委員會ニ於テモアッタト思ヒマスガ、望月君デアッタデアリマセウ、イロ〳〵御質問ノ中ニ此山東或ハ南洋諸島、是等日本ガ占領シテ居ルモノヲ所有シテ行ク、之ヲ爲スニ於テ相當ノ成績ヲ擧ゲル覺悟ガアルト思フ云々ト云フヤウナコトヲ言ハレタコトガアル、果シテ此青島ナルモノヲ所有シテ往カウ、飽迄モ之ヲ帝國ノ手ニ持ッテ行クト云フ必要ガアルト云フ考ヘデアルカ、若シ之ヲ必要デアルト御認メニナルナラバ、第一ニ責メナケレバナラヌノハ此青島還附ノ聲明ヲナシタル政府デアル（「イツ還付スルト云フ期限ハ切ッテアリマセヌゾ」ト呼フ者アリ 笑聲起ル）歐羅巴ノ大戰破裂シタル場合ニ於テ、日本ガ之ニ參加スルヤ否ヤト云フコトハ、非常ニ重大ナル問題デアッタ、アノ場合ニハ我ガ帝國トシテハ餘程愼重ナル態度ヲ執リ、愈々時期ノ熟スルニ及ビ愈々起タナケレバナラヌト云フ時ニ於テ、起ツベキデアルト思ッタ、然ルニ其際議會ニ於テハ僅カニ少數ノ後援シカ持ッテ居ラナカッタトコロノ大隈內閣國內ノ政治上ノ立場ノ甚ダ微弱ナル地位ニ在ッタ大隈內閣此內閣ハ戰爭ヲ利用シテ己レノ立場ヲ得タモノデアル、其意味ヨリ急ニ急イデ慌テヽ戰爭ヲ始メタ、サウシテ戰爭ニ加ハルコトガ出來タカラ有難クテ仕方ガナイ、ドウゾ御安心下サイ、青島ハ還付致ス積リデ御坐ル、ドウゾ御安心ナスッテ下サイ、斯ウ云フコトヲアベコベニ此方カラ言フテ出テ居ル、若シアノ場合ニ於テ今少シク愼重ノ態度ヲ執ッテ居ッタナラバ、寧ロ他ノ國ヨリ我ガ帝國ニ向ッテ有利ナル條件、有利ナル保證ヲ與ヘテ來タデアラウ、ソレヲ待タズシテ却テ此方ヨリ青島ハ還付致シマス、御安心下サイトハ何事デアル、是ガ即チ今日平和條約ノ條件ヲ議スル場合ニ於テドウダトカアアダトカ云フ心配ノ起ッテ來ル所以デアル、先程憲政會ノ一演説者ハ斯ウ云フ事ヲ言ハレタ、地中海ニ我ガ驅逐艦隊ガ出テ活動シテ居ルガ、アレニ付テ何カノ約束ヲ取タカ何カノ理解ガアッタカ、斯ウ云フヤウナ事ヲ言ハレテ居ル、何カノ約束ヲ取リ、何カノ理解ヲナシ、何カノ保障ヲ得テサウシテ出シタナラ宜シイガ、ムザ〳〵出シタノデハ困ルヂヤナイカト云フ如キ意味ノ言葉ガアッタ、是ハ實ニ甚ダ不謹愼ナ言葉デアル、若シ地中海ニ驅逐艦隊ヲ出スノデスラモ、何等カノ約束ガ必要デアリ、何等カノ保障ガ必要デアルト云フナラバ、此戰爭ニ參加シ、獨逸ニ宣戰スル場合ニ於テハ倘ホ一層ノ必要、一層ノ條件ヲ付ケルノガ必要デアル、最モ重大ナル場合ニ於テハ輕卒ナル態度ヲ執リ、何等ノ理解モナク、何等ノ約束モナサズ、何等ノ保證モナサズ、漫然開戰ヲシテ置イテ、今日地中海ニ艦隊ヲ送ルト云フ、此當然ノ處置ヲ執ッテ居ル場合ニ、之ヲ彼是言フノハ何事デアル(「上出來々々々」「チヤンピオン」ト呼フ者アリ)又支那ニ對シテ又參戰問題ヲ喋々トシテ憲政會ノ諸君ハ論シテ居ラレル、豫算總會ニ於テ尾崎君ハ此點ニ付キ參戰シタナラドウ云フ利益ガアルカ、參加シタナラドウ云フ利益ガアルノダト、ソレヲ執拗ク質問シテ居ラレル、此支那ヲシテ戰爭ニ參加セシムルト云フコトハ、當局者ヨリモ段々御述ベニナッタヤウニ、支那ニ於ケル獨逸ノ經營ヲ打破スルト云フ意味ニ於テノ利益モアリマセウガ、倘ホ當局者ガ言ハレルコトヲ竊ニ推測致シテ居ル、即チソレハ我ガ帝國ノ外交ノ大局ニ於テハ出來得ル限リ有利ノ地位ヲ作ルト云フコトデアル、支那ニ對シテ參戰サセル、是ハ日本バカリノ問題デハナイ、聯合列國ガ之ヲ希望シテ居ル、日本モ此希望ヲ一ニスルト云フダケデアル、即チ聯合諸國ハ皆希フテ居ル所デアル、之ヲ共ニ為シ此事ニ付テ同一ノ態度ヲ執ルト云フコトハ、即チ我聯合諸國ニ對シ――與國ニ對シ帝國ノ立場ヲ善クスル所以デアル、又大隈内閣ハ種々ノ外交上ノ失策ノ為ニ、帝國ノ立場ヲ甚ダ不利ナラシメテ居ル(「ノウ〳〵」「ヒヤ〳〵」)之ヲ何トカシテ補ヒヲセネバナラナイ、改メナケレバナラナイ、改善ヲ加ヘナケレバナラナイト云フコトガ、即チ今ノ當局者ノ苦心セラル、所デアラウト本員ハ考ヘテ居ル、其結果トシテ地中海ニ對スル巡洋艦井上派遣問題モ起ッテ居ラウシ、又支那ニ對シテノ參戰問題モ起ッテ居ル、斯ウ本員ハ了解シテ居ル、大隈内閣ニシテ今少シク周到ナル外交ヲ行ヒ、今少シク我帝國ノ立場ヲ有利ナラシムル所ノ處置ヲ執ッテ居ッタナラバ、或ハ斯ウ云フ事柄ニ於テ却テ與國ノ為ニ骨ヲ折ルト云フコトノ必要ガ無カッタカモ知レナイ、如何セン之ヲ必要ト為サシメタノハ即チ大隈内閣ノ失敗ノ為デアル、本員ハ此支那參戰問題ナリ、或ハ地中海巡洋艦派遣問題ニ付テ、憲政會ノ諸君ガ恰モ之ニ反對スルガ如キ語氣ヲ漏サレタルコトヲ非常ニ國家ノ為ニ悲シム、諸君ハ果シテ我ガ帝國ガ聯合國ノ一トシテ、地中海ニ巡洋艦ヲ出シアレダケノ活動ヲ為スニ付テ反對デアルカ、反對デハ無カラウト思フ、反對デハナイ筈デアル、苟モ日本人デアルナラバ之ニ反對スル筈ハナイ、而モ恰モ是ガ宜クナイ事デアルカノ如ク、何カノ約束ヲ取ッタカ、何カノ保障ヲ得タカ、下ラヌ事ヲシテハイカナイト言ハヌバカリノ語氣ヲ以テ批評セラル、ノハ甚ダ國家ノ為ニ悲シムベキコトデアル、貧乏人ガ親友ニ金ヲ貸シ、直ニ利子ハ幾ラダト云フヤウナ吝臭イ汚ナイコトヲ云フ、日本ガ僅ニ巡洋艦ヲ出シタカラト云フテ何カ約束ヲ取ッタカ何カ、保障ヲ得タカトカ、實ニ此些細ノ金ヲ親友ニ貸シテ利子ノ談判ヲ為スヤウナモノデアル、斯ノ如キコトニテ帝國ノ大ナル外交ハ行ハレル譯ノモノヂヤナイ(「ヒヤ〳〵」ト呼フ者アリ)諸君ガ内政上ノ事柄ニ就テ種々ノ論ヲ為サレルコトハ御勝手デアルケレドモ、外交上ノ問題ハ今少シク御注意アランコトヲ希望スル(「ヒヤ〳〵」ト呼フ者アリ)倘本員ハ憲政會ノ諸君ガ失敗云々ト唱ヘラレルコトニ就テハ、今申ス通リ反對デアリマスガ、併ナガラ此歐羅巴ノ講和問題ノ起ル場合ニ帝國ガドレダケノコトヲスルカ、ドレダケノ結果ヲ得ラレルカト云フコトハ無論倘ホ將來ノ問題デアル、故ニ此點ニ就テハ政府ノ責任甚ダ重キコトヲ本員ハ認メテ居ル、前内閣ニ失策ガアリ其為ニ色々ナル困難ナ事情モ起ッタト云フコトガアルケレドモ、之ガ為ニ今現ニ責ヲ負フテ局ニ當ッテ居ル人ニ決シテ怠慢失敗ノ申譯ハ出來テ居ナイノデアリマス、此事ニ就テ本野外務大臣ハ吾々ニ安心スベキ説明ヲ與ヘラレテ居ラレル――與ヘテ居ラレル(「ドウシテ安心ガ出來ルカ」ト呼フ者アリ)ソレハ貴族院ニ於テモ亦此衆議院ノ議場ニ於テモ殆ド同ジヤウナ言葉ヲ以テ申サレテ居リマス、即チ平和克復ノ際極東ノ平和ヲ確保スル為ニ帝國政府ニ於テ必要ト認ムル所ノ措置ヲ執ラントスルニ當リマシテハ聯合諸國ガ之ニ對シ異議ヲ唱フルコトナカルベキハ本員ノ信ジテ疑ハザル所デアリマス、斯ウ云フコトヲ本野外務大臣ガ申サレテ居ル、即チ十分ニ吾々ノ希望ヲ達スルニ於テハ成算ヲ有セラレルコト、思フノデアル、若シ之ガ吾々ニ失望ヲ與ヘルト云フコトニナレバ非常ナル責任問題トナルノデアル、吾々ハ此宣言ヲ實現スルベク當局者ガ努力セラレツ、アルモノト了解致シマシテ暫ク其成行ヲ見ント欲スル者デアル、故ニ本員ハ憲政會諸君ノ言ハレル失敗云々ト云フコトニ反對ヲ致シマスケレドモ、今ノ内閣ノ成功シテ居ルトカ、今ノ内閣ハ信任シテ居ル之ヲ任ジテ置イテ安心デアル何等心配ハナイトサウ云フコトマデ申ス意味ニ於テ、此不信任案ニ反對スルノデナイデアリマス、是ハ政府ニ於テモ御了解アッテ戴キタイノデアリマス、是丈ケ保留シテ本員茲ニ言明シテ置ク次第デアリマス、之ヲ以テ本員ノ反對ヲ表明シテ置キマス

○恒松隆慶君　議長

○議長(大岡育造君)　恒松隆慶君

○恒松隆慶君　緊急動議ヲ提出致シマス、論旨ハ盡キタリト認メマスルデ、此場合討論終結ノ緊急動議ヲ提出致シマス、但シ大臣ノ演説ハ此限ニアラズ(拍手笑聲起ル)

○議長(大岡育造君)　唯今恒松君カラ討論終結ノ動議ガ出マシタガ、其前ニ寺内總理大臣ヨリ發言ヲ求メテアリマスルカラソレヲ仕舞ッタ上デ決ヲ採リマス

(「異議ナシ」ト呼フ者アリ」拍手起ル)

(國務大臣伯爵寺内正毅君登壇)

○國務大臣(伯爵寺内正毅君)　諸君政府不信任案ノ憲政會ノ諸君ヨリ提出ニナリマシタ、前來贊否討論ヲ盡サレマシタ、其結果ニ依リマスルト最早論旨ハ明白ニナッテ居ルヤウニ考ヘマス、又政府トシテ前來憲政黨諸君ノ御議論ヲ承リマスル所ニ依レバ、私共ガ前日來諸方面ニ關係シマシタ委員會デノ質問等ニ御答シタコトハ、多クハ之ヲ逆ニ取ラレ、悉ク政府ノ意思ト違ッタ方ノ御判斷ヲ下サレタヤウニ思ハレル(「ノウ〳〵」「答辯ハシナイデハナイカ」ト呼フ者アリ)甚ダ遺憾ニ思ヒマスルガ、其事柄ハ餘リ大キナ問題ニハ觸レテ居ラヌヤウデアル(「大サナ問題デス」ト呼フ者アリ)私ハ此決議案ノ提出セラレタルニ就テ、一言之ニ對シテ政府ノ所信ヲ披陳致シマシテ各位ノ御考慮ヲ煩ハシ

タイト思フノデアリマス、決議案ノ理由ニ依リマスルト「現内閣ハ國民輿論ノ府タル衆議院ニ基礎ヲ有セズ其存立ハ立憲ノ常軌ニ反ス」トアリマシテ(「其通リ」ト呼フ者アリ)恰モ前議會ニ提出セラレタル決議案ト同様デアリマス、是ハ其論旨ノ當ヲ得ナイト云フコトニ對シマシテハ、今春理義ヲ盡シテ洽ク一般ニ公表ヲ致シマシタ、卽チ解散理由ニ詳ニ悉シテ置キマシタ、其通リデアリマス、故ニ今更メテ申述ベマセヌ、政府ハ總選擧ニ對シテ至公至正ヲ旨トシマシテ(「ノウノウ」ト呼フ者アリ)其事實ハ世間ノ周ク知ル所デアリマス(「何ガ公正ダ」「默レ」「ノウノウ」ト呼フ者アリ)

○議長(大岡育造君) 靜肅ニ……

○國務大臣(伯爵寺内正毅君) 世間周知ノ事デ御坐リマシテ總理大臣ハ非違アレバ黨派ノ異同ニ拘ハラズ、少シモ假借スル所ナク致シタコトハ司直ノ處分ニ徴シテ明カデアリマス(「ノウノウ嘘吐キ」ト呼フ者アリ)嘘ハ言ヒマセヌ(「嘘ダ」ト呼フ者アリ)

○議長(大岡育造君) 私語ハイケマセヌ(「御用黨獎勵ノ電報ヲ打ッタデハアリマセヌカ」ト呼フ者アリ)

○國務大臣(伯爵寺内正毅君) 猶ホ之ヲシモ公論ヲ阻遏シ陰險惡辣ノ干渉ヲ逞マシウシタト云フニ至ッテハ、我方正ナル司直ノ府ヲ疑フモノデアッテ、畢竟讒誣虛構ノ妄言ト云フノ外ハアリマセヌ(「ノウノウ」「其通リ」「良心アリヤ」ト呼フ者アリ)政府ハ既ニ屢々聲明シタ如ク、大命ヲ拜シマシテ以來銳意庶政ノ燮理ニ力メマシテ内外百端ノコトニ力ヲ盡シテ居リマスノデ、併ナガラ未ダ顯著ナル效果ヲ見ルニ至リマセヌコトハ、洵ニ不德ノ至リト恐縮シテ居ルノデアリマス(「其通リ」「出來ヌ」ト呼フ者アリ)出來ルカ出來ヌカハ御互ニ見マセウ

○議長(大岡育造君) 私語ハナリマセヌ

○國務大臣(伯爵寺内正毅君) 併ナガラ未ダ顯著ナル效果ヲ見ルニ至リマセヌケレドモ、特ニ外交ノ事ニ付キマシテハ夙夜潛思熟慮シテ施爲畫策其機宜ヲ失ハザランコトヲ期シテ居リマスノデアリマス、幸ニ何等ノ過誤ナク延テ今日ニ至リマシタ(「ノウノウ」ト呼フ者アリ)能ク理義ヲ極メズシテ人ノ爲シタコトハ皆惡ナリト判斷ヲスルト云フコトハ失當デアラウト思ヒマス、鄰邦支那ノ擾亂ニ付キマシテハ、東洋大局ノ保全ニ顧ミマシテ、政府ハ日夕留意シテ懈ルコトノナイ次第デアリマス、(「草稿朗讀ハ許シマセヌ」ト呼フ者アリ)今ヤ世界未曾有ノ大變局ニ際シマシテ　聖明ノ宏謨ヲ翼贊シテ——翼贊シ奉ッテ鞠躬其宜ニ適ハシムルト云フコトハ洵ニ容易ノ業デナイト存ジテ居リマス、デ本大臣ハ初メヨリ——就任ノ初メヨク蹇々匪躬ノ節ヲ致シテ、一意國家ノ爲ニ心血ヲ濺イデ居ル次第デアリマスガ、此重大ノ時局ニ際シマシテ一身ノ成敗ヲ顧ミズ、一時ノ毀譽褒貶ヲ恐レテ國家ノ隆替ニ關スル(「御氣ノ毒デス」ト呼フ者アリ)大事ヲ念ハヌト云フガ如キ者デハアリマセヌ、サウシテ眞ニ(「政權ニ戀々トシテ」ト呼フ者アリ)サウ云フ事デナイト云フコトナラバ、是ハ眞ニ至誠憂國ノ人ト認ムルコトガ出來ナイノデアリマス、今日ノ場合ニ於キマシテ時局ニ關スル緊要ナル事柄ハ、概ネ大權ノ發動ニ仰グベキ重大ノ事項ト思ヒマスカラ、至尊ノ側近ニ外交ニ關スル臨時啓沃ノ機關ヲ特設セラレムコトヲ奏請致シマシテ、朝野ノ練達堪能ナル人ミヲ簡拔奏薦ヲ致シマシタ、而シテ此變局ニ對應シテ銳意國家ノ大計ヲ籌畫致シマシテ、聖明ノ宏猷ニ資シ奉リ萬遺算無カラムコトヲ冀ヒタル次第デ御坐イマス、其施行ニ至リマシテハ固ヨリ憲法上國務大臣ノ責任ニ屬シテ居リマス、サウシテ本大臣ハ補弼ノ重任ニ孤負セザルコトヲ素ヨリ論ヲ俟タナイノデアリマス、決シテ責任ノ推諉ヲ圖リ、閣臣責任ノ本義ヲ紊ルコトハ毛頭斷ジテ致サヌノデアリマス、茲ニ其事ハ斷言致シテ置キマス、今春本議場ニ於テ現内閣ノ不信任案ヲ提出セラレタル以來、中外ノ形勢ハ幾多變遷ノ跡ニ徴シマシテ、益々時局ノ重大ナルコトヲ感ズル次第デ御坐イマス(「故ニ辭職セヨ」ト呼フ者アリ)不肖ハ大命ヲ拜シテ此職ニ立ッテ居リマス、御世話ニ及バヌ、然ルニ一朝ノ行懸ニ拘泥ヲ致シテ、再ヒ斯ル不信任案ヲ本議院ニ提出セラル、ト云フ事ニ至リマシタノハ(「當然ナリ」ト呼フ者アリ)國家ノ爲ニ深ク遺憾トスル所デアリマス(「ノウノウ」ト呼ヒ拍手起ル)今日ノ場合ニ於テ眞ニ帝國ノ前途ヲ憂慮セラル、諸君ハ、斯ル決議案ニ反對シテ一顧ヲ與ヘラレザルコト、本大臣ハ信ジテ疑ハザル所デアリマス(「ノウノウ」「ヒヤヒヤ」ト呼フ者アリ拍手起ル)

○議長(大岡育造君) 恆松隆慶君ヨリ討論終結ノ動議ガ出テ居リマス

(「贊成々々」ト呼フ者アリ)

○議長(大岡育造君) 贊成ノ諸君ノ起立ヲ求メマス

起立者　多數

○議長(大岡育造君) 大多數デアリマス、可決ヲ宣告致シマス、討論ハ終結致シマシタ、本案ノ採決ヲ致シマス、本案ノ採決ヲ致シマス、本案ハ重大ナル議案ナルニ依リ、規則第百二十七條ニ依リ記名投票ヲ以テ採決ヲ致シマス

(拍手起ル)

○議長(大岡育造君) 本案贊成ノ諸君ハ白票、反對ノ諸君ハ靑票——閉鎖——氏名點呼ヲ命ジマス

(書記氏名ヲ點呼ス)

○議長(大岡育造君) 投票漏ハアリマセヌカ——投票漏ハ無シト認メマス——閉鎖——開匣ヲ命ジマス——投票ノ結果ヲ書記官長ヨリ報告致シマス

(寺田書記官長朗讀)

投票總數　三百五十八

可トスルモノ　百二十四

否トスルモノ　二百三十四

(拍手起ル)

○議長(大岡育造君) 本案ハ少數ナルニ因テ否決セラレマシタ

(拍手起ル)

鄭家屯事件解決ニ關スル政府ノ答辯ニ對スル再質問

（望月小太郎君登壇）

○望月小太郎君　鄭家屯事件ノ解決ヲ以テ本員ハ帝國外交ノ失敗デアルト斯樣ニ認メマスルニ就テ、此點ニ關シ外務當局ニ質問書ヲ提出致シマシタ所ガ、唯今其質問書ニ對シ外務當局ハ本員ノ疑問ト致シタ所ノ帝國政府ハ其正當ナル主張及ビ權利ヲ悉ク抛棄シ外交上ノ失敗ヲ招キタルモノト爲ス點ニ就キマシテ、當局ハ本件ノ解決ヲ不當ノモノトハ認メナイト答ヘ、更ニ進ンデ質問者ノ最モ重キヲ置キマシタル警察官配置及軍人顧問ノ件ニ關シテノ公文書ヲ引用セラレテ、此主張ハ帝國政府ハ依然撤回若クハ變更シタルコトナシト云フ意味ヲ通ゼラレマシタガ、本員ノ見ル所ヲ以テシマスレバ、依然本員ガ當初質問書ヲ提出致シタル如ク、此鄭家屯事件ノ解決ハ唯今外務省ノ答辯ニアル二箇條、卽チ警察官配置及軍人顧問傭聘、此二條件ニ於テ確ニ此回答書トハ事實ヲ異ニ致シテ居ルト云フコトヲ申述ベテ、本員ノ疑問ヲ當局者ニ質シ、併セテ諸君ノ聰明ニ訴ヘテ見タイト思ヒマス、本來鄭家屯事件ハ御存知ノ如ク、昨年八月我同胞ト支那人トノ間ニ衝突ガ起リマシテ、遂ニ我軍人十數名ノ死傷及ビ日本商人吉本某ガ殺害致サレマシタ、是ガ卽チ鄭家屯事件ノ原因デアリマス、我國カラ見マスレバ無節制ナル支那兵ノ爲メニ我ガ忠勇武烈ナル軍人ヲ殺サレ、剩サヘ我軍隊ノ威嚴ヲ傷付ケラレタルノミナラス、是ヨリ日支條約ノ結果ニ伴ヒマシテ、將ニ大々的發展ヲ爲サムトスル我同胞ノ新天地トモ目スベキ滿蒙地方ニ於テ、我同胞ノ生命財産ガ頗ル危險ニ陷ルト云フ、斯ウ云フコトガ今後再ビ起ラザルヤウニ其解決ヲ致サウトスルノガ、卽チ此鄭家屯ニ關スル日支兩國交渉ノ外交問題デアリマス、而シテ昨年九月一日カラ引續キ本年一月十二日、卽チ現外務大臣ガ就任後ニ亙リマシテ約五箇月ヲ經テ、此兩國政府ニ於テ商議決定致シマシタガ、其商議決定致シタ結果カラ論ジマスレバ、本員ハ此處ニ唯今外務當局ノ答辯書ニ照シ、而シテ當時政府ノ發表シタル公文書及支那政府ノ發表シタル公文書ニ照シマシテ、我國ハ此外交ニ於テ全然失敗シテアルト云フコトヲ唯今尚ホ確信シ、而シテ之ヲ事實ニ證明致サウト思フ者デアリマス、申スマデモナク滿蒙ニ於ケル帝國ノ地位ハ所謂特殊ニシテ其權利ハ優越デアル、此事ハ條約關係カラ見マシテモ、亦通商貿易上ノ關係ヲ見マシテモ、更ニ進ンデ人口ノ關係カラ見マスレバ、我同胞ハ既ニ十万ノ多キ人々ガ滿洲ニ居住致シテ居リマス、且年々五六千ノ多キ人々ガ此滿蒙ニ移リマスル、其他ニ新附ノ朝鮮人ハ三十万ノ多キニ達シテ居リマス、是等ノ諸點カラシテ我國ハ此滿蒙ニ於テ、我條約上通商上及人口上ノ關係カラ邦人發展ノ便宜ニナルヤウニ、言換ヘレバ支那人ノ爲メニ我ガ權利ヲ阻害セラレザルヤウニ注意セナケレバナラヌノデアル、此結果我ガ當初ノ支那ニ對スル要求ヲ見マスレバ、斯ク外交文書ニ書イテアリマスル、卽チ「本案ハ中國軍隊方面ノ挑發ニ出テ且中國ノ兵力ヲ以テ日本軍隊ヲ包圍襲擊ニ依ルコト疑ヲ容ルヽコトナキ事實ト爲シ事體重大ナル言ヲ俟タス」ト是ガ卽チ我國ガ申出タ所ノ前提デアリマス、此前提ニ基イテ我要求ハ四箇條、更ニ別ニ支那ノ提出ニ隨意任セタモノガ四箇條アリマス、而シテ其要求ノ要點ハ第一、暴行兵ノ師團長ヲ懲戒スルト云フコト、第二ハ責任アル士官ヲ嚴刑ニ處スルト云フコト、第三ハ支那軍隊及軍人ガ將來日本軍隊及軍人及一般人民ヲ挑發スル行動ナカラシムルヤウ、南滿洲及東蒙古ニ在ル支那軍全體ニ警告告示スルコト、第四……

（此時副議長濱田國松君議長席ニ著ク）

○望月小太郎君　此第四條ハ卽チ當局ト本員トノ所見ヲ異ニスル論點デアリマスカラ、殊ニ外務大臣ニ御注意ヲ願ヒタイ、卽チ此第四ノ要求ニハ「日本政府ハ南滿洲及東部内蒙古ノ日本臣民ヲ保護取締ノ爲ニ必要ト認メタル地點ニ於テ日本警察官南滿洲支那官吏ヲ派遣駐在セシメ尙日本人ヲ傭聘シテ顧問ト爲スコトヲ承認スルコト」是ハ外務省ノ公文書ニ依ッテ玆ニ引證致シマシタ、然ルニ是ノミナラズ、更ニ支那ヨリ隨意提出スル所ノモノトシテ、別ニ四箇條ノ申出ヲ爲シマシタ、卽チ其一ハ南滿洲ニ東蒙古駐在ノ支那軍隊ニ日本將校若干名ヲ顧問トスルコト、二、支那士官學校ニ日本將校若干名ヲ敎授トシテ雇入レシムルコト、三、奉天督軍ヲシテ謝罪セシムルコト、四、被害者ニ對スル相當ノ慰藉料、此前後ノ八箇條ヲ以テ談判ノ骨子ト致シマシタガ、交渉五箇月後兩國政府ノ決定議了セル、卽チ我當局ノ發表シタル公文書ニ依リマスレバ、其解決要點ハ第一ニ師團長ノ懲戒、責任士官ノ處罰、支那軍隊一般ニ對スル訓戒的告示、奉天督軍ノ謝罪、日本商人吉木某ノ慰藉料五百弗、之ヲ拂フト云フ五箇條ニ打切ッテアリマシテ、本案交渉ノ二大眼目タル警察官ノ配置及軍事顧問傭聘ノ二項ハ、全然削除セラレテアルノデアリマス、卽チ本員ガ此外交ヲ目シテ一言以テ失敗デアルト云フ論據ハ此處デアリマスル、何故ト申セバ滿蒙ノ新天地ニ於テ將來日本同胞ニ對シテ、斯ル迫害若クハ殺戮ノ起ラザル爲ニ、此豫防法トシテドウシテモ我ガ邦人ノ居住地ニハ第一、我警察官ヲ派遣スルコト、第二ニハ同地方ニ於ケル支那軍隊――不規律ナル軍隊ニ向ッテ我ガ顧問官ヲ傭聘セシムルト云フコトハ、是ハ此交渉ノ根本目的デアッテ、此二箇條ヲ引拔イタ曉ニハ、此根本的目的ハ全然破滅スルモノト本員ハ信ジマス、然ルニ右五箇條ノ決定書中ニハ、此警察官配置軍事顧問傭聘ノ二大目ヲ削除シテ居リマス、若シ當局ガ言フガ如ク警察ニ對スル要求ハ依然保留シテ居ルト云フナラバ、何トテ此公文書ノ中ノ第五ノ次ニ一箇條ヲ加ヘテ之ヲ協定致サナカッタノデアルカ、卽チ交渉ノ目的ガ日本人民ノ生命財産ヲ保護スルニ在リトシテ、此保護ガ根本的理想デアッタナラバ、其理想ヲ達スル爲ニ我警察官ヲ配置スルト云フコトニ付テハ、最モ力ヲ入レテコソ差支ナイモノデアルト思フ、何トナレバ當局ノ御存知ノ如ク支那ノ警察官ハ大抵法律思想ガ無ク、申サバ警官服ヲ著セタル無學文盲ノ人足ガ多數デアル、又此事實ハ支那ガ各國ノ居留地ニ向ッテ、其銘々ノ國々ノ警察官ヲ天津ヲ始メ其他ノ居留地ニ許シテ居ル事實ニ照シテモ明白デアリ、更ニ又支那ノ兵隊ハ支那人ノ所謂良民兵トナラズ、天下ノ流民、賤民、若クハ最モ下等人足ヲ集メタル半バ土匪同樣ナ者ガ多イノデアル、別ケテモ滿洲蒙古ニ於テハ是等ノ警察、是等ノ兵隊ハ其種類ニ於テ最モ劣惡ナリト云フコトハ、總テ此方面ニ事件ガ頻々ニ起ルト云フコトニ照シテモ明カデアリマス、斯ウ云フ譯デアッテ日支交渉ハ我ガ同胞ガ滿蒙ニ發展スレバスルダケ、我國ガ其同胞ノ生命財産ノ安全ヲ期スルガ爲ニ、我警察官ヲ配置シ竝ニ我軍事顧問ヲ支那ニ傭聘セシメテコソ、初メテ日支親善ノ目的ガ達セラルヽノデアル、此日支親善ノ目的ヲ達スルガ爲ニハ、ドウシテモ此二大條件ノ承諾ヲ支那ニ求ムルト云フコトハ、實ハ外務大臣モ三十八議會ニ於テ明言セラレテ居ル筈デアル、今之ヲ外務大臣ノ言ハレタコトヲ以テ立證致シマセウ、外務大臣ハ斯樣ニ述ベラレタ、卽チ第三十八議會ノ速記錄ニ「滿蒙ニ於テ日本ガ特殊ノ地位ヲ占ムルニ至リマシタノハ日本ガ此方面ニ於テ多大ノ犧牲ヲ拂ヒ容易ナラザル努力ヲ爲シタル結果デアリマシテ又支那トノ條約及取極ニ依テ特殊ノ權利及利益ヲ得ルニ至ッタカラノコトデアリマスカラ日本帝國ガ是等ノ權利及利益ヲ防衞スルコトハ帝國政府ニ於キマシテハ國家ニ對スル當然ノ義務デアッテ支那ニ於テ帝國ノ權利及利益ヲ尊重スルコトハ支那國際上ノ義務ニシテ又日支親善ノ實ヲ擧グルモノデアルト云フコトヲ能ク了解シテ貰ハナケレバナラヌコト、存ジマス」本野外務大臣御自身ガ讀ンダ所ノ施政方針ノ中ノ演說デアリマス、此ノ如キコトヲ述ベラレタニ拘ラズ、其滿蒙解決ノ骨子タル警察官配置、軍事顧問傭聘ノ此二箇條ヲ取除イテ仕舞ッタナラバ、交渉ノ目的物ハ全然破壞セラレタノデアル、恰モ下手ノ畫家ガ龍ヲ畫クニ睛ヲ點ゼザルニ同ジク、露骨ニ申セバ已ニ期限到著ノ證文ヲ以テ債權者ガ負債者ニ催促シテ嚴談ノ結果、利息ヲ受取リ證文ヲ返シテ歸ッテ來ルト元金ヲ取ルコトヲ忘レタト同ジコトテ、頗ル是ハ呑氣ナ外交デアルト本員ハ信ズルノデアル、更ニ本員ハ進ンデ本來此外交文書ヲ提出方法ガ誤ッテ居ルト云フコトヲ指摘シテ、當局ノ敎ヲ承リタイ、卽チ當初我ガ要求ノ條項ヲ何故ニ第一ノ要求、第二ノ支那ガ隨意ニ提出スベキモノト云フヤウナ譯ニ區別シタノデアルガ、要求スベキモノハ當然列擧シテ、サウシテ其列擧シタル以上ノ中、枝葉ハ讓ッテモ根本ダケハ終始一貫之ヲ固執シナケレバナラヌ筈ト思フ、又支那ノ任意ニ任セルト云フ箇條ノ中ニ、此軍事顧問傭聘ノ事ヲ入レテアリマスルガ、誰トテ世界中ニ是ハ隨意ニナサッテ宜シイト言ハレテ、ソレデ其隨意條項ヲ承知致シマシタト云フ者ガ御坐イマセウカ、何故初カラ此隨意條項ニアッタ所ノ軍事顧問傭聘ノコトヲ、第一ノ要求ニ入レテコソ、初メテ此目的ハ達セラレヤウト私ハ思フ、又今一歩進ンデ論ゼンニ、抑々我國ト支那トノ交涉ノ精神及主張ガ、此協定書ニ依レバ全ク彼ノ爲ニ蹂躙セラレテ居ルヤウニ本員感ズル、當局ハ日支親善ト云フ意味ヲ以テ此交涉ヲ開始シ、又我ガ權利ニ付テ主張ヲナサレタ、併シ支那ハ一々巧妙且ツ峻烈ニ之ヲ拒絕シテ居ルコトハ、彼我ノ文書ヲ對照シテ見レバ明白デアル、權利者タル我國ハ恰モ義務ナルガ如ク、却テ義務者タル支那ハ恰モ權利者タルガ如ク、本野外務大臣ハ恰モ伍廷芳ニ敎ヘラレルガ如キトコロノ往復文書ヲ、本員ハ此處ニ引用スルノデアル、尙此引用文書ニ至ッテハ後段ニ二三ノ要點ヲ申述ベテ見マスルガ、此事ニ付テハ文書ノ上ニ於テ明白デアラウト思フ、卽チ帝國ガ提出シタル一月五日士官學校ニ――我將校若干名傭入ノ希望ニ對シテ、林男爵ハ斯樣ナ交涉書ヲ送ッテ居ル「右ハ將來滿蒙地方ニ派遣セラルベキ支那士官ノ養成ヲ幫助シ以テ日支親善ノ精神ヲ能ク該士官等ニ徹底セシメ長ク滿蒙地方ニ於ケル今回ノ如キ不祥事件發生ノ禍根ヲ絕タントスル趣意ナリ」之ニ對シテ支那外交總長ノ交涉書ハ、眞ニ寸鐵人ヲ殺スノ文字ヲ以テ簡潔ニ日本ノ要求ヲ一蹴リニ蹴飛ハシテ居ル、是ハ外務省ノ答辯ノ趣意トハ本員ハ違ッテ居ルヤウニ感ズル、彼レ曰ク「支那士官學校ハ本國陸軍軍人ニ依リテ敎授シ未ダ外國人ヲ傭聘シ敎官ト爲スノ意思ナシ」ト斯樣ニ剣付ケテアリマス、又南滿洲デ日本ノ將校ヲ軍事顧問ト爲スト云フコトノ希望ニ對シテ、我國ノ書類ニハ「兩國ノ誤解ヲ豫防スル目的」ヲ以テ云々ト斯樣ニ述ベタ、是ガ卽チ外務當局ノ答辯ニ對スル本員再質議ノ要點デアル、卽チ支那ハ張作霖ガ既ニ我將校ヲ傭聘シテ居ルコトヲ奇貨ト致シテ斯樣ニ言ウテ居ル「奉天督軍公署ニハ既ニ貴國軍事顧問ヲ傭聘シ居レリ」――「既ニ貴國軍事顧問ヲ傭聘シ居レリ御來示ノ件ハ正ニ閱シ悉セリ」ト巧ミニ二行半ノ離緣狀ヲ以テ斷ッテ居ル、此當局答辯書中ニ言ハレタ所ノ「來示ノ段ハ正ニ閱シ盡セリ」是丈デアリマスガ前文ニ唯今私ノ讀ミマシタル「奉天督軍公署ニハ既ニ貴國軍事顧問ヲ傭聘シ了レリ」ト云フ前文ガ附テ、而シテ終リノ「御來示ノ件ハ正ニ閱シ悉セリ」ト云フ文章ガアッテ始メテ首尾一貫シテ全文ノ意味ガ分ルヤウニ信ジマス、殊ニ「御答辯ノ警察官配置ノコトハ我國ハ主張ニ於テモ事實ニ於テモ何等之ヲ撤回若クハ變改シタルコトナシ」ト云ハレマスガ、外務省ノ既ニ公表シタル此交涉文ヲ見レバ、本員ハ斯樣ニハ信ゼラレマセヌ、乃チ我國ハ此時ニ於テ警察官配置ノ件ニ付テ帝國公使ハ堂々トシテ斯樣ナ文書ヲ支那ニ渡シテ居ル、曰ク「日支條約施行ノ結果トシテ滿蒙地方ニ增加スベキ帝國臣民ノ保護及取締必要ノ義務及帝國ノ權利」ト斯樣ニ述ベテ進ンデ「日支兩國々交ノ圓滿ヲ期スルガ爲メニ」ト說キ一步ヲ加ヘ「此事畢竟領事裁判權ニ伴フ當然ノ處置トシテ支那ノ主權ヲ侵サヽルハ勿論日支兩國官民ノ關係ヲ良好ナラシメ兩國經濟ノ發展ヲ期スル所ナリ」云々ト斯樣ニ文章ノ上ニ現シテ居リマス、然モ最後ニ斷案トシテ最後通牒ノ意味ヲ以テ、帝國ハ左ノ文字ヲ加ヘテ居リマス、卽チ「若シ支那國政府ニシテ之ニ同意ヲ與フルヲ躊躇セラルヽ場合ハ帝國政府ニ於テハ必要ニ應シテ之ヲ實行スルノ已ムヲ得サルニ至ルヘキコトヲ茲ニ聲明ス」如何ニモ堂々タル文字デ、近來ノ外交文書中ノ傑作デアリマスガ、併シ支那ノ我要求ニ對スル回答ノ文書ハドウデアルカ、斯樣ニ言ッテアル「日支條約第五條ニ依レバ滿蒙ニ於ケル日本臣民ハ中國警察令ニ服從スルコト、ナリ隨ッテ中國警察之ガ保護取締ヲ實行シ得ル次第ナリ然ルニ更ニ日本警察官ヲ配置シテ日本臣民ノ保護取締ヲ目的トセラル、ハ既ニ條約ノ規定アル以上再ヒ貴國警察ヲ設ケテ支那警官ト衝突スルガ如キコトナキヲ可トス」更ニ進ンデ彼レハ我主張セル領事裁判權ニ關シテ明白ノ回答文ヲナシテ居リマス、卽チ「此警察問題ハ從來ノ法規トハ何等關係ナク支那ガ各國ト條約シテ以來未タ此ノ如キ事ナシ」ト拒絕シ、更ニ我ガ提出シタル日支親善ノ論旨ニ對シテ此「警察官配置ハ支那人民ノ側ニモ宜シカラズ却テ兩國親善ノ妨害タリ」ト斯樣ニ明白ニ我ガ要求ヲ拒絕シテ居ル、更ニ驚クベキ事ハ此談判開始前日露戰爭以後、我國ガ滿洲ニ配置シテ居ル所ノ警察官ニ對シテ、支那ハ明白ニ抗議ヲ申込ンデ居リマス、此申込ノアルニモ拘ラズ、其申込ニ對シテ帝國政府ノ答辯書ニハ一言辯駁ガアリマセヌ、ソコデ此第五條ノ警察令ニ服從スルト云フコトノ支那ノ申出ハ、是ハ條約ニ對シテ無法違反デアルト本員ハ信ズル、ト申スノハ成程條約ノ第五條ノ本文ニ於テハ斯樣デアル「滿蒙ニ於ケル日本帝國臣民ハ支那國警察法令及ビ課稅ニ服從スベシ」斯樣ニ本文ハ規定シテアリマスガ、其第五條ノ支那警察法令ニ關シテ別ニ書面ヲ以テ必ズ我領事ト協議ノ上施行スルト云フ規則ガ書イテアル(「簡單」ト呼フ者アリ)簡單ト言ハレテモ是等ノ證據ヲ擧ケネバナラナイ、此書類ニ依テ見ルト「日本國領事官ト協議施行スベキ儀ニ有之候」ト是ハ支那ノ外務大臣カラ帝國林公使ニ送ッタ所ノ書付デアル、乃チ此條約及往復文書ニ照シテモ何故ニ我政府ハ支那ノ申出テタ支那ノ警察令ニ服從セネバナラヌト云フヤウナ、此論旨ニ對シテ駁擊ヲ試ミナカッタノデアリマスカ、又奉天ノ軍事顧問ノ事ニ關シテハ是モ亦支那ハ日支條約ノ公文ニ斯樣ニ言ッテ居ル「以書翰啓上候陳者總長ハ支那國政府ノ名ニ於テ茲ニ左ノ如ク貴國政府ニ對シテ聲明スルノ光榮ヲ有シ候支那國政府ハ將來ニ鑑ミ滿洲ニ於テ政治財政軍事警察ニ關スル外國敎官ヲ傭聘セントスルトキハ眞先ニ日本人ヲ傭聘スベシ」茲ニ御注意ヲ願ヒタイノハ、此書翰中ニアル傭聘セントスル其時ハ何時デアルカ、卽チ鄭家屯事件ノ如キ不祥事件ノ起ッタ時コソ絕好ノ機會デアル、何故ニ此機會ニ我國ノ軍事顧問ヲ傭聘セシメザリシヤ、我帝國ハ此機會ヲ利用シテ始メテ能ク日支條約第五條ニ關スル此覺書ノ公文書ノ精神ヲ活カサナイノデアリマスカ、此論理カラ見レバ如何ニシテモ最後通牒同樣ノ文書ヲ加ヘタル、卽チ我ハ自由行動ヲ執ルトマデ言ヒ放ッタル警察官配置ノ件、第二ニ軍事顧問、此二條件ハ拔キニシテ茲ニ解決シタト云フ此腕前ハ、如何ニシテモ堂々タル一國ノ外務大臣若クハ大使ノ御資格アル人トシテハ、遺憾ナガラ本員ハ恰モ是ハ外交官試補ニモ及バザル技倆ト結論セザルヲ得ナイノデアリマス(拍手起ル)況ヤ此日支條約前、既ニ我國ニ取ッテ居ッタ既得權トモ謂フベキ、滿蒙ニ於ケル既設ノ警察官及駐在所ニ付テマデモ不承認ノ抗議ヲ提出セラレ、一言之ニ辯駁ヲ加ヘナイノミナラズ、反對ニ最終ノ公文書ニ付テ見レバ支那ヨリアベコベニ當時四平街ヨリ鄭家屯マデ置イタ我兵隊ニ對シテ、何時之ヲ撤退スルカト云フ逆襲ヲ受ケテ居ル、之ニ對シテ我公使ハ支那デ右解決シタ五箇條ガ全部實行サレタ曉ニハ、此事ヲ履行致シマスト斯樣ニ言ハレテ居リマス、更ニ最後ニ於テ此日本政府ノ發表シタル公文ニ依レバ、其解決點ハ一二三四五條トアリマシテ、四箇條ト四箇條卽チ八箇條、全部ヲ出シテ是ダケ交涉シテ、此五條ダケ得タト言ハズニ唯其得タモノダケヲ示シテ、恰モ我勝利ヲ占メタカノ如ク此公文書ノ發表ハ如何ニシテモ當局者自身ガ自己失敗ヲ隱サウトスル、而モ隱シ切レナイ內部ノ事情ハ、支那政府ガ發表シタモノト幾分カ大要ニ於テ同ジ所ノモノガアル、此發表ト支那政府ノ發表シタル鄭家屯事件、日支交涉ノ往復文書、及始末書、之ヲ較ベテ見マスレバ此詳細ノ八箇條及ビ其交涉文ヲ書カズ「唯得タダケノ五箇條ヲ載セテ後ノ必要ナル三箇條中ノ要求ヲ徹回シタト云フコトハ、卽チ支那ニ議論ヅクメニ於テ負ケタ結果、已ムナク徹回セザルヲ得ナカッタト云フコトヲ、公文書ニ依リテ證明セラル、、所謂頭隱シテ尻現ハレタル、是レ馬脚的外交トデモ本員ハ言ハナケレバナラヌ、遺憾ナガラ彼此ノ公文書ニ付テ此點ニ向ッテ外務大臣ニ伺ヒタイノデアリマス、最早多言ヲ要シマセヌ、支那ハ此問題ニ付テノ最後ノ解決ニ斯様ニ云ッテ居ル曰ク「支那ノ政府ハ互讓ノ精神ヲ以テ誠ヲ啓キ公ヲ布キ日本公使ト平和各項ヲ協商ス讓歩既ニ證明スルニ足ル」斯様ニ支那ノ公文書ニハアリマスガ、日本カラ申シマスレバ此鄭家屯事件ノ解決ノ總テノ書類ニ依ッテ之ニ本員ノ論評ヲ加ヘレバ「支那政府ハ互讓ノ名ニ於テ其既ニ失墜スル權利ヲ回復シ、帝國政府ハ日支親善ノ空名ニ囚ハレテ其既得ノ權利マデモ讓歩シタルモノデアル」即チ是ガ本員ガ當局ノ此答辯ニ對シテ依然我正當ナル主張及ヒ權利ハ帝國之ヲ拋棄シ、外交上ノ失敗ヲ招キ、日支親善主義ナルモノハ此大正六年一月二十一日以來日支扉然主義ト改名シタモノデアルト、此紀念ト恥辱トガ此交渉案デアルト云フ趣意ヲ以テ、當局大臣ノ答辯ヲ望マンガ爲ニ、茲ニ質問ヲ致シタ次第デアル、終ニ臨ンデ議長ノ許可ヲ得テ此兩國政府ノ公文書ヲ速記録ニ載セルコトニ致シマシテ、天下ノ公論ニ其得失ヲ訴ヘルコトニ致シマス（拍手起ル）

（參照）

鄭家屯事件日支交渉ノ顛末（質問者邦譯）

一千九百十六年八月十三日日本商人吉本ト遼源駐在ノ支那二十八師騎兵ト些細ノ口論ヨリ遂ニ支日兩軍ノ衝突ヲ來セリ是ヨリ先キ日本軍隊ノ鄭家屯ニ駐在スルモノ二年餘此事固ヨリ不當ニ屬スルヲ以テ屢々抗議シテ懸案中ニ在リ此度日本巡査河瀨ナルモノ日本商人ト支那兵トノ爭論ノ現情ヲ知リ直ニ日本ノ中尉及ヒ軍兵ヲ伴ヒ支那司令部ニ至リ交渉スル所アリ遂ニ互ニ砲撃スルニ至リ彼此共ニ死傷者ヲ出ス支那兵ノ死セシモノ四人日本兵ノ死セルモノ十二人次デ日本ハ再ヒ四平街ヨリ鄭家屯ニ至ル一帶ノ地ニ於テ軍隊ヲ増加駐在セシム

九月二日日本公使支那外交部ニ對シ條件八箇條ヲ提出ス

内支那ノ實行ヲ要求スル四條

一　第二十八師師長ヲ懲戒スルコト

二　責任アル將校ノ職ヲ免シ其中直接暴行ヲ指揮シタル者ハ厳刑ニ處スルコト

三　支那軍隊及ヒ軍人ヲシテ此後再ヒ此等日本軍隊軍人及人民ヲ挑發スル如キ言動ナカラシムル爲メ厳ニ支那南滿洲及ヒ東部内蒙古ニ駐在スル支那軍全部ニ警告シ尚此旨ヲ告示スルコト

四　日本政府、南滿洲及ヒ東部内蒙古ノ日本臣民ヲ保護取締ノ爲メ必要ト認メタル地點ニ於テ日本警察官南滿洲支那官吏ヲ派遣駐在セシメ尚日本人ヲ増聘シテ警察顧問ト爲スコトヲ承認スルコト

支那ノ爲メ隨意提案スルモノ四條

一　南滿洲及ヒ東部内蒙古駐在ノ支那各部隊ニ日本將校若干名ヲ聘用シテ顧問ト爲スコト

二　支那士官學校ニ日本將校若干名ヲ聘用シテ教授ト爲スコト

三　奉天督軍ヲシテ親シク關東都督及ヒ奉天日本總領事館ヲ訪問謝罪セシムルコト

四　被害者或ハ其遺族ニ對シ相當ノ慰藉金ヲ與フルコト

支那政府ハ邦交ノ平和解決ヲ顧念スルニ因リ九月九日ニ於テ勉メテ日本公使提出條件ニ就キ協議ヲ開始ス

九月九日ヨリ十一月二十四日迄數次會議シ交換文列記スル所ノ五項ニ對シテハ當ニ議決ヲ經タリ凡ソ支那ノ主權ヲ害セサル各條項ニシテ讓歩スヘキモノハ讓歩セサルナシ惟タ軍事顧問、教官ヲ聘用スルコト及ヒ警官ヲ増加スル等ノ三事ハ之ヲ承認スル能ハス十月十八日日本公使略ホ警察官ヲ派遣駐在セシムルノ理由及ヒ其職權並ニ支那警察權ヲ侵害スルナキヲ説明ス

十二月二日伍廷芳外務總長ニ任ス是月十九日復ヒ日本公使ト協議ヲ繼續シ軍事顧問、教官及ヒ警官増加三事項ノ不當要求ヲ撤廢シ早ク會議ヲ終結センコトヲ請ヘルコト數次ナリシモ日本公使仍ホ容易ニ讓歩セス本年即チ一千九百十七年一月五日日本公使ハ口述書ヲ提出シタリ即チ

一　士官學校教官ヲ備聘スル件

口述書ノ大要ニ謂フ日本ノ此希望ハ原ト將來滿蒙地方ノ武官ヲ養成幇助シ支日親善ノ精神ヲ闡明シ鄭家屯類似ノ誤解ヲ發生スルヲ免カレシメ以テ禍根ヲ絶ノ目的ニ出ツ惟事軍政ニ關スルニ依リ支那政府應サニ隨意斟酌スヘシ必スシモ強ユルニアラス

二　軍事顧問ヲ聘用スル件

口述書大要ニ謂フ日本ノ此希望ハ原ト兩國軍事官憲ノ意思ヲ疏通シ並ニ誤解ヲ豫防スヘク且ツ南滿洲ニハ先キニ日本人ヲ聘用シテ軍事顧問ト爲ス民國四年五月二十五日支日交渉文書已ニ之ヲ聲明セリ惟、事、軍政ニ關スルニ依リ支那政府應サニ斟酌スヘシ必スシモ強ユルニアラス

三　警察官ヲ派遣駐在セシムル件

口述書ノ大要ニ謂フ支日新條約實行ノ後日本臣民ノ東蒙南滿ニ來往居住スルモノ必ス増加ス乃チ保護取締リ及ヒ兩國國交ノ親善ヲ害スル事件ヲ豫防スル爲メ警察官駐在所ヲ増設スルノ必要アリ且此事治外法權當然ノ措置ニ屬シ支那主權ヲ侵害スルノ虞ナシ若シ或ハ支那政府同意ヲ表セサレハ日本政府ハ當ニ必要ニ應シテ之ヲ實行スヘシ亦タ已ヲ得サルノ事ニ屬ス

支那政府此口述書ヲ受取リ後チ詳カニ考量ヲ加ヘ一月十二日ニ於テ分類回答スルコト下ノ如シ

一　士官學校教官ヲ備聘スル件

支那政府回答ニ謂フ軍官學校向キニ本國陸軍人員ニ由リテ教授ス現ニ尚ホ外國人ヲ聘用シテ教官ト爲スノ意思ナシ

二　軍事顧問ニ關スル件

支那政府回答ニ謂フ奉天督軍公署日本軍事顧問ヲ聘有ス茲ニ來文ヲ閲シ悉ス

三　警察官ノ派遣駐在ノ件

支那政府回答ニ謂フ支日新條約日本臣民ハ南滿洲ニ於テ居住來往シ、工、商業ヲ經營スルコトヲ得並ニ東部内蒙古ニ於テ支那人民ト農業及ヒ附隨工業ヲ合辦スルコトヲ得トアリ支那政府豫シメ日本臣民ノ數必ス増加スルヲ慮リ故ニ該條約第五條ニ於テ「有ユル南滿洲及ヒ東部内蒙古ニ在ル日本臣民ハ應サニ支那警察法令ニ服從シ」以テ支那警察ノ其保護取締ノ職ヲ實行スルニ便スヘキヲ訂定ス此回日本ノ警察官ヲ派駐セントスルモノ其理由亦タ日本臣民ヲ保護取締ルカ爲ナリ、但既ニ條約ノ規定アリ必スシモ日本警察官ヲ増設セス以テ支那警察權トノ衝突ヲ免ルヘシ去年十月十八日交付ノ説明書内記スル所ノ日本警察官重要職務七項ニ支那警察權ノ應サニ及フヘキ所ト爲スモノアリ現行條約已ニ規定スル所ト爲スモノアリ領事裁判所發吏ノ職務ト爲スモノアリ均シク專ラ日本警察ヲ設クルノ必要ナシ是レ此項警察問題ハ稱スル所ノ治外法權ト自ラ混同シ難シ、本國政府認メテ當然ノ措置ヲ爲ス能ハス、卽チ數十年各國ト治外法權ノ條約ヲ締結シテヨリ以來亦未タ此ヲ以テ辭ト爲スモノアルヲ聞カス、貴公使屢々此項警察決シテ支那地方行政及警察權ニ干渉セスト聲明スト雖モ然モ本國政府ノ詳細考量ヲ經レハ支那領土ノ内ニ於テ外國警察ヲ駐在スルコト其如何ハ論セ

ス支那主權ノ精神及ヒ形式上ニ於テ均シク妨害アリ且ツ人民方面ニ於テ誤解ヲ生レ易ク反テ兩國親善ノ障碍ヲ爲スニ足ル現在已ニ設置スル日本警察官駐在所ニ至ツテハ已ニ本國政府及ヒ地方官屢〻抗議スルモ未タ承認セス有ユル口述書内記スル所ノ日本警察官設置ノ理由ハ本國政府允認シ難シ、且ツ此事尤モ鄭家屯事件ト關係ナシ、故同會議ノ節貴公使亦鄭家屯事件ト分離ノ說アリ本國政府應サニ貴國政府ニ請ヒ、再ヒ提出スルコトナカルヘシト爲ス仍ホ支那政府之ヲ承認實行スル能ハス

日本公使支那ノ回答書ヲ受取リ後チ復タ日本公使ハ日本政府ニ電達シ最後兩國政府支那外交總長ト日本公使ト左記各項ヲ商定ス

一 第二十八師師長ヲ懲戒スルコト
二 責任アル支那軍官ハ法律ニ照シテ處罰シ其嚴ニ從フヘキモノハ嚴ニスルコト
三 日本臣民ノ雜居區域内ニ於テ日本軍民ニ對シテハ相當禮遇ヲ爲スヘキ旨一般軍民ニ告示スルコト
四 奉天督軍ハ相當ノ方法ヲ以テ抱歉ノ意ヲ表示シ關東都督及奉天日本總領事共ニ旅順ニ在ルノ時之ヲ行フ其方法ハ該督軍ノ隨意執行ス
五 日本商人吉本ニ救卹金五百元ヲ給與スルコト

此次ノ鄭家屯事件卽チ遼源ノ日本兵ト支那兵士トノ衝突ニ因テ起ル此件既ニ雙方ノ議定ヲ經テ結了ス有ユル遼源ノ日本兵自ラ應サニ全部撤退シ以テ今後再ヒ衝突ヲ起スヲ免カルヘシ（一月二十二日外交部ハ日本公使ニ對シ共四平街ヨリ鄭家屯ニ至ル沿道一帶ノ日本兵隊ハ何日ヨリ撤退ヲ開始シ何日ニ至ツテ一切ヲ了ルカ詳細通知センコトヲ照會セリ日本公使ハ同日回答シテ謂フ帝國政府ノ意ハ此回鄭家屯事件協定ノ五項全部ノ實行ヲ俟チ卽チ曩キニ鄭家屯事件ニ因リ增派セシ日本軍隊全部ヲ撤退スト云々蓋シ此事件ノ交涉ハ支那政府互讓ノ精神ヲ以テ誠ヲ開キ公ヲ布キ日本公使ト平和ニ各項ヲ協商ス讓步已ニ證明スルニ足ル支那方面ニ於テハ既ニ能ク曲ケテ友誼ヲ全フシ深ク日本方面必ス能ク此意ヲ善體スルヲ信ス並ニ將來彼此東三省ニ於テ本國軍民ニ對シ更ニ相約束此等誤會ノ再ヒ發生セサルヲ望ム

日本公使本案解決條件（質問者邦譯）

茲ニ中日兩國ノ關係近來大イニ改良セラレ、兩國親交ノ機運適〻一新紀元ヲ成スノ時ニ際シ、忽チ鄭家屯ノ不祥事件ヲ發生ス、帝國政府最モ遺憾トナシ、帝國政府各方面ニ就キ審ニソノ事實ヲ調査シ務メテ公平ノ判斷ヲ爲スヲ期ス、之ヲ要スルニ本案ハ中國軍隊方面ノ挑發ニ出テ且中國ノ兵力ヲ以テ日本軍隊ヲ包圍襲擊スルニ係ルコト疑ヲ容ルヽナキノ事實トナシ、事態重大ナルコト言ヲ俟タス、而モ帝國政府ハ事ノ中日兩國關係ノ大義ヲ重ンシ、勉メテ和平解決ノ趣旨ヲ以テ此ノ解決案ヲ提出ス

支那ノ實行ヲ要求スル四條

一 第二十八師師長ヲ懲戒スルコト
二 責任アル將校ノ職ヲ免シ其中直接暴行ヲ指揮シタル者ハ嚴刑ニ處スルコト
三 支那軍隊及ヒ軍人ヲシテ此後再ヒ此等日本軍隊軍人及人民ヲ挑發スル如キ言動ナカラシムル爲メ嚴ニ支那南滿洲及ヒ東部內蒙古ニ駐在スル支那軍全部ニ懲告シ尙此旨ヲ告示スルコト
四 日本政府ハ南滿洲及ヒ東部內蒙古ノ日本臣民ヲ保護取締ノ爲メ必要ト認メタル地點ニ於テ日本警察官、南滿洲支那官吏ヲ派遣駐在セシメ尙日本人ヲ增聘シテ警察顧問ト爲スコトヲ承認スルコト

支那ノ爲メ隨意提案スルモノ四條

一 南滿洲及ヒ東部內蒙古駐在ノ支那各部隊ニ日本將校若干名ヲ聘用シテ顧問ト爲スコト
二 支那士官學校ニ日本將校若干名ヲ聘用シテ教授トナスコト
三 奉天督軍ヲシテ親シク關東都督及ヒ奉天日本總領事館ヲ訪問謝罪セシムルコト
四 被害者或ハソノ遺族ニ對シ相當ノ慰謝金ヲ與フルコト

軍事顧問聘用ニ關シ日本公使外交部ニ致セシ口述書（六年一月五日手交）

中國政府南滿洲ニ於テ外國軍事顧問ヲ聘用スルコトハ曩ニ日本人ヲ聘用シタリトノ趣已ニ南滿洲、東蒙古、條約ノ附則ニアリ、民國四年五月二十五日ノ照會中ニ聲明ス、蓋シ日本人軍事顧問ヲ聘用スルハ之ニ藉ッテ兩國軍事官憲ノ意志ヲ疏通スヘク且誤解ヨリ起ル處ノ各種ノ事件ヲ豫防スルニ於テ又補フ處アルハ疑ナシ、此ヲ以テ帝國政府ハ中國政府ニ於テ南滿洲ニ陸續、日本軍事顧問ヲ聘用スルコトヲ希望ス、惟フニ此ノ事貴國軍政ニ關係ス帝國政府之ヲ強ユル能ハス、貴國政府應ニ隨意斟酌スヘシ

軍官學校教官ヲ聘用スルニ關シ日本公使外交部ニ致セシ口述書（六年一月五日手交）

帝國政府ハ中國政府ノ日本國將校若干名ヲ聘シ武官學校ノ教官ト爲スヲ希望ス、之レ將來滿蒙地方ニ派遣スルノ武官ヲ幇助養成シ、中日兩國親善ノ精神ヲ闡明シ以テ滿蒙地方、再ヒ今回ノ鄭家屯事件等ノ不祥案件ヲ發生セスシテ永ク禍根ヲ斷ツヲ以テ目的トス惟フニ此事貴國軍政ニ關係ス帝國政府之ヲ強ユル能ハス貴國政府應ニ隨意斟酌スヘシ

警察官ヲ派遣駐在セシムル件ニ關シ日本公使ノ外交部ニ致セシ口述書（六年一月五日手交）

南滿東蒙條約施行ノ結果將來該地方ニ來往居住スル帝國臣民必ス增加ス、帝國政府ハ之等臣民ヲ保護取締ル爲メニ警察官派駐所ヲ增設スルノ必要アル旨既ニ去年十月十八日ニ於テ帝國公使陳前任外交總長ニ手交セシ說明書內審ニ之ヲ述ヘ已ニ知悉セラルヽ處ナリ、帝國政府以爲ラク若シ或ハ此項ノ要求ヲ撤回セハ將來該地方居住來往ノ帝國臣民ハ大ニ不安ノ慮アリ中國官民トノ間、事端ヲ生シ重大ナル紛糾ヲ惹起スルヲ免レ難シ、之疑ヲ容レサル處、蓋シ帝國政府ヲ以テスレハ自國臣民ニ對シ已ニ必ス保護スヘキノ義務アリ、並ニ一切ヲ取締ルノ權利アリ、之ニ依テ啻ニ之等ノ事件ヲ發生スルヲ默視スル能ハサルノミナラス抑〻且之ヲ兩國國交ノ親善ニ照スモ亦豫メ之ヲ防クノ義務アリ、惟フニ帝國警察官ヲ派駐スルノ事、畢竟治外法權當然ノ措置ニ屬シ、毫モ中國主權ヲ侵害スルノ處ナキハ更ニ言ヲ俟タス兩國官民關係ノ良好ハ經濟ノ關係ヲ發展スルニ貢獻スルモノ必ス尠カラサルモノアリ茲ヲ以テ帝國政府ハ中國政府ノ必ス同意ヲ表スルヲ確信シテ疑ハス若シ或ハ中國政府、躊躇シテ同意ヲ表セサルノ時帝國政府ハ唯必要ニ應シ之ヲ實行スヘシ亦已ムヲ得サルノ事ニ屬ス併テ之ヲ聲明ス

日本公使手交セル警察官派駐問題ニ關スル說明（五年十月十八日）

去年締結スル處ノ南滿洲及ヒ東部內蒙古ニ關スル條約ヲ案スルニ日本國臣民ハ南滿洲ニ於テ隨意ニ居住往來スルヲ得並ニ各種商工業ヲ經營スルコトヲ得、又東部內蒙古ニ於テ中國人民ト農業及ヒ附屬工業ヲ合辦スルコトヲ得トアリ、有謂南滿及東蒙地方日本臣民ノ數必ス漸次增加セントス茲ヲ以テ日本政府ハ其臣民ヲ保護取締ル爲メニ警察官ヲ派駐スルノ必要アルヲ認ム

南滿洲內地既ニ若干ノ警察官駐在所ヲ設ク中國地方官ハ事實上已ニ承認ヲ得之ト往來交涉ス帝國政府ハ南滿洲及ヒ東部內蒙古內地ノ日本臣民カ漸次增加

第二十五　朝鮮事業公債法中改正法律案　第一讀會ノ續（委員長報告）
（政府提出）

○工學博士白石直治君　頗ル簡單デスカラ此席カラ……

○議長（大岡育造君）　登壇ヲ……

（工學博士白石直治君登壇）

〔拍手起ル〕

○工學博士白石直治君　朝鮮事業公債法中改正法律案ノ委員會ノ結果ヲ頗ル簡單ニ御報告致シマス、此朝鮮事業公債ノ中ニ、本年ノ十二月期限ニテ償還ヲ要スル分ガ三千万圓アルト云フコトデス、而シテ是ハ借換ヲ要スルノデ、之ヲ認ムル爲ニ此第二項中ニ「借入金」トアリマスノヲ「公債」ト云フ二字ヲ入レ「公債又ハ」ト入レテ「公債又ハ借入金」ト改ムト云フノデアリマス、又同法中ノ第三項ノ朝鮮事業費ノ額ヲ公債及借入金通ジテ「八千四百万圓以内トス」トアリマスノヲ千二百万圓ノ追加ヲ致シテ「九千六百万圓」ニ改ムト云フノデス、此追加ハ道路ノ修築ト數箇ノ費目ニ分ッテアリマスガ、適當ノ要求ト認メマシテ全會一致ヲ以テ此案ヲ可決致シタ次第デアリマス、右報告致シマス（拍手起ル）

○議長（大岡育造君）　本案ノ二讀會ヲ開キマスルコトニ御異議ハアリマセヌカ

〔「異議ナシ異議ナシ」ト呼フ者アリ〕

○議長（大岡育造君）　異議ナシト認メマス

○恆松隆慶君　議長

○議長（大岡育造君）　恆松隆慶君

○恆松隆慶君　直ニ二讀會ヲ開キ第三讀會ヲ省略シテ委員長報告通リ確定セラレンコトヲ望ミマス

○議長（大岡育造君）　恆松君ノ動議ニ御異議ハアリマセヌカ

〔「異議ナシ異議ナシ」ト呼フ者アリ〕

○議長（大岡育造君）　異議ナシト認メマス、第二讀會ヲ開クコトニ決シマシタ、直ニ第二讀會ヲ開キマス

朝鮮事業公債法中改正法律案（政府提出）　第二讀會（確定議）

○議長（大岡育造君）　御異議ハアリマセヌカ

〔「異議ナシ異議ナシ」ト呼フ者アリ〕

○議長（大岡育造君）　御異議ガ無ケレバ三讀會ヲ省略シテ可決確定ヲ宣告致シマス——日程第二十六、朝鮮鐵道用品資金會計法廢止法律案、第一讀會ノ續ヲ開キマス、委員長齋藤安雄君

朝鮮鐵道用品資金會計法廢止法律案(政府提出)　第一讀會ノ續(委員長報告)

(齋藤安雄君登壇)

○齋藤安雄君　朝鮮鐵道用品資金會計法廢止法律案ノ委員會ノ經過及結果ヲ御報告申シマス、本案モ案其モノハ極メテ簡單デ御坐イマス、而シテ今回政府ニ於キマシテ滿洲及朝鮮ニ於ケル鐵道ヲ、一手ニ統一シテ經營スルト云フ計畫ヲ定メラレタニ就キマシテ、自然其結果現行ノ朝鮮鐵道用品資金會計法ト云フモノハ廢止スルコトニナルト云フノガ本案ノ趣旨デアリマス、委員會ニ於キマシテハ斯樣ナ譯デアリマスカラ、其根本ノ原因タル朝鮮鐵道ヲ南滿洲鐵道株式會社ニ委託經營セシムルト云フ問題ニ、勢ヒ觸レザルヲ得ザル場合ニ遭遇致シマシタノデ、國務大臣ノ出席ヲ求メマシテ其點ニ就キマシテ段々質問應答ヲ重ネタ譯デアリマス、此問題ニ付キマシテハ國務大臣モ頗ル叮嚀親切ナル説明ヲ與ヘラレマシタ、而已ナラズ委員會中ニ於キマシテハ特ニ懇談的ノ方法ニマデ依リマシテ、段々詳シク説明ヲ聽キマシタガ、其結果此滿鮮ノ鐵道ヲ一手ニ統一シテ經營スルト云フコトハ、植民行政上確ニ必要ナ施設デアルト云フコトハ委員全體認メタノデアリマスガ、但シ斯ノ如ク致シマスレバ自然南滿洲鐵道會社ノ勢力ト云フモノハ益々増大致ス譯ニナリマスカラ、共結果萬一此同地方ニ於ケル個人經營ノ事業等ニ壓迫ヲ加ヘルト云フヤウナ與ヲ生ジテハ相成ラヌガ、其點ニ關スル政府ノ注意ヲ質シタ所ノ委員ガ御坐イマシタガ、之ニ對シマシテモ政府ハ十分ナ注意ヲ拂ッテ、決シテ個人經營ノ事業ニ對シテ壓迫ヲ加フル如キコトハ斷ジテ致サヌ覺悟デアルト云フ言明ガアリマシタ、斯樣ナ次第デ、本案モ委員會ニ於テ全會一致可決致シタ次第デアリマス、此段御報告ヲ致シマス(拍手起ル)

○議長(大岡育造君)　本案ニ就キ第二讀會ヲ開クニ御異議ハアリマセヌカ

(「異議ナシ異議ナシ」ト呼フ者アリ)

○議長(大岡育造君)　第二讀會ヲ開クコトニ決シマス

○恆松隆慶君　議長

○議長(大岡育造君)　恆松隆慶君

○恆松隆慶君　直ニ二讀會ヲ開カレンコトヲ望ミマス

○議長(大岡育造君)　恆松隆慶君ノ動議ニ御異議ハアリマセヌカ

(「異議ナシ異議ナシ」ト呼フ者アリ)

○議長(大岡育造君)　御異議ガ無ケレバ直チニ第二讀會ヲ開キマス

朝鮮鐵道用品資金會計法廢止法律案　第二讀會(確定議)

○恆松隆慶君　議長

○議長(大岡育造君)　恆松隆慶君

○恆松隆慶君　別ニ異論ガナイヤウデ御坐イマスルデ、三讀會ヲ省略シテ二讀會ニ於テ確定セラレンコトヲ望ミマス

○議長(大岡育造君)　三讀會ヲ省略シテ二讀會ニ於テ可決スルコトニ御異議ハアリマセヌカ

(「異議ナシ異議ナシ」ト呼フ者アリ)

○議長(大岡育造君)　御異議ナシト認メマス、依ッテ本案ハ讀會ヲ省略シ可決確定致シマシタ――日程第二十七、第二十八、第二十九ハ同一委員ニ付託シ且ツ同種ノ議案ナルニ依リ一括議題ト爲スニ御異議ハアリマセヌカ

(「異議ナシ」ト呼フ者アリ)

（鈴木梅四郎君登壇）

○鈴木梅四郎君　諸君、私ハ我黨同志ノ愼重ニ調査致シマシタル豫算修正案ノ理由ヲ説明致シマス、修正ノ項目金高ニ付キマシテハ茲ニ申シマセヌ、委員長カラ其梗概ヲ報告サレマシタカラ之ヲ略シマス、私共ノ修正意見ハ憲政會諸君ノトモ違ヒマス、又現内閣ノ立テラレタモノトモ大分趣意ガ違ッテ居リマス、其査定致シマシタル項目金高ハ誠ニ少ナウ御坐イマスケレドモ、之ヲ査定致シマシタル主義ニ付テハ非常ナ差ガアルモノト信ズルノデアリマス、私共ハ此歐羅巴大戰ノ始ッタ以後議會ハ幾度モ開カレマシタガ、其都度此歐洲大亂ノ齎ラス所ノ大變化、殊ニ財政計畫ニ與フル所ノ大變革、非常ナモノデアルト云フコトヲ度々此壇上デ主張致シタノデ御坐イマスルガ、今日ニ至リマシテモ此論ハ益々其必要ヲ認メマシテ主張スルノデアリマス、此大變局ニ當リマシテ我國ハ如何ニスルカ、所謂國策ノ問題ニナリマスレバ我黨ガ先年來主張致シテ居リマスル學問ノ獨立、軍器軍需ノ獨立、財政經濟ノ獨立ト云フモノヲ以テ益々此國策ノ重要ナル點ト致シテ居ルコトハ變ラナイノデアリマス、所デ此國策樹立ノ見地カラ致シマシテ帝國ノ前途ヲ考ヘテ見マスルト云フト、國家ノ存立ヲ圖リマスル爲メニ要スル國費ハ頗ル多イノデアリマス、其ノ國費ノ主ナルモノヲ一寸數ヘテ見マスレバ、國防設備ノ充實デ御坐イマス、卽チ最新科學應用ノ兵器彈藥ヲ備ヘマシタトコロノ海陸軍ノ設備、是ガ最モ多額ノ金ヲ要スルモノデアリマス、次ニハ農工商卽チ國富增進ニ關スル設備、農工商ヲ盛ンニ致シマシテ國富ノ增進ニ必要ナルトコロノ設備ヲ完成スルト云フ此費用モ中々少ナカラヌ、卽チ主ナルモノヲ申上ゲマスレバ運輸交通機關ノ完成、道路港灣ノ修築、植林治水等ノ事業中々是ニモ非常ナ金ヲ要スルノデアル、次ニハ教育及衞生設備ノ改良、是ニモ中々多額ノ金ヲ要スルノデアリマス、第四ニハ完全ナル理化學研究所ヲ設ケマシテ、此商工業ノ實業ハ無論ノコト、海陸軍備ノ上ニモ此理化學ノ應用ヲ遍クスルト云フノ必要ガアリマシテ、此點ニ向ッテモ相當ナ費用ヲ要スルノデアリマス、又次ニハ多數ノ庶民階級ノ安寧幸福ヲ增進致シマス所ノ問題、政策上ニ向ッテモ今後國家ハ相當ノ費用ヲ使ッテ行カナケレバナラヌノデアリマス、今日マデ帝國ノ經濟組織ト云フモノハ至極簡單デアリマシテ、歐米ノソレト較ベテ見マスルト、餘程ノ差ガアッタ爲メニ、國民貧富ノ懸隔ノ度ト云フモノモ甚ダ其間ガ短カッタノデアルガ、此四五年來殊ニ歐洲大亂ノ影響ヲ受ケマシテ、此經濟組織ノ變化ガ著シキ變化ヲ生ジタ、卽チ從來ハ百万圓ヲ持ッタ人ハ金持トレタノデ御坐イマスガ、今日ハ何千万圓ト云フデナケレバ金持デナイト云フヤウナ世ノ中ニナッテ居リマス、中々一方ニ從來ニ見ナイ所ノ大金持ガ澤山出來テ居リマスルガ、其反對ニ又非常ニ多數ノ貧乏人ガ出來テ居リマス、殊ニ近來ハ米價騰貴其他諸物價ノ騰貴ノ爲メニ、下級ノ庶民階級ト云フ者ハ往々生活難ヲ叫ンデ居ルト云フ事ガ出來テ居リマスカラ、此問題政策ノ相當ナル實行ト云フモノニモ確カニ相當ナ金ヲ拂ッテ行カナケレバナラヌト云フ茲ニ必要ガアルノデアリマス、國家ノ前途ヲ考ヘマスルトマダ此外ニモアリマスケレドモ、主ナルモノヲ擧ゲタダケデモ斯樣ニ國費ヲ要スル問題ガ多イノデアリマス、所デ此國費ノ膨脹ニ對シテ財源ヲ求メタナラバ何處ニ得ラレルカ、是レハ諸君、憲政會ノ諸君ニモ政友會ノ諸君ニモ御尋ヲ致シタイ、此膨脹スベキ國費ノ財源ヲ何レニ向ッテ求メルカ、私共ハ今日現在ノ所デ考ヘマスルト、此膨脹スベキ國費ノ財源ト申シマスルモノハ、國運ノ進展ニ依テ生ジマスル國庫ノ自然增收ト云フモノハ確カニ其一ツデアリマス、ソレカラ行政ノ整理官業及官有財產ノ整理及利用、是ガ確カニ財源ノ又一ツデアリマス、唯今日ノ稅制ノ中デ殊ニ間接稅ノ如キハ最モ大整理ヲ致シマシテ、負擔ノ均衡ヲ計ルノ必要ハアリマス上ニ、寧ロ減稅ヲ要スベキモノガアルノデアリマスルガ、今日現在ノ稅制ノ上ニ於キマシテハ、到底此上ニ增稅ヲシテ相當ナ收入ヲ得ラレル見込ノモノハ無イノデアリマス、唯茲ニ吾々ガ一ツノ新財源ハ何デアルカト申シマスレバ、英國邊リデ此時局ニ對シテ行ッテ居リマス富豪階級ニ課スベキ臨時ノ戰時稅、及此階級ニ課スベキトコロノ永久ニ亙ル直接稅、此財源ガ有ルト信ズルノデアリマス、此外ニハ卽チ國運進展ノ爲メニ生ズル自然增收ト行政ノ整理、官業及官有財產ノ整理及利用ト云フ此二ツノ外ニハ唯今申シマシタ富豪階級ニ課シマスル戰時臨時ノモノト、永久ノモノトノ此三點ヨリ外ニハ此膨脹スベキ國費ノ財源ニ供スル所ノモノハナイデアリマス、此事ハ如何ナル經濟學者ガ出テ來テ考ヘマシテモ、如何ナル大財政家ガ出テ來テ考ヘマシテモ、此外ニハ恐クハ案ガ有ルマイト私ハ確信シテ居ルノデアリマス、果シテ然ラバ此財源ノ甚ダ豐カデナイモノニ對シテ、一方ニハ國家ノ存立上必要ナル多額ノ國費ヲ要スルト云フ場合デアル以上ハ、茲ニ非常ナル覺悟ヲ持ッテカ、ラナケレバナラヌ、卽チ今後ノ整理ト云フモノハ一切舊來ノ慣習成行ト云フモノニ囚ハレテハナラヌノデアル、大小輕重ヲ區別シテ其大ナルモノ重キモノヲ撰ンデ之ニ專ラ力ヲ盡シ、其小ナルモノ輕キモノハドン／＼打捨テ、行ッテ、所謂革新的ノ大鉈主義ヲ斷行シテ行カナケレバ、此大時局ヲ無事ニ經過シテ行クコトハ出來ナイト云フ考デ御坐イマス、卽チ此大鉈主義ノ一例ヲ陸軍ノ實際ニ照シテ御話シテ見マセウ、陸軍ニ於キマシテハ師團兵員ノ增加卽チ現役兵員ノ增加モシ、ソレカラ兵役年限モ改メズ、明治初年以來設備シタル所ノ各特種科ノ中、既ニ時世ノ進展ノ爲メニ存在ノ效力ヲ減ジテ居ルモノデモ其儘ニ存シテ、サウシテ更ニ電信、電話、自動車、飛行機、飛行船、其他最新科學應用ノ新設備ヲモ完成シヤウト云フキウナ陸軍ノ現在ノヤリ方デハ、到底財政ハ之ヲ許サヌノデアリマス、斷然ト茲ニ一ノ覺悟ヲ定メナケレバナラヌ、ドウ覺悟ヲシマスルカト云ヘバ、師團及兵員ノ所謂常備軍ト云フモノ、兵員ハ成ルベク之ヲ減少シテ費用ヲ節減スル、兵役年限ノ如キモ或程度マデ確カニ短縮ヲシナクテハナラヌ、又時世後レノ今ノ特科隊、是ハ廢止スル、サウシテ最新科學應用ノ新設備デアル所ノ自動車トカ、飛行機、飛行船、其他新タナル所ノ武器ノ採用ヲスルト云フコトニ專ラ力ヲ盡シテ、サウシテ一朝事アッタ時分ニハ、所謂國民皆兵的ノ大動員ヲ爲シ得ルヤウニ改メテ行カナケレバ、陸軍ハ此時世ニ向ッテ到底時世後レタルヲ免レナイ、卽チ斯樣ノ方法ニ陸軍ハヤッテハドウカト思ヒマスルシ、卽チ是ガ陸軍ノ一例デ御坐イマスルガ、政務百般此筆法デ行カナクテハナラヌト私共ハ信ジテ居ル、所デ寺内内閣ガ此度此議會ニ提出サレマシタ議案ニ付キマシテ、其施政ノ方針ヲ觀察シマスルニ、相變ラズ姑息平凡デ、過去ノ所謂慣習成行ニ囚ハレタ點ガ多イノデアリマス、尤モ之ヲ前大隈内閣ノソレニ比ベテ見マスト、聊カ進歩シタ點ガアリマス、何故ナレバ此國策ノ中デ小ナル問題――大分此度此議會ニ提出サレマシタ問題ガアリマス、即チ兎モ角モ小ナリト雖モ國策ノ一部分ニ屬スルモノガ出テ居ルダケガ前内閣ニ優ッテ居ルト云フ位ノモノデ、此大時局ニ對スル根本施設ノ意義ト云フモノニ至ッテハ全ク觸レテ居ラヌト云フコトハ、大隈内閣ト殆ド同一デアルト私ハ斷言スルコトヲ憚ラヌノデアリマス、何故私ニ左樣ニ申スカト云フト、即チ國防計畫、此一ツヲ擧ゲテ御話シテモ宜シイ、御承知ノ通リ國防計畫ハ帝國財政ノ中樞ノ重要ナル問題デ、一番多クノ金ヲ要スル問題ハ國防計畫、所ガ現内閣ハ此國防計畫、即チ　先帝御在世ノ時分、明治四十二年頃ニ定メラレタ所ノ國防計畫ヲ共儘蹈襲サレテ、其計畫ニ依テ矢張リ此度ノ陸軍モ海軍モ少々ヅヽ小出シニ計畫ヲ發表サレテ居ルト云フコトデアル、是ガ私ハ所謂根本義ニ少シモ觸レテ居ラヌト云フコトヲ申スノデアリマス、御承知ノ如ク此時局ノ始ッテ以來、種々ナ變化ハ起リマシタガ、我ガ國防ノ計畫ニ最モ密接ノ關係ヲ有スル重要ナル事實ヲ擧ゲマスレバ、露西亞帝國、即チ帝國主義ヲ盛ニ鼓吹シ又實行シテ世界ヲ恐レサセタ所ノ露西亞帝國ハ、民主ヲ主トスル所ノ共和國ニナッタノデアリマス、今日マデ安定ヲ得ザルヤウデハアリマスケレドモ、併ナガラ露西亞ノ民主的共和政治ト云フモノハ決シテ之ヲ改メルモノデハナイ、今後確ニ是ガ同國ノ政體トナッテ永續スルモノト見テ差支ナイノデアリマス、ソレカラ米國ト申シマスモノハ從來平和主義ヲ唱ヘテ居リマシタ、陸軍ノ如キモ殆ド唯名目ヲ存スル許リデアル、海軍ハ聊カ見ルベキモノガ御坐イマシタガ、要スルニ米國ハ平和ヲ主トシテ軍備ト云フモノハ非常ニ大切視シテ居ラナカッタ國デ御坐イマスガ、此度ノ歐羅巴ノ大戰ニ當リマシテ米國ハ非常ナ金ヲ投ジテ海軍ノ大擴張ヲ致シマシタ、又陸軍モ相當ニ充實ヲ致シテ居リマス、此國際關係デ太平洋ヲ隔ッテ居ル所ノ米國ニ於ケル此國防計畫ノ大變革、又一葦海ヲ隔ッテ居ル所ノ露西亞ノ政體ノ變化、此外ニ武器ノ進歩ト云フモノガ非常ナ進歩ヲ致シテ居リマス、又軍器軍需ノ使用數量ト云フモノガ、武器ノ進歩ト共ニ非常ニ激增シテ居ッテ、迚モ少數ナ官立ノ砲兵工廠等デ拵ヘル武器彈藥デハ戰爭ハ出來ヌト云フ大事實モ此處ニ出來テ居ルノデアリマス、此ノ四ツノ事實ダケデモ我國防計畫ハ確ニ速ニ之ヲ變更シテ時勢ニ適スル所ノ計畫ヲ立テナケレバナラヌト云フ事ハ、三尺ノ童子モ明瞭ニ分ル問題デアル、然ルニ現内閣ニ於カレマシテハマダ此計畫ハ無イノデアル、實ハ此程モ豫算委員會ニ於テ首相竝ニ陸軍大臣ニモ此問題ヲ質問致マシタガ、根本的ニ變更スルト云フヤウナ御考ハ無クシテ、今後變更ヲ企テル積リデアルト云フヤウナ御話デアリマス、私ハ此點ニ向ッテ希望警告ヲ申シテ置キマシタガ、要スルニ斯樣ナコトデ御坐イマシテ、非常ナ大金ヲ要スル場合デ御坐イマスカラ、先ヅ第一ニ此時局ニ對スル政策トシテハ即チ根本的ニ財政ノ基礎ヲ立換ヘテ行ク、即チ財政計畫ノ中デ一番金ヲ要スル國防計畫ヲ先ヅ輪廓ダケデモ宜シイカラ之ヲ定メ、サウシテ他ノ一般ノ政務ニ要スル費用ハ國防費ト對照シテ、彼此好ク鹽梅ヲシテ新タナル茲ニ財政計畫ヲ立テネバナラヌト云フコトハ此上ノ説明ヲ俟タズシテ明瞭デアルト信ズルノデ御坐イマス、斯樣ナ見地カラシテ私共此度ノ財政計畫ニ對シテハ四ツノ主義ヲ以テ査定シタノデアリマス、此四ツノ主義ハ何デアルカト云フト、根本問題ヲ解決シタ後ニ研究調査ヲシテ決定スベキモノ、ソレカラ第二ハ行政整理ノ意義ヲ以テ之ヲ査定シタルコト、ソレカラ緊急ヲ要セザルモノハ徐ニ研究ヲシテ宜シイモノ、第四ハ會計法厲行ノ意義ヨリスルモノ、此四ツノ主義ヲ以テ査定ヲ致シタノデ御坐イマス、即チ陸軍省所屬ノ士官補充方法改正ニ關スル經費外八件、大藏省所管鹽専賣倉庫費外一件併セテ十件御坐イマシテ、此金額ガ二百九十四万七千七百九十圓デアリマスガ、是ハ所謂根本問題デ決シタ後デナケレバ之ヲ決定スルコトハ出來ヌモノトシテ査定シタノデアリマス、全體ヲ徹頭徹尾否認スル譯デハアリマセヌ、根本問題ヲ先ヅ決定シテト云フ意義カラ之ヲ査定シタノデアリマス、次ニ内務省所屬ノ警察特別施設ニ關スル經費外一件、大藏省所管國債整理基金繰入金ノ増外二件、農商務省所管油田調査費一件、文部省所管ノ東北帝國大學新設費一件、併セテ七件、此金額ガ二千二百十万千八百九十三圓、是ハ行政整理ノ意義ヲ以テ査定ヲ致シタノデアリマス、唯今憲政會ノ加藤君ハ二千万圓ヲ非常ニ大問題トシテ論議サレマシタガ、私共ハ此問題ハ成程二千万圓ハ少額デハアリマセヌガ、左程大問題トハ思ハナイ、之ヲ還元スルトセヌト云フコトハ餘リ大問題トシテハ居ラナイ、併ナガラ吾々ハ行政整理ノ意味カラ言ッテ今日法律ヲ定メテ置キマスル國債基金ハ三千万圓デ結構デアル、後ハ剩ッタナラバ何時デモ自由償還ヲシテ宜シイ、サウシテ此費用ハ他ノ必要ナル用途ニ向ケル、餘リ加藤君ノ如ク重要ニハ致シマセヌケレドモ、左樣ナ意義ニ於テ之ヲ査定致シテ居ル、内務省所管ノ北海道拓殖費一件、九十六万八千八百二十九圓ト云フモノハ、第三ノ所謂緊急ヲ要セザルモノトシテ之ヲ査定ヲ致シマシタ、次ニ陸軍省所管ノ東京大阪兩砲兵工廠豫算豫備費二件、合セテ五千二百万圓ハ第四ノ所謂會計法厲行ノ意義ヨリ之ヲ査定シタノデアリマス、此四ツノ主義ノ中デ第二第三即チ行政整理ノ意義緊急ヲ要セザルモノト云フ、此二ツノ點ニ於テハ殊更ニ茲ニ説明ヲ要セズシテ諸君ハ御了解ト思ヒマスカラ、ソレハ止シマスガ、此第一ノ根本問題解決後ニスベキモノト、第四ノ會計法厲行ノ意義ニ反シテ査定致シタ、此二點ダケハ茲ニ一言ノ説明ヲ要スルノデアリマス、ソコデ此根本ヲ決定致シテ、サウシテ其後ニヤルト云フ項目モ中々多イノデ御坐イマスルカラ、一々是ハ申シマセヌガ、砲兵工廠新設ノ件ダケニ付テ一言ヲ加ヘテ置ク、御承知ノ通リ是ハ朝鮮ニ砲兵工廠ヲ設クルト云フノデ御坐イマスルガ、先刻説明致シマシタル如ク、今後卒ザ戰爭ト云フ時ニハ、兵器彈藥ノ必要ノ量ト云フモノハ非常ニ多イト云フコトハ諸君モ御承知ノ通リ、例ヘバ英國デハ三箇ノ官有ノ砲兵工廠デ拵ヘテ居ル兵器彈藥デハ足ラヌデ、所謂工業動員ヲ實行致シマシテ、全國ノ工場デ兵器彈藥ヲ拵ヘ得ル工場ハ總テ之ヲ徴發シテ、唯今兵器ヲ拵ヘテ居ル其數ハ四千六百ノ多數、是ハ昨年ノ末ノ調査デ御坐イマスガ、四千六百ノ多數ニ上ッテ居ルノデ御座イマス、サウシテ是ガ日々夜々ニ拵ヘテ、始メテ羅歐巴ニ派遣シテ居ル所ノ陸軍ノ働キガ出來ルト云フノデアリマスカラ、今日ノ戰爭デハ如何ニ多ク彈丸硝藥ヲ使フカト云フコトガ是デモ分ル、所デ我帝國デハ大阪ノ砲兵工廠ト東京ノ砲兵工廠トノ二箇所ガ御坐イマスル、其上ニデス、此度朝鮮ヘ一ツ設ケテドウナルデ御坐イマセウカ、卒ザト云フ時ニ當リマシテハ、ドウシテモ、英國ガ實行致シテ居ル通リニ民間ノ工場ヲ動員シテ、サウシテ官民併セテ國ノ力ヲ擧ゲテ兵器彈藥ノ製造ニ從事セナケレバ戰爭ガ出來ヌコトハ明白デアル、然ルニ之ヲヤラウト致シマスレバ、今日唯今カラ民間工場ニ就テ十分ナ調査モシ、又奬勵スベキモノハ奬勵モシマシテ、卒ザ事アッタ時ニハドレダケノ動員ヲシテ、ドレダケノ兵器彈藥ガ出來ルカト云フ計畫ヲ立テナケレバナリマセヌ、是ガ唯民間ニ放任シテ置イテハ出來ナイノデアル、一朝事有ッタ時分ニ工業動員ヲスルト云フ場合ニハ、平生カラ多少ハ陸海軍デ要スル所ノ兵器彈藥ノ註文ヲシテ、其技術ヲ練磨シ、其働キヲ十分ニ養ウテ置カナケレバ出來ナイノデ、卽チ兵器彈藥ノ問題ニ付テハ根本問題ハ此處ニアル、之ヲ解決セズシテ朝鮮ニ小ナル所ノ砲兵工廠ヲ拵ヘルナドハ、全ク此時局ニ對シテ殆ド吾々ハ批評ノ言葉ノナイヤリ方デアルト信ズルノデアリマス、此意義ニ於テ、此根本問題ノ解決ヲ先ニシテ然ル後ニ是ガ決定サルベキモノトシテ査定致シタノデアリマス、次ニ第四ノ主義、會計法勵行ノ意義ニ基クモノデアリマス、是ハ矢張一言ヲ茲ニ加ヘテ置キマスガ、由來我陸軍省所管ノ砲兵工廠ノ會計始末ト申シマスルモノハ、不透明ナモノガ多カッタノデアリマス、我黨ハ先年來主トシテ之ヲ指摘致シマシテ、陸軍當局者ノ反省ヲ求メ警告ヲ致シタノデ御坐イマスルガ、近頃ハ大分其忠告警告ヲ容レラレマシテ、面目ヲ改メラレタニハ相違ナイ、豫算案ニ付キマシテ見マシテモ改マッテ居リマスルガ、併ナガラ此度ノ此提案ニ五千二百万圓ト云フ大金ヲ、此砲兵工廠ノ豫備金ト云フ名ノ下ニ之ヲ計上シテ居ルト云フコトハ、全ク會計法ノ精神ニ私ハ戻ッタヤリ方デアルト思フ、斯樣ナモノハ確ニ違法變則ノヤリ方デアリマス、若モ此二ツノ砲兵工廠ニ於テ、是ダケノ金ガ必要デアルト云フナラバ、作業費ノ上ニ何故必要ダケノ金額ヲ計上シテ其追加ヲ求メラレナイカ、之ヲ求メテ此種ノ金ノ如キハ、一般會計ノ所謂官業ト云フ官有財產ノ收入ニ繰入レラレルト云フノガ正當ノ手續デアルト考ヘルノデアリマス、斯樣ナ主義ヲ以テ私共ハ之ヲ査定ヲ致シマシタ、終リニ臨ミマシテ私ハ政府當局者ニ御忠告ヲ致シテ置ク、ドウゾ斯ノ如キ大時局ニ當ッテ、從來ノ慣習成行ニ因ハレタ所ノ財政計畫ノ一切止メラレテ、一日モ早ク此時局ニ應ズル所ノ計畫ヲ樹テラレルト云フコトヲ望ム、ソレハドウカト申シマスレバ、則チ財政上ノ中樞問題デアル所ノ、國防計畫ノ變更ヲ十分ニ之ヲ四十年後マデノモノヲ、此處デ改メ樹テルト云フコトハ六ケ敷イニシタ所デ、此ノ所十年十五年後ノ間ノ事ダケハ切メテ輪廓デモ立替ヘラレテ、サウシテソレニ向ッテノ費用ハ凡ソドノ位デアル、ソレカラ他ノ一般ノ政務ニ所謂必要ナル所ノ費用ハドウデアル、其按排ヲ立テ、此時局ニ對スル所謂國策ノ樹立ト云フ事ヲ一日モ速ニ實行セラレンコトヲ私ハ警告要望スルノデアリマス、斯樣ナ趣意ヲ以テ私共ハ此豫算案ヲ査定シタノデ、憲政會ノ諸君及政友會ノ諸君モ、私ノ此根本的問題ニ付キマシテ、若シ御論ガ御坐イマスルナラバ承リタイ、十分ニ御教誨ヲ願ヒタイ、私共ハ今日此問題ガ帝國ノ最モ大事ナ問題ト思ウテ居ルノデアリマスガ、諸君ガ幸ニ吾々ニ敎ヘラル、ナラバ、諸君ノ說ガ正シクアレバ吾々ハ過ヲ改ムルニ吝ナル者デハアリマセヌ、ドウゾ是ハ國家ノ爲ニ重要ナル問題デアリマスカラ、十分ニ御研究アッテ御高見ヲ承ルコトヲ希望致スノデ御坐イマス

(拍手起ル)

○議長(大岡育造君) 三土忠造君

(三土忠造君登壇)

(拍手起ル)

○三土忠造君 諸君、私ハ唯今委員長ヨリ報告サレマシタ通リ、原案ニ全部贊成シマシテ修正案ニ反對致ス者デアリマス、修正案ハ加藤政之助君鈴木梅四郎君ノ兩君ヨリ御提出ニナッテ居リマスルガ、加藤君ノ提出ノ件數ガ五件、國民黨ノ鈴木梅四郎君ノ修正案ハ餘程多數ニ上ッテ居リマス、一々之ニ對シテ辯駁ヲ試ミマスコトハ餘程煩雜デアリマスガ故ニ、單ニ敬意ヲ表シテソレダケニ止メテ置キマス、主トシテ憲政會ノ諸君ノ修正案、就中減債基金問題、電話擴張問題、ソレカラ減債基金ノ反對ニ付テノ處分問題、是等ニ付テ主トシテ私ノ意見ヲ申上ゲテ見タイト思フノデアリマス、減債基金問題ハ不幸ニシテ吾々ト憲政會諸君トハ常ニ意見ヲ異ニ致シマシテ、本議場ニ於テモ屢々論ゼラレタ問題デアリマス、時ニハ是ガ議會ノ解散問題トマデナッタノデアリマス、而シテ其主義其政策等ノ根本問題ニ付キマシテハ、最早論議シ盡サレテ居ルガ故ニ、私ハ其根本ニ立入ッテ論諍スルコトヲ避ケマス、唯今加藤政之助君ガ此減債基金問題ト云フモノハ戰爭以前ニ於テハ重大ナル問題デアッタケレドモ、戰爭開始後歐洲ノ經濟狀態帝國ノ經濟狀態ノ變更シタル今日ニ於テ、此問題ニ力瘤ヲ入レル必要ハナイト斯ウ言ハレルノデアル、卽チ此處ニ新タニ追加豫算トシテ二千万圓ヲ出シテ來テ、急ニ之ヲ拂ハヌケレバナラヌ程ノ問題デハナイ、將來ヲ考ヘテ見ルト云フト、我帝國ノ國債償還期ニ於テ借換等ガ十分出來ル、ソンナ吝ナ事ヲ考ヘテ置ク必要ハナイト斯ウ云フノデアル、併ナガラ私共ノ考カラ申シマスルト云フト、此時局ニ依テ生ジタル歐洲ノ經濟界ノ――帝國ノ經濟界財政狀態等カラ考ヘマシテ、一層今日ニ於テ減債基金ヲ增加スルコトガ必要デアリ且ツ利益ナリト考ヘルノデアル、卽チ戰爭ノ前ニ於キマシテ外債ヲ償還スルト云フコトハ、正貨ノ關係ニ於テ餘程苦痛デアリマシタ、所ガ戰爭開始後時局ノ影響ニ依テ帝國ノ貿易ノ狀態ハ非常ニ有利ニナッタ、卽チ逆調ノ狀態ガ續イテ居リマシタノヲ順調ニ順調ヲ重ネテ來マシテ、正貨ハ蓄積ノ一方デアリマス、此場合ニ於テ外債ヲ償還スルト云フコトハ一ツハ爲替ノ調節ニ於テモ必要デアリ、一ツハ國庫ノ立場ヨリ考ヘマシテ爲替相場ノ關係カラ有利デアル、斯ノ如キ時期ニ於テ國債ヲ成ベク還シテ置クノガ必要デハナイカト云フノガ吾々ノ議論デアリマス、ソレカラ基金還元問題ハ國債全體ニ關スル問題デアリマスルケレドモ、當面ノ問題トシテ衆議院ニ於テモ、貴族院ニ於テモ、將又院外ニ於キマシテモ始終論議サレル問題ハ、大正十四年ノ償還期ニ迫ッテ居リマス所ノ英貨四分半利附公債デアリマス、此公債ノ償還期ニ付テ考ヘテ見マスルノニ、今日ニ於テ歐洲ノ市場ハ勿論戰爭中デアリマスカラ勿論金利ガ高イ、此金利ガ戰爭後ニ非常ニ安ク低ニ下ルカト云フコトハ到底考ヘラレヌガ、サウ致シマスルト云フト、大正十四年卽チ西曆千九百二十五年ノ場合ヲ考ヘテ見マスルト、其當時ニ於テ若シ借替ガ出來ルニ致シマシテモ、非常ニ不利ナル條件ヲ忍バナケレバナラヌ、殊ニ此度ノ戰爭ニ依テ交戰各國ガ起シマシタル公債中デ、千九百二十五年、卽チ我大正十四年以後ニ償還期ガ屬シテ居ルモノガ幾百億圓ト云フ多額ニ上ッテ居リマス、卽チ幾百億圓ノ多額ノ有利ナル公債ガ歐米ノ市場ニ横溢シテ居ル時ニ於テ、帝國ノ公債ヲ借換ヘルノハ非常ニ不利ナルコトヲ忍バナケレバナラヌカラ、遠キ將來ハ兎モ角モ、今日帝國ノ財政ニ於テ都合ノ付ク限リハ千万圓デハ二千万圓デモ公債ヲ減シテ置クト云フコトハ當面ノ急務デハナイカト私共考ヘル(「謹聽」ト呼フ者アリ)而シテ又憲政會ノ諸君、今日加藤君ノ意見ヲ承リマスルト云フト、此問題ハ重大デナイヤウニ言ハレマスルガ、昨年ノ二月卽チ諸君ノ先輩者ガ財政上ノ問題デ行詰ッテ貴族院ト妥協致シマシタ當時ノ狀況ハ如何デアッタカ、卽チ貴族院ト妥協セラレマシタノハ二月四日デアリマス、昨年ノ二月四日デアル、而シテ其二月四日ノ貴族院ノ妥協ノ結果トシテ本院ニ其豫算案ノ追加案ヲ提出サレタノガ二月ノ十日デアリマス、其時分ニ當時ノ大藏大臣タリシ武富君ハドウ云フコトヲ言ハ

レタノデアルカ、又其前ニドウ云フコトヲ言ハレタカト云フコトヲ、今想起スコトヲ希望スルノデアリマス、卽チ一昨年十二月二十五日ノ議場ニ於キマシテ吾々ハ此金融界ノ狀況正貨激增ノ模樣カラ考ヘマシテ、モウ少シ思切ッテ外債償還ノ基礎ヲ立テルト云フコトハ如何デアルカト云フコトヲ慫慂致シマシタ、其時分ニ武富君ハ是ガ筒一杯デアル、卽チ其當時ニ於テ政府ガ大正五年度ニ計畫シテ居ル所ノ外債償還額ハ、借、換ト合セマシテ一億二千八百六十万圓ニ達シテ居ル、是以上ニ外債ヲ償還スルコトハ帝國ノ財政上不可能ナルノミナラズ、國庫ノ立場カラ見テ不利益デアルト云フコトヲ言ハレタノデアリマス、然ルニ超エテ二月四日ニナリマシテ貴族院ト妥協サレタノハ何デアルカト云フト、卽チ貴族院ハ更ニ二千万圓ノ減債基金ヲ增サナケレバ豫算全部ヲ否決スルト云フ態度ニ出タノデアル、ソコデ內閣ノ壽命ヲ存續スル必要上、此二千万圓ヲ已ムヲ得ズ出シテ來タノデアル、其時分ニ吾々ハ十二月ノ二十五日ニ於テハ一億二千九百六十万圓以上ノ外債ヲ償還スルト云ツコトハ不可能デアリ、且不利益デアルト云フコトヲ言ハレタニモ拘ラズ、今日更ニ二千万圓出シテ來ルト云フコトハ如何デアルカト云フコトヲ責メマレタ時分ニ、武富君ハ其當時ニ於テハ露國ノ大藏證券引受ガ問題デアッタ、卽チ政府ニ於テハ七千万圓位露國大藏證券ニ應募スル積リデアッタカ、民間ニ於テ決定シタルモノガ五千万圓デアッタ、此處ニ二千万圓ダケ餘裕ガ生ジタカラ更ニ此追加豫算ヲ提出シテ、而シテ民間カラ二千万圓ノ資金ヲ借上ゲテ、之ヲ以テ外國債ヲ償還スルノデアル、卽チ是ハ爲替ノ調節其他經濟界ノ必要ニ出デタノデアル、斯ウ云フ事ヲ言ハレタノデアリマス、其武富前藏相ノ言明ヲ誠意ニ出タルモノト私共ハ無論解シマス、サウ致シマスルト云フト、露國ノ大藏證券七千万圓ト思ッタノガ二千万圓減ッタ、其二千万圓ト云フ差額ガ生ジタカラ、更ニ此議會ニ向ッテ議會ノ閉會ニ近ヅイテ居ル時分ニ、他ノ豫算案ガ殆ド全部議了シテ居ル場合ニ、更ニ二千万圓ノ追加豫算ヲ出シテ來ル程熱心ニ外債ヲ償還シナケレバナラヌカ、斯ウ云フ問題ニナルノデアリマス、貴族院ニ要望セラレテ貴族院ニ要求セラレテ此ニ出デタト云フコトハ武富君ハ非常ニ避ケタノデアル、吾々ハ其事ヲ責メタニモ拘ラズ、決シテ貴族院ト妥協ノ結果デハナイ、吾々ハ財政上必要ト認メテ出シタノデアルト斯樣ニ言ハレタノデアリマス、斯ノ如クニシテ僅ニ二千万圓ノ資金ガ我帝國ノ市場ニ於テアルコトガ財政經濟ノ上ニ不都合ナルガ故ニ、借換ヲシテ而モ是ガ爲ニ法律ヲ――法律マデ作ッテ單行法マデ作ッテ、二千万圓出サナケレバナラヌト云フコトハ如何ニ其當時當局者ガ此場合ニ於テ外債ヲ少シデモ多ク返シテ置クコトガ國家ノ爲ニ有利ナリト信ジタカト云フコトガ分ルノデアリマス、斯ウ解釋シナケレバ諸君ノ政治道德ハ立タナクナル、卽チ唯內閣ヲ維持スル爲ニ國民ヲ欺キ、帝國議會ヲ欺イテ、而シテ二千万圓ヲ追加豫算トシテ出シタト云フ諸君ノ政治道德ヲ疑ハナケレバナラヌ、私ハ今日ノ場合ニ於テ、其當時ニ溯ッテ諸君ノ政治道德ヲ疑ヒマセヌ、然ラバ其言論ガ誠心誠意ニ出デタリトスルナラバ、ソレ程ノ外國債ヲ減ジテ置ク必要アリト認メタ憲政會ノ諸君ガ、今日ニ於テ茲ニ二千万圓ノ金ガアルノデアル、此二千万圓ノ金ノ工夫ガ付クカラ是ダケ外債ヲ返スト云フコトニ反對スルノハ私ハ其理由ヲ解スルニ苦シムノデアリマス、殊ニ此二千万圓ヲ削ルニ就テ如何ナル事ヲ致シテ居ルカト云フト、此二千万圓ノヤリ處ニ困ッテ居ル、卽チ憲政會ノ諸君ハ此二千万圓ヲ抱ヘテ何處ヘ持ッテ行クカト云ノコトニ困ッテ居ルノデアル、到頭色々考ヘタ末ニ斯ウ云フコトヲ考ヘ居ル、臨時軍事費ノ豫算ニ於テ、政府ノ計畫ニ依リマスルト三千万圓ノ公債ヲ募集シテ之ヲ歲入トスル、而シテ歲出ノ部ニ於テ、豫備費トシテ二千万圓取ッテ、此公債三千万圓ハ全部削除スル、其代リ一般會計ニ於テ減債基金ノ償還額二千万圓ヲ削除シタ、ソレガ出テ來ルカラ、ソレヲ之ニ繰入レル、サウスルト歲入ガ一千万圓減ル、ソコデ豫備金一千万圓ヲ減ジテ豫算額ヲ合ハセル、斯ウ云フ窮策ヲヤッテ居ル、是ハ表面ノ議論ト致シマシテハ先刻承ル所ニ依リマスト、公債ヲ募集スルト云フコトガイカヌト言フ、併ナガラ是マデノ軍事費ノ支出ニ於キマシテ如何ナルコトヲ致シテ居ルカ、此歐洲大戰爭ニ帝國ガ參加致シマシタ以上ハ、此軍事費ニ就テハ相當ノ計畫ヲ立テナケレバナラヌ、然ルニ前內閣ニ於テハ全ク其日暮シノ財政計畫ヲ立ッテ居ッタノデアル、卽チ幸ニシテ山本內閣時代ノ剩餘金ガアル、其內――豫算不成立ノ爲ニ剩餘金ガ澤山アリマス、此剩餘金デ支出スルコトガ出來タガ、終ニハ困ッテ貨幣整理資金、森林資金ニマデ手ヲ著ケタデハアリマセヌカ、此ノ如クニシテ使ヒ果シテ仕舞ッタ、卽チソコデ內閣ガ變ッテ仕舞ッタノデアル、若シ前內閣ガ繼續シテ居ッタナラバ如何ニナサル、公債募集ニ反對スルナラバ何ニ財源ヲ取ルカ、卽チ此戰爭ノ行末ハ分リマセヌガ、少クトモ今年ノ財源ハ何ニ求メルカ、是ガ承リタイノデアリマス、卽チ大隈內閣ガ存續シテ居ッタナラバ諸君ハ公債ニ依ラズシテ增稅ニ賴ルト云フ御考デアッタノデアルカ、吾々ハ憲政會ノ諸君ガ此三千万圓ヲ削ッタト云フコトハドウモ其主旨ガ分ラヌノデアリマス、全ク此二千万圓ノ持ッテ行キ所ニアグンデ居ルノデハナイカト斯ウ思フノデアリマス、何トナレバ唯今加藤君ノ御演說ヲ承ハリマスト、加藤君ハ此二千万圓ヲ以テ臨時軍事費ノ財源ニ充テ、置ク、一時充テ、置イテ、徐ロニ其用途ヲ考ヘルト言ハレタ、徐ロニ用途ヲ考ヘルト云フコトハ、今日諸君ガ言ハレタ義理デアリマセウカ、第一大隈內閣時代ニ於キマシテ減債基金五千万圓ヲ三千万圓ニ減額シ、其二千万圓ヲ鐵道資金ニ融通致シマシタ時分ニ、吾々ハ反對致シタ、又貴族院ニ於テモ反對致シタ、其時ニ其當時ノ大藏大臣タリシ若槻禮次郞君、卽チ憲政會ノ總務タル若槻禮次郞君ガ貴族院ニ於テ如何ナル說明ヲ致シタ、貴族院ニ於テ是ハ政府ガ減債基金五千万圓ヲ維持スル必要ヲ認メナイノデアルカ、或ハ鐵道資金ニ困ッテ已ムヲ得ズ削減スルノデアルカト聽カレマシタ時ニ、若槻君ハ減債基金ハ成ベク多ク致シタイ、ケレドモ鐵道ノ資金ガ足ラヌカラ已ムヲ得ズ茲ニ二千万圓ヲ鐵道ニ出スノデアル、財界ノ事情カ恢復シテ公債ノ募集ガ出來ル場合ニハ速ニ此二千万圓ハ還元致シマスト斯ウ云フコトヲ契約致シマシタ、是ガ卽チ貴族院ニ於ケル基金還元問題ノ根據デアル、大隈內閣ノ公約ニ基イテ貴族院ガ其約束ノ通リヲ遂行致セト言ッテ責メタノデアル、ソレデアリマスカラ鐵道ノ特別會計資金トシテ二千万圓ヲ流用スルコトヲ廢メル、廢メルナラバ當然此二千万圓ハ減債基金ニ繰入レナケレバナラヌ、然ルニ何事ゾ此二千万圓ヲ此度ノ軍事費ノ公債募集ノ代リニ一時使ッテ置イテ、徐ロニ其用途ヲ考ヘル、詰リ二千万圓ノ持ッテ行キ所ニ困ッテ、今持チアグンデ居ルノデアル吾々ノ解スル所ニ依ルト、今迄ノ憲政會諸君ノ御主張ハ矢張減債基金ハ三千万圓ニシテ置イテ、已ムヲ得ズ二千万圓ダケヲ帝國鐵道資金ニ廻ハス、斯ウ云フ事ヲ主張サレテ居ルカト思ヒマス、其御主張ハイツ御捨テニナッタノデアルカ、此主張ノ相違ノタメニ吾々ハ非常ニ爭ッタ、是ガ爲メニ議會ノ解散マデ惹起シタ、然ルニ此主張ハイツ御捨テニナッタカ、内閣更迭ト同時ニ御捨テニナッタノデアルカ、今日諸君ガ此主張ヲ有ッテ居ルナラバ、此二千万圓ヲ此處ニ持ッテ來テ、臨時軍事費ノ財源ニ充テルト云フコトハ天下ニ向ッテ言ハレタ義理デアリマセヌ（拍手起ル）ソレカラ電話ノ問題デアリマスガ、電話ノ問題ニ就キマシテハ、此特別會計ノ法律案ガ出マシタ時分ニ、大體ニ於テ委員長ノ報告ニ依テ盡キテ居ルト思ヒマス、之ニ對シテ早速君ガ反對論ヲ御述ベニナリマシタガ、其ノ大要ヲ伺ヒマスト、大體ニ於テ憲政會諸君ノ御主張ガ分ル、又其上ニ唯今加藤君ノ御主張ニ依テ大抵御精神ガ分リマシタガ、要スルニ諸君ノ言ハレル所ハ電話擴張事業ハ宜シイ、電話急設ノ必要ハ非常ニ迫ッテ居ル、故ニ事業ハ認メル、ケレドモ財源ガ宜シクナイ、財源ガ公債ニ依ルト云フコトハ不確定デアル、不確定デアルニ依テ此ノ如キ計畫ヲ立テルコトハ、イカヌト云フ主ニ財源論ノヤウニ伺ヒマシタ、所ガ早速君ノ御意見ハ私ハドウモ其間ニ非常ナ矛盾ガアッテ了解ニ苦シムノデアリマス、早速君ノ御議論ヲ聽イテ居リマスト、政府ハ再ビ元トノ借金政策ニ立還ッテ來タ、借金政策ノ弊ニ堪ヘナカッタノヲ、段々公債支辨事業ヲ止シテ來タニ、借金政策ヲ再ビ起シテ來タノデアル、吾々ハ借金政策ニハ反對デアル、斯ウ云フ御議論デ一方ハアル、サウスルト憲政會ノ諸君ノ言ハレル通リ、今日之ヲ延バシテ置ク、或ハ一年限リノモノヲ認メテ置イテ、來年度カラノ計畫ヲ立テルニ於テモ先ヅ借金――公債ニ財源ヲ求メルト云フコトハ絶望ト認メナケレバナラヌ、反對ト見ナケレバナラヌ、然ラバ公債ニ財源ヲ求メナケレバ何ニ財源ヲ求メルカト云フト、一般會計カラ求メルヨリ仕方ガナイ、所ガ一般會計ニ於テ憲政會ノ諸君ノ御主張モ徴々伺ヒマシタガ、海軍ノ擴張、海軍ノ軍備補充ノ財源ガ極ッテ居ラヌ、不安定デアルト云フコトヲ徴々言ハレタ、殊ニ武富前藏省ハ前内閣ノ終リニ於キマシテ天下ニ聲明シテ言ハレタコトガアル、即チ海軍擴張、海軍補充計畫ノ財源ハドウシテモ減債基金ニ繰入レナケレバナラヌ、二千万圓ヲ增加スルコトハ到底行ハレナイ、將來ニ於テ海軍ノ財源ニ充テナケレバナラヌカラシテ、減債基金ノ五千万圓ヲ維持スルコトハ困難デアルト云フコトヲ言ハレテ居ル、即チ一般會計ニ於テ海軍ノ財源ダケ考ヘテ見マシテモ、減債基金ニマデ繰入レナケレバ計畫ガ立タヌト云フ御議論デアル、然ルニ又今日日程ニ上ル筈デアリマシタ所ノ義務教育費國庫補助法案ナルモノガ憲政會カラ出テ居ル、此案ニ依リマスルト初メ千万圓ヲ支出シテ、段々ニ增加シテ二千万圓ニスル、即チ國庫カラ二千万圓ノ金ヲ市町村ニ交付シテ、而シテ之ニ依テ市町村ノ負擔ノ輕減ヲ圖ルト云フ御議論デアル、サウシマスルト其財源ハ何所ニ求メルカ、一般會計カラ鐵道ニモ資金ヲ持ッテ行カナケレバナラヌ、海軍ニモ持ッテ行カナケレバナラヌ、義務教育費ノ方ニモ持ッテ行カナケレバナラヌト云フコトニナリマスルト、電話ニ持ッテ行ク金ハ何所ニアルカ、公債支辨ニ依ラズシテ電話ノ擴張ヲ望ムコトハ全ク出來ナイ相談ヲスルノデアル（拍手起ル）即チ諸君ハ非募債主義ヲ唱ヘ來ッタ所ガ、天下ノ財政經濟狀態ガ急ニ變化シタニ拘ラズ、其言論ニ囚ハレテ今日餘程不自由ニナッテ居ル、自由ヲ失シテ居ル、而モ一方ニ於テ電話擴張ト云フ事ハ國民ノ輿論デアル、非常ニ希望スル事デアルカラシテ、之ニ反對ハ出來ズ、ソレカト云ッテ非募債政策ハ捨ルコトハ出來ヌ、此二ツノ間ニ挾マレテ四苦八苦ヲシテ居ルノデアル（拍手起ル）更ニ適切ナ問題ニ入リマシテ、私共ハ此電話ノ財源タル公債募集ト云フコトハ、此處數年即チ電話擴張事業ノ完成ニ就キマシテハサウ不可能トハ思ハヌノデアル、何故ナラバ公債支辨事業ニハ限リガアリマス、主トシテ今マデヤッテ居リマスルノハ鐵道事業バカリデアリマス、今日マデノ狀況カラ考ヘマスルト、此帝國鐵道ノ資金ト朝鮮臺灣ノ事業資金ト其他ニ電話ヲ加ヘマシテモ、僅ニ電話ノ擴張費ノ一番大キクナリマシタ所、即チ千五百万圓ノ公債ヲ要スル場合ニ於キマシテモ、四千万圓乃至四千五百万圓ノ公債デ濟ムト思ヒマス、四千万乃至四千五百万ノ資金ヲ帝國ノ市場若クハ海外ニ仰グト云フコトハ、此處七八年ノ後マデ續イテ出來ナイト云フコトヲ私共ハ考ヘナイ、ソレ程ニ帝國ノ力、經濟界ノ力ト云フモノガ貧弱ナリト私共ハ信ジナイノデアリマス、（拍手起ル「矛盾セリ予盾セリ能ク考ヘテ見給ヘ、前ノ方ト大矛盾」又「分ラナイ奴能ウ聞ケ」ト呼フ者アリ）大體ソレダケデ電話擴張費ニ對スル議論ハ盡キタト思ヒマスガ、最後ニ私ハ教育會議ノ事ニ就キマシテハ、私ハ多少關係シタ者デアリマスカラ、贊成意見ヲ申シテ置キマス、加藤君ノ御説ニ依リマスルト、是迄ノ教育調査會ナルモノガ長ク會議ヲシテ居ッタケレドモ、小田原評議ニ終ッテ殆ド何等ノ效果ヲ收メテ居ラヌ、斯ノ如キ事ヲ幾度繰返シテモ同ジデアルカラ此費用ヲ削除スルト云フノガ御趣旨デアリマス、私共モ之ニ對シテ同様ノ感ジヲ有ッテ居リマス、誠ニ耻入ッタ話デアリマスガ、私モ其會員ノ一人トシテ數年間非常ニ勉强シタ積リデアリマス、ケレドモ一向議事ガ進行セズシテ行詰リノ狀態ニ陷ッタノデアリマス、併ナガラ其責任者ハ誰デアルカト云フト、私ハ此前ノ大隈内閣時代ノ文部大臣其人ニアルト考ヘマス（拍手起ル）即チ高田君ガ文部大臣タリシ時代ニ於テ、教育調査會ノ操縱其宜シキヲ得ズ、其前ノ會員タリシ時代カラ自分ガ私心ヲ以テ此會ニ臨ンダ爲ニ、此會ニ向ッテ非常ナ行詰リヲ生ゼシメタノデアル、今日誰ガ其局ニ當リマシテモ、アノ會ノ儘デハ進行ハ出來ナイノデアル、而已ナラズ歐洲戰爭ノ結果トシテ帝國ノ學制ノ上ニ於テ非常ナ改革ヲ要スルモノガアル、而已ナラズ財政經濟ノ上ニモ關係スル問題ガ澤山アルノデアリマスカラ、是マデノ會員以外ニ其會員ヲ增加シ、且之ヲ内閣直屬トシテヤルト云フコトガ、今迄行詰ッテ居ル所ノ教育調査會ヲ復活シテ、而シテ其事務ヲ進行セシメ、速ニ教育事業ノ實績ヲ擧ケ、滿天下ノ不安ヲ懷イテ居ル青年ニ安心ヲ與ヘルノガ重要ト考ヘマスカラ、吾々ハ是迄ノ經過ニ懲リマシテ特ニ一箇年ト云フ期限ヲ切ッテ贊成レタノデアリマス、私ハ其他ノ小サナ問題ニ就テハ議論ヲスル必要ガナイト思ヒマスカラ、是丈ノ問題ニ就テ贊成ノ意見ヲ述ベテ置キマス

（拍手起ル）

二　對馬自治制施行ニ關スル質問（秋田寅之介君提出）

（秋田寅之介君登壇）

○秋田寅之介君　諸君、本員ハ對馬自治制施行ニ關シ内務大臣ニ御質問致シタイノデアリマス、然ルニ唯今内務大臣ハ御出席ガ御坐イマセヌ、又政府委員ノ方モ居ラレマセヌガ、貴重ナル時間デアリマスカラ、是カラボツ〳〵話シマス、遡ッテ顧ミマスレバ明治二十一年四月我帝國ニ市町村制ノ發布セラレマシテ、今日迄實ニ三十年餘ニナリマス、其間大ニ國民ノ自立自營ノ能力ヲ養ヒ國家ノ發展ニ資シタルコト莫大ナルコトヲ信ジテ疑ハヌノデアリマス、然ルニ其自治制施行當時、日本帝國ノ中デモ地位及交通ノ關係上、又ハ文物進歩ノ程度等ニ因ッタモノガ此制度施行ノ恵澤ニ浴セナカッタ處ガアリマス、卽チ島根縣隱岐國、長崎縣對馬國、東京府下小笠原島、鹿兒島縣薩摩國川邊郡、及ビ大隅國大島郡等デアリマス、何レモ共當時全ク一般市町村制ヲ施行スルコトガ出來ナカッタカモ知レマセヌ、併ナガラ同ジ日本ノ海上ニ在ッテ呼ベバ應ヘントスル眼前ニ横ハレル壹岐國ニハ、三十年前施行セラレテ、又其後當局ニ於テモ地方ノ發達奬勵ノ意味ニ於テカ、明治三十七年ニハ島根縣隱岐ニ一種ノ市町村制ヲ施行セラレタノデアリマス、此ニ於テ對馬五万ノ島民ハ實ニ遺憾ナリトシ其急速施行セラレンコトヲ渇望シテ止マナイノデアリマス、依テ本員ハ之レト同樣ニ、今日ノ對馬ニ普通市町村制ヲ施行セラレテ島民自治ノ能力ヲ發達セシメ、以テ民心ヲ養ヒ、一面地方ノ發展ヲ奬勵シタイト云フ希望ヲ有ッテ居ルノデアリマス、世間或ハ尙早論者モアルカハ知レマセヌガ、是レハ思ハザルノ甚シキト言ハネバナリマセヌ、嘗テ我ガ帝國ガ二十七八年戰役前進ンデハ三十七八年戰役前、歐米先進國カラ我ガ帝國ガドンナニ見ラレテ居ッタデアリマセウカ、帝國ノ物質的及精神的ノ發達ハ非常ナル長足ノ進歩デアリマシテ、彼ノ歐洲二十五世紀間ノ進歩ヲ、我ガ帝國ハ僅カニ半世紀間ニシテ此大業ヲ遂ゲ得タノデアリマス、實ニ國運ノ隆々タル帝國今日ノ權威ヲ果シテ其當時ヨリ認メ居ッタデアリマセウカ、竟ニ今日世界ノ一等國ノ班ニ列シ、帝國ノ威信ハ普ク認メラル丶ヤウニナリマシタノモ、是レ偏ニ上ノ御稜威ト下國民ノ忠君愛國ノ心ニ因ッタコトハ勿論デアリマスガ、一ハ時代ニ伴フ進歩ト云ハナケレバナラヌノデアリマス、是ト同ジコトデ、對馬ノ如キ未ダ今日マデ三十餘年前ニ施行サレタ所ノ島嶼町村制ノ儘ヲ以テ行ハレテ居ルノデアリマスガ、時代ノ進歩ハ對馬ト雖モ大同小異デアリマシテ、前ニ述ベマシタ如ク我ガ帝國回天ノ大業ニ與ッタ臣民デアリマス、成程對馬ハ日本海ノ一孤島デ交通不便ノ爲メ本土トハ其發達ニ於テ多少ノ差異ハアリマセウ、併ナガラ目下ノ對馬ハ三十年前ノ對馬ト違ヒマシテ、人智ノ向上ニ文物ノ進歩ニ、又商工業ノ發達ニ於テ著シキモノアルハ本員ノ能ク認メテ居ル所デアリマス、今茲ニ明治二十一年ノ調ヲ見マスト――二十一年ハ發布サレタ當時デアリマスカラ、茲ニ出シマシタノデアリマスガ、日本帝國ノ人口ハ三千九百六十万七千二百三十四人デアリマシタ、此時ニ對馬ハ如何デアッタカト申シマスト三万二千四百三十一人デアリマシタ、尙最近ノ調ベトシテハ大正二年ノモノヨリアリマセヌガ、此大正二年ノ調ベニ依リマスト日本帝國ノ人口ガ五千三百三十六万二千六百八十二人、對馬ハ四万五千二百三十一人デアリマシタ、今此增加率ノ割合ヲ計算シテ見マスレバ、帝國ハ三割四分七厘ノ增加ニナッテ居リマス、對馬ハ四割二分五厘ノ增加ニナッテ居リマス、卽チ帝國ニ比シテ對馬ガ七分八厘ノ增加率デアリマス、更ニ三十七年島嶼町村制ヲ改メ市町村制ヲ施行セラレタ所ノ隱岐ト對照致シマスト、大正二年ノ統計デアリマスガ、對馬ノ戸數ノ七千九百五十八戸ニ對シテ隱岐ハ七千六百三十六戸デアリマス、人口ニ於テ對馬ノ四万五千二百三十一人ニ對シテ、隱岐ハ四万七百五十八人ト云フコトニナッテ居ルノデアリマス、更ニ島嶼ノ特產物トモ申スベキ海產物ニ於テハ、其差額ノ最モ甚シキモノデアリマス、對馬ノ海產物ハ百七十五万三千三十九圓デアリマス、隱岐ハ五十万三千七百六十七圓デアリマス、卽チ對馬ガ隱岐ニ勝ルコト百二十四万九千餘圓デアリマス、卽チ三倍半ノ差額ヲ示シテ居ルノデアリマス、其他會社銀行及ビ各種ノ組合團體等ニ於テモ隱岐ニ勝ッテ居ルノデアリマス、又敎育機關ニ付テ見マスルニ、對馬ニハ中學校及ビ高等女學校等ガアリマス、又普通敎育ニ於テハ小學校モ六十七校アルノデアリマス、此學齡兒童ハ七千百四十二人デアリマス、然ルニ隱岐ニ於テハ中學校及高等女學校ノ如キハアリマセヌ、又小學校ノ數ニ在ッテハ對馬ノ六十七校ニ對シテ三十四校シカ無イノデアリマス、卽チ半數デアリマス、學齡兒童ニ於テハ四千八人ノ差ヲ示シテ居ルノデアリマス、是等ニ依ッテ考ヘマシテモ、隱岐ニ自治制ヲ施行シテ對馬ニ施行セザルハ誠ニ遺憾トスル所デアリマス、此ニ於テ隱岐ト對馬トハ自治制施行ノ順序ニ於テ矛盾ノ感ガ致スノデアリマス、然ラバ對馬島民ガ自治ノ能力ガ無イカト云フト決シテ左樣デハアリマセヌ、寧ロ長年間國民ノ義務ハヨリ以上ニ果シテ居ルニモ拘ラズ、帝國自治ノ民タル取扱ヲ受ケザル爲ニ憤慨シテ居ル、何レノ日ニカ恵澤ニ浴スベキ時ニ備ヘムガ爲メニ、自治ノ要素トモ稱スベキ事柄ハ特ニ研究シテ、既ニ準自治ノ機關ヲ多年運用セル經驗ヲ有ッテ居ルノデアリマス、依テ島民ガ自治制ノ急施ヲ如何ニ翹望シテ居ルカト云フコトハ察スルニ餘リアルノデアリマス、然ルニモ拘ハラズ何故今日迄自治制ヲ施行セラレナカッタノデアリマセウカ、縱令對馬ノ現狀ガ本州ト比較シテ多少遲レタル所アルニモセヨ、人ノ思想ハ其境遇ニ支配セラル丶モノデアリマシテ、自治制ヲ施行スレバ則チ自治ノ民トナルベキコトヲ信ジテ疑ハナイノデアリマス、卽チ日淸日露戰前ニ、歐米各國ガ我ガ帝國ヲ恐ラク單ニ東洋ノ一弧島ナリト見テ居ッタデハアルマイカト思フノデアリマス、然ルニ一度雌雄ヲ爭ヒ、始メテ其技倆ヲ認ムルニ至ッタノデアリマス、其レト是レトハ多少ノ差ハアルトシテモ、歷代ノ當局ニ於テ對馬ヲ見ルコト單ニ日本海ノ一孤島ナリト見テ居ラレハシナイカト思フノデアリマス、本員ハ唯今日ノ對馬ノ島民ハ、我國民ガ歐米各國ニ認メラレタル如ク、又我ガ當局ヨリ認メラレルコトノ遲キヲ遺憾トスルト同時ニ、早ク認メラレテ自治制施行ノ實現セラレンコトヲ望ムノデアリマス、特ニ附言致シタイノハ、對馬島民ノ如何ニ國家的觀念ガ厚イカデアリマス、彼ノ地ニ往來ヲナサレマシタ方ハ能ク御承知デアリマウガ、又日本海ノ一孤島ノ爲ニ、斯ル不便ノ土地ニ御出ノ無イ方ガ多イト思ヒマスノデ、極ク早分リノ致シマスルモノヲ茲ニ引出シテ申シマスレバ、御笑ニナルカ存ジマセヌガ彼ノ神功皇后ノ三韓征伐ヲ始メトシ、豐太閤ノ朝鮮征伐ノ時ハ其先驅トシテ頑マシク働イタコトハ歷史ニ見ル所デアリマス、又元ノ大軍ガ來襲スルニ際シテ全土ヲ擧ゲテ焦土トナシ、我ガ倭――日ノ本ノ護國ノ爲ニ盡シタコトモ亦歷史ニ明カデアリマス、近クハ日淸日露ノ兩戰役ニ際シテモ重要ナル作戰地トナリ、大ナル功績ヲ擧ゲタルコトハ齊シク人ノ知ル所デアリマス、尙ホ第三十七議會ニ本件ガ提出サレタノデアリマスガ、ソレハ對馬自治制ニ關スル件ハ島根縣隱岐ト同樣ニトノコトデアリマシタガ、今日ノ對馬ハ前屢々申上ゲマシタ如ク、又陸軍ニ於キマシテモ海軍ニ於キマシテモ、重要地點ト云フコトハ認メラレテ居リマシテ、國防モ怠リナイノデアリマス、又各統計上ヨリ見ルモ彼ノ三十七年自治制ノ施行セラレタル隱岐及他ノ施行セラレザル各地トノ比デナイコトハ、是ハ本員ガ述ベマシタ事ノミナラズ、當局ニ於キマシテモ地方ノ調査ニ依リ十分御了解ノ事ト思ヒマス、又現內閣ハ秉公持平ヲ以テ國政ヲ燮理サレルト云フコトヲ當初ニ發表サレタノデアリマス、此ニ於テドウカ對馬ニ對シテ一日モ早ク普通一般ノ市町村制ヲ施行セラレンコトヲ切望スルノデアリマス、依テ當局ノ御意見ヲ伺ヒマスト同時ニ、懇願的希望ヲスル次第デアリマス

○副議長(濱田國松君) 官紀振肅ニ關スル質問――八木逸郎君

第三　東洋拓殖株式會社法中改正法律案　第一讀會ノ續（委員長報告）
（政府提出）

（小林源藏君登壇）

（拍手スル者アリ）

○小林源藏君　東洋拓殖株式會社法中改正法律案ノ委員會ノ經過竝ニ結果ヲ御報告致シマス、御承知ノ通リ東洋拓殖株式會社法ハ日韓合併以前朝鮮ノ移民拓殖ノ爲ニ設ケラレタル法律デアリマスガ、此度政府ガ此改正案ヲ提出致シマシテ、獨リ朝鮮ノ拓殖事業バカリデナク、滿蒙地方ノ拓殖ニ其他南米南洋ニ於ケル移民ニモ資金ヲ供給スルコトニシタイト云フ法案デアリマス、要スルニ是マデ朝鮮ノ拓殖農業ヲ主トシテ居リマシタ所ノ法律ヲ改メマシテ、先ヅ以テ拓殖ノ目的ノ爲ニ資金ノ供給ヲ主トシ、合セテ農業等ニモ力ヲ效サウト云フ案デアリマス、政府ト前後五回ニ亙ッテ委員會ガ質問應答ヲ致シマシテ、此法案ノ正條ニ現ハレテ居ル以外、朝鮮ノ事業ニ對シマシテハ將來三千——八年間ニ於テ五千八百万圓ノ資金ヲ注込ム、滿蒙地方ニ對シマシテハ將來八年間ニ亙ッテ三千五百万圓ノ資金ヲ供給スルノ計畫デアルト申シテ居リマス、尙ホ移民ニ對スル資金ノ供給ハ詳シイ正確ノ數字ヲ言フコトガ出來ナイケレドモ、約百万圓內外ノモノデアラウト云フノ事デアリマス、是迄東洋拓殖會社ガ朝鮮ニ投ジマシタル所ノ金額ハ三千万圓デアリマス、是レ以上八年間ニ亙ッテ二千八百万圓ヲ投ズル、其事業ニハ固ヨリ資金ノ供給モアリマスガ、毎年一千戶ヅヽノ移民ヲ移住セシメルト云フコトモ申シテ居リマス、滿蒙ニ於ケル三千五百万圓ト三千万圓ヲ差引イタル二千五百万圓ヲ加ヘテ見マシテ、多額ノ金額ハ固ヨリ債券ニ依ル筈デアリマスガ、此債券募集ノ場合ニ於キマシテ內債ヲ募集スル場合ニハ、政府ガ補償ヲ致サヌト云フコトヲ申シテ居リマス、又或委員ノ質問ニ對シテ政府ノ答辯致シマシタル事項ニ重要ノ事柄ガアリマスカラシテ、御紹介致シテ置キマス、豫テ滿蒙地方ニ於キマシテハ滿洲銀行ト東洋拓殖株式會社ト、二ツノ何レヲ可トスルヤト云フ議論ハ朝野ノ間ニアッタノデアリマス、滿蒙資金供給ノ途トシテ滿洲銀行ヨリ此東洋拓殖株式會社法ヲ改正シタ方ノ優ッテ居ル意味如何ト云フ質問ニ對シマシテ、政府ノ答辯左ノ如クデアリマシタ、銀行ガ不動產ヲ抵當ニシテ金ヲ供給スル場合ニ於テ、或ハ抵當流レガ生ズルカモ知レヌガ、其場合ニ於テ銀行トシテハ之ヲ賣却其他ノ處分ヲ爲スヨリ外ニ途ガナイガ、東洋拓殖株式會社ニ於テハ、一面拓殖事業ヲ實行シテ居リマスルカラシテ、其抵當流レノ地面ヲ直ニ拓殖シ得ルト云フ便宜ガアルト云フコトヲ說明シテ居リマス、質問應答ノ結果是等ノ事項ガ明白ニナリマシタノデ、爰ニ討議ニ移リマシタ所高橋本吉君ヨリ修正說ガ出來マシテ御手許ニ印刷物ヲ廻ハサレテアリマスガ、第十三條第一項第三號中、此條文ハ資金供給ノ方法ヲ規定シタル條文デアリマス、其第一項第三號中「不動產又ハ不動產上ノ權利ヲ擔保トスル貸付」トアルノヲ「不動產鐵道鑛業權其他不動產上ノ權利ヲ擔保トスル貸付」ト改メルノ動議ガ提出セラレマシタ、尙同條同項第八號中財團ノ下ニ「其他確實ナル物件」ヲ加フ、第四十條ノ二但書「利益」トアル文字ヲ「利益配當」ニ改ム、斯ウ云フ動議ガ出マシテ大多數ヲ以テ其動議ノ通リ決定致シタノデアリマス、而シテ本案全體ニ付キマシテ此修正說ノ外僅ニ小池仁郎君一人ノ反對アリマシタノミ、他ハ出席全員ノ多數ヲ以テ可決スベキモノト議定致シタル次第デアリマス、而シテ牧山君ノ動議ニ依リマシテ、東洋拓殖株式會社ハ是マデノ實驗ニ徵スルニ、世間ノ非難モ高ク其施設宜シキヲ失シタルモノアリト認ムルニ依リ、警告ヲ爲シテ政府ノ注意ヲ促ガサウト云フ動議ガ出マシタ、是亦大多數ヲ以テ可決致シタノデアリマス、私ハ此處ニ其警告ノ案文ヲ御紹介致シマス「警告、東洋拓殖株式會社ノ施設經營ハ往々ニシテ其宜シキヲ失シタルモノアリト認ム、依ッテ左ノ警告ヲ爲ス、會社ノ役員任免竝ニ事業ノ經營ニ付テハ特ニ愼重ナル注意ヲナシ法律規定ノ目的ヲ達スルニ於テ遺憾ナキヲ期スヘシ」右ノ如キ警告附ニテ多少ノ修正ヲナシマシタ外、小池仁郎君一人ノ反對アリシ外、出席員全數ノ多數ヲ以テ本案ハ可決スベキモノト議定シタ次第デアリマス

○議長（大岡育造君）　小池仁郎君

（小池仁郎君登壇）

○小池仁郎君　唯今委員長ヨリ御紹介ヲ賜ハリマシタル委員會ニ於ケル一人ノ反對者デアリマス、又本會ニ於テモ反對ヲ主張シタイト思ヒマス、本員ノ反對致シマスルコトハ極メテ理由ハ簡單デアリマス、唯臨時議會ハ特別ノ使命ヲ有ッテ居リマスカラ、此臨時議會ニ於テ特殊會社ノ救濟トモ謂フベキ法案ヲ議スベキモノデナイ、是ガ一デアリマス、又此東洋拓殖株式會社既往ノ成績ハドウデアル、是ハ私ガ申スマデモナク既ニ委員會ニ於テ警告ヲ發セラレタ如ク極メテ不良ナノデアリマス、委員會ノ狀況ハ諸君ハ御承知デアリマセウガ、其質問ハ峻酷苛烈ヲ極メ、東洋拓殖株式會社ヲシテ殆ド完膚ナキ程ノ攻擊的質問デアッタノデアリマス、此會社ニ對シテ、此會社ヲ救濟スベキ案ト本員ハ信ジテ居ルノデアリマス、此東洋拓殖株式會社ハ何等カノ發展ノ途ヲ講ジナケレバナラヌト云フコトハ申スマデモナイ事デアル、當初設立ノ事情ヨリ今日既ニ朝鮮ノ事情ガ變化致シテ居リマスカラ此變化シタル事情ニ應ズル所ノ何等カノ改正ヲ要スベキコトハ當然デアリマセウガ、此臨時議會ニ於テ此變更ヲシナケレバナラヌ必要ハ何處ニアリマセウ、兎ニ角東洋拓殖株式會社ハ昨年補助金ガアリマセヌデモ、兎ニ角經營シ來ッタノデアリマス、故ニ本員ハ本案ハ尙政府ガ熟慮審議ヲ盡シテ、次期ノ議會ニ提出セラルヽモ決シテ遲クハ無イト信ズルノデアリマス、此度提案セラレタル此會社ノ事業ノ一トシテ、滿洲方面ニ資金ノ融通ヲスルト云フコトモ御坐イマス、是亦大ニ考慮ヲ要スベキ事デアル、既ニ朝鮮ニ於テ多大ノ失敗ヲナシテ居ル所ニ、此會社ガ更ニ滿洲ニ手ヲ擴メテ如何ナル功績ヲ擧ゲ得ルカ、是亦考慮スベキ事デアル、併ナガラ此朝鮮ニ於テ或ハ滿洲ニ於テ、金融機關ヲ設ケナケレバナラヌ事ハ是ハ當然ナ事デアル、土地ヲ目的トスル所ノ金融機關ヲ設備シナケレバナラヌト云フコトハ是ハ吾々ノ持論デアル、之ヲ實行スル爲メニ其方法ヲ立ツルニ付テハ贊成ニ吝カナラヌ者デアリマスガ、此ボロ會社ニ、此ボロ會社ノ方法ヲ改メテ、サウシテ今此緊急已ムヲ得ザルモノヲ議スベキ此議會ニ於テ、本案ハ議スベキ性質ノモノデアルカ、是ハ深ク吾々ハ考慮シナケレバナラヌト思フノデアリマス、私ハ委員會ニ於ケル狀況カラ考ヘマスレバ全會一致ヲ以テ是ハ否決セラルベキ運命デアルト考ヘテ居リマシタ、所ガ豈圖ランヤ警告ヲ附シテ本案ガ多數ヲ以テ可決セラレタト云フコトハ、實ニ驚クニ堪ヘタル現象デアリマス、諸君、暫ク東洋拓殖株式會社ノ內情、及當局者ガ之ニ對スル方法等ヲ深ク考慮セラレテ本案ヲ否決シ、二讀會ハ開ク可カラズト決定セラレンコトヲ希望致シマス

○議長（大岡育造君）　橋本木吉君

○高橋本吉君　高橋デアリマス

○議長（大岡育造君）　更メテ御紹介致シマス、高橋本吉君デアリマス

（高橋本吉君登壇）

○高橋本吉君　本員ハ本案ノ委員會ニ於キマシテ、唯今小池君ガ言ハレタ如ク隨分激烈ナル質問ヲ致シタ者ノ一人デアリマス、而シテ最後ハ先程委員長カラ報告ニ及ビマシタ如ク修正案ヲ提出致シマシテ、本案ヲ可決シタ次第デアリマス、聊カ茲ニ小池君ト其意見ヲ異ニスル點ヲ申述ベテ本案ヲ贊成シタ理由ヲ明カニシタイト思ヒマス、小池君ノ反對セラレタ所ノ理由ハ二ツアリマス、其一ハ即チ此東拓會社ト云フ名前ト同時ニ聯想サレル如ク、甚ダ不結果デアルト云フ事柄ガ其主ナルモノデアリマス、他ノ一ハ此臨時議會ニ於テ提出スルノハ不似合ノモノデアルト云フ點デアリマス、併ナガラ私共ハ此二點共ニ不幸ニシテ小池君ト一致スルコトガ出來ナイノデアリマス、既往ノ成績ノ宜シクナイト云フ點ハ吾々モ十分之ヲ明カニシ、政府當局者モ之ヲ認メタ事デ御坐イマスガ、併ナガラソレハ單ニ東洋拓殖株式會社ガ朝鮮ニ於ケル時代ノ事デアリマシテ、其朝鮮ニ於ケル種々ノ事情トコンガラカッテ居ッテ甚ダ都合ノ惡イ形ニナッテ居ル、併シ之ヲ滿洲ニ發展セシメ、更ニ進デ有ユル移民業ニ携バラシテ、之ヲ南洋南米ノ方面マデ持ッテ行クト云フコトニ付テハ、其活動ノ範圍ガ異ニナッテ來マスカラ、一概ニ之ヲ抑ヘ付ケルコトガ出來ナイト云フ事ガアル、ソレノミナラズ本案ニ付キマシテ私共ハ愼重ニ之ヲ審議シテ見マシタ所ガ、大正四年カラ當局者ハ此改革ノ意見ヲ有ッテ居ッタ、更ニ大正五年ノ第三十七議會ニ於キマシテ議場ノ問題トナッタノデアリマス、而シテ此度提出シタル案ハ其大正五年案ニ比ベマシテモ、猶且改メテ來テ進歩シテ居ルモノガアル事ヲ發見シマシタ、徒ラニ昨ノ儘デ此議會ニ提出シタノデナイ、即チ時勢ノ進歩國運ノ發展ノ狀況ニ適應セシメンガ爲メニ、當局者ガ苦心シテ居ルト云フ事ヲ認メマシタカラシテ、此ノ如ク苦心ノ伴ッテ居ル案デアルカラ、當局者ガ吾々ニ言明シタル所ヲ履行スルニ於テハ、昔ハボロ會社デアルケレドモ、之ヲ新ラシイ鋭氣潑剌タル會社ト爲サシムルコトガ出來ルト信ジ、又出カサナケレバナラヌト信ジ此案ニ贊成シタ次第デアリマス、ドノ點ガ左樣ニ新ラシイ分子デアルカト云フコトヲ私ハ此處デ申述ベル必要ハ無イト思ヒマス、若シ御疑ガアリマシタナラバ昨年ノ案ト對照シテ御覽ニナレバ、主モナル點ニ於テ非常ニ變ッテ居ルコトヲ御發見ナサルデ御坐イマセウ、夫カラ次ノ點、何故ニ此臨時議會ニ本案ヲ提出シタカ、吾々ハ政府ノ當局者デ此議會ニ此案ヲ提出シタ事ヲ以テ最モ時機ニ適ヘリト爲スノデアリマス、ソレハドウ云フコトデアルカト申シマスト、本議會ニ提出サレテ居ル所ノ滿洲ニ於ケル統治ノ統一、是ガ多年滿洲統治ニ於ケル非常ナル缺點トシテ、上下内外ニ傳ヘラレテアル所ノモノヲ、當局者ガ此場合ニ於テ整理シヤウト云フ考ヲ持タレタト云フコトハ、吾々モ諸君ト共ニ大ニ同意ヲシテ、又ソレニ對スル豫算等ハ本議院ヲ通過シタト云フコトデアリマス、又他方面ニ於テハ滿鮮經濟ノ統一ト云フ問題モ、是モ反對黨ノ憲政會ノ諸君モ御同意ニナッテ、朝鮮鐵道ト滿洲鐵道トガ同ジヤウナ風ニ加ヘラレルト云フ時期ニ到達シマシタ、斯ノ如キ新機運ガ熟シテ來タノデアリマスカラ、是ニ於テ初メテ滿洲及蒙古ニ於ケル所ノ大隈内閣ノ所謂功名ナリトシテ世間ニ傳ヘラレテ居ッタ所ノ商租、又ハ之ニ關係シタ所ノ條約ガ漸ク實行セラルベキ時期ニ到着シテ來タト言ハナケレバナラヌ、然ルニ是ガ金融機關ノ無イト云フコトハ、甚ダ不相應シカラザルコトデアリマス、潮ノサシテ來タ時分ニ船ヲ出サナケレバナラヌ、今方ニ斯ノ如キ時期ガ到達シテ參ッタトキニ本案ガ提出サレタト云フコトハ、吾々大ニ贊成セザルヲ得ナイノデアリマス、又南米ニ於ケル移民ノ事柄ニ於キマシテモ、日本政府並ニ民間ノ當路者ハ、是マデ移民ノ事ニ就テ非常ニ苦心ヲ致シマシタ、其割合ニ發展シナカッタノハ何故デアルカト申シマスト、是ハ日本ノ民族ノ發展ニ對スル世界ノ猜疑心、又ハ憎惡ノ心、斯樣ナルモノガ斯ノ如ク發展ヲ阻害シテ居ッタノデアリマス、然ルニ今日ノ歐洲大戰ノ結果ト致シマシテハ、一方ニ於テハ勞働者ノ不足ヲ感ジ、一方ニ於テハ我民族ニ對スル尊敬心ガ增シテ來タコトデアリマスカラ、戰後ニ掛ケマシテ、日本ノ移民ノ發展スベキ新ナル領域ガ無論出テ來ルデアリマセウシ、是マデ緒ヲ啓イテ居ッタ所ニ於テハ、着々トシテ發展スベキ餘地ガ多クナッタ事ト信ズルノデアリマス、斯ノ如キ際ニ之ヲ助ケテ行ク機關ヲ拵ヘルト云フコトモ、是モ我植民ノ計畫ノ上ニ於テ吾々ガ歡迎セザルヲ得ヌコトデアルト思フノデアリマス、斯ル事情ノ下ニ、斯ル機運ノ下ニアリマスノデアリマスカラ、吾々ハ本案ハ極メテ愼重ニ審議シテ、政府ヲシテ更ニ之ヲ十分ニ督勵セシムルト云フ警告ヲ附隨シテ本案ヲ可決シタ次第デアリマス、是デ吾々ノ可決ノ趣意ガ明瞭ニナルコト、信ジマス

○恆松隆慶君　討論終結、採決アラムコトヲ望ミマス

○議長（大岡育造君）　恆松君ノ動議、討論終結ニ御異議アリマセヌカ

（「異議ナシ異議ナシ」ト呼フ者アリ）

○議長（大岡育造君）　御異議ナイト認メマス、依テ本案ノ第二讀會ヲ開クヤ否ヤヲ決シマス、反對論ガアリマスカラ決ヲ採リマス、本案ヲ二讀會ニ付スベシト云フ諸君ノ起立ヲ求メマス

起立者　多數

第五　國有財產調査會設立ニ關スル建議案（澤來太郎君外十二名提出）

國有財產調査會設立ニ關スル建議案
國有財產調査會設立ニ關スル建議

國運ノ發展ト歐洲戰亂ノ反響トハ我カ國費ヲシテ倍多端ナラシメムトス蓋是レ必至ノ勢ナリ而モ我カ國民ノ負擔力ニ徴スルニ租稅公課頗ル重ク今ニ於テ國有財產ノ整理ヲ爲シ以テ財政ノ資料ニ供スルハ最緊急ノ事ニシテ且時代ノ要求ナリ政府ハ速ニ調査機關ヲ設ケテ之ニ備フルノ方法ヲ講スヘシ

右建議ス

（澤來太郎君登壇）
（拍手起ル）

○澤來太郎君　唯今ハ決議案ニ付キマシテ屢〻御論戰ノアリマシタ後ニ、此演壇ニ立チマシタ爲メニ、餘リ長イ時間ヲ演說ニ費スト云フコトハ、私ニ於テハ深ク愼マナケレバナラヌ、差控ヘナケレバナラヌコトデアリマス、ケレドモ問題ガ問題ナルダケニ、甚レク時間ヲ節約スルコトノ出來ナイコトヲ遺憾トスル者デ御座イマス、吾〻ヨリ提出致シテ俗キマシタル此問題ハ、言フマデモナク重大ナル問題デ御坐イマシテ、內治外交諸般ノ根本ノ問題デアルト言フモ敢テ過言デナイト信シテ居ル者デ御坐イマス（拍手起ル）提案ノ趣意ノ大綱ハ既ニ御渡シニナッテ居リマスル書類ニ依テ御承知デアリマセウガ、其大綱ノミ許リデハ甚ダ其意ヲ盡シテ居ラヌノデアリマス、ソレ故ニ既ニ諸君ガ演說ニ倦ミ疲レテ御出デニナルコトヲ承知シテ居リマスケレドモ、ソレニモ拘ラズ多少之ニ付テ敷衍ヲ致サンケレバナラヌノデアリマスカラ、暫クノ間御淸聽ヲ賜ハラムコトヲ希望シテ置キマス（「謹聽」ト呼フ者アリ）先ヅ此國有財產ナルモノヲ調査セナケレバナラナイ、整理セナケレバナラナイト云フ以上ハ、其整理スベキ範圍ト其調査スベキ數量トハ是非申上ゲナケレバナラヌコトデアリマス、御承知ノ如ク國有財產ナルモノハ、此議會ニ對シテ十年ニ一回外報告ニナッテ居ナイノデアリマス、十年ニ一回――十年ニ一回ノ報告ハ一昔ニ一度ノ報告デアル、ソレ故ニ其報告ニ付テ之ヲ調査シテ見ルニ及ンデハ、其杜撰ナルコト實ニ名狀スベカラザル有樣ニ相成ッテ居ルノデ御坐イマス（「ヒヤ」ト呼フ者アリ）而シテ此範圍ハドレ程ノ範圍ニナッテ居ルカト云フト、一體國有財產ノ其範圍ハ頗ル廣汎ニナッテ居ルノデアル、又其內容ハ極メテ複雜ニナッテ居ルノデ御坐イマス、先ヅ其輪廓ヨリ申セバ、第一政府現在ノ所要ノ土地建物及同附屬物、ソレカラ所要以外ノ內務省保管ニ屬シテ居ル官有地竝ニ國有森林原野及北海道ノ林野、是ガ第一種ニ屬シテ居リマス、第二種ハ資金及資本金其他ノ基本的動產、卽チ現金有價證券貸附金年賦納金特殊會社出資金、是ガ第二種ニナッテ居リマス、第三種ハ物品會計所屬ノ所謂各省在庫品其他、次ハ陸軍兵備品會計所屬ノ財產、其次ハ海軍ノ兵備品會計所屬ノ財產、是等ノ三種ヲ合シテ初メテ國有財產ノ全部ト相成ルノデ御坐イマス、而シテ本員ノ力ヲ極メテ調査致シタル所ノモノハ、此三種ノ中第一種第二種ノ部分ニ屬シテ居ルノデ御坐イマス、其調査シ上ゲタル所ノモノニ就テ見マスルニ、最モ國有財產中ニ於テ重キヲ爲シテ居ルモノハ何デアルカト言ヘバ、言フマデモナク國有土地デ御坐イマス、此土地ノ總數ハドレ程ニナッテ居ルカト言ヘバ、御承知ノ如ク全國有土地ノ總高ハ千六百四十三万町步ニナッテ居リマス――千六百四十三万町步ニナッテ居リマス、而シテ此價格ハ實ニ其大ナル數デ御坐イマシテ、五百六十一億零三百万圓デ御坐イマス、此財產ハ既ニ各位ノ御承知ノ通リ明治政府成立以來各省ガ互ニ割據分取ヲ致シテ、而シテ獨斷專行ヲ恣マニシ來ッテ今日ニ至ッタノデ御坐イマス（拍手スル者アリ）ソレ故ニ其不統一ナルコト、其不經濟ナルコト、實ニ驚クベキ現狀ヲ呈シテ居ルノデ御坐イマス（「ヒヤ〳〵」ト呼フ者アリ）此五百六十一億三百万圓ト云フ總數ハ私ハ決シテ自分ガ恣マニ價格ヲ――評價ヲ附シタモノデハ御坐イマセヌ、卽チ一方ニ於キマシテハ大藏省主稅局ノ年報所載ノ全國宅地價平均額ニ此土地總段別ヲ乘ジタモノデ御坐イマス、ソレカラ山林ニ對シマシテ農商務省ニ於ケル立木拂下標準價格、竝ニ帝室總計書ニ載ッテ居ル所ノ、卽チ山林立木數ノ標準ニ依ッテ此評價ヲ得タノデ御坐イマス、此評價格ヨリ申シテ見マスルト、政府ノ評價々格ハ卽チ本員等ノ調査致シマシタル所ノモノヨリモ、五十億ダケ少クナッテ居ルノデ御坐リマス、何故ニ政府ノ評價々格ガ此ノ如ク大差ヲ生ズルニ至ッタカト申シマスレバ、是亦諸君ノ御想像ニモ御在リデ御坐イマセウ、元來政府ノ國有財產ニ對スル評價ノ見積リト云フモノハ、極メテ杜撰ニナッテ居ルノデ御坐イマス、適切ナル一例ヲ申シテ見マスルナラバ、彼ノ大學――東京大學ノ建築敷地ハ諸君驚ク勿レ、僅ニ一坪十一錢ノ價格ニ見積ッテ居ルノデ御坐イマス、斯樣ナル杜撰ナル價格ヲ見積ッテ居リマスルガ爲メニ、我國ニ於キマシテハ遺憾ナガラ國家ノ財力ト云フモノヲ見ルコトガ出來ナイノデアル、私ハ此點ヲ深ク遺憾ト存ジマシテ調査シテ見マシタ所ガ、何ゾ圖ラム吾〻ノ正確ニ調査シタル所ノモノヨリモ、政府ノ調査ヲシタル所ノモノハ五十億ダケノ少イ額ニナッテ居ルノデ御坐イマス、而シテ此土地ヲ各省ハ如何ニ割據分取ヲシテ居ルカト申セバ、之ヲ高イ順カラ少イ順ニ數ヘテ見マスレバ、陸軍省ニ於キマシテハ二十五萬六千八百町步、陸軍省ニ於キマシテハ――其次ハ文部省――文部省ニ於キマシテハ八万六千八百七十三町步、內務省ニ於キマシテハ一万三千四十五町歩、司法省ニ於キマシテハ九千四百五十二町歩、海軍省ニ於キマシテハ七千七百二十六町歩、農商務省ニ於キマシテハ七千二百九十二町歩、大藏省ニ於キマシテハ四百五十一町歩、遞信省ニ於キマシテハ二百八十五町歩、外務省ニ於キマシテハ僅ニ八町歩ニナッテ居リマス、是ハ此所用――各省ノ卽チ所用地ノ分取ノ高デアリマス、語弊ガアリマセウガ分取ノ高デアリマス、ソレカラ此所用地中植民地ニ關シテ居リマスル所ノモノハ朝鮮ニ於キマシテハ十三万七千七百十三町歩、關東州ニ於キマシテハ一万三千三百三十六町歩、南洋ニ於キマシテハ六千五百七十一町歩、臺灣ニ於キマシテハ二千五百六十八町歩、樺太ニ於キマシテハ二千三百八十町歩、靑島ニ於キマシテハ二千三百一町歩、此靑島ノ二千三百一町歩ノ中ニハ森林原野ヲモ包含シテ居ルノデ御坐イマス、ソレカラ是ハ所用地デ御坐イマスガ、所用外ノ方面ヲ見マスルト云フト、內地ニ在ルモノ、合計ハ九百十五万餘町歩、內務省保管ノ官有地ガ二十七万二百八十八町歩、森林原野ガ四百三十八万八千町歩、北海道ノ林野ガ四百四十九万五千町歩、植民地ニ所在スルモノハ合計六百七十一万町歩デ御坐イマシテ、樺太廳ノ林野ガ三百三十五万町歩、朝鮮ノ林野ガ二百八十万町歩、臺灣ノ林野ガ五十六万一千町歩、臺灣ノ林野ガ五十六万一千町歩、斯樣ニ分取サレ壟斷サレ割據サレテ居ルノデ御坐イマス、而シテ吾々ノ是非整理シナケレバナラヌト云フ要點ハ、斯樣ナル我國家ノ大財産ヲ何等總括統一スル所ナク、各省ノ從來ノ分取割據ニ任セテ而モ不經濟ニ之ヲ使用シテ居ルノデアリマスカラ、整理ノ要點ハ之ヲ要スルニ從來不經濟ニ使用シ來ッタ所ノモノモ經濟的ニ使用スルコトニ改メサヘスレバソレデ宜イノデ御坐イマス、是等ハ僅ニ國有土地ノ中ノ所要地ト所要外ノ土地ダケデ御坐イマス、更ニ國有林野建物及ビ同附屬物、同ク土地ノ附屬物ヲ整理致シマスレバ、恐ラクハ百億ガ以上ノ新財源ヲ見出スコトハ左マデ至難デナイト確信シテ居リマス、少クトモ五十億ノ新財源ヲ得ルコトハ至ッテ容易ノ事ト信ズルモノデアリマス、斯樣ナル財源ノ脚下ニ伏在シアルニ拘ハラズ、何ヲ苦シンデ政府ハ每年來ル年モ來ル年モ御承知ノ通リ唯々一時ヲ彌縫スル丈ノ姑息ノ財政計畫ヲ立テ、居ラル、デアラウカ、而モ五百六十一億何万ト云フ此大財産ヲ有シテ居ル國家ガ、何ノ爲メニ財政ノ困難ヲ叫バナケレバナラヌノデアリマセウカ、何ノ故ニ國家ノ進運ニ伴フ所ノ積極的大計畫ヲ立テナイノデ御坐イマセウカ、私ハ此點ニ於テ當局者ガ之ヲ斷行スルノ勇ナキヲ怪シムト同時ニ、從來ノ當局者ガ國有財産ヲ取扱フコト恰モ私有財産ヲ取扱フガ如クニ心得、名ハ國有財産デアリマスケレドモ、其實各省ノ私有ニナッテ居ルコトヲ慨スル者デアリマス、故ニ從來ノ積弊ヲ一掃シテ甚シク不經濟ニ使用シ來ッタモノハ、經濟的ニ使用スルダケニスルバカリデモ、實ニ大ナル新財源ヲ見出シ得ルコトハ私カラ申上ゲマセズトモ、賢明ナル諸君ニ於カレテハ既ニ御承知ノ事ト信ズルノデ御坐イマス、何故ニ不經濟ニ使用シ來ッテアルカト申セバ、是亦諸君ノ御承知ノ通リ、現ニ東京市街ニ於テモ往々ニシテ御覽ナサルデ御坐イマセウ、又東京市外全國ニ亙ッテ往々御覽ナサルデ御坐イマセウ、實ニ莫大ナル土地ヲ數年間抛棄シテ、何等之ヲ使用シテ居ヲヌ箇所ガ枚擧ニ堪ヘナイノデ御坐イマス、斯ル事柄竝ニ比較的價ノ安キ土地ヲ使用シテ間ニ合フベキ所ヲ、殊更ニ價ノ貴キ土地ヲ使用シテ居ルト云フコトモ諸君御承知ノ通リデアル、斯樣ナル弊害ヲ改メマスレバ私ノ言フ百億圓以上ト云フコトハ假リニ過大ナリトシテモ、少クトモ五十億圓以上ノ新財源ヲ見ルコトハ容易ナ事ト信ズルノデ御坐イマス、ケレドモ之ヲ政府ノ手ニ委シテ置キマシテハ、何レノ日カ此整理ヲ期スルト云フ見込ハナイノデ御坐イマス、何トナレバ各省トモ皆自分ノ財産トシテ之ヲ取扱フテ居ルノデアル、卽チ自己ノ私有財産ノ如ク心得テ居ッテ、而シテ國家ノ有ナリト云フ觀念ガ無イノデアリマス、故ニ此際速ニ此國有財産ノ調査會ヲ設ケマシテ、而シテ此各省ニ超越シテ、速ニ此整理調査ヲ遂ゲナケレバナラヌト云フ必要ヲ感ジマシタ故ニ、此案ヲ提出シタル次第デ御坐イマス、願クバ諸君ニ於カレマシテモ此案ハ何等黨派ノ色彩ヲ帶ビテ居ヲヌノミナラズ、極メテ公平ナル問題デアラウト信ジマスカラ、滿堂ヲ通ジテ御異議ハナイト信ジマス、願クバ一致ノ御贊成アランコトヲ希望シテ已マヌノデアリマス（拍手起ル）

○恆松隆慶君　本案ハ誠ニ事理明瞭ナル案デ御坐イマス、又今期ハ切迫シテ居リマスカラ、此案ハ卽決可決アランコトヲ望ミマス

（「贊成々々」ト呼フ者アリ）

○議長（大岡育造君）　恆松隆慶君ノ動議ニ御異議アリマセヌカ

（「異議ナシ」ト呼フ者アリ）

○議長（大岡育造君）　御異議ナシト認メマス、依テ本案ハ卽決可決滿場一致ヲ以テ可決シマシタコトヲ宣告シマス（拍手起ル）日程第七、北海道（恆松隆慶君「マダ第六ガ御坐イマス」ト呼フ）日程第六、小學校敎員俸給國庫補助ニ關スル建議案ヲ議題ト致シマス、提出者石黑涵一郎君

（副議長濱田國松君議長席ヲ退キ議長大岡育造君議長席ニ著ク）

○齋藤珪次君　請願委員會ノ經過及結果ヲ報告致シマスガ、極ク簡略ニ致シマス、請願委員會ノ組織其他ニ付テハ最早公報ヲ以テ御承知ト存ジマスカラ申シマセヌ、本期議會ニ於テ請願委員會ニ於テ請願ヲ受理致シマシタ數ハ六百九十五件デアリマス、審査ヲ致シタモノハ六百九十二件デアリマス、其結果ト致シテ採擇スベキモノト決シタルモノハ六百二十一件、政府ニ參考トシテ送付スベキモノト決シタモノ六十九件、委員會ニ參考トシテ送付スベキモノト決シタルモノ一件、不採擇ニ決シタルモノ一件、審査未了ノモノ三件デアリマス、是ハ本日ニ至ッテマダ請願ガ到著致シマシタ爲メニ未了ニ屬シテ居ルノデアリマス、是ガ大體ノモノデアリマス、而シテ請願ノ種類ヲ見マスルト、彼ノ國民ノ最モ利害ヲ感ジテ居ルト見ラレルトコロノ義務教育國庫補助費ノ請願ノ如キハ、是ハ合計シテ二百七十六通ノ大多數ヲ占メテ居リマス、ソレカラ軍人恩給法ノ改正ノ請願ノ如キモ是亦大多數ニナッテ居リマス、併シ是ハ嘗來繼續ノモノデアリマスガ、義務教育ノ國庫補助ノ請願ハ、今回ニ於テ著シク之ヲ現ハシテ參ッタノデアリマス、ソレカラ此前ノ議事ニモアリマシタガ鐵道ノ敷設ノ請願、延長若クハ速成ノ請願ト云フモノモ此短期議會ニ拘ハラズ二十五件出テ居リマス、是レ國民ノ意向ヲ察スルニ足ルト思ヒマス、其外新タニ現ハレタル請願ハ精米市場法ヲ設定シテ欲シイト云フ請願、是ハ精米市場ヲ造ルコトハ實ニ刻下ノ急務デアル、卽チ日本ニ於テ大阪東京以外ニハ精米市場ト云フモノハナイ、之ヲ造ッタナラバ非常ニ國民ノ爲メニ利益ヲ生ズルモノデアルト云フコトノ案デアリマシテ、極ク大體ヲ申上ゲマスガ殊ニ目下ノ事情ニ當ッテハ必要ノ案ト存ジマス、ソレカラ人事訴訟法中ノ改正法律案ト云フモノガアリマス、是ハ失踪シタル人ノ如キモノノ戸籍ノ變更手續ガ非常ナ手續ヲ要スルガ爲メニ、是ハ失踪シタル者ノ如キヲ此手續ヲ經ルコトガ出來ナイ爲メニ、畏レ多イコトデアリマスガ彼ノ御大典ノ場合ニ於テ老年者ニソレゾレ賞典ヲ與ヘルト云フコトノ場合ニ於テハ、一村ニシテ著シク老年ノ多クアリシ所ノ實例ガアッタト云フコトハ、ソレハ漁師村ノ如キニ於テ難船ノ災害ニ於テ人ガ死亡シテモ失踪者ノ居ヲ非常ニ手續ヲ要サレテ居ルガ爲メニ、失踪者ノ處分ガ付カズシテ百歳以上ノ人ガ一村ニシテ何百人ト滯積シテ居ルト云フ奇觀ヲ呈シテ居ル、是等ハドウシテモ改正ヲシナケレバナラヌト云フ新タナモノデアリマスルガ、實ニ是ハ適切ナルモノト信ジマス、ソレカラ續イテハ信託會社法ノ改正、近頃ノヤウニ流行シテ居ル信託會社ナルモノハ社會ニ利益ヲ與ヘルト同時ニ是ハ害ヲ生ジテ居ルノデアル、是等モ時勢ニ適應スルヤウニ改正ヲシタイト云フコトデアル、無盡業法ニ付テモ昔ノ遺法デアル所ノ無盡ヲ、今日ノ新空氣ニ適應スルヤウニ改正ヲシテ欲シイト云フ改正案、是等モ實ニ時勢ニ適シタモノト信ジマス、ソレカラ本日ノ議題ニハマダ上ッテ居リマセヌガ、總體ノ請願數ヲ報告致シマシタカラ一緒ニ報告致シテ置キマスガ、尙ホ今日ノ時勢ニ最モ適合シタル案ト認ムルノハ、紙價ノ調節卽チ紙ノ價ノ調節、文明ノ利器タル所ノ新聞其他總テノ上ニ於テ、紙價ノ騰貴シタルガ爲ニ社會ハ非常ニ難儀ヲシテ居ル、之ヲ調節スル爲メニ外國ニ輸出スル紙ヲ停止シテ欲シイト云フ如キ請願ノ如キモ、是レ寔ニ時勢ニ適シタルモノト思ヒマス、ソレカラ朝鮮ニ官幣大社ヲ奉祀シテ、朝鮮國民ニ日本母國ト朝鮮トハ人種ノ同一ナルコトノ思想ヲ起サシムルベク、朝鮮ニ官幣大社ヲ奉祀セントスルガ如キ請願モ是亦實ニ必要ナルモノト認メマス、ソレカラ鐵ノ價ノ暴騰シタルコトハ御承知ノ通リデアリマス、此爲ニ各地方ニ於ケル水道敷設、卽チ國庫ノ補助ヲ受ケテ水道ヲ敷設シテ居ル所ニ於テモ、鐵ノ暴騰ノ爲ニ其工事費ガ非常ニ增加ヲ致シテ是亦困難ヲ致シテ居ル、之ニ相當ノ補助ヲシテ欲シイト云フ請願モ、是亦請願中適當ナモノト信ジテ居リマス、ソレカラ最後ニ大阪府ノ飛田遊廓取消ノ請願デアリマス、是モ寔ニ此問題ハ既ニ通過シタ問題デアリマスガ、去リナガラ此人民ガ而モ相當ノ名譽職ノ連署シタル請願ヲ高松正道君ガ紹介デアリマス、其他三千五百五十餘名ノ者ガ連署シタル請願、是ハ島田三郎君ノ紹介デアリマスガ、此飛田遊廓ノ取消ヲ請願シテ來タコトモ是亦寔ニ人ノ耳目ヲ惹クニ足ルベキ請願ト存ジマスカラ、是ダケノ案ハ特ニ一言致シテ置キマス、而シテ是等ノモノヲ綜合致シマシタル請願ガ總テヤ唯今御報告シタ案件デアリマスガ、既ニ審査ヲ了シタルモノハ六百九十二件デアリマシテ、其中採擇サレタモノデ本日ノ議事ニ上ッテ居リマスルノハ四十九件デアッタカト存ジマス、此モノニ付テ一々之ヲ請願者及ヒ紹介議員等ヲ申上ゲ共要旨ヲ御話スルト云フコトハ、到底短時間デハ出來マセヌカラ、是ハ前例モアリマスカラ一括致シテ速記錄ニ載セルコトニ致シマス、然ラバ請願者及紹介議員諸君モ明瞭ニ其處ニ現ハレルノデアリマス、ソレデ今日ノ日程ニ上ッテ居リマスルモノヲ一括シテ議題ト爲シテ贊否ノ御決定ヲ願ヒタイノデアリマスガ、今回ノ請願ハ斯ウ多數デアリマスルガ、寔ニ幸福ニハ審査スル場合ニ於テ委員ハ殆ド何時モ一致シテ贊否ヲ表シテ居リマシテ、之ニ對シテ議論ヲ致シテ火花ヲ散ラスガ如キ議論ハ一ツモ無イノデアリマス、故ニ本席ニ於テモ必ズ反對議論ハ生ジマイト思ヒマスカラ、一括シテドウカ御贊成通過アラムコトヲ希望スルノデアリマス（拍手起ル）

第一　決議案（森田茂君外二名提出）

（「大臣ノ出席ヲ望ミマス」ト呼フ者アリ）

（齋藤隆夫君登壇）

（「大臣ノ出席ヲ望ミマス」ト呼フ者アリ）

○議長（大岡育造君）　唯今交涉中デアリマス

（「大臣ノ出席ノ後ニ御發議ヲ願ヒマス」ト呼フ者アリ）

○齋藤隆夫君　諸君（拍手起ル）昨日ノ議場ニ於キマシテ本員ノ演說中敢ヘナク事件起リ、之ヲ中止スルニ至リタルコトヲ甚ダ遺憾ニ思ヒマス、引續キ決議案提出ノ理由ヲ陳述致シマス、昨日ノ演說ニ於キマシテ、第一ニハ外交調査會ハ憲法違反ナリト論斷致シマシタ、第二ニハ調査會官制ヲバ樞密院ノ議ニ付セザリシコトハ、從來ノ慣例ヲ破リ樞密院ヲ無視スルモノナリト斷論ヲ致シマシタ、第三ニハ調査會ハ樞密院ノ權限ヲ冒スモノナリト斷論ヲ致シマシタ、而シテ政治上ヨリ之ヲ觀察致シマシテ、第一ニ調査會ナルモノハ國務大臣ノ無能ト無責任ヲ暴露シ、彼等自身ヲ侮辱スルノミナラズ、進ンデ樞密院ノ無能ヲ斷定シ、樞密院ヲモ侮辱スル甚シキモノナリト論ジマシタ、本員ハ此官制ニ付キマシテ賢明ナル樞密院ノ諸公ガ、今日ニ至ルマデ之ヲ默々ニ附シテ居ラル、ト云フコトヲ、甚ダ奇怪ニ思フト云フコトヲバ茲ニ附加ヘテ置キマス（拍手起ル）次ニ調査會設置ノ理由ト致シマシテ、從來寺內首相ガ公式及非公式ニ發表シテ居ラル、所ヲ見マスルト、殊ニ維新會ヨリ提出致サレタル所ノ質問書ニ對シテ、昨日答辯ヲ爲サレマシタ所ヲ見マスルト云フト、文句ハ隨分長イノデ御坐イマスガ、其要點ハ寔ニ少イノデアリマス、約メテ申シマスルト云フト、外交調査會設置ノ理由ハ時局ニ付テ國論ノ統一ヲ圖ルガ爲デアルト云フコトニ歸著スルノデアル、言葉ハ頗ル美デアリマス、併ナガラ此制度其モノハ果シテ國論ヲ統一スルコトガ出來得ル如ニ成立ッテ居ルモノデアルガ、外交調査會ノ委員ハ申ス迄モナク現內閣ノ獨斷ヲ以テ選定セラレタル所ノ少數ノ人ヾデアリマス、凡ソ古今東西何レノ處ニ於テカ官選ノ委員、殊ニ少數ナル官選ノ委員ヲ以テ國論ノ統一ヲ圖リ得ベシト信ジタル者アルカ（拍手起ル）若シ官選委員ヲ以テ國論ノ統一ヲ圖ルコトガ出來得ルナラバ、世ニ選擧制度ナルモノハ全ク無意義デアル（拍手起ル）民選議員ナルモノハ全ク無用ノ長物デアリマス（拍手起ル）全國民ノ公選ニ依ッテ現ハレタル所ノ議員、其議員ヲ以テ組織スル所ノ議會ニ於テスラ、政見ノ異ナル所容易ニ國論ノ統一ハ出來ナイノデアル、然ルニ國民ノ公選ニ依ラズ、國民トハ全ク沒交涉ニシテ而モ官僚政府ノ獨斷ニ依ッテ選定セラレタル所ノ少數ノ委員ガ一室ニ會シ、而モ祕密會議ヲ開イテ以テ是デ國論ノ統一ヲ圖ルコトガ出來得ルト云フニ至ッテハ、所謂痴人ノ夢ヲ語ルノ類ニアラザレバ、國論ヲ僞造シテ國民ヲ壓迫シ、以テ自己ノ立場ヲ詐ラントスル所ノ卑劣至極ノ振舞ト謂ハナケレバナラヌノデアリマス（拍手起ル）又外交及國防ハ之ヲ政爭ノ圈外ニ置クト云フコトハ、是ハ現內閣ノ諸公ニ限ラズ、近頃我國ノ政治家ガ頻リニ口ニ致シテ居ル所デアル、外交及國防ヲ以テ政爭ノ外ニ置クト云フコトハ、何カ國家ノ爲ニ新規發明ノ良策ノ如クニ吹聽致シテ居ルノデアル、併ナガラ本員ハ何ノ意味タルコトヲ解シナイ（「解ラナイノカネ」）ト呼フ者アリ）

○議長（大岡育造君）　靜肅ニ……

○齋藤隆夫君　外交ト國防、此重要ナル所ノ國家ノ政策ヲバ如何ニシテ政爭ノ外ニ置クコトガ出來得ルカ、之ヲバ國民ノ前ニサラケ出シ、公天地ニ於テ議論ヲ闘ハシテコソ始メテ國論ノ統一ト云フコトヲバ圖ルコトガ出來ルノデアル、ソレヲバ或ハ少數ナル政府ニ一任シ、或ハ少數ナル所ノ委員ニ一任シテ、之ヲ以テ國論ノ統一ヲ圖ラムトスルニ至ッテハ、時代遲レノ甚シキモノデアリマス（拍手起ル）若シ外交ヲバ政爭ノ外ニ置クニアラズシテ、黨爭ノ外ニ置クノガ宜シイト云フコトデアレバ、是ハ當リ前ノ事デアル、併ナガラ是ハ單リ外交國防ノ事ニハ限ラヌ、如何ナル政治問題ト雖モ黨爭ノ圈內ニ置イテ宜シイト云フコトハ、天下ニ一ツモ無イノデアル（拍手起ル）寺內伯ハ須ク眼孔ヲ廣クシテ、我國論ガ此外交調査會ニ向ッテ如何ナル傾向ヲ示シテ居ルカト云フコトヲ御承知ニナルガ宜シイノデアリマス、去月ノ初メニ於テ、此調査會ガ設置セラレテ以來、我國論ハ之ニ贊成シテ居ラナイノミナラズ、抑テ之ニ反對ヲシテ居ルノデアリマス（「ノウ〳〵」「噓ヲツケ」ト呼フ者アリ）調査會ニ反對シテ其制度ノ非立憲ナルコトヲ「痛擊シテ居ルノデアリマス（「其通リ」「憲政會ダケ」ト呼フ者アリ）制度其モノニ付テ既ニ國論ノ反對ガアリ（「三分ノ一ダ」ト呼フ者アリ）其運用ニ至ッテハ殆ド論ズルノ値打ハ無イノデアリマス、元來外交調査會ナルモノハ何ヲ爲サントスルノデアルカ、過去ニ於テ何事ヲ爲シタカ、將來ニ於テ何事ヲ爲サントスルノデアルカ、眞逆外務大臣ヨリ外交ノ經過ノ報告ヲ受ケテ、ソレデ甘ンジテ居ルモノデモナイデアリマセウ、寺內伯ヲ始メトシテ、委員ノ一人ハ外交調査會ヲ以テ國策ノ樹立ヲ圖ルニアリナド、例ニ依ッテ譯ノ分ラヌ所ノ言葉ヲ使ッテ居ル、併ナガラ國策ノ樹立トハ抑〻何ヲ意味スルモノデアルカト反問シタナラバ、彼等ハ殆ド答ヘルコトガ出來ナイデアラウト思フ、然ラバ何ヲスルノデアルカ、今日ノ時局ニ當ッテ對外方針ヲ決定セムトスルノデアルカ、或ハ彼ノ支那ニ對シ、又歐羅巴ノ戰爭ニ對シテ、我ガ帝國ノ外交方針ヲ決定スルノデアルト云フナラバ、是ハ全ク無用ノ業デアル、支那ニ對シ歐羅巴戰爭ニ對スル所ノ帝國ノ方針ハ、獨リ政府ニ於テノミナラズ、國民ノ間ニ於テモ既ニ決定セラレ、既ニ了解セラレテ居ルベキ筈デアリマス、今更調査會ナドヲ開イテ之ヲ審議スルノ必要ハ絕對ニ認メルコトハ出來ナイノデアリマス（拍手起ル）然ラバ何ヲ爲スカ、日々起ル所ノ外交上ノ事實ヲ捉ヘテ是ガ處分ヲバ協議セントスルニアリト云フノナラバ、是亦全ク無益有害ノ機關ト言ハネバナラヌ、機敏ト迅速ヲ尙ブ外交上ノ駈引ヲバ、一々集合團體ニ諮ルト云フ如キコトアラバ、我帝國ノ外交ハ常ニ列國ノ爲ニ先鞭ヲ著ケラレ、帝國外交ノ活動力ト云フモノハ全ク消滅シテ仕舞フノデアリマス（拍手起ル）斯ク論ジ來タナラバ、外交調査會ノ爲ス事ハ殆ド無イ、其名有ッテモ其實ハ無イ、有名無實、妖怪變化ノ如キモノデアルト云フコトハ、諸君ニ於テモ御分リニナッタデアラウト思フ（「チットモ分ラヌ」ト呼フ者アリ）現內閣ノ諸公ハ動モスルト云フト、名ヲ時局ニ藉ッテ、己レノ責任ヲ蔽ハントスルノ傾キガアル、（「ソレハ大隈內閣ダヨ」ト呼フ者アリ）固ヨリ時局ハ重大デ御坐イマセウ、併ナガラ之ヲ今日歐羅巴列國ノ事情ト較ベマシタナラバ、其相距ルコト同日ノ論デハナイノデアリマス、彼等諸國ハ與國ト言ハズ、敵國ト言ハズ、既往三年ノ久シキ、國力ヲ賭シテ戰ッテ居ルノデアル、軍事外交財政、其他有ユル方面ニ於テ國力ヲ賭シテ戰ヒ、國家ノ狀態ハ頗ル危殆ニ瀕シテ居ルノデアリマス、併ナガラ彼等諸國ノ政府當局者ハ、自己ノ全責任ヲバ全ウスルガ爲ニ、憲法ノ範圍內ニ於テ、國家ノ爲ニ努力奮闘致シテ居ルノデアル、未ダ曾テ名ヲ國難ニ藉ッテ憲法ノ條章ヲ蹂躪シ、憲政ノ大義ヲ無視シタルコトヲ聞キマセヌ、然ルニ何事デアルカ、現內閣ハ動モスレバ名ヲ時局ニ藉ッテ憲法ヲ無視シ、自家ノ責任ヲ忘レテ無用ノ機關ヲ設置シ、以テ己レノ無能ヲ蔽ハントスルニ至ッテハ、世界列國ニ對シテ恥ズル所ハナイデアリマスカ（拍手起リ「大隈ノ事ダ」「默レ」ト呼フ者アリ）殊ニ外交調査會設置ノ理由トシテ、現內閣ノ諸公ガ世上ニ公言致シテ居ル所ノモノ、並ニ之ニ與スル一味ノ黨派ガ社會ニ向ッテ公言シテ居ル所ノ理由ハ悉ク嘘デアリマス（「嘘ヂヤナイ」ト呼フ者アリ）調査會設置ノ眞ノ理由ハ決シテ時局ノ為メデハナイ、決シテ國家ノ為メデハナイ（「國家ノ為メダ」ト呼フ者アリ）其眞實ノ理由ハ何レニ在ルカト云フコトハデス、苟モ天下具眼ノ人ミデアルナラバ、必ズソレハ知ッテ居ルニ相違ナイト思フ（拍手起ル）ソレハ何デアルカ（「分ラナイノハ御當人ダケダ」ト呼フ者アリ）第一ニハ、今日政界ニ於テ自己ノ進退ニ困窮シテ居ル所ノ、一部ノ政治家ノ立場ヲ救ハンガ為メデアル（「馬鹿ヲ言ヘ」「ノウ〳〵」「名前ヲ指セ」「名前ヲ言ヘ」ト呼フ者アリ）又一ニハ現内閣ガ一部政治家ノ口ヲ塞ギ、以テ議會ヲ切拔ケテ、自己ノ安全ヲ圖ランガ為ニ案出セル窮策ニ外ナラヌノデアル（拍手起リ「氣ヲ付ケロ」ト呼フ者アリ）

○議長（大岡育造君）　靜肅ニ……

○齋藤隆夫君　此狡策ニ乘ゼラレ、此籠絡ノモノトナッテ恬然トシテ自ラ恥ヅル所ナク……（此時發言スル者多シ）

○議長（大岡育造君）　靜肅ニ願ヒマス

○齋藤隆夫君　却テ此一事ヲ以テ現内閣不信ノ理由消滅シタリナド、、鐵面皮ニモ天下ニ向ッテ聲明スルニ至ッテハ、本員ハ彼等ノ政治道徳ノ墮落ヲ嗤ハネバナラヌノデアリマス（拍手起リ「大隈ダラウ」ト呼フ者アリ）之ヲ要スルニ外交調査會ナルモノハ、決シテ眞面目ナル所ノ制度デハナイ、頗ル不眞面目ナル所ノ制度デアリマス（「加藤ガ這入レナイカラカ」ト呼フ者アリ）此不眞面目ナル所ノ制度ヲバ宮中ニ置キ、 陛下ノ側近ニ設クルト云フコトハ既ニ畏多イ話デアリマス、況ヤ憲法ヲ無視シ、憲政ノ大義ヲ紊リ閣臣ノ責任ヲ紊亂スルニ至ッテハ、本員等ハ斷ジテ之ヲ容スコトハ出來ナイノデアリマス、本員等ガ此決議案ヲ提出シテ天下ニ向ッテ我權威アル衆議院ノ意思ヲ表白セントスル趣旨ハ、全ク之ニ外ナラヌノデアリマス、願クハ陋劣ナル所ノ黨政派根性ヲ拭フテ、冷靜ナル諸君ノ審議ヲ要求スルノデアリマス（拍手起ル）

○議長（大岡育造君）　植原悦二郎君

○村松恒一郎君　唯今ノ演説者ニ一寸質問ガアリマス

○議長（大岡育造君）　植原悦二郎君ニ許シマス

（植原悦二郎君登壇）

○植原悦二郎君　本員ハ齋藤君ガ昨日建議案提出ニ付キマシテ（「建議案ヂヤアリマセヌ」ト呼フ者アリ）決議案提出ニ付キマシテ、理由ヲ説明シテ居ル中途ニ其演説ヲ繼續シ能ハザリシコトヲ、齋藤君自身憲政會ノ諸君ヨリハ一層遺憾ト感ズル者デアリマス、齋藤君ノ決議案提出ノ理由ハ、頗ル嚴格ナル意義ニ於テ御演説ヲ開始サレタノデ御坐イマス、デ殊ニ憲法上ノ問題デ御坐イマスルカラシテ、私共ハ特別ニモ注意ヲ拂ッテ聞イテ居ッタノデ御坐イマス（「ヒヤ〳〵」ト呼フ者アリ）デ定メシ始マリニ御言ヒノ通リ十分ナル所ノ理由ヲ御持チニナッテ憲法違反デアル、憲政ノ要義ヲ紊ルモノデアルト云フ定メシ立派ナル所ノ理由ガ御有リナサルダラウト思ウテ、十分ニ謹聽致シテ居ッタノデ御坐イマス（「豈圖ランヤ」ト呼フ者アリ）然ルニ其内容ヲ聞クニ至ッテ實ニ驚クニ堪ヘザリシモノデ御坐イマス（拍手スル者アリ）齋藤君ガ第一ノ理由トシテ御述ベニナッタコトハ、我國ノ憲法ニ據レバ、樞密院ヲ右ニ國務大臣ヲ左ニ控ヘテ國政ヲ處理スルヨリハ、其外ノモノヲ設置スレバ憲法違反デアルト斯ウ云フ御理由デアルト思フ、之ニ付キマシテ私ハ其意義ヲ理解セザル者デ御坐イマス（「分ルマイ」「分ラヌ」ト呼フ者アリ）樞密院ト國務大臣トノ資格ハ兩立スベキモノデナシ、一緒ニ論ズベキモノデハ御坐イマセヌ（「ノウ〳〵」ト呼フ者アリ）樞密院ハ一ノ諮問機關、而モ諮問ニ依ラザレバ國務國政ニ干與スルコトノ出來得ルモノデハ御坐イマセヌ（「憲法五十六條ヲ見ヨ」ト呼フ者アリ）國務大臣ハ總テノ國務國政ニ付キマシテ全責任ヲ負フモノデ御坐イマス（拍手起ル）之ニ付テ憲政會ノ諸君竝ニ齋藤君ガ異議ガ御坐リマスノデ御坐イマスカ（「笑聲起リ「何ダ」「外ノ機關ハ要ラヌ」ト呼フ者アリ）國務大臣ハ國務國政ノ實行上之ヲ言葉ヲ換ヘテ申スレバ、大權ノ責任ニ當ル上ニ於テ、臨機應變ノ處置ヲ執ルコトハ自由自在デアルノデ御坐イマス（「ソコデ異議ハアリマセヌ」ト呼ヒ拍手スル者アリ）ソレ故ニ何故以テ外交調査會ヲ設置シタコトヲ以テ憲法違反ト御言ヒナサルノデアルカ（笑聲起リ「意義ガ分ラナイ」ト呼フ者アリ）外交調査會ヲ設置シタコトハ 天皇ニ直屬スルガ故ニ憲法違反デアルト御言ヒナサル議論デアルヤウニ思ハレル、之ニ對シテ私ハ説明致シマス、内閣而モ國務國政ニ對シテ全責任ヲ負フ者ガ、或事項ニ付キマシテ調査スル必要ガアルト認メタトキニハ、調査機關ヲ設置スルコトハ憲政ノ發達ヲ圖ル上ニ於テ必要ナル事デ、是認シナケレバナラナイコトデアル、臨時調査會ヲ 陛下ノ側近ニ造ラレマシタ理由ハ何故カト言ヘバ、諸君如何ニ御主張ニナッテモ、我ガ帝國議會ハ條約締結權、戰爭ニ對シテ宣言スルコト、平和ニ對シテ平和ヲ克復スル機能ヲ有シテ居ラナイノデ御坐イマス（笑聲起リ「何ダ何ダ」「ソンナ事ハ分ッテ居ルヨ」「問題外」ト呼フ者アリ）デ是ハ直接 陛下ノ大權ニ依テ……

○議長（大岡育造君）　靜肅ニ……

○植原悦二郎君　ソレ〳〵處理サレテ居ルモノデアリマスルカラシテ、大隈内閣ガ國防會議ヲ造リ經濟調査會ヲ造ッタト何等ノ相違ハナイノデ御坐イマス、諸君ハ必ズ斯ウ御言ヒニナルデ御坐イマセウ、國防調査會ト經濟ノ調査會ハ（「違ッテ居ルヨ」「齋藤君ノ議論ヲモウ一遍速記録デ讀ミ給ヘ」ト呼フ者アリ）議會ト内閣トノ間ニ造ラレタモノデアルケレドモ、外交調査會ハ 陛下ノ側近ニ造ラレタモノデアルト御言ヒナサルデセウ、併シ唯今申上ゲタ條約ニ對スル締結權ヲ（「國民黨ノ方デ困ッテ居ルヂヤナイカ」ト呼フ者アリ）帝國議會ノ所有セザルコトヲ認メル場合ニハ、之ヲ 陛下ノ側近ニ造ルノハ當然デハ御坐リマセヌカ（「謹聽」「靜肅ニスベシ」ト呼ヒ笑聲起ル）又齋藤君ハ未ダ曾テ 天皇ニ直屬スル所ノ機關ヲ設ケタ慣例ガナイ、故ニ是ハ憲法違反デアルト云フ御主張デアルノデ　天皇ニ直屬スル機關ハ澤山御坐イマス、會計檢査院モ　天皇ニ直屬スルモノデ御坐イマス（笑聲起リ拍手スル者アリ議場騷然）

○議長（大岡育造君）　靜肅ニ

○植原悦二郎君　又朝鮮ノ總督モ　天皇ニ直屬スルモノデ御坐イマス（笑聲起ル）デ天皇ニ直屬スルモノヲ造ッタ例ガ無イト云フ理由ハ、我ガ憲政上何處ニ御坐イマスカ、若シ又サウ云フ慣例ガナイニ致シマシタ所ガ（「問題ニナラヌ」ト呼フ者アリ）今日ノ時局ノ問題ヲ考ヘマシタトキニ、之ニ對シテ異議ヲ申立テル事ガ出來マセウカ（「落第ヤヽ」ト呼フ者アリ笑聲起ル）デ我帝國ノ時局ニ對シマシテハ（「落第々々」ト呼フ者アリ）憲政會諸君モ急迫ニ迫ッテ居ルコトヲ自ラ御承知ナスッテ居ルデハ御坐イマセヌカ（「ソンナ事ハ問題外ダ」ト呼フ者アリ）デ加藤總裁自ラモ今日ハ非常ナル時局ノ急迫ニ迫ッテ居ルト云フコトヲ大會ノ場所ニ宣言シテ居リマス、又英國ニ於キマシテハ御承知ノ通リ實例ノ無イ所ノ聯立内閣ヲ造ッテ居ルノデアリマス、時局ニ際會シテ國家ノ急迫ニ及ンデ陛下ノ大權ヲ所有スル範圍内ニ於テ、國務大臣ガ責任ヲ負フテ調査機關ヲ造ッタ事ガ、何故憲法違反デ御坐イマスカ（「宜イ加減ニシテ置キナ」「モウ宜イ」「心配シテ居マスヨ」ト呼フ者アリ）又樞密院ニ諮ラズシテ内閣ノ獨斷ヲ以テ設置シタ事ハ、樞密院ノ權限ヲ侵スモノデアルト云フ御主張ガアリマシタ（「ヒヤ〳〵」「朗讀シチヤ行ケマセヌヨ」ト呼フ者アリ）樞密院ニ諮ッタカ諮ジナイカハ吾ミノ知ル所デハアリマセヌ、併ナガラ外交調査會ヲ設置スルニ付キマシテ　陛下ハ御裁可ニナッテ居ルノデ御坐イマス、此事實ヲ諸君ハ無視スルコトガ出來マセウカ、之ヲ以テ諸君ハ憲法違反デアル憲政ノ要義ヲ紊スモノデアルト御言ヒナサルデアリマセウカ、又齋藤君ハ外交調査會ノ設置ヲ以テ、樞密院ノ權限ヲ侵スモノデアルト御主張ナサッテ居ル、デ樞密院ハ至尊ノ諮問機關ニシテ、諮問アラセラレタ時ニノミ答ヘル機關デアリマス（「其通リ」ト呼フ者アリ）今日時局ノ窮迫セル場合ニ、自カラ進デ考査審議スル機關ノ必要ナルコトハ滿天下ノ認ル所デアリマス、之ニ對シテ何故是ガ憲法ノ要義ヲ紊シ、憲法ノ意義ニ反スルモノデアリマセウカ（「簡單々々」「朗讀ヲ許スカラ早ク讀ミ給ヘ」ト呼フ者アリ）又樞密院ノ權能ヲ無視シ、內閣ノ無能ヲ示スモノデアルト云フ御議論ガアッタヤウデ御坐イマス（「其通リ」ト呼フ者アリ）樞密院ノ權能ヲ無視シタト云フ理由ハ何處ニ在ルカ、唯言葉ノ斷言デハ分リマセヌ、樞密院ニ之ヲ諮ッテ承諾シタカ否カハ、兎ニ角樞密院ガ此機關ノ必要ヲ認メテ居ルト云フコトハ、憲政會諸君ヨリハ國家ノ窮迫ヲ思ヒ愛國ノ情ニ富デ居ルカラデアリマス（「好イ加減ニシテ止メ給ヘ」ト呼フ者アリ）又齋藤君ノ言ニ依リマスト、國策ヲ確立スルト云フコトハ無意味デアル、今日日本ノ國策ハ定マッテ居ルト言ヒマスケレドモ、齋藤君ハ今日外國トノ我ガ國際關係ガ刻々變化シツヽアル狀態ヲ御承知デスカ、如何デスカ（「能ク承知シテ居リマス」ト呼フ者アリ）第三十八議會ノ解散後米國ノ參戰事件ガアリマシタ、露國ノ政變ガアッタ、支那ノ騷擾ガアル、是等ノ事實ヲ齋藤君憲政會ノ諸君ハ御否定ナサルノデスカ（「怪シカラヌコトヲ云フナ」「何ヲ言フ詰ラヌコトヲ言フナ」「默レ」ト呼フ者アリ）

○議長（大岡育造君）　靜肅ニ願ヒマス

○植原悅二郎君　是等ノ事實ヲ御分リニナリマシタラ、我國ノ國際關係ハ非常ニ窮迫シテ居ルコト、我國ノ國策ハ是ニ於テ根本的ニ改メナケレバナラヌコトハ御承知デ御坐イマセウ、第三十八議會ノ解散前ニ於キマシテ、憲政會ノ首領加藤子爵ハ三浦觀樹將軍邸ニ集リマシテ、外交ヲ政爭ノ外ニ置ク必要アリト云フ覺書ヲ出シテ御居デニナルデハアリマセヌカ、三十八議會後ニ尙我國ノ外交政策ハ窮迫シテ居ルノデアル、其點ニ於テ加藤總裁ノ承認シテ居ル事ヲ、憲政會ノ諸君ハ此處デ否認ナサラウト云フノデ御坐イマセウカ（「所謂外務大臣ノ無能ヲ裏書スルノダ」ト呼フ者アリ）若シ其事實ガ御分リニナリマシタナラバ、外交調査機關ヲ設立サレタ理由ガ自カラ明白デアル、之ニ對シテ諸君ハ異議ヲ申立テル權能ハナイ、且外交ノ事ハ內政ト甚レク其趣ヲ異ニシテ居リマス、齋藤君ハ外交ト內政ト殆ド同一ノモノヽヤウニ御考ニナッテ居ル樣デ御坐イマスケレドモ、內政ノ過チハ私共自ラ改メルコトガ出來マス、併ナガラ一度外交上私共ガ過チヲ起スナラバ、之ヲ再ヒ回復スルコトハ容易ナラザルコトデアリマス（「其通リ」ト呼フ者アリ）此理由ガ御分リニナリマシタナラバ、今日外交調査會ヲ設置シタル事ニ付テ、諸君ハ異議ヲ挾ムベキ理由ハ成立タヌト思ヒマス、又御承知ノ通リ戰爭ヨリハ一國家ノ國策ノ確定ニ就キマシテハ戰後ガ大切デ御坐イマス、日露戰爭日淸戰爭ノ時ニ、アレ程ノ連戰連勝ガ外交ノ結果ハ如何デアリマセウカ、今日ノ戰爭ハ幾ド歐洲ノ各列强ヲ網羅シテ居ルノデ御坐イマス、此場合日露戰爭日淸戰爭ニ對シテスラ、不滿足ナル外交ノ結果ヲ見タノデアル、故ニ今日カラ此歐洲戰後ノ經營ニ對シテ十分ナル考慮ヲ煩ハスト云フコトハ當然ナル事デアリマスマイカ、殊ニ今日我國ノ外交ヲ單リ政府當局者ノミニ委セテ置クコトハ出來ナイト云フ事ハ、憲政會諸君モ御承知ノ事デアル、憲政會ノ諸君ハ其故ニ聯立內閣ヲ作ッタラ宜カラウ、或ハ無任所大臣ヲ置イタラ宜カラウト云フ事ヲ御主張ナサッテ御居デナサル、其事實ハ諸君ガ明カニ今日ノ日本ノ外交國策ノ確立ニ對シテハ、如何ナル聰明ナル所ノ總理大臣內閣員ヲ以テモ滿足スルコトノ出來ナイト云フコトハ、明ラカニ證言ナスッテ居ルモノデアリマスマイカ、シテ見レバ此窮迫ナル時局ニ對シテ、現內閣ガ國論ノ統一ヲ圖ルタメニ臨時外交調査會ヲ作ッタト云フコトハ、誠ニ當ヲ得タルモノト謂ハナケレバナリマセヌ、併ナガラ私共ハ是ガ最善、最良ノモノデアルトハ申シマセヌ、今日我國ノ立憲政治ハ國論ヲ統一シ、聯立內閣無任所大臣ヲ置ク程ニ進ンデ居リマセヌ——遺憾ナガラ——我國ノ今日ノ憲政ノ狀態カラ考ヘマシテ、時宜ニ適スル處置デアルト謂ハナケレバナラヌト私ハ信ジテ居リマス（「其理由ヲ言ヒ給ヘ」ト呼フ者アリ）理由ハ是カラ申上ゲマス、御聽キ下サイ（拍手起ル）「靜肅ニ」「無任所大臣ヲ置ク可カラズト云フ理由ヲ言ヒ給ヘ」「默ッテ居ロ」ト呼フ者アリ）外交調査會ノ官制ノ上諭文ニ「朕時局ノ擴大ニ鑑ミ永遠ノ利害ヲ慮リ側近ニ臨時委員會ヲ特設シ中外ノ情勢ヲ考査シテ應機啓沃ノ任ニ當ラシム」ト斯ウアリマス、又其官制ノ第一條ニ、「天皇ニ直隸シテ時局ニ關スル重要ノ案件ヲ考査審議セシム」ト斯ウ規定シテアリマス、之ニ依ッテ外交調査會ノ設立ノ趣旨ト目的ハ明瞭デアルト思ヒマス、是ガドウシテ我國ノ憲政ニ背反シ、我國ノ憲政ノ要義ヲ紊亂スルモノデアルト御言ヒニナルノデ御坐イマセウカ、國務大臣ハ——國務大臣ハ君主ノ大權ニ就キマシテ全責任ヲ負フモノデアリマス（「先キ言ッタヂヤナイカ、ソンナコトヲ」ト呼フ者アリ）其大權ノ範圍ニ於キマシテ特設ノ調査機關ヲ陛下ノ側近ニ作ルコトガ何處ニ憲法ノ條項ニ照シテ違反ガアリマス、齋藤君ハ單ニ之ヲ斷言シタノミデ、憲法ノ何ノ條項ニ抵觸スルト云フコトヲ更ニ御言ヒナサラナイ、又我國ノ內閣ト樞密院ト云フコトヲ齋藤君ハ仰シャイマシタガ、我國ノ憲法ニ內閣ト云フコトハ規定サレテ居リマセヌ（「國務大臣ノコトナリ」ト呼フ者アリ）內閣ト云フモノハ內閣官制ニ依ッテ定マルモノデ、國務大臣ハ個々ノ責任ヲ負フト憲法上明ニ規定サレタルコト、其內閣ヲ官制ニ依ッテ定メタルコトヲ諸君ガ御認メナサルヂヤアリマセヌカ、然ラバ同ジク大權ノ發動ニ依ッテ勅令ニ依リ、外交調査機關ヲ作ルコトガ何故ニ憲法ニ違反スルモノデ御坐リマセウカ（「ヒヤ〳〵」ト呼フ者アリ拍手起ル）又內閣ト外交調査機關トハ其權能ニ於テ同時ナラシムル虞レガアルト云フ議論ガアリマス、私ハ之ニ對シテ斯ク御答ヲ致シマス、諸君、作ッタ者ト作ラレタ者ト何レガ其責任ニ當ルベキモノデアリマセウカ、作ッタ者ガ其責任ヲ放棄セザル限リ、全責任ハ作ラレタモノ、責任ヲモ作ッタ者ガ負フノガ當然デアル、故ニ外交調査會ナルモノガ君主ノ大權ノ發動ニ依リ內閣ガ之ヲ作ッタモノデアルトスルナラバ、外交調査會ト國務大臣トノ間ニ何ノ責任ノ曖昧ノ所ガアリマセウカ、國務大臣ガ全責任ヲ負フハ當然ノ事デアルト信ジマス（拍手起ル「名論々々」「マダ有ルノカイ」「無任所大臣ノ議論ハドウシタノダ」「默ッテ聽ケ」ト呼フ者アリ）又外交調査會ヲ君主ノ側近ニ作ッタルガ故ニ、宮中府中ヲ混同スルト云フ御說モアルヤウデアリマス（「ソレハ誰モ申シマセヌ、齋藤君ハ申シマセヌ、サウ云フコトハ」「默レ」ト呼フ者アリ）憲政會ノ諸君ハ屢々之ヲ御言ヒニナッテ居ルコトデアリマス、私ハ獨リ齋藤君ノ結論ノミヲ攻擊スル爲メ、或ハ之ヲ批評スル爲メニ此壇上ニ立ッタ者デハアリマセヌ（拍手起ル「大出來」ト呼フ者アリ）齋藤君ノ憲法論ノ如キハ殆ド唯一個ノ斷言ニ止ッテ、何等ノ根據ガ無イ、批評スル價値ガ無イノデアリマス（拍手起ル）畏レ多イコトデアリマスルケレドモ、我ガ至尊ハ神聖ニシテ侵スベカラザルモノ絕對無責任デアルノデアリマス、總テ國務國政ニ關スル所ノ責任ハ國務大臣ガ負フベキモノデアリマスカラ（「小學校ヘ行ッテ話スベシ」ト呼フ者アリ）臨時外交調査會ガ君主ノ側近ニ作ラレタト云フ爲メニ是ガ宮中府中ヲ——宮中或ハ府中ヲ混同スルト云フヤウナ虞レハ何處ニモ無イノデアリマス、外交調査會ヲ宮中ニ置イタト云フコトハ、唯其所在ヲ說明スルノミデアル（「分ッタヨ」「分リマシタ〳〵」ト呼フ者アリ）是ガ爲メニ憲法ノ發達ニ違反スルモノデアルト云フコトハ何處ニモ成立シナイト思ヒマス（「セウ能ク分リマシタカラ御免蒙リマス」ト呼フ者アリ笑聲起ル)又外交調査會ヲ設立シマシタルコトハ、國務大臣ト樞密院ノ無能ヲ表白スルモノデアルト云フ御議論ガアリマス、之ニ對シテ私ハ諸君ニ伺ヒタイ、特ニ憲政會ノ諸君ニ伺ヒタイ、憲政會ノ諸君ヨリハ立憲ノ大道ヲ說キ、憲法ノ章條ヲ遵守スル點ニ於テハ我國民黨ノ方ガ一層言フベキ權利ヲ有シテ居ルト思ヒマス(拍手起ル)過去ノ事實ニ徵シテ憲政ノ發達云々ヲ申スコトハ、此議會ニ於テ恐ラク國民黨ヨリ言ヒ得ル權利ヲ持ッテ居ルモノハナイト思ヒマス(「ノウ〱」「反對スルゾ」ト呼フ者アリ拍手起ル)之ニ就テ諸君ニ御尋シタイコトハ、諸君ハ外交調査會ノ設置ヲ以テ我國ノ憲政ヲ發達セシムルニ效果アルモノト認ムルカ、或ハ憲政ノ發達ヲ遂行セシムルモノト認メルカ(「君ハ何ヲ言ウテ居ル」ト呼フ者アリ)若シ憲政ノ發達ヲ意味スルモノデアルナラバ、議會ノ勢力ガ伸張シ、政黨ノ勢力ガ擴大サレ、バサレル程(簡單々々」ト呼フ者アリ)ソレダケ立憲政體ノ發達ニ貢獻スルノデアル(「簡單々々」ト呼フ者アリ)如何ナル場合ニ於テモ議會ノ權力ヲ縮小シ、政黨ノ勢力ヲ阻止スルモノハ、是ハ總テ憲政ノ發達ニ反スルモノ、是ソ憲政ノ要義ヲ紊スモノデアル、外交調査會ノ設置ハ議會ノ勢力ヲ伸張シ、政黨ノ勢力ヲ擴大ナラシムルモノト私ハ信ジテ居ルノデアル(「ヒヤヒヤ」ト呼ヒ拍手起ル)嘗テ諸君ハ御承知デ御坐イマセウ、諸君ノ崇拜スル所ノ大隈侯ガ樞密院顧問官タリシ時ニ、政黨ノ首領板垣退助ト會見シタト云フ理由ニ依ッテ、大隈侯ハ樞密院ヲ辭サナケレバナラナカッタ事ガアルコトハ、我國憲政上諸君ハ御記憶デ御坐イマセウ、今日政黨ノ首領ガ　陛下ノ側近ニ接近スルコトガ出來テ、而モ重要ナル外交ヲ審査攻究スルノ權限ヲ與ヘラレタト云フコトハ、偉大ナル政黨ノ勢力ヲ意味スルモノデハアリマセヌカ(拍手起ル「政黨ヲ侮辱スルカ」ト呼フ者アリ)政黨ガ君主ニ接近スルコト、若シ外交調査會ヲ設立スルニ就キマシテ、政黨ノ首領ヲ辭シテ外交調査會ニ入レト云フヤウナ事デアッタナラバ、諸君ノ說モ稍々立タザルモノデハアリマセヌ、然ルニ政黨ノ首領自ラガ(「簡單々々」)ト呼フ者アリ)君主ノ側近ニ於テ最モ重要ナル時機ニ當ッテ、外交ノ事ヲ審査調査スルコトノ機會ヲ與ヘラレタト云フコトハ、獨リ議會ノ權能ノ振張ノミナラズ、政黨ノ勢力ノ擴張ヲ意味スルモノデアル(拍手起ル)之ニ反對スル者ガ何トテ憲政ノ要義ヲ論ズルコトガ出來マスカ(拍手起ル)政黨ノ勢力ノ振張ニ反對スル者ハ憲政ノ發達ヲ論ズル資格無キ者デアル(拍手起ル「止シ給ヘ止シ給ヘ」ト呼フ者アリ)私ハ外交調査會ニ(「簡單々々」ト呼フ者アリ)憲政會ノ加藤子爵ノ入ラザルコトヲ甚ダ歎ク者デアリマス、齋藤隆夫君ノ御言ヒノ如ク擧國一致ト云フヤウナコトハ、是ハ容易ニ出來ナイ事デアリマス、併ナガラ吾々ハ出來得ルダケ國論ノ統一ヲ期シテ、此國家ノ難局ニ當ッテ國策ヲ確立シナケレバナリマセヌ、ソレニ對シマシテ如何ナル方法ヲ執ルカト云ヘバ、政黨ヲ代表スル者ヲシテ之ニ當ラシムルト云フコトガ、最モ便法デハアリマスマイカ、其理由ヲ無視シテ僅カ黨派關係ノ爲メニ、之ニ加ハラザリシ所ノ憲政會ノ心情ハ憫マナケレバナラヌノデアリマス(拍手起ル)獨リ憲政會ノ心情ヲ憫ムバカリナラバ宜イ、斯ウ云フ國家ノ危急ニ際シテ理由モ無ク、謂モ無ク、根據モ無ク、單ニ憲法ニ違背シ憲政ノ要義ヲ紊ルモノデアルト云フガ如キ斷言ヲ爲スニ至ッテハ、決シテ國家ノ爲ニ容スベキ事デハナイノデアリマス(拍手起ル)此意味ニ於キマシテ憲政會ノ御主張ハ悉ク成立タナイ事デアルト考ヘマス、ソレノミナラズ憲政會ハ政黨ノ勢力ヲ振張スルコト、議會ノ權能ヲ擴大スルコトニ反對ヲ唱ヘ、憲政ノ發達ヲ壞ルモノデアルト私ハ斷言致シマス(拍手起ル)之ニ因ッテ(「分リマシタ分リマシタ」「簡單々々」ト呼フ者アリ)憲政會ノ諸君ノ決議案ハ憲法ノ(「有難ウ御坐イマス」ト呼フ者アリ)條項ニ背反スルト云フ理由ガ立タザルノミナラズ、憲政ノ要義ヲ紊スト云フニ相反シテ、憲政會諸君自ラガ憲政ノ發達ヲ妨ゲ、憲政ノ要義ヲ紊亂スルモノデアルト私ハ斷言致シマス(拍手起ル)

○議長(大岡育造君)　森田茂君

〔森田茂君登壇〕

(拍手起ル)

○森田茂君　私ハ此決議案ニ對シマシテ贊成ノ意見ヲ述ベル積リデアリマス、卽チ吾吾カラ提出ヲ致シマシタル決議案ガ、臨時外交調査會ヲ以テ憲法違反ナリト云フニアリマスル(「其通リダ」ト呼フ者アリ)此議論ニ付キマシテハ、去月三十日ノ不信任案決議ノ場合ニ於キマシテ、我憲政會ヨリ致シマシテハ下岡君ノ演說トナリ、又政友會ノ方カラ致シマシテハ鵜澤總明君ノ御演說トナリマシテ、凡ソ此間ニ於キマスル議論ハ定ッテ居ルカノ如クニ考ヘマス(「ヒヤ〱」「其通リ」ト呼フ者アリ)殊ニ提出理由ヲ述ベマシタル齋藤君ノ御演說ニ依リマシテ、完膚無キマデニ此會ガ憲法違反デアルト云フコトヲ論ジ盡シタルガ如クニ考ヘルノデアリマス(拍手起ル「何ガ完膚無キマデダ」「嘘ヲ言ヘ」ト呼フ者アリ)

○議長(大岡育造君)　靜肅ニ願ヒマス

○森田茂君　唯今植原君ノ御演說ヲ承リマシタガ、植原君ハ未ダ此問題ノ琴線ニ觸ル、コトガ出來ズ(「ノウ〱」ト呼フ者アリ)殊ニ又提案者ノ意見ノ在ル所(一提案者ニ意見ガアルカ」ト呼フ者アリ)此問題ニ付キマシテ既ニ我黨ノ下岡君ガ演說ヲサレマシタル其趣旨サヘ、殆ド御了解ガ無イヤウニ私ハ承知致シマス(拍手起ル「ノウ〱」ト呼フ者アリ)殊ニ其御演說中ニ於キマシテ、會計檢査院ヲ御引合ニ出ス、是ハ何事デアル、會計檢査院ハ憲法ノ上ニ於テ、卽チ憲法ノ會計ノ部ニ於キマシテ認メラレタル卽チ會計檢査院デアリマス(「ヒヤ〱」ト呼フ者アリ)之ニ對シマシテ今回ノ臨時外交調査委員會ト同一ノ議論ヲセラル、ト云フコトハ、甚ダ當ラザルモノデアルト云フコトヲ申上ゲテ然ルベキモノデアリマス(拍手起ル)又防務會議ノ事ニ付キマシテ御議論ガアリマシタガ、是等モ亦曩ニ下岡君カラ演說ヲサレマシタ事ニ依テ、又必ズシモ下岡君ノ演說ヲ御聽キナサラナクトモ、防務會議ナルモノガ前內閣ニ隸屬致シマシタル一ノ行政機關デアルト云フコトハ、是ハ何人モ爭ノ無イ事デアル、吾々ノ提出ヲ致シマシタル此問題ト、何等接觸ノ無イ、卽チ交涉ノ無イ、全然別ノ問題デアルト云フコトモ亦明カナ事デアリマス、ソレ故ニ植原君ノ演說ニ對シマシテハ、植原君ハ既ニ其出發點ヲ誤リ(「ノウノウ」ト呼フ者アリ)其議論ノ基礎ヲ誤ッテ居ルト信ジマスルガ故ニ(拍手起ル)私共ハ此誤ッタル前提ノ下ニ於テ述ベラレタ所ノ議論ヲ、玆ニ反駁スルノハ全ク無益ノ業デアルト云フコトヲ信ジナケレバナラヌ(拍手起ル「反駁出來ナイダラウ」ト呼フ者アリ)何故ニ是ガ憲法違反デアルカト云フ事ニ付キマシテハ、是ハ曩ニ下岡君ノ述ベラレマシタル所ニ依テモ明カナルガ如ク、本員共ノ見解ト致シマシテハ、此國務ニ付テ　天皇ヲ輔佐スル者ハ憲法第五十五條ノ國務大臣、第五十六條ノ樞密院顧問ニ是ハ限定サレタモノデアル(「ソウヂヤナイ」ト呼フ者アリ)憲法ニ特定ナイ限リハ、總理大臣ノ統轄ヲ離レテ內閣ニ對立致シマシタル所ノ補佐ノ機關ハ在リ得ナイモノデアルト云フノガ、卽チ吾々ノ議論ノ要點デアリマス(拍手起ル)此點ニ付キマシテハ私ハ殆ド何人モ異論ノ有リ得ナイ點デアルト思フ(「大ニアル」「三分ノ一ダ」ト呼フ者アリ)卽チ憲法ヲ理解シ得テ居ル者ハ、之ニ對シマシテ何等異論ハアリ得ナイト云フコトヲ考ヘマス、卽チ今回ノ委員會ナルモノハ、此見地ヨリ致シマシテ憲法ニ違反シタルモノデアルト吾々ガ斷定スル事ヲ憚ラヌノデアリマス(「三分ノ一ダケダ」ト呼フ者アリ)成程法學上ノ研究ト致シマシテハ、或ハ憲法外ノ大權ト謂ヒ、若クハ國務大臣ノ輔佐スル以外ノ國務ガアルヤ否ヤト云フヤウナコトハ、研究問題トナリ得ザルコトハナイノデアル、併ナガラ吾々ガ茲ニ議論セントスル所ノモノハ、國務ノ一タル外交ノ事ニ限定サレテ居リマスル故ニ、此席ニ於キマシテ私共ハ法學上敢テ研究ヲスル必要ハ無イト云フコトヲ信ジマス、先日即チ去月三十日ノ不信任案決議上程ノ日ニ於テ、鵜澤總明君ノ憲法違反ニ非ラズト云フコトハ、私ハ其議論ハ頗ル興味ヲ以テ拜聽致シマシタノデアリマス、殊ニ鵜澤君ハ憲法論ト實質上ノ政策論トニ區別セラレテ論ゼラレタコトデアリマスガ、此實質上ノ政策論ト云フ事ニ付テハ、果シテ是ガ當ルカ否ヤト云フコトハ分リマセヌケレドモ、昨日政府ヨリ答辯ニナリマシタル、石黑涵一郎君外四君ノ提出セラレタル臨時外交調査委員會設置ニ關スル質問ニ對スルモノニ依リマシテモ、實質上ノ政策論ト致シマシテ議論ノアル所ハ窺ハレルノデアリマス、唯鵜澤君ノ述ベラレタル御演說ノ中ニ於テ、吾々ガ最モ興味ヲ有ッテ拜聽致シマシタル所ノモノハ、此憲法論デアリマス、此點ニ付テ鵜澤君ハ外交調査委員會ノ性質ハ、是ハ樞密顧問ニ近イモノデアッテ、一ノ進言機關デアル、斯ウ云フ御意見デアリマシタ、サウシテ恰モ支那古代ノ太師ニ當ルベキモノニシテ、位三公ノ上ニアルモノデアル、是ガ何故ニ憲法ニ違反スルカト云フ鵜澤君ノ御議論デアル、私ハ此議論ハ鵜澤君ノ御議論ト致シマシテハ甚ダ琴線ニ觸レナイ、憲法第五十五條ノ解釋ヲ適當ニ爲サレタル鵜澤君ノ御意見デナイト云フコトヲ考ヘマス、或ハ恐ル、鵜澤君ノ此憲法第五十五條ニ對スル所謂學者ト致シマシテノ見解ナルモノハ、胸中ニ於テ大イニ留保セラレテ ソレダケノ御議論ニ止メタモノデハナイカトモ考ヘル、斯樣ニ私ハ考ヘラレルノデアリマス、又議論ト致シマシテハ或ハ書經ヲ引キ、若クハ支那古代ノ制度ヲ引證サレマシタガ、所謂引證ナルモノハ甚ダ該博ナリト雖モ、其論旨ナルモノハ頗ル晦澁ナルモノデアッタト私ハ考ヘテ居ル、サウシテ唯今中シマシタ昨日ノ議論ニ於テ朗讀サレマシタル石黑涵一郎君カラノ臨時外交調査委員會設置ニ關スル質問答辯書ニ依リマシテ、又吾々ハ政府ノ所見ヲ聞クコトヲ得タノデアリマス、此答辯書ニ依リマスレバ、政府ハ上諭文ヲ敷衍致シマシテ、サウシテ共責任ナルモノヲ成ベク晦マサントスルガ如ク受取ラルヽノデアリマス、今日吾々ガ公布サレマシタル上諭文ニ付キマシテハ、ドウカト申シマスルト、之ヲ拜讀致シマシテ所謂襟ヲ正サナケレバナラヌコトヲ考ヘルノハ、是ハ當然ノコトデアリマスルガ、併シ此上諭文ヲ以テ、此官制ナルモノ、即チ外交調査委員會ナルモノガ憲法ニ抵觸シテ居ナイト云フコトヲ見ルコトガ出來ナイノデアリマス、(「暑イヨ勘辨シテ呉レ」ト呼フ者アリ)サウシテ次ニ政府ハ外交調査委員會ト內閣トノ權限ヲ論ジ、該委員會ナルモノハ外交ニ關スル啓沃ノ機關ニシテ、考査審議ノ結果ヲ敷奏スルニ止マル、其責ノ如何ハ依然トシテ國務大臣ノ職責ニ屬スルト云フコトヲ斷定セラレテ、而シテ世間ニ於テ內閣ト委員會トノ職務ノ紛更ヲ來スト云フコトニ付テ、一ノ辯解ヲ試ミラレタ積リデ居ルノデアリマス、併ナガラ吾々ノ論ゼントスル所ノモノハ、必ラズシモ此責任ノ歸著點ノミヲ見ルノカ、論ゼント欲スル要點デハナイノデアリマス(「簡單々々」ト呼フ者アリ)吾々ノ言ハント欲スル所ノモノハ、發キニモ申シマシタ如ク、此立憲政治ニ於キマシテ最モ必要ナル所ノモノハ輔弼ノ責任デアル、之ニ付テハ憲法第五十五條ニ依リマシテ、大政ヲ輔弼スルモノハ必ラズ其責任ニ當ラナケレバナラヌノデアル、即チ責任無キモノハ大政ヲ輔弼スルコトヲ得ザルモノデアリマス、故ニ此憲法ノ第五十六條ニ於テ、樞密顧問ノ特例ヲ認ムルノ外、第五十五條ニ於テ　天皇ヲ輔弼スルモノハ國務各大臣ニシテ、其責ニ任ズル者モ亦國務大臣ナルコトヲ明記セラレテ居ルノデアリマス、此解釋ナルモノハ頗ル嚴正ナラザル可カラザルモノデ、之ニ對シテハ決シテ勝手ナル解釋ノ出來ルモノデハナイノデアル、然ルニ政府ニ於キマシテハ、昨日ノ答辯書ニ於テ「憲法第五十五條ノ規定ハ國務大臣ノ輔弼ニ待ツベキ官ヲ定メタリト雖而モ憲法上國務大臣以外ニ啓沃ノ機關其ノ他調査機關ヲ設置スルコトヲ許サヽルノ義ニ非サルナリト斷言スルコトヲ憚ラズ」斯ウ云フコトヲ言ハレテ居ル、之ニ對シマシテ吾々議會ガ、此政府ノ斯ノ如キ安斷、即チ暴解釋ニ滿足スルコトガ出來ルヤ否ヤ、此問題ハ實ニ重大ナル問題デアッテ、憲法第五十五條ノ解釋ナルモノハ、政府カラ致シマシテ決シテ斯ノ如キ回答ヲ得テ滿足スルモノデハナイ、議會ハ又議會自ラノ權能ニ於テ、此憲法上ノ解釋ヲ一定スルト云フコトハ、是ハ當然ノコトダト私ハ考ヘテ居リマス、此解釋ヲ一定スルニ非ザレバ、吾々議院ノ權限ナルモノハ、甚ダシク政府ノ爲ニ壓迫ヲ被ルガ如キ結果ヲ得ルニ至ルモノデアルト云フコトヲ信ズルノデアリマス(拍手起ル)政府ガ又此外交調査會ナルモノヲ以テ國策樹立ノ場所デアル、斯樣ニ決定サレマシタノハ、吾々ノ眼カラ見マスルナラバ、是レ明ニ其委員會トサウシテ內閣トノ職責ノ紛更ヲ來シタモノデアルト云フコトヲ言ハナケレバナラヌノデアル、是ガ即チ平生反對論ト致シマシテ、此職責ノ混淆ト云フ點デアリマス、此點ニ就キマシテ政府ハ如何ナル辯解ヲ爲シ居ルカト申シマスレバ、國務大臣ナル者モ其中ニ加ハッテ居ル、即チ總理大臣ヲ始メ外務大臣、是等ノ國務大臣モ加ハッテ居ルモノデアルカラシテ、斯樣ナ心配ハナイ、斯ウ云フコトヲ言ウテ居ル、併ナガラ是ハ現政府ノ保障ヲスル位ノモノデアッテ、吾々ハ此現政府ノ保障ヲ以チマシテ、憲法上ノ解釋ノ上ニ、又將來其職責ノ混淆スルコトガ無イト云フニ就テ安心ヲスルコトノ出來ナイノハ當然デアル(拍手起ル)御承知ノ如ク彼ノ樞密院ノ官制ヲ見マスルニ、此點ニ就キマシテハ、立法上非常ニ注意サレテ居ルコトハ、諸君ガ御承知ノ通リデアル、樞密院ノ官制ノ上ニ於キマシテハ、樞密院ハ單ニ諮詢ノ府デアッテ、其施行ノ機關デナイト云フコトヲ明カニ書イテアル、又自ラ發案スル權利ノ無イト云フコトモ、是モ制度ノ上ニ於テ定マッテ居ルノデアル、是ハ即チ憲法上ニ於テ認メラレタル所ノ樞密顧問ナル者ト、サウシテ各國務大臣トノ責任ノ混淆ヲ防グ爲ニ、法律ハ斯ク明ニ明定ヲ致シテ居ルノデアリマス、然ルニ此外交調査會ニ於テハ、其點ニ於テ頗ル混淆ヲ致シテ居ルト云フコトハ、何人モ彼ノ官制ヲ見マシテ、又各國務大臣ノ職責ヲ考ヘマシテ、其紛更ヲ來スモ・デアルト云フコトニ就テハ異論ヲ挾ムコトガ出來ナイモノデアラウト私ハ思フ(拍手起リ「大ニ異論ガアル」ト呼フ者アリ)政府ノ說明スル所ニ依レバ、外交調査會ナルモノハ所謂其國策樹立ノ發電所デアル、サウシテ政府ハ唯之ガ其變壓所タルガ如クニ過ギナイト云フガ如キ說明デアル、而シテ若シ過失ガアッタ場合ニ於テハドウカト申セバ、是ハ政府ガ其責任ニ任ズルモ・デアル、斯樣ニ言ウテ居ル、私共ハ是レガ即チ立憲政治ノ治下ニ於テ(「簡單」ト呼フ者アリ)甚ダ理解ノ出來ナイ所ノ現象デアルト云フコトヲ考ヘル、由來我國ノ政治ニ於キマシテハ、憲法上ノ無責任者ガ政治上ノ實力ヲ有スルト云フコトガ甚シキ弊害デアリマス(拍手起リ「何ヲ言ッテ居ルノカ」ト呼フ者アリ)樞密顧問ト雖モ、御諮詢ニ答ヘテ而シテ其責任ヲ見出スコトノ出來ナイノハ、是ハ寧ロ制度上ニ於ケル吾々ノ遺憾トスル所ノモノデアル、況ヤ元老ヲヤ、又今回設立サレマシタル外交調査會ノ如キ――調査委員會ノ如キ、政府ノ說明スル所ノモノニ依レバ、國策ノ樹立ノ場所デアッテ、實際ノ決定者デアルガ如クニ說明ヲサレテ居ルノデアル、然ルニ其責任ナルモノヲ政府ガ負フト云フ事ニナリマスルナラバ、外交調査會、即チ政治ニ於ケル實際ノ決定者ハ何等ノ責任ヲ負ハナイト云フヤウナ不都合ヲ來タス、又吾々ガ此議會ニ於テ外交上ノ事ニ關シテ、政府ノ責任ヲ問ハントスル場合ニ當ッテ、即チ實際ノ決定者ニ對スル責任ヲ問フコトガ出來ズシテ、全ク其實際ノ決定ヲシナイ所ノ國務大臣ヲ攻メナケレバナラヌト云フヤウナ結果ヲ來タシマスルノハ、是ハ甚ダ不都合デアル、要スルニ此政府ガ石黑涵一郎君外四人ニ與ヘタル所ノ說明書ソレ自身ガ、其憲法違反デアルコトヲ告白シテ居ルト云フコトヲ私ハ斷言致シマス（「簡單々々」ト呼フ者多シ）

○議長（大岡育造君）　靜肅ニ……

○森田茂君　卽チ憲法違反ノ事實ヲ告白致シテ居ルモノデアルト云フコトヲ考ヘルノデアリマス（「權威アル演說ヲシロ」「簡單々々」ト呼フ者アリ議場騷然）

○議長（大岡育造君）　靜肅ニ願ヒマス

○森田茂君　斯樣ナ考ヨリ致シマシテ、吾々ハ此案ヲ提出致シマシテ滿場ノ贊成ヲ乞ハントスル譯デアリマス（拍手起ル）初メニ申シマシタルガ如ク、此事ニ就キマシテハ既ニ齋藤君ノ御演說ニ依リ、又今迄論議セラレタル所ニ依ッテ大體盡キテ居ルモノト思ヒマスルカラ、私ハ是丈ヲ述ベマシテ贊成ノ理由ト致ス次第デアリマス（拍手起リ「モウ少シ言ヘ」ト呼フ者アリ）

○議長（大岡育造君）　中西六三郎君

（中西六三郎君登壇）

（拍手起ル）

○中西六三郎君　本員ハ本案反對ノ所見ヲ申述ベルベク登壇ヲ致シマシタ、本案ノ內容ハ事體頗ル重大デ御坐リマシテ、法理的ニ見ルモ臨時外交調査會ハ憲法ニ違背シテ居ル、又事實的ニ見ルモ憲法ノ運用ヲ紊ルモノデアルト云フ、此二段ノ意味ニ於テ決議セントスル者デ御坐リマシテ、大凡衆議院ニ於テ現ハルル、各般ノ問題ノ中ニ於キマシテ、最大最要ノ內容ヲ有ッテ居ルモノデ、御坐リマスル、然レドモ實ハ本員ノ信ズル所ニ於テハ、此案ハ既ニ生命無キモノデアルト云フヲ憚ラヌノデアリマス、曩ニ內閣不信任案ガ提出ガ提議サレマシタル時ニ於テ、其不信任ノ內容ヲ爲シテ居ル理由ノ重キモノ、中、本案ノ理由ト全ク同一ノモノガ提唱サレテ居ッタノデ御坐リマシテ、而シテ之ヲ理由トセル不信任案ハ、既ニ我院ニ於テ否決シ去ラレテ居ルノデ御坐リマスルカラ、我院ガ此點ニ關スル意見ハ最早確定致シテ居リマス、此見地カラ申シマスレバ、今復タ再ビ斯カル問題ヲ此處デ論議致シマスルコトハ、曩ニ爲シタル――我院ノ決議ノ權威ヲ薄カラシムル嫌ガアルモノデ御坐リマシテ、寧ロ本員ハ斯ノ如キモノハ討論ヲ用フル迄モナク、卽決否決スルコソ我院ニ於テハ相當デアルカト思ヒマス（拍手起ル）併ナガラ尙ホ退イテ雅量ヲ以テ考ヘマスルト云フト、此前ノ不信任案ノ時ニ於テハ、有リト有ユル事柄ヲ持出シテ、內閣ノ攻擊ヲサレテ居リマシテ、其間ニハ洵ニ區々タル微々タル理由モ數々御坐リマシタガ爲ニ、其當時ノ論議ノ狀態カラ申シマスレバ、此重大ノ案件モ或ハ他ノ區々タルモノト類ヲ同ジキ觀念ヲ以テ扱ハレ去ラレタカト云フ事ヲモ多少ハ考慮スル餘地ガアルカト思ヒマスルガ故ニ、今此處ニ此案ガ再ビ現ハレテ、既ニ再ビ是ガ討議ニ掛リマシタ以上、一應ノ意見ヲ申述ベテ置クコトモ必ズシモ無用ニアラズト思フノデアリマス、提案者ノ御議論ニ依リマスルト云フト、本日齋藤君ノ論ゼラレマシタ所ニ於テ、曩キノ內閣不信任案當時ニ於テ、數多ノ諸君ニ於テ論ゼラレマシタルモノヲ見マシテモ、要スルニ根本ニ於テ二ツノ前提ヲ論定サレテ居リマス、第一ハ我憲法ニ於テハ、內閣ト樞密院ト此二ツノモノ、外ニハ、何モノモ存立ヲ憲法的ニハ認メナイト云フコトヲ前提トシテ此議論ガ決定サレテ居リマス、若モ其憲法ノ精神ガ內閣所謂國務大臣及樞密院、此二ツノ機關ニ依ッテノミ政治ノ行使、所謂施政ニ涉ルモノノミナラズ、其他一切　天皇ノ行動ガ制限サレテ居ルモノデアルト云フナラバ、論理上諸君ノ議論ハ一應ノ徹底ヲ來スノデアリマス、併ナガラ我憲法ニ於キマシテ　天皇ハ國ノ元首ニシテ統治權ヲ總攬シ、此憲法ノ條章ニ依リ之ヲ行フト云フコトハ申ス迄モナク、所謂政務ノ實行デアリマス、所謂統率權ノ行使デアリマス　天皇ガ統治權ノ行使ヲ遊バス時ニ於キマシテハ、此憲法ニ依ルコトハ申ス迄モナイ、然レドモ　天皇ノ御行爲ニシテ未ダ統治權ノ行使ト云フ範圍ニ渉ラナイ程度ニ於キマシテ　天皇御自身ノ御判斷ノ資料ノ上ニ　天皇自カラ諮詢サレマスコトハ、此憲法ハ何等干渉ハ致シテ居リマセヌ（拍手起ル）勿論憲法ニ於テ　天皇ノ最高諮問府トシテ樞密院ノ存在ハ認メテ居リマス、然レドモ　天皇ガ御諮詢遊バスコトガ總テノ場合ニ於キマシテ、此樞密院ニノミ局限サレテ居ルモノデアルト云フ解釋ハ、全ク本員等ノ所見ト異ッテ居リマス、此點ニ於テ――此點ニ於テ見解ガ違ヒマスレバ、提案者ノ數々論議サレマシタル其他ノ事ハ總テ結論ノ異ナルコトハ、今一々分析シテ論ズル迄モナイノデアリマス、伏シテ惟ルニ我國ニ於キマシテ、吾々ガ聞ク歐羅巴諸國抔ト歷史ヲ異ニ致シマシテ、　天皇ノ統治權ハ建國以來未ダ其大要實質ニ於テ變ハル所ガナイノデアリマス、憲法ガ制定サレマシタト雖モ、此時ニ於テ　天皇ノ統治權ガ創設サレ、若クハ付與サレタト云フ意味合ハ少シモナイノデアリマス、卽チ建國以來ノ　天皇ノ統治權ノ上ニ於テ、此統治權ヲ行使遊バス、其行使ノ上ニ於テ憲法ノ定ムル所ニ從フト云フコトニ範疇ヲ示サレテ居ルノデアリマス、今問題トナッテ居リマスル臨時外交調査會ナルモノガ、若シ其性質ニ於キマシテ統治權ノ行使ニ渉ルベキモノデアレバ、憲法ノ上ニ疑問ガ生ズルノデ御坐イマスガ、本員ハ此點ニ於キマシテハ政府ノ說明シマスル如ク、是ハ統治權行使ノ機關ナリトハ認メナイノデアリマス（「政府ノ言フコトヲ信ズルカ」「ワレガ間違ッテ居ル」「默レ」ト呼フ者アリ）之ヲ以テ統治權ノ行使ナリト立論サレマスル彈劾者ノ議論ハ餘程注意ヲシテ聽キマシタガ、私ハ其論據ヲ見出スコトガ出來ナイ、蓋シ發ニ不信任案當時ニ於テ論ゼラレマシタルモノ參酌シマスルト、上諭文ニ啓沃ト云フコトガアル、啓沃ト云フコトハ單純ナル御諮詢ニ答ヘル意味ニアラズシテ、直チニ國務ノ料理ニ當ッテ干渉スルモノデアルト云フ御意見デアルマイカ、論旨明瞭ヲ缺イテ居リマスカラ、十分ニ了解ヲ致シマスルコトガ六ケ敷ウ御坐イマスルガ、多分サウデハアルマイカ、併ナガラ此啓沃ト云フコトハ、是ハ政府ノ辯明ニ於テ能ク分ッテ居リマス、啓沃ト云フコトハ統治權行使所謂施政トハ相觸レナイモノデアリマシテ、現ニ樞密院ノ官制ニ於キマシテモ此言葉ガアル、又元老ニ賜ッタル公卿ノ　勅語ニ於テモ同ジク此言葉ガアリマス、樞密院ガ啓沃ヲ致シテ居ルカラト言ッテ、曾テ國務大臣ノ施政ト相觸レタリト云フ疑ヲ生ジタ者ガナイノデアル、元老ガ啓沃ノ任ニ當ラレルカラト言ッテ、曾テ之ヲ以テ直チニ憲法上內閣ノ權限ト觸レルト論ジタ人ガ無イノデアリマス、俄ニ今日ニ至リマシテ此啓沃ナル文字ノ上カラ立論ヲシテ、內閣ノ責任ト相觸レルト云フ見解ヲ取ルコトハ、寧ロ今日マデ我國ニ於テ行ハレテ居ッタ多クノ前例等ノ上ニモ、相容レナイ見解ニ當ルト考ヘマス（拍手起リ「ノウ〳〵」ト呼フ者アリ）又今日齋藤君ノ御議論ニハ其點ハ御述ベニナラナカッタガ、以前ノ御議論ヲ吟味致シマスルト　天皇ノ直隷ト云フコトニ於テ、一ツノ責任上ノ意見ヲ述ベテ居ラルル、併ナガラ是ハ又多々實例ノアル事デ御坐イマシテ、啓沃機關ガ　天皇ニ直隷スト雖モ、啓沃ソレ自體ガ施政ト相觸レナイト云フコトデアリマスルナラバ、此直隷ト云フ事ノ意味ニ於テ何等憲法上ノ議論ヲ來サヌコトハ言フ迄モナイ、蓋シ是迄ノ間ニ　御議論ヲ承ッテ居リマスルト、純粹ノ法理論トシテハ如何ニモ根據ガ薄弱デアリマシテ、寧ロ多クハ實際ノ運用ノ上ニ於テ杞憂サルルモノガ深イカラデハアルマイカト思フノデアリマス（「ノウ〳〵」ト呼フ者アリ）若モ今日ノ此ノ外交調査會ナルモノガ、誤ッテ將來ニ於テ其職責ヲ忘レテ、內閣ノ施政ノ上ニ干渉ヲ爲ス者ガアルト云フ杞憂ガアルナラバ、憲法上ノ議論ニアラズシテ實際ノ上ニ憂慮スベキモノガアルノデ御坐イマセウガ、本員等ハ其點ニ於テハ全ク此彈劾者ト所見ヲ異ニ致シテ居リマス、本員等ハ此點ニ於テハ寧ロ深キ期待ヲ以テ此會ニ待ツモノガアルノデアリマス、元來憲法上法理的ニ此問題ヲ分析シテ論ロマスレバ、數々論究スルコトガ御坐イマスガ、先程申シタ通リ此問題ハ既ニ我院ニ於テハ死セル問題デアリマスルノミナラズ、茲ニ改メテ諸君ニ御考慮ヲ願ヒタイノハ、今日ニ於テ諸君ハ重ネ〳〵此點ニ付テ憲法違反デアルト云フ議論ヲ提唱セラレマスルガ、先キニ六月中ノ憲政會總會ニ於テ、其總裁加藤子爵ハ懇親會席上デ明ニ憲法違背ニハ非ズト雖モ、此事ニ付テ將來ノ紛更ヲ發フルト云フ演說ヲサレタコトハ、卽チ其當時ノ言行ニ依ッテ各新聞ガ天下ニ公ニ致シテ居ル（「親ノ心子知ラズ」ト呼フ者アリ）苟モ憲政會ガ我院ノ第二ノ大黨ヲ作リ、儼然トシテ天下ニ臨ム場合ニ於テ、其總裁ガ斯ル重大ナル問題ニ當ッテ、憲法違反ニアラズト言ハレテ居ルノニ拘ラズ、若シ諸君ノ間ニ此點ニ對シテ果シテ今日提唱サル、如キ議論ガ此信念ノ上ヨリ出ヅルナラバ、何ガ故ニ先ヅ以テ總裁ノ此議論ヲ改メルコトニ御盡力ニナラヌノデ御坐リマスカ、苟モ政黨ノ總裁トシテ此問題ニ對シテ憲法違反ニアラズト言ハレテ居ルコトハ、其儘ニ聞キ流シテ置イテ、サウシテ今日院內ニ於テ成リ代リ立代リ此ノ如キ議論ヲ爲サルト云フコトハ、何トシテ眞面目ニ我議院ニ於テ之ヲ扱ヒ、天下ニ向ッテ之ヲ信ゼシムル事ガ出來ルデ御坐イマセウカ、本員等ハ窃ニ思フ、此ノ如キ問題ヲ微細ニ學理的ニ研究スルコトハ、院內自カラ其人ガアル、併ナガラ今日ニ於キマシテハ之ヲ學理的ニ微細ナル研究ヲ爲スマデモ無ク、我國ノ衆議院ニ於ケル意見ハ既ニ定マリ、憲政會ノ黨首ノ意見既ニ定マリ、勿論他ノ各派ノ意見ハ既ニ定ッテ居ル、啻儘ニ今日諸君ガ內閣ニ快カラザル立場ニ在ルガ故ニ、幾度カ此ノ如キ論議ヲ試ミラレルコトハ、餘リトシテ今日ノ時代ニ方リマシテ其提議ニ誠意ナキヲ私ハ悲ムノデアリマス、單リ憲政會トノミ言ハズ、我議院ガ天下ニ向ッテノ面目威信ノ爲ニモ悲マザルヲ得ナイノデアリマス、願クハ本員ハ此ノ如キ議論ヲ眞ニ諸君ガ徹底セル意見ニ於テ闘ハル、モノデアルナラバ、先キニ不信任案ノ時ニ於テ更ニ〳〵其論旨ヲ盡サレテ、而シテ若シソレニ適シナイコトガアッテ、再ビ茲ニ論議スルト云フナラバ、卽チ憲政會ノ中堅ヲ提ゲテ總裁始メ其志ヲ一ニシテ論究サレルナラバ、此ニ於テ議論ノ可否ハ姑ク措イテモ、議論其モノガ一ノ權威ヲ有ッノデアリマス、今日ノ狀態ニ於テハ殆ド眞面目ニ此議論ニ向ッテ吾々ハ討究スルコトヲサヘ不快ニ考ヘルノデアリマス（「誠意ナシ」「三分ノ一」「面目ナシ」ト呼ヒ其他發言スル者多ク議場騷然）

○議長（大岡育造君）　靜肅ニ

○中西六三郞君　是ハ元來時局發生致シマシテ以來、外交ノ重大ナルコトハ當局者ト言ハズ國民擧ゲテ此點ニ留意シテ居ルコトハ、我レ人共ニ疑ヲヌノデアリマス、此重大ナル時局ニ方リマシテ、外交ノ事ガ動モスレバ他ノ政爭ノ爲メニ累ヲ受クル恐ガアルト云フコトハ、其原因ガ何人ヨリ發スルト云フコトノ分析ヲ待ツマデモナク、國民ノ總テハ深キ憂慮ヲ拂ッテ居ッタノデアリマス、丁度此點ニ於テ多クノ憂慮ヲスル時分ニ方リマシテ、滿蒙ニモ波ノ三黨首領ノ會合ガアリマシタ、ア、事柄ニ付キマシテハ本員等ハ其內容ヲ詳ニスルコトガ出來ナイノミナラズ、又餘リ多クヲ其人々カラ說明ヲ加ヘラレマセヌカラ、本員等トシテハ殆ド解シ兼ネタル一ノ謎ノ如クニハ見タノデアリマスガ、併ナガラ苟モ三黨ノ首領相會シテ此時ノ憂ヲ救フベク肝膽ヲ碎カルルモノデアルト云フ、其一般的信念ニ於テ心竊ニ何モノカ將來ニ期待スルモノヲ持ッテ居ッタノデアリマス、此當時ニ於キマシテハ憲政會ノ加藤總裁モ是ニ參加サレテ居ッタノデアル、果セル哉、其後ノ經過ヲ待ッ間ニ吾々ハ多クヲ聞キ得ナイコトデ御坐イマシタガ、此度ノ臨時外交調査會ナルモノガ現ハレタノデアル、若シ此臨時外交調査會ナルモノガ、論者ノ如ク憲法上ヨリ解決シテ法理的ニ全ク違法ノモノデアルト言ヘバ、是レ如何ニ美麗ナルモノデアッテモ如何セン吾々ハ爭ハナケレバナラヌノデアリマスガ、純粹ニ法理的ニ解釋シ來タレバ、何等絕對違法ト云フ論定ヲ有サナイモノデアルト思フ、左スレバ――左スレバ卽チ吾々ガ今ノ時代ニ方リマシテ外交・事ニ關シテ、國家ノ最モ有力ニシテ且最モ知識ヲ有スル人々ノ間ニ適當ナル考慮考察ヲ加ヘラレマスル事柄ハ、恰モ今日廣ク世間ノ憂慮シテ居ルモノニ向ッテ、一段ノ劃策ヲ施サル、モノデアラウト信ズルノデアリマス、蓋シ是ハ卽チ吾々ガ既往及現在ニ向ッテ拂ヘル信用ノ上ニ於テ、斯ク期待スルノデアル、若シモ將來ノ經過ニ依リマシテ、此事柄ガ吾々ノ期待ト相副ハザルモノ、如キアラバ、言フマデモナイ其時ニ於テハ吾々ハ實際ノ力ヲ盡シテ此機關ニ向ッテ爭ハネバナラヌコトモ御坐イマスガ、今日ハ寧ロ吾々ハ此時局ニ顧ミテ、願クハ此機關ガ今ノ天下ヲ將來ニ進ムルニ於テ、最モ有力ニシテ且最モ有效ナル效果ヲ擧ゲカシト祈ル上ニ於テ、全ク吾々ノ總テノ考ヲ支配シテ居ルノデアリマス、吾々ハ此瞬間ニ於テハ是ヨリ外ニ此會ニ向ッテ何モノモ考慮スル餘地ヲ持タナイノデアル、諸君ハ此會議ノ內容ノ組織其他ニ於テ種々ノ憂慮ヲ加ヘラレマスガ、如何ニ考ヘテモ是等ハ既ニ諸君ガ此會ノ將來ヲ惡解サレテノ立論トヨリ外、吾々ハ解スルコトガ出來ナイノデアル、齋藤君ハ數々ノ議論ヲ試ミラレマシタガ、一々之ヲ辯ズル必要ハ無イノミナラズ、此多クハ憲法ヲ法理的若クハ事實的ニ解釋シタル議論デハ御坐イマセヌ、此機關ノ運用ガ將來ニ良好ナルベキヤ否ヤト云フコトデ御坐イマスカラ、左スレバ是ハ少シモ本案トハ相觸レナイ立論デ御坐イマス、而モ其中ニ於テ甚ダシキ誤サヘモ述ベラレテ居ル、樞密院ノ諮詢ヲ經ナカッタ！――本案ニ付テ樞密院ノ諮詢ヲ經ナカッタト云フ事柄ガ樞密院ヲ侮ッテ居ルノデアルト云フコトニ於テ、深ク憤慨サレテ居ル、併ナガラ樞密院ノ官制ニモ亦既往ノ實際ノ事例ニモ明ナル如ク、官制ノ制定ニ向ッテハ樞密院ハ觸レテ居リマセヌ、任用令ノコトニ關シテノミ御諮詢ガアッタノデアリマス、官制ハ是迄樞密院ニ御諮詢ガナイモノデアルト云フコトヲ、此案ニ向ッテ強ク論ジマスコトハ、恐ラクハ齋藤君ノ誤解若クハ記憶ノ遺漏デアラウト思フ、其他國論統一ノ力ガ有ル無イ、或ハ外交ノ方針ガ既ニ定ッテ此會ヲ俟ッカ俟タナイトカト云フ議論ハ、本件ノ大體ノ立論ノ上ニハ少シモ交渉ガナイデアリマスカラ、一々是等ニ向ッテ論駁ヲ試ミマセヌ、本會ノ議院ニ於キマシテノ經過ヲ見ルト、實ハ此諮詢ノ如キハ一應ハ最モ大切ニ扱ハルベキモノデアリマシタノガ、却テ深キ研究ニ依ラズシテ、容易ニ論結シ去ラレテ居ルト云フコトハ、恐ラクハ諸君ガ既往ニ於テ內閣彈劾ノ爲ニ餘リニ急ニシテ、徒ニ內閣ニ向ッテ惡罵ヲ加ヘラレマシタ結果斯様ナ狀態トナッテ居ルノデハナイカト思フ(「ヒヤヒヤ」ト呼ヒ又拍手スル者アリ)若シ將來ニ於テ諸君ガ此時局ニ對シテ平生口ニセラルヽガ如ク、其憂ヲ深クセラレマスナラバ、今日ノ狀態ノ如ク漫ニ議院ノ紛爭ヲ事トセズ、願クハ最モ眞摯ニ、我ガ議院ヲシテ時代相當ニ緊張セル空氣ニ於テ重要ナル議題ヲ議了スベキ狀態ニ導カレンコトヲ望ムノデアリマス(拍手スル者アリ)本員ハ單ニ今日ノ場合ニ於ケル吾々ノ意見ヲ一應述ベテ置キマシテ、詳シキ事ハ既ニ論ゼラレ、及ビ又深ク論ズル必要ナシトシテ是ニテ止メマス(拍手起ル)

(「議長議長」ニ「中西君ニ質問ガアリマス」「無用々々」ト呼フ者アリ)

○古屋慶隆君　議長

○議長(大岡育造君)　古屋慶隆君

(古屋慶隆君登壇)

(「適任者ダ」ト呼フ者アリ)

○古屋慶隆君　諸君、唯今中西君カラ種々ノ見地カラ外交調査委員會官制ハ憲法違反デナイ、斯ウ云フ御說ヲ承リマシタガ、私ハ外交調査委員會ハ如何ナル方面カラ見マシテモ、之ヲ法律的ニ論ズル場合ハ於テハ憲法違反デアル、獨リ憲法ノ精神ニ違反スルノミナラズ、憲法ノ條規ニ戾ルモノデアルト云フコトヲ確信シテ疑ハナイ者デアル(拍手スル者アリ)立憲國ニ於キマシテハ國務ハ憲法ノ條章ニ準據シテ行ハナケレバナラヌト云フコトハ論ヲ俟タナイノデアル、憲法ノ第四條ニ於キマシテ　天皇陛下ハ此ノ憲法ノ條規ニ依リ之ヲ行フト云フコトヲ申サレテ居ルノデアリマス(「簡單々々」ト呼フ者アリ)故ニ如何ナル國務ニ付キマシテモ、憲法ノ條規ヲ越シ若クハ憲法ノ條規ヲ超越シテ國務ヲ行フト云フコトハ、是ハ私ハ出來ヌコトデアルト思フ、即チ立法ハ帝國議會ノ協贊ヲ俟ッテ之ヲ行ヒ、司法ハ之ヲ裁判所ニ委ネ(「何ヲ言ッテ居ル」ト呼フ者アリ)其他ノ國務ハデス、其他ノ國務ハ國務大臣ノ輔弼ニ依テ行フト云フコトハ明カデアル、即チ國務ヲ行フト云フコトハ國務大臣ノ輔弼ニ依ルニ非ラズンバ、國務ヲ行フコトハ出來ヌト思フ(「日本ノ憲法ヲ論ゼヨ」ト呼フ者アリ)故ニ國務大臣ノ輔弼ナル外ニ所謂國務ノ輔佐ナルモノハアリ得ナイト思フノデアル、外交調査會官制ハ私ノ信ズル所デハ憲法ノ條規ニ違反シテ居ル(「ノウノウ」)何處ガ違反シテ居ル」ト呼フ者アリ)何處ガ違反シテ居ルカト申シマスレバ、憲法ノ條規ニ於キマシテハ大政輔翼ノ機關ト致シマシテ、國務大臣ト樞密顧問ト二ツノ機關ガ設ケテアルノデアル(「同ジコトヲ言フナ復タ繰返スノカ」ト呼フ者アリ)是ガ故ニ如何ナル國務ヲ行フ場合ニ於テモ、此二ツノ機關ヲ無視シテ行フト云フコトハ出來ナイノデアル、尤モ憲法ノ規定ニ於キマシテハ、所謂機關ト致シマシテ、會計檢査院アリ、裁判所アリ、サウ云フモノハアリマスケレドモ、大政輔弼ノ機關ト致シマシテハ、國務大臣ト樞密顧問ノ外ハナイノデアル(拍手起ル)然ルニ今外交調査委員會官制ヲ見マスルト、其第四條ニ於キマシテ總裁ハ(「簡單」ト呼フ者アリ)議事ヲ整理シ敷奏ノ任ニ膺ルト云フコトガアリマス

(「簡單々々」其他發言スル者多シ)

○議長(大岡育造君)　靜肅ニ願ヒマス

○古屋慶隆君　取リモ直サズ　天皇陛下御自身ヲ輔佐スルモノデアル(「簡單々々」ト呼フ者アリ)卽チ此官制ノ第四條ニ依リマスト、委員會ノ決議ヲ總理ガ之ヲ敷奏スト

[illegible]云ニコト、矛盾シナイカドウカト云フコトヲ私ハ疑フノデアル、卽チ明ニ此官制ノ狀態カラ見マスルト　陛下御自身ヲ直接ニ輔佐スルモノデアルト云フコトハ、官制ノ明文カラ見テ疑ヒナイノデアル(拍手スル者アリ)官制ノ明文ヲ見テ疑ガナイト致シマスレバ、大政輔翼ノ機關ト致シマシテハ、國務大臣及樞密顧問ノ外ニハナイ、然ルニ此官制ニ於キマシテ、大政輔翼ノ機關デアル樞密顧問國務大臣ノ外ニ、內閣ニ獨立ヲ致シマシテ、サウシテ　陛下ニ直屬ノ機關ヲ設クルト云フコトハ、私ハ憲法違反ニ非ズシテ何ゾヤト言ヒタイノデアル(拍手スル者アリ)憲法違反デアルト云フコトハモウ是デ澤山ダラウト思フノデアル、其以上議論ヲスル必要ハナイ、併ナガラ先刻來種々ノ議論ガアリマシタカラモウソレニ對シテ(議場騒然)

○議長(大岡育造君)　靜肅ニ願ヒマス

○古屋慶隆君　一言辯駁ヲ加ヘタイ、又先刻吾々ノ尊敬スル若キ學者タル植原君カラ色々意見ガアリマシタカラ、ソレニ對シマシテ憲法上一二ノ批評ヲ致シテ見タイト思フノデアリマス、植原君ハ先刻森田君デシタカ申シマシタヤウニ、側近ニ置ク陛下直屬ノ機關ト云フモノハ、外交調査會ノミニ限ルモノデナイト云フ御話、成程一寸考ヘルトサウ云フヤウナコトガアル、會計檢査院抔ト云フモノハ憲法ニ正文ガアルノデアリマス、例ヘバ參謀本部トカ、或ハ軍令部デアルトカ、或ハ內大臣府ノ規定デアルトカ、宮內大臣ノ規定デアルトカ、兎ニ角直接ニ　天皇ヲ輔佐スル……(此時議場騒然)

○議長(大岡育造君)　靜肅ニ願ヒマス

○古屋慶隆君　併ナガラ直接ニ輔佐スルト云フコトハ、ソレハ國務ニ付テ輔佐スルモノデハナイ――國務ニ付テ輔佐スルモノデナイ、卽チ統帥權ノ作用デアル、或ハ國務トハ全然異ッタル宮內ノ官職ト見ラルベキモノデアッテ、國務ト云フコトニ付テハ、我憲法上――我憲法上　陛下ニ直屬シテ居ル內閣以外ノモノハ、樞密院ヨリ外ニ無イト私ハ確信スルノデアル、然ルニ外交調査會官制ナルモノハ、此點ニ付キマシテハ、ドウ云フ方面カラ見テモ憲法違反デアル、獨リ憲法ノ精神ニ違反スルノミナラズ、憲法ノ條規ニ違反スルモノデアル、詰リ斯ウ云フモノヲ段々拵ヘテ來ルト、憲法破壞ノ端緒ト云フモノガ此處ニ起ルト云フコトヲ心配スルノデアル、斯ウ云フ事ガアリマスカラ、何レノ方面カラ見マシテモ外交調査會ナルモノハ憲法違反デアルト云フコトハ議論ガ無イノデアル、然ルニ先刻來、政治上ノ方面カラ、例ヘバ此總理大臣ノ答辯ガ滔々數萬言デアル、併ナガラ吾々ガ此答辯ナルモノヲ見ルト云フト、應機啓沃ノ文字ガ使テアル、又樞密院ト同ジヤウナモノデアルト言ッテ居ルノデアル、私ハ此處ガ敢テ寺內總理トハ言ハナイ、現內閣ノ法制局長官タル有松君ニ一ツ聞イテ見タイト思フコトガアルノデアル、卽チ國務大臣ノ職責ヲ決シテ紛更スルモノデナイ、責任ヲ紛更スルモノデナイト云フコトニ、國務大臣ハ國務ヲ奉行スルモノデアル、斯ウ云フコトヲ言ッテ居ル、併ナガラ奉行ダケデハイカナイ、

[illegible]ハ一[illegible]、[illegible]發動ニ付テハドウスルノデアル、卽チ此[illegible]ト云フコトハ、總理大臣ノ答辯ニ依ルト、全ク外交調査會ノ官制ト抵觸シテ居ル、卽チ國務大臣ノ責任ヲ[illegible]スルモノデアルト私ハ信ジテ疑ハナイノデアル（拍手起ル）又[illegible]事ニ付テハ[illegible]官制ノ事ニ付テモ論ジタイ[illegible]ガ、樞密顧問ヘ　天皇ノ諮詢ニ對ヘ、サウシテ是ハ進ンデ積極的ニ補佐スルコトハ勿論デアル、併ナガラ此答辯ヲ見テ視マスルト、今度ノ外交調査會ノ官制ト云フモノハ、獨リ樞密顧問ノ權限ヲ侵害シテ居ルノミナラズ、更ニ進ンデ國務大臣ノ權限ヲ侵害シテ居ルモノト確信スルノデアル、是ガ卽チ私ガ憲法違反デアルト言フ所以デアル、卽チ憲法上補翼ノ機關トシテハ儼然トシテ國務大臣在リ、樞密顧問在リ（「同ジコトダ」「君デハ駄目ダヨ」「簡單簡單」「議長々々」ト呼フ者アリ議場騷然）

○議長（大岡育造君）　靜肅ニ

○古屋慶隆君　ソレ以外ニ於テ內閣トハ獨立シ、陛下ニ直屬シタル所ノ機關ト云フモノハ、私ハ外交調査會ヨリ外ニハナイト思フ、併ナガラ此調査會ナルモノハ唯今私ガ申シタ通リ、所謂大政輔翼ノ機關タル國務大臣ノ權限、樞密顧問ノ權限ヲ侵害スルモノデアルト思ヒマスカラ、此憲法ノ上ニ於テ明ニ此條文ニ抵觸シテ居ルモノト私ハ信ズルノデアル、此答辯ヲ見マスト云フト、要スルニ此答辯ハ國論統一ガ必要デアル、外交ヲ政爭ノ外ニ置カナクテハナラヌ、國策ヲ樹立シナケレバナラヌト云フコトガ先般ノ答辯デアル、卽チ此制度ニ對スル政治上ノ意味デアル、併ナガラ私ハ現內閣ノヤウナ、所謂祕密外交ヲ以テ趣旨トスル此內閣ニ向ッテ、國論統一ト云フヤウナ事ヲ期スルノハ、木ニ緣ッテ魚ヲ求ムルガ如キモノデアルト思フノデアル（拍手起ル）素ヨリ私ハ政治上ニ於テ、國論ノ統一ト云フコトハ大イニ歡迎スルノデアル、併ナガラ現內閣ノヤウニ自分ノ型ニ嵌ルヤウニ國論ヲ強イテ統一セントスルハ、思ハザルノ甚シキモノデアルト思フノデアル（拍手起リ「大隈內閣ハドウダ」「簡單々々」ト呼フ者アリ）是ハ甚ダ宜シクナイ、又外交ヲ政爭ノ外ニ置クト云フコトハドウデアル、此點ニ付テハ國家ノ體面上、自衞上、何人モ異論アル者ハ無イノデアレ、然ルニドウデアルカ、此三十八議會ニ於テ、現內閣ノ外務大臣タル本野君ハ、前內閣ノ外交上ノ祕密事項ヲ暴露シタデハアリマセヌカ、何處ヲ一體外交ヲ政爭ノ外ニ置クノデアルカ、私ハ斯ノ如キハ內閣ニ向ッテ、外交ヲ政爭ノ外ニ置クナント云フコトハ、言語道斷デアルト確信スル（拍手起ル）又國策ノ樹立ト云フコトハドウ云フコトデアルカ、是ハ或意味ニ於テ、國策ノ樹立ト云フコトハ吾々モ歡迎シテ居ル、併ナガラ現內閣ノヤウナ、祕密外交ヲ以テ唯一ノ方便トシテ居ル所ノ現內閣ニ向ッテ、國策ノ樹立ト云フコトハ到底要求スルコトハ出來ナイト云フコトハ、私ガ此處デ喋々申述ベル必要ハナイ、卽チ國策ノ樹立ト云フ事ニ付テハ、少クトモ國民的外交、所謂時代ノ思潮ト云フモノハドノ邊ニ行ッテ居ルカト云フコトヲ見ナケレバナラヌ、然ルニ現內閣ハドウデアリマセウカ、本年ノ二月ノ地方長官會議ニ於ケル總理大臣ノ訓令、又內務大臣ノ訓令、又此頃ノ地方長官會議ニ於ケル總理大臣ノ訓示等ヲ見マスルト、甚ダ失禮ナ申分デハアルガ、立憲政治ニ對スル正シキ了解ト云フモノガ無イ、唯復古的反動的、卽チ時代ノ思潮ト云フモノハ何ノ邊ニ向ッテ行クカト云フヤウナ事ハ一向御存ジ無イ內閣デアル、斯ノ如キ內閣ニ向ッテ國論ノ統一又國策ノ樹立ナドト云フ事ハ、是亦思ハザルノ甚シキモノデアラウト思フノデアル（拍手起ル）又國論ノ統一ト云フコトニ付テハ、先ヅ以テダ、前提ト致シマシテ幾多ノ國論ガアルノデアル、卽チ政治上ニ於テハ種々樣々ノ意見デアル、其意見ヲ各々堂々ト發表シテ、其間ニ於テ統一的ノ健全ナル國策ヲ樹立スルノガ當然デアル、然ルニ現內閣ハドウデアルカ國論ノ統一ト云フコトヲ言ヒナガラ（「簡單々々」其他發言スル者多ク議場騷然）

○議長（大岡育造君）　靜肅ニ

○古屋慶隆君　現內閣ハ型ニ嵌マルニ非ザレバ――如何ナル名論卓說デモ、此點ニ付テハ彼等ハ殆ド自分ノ型ニ嵌メルモノデアル、彼等ハ國論ノ統一デハナイ、詰リ自分ノ型ニ嵌メル國論ノ均一デアル、思ハザルノ甚シキ者デアル、今日外交調査會ナルモノハ、私ハ實ハ是ハ窮餘ノ窮策デアラウト思フノデアル、此窮餘ノ窮策ト云フ事ハ何故デアルカト云フト、卽チ現內閣ハ超然主義デアル、政黨ハ嫌ヒデアル、去トテ政黨ヲ遠ザケルト云フコトハ出來ナイノデアル、故ニ已ムヲ得ズ共「ヂレンマ」ニ掛ッタ心理狀態ヲ具體的ニ現ハシタノガ外交調査會デハアリマセヌカ（拍手起ル）私ハ斯ノ如キコトニ向ッテ、國論ノ統一ナント云フコトヲ言フノハ、是ハ木ニ緣ッテ魚ヲ求ムルガ如キモノデアルト信ズル、卽チ斯ノ如ク之ヲ憲法ノ明文カラ見テモ、之ヲ政治上カラ言ヒマシテモ、外交調査會官制ノ如キハ、到底憲法破壞ノ端緒ヲ拵ヘルヨリ外ナイモノデアリマスカラ、私ハ此點ニ付テハ現內閣ハ深ク反省ヲ致シ、速ニ憲法上ノ責任ヲ帶ビテ、又政治上到底不可能ナ事デアルト云フコトヲ思ヒ及ンデ、男ラシク處決セラレンコトヲ切ニ希望スルノデアリマス（拍手起ル）

○議長（大岡育造君）　津田毅一君

（津田毅一君登壇）

（拍手起ル）

○津田毅一君　諸君、私ハ極ク簡單ニ僅ニ五分カ六分ノ間申述ベタイト思ヒマス、此案ニ付キマシテハ殊更ニ辯ヲ好ンデ反對ヲ致ス譯デハアリマセヌ、聊カ所信ヲ述ベマシテ諸君ノ敎ヲ請ハムト欲スルノデアリマス、暫ク御淸聽ヲ煩ハシマス（「簡單々々」ト呼フ者アリ）此外交調査委員會ナルモノガ憲法ニ違反ヲシテ居ルト云フコトデアリマス、此陛下ノ側近ニ置カレマシタ所ノ此調査委員會ナルモノガ、果シテ憲法ニ違反ヲ致シマスト云フコトデアリマスレバ、是レハ由々敷キ大事デアル（「其通リ」「由々敷キ大事ダ」ト呼フ者アリ）之ニ付キマシテ樞密院ト此調査會トヲ比較研究スル必要ガアラウト思フ、併ナガラ既ニ前論者ノ申シマシタ事ハ決シテ私ハ申シマセヌ、樞密院ナルモノハ御案內ノ通リ是レハ常設ノ機關デアリマス、而シテ一般ノ重要ナル國務ト云フモノヲ諮詢スル所ノ機關デアル、卽チ權限ヨリ申シマスレバ廣イ――權限ヨリ申シマスレバ廣イ[illegible]ドモ、其働キタルヤ消極的デアル　陛下ノ諮詢ガ無ケレバ是レハ出來ナイ所ノモノデアリマス、然ルニ此調査委員會ナルモノハ常設的デハナクシテ臨時ノ機關デアリマシテ、外交ニ關スルノミノコトヲ審議調査スル所ノ機關デアリマス、故ニ之ヲ權限カラ申シマスルト一般的ノモノデハナイ、廣イモノデハナイ、狹イノデアルケレドモ、一方カラ考ヘマスト自動的デアル、卽チ自分ノ方カラ働キ掛ケテ仕事ガ出來ル所ノ機關デアリマス（「簡單々々」ト呼フ者アリ）此點ニ於キマシテ雙方ノ機關ト云フモノハ互ニ扞格スル所ガ更ニ無イノデアリマス、同ク是レ審査機關デアリ、審議ノ機關デアリマスケレドモ、此審議ノ機關ナルモノガ何ノ憲法ニ違反ヲシテ居リマセウカ、大日本帝國憲法七十六箇條ヲ精讀シ玩味研究シテ見マシテモ、一箇條ト雖モ此調査會ニ牴觸シタコトハ無イデハナイカ（「ノウノウ」「君ハ憲法ヲ知ラヌヨ」「朗讀セイ其方ガ氣ガ利イテ居ル」ト呼フ者アリ）正條ニ無イカラ此ニ於テ法ノ精神ニ背クト云フコトデアル、憲法ノ要義ニ背クト仰シヤルノデアル、併ナガラ憲法ノ要義ニ何處ガ背ク、卽チ我ガ　天皇陛下ニ於キマシテハ行政各部ノ官制ヲ御定メニナル、官制ノ制定權ト云フモノヲ無限ニ有ツテ居ラレル、此權ニ依ツテ官制ヲ設ケラルヽニ付テ何等ノ制限ハ無イノデアル、或ハ曰ク樞密院ハ憲法ニ規定シテアル、然ルニ此調査會ナルモノハ憲法ニ無イト云フ、是ハ無論ノ話デアル、樞密院ハ常設ナルモノデアツテ常ニ一般的ノ重要ナ國務ヲ審議スル所デアル、諮詢ニ依ツテ審議スル所デアル、然ルニ是レハ時局ニ鑑ミテ而シテ臨時的ニ出來タ所ノモノデアルガ故ニ、是レハ憲法ニ無イノハ當リ前ノ話デアル（「モウ時間デス」ト呼フ者アリ）何處ニ之ガ不法ナコトガアリマセウカ、更ニ不法ナ所ハナイト思フ、（「簡單々々」「臺灣デシ給ヘ其議論ハ」ト呼フ者アリ）外交ニ關スル事ハ卽チ機敏ト祕密ヲ要スル、ソレガ故ニ或ハ諮詢機關トシテ樞密院ニ諮ルコトガ出來ナイ場合モアル、此ニ於テ此特設ナル機關ガ、時局ノ進展ニ鑑ミマシテ斯ノ如キ機關ガ出來ルト云フコトハ何等ノ怪ム所ハナイノデアリマス、（「憲法ヲ論ンダコトガナイノダ」ト呼フ者アリ）全體我國ノ外交ト云フモノガ振ハヌト云フノハ是レハ憲政會ノ諸君モ同意デアル、昔カラ外交ハ振ハヌノデアル、振ハヌノデアルカラ此外交ガ振ハヌト云フニ付テ御互ニ遺憾トスルノデアル、吾々ハ此外交ノ點ニ付テハ常ニ遺憾ヲ感ズルノデアル、サスレバ此特別ナル機關ヲ設ケテ而シテ研究ノ上ニモ研究ヲスルト云フコトハ最モ時局ノ上ニ必要ナル事ト思フ、精鍊達識ノ士ヲ網羅致シマシテ而シテ外交ノ事ヲ調査スルト云フコトニ付テハ、反對黨ト雖モ決シテ是ハ否ヤヲ言フコトハナイ筈デアル、唯惜ムラクハ加藤高明君ガ此中ニ這入ラナカツタノガ甚ダ遺憾デアル、併ナガラ加藤君ガ所謂虎穴ニ入ツテ虎子ヲ得ルト云フ祕訣ヲ知ラヌノデアル（「君ハ知ツテ居ルカ」「五分過ギタ」ト呼フ者アリ）全體此問題ハ六月三十日ノ不信任ノ決議ノ時ニ既ニ盡キテ居ル、又第二ニハ內相彈劾問題、是ガ第一ト第二ノ失敗デアル、第一ニ失敗シ第二ニ失敗シ、懲リズマニ又第三回ヲ出スト云フコトハ如何ニ女々敷イコトデアルカ、私共ハ此國家多難ノ時、所謂未曾有ナル時局ニ當ツテ徒ラニ黨爭徒ラニ政爭ヲ爲シテ、而シテ國務ヲ審議スルコトヲ遲滯スルト云フ事ハ甚ダ遺憾デアリマスガ、斯ノ如キ問題ガ出タ以上ト云フモノハ之ニ一言セザルヲ得ヌノデアル（「モウ澤山ダ」ト呼フ者アリ）憲法違反呼バリト云フコトハ、誠ニ金看板デ立派デアリマスガ、是レハ今ノ如ク論ジ來レバ更ニ價値ガナイノデアル、卽チ此論タルヤ鬼ノ面ヲ被ツテ子供ヲ威スヤウナモノデアル（笑聲起ル）全體（「謹聽」ト呼フ者アリ）憲政會ノ諸君ガ、成程大隈內閣ノ崩壞スル時ニ當リマシテ、而シテ今度ノオ鉢ガ更ニ御大將ノ加藤サンニ來ルト思ツタノデアル、所ガソレハサウハ行カナイ、柳ノ下ニ何時モ鰌ハ居ナイノデアル（笑聲起ル）ソレガ當ガ違ツテ尾崎サンノ（「ソンナ詰ラヌ事ヲ言フンヂヤナイ」「何ヲ言フンダ」ト呼ヒ笑聲起ル議場騷然）……油揚ヲ鳶ニ淩ハレタト云フコトデアル、成程是レハ誠ニサウデアル、嘸御殘念ノコトデ御坐イマシタラウ（笑聲及拍手起ル）併ナガラサウ云フコトハ今暫ク隱忍シテ、五年十年或ハ二十年三十年ノ後ハ又花咲ク時節モアラウト思フ、先ヅ／＼隱忍ナサルガ宜イ、然ルニ江戸ノ仇ヲ長崎デ取ラウト何遍モ何遍モ同ジ事ヲシテ、其醜態何タルコトデアルカ（拍手起ル）吾々ハ斯ノ如キ（「問題外」ト呼フ者アリ）案ニ對シマシテハ多々言フ事ハナイ、之ヲ以テ吾輩ハ壇ヲ降ルノデアリマス

（拍手起ル）

○恆松隆慶君　討論終結ノ動議ヲ提出致シマス

○議長（大岡育造君）　內閣總理大臣

（恆松隆慶君「大臣ナラバ何時デモ宜シイ」ト呼ヒ笑聲起ル）

（國務大臣伯爵寺內正毅君登壇）

○國務大臣（伯爵寺內正毅君）　諸君、此問題ガ暫クノ間討論サレマシタニ付キマシテ、餘リ言論ヲ加ヘル必要ハナイト考ヘマスガ、一言申シテ置キタイ、本案ハ臨時外交調査會ヲ設ケマシタニ付テ、憲法違反デアル又憲政ノ要義ヲ紊ルモノデアル、又此實行上ニ於テ責任ヲ回避スルモノデアル、又官制ヲ御發布ニナルニ付テハ、樞密院ニ御諮詢ガ無イ、樞密院ヲ侮辱シタルモノデアル、斯ウ云フ事デアル、政府ハ憲法違反ナリトハ考ヘテ居リマセヌ、又憲政ノ要義ヲ紊ルモノデアルトハ考ヘテ居ラヌ、此總テノ實行上ニ於テハ全責任ヲ[illegible]上執ツテ居リマシテ、現今將來ニ於テモ責任ヲ回避スルト云フコトハ誓ツテ爲サヌ積リデアリマス、又過日他ノ議員諸君ノ質問ニ對シマシテ、書面ヲ以テ一通リ御答シテ置キマシテ、詳細ヲ悉シタ積リデアリマヌ、大體ハ御覽ニナツタデアラウト思フ、又議場多數ノ諸君ガ此建議ヲ容レラレヌコトハ確信致シテ居リマスガ、此場合ニ於テ政府ノ意見ヲ一言致シテ置クノデアリマス（拍手起ル）

○議長（大岡育造君）　恆松隆慶君何デスカ

○恆松隆慶君　討論終結ノ動議ヲ提出致シマス（「贊成々々」ノ聲起ル）

○議長（大岡育造君）　恆松君ノ動議ニ御異議ガ無イト認メマス……御異議ガアリマスカ

（「異議ナシ異議ナシ」ノ聲起ル）

○議長（大岡育造君）　御異議ガ無イト認メマス、依テ討論ハ終結ニナリマシタ……採決ヲ致シマス、此議案ニ贊成ノ諸君ノ起立ヲ求メマス

起立者　少數

○議長（大岡育造君）　少數デアリマス、否決ニナリマシタ（拍手起ル）唯今製鐵所獎勵法案ノ兩院協議會ノ成案ノ報告ガアリマス、此際日程ヲ變更シテ院議ニ付スルニ御異議ハアリマセヌカ

（「異議ナシ異議ナシ」ノ聲起ル）

○議長（大岡育造君）　御異議ナイト認メマス、兩院協議會ノ議長ノ報告ヲ求メマス、

――元田肇君……此場合時間ノ延長ヲ宣告シマス

特別報告第五十號

請願文書表第三五〇號

日露戰役ニ於ケル被擊沈船救恤ノ請願　朝鮮仁川府寺町四十三番地平民運送業堀力太郎呈出

（紹介議員牧山耕藏君）

右請願ノ要旨ハ日露戰役ノ際請願人ハ朝鮮東海岸ノ航路危險ニシテ交通殆ト杜絶セルニ拘ラス同地在留ノ同胞ニ同情スルノ至誠ヨリシテ航海ヲ繼續シ當時元山領事大木安之助ノ依頼ニ依リ所有汽船萩之浦丸ヲ以テ城津在留民ノ引揚ヲ全ウシ爾後同船及五洋丸ヲ右航路ニ充テ在留民ノ急需ニ應シタリシニ明治三十七年四月二十五日露國浦鹽艦隊ノ來襲ニ遭ヒ五洋丸萩之浦丸ハ孰レモ擊沈セラレ剰ヘ船員二十四名ハ捕虜トシテ二年ノ久シキ敵國ニ抑留セラレタリ又幸運丸及泰盛號ハ軍隊輸送ニ徴發使役ニ各任務ヲ全ウシ慶尙號ニ至リテハ臨溟津ヨリ軍用品搭載奇津港ニ向フ途中敵艦ニ襲擊セラレテ大破損ヲ受ケ船長以下三名敵彈ニ斃レタリ所ノ如クニシテ私產ノ大部ハ敵艦ノ爲滅盡セラレ祖先傳來ノ海運業ヲ廢止セサルヲ得サルノ不運ニ陷リタリ而モ是レ皆奉公ノ微衷ヨリ出テタルコトナレハ當局ニ向テ再三救恤ヲ出願シタレトモ未何等ノ恩典ニ浴セサルヲ以テ以上ノ事情ヲ洞察セラレ前記所有汽船三隻擊沈セラレタル爲ニ蒙リタル損害ヲ救恤セラレタシト謂フニ在リ

衆議院ハ其ノ趣旨ヲ至當ナリト認メ之ヲ採擇スヘキモノト議決セリ依テ議院法第六十五條ニ依リ別冊及御送付候也

特別報告第五十一號

請願文書表第三六六號

朝鮮ニ官幣大社奉祀ノ請願　茨城縣北相馬郡文間村大字立木二千二百十一番地平民通信社員海老原新太郎外十四名呈出（紹介議員小久保喜七君）

右請願ノ要旨ハ我カ國ト朝鮮トノ關係ハ遠ク神代ニ始マリ明治四十三年ノ併合ニ依リテ全ク我カ國土トナレリ爾來治績ノ擧ルアリト雖該地人民ヲシテ本土國民ト同化セシメムトセハ我カ皇祖皇宗ノ御遺訓ニ基ケル大和民族ノ眞髓タル尊祖敬神ノ思想ヲ普及セシムルニ如クハナシ然ルニ未朝鮮ニハ臺灣樺太ニ於ケルカ如キ神社ノ奉祀ナキハ頗ル遺憾トスル所ナルヲ以テ朝鮮ニ該土ト關係最深キ素盞嗚男命ヲ祭神トシ神功皇后武內宿禰ヲ相殿ト爲シテ官幣大社朝鮮神社ヲ奉祀セラレタシト謂フニ在リ

衆議院ハ其ノ趣旨ヲ至當ナリト認メ之ヲ採擇スヘキモノト議決セリ依テ議院法第六十五條ニ依リ別冊及御送付候也

朝鮮事業公債法中改正法律案（政府提出）　第一讀會

朝鮮事業公債法中改正法律案

朝鮮事業公債法中左ノ通改正ス

第三項中「九千六百萬圓」ヲ「一億六千八百萬圓」ニ改ム

朝鮮事業公債法中改正法律案　第一讀會ノ續（委員長報告）（確定議）
樺太事業公債法案　第一讀會ノ續（委員長報告）（確定議）

（法學博士政尾藤吉君登壇）

（拍手起ル）

○法學博士政尾藤吉君　吾々委員ニ付託ニナリマシタノハ朝鮮事業公債法中改正法律案ト樺太事業公債法案ト此二案デアリマス、先ヅ朝鮮事業公債法中改正法律案カラ御報告致シマス、此案ハ現今ノ法律ニ據リマスルト「九千六百万圓ヲ限度トシテ事業公債ヲ起スコトヲ得」トナッテ居リマスルノヲ、此度更ニ七千二百万圓ヲ增額ヲ致シマシテ「一億六千八百万圓ヲ限度トシテ事業公債ヲ起スコトヲ得」ト云フコトニ改メルト云フノデアリマス、此七千二百万圓ヲ以テ如何ナル事業ヲ起スカト申シマスルト、之ヲ鐵道ノ建設ト改良ト車輛ノ補充ト此三項目ノ爲ニ使用シタイト云フノデアリマス、鐵道ノ建設ト申シマス方カラハ、元山ノ附近ニ永興ト云フ處ガアリマス、此所カラ淸津ノ附近ニ於キマシテ淸津カラ會寧ニ至リマス沿路ニ於キマシテ、楡城ト云フ處ガアリマス、此永興楡城間、所謂咸鏡線ト申シマスノガ、此永興ト楡城間ノ二百八十三哩ノ鐵道ノ建設、ソレカラモウ一ツハ鎭海線ト申シマシテ馬山浦ニ參リマス、馬山線ノ昌原ト云フ處カラ鎭海灣ニ出マス所ノ十三哩ノ鐵道、モウ一ツハ平壤炭鑛線ト申シマシテ平壤附近ノ炭坑開發ノ目的トシテ八哩許リノ鐵道ヲ敷設スル、此三ツノ鐵道建設ノ爲ト、ソレカラ車輛ノ補充、モウ一ツハ鐵道ノ改良、ソレハ釜山カラ京城ヘ參リマス鐵道、京城カラ義州ヘ參リマス鐵道、此鐵道ノ改良、是丈ノ爲ニ使ヒマス金ト、ソレカラ建設ノ爲メト改良ノ爲メトニ總係費ト云フノガアリマス、是ガ全部デ七千二百万圓程ニナルノデアリマス、委員會ニ於キマシテハ質問應答ヲ重ネマシタ末、此鐵道建設改良及車輛ノ補充ト云フコトノ必要ハ、十分ニ委員會ニ於テ認メタノデアリマスガ、從來朝鮮ノ鐵道工事ニ於キマシテハ、不正、弊害ガ行ハレテ居リマスカラシテ、此不正弊害ヲ廓淸スル必要ガアルト云フコトハ、各委員ニ於テ一致シタル意見デアリマス、此事ニ付テ一言警告ヲ與ヘタイ、ソレカラモウ一ツハ、朝鮮ニ於キマスル鐵道ハ國有鐵道許リニ待チマシテハ、到底朝鮮全體ニ於テ鐵道ノ普及ヲ圖ルコトガ覺束ナイ、ソレデアルカラ政府ニ對シテ私設輕便鐵道ノ類ノ敷設ヲ許可スル方針ヲ採ルヤウニト云フ希望ヲ附加ヘタイ、ソレカラモウ一ツハ釜山ト下關トノ間ノ連絡ノ改良、殊ニ貨物輸送ニ付テノ連絡改良ヲ圖ル必要ガアルカラ、此事ニ付テモ希望ヲ添ヘテ置キタイ、是ガ委員會全體ノ意見デアリマス、一ノ警告二ノ希望ヲ添ヘマシテ、政府ノ原案ヲ滿場一致ヲ以テ可決シタノデアリマス、其警告ハ「朝鮮總督府ノ鐵道建設改良ニ付テハ從來弊害少ナカラスト認ム政府ハ宜シク廓淸ノ實蹟ヲ擧クルニ努ムヘシ」是ガ警告デアリマス、希望ハ「政府ハ國有鐵道計畫以外ニ私設輕便鐵道ノ類ノ敷設ヲ許可シ朝鮮ニ於ケル鐵道ノ普及ヲ圖ラレンコトヲ望ム」「政府ハ釜山下關間聯絡ノ改良ヲ圖ラレンコトヲ望ム」此二箇ノ希望デアリマス、之ヲ以テ朝鮮事業公債法中改正法律案ハ、政府ノ原案通リ滿場一致ヲ以テ可決致シマシタ、樺太事業公債法案ハ、是ハ樺太ニ於ケル事業費支辨ノ爲ニ五百五十万圓ヲ限度トシテ、事業公債ヲ起スコトヲ得ト云フ法律案デアリマス、此目的ハ樺太ノ大泊ノ附近ニ貝塚ト云フ處ガアリマスガ、其處カラ西海岸ノ本斗眞岡ノ方ニ向ッテ鐵道ヲ敷設スル其費用ニ用ヒタイト云フノガ目的デアリマス、是モ委員會ニ於テ質問應答ヲ重ネマシタ上、其必要ヲ認メタノデアリマスガ、更ニ委員會ニ於キマシテハ此鐵道ヲ延長シテ、西海岸ニ於テハ久春內、東海岸ニ於テハ敷香、西海岸ノ久春內東海岸ノ敷香マデ、此鐵道ヲ延長スル必要ガアルト云フコトヲ委員會ニ於テ認メマシタ、之ニ付テ政府ニ希望ヲ添ヘ之ヲ可決スルト云フコトニ決定シタノデアリマス、其希望ハ「政府ハ西海岸ニ於テハ久春內マテ、東海岸ニ於テハ敷香マテノ延長計畫ヲ明年度ニ於テ提案セラレンコトヲ望ム」ト云フ希望デアリマス、之ヲ以テ滿場一致ヲ以テ政府ノ原案通リ可決致シマシタ、御報告致シマス

○岩崎勳君　兩案一括ノ上讀會ノ順序ヲ省略シテ、委員長報告通リ可決確定セラレンコトヲ希望致シマス

（「贊成々々」ト呼フ者アリ）

○議長（大岡育造君）　岩崎君ノ動議讀會省略ニ付テ御異議ハアリマセヌカ

（「異議ナシ異議ナシ」ト呼フ者アリ）

○議長（大岡育造君）　御異議ガナイト認メマスニ依テ、兩案共ニ讀會ヲ省略致シマス――朝鮮事業公債法中改正法律案ハ委員長報告通リ御異議ハアリマセヌカ

（「異議ナシ異議ナシ」ト呼フ者アリ）

第五　舊韓國貨幣ノ處分ニ關スル法律案（政府提出、貴族院送付）　第一讀會

舊韓國貨幣ノ處分ニ關スル法律案

朝鮮ニ於テ舊韓國貨幣條例ニ依リ發行シ又ハ通用ヲ認メタル貨幣ハ大正九年十二月三十一日迄從前ノ通通用ス

前項ノ貨幣ハ通用期間經過後五年間ハ政府ニ於テ通貨ヲ以テ之ヲ引換フ葉錢ハ當分ノ內朝鮮ニ於テ從前ノ通通用ス

附　則

本法ハ公布ノ日ヨリ之ヲ施行ス

（政府委員白仁武君登壇）

○政府委員（白仁武君）　本案ハ舊韓國時代ニ於キマシテ、其條例ニ依テ發行致シマシタ所ノ貨幣、其貨幣ノ事ニ關スル問題デ御坐イマス、此度貨幣統一上ノ必要ヨリシテ、貨幣法ヲ朝鮮ニ施行致シマスル、就キマシテハ舊貨幣ノ效力ガ、貨幣法ノ施行ト共ニ無クナル譯デアリマスル、夫故ニ其效力ヲ三箇年ノ間猶豫ヲ與ヘンガ爲ニ、此法律ヲ出シマシテ、サウシテ三箇年ノ通用ヲ認メント欲スルモノデアリマス、唯今朝鮮ニ於キマシテ、舊貨幣ガ約二百万圓許リノ殘額トナッテ居リマス、夫故ニ三箇年ノ期間、凡ク效力ヲ停止致シマシテカラ若干ノ期間ヲ與ヘマシタナラバ、全部貨幣法ニ依テ發行スル所ノ——認メマスル所ノ貨幣ト引換ヘルコトガ出來ルト云フ見込デアリマスル、尙ホ彼地ニ通用致シテ居リマスル所ノ葉錢ハ、漸時其效力ヲ認メマシテ、適當ノ時機ニ於テ處分ヲ致ス積リデアリマス、極ク簡單ナ法案デアリマスルカラ宜シク御詮議ヲ願ヒマス

○議長（大岡育造君）　日程第六、右委員ノ選擧ヲ議題ト致シマス

第六　右議案ノ審査ヲ付託スヘキ委員ノ選擧

○岩崎勳君　本案ハ委員ノ數ヲ九名トシ、議長ニ於テ指名セラレムコトヲ望ミマス

（「異議ナシ」ト呼フ者アリ）

第一　共通法案（政府提出、貴族院送付）　第一讀會

共通法案

右政府提出案本院ニ於テ修正議決セリ依テ議院法第五十四條ニ依リ及送付候也

大正七年二月二十五日　貴族院議長公爵徳川家達

衆議院議長大岡育造殿

（小字及——ハ貴族院修正）

共通法

第一條　本法ニ於テ地域ト稱スルハ内地、朝鮮、臺灣又ハ關東州ヲ謂フ

前項ノ内地ニハ樺太ヲ包含ス

第二條　民事ニ關シ一ノ地域ニ於テ他ノ地域ノ法令ニ依ルコトヲ定メタル場合ニ於テハ各地域ニ於テ其ノ地ノ法令ヲ適用ス互ニ法令ヲ同クスルモノト看做ス二以上ノ地域ニ於テ同一ノ他ノ地域ノ法令ニ依ルコトヲ定メタル場合ニ於テ其ノ相互ノ間ニ付亦同シ

民事ニ關シ前項ノ場合ヲ除クノ外地域ニ依リ法令ヲ異ニスルトキハ法例ヲ準用ス此ノ場合ニ於テハ各當事者ノ屬スル地域ノ法令ヲ以テ其ノ本國法トス

第三條　一ノ地域ノ法令ニ依リ其ノ地域ノ家ニ入ル者ハ他ノ地域ノ家ヲ去ル

一ノ地域ノ法令ニ依リ家ヲ去ルコトヲ得サル者ハ他ノ地域ノ家ニ入ルコトヲ得ス

陸海軍ノ兵籍ニ在ラサル者及兵役ニ服スル義務ナキニ至リタル者ニ非サレハ他ノ地域ノ家ニ入ルコトヲ得ス但シ徴兵終決處分ヲ經テ第二國民兵役ニ在ル者ハ此ノ限ニ在ラス

第四條　一ノ地域ニ於テ成立シタル法人ハ他ノ地域ニ於テ其ノ成立ヲ認ム

前項ノ法人ハ他ノ地域ノ法令ニ依リ於テ其ノ地ノ同種又ハ類似ノ法人ノ爲スコトヲ得サル事項ハ其ノ地ニ於テ之ヲ爲スコトヲ得スト同一ノ私權ヲ享有ス

第五條　一ノ地域ノ法人ハ其ノ事務所若ハ營業所ヲ他ノ地域ニ移轉シ又ハ從タル事務所若ハ營業所ヲ他ノ地域ニ於テ設立スルコトヲ得但シ主タル事務所又ハ營業所ノ移轉ハ移轉地ニ於テ設立スルコトヲ得ヘキ法人ト同種ノ法人ニ限リ之ヲ爲スコトヲ得

前項ノ移轉又ハ設立ニ必要ナル條件ハ各地域ノ法令ノ定ムル所ニ依ル

第六條　一ノ地域ノ法人カ其ノ事務所若ハ營業所ヲ他ノ地域ニ移轉シ又ハ從タル事務所若ハ營業所ヲ他ノ地域ニ於テ設立シタルトキハ四週間内ニ各其ノ地ノ法令ニ依リ登記ヲ爲スコトヲ要ス

前項ノ規定ハ法人ニ關シ一ノ地域ニ於テ生シタル事項ニ付他ノ地域ニ於テ登記ヲ爲スヘキ場合ニ之ヲ準用ス

第七條　一ノ地域ノ會社ハ他ノ地域ノ會社ト合併ヲ爲スコトヲ得此ノ場合ニ於テハ前條第一項ノ規定ヲ準用ス

前項ノ合併ニ必要ナル條件ハ各地域ノ法令ノ定ムル所ニ依ル

第八條　一ノ地域ノ法人ノ役員ノ行爲ニ付定メタル過料ノ規定ハ其ノ地域ニ於テ他ノ地域ノ同種又ハ類似ノ法人ノ役員ノ爲シタル行爲ニ之ヲ適用ス

前項ノ役員トハ發起人、理事、監事及之ニ準スヘキ者竝清算人ヲ謂フ

第九條　民事訴訟及非訟事件ニ付一ノ地域内ニ住所ヲ有セサル者〇ノ裁判管轄又ハ他ノ地域ノ法人ノ裁判管轄ニ關シテハ民事訴訟法、人事訴訟手續法及非訟事件手續法中日本ニ住所ヲ有セサル者又ハ外國法人ノ裁判管轄ニ關スル規定ヲ準用ス

前項ノ規定ノ適用ニ付裁判管轄ノ指定ニ關スル司法大臣ノ職務ハ朝鮮、臺灣又ハ關東州ニ在リテハ朝鮮總督、臺灣總督又ハ關東都督之ヲ行フ

第十條　一ノ地域ニ主タル營業所又ハ住所ヲ有スル者ニ對シテハ其ノ地域ニ於テノミ破産ノ宣告ヲ爲スコトヲ得

一ノ地域ニ於テ破産ノ宣告ヲ爲シタルトキハ他ノ地域ニ於テ之ヲ爲スコトヲ得ス

一ノ地域ニ於テ爲シタル破産ノ宣告ノ效力ハ他ノ地域ニ及フ

第十一條　一ノ地域ニ於テ民事訴訟、非訟事件又ハ破産事件ニ關シテ爲シタル訴訟行爲、裁判、處分其ノ他ノ手續上ノ行爲ハ他ノ地域ニ於ケル法令ノ適用ニ關シテハ其ノ地ノ法令ニ依リ爲シタルモノト同一ノ效力ヲ有ス但シ其ノ地ノ公ノ秩序又ハ善良ノ風俗ニ反スルトキハ此ノ限ニ在ラス

前項ノ規定ハ民事爭訟調停ニ付之ヲ準用ス民事爭訟調停ニ關スル規定ナキ地域ニ於テハ其ノ調停ハ民事訴訟法ニ依リテ爲シタル和解ト同一ノ效力ヲ有ス

第十二條　一ノ地域ニ於テ作成シタル公正證書其ノ他法令ニ依リ官署公署ノ作成シタル文書ハ他ノ地域ニ於テ其ノ地ノ法令ニ依リ作成シタルモノト同一ノ公正ノ效力ヲ有ス

第十三條　一ノ地域ニ於テ罪ヲ犯シタル者ハ他ノ地域ニ於テ之ヲ處罰スルコトヲ得

第十四條　刑事ニ關シ一ノ地域ニ於テ他ノ地域ノ法令ニ依ルコトヲ定メタル場合ニ於テハ各地域ニ於テ其ノ地ノ法令ヲ適用互ニ法令ヲ同クスルモノト看做ス二以上ノ地域ニ於テ同一ノ他ノ地域ノ法令ニ依ルコトヲ定メタル場合ニ於テ其ノ相互ノ間ニ付亦同シ

一ノ地域ニ於テ他ノ地域ノ犯罪ヲ處斷スル場合ニ於テハ前項ノ場合ヲ除クノ外地域ニ依リ法令ヲ異ニスルトキハ犯罪地ノ法令ニ依ル但シ笞刑ニ關スル規定ハ此ノ限ニ在ラス

犯罪地ノ法令ニ依リ處斷スヘキルキ場合ニ於テ處斷地ノ法令ニ笞刑ニ關スル規定アルトキハ其ノ規定ニ依リ笞刑ノ言渡ヲ爲スコトヲ得

第十五條　一ノ地域ノ法人ノ役員又ハ支配人ノ行爲ニ付定メタル刑罰ノ規定ハ其ノ地域ニ於テ他ノ地域ノ同種ノ法人ノ役員又ハ支配人ノ爲シタル行爲ニ之ヲ適用ス

前項ノ役員ニハ第八條第二項ニ掲グル者ノ外檢査役ヲ包含ス

第十六條　一箇ノ刑事事件又ハ牽連スル數箇ノ刑事事件カ地域ヲ異ニスル數箇ノ裁判官廳ノ管轄ニ屬スルトキハ刑事訴訟法第二十七條及第二十八條ノ規定ヲ準用ス

第十七條　一ノ地域ノ檢事、檢察官又ハ其ノ職務ヲ行フ者他ノ地域ノ管轄裁判官廳ニ於テ事件ヲ審理スルコトヲ適當ト認ムルトキハ其ノ地域ノ檢事、檢察官又ハ其ノ職務ヲ行フ者ニ之ヲ送致スルコトヲ得

一ノ地域ノ豫審又ハ第一審ノ裁判官廳他ノ地域ノ管轄裁判官廳ニ於テ事件ヲ審理スルコトヲ適當ト認ムルトキハ檢事、檢察官又ハ其ノ職務ヲ行フ者ノ請求ニ因リ決定ヲ以テ其ノ地域ノ管轄裁判官廳ニ之ヲ移送スルコトヲ得

第十八條　一ノ地域ニ於テ刑事ノ訴訟若ハ即決處分又ハ假出獄ニ關シテ爲シタル裁判、處分其ノ他ノ手續上ノ行爲ハ他ノ地域ニ於ケル法令ノ適用ニ關シテハ其ノ地ニ於テ爲シタルモノト同一ノ效力ヲ有ス

第十一條第一項但書ノ規定ハ私訴ニ之ヲ準用ス

第十九條　一ノ地域ニ於テ爲シタル刑ノ執行猶豫ノ言渡又ハ假出獄ノ處分ハ他ノ地域ニ於テ其ノ地ノ法令ニ依リ之ヲ取消スコトヲ得

附　則

本法施行ノ期日ハ勅令ヲ以テ之ヲ定ム但シ第三條ノ規定ニ付テハ別ニ其ノ施行期日ヲ定ムルコトヲ得

本法ハ本法施行前ニ生シタル事項ニ付亦之ヲ適用ス但シ第十一條○第一項及第十八條○第一項ノ規定ノ適用ニ付テハ人ノ資格ニ基ク既成ノ效果ヲ妨ケス

本法施行前ニ宣言シタル破產ニ付テハ仍從前ノ例ニ依ル

（國務大臣伯爵寺內正毅君登壇）

○國務大臣（伯爵寺內正毅君）　唯今提出致シマシタ共通法案ニ付キマシテ、一言致シテ置キマス、內地ト朝鮮臺灣及關東州トノ間ニ於キマシテハ、民事刑事ニ關シマシテ、互ニ此別箇ノ法域ヲ成シテ居リマシテ、法令ノ效力ガ彼是ニ相及ビマセヌ、其交涉事項ニ付テモ、何等ノ通則ノ設ケタモノガナイノデアリマス、洵ニ聖代ノ一缺點ト申シテ宜シイト思ヒマス、之ヲ以チマシテ政府ハ右等各地域間ノ民事刑事ノ交涉事項ヲ規定スルノ必要ナルヲ認メマシテ、嚢ニ內閣ニ共通法規ノ調査委員會ヲ設ケマシテ、審議ヲ續ケマシタ後ニ此成案ヲ得タ譯デアリマス、サウシテ是ハ貴族院ニ於キマシテ、多少字句ノ修正ガアリマシタガ、是ハ政府ニ於キマシテモ、何等異議ノナイ所デアリマス、ドウカ御審議ノ上協贊ヲ與ヘラレルヤウニ願ヒタウ存ジマス、又御質問モアリマスレバ、政府委員ヲシテ答辯ヲ致サシムル積リデアリマス

○議長（大岡育造君）　本案ノ質疑ニ關スル通告ガアリマス、其順序ニ從ッテ發言ヲ許可致シマス――牧山耕藏君

（牧山耕藏君登壇）

（拍手起ル）

○牧山耕藏君　本案ハ極メテ重大ナル法律案デアリマスルカラ、貴族院ニ於ケル速記錄ヲ拜見致シマシテモ、委員會ヲ開カル、コト九回、又委員ト爲ラレマシタ方ニハ、何レモ、法制通ノ御歷々デアリマス、速記錄ハ七十八頁モ費ヤサレテ居ルヤウナ有樣デアリマス、立法論ト致シマシテハ、既ニ大分論議シ盡サレテ居ルコト、思ヒマスガ、本員ノ茲ニ問ハント欲スル點ハ、共通法ガ實施サレマシタ後ニ於キマシテ、幾多ノ重大ナル問題ガ起ッテ來ルト考ヘルノデアリマスカラ、其問題ニ付キマシテ一二三ノ事例ヲ擧ゲテ、政府ノ所見ヲ質サムト欲スルノデアリマス、此共通法ノ中ニ於キマシテ、第三條ノ規定ニ依テ、從來認メラレナカッタ所ノ新舊同胞ノ結婚ガ、正當ニ認メラル、コトニ相成ルノデアリマス、臺灣ヲ領有シテヨリ二十幾年、朝鮮ヲ併合シテカラモ既ニ八年間經過スル ノデアリマスガ、此間ニ於テ內地人ト臺灣人及朝鮮人ノ間ニハ、事實ニ於キマシテハ澤山ナ結婚ガ行ハレテ居ルノデアリマス、現ニ朝鮮ニ於キマシテモ、舊韓國ノ農商務大臣デアル子爵趙重應氏ノ如キモ、內地人ノ夫人ヲ迎ヘテ居ラレマシテ、子供ガ出來テ居リマスケレドモガ、是ガ法律上ノ不備ヨリシテ、正當ナル手續ヲスルコトガ出來ナイ、然ルニ趙重應君ハ非常ニ身體ガ弱イ、所デ健康ノ程モ測ラレヌト云フヤウナ次第デ、此點ニ於キマシテモ非常ニ心配セラレタノデアリマスガ、共通法實施ノ結果、斯樣ナル幾多ノ――結婚上ノ幾多ノ問題ガ解決サレルト云フコトハ、領土統治ノ上ニ於テモ甚ダ喜バシイコト、思ヒマスガ、即チ本法實施ノ結果トシテ、新附ノ民ガ內地人ノ家ニ入リ、內地人ガ新附ノ民ノ家ニ入ルコトガ出來ル結果トシテハ、幾多ノ問題ガ現ハレテ來ルト思フノデアリマス、共事例ト致シマシテ、一二三ノ點ニ付テ伺ッテ見ルコトガ便宜ト思フノデアリマスガ、內地人ガ朝鮮人ノ家ニ入ルコトガ出來、臺灣人ノ家ニ入ルコトガ出來ル、又新附ノ民ガ內地人ノ家ニ入ルコトガ出來ルト相成リマスレバ、兵役ノ上ニ於テドウ云フ關係ヲ來スカト云フヤウナコトハ、餘程重大ノ問題ト思フノデアリマスガ、本法ガ實施サレル當然ノ結果トシテ、朝鮮人ノ子供ナリ、臺灣人ノ子供ナリガ、內地人ノ家ニ入リマシタ場合ニ於テハ、徵兵適齡ニ當リマスレバ、徵兵令ノ適用ヲ受ケテ、兵役ニ服スルノ義務ヲ生ズルノデアリマセウカ、是ハ將來ニ於テ餘程種々ノ問題ガ起ッテ來ルト思ヒマス、內地人ガ新附ノ民ノ家ニ入リマスル場合ニ於テハ、第三條ニ於テ「陸海軍ノ兵籍ニ在ラサル者及兵役ニ服スル義務ナキニ至リタル者ニ非サレハ他ノ地域ノ家ニ入ルコトヲ得ス但シ徵兵終決處分ヲ經テ第二國民兵役ニ在ル者ハ此ノ限ニ在ラス」ト云フ規定ガアリマスカラ、內地人ハ徵兵ノ關係ガ無イ者デナケレバ、臺灣人ナリ朝鮮人ナリノ家ニ入ルコトガ出來ナイコトニナリマスケレドモ、反對ノ側即チ朝鮮人ナリ臺灣人ナリガ、內地人ノ家ニ入リマス場合ニハ、如何ナルコトニ相成リマスカ、此點ヲ御尋致シタイト思ヒマス、ソレカラ臺灣人ナリ朝鮮人ナリガ、內地人ノ家ニ入リマシテ、內地ニ居住ヲ致シマシテ、相當ノ公課ヲ納メ、詰リ稅金ヲ納メ、一定ノ年限ヲ經マスレバ、公民權ヲ取得スルコトガ出來ルト相成ルノデアリマスカ、朝鮮ニ若クハ臺灣ニ於テハ、現在ニ於テ參政權ヲ與ヘラレテ居ナイノデアリマス、然ルニ內地人ノ家ニ入リマスレバ、內地人ト見做サレテ、斯樣ナル權利モ發生スルコトデアラウト思フノデアリマス、此點ニ付テハ實施ノ結果トシテ、ドウ云フ御解釋ヲ御取リニナルノデアリマスカ、例ヘバ衆議院議員デアルトカ、或ハ縣會議員トカ云フヤウナ人ガ、假リニ臺灣人ナリ朝鮮人ナリノ籍ニ入リマスレバ、共時ハ失格スルト云フ結果ニ相成ルノデアリマセウカ、又直チニ此法ガ實施サレマシタ結果トシテ起ルベキ問題ハ、官吏トシテノ待遇ヲ如何ニスルカ、今日臺灣人及朝鮮人ノ官吏ニ任用サレテ居ル者モ、其數尠カラヌノデアリマス、現ニ朝鮮ニ於キマシテハ、判任官以上ノ者ガ二千三百三十八人アルノデアリマス、雇員其他ニ於キマシテハ其數ハ甚ダ多イノデアリマスガ、若シ是ガ內地人ノ家ニ入リマスレバ、其日ヨリシテ內地人ノ官等俸給令ニ依テ、給與ヲ受ケル結果ニ相成ルノデアリマスカ、之ニ就キマシテハ從來一ツノ例ガアルノデアリマス、水原ノ勸業模範場ニ於ケル朝鮮人ガ、實際朝鮮人デアリマスガ、ドウ云フ工合ニ依テ內地人ノ籍ヲ取得シタノデアリマスカ、其手續ハ能ク本員ハ承知ヲ致シマセヌガ、兎ニ角內地人ノ籍ニ入ッテ居ル、然ルニ同ジヤウニ机ヲ竝ベテ居ル朝鮮人、即チ朝鮮人ノ籍ニ居ル朝鮮人ト、同ジ朝鮮ノ種族デアリナガラ、內地人ノ籍ニ入ッテ居ルガ爲ニ、內地人ノ官等俸給令ニ依テ、約倍ノ俸給ヲ貰ッテ居ルト云フヤウナ珍現象ガアルノデアリマス、此法律ガ實施サレマスレバ、斯樣ナル問題ハ續キトシテ現レテ來ルコト、思フノデアリマス、是ハ統

治ノ政策上ヨリ見マシテモ、大ニ考慮ヲシナケレバナラヌト思フノデアリマス、卽チ臺灣朝鮮ニ對シマシテハ、帝國ハ一視同仁ノ政策ヲ採ッテ居ルノデアリマス、然ルニ斯樣ナル朝鮮ニ於テノ一ツノ實例デアッテモ、籍ガ逃フ、籍ガ内地人ノ籍ニ入ッテ居レバ、同ジ朝鮮人デアッテモ内地人ノ官等俸給令ニ依テ、約倍ノ俸給ヲ受ケルガ如キハ、日本政府ハ一視同仁ノ政策ヲ標榜シナガラ、事實ニ於テ斯樣ナル矛盾ヲ行ッテ居ルト云フノデ、朝鮮人ノ間ニハ非常ニ此事ハ非難サレテ居ルノデアリマス、隨テ本法實施ノ結果トシテ、此等ノ問題ハ續々起ル問題デアラウト思フノデアリマス、朝鮮人ガ現在ニ於キマシテモ、内地人ト同ジヤウナ名前ヲ付ケテ居ル者ガ尠ナカラヌノデアリマス、朝鮮ニ於テハ内地ニ於キマスル如ク、民籍ノ關係ガ面倒デアリマセヌガ爲ニ、名前ヲ變ヘルコトハ勝手デアリマスカラ、日本ノ名宗ノ姓名、例ヘバ德川デアルトカ松平ト云フヤウナ姓ヲ名乘ッテ居ル、ソレガ民籍ニ屆出ヲ致シマスルト、内地ノ官吏ハ是ハ内地人ト紛ラハシイカラ、斯樣ナル名前ハ付ケナイ方ガ宜カラウナド、言ハレテ、忠告レタト云フ例モアルノデアリマスガ、是ナンカハ日韓一家ノ政策ヲ採ッテ、事實ニ於テ同樣ナ待遇ヲ成ルベク與ヘヤウト云フ意味カラ云ヘバ、甚ダ不穩當ナル忠言デアルト思フノデアリマスガ、此法律ガ實施サレマシタ後ニ於テハ、必ズ朝鮮人ハ、丁度明治維新ノ當時ニ於テ平民デアッタ者ガ、士族ノ株ヲ買ッテ士族ノ籍ニ入ルコトヲ非常ニ光榮トシタ、ソレト同ジヤウニ、朝鮮人ハ必ズ日本ノ戸籍ヲ取得スルコトニ於テ非常ニ努メルダラウ、其數ハ甚ダ澤山ニナルデアラウト思フノデアリマス、臺灣ニ於キマシテモ左樣ナル傾向ガアルト、吾々ハ信ズルノデアリマスガ、是ハ事實問題トシテ當然起ルノデアリマス、此法律實施ノ結果ト致シマシテハ、當然起ルベキ事例デアリマスカラ、政府ニ於テハ、此事ニ付テハ相當ノ考慮ヲ費サレ、例ヘバ今日朝鮮人ノ官吏デアッタ者ガ、本法實施ノ結果トシテ、明日屆出ヲ致シマスレバ、其者ハ直チニ内地人トシテノ待遇ヲ受ケルノデアルカ、此事ニ付テ又斯樣ナル例ハ澤山起ッテ來ルノデアリマス、外交關係ニ於キマシテモ、現在朝鮮人ハ滿洲及露西亞ニ於キマシテハ、二重國籍ヲ有シテ居ル、日本人デアルト共ニ外國ノ國籍ヲ有シテ居ル、詰リ歸化ヲ致シテ居ル者ガ何十万人アルノデアリマスガ、是等ガ日本ノ内地人ノ國籍ヲ取得シタ場合ニ於キマシテハ、内地人トシテ二重國籍ヲ認メテナイノデアリマスカラ、外交關係ニ於テモ、幾多ノ面倒ナル事實ガ現レテ來ルト思フノデアリマス、斯樣ナル場合ニ於テ朝鮮人若クハ臺灣人ガ、内地人ノ籍ヲ取得シタル場合ハ、事實上ノ身分ハ如何ナル待遇ヲ與ヘルカト云フコトヲ伺ヒタイノデアリマス、ソレカラ共通法ニ於キマシテハ、内地人ト樺太人ノ間ニ於ケル所ノ結婚ハ、認メラレナイト云フコトニ相成ッテ居ルノデアリマス、是ハ貴族院ニ於ケル速記錄ヲ十分詳シク拜見ヲ致シマシタケレドモ、質問應答ニ於テハ甚ダ要領ヲ缺イテ居ルノデアリマス、高橋作衞君ノ質問ニ對シテ、政府委員ノ山田三良博士ハ斯樣ニ御答ニナッテ居ルノデアリマス「純粹ノ樺太「アイヌ」「ギリヤーク」トカ「オロチョン」トカ「トングース」トカ「サンゲース」ト云フモノ、斯ウ云フモノ、土人ニハ内地人トノ間ニ一切婚姻トカ養子緣組トカ云フ身分上ノ關係ガ發生シナイ」ソレデ此共通法ヲ事實ニ於テ適用シナイノデアルト云フヤウニ說明セラレルノデアリマスガ、各植民地ニ對シテハ一視同仁ノ政策ヲ取リ、新附ノ間ニ於テ身分ノ取扱ヲ、成ルベク別ニシナイト云フ、大體ノ御方針ニ相成ッテ居ルノデアリマスカラ、臺灣人朝鮮人ノ間ニモ、此共通法ニ依テ自由自在ニ結婚ガ行ハレルノデアルガ、獨リ帝國ノ新タナル同胞ノ樺太人ニ對シテノミ、之ヲ除外致スト云フコトハ、樺太統治ノ上ニ於キマシテモ、是ハ重大ナル問題ト本員ハ考ヘルノデアリマス、多分此御答デ見マスルト、法制局ノ諸君ハ樺太人ノ寫眞デモ御覽ニナッテ、斯樣ナ面相ヲ致シタ者ト、内地人ノ間ニハ結婚問題ハ起ラナイモノデアルト云フ、單純ナ御考デアルヤウニ考ヘラレマスガ、是ハ俗ニ申シスル蓼食フ蟲モ好キ不好キデ、卽チ現ニ臺灣ノ生蕃人ト内地人ノ間ニハ、結婚ガ行ハレテ居ル、ソレハ鮮妻デアルトカ云フヤウナ一時ノ問題デナク、圓滿ナル家庭ヲ作ッテ居ル、現ニ通譯某ハ臺灣ノ生蕃人ト結婚シテ──御承知ノ如ク臺灣ノ生蕃人ハ顏面ニ入墨ヲシテ居リマシテ、甚ダ一種異樣ノ面相ヲ致シテ居ルノデアリマスガ、ソレト結婚ヲ致シテ圓滿ナル家庭ヲ作ル、然ルニ其夫ガ死ニマシタ所ガ、其臺灣ノ生蕃婦人ハ貞操ヲ守ッテ、今日迄モ他ニ嫁セナイデ居ルト云フヤウナル、實ニ私ハ臺灣ニ參リマシテ、内地ノ婦人モ及バザル如キ立派ナル貞操ノ婦人ヲ蕃人ノ間ニ認メ、非常ニ興味ヲ感ジタノデアリマス、殊ニ樺太ハ帝國ニ於ケル有數ノ漁場デアリマス、澤山ノ漁民ガ出稼ヲ致シマスルノデアリマスカラ、將來ニ於テハ樺太ノ土人ト内地人ノ間ニ於テ、結婚問題ガ起ラナイト云フヤウナコトヲ斷定スルコトハ、甚ダ是ハ早計ノ事デアラウト思フノデアリマス、統治政策ノ上カラ見マシテモ、特ニ樺太ノミヲ除クト云フコトハ、穩當ヲ缺クト思フノデアリマスガ、之ニ對シマスル所ノ政府ノ所見ヲ伺ヒタイノデアリマス、尙ホ是ニ一ツ御尋ヲ致シタイノハ、植民地ニ於キマシテハ行政訴訟ノ途ガ開カレテナイノデアリマス、植民地ニ於キマシテハ、官權萬能ニ依テ時ニ内地以上ノ行政上ニ不當ナル處分ガ行ハレルノデアリマス、併ナガラ之ニ對シテ訴ヘル所ノ途ガ開カレテ居ラヌノデアリマス、他ノ列國ノ立法例ニ於キマシテモ、其點ニ就テハ區々ナヤウデアリマスルガ、曾テ印度ノ總督デアッタ人ガ、或ル法律ヲ犯シタコトガアルノデアリマス、然ルニ印度ニ於ケル英國ノ司法官ハ、其ノ總督ニ對シテ法律違反ナリトシテ處罰ヲ致シタ、所ガ此影響ガ印度人ノ間ニ於テ、ドウ云フ風ニ響クデアラウカト云フコトニ付テ、英國ノ官憲ハ大變心配致シタト云フコトデアリマスガ、結果ハ英吉利ノ法律ト云フモノハ、實ニ尊重スベキモノデアル、總督ト雖モ之ヲ犯シタ場合ニ於テハ、相當ノ處罰ヲ受ケルノデアル、是ハ大ニ尊重ヲシナケレバナラヌト云ッテ、却テ印度人ニ對シテ、非常ナル英國法律ノ威信ヲ高メタト云フヤウナ事例モアルノデアリマシテ、殊ニ朝鮮ノ如キハ、多年一國ヲ成シ、政府ガアッテ政治ヲ行ッテ來タノデアリマスカラ、行政訴訟ヲ起シタガ爲ニ、官憲ノ威信ヲ失墜スルト云フヤウナコトハナイ、是ハ杞憂ノ甚シキモノト思フノデアリマスガ、政府ハ矢張將來ニ於テモ、現在ノ如ク行政訴訟ノ途ヲ植民地ニ於テハ開カレヌノデアリマスカ、又之ニ對シテ相當ノ途ヲ御開キニナルト云フ御考ハ無イノデアリマスカ、卽チ本員ハ本法ガ實施サレタ結果、ソレガ統治上民心ニ及ボス所ノ影響ニ就テモ、政治上ノ見地ヨリシテ政府ノ所見ヲ伺ヒタイト思フノデアリマス

（拍手起ル）

（政府委員有松英義君登壇）

○政府委員（有松英義君） 唯今牧山耕藏君ヨリノ御質問ニ就テ、御答致スニ先ダッテ、一言致シテ置キタイト存ジマス、唯今議題ニ相成ッテ居リマスル所ノ共通法案ハ、先刻總理大臣ヨリ大體說明ニ相成リマシタル通リ、臺灣ナリ、朝鮮ナリ、若クハ關東州ナリ、内地ナリ、此各地域間ノ聯絡關係ヲ附ケルト、民事刑事ニ止ッテ──民事刑事ノ關係ニ就キマシテ、其聯絡統一ヲ圖ル丈ノ目的デアルコトヲ、豫メ御斷リヲ致シテ置キマシテ、唯今ノ御質疑ニ御答致サウト存ジマス、第一ノ御尋ハ──御尋ニ就キマシテ牧山君ノ御述ニナリマシタ事ハ婚姻ノ事デアリマス、デ此婚姻ニ就キマシテ互ニ各地域ノ家ニ入ルト云フコトハ、各地域ノ法令ニ依テ定マルノデ、其家ニ入ル事ニ就キマシテハ、共通法ハ觸レテ居リマセヌ、唯々各地域ノ家ニ各地域ノ法令ニ依テ入ル場合ニ於ケル關係ヲ規定致シマシテ其場合ニハソレノ地域ノ家ヲ去ルト、是丈ノ規定ヲ致シマシタノデ御坐リマス、而シテ兵役竝ニ公民權ニ就テノ御尋デアリマスルガ、是ハ卽チ朝鮮ナリ臺灣ナリカラ、内地ニ入リマシタ者ノ兵役ハ如何相成ルカ、或ハ公民權ニ付テハ如何相成ルカト云フ御尋デアリマス、内地ノ人ト相成リマシタル以上ハ、現行法ノ上丈デ解釋ヲ致シマスルト、現行法ニ規定サレタル條件ヲ充タス以上ハ、兵役ノ義務モ有シ公民權モ有スルト、斯ウ解釋ヲ致ス外ハ御坐イマセヌノデ、尙ホ國籍法ニ於テ外國人ガ帝國ニ

歸化致ス場合ニ於テモ、左樣相成ッテ居リマスルノデ御坐イマス、デ將來之ニ例外ヲ設クル必要ヲ認メマシタナラバ、內地ノ間ニ適用スル法律ヲ以テ、若クハ命令ヲ以テ夫々規定ヲ設ケ得ル事ナンデアリマス、デ此問題ハ共通法ノ範圍以外ニ屬シマス、他日夫々ノ地域ニ於テ必要ト認ムル法規ヲ制定致スヲ以テ、足レリトスル事デアラウト存ジマス、官吏ニナル資格デ御坐イマス、是ハ臺灣人ナリ朝鮮人ナリガ、內地人ノ家ニ入リタル場合ハ、無論縱令朝鮮ニ居ッテモ今日デモ官吏タル一定ノ法規ノ條件ヲ備ヘマスレバ、其資格ハ享有シテ居リマスノデ御坐イマス、而シテ若シモ朝鮮人ガ內地人ト相成リマシタル場合ニ於テ、其人ガ朝鮮ノ官吏ニ任命サレタ時ニハ其待遇如何、外ノ言葉デ申上ゲレバ、在勤俸ト云フモノガ特ニ此日本人ニ就テアッタ事ガアルノデアリマス、日本人ガ朝鮮ニ行ケバ、特ニ厚イ俸給ヲ受クルト云フ規定ガアリマス、今日ハ確カ無イト私ハ考ヘテ居リマス（「アリマス」ト呼フ者アリ）デ之ニ就キマシテハ、共通法ニ關係ナク俸給令ヲ以テ適當ニ規定ヲ爲シ得ル事デアリマスカラ、事實ニ適合致シタル相當ノ規定ヲ設クレバ宜シイノデアリマス、共通法ノ問題トハ引離シテ、將來必要ニ應ジテ攻究致シテ參ッタナラバ、ソレデ宜シイノデアラウト存ジマス、又朝鮮人ナリ臺灣人ナリガ內地ニ引移リマシタ後ニ色々ナ內地人ト紛ラハシキ姓ヲ冒シ、其外種々ナ內地人ニ類似シタ名稱ナリ、色々ナ事ヲ致ス爲ニ、內地ノ戶籍ヲ取得スル事ニ努メル風ガ生ズルデアラウト云フ御說明デ御坐イマシタガ、戶籍ノ事ニ就キマシテハ、今回提案ヲ致シマシタル共通案ハ觸レテ居リマセヌノデアリマス、過刻申述ベタルガ如ク、本法ハ民事刑事ニ關スルコトノミヲ規定致シマシタノデ御坐イマス、デ行政法規ニ關係致ス事ハ總テ除イテ御坐イマス、是ハ他日ノ研究ニ俟ッテト云フ事ニ致シテ置キマス、戶籍上ノ手續關係ト致シマシテハ、一切今回規定ハ致シマセヌノデアリマス、本法案ノ筋合カラ致シテ戶籍法ノ規定ニ觸レマセヌ、加之マダ戶籍法ハ朝鮮ニ於テモ、臺灣ニ於テモ、整頓致シテ居リマセヌガ故ニ、殊ニ明文ヲ以テ規定ヲ致シマシタ所デ、實際ノ適用ハ今日デハ爲シ能ハヌノデアリマスガ故ニ、戶籍ニ關係スル事ハ、規定ヲ總テ省イテ居リマス、隨テ轉籍ト云フ事ハ共通法ノ結果トシテハ起リマセヌノデアリマス、全戶籍ヲ日本ニ轉ズルト云フ事ハ御坐イマセヌノデ御坐イマス、唯々茲ニアリマスルノハ、事實上婚姻等ニ依リマシテ、彼ノ地ノ家ヲ出テ此地ノ家ニ入ルト云フ場合ガアリマスノデ、其事ニ付キマシテ共通法ハ、若シ第三條ノ如キ規定ヲ置キマセヌト、牧山君ノ御述ニナリマシタ如ク、恰モ外國人國籍法ノ上ニ、二重國籍ノ事實ヲ生ズル事ガアルト同ジク、婚姻ヲシテ一地域ノ家ニ入ル、サウシテ他ノ地域ノ家ヲ出ルコトガ出來ナイト云フ事ノ爲ニ、內地朝鮮ノ間、內地臺灣ノ間ニ二重國籍ノ弊ガ出來ル不都合ガアリマス、故ニ第三條ヲ以テ之ニ對スル規定ヲ設ケマシタノデ御坐イマス、其故ニ婚姻等ノ場合ヲ除キマシテ、特ニ內地ニ籍ヲ轉ズル事ガ利益デアルガ爲ニ、隨テ、內地ニ籍ヲ移スト云フ弊ハ、共通法ノ結果トシテ生ジマセヌ積リデアリマス、樺太ノ關係樺太トノ關係ハ第一條ニ於テ明文ヲ掲ゲマシタ如ク、樺太ハ內地人ト致シテ居ルノデ御坐イマス、是ハ司法事務共助法ニ於テモ此主義ヲ採ッテ居リマス、樺太ハ卽チ函館控訴院ノ管轄デ在リマスノデ、法令ノ上司法權ノ上ニ於キマシテ、今日地域ヲ異ニセザルモノト相成ッテ居リマス、故ニ樺太ハ內地ノ中ニ包含スルコトニ致シテ居ルノデ御坐イマス、樺太ニハ共通法ハ適用セナイト云フノデアリマセヌ、樺太ニ於テモ共通法ハ施行致スノデアリマス、卽チ樺太人ハ內地人デアルガ故ニ、樺太人ト臺灣人トノ關係、或ハ樺太人ト朝鮮人トノ關係ニ付キマシテ、矢張東京ノ人ト朝鮮ノ人、東京ノ人ト臺灣ノ人ト云フヤウニ、共通法ノ支配ヲ受クルノデアリマス、樺太土人ト內地人トノ間ノ婚姻ノ事ハ、貴族院ニ於テ政府委員ノ說明云々ト云フ御話ガ御坐イマシタガ、貴族院ニ於テ答ヘマシタル趣旨ハ、現在ニ於テ樺太ノ土人ノ或種類ノ者ト、內地人ノ間ニハ事實婚姻ガ行ハレテ居ナイト、斯ウ申シタノデアリマス、婚姻ヲ禁ジテ居ルト云フ趣意デハ御坐イマセヌ、是ハ今日ノ所樺太ニ於キマシテハ、戶籍ノ法律ガ未ダ整頓致シマセヌ、樺太ノ土人ニ就キマシテハ、明治四十二年樺太廳令十七號、戶口規定ト云フモノガ纔ニ行ハレテ居リマスガ故ニ、內地人ト正式ノ結婚ヲ致ス上ニ、形式上缺クル所アル故ニ、現在ニ於テ婚姻ハ行ハレテ居ナイ、斯ウ云フ事實ナノデアリマス、又實際樺太ノ土人ノ內ト或部類ノ者ト婚姻ヲ致スト云フヤウナ事ガ、內地人ノ內ニ於テ未ダ起ッテ居リマセヌ、經驗ヲ致シテ居リマセヌノデ御坐イマス、是モ此國ノ法制ヲ立テル場合ニ臨ミマシテハ、相當ノ規定ヲ設ケテ宜シウ御坐イマスガ、是ハ一地域內ニ於ケル法制デアリマシテ、是モ亦共通法ノ範圍以外ニ屬スルノデアリマス、行政訴訟ノ事ガ最後ノ御尋デアッタヤウデアリマス、是モ共通法ノ範圍以外ニ屬スル問題デアリマシテ、臺灣ニ於テ或ハ朝鮮ニ於テ行政訴訟ヲ許スヤ否ヤト申ス事ハ、彼地統治上ノ關係カラ觀察ヲ致シマシテ、今日時期ナリト認メマシタ節ニ、行政訴訟ヲ許スト云フ、卽チ行政裁判所ヲ施行スル、或ハ別ノ法律ヲ設ケル、斯ウ云フ事ニ相成ルノデ御坐イマス、此問題ハ共通法以外ニ於テ篤ト研究致シタイト考ヘテ居ルノデアリマス

○牧山耕藏君　本員ハ質問ニ當リマシテ、豫メ政策ニ關シテモ併セテ御尋シタ積リデアリマス、有松君ハ法制局長官デアッテ、拓殖局長官ヲ兼ネテ居ラレルノデスガ、唯今ノ御答辯ハ單ニ共通法ノ表面ノミノ御解釋デアリマス、第三條ノ趣旨ニ付テ貴族院ニ於ケル御答辯中ニ……多分江木翼君ノ御質問デアッタト思ヒマス、第三條ハ何日ヨリ之ヲ實施サレルノデアルカト云フ質問ニ對シテ、政府委員ハ臺灣朝鮮ニ對シテハ、戶籍制度ヲ今制定中デアル、遠カラズシテ出來ル、長イコトハナイ、遠カラザル將來ニ於テ之ヲ實施スルノデアルト御答ニナッテ居リマス、當然今年ナリ若クハ來年ニ於テ、第三條ノ規定ガ植民地ニ行ハレル、行ハレレバ本員唯今質問シタ如キハ、現然ニ起ル問題デアリマス、其際統治政策上ニ於テ、政府ハ內地人ノ家ニ入レル新附ノ民ニ對シ、如何ナル待遇ヲナサル、又內地人ガ新附ノ民ノ家ニ入ッタ場合、ドウ云フ待遇ヲナサル御積リデアルカ、此點ヲ統治ノ政策上ヨリ御尋シタイノデアリマス、唯今ハ法律一點張リノ御答辯デアリマシタガ、拓殖局長官トシテノ有松君ノ政策上ノ見地ヨリ、御答辯ヲ希望致スノデアリマス

○政府委員（有松英義君）　先ヅ第一ニ御答ヲ致シマスルノハ、戶籍ノ制度ヲ臺灣朝鮮ニ於テ如何ニスルカト云フ事デアリマス、臺灣ニ於キマシテハ戶籍ノ制度ヲ設ケル見込ヲ以テ、既ニ調査致シテ居リマス、何分ニモ新タニ設ケマスル制度デアリマスガ故ニ、愼重ナル研究ヲ要シマスルノデ、既ニ其調査ガ數年間ニ亙ッテ居ルノデアリマス、成ルベク急イデ之ヲ設ケタイト云フ考ヲ持ッテ居リマス、又朝鮮ニ於テモ同樣デアリマスルノデ、朝鮮ニ於テハ戶口調査ノ方法ニ依テ居リマスルガ、是亦適當ナル戶籍法ヲ設ケナケレバナラヌトハ考ヘテ居リマスルガ、今日ハマダ研究中ニ屬シテ居リマスノデ、出來得ル限リ速ニ設ケタイト云フ考デ御坐イマス、而シテ臺灣人ナリ朝鮮人ナリガ、內地ニ參リマシタ時ノ待遇方法ニ付キマシテハ、成ルベク內地人ト同一ノ待遇ヲ致シタイ考デアリマス、併ナガラ或範圍ニ於キマシテハ、幾分ノ例外ヲ設ケル必要モ已ムヲ得ヌ場合ガアラウト考ヘマス、併ナガラ既ニ新附民ト相成リマシタ以上ハ、成ルベク同一ノ待遇ヲ致シタイト云フノガ大體ノ方針デ御坐イマス

○議長（大岡育造君）　松田源治君

〔松田源治君登壇〕

（拍手起ル）

○松田源治君　本員ハ政府ヨリ提出ニナリマシタル共通法案ニ付テ、一二ノ政府ニ質問致シタイノデアリマス、本案ハ餘程重大ナル法案デアリマシテ、多年ノ宿題ヲ解決セントスル法案デアリマス、今日ノ法制ノ儘デハ、本案ハ頗ル必要デアリマセウ、併シ本案ハ果シテ徹底的ノ法律案ナリヤ否ヤト云フ事ニ付テハ、本員頗ル疑ヲ持ッテ居ルノデアリマス、卽チ本案ハ一言ニシテ申セバ、國內的ノ國際的私法トモ云フ變態的ノ立法デアリ

マス、成ルベクナラバ斯ル法律ハ避ケタイノデアリマス、而シテ避ケル途ハアルノデアリマス、ソレハ何デアリマスカト申セバ、本案ヨリモ徹底的ナル方法トシテ、第一ニ關東州、臺灣、朝鮮、之ニ對シテ司法ヲ共通ニスル、卽チ裁判所構成法ヲ吾々年來ノ持論ノ如ク行フ、而シテ總督ノ持ッテ居ル所ノ律令權制令權ヲ廢スレバ、此法律案ハ根本的カラ要ラナイ法律デアル、之ヲ解決セネバ此共通法案ト云フモノハ、頗ル不徹底デアルト論ゼナケレバナラヌ、又律令ニ付キマシテハ、一昨年帝國議會ニ於テ問題トナリマシテ、吾々ハ臺灣ノ現狀ニ付テ、臺灣總督ニ律令權ヲ附與スル必要ナシト云フ事ヲ、衆議院ニ於テ主張致シマシタ、併シ不幸ニシテ此議ハ破レマシテ、一昨年臺灣總督ニ律令權ヲ與ヘルト云フ所ノ法案ガ成立致シ、而シテ今日臺灣總督ハ律令權ヲ有シテ居ルノデアル、政府ハ吾々ノ希望ノ如ク、臺灣、朝鮮、關東州ニ裁判所構成法ヲ施行シテ、司法的共通ヲ爲スノ意思ナキヤ否ヤ、又總督ヨリ律令制令權ヲ取上ゲテ、此內地ノ刑事民事ニ於ケル衝突問題ヲ根本的ニ解決スル意思ナキヤト云フ事ガ、私ノ質問ノ要旨デアル、又今日ノ現狀ニ於キマシテ臺灣總督、朝鮮總督カラ、律令ヲ全部剝奪スルノハ現狀ガ許サナイト致シマスレバ、少ナクトモ民事刑事ニ關スル立法權ヲ奪ヘバ、ソレデ足リル、民事刑事ノ立法權ヲ臺灣ノ律令、朝鮮ノ制令カラ制限スルカト云フ事ニ付テモ、本院ニ於テ問題ニナッタ事ガアルノデアリマス、卽チ全部之ヲ總督カラ奪フ事ガ出來ナケレバ、少クトモ民事刑事ニ向ッテ、臺灣總督、朝鮮總督ノ立法權ヲ制限シテ之ヲ奪ヘバ、本問題ハ徹底的ニ私ハ解決サレルモノデアルト思フノデアル、此點ニ對シテ政府ハ如何ナル御考ヲ有セラレテ居ルノデアルカ、又折角共通法案ヲ出シマシテモ、衝突問題ハ根本的ニ消滅ハシテ居ナイ、例ヘバ此法案ノ九條デ御坐イマス、裁判管轄ノ問題デ御坐イマスルガ、內地、朝鮮、關東州、臺灣等ニ於テ、裁判管轄ガ衝突ヲ起シタ時ニドウスルノデアリマスカ、內地ト朝鮮、例ヘバ內地ト臺灣、此問ニ裁判管轄ノ衝突問題ヲ起シタ時ハドウ致シマスカ、內地ニ於テ裁判ノ管轄ニ付テ、衝突問題ヲ起シタル場合ハ、裁判所構成法ニ依テ、直近ノ上級裁判所ガ指定權ヲ持ッテ居ル、然ルニ此場合ニ於テハ朝鮮ト內地臺灣等ニ於テ、裁判管轄ニ向ッテ重複ノ問題、又ハ衝突ノ問題ガ起ッタ場合ニ、此抵觸ヲ救濟スル方法ガ附イテ居ナイ、何所ガ直近裁判所デアリマスカ、內地ノ大審院デハナイ、臺灣ノ覆審法院デナイ、朝鮮ノ高等法院デモナイト云フ事ニナッテ來テ、是亦解決ガ附イテ居ナイ、頗ル不徹底デアル、又今日ニ於キマシテハ、民法トカ刑法トカ云フノハ朝鮮臺灣內地ト殆ド同ジデアル、少シ違ッタ點モアリマスケレドモ、殆ド民事刑事ニ關シテハ、日本ノ法律ヲ朝鮮デハ制令ヲ以テ發布シ、臺灣ニ於テハ律令ヲ以テ發布スル丈デ、內容ハ略々同ジデアル、然ルニ臺灣ニハ覆審法院アリ、關東州ニハ高等法院アリ、朝鮮ニハ高等法院アリ、內地ニハ大審院ガアルカラシテ、同ジ問題デモ解釋ヲ異ニシテ、刑事問題ニ於テハ朝鮮デ有罪ニシテモ、內地ノ大審院デハ無罪ニスル、又臺灣ニ於テモ、其法律ニ付テ解釋ヲ異ニシテ居ルト云フ事ハ、最近ニ起ッタ問題ガアルノデアリマス、斯ル衝突問題ハドウ致スノデ御坐イマセウカ、頗ル本案ハ私ハ不徹底デアルト考ヘル、故ニ私ガ先程述ベタヤウニ、裁判所構成法ヲ朝鮮臺灣關東州ニ施行スレバ、根本的ニ解決ガ出來ル、而シテ臺灣總督ノ持ッテ居ル律令、朝鮮總督ノ持ッテ居ル制令ヲ、民事刑事ニ對シテ制限ヲ附ケルト、此問題ハ是以上解決ガ出來マス、ソレノミナラズ、裁判ハ申スマデモナク獨立セル裁判官ガ裁判スルノガ當リ前デアリマス、是モ本院ノ問題ニハ度々上リマシタ、然ルニ朝鮮臺灣關東州ノ裁判官ハ裁判官デアリマセヌ、司法官デハナイノデアリマス、行政官デアリマス、性質上行政官デアル、卽チ都督總督ニ直隸シテ居ッテ、總督都督ノ指揮監督ヲ受ケルノデアル、又總督都督ガ自由ニ休職スル事モ出來ルノデアリマシテ、是ハ司法官デナイ、獨立セル司法官デハナイ、行政官ニ於テ左右サレル者ガ、裁判官トナッテ居ルノデアリマスカラ、此點カラ申シマシテモ、臺灣朝鮮關東州ニ司法ヲ共通致シテ、裁判所構成法ヲ施行スルト云フ事ハ、今日ノ急務デアルト思フ、斯ウ云フ根本問題ヲ研究セズシテ、斯ウ云フ根本問題ハ其儘ニシテ置イテ、此不徹底極マル所ノ共通法案ヲ出シテ、此民事刑事ニ關スル問題ノ總テヲ解決シタイト稱スルコトハ、如何ナル理由ニ基クノデアリマスカ、政府ハ今私ノ述ベマシタル通リ、司法ヲ共通ニシ法權ヲ統一スルト云フ事ニ付テハ、將來御考ガ有ルノデアリマスカ、無イノデアリマスカ、之ヲ第一點トシテ伺フノデアリマス、第二點ハ關東州ニ憲法行ハレルヤ否ヤト云フ問題デアル、之ヲ今日私ガ聞クノハ不思議デアリマス、今日ノ慣例デハ行ハレナイトシテアリマス、併ナガラ此問題ガ出タル以上ハ、此問題ニ重要ナル關係ガ有ルカラ、私ハ質問ヲ致スノデアル、朝鮮臺灣ニハ憲法ガ行ハレルトシテアル、故ニ立法權ハ帝國議會カラ委任シテ、律令制令ト云フモノデ制定致シテアリマス、朝鮮臺灣ニ憲法ガ行ハレルヤ否ヤト云フ事ハ、學理上ノ問題トシテハ頗ル趣味有ル問題デアリマス、學理上ノ問題トシテハ今日解決サレテ居ラヌガ、政治的ニハ既ニ解決サレテ居リマシテ、朝鮮臺灣ニハ我國ノ憲法ガ行ハレルコトニナッテ居リマス、然ラバ關東州ハ、朝鮮臺灣トドレ丈ノ違ヒガアリマスカ、關東州ハ租借地デアルト政府ハ言ハレルガ、租借地モ一ノ領土デアリマス、國際公法學者ノ說ニ依レバ、租借地ハ暗默ノ割讓デアルト云フコトハ一定レタル論デアリマス、然ラバ朝鮮臺灣ハ我領土デアッテ、關東州モ亦學理上カラ言ヘバ我領土デアル、然ラバ朝鮮臺灣ニ憲法ガ行ハレルトスレバ、關東州ニモ憲法ガ政治上慣例トシテ行ハレテ差支ナイト思ヒマスガ、此點ニ付テハ如何ナル御考ヲ持ッテ居ラレルカ、又關東州ニハ憲法ガ行ハレナイトシテモ、日本內地カラ往ッテ居ル內地人ニ對シテハ、憲法ガ行ハレルコトト思フガ、此點ニ付テハ如何ナル考ヲ持ッテ居ラレマスカ、朝鮮臺灣ト關東州ト違フ理由、竝ニ日本カラ參ッテ居ル內地人ニ對シテハ、日本ノ憲法ガ行ハレルヤ否ヤ、此點ヲ伺ヒタイ、最後ニ司法當局ニ御尋シタイ事ハ、司法當局ハ私ノ第一ノ質問ニ對シテ御同意ナサィダラウ、裁判所構成法ヲ朝鮮臺灣關東州ニ行ハセテ、司法ヲ共通ニシテ其結果、臺灣總督ノ有スル律令、朝鮮總督ノ有スル制令ヲ民事刑事ニ關シ其立法權ヲ奪ヒ、卽チ制限ヲ付シテ衝突ヲ避ケル意思ハ無イカ、之ヲ最後ニ伺ヒタイノデアリマス、私ノ質問ハ是丈デアリマス

○政府委員(有松英義君) 議長

○議長(大岡育造君) 有松政府委員

(政府委員有松英義君登壇)

○政府委員(有松英義君) 松田源治ヨリ(笑聲起ル) 甚ダ失禮致シマシタ、二點ノ……

(松田源治君「松田源治トハ何ンデス」ト呼フ)

○議長(大岡育造君) 御改メナサイ

○政府委員(有松英義君) 唯今松田源治ト申シマシタノハ誤リデアリマスカラ、松田源治君ト改メマス(「愼マナケレバイケマセヌ」ト呼フ者アリ)二點ノ御尋デアリマスルガ、其第一點ハ、或ハ司法大臣ニ御尋ニナッタヤウニモ、後デ見エマシテ御坐イマス、併ナガラ大體ニ付キマシテ、私ヨリハ先以テ御答ヲ致シマス、司法權ノ統一或ハ律令權ノ廢止ト申スコトハ、今後植民地ノ文化ノ程度ガ進ムニ從ッテ、成ルベク速ニ內地同樣ニ統一致シタイノデアリマス、現ニ律令ノ如キモ臺灣ニ於テハ年限ヲ定メテ、總督ニ權限ヲ持タシテ居ルニ依リマシテモ、精神ハ自ラ明カデアラウト存ジマス、如何セム今日ノ現狀ニ於キマシテハ、直チニ之ヲ廢止スルコトハ政府ニ於テハ出來能ハヌト認メテ居ルノデ御坐イマス、或ハ律令ニ致シマシテモ、民事刑事ニ關スル事ノミナラバ、今日ヨリ例外ヲ廢レテモ差支ハ無イデハナイカト云フ御意見ノヤウデ御坐イマス、一應御尤ニ考ヘマスルナレドモ、御承知ノ通リ民事ニ致シマシテモ、刑事ニ致シマシテモ、臺灣ナリ朝鮮ナリニハ古

来ノ習慣或ハ風俗、又刑法デハ朝鮮ノ如キ臺灣ノ如キ日本ノ領土ニナリマシタ、以前ヨリ行ハレテ居リマスル、刑事ノ規定等ヲ參酌致シマシテ、内地ト全ク異ッタ原則ヲ採ッテ居リマスル部分ガアルノデ御坐イマス、是等ニ關係致シマスル規定ハ、現ニ臺灣ノ地ニ於テ統治ノ局ニ當リ、朝鮮ノ地ニ於テ統治ノ局ニ當ッテ居ル人ノ意見デ御坐イマセヌト、適切ヲ缺ク虞ガアリマスルノデ、夫故ニ今日ノ所デハ民事刑事ト雖モ、暫ク律令權制令權ヲ存シテ置カナケレバナラヌト、政府ニ於テハ考ヘテ居リマスノデ御坐イマス、唯今申述ベタルガ如ク、成ルベク早ク一般ノ通リニ統一ヲ致シタイト云フ希望ハ持ッテ居リマスルカラシテ、其方面ニ向ッテ進ンデ居ルノデ御坐イマスルガ、目下直チニ之ヲ廢止スル譯ニハ參ラヌノデアリマス、隨テ唯今ノ所デハ、共通法ナルモノ、必要ヲ感ズルノデ御坐イマス、ソレカラ關東州ニ於ケル憲法上ノ關係デアリマスルガ、松田君ノ御述ニナルガ如ク、中々此問題ニ付キマシテハ議論モアル事デアリマスルガ、政治上ノ問題トシテト云フ松田君ノ御見解デアリマスルガ、先ヅ左樣致シテ宜レウ御坐イマス、今日ニ於テハ租借地ノ帝國ノ領土ニ非ラズト云フ解釋ヲ取ッテ居リマシテ、憲法ノ全部ヲ施行致スト云フ譯ニハ參ラヌト云フ實際ニ相成ッテ居ルノデ御坐イマス、夫故ニ人ニ就キマシテモ、日本臣民ニ對スル憲法上ノ保障ノ如キ、關東州ニ於テハ之ヲ行フコトノ出來ナイ部分ガ自ラ生レテ參ルノデ御坐イマス、況ヤ租借地ニ於ケル民政ハ、多クハ外國人デアルノデ御坐イマス、日本人デハナイノデ、是等ニ對シテ憲法ノ規定ノ行ハレヌト云フコトハ、當然ノ事デアラウト考ヘマス、本官ヨリハ此二點ヲ御答シテ置キマス

○議長(大岡育造君) 松室司法大臣

(國務大臣松室致君登壇)

○國務大臣(松室致君) 松田君ヨリ唯今御尋ノ點ニ付テ、極ク簡單ニ御答致シマス、司法當局トシテノ考モ、結局唯今有松法制局長官カラ答辯ニナリマシタ通リ、植民地ノ裁判權ヲ内地ノ司法省ニ於テ統轄スルコトノ、成ル丈速カナランコトヲ希望スルノデアリマスケレドモ、今日ニ於テハ松田君ノ御希望ニ御同意スルコトガ出來ナイ、是丈ノ御答ヲ致シテ置キマス

○松田源治君 有松君竝ニ松室國務大臣ノ御答辯ニ依リマスレバ、司法共通法權統一ニ付テハ、成ルベク速ニ其實行ヲ期シタイト云フヤウナ御答辯デアッタ、且ッ有松君ノ答辯ニハ、民事刑事ニ向ッテ制限ヲ立テ、律令制令ニ付テ制限ヲ立テルコトハ、成ルベク早クシタイト云フ御見解デアル、然ラバ此共通法案ハ臨時的立法ナリト考ヘテ差支アリマセヌカ、之ヲ協贊致スニ付テ、重大ナル關係ヲ有スルノデアリマシテ、吾々ノ議論ト殆ド五十歩百歩ニナッテ來タ、併ナガラ速ニ司法共通法權ノ統一ヲ致シタイト云フ考デ、少クトモ民事刑事ニ向ッテ早ク法權ノ統一ヲ致シタイト云フノデアルカラ、此共通法案ハ臨時的ノ立法ナリト稱シテ差支アリマセヌカ、此點ヲ伺ヒタイノデアリマス

(政府委員有松英義君登壇)

○政府委員(有松英義君) 其年數ヲ豫メ計ルコトハ出來マセヌケレドモ、其性質タルヤ全ク臨時ノモノト考ヘテ居リマス

○議長(大岡育造君) 前田米藏君

(前田米藏君登壇)

○前田米藏君 私ノ本案ニ付キマシテ政府ノ所見ヲ承リタイト思ヒマス點ハ、松田源治君ノ質問ニ依リマシテ、大略政府ノ所見ヲ承知スルコトガ出來タノデアリマスガ、唯一點問題ヲ局限致シマシテ、政府ノ所見ヲ承リタイト思フノデアリマス、ソレハ法律統一ノ問題ナリト松田君ノ言ハレタヨリハ、モット狹イ意味ニ於テ、此共通法ノ解釋統一ノ問題ヲ承リタイノデアリマス、申スマデモナク此共通法ハ内地臺灣朝鮮關東州ノ各地間ノ聯絡ト相成ル骨子ノ法規デアル、此法規ニ依テ幾多ノ不便ト不合理ハ救濟セラル、デアリマセウ、併ナガラ此根本法規タル所ノ共通法規ノ解釋ガ、一二三ニナルト云フ如キ場合ニ相成リマシテハ、此立法ノ目的ヲ達スルコトガ出來ナイノデアリマス、所ガ日本ノ現在ノ制度ニ之ヲ見マスルト、臺灣ハ臺灣、朝鮮ハ朝鮮、内地ハ内地ト云フガ如クニ、各々獨立セル裁判權ニ依テ裁判ヲセラル、ノデアリマスカラ、此統一ト云フコトヲ圖ルコトガ出來ヌノガ、現在ノ制度ニ相成ッテ居リマス、然ルニ行政ノ方面ヲ見マスルト、現ニ寺内内閣ハ拓殖局ナルモノヲ御設ケニナリマシテ、臺灣朝鮮關東州ニ於ケル所ノ行政事務ノ統一ヲ圖ッテ居ルノデアリマス、此拓殖局ヲ御設ニナッタル精神カラ見マスレバ、法律ノ統一ト云フガ如キ大ナル問題ニハ、暫ク手ヲ著ケヌト致シマシテモ、共通法其モノ、解釋ヲ統一スルト云フコトハ、蓋シ此法律ヲシテ意味アリ徹底セル立法ト爲ス上ニ於テハ、是非共此制度ガ必要デハアルマイカト思フノデアリマス、故ニ大審院ニ最後ノ此共通法ニ於ケル解釋權ヲ與ヘテモ宜イノデアリマセウ、又其他ノ制度ニ依テ此共通法ノ解釋權ヲ與ヘルノモ一ノ方法デアリマセウ、政府ハ之ニ對シマシテ、此内地ト植民地間ニ於ケル法律統一ト云フ大問題ト、暫ク切離シテ、此共通法ナル聯絡法規ノ解釋ヲ統一スルト云フコトノ考ガ、果レテ有ルヤ否ヤ、有リトスルナラバ如何ナル制度ニ依テ、其目的ヲ達セントスルノデアリマスカ、其點ヲ伺フ次第デアリマス

(政府委員有松英義君登壇)

○政府委員(有松英義君) 共通法ノ解釋ノ統一ヲ如何ニスルカト云フ御尋デアリマスルナレドモ、是ハ致シ方ハ御坐イマセヌノデ、是等ノ法律ノ解釋ヲ、行政官ニ於テ濫ニ統一ヲ致サウト致シタ所デ、(「制度ヲ聞クノデス」ト呼フ者アリ)制度ヲ聞クト云フテモ、其制度ノ立テ方ガナイ、裁判ヲスルトカ何トカ云フ機關ガアリマスルナラバ、ソレニ依テ自カラ最上級ノ法廷ニ於テ、解釋ガ定マルト云フコトガ事實生ジマスケレドモ、共通法規ノ解釋ヲ統一スルト云フコトハ、先刻松田源治君ヨリ質問ノ中ニモ(「適用ヲ統一スルト云フコトデス」ト呼フ者アリ)適用ヲ統一スルト云フコトハ……

○議長(大岡育造君) 私話ヲ禁ジマス

○政府委員(有松英義君) 松田君ノ御質問中ニモ私ハ御答致サナンダケレドモ、第九條ノ結末ガ付イテ居ラヌデハナイカト云フ御尋ガアリマシタ、是等モ已ムヲ得ズア、云フ穴ガ明イテ居ルノデアリマス、是ハ出來得ル限リノ救濟ヲ求メル爲ニ、法律ヲ設ケルニ止マリマスノデ、ソレカラ上ノ統一ト云フコトハ、制度ヲ設ケルト致シマシテモ、制度ノ設ケ方ガ無イノデアラウト考ヘマス

○前田米造君 唯今有松政府委員ニ對シテ、尚ホ一應御尋ヲ致シタイノデアリマス、此法律ハ穴卽チ缺點ノアル法律デアルト云フコトヲ、唯今申サレタノデアリマスガ、吾々立法府ニ於テ之ヲ審議スルニ方ッテハ、其缺點ヲ成ルベク無カラシメンコトヲ期スルノデアリマス、故ニ政府ニ質問スルノデアリマス、卽チ法律ノ解釋統一ト云フコトハ、出來ナイ相談デハナイノデアリマス、例ヘバ内地デ申シマスレバ、地方裁判所、控訴院、各地ニ於テ異ナレル法律ノ解釋ヲ致シマシテモ、大審院ニ於テ之ヲ統一スルコトガ出來ルノデアル、然ラバ内地ト臺灣朝鮮ニ於テ、各々異ナレル法律ノ解釋ヲ致シタ場合ニ於テ之ヲ如何ニスル、内地ノ裁判所ノ解釋ヲ以テ正シイトスト云フ法律ヲ置ケバ宜イノデアル、如何ナル方法カニ依テ統一ヲスルト云フコトデナケレバ、折角此法律ガ出來マシテモ、佛造ッテ魂ヲ入レザルノ憾アル法律デアルト本員ハ信ズルノデアル、政府ハ之ニ對シテ此缺點ヲ補フ所ノ――正ス所ノ御考ハ無イノデアリマスルカ、又御考ハアリトシテモ、左樣ナ制度ヲ見出スコト能ハヌト仰シヤルノデアリマスカ

○議長(大岡育造君) 有松政府委員

(政府委員有松英義君登壇)

○政府委員(有松英義君) 唯今ノ御說ノ如ク、内地ト臺灣ノ間ニ於テハ内地ニ於

ケル國家機關ノ解釋ヲ以テ正シキモノト爲スト云フガ如キ法律ノ規定ハ、政府ニ於テハ設クルコトハ出來ヌト考ヘマス、何故ナレバ相互ノ間ニ於テ、同等ノ地位ニ立ッテ居ル機關デアリマスガ故ニ、一方ノ機關ニ重キヲ措イテ、權限ヲ持タスト云フコトハ、今日ノ制度ニ於テハ出來マセヌデ御坐イマス、其外ニ於テ衆議院ニ於テハ十分ノ審議ヲシナケレバナラヌカラト云フコトデアリマスルガ、如何ニモ御尤モデアリマスカラ、十分ノ御審議ヲ願ヒマシテ、御名案ガアリマスルナラバ、篤ト承リマシタ上デ研究ヲ致シタイト考ヘマス

○議長（大岡育造君）　今井嘉幸君

〔法學博士今井嘉幸君登壇〕

〔「簡單」ト呼フ者アリ〕

○法學博士今井嘉幸君　本問題ハ大變重要ナ問題デ、所謂植民政策ニ付テ、法律第六十三號、即チ六三問題ト稱セラル、アノ法律ガ發布サレテヨリ以來ノ、是ハ大問題デアルノデ御坐イマス、其小サイ事ハ委員會ニ於テ御詮議ガアルダラウト思ヒマスガ、根本問題ニ付テ二點丈簡單ニ質問ヲシテ見タイト思ヒマス（「簡單」ト呼フ者アリ）第一ノ點ハ松田君ニ依テ私ノ質問セムトスル所ヲ質問セラレマシタカラシテ、大體問題ガ解決レタヤウデアリマスガ、併シ此點ガ最モ重要ナル點デアルノデ、政府ノ御答辯モ頗ル徹底レナイ點モアリマスカラシテ、尙ホ少シ質問ヲシタイト思ヒマス、一體植民地ノ裁判制度ニ付キマシテハ、内地ノ裁判制度ト共通スル、一ツノ系統ノ下ニ集メテ仕舞フト云フ主義ト、各地方別世帶ヲ執ッテ、別ノ系統ヲ作ルト云フ二主義ガアル、此日本ノ主義ハ後ノ方、即チ是ハ英吉利ノ遣方デアリマスガ、之ニ傚ウテ出來タモノデアラウト思ヒマス、即チ第一歩ガ既ニ誤ッテ居ッタノデハナカラウカト思フ、斯ウ云フヤウニ別々ノ世帶ヲ立テナクテ、之ヲ一樣ニ統一シテ仕舞フト云フ遣方ハ、例ヘバ獨逸トカ佛蘭西トカ云フヤウナ處デハ、現ニヤッテ居ル、佛蘭西ハ其對岸ノ「アルゼリヤ」ト云フモノニ對シテハ、一ツノ控訴院管轄區域トシテ居ル、ソレカラ「アナン」ニ對シテモ一控訴院管轄區域トシテ居ル、サウ云フヤウナ遣方デ、一ツノ控訴院管轄區域ト云フヤウナ、所謂裁判所構成法ヲ施イタト同樣ナ遣方デヤッテ居ル、佛蘭西ハ「アルゼリヤ」トカ「アナン」トカ云フ處ニ對シテ、本國ト非常ニ異ッテ居ル處ニ對シテサヘモ之ヲヤッテ居ル、然ルニ我ガ朝鮮トカ臺灣トカ云フヤウナ處ハ、日本ノ人情風俗ト云フモノト制度文物ト云フモノガ、昔カラ大變酷ク似テ居ル、佛蘭西、獨逸等ニ於テサヘモ統一制度ノ施キ得ルノニ、日本ノヤウナ處ニ於テ、何故統一制度ヲ施キ得ナイカ、其理由ヲ私ハ發見スルニ苦シムノデ御坐イマス、斯ウ云フヤウナ不統一ナ制度、即チ別世帶ヲ布クト云フヤウナ制度ヲ執ッタガ爲ニ、色色ナ缺點ガ起ッテ來ル、是ハ松田君ヨリ述ベラレタ如ク、司法權ノ獨立ヲ得ナイト云フヤウナ事モ其一ツデアリマセウ、ソレカラ又法律ノ解釋ノ統一ヲ缺クト云フヤウナ事モ一ツニナリマス、ソレカラ裁判機關ノ管轄權ノ爭ノ場合ニ、之ヲ解決スル方法ガナイト云フ事モアリマセウガ、其以外ニ日本ノ植民地ニ對スル裁判制度ト云フモノハ、實ニ區々マチ〱ニナッテ居ル、朝鮮ハドウカト云フト三審制度デアル、是モ内地ト同ジデ三審制度デアル、所ガ臺灣ハ二審ニナッテ居ル、然ルニ樺太ニ至ルト是ガ又三審ニナッテ居ル、ソレカラ關東州ニナリマスルト二審制度ニナル、此組織ハ日本ノ領事裁判制度ニ對シテ影響ヲ及ボシテ來タ、一體支那全部ニ對スル領事裁判權ト云フモノハ、三審制度デアッタノデアリマス、所ガ關東州ガ日本ノ租借地ニナッタガ爲ニ、滿洲全部ト云フモノハ、關東州ヘ上訴ヲ持ッテ行ク爲ニ、滿洲全部ガ二審ニナッテ居ル、支那ノ全部ガ三審制度デ領事裁判ヲヤルニ拘ハラズ、日本ニ密接ナル關係ノアル滿洲ガ二審制度ニ甘ンジナケレバナラヌト云フコトニナッテ居ル、而シテ其中ノ滿洲ノ一部分ノ關東ハ朝鮮ニ上訴ヲ持ッテ行クガ爲ニ、又是ガ三審ニナッテ來ル、二審トカ三審トカ、實ニ區々ニナッテ居ルノデアリマス、此裁判制度ヲ一樣ニシテ、日本ノ裁判所構成法ヲ全部ニ施クト云フコトニナッテ來タナラバ、是ガ統一サレルノデアル、而シテ前ニ立タレタ質問者カラ述ベラレタ所ノ裁判所ニ於テ、法律ノ解釋ノ統一ヲ得ルト云フコトモ、此點ニ於テ十分達スルコトガ出來ルノデアル、即チ朝鮮トカ臺灣トカ云フモノハ、一ツ若クハ二ツノ控訴院ノ管轄區域ニシテ仕舞ッタナラバ、此問題ハ解決シテ仕舞フノデアリマス、尙ホ其以外ニ非常ニ人權ト云フモノニ付テ、大變ナ缺點ガ、斯ノ如キ制度ヲ執ッテ居リマスガ爲ニ起ッテ來テ居ルコトヲ、吾々ハ目擊ヲシテ居ル、即チ朝鮮トカ臺灣トカト云フモノニ對シテハ、民事刑事此二ツノ種類ノ法律ヲ出ス爲ニ、單ニ朝鮮總督トカ、臺灣總督トカ云フヤウナ行政長官ノ一存デ以テ、如何ナル規則ヲモ設ケルコトガ出來ルト云フコトニナッテ居ル、之ヲ極端ニ考ヘテ見ルト、日本ノ内地ニ於テハ行政官ガ罰則ヲ定メルノハ三箇月以下、斯ウ云フヤウナ自由刑ニナッテ居リマスルケレドモ、朝鮮トカ臺灣等ニ於テハ、行政官ノ一存ニ依テ如何ナル刑罰ヲ科スルコトモ出來ル、例ヘバ朝鮮總督ニ對シテ新聞ガ惡口ヲ言ッタト云フコトデ以テ、首ヲチョン切ルコトモ出來ルノデアル（笑聲起ル）實ニ容易ナラザル所ノ出來事ト言ハナケレバナラヌノデアリマス、サウ云フヤウナ洵ニ不確實ナル、不徹底ナル人權ノ十分ナ保護ノ出來テ居ラナイ狀態ノ下ニアルノデアリマス、サウ云フヤウナコト、云フモノハ、全ク植民地個々ニ別世帶ヲ立テタカラ斯ウ云フ事ガ起ッテ來ルノデアル、之ヲ統一シテ民刑事丈デモ一樣ナモノニ統一シタト云フコトニナレバ、此缺點ハ除クコトガ出來ルト思ヒマス、ソレニ付テハ前ニ中上ゲタ如ク、他ノ國デハ初メカラ植民地ニ對シテヤッテ居ル處ガ幾ラモアル、ソレ故ニ日本モ一時的ノ共通法立法トシテ設ケテ置クト云フコトヲセズニ、今カラ何故直グニヤルコトガ出來ヌノデアルカ、サウスレバ共通法ノ根本ガ動イテ仕舞フ、共通法ナド、云フモノハ拵ヘナクテモ宜イノデアル、此點ニ付テ何故今カラヤレナイカト云フコトヲ、モウ少シ徹底シタル御説明ヲ願ヒタイ、ソレカラ第二點、是ハ極メテ簡單デアリマスルガ、本法ニ於キマシテハ、領事裁判區域ト云フモノニ對シテ、何等ノ言及ヲモ致シテ居リマセヌ、即チ第一條ニ於キマシテ「本法ニ於テ地域ト稱スルハ内地、朝鮮、臺灣又ハ關東州ヲ謂フ」ト斯ウ云フコトニナッテ居リマス「前項ノ内地ニハ樺太ヲ包含ス」ト云フコトニナッテ居ッテ、領事裁判區域ト云フモノニ對シテハ豫想シテ居ラナイノデアル、然ルニ本法ト殆ド兄弟法トモ稱スベキ所ノ司法事務共助法ニ於テハ、第一條ニ明ニ領事裁判區域ト云フコトガ明言サレテ居ルノデアル、兄弟法デアル所ノ共助法ニ於テハ、領事裁判區域ニ付テドウスルト云フコトヲ明言シテ居リナガラ、其ノ兄弟法デアル本法ニ於テ、之ニ對シテ何等ノ明言ヲ爲サナイト云フノハ、其所ハドウ云フ次第デアリマスカ、此點ガ頗ル本員ノ疑問トスル所デアリマス、此點ニ於キマシテハ貴族院ノ委員會ノ御答辯ニ於テ二樣ニナッテ居ル、即チ其一ツハ領事裁判區域ト云フモノハ、其處ニハ地域ト云フベキモノデハナイ、日本人ガ唯々其處ヘ行ッテ居ルカラシテ、屬人主義デ、即チ人ト云フモノニ對シテノミ――地域デナクシテ人ト云フモノニ對シテノミ、法律ヲ適用シテ行ケバ宜イノデアルカラ、植民地トハ違ッテ居ル、屬人主義ト云フ觀念ヲ以テ説明ヲセラレテ居リマスガ、併ナガラ是ハ矢張屬人主義ニ法律ヲ適用致シマシテモ、地域ニ違ヒナイ、即チ此領事裁判區域ニ日本人ガ澤山居リマシテモ、其以外ノ人間即チ支那人デアルトカ、或ハ英米人――歐米人デアルトカ云フヤウナ者ハ、假リニ是ハ人間ノ顏ヲシテ居ルカラシテ人間ト見ルノデアルケレドモ、失禮ナ話デアルガ之ヲ獸トシテ假定シタナラバ、即チ其獸ノ澤山在ル山野ノ間ニ日本人ガ居ル、サウ云フ地域ニ對シテ日本法ヲ適用スルト云フ、サウ云フ場合ニハドウナルカト云フ問題ニナルノデアルカラ、地域ト云フモノデハナイト云フ解釋ハ付カナイダラウト思フノデアリマス、ソレカラ第二ニサウ云フヤウナ領事裁判區域ニ對シテハ、日本ノ内地法ヲ其處ニ適用スル、内地法ヲ適用スルト云フコトニナッテ來ルカラシテ、ソコデ此共通法ト云フモノハ――共通法ニ於テ之ヲ明言スル必要ハナイ、内地トシテ取扱ニナルト云フヤ

ウナ御考デアリマスケレドモ、サウスルト支那ト云フモノ、ソレカラ暹羅ト云フモノハ、法律ノ立場トシテ日本ノ内地ト云フ風ニ、是ハ解釋スルノデアルカドウカ、内地ト云フコトト同ジコトニナッテ來ルノデアルカドウカ、内地ト云フナラバ何故共通法ノ第一條ニ「前項ノ内地ニハ樺太ヲ包含ス」ト云フコトヲ言ッテ居リナガラ、支那トカ暹羅トカ云フヤウナ我領事裁判權ノ行ハル、地域ヲ、同ジク内地ト見做スト云フヤウナ規定ヲ、何故此中ニ明カニ明言セラレナカッタカ、此點ニ於テ本員ハ非常ニ惑フノデアリマス、一體此領事裁判區域ヲ取扱フ所ノ方法トシテ、從來ノ遣方ガ非常ニ分ラナカッタノデアル、是ハ英國ナドニ於テハ、植民地ト同ジク領事裁判區域ト云フモノモ、矢張特別ノ法律ガ行ハル、區域トシテ、別世帶ヲ立テ、居ル區域トシテ取扱ッテ居ル、即チ個別主義ト云フ取扱ニナッテ居ル、植民地ト同ジニ取扱ッテ居ル、ソレカラ獨逸佛蘭西等ニ於テハ、其植民地ヲ統一的ニ取扱フガ如ク、又領事裁判區域ト云フモノヲ一様ニ統一的ニ取扱ッテ居ルノデアル、サウ云フ取扱ノ仕方ガ、領事裁判區域ト植民地ト同ジヤウニヤッテ居ルノデアリマスガ、日本ノ領事裁判區域ヲ從來取扱ッテ居ル遣方ハ非常ニ不明瞭デアル、初メハ明治三十二年法律第七十號ノ領事館職務ニ關スル制ト云フ、其法律ノ解釋ニ依リマシテ、領事裁判區域ハ日本ノ内地法ノ行ハル、區域、即チ内地ト同様ニ取扱ハレルモノデアルカノ如ク法律ヲ設ケタノデアリマスケレドモ、其後ニ日本ノ取扱方ハ、支那ニ於テ英吉利ノ遣方ニ倣ッタ爲ニ、支那ノ裁判——支那ニ於ケル所ノ取扱ハ、全ク外國トシテ取扱ッテ、日本ノ内地法ト云フ解釋ノ下ニ之ヲ取扱ッテ居ッタノデハナカッタノデアリマス（「簡單ニ願ヒマス、分リマシタ」ト呼フ者アリ）、其間ノ區域ノ關係ガ不明瞭デアリマシタカラ、ソレデ司法事務共助法ト云フモノガ出テ、サウシテ之ニ依テ此解釋ノ出來ルト云フコトニナッタノデアリマスルケレドモ、此司法事務共助法ニ矢張植民地ト同ジク、之ヲ羅列シテアル所ヲ考ヘテ見レバ、矢張植民地ト同ジヤウニ取扱ッタノデハナイカト云フヤウナ考モ茲ニ起ッテ來ルノデアル、要スルニ領事裁判區域ナルモノニ對スル取扱ガ、内地ト同ジク取扱フカ、或ハ植民地ト同様ニ之ヲ取扱フカ、サウ云フ事ニ於テ此共通法ノ規定ガ非常ニ不明瞭デアリマス、此點ニ對シマシテハドウ云フ御考デアリマスカ、御説明ヲ承リタイ

○政府委員（有松英義君） 議長

○議長（大岡育造君） 有松政府委員

（政府委員有松英義君登壇）

○政府委員（有松英義君） 唯今ノ第一點ハ業ニ已ニ御答ヲ致シタコトデアリマス、即チ今日ノ植民地ノ現状ニ於テハ、司法權立法權ノ統一ヲ致スコトガ出來マセヌ、ソレ故ニ共通法ガ必要デアルト云フコトヲ、既ニ御答ヲ致シテ居リマスニ依テ、ソレヲ以テ御了承ヲ願ヒマス、第二ノ領事裁判權ノ事ニ付キマシテハ、少シク私共ノ見ル所ト異ッタ御見解ノヤウニ承ッタノデアリマス、領事裁判權ト申スノハ、内地ト同一ニ見ルノデモ、植民地ト同一ニ見ルノデモアリマセヌ、畢竟帝國臣民ガ治外法權ヲ有シテ居リマス場所ニ於テ被告トナッタ場合ニ、特ニ日本ノ領事ガ之ニ對シテ裁判ヲ致シテ、其土地ノ主權者ノ下ニ在ル所ノ裁判機關ヲシテ、裁判セシメナイト云フ丈ノコトデアルノデアリマス、其場合ニ於テ帝國領事ハ帝國ノ法律ニ依テ裁判ヲスル、斯ウ云フノデアリマスカラ、帝國ノ法律、即チ内地人ナリガ參ッテ居リマスレバ、内地人ニ對スル法律ヲ適用シ、臺灣人ガ參ッテ居リマス場合ニハ、例ヘバ身分能力ノ事等ニ付キマシテハ、臺灣ノ法律ヲ適用スルト云フコトニ自然相成ルノデアリマス、夫故ニ其判決ノ執行ナリ、其外事務上内地ノ裁判所等トノ間ニ於テ事務共助法ガ——司法事務共助法ノ必要ガアルノデアリマス、故ニ共助法ニ於テハ領事裁判ニ關係致ス規定ガアルノデアリマス、併ナガラ今度ノ共通法ハ司法權ガ別ニナッテ居ル、或ハ律令權ヲ有シテ居ルト云フ如キ法域ヲ異ニシテ居ル所ノ、帝國ノ各領地ニ於テ統一ガ取レヌ故ニ、其ノ連絡ヲ圖ル、斯ウ云フ趣意デアリマスルノデ、領事裁判權ニ對シテハ少シモ共通法ヲ適用スル必要ヲ認メナカッタノデ御坐イマス

○議長（大岡育造君） 齋藤隆夫君

○齋藤隆夫君 簡單デアリマスルカラシテ此席ヨリ質問致シマス

○議長（大岡育造君） 宜シウ御坐イマス

○齋藤隆夫君 本員ガ質問致サント思ッテ居リマシタコトハ、唯一點デ御坐イマシテ最前松田源治君ノ質問中ニアリマシタ所ノ關東州ニ關スル憲法問題デアリマス、是ハ本法ノ土臺ニ關スル最モ大切ナル問題デ御坐イマスルガ、政府委員ノ御答辯甚ダ要領ヲ得マセナカッタニ依テ、更ニ一言御尋ヲ致シマス、此法案ノ第一條ニ依リマスルト、帝國ノ法機及ビ區域ヲバ四ツニ別チテ居ルノデアル、即チ内地、朝鮮、臺灣及關東州デアリマス、此四ツノ區域間ニ於ケル法律命令ノ衝突ヲ如何ニ調和シ、如何ニ管理スルカト云フコトガ、本法ノ目的ト相成ッテ居ルノデアル、所ガ御承知ノ如ク今日内地ハ申スニ及バズ、朝鮮及臺灣ニ於テモ既ニ憲法ガ行ハレテ居ルニ拘ラズ、獨リ關東州ノミハ憲法ガ行ハレテ居ラナイノデアル、隨テ彼地ニ在住シテ居ル所ノ帝國臣民ハ、憲法上ノ支配ヲ受ケズシテ、憲法外ノ支配ヲ受ケテ居ルノデアリマス、元來關東州ニ憲法ヲ行ハナイト云フコトニ付テ、歴代ノ政府當局者ハ公法上ニ於テ如何ナル根據ヲ持ッテ居ルノデアルカ、私ハ此事ニ付テ常ニ疑ヲ懷イテ居ル一人デアリマス、唯今ノ有松君ノ御説明ニ依リマスルト、關東州ハ日本ノ領土デナイニ依テ、憲法ヲ行ハレヌノデアルト云フ、簡單ナル御答辯デアッタノデアル、併シ是ハ深ク研究サレタル御答辯デハナイト思フ、申迄モナク租借關係ハ、私法上ノ關係デナクシテ公法上ノ關係デアリマス、所有權ノ借用ニアラズシテ、領土權ノ借用デアリマス、即チ期限附ノ領土デアリマス、此領土内ニ於テ憲法ガ行ハレルト云フコトハ、今日憲法上ノ通則デアリマス、併シ政治上ノ理由ニ依テ、憲法ヲ行ハナイト云フコトニ付テモ、別ニ理論ノ上ニ於テ背クコトハナイト思フ、所ガ御承知ノ如ク關東州ガ我帝國ノ領土ニ歸シタ以來——我ガ帝國ノ統治ノ下ニ歸シマシタ以來、既ニ十數年ヲ經過シテ居ルノデアリマス、朝鮮ノ合併ニ先ダツコト正ニ數年デアリマス、加之二十五年ノ租借期限ハ、延長セラレテ九十九箇年ト相成ッタ、更ニ今又此共通法ヲ制定シテ、内地、朝鮮、臺灣ト同一ノ法律ノ下ニ置カントスルノデアリマス、是等ノ事情ヨリ見マシテ、本員ハ關東州ニ憲法ヲ施行スルト云フ時機ハ既ニ到來セリ、而モ今日ヲ以テ最モ好時機デアルト思フノデアリマス、マサカ政府ニ於キマシテハ、公法上ノ見地ヨリシテ、租借地ニハ憲法行ハレズト云フガ如キ、間違ッタ解釋ハ持ッテ居ラレヌデアラウト思フ、果シテ然ラバ何ガ故ニ此好時期ニ於テ、憲法ノ施行ヲ斷行セラレナイノデアルカ、之ヲ斷行セラレルニ付テ、特別ノ故障ガアルノデアリマスカ、本員ノ見ル所ニ據レバ、別ニ故障ト云フモノハ有ルベキモノデナイ、唯十數年ノ以前ニ於テ、之ヲ帝國ノ統治ノ下ニ置キマシタ其際ニ於キマシテ、時ノ政府ガ第一歩ヲ履ミ誤リタルガ爲ニ、歴代ノ政府當局者モ、此過テル道ヲ履ミ換ヘルノ途ヲ執ラズシテ、所謂ズル〳〵ベッタリトナッテ今日マデ因襲シ來ッタノデハナイカト思フノデアル、ソレトモ政府當局者ニ於キマシテ、他ニ憲法ヲ施行スルコトノ出來ナイト云フ特別ノ理由ガアルカ、公法上ニ於テ、若クハ實際上ニ於テ、ドウシテモ憲法ノ施行ハ出來ナイト云フ特別ナ理由ガアルカ、若シアルト云フナラバ此際ニ於テ披瀝セラレンコトヲ希望スル、若シ無イト云フナラバ、此好機會ニ於テ憲法ノ施行ヲ斷行セラレンコトヲ切望スルノデアル、此事ニ付キマシテハイマ少シク詳細ナル所ノ、確カナル意見ヲ承ラントスルノガ本員ノ質問デアリマス

○政府委員（有松英義君） 議長

○議長（大岡育造君） 有松政府委員

（政府委員有松英義君登壇）

○政府委員（有松英義君） 此好機會ニ於テ何故ニ憲法施行ヲ斷行セザルヤト云フ

御尋デアリマスガ、此好機會トハドウ云フ機會デアリマスルカ、又何故ニ憲法施行ヲ断行セザルヤ、憲法ハ自ラ行ハル、所ニ行ハレルノデアリマス、断行スルト断行セザルトニ依テ、行ハレルト行ハレヌガ岐レルノデハアリマセヌ、(「ヒヤヒヤ」ト呼フ者アリ)政府ノ見ル所ニ依リマシテハ、公法上ノ見地ニ於キマシテ、關東州ニ於テハ憲法行ハレズト解釋ヲ致シテ居ルノデ御坐イマス、行フベキモノヲ行ヘナイトカ云フヤウナ事ハ、毫モ考ヘテ居ラヌノデアリマス、租借ハ公法上ノ性質ヲ持ッテ居ルガ故ニ、領土ナリト云フ御解釋デアリマスルナレドモ、政府ニ於テハ租借ニ依テ帝國ノ領土ヲ得タモノトハ未ダ解釋ヲ致シテ居リマセヌ、租借デモ亦他ノ場合ニ於テハ占領デモ、同様デ御坐イマス、帝國ノ領土タルニハ、確定的ニ帝國領土ト和成ラナケレバナラヌデアラウト存ジマス、此理由ニ依リマシテ他ノ地域トハ――朝鮮、臺灣等トハ自ラ趣キヲ異ニシテ居ルモノト考ヘテ居ルノデアリマス

○齋藤隆夫君　唯今有松君ノ御答辯ハ、貴族院ノ委員會ニ於ケル御答辯ト違ッテ居ルト云フコトヲ私ハ斷言致シマス、貴族院ニ於キマシテハ、公法上ノ見地カラ絶對ニ憲法ヲ行フコトハ出來ヌト云フヤウナ御答辯ハ、決シテシテ居ラレヌ、此點ニ付テハ有松君ノ答辯ハ甚ダ不明デアリマス、今日其言明ヲ聽キマシテ、更ニ詳細ノ事ハ委員會ニ於テ答辯致シマス(「答辯トハ何ダ」ト呼フ者アリ笑聲起ル)

○議長(大岡育造君)　日程第二右議案ノ審査ヲ付託スヘキ委員ノ選擧ヲ議題ト致シマス

第二　右議案ノ審査ヲ付託スヘキ委員ノ選擧

○岩崎勳君　委員ノ數ハ十八名トシ、議長ニ於テ指名セラレンコトヲ望ミマス(「異議ナシ異議ナシ」ト呼フ者アリ)

第三　朝鮮ノ生産ニ係ル物品ノ移入税免除ニ關スル法律案(政府提出)　第一讀會

朝鮮ノ生産ニ係ル物品ノ移入税免除ニ關スル法律案

朝鮮ノ生産ニ係ル左記ノ物品ニハ移入税ヲ課セス

一　生牛
二　大麥(ゴールデンメロン種ノモノ)
三　米糠
四　生絲
五　鐵ノ條、竿及板
六　鐵道建設用材料(鐵製ノモノ)
七　コールタール油、石炭酸、ナフタリン其ノ他ノコールタール分餾物及瀝青

(國務大臣勝田主計君登壇)

○國務大臣(勝田主計君)　唯今議題ニ上ッテ居リマスル法案ハ、朝鮮ニ於キマスル所ノ産業ノ發展ヲ期シ、一面ニ於キマシテハ、内地ニ於キマスル需要ニ利便ヲ與ヘル爲ニ、朝鮮ニ於ケル鐵材、或ハ大麥其他數種ノモノニ付テ、移入税ヲ免除シタイ、斯樣ナ簡單ナ法律案デ御坐イマス、御審議ノ上御協賛ヲ希望致シマス

○議長(大岡育造君)　日程第四、委員ノ選擧ヲ議題ト致シマス

第四　右議案ノ審査ヲ付託スヘキ委員ノ選擧

○岩崎勲君　委員ノ數ヲ九名トシ、議長ニ於テ指名セラレンコトヲ望ミマス

(「異議ナシ異議ナシ」ト呼フ者アリ)

○議長(大岡育造君)　岩崎君ノ動議ニ御異議ナイト認メマス、乃チ議長指名九名ノ委員ニ付託スルコトニ決シマス――日程第五、第六ハ同種ノ議案ナルニ依リ、一括議題ト爲スニ御異議ハアリマセヌカ

(「異議ナシ異議ナシ」ト呼フ者アリ)

○議長(大岡育造君)　御異議ナシト認メ、一括シテ議題ト致シマス――提出者天春文衞君

舊韓國貨幣ノ處分ニ關スル法律案(政府提出 貴族院送付)　第一讀會ノ續(委員長報告)(確定議)

第一

(坪田十郎君登壇)

(拍手起ル)

○坪田十郎君　舊韓國貨幣ノ處分ニ關スル法律案ニ對スル委員會ノ經過ト結果ヲ御報告申上ゲマス、本案ハ舊韓國貨幣條例ニ據リマシテ、發行致シテ居リマス所ノ貨幣ヲ、大正九年十二月三十一日迄通用ヲ延期スル、今一ツハ其期限後廢貨ニナリマシタル交換期間ヲ五年間ニ定メル、次ニ葉錢ハ當分ノ内從前通リニ通用サス、此三案デ御坐イマス、目下舊韓國貨幣ハ、取調ノ結果百八十九万三千八百八十三圓トナッテ居ルノデ御坐イマス、其内金貨ニ屬シマスル部分ハ、朝鮮銀行ノ幾ド基金トナッテ居リマシテ、通用ハシテ居ラヌト云フ事情デアル、今日ノ場合之ヲ引換ヘル必要モナク、從前通リ通用レマスルノハ至極便法ト認メマスノデ御坐イマス、引續期限ノ五箇年ト申シマスノハ、幾分カ長キニ失スルヤウニモ感ジマスガ、是ハ引換方法ノ便法ヲ許リマシテ、租税ノ代用等ニ依テ引換ヘタイ、故ニ五箇年間ノ期限ヲ必要トシテ居ル、第三ノ葉錢ニ至リマシテハ、僅カ十一万圓程ヨリ無イノデ御坐イマスガ、韓國ノ狀態、低級人民等ノ使用等ニ依テ之ヲ廢貨ニセズ、當分ノ間通用サスト云フノハ甚ダ必要デアル、以上ノ理由ニ依リマシテ、委員會ハ會合一致ヲ以テ可決致シマシタ、此段御報告申シマス

○岩崎勳君　本案ハ簡單ナル議案ナルニ依リ、讀會ノ順序ヲ省略シテ委員長ノ報告通リ可決確定サレンコトヲ希望致シマス

(「異議ナシ異議ナシ」ノ聲起ル)

○議長(大岡育造君)　讀會省略ニ御異議ナイト認メマス、岩崎君動議ノ如ク決スルニ御異議ハアリマセヌカ

(「異議ナシ異議ナシ」ノ聲起ル)

第三　朝鮮人官吏ノ恩給、退隱料及遺族扶助料等ニ關スル法律案（政府提出、貴族院送付）　第一讀會

朝鮮人官吏ノ恩給、退隱料及遺族扶助料等ニ關スル法律案

第一條　朝鮮人ノ舊韓國政府、統監府又ハ其ノ所屬官署ニ在官又ハ在職シタル月數及明治四十三年勅令第三百十九號第五項ノ規定ニ依リ官吏ノ待遇ヲ受ケタル在職月數ハ本法ノ定ムル所ニ依リ官吏恩給法、官吏遺族扶助法、明治四十五年法律第十一號ノ在官年數又ハ巡査看守退隱料及遺族扶助料法ノ勤續年數ニ通算ス

第二條　左ニ掲クル月數ハ之ヲ官吏恩給法及官吏遺族扶助法ノ在官年數ニ通算ス但シ年齡二十歲ニ滿タサル者ノ在官在職月數ハ此ノ限ニ在ラス

一　舊韓國政府、統監府又ハ其ノ所屬官署ノ文官判任以上ノ者ノ明治三十九年二月一日以後ノ在官月數

二　明治四十三年勅令第三百十九號第五項ノ規定ニ依リ官吏ノ待遇ヲ受ケタル者ノ其ノ待遇ヲ受ケタル在職月數

第三條　左ニ掲クル月數ハ之ヲ明治四十五年法律第十一號ノ學校職員ノ在官年數ニ通算ス但シ退職給與金ニ關シテハ明治四十四年十一月一日前ヨリ勤續シタル者ノ勤續月數ニ限リ之ヲ通算ス

一　舊韓國政府ノ文官判任以上ノ敎官又ハ敎育事務ニ從事スル者ノ明治三十九年二月一日以後ノ在官月數

二　明治四十三年勅令第三百十九號第五項ノ規定ニ依リ官吏ノ待遇ヲ受ケタル者ニシテ敎育又ハ敎育事務ニ從事シタルモノノ其ノ待遇ヲ受ケタル在職月數

第四條　左ニ掲クル月數ハ之ヲ巡査看守退隱料及遺族扶助料法ノ巡査ノ勤續年數ニ通算ス但シ一時金ニ關シテハ明治四十三年八月二十九日前ヨリ勤續シタル者ノ勤續月數ニ限リ之ヲ通算ス

一　舊韓國政府ノ權任又ハ巡檢ノ明治三十九年二月一日以後ノ在職月數

二　舊韓國政府又ハ統監府ノ巡査ノ在職月數

第五條　舊韓國政府又ハ統監府ノ看守ノ在職月數ハ之ヲ巡査看守退隱料及遺族扶助料法ノ看守ノ勤續年數ニ通算ス但シ一時金ニ關シテハ前條但書ノ規定ヲ準用ス

第六條　前四條ノ規定ニ依リ在官在職月數ヲ通算スヘキ官職ニ在リタル者其ノ通算スヘキ在官又ハ在職中懲戒處分ニ依リ免官免職セラレ又ハ刑事裁判ニ依リ失官失職シタルトキハ其ノ免官免職又ハ失官失職前ノ在官在職月數ニ付本法ヲ適用セス

附　則

本法ハ公布ノ日ヨリ之ヲ施行ス

本法ハ本法施行後退官又ハ退職シタル者及在官又ハ在職中死亡シタル者ノ遺族ニ限リ之ヲ適用ス

○議長（大岡育造君）　有松政府委員

（政府委員有松英義君登壇）

○政府委員有松英義君　本案ハ極メテ簡單ナモノデアリマシテ、朝鮮人ヲ總督府ノ官吏ニ致シテアリマスル者ガ、若干アリマスノデ御坐イマス、唯今ノ所デハ朝鮮併合ノ日ヨリ其後ヲ以テ日本ノ官吏ト見テ居リマスルガ故ニ、官吏恩給法官吏遺族扶助料、學校職員退隱料、或ハ巡査看守退隱料及遺族扶助料等ノ適用ガ、總テ併合以後ノ在職年數ヲ算ヘルコトニ相成テ居ルノデ御坐イマス、然ル處其以前ニ於キマシテモ、統監府設置ノ以後ハ、帝國官吏ノ嚴肅ナル監督ヲ受ケテ居リマシテ、直接ニ統監府所屬ノ官吏タルト、又朝鮮官憲ノ官吏タルトヲ問ハズ、共ニ日本官吏同様ノモノト看做シ得ルノデアリマス、其間ノ年數ヲ恩給ノ年數ニ通算致サナイコトハ、甚ダ酷デアリマスルノミナラズ、朝鮮統治上ニ於テモ甚ダ宜シキヲ得ナイト考ヘマシテ、此法律ニ依リマシテ、朝鮮人ノ現在官吏ヲ致シテ居リマスル者ハ、統監府設置ノ日以後、恩給法ノ年數ニ總テ通算ヲ致シタイト申スノガ本案提出ノ理由デアリマス、宜シク御審議ノ上御協贊アラムコトヲ希望致シマス

○議長（大岡育造君）　日程第四、右議案ノ審査ヲ付託スベキ委員ノ選擧ヲ議題ト致シマス

第四　右議案ノ審査ヲ付託スヘキ委員ノ選擧

○岩崎勳君　本案委員ノ數ヲ九名トシ、議長ニ於テ指名セラレムコトヲ望ミマス

（「異議ナシ」ト呼フ者アリ）

○議長（大岡育造君）　岩崎君ノ動議ニ御異議ナイモノト認メマス、卽チ本案ハ議長指名九名ノ委員ニ付託スルコトニ決シマシタ、日程第五、第七ハ之ヲ一括シテ議題ニ致シタイト思ヒマス、御異議ハアリマセヌカ

（「異議ナシ」ト呼フ者アリ）

二　殖民地統治ニ關スル質問（牧山耕藏君提出）

殖民地統治ニ關スル質問主意書

右成規ニ據リ提出候也

大正七年二月二十三日

提出者　牧山　耕藏

賛成者　松田　源治
外三十三人

殖民地統治ニ關スル質問主意書

一　殖民地統治ノ實績如何政府ハ將來統治機關ノ組織竝政策ヲ改ムルノ意思ナキヤ

右及質問候也

（牧山耕藏君登壇）

（拍手起ル）

○牧山耕藏君　本員ハ現政府ノ施設ニ對シマシテ、幾多ノ疑團ヲ有スルモノヽ一人デアリマス、併シ是等ノ大體ニ付キマシテハ、本議會開會以來既ニ多數ノ先輩同僚ニ依テ、討論研覈ヲ盡サレタノデアリマスカラ、此等ノ點ニ關シマシテハ、今日玆ニ貴重ナル時間ヲ費サントスルモノデハ御坐イマセヌ、唯々一事帝國ノ最モ重要ナル國務ノ一デアル殖民地統治ノ事ニ關シマシテ、甚ダ了解ニ苦ム點ガ少カラヌノデアリマスカラ、此等ノ點ニ關シマシテ、暫時ノ間諸君ノ御淸聽ヲ煩シタイト思ヒマス、帝國ノ殖民地經營ハ其端ヲ臺灣ノ領有ニ發シマシテ、爾來二十有餘年ノ間ニ於テ、或ハ樺太ヲ領有シ、朝鮮ヲ併合シ、關東州ニ對シテ帝國ノ勢力ヲ確立致シマシタ、此面積ハ我ガ日本ニ比シマシテ約八割、其他ノ勢力圈ヲ加ヘマスレバ、優ニ本國ノ二倍ニ相當スル廣大ナル地域ニ亙リマシテ、一躍シテ日本ハ世界ニ於ケル所ノ殖民國ノ列ニ入ッタヤウナ譯デ、此點ハ實ニ國家ノ爲メニ慶スベキ事デアリマスルガ、此廣大ナル新天地ニ向ッテ、帝國ノ經綸抱負ヲ行ヒマスル事ニ付キマシテハ、最モ重要ナル國務ノ一デアリマスルコトハ、本員ガ改メテ此處ニ申ス迄モナイコトデアリマス、然ラバ現政府ハ之ニ向ッテ如何ナル經綸抱負ヲ有スルカ、又抱負經綸ヲ實行スル上ニ於テ、如何ナル方策、如何ナル確信ヲ有スルノデアリマスカ、是レ實ニ帝國ノ殖民地經營ニ關スル根本問題デアリマシテ、其實績ノ如何ハ直チニ帝國ノ興廢消長ニ關スル重大問題デアリマス、現政府ハ總理大臣タル寺內伯ハ、韓國併合條約ノ調印者デアリマシテ、引續イテ七箇年ノ長イ間朝鮮ノ統治ニ當ッタ人デアリマス、又內務大臣タル後藤男爵ハ、臺灣及滿洲ノ統治ニ當ラレタ人デアリマス、又大藏大臣デアル勝田主計君ハ、短期間トハ申シナガラ朝鮮銀行ノ總裁ノ職ニ在ッタ人デアリマス、翻ッテ殖民地統治ノ重任ニ當ッテ居ル者ハ何人デアルカト申シマスレバ、悉ク武人デアリマス、寺內首相ハ軍部ノ重鎭トシテ總督都督ノ武人制度ノ樹立ニ關シマシテハ、直接間接ニ重大ナル關係ヲ有ッタ人デアリマスカラ、本員ガ殖民地統治ニ關スル質問ヲ致シマスルハ、此時ヲ以テ絶好ノ機會ナリト信ズルノデアリマス、先ヅ第一ニ政府ニ問ハント欲スル點ハ、殖民政策ニ關スル根本ノ方針如何ト云フノデアリマス、我帝國ハ非常ナル民族ノ膨脹ヲ致シマシテ、此處數年間ノ統計ニ見マスレバ、每年增加スル我同胞ノ數ハ殖民地ヲ外ニシテ、本國ノミニ於テ八十万人ヲ下ラヌノデアリマス、然ルニ我同胞ガ殖民地ヲ始メトシテ、世界到ル處ニ散布サレテ居リマスル其數ハドレ位カト申シマスルト、先ヅ殖民地ニ於キマシテ、朝鮮ニ於テ三十万人、臺灣ニ於キマシテ十四万人、樺太ニ於キマシテ六万人、關東州ニハ約五万人デアリマシテ、此等ノ殖民地竝ニ租借地ニ於ケル所ノ同胞ノ總數ハ僅ニ五十五万人ヲ出ナイノデアリマス、此外支那其他世界到ル處ニ於テ、我同胞ガ發展ヲ致シテ居リマスルガ、其總數ハ八十五万人ニ過ギナイノデアリマス、卽チ殖民地及ビ其他列國ニ分布サレテ居リマスル所ノ、我同胞ノ總數ト云フモノハ、僅ニ二百四十万人ニ過ギナイノデアリマス、年々增加致シマスル所ノ我同胞ノ數ガ八十万人ト致シマスレバ、僅ニ二年分ニモ足ラナイト云フ狀態デアリマス、政府ハ將來果シテ何レノ天地ニ向ッテ、我ガ民族ノ發展ヲ期セムトスルノデアリマスカ、現狀ノ儘ニ放任ヲ致シテ、自由ニ其趣ク所ニ任スト云フ方針デアリマスルカ、或ハ或特定ノ地域ヲ限リマシテ、成ルベク日本勢力ノ及ンデ居ル範圍內ニ向ッテ集中ヲスル、言葉ヲ換ヘテ申シマスレバ、散布主義ヲ執ラズシテ、移民政策ニ關シテハ集中政策ヲ執ルト云フ方針デアリマスルカ、熟々歐洲列國ノ情勢ヲ觀察致シマスルト、大戰ノ勃發以來、政治的ニモ經濟的ニモ、其他國家百般ノ施設上ニ於キマシテ、痛ク根柢ヲ脅カサレテ、來ルベキ戰後經營ニ對シマシテハ、殆ド革命的ノ示威運動ヲ起シテ居ルト云フ有樣デアリマス、就中最モ注目スベキハ、殖民政策ノ上ニ於ケル所ノ顯著ナル動搖デアリマス、卽チ英國ニ於キマシテモ、獨逸ニ於キマシテモ、佛蘭西ニ於キマシテモ、從來ノ如ク散布主義ヲ執ッテ居ルコトハ國家ノ非常事デアル、將來ハ移民ニ對シテハ、一定ノ地域ニ集中主義ヲ執ラナケレバナラヌト云フ方針ヲ定メテ居ルノデアリマス、卽チ自由ニ放任ヲ致スル結果トシテハ、移民ト云フ者ハドウシテモ賃金ノ高イ所ニ趨クノデアリマス、隨テ若イ者、此丁年以內ノ者ハ多ク移民ヲ致サナイノデアリマシテ、丁年以上ノ壯丁ガ海外ニドシドシ出テ行ッテ、他國ノ生產事業ニ從事スルト云フコトハ、取モ直サズ自國ニ於ケル所ノ生產能力ヲ減ジテ、他國ノ社會的貧血ヲ補フト云フ結果ニナルノデアル、又兵役ノ關係ニ於テモ、歐洲ガ大戰以來非常ナル若イ者ヲ要求シテ居ルノデアリマスルガ、列國ニ散布致シマシタル者ハ、容易ニ歸ッテ來ナイト云フヤウナ者モ少クナイノデアリマス、所謂從來散布ヲ致シテ居ッタル移民ニ對シテハ、兵役ヲ免除致シテ居タガタメニ一旦國家ニ緩急アル場合ニ於テハ、斯樣ナル點ニ於テモ非常ニ注意ヲ拂ハナケレバナラヌト云フコトデ、歐洲列國ニ於テハ、戰後政策トシテ移民ノ集中主義ヲ執ルト云フヤウニ見エルノデアリマス、殊ニ英吉利ノ如キハ單ニ移民ノミナラズ、將來ハ資本ニ對シテモ集中主義ヲ執ラナケレバナラヌト云フコトガ、英吉利ノ富源開發委員會ニ於テモ、左樣ナル議論ガ多數ヲ占メテ居ルヤウニ伺ッテ居ルノデアリマス、嘗テ我國ノ外務大臣小村侯ハ、滿韓移民集中論ナルモノヲ唱ヘラレタコトガアリマス、從來我國ニ於ケル移民政策ハ、殆ド無方針ト云ッテモ宜シイヤウナ狀態デアッタノデアリマスルガ、小村侯ニ依テ滿韓移民集中論ガ唱ヘラレタノデアリマスルガ、是ハ果シテ今日歐米先進國ガ主張ヲ致シテ居リマスル如キ、散布主義ヲ廢シテノ移民集中論デアッタカドウデアルカ、是ハ大分疑ヲ挾マナケレバナラヌト思フノデアリマスルガ、卽チ當時ニ於キマシテハ、此米國ニ於ケル所ノ排日熱ガ非常ニ盛ンデアッタ、之ヲ緩和センガタメニ、時ノ外務大臣ガ斯樣ナル集中論ヲ唱ヘラレタノデハナイカト察セラルヽノデアリマスルガ、現政府ハ將來優等國竝ニ劣等國ニ對シテ、如何ナル移民政策ヲ執ルノデアルカ、又熱帶及溫帶方面ニ於キマシテモ、如何ナル移民政策ヲ執ラムト欲スルノデアルカ、我國ハ旣ニ南洋ニ於テ占領地ヲ有シテ居ルノデアリマスルガ、南洋ノ占領以來我同胞ガ彼ノ方面ニ參リマス者ハ、甚ダ少ナクナイノデアリマス、然ルニ其結果ハ我母國ト氣候風土ヲ異ニ致シテ居リマスガ爲メニ、體力ニ於キマシテモ南洋ノ土人ト競爭ヲ致スコトガ出來ナイノデアリマス、隨テ悲慘ナル狀態ニ陷ッテ居ルト云フヤウナコトモ、承知ヲ致シテ居ルノデアリマスルガ、歐洲列國ニ於キマシテハ、此熱帶圈ニ對スル所ノ移民政策トシテハ、諸君御承知ノ如ク放資主義ヲ執ッテ居リマシテ、資本ヲ出シテ其土地ノ土人ヲ使ッテ產業ノ開發ヲスル、若クハ主トシテ原料ヲ南洋熱帶圈ニ於ケル殖民國ヨリ、之ヲ取ルト云フヤウナ方針ヲ執ッテ居ルノデアリマスルガ、現政府ハ是等南洋ニ對シマスル所ノ移民政策ハ、如何ナル方法ヲ執ラムトスルノデアリマスカ、現內閣ハ東拓法ノ改正並ニ世界的ノ殖民地會社トモ申スベキ海外興業會社ヲ起シマスル等、多少國民ノ海外發展ト云フコトニ對シテハ力ヲ盡シテ居ルヤウデアリマス、併シ本員ガ唯今申述ベマシタ如ク、徹底的ニ調査研竅ヲ遂ゲテ居ラル、カト云フト、甚ダ此點ニ疑ヲ挾マザルヲ得ヌノデアリマス、是レ實ニ國家的並ニ社會的ノ重大問題デアルト信ズルノデアリマスカラ、此點ニ關シテ政府ノ明確ナル答辯ヲ要求致シタイト思フノデアリマス、第二ニ問ハント欲スル點ハ、政府ガ拓殖局ヲ廢シテ拓殖務省ヲ設置スルノ意ナキヤト云フノデアリマス、殖民地ノ狀態ハ唯今申述ベマシタ通リ、實ニ本國ノ二倍ニ匹敵スル所ノ領土、及勢力範圍ヲ持ッテ居リマシテ、殖民地ノ統治ハ今日我ガ帝國ニ取リマシテハ、重大ナル國務ノ一ニ相成ッテ居ルノデアリマス、然ルニ現政府ハ此重要ナル植民地ノ統一機關トシテ、拓殖局ナルモノヲ造ッテ居ルノデアリマス、歐洲列國ノ例デ見マスレバ、英吉利ニ於キマシテモ、佛蘭西ニ於キマシテモ、獨逸ニ於キマシテモ、葡萄牙ニ於キマシテモ、白耳義ニ於キマシテモ、其他伊太利ニ於キマシテモ、悉ク此植民省ヲ有セザル國ハナイノデアリマス、植民省ヲ置イテ植民大臣ニ依ッテ、植民地ノ統治ト云フモノハ統一ヲサレテ居ルノデアリマス、殊ニ英吉利ノ如キハ植民省ノ外ニ印度省ヲ持ッテ居ルト云フコトハ、諸君ノ御承知ノ如クデアリマス、唯ニ米國ノミハ聯邦議會ガ植民地ニ關スル統治權ヲ總攬致シテ居リマス爲メニ、植民省ヲ持ッテ居ラヌ、我日本ノ從來ノ此點ニ於テノ制度ヲ研究シテ見マスルト、曾テ臺灣ノ領有ノ當時ニ於キマシテハ、拓殖務省ヲ設置致シタノデアリマス、然ルニ其後此拓殖務省ヲ廢シテ、內閣ノ中ニ臺灣事務局ヲ造ッテ、北海道ニ關スル事務ノミガ內務省ニ於テ所管致シタ、然ルニ其後ニ至ッテ、臺灣事務局ヲ廢シテ之ヲ內務省ノ所管ニ移シタノデアリマス、第二次桂內閣ノ時ニ至ッテ、更ニ拓殖局ヲ新設シ、第二次西園寺內閣ニ至ッテ之ヲ廢シテ、內務省ノ所管ニ移シマシタノデアリマス、而シテ今回寺內內閣ニ依ッテ拓殖局ナルモノガ新設サレタノデアリマスルガ、從來ノ是等ノ經過ニ見マシテモ、我ガ帝國ノ殖民地統治ニ關スル所ノ政策ハ、朝三暮四デアッテ、甚ダ無定見デアッタヤウニ本員ハ見ルノデアリマス、現在ノ拓殖局ノ官制ヲ見マスルト云フト「拓殖局ハ內閣總理大臣ノ管理ニ屬ス云々」ト書イテアルノデアリマスルガ、事實ニ於キマシテハ、此事務ハ何人ガ執ルノデアルカト申シマスト、拓殖局長官ガ執ルノデアリマス、卽チ內閣總理大臣ハ他ノ國務ガ多忙デアリマスル爲メニ、主トシテ殖民地ノ統治ニ對シテ力ヲ傚スコトガ出來ヌノデアリマス、拓殖局長官ハ一個ノ屬僚デアリマス、事實ニ於テ殖民地統治ノ問題ハ、一個ノ屬僚ニ依ッテ支配サレテ居ル結果ニナリマス、殊ニ拓殖局ナルモノ、組織ハ極メテ不完全デアリマス、帶ニモ襷ニモナラヌト云フ中途半端ナ制度デアリマス、殊ニ白仁長官ガ製鐵所長官ニ更ラレマシタ今日ニ於キマシテハ、法制局長官ノ有松君ガ御兼任ニナッテ居ルノデアリマスガ、法制局ノ仕事モ頗ル多忙デアッテ、殊ニ有松君ハ餘リ植民地ノ事情ニ御精通ニナラヌコトハ、御自身ガ特別委員會ニ來テモ仰シヤッテ居ルノデアリマスカラ、御自身モ適任者ニアラズト御考ニナッテ居ルノデアリマセウ、然ルニ西園寺內閣ノ當時ニ於ケル拓殖課ハドウデアッタカト申シマスト、當時ニ於キマシテハ嘗テ拓殖課ハ、植民地ニ關スル書類ノ通過驛ニ相成ッテ居ッタノデアリマス、五十步百步ト致シマスレバ寧ロ拓殖課ヲシテ書類ヲ取次ヲセシメテ、重用ナル案件ノミヲ內務大臣ガ處理スルコトガ適當デナイカト存ジマス、現在ノ拓殖局ノ組織ハ長官次長書記官ヲ以テ組織シテ、臺灣朝鮮樺太關東州ヲ第一課、第二課、第三課ト課ガ置カレテ居リマスガ、何レモ高等官五等カ六等ノ極ク若イ書記官ガ其事務ヲ取扱ッテ居ラル、ノデアリマスガ、殖民地ノ事情ハ其所々々ニ依テ色々高等政策ノ上ニ於キマシテモ、注意スベキ點ガアルノデアリマスルガ、事實ニ於キマシテ斯樣ナル屬僚政治ニ依テ殖民地ガ統治ヲセラル、ト云フコトハ、本員帝國ノ國策ノ上ニ於テ甚ダ悲マザルヲ得ナイノデアリマス、殊ニ此經營ノ成敗如何ト云フコトハ、國勢ノ消長ニモ關スル重大問題デアリマスルガ故ニ、政府ハ進ンデ拓殖局ヲ廢シテ、拓殖務省ヲ設置スルノ意ナキヤ如何ト云フコトヲ御尋致スノデアリマス、此點ニ關シマシテハ政府ノ明確ナル答辯ヲ願ヒタイ、若シ拓殖務省ヲ設クルノ必要ナシトセバ、其理由モ併セテ伺ヒタイト思フノデアリマス、第三ニ伺ヒタイノハ、朝鮮臺灣ノ總督及關東都督ノ任用資格ヲ、武人ノミニ限定セズ、之ヲ一般ニ擴張スルノ意思ナキヤ、若シ飽迄現制度ヲ維持スルトセバ、其必要ナル理由ヲ伺ヒタイ、本員ハ豫算委員總會ノ席上ニ於テ、此問題ニ對シテ後藤國務大臣ト簡單ナル應酬ヲ致シタノデアリマスガ、後藤國務大臣ノ答辯ガ甚ダ要領ヲ得ナカッタ、悉ク其文句ヲ記憶致シマセヌガ、現在ノ制度ハ約七十五年位ノ間ト云フモノハ、存置シナケレバ相成ラヌト言ッタヤウナ、殆ド何ノ意味デアルカ了解ニ苦ム所ノ答辯ヲ得タノデアリマス、仍テ此處ニ更ニ本員ハ質問ノ要旨ヲ徹底的ニ申述ベマシテ、政府ノ所見ヲ伺ヒタイト思フノデアリマス、現在ノ植民地ノ制度ハ、本員茲ニ改メテ申迄モナク、臺灣ノ總督ハ陸海軍ノ大中將ニ限ラレ、朝鮮ノ總督ハ陸海軍ノ大將ニ限ラレ、關東都督ハ陸軍ノ大將若クハ中將ニ限定ヲ致シテ居ル、而シテ是ハ豫備ノ將官デハイケナイ、現役ニアラザレバ其資格ガ無イノデアリマス、本員之ヲ武人ニ限ルト云フ理ヲ甚ダ了解スルニ苦ムノデアリマス、列國ノ例ヲ引キマスルコトハ、賢明ナル諸君ノ前ニ恐縮ト存ジマスルノデアリマスガ、政府ノ所見ヲ伺ヒマスニ付キマシテハ、世界文明國ノ例ヲ引證致シマスルコトモ已ムヲ得ナイノデアリマス、歐洲列國ノ例ヲ見マスルト云フト、獨逸ヲ除クノ外ハ悉ク文化政策ヲ執ッテ居リマス、殖民地ニ對シマシテハ武斷政策ハ宜シクナイ、文化政策ヲ執ラナケレバナラヌト云フ意味カラ、文官總督ヲ採用スルコトヲ主義ト致シテ居ルノデアリマス、卽チ英國ガ埃及ヲ統治致シマスルニモ、埃及ノ統監ニハ「ロードクローマー」ナル卽チ文官出ノ人ガ著任ヲシ、其後ニハ「サアエルドンゴルスト」ト云フ人ガ赴任ヲ致シマシタ、此人モ文官デアリマスガ、其次ニ武官デアル元帥ノ「キチナー」將軍ガ埃及ニ參ッタノデアリマス、然レバ最後ニ元帥「キチナー」將軍ヲ埃及ノ統監ニ任用シタノハ如何ナル譯カト云フト、是ハ日本ト露西亞ガ戰爭ヲ致シマシテ、小國ノ日本ガ大國ノ露西亞ヲ破ッタノハ、憲法政治ノ御陰デアルト云フコトデ、日露戰爭後ニ於テ此日露戰爭ノ結果ガ、世界ノ思想界ニ大波動ヲ起シタノデアリマス、而シテ戰敗國ノ露西亞ヲ初メトシテ、支那土耳其等ニ於テモ憲法政治ヲ要求シタ、此思想ノ波及ノ結果、埃及ノ思想界ニ於テモ大ナル波瀾ヲ生ジタノデ、茲ニ武力壓迫ノ必要ヲ感ジ、臨時的ニ「キチナー」將軍ヲ派遣シタノデアリマス、其他印度統治ニ付キマシテモ、本員ガ更メテ申ス迄モナク歷代ノ總督ハ文官ヲ任用シテ居ルノデアリマス、嘗テ「キチナー」元帥ガ矢張印度ノ軍司令官トシテ赴任シタ事ガアリマスガ、時ノ印度總督ノ「カーズン」卿ト意見ノ衝突ヲシテ、雙方喧嘩ヲ始メタコトガアリマシタガ、此時ニモ英吉利ハ「カーズン」卿ノ意見ヲ相當トシテ、軍司令官ノ「キチナー」將軍ヲ斥ケタコトハ、諸君御承知ノ事デアリマス、唯々一ツ武人總督論ヲ主張スル者ノ中ニハ、獨逸ノ例ヲ引ク者ガアリマスガ、獨逸ノ植民地ハ多クハ亞非利加デ、南西亞非利加東亞非利加「トウゴウランド カメルーン」ガ其重ナルモノデ又、東洋ニ於キマシテハ、東洋ノ海軍根據地トシテ膠州灣ヲ持ッテ居ッタノデアリマス、此亞非利加ノ植民地ハ本員ガ茲ニ申ス迄モナク、恰モ臺灣ノ一部ニ棲息シテ居ル生蕃人ノ如キ、獰猛ナル土人ノミデアッテ、之ヲ統治致シマスル上ニ於テハ、常ニ軍事ヲ必要トシテ居ルノデアリマス、此土人ヲ取締ル上ニ於テ、鎭壓ノ必要上武人總督ノ必要ガアリマス、卽チ我ガ臺灣關東州其他朝鮮ノ如キトハ、文化ノ程度ヲ全ク異ニシテ居ル爲ニ、武人總督ヲ採用シテ居ルノデアリマス、現ニ亞非利加土人ノ數ハ一億一千万人デアリマスガ、白人ノ數ハ僅ニ二万ニ足ラヌ位ノ少數デアリマス、此二万ニ足ラナイ人數ヲ以テ、此亞非利加統治ニ於テ成績ヲ得テ行クニハ、所謂武力ニ訴ヘナケレバナラヌト云フ必要上ヨリシテ、武人總督ヲ任用シテ居ルノデアリマシテ、我殖民地ノ狀態トハ全然事情ヲ異ニシテ居ル、然ラバ膠州灣ハドウカト云フト、是ハ申ス迄モナク獨逸ガ東洋ニ於ケル海軍ノ根據地デアッテ、隨ッテ獨逸ノ植民省ノ所管ニアラズシテ、海軍省ノ所管ニ在ッタコトハ申ス迄モナイノデアリマス、隨テ「ワルデック」ト云フ海軍大佐ガ赴任シテ居ッタコトモ、其意味ヨリシテ參ッテ居ッタノデアリマス、然ルニ日本ノ殖民地ノ主腦者ト云ヘバ、一モ二モナク武人デナケレバナラヌト解釋シタノハ、全ク此獨逸ガ亞非利加ニ於ケル統治制度ノ翻譯ノ誤リデアルト本員ハ信ズルノデアル、併ナガラ本員ハ必ズシモ武人ヲ排斥スルモノデハアリマセヌ、武人ニシテ知識アリ經綸アル人ナラバ、之ヲ用ユル最モ可ナリデアリマス、併ナガラ此武人ト云フ小範圍ニ限ルノハ、如何ニシテモ了解スルコトガ出來ナイノデアリマス、殊ニ總督都督ハ親任官デアッテ、是ガ任命ニ付テハ　聖鑑ニ依テ決スルノデアリマス、廣ク天下ニ人材ヲ求メルト云フ　陛下ノ思召ニ適ウテ居ルヤ否ヤ、本員ハ疑問ヲ起サザルヲ得ナイノデアリマス、殊ニ武人デアリマシテ、武人トシテハ甚ダ尊重スベキ人デアッテモ、殖民地ノ主腦者トシテハ不適任ノ人ガ尠クナイノデアリマス、現ニ乃木將軍ノ如キ、國民ガ軍國ノ神トシテ大ニ尊敬ヲ拂ッテ居ル人デアッテモ、臺灣統治ノ主腦者トシテ乃木將軍ノ治蹟ニ關シテハ、國民ノ期待ニ反シタ事ガ尠ナカランノデアリマス、本員ハ武名赫々タル武人ヲ尊重スル上カラ考ヘマシテ、無暗ニ畑違ヒノ所ヘ引出シテ味噌ヲ付ケサセルノハ、軍國ノ一大事デアルト思フノデアリマス、殊ニ現在ノ制度ニ於キマシテ、非常ナル不利不便デアルト云フコトハ、彼ノ關東都督更任ニ方リマシテ、中村覺中將ガ罷メテ、其後任者ヲ物色スルニ方ッテ現役陸軍ノ大將若クハ中將ノ中ヨリシテ之ヲ選ブコトガ出來ズ、後備役デアル中村雄次郎男ヲ現役ニ復セシメテ、後任ニシタト云フ例ガアリマス、又安東總督ハ來ル八月ヲ以テ、現役停年滿期ニ達セラル、サウデアリマス、陸軍ニ於テ最モ秩序ヲ尊重シナケレバナラヌ所ニ於キマシテ、現役ヲ延長シ若クハ後備豫備者ヲ現役ニ復サシムルト云フコトノ如キハ、軍紀ノ上カラ考ヘマシテモ、是ハ非常ナル問題デアルト考ヘルノデアリマス、武人總督論者ノ側ニ於テハ、軍隊ノ統帥權ト云フモノヲ始終問題ニサレ、殖民地ノ軍隊ヲ統帥スル上ニ、武人總督ニアラザレバ不便デアルト云フ論ガアリマスガ、是ハ非常ナル誤リデ、歐洲列國ニ於キマシテモ、文官總督ガ軍隊ノ統帥權ヲ持ッテ差支ガナイ、若シ差支ガアルトスレバ、他ニ軍司令官ヲ置ケバ差支ナイ、現ニ朝鮮ノ如キ武人總督ノ外軍司令官ヲ置イテアル、併シ我國ニ於テモ韓國統監ノ時代ニ於キマシテ、伊藤公及曾根子ノ如キ文官統監デアリナガラ、軍隊ノ統帥權ヲ持ッテ居ッテ、何等差支ガナカッタノデアリマス、故ニ文官ニ軍隊ノ統帥權ヲ持タセルハ、非常ナル不利不便ガアルト云フノデ、武官制度ヲ飽迄モ維持セントスルノハ、誤マッタル見解デアルト本員ハ解釋セザルヲ得ナイノデアル、然ルニ飽迄モ政府ハ現行ノ制度ヲ維持セラル、カ否ヤ、若シ又我國ニ於テ武人ニシナケレバナラヌト云フ特殊ノ理由ガアリマスレバ、其點ヲ併セテ伺ヒタイト思フノデアリマス、第四ニ伺ヒタイ點ハ、拓殖調査會ヲ組織スルニ付テ、委員ヲ官僚ト少數ノ學者ノミニ止マラズ、更ニ拓殖事業ニ從事シテ居ル人迄加ヘルト云フ意思ハ無イカドウカ、本員ハ此拓殖調査會ノ設置ニ付キマシテハ、滿腔ノ贊意ヲ表スルモノデアリマス、併ナガラ其組織內容ノ點ニ至リマシテハ、甚ダ疑ヲ挾マザルヲ得ナイノデアリマス、既ニ委員ノ顏觸ハ一部ノ官人ト少數ノ學者ニ限ラレテ居ル、拓殖事業ニ關係シタル者ハ一名モ加ヘテナイノデアリマス、列國ノ例ヲ申シマシテモ、拓殖會議ト云フモノニハ、必ズ實際家ヲ入レテナイ所ハ無イノデアリマシテ、佛蘭西ノ如キハ殖民地ニ關係アル商業會議所ノ會頭、拓殖會社ノ重役其他親シク殖民地ニ於テ種々ノ事業ニ從事シテ居ル所ノ人ヲ加ヘテ居ルノデアリマス、然ルニ我調査委員會ニ於キマシテハ、東洋拓殖會社ノ總裁モ滿鐵ノ總裁モ、朝鮮銀行ノ總裁モ、臺灣銀行ノ總裁スラモ、之ヲ加ヘテ居ナイノデアリマス、而モ現在ノ組織ヲ以テ拓殖調査ノ目的ヲ達シ得ルト考ヘラル、ノデアリマスカ、政府ハ更ニ進ンデ斯樣ナル人物ヲモ網羅シテ、之ニ殖民地ノ事情ニ通ジテ居ル者ヲ加ヘテ、實績ヲ擧ゲル御考ハナイノデアリマスカ、此點ヲ伺ヒタイノデアリマス、第五ニ御尋ヲ致シタイ點ハ、朝鮮ニ於ケル財政獨立計畫ニ伴フ地租增徵並ニ市街地稅ノ設定ガ統治上民心ニ及ボシタル影響如何ト云フ點デアリマス、寺內伯爵ハ朝鮮總督ノ在任中ニ於テ、併合後二年目ニ於テ、早クモ朝鮮ノ財政獨立ノ計畫ヲ立テラレテ、地租ニ於テ約四割、賦課稅ヲ加ヘマスレバ六割デアリマス、又從來市街地稅ト云フモノハ無カッタノデアリマスガ、新ニ市街地稅ヲ新設ヲシテ、時價ノ千分ノ七ト云フ重稅ヲ課セラレタノデアリマス、植民地ノ財政獨立ハ、主義トシテハ何人モ反對スル者ハナイノデアリマスガ、併シ是ガ實行ニ至リマシテハ、其方策ヲ誤ラヌコトヲ期セナケレバナラヌ、徒ニ財政獨立ノ美名ニ憧憬シテ、輕々ニ之ヲ斷行スルガ如キハ、政治家ノ最モ愼マナケレバナラヌ點デアリマス、朝鮮ガ保護政治ヲ施キマシテ以來、歷代ノ統監總督ガ最モ苦心致シマシタ點ハ、日本ノ政治ニ對スル朝鮮千五百万人ノ疑惑ヲ解クト云フ一點ニ在ッタノデアリマス、我帝國ガ日韓保護條約ヲ締結致シマシテ、統監府ヲ設置スルニ當ッテ、朝鮮ノ民心ハ我政策ニ對シテ大ナル疑ノ眼ヲ以テ視テ居ッタノデアリマス、然ルニ十年ノ歲月ノ間ニ於テ、斯樣ナル問題モ解決ヲ致サレマシテ、朝鮮人ガ我ガ新政ニ大分信賴ヲ致シテ來タノデアリマス、初メ我保護政治ノ時代ニ於キマシテハ、殖產工業ノ發展ヲ期スルガ爲ニ、統監府ニ付テハ種籾ヲ朝鮮人ニ配布シ、又蠶ノ種紙ヲ與ヘ、立派ナル所ノ鷄ノ卵ヲ與ヘテ之ヲ孵ヘセバ、從來ノ朝鮮ノ鷄ノヤウナモノデナイ、立派ナ鷄ガ產レルシ、又其卵ト云フモノガ非常ニ高ク賣レルト云フコトデ、斯樣ナル微細ナル點ニ涉ッテモ、注意ヲ致シテ殖產工業ノ獎勵ヲ致シタノデアリマスガ、此等ノ點ニ付キマシテモ、朝鮮人ハ非常ナ疑ヲ持ッテ種籾ヲ與ヘラレマシテモ、政府ハ無償デ斯樣ナルモノヲ吳レル譯ハナイ、必ラズヤ是ガ立派ニ稔ッタ時代ニハ、日本政府ハ之ヲ取ルノダラウ、蠶ノ種紙ヲ與ヘラレタ場合ニ於テモ、繭ニ成レバ日本政府ハ之ヲ徵發スルノデハナイカト云フヤウナ疑惑ヲ持ッテ居リマシテ、大小ノ官吏若クハ民間ノ者ガ、此等ノ疑惑ヲ解ク事ニ苦心シタ事ハ非常デアリマス、即チ我ガ政府ハ朝鮮ニ對シテ眞ニ善政ヲ施クノデアルト云フコトヲ說明シ、百方苦心ノ結果、此等ノ點ニ關シテモ非常ニ疑惑ガ解ケタノデアル、然ルニ併合後二年目ニ當リマシテ、突如トシテ時ノ朝鮮總督ハ地租ニ向ッテ又――市街地稅ニ向ッテ重稅ヲ課セラレタノデアリマスカラ、朝鮮人ハ之ニ對シテ何ト考ヘタカト思フト「サア御出デナサッタ」ト言ッタノデアリマス、詰リ籾ニシテモ取ラズ、親鳥ニシテモ取ラズ、繭ニシテモ取ラナカッタガ、稅金ト云フ形ニ變ジテ誅求ヲ致スノデアルト云フ風ニ誤解ヲ致シタノデアル、東洋人殊ニ支那人朝鮮人ノ如キハ、文明政治ノ優劣ヲ解スルノ能力ガアリマセヌカラ、直接ニ自己ノ負擔ノ輕キコトヲ以テ、必ズ善政ナリト信ジテ居ル民デアリマス、併合ニ致レマシテハ韓國政府ノ要路ノ大官其他主ナル者ニ向ッテハ公爵、伯爵、子爵、男爵ト云フ榮爵ヲ授ケラレ、又多額ノ恩賜公債ヲ下付セラレタノデアリマスガ、一般民人ニ對シテハ併合記念トシテ、總督府ノ主腦者ハ增稅ヲ斷行致サレタノデアリマス、政府者ハ此增稅ニ對シテ、徵稅ノ成績ヲ以テ或ハ何等ノ惡影響ナシト斷ズルカ知レマセヌガ、實際ニ朝鮮ノ事情ヲ知ッテ居ル者ハ、統治上惡影響ヲ及ボセルモノトシテ居ルノデアリマシテ、即チ日本ノ新政ニ對スル朝鮮人ノ誤解ガ了解シ掛ッタ際ニ於テ更ニ民心ヲシテ大ナル疑惑ニ陷ラシメタト云フコトハ、少シク朝鮮ノ統治ニ注意ヲシテ居ル者ノ悉ク感ズル所デアリマス、朝鮮ハ保護國ノ時代ト異ナリ、今日ニ於テハ帝國ノ領土デアリ、千五百万ノ民人ハ皆我同胞デアル、而シテ等シク 天皇陛下ノ赤子デアリマスカラ、是ガ統治ノ上ニ於キマシテ、新附ノ民人ヲシテ與ニ併合ノ本旨ヲ了解セシメ、帝國ノ忠良ナル臣民ト爲ラシムルコトニ付テハ、帝國ノ政治家ハ最モ大ナル注意ヲ拂ハナケレバナラヌコトデアラウト思ヒマス、本員ハ併合後ニ於キマシテハ、寧ロ一二年ノ間ハ若シ財政ガ許スナラバ、幾ラカノ租税ノ輕減ヲシテモ、日本ノ新政ニ對スル有難味ヲ感ゼシメ、且ツ日本ノ政治ニ對スル信頼心ヲ增サシメタイト思フノデアリマスガ、不幸ニシテ朝鮮統治ノ任ニ在ッタ寺内伯爵ハ、之ニ反シテ增税ヲ斷行セラレタノデアリマス、歐洲列國ノ例ニ見マシテモ、殖民地財政ノ獨立ト云フコトハ、何レノ國ト雖モ之ヲ無視スル所ハナイ、然ルニ增税ニ至ッテハ最モ愼重ナル注意ヲ拂ッテ居ルノデアリマス、殊ニ新附民人ノ苦痛ヲ感ズル直接税ヲ徴收スルガ如キハ、餘程同化ノ實ガ擧ッテ、與ニ國ノ政治ヲ了解シタル時機ニ到ルニ非ラザレバ、之ヲ斷行シナイコトヲ以テ例トシテ居リマス、隨テ殖民地ニ於ケル政費ガ足リナイ所ハ、公債支辨ニ仰イデ、其住民ニ政費ヲ負擔スベキ義務アルコトヲ知ラシメテ、增税ヲ行フ場合ニ於キマシテハ、民人ノ直接苦痛ヲ感ゼザル間接税若クハ專賣收入ニ依テ、財政ノ獨立ヲ圖ルコトハ、歐洲文明國ノ恐ク採ッテ居ル所ノ財政計畫デアル、此點ニ關シマシテ我ガ臺灣ノ統治ハ實ニ旨クヤッタト思フノデアリマス、即チ臺灣ノ財政ノ獨立ハ、臺灣領有後十年ニシテ之ヲ決行致シタノデアリマスガ、其財源ハ專賣收入若クハ關接税ニ依テ、完全ナル財政ノ獨立ヲ致シタノデアリマス、本員ハ斯カル意味ニ於キマシテ、地租增税ハ時機ヲ誤リ、朝鮮統治上ノ一大失政デアルト信ズル者デアリマスガ、政府ハ果シテ此點ニ關シテ如何ナル所信ヲ有シテ居ラレルノデアリマスカ、此點ヲ伺ヒタイト思フノデアリマス、最後ニ第六ニ伺ヒタイノハ、各殖民地ヲ通ジテ其施設經營ガ形式虚飾ニ流レ、一般民人ノ福利ヲ增進スルノ方策ヲ缺ケルノ憾アル一事デアリマス、之ニ對シテ政府ハ如何ナル所信ヲ有セラレルノデアリマスカ、我ガ殖民地ニ於ケル施設經營ヲ見マスレバ、臺灣ヲ見マシテモ朝鮮ヲ見マシテモ、亦關東州ヲ見マシテモ、如何ニモ一見立派デアリマス、一見堂々タル理想ノ政治ヲ行ッテ居ルヤウデアリマスガ、倩其内面ニ立入ッテ考査ヲ致シマスレバ、遺憾ノ點ガ尠カラヌノデアリマス、其最モ大ナル原因トモ申スベキハ、政治ノ方針ガ洵ニ形式ニ流レ、虚飾ニ陷ッテ實際ニ適合スベキ所ガ無イノデアリマス、形式政治虚飾政治カラ生ズル是ハ一大缺陷ニ外ナラヌト思フノデアリマス、例ヘバ朝鮮臺灣ノ例ニ見マシテモ、是等ノ政策上ノ一大缺陷ハ、教育ノ上ニ於キマシテモ、土木ノ上ニ於キマシテモ、治安維持ノ上ニ於キマシテモ、亦殖産興業ノ上ニ於キマシテモ、其他百般ノ政治ノ上ニ於テ現ハレテ居ルヤウニ信ズルノデアリマス、本員ハ茲ニ一々細カナル例ヲ擧ゲテ論ロマスルコトハ、長時間ニ亙リマスカラ之ヲ愼ミマス、併ナガラ一二ノ例ヲ擧ゲテ申シマスレバ、先ッ朝鮮ノ例デ申シマシテモ、京城若クハ其他朝鮮ヲ通過サレタ方ハ、悉ク目ニ著カレルコト、思ヒマスガ、京城ニ於テ最モ人目ヲ惹ク所ノモノハ、總督ノ新官邸デアリマス、而シテ第二番目ニハ朝鮮「ホテル」デアリマス、其他汽車デ漢江ヲ渡リマスルト、漢江ノ鐵橋ノ上ニ約一町許リノ所ニ堂々タル人道橋ガ架ケラレテ居ルコトデアリマス、其他地方ヲ見マシテモ、鎭南浦ニ於テ築港ヲ百四十万圓ノ金ヲ掛ケテ斷行サレテ居リマス、又仁川ニ於キマシテモ閘門式ノ大築港ガ行ハレテ、如何ニモ文明的施設ガ到ル所ニ於テ行ハレテ居ルヤウニ思フノデアリマスガ、然ルニ諸君、總督ノ新官邸ハ朝鮮統治ノ上ニ於テ幾何ノ貢獻ヲ致シテ居ルデアリマセウカ、此總督ノ新官邸ハ寺内伯ガ陸軍大臣ノ當時ニ於キマシテ、八十万圓ノ大金ヲ投ジテ京城ニ軍司令官ノ官邸トシテ建築ヲ致サレタノデアリマス、然ルニ其計畫ガ餘リニ大デアリマシタガ爲ニ、出來上リマシタ後ニ於キマシテ、住ムニ主人ガ無イノデアリマス、到底軍司令官ノ僅カナル俸給ヲ以テシテハ之ニ住ウコトガ出來ナイノデアリマス、隨テ殆ド是ガ出來上リマシテカラ、十年近クニモナルト思ヒマスガ、未ダ曾テ之ニ軍司令官ハ勿論、伊藤統監ト雖モ之ニ住ムコトガ出來ナカッタノデアリマス唯ミ之ヲ一回利用致シマシタノハ、昨年ノ朝鮮總督府始政七週年ニ當ッテ、紀念繪葉書ノ寫眞ハ使ハレタト云フ位ナモノデアリマス、而シテ軍司令官ノ官邸ニハ別ニ五十万圓ヲ投ジテ、新ニ建築サレテ居ルノデアリマス、巍然タル朝鮮「ホテル」ハ、是モ八十万圓ヲ投ジテ居ルノデアリマスガ、是ガ朝鮮統治ノ上ニ多數ノ民人ノ福利ヲ增進スル上ニ於テドレ丈ノ效果ガアルデアリマセウ、少數ノ外國人ハ之ニ來テ泊ッテ居リマスケレドモ、京城ニハ立派ナル他ニ「ホテル」モアレバ宿屋モアルノデアリマス、詰リ西洋人ノ泊ル「ホテル」モアレバ内地人ノ泊ル宿屋モアルノデアリマス、特ニ官府ガ八十餘万圓ノ大金ヲ投ジテ、斯樣ナル「ホテル」ノ設備ヲシナクテモ間ニ合ッテ行クノデアリマス、又漢江ノ人道橋ノ如キモ鴨緑江ノ鐵橋ニハ中央ニ汽車ヲ通ジテ、兩方ニ歩者ヲ通ズル所ノ立派ナル人道橋ガ併セテ設ケラレテアルノデアリマスガ、漢江ノ鐵橋ニハ其鐵橋ノ河上ニ、僅ニ一町許リヲ隔テタル所ニ、八十万圓ヲ投ジテ新タニ人道橋ヲ造ッタト云フヤウナ有樣デアリマス、朝鮮ニ於キマシテモ、臺灣ニ於キマシテモ、幾多ノ緊急施設ヲ要スルコトガ尠カラヌノデアリマスガ、民人多數ノ福利ヲ增進スル上ニ於ケル所ノ設備ヲ後ニシテ、少數ノ外國人ニ對スル所ノ設備ニ多大ナル金ヲ掛ケルガ如キハ、本末輕重ヲ誤ッテ居ラナイカト思フノデアリマス、鎭南浦ノ築港ニ於キマシテモ百四十万圓ヲ投ジテ、八箇年ニ亙ッテ工事ヲ致シタノデアリマシタガ、出來上リマシタ結果ト云フモノハ、何ノ役ニモ立タヌ、是ハ大正三年度ノ決算ニモ現ハレテ、不當支出トシテ會計檢査院ガ報告ヲ致シテ居リマス通リ、鴨緑江ノ遊泥ガ入リマシテ何等ノ役ニ立タナイ、二艘ノ浚渫船ガ朝カラ晩迄、三百六十五日泥ヲ揚ゲルコトニ掛ッテ居リマシテモ、尚ホ千噸ノ船ヲ入レルコトガ出來ナイト云フ有樣、是ハ併シ技師ノ設計ノ誤リデアリマセウ、我國ニ於キマシテモ斯樣ナル築港ノ失敗ハアルノデアリマスカラ、必ズ總督ノ責任ノミト之ヲ論ズルコトハ早計デアリマスケレドモ、斯樣ナル多額ノ金ヲ投ズルニ當ッテ、豫メ其設計ニ大ナル注意ヲ拂ハナカッタ結果デアルノデアリマス、斯ノ如ク都市ニ於ケル經營ニハ、非常ナル莫大ナル金ガ投ゼラレテ居ルノデアリマスガ、臺灣デモ朝鮮デモ、一歩鐵道沿線ノ地域外ニ入ッテ見マスルト、道路ト云フ道路ト云フモノハ殆ド無イノデアリマス、成程國費ヲ以テ計畫サレタ道路等ハ、朝鮮ノ如キハ最モ良ク出來上ッテ居ル所モナイデハアリマセヌ、是ハ主トシテ賦役ニ依テ道路ガ建設サレテ居ルノデアリマスガ、金ノ掛カル橋ナンカハ殆ド無イノデアリマス、一度雨ガ降リマスレバ交通杜絶ノ状態ニ陷ルノデアリマス、本員ハ京城ニ八十万圓ノ金ヲ投ジテ「ホテル」ヲ造ル金ガアルナラバ、五千圓ヲ投ジテ田舍ノ橋ヲ百六十若クハ溜池ヲ百六十造ッタ方ガ、遙ニ民人ノ福利ヲ增進スル上ニ於テ利益デアルト思フノデアリマス、斯樣ナル例ハ甚ダ尠カラヌノデアリマス、其他政務機關ノ尨大ナル事ニ付キマシテモ、朝鮮總督府ハ實ニ七十二人ノ勅任官ヲ有シテ居ルノデアリマス、最モ卑近ナル例ハ獨逸ガ膠州灣ヲ經營致シテ居リマシタ時分ニハ、大佐ノ「ワルデック」ト云フノヲ總督トシテ、其下ニ僅カナ將校ガ居ッタノデアリマスガ、日本ガ一度之ヲ占領致シマスルト、陸軍ノ中將デアル、軍司令官ヲ設キ、其下ニ民政長官ノ勅任一等官ヲ置キ、其下ニ勅任官ガ二人、高等官ガ數人居リマス、實ニ政務機關ノ尨大ニ陷ッテ、徒ラニ繁文縟禮デ政務ガ澁滯ヲ致シマス、現ニ青島ノ如キモ獨逸ガ經營シテ居リマシタ當時ニ比較シマスト、今日ハ非常ナ繁文縟禮ニ陷ッテ居ルノデアリマス、獨逸政廳ノ組織デハ一ツノ問題デモ總督ノ所ニ行ッテ、僅ニ五分間位ニシテ決定ガ附イタノガ、今日ハ民政署ヲ經由シ、其上ニ部長ヲ經由シ、民政長官及總督ノ決裁ヲ得ルコトデ、非常ナル手數ヲ要スルノデアリマス、本年度ノ豫算ニ於キマシテ、朝鮮總督ハ釜山ノ税關長ヲ勅任ニスルト云フコトデ、豫算ヲ要求サレタノデアリマスガ、斯ノ如キモ非常ナル誤リデアルト豫算委員會ニ於テモ大變物議ヲ醸シタノデアリマス、現ニ釜山ヨリモ約二千万圓位貿易額ノ多イ所ノ敦賀ノ稅關ノ主任者ト云フモノハ、判任官五級年俸六百圓位ノ官吏ガヤッテ居ル、對岸ノ門司デスラ一億數千万圓ノ輸出入額ガアルノニ、奏任官デ事務ヲ處理シテ差支ナイ、而モ今後二箇年後ニ於テ、內地ト朝鮮トノ關稅ノ障壁ハ撤廢サレル、此時ニ於テ特ニ釜山ニ勅任ノ稅關長ヲ置カナケレバナラヌト云フガ如キハ、何人ガ見テモ非常識ナル計畫デアリマス、現ニ此問題ガ豫算委員會ニ於テ非常ニ物議ヲ醸シマシタ結果、段々研究ヲ致シテ見マスト云フト、釜山ノ現在ノ稅關長ガ高等官二等デ、古イノデアルカラ之ヲ勅任官ニシナケレバナラヌト云フヤウナ、人間ノ待遇論カラ來テ居ルノデアリマシテ、眞ニ勅任官ノ稅關長ヲ必要トスルノデハナイノデアリマス、然ルニ此稅關長問題ガ議會ニ於テハ八釜敷クナリマシタ結果、事實ニ於テ之ヲ勅任ニスルト云フコトハ、甚ダ不穩當デアルトデモ總督府デ解釋サレタノデアリマセウ、八日ノ官報ヲ見マスルト云フト、釜山ノ稅關長ハ朝鮮總督府ノ營林廠長ニ轉任ヲシテ勅任官ニナッタノデアリマス、斯樣ナ實例ニ見マシテモ、如何ニ此政務機關ノ尨大デアッテ、繁文縟禮ニ陷ッテ居ルカト云フコトガ分ルノデアリマス、斯樣ナ點ニ就テ政府ハ大ニ此殖民地ニ於ケル財政行政ノ整理ヲ斷行スルノ意思ナキヤト云フコトヲ質問致シマシテ、此壇ヲ降ル次第デアリマス（拍手起ル）

朝鮮ノ生産ニ係ル物品ノ移入税免除ニ關スル法律案（政府提出）　第一讀會ノ續（委員長報告）

（小林源藏君登壇）

○小林源藏君　本員ハ竝ニ朝鮮ノ生産ニ係ル物品ノ移入税免除ニ關スル法律案委員會ノ經過竝ニ結果ヲ御報告致シマス、本案ハ法文極メテ簡單ナレドモ、國利民福ニ至大ノ關係アルモノト認メマシテ、委員會ヲ開ク事前後五回、政府委員ト質問應答ヲ重ネ研究ヲ致シマシタル結果、大體ニ於テ適當ナル法案デアルト認メマシタガ、唯ミ大麥卽チ「ゴールデンメロン」種、是ハ麥酒ノ原料トナルモノデアリマスガ、朝鮮ニ於テハ未ダ生産ヲシテ居ラヌノデアリマス、本年ノ六月頃ニ初メテ生産ヲスルダラウト云フ、將來ノ事ニ關係シテ居ルノデアリマス、且ツ内地ニ於キマシテ、此「ゴールデンメロン」種ノ生産ニ付テ、關東地方ノ如キ三十年來ノ苦心慘憺ヲ重ネテ、漸ク生産スルコトニナッタノデ、壓迫ヲ受クルノモ困難ノ結果ヲ來スダラウト云フノデ、此大麥「ゴールデンメロン」種ノ一項丈ヲ削除シテ、他ハ全部政府案ニ贊成スルコトニ大多數ヲ以テ議決致シタノデアリマス、其結果ト致シマシテ、第二號以下號數ハ順次繰上ガルコトニナリマス、而シテ其修正ニ付キマシテ政府委員ノ贊否ヲ求メマシタ所ガ、贊成トモ不贊成トモ遂ニ意見ヲ吐カレナカッタノデアリマスカラ、此修正ノ通リデ宜シイト認メテ居ラレルモノト認定シテ然ルベキモノト思フノデアリマス、議場ノ形勢ニ鑑ミマシテ、簡單ニ報告スル事右ノ如シデアリマス、ドウゾ此委員會ニ於ケル修正通リ御贊成アラムコトヲ希望致シマス（拍手起ル）

（拍手起ル）

○議長（大岡育造君）　本案ノ二讀會ヲ開クヤ否ヤヲ諮リマス

（「異議ナシ異議ナシ」ト呼フ者アリ）

○議長（大岡育造君）　御異議ガナケレバ本案ノ二讀會ヲ開クコトニ決シマス

○岩崎勳君　直ニ本案ノ二讀會ヲ開キ三讀會ヲ省略シテ、委員長報告ノ通リ卽チ委員會ニ於テ修正議決ノ通リ可決確定セラレンコトヲ希望致シマス

○議長（大岡育造君）　岩崎君ノ動議ニ御異議ハアリマセヌカ

（「異議ナシ異議ナシ」ト呼フ者アリ）

○議長（大岡育造君）　御異議ナシト認メマス、仍テ直ニ第二讀會ヲ開キ議案ノ全部ヲ議題ト致シマス

朝鮮ノ生産ニ係ル物品ノ移入税免除ニ關スル法律案　第二讀會（確定議）

（「異議ナシ異議ナシ」ト呼フ者アリ）

○議長（大岡育造君）　御異議ガナケレバ三讀會ヲ省略シテ、茲ニ可決確定シタルコトヲ宣告致シマス

○岩崎勳君　時間延長ノ御宣告ヲ請ヒマス

○議長（大岡育造君）　時間ガ切迫致シマシタカラ、時間ヲ延長シテ本日ノ日程ヲ議了シタイト思ヒマス――日程第八、重要物産同業組合法中改正法律案、第一讀會ノ續ヲ開キマス――委員長吉田中君

第一讀會

朝鮮銀行法中改正法律案（政府提出）

朝鮮銀行法中改正法律案

朝鮮銀行法中左ノ通改正ス

第七條中「總裁」ヲ「總裁、副總裁各」ニ改ム

第八條第三項中「理事」ヲ「副總裁及理事」ニ、「同條第二項ヲ左ノ如ク改ム

副總裁ハ總裁事故アルトキ其ノ職務ヲ代理シ總裁闕員ノトキ其ノ職務ヲ行フ

第九條中「總裁」ヲ「總裁及副總裁」ニ改ム

第十條中「總裁及理事」ヲ「總裁、副總裁及理事」ニ改ム

第十七條第一項ニ左ノ一號ヲ加フ

八　信託ノ業務

第二十二條中「三千萬圓」ヲ「五千萬圓」ニ改ム

第三十八條中「代理スル理事」ヲ「代理スル副總裁」ニ、「理事ノ分掌業務ニ係ルトキハ理事」ヲ「副總裁又ハ理事ノ分掌業務ニ係ルトキハ副總裁又ハ理事」ニ改ム

第三十九條中「理事」ヲ「副總裁」ニ改ム

第四十條中「總裁又ハ理事」ヲ「總裁、副總裁又ハ理事」ニ改ム

○議長（大岡育造君）　勝田大藏大臣

〔國務大臣勝田主計君登壇〕

○國務大臣（勝田主計君）　朝鮮銀行法中改正法律案ノ主要ナル點ハ、保證準備ノ擴張ニ在リマスルノデ、御承知アラセラレマスル如クニ、朝鮮銀行ハ明治四十四年ニ其保證準備ノ制限ヲ三千万圓ト限定ヲ致シタノデアリマス、其後今日ニ至リマスル迄變リハ御坐イマセヌ、然ルニ朝鮮ニ於キマスル所ノ人口ノ關係ナリ、或ハ産業貿易金融其他ノ總テノ關係ニ於テ、當時ヨリハ三倍位ナ增加ニナッテ居リマスルノデアリマス、而已ナラズ御承知アラセラレマスル如クニ、朝鮮銀行ハ滿蒙其他ニ於テ營業ノ區域ヲ擴メマシテ、殊ニ正金銀行ガ滿洲ニ於テ取扱ッテ居リマシタ所ノ金券モ、之ヲ朝鮮銀行ニ於テ引受ケルト云フヤウナコトニ相成リマシタノデ、是等ノ關係ヨリ致シマシテ、最近ニ至リマシテハ、常ニ千万圓內外ノ制限外ノ發行ヲ致シテ居ルト云フ狀況デアリマスルノデ、斯ノ如キ狀況デアリマスルカラシテ、保證準備ノ三千万圓ヲ二千万圓增加シマシテ、五千万圓ト致シマシテ、朝鮮ハ勿論滿蒙其他ニ於テノ此銀行ノ活動ヲシテ圓滑ナラシムルト云フノガ、本案改正ノ趣意デアリマス、此序ヲ以チマシテ朝鮮銀行ニ信託ノ業務ヲ兼營セシムルコトニ致シタイト思フノデアリマス、是ハ其他ノ特殊銀行ニ於テ大體加ッテ居ル所ノ營業科目デアリマス、竝ニ斯ノ如ク朝鮮銀行ガ朝鮮以外ニ發展致シマスル以上ハ、其重役等ノ關係ノ上ニ於キマシテ、副總裁ヲ茲ニ設ケル事ガ尤モ必要デアラウト思ヒマスルノデ、之ヲ今回設ケルコトニ致シマシタ、隨テ之ヲ設ケルニ付キマシテ、色々關係ノ條文ヲ改正致シテ居リマスル、是ガ大體此朝鮮銀行法中改正ノ趣旨デ御坐イマスルノデ、會期切迫ノ際デアリマスルガ、何卒速ニ御審議ノ上協賛ヲ與ヘラレンコトヲ偏ニ希望シマス

○議長（大岡育造君）　右議案ノ審査ヲ付託スベキ委員ノ選擧ヲ議題ト致シマス

右議案ノ審査ヲ付託スヘキ委員ノ選擧

○岩崎勲君　本案ハ臺灣銀行法中改正法律案外一件ノ委員ニ、併セテ付託セラレンコトヲ希望致シマス

○議長（大岡育造君）　岩崎君ノ動議ニ御異議ハアリマセヌカ

〔「異議ナシ」ト呼フ者アリ〕

大正七年三月二十日　議長ノ報告

大正七年三月十八日

内閣總理大臣伯爵寺内正毅

衆議院議長大岡育造殿

衆議院議員牧山耕藏君提出殖民地統治ニ關スル質問ニ對シ別紙答辯書差進候

（別紙）

衆議院議員牧山耕藏君提出殖民地統治ニ關スル質問ニ對スル答辯書

各殖民地ニ於ケル諸般ノ施設ハ順次進捗シ產業ノ開發一般經濟ノ進展共ニ大ニ見ルヘキモノアリテ人民ノ生活狀態益々改善ノ域ニ進ミ地方極メテ靜謐ニシテ秩序アル發達ヲ遂ケツヽアリ

殖民地統治機關ノ組織竝其ノ政策ニ關シテハ目下變更ノ必要ヲ認メサルモ常ニ考究ヲ懈ラサルヘシ

大正七年三月十八日

内閣總理大臣伯爵寺内正毅

第一　朝鮮人官吏ノ恩給、退隱料及遺族扶助料等ニ關スル法律案（政府提出、貴族院送付）　第一讀會ノ續（委員長報告）

（小山田信藏君登壇）

○小山田信藏君　唯今議題トナリマシタ朝鮮人官吏ノ恩給退隱料及遺族扶助料等ニ關スル法律案ノ委員會ノ經過竝ニ結果ヲ御報告申上ゲマス、本案ノ内容ハ極メテ簡單デアリマシテ、日韓併合前卽チ統監府設置ノ當時、韓國政府ノ官吏ニシテ尙ホ引續キ在官ノ者ニ對シ、恩給退隱料遺族扶助料ヲ給スルト云フコトニ付テ——其年限ニ付テ語リ統監府設置ノ年ヨリ通算致シマシテ、之ニ與ヘルト云フ案デアリマス、委員會ハ三囘開キマシテ、委員ヨリ幾多ノ質問應答ガアリ、又委員ノ中ヨリ元來恩給法ノ精神ハ日本人ニ限ッテ居ル、然ルニ日韓併合前ノ朝鮮人ニ對シテ恩給法ヲ制定スルト云フノハ、ドウ云フ理由デアルカト云フ質問モアリマシタ、ソレニ對シマシテ政府ハ、日韓併合前ト雖モ、統監府監視ノ下ニ韓國政府ノ官吏ハ其事務ヲ執ッテ居タノデアルカラ、日韓併合後ト何等事實ニ於テ變ッタコトガナイト云ソヤウナ說明デアリマシタ、委員會ニ於テハ此法案ハ朝鮮統治ノ政策上必要ナル案ト致シマシテ、滿場一致ヲ以テ可決致シマシタ、何卒諸君ニ於カレマシテモ、委員會ノ決議通リ御贊成アランコトヲ希望致シマス

○議長（大岡育造君）　本案ノ二讀會ヲ開クヤ否ヤヲ御諮リ致シマス

（「異議ナシ異議ナシ」ト呼フ者アリ）

○議長（大岡育造君）　二讀會ヲ開クニ御異議ナキモノト認メマス、卽チ本案ハ二讀會ヲ開クコトニ決シマス

○岩崎勳君　直チニ本案ノ二讀會ヲ開キ三讀會ヲ省略シテ委員長報告通リ可決確定セラレンコトヲ希望致シマス

○議長（大岡育造君）　岩崎君ノ動議ニ御異議ハアリマセヌカ

（「異議ナシ異議ナシ」ト呼フ者アリ）

○議長（大岡育造君）　御異議ナキモノト認メマス、依テ直チニ第二讀會ヲ開キ議案全部ヲ議題トナシ、三讀會ヲ省略スル手續ヲ採リマス

朝鮮人官吏ノ恩給、退隱料及遺族扶助料等ニ關スル法律案　第二讀會（確定議）

○議長（大岡育造君）　御異議アリマセヌカ——原案ニ付テ御異議ナキモノト認メマス、仍テ三讀會ヲ省略セラレ、二讀會ニ於テ全部可決確定シタルコトヲ宣告致シマス——日程第二、海軍ニ於テ海軍採炭所ノ石炭ノ買入ニ關スル法律案、第一讀會ノ續ヲ開キマス——委員長高戸部三君

日本興業銀行法中改正法律案(政府提出)　第一讀會ノ續(委員長報告)
朝鮮銀行法中改正法律案(政府提出)　第一讀會ノ續(委員長報告)

(中村啓次郎君登壇)

(拍手起ル)

○中村啓次郎君　唯今議題ニナリマシタル兩案ノ委員會ニ於ケル經過及結果ノ御報告ヲ申上ゲマス、先ヅ興業銀行法中改正法律案ノ主ナル改正ヲ求メタル點ハ、興業銀行ノ業務ノ擴張デアリマス、一ツハ船舶ニ對スル貸付、又造船材料等ニ對スル貸付、長期ハ十五年ノ年賦償還貸付モ御坐イマスルシ、五年ニ亙リマスル定期償還貸付モアルノデアリマス、是ガ一ツデアリマス、今一ツハ他ノ會社ノ株式ヲ引受クル事、或ハ株式ノ募集ニ應ズル事、此二點ガ興業銀行ノ業務ヲ擴張スル點デアリマス、委員會ニ於キマシテハ株式應募ノ點等ハ――株式ノ募集ニ應ズル事、若クハ引受ヲ致ス事ハ今日ノ時局ノ對應策ト致シマシテ、工業會社ノ事業ヲ發展セシムル上ニ於テハ、是非興業銀行ヲシテ斯様ナル營業ヲ爲サシメナケレバナラナイト云フ事ニ、一致致シテ居ルノデ御坐イマス、ソレカラ此船舶貸付ニ付キマシテハ、多少ノ議論モアリマシタガ、結局銀行業務ニ從事スル者ノ手腕ヲ信頼スレバ宜シイノデアルト云フ事ニナリマシテ、何レモ全會一致ヲ以チマシテ、此改正案ヲ可決スル事ニナッタノデアリマス――ソレカラ朝鮮銀行法中ノ改正ヲ求メマシタル主ナル點ハ、保證準備ノ擴張デアリマス、朝鮮銀行ハ御承知ノ通リ韓國銀行ガ朝鮮併合ニ依リマシテ、朝鮮銀行ト成ッタノデ二千万圓ノ保證準備ヲ一千万圓增シテ三千万圓ニナッタノデ、明治四十三年――今ヨリハ八年前デアリマス、其後朝鮮ノ經濟狀態ニ非常ナル進展ヲ致シテ居ルト云フコトハ、諸君ノ御承知ノ通リデアリマシテ、殊ニ同銀行ハ最早朝鮮一地域ノ銀行ニ非ズシテ、滿蒙方面、北支那方面ニ對シテ大ナル活動ヲ致シテ居リマスシ、又西比利亞方面迄其業務ヲ擴張致サセタイト云フ考ヲ持ッテ居ルノデアリマス、斯様ニ我國ノ大陸ニ對スル經濟發展ヲ圖ル一ツノ機關デアリマスガ故ニ、今日ニ當リマシテ二千万圓ノ保證準備ヲ一層擴張スル事ハ適當ナル事ト認メマシテ、全會一致ヲ以テ委員會ニ於テ可決シタノデアリマス、他ニ或ハ總裁ノ下ニ副總裁ヲ置クト云フヤウナ事、信託業務ヲ營ムト云フヤウナ事ハ、是ハ何レモ當然ノ必要ナル事項デアルト致シマシテ、可決ヲ致シタノデアリマス、右御報告致シマス(拍手起ル)

○議長(大岡育造君)　委員長報告兩案ノ二讀會ヲ開クヤ否ヤヲ御諮リ致シマス

(「異議ナシ」ト呼フ者アリ)

○議長(大岡育造君)　御異議ガナケレバ兩案トモ第二讀會ヲ開クニ決シマス

○岩崎勲君　直ニ兩案ノ二讀會ヲ開キ、三讀會ヲ省略シテ委員長報告ノ通リ可決確定セラレムコトヲ希望致シマス

○議長(大岡育造君)　岩崎君ノ動議ニ御異議アリマセヌカ

(「異議ナシ」ト呼フ者アリ)

○議長(大岡育造君)　御異議ガナケレバ直チニ兩案ノ二讀會ヲ開キ全部ヲ議題ト致シマス

日本興業銀行法中改正法律案　第二讀會(確定議)
朝鮮銀行法中改正法律案　第二讀會(確定議)

○議長(大岡育造君)　御異議アリマセヌカ

(「異議ナシ」ト呼フ者アリ)

○議長(大岡育造君)　御異議ハナイト認メマス、仍テ三讀會ヲ省略シテ可決確定シタル事ヲ宣告致シマス

○岩崎勲君　唯今ノ追加豫算ハ委員長ガ議席ニ見エマセヌデアリマスカラ、後廻シトセラレム事ヲ希望致シマス

○議長(大岡育造君)　追加豫算ハ後廻シト云フ事ニ御異議アリマセヌカ

(「異議ナシ」ト呼フ者アリ)

○議長(大岡育造君)　御異議ハナイト認メマス――日程第五、會計士法案ノ第一讀會ヲ開キマス――提出者高木益太郎君

第二　北鮮、裏日本連絡航路延長ニ關スル建議案（櫻井兵五郎君提出）

北鮮、裏日本聯絡航路延長ニ關スル建議案

北鮮、裏日本聯絡航路延長ニ關スル建議

政府ハ北鮮ト裏日本ト聯絡ノ爲航路補助費ヲ支出シ元山、淸津、敦賀間ノ航路ヲ開始セシメムトスルハ洵ニ時宜ニ適シタル處置ト認ム然レトモ單ニ之ヲ元山、淸津、敦賀或ハ舞鶴間ニ止メムトスルハ與ニ該聯絡ヲ完ウスル所以ノ途ニ非ス故ニ更ニ進ムテ裏日本ノ中樞タル七尾及伏木迄該航路ヲ延長セムコトヲ望ム

右建議ス

（櫻井兵五郎君登壇）

（拍手起ル）

○櫻井兵五郎君　諸君、北鮮ト裏日本ノ聯絡航路延長ニ關スル――建議ノ趣旨ヲ大體申述ベタイト思ヒマス、本案ノ要旨ト致シマスル所ハ、北朝鮮ト裏日本トノ交通ノ途ヲ開キタイ、北鮮及ヒ裏日本ノ交通ヲ完全ニ致シタイ、更ニ進ンデハ日本内地ト竝ニ此北鮮ヲ通ジテ、滿洲及ビソレ以北ノ交通ヲ開キタイト云フノガ本案ノ要旨デアリマス、御承知ノ如ク現在ハ主トシテ關門ヨリ釜山ヲ通ジテ朝鮮及滿洲ニ參ル所ノ交通ガ開ケテ居ル譯デアリマスルガ、是ヨリモ日本海ヲ横斷スル所ノ航路ヲ開キマシタナラバ、是ガ距離ニ於テ最モ近イノデアリマス、其距離ノ比較ヲ申シマスルナラバ、大阪ヨリ北朝鮮ノ淸津ニ至ル所ノ航路ノ浬數ハ八百九十八浬、然ルニ此北陸ノ七尾港ヨリ淸津ニ參リマスル所ノ浬數ヲ調ベテ見マスレバ四百六十八浬デアリマス、其差ガ四百三十浬モアルノデアリマス、又元山ニ對シマシテモ百八十一浬ノ差ガアル、京城ニ對シテモ九十浬ノ差ガアルト云フ譯デアリマシテ、日本海ノ横斷航路ヲ開キマシタナラバ、非常ニ朝鮮トノ距離ガ近クナル、殊ニ淸津ヨリ會寧ニ至ル所ノ鐵道ガ近來開通ヲ致シマシタガ、ソレヨリ先キ即チ吉林ニ至ル所ノ鐵道ノ開通ヲ見ルニ至リマシタナラバ、長春ニ達スル最モ近イ通路ニナル譯デアリマス、斯樣ナ次第デアッテ、距離ニ於テ日本海ヲ横斷スルト云フ航路ヲ開クコトハ、裏日本ト滿洲ノ關係ヲ密接ニスルノ最モ徑捷ノ道デアリマス、又一方物資ノ關係ヲ調ベテ見マスレバ、内地ヨリ彼ノ北鮮ノ方ヘ參リマスル物ニハ、米、茶、食鹽、味噌、醬油、淸酒、或ハ木綿、石油、器械、陶磁器等非常ニ澤山ノ物ガ向フノ方ヘ參ル、燐寸ノ如キモ非常ニ大キナ額デアリマス、又彼地ヨリ此方ニ運ビマスル物ニ於テハ、大豆、主トシテ肥料ニスル所ノモノデアリマスガ、生牛、麻、魚類ト云フヤウナ物資モアルノデアリマス、此航路ヲ開クヤ否ヤ、直チニ經濟上此航路ガ引合フトハ申サレマスマイケレドモ、將來ニ於テ此裏日本ト北鮮トノ經濟關係ガ密接ニナルニ從ッテ、此航路モ優ニ獨立スル見込ヲ持ッテ居ル次第デアリマス、是ハ多年此兩關係地方、即チ裏日本竝ニ北鮮地方ノ輿論デアリマシテ、此航路ノ開ケルコトヲ、切ニ兩關係地方ニ於テ希望ヲ致シテ居ッタ次第デアリマスルガ、政府ハ茲ニ見ル所ガアリマシタカ、此一部トモ稱スベキ航路、即チ淸津ト元山ヨリ敦賀ニ至ル航路ヲ開クベク、大正七年度ニ於テ朝鮮總督府ヨリ二十一万七千六百八十九圓ト云フ補助費ヲ出シテ、此航路ヲ開クト云フ案ヲ出サレタノデアリマス・此案ハ即チ淸津元山ヨリ敦賀ニ達スルト云フ丈ニ限定セラレテ居ル、併ナガラ本員ノ考ヘマスルノニ、是ハ單ニ敦賀ニ達スル丈デアッテハ、裏日本トノ交通ヲ――完全ニ交通關係ヲ完全ニ開クコトガ出來ナイ、寧ロ敦賀ニ達スルト云フコトハ、即チ敦賀ヨリ大阪、京阪地方、近畿方面、此方面ノ交通關係ヲ目的トシテ居ルヤウニ思ハレル、然ラバ則チ是ハ一部分デアル、殊ニ近畿地方ハ關門ヲ通ジテ、現在朝鮮ニ至ル所ノ便宜ノ交通機關ヲ持ッテ居ルヤウナ譯デアリマス、而シテ更ニソレヨリモ不便ヲ感ジテ居リマスル所ノ方面ハ、此北陸地方竝ニ信越線ヲ通ジテ、東海東山デアリマシテ、此聯絡ガ最モ切要デアル、此聯絡ノ途ガ開ケテ、始メテ裏日本竝ニ内地ト北鮮及滿洲トノ聯絡ヲ全ウセラレル譯デアリマス、此航路ヲシテ單ニ敦賀ニ止メズ、之ヲ七尾及伏木ニ延長シ、以テ信越線トノ聯絡ヲ圖リタイト云フノガ、此處ニ航路延長ト稱シテ此建議案ヲ提出シタ所以デアリマス、本來ハ此裏日本ノ中樞ト、北鮮トノ聯絡航路ヲ要旨トスルノデアリマスケレドモ、既ニ政府ニ於テ此ノ敦賀迄ノ航路ヲ開通スルコトニ決シタル故、之ヲ延長スルト云フヤウニスル方ガ早イ、直チニ大正七年度ヨリ實行ガ出來ル、現ニ政府ガ此航路補助費ヲ與ヘルニ付テ、條件ノ一ツノ箇條ニ、即チ之ヲ條件ニ掲ゲテ居ラル、ノデアル、ト云フノハ「政府ニ於テ必要ト認ムルトキハ本航路内ニ於テ寄港地ノ增加又ハ變更ヲ命スルコトアルヘキコト」此條件ヲ附シテ二十一万餘ノ補助金ヲ與フルノデアリマス、故ニ此項ヲ適用スルナラバ、直チニ七尾及伏木ニ延長スルコトガ、大正七年度ニ於テ實行ガ出來ルト思ヒマス、此方ガ捷徑デアリマスカラ、航路延長ニ關スル建議ト云フ名稱ヲ用ヒタ次第デアリマス、併ナガラ本案ノ要旨ハ前申ス通リ、飽迄モ裏日本及ヒ北鮮ノ直接關係、竝ニ内地ト北鮮ヲ通ジテ滿洲ト西比利亞ノ最モ近イ道ヲ開キタイト云フノガ本案ノ眼目デアリマス、又軍事上カラ考ヘマシテモ、第九師團ヲシテ吉林ニ出ヅル鐵道ヲ將來開ク時ガ來マスレバ、長春ニ達スル最モ捷徑デアリマスカラ、軍事上ニ於テモ最モ便宜尠ナカラザルモノト信ジテ居ル次第デアリマス、願クハ諸君ノ御賛同ヲ得テ、以テ此建議ノ趣旨ヲ速カニ實現セラレンコトヲ、切ニ希望スル次第デアリマス

（拍手起ル）

朝鮮總督府會社令ニ關スル質問主意書

右成規ニ據リ提出候也

大正七年三月七日

提出者　岡田榮

賛成者　齋藤壽雄

外三十二人

朝鮮總督府會社令ニ關スル質問主意書

朝鮮總督府會社令ハ其ノ制定以後既ニ八年今ヤ民智ノ進歩ハ斯ノ如キ變則ノ制度ヲ要セサルノミナラス邦ノ産業ノ發達ヲ阻害スルモノト認ム政府ハ之ヲ廢止スルノ意思ナキヤ

右及質問候也

一　朝鮮警務機關ノ組織ニ關スル質問（陣軍吉君提出）

朝鮮警務機關ノ組織ニ關スル質問主意書

右成規ニ據リ提出候也

大正七年三月六日

提出者　陣　軍　吉

贊成者　恆松隆慶

外三十五人

朝鮮警務機關ノ組織ニ關スル質問主意書

政府ハ朝鮮ニ於ケル警務機關ノ組織ヲ改定スルノ意ナキヤ

右及質問候也

（陣軍吉君登壇）

○陣軍吉君　本員ハ質問スル前ニ方ッテ、豫メ諸君ノ御同情ヲ得テ置キタイト思ヒマス、其理由ハ實ハ此質問ハ去ル六日ニ提出シタノデ御坐イマス、然ルニ其後十五六日以後ニ質問書ヲ提出シタモノハ、私ヨリモ既ニ先ニ濟ンデ居ルノデ御坐イマス、幸ニ去十九日ノ日程ニ上リマシタガ、緊急動議ヲ以テ又復延期ニナッタノデ、斯樣ニ會期切迫ノ今日ニ於テ、日程ニ上ルコトニナッタノデ御坐イマスカラ、聊カ長クナルカモ知レマセヌ、左樣ノ事情ニ依テ言論中止ノ簡單々々丈ハ、豫メ御免ヲ蒙ッテ置キタイト思ヒマスカラ、此段御同情ヲ得テ置キマス（「簡單々々」ト呼フ者アリ）簡單ハ承知シマセヌ、本員ハ此朝鮮ノ統治上同化政策上ノ實績ヲ擧ゲマス上ニ於テ、最モ重大ナル關係ヲ有シテ居ル警務機關ノ組織ニ關シテ、政府ノ所見ヲ問ハムト欲スル者デアリマス、諸君、日露戰爭ノ結果日韓協約ヲ締結シ、韓國ニ對シテ保護政治ヲ施シ、其後世界ノ大勢ニ鑑ミマシテ、兩國主權者ノ合意ニ依テ韓國ハ完全ニ我帝國ノ領土ニ歸シタノデ御坐イマス、而モ我帝國ハ此新附ノ同胞ニ對シテ一視同仁ノ下ニ同化ノ政策ヲ執ラナケレバナラヌノデ御坐イマス、而シテ其實績ヲ擧ゲルニ付キマシテハ、政治上ノ施設ニ多大ノ注意ヲ拂ハナケレバナラヌト云フコトハ當然ノ事デアリマス、本員ハ此意味ニ於キマシテ、此重大問題タル警務機關ノ組織變更ニ付キマシテ、政府ニ質スル所以デ御坐イマス、倂ノ朝鮮警務機關ノ組織ハ、舊韓國政府時代即チ統監府時代ニ於テ、純然タル警察組織ノ下ニ各道ノ治安維持、秩序回復、及日韓人ノ身體生命ト財産ノ保護ニ對シテ、全力ヲ傾注シタノデアリマシテ、最モ警察ノ本能ヲ發揮シ、其效果ノ顯著ナリシコトハ、官民ノ能ク認ムル所デアリマス、殊ニ其當時ハ各道ニ暴徒蜂起シ、殆ド戰時狀態ニアリマシタニモ拘ラズ、警察ノ目的ハ遺憾ナク遂行シ、所謂警察本分タル職責ヲ盡シタルコトハ、一般識者ノ認ムル所デアリマス、然ルニ時ノ寺內統監ハ赴任匆々、未ダ韓國ノ事情ニモ通ゼザルニ拘ラズ、前任者タル伊藤統監並ニ曾禰統監ノ政治政策ノ方針ヲ急激ニ變改シテ而シテ、警務機關ノ組織ニ大變更ヲ斷行サレタノデアリマス、即チ警察本位ノ制度ヲ憲兵本位ノ制度ニ變更シタノデアリマス、惟フニ時ノ寺內統監ハ、日韓併合ノ準備トシテ、此警察官ノ組織ニ一大變改ヲ加ヘタノデアラウト思ヒマス、倘換言スレバ朝鮮各道ニ於ケル暴徒ノ再發センコトヲ慮リ、排日思想ノ誘致ヲシテ、再ビ亂世ノ狀態ニ陷ルコトヲ虞カリシ餘リ、現行ノ憲兵制度ニ變更シテ防遏警戒ノ備ヲ爲シタモノデアルト思ヒマス、而シテ寺內伯ガ朝鮮ニ統監トシテ着任ノ當時ハ、既ニ朝鮮各道ニ於ケル所ノ暴徒ハ稍ミ鎭定シテ居ッタノデアリマス、日韓併合シテ秩序モ當ニ恢復シテ居ッタノデアリマス、唯ミ纔ニ不安デアルト云フ杞憂的ノ痕跡ヲ留メタニ過ギヌノデアル、斯ノ如ク併合ノ際ハ、折角警戒防遏ノ目的ヲ以テ、武斷的ニ改定シタル所ノ警務機關ノ組織ノ改革モ、杞憂ニ屬シタノデアリマス、否ナ寧ロ狼狽過ギタル譏リハ日韓民ノ異口同音ニ唱ヘタ所デアリマス、其併合後ニ於ケル所ノ朝鮮各道ノ形勢ハドウデアッタカ、果シテ暴徒ノ防遏ヲ誘致シタノデアルカ、倘排日思想ノ度ヲ高メタノデアルカ、決シテ斯カル事迹ハ無カッタノデアル、即チ寺內統監ガ準備行爲ノ豫想ニハ反シタノデアリマス、併合前ト餘リ異ナル所ハ無カッタノデアリマス、寧ロ平穩無事ノ狀態デアリマシタ、何ノ爲メニ此警務機關ノ組織ノ改定ヲシタルカ、其後ニ何等ノ影響モ波及シナカッタノデアリマス、而モ此組織變更ニ付テハ、實ハ莫大ナル費用ヲ投シテ、大袈裟ナル獻立ヲナシタニ拘ラズ、ソレ丈ノ效果ヲ收ムルコトガ出來ナカッタノデアル、却ッテ憲兵制度ニ對シテハ、日韓民ノ間ニ非難攻擊ノ聲ヲ擧グルニ至ッタノデアル、斯ノ如ク朝鮮統治上或ハ政策上、悉ク武斷政治ニ陷リマシテ、高壓手段ヲ弄シ、言論ノ壓迫ヲ敢テシ、却テ日韓民ノ反感ヲ購フニ至ッタノデアリマス、而シテ此憲兵制度ニ改メマシタ所ノ結果ハ、司法事務ニ對シマシテモ至大ノ影響ヲ及ボシテ來タノデアリマス、司法警察事務ニ全ク無經驗ナル所ノ、而モ法學通論スラ聽講シタルコトモナキ、全ク法規ノ觀念ニ乏シキ所ノ步兵、砲兵、騎兵科出身ノ軍人ヲシテ、憲兵並ニ憲兵將校ニ任用シ、同時ニ其將校ヲシテ警視ニ、若クハ憲兵伍長ヲシテ警部ニ任用シタガ爲メニ、行政警察ノ運用上ニ於テ、恰モ暗夜放矢ノ危險ヲ招イタノデアリマス、司法警察上ノ智識ニ乏シキ此憲兵ガ職務ヲ執行スル上ニ於テハ、寔ニ危險千萬ナ事ガ尠ナカラヌノデアリマス、殊ニ犯罪搜索乃至聽取書ノ作成スラ不完全極マル故ニ、隨ッテ判事檢事ノ執務上ニモ、非常ニ影響ヲ及ボシマシテ、其事務ヲ執ル上ニ於テ、寧ロ苦シタノデアリマス、政府ハ果シテ此實例ヲ承知シテ居ルカドウカ、又完全ニ司法行政事務ヲ執行シ得ラレルモノト信ジテ居ルカ否ヤ、此點ヲ伺ヒタイノデアリマス、朝鮮ニ於ケル現行警務機關ノ組織ト云フモノハ、總テ系統的ニ軍人ガヤッテ居ル、警務總監部ニハ警務總長ヲ置キ、各道ニハ所謂佐官タルベキ、而モ老朽ノ佐官タルベキ者ニ、警務部長ノ職ヲ以テシ、其下ノ警視警部ニハ即チ少尉中尉大尉ヲ警視トシ、或ハ憲兵伍長軍曹ヲ以テ警部ニ任用シテ居ルノデアル、諸君、如何デ御坐イマスカ、斯ノ如キ即チ各道ニ居ル所ノ警務部長ハ、既ニ後備役ニ編入サレントスル其前デアル、軍事上ニハ多年ノ經驗モアリ、或ハ其智識經驗ハ豐富ナルベシト雖モ、

（此時副議長濱田國松君退席議長大岡育造君著席）

○陣軍吉君　不慣レナル所ノ警察事故ニ對シテ、何等ノ經驗モナク又法律上ノ智識モナク、法規ヲ解釋スル所ノ智識ニモ乏シキ者ガ、各道ノ警察ノ首腦者トナルト云フコトハ、果シテ完全ニ警察事務ガ行ハレマセウカドウカ、吾ミハ甚ダ之ヲ懸念ニ存ジテ居ル次第デアリマス、又各道ノ警察部ニハ即チ警察令ナルモノモ、此憲兵佐官タルベキ警務部長ガ發スルノデアリマス、各道ノ長官ハ警察事務並ニ衞生事務ニ對シマシテハ、命令ヲ發シ若クハ處分ヲ爲ス所ノ權限ヲ有タナイノデアリマス、例ヘバ日本ニ於テハ府縣知事ハ警察權ヲ有シ、警務部長ハ補助機關デアリマスガ、朝鮮ハ之ト反對ニ警察部長ガ即チ警察令ヲ發スル所ノ權限ヲ有シテ、道長官ハ之ヲ有サナイノデアリマス、即チ補助機關タルベキ所ノ警務部長ガ此權限ヲ有シテ、道長官ハ何等此權限ヲ有シテ居ラヌノデアル、寔ニ變挺ナル制度デアルト思ヒマス、斯ノ如キ制度デアリマスガ、故ニ、色ミナ點ニ關係ヲ有スルノデアリマス、例ヘバ下ノ憲兵カラ上ハ總督ニ至ル迄、總テ系統的ニ軍人ヲ以テ嵌メテアリマスル爲メニ、他ノ文官ノ不始末ト云フヤウナコトニ付テモ、針小棒大ニ報告スルノデアル、總督ノ方ニ於テハ自分ノ部下タルベキ所ノ、總テ憲兵ノ系統ヲ經タ報告デアリマスカラ、悉ク之ヲ信ズルト云フヤウナ有樣デアル、又若シ他ノ文官ガ憲兵ノ

不正非行等ヲ發見シテ、之ヲ上官ニ、卽チ上司タル所ノ總督ニ報告致シマシテモ、之ヲ事實ト看做サナイ、實ニ其遣方ハ甚ダ不都合ナ事ノミデアルト私ハ認メテ居ルノデアリマス、尙ホ現行ノ朝鮮ニ於ケル所ノ制度ハ、殆ド韓國四百年來、卽チズット舊來ニ繰返シタ狀態デアルト思ヒマス、韓國ニ於ケル開國四百年來ノ警察制度ナルモノハ、軍務ト警務、若クハ獄務財務、此混同狀態デアリマシタガ、今日ノ朝鮮ノ警察機關ノ組織ト云フモノハ、殆ド軍務ト警務ト混同シタモノデ、所謂韓國四百年來ノ昔ニ遡ッタ歷史ヲ繰返シテ居ルノデアル、苟モ今日憲法ヲ施イタル所ノ朝鮮ニ對シテ、斯ノ如キ舊式ノ制度ヲ襲ルト云フコトハ、甚ダ不都合デアルト本員ハ考ヘルノデアル、又此憲兵制度アルガ爲ニ、朝鮮ノ各道ニ於ケル行政事務ハ實ニ澁滯ヲ極メテ、進步發展シナイト思ヒマス、何トナレバ其事實ヲ擧ゲテ申シマスルガ、彼ノ慶尙南道ニ於ケル警務部長ト、其警察署長タル所ノ警視ト、非常ニ反目嫉視シテ居ルノデアリマス、ソレハ何ニ原因スルカト申セバ、彼地ノ遊廓問題ニ關シテ反目嫉視スルト云フコトニナッテ居ル、警務部長ハ民間ノ二三ノ者ト結託シテ、遊廓地ノ指定地問題ニ密ニ運動シテ、又密ニ二三ノ人民ト相談ヲ致シテ、其移轉ヲ致シタノデアリマスガ、之ヲ監督スル所ノ直接ノ署長ナルモノハ、少シモ之ニ喙ヲ容レルコトガ出來ナイ、聊カ喙ヲ容レマシタ所ガ、警務部長ノ爲ニ一大叱責ヲ蒙リ、其上ニ尙ホ他ニ轉任ヲ命ゼラレタト云フコトデアリマス、苟モ一道ノ警務部長ナル者ガ、遊廓地ノ移轉地ヲ指定スルニ方リマシテ、自分ノ部下ノ警視署長等ニ何等ノ相談モナク、却テ民間ノ者ト相結託シテ、是ガ敷地ヲ決定スルト云フ事ハ甚ダ宜シクナイ、殊ニ警務部長ガ部下ノ警視ヲ統御スルノ才幹智識ナキニ至ッテハ、實ニ驚クニ堪ヘタル次第デ御坐イマス、隨テ此警務部長ト警察署長トノ相反目ノ點ハ、朝鮮人カラ見テ異樣ノ感ヲ起シテ居ルノデ御坐イマス、卽チ警務部長ト警察署長ノ反目ハ延テ其地方ノ安寧秩序ヲ破壞シ、或ハ朝鮮人ノ同化政策ニ非常ナ影響ヲ及ボシタト云フ事ハ事實デアリマス、是ハ本年ノ一月二十八日、九日、三十日、此三日間ノ大阪每日新聞ニ揭載サレマシタカラ、能ク諸君ニ於カレマシテモ御承知ノ事ト存ジマス、又或ル所ノ警務部長、卽チ佐官タル大佐、中佐、少佐、是ガ卽チ各道ノ警務部長ヲ致シテ居リマスガ、實ニ奇々怪々ナル事ガ尠カラヌノデ御坐イマス、ソレハドウ云フ事カト申シマスルト、或道ニ於キマシテハ、此警務部長ガ警察權ヲ有スルガ爲ニ、此自轉車ノ免許ヲスルト云フコトニ付キ、卽チ警務部長ガ許可スルノデ御坐イマス、然ルニ他人ノ名義ヲ以テ自轉車ヲ澤山買ウテ、貸自轉車ヲヤッテ營業ヲ營ンデ居ル、如何デ御坐イマスカ、此自轉車ヲ取締ラナケレバナラヌ警務部長ガ、自ラ他人ノ名義ヲ以テ、サウシテ自分ノ內職ヲ致シテ居ルト云フ事ハ甚ダ不都合デアル、サウシテ每月六百圓餘リノ收入ヲ其警務部長ハ得テ居ルト云フコトデアル、若シ日本ノ警察部長ニシテ斯ノ如キ事ガアッタナラバ、三日間ノ中ニ免職サレルニ違ヒナイト思ヒマス又……

○法學博士政尾藤吉君　議長――共通法案ノ委員會ヲ開キタイト思ヒマスカラ許可ヲ願ヒマス

○議長（大岡育造君）　許可致シマスガ、以後ハ議員ノ發言中ニ御求ノナイヤウニ御注意致シマス

○陣軍吉君　此憲兵本位ノ制度實施後、卽チ大正五年八月ニハ如何ナル一大珍事ガアリマシタカ、洵ニ由々敷キ大事件ガ勃發シタノデ御坐イマス、ソレハ諸君ノ御承知モアリマセウガ、黃海道海州地方法院ノ氏野檢事正ハ、何人ノ爲ニ殺害サレマシタ、是ハ卽チ其部下ニ居ル所ノ憲兵伍長ガ「ピストル」ヲ以テ之ヲ殺害シタノデ御坐イマス、苟モ警察ノ事務ヲ執ル所ノ憲兵ガ、自分ノ司法事務トシテ上司ニ當ル所ノ檢事正ヲ銃殺シタト云フ事ハ、實ニ意外千万不都合デアル、是ハ其理由ハ（「簡單々々」ト呼フ者アリ）一寸御待チナサイ、前キニ御同情ヲ得テ置キマシタ――憲兵伍長ガ檢事正ヲ殺害シタ理由ハ、餘リ憲兵ガ朝鮮人ノ犯罪事件ニ際シマシテ、虐待スルトカ或ハ拷問スルトカ、非常ニ慘酷ナル取扱ヲスルガ爲ニ、檢事正ニ注意サレタ、其恨ヲ以テ檢事正ヲ殺害シタノデアル、苟モ憲兵トシテ人ノ生命財產ヲ保護スル者ガ、人ヲ殺害スルニ至ッテハ洵ニ驚カザルヲ得ヌノデアリマス、而モ是ハ朝鮮人同化政策ノ上ニ、非常ニ影響ヲ及ボシテ居ルノデ御坐イマス、ソレカラ尙ホモウ一ツ最近ニ起ッテ居ル問題ガアリマス、是ハ餘リ武斷的ニ壓迫スルカラ、朝鮮人ノ少シク智識ノアル者ハ中々心服シナイ、壓迫ガ甚ダシケレバ必ズ其反動ト云フモノハ起ルノデアリマス、然ルニ近頃朝鮮ニハ非常ナル陰謀事件ガ起ッテ居ル、其陰謀事件ナルモノハ、卽チ朝鮮國ヲシテ再ビ恢復シタイ、卽チ國權恢復ヲシタイト云フ事ニ付テ、非常ナル陰謀團ガ企ヲシテ居ルノデアリマス、併ナガラ是ハ世間ニ未ダ知レナイノハ、畢竟祕密ノ中ニ在ルカモ知レヌト思ヒマスルガ、兎モ角モ其陰謀團ナルモノハ朝鮮ヲシテ恢復セシメ、舊ノヤウニ一國ヲ成立セシメヤウト云フ陰謀團デ、此巨魁ナル者ハ梁起鐸ト云フ、今間島ノ少シク奧ノ山ニ伏在シテ居ル所ノ、最モ有力ナル人間デ御坐イマス、是ガ朝鮮ニ於ケル所ノ同志ト氣脈ヲ通ジマシテ、悲憤慷慨極マル所ノ趣旨ノ下ニ同志ヲ募ッテ居ルノデ御坐イマス、漸ク近頃總督府ハ之ニ目ガ著キマシテ、幾分カ檢擧ニ着手シテ居ルヤウナ模樣デ御坐イマスガ、斯ノ如ク國權恢復ヲ企ツルヤウナ陰謀團、卽チ祕密結社ヲ結ブニ至ルト云フノモ、所謂軍閥的ニ餘リ壓迫手段ガ過ギテ、朝鮮人ニ對シテ深切丁寧ト云フコトヲ缺イテ居ル結果ニ相違ナイト思ヒマス、武斷政治ノ弊害ハ以上ノ如キ事件ヲ勃發致シマスカラ、餘程是ハ注意シナケレバナラヌト思ヒマス、尙ホ實例ヲ申シマスガ、地方ノ金融上ニモ憲兵ガ矢張喙ヲ容レルノデアル、警察官ナル者ガ斯ノ如ク民事上マデモ喙ヲ容レベキモノデハナイト思フノデ御坐イマス、兎ニ角朝鮮ノ今日ノ制度ナルモノハ、甚ダ今日ノ民意ニ對シ、今日ノ狀態ニ鑑ミマシテ、是ハ何處迄モ、撤廢ヲ致シテ、純然タル警察制度ノ下ニ復活セシメナケレバイカナイ事デアルト本員ハ堅ク信ズルノデ御坐イマス、尙ホ私ハ朝鮮ニ於ケル現在ノ有樣ニ付テ、今ノ制度ノ不都合ナル點ヲ詳シク調査ヲシテ居リマスケレドモ、餘リ時間ガ長クナリマスカラ、ソレハ省クコトニ致シマシテ、若シ容レナケレバ議會每ニ質問書ヲ出ス決心ヲ持ッテ居リマス、以上述ベマシタ如ク弊害續出シ、且ツ在留日本人及朝鮮人ノ權利ヲ侵害スルノヲ訴フルニ途無イノデ御坐イマス、隨テ憲兵制度ノ一日モ早ク撤廢セラレンコトヲ希望スルノハ、殆ド今日ノ輿論ニナッテ居ルノデ御坐イマスル、然ルニ政府ハ此輿論ニ反シテ、而モ朝鮮統治上、政策上、同化目的ノ遂行上、至大ノ關係ヲ有スル現行ノ警務機關ノ組織ヲ撤廢シ、警察本位ノ制度ニ改正スルノ意アルヤ否ヤ、若シ飽迄モ現行制度ヲシテ、尙ホ永久的ニ存續スルモノトセバ、其必要ナル特殊ノ理由ヲ明確ニ答辯セラレンコトヲ望ム次第デアリマス、餘リ長クナリマシテ恐縮ノ次第デアリマス（拍手起ル）

○議長（大岡育造君）　此場合諸君ニ御諮リ致シタイ事ガアリマス、請願委員長板東勘五郎君ハ、職務ニ勵精シテ、將ニ委員長ノ報告ニ時間ガ接近シテ參ッタ際ニ、本議場ニ於テ病ニ罹ラレマシタ、唯今ヨリ危篤ノ儘退出セラレマス、十分間休憩シテ送リタイト存ジマス、御同意ヲ願ヒマス

（拍手起ル）

○議長（大岡育造君）　暫ク十分間休憩致シマス

午後二時一分休憩

第一　共通法案（政府提出、貴族院送付）　第一讀會ノ續（委員長報告）

（法學博士政尾藤吉君登壇）

（拍手起ル）

○法學博士政尾藤吉君　諸君、本員ハ爰ニ共通法案委員會ノ經過及結果ヲ御報告致シマス、委員會ハ前後十回ニ亙ル開會ヲ致シマシテ、最モ嚴重ナル審議ヲ遂ゲマシタ、今順序ト致シマシテ政府ガ此案ヲ提出致シマシタル理由トシテ說明致シマシタル所ヲ簡單ニ御紹介致シマス、第一ハ內地ト植民地トノ間ノ法規ノ牴觸ニ依テ起リマス所ノ不便ヲ排除シタイト云フノデアリマス、日本ト外國トノ法律ノ牴觸ノ場合ニハ如何ニスレバ宜イカト云フコトハ、是ハ我國デハ法例ニ規定シテアリマス、併ナガラ植民地ハ外國デアリマセヌカラ、植民地ノ法規ト內地ノ法規トノ牴觸致シマシタル場合ニハ、如何ニシタラ宜イカト云フコトハ、法例ニハ規定シテナイノデアリマス、之ニ依テ起ル所ノ不便ヲ排除シタイト云フノガ、此共通法ノ一ツノ目的デアリマス、第二ハ內地ト植民地トノ間ニ戶籍ノ連絡ヲ缺イテ居ルコトニ依テ起ル所ノ不便ヲ排除シタイト云フノデアリマス、ソコデ若シ日本人ト外國人トノ婚姻ハ何等差支ナイコトトナッテ居ル今日デアリマス、日本人ガ外國人ト婚姻ヲ致セバ、如何ナル法律關係ガ起ルカ、如何ナル親族關係ガ起ルカト云フコトハ、民法國籍法其他ノ法律ニ規定シテアルコトデ御坐イマスルガ、內地人ト植民地ノ人トノ間ニハ婚姻ガ行ハレナイノデアリマス、固ヨリ內地ノ人ト植民地ノ人トガ同棲ヲ致スコトモアリマス、其間ニ子供ノ生レルコトモアリマスルガ、併ナガラソレ等ノ男女ノ間ニハ、夫婦ノ關係モ成立ッテ居ラズ、此父親ト子供トノ間ニハ親子ノ關係モ成立タヌノデアリマス、植民政策ノ上カラ見マスト、植民地人ト內地人トノ婚姻ニ依リテ親族關係ヲ生ジ、植民地ノ人ヲシテ帝國ノ統治ニ謳歌セシメルヤウニスルト云フコトハ、奬勵スベキ事デアルト言フ人モアルノデアリマス、然ルニ此戶籍ノ連絡ノ不備カラ致シマシテ、內地人ト植民地人トノ間ニ親族關係ヲ結ブト云フコトハ出來ヌ、此不備ヲ補フト云フノガ共通法ノ又モウ一ツノ目的デアリマス、第三ハ會社法ノ共通ヲ缺イテ居ルコトニ依テ起ル不都合ヲ排除スルト云フノデアリマス、今日ハ朝鮮臺灣等ニ於テ、朝鮮ノ會社令臺灣ノ會社令ニ依テ、成立シテ居ル所ノ多クノ會社ガアリマス、是等ノ會社ノ中ニハ、內地ニ營業所ヲ持ッテ居リ、內地ニ工場ヲ持ッテ居リ、內地ニ多大ノ財產ヲ持ッテ居ルモノモアリマス、是等ノ會社ハ日本ノ會社デモナケレバ外國ノ會社デモナイ、ソコデ我國ノ法律ニ依リマスレバ、日本ノ會社ト外國ノ會社ト云フモノハアルガ、其中間ニ立ツ所ノモノハ無イノデアルカラ、植民地ノ會社トシテ特ニ認メル階級ノモノハ無イノデアリマスルカラ、法律ノ眼カラ見レバ、日本ノ會社デモナケレバ外國ノ會社デモナイ、得體ノ分ラヌモノニナッテ仕舞フノデアリマス、ソコデ委員會ニ於キマシテ、憲政會ノ委員榲瀨軍之佐君ト政府委員トノ間ニ此點ニ付テノ質問應答ニ依テ察シマスルト、隨分奇妙ナル狀態ガ起ッテ來ルノデアリマス、例ヘバ臺灣ノ大會社ガ內地デ大規模ノ工場ヲ持ッテ居ル、多大ノ財產ヲ持ッテ居ル、是等ノ財產ハ法律ノ認メナイ所ノ者ガ持ッテ居ルノデアリマスカラ、法律上嚴格ニ言ヘバ無主物デアル、然ラバ人ガ無主物トシテ占領スルコトガ出來ルカ、嚴格ニ言ヘバ出來ル筈デアルガ、官憲ニ於テ左樣ニ取扱フコトモ出來ヌノデアル、又是等ノ大會社ガ內地デ持ッテ居リマスル營業所、工場、財產ニ對シテ政府ガ課稅ヲセントスル時、日本ノ會社デモナイ、外國ノ會社デモナイ、得體ノ分ラナイモノデアリマスルカラ、課稅ノ本體ガ――主體ガ分ラヌノデアル、然ラバ是等ノモノハ無稅トシテ放ッテ置クカト云フニ、左樣ナ譯ニモ參ラヌ、ソレデ官憲ニ於テモ、會社ノ當事者自身ニ於テモ、屢々不便ヲ感ズルノデアリマシテ、共通法ハ此不便ヲ排除シヤウト云フノガ又一ツノ目的デアリマス、第四ニ內地ト植民地間ニ於テ破產ノ宣告ノ效果ニ付テ、共通ヲ缺イテ居ルノデアリマス、今日デハ內地人ガ植民地デ財產ヲ持ッテ居ルコトモアリ、植民地人ガ內地デ財產ヲ持ッテ居ルコトモアル、一朝此種ノ人ガ破產ノ宣告ヲ受ケマシタ場合ニ、內地デ受ケタ破產ノ宣告ハ臺灣、朝鮮、關東州ニ於ケル財產ニ效果ヲ及ボサズ、植民地ニ於テ受ケマシタル破產ノ宣告ハ、內地又ハ其他ノ植民地ニ於テ效果ヲ及ボサズ、ソレ故ニ場合ニ依テハ、一人ノ人ニ對シテ、內地ニ於テモ破產申請ノ手續ヲセネバナラズ、朝鮮ニ於テモ、關東州ニ於テモ、臺灣ニ於テモ、別々ニ破產申請ノ手續ヲセネバナラヌト云フ不便ガ起ッテ來ルノデアリマス、共通法ハ此不便ヲ排除シタイト云フノデアリマス、第五ニ公正證書及公文書ノ效力、ソレガ今日ノ所デハ共通ヲ缺イテ居ル、內地デ作リマシタ公正證書ハ、植民地ニ行ッテ效力無ク、植民地ニ於テ作リマシタ公正證書ハ、內地又ハ植民地間相互ニ效力無ク、此點モ補ヒタイト云フノデアリマス、第六ハ犯罪處罰ノ連絡ノ無イコトデアリマス、外國人ガ外國デ犯罪ヲ行ヒ、日本ヘ逃亡シテ參リマシタ時ニハ、逃亡犯罪人引渡條約ニ依テ之ヲ外國ノ官憲ニ引渡スコトモ出來ル、又刑法ノ條文ニ照シテ之ヲ處罰スル場合モアルノデアリマス、併ナガラ植民地ハ外國デアリマセヌカラ、植民地ト逃亡罪人引渡條約ガ結バレテ居ラウ筈モナシ、ソレ故ニ植民地デ犯罪ヲ行ヒマシタル者ガ、內地ヘ逃亡シテ參リマシタ場合ニ、之ヲ逮捕シテ引渡スト云フ引渡條約モアリマセズ、又之ヲ內地デ處罰スル刑法ノ條文ガ無イノデアリマス、外國デ犯シタル犯罪ハ處罰スル條文ハアッテモ、植民地デ犯シタル犯罪ハ處罰スル條文ガ無イノデアリマス、ソレ故ニ共通法ハ此不都合ヲ排除シタイト云フノデアリマス、最後ニ刑ノ效果ニ共通ノ無イコトニ依テ起ル不都合ヲ排除シタイト云フノデアリマス、例ヘバ植民地ニ於テ再三處罰セラレタル所ノ者ガ、內地ヘ參リマシテ、又々犯罪ヲ行ヒマシタル場合ニ、其者ハ刑法ノ再犯加重ノ原則ノ適用ヲ受ケナイデアリマス、其者ハ恰モ初メテ罪ヲ犯シタ者デアルカノ如ク取扱ハネバナラヌノデアリマス、再犯加重ノ原則ノ適用ガ出來ヌノデアリマス、其不都合ヲ補ヒタイト云フノデアリマス、又モウ一ツハ既ニ處刑セラレタル所ノ者デアレバ、公職ニ就ク資格ヲ失ッテ居ル筈デアルケレドモ、植民地ニ於テ處刑セラレタル所ノ者ガ內地ヘ參リマシタル時ニハ、處刑セラレタコトノ無イモノトシテ見ネバナラヌノデアリマスカラ、公職ニ就ク資格ヲ奪フト云フコトモ出來ヌノデアリマス、是等ノ不備ヲ補ヒタイト云フノガ、共通法案提出ノ主ナル理由トシテ政府ノ說明致シマシタル所ノモノデアリマス、之ニ對シマシテ委員カラ色々質問ガ出マシタノデアリマスガ、其主ナルモノヲ御紹介致シマスレバ、何故ニ內地ノ法例ヲ植民地ニ適用シナイノデアルカ、法例ヲ少シク改正スレバ、之ヲ植民地ニ於テ適用ノ出來ルヤウニナルデハナイカ、之ニ對スル政府ノ答辯ハ、成程法例ヲ改正スレバ植民地デ適用ノ出來ルヤウニ改正ノ出來ヌコトハアルマイ、併ナガラ其改正ハ少シノ改正デハ出來マイ、大改正デナクテハナラヌデアラウ、又假令大改正ヲ施シテ植民地ニ適用ノ出來ルヤウニシテモ、唯々民事ノコト丈デアル、刑事ニハ適用ガ出來ヌノデアル、共通法ノ目的トスル所ノ一半シカ補フコトハ出來ヌノデアル、モウ一ツハ何故ニ內地ノ法律ヲ其儘植民地ニ適用シナイノデアルカ、御承知ノ通リ朝鮮臺灣等ニ於キマシテハ、內地ノ民法、內地ノ刑法ナドヲ殆ド其儘朝鮮ニ於テハ制令、臺灣ニ於テハ律令ニ依テ發布シテ施行シテ居ルノデアリマスカラ、實體ニ於テ同樣デアルカラ、態々朝鮮ニ於テハ制令ト云フ幕ヲ被セ、臺灣ニ於テハ律令ト云フ幕ヲ被セテ、一皮幕ヲ隔テ、施行センケレバナラヌコトハナイデハナイカ、日本ノ法律ヲ其儘適用スレバ宜イデハナイカ、斯ウ云フ質問デアリマス、ソレニ對シテ政府ノ答辯ハ、植民地ニ於テハ內地ノ法律ヲ其儘適用スルコトノ出來ヌ事情ガアル、ソレ故ニ民法刑法等ノ法律ヲ殖民地ニ於テ制令又ハ律令トシテ發布スル時ニモ、一部分ハ取省イテ施行スルコトモアリ、又一部分ハ變更シテ施行スルコトモアル、此ニ於テ制令又ハ律令ト云フコトニシテ發布スル必要ガ起ッテ來ルノデアル、又民法、刑法、民事訴訟法、刑事訴訟法、是等ノ法典ヲ除イタ其他ノ單行法ニ至ッテハ、其土地其土地ノ事情ニ照シ、必要ニ應ジテ總督ガ發布スルノデアルカラ、矢張制令又ハ律令トシテ發布スル必要ガ起ッテ來ルノデアル、モウ一ツハ何故ニ司法機關ヲ統一シナイノデアルカ、植民地ニ特別ノ司法機關ヲ置クカラ、此樣ナ共通法ト云フ如キ法律ノ必要ガ起ッテ來ルノデアラウ、若シ植民地ノ裁判所ヲ全部司法省ノ管轄トシテ、內地ノ大審院ノ配下ニ置イテ統一スルナラバ、此樣ナ法律ノ必要ハ起ラヌデハナイカ、此質問ニ對シ政府ハソレハ司法機關ノ統一ト云フコトハ、政府ニ於テモ希望スル所デアルケレドモ、未ダ機運ノ熟セザルヲ以テ遺憾トスル、斯ウ云フコトデアリマス、又如何ニシテ此共通法ノ解釋ヲ統一スルカト云フ質問デアリマス、此質問ニ對シテ、政府ハ共通法ノ解釋ハ左程困難ナコト、ハ考ヘテ居ラヌ、ソレ故ニ共通法ノ解釋ガ左程區々ニ分レテ行クデアラウトハ虞レヌノデアル、斯ウ云フ答辯デアリマシタガ、元ト此質問ハ政友會ノ委員前田米藏君ニ依テ發セラレタ質問デアリマシテ、此質問ニ對シテ政府ガ唯今御紹介申ス所ノ答辯ヲ致シマシテカラ後ニ、更ニ前田君ガ此共通法案ノ或部分ト或部分トノ權衡ニ付テ政府委員ニ質問スルニ及ビマシテ、政府委員ガ其解釋トシテ與ヘマシタル所ノ答辯ガ區々ニ別レタノデアリマス、有松法制局長官、山田法制局參事官、豐島司法省法務局長ト、此三君ノ解釋ガ別々ニナッタノデアリマス、ソレハマダシモデアリマスルガ、其次ノ委員會ノ劈頭第一ニ於キマシテ、政府委員カラ前回ノ委員會ニ於ケル答辯ノ訂正ノ申出ガアリマシタ、今度ハ前回ノ委員會ニ於テ有松君、山田君、豐島君、皆バラ〱ニ別レテ區々ノ說明ヲシタノヲ、山田司法省參事官ガ更ニ全部取消シテ仕舞フテ、モウ一ツ新シイ解釋ヲ與ヘタノデアリマス、有松君ハ頭腦明晰ノ人、雄辯ノ人トシテ尊敬セラレテ居ル人デアル、山田君ハ國際私法ノ大家トシテ、帝國大學ノ國際私法擔任ノ教授トシテ一世ノ尊敬ヲ受ケテ居ル人デアル、豐島君ハ司法省ノ法務局長トシテ、全國ノ裁判所カラ法律ノ疑義ニ付テ伺ヲ出シタ時ニ、之ニ對シテ訓令ヲ發スル御役人デアル、是等ノ御役人ガ皆區々ニ別レタル所ノ解釋ヲ致シマシテ、更ニソレヲ山內司法省參事官ガ取消シテ、モウ一ツ新シイ解釋ヲ與ヘタ、卽チ前田君ノ質問ニ依ッテ政府委員ハ支離滅裂ニナッタト云フ有樣デアリマス、之ヲ以テ見テモ共通法ノ解釋ノ統一ヲ圖ルト云フコトハ餘程困難ナ事デアラウト云フコトハ察セラレルノデアリマス、要スルニ委員會ニ於キマスル質問應答ノ歸著スル點ハ、內地植民地間ノ立法制度ノ統一ヲ圖ル必要ト、內地植民地間ノ司法制度ノ統一ヲ圖ル必要ト、本法解釋ノ統一ヲ圖ル必要ト云フ、此點ニ歸著スルノデアリマス、仍テ委員會ニ於キマシテ、委員磯部尚君ノ提議ニ依リマシテ、政府ニ對シ下ノ如キ附帶條件ヲ附シテ本案ヲ可決シヤウト云フ提議ガアッタノデアリマス、卽チ一、政府ハ本法ノ解釋ヲ統一セシムル爲必要ナル機關ヲ設クベシ、二、政府ハ速ニ內地植民地間ニ於ケル司法及立法制度統一ノ實ヲ擧グベシ、此提議ヲセラルヽニ當リマシテ、磯部君ハ政友會委員ノ意見ヲ代表致シマシテ、本案ハ少シモ滿足ナル案トハ思ハヌ、政府委員ノ答辯ガ支離滅裂トナッタ事ニ徵シテ見テモ甚ダ疑シイ法律案デアル、解釋ニ苦シム法律案デアル、併ナガラ會期切迫ノ此場合、此案ヲ修正スルト云フ餘日モナイノデアルカラ、ソレ故ニ政府ニ對シテ此附帶決議ヲ添ヘテ、サウシテ此案ヲ可決シタイト云フ、斯ウ云フ說明ガアッタノデアリマス、ソレニ對シテ寺內總理大臣ハ委員會ニ親シク出席セラレマシテ、此附帶決議ノ趣旨、磯部君ノ希望ノ趣旨ヲ了解セラレマシテ、下ノ如キ言明ヲ與ヘラレタノデアリマス、卽チ一、政府ハ本案實施ノ成績ニ見テ、其解釋ノ區々ニ涉リ、本法施行上支障ヲ生ズルガ如キ事アラバ、適當ナル方法ヲ講ズルコトニ付キ考慮スベシ、二、司法及立法制度ノ統一ハ、植民地ノ現況ニ照シ今之ヲ實行シ難シト思慮スルモ、政府ハ漸次植民地ノ發達ヲ促シ、其機運ニ達センコトヲ希望スト、斯ノ如ク聲明セラレタノデアリマス、此ニ於テ憲政會委員柵瀨君ハ、更ニ政府ニ對シ行政法規ノ共通ヲ圖ル必要ニ付テ所見及希望ヲ述ベラレタノデアリマス、ソレニ對シ寺內總理大臣ハ柵瀨君ノ希望ヲ諒トセラレタル旨ヲ御答辯ニナリマシテ、更ニ憲政會委員齋藤隆夫君ハ、政府ト齋藤君トハ憲法上ノ見解ヲ異ニシテ居ル、若シ齋藤君ガ政府ト憲法上ノ見解ヲ同ウシテ居ッタナラバ、此法案ヲ帝國議會ニ於テ議シテ、サウシテ法律トシテ關東州ニ持ッテ行ッテ行フト云フ事ハ違憲ノ事デアル、憲法違反デアル、ケレドモガ、齋藤君ハ政府ト憲法上ノ見解ヲ異ニシテ居ル、齋藤君ノ見解ニ依レバ、此關東州ニモ行フベキ此法律ヲ、帝國議會デ議スルト云フ事ハ憲法違反デハナイ、ソレ故ニ齋藤君ハ此法案ニ贊成スルコトヲ躊躇シナイト云フ、齋藤君一流ノ憲法論ニ加ヘテ、齋藤君ガ何故ニ此法案ニ反對セズニ贊成セラレルカト云フ憲法上ノ理由ヲ明ニセラレマシテ、此ニ於テ採決致シマシタル所、全會一致ヲ以テ可決致シマシタノデアリマスルカラシテ、何卒諸君ニ於カセラレマシテモ、全會一致ヲ以テ可決確定アランコトヲ切ニ希望致シマス(拍手起ル)

○議長(大岡育造君) 本案ノ二讀會ヲ開クヤ否ヤヲ諮リマス

(「異議ナシ異議ナシ」ト呼フ者アリ)

○議長(大岡育造君) 御異議ガナケレバ本案ハ二讀會ヲ開クニ決シマシタ

○岩崎勳君 直チニ本案ノ二讀會ヲ開キ、三讀會ヲ省略シテ委員長報告通リ可決確定セラレンコトヲ希望致シマス

(「贊成々々」ト呼フ者アリ)

○議長（大岡育造君） 岩崎君ノ動議ニ御異議ハナイト認メマス、依テ直チニ第二讀會ヲ開キ、議案全部ヲ議題ト致シマス

第二讀會（確定議）

共通法案

○議長（大岡育造君） 御異議ハアリマセヌカ

（「異議ナシ異議ナシ」ト呼フ者アリ）

○議長（大岡育造君） 御異議ナシト認メマス、依テ三讀會ヲ省略シ本案ノ可決確定シタルコトヲ宣告致シマス――是ニテ暫時休憩致シマス

午後零時一分休憩

大正七年三月二十七日

大正七年三月二十四日

内閣總理大臣伯爵寺内正毅

衆議院議長大岡育造殿

衆議院議員陣軍吉君提出朝鮮警務機關ノ組織ニ關スル質問ニ對シ別紙答辯書差進候

（別紙）

衆議院議員陣軍吉君提出朝鮮警務機關ノ組織ニ關スル質問ニ對スル答辯書

政府ハ朝鮮ノ現状ニ照シ現行警務機關ノ組織ヲ適當ト認ムルカ故ニ目下ノ處之ヲ改定スルノ意ナシ

右及答辯候也

大正七年三月二十四日

内閣總理大臣伯爵寺内正毅

陸軍大臣　大島健一

第一　全院委員長ノ選擧

第二　常任委員ノ選擧

○副議長（濱田國松君）　本日ハ議長ハ　勅語奉答文捧呈ノ爲ニ參内中デアリマスカラ、本員此席ヲ瀆シマス――諸般ノ報告ガアリマス

〔書記朗讀〕

一　德島縣郡部選出議員川眞田德三郎君死去ニ付其ノ補闕トシテ原田左之治君當選セラレタリ

一　去二十五日貴族院ヨリ同院成立シタル旨ノ通牒ヲ受領セリ

一　去二十五日内閣總理大臣ヨリ左ノ通リ發令相成タル旨ノ通牒ヲ受領セリ

法制局長官　横田千之助
法制局參事官　馬場鍈一
法制局參事官　松村眞一郎
拓殖局長官法學博士　古賀廉造
鐵道院總裁　床次竹二郎
鐵道院副總裁工學博士　石丸重美
鐵道院理事　永井亨
鐵道院理事　中川正左
鐵道院理事　佐竹三吾
朝鮮總督府政務總監　山縣伊三郎
朝鮮總督府度支部長官　鈴木穆
朝鮮總督府參事官　大塚常三郎
朝鮮總督府事務官　河内山樂三
臺灣總督府民政長官　下村宏
臺灣總督府財務局長　末松偕一郎
臺灣總督府事務官　菊池武芳
關東都督府民政長官　宮尾舜治
關東都督府事務官　永山善之助
樺太廳長官　昌谷彩
樺太廳事務官　西岡實太

大正八年一月二十二日　高橋國務大臣ノ演說

○議長(大岡育造君)　高橋大藏大臣

〔國務大臣男爵高橋是清君登壇〕

〔拍手起ル〕

○國務大臣(男爵高橋是清君)　諸君、私ハ茲ニ大正八年度歳計豫算ニ關シ、其大要ヲ說明スルノ光榮ヲ有シマス、御承知ノ如ク現內閣ハ昨年ノ秋ニ成立致シマシタ、然ルニ當時大正八年度概算ハ、既ニ各省ヨリ要求ガアリマシタル後デアリマシテ、新ニ諸般ノ方面ニ涉リマシテ、調査攻究ヲ遂グルノ時日ガアリマセナンダ、ソレ故大正八年度豫算ハ、先ヅ大體右ノ概算ヲ基礎ト致シマシテ、休戰條約ノ締結ニ伴ヒ、宇內ノ形勢ニ一大變化ヲ來スベキ事情ニ鑑ミマシテ、將來ノ經營ニ資スベキ財政上ノ根柢ヲ鞏固ニスルヲ念ト致シマシテ、次ノ方針ニ依ッテ是ガ編成ヲ致シタル次第デゴザイマス、卽チ永久ニ多大ノ經費ヲ要スベキ施設ニ就キマシテハ、時局ノ推移ニ伴ヒ、徐ロニ其計畫ヲ定ムルコト、致シ、唯ダ國防ノ充實、敎育ノ振興、產業ノ奬勵及ヒ交通、通信機關ノ整備等ノ如キ、國運ノ發展上急施ヲ要スルモノニ限リ、財源ノ許ス範圍內ニ於テ、相當ノ計畫ヲ定ムルコト、致シマシタ、其他ノ經費ニ就テハ、務メテ其膨脹ヲ抑制致シマシタ、又時勢ノ變遷ニ伴ヒ、官吏其他ノ增俸給、並ニ諸般經費ノ補足ヲ要スルモノガアリマスケレドモ、時局ノ推移ニ應ジ、經濟界ノ安定ヲ待ッテ、是ガ經畫ヲ樹ツルコト、致シ、姑ク應急ノ施設ニ止ムルコト、致シマシタ、而シテ前古未曾有ノ大戰爭モ既ニ休戰狀態ニ入リマシタケレドモ、臨時事件ニ關シ、尙ホ相當ノ施設ヲ要スベク、且ツ西伯利ノ狀況ハ、前途遽ニ逆睹シ難キ有樣デアリマスガ故ニ、臨時事件ニ關スル經費ハ、大正八年度ニ於テモ亦之ヲ見積ルノ必要ガアリマス、仍テ大正三年臨時事件豫備費ニ就キマシテハ、追加第一號ヲ以テ、又臨時軍事費ニ就キマシテハ、同特別會計追加豫算トシテ、別ニ之ヲ要求シタル次第デアリマス、今大正八年度普通經費ニ屬スル歳入歳出ノ大體ニ就テ之ヲ述ヘマスレバ、歳入經常部ニ於テ八億三千九百餘万圓、同臨時部ニ於テ五千七百餘万圓、合計八億九千六百餘万圓デアリマス、之ニ對スル歳出ハ經常部ニ於テ五億百餘万圓、同臨時部ニ於テ三億七千三百餘万圓、合計八億七千四百餘万圓ニシテ、歳入歳出差引歳入超過額二千二百餘万圓ハ、之ヲ臨時事件豫備費ノ財源ニ充當スル經畫デアリマス、今歳入歳出ノ主ナルモノヲ擧ゲテ、之ヲ前年度豫算ニ比較シマスレバ、歳入經常部ニ於ケル租稅收入ハ、四億九千二百餘万圓ニシテ、之ヲ前年度ニ比スルニ、一億二千四百餘万圓ヲ增加シ、印紙收入ハ、五千百餘万圓ニシテ、前年度ニ比シ千四百餘万圓ヲ增加シ、官業及官有財產收入ハ二億六千餘万圓ニシテ、前年度ニ比シ六千餘万圓ヲ增加致シマシタ、是等ハ增收ノ主ナルモノデアリマスガ、朝鮮總督府、臺灣總督府、及樺太廳、各特別會計ニ於ケル事業公債金及其元利償還金ニ付テハ、從來一般會計ヲ經由シテ、各特別會計ニ繰入レルノ方法ヲ採リタル所、今回別ニ共通ノ事業公債金特別會計ヲ設置シマシテ、ソレト同時ニ其繰入金ハ、一般會計ヲ經由セザル事ト致シマシタルガ爲メニ、歳入經常部朝鮮總督府以下各特別會計繰入金ニ於テ、千餘万圓ノ減少ヲ見ルコト、ナリマシタ、以上增減ヲ差引キ、結局歳入經常部ニ於テハ、前年度ニ比シ一億九千五百餘万圓ノ增加トナルノデアリマス、次ニ歳入臨時部ニ於テ主ナルモノハ、利子收入九百餘万圓、前年度ニ比シテ二百餘万圓ノ增加ヲ來シ、獻納金ノ二百餘万圓ハ、前年度ニ比シテ百餘万圓ノ增加デアリマス、公債募集金ハ、一般會計ニ屬スル電話事業公債金ニ於テ、二千三百餘万圓ヲ計上致シマシタケレドモ、前ニ述ヘマシタ如ク、朝鮮總督府以下各特別會計ニ屬スル事業公債金ハ、一般會計ヲ經由セズ、直チニ各特別會計ニ繰入ルヽコト、致シマシタルヲ以テ、其爲メニ千七百餘万圓ヲ減ジ、結局四百餘万圓ノ減少ヲ來シタルノデアリマス、以上述ベマシタル所、及ビ其他ノ增減ヲ差引計算致シマスレバ、歳入臨時部ニ於テ、前年度ニ比シ二千四百餘万圓ノ減少デアリマスルガ、尙ホ臨時事件ニ關スル歳入ヲ差引キマスルガ故ニ、合セテ一億二千百餘万圓ノ減少トナルノデアリマス、更ニ歳入經常部臨時部ヲ合計シテ、之ヲ前年度ニ比較シマスレバ、一億七千餘万圓ノ增加ヲ見マス、臨時事件ニ關スル歳入ヲ差引キマスルガ故ニ、七千三百餘万圓ノ增加トナル計算デアリマス、次ニ歳出ニ就テ其大體ヲ述ベマスレバ、經常部ニ於テ、前年度ニ比シ二千百餘万圓、臨時部ニ於テ一億二千六百餘万圓、合計約一億四千八百餘万圓ノ增加デアリマスルガ、前年度ニ於ケル臨時事件ニ關スル經費豫算九千六百餘万圓ヲ差引致シマスト、臨時部ニ於テ二千九百餘万圓、歳出合計ニ於テ五千百餘万圓ノ增加デアリマス、今歳出豫算中ノ主ナル事項ニ就テ略言致セバ、國防充實ニ關スルモノニ在ッテハ、陸軍各部隊ノ編制改正ヲ經畫シ、以テ陸軍機能ノ充備ニ資シ、海軍水陸設備費ヲ追加シテ、造艦能力其他ノ完成ヲ期シ、敎育ノ振興ニ關シテハ、工科大學、及實業專門學校ノ擴張、諸高等學校ノ增設ヲ經畫シテ、高等敎育ノ普及、特ニ實業的專門家ノ養成ヲ主眼ト致シ、產業奬勵ニ關シテハ、或ハ主要食糧タル農產物ノ改良增殖ヲ圖リ、或ハ畜產林業等ニ就テ奬勵費ヲ計上シ、交通通信機關ニ關シテハ、道路改良費ノ補助、電信線路ノ增設、電信電話裝置改良ニ關シ施設ヲ致シ、又電話交換擴張費ニ就テハ、特ニ其年割額ヲ繰上ゲテ、功程ノ進捗ヲ講ジタル次第デアリマス、更ニ國庫豫備金ハ每年不足ヲ告グルノ常態デアリマスルガ故ニ、本年度ヨリ二百万圓ヲ增加シ、第一豫備金三百万圓、第二豫備金ヲ五百万圓トナシ、又國債ノ償還額ニ付テハ、大正八年度ニ於テハ、豫定ノ通リ三千万圓ヲ計上致シマシタ、次ニ追加豫算ヲ以テ要求セル大正三年臨時事件豫備費ハ、一億七千二百万圓ニ達シ、其大部分ハ官吏以下臨時手當、物價騰貴ニ基ク諸費、其他ノ補足等デアリマス、此他各種ノ事項ニ就テハ、休戰後ト雖モ尙ホ相當期間必要アリト認メタルモノニ限リマシテ、是ガ經費ヲ見積リタノデアリマス、而シテ右ニ對スル財源トシテハ、戰時利得稅其他臨時事件費支出ニ伴フ收入、一億千三百餘万圓ヲ算シマスルガ故ニ、歳入歳出差引歳入不足額五千八百餘万圓ノ中、二千二百餘万圓ハ普通經費豫算ニ於ケル歳入超過額ヲ以テ之ヲ支辨シ、千四百餘万圓ハ前年度剩餘金繰入ニ依リマシテ、尙ホ不足スル額二千二百万圓ハ、借入金ヲ以テ之ヲ補塡スル經畫デアリマス、臨時軍事費ニ付テハ、既ニ歐洲ニ於テハ、休戰講和會議ノ時期ニ入リマシタルモ、西伯利ノ狀態ハ、今尙ホ帝國軍隊ノ全部ヲ引揚グルノ時機ニ達シテ居ラズ、其他部隊ノ復員艦隊ノ引揚等ニモ、相當ノ日子ヲ要スベキヲ以テ、是ガ爲メ一億五千七百餘万圓ヲ追加計上シ、其財源ハ主トシテ公債借入金ニ依ルコト、致シマシタ、大正六年度歳計剩餘金ハ總額三億四千九百餘万圓ヲ算シマシタガ、其中大正七年度ニ繰越シタル歳出ノ財源、其他使途ノ豫定アルモノヲ除クトキハ、殘額二億千百餘万圓トナリマス、大正七年度ニ於テ既ニ西伯利出兵ヲ始メトシ、臨時軍事費ノ財源トシテ八千九百餘万圓ヲ支出シタルノミナラズ、普通經費ニシテ豫算超過、若クハ豫算外ノ支出ヲ要シタル爲メ、國庫餘剩金ヲ其財源ニ供シタル金額千七百餘万圓ニ達シ、臨時事件費ニ於テ、又豫備費外ニ支出ヲ要シタル金額四千六百餘万圓ヲ算シ、結局國庫剩餘金モ剩ス所多カラザルノ有樣デアリマス、更ニ之ヲ以テ必要ナル追加豫算ノ財源ニ充ツルトキハ、大正八年度豫算ノ財源トシテハ、多額ノ繰入ヲ爲スノ餘地ヲ存シマセヌ、是レ臨時事件ニ關スル經費ノ財源トシテ、公債借入金ニ待ツヲ要スル所以デアリマス、財政經濟ノ大要ハ以上申述ベタル如クデアリマスガ、私ハ更ニ此機會ニ於テ、帝國ノ經濟並ニ金融狀況ニ付、一言ヲ費シタイト思フノデアリマス、今ヤ四年有半ニ涉リシ世界大戰爭ハ、將ニ終結ヲ告ゲントスルニ際シ、我國ニ於ケル經濟界ノ經過ヲ回顧シマスレバ、諸君ノ記憶ニ新ナルガ如ク、開戰ノ初ニ當ッテハ、經濟界ハ一時多大ノ打擊ヲ蒙ッタノデアリマス、然ルニ國民ノ努力ノ結果、漸次其狀勢ヲ回復スルニ至リ、殊ニ欧洲諸國ヨリノ輸出ノ減少ニ伴ヒ、時勢ノ必要ニ刺戟セラレテ、工業ハ興リ、商業ハ振ヒ、大體ニ於テ我經濟界ハ、内ニ於テモ外ニ對シテモ、多大ノ發達ヲ遂グルニ至ッタノデアリマス、試ミニ之ヲ數字ニ徵スルニ、大正三年八月ヨリ大正七年末ニ至ル約四箇年半ノ期間ニ於テ、事業計畫資本總額ハ約五十億圓ヲ算シ、實際拂込資本總額ハ約二十億圓ニ及ビ、銀行ノ預金ハ二十億六千餘万圓ヨリ六十二億九千餘万圓ニ上リ、又郵便貯金ハ、二億餘万圓ヨリ五億五千餘万圓ニ增加シタノデアリマス、對外關係ニ就テ之ヲ見マスレバ、開戰以來ノ輸出總額五十六億千餘万圓、輸入總額四十一億五千餘万圓、差引輸出超過十四億六千餘万圓ニシテ、同期間ニ於ケル貿易外ノ收入超過ガ、十三億二千餘万圓ニ達シタルヲ以チマシテ、戰時中ニ於ケル我國ノ國際貸借上ニ於ケル受取勘定ハ、實ニ二十七億八千餘万圓ニ達シマシタ、其結果政府並ニ民間ノ外債償還、外債買戻及對外放資ハ、十二億七千餘万圓ニ上リマシタルニ拘ラズ、我國對外貸借關係ハ右ノ如キ狀勢ナルヲ以テ、國際爲替ノ關係モ亦随テ變調ヲ呈シ、金融ハ緩漫ノ大勢ヲ持續シタノデアリマス、而シテ此間政府ハ、正貨ノ蓄積及國際金融ノ調和ニ力メ、正貨ノ買入ヲ爲シタルヲ以テ、政府及日本銀行保有ノ正貨ハ、戰前三億五千餘万圓ナリシモノガ、十五億八千餘万圓ニ上リ、十二億三千餘万圓ノ增加ヲ示シテ居ルノデアリマス、比較的此短キ歲月ノ間ニ、斯クノ如ク急激ナル發展ヲ遂ゲタル次第デアルガ故ニ、今ヤ戰雲收マリ、一般經濟界ガ戰時ヨリ平時狀態ニ移ラントスル此過渡期ニ於テ、官民共ニ新タナル注意ト努力トヲ要スルノデアリマス、勿論當ニ開カルベキ講和會議ハ、將來ノ貿易上經濟上ニ重要ナル影響ヲ及ボスニ相違アリマセヌ、其結果ハ今ヨリ逆睹スルコトハ出來マセヌケレドモ、我國民トシテハ、兎ニ角ニ戰後國運ノ進展ニ資スベキ基礎的準備ヲ怠ルベカラザルヤ、言ヲ俟タヌ所デアリマス、同時ニ今後來ルコトアルベキ財界ノ變動ノ、出來得ルダケ少ナカラシムベキノミナラズ、進ンデハ此戰爭中ニ贏チ得タル資力ト經驗トヲ利用シテ、將來益、健實ナル發展ヲ期セネバナラヌノデアリマス、而シテ之ガ爲メニハ、政府當局ニ於テハ細心ノ注意ヲ用ヒ、各般ノ施設時機ヲ誤ラザランコトヲ期スルハ、固ヨリデアリマスルガ、併シ其根本ノ解決ハ、寧ロ國民一般ノ自發的努力ニ待ツ所多シト謂ハネバナラヌノデアリマス、而シテ曩ニ全國六大都市ノ銀行ガ相約シテ、預金爭奪ノ弊ヲ矯正セントシテ、既ニ預金利率ノ協定ニ關スル實行的成案ヲ得タル如キハ、此自發的努力ノ一例ヲ實現シタルモノデアリマシテ、本邦經濟界ノ

爲メ慶賀措カザル所デアリマス、終リニ臨ンデ、私ハ諸君ガ御審議ノ上、速ニ本豫算案ニ協贊ヲ與ヘラレンコトヲ望ミマス

（拍手起ル）

○國務大臣(原敬君)　諸君、既ニ御聞及ニ相成リマシタコト、存ジマスルガ、此度李太王殿下薨去ニ相成リマシテ、洵ニ哀悼ノ至ニ堪ヘヌ次第デアリマス、之ニ付キマシテ、従來合併以前ニ在リマシテ、日鮮交際ノ極メテ親密ナルコトニ鑑ミ、又合併後ノ今日ニ於テハ、我皇室ニ於カレマシテ、皇族ニ準ジテ優遇セラル、ト云フコトニ顧ミマシテ、政府ニ於キマシテハ、李太王殿下ノ御葬儀ハ、國葬ヲ以テ營ムコトヲ適當ト思考致シマス、仍テ本日之ニ關スル豫算案ヲ提出致シマシタノデアリマス、唯今申ス如ク從來ノ歴史ニ鑑ミ、又今日我ガ皇室御優遇ノ御趣意ニ顧ミ、尚ホ既ニ李王世子ハ、我ガ皇族ト御婚儀モ結バル、ト云フコトニ相成ッテ居ルノデアリマス、是等種々ノ點ヲ綜合致シマシテ、適當ナリト思考致スノデアリマスカラ、諸君ニ於テハ御審査ノ上、願クハ滿場ノ御一致ヲ以テ此案ニ御賛成アランコトヲ、深ク希望スル次第デアリマス(拍手起ル)

○齋藤珪次君　議長

○議長(大岡育造君)　齋藤珪次君

○齋藤珪次君　唯今總理大臣ノ御演説ニ依リマスルト、李太王國葬費ノ追加豫算ハ緊急議スベキモノト存ジマスノデ、是ヨリ豫算委員會ヲ開キタウ存ジマスカラ、御許可ヲ願ヒマス

○議長(大岡育造君)　許可致シマス、成ベク速ニ御審査ノ上、御報告ヲ希望致シマス

第十一　朝鮮事業公債法中改正法律案（政府提出）　第一讀會

朝鮮事業公債法中改正法律案

朝鮮事業公債法中左ノ通改正ス

「一億六千八百万圓」ヲ「一億七千八百万圓」ニ改ム

第十三　臺灣事業公債法中改正法律案（政府提出）　第一讀會

臺灣事業公債法中改正法律案

臺灣事業公債法中左ノ通改正ス

第一條中「七千三百五十万圓」ヲ「九千二百五十万圓」ニ改ム

第三條　削除

第六條及第七條ヲ削ル

附　則

本法ハ公布ノ日ヨリ之ヲ施行ス

本法施行前募集シタル臺灣事業公債ノ元金ノ償還時效ニ付テハ仍從前ノ例ニ依ル

〔政府委員神野勝之助君登壇〕

○政府委員（神野勝之助君）　作業會計法中改正法律案ノ改正ノ理由ニ付テ申上ゲマス、本案ハ政府ニ於キマシテ、大正七年度中ニ平塚ノ日本爆發物製造株式會社ヲ買收致シマシタル結果トシテ、新ニ海軍火藥廠ヲ設ケマシテ、其收支ハ之ヲ特別會計トシテ經營スルヲ至當ト認メマシテ、作業會計法中ニ改正ヲ加ヘヤウトスルノデアリマス、第一條ニ「海軍火藥廠」ト云フ文字ヲ加ヘ、第二條三項ノ方ニ其運轉資本ノ額ヲ決メヤウトスルノデアリマス、之ニ要シマスル据置運轉資本額ハ一年ニ三四回廻轉スルモノト認メマシテ、二百万圓ト定メマシテ、大正八年度ニ於テ、一般會計ヨリ致シマシテ七十万圓ヲ繰入レマシテ、其殘額ハ九年度以降、漸次其火藥廠ノ特別會計ヨリ生ズル益金ヲ以テ、之ヲ繰入レテ行クト云フ豫定デアリマス、御審議ノ上御協贊ノアランコトヲ希望致シマス、ソレカラ次ノ海軍工廠資金會計法中改正法律案ニ付キマシテハ、是ハ從來九百五十万圓デゴザイマシタ、之ヲ二千万圓ニ增加シヤウト云フノデアリマス、海軍工廠資金會計法ハ、明治三十八年ノ公布ニ係リマシテ、其資金ハ明治四十二年度ニ至リマシテ、現在ノ九百五十万圓ニナリマシタ、然ルニ近年海軍造船造兵事業ノ膨脹ヲ來シマシテ、資金ノ收支額ハ著シク增加致シマシタ、又造船造兵事業費豫算ハ、是亦之ニ相伴ウテ著シク增加致シマシテ、共ニ二倍乃至三倍位ニ增シテ來マシタノデアリマス、斯ウ云フ狀態デアリマスカラ、現在ノ据置運轉資本額ニテハ、運轉上困難ヲ感ジマスカラ、之ヲ二千万圓ニ增加致シマシテ、大正八年度ニハ一般會計ヨリ百万圓ヲ繰入レマシテ、其殘額ハ大正九年度以降ニ於テ、漸次繰入レヤウト云フノデアリマス、而シテ其財源ハ矢張本會計カラ生ズル益金ヲ以テ、繰入レヤウト云フ豫定デゴザイマス　次ニ國債整理基金特別會計法中改正法律案、是ハ御承知ノ如ク、特別會計カラ繰入レル資金ト一般會計ヨリ繰入レル資金トアリマスルノデアリマスガ、從來ハ特別會計カラ國債整理基金ニ繰入レマスルニ、一般會計ヲ經由シテ繰入レテ居リマシタノデアリマス、今度豫算ノ簡明ヲ圖リマシテ、一般會計ヲ經由セズニ、直チニ特別會計カラ國債整理基金ニ繰入レヤウト云フ爲メニ、改正ヲ致シタイト云フノガ一點デゴザイマス、次ノ點ハ臨時國庫證券ト云フモノヲ、大藏省證券ト同シヤウニ、此万分ノ百十六ヲ繰入レルト云フ計算ノ外ニ置カウト云フ點デゴザイマス、ト云フノハ臨時國庫證券ハ、唯、金融上ノ種々ノ目的ニ發行致シマスルモノデアリマシテ、國債ト云フモノ、國ノ歲出事業費ニ充テルト云フモノデハナイノデアリマシテ、矢張其性質ハ大藏省證券等ト同ジ性質ノモノデアリマスカラ、國債償還額ノ万分ノ百十六ノ中ニ加ヘナイ、大藏省證券ト同ジク其外ニ置カウト云フ趣意ナンデアリマス、ソレカラ事業公債金特別會計法、是ハ新ニ此事業公債金ヲ收入致シマスル一ツノ特別會計法ヲ設ケヤウトスルノデゴザイマス、現在ハ特別會計ノ公債金ノ收入ハ、朝鮮ノ事業公債金ハ、朝鮮事業公債金特別會計法ト云フノガゴザイマス、又臺灣ノ方ノ公債金收入ハ、事業公債基金特別會計ト云フノガゴザイマシテ、各特別會計公債金每ニ、別々ニ特別會計ガ立ッテ居ルノデアリマス、誠ニ區々ニナッテ居リマスカラ、今度之ヲ統一致シマシテ、事業公債金ノ收入ト云フモノハ、此一ツノ特別會計ニ皆ナ收入致シマシテ、統一ヲ圖リタイト云フ趣旨カラ、此特別會計法ヲ設ケマシテ、一方ニ於テ現在ノ朝鮮特別會計法、竝ニ事業公債金特別會計法ハ廢シタイト云フ趣意ナノデゴザイマス、ソレカラ臨時國庫證券法中改正法律案、是ハ第一點ハ其目的ノ範圍ヲ擴メマシテ、聯合國ニ對シテ輸出スル、軍需品ノ代金ノ決濟ヲ便ニスルト云フコトノ外ニ、聯合國ノ財政ヲ援助スル爲メト云フコトニ目的ヲ擴メタイト云フノガ一ツト、又第二點ハ二億圓ヲ發行限度ニ止メマシテ、現在ノ五億圓ヲ八億圓ト致シマシテ、此臨時國庫證券ノ發行ノ目的ヲ十分ニ致シタイト云フ趣旨ナンデアリマス、次ニ朝鮮事業公債法中改正法律案、是ハ朝鮮ニ於キマスル海關工事費ノ增加ニ伴ヒマシテ、今年度豫算ニ計上シテゴザイマス通リ、約一千万圓ヲ現在ノ公債限度ノ額ニ加ヘマシテ、一億七千八百万圓トシヤウト云フ改正案デアルノデアリマス、其次ノ臺灣事業公債法中改正法律案、是ハ臺灣ニ於キマスル鐵道ヲ複線ニ致サウト云フ（一モウ少シ大聲ニ願ヒマス、聞エナイ」ト呼フ者アリ）風邪ヲ引イテ居リマシテ、咽喉ガ惡ウゴザイマスカラ、臺灣ニ於キマスル鐵道事業ノ發展ニ伴ヒマシテ、鐵道ノ建設費ヲ增加スル必要カラ致シマシテ、約二千万圓近クヲ現在ノ發行限度ニ加ヘマシテ、七千三百五十万圓ト云フノヲ、九千二百五十万圓ト改メタイト云フノガ一點デアリマス、ソレカラ他ノ點ニ於キマシテハ、此公債法ハ早キ以前ニ制定セラレマシタモノデ、稍、今日ノ事情ニ適シナイ箇條ガゴザイマスカラ、之ヲ改正致タイト云フノデゴザイマス、何卒御審議ノ上御協贊アランコトヲ願ヒマス

○議長（大岡育造君）　日程第二乃至十四、右議案ノ審査ヲ付託スベキ委員ノ選擧ヲ議題ト致シマス

衆議院ハ大勲位李太王殿下薨去ノ報ニ接シ哀悼ノ至ニ勝ヘス玆ニ本院ノ決議ヲ以テ恭ク弔意ヲ表ス

○議長(大岡育造君)　元田肇君

○元田肇君　理由ヲ説明スル爲メニ登壇致シマス

○議長(大岡育造君)　御登壇ヲ望ミマス

〔元田肇君登壇〕

〔拍手起ル〕

○元田肇君　諸君、本員ハ唯今朗讀ニナリマシタ哀悼ノ決議案、提出ノ理由ヲ申述ベタイト存ジマス、大勲位李太王殿下本月二十一日病ニ罹ラセラレタルノ報傳リマスルヤ、本員等ハ必ズ御快方ニ向ハセラルベキコトヲ信ジマシテ、其一日モ速カナランコトヲ祈リ奉ッタ譯デアリマシタガ、其甲斐モナク二十二日遂ニ薨去アラセラレタルノ報ニ接シマシテ、洵ニ千歳ノ恨事、哀悼悲痛ニ堪ヘナイ次第デアリマス、殿下ハ天資英明仁慈ニアラセラレマシテ、御仁政ノ事ハ枚擧ニ遑アラズト承ッテ居ルノデアリマス、彼ノ日清日露ノ兩役ニ於ケル盟約締結ヲ首メト致シマシテ、多年御深慮アラセラレタルハ較著ノ事實デアリマス、而シテ特ニ東洋ノ平和ヲ保維シ、朝鮮ノ福利ヲ增進スル事ヲ觀念アラセラレマシテ、遂ニ能ク泰平隆昌ノ德澤ニ浴スルノ今日アルニ至ラシメマシタコトハ、李王殿下ノ御英斷ニ出デタコトノ多キニヨルコトハ、申スマデモナキ事ト存ジマスガ、李太王殿下ノ英明ナル御賛助亦與ッテ多大ナルコトヲ信ジテ疑ハナイノデアリマス、斯ノ如キ次第デアリマスルガ故ニ、我ガ帝室ニ於カセラレマシテモ、特別ナル御優遇アラセラレルコト、拜察スルノデアリマス、李太王殿下ハ、御退位後ハ德壽宮ニ餘世ヲ送ラレマシテ、風月ヲ侶トサレテ在ラセラレタノデアリマスガ、其後世子殿下ノ御就學ノ事アルニ及ビマシテ、一日千秋ノ御思ニテ御成長ヲ待タセラレ、客年久々ニテ御對面ニナリマシテ、世子殿下ノ文武ノ道ニ御練達アラセラレタル其御雄姿ヲ御認メニナリマシテ、御喜ビモ一層デ在ラセラレタト云フコトヲ吾々ハ承ッテ居リマス、此頃ハ又梨本宮女王殿下ノ御慶事ノ御勅許ヲ賜リマシテ、不日御式事ヲ擧ゲサセラルベキ御運ビトナリ、李太王殿下ノ御滿悅ハ想察シ奉ルニ餘リアリシニ、何事デアリマセウ、俄ニ病ニ罹ラセラレマシテ、薨去ノ報ニ接スルニ至ラントハ、李王家各殿下ノ御悲歎ハ如何許リデアリマセウ、又梨本宮殿下ノ御悲ミハ拜察ニ堪ヘヌ次第デアリマス、　上陛下ノ御思召ノ程モ誠ニ恐懼ニ堪ヘヌコトニ存ジマス、本院ハ既ニ國葬費ニ付キマシテ、先刻滿場一致ノ誠意ヲ披キマシテ、協賛致シタ次第デアリマスガ、尚ホ哀悼ノ至情ヲ披瀝致シマシテ、敬弔ノ意ヲ表スル事ガ至當デアラウト存ジ、各派期セズ一致ノ意見ヲ以チマシテ、玆ニ本決議案ヲ提出スルニ至ッタ次第デアリマス、私ハ長ク多辯ヲ此間ニ挾ム必要ハナイト存ジマス、誠ニ哀悼悲痛ニ堪ヘナイ次第デアリマシテ、以上本決議案提出ノ理由ヲ述ベマシテ、滿場一致ノ御賛成アランコトヲ期待致シテ降壇致シマス

〔拍手起ル〕

○議長(大岡育造君)　決ヲ採リマス、決議案ニ賛成ノ諸君ノ起立ヲ求メマス

總起立

○議長(大岡育造君)　滿場一致可決シタルコトヲ宣告致シマス、尚ホ玆ニ御諮リ申ス事ガアリマス、弔意ヲ表スル爲メニ、本日ハ是ヨリ休會、尚ホ御葬儀當日ハ休會スルコトニ致シテハ如何デアリマス

〔「異議ナシ異議ナシ」ノ聲起ル〕

○議長(大岡育造君)　御異議ナケレバ是亦御起立ヲ希望致シマス

總起立

○議長(大岡育造君)　滿場一致可決致シマシタ、本日ハ是ヨリ休會、尚ホ御葬儀當日モ休會スル旨ヲ宣告致シマス

午後一時三十九分散會

第二十七　清津築港ニ關スル建議案（奥田龜造君外三名提出）

清津築港ニ關スル建議案

清津築港ニ關スル建議

朝鮮咸鏡北道清津港ハ本土ト北部朝鮮トヲ聯絡シ曾ニ相互ノ交通及朝鮮ノ開發上實ニ看過スヘカラサル要樞ノ地タルノミナラス將來吉會鐵道ノ開通ト共ニ北滿洲方面ニ對スル物資ノ吞吐港トシテ將又國際交通上ノ關係ニ於テ最重要ナル港灣ナリ故ニ之ヲ修築シ之ニ適應スルノ設備ヲ施スハ眞ニ刻下ノ急務ナリト認ム依テ本院ハ政府カ速ニ其ノ計畫ヲ立テ以テ同港諸般設備ノ完成ヲ期セムコトヲ望ム

右建議ス

〔奥田龜造君登壇〕

○奥田龜造君　清津港築港ニ關スル建議案ノ説明ヲ致シマス、此案件ハ頗ル重大ナ案件デアリマスカラ、成ベク詳細ニ御説明ヲシタイト思ヒマスカラ、御清聽ヲ願ヒマス、清津港ハ朝鮮ノ咸鏡北道北緯四十二度ニ在ル港デゴザイマシテ、北ハ百二十海里ヲ隔テ、露西亞ノ浦鹽ニ連絡シテ居リマス、南ハ元山ヲ經テ釜山ニ至リ、更ニ日本海ヲ隔テヽ裏日本ノ中部タル敦賀港ト、日本海横斷航路ニ依ッテ相應ジテ居リマシテ、國際交通ノ要路ニ當ッテ居ル、最モ國家重要ノ良港灣デゴザイマス、清津港ハ明治四十一年四月ニ、初メテ萬國交通ノ通商港トナリマシテ開港シマシタガ、其當時ハ別段ニ見ルベキモノガ無ク、年産額ガ僅ニ四百万圓内外デゴザイマシタガ、一昨年ノ六月ニ清津ト會寧ノ間ニ鐵道ガ開通致シマシタ、此會寧ノ向ヒハ、豆滿江ヲ隔テ、間島デゴザイマス、間島ノ沃野カラ出ル穀類、材木、及鑛石等ガ、皆ナ悉ク此清津ニ搬出サレルノデアリマス、ソレカラ清津ノ西四里ノ處ニ羅南ガアリマシテ、羅南ニハ一個師團ガ常設シテアリマス、此處ノ物資ノ供給モ悉ク清津カラ送ッテ居リマス、一昨年日本海横斷航路ガ出來ルト同時ニ、年産額――貿易額ガ一躍シテ一千七百万圓ニ上ッタヤウナ次第デゴザイマス、貿易ハ日ニ月ニ進ンデ來テ、今日ノ現狀ノ儘ニ致シマシテハ、陸上ノ設備ガ何等アリマセヌカラ、貨物ヲ藏置スル所ノ餘地モゴザイマセヌシ、路傍ニ積置イテアルト云フヤウナ狀態デゴザイマス、ソレガ爲メニ滯貨ガ一万五千噸ヲ稱ヘテ居ルト云フヤウナ次第デゴザイマシテ、甚ダ殷盛ヲ來シテ居リマス、併ナガラ陸上ト海トノ間ノ連絡ガ付イテ居リマセヌカラ、貨物ヲ本船ニ積ム上ニ付テモ、不廉ナル經費ヲ拂ハナケレバナラナイノデ、貿易上ノ阻害ヲ致シテ居ルコトガ甚シイノデゴザイマス、譬ヘテ見レバ會寧ト清津間ノ鐵道ノ運賃ガ十七錢四厘デアリマス、是ハ穀類一石ニ付テノ標準デゴザイマスガ、横斷航路ノ敦賀マデノ間ガ四百五十浬アリマシテ、同ジ一石ニ對シテ八十五錢デアリマス、ソレダノニ清津ノ驛カラ船ニ積入レルノニ、二十五錢ヲ要スルヤウナ次第デゴザイマス、會寧清津間ノ鐵道ノ運賃ヨリモ、約五割多クヲ拂ハナケレバナラヌ、或ハ横斷航路ノ運賃ノ約三分ノ一ヲ拂フト云フヤウナ次第デゴザイマシテ、全ク海陸連絡ノ不便不利ト云フコトガ、是デ御分リニナルデアリマセウ、斯ル不便不利ニモ拘ラズ、我ガ帝國ノ經濟的勢力ハ、次第ニ北方ニ擴大扶植シテ居リマスカラ北鮮ノ要地ニ位シテ居ル所ノ此清津港ハ、益、殷盛ヲ來シテ洵ニ喜ブベキ現象ヲ呈シテ居リマス、然ラバ此港灣ヲ唯、自然ノ儘ニ發達セシメテ宜シイカト申シマスレバ、決シテサウデハナイノデゴザイマス、最モ緊急ナル重大ナル要旨ガアルノデ、是ガ卽チ私共提案者ガ本案ヲ提出シテ、諸君ノ前ニ御贊成ヲ御願スル所ノ問題デゴザイマス、此問題ハ何デアルカト云フト、諸君御承知ノ吉林會寧間ノ鐵道ノ建設ト、ソレカラ此清津港ノ築港ト、此二問題デゴザイマス、此二問題ハ大陸交通政策ノ見地カラ云ヒマシテモ、敷設ノ最モ急ヲ要スル次第デ、一日モ忽ニスルコトノ出來ナイモノナンデゴザイマス、若シモ之ガ施設ヲ一日遲レタナラバ、ソレダケノ利害消長ハ、帝國ノ將來ニ向ッテ繋ル次第ナンデゴザイマス、今清津築港ヲ論セントシマスレバ、勢ヒ大陸ノ交通狀態ト、及吉林會寧間ノ鐵道ノ經濟狀態トニ論及シナケレバナラナイノデゴザイマス（「謹聽」ト呼フ者アリ）試ニ極東ノ地圖ヲ披イテ御覽ナサイマシ、第一ニ眼ニ映ズルモノハ西伯利ノ大陸デゴザイマセウ、廣大無邊ナル陸地デゴザイマス、其中間ニ蟠居シテ、西ニ東ニ南ニ蜿蜒長蛇ノ如キ三大鐵道ヲ集約シテ居ルノハ哈爾賓デゴザイマセウ、東ハ滿洲ノ海濱浦鹽ニ出デ、西ハ遠ク烏拉爾山脈ヲ越エテ、歐羅巴露西亞ニ通ジテ居リマス、南ハ長春奉天ヲ通ジテ大連ニ至ルモノ、之ガ卽チ露西亞ノ經營セル大鐵道デゴザイマス、其延長幾千哩ナルヲ知ラズ、サウシテ雄大ニシテ規模ノ宏遠ナルコトハ、盛ンナリシ往時露西亞ノ計畫ノ此雄大ナルコトヲ思ヘバ轉タ驚歎ニ堪ヘナイ次第デゴザイマス、顧ミテ大陸ニ於テ有スル我ガ帝國ノ此間ノ施設ハドウデゴザイマセウ、釜山奉天間ノ鐵道ハ、稍、長距離デ誇ルニ足リマスケレドモ是亦地方的デゴザイマス、到底廣大ナル東濟鐵道ノ幹線ニ[illegible]ラ比スルコトガ出來ナイノデゴザイマス、更ニソレ以上ノ範圍ニ眼ヲ注イダナラバ、廣袤限リ無キ實ニ大陸ガ渺茫トシテ居リマシテ、若シ日本ノ今日經營シテ居ル所ノ鐵道政略ト對比シマスレバ、日本ノ如キ海邊ノ一小施設ニ過ギナイノデゴザイマス、將來我ガ帝國ガ東洋ノ面ニ活動セントスルニ、此ノ如キ交通機關ヲ以テ滿足ヲスルコトガ出來マセヌカ、甚ダ貧弱ノ感ガアルノデアリマス、サレバト云ッテ十分ナル施設ヲ爲サント致セバ、其大ナル經費ガ掛リマス、隨テ事ガ外国ニ關係シマスカラ、速ニ實行スルト云フコトハ出來マスマイガ、是ニ於テ私ハ思フノデアリマス、我ガ帝國ハ幸ニシテ極東ノ沿岸ニ於テ、廣ク海洋ノ自由ヲ有シテ居リマス、故ニ極東ノ沿岸ニ不凍港ヲ求メテ、之ヲ我ガ北方進展ノ策源地トシテ此處ヨリモ陸ニ進ム、又陸ニ於テモ、成ベク輕便デ、成ルベク經濟的ナル鐵道ヲ設ケタナラバ、是ガ一番我等ノ目的ヲ達スル捷徑デハナイカト思フノデゴザイマス、然ラバ大陸ノ沿岸ニ於ケル我ガ帝國ノ領海内ニ、不凍港ハ何レニ在ルカト云ヘバ、我輩ハ是ニ於テ斷言致シマス、此我輩共ガ提案シテ居ル所ノ清津港デアリマス、清津港以北ニ至リテハ、冬ニナリマスト寒流ガ沿岸ヲ洗ヒマスカラ、海水結氷シテ到底航海ガ出來ナイノデアリマス、此點ニ於テ清津ガ獨リ天與ノ幸福ヲ得テ居リマスカラ、冬ニナリマシテモ海水ガ凍リマセヌ、サウシテ之ト相對應シテ、曾テ吾ゝ國民ガ計畫シテ居ル所ノ此吉會鐵道ト連接シタナラバ、大ニ將來ニ向ッテ我等ノ目的ヲ達スルコトガ出來ルダラウト思フノデアリマス、吉會鐵道、此吉會鐵道、會寧ト吉林トノ間ノ僅ニ二百七十六哩シカゴザイマセヌ、實ニ短距離デゴザイマス、此吉會鐵道ニ付テハ、既ニ諸君モ御承知ノ如ク、我ガ興業、朝鮮、臺灣ノ三大銀行ガ代表致シマシテ、支那ノ政府ト、昨年ノ六月ニ借款豫備契約ヲ締結シタ譯ナンデゴザイマス、其時ニハ此敷設費ニ於テ若干ノ前貸ヲ致シテ居リマス、故ニ本契約ヲ爲スコトモ近イ中デアンデゴザイマセウ、サウナレバ五六年ノ後ニハ、近クモ開通ヲ見ルコトニナルデゴザイマセウ、吉會線ノ開通セラレタ上ハ、國家的價値アルコトハ既ニ御存ジデゴザイマセウガ、私ハ往時此方面ヲ漫遊致シマシテ、能ク此方面ノ事情ニ精通致シテ居リマスカラ、尚ホ經濟的一言ヲ申上ゲタイト思フノデゴザイマス、吉會線ノ豫定線ハ吉林カラ東ノ額木敦化、ソレカラ間島ノ局子街龍井村、サウシテ會寧ニ通ズルノデゴザイマス、就中此額木及敦化ノ兩縣ハ、土地非常ニ肥エテ居リマシテ沃野數千里山ヲ見ルコトガゴザイマセヌ、農産物トシテハ、大豆ニ、小麥ニ、或ハ白豌豆ニ隨分夥シク産出シマス、到底日本人ガ日本デ思ッテ居ルヤウナコトデハアリマセヌ、豫想外デアリマス、其廣イ面積ニ對シテ人口ガ頗ル稀薄デゴザイマス、此兩縣ハ各一千方里位ハゴザイマスガ、人口ガ約五萬人ヲ超エズ、十里ノ間人煙ヲ見ズト云フヤウナ有樣デゴザイマス、併シ開墾サレテアル所ノ土地ガ全面積ノ僅カ五分ノ一デゴザイマス、五分ノ四ハ蓬々タル草生地デアリマス、ソレカラ鬱々蒼々タル數十里ニ亙ル大森林ガゴザイマス（笑聲起ル）御笑ニナッテハイケマセヌ、實際デゴザイマス、ソレカラ礦物トシテハ銀、銅、石炭ノ如キ物實ニ豐富デゴザイマス、若シ此線路ガ一朝開通シタナラバ、非常ナル物資ガ出ルト云フコトハ今ヨリ想像ガ出來マス、殊ニ第一番ニ開拓サル、モノハ農業、及ソレニ附隨シテ製粉業デゴザイマス、或ハ礦山ノ仕事、或ハ木材ヲ主トシテ居ル工業等、隨分四方カラ移民ガ襲來シテ來テ、兩三年ヲ出デズシテ、殆ド無盡藏トモ謂フベキ物資ガ出ルデアラウト信ズルノデアリマスガ、殊ニ一度此地ニ至レバ、必ズヤ或種ノ衝動ヲ感ジ、一日モ速ニ敷設實現ニ努力セザルベカラザルヲ覺ユルモノデアリマス、朝鮮總督府農商工部長官小原君ハ、先年此鐵道沿線ヲ調査セラレテ歸ッテ曰ク、吉林ノ一箇年ニ取扱フ所ノ物資デモ一億万ト唱ヘテ居リマス、勿論此鐵道ガ開通シマスレバ、吉林以西ノ貨物ハ此鐵道ニ吸收セラル、コトハ、自明ノ理數デアラウト思フノデアリマス、更ニ三沿線ノ貨物ガドシ〳〵出ルヤウニナリマスレバ、此貨物ハ皆ナ吉會線ニ依ッテ、清津ニ搬出スルコトハ無論當リ前デゴザイマス、然ルニ清津ノ現狀ハ嚮ニモ申上ゲタヤウナ次第デ、陸上ニ何等ノ設備ガゴザイマセヌカラ、現在ニ於テモ不利不便、貿易上ノ障害ヲ爲スコトガ甚シイノデゴザイマス、若シモ吉會線ガ開通シテ、清津ノ築港ガ完成シナイナラバドウデゴザイマセウ、滿洲鐵道ノ中野某ト云フ人ハ、彼邊ヲ調査シテ歸ッテ來タ話ニ、若シ吉會線ガ開通シタ場合ハ、清津ニハ優ニ一箇年三百万噸ノ貨物ガ出ルト云フコトヲ稱シテ居リマス、丁度陸ニ一大溝渠ヲ作ッテ、排泄物ガ無イト同ジヤウナ狀態デアリマス、又此吉林鐵道及清津築港ハ、別ニ重大ナル意義ノアルコトヲ御承知ニナラナケレバナラヌノデアリマス、今日世界ノ航海カラ論ジマスト太西洋カラ出ル船舶ハ巴奈馬ヲ越エ、桑港ニ寄リ、「シヤートル」ニヨリ橫濱ニ來ルノデゴザイマス、然レドモ潮流ノ關係、定期風ノ關係デ、此橫濱ニ來ル船ガ、殆ド日本ノ千島ニ近イ處マデ流サレルノデゴザイマス、更ニ寒流ニ依ッテ「コース」ヲ變ヘテ、三陸ノ方面ニ沿ウテ橫濱ニ入ルコトハ、諸君モ御承知デゴザイマセウ、是ハ航路表ヲ見レバ直グ分ルノデアリマス、若シモ此船ニシテ津輕海峽ヲ通過シ、日本海ヲ橫斷セシメテ、極東ノ港灣カラ西伯利ヲ通ッテ歐羅巴ニ行クヤウニシタナラバ、是ガ世界ノ第一等ノ交通路デナイカト私ハ思フノデゴザイマス、然ラバ極東ノ沿岸ニ、春夏秋冬何レノ時デモ碇泊スルコトノ出來ル不凍港ヲ求メナケレバナラヌノデゴザイマス、是ニ於テ私ハ此清津ガ第一資格ガアルモノト斷言シテ憚ラヌノデアリマス、若シ此ノ如ク世界ノ航路ガ、日本海ニ依ッテ內地ト接續スルコトガ出來ルヤウニナリマスレバ、今日マデ諸君ハ、日本海方面ハ裏日本ト稱シテ居リマシタケレドモ、決シテ裏日本デナイ、表日本ニ爲ルノデゴザイマス、是ハ世界ノ今日要求シツヽアル問題デ、又之ヲ促進セシムルノガ、我帝國臣民ノ重大使命デナイダラウカト私ハ思フノデゴザイマス、是ガ一ツ、ソレカラ又國防ニ付テモ、若シモ日本ノ軍隊ヲ滿蒙方面ニ出師スルト云フヤウナ場合ガアリマスレバ、其進退ガ容易デアリマスカラ、僅ニ二箇師團ノ常備兵ヲ殖シタト同樣デアルト云フ事ハ、軍事當局者ガ常ニ稱シテ居ル問題デゴザイマス、是ハ中ヽ忽ニナラヌ事デ、無形的デアリマスケレドモ、年々日本ノ得ル利益ハ莫大ナモノデゴザイマス、ソレカラ又海上交通ノ經濟的カラ云ヒマスト、日本ノ中腹タル敦賀ヲ基點トシテ、橫斷航路ガ開カレテ居リマスガ、若シ此航路ヲ東西ニ擴張シタナラバ、トレダケ甚大ナ利益ヲ得ルコトガ出來ルデゴザイマセウカ、先ヅ東ノ方七尾ヲ通ッテ、伏木マデ之ヲ延バスト假定シテ御覽ナサイ、先ヅ能越貨物ガ此兩線ニ依ッテ搬出ガ出來ル、ソレカラ樺太北海道ノ荷物ハ、常ニ此伏木港ヲ以テ集散地ト爲シ、分布地ト爲シテ居ルノデアリマス、然ラバ樺太及北海道ト北朝鮮トノ聯絡ヲ、是ニ於テ取ルコトガ出來ルデゴザイマセヌカ、又西ノ方面ハ舞鶴及境港マデ延長シテ、阪神間ノ貨物及山陰山陽ノ貨物、即チ是等ト北朝鮮トノ間ヲ接續シテ、將來我日本ノ貨物ヲ、一番手近ニ西伯利及蒙古、北海道、滿洲方面ニ輸出スルコトノ利益ガアルデハゴザイマセヌカ、ソレカラ一例ヲ擧ゲレバ、大阪ト長春トノ距離ヲ、此雙方ノ航路ニ依ッテ比較シテ見マスレバ、大阪ヨリ大連ヲ經テ長春ニ至ルノ里數及運賃ハ、敦賀ヲ經テ吉會線ニ依ッテ長春ニ出ヅル里數及運賃ハ、後者ノ方ハ約五百哩位經濟ニナルノデアリマス、五百哩ノ經濟ト運賃ト時間ノ低減ハ、是亦甚大デゴザイマセヌカ、故ニ政府ハ大ニ此海陸經營、國際交通ト大計ニ鑑ミテ、速ニ此計畫ヲ立テ、清津港ヲ築港シテ我帝國本土進展ノ策源地トスルコトハ、眞ニ國家ノ急務デゴザイマセヌカ、遲クトモ清津港ノ築港ヲ完成シテ、吉會線ノ開通ト對應シテ、其設備ヲ完カラシメナケレバナラヌト私ハ思フノデゴザイマス、昨年春頃ノ話デゴザイマス、英國政府ハ露西亞ノ政府ト相協商シテ、北ノ亭哈塔ヨリ額木ノ間ニ鐵道ヲ敷キ、額木ヨリ又吉林マデ、是ハ西ノ方面、東ハ渾春ヲ經テ「ポセット」灣ニ行ク間ニ鐵道ヲ敷設スル議ガゴザイマシテ、是ハ新シキ事實デゴザイマシテ、諸君ガ衆議院ノ圖書館ノ上ニ於テ、極東ノ地圖ヲ御覽ニナッテモ分リマスガ、既ニ是ハ地圖ノ上ニ線ヲ畫サレテアルノデゴザイマス、若シモ是等ノ問題ガ事實ニ現レタナラバ如何デゴザイマセウ、帝國ノ東洋政策上ニ於テ、危惧ノ次第デアラウト私ハ思フノデゴザイマス、是ハ實ニ由々シキ事柄デアラウト思フノデゴザイマス、故ニ國民ハ此清津築港ニ關シテハ重大視シテ、一日モ速ニ是ガ建設ヲ爲スコトニ怠ッテハナラヌト思フノデゴザイマス、若シ此吉林鐵道及清津築港ガ完成ヲシタナラバ、東ハ清津港ヨリ、西ハ大連ニ至ル間、鐵道ニ依ッテ一大輪廓ヲ作ルノデゴザイマス、我帝國ガ、大陸ニ向ッテ政策ヲ立テタ第一步ヲ完カラシムルモノデゴザイマス、隨テ此圈內ニ在ル所ノ優秀ナル勢力ハ、是ニ於テ確立スルモノト私ハ信ジテ憚ラヌノデアリマス、滿場ノ諸君ヨ、我等ガ提出シテ諸君ニ御贊成ヲ乞ハントスル所ハ此意義デゴザイマス、宜シク此意義ヲ御了解ニナッテ、御贊成アランコトヲ希望致シマス

（拍手起ル）

○岩崎勳君　本案ハ議長指名ヲ以テ、九名ノ委員ニ付託セラレンコトヲ望ミマス

（「贊成々々」ト呼フ者アリ）

○議長（大岡育造君）　岩崎君ノ動議ニ御異議アリマセヌカ

（「異議ナシ異議ナシ」ト呼フ者アリ）

○議長（大岡育造君）　御異議ナケレバ、本案ハ議長指名九名ノ委員ニ付託スルコトニ決シマス、本日ハ是ニテ散會

午後四時二十四分散會

第三　朝鮮醫院及濟生院特別會計法中改正法律案（政府提出）　第一讀會

朝鮮醫院及濟生院特別會計法中改正法律案

朝鮮醫院及濟生院特別會計法中左ノ通改正ス

第二條中「四十五万圓」ヲ「七十一万圓」ニ改ム

附　則

本法ハ公布ノ日ヨリ之ヲ施行ス

〔政府委員法學博士古賀廉造君登壇〕

〔拍手スル者アリ〕

○政府委員（法學博士古賀廉造君）　本案ハ大藏省所管デアリマスケレドモ、擔當ノ政府委員病氣缺席デアリマス、私ヨリ一應本案ノ說明ヲ致シマス、朝鮮醫院竝ニ濟生院ノ設立以來、大分患者ガ增加シマシテ、延人員ガ醫院ニ於テモ百万人ニ增加シ、又濟生院ニ於テモ六七十万人ノ增加ガアリマス、殊ニ近年物價ノ騰貴ニ伴ヒマシテ、非常ニ經費ヲ要スル次第ニナッテ、到底今日マデノ四十五万圓ノ經費ヲ以テ、此維持ガ出來ナクナリマシタカラ、已ムヲ得ズ今回二十六万圓ノ增加ヲ要求シタ次第デアリマス、何卒御審議ノ上御協贊アランコトヲ望ミマス

第八　朝鮮平元鐵道急設ニ關スル建議案（牧山耕藏君外五名提出）

朝鮮平元鐵道急設ニ關スル建議案

朝鮮平元鐵道急設ニ關スル建議

一　平壤ヨリ元山ニ接續スル鐵道

右ハ西部朝鮮ニ於ケル大商工業地タル平壤ト東海岸ノ要港タル元山トヲ連絡シ日本海橫斷航路ヲ介シテ内地朝鮮滿洲間ニ於ケル新ナル一大幹線ヲ設クルモノニシテ之カ爲ニ母國中部對滿洲間ノ交通距離ハ著シク短縮セラレ同時ニ内地及鮮滿間ノ交通上平壤以南ニ於ケル單線鐵道輸送力ノ不足ヲ補ヒ釜山經由線ト相俟テ複線作用ヲ爲スモノトス尚本線ハ西ニ於テ平南線ニ依リテ西部朝鮮唯一ノ良港タル鎭南浦ヲ連絡シ黃海ヲ隔テテ遙ニ支那山東省ニ呼應シ又北方ハ遠ク浦鹽港ニ對シ特ニ咸鏡線ヲ以テ露支國境ニ達スヘク朝鮮ノ開發並東亞ノ經濟交通上其ノ急設ヲ要スル重要線路ト認ムルヲ以テ政府ハ速ニ之カ建設ニ關スル方策ヲ講シ本建議ノ主旨ヲ達成セラレムコトヲ望ム

右建議ス

（牧山耕藏君登壇）

〔拍手起ル〕

○牧山耕藏君　本員ハ朝鮮平元鐵道急設ニ關スル建議案ノ提出者ト致シマシテ、簡單ニ提出ノ理由ヲ申述ベタイト思ヒマス、平元鐵道ト申シマスレバ、諸君御承知ノ如ク、西部朝鮮ニ於ケル一大商工業地トシテ、近時非常ナル進步發達ヲ遂ゲマシタル、彼ノ平壤ト東海岸ニ於ケル要港デアル元山トヲ連絡致シマシテ、日本海橫斷航路ヲ介シテ、日本内地朝鮮滿洲ノ間ニ一大幹線ヲ設ケントスルノデアリマス、日本ト滿洲トノ間ニ於キマシテ、最モ短距離ノ通路ヲ設ケマスルコトハ、我ガ大陸經營ノ根本義デアリマシテ實ニ刻下ノ急務ナリト信ズルノデアリマス、國防上ヨリ見タル平元鐵道ノ價値ハ姑ク措キマシテ、平元線ノ經濟的價値ノ絕大ナルコトハ、到底一朝一夕ニ述ブルコトハ出來ヌノデアリマス、單ニ平元沿線ニ就テ見マシテモ、其物資ノ豐富ナルコトハ非常デアリマシテ、此沿線ニ於キマシテハ、森林アリ、無盡藏ノ石炭ヲ藏シテ居ルノデアリマシテ、其他幾多ノ特產物ガ此鐵道ニ依ッテ開發サレルノデアリマス、又内地朝鮮滿洲ヲ連繫致シマスル最捷路トシテノ平元鐵道ノ使命ニ至リマシテハ、更ニ大ナルモノガアルト信ズルノデアリマス、日本内地ノ方面カラ見マスレバ、滿蒙ニ於ケル貿易ノ覇權ヲ握ッテ居リマスノハ、本員ガ更メテ申スマデモナク、諸君御承知ノ如ク、大阪及神戶方面デ、之ニ亞ギマシテ名古屋方面デアリマス、又北陸各地、東北、北海道等ヨリ致シマシテ、其商取引ガ輸送徑路ノ最モ短イ平元鐵道ニ依リマシテ、商取引ノ敏活ト圓滑トヲ期セント致シマスルコトハ見易キ道理デアリマス、又之ヲ滿洲ノ方面カラ觀察致シマスレバ、近時滿洲開發ノ進捗ト共ニ、多大ナル物資ガ彼ノ方面ヨリ吐出サレルノデアリマスルガ、此巨大ナル物資ハ、唯、單ニ大連港ニ依ル南滿鐵道ト、釜山港ニ依ル朝鮮縱貫鐵道ノミヲ以テ致シマシテハ、到底完全ナル輸送ヲ爲スコトガ出來ヌノデアリマス、第四十議會ニ於キマシテ帝國議會ノ協贊ヲ經、國庫補助ノ下ニ朝鮮郵船會社ガ日本海橫斷航路ヲ開始シタノハ、諸君御承知ノ通リデアリマス、然ルニ朝鮮鐵道及南滿鐵道ノ輸送力ガ不完全ナルガ爲メニ、態々京城ヲ迂廻致シマシテ、滿鮮ノ物資ガ元山ヲ經由シテ、日本海橫斷航路ニ依ッテ捌カレテ居ルト云フコトハ御承知ノ通リデアリマス、此一點ヲ見マシテモ、大陸ニ於ケル交通機關ガ甚ダ不完全デアルト云フコトガ分ルノデアリマス、即チ平元鐵道ノ貫通ニ依リマシテ、内地中部及ビ滿洲間ノ交通距離ト云フモノガ、非常ニ短縮セラレマシテ、同時ニ内地及朝鮮滿洲間ノ交通上、平壤以南ニ於ケルトコロノ鐵道ハ、卽チ今日ノ朝鮮縱貫鐵道ハ單線デアリマスルガ故ニ、平壤元山間ノ鐵道ガ敷設サレ、裏日本トノ交通ガ開ケマスレバ、所謂平壤以南ノ線路ニ對シテ、複線ノ作用ヲ爲スノデアリマス、單ニ是ノミデハナク、平壤ヨリ平南鐵道ニ依ッテ、西部朝鮮ニ於ケル唯一ノ良港デアル鎭南浦ヲ介シマシテ、支那山東方面ニ聯絡ヲ保チ、又元山ヨリ浦鹽方面ニ達シ、更ニ元山ヨリ目下敷設中ノ咸鏡鐵道ニ依ッテ、露支國境ニモ通ズルノデアリマスカラ、此鐵道ハ極メテ重大ナル意義ヲ有スルノデアリマス、之ヲ要スルニ、戰後帝國ニ於ケル幾多ノ經濟的施設中、最モ重要ナルモノヽ一ツハ、日本海ノ利用並ニ平元鐵道ノ活用デアリマス、而シテ元山ノ築港工事ハ、今大正八年度ニ於テ完成致スノデアリマス、此機會ニ於テ平元線ノ急設ヲ見マスルコトハ、實ニ絕好ノ機會ナリト信ズルノデアリマス、本院ニ提出セラレマスル幾多ノ鐵道敷設ニ關スル建議案ハ、何レモ重要ナルモノデアルコトハ申スマデモナイノデアリマスガ、特ニ本案ハ曩ニ新タニ帝國ノ領域ニ加ヘラレマシタル朝鮮ノ開發、並ニ東亞ノ經濟交通上ニ於テ、緊急且ツ必要ナル鐵道ナリト思惟致シマスルガ故ニ、何卒諸君ニ於カセラレマシテハ、滿腔ノ同情ヲ表セラレテ、本案ニ御贊成アランコトヲ切ニ希望スル次第デアリマス、尚ホ詳細ナル點ハ、幸ニ本案ガ特別委員ニ付託審議セラル、光榮ヲ得マスレバ、其席上ニ於テ詳密ニ陳述致シタイト思フノデアリマス

〔拍手起ル〕

○岩崎勳君　本案ハ議長指名ヲ以テ、九名ノ委員ニ付託セラレンコトヲ望ミマス

○議長（大岡育造君）　岩崎君ノ動議ニ御異議ハアリマセヌカ

〔「異議ナシ」ト呼フ者アリ〕

○議長（大岡育造君）　御異議ナシト認メマス、仍テ本案ハ議長指名九名ノ委員ニ付託スルニ決シマシタ――葉煙草耕作組合ニ交付金下付ニ關スル建議案ヲ議題ト致シマス、高田コウウン君

〔笑聲起リ「違ヒマス」ト呼フ者アリ〕

第十　北鮮、裏日本聯絡航路延長ニ關スル建議案（上埜安太郎君外九名提出）

北鮮、裏日本聯絡航路延長ニ關スル建議案

北鮮、裏日本聯絡航路延長ニ關スル建議

政府ハ曩ニ北鮮、裏日本ノ聯絡航路補助費ヲ支出シ清津、元山、敦賀間ノ航路ヲ開始シタルニ日ニ盛況ヲ呈シ前途益有望トナレリ依テ此ノ際更ニ進ムテ裏日本ノ中樞タル伏木及七尾迄該航路ヲ延長セムコトヲ望ム

右建議ス

○議長（大岡育造君）　上埜安太郎君――高見之通君

〔高見之通君登壇〕

〔拍手起ル〕

○高見之通君　諸君、本案ハ昨年第四十議會ニ於キマシテ、同ジク建議案トシテ議題ニ上リマシタガ、委員會ニ於キマシテ質疑應答ノ中、會期切迫ノ故ヲ以チマシテ、不幸流會ニナッタノデアリマス、吾ヽハ之ヲ以テ洵ニ遺憾トシテ居ッタノデアリマシテ、今年再ビ此建議案ヲ提出スルコトニナリマシタ、本案ハ朝鮮ノ清津、元山ト敦賀ト云フ此三角航路ガ、現在北鮮航路トシテ開始サレテ居リマスガ、此線ヲ石川縣ノ七尾ト富山縣ノ伏木マデ延長スルコトノ希望ノ建議案ノ性質デアリマス、而シテ此建議案ノ趣意ヲ説明スルニ付キマシテハ、現在ノ此實施サレテ居ル北鮮航路ノ價値如何ト云フコトヲ所究スルノ必要ガアラウト思ヒマス、此航路ハ昨年ノ四月カラ開始サレタノデゴザイマスガ、航路ヲ起スノ始リハ、元山ノ發達、卽チ京元鐵道ガ敷設サレテ、元山ガ非常ニ發達シタト云フコトノ理由ト、清津會寧間ノ鐵道ガ出來マシテ、清津港ノ發達ヲ喚起シタト云フコトノ關係上カラシマシテ、朝鮮總督府ハ朝鮮郵船會社ニ年額二十有餘萬ノ補助費ヲ給シマシテ、年三十有回ノ定期航路ヲ開クコトニナッタノデアリマス、其航路ヲ開始サレル時ニ於キマシテ、朝鮮總督ノ當局者ニ於キマシテモ、此航路ハ果シテ直チニ成績ヲ擧ゲ得ルコトガ出來ルカ否ヤト云フコトヲ、實ハ幾分ノ杞憂ヲ持ッテ居ラレタヤウデアリマス、此事ハ昨年ノ此委員會ニ於テ、朝鮮總督ノ當局者モ左樣ニ杞憂ヲ懷イテ居ラレタコトハ明カデアリマス、然ルニ成績ハ意外ニ好クナッタノデアリマス、大正七年――昨年ノ四月頃開始サレテカラ上半期ノ成績ヲ申シマスルト、會社ノ收入ハ十一万三千圓、支出ハ十五万圓デアリマスガ、補助金十三万圓ヲ之ニ充當致シマスルト、差引八万圓ノ利益ヲ擧グルニ至ッタノデアリマス、サウシテ貨物ハ非常ニ澤山殖エルノミナラス、乘客ノ如キモ、此線路ヲ取ルモノガ漸次增加シマシテ、日ニ益ヽ盛況ヲ呈スル狀態ニ至ッタノデアリマス、去リナガラ此線路ノ當初開始サレタル主タル目的ハ、此北陸地方ヲ專ラトシタノデアリマセズシテ、京阪名古屋方面ノ貨物ガ、門司ヲ經テ釜山ヲ通ッテ京城ニ出ル所ノ線ヲ短縮スルノ意味ニ於テ、寧ロ京阪及中京ノ貨物ヲ專ラトシテ居ッタノデアリマス、是ニ於テ若シ北陸方面ニ於ケル諸般ノ物資ガ、此線路ヲ十分ニ利用スルノ機會ヲ與ヘタナラバ、ドレ程ノ發展ヲスルト云フコトガ茲ニ分ッタナラバ、多クノ言ヲ費サズシテ吾ヽガ提出シタル建議案ハ、ドレ程ノ理由ガアルト云フコトハ明瞭ト信ジマス、北陸方面ノ中心トシテ、石川縣及富山縣ノ此ノ縣外ニ對スル所ノ價値如何ト申シマスレバ、特ニ諸君ノ御記憶ヲ喚起シテ申上ゲタイト思ヒマス事ハ、北海道ノ方面ナドヘ出テ行ッテ、今日ノ北海道ヲ開拓シタコトノ最モ功績ノ大ナルモノハ、石川縣富山縣ノ二縣下ノ人間ガ最モ好成績ヲ擧ゲタノデアリマス、特ニ著シキハ此二縣ノ人間ハ、寒氣ニ耐ヘ、困苦ニ耐ユルト云フ特性ヲ有ッテ居ルノデアリマス、此者ヲ以テ若シ北鮮、殊ニ今日此清津ノ方面カラ會寧、進ンデ吉長線ニ於テ漸次北滿ノ方ニ向ッテ色ヽノ事情ガ起ル、此方面ニ向ケタナラバ、多大ノ成績ヲ擧グルト云フコトノ、確實ナル過去ノ歷史ヲ有ッテ居ルコトガ第一點デアリマス、其他第一ニ富山縣ノ方面ヲ見マスト、諸君方ニ特ニ聽イテ戴キタイノハ、全國ニ殆ド所有ノ水力電氣ノ馬力ハ、約二百有餘万馬力アリマスガ、其中ノ百有餘万馬力ト云フモノ、是等ノ水力電氣ガ漸次實現サレルト共ニ、最モ開拓サルヽノハ富山縣ノ伏木港ノ附近デアリマス、此現在出來テ居ル所ノ諸般ノ會社、殊ニ此電力ヲ應用スル文明的ノ會社ガ、非常ニ澤山出來テ居ルノデアリマス、是等ノ物資ガアスナ、若シ北鮮ノ航路ニ連絡ヲ得ルコトガ出來タト致シマシタナラバ、多大ノ價値ヲ上ゲルノデアリマス、現在デモ伏木ヲ出テ各方面ニ移出スル所ノ金額ハ、年分少クトモ千五六百万圓ハ出テ居ルト云フ狀況デアリマス、又特ニ石川縣七尾港ノ價値ニ就テ申シマスルト云フト、軍事上ニ於テ全國ヲ幾個カノ區ニ分ケテ見マスルト云フト、北陸ノ方面ニ於テ將來軍事計畫ヲ爲スト云フ時ニ於テ、石川縣ノ金澤市ヲ中心ニスルト云フコトハ、最モ明瞭ナル事デアリマス、今日ノ時勢ハ昔ト違ヒマシテ、此奉天及哈爾賓マデノ何カノ問題ガ起ッタト致シマシタナラバ、此一旦緩急アル秋ニ於テハ、之ニ對シテ直チニ活躍ノ脈絡ノ基礎ヲ爲スベキモノハ、惟フニ將來北陸ノ方面デアラウト思フノデアリマス、若シ夫レ此線路ガ開始サレテ、サウシテ一年ニ數十回ノ往復ガ出來タト致シマシタナラバ、七尾ト金澤トノ關係ガ、遠ク北滿トノ間ニ軍事上有力ナル連絡ヲ爲スト云フコトハ、私ガ多クノ言ヲ費サズトモ、日本ノ地圖ヲ少シ繙イタ人ハ、直チニ了解ガ出來ルダラウト私ハ信ズルノデアリマス、軍事上ノ方面カラ觀マシテモ、又經濟上ノ方面カラ觀マシテモ、石川縣及富山縣ノ是等北滿ニ關係シ、又北鮮ノ方面ニ偉大ノ關係ガ有ルト云フコトハ、御了解ニナッタト思ヒマスルガ、然ラバデス、是等ノ問題ヲ解決スルニ、幾許ノ補助金ヲ要スルカ、斯ウ申シマシタナラバ、實ニ微々タルモノデアリマス、現在朝鮮郵船會社ハ、朝鮮ノ各方面ノ近海ノ航路ヲ引受ケテ居ルノデアリマシテ、年額ノ補助金額ハ約八十万圓程取ッテ居ルノデアリマス、而シテ此清津ヨリ元山、元山ヨリ敦賀、此間ノ浬數ハ總計合セテ六百七十餘浬アリマス、而シテ敦賀ヨリ七尾ニ至ル所ノ浬數ハ、漸ク百八十浬デアリマス、七尾ト伏木ハ目ト鼻トノ間ニ在リマシテ二十六浬、要スルニデスナ、元山ト清津敦賀トノ間ノ浬數約七百浬ト云フモノニ對シ、二十有餘万圓ノ金ヲ費シテ居ルノデゴザイマスルカラシテ、其三分ノ一ニモ當ラナイ敦賀ト七尾ト伏木トノ間ノ漸ク二百浬、之ニ年額七万圓若クハ八万圓ノ補助金ヲ與ヘタナラバ、充分ナル成績ヲ擧ゲルダラウト私ハ信ジテ居リマス、而モ以上申上ゲタヤウナ多大ノ利益、多大ノ成績ノ擧ゲ得ル理由アルニモ拘ラズ、僅カ七万圓若クハ八万圓ノ補助金ヲ與ヘレバ斯ノ如キ事ガ出來ルノニ今日マデ之ヲ打捨テ置イタト云フコトハ、殆ド意味ヲ爲サナイト私ハ思フノデアリマス、殊ニ尚ホ申上ゲテ置キタイノハ、此伏木ト北海道トノ間ノ裏日本ノ沿岸ハ、全部伏木ヲ中心トシテ居ルノデアリマス、ソレ故ニ若シ此航路ヲ開クコトニナリマスルト云フト――漸ク年額八九万圓ノ金ヲ投ジテ、此ニ定期航路ヲ開クト云フコトニ至リマスレバ、此結果ニ依ッテ、北海道ヨリ秋田縣ヲ經、新潟縣ヲ經テ此富山縣ニ至ル所ノ、長イ間ノ連絡ガ直チニ取レテ來ルト云フ、多大ノ附帶スル利益ガ有ルノデアリマス、以上ノ實行上ニ於キマシテモ斯ノ如キ僅カノ金デサウシテ朝鮮郵船會社ノ取ッテ居ル年額ハ、今申上ゲタ八十有餘万圓ノ補助金ヲ受ケテ居ルノデアリマスカラ、是ダケノ僅カノ金、ソレニ假リニ多少ノ損失ガアッタトシタ所ガ、會社ノ維持ガ出來ナイト云フ憂ト云フモノハアルベカラザル事デアリマス、況ヤ昨年ノ四月此航路ガ開始――北鮮航路ガ開始サル、少シ以前ニ、朝鮮當局者ハ、果シテ是ガ相當ノ利益ヲ擧ゲルデアラウカ、ドウカト云フコトヲ杞憂シテ居ッタニ拘ラズ、一タビ開始スレバ是ダケノ利益ガ擧ッタデハアリマセヌカ、之ニ僅カ八万圓若クハ九万圓ノ金ヲ投ジテ、サウシテ此航路ヲ開始シタト致シマシタナラバ、多大ノ利益ヲ生ズルト云フコトハ、私ハ以上ノ理由ヲ以テ、昭々トシテ火ヲ睹ルヨリ明カナリト信ジマス、元山及清津ニ關スル所ノ價値ハ、奧田君ナリ或ハ牧山君ナリノ言ニ依ッテ、充分ニ證明サレテ居リマスカラ、是等ノ發展ハ日ニ益ヽ盛ンデアリマセウ、又今申上ゲタル石川縣及富山縣ノ將來ノ繁榮ハ、今申上ゲタルヤウナ理由ヲ以テ、充分御了承ニナッタモノト思ヒマス、斯ノ如キ理由ノ上ニ立ッテ、僅カノ金デ此航路ガ開カレテ、サウシテ多大ノ功績ガ擧ルト云フコトデアリマスル以上ハ、直チニ朝鮮總督府ハ之ヲ實行サレテ宜シイモノト私ハ信ジマス、

以上ノ理由ヲ以チマシテ、是非此案ニ御一同諸君ハ御賛同下サランコトヲ、幾重ニモ御願致シマス

○岩崎勳君　議長

○議長（大岡育造君）　岩崎君

○岩崎勳君　本案ハ議長指名ヲ以テ、九名ノ委員ニ付託セラレンコトヲ望ミマス

○議長（大岡育造君）　岩崎君ノ動議ニ御異議アリマセヌカ

〔「異議ナシ」ト呼フ者アリ〕

○議長（大岡育造君）　御異議ナシト認メマス仍テ本案ハ議長指名九名ノ委員ニ付託スルコトニ決シマシタ――日程第十一玄米食奬勵ニ關スル建議案ヲ議題ト致シマス、荒川五郎君

第九　朝鮮事業公債法中改正法律案（政府提出）　第一讀會ノ續（委員長報告）

第一〇　臺灣事業公債法中改正法律案（政府提出）　第一讀會ノ續（委員長報告）

第一一　造幣局据置運轉資本增加及設備擴張費ニ關スル法律案（政府提出）　第一讀會ノ續（委員長報告）

〔粕谷義三君登壇〕

〔拍手起ル〕

○粕谷義三君　日程第四ヨリ第十一マデ、都合八案ゴザイマスルガ、順次此日程ノ順序ニ從ッテ御報告申上ゲタイト思ヒマス、各案トモ大體其多クハ悉ク皆ナ豫算ニ關聯致シタ法案デゴザイマスル、併シ案ノ内容ハ何レモ極ク簡單ナモノデアリマスルカラ、自然私ノ御報告モ簡單ニ申上ゲマスル積リデアリマス、日程第四ハ作業會計法中改正法律案デゴザイマスガ、是ハ既ニ御承知ノ如ク、前議會ニ於キマシテ協賛ヲ與ヘマシタ日本爆發物株式會社買收ノ結果デゴザイマス、即チ海軍ニ於テ要シマスル所ノ火藥ヲ、海軍省自身ガ之ヲ直營スルト云フコトノ方法ノ爲メニ、此作業會計法ノ改正ヲ必要ト致スノデゴザイマス、即チ其第一條ニ於キマシテ、海軍火藥廠ト云フ一ノ目ヲ加ヘマスルコト、此作業ヲ致シマスルニ付キマシテ、之ニ要スル所ノ運轉資本ヲ二百万圓トシテ、漸次之ヲ一般會計カラ繰入レテ行クコトニスル、斯ウ云フ案デアリマス、之ヲ大正七年度ヨリ此事ヲ經營ヲ致シテ行クト云フ案デゴザイマシテ、之ニ付キマシテハ委員會ハ誠ニ當然ノ事ト考ヘマシテ、全會一致ヲ以テ可決シマシタ、日程第五ノ海軍工廠資金會計法中改正法律案、是ハ現在ノ海軍工廠ノ資金ハ九百五十万圓デアリマス、然ルニ御承知ノ如ク近來鐵ノ價格モ騰貴ヲ致シテ參リマシタシ、加フルニ我國ノ造船造兵ノ事業モ、一年毎ニ段々大キクナッテ參リマシテ、隨テ之ニ要スル所ノ材料モ多キヲ要スル譯デアリマス、即チ現在ノ資金ノ百五十万圓ハ、明治四十二年ノ制定ニナリマスル所ノ制限價格デアリマスノデ、到底之ヲ以テ十分ニ此造船造兵ノ事業ヲヤッテ行クコトガ出來ナイト云フコトカラ、茲ニ更ニ二千万圓ニ增加シタイト云フコトノ改正案デゴザイマスル、是モ亦今日ノ場合已ムヲ得ザルモノト認メマシテ可決ヲ致シタノデゴザイマスル、日程第六國債整理基金特別會計法中改正法律案、是ハ從來特別會計カラ國債整理基金ニ繰入レマシタ金ガ、一旦一般會計ヲ經由シテ行クコトニナッテ居リマス、甚ダ豫算ノ形式カラ申シマシテモ、頗ル複雜ニナッテ居ルノデアリマス、ソレヲ此度改正シテ、特別會計カラ直チニ此國債整理基金特別會計ヘ繰入レルヤウニシテ、即チ一般會計ヲ經由スルコトヲ止メル、サウシテ豫算ノ形式ノ簡明、事務ノ簡捷ヲ期スルコトガ第一ノ目的、又モウ一ツノ目的ハ、國債ノ整理基金法ニ依リマス國債ノ元金ノ償還ニ充テマス爲メニ、國債整理基金ノ万分ノ百十六ヲ年々積立ッテ行カナケレバナラス、此基金ノ方ヘ繰入レテ行カナケレバナラヌ制度ニナッテ居リマス、然ルニ臨時國庫債券ハ、御承知ノ如ク全ク一時ノ金融ノ爲メニ保有サル、ノデアリマスカラ、此臨時國庫證券ダケヲ一ノ全ク國債トシテ別ノ扱ニスル、即チ大藏證券ト同樣ナ扱ニスルト云フコトノ必要カラ、此整理基金法ニ改正ヲ加ヘテ、唯今申上ゲタヤウナ趣意ヲ以テ、此改正ヲスルト云フノガ此案ノ要旨デアリマス、是モ相當ナル議ト認メラレテ、全會一致ヲ以テ可決致シマシタ、日程第七事業公債金特別會計法案、是ハ此度新ニ制定ニナリマシタ法案デアリマス、此法案ノ制定ト同時ニ、是マデアリマシタ所ノ朝鮮事業公債金特別會計法、ソレカラ事業分債及鐵道特別會計法、此二ツノ法律ハ廢止サレル結果ニナリマス、是ハ要スルニ其目的ハ事業公債ノ特別會計ヲ統一スル、斯ウ云フ目的カラ今度此法律ヲ制定シヤウト云フノデアリマス、即チ前ニモ申上ゲマシタ如ク、朝鮮ノ事業公債ニ對シマシテハ、朝鮮事業公債特別會計法アリ、又臺灣デアルトカ、或ハ其他ノ事業公債ニ對シマシテハ、今申上ゲタ事業公債及鐵道特別會計法ト云フモノガアル、而シテ此二種ノ特別會計ノ間ニ於キマシテモ、互ニ其一致シナイ點モアルノデアリマス、更ニ又均シク事業公債ヲ以テ支辨致シマスル事柄デモ、何等特別會計等ノ規定ノナイ所ノモノモアル、即チ彼ノ樺太ノ事業公債ノ如キ、或ハ又前議會ニ於テ御決メニナリマシタ電氣事業ノ如キモサウデアリマス、是等ニ對シテ別ニ特別會計ト云フモノハ設ケテナイノデアル、ソレ故ニ是等ノ總テノ事業公債ニ屬シマスモノハ、今度制定シマス所ノ事業公債特別會計法ニ依リマシテ、之ヲ統一ヲ致シテ行キタイ、斯ウ云フ精神カラ此法案ヲ制定セントセラレルノデアリマス、是モ誠ニ適切ナル立法ト認メマシテ、委員會ハ全會一致ヲ以テ可決ヲ致シマシタ、次ハ日程ノ第八、臨時國庫證券法中改正法律案、御承知ノ通リ臨時國庫證券ノ發行最高額ハ、現在ニ於キマシテハ五億圓ト定メラレテアルノデアリマス、ソレヲ今度ノ改正案ニ於キマシテハ、更ニ三億圓ヲ增加致シマシテ、其第二條ノ五億圓ヲ八億圓ニ改メタイ、是ガ一ツ、ソレカラモウ一ツハ其目的ニ一ノ追加ヲスルノデアリマス、即チ此第一條ニ臨時國庫證券募集ノ目的ガゴザイマスガ、即チ此輸出爲替資金ノ疏通ヲ計ルコト、ソレカラ聯合與國ニ對スル輸出軍需品ノ代金ノ決濟、此二ツガ今日マデ臨時國庫證券募集ノ目的ニナッテ居ッタノデアリマス、更ニ此度モウ一ツ目的ヲ追加スル、斯ウ云フコトデ「聯合國ノ財政ヲ援助スル爲ニ」斯ウ云フ一ノ目的ヲ加ヘタイト云フノガ、今回提出サレタ改正案ノ要旨デアリマス、此三億圓ノ增加ノ必要ハ、申スマデモナク世界ノ戰局ハ既ニ終リヲ告ゲタヤウナモノデアリマスケレドモ、貿易其他ノ關係ニ於キマシテ、尚ホ本年ニ於キマシテモ、我國ニ正貨ノ受取勘定ニナルベキ所ノモノガ、約四億圓ヨリ五億圓ニ達スルデアラウト云フコトハ、過日ノ議會ニ於キマシテモ、大藏大臣ガ當議場ニ於テ言明セラレテ居ルヤウナ次第デアリマス、固ヨリ此本年ニ於ケル正貨ノ受入勘定ト云フモノハ、全ク見込ニ過ギナイノデアリマスカラ、果シテ其通リアルカドウカ、ソレハ固ヨリ是ハ確乎タルコトハ申上兼ネルノデアリマス、併シ兎ニ角大體ニ於キマシテ、政府ノ見込トシテ、約四億圓ヨリ五億圓ノ正貨ガ受取勘定ニナルデアラウト云フコトデアリマス、果シテサウデアルト致シマスレバ、是ガ調節ヲ圖リマス上ニ於テ、若干此臨時國庫證券發行限度ヲ增加スルト云フコトモ、亦是レ已ムヲ得ナイ事ニ相成リマス、更ニ又聯合國ノ財政ヲ援助スル目的ヲ加ヘマス必要ハ、今日民間ニ於キマシテ、戰時中ニ英國ノ國庫證券ナリ、或ハ佛國ノ國庫證券ナリ、或ハ大藏證券ナリ、斯ウ云フ種類ノモノヲ民間ニ於テ引受ケテ居リマス高ガ、約二億圓ニ達シテ居リマスサウデアリマス、是等ノモノハ本年内ニハ期限ガ到著致スノデアル、此場合ニ於テ果シテ聯合國ガ是等ヲ現金ヲ以テ償還スルカドウカ、ソレモ分ラヌコトデアル、而シテ若シ其時ニ至ッテ、民間ノ經濟事情ガ其借換ヲ便トシナイト云フヤウナ事情ガ起ッテ來タ場合ニ於テ、政府ハ之ニ對シテ内國債ヲ募集シテ、此借換ノ場合ニ於テ、ソレヲ政府ノ方デ引受ケテヤルト云フ必要モ、亦茲ニ起ッテ來ルカモ知レナイ、ソレ故ニソレコレノ必要カラ、國庫證券ノ本年度ニ於ケル募集額ヲ更ニ三億圓ヲ增加シテ貰ヒタイト云フノガ、即チ此改正ノ要旨デアルノデアリマス、是モ委員會ニ於キマシテハ、愼重ニ審議ヲ盡シマシタ、其審議中ニ於キマシテ、一委員ヨリシテ、國庫證券ノ發行ハ、動モスレバ通貨ノ膨脹ヲ促スコトニ相成ルノデアルカラ、政府トシテハ務メテ之ヲ避ケテ貰ヒタイ、而シテ之ニ代ユルノニ郵便貯金ノ利子ヲ引上ゲ、或ハ又彼ノ勸業債券ヲ募集スルト云フヤウナ方法ニ依ッテ、務メテ民間ノ零碎ノ資金ヲ吸收シタナラバ、無論國庫證券ヲ募集シナイデモ、ソレ等ノ資金ニ依ッテ、十分ニ其目的ヲ達スルコトガ出來ルデアラウト云フヤウナ意見モアリマシタ、併ナガラ政府ト致シマシテハ、郵便貯金ノ利子ヲ引上ゲルト云フコトハ、民間ノ金融事情、或ハ又銀行業トノ關係モ十分考慮シナケレバナラヌノデアリマスカラ、政府ハ郵便貯金ノ利子ノ引上ト云フコトニ向ッテハ同意ヲ表セラレナイ、而シテ出來得ル限リ零砕資金ヲ集メテ、サウシテ是等ノ目的ニ供スルト云フコトニ付テハ、從來モ政府ハ務メテ居ルコトデアリマセウガ、更ニ今後ニ於テ是等ニ副フコトヲ十分ニ務メルト云フコトデアリマシテ、委員會ニ於キマシテハ、別段ニ何等修正等ノ事モゴザイマセヌデ、政府ノ此言明ヲ信頼致シマシテ、原案ヲ全會一致ヲ以テ可決ヲシタヤウナ次第デアリマス、次ニ日程ノ第九、朝鮮事業公債法中改正法律案、是ハ朝鮮ニ於キマシテ、釜山及元山、此二箇所ノ海關工事ヲ擴張スルト云フヤウナ計畫デアリマシテ、大部分ハ釜山ノ方ノ築港ニ用ヰラレル金デアリマス、乃チ此朝鮮事業公債法ニ於キマシテ、現在一億六千八百万圓トアリマスモノヲ、一千万圓ヲ增加致シテ、一億七千八百万圓ニ改メマス、斯ウ云フ案デアリマス、是モ段々委員會ニ於キマシテハ、審議ノ末原案ヲ可決ヲ致シマシタ、日程ノ第十、臺灣事業公債法中改正法律案、此案ノ内容ハ二三點ゴザイマスガ、大體ハ卽チ臺灣ノ事業ノ爲メニ、公債ヲ募集スベキ制限額七千三百五十万圓ヲ九千二百五十万圓ニ改メル、卽チ此千九百万圓ダケヲ更ニ增額ヲシヤウト云フ案デアリマス、デ此公債ヲ必要ト致シマスル理由ハ、大體ニ於キマシテハ、既ニ決定ニナッテ居リマスル所ノ、臺灣ノ地方ノ鐵道ノ建設、及ビ更ニ此中港ト大肚間ニ於ケル所ノ海岸線ヲ一ツ設ケルト云フ趣意デアリマス、卽チ此中港大肚間ハ丁度海岸線ガ出來マスルカラ、複線ニナリマスル計畫デアリマス、之ニ要スル資金ヲ兩方合セテ千九百万圓ダケヲ、更ニ此公債ニ依ッテ募集スルコトノ出來ルコトニスルト云フノガ、卽チ此改正ノ趣意デアリマス、尚ホ其他ニ此臺灣事業公債法ハ、其制定ガ最モ舊イノデアリマシテ、明治三十二年ノ是ハ法律デアリマスルノデ、隨テ其中ニ規定サレテアル條項ト云フモノガ、甚ダ今日ノ場合ニ適合セザルノミナラズ、最近諸君ノ協贊ニ依ッテ制定サレマシタ國債ニ關スル法律ト云フノガゴザイマスルガ、是等ノ規定トモ一致セザル點ガ澤山ニ在ルノデアリマス、ソレ故ニ其等ノ條項ヲ改正ヲ致シマシテ、大體ハ此國債ニ關スル法律ニ依ルヤウニ致シタイト云フノガ、卽チ此幾多ノ條項ニ於テ改正ヲ加ヘラレテ居ル點デアリマス、委員會ニ於キマシテハ、此政府提案ノ各修正ノ箇所ニ對シマシテハ、何等異議ナク政府案ヲ可決ヲ致シマシタ、而シテ更ニ委員會ト致シマシテハ、尚ホ其上ニ修正ヲ加ヘル必要アリト認メマシテ、第一條ニ於テ斯樣ナ修正ヲ決議致シマシタノデアリマス、此修正案ハ未ダ御手許ノ方ニ廻ッテ居ラヌカモ知レマセヌノデアリマスガ、第一條ハ現行ノ法律ニ依リマスルト、臺灣ニ於テ公債ヲ募集シ得ベキ金額ノ制限ヲ定メマシテ、更ニ此公債事業ノ種類ガ一カラ六マデ列擧サレテアルノデス、委員會ニ於キマシテハ、段々審議ノ末、此事業公債法ニ列擧サレテアル所ノ幾多ノ目的ト云フモノハ、今日ニ於テハ既ニ大部分ハ結了シタモノガ多イノデアル、加フルニ臺灣ニ於テハ、將來尚ホ幾多ノ公債ヲ以テ支辨スベキ所ノ事業ト云フモノガアルノデアルカラシテ、此ニ此目的ヲ列擧スルコトハ廢メテシマフ、サウシテ第一條ヲ單ニ斯樣ニ修正スルノガ相當デアルト斯ウ決定ヲ致シマシタ、卽チ第一條ヲ斯樣ニ改メタイト云フノデアリマス「臺灣ニ於ケル事業費支辨ノ爲政府ハ從前募集シタルモノヲ通シテ九千二百五十万圓ヲ限リ公債ヲ募集スルコトヲ得」斯樣ニ修正ヲ致シマシテ、現行法ニ此目的ガ列擧シテアルモノヲ悉ク削除致シマシタ、デ斯樣ニ修正ヲ致シマスルト云フコトハ、今申上ゲマシタ理由ノ外ニデス、現行ノ朝鮮ノ事業公債法ト云フモノハ、僅ニ法三章デアリマシテ、斯樣ニ臺灣事業公債法ノ如クニ、事業ノ種類ト云フモノハ何等列擧シテアリマセヌ、乃チ此委員會ニ於キマシテハ、臺灣事業公債法ヲ朝鮮事業公債法ト同樣ニ、之ヲ修正致シタニ過ギナイノデアリマス、第十一、造幣局据置運轉資本增加及設備擴張費ニ關スル法律案、是ハ段々此造幣局ノ事業モ殖エテ參リマシテ、到底此現在ノ資本ヲ以テ、十分ニ仕事ヲヤッテ參ルコトガ出來ナイト云フ狀況ニ立至リマシタ、殊ニ御承知ノ如ク戰時ニ非常ニ補助貨ガ拂底致シマシタ爲メニ、彼ノ小額紙幣ナルモノガ發行サレテアリマス、其等ガ約九千百万圓許リニナッテ居ルノデアリマス、是等ノモノハ近キ將來ニ於テ、補助銀貨ト引換ヲシナケレバナラヌノデアリマス、旁、此造幣局ノ設備ヲ擴張スル必要等ガアリマシテ、造幣局ノ資本ノ中ヘ二百六十一万圓一般會計カラ繰入レテ、其繰入レタ中ノ百十一万圓ト云フモノハ、造幣局設備擴張ノ爲メニ之ヲ使用シ、百五十万圓ハ据置運轉資金ノ方ヘ增加致シタイト云フ案デアリマス、是モ段々審議ノ結果原案ヲ可決致シマシタ次第デアリマス、甚ダ簡單デアリマスガ、以上ヲ以テ八案ダケノ御報告ヲ畢リマシタ（拍手起ル）

○議長（大岡育造君） 唯今御報告ニナリマシタ日程第四カラ第九マデノ決ヲ採リマス、各案ノ第二讀會ヲ開クニ御異議ハアリマセヌカ

（「異議ナシ」ト呼フ者アリ）

○議長（大岡育造君） 第二讀會ヲ開クニ決シマシタ

○岩崎勳君 直チニ日程第四乃至第九ノ六案ノ第二讀會ヲ開キ、三讀會ヲ省略シテ、委員長報告ノ通リ可決確定セラレンコトヲ望ミマス

○議長（大岡育造君） 岩崎君ノ動議ニ御異議ハアリマセヌカ

（「異議ナシ」ト呼フ者アリ）

○議長（大岡育造君） 直チニ各案ノ第二讀會ヲ開キマス

朝鮮醫院及濟生院特別會計法中改正法律案
（政府提出）第一讀會ノ續（委員長報告）（確定議）

〔山根正次君登壇〕

○山根正次君　朝鮮醫院及濟生院特別會計法中改正法律案ノ委員會ノ結果ヲ報告致シマス、委員會ヲ開キマスコト二回、政府委員モ出ラレマシテ、サウシテ之ガ說明ヲナサレマシタ、サウシテ之ガ原案通リ可決確定ヲ致シタノデゴザイマスカラ、右御報告ヲ致シマス、ドウカ委員會ノ通リニ可決確定セラレンコトヲ希望致シマス

○岩崎勳君　本案ハ讀會ノ順序ヲ省略シテ、委員長報告ノ通リ可決確定セラレンコトヲ望ミマス

○議長（大岡育造君）　岩崎君ノ動議ニ御異議アリマセヌカ

〔「異議ナシ異議ナシ」ト呼フ者アリ〕

○議長（大岡育造君）　御異議ガナケレバ讀會ノ順序ヲ省略シテ、可決確定シタコトヲ宣告致シマス、日程第十七、第十八ハ同一委員ニ付託シタル關聯シタル議案ナルニ依リ、一括議題ト爲スニ御異議アリマセヌカ

〔「異議ナシ異議ナシ」ト呼フ者アリ〕

○議長（大岡育造君）　御異議ナケレバ一括議題ト致シマス——委員長松井文太郎君

第五　大正八年度豫算案（委員長報告）

第六　（第一號）臨時軍事費豫算追加案（委員長報告）

第七　（第一號）大正八年度歳入歳出總豫算追加案（委員長報告）

第八　（追第一號）豫算外國庫ノ負擔トナルベキ契約ヲ爲スヲ要スル件（委員長報告）

〔齋藤珪次君登壇〕

〔拍手起ル〕

○齋藤珪次君　茲ニ大正八年度歳入歳出總豫算案外三件ノ委員會ニ於ケル、經過及結果ヲ御報告致シマス、委員會ハ一月二十三日ヨリ同三十一日マデ九日間總會ヲ開キ、以テ質問應答ヲ致シマシタ、越エテ二月一日ヨリ十日マデ分科ノ質問及審査ヲ經テ、十日ニ決定ニ至リマシタ、而シテ此十九日間ニ於ケル政府ト委員諸氏トノ質問應答ニ徴シマシテ、一二三ノ點ヲ聊カ御報告致ス必要ガアラウト存ジマス、其次第ハ在野黨ノ諸氏、若クハ現内閣ニ同情ヲ表セラル、諸氏ノ質問ト雖モ、何レモ國民ノ安心、國民ニ安定ヲ與ヘルト云フ見地ノ上ヨリ質問シタル事項ガ多ウゴザイマス、自己ノ審査上ノ材料トシテ質問セシ事項ヨリモ、國民ニ安心安定ヲ爲サシムベク質問サレタ事項ノ多イガ故ニ、其一二三ニ就テ御話ヲ申シテ置キタイト思ヒマス、第一ニ國民ニ對シテ特ニ記憶ヲ要スト存ジマス點ハ、來年度卽チ大正八年度ノ豫算總テヲ通ジマシテ、此時局ガ持來セシ所ノ物價騰貴ノ爲メノ政費增加額ト云フモノハ、實ニ驚クベキモノデゴザイマス、乃チ之ヲ細別シテ申上ゲルコトヲ止メテ、大體ニ於テ御話致シマスレバ、一般會計ノ豫算中、物價騰貴ニ因ル政費總計表ヲ見マスルニ、普通經費、卽チ一般會計ニ對スル分ノ增加額ガ、九千六十八万九千八百餘圓トナリマス、之ニ臨時事件豫備費、卽チ通常費ニ對スル所ノ補給ノ如キモノ、此臨時事件豫備費――特別會計モ幾ラカ殖エテ居リマスガ、此臨時事件豫備費ノ中ノ物價騰貴ニ係ル經費ノ總計ハ、一億二千二百九十八万餘圓ニナリマス、此政費ニ對スル增加額合計ハ二億千三百六十七万二百九十餘圓デアリマス、卽チ八年度ノ普通豫算及臨時事件費ヲ合シテ十億ノ上ニ達シマスガ、其殆ド二割強ハ物價騰貴ニ伴フ所ノ增加デアリマス、外ニ特別會計トナッテ居リマス所ノ臺灣、朝鮮、關東、卽チ總督府、都督府、樺太廳、東京、京都、九州ノ帝國大學、簡易保險、帝國鐵道等、是等ノ特別會計ニ屬シマス經費ノ、物價騰貴ノ爲メニ要スル額ガ、合計シテ一億千二百三十一万二千六百餘圓デアリマス、此外ニ尙ホ造幣局、印刷局、專賣局、作業所、海軍火藥廠、製鐵所、各特別會計ヲ合計致シマスレバ、又物價騰貴ノ爲メノ增加額ガ九千四百四十八万五千百餘圓デアリマス、勿論唯今申シマシタ造幣局以下ノモノハ、是ハ事業ニ屬スルモノガアリマスカラ、單ニ一般行政ノ物價騰貴ニ依ルモノトハ、少シク趣ヲ異ニシテ、其中ニハ材料ノ騰貴セシ部分ヲ含マレテ居リマス、併ナガラ大體ニ於テ物價騰貴ト云フコトノ範圍ハ脫シ得ラレナイノデアリマス、故ニ此三口ヲ合計致シマスレバ、實ニ四億二千四十七万二百十六圓ト云フ多額ノ金額ハ、此時局ガ齎ラシタル物價騰貴ノ結果デアルト豫想シナケレバナリマセヌ、是ハ國民ニ向ッテモ注意ヲ望ム點デアルト信ジマス、次ニ御報告致シタイノハ、在野黨ノ諸氏、其他又同情アル諸氏ヨリモ質問ガアリマシタ中ニ、歳入ノ見込ガ過大デアルト云フコトノ案デアリマス、之ニ對シテハ政府ハ六年度、七年度ノ實況ニ徴シ、之ヲ斟酌按排シ且ツ手加減ヲ加ヘテ、相當實收入ニ當ルモノナリト主張ヲ致サレマス、委員諸氏ニ於テハ、之ニマダ滿足セラレザル方モアルヤウニ存ジマス、故ニ其論議ハ後トノ討論ニ於テセラル、ノデゴザイマセウガ、政府ニ於テハ、決シテ所信ナキ豫算デハナイ、十分ノ所信ヲ以テ、此歳入ノ見込ヲ提出シタルモノナリト主張致サレマス、ソレカラ公債募集ノ額ガ巨額デアル、此公債募集ハ甚ダ困難デアラウ、卽チ六億數千万圓ニ當ル公債募集ハ實行不能デハナイカ、隨テ此豫算モ實行不能ニ終リハセヌカト云フコトモ、亦質問サレタノデアリマス、之ニ對シテ政府ハ此公債ノ募集ニ付テモ相當成算ガアル、決シテ經濟界ヲ壓迫スルガ如キ事ノ處置ハ執ラナイ、長期ニシテ不利益ナルモノハ短期ト爲シ、而シテ時機宜キヲ制シテ、此募債ニ應ゼシムルモノデアルト說明ヲ致シテ居リマス、是モ蓋シ後ヨリ有ル議論ノ一端デアラウカト存ジマス、併ナガラ此豫算不實行ト云フコトニ付テハ、政府ハ斷ジテ左樣ナ無責任ナ事ハ無イ、斯樣ニ申サレテ居ルノデアリマス、ソレカラ第四ニ御報告致スノハ、食糧問題、是ハ本會議ニ於テモ既ニ發セラレタ、問題デゴザイマス、併ナガラ是ニ對シテハ、政府ハ斷乎タル確信ヲ以テ答ヘテ居リマス、質問者ハ、今日ノ米價ハ如何ニモ騰貴シテ居ル、而シテ米ハ又如何ニモ不足デアル、若シ端境期ニ至レバ國民ノ糧食ヲ失フ、實ニ不安ノ念ニ驅ラレテ國民ハ安キ心地ハシナイ、斯樣ニマデ申サレマシタガ、政府者ハ是ニ對シテ、斷然タル確信ヲ示シテ居リマス、卽チ米ニ對シテハ永久的應急的處置ヲ執ル、永久的ニ就テハ、唯今議了セラレタル所ノ開墾助成法案ノ如キモ其一ツタルヲ失ヒマスマイガ、其他政府ハ幾多ノ法案――法案デハナイ、計畫ヲ有ッテ居ラレルデアリマセウ、併ナガラ應急ノ策トシテ此場合ニ於テ處スルニ付テハ、政府ハ米ノ輸入ハ斷ジテ之ヲ爲ス、如何ナル事ガアリト雖モ之ヲ爲シテ、國民ヲシテ米ノ不足ヲ感ゼシメザル決心ヲ以テ行フ考デアル、斯ク斷言ヲ致シマシタ、而シテ其方法其順序ヲ示セト迫ル者モゴザイマシタガ、之ニ對シテハ政府ハ其方法ハ示シマセヌ、何故ナラバ之ヲ一朝其場所其方法等ヲ示スニ於テハ、其場所ニ於テ價額ノ釣上ハ無論アル、或ハ輸出禁止ヲサレルモ圖リ難ク、或ハ又各個人ノ利害ニ非常ナル關係ガアルガ故ニ、之ヲ容易ニ示スコトガ出來ヌト云フコトノ上ニ於テ之ヲ示サレマセヌ、而シテ價格ハ何故下ラヌカ、是ハ如何ニスルカト云フコトノ問デアリマシタガ、之ニ對シテハ政府ハ價格ト云フコトハ、單ニ價格其モノ、問題デハナイ、量ト價格ト二ツシテ此結果ヲ來ス、卽チ米ノ量ガ豐富ニナレバ、需要供給ノ原則ニ依ッテ價格ハ上ルノデアル、今ヤ米不足タルガ故ニ、此價格ガ上ッテ居ルノデアルカラ、政府ハ銳意努力シテ米ノ輸入ヲ圖リ、而シテ之ニ從ッテ價格ハ漸次低下スルモノデアルト云フコトノ論定ヲ持ッテ居ルノデアリマス、之ニ對シテ尙ホ反問シテ、然ルニ價格ハ下ラヌデハナイカ、斯樣ニマデ極論致サレマシタガ、之ニ對シテ政府ハ尙ホ答ヘテ、價格ハ左樣ニ短日月ノ間ニ變化ハ容易ニ來スベキモノデナイ、卽チ今日上リシモノヲ下ゲルト云フコトハ容易ニ來ラザリシハ、曾テ前々内閣ガ米價ノ下落ヲ憂ヘテ、米價引上策ヲ實行セントシテ、法律案ノ如キモノマデモ提出スルガ如キコトアリシト雖モ、米價ハ急激ニハ上ラナクテ却テ下ル位デ、遂ニ失敗シテシマッテ居ル、其事蹟ニ徴シテモ、如何ニ政府ガ銳意努力スルト雖モ、價格ヲ一朝一夕ニ下ゲルト云フコトハ不可能デアル、然ラバ量ヲ豐富ニシテ而シテ策得タレバ、此價格ハ下ルモノナリトノ政府ハ確信ヲ以テ御答ヲシテ居リマス、是ガ卽チ米ニ對シテノ――糧食ニ對シテノ政府ノ確信アル答デアリマス、其次ニ――御報告ハ是ダケデゴザイマスガ――申シタイノハ、在野黨ノ一委員ヨリシテ、國民ノ負擔ハ總テ偏頗ナク致シテ行カナケレバナラヌ、然ルニ我國ノ租稅ハ、中產階級ノ者ニ厚ク致シテ、一般多數民貧民階級――貧富共同シテ居ル――共通シテ居ル者ノ租稅ハ高イヤウナ傾ガアル、卽チ之ヲ言ヒ換ヘレバ、直接稅ハ日本ニ於テハ少クシテ、間接稅ガ多イ、直接稅ハ中等階級以上ノ負擔デアル、間接稅ハ貧富共同ノ――共通ノ負擔デ、貧者ガ多クヲ負擔スルノデアル、是ガ我國ニ於テハ直接稅ハ總體ノ中ノ三割一分デ、間接稅ハ六割九分ニモナル、卽チ間接稅ガ非常ニ割合ガ多クシテ、窮民貧民ガ虐ゲラレル、誅求サル、所ノ有樣デアル、是ガ世界ニ類例ノ無イ事デアルト、斯樣ニ問ハレマシタノデアリマス、是ハ實ニ國民ノ利害ニ大關係ヲ有ツトモ存ジマシタガ故ニ、其當時政府ガ示シタル所ノ此材料ヲ玆ニ御報告シテ、國民ノ安心ヲ得タイト思ヒマス、況ヤ今日人心ハ兎角過敏ニ流レル時デゴザイマスカラ、之ヲ申シテ置キタイト思フ、卽チ大藏大臣ノ明示スル所ニ依レバ、大正三年度ニ於テ、日本、英吉利、佛蘭西、露西亞、獨逸、白耳義、米國合衆國ニ於ケル、直接國稅ト間接國稅ノ割合ヲ示シテアリマス、之ヲ見マスルト云フト、日本ハ直接國稅ガ三割四分、間接國稅ガ六割六分、英吉利ハ直接國稅三割五分、間接國稅ガ六割五分、佛蘭西ハ直接稅ハ一割六分、間接稅ガ八割四分、露西亞ハ直接稅ガ一割四分、間接稅ガ八割六分、獨逸ハ直接稅ガ二割三分、間接稅ガ七割七分、白耳義ハ直接稅ハ三割三分、間接稅ガ六割七分、米國合衆國ハ直接稅ハ僅ニ四分、間接稅ガ九割六分、斯樣デアリマス、勿論戰爭始ッテ以來、種々ノ稅ガ起ッテ、直接稅ニ幾多多少變化ハ來シタケレドモ、大體ニ於テハ、直接稅ハ少ナク、間接稅ノ多イト云フコトヲ言明サレマシタ、此表ニ依リマスレバ、日本ノ直接稅ヨリ直接稅ヲ多ク取ッテ居ル處ハ、單リ英吉利ガ一分ヲ取ッテ居ル、我國ハ三割四分デアルノニ、彼ハ三割五分ヲ取テ居ル、其他ニ於テハ皆ナ二割若クハ一割ノ範圍デアリマシテ、亞米利加ノ如ク、現ニ僅ニ直接稅ハ四分シカ取ッテ居ラヌト云フ狀況デアリマス、是ハ今日過敏ニ流レントスル所ノ國民ニモ、大ニ注意スベキ問題デアルカラ、特ニ御報告致ス次第デアリマス、以上先ヅ質問應答ニ對スル所ノ報告ヲ致スベキ必要アリト認メテ、本員ガ玆ニ報告ヲ致シタノデアリマス、而シテ是等ノ外ニ外交內政幾多ノ質問ガゴザイマシテ、其數ヤ實ニ數フベカラザルモノデアリマスガ、是ハ別ニ更メ爰ニ申ス必要ハナカラウト信ジマス、而シテ是等ノ質問應答ヲ重ネマシテ、愈討論ニ入リマシタ、討論ニ入リマシタ所ガ、此討論ニ入リマシテハ、各派ノ代表者諸君、何レモ意見ハ本會議デ述ベルト云フコトデゴザイマシテ、唯、獨リ政友會ヲ代表スル所ノ山本悌二郎君ハ、本豫算案ハ總テ妥當ニシテ、且ツ必要ナリト認ムト云フ意思ニ於テ贊成ヲ表セラレマシタ、憲政會ノ代表者早速君ハ、財政計畫ニ對シテ大ニ意見ヲ有スルモ、玆ニ之ヲ略シ本會議ニ於テ述ブベシ、但シ修正ヲ爲サズ、但シ數字ニ於テハ贊成デアルト云フノ、矢張贊成ノ意思デアリマス、ソレカラ國民黨ヲ代表シテ鈴木梅四郎君、全部承認、但シ時勢ニ鑑ミテ、種々ノ點ハ本會議ニ之ヲ述ブル、ソレカラ小川鄕太郎君ハ新政會ヲ代表シ、是モ贊成デアル、承認スル、併ナガラ其意見ハ本會議ニ於テ述ブル、北井波治目君、是モ無所屬團ヲ代表シテ全部承認、運用ニ對シテ注文ハ致ス事ガアル、是ハ本會議ニ於テ述ブル、押川方義君モ條件ヲ付シテ全部贊成デアルト云フコト、詰マリ其意見タルヤ、贊成ノ中ノ或ル意味ヲ敷衍スルノデゴザイマセウガ、何レニ致シマシテモ、豫算ノ數字豫算ノ大體ニ於テハ、殘ラズ贊成デゴザイマシタルガ爲メニ、豫算委員會ハ全會一致之ヲ可決致シタノデゴザイマス、(拍手起ル)而シテ玆ニ一ノ希望條件ガ存シテ居リマス、其希望條件ハ豫算委員會ノ決定ヲ經タルモノデゴザイマシテ、卽チ食料鹽ニ對シテノ希望條件デゴザイマス、之ヲ朗讀致シマス「食料鹽ノ不足及配給不良ハ國民生活ノ安定ヲ脅カス甚シ又工業鹽ノ不廉ト配給不足ハ一ハ工業ノ發達ヲ阻害シ又延テ食料鹽ノ不足ヲ惹ヘシムルニ至ル依テ政府ハ速ニ之ニ對シ最善ノ措置ヲ採ラレムコトヲ望ム」卽チ是ガ鹽ノ不足ニ對シテ、何トカ相當ノ處置ヲ執ッテ欲シイト云フコトノ希望ト致シテ、委員會ハ是亦全會一致ヲ以テ決定致シマシタ次第デゴザイマス、以上大體申上ゲマシタノガ、豫算委員會ニ於ケル經過及結果デゴザイマシテ、此結果タルヤ、此大ナル豫算ニ對シテ一厘一毛ノ削減ナシト云フコトハ、帝國議會開會以來、軍國議會ヲ取除イテ他ニ其類例ヲ見ザルノ實ニ好……何ト申シマスカ(失聲起ル)好模範ヲ示シタ(拍手起ル)好模範ヲ示シタ所ノ豫算會議ト信ジマス、ドウカ將來ニ於テモ斯ノ如クアランコトヲ望ムノデアリマス、右大體御報告スルコト斯クノ如シデアリマス(拍手起ル)

第十二　清津築港ニ關スル建議案（奥田龜造君外三名提出）（委員長報告）

〔米田穰君登壇〕

○米田穰君　御報告致シマス、本案ハ委員會ヲ三回開キマシテ、其間委員諸君ト政府委員トノ間ニ質問應答ヲ重ネマシテ、ソレヨリ政府ノ所見ヲ確メマシタ所ガ、政府ハ此案ニ全然同意ヲ致シテ居リマス、其同意スル所以ハ、此清津港ハ朝鮮ノミナラズ、東洋ニ於ケル有力ナル大港デアルト云フ答辯モアリマシタ、而シテ其港タルヤ、水底深クシテ、五六万噸ノ船舶ガ自由ニ出入スルコトガ出來得ラルヽト云フ調査モ出來テ居ル、仍テ吉會線ノ開通ヲ見ルト同時ニ、海陸ノ聯絡ヲ取ルノニハ、此港ハ最モ必要デアッテ、他ニ聯絡ヲ取ル港ハ無イト云フマデノ答辯ヲ得タノデアリマス、仍テ委員會ハ愼重審議ノ上、之ニ希望ヲ附シテ、全會一致ヲ以テ可決致シマシタ、其希望ハ「吉會鐵道ノ開通ニ對應シテ清津港築港ノ完成ヲ期スルコト」斯ノ如キ希望ヲ附シテ、全會一致可決シタル次第デアリマスカラ、當院ニ於キマシテモ滿場一致ノ御贊成ヲ仰ギタウゴザイマス、此段御報告致シマス

○岩崎勳君　本案ハ委員長報告通リ可決セラレンコトヲ望ミマス

〔「贊成々々」ト呼フ者アリ〕

○議長（大岡育造君）　委員長ノ報告ニ御異議アリマセヌカ

〔「異議ナシ」ト呼フ者アリ〕

○議長（大岡育造君）　御異議ナケレバ委員長報告通リ決シマシタ

○岩崎勳君　日程第十三ニ對シテ延會ノ動議ヲ提出致シマス

○議長（大岡育造君）　日程十三ノ建議案ノ延會ノ動議ガアリマスガ、御異議アリマセヌカ

〔「異議ナシ」ト呼フ者アリ〕

○議長（大岡育造君）　御異議ガナケレバ延會ニ決シマス、今日ハ是ニテ散會

午後三時八分散會

大正七年勅令第三百七十三號（承諾ヲ求ムル件）（委員長報告）

大麥、小麥及小麥粉ノ輸入税減免ニ關スル法律案（政府提出）

第一讀會ノ續（委員長報告）（確定議）

大正七年法律第三十七號中改正法律案（漆昌巖君外一名提出）

第一讀會ノ續（委員長報告）（確定議）

（法學博士鵜澤總明君登壇）

〔拍手起ル〕

○法學博士鵜澤總明君　大正七年勅令三百七十三號、米及籾ノ輸入税ノ低減又ハ免除ニ關スル件、此勅令ノ承諾ヲ求メル件、ソレカラ大正七年勅令第三百二十四號、穀類收用令ノ承諾ヲ求ムル件、大麥、小麥及小麥粉ノ輸入税減免ニ關スル法律案、大正七年法律第三十七號中改正法律案、此案ノ委員會ニ於ケル報告ヲ致シマス、委員會ハ數回開キマシテ、政府ノ説明、委員諸君ノ質問及ビ政府トノ應答等ガアリマシテ、大體ニ於テ最モ問題トナリマシタノハ、穀類收用令デアリマス、ソレデ大正七年勅令第三百七十三號及他ノ法律案二件ニ就キマシテハ、非常ニ簡略ナ質問應答ニ依ッテ質問ヲ終了シタノデアリマス、先ヅ此大正七年勅令第三百七十三號カラ御報告ヲ申上ゲマスガ、此勅令第三百七十三號ハ「政府ハ當分ノ内勅令ヲ以テ期間ヲ指定シ米及籾ノ輸入税ヲ低減又ハ免除スルコトヲ得」斯ウ云フ勅令ノ本文デアリマス、之ヲ提出スルノ理由及説明等ハ、既ニ本會議ニ於テ當局ヨリ盡サレテ居リマスカラ、爰ニ重ネテ詳シク御報告スル必要ハナカラウト思ヒマス、委員會ニ於キマシテモ、此點ニ付キマシテハ別ニ深イ質問應答等ハ無カッタ次第デアリマス、ソレカラ次ニ穀類收用令デアリマスガ、此穀類收用令ニ就キマシテハ、是ハ少シク詳シク御報告ヲ致シタイト思ヒマスガ、此穀類收用令ハ大正七年勅令第三百二十四號トシテ公布セラレタノデアリマシテ、其第一條ハ「農商務大臣ハ國民ノ生活上緊要ナル場合ニ於テハ補償金額ヲ定メ米雜穀ヲ收用シ又ハ其ノ指定シタル者ヲシテ之ヲ收用セシムルコトヲ得」是ガ第一條デアリマス、ソレカラ第二條ガ「前條ノ規定ニ依リ收用シ又ハ收用セシメタル米雜穀ハ農商務大臣價格ヲ定メ之ヲ賣却シ又ハ賣却セシムルコトヲ得農商務大臣ノ買入又ハ買入レシメタルモノニ付亦同ジ」斯ウ云フノデアリマシテ、是ト共ニ農商務省令ノ第三十二號ニ依リマシテ、穀類收用令施行規則ト云フモノガ出テ居ルノデアリマス、デ此施行規則ノ第一條ニ於キマシテ「穀類收用令ニ依ル收用ハ收用セムトスル米雜穀ノ占有者又ハ所有者ニ收用決定書ヲ交付シタル時ニ其ノ效力ヲ生ス」斯ウ云フコトニ致シマシテ、收用ノ實際ノ運用ヲ圖ッテ居ルノデアリマス、ソレカラ是ト同時ニ大正七年ノ農商務省告示第二百七十一號ニ依リマシテ、其第一ニ「穀類收用令第一條ノ規定ニ依ル補償金額ハ東京又ハ大阪ノ正米市場ニ於ケル中米ニ付左ノ如ク定ム、一、大正七年九月五日ヨリ九月二十日迄一石ニ付金三十三圓以内、二、同年九月二十一日以後追テ改定ヘル迄一石ニ付金三十圓以内」斯ウ云フ農商務省告示ガ出テ居リマス、ソレデ之ニ就キマシテ質問ガ起ッタ譯デアリマス、先ヅ此三十圓又ハ三十三圓ト云フヤウニ、補償價額ヲ定メタト云フ事ニ就テノ數字上ノ根據ハ、如何ナルモノデアラウカト云フヤウナ事ニ就キマシテ、委員ノ中カラ質問ガ起リマシタ、之ニ對シマシテ政府ハ、數字上ノ根據ト云フ確定的ノ説明ハ出來ナイケレドモ、國民ノ生活狀態、農民ノ經濟狀態、或ハ此生活上ノ不安定ヲ來サヽル程度ニ於テ見ルナラバ、三十圓或ハ三十三圓ト云フヤウナコトニ定メルコトガ相當デアラウト云フヤウナ、サウ云フ答辯ガアリマシタ、ソレカラ尚ホ此勅令ニ就キマシテハ、法律上ノ問題ト致シマシテハ、此勅令ヲ果シテ政府ニ於テ、實際ニ適用シタモノデアルカドウカト云フ質問ガアリマシテ、政府ハ此勅令ハ出タノハ出テ居ルノデアルケレドモ、未ダ實際ニ適用シタモノデハナイ、兼光トカ何トカ云フヤウナ實刀ノヤウナモノデ、懷ニ納メテ居ルケレドモ、未ダ實際ニ之ヲ適用シタモノデハナイ、併ナガラ勅令自體トシテハ實施サレテ居ルノデアルカラ、其法ノ反射的作用トシテ、米價ノ調節ニ多少ノ效力アルノミナラズ、今日之ヲ存在セシメテ置ク必要ノアルモノデアル、斯ウ云フヤウナ説明ガアリマシタ、之ニ對シテ勅令ノ第三百二十四號ト、ソレカラシテ大正七年勅令第九十二號トノ關係ハドウデアルカ、勅令第三百二十四號ニ依リマスレバ、指定商人ト云フヤウナモノヲ定メルコトニナッテ居ルノデアリマスガ、指定商人ト云フヤウナモノヲ定メラレタノハ、此勅令第三百二十四號ノ施行ニ當ッテ定メラレタモノデハナイカ、斯ウ云フヤウナ委員ノ質問ガアリマシテ、之ニ對シテ政府ハ、ソレハ勅令第三百二十四號ニ依ッタノデナクシテ、大正七年勅令第九十二號ニ依ッタモノデアル、斯ウ云フヤウナ説明ガアリマシタカラシテ、此兩勅令トノ間ノ關係ハ、ドウデアラウカト云フヤウナ質問應答ガアッタ次第デアリマス、ソコデマダ其外ニ米ノ今日ノ供給ニ於テ、政府ハ果シテ滿足ナリトスルヤウナ狀態ニ在ルコトヲ、言明ガ出來ルカドウカト云フヤウナ、一括シテノ意味ハサウデアラウト思ヒマスガ、サウ云フヤウナ質問モアリマシタシ、政府ニ於テハ、大體十分ニ國民ノ安定ノ出來ル程度ニ、外國米、或ハ朝鮮米、支那米等ノ内地ニ入ルヤウナ方法ヲ執ッテ、十分ニ其米ノ内地ニ於テ充實スルヤウナ方法ヲ執ル積リデアリ、又其見込ハ大體アル積リデアルガ、併ナガラ安心ハ出來ナイ、斯ウ云フヤウナ應答ガアリマシタ、段々詳シイ應答モゴザイマシタガ、其詳細ニ就キマシテハ委員會ノ速記錄ニ讓リマシテ、大體特別ノ點ダケノ御報告ニ止メテ置キタイト思フノデアリマス

ソレカラ大麥小麥及小麥粉ノ輸入税減免ニ關スル法律案ニ就キマシテ、政府ノ意嚮ト致シマシテハ、小麥ト小麥粉ノ輸入ニ付キマシテハ、成ベク小麥ヲ多クスルコトニシ、小麥粉ニ就キマシテハ、成ベク内地ノ製粉業者ニ壓迫ヲ加ヘナイヤウナ方針ヲ以テ進ンデ見タイ、斯ウ云フヤウナ意嚮デアッタヤウニ記憶致シマス、ソレカラ小麥ノ税ヲ免除スル割合ト、小麥粉ノ税ヲ減ズル割合ト云フモノハ、同一ノ割合ニスルト云フヤウナ趣旨ノ説明ガアッタノデアリマス、ソレカラシテ當分ノ内ト云フコトハ、當分ノ内トアルガ、詰マリ此食料品ノ需要供給ノ調節ト云フモノガ出來ルヤウニナレバ、成ベク早ク徹癈ヲ致シタイト云フヤウナ趣旨ニ政府ハ説明サレタノデアリマス、ソレカラシテ大正七年法律第三十七號中改正法律案――朝鮮ガラ大正七年法律第三十七號ニ依ッテ、生キタ牛ヲ移入スルニ就テハ、移入税ヲ免除スルコトニナッタノデアリマスガ、生牛肉ヲ移入スルコトニ就テノ税ヲ未ダ殘シテ居ッタノデアリマス、此税ノ免除ヲ生ノ牛肉ニモ及ボスト云フ改正案ハ、本會ニ於テ提案者ノ漆昌巖君カラ説明サレタ通リデアリマス、其法律案デアリマス、之ニ就キマシテハ政府ハ反對ハシナイ、大體ニ於テ先ヅ賛成ノ意味デ、反對ヲシナイト云フコトノ意味ヲ言明サレタノデアリマス、ソコデ採決ニ當リマシテ、異議ノナイ所カラ決ヲ採リマシテ、大正七年勅令第三百七十三號大麥、小麥及小麥粉ノ輸入税減免ニ關スル法律案、及ヒ大正七年法律第三十七號中改正法律案、是ハ委員會ノ全會一致ヲ以テ可決シタノデアリマス、殘ル所ノ大正七年勅令第三百二十四號ニ就

キマシテハ、本案ニ對シテ井原君、下岡君、横山君等カラ反對ノ意見ガ出マシタ、前田君、尾崎君、石原君等カラ承諾ヲ與フベシトノ意見ガ出マシタ、採決ノ結果ハ承諾ヲ與フベシトスル者ハ八、承諾ヲ與フベカラズト云フ者ガ五デゴザイマシテ、本案ハ委員會ニ於キマシテハ、八名ノ多數ニ依リマシテ承諾ヲ與フベシトスルコトニナッタノデアリマスガ、出席委員ノ中五名ノ反對ガゴザイマスカラ、此反對ノ方カラ少數意見ガ提出ニナッテ居ルノデアリマスガ、是ハ何レ此處ニ於テ報告セラルヽコト、存ジマス、此段委員會ノ經過及結果ノ大體ヲ御報告致シマス

（拍手スル者アリ）

○議長（大岡育造君） 唯今委員長ノ報告ハ四件デアリマスルガ、此中デ御聽ノ通リニ穀類收用令ニ就キマシテハ少數意見モアリ、多分討論モアルコト、思ヒマスカラ、先ヅ穀類收用令ヨリ討議ヲ始メテ、然ル後ニ他ノ諸案ニ移リタイト思ヒマス、少數意見ノ報告ヲ待チマス――井原百介君

（井原百介君登壇）

（拍手スル者アリ）

○井原百介君 唯今議題トナリマシタ所ノ穀類收用令、之ニ就テハ吾々ハ承諾ヲ與フベカラズト云フ意見デアルノデアリマス、其理由ノ大要ヲ此場合申述ベマスルト云フト、第一此緊急勅令ナルモノハ、最モ危急ノ場合ニ於テ、已ム可ラザル場合ニ際シテ、始メテ發セラルベキモノデアルト思フノデアリマス、成程昨年ノ此發令ノアリマシタ當時ハ、確ニ食糧ガ不足シテ居ッタ、値段ガ高イト云フコトヲ以テ、各地ニ於テ暴動ガ起ッタ場合デアリマスルガ、併シ之ヲ適用セズニ濟ムベキモノデアッタノデアリマス、方法サヘ宜ケレバ、必ズ彼ノ緊急勅令ナルモノヲ出サナクトモ、十分之ヲ救濟スル途ガアッタノデアリマス、現ニ論ヨリ證據デアル、此勅令ガ出マシタケレドモ、今日ニ至ルマデ一回ノ適用モサレテ居ラヌノデアリマス、之ヲ言ヒ換ヘテ見マスルト云フト、之ヲ發セラレタ當局者ノ意思ハ、唯、之ヲ以テ威サント云フコトノ意味ニ於テ發セラレタモノト思フノデアリマス、果シテ緊急勅令ナルモノハ、斯ノ如キ意味ニ於テ發シテ宜シイモノデアルカ、而モソレヲ適用スル必要ガ無イ――實際用キズニ濟ンダノデアリマス、此適用ヲシナクテ濟ムヤウナモノヲ、緊急勅令トシテ發スルト云フヤウナ事ハ、不當ナ處置デアルト吾々ハ言ハナケレバナラヌ、或ハ是ハ先刻委員長カラノ御報告中ニモアリマシタガ、懐ニ入レテ居ル所ノ寶刀デアルト云フヤウナ事ヲ、當局者ハ言ハレテ居ルノデアリマスガ、私ハ寧ロ是ハ寶刀ト言フヨリカ、出刃庖丁、或ハ短銃、強盗ノ持ッテ居ル物デハナイカト云フ私ハ考ヲ持ッテ居ルノデアリマス、何故ナラバ此物ガアル爲メニ農家ハ非常ナ恐怖心ヲ懐イテ居ル、單リ農家ノミナラズ、米ヲ持ッテ居ル者ハ、之ニ對シテ非常ナ恐怖心ヲ持ッテ居ル、現ニ是ガ昨年發表サレタ場合ニ、自分ノ持米ヲ非常ニ安ク買ハレルデアラウト云フノデ以テ、之ヲ早ク賣ッテサウシテ其爲メニ非常ナ損ヲシタト云フ例證モアルノデアリマス、米商ハ利ヲ見ルコトガ敏イモノデアリマスカラ、或ハサウ云フ事モゴザイマセウガ、併シ農家ハサウ云フ事ハ迚モ出來ナイノデアリマス、此勅令ニ依ッテ斯ノ如キ恐怖心ヲ一般ノ農民、及商人ニ懐カシメルヤウナ意味ニ於テ緊急勅令ヲ發セラレルノハ、不都合千萬ナ事デアルト吾々ハ信ズルノデアリマス、既ニ政府ハ昨年九月ニ於テ、此指定商人ヲシテ、米ノ買收ヲサセル事ヲ打切ラレタノデアリマス、政府ハ之ヲ打切ル位デアルナラバ、既ニ斯ノ如キ法律ヲ適用スルノ必要ヲ今日ハ認メテ居ラレヌト言ハナケレバナラヌ、或ハ今後ニ於テ如何ナル場合ガアッテ、斯ノ如キモノヽ必要ナ事ガアルカモ知レマセヌ、絕對ニ無イト吾々ハ申サヌノデアリマス、其場合ニハ矢張相當ナ必要ニ應ジテ、方法ヲ執ラレタラ宜カラウト思フノデアリマス、併ナガラ現在此法律ガ――緊急勅令ガ出マシタ時ハ、事實之ヲ適用シナイデ濟ンダモノデアルガ、他日之ヲドウシテモ適用シナケレバナラヌ場合ニ於テ更ニ出サレルノハ、吾々ハ否ムノデハナイノデアリマス、緊急勅令ノ性質トシテ、吾々ハ不當ナル處置ト考ヘルノガ第一ノ理由デアリマス、第二ニハ政府ハ種々ノ方法ヲ講ジテ、食料品ノ生産ト云フモノヲ奬勵サレテ居ルノデアリマス、現ニ先日本會ニ於テ可決ニナリマシタ所ノ開墾助成法ノ如キモ其一デアリマス、兎モ角モ第一回ノ助成金トシテ、此本會議ニ於テ決定セラレタモノハ、金額デ申シマスルト約五千万圓デアリマス、是モ皆樣ノ御贊同ニ依ッテ、返還スベキモノヲ爲セナクトモ、唯、交付シ切リニシヤウト云フ事ニ皆樣ハ御決議ニナッタノデアリマス、又政府モ之ニ對シテ反對ヲサレヌノデアリマス、斯ノ如ク食料品ノ增殖ノ必要デアル今日ニ於テ、此穀物收用令ト云フモノガアルガ爲メニ、之ヲ生産スル者ハ、却テ之ヲ希望通リニシナイ、吾々ノ希望ヲ充タシテ呉レナイト云フコトガ出來テ來ルノデアリマス、如何ニ勉強シテモ、日本ノ食料品ガ足ラヌカラ、オ前達作レト言ッテ農家ヲ勸メテ見マシタ所ガ、利益ノ無イ仕事ハシマセヌ、是ハ申スマデモナイ話デアル、利益ガアッテコソ初メテ開墾モ致シマセウ、勉強モ致シマセウ、多クノ費用モ使ッテ生産ヲ多クスルト云フコトハ必ズシマセウガ、斯ノ如キ勞力ニ依リ、斯ノ如ク資本ヲ投ジテ作ッテ見タ所ガ、其生産品ニ對シテハ、何時此收用令ヲ適用サレテ、自分達ハ損ヲシナケレバナラヌカ知ラヌト云フ、確ニ恐怖心ヲ持ツノデアリマス、一面ニハ生産ヲ奬勵シナガラ、一面ニ於テ之ヲ妨ゲル抔ト云フヤウナ矛盾シタ方法ハ、斷ジテ許スベカラザル事デアルト吾々ハ斷言スルノデアリマス、（拍手起ル）是ハ決シテサウ云フ意味デハナイ、價格ガ暴騰スル爲メニ之ヲ抑制スル意味ニ於テ、此收用令ヲ置イテアルモノダト云フコトノ、或方ノ御意見モゴザイマシタガ、無論ソレモ含ンデ居リマセウ、其意味モアリマセウ、併ナガラ現ニ昨年ノ勅令第九十二號デアリマシタカニ出マシタ所ノモノニ依ッテ見マスルト云フト、詰マリ先刻委員長カラモ報告サレタ如ク、九月五日以降ハ一石ニ付キ三十三圓、二十日以降ハ三十圓ト云フコトガ定メラレテ居ルノデアリマス、此三十圓ト云フモノガ、果シテ適當デアルヤ否ヤ、農家ニ損ガ決シテナイモノデアルカ否ヤト云フコトハ、吾々ハ大ニ疑ッタノデアリマス、是ハ地方ニ依ッテ大ニ違フノデアリマス、或ル地方、殊ニ東北地方ニ於テハ、一石ノ生産費ハ三十圓以內、少キハ二十二三圓デ濟ンデ居ル處モアリマス、併ナガラ地方ニ依リマシテハ、殊ニ愛知縣或ハ大阪ト云フヤウナ處ニ至リマシテハ、一石ノ生産費ハ決シテ平均三十圓デ上ッテ居リマセヌ、高イ處ニナリマスルト、三十六七圓費シテ生産シテ居ルノデアリマス、然ルニ全國ヲ通ジテ三十圓或ハ三十三圓以上ニ賣ルコトガ出來ナイ抔ト云フ事ハ、政府トシテ如何ニモドウモ殘酷ナ扱方ト言ハナケレバナラヌノデアリマス、卽チ此一例ヲ以テ考ヘテ見マシテモ、農家ニ必ズ幾分ノ損ヲサセテ實行シナケレバナラヌト云フ所ノ收用令ナラバ、吾々トシテハ同意スルコトハ出來ナイノデアリマス、而モ此生産費ガ指定サレタ所ノ價格ヨリカ高イト云フコトガアルガ、ソレニ加フルニ言フマデモナク物品ガ不足スル、供給ガ十分デナイ時ニハ其物價ハ必ズ騰ルト云フ事ハ、是ハ爭フ可ラザル事實デアルノデアリマス、昨年農家ニ米ガ足ラナイ足ラナイト言ッテ、世ノ中ノ人ガ――而モ有識者ガ之ヲ認メテ、之ヲ八釜敷ク言フ時ニ於テハ、生産費ダケデ米ガ賣レルモノデハナイ、此時コソ幾分カ生産者ハ之ニ依ッテ利益ヲ得ナケレバナラヌノデアル、決シテ吾々ハ徒ラニ不當ノ利益ヲ、生産者ニ於テ得セシメルト云フ意味デハアリマセヌケレドモ、需給ノ關係物價ノ高低ノアルコトハ爭ハレナイ、而モ高カルベキ時ニ於テ生産費以內ニ於テ米ヲ賣レト云フコトハ、實ニ無法ト言ハナケレバナラヌト思フ、是ガ卽チ私ガ收用法ヲ置クベカラザルモノト思ヒ、寧ロ是ハ寶刀デナクシテ、或ハ極端カモ知レマセヌガ、盜賊ノ携ヘル所ノ出刃庖丁、或ハ拳銃デハナカラウカト思フノデアリマス、是ガ第二ノ理由、第三ニ至リマシテハ、此收用令ト云フモノハ、頗ル不備ナモノト吾々ハ信ズルノデアリマス、收用ノ場合ニ於テハ、或條件ガドウシテモナケレバナラナイ、例ヘバ土地ニ致シマスナラバ、鐵道ノ敷地ニナル、公共ノ道路ノ敷地ニナル、或ハ公共ノ建物ガアッテ其一部ヲ擴張スル、或ハ或公共ノ事業ニ買收スベキ所ノ土地ニ就テ、殆ド全部ガ承知シテ、一二ノ者ガ是ニ對シテ不服ヲ唱ヘルト云フ場合ハ、其場所ニ限ッテ指定サレテアルノデアリマシテ、是ニ對シテ收用令ヲ適用スルコトハ無論已ムヲ得ヌ事デアル、此穀類ノ如キ、殊ニ米ノ如キ物

ハ、生産スル地方ニ依ッテ多少ノ差ハアルケレドモ、大體ニ於テ日本人ノ食料品デ、之ヲ甲ガ持チ乙ガ持チ丙ガ持チマスルコトニ對シテ格別ノ差ハナイ、又是デナケレバナラヌト云フ必要條件ハナイノデアル、誰ノヲ取ッテモ宜シイノデアル、其場合ニ於テ、殊ニ指定商人ヲシテ收用サセルト云フコト抔ニナリマシタナラバ、如何ニシテ之ヲスルコトガ出來マスカ、各自ノ持米ヲ彼ハ一千、彼ハ五百、彼ハ百、一々調ベテ之ヲ按分シテ收用スルコトガ出來レバ結構デアル、不公平ハナイノデアル、併シ斯ノ如キ事ハ事實ニ於テ迚モ出來ナイ事デアリマス、或ハ甲ナリ乙ナリ丙ナリ丁ナリト云フモノガ、ソコニ目ヲ着ケラレテ、才前ノ米ヲ收用スルゾヨト言ハナケレバナラヌコトニナル、サツスルト其被收用者ノ不幸ト云フモノハ如何デアリマセウ、實ニ迷惑千萬ノ話ト言ハナケレバナラヌノデアリマス、又同法ノ第四條ニ、此收用ニ應ジナイ者ハ相當ナ處分ヲスル、隨分嚴罰ニ處セラレルコトニナッテ居ルノデアリマス、成程收用ニ應ジナイ所ノ者ニ對シテハ、法律デ相當ノ處分ガ出來マセウガ、此品物ニ就テ之ヲ取ルト云フコトハ非常ニ困難デアル、殊ニ收用ノ場合ニ於テハ、商人ガ行ッテ其所有者ガ拒ム場合デアッタナラバ、必ズ其附近ノ者モ是ニ同情シテ居ル、其場合ニ於テ商人ガ無理ニソレヲ引取ルト云フコトハ、事實ニ於テ迚モ出來ナイ、或ハ斯ウ云フ場合ニ於テ、警察權モ用ヰナケレバナラヌト云フヤウナ非常ナ困難ガ出來、場合ニ依ッテハ兵隊ヲ出サナケレバナラヌト云フヤウナコトモ出來ハシマイカト思フ、マダ其外ニモ少々申上ゲル理由モアリマスガ、大體ニ於テ此法ガ不備デアルト云フコトハ、吾々ハ認メテ居ルノデアリマス、此三點ニ於テ吾々ハ此收用令ト云フモノハ、存置スベカラズ、又緊急勅令トシテ發布セラレタノハ、不當デアルト云フ意見ヲ以テ反對致スノデアリマス

（拍手スル者アリ）

○議長（大岡育造君） 是ヨリ通告順ニ從ッテ討論ヲ許可致シマス——熊谷直太君

（熊谷直太君登壇）

（拍手起ル）

○熊谷直太君 唯今議題ニナッテ居リマスル穀類收用令ニ對シマシテハ、委員長ノ報告ニ賛意ヲ表シマシテ、遺憾ナガラ井原君ノ論ニハ不賛成ナ者デアリマス、穀類收用令ハ、其命令ガ示ス通リデアリマシテ、國民ノ生活上緊急ニシテ已ムベカラザル場合ニ於テ、必要アル所ノ法規デアリマス、諸君、御承知ノ如ク昨年ノ八月下旬頃ニ於テハ、帝國ノ臣民ガ食糧問題ニ關シマシテ、如何ナル狀態ニ在リシカト云フコトヲ回顧スレバ、思半ニ過グルモノデアリマス、卽チ當時人心恟々、米穀ノ價格ト云フモノガ段々ト暴騰ヲ示シテ居リマシテ、經濟上不安定ノ極ニ達シタ時デアリマス、此時ニ方リマシテ、穀物收用令ヲ布キマシテ萬一ニ備フルト云フコトハ、是ハ蓋已ムヲ得ザル策ニ出デタルモノト思料セラルノデアリマス、幸ニモ當時ハ勅令第九十二號ノ行政ノ運用ニ依リマシテ、僅ニ此法令ヲ適用スルコトガ出來ナカッタノハ、吾々ハ大ニ今日ニ於テ諸君ト共ニ祝福スル所デアリマス、現内閣ニ於キマシテモ此食糧問題——最モ我國民ニ直接ニシテ且ツ重大ナル所ノ食糧問題ニ關シマシテハ、深甚ナル所ノ注意ヲ拂ヒマシテ、茲ニ議題トナッテ居リマスル所ノ勅令三百七十三號ノ如キ、卽チ外米ヲ圓滑ニ輸入スル所ノ法令ノ如キ、又大麥、小麥及小麥粉ニ關スル法令ノ如キ、外米ヲシテ圓滑ニ内地ニ輸入スル所ノ方法ヲ執ッテ居ラレマス、現ニ昨年十一月十二日、竝ニ本年正月ニ於ケル外米ノ輸入高ハ、臺灣朝鮮米ヲ除キマシテ、實ニ百七十四万八千石ノ多キニ上ッテ居ルノデアリマス、近來稀ナル所ノ輸入米ヲ見タノデアリマス、斯ノ如ク一方ニ於テハ穀類ノ潤澤ヲ圖リマシテ、更ニ現内閣ハ根本政策トシマシテ、開墾助成法案ナルモノヲ提出セラレマシテ、十五箇年ノ間ニ二千五百万石ト云フ多額ノ收穫ヲ得ントスル根本政策ヲ講ジツツアル、卽チ此重大ナル所ノ食糧問題ニ付キマシテハ、深甚ナル注意ヲ拂ヒ、着々トシテ其效ヲ收メツヽアル今日デアリマスルガ、食糧問題ハ我帝國臣民ニ對シマシテ、爾ク直接ニ爾ク重大ナル關係ヲ持ッテ居リマスル故ニ、之ニ對シテハ注意ノ上ニ注意ヲ拂ヒ、周到ナル上ニ周到ナル所ノ注意ヲ拂フト云フコトハ、實ニ當局者ガ當然執ルベキ途ダラウト思フノデアリマス、顧ッテ當時ノ經濟狀態ヲ見マスルト、稍々安定シタル所ノ傾ガアリマスルケレドモ、而モ物價ハ依然トシテ高値ヲ示シテ居ル、又平和克復ノ曉ニ於キマシテハ、其經濟狀態ハ如何ナル波瀾怒濤ノ波及スルヤモ圖リ難キ今日デアル、此時此際ニ於テ姑ク此法ヲ存置シ、經濟狀態ノ推移ヲ見ルト云フコトハ、吾々ノ當然踏ムベキ道デアラウト思料スルノデアリマス、況ヤ諸君御承知ノ如ク、法案ノ一旦發セラレタル以上ハ、其發セシ所ノ原因ト云フモノガ全ク消滅スルニ非ズンバ、之ヲ廢棄セザルコトガ立法上ノ原則デアル、是ハ無視スベカラザル所ノ原則デアリマシテ、今申上ゲル所ノ事情ガ存在スル限リハ、依然トシテ是ヲ廢止スベカラザルハ當然ノ理合デアリマス、朝令暮改ハ立法府ニ於テ吾々ノ最モ忌ムベキコトデアル、若シ一タビ廢シテ、不幸ニモ、萬々一ニモ、吾々ガ心配スル如ク、經濟上ノ變動ヲ來シマシテ、再ビ此法案ト同一ノ精神ノ法案ヲ要スル場合ニ至ッタナラバ、吾々ハ天下ニ對シテ何ノ面目ガアリマセウカ、故ニ此點ニ考慮ヲスルト云フコトハ、穩健ニシテ且ツ妥當ナル論議ト言ハナケレバナラヌノデアリマス、諸君、此案ニ對シマシテ、憲政會諸君ノ御說ヲ段々承リマスト、論議ハ頗多ニ岐レテ居リマス、併ナガラ之ヲ引括メテ見マスレバ、稍々二ツノ點ニ縮メルコトガ出來ルヤウデアリマス、委員會ニ於ケル御討論、竝ニ唯今井原君ノ御論議ニ依ッテ、之ヲ二ツニ分ケルコトガ出來ルヤウデアリマス、卽チ第一ハ此穀物收用令ハ、大正七年八月末ッ頃發布セラレ、今日ニ至ルマデ未ダ曾テ此法ノ適用ガ行ハレテ居ナイ、此適用ノナイ事情カラ見テモ、此法令ト云フモノハ、全ク不必要ノモノデアル、斯ウ云フ御論斷ヲ爲サル方モアリマス、併ナガラ此論議ハ全ク此事情ヲ十分御審査ナサラヌ論議デアル、穀物收用令ノ如キ非常緊急ノ場合ニ於テ適用スベキ法令ハ、吾々ハ成ベク或ル手段ヲ執ッテモ、此法令ノ適用ノナイコトヲ希望スル一人デアリマス、恐ラクハ諸君ト雖モ此穀物收用令ノ適用スル場合ノ多カランコトヲ望ム人ハ一人モアルマイト思ヒマス、當時政府ハ他ノ方法、卽チ勅令第九十二號ニ依ル權限ニ依リマシテ、行政上ノ手段ニ依ッテ、此收用令ノ適用ヲシナカッタト云フコトヲ、吾々ハ非常ニ慶賀スルノデアリマス、恐ラクハ憲政會諸君ト雖モ、此點ニ付テハ必ズ御同慶デアラウト思フ、元來此種ノ法令、卽チ穀物收用令ノ如キ、實ニ避クベカラザル、已ムヲ得ズシテ適用スベキ勅令ノ如キハ、成ベク其適用スル場合ノ無カランコトハ、吾人ノ常ニ望ム所デアル、斯ノ如キ、緊急已ムヲ得ザル場合ガ頻々ト起ルコトハ、吾々帝國臣民ノ最モ喜バザル所デアリマシテ、且ツ慨嘆シナケレバナラヌ、幸ニシテ或行政手段ニ依リマシテ、其適用ヲ見ザリシコトハ、吾々ノ喜ブ所デアリマス、況ヤ憲政會ノ諸君ハ法ノ實施ト云フコト、法ノ適用ト云フコト、ヲ全然混同セラレテ居ル、法ノ威嚴ハ法ノ實施ニ依ッテ直チニ效果ヲ奏シ、威嚴ヲ持ツモノデアル、直チニ之ヲ適用スルカ適用セザルカニ依ッテ、法ノ威嚴ニ何等關係ハ有タヌモノデアリマス、刑法ノ如キ、罪ハ成ベク犯シテ貰ヒタクナイガ、犯シタ場合ニハ仕方ガナイカラ、此法律ヲ適用スルト云フコト、同一精神デアル、故ニ適用ガナイカラ此法ノ效果ガナイト云フ議論ハ、法律上カラハ何等採ルコトガ出來ヌ議論デアリマス、憲政會諸君ノ第二ノ御論ニハ、更ニ此第一ノ論點ニ一歩ヲ進メマシテ、適用ガナイ許リデナク、之ヲ存置スルコトハ有害ニシテ無益デアル、却テ害毒ヲ流スモノデアルト云フ御議論デアリマス、卽チ此法令ノ存置スル以上ハ、一面ニ於テハ穀類ヲ持ッテ居ル所ノ農民ヲ害シ、賣買ノ材料ヲ持ッテ居ル所ノ商人ヲ害スルト云フ御議論デアリマス、而シテ其論據トスル所ノモノハ何處ニアルカト云フト、主ニ適用上ニ關スルモノデアル、卽チ收用ノ方法、收用ノ價格、收用ノ範圍斯ウ云フヤウナ點ニ付テ詳細ニ御議論ヲ爲サイマシタ、併ナガラ是等ノ御心配ハ、實ニ或點カラ言ヘバ御尤ナル御心配デアリマシテ、適用ノ如何ニ依リマシテハ、諸君ト私モ感ヲ同ジウスル者デアリマス、若シ適用ガ一歩ヲ誤マルナラバ、此收用令ハ有

害無益ナル法案ト相成ルコトハ、吾々諸君ト共ニ感ヲ同ジウスル者デアリマス、ケレドモ此點ニ付テ憂慮ノ餘リ、當局大臣ニ就テ詳細ナル辯明ヲ求メタノデアリマス、同僚山内君ハ特ニ此點ニ付テ深甚ナル注意ヲ拂ハレタ、質問ヲ爲サレタノデアリマシテ、山本農商務大臣ハ此點ニ付テ、斯ウ云フ聲明ヲセラレタノデアル即チ買上ゲノ價格、買上ノ方法、及ビ其順序ノ如キハ周到ノ上ニモ周到ナル注意ヲ加ヘ、十分ナル考慮ヲ要スルヲ以テ、決シテ昨年ノ告示第二百七十一號ノヤウナ方法ニ依ラズシテ、十分ナル考慮ヲ致シテヤルト云フコトヲ聲明セラレタノデアリマス、吾々ハ誠心誠意ナル農商務大臣ノ聲明ニ對シテハ、敬意ヲ拂フ者デアル、信任ヲ拂フ者デアル、現ニ歐羅巴各國ガ此戰亂ニ際シマシテ、又米國モ此戰亂ニ際シマシテ、食糧品ノ收用ニ關シ、其收用ノ方法、範圍、價格等ニ付テ色々ニ研究セラレタモノガアル、其先例ニ鑑ミマシテモ、農商務當局ニハ必ズ確信アルモノト自分ハ考ヘルノデアリマス、故ニ井原君ノ此點ニ關スル御心配即チ如何ナル區域カラ徵收セラルヽカ、如何ナル價格ヲ以テ買ハレルカ、如何ナル方法ニ依テ買上ゲラレルカト云フ御心配ハ、所謂雲散霧消ニナル次第デアリマス、是等ノ意味カラシマシテ、吾々ハ此穀物收用令ニ對シマシテハ、承諾ヲ與フベシトノ意見ヲ有スル者デアリマスガ、現内閣ノ食糧ニ關スル政策ハ、著々其效ヲ奏シ、此穀物收用令ハ絶對無限ニ、即チ未來永劫全ク適用ナカランコトヲ、吾々ハ我ガ國民七千万人ト共ニ希望スル次第デゴザイマス、終リニ臨ミマシテ憲政會諸君モ少シク態度ヲ大ニセラレマシテ、經濟界ニ十分安心ヲ與フベキ此決案ヲ保存セラレルコトヲ希望ニ堪ヘマセヌ(拍手起ル)

○議長(大岡育造君)　横山勝太郎君

(横山勝太郎君登壇)

〔拍手起ル〕

○横山勝太郎君　問題ノ筋ハ委員長ニ依ッテ詳細ニ御報告ニナリマシタ、私ハ成ベク簡單ニ少數意見ニ贊成ノ理由ヲ申上ゲマス、此緊急勅令ノ事後承諾ニ付キマシテハ、多年憲法上ノ爭議ガ解決セラレテ居ラヌノデアリマス、私ハ幸ニ今回政友會諸賢ノ内閣ニ依ッテ、多年ノ爭議ヲ決定セラレルコトヲ希望シ、且ツ決定セラル、モノト考ヘテ居リマシタガ、遺憾ナガラ此點ニ於テ其解決ヲ見ルヲ得ザリシコトヲ甚タ遺憾トスル者デアリマス、其懸案トハ何デアルカト申シマスレバ、吾々ノ信ズル所ニ依レバ、緊急勅令ノ問題ニ付キマシテハ、此發令當時果シテ憲法第八條ノ條件ヲ充シテ居ッタカドウカト云フ、此事情ノ認定ニ付テノ責任デアリマス、所謂緊急勅令ヲ發布スルニ付テ、當時其條件ハ完全ニ充サレタモノデアッタト云フ此責任上ノ問題ニ付テ、ドウ云フ觀念ヲ現政府ハ有ッテ居ラレルカ、此點ニ付テハ法制局長官ヨリ詳細ニ御説明ガアリマシタガ、要スルニ現内閣ハ其成立以前ノ憲法問題ニ付テ、溯及シテ責任ヲ負ハナイト云フコトデアリマス、事固ヨリ一應當然ノ論結ト考ヘマス然ラバ現内閣ニハ此緊急勅令ヲ發布スル當時ノ國務大臣ノ一人タル海軍大臣ガ居ラレル、其海軍大臣ト現内閣ノ諸公ハ、連帶責任ノ義ヲ取ラレル事ト考ヘマス、即チ緊急勅令ヲ發布スル當時、責任ヲ有チシ海軍大臣ガ現内閣ニ存在スルナラバ、是ト連帶シテ責任ヲ負フノ觀念アリヤ否ヤト云フコトヲ質問シマシタガ、之ニ付テモ責任ヲ負ハナイ、斯樣ナ意味デアリマス、サウナリマスルト第四十議會ニ於テ問題トナリマシタ如ク、緊急勅令ノ問題ニ付テ内閣ガ變遷スル場合ニ於テ、何時デモ緊急勅令ノ發布ニ付テハ、責任ヲ負フ者ガ無イト云フコトニナルノデアリマス、如何ニ亂暴ナル緊急勅令ヲ出シテモ、如何ニ不都合ナル非常命令ヲ出シテモ、其點ニ付テハ内閣ガ變遷スレバ竟ニ責任者ハ無イ、ドンナ不都合ナ緊急勅令ヲ出シテモ宜イト云フ結論ニナルデハナイカト云フコトニ歸著スルノデアリマスガ、此點ニ付テハ現内閣ニ於テモ、之ヲ如何トモスルコトガ出來ナイト云フ話デアリマス、併ナガラ吾々ノ信ズル所ニ依レバ、憲法政治ヲ實施シテ居リマスル今日、殊ニ緊急勅令ノ如キ重大ナル非常命令ヲ發シテ、其當否ニ付テ責任者ガ無イト云フコトハ、憲法上非常ナル缺點デアルト同時ニ、憲法政治ノ運用上大ニ考ヘナケレバナラヌ事項デアルト私ハ考ヘマス、憲法政治ハ申スマデモナイ責任政治デアル、總テノ行政ハ法ニ付テ責任ヲ負フ者ガアルコトニ依ッテ、此憲法政治ノ目的ヲ達スル事ガ出來ルノデアリマス、然ルニトノヤウナ緊急勅令ヲ出シテモ、辭職シテ去レバ何等ノ責任ガ無イト云フ事柄ハ、餘リ行政ニ付テ責任ガ無イト云フコトニナリマスノデ、私ハ憲法政治ノ今日ニ於テ甚ダ此點ヲ遺憾トスルモノデアリマス、次ニ申上ゲテ置カネバナラヌコトハ、此緊急勅令ヲ實施シタル所謂緊急勅令ノ發布ヨリ、之ヲ廢止スルニ至ルマデノ間ノ責任デアリマス、之ニ付テモ現内閣ノ諸公ノ御説明ハ、遺憾ナガラ徹底シタルモノガアリマセヌガ、要スルニ此點ハ九月二十八日カニ現政府ハ大命ヲ拜セラレタノデアリマスカラシテ、其以前ノ事項ニ付テハ緊急勅令ノ發布ト同樣ニ、現内閣成立以前ノ事デアリマスカラ、責任ハナイト云フコトニナルノデアリマセウ、併ナガラ現内閣ガ就任セラレテカラ以後ニ付テハ、此緊急勅令ノ運用ニ付テ、重大ナル責任ヲ御負擔ニナルト考ヘマス、然ラバ此事項ニ付テ一應ドウ云フ工合ニ此緊急勅令ガ運用セラレタカト云フコトニ付テハ、多少申上ゲテ置ク必要ガアルト考ヘマス、唯今熊谷君カラ御贊成ノ意見ノアリマシタ如ク、當時ノ狀態ハ吾々國民ハデス、緊急勅令發布ノ必要ハアルカノ如ク考ヘテ居リマシタ、東京ヲ始メトシテ全國到ル所ニ米ノ騷動ガ起リマシタ、米價ハ日々刻々騰貴ヲスル際デアリマスカラシテ、本案ノ如キ穀類收用令ナルモノヲ發布セラル、必要ガアリシモノト考ヘテ居ッタノデアリマス、必要アリシ事ト考ヘルト同時ニ、此緊急勅令ナルモノハ當然實行サレルモノト考ヘテ居ッタノデアリマス、御承知ノ如ク穀類收用令ナル緊急勅令ハ、八月十六日ノ夜ニ發令セラレタモノデアリマス、同日ノ午後五時頃ニ樞密院ニ諮詢セラレマシテ、樞密院ノ議ヲ經テ、恰モ日光ニ御避暑ニ相成ッテ居ラレタ至尊ノ御裁可ヲ得ラレテ、十六日夜遲ク發令セラレタルモノデアリマス、非常ニ是ハ、必要ナル法令デアルト、斯ウ考ヘルノハ當リ前ノコトデアリマス、而シテ越テ十八日、十九日、二十日頃ニ於テ、御承知ノ如ク東京市竝ニ神戸、大阪、京都ノ四大都市ニ於テ、指定商人ナルモノガ現ハレテ參リマシタ、此指定商人ナルモノハ、穀類收用令ニ依ル指定商人デアルト、吾々ハ斯ウ考ヘテ居リマシタ、又新聞紙ノ或モノモ左樣ニ傳ヘテ居ッタノデアリマス、神戸、大阪、京都ノ事ハ委シク知リマセヌガ、我東京市ニ於ケル指定商人中村富三郎外七名ノ者ハ、御承知ノ如ク二十五日カラ買付ニ著手シタ、其資金トシテハ約三百万圓ノ金ヲ銀行カラ借入レテ、サウシテ北陸地方ニ此買付ノ爲メニ行ッタト云フ話デアリマス、其當時ニ於テ吾々國民ハ十六日ノ夜ニ此穀類收用令ガ發布セラレテ、十九日、二十日頃、所謂指定商人ナルモノガ出來タノデアリマスカラシテ、新聞紙モ、國民モ共ニ穀類收用令ニ依ル指定商人ナルモノガ出來タノデアルト斯ウ思ッテ居ッタノデアリマス、故ニ米ノ原産地ニ於テハ非常ナル恐慌ヲ起シテ、急、政府ハ正宗ノ銘刀ノ如キ恐シキ穀類收用令ヲ出シテ、而シテ指定商人ガ約三百万圓ノ金ヲ持ッテ米ヲ買ヒニ來ルト云フ事デ、吾人共ニ非常ナル恐怖ヲ感ジタノデアリマス、所ガ今回此收用令ヲ御提出ニナリマシテ、委員會ニ於テ此點ヲ詳細ニ質問ヲ致シ、又政府ノ答辯ヲ承ハッテ見ルト云フト、全クソレハ間違デアル、穀類收用令ナルモノハ一ツモ適用シタ事ガナイ、ソレハ大正七年ノ勅令九十二號ニ依ル指定商デアルト、斯ウ云フ話デアリマス、試ミニ大正七年勅令第九十二號ハ如何ナルモノデアルカト云フコトヲ申上ゲテ見マスルト云フト、極メテ簡單ナモノデアリマスカラ、一讀ヲ致シマスガ、第一條ニ「農商務大臣ハ時局ニ依ル米價ノ變動ヲ調節スル爲左ノ事項ヲ爲スコトヲ得、一、外國米、朝鮮米又ハ臺灣米ノ輸入、移入、買入又ハ賣渡ノ爲スコト、二、農商務大臣ノ指定シタル條件ニ依リ、外國米、朝鮮米、又ハ臺灣米ノ輸入、移入、買入又ハ賣渡ヲ爲スモノニ對シ補給ヲ爲スコト」此二箇條ヲ規定サレテアル、卽チ大正七年勅令第九十二號ナルモノハ、外國米、朝鮮米ヲ買入又ハ輸入スル規則デアッタ、此規則ハ大正七年四月二十五日ニ發布セラレテアル、然ルニ先刻申上ゲマシタ如ク、穀類收用令ナルモノハ八月十六日夜遲ク之ヲ發布スルト同時ニ、此大正七年勅令第九十二號ノ改正ヲ致シテ居ルノデアリマス、其改正ニ依リマスト云フト、八月十六日付デ先刻朗讀致シマシタ「外國米、朝鮮米又ハ臺灣米」トアリマス所ヲ「米雜穀」ト訂正シ、其第二項ノ「外國米、朝鮮米又ハ臺灣米」トアルノヲ矢張「米雜穀」ト訂正致シマシタ、卽チ農商務大臣ハ緊急勅令ガ無クテモ、大正七年勅令第九十二號ニ依ッテ、米雜穀ノ買入ハ出來ルト云フ一種ノ行政命令ヲ作ッタ、而シテ一面ニ於テ恐ルベキ所謂正宗ノ銘刀ト稱セラル、穀類收用令ヲ發布シタノデアリマス、所ガ當時國民ハ先刻申上ゲマシタヤウナ次第デ、此大正七年ノ勅令第九十二號ノ改正ト云フモノハ、目ニモ耳ニモ入ラナカッタノデアリマス、日付官報ニ目ヲ通シテ居ル國民ニハ、或ハ分ッタカモ知レマセヌガ、普通ノ國民ニハ是ハ分ラナカッタノデアリマス、ソレハ其筈デアリマス、十六日ノ午後五時頃ニ樞密院ニ諮詢セラレテ、而シテ其夜緊急勅令ガ出ルト云フノデアリマスカラ、其他ニ殆ド同一ナ內容ヲ有スル行政命令ガ出ルト云フコトハ、殆ド誰モ國民ハ考ヘテ居ラナカッタ、恐ラクハ官報ヲ讀ンデ居ル者デモ是ハ看過シタニ違ヒナイ、其所デ十八日十九日ノ頃ニ、四大都市ニ於テ指定商人ガ出來ルト云フノデアリマスカラ、ドウシテモ此穀類收用令ヲ使ッタモノト考ヘテ居ッタ、政府ガ詐欺ヲヤッタカ、國民ヲ欺罔シタカ、ソレハ問題デアリマスケレドモ、國民ハ確ニ錯誤ニ陷ッタノデアリマス、此故ニ今日ニナッテ之ヲ委シク質問致シマスルト云フト、穀類收用令ニ依ル指定商人デハナイ、勅令九十二號ニ依ル指定商人デアルト云フ話デアル(「問題外」ト呼フ者アリ)問題外デハアリマセヌ、ソレデ此事項ニ付テ然ラバドウ云フ方法ヲヤッタカト云フト、全ク政府ノヤリ方ハ矛盾千萬デアル、卽チ指定商人ノ或者ニ就テ調査致シテ見マスルト、御承知ノ如ク政府ハ穀類收用令ニ基イテ、八月二十六日ノ官報ヲ以チマシテ「大正七年九月五日ヨリ九月二十日迄一石ニ付金三十三圓以內、同年九月二十一日以後追テ改定スル迄一石ニ付金三十圓以內、大正七年九月四日迄ニ收用スル場合ノ補償金額ハ其ノ都度之ヲ定ム」斯ウ云フ一ツノ行政命令ヲ出シマシテ、卽チ或時マデハ三十三圓以內デ買收スルシ、或時ニナッタラ三十圓以內デ買收スルト云フ行政命令ヲ出シタノデアリマス、恰モ八月十六日ノ夜穀類收用令ヲ出シ、二十日頃ニハ指定商ヲシテ各地ニ出張セシメ、八月二十六日ニハ三十三圓以內、若クハ三十圓以內

デ買フト云フ省令ヲ出シテ居ル、一面ニ於テ然ラバ其指定商人ハドウ云フ仕事ヲシテ居ルカト云フト、三十三圓ヤ三十五圓所デハナイ、三十七圓、三十八圓、四十圓、四十二三圓、甚ダシキニ至ッテハ四十五圓デ買ッテ居ル、斯ノ如キ方法ニ依ッテ米ヲ買ヒマスカラシテ、原產地ノ米ノ所有者及農民ノ米ノ占有者ハ、政府ハ穀類收用令ナル恐ルベキ緊急勅令ヲ出シタケレドモ、大抵商人ハ四十五圓デモ米ヲ買フデハナイカ、四十圓デモ買フデハナイカ、是ガ爲メニ米ハ益〻騰貴スル一方デアル、穀類收用令ハ毫モ恐ル、ニ足ラヌト云フノデ、現內閣ノ辯明ニ依ッテ正宗ノ銘刀ト稱セラル、穀類收用令ト云フモノヲ、農民及ビ米ノ所有者及ビ占有者ハ三文ノ價値モナイモノト考ヘタ、斯ノ如キモノヲ何故ニ將來ニ繼續セネバナラヌカト云フコトガ、吾〻ノ言ハントスル所デアリマス、此點ニ付テ山本農商務大臣ハ、委員會ニ於テ斯ウ云フ辯明ヲセラレマシタ、穀類收用令ヲ適用セザリシコトハ御說ノ通リデアルガ、其時分ハ御承知ノ如キ時局デアッテ、眞ニ間髮ヲ容レザル場合デアッタ、穀類收用令ハ出シタケレドモ、之ヲ使用スルトセザルトハ、眞ニ間髮ヲ容レザル場合デアッタ、斯ウ云フノデアリマス、其場合ハサウデアッタカモ知レマセヌガ、丁度今日ハ六箇月ト四五日ヲ經過シテ居リマス、此六箇月ノ間ハ間髮ヲ容レザル場合デハナイ、大キナ物質ヲ其間ニハ容レ得ルノデアリマス、此農商務大臣ノ辯明ニ依ッテモ、穀類收用令ノ發布其モノハ、姑ク別問題トシテ、之ヲ將來ニ繼續スルト云フ事柄ハ、何等根據ガ無イト云フコトハ御分リデアラウト考ヘマス、而シテ先刻井原君ガ少數意見ヲ述ベラレル際ニ於テ申シマシタ如ク、副島農政課長ハ面白キ言葉ヲ本案ニ付テ使ヒマシタ、本案ハ卽チ此穀類收用令ハ、背後ニ持ッテ居ル所ノ武器デアルト斯ウ言ハレタ、行政官ハ穀類收用令ナルモノヲ背後ニ武器トシテ貯ヘテ、而シテ此行政命令タル大正七年勅令九十二號ヲ使用スルト云フコトヲ國民ガ考ヘタナラバ、如何ニ政府ノ――所謂政治家ノ虛僞ノ多キニ驚クデアラウト考ヘマス、又馬場政府委員ハ答ヘテ曰ク、此穀類收用令其モノハ、直接ノ效果ハ無カッタケレドモ、是有ルガ爲メニ農民ガ米ヲ高クシナイ、卽チ安ク買フト云フ反射的ノ效力ガアッタト言ハレタ、確ニ其言葉ヲ記憶致シテ居リマス、卽チ農商務大臣ノ御說明ニ依レバ、間髮ヲ容レザリシ場合デアッテ適用ハセズシテ濟ンダ、一政府委員ノ御話ニ依レバ、背後ニ擁シテ居ル武器デアル、一政府委員ノ御話ニ依レバ、直接ノ效力ハ無カッタケレドモ、反射的ノ效力ハ確ニアッタ、斯ウ言ハレル、之ニ付テ吾〻ノ方デ申シマスル議論ハ、餘リ委シク其議論ヲ申サヌデモ、大抵諸君ノ御了解ヲ得ルト考ヘマス、憲法第八條ニハ御承知ノ如ク「天皇ハ公共ノ安全ヲ保

持シ又其ノ災厄ヲ避クル爲緊急ノ必要ニ由リ帝國議會閉會ノ場合ニ於テ法律ニ代ルベキ勅令ヲ發ス」斯ウ書イテアルノデアリマス、卽チ此緊急勅令ヲ發スル場合ハ、非常急變ノ場合ニ於テ、其國民ノ安全ヲ保持シ災厄ヲ避クルト云フ、唯一絕對ノ必要ノアル場合ニ於テ、而モ帝國議會ガ閉會中デアッテ、其開會ヲ待ツ暇ガ無イト云フ場合ニ、憲法上ノ常則ヲ破ッテ非常命令ヲ出シテ、特別立法ヲヤルノデアリマス、熊谷君ノ仰セノ如ク刑法トハ全ク其性質ヲ異ニ致シテ居リマス、刑法ハ御說明ノ如ク所謂將來ノ危害ヲ豫防スルト云フ目的ヲ持ッテ居リマスルガ、緊急勅令ハサウ云フ緩慢ナ法律デハアリマセヌ、今之ヲ出サナカッタナラバ國民ハドウナルカ、公共ノ安全ハドウナルカ、元來ハ立法權ヲ行フ場合ニ於テハ、憲法第二章以下ノ條章ニ據ルベキモノデアルガ、此非常ノ急變ナル場合ニ、此勅令ヲ使用スルニ非ズンバ、他ニ手段モ方法モ無イ、絕對必要ノモノダト云フコトニ依ッテ、初メテ此緊急勅令ト云フモノハ生命ガアルノデアリマス、然ルニ農商務大臣、其他政府委員ノ御說明ニ依レバ、全ク此大正七年勅令第九十二號ナル行政命令ヲ適用スル場合ノ豫備的立法ニ過ギナイ、援助的ノ立法ニ過ギナイ、吾〻ノ信ズル所ニ依レバ、緊急勅令ハ今申上ゲマスルヤウナ條件ニ依ッテ、緊急勅令自體獨立ノ生命ヲ持チ、自存ノ目的ヲ持タネバナラヌト考ヘマス、他ノ行政命令ノ適用ノ爲メニ、行政官ノ手加減ノ爲メニ、其法律ノ後見ヲナス爲メニ、其法律ノ應援ヲナス爲メニ、一種ノ手續的法規ノ如キ觀念ヲ以テ發布スルモノデハ私ハ無イト思フ、然ルニ今申上ゲマスルヤウナ次第ニ依リマスルト云フト、全ク此緊急勅令ト云フモノハ、アレハ行政官ノ便利ハ便利デアリマセウ、而シテ又七年ノ九十二號ノ行政命令ハ遺憾ナク行ハレルノデアリマセウ、行ハレルノデアリマセウガ、ソンナ贅澤ナ、ソンナ安ッポイ目的ノ爲メニ、此緊急勅令ヲ濫用スルト云フ事柄ハ全ク憲法ノ濫用デアルト、私ハ深ク信ジマス、而シテ又此法令ヲ永續セシメルニ付テ如何ナル必要ガアルカト云フコトヲ、私ハ他ノ諸君ト共ニ最モ詳細ニ質問ヲ致シタノデアリマスルガ、是亦結局要領ヲ得マセヌ、要領ヲ得マセヌガ、私ハ現內閣ニ於テハ全ク此穀類收用令ナル緊急勅令ハ、不必要デアルト云フ御考ヲ持ッテ居ラレルノデハナイカト考ヘル節〻ガアリマス、其一ツノ根據ハ、大正七年ノ十一月十二日ニ政府國民經濟調査會ト云フモノガアルサウデアリマスガ、私ハ實際ハ知リマセヌ、其處ニ於テ原總理大臣ハ此穀類收用令ノ事項ニ付テ、斯ウ云フ御演說ヲ爲サッテ居リマス、此際米穀ノ收用令其他ノ事項ヲ中止致シマシテ、成ベク自然ノ趨勢ニ立歸ラシメ、之ニ順應スル措置ヲ執リタイト思フ、此內閣成立ノ當時ニ於テ、總理大臣ハ斯樣ニ御

演說ニナッテ居リマス、此演說ノ當否ハ私ハ批評スル限リデゴザイマセヌガ、少クトモ穀類收用令ニ對スル總理大臣ノ御意嚮ト云フモノハ、之ニ依ッテ明瞭デアリマス、卽チ穀類收用令其他ノモノハ一時之ヲ中止シテ置イテ、卽チ之ヲ使ハナイデ、成ベク自然ノ趨勢ニ委セタ方ガ宜イト思フ、斯ウ云フ御意見デアリマス、又山本農商務大臣ハ、本年第一回ノ米作ノ豫想、是ハ大正七年九月二十日ノ調査デアリマス、之ニ依レバ五千八百九十八万二千九百五十二石ノ米ガ出來ル、前年ノ實收高ニ比シテ約四百万石ノ增收豐作デアルカラシテ、近ク新穀出廻期ニ入ラントスルヲ以テ、此場合大體ニ於テ自然的配給ニ俟ツヲ得策ナリト考フ、斯ウ云フ御演說ヲナサッテ居リマス、尤モ其後ニ於テ多少水害等モアリマシテ、此豫想ハ當ッテ居リマセヌケレドモ、大體ニ於テ此收用令ニ對スル農商務大臣ノ御意見ハ、總理大臣ト同樣デアリマシテ、矢張自然的配給ニ俟ツ方ガ宜シイト、斯ウ云フ考デアルト云フコトハ、之ニ依ッテ明瞭デアリマス、サウスレバデス、何ガ故ニ此緊急勅令ナルモノヲ將來ニ存續セシムル必要ガアルカ、殊ニ吾ヽノ記憶スル所ニ據レバ、昨年ノ十月二日ニ、農商務省ニ於キマシテハ内地米ノ收用モ一時之ヲ打切ルト云フコトヲ宣言セラレテ居ル(「簡單」ト呼フ者アリ)此十月二日ノ農商務省ノ宣言ト云フモノモ吾ヽハ穀類收用令ニ依ル米ノ買付デアルト考ヘテ居リマシタガ、併シ委員會ニ於ケル應答ノ結果ニ依リマスルト云フト矢張大正七年勅令第九十二條ニ依ル米ノ買付デアルト云フコトデアル、何レニ致シテモ宜シイ、此勅令九十二號ニ依ル米ノ買付デサヘモ、之ヲ全然廢メルト云フコトデアリマスレバ、尚更穀類收用令ハ要ラナイノデアリマス、吾ヽハ先刻申上ゲマスル如ク、穀類收用令ハ收用令自體獨立自存ノ目的ヲ持ッテ居ラネバナラヌト云フコトヲ申上ゲマシタガ、政府ハ之ヲ懷ニ收メタル名刀ノ如ク、又背後ニ隱シタル武器ノ如ク、反射的ノ效力アルニ過ギナイ、行政命令ノ如ク御取扱ニ相成ルトシテモ、旣ニ此勅令九十二號ニ依ル米ノ買付ヲモ、十月二日ノ日ニ御廢メニナルト云フコトデアリマスカラ、最早此穀類收用令ナルモノヲ道具ニ使フ必要モ無イノデアル、穀類收用令其モノガ自存ノ目的上必要ガ無イト云フコトハ勿論ノコト、此行政命令ニ依ル買付ニ對シテモ、全然必要ガ無イト云フコトニナリマス、何レカラ考ヘテ見テモ、此緊急勅令ト云フモノヲ存續セシムル必要ハ無イト私ハ考ヘマス、而シテ此緊急勅令ノ内容ニ付テ一言致シテ置キマス、御承知ノ如ク緊急勅令ノ内容其モノガ惡カリシ場合ニ於テハ、修正ヲ許シマセヌ、單ニ承諾スルヤ承諾セザルヤノ點ニアルノデアリマスカラシテ、此内容ノ惡イ時分ニハ遺憾ナガラソレヲ根據トシテ反對ヲスルヨリ外途ハナイノデアリマス、其一端ハ井原氏ニ依ッテ說明セラレテ居リマスガ、此緊急勅令ナルモノハ、之ヲ政府ガ一體將來ニ存續スルトシタナラバ、ドウシテ使フカト云フコトガ問題デアル、使フ途ガ無イ、緊急勅令ノ第一條ニハ「農商務大臣ハ國民ノ生活上緊要ナル場合ニ於テハ補償金額ヲ定メ米雜穀ヲ收用シ又ハ其ノ指定シタル者ヲシテ之ヲ收用セシムルコトヲ得」ト云フコトニナッテ居ッテ、之ヲ實行スル規定ト云フモノハ一ツモ規定シテ無イ、唯、收用令ノ第四條ニ於テ、唯今申上ゲマシタ第一條ノ收用ヲ拒ム者ニ對シテハ、六箇月以上ノ懲役、又ハ三千圓以下ノ罰金ニ處スト云フ罰則ガアリマスカラ、之ヲ以テ唯一ノ適用方法ナリト政府ハ考ヘテ居ルラシイ、此點ニ付テ政府委員ノ答辯ハ、速記錄ガアリマセヌカラ、言葉ノ末ニ於テハ多少間違ッテ居ルカモ知レマセヌガ、大體ニ於テ間違ハナイト信ジマスル、私ノ記憶ヲ申上ゲマスレバ、是ハ馬場政府委員ノ意見デアッタト思ヒマスガ、米ノ收用ノ必要ノアル時分ニハ、先刻委員長ノ御讀上ゲニナリマシタ如ク、施行細則ノ規定ニ依ッテ命令書ノ交付ヲスレバ、所有權ハ當然國家若クハ指定商人ノ手ニ移轉スル、尚ホ罰則ヲ以テ之ヲ疑罰スルカラシテ、其效果ハ現レルト云フ御意見デアリマスルガ併ナガラデス、旣ニ國民ノ一人ガ政府ヨリシテ米ノ收用ヲ必要ナリトシテ、其所有權ノ剝奪ヲナス場合ニ於テ之ヲ拒ム、六箇月以下ノ懲役トカ、三千圓以下ノ罰金ト云フ重刑ヲ科セラル、ニモ拘ラズ、此米ノ收用ヲ拒ムト云フ場合ニ於テ、單ニ此米ノ所有者、米ノ占有者ヲ監獄ニ叩キ入レルカ、罰金ヲ取ルダケデハ、其人ニ對シテ目的ヲ達スルコトガ出來ヌノデアリマス、一面ニ於テ罰則ヲ以テ之ヲ強制スルト同時ニ、此收用令ノ第一條ヲ如何ニシテ強制スベキカト云フ強制權ノ方法ト云フモノヲ規定シナケレバナラヌノデアリマス、然ルニ此事ハ收用令ノ何所ヲ見テモ無イノデアリマス、唯、政府ニ於テハ米ノ收用ヲ拒ム者ハ刑罰ニ處スンバソレデ目的ヲ達スルト云フコトヲ御考ニナッテ居ル、苟モ政府ノ命令ヲ拒ムト云フ場合ニ、拒ムト云フ人間ヲ唯、罰則ノミヲ以テ此米ノ收用ノ目的ヲ達セラル、モノデナイト考ヘル、何トナレバ米ヲ收用スル命令ヲ拒ンデモ、之ヲ第三者ニ賣ッタト云フ場合ハドウナリマセウカ、善意ノ第三者ハ民法ノ卽時施行ノ規定ニ依ッテ完全ニ權利ヲ取ル、其跡カラ農商務省ノ役人ガ何十人參リマシテモ、米ハ第三者ノ手ニ移ッテ居ル時デアル、ドウシテ此米ノ收用ヲヤルノデアリマスカ、警察官ノ威力ヲ以テ取ルト云フコトデアリマスカ、執達吏ノ權力ニ依テ米ヲ取ルト云フノデアリマスカ、軍隊ノ力ヲ借リルト云フノデアルカ、何等ノ威力實行ノ方法ト云フモノヲ規定シナケレバナラヌガ、全然之ヲ規定シテナイ、實ニ間拔極ッタ緊急勅令デアリマス(拍手起ル)而シテモウ一ツ疑ガ起ルノハ、所謂指定商人ナルモノ、地位デアリマス、此指定商人ハ農商務省ノ命令ニ依ッテ、米ノ所有者占有者ニ對シテ、ドウ云フ態度ヲ執ルカデアリマス、政府ノ命令ガアッタ所デ、自分ガ執達吏ノヤウナ代リニナッテ行クノデアルカ、若ハ自分ガ國家ノ機關トシテ米ノ收用ノ命令ヲスルノデアルカ、又此指定商人ナルモノガ米ノ所有者ノ所ヘ行ッテ、藏ノ前マデ行ッタケレドモ、藏ガ閉ヂテアッタト云フ場合ニ、此鍵ヲドウシテ毀シテ此米ヲ取ルノデアルカ、而シテ此指定商人ナルモノハ米ノ代價ニ付テドウ云フ權利ヲ持ッテ居ルノデアルカ、今日進歩シタル學問ヲシ、進歩シタル法制局ノ數多ノ役人ガ居ル所ニ於テ作ラレタル收用令トシテハ、不完全極マルモノデアルト私ハ考ヘル、此故ニ吾ヽノ見ル所ニ依レバ、此收用令ハ勿論使フ必要ガアッタニ違ヒナイ、又必要ノ爲メニヤッタモノダラウト考ヘマス、然ルニ之ヲ使ハナカッタト云フノハ、サウ云フ缺點ガアルカラ如何トモスルコトガ出來ナカッタノデアラウト私ハ考ヘマス、又實際昨年八月十六日、二十日、三十日ト云フヤウナ場合ニ、指定商人ガ三百万圓ト云フ金ヲ懷ニ入レテ、五人モ七人モ隊ヲナシテ原産地ヘ參リマシタラ、ドウ云フ椿事ガ起ルカ、其等モ考ヘテ、サウシテ到底實行ノ出來ナイ法律デアルト云フコトヲ、法制局ノ官吏、又ハ農商務省ノ官吏ハ理解ヲシテ居ルニ違ヒナイ、ソレガ私ハ今日旣ニ半箇年ニ及ンデ、此緊急勅令ヲ使用スルコトノ出來ナカッタ原因デアラウト考ヘマス、憲法政治始ッテ以來、數十件ノ緊急勅令ガアリマスガ、未ダ曾テ本穀類收用令ノ如ク、發布以來半箇年ニ及ンデ未ダ曾テ一回モ之ヲ使用スルコトガ出來ナカッタ、使用スルコトヲシナカッタト云フヤウナ緩慢極マル緊急勅令ナルモノハ、未ダ一ツモナイト私ハ思ヒマス、而モ是ハ現政府ノコトデハナイ、前政府ノコトデアリマスガ、八月十六日ト云フ極メテ暑イ、所謂盛夏ノ交デアル、其時分ニ樞密顧問官ヲ集メテ、午後ノ五時カラ協議ヲシテ、サウシテ夜遲ク　陛下ニ奏上シテ、サウシテ此緊急勅令ヲ出スト云フ非常ナ場合デアッタニ拘ヲス、之ヲ半年モ——恐ラク未來永劫之ヲ使ハナイノデアラウト考ヘマス、斯ノ如キモノヲ存續セシムルト云フ前内閣ノ責任ハ勿論デアリマスガ、現内閣ニ於テ之ヲ辯護シ、之ヲ繼續セシメラル、意思ト云フモノハ、吾ヽニハ理解スルコトガ出來ヌノデアリマス、要スルニ私ハ少數意見ニ基キマシテ、其存續セシムルノ必要ナキコトヲ一言シタノデアリマスガ、之ニ付テ最後ニ一言[illegible]此緊急勅令ノ價値ニ就テ、事實ヲ以テ申上ゲテ置キマス(「謹聽」ト呼フ者アリ)深川ニ於ケル正米相場ノ變動デアリマス、中米ノ三等ト斯ウシテアリマス、之ニ付テ申上ゲマスガ、收用令ニ依ッテヤッタカ、此九十二號ニ依ッテ米ヲ買收シタカ、ソレハ存ジマセヌガ、兎ニ角農商務省ガ米ノ賣出ヲヤリマシタ、指定商人ニ依ッテ買付ケラレタル米ノ賣付ヲヤリマシタ、其初メノ九月ノ十六日ガ三十一圓二十五錢、ソレカラ十七日ガ三十圓八十六錢、十八日ハ相場ガアリマセヌ、十九日ガ三十六圓九十錢、二十日ガ三十七圓六十錢、二十一日ガ三十八圓六十錢、ソレカラ二十三日三十九圓六十錢、二十五日ガ四十三圓十錢、二十六日ガ四十三圓八十錢、三十日ガ四十三圓五十錢(「何ニモナラヌ」ト呼フ者アリ)十月一日四十三圓五十錢、ソレカラ十月二十日ニハ詰マリ政府ガ旣ニ買付米ヲヤラナイト云フコトヲ宣告セラレタルコトハ、前申上ゲタ通リデアリマス、卽チ斯ノ如クニシテ九月ノ十六日カラ十月一日マデ、原內閣ガ此收用米ノ買付ヲシナイト云フコトヲ宣言スルマデ、約半箇月間ニ米ノ相場ト云フモノハ、三十一圓カラ四十三圓五十錢マデノ騰貴ヲシテ居ルト云フ事實デアル、若シ眞ニ米穀收用令ノ適用ガアリシトスルナラバ、何故ニ之ヲ御適用ニナラヌカ、三十三圓以下若クハ三十圓トカ云フ範圍デ米ヲ買ッテモ、深川ノ正米相場ハ今申上ゲル通リ時々刻々米ノ直段ガ上ッテ居ルニ拘ラズ、毫モ米穀收用令ノ適用ヲシナイ、穀類收用令ノ緊急勅令ナルモノガ、現內閣御說明ノ加ク間髮ヲ容レザル場合デアルトカ、或ハ背後ニ隱サレテアル所ノ武器デアルトカ、反射的ノ効力ガアルトカ(「重複シテハイケナイ」ト呼フ者アリ)色々ナ事ヲ御說明ニナルケレドモ、論ヨリ證據デアル、事實ハ九月ノ十六日ニ卽チ收用米ノ賣出シテアル後ニ於テ、半箇月間ニ於テ一ツモ米ハ下ッテ居ラヌ、反射的ノ效力モナケレバ正宗ノ名刀タル效力モナイ、若シモ眞ニ此穀類收用令ナルモノ、効力ガ、政府委員ノ說明ノ如ク正宗ノ名刀タル價値ノアルモノナラバ、何故十月一日、十月二日ノ交ニ於テ之ヲ使用セズシテ、否ナ寧ロ反對ニ此米ノ收用ヲヤメルト云フヤウナ事ヲ天下ニ宣言スルノデアルカ、全ク前內閣ノ遣方モ無論解リマセヌガ、現政府ノ御遣リニナル事モ私ハ分ラヌト思ヒマス、要スルニ米ノ收用令ト、大正七年勅令第九十二號トノ關係ハ、冒頭ニ一言致シマシタ如ク、恐ラク政府ニ於テ國民ヲ欺罔スルト云フヤウナ特殊ノ惡意ノ無カッタコトハ勿論デアリマスガ、併ナガラ其結果ニ就テ見レバ、國民ハ確ニ驚イタノデアリマス、確ニ威嚇セラレタノデアリマス、(「皆ナ道理タ」ト呼フ者アリ)緊急勅令ナル非常立法ヲ出シテ農民ヲ威嚇シ、米ノ所有者、米ノ占有者ヲ威嚇シテマデ、此米ヲ安ク買ハナケレバナラヌト云フ道理ハナイト思フ、堂々ト法律ヲ適用シタラ宜シイ、其法律ヲ適用セズシテ、懷ニ納メラレタル武器デアルトカ、背後ニ隱レタル武器デアルトカ、或ハ反射ノ效力ガアルトカ云フコトヲ(「同ジ事ヲ何遍モ言ハヌヤウニ願ヒマス」ト呼フ者アリ)明言シテ、此法律ヲ適用シナカッタト云フコトハ、全ク此米ノ收用令ト云フモノハ、暗黑的ニ出來テ、暗黑的ニ葬ラレ去ッタ法律デアルト私ハ考ヘマス、發布シタ時分ノ事柄ハ、前政府ノ仕事デアリマスカラ深ク論ジマセヌケレドモ、苟モ公明正大ナル憲法政治ヲヤルト云フ現內閣ノ諸公ガ、斯ノ如キ暗黑立法ヲ何故辯護スルノデアルカ、恐ラク貴族院ニ於 某前大臣ニ威嚇セラレテ、巳ムナク正宗ノ名刀デアルト云フヤウナコトヲ發言セラレタモノデアリマスカラ、仕方ナシニ私ハ斯ウ云フ案ガ出タト思ヒマス(「冗談ヲ言フナ」ト呼フ者アリ)要スルニ暗黑立法廢スベシ、暗黑行政廢スベシ、是ガ原內閣、卽チ政友會內閣ノ私ハ標榜スル所デアッテ、國民ハ深ク其點ニ期待シテ居ルノデアリマス、何ヲ苦ンデカ斯樣ナ暗黑立法ヲ辯護シ、斯ノ如キ暗黑立法ヲ保存スルノデアリマスカ、全ク現內閣ノ標榜ニ反スルノ甚ダシキモノデアルト確信致シマス、此故ニ先刻井原君ノ述ベラレマシタ少數意見ニハ、絕對ニ贊成スル者デアリマス(拍手起ル)

○議長(大岡育造君) 森本是一郎君

〔森本是一郎君登壇〕

○森本是一郎君 諸君、私ハ此收用令承諾ニ付テハ贊成ノ一人デアリマス、ソレ故ニ簡單ニ茲ニ其理由ヲ說明致シマス、國家ガ國民ノ生命デアル所ノ食糧ヲ、農民ガ賣惜ヲシテ、ソレガ爲メニ生活ノ安定ガ出來ナイト云フ場合ニ於テ、政府トシテハ社會政策上、又國家ノ維持上ニ於テ、此者ニ收用令ヲ適用シテ米ヲ買取ルト云フコトハ、是ハ當然ナ事デアル、唯今色々此法律上ニ付テノ立論ガゴザイマシタ、私ハ法律上ニ付テノ智識造詣ガアリマセヌカラ、サウ云フ議論ハ致シマセヌ、唯、茲ニ實際ノ有樣ヲ申述ベテ、以テ反對論者ノ矢張贊成ヲ求メタイト思ヒマス、先ニ井原君ガ、農民ガ米ヲ澤山持ッテ居ッテモ、ソレヲ容易ニ賣ラナイト云フコトハ、御承知デアッタ、私ノ知リ得テ居ル範圍內ニ於テ、現ニサウ云フ風ニナッテ居ルノデアル、農村ノ實情ヲ能ク御承知ノ方ニハモウ多辯ヲ要セヌ事デアル、昨年ノ收穫後ニ地方ニ於テノ大地主ハ、成ベク其米ヲ賣ラナイヤウナ考許リシテ居ル、是ハ何ガ爲メデアルカト云フト、新聞ナドニ於テ昨年ノ米作ガ非常ニ減收デアルガ故ニ、本年ノ米ハ端境期ニナッタナラバ、八十圓乃至百圓位ニモ上ルデアラウト云フヤウナコトヲ新聞デチラホラ見ル、ソレガ爲メニ此米ハドウシテモ今賣ルモノデハナイ、先キノ方ニナッテハ丁度百圓ニモナラナイカ知ラヌガ、八十圓、九十圓ト云フ相場ニハナルカモ知ラヌ、斯ウ云フ事ヲ想像シテ居ル、若シ此收用令ヲ承諾ヲ與ヘズ存置セズシテ、其場合ニ臨ンデ何ヲ以テ其米ヲ買取ルコトガ出來ルカ、必ズ此收用令ヲ其場合ニ於テハ適用シナケレバナラヌト云フコトハ、是ハ必然ノ理ダラウト思ヒマス、ソレ故ニ多ク言フ必要ハナイ、最早其議論ノ餘地ハ無イモノト思フ、ソレダカラ自分ハ此收用令ニ承諾ヲ與ヘルト云フノデアリマス、唯、此場合ニ於テ之ニ就テ一言政府當局ニ私ハ希望トシテ申上ゲタイト存ジマス、此補償金、或ハ其公定ノ相場、斯ウ云フ事ハ矢張農民ノ生產能率ヲ壓迫スル上ニ於テ非常ナル害ノアルモノト私ハ思ヒマスカラ、此相場ト云フ事ニ付キマシテハ、成ベク其地方ノ時價ニ依ッテ之ヲ收用スルト云フコトガ當然デアリ、且ツ極メテ農民ノ生產ヲ保護スル上ニ於テノ適當ナル施設ダト思ヒマスカラ、唯、是ダケノ事ヲ申上ゲテ、此案ニ贊成スル意思ヲ表シマス

○議長(大岡育造君) 橫田法制局長官

〔政府委員橫田千之助君登壇〕

〔拍手起ル〕

○政府委員(橫田千之助君) 橫山君ヨリ法制局ノ意見ニ付キマシテ、種々辯論ノ材料ニ供セラレマシタ、或ハ橫山君ノ御言葉ニ依リマシテ、法制局ガ本案ノ提出ニ付テノ憲法上ノ解釋、及ビ本案運用ニ付テノ用意ニ付テ、抱懷シテ居ル意見ト異ッタル感想ヲ議會ニ與ヘテハ相濟ミマセヌカラシテ、一言其點ヲ辯明致シテ置キマス、橫山君ハ此內閣ニ於テ事後承諾案ヲ出ス上ニ方テ、何等新シキ解釋ヲ加ヘタコトガ無イト仰シヤイマシタガ、是ハ大ナル誤リデアリマス、從來ノ內閣ニ於キマシテハ、緊急勅令ヲ出ス上ニ於テ、憲法第八條ノ要求スル所ノ條件ニ適合シテ居ルヤ否ヤ、及ビ將來ニ對シテ效力ヲ保有セシムルノ必要、此二ツノ點ニ付テ議會ノ審議表決ヲ求メルモノナリト明言シタ內閣ハ無イノデアリマス、現ニ四十議會ニ於テ――寺內內閣ニ於テ船舶管理令ノ事後承諾ヲ求メル場合ニ、花井博士ノ嚴密ナル質問ニ對シテスラ、田遞信大臣ハ憲法第八條ノ提出ノ場合ニ於ケル所ノ此要求ニ適合シタルヲ以テト云フ點デ、審議ヲ求メルコトノ明言ハ避ケタノデアリマス、私ハ法制局長官トシテ、委員會ニ於テ再度マデ橫山君ニ對シテ此意味ヲ明言シ、從來ノ內閣ノ執ッテ居ル解釋ヨリモ、議會ノ審議表決ノ權利ヲ尊重スル意味ヲ明白ニシタ積リデアリマス、而シテ又歷、發令當時ノ責任ト云フモノハ前內閣ノ行爲デアルガ、現內閣之ヲ負フカ、斯ウ云フ御質問ニ對シテ否ト私ハ答ヘマシタ、何トナラバ國務大臣ノ責任ハ言フマデモナク輔弼ノ責任デアリマス、發令ノ當時輔弼ノ衝ニ立タザル者ガ責任ノ負ヒヤウガ無イノデアリマス(拍手起ル)此意味ニニ於テ明確ニ私ハ否ト答ヘマス、然ラバ海軍大臣ガ――其當時ノ國務大臣タル海軍大臣ガ在任シテ居ル、此海軍大臣ト椅子ヲ列ネテ居ル現在ノ國務大臣ノ責任如何ト云フ御質

問ガアッタ、之ニ對シテ私ハ斯ウ考ヘテ居ル、海軍大臣ハ寺内内閣ノ國務大臣トシテ確ニ責任ヲ負ハナケレバナラヌ、若シモ此穀類收用令ノ發令ガ非立憲ノ極デアリ、政治的罪惡ナリト論定サレタナラバ、無論責任ヲ負フベキモノデアル、併ナガラ此海軍大臣ト偶、原内閣ノ下ニ席ヲ同ジウシテ居ルカラト云ッテ、元來其場合ニ於テ輔弼ノ責任ヲ負ハナカッタ者ガ、溯及シテ負フベキコトハナイト、斯ウ云フ意味ヲ私ハ答辯シタ積リデアルノデアリマス、而シテ又横山君ハ果シテ然ラバ、不法ナル發令ヲシ、憲法第八條ヲ濫用シタ内閣ト云フモノハ、常ニ辭職ヲ以テ責任ヲ免カル、コトニナルデハナイカ、然ラバ憲法ノ條章ト云フモノハ空文ニ歸シハシナイカ、斯ウ云フヤウナ御質問ガアッタノデアリマス、之ニ對シテ私ハ斯ウ答辯シタノデアル、元來憲法其他ノ法律ニセヨ、憲法以下ノ法律ニセヨ、單リ此條章ノ規定ノミニ依ッテ效果ヲ奏スルモノデハナイ、要スルニ憲法ノ條章ノ規定ハ、政治的良心ノ向上、其活力ノ増進、是等ノモノト相待ッテ憲法政治ノ運用ヲ全ッスルモノデアル、ソレ故ニ假リニ内閣ガ辭職ヲシテ責任ヲ遁レタトシテモ、在職中ノ行爲ガ眞ニ許スベカラザル政治家ノ大罪惡デアッタナラバ、政治上ノ別個ノ制裁ノ爲メニ、其政治家ハ遂ニ勢力ヲ失墜スルト云フコトニナラナケレバナラヌ、此意味ニ於テ帝國憲法ノ此點ニ對シテ、私ハ横山君ノ御質問ニ對シテ缺點ナキモノト思フ、斯ウ云フ點ヲ答ヘタ積リデアリマス、左樣デアリマスカラ、先ヅ此點ヲ明白ニ致シテ置キマス、而シテ又法制局ノ馬場政府委員ガ、横山君ノ御説ニ依ルト、單リ此穀類收用令ノ運用、唯背後ニ於ケル所ノ刑事的制裁ニノミ重キヲ置イテ、眞ニ穀類收用令ノ本來ノ目的トスル所ノ收用ニ付テ、何等ノ用意ガ無イト云フガ如キ御説ガアリマシタケレドモ、馬場政府委員ハ左樣ニハ答ヘテ居リマセヌ、行政執行法トハ明言ヲ致シマセヌガ、他ノ法律ニ於テ、斯ノ如キ場合ハ十分ニ第三者ヲシテ代ッテ之ヲ收用セシムルコトガ出來ル、強制的ニ處分ガ出來ル、實際ニ穀倉ニ手ヲ入レテ之ヲ強徴スルコトガ出來ルト云フコトヲ明言致シタノデアリマス、他ノ法律ト云フノハ言フマデモナク、最モ法規ニ精通セラルヽ、横山君、御承知ノ通リ、行政執行法第五條以下ノ規定デアリマスカラ、此點ダケヲ辯解シテ置キマス

○議長（大岡育造君） 討議ノ發言通告ハ總テ終リマシタ、討論ハ終結ニナッテ居リマス、此場合穀類收用令ニ承諾ヲ與フルヤ否ヤノ決ヲ採リマス、少數意見ハ與フベシト決スレバ自然ニ決スル譯ニナリマス、穀類收用令ニ承諾ヲ與フベシトスル諸君ノ起立ヲ請ヒマス

起立者　多數

○議長（大岡育造君） 多數、承諾ヲ與フルコトニ決シマシタ、仍テ他ノ三案ニ付テ決ヲ採リマス、尚ホ大正七年勅令第三百七十三號、是ハ別ニ討論モアリマセヌガ、承諾ヲ與フベシト云フ諸君ノ起立ヲ希望シマス

起立者　多數

○議長（大岡育造君） 大多數、承諾ヲ與フルニ決シマシタ、大麥小麥及小麥粉ノ輸入税減免ニ關スル法律案ハ如何デスカ

○岩崎勳君 本案ハ讀會ノ順序ヲ省略シテ、委員長報告ノ通リ可決確定セラレンコトヲ望ミマス

○議長（大岡育造君） 岩崎君ノ動議ニ御異議アリマセヌカ

〔「異議ナシ異議ナシ」ト呼フ者アリ〕

○議長（大岡育造君） 然ラバ本案ハ讀會ノ順序ヲ省略シテ可決確定シタルコトヲ宣言致シマス――次ハ大正七年法律第三十七號中改正法律案

○岩崎勳君 本案モ亦讀會ノ順序ヲ省略シテ、委員長報告ノ通リ可決確定セラレンコトヲ望ミマス

○議長（大岡育造君） 岩崎君ノ動議ニ御異議アリマセヌカ

〔「異議ナシ」ト呼フ者アリ〕

○議長（大岡育造君） 御異議ナケレバ本案モ讀會ヲ省略シテ委員長報告通リ可決確定シタルコトヲ宣告致シマス

○岩崎勳君 日程第七以下ニ對シテハ、延會ノ動議ヲ提出致シマス

〔「賛成」ト呼フ者アリ〕

○議長（大岡育造君） 延會ノ動議ニ御異議アリマセヌカ

〔「異議ナシ異議ナシ」ト呼フ者アリ〕

○議長（大岡育造君） 御異議ガナケレバ日程ノ第七以下ハ延會ニ決シマシタ、本日ハ是ニテ散會

午後四時三十五分散會

第十六　朝鮮平元鐵道急設ニ關スル建議案（牧山耕藏君外五名提出）第一讀會ノ續（委員長報告）

〔一宮房治郎君登壇〕

〔拍手起ル〕

○一宮房治郎君　朝鮮平元鐵道急設ニ關スル建議案委員會ノ經過竝ニ結果ヲ御報告致シマス、本鐵道ハ、朝鮮西部ノ大商工業地タル平壤カラシテ、東海岸ノ要港タル元山トヲ連絡スル、約百六十哩ノ鐵道ノ建設ヲ望ムト云フ案デゴザイマス、本委員會ヲ三回之ヲ開會致シマシテ、政府當局者ノ出席ヲ求メマシテ、愼重審議ヲ盡シマシタ、先ツ最初ニ提案者タル牧山耕藏君カラシテ、本鐵道ノ建設ハ、東ハ朝鮮半島ヲ橫貫シテ、遙ニ日本海ヲ隔テ、裏日本タル所ノ北陸ニ通ナリ、西ニ於テハ海ヲ隔テ、支那ノ要港デアル所ノ靑島ニ連絡スル、朝鮮開發上最モ必要ナル鐵道デアッテ、本鐵道ノ建設ハ、朝鮮ニ於ケル交通政策上、一大革命ヲ來スモノデアルト云フ説明ガゴザイマシタ、政府委員ハ之ニ對シテ、廟議ハ未ダ決定ハシテ居リマセヌトノコトデアルガ、朝鮮總督府トシテハ、本鐵道ハ最モ朝鮮ノ鐵道政策上必要ナルモノト認メテ、明治三十九年以來數年ノ間是ガ測量ニ着手シテ、既ニ其探擇線ヲモ決定致シマシテ、出來得ベクンバ明年度カラシテ其豫算ヲ計上シテ、大正十四年度ニ於テ、咸鏡線ノ竣工ト共ニ之ヲ完成シタイ所ノ希望ヲ持ッテ居ルト云フ御答辯デゴザイマシテ、朝鮮總督府ニ於テハ、是非トモ是ガ急設ヲヤリタイト云フコトヲ言明サレマシタ、陸軍次官ニ於キマシテハ、京義、京釜ノ複線ニ比較研究スレバ、先ツ此複線ノ方ヲ急設ヲシタイト思ヒマスガ、本線モ軍事上必要ナル線ト認メテ居ルヤウナ意見デゴザイマシタ、委員會ニ於テハ愼重審議ノ結果、本鐵道ハ朝鮮開發上最モ必要ナル鐵道デアルカラシテ、至急其開設ヲ望ムト云フコトニ滿場一致ヲ以テ決議ヲ致シマシタ、唯々一部委員ノ間ニ於キマシテハ、本鐵道ノ財源ニ付テ、從來朝鮮鐵道經營ノ成績カラ考ヘテ見マスルト、本鐵道開通ノ曉ニ於テ、其收入ガ果シテ財源トシテ、借入又ハ公債ニ依ッタ所ノ資本ニ對シテ、適當ナル利廻ノ收入ガアルヤ否ヤト云フコトニ付テハ、政府委員ノ答辯ガ甚ダ不滿足デアルガ、先ツ朝鮮開發上缺クベカラザル鐵道デアルカラシテ、是ノ開設ニハ異議ハ無イト云フヤウナ少數意見モゴザイマシタガ、結局滿場一致ヲ以テ、政府ハ速ニ本鐵道ヲ開設サレルコトヲ望ムト云フコトニ決議致シマシタ、此段委員會ノ經過ヲ御報告致シマス（拍手起ル）

○岩崎勲君　本案ハ委員長報告ノ通リ可決セラレンコトヲ望ミマス

○議長（大岡育造君）　委員長報告ノ通リ御異議アリマセヌカ

〔「異議ナシ」ト呼フ者アリ〕

○議長（大岡育造君）　御異議ナシト認メマス、仍テ可決致シマシタ――日程第十七、伊萬里、佐世保間鐵道建設ニ關スル建議案ヲ議題ト致シマス、委員長中倉万次郎君

一　食糧政策ニ關スル質問（小橋藻三衞君提出）

食糧政策ニ關スル質問主意書

右成規ニ據リ提出候也

大正八年二月八日

提出者　小橋藻三衞　贊成者　鈴木梅四郎
外三十二人

食糧政策ニ關スル質問主意書

食糧不足ニ對スル政策トシテ政府ノ說明ニ依レハ輸入關稅撤廢ニヨリテ當面ノ不足ヲ救濟シ開墾助成ニヨリテ後年ノ自給ヲ謀ルト云フニ在ルモ此ノ如キ方策ニテハ到底我カ國民ノ膨脹力ニ伴フヘキ確實ナル食糧供給ヲ爲シ得ヘカラスト信ス

政府ハ當面ノ不足供給ハ勿論永遠ノ供給ニ亙リテ更ニ確乎タル成案ヲ示サレムコトヲ望ム

右及質問候也

（小橋藻三衞君登壇）

（拍手起ル）

○小橋藻三衞君　食糧政策ニ就キマシテハ、本會議竝ニ委員會等ニ於キマシテ、屢々質問應答ヲ繰返サレタノデアリマスルガ、要スルニ政府ノ今日マデ明言サレテ居ル所ノ御意見ト致シマシテハ、當面不足ノ物ヲ補給スルト云フコトニ付キマシテハ、關稅ノ撤廢、或ハ雜穀ノ廢減稅等ニ依ッテ、輸入ヲ潤澤ニスルト云フコトニ依ッテ補充ヲ致シ、又永年ニ亙ッテノ自給自足ノ策ト致シテ、助成法等ニ依ッテ耕地ヲ增加致シテ、之ニ依ッテ食糧ノ自給自足ノ途ヲ立テル、斯ウ云フ事ヲ明言致サレテ居ルノデアリマスル、現ニマダ此食糧政策ニ就テハ、委員會等ヲ御繼續ニナッテ居リマスル事モアリマスルシ、或ハ經濟調査會等ニ於テ、各種ノ調査ヲ致サレテ居ルコトデアリマスルケレドモ、今日政府ノ言明致サレテ居ル所ハ、吾々ハ結構ナ事ト考ヘマス、洵ニ結構ナ事トハ考ヘマスルガ、之ニ依ッテ當面不足ノ問題ガ、果シテ十分ニ補充シ得ラル、ノデアルカドウカヲ、此發表サレタル食糧問題ガ、果シテ安定ヲ得ルノデアルカドウカト云フコトニ就キマシテハ、多大ノ疑ヲ存シ、六千万ノ國民ハ、決シテ是デ安心ヲ致スト云フ譯ニハ參ラヌノデアリマス、尙又此開墾助成法等ニ依ッテ、永年ニ亙ッテ自給自足ノ策ヲ立テルト云フ御計算ニ就キマシテハ、我日本民族ノ大ナル膨脹力ニ伴ッテ、果シテ遺憾ナク自給自足ガ出來ルヤ否ヤト云フコトニ就テハ、是亦多大ノ不安ヲ感ジ、多大ノ缺陷ヲ感ズルノデアリマスルカラ、茲ニ政府ニ向ッテ、更ニ根本的ノ政府ノ懷抱サレテ居ル所ヲ、今少シ突込ンデ伺ヒタイト考ヘルノデアリマス、デ先ヅ此米ノ不足スルト云フコトノ原因ガ、如何ナル事情ノ下ニ不足ヲ致シテ居ルカト云フコトヲ考ヘルト云フコトハ、此食糧問題ニ就テ、最モ重要ナル事ト考ヘルノデアリマスガ、政府ハ此不足スル理由、不足スル事情ヲ、如何ニ御覽ニナッテ居ルノデアルカト考ヘタノデアリマス、デ是マデ政府ノ言明致サレテ居ル所ニ依リマスト、數年間ノ米ノ不足ハ、約二百万石平均デアルト云フコトデアリマスガ、ソレガ昨年ノ如キハ殆ド六百万石內外ノ不足ヲ告ゲタ、卽チ六千万石ノ米ガアッテ、尙ホ開國以來——此日本開闢以來ノ最高値段ヲ現シタノデアリマス、而シテ其米ノ在高モ、日本開闢以來ノ在高ヲ示シタニ拘ラズ、非常ナ空前ナ高値ヲ現シタノデアリマス、デ此理由ハ啻ニ此日本ノ通貨ガ非常ナ膨脹ヲ致シテ、十五億幾千万圓ト云フ、是亦開國以來未曾有ノ通貨ノ膨脹デアッタコトガ、一ツノ大ナル原因ニ相違ハナイケレドモ、ソレヨリモ更ニ痛切ナル理由トシテハ、矢張此需給關係ヨリ來タト云フコトハ、爭ハレナイ事實デアルト考ヘルノデアリマスガ、其不足ガ何故ニ左樣デアッタカ、一昨年ノ米ガ少ナカッタカト云ヘバ、決シテサウデハナイ、一昨年ノ作柄ハ、確ニ平年作以上ノ豐作デアッタノデアリマス、ソレニ持ッテ來テ、朝鮮或ハ臺灣等ノ植民地ヨリ移入ノ物ガアリ、或ハ海外ヨリ輸入シタ物ガアリ、一昨年ヨリ持越シタ物ガアル、サウシテ此六千万石內外ノ物ガアッタニ拘ラズ、斯ノ如キ米ノ不足ヲ訴ヘタト云フコトノ理由ハ、如何ナルモノデアルカト云フコトヲ考慮致シテ見マスルト、從來此我國ノ米ハ、一人約一石ノ消費ト云フコトニナッテ居リマシテ、二千万ノ人口ノ時代ニハ二千万石ノ米ヲ收穫致シテ居ル、ソレガ三千万トナリ、四千万トナリ、五千万トナッテ、大抵人口ニ對スル一石ノ米ノ收穫ヲ得タモノデアルニモ拘ラズ、此人口ヨリ非常ニ突飛ニ昨年費消セラレタ所ノ原因、此原因ヲ考ヘテ見マスルト云フト、食糧問題ノ恐ルベキモノヲ發見スルノデアリマス、卽チ是ハ我ガ國民ノ全部ガ總テ一日米食ヲシテ居ルト云フ譯デハナク、國民ノ或ル部分ニハ確ニ米食ヲシナイ、麦若クハ雜穀、或ハ甘藷ノ類ヲ喰ベテ、米ヲ喰ベナイ者ガ昨年ニ至ッテ非常ニ米ヲ喰ベタト云フコトノ事實ハ見逃スベカラザル一大原因デアルト考ヘマス

（議長大岡育造君退席副議長濱田國松君議長席ニ著ク）

○小橋藻三衞君　而シテ其原因ハドウデアルカト云ヘバ、御承知ノ通リ此戰亂ノ結果、麦、小麦或ハ麦粉ノ如キ物ヲ其大ニ海外ニ輸出ヲ致シテ、之ガ爲メニ麦ノ價ガ非常ナル騰貴ヲ致シテ、麦ト米ノ差額ガ甚ダ接近ヲ致シタト云フコトニ於テハ、美味クナイ麦ヲ食フヨリハ、又二度炊ヲスル面倒ナ麦ヲ食フヨリハ、寧ロ米ノ方ガ便利デアルト云フノデ、此米ヲ非常ニ費消スルト云フコトガ、一ツノ原因トナッタニ相違ナイト考ヘラレマス、又一ツニハ諸工場ノ勃興シタト云フコトハ、一ツノ大ナル原因デアル、卽チ工場ガ戰前ヨリハ此戰爭中ハ殆ド二倍ニモ增加致シ、職工ノ如キモ亦殆ド二倍ニ近イ增加ヲ致シテ、此百万ニ近イ職工ガ非常ニ米ヲ費消スル、是ハドウ云フ譯デアルカト申シマスレバ、卽チ工場ガ增加スレバ動力ヲ要スル、其動力ハ容積ノ多大ニシテ「エネルギー」ノ少ナイ石炭ヨリハ、容積ガ少ナクシテ「エネルギー」ノ多イ石炭ヲ要求スルト同ジク、其職工トナル者ハ、從來雜業ニ從事シ、若クハ農業ニ從事シタ者ガ職工ニナルト云フト、非常ニ美食ヲ致シ良イ米ヲ食フト云フコトハ、確ニ米ノ食量增加ヲ致シタト云フコトノ、大ナル原因ニナルノデアラウト考ヘルノデアリマス、デ是等ノ職工、或ハ又鑛山ノ坑夫、或ハ石炭坑ノ坑夫、其他車力輓、或ハ馬力輓ノ如キ勞働者ガ、一日五圓六圓ノ收入ヲ得ル、卽チ工場ノ職工ノ如キモ、一等職工ハ五圓六圓ノ給料ヲ得ルノデアリマス、其一箇年ノ收入ハ、確ニ低級ナル高等官、或ハ議員ノ歲費以上ノ收入ヲ彼等ガ得ルノデアリマス、而シテ是等ハ食事ニ付テ非常ニ贅澤ヲ致シ、美イ食事ヲ致スト云フコトハ、確ニ其點ガ從來ヨリ增加シテ居ルト云フコトハ、爭ハレナイ事實デアリマス、戰前ニ於テハ勞働者ノ心掛ノ良イ者ハ、銀貨ヲ質ニ置イタト云フ例ガアリマス、ソレハドウ云フ譯デアルカト云フト、一家數口ノ食フ食事ガ足リナイ、ソコデ居候三杯目ニハソット出シト云フコトガアルガ、居候デハナイ家族ノ食事ヲ充タス爲メニ、己ノ食フ食事ヲ控ヘテ、己レハ銀貨ヲ握ッテ一膳飯屋ニ行ッテ酒ヲ一杯引掛ケテ、其金ヲ以テ支拂ヲスレバ、其金ハ直チニ費消スルガ故ニ、之ヲ質ニ置イテ、一日勞働シテ其得タル金ヲ以テ受出シテ歸ッタト云フコトハ、往々聞ク所デアッタノデアリマス、卽チ銀貨ヲ崩セバ早ク費消スルト云フコトヲ虞レテ、斯樣ニ節約勤儉ヲ致シタモノデアル、斯樣ナ時代ニハ、四椀ハ三椀、五椀ハ四椀ニ減ズト云フ考デアッタニ相違ナイ、然ルニ今ガ此世間ノ景氣ニ連レテ大ナル收入ノアル時代ニ於テハ、四椀ノモノガ五椀喰ベル、或ハ三椀ノモノガ四椀喰ベルト云フコトヲヤル爲メニ相違ナイ、此一椀ノ箸ノ上ゲ下シト云フモノガ非常ニ應エルノデアリマス、卽チ三椀ガ四椀、或ハ五椀ノモノガ四椀ト云フ一椀ノ增減ハ、二割、二割五分ノ增減ヲ來スガ故ニ、此幾百万幾千万ノ者ノ一割二割三割ト云フ食事ノ箸ノ上ゲ下シハ、非常ナル費消ニ相違ヲ來スト云フコトハ、爭ハレヌ事實デアルト思フノデアリマス、サウシテ第一ハ米飯卽チ食糧、或ハ酒造用、或ハ麹、或ハ味噌用、或ハ菓子用、飴用、團子用ニ使フ、或ハ糊ニ使フ、家畜家禽ノ食糧ニ使フ、斯樣ナモノガ非常ニ

費消セラレル、随テ景氣ノ好キ時ノ費消ハ非常ナルモノデアルト云フコトモ事實デアリマス、サウシテ世間ノ景氣ノ好イ）時ハ鮨屋ガ繁昌ヲ致シ、不景氣ノ時ハ饂飩屋ガ繁昌ヲ致ス、世間ノ景氣不景氣ハ、鮨屋ト饂飩屋ノ繁昌ニ依ッテ分ルト云フ、此「バロメートル」ニナルト云フ事實モ全ク是ハ間食ノ結果デアル、卽チ斯様ナル事ニ依ッテ、費消ノ量ガ非常ニ增シテ居ルガ故ニ、決シテ國民ノ從來收穫シタル所ノ卽チ一人一石ト云フ率デハ迚モ治マラナイ、故ニ五百万石六百万石ト云フ大ナル缺陷ヲ生ズルト云フコトニナッテ居ルノデアリマス、而シテ今年ノ如キモ、確ニ昨年ノ不足額位ノモノハ不足スルモノト見ナケレバ相成ラヌノデアリマスガ、今之ヲ補充スル方法ト致シマシテハ、朝鮮臺灣ノ如キ植民地ヨリ約三百万石、ソレカラ海外ヨリ百四五十万石、又端境期ニ持越シタルモノガ百万石、是デ約六百万石ニ近イモノガアッテ、サウシテ此不足ヲ當面ノ不足ハ補充ガ出來ルト云フコトニナッテハ居リマスガ、併シ果シテ是ガ豫定ノ通リニ行ケルノデアルカドウデアルカ、最近ハ成程定期米ノ如キハ非常ニ下ゲテ居リマス、併ナガラ正米ハ餘リ下ゲテ居ナイノデアリマス、サウシテ此植民地ノ狀況ヲ見ルト、臺灣ノ如キ、或ハ朝鮮ノ如キニ致シマシテモ、內地ニ移入スルト云フコトニハ、隨分反對ノ聲ガ高イノデアリマス、彼等ノ米ヲ減ジ、サウシテ價格ガ騰貴スルト云フ聲ガアルノデアリマス、又支那ノ如キハ、卽チ防穀今ニ依ッテ米ヲ持出スト云フ事ニハ反對ヲ致シ、海外ニ於テ、緬貢ノ如キ、柴棍ノ如キ、或ハ東京ノ如キ、暹羅ノ如キヲ通ジテ、約三千万石ノ輸出力アリト稱シテ居リマスガ、其二分ノ一ノ輸出力ヲ持ッテ居ル所ノ緬貢ハ、印度ノ饑饉ニ依ッテ全ク輸出禁止ヲ致サレテ居リマス、又安南暹羅ノ如キ船腹其他ノ關係ニ依ッテ、餘リ捗々シイ輸出ヲ見ルコトガ出來ナイ、唯、殘ル所ハ其四分ノ一ノ輸出力ヲ持ッテ居ル柴棍方面デアリマスガ、是ハ此各所ノ注文ガ殺到致シタ爲メニ、隨分價格モ騰リ、サウシテ又此日本ニ對シテ輸出スルト云フコトハ、最近ニハ幾ラカ緩和セラレタト云フ情報モ傳ハッテ居リマスケレドモ、先月ノ如キハ香港政廳ノ發表スル所ニ依レバ、傳染病ノ流行地ト認メタト云フコトガアリマスルガ、若シ之ガ輕微ナ事デ相濟メバ宜シイケレドモ、非常ニ猛烈ナ流行地ト云フコトニナルト、此物ヲ日本ヘ輸入スルト云フコトハ、或ハ困難ヲ來シハシナイカ、斯ノ如ク考ヘテ見マスルト、現在ノ唯、此輸入稅ヲ撤廢スルトカ、或ハ此ノ雜穀ノ輸入稅ヲ廢減スルトカ云フコトニ依ッタ、安全ニ十分ニ輸入シ得ルヤ否ヤト云フコトハ、甚ダ前途ガ氣遣ハレル次第デアリマス、又此開墾助成法ハ成程結好ナ事デハアリマスケレドモ、近事此一般農間ノ狀況ヲ以テ見マスルト、兎角都會ニ走ル、農業ヲ廢メテ商工業ニ走ルト云フコトハ一般ノ傾向デアリマス、是ハ何故ニ左様デアルカト申セバ、勞力ニ對スル收入ノ率ヲ他ノ職業ト比較シテ見ルト、或ハ此勞働ノ狀況ヲ他ノ職業ノ生活狀態ト比較シテ見ルト云フ上カラ、斯様ナ現象ガ續々現レ來ッテ居ル譯デアリマス、サウ致シテ見ルト云フト、果シテ此政府豫定ノ通リニ、此開墾助成杯ガ旨ク進行スルカドウカ、假リニ之ガ旨ク進行ヲ致スト致シマシテ、十五年ノ後ニドウナルノデアルカ、二十五万町步ノ開墾ヲスルト云フノデアリマスガ、此二十五万町步ノ開墾地ガ、十五年ノ後ニ於テ舊來ノ熟田ト同一ノ收穫ヲ見ルコトハ困難デアリマス、假リニ之ヲ一段二石ノ收穫ヲ得ルモノト致シテ、五百万石ニ過ギナイノデアリマス、然ルニ一方十五年ノ後ノ我國民ノ膨脹スル數ハ如何デアルカト申セバ、約一千二三百万人ノ增加ヲ致スコトハ確カデアルト考ヘマス、左様致シマスルト云フト、此物ノ費消額ガ今日ノ率ヲ以テ申シマスレバ、一千五六百万石ノ米ヲ確ニ十五年後ニハ要スルノデアリマス、ソレヘ持ッテ來テ開墾助成法ガ完成致シテ、五百万石ノ米ヲ得タト致シテモ、增加シタ人口ノ三分ノ一ノ食糧ヲ得ルコトガ漸クノ事デアリマス、若シモ吾々日本人ガ不老不死デアリ、サウシテ此十五箇年生殖機關ヲ休止スルコトガ出來タナラバ、カツ〳〵ニ此食糧ハ自給自足ヲスルカモ知レマセヌ、併ナガラ人生自然ノ新陳代謝ガ行ハレ、生殖作用ガ間斷ナク行ハレルト致シマスレバ、到底此十五年後ニ於テ、自給自足ハ思モ依ラヌ事デアルト考ヘルノデアリマス、更ニ五十年後ヲ考ヘマスルト云フト、吾々今日ノ人口ハ確ニ二倍以上ニ增加スル、卽チ一億二三千万人ト相成ル、此要スル米ハ今日ノ率ヲ以テスレバ、一億五六千万石ヲ要スルコトニナルノデアリマス、更ニ百年後ヲ考ヘマスト、今日ノ人口ノ確ニ四倍以上ニ相成ル、卽チ二億五六千万人以上ニ增加ヲ致ス、此要スル米ノ量ハ、殆ド三億万石ニ近イ米ヲ要スルノデアリマスルガ、如何ニ我國ガ自給自足ノ方法ヲ立テルト致シマシテモ、此限リナキ國民ノ膨脹力ニ伴フ自給自足ハ、思モ依ラヌ事デアルト考ヘルノデアリマス、然ラバ如何ニシテ之ニ對シテ食糧ノ安定ヲ得ルカト申セバ、先ヅ當面ノ急ヲ救フ安定法ト致シマシテ、何故ニ政府ハ此植民地タル臺灣、朝鮮ハ固ヨリ、支那方面ニ向ッテ、技術ト資力トヲ注イデ、此當面ノ急ヲ救フト云フコトヲ御講ジニナラナイノデアリマスルカ、朝鮮ノ如キハ水田約百二十万町步、而シテ其得ル所ハ一千二百万石ニ過ギナイノデアリマス、卽チ一反一石デアリマス、之ヲ大ナル經費ヲ掛ケテ、水利灌漑ヲ致スト云フ事ハ、暫ク差控ヘルト致シマシテモ、內地ノ熟練シタル技術家ヲ送リ、而シテ又此內地ノ如キ立派ナル肥料ヲ之ニ施スト云フコトヲ講究致シタナラバ、朝鮮ニ於テ五割六割ノ增收ヲ得ルコトハ何デモナイ事、卽チ五六百万石ノ增收ヲ得ルコトハ容易ナ事デアリマス、少シ之ニ力ヲ加ヘルナラバ、殆ド今日ノ二倍ノ米ヲ得ルコトハ、左程難事デハナイノデアリマス、又支那ノ如キモ、成程今日ハ防穀令ヲ布カザルヲ得ナイ、大ナル輸出ヲ致セバ、支那自體ノ食糧不足ヲ來スガ故ニ、是ハ固ヨリ當然ノ事デアリマス、併ナガラ我國ノ最モ世界ニ於テモ特絕致シテ居ル所ノ米作ノ技術、此技術家ヲ支那ニ送リ、或ハ日支共辦ニ依ッテ此肥料會社杯ヲ立テ、サウシテ日本內地ノ米價ヲ會ス程ノ事ヲヤッテハイケナイガ、國ガ要スル三百万石ナラ三百万石、五百万石ナラ五百万石、我國ト協調ヲ保ッテ、此支那方面ニ於テ技術ト肥料ト相當ニ施スト云フナラバ、相當ナモノヲ得ルコトガ出來マス、是ハ江蘇、浙江或ハ安徽ノ方面ニ於テ、此手段ヲ施スナラバ、恐クハ二十年三十年後ニ米ヲ得ルト云フコトハ、左程難事デハナイト考ヘルノデアリマス、此點ニ就キマシテハ非常ナル考慮ヲ要スルト云フコトハ、前年此米國、或ハ英國等ガ、亞米利加、印度等ノ棉政策ニ依ッテ日本ヲ苦メテ以來、我國ノ棉ノ供給ハ、朝鮮、支那方面ニ待タナケレバナラナイト云フコトハ識者ガ唱ヘテ居リナガラ、未ダ實現ヲ致サナイ今日ノ狀態デアリマス、然ルニ最近ニ至ッテ「マンチエスター」ヲ始メ英吉利ノ各地ノ商業會議所、或ハ米國ノ實業家、當局者等ガ、盛ンニ其技術ト其資本トヲ持ッテ支那方面ニ出掛ケテ、棉ノ調査ニ取掛ッタト云フコトハ、恐ルベキ出來事ナリト思フノデアリマス、若シ日本ガ一步ヅヽ遅レルナラバ、彼等ハ或ハ此米作ニ就テモ、先鞭ヲ著ケナイトモ限ラナイノデアリマス、故ニ我國ハ宜シク此食糧政策ノ安定ヲ圖ラントスルナラバ、或ル程度ノ技術ト資力トヲ注イデ、此植民地、支那方面ニ於テ相當ナル施設ヲスルコトガ必要デハナイカ、政府ハ此點ニ就テモ、何等カノ御考慮ガ有ルノカ無イノカト云フコトヲ伺ッテ見タイノデアリマス、又我國ノ食糧問題ハ、決シテ斯様ナ姑息ナ事ニ依ッテ最後ノ決定ハ著カナイノデアリマス、何故ナラバ五十年後ニ今日ノ人口ガ二倍シ、百年後ニ四倍以上ニ增加スルト云フコトニ於テハ、如何ニシテモ此人口問題ノ解決ヲ著ケナケレバ、食糧ヲ安定セシメルト云フコトハ到底出來ナイノデアリマス、然ルニ彼ノ歐米ノ政治家ハ、現ニ巴里ニ於ケル此講和會議ニ於テ、確ニ人種的差別待遇撤廢ヲ斥ケテ、彼等ハ之ヲ肯カナイト云フコトガ傳ッテ居ルノデアリマス、一面顧ミレバ、歐羅巴戰亂ノ眞最中、彼レ聯合國ハ猫ノ手モ杓子ノ手モ借リタイト云フ時ニ於テ、我ガ日本ノ努力ニ依ッテ、非常ナル聲援ヲ得タト云フコトガ現ニ有ル、其當時ニ於テ彼レ英吉利ハ、日本ノ莫大小輸入ノ禁止ヲ致シタノデアリマス、此時ニ於テ亞米利加ガ其裏面ニ於テ如何ナル活躍ヲ致シタカト云フコトハ、即チ慧眼ナル識者ハ夙ニ看破致シテ居ッタコトデアリマスルガ、其後亞米利加ガ此鐵ノ輸出禁止ヲ致シタ、決シテ彼ハ鐵不足デハナイ、鐵ハ有リ餘ッテ居ルニモ拘ラズ、鐵ノ輸出禁止ヲ致シテ、日本ヲ苦メタノデアリマスルガ、此時ニ於テ英吉利ガ、其裏面ニ於テ如何ナル活動ヲ致シタカト云フコトモ、慧眼ナル識者ハ夙ニ看破致シテ居ッタ事デアリマス、又最近ハ此英吉利ハ固ヨリ亞米利加抔ノ大資本家大銀行家ハ、一致協同、非常ニ恐ルベキ堅實ナル計畫ヲ以テ、露西亞殊ニ西伯利方面、支那方面ニ向ッテ、非常ニ彼等ハ大計畫ヲ以テ經濟上ノ侵略ヲ試ミント致シテ居ルノデアリマス、即チ彼等ハ我國ノ此張出スベキ殖民地方面ニ於テハ、總テ之ヲ禁止致シテ、而シテ彼等ハ此自分ノ經濟戰ヲ思フ儘ニ進メテ居ル、即チ軍國主義ノ此獨逸ノ遣方ヲ打破ッテ、即チ鐵血的帝國政策ヲ右ノ手ニ於テ破ッテ、左ノ手ヲ以テ經濟的帝國主義ノ旆ヲ進メツヽアルノデアリマス、即チ刀ヲ以テ人ヲ殺スノ術ヲ止メテ、金ヲ以テ人ノ咽喉首ヲ締メルト云フ政策ヲ執ッテ居ルノデアリマス、此所謂列國平和會議ニ於テ、國際聯盟ヲ唱ヘ、軍備制限ヲ唱ヘ、海洋ノ自由ヲ唱ヘマシテモ、此經濟的ノ自由自在ナル侵略主義ノ制限ヲスルト云フコトデナク、又人種的差別待遇ノ撤廢ヲスルト云フコトデナケレバ、決シテ眞ノ平和、眞ノ幸福ト云フモノヲ得ルコトガ出來ナイ、殊ニ我國ノ此食糧問題最後ノ解決ハ、到底著カナイト信ズルノデアリマス、諸君、我國ガ此二十七八年戰役ガ終リマシテ、朝鮮ノ國ニ初メテ日本國人ガ入ッテ、朝鮮ノ溝ニ鰻搔一挺ヲ下ゲテ參リマスルト、一日ニ二十貫三十貫ノ鰻ヲ得タノデアリマス、所ガ不思議ニ其朝鮮ノ鰻ハ、頭ガ非常ニ大キクシテ、胴體ガ細クシテ、些ットモ美味クナイ、食スルニ堪ヘナイ、所ガ二十年後ノ今日ニ於テハ、朝鮮ノ溝ニ鰻搔ヲ入レマシテモ、一日ニ纔ニ一貫二貫ノ鰻以上ハ獲レナイノデアリマス、不思議ニ今日ノ朝鮮ノ鰻ハ、頭ガ細クシテ胴體ガ太ク、内地ト變ラナイ非常ニ美味イ鰻デアル、何故カト云ヘバ、即チ數百年間「數罟不入洿池魚鼈不勝食也」デ食糧不足ノ爲メニ、頭ガ太クテ胴體ガ細クナッテ居ッタノデアリマス、若シ今日ノ如ク人種的差別撤廢ヲ斷行スルコトヲ斥ケテ、一面ニ經濟的ノ帝國主義ヲ進メテ、所謂我國ノ發展スベキ咽喉首ヲ締メルト云フコトヲ、彼レ歐米ノ政治家ガヤルト云フニ付テハ、我國民ハ朝鮮ノ鰻タランコトヲ憂フルノデアリマス、斯ノ如キ事ハ、此平和會議ニ於キマシテ撤廢致サナイト云フコトハ、我ガ六千万ノ熱誠ガ屆カナイノデアルカ、或ハ講和大使ノ努力ガ足リナイノデアルカ、彼レ歐米ノ政治家ガ、口ニハ自由平等ヲ唱ヘナガラ、其心ニハ人類共存ノ大意義ヲ理解シナイ爲メニ、斯樣ナ事ニナルノデアリマスルガ、此點ニ就キマシテハ、政府ハ如何ナル抱負ヲ持ッテ　如何ナル解決ヲ致シテ、前途永遠ニ亘ル此人口ノ問題、食料政策ノ十分安定ヲ圖ルト云フ御意見デアリマスルカ、此點ニ就キマシテ、政府ノ御意見ヲ伺ヒタイノデアリマス、固ヨリ一面此食糧ノ豐富ヲ計ルト同時ニ食料ノ轉換ヲ行ッテ、麥雜穀ヲ食フト云フ事モ宜シイガ、斯樣ナ事ハ所謂國民ノ自制ニ待ツノデアリマス、政治家、新聞記者、宗教家、教育家ノ如キ者ガ、青年團デアルトカ、在郷軍人團デアルトカ、會社デアルトカ、學校デアルトカ、各種ノ團體ニ實行ノ出來ルコトヲ指導シテ、國民ノ自制力ニ待タナケレバ、政府ガ唯、一面訓令ヲサレル位デ迚モ行ク事デナイ、併ナガラ政府モ相當ナル方法ニ依ッテ直接間接ニ指導奬勵セラルヽ──食糧品ノ轉換ヲ指導奬勵セラルヽト云フコトハ當然ノ事デアリマス、之ヲ約シテ申セバ、政府ハ植民地或ハ支那方面ニ向ケテ、所謂技術ト資力トヲ以テ、今少シ當面ノ食糧不足ヲ補フベキ方法ヲ講ズルト云フ、御意見ガ有ルノデアルカ無イノデアルカ、此食糧品轉換ヲ指導奬勵スルニ付キマシテ、何等カ御考案ヲ持タレテ居ルノデアルカドウデアルカ、又所謂人口ノ處分問題ト云フ事ニ就キマシテハ、歐羅巴ノ此平和會議ニ於キマシテ、政府ハ如何ナル抱負ヲ以テ、其所信ヲ貫クト云フ御意見デアリマスルカ、此三點ニ就テ明確ナル御意見ヲ伺ヒタイト思フノデアリマス

（拍手起ル）

○伊東知也君　議長

○副議長（濱田國松君）　伊東君何デスカ

○伊東知也君　唯今私ガ調ベマシタガ、定足數ヲ缺イテ居リマス

○副議長（濱田國松君）　議長ハ定足數ニ達シテ居ルト思ヒマス

〔「議事ヲ無イカラ宜イ」ト呼フ者アリ〕

○伊東知也君　休會ヲ願ヒマス

○副議長（濱田國松君）　質問第二、外交ニ關スル質問ハ、提出者ヨリ延期ノ申出ガアリマシタ、質問第三、吉野川改修工事ニ關スル質問、高嶋兵吉君

第十　朝鮮神社素盞男尊奉祀ニ關スル建議案
（高木益太郎君外一名提出）

朝鮮神社ニ素盞嗚尊奉祀ニ關スル建議
朝鮮神社ニ我カ素盞嗚尊ヲ奉祀スヘシ
右建議ス

〔高木益太郎君登壇〕

○高木益太郎君　茲ニ謹デ明治大帝ノ御產土神デアラセラレ、我國海外發展ノ積極的ノ神ト尊バレ、文武ノ神、航海ノ神、殖林ノ神ト尊崇ヲセラレ、忝ナクモ　天皇陛下ハ四方拜ノ時ニハ、御姉君ノ天照皇太神宮ニ續イテ御拜アラセラル、モノハ、卽チ素盞男尊デアリマス、此素盞男奉祀ニ關スル建議案ニ付キマシテハ、此案ヲ提出致シマスル前ニ、先年新聞紙上デ今回朝鮮ニ朝鮮神社ヲ御設ニナルコトガ現レマシタカラシテ、或ハ宮內省ノ計畫デハナイカ、斯ウ云フ考ヲ持チマシテ宮內大臣波多野敬直君ニ書面ヲ以チマシテ、朝鮮ニ朝鮮神社ヲ御設ニナル以上ハ、是非トモ建速素盞男尊ヲ第一ニ御祀ヲシナケレバナラヌ筈デアルト、斯ウ云フ願書ヲバ出シマシタ、所ガ宮內大臣、ハ貴樣ノ請願ノ趣意ハ尤至極デアル、併ナガラ此朝鮮神社ノ設置ハ政府ノスル仕事デアル、宮內省ハ與リ知ラヌノデアルカラ、朝鮮總督府ノ方ヘ申出デ然ルベキモノデアルト、斯ウ云フ返事ガ參リマシタ、其後暫ク致シマスト、先頃ノ議會ニ朝鮮神社設置ノ豫算案ト云フモノガ、諸君ノ御手許ニ配付セラレタノデアリマス、ソコデ神社ヲ御設ニナル以上ハ吾々ハ此同化政策ノ上ニ付テハ、最モ精神的ニ、最モ歷史的ニ、是非トモ素盞嗚尊ヲ奉祀スベキモノデアルト確信シテ居ルノデアリマシテ、朝鮮總督府ノ意嚮如何ト云フコトヲ質問致シマシタ、然ルニ朝鮮總督府ニ於キマシテハ、山縣伊三郎君ガ、未ダ此神社ノ御神體ニ付テハ、何等朝廷カラ仰出サレタコトハ無イノデアル、斯ウ云フ御答デアリマスルカラ乃チ爰ニ朝鮮神社ニ素盞男尊奉祀ニ關スル建議案ヲ提出致シマシテ、諸君カラ眞ニ精神的滿場一致ノ御贊成ヲ仰ギタイノデアリマス、（拍手起ル）大體此山縣サンニハ、私ノ意思ガ未ダ徹底シナイノデアリマスカラシテ、此建議案提出ノ理由ヲ謹ンデ此處デ述ベマス、日韓合邦以來、內地民族ト朝鮮民族トハ彼我ノ區別ヲ徹底シマシテ、同胞ノ交際漸ク親密ヲ加ヘマシテ、畏クモ我ガ皇室ニ於カセラレマシテハ、梨本宮方子女王殿下ト、王世子李垠殿下トノ婚約ヲ御聽許ニ相成リマシテ、將ニ御慶事ヲ擧ゲサセラレントスルニ方リマシテ、洵ニ不幸ニモ李太王殿下ニハ薨去遊バサレ、朝鮮八道ノ人民ハ更ナリ、我ガ七千万ノ同胞擧ゲテ哀誠ノ意ヲ表シ、帝國議會ニ於テモ、李太王殿下ノ御國葬費ヲ協賛シ奉リ、上下倶ニ渾然一家ノ輯睦ヲ示シテ居ルニモ拘ラズ、奈何セン中古以還ノ迷霧未ダ全ク鮮民ノ或ル一部ノ心頭ヲ去ラザルモノガアリマシテ、往々ニシテ思想ノ隔絶ヲ來シ、天道敎主孫秉熙ナル者ノ騷擾事件等ノ爆發ガアリマシタ、爲ニ國家進展上ノ一大障礙ヲ招クノ虞アルヲ免レストニ云フコトハ、甚ダ遺憾千萬ノ事デアリマス、是ハ畢竟皆ナ內地民族ト朝鮮民族トガ先天的血族ノ正傍ニシテ、遠ク其根本ニ遡レバ、齊シク同祖同宗ヨリ生ジ來レル、一河ノ分流タルヲ知ラザルノ過ニ生ズルモノデアルト確信致シマス、政府ハ宜シク鮮民ニ向ッテ、大和民族タル根本的思想ノ諒解ヲ與ヘ、眞個ニ一心同體ノ融合ヲ圖リ、左提右携、以テ報本反始ノ實績ヲ擧グルニ努メナケレバナラヌ次第デアルト信ジマス（拍手起ル）

〔此時私語スル者多シ〕

○議長（大岡育造君）　靜肅ニ願ヒマス

○高木益太郎君　惟フニ日韓合倂ハ、大和民族有史以來ノ宿契ニシテ、之ヲ國史ニ稽ヘ、之ヲ事實ニ徵シテ、內鮮一家ノ證左ハ歷々トシテ爭フベカラザル事デアリマス、而モ地理ガ多少隔絶シテ居ルガ爲メニ――或ル地理學者ハ昔シ連續シテ居ッタト云フ說モアリマスガ、兎ニ角現在ニ於テハ、地理ガ多少隔絶シテ居ルガ爲メニ、久シク兩者邂逅ノ期ヲ妨ゲマシタガ、時運際會シテ、今ヤ全ク同胞握手ノ大理想ヲ實現シマシタ以上ハ、內ハ相鬩グノ嫌ヲ避ケ、外ハ侮ヲ禦グノ實ヲ擧ゲテ、相應思想ノ統一ヲ圖リ、眞ニ帝國民タルノ心性ヲ鎔冶シ、朝鮮一千六百万ノ民衆ニ對シテ、日本旨義、特ニ日鮮同根的概念ヲ與ヘ、以テ將來不拔ノ基礎ヲ樹テルノハ、誠ニ到下吃緊ノ事デアルト信ジマス、之ガ爲ニ付キマシテハ、明治大帝ノ御詔勅中ニ、皇祖皇宗ノ遺訓ニ遵ヒト云フコトヲ仰セラレテ居リマスガ、唯、表面此勅語ヲ奉讀ヲシ、若クハ忠孝――忠孝ト言ッタダケデハ十分ニ徹底セヌノデアリマス、之ニハドウシテモ開國以來ノ歷史ヲ頭ニ刻ミ込ムト云フコトガ、最モ必要デアラウト考ヘマス、吾々ガ小學校ニ在リマシタ時ニ、或ハ仁德天皇ノ、民ハ國ノ本デアル、民ノ竈ハ賑ヒニケリト云フ御言葉、若クハ醍醐天皇ノ寒夜ニ御衣ヲ脫シ給ヒテ、民ノ疾苦ニ叡慮ヲ惱セラレタト云フ御話、或ハ又楠氏歷代ノ忠節、兒島高德ノ忝闕ノ有樣ヲ顧ミマスルト、其日本外史ヲ讀ンデ居ル間ニ、淚ガボロ〳〵零レタ、是ハ啻ニ私バカリデハナイ、諸君モ尚ホ一層感激セラレタ事デアラウト考ヘマス、ソレ故唯ニ忠孝ヲ盡セトカ、勅語ヲ奉讀ルストカ云フコトハ、固ヨリ難有イモノニハ相違アリマセヌガ、明治大帝ノ御言葉ニ、皇祖皇宗ノ遺訓ヲ紹述スルト仰セラレタノハ何デアルカト云ヘバ、開國以來ノ歷史ト云フモノヲ日本民族ノ頭ニ入レル、サウシテドノ位皇祖皇宗ガ御盡シニナッタ、卽チ萬世一系連綿タル御皇威ガ益、增シテ、我日本帝國ノ赫々タル光輝ヲ放ツト云フ事ニ、ドノ位御苦心遊ハサレタカト云フコトハ、數千年ノ歷史ニ就テ明確ノ事デ、如何ニ我國民ガ數千年來御恩ヲ蒙ル皇室ニ對シ奉リ、忠義ヲ盡サナケレバナラヌカト云フコトガ、自然ニ頭ヲ刻込ムコトハ論ヲ俟タヌ事柄デアルト信ジマス、是ハ內地人タルト朝鮮人タルトニ依テ異ル所ハ無イト信ジマス、ソレデアリマスカラ之ヲ爲スニハ、先ヅ朝鮮人ノ同化政策トシテハ、鮮民崇敬ノ標的ヲ定メテ、之ニ依テ人心ノ嚮フ所ヲ歸一セシムルニ若クハ無イト考ヘマス、而シテ朝鮮開國ノ起源ニ際シマシテ、肇メテ彼國ニ君臨シ、檀君ト崇稱セラレ給ヒマシタノハ誰方樣デアルカト云ヘバ、卽チ我ガ建速素盞男尊ニシテ、素盞男命ハ五十猛其他七王子ヲ伴ヒ、朝鮮ニ御渡航遊バサレテ、今ノ江原道春川府ノ道臨ニ在ル曾尸茂梨ノ地ヲ根據トシ、又平安道ニ在ル妙香山ノ跡ニ今日モ御寺ガ遺ッテ居リマスガ、其處ニ御住ア遊バサレテ、朝鮮開發ノ爲メニ日夜其御經營ヲ怠リ給ハズ、櫛風沐雨多年御盡瘁ノ間ニ於テ、瘴煙癘霧ノ爲メニ民生ノ疫癘ニ惱マサル、ヲ憫マセ給ヒ、御自身疫癘除ノ守護神ト云フコトヲ誓ハセ給ウタ、之ニ依テ其後桓武帝ノ二十八年ニ出來タ京都ノ八阪神社ト云フノハ何樣デアルカト云ヘバ、京都ニ非常ナ「サンコロリ」ガ流行シタ時ニ、祇園神社トテ御祀リ申シテ、播磨國廣峯神社カラ御移シ申シタ、是ハ明治大帝ノ產土神デアル、先般　今上帝御大禮ノ時ニ官幣大社ニ御昇格ニナッタコトハ、諸君ノ能ク御承知ノ事デアル、播磨國廣峯神社ト云フノハドウ云フ神デアルカト云フト、唐ニ行ッタ大使吉備眞備ガ、素盞男命ノ勳功ノ偉大ナルコトヲ感ジテ、姬路カラ上陸シテ播磨ノ廣峯山ノ麓デ夢ヲ見テ、素盞男尊ヲ御祀リ申上ゲタノデ卽チ廣峯神社デアル、斯ノ如ク朝鮮ノ人民ノ爲メニ、朝鮮開發ノ根據ヲ遺ラセ給フタノハ檀君卽チ素盞男尊デ、其居ラレタ所ノ曾尸茂梨ノ地、若クハ妙高山ヲ一度拜シタル者ハ疑ナイ次第デアリマス、慶尙道、江原道ノ人民ハ最モ多ク參詣ヲスルト云フコトハ、天下公知ノ事實デアリマス、夫故ニ内地ト朝鮮トノ聯合ノ行動ハ此ニ端緒ヲ開イタモノト斷定スルコトガ出來ルノデアリマス、卽チ朝鮮人ニシテ開國ノ檀君卽チ我素盞男尊ト云フコトヲ知レバ、同祖同宗ノ信念ヲ開拓シテ、其障壁ヲ撤廢スルコトガ出來マス、斯ウシテ國民性ノ淵源ニ遡ッテ祖先崇拜ノ思想ヲ涵養スルコトハ、今日最モ必要ナル時期デアルト存ジマス、斯ル趣意デ御手許ニ配付シテゴザイマス通リ、熱田神宮宮司角田忠行氏ノ調査ニ係ル「韓國開闢」ニ關スル古事記、及神代記ヲ根據ニシタル說、竝ニ文學博士原秀四郎氏ノ調査ニ係ル日本書記ニ基ク說、及文科大學敎授星野恒氏ノ說、文學博士井上頼圀氏ノ素盞男尊ト朝鮮ト關スル說、森潤三郎氏ノ調査ニ係ル朝鮮年表、竝ニ朝鮮史廣文庫ノ一節、日本書記、謠曲拾葉抄花筐、藻鹽草、閑田耕筆、古事記傳、ソレカラ出雲大社宮司千家尊統氏ノ大國主祖神傳說、次ニ熊野大社由緒書、是ハ熊野權現ハ朝鮮ノ熊川ノ熊ヲ取ッテ、熊野權現ト尊稱シ奉ッタノデアリマシテ、卽チ朝鮮忠清道公州ニアルノデアリマス、ソレカラ朝鮮ノ木ヲ持ッテ來テ紀伊國ニ植エテ、木ノ國卽チ紀伊國トナッタ、故ニ檀君ト申上ゲル木ヲ取ッテ檀ト云フノデス、是ハ八王子ノ一柱デ、五十猛尊ト云フ伊達家ノ御先祖デアリマスガ、紀伊國名草郡卽チ高日川ノ上流ニ於テ、先達官幣大社ニ昇格遊バサレタル伊太祁曾神社ト申上ゲルノデアリマスガ、是ガ神樣ガ父ノ素盞男尊ノ仰セニ依テ、紀州ヘ朝鮮カラ御歸リ遊バシテ名草郡ニ御著ニナッテ伊太祁曾神社ガ出來タ、此外紀州ニ有名ナル熊野大社、熊野權現ト御祀リ申シタ神社モアル、熊野權現ハ何カラ出タカト云フコトハ、歷史ニ於テ明白ナ事デアル、ソレカラ八王子ノ中デ最モ勳功ノ著シイノハ多岐都姬命、市杵島姬命、多紀理姬命、是ハ安藝國嚴島神社、肥前國田島神社筑前國宗像神社デアル、傳敎弘法兩大師以來、兩部神道デハ竹生島ノ辨天、江之島ノ辨天、安藝ノ宮島ノ辨天ト尊稱シ奉ル本尊ト同一デアル、水ニ關係アリ海ニ關係アル所デ、大抵御祀リスル辨天ハ何樣デアルカト云ヘバ、素盞男尊ノ八王子ノ內、三柱ノ女神デアラセラレル、此女神卽チ開運辨天ノ御旨ハ、海原ニ向ッテ大ニ發展セシムルト云フノデアッテ、之ヲ尊崇シテ、如何ナル處ト雖モ日本國中津ニ浦津ニ至ルマデ御祀シテアル、又宇佐八幡ノ第二殿ハ邊津宮、中津宮、海津宮ト云フ卽チ辨天デアリマスガ、內地ト朝鮮トノ平和ヲ守護スルト云フ御尊ニナッテ居ル、成程御內殿ノ中ニハ應神天皇仲哀天皇ヲ御祀リ申シテアリマスガ、是ハ神功皇后ガ三韓征伐ヲ爲スッテ後ニ、彼ノ地ニ鎭守府將軍ヲ置イテ御歸リニナッテ、其御歸リノ途十二月十四日ニ御安產遊バサレタノガ應神天皇デアル、ソレカラ宇佐八幡ニ御祀シ申シタノデアルガ、ソレハ後ノ事デ、其前ニ祀ッテアルノハ素盞男ノ八王子ノ中ノ三柱ノ御神ヲ祀ッテアルト云フコトハ、歷史ニモ明白ナ事實デアル、斯ル國史ノ上ニ於テ明確デアリ、又唯今項目ダケヲ申上ゲマシタ出雲大社、其他ノ調査書類ニ依テモ明白ナル次第デアリマスノニ、肝腎ナル朝鮮總督府ト云フモノハ、朝鮮ハ何人ノ御蔭ニ依テ今日開發ガ出來タカ、サウ云フコトヲ閑却シテ居ルト云フコトハ如何ニモ情ケナイ次第デアルト存ズルノデアリマス、ソコデ此第四十議會ノ初ニ朝鮮神宮ノ豫算ガ出マシタ時ニ、吉植君ガ主査デアリマシテ、サウシテ政府委員山縣伊三郎君、鈴木穆君トニ御尋シタ所ガ、何等確カリシタ御答ガナイ、成程斯ウ云フ人物ガ朝鮮ニアッテ其本ヲ忘レテ末ニ趨ッテハ、立派ノ政治ガ出來ルモノデナイ、矢張政治家ノヤル仕事ハ形バカリデハイケナイ、眞ニ歷史ヲ尊重シテ、國民性ニ入ッテ、十分ニ彼ト我トノ諒解ガアッテ、初メテ朝鮮ノ同化政策ガ成功スル次第デアルノニ、自分ガ朝鮮ノ統治ニ關係シテ居リ、樞要ナル地位ニ在ッテ、朝鮮ノ歷史ヲ輕ンジテ居ルト云フヤウナ事デハ、甚ダ私ハ歎ハシイ事デアルト存ジマス此第四分科ノ豫算委員會ニ於テ、大ニ山縣サン鈴木サント論議ヲシタノデアル、我々ハ小學校ニ居ル時カラ、素盞男尊ガ朝鮮ヘ御出遊バシテ御苦勞ナスッタト云フコトハ、我々ノ頭ニ深ク刻込マレテ居ル、又何人モ知ラヌ人ハ無イノデアル、然ルニ朝鮮統治ノ局ニ當ル當局者ガサウ云フ事デハ、朝鮮ノ前途ハ甚々憂慮ニ堪ヘヌ、ソレデアルカラ吉植君モ是ハ神樣ニ關スル問題デナクシテ、他ノ同化政策ノ問題デ段々ト論議ヲ盡サレタ時ニ、政府委員ノ說明ガ要領ヲ得ナイノデ、其出席停止ヲシヤウト云フマデニ、警告的要求ガアッタト云フコトハ、諸君モ速記錄ニ依テ御分リニナッテ居ルコトト思ヒマス、私ハ山縣サン御前サンハ何處ニ居ッタカ、昔ハ愛知縣ニ書記官ヲサレタデハナイカ、御父サンノ御蔭デナッタカモ知ラヌガ……愛知縣ノ熱田ノ神宮ハ何樣ヲ本體ニシテ居ルカ、倭姬カラ受ケタ草薙劍ヲ奉ジテ、サウシテ東夷征伐ノ爲メニ日本武尊ハ何デアルカ、此八岐大蛇カラ取ッタ所ノ草薙ノ劍ヲ以テ御本體トシテ居ル、愛知縣ニ書記官トシテ居ッテ知ラヌ譯ガナイ、君ガ東京府ノ書記官デアッタガ、東京府ノ一ノ宮氷川神社ハ簸ノ川上ノ稱號ニ基イタモノデ、卽チ日本武尊ガ東夷征伐ヲシテサウシテ、大宮ヘ行ッテ彼處ヘ素盞男尊ノ御遺德ヲ尊崇スル爲メニ氷川神社ガ建ッタ、關東デ武藏ト云フ名前ハソレカラ起ッタノデアル、其名前ハ何カト云ウト、素盞男尊ノ御勳ヲ日本武尊ガ尊ンデ居ラレル、又神功皇后ガ三韓征伐ヲシテ凱陣ノ時ニ、須磨明石ノ邊カラ御上陸ニナッテ、其第一ニ崇ンダノハ何樣カト云ウト素盞男命デ、相生ノ松ガアルノデ有名ノ縣社高砂神社デアル此神社ハ神功皇后ガ立ッタノデハナイカ、斯ノ如ク國史上明白ナ神樣ニ向ッテ、是カラ研究ヲシヤウト云フノハ何事デアルカ、斯ウ云フ工合デ餘程論爭ヲ致シタ所ガ、委員中サウ云フ心懸デアルト、必ズ天罰立所ニ到ル(笑聲起ル)ト云フコトガ委員會ノ筆記ニ載ッテ居リマス、果シテ如何デアリマセウ、マダ其問答ヲシテカラ數箇月經タヌノデアリマスガ、如何ナル方面ニ如何ナル事ガ起ッタカ、識者ノ判斷ニ任セマス、畢竟同化ト云フ精神問題ヲ閑却シテ居ルカラデアル、其根本ニ誠意ガ無イカラ斯ウ云フヤウナコトニナル、私ハ牧山耕藏君ヤ其他ノ諸君カラシテ、第三分科ノ豫算委員會ニ於テ、頗ル適切ナル朝鮮同化政策ニ就テノ御問ガアリマシタケレドモ、彼等ハ赤心カラヤラウト云フ考ヲ持ッテ居ラヌカラ、何時モ上ノ空デアル、私ハ實ニ國家ノタメ慨嘆ニ堪ヘヌノデアリマス、ドウカ本案ハ洵ニ一點疑ノ無イ日本國史ニ基クモノデアル、尤モ山縣サンガ言フノニ、日本書記ノ中ニ素盞男尊ガ永ク朝鮮ニ御出ガナカッタト云フコトガ書イテアル、デアルカラ君ガサウ言ッテモイカヌト云フコトヲ言ハレタ、私ハ言ウタ、日本書紀ヤ古事記ハ何時拵ヘタノデアルカ、古事記ニシロ、日本書紀ニシロ奈良朝時代ニ拵ヘタノデハナイカ、稗田安麿等ニ向ッテ編纂ヲサセタノデ、奈良朝時代ハモウ佛敎ガ百濟カラ來テ、蘇我氏ヤ物部氏ガ互ニ戰ッテ、或ハ牛ヲ喰フ者ハ穢多ニスルトカ云フ佛敎全盛時代デアル、今日吾々ガ帝國議會ノ此演壇デ論ヲシタコトデモ、或反對黨ノ新聞記者ハドウ云フコトヲ書クカト言ウト、右ト言ッタコトヲ左ニ書イテアル、今日デサヘサウデハナイカ、官報ノ速記錄ニ出ルコトデモ或ル新聞ニ依ルト、右ニ論ジタコトヲ左ニ省イテアル、況ヤ神代ノ幽遠ナ事デアル、ソレガ何千年經ッタ後ノ奈良朝ニナッテ、佛敎全盛時代ニ出來タ日本書紀ノ中ニドウ云フコトガ書イテアッタ所ガ、ソンナ事ヲ以テ赫赫タル尊ノ御事歷ヲ抹殺スルトハ畏入ッタ譯デアル、山縣君ニシテモサウデヤナイカ、朝鮮ニ居ッテ時々自分ノ住居デアル所ノ富士見町ノ本邸ヘ歸ッテ來ルデハナイカ、朝鮮人天ノ日第五世ノ孫タル神功皇后ニシテモ、御歸リニナッタニ相違ナイノデアルカラ、其御偉蹟ヲ永ク念フベキデアッテ、御歸リニナッタコトハ關係ナイ、素盞男尊ハ御承知ノ通リ御母伊弉册ノ尊ニ非常ナ御孝行デ在セラレタノデアリマス、又出雲ノ簸ノ川上ニ御歸リニナッタ、出雲ノ簸ノ川上ニハ稻田姫ト云フ奥様、大國主ト云フ御子供衆モ御在デニナッタノデアル、必ズ朝鮮デ御歿リニナラナケレバ、朝鮮神社ニ奉祀セヌト云フ、サウ云フ理窟ハナイデハナイカ、ト言ウタラ山縣君ハ何レ調ベテ見ルト云フカラ、乃木大將ガ命ジテ御作リニナッタ日本合併ノ裏面ト云フ本ニハ、支那ノ書物ノ上カラ朝鮮ハ決シテ併合デハナイ、日本ノ昔カラノ領土デアッタ、之ヲ唯復舊シタノデアル、斯ウ云フ本ヲ御讀ミナサイト言ッタ所ガ、山縣サンハ手帳ヲ出シ、初メテソンナ話ヲ聽イタヤウナ顔ヲシテ、吾ヽノ說ヲ聽イタノデアリマス、成程斯ウ云フヤウナ人許リ揃ッテ居ルト、朝鮮デ暴動ヲ起スノハ暴動ヲ起ス人間モ惡イケレドモ、又此上ニ居ル役人モ、大ニ私ハ心ヲ變ヘナケレバナラヌ、場合ニ依ルト其全部卽チ、ア、云フ人間ヲ追拂ハナケレバナラヌカト云フ感ジヲ持ツノデアル、所デ本建議ハ洵ニ精神的、根本的ニ出テ居ル案デアリマスカラ、何卒諸君ハ滿場一致ヲ以テ御可決アランコトヲ懇願スル次第デアリマス（拍手起ル）

○岩崎勳君　議長

○議長（大岡育造君）　岩崎勳君

○岩崎勳君　本案ハ議長指名ヲ以テ、九名ノ委員ニ付託セラレンコトヲ望ミマス

○議長（大岡育造君）　御異議ハアリマセヌカ

〔「異議ナシ異議ナシ」ト呼フ者アリ〕

第十八　北鮮、裏日本聯絡航路延長ニ關スル建議案（上埜安太郎君外九名提出）（委員長報告）

〔横井藤四郎君登壇〕

〔拍手起ル〕

○横井藤四郎君　本建議案ノ委員會ノ經過竝ニ結果ヲ極ク簡單ニ御報告申上ゲマス、委員會ヲ開キマスルコトガ三回デゴザイマス、提案者又政府委員トノ間ニ質問應答ヲ重ネマシテ、尙ホ其上ニ小委員會ヲ開キマシタノデゴザイマス、小委員會ニ於テ政府委員ノ説明ニ依リマスルト、伏木、七尾ノ兩港ハ、大ニ近年發展ヲシテ來テ居ルト云フコトハ認メルガ故ニ、此趣旨ニ付テハ大ニ同情ヲ致シ、贊成ノ意ヲ表スルケレドモ、併シ此建議案ノ趣旨ヲ實行スルニ方ッテハ、二ツノ困難ナル理由ガアルト云フノデゴザイマス、其一ハ此建議案ノ趣旨ヲ實行スルニ方ッテハ、現在一箇年ニ三十回ノ航海ヲシテ居ルモノガ、其數減ジテ二十回トナルノデゴザイマス、斯ノ如クナレバ現在ノ敦賀竝ニ其他ノ關係諸港ガ非常ニ不利ナ結果ヲ來ス、斯ウ云フノガ第一ノ理由デゴザイマス、ソレカラ第二ノ理由トシテ、其回數ヲ矢張三十回ニ維持スルトシタナラバ、更ニ三十餘万圓ノ補助金ヲ增加シナケレバ、其回數ヲ維持スルコトガ出來ナイト云フノデゴザイマス、若シ其通リニセント思ウテモ、朝鮮總督府現在ノ財政上堪ヘルコトガ出來ナイト云フコトガ、第二ノ理由デゴザイマス、然ルニ委員諸君ノ中ニハ、此航運ノコトニ頗ル精通シタ御方モアリマシテ、段々ト意見ノ交換モ出來マシタ、其委員側ノ意見ト致シマシテハ、現在ノ補助金二十九万餘圓ヲ以テスルモ、現今ノ如ク船腹ニ非常ノ餘裕ガ生ジテ來、且ツ船價ノ低落ヲ致シテ來テ居ル今日デアルカラ、今後ニ於テ千五百噸級ノ船舶ヲ二艘持ッテシタナラバ、回數モ減ズル憂ガナク、又決シテ補助金ノ增加ヲセズシテ、實行ノ出來ナイコトハナイト云フノガ、委員會側ノ意見デゴザイマス、斯ノ如キ意味ニ於キマシテ、委員會ハ必ズ實行スベシト云フ意味ニ於テ、本建議案ハ全會一致ヲ以テ可決致シタノデゴザイマス、尙ホ希望ト致シマシテ、關係地方ノ石川富山兩縣ノ方ニ於テモ、多少ノ補助金ヲ出スコトニシ、又朝鮮總督府ノ方ニ於テモ、或程度ノ補助金ヲ出スト云フコトニシテ、北鮮ト伏木、七尾兩港トノ間ニ、直通航路ヲ開始シテ貰ヒタイト云フ希望デゴザイマス、此希望ハ委員諸君ノ特ニ望マレタ點デゴザイマス、ドウカ滿場ノ諸君ニ於キマシテモ、全會一致ヲ以テ御可決アランコトヲ切ニ希望致シマス

○岩崎勲君　本案ハ委員長報告ノ通リ可決セラレンコトヲ望ミマス

○議長（大岡育造君）　御異議ハアリマセヌカ

〔「異議ナシ」ト呼フ者アリ〕

○議長（大岡育造君）　御異議無シト認メマス、仍テ本建議案ハ採用スルコトニ決定シマシタ、日程第十九、國立榮養研究所設立ニ關スル建議案ヲ議題ト致シマス、委員長吉植庄一郎君

大正八年三月十九日

大正八年三月十八日

内務大臣床次竹二郎

大正八年三月十八日

内閣總理大臣原　　敬

衆議院議長大岡育造殿

衆議院議員山道襄一君提出朝鮮統治ニ關スル質問ニ對シ別紙答辯書差進候

（別紙）

衆議院議員山道襄一君提出朝鮮統治ニ關スル質問ニ對スル答辯書

一、朝鮮人子弟ニ對シ義務教育制度ヲ設クルハ未タ其ノ時機ニ非ス

二、現今ニ於テハ民度及言語ニ差異アリ一般的ニ合同教育ヲ爲スコトヲ得ス但シ事情ノ許ス限リ希望ニヨリ便宜內地人ヲ教育スル學校ニモ鮮人ノ入學ヲ許シ又鮮人ヲ教育スル實業學校及專門學校ニモ既ニ內地人ヲ收容シ合同教育ヲナシツヽアリ

三、朝鮮ニ於ケル學校ニ就テハ併合ノ當初朝鮮統治ノ方針ニ合致セサル教育ヲ施スモノアリシハ事實ナリシモ明治四十四年私立學校規則ヲ發布シテ取締ノ方針ヲ確立スルト同時ニ視學官吏ヲ派遣シ實地ヲ視察セシメ之カ取締ヲ行ヒツヽアリ殊ニ教員ノ採用ニ就テハ充分ナル注意ヲ加ヘ內地人教員ノ採用ヲ奬メツヽアリテ近來其ノ教育ノ內容大ニ面目ヲ改ムルト同時ニ不健全ナル私立學校ハ漸次廢校スルニ至レルモノ多シ尚定州五三學校ハ何等不穩ノ狀況ナシ宣川ノ明信學校平壤ノ安興學校平壤ノ大同學校ハ今日存在セス

四、未タ何等ノ效果アリシヲ聞カス

五、國語ヲ普及スルハ最モ急務ナルヲ認メ政府ハ極力之ヲ努メツヽアリ然レトモ朝鮮現時ノ狀況ニ於テハ官吏特ニ朝鮮人ト直接接觸シテ之カ指導啓發ノ任ニ當ルヘキモノハ朝鮮語ニ精通スルニアラサレハ適切ナル行政ヲナスコト困難ナリ故ニ官吏ヲシテ朝鮮語ヲ修得セシムル方針ヲ變更スル意思ナシ

六、職業ノ如何ヲ問ハス善良ナル內地人ノ移住ハ最モ希望スル所ナリ

七、憲兵制度撤廢時機ハ現今ニ於テ之ヲ明言シ難シ

右及答辯候也

大正八年三月十九日

朝鮮事變ニ關スル質問主意書

右成規ニ據リ提出候也

大正八年三月八日

提出者　川崎　克

賛成者　尾崎　行雄

外二十九人

朝鮮事變ニ關スル質問主意書

一　曩ニ朝鮮學生不穩ノ行動アリ今又朝鮮ニ勃發シタル暴動ハ其ノ範圍全道ニ亙リ各地聯絡アル内亂的騷擾ヲ醸スニ至リ其ノ根底極メテ深ク波及スル所甚大ナリ是レ朝鮮統治ノ方針ヲ誤リタルニ基因スルモ政府ハ何故ニ斯ル重大事ヲ未然ニ防止スル能ハサリシヤ以テ公安維持ノ責任ヲ誤シタリト爲ス敢

一　今回ノ暴動ハ其ノ原因彩多アルモ之ヲ誘導シタルハ一面思想問題ニ對スル曲解ト他面宗教的運動ニ依リテ激成セラレ又某某國人等ノ煽動等與テ力アリタルカ如シ政府ハ其ノ因テ來レル所以ヲ明ニシ思想問題ノ鮮明、教育方針ノ徹底的改善其ノ他一切ノ疑惑ヲ解クヲ以テ焦眉ノ急務ナリト思惟セサルカ

一　武斷政治ノ弊害ハ擧テ數フヘカラスト雖今回ノ暴動ノ如キ豫メ之ヲ探知シ其ノ原因ヲ芟除スル能ハサリシハ憲兵行政ノ無能ヲ遺憾ナク曝露セルモノニシテ政府ハ地方公安ノ維持上是等機關ノ刷新ヲ企圖スルノ意思アリヤ否ヤ

一　鮮人文武官任用竝待遇ノ如キ從來名實相伴ハサルモノアリ政府ハ是等鮮人優遇ノ途ヲ開キ渠等ヲシテ名實相伴フノ制度ニ據ラシメ危懼ノ發ナカラシムルノ要アリト思惟ス政府ノ所見奈何

一　日鮮人和協一致ノ機關ヲ特設シ相互ノ理解ニ資スヘキ方法ニ關シ政府ハ何等カ方案ヲ有スルヤ否ヤ

右及質問候也

大正八年三月十九日

朝鮮統治ニ關スル質問主意書

右成規ニ據リ提出候也

大正八年三月八日

提出者 山道 襄一　賛成者 小山 松壽

外二十九人

朝鮮統治ニ關スル質問主意書

朝鮮統治ノ方針ハ產業及制度ノ改善ヲ主トスルカ又ハ新附國民ノ同化作用ニ重キヲ置クカ思フニ今回ノ鮮人騷擾事件ノ如キ唯形式ノ整備ニ努メ人民統治ノ根底ニ觸レサルノ結果ニヨラスムハ非ス政府ハ其ノ善後策ヲ奈何ニセムトスル乎然レトモ產業及制度ノ改善ハ國民幸福ノ增進乃至鮮人同化作用ノ完成ヲ期スル手段ニ外ナラストセハ

一、排日思想ノ養成所タルカ如キ耶蘇教徒ノ設立ニ係ル學校ニ鮮人青少年子女ヲ敎育セシムルコトナク善良ナル國民敎育ヲ施ス爲義務敎育制度ヲ採用スルノ意志ナキ乎若其ノ意志ナシトスレハ其ノ理由奈何

二、鮮人ヲ日本人ト分離シテ各別ノ學校ニ於テ敎育スルコトハ政治的ニモ社會的ニモ面白カラサル感情ヲ誘發スルモノナリ故ニ日鮮人ヲ親和セシムル爲從來ノ制度ヲ改メ合一敎育ヲ施スノ意志ナキ乎

三、朝鮮ニ於ケル耶蘇教徒ノ設立セル學校ハ朝鮮統治ノ方針ト相反スル敎育ヲ施スモノ多シ例令ハ宣川ノ明信學校、安州ノ安興學校、平壤ノ大同學校、定州ノ五三學校等ノ如キハ修身作文論譯歷史等ノ各學科ニ於テ總テ韓國獨立思想ノ鼓吹ニ努メ而モ運動會ニ於テハ父兄其ノ他ノ群衆ヲ集メテ「大韓國獨立萬歲」ノ綴字競技ヲナサシメ剩ヘ韓國獨立ノ歌ナルモノヲ作製シテ之ヲ高唱セシムル等危險思想ノ養成挑發至ラサルナキコト玆ニ十年之レ實ニ今回ノ騷擾ノ原因タリ前驅タリ政府ハ之ニ對シ取締ヲ爲セルコトアリヤ又之ニ關シ外交上執リタル經過及效果奈何

四、今回朝鮮人カ北米合衆國議會其ノ他ニ民族自決朝鮮獨立ノ請願ヲ爲シタリト聞ク其ノ結果奈何又之ニ對シ政府ノ執リタル手段及經過奈何

五、鮮人ニ日本語ヲ習得セシメ普及セシメサレハ同化作用上將又經濟上政治上障害多シ然ルニ日本人ニシテ官署ニ奉職セムトスルモノニ朝鮮語ノ試驗ヲ施スカ如キ制令ヲ設クルハ統治作用上ノ矛盾撞著アルヲ表現スルモノナリ政府ハ斯ル制令ヲ廢スルノミナラス官用語ハ總テ日本語ヲ以テ統一スルノ意志ナキ乎

六、日本人移民ノ多少ト其ノ地方排日思想ノ强弱トハ比例スルコト各地實情ノ證明スル所ナリ依テ東洋拓殖會社ノ移民其ノ他一般人移住ヲ獎勵シ單ニ移民ノ標準ヲ熟練ナル農工商人トセスシテ優勝ナル日本人ヲ移住セシメ鮮人ノ實業敎育國民敎育ニ資スルノミナラス能力思想感情言語ノ統一增進ヲ圖リ併合ノ目的ヲ完成スルニ努ムルノ意志ナキ乎

七、警察行政ニ代フルニ變則ナル憲兵制度ヲ採用セルハ一時已ムヲ能ハサル事態ニ依リシナラムモ果シテ如何ナル時期迄此ノ制度ヲ持續セムトスル乎之レ民心ニ影響スルノミナラス朝鮮財政ノ獨立ト關係スル所大ナルヲ以テ政府ノ所見ヲ求ム

右及質問候也

○川崎克君　議長

○議長（大岡育造君）　一寸御待チ下サイ、答辯書ハ皆ナ速記錄ニ載セマスカラ御覽ヲ願ヒマス、是ヨリ會議ヲ開キマス——川崎君何デスカ

○川崎克君　本員ノ朝鮮事變ニ關スル質問ノ答辯書ニ對シテ、意見ヲ申述ベタイト思ヒマスカラ、適當ナ機會ニ於テ其時機ヲ與ヘラレンコトヲ希望致シマス

○議長（大岡育造君）　了承致シマシタ、諮問ノ箇條ガアリマス、第三部選出豫算委員山田珠一君ヨリ常任委員辭任ノ申出ガアリマス、許可シテ御異議ハアリマセヌカ

〔「異議ナシ」ト呼フ者アリ〕

朝鮮事變ニ關スル質問(川崎克君提出)

○小林源藏君　鐵道統一ニ關スル建議案ノ委員會ヲ開キタイト思ヒマスカラ、御許ヲ願ヒマス

○副議長(濱田國松君)　許可致シマス

○大口喜六君　阿片法ノ委員會ヲ開キタイト思ヒマスカラ、御許可ヲ願ヒマス

○副議長(濱田國松君)　許可致シマス

○秋田寅之介君　決算ノ第三分科會ヲ開キタウゴザイマス、御許可ヲ願ヒマス

○副議長(濱田國松君)　許可致シマス

〔川崎克君登壇〕

〔拍手起ル〕

○川崎克君　本月八日、本員ハ朝鮮事變ニ關スル質問趣意書ヲ提出致シテ置キマシタ、之ニ對シテ一昨日答辯書ヲ得タノデアリマスルガ、其答辯書ハ、私ノ質問ノ要點ニ觸レテ居ナイノデ、之ニ對シテ更ニ質疑ヲ致シタイノデアリマス、大體今回ノ此事變ハ、我ガ帝國ノ爲メニ甚ダ悲ムベキ不祥ノ事デアリマシテ、此問題ヲ如何ニ處理スベキカト云フコトハ、政黨政派ノ問題デナク、日本國民トシテ、能ク研究ヲ遂ゲナケレバナラヌ問題デアルト斯樣ニ思フノデアリマス、一言ニシテ之ヲ言ヘバ、日本帝國ノ植民能力ニ關スル問題デアリマシテ、吾々ハ未ダ曾テ此植民政治ノ上ニ、斯ノ如キ經驗ヲ嘗メタルコトノナイ國民トシテ、之ヲ愼重ニ研究スベキ問題デアルト思フノデアリマス、此度ノ騷動ノ起リマシタル原因ハ、種々傳ヘラレテ居リマスルケレドモ、要スルニ朝鮮人ガ時代ノ潮流デアル所ノ、民族自決ノ聲ニ共鳴シテ、似テ非ナル所ノ民族自決ヲ唱ヘテ、而シテ斯ル輕擧妄動ニ出デタト云フコトニ對シテハ、寧ロ鮮人ノ其輕擧妄動ヲ戒メ、且ツ其暴動ニ對シテハ、吾々ハ將來ニ向ッテ、大ナル戒告ヲ加ヘナケレバナラヌ事デアルト信ズルノデアル、此場合ニ此由ッテ來ッタル所ノ原因ヲ明ニシ、又將來ニ對スル所ノ政府ノ處置ヲ政府自ラ言明ヲスルト云フコトハ、此場合ニ最モ機宜ヲ得タル處置デアルト思フノデアリマス、是ハ本員ノ說明前ニ當テ、政府自ラ此事態ヲ機會アラバ報告スベキ性質ノモノデアッタト思フノデアル、一體此騷動ノ起リマシタ三月朔日ノ午後二時、恰モ一齊ニ暴徒ガ蜂起致シタト云フコトハ特ニ注意スベキ事柄デアルト思フノデアリマス、其範圍ハ京畿、平安南北兩道ヲ中心トシテ、各道ニ亙レル所ノ都會地ニ、同一時期ニ同一ノ行動ガ現レタト云フコトハ、如何ニ彼等ガ最初カラ謀合セタ、注意深キ計畫ニ依テ成立ッタモノデアルカト云フコトヲ證明スルノデアル、一體一月ノ末ニ李太王殿下ノ薨去ノ事アリマスルヤ、種々ナル風說ヲ傳ヘテ之ヲ動機トシテ、天道教ノ如キハ鮮人ヲ迷ハスベキ色々ノ浮說ヲ傳ヘタコトガ其一因トシテ、他面ニハ浦鹽及滿洲方面ニ移住シテ居リマスル、常ニ日本人ニ對シテ快カラヌ感ジヲ持ッテ居ル所ノ鮮人等ガ同ジク之ニ共鳴シ、又在學シテ居リマスル日本ノ留學生中ニモ、民族自決ノ聲ニ共鳴シテ、誤レル斯ル考ヲ以テ、此計畫ガ企テラレタト云フコトハ、明カナ事實デアル、而シテ其間ノ關係ハ約四十四五日、五十日ニ亙ッテ居ルカト思ハレルノデアリマスガ、此間ニ於テ政府ハ何等之ヲ知ラナカッタ、總督府ハ之ヲ豫知シ得ナカッタ、此迂濶ト怠慢トハ、吾々ハ總督府ニ對シテ責メナケレバナラヌ點デアッテ、總督府ハ之ニ對スル明確ナル言明ヲ與ヘナケレバナラヌト思フノデアル、元來此騷動ガ起ッテ、諭告文ト云フモノヲ總督府ガ發シタノハ、本月ノ朔日ノ午後八時官報ヲ以テ之ヲ知ラシメタノデアリマスルケレドモ、其時ハ既ニ其午前一時カ二時ノ間ニ於テ、此騷動ガ行ハレテ居ルノデアリマス、然ルニ後ノ祭ニ等シイヤウナ諭告文ヲ與ヘテ居ル、是ハ其當時ノ新聞カラ見タナラバ、丁度本月ノ六日七日頃マデ新聞記事ノ禁載セラレテ居リマシタ爲メニ、或ハ騷動ナカリシモノト云フヤウナ狀態ニ在ッタノデアリマセウケレドモ、今日カラ考ヘルト、朔日ノ正午ニ起ッタ所ノ騷動ヲ、朔日ノ午後八時諭告文ヲ發シテ置イテ、之ニ對スル警戒ヲ加ヘテ居ルト云フガ如キハ、何タル迂濶デアルカ、是レ一ニ總督府ノ搜査機關ニシテ、十分其責ヲ負ハナケレバナラヌト思フノデアル、一體今日ノ總督府ガ憲兵ヲ使用致シマシテ、行政ノ衞ニ當ラセテ居リマスル結果、此搜査ノ十分ナラザルコトヲ致シテ居ルト云フコトモ、今回ノ騷動ヲ未然ニ防グコトノ出來ナカッタ大ナル原因デアルト思フ、一體憲兵制度ナルモノハ、寺内伯爵ノ總督時代ヨリノ遺物デアリマシテ、武官ニ偏重政策ヲ朝鮮ノ政治ニ用ヰテ、上ハ總督ヨリ下ハ一憲兵ニ至ルマデ、聯絡アル所ノ惟命惟從主義ニ依ッテ政治ヲ行ハントシ、地方官ハ一憲兵ニ對シテモ之ヲ左右スル所ノ權能ヲ有セシムル如キ政治ヲ施イタト云フコトガ、今日斯ル禍根ヲ生ジタル所ノ大原因デアルト云フノデアル(「ヒヤヒヤ」ト呼フ者アリ拍手起ル)而シテ憲兵ハ單ニ憲兵警察事務ニ當ルダケデナイノデアッテ、其範圍ハ廣汎デアル、行政事務ニ容喙スベキ權能ヲ有ッテ居リマス爲メニ、地方ノ道長官並ニ府尹等ト、常ニ其權限ノ上ニ於テ衝突ヲ生ズベキコトハ明カデアッテ、斯ル制度ヲ現在置イテ居ルト云フ國ハ、植民經營ヲ爲シテ居ル所ノ何レノ國ニ於テモ見ナイノデアル、武官ヲ以テ此植民地ヲ經營スル所ノ政策ヲ執ッテ居ル國ト云フモノハ、今日ハ殆ド其影ヲ見ナイ、東洋ニ於テ僅ニ膠州灣ノ一角ニ、獨逸ガ軍人ヲ以テ之ヲ施イタ制度ハアリマシタケレドモ、日獨戰爭ノ結果、獨逸ノ唯一ノ膠州灣ニ在ッタ武官制度ハ撤廢セラレ、今英吉利ノ如キハ、五十四箇國ノ植民地ヲ有シテ居リマスケレドモ、單ニ「ジブラルタル」海峽ノ一角ニ其武斷政治ヲ留メテ居ル、是ハ已ムヲ得ナイ、海軍ヲシテ其衞ニ當ラシメナケレバナラヌ必要上、留メテ居ルノデアリマスルケレドモ、各國ノ植民地殆ド此例ヲ倣フモノハ無イニ拘ラズ、日本獨リ――唯、獨リ此武斷政治ニ依ッテ居ル、朝鮮ノミナラズ、臺灣ノ如キ、關東州ノ如キ、武人ニ非ズンハ政治ヲ治ムル權能無シト云フガ如キ惡例ヲ作ッテ居ル、而シテ彼等ノ爲ス所ヲ見レバ、今日斯ノ如キ事態ヲ醸シテ居ルノデアッテ、武人ハ內地ニ於テ其權力ヲ利用スルノ時代ハ段々縛クナッテ、植民地ニ根ヲ張ッテ、僅ニ彼處ニ餘命ヲ保タントシテ居ルノデアリマスガ、此餘命ヲ保タントシテ居ル所ノ武人ノ一角ハ、此機會ニ於テ根柢ヨリ剪取リ、而シテ眞ニ意義アル所ノ文人政治ヲ植民地ニ成立タセナケレバナラヌト云フコトハ、是ハ立憲內閣ヲ以テ任スル所ノ、原內閣ノ重大ナル使命デハアルマイカト思フノデアル、此意味ニ於テ現內閣ハ、此際總督政治、武人ヲ廢シ、同時ニ憲兵制度ノ改革ヲ加ヘルト云フコトニ對シテ、如何ナル考ヲ持ッテ居ルカ、是ガ私ガ質問致シタイ第一點デアル、第二ニ今回ノ事件ノ根本問題トモ謂フベキ此同化政策ニ關スル問題デアリマス、朝鮮ヲ治ムル上ニ於テ、ドウシテモ同化政策ヲ執ラナケレバナラヌト云フコトハ、是ハ朝野殆ド一致シテ居ル點デアル、總督府ハ果シテ如何ナル同化政策ヲ朝鮮ニ用ヰタカ、過日モ委員會ニ於テ此點ニ就テ政府委員ノ說明ヲ求メタノデアリマスガ、吾々ノ調査致シタ範圍、想像致シタ範圍以上ニ出デナカッタ、唯、學校教育ノミニ依ッテ同化政策ヲヤッテ居ルト云フノ外何物ヲモ有シテ居ナイ、其ノ學校教育ニ依ッテ、果シテ同化政策ガ行ハレタルヤ否ヤ、考ヘタナラバ、此總督府ノ同化政策ノ手段ヲ裏切ルベキ所ノ事實ガ現レテ居ルノデアル、今回ノ暴動ノ中心トナッテ働イタル所ノ人々ハ、如何ナル人デアルカト云ッタナラバ、天道教ガ中心ニナッテ居リマスケレドモ、主トシテ働イタ人間ハ學生デアル、而モ普通學校ノ學生、宗教學校ノ生徒、是等ガ中心ニナッタノデアッテ、總督府ガ同化政策ヲ行ヒ得タリト稱スル學生ガ之ニ加ハッタト云フニ至ッテハ、明ニ同化政策ノ失敗ヲ證明スルニ、是以上ノモノハ無カラウト思フノデアリマス、斯ル事ニ依ッテ、同化政策ハ出來ルモノデハナイ、成程總督府ノ云フガ如ク、同化政策ト云フヤウナ地味ナ問題ハ、二年三年五年ノ日月ヲ以テシテハ、到底困難デアルト云フ所ノ言葉ハ、吾々モ強テ無理ノ無イ議論ト聽クノデアル、併ナガラ同化政策ヲ行フニハ、必ズシモ學校教育ニ依

ルト云フ事ハ不可能デアル、其他種々ナル機關ガ無ケレバナラヌ、其機關ニ就テハ何等手ヲ著ケテ居ラヌノデアル、此同化政策ト共ニ私ノ甚ダ奇怪ニ堪ヘナイ問題ハ、吾々ハ此朝鮮人ニ對シテ、日韓併合ト同時ニ、新シキ國民トシテ朝鮮人ヲ迎ヘテ居ルノデアル、古キ歴史ヲ忘レ、古キ關係ヲ忘レ、新附ノ民トシテ、日本ノ國民トシテ、文明國人ノ間ニ伍シテ、其待遇ヲ受ケルベキ資格アル者トシテ、吾々ハ迎ヘテ居ルノデアル、同化政策モ斯樣ナ意味ニ於テ打立テラレナケレバナラヌト思フノデアルガ、爲ゾ知ラン、普通學校ノ教科書ノ中ニ用井テアル物ノ中ニハ、祖先崇拜ヲ教ヘテ居ルノデアル、其教科用書ノ中ニ書カレタル文字ヲ見ルニ、祖先ヲ尊敬シ、祖先ノ名譽ヲ傷ケヌト云フヤウナ文字ガ書カレテ居ル、祖先ノ名ヲ傷ケザラント欲スレバ、如何ニシタナラバ宜イノデアルカ、朝鮮人以外ノ宗教關係者ハ是等ヲ採ッテ以テ、排日ヲ鼓吹スルノ材料トスルニ至ッテハ、危險此レヨリ甚シイモノハ無イト思フノデアリマス、吾々ハ此日韓併合ニ依ッテ、第一ニ大紀元ヲ畫カナケレバナラヌ事ハ、　明治天皇ヲ中心トシテ、　明治天皇ガ此日韓併合ノ爲メニ下サレタ詔勅竝ニ非常ニ良キ待遇ノ下ニ、舊韓國皇帝、及其皇族關係者一同ヲ遇セラレテ、今マデ朝鮮人ハ李朝ノ虐政ノ下ニ在ッタ者ガ、日本國民トシテ公平ナル司直ノ府ニ於テ裁判セラル、コトガ出來、又産業ノ上ニ於テハ非常ナ利益ヲ受ケ、鐵道ヲ架ケラレ、港灣ハ修築セラレ、斯ノ如ク物質的ニ精神的ニ種々ナル利益ヲ受ケタノデアリマスカラシテ、之ヲ一ツノ紀元トシテ新シイ民トナッタト云フ自覺ヲ、朝鮮人ニ與ヘナケレバナラヌニ拘ラズ、古キ歴史ニ憧憬レルト云フコトヲ教ヘルト云フ事ハ、甚ダ撞著ノ同化政策デアルト謂ハナケレバナラヌ、總督府ハ是等ニ對シテ、如何ナル考ヲ持ッテ居ルノデアルカ、此教科書ハ自體斯ノ如キ重大ナルモノハ、文部大臣ノ許可ヲ受ケ、又文部省ノ相當ニ審議スベキ性質ノモノデアルト思フノデアリマスケレドモ、從來ノ總督府ハ、斯ル大切ナル教科書ヲ編ムニ當ッテモ、總督府獨斷デ以テ之ヲ爲シ來タッタト云フ事蹟ガアルノデアッテ、吾々ガ此問題ヲ調査スルニ當ッテ調ベタ所ガ、文部省ハ之ニ與リ知ラナカッタノデアル、斯ル事ニ依ッテ朝鮮人ノ教育ト云フモノハ、武人万能ノ教育ヲ施イテ居ッタ結果ハ、此ニ迄及ンデ居ルト云フコトヲ證明シテ居ルノデアリマス、此同化政策ノ根本デアル學校教育ノ、更ニ根本思想ト謂フベキ其問題ニ就テ、現在ノ教科書ヲ如何ニ改廢スベキカ、此事ニ就テ總督府ノ辯明ヲ求メタイノデアル、第二ニ此同化政策ヲ行フニ就テ、最モ必要ナル事ハ思想界ノ中心ヲ握ルト云フ事デアル、然ルニ朝鮮ニ於ケル思想界ト云ヘバ、先ヅ宗教、教育、斯ルモノヲ數ヘナケレバナラヌノデアリマスルガ、今日ノ朝鮮ハ、殆ド思想界ノ中心ハ外國人ニ支配セラレテ居ル、殊ニ多イノハ亞米利加人デアリマシテ、京畿及平安南北兩道ニ亙ッテハ、殆ド三百人ノ亞米利加人ガ居ル、朝鮮全道ニ亙ッテハ六百人ノ亞米利加人ガ居ル、是等ノ宣教師ハ朝鮮ノ習慣ヲ能ク守ッテ、サウシテ韓語ニ熟達シテ、而モ朝鮮人ト其居ヲ同ジクシテ、成ベク同化ニ努メルト云フ方針ヲ執リ來ッテ居ルノデアル、其結果トシテハ、朝鮮人ハ外國人ニ懷イテ、同化セザラントスルモ能ハナイヤウナ狀況ニナッテ居ルニ拘ラズ、是等ノ事ニ對シテハ何等ノ手ヲ著ケナイデ、全ク外國人ヲシテ自由自儘ニ思想界ヲ占領セシメテ居ルト云フ事ハ、大ナル失態ト謂ハナケレバナラヌ、外國人ノ朝鮮人ノ思想ニ與ヘテ居ル、其思想ノ程度ノ深イコトハ、深ク思想ノ内面ニ喰入ッテ居ルコトニ至ッテハ、實ニ驚クベキモノガアルノデアル、然ルニ此點ニ就テ之ニ對抗的ノ方法ヲ何等講ジテ居ナイ、而シテ學校教育ノ之ニ依ッテ同化ヲ行ハントスルモ得ベケンヤデアル、殊ニ今回ノ騷動ノ裏面ニハ、外國ノ宣教師ガ其關係ヲ有シテ居ルト云フコトニ傳ヘラレテ居ル、果シテ外國人ガ其ノ關係ヲ有シテ居ルカ否カハ知ラナイガ、有シテ居ルモノデアルナラバ、其材料ヲ摘發シテ、宜シク之ヲ矯正シナケレバナラヌ、其實情ヲ明ニ茲ニ披瀝セラレンコトヲ希望スルノデアッテ、吾々ノ見ル所ニ依レバ、今回ノ騷動ノ中心ハ、京畿、平安南北兩道ニ亙ッテ居ッテ、而モ其處ニハ外國宣教師ガ最モ多ク居ヲ占メテ居ルト云フコトカラ見テ、外國宣教師ノ思想ガ此問題ノ中心ニナッテ居ルト云フコトハ、證據立テラレテ居ルヤウナ感ジガスルノデアル、此點ニ就テ政府ハ如何ナル調査ヲシテ居ルノデアルカ、又調査ヲシタ結果ハ、如何ナル結果ヲ見タノデアルカト云フコトヲ、公開セラレンコトヲ希望スルノデアル、同化政策ノ第三點トシテハ、移民ヲ奬勵スルト云フコトニ待タナケレバナラヌコトハ、言フヲ俟タヌノデアル、此移民奬勵ニ對シテモ、日韓併合後十年ニナリマスケレドモ、總督府ハ年々二万人宛移民ヲシタト云フコトデアル、併ナガラ日本人ハ僅ニ三十三万人シカ居ラヌノデアル、朝鮮ノ人口千六百万人ニ對シテ、僅ニ三十三万人ヲ以テ、如何ニ同化政策ヲ實行セラル、ノデアルカ、唯一ノ移民會社トモ云ハルベキ所ノ東洋拓殖會社ハ、弊害百出、殆ド收拾スベカラザルモノニナッテ、移民ノ上ニ於テハ大ナル失敗ヲ爲シタノデアル、其他ニ於テ如何ナル計畫ヲ立テタノデアルカ、移民ニ就テ政府ノ立テタ所ノ方針ヲ伺ッテ見タイノデアリマス、次ニ此騷動ノ原因ト見ルベキモノノ中ノ注意ヲ喚起スル問題ハ、朝鮮會計ノ獨立デアル、此朝鮮會計ノ獨立ト云フコトハ、成程表面ニ於テハ獨立シタルガ如キ形ニ現レテ居リマス、併ナガラ似テ非ナル獨立デアッテ、朝鮮ノ會計ハ決シテ獨立致シテ居ラヌ、朝鮮人ハ、大正八年カラ朝鮮ハ自立自營ヲ爲シタルモノ、如ク思ッテ居ルケレドモ、又當局ハ、朝鮮ハ自立自營ヲ爲スニ至ッタモノナリト吹聽シテ居リマスガ、決シテ自立自營ハ致シテ居リマセヌ、現在此獨立會計ニナッタモノトスルナラバ、憲兵ノ費用ノ如キ二百五十万圓ノ多額ノ支出ヲ致シテ居ル、憲兵ハ單ニ警備ニ任ジテ居ルノミデナク、行政ノ關係ヲ持ッテ居ルモノデアルカラ、ドウシテモ是ハ朝鮮會計ノ中カラ支出スベキ性質ノモノデアルニ拘ラズ、憲兵ノ費用ノ二百五十万圓ハ、日本ノ國庫カラ支辨シテ居ルデハナイカ、大正八年度ノ豫算ノ上ニ之ヲ支辨シテ居ルデハナイカ、而シテ似テ非ナル會計ノ獨立ヲ唱ヘテ、彼等朝鮮人ヲシテ會計ノ獨立セル如ク思ハシメル事ハ、全ク誤レルノ甚シキモノト謂ハナケレバナラヌ、又本年ノ朝鮮ノ會計ニ増税ヲ行ヒタルガ如キ、他ニ増税ヲ行フ途ハ幾ラモアッタト思フノデアル、然ルニ僅ニ三百六万圓ノ増税ヲ行ハントシテ、朝鮮人千六百万ノ國民全體ニ利害關係ヲ持ツ酒煙草ノ増税ヲ行フテ、其中カラ割出シタルモノハ僅ニ百八十七万ニ過ギナイ、此少額ノ金ヲ得ル爲ニ、朝鮮人千六百万全體ノ上ニ係ルヤウナ増税ヲ行ッタト云フコトハ、大ナル失態ト謂ハナケレバナラヌ、斯クシテ朝鮮人ハ、段々税金ヲ重ク取ラレルモノデアルカノ如キ感ジヲ懷カシメルト云フ　コトハ、總督府政治ノ失態ト謂ハナケレバナラヌノデアリマス、又更ニ此文官任用ニ關スル問題ノ如キ、元來政府ハ日韓合併ノ當時ニ於テ、朝鮮人ヲ成ベク使用スルノ考ヲ持ッテ居タノデアル、今尙ホ其考ヲ持ッテ居ルモノナリト吾々ハ理解致シテ居ル、然ルニ僅カナ事ニ之ヲ更迭セシメテ、朝鮮人ヲシテ危懼ノ念ヲ深カラシムルヤウナ事ヲシテ居ルノデアル、最初道長官ハ殆ド朝鮮人デアッタ、然ルニ今日ハ如何カト云フト、日本人ガ八人デ朝鮮人ガ五人ニナッテ居ル、是ダケ朝鮮人ガ少ナクナッテ、日本人ガ喰込ンデ居ル、又道書記ノ如キハ日本人三百三十五人アッテ、而シテ朝鮮人ハ僅ニ百五人デアル、郡守ノ如キハ全部朝鮮人デアッタモノガ、昨年度ト其以前ト二十三人モ日本人ヲ入レテ居ル、何ノ必要モナイ事デアル、斯ル事ハ日本ノ希望デハナクシテ、日本政府ハ決シテ斯ル希望ヲ持ッテ居ラヌト思フ、然ルニ斯ル枝葉末節ノ問題デアルケレドモ、段々今マデ朝鮮人ノ有シタ地位ヲ日本人ガ奪フト云フヤウナ感ジヲ、彼等ニ持タシムルト云フ如キ方針ヲ執ルト云フコトハ、總督政治ノ大失態ト謂ハナケレバナラヌ、殊ニ日本ニ留學スル朝鮮人ハ、前途何等カノ途ヲ開イテ之ヲ任用スル方法ヲ執ルノガ適當デアッテ、斯ル者ニ前途失望ノ念ヲ懷カシムルト云フコトハ、非常ナル弊害ヲ其間ニ生ジ來ルノデアル、以上擧グル所ニ依ッテモ、總督政治ノ失態ガ今回ノ暴動、ト大ナル關係ヲ有スル事ハ明カデアリマス、一體朝鮮ノ獨立ヲ爲スト云フガ如キ事ハ、今度ノ戰爭ニ依ッテモ明ニ證明セラレテ居ルノデアッテ、白耳義ノ如キ立派ナル國ト雖モ、其財力ニ於テモ、文明ノ程度ニ於テモ、立派ナル國ト雖モ、一國トシテ存在シテ行クノニハ、非常ナ犧牲ヲ拂ハナケレバナラヌ、而シテ其國防ヲ充實シテ行クコトノ困難デアル朝鮮ノ如キ國ガ、獨立ヲシテ海陸軍ノ軍備ヲ充實シナケレバナラヌト云フ事ニナルト、年ニ一億圓以上ノ金ヲ支出スルモ及バヌノデアル、而シテ渾山ナ人ヲ不生産的ニ使用シナケレバ、ナラヌ、斯ル事ヲ朝鮮人ガ考ヘルト云フコトハ、誤レルモ甚シキモノデアッテ、斯ル事ヲ根本的ニ理解セシムルヤウニ努ムルト云フコトハ、其衝ニ在ル者ノ當ニ努メナケレバナラヌ事デアルニ拘ハラズ、是等ニ就テハ何等ノ方法モ執ラヌノデアル、殊ニ恐ルベキハ浦鹽ニ在ル朝鮮人、又滿鐵沿線ニ在ル所ノ朝鮮人デアル、滿鐵沿線ニ在ル朝鮮人ハ其數百万ヲ越エテ居ル、而シテ是等ハ日本ニ好キ考ヲ持ッテ居ナイノデアル、滿鐵沿線ニ關係スル所ノ方面ニ向ッテハ、病院ヲ開クナリ、敎會ヲ造ルナリ、何等カ彼等人心ヲシテ、同化慰安セシムルノ方法ヲ執ラナケレバナラヌニ拘ラズ、是等ニ就テモ何等ノ法策ガ無イノデアル、將來政府ガ是等ノ問題ヲ如何ニスルノデアルカ、此言明ヲ聽キタイノデアリマスルガ、第一總督更迭ニ關スル問題、又憲兵制度廢止ニ關スル問題ハ、總理大臣若クハ內務大臣ニ非ザレバ、答辯ガ出來ナイ問題デアルト思ヒマスカラ、度支部長官及之ニ關シテ拓殖局總裁ノ答辯ハ、私カラ回避致シマス

○副議長（濱田國松君）　質問第三、東京帝國大學醫科大學內ニ精神病學敎室及病室新設ニ關スル質問――山根正次君

第十三　朝鮮西海岸各港ト大阪、横濱竝仁川ト青島、上海間ニ定期航路開始ニ關スル建議案（牧山耕藏君外九名提出）

朝鮮西岸各港ト大阪、横濱間竝仁川ト青島、上海間ニ定期航路開始ニ關スル建議

一　大阪ヲ基點トシ神戸、下關（又ハ門司）經由、釜山、木浦、群山、仁川ヲ經テ鎭南浦ニ至ル定期航路

二　横濱ヲ基點トシ大阪、神戸、下關（又ハ門司）、釜山、木浦、群山、仁川ヲ經テ鎭南浦ニ至ル定期航路

三　仁川ヲ基點トシ鎭南浦ヲ經由大連、芝罘、青島、上海ニ至ル定期航路

右ハ朝鮮西岸重要地ト母國ノ大市場タル阪神、京濱間竝朝鮮ト滿支間ヲ連絡シ相互ノ貨客輸送交通ヲ敏活ニシ以テ其ノ豐富ナル物資ノ需給關係ヲ計リ生活資料ノ不足ヲ補ヒ且將來ノ貿易發展促進ニ資セムトス依テ政府ハ速ニ定期航路ノ開始ニ關シ適當ノ方策ヲ立テムコトヲ望ム

右建議ス

（牧山耕藏君登壇）

○牧山耕藏君　建議案提出ノ理由ヲ簡單ニ申述ベタイト思ヒマス、朝鮮ノ貿易ハ近時産業ノ發達ニ伴ヒマシテ、長足ノ進歩發展ヲ致シタノデアリマス、殊ニ日本内地トノ貿易ハ、歐洲ノ大亂ガ勃發致シマシテ以來、内地ノ生産品ガ歐米ノ輸入品ニ代リマシタ爲メニ、此方面ニ就キマシテノ經濟貿易ノ關係ハ、非常ニ密接ノ度ヲ加ヘタノデアリマス、然ルニ朝鮮ト日本内地トノ交通運輸ノ關係ヲ見マスルニ、東海岸ノ方面ニ於キマシテハ、一二ノ定期航路ガ開カレテ居ルノデアリマスガ、西海岸ノ各港ト、日本ノ最大市場デアリマス大阪神戸、此方面トハ、大正四年マデハ大阪商船會社ニ依ッテ、定期航路ガ開カレテ居リマシタガ、是亦戰爭勃發以來船腹不足ノ結果、大正五年ヨリハ此定期航路ガ廢サレ、全ク定期交通ガ杜絶シ、今日ニ於キマシテハ、豐富ナル朝鮮西海岸ノ物資ハ、主トシテ關釜連絡船ニ依ッテノ輸送ヲサレテ居リマシテ、其外ハ唯、臨時廻航ノ自由不定期船ノミニ委セラレテ居ルト云フ狀態デアリマス、而シテ關釜連絡船ノ輸送能力ハドウデアルカト申シマスト、是ハ僅ニ一日六百噸内外ノ輸送力シカ有シナイノデアリマス、其爲メニ鐵道沿線ニ於ケル豐富ナル物資ハ、各停車場ニ山積致シテ居ルト云フヤウナ狀態デアリマス、殊ニ朝鮮總督府ニ於キマシテハ、從來米大豆等ノ主要輸出品ニ對シテ、長距離遞減ノ特定運賃制度ヲ設ケテ居ッタノデアリマス、ソレガ爲メ鐵道沿線ノ物資ハ、主トシテ釜山ニ集マリ、西岸ノ各海港ハ大打撃ヲ受ケ、甚シク不景氣ニ陷ッタノデアリマス、所ガ朝鮮鐵道ハ諸君御承知ノ如ク、南滿洲鐵道會社ニ其經營ヲ委託サレタノデアリマスガ、南滿洲鐵道會社ガ經營ヲ引繼ギマシタ以來、此長距離遞減法ハ、交通政策上甚ダ弊害アリト認メタル結果、大正七年十一月以降、穀類ニ對スル長距離運賃ノ遞減法ニ改正ヲ加ヘマシテ、短距離運賃ヲ約半分ニ減ジマシタ結果、從來各鐵道沿線ニ堆積致シテ居リマシタル豐富ナル貨物ノ大部分ハ、吞吐ヲ各西海岸ノ海港ニ求メニ參ッタノデアリマス、然ルニ前ニモ申シマスル如ク、大阪、神戸、横濱方面ト朝鮮西海岸、即チ群山、木浦、仁川、鎭南浦ノ方面トハ、一定ノ定期航路ガ開カレテ居ラヌノデアリマスカラ、昨年ノ暮ヨリ本年一月ニ掛ケマシテ、日本内地ニ於テハ米穀ノ不足ヲ感ジテ、天井知ラズニ穀價ガ暴騰致シマシタ際ニモ、朝鮮ノ西海岸ノ各港ニハ米ガ非常ニ豐富デアリマシテ、海岸ニ堆積シテ居ッタノデアリマスルガ、之ヲ輸送スルニモ船ガ十分デナイ、之レ全ク自由航路ニ任セテ居ル爲メデアリマス、斯樣ナ交通狀態デハ、朝鮮ト内地トノ貿易ヲ促進シ、又特産タル米穀ノ配給上ヨリ見マシテモ、甚ダ遺憾ノ事ト思ヒマシテ、是非此航路ヲ定期ニシテ貰ヒタイト云フノガ、本案提出ノ要旨デアリマス、又從來内地ト朝鮮トノ貿易ハ、殆ド大阪朝鮮貿易ノ觀ヲ呈シ、航路ノ如キモ、内地起點ヲ大阪トシテ居ッタノデアリマスガ、近時朝鮮米ノ需要ガ關東方面ニ激增シ、隨テ貿易關係ガ横濱東京方面ト密接ニ相成タノデアリマスカラ、單ニ大阪ヲ起點トスル定期航路ヲ開始スルノミナラズ、横濱ヲ起點トスル航路ヲモ必要ナリト信ジテ、此一線ヲモ定期線ノ中ニ加ヘタ次第デアリマス、更ニ朝鮮西南部ニ於キマシテハ、農産品デアル米穀ノ大量ハ勿論、産業ノ勃興ニ伴ヒマシテ、各種ノ輸出品量ガ非常ニ增加致シマシテ、朝鮮ヨリハ原産品ヲ内地ニ送ッテ、内地ニ於テ之ヲ加工シテ更ニ移出致スノデアリマスガ、是等ノ一般産業發展ノ結果ハ、勢ヒ支那トノ貿易關係ニモ非常ニ密接ノ度ヲ加ヘタノデアリマス、ソコデ將來ハ仁川ヲ起點トシテ、鎭南浦經由大連、芝罘、青島、上海ノ定期航路ヲモ必要ナリト信ジマシテ、此ガ開始ヲ望ム次第デアリマス、野田遞信大臣ハ昨年ノ暮ヨリ今年ノ春ニ掛ケマシテ、朝鮮西海岸ノ各港ニ於ケル米穀ノ滯貨ノ實情ヲ考察サレマシテ、之ヲ輸送スルガ爲メニハ、特ニ日本郵船及大阪商船會社ニ交渉シ、臨時船ノ廻航ヲ計畫セラレタノデアリマス、而シテ此二大汽船會社モ朝鮮ノ滯貨ノ實情ニ同情ヲ寄セマシテ、多大ノ犧牲ヲ拂ッテ、本月ヨリ臨時船ノ廻航ヲ開始シ、各港ノ商民モ大ナル利便ヲ得タノデアリマス、併ナガラ是モ全ク一時ノ應急策ニ過ギヌノデアリマス、現ニ前述ノ通リ、大正四年マデハ大阪方面ト朝鮮西海岸各港ノ間ニハ、定期航路ガ開カレテ居ッタノデアリマスガ、尚ホ今日ノ如ク貿易ノ關係ガ密接ヲ加ヘマシタ此際ニ於キマシテハ、此建議案ニ書イテアリマスル通リ、内地、朝鮮、中部支那ヲ連絡スル三線ノ定期航路ノ開始ガ、朝鮮ノ開發竝ニ東亞ノ交通經濟ノ上ヨリ見マシテ――極メテ緊要ノ施設ナリト信ズルノデアリマス、此建議案ノ要旨ハ、仁川鎭南浦、群山、木浦ノ各商業會議所ヨリモ、本員ノ紹介ノ下ニ請願書ガ本院ニ提出サレテ居ルノデアリマス、尚ホ詳細ナル提出理由ハ、幸ニ本案ガ委員會ニ付託セラレマスレバ、其席上ニ於テ細密ニ申述ベタイト思ヒマス、何卒諸君ニ於カレマシテモ、本案ニ御賛成下スッテ、政府ヲシテ一日モ早ク、朝鮮ト支那及ビ日本内地ノ間ニ、定期航路ノ開始ヲ斷行セラレタイト思フノデアリマス（拍手起ル）

○岩崎勳君　本案ハ議長指名ヲ以テ、九名ノ委員ニ付託セラレンコトヲ望ミマス

○議長（大岡育造君）　御異議ハアリマセヌカ（「異議ナシ異議ナシト」呼フ者アリ）

○議長（大岡育造君）　御異議ガ無ケレバ議長指名九名ノ委員ニ付託スルコトニ決シマス、日程第十四、小學兒童口腔衞生ニ關スル建議案ヲ議題ト致シマス、提出者木下謙次郎君

第一　朝鮮輕便鐵道補助法案（政府提出）　第一讀會

朝鮮輕便鐵道補助法

第一條　朝鮮ニ於テ輕便鐵道ヲ經營スル株式會社ノ每營業年度ニ於ケル益金カ輕便鐵道ノ經營ニ要スル拂込株金額ニ對シ年七分ノ割合ニ達セスト認ムルトキハ朝鮮總督ハ會社ニ對シ設立登記ノ日ヨリ十年ヲ限リ其ノ不足額ヲ補給スルコトヲ得但シ補助金ハ輕便鐵道ノ經營ニ要スル拂込株金額ニ對シ年七分ニ相當スル額ヲ超ユルコトヲ得ス

第二條　朝鮮總督ハ必要アリト認ムルトキハ一會社ノ經營スル輕便鐵道ヲ數區ニ分チ各區ニ付前條ノ規定ニ準シ補助ヲ爲スコトヲ得此ノ場合ニ於テ會社カ拂込株金額又ハ資本ヲ增加シ一區又ハ數區ノ輕便鐵道ヲ經營スルトキハ當該區ノ輕便鐵道ニ對スル補助ノ期間ハ拂込株金額變更又ハ資本增加ノ登記ノ日ヨリ之ヲ起算スルコトヲ得

第三條　社債又ハ借入金ニシテ輕便鐵道ノ建設費ニ充ツルモノハ前二條ノ規定ノ適用ニ付テハ之ヲ拂込株金額ト看做ス

前項ノ規定ニ依リ拂込株金額ト看做シタル社債又ハ借入金ニ對スル補助金額ハ其ノ社債又ハ借入金ニ對スル益金ト社債又ハ借入金ノ利息トノ差額トス但シ社債又ハ借入金ノ利率年七分未滿ナルトキハ其ノ利息額、七分以上ナルトキハ社債又ハ借入金ニ對シ年七分ニ相當スル額ヲ超ユルコトヲ得ス

第四條　第一條乃至第三條ノ規定ニ依ル補助ノ期間ハ社債ノ登記ノ日又ハ借入ヲ爲シタル日ヨリ之ヲ起算スルコトヲ得

第五條　補助ヲ爲スヘキ輕便鐵道ハ二呎六吋以上ノ軌間ヲ有スルモノニ限ル

第六條　輕便鐵道ヲ經營スル會社カ法令、法令ニ基キテ爲ス命令若ハ許可、補助ニ附シタル條件ニ違反シ又ハ公益ヲ害スル行爲ヲ爲シタルトキハ朝鮮總督ハ其ノ補助ヲ停止又ハ廢止スルコトヲ得

第七條　詐欺ニ因リテ補助金ヲ受ケタルトキハ法定ノ利息ヲ附シテ之ヲ償還セシム

前項ノ償還金ハ國稅滯納處分ノ例ニ依リ之ヲ徵收スルコトヲ得但シ先取特權ノ順位ハ國稅ニ次クモノトス

附　則

本令ハ公布ノ日ヨリ之ヲ施行ス

○齋藤珪次君　是ヨリ豫算委員會ヲ開キマスカラ、同委員ノ御參集ヲ請ヒマス

〔政府委員鈴木穆君登壇〕

○政府委員（鈴木穆君）　朝鮮輕便鐵道補助法案ニ就キマシテ、私ヨリ御說明申上ゲマス、鐵道ノ普及ハ、朝鮮ノ開發上最モ急務ト致ス所デアリマシテ、財政ノ許ス限リ是ガ敷設ニ努メテ居ル次第デアリマス、併シ地方的經濟線路ノ敷設ニ付キマシテハ、寧ロ之ヲ民間ノ企業ニ依ル輕便鐵道ヲ以テ、之ヲ奬勵致スコトヲ今日ノ急務ト考ヘテ居ルノデアリマス、此趣意ヲ以チマシテ、是マデ每年ノ豫算ニ基キマシテ、別ニ命令ヲ以テ補助ヲ致シテ居リマスノデアリマスルガ、斯ノ如キ法律ノ規定ニ基カザル、單ニ命令ニ依リマシテハ、長日月ニ亙ル鐵道ノ如キ事業ノ奬勵ニハ、甚ダ適當セザルコトヲ認メマシテ、今回特ニ補助法ヲ制定シマシテ、補助ノ基礎ヲ確立致シ、奬勵ノ趣旨ヲ徹底致サント云フ趣意デ、此法案ヲ提出致シマシタル次第デアリマス、ドウカ御審議ノ上、御協賛アランコトヲ望ミマス

○議長（大岡育造君）　日程第二、右議案ノ審議ヲ付託スヘキ委員ノ選擧ヲ議題ト致シマス

第二　右議案ノ審査ヲ付託スヘキ委員ノ選擧

○岩崎勲君　議長

○議長（大岡育造君）　岩崎勲君

○岩崎勲君　委員ノ數ヲ特ニ十八名トシ、議長ニ於テ指名セラレンコトヲ望ミマス

○議長（大岡育造君）　御異議ハアリマセヌカ

〔「異議ナシ異議ナシ」ト呼フ者アリ〕

○議長（大岡育造君）　御異議ガ無ケレバ、議長指名十八名ノ委員ニ付託スルコトニ決シマシタ

○岩崎勲君　議長

○議長（大岡育造君）　岩崎勲君

○岩崎勲君　議事日程變更ノ緊急動議ヲ提出致シマス、即チ茲ニ一、北海道拓殖鐵道補助ニ關スル法律案、政府提出第一讀會、二、右議案ノ審査ヲ付託スヘキ委員ノ選擧、三、政府提出醫師法中改正法律案、貴族院送付案デアリマス、第一讀會、四、右議案ノ審査ヲ付託スヘキ委員ノ選擧、五、大正四年法律第十六號中改正法律案、第一讀會ノ續委員長ノ報告、六、政府提出阿片法中改正法律案第一讀會ノ續委員長ノ報告、七、貴族院提出史蹟名勝天然紀念物保存法案、第一讀會ノ續委員長ノ報告ヲ議題ト爲シ、何レモ其審議ヲ進メラレンコトヲ望ミマス

○議長（大岡育造君）　御異議ハアリマセヌカ

〔「異議ナシ異議ナシ」ト呼フ者アリ〕

○議長（大岡育造君）　御異議ガ無ケレバ日程ハ變更セラレテ、唯今擧ゲラレタル各箇ノ法律案及委員ノ選擧ヲ議題ト致シマス、北海道拓殖鐵道補助ニ關スル法律案ヲ議題ト致シマス、政府提出デアリマス、床次鐵道院總裁

第三　朝鮮及臺灣ノ産米増殖ニ關スル建議案
（牧山耕藏君外十名提出）

朝鮮及臺灣ノ産米増進ニ關スル建議

我カ國食糧問題ノ根本的解決ハ國民生活ノ基礎ヲ確立シ國家生存ノ安定ヲ期スル上ニ於テ最喫緊重要ノ急務タラサルヘカラス今ヤ我カ國ノ主要食料ハ國内ノ生産全部ヲ以テスルモ遠ク其ノ需要ヲ充スコト能ハス而モ毎年夥シキ人口ノ増殖ハ年ト共ニ益其ノ不足ヲ増大シ三十年後ノ産米不足高ハ實ニ三千二百万石ニ達スヘク應サニ之レ國民生活ノ一大脅威タラスムハアラス政府ハ之ニ對シ開墾助成法ヲ制定シ以テ其ノ解決ヲ期セムトスト雖惜ムラクハ其ノ範圍僅ニ日本内地ニ限ラレ彼ノ天與ノ米産地トシテ將來多大ノ餘力ヲ有スル朝鮮及臺灣ノ地ニ及ハス即チ是等植民地ニ於ケル灌漑開墾事業及金肥ノ施用奬勵等各種積極的施設經營ハ直ニ以テ我カ國食糧問題ノ解決ニ絶大ノ效果アリト認ムルヲ以テ政府ハ速ニ是ニ關スル方策ヲ樹テ本建議ノ主旨ヲ達成セラレムコトヲ望ム

右建議ス

（牧山耕藏君登壇）
（拍手起ル）

○牧山耕藏君　朝鮮及臺灣ノ産米増殖ニ關スル建議案提出ノ理由ヲ、簡單ニ申述ベタイト思ヒマス、今回ノ歐洲大戰ハ、世界ノ有ユル方面ニ向ッテ大ナル波動ヲ與ヘタノデアリマスルガ、就中産業政策ニ就キマシテ、自給自足ノ必要ナルコトヲ自覺セシメ、特ニ食糧ノ獨立ガ、國家生存ノ上ニ於テ極メテ緊要ナルコトヲ痛切ニ吾人ニ教ヘタノデアリマス我ガ帝國ニ於ケル食糧ハ――主要食糧タル米麥ハ、國内ニ産出ヲ致シマスル全部ヲ以テシマシテモ、尚ホ遠ク其需要ヲ充タスコトガ出來ナイノデアリマス、而シテ年々臺灣及朝鮮ノ餘剩米ヲ移入致シマスル外ニ、二三百万石ノ外國米ヲ輸入致シテ居ルト云フ有樣デアリマス、而シテ尚ホ我ガ同胞ハ年々非常ナル膨脹ヲ致シマシテ、推定ノ増加ニ依リマスレバ、十年ノ後ニハ八百六十四万八千人ヲ増加致シマス、之ニ伴フ所ノ米ノ消費量増加ハ、實ニ八百八十二万一千石ヲ算スルノデアリマス、又二十年後ニ於キマシテハ一千八百六十一万二千人、之ニ伴フ所ノ米ノ消費量増加ハ一千八百九十八万四千石、更ニ三十年後ニ於キマシテハ三千九万三千人、之ニ伴フ米ノ消費量増加ハ三千六十九万五千石ヲ算スルノデアリマス、然ル時ハ現在ノ不足及ビ將來ノ不足増加ソ合計致シマスレバ、十年後ニ於テハ一千万石二十年後ニ於テハ二千万石、三十年後ニ於テハ、實ニ三千二百万石ノ不足ヲ生ズルノデアリマス、是實ニ國民生活ノ一大脅威デアリマシテ、是ガ解決ニ就テハ、朝野ノ政治家ガ最モ苦心ヲ致シテ居ルノデアリマス、政府ハ是ガ對應策トシテ開墾助成法ヲ制定シテ、向フ十五箇年ヲ期シテ、田畑合シテ二十五万町歩、水田ノミデ十二万五千町歩ノ開墾ヲ實現セント企テ、更ニ其實行ヲ確實ナラシメンガ爲メ、資本金三千万圓ノ帝國開墾株式會社ノ創立ニ盡力ソセラレ、唯今之ニ要スル補給三十万圓ニ對シテ、本院ハ協贊ヲ與ヘタノデアリマス、是ハ洵ニ機宜ニ適セル企劃デシテ、國家ノ爲メニ慶フベキ事デアリマス、併ナガラ此計畫ハ唯單ニ日本内地ノミニ實施セラルヽモノデアリマシテ、臺灣及朝鮮ノ地ニ及バズトハ、政府當局者ノ言明ソ致シテ居ル所デアリマス、朝鮮及臺灣ハ、本員ガ此處デ更メテ申スマデモナク天與ノ米産地デアリマシテ、改良及開墾ノ餘地ガ頗ル多イノデアリマスルカラ、此方面ニ向ッテ、母國ト通ジテ此開墾助成ノ計畫ヲ立テラレナカッタノハ、洵ニ遺憾ニ存ズル次第デアリマス、大正六年度ニ於キマスル臺灣ノ米作付面積ハ約四十七万町歩デアリマシテ、其收穫高ハ四百八十三万石ヲ算シテ居リマス、臺灣ニハ糖業政策ト云フヤウナ重大ナ問題ガアリマスルノデ、此點モ大ニ考慮シナケレバナラヌノデアリマスルガ、兎モ角一年二回ノ米作ガ出來ルト云フヤウナ所デアリマシテ、尚ホ開墾灌漑ノ餘地モ少カラヌノデアリマス、灌漑設備ヲ施スベキ餘地ハ、尚ホ十万町歩モアルト云フコトデアリマス、然ルニ大正八年度ノ臺灣總督府豫算ヲ見マシテモ、此産米増殖ニ關スル計畫ハ一向見當ラナイノデアリマス、更ニ朝鮮ハ洵ニ天與ノ米産地デアリマシテ、同時ニ我國唯一ノ温帶植民地デアリマス、朝鮮ニハ現在水田ノ面積ガ百五十万町歩有ルノデアリマス、此中ニ灌漑設備ノ施サレマシタノハ、僅ニ三十万町歩ニ過ギヌノデアリマシテ、殘ル百二十万町歩ト云フモノハ、未ダ灌漑ガ施サレテナイ、所謂乾田デアッテ、天水ヲ待ッテ收穫ヲ期スルノデアリマス、内地ニ於キマシテハ水田總面積ノ八割ハ既ニ灌漑設備ガ有ルノデアリマスガ、朝鮮ニハ二割シカ灌漑ガ施サレテ居ラヌノデアリマス、ソレデ朝鮮ト内地トハ、丁度反對ノ狀態ニ相成ッテ居ルノデアリマス、此百二十万町歩ノ八割、即チ九十万町歩ノ灌漑面積ヲ増加スルコトガ出來マシテ、之ニ一反歩ニ付テ八斗ノ増收ヲ得ルト致シマスレバ、實ニ七百二十万石ノ増收ヲ得ルコトガ出來ルノデアリマス、尚ホ朝鮮ニ於テハ河邊荒蕪地七万町歩、干潟地ガ二十一万町歩、畑地ガ二百九十万町歩、山林原野ノ可耕地ガ七十二万町歩、合計三百九十万町歩ノ内、水田ト爲シ得ベキ所ハ五十万町歩ノ廣イ面積ガ有ルノデアリマス、之ヲ今一段歩ノ平均收穫ヲ一石五斗ト假定致シマスレバ、七百五十万石ノ産米増加ヲ爲シ得ルノデアリマス、之ニ前申シマシタ所ノ灌漑ニ依ル増收七百二十万石ヲ加算致シマスレバ、實ニ千四百七十万石ノ産米増殖ヲ望ミ得ルノデアリマス、併シ是ハ農事改良其他肥料ノ普及等ニ依ッテ、此成績ヲ得ラレルト思フノデアリマス、尚ホ朝鮮ガ天與ノ米産地トシテ、唯一ノ温帶植民地トシテ、又其計畫ニ對スル餘地ノ廣大ナルニ於テ、我國ノ産米増殖計畫上重要ナル地歩ヲ占メテ居ルト云フコトハ、之ニ依ッテモ知ルベキデアリマス、右ノ理由ヲ以テ、本員等ハ開墾助成案ノ趣旨ガ、植民地ニ向ッテ擴充セラレンコトヲ希フ者デアリマス、尚ホ朝鮮總督府ハ大正八年度ノ豫算ニ、水利事業組合補助費トシテ十五万圓ヲ計上サレテ居リマス、是ハ向フ十箇年ニ亘ッテ、十万六千町歩ノ水利計畫ヲ助成スル、其一端ガ現レタノデアリマスガ、先刻モ申シマシタヤウニ水利ノミデナイ、尚ホ開墾ノ餘地ガ非常ニアル、又水利ト開墾トハ、離ルベカラザル關係ヲ有ッテ居ルノデアリマス、ソレデ灌漑事業ト水利事業トハ、之ヲ併セテ致サナケレバ徹底致サナイノデアリマス、尚ホ朝鮮ニハ肥料ヲ使用スルコトガ甚ダ行渡ッテ居ラヌノデアリマス、ソコデ金肥ノ使用ヲ奬勵致シマスレバ、玆ニ數百万石ノ増收ヲ得ルコトガ出來ルノデアリマス、之ヲ要スルニ政府ハ産米増殖ノ方策ニ就キマシテ、多大ノ心血ヲ注イデ居ラレルト云フコトハ認メマスケレドモ、其計畫ガ唯、單ニ日本内地ノミニ限ラレマシテ、天與ノ米産地デアル朝鮮及臺灣ニ是ガ及バナカッタト云フコトハ、龍ヲ畫キテ未ダ其睛ヲ點ゼザルノ憾ガアルノデアリマス、ソレデ本員建議ノ要旨ハ、内地植民地ヲ通ジテ徹底セル産米増殖ノ計畫ヲ立テ、食糧問題ノ解決ヲ完フセンコトヲ切望シテ止マザル次第デアリマス、尚ホ詳細ノ點ニ至リマシテハ、精シイ調査書類ヲ持ッテ居リマスカラ、何レ委員會ニ於テ陳述シタイト思フノデアリマスガ、提案ノ要旨ハ以上述ベマシタ通リデアリマス、ドウゾ滿堂ノ諸君ニ於カレマシテモ、本案ニ御同意アランコトヲ切ニ希望シテ已ミマセヌ（拍手起ル）

○岩崎勳君　本案ハ議長指名、九名ノ委員ニ付託セラレンコトヲ望ミマス

○議長（大岡育造君）　御異議ハアリマセヌカ

〔「異議ナシ」ト呼フ者アリ〕

○議長（大岡育造君）　御異議無ケレバ、議長指名九名ノ委員ニ付託スルニ決シマシタ――日程第四、新聞紙法改正ニ關スル建議案ヲ議題ト致シマス、提出者松田源治君

大正八年三月二十五日

内閣總理大臣原敬

衆議院議長大岡育造殿

衆議院議員植原悦二郎君提出陸海軍大臣及臺灣、朝鮮總督並關東都督任用資格ニ關スル質問ニ對シ別紙答辯書差進候

(別紙)

衆議院議員植原悦二郎君提出陸海軍大臣及臺灣、朝鮮總督並關東都督任用資格ニ關スル質問ニ對スル答辯書

關東都督ハ之ヲ文武官ノ何レヨリモ任用シ得ル如ク近ク改正スルノ議アルモ其ノ他ハ目下改正ノ意志無シ

右及答辯候也

大正八年三月二十五日

内閣總理大臣原敬

海軍大臣加藤友三郎

陸軍大臣田中義一

陸海軍大臣及臺灣、朝鮮總督竝關東都督任用資格ニ關スル質問主意書

右成規ニ據リ提出候也

大正八年三月十三日

提出者　植原悦二郎　贊成者　鈴木梅四郎
外二十九人

陸海軍大臣及臺灣、朝鮮總督竝關東都督任用資格ニ關スル質問主意書

時世ノ進運ト我カ憲政ノ過去及現在トニ鑑ミ陸軍大臣ノ任用資格ヲ陸軍大中將ニ、海軍大臣ヲ海軍大中將ニ制限スルハ憲法ノ運用ヲ圓滑ナラシムルノ途ニ非サルハ明ナリ。立憲政治ノ健全ナル發達ヲ期セムト欲セハ速ニ之ニ關スル陸海軍省ノ官制ヲ改正シ此ノ制限ヲ撤廢セサルヘカラス之ニ對スル政府ノ所見如何

又臺灣總督政治實施以來二十有餘年關東都督政治及朝鮮總督政治實施以來何レモ十有餘年ヲ經過ス而シテ其ノ基礎已ニ定マレリ今ヤ屬領地及殖民地政治ノ健全ナル發達ヲ圖ラムト欲セハ武官總督竝都督制度ヲ撤廢スル官制ノ改正ヲ爲ササルヘカラス之ニ對スル政府ノ所見如何

右及質問候也

○植原悅二郎君　簡單ニ致シマス――私ノ質問ハ陸海軍大臣ヲ、現在ノ陸海軍省ノ官制ニ依ッテ、陸海軍ノ大中將ニ定メテ居ル、又朝鮮臺灣ノ總督ヲ武官ニ定メ、關東都督府ノ都督ヲ武官ニ定メテアルニ付キマシテ、之ヲ改正シテ文官ヲ任用セシムルヤウニスル政府デ意思ガ有ルカ無イカ、斯ウ云フ質問デゴザイマス、此質問ハ極メテ重大ナル質問デアルト私ハ存ジテ居リマス、一體憲法ノ條項カラ申シマシテモ、國務大臣ヲ任命スルニ方ッテ、制限ヲ置クベキ理由ハ無イノデアリマス、之ニ制限ヲ置イテヤルト云フコトハ、第一ニ非立憲ノ事デアルノミナラズ、此沿革ヲ見マスルト甚ダ怪シカラヌ事デアル、此官制ノ出來マシタノハ明治三十三年山縣内閣ノ當時デアリマス、而モ其前ニ初メテ日本ニ於キマシテ、國務大臣ニ政黨員ガナレルコトガ、大隈板垣ノ聯立内閣ニ出來タ、其後ヲ承ケタ所ノ官僚總出デ作ッタ山縣内閣ガ、明治三十三年ニ、而モ之ヲ陸海軍省ノ官制ノ職員ノ別表ノ備考ニ規定シテ、殆ド餘程穿鑿シナケレバ、此規定ガ分ラヌ程ノモノデアリマス、憲法ノ重大ナル所ノ問題ヲ、斯ノ如キ些々タル省令ニ依ッテ制限スルト云フコトハ、此案其ノモノニ對シテモ、甚ダ沿革上面白カラザル點ガアル、而已ナラズ今日實際此制度ヲ用ヰテ居ルト云フコトハ、憲政ノ發達ニ對シテ少カラザル障碍トナッテ居ルコトハ、事實ノ證明スル所デゴザイマス、現在ノ總理大臣原敬閣下ガ、曾テ第二次西園寺内閣ノ内務大臣デアッタノデアリマス、其時ニ現在ノ原内閣總理大臣ハ、其障壁トナル理由ヲ明ニ御承知デナケレバナラナイ、デ第二次ノ西園寺内閣ノ倒レマシタノハ、增師問題ニ就テ軍閥ト提携シテ、上原中將ガ陸軍大臣ヲ辭職シテ、其後任者ヲ得ルニ困難デアッタト云フコトハ、是ハ歷史ノ明ニ證明シテ居ル所デアル、第二次ノ西園寺内閣ト云フモノハ、議會ニ於テモ有力デアッテ、又國民ハ二師團增設ニ反對デアッタ、然ルニ僅カ此陸軍省ニ於ケル所ノ規定ニ依ッテ、陸軍ノ大中將ニ非ザレバ、陸海軍大臣ニナルコト能ハズト云フ規定ノ爲メニ、第二次西園寺内閣ハ其後任者ヲ得ルコト能ハズシテ、遂ニ瓦解シタノデアル、又山本内閣ノ後ヲ承ケテ、既ニ大命マデ降ッタ清浦子爵ガ、何故ニ内閣ヲ成立セシムルコトガ出來ナカッタト云ヘバ、山本内閣ガ倒レタル、是ハ殆ド海軍ト陸軍トノ爭ト云ッテモ差支ナイノデアル、而シテ其後繼内閣ノ海軍大臣ニナリ人ガ無カッタ、此清浦内閣ガ大命ヲ奉ジナガラ、遂ニ其成立ヲ完ウスルコトガ出來ナカッタト云フ事實カラ考ヘテ見マスレバ、陸軍省ト海軍省ノ官制ニ於ケル此規定ハ、我國ノ陸海軍ノ大中將ニ、我國ノ内閣ヲ破壞スル權能ト、又我國ノ内閣ノ成立ヲ不可能ナラシムル所ノ權能ヲ與ヘタルモノト斷言シテ、決シテ彼此言フコトハ出來ナイノデアリマス(拍手起ル)斯ノ如キ官制ノ存在シテ居ルコトハ、實ニ我國ノ憲政政治ノ發達ヲ圖ルニ一大障碍デアルト云フコトハ、恐ラク此議會ニ議席ヲ有スル諸君ノ、一人タリトモ異議ナキ所デアルダラウト思ヒマス、而シテ現内閣ハ政黨内閣デアルト申シテ居リマスケレドモ、其政黨内閣モ、此官制アルガ爲メニ、陸海軍大臣ト云フ政黨ト何等關係ノ無イ大臣ヲ、存在セシメテ居ルデハアリマスマイカ、而已ナラズ此内閣ハ、前内閣ト主義方針ガ變ッテ居ルカ變ッテ居ラナイカハ疑問デアリマスケレドモ、政黨内閣デアルカラ變ッテ居ルト言ッテ居ル、其變ッタ内閣、而モ立憲國ニ於ケル内閣ハ、全部責任内閣デ連帶責任ヲ負ハナケレバ、決シテ健全ナル立憲政治ノ發達ヲ見ルコトガ出來ナイ、責任内閣政黨内閣ヲ造ラウトスレバ、此官制ヲ速ニ改正シテ、其他ノ國務大臣ト同等ニ何人ト雖モ實際國民ノ信望ヲ繫グニ足ル者デアッタナラバ、國務大臣ノ資格アリト云フコトニ、憲法ノ條項ニ依ッテ其運用ガ出來ル途ヲ開カナケレバナラヌ、之ニ對スル政府ノ意見如何、デ現内閣ハ私共ハ政黨内閣デアルト思ヒマセヌ、又責任内閣デ是ガアル杯トハ毛頭信ジテ居リマセヌ、實際憲政ノ何モノナルカヲ理解セザル者ハ、之ヲ政黨内閣デアリ、國民内閣デアルト申スカモ知レマセヌガ、事實ニ於テ陸海軍大臣ト云フ、二名ノ政黨ニ何等關係ノナイ者ガ存在シテ居ル理由ヲ見マシテモ、政黨内閣トハ申サレマセヌ、併ナガラ現内閣ハ政黨内閣デアルト公言シテ居ル、其内閣デアリマスカラシテ、之ニ對スル所ノ御所見如何ト云フ質問ヲ致シマシタ、所ガ内閣總理大臣ノ答辯ニ依リマスト、政府ハ目下其意思ナシト云フノデアリマス、陸海軍大臣、朝鮮、臺灣ノ總督ノ官制改正ニ就テハ其意思ナシ、併シ關東都督府ノ都督官制ニ就テハ、近ク改正スル積リデアル、斯ウ云フ御答デアリマス、其他私ハ臺灣ノ總督、又朝鮮ノ總督ニ對シテモ、武官ヲ任用スル所ノ官制ハ、甚ダ以テ我國ノ憲政發達ノ障壁デアルノミナラズ、今日トナリマシテハ、日本ガ此大戰ニ加ッテ正義人道ノ爲メニ戰ヒ、又國際聯盟ニ加擔シテ、人種的差別撤廢ヲモ主張セントスル時ニ當ッテ、斯ノ如キ官制ヲ存在セシムルハ、明ニ天下ノ誤解ヲ招クモノト何人モ首肯ノ出來ルコトデアルト思ヒマス、之ニ對シテモ政府ハ其意思ナシト云フノデアリマス、是デハ政黨内閣、責任内閣ノ面目ガ殆ド潰サレル次第ト思フ、更ニ私ハ政府當局者ニ對シテ、時勢ノ進運ト世界ノ大局ト、日本ノ現下ノ事情ニ鑑ミテ、御再考ヲ煩スノデアリマス

第十四　朝鮮西岸各港ト大阪横濱間竝仁川ト青島上海間ニ定期航路開始ニ關スル建議案（牧山耕藏君外九名提出）（委員長報告）

〔波邊祐策君登壇〕

○波邊祐策君　朝鮮西海岸各港ト大阪横濱間竝仁川ト青島上海間ノ定期航路開航ノ建議ニ付テ、委員會ノ經過ヲ御報告致シマス、委員會ハ前後二回開會致シタノデアリマス、而シテ提出者ノ精シキ説明ヲ求メ、政府委員ト色色質問應答審議ヲ凝シタノデアリマスガ、此定期航路開始ノ線路ハ内容ハ、三箇所アリマシテ、一ハ大阪ヲ起點トシテ下關門司ヲ經、釜山、木浦、群山、仁川、鎭南浦ニ至ルノガ一航路、一ハ横濱ヲ起點トシテ前記ノ航路ヲ開始スル、一ハ仁川ヲ起點トシテ鎭南浦ヲ經テ芝罘、青島、上海ニ至ル航路ヲ開設スルノデアリマス（是ハ本島ト朝鮮竝ニ滿支間ノ貨物ノ輸送ヲ圓滑ニシテ、彼我補充ヲ保チ、一層貿易ノ向上ヲ圖ルト云フノ意思デアル、之ニ對シテ政府當局者ハ第一第二ハ考慮研究ヲ要スルト云フノデアリマス、第三ノ滿支間ノ航路ハ最モ必要ヲ認メ、現ニ考慮中デアルト云フ所ノ辯明デアッタノデアリマス、故ニ委員會ハ原案ノ如ク決定ヲシ、尚ホ委員ノ牧山君ヨリ希望條件ヲ提出セラレタノデアル、ソレハ現ニ關釜聯絡上ニ對シテ、現在ノ儘デハ尚ホ不足ヲ感ジ、殊ニ貨物ノ輸送ニ付テ大ニ缺陷ヲ認ムル、故ニ其意味ニ於テ一ツノ希望條件ヲ決議シタノデアリマス、其希望條件ハ「關釜聯絡船ハ現ニ壹航一千噸級夜航三千噸級ノ船舶ヲ使用シアルモ未ダ貨客ノ輸送ヲ爲スニ十分ナラズ、加之天候不良ノ際ハ往々交通ノ杜絶ヲ見ルコトアリ、殊ニ冬期ニ於テ最モ甚シト爲ス、仍テ政府ハ之ニ適應スル改良施設ヲ爲サンコトヲ望ム」ト云フ希望條件ヲ提出シテ、原案モ亦此希望條件モ委員會一致ヲ以テ可決シタノデアリマス、何卒御賛成ヲ願ヒマス

○岩崎勳君　本案ハ委員長報告ノ通リ、可決セラレンコトヲ望ミマス

〔「異議ナシ異議ナシ」ト呼フ者アリ〕

○議長（大岡育造君）　委員長報告ニ御異議ナイト認メマス、委員長報告通リ可決シタルコトヲ宣告致シマス、次ハ日程第十五、小學兒童口腔衛生施設ニ關スル建議案ヲ議題ト致シマス、委員長佃安之丞君

第一　朝鮮及臺灣ノ産米増殖ニ關スル建議案（牧山耕藏君外十名提出）（委員長報告）

第二　農業政策ニ關スル建議案（赤間嘉之吉君提出）（委員長報告）

○福井三郎君　議長

○議長（大岡育造君）　福井君、何デスカ

○福井三郎君　唯今ヨリ特殊部落改善ニ關スル建議案ノ委員會ヲ開キタイト思ヒマス、御許可ヲ願ヒマス

○議長（大岡育造君）　許可致シマス

〔福井三郎君「委員諸君ハ第八委員室ヘ御參集ヲ願ヒマス」ト呼フ〕

〔天春文衞君登壇〕

〔拍手起ル〕

○天春文衞君　朝鮮及臺灣ノ産米増殖ニ關スル建議案ノ委員會ノ經過及結果ヲ御報告致シマスデゴザイマス、本案ノ委員會ヲ開キマシテ、政府及朝鮮臺灣兩總督府ノ政府委員ノ出席ヲ求メマシタノデアリマス、而シテ本建議ノ大要、食糧ノ獨立、自給自足ノ必要、國家生存上最モ緊要ナルコトハ申スマデモゴザイマセヌ、然ルニ我國ノ主要食糧タル所ノ米穀ハ、朝鮮、臺灣ヨリノ移入米ヲ除キテ、尚ホ年々二百万或ハ三百万石ノ、外米ノ輸入ニ待タザルヲ得ザル有様デアリマス、而シテ將來我國ノ人口増加率ハ、十年後ニ於キマシテハ八百六十万餘、又二十年後ニ於キマシテハ千八百六十万人餘、又三十年ノ後ニ於テハ、三千九百万人餘ノ推定増加トナルノデアリマス、之ニ伴フ所ノ米ノ不足ハ、十年後ニ約一千万石、二十年後ニ於キマシテハ二千万石、三十年後ニ於テハ、三千二百万石ヲ算スルノデアリマシテ、政府ハ此重要ナル食糧問題解決ノ方策ト致シマシテ、開墾助成法ヲ制定シ、向フ十箇年ノ間ニ、田畑合セテ二十五万町歩ノ開墾ヲ爲サントシテ居リマス、又耕地整理法ヲ改正シテ、十箇年ノ年期ヲ二十箇年ニ改メルト云フヤウナ、ソレ〳〵年數ヲ改メマシテ、開墾者ノ便宜ヲ圖ルト云フヤウナ有様デゴザイマシテ、多大ノ苦心ヲ爲シテ居ルノデアリマス、然ルニ是ハ誠ニ國家ノ爲メ慶ブベキ事デアリマスルガ、併ナガラ此計畫ハ唯、内地ノミニ止リマシテ、天與ノ米産地タル所ノ、朝鮮、臺灣ニ及ブモノデナイノデアリマス、朝鮮、臺灣ハ、申スマデモナク帝國領土内ニ於ケル最モ有望ナル米作地デアリマシテ、尚ホ産米増殖ノ餘地ガ、非常ニ多イノデアリマス、現ニ朝鮮ニハ水田百五十万町歩ノ中百二十万町歩ハ、天水ヲ待チテ收穫ヲセヌケレバナラヌト云フヤウナ事デゴザイマシテ、僅ニ三十万町歩ガ、所謂水利ノ便ヲ得テ居ルト云フヤウナ有様デアルノデゴザイマス、之ヲ内地同様灌漑ノ設備ヲ普及スレバ、數百万石ノ増収ヲ得ラレルコトデアリマシテ、其他未開墾地及畑地ノ水田ト化シ得ベキモノガ、約五十万町歩デアリマス、之ニ依ッテモ數百万石ノ増殖ヲ得ラレルト云フコトハ、明カナル事デアリマス、其他朝鮮ニハ金肥ノ使用ガ行渡ッテ居リマセヌカラシテ、之ヲ奬勵シテモ多大ノ増收ヲ得ラレルノデアリマス、又臺灣ハ糖業政策ニ最モ重要ナル土地デアリマスルカラシテ、朝鮮ト同様ニハ參リマセヌノデゴザイマスルガ、併ナガラ是亦多大ノ餘地ガアリマシテ、増收ヲ圖ルコトガ出來ルノデアリマス、故ニ本案ニ對シマシテ政府ノ意見ヲ聽キマシタ所ガ、政府ハ孰レモ賛成ヲ表シマシテ、臺灣總督府民政長官ノ下村君杯ハ、財政ノ都合ガ許セバ、大正九年度ニ於テハ、約十五万町歩ノ水利灌漑設備ノ計畫ヲ實行シタイト云フコトヲ述ベラレタ位デアリマス、故ニ委員會ニ於キマシテハ、本案ハ帝國食糧問題解決策デアリマシテ、最モ重要ナル事デ、植民地ニ於テ産米増殖ノ方策ヲ立ツルニ就テハ、中央政府ト能ク協調ヲ保チマシテ、之ニ要スル經費ノ支出ニ付テモ、貧弱ナル所ノ植民地ノ特別會計ニ委ネテ置クト云フコトハ、甚ダ遺憾ナ次第デゴザイマシテ、十分ニ此目的ヲ貫徹致シマスルニ付キマシテ政府ノ所見ヲ聽キマスルニ、更ニ大ニ考慮ヲ費スベシト云フコトデゴザイマシタ、唯、本案審査ニ當リマシテ、總理大臣、農商務大臣等ノ出席ヲ求メテ、十分ナル意見ヲ聽キタイノデアリマシタガ、何分會期切迫ノ場合デアリマシテ、貴族院等ノ都合ガアリマシテ、出席ヲ求メルコトガ出來マセナンダヤウナ事デアリマシタ、是ハ大ニ遺憾トスル次第デゴザイマス、併シ右申述ベマシタ通リノ次第デアリマシテ、此植民地ノ米作ノ増殖ヲ圖ルト云フコトハ、最モ必要ナル事デアリマスルガ故ニ、委員會ハ以上申述ベマシタル如ク、愼重審議ヲ重ネタル結果、内地、植民地ヲ通ジテ、産米ノ増殖ニ付テ徹底的ニ政策ヲ確立スルノ必要ヲ認メマシタノデ、全會一致ヲ以テ可決致シマシタ次第デゴザイマスカラ、本會モ亦滿場ノ御賛成ヲ希望スル次第デゴザイマス、尚又農業政策ニ關スル建議モ同一委員ニ付託致サレマシタコトデアリマスガ故ニ、此委員會ノ經過ヲ御報告致シマスデゴザイマス、食糧問題ヲ解決スルニ付キマシテハ、開墾助成法トカ、或ハ耕地整理等ガ必要ナルコトハ、申スマデモナイ事デアリマシテ、新ニ計畫ヲ立テルト云フコトハ、ソレ〳〵政府モ提案等ヲ致サレマシタコトデゴザイマスケレドモ、併ナガラ從來既ニ開墾シ居ル所ノ完全ナル耕地ニ對シマシテ、其利用ヲ圖ルト云フコトハ、最モ生産増殖ニ付テ必要デアリマス、然ルニ農業政策ニ關スル建議ノ要點ハ、農業勞働者ノ増加ノ方法ヲ講ズル事、農具改良ノ方法ヲ講ズル事、ソレカラ農業上ノ發明者及篤志者ヲ奬勵スル事、肥料ノ廉價購入ノ方法ヲ講ズル事、牛馬耕ヲ奬勵シ農業用牛馬廉價購入ノ方法ヲ講ズル事、耕地排水灌漑整理ヲ更ニ大ニ奬勵スル事ト云フノガ、本建議案ノ項目デアリマシタガ、委員會デ意見ヲ闘ハシマシタ結果、病害蟲撲防驅除方法ノ改良ヲ講ズル事等ガ最モ必要デアッテ、政府委員ニ其意見ヲ確メマシタ所ガ、此問題等ニ就キマシテハ、政府ハ從來ソレ〳〵改良ノ方法ヲ講ジテ居ル次第デアル、併ナガラ委員會ニ於キマシテハ、未ダ十分ナラザルモノト認メマシタルガ故ニ、此箇條ニ就キマシテモ最モ政府ハ考慮ヲ費サレマシテ、十分ノ發達ヲ期セラレンコトヲ希望スルト云フコトノ方針デ、本案モ委員會ハ全會一致ヲ以テ可決致シマシテゴザイマスカラ、ドウカ本會ニ於キマシテモ滿場御賛成ヲ希望致シマス、此段御報告申上ゲマス

○岩崎勲君　日程第一ハ、委員長報告通リ可決セラレンコトヲ望ミマス、日程第二ハ委員長報告通リ、卽チ委員會ニ於テ修正議決ノ通リ、可決セラレンコトヲ望ミマス

〔「賛成」ト呼フ者アリ〕

○議長（大岡育造君）　岩崎勲君ノ御意見ニ御異議ハ無ト思ヒマス、仍テ二案共委員長報告ノ通リニ可決致シマシタ

第五　本邦基礎工業ノ保護ニ關スル建議案(田中隆三君外一名提出)　(委員長報告)

〔井上角五郎君登壇〕

○井上角五郎君　本邦基礎工業ノ保護ニ關スル建議案ハ、時日切迫ノ折柄デゴザイマシテ、昨日一日ヲ以テ其審議ヲ遂ゲ、之ヲ可決致シマシタ、戰後基礎工業ガ一般ニ急激ナル打撃ヲ受ケテ居ルニ對シマシテハ、政府ハ相當ナル考慮ヲ用キマシテ、之ガ救濟ヲ爲シ、之ガ維持ヲ爲シテ、自給自足ノ本旨ヲ貫カシムルコトニ對シテハ、十分ナル誠意ヲ持ッテ居ルモノト私共ハ認メマシテゴザイマス、又吾々ハ提出者田中君ノ説明ヲ聽キマシテ、尚ホ民間當業者ガ或ハ公ニ發表シ、或ハ其筋ヘ請願致シテ居ル所ノ書類ヲ參酌シ、先ヅ基礎工業ナルモノハ果シテ何デアルカト云フコトニ就キマシテ、卽チ申上グルガ如ク時日切迫ノ折柄デゴザイマスカラ、鐵、亞鉛、染料、曹達、此四點ニ限ッテ十分ナル調査ヲ致シマシテ、戰後ノ變動ハ中々ニ急激ニ來ッテ居リマス、サウシテ今尚ホ其變動ノ最中デアリマス、殊ニ歐洲ニ於テ講和會議ガ開カレテ居リマスガ、此講和會議ノ結果ハ、直接ニ又間接ニ經濟狀態ニ影響スル所ノモノガ多イノデアリマス、今日果シテ是等基礎工業ノ製造費用ガ幾何デアラウカ是等基礎工業ノ市價ガ幾何デアラウカ、外國ノ製造物品ハ忽チ殺到シテ、我國ニ輸入セラル、ニ至ルデアラウカ、又其需要ハ戰時ニ於テ非常ニ增加シタノデアルガ、果シテ幾何ノ減少ヲ來スデアラウカト云フコトハ、恐クハ當業者ニ於テモ十分ナル見込ハ立チマセヌ、政府ニ於テモ尚且ツ其見込ガ立タヌノデアリマシテ、政府ハ今申上グルガ如ク、救濟ニ對シ、又維持ニ對シテ、十分ナル誠意ヲ持ッテ居リマスルケレドモ、之ヲ果シテ如何ニスベキカト云フ事ニ就テハ、未ダ十分ナル方針ヲ決定スルニ至ラヌト云フコトハ、吾々ニ於テハ强チ無理ナラヌ事デアルト認メタノデアリマス、鐵ハ政府ニ於テハ、現ニ出來得ル限リ之ヲ買上ゲテ現在市場ニアル所ノ所謂停滯貨物ニ對シテ、救濟ヲ施シテ居ルト云フコトヲ言明致シマシタ、其他此現在停滯シテ居ル貨物ノ救濟ニ付テ所謂一時的ノ手段ハ各方面ニ亙ッテ攻究ヲシテ居ルノデアッテ、出來得ルダケ之ヲヤッテ見タイト云フ考ヲ持ッテ居ルト云フコトヲ言明致シマシタ、又此鐵、亞鉛、染料ニ對シテハ、必ズシモ海關稅制定ニ反對スルモノデハナイ、現ニ海關稅制定ノ事ニ就テハ調査ヲ致シテ居ル、併ナガラ此海關稅制定ト云フ事柄ハ、曾ニ製造者ノ利益ヲ考ヘルノミナラズ、需要者ノ利益ヲモ考ヘナケレバナラズ、殊ニ講和會議ノ結果ガ、各國間ノ關稅政策ニ向ッテ、如何ナル有樣ニ立至ルカト云フコトモ考慮シナケレバナラヌカラ、强チ反對ヲ表スルモノデハナイ、十分ナル調査ヲシテ居ルケレドモ、今直チニ之ヲ實行スルト云フ場合ニハ立至ラヌト云フノデアリマス、就中染料ニ付キマシテハ――我國ニ於テ鐵、鋼ノ製造ノ獨立ヲ得ルコトハ言フマデモナイガ、染料ニ至リマシテハ、其材料モ我國ニ現在シテ居ルシ、又今日マデヤッテ來タ所ニ於テ見レバ、從來之ヲ維持シテ、卽チ獨立ナル我國ノ物產トナルコトハ見込ガ十分デアルカラ、政府ニ於テハ保護會社ニ命令シ、保護會社ヲ監督シテ、保護會社ト保護會社以外ノ民間ノ事業者ト競爭セシメズ、能ク其一致ヲ保タシムルノミナラズ、保護會社ヲシテ、成ベク原料、或ハ之ニ僅ニ準備ヲ加ヘタル半製品ヲ民間ノ染料會社ニ供給シテ、之ヲシテ完成セシメ、保護會社ト保護會社以外ガ調和ヲ保ッテ、共々ニ發達シテ、行々ハ我國ノ一ノ物產トナルコトヲ期シテ居ルト云フノガ、政府委員ノ言明デアリマシタ、曹達ニ至リマシテハ、所謂曹達灰又苛性曹達共ニ見込ヲ持ッテ居ル、曹達灰ノ製造ハ、是マデ試ミテ度々失敗ヲシタガ、今ニ於テハ餘程見込ノアルモノニナッテ來タ、苛性曹達ニ至リマシテハ、ソレニ附帶シテ晒粉モ出來、殊ニ電氣分解ノ方法ガ十分進ンデ來タカラ、必ズ我國ノ化學工業品ノ基礎トナッテ、是亦一ノ物產トナリ得ルコトヲ信ジテ居ルカラ、差向ノ所其原料タル鹽ガ、到底內地ノ鹽デハ、如何ニシテモ安ク之ヲ供給スルノ途ガ無イカラ、農商務省ニ於テモ、大藏ノ當局ニ於テモ、關東州若クハ臺灣、又朝鮮ニ於ケル製造ノ鹽ヲ安キ、運賃ヲ以テ輸入シテ、成ベク總テノ費用ヲ掛ケナイヤウニシテ、之ヲ當業者ニ安ク貸渡スノ方法ヲ攻究シテ居ルト云フコトガ、當局者ノ言明デアリマス、最後ニ斯ク一時的ノ救助ヲ爲シ、斯ク永久的ノ救助ニ向ッテ考慮ヲ煩スノミナラズ、製造ハ要スルニ製造費ヲ安クスルノガ何ヨリ必要デアルカラ、其材料ニ向ッテハ十分ナル注意ヲ拂ヒ、殊ニ政府ノ力デ許ス所ノモノハ、最モ其材料ヲ安クスルニ努メル、例ヘバ砂鐵業者ノ要スル木炭、此木炭ハ山林ノ木ヲ伐ッテ燒クノデアル、故ニ砂鐵業者ガ要スル所ノ木炭ノ原料タル山林ノ如キモノハ、之ヲ安ク拂下ゲルノ方法ヲ執ル積リデアル、又汽車ノ運賃――各種ノ製造工業ニ向ッテ、固ヨリ汽車ノ運賃ノ安イコトハ要スルケレドモ、殊ニ基礎工業ニ向ッテハ、汽車ノ運賃ヲ安クスルト云フ方法ノ如キモ、方ニ考慮シテ居ル所デアッテ、是ガ實行ヲヤッテ見タイト思ッテ居ルト云フコトハ、政府當局ノ言明スル所デアリマシタ、要スルニ大體ニ於テ本邦ノ基礎工業ヲ保護シテ、其今日ノ窮狀ヲ救ヒ、其維持ヲ圖ッテ、是等鐵、亞鉛、染料、若クハ曹達ノ如キ物ノ自給自足ヲ圖ッテ、共ニ我國ノ一ノ獨立ナル物產トナルコトヲ期スルノハ、政府ニ於テ最モ注意スル所デアルト云フコトノ言明デゴザイマシタ、斯樣ナル意味ヲ以テ私共ハ本案ヲ贊成シ、滿場一致ヲ以テ可決シタ次第デゴザイマス、此段ヲ御報告致シマス(拍手起ル)

○岩崎勳君　本案ハ委員長報告ノ通リ、可決セラレンコトヲ望ミマス

〔「贊成」「異議ナシ」ト呼フ者アリ〕

○議長(大岡育造君)　本案ハ別ニ異議無キヲ以テ、委員長報告ノ通リ可決シタルコトヲ宣告致シマス――日程第六小松島港改良修築ニ關スル建議案ヲ議題ト致シマス――委員長政尾藤吉君――委員長不在ノヤウデアリマスカラ、理事河上哲太君

特別報告第九十九號

意見書

請願文書表第六一四號

朝鮮ニ官幣神社奉祀ノ請願　茨城縣北相馬郡文間村大字立木二千二百十一番地平民農海老原新太郎 外八名呈出（紹介議員小久保喜七君）

右請願ノ要旨ハ我カ帝國ト朝鮮トノ關係ハ遠ク天祖ノ皇弟素盞嗚男命ノ御代ニ始マリ　明治天皇陛下ノ御代即明治四十三年ニ至リ該土ハ遂ニ我カ帝國ニ併合セラレ爾來我カ國ノ德化ニ浴シ文化日ニ進ミ昔日ノ比ニ非スト雖尚韓民ヲシテ我カ國民ト同化融合セシメムト欲セハ帝國固有ノ倫理常綱ヲ宣傳普及シ祖先崇拜ノ觀念ヲ起サシメサルヘカラス而シテ祭祀ヲ重シ敬神ノ誠ヲ竭スハ我カ國民道德ノ大本ナリ如上ノ趣旨ニ依リ朝鮮ニ素盞嗚男命ト御子五十猛命トヲ祭神ト爲シ神功皇后、武内宿禰ヲ相殿ト爲シ官幣大社朝鮮神宮ヲ奉祀シ以テ一般韓民ニ尊祖敬神ノ思想ヲ鼓吹普及セシメラレタシト謂フニ在リ

衆議院ハ其ノ趣旨ヲ至當ナリト認メ之ヲ採擇スヘキモノト議決セリ依テ議院法第六十五條ニ依リ別冊及御送付候也

特別報告第二百十二號

意見書

請願文書表第七四六號

質屋取締法中改正ノ請願　朝鮮京城府本町四丁目百十二番地平民質商橋本茂雄外七十七名呈出（紹介議員牧山耕藏君）

同　第七四七號

同上　朝鮮平安道鎭南浦府三和町九十六番地平民質商片掛ミツ外九名呈出（紹介議員牧山耕藏君）

同　第七四八號

同上　朝鮮忠清南道大田郡大田面本町一丁目平民質商井上剛外十名呈出（紹介議員牧山耕藏君）

同　第七四九號

同上　朝鮮釜山府富平町二丁目三十一番地平民質商上野喜右衛門外七名呈出（紹介議員牧山耕藏君）

同　第七五〇號

同上　朝鮮京城府龍山榮町三十二番地平民龍山質屋組合取締松木開三外二十二名呈出（紹介議員牧山耕藏君）

同　第七五一號

同上　朝鮮京畿道仁川府花町二丁目五十八番地平民質商板倉伊平外六名呈出（紹介議員牧山耕藏君）

同　第七五二號

同上　朝鮮慶尙北道大邱府田町四十九番地平民質商大塚健治郎外四名呈出（紹介議員牧山耕藏君）

同　第七五三號

同上　朝鮮咸鏡南道咸興大和町二丁目平民質屋業武藤雷藏外三名呈出（紹介議員牧山耕藏君）

同　第七五四號

同上　朝鮮平壤府 旭町十二番地 平民山村卓 外十二名呈出（紹介議員牧山耕藏君）

同　第七五五號

同上　朝鮮全羅南道木浦府幸町二丁目保見ツネ 外十七名呈出（紹介議員牧山耕藏君）

同　第七九五號

同上　朝鮮全羅南道光州郡光州面東門道二十二番地平民質商千原靜男外二名呈出（紹介議員牧山耕藏君）

同　第一四九〇號

同上　朝鮮京城府惠化洞百十九番地平民李完翼外二十五名呈出（紹介議員牧山耕藏君）

右請願ノ要旨ハ質屋營業ハ下層社會ノ金融機關トシテ最モ必須ノモノナルニ現質屋取締法ハ明治二十八年ノ制定ニ係ルヲ以テ時代ノ推移ニ伴ハス却テ本法制度ノ趣旨ヲ沒却スルモノアルヲ以テ同法中（一）第三條ニ「確認シタル後」トアルヲ「認メタル後」ト改メ（二）第五條第二項ニ「但質置主ニ於テ之ヲ必要トセサルトキハ交附セサルコトヲ得」トノ趣旨ヲ附加スルコト（三）第十一條中「經過ノ後何時タリトモ其ノ質物ヲ處分スルコトヲ得」トアルヲ「經過ノ時ヲ以テ所有權ヲ取得ス」トノ趣旨ニ改ムルコト（四）第十六條ヲ「善意無過失ニテ盜品又ハ遺失物ヲ質物ニ取リタルトキハ被害者ノ請求ニ依リ質取主ハ貸金元額ノ辨償ヲ受ケ其ノ物件ヲ返還ス若被害者知レサルトキハ不正品タルコトヲ發見セラレタルトキヨリ六箇月間保管シタル後其ノ所有權ヲ取得ス但刑法第二百四十條ノ犯罪物件ニ付テハ此ノ限ニ在ラス」トノ趣旨ニ改ムルコト（五）現在ニ於テ不正業者ハ組合員以外ノ者ニ多ク爲ニ善良ナル組合員モ不利益ノ取締ヲ受タル有樣ナルヲ以テ強制組合ニ關スル規定ヲ以テ自ラ警制スルノ道ヲ開クト共ニ取締上ノ利便ニ供スルコト等ノ諸點ヲ追加改正セラレタシト謂フニ在リ

衆議院ハ其ノ趣旨ヲ至當ナリト認メ之ヲ採擇スヘキモノト議決セリ依テ議院法第六十五條ニ依リ別冊及御送付候也

○國務大臣(原敬君)　諸君、本期議會ノ開會ニ際シマシテ、玆ニ卑見ヲ述ブルハ、最モ光榮トスル所デアリマス、御承知ノ如ク約五箇年ニ亙リタル戰亂ハ、一昨年末休戰ト相成リマシタ、昨年六月ニ至リマシテ講和條約ガ調印サレマシタガ、爾來種々ナル曲折ガアリマシタ、本月ニ入リ始メテ之ヲ實施スルニ立至ツタノデアリマスガ、此平和克復ニ對シマシテハ、諸君ト共ニ慶賀ニ堪ヘヌコト、存ジマス、然レドモ退テ考ヘマスレバ、此條約ヨリ生ズル所ノ我國ノ責任、今後國際間ニ生ズル所ノ諸般ノ措置、及國民ノ覺悟ト云フヤウナル事ニ至リマシテハ、愼重ナル考慮ヲ要スルコト、無論デアルト信ズルノデアリマス、先般講和條約ノ發布ニ際シマシテ畏クモ大詔ヲ煥發セラレ、國民ノ向フ所ヲ示シ給ウタノデアリマス、皇謨深遠恐懼ノ至リニ堪ヘマセヌ、謹ンデ此聖旨ヲ奉戴致シマシテ、鋭意聖旨ノ貫徹ヲ期シナケレバナラヌト考ヘルノデアリマス、我國ト列國トノ關係ハ、日英同盟ノ鞏固ナルヲ始メト致シマシテ、其他ノ列國ニ對シテモ、交際益〻親密デアリマスノハ、國家ノタメニ、洵ニ欣喜ニ堪ヘマセヌ、西伯利ノ問題ハ彼ノ地方未タ安定致シマセヌ、今日ノ現狀ハ如何ニモ差措キ難キ狀況ニ在リマスガ故ニ、多少ノ兵ヲ增派致シタノデアリマス、斯樣ニ致シテ增兵致シマシタケレドモ、是ハ固ヨリ彼ノ地方ニ對シテ何等領土的野心ノアル譯デナイコトハ、玆ニ冗辯ヲ費スマデモアリマセヌ、又何等內政上ニ干渉スルノ意志ナキコトモ明カデアリマス、對支問題ニ至リマシテハ、支那國民中ニ我國ヲ誤解致シマシテ、色々ナル流言浮說ヨリ排斥ヲ試ミテ居ルコトハ、今日尙熄マヌノデアリマスケレドモ、日支親善ノ外ナキ我國ノ誠意ハ、漸次ニ諒解セラルルコトデアルト云フコトヲ、信ジテ疑ヒマセヌ、山東問題ハ講和條約モ既ニ成立致シタル今日デアリマスルカラ、速ニ之ヲ支那國ニ還附スルヲ以テ、適當ナル處置ト考ヘマスルカラ、支那政府ニ向ッテハ、既ニ其還附ノ協商ヲ開クコトヲ、提議致シテアリマス、內政ニ至リマシテハ、前期議會ニ御協贊ヲ得マシタ諸般ノ案件ヲ遂行致シタルコトハ、申スマデモアリマセヌガ、尙是等ノ效果ヲ十分ニ致サウト考ヘマスルガ故ニ、大正九年度ノ豫算ニ於テ、敎育、產業等ヲ始ト致シマシテ、鐵道、港灣、電信、電話、又ハ道路改良ト云フヤウナル事ノ如キ、財政ノ許ス範圍ニ於テ、諸般ノ計畫ヲ立テタノデアリマス、是ハ豫算ノ上ニ詳細ナル御諒解ヲ得マセウト思ヒマス、國防ノ事ニ關シマシテハ、我國ノ國防ナルモノハ、元來何等侵略的ノ意味ノ無イト云フコトハ、今更冗辯ヲ費スマデモナイコトデアリマスルガ、歐洲ノ大戰爭ノ實驗ニ顧ミマスレバ、今日我國ノ國防ハ、是デ滿足ナリトハ申サレヌノデアリマス、故ニ國防ノ充實ヲ圖ラナケレバナラヌト云フコトハ、恐クハ何人モ異論ノ無イ所デアラウト考ヘマスルガ、前期議會ニ於テ——內閣組織ノ日モ淺ク、十分ナル計畫ヲ立テ、議會ニ提案スルト云フマデニハ、至リ兼ネタノデアリマス、仍テ今回ハ是等ノ計畫ヲ立テマシテ、御協贊ヲ仰ガウト考ヘテ居ルノデアリマスルガ、然ルニ此國防充實ノ事ニ關シマシテハ、多大ノ經費ヲ要シマス、是ガタメニ已ムヲ得ズ所得稅及酒稅ノ增收ヲ圖ルコトニ立至ツタノデアリマスル、ケレドモ是ハ財政上眞ニ已ムヲ得ザル事情ニ基クモノデアリマスルカラ、蓋シ國民モ此事情ハ諒トスルデアラウト考ヘルノデアリマス、又前議會ニ於テハ御承知ノ如ク、衆議院議員選擧法ノ改正案ヲ提出致シテ、其御協贊ヲ得マシタ、今期議會ニ於テハ、政府ハ更ニ地方制度ノ改良ノ必要ヲ認メマシテ、其計畫ヲ立テタノデアリマス、又陸海軍ノ軍法會議法ノ改正、是モ多年ニ亙ル問題デアリマスルガ、今回其成案ヲ得タノデアリマスルカラ、是等ノ事ハ不日提出致シマシテ、御協贊ヲ仰ガウト考ヘマスル、固ヨリ種々ノ案件ヲ提出致シマスルガ、是等ハ重要ナル事ト考ヘテ、此際ニ申シテ置クノデアリマス、又世界ノ大勢ニ順應スルガタメニハ、我國ノ制度ノ各般ノ改正ヲ急務ト致スコトハ勿論デアラウト思フ、故ニ政府ニ於キマシテハ先般法規整理委員會ヲ設ケマシテ、維新以來ノ法令ヲ整理スルコトニ著手致シマシタ、又財政經濟調査會ヲ設ケテ、糧食問題ヲ始ト致シマシテ、財政經濟ノ根本的ノ基礎ヲ定メヤウト考ヘテ、是ニ著手致シテ居ルノデアリマス、又法制審議會ナルモノヲ設ケマシテ、我國ノ淳風良俗ニ或ハ背キハシナイカト云フヤウナル事柄ノ改正ヲ要スルタメニ、民法上ノ改正ヲ企テマシタ、又陪審制度ノ創定、是モ長キ問ノ問題デアリマシテ、憲政上必要ナル事ト確信スルノデアリマスルカラ、是等ノ事ヲ法制審議會ニ於テ會議シツヽアルノデアリマス、是等ノ委員會ノ調査等ヨリ生ズル諸問題ノ中ニハ、今期議會ニ提出スルモノモ無論アラウト思ヒマスルガ、又或ハ審査結了致サズシテ、次期ノ議會ヲ俟タザルヲ得ヌモノモ無論アルノデアリマセウ、何レニ致シマシテモ、政府ハ一日モ國家ノ今日ノ狀態ニ於キマシテ、諸般制度ノ改善ヲ怠ルコトハ無イノデアリマス、唯ヽ玆ニ特ニ御承認——御諒承ヲ得テ置キタイト思ヒマスルノハ、近來動モシマスレバ質實穩健ノ氣風ヲ減退スルヤウナ虞ガアリマス、又或ハ極端ナル外來ノ思想ニ感染致シマシテ、精神上ノ動搖ヲ來サントスルガ如キ虞モアリマス、是等ノ事ハ如何ニ國政ノ改良ヲ致シ、制度ノ改廢ヲ企テタリト致シマシテモ、是等ノ事ハ國家ノタメニ斷シテ排斥セザルヲ得ヌト考ヘルノデアリマス、終リニ臨ミマシテ朝鮮、臺灣、及關東州ノ事ニ就イテ、一言述ベ置キタイノデアリマスルガ、是等ノ地方ノ制度ノ改正ヲ要スルコトハ、御承知ノ如ク多年ノ問題デアリマス、故ニ政府ハ先般之ガ改正ヲ實行致シタルコトモ、諸君ノ既ニ御承知ノ事デアラウカト思ヒマス、殊ニ朝鮮ニ在リマシテハ、朝鮮人意外ノ誤解ヨリシテ、昨年騷擾ヲ釀シタノデアリマス、之ニ對シマシテ、政府ハ先般發セラレタ所ノ詔勅ノ御趣意ニ基キ、一視同仁ノ聖旨ニ鑑ミマシテ、彼ノ地人民ノ幸福安寧ヲ計ルタメニ、諸般ノ改正ヲ致シタノデアリマス、而シテ是等地方ノ事ニ關シマシテハ、今期議會ヨリ朝鮮、臺灣、關東州ノ總督及長官モ政府委員トシテ、議會ニ出席スルコトニ相成リマシタカラ、必要ナル場合ニハ、詳細其情況ヲ說明スル機會モアラウト考ヘマスル、以上ノ外尙外交上、財政上、其他諸般ノ事ニ關シマシテハ、當局大臣ヨリ詳細說明致シマスルカラ、之ヲ諒セラレンコトヲ望ミマス(拍手起ル)

○議長(大岡育造君)　內田外務大臣

〔國務大臣子爵內田康哉君登壇、拍手起ル〕

○國務大臣(子爵內田康哉君)　諸君、本日爰ニ過去一年間ニ於キマスル帝國外交ノ經過ニ關シマシテ、其大要ヲ說明致シ、併セテ政府ノ所見ヲ開陳スルノ機會ヲ得マシタルコトハ、私ノ甚ダ欣幸トスル所デゴザイマスル、既往五年ニ亙リマシタ世界ノ大動亂モ愈、終結致シマシタガ、此ノ終結ヲ告グルタメニ、昨年一月以來佛國巴里ニ於テ聯合各國ノ平和會議ヲ開キマシテ、平和條件ヲ討議致シマシタ所、漸ク同年五月ニ至リマシテ、聯合側ノ協議ガ決定致シマシタノデ、之ニ基イテ平和條約案ヲ作成致シマシテ、敵國タル獨逸ノ全權委員ニ交付致シマシタ、同全權ト數回往復折衝ノ後、六月二十八日ニ至リマシテ、聯合與國及獨逸ハ支那ヲ除キマシタ外、全部之ニ調印ヲ致シマシテ、其後獨逸ガ此條約ヲ批准致シマシタノヲ初メト致シマシテ、伊太利、英吉利、佛蘭西ノ三國ガ相次イデ批准ヲ致シマシタ、我ガ帝國ニ於キマシテハ、昨年十一月七日御批准ノ運ビト相成ッタノデアリマス、尋テ本年本月十日巴里ニ於キマシテ、日本、英吉利、佛蘭西、伊太利等十三箇國、及獨逸ノ代表者間ニ批准書寄託ノ第一回調書ヲ作成調印致シマシタ、此寄託書ノ調印ニ依リ、條約ハ之ヲ批准致シマシタル國ノ間ニ於テ、右調印ノ即日、即チ本月十日ヨリ愈、實施セラル、コト、ナリマシタ次第デゴザイマス、其結果本月十日附ノ官報ヲ以テ、愈、條約全部公布ニ相成ッタ次第デゴザイマス、諸君モ既ニ御承知ノ通リ、此平和條約ハ同盟及聯合國ト獨逸トノ平和條件ヲ規定致シマスルト同時ニ、世界恆久平和ノ基礎ヲ確立セントスルモノデアリマシテ、其規定ノ廣汎ナルト、其內容ノ複雜重要ナルトノ二ツニ於キマシテハ、古來其比ヲ見ザル所デアリマス、其中獨逸トノ講和條約ハ、戰爭ニ對シマスル獨逸ノ責任ヲ糺シ、且ツ將來ニ對スル保障ヲ定ムルモノデアリマシテ、戰爭ノ始末ヲ付ケ、其再發ヲ防止スル上ニ極メテ重要ナルコトハ、申スマデモナイ所デゴザイマス、之ト同時ニ永久平和ノ基礎タル國際聯盟規約、及勞働規約ノ如キハ、正ニ新世界ノ大憲章トモ稱スベキモノデアリマス、卽チ國際聯盟規約ハ、從來ノ國際關係ニ一歩ヲ進メマシテ、國際協調ノ主義ニ基キ、世界ノ平和ヲ完成シ、國際協力ヲ促進センコトヲ目的トスル、國際關係ノ新組織ニ關スル規約デアリマス、而シテ國際聯盟ノ執行機關タル理事會モ、米國大統領ノ案内ニ依リ、既ニ本月十六日ヲ以テ巴里ニ於テ、其第一回會議ヲ開キタル次第デゴザイマス、又勞働規約ハ、社會正義ヲ基礎トシマスル世界ノ平和ヲ確立センガタメ、勞働狀態ヲ改善センコトヲ目的トスルモノデアリマシテ、過般華盛頓ニ於テ其第一回勞働總會ヲ開催シマシタ、帝國初メ四十箇國ノ代表者ガ、之ニ會合致シマシテ、勞働條件ヲ規律致シマス所ノ方法、並ニ其原則ニ關スル種々ノ問題ヲ決議致シマシタ、尙又敵國ノ一タル墺地利ニ對シマスル平和條約モ、昨年九月十日ヲ以テ關係列國ノ間ニ調印ガ成リマシテ、既ニ墺地利及伊太利ノ二國ハ、其批准ヲ了ヘマシタ次第デゴザイマス、帝國ニ於キマシテモ、只今其批准ノ準備中デアリマシテ、日ナラズ御批准ヲ奏請シ得ルコトニナルデアラウト思ヒマス、又他ノ列國モ逐次批准ヲ了スルコト、思ハレマス、此墺地利ノ條約ハ、其内容ハ大體ニ於テ、對獨平和條約ト異ナル所ハゴザイマセヌ、更ニ又他ノ敵國タル勃牙利、洪牙利及土耳其ニ對スル平和條約モ、ソレ〳〵進行中デアリマシテ、此中勃牙利ニ對シマスル條約ハ、既ニ其調印ヲ了ヘテ居リマス、此ノ如ク約五年ニ亙リマシタル大戰爭モ、事實上ニ於キマシテハ、茲ニ決定的ニ終結ヲ告ゲタト申シテ差支ナカラウト思ヒマス、卽チ世界ノ平和モ確定ニ至ッタ次第デアリマス、此未曾有ノ國際間ノ大典ガ、果シテ完全ニ履行セラルルヤ否ヤ、其成功ト不成功トハ、偏ニ運用ノ如何ニ存スル次第デアリマス、日本ハ過去ニ於キマシテ、國際條約ノ履行ヲ怠ルヤウナコトハ、嘗テ一回モゴザイマセヌ、今回ノ平和條約ニ付テモ、最モ忠實ニ之ヲ履行スル國家ノ一タルベキハ勿論デアリマス、私ハ我朝野一同　詔勅ニ見エマスル聖旨ヲ奉體致シ、萬國ノ公是ニ循ヒ、世界ノ大經ニ仗リ、一層ノ奮發努力ヲ以テ、精神的物質的兩方面ニ亙リ、國力ノ充實ヲ圖リ、世界ノ進運ニ貢献スル所アリマスルト同時ニ、世界ニ帝國ガ負フ所ノ義務ヲ完全ニ果タサンコトヲ、希望致ス次第デゴザイマス、目下ノ時局中重大ナルモノハ、申スマデモナク隣邦支那ニ對シマスル關係ト、露西亞ニ對スル關係デゴザイマス、此二者ハ實ニ世界ノ大問題ノアリマスノミナラズ、殊ニ帝國ニ取リマシテハ、最モ深キ利害關係ヲ有シテ居ル問題デアリマス、先ヅ順序トシテ第一ニ支那ノ關係ニ就テ一言申述ベタイト存ジマス、御承知ノ如ク我帝國ハ大正三年八月日英同盟ノ誼ニ仗リマシテ、世界大戰爭ニ參加シ、獨逸ニ對シテ宣戰致シマシタル結果、獨逸ノ租借地デアリマスル膠州灣ヲ攻略シテ、獨逸ガ極東ニ於ケル根據地ヲ覆シタ次第デゴザイマス、此膠州灣ノ處分ニ付キマシテハ、帝國ガ最初ヨリ之ヲ支那ニ還附スルノ決心ヲ有シテ居リマシタコトハ、大正四年ノ日支協約、並ニ昨年巴里ニ於ケル帝國全權ノ發明、並ニ私ガ外務大臣トシテ致シマシタ累次ノ聲明ニ依ッテ明白ナル次第デアリマスガ、此所謂山東問題ナルモノ、主要構成部分ハ、申スマデモナク膠州灣租借地ト山東鐵道トデアリマスガ、膠州灣ハ右ノ如ク之ヲ支那ニ還附シ、又山東鐵道ハ一昨年ノ取極ニ依リ、兩國ノ合辦トスルコトニ決定シテ居ルノデアリマス、茲ニ此機會ヲ利用致シマシテ、一言申述ベタイ事ガゴザイマス、ソレハ外國人士中ニハ、此山東問題ナル名稱ニ拘泥致シマシテ、山東省全部ガ、恰モ問題ノ目的物トナッテ居ルモノ、如キ誤解ヲ懷イテ居ル者ガアリマス、是ハ我國民トシテハ、誠ニ意外ニ感ズルコトデアリマスケレドモ、實際斯ノ如キ誤解ヲ懷イテ居ル者ガ、歐米ノ識者中ニモアルノハ事實デアリマス、之ニ對シマシテハ相當ノ説明、又此誤解ヲ解キマスル手段ハ既ニ講ジテ居リマスルガ、甚ダ帝國政府ノ遺憾トスル所デアリマスカラ、本日此機會ニ於キマシテ、此點ヲ申述ベタイト思ヒマシタ次第デゴザイマス、帝國政府ニ於キマシテハ、膠州灣還附ニ關シマスル決心ハ、終始渝ラザルモノデアリマス、今ヤ平和條約ハ既ニ實施期ニ入リマシタル結果、膠州灣租借地及鐵道等ハ、完全ニ帝國ニ讓渡セラレタルコト、ナリマシタ、故ニ帝國政府ハ右ノ決心ヲ實行致シマスタメニ、目下必要ナル手續ヲ執リツ、アル次第デゴザイマス、昨年巴里ニ於ケル此山東問題ノ商議ニ關聯致シマシテ、支那ニ於テ排日運動ガ起リ、今尙終熄ニ至リマセヌコトハ、日支兩國ノ關係上誠ニ遺憾トスル所デアリマス、之ニ關シマシテハ、我政府ハ屢次帝國公使及支那駐在ノ各領事ヲ致シマシテ、中央政府又ハ關係地方官憲ニ對シマシテ、排日運動ノ取締ヲ交渉セシメマシタ、最近更ニ中央政府ニ對シマシテハ、嚴重ナル交渉ヲ遂ゲツ、アル次第デアリマス、支那政府ニ於キマシテモ、出來得ル限リ取締ノ方法ヲ講ズルノ旨ヲ證言致シマシテ、大體ニ於テ、取締實行ノ誠意ヲ有スルモノト認メラレマスカラ、目下實際ニ於キマスル其取締ノ成績ノ如何ヲ、注視致シテ居ル次第デゴザイマス、此排日運動ニ對シマシテ、我朝野ガ大局ヲ顧念シテ、冷靜ニ之ヲ迎ヘ、隱忍自重致シマシテ、同國政府ノ維持ヲ危クスルガ如キコトハ、隣邦トシテ、我國ノ坐視スル能ハザル所デアリマス、此故ニ政府ハ豫テ聲明致シマシタ對支借款方針ニ從ヒマシテ、南北ノ紛爭ヲ助長スルガ如キ疑アル對支借款ハ、今尙ホ之ヲ取締リマスト同時ニ、支那政府ノ維持ニ必要已ムヲ得ザル財政援助ニ付キマシテハ、關係諸國ト協調ヲ保チ、支那ノ急ニ應ズルコトヲ辭セザルモノデゴイマス、將又支那南北ニ於ケル紛爭問題ニ關シマシテハ、前議會ニ於テ諸君ニ御報告申上ゲ置キマシタル通リ、帝國ハ勿論、英佛米伊ノ列强モ帝國ト共同致シマシテ、一昨年十二月南北雙方ニ和平勸告ヲ致シマシタ、又昨年六月再度ノ勸告ヲ致シマシタガ、未タ其解決ヲ見ルニ至リマセヌコトハ、關係列强ト共ニ、帝國政府ノ甚ダ遺憾トスル所デアリマス、申スマデモナク、帝國ハ地理上、歷史上、將又政治上、經濟上、支那トハ最モ密接ナル關係ヲ有シテ居ル次第デアリマシテ、其內爭ガ多年ニ亙ルガ如キハ、最モ好マザル所デゴザイマス、是故ニ苟モ南北ノ間ニ和平ノ成立ヲ見ルガタメニハ、借款ノ取締、兵器輸出ノ禁止等、幾多ノ犧牲ヲ拂ヒ、苦心ヲ費シタル次第デゴザイマス、隨ッテ今後ニ於キマシテモ、適當ノ機會ヲ得マスルニ於テハ、列國トモ協議致シマシテ、速ニ南北和平ニ至ルマデ、相當盡力致シタイ考デゴサイマス、之ヲ要シマスルニ、帝國ト致シマシテハ、一日モ速ニ支那統一ノ大業成就センコトヲ、切望シテ已マザル所デゴザイマス、第二ノ問題デゴザイマスル露國ノ件ハ、是亦等シク帝國ニ取リマシテ、甚ダ重要ナルモノデゴザイマス今ヤ過激軍進出ノタメ、更ニ事態ニ重大ナル變化ヲ來シマシタ、一時「オムスク」ニ於ケル「コルチャック」政府ノ下ニ、北露及南露ニ於ケル兩政府及極東ニ於ケル勢力ヲ統轄致シマシテ、露國ノ復興ヲ見ルニ至ラントスル形勢ガ見エマシタケレドモ、最近ニハ歐露ノ反過激派モ甚タ振ヒマセズ、英佛諸國ニ於テモ、今後露國ノ援助ヲ打切ラントスル方針ニ出テマシタヤウナ有樣デゴザイマスガ、西伯利ニ於キマシテハ、最近「コルチャック」軍ノ敗北ニ依リマシテ、「コルチャック」政府ハ「オムスク」ヲ撤退シ、「イルクック」ニ移駐スルノ已ムナキニ至リマシタガ、目下「イルクック」ニ於キマシテモ、亦頗ル混亂致シテ居ル模樣デアリマシテ、「コルチャック」政府ハ、最早統治ノ力ヲ失フニ至リマシタ有樣デゴザイマス、帝國政府ハ從來西伯利ニ於キマシテハ、列國協調ノ精神ヲ重ンジ、特ニ米國ニ對シマシテハ、十分協調ニ力メ、最近鐵道守備ノ手薄ナル處ニ、多少ノ增兵ヲ行フノ必要ヲ認メマシテ、此ノ問題ニ關シマシテモ、米國政府ノ諒解ヲ一度求メツ、アリマシタ次第デゴザイマス、本月八日ニ至リマシテ、在浦鹽ノ米國派遣軍司令官ヨリ我司令官ニ對シマシテ、米國陸軍中央當局ノ命令ニ依ッテ、米國ノ軍隊ヲ西伯利ヨリ撤退スベキ旨ヲ通告致シマシタ、尋テ、其翌日卽チ本月九日、鐵道特別委員會ノ米國委員ヨリ、米國政府ハ、西伯利鐵道監督ノ會議ニ參加スルコトヲ止メテ、委員ヲ右委員會ヨリ脫退セシムルコトニ、決定シタル旨ヲ聲明致シマシテ、尋テ本月十二日、本件ニ對シマスル我政府ノ交渉ニ對シテ、米國政府ノ回答ニ接シマシタ、其說明ニ依リマスレバ、浦鹽ニ於キマスル米國司令官ノ通告ニ先タッテ、帝國政府ニ接到スベキ米國政府ノ回答ハ、手違ノタメニ同通告ヨリモ遲レテ我邦ニ到著シタル次第デアルト云フコトガ明カニナリマシタ、且ツ此事ニ付キマシテハ、米國當局者ニ於テ、洵ニ眞摯ナル態度ヲ以テ、遺憾ノ意ヲ表シ來ッタ次第デゴザイマス、本件ニ關シマスル米國トノ交渉ノ始末ハ、大要右ノ通リデゴザイマスガ、西伯利ニ於キマスル我ガ鐵道守備ノ補充ハ、同地方ニ於ケル情勢ノ切迫ニ依リ、益、緊要ヲ加ヘ來リマシタガ故ニ、帝國政府ハ、約半箇師團ヲ增遣スルノ處置ニ出デタ次第デアリマス、露國ガ今日ノ加キ艱難ヲ惹起スニ至リマシタコトハ、友邦露國ノタメノミナラズ、世界平和ノタメ、眞ニ憂慮ニ堪ヘナイ次第デゴザイマス、帝國ハ常ニ健全ナル政府ガ一日モ早ク確立シマシテ、露國ノ復興ヲ成就センコトヲ希望スルモノデゴザイマス、終リニ臨ミマシテ、速ニ隣邦露西亞及支那兩國ノ平定ヲ見テ、世界全般ニ渉ッテ、眞ノ平和ヲ回復スルノ日ノ近カランコトヲ祈ッテ居リマス、帝國政府ハ常ニ世界平和ノ完成、國際協力ノ進捗ヲ念トスルモノデアリマス、同時ニ正義公道ヲ以テ、國際交渉ノ指針ト致ス所存デゴザイマス、巴里講和會議ニ於キマスル帝國ノ行動乃至對支對露ノ政策ハ、十分ニ此方針デ證明シテ居ルコト、思ヒマス、今ヤ國際聯盟新ニ成立致シマシテ、我帝國ノ國際上ニ於ケル地位ハ一層重大ナルヲ致シ、又列國トノ關係ハ、更ニ一段ノ親密ヲ加ヘテ參リマシテ、世界全般ノ幸福ニ貢獻スル機會モ、益、多カラントスルコトニナリマシタ、斯ル時期ニ於キマシテ、諸君ノ贊助ニ依リ、克ク帝國ノ使命ヲ完ウセントスル覺悟ヲ有スルモノデゴザイマス(拍手起ル)

○議長(大岡育造君) 高橋大藏大臣

〔國務大臣男爵高橋是清君登壇、拍手起ル〕

○國務大臣(男爵高橋是清君) 諸君、玆ニ私ハ大正九年度歲計豫算ニ關シ、其大要ヲ說明スルノ光榮ヲ有シマス、大正九年度豫算編成ニ關スル大體方針及其施設事項ノ主ナルモノニ就キ申シマスレバ、先ツ世界戰後ノ形勢ニ鑑ミマシテ、平和ノ維持上國防充實ノ切要ナルヲ認メ、之ガタメ新タニ相當ノ計畫ヲ立テマシタ、次ニ交通通信機關ノ整備ハ時勢ノ最モ要求スル所デアリマシテ、其結果ハ產業ノ發達、國運ノ進展ニ重大ナル關係アリト認メ、鐵道、道路、港灣、電信、電話等、何レモ相當其計畫改良ニ意ヲ用キテ、新タニ施設經營ノ方策ヲ樹テマシタ、又教育ノ振興ニ就キマシテハ、中等教育實業補習教育等ニ就キ新タニ施設ヲ加ヘ、又私立大學ニ補助ヲ致スコトニ致シマシタ、又產業ノ奬勵ニ關シマシテハ、或ハ開墾ノ奬勵、或ハ窒素研究ニ相當ノ經費ヲ增加致シ、又公有林野ノ經營ニ付キマシテモ、新タニ官行造林ノ計畫ヲ立テマシタ、大正三年臨時事件費ハ、日獨戰爭ノ當時之ヲ設ケ今日ニ及ビマシタル所、今尙時勢ノ狀況バ、事變ノ影響ヲ全ク脫却セルトハ申シ難クアリマスケレドモ、既ニ平和モ克復致シマシタルニ依リ、今回之ヲ整理シ、大正九年度ヨリ之ヲ廢止致スコトト致シマシタ、併ナガラ臨時事件費ヲ以テ支辦シ來リタル事項ニテ、俄ニ廢止スルコトノ困難ナルモノモゴザイマスルニ依リ、之ヲ普通豫算ニ編入致シマシタ、隨テ各省ニ共通ナル官吏以下ノ臨時手當、物價騰貴ニ依ル廳費旅費等ノ補足ハ、何レモ相當ノ程度ニ之ヲ普通豫算ニ計上致シマシタ以上ハ豫算ノ大綱デアリマスガ、歲入歲出豫算ノ計數ニ付テ大要ヲ申シマスレバ、歲入經常部十億四千三百餘万圓、臨時部二億三千三百餘万圓、合計十二億七千六百餘万圓、歲出經常部七億五千二百餘万圓、臨時部五億二千三百餘万圓、合計十二億七千六百餘万圓デアリマシテ、歲入臨時部中前年度剩餘金繰入額ハ、一億四百餘万圓トナル計算デアリマス、歲入豫算中主ナルモノヲ擧ゲマスレバ、經常部ニ於テ租稅收入六億四千七百餘万圓デアリマス、之ヲ前年度ノ豫算ニ比シマスルニ、一億五千五百餘万圓ヲ增加シ、臨時收入ハ六千五百餘万圓デアリマシテ、前年度ニ比シ千五百餘万圓ヲ增加シ、官業及官有財產收入ハ二億八千五百餘万圓デアリマシテ、前年度ニ比シ二千五百餘万圓ノ增加デアリマス、而シテ租稅收入增加ノ中五千七百餘万圓ハ、稅制改正ニ伴フ新規增收額デアリマシテ、是ハ後ニ述ブル通リ新規國防計畫ノ財源ノ一部ニ充ツルモノデゴザイマス、歲出豫算ヲ前年度豫算ニ比較致シマスルト、經常部ニ於テ二億四千六百餘万圓ヲ增加シ、臨時部ニ於テ三千四百餘万圓ヲ減少シ、差引總計ニ於テハ、二億千二百餘万圓ノ增加ヲ示シテ居リマス、此ノ如ク經常部ニ於テ著シキ增加ヲ示シ、臨時部ニ於テ却テ減少ヲ來シマシタルハ、前年度ニ於テ臨時部ニ屬シタル臨時事件豫備費ヲ整理シテ、之ヲ普通費ニ編入シ、其ノ大部分ハ經常部ニ組入レタル結果デアリマス、大正九年度豫算中最モ重要ナル事項ハ國防ノ充實デアリマシテ、將來巨額ノ繼續費ヲ要スル次第デアリマスカラ、之ニ對シテ確定的ノ財源ヲ得ルノ必要ガアリマス、爲ニ政府ハ今回新タニ所得稅及酒稅ニ於テ增收ノ計畫ヲ定メ、右國防費ノ大部分ハ、之ヲ以テ支辦スルコト、致シマシタガ、尙其不足スル所ニ對シテハ、當分ノ中國債償還ヲ停止シテ、之ガ補足ニ充ツルコト、致シマシタ、右新規國防經費ニ依リ、大正九年度ニ於テ更ニ陸海軍經費ノ增加スヘキ金額ハ、經常臨時ヲ合シテ九千九百餘万圓デアリマス、此ノ計畫ニ依リマスレバ、陸軍ニ屬スル臨時費ハ、總額四億八千六百餘万圓デアリマシテ、大正九年度以降大正二十二年度ニ至ル、十四箇年度間ニ亙リ支出スルモノデアリマス、又海軍ニ屬スル臨時費ノ總額ハ、八億六千三百餘万圓デアリマシテ、大正九年度ヨリ大正十六年度ニ至ル、八箇年間ニ亙リ支出スルノデアリマス、而シテ其大正十年度以降ニ要スル金額ハ、經常臨時ヲ合シテ每年約一億六十万圓デアリマス、一面增收計畫ニ依ル稅法改正ノ結果、將來所得稅ニ於テ七千八百餘万圓、酒稅ニ於テ五千七百餘万圓、合計一億三千五百餘万圓ノ增收ヲ得ル見込デアリマスガ、其實施ノ初年度タル大正九年度ニ於ケル增收額ハ、所得稅ニ於テ五千二百餘万圓、酒稅ニ於テ五百餘万圓、合計五千七百餘万圓デアリマス、前ニ述ベマシタル國際償還資金繰入ノ停止ニ付テハ、特ニ一言スルノ必要アリト考ヘマス、此國際償還資金繰入ノ中止ニ關シ考慮ヲ要スベキハ、去ル明治三十八年ノ發行ニ係リ、來ル大正十四年ニ償還期限ノ到來スベキ、四分半利付英貨公債五億八千五百餘万圓ノ償還ノコトデアリマス、現今ニ於テハ右發行總額ノ中、一億六千九百餘万圓ハ既ニ買入銷却濟トナリ、此他大正八年度內ニ買入銷却見込ノモノ、少クモ六千餘万圓アリマスルカラシテ、剩ス所ハ三億五千五百餘万圓デアリマス、而シテ現ニ預金部所有ノ在外正貨ハ、三億八千餘万圓ニ達シテ居リマス、故ニ預金部ハ、裕ニ右四分半付英貨公債ノ借換ニ應スルノ資力ヲ有シテ居リマス、卽チ政府ハ現狀ニ於テ、既ニ來ル大正十四年ノ外債借換償還ニ對スル、確實ノ準備ヲ有スルノデアリマス、而モ國債償還資金ノ繰入ノ停止ハ、長クモ三四箇年ヲ出デズシテ之ヲ復活スル考デゴザリマスカラ、何等差支ナイコト、考ヘマス、故ニ我國防充實ノタメ租稅ヲ增徵スルノ已ムヲ得ザル時機ニ際シテハ、暫ク國債償還ノコトヲ中止シテ、國家ノ急務ニ應ズルコソ、最モ時宜ニ適シタル處置ト信スルノデアリマス、此機會ニ於テ、增收經過ニ伴フ稅制改正ノ要點ヲ略言致シマスレバ、法人ノ所得ニ對シマシテハ、從來ノ源泉課稅ヲ廢シ、其ノ益金ヲ株主等ニ配當シタル場合、其ノ個人ニ對シ、綜合課稅スルコト、致シマシタ、尤モ法人ノ所得中、之ガ配當ヲ爲サスシテ社內ニ留保スル金額ニ對シテハ、之ニ課稅スルコト、シ、又法人ノ所得ガ一定ノ利廻ヲ超過スルトキハ、其ノ超過割合ノ多少ニ應シ、超過累進率ヲ以テ課稅ヲ爲スコト、致シマシタ、尙大正八年度ニ於テ課稅セラレタル、法人ノ配當ヲ受ケタル個人ニ對シテハ、大正九年度ニ於テ課稅セザルコト、致シマシタ、故ニ其缺陷ヲ補塡スルタメ、大正九年度ニ限リ、法人ノ超過所得稅ニ對シ、稅額ノ十五割ヲ增徵スルコト、致シマシタ、個人ノ所得ニ付テハ、從來課稅シタル所得ノ外、法人ヨリ受クル配當金及賞與金ヲ綜合課稅スルコト、シ、山林ノ所得ハ、之ヲ他ノ所得ト分離シテ税率ヲ適用スルコト、シ六千圓以下ノ所得者ニ對シテハ、其勤勞所得ニ對スル控除步合ヲ多クシ、又三千圓以下ノ所得者ニシテ、其同居家族中、老者、幼者、又ハ不具、癈疾者アル場合ニ於テハ、其所得額中ヨリ一定ノ金額ヲ控除シ、課税最低限ハ、前ニ樣ノ控除ヲ爲シタル殘額ヲ以テ、之ヲ定ムルコト、致シマシタ、ノミナラズ尙從來ノ五百圓ヲ六百圓ニ高メ、税率ハ將來最低百分ノ三ヨリ百分ノ三十ニ至ル、超過累進率ヲ適用致シマシタル所、之ヲ改メマシテ、最低百分ノ一ヨリ一定額ヲ超ユル每ニ、其超過額ニ對シテハ、遞增シテ百分ノ五十ニ止ムルコト、致シマシタ、之ヲ要スルニ擔税力ノ小ナル者ニ對シ負擔ヲ輕減スルト同時ニ、擔税力大ナル者ニ對シテハ、其能力ニ應ジ負擔ヲ增スコトニ致シマシタ、酒造税ニ在リマシテハ、酒類一石ニ付十圓ノ高ムルト同時ニ、其他ノ酒精及酒精含有飮料、竝麥酒ニ付テモ、之ニ應ジテ夫、税率ヲ高メマシタ、以上ハ税制改正ノ極メテ大綱デアリマス、尙詳細ハ税法改正案ノ御審議ニ當リマシテ、說明致シタイト考ヘマス、次ニ通信機關ノ整備ニ就テ申上ゲマスレバ、電話交換擴張費ニ就テハ、既定總額一億千百餘万圓ニ對シ、更ニ二億二千五百万圓ヲ增加シ、總額三億三千七百万圓ニ改メマシテ、其大正九年度額ハ四千十万圓アリマス、又電信事務ノ繁劇ハ、近時頗ル甚シクナリマシタノデ、其設備ヲ完全ニスルコトノ必要ヲ切ニ感シマシテ、新タニ公債財源ヲ以テ之ヲ完備スル經畫ヲ立テ、大正十五年度ニ至ル七箇年度間ニ亙リ、總額七千三百八十万圓ヲ支出スルコト、致シマシタ、而シテ之ニ要スル大正九年度額ハ八百万圓デアリマス、官吏以下臨時手當物價騰貴ニ依ル廳費旅費等ノ補足ノ如キ、各省共通的經費ノ增加ハ、之ヲ普通豫算ニ編入シタルコトハ前ニ述ヘタル通デアリマス、其內官吏以下ノ增俸增給ノ大體ノ方針ヲ申上ゲマスレバ地位高キ者ニ對シテハ比較的其ノ增率ヲ薄クシ、地位低キ者ニ對シテハ厚クスルノ方針デアリマシテ、年俸七千五百圓以上ノ者ニハ全ク增俸ヲ爲サス、其ノ以下ノ者ニ對シテハ、增俸割合最モ少ナキハ七步餘、ソレヨリ漸次遞增シテ、最低ノ地位ノ者ニ在リマシテハ、倍額以上ニ達シテ居ルモノガアリマス、又官吏以下ノ增俸等ニ伴ヒマシテ、新タニ從來ノ受恩給者ニ對シテモ、相當ノ增給ヲ爲シ、又貴衆兩院議員歲費モ五割ヲ增加スルコトニ致シマシタ、特別會計豫算中、一般會計ト密接ノ關係アル點ニ就テ申上グレバ、朝鮮總督府特別會計ニ在リマシテハ、其歲計ノ狀況ニ鑑ミマシテ、大正九年度ニ於テ、一般會計ヨリ千万圓ノ補充金ヲ繰入ルルノ必要アリ、又樺太廳特別會計ニ在リマシテハ、從來ノ補充金ヲ增加シテ、六十五万圓トナス必要ヲ認メマシタルニ依リ、是等補充金ノ增加ヲ豫算致シテアリマス、帝國鐵道特別會計ノ資本勘定ニ付キ一言致シマスレバ、其建設及改良費ハ一億七千万圓デアリマシテ、內建設費ハ五千九百万圓、改良費ハ一億千百万圓デアリマス、之ニ要スル公債財源ハ一億圓ト定メマシタ、大正三年臨時事件費ハ、之ヲ整理致シマスルコトハ、既ニ前ニ述ヘタル通リデアリマスガ、臨時軍事費ハ目下ノ狀況ニ於テ、尙之ヲ存續スル必要ガアリマス、仍テ大正九年四月ヨリ大正十年三月ニ至ル間ノ所要額トシテ一億六千百餘万圓ヲ豫算致シマシタ、其內千百餘万圓ハ歲入ヲ伴フ特別ノ支出デアリマスカラ、眞ノ所要額ハ一億四千九百餘万圓デゴザイマス、其財源ハ主トシテ公債、又ハ借入金ニ依ル計畫デアリマス、大正九年度ニ於ケル公債又ハ借入金ノ額ハ、前述臨時軍事費ノ財源トシテ要スル一億四千八百餘万圓ヲ首メトシテ、一般會計ニ屬スル各種事業公債五千四百餘万圓、又特別會計ニ屬スル各種事業公債一億三千七百餘万圓、合セテ約三億四千餘万圓デアリマス、財政計畫ノ大要ハ以上申述ヘタル如クデアリマスルガ、私ハ此ノ機會ニ於テ、經濟界ノ狀況ニ付キ一言致シタイト考ヘマス、世界ノ大戰ハ終リヲ告ケマシタケレドモ、各國ノ經濟界ハ、今尙戰時ニ於ケルト同樣ナル、異常ノ狀態ヲ脫却シ得ナイノデアリマス、各國ハ戰後財政ノ變理、不換紙幣ノ整理、產業組織ノ改造金融ノ改善等、遠キ將來ニ涉レル重大ナル問題ヲ有シテ居リマスル ノミナラズ、焦眉ノ急ニシテ、而モ至難ナル復舊事業、勞資問題、其他ニ對シテ最善ノ努方ヲ注カナケレハナラヌ狀態ニ在ルノデアリマス、此時ニ當リ、我國ノ經濟狀態ヲ通覽シマスルニ前後五年ノ間、我財界ハ幾多ノ波瀾曲折ヲ經マシタガ、幸ニモ進步發展ノ趨勢ヲ持續スルコトヲ得タノデアリマス、大戰以來大正七年末ニ至ル期間ニ於ケル輸出超過額、貿易外ノ收入超過額、事業計畫、及拂込資本總額等ニ付キマシテハ、卽チ前議會ニ於テ述ベマシク通リデアリマスガ、世間ニ於テ、或ハ財界ニ變調ヲ來タスコトナキヤト懸念致シマシタル其平和ノ初年、卽チ昨年ノ輸出額ハ二十億九千八百万万圓、輸入額ハ二十一億七千三百餘万圓ニ上リ、差引輸入超過額七千四百餘万圓トナリマシタガ、貿易總額ニ於テハ、未曾有ノ巨額ニ達シタルノミナラズ、一面貿易以外ニ於ケル國際貸借上ノ受取勘定ハ、約三億圓ニ上リマシタガタメニ、結局正貨ノ受取超過額ハ、二億圓以上ニ達シタノデアリマス、又各種事業ノ勃興ノ狀況ヲ見マシテモ、昨年中ニ於テ成立シタル銀行會社ノ公稱資本總額二十三億七千餘万圓、拂込資本金額十二億三千餘万圓ニ達シ、我經濟界ハ依然トシテ好調ヲ持續スルヲ得マシタルガタメ我國ハ追次聯合諸國ニ對シ財政上ノ援助ヲ爲スト共ニ、內外ニ涉リテ商工業ノ發展ヲ遂グルヲ得タノデアリマス、之ト同時ニ政府ノ公債發行モ、金融市場ニ格別苦痛ヲ與フルコトナクシテ、昨年中ニ借替ヲ了シタルモノ二億六百餘万圓、新規發行ノモノ三億九百餘万圓ニ達スルヲ得マシタルガ、之ニ付テハ各銀行其他關係諸方面ノ努力ヲ多トスル次第デアリマス、尙來年度ノ募債計畫ノ實行ニ付イテモ、政府ハ金融市場ノ情勢ニ鑑ミ、緩急宜キヲ制シ、努メテ公債ヲ民衆化セシムルコトヲ期シテ居ルノデアリマス、今ヤ世界各國ハ物資ノ缺乏、勞働界ノ不安等、經濟上ニ幾多ノ困難ナル問題ヲ有シテ居ルノデアリマスガ、各國共ニ此難局ニ處スルノ途ハ、生產ノ助長ヲ根本方針トシ、國民ノ自制ト相俟ッテ、徐ロニ其効果ヲ收ムルノ外ナシトシテ居ルノデアリマス、我國ノ戰後經濟策ニ付テモ、亦同樣デアリマシテ、一面ニ於テハ生產資金ノ供給ヲ圓滑ニシ、金融竝ニ企業組織ノ改善及合同ト、其健實ナル發展トニ依リテ、出來得ル限リ物資ノ供給ヲ潤澤ナラシムルト同時ニ、他面ニ於テハ、人々自ラ戒メテ不生產的消費ヲ抑制シ、苟モ餘裕アレバ之ヲ生產事業ニ向ハシメ、以テ勤儉力行ノ美風ヲ振作スルヲ緊要ト認ムルノデアリマス、要スルニ今日ハ、我國民經濟ノ過渡時代デアリマス、此重大ナル時機ニ方リ、濫リニ過去ニ於ケル財界ノ好況ニ馴レ、投機心ニ驅ラレテ、無謀ノ計畫ヲ立ツルガ如キハ、大ニ愼マナケレバナリマセヌ、之ト同時ニ徒ラニ姑息退嬰シテ、列强間ノ經濟競爭ニ後レヲ取ルガ如キコトアッテハナラヌノデアリマシテ、我國民ハ、一致協力以テ此異常ノ時勢ニ處シ、進退共ニ誤ラザルノ覺悟ナカルベカラズト信ジマス、終リニ臨ミ私ハ、茲ニ提出致シマシタ豫算案ニ對シ、御審議ノ上速ニ協贊ヲ與ヘラレンコトヲ切望致シマス

（拍手起ル）

○議長(大岡育造君)　是ヨリ會議ヲ開キ、御諮リ申ス事ガアリマス

第五部選出豫算委員堀尾茂助君、第一部選出決算委員森秀次君、第七部選出決算委員横田孝史君、第三部選出請願委員竹村良貞君、第五部選出請願委員尾越辰雄君、右常任委員辭任ノ申出ガアリマシタ、許可スルコトニ御異議ハアリマセヌカ

〔「異議ナシ」「異議ナシ」ト呼フ者アリ〕

○議長(大岡育造君)　御異議ガナケレバ、之ヲ許可スルコトニ致シマス、各、其部ノ諸君ハ速ニ補缺選擧ヲ行ヒ、御屆出アランコトヲ希望致シマス――是ヨリ質問ノ繼續ニ移リマス――松永安左衞門君

〔松永安左衞門君登壇、拍手起ル〕

○松本安左衞門君　本員ハ、去ル二十二日總理大臣、並ニ外務大臣、陸軍大臣ヨリ施政ノ方針並ニ外交ニ關シ、西伯利駐在兵ノ問題ニ關シテ御說明ガアリマシタ、之ニ對シテ又議員ノ質問アリ、其御答辯ニ對シマシテ、少ナカラズ質疑ヲ懷ク一人デアリマスル、其中デ本日御尋致シタイト思ヒマスルノハ、第一ニ西伯利出兵ノ問題デアリマス、此西伯利ニ今回增兵サレマシタ理由ニ就キマシテハ、總理大臣ノ御說述モアリマシタ、又外務大臣、陸軍大臣ノ御說明モアリマシタ、併シ其說明內容ニ至リマシテハ、甚ダ不明――徹底ヲ缺イテ居ルカノ如キ感ジヲ持チマス、本員ハ各政黨政派ニ關係セナイ一人デアリマス、此不徹底及不分明ヲ質疑スル所以ノモノハ、何等政黨的立場ニ立ッテ、之ヲ非議ジヤウト云フ意味デハアリマセヌ、我ガ國民ノ多數及外國識者間ニハ、日本ノ出兵ノ問題ニ對シマシテハ、多大ノ疑惑ヲ以テ視テ居リマス、而シテ政府ノ政治上ノ所見ニ於キマシテ亦必ズシモ世間ノ疑惑ヲ持ツ如キモノデナイカモ知レマセヌ、併ナガラ其說明ノ內容、及方法ガ徹底ヲ缺キマスル場合ニハ益、世間ノ疑惑ヲ生スルコトデゴザイマスル、私ハ國民ノ一人トシテ、中正ノ立場ニ立チマシテ政府ヲシテ其所信ヲ今日ハ詳ニ御述下サランコトヲ希望スルガ爲メニ、此質議ヲ爲スノデアリマス、デ第一ニ御尋致シマスルノハ、右申シタヤウニ、今回增兵ヲ爲シタ事ニ就テ、十分ナル理由ヲ今一應御述ヲ願ヒタイト云フノデアリマス、デ之ヲ御尋スル所以ノモノハ、右申シタ次第デアリマスルガ、第一私共ガ去ル二十二日ノ三大臣ノ御說明中ニハ、多少ノ不一致、不統一ノ點ガアルカノ如ク感ズルノデアリマス、速記錄ヲ見マシテモ、或ハ御話ヲ聽キマシテモ、其點ハ甚ダ徹底ヲ缺イテ居ル、總理大臣ノ御說明ニ依リマスルト、斯ウ云フ事ガアリマス、「彼ノ地方未ダ安定ヲ得ズ差措難キ狀態ニ在ルヲ以テ多少ノ兵ヲ增派セリ」サウ致シマスルト、增兵ノ理由ハ差措難キ或ハ何カノ情況ガ出來シテ、或ハ其狀態ガ片付カヌガ爲メニ、今日兵ヲ增スコトニシタト云フ御說明ニナル如クデアル又外務大臣、陸軍大臣ノ御說明中ニハ、左樣ナ文句ハ何方ニモ見エテ居ナイ、又質疑應答ニ對シマシテモ、左樣ナ御說明ハ無イヤウデアリマス、單ニ「チエック」軍救援ニ在ルト云フコトノミ、御辯明ニナッテ居リマス、サウ致シマスルト、外務大臣、陸軍大臣ハ、今回ノ增兵ハ單ニ「チエック」軍ノ救援ナリト云フ御斷定デアリマスル、而シテ此「チエック」軍ノ救援ナルモノハ、所謂舊態ノ維持デアッテ、前ノ出兵理由ニ基ク、單ナル救援行爲ト看ルベキモノデアリマスルガ、總理大臣ハ之ヲモ措キ難キ情況ニ在ルヲ以テ、增兵シタト云フコトデアリマスレバ、此間ニ何等カノ事情ノ相違、及出來事ガアルコトヲ認メナケレバナラヌノデアリマス、此兩點ニ就キマシテ、私ハ少シク御尋ヲ進メテ見タイト思フノデス、「チエック」軍ノ救援ニ就キマシテハ、是ハ日米協同出兵ノ初ヨリ本義デアリマス、是ハ內外ニ明瞭ナル次第デ、而シテ其「チエック」軍ノ救援ノ狀態ハ、今果シテ如何ナル成績ニ在ルノデアリマセウカ、此事モ外務大臣ヨリ御說明ヲ願ヒタイト思フノデアリマス、ト申シマスルノハ「チエック」軍救援ト云フコトハ、私ノ所見ニ依レバ、既ニ結了シテ居ルノデハアルマイカ、「チエック」軍ノ還送ハ或ハ結了シテ居ラヌカモ分ラヌ「チエック」軍ヲ最初ヨリ救護スルト云フ目的ハ、既ニ達セラレテ居ルト看ルベキモノデハアルマイカ、跡始末ヲスル、或ハ還送ノ手續ヲスル、或ハ船ヲ備フ、斯ウ云フ事ニ就テハ、尙ホ殘ッテ居ルカモ存ジマセヌガ、救援ノ大體ニ就テハ片付イテ居ルモノデナケレバナラヌ、之ヲ證明シマスルノハ、亞米利加ノ日本ニ對スル通知デアリマス、亞米利加ノ通知ニ於キマシテハ、「チエック」軍ノ救援ハ既ニ完了セリト云フコトガ、第一ノ理由デアリマス、此見地ヨリ撤兵スルト云フコトヲ聲明シテ居ラレル「チエック」軍ノ救援ノ情況ニ就キマシテ私ノ信ズル所ニ依リマスルト、元ト「イルクーツク」以西ニ點在シテ居リマシタ所ノ、許多ノ「チエック」軍ヲ主ニ此東部ノ方デ遮斷セラレ、西部ノ方ニモ遮斷セラレタ「チエック」軍ヲ一ト處ニ纏メテ、之ヲ東ノ方ニ移シテ、段々浦潮方面カラ還スト云フコトニ在ッタヤウデアリマスル、亞米利加ノ出兵ノ目的モ此デアッタノデアリマセウ、日本ノ出兵ノ目的モ左樣デアッタノデアリマセウ、何トナレバ、日本ハ「イルクーツク」以東ノ鐵道ノ守備ニ當ッテ、サウシテ漸次ニ此方面ニ「サバイカル」ニ集メテ、之ヲ移スト云フ方針デアッタデアリマセウ、此問題ハ多少爾後變化シテ居ル、卽チ亞米利加ガ實際兵ヲ送ッテ、西伯利ニ來テ見マスト形勢ハ變化シテ居ル、卽チ其後各聯合國ハ、過激派政府ヲ征討スルト云フコトニ段々方針ガ變ッテ居リマス、サウシテ西部ノ方、所謂西歐羅巴ノ方面、或ハ南歐羅巴方面カラ送ル兵ト響應シテ、「コルチヤック」政府ヲ援ケテ、段々過激派ヲ討ツト云フコトニナッテ來テ、サウシテ其勢ハ甚ダ好カッタモノデスカラ、段々「チエック」軍ト云フモノ東ノ方ニ送ルト云フコトヲ止メテ、西ニ轉ゼシメテ、サウシテ「ペトログラード」或ハ莫斯科ガ片付イタナラバ「チエック」軍ガ、其儘「チエック」ノ本國ヘ歸ルコトガ出來ルト云フ形勢ニ陷ッタ、サウシテ「イルクーツク」カラ「オムスク」マデノ間、戰鬪行爲ハ主ニ「チエック」ヲシテ當ラシメタ狀態デアル、卽チ「チエック」ノ救援ニ非ズシテ、「チエック」ガ寧ロ「オムスク」政府ヲ救援シタト云フヤウナ狀態ニ立ッテ居リマス、然ルニ此「チエック」ヲ救援シタ所ノ「オムスク」軍、及聯合國ヲ援ケテ居ッタ所ノ「オムスク」軍ハ、段々不利ノ位置ニ立ッテ、サウシテ東ニ歸ラントシテ西ニ行ッタ所ノ「チエック」軍ハ、再ビ東ニ歸ラザル狀態ニ立至リマシテ、昨年以來段々此兵ガ集ッテ「オムスク」ニ駐在シ、漸次東漸シテ、現ニ「貝加爾」方面、「イルクーツク」方面ニ移ッテ來テ居ルト云フ狀態デアル、今日「チエック」ヲ若シ完全ニ浦潮方面ニ送ルト云フナラバ、其儘鐵道デ送レバ宜シイ狀態デアル、而シテ輸送ニ關シマシテハ、英米兩國間ノ協定ヲ以テ、盛ニ浦潮ニ船ヲ集メテ今輸送中デアル、所謂「チエック」救援ナルモノハ既ニ過ギ去ッテ寧ロ「チエック」ヲ利用シテ戰鬪行爲ヲヤッテ、而シテ其「チエック」ハ、「オムスク」軍ノ東漸ト共ニ段々東ニ移ッテ來テ、最早輸送狀態ニ移リツツアルヤウナ狀態デアリマス、亞米利加ガ「チエック」救援ノ業ハ、既ニ完成セリト云フコトヲ言フノハ當然デアリマシテ、而シテ之ヲ輸送乘船セシムル所ノ殘務ノ手續ガ殘ッテ居ル、二月何日ヨリ亞米利加ガ撤兵スルト云フコトハ、「チエック」ノ完了ト共ニ撤兵スルノデアリマスカラ、必ズシモ今日「チエック」ヲ打棄テ置イテ、單ニ亞米利加ガ撤兵スルト云フ意味デモアルマイト思フ、斯ル情勢ノ下ニ「チエック」軍救援ナリト云フ意味ハ、果シテドウ云フ御意味デアルノデアリマセウカ、「チエック」ヲ援ケル、助カッテ居ルモノヲ援ケルト云フ意味ハ、ドウ云フ意味デアルノデアリマセウカ、又斯ル事ヲ以テ增兵ノ大理由ナリト爲サルノハ、ドウ云フ意味デアリマセウカ、是ハ能ク伺ッテ、置キタイモノデアラウト思フ、ソレカラ是ハ序デアリマスカラ御尋ヲ致シテ置キタイト思ヒマス、質問ト申ス程ノ事デモアリマセヌガ、「チエック」軍救援後ニ於テハ、然ラバ日本ノ兵ヲ撤兵スルカト云フコトノ御尋ガ、二十二日ニ議員ノ中カラアッタト思ヒマス、ソレニ對シマシテ外務大臣ノ御答ニ、「チエック」軍救援後ト雖モ、撤兵スルカシナイカ分ラナイ、何トナレバ浦潮ニ居ル所ノ八千ノ日本人ト及多數ノ朝鮮人ガ居ル、此朝鮮人ヲ引揚ゲルト云フ事ニ就テハ、尙ホ駐兵ノ必要ガアルト云フ御話ガアッタヤウデアリマス、私ハ其當時カラ少シク不思議

ニ恩ッテ居リマシタノデ、無論日本人ガ多少居リマスレバ、朝鮮人ガ幾分居ルト云フ事ハ、是ハ言フマデモナイ話デアリマセウガ、併シ特ニ多數ノ鮮人アリト云フ御話ガアッタノハ、其鮮人ト云フノハ、朝鮮民族ト云フ單ナル意味デアリマセウカ、或ハ日本ニ國籍ヲ有スル所ノ朝鮮人ト云フ意味デアリマセウカ、私ノ信ズル所ニ依リマスレバ、日本ニ國籍ヲ有スル所ノ朝鮮人ハ、露西亞、西伯利方面ニ餘リ居ナイ筈デアッテ、此朝鮮人ト云フモノハ、多ク露國ノ歸化民デアリマス、然ラバ露國人デアル、朝鮮人ヲ救援シヤウ、或ハソレヲ擁護シヤウ、或ハ引揚ゲヤウト云フ御趣意デアルカ、其邊モ多少御答辯ニハ餘程力ヲ籠メテ御話ニナリマシタカラ、重要ナ事ト認メマスルガ爲メニ御尋ネスル次第デアリマス、其次ニ「チエック」救濟ノ事ニ就キマシテ、果シテ鐵道輸送等ヲ當分衞ルト云フコトガ必要デアルドシマシテモ、是ハ黑龍江線ヲ衞ル必要ハナイ、所謂東淸線ヲ衞レバ宜シイ筈デアリマスカラ、黑龍線ヲ衞ル必要ナク、東淸線ノミヲ衞ルト云フコトニナリマスレバ、寧ロ減兵ノ理由トナリマシテモ增兵ノ理由トハナラナイト思ヒマス、之ニ就テハ陸軍大臣アタリカラモ、何カ御答辯ヲ願ヒタイト思フ、其次ニ總理大臣ノ御說ニナッテ居リマスル差措キ難キ狀況是ハ大變重大ナ事デアリマス、若シ差措キ難キ狀況ガアリマシテ、國家ノ使命ヲ完ウシ、國民ノ慶福ヲ圖リ、完全ニ總テノ事ヲ實行シヤウト謂フベキ、非常必要ナル狀況ニ迫ッテ居ルト云フコトデアリマシタナラバ、是ハ固ヨリ增兵ノ必要アルコトモ、本員ハ認メナイデハアリマセヌ、併シ差措キ難キ狀況云々ト云フコトハ如何ナルコトデアリマセウカ、私ノ信ジマスル所、聞イテ居リマスル所ニ依リマスルト、別ニ差措キ難キ狀況ト云フ――甚ダ失禮ナ申分カ存ジマセヌガ、國民ヲ驚カス如キ言葉ヲ御使ニナル程ノ事柄ハ、別ニ存在シナイト思フノヲアリマス、併シ此差措キ難キ狀況ト云フコトヲ、私ガ想像致シテ見マスレバ、恐クハ去ル昨年十一月カラ本年ニ掛ケマシタ所ノ、「オムスク」政府ノ崩壞ノ事デアラウカト存ジマス、「コルチヤック」ノ兵ヲ援ケ、全露政府ヲ助ケテ、サウシテ過激派ニ當ラシメルト云フ事ハ、獨リ日本ノ方針バカリデナク列國ノ方針デアッタノデアリマス、現在ハ兎モ角モ、舊來ノ列國ノ方針デアッタノデアリマス、而シテ此「コルチヤック」ノ政府ヲ援ケテ「オムスク」ニ其勢力ヲ固メシメ漸次西進セシメテ、露西亞ノ全體ノ統一ヲ圖リ、之ニ依ッテ政府ノ確立ヲ圖ッテ、過激派ヲ掃蕩シヤウト云フコトハ、少クトモ其當時ノ聯合國ノ方針デアッタノデアル、日本出兵ノ理由此ニ無シト雖モ自然ノ結果トシテ、サウ云フコトニ陷ッテ居リマス、此大方針ガ非常ナ變化ヲ來シテ、サウシテ去ル十一月ニ於キマシテハ全然ノ敗退、陸軍大臣ノ說明ノ通リデアリマス、サウシテ「イルクーツク」ニ於キマシテハ、民主的革命團

ガ成立シテ遂ニ日本ガ支持シテ居ルト云ハレテ居ル所ノ、「セミヨノフ」ノ如キモ、既ニ段々敗退シテ來マス、總テノモノガ悉ク後退敗退ヲシテシマッテ、我ガ守備軍ノ戰線トハ、最モ近キ情勢ニ迫ッタト云フノデアリマセウ、果シテ是ガ拾圓難キ情勢ナノデアリマセウカ、見解果シテ其通リデアリマスレバ、拾圓難キ情勢ト云フ事ヲ云ヒ得ルカモ存シマセヌガ、私ハ之ヲ拾圓難キ情勢ナリトハ信シナイノデアリマス、最初ノ方針ニ依リ、過激派ヲ掃蕩シ、全露政府ヲ成立セシメ、政權ヲ統一セシメテ、サウシテ東亞ニ事無キヲ得、所謂過激派思想ナルモノ、無イコトニシ、總テノ治安ガ保テルト云フノガ方針デアッテ、且ツ之ヲ兵力ヲ以テ何所マデモ續行シヤウト云フノデアリトシマスレバ、ソレハ甚ダ氣ノ毒ノ狀態ニ、日本ノ立場ハ立ッテ居ルノデアリマスガ、日本ハ左樣ナ立場ニ立ッテ、何所マデモ、過激派政府ト兵力ヲ以ッテ爭フノデナイト云フコトハ、何人ト雖モ是ハ疑ハナイ所デアリマス、吾々ハ我政府ガ左樣ナ方針ヲ執ッテ居ルト云フコトトハ、少シモ考ヘナイノデアリマス、若シ左樣ナ方針デアリトシマスレバ、僅カ高田師團ノ半箇師團位ヲ御送リニナッタ所ガ、此拾圓難キ情勢ニハ役ニ立チマセヌ、ドウシテモ此方針ヲ徹底スル爲ニハ、多數ノ兵ヲ送ル、少クトモ十萬二十萬位ノ大軍ヲ送ッテ、赤衞軍ガ貝加爾以東ニ進出セントスルニ對シテ、貝加爾ヲ中心トシテ彼處ニ大ナル兵力ヲ送リ、之ニ對抗セシムルト云フ、大變ナ、大ソレタ結果ニ陷ルノデアリマス、サウナルト十萬二十萬ノ兵デ足ルカ、足ラヌカガ、大問題デアル、復タ第二ノ大戰爭ヲ始メナケレバナラヌト云フ立場ニ立ツノデアリマス、是ハ固ヨリ左樣ナ御考ノ無イコトハ無論デアリマス、ト云フノ僅カ兵ヲ御送リニナッタコトヲ以テシテモ、是ハ分リマス、然ラバ「オムスク」政府ノ崩壞ニ依ッテ、西伯利方面ノ治安ガ變化シタ、斯ウ云フダケノコトデアル、其變ッタノハ一體良ク變ッタノカ、惡ク變ッタノカ又誰ガ其原因ヲ爲シテ居ルカ、ドウ云フコトデアッタカト云フ原因ガ少シモ明カデナイ、到底之ヲ差措キ難キ情勢ナリトシテ斷言スルノハ、少シ早イ御言葉デハナイカト思フノデアリマス、ソレデ要シマスルニ、國民ハ、總テ此增兵ニ向ッテ何カ御考ガアルノデアラウカ、甚ダ意味不徹底デアル、何ノ爲メカ分ラヌ、此分ラナイト云フコトハ、各種ノ方面ニ妨害ヲ來シテ居リマス、一昨二十二日ノ御演說ニ於キマシテモ陸軍大臣カラ我ガ派遣兵ノ軍氣兵氣ハ嚴肅旺盛ナリ云々ト云フ御仰ガアリマシタ、斯クアランコトヲ望ムノデアリマス、又サウデアリマセウ、併ナガラ斯ノ如ク「チエック」ヲ援ケントスルト云フコトニ就テハ、「チエック」ハ援ケラレテ居ル、而シテ差措キ難キ狀態ト云フコトハ、何ノ事デアルカ能ク分ラナイ、サウシテ何ノ爲メニ兵ヲ送ッタカ分ラナイ、亞米利加ハ既ニ撤兵シテ居ル、又連合與國ハ西部關係ニ於テハ、既ニ一大變

化ヲ來シテ居ル、此際ニ卽チ段々嚴カニナッテ來マス春ノ日ニ、冬ノ寒風凘澌ノ如キ狀態ヲ執ラレタト云フコトニ就テハ、世間ハ幾多ノ疑惑ヲ持ッテ居リマス、先般各ノコトデアリマセウ、總理大臣ハ「タイムス」ノ記者ニ向ッテ、日本ノ亞米利加ニ交涉シテ居ル所ノ增兵ノ理由ニ就テハ、決シテ領土的野心ハ無イ、又侵略的精神モアルノデナイ、已ムヲ得ナイ狀態デアル、ト斯ク御說明ニナッテ居リマス、是ハ總理大臣ガ仰シヤルマデモナク吾々國民ガ擧ッテ衷當スル所デアリマス、併ナガラ此不徹底ナル狀態ニ居リマス間、又不徹底ナル言明デアリマス間ハ、何人ト雖モ左樣ナ疑ヲ挾ムノデアル、之ニ對スル外國新聞ノ批評ヲ見マシテモ、總理大臣其他ノ政治家ハサウカ知ラヌケレドモ、日本ニ隨分窯イ人達ガ居ルノデ、サウ云フ人達ハ必シモ共考ヂヤナカラウ、之ヲ制御スル力ガアリヤ否ヤニ就テ、疑ガアルト云フ風ノコトヲ申述ベテ居ル論評ガアリマス、又我派遣軍ニ對シマシテモ、其目的ガ不明デアリマス時ハ、何ノ爲メニ戰ッテ居ルノカ、何ノ爲メニ寒イ所ニ曝サレテ居ルノカ分ラヌト云フコトニナリマスレバ、自ラ士氣ガ不振ニ陷ルト云フコトハ、已ムヲ得ナイノデアリマス、最近西伯利方面ヲ步イテ、兵隊ノ狀態ヲ見テ來タ人ノ說ハ、必シモ、陸軍大臣ノ御說明ト一致シナイ所ガアルカノ如ク聞イテ居リマス、是ハ由々シキ大事デアリマス、國家ガ兵ヲ動カスト云フコトハ、重大ノ事デアリマス、其士氣ノ旺盛ヲ望マレルコトハ固ヨリデアリマス、其點ニ於テ士氣ノ頽廢ヲ見ルト云フコトハ、國家ノ大事デアルト存ジマス、要スルニ中外ヲ擧ゲテ此問題ニ向ッテハ疑惑ヲ持ッテ居リマスシ、去ル二十二日ノ御演說、及質疑應答ニ於キマシテハ、私ハマダ盡キテ居ナイ所ガ多々アルト信ジマスルシ、又政府當局ニ於キマシテモ、說明セント欲シテ、未タ御熟慮中ノコトモアッタト思ヒマスカラ、願クハ一日モ早ク說明アランコトヲ希望致シマスルガ爲ニ、此質疑ヲナス所以デアリマス、尙ホ今回ノ增兵ト云ハズ、將來ノ駐屯兵ノ結果ト致シマシテハ、實際ノ現狀ニ於テ、多大ノ疑惑、多大ノ紛擾ヲ來シテ居ルカノ如ク聞イテ居リマス、此點ニ就キマシテ、相當ノ御說明ヲ願ヒタウゴザイマス勿論「コルチヤック」政府ノ倒レマシタル主ナル原因ハ、此過激派ノ兵力ガ強クテ、戰鬪ノ結果之ニ敗退シタト云フ兵力上ノ、力ノ強弱ニ依ッタモノデアリマセウカ、或ハ又他ニ原因ガアッタノデアラウカト云フコトニ就キマシテハ、私ノ聞ク所ヲ以テ致シマスレバ、必ズシモ兵力ノ強弱ノ問題ニ非ズシテ、「コルチヤック」軍ノ士氣ノ不振デアル、卽チ其兵隊ニ戰意ガ無カッタト云フコトガ、主ナル原因ニナッテ居ルヤウデゴザイマス、又當時全露政府ノ下ニ在ル所ノ民心ハ、之ヲ歡迎シテ居ッタカト云フニ、必ズシモ歡迎シテ居ナカッタヤウデアリマス、是ガ「コルチヤック」政府ノ崩壞ノ主ナル原因デアル、而シテ支持シタ聯合國ノ失敗デアリ

マス、併シ是ハ聯合國共ノ責任ト致シマシテ、特ニ帝國ノ軍隊、或ハ帝國其ノモノニ對スル、露民ノ感情、惡感ノ增加、段々之ヲ嫌フ所ノ觀念ト云フモノハ、總テノ新聞ヲ通ジ、又新ナル歸朝者ヲ通シテ、吾々ノ耳ニ再三響イテ居リマス、此事ニ就テハ政府ハ、如何ナル御所見ヲ持ウテ居ラレルカヲ聽キタイノデアリマス固ヨリ日本ノ三萬ノ駐兵ノ目的ハ、治安ヲ守ル爲メデアリ、且ツ鐵道ノ守備ヲ爲ス消極的ノ行爲ヲ爲スモノニ相違アリマスマイ、併ナガラ結果トシテ起ツタ所ノモノハ、單ニ左樣ナ行爲ヲ以テ來タ問題ニナッテ居ナイ、ト申シマスノハ總テノ關係ニ於テ、帝國政府ガ支持シテ居ッタ所ノ、「コルチヤック」政府或ハ「セミヨノフ」ノ軍隊ノ行動ナルモノハ、武斷的官僚的デアリマシテ、非常ニ一千萬ノ西伯利人ノ人心ヲ害シテ居ル、事實ニ就テ申上ゲマスルト斯ウ云フコトヲ證明シテ居ル者ガアリマス、是ハ「ルタン」新聞ノ「グロース」ト云フ人ガ、或ル人ニ語ッタ、其人カラ又私ガ直接ニ聞イタ話デアリマス、其後貝加爾州ニ於テ、總テノ叛徒ト申シマセウカ、我軍隊ノ守備ヲ脅ス方ノ人ハ、凡ソドウ云フ種類ヲ以テ成立ッテ居ルカト云フト、第一ハ極ク僅ナ過激派ガ加ッテ居ル、之ガ率井テ居ル所ノ者其次ハ彼ノ方向ノ「ドンクス」トカ云フ土人ノ、極ク破落戶ガ集ッテ居ル、第三ハ亡命ノ哥薩克ガ加ッテ居ルガ、此哥薩克ハドウ云フ者デアルト申シマスルト、「セミヨノフ」ノ暴行、或ハ掠奪、或ハ其子女ヲ犯サレルト云フヤウナ關係ノ爲メニ、非常ニ悁慨シマシテ、遂ニ暴動軍ノ仲間ニ入リテ居ル、其內ノ過激派ノ多少知識階級ニ屬スル者ハ、比較的穩健デアルガ、其「セミヨノフ」軍隊ニ犯サレタト云フ者ハ、最モ殘忍兇惡ニシテ、橫暴至ラザルナシト云フ狀態デアル、而シテ日本軍ハ、自分ノ友軍デアル所ノ哥薩克ノ惡イ事ヲシタ尻拭ヒヲシテ居ル、サウシテ「セミヨノフ」等ノシタ所ノ暴行ノ責任ト云フモノハ、悉ク日本軍ガ、其結果トシマシテ、總テノ責任ヲ受ケテ、全露人ノ怨ヲ獨リデ脊負ッテ居ルノデアルト云フコトヲ、「ルタン」ノ記者ガ話シテ居ル、デ是ハ總テ或ハ檄發ヲスルトカ、何トカ云フヤウナ場合ニハ、多ク是等ノ輩ヲ使ヒ、或ハ日本軍ガ「セミヨノフ」軍ト共同シテ戰ヒマス際ニ自分ダケハ他ニ逃ゲテシマッテ、日本軍ニ戰爭ヲヤラシテ、サウシテ自分達ガ暴行ヲシテ、惡イ事ヲシタト云フ方ノ結果ハ詰マリ日本軍ガ之ヲ授ケテ、「セミヨノフ」ヲシテサウ云フ事ヲヤラスモノデアル、卽チ「セミヨノフ」ガヤルノハ、日本軍ガヤルノデアルト云フヤウナ各種ノ惡結果ヲ、悉ク日本軍隊ガ獨リ之ヲ引受ケルト云フ結果ニナッテ居ル、斯ウ云フコトニナリマスルト、結局日本軍ガ軍隊ヲ置イテ彼處ヲ守レバ守ル程、之ヲ背景ト致シマシテ、段々惡イ事ヲスル者ガ出テ來ル、サウシテ其スル事ガ悉ク武斷的デアル、悉ク掠奪的デアルト云フコトデアリマスレバ、彼處ノ中流階級、其他一般ノ良民ノ感情ヲ害シテ、其結果段々日本ヲ怨ミ、日本人ノ信用ヲ傷ケ、悉ク擧ッテ排日的ノ行動トナルト云フコトハ、已ムヲ得ナイノデアル、要スルニ此點ニ於キマシテモ、出來得ルダケ早ク撤兵ヲシテ、サウシテ露國ノ感情ヲ融和スルト云フコトハ、目下ノ急務デハナイカト思フノデアリマス、併シ折角一年有半ノ間、日本人ガ此處ニ事業上ノ成績ヲ擧ゲ、利權ノ獲得ヲ爲シ、稍〻物質的經濟的ノ發展ノ基礎ヲ造リツツアル間ニ、兵ヲ引クト云フコトハ、非常ニ何ダカ損ヲスルヤウナ氣持ガスルト云フ話ハ、無論アリモシマセウガ併シ是ハ能ク到ル處ニサウ云フ議論ノ行ハレルコトハ、寔ニ爲ナ話ガアリマス、實際ノ成績ヲ聞イテ見マシテモ西伯利方面ノ利權ト云フモノハ、或ハ森林デアルトカ、或ハ鑛山デアルトカ、極々人里離レタ山ノ中ノ仕事デアル、果シテ此利權ヲ守ルト云フノニ、大兵ヲ以テ之ヲ擁護スル外ハ無イ、兵ヲ以テ擁護スル、武力ヲ以テ之ヲ擁護シテ、漸ク其利權ガ保テルト云フナラバ、差引國家ノ損耗ト及利得ト云フモノハ何程殘ルモノデアリマセウカ、且ツ左樣ナ事ヲシテ、多少ノ利權ノ得ルト云フコトガ、一般ノ露人ノ感觸ヲ害スルト云フ多大ノ損失ニ較ベテ、到底御話ニナラヌ事デアル、若シ左樣ナ利權論者ノ爲メニ事ヲ誤ラレ及左樣ナ事ガ國權ノ擴張ナドト云フ評論ガアルナラバ、是ハ愚モ甚シイ話デ、私ノ申上ゲルマデモナイ事デアル、此點ニ就キマシテ、果シテ左樣ナ狀態デアリヤ否ヤニ就テハ、陸軍大臣ヨリモ御答辯ヲ願ヒタイト思ヒマス、此陸軍大臣ノ御答辯ハ、責任ヲ以テ御尊スル譯デハアリマセヌガ、先般大阪ニ御出ノ際ナドハ、成ルベク統一アル政府ガ欲シイ、鞏固ナル政府ヲ造リタイト云フノデ、吾々ハ「セミヨノフ」ヲ援ケルノデアル云々ノ話ガ、皆腦大阪ノ新聞記者ニ御話ガアッタヤウデアリマス、是ハ固ヨリ新聞社ノ間違デアラウト思ヒマスガ、併シ世間デハ往々陸軍ガ之ヲ指揮シテ居ル、「セミヨノフ」ナドヲ援ケテ居ルト云フヤウニ言ウテ居リマス、又共同ヲシテ作戰モシテ居ラル、ト云フヤウナコトモ、能ク言ウテ居ル、而ルテ「セミヨノフ」ガ、目下ノ位「イルクーック」方面ノ民衆ヨリ嫌ハレテ居ル、其結果ガ日本人ノ不評判ヲ惹起シテ居ルカ、ト云フコトニ就テ想ヒ起サレタナラバ、此話ハ一場ノ御話デアッテ、眞實デナイコトヲ私ハ希望スルノデアル、其次ニ御尋シタイノハ經濟的ノ救助、救援ト云フコトハ、如何ナル程度マデ我政府トシテハ、西伯利ノ窮狀ヲ助ケル意味ニ於テ、御進ミニナッテ居ルカト云フコト及其成績結果ヲ聽キタイ、一體此捨置キ難キ狀態ノ下ニアリマシテモ、或ハ東露ノ治安ノ維持ヲ爲スト云フ上カラ行キマシテモ、單ニ軍事的占領、或ハ單ナル兵事行動ヲ以テノミ、其治安ガ維持セラル、ト云フコトハ私ニハ考ヘラレマセヌ、必ズ此軍事行動ト伴ウテ經濟的救助ノ方法ガ、一貫シナケレバナラヌト存ジマス、此過激派ノ行動ト云ヒ、或ハ其活躍ト云ヒ、守備ヲ脅スト云フコトノ如キモ、主ニ物資ノ缺乏、或ハ通貨ノ膨脹ニ伴フ所ノ「留」ノ下落、是等ノ事ハ主ナル原因トナッテ居リマス、想ヒマスルニ西伯利ニ於テ「オムスク」政府ノ發行シタル所ノ紙幣等ハ、約百億万ニ違ジテ居ルト云フコトデアリマス、百億万ト云フノハ非常ナ大多數デアル、「留」ハ日本ノ一圓ニ對スル約三錢ニ當テ居ル、斯ル狀態デアリマスレバ、非常ナル物資上ノ窮迫ヲシテ居ルニ相違ナイ、此物資ノ窮迫困難ト云フコトハ、西伯利ヲシテ益〻不安ノ狀態ニ陷ラシメタト思フノデアリマス、隨ヒマシテ若シ西伯利ノ治安ヲ圖リ、或ハ過激思想ノ傳播ヲ防ギ、或ハ又其安定ヲ維持シヤウト云フコトデアリマスルナラバ、單ニ兵ヲ送テ之ヲ取締ト云フコトデハ限リガナイ到底片ガ付カナイ、必ズ一方ニ物質的援助ヲ與ヘテ、十分ニ之ニ物資上ノ安定ヲ與ヘルト云フコトガ必要デアル、此ノ安定ガ主デアリマシテ軍事ハ其後ニ來ルモノデアリマス經濟的ノ救援ヲ與ヘ、之ニ安心ヲ與ヘ、サウシテス之ヲ脅スモノニ對シテ、兵ヲ以テ之ヲ防グト云フコトハ言ヒ得ラレマスガ、何等物質上ノ救援ヲ與ヘズシテ、サウシテ其窮迫困難ノ結果、草賊トナリ、亂ヲ爲ス際ニ當テ、單ニ兵ヲ送ッテ、兵ヲ以テ取締レバ是デ濟ム、之レヲ以テ首尾完全タリト云フコトハ、言ヒ得ラレヌ次第デアリマス、然ラバ之ニ對シテ如何ナル御設備ガアッテ居リマスルカ、私ノ聞ク所ニ依リマスト、經濟救援會ト云フモノガ、既ニ一年半有餘掛ッテ、某男爵ノ如キハ此會長ヲシテ居ラレル、堂々タルモノガ出來テ居ル、然ルニ斯ル必要ノ下ニ如何ナルモノガ出來テ居ルカト申シマスト、漸ク醫療藥品、之ヲ合セテ金高ニ致シマスト一年半掛ッテ約五十万圓許リ御送リニナッテ居ルト云フコトデアル西伯利ノ廣漠タル處ニ五十万圓程御送リニナッテ、サウシテ平時ニ駐兵ノ費用、其他ニハ數億万圓ノ巨費ヲ使ッテ居ラレル、サウシテ其兵ヲ送リ、數億ノ金ヲ使ッタコトヲ以テ、益〻民心ヲ刺戟シ、猜亂ヲ起サシメ、サウシテ帝國ノ威信ヲ害シ、帝國ヲ怕惡セシメ、將來日露關係ニ容易ナラザル事ヲ作リナガラ、サウシテ一方正義公正ノ誼ニ基イテ、隣邦ノ誼ヲ以テ、經濟ノ救援ヲナスト云フコトニ就テハ、僅ニ五十万圓ノ金ヲ御送リニナッテ居ル、政府ハ果シテ左樣ナ事ヲ以テ、此西伯利ノ守備ヲナシ、東亞ノ治安ヲ保ツト云フコトハ、ドウ云フ出所ドウ云フ心理狀態デ、御話ニナルノカ私ハドウシテモ其邊ニ就テ合點ガ往カヌノデアリマス、(拍手)是ハ米國ノ去ル一月九日ノ「ランシング」ガ幣原大使ニ渡シタ通知ハ、本省ニハ十三日ニ來テ居ル筈ダト思ヒマスガ、此通牒ニ依リマシテモ、米國ハ未ダニ經濟的ニ復活ノ爲メニ、將來計畫セラルベキ實際的施設ニ對シテハ、日本ト相提携スベキ目的ヲ放棄スルモノニ非ズ、米國ハ撤兵ハスル、撤兵ハスルガ、經濟的施設ニ對シテハ、十分將來爲スベキモノアリト云フコトヲ言明シテ居リマス、私ハ是ハ米國ノ經濟的侵略ノ意味デアルト云フ風ノ、極ク物ヲ惡ク解釋スル人ト同一ノ議論ハシタクナイ、是ハ要スルニ、正義公道ニ基イテ、西伯利ノ窮民ヲ援ケ、其安定ヲ得セシメヤウト云フ、人道的ノ觀念ヨリ來タモノト信ジマス、彼ハ兵ヲ引イテモ、尙且ツ其宣言ヲ爲シ、一兵ヲ殘サズト雖モ、巨多ノ經濟的援助ヲ爲スコトヲ憚ラナイト云フコトヲ宣言シテ居ル、而シテ政府ハ、過去一年半此經濟的救援ニ向ツテハ、如何ナル施設ヲシテ居リマスルカ、再ビ之ヲ問ハントスル所以デアリマス、ソレカラモウ一ツ御尋致シタイト思ヒマスノハ、去ル一月四日頃「イルクーック」ニ出來マシタ所ノ政治中央團、此ノ政治中央團ノ成立ヲ、一體御認ニ政府ハナルノデアリマスカ、御承認ニナラヌノデアリマスカ、政府ノ政治中央團ニ對スル御方針ヲ承リタイ、政府ハ是ハ一時的ノモノデアッテ、倚達ハサウ云フモノハマダ認メル時期ニ達セヌト云フ、御答辯モアルカモ知レマセヌ、ソレナラ政府ハ御認ニナルナラヌノ御考慮中デアルヤ否ヤ御考慮中デアルトシマスレバ、御考慮中デ無イ事ヲ一ツ申上ゲテ見タイト思ヒマスト申シマスルモノハ、此一月四日頃出來マシタ――政治中央團ガ出來マスルヤ此各幹部ノ權威アル人達ハ、日本ノ加藤大使其他ノ外交團ヲ「イルクーック」ノ某處ニ訪問ヲ致シマシテ、正式ニ會見ヲ致シテ居リマス、其會見ノ席上及公開ノ時ニ於キマシテ、左ノ問ヲ起シテ居ル、曰ク日本政府其外――其時亞米利加ノ大使ハ居ナカッタサウデアリマスルガ、公使、領事、外交官モ居ナカッタサウデアリマスガ、日本ヲ初メ各外交團ノ諸氏ハ、本政府ヲ御認ニナルヤ否ヤト云フ問ヲシテ居ル、其ノ答ニハ加藤大使ガ明瞭ナル答ヲシテ居ラレル、卽チ考慮ノ餘地ナイ點マデ答ヲシテ居ラレル、曰クオ前方ノ政府ガ、過激派ヲ敵トシテ鬪フト云フナラバ認メヤウ、是ダケアリマス、過激派ヲ敵トスル、過激派ヲ味方トシナイ、或ハ過激派ト協定シナイ、妥協シナイト云フモノデアルナラバ、之ヲ承認スルト云フ宣言デアル、此宣言ノ事實アリマシタカ否ヤ、御尋ヲシタイト思フ、若シ此宣言ガアッタト致シマスレバ、且ツ之ニ權威アリト致シマスレバ、帝國政府ノ態度ト云フモノハ、既ニ決シテ居ル、私ハ去ル二十二日ノ討議及ビ御演說ノ間ニ、過激派ヲ敵トスルカ、シナイカ、過激派ヲ討滅スル御精神アリヤ否ヤ、之ニ就テハ何等カノ御言明ガアラウト思ウテ居リマシタ、敵トスルトカ、セナイトカ――然ルニ敵トセナイト云フ御言明ガ明カニナッテ居リマス、是ハ洵ニ國家ノ爲メ、本員ノ意見トシテ慶フベキ事デアルト思フ、何トナレバ新聞紙上其他 各政府ノ空氣ヲ以テ致シマスレバ、又聯合與國トノ交涉關係ノ徑路ニ質シマスレバ、過激派ヲ敵トシテ鬪ウテ居ルト云フコトハ、常ニ私共ノ耳ニ響イテ居ッタ、而シテ過激派ヲ敵トスルト云フコトハ、少クトモ其當時ノ聯合與國ノ大方針デアッタノデアリマス、然ルニ此東部西伯利ニ於テ、無論過激派ナル或政治組織ガアルト云フノデアリマセヌカラ、是ト私ガ守備兵ガ鬪フト云フ道理ガナイ、又世界ノ空氣ハ稍、變化シテ居ル、過激派政府ト協定妥協セントスル此狀態ニ當ッテ、過激派ヲ敵トスルト云フコトノ御言明ガ無イト云フコトハ、寧ロ當然ノ事デアリマシテ、時勢ヲ知ルノ明アリト謂フベキデアラウト思フ、併ナガラ事實ニ於テ、此加藤大使ガ「イルクーック」ニ於キマシテ、過激派ヲ敵トスルナラバ援ケルト言ハレタ言明ハ、是ハ政府ノ去ル二十二日以來ノ御言明ニ對シテ、確ニ一ツノ反對シタ所ノ言明デアル、政府ハ果シテ之ヲ御認ニナルヤ否ヤ、又ハ出先ノ人ノ話デ、責任ヲ持タヌト言ハレルノデアリヤ否ヤ若シ責任ヲ持タヌト言フノミニ止マラズシテ、ソレハ早速取消サレルト云フノデアルカドウカ、ソレガ承リタイト申シマスルノハ、此西伯利ノ民心ガ、既ニ武斷官僚的ノ「コルチヤック」ノ政府ニ懲リテ居リマスコトハ、以上申シタ通リデアリ、又是等良民ハ、舊來ノ露國ノ專制政府ノ暴虐ニ懲リテ居リマス、デアリマスカラ、帝政ノ復活ト云フ事ニ向ッテハ、非常ナ險惡ノ念ヲ以テ――恐怖ノ念ヲ以テ見テ居リマスル、デアリマスルカラ、其思想ノ上ニ就キマシテ、又其生活上ノ關係ニ於キマシテ、成ルベク左樣ナ武斷的政府ヲ戴キタクナイト云フコトハ、彼等ノ信念デアル、デアリマスルカラ、彼等ノ信念ニ於キマシテ、社會的思想ガ多少アルコトハ、勿論ノ事デアリマス、要シマスルノニ、政治中央團ハ「エッセル」ノ社會革命ト、「ゼミストボー」ノ所謂地方衆民會及購買組合ノ三ツヲ以テ成立シタモノデアル、純然タル民主的政治團體デアル、地方ノ有力者ガ集ッテ拵ヘタ所ノ、一ツノ團體デアッテ、其信念ニ於テハ、專制政治ヲ嫌フ所ノ民衆的、社會的、「リボラルアイデア」ヲ持ッテ居ルモノデアル、是等ノ團體ガ過激派政府ト戰爭ヲシ、兵力ヲ以テ爭フナラバ、援ケルト言明シタト云フコトハ、日本政府ノ過激派政府ナシト云フコトノ斷定トハ、反對ノ現象ヲ呈シテ居ル、之ニ向ッテハ御取消ニナル必要ハナイカ、或ハ御取消ニナル必要ナシト御認ニナルナラバ、今後政治中央團ハ、認メテ行カウト云フノデアルカ、是モ御聽致シタイ、ト申シマスノハ、同ジク米國政府ハ此事ニ向ッテハ、明カナル通牒ヲ日本ニ渡シテ居ル、卽チ米國政府ハ、明カニ此政治團體ヲ認メテ居リマス、日本ガ若シ米國ト或協調ヲ保タウト云フナラバ、日本ハ右カ、左カ、物ノ決定ヲシナケレバナラヌ立場ニ立ッテ居リマス、是ハ曰ク露國ノ秩序恢復ハ舊官僚獨裁政治ヨリ離レタルハ一點疑フノ餘地ナシ、今後ノ自治政府ノ組織ハ外國干涉就中軍隊駐屯ハ最モ弊トスヘシ、最近西伯利自治運動其他ノ運動ハ、之ヲ證シテ餘リアリ、故ニ米國ハ右兩樣ノ理由ニ依リ、派遣軍隊ヲ撤退スヘシ云々」ト云フノデ、既ニ此自治運動ヲ認メテ居ル、デ此點ニ向ッテハ御言明ガアルコト、信ジマス、私ハ最早我政府ハ西伯利ノ駐兵ヲ撤兵スルト云フ御言明ヲ爲サルベキ、目下適當ノ機會ニ達シテ居ルモノト認メマスル、隨テ政府ハ今日撤兵ヲスルト云フコトノ御宣告ヲ爲サル、御宣言ヲ爲サル御考ガアリヤ否ヤ、是ハ必要ノ事デアラウト思ヒマス、ト申シマスノハ、既ニ歐羅巴ニ於キマシテモ、去ル一月十九日カラ露國ニ對スル通商ノ開始ノ協議會ハ、巴里ニ始ッテ居リマス、又「ロイドジョージ」ノ如キハ度々ノ演說ニ於テ、最早過激派ハ、兵力ヲ以テ戰ヒ掃蕩スルコトハ出來ナイ、ト云フコトノ言明ヲシテ居リマス、又英國ノ國內ノ輿論ニ鑑ミマシテモ、多數ノ兵ヲ送ッテ、サウシテ過激派ト戰鬪ヲ繼續スルト云フコトハ反對ノ議論ガ非常ニ盛デアリマス、デアリマスルカラシテ、相變ラズ、向フノ保守的政治家ハ、何トカ此間ヲ彌縫シテヤラウト云フノデ、北露方面、或ハ南露方面、各方面ノ反過激派ノ連中ヲ支持シ、之ニ金ヲ與レ之ニ兵器彈藥ヲ送ッテ、度々戰ヲサセマス、「ユーテニック」ト云ヒ「デニンキン」ト云ヒ、總テ是等ノ傀儡トナッテ戰ッタ然ルニ到底思想上、及彼等ノ實質的ノ考ニ於テドウデアリマスガナレバ、過激派政府ト戰フ氣力ガアリマセヌ、アリマセヌカラ、是等ノ英米佛ノ支持及煽動ニ拘ラズ、是等ノ兵ハ悉ク負ケテシマッテ、サウシテ全部潰滅ノ狀態ニ陷リ、黑海ノ方面ニ於テモ、既ニ過激派ハ非常ナル勢力ヲ持ッテ居ル、此變化ニ鑑ミテ、遂ニ英吉利ニ於テハ最近妥協論ガ盛ニナッテ居ル、是ハ昨年一月ノ「プリンキポー」ノ會合ニ於テモ試ミラレ其後モ度々試ミラレテ居ル、ソレガ再ビ本年一月ニナッテ、巴里高等會議ニ於テノ通商開始トナッテ居リマス、此會議ニ對シテハ、或ハ佛蘭西方面ノ反對アリト雖モ、遂ニ輿論ノ赴ク所、自治制ノ行ハル、所、サウ云フ事ニナルノ外ハ無イト思ヒマス、其場合ニ對シテ、烏拉爾ノ以東ニ在ルガ爲メニ、唯タ歐羅巴ト直接關係ガ無イ爲メニ、向ウデハ兵ヲ引キ、之ニ妥協シ、通商ヲ開始シ、糧食ヲ送リ、或ハ商品ヲ送ッテ、通商上ノ開始ヲシヤウト云フ其情勢ノ時ニ方ッテ日本ノ空、烏拉爾ノ東ニ於テハ、尙ホ兵ヲ動カシ、尙ホ駐兵ヲシ「チエック」ノ救援ハ既ニ果サレ、又鐵道輸送ト云フノミヲ以テシテハ、實際的ニソレ程ノ必要無キニ拘ラズ、益、增兵ヲスル、而シテ之ヲ稱シテ捨置キ難キ狀態ト言ヒ、或ハ「チエック」ノ救援ガ殘ッテ居ルト言ヒ、或ハ又露國人デアル所ノ鮮人ヲ救援スルト言ヒ、各種曖昧模糊ノ話ヲ爲サッテ居ルベキ時機デナクシテ以テ、中外ノ疑義ヲ招キ、兵氣ノ旺盛ヲ終ニハ殺カシメ、國民ノ疑惑ヲ招キ、サウシテ出先ノ軍事的、或ハ軍閥的、保守的思想ノアル連中ガ、遂ニ日本軍ヲ利用シ、或ハ各種ノ無賴、又糧食ヲ持タナイ所ノ連中ガ之ヲ利導シテ、サウシテ日本兵ノ威信ヲ缺キ、段々深味ニ陷ッテ露國ノ良民ヨリハ日本ノ軍隊ヲ怨マレ、其結果トシテハ、遂ニ段々日本國家、及國民ニ就テ深キ怨ヲ結ブト云フコトニナリマスレバ、到底今日ノ駐屯、及増兵ト云フコトハ意味ヲ成サナイ、而已ナラズ、益、國家ヲシテ深味ニ陷ラシメル、政府ニ於キマシテハ、此事ニ就テハ深キ御考慮ガアルコトトハ存ジマス、併ナガラ出先ノ人ト(「簡單」ト呼フ者アリ)政府ノ話トハ同時ニ行カナイ、出先ノ人ノヤル事ガ段々間違ッテ行ケバ、終ニハ本國政府ノ方針モ之ニ引摺ラレルト云フコトハ、已ムヲ得ナイノデアリマス、此點ニ於キマシテ、政府ハ速ニ撤兵ヲ爲スヘキコトヲ言明シ、出來得ルダケノ兵力ヲ徐々ニ撤兵シ、サウシテ一方經濟的救援ノ必要アリトスレバ、日本ト亞米利加、其他列國共同ノ下ニ、相當ノ援助ノ方法ヲ立テラレ、又之ニ必要ナル守備ヲ必要トスレバ、列國協調ノ下ニ、然ルベク援助ナサルガ必要ノ事デアル、徒ラニ兵ヲ送リ、其兵ノ爲ニ、今日ハ西伯利ノミノ問題デアリマスルガ、隨テ全露西亞人ノ感情ヲ害シ、日露戰爭以來、許多ノ惡感ヲ重ネテ居リ、最近日獨戰爭ノ爲メニ、餘程露國ノ感情ヲ緩和シ、益、親善ナラントスル時ニ於キマシテ、非常ニ大事ナ時機ヲ誤ルモノデアリマスルガ故ニ、政府ハ此言明ヲナシ、且ツ此實行ニ御着手ニナルコトヲ希望スルノデアリマス、ドウソ以上ノ事ニ就キマシテ、政府ハ撤兵ノ御考アリヤ否ヤ、且ツ之ヲ宣言ナサルノハ、好時機ナリト認メマスガ、其宣言ソ爲サルノデアルカドウカ、此點ニ就テ宜シク御答辯アランコトヲ希望スル次第デアリマス、(拍手起ル)

〔國務大臣原敬君登壇、拍手起ル〕

○國務大臣(原敬君)　唯今松永君ノ御質問ニ就キマシテ、私ヨリ大體ノ事ヲ御答致シテ置キマス、又巨細ノ事ガ御必要ナレバ、當局大臣ガ御答致シテ宜シイノデゴザイマス、簡單ニ大體ニ就テ御答致シマス、西伯利ノ問題ニ就テ出兵ノ目的、竝ニ撤兵ヲスル時機デアルト云フヤウナ、是ハ御意見ノヤウニモ承ハリマシタ、兎ニ角ソレニ就テドウ考ヘルカト云フコトヲ、御尋ニナッテ居ルノデアリマス、當初西伯利ニ出兵ヲ致シタル目的ハ、其後色々曲折ハアリマスケレドモ、大體ニ於テ大正七年八月二日ノ宣言ニ詳ナルコトデ、之ニ依ッテ出兵ノ目的ヲ、重ネテ玆ニ答辯ヲスル必要ハ無イノデアリマス、而シテ今回多少ノ兵、半師團許リノモノヲ——人員デ申シテ五千人少々デアリマセウガ、之ヲ增派致シタルコトハ、去ル二十二日ノ議場ニ於テ一應申述タ通リ、目下差措キ難キ狀態ガアルカラ增派致シタ、決シテ彼國ニ就テ野心ガアルノデモナケレバ、內政ニ干渉スル目的デナイト、斯樣ニ申シタ、其差措キ難キト云フ言葉ニ就テ、色々御諒解ヲ得ナイコトノヤウニ察セラレマスガ、第一事實ニ於テモ、御演說中ニハ「チエック」救濟ノ目的ヲ達シタヤウナ御話デアリマス、是ハ無論達シテ居リハ致シマセヌ、現ニ西ノ方ニ於テ——「イルクック」以西ニ於テモ、多數ノ「チエック」ガ居リマス、是ガ漸次ニ歸國ヲ致ス目的ニ方針ヲ執ッテ居ルノデアリマス、マダ中々救援ノ目的ヲ達シタトハ申サレヌノデアリマス、而シテ亞米利加ガ撤兵致シタト申シテモ、之ヲ救濟致シテ歸國ヲサセナイ中ニハ、兵ヲ引揚ゲナイト申シマシタ、事實ハ「チエック」救濟ノ目的ヲ、達シタデハナイカト云フコトデアルヤウデアリマシタガ、實際ハ救濟ノ目的ヲ達シテ居ルトハ、現在ニ於テ申サヌノデアリマス、又鐵道ノ守備デアリマス、各地隨分長キ線路ヲ守備シテ居リマスカラ、兵ノ少ナイト云フコトハ、何人モ判斷スル所デアリマスガ、近頃「オムスク」政府ハ倒壞致シテ、各地ニ於テ過激派モアリマセウ、過激派ナラザル者モアル、何レニシテモ此線路ニ向ッテ種々ノ妨害ヲ試ミル者ガ多イ、故ニ此線路ヲ完全ニ致シテ、「チエック」ノ歸國ニ便ナルヤウニ爲サウトスレバ、今日ノ兵デハイカナイノデアリマス、又彼ノ地方ニハ、我ガ居留民モ數多アルノデアリマス、是モ日々脅カサレル狀態デアリマスレバ、是亦以テ今日ノ現在ノ兵數ヲ以テハ、其目的ヲ達セラレナイノデアリマス、又僅バカリノ兵ヲ以テ、長キ線路ヲ守ッテ居リマスカラ、兵隊自身ノ安危ニモ係ハル、屢、暴民ノ爲メニ殺傷セラレルト云フコトハ、一昨日陸軍大臣ノ申シタ通リデアリマス、是等ノ狀態ハ、卽チ西伯利ニ於テ、此儘ニ差措ケヌ狀態デアルト云フコトニ御諒解ヲ願ヒタイ、是等ノ諸點ヨリミテ、政府ハ多少ノ兵ヲ增派致シタ、是ハ眞ニ已ムヲ得ヌ處置ナリト御諒解ヲ得ルノ外ナイノデアリマス、徒ラニ兵ヲ彼ノ地ニ勞シテ居ルト云フ次第デナイノデアリマス、又亞米利加ガドウデアル、英吉利ガドウデアル、故ニ今日撤兵スル時機デナイカ、又彼處ニ兵ヲ置クガ爲メニ、却テ怨ヲ買ウヤウデアルト云フ御懸念デアリマスガ、是ハ實際ハ左樣デハアリマセヌ、日本ガ出兵ヲシテ居ルガ爲メニ、土地ノ人民ノ怨ヲ買ウト云フ事實ハ無イノデアリマス、尤モ一部々々ニハ無論反對——襲ウテ參ル者サヘアルノデアリマス、日本ノ兵ヲ好マザル者ハ、無論アリマスコトハ事實デアリマス、ケレドモ露西亞ノ人民ガ、日本ニ敵意ヲ全體持ッテ居ル次第デナイノデアリマス、又亞米利加ガ撤兵致シ、英吉利ガ撤兵致ス、故ニ日本モ撤兵致スベキデナイカト云フコトデアリマスガ、此事ニ付テハ、日本ハサウ單純ニ參ラヌト云フコトヲ御諒解ヲ得タイ、何故ト云フノニ、亞米利加ガドウデアル、英吉利ガドウデアルト云フ、ソレガ爲メニ動クコトガ出來ナイト云フコトハ、玆ニ答辯ヲ費スマデモナイ、單ニソレノミナラズ、英米等ノ國ニ在リマシテハ、土地ハ遠隔デアル、國內ノ事情ガ色々アリマスカラ、撤兵ト云フコトモ已ムヲ得ヌノデアリマセウガ、我國ハ彼地ト境ヲ接シテ居ル、尤モ日本バカリデナイ、支那モ尙ホ多クノ場所ヲ接シテ居ルガ、日本ノ領土、竝ニ滿洲ニ於テ、西伯利ト境ヲ接シテ居ルノデアリマス、是等ノ見地ヨリ、日本ハ他國ノ如ク單純ニ參ラヌノデアリマス、居留民モ多ケレバ、商賣上ノ關係モ亦タアル、是モ他國ノヤウニ單純ニハ參ラヌ、殊ニ所謂過激思想、過激派ノ行動ハ、ドウ云フ態度ヲ執ッテ、如何ナル行動ヲ今後ニ爲スカヲ見ナケレバナラヌ、又其場合ニ於テハ、日本ガ大ニ覺悟致サナケレバナラヌ場合モアリマセウガ、兎ニモ角ニモ彼等ノ行動ヲ見ザルヲ得ヌノデアリマス、故ニ他國ノ如ク日本ハ單純ニ參リマセヌ、他國ガ撤兵スレバ日本モ撤兵スル——シナケレバ居ルト云フ、唯タ協調ヲ保ツ目的バカリデナイ、サウ單純ニ參ラヌ事情ガ存在スルコトヲ、玆ニ御諒承ヲ願ヒマス、故ニ今後ニ於テ撤兵ヲ致スカ、致サヌカ、是ハ大問題デアリマズ、國民ノ大ニ考慮スベキ問題ト考ヘル、固ヨリ各國ト協調モ保タナケレバナリマセヌ、自衞的ノ必要モ考ヘナケレバナリマセヌ、彼地ノ過激派ガ如何ナル行動ヲ執ルカモ、篤ト視察ヲシナケレバナラヌ、故ニ政府ニ於テハ多少考ヘル所ガアリマスガ、今日ニ於テ撤兵スルカ、シナイカヲ言明スルハ、外交上時機ニ非ズト考ヘマス、左樣御諒承ヲ願ヒマス(拍手起ル)

〔國務大臣子爵內田康哉君登壇、拍手起ル〕

○國務大臣(子爵內田康哉君)　大體ノ點ニ就キマシテハ、唯今總理大臣ヨリ答辯ガアリマシタガ、尙ホ答辯漏ニナッテ居ル點モアルヤウニ思ヒマスカラ、一應私ヨリ答辯ヲ致シマス、第一問ノ西伯利出兵ノ目的、主ニ今般增員ヲ致シマシタ事ニ就テノ御質問ト思ヒマス、此點ニ就テハ、唯今總理大臣ヨリ答辯モアリマシタガ、御質問ノ中ニ、外務大臣、及陸軍大臣ノ言ヒ前ガ、總理ノ言ヒ前ト相違シテ居ル點ガアルト云フコトデアリマシタガ、是ハ同ジ事ヲ斯ク方面ヲ變ヘテ言ッタノニ過ギナイ話デ、差措キ難イ事情ガアルト申シマスルノモ、鐵道ノ守備ガ手薄ナ處ガアルト云フコトモ、又我軍隊ノ存在ニ關係スルト云フコトモ、共ニ先方ニ於ケル事情ガ如何ニモ切迫シテ、唯今ノ二万七千足ラズノ兵デハ、到底其任務ヲ完ウスル譯ニハ行カナイ、多少ノ增遣ヲ必要トスルト云フコトニ歸スル次第デアリマスカラ、左樣御承知ヲ願ヒタイ、又此一問ノ中ニ、米國ノ通知ニ「チエック」ノ救援ノ目的ヲ完了シタトアルト云フ御質問デアリマシタガ、是ハ先日片岡君ノ御質問ト思ヒマスガ、御答ヲ致シマシタ時ニ、此「チエック、スロバック」軍ノ送還ヲ——其大部隊ヲ送還シタ上ハ、「チエック」救援ノ目的ヲ達スルト云フ譯ニナルト云フコトニ書イテアリマスカラ、左樣御承知ヲ——第二問ノ中ニ、朝鮮人ノ事ニ關シテ御質問ガアリマシタ、是ハ我臣民タル朝鮮人ヲ指スカ、又ハ露國ニ入籍シタル朝鮮人ヲ指スカト云フ御尋デアリマシタ、又此朝鮮人ヲ救援スルト云フ御言葉モアッタヤウニ思ヒマスガ、先日ノ會議ニ於テ私ガ申シマシタノハ、朝鮮人ヲ救援スルト云フ意味デハナカッタノデ、彼處ニ何十万ノ朝鮮人ガ居リマシテ、ソレハ我籍ニ在ルト、露國ニ歸化シテ居ルノヲ問ハズ、朝鮮獨立ヲ計畫シテ、又過激派ト連絡ヲ取ッテ、我國ニ對シテ危害ヲ及ボサントスル計畫ヲ爲ス者ガ其多クデアリマス、是等ノ者ニ對シテモ、撤兵スル場合ニハソレ〱ノ考ヲシナクチャナラヌカラ、亞米利加同様ニ易クハ行カナイト云フ趣意ヲ申上ケタ次第デアリマス、ソレカラ第三問ノ鐵道ヲ守備スルノデアルナラバ、東清鐵道ヲ守備スレバ事足ルデハナイカ、黒龍江方面ノ鐵道ハ寧ロ不必要デアル、ソシテ增兵――兵ヲ増遣スルヨリモ、寧ロ其兵ヲ引揚ゲタ方ガ宜シクハナイカ、斯ウ云フ御質問ノヤウニ聽取リマシタガ、是ハ一寸見マスレバ左様ニモ思ハレマスガ、御承知ノ通リ過激派ノ最モ多ク居リマス地方ハ、此ノ黒龍江沿線デアル、「ブラゴエチエンスク」附近、「ハバロフスク」附近、是故ニドウシテモ東清鐵道、西伯利鐵道ヲ完全ニ守備セント欲スレバ、矢張黒龍江ノ鐵道ニ對シテ、ソレ〱ノ防備ヲシナイト、完全ニ參ラナイ、若シ黒龍江方面ノ部隊ヲ引揚ゲマスレバ、直チニ支那黒龍江省方面ニ侵入シテ來テ、東清鐵道自身ヲ直接ニ脅スニ至ルコト、思ハレル、ソレ故ニ鐵道守備ハ何處ヲ主ニシ、何處ヲ従ニスルト云フコトハ、嘗ニ數字ヲ見タダケデハ其要ヲ得兼ネマス、實際ノ状況ハ、唯今私ガ申シタ通リデアル、第四ノ點ハ、是ハ今總理ヨリノ説明デ盡キマシタ、其次ニハ此經濟的救助ノ事ニ關シテ、何ヲ致シタカト云フ御質問デアリマスガ、之ニ對シマスル經過ノ大要ヲ申上ケマス、是迄經濟的援助ヲ致シマシタル主ナ點ヲ擧ゲマスレバ、必要品ノ供給、第二ニハ醫藥衛生材料ノ施與、竝ニ窮民ノ救療――治療ヲスル事、第三ハ日露學校設立費ニ補助、及教育上ノ援助、此日露學校ハ哈爾賓ニ唯今著手ヲシテ、建設シツヽアル次第デアリマス、第五ハ對露貿易ノ復活ニ資スルヤウニ、出來得ル限リノ方法ヲ講ジタ次第デアリマス、第六ハ此森林鑛山ノ調査ノ爲メニ、多少ノ人ヲ派遣シテ調査セシメマシタ、尚ホ西伯利地方ニハ、物資ガ甚ダ缺乏ヲ致シテ居リマスカラ、之ニ對シテヤリマシタ物ハ、其必要品ノ外ニ、或ハ農業用ノ種子、即チ種ノ配付、又教科書ヤ、學校品ノ供給デアリマス、是等ノ必要品ヲ供給致シマスルニハ、出來得ル限リ相當ノ代價、即チ其代價ヲ求メタ次第デアリマス、廉價ノ方ハ寧ロ其次ニ致シタ次第デアル、無料デ――無償デ給與ヲ致シマシタコトハ、甚已ムヲ得ザル場合ニ限ッテ居リマス、デ日用品ノ施與ニ關シマシテ費シタ額ハ約四十八万圓、ソレカラ種々ノ無料配付ヲ致シマシタノガ、二万五千圓餘ニナッテ居リマス、廉賣ノ爲メニ約二百万圓ノ物資ノ廉賣ヲ行ヒマシタガ、是ハ所謂廉賣デアリマスカラ、其差金ダケヲ拂フコトニ致シマシタカラ、凡ソ二十三万圓ノ補償ヲ致シテ居リマス、ソレカラ醫藥衛生材料ノ施與ニ付キマシテハ、日本赤十字社、又ハ陸軍衛生部ニ依託シテ行ヒマシタ、是ガ約三十万圓、其他窮民ノ施與トシテ、二万五千圓餘ヲ何シテ居リマス、學校ノ爲メニハ二十九万六千圓ヲ支出シテ居ル次第デアリマス、其他學校用ノ施與トシテハ、約一万圓内外ノモノヲ出シテ居ル、是等ノモノヲ總計致シマスレバ、其金高ニ於テハ甚ダ少イ、西伯利ノ彼ノ廣キ地方ニ對シテ、是等ノ事ハ甚ダ少イコトト思ヒマス次第ハ、唯今松永君ノ仰セラレタ通リデアリマス、如何ニモ御承知ノ通リ、貨幣ハ紊亂シテ居リマス、交通ハ甚ダ不完全ノ位置ニ在リマスルカラ、假令金ガ澤山アッテモ、思フヤウニ行フナイ事情モアル、況ヤ西伯利ニ對シテハ、其大ノ軍費モ出シテ居リマスヤウナ次第デアリマスカラ、政府ノ財政ト致シマシテモ、是以上ニ出ス譯ニ參ラナイ事情ガアッタ次第デアル、尚ホ最後ノ御質問ハ、加藤大使ガ「イルクーツク」ニ於テ、政治中央團ニ對シテ、何カノ言明ヲ致シタト云フコトデゴザイマスガ、是ハ加藤大使ヨリ外務省ノ方ニ來テ居リマスル報告ハ、唯今此處デ御話ニナリマシタ點トハ、多少相違シテ居リマス、無論加藤大使ハ「イルクーツク」ノ政變ニ際會シテ、所謂政治中央團ノ者トモ會見致シマシタガ、決シテ其中央政治團ヲ承認スル、過激派ヲ敵トスレバ、之ヲ承認スルト云フヤウナ言明ハ致シテ居リマセヌ、唯タ是迄極東ニ於ケル各國ノ方針ト致シマシテ、反過激派ノ者ニ對シテ、盡力ヲ吝マヌト云フ方針ニナッテ居リマシタカラ、其意思ヲ彼レハ話シタコトト思フ、加藤大使限リノ意見トシテ話シタコトト思フ

○國務大臣(男爵高橋是清君)　ソレカラ公債政策ニ就テノ御尋ガアリマシタガ、是ハ昨日御答ヲ致シタ積リデアリマス、昨年ノ四十一議會ニ於テ、八年度ノ豫算ヲ私ガ計畫ヲ立テマシタ時分ニ、諸君ノ中ニハ、矢張此度ト同樣ニ豫算ノ實行ヲ危マレテ、斯ノ如キ公債ヲ募ルコトニナッテ居ルガ、果シテ此財界ノ狀況ニ鑑ミテ募レルカ、結局ハ行詰マルデアラウ、豫算ハ實行ガ出來マイト云フヤウナ御攻擊ガアッタノデアリマス、然ルニ幸ニシテ昨年ハ、借替ト新規ノ發行ト合セテ、五億一千五百萬圓ト云フモノハ鬼ヲ附ケタ、(「武官顏色ナシ」「何ダト言フノダ」ト呼フ者アリ)又公債ハ御承知ノ通リニ、皆ナ軍事費ヲ除クノ外ハ、事業ニ伴フ公債デアル、ソレガ物價騰貴ノ爲メニ、歲入ヲ補塡スル爲メノ公債募集デハナイノデアル、又今後短期ノ公債ヲ處理シテ行クノハ、矢張數年前政府ガ處理シタト同ジヤウナ事デ、財界ノ狀況ニ顧ミテ按排シテ行クノデアル、之ヲ行詰ルダラウト假定シテ攻擊スレバ、是ハ何人デモ首ヘルコトデアルガ、事實トシテハ左樣ナ事ハアリマセヌト私ハ信ズル、ソレカラ今一ツハ經濟社會ノ前途ノ狀況ヲドウ見テ居ルカ、此有樣デ行ッタナラバ、將來結局矢張增稅ノ上ニ、更ニ增稅シナケレバナラヌデアラウ、是モ私ニハ諒解ガ出來ナイ、更ニ國家ガ必要ナ事業ヲ起ストカ、或ハ更ニ國防ノ充實ヲ圖ルトカ、新規ノ政策ヲ立ツルニ方ッテ必要ガ生ジ、國民ソレヲ甘諾シテ增稅ヲ甘ンズレバ、或ハサウ云フコトモ無イトモ限リマスマイケレドモ、今日ノ所此經濟界ノ狀況ノ如何ニ依ッテ、增稅ノ必要ヲ生ズルト云フコトハ私ハ認メテ居ラヌ、ソレカラ稅制ノ整理、是ハ今日社會政策トシテ一日モ捨置キ難ク、一日ヲ爭フ重大ナ事デアル、然ルニナゼ之ヲヤラヌカ、斯ウ云フコトデアル、是ハ總理大臣カラモ多分御答シテアルカモ知レマセヌガ、政府ハヤラヌ積リデハナイ、御話ノ通リ重大ナ事デアル、稅モ各種アル、我國デハ未ダ中央デ取ル所ノ國稅ト、地方ニ賦課スル所ノ地方稅トノ間ガ、判然理想通リ區劃モ立タナイト云フヤウナ狀態デ、從來來ッテ居ル、是等ヲ按排シテ負擔ノ公平ヲ圖ル、容易ナラザル事業デアル、故ニ政府ハ種々ノ材料、並ニ原案ヲモ作成シテ、出來ルダケ總テノモノヲ準備シテ、財政調查會ニ他日懸ケルト云フコトハ、間違ナイノデアル、唯夕此度增收計畫ヲ立ツルニ當ッテ、出來ルダケ稍、根本ニ觸レテ、增收計畫ニ必要ナル稅ノ部分ニ對シテ改正ヲ加ヘタノデアル、稅制整理ガ本體トナッテ、今日所得稅並ニ酒造稅ノ改正案ヲ出シタノデハナイ、全ク國防充實ノ爲メニ要スル經費ヲ補フ爲メニ、數年ニ亙ッテノ的確ナル財源ヲ求ムル爲メニ、增收計畫ヲシタ、之ヲスルニ當ッテ、從來不權衡デアッタモノヲ、出來ルダケ權衡ヲ保ツヤウニシタト云フダケデアル、各般ノ稅制整理ニ就テハ唯今申シタ通リデアリマス、(拍手起ル)

○議長(大岡育造君)　早速整爾君

○早速整爾君　私ノ御尋ヲシタ趣旨ト唯今ノ大藏大臣ノ御答辯トハ、マルデ喰違ッテ居ル(「分ラヌノデハナイカ」ト呼フ者アリ)

○議長(大岡育造君)　靜肅ニ御願ヒマス

○早速整爾君　私ノ御尋ヲシタ事ニ對シテ、適切ノ御答ハ出來ナイト見エル、尙ホ御尋シタ點ニ就テ御答ヘノ無イ點モアリマスガ、幾ラ御尋シテモ、昨日來マルデ誠意ナキ御答辯デ、一向要領ヲ得ナイ(「無用々々」ト呼フ者アリ)マルデ問ヲ外レタヤウナ御答ヲ爲シテ居ルト云フコトハ――私ハ此以上御尋ハ致シマセヌガ、餘リニ大藏大臣ガ責任ヲ重ゼラレナイト云フ事ヲ、茲ニ一言シテ置キマス

○議長(大岡育造君)　昨日モ念ノ爲メ申シテ置キマシタガ、質疑ノ意義ノ十分ナラザル場合ニ、重ネテ御立ナナサルコトハ許シマスケレドモ、批評ノ爲メニ御立チナサルコトハ、御免蒙リタイノデアリマス――押川方義君

〔押川方義君登壇、拍手起ル〕

○押川方義君　私ハ本日對支政策ニ就キマシテ、又對露政策ニ就キマシテ、又今次ノ平和問題ニ就キマシテ、現政府ノ御意見ヲ承リタイノデアリマス、日支兩國ノ關係ニ就キマシテハ、唯夕獨リ利害ノ關係ノミナラズ、文明的、情緖的、又道德的重大ナル關係ヲ有シテ居リマスル故ニ、時ニ依リマシテハ、利害ヲ棄テ、此問題ヲ解決シナケレバナラナイ程ノ義務モアリ、事情モアルト云フコトヲ、兩國民ガ能ク諒解ヲシナケレバナラナイコト、思ヒマス、是ハ日支兩國ノ關係ノ善シ惡シニ依リマシテハ、支那ニ就キマシテハ、存亡ノ關係ガアルノデアリマス、又日本ニ取リマシテモ、隆替ノ關係ヲ持ッテ居ルノデアリマス、決シテ支那ガ日本無クシテ、完全ナル國家ノ目的ヲ、今日ノ狀態デハ遂シ得ラレナイノデアリマス、又日本モ東洋永遠ノ平和ヲ確保致シテ居リマスルガ、支那ヲ度外致シマシテ、果シテ其事ヲ成シ遂ゲ得ラル、ヤ否ヤハ大問題デアリマス、ソレ故ニ對支政策ニ就キマシテハ、歷代ノ內閣ガ隨分ニ心思ヲ勞シタ事デアリマス、併ナガラ何レノ內閣モ、滿足ヲ致スダケノ結果ヲ得テ居ラナイノデアリマス、殊ニ現內閣ハ、前前內閣ノ對支政策ニ就キマシテハ、大ナル遺憾ヲ懷イテ居ラレタノデアリマス、又前內閣ノ對支政策ニ就キマシテモ、假令原首相ハ、其時ニ外交委員タルガ故ニ關係無シト言ハザルヲ得ザレドモ、尙且ツ不滿足ヲ懷イテ居ラレタノデアリマセウ、故ニ現內閣成立以來、極メテ愼重ナル考慮ヲ費サレテ、對支政策ニ就キマシテハ、國民ノ渇斷スル所ヲ示スガ如ク、日露――日支親善ト申シマスル事ニ、非常ニ重キヲ置カレタノデアリマス、サリナガラ其結果ヲ見マスルナラバ、大ニ齟齬致シテ居リマスコトニ就テ、今日ハ極メテ遺憾ヲ感ジテ居ラレルニ相違ナイノデアリマス、現內閣ハ此標榜ノ如キ、日支親善ノ實ヲ何レニ擧ゲラレマシタカ、或ハ排貨ノ熱度ノ最モ盛ナルコト、甚シキニ至ッテハ、排日本主義ノ非常ニ流行ヲ致シテ居リマスコト、是ハ現內閣ノミナラズ、我國民一同ノ遺憾ト致シテ居リマス所デアリマス、是ハ容易ニ目的ノ達セナイコトヲ、明カニ示シテ居ルノデアリマス、現內閣ノ對支政策ニ就テ、巧拙如何ヲ論ジマセヌデモ、今ノ結果ヲ見マスルト、極メテ遺憾ナル結果ヲ爲シテ居ルノデアリマス、若シ之ヲ反對黨ノ位地カラ申シマスレバ、大失策ト疾呼シテモ宜シイノデアリマセウ、ソレノミナラズ、外務大臣ガ聲言セラレマシタル專管居留地ト、共同居留地問題ノ如キハ、恐クハ大失敗ニ相違ナイノデアリマス、如何ニ之ヲ解決スルカト申スコトハ、當局者ハ言フマデモナク、日本人ガ公平ニ日支親善ノ大問題ヲ顧慮致シマスルナラバ、苦心シテ考フベキ所ノ事柄ニナッテ居ルノデアリマス、之ヲ共同居留地ニ致シマシテ、日本全國民ガ同意ヲ表スルヤ否ヤ、恐クハ同意ヲ表シマスマイ、又之ヲ共同居留地ニ致シマセヌデ、專管居留地其儘デ維持致シマスナラバ、列國ニ對スル所ノ宣言ノ眞僞如何ハ、大疑問ヲ來スノデアリマス、斯ノ如ク日支ノ間ノ關係ハ、重大ナルニモ拘ラズ、又極メテ力ヲ盡サレタニ相違アリマセヌガ、其實ノ全ク擧リマセヌト云フコトハ、極メテ遺憾ト思フノデゴザイマス、私ハ今日此日支問題ニ就キマシテ、現內閣ノ經綸ヲ聽キタイノデアリマス、是マデ過去リマシタコトハ先ッ問フヲ止メテ、是カラ後、如何ニ爲サル御精神デアルカ、如何ニスレバ、果シテ日支親善ヲ完ウシテ、東洋永遠ノ平和ニ關スル大目的ヲ遂シ得ラレマスノデアリマスカ、必ズ抱負ガアルニ相違ナイ、故ニ此抱負ヲ我等ハ伺ヒタイノデアリマス、之ニ就キマシテハ、支那人ニ根本的ノ理解ヲ與ヘル必要ガアリマス、又日本人モ大ナル犧牲ヲ拂ハナケレバ、唯夕支那ニ要求スルノミヲ以テ、目的ヲ遂スルコトハ決シテ出來ナイノデアリマス、然ラバ如何ニシテ支那人ヲ茲ニ覺醒セシメ、又日本人ヲ適當ナル意識ヲ養成シテ、對支政策ノ大問題ヲ、國民ノ力ヲ以テ、解決シ得ラル所ノ方法ヲ、盡サレマス御積リデアルカラ承リタイ、總理大臣ハ日本ノ大政黨ノ總裁デアリマス、故ニ日本國民ノ輿論ヲ善導シテ、此重大ナル所ニ至ラシムルヤウニ、御導キニナリマス爲メニハ、餘程好適ノ地位ヲ有ッテ居ナサルノデアリマス、然ルヲ世間デハ色々樣々ニ橫暴呼ハリヲスルコトガアリマシタリ、又唯夕黨利黨益ヲ專ラニスルト評シマシタリ、或ハ又黨勢ヲ擴張スルガ爲メニノミ、力ヲ專ラニシテ居ナサルト申スヤウニ評セラレマスコト

ハ、是ハ大政黨ノ爲メニ、日本國家ノ爲メニ不利益ノ事デハアリマスマイカ、斯ノ如キ事柄ニ就キマシテ抱負ヲ懐カレ、方法ヲ持チ、必ズ之ヲ善導シテ、道ヲ開カル、コトガアルノデゴザイマセウ、故ニ其事ヲ伺ヒタイノデアリマス、施政方針ノ御話ノ時分ニ、先ヅ吾々ガ誠ヲ以テシテ居レバ、今日親善ノ精神ハ支那ニ貫徹シナイガ、追々ハ之ヲ悟ルデアラウ、ト斯ウ云フヤウニ言ッテ居ナサルヤウデアリマスガ、追ヽ之ヲ悟ルデアラウト申スヤウナコトデハ、恐クハ支那ノ國民性ヲ研究セラレマシタナラバ、百年河清ヲ待ツヤウナモノデアリマセウ、恐ラク是ハ失望ヲ來ス外ハナカラウト吾等ハ感ズル、故ニ其事ニ就キマシテ、大經綸ヲ有ッテ居ナサル筈デアリマスカラ、ソレヲ承リタイノデアリマス、其次ニ對露問題ニ就キマシテ、現内閣ハ如何ナル方針ヲ御執リニナル御積リデアルカヲ承リタイ、彼ノ過激派ナルモノハ、ドウ云フ風ノモノデアルト御諒解ニナッテ居ルカ、吾輩ノ考フル所ニ依リマスト、過激思想ソレヨリ出ヅル所ノ過激行動ト申シマスルモノハ、恐クハ「カイザル」ガ世界ニ對シマシタル軍國主義ノ罪惡ヨリモ、勝ラウトモ、小サイモノデハナイノカト思ヒマス、或ハ英米ノ如キニ至リマシテハ、内政上ノ關係カラ、或ハ過激派ト講和談判ヲ開クトカ、或ハ過激思想ニ向ッテハ最早援助モシナイガ、攻撃モシナイトカ、種々樣々ナル方針ヲ執ルガ如ク聞エテ居ルコトガアリマスル、ソレ故ニ日本人モ亦其通リニシナケレバナラナイ、スレバ宜イト思ハルルヤウナ想像モ出來ナイコトハ無イノデアリマス、遂ニ之ガ爲メニハ直接ニ申シマスルト、西伯利撤兵論ガ出テ來ルノデアリマス、我輩ハ此事ニ就テハ遺憾極リノナイ事ト思フノデアリマス、元來日本ハ、王道ヲ以テ立ッテ居ル國デアリマス、内政干渉ヲセヌト申シマスルコトハ、頗ル美名デアリマス、併ナガラ亞米利加デアラウトモ、英吉利デアラウトモ、其他列强デ、若シ國内ニ於テ甚シイ罪惡ノ行ハレマシタル時ニ、内政ニ干渉スルコトヲ以テ、善政ト考ヘタルコトハゴザリマセヌカ、露西亞ニ於テ彼ノ猶太人ノ虐殺ノ時ニハ、如何ナル處置ヲ致シマシタ、土耳古ガ「アルメニア」人ヲ虐殺致シマシタル時ニハ、如何ナル態度ヲ執リマシタ、内政ニ干渉ヲセヌト申シマスルコトハ、軍國主義ヲ以テ、妄リニ人ノ領土ヲ掠奪スルガ如キ方策ヲ行ヒマスル時ニ用井マスル言葉デアリマス、仁義王道ヲ行ヒマスル時ニ於テ、殊ニ況ヤ隣邦ノ誼ノアリマスル國ニ於キマシテ殊ニ況ヤ其時ニ最モ勢力ヲ振ハント致シマスル所ノ、政權ヲ掠奪致シテ居リマスル所ノ一ツノ團體ガ、己ノ國民ニ向ッテ暴虐非道ノ事ヲ行フノミナラズ、此事ハ遂ニ天下ノ大亂ヲ惹起スカモ知レヌト云フ虞ノアル時ニ臨ミマシテモデス、其國ニ於テハ外國ナルガ故ニ、如何ナル事ガ行ハレヤウトモ、棄テテ顧ミナイト云フコトガ、隣邦ノ誼デアリマスルカ、如何、斯ノ如キ私慾的政策ヲ以テ、外交政策ノ本義ト致シマスルコトハ、根本的誤リデアルト我輩ハ思フデス、殊ニ西伯利問題ニ就キマシテハ、世間ガ言フ如ク、若シ「チエック」ヲ救ヒ出シマシタナラバ、出兵ノ目的ガソレデアルガ故ニ、既ニ目的ハ達シタカラ、悉ク撤兵ヲスルト云フヤウナ御論モアルヤウデアリマス、是等ノ事ヲ實行ナサルヤウニ至リマシタナラバ、噬臍ノ悔ヲ貽スト云フコトハ其事デアリマス、滿蒙ノ人心ハドウ云フモノデアリマス、殊ニ我領土トナッタル朝鮮人ハ、如何ナル思想ヲ懐イテ居リマスカ、ドノヤウナ事ニ共鳴ヲシヤウト考ヘテ居ルノデアリマスカ、成程形式的ニ申シマスルナラバ、外國ニ兵ヲ出シテ色々ナ行動ヲ爲シマスルコトハ、沒リガマシイコト、言ハヽ言ヘマセウ、退テ國境ヲ守ルコトハ、安全ノ途ト言ハヽ言ハレマセウ、併ナガラ西伯利ニ於テ斯ノ如キ無氣無力ナル事ヲ爲シマシタナラバ、何ノ力ヲ以テ滿蒙ヲ守リ、何ノ勢力ヲ以テ朝鮮ヲ教導スルコトガ出來マスルカ恐クハ此事ハ出來ナイコトヽ、我輩ハ思フデス、故ニ我輩ハ、大軍ヲ西伯利ニハ出兵セシムル議論デアリマス、必要ガアルナラバ、五師團デモ、七師團デモ、必ズ西伯利ニ出兵セシメマス、西伯利ニ露西亞ノ有力ナル堅實ナル政府ヲ樹ツルコトニ就テ、日本ハ十分ナル援助ヲスベキモノト考ヘルノデアリマス、之ヲ各國ニ聲明致シマシテモ、恐ラク之ニ異議ヲ申スコトハアルマイ、異議ヲ申シマシテモ、之ヲ斷行シテ決シテ差支ハアルマイ、是ハ日本ノ國ノ存亡興廢ニ係ハル事デアリマス、固ヨリ巨萬ノ國帑ヲ消費シナケレバナリマスマイ、最モ神聖ナル　陛下ノ兵隊ヲ、非常ニ失ハナケレバナリママイ、併ナガラ何ノ爲メニ兵隊ガアルノデアル、國帑ヲ神聖ニ使フト云フコトハ、何ノ爲メニ國帑ガ用ヲ爲スノデアル、我日本ノ大目的ヲ達スルガ爲メニ國帑ヲ消費シ、國民ノ生命ヲ犧牲ニ供スルト申シマスルコトガ、是ハ日本魂ノ精華デハアリマセヌノデゴザイマスカ、若シ假リニ日本ノ兵ヲ西伯利カラ引イテシマウト申シマスナラバ、言フマデモナイ、過激思想ハ日本ニモ來ルト云フコトヲ承知ノ上デナクチヤナラナイ、世界ニモ此過激思想ハ、蔓延ヲスルト云フコトヲ承知ノ上デナクテハナラナイ、亞米利加人ト雖モ、英吉利人ト雖モ、決シテ此事ヲ以テ、可ナリト申スコトハアルベキ筈ハナイノデアリマス、然レバ色ヽナル國情ノ然ラシムル所、或ハ日本ノ出兵ヲ内心憚バナイコトガアルカモ知レナイガデス、若シ日本ガ斷ジテ之ヲ爲スト云フ時ニ臨ンデモ彼ハ極端ナル干渉ヲ爲シテ、之ニ反對ヲスルマデノ勇氣ヲ持ッテ居リマスルカ如何、若シ之ガ無シト云フナラバ己ノ國ニ刃ヲ向ケルコトデアリマス、若シ外交ノ威力ニ騙サレテ、之ガ爲メニ日本ガ此大事ナル政策ヲ誤リマシタナラバ、日本自ラ將來改メルコトノ出來ナイ悔ニ陷ルノデアリマス(拍手スル者アリ)併ナガラ軍隊ヲ以テ思想ヲ鎭壓スルコトハ決シテ出來ナイ、ソンナコトハ言フマデモナイ分リ切ッタ事デアリマス、ソレ故若シ大軍ヲ以テ西伯利ニ鞏固ナル露西亞ノ政府ヲ建テ、隣邦ヲ安全トセシメマスルガ爲メニハ、日本ガ國内ニ於キマシテ、大改革ヲシナケレバナラヌノハ言フマデモナイコトデアリマス、唯ダ兵バカリヲ以テ、今日ノ此勞働問題ヲ解決スルコトナゾハ決シテ出來ナイ、詰マリ過激問題ハ、要スルニ、勞働問題デアリマス、ソレ故過激思想ヲ鎭壓シヤウト思ヒマシクナラバ、根本的ニ勞働問題ヲ解決シナケレバナラヌノデアリマス、日本ハ幸ニシテ、英米ノ如キ種々樣々ナル惡習惡例ヲ有ッテ居ラヌ國デアリマス、困難ニハ相違ハナイ、困難ニハ相違ナイガ、若シ國民ガ大決心ヲ致シマシテ、勞資問題ヲ根本的ニ解決シヤウト思ヒマスルナラバ、國ノ力ヲ以テ解決スルコトガ出來ルノデアリマス、是ハ内閣諸公ノ非常ナル決心ト、大ナル勇氣ト、敏腕トヲ要スルコトハ言フマデモナイノデアリマス、併ナガラ若シ此能力ヲ備ヘマシテ、日本ガ此解決ヲ國ノ力ヲ以テ爲サリマスナラバ、長ヘニ世界萬邦ノ師表タルコトヲ得ルノハ間違ナイノデアリマス、今西伯利ハ、英モ引キ、米モ引ク、成ルベク之ニ手ヲ觸レヌヤウニシタ故ニ、日本モ其仲間ニ入ッテ、遂ニ撤兵ヲシテシマウナゾト云フコトハ、如何ニシテモ、外交カブレデアリマス、我輩ハ願クハ獨立自發ノ外交ヲ發揮シテ貰ヒタイ、日本ハサウ云フ必要ガ目睫ニ迫ッテ居ルノデアリマス、而シテ此辨償ノ途ハ、ドウスルカト云フ問題ガアリマセウ、何ヲ憚ル、日本人ガ大軍ヲ送ッテ、西伯利ノ野ニ屍ヲ曝サセマスル時、巨万ノ國帑ヲ消費致シマスル時、是ガ辨償ノ途ナクシテ出來ル筈ガナイ、何故　公々然トシテ天下ニ之ヲ公布シテ、西伯利ニ向ッテ日露共同ノ大事業ヲ起シマセヌカ、宜シク日本ハ許ス限リニ於テ、資本ヲ投ジ許ス程度ニ於キマシテ技術ヲ與ヘ、彼等ノ國ニ於テ爲ス所ノ事ニ就テハ、多少反對アリト雖モ、其反對位ノ事ハ、必ズ乘切ルコトガ出來ルニ相違ナイ事柄デアルト思フデス、是ニ就テ現内閣ハ、如何ナル經綸ヲ御持チニナッテ居リマスルカヲ吾輩ハ承リタイ、終リニ臨ミマシテ、今大ノ平和克復ノ時ニ、大日本ヨリ遣ハサレマシタル所ノ、使節ノ執ラレマシタル所ノ行動ハ、極メテ遺憾デアリマス、國民ハ多ク之ヲ失敗ト申シマスルシ、現内閣ハ大體之ヲ成功ト申シテ居リマス、サリナガラ殊ニ此人種問題、撤廢ノ事ニ就キマシテ、昨日カ一昨日カノ質問ニ出マシタガ、種々樣々ニ意見ヲ變ヘラレテ、出シタリ引込メタリスルヤウナ事ヲ爲サレタガ、サウ云フ事ガ有ッタカ、無カッタカト云フコトヲ聽カレタ時分ニ、外務大臣ハ聯邦與國ト約束ガアル故ニ、遺憾ナガラ斯ウ云フ事ハ發表セヌト言ハレタヤウニ、我輩ハ承ッタデスガ、ソンナ事ガ聯邦與國ト約束ノ有ル筈ハナイデス、此前ノ議會ニ於キマシテモ、我黨等ハ屢〻如何ナル問題ヲ出シマシテ、如何ナル方策ヲ以テ、彼ノ大問題ヲ解決スルコトヲ爲サル御積リカト聽キマシタ時分ニ、遺憾ナガラ是ハ聯邦與國ト約束ガアル故ニ話スコトハ出來ナイ、ソレ〳〵政策ハアルガ、言ヒタイガ、アルガ言ハレナイト、斯ウ仰シヤラレタデアリマス、（「アーメン」ト呼フ者アリ）恐クハ是ハ議場内ノ出來事ト、國家ガ要求スル所ノ條件トヲ混同セラレマシテ、御話ニナリマシタコトカモ知レナイト、我黨ハ思フノデアリマス、併ナガラ是ハ六暦十荷、申シタ所ガ用ヲ爲サヌコトデアリマス、既ニ過去ッタ事柄デアリマス、併シ此時ニ臨ンデ「ウイルソン」ナリ「ロイドジヨージ」ナリ、彼等ニ非常ナ弱點ガアル、何モ彼等ノ鼻息ヲ窺ヒマシテ、時機ノミヲ見テ、日本ノ堂々タル提案ヲ爲ス所ノ必要ハナイノデアリマス、「ウイルソン」ナドノ申シマシタル事ヲ考ヘマシテモ、彼ハ人種平等ヲ唱ヘテ居ルノデアリマス、正義公道ヲ論ジテ居ルノデアリマス、ソレノミナラズ、彼等ガ天下ニ發布セントスル所ノ彼等ノ唯一ノ宗教トスル所ノモノハ、即チ人種平等ヲ基礎トシテ設ヘテ居ルモノデアリマス、何故ニ日本ノ全權大使ハ、此人種平等問題ニ就キマシテ、是等ノ事ニ就テ「ウイルソン」ナリ「ロイドジヨージ」ナリノ、良心ヲ突キマセヌデアリマシタカ、彼レ言葉ヲ設ケテ、人種平等問題ノ事ハ言ハナイガ、人種ヲ對等ニ取扱フコトニ就テハ、文明ニ差等ガアル故ニ出來ナイト申シマスルナラバ、世界中ニ其事ハ適用ガ出來マセヌデモ、日本國家ハ之ニ向ッテ、要求スル所ノ大權利ヲ持ッテ居ルノデアリマス、（拍手スル者アリ）第一治外法權ヲ撤回致シマシタノハ何ノ事デアリマス、平等ノ待遇ヲスルコトガ出來ルノデナケレバ、治外法權ヲ撤回スルコトハ、出來ナイノデアリマス、英米人ト雖モ、其生命財產ヲ日本ノ法律ハ堅固ニ守ッテ居ルノデハアリマセヌカ、又守リ得ラル、モノダト承知シテ居ルノデハアリマセヌカ、然レバ假令他ノ列國ヘ向ヒマシテハ異議ガアリマシテモ、平等ノ待遇ニ付キマシテハ、日本ニハ異議ヲ言ハレナイ所ノ狀態ニ居ルノデアリマス、ソレヲデス、人間ハ平等デアルモノダ、ドウカ其事ヲ認定シテ貰ヒタイモノデアルト云フガ如キ口調ヲ以テ、「ウイルソン」ヤ「ロイドジヨージ」ノ歡心ヲ求メタト云フコトハ聞傍デアリマス、「ウイルソン」ヤ「ロイドジヨージ」ヤガ、人間ガ平等ノ不平等ノト決メル權利モ何モ無イノデアリマス、是ハ天下ノ公道デアリマス、又況ヤ亞米利加ノ憲法ノ第一章ニハ何ト書イテアル、人間ハ皆ナ平等ニ造ラレタモノダト云ウテ居ルノデハアリマセヌカ、二十世紀ニ臨ンデ途〻ト日本カラ出張致シマシテ、何ヲ以テ「ウイルソン」ニ其同意ヲ求メル必要ガアリマス、殆ド兒戲ニ類シタ事デアリマス、之ヲ求メル所以ノモノハ、亞米利加ナリ英吉利ナリノ人種取扱ノ方法ガ、不義デアル所以デス、日本ガ「ウイルソン」ナリ「ロイドジヨージ」ナリヲ教ヘナクチヤナラヌノデアリマス、何モ彼等ノ同意ヲ得ナケレバナラヌノデハナイ、彼等ノ誤謬ヲ解ク爲メニ、日本ハ茲ニ立ッタト申シテモ宜シイノデアラウト私ハ思フ、縱シヤ此事ガ行ハレマセヌデモ世界人類ヲ代表シテ日本ガ其事ヲ堂々ト發明致シテ置キマシタナラバ、國威ヲ益ニ致シマスルコトニ就キマシテ、恐クハ世界ガ今日ノ如ク、日本ヲ見縊ルト云フコトハナカラウト思フノデアリマス、是ハ既ニ過去ッタ事如何トモ仕方ガアリマセヌガ、所謂列國ニ向ヒマシテ、今後ノ對外政策ニ就テハ、願クハ獨立自發ノ方針ヲ以テ――固ヨリ協調ヲ旨ト致シマスルコトハ、言フ迄モナイ事デアリマス、併シナガラ己レ自ラ立ッテ、己レ自ラ發スル所ニ於キマシテ協調ガアルノデ、唯ダ彼等ノ鼻息ヲ窺ッテ彼等ノ歡心ヲ買ウテ外交方針ヲ定メントスルガ如キモノハ、協調デハナイノデアリマス、今ノ外務大臣ハ、安全ヲ第一トセラルル御方ノヤウニ見エテ、寔ニ外交問題ニ就テハ不安デアリマス、併シナガラ日本ハ勃發ヲスル國デアリマスル故ニ、唯ダ從來ノヤウニ、現狀ヲ維持シテ居ルバカリデハイカナイノデアリマス、大ニ發展ヲシナクチヤナラナイノデアリマスルガ故ニ、有爲敢行ノ人間ガ、必ズ此時ニ臨ミマシテ大政策ヲ立テマシテ、決シテ外國ヲ恐ル、コトガナク、充分ナル所ノ主義ヲ擴張スル必要ガアルト思ヒマスルガ、現内閣ハ今後ノ方針ニ就キマシテハ、矢張今迄ノ通リ優柔不斷ナ事ヲ爲サルノカ、是カラ後ハ大ニ奮發シテ、力ヲ以テ御當リニナルノカヲ承リタイノデアリマス（拍手スル者アリ）

○議長（大岡育造君）　原總理大臣

〔國務大臣原敬君登壇、拍手起ル〕

○國務大臣（原敬君）　唯今押川君ノ御質問ハ、第一點ハ對支問題、第二點ハ對露、第三ハ對世界ノ御議論ノヤウニ承リマシタ、對支問題ハ、日支親善ノ方針ヲ執ッテ居ルト云フコトハ屢〻繰返シタ事デス、サウシテ不幸ニシテ支那國民中ニハ、我國ヲ誤解致シマシテ、排斥ヲ試ムル者ハアリマスケレドモ、我國ハ支那ニ對シテ何等ノ野心モ無ク、東洋ニ於テ平和ヲ保ツガ爲メニハ、共ニ進ンデ參ラウト云フヤウナ誠意ハ、漸次ニ了解サレルダラウト申シタノデアリマス、元來是等ノ事ニ就テ抱負ガアルダラウカラ、ソレヲ示セト仰セラレマシテモ、外交ノ事ハ、方針ヲ申スコトハ宜シイ、斯ウ云フ方針デ行クト云フコトヲ言明スルコトハ更ニ差支ナイ、即チ日支親善ノ主義ヲ執ッテ行クノデアル、彼國ニ對シテ野心ナシト云フヤウナ事ヲ申シマスコトハ、一向差支ナイ、併シ他國ニ對シテハ、ドウ云フ處置ヲ執ルカト云フ手段方法ヲ公言致シテ、外交ニ臨ムト云フコトハ出來ナイノデアリマス、故ニ私ハ方針ヲ申シタノデアッテ、其手段方法ハ、其方針ヨリ割出シテ、相當ナル處置ヲ執ルト云フ以上ニ述ベヤウガナイノデアリマス、如何ナル經綸抱負アル人ト雖モ、他國ヲシテ之ニ服從セシムルガ如キ言動ヲ爲スコトハ、出來ナイノデアリマスカラ、遺憾ナガラ此手段方法ヲ申スコトハ、控ヘナケレバナラヌ、對露ノ方針、對露ト申シタ所デ、今日ノ露國ナルモノハ、極メテ混雜シタル狀態ニ在ルノデアリマス、故ニ成ルベクハ秩序アル邦家ノ安寧ヲ保ツニ足ルヤウナ、政府ノ樹立スルコトヲ希望シテ居ル、是ハ各國共ニ同樣デアリマス、併シ現狀ハ過激派ナルモノガ跋扈致シテ、御承知ノ通リノ狀態ニ在ルノデアリマス、此過激主義ナルモノハ、所謂無政府共產ヲ主トスルモノデアリマシテ、列國何レノ國ニ於テモ、此主義ニ感染スルコトヲ防ギ之ヲ防グガ爲メニ、色々ナ手段ヲ盡シテ居ルノデアリマス、他ノ國ノ内政ニ干涉シテモ、差支ナイヂヤナイカト云フ御說モアリマシタガ、是ハ御議論デアリマシテ、强テ申ス必要モナイノデアリマスルガ、要スルニ此露國ノ狀態ハ、今日ハ過激主義者ガ跋扈致シテ、未ダ秩序ヲ保ツコトガ出來ナイデ居ル、列國共ニ今後ニ於テ如何ニ致サウカト云フコトハ、未定ノ問題デアリマス、現在ニ於テハ、過激主義ヲ認メテ居ル國ハ無イノデアリマス、我國ニ於テモ、斯樣ナ主義ヲ認メルコトハ出來ナイノデアリマス、併ナガラ將來ニ於テ如何ニ是ガ變化致スカ、如何ナル狀態ニ立至ルカ、ソレハ別問題デアル、現在ニ於テ、殊ニ境ヲ接シテ居ル今日ノ我國ニ於テハ、此過激主義ヲ認メルコトハ出來ナイノデアリマス、ソレカラ對世界問題、是ハ「ウイルソン」ガドウデアル、「ロイドジヨージ」ガドウデアルト云フ、他國ノ大々ノ御批評モアリマシタガ、私ハ左樣ナ事ヲ妄ニ議論ヲ闘ハスコトハ、絕對ニ避ケタイノデアリマスルガ、何レニ致シマシテモ列國ト協調ヲ保タナケレバナラヌ、殊ニ今日ハ國際聯盟成立致シテ、單獨ニ勝手ナ事ヲスルコトヲ許サヌノガ原則ニナッテ居ル、故ニ此協調ヲ破リ、國際聯盟ノ主義ニ反スルヤウナ行動ハ執レヌノデアリマス、優柔不斷ノ方針ヲ執ルカ執ラヌカト云フ御尋ガアリマシタガ、優柔不斷ノ方針ヲ執ルベキ筈ハ無論アリマセヌガ、去リトテ他國ヲ顧ミズシテ傍若無人ナ方針ハ執レマセヌ、飽迄協調ヲ保タナケレバナラヌ、而シテ國際聯盟、即チ講和會議ニ於テモ、何モ他國ノ鼻息ヲ窺ッタ譯デモ何デモナイノデアリマス、我國ノ主張致スベキ所ハ、主張ヲ致シタノデアリマス、不幸ニシテ通過致サヌデモ、主張ハ致サナケレバナラヌ、此主張ハ勝ツコトハ出來ナイ、殊ニ委員會ニ於テハ、多クノ人ノ贊成ヲ得タノデアリマスカラ、尙更以テ愧會アレバ、此主張ヲ貫徹致サウ、人種問題ノ事ニ就テ申スノデアリマスガ、左樣ナ方針ヲ執ッテ居ル、併ナガラ他國ヲシテ、我ガ主張ニ强テ服從セシムルコトノ出來ナイノハ、會議其ノモノガ明カニ示シテ居ル、會議ハ一人ノ意見ヲ以テ、支配スル譯ニ行カヌノデアリマスカラ、何レノ國ノ主張モ同樣デアル、會議ノ認ムル所トナラザルモノハ、行ハレテ居ラヌノデアリマス、會議――其會議ト稱スル以上ニハ、是ハ已ムヲ得ヌノデアリマスガ、是等ノ事柄ハ段々御說ガアリマシタガ、多クハ御議論デアリマシタカラ、ドウモ說明ノ致方モナイノデアリマス、ケレドモ我國ノ對外方針、對世界方針ナルモノハ、國際聯盟ノ主義ヲ重ンジナケレバナラヌ、各國トノ協調ヲ保タナケレバナラヌ、日本單獨ノ意思ヲ以テ世界ヲ制スルヤウナ野心ハ避ケナケレバナラヌ、斯ウ云フヤウナ事ハ、深ク辯明致サヌデモ御諒解ノコトデアリマシヤウガ、兎ニ角日本ガ今日ニ於テハ、所謂一部ノ人ガ非常ニ卑下致シマシテ、如何ニモ日本ガ劣等ノ位置ニ居ルガ如ク、自ラ認メテ居ルヤウナル論者モアリマスケレドモ、是ハ大間違、今日ハ世界五大國ノ一ニ列シマシテ、世界列國デ、最モ有力ナル國ト認メラレテ居ルノデアリマス、決シテ自ラ卑下スベキ狀態デナイノデアリマス、自ラ誇ッテ傍若無人ナ事ノ出來ナイコトハ、無論デアリマスガ、サリナガラ左樣ナ劣等ナ國デナイコトハ明カデアリマス、唯ダ日本ガ如何ニ發達致シテ、如何ニ强國ニ相成ッタト申シテ、勝手次第ナル行動ハ執レヌ、此上ニモ協調ヲ保タナケレバナラヌ、外ニ向ッテ十分ナ協調ヲ保チ、平和ヲ維持シナケレバナラヌ、同時ニ內ニ於テハ、十分ナル改良ヲ致シテ、國本ノ培養ヲ致シテ、此上ニモ國家ノ發展ヲ圖ラナケレバナラヌト云フコトハ、蓋シ何人モ異論ノナイコト、私ハ此主義ニ殉ジヤウト考ヘマス(拍手起ル)

○議長(大岡育造君) 望月小太郎君

〔押川方義君「唯今總理大臣ノ……」ト呼フ〕

○議長(大岡育造君) 唯今望月小太郎君ニ發言ヲ許シマシタ

〔望月小太郎君登壇、拍手起ル〕

○望月小太郎君 一昨日總理大臣ノ施政方針ノ演說中、外交ニ關スル部分モ、亦極メテ簡單ニ過ギマシタ、併シ是ハ當該外務大臣ニ於テ、定メテ詳細ニ敷衍セラレ、所謂改造的世界ノ外交ニ對シテ、我ガ帝國ノ經過致シタ所ノ其有樣ヲ、國民ノ前ニ御說明アルコトト、斯樣ニ期待致シマシタガ、其外務大臣ノ說ク所ヲ承リマスレバ、多ク外交ノ輪廓ノミニシテ、其內容ハ極メテ曖昧ニ付セラレタノデアリマス、我黨カラモ、片岡君ガ極メテ有益且ツ必要ナル質問ヲ致サレ、引續イテ唯今モ私ハ總理大臣ノ辯明モ承リマシタガ、如何ニシテモ尙ホ諒解シ難キ點ヲ玆ニ述ベタク登壇致シマシタ、忌憚ナク本員自身ノ所信ヲ告白致シマスレバ、現內閣ガ過去一箇年ニ於ケル其外交ハ、錯誤ト失敗、而カモ其錯誤其失敗ハ、連續的常習的デアル(拍手起ル)吾々ハ其錯誤失敗ノ外交ガ、獨リ現內閣ノミナラズ、國民ノ爲メニ百年ノ禍根ヲ貽スモノデアルト云フ、斯樣ナ信念ヲ持ッテ居ルノデアル、(拍手起ル)此信念ニ基キマシテ、以下數項ニ分チ、當局外務大臣ノ說明ヲ玆ニ煩ハシタイト思ヒマス

〔大岡議長、議長席ヲ退キ濱田副議長代リ著席〕

第一項ハ平和會議ニ於ケル當局者ノ不準備、不徹底ノ顚末デアリマス、申スマデモナク世界ノ大戰亂ガ、一昨年十一月ノ休戰條約ノ成立ト共ニ、玆ニ一段落ヲ告ゲマシテ、各國ノ人民ハ、何レモ永久ノ平和ヲ切望シ、殊ニ五大國ノ當事者ハ、國際聯盟ノ基礎ト致シテ、巴里ノ此永久平和會議ノ成立ニ努力センガ爲メニ、何レモ早ク渡航セラレ、米國大統領ノ如キハ十二月ニ渡リ、各〻其國〻ノ要求ヲ貫徹セントスルコトニ努力セラレタコトハ申スマデモナイ、此一刻千金ノ時機ニ當リ、抑モ我國ハ如何ナル行動ヲ執リマシタカ、先ヅ之ヨリ立證シテ質疑シテ見ヤウト思フ、唯今辯明セラレマシタ所ノ原總理大臣ハ、昨年一月二十二日此壇上ニ於テ、講和會議ニ對スル而カモ片岡君ノ質問ト記憶致シマス、其時ニ、我國ノ方針及其特殊ノ要求條件ハ何デアルカ此質問ニ對シ講和條件ヲ發表スル能ハズ之ヲ發表スルハ、國家ノ不利益ナリト斷言セラレテ居ル、サリナガラ其後ノ經過ヲ見マスレバ、此原總理大臣ノ斷言ハ、今ニシテ之ヲ顧ミレバ、全ク無經綸、無方策デアッタノデアル、(拍手起ル)現ニ本日ノ國際聯盟ノ主義ニ對シ、帝國政府ノ贊否如何、此二十七日ノ豫算總會ノ質問ニ對シテモ、原總理大臣ハ、「主義ノ論ナラバ百年前カラ是ハ唱ヘラレテ居ル、說和論ノ「グロテユース」ヲ始メトシ」云々、而モ其「グロテユース」ハ百年前ノ人デハナイ、實ニ三百年前ノ人デアル、一國ノ總理、而モ頭腦明晳ノ原總理大臣ガ、目前重大ナル問題ニ就テ、此歷史的發言者ノ年代ニ就テスラモ、時代錯誤ヲ爲ス程、重ネテ云フガ、現內閣ハ全ク不用意無知識デアッタノデアル、(拍手起ル)隨テ其使節ノ西園寺侯ハ、本員ノ所謂雪月花ノ遊山旅行ヲ以テ其巴里ニ到著セシハ、重要ナル會議、卽チ靑島問題、人種平等案ヲ始メ、日支密約公開等ニ於テ、我國ガ窮地ニ陷ル程度ニ至ッタ三月初旬デアッタノミナラズ、所謂國際聯盟ノ委員會ニ二度マデ列席シテ、何事モ辯ジナイ、武器巴」ノ諸新聞ガ、所謂象牙ノ假面ト書ハレタ讒辭ヲ聞イタノデアル、是レ尙ホ忍ブベシ、一昨日來外務大臣ト片岡君トノ間ニ論點トナッテ居リマシタ、此五大國會議カラ、三月二十五日ヨリ六月十一日マデ、全ク除外セラレタ事ニ關シ、外務大臣ハ二度マデ之ヲ否認セラレタノデアル、併シ本員ハ、玆ニ外務大臣ニ向ッテ二三ノ證據ヲ呈シテ、外務大臣ノ記憶ヲ喚起シタイト思フ、其第一ノ證據ハ、右三月二十五日佛蘭西外相「ピシヨン」氏ヨリ我ガ使節ニ向ッテ、向後御通知スルマデハ、御出席ニ及バヌト云フ報告ヲ我使節ハ受取ッタノデアル、ソコデ此報告ヲ受クルヤ否ヤ、佛蘭西ニ於ケル我松井大使ハ、病中ニモ拘ラズ、非常ナ驚愕ヲ致シテ、第一ニ「ウイルソン」氏ニ電話ヲ掛ケ、通ジナカッタ爲メ、遂ニ自身ガ右佛蘭西外相「ピシヨン」氏ヲ訪問致シテ其事情ヲ訴ヘタルモ、其要領ヲ得ナイ其狼狽シタ所ノ狀況ハ、外務大臣ハ外務省ニ來タ所ノ電報ニ於テ、夙ニ御承知デアラウ、尙ホ之ヲモ御否認ニナルナラバ、第三當時牧野大使ガ、巴里ノ「デーリーメール」紙ニ發表シタ意見ハ如何、牧野大使ハ歐洲會議ニ日本ハ不參スル其理由ヲ說明致シテ居ル、是尙ホ外務大臣ガ御承認ガナクンバ、外務大臣ノ良心ニ向ッテ伺ヒタイ、(拍手起ル)一昨日ノ御答辯中ニ、問フニ落チズ語ルニ落チテ居ル證據ガアル、外務大臣ハ斯樣ニ言ハレタ、此四國會議ハ、實ハ米國大統領「ウイルソン」氏ノ招待ニ係ルモノデアルト、斯樣ニ本員ハ記憶シテ居ル、抑、米國大統領ハ、今回平和會議ノ中心人物ニシテ、吾等國民ガ最モ尊敬スル其一人、此米國大統領ヨリ、三月二十五日ヨリ六月十一日マデ約七十日間、我等ノ大使ハ外務大臣ノ說明ニ依ッテ見ルト招待ヲ受ケナイ、他ノ四國ノ代表者トハ異ナッタ――極論ニ申スト毛嫌サレタヤウナ、卽チ招待ヲ受ケナカッタト云フコトハ事實デアリマス(拍手スル者アリ)故ニ本員ハ外務大臣ニ勸告スル、此事ハ淡白ニ之ヲ是認ナサレ、サウシテ日本ガ巴里ニ行ッテ見レバ、此世界戰爭ニ貢獻シタ程度ハ、英佛米ニ比シテ、餘リ僅少ナル結果、我ガ使節モ聲ガ弱クナッタノデアル、(「冗談言フナ」ト呼フ者アリ)此事實ヲ承認ヲ爲サレタラ如何デアルカト思フ、(「默ッテ居ルト思ッテイイ、加減ニシロ」「何ヲ言フ」ト呼フ者アリ)現ニ此七十日間、日本ガ右最高幹部ニ加ハラザル爲メ、當然五大國ノ中ノ裁判官タルベキ其地位ヨリ、遂ニ山東問題ニ關シテハ、他ノ四大國カラ、支那ト同樣被告ノ取扱ヲ受ケタノデアル、(「大隈內閣ノ失敗ダ」ト呼フ者アリ)元々日本ガ、此三月二十五日マデ五大國會議ニ列席シタ所ノ權利ハ、大正四年倫敦ニ於テ、五國ハ單獨講和ハシナイ、共同ニ總テノ講和談判ヲシヤウト云フ此條件ガ根據デアル、然ラバ何故ニ三月二十五日以後ノ其四國會議ニ、日本ガ出席ヲ强要シナカッタノデアルカト云フコトヲ、本員

ハ重ネテ外務大臣ノ説明ヲ要求シタイノデアル、（拍手スル者アリ）右ノ如キ顛末ヨリシテ、四國會議、卽チ五國會議カヲ除外セラレタト云フコトハ、本員ノ申シタ事實ガ誤リナクンバ、本員ハ斯樣ニ思フ、我講和使節ハ、所謂千里君命ヲ辱メタモノデアル（拍手スル者アリ）大ニ先著ノ牧野使節ノ行動ニ就テ申シテ見タイ、十二月下旬牧野使節ハ、大切ナ米國ヲ通過スル際、其輿論ノ代表者ヨリ、日本ノ希望及要求ニ就テ、屢〻會見ヲ申込マレテモ、一言モ意見ハ發表シナカッタヤウニ記憶スルノミナラズ、第一其當時我政府ハ、一回ダモ米國ハ勿論英吉利トモ、人種待遇差別撤廢問題等ニ就テハ、意見ノ交換ヲ爲サナカッタノデアル、一言スレバ、我政府ハ十分ナル用意ナク、漫然トシテ此世界改造ノ平和會議ニ列席シタモノト本員ハ信ズル、其結果ハドウデアルカ、所謂人種問題ハ濠洲首相ヒユース氏ノ嘲笑中ニ葬ラレ、又南洋諸島、委任統治問題ノ如キハ、本員ハ後段之ヲ説明致シマスガ、明カニ將來百年ノ禍根ヲ其儘ニ貽シ、最近ニ至リ、無効ナル抗議ヲ巴里ノ最高會議ニ提出シタト云フガ如キ、更ニ青島問題ニ至ッテハ、幾多ノ誤解ヲ米支兩國ニ殘シ、今ニ至ルマデ兩國ノ民心ヲ失ヒツヽアルガ如キハ、殊ニ當局ノ説明ヲ要求スル所ノ質疑ノ要點デアリマス、本來人種待遇差別撤廢案ノ如キハ、現内閣ハ初メカラ熱心誠意ヲ以テ、此事ヲ通過スルコトニ努力シナカッタト云フ其證據ハ、一昨日内田外務大臣ガ、片岡君ノ追窮ニ對シ、確信ナクシテ之ヲ提出シタト云フ、之レニテ足レリト思フ、（拍手スル者アリ）而モ其内田外務大臣ハ、昨年一月二十八日豫算總會ニ於テ、本員ノ質問ニ答ヘテ斯樣ニ言ハレテ居ル、此人種差別ノ問題ハ、何所マデモ愼重ニ考ヲ費シタ上デナカラネバ、我國家ノ爲メニ致シ兼ネル、斯樣ニ言明セラルル程愼重ニ考慮致シタ、其經過ガ以上ノ如キ實際ヲ見テハ、諸君、本員ハ内田外務大臣ノ技倆モ、推定ニ難クナイ、ト[illegible]一[illegible]決定自白ノ通リ、初メ[illegible]撤廢ノ提出ハ、之ヲ通過セシムル確信ハ無イ[illegible]唯ヽ單ニ内地ノ同胞ニ對スル申譯ラシク、卽チ内政[illegible]策略上ヨリ之ヲ提出サヘスレバ、政府ノ義務解除トノ[illegible]内意デアッタナラバ、確ニ二ツノ大機會ヲ失ウタト云フ[illegible]ヲ、茲ニ我モハ立證致ス、卽チ、其一ツハ、一月二十五日[illegible]講話會議ノ劈頭ニ於テ、國際聯盟ノ主義如何ト云フ討論ガ起リマシタ、此時ニ於テ各國全權ハ、皆ナ賛成演説ヲ致シタ、支那ノ全權モ致シタガ、我委員ハ徒ラニ沈默ヲ守ッテノミ居タノデアル、何故此時聯盟ノ主義ニ、大々的賛成ヲ表スルト共ニ、其聯盟ノ目的タル世界永遠ノ平和ハ、一ニ世界ニ散布シテ居ル各人種ノ、平等待遇ニ依ルモノデアルト云フコトヲ主張シナカッタノデアル（拍手起ル）是ガ一ツノ機會ヲ失ウタ――是ハ貴方ヲ攻メルノデハナイ、講話使節ノ行動ヲ茲ニ申上ゲル、第二、又彼等ハ重大ナル好機會ヲ失ハレテ居ル、卽チ二月十四日、國際聯盟規約ノ草案ノ討議ガ同會議ニ提出セラレタ、其草案ハ大臣御記憶ノ如ク、序文ニ「各國民間ノ公明正大ニシテ名譽アル關係ヲ規定シ云々」正義ト嚴正ナル命令トヲ保維シ以テ國際間ノ協調云々」斯ウ云フ前文ガアル、此偶强ノ機會ニ何故ニ大聲疾呼シテ、世界ノ正義人道ト世界ノ平和ノ出發點ハ、各人種何レモ所謂公明正大ニシテ、一律平等タル「名譽アル關係ヲ規定セサルヘカラス」ト云フコトヲ眞向ヨリ唱ヘテ、一擊ヲ所謂正義人道論者ニ何故加ヘナカッタカ、（拍手スル者アリ）然ルニ我使節ノ致シタ事ヲ細カク申スト、此規約ノ討論ガ、總論カラシテ二十五條ノ最終ノ項目ニ至リマシテ、二十五條ニ至ルト、米國ノ提議ト致シテ、宗教ノ自由ヲ之ニ入レヤウ、サウスルト波蘭ノ委員ガ之ニ反對シタ、宗教ノ自由サヘ、國際聯盟ノ規約ニ入レテハイカヌト反對セラレテ、其米國ノ提議ハ已ムヲ得ズ之ヲ撤回致シタ、其跡ヘ牧野使節ハ、人種撤廢案ト斯ウ出タト云フ譯ダ、誠ニ發言ノ機會ヲ失ッタコトハ、最早聯盟規約討論終結ノ場合デアル故ニ、各國委員中カラ、此問題ハ國際聯盟成立後ニ論スヘシト葬ラレタノデアル、加之其一旦出シタ所ノ人種差別待遇廢棄案ガ、英米各國ノ移民問題トナリテ、内政干涉ノ端ヲ開クモノナリト曲辯セラレ――本員ハ之ヲ曲辯ト申ス、サウスルト二月十四日否決セラレタ其原案ヲ修飾致シテ、三月二十一日ト記憶致シマスガ、國際聯盟委員會ニ於テハ、移民問題ニ觸レズシテ、單ニ人種平等待遇ノ原則ヲ承認セシメンコトヲ提議シ、所謂聯盟加入國ノ――臣民ノ平等公正「ジヤスト、フリートメント」ト申シマスガ、其待遇案トモ稱スベキ國際ノ[illegible]參列國嘲笑ノ話柄ヲ作ッタニ過ギナイ[illegible]、要スルニ此人種差別撤廢問題ハ、將來之ヲ國際聯盟ニ提議セザルベカラザル重大案件デアル、而モ外相ガ確信ナク[illegible]テ之ヲ提出シタト云フ自白ハ、國家ノ爲メ由々シキ一大事デ、將來此問題ノ運命ハ、一昨日ノ此外相ノ確信ナク[illegible]テ提出シタト云フ其言葉ガ、誠ニ國ノ禍ヲ爲スモノデアラウト本員ハ憂フルモノデアル、故ニ現外務大臣ガ永久現地位ニ居ラレテ、國際聯盟會議ニ此問題ヲ齎ウテ下サル機會ガアレバ格別、然ラザル以上ハ、我ヽ國民ハ飽迄之ヲ聯盟ノ上ニ爭ハナケレバナラヌトシタナラバ、此人種問題ニ關スル一切ノ經過ハ、此議場、卽チ國民ノ前ニ之ヲ報告スルノガ、當局當然ノ義務ト思フガ如何デアル、（拍手起ル）更ニ[illegible]問題ニ於テ、百年ノ禍根ヲ貽スモノデアルト云フ本員ノ質疑ノ要點ハ之ヲ二點ニ分ケマス、卽チ第一ハ南洋諸島ヲ首メ總テ、委任統治國ノ國民ハ、其受任統治ノ新領土ニ於テハ、待遇上總テ平等タルベキコトノ主張ヲ、何故ニ我使節ガ提議シナカッタカト云フ事デス、何トナレバ委任統治ナルモノハ、國際的ノ一代理權ニシテ、此代理權ノ發源スル其源泉タル主體ハ、卽チ國際聯盟デアル、而シテ我國ハ其國際聯盟ノ一員モ一員、而モ重要ナル五大國ノ一員タル日本ガ、日本自身ノ分權トモ見ルベキ委任統治地ニ於テ、其受任代理權者、卽チ濠洲人民ヨリハ、劣等ノ取扱ヲ受ケナケレバナラヌト云フ不道理ハ、宜シク之ヲ五月五日ノ委任統治論ノ席上ニ、主張シテ欲シカット思フ、然ルニ昨今ニ至リ、赤道以南獨逸領「ニウギニア」其他ニ於テ、我國民ハ此平和會議前ニ持ッテ居ッタ所ノ權利ヲ剝奪セラレ、一切濠洲ノ下ニ於テハ、日本人ハ排斥セラル、ヤウナ運命ニ際會シ昨今ニ至ッテ松井大使ガ狼狽シテ、巴里ノ最高會議ニ抗議ヲ提出スルガ如キコトハ、誠ニ手遲レデアッタト思フガ如何デアルガ、（拍手起ル）第二點ハ南洋ニ於ケル軍備ノ一律撤廢デアル、今回會議ノ結果ハ、各國委任統治國ハ、其受任統治地ニ軍備ヲ施スコトヲ制止セラレテ居ル、我國モ南洋獨逸植民地ノ、其統治地ニ軍備ヲ施スコトハ出來ナイ、サリナガラ其統治地以外ノ南洋諸島、實例ヲ申セバ米領比律賓、「グアム」、布哇、是等ニ於ケル其軍備ハ其儘デアル、斯ウナッタ曉ハ、少クトモ南洋ニ於テ我等及濠洲ハ、軍備ヲ施スコトハ出來ナイガ、米國ハ其「グアム」、布哇、比律賓、進ンデハ「アリウシヨン」列島ニ至ルマデ、卽チ日本ノ委任統治區域内赤道以北、其以北ニ於テ彼等ダケハ軍備ノ擴張勝手タルベシト、斯ウ云フ事ニ至ッテハ、如何ニシテモ今後米國ノ軍備ガ南洋ヲ威壓スルノミナラズ、南北太平洋ニ於ケル其權力ノ不平均ハ、勢ヒ日本、亞米利加、支那、露西亞、濠洲、此五ケ國ノ國交ニ、重大ナル影響ヲ來スモノト信ズル、（拍手起ル）現ニ茲ニ米國海軍ノ此方面ニ關スル證據ヲ申上ゲル、御隣ノ海軍大臣、必ズ之ヲ是認ナサルト信ズル、昨年十二月十日米國海軍特別委員會ニ於テ、マキーン少將ハ、後五ケ年ニ一億万圓ヲ支出シ、布哇、「グアム」、比律賓ヲ一等根據地トナスベキ事ヲ建議サレタ、又米國海軍卿ダニエル氏ノ年報中ニハ、「グアム」島ヲ以テ、强大ナル海軍要塞ノ根據地トナスベキ計畫アルコトヲ發表サレタノデアル、又十二月十五日ニ、桑港ヲ以テ太平洋岸ニ於ケル、海軍最大ノ根據地トシナケレバナラヌト云フ意見ヲ發表シタ、隨ッテ此海軍擴張ノ本年度豫算、此豫算ニ對シテ、濠洲ニチハ一大疑惧ヲ起シ、現ニ濠洲ノ輿論中ニハ、將來太平洋問題ハ、日、英、米、支此四國ニ於テ、更ニ會議ヲ開クベシトスラ論議サレテ居ル所ノ此根柢ハ、卽チ米國海軍擴張、是ガ原因トナッテ居ルノデアリマス、抑、獨逸ノ軍國主義ガ、歐羅巴ノ平和ヲ脅威致シタ、其實物教訓ガ、陸上ニ於テ破レタル今日ニ於テハ、其眞理ハ均シク又海上ニ於テ應用シテ差支ナイ、陸上ニ於ケル「ミリタリズム」ガ惡カッタナラバ、海上ニ對スル所ノ「ネーヘリズム」ハ確ニ世界平和ノ一大脅威デアルト本員ハ確信スルノデアル、此確信ヨリ見マシタナラバ、日本ハ何故ニ此事ヲ巴里會議ノ席上ニ言及シナカッタノデアルカ、殊ニ大臣モ御記憶ノ如ク、「ウイルソン」大統領ノ第十四箇條ノ一箇條タル海洋ノ自由ト云フ茫漠タル文句ハ、遂ニ講和會議ニ於テ撤回ニナリマシタ、彼ノ海洋ノ自由ト云フ茫漠タル文句ハ、本員ガ提出致シタ南洋軍備一律撤廢論ヲ以テ行ケバ、我日本ハ所謂「ウイルソン」ノ海洋ノ自由ナル茫漠タル文句ニ向ッテ、實物教訓ヲ與ヘラレ、日米ノ親交ハ玆ニ確立スルノデアル、斯ク論ジマシタナラバ、今後國際聯盟會議ニ此軍備ノ調節ハ、無論討議セラレマセウガ、本員ノ思フニハ、五月五日ノ其決定ノ時ニ之ヲ論ジテ下スッタナラバ、一大伏線トナッテ大ニ目的ノ遂行ニ便宜デアッタト思ヒマス、之ニ就テノ當局ノ説明ヲ承リタイノデアル、第三ハ膠州灣還附ノ問題デアリマス、一昨日來ノ問答ニ依リ、本題ハ唯ダ要點ノミヲ御尋致シマス、卽チ大正四年五月ノ日支協約調印ノ當事者ハ、支那ニ於テハ當時ノ外交總長陸徵祥、此陸徵祥氏ハ、而モ巴里會議ニ臨ム途ニ於テ、本員ノ記憶スル所ニ依レバ、一昨年ノ十二月六日カト思フ、我ガ内田外務大臣ニ十分ナル交渉ヲ開カレタト承ッテ居リマス、然ルニ其巴里ニ於ケル陸徵祥氏ヲ首メトシ、其他支那ノ委員ノ言語道斷ナル行動、卽チ自國ノ政府ノ名前ヲ以テ調印致シタル、其日支協約ヲ拒絶シテ、今日ノ紛擾ヲ來シテ居ルノデアリマスガ、之ニ就テ内田外務大臣ニ承リタイノハ、當時十二月六日陸徵祥氏ト此邊ニ就テ 豫メ完全ナル諒解ヲ無論試ミラレタコトデアリマセウガ、果シテ其事實ノ有無如何、若シ有リトスレバ其當時ノ狀態、無シトスレバ、何故ニ日支親善外交、刷新ヲ企テラレタ所ノ外務大臣ハ、此東洋人種中ノ切ッテモ切レナイ支那ニ向ッテ何故ニ豫メ此問題ニ就テノ豫備的交涉ノ御注意ヲ缺イタカト云フコトデアリマス、更ニ進ンデ所謂山東問題ノ巴里會議ニ通過サレタ根本本義ニ於テ、日米兩國當事者間ニ、重大ナル誤解ガアルヤウニ本員ハ確信スル、此事ヲ外務大臣ニ御尋致ス、外務大臣ガ八月二日ノ聲明書中ニハ例ノ牧野男ノ五月五日ノ聲明書ヲ裏書ヲ爲サレ、其聲明書中外務大臣ハ斯樣ニ言ハレテ居ル、千九百十五年ノ日支協約ヲ基礎トセラレタ其明文ガアル、其明文ハ一昨日既ニ片岡君ニ依ッテ讀マレマシタカラ、省略ヲ致シマス、之ニ對シテ同

ジク六日米國大統領「ウイルソン」氏ハ、此内田外務大臣ノ日支協約ヲ根據トシタ所ノ聲明書ヲ全ク打消シテ居ル、卽チ「ウイルソン」氏ハ、米國ガ此山東問題ニ關スル日支ノ條件ヲ承認シタノハ、右ノ條約ヲ承認シタノデハナイ、巴里會議ヲ承認シタモノデアル、斯樣ニ明言シテ居ル、其「ウイルソン」氏ノ聲明書ヲ讀ミマス、斯樣ニ書ウテ居ル、「予ハ山東問題ニ關シテ同意シタルモ此同意ハ千九百十五年及千九百十八年日支兩國間ニ交換セラレタル覺書ノ政策ニ對シ、米國政府ガ同意スルモノナリト推測サルヘカラスト言フコトヲ以テ余ノ義務ト思惟ス」云々ソレカラ終リニ「内田子ハ巴里ニ於ケル山東問題討議ニ關スル總テノ資料ノ供給ヲ受ケタルナラン予ハ此聲明ヲ爲スハ決シテ内田子ノ意見ヲ訂正セントスルモノニ非ス唯是カ爲メニ生スル誤解ヲ一掃センガ爲メ此補足ヲ爲ス」云々是ニ由ッテ之ヲ觀マスレバ、我外務大臣ハ、右大正四年五月ノ日支協約ガ我々ノ思フガ如ク、當然巴里會議ニ於テ承認セラレ、其結果靑島問題竝ニ、山東省ニ於ケル、獨逸ノ經濟的利權ヲ日本ガ繼承スル、其基礎ト爲スニ拘ラズ「ウイルソン」大統領ハ右協約ヲ承認スルデハナイ、四月三十日巴里會議ノ結果、之ニ同意シタルノデアリト我ガ内田外務大臣ノ意見ヲ訂正セラレ、是ガ證據トシテ、當時ノ議事錄ヲ參考スベキ旨ヲ附言シタルヤウニ解釋サレルノデアル、果シテ然ラバ、卽チ結果ハ同一デアリマセウガ其出發點ガ相違シテ居ル、卽チ御同樣日本國民ハ、當然日支協約、既得權ノ發動ノ結果ト解釋スルノニ、「ウイルソン」大統領ハサウデハナイ、平和會議ニ於ケル、寧ロ恩惠的承認ト解釋シテ居ルノデハナカラウカト思フ、言葉ノ換ヘマスレバ、大正四年ノ日支協約ハ其當時既ニ中外ニ發表セラレテ、其效果ノ確定的ナルニ、搗テ、加ヘテ米國ノ參戰前、卽チ大正六年五月以前ニ、英吉利、佛蘭西、露西亞、伊太利、此四箇國ノ共同保證ニ係ルモノニテ、巴里會議ニ於テ承認セラレタモノデハナイノデアル、卽チ米國ガ日支協約ニ就テ、彼此異議ヲ提出スル前ニ、此問題ハ既ニ與國間ニ確定議トナッタノデアル、然ルヲ玆ニ此問題ガ新タニ巴里會議ニ發生シタルガ如キ、日米ノ解釋ニ對シテ、世上我國ガ巴里會議ニ何故ニ被告ノ地位ニ立チシカト、憤慨スル人々ノアル所以ハ、一ツハ亦實ニ此ニ存スルモノト本員ハ信ズル、故ニ本員ハ單ニ此出發點ノ相違ニ關シ、勤勉ナル我ガ外務大臣ハ、「ウイルソン」氏ニ訂正、若クハ補足セラレテ、其儘今日ニ至ルマデ、泣寢入ノ沈默ヲ守ッテ居ルノハ、如何ナル次第デアルカ、（拍手起ル）又居留地問題ニ就テハ、一昨日片岡君ノ質問ニ對シテ、考慮ノ結果ハ、未ダ發表ノ時期ヲ得ズ、斯樣ニ言ハレタ、然ラバ玆ニ一言ヲ加ヘン、何故ニ考慮スルト云フコトヲ、不必要ニモ無用意ニ之ヲ發表シタノデアル、此事ノ詳細ハ豫算會議ニ讓リマスガ、玆ニ本問題ニ就テ特ニ確メテ置キタイコトハ、御同樣本問題ニ就テ、國際聯盟ノ係爭問題トナッタ時ノ、

最モ重大ナル用意ト斯樣ニ信ズル、ソレハ巴里ニ於テ牧野使節等ガ、何カ重大ナル錯誤ヲ致シタ、ソレガ爲メニ本員ハ、玆ニ内田外務大臣ニ暗默ノ同情ヲ寄セタイノハ、此牧野使節ノ爲シタ重大ナル錯誤ト辻褄ヲ合ハセンガ爲メニ、一昨日來ノ遁辭ヲ此問題ニ外務大臣ガ設ケタモノデハナカラウカト云フ疑惑ヲ懷ク、卽チ右四月三十日會議ノ席上牧野男等ガ、戰々兢々トシテ山東問題ニ關シ、「ウイルソン」氏或ハ其他ヨリ、本員ノ所謂被告人扱ノ質問ニ遭遇シタ、此時ハ定メテ心身朦朧ト致シマシタラウガ、兎モ角專管居留地放棄ノ言質ヲ與ヘテ居ル、斯樣ニ本員ハ信ズルノミナラズ、言質デアレバ格別デアルガ、其事ヲ聲明致シタ所ノ證據ガ卽チ此ニアル、五月五日巴里發國際通信ノ電報、序ナガラ國際通信ハ、政府ト特殊ノ關係アルモノデアル、此國際通信ノ電報ニ斯樣ニアル「日本ハ山東半島ヲ完全ナル主權ノ下ニ支那ニ還付スルコト但シ靑島ニ於テ普通ノ手續ヲ以テ一ノ「セットルメント」ヲ設置スル權利ヲ保留シ」云々序ナガラ玆ニ一言加ヘタイノハ、此一ノ「セットルメント」トハ、牧野男ノ眞意ハ、大正四年ノ日支協約中ニアル專管居留地ト云フ意味デアリマセウ、所ガ「セットルメント」ト云フ文字ハ、支那ノ外交文書ノ用語トシテハ、共同居留地ニシカ當ラヌ、本員誤ッタナラバ教ヲ願フ、專管居留地ナラバ「コンセッション」ト言ハナケレバナラヌ、然ルニ言質及聲明書ニ公然「セットルメント」、卽チ共同居留地ト銘ヲ打ッタノデアル、故ニ「ウイルソン」氏ハ當然此言質、此聲明ニ依リ、矢繼早ノ英語ニテ、然ラバ大正四年ノ該條約ハ、兎モ角モ單純ニ巴里ニ於ケル平和會議ノ結果トシテ、日本ハ膠州灣ヲ支那ニ還附スルコト、但シ山東ノ利權ダケハ之ヲ繼承スベシト言ハレタ其裏面ニハ、大正四年日支條約ノ結果、當然日本ノ權利タルモノニ非ズシテ、巴里會議ニ依ッテ日本ガ其戰時ニ於ケル犧牲ニ對シテ、恩惠的承諾ヲ與フルモノトシテノ意味ヲ含蓄シテ、言ヒ放タレタ其英語ヲ、牧野副使等ガ何カ聽落シタ結果、其事ガ議事錄ニ明記セラレ、玆ニ前陳セルガ如ク、「ウイルソン」大統領ト、我賢明ナル内田外相トノ根本的了解ヲ異ニセルニ拘ラズ、今ニ至ルマデ我外相ガ故ラニ事實ノ眞相ヲ瞞シテ、米國ノ誤解ヲ其儘否認シテ居ルモノト信ゼザルヲ得ナイノデアル、是ガ卽チ本員ガ内田外相ニ向ッテ同情ヲ表スル所デアル、サリナガラ此事ニ就テ、外相ハ事實ヲ赤裸々ニ此議席ニ於テ述ベラレンコトヲ望ムノデアル、要スルニ講和會議ノ失敗ハ、畢竟我ガ使節其人ヲ誤ッタト思ヒマス、併ナガラ、ソハ兎モ角モ、政府ハ此山東問題ニ關スル、右四月三十日ノ會議錄若クハ其資料タルベキモノ、卽チ米國大統領「ウイルソン」ノ否定シタル、牧野男珍田子ノ説明ナルモノヲ、當議會ニ提出セラレテ、此日米當事者間ノ解釋上ノ疑惑ヲ、一掃スル義務アルモノト確信スルモノデアル、何トナレバ此山東問題ハ、既ニ米國上院ノ保留案トナリ、又近キ將來支那ヨリ、必ズヤ國際聯盟ニ提出セラレントスル此問題ニ對シテ、我々國

民ハ、十分之ヲ諒解シテ圖カナケレバナラヌ、故ニ此資料ノ提出ヲ要求スルノデアル、(拍手起ル)第二項ハ對支政策ノ連續的失敗及是ガ善後策ノ方針デアリマス、現内閣ガ就職以來日支親善ノ實ヲ擧ゲントシ、昨年春以來二度マデ南北和平ヲ勸告セラレ、其他南北調停マデ、借款ノ停止ニ至ルマデ、形式上ダケハ、成程如何ニモ誠意ヲ披瀝シテ居ルヤウニ本員モ同情ヲ表ス、サリナガラ其後ノ經過ヲ見マスルト、當時即チ昨年ノ此議會ニ於テ、原總理大臣及内田外務大臣ハ、貴衆兩院ニ對シ、右支那南北ノ妥協勸告ノ經過及結果ヲ樂觀セラレタルガ、今日ニ至ッテ南北ハ依然トシテ相爭フノ有様ハ、何事デアルカ、政府ノ盡スベキ手段方法未ダ其途ヲ得ナイト本員ハ信ズルノデアル、當時本員ハ、此南北和平ノ勸告ニ就テ御座ナリ一遍ノ勸告ニテハ、無效デアリマスト云フコト、竝ニ其手段方法ヲ、豫算會議ニ於テ力説シタノデアル、果セル哉不幸ニモ本員當時ノ豫言通リデアル、是レ其失敗ノ一ツト信スルガ如何デアルカ、又第二ニハ昨年五月米國ノ提議ニ依ッテ、新四國借款、此趣意ニ日本ハ贊成シナガラ、直チニ滿蒙除外ノ例外ヲ出シタ爲メニ、此問題ハ今ニ至ルマデ中止ノ有様デアル、所ガ翻ッテ其新借款團ノ發議者タル米國ハ、我滿蒙除外ノ要求ニ反對スルハ勿論、再轉シテ煙酒借款ニ成功ヲ致シタル如キ、更ニ海蘭鐵道借款ニモ加入セリト云フガ如キ、其他獎業銀行ヲ設立、又大隈内閣ノ當時ト記憶致シマスガ、日本ノ資業家トノ間ニ交渉ノ第一歩ヲ進メタ水口山鉛鑛借款ニモ、米國ハ成功シツ、アルト云フ、要スルニ我國ハ列國協同貸付ノ名義ノ四國新借款團ノ申合ヲ守ッテ、何レノ國モ拔駈ノ功名ヲ爲サヌト云フ其規約ヲ重ンジテ居リマシタノニ、此有様ハ何事デアルカ、畢竟我國ガ米國ノ發案ニ五月贊成ヲシナガラ、中途ニ滿蒙除外ヲ出シテ、忽チ米國資本家ノ乘ズル所トナッタノハ、時モ時、米國ノ上院ニ於ケル山東問題ニ對スル、日本排斥ノ其輿論ノ熱狂致シタ時ニ於テ、支那ノ實業家ト相提携シテ、此米國ノ援助ガ財政的ニ參リマシタカラ、日支經濟ノ提携ナルモノハ根抵ヨリ危機ニ陷リテ、茲ニ米支經濟ノ提携トナリ、支那人ハ何レモ米國人ヲ以テ、支那ノ救世主ト思フガ如キ感想ヲ今日ハ持ッテ居ル、而シテ之ニ對スル對策ヲ承ラナイ、是ガ本員ノ認メテ以テ、對支政策ノ第二ノ失敗ト致ス所デアルガ、(拍手起ル)併ナガラ此點モ詳細ニ御説明ヲ承リタイ、第三ハ、昨年四月巴里ニ於テ山東問題ノ決定以來、澎湃タル排日ノ氣運ハ、今ニ至ルマデ、支那國民ノ國民的運動トナッテ居ル、北京、天津、漢口、南京、上海ニ至ルマデ、我商品ノ掠奪、焼棄等、通商ハ暴力的ノ群衆、而カモ專ラ學生ノ團體ニ依ッテ妨害セラレ、甚シキハ在留同胞人ノ迫害凌辱ヲ受ケタ數ハ多々アル、今後モ斯ル排日排貨ノ支那ノ國民的運動ハ、遺憾ナガラ頻々發生スベキ虞アルモノト本員ハ豫想スルノデアル、然ルニ之ニ對スル我政府ノ爲ス所如何ト見マスレバ、過去八箇月間千遍一律、唯ダノ一片ノ抗議ヲ提出スルダケデアル、相變ラズ小幡公使ノ排日取締ノ抗議ト云フ活版刷同様ノ外交ハ、昨年五月以來何十回ニ至ッタノデアリマセウカ、而モ所謂排日的ノ暴擧ハ機ニ應ジ、變ニ臨ミ、是亦千遍一律年中行事トナッテ居ルノデアル、支那ノ學生中ニハ、日本人ヲ殺スモ二三百圓ノ償金ヲ出セバ事濟トナル、斯様ニ豪語シテ居ル、斯ノ如キハ、畢竟此軟弱外交ヲ侮ッタ所ノ言葉デハアリマスマイカ、現ニ東京商業會議所ノ調査ニ從ヘバ、今日マデ是等ノ爲メニ受ケタル直接ノ損害ダケデモ、既ニ二千五百萬圓ニナッテ居ル然ルニ外務當局ハ、此連續的失敗ニ對シ、一昨日以來外務大臣ハ何ト言ハレタ、我國民ノ隱忍自重ヲ以テ、本事件解決ノ唯一ノ根本要素ト爲シテ居ラル、、本員ハ之ヲ以テ、失敗ノ第三ニ數ヘルノデアル、(拍手起ル)此連續的失敗ニ對シ、外相ハ果シテ經綸アリヤ否ヤヲ承リタイノデアル、ト申スコトハ、本來支那ノ國民性ナルモノハ、其歷史ノ爲メニ、事大思想ヲ養成セラレ、隨ッテ其傳統的外交政策ナルモノハ、一二強弱ノ比較デアッテ、遺憾ナガラ正邪ノ問題ハ、マダソレ程ニ國民ハ熱中シテ居ナイ、即チ歐羅巴戰爭中、支那ノ恐ルベキモノハ唯ダ日本アルノミデアッタガ、其大戰ノ終結ト共ニ、最早日本ハ恐ル、ニ足ラヌ、如何ナル凌辱復讐等ヲ日本ニ與フルモ、日本ハ兵力ヲ以テ我ニ臨ムコト能ハズ、向後ノ日支關係ハ、一ニ國際聯盟ノ規約ニ基カナケレバナラヌ、幸ニ北米合衆國ノ在ルアリ、極東ノ日本眼中ニ無シ、是ガ即チ今日支那ニ於ケル所ノ事大思想デアル、即チ彼等ノ眸ニ映ズル前段申シタ太平洋ニ於ケル米國ノ勢力、又其米國内地ニ於ケル物資財力ノ豐富ヲ擁シテ、無遠慮ニ支那ノ内地ニ活躍スル米人ヲ見テハ、支那人ハ恰モ虎ノ威ヲ假ル狐ノ如ク、狡猾ニシテ譎詐ナル政策ヲ弄シ、我國ノ抗議ノ如キハ、唯ダ一場ノ口頭禪ヲ以テ、之ヲ挨拶シ、其政府モ隨ッテ誠意ヲ以テ此等排日ノ暴動ヲ鎭壓シ難キモノト信ズルノデアリマス、本員ノ所見ヲ以テスレバ、對支政策ハ、對英米政策、就中對米政策デアルト思フ、幸ニ我同盟ノ英國ハ、御存ジノ如ク日本ノ支那ニ於ケル政治上ノ地位ニ關シテ、前々内閣ノ時之ヲ承認セラレテ居ル、故ニ日本ハ宜シク米國ニ對シ、根本的ニ日支兩國ノ存亡關係ヲ説明シ、日本ハ人口、貿易、生産、總テノ上カラ見テ、日支ノ死活關係ノ密接ナルコトサリナガラ日本ハ支那ニ對シテハ、門戶開放、機會均等ノ外、何物モ要セナイモノデアル、而シテ今日日本ノ支那ニ於ケル資力ハ、貿易ノ上、人口ノ上、資金ノ放資額ニ於テモ世界第一デアル、其日本ノ特殊ノ利害ヲ、無法ナル支那人ガ公然團體ノ下、暴力ヲ以テ此通商上ノ妨害ヲ擅ニスルト云フコトハ、最早看過スルコトハ出來ナイ、即チ外務大臣ノ所謂今日マデ日本ハ隱忍自重致シタガ、最早忍ブベカラザル程度マデ之ヲ忍ンダ所以ハ、一ニ世界ノ新大勢ニ順應シ、隨テ我ガ對支政策モ根本的ニ之ヲ緩和シ、以テ一ニ支那上下ノ自發自制ニ待チ來ッタ此國策ノ根本的推移ヲ、米國支那兩國ハ勿論、之ヲ世界ニ發表致シ、同時ニ支那ニ向ッテハ断乎タル決心ヲ以テ、此通商妨害ノ排日排貨ノ運動ニ對シテ、最後ノ御決心ヲ持タレタ曉ニハ、支那政府ニシテ暴動ノ鎭壓ガ出來ナイト云フ時分ニハ、我ガ執ルベキ手段ハ多々益々辨ズベキモノアリト思フガ如何デアルカ、此根本的政策無クシテ、徒ラニ日支親善ノ名ニ囚ハレ、抗議復タ抗議ノ裡ニ日月ヲ通過致シテ居リマスルト、山東問題ガ國際聯盟會議ニ上ル時ニハ、此排日排貨ノ運動ハ、四億万ノ支那ノ國民ノ血ノ中ニ混ッテ來ルヤウニナルト、本員ハ虞レルノデアル、此點ニ就テハ切ニ十分ノ御説明ヲ願ヒタイノデアル、第三項ハ西伯利増兵問題ニ就テノ疑義ヲ御尋致シマス、一昨日來本問題ニ關スル外務大臣陸軍大臣ノ演説ヲ承リ……

(濱田副議長議長席ヲ退キ大岡議長復席)

本員ハ大ニ疑惑ヲ深ウ致シタノデアル、抑、昨年米國ノ勸誘ニ應ジ、我國ガ西伯利ニ出兵セシ目的ハ、「チエック」援助ト露國救濟トニ在ルガ、其根本的目的ハ、確ニ過激派ノ討伐ニ在ッタノデアル、此事ノ明々白々一點ノ疑ナキ事ハ、今日モ此席上ニ於テ原總理大臣及外務大臣ノ言明モ、是ニ異議ハ無イノデアル、之ガ爲メ我國ハ爾來引續イテ西伯利ニ我兵ヲ置キ、而シテ其補充ノ爲メニ、昨年十一月(「速記者ガ泣イテ居ルゾ」ト呼フ者アリ)米國ノ諒解ヲ得ント努メテ、米國ニ交渉シタニモ拘ラズ、米國ハ我ガ焦眉ノ相談ニ何ノ返答モ爲サズ、突如トシテ去ル三十一日、西伯利駐屯司令官グレーブス少將カラ、撤兵ニ對スル一片ノ通告ヲ受領セラレタコト、竝ニ越エテ去ル十二日ニ至リ、米國ガ其手違ヲ辯明スルト共ニ、米國國務卿ランシング氏ヨリ幣原大使ニ交付セラレタト云フ、我ガ増兵交渉ニ關スル米國政府ノ回答文トモ見ルベキモノガ、内外ノ新聞ニ發表セラレテ居ル、此回答文ニ依レバ米國ハ一「チエック」援助ノ目的モ達セラレ、第二ノ目的タル露西亞ノ秩序恢復モ、漸ク自治政府ノ組織ヲ見ッ、アル今日、却テ外國軍隊駐屯ノ如キハ最モ妨害トナルベキヲ以テ、米國政府ハ以上ノ二理由ニ基キ、軍隊全部ノ撤退ト同時ニ、「スチーブンス」以下ノ鐵道管理員ノ引揚ヲ決定シタル旨之ヲ通知シ、最後ニ撤兵ハ之ヲ行フモ、經濟上政治上ノ援助ニ關シテハ、更ニ日米政府間ニ商議協定ヲ爲スベシトノ意ヲ附加シタリトノコトデアル、是ハ我政府ノ手ヨリ間接ニ世上ニ公布シタモノデアラウト信ズル、是實ニ重大ナル問題デアル、現内閣ガ一ニモ米國、二ニモ米國ト、常ニ米國トノ協調ヲ重ンゼラレ、惴々焉トシテ唯ダ其及バザルヲ惧レル、遠慮勝ノ其殊勝ナル態度ニ對シ、此結果ハ果シテ何事デアルカ、露骨ニ此回答文ヲ批評スレバ、米國ノ趣意ハ、我ガ増兵ノ交渉ニ對シテハ、所謂國外ヨリノ干渉、即チ外國軍隊ノ駐屯ヲ以テ、露國ノ秩序恢復ニ妨害アルモノデアルト、斯様ニ間接ニ反對シタ、而シテ直接ニハ向後經濟上、政治上、露國問題ニ關シテハ、日米間ノ商議協定ヲ欲スベシト附加シテアルノハ、即チ米國ハ撤兵ハスルガ、西伯利ニ關スル日本ノ政治上、經濟上ノ行動ニ對シテハ、之ヲ監視シマスゾト云フコトガ間接ニ言ッテアル、諸君、一ニモ米國、二ニモ米國――我々モ米國トノ協定ハ、飽マデ之ヲ希望致シマスルガ、外務大臣ガ其米國トノ協調ガ斯ル結果ヲ見ルニ至ッテハ、眞ニ本員ハ、國家ノ爲メニ默カザルヲ得ナイト云フコトヲ申上ゲタイ、（拍手スル者アリ）ソコデ最近去ル十三四日ノ閣議ニ於テ、政府ハ已ムナク單獨行動トシテ、愈〻五千ノ増兵ヲ西伯利ニ派遣ノコトニ決セラレタト云フコトデアル、是ガ卽チ本員ノ疑問ガ二重ニモ三重ニモ起ル所以デアル、茲ニ疑點ヲ申上ゲル、第一米國ハ所謂「チエック」援助ノ目的ヲ達セラレタト云フモ、現ニ「イルクーック」以西ニハ、尙ホ四万内外ノ「チエック」兵ハ、米國首メ與國救濟ノ不十分ナル爲メ、依然滯在シツヽアルコトハ、一昨日及今日、先刻モ外務大臣及陸軍大臣之ヲ認メラレテ居ル、然ラバ米國ノ所謂援助ノ目的ハ、未ダ到達セザルモノト思フガ如何デアルカ、又假リニ「チエック」援助ノ目的達シタリトスルモ、一昨年八月日米共同出兵以來ノ情誼、及成行ニ對照シ來レバ、少クモ此邊ノ事ハ、豫メ我ガ大井司令官ニ向ッテ、豫備的打合ガアッテコソ、米國ニ向ッテハ、私ハ是ハ當然ト思フノデアル、然ルニ此事ニ就テ、一昨日外務大臣ハ寧ロ米國撤兵ノ行動ヲ是認セラレ、鐵道規則マデモ引用セラレタヤウニ本員ハ今尙ホ記憶スルガ、本員ハ卽チ外務大臣ノ證據ト致シタル、其鐵道規則ニ依ッテ大ニ異論ガアル、此鐵道規則ハ昨年二月日米間ニ協定致シタ、其鐵道管理協定第四條及第六條ヲ引證シテ見ルト、第四條ニハ「守備ハ現在出兵セル各國軍隊之ニ當ル」トアリマス、第六條ノ末文ニハ、「出兵撤退ト同時ニ「スチーブンス」氏ヲ始メ各國關係委員全部撤退スル」、斯ウ云フノデアリマス、此第四條ニ依テ見レバ、一區域ノ撤兵卽チ米國兵ノ撤兵ノ其歷力ハ、日本ノ守備ノ鐵道區域ニ加ハルノハ當然デアル、又第六條ニ依ッテ計レバ、米國ハ撤兵スルニ方ッテ、其鐵道規則ニ從ッテ、我等ニ向ッテ豫メ協定ヲシナケレバナラズ、外務大臣ノ所謂出兵ノ時ノ協議ノ約束ハ有ッタガ、撤兵ノ時ノ協議ノ約束ハ無イトハ、本員如何ニシテモ、此第四條第六條ニ於テ信ズルコトガ出來ナイノデアル、（拍手スル者アリ）斯クノ如ク觀來レバ、一昨日來外務大臣ノ米國辯護ハ、如何ニシテモ不道理ト信ズルガ、是亦本員ノ過チデアレバ幸ニ敎ヲ願フ、何レニシテモ本員ハ信ズル、米國ノ撤兵ハ當然我國ト徹底的諒解ノ下ニ行動スベキモノト思フ、故ニ米國ガ此突然撤兵ノ影響ハ、我軍ニ實物敎訓ヲ與ヘテ居ル、「ハバロフカ」ニ於ケル我ガ通信機關ハ、五百ノ過激派ニ切斷セラレ、又黑龍江カラ支那領域方面マデ過激派ガ勃興ノ警報ハ、頻々トシテ傳ッテ居ッテ、英國ノ支那ニ於ケル所ノ「ジヨルダン」公使ヨリ、支那ニ向ッテ注意ヲ與ヘテ居リマス、要スルニ今回米國撤兵ノ此突發的行動ハ、之ヲ以テ日米兩國間ニ完全ナル意思ノ疏通アルモノトハ、如何ニシテモ信ジ難イガ、政府ノ見ル所ハ果シテ如何ナルモノデアルカ、此點ニ就テノ御說明ヲ願ヒタイ、ソレト茲ニ一言加ヘナケレバナラヌノハ、米國ヲシテ斯ル行動ニ出デシメシハ、畢竟寺内內閣ノ當時、米國ノ提議ニ應ジテ我政府ハ、其八千ノ出兵數ト、略ボ同一ナル出兵ヲ出スベクト約束シテ居ナガラ、遂ニ七萬五千ノ大兵ヲ出スマデモ、米國ニ此事ヲ通知シナイ、出征地ノ大谷司令官ヨリ之ヲ米國ノ司令官「グレーブス」ニ報シ、「グレーブス」ヨリ國務卿ニ此事ヲ知ラシタ、日本ノ行動ハ不誠意デアルト云フコトハ、本員親シク此事ヲ米國ノ當局者カラ名前ハ申シマセヌガ聞イタ、之ニ對スル日米ノ意志ノ不疏通ガ依然トシテアッテ、其爲ニ米國ノ行ッタ所ノ復讐手段デアルカ、此點モ念ノ爲メニ、外務大臣ノ詳細ナル說明ヲ要スル、（拍手起ル）第二ニハ西伯利出兵增加ニ關シ、帝國ノ根本政策ニ就テ御尋致シタイノデアリマス、抑、我西伯利出兵以來、其目的ニ關スル政府ノ說明ニ依レバ、「チエック」援助以外、專ラ我接壤地タル滿蒙鮮ノ三方面ニ對スル過激派勃興ガ、東洋ノ平和ヲ破壞スル、其一大脅威ニ對スル防禦、卽チ所謂極東治安ノ維持ト云フ事、二ツニハ居留民ノ保護ニ外ナラヌ次第デアラウガ、一昨日來內田外務大臣、並ニ田中陸軍大臣ノ出兵ニ關スル演說中、殊ニ本員ヲシテ不思議ノ疑惑ヲ懷カシメタコトハ、此度ノ出兵ニ關シ、本年ハ兩大臣トモ强テ過激派ト云フ言葉ヲ避ケテ居ラレルヤウナ形跡ガアルヤウニ見エル、卽チ過激派ニ對シテハ、昨年ノ議會ノ外務大臣ノ外交演說ヲ速記錄ヨリ引用シテ見マスレバ、斯樣ニ言ハレテ居ル、「帝國ハ昨年八月米國政府ノ提議ニ應シ且ッ英佛伊及支那トモ協調ヲ保チマシテ、東部西伯利ニ出兵スルコト、ナリマシタガ、其當面ノ主要目的ハ同地方ニ於テ「チエック、スロバック」軍隊ガ、獨墺ノ武裝俘虜及獨墺ノ勢力指揮ニ服スル過激派軍隊ノ壓迫ヲ受ケ、形勢危殆ニ陷リタルヲ救濟セントスルノニ在ッタノデゴザイマス」是ハ外務大臣ノ御言葉、又陸軍省發表ノ御同樣ノ手ニ持ッテ居リマス、大正八年四月ヨリ八月ニ至ル西伯利派遣軍ノ情況中、之ニ依リマスレバ各其ノ一頁毎ニ過激派討伐ヲ以テ、我西伯利派遣軍ノ大目的ト爲シテ居ル、然ルニ一昨日陸軍大臣モ一言ダケハ、烏蘇里方面ニ於ケル過激派ノ妄動云々ト言ハレタガ、我增兵ノ目的ヲ以テ、是マデ通リ此過激派討伐ニ對スルモノデアルトハ、陸軍大臣ハ喉元マデ言ヒタカッタガ之ヲ言ハズシテ、サウシテ陸軍大臣ハ斯樣ニ言ウタ、「我軍自己存立ノ危險」ト斯樣ニ言ハレタノデアリマス、噫ノ陸軍大臣苦シカッタラウト本員ハ同情スル、（拍手起ル）サリナガラ此所ガ本員質疑ノ要點デアル、卽チ帝國現在ノ出兵モ、歸スル所ハ此過激派ノ對抗デアルコトハ、外相ガ一昨日片岡君第二ノ質問ニ對シテ、到頭朝鮮人ヲ云々スルト云フコトニ就テ、自白セラレタコト、一致シテ居ル、卽チ本員ノ質疑ノ要點デアル、初メテ意義ヲ爲ス質疑ノ眼目ハ何デアルカ、卽チ日本ハ此露國ノ過激派ニ對スル根本政策ハ、如何ニ爲サルト云フコトデアル、具體的ニ再言スレバ、今マデノ三万ト此度ノ五千位ノ少數ノ兵ダケヲ以テ、能ク過激派討伐ノ目的ヲ達シ得ラレルヤ否ヤト云フコトヲ承リタイ、本員ハ遺憾ナガラ此點ニ甚大ナル疑惧ヲ懷キ、押川君トハ全ク意見ヲ異ニスル、何トナレバ露國ヲ二分シテ歐羅巴露領ニ於ケル過激派ノ形勢ヲ見マスレバ、既ニ英米ノ二國ノ態度ハ、近來過激派ニ對シテ、寧ロ自然ノ成行ニ一任スル現勢トナッテ居ル、ソコデ北方芬蘭ヨリ南方「オデッサ」ニ至ルマデ、所謂反過激派ナルモノ、今マデ聯合與國ガ援ケテ居ッタモノガ、全ク過激派ノ爲メニ掃蕩セラレタノミナラズ、「バルチック」諸州ニ於ケル新タナル國家スラモ、過激派政府ト平和ノ締結ヲシヤウトスル目下交涉中デアルコトモ、外務大臣御承知ノ筈デアル、況ヤ英國政府ハ現在「コッペンヘーゲン」ニ代表者ヲ出シテ、過激派政府ト俘虜ノ交換ニ關シ、一部ノ交涉ヲ開イテ居ル、此一部ノ交涉ハ、總テ全部ノ協定ニ關スル第一步ト認ムベキモノデアル、而シテ今ヤ米國又此撤兵アリ、然ラバ假令佛蘭西政府ガ過激派ニ反對致シタト假定シタ所ガ、所謂長鞭馬腹ニ及バザルヲ奈何セン、一言スレバ「デキニン」軍破レ、「ユデニッチ」軍碎カレ、加フルニ最近日本政府ガ援ケテ居ッタ「オムスク」ノ「コルチヤック」提督ガ滅ビテハ、遺憾ナガラ歐露ヨリ東露「イルクーック」マデハ、全ク過激派ノ天地トナッタノデアル、ノミナラズ此過激派政府ハ、更ニ中央亞細亞ニ向ッテハ、裏海ヲ越ヘ「アフガニスタン」波斯ヨリ、將ニ印度ノ國境ニマデ其毒牙ノ宣傳ヲ延バシツヽアルコトハ、最近英國陸軍大臣「チヤーチル」氏ガ公々然トシテ言明セラレテ居ル、且又西部西伯利ノ「タタルスク」「ノビオニコライウスク」兩方面カラハ、既ニ支那ノ天山南北卽チ伊犂新疆ノ方面ニマデ、過激派ノ勢力ガ及ンデ居ルコトハ、前段御注意ヲ喚起シタ英國公使「ジヨルダン」氏ノ、支那政府ニ向ッテ注意シタル所ノ事實デアル、斯ウ云フ風ニ歐羅巴露領カラ西部西伯利ダケノ過激派ガ、極東西伯利ニ於ケル唯一ノ我日本軍ヲ以テ、万一ニモ國敵ト爲ス場合ニ、此僅少ナル三四万ノ陸兵ヲ以テ、果シテ能ク其目的ヲ達シ得ルヤ如何、否ナ我忠勇義烈ノ陸軍ガ、縱シンバ貝加爾ノ天險ニ、所謂一夫ノ力能ク万夫ヲ擊退致シマシテモ、右申シタ中央亞西亞ト支那、是カラ這入ッテ來ル所ノ過激派ニ對シテ、之ヲ抑壓スルコトガ出來マスルカ如何デゴザイマセウカ、況ヤ萬一不幸ニモ一旦印度ニ這入ッタ曉ニハ、其印度ニ於ケル一億八千ノ囘々敎徒ト過激派ガ聯絡致シタ曉ハ、否デモ應デモ我等ハ、日英同盟ノ義務ニ依ッテ印度ニ出兵ヲシナケレバナラヌ、斯ノ如ク觀察致シテ來ッタナラバ、如何ニ致シテモ與國ノ協同戮力ナクシテ、我獨力ノミヲ以テ、極東過激派ノ掃蕩ナド、云フコトハ全ク六ケシイト思フ、我精銳ヲ屠リ、我國帑ヲ費シ、徒ラニ列國ノ猜疑、露國民ノ反感ヲ購ヒ、而シテ得ル所果シテ如何デアルカト云フコトガ伺ヒタイ、ソコデ本員ハ茲ニ忌憚ナク外務大臣ニ御注意ヲ喚起スル、本員ガ政府ニ向ッテ、對過激派政策ノ根本方針ヲ伺ヒタイノハ、卽チ今日マデノ我對露政策ナルモノハ、其國力ノ關係上ト當局者ノ無定見トニ依リマシテ、勢ヒ列强ノ他動的外交ニ隨行シ來タノデアルガ、今ヤ露國過激派ノ極東ニ對スル脅威ハ、只今前席ニ於テ陸軍大臣ノ僞ラザル報告通リ、眼前ニ迫ッテ居ル、又原總理大臣モ此點ニ就テ、英米ト日本トハ誠ニ情勢ヲ異ニスルト言フ、如何ニモ同感デアル、然ラバ我ハ我自ラ主動的トナリ、是マデノ協商側ニ對シ、扨テ協商側ニシテ到底過激派ノ掃蕩不可能ト認ムル以上ハ、少クトモ露國ノ過激派政府ニ對シテ、其過激主義ノ宣傳ダケハ、露國以外ニ爲サシメザルト云フ方策ヲ講ズルヤウ、與國トノ交渉ヲ開始スル意思ナキヤ如何デアルカ、幸ニ我ガ内田外務大臣ハ「レニン」「トロツキー」氏トモ相識ト承ッテ居ル、恰モ英國ガ「オクラデー」氏ヲ代表者トシテ、前段申述ベマシタ「コッペンヘーゲン」ニ捕虜交換ノ談判ヲ開キツヽアルガ如ク、少クトモ我ガ極東ノ治安ニ關シ、露國ノ勞農政府ト一交渉ヲ試ムルノ勇氣ナキヤ如何ト云フコトデアリマス、(拍手起ル)本來武力ヲ以テ過激派ヲ絶滅セントスルガ如キ無謀ハ、恰モ糠ヲ揚ゲテ風ヲ打ット一般デアル、苟モ我ガ政治道徳ニシテ頽廢セズ、我ガ國民ノ生活ニシテ安泰ナランカ堂々タル我ガ帝國ニ過激派ガ來テ見タ所ガ、彼ノ勢力ヲ發揚スル所ノ餘地ハ無イノデアル、苟モ德ヲ修メズンバ、所謂舟中ノ人悉ク敵ナリ、原内閣先ヅ思ヲ此ニ寄スベキデアル、(拍手起ル)卽チ眞ニ滿蒙鮮ノ三方面ニ對スル過激派侵入ノ防備ト云フコトナラバ、今ノ兵力ヲ更ニ減退シマシテモ、是ガ取締ヲ爲スコトガ出來ルト思フ、ソコデ以上本員ガ言ウタ第一點ハ、現在ノ力ヲ以テ、果シテ鐵道ノ守備及過激派ノ掃蕩ガ出來ルヤ否ヤ、第二ハ我ガ兵力ノミヲ以テ行カヌト爲タナラバ、與國ト完全ナル諒解ヲ以テ、英吉利デサヘモヤッテ居ルノデアルカラ、極東ニ就テモ「レニン」政府ト、極東治安維持ダケニ關スル局部協定ヲ開クノモ、是亦一策デハナカラウカ、ソレトモ現在ノ如ク兵ヲ置イテ、而シテ之ガ爲メニ内田外務大臣ガ希望スルガ如キ、完全ナル露國政府ノ卿トモ稱ルベキ所ノ候補者ヲ擁立スル見込ガ有ルナラバ、是モ一策デアル、此三點ニ就テ十分ニ御說明ヲ願ヒタイノデアル、第四項ハ最後ニ對米外交ノ暗黒ナル現狀デアル……

○議長(大岡育造君) 望月君、時間ヲ延長シマスカラ――最早時間モ切迫致シマシタカラ、此時間ヲ延長シマシテ質問ヲ繼續致サセマス、御異議ハアリマセヌカ

〔「異議ナシ」ト呼フ者アリ〕

○議長(大岡育造君) 宜シウゴザイマス

○望月小太郎君 最後ニ四項ノ對米外交ノ暗黒ナル現狀デアルト只今申上ゲタ、申スマデモナク日米兩國間ニ於テ、其國家ノ運命ヲ賭シテマデモ、相爭フベキ利害ノ衝突點ハ、斷ジテ無イト本員ハ信ズル、唯タ米國ノ民衆ハ其外交ノ智識ニ於テ、殊ニ東洋ノ事情ニ迂遠デアリマスルヲ以テ、我カ日本ノ對米外交トシテハ、常ニ其誤解ヲ一掃シ、以テ兩國民意思ノ疎隔ノ無イヤウニ努ムル、卽チ言フベキ事ハ飽マデモ之ヲ言ヒ、爭フベキ事ハ飽マデモ爭ハナケレバナラヌノデアル、然ルニ本員ハ、昨年三月ヨリ六月マデ親シク米國ニ在リテ、我ガ日米外交ノ眞相ニ接觸シ、啞然トシテ驚イタノデアル、卽チ我國ニ外務省在リヤ、外務大臣、大使、領事等ハ何ノ爲メニ生キテ居ルノデアルカト云フ痛嘆ヲ懷イタノデアル、(拍手起ル)當時朝鮮問題ヲ始メ、天津ニ於ケル日米水兵ノ衝突事件、又只今申シタ例ノ人種待遇ノ差別撤廢案ヨリ、進ンデ太平洋沿岸ニ於ケル排日ノ聲マデガ、今ハ米國四十八州ノ輿論ヲシテ、當時一列蜂起シテ、日本排斥ノ記事ヲ以テ充シ、而モ其記事ノ大半ハ誤報曲解多キニモ拘ハラズ、我ガ外務省ハ、之ニ對シテ何等ノ答辯ヲ與ヘザルノミナラズ、大使、領事等ニモ、何等訓令スラモ下サナカッタノデアリアリマス、引續イテ巴里會議ノ餘波トシテ、例ノ山東問題ガ、五月十九日ヨリ開會セル米國ノ臨時議會ニ提出セラレ、元老院ノ議席上ヨリ我國ヲ目シテ第二ノ獨逸ト罵リ、日米戰爭辭スルニ及ハズトマデ放言セシメ、甚シキハ公開ノ席上、日本ヲ目シテ盜賊ト、上院議員ヲシテ呼バシメ、又其外交委員長ロッヂ氏スラ僅カ三十六平方里ノ青島ヲ、其何十萬倍ノ山東省全體ヲ日本ガ領有セントスルガ如キ無知識ノ曲解ヲ、公々然披瀝セシメテモ、尚且ツ之ヲ訂正セザルハ勿論、現在石井「ランシング」協約ノ其當事者ノ國務卿「ランシング」氏スラ、元老院議員ノ質問ニ應シテ、巴里會議中「ランシング」自身ガ「ブリス」將軍及「ホワイト」氏三人ト共ニ山東問題ニ對シ、日本ニ反對ノ意見書ヲ大統領ニ提出シタル旨ヲ言外ニ露シタルノミナラズ、其石井「ランシング」協約中、日本ハ支那ニ對スル「特種ノ利益」「スペシャルインテレスト」ニ云フノハ、單ニ地理的接壤地トニ云フニ過ギナイ、此事ハ畢竟日本ノ支那ニ對スル門戸開放主義ヲ再應宣明セシメタルモノナリ、斯ウ言ウテ居リマス、是ハ御參考マデニ申ス、八月六日元老院議事錄第百四十八頁ヲ御參考ナランコトヲ希望スル、斯ウ云フ事ヲ言ハシメテ之ヲ放任スル、卽チ是ハ國務卿ノ言明デアル、曾テハ太平洋ノ一角ニ地方問題トシテ現レタル排日ノ氣運ハ、今ヤ米國中央ノ輿論ト製造セラレントシツツアル、此重大ナル時機ニ於テ、我カ政府ハ何トテ石井「ランシング」協約者ノ其一人タル石井君ヲ喚還シタノデアリマスカ、石井君ガ亞米利加ニ居ラヌ爲メニ、我ガ大使館ハ諸君、空巣同樣「ランシング」氏ヲ始メ、我ガ日本ノ事情、山東問題ノ事情ヲ知ラザル、誤レル元老院議院ニ對シテ、誰トテ膝詰談判ノ說明ヲスル人ナク、爲ニ米國一億萬ノ人民ガ、新聞ノ報スル事ヲ全ク信ジテ、日本ニ曲アルモノナリト云フコトデ、我ガ外交ハ此ニ至ッテ全然米國人ノ眼中ニ映シナカッタノデアル、一昨日來外務大臣ノ辯明ヲ承レバ、是等ノ事ニ就テハ、相當ノ方法ヲ執ッタト言ハレテ居ルガ、是デスラモ尚且ツ相當ナ方法ヲ執ッタト云フナラバ、愈々以テ我ガ外交ノ無能、引續イテ我ガ外務大臣ノ職責ガ果シテ如何ナモノデアルカ、(拍手起ル)内田外相動モスレバ、日米ノ協調々々ト、口ニ筆ニ之ヲ屢々爲サレタガ、本員ノ見ル所ヲ以テスレバ、日米現在ノ協調ハ不完全デアル、卽チ相互ノ意思ハ恰モ奥齒ニ物ノ挾ッタ關係デアルト斷言スル、更ニ直言スレバ我ガ言フベキ事ヲ言ハズ、爭フベキ事ヲ爭ハザル結果、米國ノ官民ハ我ガ政府、隨ッテ我ガ國民ノ態度ヲ不可解ト致シテ居ルノデアル、抑々協議トハ、個人間ニ於テモ所謂腹藏ナク相互ノ意見ヲ交換シ、互角ノ尊敬ト互角ノ信用トヲ以テ論ズベキハ極端マデ之ヲ論ジ、和スベキハ利害ヲ一擲シテ相和ス、斯ノ如クニシテ始メテ米人ヲ信賴セシムヘキデアルノニ我ガ外務大臣ノ爲ス所ハ全ク之ニ反シテ、恰モ花嫁ガ舅姑ニ無理ヲ言ハレテモ、唯々沈默ヲ守ルヲ以テ之ヲ婦德デアルガ如ク心得テ居ル(拍手)隨ッテ米國人ノ氣質タル、卒直ニ露骨ニ我ガ言フベキ事ヲ言ヒ、我ガ爲スベキ事ヲ爲サザル結果、遂ニ誤解ニ誤解ヲ重ネテ相互ノ間ニ意思ノ不疎通ヲ來シ、實際ハ前段申述ヘタル南洋軍備調節ノ大必要ヨリ第二ニハ支那ニ於ケル日米ノ暗鬪第三ニハ今回米國ノ西伯利ノ撤兵問題、斯ウ觀マシタナラバ、卽チ凡テ現在ノ日米外交之ヲ證明シテ餘アルト思フ、一言スレバ、現時ノ如キ不備ノ外交機關ヲ以テ、日米ノ親善ハ、容易ニ之ヲ全ウスルコトガ能ハザルノミナラズ、日米間ノ誤解ハ、延イテ支那問題、西伯利問題、否ナ太平洋ノ治亂ニ影響スルハ勿論、米國ヲ經テ歐羅巴ニ傳播スル、此日米ノ惡感情ハ、遂ニ我國ヲシテ、國際間ニ不幸ニモ孤立ノ陷穽ニ陷レシムルヤウナ策略ヲ講ズル者ガ、列國中ニ無イトハ、誰カ之ヲ保證致シマセウ、(拍手起ル)然ラバ日米親善ノ實行方法ハ如何、之ニ對シテハ、本員ハ幾多施ス案件ハ多々益々辨ズルモノト確信致シマスガ、是ハ豫算委員會ニ讓ッテ、外務大臣ニ單刀直入ニ伺ヒタイノハ、是マデノ組織方法ヲ以テ日米間ノ隔意無キ了解ガ當然得ラルルモノト信スルヤ否ヤ、若シ然ラズト爲サバ、之ニ對スル當局者ノ提案ハ果シテ如何デアル、分明ニ說破スレバ、米國ニ對スル國民的諒解ヲ求メルニ外ナラヌノデ、卽チ日米國民ノ兩國ノ事情ノ疏通ヲ行フ方法、卽チ政治家、學者、實業家、等ノ意見交換ニ關スル具體的組織ヲ以テ、兩國ノ誤解ヲ一掃スベキコトニ付テハ、何カ相當ノ考案ガアルト信ズルカ如何、以上第一項ヨリ第四項ニ至ルマデ、望ムラクハ當局外務大臣ハ、原總理ノ言ハレタ世界ノ大勢、卽チ世界各國ヲ通ズル外交ノ成敗ト其禍福トハ、今ヤ全ク少數ナル當局者ノ手ヨリ離レテ、國民多數ノ雙肩ニ落チ來ル時勢、此時ニ及ンデ、外務大臣ガ詳細ニ所謂五大國ノ一外務大臣トシテ、此外交上ノ眞相ヲ我等國民ノ面前ニ披瀝スベキ義務アルモノト本員飽迄之ヲ確信スルノデアル、而シテ外務大臣ノ之ニ對スル答辯ノ如何ニ依ッテハ、我等ハ獨リ外務大臣ノミナラズ、現内閣ハ果シテ此困難ナル國家ヲ負擔スル能力有リヤ否ヤト云フコトヲ裁定シ、之ヲ宣言スベキ權利アルモノデアルト云フ一言ヲ加ヘテ此壇ヲ降リマス(拍手起ル)

大正九年一月三十日

第三　所得税法ノ施行ニ關スル法律案　（政府提出）　第一讀會

所得税法ノ施行ニ關スル法律案

第一條　所得税法ハ朝鮮、臺灣及樺太ニハ之ヲ施行セス

第二條　朝鮮、臺灣、關東州又ハ樺太ニ本店又ハ主タル事務所ヲ有スル法人ノ所得税法第三條第一種及第二種乙ノ所得ニ付テハ所得税ヲ課セス

第三條　關東州ニ住所ヲ有スル個人又ハ所得税法施行地ニ住所若ハ一年以上居所ヲ有セスシテ關東州ニ一年以上居所ヲ有スル個人ノ所得税法第三條第二種乙及第三種ノ所得ニ付テハ所得税ヲ課セス但シ日本ノ國籍ヲ有セサル者ノ第三種ノ所得ニ付テハ此ノ限ニ在ラス

第四條　所得税法施行地ニ住所又ハ一年以上居所ヲ有スル個人ノ關東州ニ於テ支拂ヲ受クル公債、社債、銀行定期預金又ハ定期預金ノ性質ヲ有スル銀行預金ノ利子ニ付テハ所得税ヲ課セス

第五條　朝鮮、臺灣、關東州又ハ樺太ニ於テ所得税ヲ免除スル重要物産ノ製造業又ハ製鐵業ノ各當該地ニ於テ生スル所得ニハ所得税ヲ課セス

附　則

本法ハ大正九年四月一日ヨリ之ヲ施行ス

大正九年二月六日

朝鮮事業公債法中改正法律案（政府提出）　第一讀會

朝鮮事業公債法中改正法律案

朝鮮事業公債法中左ノ通改正ス

「第一項」ヲ「前項」ニ、「一億七千八百萬圓」ヲ「二億九百七十萬圓」ニ改メ第二項ヲ削ル

第五　大正八年法律第五號中改正法律案（政府提出）第一讀會ノ續（委員長報告）（確定議）

〔根本正君登壇〕

○根本正君　大正八年法律第五號中改正法律案ノ委員會ノ審査及結果ヲ御報告致シマス、本案ニ就キマシテハ、委員會ヲ開クコト三回鄭重審議ヲ遂ゲマシタ、本案ハ昨年法律第五號ヲ以チマシテ公布セラレタル、國勢調査施行ニ關スル市町村交付金百五十五万五千四百八十八圓ヲ、二百十七万七千六百八十三圓ニ增加セントスル案デアリマス、此增加スル理由ハ物價ノ騰貴ニ原因致シテ居リマス、此市町村交付金ト云フモノハ、昨年決シマシタ所ノ法律案ニ較ベテ見マスルト、約ソ四割ノ增加ニナッテ居ルノデアリマス、之ニ就テ市町村交付金ヲ單ニ調査委員ノ辨當代、或ハ其他ノ範圍ト云フモノヲ擴メマスル爲メニ、增額ヲシテハ如何ト云フ質問モアリマシタケレドモ、既ニ交付金ノ內容ガ議會ノ協賛ヲ經テ居リマスル故ニ、今更基礎ト云フモノヲ動カサズ、單ニ此四割ノ增加ヲシタイト云フノガ政府委員ノ答辯デアリマシタ、又其他ノ委員ヨリモ、從來ノ各般ノ統計ノ調ト云フモノハ、洵ニ粗漏杜撰ナルモノガ多イ、併ナガラ此度國勢調査ト云フモノヲ――本年十月ニ行ハレマス所ノ此調査ニ就キマシテハ、十分正確ナル調査ヲシテ貰ヒタイ、ソレニ就キマシテハ、十分ニ調査スル者ノ訓練ヲシテ、サウシテ誤リノ無イヤウニ、一般ノ調査ヲスル人ヲ宜シク訓練スル方ガ宜カラウト云フヤウナ質問モアリマシタ、之ニ對シテ政府ノ答辯ニ依リマスレバ、各種ノ法規ニ依リマシテ、地方ノ實際、之ニ當ル所ノ內務部長、或ハ理事官ト云フモノヲ東京ニ既ニ兩三回招キマシテ、之ニ能ク訓練ヲシマシタ、此內務部長、或ハ理事官ヨリ、郡役所或ハ村ト云フヤウナ方ヘ、又其調査方ヲ能ク訓練ヲシ、尙ホ其ノ他實地ニ當ル所ノ者ガ實ニ多イ、數十万ノ人ニ上ルト云フコトデアリマスカラシテ、是等ニモ十分訓練ヲサセル事ニシタト云フヤウナ答辯モゴザイマシタ、此調査ニ就キマシテハ、是迄ニ無イ所ノ事柄デアルカラシテ、十分ニ此上中央ニ在ル所ノ調査局ニ於テ、益、注意ヲスルト云フコトデアリマシタ、又此本案ニ就キマシテ、委員ノ中デ質問ガアリマシタガ、目下國勢院ト云フモノヲ設立スルコトニ就テ、樞密院デ審議サレルト云フヤウナコトヲ承ッテ居ル、是ハドウ云フ性質ノモノデアルカ、國勢調査局ガ其中ニ意味シテ居ルカ、又單ニ今日有ル所ノ統計局ト軍需局ト云フモノヲ併セタモノデアルカト云フヤウナ、詳細ナル質問ガアリマシタ、之ニ對シテ政府ニ於キマシテハ、此度調査シテ居ル所ノ國勢調査局ト云フモノモ、矢張其中ニ入ッテ、最モ主要ナル位置ヲ占メルト云フヤウナコトモアリマスルガ、併ナガラ此國勢院ト云フモノハ、如何ナル法規ノ下ニ機關ガ行ハレルカ、其細カイ所ハ發布ニナラヌケレバ分ラヌト云フコトデ、其詳細ナル事ハ、發布ノ上デ判ルト云フ答辯デアリマシタ、前ニ特ニ諸君ニ御注意ヲ願ッテ、本案ヲ決スルニ重大ナル問題ガアリマスルガ、本案ハ帝國版圖內ニ於テ施行スル法律案デアルガ故ニ、日本帝國ノ版圖內ニハ、何レノ場所ニ於キマシテモ、本年ノ十月ニハ人口調査、卽チ國勢調査ト云フモノヲ、行フト云フコトヲ、此法律ニ規定サレテアルノデアリマス、然ルニ朝鮮ノ調ハ出來ナイト云フコトハ、此豫算カラ拔ケテアルノデアリマス、此本案ヲ御覽ニナリマシタバカリデハ、其事ハ判リマセヌガ、色々調ベテ見マスト、朝鮮國ノ豫算ト云フモノハ、今年七十万圓程、ソレガ爲メニ入レルベキモノデアッタノデアル、所ガソレガ無カッタ、シテ見ルト法律ニ定マッテ居ルモノヲ單ニ豫算ヲ省クノハ、ドウ云フ譯デアルカト云フコトヲ、特ニ朝鮮ノ政府委員ヲ喚出シマシテ取調ベマシタ、此答辯ニ依リマスレバ、昨年ノ三月以來朝鮮ニ於テ種々混雜モアッテ、實際ニ於テ此調査ト云フモノヽ爲メニハ、數万ノ人ヲ使ハネバナラヌ、然ルニ之ガ調査ニ當ルベキ人ヲ任命スルコトモ、實ハ出來ナイヤウナ譯デアルカラシテ、此豫算ト云フモノヲ省イテ、此度ノ國勢調査ニハ、朝鮮ニ於テハ調ベナイ積リデアルト斯ウ云フ答辯デアリマシタ、併ナガラ法律ニ依ッテ出來テ居ルモノヲ、豫算カラ除クト云フコトハ甚ダ不都合デアルト云フコトヲ再三質問ヲ致シマシテ、段々調ベテ見マスルト、政府委員ノ答辯ハ、唯今之ニ關スル所ノ法律案ヲ調査提出中デアルカラ、何レ不日帝國議會ニ提出サレル譯デアルカラシテ、ドウカ其思召デ此豫算ノ無イト云フコトヲ諒承シテ貰ヒタイ、ト云フ所ノ詳細ナル御答辯ガアリマシタ、故ニ本案ハ朝鮮ニ於テハ本年ハ調査ガ出來ナイ、洵ニ遺憾ノ譯デアリマスガ、事實上已ムヲ得ズ本年ハ朝鮮ノ人口ハ調ガ出來ナイ、ト云フ政府委員ノ答辯ヲ諒ト致シマシテ、全會一致ヲ以テ本案ハ可決致シマシタ、此段御報告致シマス

○岩崎勲君　本案ハ讀會ノ順序ヲ省略シテ、委員長報告ノ通リ、可決確定セラレンコトヲ望ミマス

○議長（大岡育造君）　御異議ハアリマセヌカ

〔「異議ナシ」ト呼フ者アリ〕

○議長（大岡育造君）　御異議ナシト認メマスニ依テ本案ハ讀會ノ順序ヲ省略シテ、直チニ可決確定シタルコトヲ宣告致シマス、日程第六、鐵道敷設法中改正法律案第一讀會ノ續ヲ開キマス、委員長齋藤珪次君

第九　所得税法改正法律案(政府提出)　第一讀會ノ續(委員長報告)

第十　所得税法ノ施行ニ關スル法律案(政府提出)　第一讀會ノ續(委員長報告)

第十一　酒造税法中改正法律案(政府提出)　第一讀會ノ續(委員長報告)

第十二　酒精及酒精含有飲料税法中改正法律案(政府提出)　第一讀會ノ續(委員長報告)

第十三　麥酒税法中改正法律案(政府提出)　第一讀會ノ續(委員長報告)

第十四　明治四十一年法律第二十四號中改正法律案(政府提出)　第一讀會ノ續(委員長報告)

第十五　國債償還資金ノ繰入ヲ爲サザルコトニ關スル法律案(政府提出)　第一讀會ノ續(委員長報告)

〔武藤金吉君登壇〕

○武藤金吉君　諸君、私ハ所得税改正法律案外六件ノ特別委員會ノ經過、及其成績ヲ御報告致シマス、特別委員會ヲ開キタルコト八回、特別委員ハ一人ノ缺席者ナク、精勵以テ任ニ當リ、政府ヨリハ國務大臣及政府委員ノ出席ヲ求メ、各種ノ材料ヲ參考ニ徴シマシテ、最モ愼重ニ、最モ綿密ニ質問應答ヲ試ミテ、詳細ノ審議ヲ盡シマシタ結果卽チ唯今ヨリ御報告致スベキ決定ノ成案ヲ得タノデアリマス、政府ノ提案ノ主旨ハ、國防充實ヲ期スル爲メ相當ノ財源ヲ必要トシテ、所得税、酒造税、其他ニ於テ改正シ、增税計畫ヲ立テラレタルコトハ、既ニ本會議ニ於テ説明セラレタル通リデアリマスガ、是ヨリ各案ニ就テ、特別委員會ニ於ケル審査ノ經過ト結果ヲ、順次御紹介申上ゲタイト思ヒマス先ヅ所得税法改正案ニ就テ申上ゲマス、改正法案ハ、國民ノ最モ負擔力アル者ヲ選ミ、時勢ノ實際ニ適應セント企テ、社會政策ヲ先ヅ國民負擔ノ均衡ノ上ニ現出セラレタルモノデアリマス、而シテ帝國ニ於ケル所ノ税制改革ノ第一歩デアリマス、今ヤ世界大戰ノ結果、我國ニ於テモ戰前ト異リマシテ、經濟界ニ於キマシテハ大變革ヲ來シテ居リマス、戰前ニ於テハ純所得百万圓以上アル者ハ僅々デアリマシタ、極メテ僅々デアリマシタガ、今日ニ於キマシテハ、純所得百万圓以上アル者ハ、現ニ三十五人ヲ數フルコトニナリマシタ而シテ貧富ノ懸隔ハ益、甚シカラントスル時ニ際シマシテ、此税法ヲ政府ニ於テ提出セラレマシテ、サウシテ負擔ノ均衡ヲ圖リ、サウシテ社會政策ヲ實行セントスル所ノ政府ノ苦心ノ程、歴々トシテ各條項ニ窺ハレマシタ、所得税法改正法案ノ骨子ハ、個人ノ所得ハ總テ之ヲ綜合シテ課税スルト云フ事、税法施行地外ニ亙ル所得課税ニ關スル事、銀行定期預金利子ニ關スル事、山林所得ニ關スル事、勤勞所得控除ニ關スル事、特別控除金額ニ關スル事、課税最低減ニ關スル事、調査委員會及審査委員ニ關スル事、其外ハ取締デアリマス、是等ガ此税法ノ組立ニナッテ居リマス、個人ノ所得ハ總テ之ヲ綜合致シマシテ課税スル、現行法ニ於テハ個人ノ所得ニハ累進率ヲ課スルモ、法人ノ所得ニハ法人ノ種類ニ依テ、個人ノ所得ニ對スルヨリモ、從來ハ低イ累進率ヲ課シテアリマシタ、サウシテ其配當ヲ受ケタル個人ニハ何等課税ヲ爲サヾルモ、今回ノ改正法律案ニ於テハ、法人ノ利益中配當金、賞與金ニ就テ總テ受ケタル個人ニ對シテハ、所得ヲ綜合シテ課税スルコトニ相成ッテ居リマス、又法人ノ配當金ハ、總テ之ヲ受ケタル個人ニ對シ綜合課税ヲ爲スモ、其配當セズシテ會社ニ留保スル金額、主トシテ是ハ積立金デアリマス、之ニ對シマシテハ、法人ノ種類ヲ問ハズ一定ノ率ヲ課スルコトニナリマシタ、卽チ社內留保額ガ拂込濟資本金額ト同一ニ達スルマデハ、百分ノ七、五ニナッテ居リマス、社內留保額ガ拂込濟資本金額ヲ超過スルトキハ、其超過部分ニ對シマシテ百分ノ十五トナッテ居リマス、又社內留保額ガ拂込濟資本全額ヲ超過スルト雖モ、其留保額ガ其期間利益金ノ二十分ノ一以下ノ金額ニ就キマシテハ、只今申上ゲマシタ百分ノ七、五ト同ジデアリマス法人ガ社內留保金ヲ減少シタルトキハ、之ヲ配當セルト將タ缺損ノ補塡ニ充當セルトヲ問ハズ、將來留保ヲ爲ス場合ニ於テハ、留保金額ノ總額ガ其減少前ノ金額ニ達スルマデハ、新タナル留保金ニ對シテ課税セサルコトニ相成ッテ居リマス、無記名株式ニ就キマシテハ、配當金支拂ノ際、會社ヲシテ其株主ノ住所氏名ヲ調査セシメ、其配當金ハ記名式株式ノモノト同樣ニ、之ヲ個人ニ綜合シテ課税スルコトニナッテ居リマス、法人ガ解散シタル場合ニ於テ、其清算ニ依リ、株主又ハ社員ニ分配セラルベキ殘餘財產ノ價格ガ、解散當時ニ於ケル純資產金額ヲ超過スルトキハ、之ヲ清算所得ト致シマシテ法人ニ課税シ、其税率ヲ百分ノ七、五トスルトニナッテ居リマス、又個人ガ會社ヨリ受ケタル配當金ハ、前年四月ヨリ其ノ年ノ三月マデノ實績ニ對シテ課税シ、其年ニ於テ實現取得シタル金額ガ之ヨリ多キ場合ハ勿論、少ナキ場合ト雖モ變更シナイト云フコトニ相成ッテ居リマス、現行法ニ於テハ、法人ヲシテ其決算期每ニ財產目錄、貸借對照表、損益計算書、及所得明細書ヲ提出セシムルモ、今後ハ綜合課税ヲ爲スノ必要上、配當金賞與金ノ支拂ヲ爲シタルトキハ、其受領者ノ住所氏名、及各人別ニ其金額ヲ記載シタル調書ヲ提出セシムルコト、此調書ヲ提出シタル會社ニ對シマシテハ、相當ノ手數料ヲ交付スルコトニ相成リマス、又合社ノ配當金及賞與金ニ就テ、之ヲ受ケタル個人ニ對シ累進税率ヲ課シテ、其保留金ニ就テ、會社ニ對シマシテ百分ノ七、五又ハ十五ノ定率税ヲ課スル外ニ、尚ホ會社ニ對シマシテ、其決算期每ニ唯今是ヨリ申上ゲマスル方法ニ就キマシテ、左記利廻リ以上ノ取得ニ對シマシテ、超過所得税ヲ課スルコトニナッテ居リマス、順序ノ爲メニ「イ、ロ」ト區別ヲ付ケテ御報告申上ゲマスガ、「イ」ノ部ニ於テ事業年度內各月末平均純資產金額ニ對シ、其期純益金額ガ年八分ヲ超エタルモノハ、其八分ヲ超過シタル部分ニ對シテノミ、定時ニ左記ノ累進税率ヲ、各年八分ヲ超エタルモノハ一割以下ノ金額百分ノ一、同ジク一割、同ジク二割、百分ノ三、同ジク二割、同ジク三割、百分ノ六、同ジク三割ヲ超エタル金額百分ノ十、次ノ「ロ」ノ項ニ移リマス、第三種所得中、法人ノ配當金ハ、前年ノ實績ニ依リマシテ課税スルモノナルガ故ニ、改正法施行初年ニ於テハ、前年ノ配當金ハ既ニ法人ニ於テ課税セラレタルモノデアリマスカラ、重複課税ヲ避クル爲メニ、之ヲ受ケタル個人ニ對シマシテハ、綜合課税ヲ爲サザルコトニ致シテアリマス、隨テ茲ニ歲入ノ缺陷ヲ生ズルコト、ナルカラ、一方法人ハ年來財界ノ好況ニ依リ相當利益ヲ取得シ居ルヲ以テ、此缺陷ヲ補塡スル爲メニ、大正九年度ニ限リマシテハ、右超過所得税ノ十五割ヲ增徵スルコトニ相成ッテ居リマス、次ハ税法施行地外ニ亙ル所得税ニ關スル事デアリマス、現行法ニ於キマシテハ法人ノ所得ニ對シテ百分ノ七・五ノ定率、又ハ個人ヨリ低キ超過累進率ヲ以テ課税シ居リマスケレドモ、今回ハ之ヲ改メテ、原則トシテ法人ニ對スル源泉課税ヲ廢シマシタ、法人ノ配當金賞與金、之ニ關シテハ之ヲ受ケタル個人ニ對シテ、綜合課税ヲ爲サシムルモノナルガ故ニ、外國居住ノ內國人ハ勿論、外國人ニ對シマシテモ、税法施行地內法人ヨリ受ケタル配當金割賦賞與金ニ對シマシテハ、現行法ト同ジク百分ノ七・五ノ定率ヲ以テ課税シ、支拂地ノ內外ヲ問ハズ、其法人ヲシテ支拂ノ際之ヲ徵收セシムルコトニ相成ッテ居リマス、又法人ノ利益ヲ個人ニ配當シタル場合、之ヲ受ケタル個人ニ對シ課税スベキモ、內地ニ支店ヲ有スル外國法人ノ所得ニ對シマシテハ、其支店ノミノ收支ヲ計算致シマシテ、其利益ニ對シマシテハ、定率百分ノ七・五ヲ以テ課税スルコトニ規定シテアリマス、又朝鮮、臺灣、樺太、關東州ニ於テ税制ヲ布ク場合ニ於キマシテハ、本法ニ依ル課稅ト重複又ハ脱漏ヲ生ズベキ虞ガアリマス事項ニ就キマシテハ、更ニ單行法ヲ設ケテ調節ヲ圖ルト云フコトデアリマス、改正法ハ植民地ニハ此通リハ施行ハ致シマセヌガ、此稅法ノ施行ノ上ニ、重複若クハ脱漏ヲ生ジテ均衡ヲ失セザルヤウニ單行法ヲ設ケテ、植民地ニハ之ヲ行フト云フコトデアリマス、植民地ダカラ全然免レルト云フ解釋デハアリマセヌ、次ハ銀行ノ定期預金利子ニ關スル事デアリマス、現行法ニ於テハ、預金ノ利子ハ第三種、即チ其利子ヲ受ケタルトキ、個人ノ所得ト致シマシテ課稅スベキ規定デアリマスガ、所得者ハ動モスレバ其申告ヲ怠リ、銀行業者等ハ又各人預金ノ内容ヲ開示スルコトヲ好ミマセヌ事情ガアルニ依リマシテ、第二種所得中ニ銀行ノ定期預金利子ヲ加ヘテ、社債利子ト同樣ニ百分ノ三ノ定率ヲ以テ課稅シ、利子支拂ノ際支拂者ヲ致シマシテ、之ヲ徵收セシムルコトニ規定サレテアリマス、次ハ山林所得ニ關スル事デアリマス、現行法ニ於キマシテハ、山林所得ノ計算ニ就キマシテ、山林伐採ノ所得云々ト規定シテアリマスガ、立木ノ儘賣却シタルモノニ對シマシテハ、假令如何ニ多額ノ所得アルモ課稅スベキモノニ非ズトシ、數次行政裁判等ヲ起シタコトデアリマスルガ、是ハ法文ノ不備ニ基クノ結果デアリマス、此度ハ之ヲ改正スルノ要アルト共ニ、山林立木ノ所得ハ、其性質上數十年目ニ一回、所得ガ生レルモノデアリマスカラ、特殊ナモノト致シマシテ、之ヲ他ノ所得ニ合算致シマシテ、超過累進率ヲ適用スルトキハ、餘リ苛酷ニ失シマスル場合ガアリマスルニ依リ、此度ハ此方法ヲ改メマシテ、稅法第四條ノ三ノ三號ニ「山林伐採ノ所得」トアルヲ「山林所得」ト改メ、立木ノ儘賣却セルト伐採賣却セルトヲ問ハズ、苟モ前年ニ於テ所得アレバ、之ニ對シテ課稅スルコトニ相成ッテ居リマス、又其次ニ納稅資格ノ有無及特別控除ニ付テハ山林所得ト、普通所得ヲ合算致シマシテ之ヲ決定シ、稅率ノ適用ハ普通ノ所得ト分離ヲ致シマシテ、各、別々ニ之ヲ適用スルコトニ相成ッテ居リマス、次ハ勤勞所得ニ關スル事デアリマス、現行法ニ於キマシテハ、俸給、給料、手當、歲費等ノ所謂勤勞所得ニ付キマシテハ、其收入豫算年額ヨリ十分ノ一ヲ控除シタルモノニ對シテ、課稅ヲシツヽアリマシタガ、改正法案ニ於キマシテハ、其控除額ヲ增加シマスト同時ニ、年金、恩給金、退隱料、及賞與金モ亦一ノ勤勞所得ニ外ナラザルヲ以テ、其收入金額ヨリ次ノ事項ノ如ク控除ヲ爲シタル金額ニ對シテ、課稅スルト云フコトニ相成ッテ居リマス、ソレノ第三種ノ所得總額六千圓迄ハ、十分ノ二ヲ天引スルト云フコトデアリマス、六千圓以上一万二千圓マデハ十分ノ一デアリマス、サウシテ一万二千圓以上ノ所得者ニ對シマシテハ、全然控除ヲセナイト云フコトニ相成ッテ居リマス、又特別控除金額ニ關スル事、是ハ扶養義務アル幼者、老者、又ハ不具癈疾者ニシテ、納稅者ノ扶養ヲ受ケタル者ノ多少ハ、納稅者ノ負擔力ニ著シキ影響ガアリマスカラ、其總所得三千圓以下ノ所得者ニ對シマシテハ、其申請ニ依リ特別控除額ヲ定メタ規定ガアリマス、扶養ヲ受ケル者其年ノ四月一日現在ノ同居ノ戶主又ハ家族中、年齡十八歲未滿若クハ六十歲以上ノ者、又ハ不具癈疾者デアリマス、又控除スベキ金額ハ所得金額千圓、是ハ勤勞所得デアリマス、千圓以下ナルトキハ、扶養者一人ニ付百圓、二千圓以下ナルトキニハ、一人ニ付テ七十圓、三千圓以下ナルトキハ一人ニ付五十圓デアリマス、次ハ課稅最低限ニ關スル事デアリマス、是ハ免稅點デアリマス、現行法ニ規定セル第三種所得課稅最低限ハ、大正七年稅法改正ノ際ニ四百圓ヨリ五百圓ニ上セマシタモノヲ、尙ホ其最低限ヲ百圓繰上ゲマシテ、今回ハ六百圓ト致シタノデアリマス、詰マリ前後通ジテ二百圓ヲ高メマシタカラ、戰前ノ四百圓ニ對シマシテハ、約五割ノ增額ニナッテ居ル割合デアリマス、又勤勞所得ニ對シマシテハ、十分ノ二ヲ控除ヲ爲シタル結果、其所得金額ガ六百圓未滿トナルトキ、又ハ扶養費特別控除ノ結果、所得金額六百圓未滿トナルトキハ、所得稅ヲ全免スルコトニナッテ居ル、其結果ト致シマシテ勤勞所得者ノ如キハ大體ニ於キマシテ、千圓以下ノ所得ナルトキハ多ク免稅セラレル結果トナルノデアリマス、次ハ稅率ニ關スル事デアリマス、現行第三種所得稅率ハ、最低百分ノ三カラ百分ノ三十ニ至ル、超過累進率トシテ、所得金額二十万圓ヲ超ユル金額ニ對シマシテハ、總テ之ニ最高率ヲ適用サレテアッタノデアリマス、近頃一般ニ個人所得ガ增加致シマシテ、且ツ改正法律案ニ於テハ、配當及賞與金ヲ綜合致シマシテ、個人ニ課稅スルノ主義ヲ採用セラレタモノデアリマスガ故ニ、二十万圓ヲ超ユル金額ニ對シテ、直チニ最高百分ノ三十ヲ適用スルコトハ、餘リニ苛酷ニ失スルト云フコトデアリマシテ、二十万圓ヲ超エ、數百万圓ニ上ルベキ金額ニ比シテ權衡ヲ失ヒマスカラ、此百分ノ三十ノ稅率ハ百万圓ヲ超エル金額ニ對シテ適用スルコト、相成ッテ居リマス、尙ホ小額所得者ニ對シテハ、大ニ其負擔ヲ輕減シ、所得金額ノ數百万圓ニ上ルガ如キ、大所得者ニ對シマシテハ、更ニ累進ノ程度ヲ進メテ、今度ノ第三種所得稅率ト云フモノハ制定サレテアリマス、此六百圓以上カラ九百万圓マデノ率及數字ガアリマスガ、是ハ餘リ長クナリマスカラ、省略スルコトニ御許シヲ願ヒマシテ、速記錄ニハ此通リ記載スルコトヲ、議長ニ於テ御取計ヒ御許シヲ願ヒタイノデアリマス

○議長（大岡育造君）　宜シウゴザイマス

○武藤金吉君　改正稅率ハ二百万圓ヲ超ユル金額ハ、其百万圓每ニ百分ノ三ヲ加ヘテ、百分ノ五十ニ至ッテ止マルノデアリマス、又現行稅額ハ、所得金額千圓以下ノ者ニ付テハ百圓ヲ、七百圓以下ノ者ニ付テハ百五十圓ヲ控除シタル金額ニ對シテ、稅率ヲ適用スルコト、相成ッテ居リマス、隨テ前揭最高所得額ニ對スル稅額ノ算出額ト一致致シテ居リマセヌ、次ハ所得調查委員會、及審查委員會ニ關スル事デアリマス、現在ノ調查委員會ノ選擧ハ、複選方法ニ依テ、且ツ選擧投票ハ制限連記制ヲ採用セラレテ居ルニ拘ラズ、之ヲ直接選擧ニ今回ハ改メマシテ、其投票ハ單記無記名制ヲ採用スルコトニ改ッタノデアリマス、又審查委員ニ關スル制度ニ付キマシテハ、此度ハ補缺員ヲ設ケ、以テ補缺員ノ生ジタル場合ニ於テ直チニ補充シテ、現行法ノヤウニ特ニ補缺選擧ヲ爲スノ煩ヲ省イテアリマス、又現行法ニ於テ、審查委員ハ調查委員ノ改選アル每ニ改選スル規定ナル結果、一地方ニ於テ調查委員一人ノ改選アリシ場合ニ於テモ、審查委員全部ノ改選ヲ爲サザルベカラザル如キ事ガアリマシタガ、是ハ不便デアリマスカラ、審查委員會ノ區域ニ異動アリシ場合、若クハ一般的ニ調查委員ノ改選アリシ場合ノ外ハ、審查委員ノ改選ハ之ヲ行ハナイト云フコトニ規定サレテ居リマス、又現行調查委員中ヨリ選出スベキ審查委員ノ定數ハ、區域ノ大小ヲ問ハズ四人ト定メテアリマスガ、審查委員會ヲ置クベキ區域ノ如何ニ依リマシテ、委員少數ニ失シ、遺憾ナク審查スルコトハ困難ナルヲ以テマシテ、區域ニ於キマシテハ、府縣ヨリ各、一人、北海道ハ四人ヲ選出スルト云フコトニ規定サレテ居リマス、次ハ其申告者、不申告者、竝ニ支拂調書提出義務者ニ對スル催告、及制裁ニ關スル事デアリマス、納稅義務者中ニ申告ヲ奬勵シ、徵稅ノ實ヲ完ウセンガ爲ニ、所得ノ申告ヲ爲サズ、又ハ不正申告者ニ對シマシテハ、相當制裁ヲ設クルノ必要ガアリマスカラ、仍テ是等ノ者ニ對シマシテハ、申告又ハ其訂正ノ催告ヲ爲スコト、竝ニ之ニ應ゼザル者ニ對シマシテハ、稅務署長若クハ其代理官ヲシテ、帳簿物件ノ檢查ヲ爲スヲ得セシメルコト、及徵稅金ノ差額ノ五割ニ相當スル金額ヲ徵收スルコトヲ得ベキ規定ガ設テアリマス、即チ是ハ罰則取締ノ事デ、隨分苛酷ナ所ノ規定ガ設ケテアルノデアリマス、次ハ稅額デアリマス、以上ノ改正ヲ行フ結果ハ、所得稅額ニ於キマシテ、平年度ニ於テ――平年度トハ即チ大正十年ヲ指スノデアリマス、二億三千七百七十六万九千四百八十二圓デアリマス、大正九年度ニ於キマシテ、二億一千百七十一万二千三百四十一圓ヲ得ル計算ニナッテ居ル、之ヲ現行法ニ依ル大正九年度ノ收入見込額ノ一億五千九百六十五万六百三十四圓ニ較ベマスルト、平年度ニ於キマシテハ七千九百十一万八千八百八十四圓、大正九年度ニ於キマシテハ五千二百六万千七百七圓デアリマス、是ダケノ增收ヲ得ラレル見込ニナッテ居リマス、尤モ改正案ノ所得稅ノ徵稅方法頗ル手數ヲ要スルガ爲メニ、約百三十六万圓ノ徵稅費ガ、增收ノ結果トシテ之ニ伴フコトニ相成

リマス、市町村交付金モ約百六十五万圓増加スル見込デアリマシテ、總收入ハ平年度ニ於キマシテ、約七千五百万圓トナル計算デアリマス、以上ガ政府ガ提案ヲセラレタル所ノ要領デアリマシテ、委員會ニ於キマシテハ、之ニ對シマシテ幾多ノ質問ガ出タノデアリマス、其質問ノ全部ハマダ速記録モ出來テ居リマスマイカラ、大要此重大ナル問題デアリマシテ、諸君ガ此後ニ於テ御審議御討議セラルヽニ於キマシテモ必要ト思ヒマスカラ、御參考ノ爲メニ質問ノ起リマシタ大要ニ就キマシテ、其問答ノ要旨ヲ私ハ御報告致シタイト思ヒマス、(「成ルベク詳細ニ願ヒマス」ト呼フ者アリ)質問及答辯ノ大要ニ就キマシテハ、府税計畫ハ一箇年延期セザルヤ否ヤト云フ質問ガアリマシタ、之ニ對シマシテ政府ハ、九年度一箇年限リナラバ、豫算ヲ實行スルコトガ出來ナイトモ限ラナイガ、國防計畫ノ財源ヲ確實ニスル爲ニハ、此所得税酒造税法ノ改正ハ、已ムヲ得ナイモノデアルト云フ應答ガアリマシタ、又改正所得税法ハ、借金ヲシテ會社事業ニ放資スル者ハ大打撃ヲ被ル、之ガ爲メニ産業ノ發展ヲ阻害スルト思ハナイカト云フ質問ガアリマシタ、之ニ對シマシテ政府ハ、借金ヲシテ會社ノ株主トナル者ノ爲メニハ多少苦痛デアルケレドモ、ソレハ投機ヲ含ムモノデアリマシテ、又已ムヲ得ズ投機ヲ含ムモノニ對シマシテハ、多少ノ苦痛打撃ハアリマシテモ、大體ノ産業ノ發展ニ就テハ、決シテ妨ナイト云フ辯明デアリマシタ、又徴税方法ノ複雑ナルコトト、大正九年度ニ十五割ヲ課税スルコトニ就テ、各員ヨリ最モ强キ質問ガアリマシタガ、此徴税方法ノ複雑ナリト云フコトハ、決シテサウ複雑デハナイ、又十五割ヲ課スルト云フコトハ大正九年度ニ限ッテ、財界ノ景氣モ好ク、儲モ多イ、其利益ノ部分ニ課スルノデアル、然ラザレバソレハ戰時利得税ノ變態デアルカト云フ問モアリマシタニ對シマシテ、決シテ、此十五割ノ大正九年度ノ課税ハ、戰時利得税ノ變態デハナイト云フ答ガアリマシタ、又徴税ノ方法ノ改正ニ付テ複雑デナイ、其複雑デナイト云フ例ハ、外國ノ總テノ例ヲ採ッテ參考ニ供シテ、之ヲ實行スルノデアルト云フ答辯デアリマシタ、又此所得税ノ改正法案ガ、國防充實ノ財源ニ擇バレタ理由ハドウダト云フ質問ト同時ニ、又次ニ府税ヲスルカドウカト云フ質問モアリマシタ之ニ對シテ政府ハ、國防充實費ハ、海軍ハ大正十六年マデ、陸軍ハ大正二十年マデノ繼續費デアリマスカラ、大正十三年ヨリハ減債基金ノ償還ガ復活ニナリマスカラ、所得税、酒造税ト云フモノハ、永遠ノ税源トシテ之ヲ擇ンダト云フコトヲ説明ヲサレタノデアリマス、次ニ戰後ノ反動期ハ何時來ルカ、政府ノ見込ハドウダ、大正十三年頃ニハ豫定ノ納税ノ收入ガアルカト云フ御質問ガアッタニ對シマシテハ、政府ハ改正法案ハ大正六年ヲ基礎トシテ立案セシモノデアッテ、所

得税ハ嘗テ是マデ減少シタコトハナイト云フ答辯ガアリマシタ、又酒造税モ人口ノ増加ト共ニ、酒造々石高ハ年々増加ヲシテ行クト云フ答辯ガアリマシタ、又源泉課税主義ヲ廢シテ、綜合課税主義ヲ實行セシナレバ一大進歩デアッテ、帝國ノ税制上カラ之ヲ見テ賀スベキ事デアルガ、第二種ノ所得税ヲ源泉課税トシテアルノハ如何ノ次第デアル、是ハ國債ヲ除ク公債、社債、定期預金ガ源泉課税ニナッテ居リマスカラ、是ハ矛盾デハナイカト云フ質問ガアリマシタ、之ニ對シマシテ政府ハ、徴税上理論一遍ニハ實行スルコトガ出來ナイ、脱税ナキヤウニ、已ムヲ得ズ此例外ニ第二種所得税ハ、源泉課税ヲ行フノデアルト云フ辯明デアリマシタ、又山林所得ヲ綜合ニシナイデ別ニスル理由ハドウデアルカ、之ニ對シマシテハ政府ハ、現行法ハ山林所得ノ計算ニ付テ、山林伐採ノ所得云々トアリマシテ、立竹木ヲ其儘賣ッタトキニハ、假令如何ニ多額ノ所得ガアッテモ、課税スルコトガ出來ナイ、法文ノ不備ヲ補フ爲メニ、ドウシテモ是ハ此改正法ノ通リニ行フノ必要ガアッテヤルノデアル、又五十年目六十年目僅ニ一回シカ所得ノ無イモノニ對シテ超過累進率ヲ課スルハ、餘リニ苛酷デアルト思フカラ、別ニ規定シタノデアルト云フ辯明デアリマシタ、又源泉課税ト綜合課税トノ區別ニ依テ、脱税逋税防禦スルトセバ、富豪ガ法人タル會社ヲ設立シテ、個人ノ累進課税ヲ合法的ニ脱税スルコトガ出來ルヤウダガ、是ハドウダト云フ强イ質問ニ對シマシテハ、政府ハ物ニハ原則ト例外ガアッテ、改正法ノ如キハ全ク然リデアル、個人ガ法人ヲ設立シテ脱税セントセバ、留保所得、超過所得ノ方法ヲ以テ、之ヲ徴收スルト説明サレテアリマス、次ハ綜合課税主義ヲ實行シテ少額所得者ヲ保護シ、累進率ヲ以テ多額所得者ヨリ徴收セントセバ、何故ニ免税點ヲ六百圓トセシヤト云フコトニ付キマシテ、政府ハ現行法ニ規定セル第三種ノ所得税最低限率ハ、大正七年度ノ税法改正ノ際ニ四百圓ヨリ五百圓ニ上ッテ、此六百圓ニシタノハ丁度五割高メタト云フ割合デアッテ、勤勞所得ニ對シテハ十分ノ二ヲ控除シ、其結果所得金額ガ六百圓未滿ノ者、又ハ扶養費特別控除ノ結果、所得金額六百圓未滿トナルトキハ、所得税ヲ全免スルコトニ相成ッテ居ル、此結果勤勞所得者ノ如キハ、大體千圓以下ノ所得ナルトキハ、全ク免税サレル結果トナルノデアリマス、其結果ハ、ドウデアルカト申シマスルト、勤勞所得者ガ千圓以下デアルトキニハ、天引ヲ二割致シマスカラ八百圓ニナリマス、ソレカラ平均シテ一家三人ノ六十歳以上十八歳以下ノ老幼ガアリマストスルト、平均一人ニ付テ百圓デアリマスカラ三百圓、千圓ノ所得ノアル人ハ五百圓引ケルコトニナリマスカラ、差引五百圓ニナリマスノデ免税ニナル、此免税點ノコトハ大分八釜シイ議論ニナッテ居リマシタガ、政府ノ説明スル所、委員會ニ於テ審査シタ所ハ、唯

今私ガ御報告スル通リデアリマス、次ハ税務官吏ノ苛斂誅求ノコトデアリマス、税務官吏ガ納税者ニ向ッテ、所得税ニ限ラズ、營業税其他ノ税ニ於キマシテモ、最モ甚シキハ納税者タル良民ヲ犯罪人扱ニスル、帳簿檢査ヲスル權力ヲ以テ押付ケテ課税ヲスル、實ニ税務官吏ノ苛斂誅求、其横暴ナル行爲ト云フモノハ憎ムベキ事デアル、是等ニ對シテハ今後ドウ云フ取締リ、ドウ云フ人物ヲ採用スルカ、又税務官吏ノ犯罪事件ガ東京市ニアッタノデアルガ、是等ニ對シテモ餘程注意ヲシテ、此税法ヲ施行スルニ付テハシナケレバナラヌト思フガ、ドウダト云フ委員ノ質問ニ對シマシテ、政府ハ税務官吏ノ任用ハ、今後ハ注意ヲ致シマシテ、相當人格アル者ヲ採ッテ待遇ヲ改メテ、改善ノ方針ヲ十分ニ採ル積リデアル、ソレカラ又今後ハ課税準備額調査ニハ、一人デナクニ人連レ立ッテ、責任アル者ヲシテ取扱ハシメル方針デアルト答ヘラレマシタ、又税務官吏ノ犯罪ニ付キマシテハ當局ハ恐縮ニ堪ヘナイ、進退伺ヲ出シタト云フコトマデモ答ヘラレテアリマス、次ハ國有財産ノ整理如何、此税法ヲ定メルニ付テハ國有財産ノ整理ハドウスルカト云フ質問モアリマシタガ、是ハ調査會ニ於テ目下調査中デアルト云フ答デアリマス、次ハ所得税改正ノ豫算額ト其實收額ハドウデアルカ、豫算額ト實收額ハ同ジニ取レルカ、徴收ガ出來ルカト云フ問デアリマシタ、又戰時利得税ノ如キハ實收額ガ頗ル多イガ、是ハ戰時利得税ニ見タ結果デハナイカト云フ問ニ對シマシテ、政府ハ戰時利得税ハ、此戰爭ノ爲メニ經濟界ガ變化致シタノデアリマシテ、今後ニ於ケル所得税ハ、戰時利得税トハ異ナルト答ヘラレテアリマス、次ハ附加税ノ制限デアリマス、所得税ヲ納メルニ付キマシテ、地方税ノ制限ト、又地方税ハ増加ヲシナイカト云フ問ニ對シマシテハ、全國ニ於テ地方税ハ十割以上ノ處ハ無イ、今日ノ平均ハ三割九分八厘ニ當ッテ居ルト云フ數字ヲ答ヘラレマシタ、又所得税及附加税ニ對シテ、負擔力ニ堪ヘナイ處ガアルヤ否ヤ、此問ニ對シテハ、政府ハ目下取調中デアルト云フ答デアリマス、又所得税調査委員ノ選擧ハ、改正法ニ於テハ單記無記名トナッテ居ル、至極贊成デアルガ、取締法ノ規定ノ無イノハドウデアル、又投票ノ取調法ハドウデアル、之ニ對シテ政府ハ、大體調査委員ノ選擧規定ハ勅令ヲ以テスル考デアル、投票ハ市區町村役場ニ於テ行ハシメテ、所管税務署長ガ之ヲ取調ベルコトデアルト云フ答ニナッテ居リマス、次ニ所得税調査委員ノ決定權及調査期間ノ事ト、決定權ハ調査委員ガ決定スルヤウニナッテ居リマスガ、多クハ税務署長ガ決メテ、ソレヲ形式ニ所得税調査委員ニ付スルコトデアッテ、間ニ合ハナイトキニハ、其儘執行シテシマウト云フ例デアルガドウデアル、又調査期間モ餘リ短クハナイカト云フ問ニ對シマシテハ、政府ハ

委員會ニ重キヲ置イテ決定スル、又調査期間ハ從來ノ三十日間ノ期間トスルト云フ答デアリマス、次ハ負擔ノ均衡ヲ圖ルトスレバ、何故ニ營業税其他ノ税ノ改正ヲシナイノデアルカト云フ質問デアリマス、之ニ對シテ政府ハ、國防充實費ノ急ニ應ジ、所得税ト酒造税ヲ擇ンデ、一般税制ノ整理ハ、財政經濟調査會ノ調査ノ進行ニ待ツテ爲ス考デアルト答ヘラレマシタ、次ハ所得税調査委員ノ人員ニ、現行法ト改正法案ハ差ガアルカドウデアルカ、之ニ對シマシテ政府ハ、地方ニ依リ差ガアル、現行ヨリ増加スル積リデアルト答ヘラレタノデアリマス、次ハ外國ニ於ケル所得税立法ニ付テ、債務ノ利子ヲ引イテ課税スル例ガアルカドウカト云フ質問ニ對シマシテハ、政府ハ亞米利加ニ於キマシテハ、自己ノ債務ハ勿論、親ノ借マデモ、甚シキハ遊蕩費マデモ所得ノ中カラ差引クト答ヘラレマシタ、又普魯西ニ於キマシテハ、國内ニ於ケル債務ノ利子ヲ引ク、又投機ヲ目的トスル債務ニ課税ヲスル、有價證券ノ賣買ニモ課税ヲスルト答ヘラレタ、墺地利ハ大體ニ於テ同ジデアリマス、英吉利ハ原則トシテ債務ノ利子ヲ引カナイト云フコトデアリマスガ、時ノ變化ニ依リ移動スルモノニハ課税ヲスル、伊太利ハ法人ニ課税シテ個人ニハ課税セズ、伊太利ノ立法例ハ極メテ不完全デアリマシテ、參考ニナラナイト云フ答辯デアリマス、又更ニ留保課税ニ付キマシテハ、餘リ輕キニ過ギルト云ヒ、又餘リ重キニ過ギルト云フ兩樣ノ質問ガアリマシタ、之ニ對シマシテ政府ハ、結局個人所得ニ綜合課税スルノガ合法デアルト答ヘラレマシタ、次ハ改正法ハ杜撰ナ點ガアル缺陷ノ點ガアル、政府ハ何故ニ之ヲ取急イデ出シテ、斯ウ云フ杜撰缺陷ノアルモノデ此改正法ヲ行ツタノデアルカ、政府ハ撤回スルノ意志ガ有ルカ無イカト云フ嚴重ナル御質問モアリマシタガ、政府ハ改正法ノ精神骨子ノ在ル所ヲ能ク御研究セラレテ――改正法ハ從來ノ現行法ト其選ヲ同ウセザルノミナラズ、未ダ嘗テ日本ニ無イ所ノ税法ノ改正デアリマスカラ、此税法ノ組立總テヲ能ク御研究ニナリマシタナラバ多少ノ缺陷モアリマシテモ、漸ヲ逐ツテ改革スレバ、是ハ日本ノ税制ノ根柢ヲ築クモノデアルト云フ、政府ニ於キマシテモ強イ説明ガアリマシタ、次ハ第十五條ノ不具癈疾者ハ如何ナル方法ニ依テ定メルカ、是ハ政府ハ申請ニ依リマシテ、市區町村ノ役場ニ申請シテ、ソレヲ税務署ニ申請ニナツタモノニ對シマシテ、命令ヲ以テ之ヲ定ムルコトニ答ヘラレマシタ、ソレカラ一時的ノ所得ノモノハドウスル、政府ハ豫算スベカラザルモノニハ課税ヲシナイ、例ヘバ長ク勤續ヲシテ退社慰勞金ナドヲ貰フ者ニ對シマシテハ、此課税ヲシナイト云フコトヲ答ヘラレマシタ、次ハ税制整理ノ事、現行法ノ改正案始メ、是ハ質問モアリマシタガ、此質問ニ對シマシテハ、憲政會ノ委員諸君カラ改正法案ヲ一箇年延期スルコトガ出來ナイカト云フ質問ガアル、之ニ對シマシテハ、内閣總理大臣、大藏大臣モ同樣ニ答ヘラレタ、臨時財政經濟調査會ノ調査ノ成績ニ依リマシテ、成ルベク大期ノ議會ニ提出シヤウト云フ希望ヲ以テ調ベテハ居ルケレドモ、責任ヲ以テ明年必ズ出シマスト云フコトハ出來ナイ、又一箇年延期スルト云フコトガ絶對ニ出來マセヌ、改正法ハ全ク時代ノ要求ニ應ジタル所ノ、相當ナル改正法案ナリト信ズルト云フ御答デアリマシタ、又植民地ニ關シマシテハ、別ニ税制ヲ布ク場合ニハ、本法ニ依ル課税ト重複又ハ脱漏ヲ生ズベキ事項ハ更ニ之ニ似寄ツタ所ノ單行法ヲ設ケテ此税率ノ調節ヲ圖ルト云フコトヲ答ヘラレマシタ、尚ホ其他ニ澤山ノ質問モアリマスガ、先ヅ質問應答ノ要領ハ此邊ニ措キマシテ、次ハ委員會ニ於キマシテ問題ニナリマシタル要點ヲ、是非共ニ兩樣ノ御報告ヲ致サウト思ヒマス、(「謹聽々々」ト呼フ者アリ)問題トナリシ是非ノ要點ハ一改正法ハ、産業ノ發展ヲ阻害スル率、二法人超過留保所得ニ累進税率ヲ課セザルガ故ニ、合法的ノ脱漏ノ虞アル事、三第二種ノ所得税ハ綜合課税主義ト矛盾セザルヤ、四第七十三條ノ規定ハ苛酷ニ失セズヤ五第三種ノ個人所得ノ累進率ハ不公平ナラズヤ、是ガ此問題ニ對シテ、非トスル方ノ大體ノ趨勢デアリマシタ、又是トスル方ノ事ノ私ハ茲ニ御報告申ゲタイト思フ、一今回ノ改正法案ハ、帝國ニ於ケル税制改革ノ一大事業ニシテ、政黨内閣ニ於テ始メテ之ヲ實行セラレタノデアル、二綜合課税主義ニ非ザル負擔ノ均衡ハ期セラレルノデアルガ故ニ、大體ニ異論ナシ、此事ニ就キマシテハ――綜合課税主義ニ就キマシテハ、各黨各委員共ニ此目的趣旨ニ於キマシテハ、異論ノ無イト云フコトヲ質問應答ノ中ニ聲明セラレタノデアリマス、三今回ノ改正法バ、少額所得者勤勞所得者ニ特典ヲ設ケタルガ如キ、實ニ破天荒ノ事ニ屬スルコトデアリマス、四社會政策ヲ基礎トシテ立法シタモノデアツテ、此法案ニシテ運用宜シキヲ得バ、富ト幸福ノ分配ハ一般國民ニ普及セラレテ、卽チ此總テノ上ノ社會ノ情勢カラ見テ、富者ト貧者ト、勞働者ト資本者ト、總テヲ緩和セラレルコトハ勿論デアリマス、是レ此法案ハ普通選擧ヲ行フト云フ時代ニ先タチマシテ此法案ノ制定セラレルコトハ帝國ノ一大幸福デアルト云フ趨勢ガアリマス、第五、負擔ノ公平ト生活ノ安定ハ、思想問題ニ於テ在ルコトハ勿論デアル、産業ノ發展ノ要素トナツテ、改正法ノ實行ハ投機心ヲ幾分カ抑制致シマシテ、サウシテ健全ナル産業振興ノ根抵ニ觸レタモノデアルト云フ趨勢デアリマス、第六ハ現在ノ所得税法ニシテハ、大所得者ノ直接納税額ト云フモノハ意外ニ少イ、數十万圓ノ所得者デゴザイマシテモ、納税額ハ數百圓ニ過ギナイ是ハ一ニ其財産ト納税額ヲ調ベテ見レバ明カデアリマスガ、今回ノ改正所得税法ニ於キマシテハ、斯樣ノ不公平不均衡ノ事ハ一切除ケル、是ガ問題トナリマシタ、是ト非ト兩樣ノ觀察點デアリマス、以上委員會ニ於ケル審査ノ質問應答ハ斯ノ如ク御報告申上ゲマス、此案ニ對シマシテ、我ガ政友會ノ山本悌二郎君ヨリ修正ノ動議ガ出テ居リマス、同ジク國民黨ノ大口喜六君、堀川美哉君、兩君カラモ修正ノ動議ガ委員會ニ現レタ、又憲政會ノ佐々木正藏君カラハ、酒造税法改正案ニ限ツテ修正ノ動議ガ出テ居リマス、唯今ハ所得税法ノ場合デアリマスカラ、「此點ダケノ報告ニ致シマシテ、是ハ後ニ讓リマス、此修正條項ハ印刷ガ後レマシテ――御手許ニ既ニ御配付ニナツテ居リマスカ(「參リマシタ」)「分ツテ居リマス」「緩クリ朗讀テナイデ」ト呼フ者アリ)第四條ノ第二項ヲ削ル、此第四條ハ「法人ノ所得ハ各事業年度ノ總益金ヨリ總損金ヲ控除シタル金額ニ依ル但シ保險會社ニ在リテハ各事業年度ノ利益金又ハ剩餘金ニ依ル」ト云フ其次ノ「前項ノ場合ニ於テ云々」ト云フヨリ之ヲ削除致スノデアリマス、其理由ハ第三條ノ第二種ノ甲ノ部ニ於キマシテ、「本法施行地ニ於テ支拂ヲ受クル公債、社債、銀行定期預金又ハ定期預金ノ性質ヲ有スル銀行預金ノ利子」トアルノデアリマスガ、此公債國債ハ既ニ單行法ヲ以テ除カレテ居ルノデアツテ、所得税ハ課セラレナイノデアリマスカラ、此第二項ヲ削除スル理由ト相成ツテ居ルノデアリマス、次ニ第十三條デアリマス、十三條ノ第一項第五號ヲ左ノ如ク改ム

「法人ヨリ受クル利益若ハ利息ノ配當又ハ剩餘金ノ分配ハ前年四月一日ヨリ其ノ年三月末日ニ至ル期間ノ收入金額ヨリ其ノ十分ノ二ニ相當スル金額ヲ控除シタル金額但シ無記名式ノ株式ヲ有スル者ノ受クル配當ト同期間ニ於テ支拂ヲ受ケタル金額ヨリ其ノ十分ノ二ニ相當スル金額ヲ控除シタル金額」

是ハ此個人ガ會社ヨリ受ケマシタル、利益配當金ヲ、天引ニ於テ十分ノ二ヲ控除スル、卽チ二割ヲ控除スルト云フ案デアリマシテ、是ハ明瞭ニナツテ居リマスルカラ、是ダケ御報告致シマス、次ハ第二十條第一項中「百分ノ一」ヲ「百分ノ二」ニ改メ、「百分ノ三」ヲ「百分ノ四」ニ改メ「百分ノ六」ヲ「百分ノ八」ニ改メ「百分ノ十」ヲ「百分ノ十五」ニ改メ、第二項ヲ左ノ如ク改ム、「法人ノ事業年度末ニ於ケル積立金及其ノ事業年度ニ於ケル留保所得ノ合計金額ガ其ノ事業年度末ニ於ケル拂込株式金額出資金額又ハ基金及之ニ代ルヘキ積立金ノ合計金額ノ二分ノ一ニ相當スル金額ヲ超過スルトキハ其ノ超過金額ニ屬スル其ノ事業年度ノ留保所得ニ對スル税率ハ百分ノ十五トシ其ノ事業年度末ニ於ケル拂込株式金額、出資金額又ハ基金及之ニ代ルヘキ積立金ノ合計金額ニ相當スル金額ヲ超過スルトキハ其ノ超過金額ニ屬スル其ノ事業年度ノ留保所得ニ對スル税率ハ百分ノ三十トス、但シ其

ノ事業年度ニ於ケル所得ノ二十分ノ一ニ相當スル金額以内ノ金額ニ付テハ、其稅率ハ百分ノ七、五」トス、是ハ此二十條ノ後ニ御說明申上ゲマスル此率ノ比例デアリマスガ、十三條ノ此第一項第五號ヲ左ノ如ク改メテ、個人所得會社カラ株式ノ配當等ヲ受ケマスル所ノ綜合課稅ヲ引キマシタカラ、ソレト權衡ヲ合セル爲メニ、斯ノ如ク此法人ノ留保所得金及超過所得金ノ方カラ取ルト云フコトデアリマシテ、法文ガ長クナッテ居リマスガ、丁寧ニ明カニナッテ居リマスカラ、左樣御諒承ヲ願ヒタイト思ヒマス、ソレカラ二十二條ノ第一項ノ稅率ヲ左ノ如ク改ム、是ハ個人ノ綜合所得ヲ通覽致シマスルト云フト、此七千圓以上カラ六七万圓ノ間ハズット平カニ累進ッシテ居リマセヌデ、其間ニ凹凸ガアリマス、ソレカラ又不公平――ノ負擔ノ均衡ヲ保ツト云フコトハ、此政府ノ原案ニ於テハ認メラレマセヌカラ、斯樣ニ改正ヲ致シマシテ、八百圓以下ノ金額ハ百分ノ一、是ハ千五百圓マデハ原案ノ通リデアリマス、是カラ先ガズット原案ヨリ一宛下ゲテアリマス、二千圓ヲ超ユル金額百分ノ四、三千圓ヲ超ユル金額百分ノ五、五千圓ヲ超ユル金額百分ノ七、七千圓ヲ超ユル金額百分ノ九、一万圓ヲ超ユル金額百分ノ十一、一万五千圓ヲ超ユル金額百分ノ十三、二万圓ヲ超ユル金額百分ノ十五、三万圓ヲ超ユル金額百分ノ十七、五万圓ヲ超ユル金額百分ノ十九、此上ニ新タニ政府ノ改正法律案ニ無イ、七万圓ヲ超ユル金額」ト云フ一項ヲ置キマシテ、百分ノ二十一ト致シマシタ、ソレカラ次ハ十万圓ヲ超ユル金額百分ノ二十三、二十万圓ヲ超ユル金額百分ノ二十五、五十万圓ヲ超ユル金額百分ノ二十七、百万圓ヲ超ユル金額百分ノ三十、次ニ參リマシテ「二百万圓ヲ超ユル金額ハ其ノ百万圓迄每ニ遞次百分ノ三ヲ加ヘ百分ノ四十ニ至リテ止ム」政府ノ提出原案ハ五十トナッテ居リマスノヲ、四十ト改メタノデアリマス、是デ此累進率ハ、洵ニ少額ノ納稅者ヨリ多額納稅者ニ及ボス主義ガ、洵ニ立派ニナッタノデアリマス、第三十條、第一項第六號ノ中、是ハ次ノ第七十五條、第七十七條ヲ七十三條乃至七十五條ニ改ムル必要カラ改正ニナルノデアリマス、第七十三條ハ是ハ問題ニナリマシタ、八釜シイ其取締帳簿檢査等ノ事デアリマス、是ハ全然削除、此七十三條ヲ削除スルニ伴ヒマシテ七十四條モ削除、七十五條ヲ七十三條ニ改メ、七十六條ヲ第七十四條ニ改メ、同條中左ノ三十字ヲ削ル、「又ハ第七十三條第二項ノ規定ニ依ル帳簿物件ノ檢査ヲ拒ミ若ハ妨ゲタル者」ヲ削ルト云フコトニナリマシタ、次ハ七十七條ヲ七十五條ニ改メ、同條「六月以下ノ懲役又ハ百圓」ノ九字ヲ削ッテ、百圓ヲ五百圓ニ改メル此七十七條ハ政府ノ原案ニハ「六月以下ノ懲役又ハ百圓以下ノ罰金」ト云フコトニナッテ居リマスガ、此調査又ハ審査ニ關シ知得シタル祕密ヲ正當ノ事由ナクシテ漏洩シタル者デ、是ハ體刑ノ廢シマシテ、罰金ヲ五百圓ニ改ムルト云フ修正デアリマス、次ハ第七十八條ヲ第七十六條ニ改メ、附則ノ第四項及第五項ノ中ノ十五割――十五割トナッテ居リマス、是ガ問題ニナリマシタ、大正九年度ノ所得增收額十五割ト云フノハ、七割七分ニ改メルト云フコトデアリマス以上ハ此所得稅法ヲ修正シテ、サウシテ玉成セシメタイト云フ政友會山本悌二郎君カラノ修正案デアリマス、又國民黨ノ大口君、堀川君カラ御提出ニナリマシタ修正案ハ、大體ニ於キマシテハ、政友會ノ山本君ノ提出セラレタル案ト字句其他モ同ジデアリマスガ、唯ダ異ッタル點ダケヲ此場合御報告申上ゲタイ、異ッタル點ハ第五條ノ「法人ノ各事業年度ノ所得ガ、同年度ノ資本金額ニ對シ年百分ノ八ノ割合ヲ以テ算出シタル金額ヲ超過スルトキハ其ノ超過金額ヲ以テ法人ノ超過所得トス」トアリマスル其「百分ノ八」ヲ「百分ノ十」ト爲ス點デアリマス、次ハ第十三條デアリマス、十二條ノ山林ノ所得デアリマス、山林ノ所得ニ關係スル點デアリマス、次ハ十九條ノ六百圓ヲ千圓ニ引上ゲルト云フ點デアリマス、是ハ免稅點六百圓ヲ千圓ニ引上ゲタイト云フ修正點デアリマス、次ハ第三十條ノ各項ニ於ケル調査委員ノ選擧ニ關スル規定ヲ、命令ニ讓ルト云フ點ノ修正デアリマス、以上ガ國民黨ノ大口、堀川兩君カラ御提出ニナリマシタ修正案デアリマス、委員會ニ於キマシテハ、此修正案ニ對シマシテ贊成反對ノ討論ガアリマシタ、新政會、公正倶樂部ノ小川君、上田君ヨリハ御贊成ノ演說ガアリ、憲政會ノ町田君、鈴木君ヨリハ、修正案ニ反對ノ御演說ガアッタノデアリマス、採決ニ及ビマシテ、此修正案ニ對シマシテ、國民黨ノ異ナル點ハ――國民黨ノ提案ト政友會ノ提案トハ、大體ニ於テ共通デアリマスカラ、國民黨ノ異ナル點ニ就キマシテ、先ニ採決ヲ致シマシテ、少數デアリマシタ、政友會ノ此山本君ノ提案ニ就キマシテハ、大多數デアリマシテ、憲政會ノ諸君ハ一年延期ノ趣意ト云フコトデ反對ガアリマシタガ、多數ヲ以テ唯今御報告ヲ申上ゲマシタ通リノ修正案ニ可決確定ヲ致シマシタ、次ハ所得稅法ノ施行ニ關スル法律案デアリマス、是ハ臺灣、朝鮮、及樺太ニ之ヲ施行セズト云フ規定デアリマシテ、別段御質問モアリマセヌデ、原案ノ通リ決定致シマシタ、之ニ對シテモ憲政會ノ諸君ハ、所得稅法中改正法律案ニ反對デアリマスカラ、反對デアリマシタガ、多數ヲ以テ是ハ政府提出原案ノ通リ決定致シマシタ、次ハ酒造稅法中改正法律案デアリマス、此酒造稅法中ノ改正ニ就キマシテハ、幾多ノ質問應答ガアリマシタ、清酒ニ對シマシテ、滓引貯藏減量ノ百分ノ五ヲ、百分ノ七ニスルコトハ出來ナイカト云フ質問モアリマシタ、又濁酒ニ就キマシテハ、現行法ハ清酒ト三圓ノ差ガアルノニ、改正法律案ハ同額ニスルト云フコトハ如何ナル事デアルト云フコトデアリマシタ、所ガ政府カラハ酒精ノ度合ニ於テモ、亦清酒ト濁酒ハ分量モ違ハナイシ、又貯藏ノ上ニ於テモ同ジ事デアルシ、又密造モ防ガナケレバナラヌト云フ辯明モアリマシタガ、大シタ事デモアリマセナカッタガ、質問ガアリマシタ、又此納稅保證金ニ就キマシテ、現行法四圓ノモノヲ十圓ニ上ゲルト云フコトハ高過ギハシナイカト云フ質問モアリマシタ、ソレカラ燒酎ニ付キマシテハ、他ノ物ハ大抵味淋ニ於キマシテモ、清酒ニ於キマシテモ、滓引減量貯藏減量ガアルノニ、燒酎ダケニハ無イノハドウ云フ譯デアルト云フ質問モアリマシタガ、大體此酒造稅法ニ就キマシテハ、質問ハ澤山アリマセヌデアリマシタ、ソレカラ此酒造稅法ニ對シマシテハ、委員會ニ於キマシテハ、原案ニ對シマシテ、政友會ノ山本悌二郎君カラ修正ノ動議ガ出マシタ、又同ジク國民黨ノ大口君、堀川君カラモ之ト同樣ノ修正動議ガ出マシタ、又先刻一寸申上ゲヤウト思ッタ憲政會ノ佐々木正藏君カラモ、酒造稅法中ニ就テ修正動議ガ出マシタ、佐々木君ノ御提出ニナッタ點ハ、他ハ皆ナ同ジデアリマスガ、唯ダ第八條ノ第二項中但書ヲ左ノ如ク改ム「但シ命令ノ定ムル所ニ依リ清酒ハ査定石數ノ百分ノ六以内味淋ハ査定石數ノ百分ノ二以内燒酎ハ査定石數ノ百分ノ一以内ノ滓引減量及貯藏減量ヲ控除スルコト」是ダケノ差デゴザイマス、清酒ノ方ハ山本君、大口君等カラ提出ノ分ガ「清酒ノ査定石數百分ノ五以内」トアルモノニ對シマシテ、修正シテナイノデアリマス、之ヲ修正シヤウト云フノデアリマス、ソレカラ改正案ノ第十三條ニ納稅保證金十圓トアルノヲ、六圓ニ改メタイト云フノデアリマス、政友會國民黨ノ方ニハ七圓トナッテ居ルノヲ六圓ニ改メタイ、斯ウ云フノデアリマス、之ニ對シマシテ採決ノ結果、佐々木君ノ修正ノ動議ハ破レマシテ、山本君、大口君、堀川君ノ提出セラレマシタ修正案ハ可決致シマシタ、次ハ酒精及酒精含有物飲料稅法中改正法律案、是ハ質問モアリマセズ、原案通リ滿場一致ヲ以テ可決ヲ致シマシタ、次ハ麥酒稅法中改正法律案、是ハ十二圓ヲ十八圓ニスルノハ、少シ安過ギハシナイカト云フ委員ノ質問ニ對シテ、政府ハ高過ギハシナイカト思ッテ心配シタト云フ答ガアッタノミデ、採決ニ至リマシテ、滿場一致ヲ以テ可決ヲ致シマシタ、次ハ明治四十一年法律第二十四號中、改正法律案、此案ハ第一條ノ「沖繩縣及」ヲ削ルノデアリマス、「本法ハ大正九年四月一日ヨリ之ヲ施行ス」「沖繩縣酒類出港稅則ハ之ヲ廢止ス」「本法施行前沖繩縣内ニ於テ製造シタル清酒、濁酒、白酒味淋又ハ燒酎ヲ本法施行後、沖繩縣外ニ移出スル場合ニ於テハ、仍従前ノ例ニ依ル」ト云フ此法律案デアリマスガ、沖繩縣ハ之ガ別ニナッテ居リマスノヲ、今度ハ此法律ヲ以テ同ジク税ヲ課セラル、コトニナッテ居リマス、沖繩ハ焼酎ノ名産地デアリマシテ、從來ハ五十万圓位税ヲ課ケラレタモノガ、此税法ニ依リマスト、二百万圓カラ税ヲ負擔シナケレバナラヌコトニナリマス、之ニ對シマシテ、委員ヨリ沖繩縣ハ絶海ノ孤島デアリマシテ、文化ガ本土ノ如ク及バヌ、産業モ本土ノ如ク振ハナイ、港灣ノ修築鐵道ノ敷設等ニ付キマシテモ、何等税ハ納メルガ本土ノヤウニ進ンデ居ラヌカラ、今後ハ是非共此税源涵養ノ上ニ於テ、産業發展ノ上ニ於テ、沖繩縣ノ鐵道ノ敷設、港灣ノ修築ヲスル意思ガアルカ、ドウカト云フ質問ニ對シマシテハ、政府ハ大正十年度ノ豫算ニ於キマシテ、此港灣、鐵道ノ案ヲ出ス積リデアルト云フコトヲ聲明サレマシタ、之ニ對シマシテ、憲政會ノ高木正年君ノ動議ニ依リマシテ反對ガアリマシタガ、採決ノ結果多數ヲ以テ政府提出ノ原案ヲ認ムルコトニ可決致シマシタ、次ハ國債償還金ノ繰入ヲ爲サザルコトニ關スル法律案ハ、是ハ御承知ノ如ク、減債基金ノ案デアリマシテ、之ニ對シマシテハ、憲政會ノ鈴木君、町田君カラモ御質問ガアリマシテ、討議ニ移リマシタ所、憲政會ノ諸君ニ於テハ之ニ反對ヲセラレマシタガ、採決ノ結果多數ヲ以テ原案ヲ可決致シマシタ、以上所得税法改正法律案外六件ノ委員會ニ於ケル經過及結果ハ、唯今申上ゲタ通リデアリマス、尚ホ之ニ牽聯ヲ致シマシテ、念ノ爲メ此修正ニ伴フ所ノ數字ヲ申上ゲル必要ガアリマスカラ、此數字ヲ附加ヘテ申上ゲテ置キマス、所得税、酒税、原案額、對修正額ノ增減デアリマス、見込調デアリマス、九年度ノ所得税ハ原案ニハ二億千百七十一万二千三百四十一圓トナッテ居リマスノデ、修正ノ算當ニ依リマスト、二億一千百六十七万八千七百五圓トナッテ居ル、其差引減ハ三万三千六百三十六圓ニ相成リマス、ソレカラ酒税ニ於キマシテハ、原案ハ一億三千六百十六万九千四十一圓デアリマス、修正額ハ一億三千六百十一万八千四百圓デアリマス、其減ガ五万六百四十一圓ニナリマス、此計ガ所得税酒税デ原案ノ額ガ、三億四千七百八十八万一千三百八十二圓トナリマス、修正額ノ方ガ三億四千七百七十九万七千百五圓ニナリマス、其減ガ八万四千二百七十七圓ニ相成リマス、今度ハ平年度デアリマス、平年度ノ所得税ハ二億三千七百七十六万九千四百八十二圓トナッテ居リマス、修正額ノ方ハ二億三千七百九十二万五千五百五十二圓ト相成ッテ居リマス、是ハ同ジ事デアリマシテ增減ナシ、平年度デアリマス、ソレカラ酒税ノ方ハ一億八千八百三十三万千四百九十五圓トナリマス、修正額ノ方ハ一億八千八百十三万二千七百九十圓デアリマス、此減ガ十九万八千七百五圓ト相成リマス、此平年度ノ原案額ノ計ハ四億二千六百十万九百七十七圓ト相成リマス、修正額ノ方ハ四億二千六百五万八千三百四十二圓ト相成リマス、其差引減ガ四万二千六百三十五圓ト相成リマス、次ハ所得税收入ノ見込デアリマス、所得税收入ノ見込額ハ此原案ト修正額ニ依リマシテ、增減ヲ念ノ爲メ申上ゲテ置クコトガ必要ト思ヒマス、第一種現行法ニ依ル分ハ別ニ增減ハアリマセヌ、原案額モ修正額モ現行法ニ依ル分ハ增減ナシデアリマスカラ、此分ガ千五百八十一万二千二百九十圓、ソレカラ第一種ノ所得税ノ甲ノ分ハ法人ノ超過所得デアリマス、是ハ原案ガ四千五十九万三千五十五圓ニナッテ居ッタモノガ、修正額ニ於キマシテハ五千四百五十七万八千四百十一圓、其增額ハ一千三百九十八万五千三百五十六圓ニ相成リマス、今度ハ其乙ノ分デス、乙ノ部分ハ法人ノ留保所得額デアリマス、是ハ原案ガ三千三百九十万九千十九圓ニナッテ居ッタノヲ、修正額ノ算當ニナリマスト四千四百九十九万三千九百圓ニ相成リマス、其增ガ一千一百八万四千八百八十一圓ニ相成リマス、ソレカラ丙ノ分ハ、是ハ法人ノ清算所得ニ相成リマス、此法人ノ清算所得ハ原案額ガ六十六万二千七百六十九圓デアリマシタモノガ、修正額ハ六十一万九千八十八圓、此減額ガ四万三千六百八十一圓ニ相成リマス、今度ハ丁デアリマス、丁ハ是ハ本法施行地ニ本店又ハ主タル事務所ヲ有セザル本法施行地ニ於ケル資産又ハ營業ヨリ生ズル利益——外國ニ店ヲ持ッテ居ッテ、本邦ニ支店ヲ持ッテ居ルカ若ハ、事務所ヲ持ッテ居ル者ノ營業ヨリ生ズル利益ノ所得デアリマス、此所得ハ原案額ガ六十二万七千八百九十一圓、修正額ガ五十七万七千六百六十圓デアリマス、又此減ガ五万二百三十一圓デゴザイマス、此丙丁共ニ是ハドウシテ斯ウ云フ風ニ減ッテ居ルカト云フト、國債ヲ引キマスカラ此點ガ脫ケテ居ルノデアリマス、甲乙ノ方モ國債ヲ引キマスカラ脫ケテ居リマスガ、此修正額ノ如ク率ヲ上ゲマシタカラ、全體ニ於テ增額ヲシテ居ルノデアリマス、第二種ノ分ハ是ハ七百二十一万七千二百十二圓、是ハ增減ナシデアリマス、第三種ノ分ハ原案ガ五千二百万五百二十三圓デアリマス、ソレヲ修正額ハ四千五百八十五万四千七百六十七圓、此減額ガ實ニ六百十四万五千七百五十六圓ニ相成ッテ居リマス、此合計ハ原案額ニ於キマシテ、二億一千百七十一万二千三百四十一圓、修正額ハ二億千百六十七万八千七百五圓、此差引減ガ三万三千六百三十六圓ト云フコトニ相成ルノデアリマス、ソレデ第一種ノ超過所得ハ原案ノ通リ十五割ヲ取リマスルト、大分金ガダブ付イテ來ルト云フコトニナリマシテ、此修正ノ方ニ、就キマシテハ、此九年度ニ於テ、七割七分ヲ計算スルト云フコトニ修正ヲ致シマシタ趣意デアリマス、尚ホ後ニ所得税ノ收入見込額ニ於テ平年度分ガアリマスルガ、是モ大切ノ數字デアリマスルカラ、大分御迷惑デハアリマセウガ(「ノウ〳〵」「謹聽」「御精勵ヲ希望致シマス」ト呼フ者アリ)讀ミマス、所得税收入見込額調平年度分此第一種ノ分ガ甲デゴザイマス、原案ニ於キマシテハ五千七十四万一千三百十八圓、修正額ニ於キマシテハ六千八百二十二万三千十四圓、此增ガ一千七百四十八万一千六百九十六圓、乙ノ分ガ四千二百三十八万六千二百七十五圓、此修正額ガ五千六百二十四万二千三百七十六圓、此增ガ一千三百八十五万六千百一圓、丙ハ八十二万八千四百六十二圓、是ハ原案デアリマス、修正額ハ七十七万三千八百六十一圓、此減額ガ五万四千六百一圓デアリマス、丁ノ分ハ原案ガ七十八万四千八百六十四圓、修正額ガ七十二万二千七十五圓、此減額ガ六万二千七百八十九圓ニ相成リマス、此第一種ノ計ガ、原案ハ九千四百七十四万九千九百十九圓、修正額ガ一億二千五百九十六万三千三百二十六圓、此增額ガ三千百二十一万四千四百七圓ニ相成リマス、第二種ハ增減ナシ、第三種ニ於キマシテハ、原案ガ一億三千五百八十一万千三百五十一圓、修正額ニ於テハ一億四百七十四万七千十四圓ニ相成リマス、此減額ガ三千百六万四千三百三十七圓、此原案ノ合計ガ二億三千七百七十六万九千四百八十二圓、修正額ノ合計ガ二億三千七百九十二万五千五百五十二圓、此增減ヲ對照致シマスルト、此計數ハ總テヲ修正シテ、綜合課税カラ法人ノ一定ノ課税金ヲ通算致シマシタモノガ、十五万六千七十圓ニ相成リマス、以上此修正案ニ對スル計算デアリマス、右ノ如ク委員會ニ於キマシテハ細密ナル調査ヲ致シマシテ唯今御報告シタ通リノ成績ヲ得タノデアリマス、宜シク御審議ノ上、修正案ニ御贊成アランコトヲ切望致シマス(拍手起ル)

〔參照〕

第三種所得税率新舊比較表

所得金額區分	最高所得額	税率 改正	税率 現行	最高所得額ニ對スル税額 改正	最高所得額ニ對スル税額 現行	同上ノ割 改正	同上ノ割 現行
	圓	百分ノ	百分ノ	圓	圓	所得百分ニ付	
六百圓以上八百圓以下	八〇〇	一	五	八	二〇	一・〇〇	二・五〇
八百圓超	一,〇〇〇	一・五	〃	一一	二七	一・一〇	二・七〇
千圓〃	一,五〇〇	二	四	二一	四〇	一・四〇	二・六七
千五百圓〃	二,〇〇〇	三	〃	三六	七〇	一・八〇	三・五〇
二千圓〃	三,〇〇〇	五	五・五	八六	一三五	二・八七	四・五〇
三千圓〃	五,〇〇〇	七	七	二二六	二六五	四・五二	五・三〇
五千圓〃	七,〇〇〇	八	八・五	三八六	四三五	五・五一	六・二一

七千圓ノ	一〇,〇〇〇	一一	一〇・五	七三六	七五〇	七・五〇	七・六〇
一万圓ノ	一五,〇〇〇	一三	一三・五	一,五八八	一,一七五	九・二〇	九・一〇
一万五千圓ノ	二〇,〇〇〇	一五	一四・五	三,一三六	二,一〇〇	一〇・六〇	一〇・五〇
二万圓ノ	三〇,〇〇〇	一七	一七	五,八三六	五,八〇〇	一三・七〇	一三・六〇
三万圓ノ	五〇,〇〇〇	一九	一九・五	七,六三六	七,〇〇〇	一五・二〇	一五・四〇
五万圓ノ	七〇,〇〇〇	二一	二二	一一,八三六	一二,一〇〇	一六・九〇	一七・二〇
七万圓ノ	一〇〇,〇〇〇	ノ	二四・五	一八,一三六	一九,四五〇	一八・一〇	一九・四〇
十万圓ノ	二〇〇,〇〇〇	二三	二七	四一,一三六	四六,四五〇	二〇・五〇	二三・二〇
二十万圓ノ	五〇〇,〇〇〇	二五	三〇	一一六,一三六	一三六,四五〇	二三・二〇	二七・二〇
五十万圓ノ	七〇〇,〇〇〇	二七	ノ	一七〇,一三六	一九六,四五〇	二四・四〇	二八・〇〇
七十万圓ノ	一,〇〇〇,〇〇〇	ノ	ノ	二五一,一三六	二八六,四五〇	二五・一〇	二八・六〇
百万圓ノ	二,〇〇〇,〇〇〇	三〇	ノ	五五一,一三六	五八六,四五〇	二七・五〇	二九・三〇
二百万圓ノ	三,〇〇〇,〇〇〇	三三	ノ	八八一,一三六	八八六,四五〇	二九・三〇	二九・五〇
三百万圓ノ	四,〇〇〇,〇〇〇	三六	ノ	一,二四一,一三六	一,一八六,四五〇	三一・〇〇	二九・六〇
四百万圓ノ	五,〇〇〇,〇〇〇	三九	ノ	一,六三一,一三六	一,四八六,四五〇	三二・六〇	二九・七〇
五百万圓ノ	六,〇〇〇,〇〇〇	四二	ノ	二,〇五一,一三六	一,七八六,四五〇	三四・一〇	二九・七〇
六百万圓ノ	七,〇〇〇,〇〇〇	四五	ノ	二,五〇一,一三六	二,〇八六,四五〇	三五・七〇	二九・八〇
七百万圓ノ	八,〇〇〇,〇〇〇	四八	ノ	二,九八一,一三六	二,三八六,四五〇	三七・二〇	二九・八〇
八百万圓ノ	九,〇〇〇,〇〇〇	五〇	ノ	三,四八一,一三六	二,六八六,四五〇	三八・六〇	二九・八〇
九百万圓ノ	一〇,〇〇〇,〇〇〇	ノ	ノ	三,九八一,一三六	二,九八六,四五〇	三九・八〇	二九・八〇

○議長（大岡育造君）　報告ガ終リマシタカラ、是ヨリ討論ニ移リマス、發言ノ通告ガアリマスカラ之ニ依テ發言ヲ許シマス——町田忠治君

〔町田忠治君登壇、拍手起ル〕

○町田忠治君　私ハ唯今議事ニ上ッテ居リマスル、七案中第九ノ酒造税、改正法律案及其施行ニ關スル法律案、又沖繩縣ノ酒造ニ關スル法律案、及減債基金制度ニ關スル法律案、此四案ニ對シマシテ吾々同志ノ反對意見、卽チ此四案ハ第二讀會ニ移スベカラズト云フ反對意見ニ就キマシテ理由ノ大要ヲ申述ベルコトニ致シマス、其中最モ重大ナル酒造税改正法律案ニ就キマシテ、大要二箇ノ箇條ニ就キマシテ申上ゲマス、第一ハ本案ヲ否決スベキ理由、第二ハ本案否決ニ依テ生ズル歳入ノ缺陷ヲ如何ニ補塡スベキカ、此二ツニ對シテ大要吾々ノ意見ヲ申述ベルコトニ致シマス、第一申スマデモナク所得税ハ、我國税組織ノ中樞デアリマシテ、國庫直税收入ノ過半ハ此所得税ニ出テ居リマス、而シテ之ヲ負擔スル者ハ、全國國民ノ中堅ト申スベキ者百數十万ノ負擔ニ屬スルガ故ニ、此所得税ノ改正ニ對シテハ、愼重審議、國民ニ及ボス所ノ負擔ノ影響、及經濟社會ニ及ボス所ノ影響ヲ具サニ考ヘ、所得税自身ニ於ケル均衡ノ平均、負擔ノ平均、或ハ所得税ト他ノ國税トノ關係如何ニ對シテモ、十分考慮致シタ上ニ非ズンバ、輕々ニ之ガ改正ヲスルコトハ許シマセヌ、（拍手起ル）又齊ニ國税ノミナラズ、近頃地方税以下町村税頻リニ增加シ、之ガ爲ニ地方人民頗ル負擔ニ苦シンデ居リマス、若シ此所得税ヲ改正シ、之ガ爲メニ國庫ノ收入ヲ大ニ增スト云フ其結果ニ於テ、附加税トシ、及制限外賦課ニ於テ、地方多數ノ上ニ如何ナル變化ヲ來スカト云フコトニ對シテモ、十分ナル考慮ヲ致サナケレバナリマセヌ（拍手起ル）獨リ——獨リ國庫收入ノミナラズ、地方全般ノ國民負擔ノ上ニ於テ、如何ナル影響ヲ來スカト云フコトニ對シテモ、愼重審議其平均ヲ得ルコトニ對シテ、考慮ヲ致スコトノ必要デアルト思ヒマス、加之若シ此所得税ヲ改正スルト云フ曉ニハ、吾々ノ最モ苦痛ト致シテ居リマス所ノ社會政策ニ基ク所ノ、通行税ヲ如何ニスベキカ、營業税ヲ如何ニスベキカト云フ各般ノ租税ニ向ッテ、考慮ノ半バヲ費サナケレバナリマセヌ、申スマデモナク所得税ハ、國民ノ發展ニ伴ヒ、國富ノ增進ニ伴ッテ自然國庫ノ收入ヲ增スベキ所ノ最モ適當ナル税デアリマス、而シテ若シ此所得税ニ向ッテ、法規ノ上ニ種々ナル改正ヲ加ヘ、或ハ犯罪捜査ニ類スルガ如キ檢査法ヲ設ケ、若クハ罰則ヲ設ケテ脫税ヲ防グガ如キ手段ニ出テタナラバ、所得税ト云ヘル、國民ノ公德心ニ待ッテ自然ト其收入ヲ增ス所ノ此良税ヲ以テ、寧ロ惡化スルノデアリマス、吾々ハ所得税自身ハ國富ノ增進ニ伴ヒ、國民ノ公德心ニ依テ自然ニ任シテ居ッテモ、國庫ノ收入ハ增スベキ税トシテ之ヲ貴ンデ居ルニ拘ラズ、之ニ向ッテ犯罪捜査ニ屬スル如キ手續ヲ規定シ、罰則ヲ設ケテ脫税ヲ防クガ如クスルナラバ、所謂民免レテ恥ナシト云フ如キ、遂ニ此良税ヲ化シテ惡税トスル傾ガアリマス、吾々ハ所得税ノ改正ニ向ッテハ、十分ナル考慮ヲ費サナケレバナリマセヌ、今日政府ガ提出サレマシタ所ノ此改正案ハ、或ハ控除ノ金額ヲ增加シ、或ハ扶助ニ對シテ特別ノ控除ヲ致シ、租税ノ區分ヲ細カニ分ッテ、其均衡ヲ成ルベク齊シウシ、若クハ免税點ヲ幾分引上ゲタ、斯樣ナ點ニ於テハ、吾々ハ政府ノ此改正ノ趣意ニ對シテ贊成ヲ表シマス、去リナガラ其免税點ヲ六百圓ニ止メテ、今日ノ我現在ノ生活狀態ニ適スルマデニ引上ゲナカッタト云フコトニ對シテハ、遺憾多キノミナラズ、又犯罪捜査ニ屬スルガ如キ嚴重ナル手續ヲ設ケ、國民ノ道德心名譽心ニ愬ヘテ、自然ノ增加ヲ圖ルベキ此所得税ニ對シテ煩瑣ナル規定ヲ設ケルト云フコトニ對シテハ、吾々ハ同意スルコト能ハザルノミナラズ（拍手起ル）此本案ノ最モ骨子トシ、眼目ト致ス所ノ綜合課税主義ヲ執ッタ其主義ヲ此法文ニ表ハスニ於テ重大ナル矛盾ヲ來タシ、種々ナル缺點ヲ生ジテ、之ヲ實行スルコト能ハザルニ至ラシメテ居ルコト云フコトニ對シテ、吾々ハ斷ジテ茲ニ同意致スコトハ出來マセヌ、（拍手起ル）若シ政府ガ——茲ニ一言申述ベテ置キタイノハ申スマデモナク、我國ノ所得税法ハ、初メ綜合課税主義ニ依ッタノデアリマス、初メテデハアリマセヌ、何カ今日社會政策主義カラ、初メテ此税法ヲ日本ニ行ッタガ如ク政府當局者ガ說明サレマスガ、日本ノ所得税法ハ、初メハ綜合主義ニ依ッテ出來タモノデアリマス、唯、當時社會ノ事情之ニ適セザルガ爲メニ——三十一年ト思ヒマス、之ヲ源泉課税主義ニ改メテ今日ニ及ンダノデアル、今日ハ吾々モ政府當局者ト大體ニ於テ意見ヲ同ジフシ最早社會政策主義ヲ加味シテ、綜合課税主義ト云フコトヲバ、所得税法大體ニ於テ採ルベキ時期デアルト云フコトニ對シテハ、吾々ハ此主義ニ同意スルコトニハ吝デハアリマセヌ、唯ダ政府果シテ綜合課税主義ヲ執ッテ、斷々乎トシテ改正ヲ致スト云フノデアッタナラバ、何故ニ第二種所得税ヲ全廢セザルカ（拍手起ル）何故ニ公債社債、若クハ銀行預金ノ如キモノヲバ、第二種ニシテ特別ナ課税ヲシ、而シテ之ヲ他ノ個人所得ノ他ノ收入ト同ジク、此第二種所得税ヲ全廢シテ個人ニ綜合シ、而シテ完全ナル綜合課税主義ヲ採ラナカッタト云フコトヲ、吾々ハ此本案ニ對スル缺點ノ一ツトシテ數ヘルノデアリマス、（拍手起ル）申スマデモナク公債ヲ所有シ、地方債ヲ所有シ、社債ヲ所有シ、銀行ニ定期預金ヲ致ス階級ハ、所謂富裕階級、若クハ有產階級ノ優者ニ屬スル者デアリマス、彼ノ事業ヲ經營シ、經濟社會ニ活動シテ居ル者ニ向ッテハ綜合課税主義ヲ課シ、富豪其他手ヲ拱シテ其資本ノ利息ヲ得ル者ノ此富豪階級ニ對シマシテ、何故ニ故ラニ第二種所得税ヲ設ケテ、之ヲ綜合セザリシカ、綜合課税主義ニ於テ、私ハ政府ノ此原案ハ第一ニ此點ニ於テ缺點ヲ發見シタヤウニ思ヒマス、若シ政府ガ或ハ言ハン、其手續煩瑣ニシテ、之ガ爲メニ徵税費ヲ要ス、故ニ止ムヲ得ズ之ヲ第二種ニ致シタト、斯樣ニ申シマセウ、若シ果シテ然ラバ、此税法施行ノ結果トシテ、現ニ行ハレテ居リマスル株式ノ大部分ハ、或ハ變ジテ無記名株トナルカモ知レヌ、然ルニ政府當局ノ說明ニ依リマスト、無記名株ニ依テ得ル所ノ配當ノ利子ハ如何ナル手續ヲ執ッテモ、之ヲ第三種所得ニ綜合スルト云フ政府ノ決心デアル、斯樣ナ答辯デアル、若シ無記名株式ノ配當ヲ第三種ニ綜合スルコトヲ得ルトスレバ、何故ニ公債ノ利子、社債ノ利子、若クハ定期預金ノ利息ヲバ第三種ニ綜合シテ、完全ナル綜合課税主義ヲ實行スルノ勇氣無カリシヤト云フコトノ疑問デアリマス、第二ニハ此綜合主義——源泉課税主義ヲ綜合課税ニ變化シタ結果トシテ、第一ニ我經濟社會ノ組織ニ對シテ大變化ヲ及ボスト云フコトハ、院ノ内外ノ非難攻擊ノ點デアリマシテ、私ハ深ク茲ニ論及スル必要ハ無イ、又從來ハ事業ノ獎勵ヲ圖ルガ爲メニ、法人ニ對シテ輕キ税ヲ課シテ居ッタ、然ルニ今回ハ源泉課税ヲ廢シテ、綜合課税ニ致シタ結果トシテ、個人ニ對シテハ相當ナ高イ負擔ヲ加ヘタト同時ニ、會社卽チ

法人ニ向ッテモ、保留所得税若クハ超過所得ノ名前ニ依テ、頗ル負擔ヲ大キク致シテ居リマス、果シテ之ガ爲メニ、事業ノ進歩若クハ産業ノ發達ニ、重大ナル打撃ヲ及ボスニ非ズヤト云フ懸念ハアリマス、此點ニ就キマシテハ、綜合課税主義ヲ完全ニ行ヒ得ルカ、或ハ半バ源泉課税主義ヲ併用シナケレバナラヌカ、頗ル研究ヲ要スル點デ、輕々茲ニ論斷致スコトハ出來マセヌ、政府提案ノ原案ニ對シテハ、吾々ハ斯ル重大ナル種々ノ疑問ヲ有シテ居リマス、然ルニ政友會諸君ハ、院ノ内外、殊ニ全國商業會議所、或ハ銀行集會所、若クハ工業倶樂部、其他全國各種ノ團體ノ本案ニ對スル非難攻撃ニ省ミテ、俄ニ之ニ向ッテ修正ヲ加フルコトニ致サレマシタ、昨日ノ委員會ニ於テ、其提案ヲ吾々ハ見ルコトヲ得マシタ、(「俄デアリマセヌ」「俄ダヨ」ト呼フ者アリ)其ノ改正趣意ハ、吾々ノ見ル所デハ、政府ノ原案ヲ更ニ惡化シタト思ヒマス、(「ノウ～」「ヒヤ～」ト呼フ者アリ)暫時諸君ノ御清聽ヲ煩シタイ、政友會ヲ代表シテ昨日山本君ノ此修正案ニ對スル要領ヲ承リマスト、第一株式ノ配當ニ向ッテ俄ニ之ヲ綜合課税トシテ課税ヲセンニハ、或ハ日本ノ經濟状態若クハ會社經營ノ現状ニ對シテ、急激ナル變化ヲ及ボスガ故ニ、且又株式ノ幾分若クハ多分借入金ニ依ッテ所有シ、之ガ爲メニ會社ノ經營今日ニ至ッタモノニ對シテ變化ヲ及ボスコトヲ憂フルガ爲メニ、借入金ニ對シテ考慮ヲ加ヘテ、其配當ノ二割ヲ控除スルコトニ致シタイト云フノガ、此改正ノ趣意ノ一デアリマス、而シテ富豪階級ガ此改正案ノ實施ノ曉ニ於テ、一種ノ財産管理會社ヲ造リ、世ノ非難スル合法的脱税ヲ行ハル、虞ガアルガ爲メニ、之ヲ豫防スル爲メニ、社内保留ニ對スル税率ヲ一面高クシ、一分ヲ一面超過利得ニ對スル課税ノ率ヲ、三十ニ高メタノガ其趣意ノ大要デアルト斯樣ナノデアリマス、吾々ハ此綜合課税主義ヲ實施スルト同時ニ、社内保留額ニ對シテ、十五ト云ヘル課税ヲ致シ、或ハ超過利得ニ向ッテ同樣ノ課税ヲスルコトガ、果シテ日本現時ノ經濟状態ニ適スルカ否カト云フコトニ對シテモ、更ニ幾多ノ材料ヲ蒐メテ研究スルニ非ザレバ、此是非ヲ判斷スルノ機會ニ遠シテ居リマセヌ(拍手起ル、「頭ガ惡クテハ分ラヌ」ト呼フ者アリ)

第七　朝鮮醫院及濟生院特別會計法中改正法律案（政府提出）　第一讀會

朝鮮醫院及濟生院特別會計法中改正法律案

朝鮮醫院及濟生院特別會計法中左ノ通改正ス

第二條中「七十一万圓」ヲ「九十六万圓」ニ改ム

附　則

本法ハ公布ノ日ヨリ之ヲ施行ス

〔政府委員古賀廉造君登壇〕

○政府委員（古賀廉造君）　朝鮮ニ於ケル醫院及濟生院ノ特別會計法ノ改正デゴザイマスルガ、是ハ昨年モ改正シマシテ支出ノ增額ヲ願ッタノデ、本年又物價ノ騰貴ニ伴ヒマシテ、諸入費並ニ役員ノ手當、等今日ノ金額ヲ以テシテハ到底追付カヌノデアリマス、更ニ又昨年ノ七十一万圓ニ加ヘテ、之ヲ增額シテ九十五万圓トスルコトニ提案致シタ次第デゴザイマス、何分御賛成ヲ願ヒマス

○議長（大岡育造君）　日程第八、右議案ノ付託スベキ委員ノ選擧ヲ議題ト致シマス

第八　右議案ノ審査ヲ付託スヘキ委員ノ選擧

○岩崎勳君　委員ノ數ヲ九名トシ、議長ニ於テ指名セラレンコトヲ望ミマス

○議長（大岡育造君）　動議ノ如ク決シマシタ

○中西六三郎君　公有林野官行造林法ノ委員會ヲ此機會ニ一寸開キタイト思ヒマス、御許シヲ願ヒマス

○議長（大岡育造君）　許可致シマス――日程第九、明治四十年法律第二十一號中改正法律案ヲ議題ト致シマス、第一讀會ヲ開キマス――古賀政府委員

第十一　大正九年度豫算案

第十二　(第一號)臨時軍事費豫算追加案

〔中村啓次郎君登壇、拍手起ル〕

○中村啓次郎君　諸君、本員ハ茲ニ大正九年度歲入歲出總豫算外三件ノ委員會ニ於ケル、經過及結果ヲ御報告申上ゲルノデアリマス、本年度ノ豫算ハ、政府ニ於キマシテ戰後ニ於ケル內外ノ形勢ニ鑑ミマシテ、外交通商ノ機能ヲ敏活ニシ、通信交通ノ機關ヲ整備シ、敎育振作ノ途ヲ講ジ産業發展ノ計ヲ立テ、居リマスコトハ申スマデモナク、國際聯盟上帝國ノ東亞ニ於ケル平和ノ盟主トシテ盡スベキ資任ノ上ニ、必要且ツ緊切ナル程度ノ國防充實ヲ計畫致シテ居ルノデアリマス、殊ニ此數年間ハ、歐洲戰亂ノ影響ヲ以チマシテ、國民ノ富力增進シ、殊ニ著シク物價ノ騰貴ヲ見テ居ルノデアリマス、此物價騰貴ノ帝國財政ノ上ニ影響スルモノ頗ル大デアリマシテ、豫算ノ上ニ大ナル關係ヲ有ッテ居ルノデアリマス、物價ノ騰貴ハ豫算編成ノ上ノ重要ナル部分ヲ構成致シテ居ルノデアリマス、卽チ歲出豫算ニ於キマシテハ、經費ノ一大膨脹ヲ來スト同時ニ、歲入豫算ニ於キマシテ自然增收ノ多額ナルモノ、又國民ノ擔税力ノ增大セル數字ヲ計上致シテ居ルノテアリマス、斯樣ナル重大ナル豫算デアリマスルガ故ニ、委員會ハ一月二十六日ヨリ六日間、午前午後ヲ通ジマシテ愼重審査ヲ致シ、分科會ニ移リマシテ、分科會モ亦總會ノ如ク午前午後ヲ通ジマシテ、六日ノ間愼重審査ヲ致シマシタ、二月ノ九日ニ分科ノ決定ヲ告ゲマシテ、十日ニ總會ノ決定ヲ了シテ、直チニ之ヲ議長ノ手許ニ報告致シテ置イタル次第デアリマス、是ヨリ本年度ノ豫算ノ中新規擴張計畫ニ屬スル分、及前年度ニ比シテ增額致シマシタル分、卽チ此內閣ノ經綸ト見ルベキモノ等ニ就キマシテ、之ヲ御紹介申上ゲ、然ル後ニ此審査中現レマシタル質問應答ノ中、豫算ニ關係ヲ有シマスル數點ニ對シマシテ、御報告申上ゲタイト思フノデアリマス、併ナガラ唯今申上ゲマシタル本年度豫算中ノ新規計畫ニ屬スル分、及前年度ニ比シテ增額致シマシタル經費、及其事業ノ事ハ、諸君ニ於カセラレマシテハ、既ニ豫算案中ニ特ニ揭記サレテ居ルノデアリマスカラ、私ハ此場合此報告ヲ省キマシテ、議長ノ許シヲ得テ、單ニ速記錄ニ登載スルニ止メタイト思フノデアリマス、又委員ノ質問及政府ノ答辯等ハ、之ヲ一々誰某ハ如何ニ言ッタ、誰某ハ如何ニ答ヘタト申シマスルコトシ、口移シニ致シテ以テ諸君ニ傳ヘルト云フコトハ、其質問其答辯數百千万言ニ亙ッテ居リマス、豫算委員會ノ速記錄デモ斯ク浩瀚ナルモノデアリマシテ、千數百頁ニ亙ッテ居ルノデアリマスカラ、私ハ幾多ノ議員諸君ノ御質問ニナッタル點、各政府側諸君ノ答辯致サレマシタル點ヲ綜合致シマシテ、之ヲ咀嚼シテ私ノ口ヲ以テ茲ニ御報告ヲ申上ゲルノデアリマスカラ、私ノ御報告申上ゲル中ニ於キマシテハ、質問者及答辯者ノ言葉ニ相違ヲ來ス點ガ、或ハ多クアルコト、存ズルノデアリマス、其點ハ先ヅ以テ御容赦ヲ願ヒ置キマス、質問應答ノ主ナルモノハ、先ヅ第一ニ自然增收、本年度ノ豫算ニ於キマシテ、自然增收一億五六千万圓ヲ計上致シテ居ル、其自然增收ノ計上ハ、本年度ノ如キ財界ノ反動期ニ向フニアラザルヤ、經濟界ノ逆潮ニ會スルニアラザルヤト云フヤウナ場合ニ於テハ、或ハ此自然增收ヲ得ルコトガ出來ナイデ、豫算ハ遂ニ其目的ヲ達スル能ハナイ、豫算ノ基礎ハ極メテ薄弱デアルト云フ質問ガアッタノデアリマス、此質問ニ對シマシテ政府ハ、既往ノ實績ニ依リ、國民ノ富力ノ增進ノ程度ヨリ考ヘマスレバ決シテ斯樣ナル悲觀ヲスルノ要ハ無イ、卽チ所得税ニ於キマシテモ、所得税法制定以來今日マデ、如何ナル悲境ノ時代ニ會シマシテモ、年々歲々所得税ノ額ハ上ッテ居ルノデアリマス、殊ニ大正八年末ノ會社ノ拂込資本金額ダケデモ、五十四億餘万圓ニ上ッテ居ルノデアル、郵便貯金ハ七億圓以上ニ達シテ居ルノデアル、國民個人ノ富力ト云フモノハ、實ニ增加致シテ居ルノデアリマスルガ故ニ、自然增收ノ一億五六千万圓位ノモノヲ計上シタカラト云ッテ、決シテ豫算ノ基礎ヲ危クスルモノニアラズト答辯致シテ居ルノデアリマス、第二ハ公債計畫ヲ立テ、居ル、本年度ハ事業費一億九千万圓、軍事費ニ一億五千万圓、合セテ三億四千万圓ノ公債募集計畫ヲ立テテ居ル、矢張問フ者ハ前段ト同一ノ趣意ニ依ッテ卽チ本年度ハ大正六年七年、八年等ノ如キ經濟界ノ發展スル時代トハ違ッテ、稍、反動的ニ入ッテ居ルノデアル、斯樣ナ場合ニ三億四千万圓ト云フ如キ多額ノ公債ヲ募集スルト云フ場合ニハ、必ズ産業界ヲ壓迫シ而シテ公債ハ又決シテ好結果ヲ以テ募集スル能ハズ、結局不結果ニナリハシナイカ、卽チ今日ノ如キ場合ニ當ッテ、三億四千万圓ト云フ多額ノ公債政策ヲ立テタルコトハ、豫算ノ基礎ヲ危クスルモノニアラズヤト云フ質問ガアッタノデアリマス、之ニ對シマシテ政府ハ、大正八年ニ於キマシテ、外國貿易ハ外來輸入等ニ於テ、七千四百万圓ノ輸入超過ヲ見タノデアル、併ナガラ貿易外ニ正貨ノ受取勘定超過ガ三億二百万圓ニ上ッテ居ル、差引正貨ノ受取勘定超過ガ、二億二千八百万圓ニ達シテ居ルノデアリマス、殊ニ昨年末以來、我ガ帝國ノ輸出貿易ノ大宗タル所ノ生絲ノ價ガ頗ル騰貴ヲ致シテ居ル、斯樣ナ情勢ヲ以チマスレバ、國民ノ懷合ト云フモノハ益、膨脹致シテ居ルノデアル、斯樣ナル狀勢デアリマスルガ故ニ、三億四千万圓ト云フ如キ公債ヲ募集シ能ハザルト云フ狀況ハ決シテ無イ、産業資金ヲ害スコト無ク消費資金ヲ吸收シテ以テ、一ハ之ニ依テ以テ國用ヲ足シ、一ハ之ニ依テ以テ通貨ノ膨脹ヲ抑制スルコトガ出來ルト答辯致シテ居ルノデアリマス、第三ハ減債基金中止ニ關スル質問應答デアリマス、問フ者ハ、減債基金ノ中止ハ政友會ノ主張ニ反スル所ノモノデアル、而シテ帝國ノ財政ノ基礎ヲ危クスルモノデハナイカ、斯樣ナル質問ニ對シテ政府ハ、減債基金ヲ制定致シマシタルハ、日露戰爭當時其戰費ヲ負擔セシムル爲メニ、國民ニ非常特別税ヲ課シテ居ル、此非常特別税ヲ存廢スル所ノ考慮ヲ致シタル時分ニ、非常特別税ヲ廢止シナイデ、非常特別税ヲ通常税ニ引直シテ、而シテ其金ヲ以テ日露戰爭ニ消費シタル所ノ軍費ノ公債償還ニ充テ、一ハ以テ帝國財政ノ信用ヲ保維シ、一ハ以テ來タルベキ外債償還ニ支障無カラシメヤウト云フ計畫ヲ立テタノデアル、然ルニ大隈內閣ニ於テハ、此減債基金ヲ三千万圓償還方面ニ繰入レズシテ、之ヲ特別會計ノ鐵道ノ建設改良費ニ用キタノデアル、減債基金ヲ止メルナラバ、當然其減債基金ヲ以テ租税ノ輕減ヲ行フベキ筋合デアルニ拘ラズ、之ヲ中央政府ノ他ノ財政運用ノ資ニ供シタルト云フコトハ、不當デアルト云フコトガ政友會ノ主張デアッタノデアル、今日ハ帝國ノ財政ノ基礎ハ極メテ鞏固ニシテ、帝國ノ公債ノ如キハ其發價ノ高キコト世界ニ冠タリト申シテモ差支ナイ程度ニナッテ居ル、而シテ大正十四年ニ還濟シナケレバナラヌ期限ニ到達シテ居リマスル所ノ、英貨公債三億五千万圓ノ如キ、預金部ノ持ッテ居ル在外正貨三億八千万圓ヲ以テ償還シテ餘リ有ル、殊ニ今日國民ニ賦課スル租税ヲ以テシテ、而シテ帝國ノ國防計畫ヲ充實スルト云フ如キ今日ノ場合ニ方ッテハ、減債基金ヲ中止シテ以テ、國防計畫等ノ國政ニ資スルト云フ事ハ、洵ニ機宜ヲ得タルモノデアルト云フ答辯ヲ致シテ居ルノデアリマス、又唯今申シマシタルヤウニ政府ガ預金部ニ在外正貨三億八千万圓持ッテ居ルカラ、之ヲ三億五千万圓ノ英貨公債償還ニ充テ、決シテ、此償還ニ支障ヲ來サナイト云フ此說明ニ對シテ、或ル一員ハ豫金部ノ持ッテ居ル在外正貨ハ、是ハ國庫金デハナイノデアル、卽チ國民ヨリ預ッテ居ル金デアルガ故ニ、一朝經濟界ガ悲況ニ際會シタル場合、郵便貯金ヲ取付ケラレタルトキハ、政府ハ所期ノ目的ヲ達スルコトガ出來ナイデハナイカ、斯ウ云フ質問ニ對シテ政府ハ、郵便貯金ノ取付ニ際會シタト云フヤウナコトハ、未ダ曾テ歷史ニ無イノデアル我國ニ於キマシテ大正二年及大正三年、而モ其最モ資金ヲ要スベキ十二月ニ於テ、始メテ二百万圓ノ引出シニ際會致シタコトガアル、併ナガラ當時既ニ二億ノ郵便貯金ニ對シテ、二百万圓ノ引出ヲ見タノデアル、今日七億万圓以上ニ達シテ居ル郵便貯金ノ內、七百万圓位ノ引出ガ假リニアリトシテモ、決シテ在外正貨償還ノ三億五千万圓ニ支障ヲ生ズルコトハ、斷ジテ有ルベキ事デ無イト答辯致シテ居ルノデアリマス、第四ハ物價調節ノ問題デアリマス、物價騰貴ノ爲メニ、歲出豫算ハ一大膨脹ヲシテ居ル、政府ハ之ガ爲メニ爲スベキ經綸ヲ行フ能ハズ、何ガ故ニ政府ハ物價調節ヲ致サナイノデアルカ、斯ウ云フ質問ニ對シマシテ、政府ハ、物價騰貴ハ輸出貿易及貿易外ノ正貨ノ受取勘定ノ超過致シタル事、ソレガ爲メニ通貨ノ膨脹ヲ致ス事、又國民富力ノ增加ニ依ル所ノ欲求ノ增進、及物資ノ世界的缺乏ノ結果ニ因リマシテ、物價ガ騰貴致シテ居ルノデアル、國民ノ富力ノ增加ニ依ル所ノ物價ノ騰貴ハ、財政計畫ノ上ニ何等ノ支障ヲ生ズルモノデナイ、何トナレバ富力ノ增進ニ因ル物價ノ騰貴ハ、一面ニハ歲出豫算ノ膨脹ヲ來スト同時ニ、又一面歲入豫算ノ上ニ於テ、自然增收若クハ國民ノ擔稅力ノ增大ヲ來スノデアル、故ニ國力ノ增加ニ伴フ所ノ物價ノ騰貴ハ決シテ財政計畫ノ上ニ何等變ヲ爲ス所ノモノデナイ、又國民ノ經濟ノ上カラ申シマシテモ、富力增進ニ因ル所ノ物價ノ騰貴ハ、却ッテ國民大多數ノ幸福ヲ增進スルノデアル、唯一定ノ俸給ヲ受ケ、或ハ一定ノ恩給ニ座食シ、生產事業ニ從事セナイ、者專ラ消費者側ニ立ツ所ノ者ハ、物價騰貴ノ脅威ヲ受ケルノデアル、物價ノ下落ヲ希望スルノデアル、是等ノ人々ニ對シテハ、政府ハ或ハ公設市場ノ開設ヲ致シ、或ハ生活品輸送ノ賃金ノ減免ヲ行ヒ、或ハ穀物輸入ノ稅ヲ減免シ、或ハ食料品輸出ノ制限ヲ行フ等、種々ナル社會政策ヲ試ミテ居ルノデアル、殊ニ外米ノ大輸入ヲ企テマシテ、昨年ニ於キマシテハ、外米五百五十餘万石ヲ入レタノデアリマス、之ガ爲メニ昨年ノ端境期、卽チ八月九月十月ト云フ如キ時期、米ノ生產地デアル所ノ方面ニ於キマシテモ、一石百二十圓、百三十圓以上致シテ居ッタノデアル、其時代ニ於テモ支那ノ除イタ外ハ、世界中デ一番低廉ナル米價ヲ以チマシテ、國民ノ食膳ノ上ニ食料米ヲ供給致シタノデアルト答辯致サレテ居ルノデアリマス、又通貨膨脹ガ物價ノ騰貴ヲ來シテ居ルノデアルカラ、物價ノ下落ヲ來ス爲メニ、通貨ノ收縮ヲ行ッテハドウカ斯ウ云フ質問ニ對シマシテ、政府ハ物價ノ騰貴ハ、通貨ノ膨脹ト伴フモノデハナイ、卽チ通貨ノ指數ト物價ノ指數ト云フモノハ並行スルモノデハナイ、雁行スルモノデハナイ、故ニ通貨ノ指數ハ百デアッタル場合ニ、物ノ中ニハ百五十ニモナリ、二百ニモナリ、三百ニモナリ、四百ニモナリ、六百ニモナッテ居ル物ガアルト同時ニ、又七十ニナリ、六十ニナッテ下ッテ居ル物モアルノデアル、物各々ノ上ニ就テ之ヲ點檢スレバ、或物ハ一割二割、三割ノ騰貴ヲ來スト同時ニ、或物ハ却テ下落ヲ致シテ居ルコトヲ見ルコトガ出來ルノデアル、故ニ國民富力ノ增長ニ伴フ所ノ通貨ノ膨脹ガ物價ノ騰貴ヲ來スト云フコトハ、一ツノ原因ニハ相違ナイケレドモ、之ヲ以テ通貨ノ膨脹ハ、物價ノ騰貴ヲ來ス唯一ノ原因ナリトハ見ラレナイ、故ニ通貨ノ抑制ヲ致シテ、物價ノ漫リニ騰貴ヲ致ス所ノ結果ヲ防グノニハ、政府ノ執ッテ居ル所ノ通貨收縮ノ方法ヨリ外ナイノデアル、卽チ郵便貯金ノ奬勵、或ハ小額國庫債券ノ發行等、消費資金ノ吸收ヲ行フト云フコトガ、既ニ現內閣ノ實行致シ居ル所ノ政策デアル、斯樣ナ意味ノ答辯ヲ致シテ居ルノデアリマス、第五ハ外米買入ニ就テノ質問應答デアリマス、問フ者ハ外米買入ニ方リマシテ、政府ハ管理令ニ依テ何故自ラ買入ヲシナカッタノデアルカ、自ラ買入ヲシテ居ッタナラバ、今回ノ如キ大ナル損失ヲ致サナイデ濟ンダノデハアルマイカ、政府ハ自ラ外米ノ買入ヲ致サナイデ商人ニ委シテ居ッタ爲メニ、大ナル失政ヲ致シタノデアルト云フガ如キ質問ヲ致シテ居ルノデアリマス、此質問ニ對シマシテ政府ハ、斯樣ニ答ヘテ居ルノデアリマス、政府ハ初ヨリ政府自ラ米ノ買入ヲ致スト云フヤウナ事ヲヤリマシタル場合ニハ、政府ガ產地ニ於テ外米買入ニ從事シ、商人ガ亦產地ニ於テ外米買入ヲ致スト云フコトニナレバ、雙方競爭致シマシテ、勢ヒ產地ニ於ケル米價ノ騰貴ヲ招來スルノデアル、故ニ外米ヲ入レル所ノ關稅ヲ撤廢シ、船腹ヲ供給シ、或ハ爲替ノ便ヲ與ヘルトカ、種々ナル便利ヲ商人ニ與ヘマシテ、商人ヲ脅威シナイデ、產地ニ於ケル米ノ價ノ騰貴ヲ致サセナイ、サウシテ外米ヲ入レサセタノデアル、之ガ爲メニ昨年六月迄ノ間ニ於キマシテ、商人ノ手ヲ以テ、最モ低廉ナル外米四百万石ト云フモノヲ買入レタノデアル、所ガ昨年ノ六月以後ニナリマスルト云フト、產地ニ於テ一石百圓、百二十圓、百三十圓ト云フガ如キ高イ値ニ上リマシテ、到底商人ガ買入レテモ引合ハナイ程度ニナリマシタル故ニ、政府自ラ買入ヲ致シテ百五十万石ヲ買入レタノデアル、前段申シマスルヤウニ、斯樣ニ致シマシテ此端境期ニ於キマシテモ、極メテ低廉ナル食糧米ヲ國民ニ供給ヲ致シ、而シテ尙ホ四百十八万石ト云フ大量ヲ本年度ニ持越シタノデアル、斯樣ナ答辯ヲ致シテ居ルノデアリマス、終リニ臨ミマシテ問フ者ハ、大正九年度ノ食糧政策ニ對シテ、政府ノ考ヲ質シタノデアリマス、之ニ對シテ政府ハ、大正九年度ニ於テ卽チ本年度ニ於テ、未ダ內地ニ於ケル米ノ實收報告ハ受ケナイケレドモ、第二ノ豫報ニ依ルト云フト、本年度ハ六千七十万石收穫致シテ居ルノデアル、先ツ之ヲ認メマシテ、臺灣ヨリ百四十万石、朝鮮ヨリ百三十万石、合セテ二百七十万石、昨年ヨリ持越シマシタル米四百十万石、是等ヲ合セマスルト云フト、本年ニ於キマシテハ、六千七百万石ノ大量ヲ有スル次第デアリマスルガ故ニ、此間政府ハ麥或ハ馬鈴薯ノ混食ノ奬勵モ致シテ居ル、幸ニ本年ニ於キマシテハ、食糧ニ關シマシテ、國民ハ脅威ヲ受ケルヤウナコトハ萬々無イ見込デアルト云フコトヲ答辯致シテ居ルノデアリマス、斯樣ナル質問應答ノ後討議ニ入リマシテ、分科會及國民黨、憲政會等ヨリ修正ノ案ガ出タノデアリマス、卽チ第一分科司法省ノ所管ニ於キマシテ、函館控訴院移轉ニ關スル經費、及札幌控訴院建築費削除ノ修正案ガ出タノデアリマス、ソレニ國民黨及憲政會ノ修正案ガゴザイマスルニ依テ、結局採決ニ當リマシテ、第一分科ノ修正ト憲政會ノ修正ハ、國民黨ノ修正ト共通ノモノ、卽チ司法省所管ニ於ケル、函館控訴院移轉ニ關スル經費及札幌控訴院建築費十七万七千七十二圓、此修正案ヲ採決致シマシタ結果ハ、此修正案ハ少數ニ依テ否決サレタノデアリマス、ソレカラ憲政會ノ修正及國民黨ノ修正ノ共通ノモノ、特別會計ニ於キマシテ、朝鮮農事改良株式會社ノ補助二十万圓、是モ採決ノ結果少數ヲ以テ否決ニナッタノデアリマス、ソレカラ右共通ノモノヲ除キマシテ、憲政會ノ修正案、國民黨ノ修正案、何レモ採決ノ結果少數否決トナッタノデアリマス、次ニ原案卽チ大正九年度歲入歲出豫算案、大正九年度各特別會計歲入歲出豫算案、豫算外國庫ノ負擔トナルベキ契約ヲ爲スヲ要スルモノ、追加豫算案一件、卽チ第一號臨時軍事費豫算追加案等ハ、多數ヲ以テ原案ヲ可決致シタノデアリマス、終リニ臨ミマシテ一言御報告ヲ致サナケレバナラナイ事ハ臨時軍事費ノ追加豫算案ハ、委員會ノ劈頭第一日カラシテ議題ニ上ッテ居ルノデアリマス、卽チ委員會ノ第一日ヨリ議題ニ上ッテ居ルノデアリマス、而シテ憲政會ノ諸君ハ、西伯利出兵問題ニ就キマシテハ、屢、質問ヲ試ミラレマシテ、卽チ此豫算案ニ關係ヲ有スル事項ニ對シマシテ、政府ニ屢、質問ヲ致シ、政府ハ之ニ對シテ答辯ヲ與ヘテ居ルノデアル、然ルニ討論ヲ終結シテ採決ヲ爲スニ當リマシテ、突如トシテ濱口雄幸君及片岡直溫君ヨリ、未ダ議題トナリシコトナシトノ抗辯ヲ聽クニ至ッタノデアリマス、私共一同與ニ意外ノ感ニ打タレタノデアリマス、憲政會ハ只今申上ゲマシタル如ク、司法省所管ニ於テ十七万七千七十二圓、或ハ内務省ノ所管ニ於テ社會事業等ニ關スル調査費、十四万某ヲ五万圓ニ減ジタリ、或ハ貯金獎勵費ノ二十万圓ヲ削ッタリ、特別會計ノ朝鮮豫算ニ於テ二十万圓ヲ削ッタリ、斯ノ如キ少額ナル豫算ニ對シテハ、察々ノ明ヲ用井ナガラ、一億五千万ト云フ大豫算ニ對シテ之ヲ雲煙過眼視致シタト云フコトハ、本員之ヲ報告致シマスルコトハ、名譽アル憲政會ノ爲メニ與ニ遺憾ニ堪ヘラレナイノデアリマス、(拍手起ル)併ナガラ此點ハ憲政會諸君ニ於テ、特ニ留保致シテ意見ヲ本議場ニ於テ述ベルト云フ留保ヲ致サレタノデアリマスガ故ニ、私ハ特ニ玆ニ報告スルノ義務ヲ有スルノデアリマス、斯ノ如ク致シマシテ、委員會ハ總テ終了ヲ告ゲタノデアリマス、何卒速ニ御協贊ヲ與ヘラレムコトヲ希望スルノデアリマス、(拍手起ル)

〔參照〕

歲出豫算中重要ナル事項

大正九年度歲出豫算中前年度ニ比シテ增額シタルモノニ就キ其ノ事項金額ノ重ナルモノヲ擧クレハ左ノ如シ

經常部

外務省所管

一金九萬參千貳百六拾壹圓　外務本省局增設及職員增加ニ關スル經費
一金百九萬圓　機密費ノ增加
一金六拾萬圓　電信料ノ增加
一金參拾貳萬百九拾五圓　波蘭及希臘ニ公使館新設ニ關スル經費
一金貳拾八萬貳千貳百六圓　青島總領事館外四領事館新設ニ關スル經費
一金五拾貳萬九千參百八拾壹圓　在外公館職員增加ニ關スル經費
一金拾萬圓　商務官設置ニ關スル經費
一金五拾七萬參百五拾圓　官吏以下增俸及增給
一金百拾六萬六千四百七圓　在勤俸其ノ他給與ノ增額
一金貳拾四萬八千八百六拾五圓　旅費ノ增額
一金參拾五萬貳千參百貳拾圓　物價騰貴ニ依ル廳費其ノ他ノ增加

内務省所管

一金貳拾九萬五千八百八拾九圓　神宮及神社ニ關スル經費ノ增加
一金參萬六千六百八拾七圓　社會局設置ニ關スル經費
一金拾六萬千八百六拾四圓　史蹟名勝天然紀念物調査及保存ニ關スル經費ノ增加
一金九萬七千百八拾四圓　都市計畫ニ關スル經費
一金參拾四萬六百六拾九圓　警察機關ノ充實ニ關スル經費
一金八萬八千七百六拾圓　地方産業事務ニ關スル經費
一金四萬四千貳百拾八圓　大阪府港務部設置ニ關スル經費
一金貳拾五萬八千圓　地方廳屬增員ニ關スル經費
一金參拾貳萬貳千九拾貳圓　軍事救護費ノ增加
一金參百六拾四萬參千五百九拾八圓　警察費連帶支辨金ノ增加
一金四百七萬貳千五百六拾參圓　官吏以下增俸及增給
一金九拾八萬七千九百四拾六圓　旅費ノ增額
一金四拾參萬九拾壹圓　物價騰貴ニ依ル廳費其ノ他ノ增加

大藏省所管

一金八百拾貳萬七千五拾八圓　預金利子及手數料ノ增加
一金壹萬八千九百貳拾五圓　稅關支署增設ニ關スル經費
一金九拾九萬四百五拾圓　判任官中俸給平均額ノ增加
一金拾萬九百八拾九圓　稅關配當金ノ增加
一金七拾九萬貳千八百七拾參圓　稅法改正ニ伴フ經費ノ增加
一金四拾參萬七千六百四拾九圓　稅務官署事務增加ニ伴フ經費ノ增加
一金九萬六千四百貳拾六圓　稅務署增設ニ關スル經費
一金百拾九萬四千四百拾五圓　諸拂戾及補塡金ノ增加
一金七拾壹萬千圓　貴衆兩院議員歲費ノ增額
一金四百拾參萬貳千百四拾七圓　官吏以下增俸及增給
一金五拾七萬參千五百貳拾貳圓　旅費ノ增額
一金四拾九萬八千貳拾五圓　物價騰貴ニ依ル廳費其ノ他ノ增加

陸軍省所管

一金九百萬貳千九百參拾八圓　新規經畫ニ依ル國防充實ニ關スル經費

内

金百參拾四萬六千貳拾五圓　砲工輜重兵ニ二年在營制實施ノ爲要スル經費
金參百七拾貳萬貳千六百五拾七圓　航空設備等增進ニ關スル經費
金百九拾七萬八千參百參拾參圓　朝鮮師團步兵隊ノ完成期繰上及定員增加ニ關スル經費
金七拾貳萬六千八百五拾壹圓　現役上級幹部要員增加ニ關スル經費
金九萬八千參百拾五圓　中級技術官設置ニ關スル經費
金貳拾參萬七百九拾圓　教育制度改善ニ關スル經費
金貳拾參萬六千百參拾參圓　航空隊交通兵隊ノ增設及兵器ノ改良充實ニ關スル經費
金五拾八萬四千四百參拾圓　要塞ノ整理及重砲兵隊改編等ニ關スル經費
金七萬九千四百四圓　勤務演習召集費ノ增加

一金五百貳拾四萬七千五百圓　既定經畫ニ係ル軍備充實其ノ他ニ要スル豫定年割額ノ增加
一金千參百七拾九萬四千六百拾六圓　精米精麥及馬糧ノ價格騰貴ニ依ル經費ノ增加
一金貳拾萬圓　航空局設置ニ關スル經費
一金百七拾貳圓七千貳百六拾六圓　賄料ノ增額
一金百九萬四千七百四拾五圓　上等兵以下給料增加ニ關スル經費
一金百五拾壹萬貳千百九拾四圓　滿期退營下士卒ニ軍服支給ノ爲要スル經費
一金六拾貳萬參千六百貳拾圓　朝鮮及滿洲在勤加俸ノ增額
一金百參拾萬千九百八拾七圓　物價騰貴ニ依ル船舶借上料等ノ增加
一金貳千貳百九萬四千五圓　官吏以下增俸及增給
一金參拾貳萬五千九拾壹圓　在勤加俸其ノ他給與ノ增額
一金百五拾七萬七千百參拾九圓　旅費ノ增額
一金千七百參拾參萬四千貳百五拾九圓　物價騰貴ニ依ル廳費其ノ他ノ增加

海軍省所管

一金千七拾貳萬九千七百圓　新規經畫ニ依ル國防充實ニ關スル經費

内

金七百五拾五萬四千貳百貳拾貳圓　航空隊經費ノ增加
金參拾萬八百貳拾九圓　潛水學校設置ニ關スル經費
金貳萬千百六圓　父島無線電信所ニ關スル經費
金百萬參千貳百四拾九圓　學生生徒練習生增加ニ關スル經費

金五拾參萬八千五百六拾貳圓　艦載飛行機ニ關スル經費
金參拾萬圓　造船造兵試驗費ノ増加
金百壹萬千七百參拾壹圓　艦船行動需品費ノ増加

一金七百五拾萬圓　既定計畫ニ係ル新造艦船ノ維持費

一金七拾壹萬千八百七拾九圓　既定計畫ニ係ル航空隊經費豫定年割額ノ増加

一金九拾九萬四千百壹圓　艦船役務變更並給額改正ニ伴フ航海加俸等ノ増加

一金六百六拾萬八千七百九拾參圓　物價騰貴ニ依ル衣糧費ノ増加

一金千參百貳拾貳萬七千七百貳拾壹圓　物價騰貴ニ依ル造船造兵及修理費ノ増加

一金七百拾六萬七千貳拾圓　物價騰貴ニ依ル艦營費ノ増加

一金參拾七萬六千百七拾參圓　給額改正ノ爲下士卒家族扶助金ノ増加

一金千貳百參拾參萬貳千六百九拾六圓　官吏以下増俸及増給

一金四拾參萬五千七百九拾八圓　在勤加俸其ノ他給與ノ増額

一金四拾萬貳千五百八拾七圓　旅費ノ増額

一金貳百拾貳萬貳千四百拾六圓　物價騰貴ニ依ル廳費其ノ他ノ増加

司法省所管

一金參萬貳千四百五圓　少年法施行準備ニ關スル經費

一金四萬千七百七圓　地方裁判所支部設置ニ關スル經費

一金參萬參千四百四圓　地方裁判所支部權限擴張ニ關スル經費

一金貳拾參萬八千七百貳拾八圓　區裁判所出張所設置ニ關スル經費

一金四萬千四百拾參圓　裁判所職員増加ニ關スル經費

一金七千七拾貳圓　函館控訴院移轉ニ關スル經費

一金拾萬圓　賄料ノ増加

一金拾壹萬四千五拾貳圓　物價騰貴等ニ基ク裁判及登記諸費ノ増加

一金四拾壹萬四千六百拾貳圓　典獄典獄補看守及女監取締俸給不均額ノ増加

一金六萬圓　看守及女監取締ニ精勤加俸支給ノ爲要スル經費

一金拾七萬千七百九拾貳圓　看守及女監取締ニ給スル宿料ノ増加

一金百拾五萬七千七百拾六圓　物價騰貴ニ基ク在監人費ノ増加

一金六百八拾參萬六千參百貳拾六圓　官吏以下増俸及増給

一金貳萬八千貳百貳拾八圓　在勤加俸其ノ他給與ノ増額

一金拾六萬五千八百五拾貳圓　旅費ノ増額

一金五拾七萬七千九百四拾參圓　物價騰貴ニ依ル廳費其ノ他ノ増加

文部省所管

一金四拾貳萬五千百七拾六圓　中等諸學校及實業補習學校長教員年功加俸支給ニ關スル經費

一金參拾萬圓　實業補習教育奬勵ニ關スル經費

一金七萬參千四百九拾參圓　支那學生養成費國庫支辨ニ關スル經費

一金拾壹萬九千五百八拾九圓　中等教員養成ニ關スル經費

一金參萬四千七百圓　學校衞生並教育博物館施設擴張ニ關スル經費

一金八拾參萬五千百七拾九圓　直轄學校學科學級増加等ニ關スル經費

一金壹萬五千五百圓　航空研究所事業進捗ニ伴フ經費

一金八萬八千參百五拾五圓　東京商科大學授業開始ニ關スル經費

一金六萬八千六百九拾參圓　海洋氣象臺設置ニ要スル經費

一金貳萬八千七百四拾圓　高層氣象觀測所完成ニ要スル經費

一金四百參萬五千五百九拾圓　官吏以下増俸及増給

一金貳拾八萬千九百貳拾壹圓　在勤加俸其ノ他給與ノ増額

一金拾五萬八千參百參拾七圓　旅費ノ増額

一金百八拾四萬八百八拾七圓　物價騰貴ニ依ル廳費其ノ他ノ増加

農商務省所管

一金貳萬貳千四百四拾圓　取引所及正米市場ノ監督ニ關スル經費

一金貳萬參千九百拾圓　貿易事務ニ關スル經費

一金八萬圓　工務局ニ勞働課設置ノ爲要スル經費

一金百八拾參萬九千九百六拾九圓　斫伐作業費ノ増加

一金四萬九千貳百八拾圓　鑛床受託調査ニ關スル經費

一金八千九百七拾五圓　水産講習所漁船機械試驗部擴張ニ關スル經費

一金六萬貳千六百八拾圓　畜産試驗場事業擴張ニ關スル經費

一金百九拾萬千參百拾六圓　官吏以下増俸及増給

一金拾九萬四千貳百六拾七圓　旅費ノ増額

一金貳百五拾六萬千五百參拾圓　物價騰貴ニ依ル廳費其ノ他ノ増加

遞信省所管

一金六百七拾四萬九千貳百五拾九圓　通信及爲替貯金現業員補充ニ關スル經費

一金五百八拾六萬五千參百六拾四圓　通信及爲替貯金業務増進ニ伴フ經費

一金七百六拾八萬六千九百拾參圓　時局ニ伴フ通信施設ノ繼續維持ニ要スル經費

一金八拾參萬五千四百七拾貳圓　本年度電話擴張事業ノ維持費

一金貳拾五萬四千五百九拾五圓　電信擴張及改良ニ伴フ維持費

一金五拾萬五千貳百九拾四圓　通信機關ノ増設擴張ニ關スル經費

一金拾五萬四千百貳拾六圓　名古屋爲替貯金支局設置ニ關スル經費

一金拾五萬六千七百八拾圓　通信吏員養成機關ノ擴張ニ關スル經費

一金貳萬貳千七百七拾貳圓　新嘉坡ニ船舶檢査官吏配置ニ要スル經費

一金壹萬貳千四百六拾圓　電氣試驗所出張所設置ニ關スル經費

一金百四拾五萬千八百九拾壹圓　官吏増俸ニ伴フ恩給ノ増加

一金九百六拾八萬貳千七拾八圓　現在受恩給者ニ對スル恩給ノ増額

一金貳百參拾七萬千七百四拾九圓　既往ノ實績等ニ依ル恩給ノ増加

一金貳千百六拾貳萬七千百拾四圓　官吏以下増俸及増給

一金四拾貳萬參千七百貳拾七圓　旅費ノ増額

一金參百七拾八萬九千九百貳拾圓　物價騰貴ニ依ル廳費其ノ他ノ増加

臨時部

外務省所管

一金拾貳萬圓　外務本省廳舍其ノ他増築費

一金拾五萬五百圓　公使館及領事館新設ニ伴フ創立費

一金四萬五千圓　東亞同文會事業費補助ノ増加

一金拾萬圓　同仁會事業費補助ノ増加
但シ總額五拾萬圓ニシテ大正九年度以降三箇年度間ニ補助スルモノナリ

一金參萬圓　在外小學校費補助

一金拾參萬參千參百七拾八圓　臨時調査費

內務省所管

一金六拾參萬圓　水道費補助ノ増加

一金五萬圓　園山川改修費補助
但シ總額貳百五拾萬圓ニシテ大正九年度以降十箇年度間ニ補助スルモノナリ

一金拾參萬五千圓　青森港修築費補助
但シ總額貳拾貳萬五千圓ニシテ大正九年度以降四箇年度間

ニ補助スルモノナリ
一金貳拾五萬圓　長崎港修築費補助
但シ總額七拾五萬圓ニシテ大正九年度以降三箇年度間ニ補助スルモノナリ
一金拾萬圓　名古屋港修築費補助
但シ總額參百貳拾九萬五千八百圓ニシテ大正九年度以降十箇年度間ニ補助スルモノナリ
一金貳百萬圓　道路改良費補助ノ增加
一金拾五萬圓　東京府立精神病院建築費補助
一金五百九拾四萬千五拾四圓　治水事業費ノ追加
但シ總額貳千貳百四拾四萬四千六百四拾八圓ヲ既定繼續費ニ追加シ大正九年度以降十箇年度間ニ支出スルモノナリ
一金拾五萬圓　圓山川改修費
但シ本工事ハ國庫補助ニ係ルモノナルヲ以テ明治三十七年法律第三十七號ニ依リ國ニ於テ直接工事ヲ施行シ其ノ費用ハ之ヲ地方ヨリ納付セシムルモノニシテ總額五百萬圓大正九年度以降十箇年度間ノ繼續ナリ
一金五拾萬圓　長崎港修築費
但シ本工事ハ國庫補助ニ係ルモノナルヲ以テ明治三十七年法律第三十七號ニ依リ國ニ於テ直接工事ヲ施行シ其ノ費用ハ之ヲ地方ヨリ納付セシムルモノニシテ總額百五拾萬圓大正九年度以降三箇年度間ノ繼續費ナリ
一金參拾萬六千參百圓　陸羽街道利根川架橋費
但シ本工事ハ國庫補助ニ係ルモノナルヲ以テ明治三十七年法律第三十七號ニ依リ國ニ於テ直接工事ヲ施行シ其ノ費用ハ之ヲ地方ヨリ納付セシムルモノニシテ總額六拾六萬六千九百圓大正九年度以降三箇年度間ノ繼續費ナリ
一金六百貳拾四萬四千百九拾壹圓　北海道拓殖費ノ增加
一金貳拾五萬圓　警察講習所建設費
一金九萬圓　神宮別宮創建費
但シ總額四拾萬六千六百五拾八圓ニシテ大正九年度以降四箇年度間ノ繼續費ナリ
一金六拾四萬四千九百五拾圓　明治神宮御造營費ノ追加
但シ總額九拾萬八千百八拾九圓ヲ既定繼續費ニ追加シ大正九年度以降二箇年度間ニ支出スルモノナリ
一金四萬圓　住吉神社境內整理費
但シ總額貳拾五萬圓ニシテ大正九年度以降五箇年度間ノ繼續費ナリ
一金拾壹萬九千圓　上杉神社再築費
但シ總額貳拾參萬九千圓ニシテ大正十年度ニ亙ル繼續費ナリ
一金貳拾七萬貳千四百七拾五圓　醫藥品製造試驗ニ關スル經費
一金參拾五萬五千五百貳圓　國民榮養試驗ニ關スル經費
一金七萬四千八百四拾九圓　小笠原島水產經營費
但シ總額拾七萬參百四拾六圓ニシテ大正九年度以降四箇年度間ノ繼續費ナリ
一金拾壹萬八千四百拾四圓　社會事業及地方制度調查費ノ增加
一金拾壹萬千四百五拾圓　民力涵養ニ關スル經費

大藏省所管

一金貳拾六萬九千百拾圓　大阪稅關火災復舊其他新營費ノ追加
一金貳拾五萬圓　門司稅關陸上設備費
但シ總額四百拾四萬圓ニシテ大正九年度以降七箇年度間ノ繼續費ナリ
一金參拾六萬貳千五百圓　鹽專賣用倉庫新營費
一金七拾壹萬參千圓　印刷局設備擴張費
一金百五萬六千五百九拾五圓　煙草製造工場其他擴張費
一金參拾六萬八千九百五拾四圓　專賣局中央研究所新營費
一金四拾萬圓　稅務署廳舍其他新營及購買費
一金拾貳萬貳千八百貳拾圓　貴族院及衆議院廳舍其他修築費
一金五萬千四百圓　內閣臨時法規整理諸費
一金四萬八千參百拾圓　臨時財政經濟調查會諸費
一金四萬參千百參拾七圓　臨時法制審議會諸費
一金參萬圓　產業貿易調查ニ關スル經費
一金千萬圓　朝鮮總督府經費補充金
一金參拾五萬圓　樺太廳經費補充金ノ增加
一金八拾萬七百八拾參圓　造幣局設備擴張費ノ追加
但シ總額八拾參萬七千貳百七拾七圓ヲ既定繼續費ニ追加シ大正九年度以降二箇年度間ニ支出スルモノナリ
一金八拾九萬千圓　小額紙幣製造費
一金壹萬參千八拾六圓　臨時軍事費會計檢查諸費
一金五萬圓　樞密院廳舍官舍設備費

陸軍省所管

一金貳千四百五拾九萬七千貳百七圓　新規經費ニ係ル國防充實ニ關スル經費
內
金貳拾九萬圓　東京灣要塞防禦營造物移轉改增築費
但シ總額五拾四萬五千圓ニシテ大正九年度以降三箇年度間ノ繼續費ナリ
金百四拾萬圓　大阪砲兵工廠動力整備費
金貳百拾六萬參百五拾五圓　朝鮮師團營舍及初度調辨費ノ追加
但シ總額參百六拾參萬八千七百五拾圓ヲ既定繼續費ニ追加シ大正九年度以降九箇年度間ニ支出スルモノナリ
金千百參拾參萬九千貳百六拾七圓　部隊改編費ノ追加
但シ總額四千六百四拾六萬五千參拾貳圓ヲ既定繼續費ニ追加シ大正九年度以降十一箇年度間ニ支出スルモノナリ
金參百八拾萬百八拾參圓　國防整備費
但シ總額貳億九千八百五拾貳萬七百八拾貳圓ニシテ大正九年度以降十四箇年度間ノ繼續費ナリ
金五百四拾六萬七千四百貳圓　要塞整理費
但シ總額壹億參千五百五拾四萬八千參百四拾壹圓ニシテ大正九年度以降十二箇年度間ノ繼續費ナリ
金拾萬圓　架橋縱列器材改修費
但シ總額四拾參萬參千六百圓ニシテ大正九年度以降四箇年度間ノ繼續費ナリ
金四萬圓　自動車獎勵費ノ增加
一金貳拾八萬貳百貳拾九圓　鹿兒島外八箇所各部隊給水設備費
一金五萬圓　航空獎勵費
一金貳千拾參萬八千七百七拾壹圓　青島守備軍民政部費
一金五百五拾貳萬參千六百九拾七圓　物價騰貴ニ依ル既定繼續費ノ追加

海軍省所管

一金五千五百六拾六萬九千貳百九拾八圓　新規經費ニ係ル國防充實ニ關スル經費
內
金八百五拾參萬七千四百九拾壹圓　軍艦製造費ノ追加
但シ總額六億八千貳拾五萬八千四百四拾九圓ヲ既定繼續費ニ追加シ大正九年度以降八箇年度間ニ支出スルモノナリ
金參千貳百八拾萬千參百拾圓　水陸整備費ノ追加
但シ總額壹億五千萬八千八百六拾壹圓ヲ既定繼續費ニ追加シ大正九年度以降八箇年度間ニ支出スルモノナリ
金百參拾九萬八千參百四拾六圓　艦船臨時製造費
但シ總額貳百參拾五萬貳千參百五拾七圓ニシテ大正十年度ニ亙ル繼續費ナリ
金八百四拾萬九千八百五拾五圓　準備軍需品費
但シ總額千五百七拾萬貳千七百六拾四圓ニシテ大正十年度ニ亙ル繼續費ナリ
金百四拾壹萬四百六拾參圓　教育物品增備費
但シ總額貳百參拾八萬參千七百五拾四圓ニシテ大正十年度ニ亙ル繼續費ナリ
金貳百八拾萬七千五百八圓　無煙火藥更新費
但シ總額千百貳拾參萬參拾貳圓ニシテ大正九年度以降四箇年度間ノ繼續費ナリ

金参拾萬四千参百弐拾五圓　艦載飛行機調辦費
但シ総額弐百四萬九百八拾六圓ニシテ大正九年度以降四箇年度間ノ継續費ナリ
一金七千百六拾九萬五千四百六拾六圓　物價騰貴ニ依ル軍艦製造費ノ追加
一金四百拾九萬九千九百六拾八圓　物價騰貴ニ依ル水陸整備費ノ追加
一金五拾萬圓　海軍工廠資金補足ノ増加
一金七拾萬圓　海軍燃料廠運轉資本繰入

司法省所管

一金七萬圓　熊本監獄及富山分獄建築費ノ追加
一金八萬弐千五百圓　京都地方裁判所區裁判所建築費ノ追加
但シ総額弐拾萬圓ヲ既定繼續費ニ追加シ大正九年度以降二箇年度間ニ支出スルモノナリ
一金拾七萬圓　札幌控訴院建築費
但シ総額四拾弐萬圓ニシテ大正九年度以降三箇年度間ノ継續費ナリ
一金拾萬圓　秋田地方裁判所區裁判所建築費
但シ総額弐拾六萬弐千五百圓ニシテ大正九年度以降三箇年度間ノ継續費ナリ
一金拾萬圓　青森監獄建築費
但シ総額五拾萬圓ニシテ大正九年度以降五箇年度間ノ継續費ナリ

文部省所管

一金拾七萬五千圓　私立大學補助ニ關スル經費
一金拾八萬七千九百四拾弐圓　中等教員養成ニ關スル營繕費
一金四拾五萬千参百七拾五圓　航空研究所事業進捗ニ伴フ經費
一金五萬圓　海洋氣象臺設置ニ要スル經費
一金参拾四萬七千五百圓　第九高等工業學校創立費ノ追加
一金参拾四萬五千弐百参拾五圓　第十高等工業學校創立費ノ追加

農商務省所管

一金八萬参千八百七拾圓　農業水利改良ニ關スル經費
一金壹萬圓　石川縣瀧漁港修築費補助
但シ総額参拾萬圓ニシテ大正九年度以降拾箇年度間ニ補助スルモノナリ
一金弐萬五千圓　長崎縣富江漁港修築費補助
但シ総額拾壹萬圓ニシテ大正九年度以降五箇年度間ニ補助スルモノナリ
一金五拾八萬五千百七拾圓　開墾奨勵費ノ増加
一金五萬圓　水産講習所漁船機械試驗部擴張ニ伴フ新營費
一金拾弐萬圓　畜産試驗場事業擴張ニ伴フ新營費
但シ総額弐拾萬圓ニシテ大正十年度ニ亙ル継續費ナリ
一金拾参萬八千七百八拾圓　工事繰延ニ伴フ製鐵所擴張費ノ追加
但シ工事繰延ニ伴ヒ大正八年度ニ於テ不用トスヘキ金額千参百五拾参萬五千九百拾圓ヲ既定繼續費ニ追加シ大正九年度以降三箇年度間ニ支出スルモノナリ
一金四拾弐萬七千四百八拾九圓　窯業研究事業擴張ニ關スル經費
一金弐拾五萬圓　燃料研究所新營費
但シ総額百萬圓ニシテ大正九年度以降三箇年度間ノ継續費ナリ
一金参萬圓　銚子漁港調査ニ關スル經費
一金五拾八萬七千七拾五圓　公有林野官行造林ニ關スル經費

逓信省所管

一金百参萬八千八百六拾参圓　南米航路擴張ニ依ル補助費ノ増加
一金四拾萬五千圓　近海航路擴張ニ依ル補助費ノ増加
一金参萬五千圓　大間埼航路標識新設費
但シ総額七萬五千圓ニシテ大正十年度ニ亙ル継續費ナリ
一金弐萬五千五百圓　市江埼燈臺新設費
但シ総額四萬九千五百圓ニシテ大正十年度ニ亙ル継續費ナリ
一金弐千五百拾萬圓　電話交換擴張費ノ追加
但シ総額弐億弐千五百五拾萬圓ヲ既定繼續費ニ追加シ大正九年度以降八箇年度間ニ支出スルモノナリ
一金八百萬圓　電信擴張及改良費
但シ総額七千参百八拾萬圓ニシテ大正九年度以降七箇年度間ノ継續費ナリ
一金参拾弐萬圓　電氣試驗所出張所設置ニ伴フ新營及設備費
一金九萬弐千弐百圓　逓信現業用器具機械設備費

○議長（大岡育造君）　三土忠造君

○金杉英五郎君　是ヨリ大學特別會計法案ノ委員會ヲ開キマス、許可ヲ願ヒマス

○議長（大岡育造君）　許可致シマス

（金杉英五郎君「委員諸君ハ委員會ニ御集會ヲ願ヒマス」ト呼フ）

〔三土忠造君登壇〕

○三土忠造君　本員ハ此場合ニ於テ、豫算案ニ對シテ微細ナル修正ヲ致シタイト思ヒマシテ、議長ノ手許マデ其書面ヲ差出シテ置イタノデアリマスガ、マダ諸君ノ御手許ニ配付ニナッテ居ラヌヤウデアリマス、ソレハ一昨日本院ヲ通過致シマシタル、所得税及酒造ノ修正ニ伴ヒマシテ、所得税ニ於テ三万三千六百三十六圓、酒税ニ於テ五万六百四十一圓合計八万四千二百七十七圓ト云フ豫算案ニ對シテ、法律修正ノ結果減收ヲ來スコトニナルノデアリマス、而シテ之ト同時ニ所得税ノ修正ハ、主ニ個人ノ所得ニ對シテ修正致シマシタ爲メニ、其結果トシテ國税徴税手數料ノ歳出ガ十八万一千九百七十六圓、是ダケ減ルノデアリマス、之ヲ差引キマスト、歳入ニ於テ九万七千五百九十九圓ト云フ不要額ヲ生ズル次第デアリマス、仍テ歳入ノ部ニ於キマシテ前年度剰餘金繰入ノ——臨時部歳入ノ所デ、右金額即チ九万七千六百九十九圓ヲ削減致シマシテ、歳出經常部ニ於テ、市町村交付金十八万千九百七十六圓ヲ削減致スノデアリマス、其結果トシテ豫算案ニ對シテハ複雜ナル修正ニナリマスガ、其内容ハ極メテ簡單デアリマス、其修正條項ヲ讀上ゲマスカラ御承知ヲ願ヒマス、大正九年度歳入歳出總豫算中二十九頁ノ第一條ノ金額ヲ十二億七千六百三十九万千七百五圓ニ改ム、三十一頁第一款ノ金額ヲ六億四千七百八十四万九千八百十九圓ニ改ム、第二項ノ金額ヲ二億千百六十七万八千七百五圓ニ改ム、第八項ノ金額ヲ一億三千六百十一万八千四百圓ニ改ム、三十四頁歳入經常部合計ノ金額ヲ十億四千三百十二万四百二十三圓ニ改ム、三十七頁第十一款ノ金額ヲ一億四百七万四千八十九圓ニ改ム、第十一款第一項ノ金額ヲ一億四百七万四千八十九圓ニ改ム、歳入臨時部合計ノ金額ヲ二億三千三百二十七万千二百八十二圓ニ改ム歳入總計ノ金額ヲ十二億七千六百三十九万千七百五圓ニ改ム、四十六頁第十款ノ金額ヲ千八百三十五万三千七百六十四圓ニ改ム、四十七頁第六項ノ金額ヲ五百九十六万四千五十七圓ニ改ム、四十八頁大藏省所管合計ノ金額ヲ一億七千七百八十六万四千八百八十三圓ニ改ム、六十三頁歳出經常部合計ノ金額ヲ七億五千二百六十一万九千五百五十圓ニ改ム、百一頁歳出總計ノ金額ヲ十二億七千六百三十九万千七百五圓ニ改ム、以上ノ修正案ヲ提出致シマス

○議長（大岡育造君）　濱口雄幸君

〔濱口雄幸君登壇、拍手起ル〕

○濱口雄幸君　諸君、本員ハ豫算案ニ對シマシテ、修正ノ意見ヲ提出致シテアリマス、仍テ修正案ニ就キマシテ大體ノ説明ヲ致サウト考ヘマス、修正ノ事項竝ニ金額ニ就キマシテハ、既ニ諸君ノ御手許ニ廻ッテ居ルト考ヘマスルカラ、詳細ノ事ハ説明ヲ致シマセヌ、デ唯ダ修正ヲ加ヘマシタル事柄ノ大體ニ關シ、其重要ナル事項ニ就キマシテ一二三ノ説明ヲ致シマシテ、續イテ本員ノ修正意見ニ關聯ヲ致シマシテ、豫算案ノ全體ニ對スル意見ヲ開陳致シタイト考ヘマス、本員ノ修正意見ハ、第一ニ臨時事件費豫算追加ニ於キマシテ、一億圓ヲ削減ヲ致シマス、其理由ニ付キマシテハ、後ヨリ詳細ニ申述ベタイト考ヘル、次ニ大正九年度歳入歳出ノ總豫算ニ於キマシテ、經常部臨時部ヲ通ジテ、千二百十二万六千八百八十二圓ヲ削減ヲ致シマス、其削減ノ主ナル事項ヲ申シマスレバ、第一ニハ要塞ノ整理費デアリマス、要塞ノ整理費ハ經常臨時兩部ヲ通ジマシテ、六百五万一千八百三十二圓ノ削減ニナリマス、此削減ヲ加ヘマスル理由ハ、要塞ヲ以テ國防上必要デナイト云フ意見デハアリマセヌ、併ナガラ暫ク延期ノ意味ニ於キマシテ之ヲ削減致シマス、延期ノ理由ト致シマシテハ、諸般ノ狀勢ヲ一層調査研究ヲ致シ、殊ニ航空機トノ關係ニ於テ、尙ホ一層調査ヲ要スル點ガアルト云フ其意味ヲ以テ、暫ク延期ヲ可ト致シマス、固ヨリ今回政府ノ計畫ニ係リマスル所ノ要塞整理、其箇所ノ中デハ、調査研究ノ結果或ハ其必要デナイモノガアラウト考ヘル、又中ニハ內地ト大陸トノ連絡ノ上ニ於テ、若クハ日本海ノ咽喉ヲ扼スル地點タルノ故ヲ以テ、其點ニ限ッテハ充分ナル防備ヲ施スノ必要ガアルト思フ點モアルノデアリマスガ、併ナガラ戰爭中、殊ニ戰後ニ於ケル航空機ノ發達ハ驚クベキモノガアルノデアリマス、航空機ノ將來ニ對スル改良發達ノ模樣ハ、果シテ如何デアルカ、其狀況ノ如何ニ依テハ假令要塞ヲ設ケルト致シマシテモ、其要塞ノ構築ノ方法、若クハ砲ノ威力等ニ關シテ、更ニ研究ヲ要スル點ガアルデハナイカ、殊ニ況ヤ政府ノ計畫ニ依リマスレバ、要塞ノ整理ハ一億三千五百万圓ノ金ヲ使ヒマシテ、大正二十年ニ至ッテ始メテ完了スル計畫ニナッテ居リマス、飛行機ノ最近ノ發達ノ趨勢カラ考ヘマスレバ、或ハ五年若クハ七年ノ將來ニ於テ、驚クベキ所ノ發達ヲスルデハナイカ、其時ニ於テ吾ゝガ要塞ヲ見ルコト、猶ホ世人ガ品川ノ砲臺ヲ見ルガ如キ時代ガ來ナイトモ限ラヌト思フ、又暫ク延期ヲ致シマシテモ、官民雙方ノ工業力ヲ此上ニ十分ニ發達ヲセシメマシタ時ニ於テハ、其竣工ノ期間ハ必ズシモ十二年ヲ要セヌカモ知レヌ、斯樣ナ考ヨリ致シマシテ、暫時延期ノ意味ヲ以テ暫ク本豫算ヲ削減致シマス、次ニハ朝鮮ニ於テ步兵十二個大隊ノ增員ヲ致タイト云フ計畫デアリマス、是ニ朝鮮師團ノ步兵除ノ完成期ヲ繰上ゲ、此二ツノ事柄ヲ合セマシテ、經常臨時ヲ通ジテ四百十三万八千六百八十八圓ト云フモノヲ削減ヲ致シマス、朝鮮統治ノ必要上、步兵十二個大隊增員ノ必要ガアルト云フ點ニ就テハ、私ハ敢テ政府ト爭フモノデハアリマセヌ、隨テ假令其必要ガアルト致シマシテモ、其定員ノ增加ハ、絕對ニ增加スルコトヲ要シナイデハナイカ、卽チ內地ノ師團ヨリ其兵ヲ分ッテ、朝鮮ノ守備ニ任ゼシムルト云フコトガ出來ルノデハナイカ、一昨日ノ豫算委員總會ノ議場ニ於キマシテ、陸軍大臣ノ述ベラレタ御意見ニ依リマスレバ、內地ノ師團ハ、是マデ既ニ海外ノ各地ニ少カラザル兵員ヲ分ッテ居ル、此上朝鮮ノ爲メニ更ニ兵員ヲ分ツト云フコトハ、內地ノ防備上到底忍ブコトガ出來ナイ、斯樣ナ御意見デアリマシタガ、本員ハ陸軍大臣ノ此意見ニ承服スルコトガ出來マセヌ、四千八百人ノ定員增加ト申シマスレバ、之ヲ內地ノ師團ニ平均ニ割當テマスレバ、一個師團ニ二百六十人ニ過ギマセヌ、一個師團カラ二百六十ノ步兵ヲ割キマシタ所デ、ソレガ爲メニ內地ノ防備ニ缺陷ヲ成ズルト云フ虞ハ、毛頭ナイト私ハ確信致シマス、（拍手起ル）又內地ノ防備ニ缺陷ガアリト御考ニナルナラバ、今日ノ西伯利ノ出兵ハ如何デアル、一昨年八月以來多イ時ニハ七万五千人、少ナイ時ニモ二百六十人、現在ニ於テハ三万內外ノ出兵ヲシテ居ル、而モソレガ爲メニ內地ノ防備上缺陷ヲ成ジタリト云フコトヲ嘗テ承ラナイ、（拍手起ル）吾ゝハ元來大體ニ於テ、西伯利撤兵ノ意見ヲ持ッテ居ル、ソレ故ニ此三万ノ兵ヲ西伯利カラ撤退ヲ致シ、其中四千八百人ヲ朝鮮ニ駐メ、殘餘ノ者ハ內地ニ送還ヲスル、ソレガ何所ニ差支ガアリマスカ、斯ク申シマスレバ、政府ハ或ハ言ハルルデアリマセウ、西伯利ノ出兵ハ一時ノモノデアル、臨時的ノモノデアル、果シテ然ラバ、朝鮮ノ定員增加モ一時的ノモノデハナイカ、若シ永久ニ十二個大隊ノ步兵ヲ增員スルニアラズンバ、朝鮮ノ統治ニ差支ガアルト云フナラバ、朝鮮ノ統治ハ卽チ大ナル失敗デアリマス、（拍手スル者アリ）斯ノ如キ理由ニ於キマシテ、朝鮮師團步兵ノ定員增加ニハ反對ヲ致ス、又師團ノ完成期繰上ニ就キマシテモ同樣ノ理由ヲ以テ削除ヲ致シマス、其次ニ削リマシタル主ナル項目ハ、朝鮮農事改良株式會社ノ補助金二十万圓デアリマス、是ハ朝鮮總督府特別會計ニ於テ創リマス、結果ト致シテ一般會計ノ補充金一千万ノ中カラ二十万ヲ創ッテ、九百八十万圓ト爲スト云フコトニ相成リマス、朝鮮ノ開墾事業ノ必要デアルト云フコトハ本員モ固ヨリ之ヲ認メル、併ナガラ朝鮮ニ於テハ既ニ東洋拓殖會社アリ又殖產銀行モアル其他ニ於テ民間ノ經營ニ係ル所ノ、開墾ヲ目的トスル會社ハ澤山アルノデアリマス、斯ル場合ニ於テ更ニ一ツノ大ナル補助會社ヲ設クルト云フコトハ、本員ハ毛頭其必要ヲ認メマセヌ、加之朝鮮ノ財政ハ、甚ダ此頃宜シクナイ、ソレガ爲メニ聞ク所ニ依レバ、朝鮮總督府ニ於テハ本年ハ酒ノ釀造稅ヲ六割增ス、煙草ノ消費稅ヲ一割增ス、驛屯土ノ小作料ヲ八割增ス其他ニ尙ホ小包料、郵便料、電信電話料等モ引上ノ計畫デアルト云フコトモ承ハル、而已ナラズ關稅ノ改正ヲスラ、財政不如意ノ爲メニ一箇年延期スルト云フ程窮乏ナル財政デハナイカ、其窮乏ナル財政ノ中カラ二十万ト云フ補助金ヲ出シテ、斯ノ如キ無用ナル會社ヲ造ルト云フコトハ寔ニ不可解千萬デアリマス、（拍手起ル）加之此農事改良株式會社ノ創立當時ノ事情ニ就テ、甚ダ好マシカラザル風評ヲ本員ハ屢ゝ耳ニ致ス（拍手スル者アリ）旁、と以テ此補助金ハ斷然削除然ルベシト考ヘル、其次ニハ遞信省所管ノ貯金獎勵費デアリマス、是ハ二十万ノ豫算デアリマスガ、說明ニ依リマスレバ、貯金獎勵ノ爲メニ必要ナル印刷物ヲ作ル郵便局ノ役人ヲ增ス、貯金獎勵ニ功勞ノアッタ郵便局ノ吏員ニ對シテ慰勞金ヲ遣ハス、ソレガ爲メニ二十万ト云フ貯金ノ獎勵費ヲ計上シテ居ル貯蓄ノ獎勵ト云フ事ハ、通貨ノ收縮、物價ノ調節上、本員モ其必要ナルコトヲ認ムル、否ナ政府以上ニ吾ゝハ之ヲ認ムル、併ナガラ貯蓄ヲ獎勵スル其手段ニ至ッテハ、不幸ニ致シマシテ政府ト根本カラ意見ヲ異ニシテ居ル、吾ゝハ貯蓄ノ獎勵ノ爲ニハ有效ナル政策ヲ用ヰナケレバ相成ラヌト考ヘル、卽チ郵便貯金ノ利子ノ引上ト云フ事ガ、其最モ有效ナル政策デアリマス、（拍手スル者アリ）然ルニ政府ハ其有效ナル手段ガアルニ拘ラズ、之ヲ用ヰナイ、殆ド兒戲ニ類スル如キ事ヲ行ッテ貯蓄ノ獎勵ヲ爲シ得ベシト考ヘル、吾ゝハ貯蓄ノ獎勵ニ對スル政府ノ政策ガ如何ニ貧弱デアルカト云フコトヲ憫ムノデアリマス、隨テ此二十万ノ貯金ノ獎勵費ハ無用ト認メテ創除致シマス、今一條大藏省ノ所管デアリマス、仕事ハ內閣ノ仕事デアリマスルガ、臨時財政經濟調查會、臨時法制審議會ノ費用合セテ九万一千四百四十七圓、金額ハ僅カデアリマスケレドモ、本員ハ主義トシテ之ニ反對スル、全體財政經濟ノ調査ト云ヒ、法制ノ改善ト云ヒ、政府當然ノ責任デハナイカ、其政府當然ノ責任、アルベキモノヲ、無暗ニ調査會ヲ設ケテ、政府ノ責任ヲ其調査會ニ轉嫁セントスルノ傾ガアル、現ニ最近ニ於キマシテモ、原總理大臣ハ税制整理ノ事ヲ財政經濟調査會ニ懸ケタ上デ云々ト云フコトヲ屢ヒ言ハレル、是ハ甚ダ宜シクナイト考ヘル(拍手スル者アリ)仍テ政府ノ責任ヲ糾スガ爲メニ、此調査會ノ費用ヲ削除ヲ致サント考ヘル、修正案ノ事項金額ニ關スル大體ノ說明ハ此程度デ止メテ置キマス、是ヨリ些カ豫算ノ全體ニ亙ッテ評論ヲ加ヘナケレバ、本員ノ修正ノ意味ガ徹底ヲ致シマセヌ、各種ノ方面ヨリ意見ヲ申述ベタイト考ヘマス、先ヅ經濟政策――經濟政策上ノ見地カラ本年度ノ豫算ヲ評論ヲ致シマスルト云フト、本年度ノ豫算案ハ、物價調節ニ對スル政府ノ失政ト云フモノヲ遺憾ナク暴露シテ居ル、政府當局ハ無能ニ致シマシテ、物價調節上何等有效ナル政策ヲ講ズルコトガ出來ナイ、(拍手起ル、「ノウ〳〵」ト呼フ者アリ)諸般ノ施設ハ姑息不徹底ヲ極メタルバカリデナイ、却テ物價騰貴ノ勢ヲ助長スルト云フ政策ヲ執ッテ居ル、(拍手起ル「ノウ〳〵」ト呼フ者アリ)ソレガ爲メニ物價ノ奔騰ハ底止スル所ヲ知リマセヌ、其結果トシテ、財政上ニ重大ナル煩ヲ爲シテ居ル、本年度ノ豫算ト云フモノハ、御承知ノ通リ十二億七千六百万ト云フ空前ノ大豫算デアリマス、此豫算ノ中政府ノ計算ニ依リマシテモ、物價ノ騰貴ニ因ル經費ノ增加ト云フモノハ、戰爭前ニ比較致シテ二億八千二百万、前年度ニ對比シテモ、六千万ノ多キニ上ッテ居ルノデハナイカ、前年度ニ對スル本年度ノ歲出ノ增加額ハ二億一千二百万デアリマスガ、其中約三割ハ物價騰貴ノ結果デアリマシテ、各省ノ要求ニ係ル所ノ經費ノ要求額ト云フモノヲ見テ見マスルト云フト、物價騰貴ニ基ク所ノ增加要求額ト云フモノハ、累々トシテ山ノ如ク橫ッテ居ル、政府ハ所得稅竝ニ酒造稅ノ增稅ヲ以テ、國防充實ノ經費ヲ支辨スルガ爲メナリト稱シテ、サウシテ國民ノ諒解ヲ求ムルニ汲々タルノ有樣デアリマスガ、實ハ斯樣ナル言前ハ、政府ノ便宜ニ出デタルモノニ止ッテ居ル、全體政府ガ豫算ヲ編成スルニ方リマシテハ、一方ニ於テ歲入ノ見積リヲ立テ、一方ニ於テ各省ノ要求ニ係ル所ノ歲出全體ノ見積ヲ立テ、ソレニ相當ノ査定ヲ加ヘテ歲入ノ見積ト比較ヲ致ス、ソコデ歲入ガ缺ラ足リナイカト云フ其不足ノ額ヲ確定致シ、其足ラザル所ニ依テ始メテ增稅ノ計畫ヲ立テル、ソレ故ニ增稅ノ必要ト云フコトハ、豫算ノ全體ニ於ケル歲入ノ不足ヲ補塡スルノ必要ニ出ヅルモノデアリマシテ、歲出ノ內容ニ立入ッテ國防充實ノ爲メト云フ如キ理由ハ、決シテ言ヒ得ベキ事デハナイ、(拍手起ル)然ルニモ拘ラズ政府ハ强テ言葉ヲ構ヘテ、增稅ヲ以テ國防ノ爲メナリト揚言シテ憚ラヌ、裏面カラ申シマスレバ、强テ言葉ヲ設ケテ、物價調節失敗ノ迹ヲ掩ハントスル陋策デアリマス(拍手起ル)國民ヲ愚弄スルモ甚シト謂ハナケレバナラヌ、(拍手起ル)今年度ノ豫算ニ於テ、俸給諸給等所謂人件費ノ支出ガ、物價騰貴ノ爲メニ增加シタル金額ハ、政府ノ計算ニ依リマシテモ一億三千万ノ多キニ達シテ居ル、恰モ增稅ニ依テ得ントスル所ノ增收額ト殆ド同數ノ金額デアル、(拍手起ル)而モ一度增額ヲ致シマシタル人件費ハ、物價下落スト雖モ、大體ニ於テ之ヲ減額スルコトハ出來マセヌニ依テ、永ク歲出膨脹ノ原因ヲ成ス、此事ハ政府ニ於テモ之ヲ認メラレテ財政ノ計畫ヲ立テラレテ居ル、ソレ故ニ此度ノ增稅ト云フコトハ、政府カラ見マスレバ、國防充實ノ爲メト言フコトハ出來マセウガ、國民ノ側ガラ見レバ、物價騰貴ノ爲メナリト言フコトガ出來ル、(拍手起ル)果シテサウデアリマスナラバ、若シ物價騰貴ト云フモノモ無ク、隨テ人件費ノ膨脹モ無カッタ時ニ於テハ、假令國防充實ノ計畫ヲ實行致シマシテモ、增稅ノ必要ト云フコトハ大體ニ於テ無カッタモノト謂ハナケレバナラヌ、(拍手起ル)斯ク申シマスレバ反對黨ノ諸君ハ、或ハ言ハル、デアリマセウ、物價騰貴ガ無ケレバ歲出ハ增スマイ、增スマイケレドモソレト同時ニ歲入ノ自然增收モ無カッタデアラウト、併ナガラ歲入ノ自然增加ト云フコトハ、必ズシモ物價騰貴ノ爲メナリト御考ニナッテハ、是レ非常ナル間違デアリマス、(「何ノ爲メダソレハ」ト呼フ者アリ)何トナレバ(「原因ヲ言ヘ」ト呼フ者アリ)日淸戰爭以來二十年ノ間、輸入超過バカリヲ續ケテ居ッタ我國ノ貿易ガ戰爭ノ結果トシテ、俄ニ輸出超過トナッタ、五年ノ間ニ於テ十三億圓ト云フ輸出ノ超過ヲ見タ、ソレガ爲メニ內地ノ事業ハ頻リニ發展ヲ致シ、經濟ハ膨脹スル假令物價ガ騰貴シナクトモ、此歲入ノ自然增收ト云フモノハ大ニ增スベキ筈デアッタ、(拍手起ル)而已ナラズ――而已ナラズ若シ物價ガ今日ヨリモ安カッタトキニ於テハ、却テ輸出ノ增加ト云フコトハ、今日以上デアッタデアリマセウ、物價ガ高イカラ輸出ガ少カッタ、物價ガ今日ノ如ク高クナカッタトキニ於テハ、輸出ノ超過ハ斷ジテ今日ノ比デハナイト思フ、(「ソンナ論理ガアルカ」「愚論々々」「議論ニナッテ居ナイ」ト呼フ者アリ)併ナガラ物價ノ騰貴ト云フコトハ、是ハ今日ノ事實デアル、此事實ハ假令內閣不信認ノ故ヲ以テモ抹殺スルコトハ出來マセヌ、(「騰貴ハ世界的ダ」ト呼フ者アリ)唯ダ本員ガ茲ニ此事ヲ論ズル所以ノモノハ、若シ物價騰貴ガ無カッタトキニ於テハ、少クトモ今回ノ增稅ノ大部分ト云フモノハ、其必要ガ無カッタト云フコトヲ指摘致シ、(拍手起ル)政府ヲシテ此動カスコトノ出來ナイ事實ヲ承認セシメ、(笑聲起ル)一面國民ヲシテ豫算ノ眞相ヲ知ラシムルガ爲メニ外ナラヌノデアリマス、(「世界ノ大勢ガ分ラヌカ」「世界的騰貴ヲ如何セン」ト呼フ者アリ)次ニハ公債政策上カラ本年度ノ財政計畫ヲ考ヘテ見マスルニ、本年度ノ豫算ニ於ケル公債ノ募集額ハ、一般會計ニ於テ五千四百万圓、特別會計ニ於テ一億四千六百万圓、臨事軍事費特別會計ニ於テ一億四千八百万圓合計三億四千万圓ト云フ巨額ニ達シテ居ルノデアル、此上ニ今年度ノ募集殘額八千万圓ヲ加ヘマストキニ於テハ、今年度一杯ニ募集セネバナラヌ所ノ公債ノ總額ハ四億二千万圓ト云フ巨額ニ達スルノデアリマス

〔「修正案ニ何ノ關係ガアリマスカ」ト呼フ者アリ〕

第一　大正九年度豫算案（前會ノ續）

第二（第一號）臨時軍事費豫算追加案（前會ノ續）

〔鈴木梅四郎君登壇、拍手起ル〕

○鈴木梅四郎君　諸君、私ハ我黨カラ提出致シマシタル豫算査定ニ就キマシテ、修正ノ意見ヲ述ベマス、數字上ノ事ハ御手許ニ印刷ニ付シテ配付シテゴザイマスルガ、數字上ノ詳シキ御話ヲスルコトハ止シマス、今年度ノ豫算ニ對シマシテ、我黨ノ査定ハ極メテ些少ノモノデアリマス、第一ハ司法省所管ノ第二款、函館控訴院移轉費十七万七千餘圓、及同省歳出臨時部ニ於キマシテ、札幌控訴院建築費十七万圓、是ト關係致シマシテ、乙號ノ同建築費四十二万圓ト云フモノヲ第一ニ削リマス、第二ハ一般會計ノ經常費ノ陸軍省ノ所管ニ於キマシテ、朝鮮師團步兵隊完成期繰上、及定員增加ニ要スル經費、其中ノ輸送費三十一万六千五百餘圓ダケハ認メマシテ、他ノ經費百六十六万一千七百餘圓ヲ削除致シマシタ、其次ニ第三ニハ同省所管ノ馬匹買上代ノ中幼駒買上代五十四万五千四百圓ヲ削除致シマス、第四ニハ特別會計朝鮮總督府歳出臨時部、第十八款灌漑及開墾事業助成費、朝鮮農事改良株式會社補助金二十万圓ヲ削除シマシタ、卽チ一般會計ノ經常臨時部特別會計トヲ合セマシテ、査定額ハ二百五十八万四千三百三十二圓、乙號ノ繼續費ガ四十二万圓ト云フモノニ過ギナイノデアリマス、而シテ第一ノ削除理由ハ國家ノ經費多端ノ折柄、函館ヨリ札幌ニ移スノ必要ヲ認メナイト云フノガ根本ノ理由デアリマス、之ニ就キマシテ此上ニ詳シク説明ヲスル必要ハゴザイマセヌガ、司法省ト致シマシテハ、マダ緊急ヲ要スル各種ノ施設ガ大分アル筈デアリマス、緊急ノ施設ニシナクテハナラヌモノヲ措キマシテ、殊ニ之ヲ今年度ニヤルト云フ必要ハ全然認メヌ、斯ウ云フ理由デゴザイマス、ソレカラ第二此朝鮮ノ問題ハ、態ゝ朝鮮ニ斯樣ナモノヲ設ケル必要ガ無イ、內地ノモノヲ移シテ然ルベシデアル、實ハ此後ニ追ゝ此軍制ノ事ニ就テ御話シマスガ、師團整理ト云フ問題モ中ゝ重要ナ問題デアリマス、其意義カラ致シマシテ內地カラ移シテ宜シイ、ソレ故ニ輸送費ダケハ之ヲ認メテ、他ハ一切削除スル、第四ハ所謂朝鮮ノ農事改良株式會社、此事モ詳シク茲ニ説明ヲ要サヌト思フ、昨年モ開墾會社ノ問題ア當院ノ問題ニナリマシテ、大分八釜シキ問題、當院ハ幸ニ通過シマシタガ、貴族院ニ於テ是ハ否決ニナリマシタガ、彼レト殆ド同ジ理由デ、私共ハ之ヲ削除シタノデアリマス、朝鮮ノ僅カナル財政ノ中カラ、今年ハ二十万圓デアリマスケレドモ是ガ段々殖エマシテ、結局一年二百六十万圓迄ハ補助ヲシテ行ク責任ヲ負フコトニナルノデアリマス、御承知ノ如ク朝鮮ニ於キマシテハ、昨年ノ騷擾以來、國家トシテ施設スベキモノガ中々澤山アリマスノデアリマス、然ルニ此不當不公平ナル、斯樣ナ天下ニ非難ノアリマスル補助法ヲ設ケマシテ、一會社ニ私スルト云フコトハ、甚ダ不都合ナル事ト認メタノデアリマス是ハ政友會諸君ニモ御再考ヲ願ヒタイ、若シ衆議院ガ多數ノ――諸君ノ多數ニ依テ假リニ通リマシテモ、此現代ノ國民ノ思想カラ致シマシテ、斯樣ナ補助法ト云フモノハ、何人モ是ハ贊成セザル――頭カラ否認スベキ問題デアリマスルカラシテ、賢明ナル貴族院諸君ハ、矢張昨年ノヤウナ態度ニ出デラレルデアラウト私ハ確信スルノデアリマス〔「ヒヤ〳〵」ト呼フ者アリ、拍手起ル〕吾ゝノ査定ノ四箇條ハ是ダケデアリマスルガ、此査定ヲ致シマシテ、他ノ全體ノ豫算ヲ吾ゝガ承認致シマスルノハ、喜ンデ其眞實ニ贊成ヲ表シタノデアルカ否ヤト云フ問題デアリマスルガ、私共ハ之ニ對シテ全然贊成――喜ンデ贊成シタ者デハナイノデアリマス、〔拍手スル者アリ〕實ハ豫算案提出ノ當日ニ於キマシテモ、今年度ノ財政計畫ニ就キマシテ私カラ質問ヲ致シテ居リマスル通リ、此世界ノ大變化、日本國ニ於キマシテモ更始一新、日本改造ノ時期ニ入ッテ居リマス、此時ノ財政計畫ト致シマシテハ、如何ニモ餘リ平凡デアリマス、餘リニ其日暮シデアルト云フコトモ、私共ハ批評スルコトヲ辭セナイノデアリマス、故ニ此點ニ就テハ大不滿足ヲ表シテ居ルノデアリマス、去リナガラ原總理大臣ガ、幾度カ委員會若クハ當議場ニ於テ宣明サレテ居ル所ヲ吾ゝハ聽イテ居リマス、其聲明サレタ所ノ事實ヲ摘ンデ申シマスレバ、此財政經濟問題ニ就テハ、我黨ガ昨年建議致シマシタル臨時財政經濟調査會ナルモノガアルニ依テ、之ニ十分諮問ヲシテ、時局ニ順應スベキ所ノ財政經濟ノ策ヲ立テル、又其他ノ問題ニ就テモ熱心ニ調査中デアル、調査ガ出來次第ニ當議會ニモ或ハ出スカモ分ラヌ、當議會ニ出シ得ナイモノハ此次ノ議會ニ出シテ、根本的ノ所謂時勢ニ順應スルダケノ國策ヲ樹テルト云フ意味ノ聲明ヲ爲シテ居ラッシヤル、私共ハ此聲明ニ信ヲ措ク者デアリマス、幾度カ聲明サレタモノデアリマスカラ、此聲明ニ信ヲ措キマシテ、實ハ今年度ハ以上申シマシタ四點ノ査定ニ止メテ、他ハ條件ヲ付ケテ贊成ヲ致シタノデゴザイマス、然ラバ吾ゝハ如何ナル條件ヲ之ニ付ケルカ、是ガ私ガ是カラ申上ゲル點デアリマス、卽チ警告的ノ條件ヲ付シテ、吾ゝハ今年度ノ豫算案ニ贊成ヲスルモノデアリマス、此警告的條件ハ六箇條程ゴザイマスガ、第一ニ私ハ國防上ノ陸軍軍政ノ事ニ就テ、警告ヲ致シマス、此陸軍々政ノ問題ハ、我國ノ過去ノ議會ニ於キマシテハ、兎角是ハ玄人ノ問題デアルトシテ、議員ハ勿論ノコト、當局大臣モ全ク是ハ別物トシテ、研究ヲシテ居ラレヌ事實ガゴザイマス、現ニ私ハ今年モ陸軍ノ事ニ就テ質問致シタル場合ノ返答ヲ見マシテモ、原總理大臣ヲ首メトシテ、此問題ヲ十分ニ御研究ニナッテ居ラヌト云フコトヲ私ハ認メタノデアリマス、斯樣ナ譯デゴザイマシテ、我ガ陸軍ハ日本ノ財政――歳出ノ中デ最モ重要ナル部分ヲ占メテ居ル、今後モ中ゝ重大ナル問題ニナッテ參リマスル、其事ガデス、此改造ノ時期ニ方ッテ斯ノ如ク閑却サレルト云フコトハ、衆議院ノ面目デナイト私ハ信ズルノデアリマスカラ、此點ハ第一ニ警告シテ置キタイト思フ、乃チ私ハ此警告ノ希望條件ヲ述ベマス、卽チ陸軍軍政ノ刷新整理ト云フコトニナリマスガ、其刷新整理ノ必要デアリマスル茲ニ四ツノ大ナル事實ガ出來テ居ルト云フコトヲ、先ツ御話スルノガ順序デアラウト思フ、第一ハ何デアルカ、卽チ想定敵國ニ大變化ヲ來シタト云フコトデアル、是ハ私ガ說明致シマスルマデモナク、我ガ陸軍國防ノ標準ト云フモノハ、露國ヲ想定敵國トシテ立テラレタト云フコトハ、今日茲ニ明言シテモ宜イ問題デアラウ、確ニ之ニ根據サレテ總テノモノガ出來テ居ル、其露國卽チ武力一方ヲ以テ世界ニ雄飛シタ露國、其背後ニハ、又世界ニ最モ怖レラレタ所ノ獨逸ガ居ッテ、露國ヲ操縦シテ居ッタ、此二重ノ意義ノアリマスル想定敵國ヲ土臺トシテ居ッタノデアリマスガ、此度ノ大戰ノ結果ハドウナリマシタカト申シマスレバ、御承知ノ通リ露國ハ今日ノ如キ有樣ニナッテ居リマス、マダ露國ガ如何ニ安定スルカハ、何人モ明言スルコトハ出來ナイノデアリマスケレドモ、併ナラガ「ロマノフ」ガ再ビ興ッテ、軍國主義ノ所謂帝國ト云フモノ、再ビ興ッテ參ラヌト云フコトハ是ハ確デアリマス、確ニ民主主義ノ共和國ガ成立ッテアラウト云フコトハ、何人ガ考ヘマシテモ是ハ疑ノナイ事ト斷定シテ宜イト思ヒ、況ヤ其背後ニ在ッテ始終操縦ヲ致シマシタル獨逸ハ、御承知ノ如キ有樣ニナッタ、此獨逸ノ再興サヘ今日ハ疑ハレル程ノ有樣ニナッテ居ルト致シマスト云フト、我ガ陸軍ノ標的ト致シマシタル想定敵國ト云フモノハ、全ク無クナッタ、而シテ之ニ代ッテ出來タモノハ民主的ノ共和國ガ茲ニ出來テアル、況ヤ「ヘ」ノ字ナリニデモ出來上ッタ、國際聯盟、之ガ一方ニ存シテ居ルト云フコトニナリマスルト云フト、此陸軍軍政ニ於キマシテハ、ドウシテモ大變化ヲ生ゼザルヲ得ヌ、又之ニ應ズルダケノ事ヲシナクテハナラヌト云フノハ、私ノ喋々ヲ要セヌ所、是ガ第一、第二ハ現代ノ戰爭ノ意義ハ、全ク從前ト異ッテシマッタト云フコトデアル、ソレハドウ云フ事カ、是マデノ戰爭ハ訓練ヲ致シマシタル軍人ト軍人トノ戰爭デアッタ、所ガ此度ノ大戰ノ結果トシテ、一國ノ兵力ノミデ戰ハ出來ナイ、卽チ國民ノ體力、智力、財力、產業交通等、總テ社會ノ全組織、此全組織ト云フモノト國力ノ總和ト云フモノヲ傾倒スルト云フノガ、今日以後ノ戰爭デアリマス、卽チ言ヲ換ヘテ申シマスレバ、人力ト物質トノ一切ヲ擧ゲテ國家ノ運命ヲ賭スルト云フノガ、今後ノ戰爭ノ意義デアリマス、是モ確ニ從前トハ非常ナ相違ヲ來シテ居ル問題デアリマス、ソレカラ第三ニハ何デアルカ、戰爭ノ方法ガ又根本的ニ變ッテ居ル、御承知ノ通リ此度ノ戰爭ニ於テ武器ハ非常ニ改ッタ、殊ニ飛行機、飛行船、自動車、其他新タナル所ノ武器ガ採用サレテ、戰爭ノ仕方ハ全ク違ッテキル、是迄ノ如ク小部隊ガ活動シテ、其部隊々々ガ自ラ獨斷專行ノ知識ヲ使ッテ働クト云フ働ハ殆ド無クナッテ、大集團大部隊ヲ以テ戰フコトガ必要ニナッテ來タ、隨テ斯樣ナ事ニナッテ居リマスカラ、是ガ軍政上ニハ非常ナ關係ヲ持タナクテハナラヌ、此事ハ大ナル問題デゴザイマスガ、一寸玆ニ分リ易ク說明ヲ致シマスレバ、武器ノ改良進步ト共ニ戰爭ノ仕方ノ違ッテ來タコトハ、歷史的ニ諸君モ日本內地ダケモ能ク御分リデアラウト思フ、卽チ所謂刀劍ヲ專ラ武器ト致シタ場合、ソレカラ槍薙刀等ガ出來タ場合、若クハ弓矢ノ行ハレタ時、ソレカラ小銃ガ用キラレタ時、段々戰爭ノ方法ガ改ッテ行ッテ終ニハ昔ト較ベルト根本的ニ戰爭ノ方法ガ違ッテシマッタ、隨テ兵士ト云フ者軍人ト云フ者ガ、元ノ通リノ型デハイカヌト云フ事ガ明白ニナッテ來タ、是ハ私ガ委シク說明致シマセヌデモ分ル事デゴザイマスカラ、此武器ノ非常ニ改ッタト云フコトガ中ニ大事ナ問題デアル、ソレカラ第四ニハ一口ニ申シマスレバ、軍隊ノ民衆化トデモ申スガ適當デアラウ、是迄ハ戰爭ナルモノハ軍人ノ戰爭デアッタ、所ガ今度ノ實戰ノ證スル所、戰爭トナレバ訓練サレタル所謂軍人バカリノ戰爭デハナイ、國民擧ゲテ此戰爭ニ直接間接ニ當ッテ行カナクテハナラヌ、隨テ今後ハ此國防上國民全體ガ、自ラ國防ニ當ル自覺ヲシテ行カナクテハナラヌト云フコトハ明白デアル、卽チ國防ナルモノハ、モウ軍人ノ手ニバカリ委シテ置クコトハ出來ナイ、國民全體ガ此國防ノ責任ヲ自覺シテ、卒ザ事有ッタ秋ニハ大動員ヲ行ッテ、乃チ國防ハ何人モ總テ之ニ當ルト云フ意義ニナラナケレバナラヌ、是ガ第四ノ事情デアリマス、此四ツノ事情ハ、此度ノ戰爭ニ依テ出來マシタ著シキ新シキ事情デアリマス、此事情ヲ考ヘマスレバ、從來ノ型ニ依リマシテ陸軍ノ軍備充實ト云フモノヲ圖ルコトハ、全ク意義ガ無イ事ニナルノデアリマス、尤モ現陸軍大臣ハ近年ノ陸軍大臣中最モ軍事ニ明カデ、又能ク御分リニナッテ居ル樣子デアリマスカラ、種々ナル改良計畫モアルヤウニアリマスケレドモ、併ナガラ私共此四箇條ノ事情ヲ根據トシテ其施設ナサル所ヲ見マスルト、餘程マダ遲レテ居リハセヌカト云フコトヲ斷言スルノデアリマス、此四ツノ事情ヲ基礎トシテ、然ラバドウ云フ事ヲヤッタラ宜シイト云ヒマスレバ、重要ナ問題ハ色々アリマスルガ、先ツ私共ハ簡單ニ此點ヲ擧ゲテ申シマスレバ、兵ノ在營年月ヲ二箇年ニ短縮スル、ソレガ第一、第二ハ步兵ノ在營ヲ一箇年ニ短縮シテ、其定員ヲ半減ニシテシマウ、是ガ基礎事情デアル、是ハ第三ノ事情デ申上ゲタ通リデゴザイマスルカラ、此說明ハ詳シク致シマセヌ、詳シク致シマセヌガ、兵士ヲ出シテ獨斷專行ヲ爲サシムル機會ト云フモノガ甚ダ少ナクシテ、司令官ガ命令ヲ以テ、大集團大部隊ヲ働カセル戰爭ガ多クナッタト云フ場合ニ於テハ、無駄ナ敎練ハ廢シテ、唯タ射擊及戰鬪力ヲ養成スルト云フコトニ最モ重キヲ措クコトニシテ、成ルベク多クノ國民ニ軍隊敎練ヲ與ヘルト云フ此趣意カラ申シマシテモ、吾々ガ多年主張シテ來マシタル一年兵役問題ヲ、一日モ早ク實行スル必要ニ迫ッテ居ルト思フノデアリマス、最モ總テヲ一年ト云フコトニ致シマシテハ差支ノ起ル場合モアリマス、乃チ衞兵勤務、衞戍勤務、宮闕守衞、若ハ新兵敎育ノ助手トナルヤウナ特殊ノ者ハ、一年半若クハソレ以上ヤル必要ガアルカモ知レマセヌガ、一般ノ步兵ト云フモノハ、嚴重ニ一年ニ限ッテ差支ナイト信スルノデアリマス、ソレカラ第三ニハ此兵卒ノ雜役禁止デアリマス、是ハ敎練時間ヲ殖ス爲メ、又兼テ此小使同樣ニ使ッテ居ルガ爲メニ、兵士ノ氣品ヲ傷ケテ居ルコトモ中々アル、ソレガ此兵士ノ氣品ヲ高メル爲メニ兵士ノ雜役ヲ禁止シテ專門ノ小使給仕ト云フモノハ、人夫ヲ使ッテ宜シイ、此上ノ說明ハ必要デ無カラウト思フ、第四ハ兵卒ノ給料、是ハ大ニ增額ヲ爲サナクテハナラヌノデアリマス、勿論財政ノ都合ニ依リマシテ、理想的ニ遽ニ增加スルコトハ出來ナイカモ分リマセヌガ、吾々ノ信ズル所ニ依リマスレバ、一年以內在營ノ兵士、卽チ前年一年兵役ヲ實行シタ其兵卒ニ對シテハ日給三十錢、一年以上ノ在營ノ兵士ハ五十錢ヲ最低度トスル必要ガアルノデアリマス、是モ詳シク說明ヲスル必要ハ無イ、賢明ナル諸君ハ御承知デアラウト思フ、ソレカラ第五ニハ下士ノ補充法竝ニ其給料及優待法ニ就キマシテハ、是亦他ノ先進國ト較ベマスルト非常ニ遲レテ居リマス、是モ根本的ニ時勢ニ應ズルダケノ事ヲヤッテ行キマセヌケレバ、所謂陸軍々備ノ充實ト云フモノハ六ケシイノデス、ソレカラ第六ニハ師團ノ配置整理デアル、此師團ノ整理ト云フモノハ私共ハ最モ必要ト思ヒマス、是ハモウ陸軍部內ニ於テモ定論ニナッテ居ルト云フコトヲ承ッテ居リマシタガ、軍團組織ト云フモノガ採用サレルカドウカ分リマセヌガ、未ダ決定ハ致シマスマイガ、結局是ハ斯樣ニ編成替ヲサレル時機ガアラウト思フ、其時機ニ於テハ、少クトモデス此師團ノ配置ニ大整理ヲ加ヘ、大ニ之ヲ改メテ行ク必要ガアル、假リニ一ニ言此所デ附加ヘテ置キマスガ、日本ノ師團ノ所在地ハ、最初內亂防禦ノ爲メニ出來タ六鎭臺ガ其基礎トナッテ、他ノ師團ハ專ラ地方ノ要求ニ依テ、所謂公平ニ師團ヲ設ケルト云フ意義カラシテ、情實的ニ出來タモノガ多イ、ソレ故ニ今日ノ如ク內地ニ軍隊ヲ必要トスルト云フコトハモウ萬々無イ、卒ザ事有ルト云フ秋ニハ動員ハ海外ニ向ッテ、少クトモ日本以外ニ向ッテヤルト云フ此見地カラ見マスルト、今日ノ師團配置ノ有樣ト云フモノハ、全ク此方針ニ違ッテ居ルノデ、交通ノ關係、海運ノ關係、陸運ノ鐵道ノ關係等カラ申シマスルト、非常ナ不都合ナモノニナッテ居ルト云フコトハ事實デアリマス、デアリマスカラ之ヲ是非根本的ニ改良スル、而シテ少クトモ此師團ノ編成替ヲスル場合ニハ、步兵師團ハ少クトモ二十箇聯隊位ハ減少スルト云フ方針ヲ執ッテ行キタイ、斯樣ナ事デゴザイマス、次ニハ此戰死者ノ遺族、或ハ癈兵ニ對スル待遇ヲ非常ニ改メナクテハナラヌ、是ハ少シタ說明ヲ致ス要ガアリマス、現在法ニ依リマスルト云フト、戰死ヲシタ者、卽チ一命ヲ　陛下ニ奉リ、國家ノ爲ニ捧ゲタト云フ其戰死者ノ遺族ハ、如何ナル待遇ヲ受ケテ居ルカ、卽チ月ニ九圓ト云フ僅キ待遇ヲ受ケテ居ルノデアリマス、卽今是ガ改正サレテドウナッテ居リマスルカ分リマセヌガ、吾々ガ此規則ノ上カラ見マスルト月ニタッタ九圓デ、立派ナ一家ノ生計ヲ立テマスル中心人物ノ亡クナッタ、其遺族ト云フ者ハ、月ニ九圓ト云フ金ヲ頂戴致シテ、ソレデ生活ヲシテ行カナケレバナラヌト云フ譯デアル、ソレカラ又癈兵——兩眼ヲ失ヒ、兩腕ヲ喪ッタト云フ癈兵ノ中デモ、最モ哀レナル其癈兵ハ如何ナル待遇ヲ受ケテ居ルカト申シマスレバ、是ガ月ニ四圓ト云フ金ヲ貰ッテ居ルノデアリマス、凡ソ戰死者ニ對スル待遇、及癈兵ニ對スル待遇斯ノ如キ殘忍——寧ロ殘忍ト申シマス——待遇ヲ致シマス國ガ何所ニアリマスカ、何日マデハ是デモ過ギテ居ッタカ分リマセヌガ、今後ハ斯ノ如キ事ヲ致シテ日本ノ譽ト致シマスル所ノ、忠勇義烈ノ軍隊ヲ長ク維持スルト云フコトハ、斷ジテ出來ナイ事ト思ヒマス、此故ニ是ハ大ニ厚クシテヤル必要ガアルノデアル、ソレカラ第八ニハ抽籤又ハ不合格ニテ兵役ヲ免カレタル者ニ對シテ、相當ノ物質的負擔ヲ增ス、所謂國家ノ爲メニ兵役ニ服シタ者ト相對シテ、物質ノ上ニ於テダケデモ稍近イモノニ負擔ヲスル、サウシテ一面ニハ又兵役ニ從事シタ者ニハ相當ノ名譽ト待遇ヲ與ヘテ、此程カラ私ガ總理大臣ニ質問致シマシタ、血稅負擔ノ均衡ヲ圖ッテ行クト云フコトガ必要デアル、今日ノ如ク此合格シタ中デモ籤ニ依テ免レ、或ハ不合格ニ依テ免レル、サウシテ合格シテ籤ニ當ッタ者ダケガ兵役ニ從事スル、兵役ニ從事スル者ハ一家ノ最モ必要ナル人ヲ取ラレルノデアリマスカラ、其一家ト云フモノハ非常ナ物質的ニ既ニ損害ヲ被ッテ居ル、其上ニ發兵ニデモナルト、今申シマス通リナ薄キ待遇ヲ受ケテ非常ナ困難ヲシナクテハナラヌ、所ガ一方籤ニ依ッテ免レタル壯丁ハドウデアルカ、或ハ不合格ニ依テ兵役ニ出ナイ者ハドウデアルカ、之ヲ冷靜ニ考ヘテ見マシタナラバ、所謂血税ナルモノモ、國民全體ニ均衡ニ負擔シテ行カナケレバナラヌト云フコトハ、私ノ申スマデモナク正當ノ理由デアリマスルガ、其點カラ考ヘテ是デ果シテ宜イノデアルカ、ドウカ斯樣ナ事ヲシテ、置イテ長ク我日本ノ名譽アル軍隊ヲ維持スルコトガ出來ルカ否ヤ、是ハ詳ニ論ジナイノデモ、何人モ常識ヲ以テ判斷シテ斯ノ如キ血税負擔ノ不權衡ヲ維持シテ居ッテハナラヌト云フコトハ、御分リデアラウト思フノデアリマス(拍手起ル)第九ハ陸軍ノ所管デアリマスル砲兵工廠千住製絨所、被服廠、糧秣廠及海軍ノ燃料廠斯樣ノモノハ速ニ民營ニ移シ、民間ノ事業トスルノ必要ガアルノデアリマス、是ハ近頃軍事動員ノ關係カラ申シマシテモ、先刻來申シマスル通リ、卒ザ戰爭ト云フ時ニナリマシテハ、斯樣ナ小サナモノヲ陸軍ガ持ッテ居リマシタ所デ、ソレデ事足ルノデハアリマセヌカラ、ドウシテモ產業、全體ノ軍事動員ヲ致シマスル時ノ用意ト致シマシテ、民間ニ此事業ヲ十分ニ合併セシメ、盛ニシテ置クト云フ必要ガアリマス、其點カラ是ハ速ニ民業ニ附スベキモノト信ズルノデアリマス、卽チ私ハ我國ノ軍制ノ基礎トナル四ツノ事情ヲ考ヘテ今後斷行スベキモノハ此十箇條ニ在ルト信ズルノデアリマス、ソレカラ警告的希望ノ第二ハ何デアルカ、是ハ財政ノ根本的整理デアリマス、此時局ニ順應スベキ國策ヲ樹テルト云フコトニ就キマシテハ、今後如何ニ儉約ヲ致シマシテモ、非常ナ國費ヲ要スルノデアリマス、是ハ國費ノ膨脹ト云フコトハ到底免ルベカラザルモノト、御同樣覺悟シテ居ラナイデハナラヌ、今年度豫算ガ十二億七千六百餘万圓ト云フノデ、古今未曾有ノ大豫算ト申シテ居リマスルガ、之ヲ英國ノ豫算ニ較ベテ見マスト、英國ノ海軍豫算ニ追付クカ追付カヌダケノ數字デアリマス、世界五强國ノ一トシテ、殊ニ東洋ニ於テ最モ重キ任務ヲ持ッテ居ル帝國ト致シマシテハ、種々ノ設備ノ上カラ考ヘマシテ、英國ノ海軍費ダケニ對スル位ノ費用ヲ以テヤッテ行クコトノ出來ナイト云フコトハ、サウ喋々ノ辯ヲ要セズシテ分ッテ居ル事デアリマスカラ、將來ハドウシテモ國費ハ膨脹スルモノト御互ニ是ハ覺悟シナケレバナラヌ、此見地カラ參リマスルト云フト財政上ニハ非常ナ根本的ノ整理ヲツテ行カナクテハナラヌ、如何ナル事ヲヤルカト申シマスレバ、私共ハ此程モ申シマシタガ、地價ノ修正――都會地ハ無論ノ話デゴザイマスガ、此地價ノ差增税ナドモ無論課サナケレバナラヌ、ソレカラ成ルベク時勢ニ順應スベキ直接税ヲ殖シテ間接税ヲ成ルベク減ラス、或ハ其他ニモマダ重要ナ點ガゴザイマスガ、所謂税制整理ト云フモノヲ根本的ニヤル必要ガアル、サウシテ今日マデモ非常ニ負擔ガ不均衡ニナッテ居リマシテ、富豪階級特權階級ト庶民階級トノ間ノ租税負擔ノ不均衡ヲ改メテ行クト云フ必要ガアル、或ハ莫大ナル官有財產ノ整理、是モ洵ニ今日迄ハ無意味ニ唯ダ各省ニ確保サレテ居リマシタガ是ハ宜シク相當ノ處分ヲ速ニシテ行ク必要ガアリマス、又官業ノ中ニモ、製鐵所ノ如キ、其他民業ニ移シマシテ、十分ニ其事業ノ發達ヲ圖ルト同時ニ、財政整理ヲ助ケルト云フモノモアリマス、要スルニ財政整理ト云フモノハ、根本的ニ――生溫イ事デハイカヌ根本的ニヤッテ、今後到底此日本帝國ノ現在ノ體面現在ノ位置ヲ維持スルニ足ルダケノ費用ハ、ドノ位掛ッテモ出シテ行クト云フ覺悟ヲ以テ、此財政ノ根本的整理ヲスルト云フコトハ、最モ必要ナ事デアルト信ズルノデアリマス、是ガ第二箇條デアリマス、第三ハ行政整理ノ問題、從來此行政整理ト申シマスト、局課ノ廢合、人員ノ減少ト云フヤウナモノガ重ニ論ゼラレマシテ、又現ニ西園寺內閣ノ時カ山本內閣ノ時ニ、少シ行ッタコトガアリマスガ、我々ガ茲ニ行政整理ノ急ヲ要シマスノハ、其意味デハナイ今日マデノ我日本ノ所謂諸官省ノ事務ノ取扱ハドウデアルカ、全ク事務的デナイ「ビジネス」的デナイ、太政官以來所謂軍人デアルトカ、或ハ書生デアルトカ云ッタヤウナ事務的ノ才能ノ無イ人々ガ、德川幕府ノヤリ來リナドヲ參考ニシテサウシテ此諸官署ノ事務ヲ扱フヤウナ基礎ヲ立テタノガ根本ニナッテ居リマス、ソレガズット今日マデ傳統的ニ傳ッテ、何等改ッテ居ラナイサウシテ此諸官署ニ入ッテ仕事ヲスル人ハ、ドウ云フ人カト云ヘバ學校ヲ出タ人ガ直グニ入ッテ、其形式ノ中ニ入ッテ、形式通リノ仕事ヲシテ行ク、此故ニ此事務ト云フモノガ非常ニ繁文縟禮ニナッテ、少シモ「ビヂネスライク」ト云フ點カラ申スト、殆ド成ッテ居ラヌト思ヒマス、是ハドウシテモ事務ト云フモノハ、官署ノ事務デモ民間ノ事務ト同一デアリマス、簡易敏活ト云フコトヲ主トシテ行カナケレバナラス、ソレニハ矢張事務ヲ取扱フ主腦者ニ十分ノ給料ヲ與ヘテ、サウシテ其全智全能ヲ發揮セシメテ、民間ニ唯一ナル成績ヲ擧ゲテ居ル銀行會社ナドノ事務ノ遣方ハ、先ヅ此歐米ノソレヲ能ク研究シテ居ルノデアリマスカラ、餘程進ンデ居ル少クトモ其程度ニシテ、其事務ノ簡易敏活ヲ主トシテ行クト云フ點ニ到達シマセヌケレバイカヌノデアリマス、サウシマスルト云フト人間ヲ減ラスコトモ出來レバ、局課ノ廢合モ從ッテ出來マセウ、根本的ニ此能イ人ヲ入レマシテ――ソレ〴〵ノ主腦者ニ能イ人ヲ入レテヤルト云フ根本的ニ改メテ行ク以上ハ、餘程此行政整理ガ出來テ、國民モ今日ノ如キ役所ノ事務ノ取扱ニ苦シムヤウナコトガ無クナッテ洵ニ官民一致シテ好イ工合ニ行カウト思フ、此意味ニ於キマシテ、行政整理ヲ根本的ニ要望スルモノデアリマス、第四ハ物價調節、物價調節ノ問題ハ憲政會ノ諸君カラモ申サレマシタガ、是ハドウシテモ調節ヲ必要ト致シマス、是ニハ緩急色々何モアリマセウガ、併ナガラ私共ハ茲ニ物價調節ノ中ニ、最モ急ヲ要スルモノハ何カト申シマスレバ、絶エズ國民ノ生活ノ七八割ヲ占メテ居リマスル食物、此食物ノ値ト云フモノヲ相當ニ調節シテ行クト云フコトガ、何ヨリ必要ナ事デアルト私ハ斷言スルノデアリマス、總テノ物價ノ調節ハ無論必要デアリマス、必要デアリマスルガ就中此主要食物ノ値ヲ調節スルト云フコトガ最モ大切デアル、此問題ニナリマスルト云フト、米ノ生產者ガ云々ト云フ論モゴザイマスガ、私共左樣ナ窮屈ノ事ヲ申スノデハナイ、我英國……(笑聲起ル)同盟國ノ英國ニ於テハ、彼ノ麵麭ノ價ヲ安ク維持スル爲メニ、一年ニ五億圓ノ金ヲ使ッテ居リマス、私共ハ同盟國ノ英國ノ半分位使ッテモ宜イト思フ、一般庶民卽チ國民ノ大多數ヲ占メテ居ル、庶民階級ノ生活費ヲ分析シテ見ルト、其七八割ハ食物デアルト云フ以上ハ、此問題ハ國家ノ大問題トシテ大切ナルモノデアリマス、此問題ニ就テハ二億三億ノ金ヲ使フノハ決シテ不當デナイ、サウシマスレバ所謂米ノ生產者、所謂農民ニ何等ノ打擊ヲ與ヘズシテ出來ルノデアル、此時局ニ當リマシテ、此位ノ事ヲ爲スベキガ當然ト思ヒマス、如何トナレバ此主要食物ヲ今日ノ如ク高キニ置キマシテ、給料ヲ上ゲテヤルトカ、手當ヲ殖シテヤルト云フヤウナ事ヲヤリマシテモ、ソレハ殆ド比較ニナラヌノデアリマス、隨分苦ンデ居ル者ガ多イ爲メニ、一方ニ於キマシテハ思想問題ニ非常ニ惡影響ヲ與ヘテ居ル、昨日濱口君モ此點ニ就テ大分詳シク御述ニナリマシタカラ、私ハサウ詳シク述ベル必要ハアリマセヌガ、此生活ノ難イト云フ爲メニ、種々ノ方面ニ種々ナ惡結果ヲ來シテ居ルト云フコトハ明瞭ノ事デアル、卽チ今後日本ニ若シ惡シキ思想ガ入ッテ參リマシテ、卽チ我ガ帝國ノ獨特ナル國民思想ニ多少ナリトモ惡シキ結果ヲ與ヘルト云フコトガアッタト致シマシタナラバ、其主ナル原因ハ何デアルカト申シマスレバ、多數ノ國民中ノ九割以上ヲ占メテ居ル多數ノ人々ニ食物ヲ十分ニ與ヘナイ政策ガ、與ッテ主ナル原因デアルト云フコトヲ私ハ斷言スルコトヲ憚ラナイノデアリマス、(拍手起ル)デアリマスカラ此問題ハ、餘程奮發シテ解決スル必要ガアルノミナラズ、此國民思想バカリデハアリマセヌ、此食物問題ハ、今日此世界ニ於テ戰後ノ競爭ヲヤル、卽チ產業上ニ大ニ競爭ヲシテ行カネバ、我國ノ國富ヲ增進シテ行クコトハ出來ヌト云フ場合ニ此主要食物ノ高イト云フコトハ、總テノ生產事業ニ非常ナ打擊ヲ與ヘルノデアリマス、卽チ產業ヲ十分ニ發達セシムル一點カラバカリ考ヘマシテモ、主要食物ト云フモノハドウシテモ調節ヲシテ、相當ニ安クスル必要ガアルト云フコトヲ附加ヘテ置キマス、第五ハ徹底的ニ此社會政策ヲ實行スルコトデアリマス、近頃政友會ノ諸君モ、憲政會ノ諸君モ、此社會政策ヲ大分御主張ニナルヤウニナリマシテ、私共ハ非常ニ愉快ト致スノデアリマスガ、併ナガラ今日此議場ニ現レテ居リマスル所デハ、未ダ徹底的ニ行ハレサウニナイノデアリマス、私共ハ此改造期ニ入リマシテハ、是ハドウシテモ徹底的ニ行ハナケレバナラヌ、卽チ社會保險――各種ノ社會保險ヲ國家ガ主トナッテヤッテ、ドウシテモ此多數ノ庶民階級ト云フモノ、、榮ニ生存シテ行カレル所ノ方法ニシテ行カナクテハナラヌ、卽チ國民ノ强壯ナル者ニハ勞働ヲ與ヘ、勞働ヲスル者ニハ生存ノ保障ヲシテヤルト云フノガドウシテモ必要デアル、ソレカラ又病弱デアッテ病ヲ持ッテ居ル弱イ者ニハ、之ニ醫藥救療ヲ與ヘマシテ、十分ニ其身體ヲ恢復セシムルダケノ設備ヲシテ行ク、又老衰シテ事ニ當レナイ國民、當ルコトガ出來ナイ國民、之ニハ十分ノ手當ヲ致シマシテ、其老後ヲ十分ニ樂マシムルダケノ保護ヲ與ヘルト云フコトノ必要ガアリマス、卽チ徹底的ノ社會政策ヲ實行致シマシテ、達者ナ者ニハ職業ヲ與ヘ、勞働ヲ與ヘ、勞働スル者ニハ生存ノ確カナ保障ヲ與ヘ、病ム者ニハ醫藥救療ヲ與ヘテ之ヲ恢復セシムル、老衰シタ者ニハ、國家ニ對シ相當ノ働ヲシタ以上ハ、安ンジテ老後ヲ安全ニ過スコトノ出來ルヤウニシテ行クノガ、所謂徹底的社會政策ノ働デアリマス、之ガ必要デアル、第六ハ國民教育ノ刷新デアリマス、是ハ現政府ハ教育ノ事ニ就キマシテモ、一個條トシテ取扱ッテ居ラッシャイマス、吾々モ之ニ對シテハ決シテ不賛成デハゴザイマセヌ、賛成ヲ表シテ居ル、併ナガラ我國ノ國民教育ハ、今後現在ノ有樣ニシテ果シテ宜イカドウカ、私ハ多クノ說明ヲ俟タズシテ、國民教育ノ義務年限ヲ六年位キニシテ置クコトガ果シテ宜シイカト云ヘバ、是ハ斷ジテイケナイ、少クトモ此義務教育ノ年限ト云フモノハ大ニ延長致シマシテ、中學程度位キマデハ、ドウシテモヤラセルト云フコトニシナクテハナラヌ、全體教育ナルモノハ、國民ノ生存競爭ヲ致シマスル出發點ニナッテ居ル、教育ヲ能ク受ケタ者ハ、生存競爭ノ出發點ニ於テ既ニ利益ヲ得テ居ル、卽チ生存競爭ノ出發點トシテ見ルトキニハ、國民教育ハ成ルベク之ヲ高クシテ行クト云フ必要ガアル、今日ノ制度デ見マスト云フト、此國民教育ノ制度ガ惡イ爲メニ、中學程度以上ノ學問ヲ受ケテ、所謂生存競爭ノ出發點ヲ餘程有利ニシテ居ル者ハ、少數ノ富豪階級權力階級ダケデアル、大多數ノ庶民階級ト云フモノハ、生存競爭ノ出發點ニ於テ非常ニ後レヲ取ッテ負ケテ居ル、故ニ今後ハ非常ナ大英斷ヲ以テ、此國民教育ノ義務年限ヲ延長シマシテ、少クトモ中學程度迄ハヤラセルト云フコトニ改メテ行ク必要ガアル、卽チ其費用ハ、決シテ國庫カラ出スコトヲ吝ンデハナラヌノデアリマス、十分ニ國庫カラ金ヲ出シテ、大多數ノ庶民階級ヲシテ先ヅ此生存競爭ノ出發點ヲ、富豪階級、特權階級ト稍相近カラシムルト云フコトガ、今後ノ政策トシテハ最モ必要ナ事デアリマスルカラ、此國民教育ノ刷新ト云フ事ガ、最モ大事ナ問題デアルト信ズルノデアリマス、(「ヒヤ〳〵」ト呼フ者アリ)私共ガ此度ノ小修正ヲ以テ豫算ヲ賛成致シマシタル理由ハ、此六箇條ノ警告的希望ヲ、近ク實行スルコトヲ求メル意味ニ於テヤッタノデゴザイマス、此點ハ政友會ノ諸君モ十分ニ御諒承ヲ願ヒタイ、此改造ノ時機ニ方リ、殊ニ五强國ノ一トシテ、東方ニ於キマシテハ殊ニ重キ責任ヲ有スル我帝國ガ、今日ノ如キ事ヲ致シテ居リマシテハ、到底帝國ノ體面ヲ維持シ、國權ヲ維持スルコトハ難カラウト思フ、卽チ改造的ノ考ヲ以テ此種ノ事ヲ斷行スルコトヲ、私ハ切ニ要望シテ已マナイノデゴザイマス(拍手起ル)

○片岡直温君 朝鮮ノ事業費ニ於ケル卽チ拓殖會社ニ於ケル二十万圓ノ――二十万圓ノ經費ハ、是ハ拓殖事業會社ノ補助金デアリマスルガ、此拓殖會社ノ補助ニ對シテハ、既ニ昨日濱口君ヨリ其不當ナル所ノ事由ハ述ベラレタノデアルニ拘ラズ、玆ニ少シク言葉ヲ添ヘナケレバナラヌト存ジマス事ハ、彼ノ事業費ノ補助金ハ二十万圓トアリマスガ、是ハ八年度ノ半バノ關係カラサウナッテ居リマシテ、結局二千万圓ノ四分ノ一ノ拂込ガ濟メバ、四十万圓ヲ要スルコトニナリマス、若シ全額拂込ヲスルト云フコトニナリマスレバ、數年ヲ出デズシテ、其拂込金額ノ補助ヲ要スルト云フ結果ニナルモノデアリマス、而シテ、此朝鮮ニ於テハ、現ニ拓殖銀行アリ、東洋拓殖會社アリ、其他一千万圓程ノモノヲ以テ新シク此計畫ヲ立テタ、其立テントスルニ當ッテ、此會社ガ其資本金ノ一千万圓ヲ更ニ倍ニシテ之ヲ壓倒シ、其倍ニシタト云フ所ノモノヲ認メテ以テ、之ニ許可スルト云フ方針ヲ執ラレタヤウデアリマス、デ斯ノ如キ事ハ、現在ニ於テ卽チ半官半民ノ會社ガ既ニ出來テ居ッテ、少カラザル國庫ヨリ力ヲ入レテ居ルモノガアル上ハ、之ヲシテ尙ホ其事業ヲ擴張セシムルコトガ當然デアル、又一方ニ於テ五十万圓ノ此拓殖事業ニ對スル――灌漑其他ノ事ニ對スル計畫者ニ補助ヲ致スト云フ補助費モ出テ居ル、一方ハ五十万圓ノ金ヲ以テ、現在ノ會社ニ或ハ三万四万ト云フ補助ヲ與ヘ、此新設立ノ會社ニハ半年ニ二十万圓、一年ニ四十万圓ト云フ補助ヲ爲スト云フガ如キ事ハ、甚ダ權衡宜シキヲ得テ居ラヌノミナラズ、此中ニハ言フベカラザル弊害ヲ含ミ、又言フベカラザル弊害ヲ生ズルモノナリト私ハ斷定ヲ致スノデアル、(拍手起ル)其事ニ對シテハ極言ヲ致シタイ事モゴザイマスルガ、餘リ衆議院ノ面目トシテ、左樣ノ事ヲ云フコトヲ好ミマセヌガ爲メニ、此邊ニ止メテ置キマスケレドモ、此會社ガ突然ト許可ヲ與ヘラルルヤウニナッタト云フコトニ對シテハ、朝鮮民ハ固ヨリ、我ガ內地ニ於ケル凡ソ事業界ニ智識ヲ有シテ居ル者ノ、最モ憤慨ヲ致シテ居ル事柄ニ屬シテ居ルノデアリマス、(拍手起ル)又現在朝鮮ノ財政ハ、現ニ本年關稅ノ如キモ撤廢ノ時期ニ至ッテ居ルニ拘ラズ、財政上ノ都合其他多少ノ事情ノアルコトハ認メマスルガ、之ヲ延バシ、其他官有地ノ賣却ノ處分ヲスルト云フガ如キ、所謂驛屯土ノ處分ノ如キ、餘程困難ナル財政ノ下ニ、斯ノ如キ新ナル、而モ補助金ノ將來增スベキ性質ヲ持ッテ居ルモノニ向ッテ之ヲ許可スルト云フガ如キ事ハ、甚ダ宜シキヲ得テ居ラヌモノデアリマス、是ハ昨年ニ於テ我ガ不毛ノ地ヲ開拓スル爲メニ、衆議院ニハ六朱ノ補助ヲ與ヘル方法ヲ立テ、一方ニ於テ八朱ノ補助ヲ與ヘル仕組ヲ立テヽ、貴族院ノ排斥ニ依テ其案ノ成立タザリシ所ノモノヨリハ、其內情ニ於テ甚ダ言フニ忍ビザル所ノ意味ヲ含ンデ居ルモノデアリマス、(拍手起ル)是等ハ當然削除セナケレバナラズ、政友會諸君亦自ラ進ンデ之ヲ御賛成ニナルコトヽ、政友會ノ諸君ノ爲メニモ私ハ希望スルノデアリマス、其他ノ事ニ對シテハ主トシテ臨時軍事費ノ削除、卽チ一億万圓ノ削除ニ對シテ意見ヲ述ベヤウト思ヒマス、大正七年八月我ガ忠勇ナル將卒ヲ、彼ノ冱寒ノ甚シキ西伯利ニ出兵スルニ至ッタト云フ事ニ就キマシテハ、其原因其ノモノハ亞米利加ノ提案ニ基キ、「チエック、スロバック」ノ救援ニ在ルノデアリマスカラ、列國步武ヲ一ニシテ履信ノ實ヲ擧グルト云フ上カラハ、已ムヲ得ザル事デアリマス、サリナガラ既ニ亞米利加ガ同等ノ數ヲ大デ出スヤウニト云フ希望ニ對シテ、亞米利加ガ七千ノ兵ヲ出スニ、我ハ七万餘ノ兵ヲ出スト云フコトハ、吾々ハ其理由ヲ今以テ了解シ能ハヌ所デアリマス、(「國民ニハ分ラヌ」ト呼フ者アリ)國民ニハ分ラヌト言ハレルガ、忠勇ナル國民ヲシテ死地ニ就カシメ、國帑ノ甚シキヲ負擔スル事柄ニ對シテ、國民ニ分ラヌデモ宜イナド、云フ言葉ヲ發セラルル衆議院議員ガ、此帝國議會ニ居ルニ至ッテハ、實ニ驚入ッタノデアル、斯ノ如キ行動ヲ爲サントスレバ、必ズ議會ニ提出シテ、其協賛ヲ求メルノガ手順デアリマス、又協賛ヲ求メル時期ハ十分ニ有ッタニ拘ラズ、之ヲ爲サレナカッタノデアル、尤モ是ハ寺内内閣ノ仕事ニ屬シ、現内閣ヲ左迄責メルノデハアリマセヌガ、現内閣中原總理大臣ハ外交調査會ノ一人デアリマスカラ、調査會ノ内容ハ秘密ニ屬シテ他ニ言ヘヌコトデハアリマセウガ、此事柄ニハ参與サレテ居ルト、私ハ認メルノデアリマス、而シテ昨年一月議會ヲ開カル、ニ當ッテハ、此中ノ兵半數ヲ引揚ゲラレテ、其引揚ゲルニ至ッタ所ノモノヲ、斯ウ云フ風ニ説明ヲサレテ居ル、「東部地方ノ狀態ハ聯合與國ノ力ニ依リマシテ「チエック、スロバック」ノ救援及獨、墺勢力掃蕩ノ目的モ既ニ達セラレマシタニ依リ、我軍隊ハ同地方ノ秩序ヲ維持スルニ必要ダケノ數ニ止メマシテ他ハ召還スルコトニ致シマシタ」是ガ首相ノ一月二十一日ノ當壇ニ於ケル説明、當時外務大臣ハ同ジヤウナ意味ヲ言ハレタ「一時西伯利内地ニ孤立無援ノ狀態ニ在リマシタ所ノ「チエック」軍ハ忽チ其同胞軍隊及友軍トノ聯絡ヲ恢復致シマシテ「チエック」軍ノ存在ヲ脅威シタル危險ヲ茲ニ排除セラレマシテ西伯利ニ於ケル我軍事行動ノ主要目的ハ達成セラレタノデゴザイマス」而シテ其先キノ方ニ行ッテ「尙ホ當分若干ノ兵力ヲ東部西伯利各地ニ駐屯セシメ」云々トアリマス、當分トアル此總理大臣ノ演説、外務大臣ノ演説ニ依テ、當時既ニ「チエック、スロバック」ノ救援ノ目的ヲ達シタリト云フコトハ明カデアル、而シテ其當時必要ナラザル所ノ兵ハ召還ヲ致シ、其召還ヲサレタ所ノ兵ハ、約ソ三万四五千ノモノデアリマセウ、此三万四五千ノ直チニ引揚ゲナケレバナラヌト云フ兵ヲ、何ノ必要アッテ出シタノデアリマセウ、向フデ激シイ戰爭ガ其當時アッタモ知ラヌ、輸送ノ困難、氣候ノ困難ト闘ハシメル爲メニ出シタトデモ云フヨリ外、何モ殘ル所ハ無イ、此事サヘ既ニ甚ダ不可思議デアリマス、國民ハ今以テ其點ヲ了解シテナイノデアリマス、而シテ昨年ノ三月甚ダ不判明ナル事柄ニ對シテ、陸軍大臣ハ斯樣ニ言ハレテ居ル、昨年三月二十六日議會ノ確カ終リノ日デアッタト思ヒマス「我軍事行動ノ方針ハ露國ノ穩健分子ヲ援助シテ治安ヲ維持スルト云フコトガ、一般ノ方針ト申シテ宜シイ」即チ我軍ノ行動ノ方針ハ、穩健分子ヲ援ケ、サウシテ治安ヲ維持スルト云フノデアルカラ、穩健分子ニ非ザル過激派ヲ排除シヤウト云フコトヲ、念頭ニ持タレテ居ッタト云フコトハ、此所デ明カニナリマセウ、而シテ此方針ニ依テ、第十二師團長ハ、此際彼等ニ大打撃ヲ與ヘタリト説明サレテ居ル、一方ニハ首相、外相ハ、露國ノ秩序ヲ維持スル爲メニ若干ノ兵ヲ置カナケレバナラヌ、外相ハ當分ノ中ト言ッテ居ル、而シテ陸軍大臣ハ斯ノ如ク説明サレテ居ル、矢張秩序ヲ維持スルト云フ趣意ハ過激派ヲ掃蕩スルト云フ趣意ガ含マッテ居ッタモノトモ見ラレヌコトモナイト同時ニ、又サウモ見ラレヌトモ言ヒ得ル、甚ダ冥暗ノ間ニ在ルモノデアリマス、サウシテ本年ノ二月三日外務省ノ所管ニ係ル所ノ分科會ニ於テ、即チ第一分科會ニ於テ、松永君ガ陸軍大臣ニ質問ヲセラレタ、其質問ノ趣旨ハ、西伯利ニ於テ我ガ守備ヲ侵サズ、彼等ノ騷擾ニ對シテハ、内政干渉ヲセザル方針ニ於テ、定メシ傍觀スルナランカト考ヘルガ、ドウカト云フ質問ヲサレタ、即チ我ガ守備ノ區域外ニ於テ、彼等同士ガ騷擾ヲスル時ニ於テ、我ガ軍隊ハ別ニ干渉ヲセヌデアラウト云フコトヲ問ウタ時ニ、陸軍大臣ハ斯ウ答ヘテ居ル、「今ノ社會革命黨ナドノ政治團體ガ過激派ト一緒ニナッテ彼ノ地方ヲ攪亂スルトキハ、日本ハ適當ナ處置ヲ執ルト云フコトヲ申シ置キマス」此意味モ甚ダ判然トシナイガ、彼等ガ騷擾ヲスレバ、日本ハ之ヲ退治スル、斯ウ云フ意味ヲ含ンデ居ルカノ如ク見ラレルノデアリマス、是ハ重大ナル問題デアルカラ、少シク前置ガ長イカモ知レヌガ仕方ガナイ、サウシテ陸軍大臣ハ一月二十五日當席ニ於テ斯ウ云フコトヲ言ハレテ居ル、松永君ノ質問ノ終リニ「私ハ陸軍大臣トシテ申述ベテ置キタイト思フ事ガアリマスソレハ私ハ出征軍人ニ對スル義務デアルト心得マス今日ノ我ガ出征軍ハ千人以上ノ損害ヲ受ケテ彼ノ方面ニ血ヲ流シテ居リマス此血ヲ流シタ賜ハ即チ我ガ接壤地方南北滿洲カラ南部烏蘇里ガ今日ノ如ク安定サレテ居ルト云フコトハ彼等ガ血ヲ流シタ賜デアルト云フコトヲ茲ニ言明致シマス」斯ウ言ッテ居ル是等ノ事ヲ綜合シテ、見マスト、陸軍大臣ハ此過激派ト云フモノ我ガ勢力範圍及内地ニ侵入スルコトヲ恐レラレテ、之ヲ防遏シ、或ハ討滅ノ考ヲ有セラレテ居ルモノト見ルノ外ハ無カラウト思フ、即チ南北滿洲地方ノ安寧秩序ヲ維持シテ居ルコトハ、我ガ兵隊ガ彼地ニ行ッテ働イタト云フコトノ結果ナリト云フガ如キニ至ッテハ、明カニ過激派ハ我ガ兵ガ行カナケレバ、其思想及其他ノ方法ヲ以テ、是等ヲ侵スモノナリト云フ觀念ヲ持ッテ居ラレルモノ、推測ヲスル外ハナイ、然ルニ總理大臣、外務大臣ハドウ言ッテ居ルカト云フト、決シテ過激派ヲ討伐スルデモナイ、「チエック、スロバック」ノ救援ガ目的デアル、成程昨年ハ救援ヲシタト思ッテ居ッタガ、マダ援助シ盡サナカッタノデアル、故ニ今日之ヲ救援スルノ必要アリ、決シテ彼等ノ内政ニ干渉スルニアラズ、斯ウ説明サレテ居ル、此陸軍大臣ト原首相並ニ外務大臣トノ説明ノ間ニハ、甚ダ明瞭ヲ缺ク點ガアリマス、陸軍大臣ハ恐ラク此過激派ノ含ンデ居ル所ノ思想ガ、我ガ勢力範圍ハ固ヨリ、我國ニ波及シテ來ルト云フコトヲ痛ク恐レラレテ居ルノデアリマセウ、私ト雖モ同感デアリマス、サリナガラ思想ノ侵入ト云フモノガ、武力ヲ以テ防止スルト云フ如キ事ハ、斷ジテ私ハ出來得ナイ次第ト考ヘル、(拍手起ル)此思想ノ變化ニ對シテハ、務メテ國内ニ於ケル健全ナル自由思想ノ發達ヲ圖ッテ、サウシテ間斷ナク政治並ニ經濟狀態ノ改善ニ努力スルト云フコトヨリ、之ヲ防グ途ハ無イト考ヘル、(拍手起ル)健全ナル自由思想ノ發達デアリマス、此健全ナル自由思想ノ發達ヲ圖ルト云フニ付テハ、政治並ニ經濟狀態ニ顧ミテ之ガ改善ニ努メナケレバナラヌト云フコトハ、先刻モ此所デ申シタ勞働者ノ如キ者ニ對スル施設デアリマス、即チ勞働不能ニ立至ッタ場合ニ之ヲ救濟スルノ方法、或ハ老癈ニ及ンデ働キ能ハザルニ至ッタトキニ對スル救濟ノ方法、或ハ職ヲ失ッタ場合ニ對スル處置、斯ノ如キモノガ備ハッテ、サウシテ彼等ノソレヲ備ヘテ置イテ――即チ是等ハ彼ノ平常欲スル所ノモノ、今日物價騰貴ト云フモノ、爲メニ非常ニ彼等ノ苦痛ガ甚シイ、「ストライキ」ガ起ルト云フ非難モ起リマシタシ、彼等ガ物價騰貴ノ今日目前苦シムヨリモ、マダソレ以上ニ進ンデ、今申上ゲタ如ク勞働不能ノ原因タル所ノ疾病、或ハ年ヲ重ヌルニ從ッテ、老イテ働キ得ナイト云フ境遇ニナッタ時ノ困難、是等ノ安定ヲ得ルト云フ方法ヲ求メルコトガ、彼等ノ心理狀態ニ深ク存シテ居ルモノデアリマス、故ニ是等ノモノヲ救濟スルノ方法ヲ先ヅ此ニ定メテ、サウシテ彼等ノ傍道ニ行カントスル者ヲ指導改善シテ行クト云フ方法ヲ執ッテコソ、始メテ其思想ノ健全ヲ維持スルコトガ出來ル筈デアル、(拍手起ル)手段ソコニ出デズ、武力ヲ以テ之ヲ防止メヤウトシテモ、到底其武力ノ下ニ防止メルト云フコトハ一時的ノモノデアッテ、決シテソレガ奏效スルモノデハナイト考ヘル、(拍手起ル)若シ果シテ私ノ想像スル如キ考ヲ陸軍大臣ガ懷カレテ、今日迄ノ事ヲ爲サレテ居ルト云フナラバ、是ハ其方法ヲ御改メニナラナケレバ、效ヲ奏スルモノデハナイト信ズル、又總理大臣ノ所謂兵ヲ引揚ゲルコトノ出來ナイノハ、居留民ガ居ル、朝鮮人ガ居ル、ソレカラ「チエック、スロバック」ノ救援モマダ濟マヌ、過激派ノ將來ノ行動モ考慮シナケレバナラヌ故ニ今日撤兵ヲスルトモセヌトモ言フ時期ニ非ラズ、是ガ總理大臣、外務大臣ノ説明ノ大抵要點デアリマス、然ルニ私ハ總理大臣ニ問ウテ曰ク「チエック、スロバック」ヲ救援スルガ爲メニ兵ヲ出シテ居ルト云フ以上ハ、亞米利加モ既ニ――

最初日本ヲ促シテ提携ヲ求メ來ッタ所ノ亞米利加デサヘモ既ニ「チエック、スロバック」ノ救援ヲ終レバ、兵ヲ引揚ゲルト云フ今日ニナッテ居レバ、我國モ亦「チエック、スロバック」ノ救援ヲ終レバ、撤兵ヲスルト云フコトヲ明言ナサルカト斯ウ問ウテ見ルト、今申上ゲルヤウニ、居留民ノ關係、接壤ノ關係、朝鮮人ノ居ル關係、將來過激派ノ行動ノ事ヲモ考慮シナケレバナラヌカラ、今明言ガ出來ヌト斯ウ言フ、私ハ又問ウテ曰ク、然ラバ我ガ居留民ガ居ルガ爲メニ、兵ヲ今日迄出サナケレバナラヌト云フナラバ、居留民ノ數ガ——眞ニ此兵ヲ置カナケレバナラヌト云フ程多數ノ人員ガ居ルカト云ヘバ、誠ニ市街ヲ成シテ居ル所ニ百ニ百ト云フ譯デアッテ、我國トノ貿易關係ニ於テ變化ヲ來シサウナ貿易ノ狀況ニモ居ラヌノデアル、然ラバ之ヲ內地ニ引揚ゲルト云フ手段ヲ執ルコトモ差支ナイデナイカ、斯ウ云フ事ヲ考ヘマス、又土地ノ接壤ノ關係ト云フナラバ、我國ノ勢力範圍ノ土地ニ彼ガ暴力ヲ加ヘテ來ルト云フ時ニ當ッテハ、其接壤ノ地ニ相當ノ兵備ヲ致シテ以テ、之ヲ防グト言フコトソ當然デアリマセウガ、深ク露領ノ內地ニ兵ヲ散亂セシメテ、サウシテ吾ガ忠勇ナル兵卒ノ苦ヲ顧ミヌト云フガ如キ事ハ、甚ダ私ハ宜シキヲ得テ居ラヌト考ヘル、（拍手起ル）又朝鮮人ガ居ルト言フ、其朝鮮人ノ居ルト云フコトニ對シテハ、朝鮮人ノ昨今ノ動作中ニハ甚ダ好マシカラザルモノガアル、或ハ朝鮮獨立ノ夢ヲ見テ居ルナド、云フ事ガアリマスガ、サリナガラ我ガ領土內ニ於ケル朝鮮人ナラバ、之ヲ引揚ゲル途ガ付キマセウシ、朝鮮人ニシテ露國ニ籍ヲ移シタト云フ者デアルナラバ、等シク露國民デアルガ故ニ、彼等過激派ニ手ヲ著ケルト同ジ困難ナル意味ニ於テ、之ヲ如何トモスルコトガ出來ヌ筈デアリマス、然ラバ朝鮮人ノ幾分ガ居ルト云フコトノ爲メニ、兵ヲ存スル理由モ一向存シナイノデアル、殊ニ「チエック、スロバック」ノ救援ト云フコトニ對シテ、陸軍大臣ノ說明セラレル所ノモノ、甚ダ首尾一貫ヲ缺クモノガアリマス、（大岡議長議長席ヲ退キ濱田副議長著席）ソレハ貝加爾以西ノ方ニ居ル所ノ「チエ、ク、スロバック」モ救援ヲスルカト云ヘバ、是ハ彼等ノ自己ノ責任ニ任ジテ如何ヤウニモスルガ宜イ、此方カラ少シモ救援ヲシナイ、彼カラコッチニ居ル者ヲ救援シナケレバナラヌト斯ウ言ハレル、茲ニ「チエック、スロバック」ヲ救援スルト云フ目的ヲ持タレナガラ、其居ル所ノ地ニ依テ一方ヲ救援シ一方ヲ救援シ得ザルト云フ如キ關係ニ至ッテ居ルト云フコトモ、一貫シタル救援ノ趣意トハ言ヘヌノデアリマス、ソレハ姑ク措キマシタ所ガ、元來西伯利ノ今日我ガ守備ヲ致シテ居ル所ノ區域ハ、非常ニ廣イ範圍——約四千哩ノ間デアル、是ハ露西亞ニ長イコト居ッタ所ノ「ロシアンデイリーニユース」ノ主筆、米人「ヴェーデキー」ト云フ人、是ハ餘程長イコト露國ニ居ッテ、今尙ホ居ル人デアリマスガ、此人ノ意見ノ一節ヲ見ルト、此露西亞ノ卽チ東部ノ三州ニ於ケル地方ニハ、約露國人ガ千八百万カラ居ル——千八百万違ヒマセウ——千八百万カラ居ル、是等ノ人ノ中ニ當テ彼ノ地方ハ露西亞ノ露西亞民ノ流刑、卽チ罪ヲ犯シタ者極惡人ヲ置ク所デアル、サウシテ其殺人罪ヲ犯シ、強盜ヲヤリ、強姦ヲ爲シタ如キ種類ノ者モ、彼ノ「ケレンスキー」ニ依ッテ放還ヲシタ、監獄カラ放シタ、此放シタ所ノ者ガ今日ノ過激派ノ中心ヲ成シテ居ル、卽チ曩ニ私ガ茲ニ質問ヲシタ馬賊ト同樣ナモノデナイカト云フコトヲ御尋シタガ、果シテ此人ノ說ニ聽イテ見テモ、斯樣ナ者ガ其土臺トナッテ居ル、ソレヘ彼ノ「エスエル」ト稱スル社會主義者——政權ノミニ熱中スル所ノ者ガ加ハッテ居ル、斯ノ如クシテ到底此四千哩カラノ地方ニ對シ、千八百万カラ居ル人口ニ對シ、其人口ノ中過半ガ既ニ過激派化シテ居ルト云フ時ニ當ッテ、或ハ討伐スルガ如キ、或ハ討伐セザルガ如キ手段ノ執ッテ、從テ二日ヲ送ッテ見タ所ガ、遂ニ此秩序ノ恢復ヲ見ルト云フコトノ出來ナイト云フコトハ、判リ切ッテ居ルト思フ、然ルニ秩序恢復スルコトノ出來ナイノミナラズ、之ガ爲メニ我日本ノ軍人彼等ノ侮ヲ受クルト云フコトモ免レナイノデアリマス、何故ナラバ、例ヘバ「イルク、ク」ニ居ッタ所ノ日本兵ガ、漸次此方ニ引揚ゲル爲メニ、此方ヘ寄ッテ來ルトシマスレバ、彼等ハ戰ハント欲シテ戰フ能ハズ、段々彼等ハ退クノデアル、決シテ恐ルヽニ足ラズト云フ觀念ヲ抱クト云フコトハ、無學文盲ノ彼等ニ於テ免ルベカラザル事デアル、現狀既ニ斯ノ如クナッテ居ルト云フコトハ、此亞米利加人ノ彼地ニ於ケル人ノ意見ノ一節ナルモノヲ、私ハ紹介ニ依テ承知シテ居ル、（「簡單々々」ト呼フ者アリ）此問題ハ簡單ニハ行カナイ、然ラバ今日ノ如キ方針ヲ以テ、或ハ過激派ヲ討伐スルデモナイ、陸軍大臣ト外務大臣ト、總理大臣トノ說ハ、時々多少違ヒマスルガ、主ニ是ハ彼ガ反抗スレバ叩クト云フ位非ニ、陸軍大臣ノ說ヲ解釋致シテ、サウシテ、其他ノ總理大臣、外務大臣ノ御說ハ、大體同樣ナルモノト解釋スルノガ穩當デアリマセウカ、要スルニ到底此總テノ秩序治安ヲ保タレルモノデハナイ其證據ニ既ニ昨年カラ今日ノ間ニ兵ヲ出シテ置キナガラ、治安ガ維持サレヌノミナラズ、我理想トシテ居ッタ所ノ「オムスク」政府ナルモノハ倒壞シテ、遂ニ此過激派ノ勢力ガ一層盛ニナッタト云フ事實ニ顧ミ、尙ホ昨今新シク兵ヲ出サナケレバ、日本ノ軍人ノ立場ヲ維持スルコトハ出來ヌト云フ程ノ境涯ニナッテ居ルコトヲ、此說明、此事實ニ依テモ、此西伯利ノ治安ヲ維持スルト云フコトハ出來得ナイト云フコトハ、明カナル事柄デアリマス、（拍手スル者アリ）殊ニ昨年以來我ガ國帑ヲ糜シ、今日迄約三億万圓ノ金ヲ糜シ、尙ホ將來ニ一億二千万圓ノ金ヲ糜シ、是ハ一億二千万圓ハ恐ラク足ラヌコトデアリマセウ、サウシテ之ヲ繼續シテ、其間ニハ彼等ノ蠻勇ノ徒ノ奇襲ヲ受ケ、我ガ忠勇ナル國民ノ最モ賴ミトスベキ所ノ將卒ヲ失ヒ、而シテ平時ニ在ッテハ彼等ニ非常ノ苦痛ヲ與ヘ、其苦痛ヲスルコトモ國家ノ爲メナラバ格別デアリマスガ、何等ノ功ヲ奏スル目途ナク、名義ノ甚ダ正シカラザル此場合ニ於テ、我ガ忠勇ナル兵卒ヲ苦メルト云フコトハ、私共ノ忍ブ能ハザル所ノモノデアル、加之西部方面ニ於ケル所ノ、卽チ歐露歐羅巴露西亞ノ方面ニ於テハ如何ニナッテ居ルカト云ヘバ、彼ノ「レニン」政府ノ下ニ在ル所ノ購買組合、英國トハ既ニ物資ノ交換ヲ始メテ居ルト云フコトハ明カナル事實デアリマス、或ハ伊太利佛蘭西迄ガソコニ至ッテ居ルカト云フコトハ、確言ハ致シマセヌガ英國ガ既ニ其途ヲ開イテ居ルト云フコトハ、是ハ蔽フベカラザル事デアル、何トナレバ英國其物ノ食糧、其他ノ問題、是ハ英國民ノ今日ニシテ此物資ノ供給ヲ受ケルト受ケザルトハ、甚シキ生存上ノ關係ヲ持ツ境遇ニナッテ居ルカラ、是ニ於テ此途ヲ開キタイト云フコトハ最モ疑ナイト思フ、而シテ其「レニン」政府ナルモノハ共產主義ヲ以テ、卽チ共產主義ヲ實行シタ土地ハ悉ク引揚ゲテ、サウシテ小作人ニ之ヲ作ラシメ商業ハ悉ク國有トシテサウシテ經營ヲサセ、總テ國ノ財產ヲ擧ゲテ國有ニシテ、國民ヲシテ之ヲ働カシムルト云フ斯ウ云フ、方針ヲ執ッタモノデアリマスルガ、併ナガラ現今ニ於テハドウナッテ居ル、此共產主義ト云フモノ、主義ハ既ニ捨テ、居ルデハナイカ、土地ノ所有權ハ明カニ認メテ居ルデハナイカ、又商業ノ如キモノモ共同シテ之ヲ爲シ、利益ヲ平等ニ分ツト云フコトハ、當然公平ナル理窟ノヤウデアルガ、實際其局ニ當ル者ニ於テハ、智識ニ階梯アリ、時ノ境遇ニ依テ違ヒ之ガ自分ノ物ニ非ザレバ頗ル愉快ナル觀念ヲ持ッテ盡スコトガ出來ナイ爲メニ、是亦其主義ハ行ハレヌコトニナッテ居ル、「レニン」政府ハ溫和派ノ最モ忌ムベキ所ノ今日ノ現狀スラモ、斯ノ如キ變化ヲ來シサウシテ我ガ同盟國ノ一國ハ、之ト物資ノ交換ヲシテ居ルデハナイカ、其下ノ組合ト云フモノトシテ居ル其組合員ハ「レニン」政府、卽チ此常ニ共產主義ヲ持ッタ者ガ多分居ルト云フコトハ、掩フベカラザル事實デアル、歐露ニ於ケル狀況既ニ斯ノ如クナッテ云ル、サウシテ此東露ノ方面ニ於テハ前申上ゲル通リデアル、此時ニ當ッテ僅ニ三万四万ノ兵ヲ彼地ニ散亂セシメ、秩序ヲ維持スルコトモ出來ナケレバ、過激派ヲ討滅スル手段モ出來ナイ、其結果殘ル所ノモノハ、彼等ヲシテ遂ニ餘計ナル日本ノ兵ガ居ルガ爲メニ、此地方ガ意ノ如ク治ラヌト云フガ如キ觀念ヲ貽スヨリ外、得ルモノハ何モ無イノデアル、斯ノ如キ事ヲ繼續シテ、我ガ忠勇ナル國民ヲ苦メ、我忠勇ナル國民バカリヂヤナイ、兵卒ヲ苦メ、サウシテ彼等ヲ甚ダ無殘ナル所ノ境遇ニ陷レルコトヲ顧ミナイト云フコトハ、是ハ御互國民トシテ忍ビ能ハザル所デハナイカ、殊ニ此出兵ノ宣言カラ言ヘバ、列國ト歩武ヲ齊ウシテ履信ヲ擧ゲルト云フ英、米、伊、佛、支那、是等ト協調シテ始メタモノガ、之ガ他ノ列國ハ何レモ兵ヲ引揚ゲ甚シキニ至テハ、歐露ニ對シテ物資ノ交換ヲ圖ルト云フ事實ニ至リ、又日本ノ出兵ヲ促シ來ッタ所ノ米國モ、「チエック」救援ガ濟ンダナラバ兵ヲ引揚ゲルト云フ今日ニ、日本ダケ獨リ之ニ殘ッテ、此無益ナル少シモ前途ニ向ッテ、方針ノ立タザル所ノ事ニ當ラシメ、サウシテ其費用ヲ國民ニ強ヒルト云フコトニ至テハ國民ハ私ハ、到底堪ヘ得ザルノミナラズ、獨リ堪ヘザルバカリヂヤナイ、此問題ニ對シテ、此協贊ヲ求メル點ニ對シテ、協贊ヲ與ヘナイコトハ、當然ノ處置ヂヤナイカト思フ、(拍手スル者アリ)若シ「チエック、スロバック」ノ救援ガ濟ンデ、是ガ最初ヨリ救援ノ目的デ行ッテ居ッタコトナラバ、疾クニ此救援ハ濟ンデ居ル救上ゲテ居ル、筈デアル、別ニ何等カ意味ヲ包藏シテ居ッタ爲メニ、今日マデ「チエック、スロバック」ト云フモノハ彼方ヘ行ッタリ、西ヘ行ッテ居ッテ、東ニ戻ラナケレバナラヌト云フコトニナッテ、又過激派ト通ジテ居ルト云フガ如キ者ガ出來テ居ル、即チ今後ニ於テ即チ此年度内ニ於テ、此「チエック、スロバック」ノ救援ノ目的ヲ達スルヤウニ努力ヲセラルルト云フコトニ至レバ、相當ノ成績ハ擧ルデアリマセウ、或ハ多少殘ルカモ知レヌガ、殘ルト致シテモ、既ニ西ニ居ル所ノ「チエック、スロバック」ハ救援シナイ、東ニ居ル部分ダケヲ救援スルト云フナラバ、其一部分ガ殘ッタガ爲メニ、一部分ニ於テ日本兵ヲ非常ニ多ク此所ニ駐メナケレバナラヌト云フ必要ノ、存在スル筈ハ無イト思フ、相當ノ時期ヲ定メテ彼等ニ通告シテ、以テ救援ト彼等自身ノ働トニ依テ、速ニ本國ニ還ラシメルト云フ目的ヲ達スルコトガ出來得ナケレバナヌト私ハ考ヘル、斯ノ如クシテ而シテ一旦此問題ヲ打切ルト云フコトガ是ガ政府トシテ私ハ當然爲サラナケレバナラヌ事ト思フ、(拍手起ル)尤モ西伯利ノ問題ハ唯ダ之ヲ引揚ゲルダケニシテ、總テ解決スルコトガ出來得ナイト云フ如キ事情モ、或ハ存スルカモ知レヌ、若シ然リトスレバ別ニ、上奏シテ　大詔ヲ發セラレ、費用ヲ要スルナラバ、更ニ國民ニ費用ノ協贊ヲ求メラル、ト云フ手順ヲ執ラル、コトガ相當デアルト思フ、(拍手起ル)必ズシモ國民ハ國家ノ必要トスル所ノ已ムヲ得ザルモノニ向ッテ、協贊ヲ與ヘズト云フ如キ國民デナイト云フコトハ、今更メテ申スマデモアリマセヌ、唯ダ今日ノ如キ無方針ノ間、徒ラニ國帑ヲ糜シ、而シテ國民ヲ損ズルガ如キ事ハ堪ヘ得ナイト云フノデアル、(拍手起ル)或ハ私ノ考フル所ヲ以テスレバ、是ガ秩序ヲ維持スルヤウノ目的ヲ達セントスルナラバ――即チ完全ナル政府ヲ擁ヘ、而シテ過激派ノ處分マデ致スト云フコトニ致シマスナラバ、中々十万ヤ二十万ノ兵ヲ以テ露國全體ヲ統一シテ行クト云フ如キ事ハ、出來得ベキ事デアリマスマイシ、又之ヲ爲サント欲スルニシテモ、若シ今日ノ過激派、即チ西利伯ニ居ル所ノ過激派ナルモノハ、性質頗ル好マシカラザル者デアッテ、其兇暴ナル者ガ中心トナッテ以テ跋扈ヲ致スト云フコトデアレバ、其害ヲ及ボスコトハ、單リ日本バカリニ非ズ、他ノ方面ニモ及ンデ行クト云フコトハ當然デアリマスルガ故ニ、列國共同ノ下ニ、即チ列國協調ノ上ニ於テ大規模ノ方針ヲ立テ、而シテ露西亞ノ秩序ヲ維持スルト云フ手段ニ出ヅレバ、或ハ目的ヲ達スルノデアル、事ソコニ出デズシテ、姑息ナル今日ノ遣方ヲ以テ繼續スルト云フコトデアッタナラバ、到底其效ヲ奏スルコトナキノミナラズ、列國ヨリモ疑ハレ――今日既ニ疑ハレテ居ルト私ハ思フノデアル、現ニ日本ノ國民ハ、兎角戰爭ヲ好ム國民デアルト云フ如キ疑ヲ受ケテ居ルコトハ、彼ノ日清戰爭、日露戰爭等ノ事ヨリシテモ斯ノ如キ想像ヲ懷カルルノデアル、殊ニ現内閣ノ如キハ曩ニハ藩閥打破ヲ企テ、次ニハ軍閥ノ彼等ト提携シ、(「大隈内閣ノ時ハドウダ」ト呼フ者アリ)寺内内閣即チ軍閥内閣ヲ援ケタ、斯ノ如キ變遷ノ歷史ヲ持ッテ居ラル、内閣ニ於テハ、斯ノ如キ場合ニ於テ、兎角外國人ノ疑ヲ受クルト云フコトハ免ル可カラザル境遇ニ御立ニナッテ居ルノデアル、然ラバ今日ノ内閣トシテハ、是等ノ誤解ヲ避ケル爲メニモ、成ルベク誤解ヲ避ケマスルヤウナ手段ヲ御執リナサルコトガ必要デアル、其必要ノ時ニ當ッテ、斯ノ如キ目的モ無キ事柄ニ向ッテ徒ラニ國費ヲ糜シ、而シテ困難ヲ重ネテ行クト云フ如キ事ハ何ノ必要ガアルカ、實ニ分ラナイ事モ此ニ至リテハ極レリデアル、(拍手起ル)然ラバ露國ノ將來ガ大規模ノ下ニ於テ、此目的ヲ完全ナラシムルコトガ出來ヌトスルナラバ、又一ノ方法ガアリマセウ、惟フニ今日ノ東清鐵道ノ如キハ、既ニ機關車モ又車輛モ、總テ奧ノ方面ニ使用スルコトニナッテ、今日ハ恐ラク運輸ノ途モ絶ッテ居ルノデアル、併ナガラ是等ハ或勢力範圍ヲ保護スル上カラ言ウテモ、支那ノ安全ヲ維持スル上カラ言ウテモ、又露國民ノ今日ノ過激派其他ニ對シテ、物資ノ供給ヲ要スル點カラ見マシテモ、此線路ノ如キハ、速ニ運轉ヲ始メルヤウニスルト云フコトガ必要ナル事デアリマセウ、然ラバ此東清鐵道ノ範圍ニ守備兵ヲ置イテ、サウシテ一方ヨリ侵入スル所ノ過激派ノ暴擧ヲ防ギ、一方ニ於テ勢力範圍ノ安全ヲ圖リ、又一方ニ於テ、露國民ニ甚シキ不快ノ念ヲ懷カシムルヤウナ事ノ無イヤウナ所置ヲ執ルト云フ手段モ、亦一ノ策デアリマセウ、斯ノ如キ手段ヲ講ズルノ必要アリトスレバ、別ニ手段ヲ改メテ今申上ゲルコトノ如ク、大正七年八月ノ宣言ニ對スルモノハ、一遍明カニ打切ッテシマッテ、更ニ新シキ計畫ノ下ニ、或ハ　大詔ヲ仰ギ、或ハ國民ノ協贊ヲ求ムル等ノ手段ニ出デラル、コトガ當然デアラウト思フノデアル、既ニ政府自ラ撤兵ヲ宣言スルコトヲ求メタイノデアリマスガ、言ヲ左右ニ託シテ、理由モナクシテ而シテ此撤兵ノ時期ヲ明カニ言ハヌト云フ今日ニ至リマシテハ、已ムコトヲ得ズ此協贊ノ任ニ在ル吾々ガ、必要ナル要用ヲ殘シテ、他ヲ削ルト云フコトノ手段ニ出ヅルト云フコトハ當然ノ事デアル、又已ムヲ得ヌ事デアル、(拍手起ル)此經費ハ一億二千万圓ハ本年四月以後ニ於テ求メマスルモノデアリマスカラ、一億二千万圓全部削ッテモ宜イカモ知レマセヌガ、或ハ此兵ヲ引揚グル所ノ費用、或ハ今日マデノ行掛上、始末ヲ著ケル等ニ就テ多少ノ餘裕ヲ存スル必要アリト存ジマスカラ、故ラニ其中二千万圓ヲ殘シ――一億二千万圓ノ内二千万圓ヲ殘シ、而シテ一億万圓ヲ削除スルト云フ事ニ對シテ、私ハ贊成スル者デアリマス、(拍手起ル)此事タルヤ列國ノ感想ノ上ニ大關係ヲ持チ、又我國ノ將來ニ對シテ由々シキ關係ヲ持ツ事デアリマス、今日マデノ事柄ハ寺内内閣以來一大失敗ヲ繼續シ、今尚ホ其失敗ヲ改メルト云フコトノ手段ニ出ヅルコトヲ頗ル躊躇ナサル、洵ニ御氣ノ毒ト云ヘバ御氣ノ毒ノ狀況デアリマスガ、國民ノ怨嗟ノ聲ハ益々高クナリ、現内閣ノ爲メニ其不利益ヲ增加シツツアルト云フコトハ、明カニ茲ニ申上ゲテ置カナケレバナラヌノデアリマス、(拍手起ル)

〔濱田副議長議長席ヲ退キ大岡議長復席〕

即チ三土君ノ御說ヲ排シ、濱口君ノ修正說ニ贊成スル所ノ大要ヲ述ベ了ッタノデアリマス(拍手起ル)

（議會ガ濟ンダラ草鞋掛デ旅行シテ來イ」「五時半駄レ」ト呼フ者アリ）

○議長（大岡育造君） 時間ノ延長ヲ宣言致シテ置キマス

（「異議ナシ」ト呼フ者アリ）

（「今更撤兵ガ出來ルカ」「何ヲ寢言ヲ言ウテ居ル」「五時半好イ加減ニシロ」「五時半ノ元氣ガ貴様等ニアルカ」ト呼フ者アリ）

○議長（大岡育造君） 靜粛ニ――兒玉右二君

（兒玉右二君登壇、拍手起ル）

○兒玉右二君 政治ノ事ニハ私共甚ダ後輩デアリマスケレドモ、聊カ思フ事ヲ卒直ニ申シテ見タイト思ッテ居リマス、先刻政友會ノ三土君ノ御演説ニ失言ノ點ガアリマシテ、私共普通選擧ニ贊成シテ居ル者ハ、少カラズ嫌ナ感ジヲ持ッタノデアリマス、サリナガラ實ニ政治ノ事ハ、朝ニ夕ヲ謀ラレヌモノト見エマシテ、憲政會ノ三木君デアリマシタカ、緊急動議ヲ提出サル、ト、其決議ニハ確ニ多數ノ起立ガアッタト思ッテ、心丈夫ニ普通選擧ノ前途ヲ祝福シタモノデアリマス、洵ニ世ノ中ニハ煽動政治家ノ多イコトヲ喜ンダモノデアリマス、サリナガラ二十七議會ニハ、政友會諸君ノ中カラ多數ノ煽動政治家ガ現レ、現ニ菅原君モ居ラレル、望月君モ、中村君モ、其他マダ中々エライ方ガ――中村君ハ居ラレナカッタデスガ、兎ニ角名前ノ一人位キハ違ッテモ、兎ニ角大多數ノ贊成者ガ居ラレタ、（「贊成スルカラ心配スルナ」ト呼フ者アリ）勿論純理論ノ上ニ於テ、政友會諸君一人ノ反對者無キコトヲ信ジテ居リマス、其行掛ト感情ヲ抛ッダケノ、勇氣ノ無キコトモ信ジテ居リマス、私共ハ現在ノ此政治ノ上ニ於テ、吾々ガ當ニ爲スベキ途、當ニ執ルベキ途ハ此普通選擧ヲ措イテ他ニ無イト信ズル、故ニ此大豫算ニ對シテモ、普通選擧ノ根抵トナルベキ近カルベキ豫算ニ贊成セント、私共ハ心窃ニ期シテ居ルノデアル、私ガ政友會ノ此修正ニマデモ贊成ヲスル其理由ハ、此ニ在ルノデアリマス、私ハ少シ歯ヲ痛メマシタ爲メニ、甚ダ私ノ言フコトガ不明瞭デアルカモ知レマセヌドウゾ宜シク……（「能ウ分リマシタ」「謹聽」ト呼フ者アリ）私ハ只今政友會ノ先輩片岡直温君ノ御演説ヲ……（笑聲起リ「政友會ニ非ズ」ト呼フ者アリ）是位キノ事ヲ諸君ハ御笑ニナッテハ、甚ダ可笑シイ、憲政會ノ領袖片岡直温君ノ御演説ヲ聽イテ、洵ニ御同感ニ堪ヘザル所モアリ、又甚ダ怪訝ニ堪ヘザル所モアルノデアリマス、私ハ勞働問題ノ事柄ニ就テハ願クバ普通選擧ヲ行ハレテ、而シテ後ニ勞働問題ノ解決ヲシテ貰ヒタイト思ッテ居ル者デアリマス、中ニハ財閥ニ關係ヲ有ッテ居ル人ナドニ勞働問題ノ解決ナドハ、思モ寄ラヌ事デアルト思フノデアリマス、（拍手起ル）故ニ勞働問題ノ如キハ、財閥ノ關係者ノ口ヨリ仰々シク言ヒ立テ、貰フコトハ、私ハ國民ガ甚ダ不愉快ニ思フト思フノデアリマス、随テ私共ガ此大豫算ニ賛成ヲスル其根柢ハ、殊ニ我新政會ガ大豫算ニ贊成ヲスル關係ハ、寺内内閣ノ時ニ積極的ノ出兵ニ贊成ヲシタト云フ歴史ニ依ッテ、之ニ贊成スルモ亦針ニ進ムナラバ、亞米利加ハ勿論、世界列國一人ノ之ニ異議ヲ唱フル者ナキガ故ニ、此設備ニ對スル豫算、此設備ニ對スル軍事行動ニ對シテハ、吾々ハ滿腹ノ熱心ヲ以テ之ヲ贊同スルニ吝ナラヌ者デアルト思フノデアリマス（拍手起ル）更ニ海軍ノ擴張ハ頗ル事理公明、消極的制海權ノ樹立ト外國人ガ此豫算ヲ賞讃シタノデアリマス、私共ハ眞ニ帝國自衛ノ國策デアルト思ヒマス、此點ハ私ガ何カ阿ネルヤウデアリマスルケレドモ、此點ハ内閣ノ誇リデハナカラウカト察セラレル、卽チ内閣ノ一致結合ヲ圖ルモノデアリマシテ、陸海軍ノ一致結合ノ鞏固ナルト云フコトニ對シテハ、國民モ亦此軍事ノ施設、軍事ノ計畫ニ安ンジテ、之ヲ信頼スルニ十分デアルト私ハ思フノデアリマス、我新政會ノ中ニモ色々希望ヲ有ッテ居ラル、方ガアリマス、當テ寺内内閣ハ生活問題ノタメニ倒レタ、其後ヲ襲ウテ生レタ原内閣ガ、物價調節ニ腐心セラル、ト云フコトハ、是ハ當然ノ事デアル、縱令通貨膨脹ガ物價ノ主タル原因デアラウガナカラウガ、通貨ノ數量説ガ經濟的ノ空想デアラウガアルマイガ、通貨ヲ收縮シテ利子ヲ引上ゲルト云フコトガ、信用ノ働ヲ收縮スルト云フコトニナラウガナルマイガ、眞ニ國民ノ中ニハ、己レハ食ヘヌト叫ブ國民ハ澤山居リマス、又國民ノ實際ノ叫ハ、斯クノ如クニ米ガ高クナッテハ困ルト云フ叫ハ、私共ガ眞實ノ叫トシテ聞クコトノ出來ルモノデアリマス、此原内閣ガ民本的ニ確立シタ、此政黨内閣ヲ取ッテ而シテ國民ノ要望デアル活キタ人間ニ向ッテ、物價調節ノ根本義ヲ示サレルト云フコトハ當然デアラウト云フノモ、我新政會ノ希望ノ一ツデアリマス、又中産階級以上ノ負擔ニ屬スル直接國税ガ國費ノ三割一分ヲ占メ、殘リノ六割九分ガ貧富共通ノ消費税ニモナルニモ拘ラズ、中産階級以下ノ要求、卽チ生活問題ニ對スル根本的ノ施政ガ無イト云フコトハ、甚ダ遺憾デアルト云フ事モ、是亦新政會ノ希望ノ一ツデアリマス、唯、此時ニ於テ國防計畫ニ對スル増税ノ諸案ヲ見ルニ、其徴税ノ方法ハ頗ル社會政策ガ加味シテ居ル、現ニ増税案ノ委員長デアル武藤君ハ是ハ普通選擧ノ前提ナリトマデ叫バルノト云フコトニ向ッテハ、吾々ハ此國防計畫ノ大部分デアル其増税ノ手段ハ、貧富共通ノ爲ニナル利益ノアルモノデアル「ルーズベルト」ガ第一次ノ時ニ、此「トラスト」ニ極力反對シテ居リナガラ、尚ホ所得收額ノ其「パーセンテージ」ヲ上ボスコトガ出來ナカッタ事ヲ、原内閣ガ之ヲ斷行シタト云フコトニ向ッテハ、是ハ贊成シナケレバナラヌト云フ議論モ、亦新政府ノ議論デアリマス（拍手起ル）要スルニ申スマデモナク政治ハ國利民福ヲ土臺トスル以上ハ、私共ハ此經濟ノ方面カラ論ジテモ、日本ヲシテ世界ニ於ケル爲替決濟ノ市場タラシムルト云フ事ガ、窮極ノ目的デナケレバナラヌト思フノデアリマス、私共ハ日本ヲシテ世界ノ平和ノ宮殿タラシムルト云フコトガ、日本人民ノ平和的觀念デナケレバナラヌト云フノデアリマス、之ニ就テハ或ハ粗製濫造ノ商品ヲ防グト云フコトモ、政府ノ深キ注意ヲ入レナケレバナラヌ事デモアリマセウ、或ハ實業家ノ人格ヲ高メテ、眞ニ世界ニ對立スル實業家ノ人格ヲ益、養成シナケレバナラヌト云フ事モ必要デアリマセウ、又平等ニハ差別ガ伴フテ居ルト同時ニ、差別ノ中ニハ平等ガ存スルト云フ觀念ヨリ、此黄色人種ノ教育ヲ向上スルト云フコトモ、亦我帝國ノ勉デアルト思ハナケレバナラヌノデアリマス、又小川君ガ増税ニ賛成ノ時ニ、其一端ヲ洩シテ居リマスルガ「各省豫算ノ見積方法ハ統一ヲ缺イテ居ル、而カモ事實ニ遠カルモノガ少ナクナイ、政府ハ將來ノ豫算編成ニ際シテハ、之ヲ改メラレンコトヲ望ム」ト云フコトモ、新政府ノ希望條件ノ一ツデアリマス、又昨日濱田君ノ立派ナ御説明ヲ拜聽シマシタ、其一節ノ中ニモ、何デモ憲政會ハ現内閣ヲ御信用ヲ更ニナサラヌ随ッテ近々ニ新シイ内閣モ、新シイ政府モ出來ルヤウナ御話モアリマシタ、又片岡君ノ御話ヲ聽ケバ、政府ハ信用スルケレドモ、ドウモ内閣ハ信用ハ出來ヌ、是ハ御尤デアリセウ（笑聲起ル）時ニ或ル大財政家ノ如キ、一人ガ私ニ申シマスルニハ「我國財政計畫ノ實歴ニ徴スルニ、政府ノ信用乏シク、金融緊縮シテ、公債ノ募集意ノ如クナラザル時ハ、當局者ハ必ズ豫算編成ニ節約ヲ旨トシ、非募債主義ノ下ニ、公債支辨ノ事業費ヲ整理シ、以テ財政ハ緊縮ヲ謀ルト雖モ、一旦金融緩慢ヲ告ゲ、公債ノ發行困難ナラザルニ至ルヤ、非募債主義ハ直チニ一擲セラレテ、曩ニ募債ヲ愼ミタル反動トシテ、公債財源ノ事業費ハ陸續歳計上ニ現出シ來リ、遂ニ財政計畫ノ實行ヲ困難ナラシムルニ至ル」ト云々ト云フ、是ハ何所カラカ斯ウ云フ天ノ聲トシテ忠告ガアリマシタ、是ハ私ハ濱口君ノ言ハレタ近ク出來ル內閣ニ向ッテ此警告ヲスルガ必要ト思ヒマス、要スルニ我新政會ハ今日ノ時局ニ鑑ミ、而シテ唯、空論ヲ以テ政務ヲ澁滯セシムル、卽チ片岡君ト御同論デアリマシテ、其政府ヲ認メルコトノ最モ急ナルガ故ニ、今日ノ時局最モ國防ノ急ヲ憂ヘ、其國防ノ根本義ヲ誤ラザルハ、最モ政治家トシテノ盡スベキ態度デアッテ、此態度ヲ外レテ日本帝國ノ安固ハ期シ難イト思フ、故ニ此大豫算ニ贊成スル、併セテ政友會ノ豫算ニ贊成スルモノデアリマス(拍手起ル)

○議長(大岡育造君) 柏原文太郎君

〔柏原文太郎君登壇、拍手起ル〕

○柏原文太郎君 私ハ鈴木君ノ修正案ニ贊成ヲ致シマシテ、之ニ反對スル說ニ反對ヲスルノデアリマス、唯今兒玉君ノ御說ノ中ニ、何カ鈴木君ノ提案ハ兵ノ訓練デモシナイ風ノ御解釋ニナッテ居ルヤウデアリマスガ、鈴木君ハ決シテサウデハナイノデアリマス、政府ニ於テモ、當局者ニ於テモ、既ニ其ノ計畫ガアリ、其希望ノアル改革ヲスルヤウニト、軍政ノ上ニ改革ヲスルヤウニト云フ意味ニ外ナラヌノデアリマス、此騎兵ノ年限短縮ト云フヤウナルコトハ、當局者モ既ニ計畫ヲシテ居ル、之ヲ實行スルヤウニ、又兵役ノ短縮ト云フコトモ研究シテ居ル、又實際ノ戰績ニ徵シテ、是ハ出來得ル事デアル、斯ウ云フノデ之ヲ實行スルト云フコトデアル、別ニ兵ノ訓練ヲ怠ルト云フヤウナコトハ決シテ無イノデアリマス、併ナガラ唯、茲ニ見逃シ難イ事ハ、此度ノ國防ノ計畫ハ、政友會內閣ニ於キマシテ四大政綱ノ一、而カモ是ガ今年上ボッテ居ル此國防計畫ニ就キマシテハ、私共ハ國防其モノニ就テハ、ドウカ充實サセタイ、決シテ國防ヲ忽セニスルモノデハゴザイマセヌ、ソレ故ニ我國ニ於テ眞ニ缺陷アリト認メテ居リマスル海軍ノ計畫ニ於キマシテハ、全然同意ヲ表シテ居ルモノデアリマス、併ナガラ此陸軍ノ計畫中ニ於キマシテ、稍、要ヲ得ナイモノガアルノデアリマス、ソレハ何デアルカト云フト、此朝鮮ノ定員ノ增加竝ニ此完成期ノ繰上ゲ、此二ッノ事デアリマス、此二ツノ事ニ就キマシテハ、豫算ノ分科會ニ於キマシテモ、總會ニ於キマシテモ、質問ガアリマシタ、陸軍大臣ノ答ヘル所ニ依リマスルト云フト、ドウモ是ハ增加ヲシ繰上ゲヲシナケレバナラヌ、濱口君ノ言フ所トハ少シ違ッテ居リマス、此所ニ斯ウ何ガゴザイマスカ、要スルニ內地カラ兵ヲ移シテ行ケバ師團ノ教育、動員ノ計畫ノ上カラ、編制ニ多少ノ困難ヲ來シテ忍ビ難イ、斯ウ云フヤウナコトデアリマス、此所デス、之ガ政府ノ趣意デアレバ、私共ハ頗ル裕ナル御計畫ヲシタノデハナイカト考ヘル、軍事當局者ノ軍事要員ノ增加ヲ計ルト云フコトハ、是ハ固ヨリデアリマス、併ナガラ此度ノ朝鮮ノ增兵ノ事ハ、是ハ唯、聽イテ置ケナイ事デアル、是ハ師團ノ增設ニナルヤウナ傾ガアルノデアリマス、卽チ兵ヲ增加スルト云フ、其增加ハ一年切リデハナイノデアル、十二個大隊ト云フ卽チ一師團――一師團ヲ永久ニ增スト云フコトニナリマス、卽チ增師デアル、吾々ハ朝鮮二個師團問題ニ就テハ散會ヲ賭シテ爭ッタノデアル、ソレ故ニ此度ノ增師ニ就キマシテモ、眞ニ國家已ムヲ得ザルコトデアレバ忍ビマスルケレドモ、忍ビ得ルニ之ヲ忍ブト云フコトハ、ドウシテモ出來ナイノデアリマス、故ニ內地ヨリ兵ヲ移スト云フコトハ、若シ之ガ不可能デアルト云フコトデアリマスレバ、他ノ上地ヘノ出兵ハ全然不可能ノ譯デアリマス、西伯利マデモ出兵シテ居ル此際ニ、朝鮮ノ事モ一時的デナケレバナラヌ、永久的ニ斯ノ如キ分散配置ヲシテ置ク必要ハ無イ、一時的ノモノデアルノニ、此出兵ヲスルコトガ出來ナイ、ソレガ教育ニ大分關係アルト云フコトハ、何トモ諒取レマセヌ、此朝鮮ヘ兵ヲ新ニ增スト云フコトモ、矢張日本人ヲ增スノデアル、日本人ヲ增スノデアレバ、其兵モ矢張不完全ナル教育ヲサレテハイカヌノデアリマス、所ガ師團ニ於テ、師團ノ中ヲ拔イテ朝鮮ヘヤルト云フコトデアレバ、多少ノ非教育兵ヲヤルコトガ出來ル、サウスレバ朝鮮ヘ行ッテカラノ缺陷モ幾ラカ補ヒマス、所ガ朝鮮ヘ唯ダ其儘ヤッタト云フコトニシマスレバ、是コソ却テ教育上ニ困難ヲ來シハセヌカト思フ、又斯ノ如キ手段ヲ以テ兵ヲ增スト云フヤウナコトニナリマスト云フト、此一ツノ先例ヲ作リマスルト、將來甚ダ不完全ナル兵ガ幾ツモ出來ルヤウニナリハセヌカ(拍手起ル)一部ノ所ノ兵ヲ外ヘ遣ッテ、足ラナクナルカラ之ヲ又增ス、斯ウ云フヤウナ事ハ軍ノ編制ノ上ニ餘リ好マシカラヌ事デアラウト思ヒマス、此度編制替ヲ致シマシタ、詰リ此砲兵、工兵、輜重兵等ノ編制替デアリマス、編制替ヲ致シマシタ一ツノ理由ハ、確カニ九中隊編制ニシナケレバナラヌ、卽チ統一ヲシナケレバナラヌト云フコトガ、一ツノ理由ニナッテ居ルノデアリマス、此事ニ於キマシテモ、實ハ充實統一以外ニハ、兵ヲ殖ヤスコトハ如何ナモノデアラウト私共考ヘルノデアリマスガ、ソレハ兎モ角モ斯ノ如クニシテ一方ニハ兵ノ統一ヲ期スル、師團ト云フヤウナモノデ統一ヲ期スルモノニ、不規則ナル兵ヲ茲ニ新ニ作ルト云フコトハ何事デアル、ソレ程日本ノ陸軍ニハ大缺陷ガアルノデアラウカドウカ、斯ウ云フコトガ私共ハ朝鮮ノ十二個大隊ノ增加竝ニ完成期ノ繰上ニ反對スル理由デアリマス、

金額ハ誠ニ少イ金額デアリマスガ、意味ハ重要ナル意味ガアル、デアリマス、ソレカラ私共ハ朝鮮ニ兵員增加ノ必要ハ認メテ居リマス、ソレ故ニ此輸送費ハ其儘ニ存シテ置ク、之ヲ取ッテシマヒ、又臨時費ヲ皆ナ取ッテシマウト云フコトニナリマスルト、是ハ兵ヲ遣ラナイデモ宜イト云フコトニナリマス、增加ノ必要ハ私共認メマシテ、當局者ニモウ一ツ奮發シテ是ダケノ大擴張ヲスルノデアルカラ、此位ノ所ハ御辛棒ナスッタ方ガ宜カラウ、斯ウ云フ事ヲ忠告スル者デアリマス(「ヒヤ〳〵」ト呼フ者アリ)ソレカラモウ一ツハ、馬政ノ育成費ノ中デ、多少ノ輕減ヲ致シテアリマス、併シ之ニモ異議ノアル事デアリマス、實ハ度々私共其時ニ臨ンデ、馬政ノ事ニ就テハ忠告ヲ加ヘマシタケレドモ、ドウシテモ之ヲ採用シナイ、ソレ故ニ此度ハ已ムヲ得ズ私共ノ理想ヲ實現スル爲メニ、此費用ヲ削ッタノデアリマス、ソレハ何故デアルカ、日本ノ馬政卽チ日本ノ產馬事業ハ、遲々トシテ進マナイ、此樣ナ事デアッテハ、有事ノ日ニ於テ洵ニ憂フベキ事デアリマス、當局者モ之ヲ認メテ居リマス、然ルニドウシテモ、一方ニハソレヲ認メテ居リナガラ、之ヲ開放スルコトヲシナイノデアル、其道ニ經驗アル人ハ夙ニ知ッテ居ル事デアリマセウ、幼馬ヲ飼フト云フ事ハ、集合ヲシテ飼フト云フコトヨリハ、寧ロ個々ニ飼フ、成ルベク少數ノモノヲ飼フ、或ハ一頭二頭ト云フ少數ナモノヲ飼フコトハ、多數ヲ集合シテ飼フヨリハ、非常ニ育馬上ニ都合ノ宜イ事デ、馬ノ爲メニ宜イノデアリマス、此幼駒――小サイ馬ヲ陸軍デ飼ッテ、其爲メニドウ云フ事カト云フト、殆ト六億万坪ノ土地ヲ使ヒ、澤山ノ金ヲ使ッテ居ルト云フ事ハ、何事デアルカ(拍手起ル)若シ此幼馬ヲ飼ッテ、之ヲ外デナケレバ軍用ニスル事ガ出來ナイト云フコトデアレバ、日本ノ軍馬ヲ補充スル途ハ無イト云フコトニナルノデアリマス、(拍手起ル)有事ノ日ニ當ッテ、サウ幼馬カラ使フ事ガ出來マスカ、有事ノ日ニハ必ズ壯馬ヲ使ハナケレバナラヌ、ソレ故ニ育成所ノ內ニ於テモ、壯馬ト幼馬トハ殆ンド之ヲ半數宛飼フノデアリマス、故ニ平生壯馬ヲ使フト云フ方針ヲ取ッテ、須ラク此幼馬ト云フモノヲ民間ノ事業ニ委ネル、サウシテ日本ノ產馬事業ヲ奬勵スル、又日本ノ馬ヲ軍用ニスルト云フヤウニ能ク馴ラス、其條件ヲ民間ニ傳ヘテ、民間ノ育馬家ニ其途ヲ得セシムルト云フコトガ、日本ノ國防ノ上ニ必要ナ事デアラウト考ヘマス、(拍手起ル)此見地カラ吾々ハ此育馬費、育成費ノ五十万圓ト云フ金ハ甚ダ少イノデアリマスガ、日本ノ國防ヲ國民的國防、私ノ方デ言ヒマスト民衆化スル、卽チ擧國一致デヤルト云フ、斯ウ云フ主義ヲ眞ニ實

行スル、此事ニ就テハ產馬事業ノ如キモノハ最モ捷徑デアリマスニ依ツテ、此早途カラ之ニ掛カル、斯ウ云フ方針デ之ヲ削ッタノデアリマス、此様ナル事ハ洵ニ分リ切ッタル事デアル、然ルニ此様ナ事ニマデ政府ガ同意セヌト云フヤウナ事ニナリマスト、動モスルト此度ノ國防案ノ中ニ於テ、最モ意義アリト認メラレマス所ノ要塞ノ建設迄モ拒マレルヤウニナルノデアル、如何ニ飛行機ガ出來テ來タ所ガ對外要塞ノ必要ノ無イト云フコトハ、ドウシテモ軍事ノ方ノ人ガアレバ、ソンナ議論ハ唱ヘラレヌダラウト思ヒマス、所ガ是ハ幾ラカ餘裕ガアルト云フヤウナ計畫ノ是ハ一ツノ副產物デハナイカト思ハレマス、ソレ故ニ增稅マデシテ、而モ此大豫算ノ中ニ於テ、本年ハ僅ニ一億万圓ニ近イ九千九百九十万ト云フモノデアリマスケレドモ、此大體ヲ見マスルト殆ド日本ノ豫算ノ半分ハ國防費デアリマス、殊ニ三土君ノ言ハル、通リ、十三億五千万圓ト云フ大豫算ヲ前途ニ控ヘテ居ル、國防費ニ於テハ成ルベク透明ニシテ、已ムヲ得ザルモノ、外ハ要求シナイ、斯ウ云フ態度ヲ以テ政府ハ臨ンデ戴キタイト思ヒマス、然ル所ドウモ陸軍海軍ノ權衡ト云フヤウナ事ガ動モスルトアルヤウナ點ガ見エル、國防ハドウシテモ打ッテ一丸トスル、外ノ事トハ違フ、陸軍ガ之ヲ擴張スレバ、ソレト釣合ッテ海軍ガ之ヲ擴張スルト云フヤウナ事ハ、餘リ宜シクナイ事ト思ヒマス、ソレ故ニ海軍ノ擴張ヲ非常ニ要スルト云フ際ニハ、成ベク陸軍ノ方ハ出來ルダケ我慢ヲシテ、サウシテ相助ケルト云フ方針ニシタイト考ヘルノデアリマス、勿論其他ノ事ニ就テモ、臨時軍事費等ニ就キマシテハ色々御議論ガアリマセウ、私共ハ唯ダ臨時軍事費其モノニ就テ彼是ノ事ハ申シマセヌガ、兎ニ角此臨時軍事費ナルモノハ重大ナル責任ヲ含ンデ居ル費用デアルト云フコトヲ一言致シテ、之ニ協贊ヲ與ヘマス(拍手起ル)ソレカラ敎育ノ費用、敎育上ニ於テモ非常ナル大經綸ガアッテ、之ヲ行ハレタト云フヤウナ三土君ノ御說デアリマシタ、是ハ一應ハ御尤デアル、御尤デゴザイマスガ、是ハ各、立場ヲ違ヘテ居ル故カ知リマセヌガ、此議會ニ於テハ、滿場一致ノ意見ヲ政府ガ行ッタト云フコトニシカナラヌ、各派纏ッテ建議案ヲ出シテ、其意ヲ採ッテ政府ガ實行シタト云フニ過ギヌノデアリマス、ソレカラマダ〳〵是位デ滿足シテ貰ッテハ困ルノデアル現ニ政府ノ誇トシテ居マリス學制問題實施ノ始末ハドウデアルカ色々ナマダ破綻ガアリマス、又義務敎育ノ補助ノ如キモノモ、是位ノ程度デハ濟マヌト思フ、國民ハモウ少シ之ヲ要求スルデアラウト考ヘマス、(拍手起ル)私ハサウ思ッテ居リマス、デスカラ是デ十分ナル成功ヲ得テ居ルト云フ如キハ少シク手前味噌ニ過ギルト思ヒマス、又私立學校ノ補助、是ハ初デデス、初デハアリマスケレドモ、此事ヲ聲言シテ、要求シテ居ルコトハ、二年ヤ三年ヂヤアリマセヌ、ズット前カラ私共要求シテ居ル、是ガ此度内閣ニ於テ實行サレタト云フコトハ、頗ル多トシマスガ、其額ハ僅ニ二十七万圓、是位ナモノヲヤッテドレ程ノ效果ガアルカ、ヤルナラバモウ少シ思ヒ切ッテヤッテ戴キタイト思ヒマス、又朝鮮ノ保護會社ノ費用ヲ否決シタコトニ就テハ、鈴木カラモ隨分色々ト申サレマシタガ、私ハ內閣ノ爲メニ斯様ナ費用ハ御削減ニナルガ宜シイ、是ヨリ以上ノ事ハ申シマセヌ、要スルニ吾々共ハ國防費ヲ主眼ニシテ居リマス、ソレ故ニ此國防費用ニ協贊ヲ與ヘルニ就テハ、十分切詰メテ、十分透明ナル計算デ、誰ガ見テモ協贊ヲ與ヘナケレバナラヌト云フモノダケニ協贊ヲ與ヘル、斯ウ云フ趣意デ私共ハ此修正案ヲ出シタノデアリマス

○岩崎勳君　議長

○議長(大岡育造君)　岩崎君何デスカ

○岩崎勳君　討論終結動議ヲ提出致シマス

〔「贊成々々」ト呼フ者アリ〕

○議長(大岡育造君)　通告ガアリマス、原内閣總理大臣

〔國務大臣原敬君登壇、拍手起ル〕

○國務大臣(原敬君)　昨日來大正九年度豫算ニ關シテ贊成ノ御論、反對ノ御論、又ハ御希望等、具サニ謹聽致シタ次第デゴザイマス、ソレニ對シマシテ政府ノ所見ヲ一言致ス次第デアリマスガ、政府ノ意見ハ屢、本會議、豫算會議、又ハ所得稅改正委員會等、其他ノ機會ニ於テ言明致シタノデアリマスカラ、茲ニ重ネテ繰返スノ必要ハ認メナイノデアリマス、併シナガラ此場合、其中一二述ベ置キタイノデアリマス、今回ノ豫算ニハ種々ナル案件ガ計上サレテアリマスガ、殊ニ重要ナルモノハ國防充實ノ費用デアリマス、國防充實ノ事ハ多年ノ問題デアリマス、又歐洲大戰爭ノ實驗ヨリ考ヘマシテ、現狀ノ儘ニ差措クコトハ出來ヌ、是亦何人モ異論ノ無イ所デアラウト思フ、併ナガラ今日マデ之ヲ提出スルコトノ出來ナカッタノハ、一面ニ於テ戰爭ハ終リヲ告ゲタノミニシテ、此實驗ニ就テ計畫ヲ立ツルノ暇モナシ、又其費用ハ極メテ多額ヲ要スルガ故ニ、之ニ要スル財源ノ計畫モ立テナケレバナラヌ、彼此ノ事情ヨリシテ、今回初メテ大正九年度豫算ニ於テ之ヲ計畫スルニ至ッタノデアリマス、其財源ト致シテ、所得稅酒稅ノ增收ヲ計畫ヲ致シ、御承知ノ通リ昨日既ニ本議場ヲ通過シタノデアリマスガ、之ニハ色々ノ議論モアリマシタガ、國防充實ト云フガ如キコトニ充ツル費用ハ、恒久的財源ニアラザレバ不確實ナルモノデアルト云フコトハ、殆ド何人モ議論ノ無イ所デアラウト思フ、故ニ所得稅並ニ酒稅ノ增收ニ依タノデアリマス、之ニ就テモ物價調節ヲ十分ニ致シタナラバ、斯クマデノ費用ヲ要シナイデ濟ンダラウト云フ御議論モ承ッタ、御尤ノ次第デアリマス、併シ物價騰貴ナルモノハ、今日突然起ッタコトデハナイノデアル、歐洲大戰爭以來、世界的ニモ騰貴致シテ居リマスガ、殊ニ日本ニ於テハ此戰爭ノ影響ヲ受ケ、經濟界ノ膨脹ニ依ッテ、今日ノ騰貴ヲ致シタノデアリマス、ソレニ就テモ政府ハ其調節ヲ怠ラヌノデアリマスガ、如何セン此複雜ナル經濟界ニ向ッテ、急激ニ根本的ノ調節ヲ加ヘルト云フコトニ相成リマスレバ、直チニ經濟界ヲ攪亂スル虞アルガ故ニ、屢、言明致シタガ如ク、經濟界ニ大攪亂ヲ致サザル範圍ニ於テ、並ニ突然不景氣等ノ來ラザル範圍ニ於テ、其調節ニ努メテ居ルノデアリマスカラ、俄カニ效果ヲ見ルコトガ出來ヌノハ已ムヲ得ナイノデアリマス、隨ッテ物價ガ調節セラレテ、斯ノ如ク騰貴シテ居ナカッタナラバ、斯様ニ費用モ要シナカッタデアラウト云フコトハ、單ニ御希望トシテハ伺フコトガ出來マスガ、事實ニ於テハ出來得ザル問題ト考ヘルノデアル、又稅制整理ノ事モ段々御議論モ承ッテ居ル、之ニ就テハ少シク誤解モアルヤウニ思ハレル、昨日憲政會ノ濱口君ノ御議論ニモ、政府ハ經濟界ノ安定ヲ俟ッテ調節スルト云フヤウニ申シタト云フコトデアリマスガ、是ハ誤解デアリマス、少クトモ豫算總會或ハ所得稅其他ノ委員會ニ御出席ニナッタ方ハ、此誤解ハ生ジマスマイ、速記錄ニモ書イテアリマスカラ、速記錄ヲ御覽ニナッタ方ハ左様ナ誤解ハアリマスマイ、政府ノ申シタコトハ斯様デアリマス、稅制整理ハ此議會ヲ終レバ直チニ財政經濟調査會ニ付議シテ、成ルベク速ニ希望トシテハ次ノ議會ニト考ヘテ居リマスガ、成ルベク速ニ案ヲ立テテ稅制ノ整理ヲ致シタイノデアル、斯様ニ申シタノデ、經濟界安定云々ト云フコトハ、是ハ三年カ四年先キノ問題デアル、寺內內閣デ一部ノ整理案ヲ出シタ時ニ、今日ハ戰爭中デアル、經濟界モ安定致サヌ、經濟界ノ安定ヲ待ッテ整理スベキト申シタノデアリマス、其言葉ガ今日マデ殘ッテ、經濟界安定云々ト云フコトノ議論ノ根據トナッテ居ルノデアリマス、私ノ委員會デ申シタ所ハ、議會ヲ終レバ直チニ稅制整理ニ著手スル、經濟界ノ安定ハ無論待タナケレバナラスノデアルケレドモ、今日ハ戰爭既ニ終リヲ告ゲ、經濟界モ稍、安定ニ向ハントシテ居ル際

デアルカラ、税制整理ニハ絶好ノ時ナリト考ヘテ若手スル、斯様ニ答ヘタノデアルカラ、此言明ヲ聽カレタ人ハ誤解ハナイ筈ト思フノデアリマス、ソレカラ西伯利問題ニ就テ色〻議論ガアリマシタ、殊ニ片岡君ナドハ力ヲ極メテ御議論デアリマシタガ、之モ屡〻申シタコトデ、重ネテ此處ニ申ス必要モ無イノデアリマスガ、西伯利ノ問題ニ就テハ、他ノ列國トハ異ナリマシテ、日本ハ單純ニハ出來ナイノデアル、此事ハ屡〻繰返シタ「チエック」「スローヴアック」ノ救援ヲ目的トシテ出兵致シタコトハ、大正七年八月ノ宣言ニ明カデアル、爾來種々ノ變遷ヲ經テ今日ハ米國ガ撤兵ヲ致シタ、併シ米國ガ撤兵スレバ日本モ撤兵ヲスル、米佛ガ如何ナル態度ヲ取ッタカラ日本ガ之ニ傚フ、斯様ニ單純ニ參ラヌト云フコトハ、第一ガ接壤ノ地、第二ハ居留人モ多シ、又過激派ガ如何ナル態度ヲ日本ニ取ルカモ見ナケレバナラヌ、彼是ノ問題ニ依テ、種種ナル事情ニ依テ、今日尚ホ駐兵ノ已ムヲ得ザル次第デアルノデアリマス、今日直チニ撤兵ヲスル、若クハ撤兵ヲセヌト云フコトヲ容易ニ斷言スベキ時機デナイノデアリマス、又是ヲ斷言スルヲ以テ、外交上極メテ不得策ト考ヘルノデアリマス、是ハ繰返シテ言明ヲ致スニ過ギナイ、屡〻申シタ事デアリマス、要スルニ反對ノ御議論、修正ノ御議論等モ拜聽致シタノデアリマスガ、根本的政府ト所見ヲ異ニセラレテ居ル御議論ハ、是ハ致シ方ナイ、併シ政府ト所見ヲ異ニスルニアラズシテ、暫ク延期セヨトカ、一年延期セヨトカ、延期ノ目的ヲ以テ此際削除メルト云フヤウナ御議論ニ對シテハ、御一考ヲ望ム、根本ノ方針ニ於テ政府ト異ナル意見ヲ持ッテ居ラレルノデナイナラバ、一年延期ヲセヨ、暫ク延期ヲセヨト云フ姑息ナルコトヲセズシテ、此場合ニ於テ、宜シキヲ得ナイ所ハ訂正セラレテ差支アリマセヌケレドモ、此豫算ニ協贊ヲ與ヘラレンコトヲ希望スルノデアリマス、今日ノ場合ハ戰爭終ッテ日モ淺ク、而シテ列國ノ經濟的競爭モ正ニ盛ンニナラントスル今日デアリマス、所謂戰後經營ハ極メテ至難ナル時期モ到著致シテ居ルノデアリマス、斯様ナル時代ニ於テ、多少見ル所ヲ異ニスルト雖モ、大局ノ上ヨリ此豫算ニハ十分ナル協贊ヲ與ヘラレテ然ルベキコト、政府ハ考ヘルノデアリマス、依テ種々ナル御議論ガアリマスガ、此場合、願クバ政府案ニ十分ノ御贊成ヲ得テ、而シテ極メテ困難ナル、極メテ複雑ナル此時期ヲ、秩序的ニ經過センコトヲ希望スルノデアリマス(拍手起ル)

○議長(大岡育造君) 岩崎君ノ先刻ノ動議ヲ決ヲ採リマス

〔「異議ナシ」ト呼フ者アリ〕

○議長(大岡育造君) 岩崎君ノ討論終結ノ動議ニ御異議アリマセヌカ

〔「異議ナシ」「異議ナシ」ト呼フ者アリ〕

○議長(大岡育造君) 御異議ナシト認メマス(「反對々々」ト呼フ者アリ)贊成ノ諸君ハ起立ヲ求メマス

〔贊成者起立〕

○議長(大岡育造君) 多數デアリマス、仍テ討論ハ終結ニナリマシタ、是ヨリ採決ノ順序ヲ一言致シマス、大正九年度總豫算案中、皇室費ハ協贊ヲ要求セザル費用ナルヲ以テ之ヲ省キ、例ニ依リ修正アル部分ヨリ採決ヲ致シマス、濱口君ノ修正ト鈴木君ノ修正ト佐々木君ノ修正ト同一ノ點卽チ札幌控訴院建築ニ關スル件及獻納金ヲ削除スルト云フコトデアリマス、右ノ採決ヲ致シマス、其採決ハ記名投票ヲ用ヰマス、修正贊成ノ諸君ハ白票、修正反對ノ諸君ハ青票、各〻札ヲ御持參ニナルコトデアリマス――閉鎖――氏名點呼ヲ命ジマス

〔田口書記官氏名ヲ點呼ス〕

○議長(大岡育造君) 投票漏ハアリマセヌカ――投票漏ハ無シト認メマス――開匣ヲ命ジマス――閉鎖――投票ノ結果ヲ書記官長ヨリ報告致シマス

〔寺田書記官長朗讀〕

投票總數	三百四十八
可トスル者	百六十五
否トスル者	百八十三

〔拍手起ル〕

○議長(大岡育造君) 仍テ修正案ハ否決トナリマシタ

第十　朝鮮ニ於ケル國勢調査ニ關スル法律案（政府提出）第一讀會ノ續（委員長報告）（確定議）

〔木下謙次郎君登壇、拍手起ル〕

○木下謙次郎君　本案ノ形式ハ極メテ簡單デアリマスルガ、内容ハ可ナリ重要ナル意味ヲ含ンデ居リマスルノデアリマスルカラ、委員會ハ愼重ニ審議ヲ盡シマシタ次第デアリマス、本案ノ趣意ハ、明治三十五年法律第四十九號大正七年勅令第三百五十八號ノ除外ヲ求メテ、本年十月一日午前零時ニ、我ガ帝國ノ版圖ニ施行スヘキ第一回ノ國勢調査ニ於テ、朝鮮ノミ除外ヲ求メテ、朝鮮ニハ第一回國勢調査ヲ施行セザルコトノ趣意デアルノデアリマス、申スマデモナク國勢調査ハ、我國ニ於ケル初メノ事業デアリマシテ、國際的ニモ可ナリ注意ヲ惹イテ居リマスノミナラズ朝鮮統治ノ方針トシテ、日鮮人間ノ差別撤廢、待遇同等ト云フコトハ、現今朝鮮ニ於テモ朝野ノ唱道シテ居ルコトデアリマス、此時ニ當ツテ此法律ニ於テ朝鮮ノミヲ除外シ、文明ノ事業ヨリ朝鮮ヲ暗黑ノ裡ニ葬リ去ラントスルコトハ、委員會ニ於テ多大ノ遺憾ヲ感ジタ次第デアルノデアリマス、隨テ委員會ニ於テハ、此點ニ於テ主トシテ質問ヲ致シタ次第デアルノデアリマスルガ、朝鮮當局者ノ答辯ニ於キマシテハ、本案ヲ提出シナケレバナラヌヤウニ相成ツタコトニ付テ遺憾ヲ感ズルコトハ、委員會ト同樣デアルノデアリマスルガ、併ナガラ朝鮮ハ內地ト言語風俗ヲ異ニ致シテ居リマシテ、國勢調査ヲ施行スルニ付キマシテモ、種々ナル困難ヲ感ズル、現ニ國勢調査ニ要スル人員ノ如キモ、通譯ヲ合セテ約十万人ノ人ヲ要スルト云フヤウナ大袈裟ノ仕事デアリマシテ、而モ此十万人ノ中ノ五万人ハ、相當ノ訓練ヲ施サンケレバ役ニハ立タヌ、斯ウ云フヤウナ事情デアルノデアリマスガ、昨年朝鮮總督府ニ於テ大改革ガ起リマシタ爲メニ、其結果トシテ國勢調査ノ準備ニ、多大ナル頓挫ヲ來シタヤウナ始末デアルノデアリマス、殊ニ調査ノ幹部タルベキ警察官ノ如キ、殆ド二万人ノ人數ヲ要スルノデアリマス、其二万人ノ中デ半數卽チ一万人ノ如キハ、新募ノ警察官デアリマシテ、到底國勢調査ノ役ニ立ツベクモナイノデアリマスルカラシテ、縱シ假リニ無理ニ朝鮮ニ國勢調査ヲ行ハントスルモ、甚ダ不完全ナモノデアッテ、到底國勢調査ノ目的ヲ達スルコトハ甚ダ不可能ノ事デアルト云フコトガ理由ノ一ツ、今一ツノ理由ハ昨年三月朝鮮ニ於テ暴動ガ起リマシテ、其結果人心未ダ全ク安定ヲ致シテ居リマセヌノデアリマスル、隨テ流言蜚語ガ其間ニ熾ンニ生ジテ居ルト云フ次第デアルノデアリマスルガ、國勢調査ノ如キ文明的事業ニ付テ、全ク了解ノ無イ朝鮮人ノ間ニ、無理ニ斯樣ナ事ヲスルト云フヤウナコトニ相成リマスレバ、其結果トシテ、却テ朝鮮人ノ人心ヲ攪亂シ、或ハ不測ノ變ヲ招クヤウナ虞ガアルカモ知レヌト云フ點ニ於テ、當局者ハ已ムヲ得ズ本案ヲ提出シタ次第デアルト云フ、斯ウ云フ辯明デアルノデアリマス、委員會ニ於テハ種々研究ヲ致シマシタノデアリマスルガ、朝鮮ノ現狀ハ洵ニ已ムヲ得ザル情勢ニ在ルモノト認メマシテ、甚ダ遺憾デハアリマシタガ、本案ヲ可決致スコトニ決定ヲ致シマシタ、ドウカ諸君ニ於テモ御審議ノ上、委員長ノ報告通リ御贊成アランコトヲ希望致ス次第デアリマス（拍手起リ「贊成」ト呼フ者アリ）

○岩崎勳君　本案ハ讀會ノ順序ヲ省略シテ、委員長報告ノ通リ可決確定セラレンコトヲ望ミマス

〔「贊成」ト呼フ者アリ〕

○議長（大岡育造君）　御異議ナイト認メマス、仍テ讀會ノ順序ヲ省略シテ、可決確定シタルコトヲ宣告致シマス、日程第十一乃至二十八ハ、同一委員ニ付託シ、且ツ關聯セル議案ナルニ依リ、一括議題ト爲スゴトニ御異議アリマセヌカ

〔「異議ナシ」ト呼フ者アリ〕

○議長（大岡育造君）　御異議ナシト認メマス、日程第十一、公債金特別會計法案、第十二、鐵道國有法中改正法律案、第十三、道路公債法案、第十四、國債整理基金特別會計法中改正法律案、第十五、家祿賞典祿處分法施行法中改正法律案、第十六、電信事業公債法案、第十七、電話事業公債法中改正法律案、第十八、朝鮮事業公債法中改正法律案、第十九、臺灣事業公債法中改正法律案、第二十、樺太事業公債法中改正法律案、右ノ十案ヲ一括シテ第一讀會ノ續ヲ開キマス——委員長若尾幾造君

第二十七　朝鮮醫院及濟生院特別會計法中改正法律案（政府提出）第一讀會ノ續（委員長報告）（確定議）

〔米田穣君登壇、拍手起ル〕

○米田穣君　朝鮮醫院及濟生院特別會計法中改正法案ノ委員會ノ經過及結果ヲ御報告致シマス、本案ハ極ク簡單ナ案デアリマシテ、其內容タルヤ朝鮮ニ於ケル病院並ニ濟生院ノ醫院ノ俸額、增俸、其他病院ノ經費總體ノ增額ガ、從來七十一万圓ヲ支拂ッテ居リマシタノヲ、今回九十六万圓ニ增額シテ貰ヒタイト云フ此案ノ內容デアリマス、委員會ハ愼重審議ノ上、茲ニ一ツノ希望條件ヲ附シマシテ全會一致ヲ以テ可決致シマシタ、其希望ハ「朝鮮醫院並濟生醫院ノ人選ハ獨リ治療上ノ問題ニ限ラス鮮人感化ノ上ニ及ホス影響尠カラサルヲ以テ廣ク人材ヲ一般醫界ニ求メラレンコトヲ希望ス」斯ノ如キ希望ノ條件ヲ附シマシテ、滿場一致可決致シタ次第デアリマスカラ、本會ニ於カセラレテモ、ドウゾ滿場一致可決セラレンコトヲ望ミマス（拍手起ル）

○岩崎勳君　本案ハ讀會ノ順序ヲ省略シテ、委員長報告通リ可決確定セラレンコトヲ望ミマス

○議長（大岡育造君）　御異議ハアリマセヌカ

〔「異議ナシ」ト呼フ者アリ〕

○議長（大岡育造君）　御異議ガナケレバ動議ノ如ク決シマシタ、日程第二十八、二十九ハ同一委員ニ付託シタル議案ナルニ依テ、一括議題ト爲スニ御異議ハアリマセヌカ

〔「異議ナシ」ト呼フ者アリ〕

○議長（大岡育造君）　之ヲ一括シテ議題ト爲シ、報告ヲ求メマス、但シ決ハ別々ニ採リマス――委員長赤間嘉之吉君

(第一號)大正八年度歳入歳出總豫算追加案
(特第一號)大正八年度各特別會計歳入歳出豫算追加案
(追第一號)豫算外國庫ノ負擔トナルヘキ契約ヲ爲スル要スル件

(中村啓次郎君登壇、拍手起ル)

○中村啓次郎君　諸君、私ハ茲ニ大正八年度歳入歳出總豫算追加案外二件ノ委員會ニ於ケル經過、竝ニ結果ヲ御報告申上ゲマス、豫算案ハ何レモ數日前ニ諸君ノ御手許ニ廻ッテ居ルノデアリマスルガ故ニ、詳細ノ事ハ申上ゲマセヌガ、其主ナルモノヽミ申上ゲマスレバ、大正三年臨時事件豫備費ノ追加ニ於キマシテ、二千八百万圓ヲ計上致シテ居リマス、ソレカラ海軍省所管ノ軍艦製造費ニ於キマシテ三千六百五十二万餘圓、水陸設備費ニ於キマシテ百七十八万餘圓、陸軍省所管ニ於キマシテ、精米精麥及馬糧ノ價格ノ騰貴ノ爲メ、糧秣費ノ豫算ニ不足ヲ生ジマシテ、是ガ費用五百三十五万餘圓、司法省ノ所管ニ於キマシテ、在監人費ニ於テ米麥及作業用諸材料ノ價格騰貴ノ爲メ豫算ニ不足ヲ生ジマシテ、是ガ五十二万餘圓、内務省所管ニ於キマシテ、北海道及府縣警察費ノ支出ニ不足ヲ生ジマシタ、卽チ警察費連帶支辨金支出ノ爲メニ四百八十三万餘圓ヲ計上致シテ居リマス、其他小サイモノハ澤山アリマスガ、是等ガ其主ナルモノデアリマス、豫算委員會ハ二月ノ十八十九兩日、午前午後ニ亙リマシテ愼重審査ヲ致シマシタ、此質問應答中ニ、御紹介申上ゲ置キマシテ可ナリト心得マスモノハ二ツ許リアリマス、ソレハ司法省所管ニ於キマシテ、在監人費ヲ審査致シマスル場合ニ、委員ノ一人ガ、近頃ハ極メテ好景氣デアリマシテ、國民生活ノ安キヲ思ヒ、何レモ各々其ノ處ヲ得テ居ルガ故ニ、財産ニ關スル犯罪人ハ極メテ減少致シテ居ル、然ルニ此在監人費ノ追加要求ヲ致シタノハドウ云フ譯デアル、斯ウ云フ質問ニ對シマシテ、司法當局ハ、在監人ハ昨年ノ四月六万人有ッタノデアルガ、昨年十二月ニ於キマシテハ五万七千九百餘人ニナッテ居ル、詰マリ既決囚ニ於キマシテ一千人餘、未決囚ニ於キマシテ一千人餘ヲ減ジテ居ル、唯ダ物價騰貴ノ爲メニ、此追加要求ヲ致シタノデアルト云フコトデアリマス、之ニ對シマシテ同委員ハ二千人ノ在監人ノ減少ヲ來シタルコトハ、洵ニ喜バシイ事デアルガ、モウ少シク微罪不檢擧、或ハ執行猶豫ニ努ムレバモウ少シ將來減ラスコトガ出來ルノデアルマイカ、斯樣ニ申シマシタノニ對シマシテ、司法當局ニ於テモ同感デアリマシテ、昨年司法大臣ハ司法官ヲ召集シタル席上、情狀ヲ酌量シテ、起訴猶豫ヲ爲スベキ者ニハ努メテ起訴猶豫ヲ行ヒ、執行猶豫ヲスベキ者ハ、努メテ執行猶豫ヲシナケレバナラナイト云フ内訓ヲ發シテ居ルノデアル、斯樣ニ申サレテ居ルノデアリマス、之ニ對シマシテ同委員ハ、尚ホ刑事政策上犯罪豫防ニ就テ、獨リ司法省ノミ苦心ヲ致サナイデ、内務省文部省ト相提携シテ、此犯罪撲滅ノ策ヲ講ジテハドウカト云フ此質問ニ對シマシテ、當局ハ既ニ其等ノ事ハ實行致シテ居ルノデアル、殊ニ司法省ハ新シキ試ミモ、唯今實行中デアルト云フコトヲ答辯セラレタノデアリマス、ソレカラ海軍省ノ所管ニ於キマシテ、委員ノ一人ヨリ斯樣ナ質問ヲ致シタノデアリマス、此追加豫算ヲ要求致シテ居リマスル樣式ニ於テ、陸軍省ハ各目明細――極メテ詳細ナル各目明細書ヲ出シテ居ルニモ拘ラズ、海軍ハ極メテ此點ニ就キマシテハ、大ザッパナ要求ノ仕方ヲ致シテ居ル、海軍充實ノ問題ニ就キマシテハ、ドノ政派モ多ク、國民モ反對ヲスルノデナイト云フコトニ考慮シテ、海軍省ハ其費用ニ就キマシテハ、最モ詳細ニ最モ明瞭ニ之ヲ議會ニ知ラシメル必要ノアルコトヲ感ズルト云フ、此希望的警告的質問ニ對シマシテハ、海軍當局ハ、直チニ此要求額調ベト云フ詳細ナル書類ヲ提出致シマシテ、且ツ約スルニ明年度ヨリハ、必ズ極メテ詳細ナル各目明細書ヲ添付スルト云フコトヲ申述ベラレタノデアリマス、右樣ニ致シマシテ質問ヲ終了シ、今朝委員總會ニ於キマシテ討論ニ入リマシテ、全會一致ヲ以テ、此追加豫算ハ必要缺クベカラザルモノデアルトシテ、原案ヲ可決ヲ致シタノデアリマス、速ニ御協贊アランコトヲ希望致シマス(拍手起ル)

○議長(大岡育造君)　加藤政之助君

(加藤政之助君登壇、拍手起ル)

○加藤政之助君　私ハ此追加豫算ニ對シマシテ、甚ダ不滿足ヲ感ズル所ノ者デアリマス、又當局者ニ向ッテ、警告ヲ加ヘルノ必要ヲ認メル所ノ者デアリマス、ソレハ何故デアルカト申シマスルト云フト、大正八年度ノ豫算ノ討議ノ際ニ、我々ハ斯ノ如キ豫算ヲ政府ガ提出致シテ之ヲ決議スルト云フト、極メテ實行難ガ到來スルデアラウ、故ニ當局者ハ大ニ注意シナケレバナラヌト云フコトハ、一度ノミナラズ、二度三度注意ヲ加ヘタノデアリマス、然ルニ當局者ハ此忠告ニ耳ヲ藉サズ、寧ロ其豫算ヲ以テ正確ナリト主張シ、現ニ本年此演壇ニ於テ此處ニ居ラル、大藏大臣ハ、憲政會ノ人人ハ豫算實行難ヲ主張サレタガ、豫算ハ立派ニ實行ガ出來タト云フノデ、却テ我々ニ對シテ逆襲的ノ言葉ヲ以テ用ヰラレテ居ル、然ルニ何事ゾ、此追加豫算ノ總金額八千數百万圓ニ上ルノデアリマス、八千數百万圓ノ金額、是ハ此議會開ケタ當初ノ總豫算額ニ匹敵スル所ノ大豫算デアリマス、斯ノ如キ大不足ヲ生ジテ、之ヲ追加スルニ非ザレバ、此豫算ガ實行ガ出來ナイト云フニ至リマシテハ、我々ノ注意シタ所ノ、豫算ノ實行ハ至難デアッタト云フコトヲ證據立テルモノデアリマス、(拍手起ル)而シテ其原因ヲ尋ネテ見マスルト云フト、其原因ハ主ニ物價騰貴ニ在ルノデアリマス、此八千三百万圓ノ追加豫算中、恐ラク八九分通リハ此物價騰貴ニ原因スルノデアルト思フ、若シ現當局者ガ、此物價調節ニ力ヲ用井テ、適當ナ時期ニ有效的ノ政策ヲ實行セラレタナラバ、今日ノ如キ物價騰貴ハ、恐ラク來ラナイモノデアラウト私ハ感ズルノデアリマス、(拍手起ル)若シ物價ガ適當ニ調節サレテ、此騰貴ヲ來サヌト致シタナラバ、此追加豫算ヲ政府ハ提出シナクテモ、或ハ宜カッタカモ知レヌト我々ハ思フノデアリマス、(拍手スル者アリ)畢竟斯ノ如キノ大追加豫算ヲ提出シナケレバナラヌト云フコトニ立至リマシタノハ、當局者ノ注意ノ足ラザル所、其責任ハ恐ラク免レヌデアラウト私ハ考ヘルノデアル、而モ本年ダケナラバマダ宜シウゴザイマスルガ、政府ガ不然トシテ今後モ物價ノ調節ニ力ヲ用キナイ、有效的ノ調節ヲシナイト云フコトガアリマスレバ、大正九年度ノ此豫算ハ如何デゴザイマス、果シテ實行サレルデゴザイマセウカ、私ハ是亦實行難ニ陷ルコトハ、今日ヨリ火ナ賭ルヨリモ明カデアルト思フ、(拍手スル者アリ)ソレハ何デアルカ、此間ノ豫算委員何ア諸君ハ御承知ニナッテ居ラル、デアリマセウ、現ニ陸軍ノ衣糧費ノ如キモノハ如何デアリマス、此大正九年度ノ豫算ヲ之ヲ決定シテ、其豫算ヲ議會ニ提出シタ後ニ於テ、現ニ三割前後此一月一日ヲ以テ增加シテ居ル、大正九年度ノ豫算ガ大正九年度ニ入ラザル以前ニ於テ、現ニ實行難ヲ明カニ證據立テ、居ルノデアリマス、若シ此上政府ガ物價ノ調節ヲ懈ルナラバ、大正九年度ニ於テ此八千万圓位ノ少額デハナイ、恐ラクハ數億ヲ以テ數ヘル豫算ヲ提出スルニ非ザレバ、此豫算ガ實行難ガアルト云フコトニナルデアラウト私共ハ信ズルノデアリマス、(拍手スル者アリ)是ニ於テ政府ニ大ニ注意ヲ促サヽルヲ得ヌノデアル、併ナガラ此追加豫算其ノモノ、實質ハドウデアルカト申シマスルト、此實質ヲ吟味スルト我々ハ不滿足デアルニモ拘ラズ、之ニ削減ヲ加ヘルコトガ出來ナイ、何故ナラバ先刻豫算委員長ノ報告サレル通リ、一番主ナルモノハ海軍ノ造艦費デアリマス、其次ハ海陸ノ設備費、陸軍ノ衣糧費、監獄ノ費用、斯樣ナルモノデアリマス、若シ之ニ節減ヲ加ヘルナラバ、我々ガ贊成スル所ノ八八艦隊ノ完成ノ期ガ遲レル、若シ之ニ削減ヲ加ヘルナラバ、我々ガ最愛ノ子弟ヲ國家ノ爲メニ服役セシメテ居ルガ、此人々ガ飢餓ニ迫ラナケレバナラヌ、斯樣ナ譯デアルノデ、甚ダ不滿足デアルケレドモ、此豫算ニ削減ヲ加ヘルト云フコトハ許サヌノデアル、巳ムヲ得ズ我々ハ警告ヲ加ヘテ、此豫算ニ贊成スル外致方ガナイト云フ境遇ニ立ッタノデアル、併シ玆ニ重ネテ最後ニ私ハ、當局者ニ注意ヲ促シテ置ク必要ノアル事柄ガアルノデアル、ソレハ何デアルカト申シマスト云フト、朝鮮ノ旱害救濟費、朝鮮ニ旱害ガアッタニ就テ、朝鮮ノ平安道其他ニ於ケル朝鮮ノ人民ガ衣食ニ困ル、之ヲ救濟シナケレバナラヌト云フコトデ玆ニ百七十九万圓ノ追加豫算ヲ提出サレタノデアリマス、此百七十九万圓ノ追加豫算ヲ提出シテ、之ヲ如何ニ使フカト云ヘバ、貧民ノ救濟費ニモ使フガ、其主ナルモノハ、隣地ノ支那カラ粟トカ高粱トカ云フヤウナ食物ヲ買ッテ之ヲ輸入致シテ、サウシテ朝鮮ノ窮民ニ供給スルト云フ事デアルノデアル、其企ハ決シテ惡イ事デハアリマセヌ、善イ事デアリマス、併ナガラ之ヲスルニ就テドウスルカト云ヘバ、或ハ運賃ヲ政府ガ補助シテヤル、補給シテヤル、或ハ一石三圓乃至七圓ノ補助ヲ與ヘル、斯ウ云フ事デアル、ソレハ宜イトシテ、之ヲ取扱フノハ何人ガ取扱フノデアルカト云フコトヲ當局者ニ質問シテ見マスルト、共益社ト云フ一個ノ會社ガアル、此一個ノ會社ヲシテ取扱ハシムル、之ヲ取扱フニハ準據スベキ法律制度、左樣ナルモノガ有ルカト言ッテ尋ネテ見マスルト、ソレハ無イ、唯ダ府令ノ第五號ト云フモノガ有ル、之ニ據ッテヤルノダト云フコトデアリマス、而シテ其府令ノ第五號ナルモノヲ玆ニ讀ンデ見マスルト、其第五條ニ「運送費ノ補給ヲ受ケ輸入シタル穀物ヲ輸出又ハ移出セントスル者ハ朝鮮總督ノ許可ヲ受クヘシ」第六條「前條ノ規定ニ違反シ穀物ヲ輸出又ハ移出シタル者ハ二百圓以下ノ罰金ニ處ス」是デアリマス、諸君、斯ノ如キ府令ニ依テ一個ノ會社ニ、斯ノ如キ巨額ノ金額ヲ以テ買入レタル穀物ノ賣買ヲ爲サシムルト云フコトデ、果シテ弊害無キヲ得ルト云フ確信ガ起リ得ルデアリマセウカ、私ハ甚ダ不安ノ念ニ堪ヘナイ、若シ之ナラバ二百圓ノ罰金サヘ拂ヘバ、折角政府ガ補助奬勵シテ朝鮮ニ輸入シタ穀物ヲ、他ニ自由ニ賣買スルコトガ出來ル、他ニ自由ニ賣買スルコトガ出來ルナラバ、何十万圓或ハ何万圓ト云フ儲ヲ、二百圓ノ罰金ヲ拂ッテ直チニ得ルコトガ出來ルト云フノデアリマスカラ、甚ダ我々ハ不安ノ念ニ堪ヘナイ、今日世間ノ公共道德ガ十分ニ進歩致シテ居リマシタナラバ、是デモ心配ハ無イカモ知レマセヌ、併シ此公共道德ノ進歩シテ居ラヌト云フ證據ハ、現ニ農商務省ガ昨年以來外米ヲ買ッテ賣下ゲタ、此賣下ゲタ外米ヲ農商務省ノ望ム所ノ者ニ賣拂ハズシテ、他ノ地方ニ賣拂ッテ暴利ヲ貪ッタト云フ者ガ、現ニ今日裁判ニ引出サレツヽアルデハアリマセヌカ、(拍手)是ハ立派ナ證據デアル、是等カラ顧ミマスレバ、當局者ハ斯ノ如キ規定ニ依テ、一個ノ會社ハ百七十何万圓ト云フ金ヲ掛ケテ買入レタ穀物ヲ扱ハシムルト云フガ如キハ、甚ダ不安ノ念ニ堪ヘマセヌカラ、當局者ハ農商務省ノ外米賣下ノ事ニ於ケルガ如キ失態ヲ露ハサザランヤウニ、將來十分ノ御注意ガアリタイト望ムノデアリマス、(拍手起ル)次ハモウ一ツアリマス、モウ一ツハ此度朝鮮會計ノ不足ノ爲メニ、百万圓ノ補充費ト云フモノヲ此追加豫算デ要求サレテ居ル、是ガ私共ハ甚ダ不必要ダト思フノデアル、ソレハ何デアルカト云フト、朝鮮ノ關稅ノ豫算、昨年ノ關稅ノ豫算ハ六百万圓デアリマス、八年度六百万圓、而シテ輸入移入、其額ハ幾ラ見積ッテアッタカト云ヘバ、三億万圓ニ見積ッテアッタ、然ルニ是ガ案外ニ昨年ハ輸移入ガ多クシテ、十一月末五億五万圓ニ達シテ居ル、五億万圓ト云フ金額ニナッテ居ル、隨テ關稅收入ガ增加シテ、十二月ノ現在ニ於テハ六百万圓ノ豫算デアリマシタモノガ、九百七十五万圓ト云フ高ニ上ッテ居ル、デ是ダケ追加豫算トシテ政府ハ提出致シタガ、尙ホ八年度ハ一月カラ三月マデモ餘シテ居ル、四分ノ一ヲ餘シテ居ル、此一月カラ三月マデノ間ヲ見積ッテ見マスト云フト、少クトモ三百餘万圓ノ尙增收入ガアルコトハ明瞭デアリマス、此三百餘万圓ノ餘地ガ關稅ノ一方ダケデアルノニモ拘ラズ、朝鮮政府ガ百万圓ノ補充費ヲ玆ニ要求シ、政府ガ之ヲ許シタト云フコトハ甚ダ不穩當ノ處置デ、斯ノ如キ要求ハ爲スベカラザルモノデアルト私共ハ考ヘルノデアリマス、(拍手起ル)以上ノ警告ヲ與ヘテ、本豫算ニハ贊成ヲ表スルモノデアリマス(拍手起ル)

○議長(大岡育造君) 東武君

〔東武君登壇、拍手起ル〕

○東武君 大正八年度追加豫算ニ對シマスル委員長ノ報告ニ對シテハ、各派共何人モ反對ガアリマセヌ憲政會ニ於キマシテモ、唯今加藤政之助君ノ演說ヲ承リマスト云フト、是亦贊成デアルト云フノデアルカラシテ、私ガ玆ニ別段反駁ヲスル必要ハ少シモ無イノデアリマスガ、併ナガラ多少誤解ノ點ヲ訂正シテ、サウシテ我々ノ此修正案ニ對スル意見ヲ述ベル考デアリマス、(「修正案ハ出マセヌヨ」ト呼フ者アリ、笑聲起ル)修正デアリマセヌ、ソレハ能ク分ッテ居リマス(笑聲起ル)贊成デアルガ、之ニ就テノ修正ト言ハナイガ、議論デアルガ、成程昨年ノ豫算ニ對シマシテハ、我々ノ最モ尊敬ヲ致ス所ノ、憲政會ノ領袖中ノ領袖トモ謂フベキ武富時敏君カラシテ、數千万言ヲ承ックノデアリマス、我々ハ其當時ニ於キマシテ、一言一句モ聽漏ラスマジト思ッテ、深ク敬意ヲ拂ッテ謹聽致シタ、其大體ノ豫算ニ對スル憲政會ノ意見ハ、第一ニ租稅官業ノ收入ガ非常ニ過大デアル、公債ノ募集ガ巨額デアル、此二點ニ依テ、大正八年度ノ豫算ハ全部不實行ニ終ル、甚シイ缺陷ヲ包ンダ此豫算ハ、不實行ニ終ルノデアルト云フコトヲ申サレタノデアリマス、此點ニ就キマシテ、我々ハ憲政會ノ當時ノ武富君ノ意見ニ對シテ、深ク敬意ヲ表シテ謹聽致シタ、又本日加藤政之助君ガ、是亦私共ガ最モ尊敬ヲスル御方デアリマス、財政ニモ堪能ナル御方デアリマス、此加藤政之助君カラノ御說ヲ承リマスノニ、矢張昨年ノ武富君ノ故智ヲ襲ッタ如キ口吻ヲ以テ、此追加豫算ニ色々ト議論ガアッタノデアリマス、武富君ノ租稅官業ノ收入ガ過大デアルカラシテ、實行ガ出來ナイト言ヒシ――豫算ガ實行ガ出來ナイト言ッタコトハ、收入ガ過大ニ見積ッテアル、過大ニ見積ッテアルガ、我々ハ從來官僚內閣ハ、歲入ヲ過大ニ見積ルノ弊害ガアッタガ、之ヲ實際的ニ見積ラナケレバナラヌ、此弊害ヲ矯正スルト云フノガ、卽チ政黨內閣ノ本旨デアル、故ニ寺內內閣ガ租稅及官業歲入ニ於テ、ヨリ以上ニ此歲入ヲ見積ッタコトハ、卽チ政黨內閣ノ本職デアルト斯ウ言ッタ――是ガ昨年ノ豫算會議ニ於テノ唯一ノ論點デアッタ、然ルニ今日ハ何事デアリマスカ、此實績ヲ徵シテ見タナラバ、大正八年度ノ豫算ガ不實行ニ終ッタト云フ點ハ、我々ハ甚ダ見出スコトガ出來ナイノデアリマス、歲入ニ於キマシテハ、今日ハマダ現計書モ受取ッテ居リマセヌガ、豫算總會其他ニ於テノ說明スル所ニ依リマスト云フト、一億五千万圓以上ノ歲入ノ超過ガアル、所謂自然增收ガアルト稱シテ居ル、然ラバ此點ニ於テ武富君ガ昨年豫算全部ニ對シテ批評ト云フモノハ、根柢カラシテ悉ク破壞シ去ラレテ根柢カラ悉ク僞デアッタト云フコトヲ、玆ニ明カニ證明スルコトガ出來ル、此點ニ於テハ恐ラク諸公ニ於テモ異存ハアルマイ、(「通貨ハドウカ」ト呼フ者アリ)唯タ玆ニ殘ッテ居ル問題ハ、唯今ノ加藤政之助君ノ說明ニナッタ、此歲入歲出ガ過大ニナッテ、幾多ノ費用ガ嵩ムノデアル、其費用ガ增加スル爲メニ、此豫算ガ或ハ是デハ濟ムマイト云フ一點ハ武富君モ申サレタ、加藤君ノ今ノ說モ其通リデアル、ソレニ依テ今度歲出ニ於テ八千何百万圓ト云フ過大ノ追加豫算ガ出タ、是ハ武富君ガ先見ノ明ヲ有シ、又加藤君ガ先見ノ明ヲ有シタト云ッテ宜シイ、併ナガラ諸君ハ歲出ヲ咎メテ歲出バカリ批評スルガ、歲入ノ點ニ一向議論ガ無イ、歲出ガ過大ニ見積ッテアルト云フコトヲ頻リニ議論ヲシテ居ル、歲出ガ過大デアルト共ニ、歲入ニ於テモ一億五千万圓ノ現計ノ超過ガアルトシタナラバ、大正八年度ノ豫算ハ、決シテソンナ大ナル缺陷ヲ包ンデアルトカ、非常ナ實行難ニ陷ルトカ云フヤウナ問題ハ、少シモ無イノデアリマス、自然增收ガアレバ、亦自然政費ノ增加ト云フコトモ免レヌノデアル、殊ニ現內閣ハ寺內內閣ノ二年間ノ財政ノ儘ヲ受ケテ、サウシテ、昨年豫算ノ繼承シタ編成デアルト云フノデアリマスカラシテ、前寺內內閣ノ豫算ヲ踏襲シタノデアルカラ、之ニ對シテ十分ノ修正補助ヲスルコトガ出來ナカッタノデアル、此點ハ諸君モ十分御承知ノ事デアル、既ニ武富君モ是ハ豫算總會デ昨年明カニ申サレタ、寺內內閣ノ豫算ハ朦朧杜撰デアル、其醜體杜撰ノ価ヲ受ケタ所ノ政友會内閣ニハ極メテ同情スル――同情スルガ、此豫算ハ實行ガ出來ナイト斯ウ云フコトヲ仰セラレテ居ル、此點ニ於テ歳出ガ増加シテ、追加豫算ガ出ナケレバナラヌト云フコトハ、武富君モ既ニ昨年明言シテ居ル事實デアル、デアルカラ今日八千万圓ト云フ巨額ノ追加豫算ノ出ルコトモ是ハ已ムヲ得ヌ、況ヤ經濟界ノ狀況ト云ヒ、物價ノ騰貴ト云フモノ、爲メニ免レナイ要求デアル、故ニ諸君モ之ニ就テハ、異論ナク御賛成ニナッタコト、思ッテ居リマス、又此八千万圓ノ歳入歳出ノ追加豫算ト云フモノヲ見ルニ、是ハ別段申上ゲルマデモナクシテ、總テ物價騰貴ト云フモノガ約四分ノ三ヲ占メテ居ルノデアリマスカラ、是ハ削減シヤウト致シマシテモ、削減スル餘地ノ無イモノデアル、國力ガ増進ヲ致シマシテ、物品ガ騰貴致シ、此自然ノ趨向ニ依テ、已ムヲ得ザル費用ヲ要求シタト云フニ過ギナイ(?)デアリマスカラシテ、別段ニ財政ノ上ニ缺陷ガアルトカ、或ハ實行ガ出來ナイト云フ議論ヲ以テ、之ニ臨ム必要ハ少シモ無イコトデアルト考ヘテ居リマス、唯ダ私ガ一言中シテ置キタイノハ、加藤君ハ御疑ッデアリマスカ私ヨリ大分年歳ハ多イト思ヒマスガ、私ハ第二十五議會ノ時ニ初メテ帝國議會ノ議席ニ列シテ、今日マデ十七回帝國議會ノ議席ヲ經タ譯デアリマス、加藤君ハ私ヨリ餘程ノ年輩デ、政治家トシテモ先輩デアリマスガ、武富君、加藤君其他ノ諸公ハ、私ガ此帝國議會ノ議席ニ着イテ以來、何レノ議會ニ於テモ豫算ハ不實行デアルトカ、ソレダカラ經濟界ヲ壓迫シテ世ノ中ガ不景氣ニナリ、國ハ破産スル悲境ニ陷ルト云フ、此消極的ノ演説ヲ如何ナル機會ニ於テモ、此壇上ニ我々ハ聽カサレヌコトハナイノデアル、私ハ深ク此點ニ敬聽ヲ拂ッテ居ル、(「嘘ヲ言フナ大隈内閣ノトキニハソンナコトヲ言ヒハシナイ」ト呼フ者アリ)何レノ場合デモサウ云フヤウニ消極的一方デ來テ居ル、ケレドモ日本ノ國情ハ段段ト國運ハ隆昌致シマス、貿易ハ伸張致シマス、國力ハ增進致シマス諸君ノ言フコトハ、何レノ場合ニ於テモ私共ハ謹聽ヲシタガ、其事ハ當テ其事實ニ接觸ヲシタコトハ無イノデアリマス、併ナガラ苟モ在野黨トナリ、帝國議會ノ議員タル以上ハ、積極的ノ政策ヲ唱ヘル者モアレバ、必ズ消極的ノ政策ヲ唱ヘル者ガアルト云フコトハ是ハ當然デ、地球ガ詰マリ遠心力ガアレバ求心力ガアル、之ニ依テ地球ガ公轉ヲスルコトニ於テ、在野黨ノ消極的ノ議論ニハ深ク、我々ハ敬意ヲ表スル一人デアルノデアリマス、然レドモ若シ賛成スルナラバ、昨年ノ豫算ニ於テモ、今年ノ豫算ニ於テモ、賛成スルナラバドウカ男子ラシク賛成シタラ如何デス、何モケチヲ付ケタリ、非難ヲ付ケナクテモ宜シイ、又帝國議會ハ是ハ立法府デ豫算審査權ヲ有ッテ居リ、協賛權ヲ有ッテ居ルノデアリマス

〔「男ラシクトハ何ダ」ト呼ヒ其他發言スル者アリ〕

○議長（大岡育造君）　靜肅ニ願ヒマス

○東武君　若シモ之ヲ修正スルモノガアルナラバ、堂々トシテ、我々ノ憲法上與ヘラレタル所ノ權利ニ依テ修正シタラ如何デス、私共ハ詰マリ與ヘラレテ居ル憲法上ノ權利ニ依テ、修正スルモノハ修正シタラ宜シイ、協賛スルモノハ協賛スルガ宜シイ、若シ内閣不信任ナラバ、不信任彈劾ニ依テ堂々ト戰ッタラ宜シイ、賛成ヲシナガラケチヲ附ケ非難ヲスルコトハ、如何ニモ男ラシクナイト考ヘマスカラ、此意味ニ於テ私ハ諸君ニ訴ヘルノデアリマス（拍手起ル）

〔參照〕

▲實證ノ一

前陳セシ東京府ノ一屬僚ノ陳辯書ニ由レハ東京府ニ於ケル計算ノ終了セル事ニ由リ、恩賜金ハ不正事件ニ何等ノ關係ナキカ如ク記述セルモ、如此事ハ何等陳辯ノ價値ナキモノナリ、如何トナレハ渡某ハ制規ノ米代金ヲ東京府ニ納入シ廉貨米ヲ受取來リ聖旨ヲ奉戴シテ此ヲ廉賣セントハセス、廉賣券ヲ胡麻化シ了シ他ニ時價ヲ以テ賣却シ以テ暴富ヲ積ミ此不正事件ヲ起スニ至リシ次第ナリ、其後渡某ノ非國民的行爲ニツキ白米同業組合ハ調査會ヲ設置シテ其犯行ヲ取調ヘタルカ其報告書ニ由ルモ犯罪ニ對スル豫想ノ十二分ニツク事ヲ知了シ得ヘシ。卽チ其報告書ニ由レハ備付ノ帳簿七冊中四冊ハ全部白紙ニシテ一冊ハ記入亂雜ヲ極メ、一冊ハ約五頁記入アルノミ、一冊ハ約六頁記入アルノミ、以テ東京府吏ノ陳辯書中ニ在ル計算終了セリトイヘルニ對シテ其所謂計算終了スル程度ヲ知ルニ足ルヘシ。左ニ報告書中ノ要點ヲ摘錄スヘシ。

●參考ノ爲メ左ニ備付帳簿ノ內容ヲ示ス

一　帳簿ノ多クハ白紙ニ等シク主簿ト稱スル唯一ノモノ記入方法實ニ紊亂極マレルモノナリ例令ハ一般會計簿ニ一旦記載セルモノヲ抹消シ「バランス」ヲ合センカ爲ニ甚タシキニ至ツテハ行ト行トノ間ニ後トヨリ更ニ數字ヲ挿入シテ差引金額ヲ改竄訂正シ之レニ責任者ノ捺印ナキ箇所等數フルニ遑アラサルカ如キ其無責任ナル實ニ驚クヘク全然公簿タル價値ヲ認ムル事能ハス

一　傳票モ又大多數違法ノモノニシテ發行者　金錢取扱者　記入者　責任者ノ何人ナルカヲ證スル捺印ナキ無責任ナルモノナリ

一　金錢出納簿ハ九月二十日迄支出簿ノ樣式ニシテ同日ヨリ出納ニ變更セル極メテ變則ナルモノナリ

●備考　直營外米取扱期間八月二十九日ヨリ九月十五日ニ至ル間トアルハ恩賜金ヲ包含セル外米ノ廉賣期間ナリ

▲實證ノ二

本件ノ張本人渡某ノ犯罪ノ一端トシテ、同人ノ惡辣手段ニ罹レル者ノ氏名並ニ犯行ノ次第ヲ記スヘシ。此等ハ總テ警視廳ニテ取調ヲ終了セルモノナリ。而シテ其ニ先チ豫メ左ノ四點ヲ知リ置カレタシ。

一　廉貨外米ハ澁澤倉庫ニ搬入シアリシ事。

二　此廉貨外米ヲ百六十名ノ指定商人カ各自ニ傳票ヲ發行シ(制規ノ數量ヲ度トシテ)組合長ノ檢印ヲ得テ澁澤倉庫ヨリ受取ル手順ニナリ居タル事。

三　傳票ニ檢印スヘキ組合長ハ本件ノ張本人渡某タリシ事。

四　渡某ハ白米同業組合長タリシ地位ヲ利用シテ書記長泉瑞某等ト共謀シ指定商人等カ檢印ヲ需メ來ルヤ倉庫內ノ外米ハ目下品切也ト偽キテ其取出ヲ阻止シカクテ自ハ其指定商ノ氏名並ニ類似ノ氏名ヲ詐稱シ私印ヲ偽造シテ切ニ外米ヲ詐取シ是ヲ他ニ賣却シタル事。勿論自己及泉瑞某モ指定商タリシカ故ニ其名義ニテ受入タル外米ノ多クハ貧民救恤ノ爲廉賣ヲ行ハス高價ニ他ニ賣却シタル事

而シテ叙上ノ如キ惡辣手段ヲ行ヒシ實證ハ左ニ

1　下谷區三ノ輪町白米商安井小兵衛ハ同區同町同商安井小兵衛外七十三名ト記セル傳票ヲ偽造セラレ外米八十一袋ヲ詐取セラレタリ。

2　下谷區金杉上町白米商齋藤久太郎ハ同區同町同商齋藤壽三郎外何名ト記セル傳票ヲ偽造セラレ同シク外米八十一袋ヲ詐取セラレタリ。

3　下谷區竹町白米商阪井留次郎ハ同區同町同商阪井留吉外何名ト記セル傳票ヲ偽造セラレ前同樣外米八十一袋ヲ詐取セラレタリ。

此等ニ三ノ例證ニ過キス。而シテ此等偽造ノ傳票ハ凡テ警視廳ニ押收セラレ參考人トシテ喚問セラレシ、前記安井、齋藤、阪井ノ證言ニ由リ其偽造ナル事明白セリ

偽造傳票ニ捺押セル偽印ハ下谷區坂本町町田印判店、同區金杉上町六誓堂ニ注文シ、其盛ナル時ニハ渡某方ノ店員一名全然此ニツキ切リナリシトイフ。以テ犯行ノ如何ニ大仕掛ナリシカヲ推知スルヲ得ン乎。

▲實證ノ三

畏クモ聖旨ニ背反セル渡某ノ犯罪ハ天人共ニコレヲ許スヘカラサルモノ也。而シテ警視廳ニ於テハ已ニ取調ノ結果、渡某等ハ恩賜金ヲ包含セル廉貨外米ニ對シ不正ノ行爲アリシ事ヲ知了セリト信ス。左ニコレカ證憑ヲ示サン。

實證ノ第一ニ示セシ如ク、白米同業組合ノ調査ニヨレハ三井、岩井ノ兩軒ヨリ受入タル外米一万三千百八十袋中、二百三十一袋ノ配供先不明ニシテ其殘存米千三十二石八斗三升六合ノ處分亦不明ナル事判明セリ。而シテ此配給先ノ不明ナル二百三十一袋ノ外米カ、既ニ東京ニ其代金ハ納入セラレ、所謂計算終結セル事判明セリ。

又朝鮮米買入傳票ニ於テ大正七年九月六日ヨリ同九月十日ニ至ル間、卽チ渡某ノ指定商人カ恩賜金ヲ包含セル廉貨米ヲ取扱ヘル期間內ニ於イテ朝鮮米一千九百六十二叺ノ明記アル外、差引三千六百二十九叺ノ受入不明ニシテ、且其殘存米七十石九斗二升ノ處分不明ナル事判明セリ。

此事實ニ對シ警視廳ハ其調査委員長タリシ

日本橋區新乘物町四　白米商　高梨善三郎

其副委員長タリシ

麴町區平河町二ノ五　白米商　實井豐作

ヲ喚問シ、武藤警部主任トナリ、最モ熱心ニ此ノ點ニツキ取調ヲ行ヒ、渡某ノ犯行ヲ確認セリトイフ。

第一　國有財産法案(政府提出)　第一讀會

國有財産法案

國有財産法

第一條　本法ニ於テ國有財産ト稱スルハ國有ノ不動産竝勅令ヲ以テ定ムル國有ノ動産及權利ヲ謂フ

第二條　國有財産ヲ分チテ左ノ四種トス

一　公共用財産　國ニ於テ直接公共ノ用ニ供シ又ハ供スルモノト決定シタルモノ

二　公用財産　國ニ於テ神社ノ用又ハ國ノ事務、事業若ハ官吏其ノ他ノ職員ノ住居ノ用ニ供シ又ハ供スルモノト決定シタルモノ

三　營林財産　國ニ於テ森林經營ノ目的ニ供シ又ハ供スルモノト決定シタルモノ

四　雜種財産　前各號ニ屬セサルモノ

第三條　國有財産ニ關スル事務ハ各省大臣之ヲ管理シ國有財産ニ關スル總轄事務ハ大藏大臣之ヲ管理スヘシ

第四條　國有財産ハ雜種財産ヲ除クノ外之ヲ讓渡シ又ハ之ニ私權ヲ設定スルコトヲ得ス但シ其ノ用途又ハ目的ヲ妨ケサル限度ニ於テ其ノ使用又ハ收益ヲ爲サシムルハ此ノ限ニ在ラス

第五條　雜種財産ハ左ニ掲クル場合ニ限リ之ヲ讓與スルコトヲ得

一　帝室用又ハ公共團體ニ於テ公共用若ハ公用ニ供スル爲必要アルトキ

二　公共用財産又ハ公用財産ノ用途ヲ廢止シタル場合ニ於テ勅令ノ定ムル所ニ依リ之ヲ其ノ維持保存ノ費用ヲ負擔シタル者、其ノ用途ニ代ルヘキ他ノ施設ヲ爲シタル者其ノ他ノ緣故者又ハ關係者ニ讓與スルトキ

三　神社、寺院又ハ佛堂ノ合併シタル場合ニ於テ之ニ因リ其ノ供用ヲ止メタル國有財産ヲ其ノ合併シタル神社、寺院又ハ佛堂ニ讓與スルトキ

第六條　雜種財産ハ法律ヲ以テ特別ノ定ヲ爲シタル場合ニ限リ之ヲ出資ノ目的ト爲スコトヲ得

第七條　雜種財産ハ土地及建物以外ノ土地ノ定著物ニ限リ帝室用又ハ國、公共團體若ハ私人ニ於テ公共用、公用若ハ公益事業ニ供スル爲必要アルトキハ勅令ノ定ムル所ニ依リ之ヲ他ノ土地及建物以外ノ土地ノ定著物ト交換ヲ爲スコトヲ得

前項ノ交換ヲ爲ス場合ニ於テ其ノ價格均シカラサルトキハ金錢ヲ以テ補足スヘシ

第八條　用途及期間ヲ指定シテ國有財産ノ賣拂、讓與又ハ交換ヲ爲シタル場合ニ於テ指定期間內ニ之ヲ其ノ用途ニ供セス又ハ之ヲ其ノ用途ニ供シタル後指定期間內ニ其ノ用途ヲ廢止シタルトキハ政府ハ其ノ契約ヲ解除スルコトヲ得

第九條　國有財産ノ賣拂代金又ハ交換差金ハ財産引渡前之ヲ納付セシムヘシ但シ勅令ノ定ムル所ニ依リ其ノ延納ノ特約ヲ爲スコトヲ得

第十條　國有財産ニ付境界査定ヲ施行セムトスルトキハ豫メ期日ヲ定メテ隣接地所有者ニ之ヲ通知シ其ノ立會ヲ求ムヘシ

隣接地所有者期日ニ於テ立會ハサルコトアルモ境界査定ヲ施行スルコトヲ得

第十一條　境界査定ヲ了シタルトキハ隣接地所有者ニ之ヲ通知スヘシ

第十二條　前二條ノ規定ニ依リ通知ヲ受クヘキ者ノ住所居所共ニ不明ナルトキハ通知ノ要旨ヲ公告スヘシ

前項ノ規定ニ依リ公告シタル場合ニ於テ公告ノ初日ヨリ起算シ三十日ヲ經過シタルトキハ通知ヲ受ケタルモノト看做ス

第十三條　隣接地所有者境界査定ニ對シ不服アルトキハ其ノ通知ヲ受ケタル日ヨリ六十日內ニ訴願シ又ハ行政裁判所ニ出訴スルコトヲ得

第十四條　國有財産ニ付境界査定又ハ測量ヲ爲ス爲政府ニ於テ他人ノ土地ニ立入リ、目標ヲ設置シ又ハ障害物ヲ除却スルノ必要アルトキハ當該土地又ハ物件ノ所有者及占有者ハ正當ノ理由ナクシテ之ヲ拒ムコトヲ得ス但シ之ニ因リテ生シタル損害ニ付賠償ヲ求ムルコトヲ得

第十五條　國有財産ノ貸付ハ左ノ期間ヲ超ユルコトヲ得ス

一　植樹ヲ目的トシテ土地及建物以外ノ土地ノ定著物ヲ貸付スル場合ニ在リテハ八十年

二　前號ノ場合ヲ除クノ外土地及建物以外ノ土地ノ定著物ヲ貸付スル場合ニ在リテハ三十年

三　建物其ノ他ノ物件ヲ貸付スル場合ニ在リテハ十年

貸付期間ハ之ヲ更新スルコトヲ得此ノ場合ニ於テハ更新ノ時ヨリ前項ノ期間ヲ超ユルコトヲ得ス

第十六條　國有財産ハ帝室用又ハ公共團體若ハ私人ニ於テ公共用、公用若ハ公益事業ニ供スル爲必要アル場合及勅令ニ特別ノ規定アル場合ヲ除クノ外無償ニテ之ヲ貸付スルコトヲ得ス

第十七條　國有財産ノ貸付料ハ毎年定期ニ之ヲ納付セシムヘシ但シ數年分ヲ前納セシムルコトヲ妨ケス

第十八條　國有財産ヲ貸付シタル場合ニ於テ其ノ貸付期間中帝室用又ハ國、公共團體若ハ私人ニ於テ公共用、公用若ハ公益事業ニ供スル爲必要ヲ生シタルトキハ政府ハ其ノ契約ノ解除スルコトヲ得

前項ノ規定ニ依リ契約ヲ解除シタル場合ニ於テハ借受人ハ之ニ因リテ生シタル損害ニ付賠償ヲ求ムルコトヲ得

第十九條　貸付期間ノ終了又ハ貸付契約ノ解除ニ當リ政府ニ於テ時價ヲ提供シ其ノ國有財産ノ上ニ存スル建物其ノ他ノ物件ヲ買取ルヘキ旨通知シタルトキハ其ノ所有者ハ正當ノ理由ナクシテ之ヲ拒ムコトヲ得ス

第二十條　前五條ノ規定ハ貸付ニ依ラスシテ國有財産ノ使用又ハ收益ヲ爲サシムル契約ニ付之ヲ準用ス

第二十一條　雜種財産ニ付土地ノ開拓又ハ水面ノ埋立若ハ干拓ヲ爲サムトスル者アル場合ニ於テハ勅令ノ定ムル所ニ依リ事業者ニ對シ事業ノ成功ヲ條件トシテ其ノ財産ノ賣拂、讓與又ハ貸付ノ豫約ヲ爲シ其ノ事業ヲ爲サシムルコトヲ得

前項ノ規定ニ依リ事業ヲ爲サシムル契約ヲ爲シタル場合ニ於テハ事業ノ成功ニ要スル豫定期間事業者ヲシテ其ノ成功シタル部分ニ付無償ニテ使用又ハ收益ヲ爲サシムルコトヲ得

第二十二條　前條第一項ノ規定ニ依リ事業ヲ爲サシムル契約ヲ爲シタル場合ニ於テ指定期間內ニ事業者其ノ事業ニ著手セサルトキハ政府ハ其ノ契約ヲ解除スルコトヲ得

第二十三條　第二十一條第一項ノ規定ニ依リ事業ヲ爲サシムル契約ヲ爲シタル場合ニ於テ豫定期間內ニ事業成功セサルトキト雖土地又ハ水面ノ狀況ニ依リ支障ナシト認ムルトキハ事業者ニ對シ其ノ成功シタル部分ノ賣拂、讓與又ハ貸付ヲ爲スコトヲ得

第二十四條　從前ヨリ引續キ寺院又ハ佛堂ノ用ニ供スル雜種財産ハ勅令ノ定ムル所ニ依リ其ノ用ニ供スル間無償ニテ之ヲ當該寺院又ハ佛堂ニ貸付シタルモノト看做ス

寺院又ハ佛堂ノ上地ニ係ル雜種財産ハ其ノ用ニ供スル爲必要アルトキハ勅令ノ定ムル所ニ依リ無償ニテ第十五條ノ規定ニ拘ラス之ヲ當該寺院又ハ佛堂ニ貸付スルコトヲ得

第二十五條　政府ハ國有財産ノ種類ニ從ヒ其ノ臺帳ヲ備フヘシ

臺帳ニ記載スヘキ事項ハ命令ヲ以テ之ヲ定ム
第二十六條　政府ハ每會計年度間ニ於ケル國有財產增減總計算書及每五年三月三十一日現在ノ國有財產現在額總計算書ヲ調製シ會計檢查院ノ檢查ヲ經テ之ヲ帝國議會ニ報告スヘシ
前項ノ國有財產增減總計算書ニハ各省ノ國有財產增減報告ヲ、國有財產現在額總計算書ニハ各省ノ國有財產現在額報告書ヲ添附スヘシ

附　則

第二十七條　本法施行ノ期日ハ勅令ヲ以テ之ヲ定ム
第二十八條　第二十五條及第二十六條ノ規定ハ當分ノ內公共用財產ニ付之ヲ適用セス
第二十九條　第二十六條ノ規定ニ依ル國有財產增減總計算書ハ本法施行ノ日ノ屬スル年度分ヨリ、國有財產現在額總計算書ノ第一回分ハ本法施行ノ日ノ現在ニ依リ之ヲ調製スヘシ
第三十條　北海道國有未開地處分法中ノ規定ハ本法ノ規定ニ牴觸スルモノト雖當分ノ內仍其ノ效力ヲ有ス
第三十一條　國有林野法第二條、第四條乃至第七條、第九條、第十二條乃至第十四條、第十六條、第二十四條及第二十五條ハ其ノ效力ヲ失フ但シ本法施行前ニ係ル國有林野ノ增減異動報告ニ付テハ仍從前ノ例ニ依ル
第三十二條　從前ノ法令ニ依リテ爲シタル處分、契約其ノ他ノ行爲ハ本法中之ニ相當スル規定アル場合ニ於テハ本法ニ依リテ之ヲ爲シタルモノト看做ス
第三十三條　本法ヲ朝鮮、臺灣又ハ樺太ニ施行スル場合ニ於テ必要アルトキハ勅令ヲ以テ特別ノ定ヲ爲スコトヲ得

〔政府委員神野勝之助君登壇〕

○政府委員(神野勝之助君)　國有財產ニ關シマスル現行ノ法規ハ、久シキ以前ノモノニ屬シマシテ時勢ニ副ハナイ點ガ多イノデアリマス

〔濱田副議長議長席ヲ退キ大岡議長著席〕

又其統一ヲ缺イテ居ルノデアリマス、本院ニ於キマシテモ、第一議會以來之ニ關スル法律案ガ屢、提案セラレマシテ、政府ニ於キマシテモ、屢、此改正ニ就キマシテ調查ヲ致シタノデアリマスルガ、何時モ成案ヲ得ズシテ、今日ニ至リマシタノデアリマス、然ルニ一昨年ニ至リマシテ、本院ノ建議ニ基イテ、國有財產ノ調查機關トシテ、大藏省ニ官有財產調查會ガ設ケラレマシタノデアリマス、此調查會ニ於キマシテ、國有財產ノ整理ニ就キマシテハ、先ヅ之ガ管理處分ニ關スル根本法ヲ作ルノ必要ヲ認メマシタノデ、之ニ關スル法律案ハ調查議決致シマシタノデアリマス、政府ニ於キマシテハ之ヲ適當ト認メマシテ、成案ヲ得マシテ、茲ニ諸君ノ御審議ヲ煩スコト、相成ッタノデアリマス、國有財產ニ關シマスル現行ノ法規ハ、國有林野法其他一二ノ例外ヲ除キマスルト云フト總テ勅令ノ形式ニ據ッテ居ルノデアリマス、元來國有財產ノ管理利用處分等ニ就テハ、國家ノ財政上重要ナル事項デアリマシテ、豫算ト密接スル關係ヲ有シテ居ルノデアリマスカラ、是ガ大體ハ法律ヲ以テ規定シテ置クノガ適當ト認メマシテ、本法案ヲ提出致シタル次第デアリマス、本法案ノ主要ナル點ヲ申上ゲマスルト、國有財產ノ管理デアリマス、從來國有ノ財產ノ管理ハ、各省大臣ノ所管ニナッテ居リマシテ、特ニ是ガ統一總括ニ關スル法制ヲ缺イテ居リマス、ソレガ爲メニ各省ノ取扱ガ區々ニナッテ居リマス、帝國議會ニ報告スル官有財產ノ目錄、及其增減異動報告等モ各省每ニ違ッテ居リマシテ、總括的ニ之ヲ見ルコトガ出來ナイト云フコトニナッテ居リマス、ソレ故ニ本法案ニ於キマシテハ、此國有財產ニ關スル事務モ會計事務等ト同ジク國ノ事務ノ一部ト致シマシテ、大藏大臣ニ於テ之ヲ總轄管理スルコトニ致シマシタ、其次ハ國有財產ノ處分ニ關スル事デアリマス、是ハ一般ニ其取扱ハ嚴正ニスル必要ガアリマスルノデ、其讓與及交換等ノ場合ヲ限定致シマシテ、又其國有財產ノ出資ヲ致スヤウナ場合ハ、法律ノ規定ニ依ラネバナラヌト云フコトニ致シマシタ、第三ハ現行法ニ於テ各省ヨリ帝國議會ニ報告スル官有財產目錄ハ、十年每ニ調製スルコトニナッテ居リマシテ、而モ其財產價格ハ、常ニ不動ノ臺帳價格ニ依ルコトニナッテ居リマスルガ、是デハ財產目錄ヲ報告セシムルト云フ效能ガ少ナイノデアリマスカラ、今回ハ之ニ相當スル現在額總計算書ハ、年限ヲ短縮シテ五年每ニ調製スルコトニ改メマシタ、又其價格ハ何時デモ適當ノ方法ニ依リマシテ、之ヲ改訂致スコトニ致ス見込デアリマス、第四ハ會計檢查院ノ檢查ニ關スル事デアリマス、會計檢查院法ニ依リマスルト、官有財產ニ關スル事項モ、亦會計檢查院ニ於テ檢查スルコトニナッテ居リマスルガ、從來之ニ關スル手續ガ不十分デアリマスルカラ、其檢查モ亦十分ナ事ヲ得ナカッタノデアリマス、今後政府ヨリ帝國議會ニ報告致シマスル國有財產現在額總計算書、及其增減總計算書ハ、總テ會計檢查院ノ檢查ヲ經ルコトニ致シマシタ、要シマスルニ本法案ハ、國有財產ニ關スル現行諸法規ヲ統一シテ、其不備ノ點ヲ補ヒマシテ、國有財產ノ管理ニ關スル根本法規ヲ確立スルト云フ趣意ニ出デタモノデアリマス、何卒御審議御協贊アランコトヲ希望致シマス

○議長(大岡育造君)　日程第二、右議案ノ審查ヲ付託スヘキ委員ノ選擧ヲ議題ト致シマス

第二　右議案ノ審查ヲ付託スヘキ委員ノ選擧

○前田米藏君　委員ノ數ハ特ニ十八名トシ、議長ニ於テ指名セラレンコトヲ望ミマス

〔「異議ナシ」ト呼フ者アリ〕

○議長(大岡育造君)　動議ノ如ク決シマシタ――日程第三、會計檢查院法中改正法律案ノ第一讀會ヲ開キマス――櫻田政府委員

중의원 의사 속기록 3

인쇄일: 2025년 12월 15일
발행일: 2025년 12월 25일
지은이: 조선총독부 중추원
발행인: 윤영수
발행처: 한국학자료원
서울시 구로구 개봉본동 170-30
전화: 02-3159-8050 팩스: 02-3159-8051
문의: 010-4799-9729
등록번호: 제312-1999-074호

정가 250,000원